ENCYCLOPÉDIE
MÉTHODIQUE,

OU

PAR ORDRE DE MATIÈRES;

PAR UNE SOCIÉTÉ DE GENS DE LETTRES, DE SAVANS ET D'ARTISTES;

Précédée d'un Vocabulaire universel, *servant de Table pour tout l'Ouvrage, ornée des Portraits de MM.* DIDEROT & D'ALEMBERT, *premiers Éditeurs de l'*Encyclopédie.

ENCYCLOPÉDIE MÉTHODIQUE.

JURISPRUDENCE,

DÉDIÉE ET PRÉSENTÉE

A MONSEIGNEUR HUE DE MIROMESNIL, GARDE DES SCEAUX DE FRANCE, &c.

TOME PREMIER.

A PARIS,

Chez PANCKOUCKE, Libraire, hôtel de Thou, rue des Poitevins;

A LIÈGE,

Chez PLOMTEUX, Imprimeur des Etats.

M. DCC. LXXXII.

AVEC APPROBATION, ET PRIVILÈGE DU ROI.

AVERTISSEMENT

De M. LERASLE, ancien Professeur de Droit, Avocat en Parlement, Rédacteur de la partie de Jurisprudence.

LA partie de Jurisprudence, dans la première édition du Dictionnaire Encyclopédique, contient certainement un grand nombre d'articles, qui ont été très-bien traités : mais on ne peut se dissimuler que la nomenclature des termes de Droit y est incomplète ; que plusieurs objets s'y trouvent légérement discutés ; que quelques-uns d'entre eux pèchent, ou par des omissions nuisibles, ou même par des erreurs graves. Cette partie est aujourd'hui d'autant moins exacte, que, depuis sa publication, il est survenu dans notre Jurisprudence un grand nombre de changemens considérables. Nous avons une multitude de réglemens nouveaux, relativement aux ordres religieux, aux portions congrues, aux arts & métiers, aux pâturages, à la police des prisons, aux déserteurs, aux serfs, à la question, à la police des grains, au commerce en général, à l'ordre des jurisdictions, au ressort des présidiaux, &c...

D'ailleurs, l'ouvrage immortel de Montesquieu sur l'esprit des Loix, & sur les principes des Gouvernemens, a répandu un nouveau jour sur ces matières. Les Traités du savant Jurisconsulte Pothier, Conseiller au Présidial d'Orléans, & les Commentaires de Jousse, son confrère, sur plusieurs Ordonnances de Louis XIV, ont fixé les opinions sur plusieurs questions de la Jurisprudence & de la Pratique. Les profondes dissertations de plusieurs auteurs & académiciens célèbres ont éclairci différens points de notre histoire & de notre droit féodal & coutumier.

Il étoit nécessaire d'employer ces nouvelles connoissances, d'ajouter les mots omis dans la première édition, de suppléer ce qui manquoit aux articles déjà traités, de corriger les erreurs qui s'y rencontroient, & de rendre compte des dispositions des loix nouvelles. Ce travail demandoit beaucoup de soins & d'exactitude ; il avoit été confié d'abord à MM. l'Abbé Remi & Boissou, Avocats au Parlement, très-versés dans la science du Droit & dans la pratique du Barreau. Leur premier soin a été de noter les articles qui devoient être augmentés ou corrigés, & de rassembler les mots qui avoient été oubliés. Le décès de M. Boissou, arrivé au mois d'Avril 1781, priva M. l'Abbé Remi d'un excellent coopérateur. Cette perte lui fit chercher quelqu'un qui pût l'aider dans la confection de cet Ouvrage, auquel il ne pouvoit donner tout son temps, partagé déjà entre les soins qu'il devoit au Mercure & à plusieurs Mémoires sur des affaires importantes, que ses amis exigeoient de lui.

J'eus dans ce temps l'occasion de me lier avec lui, & il m'engagea à travailler de concert à la rédaction de la partie de Jurisprudence. J'ai profité des notes de M. Boissou, & de la nomenclature qu'il avoit recueillie ; mais pour la rendre plus complète, j'ai consulté les Glossaires de Ducange & de Laurière, l'Indice de Ragueau, les Dictionnaires de Droit & des Arrêts, les Ouvrages des Jurisconsultes & Praticiens anciens & modernes, les Ordonnances & les Coutumes différentes du royaume. J'ai tiré de toutes ces sources les mots qui pouvoient donner occasion de traiter quelque point de Jurisprudence. Peut-être en regarderat-on quelques-uns comme peu utiles; mais j'ai cru qu'il valoit mieux pécher par surabondance que par défaut. Je n'ai pas même oublié quelques mots propres à la Jurisprudence Romaine, parce qu'on les trouve fréquemment dans les Auteurs, & que quelques-uns sont en usage dans les provinces régies par le Droit Ecrit. Par ce moyen, je puis assurer que la nomenclature des termes de Droit sera très-complète, & qu'elle surpassera infiniment celles de tous les Ouvrages de ce genre. La lettre A contient plus de 1200 mots, & l'Encyclopédie ancienne n'en renfermoit pas 500.

J'avois rassemblé & mis en ordre les matériaux qui devoient composer le premier volume de la présente édition, & une grande partie du second : M. l'Abbé Remi prenoit le soin de les revoir, & d'y mettre la dernière main. La mort me l'a enlevé dans le temps qu'il achevoit la revision du premier volume.

Sa perte m'a été très-sensible : il joignoit à une connoissance fort étendue du Droit, une application infatigable au travail : il avoit un caractère doux, sensible & complaisant. Il saisissoit avec empressement les occasions d'obliger ses amis; il les cherchoit même à leur insçu, & je pourrois en rapporter des exemples, si les loix de la discrétion ne m'obligeoient au silence.

Privé de ses lumieres & de son secours, je me suis hâté de profiter des ressources que me présentoit l'ordre des Avocats. Un Avis, publié par M. Panckoucke au mois d'Août, a déjà annoncé que M. Guyot s'étoit chargé de plusieurs articles, & principalement de ceux qui concernent le Droit Criminel; M. Henrion, des Matières Féodales; M. l'Abbé Bertodio des Matières Bénéficiales; M. Henri, du Droit Public. Ce dernier est l'auteur de l'article *Barrois*, du premier volume.

M. l'Abbé Remi avoit donné plusieurs articles dans le Répertoire, il en a même revu & corrigé quelques-uns. On m'a remis ses manuscrits, & je me ferai un devoir de les faire imprimer sous son nom, dans la place qu'ils doivent occuper.

MM. Vermeil & Delacroix m'ont promis aussi différens articles. Plusieurs Magistrats, soit des Cours souveraines, soit des Tribunaux inférieurs, me procureront les renseignemens nécessaires sur les objets particuliers de leur jurisdiction, & sur quelques articles de notre Droit Public. Je souhaiterois que les Jurisconsultes des diverses provinces, voulussent m'adresser ce qu'ils croiront propre à enrichir cette nouvelle édition, & sur-tout les usages particuliers des sièges auxquels ils sont attachés.

Je recevrai avec reconnoissance tout ce que l'on m'enverra; je rendrai justice à chaque Auteur, & je ferai imprimer, sous son nom, les articles qu'il m'aura fait passer.

Dans la rédaction de ce nouveau Dictionnaire de Droit, j'ai fait un grand usage du Répertoire universel & raisonné de Jurisprudence; je me suis approprié le travail de ses auteurs, de la même manière qu'ils en avoient usé à l'égard de la première édition de l'Encyclopédie; j'ai puisé également dans les livres les plus estimés, & lorsque j'ai eu à traiter des matières contenues dans les Ouvrages de M. Pothier, je m'en suis servi, en les accommodant à la forme qu'exige un Dictionnaire.

J'ai dû même en agir ainsi, parce qu'un Dictionnaire de Droit n'est point un ouvrage nouveau, ni un de ceux dans lesquels on peut se livrer à ses idées & à son imagination. Tous les soins du Rédacteur doivent se borner à présenter les règles établies par les plus habiles Jurisconsultes, & confirmées par la Jurisprudence; & à faire connoître les loix qui modifient la liberté du citoyen, & les principes sur lesquels il est obligé de conformer les principales actions de sa vie. Il doit même rarement discuter les avantages & les inconvéniens d'une loi; cependant lorsque les abus qu'elle occasionne sont évidens, il peut & il doit même les faire remarquer; mais il ne doit le faire qu'avec une sage retenue, parce que, s'il est utile d'indiquer au gouvernement les objets qui paroissent demander une réforme, on doit néanmoins respecter une loi en vigueur, jusqu'à ce qu'il plaise au législateur de la réformer ou de l'abroger.

On a rassemblé sous le mot générique de *Jurisprudence*, tout ce qui a rapport au Droit naturel, au Droit des gens, au Droit public, à l'établissement & à la jurisdiction des compagnies de judicature : les principes du Droit civil & canonique, du Code militaire & de la Marine ; ce qui concerne les matières des Eaux & Forêts, des Consuls, des Finances, du Domaine, de la Police, de la Voirie, & des Arts & Métiers.

On s'est néanmoins très-peu étendu sur les objets purement de finances, sur les ordonnances qui regardent particuliérement le service militaire, & sur les réglemens qui concernent proprement la fabrication des ouvrages d'industrie. Chacune de ces choses forme un Dictionnaire particulier de l'Encyclopédie par ordre de matières, & l'on y trouvera ce que l'on a dû omettre dans un Recueil de Jurisprudence.

J'aurois desiré pouvoir laisser subsister les articles tirés de la première édition, & ne distinguer que par une marque particulière les additions ou les corrections qui y ont été faites. C'étoit le premier plan de MM. l'Abbé Remi & Boissou; mais il a été impossible de le suivre, à l'égard des mots qui composent le premier volume, & une grande partie du second. Presque tous étoient défectueux, & on a été obligé de les refaire, ensorte qu'il ne subsiste presque rien de ce qui appartenoit aux premiers Rédacteurs. Je ferai néanmoins ensorte d'en conserver le plus grand nombre possible, lorsque je pourrai le faire commodément.

Une seconde raison m'obligeoit encore à refondre tous les articles : j'ai pensé que, dans l'Encyclopédie par ordre de matières, il falloit mettre dans les principaux l'ordre & la méthode dont ils sont susceptibles, &, en conséquence, diviser en sections & en paragraphes les objets qui demande ntune discussion un peu étendue. Les sections sont marquées par des titres ; les paragraphes sont indiqués par des caractères italiques, qui en annoncent le commencement, & ce dont ils parlent. Les divisions ainsi multipliées donnent plus de clarté & de précision aux matières que l'on traite, & évitent au Lecteur la peine de parcourir un article entier lorsqu'il ne cherche des éclaircissemens que sur un seul point.

Pour remplir l'obligation qu'avoient contractée MM. l'Abbé Remi & Boissou, de donner un tableau général du Droit, je me propose de donner à la suite du Dictionnaire de Jurisprudence, un tableau, ou plutôt un systême complet du Droit, qui embrassera toutes ses divisions, & qui distinguera les différens objets auxquels il a rapport, tels que les personnes, les choses & les actions. Ce premier tableau formera un corps complet de Jurisprudence, & montrera l'ensemble & la liaison de toutes ses parties.

En rapprochant ensuite tous les mots qui traitent d'une matière particulière, & les mettant dans l'ordre dans lequel ils doivent être lus, on aura un traité méthodique sur chaque partie. Ainsi ce nouveau Dictionnaire de Jurisprudence joindra aux avantages de cette forme, ceux d'un corps de Droit & des traités particuliers.

Je terminerai l'Ouvrage par un Catalogue raisonné des livres de Droit & des Auteurs les plus estimés ; j'y joindrai la notice des meilleures éditions. Je regarde ce travail comme très-important, en ce qu'il facilitera à ceux qui se destinent à l'étude de la Jurisprudence, la connoissance des sources où ils doivent puiser, & leur donnera les moyens de se former une bibliothèque choisie.

Le public doit être persuadé que tous ceux qui travaillent à la rédaction de cet ouvrage, apportent tous leurs soins pour ne rien omettre d'essentiel, & pour éviter de tomber dans quelques erreurs. Mais peut-on se flatter de ne rien oublier dans une compilation aussi considérable ? Les loix & les décisions sur lesquelles la Jurisprudence Françoise est appuyée, sont en si grand nombre, qu'il est presque impossible de n'en pas laisser échapper quelques-unes. Heureusement que les erreurs & les omissions sont aisées à réparer; car il est très-rare qu'un objet ne soit traité que sous un seul mot, ou qu'il n'ait aucun rapport avec d'autres. Dans ce cas, si, sous le mot principal, il s'est glissé une erreur, ou qu'on ait omis quelque loi importante, dès que nous nous en serons apperçus ou qu'on nous l'aura fait connoître, on réparera l'omission, & on corrigera l'erreur sous l'article qui aura relation avec celui qui exigera la correction, ou le supplément. Le lecteur ne pourra jamais être induit en erreur, parce que tous les mots qui ont rapport au même objet, se renvoient les uns aux autres, ce qui lui donne la facilité de suppléer par l'un ce qui manque dans l'autre, ou de corriger ce qui est défectueux.

Par exemple, en parlant sous le mot *Annuel*, de l'*Annuel des offices*, j'ai oublié de faire mention des Lettres-patentes du 27 Février 1780, & de l'Arrêt du Conseil du 30 Juillet 1781, qui ont modifié pour un temps la Jurisprudence introduite par l'Edit du mois de Février 1771. Cette omission se trouvera réparée sous les mots *Centième-denier des offices*, *Prêt* & *Paulette*, qui complettent ce qu'il est nécessaire de savoir sur le mot *Annuel*, qui sont indiqués sous le mot même où l'oubli a eu lieu, & qui seront réunis dans le tableau général, parce qu'ils appartiennent à la même matière.

Enfin, pour ne laisser, s'il est possible, aucune imperfection, nous remédierons aux fautes dont la correction n'aura pas été faite, soit par le Vocabulaire universel, soit par le Tableau du Droit qui terminera le Dictionnaire de Jurisprudence.

A, première lettre de notre alphabet, comme elle l'étoit chez les Grecs & les Romains. Elle a été en usage dans la procédure criminelle, & a fait la matière de procès civils; nous nous en servons aussi dans les monnoies.

A. (*Droit criminel.*) Cicéron nommoit cette lettre *salutaire*, parce qu'à Rome, dans les affaires criminelles, l'on distribuoit aux juges trois bulletins: sur le premier étoit inscrit la lettre *A*, qui signifioit *j'absous*, *absolvo*: sur la seconde, la lettre *C*, *je condamne*, *condemno*: sur la troisième, les lettres *N. L. cela n'est pas clair*, *non liquet*. Au moment du jugement, le juge mettoit dans une boëte la lettre qu'il jugeoit à propos, on les comptoit ensuite; & si le nombre des *A* surpassoit celui des *C*, l'accusé étoit renvoyé absous.

Pour procéder ainsi, il faut que le titre de l'accusation soit précis, & que la peine de chaque crime soit clairement infligée par la loi, de manière que les juges n'aient qu'un point de fait à décider, si l'accusé leur paroît coupable du crime qu'on lui impute, & s'il a encouru la peine prononcée par la loi. Que notre jurisprudence est éloignée de cette façon simple de prononcer! Les Anglois l'ont adoptée, & dans leur procédure criminelle, les jurés n'ont à choisir qu'entre ces deux mots, *coupable* ou *non coupable*. Il paroît par le *chap. 15* des Etablissemens de S. Louis, que, conformément aux loix romaines, qu'il avoit fait traduire, on avoit réduit la manière de prononcer des hommes de fief, ou des pairs, seuls juges dans ces temps éloignés, à ces deux mots, *j'absous*, *je condamne*. Pourquoi nous sommes-nous éloignés de cette noble simplicité? est-ce le défaut de notre procédure criminelle? est-ce celui de la législation même, qui n'a point donné des règles assez précises pour déterminer l'espèce des délits, les preuves qui doivent entraîner le suffrage des juges, & les peines dont il doit être puni? C'est sans doute l'un & l'autre; mais nous touchons au moment d'une réforme que réclament également & les philosophes, & les magistrats, & les citoyens éclairés & sensibles. Nous devons l'attendre d'un roi juste & bienfaisant, qui vient d'abolir la question préparatoire, de commuer la peine de mort, prononcée contre les déserteurs, & de porter ses regards paternels sur ces demeures affreuses, où gémissoient pêle-mêle les voleurs, les assassins & les pères de famille qui n'ont pas le moyen de nourrir leurs enfans. *Voyez* ABSOLUTION.

A. (*Droit civil.*) L'interprétation de la lettre *a*, ou pour mieux dire de la préposition *à*, a fait la matière d'un procès jugé au grand-conseil au mois de mars 1682.

Il s'agissoit dans cette affaire d'adjuger la récréance d'un bénéfice entre un résignataire & un pourvu par le collateur ordinaire. Le résignataire avoit pris date sur la résignation faite en sa faveur le 11 août, & le résignant étoit décédé le 31 du même mois.

La difficulté consistoit uniquement à savoir si, dans le délai de 20 jours, requis par la règle de chancellerie, *de infirmis resignantibus*, on devoit compter le jour de la résignation, ou si ce délai ne couroit que du lendemain. Le grand-conseil, en adjugeant le bénéfice au pourvu par le collateur, a décidé que la préposition *à* excluoit du délai de vingt jours, celui où la résignation avoit été passée; & cet arrêt est conforme au sentiment de Rebuffe, de Gomès, & généralement de tous les canonistes: la raison en est que toutes les fois que la préposition *à* fixe un terme ou un délai, le jour du terme n'est pas compris dans le délai, parce que cette préposition, de sa nature, met une séparation entre le jour d'après lequel le délai doit commencer & le délai fixé; d'où il suit que ce jour est exclu du délai. *Voyez* DÉLAI.

A. (*Monnoie.*) François I, par son édit du 14 janvier 1539, a fait revivre l'ancien usage négligé par les maîtres des monnoies, de mettre sur toutes les espèces une lettre particulière de l'alphabet, tant du côté du buste, que du côté de l'écusson. Cependant aujourd'hui on ne grave plus la lettre numismatique, que du côté & au bas de l'écusson. La lettre A désigne les monnoies fabriquées à Paris, & les lettres AA, celles qui ont été fabriquées à Metz. Les anciens faisoient aussi usage des lettres de l'alphabet, pour marquer les villes où chaque pièce de monnoie avoit été frappée. *Voyez* MONNOIE.

A B

ABAEUZ, f. m. *pris adjectivement.* (*Coutume de Poitou*, *art. 299.*) on donne ce nom aux biens vacans, & aux biens de ceux qui décèdent sans laisser d'héritiers lignagers ou testamentaires, qui veulent leur succéder. Ces biens appartiennent, suivant la très-ancienne coutume du Poitou, au bas-justicier, dans la seigneurie duquel les biens sont situés lors du décès. La disposition de la nouvelle coutume est la même que celle de l'ancienne. *Voyez* DESHÉRENCE, BIENS VACANS.

ABAISSEMENT, f. m. (*terme de Monnoie.*) il veut dire la même chose qu'affoiblissement. On affoiblit les monnoies, soit en diminuant, soit en haussant leur prix; on les affoiblit encore en en altérant la matière, ou en augmentant les remèdes de poids & d'aloi.

Plusieurs de nos rois, pressés par des circonstances fâcheuses, ont eu recours à ce moyen funeste, pour se procurer des secours pécuniaires; mais on a toujours reconnu que si l'altération des monnoies procuroit un avantage momentané au souverain, il ruinoit le peuple, appauvrissoit l'état & faisoit fuir le commerce, que le rétablissement de la monnoie, dans son intégrité, ne rappelloit qu'avec peine, & en partie; aussi presque tous les gouvernemens de l'Europe ont-ils pris le sage parti de ne plus altérer leurs monnoies. *Voyez* AFFOIBLISSEMENT.

ABALIÉNATION, s. f. dans le *droit romain*, signifie une sorte d'aliénation par laquelle les effets qu'on nommoit *res mancipi*, étoient transférés à des personnes en droit de les acquérir, ou par une formule qu'on appelloit *traditio nexu*, ou par une renonciation qu'on faisoit en présence du magistrat.

Ce mot est composé de *ab*, & *alienare*, aliéner. Les effets qu'on nomme ici *res mancipi*, & qui étoient l'objet de l'*abaliénation*, comprenoient les bestiaux, les esclaves, les terres & autres possessions dans l'enceinte des territoires de l'Italie. Les personnes en droit de les acquérir étoient les citoyens romains, les Latins, & quelques étrangers à qui on permettoit spécialement ce commerce. La transaction se faisoit, ou avec la cérémonie des poids, & l'argent à la main, ou bien par un désistement en présence d'un magistrat.

Cette manière d'aliéner n'a jamais été en usage dans les pays de droit coutumier : elle ne l'est même pas dans les parties de la France qui sont régies par le droit romain.

ABANDON, s. m. (*terme de Droit & de Police.*) c'est l'état dans lequel se trouve une personne à qui on refuse les secours dont elle a besoin. *Abandon* & *abandonnement* pourroient paroître synonymes; mais *abandon* se dit particuliérement des personnes, & *abandonnement* des choses.

Les loix romaines défendoient aux pères & mères d'abandonner leurs enfans : elles regardoient comme homicide, le père qui se rendoit coupable de ce délit : elles enjoignoient également aux enfans de prendre soin de leurs père & mère, & leur défendoient de les abandonner : elles remettoient sous la puissance du patron l'affranchi qui l'avoit laissé sans secours dans son indigence.

Nous ne connoissons parmi nous que l'édit de Henri II, qui parle de l'abandon des enfans, fait par les pères & mères qui exposent ou font exposer leurs enfans pour en être débarrassés, soit qu'ils ne puissent pas les nourrir, soit que la mère ait voulu cacher sa honte ou sa foiblesse : l'édit prononce, dans ce cas, la peine de mort contre les pères & mères. On trouve aussi une ordonnance de police du 17 mai 1726, qui, en renouvellant les défenses aux pères & mères, de laisser courir & vaguer leurs enfans dans les rues, leur enjoint de les contenir, & d'empêcher qu'ils n'insultent les passans, à peine des dépens, dommages & intérêts, même d'amende arbitraire.

Nous n'avons aucune loi précise qui prévienne, ou qui punisse l'abandon des parens. Tous les jours nos tribunaux retentissent des gémissemens des pères & mères qui demandent à des enfans devenus riches, une pension alimentaire, qu'ils ont la dureté de refuser, & que la justice n'accorde souvent qu'avec trop de modicité. Nos prisons renferment beaucoup de malheureux, qui abandonnés dès leur plus tendre jeunesse par leurs parens, sans état, sans aucun moyen de subsister, se sont laissés entraîner dans le crime, & finissent leur carrière dans l'horreur des supplices.

Prévenez, par des loix sages, les crimes que la loi ne doit punir qu'à regret; flétrissez les enfans dénaturés qui refusent de payer la première & la plus légitime des dettes, celle de nourrir leurs parens, selon l'état & les biens qu'ils ont acquis. Mais veillez, en même tems, par une ordonnance juste & équitable, à ce que les pères & mères n'abandonnent pas leurs enfans, dans cet âge sur-tout où l'inexpérience & la fougue des passions les conduisent dans le déréglement & dans le crime, lorsqu'ils ne sont plus retenus par le frein de l'autorité paternelle. C'est un moyen sûr de diminuer la masse des crimes, & d'aracher au glaive de la justice une partie des victimes qu'elle immole chaque jour à la sûreté publique.

Quelques tribunaux, il est vrai, ont osé suppléer au silence du législateur, en ce point. On trouve un arrêt du premier mars 1691, du parlement de Paris, & un autre du parlement de Dijon du 7 juillet 1729, qui ont confirmé des mariages faits sans le consentement des pères & mères, sur le motif seul, qu'ils avoient abandonné leurs enfans. Le parlement de Paris a, sur le même fondement, autorisé la séparation de la femme Delpech, par arrêt du 7 septembre 1779, parce que son mari l'avoit abandonnée depuis dix ans. Mais combien est insuffisante cette espèce de peine, qui dépend de la volonté du juge, sans être soutenue d'aucune loi positive!

ABANDON, plainte d' (*Coutume de Hainault, chap. 68.*) c'est le nom qu'elle donne à l'acte qu'un débiteur constitué prisonnier fait signifier à ses créanciers, pour obtenir son élargissement, & par lequel il requiert le bénéfice de cession. *Voyez* CESSION.

ABANDON, (*terme de Coutume.*) celle de Meaux & quelques autres se servent du terme d'*abandon*, pour désigner des bestiaux laissés sans gardes dans les bois & les pâturages défensables. Suivant l'article 180 de la coutume de Meaux, les propriétaires des bestiaux ainsi abandonnés, sont amendables de soixante sols tournois. *Voyez* AGASTIS.

ABANDONNÉ, adj. se dit, *en Droit*, des biens auxquels le propriétaire a renoncé sciemment & volontairement, & qu'il ne compte plus au nombre de ses effets.

On appelle aussi *abandonnées*, les terres d'où la mer s'est retirée, qu'elle a laissées à sec, & qu'on peut faire valoir.

Les loix romaines accordoient la légitime possession des choses abandonnées, à ceux qui les recueilloient, sur le fondement de la loi naturelle, qui donne la propriété d'une chose qui n'appartient à personne, à celui qui la trouve & qui s'en empare le premier.

En France, les meubles abandonnés sont mis au rang des épaves, qui appartiennent au seigneur, dans l'étendue de la justice duquel ils ont été trouvés. A l'égard des immeubles, s'ils peuvent être abandonnés, ils retournent au seigneur du fief, qui en a le domaine direct, & à son défaut ils appartiennent au roi. La prescription pour les choses abandonnées, ne peut avoir lieu, que lorsque le propriétaire s'en est dépouillé par parole, ou par action positive: mais, on le présume toutes les fois qu'il néglige de les rechercher, & de les revendiquer dans les délais que la loi accorde pour acquérir la prescription. *Voyez* ABANDONNER.

ABANDONNEMENT, s. m. (*Droit civil.*) c'est l'action par laquelle on délaisse volontairement ou forcément des biens dont on est propriétaire ou possesseur.

Les coutumes se servent à-peu-près, dans la même signification, des termes de *délaissement*, *désistement*, *déguerpissement* & *abandonnement*; cependant ces mots ne sont pas exactement synonymes, & il existe entre eux des différences. Le mot *abandonnement* est générique: il contient sous lui ceux de *délaissement*, *désistement* & *déguerpissement*; & il a en outre une acception particulière, pour désigner l'abandon des biens, fait par un débiteur à ses créanciers.

Désistement se dit proprement de la cession d'un bien, d'un héritage, d'un immeuble, faite par un tiers-détenteur, en faveur du propriétaire qui s'est fait reconnoître.

Le délaissement a lieu lorsqu'un tiers-détenteur assigné en déclaration d'hypothèque, cède au créancier hypothécaire l'immeuble sur lequel est assise son hypothèque, pour qu'il le vende & en applique le prix à l'acquittement de sa dette, afin d'être entièrement déchargé envers lui.

Le déguerpissement s'opère, lorsque le possesseur abandonne un héritage trop chargé de cens ou de rentes, pour se libérer de la prestation de ces charges. *Voyez les mots* DÉLAISSEMENT, DÉSISTEMENT, DÉGUERPISSEMENT.

L'*abandonnement*, suivant l'acception particulière qu'il reçoit en droit, & que nous avons remarquée ci-dessus, est un acte par lequel le débiteur cède ses biens à ses créanciers, pour qu'ils les vendent, & que le prix distribué entre eux, serve à payer leurs créances respectives.

Abandonnement de biens.

L'*abandonnement* se fait par un contrat, ou en justice; il est ou volontaire ou forcé: volontaire, lorsqu'il se fait du consentement du débiteur & des créanciers, ou de la majeure partie d'entre eux, pour éviter les frais d'une discussion judiciaire: il est forcé lorsqu'il se fait par l'autorité de justice, malgré l'opposition des créanciers, en vertu du bénéfice de la loi, qu'on nomme *bénéfice de cession*.

On doit conclure de ceci, qu'*abandonnement* & *cession* de biens sont souvent synonymes, & qu'il n'y a entre eux de différence, qu'en ce que le premier se dit plutôt d'un acte volontaire, fait par un citoyen, qui n'est pas sujet à la contrainte par corps: & que le second est un acte forcé, auquel le négociant ou financier, déjà emprisonné, ou qui craint de l'être, a recours pour obtenir sa liberté ou sa tranquillité, en cédant tout ce qu'il peut avoir. Nous parlerons au *mot* CESSION, des formes & des effets de l'acte d'*abandonnement*. Nous nous contenterons de remarquer succinctement ce qui a rapport à l'abandon volontaire.

L'*abandonnement* volontaire a été introduit pour éviter l'embarras & les frais d'une discussion judiciaire, & pour mettre en sûreté les intérêts du débiteur & ceux de ses créanciers. Il n'est pas regardé comme une vente, il ne donne pas aux créanciers, en faveur de qui il est fait, la propriété des biens abandonnés: elle réside toujours sur la tête du débiteur, qui peut, jusqu'au moment de l'adjudication, en reprendre la possession, sans aucune formalité, s'il lui survient un moyen de se libérer & de payer ses créanciers. Aussi le contrat d'*abandonnement* ne donne ouverture, ni au paiement des lods & ventes, ni à celui du centième denier, ni même à celui du demi-centième denier, pour la perception des revenus, faite par la direction des créanciers.

L'*abandonnement* vis-à-vis les créanciers, ne doit être regardé que comme un simple pouvoir de tenir sous leur main les biens abandonnés, de les régir & de les vendre conjointement avec le débiteur, ou même sans lui. Mais ce pouvoir est irrévocable de la part du débiteur, à moins qu'il ne satisfasse d'une autre manière à ses créanciers; & la raison en est, que cette espèce de procuration est regardée comme une convention faite à titre onéreux, qui doit être obligatoire de part & d'autre. Les créanciers sont procureurs constitués dans leur propre affaire, & les loix disent que celui qui est intéressé personnellement dans une affaire pour laquelle on lui a donné une procuration, est regardé comme une sorte de propriétaire, qu'on ne peut priver du droit de disposer de la chose, conformément aux conventions faites avec lui.

L'*abandonnement* des biens ne libère le débiteur, que jusqu'à concurrence de la valeur des biens abandonnés, à moins que ses créanciers n'aient accepté librement son abandon, & ne lui aient fait remise du surplus de leurs créances: ainsi, lorsqu'après l'*abandonnement*, il lui survient d'autres biens, soit par donation, succession ou autrement, ses créanciers sont en droit de le forcer au paiement de ce qui n'a pas été acquitté; tout ce que le débiteur peut obtenir, si le bien est un peu considérable, c'est une pension à titre d'aliment.

Le débiteur ne peut même pas renoncer, au préjudice de ses créanciers, aux successions qui peuvent lui écheoir. S'il le fait, ils ont le droit, à leurs risques & périls, de faire annuller ses renonciations, & de le rendre héritier malgré lui. C'est la disposition de l'article 278 de la coutume de Normandie, qui doit faire, à cet égard, le droit commun, parce qu'elle est fondée sur la raison & l'équité, afin que le débiteur n'ait pas le droit de nuire à ses créanciers; c'est une juste exception à la règle de droit, qui veut que *nul ne soit héritier malgré lui*. Telle est aussi la disposition des loix romaines, & telle est la jurisprudence de tous les tribunaux. *Voyez* le titre du Digeste, *quæ in fraudem credit. fac. sunt ut restituant*.

Il est essentiel de remarquer, que l'abandon ou cession de biens fait volontairement, n'emporte pas toujours acte d'infamie, comme on le pense assez communément.

Il faut distinguer entre un commerçant qui fait faillite, & un particulier qui, sans faire le négoce, devient insolvable. Dans le premier cas, l'*abandonnement*, qui est alors réellement ce qu'on entend par le mot de *cession*, est un acte qui laisse une tache sur le débiteur, & qui l'empêche d'être admis dans aucune espèce de charges; par la raison que le commerçant est au moins suspect d'une négligence blâmable, de n'avoir pas apperçu l'état de ses affaires, & d'avoir, par l'appât du gain, fait des entreprises imprudentes, au-dessus de ses forces & de ses ressources.

Dans le second cas, comme le débiteur n'a rien entrepris, & que son insolvabilité n'est que la suite de dépenses, ou de pertes qu'il étoit difficile de prévoir; il reste dans la classe des débiteurs ordinaires, il demeure sans reproches: & c'est particulièrement dans cette espèce que l'on se sert du terme d'*abandonnement de biens*, pour ne pas confondre ce débiteur avec un cessionnaire.

On voit tous les jours des nobles, des militaires & d'autres personnes d'un état honnête, obligés d'abandonner leurs biens à leurs créanciers, sans qu'il en résulte contre eux aucune note d'infamie.

Il en seroit de même des caissiers, commis, secrétaires ou autres personnes d'un état dépendant, qui par facilité, auroient souscrit, accepté, endossé des billets ou effets pour le compte de leurs commettans, sans être leurs associés, & sans avoir participé au prix de ces effets. Ces caissiers, commis ou secrétaires, qui, à défaut du paiement de leurs billets, se trouveroient forcés d'abandonner leurs biens, n'encourroient aucune note d'infamie, ils seroient toujours *integri statûs*, parce qu'on ne peut rien leur imputer de personnel.

Abandonnement, (*Droit canonique.*) L'*abandonnement* en matière de bénéfice, est le renoncement que le possesseur d'un bénéfice en fait, soit expressément, soit tacitement. L'*abandonnement* est exprès, lorsque le bénéficier fait un acte de cession de son bénéfice, ou qu'il se marie, ou qu'il accepte un bénéfice incompatible: il est tacite, lorsque le bénéficier ne réside pas, ne dessert pas le bénéfice, ou quitte l'habit clérical.

Quand l'*abandonnement* est exprès, le bénéfice vaque de droit & de fait, & le collateur peut y nommer de plein droit; mais dans l'*abandonnement* tacite, la vacance n'est que de fait, & pour faire vaquer de droit le bénéfice & mettre le collateur dans le cas de le conférer, il faut faire au bénéficier les monitions canoniques, pour l'avertir de reprendre ses fonctions, ou de porter l'habit convenable à son état. Ces monitions doivent être faites à la requête du promoteur; & si après la seconde, le titulaire ne paroît pas, le promoteur le dénonce au juge royal qui, sur la requête du procureur du roi, fait saisir les fruits du bénéfice.

Abandonnement, (*Droit maritime.*) c'est un acte par lequel le propriétaire d'un navire qui a péri ou qui a été pris par l'ennemi, en fait le délaissement aux assureurs. Une simple avarie arrivée aux marchandises ne donne pas lieu à l'*abandonnement*: l'assureur n'est tenu que des dommages & intérêts de l'assuré. L'ordonnance de la marine de 1681, liv. 3, tit. 6, traite fort au long de l'*abandonnement* qu'elle appelle toujours *délaissement*.

Lorsque l'assuré reçoit des nouvelles de la perte ou de la prise de son vaisseau, il doit en donner avis à l'assureur par une signification, avec protestation de faire l'*abandonnement* ou le délaissement en tems & lieu. L'*abandonnement* ne se fait pas tout de suite, parce qu'il peut arriver que la nouvelle soit fausse, & que, dans le cas où elle le seroit, l'*abandonnement* occasionneroit à l'assuré la perte réelle du bénéfice qu'il espéroit retirer de sa spéculation.

La signification du délaissement doit être faite plutôt ou plus tard, suivant l'éloignement des lieux où la perte du vaisseau a été faite. L'ordonnance, au titre cité, *art. 48*, règle les délais pour former les demandes en exécution des polices, à raison de la distance des lieux.

Le contrat d'assurance est individuel, &, par cette raison, l'*abandonnement* doit être fait pour tout ce qui a été assuré, quoiqu'il n'y en ait eu qu'une partie de perdue. Mais s'il y a deux polices d'assurance, l'assuré peut abandonner les objets compris dans l'une, & non ceux de l'autre, quand bien même les deux parties auroient été assurées par les mêmes assureurs.

Dès que l'*abandonnement* est parfait, l'assuré doit remettre aux assureurs tous les actes justificatifs du chargement; car l'effet de l'*abandonnement* est de donner à l'assureur la propriété de tous les effets assurés, & de l'obliger à en payer le prix porté par la police d'assurance. *Voyez* Assurance.

Abandonnement au bras séculier. (*Droit ecclés. criminel.*) c'est l'acte par lequel un criminel condamné par le juge ecclésiastique est livré au juge laïque, pour être par lui jugé suivant les loix, & subir les peines que l'église ne prononce pas.

Suivant le droit canonique, un clerc coupable d'un crime grave, tel que l'hérésie, le vol, &c. doit être déposé par le juge d'église: si la déposition ne le corrige pas, on doit l'anathématiser; & si après cette punition, il persiste encore dans le crime, on le dégrade en lui ôtant toutes les marques de l'état eccléſiaſtique ; enſuite on l'abandonne au bras ſéculier, c'eſt-à-dire, qu'on le livre aux juges laïques pour lui faire ſubir une punition corporelle.

Cette forme de procéder ſubſiſtoit en France, lorſque les inquiſiteurs de la foi y exerçoient leur juriſdiction : elle fut obſervée entre autres dans la condamnation des templiers ; mais on trouve pluſieurs exemples d'eccléſiaſtiques exécutés, ſans dégradation préalable : Louet & Leprêtre en citent des années 1398 & 1420.

Aujourd'hui, cette formule d'abandon au bras ſéculier n'a plus lieu, depuis que la dégradation ſolemnelle n'eſt plus en uſage. Si un eccléſiaſtique ſe rend coupable d'un crime qui ne ſeroit pas aſſez puni par une peine canonique, l'inſtruction de ſon procès doit ſe faire par le juge d'égliſe & par le juge laïque, & il ſubit la peine à laquelle il eſt condamné, ſans être préalablement dégradé : on penſe avec Van-Eſpen & d'Héricourt, que les coupables ſont dégradés, *ipſo facto & ipſo jure*, par leurs propres crimes. *Voyez* DÉGRADATION, CAS PRIVILÉGIÉ.

ABANDONNER, v. a. c'eſt en général laiſſer une choſe vacante. Dans l'article *abandonné*, nous avons déjà dit que les choſes abandonnées, ſuivant le droit romain, appartiennent à ceux qui s'en emparent, & que, conformément à notre droit coutumier, elles appartenoient aux ſeigneurs ; mais ils n'exercent leur droit ſur les immeubles, qu'après un certain tems. La coutume d'Auxerre l'a fixé à dix ans entre âgés & non privilégiés : celle de Nivernois accorde au propriétaire la faculté de réclamer ſon bien pendant trente ans, mais ſans répétition des fruits perçus par le ſeigneur.

ABANDONNER ſes biens, c'eſt l'action par laquelle un débiteur cède à ſes créanciers les biens qu'il poſſède, pour être quitte envers eux de ce qu'il leur doit. *Voyez* ABANDONNEMENT.

ABANNATION, ſ. f. (*Droit romain.*) chez les Grecs & chez les Romains on donnoit ce nom à un exil d'un an, que ſubiſſoit tout homicide involontaire. On pouvoit ſe racheter de cette peine en traitant avec la perſonne bleſſée, avant ſa mort, ou avec ſes heritiers, & en offrant aux dieux un ſacrifice expiatoire. Il paroît que l'objet de la loi étoit d'éloigner pour quelque tems des regards du public & de la famille du mort, celui qui avoit donné ou occaſionné la mort d'un citoyen.

Nous n'avons, dans notre procédure criminelle, aucune eſpèce de peine prononcée contre l'homicide involontaire ; mais le reſpect pour la vie des hommes aſſujettit parmi nous le meurtrier à recourir à la grace du prince, que l'on obtient dans les petites chancelleries, à la charge ordinairement de quelques aumônes, & de faire dire des meſſes pour l'ame du défunt.

La loi de Moïſe avoit déſigné certaines villes d'aſyle pour celui qui en tuoit un autre involontairement : il n'en pouvoit ſortir qu'à la mort du grand-prêtre.

Chez les Saxons & chez les Goths occidentaux l'homicide involontaire payoit une amende aux parens du mort. En Angleterre, la loi même abſout le meurtrier, en déclarant le meurtre involontaire ; il n'en coûte au délinquant que les frais néceſſaires pour lever la ſentence d'abſolution ; quelquefois même les jurés l'affranchiſſent de tout droit.

Ces différentes peines infligées chez les nations policées aux meurtriers involontaires, tendent à rendre l'homicide plus odieux, & l'homme plus circonſpect & plus économe du ſang de ſon ſemblable, en faiſant connoître que le meurtre, même involontaire, laiſſe toujours après lui quelque tache qu'il faut effacer.

ABATELLEMENT, ſ. m. (*Commerce.*) terme uſité parmi les commerçans François, dans les échelles du Levant, pour exprimer une ſentence du conſeil, qui interdit le commerce à ceux qui déſavouent leurs marchés, ou refuſent de payer leurs dettes. Cette interdiction eſt obſervée avec la plus grande rigueur, de manière qu'il n'eſt pas permis à ceux contre leſquels elle eſt prononcée, d'intenter aucune action contre leurs débiteurs, juſqu'à ce qu'ils aient ſatisfait au jugement du conſeil, & que l'*abatellement* ſoit levé : ce qui n'a lieu qu'après que le condamné a payé ce qui lui a été preſcrit par l'*abatellement.*

ABATTAGE, ſ. m. (*Eaux & Forêts.*) ce terme ſignifie, entre marchands de bois, la peine & les frais pour abattre les bois qui ſont ſur pied.

Les frais d'*abattage* ſont à la charge de l'acheteur, à moins qu'il n'y ait une convention au contraire.

ABATTIS, ſ. m. (*Eaux & Forêts.*) ce terme ſe dit de la coupe d'un bois ou d'une forêt. Tout ce qui a rapport aux *abattis* eſt du reſſort des juriſdictions des eaux & forêts. Les *abattis* des baliveaux, défendus par les ordonnances, doivent être conſtatés par la viſite des gruyers, verdiers & juges des forêts, qui doivent la faire de quinze jours en quinze jours.

ABATTIS, (*Police.*) c'eſt le lieu où les bouchers tuent leurs beſtiaux. Anciennement les *abattis* ou tueries étoient hors de Paris : les tolérer au ſein des grandes villes eſt un abus fort dangereux. Pour en arrêter les progrès, les ordonnances & les réglemens de police des années 1557, 1577, 1637, 1663, 1667, 1668, 1678, 1703 & 1729 défendent aux bouchers d'établir de nouveaux *abattis* & de nouvelles fonderies, ſans la permiſſion du lieutenant de police ; de jetter aucunes tripailles, boyaux ou ſang de bêtes dans les rues ou dans les égouts, à peine de 24 livres d'amende : ils leur ordonnent de porter hors de la ville, dans les voiries indiquées, le ſang & les excrémens de leurs beſtiaux, de mettre à leurs égouts des grilles ferrées, afin qu'il n'y puiſſe paſſer que de l'eau blanche & rouſſe, ſur laquelle ils doivent jetter de tems en tems de l'eau claire pour faciliter l'écoulement dans les ruiſſeaux : ils doivent auſſi vuider tous les jours, & faire tranſporter aux voiries les eaux ſales de leurs tines & puisarts, depuis sept heures du soir jusqu'à deux heures du matin.

On appelle encore *abattis*, la tête, les pieds, le foie, le cœur & les boyaux de bœufs & de moutons, que les bouchers vendent crus & en gros à des gens qu'on appellent *cuiseurs*, qui les nettoient, les apprêtent, les font cuire, & les revendent aussi en gros à des gens qui les distribuent en détail.

Par des lettres-patentes du 7 janvier 1763, enregistrées au parlement le 7 janvier 1764, le roi a accordé à une compagnie le privilège exclusif de la cuisson des *abattis*, & lui a permis de s'établir dans l'isle des Cygnes. Plusieurs réglemens de police défendent aux cuiseurs de prendre des bouchers & de vendre des *abattis* gâtés ou corrompus: ils fixent aussi les frais de la cuisson & le prix que les *abattis* peuvent être vendus, soit en gros aux tripières, soit par elles en détail.

ABATTRE, v. a. (*Eaux & Forêts.*) Il est défendu par l'ordonnance de 1669, d'*abattre* dans les forêts du roi les gland, faîne & autres fruits des arbres, de les amasser & de les emporter, même sous prétexte d'usage ou autrement, à peine de 100 liv. d'amende. Il est pareillement défendu de rompre & d'*abattre* des arbres, de couper, arracher & emporter des branchages ou feuillages des forêts du roi, ou des bois des particuliers, sous prétexte de noces, fêtes ou confrairies, à peine d'amende, de restitution & des dommages & intérêts, selon le tour & qualité des bois.

Ceux qui *abattent* des arbres plantés le long des grands chemins, doivent être condamnés à une amende de 60 livres pour la première fois, & au fouet pour la seconde.

Les arbres doivent être abattus de façon à ne pas endommager ceux qu'on destine à rester sur pied, à peine des dommages & intérêts contre les marchands qui les ont exploités, soit qu'on les *abatte* dans les forêts du roi, ou dans les bois des ecclésiastiques & des particuliers.

ABATTRE, (*terme de Pratique.*) Nos anciens praticiens se servoient de ce mot dans le même sens qu'*abolir*. Quelquefois ils l'employoient dans la signification de *rabattre* & de *diminuer*. On le trouve dans Beaumanoir en ce dernier sens.

ABBAT LAÏQUE, ou ABBÉ LAÏQUE, (*Droit coutumier.*) La coutume de Bearn donne ce nom à ceux qui possèdent les dixmes des paroisses & qui présentent aux cures.

Les maisons auxquelles ces droits sont annexés, se trouvent ordinairement près des églises : elles sont pour la plupart nobles & exemptes de tailles, de même que les terres appartenant aux abbayes.

Ragueau dit que les possesseurs de ces dîmes se firent ainsi appeller autrefois à l'exemple des grands seigneurs de France qui prenoient la qualité d'abbés à cause des abbayes qu'ils possédoient. Ce qui fortifie cette opinion, c'est qu'anciennement en Béarn & dans les pays voisins, les cures étoient appellées abbayes, comme on peut le voir dans l'*ancien for* de Navarre où elles sont désignées sous le nom d'*abbadiados*. Voyez *la coutume de Béarn*; & Marca, dans son *histoire de Béarn*.

ABBAYE, s. f. monastère ou maison religieuse, gouvernée par un supérieur, qui prend le titre d'*abbé* ou d'*abbesse*. *Voyez* ABBÉ, *&c.*

Les *abbayes* diffèrent des prieurés en ce qu'elles sont sous la direction d'un abbé; au lieu que les prieurés sont sous la direction d'un prieur: mais l'abbé & le prieur (nous entendons l'abbé conventuel) sont au fond la même chose, & ne diffèrent que de nom. *Voyez* PRIEUR.

Fauchet observe que dans le commencement de la monarchie françoise, les ducs & les comtes s'appelloient *abbés*, & les duchés & comtés, *abbayes*. Plusieurs personnes de la première distinction, sans être en aucune sorte engagées dans l'état monastique, prenoient la même qualité. Il y a même quelques rois de France qui sont traités d'*abbés* dans l'histoire. Philippe I, Louis VII, & ensuite les ducs d'Orléans, prirent le titre d'*abbés* du monastère de S. Agnan. Les ducs d'Aquitaine sont appellés *abbés* du monastère de S. Hilaire de Poitiers, & les comtes d'Anjou, de celui de S. Aubin, *&c.* mais c'est qu'ils possédoient en effet ces *abbayes*, quoique laïques; car du tems de Charles Martel, & avant lui, nos rois avoient introduit l'usage de donner les *abbayes* & autres bénéfices aux laïques, pour les récompenser de leurs services; mais aujourd'hui les ecclésiastiques seuls ont droit aux biens de l'église.

ABBAYE se prend aussi pour le bénéfice même, & le revenu dont jouit l'abbé. Ce mot se prend encore pour le quartier de la maison affecté pour le logement de l'abbé ou de l'abbesse.

Le tiers des meilleurs bénéfices d'Angleterre étoit anciennement, par la concession des papes, approprié aux *abbayes* & autres maisons religieuses: mais, sous Henri VIII, ils furent abolis, & devinrent des fiefs séculiers.

Les *abbayes* sont *régulières* ou en *commende*; les *abbayes* régulières ou en règle, sont celles dont l'abbé est religieux de l'ordre & en porte l'habit: les *abbayes* en commende, sont celles dont l'abbé est un ecclésiastique qui n'est pas religieux de l'ordre.

Les *abbayes* de l'un & l'autre sexe tiennent le premier rang entre les bénéfices réguliers.

Les *abbayes* de France sont toutes à la nomination du roi, à l'exception d'un petit nombre; savoir, parmi les *abbayes* d'hommes, celles qui sont chefs-d'ordre, comme Cluny, Cîteaux avec ses quatre filles, *&c.* & quelques autres de l'ordre des Prémontrés, & parmi les *abbayes* de filles, celles de Sainte-Claire, où les religieuses, en vertu de leur règle, élisent leur abbesse tous les trois ans. On peut joindre à ces dernières celles de l'ordre de Saint-Augustin, qui ont conservé l'usage d'élire leur abbesse à vie, comme les chanoinesses de Saint-Cernin à Toulouse.

Les Bénédictins de la réforme & congrégation

de Saint-Maur, depuis l'union de leurs congrégations, avoient toujours joui du droit d'élire les abbés de Chezal-Benoît, de Saint-Sulpice de Bourges, Saint-Alyre de Clermont, Saint-Vincent du Mans & de Saint-Martin de Séez. Ce droit d'élection leur avoit été accordé ou confirmé par une bulle d'Urbain VIII, & par des lettres-patentes de Louis XIII, enregistrées au grand-conseil: mais, par arrêt du parlement de Paris du premier septembre 1764, ces *abbayes* ont été déclarées sujettes à la nomination du roi, comme toutes les autres prélatures du royaume. Le même arrêt a soumis à la même règle l'*abbaye* de Saint-Augustin de Limoges; sur la maxime certaine en France, que le roi ne doit aliéner aucun des droits de sa couronne, que la renonciation qu'il en fait ne peut préjudicier à son successeur, & que le droit de nomination aux bénéfices consistoriaux est un droit de la couronne, qui lui est essentiellement attaché, & dans l'exercice duquel il peut toujours rentrer.

En Flandres & en Artois les *abbayes* sont régulières & électives-confirmatives, soit par les évêques, soit par les chefs-d'ordre. Les religieux, en présence des commissaires nommés par le roi, élisent librement trois sujets qu'ils présentent au roi, qui en choisit un, & l'évêque ou le chef-d'ordre le confirme.

L'*abbaye* de Sainte-Geneviève de Paris a conservé, depuis la réforme qu'on y a introduite, l'élection de son abbé; elle se fait tous les trois ans, en vertu des lettres-patentes données à Saint-Germain-en-Laie au mois de novembre 1626.

Il y a eu autrefois de longs débats entre la cour de Rome & celle de France pour la nomination aux *abbayes;* mais enfin, par le concordat entre Léon X & François I, les rois de France ont la nomination aux *abbayes* de leur royaume, du consentement des papes: ils prétendent cependant que, sous la dénomination d'*abbayes* dans le concordat, celles de filles ne doivent pas y être comprises; mais nos rois y ont toujours nommé depuis. La cour de Rome, qui ne se départit jamais de ses prétentions, insère toujours dans les provisions qu'elle fait expédier, une clause qui suppose le consentement des deux tiers de la communauté, donné par ballottes; mais, quoique la prise de possession se fasse en vertu de ces provisions, on n'a aucun égard à la clause.

Si le pape refusoit, sans cause légitime, des bulles au nommé par le roi à une *abbaye*, il doit alors s'adresser au grand-conseil, qui nomme un évêque du royaume pour accorder les provisions nécessaires, qui ont le même effet que les bulles de cour de Rome. Les provisions, ainsi que les bulles, doivent être obtenues, suivant l'ordonnance de Blois, dans les neuf mois qui suivent la nomination; car sans cela, le nommé perdroit son droit à l'*abbaye*, à moins qu'il ne justifie de diligences valables & suffisantes, faites par lui.

Dans les *abbayes* d'hommes où l'élection a lieu, il faut que celui qui est élu soit âgé au moins de vingt-cinq ans; parce que le concordat n'a dérogé aux constitutions canoniques pour l'âge des abbés, qu'en faveur de la nomination royale, & que l'ordonnance de Blois déjà citée, veut que ces constitutions soient observées dans le cas d'élection. Cette même ordonnance, *art. 1*, fixe à un mois l'intervalle qu'il doit y avoir entre la vacance d'une *abbaye*, & la nomination d'un nouvel abbé faite par le roi.

Avant la déclaration du roi, du 30 août 1735, la jurisprudence étoit incertaine sur la question de savoir qui devoit nommer aux bénéfices auxquels l'abbé auroit nommé, si l'*abbaye* n'eût pas été vacante; mais cette déclaration & celle du 3 septembre 1780 règlent cet objet. Elles attribuent la nomination de ces bénéfices à l'ordinaire dans le diocèse duquel sont situés ceux qui viennent à vaquer, tant que le siège abbatial n'est pas rempli.

Les mêmes déclarations conservent aux religieux le droit qu'ont quelques-uns de nommer alternativement avec l'abbé. L'ordinaire ne peut exercer que les droits que l'abbé exerceroit lui-même: & dans le cas de vacances des évêchés ou archevêchés, les bénéfices dont la collation doit appartenir aux évêques, tombent en régale, & il y est pourvu par le roi.

Les *abbayes* triennales sont assujetties à l'indult du parlement, comme les chapitres & communautés, à chaque mutation de règne.

Quand il s'agit de séculariser une *abbaye*, ou une autre communauté régulière, l'usage qu'on observe en France est d'obtenir du roi, qui est le conservateur des maisons religieuses, un brevet qui permette de solliciter à Rome la sécularisation: sur ce brevet, le pape accorde une bulle qu'on fait homologuer au parlement en vertu de lettres-patentes. Telle est la forme qu'ont suivie les chapitres de Luçon & de Nismes, lorsqu'on les a sécularisés.

Les membres d'une *abbaye* ou autre communauté régulière sécularisée, qui ont fait les vœux solemnels avant la sécularisation, ne peuvent succéder à leurs parens, comme divers arrêts du grand-conseil l'ont décidé; mais l'usage est de permettre à ceux qui ont été ainsi sécularisés, de tenir des bénéfices séculiers & de laisser recueillir leurs successions par leurs parens.

Les biens d'une *abbaye* se divisent en trois lots, dont l'un est pour l'abbé, le second pour les religieux & le troisième pour les charges.

Quoique la jurisprudence du royaume varie sur les charges qui doivent être acquittées par le tiers-lot, cependant on convient assez généralement que l'on doit y prendre les charges foncières, telles que les censives & les droits envers les seigneurs des fiefs d'où relèvent les terres; les portions congrues des curés & des vicaires au paiement desquels les dîmes sont spécialement affectées; les réparations des églises, des paroisses, où les abbés & les religieux sont décimateurs; les réparations &

réédifications de l'église abbatiale & des lieux réguliers.

Lorsque l'office de sacristain est en titre, il supporte les charges qui regardent la célébration de l'office divin, & le tiers-lot supporte le supplément; si cet office n'est pas en titre, le tiers-lot supporte ces charges en entier. Il en est de même des aumônes établies par les fondations, ou par une ancienne coutume avant le partage des menses. Le parlement remet ces aumônes à la conscience des abbés; mais le grand-conseil les oblige à donner aux religieux une certaine somme, suivant le revenu de l'*abbaye*, pour l'acquit de ces aumônes.

Lorsqu'il a été fait une fois un partage canonique des biens de l'*abbaye* entre l'abbé & les religieux, les autres actes qu'ils passent ensuite pour changer ou céder le tout ou partie des biens dont ils jouissent, sont sujets aux droits ordinaires. C'est d'après ce principe qu'un arrêt du conseil du 10 octobre 1752 a condamné les religieux de l'abbaye de Marmoutiers à payer le centième denier des biens que l'archevêque de Tours leur avoit abandonnés, moyennant une rente annuelle: ces biens étoient auparavant communs entre la mense abbatiale unie à l'archevêché de Tours & la mense conventuelle; ainsi on a jugé que ces biens n'avoient été attribués à la mense des religieux que par une véritable aliénation dont la rente annuelle étoit le prix.

Un autre arrêt du conseil du 25 mai 1756, a ordonné, d'après le même principe, que les droits de contrôle & de centième denier d'un échange fait en 1751, entre les religieux d'Honnecourt & leur abbé, des biens dont ils jouissoient divisément en vertu d'un partage de 1679, seroient payés sur le pied de la valeur entière des biens échangés.

Mais un arrêt du 29 janvier 1776, ordonne que les baux des menses abbatiales ou prieurales, faits par les abbés ou prieurs, en faveur de leurs religieux, seront affranchis du droit de nouvel acquêt, soit qu'ils soient passés pour le terme de neuf ans, ou au-dessus, soit pour avoir lieu pendant la vie des abbés ou prieurs. Cet arrêt est conforme à l'équité & à la nature des baux, qui ne sont pas des actes translatifs de propriété, ils déterminent seulement la manière de jouir; & la propriété indivisible entre les chefs & les membres, reste toujours la même.

Les biens aliénés d'une *abbaye* se remettent en partage, sans que les religieux puissent prétendre aucun remboursement, lorsque l'aliénation a été faite par des baux emphytéotiques, & qu'on peut rentrer dans la jouissance de ces biens par anticipation, ou à l'expiration du terme. Mais si les religieux y rentrent par anticipation, en payant une somme au détenteur, & que l'abbé veuille mettre ces biens en partage avant la fin du terme, il doit dédommager les religieux de ce qu'ils ont payé. Si les biens ont été aliénés pour cause de subvention, l'abbé ne peut obliger les religieux de les rapporter en partage, qu'en leur remboursant préalablement les deux tiers des sommes, tant pour le principal que pour impenses, améliorations, frais & loyaux-coûts.

La procédure de l'official pour faire obtenir les bulles d'une *abbaye* à laquelle un ecclésiastique a été nommé par le roi, consiste à recevoir, en premier lieu, la profession de foi de cet ecclésiastique, & à lui en donner une attestation signée de lui, contre-signée du greffier de l'officialité & scellée du sceau de l'ordinaire. L'official doit ensuite faire une enquête sommaire composée de trois ou quatre témoins irréprochables qui déposent que le candidat a la naissance, les mœurs, la réputation, la conduite & la capacité requises pour les bénéfices & dignités ecclésiastiques: l'official signe avec son greffier le procès-verbal de cette enquête, & y appose le sceau de l'ordinaire, de même qu'à la profession de foi.

S'il s'agit d'une *abbaye* de filles, l'official doit se transporter au monastère où la religieuse nommée par le roi fait sa résidence. Il fait venir les religieuses au parloir, & après leur avoir fait prêter le serment usité en cas pareil, il les interroge sur le tems qu'il y a que cette religieuse est professe; si elle a exactement observé sa règle; si elle a témoigné être satisfaite des engagemens contractés par sa profession: si elle a été assidue aux offices divins & à la pratique des sacremens; si elle s'est dignement acquittée des charges qu'elles a eues dans le monastère; si elles jugent qu'elle soit capable de gouverner le spirituel & le temporel de l'*abbaye* à laquelle le roi l'a nommée. Après avoir reçu les dépositions des religieuses sur tous ces chefs, l'official en dresse sommairement son procès-verbal qu'il leur fait signer. Ensuite il entend d'office trois ou quatre témoins irréprochables, sur la connoissance qu'ils ont que la religieuse a la naissance, l'âge, la piété, la prudence & la capacité requises pour gouverner l'*abbaye* dont il s'agit; il fait signer aux témoins leurs dépositions, & il termine son procès-verbal en attestant à tous ceux qu'il appartiendra, & principalement à *notre saint père le pape*, que cette religieuse a toutes les qualités requises pour être pourvue de l'*abbaye* à laquelle le roi l'a nommée.

Le roi jouit, en vertu de sa souveraineté, du droit de nommer à chaque nouvelle abbesse une fille ou demoiselle pour être gratuitement reçue dans son *abbaye* & admise à l'état religieux. Une déclaration du 3 mars 1694, & des lettres-patentes du mois de juin 1696 avoient affecté ces places de religieuses à nommer par le roi, aux demoiselles de la maison de Saint-Cyr: mais l'expérience ayant fait connoître que dans le nombre de ces demoiselles qui se destinoient à l'état religieux, il y en avoit peu qui profitoient de la nomination de sa majesté, soit parce qu'au moment où elles se décidoient à la vie religieuse, il n'y avoit point de place à nommer, soit parce qu'elles adoptoient des monastères autres que ceux où la nomination devoit avoir lieu; que d'ailleurs il résultoit de l'exercice

du

du droit de nomination, en faveur des mêmes demoiselles, divers inconvéniens, tels que souvent elles ne convenoient pas aux *abbayes* dans lesquelles on les plaçoit, ou que ces *abbayes* ne leur convenoient point, par différentes causes qu'il n'avoit pas été possible de prévoir, le roi jugea que pour faire cesser toute difficulté & concilier les intérêts respectifs des demoiselles de Saint-Cyr & des *abbayes* où elles devoient être admises, le moyen le plus sûr étoit de convertir en une redevance, au profit de la maison de Saint-Cyr, l'obligation des *abbayes*, en laissant néanmoins à ces *abbayes* le choix de payer la redevance ou de souffrir l'exercice du droit de nomination : ce qu'elles doivent opter dans le délai d'un mois après la prise de possession de chaque nouvelle abbesse ou prieure. C'est ce qui a été réglé par une déclaration du roi, publiée au mois de mai 1772.

Plusieurs *abbayes* & maisons religieuses de filles ayant représenté au roi & à son conseil, que les commis des fermes se présentoient souvent pour faire des visites chez elles, sous prétexte qu'elles pouvoient avoir du faux sel, du tabac & des marchandises de contrebande, ou pour faire l'inventaire de leurs vins & autres boissons, &c. Sa majesté ordonna, par arrêt du 19 octobre 1734, que les commis des fermes ne pourroient à l'avenir, sous aucun prétexte, demander à entrer dans les *abbayes* ou autres couvens de filles, à moins qu'il n'y eût des soupçons de fraude bien fondés, & qu'ils seroient tenus de se contenter des certificats de l'abbesse ou supérieure & de quatre des plus anciennes religieuses de chaque maison, pour constater la quantité de boisson qu'elles auroient recueillie ou fait façonner.

Le même arrêt porte que lorsqu'il y aura soupçon de fraude bien fondé, & qu'en conséquence il s'agira d'entrer dans l'intérieur des maisons dont nous parlons, les commis ne pourront le faire qu'auparavant ils n'en aient obtenu la permission de l'évêque diocésain, ou d'un de ses grands-vicaires : ils doivent d'ailleurs se faire assister d'un officier des élections, greniers à sel, ou des traites, dans les endroits qui ne sont pas à plus de trois lieues de distance des sièges de ces jurisdictions ; & dans les autres endroits, du juge royal le plus prochain, ou du juge ordinaire des lieux. Ces juges sont tenus d'avertir un des prêtres de la maison, de les accompagner dans les visites à faire ; & il doit être fait mention, dans les procès-verbaux, de la présence de ce prêtre, ou des causes pour lesquelles il n'y en aura point eu.

Il faut néanmoins observer que dans les cas urgens, où la preuve de la fraude pourroit échapper, les commis peuvent, sans la permission de l'évêque ou de son grand-vicaire, entrer dans les maisons religieuses dont il s'agit, pourvu qu'ils soient assistés d'un juge, & qu'ils aient interpellé un des prêtres de la maison d'être présent à la visite.

L'arrêt dont on vient de parler a été revêtu de lettres-patentes, & enregistré à la cour des aides de Paris, le premier décembre 1734. Voyez les articles CONCORDAT, ABBÉ, ABBESSE, COLLATION, COMMENDE, INDULT, SÉCULARISATION, FULMINATION, &c.

ABBÉ, s. m. supérieur d'un monastère de religieux, érigé en abbaye ou prélature. *Voyez* ABBAYE & ABBESSE.

Le nom d'*abbé* tire son origine du mot Hébreu *ab*, qui signifie *père* ; d'où les Chaldéens, & les Syriens ont formé *abba* : de-là les Grecs *abbas*, que les Latins ont retenu. D'*abbas* vient en françois le nom d'*abbé*, &c. S. Marc & S. Paul, dans leur texte grec, se servent du syriaque *abba*, parce que c'étoit un mot communément connu dans les synagogues & dans les premières assemblées des chrétiens. Ils y ajoutent, en forme d'interprétation, le nom de père. Mais ce nom *ab* & *abba*, qui d'abord étoit un terme de tendresse & d'affection en hébreu & en chaldéen, devint ensuite un titre de dignité & d'honneur. Les docteurs Juifs l'affectoient ; & l'un de leurs plus anciens livres, qui contient les apophthègmes ou sentences de plusieurs d'entre eux, est intitulé *pirke abbo* ou *avot*, c'est-à-dire, *chapitre des pères*. C'est par allusion à cette affectation, que Jesus-Christ défendit à ses disciples d'appeller *père* aucun homme sur la terre : & S. Jerôme applique cette défense aux supérieurs des monastères de son tems, qui prenoient le titre d'*abbé* ou de *père*.

Principes généraux sur cette matière. Le nom d'*abbé* paroît aussi ancien que l'institution des moines eux-mêmes. Les directeurs des premiers monastères prenoient indifféremment les titres d'*abbés* ou d'*archimandrites*. *Voyez* MOINE & ARCHIMANDRITE.

Les anciens *abbés* étoient des moines qui avoient établi des monastères ou communautés, qu'ils gouvernoient comme S. Antoine & S. Pacôme ; ou qui avoient été préposés par les instituteurs de la vie monastique pour gouverner une communauté nombreuse, résidente ailleurs que dans le chef-lieu de l'ordre ; ou enfin, qui étoient choisis par les moines même d'un monastère, qui se soumettoient à l'autorité d'un seul. Ces *abbés* & leurs monastères, suivant la disposition du concile de Calcédoine, étoient soumis aux évêques, tant en Orient qu'en Occident. A l'égard de l'Orient, le quatrième canon de ce concile en fait une loi ; &, en Occident, le vingt-unième canon du premier concile d'Orléans, le dix-neuvième du concile d'Epaune, le vingt-deuxième du second concile d'Orléans, & les capitulaires de Charlemagne, en avoient réglé l'usage, sur-tout en France. Depuis ce tems-là, quelques *abbés* ont obtenu des exemptions des ordinaires pour eux & pour leurs abbayes, comme les monastères de Lérins, d'Agaune & de Luxeuil. Ce privilège leur étoit accordé du consentement des évêques, à la prière des rois & des fondateurs. Les *abbés* néanmoins étoient bénis par les évêques, & ont eu souvent séance dans les conciles après eux : quelques-uns ont obtenu la permission de porter la crosse & la mître ; d'autres, de donner la tonsure & les ordres mineurs. Innocent VII a même accordé à l'*abbé* de

Cîteaux le pouvoir d'ordonner des diacres & des sous-diacres, & de faire diverses bénédictions, comme celles des abbesses, des autels & des vases sacrés.

Mais le gouvernement des *abbés* a été différent, selon les différentes espèces de religieux. Parmi les anciens moines d'Egypte, quelque grande que fût l'autorité des *abbés*, leur première supériorité étoit celle du bon exemple & des vertus : ni eux ni leurs inférieurs n'étoient prêtres, & ils étoient parfaitement soumis aux évêques. En Occident, suivant la règle de S. Benoît, chaque monastère étoit gouverné par un *abbé* qui étoit le directeur de tous ses moines pour le spirituel & pour la conduite intérieure. Il disposoit aussi de tout le temporel, mais comme *un bon père de famille ;* les moines le choisissoient d'entre eux, & l'évêque diocésain l'ordonnoit *abbé* par une bénédiction solemnelle : cérémonie formée à l'imitation de la consécration des évêques. Les *abbés* étoient souvent ordonnés prêtres. L'*abbé* assembloit les moines pour leur demander leur avis dans toutes les rencontres importantes ; mais il étoit le maître de la décision ; il pouvoit établir un prévôt pour le soulager dans le gouvernement ; & , si la communauté étoit nombreuse, il mettoit des doyens pour avoir soin chacun de dix religieux, comme le marque le mot *decanus*. Au reste, l'*abbé* vivoit comme un autre moine, excepté qu'il étoit chargé de tout le soin de la maison, & qu'il avoit sa mense, c'est-à-dire, sa table à part pour y recevoir les hôtes ; ce devoir ayant été un des principaux motifs de la fondation des abbayes.

Ils étoient réellement distingués du clergé, quoique souvent confondus avec les ecclésiastiques, à cause de leur degré au-dessus des laïques. S. Jerôme, écrivant à Héliodore, dit expressément *alia monachorum est causa, alia clericorum. Voyez* CLERGÉ, PRÊTRES, *&c.*

Dans ces premiers tems, les *abbés* étoient soumis aux évêques & aux pasteurs ordinaires. Leurs monastères étant éloignés des villes, & bâtis dans les solitudes les plus reculées, ils n'avoient aucune part dans les affaires ecclésiastiques ; ils alloient les dimanches aux églises paroissiales avec le reste du peuple ; ou s'ils étoient trop éloignés, on leur envoyoit un prêtre pour leur administrer les sacremens ; enfin, on leur permit d'avoir des prêtres de leur propre corps. L'*abbé* lui-même ou l'archimandrite étoit ordinairement prêtre ; mais ses fonctions ne s'étendoient qu'à l'assistance spirituelle de son monastère, & il demeuroit toujours soumis à son évêque.

Comme il y avoit parmi les *abbés* plusieurs personnes savantes, ils s'opposèrent vigoureusement aux hérésies qui s'élevèrent de leur tems ; ce qui donna occasion aux évêques de les appeller de leurs déserts, & de les établir d'abord aux environs des fauxbourgs des villes, & ensuite dans les villes même. C'est de ce tems qu'on doit dater l'époque de leur relâchement. Ainsi les *abbés* étant bientôt déchus de leur première simplicité, ils commencèrent à être regardés comme une espèce de petits prélats. Ensuite ils affectèrent l'indépendance de leurs évêques, & devinrent si insupportables, que l'on fit contre eux des loix fort sévères au concile de Calcédoine & autres, dont on a parlé.

L'ordre de Cluny, pour établir l'uniformité, ne voulut avoir qu'un seul *abbé*. Toutes les maisons qui en dépendoient, n'eurent que des prieurs, quelque grandes qu'elles fussent ; & cette forme de gouvernement a subsisté jusqu'à présent. Les fondateurs de Cîteaux crurent que le relâchement de Cluny venoit en partie de l'autorité absolue des *abbés :* pour y remédier, ils donnèrent des *abbés* à tous les nouveaux monastères qu'ils fondèrent, & voulurent qu'ils s'assemblassent tous les ans en chapitre général, pour voir s'ils étoient uniformes & fidèles à observer la règle. Ils conservèrent une grande autorité à Cîteaux sur ses quatre premières filles, & à chacune d'elles sur les monastères de sa filiation ; ensorte que l'*abbé* d'une mère-église présidât à l'élection des *abbés* des filles, & qu'il pût, avec le conseil de quelques *abbés*, les destituer, s'ils le méritoient.

Les chanoines réguliers suivirent à-peu-près le gouvernement des moines, & eurent des *abbés* dans leurs principales maisons, de l'élection desquels ils demeurèrent en possession jusqu'au concordat de l'an 1516, qui transporta au roi de France le droit des élections pour les monastères, aussi-bien que pour les évêchés. On a pourtant conservé l'élection aux monastères qui sont chefs-d'ordre, comme Cluny, Cîteaux & ses quatre filles, Prémontré, Grammont & quelques autres ; ce qui est regardé comme un privilège, quoiqu'en effet ce soit un reste du droit commun.

Les biens des monastères étant devenus considérables, excitèrent la cupidité des séculiers pour les envahir. Dès le cinquième siècle, en Italie & en France, les rois s'en emparèrent ou en gratifièrent leurs officiers & leurs courtisans. En vain les papes & les évêques s'y opposèrent-ils. Cette licence dura jusqu'au règne de Dagobert, qui fut plus favorable à l'église : mais elle recommença sous Charles Martel, pendant le règne duquel les laïques se mirent en possession d'une partie des biens des monastères, & prirent même le titre d'*abbés*. Pepin & Charlemagne réformèrent une partie de ces abus, mais ne les détruisirent pas entièrement, puisque les princes leurs successeurs donnoient eux-mêmes les revenus des monastères à leurs officiers, à titre de récompenses pour leurs services, d'où est venu le nom de *bénéfice*, & peut-être l'ancien mot, *beneficium propter officium ;* quoiqu'on l'entende aujourd'hui dans un sens très-différent, & qui est le seul vrai, savoir *des services rendus à l'église*. Charles le Chauve fit des loix pour modérer cet usage, qui ne laissa pas de subsister sous ses successeurs. Les rois Philippe I & Louis VI & ensuite les ducs d'Orléans, sont appellés *abbés du monastère de S. Agnan d'Orléans*. Les ducs d'Aquitaine prirent le titre d'*abbés de S. Hilaire de Poitiers.* Les comtes d'Anjou, celui d'*abbés de S. Aubin ;* & les comtes de Vermandois, celui d'*abbés de S. Quentin.* Cette coutume cessa pourtant sous les premiers rois de la troisième race ; le clergé s'opposant à ces innovations, & rentrant de tems en tems dans ses droits.

Mais quoiqu'on n'abandonnât plus les revenus des abbayes aux laïques, il s'introduisit, sur-tout pendant le schisme d'Occident, une autre coutume, moins éloignée en général de l'esprit de l'église, mais également contraire au droit des réguliers. Ce fut de les donner en commende à des clercs séculiers ; & les papes eux-mêmes furent les premiers à en accorder, toujours pour de bonnes intentions, mais qui manquèrent souvent d'être remplies. Enfin, par le concordat entre Léon X & François I, la nomination des abbayes en France fut dévolue au roi, à l'exception d'un très-petit nombre, ensorte que maintenant presque toutes sont en commende.

Division des abbés. Malgré les réglemens des conciles dont nous avons parlé, les *abbés*, sur-tout en Occident, prirent le titre de *seigneur*, & des marques de l'épiscopat, comme la mitre. C'est ce qui donna l'origine à plusieurs nouvelles espèces d'*abbés ;* savoir aux *abbés* mitrés, crossés, & non crossés ; aux *abbés* œcuméniques, aux *abbés* cardinaux, *&c.*

Les *abbés* mitrés sont ceux qui ont le privilège de porter la mitre, & qui ont en même tems une autorité pleinement épiscopale dans leurs divers territoires. En Angleterre, on les appelloit aussi *abbés souverains* & *abbés généraux*, & ils étoient lords du parlement. Selon Edouard Coke, il y en avoit en Angleterre vingt-sept de cette sorte, sans compter deux prieurs mitrés. *Voyez* PRIEUR. Les autres qui n'étoient point mitrés, étoient soumis à l'évêque diocésain.

Le père Hay, moine bénédictin, dans son livre intitulé *Astrum inextinctum*, soutient que les *abbés* de son ordre ont non-seulement une jurisdiction comme épiscopale, mais même une jurisdiction comme papale, *potestatem quasi episcopalem, imo quasi papalem ;* & qu'en cette qualité ils peuvent conférer les ordres inférieurs de diacres & de soudiacres. *Voyez* ORDINATION.

Lorsque les *abbés* commencèrent à porter la mitre, les évêques se plaignirent amèrement que leurs privilèges étoient envahis par des moines : ils étoient principalement choqués de ce que, dans les conciles & dans les synodes, il n'y avoit aucune distinction entre eux. C'est à cette occasion que le pape Clément IV ordonna que les *abbés* porteroient seulement la mitre brodée en or, & qu'ils laisseroient les pierres précieuses aux évêques. *Voyez* MITRE.

Les *abbés* crossés sont ceux qui portent les crosses ou le bâton pastoral. *Voyez* CROSSE.

Il y en a quelques-uns qui sont crossés & non mitrés, comme l'*abbé* d'une abbaye de bénédictins à Bourges ; & d'autres qui sont l'un & l'autre.

Parmi les Grecs, il y a des *abbés* qui prennent même la qualité d'*abbés œcuméniques*, ou d'*abbés universels*, à l'imitation des patriarches de Constantinople. *Voyez* ŒCUMÉNIQUE.

Les Latins n'ont pas été de beaucoup inférieurs aux Grecs à cet égard. L'*abbé* de Cluny, dans un concile tenu à Rome, prend le titre d'*abbas abbatum*, abbé des abbés : & le pape Calixte donne au même *abbé* le titre d'*abbé cardinal. Voyez* CLUNY. L'*abbé* de la Trinité de Vendôme se qualifie aussi *cardinal-abbé*, ils tirent leur titre d'*abbés* cardinaux, de ce qu'ils étoient les principaux *abbés* des monastères, qui dans la suite vinrent à être séparés.

Les *abbés* cardinaux qui sont séculiers, ou qui ne sont point chefs-d'ordre, n'ont ni jurisdiction sur les religieux, ni autorité dans l'intérieur des monastères.

Les *abbés* aujourd'hui se divisent principalement en *abbés* réguliers (ou titulaires), & en *abbés* commendataires.

Les *abbés* réguliers sont de véritables moines ou religieux, qui ont fait les vœux & portent l'habit de l'ordre. *Voyez* RÉGULIER, RELIGIEUX, VŒUX, &c.

Tous les *abbés* sont présumés être tels, les canons défendant expressément qu'aucun autre qu'un moine ait le commandement sur les moines : mais dans le fait il en est bien autrement.

Parmi les *abbés* réguliers, on distingue les chefs-d'ordre & les *abbés* particuliers. Les *abbés* chefs-d'ordre ou de congrégation, sont ceux qui étant supérieurs généraux de leur ordre, ont d'autres *abbés* sous leur dépendance. Les *abbés* particuliers sont ceux qui n'ont aucune abbaye inférieure & subordonnée à la leur.

Les *abbés* commendataires, ou les *abbés* en commende, sont des séculiers qui ont été auparavant tonsurés. Ils sont obligés, par leurs bulles, de prendre les ordres quand ils seront en âge. *Voyez* SÉCULIER, TONSURE, *&c.*

Quoique le terme de *commende* insinue qu'ils ont seulement pour un tems l'administration de leurs abbayes, ils ne laissent pas d'en jouir toute leur vie, & d'en percevoir toujours les fruits, aussi-bien que les *abbés* réguliers.

Les bulles leur donnent un plein pouvoir, *tam in spiritualibus quàm in temporalibus :* mais dans la réalité les *abbés* commendataires n'exercent aucune fonction spirituelle envers leurs moines, & n'ont sur eux aucune jurisdiction : ainsi cette expression *in spiritualibus*, n'est que de style dans la cour de Rome, & n'emporte avec elle rien de réel.

Quelques canonistes mettent les abbayes en commende au nombre des bénéfices, *inter titulos beneficiorum :* mais elles ne sont réellement qu'un titre canonique, ou une provision pour jouir des fruits d'un bénéfice ; & comme de telles provisions sont contraires aux anciens canons, il n'y a que le pape qui puisse les accorder en dispensant du droit ancien. *Voyez* COMMENDE, BÉNÉFICE, *&c.*

Comme l'histoire d'Angleterre parle très-peu de ces *abbés* commendataires, il est probable qu'ils n'y furent jamais communs: ce qui a donné lieu à quelques auteurs de cette nation de se méprendre, en prenant tous les *abbés* pour des moines. Nous en avons un exemple remarquable dans la dispute touchant l'inventeur des lignes, pour transformer les figures géométriques, appellées par les François *les lignes robervalliennes*. Le docteur Gregory, dans les Transactions philosophiques, année 1694, tourne en ridicule l'*abbé* Gallois, *abbé* commendataire de l'abbaye de S. Martin de Cores; & le prenant pour un moine: « le bon père, dit-il, s'imagine que » nous sommes revenus à ces temps fabuleux, où » il étoit permis à un moine de dire ce qu'il vou- » loit ».

L'*abbé* relève cette méprise, & rétorque avec avantage la raillerie sur le docteur, dans les Mémoires de l'académie, *année 1703*.

La cérémonie par laquelle on établit un *abbé*, se nomme proprement *bénédiction*, & quelquefois, quoiqu'abusivement, *consécration*. *Voyez* BÉNÉDICTION & CONSÉCRATION.

Cette cérémonie consistoit anciennement à revêtir l'*abbé* de l'habit appellé *cucula*, *coulle*, en lui mettant le bâton pastoral dans la main, & les souliers, appellés *pédales* (sandales), à ses pieds. Nous apprenons ces particularités de l'ordre romain de Théodore, archevêque de Cantorbéry. *H & G.*

Nous allons maintenant entrer dans quelques détails sur ce qui concerne les *abbés* réguliers & les *abbés* commendataires, selon la jurisprudence actuelle.

Des abbés réguliers. Pour qu'un religieux puisse être éligible, lorsque l'abbaye est vacante, il faut 1°. qu'il soit âgé au moins de 25 ans, & qu'il soit François.

2°. Il doit avoir fait profession dans l'ordre où l'on doit élire un *abbé*, à moins que l'usage n'autorise le contraire, ou qu'il n'y ait dans le monastère aucun sujet capable: si cela étoit ainsi, on pourroit avoir recours aux religieux d'un autre monastère, mais de la même règle.

3°. Quoiqu'il ne soit dit expressément par aucun canon qu'il faille avoir la prêtrise pour être éligible, cependant quelques-uns ont prétendu que la prêtrise étoit absolument nécessaire aux religieux qu'on vouloit élever à la dignité d'*abbé*: Panorme & Barbosa ont embrassé ce sentiment. D'autres ont cru qu'il suffisoit d'être constitué dans les premiers ordres sacrés. Au reste, il est peu de monastères où les statuts ne terminent, par leurs dispositions, le différend à cet égard.

4°. Pour être éligible, il faut être né d'un légitime mariage; ou si l'on est bâtard, avoir obtenu la dispense nécessaire à cet égard. Les papes avoient accordé aux supérieurs de différens ordres, le pouvoir de dispenser leurs religieux du défaut de naissance pour être élevés aux dignités régulières; mais Sixte V révoqua ces privilèges: Grégoire XIV les a rétablis sous quelques modifications, c'est-à-dire, qu'au lieu d'en donner l'exercice à chaque supérieur indistinctement, il ne l'a accordé qu'aux chapitres généraux & provinciaux.

5°. Celui qui est irrégulier, infame ou indigne, ne doit point être élu.

6°. L'élection d'un *abbé* doit être faite suivant les statuts, réglemens & usages de chaque ordre & même de chaque monastère: ainsi, quoique, par le droit commun, l'élection de l'*abbé* général appartienne à toute la congrégation, & celle des *abbés* particuliers aux religieux de chaque monastère, cependant si la règle, la coutume ou l'usage ont des dispositions contraires, on doit s'y conformer.

L'*abbé* qui a été élu doit, après avoir consenti à son élection, la faire confirmer dans les trois mois.

Réguliérement c'est à l'évêque qu'appartient le droit de confirmation; mais si le monastère est exempt, c'est au pape.

Pie IV avoit statué par une constitution qu'aucun *abbé*, prélat ou autre dignitaire d'un ordre monastique, ne pourroit s'immiscer dans l'administration spirituelle ou temporelle avant d'avoir été confirmés par le saint siège, & d'avoir reçu des bulles sur leur confirmation; mais dans la suite différens ordres ont obtenu de la cour de Rome des privilèges qui, en les exemptant de la jurisdiction des ordinaires, attribuent aux religieux le pouvoir de faire ce que les canonistes appellent des prélats locaux; c'est-à-dire, des généraux, des provinciaux qui ont dans l'ordre une autorité absolue & indépendante: c'est pourquoi la plupart des *abbés* reçoivent de ces généraux leur confirmation; mais ceux-ci la reçoivent eux-mêmes du pape, quand ils n'en sont pas dispensés par un privilège particulier qui donne à leur élection une confirmation suffisante, comme cela a été accordé à l'ordre de Cîteaux par Eugène IV, aux frères mineurs, aux minimes, *&c.*

Les *abbés* élus & confirmés doivent recevoir la bénédiction de leur propre évêque; cependant quelques-uns ont le privilège de la recevoir d'un autre prélat. Tamburin dit que les *abbés* de l'ordre de Vallombreuse peuvent être bénis par quelque prélat que ce soit; & cet auteur ajoute que Jean, *abbé* de Cîteaux, obtint du pape le privilège de pouvoir bénir lui-même les *abbés* & les abbesses de son ordre. Au reste les *abbés* doivent réguliérement être bénis par ceux qui les confirment.

Il n'y a point de temps fixé par les canons pour demander ou recevoir cette bénédiction, qui d'ailleurs n'ajoute rien au caractère de l'*abbé*: on ne la regarde même pas comme nécessaire pour qu'il puisse bénir les moines qu'il a sous sa jurisdiction; mais dans l'usage il ne pourroit, sans être béni, conférer des ordres, ni faire d'autres fonctions spirituelles de cette espèce: au surplus, si un *abbé* déjà béni est transféré ou promu à une autre abbaye, la bénédiction ne se réitère point.

Les provisions du pape tiennent lieu de confirmation à l'égard des *abbés* qui sont à la nomination du roi : il leur suffit de faire fulminer leurs bulles par l'official.

Les *abbés* sont placés par les canonistes immédiatement après les évêques, & comme ceux-ci, on les comprend sous le nom de *prélats*.

Plusieurs *abbés* ont, par grace du saint siège, le droit de porter, comme les évêques, la mitre & le bâton pastoral, & de bénir solemnellement, mais dans leurs propres églises seulement, après les vêpres, la messe & les matines, & non dans les rues ni places publiques, à moins qu'ils n'en aient un privilège particulier. Ils ne peuvent d'ailleurs donner cette bénédiction en présence d'un évêque ou autre prélat supérieur, sans une permission expresse du pape.

Il y a des *abbés* auxquels les papes ont accordé le privilège de porter les habits distinctifs des évêques, comme le rochet, le camail, en conservant la couleur des habits de leur ordre.

Les *abbés* qui jouissent de ces différens privilèges ont la préséance sur ceux qui n'en jouissent pas ; mais régulièrement ils n'en peuvent user hors de leurs monastères qu'avec la permission des évêques.

Il faut aux *abbés* un privilège spécial pour user du baldaquin : d'ailleurs ils ne peuvent avoir, comme les évêques, un siège élevé près de l'autel ; cela ne leur est permis qu'aux trois ou quatre fêtes de l'année où ils officient solemnellement.

Certains *abbés* ont le droit, comme les évêques, de bénir les ornemens de leurs églises, de consacrer même les autels & les vases qui servent au service divin ; mais il leur faut pour cet effet un privilège particulier.

Les *abbés* exempts, auxquels les papes ont accordé les droits dont on vient de parler, conféroient autrefois communément les moindres ordres, non-seulement à leurs religieux, mais encore à ceux sur qui ils avoient le droit de jurisdiction ecclésiastique ; mais cela a été défendu ou restreint par le concile de Trente.

Les *abbés* réguliers ont droit de visite dans les monastères qui leur sont soumis, & voix prépondérante dans les chapitres. Ces *abbés* ont d'ailleurs, selon les canonistes, trois sortes de puissances, l'économique, celle d'ordre, & celle de jurisdiction, qu'ils exercent avec plus ou moins d'étendue. La première consiste dans l'administration du temporel du monastère : la seconde, à ordonner le service divin, recevoir les religieux à profession ; leur donner la tonsure, & quelquefois à conférer les bénéfices qui sont à la collation du monastère : la troisième, dans le droit de corriger les religieux, de prononcer contre eux des censures, les en absoudre & les condamner aux peines établies par les règles de leur ordre & par les canons, suivant l'exigence des cas.

Mais il faut remarquer qu'aucune loi n'autorise les emprisonnemens ou détentions autrefois en usage dans les cloîtres, lorsque les *abbés* réguliers exerçoient sur les moines une sorte de pouvoir despotique : on tient aujourd'hui pour maxime que le gouvernement des supérieurs religieux doit s'exercer par les voies de la douceur & de l'exhortation, & que celles de rigueur & de contrainte en doivent être bannies, autant qu'il est possible. Au surplus, lorsque l'*abbé*, dans l'exercice de la puissance de jurisdiction, a condamné un religieux à quelque peine, celui-ci peut interjetter appel de la sentence de son supérieur ; cet appel se porte de degré en degré jusqu'au général de l'ordre, & delà au saint siège, qui conformément aux libertés de l'église gallicane & aux privilèges du royaume, doit nommer des commissaires françois pour les juger.

Ces sortes de jugemens sont aussi susceptibles de l'appel comme d'abus quand il y a lieu. C'est ce que le parlement de Paris a jugé par arrêt du 22 août 1760, rendu en faveur du père le Moine contre l'*abbé* général de l'ordre de Prémontré.

On doit conclure de cet arrêt, que lorsqu'un supérieur régulier a une jurisdiction suffisante pour prononcer des peines graves ou infamantes, comme celles dont il s'agissoit dans l'affaire du frère le Moine, il ne peut, sans donner ouverture à l'appel comme d'abus, se dispenser d'observer les formes prescrites par les ordonnances, & auxquelles tous les tribunaux du royaume sont assujettis dans l'instruction des procès criminels.

Le même arrêt prouve encore que les religieux sont en droit de se plaindre aux cours par la même voie d'appel comme d'abus, contre les supérieurs qui abusent de leur autorité.

En général, la nomination ou présentation aux bénéfices dépendans d'une abbaye, ne peut être faite par l'*abbé* régulier sans le concours des religieux assemblés capitulairement, à moins que l'*abbé* n'ait pour cela un privilège, ou qu'il n'en ait acquis le droit par une prescription légitime.

Les *abbés* religieux ne peuvent pas non plus admettre ou exclure seuls ceux qui se présentent à la profession solemnelle.

Lorsque la mense de l'*abbé* est séparée de celle des religieux, l'assignation donnée à l'*abbé* seul, & les procédures faites contre lui ne peuvent faire de préjudice aux religieux ; mais lorsque les menses ne sont point séparées, l'*abbé* étant chargé de défendre les droits temporels de sa communauté, il peut être assigné seul pour lui & pour ses religieux.

L'article 5 de l'ordonnance d'Orléans assujettit les *abbés* réguliers à la résidence comme les curés & les évêques, à peine de saisie de leur temporel.

L'*abbé* régulier peut être privé de l'administration du temporel de l'abbaye pour des causes graves & justes, comme quand il y a preuve de dissipation & qu'il ruine l'abbaye. C'est une disposition des décrétales, & la jurisprudence des arrêts y est conforme.

Le successeur d'un *abbé* est-il tenu de payer les dettes de son prédécesseur ? Il n'y a pas de difficulté que le successeur au benéfice ne soit tenu du fait de son prédécesseur, lorsque l'action peut être dirigée contre l'*abbé*, & que les dettes ont été contractées avec les formalités requises, ou pour les nécessités de l'*abbé*. A l'égard des arrérages de rentes, il y a diversité de jurisprudence entre le parlement de Paris & le grand-conseil : dans le premier de ces tribunaux, on n'assujettit pas le successeur au paiement des arrérages échus du tems de son prédécesseur : dans le second, au contraire, on le condamne au paiement de vingt-neuf années. Cette contrariété d'opinion est odieuse, & il seroit à souhaiter que le roi la fît cesser par une loi précise.

Des abbés commendataires. Les *abbés* commendataires sont regardés dans l'église comme des prélats & comme des vrais titulaires constitués en dignité ecclésiastique ; ils prennent possession de leurs églises abbatiales comme on fait des autres églises : ils baisent l'autel, ils touchent les livres & les ornemens, ils prennent la première place au chœur ; les religieux sont obligés de leur présenter de l'eau bénite, & de leur donner de l'encens ; ils ont droit de porter la croix pectorale & le camail sur le rochet, malgré le réglement de l'assemblée du clergé de France de 1645, qui leur avoit interdit ces marques de dignité, comme étant des signes de jurisdiction purement épiscopale ; enfin ils jouissent des mêmes droits honorifiques que les *abbés* réguliers, & en leur qualité ils peuvent être juges délégués, & avoir séance dans les conciles.

Dans les abbayes qui ont territoire & jurisdiction, les *abbés* commendataires exercent les fonctions de la jurisdiction spirituelle, & les peuples les reconnoissent pour leurs supérieurs légitimes : mais ils n'ont pas, comme les *abbés* réguliers, le droit de faire la visite & de connoître de la discipline intérieure du monastère ; c'est au prieur claustral qu'appartient le droit de correction ; un *abbé* cardinal ne pourroit pas même, sous ce prétexte, se mêler de la discipline intérieure des religieux, sous peine d'abus, & de l'appel auquel il donne lieu.

Les *abbés* commendataires ne sont ordinairement pas bénis, & ils ne portent la crosse & la mitre que dans leurs armes. Ils sont tenus, suivant les dispositions du concile de Trente, renouvellées en France par différens conciles, & sur-tout par celui d'Aix de 1585, de se faire ordonner prêtres dans l'année de leurs provisions. L'article 9 de l'ordonnance de Blois prescrit la même chose, & ajoute que si deux ans après la possession annale légitime & paisible, les pourvus ne sont pas faits prêtres, leurs bénéfices seront vacans & impétrables.

Il arrive cependant parmi nous que beaucoup de ces *abbés* obtiennent en cour de Rome des dispenses sous le nom de *non promovendo*, qu'ils font réitérer de tems à autre ; & quoique le concile de Trente ait encore défendu d'étendre au-delà d'une année la dispense de *non promovendo*, obtenue dans les cas de droit, elle ne laisse pas d'avoir lieu ; & le parlement de Paris a jugé en 1683, que le pape pouvoit la réitérer plusieurs fois.

Le pape & le roi peuvent d'un commun accord déroger à l'article du concordat qui fixe l'âge des *abbés* commendataires à 23 ans accomplis.

Si un *abbé* commendataire, & à plus forte raison un régulier, se conféroit ou se faisoit conférer par son grand vicaire les bénéfices qui sont à sa collation, on pourroit attaquer cette collation par la voie de nullité ; mais on peut posséder en commende deux prieurés dépendans de la même abbaye.

La nomination & la destitution des officiers de justice appartiennent à l'*abbé* : si les religieux ont une justice distincte, ils peuvent de leur côté instituer & destituer leurs officiers pour les terres qui sont dans leur lot.

La disposition des places monacales appartient aussi de droit commun aux *abbés* des maisons qui ne sont pas en congrégation, à moins que les religieux ne justifient d'un usage & d'une possession contraires. Un arrêt du parlement de Toulouse du 9 juillet 1611, & un autre du parlement de Paris, du 11 février 1629, leur accordent de même la nomination aux bénéfices dépendans de leurs abbayes, comme un droit honorifique qui est attaché à leur titre ; mais cette jurisprudence n'a pas lieu par-tout.

Dans les monastères où la réforme a été introduite, & où les *abbés* ont cédé aux religieux le droit de nommer aux places, ils peuvent obliger les supérieurs de la congrégation d'y mettre un certain nombre de religieux, & les arrêts les y ont condamnés, lorsqu'ils en ont fait refus. Cela a été ainsi jugé par arrêt du parlement de Paris, du 8 avril 1702, rapporté *à la page 214 du cinquième volume du Journal des Audiences.*

Un *abbé* qui a le brevet du roi, & qui a obtenu un arrêt qui lui permet de prendre possession, a droit de présenter aux bénéfices, & même de les conférer. C'est ce qu'a jugé le grand-conseil, par arrêt du 4 avril 1704.

Un arrêt du 22 novembre 1701, a jugé qu'un *abbé* n'étoit pas tenu de poursuivre l'homicide commis envers un de ses religieux.

Si un *abbé* donne aux religieux quelques biens de la mense abbatiale, ses successeurs sont fondés à revenir contre cette donation. Cela a été ainsi décidé par un arrêt du 20 juin 1716, rendu au parlement de Paris en faveur de l'*abbé* de Saint-Mesmin d'Orléans, quoique la donation fût faite depuis plus de 80 ans. Voyez Abbaye, Election, Confirmation, Commende, Concordat, Mense, Bénéfice, &c.

Abbé, est aussi un titre que l'on donne à certains évêques, parce que leurs sièges étoient originairement des abbayes, & qu'ils étoient même élus par les moines : tels sont ceux de Catane & de Montréal en Sicile. *Voyez* Evêque.

Abbé, est encore un nom que l'on donne quelquefois aux supérieurs ou généraux de quelques congrégations de chanoines réguliers, comme est celui de Sainte Genevieve à Paris. *Voyez* CHANOINE.

ABBÉES DE MOULINS, coutume de Montargis, *chap. 10*, *art. 8*. Ce sont des ouvertures, par où l'eau a son cours quand les moulins n'agissent pas, & par lesquelles l'eau tombe sur la grande roue, & la fait moudre. L'*abbée* s'ouvre & se ferme par des pales ou lamoirs, qui sont à la charge du meûnier, si par son bail il est chargé des menues réparations.

ABBESSE, s. f. nom de dignité. C'est la supérieure d'un monastère de religieuses, ou d'une communauté ou chapitre de chanoinesses, comme l'*abbesse* de Remiremont en Lorraine.

Quoique les communautés de vierges consacrées à Dieu soient plus anciennes dans l'Eglise que celles des moines, néanmoins l'institution des *abbesses* est postérieure à celle des abbés. Les premières vierges qui se sont consacrées à Dieu, demeuroient dans leurs maisons paternelles. Vers le IVe siècle, elles s'assemblèrent dans des monastères, mais elles n'avoient point d'église particulière; ce ne fut que du temps de S. Grégoire qu'elles commencèrent à en avoir qui fissent partie de leurs couvens. L'*abbesse* étoit autrefois élue par sa communauté, on la choisissoit parmi les plus anciennes & les plus capables de gouverner; elle recevoit la bénédiction de l'évêque, & son autorité étoit perpétuelle.

L'*abbesse* a les mêmes droits & la même autorité sur ses religieuses, que les abbés réguliers ont sur leurs moines. *Voyez* ABBÉ.

Les *abbesses* ne peuvent à la vérité, à cause de leur sexe, exercer les fonctions spirituelles attachées à la prêtrise, au lieu que les abbés en sont ordinairement revêtus. Mais il y a des exemples de quelques *abbesses* qui ont le droit, ou plutôt le privilège de commettre un prêtre qui les exerce pour elles. Elles ont même une espèce de jurisdiction épiscopale, aussi-bien que quelques abbés, qui sont exempts de la visite de leurs évêques diocésains. *Voyez* EXEMPTION.

L'*abbesse* de Fontevraud, par exemple, a la supériorité & la direction, non-seulement sur ses religieuses, mais aussi sur tous les religieux qui dépendent de son abbaye. Ces religieux sont soumis à sa correction, & prennent leur mission d'elle.

En France, la plupart des *abbesses* sont nommées par le roi. Il y a cependant plusieurs abbayes & monastères qui se confèrent par élection, & sont exempts de la nomination du roi, comme les monastères de sainte Claire. Dans ces communautés, l'élection doit être présidée par l'évêque, ou par un prêtre qu'il commet à cet effet, à moins que les religieuses ne soient soumises à d'autres supérieurs, en vertu de leurs règles ou de leurs privilèges. Lorsque la majeure partie des suffrages ne s'est pas réunie par le scrutin en faveur d'une personne, les autres religieuses peuvent s'unir au plus grand nombre, & si leur réunion surpasse la moitié des suffrages, l'élue peut être confirmée par le supérieur; elle gouverne même le temporel & le spirituel de la maison, sans cependant pouvoir aliéner les biens, ou admettre des religieuses à la profession pendant le jugement de l'appel, si les opposantes à l'élection & à la confirmation, en ont interjetté appel, & veulent le poursuivre. Selon le concile de Trente, celles qu'on élit *abbesses* doivent avoir 40 ans d'âge, & 8 de profession, ou avoir au moins 5 ans de profession, & être âgées de 30 ans. Et suivant les ordonnances du royaume, toute supérieure, & par conséquent toute *abbesse*, doit avoir 10 ans de profession, ou avoir exercé pendant 6 ans un office claustral. M. Fleury, *Inst. au Droit ecclés.*

Le père Martenne, *dans son Traité des rits de l'Eglise, tome II. page 39*, observe que quelques *abbesses* confessoient anciennement leurs religieuses. Il ajoute que leur curiosité excessive les porta si loin, que l'on fut obligé de la réprimer.

Saint Basile dans ses *Règles abrégées*, *interrog. 110*, *tome II*, *page 453*, permet à l'*abbesse* d'entendre avec le prêtre les confessions de ses religieuses. *Voyez* CONFESSION.

Il est vrai, comme l'observe le père Martenne dans l'endroit cité, que jusqu'au 13e siècle non-seulement les *abbesses*, mais les laïques même entendoient quelquefois les confessions, principalement dans le cas de nécessité; mais ces confessions n'étoient point sacramentales, & se devoient aussi faire au prêtre. Elles avoient été introduites par la grande dévotion des fidèles, qui croyoient qu'en s'humiliant ainsi, Dieu leur tiendroit compte de leur humiliation: mais comme elles dégénérèrent en abus, l'église fut obligée de les supprimer. Il y a, dans quelques monastères, une pratique appellée *la coulpe*, qui est un reste de cet ancien usage.

Les *abbesses* doivent être bénites par l'évêque diocésain, à moins qu'elles ne dépendent d'un abbé chef-d'ordre, qui ait le privilège de les bénir. Cette bénédiction se fait en la forme prescrite par le pontifical Romain. Les droits, l'autorité & les obligations des *abbesses*, sont aux bienséances du sexe près, les mêmes que celles des abbés: ainsi elles conservent la jurisdiction sur les maisons religieuses de leur dépendance; mais pour en faire la visite, elles doivent commettre à cet effet des vicaires, qui sont obligés de prendre un *visa* de l'ordinaire, qui subsiste autant que la commission.

L'*abbesse* peut choisir un confesseur, mais il faut qu'il soit approuvé par l'évêque diocésain; celui même qui seroit nommé par un abbé chef-d'ordre, pour les abbayes de filles de sa dépendance, ne pourroit pas y administrer le sacrement de pénitence sans le consentement de l'évêque.

L'*abbesse* a l'administration du temporel de son abbaye; mais elle a besoin du consentement de sa communauté & des supérieurs-majeurs, pour en faire un échange, elle doit même prendre l'avis de sa communauté pour procéder à la passation des baux; parce que, suivant les dispositions du droit civil & du droit canon, il faut, dans les choses qui touchent une communauté, avoir le consentement des membres. Mais si l'*abbesse* fait un mauvais usage du temporel de son abbaye, elle peut en être privée, soit par l'ordonnance de l'évêque diocésain, si elle n'est pas exempte, soit par celle de ses supérieurs-majeurs, lorsqu'elle est soumise à leur jurisdiction. On trouve plusieurs arrêts tant du parlement, que du grand-conseil, qui ont confirmé des sentences ou ordonnances portant suspense de l'administration des *abbesses*.

ABBEVILLE. C'est la capitale du comté de Ponthieu en Picardie. Il s'y tient tous les ans deux foires franches de deux jours chacune, & douze marchés francs pendant lesquels le gros ne se perçoit point, mais seulement l'augmentation sur les vins qui y sont vendus, pourvu qu'ils soient exposés en champ de foire & dans les marchés, l'exemption n'ayant plus lieu s'ils sont vendus dans les caves ou les celliers.

Il y a une déclaration du roi, du mois de mars 1411, qui porte que le comté de Ponthieu & la ville d'Abbeville ne seront point aliénés ni séparés du domaine de la couronne.

Le présidial d'Abbeville a été établi en 1554. Anciennement la place de mayeur de cette ville annoblissoit au premier degré. Ce privilège lui a été ôté en 1667. Le mayeur & les échevins sont tenus, le jour de leur élection, d'aller en corps dans l'abbaye de saint Pierre, adresser une harangue au prieur des bénédictins, à qui appartient cette maison, & de lui promettre la conservation de ses droits & privilèges. Cette espèce de servitude est observée depuis 1326, que les officiers municipaux ont acheté de cette abbaye un morceau de terre, pour la somme de 124 liv. parisis, & à la charge de cette visite annuelle.

Cette ville est célèbre par ses manufactures, & sur-tout par celle de Vanrobais, que Colbert y attira en 1665. La connoissance des affaires relatives à la police appartient au mayeur & aux échevins. Le chapitre de cette ville, pendant la quinzaine de la pentecôte, fait exercer l'office de prévôt-mayeur, & rendre la justice par un de ses membres.

Les habitans d'Abbeville ont joui long-tems de l'exemption du droit de franc-fief; mais la déclaration du roi du premier juin 1771, a révoqué ce privilège, & ordonné que les habitans d'Abbeville qui étant roturiers, ont joui jusqu'alors de l'exemption personnelle du droit de franc-fief, seroient tenus de le payer à l'avenir pour raison de leurs biens nobles, à compter du jour de la publication de cette déclaration.

ABBRÉVIATION, LETTRES D' (*Coutume d'Anjou, art. 64.*) elle désigne, par ces termes, des lettres que le roi accorde aux seigneurs haut-justiciers, pour leur permettre de rendre des jugemens, hors des limites de leur jurisdiction. Ces lettres ont été introduites pour abréger les procès, & éviter aux justiciables éloignés, les frais d'un voyage, pour se rendre au chef-lieu de la justice. Munis de ces lettres, les officiers d'un seigneur peuvent instruire & juger les contestations de leurs justiciables, hors de leur territoire, par-tout où ils trouvent un conseil suffisant.

ABCISION, s. f. (*Droit criminel.*) c'est l'action par laquelle, en exécution d'un jugement, le bourreau coupe un membre à un condamné. Cette peine est comparée par les jurisconsultes, à celle de mort, & elle a les mêmes effets quant au civil; elle emporte aussi confiscation de biens.

L'*abcision* en France ne se prononce guère que comme peine accessoire; c'est ainsi qu'on condamne à avoir le poing coupé les criminels déjà condamnés à la mort pour crime de sacrilège, de parricide ou de faux. Elle se prononce seule, en vertu de la déclaration du roi du 30 juillet 1666, contre les blasphémateurs, qui repris pour la septième fois sont condamnés à avoir la lèvre supérieure coupée, & la langue entière à la huitième récidive.

ABDICATION, s. f. (*Droit public.*) c'est l'action par laquelle un souverain quitte volontairement le trône: événement rare, dont l'histoire néanmoins fournit des exemples.

La papauté a été abdiquée en 1294 par Célestin V, fondateur de l'ordre de son nom: pendant la tenue du concile de Constance par Jean XXIII & Benoît XIII, qui firent place à Martin V, élu par le concile: par Amédée de Savoie, qui après avoir abdiqué le trône de Savoie en 1439, pour se faire hermite à Ripaille, accepta, quoique laïque, la papauté en 1440, & y renonça en 1449.

Henri IV, empereur, excommunié & détrôné en 1105, envoya à son fils le diadême impérial en signe d'abdication. Charles V, après avoir long-temps agité toute l'Europe, abdiqua l'empire en 1556, pour vivre chez les hiéronymites de S. Just.

On trouve encore les abdications de Christine, reine de Suède, de Philippe V, roi d'Espagne, de Stanislas, roi de Pologne, qui renonça à cette couronne pour donner la paix à l'Europe.

On regarde aussi comme une véritable *abdication*, la retraite d'un prince hors de ses états; ainsi les Polonois regardèrent comme une *abdication* la fuite nocturne de Henri III, lorsqu'après la mort de Charles IX, il vint prendre possession de la couronne de France.

C'est sous ce prétexte que les Anglois ont regardé la fuite du roi Jacques II, comme une véritable *abdication*, & qu'ils accordèrent au prince d'Orange le titre de roi, quoique d'abord il n'eût pris que le titre de ministre universel.

La bienséance & l'usage conservent au roi qui abdique, le titre de majesté & tous les honneurs qu'on y attache ordinairement; mais il ne conserve aucune espèce de jurisdiction, c'est un apanage essentiel du souverain qui gouverne, & c'est par cette raison que Louis XIV fut indigné de l'attentat commis

commis par Christine de Suède, qui fit assassiner à Fontainebleau son écuyer Monaldeschi, & qu'il lui fit signifier de sortir de ses états, respectant encore dans ce moment la qualité de reine.

Il se présente ici une question très-importante dans l'ordre public ; est-il permis à un souverain d'abdiquer la couronne ?

Tout prince parvient à la souveraineté en vertu d'une loi expresse ou tacite qui lie un peuple à une certaine famille, ou en vertu d'une élection légitime qu'il a acceptée. Dans l'un & l'autre cas, le pacte réel ou tacite est également obligatoire pour les sujets & le souverain. Le devoir de gouverner est aussi strict de la part du prince, que celui d'obéir de la part des sujets, & il n'est pas plus permis au souverain de briser les liens qui l'attachent à l'état, qu'il n'est permis au peuple de rompre ceux qui le mettent dans la dépendance du souverain.

Lorsque la loi de la succession au trône est établie & reconnue, & qu'elle fait une loi fondamentale de l'état, le prince qui est appellé au gouvernement, devient souverain sans qu'il ait besoin de demander le consentement des peuples, qui lui est notifié d'avance par la loi ; mais cette même loi le déclare aussi chargé des soins de la royauté, sans que les peuples aient besoin de son consentement pour le proclamer.

Dans les royaumes électifs l'acceptation de l'élection attache le prince élu à la nation, de la même manière qu'elle s'est liée vis-à-vis de lui. Aussi la république de Pologne ne permet-elle pas à ses souverains d'abdiquer sans son consentement, & celle de Venise en a refusé constamment la permission au doge Jean Cornaro.

Cependant il semble qu'un souverain vieux, infirme, incapable de gouverner, & ayant un successeur pourvu de toutes les qualités nécessaires pour régner, pourroit abdiquer la souveraineté avec le seul consentement tacite de ses peuples.

Le souverain qui abdique ne peut résigner sa couronne à une personne qui n'est pas autorisée à la recevoir, soit par la loi, soit par la disposition de la nation. Ainsi lorsque la couronne est élective, il ne peut nommer son successeur, il n'a que le droit de l'indiquer & de le proposer au peuple, qui peut le rejetter & en choisir un autre, suivant sa volonté souveraine en ce point.

Dans le cas où la succession au trône est déterminée par la loi, le souverain ne peut abdiquer pour ses enfans. La souveraineté n'est pas un bien patrimonial dont il puisse disposer à sa volonté, c'est un bien national dont il n'est que le dépositaire, l'administrateur, le propriétaire usufruitier. Sa postérité la plus reculée est appellée à lui succéder par une loi de l'état, qui est la volonté permanente de la nation ; or, suivant tous les principes de droit, ce que la loi donne ne peut être ôté par la volonté de l'homme.

Abdication, *en droit romain*, se disoit de l'action d'un homme libre, qui renonçoit à sa liberté & se faisoit volontairement esclave : on se servoit aussi de ce terme pour désigner un citoyen romain qui renonçoit à cette qualité, & aux privilèges qui y étoient attachés. Nous nous servons aussi du mot d'*abdication* dans cette dernière signification, ainsi que nous allons le dire.

Abdication, (*Droit françois.*) c'est l'action par laquelle un homme abandonne volontairement sa patrie, sa famille, ses charges, ses dignités ; ainsi il y a *abdication* de la patrie, *abdication* de la famille, & *abdication* de ses droits ou de ses charges : nous allons parcourir ces trois espèces d'*abdications*.

L'*abdication de la patrie* peut être écrite & formelle, ou de fait & tacite.

Nous ne connoissons d'exemple d'une *abdication* écrite & formelle que celle de Jean-Jacques Rousseau, qui en 1763 écrivit au premier syndic de Genève qu'il lui déclaroit, & le prioit de déclarer au magnifique conseil, qu'il abdiquoit son droit de bourgeoisie & de cité dans la ville & république de Genève.

Dans les grands états, l'abdication ne peut guères être que de fait & tacite, encore la loi ne la présume-t-elle point ; & telle fut la jurisprudence des Romains, qui recevoient tous ceux qui venoient s'établir parmi eux, & ne forçoient personne d'y rester. A Argos, au contraire, les loix défendoient, sous peine de mort, de quitter le pays.

Grotius & Puffendorf traitent ces loix d'injustes ; les empires ne doivent pas être des prisons, & le vrai moyen d'y retenir les hommes, est d'assurer leur liberté & de leur procurer le bonheur. Les législateurs peuvent-ils espérer qu'ils retiendront, par la crainte des peines, ceux qui croient trouver dans un autre pays le bien-être qu'ils ne rencontrent pas dans leur patrie ? Il en est des hommes comme de l'argent, que la balance du commerce & le change font échapper, malgré la rigueur des loix qui en défendent l'exportation.

D'ailleurs la loi qui prétend arrêter l'émigration d'un sujet est illusoire, il n'est pas coupable & ne peut être puni, s'il n'est pas encore sorti des limites du royaume ; & si son émigration est consommée, il est, par sa fuite même, à l'abri des poursuites qu'on peut faire contre lui.

Nous avons en France plusieurs loix suivant lesquelles les hommes qui abdiquent leur patrie, pour aller s'établir dans les pays étrangers, sont condamnés aux galères, les femmes à être renfermées, & les biens des uns & des autres confisqués. Mais il est nécessaire d'observer que ces loix ont été rendues après la révocation de l'édit de Nantes, afin d'empêcher les émigrations des protestans ; aussi la jurisprudence, plus sage que ces loix, n'a-t-elle jamais regardé l'émigration d'un françois, comme une véritable & perpétuelle *abdication* : elle lui suppose toujours l'esprit de retour : c'est ce qui faisoit dire à M. le chancelier d'Aguesseau, que la patrie est une bonne mère, qui tend toujours les bras à ses enfans & les invite sans cesse à rentrer; c'est par ce motif que le parlement de Paris a jugé que l'enfant d'un François demeurant en pays étranger, sans avoir fait acte d'*abdication*, conserve toujours les droits de citoyen françois, lorsqu'il veut les reprendre. Le parlement de Rouen a confirmé cette jurisprudence, par un arrêt du 3 février 1752.

On doit regarder comme certain, suivant la jurisprudence actuelle, qu'un François sorti du royaume, avec la permission du roi, pour aller s'établir en pays étranger, n'est pas censé avoir abdiqué sa patrie, quoiqu'il y reste long-tems & qu'il y décède : c'est par cette raison que le parlement de Paris, en 1748, débouta MM. de Biron & de Chalmazel de leur demande en ouverture de la succession du comte de Bonneval, qu'on disoit avoir passé en Turquie & embrassé la religion de Mahomet.

Un François passé en pays étranger, même sans la permission du roi, lorsqu'il s'y est marié & y a demeuré long-tems, n'est pas, par cette raison seule, censé avoir abdiqué sa patrie; s'il revient en France, il est habile à succéder à ses parens, sans être obligé de prêter un nouveau serment de fidélité. Les enfans de celui qui est décédé en pays étranger, lorsqu'ils n'y ont point fait acte d'*abdication* de leur patrie, conservent toujours leur origine françoise; à leur retour en France, ils rentrent dans tous les droits de citoyen, comme s'ils étoient nés françois & qu'ils ne fussent jamais sortis de leur pays : ainsi l'ont jugé deux arrêts du parlement de Paris, des 14 août 1559 & 7 septembre 1576.

Abdication de la famille. Outre l'abandon tacite & de fait, soit par les pères de leurs enfans, soit par les enfans de leurs pères, il exista autrefois un abandon absolu, public & légal, qu'on appelloit *abdication.* Ce droit singulier étoit admis à Athènes. Le père qui vouloit abdiquer son fils, devoit se présenter devant le magistrat & obtenir une sentence, par laquelle il étoit dit : qu'un tel citoyen ne reconnoissoit plus un tel pour son fils ; cette sentence étoit ensuite publiée à son de trompe : formalités qui devoient rendre ces *abdications* fort rares.

L'*abdication*, quant aux effets, étoit à-peu-près la même chose que l'exhérédation; mais il y a entre elles cette différence, que l'*abdication* avoit lieu du vivant du père, & ne pouvoit être exécutée qu'après une sentence rendue en connoissance de cause, & que l'exhérédation n'a d'exécution qu'après la mort du père, & en vertu d'une disposition testamentaire.

Les loix romaines avoient rejetté l'*abdication* : nos mœurs & notre jurisprudence ne l'ont pas admise. Dans un moment de colère le père peut chasser son fils de sa présence & renoncer à le voir; mais la loi, d'accord avec la nature, veut que le père soit toujours père; il ne peut regarder ce fait comme une *abdication*, ni le fils s'en prévaloir pour se soustraire à l'autorité paternelle.

Abdication d'une charge, d'un bénéfice. C'est l'acte par lequel une personne se démet purement & simplement d'un office, d'une charge, d'une dignité dont elle étoit revêtue : il en est de même de la renonciation volontaire qu'un bénéficier peut faire de son bénéfice.

Il ne faut pas confondre l'*abdication* avec la résignation ; celle-ci se fait en faveur d'une tierce personne, & l'autre sans condition & sans réserve. La résignation n'a d'effet qu'après qu'elle est acceptée par le résignataire ; l'*abdication* au contraire a son effet dès le moment même, parce qu'elle ne dépend que de la volonté de celui qui abdique.

Celui qui a abdiqué ou résigné son office ou son bénéfice, peut exercer le regrès. *Voyez* REGRÈS.

ABDICATION, *en terme de palais*, se prend quelquefois pour abandonnement de biens. *Voyez ce mot.*

ABEILLAGE. On appelle ainsi, dans plusieurs coutumes, un droit en vertu duquel le seigneur peut prendre une certaine quantité d'abeilles, de cire ou de miel sur les ruches de ses sujets.

ABEILLAGE se prend aussi quelquefois pour le droit en vertu duquel les abeilles égarées & non poursuivies appartiennent aux seigneurs comme épaves. *Voyez* ABEILLES.

ABEILLES. On appelle ainsi les insectes qui font le miel & la cire.

Suivant notre jurisprudence, le propriétaire d'un essaim d'*abeilles* a droit de le suivre par-tout, & de le reprendre où il se trouve, sans aucune permission du juge du lieu où l'essaim s'est arrêté ; mais si un essaim d'*abeilles* est trouvé égaré, on le regarde comme une épave, dont moitié appartient au seigneur, & l'autre moitié à celui qui l'a trouvé. Si ce dernier, dans certaines coutumes, n'avertissoit pas le seigneur, non-seulement il perdroit sa moitié, mais il seroit encore condamné à payer une amende de 60 sols parisis.

Aux douzième & treizième siècles, nos rois donnoient en fief jusqu'aux essaims d'*abeilles* trouvés dans les forêts : on en a les preuves à la chambre des comptes.

Parce que la coutume a déclaré immeubles les poissons qui, dans un étang, jouissent de leur liberté naturelle, Chopin, *sur la Coutume de Paris*, & le Brun, dans son *Traité de la communauté*, ont conclu que les *abeilles* devoient aussi être réputées immeubles, parce qu'elles jouissoient de leur liberté naturelle dans leurs ruches d'où elles sortent & où elles rentrent quand il leur plaît : mais M. Pothier critique avec raison cette conséquence. En effet, si les poissons qui sont dans un étang sont immeubles, c'est parce que l'étang avec lequel ils sont censés ne faire qu'un seul & même tout, est un immeuble.

Une ruche, au contraire, avec laquelle les *abeilles* qu'elle renferme ne font qu'un même tout, étant un meuble, les *abeilles* doivent pareillement avoir la qualité de meuble.

L'éducation des *abeilles* est une excellente branche de l'économie rurale, elle doit être encouragée. L'impératrice-reine, en 1775, a établi dans ses états plusieurs écoles, où tous ceux qui se présentent pour étudier cette partie sont instruits gratuitement : le produit des *abeilles* est exempt du dixième, avec assurance qu'il ne sera jamais imposé. Heureux les souverains qui s'occupent à multiplier les richesses parmi leurs sujets, & sur-tout parmi ceux de la campagne ! Notre législation se contente de punir arbitrairement celui qui voleroit un essaim d'*abeilles* dans le fonds d'autrui : j'ajouterai volontiers qu'il faudroit punir également celui qui empoisonneroit les fleurs de son jardin, pour faire périr les *abeilles* de son voisin.

ABEILLON, s. m. c'est un terme particulier de la coutume de Bourbonnois, dont elle se sert, *art. 337*, pour désigner un essaim de mouches à miel.

ABÉNÉVIS ou BÉNÉVIS, s. m. (*Droit féodal.*) c'est en général toute concession faite par un seigneur à quelqu'un, sous une redevance : mais il se dit plus particuliérement d'une concession d'eaux pour faire tourner des moulins, ou pour arroser des prés. Ce terme n'est connu que dans les provinces méridionales de la France, & principalement dans le Lyonnois, le Forez, le Beaujolois & le Dauphiné ; on s'en sert aussi dans la Bresse pour signifier la permission que donne le seigneur haut-justicier à quelqu'un de convertir à son usage un droit public, sous la condition d'un cens.

Par le droit naturel, & suivant les loix romaines qui, à cet égard ne s'en étoient pas écartées, l'eau ainsi que l'air, étoient pour l'usage, communs à tous les hommes, & il étoit permis à chaque particulier de retenir sur son fonds l'eau venant des rivières & des ruisseaux, & de s'en servir pour son utilité ou pour son plaisir : mais parmi nous les seigneurs, dont l'ambition & la tyrannie ont fait naître le droit féodal, après s'être approprié les terres, par le moyen des champarts, agriers, censives & autres droits fonciers, se sont encore attribué les eaux, les petites rivieres & la bannalité des moulins. On colore cette usurpation en disant qu'il est plus avantageux que les eaux soient distribuées par le seigneur en bon père de famille, que si elles étoient l'objet continuel des usurpations & des querelles des riverains : motif qui a servi de prétexte aux seigneurs dans ces tems de trouble & de désordre, où jouissant sur leurs fiefs d'une espèce de souveraineté, ils se regardoient en effet, non comme des pères de famille, mais comme des maîtres absolus.

Mais aujourd'hui que toute l'Europe est bien convaincue que la puissance d'un souverain est moins appuyée sur l'étendue du territoire où il règne, que sur le nombre d'hommes auxquels il commande ; que la population ne peut être qu'en raison du produit des terres, & des richesses qu'elles procurent ; que les manufactures & les arts ne prospèrent que dans les pays où l'agriculture fournit abondamment aux ouvriers les choses nécessaires à la vie, & les matières premières de leurs ouvrages ; ne seroit-il pas à propos de réformer le droit de propriété des seigneurs sur les rivières non navigables & les ruisseaux ? C'est un doute que nous proposons, dont la solution peut tendre au bien général du royaume : on sait assez qu'une partie des terres restent incultes, ou ne produisent que des récoltes très-médiocres, par le défaut d'arrosement ; que la multitude des moulins établis sur les petites rivières, & la manière arbitraire dont ils ont été construits occasionnent souvent des inondations qui endommagent les prairies, procurent une mauvaise qualité aux fourrages qu'on y recueille, & sont très-souvent la cause des maladies & des épizooties qui désolent nos campagnes, font périr les bestiaux, & deviennent souvent funestes aux hommes même.

Quoi qu'il en soit, l'*abénévis* est un droit féodal qui fait partie de la propriété des seigneurs, & qui a ses loix particulières qu'on trouve dans des lettres-patentes de Henri II, données pour le Dauphiné en 1549, & dans un réglement fait le 8 mai 1679 par M. Dugué, intendant de Lyon, & quatre commissaires du roi, pour la province du Lyonnois : les dispositions contenues dans ces loix ont été confirmées par plusieurs arrêts des parlemens de Paris & de Grenoble.

Suivant ces loix, la propriété des fleuves & des rivières navigables de leurs fonds, sans artifices & ouvrages de main, font partie du domaine de la couronne dans toute l'étendue du royaume, sauf les droits de pêche, de moulins, de bacs, & autres usages que les particuliers peuvent y avoir par titres & possessions valables. Mais les eaux des petites rivières & ruisseaux, celles de pluie & de fontaines, ou autres qui se rassemblent sur des chemins publics, dans les provinces où l'*abénévis* a lieu, appartiennent au roi dans ses terres domaniales, ou aux seigneurs bannerets dans l'étendue de leurs seigneuries : personne ne peut les conduire dans ses héritages pour les arroser, sans titre ou concession, qui n'est accordé que sous un cens ou rente qui emporte les droits de lods & ventes, & autres devoirs seigneuriaux.

L'*abénévis*, sous ce respect, est une véritable aliénation, un bail à rente foncière & perpétuelle qui passe dans les successions, & qui est susceptible de toutes sortes de clauses, de manière que s'il y étoit stipulé qu'à défaut de paiement de la rente pendant trois, cinq, ou un plus grand nombre d'années, le seigneur de l'*abénévis* pourroit rentrer dans les héritages pour lesquels il a été constitué, cette clause ne pourroit être regardée comme comminatoire : c'est ce qui a été jugé par arrêt du 3 septembre 1766, confirmatif d'une sentence de Montbrisson.

L'emphytéote ne peut pas, par son contrat d'*abénévis*, charger de nouveau en sa faveur son fonds d'un droit de lods déjà dû à un seigneur direct, parce que, suivant l'axiome reçu en matière féodale, deux seigneurs différens ne peuvent pas avoir en même tems le domaine direct d'un héritage ;

ainsi ; dans ce cas, l'*abénévis* ne doit être regardé que comme un cens mort, un sur-cens qui peut être purgé par décret, ou se prescrire comme une rente foncière ; mais par rapport aux *abénévis* constitués anciennement, les seigneurs haut-justiciers, à qui appartiennent les eaux qui arrosent les héritages situés dans une autre directe, sont dans l'usage de prendre le tiers des lods, dus pour l'aliénation du fonds qu'elles arrosent, & les deux autres tiers appartiennent au seigneur direct du fonds : ce partage n'est cependant pas toujours le même, il dépend des circonstances ou des titres.

Quoique régulièrement l'*abénévis* ne puisse pas avoir lieu sans titre, il s'acquiert néanmoins par une possession de trente ou quarante ans, sur-tout si la prise d'eau est manifestée par des ouvrages antérieurs & de main d'homme, parce qu'alors on suppose que le seigneur n'auroit pas laissé subsister la prise d'eau, s'il n'y avoit eu un *abénévis* verbal ou par écrit, concédé gratuitement ou moyennant une somme payée comptant, ou enfin que la redevance a été éteinte par quelque acte postérieur.

ABIENHEUR ou ABIANNEUR, s. m. (*Coutume de Bretagne.*) c'est le nom qu'on donne, dans la province de Bretagne, aux commissaires, sequestres, & dépositaires d'un immeuble saisi en justice, & sur lequel il y a des fruits à percevoir.

Pour établir un *abienheur*, l'huissier doit parler à sa personne, lui faire signer son exploit, ainsi qu'aux témoins ou records ; & s'il ne sait pas signer, il doit en faire mention dans son procès-verbal. Lorsque l'*abienheur* refuse d'accepter la charge, l'huissier doit l'assigner devant le juge pour se voir condamner à l'accepter, à moins qu'il n'ait une excuse valable. *Voyez* SEQUESTRE.

ABIGÉAT, s. m. (*Droit criminel.*) on appelle ainsi le crime de ceux qui détournent & emmènent des bestiaux, comme bœufs, vaches, moutons, cochons, chevaux, ânes ou autres, pour se les approprier.

La différence qu'il y a, selon les loix romaines, entre un *abigéat* & un simple vol, se tire du nombre des bêtes qu'on emmène. Il falloit au moins dix brebis ou quatre porcs, pour rendre coupable d'*abigéat* ; mais il ne falloit qu'un bœuf ou un cheval. Cette différence dérive de la lettre même de la loi. C'est qu'on peut emporter quelque brebis qu'on vole ; mais s'il y en a dix, on présume qu'il faut les faire marcher de même qu'un bœuf ou un cheval.

Suivant les loix romaines, le bannissement étoit la peine de l'*abigéat* commis par les personnes distinguées : on condamnoit les autres aux travaux publics & quelquefois on les punissoit de mort.

Ceux qui étant armés commettoient ce genre de délit, devoient être exposés aux bêtes.

On punissoit plus sévérement ceux qui enlevoient les troupeaux des étables où ils étoient renfermés, que ceux qui les voloient dans les pâturages.

En France, la peine de ce crime varie selon les circonstances, & la valeur du vol. On distingue par exemple, s'il a été commis dans une étable ou en pleine campagne, avec violence ou par artifice.

L'article 627 de la coutume de Bretagne, porte que ceux qui volent des chevaux, des bœufs ou d'autres bêtes de service & de labour, doivent être punis de mort.

L'article 11 du chapitre 39 de la coutume de Lodunois contient une pareille disposition, contre les voleurs de chevaux ou jumens : & l'article 12 ajoute que celui qui vole bœuf, vache, mouton, brebis, ou autre bête au pied fourché, doit avoir l'oreille coupée pour la premiere fois, & être pendu en cas de récidive : mais dans l'usage, on condamne ordinairement ces sortes de voleurs à la peine des galères, & cette jurisprudence doit avoir lieu même dans les coutumes de Bretagne & de Loudunois, ainsi que l'écrivoit M. le chancelier d'Aguesseau en 1742 au parlement de Bretagne, qui l'avoit consulté sur la peine de mort prononcée contre l'*abigéat* par la coutume de cette province.

Lorsqu'on trouve des animaux égarés, & qu'on les conduit chez soi, il en faut faire la déclaration aux officiers des lieux, autrement on se rend coupable de vol.

AB-INTESTAT, (*Droit civil.*) ce mot est latin, & nous l'avons, à l'exemple des Romains, introduit dans notre langue, pour désigner l'héritier qui est appellé à une succession ouverte, sans que le défunt ait testé ou fait un testament valable, & pour désigner aussi la succession elle-même : ainsi on dit également une succession *ab-intestat*, un héritier *ab-intestat*.

Domat, dans sa préface de la deuxième partie de son ouvrage sur les loix civiles, regarde la succession *ab-intestat* comme légitime, comme la plus naturelle, & la plus conforme à l'ordre divin qui donne la vie aux hommes, par la naissance qu'ils tiennent de leurs parens. Le droit de disposer de ses biens par donation ou par testament, dérive du droit de propriété ; mais le partage entre les enfans, dérive du droit naturel. Ceux qui voudront connoître les premières notions des hommes pour le partage des successions, doivent lire le code des loix des Gentoux, traduit de l'anglois en 1778, que quelques savans regardent comme le plus ancien code de législation.

Dans les siècles d'ignorance qui ont suivi l'abaissement de la famille de Charlemagne, on appelloit mourir *désconfés* tous ceux qui mouroient sans donner par testament une partie de leurs biens à l'église ; ils étoient privés de la communion & de la sépulture ; & pour la leur faire accorder, les parens étoient obligés d'obtenir de l'évêque qu'il nommât, concurremment avec eux, des arbitres pour fixer ce que le défunt auroit dû donner s'il eût fait un testament : cet abus a été corrigé par la jurisprudence des parlemens.

Le droit romain avoit fait plus attention au droit de propriété par rapport aux successions ; aussi regardoit-on à Rome les testamens comme une suite de l'autorité paternelle, & on y avoit un très-grand respect pour la volonté du défunt, il étoit même très-rare qu'un citoyen romain mourût *ab-intestat.* Notre droit coutumier, au contraire, ne reconnoît d'autres héritiers que ceux du sang, & il regarde les testamens comme une exception à la loi naturelle, & comme une dispense de la règle commune & universelle, qui appelle aux successions les héritiers légitimes.

Les héritiers forment trois ordres de personnes, que la loi a réglés sur la présomption tirée de l'inclination ordinaire des devoirs communs des hommes, & de ce qui a paru le plus propre au bien de la paix : c'est sur ces motifs que la loi appelle d'abord à une succession *ab-intestat* les enfans & autres descendans du défunt ; en second lieu, les pères & mères & autres ascendans ; en troisième lieu, les frères & sœurs & autres collatéraux : à défaut de parens elle appelle le mari à la succession de sa femme, & la femme à celle du mari ; & s'il n'en existe pas, elle défère la succession au fisc, c'est-à-dire, au roi ou aux seigneurs haut-justiciers.

Mais ces règles si simples sont surchargées dans nos mœurs d'une multitude d'exceptions tirées de la différence des sexes, des lignes, des degrés dans lesquels la représentation a ou n'a pas lieu, de la qualité du double ou du simple lien, de la diversité des biens qui sont ou meubles ou immeubles, nobles ou roturiers, propres ou acquêts ; ensorte qu'on ne doit pas être surpris de la diversité de la jurisprudence & de la contrariété des jugemens, qui tous néanmoins prétendent avoir pour base le droit naturel.

Nous expliquerons avec toute la précision & la clarté dont nous sommes capables, les différences que nos loix ont mises dans la succession de ces diverses espèces de biens, sous chacun des mots que nous venons de citer, & nous traiterons plus amplement des successions *ab-intestat*, sous ceux d'HÉRITIER & de SUCCESSION, auxquels nous renvoyons.

AB IRATO, (*Droit civil.*) on appelle dans notre jurisprudence un testament ou une donation faits *ab irato*, ceux qui ont été dictés par un principe de haine, ou par un mouvement de colère. Ces dispositions sont également réprouvées par la loi, soit en pays de droit écrit, soit en pays de droit coutumier, cependant avec moins de rigueur dans l'un que dans l'autre, parce que le droit romain donne aux testateurs un pouvoir plus absolu de disposer de leurs biens, même au préjudice de leurs enfans, pourvu qu'ils leur laissent ce qu'il prescrit à titre d'institution ou de légitime ; au lieu que le droit coutumier ne laisse qu'une autorité fort bornée dans la disposition des biens, ensorte que pour peu que les parens aient agi avec haine & passion, il laisse sans effet leurs dispositions testamentaires.

Chez les Romains, la loi des douze Tables permettoit au père d'exhéréder ses enfans, sans distinguer si c'étoit avec justice ou injustement ; mais le droit postérieur, introduit par les réponses des jurisconsultes & les édits des préteurs, corrigea la dureté de l'ancien droit. Il n'avoit pas à la vérité admis une action propre & particulière pour attaquer un testament dicté par la haine & la colère, mais il avoit accordé aux enfans la *plainte d'inofficiosité*, par laquelle un enfant pouvoit se garantir de l'injustice de son père ; mais il n'y avoit lieu à cette plainte, que lorsque l'enfant étoit privé de sa légitime.

Notre jurisprudence a depuis long-tems admis l'action *ab irato*, & quelques coutumes en ont une disposition expresse. Elle a lieu toutes les fois qu'un père, sans y être autorisé par les causes détaillées dans la novelle de Justinien ou dans les ordonnances, n'a écouté que les conseils violens de son aversion injuste, ou d'une prédilection aveugle pour un de ses enfans.

Le fondement de l'action *ab irato* est puisé dans les loix romaines, conformes en cela à l'équité, qui supposent un défaut de liberté & de consentement dans celui qui agit par haine & par colère. L'aversion & l'animosité forment un vice qui pervertit la volonté, & font présumer que le testateur n'a pas eu la liberté de délibérer s'il étoit juste de priver l'un de ses enfans de sa portion héréditaire pour en gratifier les autres, & quelquefois même un étranger. En effet, peut-on dire que le testament, fait par un homme en colère & furieux, ait été fait librement ; qu'il est une juste expression de la volonté du testateur ? Non sûrement, la colère est une espèce de fureur ou de démence, comme s'expriment les loix romaines, & le testament d'un homme en démence ou en fureur ne doit pas être confirmé.

Il est donc de principe certain que tout testament ou donation faits *ab irato* doivent être anéantis par la justice, mais l'application en est difficile dans les espèces particulières ; & si on s'arrête aux recueils d'arrêts, il seroit presque impossible de décider les cas dans lesquels un testament peut être cassé par cette voie. On peut cependant s'attacher à un petit nombre de règles précises, qui se tirent des motifs sur lesquels les arrêts ont été rendus. La première est d'examiner si l'enfant qui se plaint d'un testament *ab irato*, n'a pas donné lieu lui-même au testament de ses père ou mère par une mauvaise conduite, ou par des procédés injustes & tortionnaires ; car, comme le remarque fort bien Richard dans son *Traité des donations, part. I, chap. 3, sect. 14*, les pères & mères doivent être les maîtres & les justes dispensateurs de leurs biens dans leur famille, pour forcer leurs enfans à demeurer dans leur devoir, au moins par des motifs d'intérêt, s'ils manquent de piété naturelle.

Il faut, en second lieu, que la preuve de haine & de colère soit appuyée sur des faits graves &

certains, & non pas vagues & indéterminés. Ces faits peuvent être prouvés par témoins ou par écrit; mais la preuve la moins équivoque dans cette matière, & qui entraîne plus aisément le suffrage des magistrats, est celle que fournit la contexture de l'acte dont on se plaint. En effet, nous nous peignons dans nos écrits, & on y découvre nos plus secrètes pensées à travers nos déguisemens, dès qu'elles sont analysées par un esprit juste & accoutumé à sonder les replis du cœur humain.

Les règles que nous venons d'établir ont été particuliérement consacrées par trois arrêts rendus au parlement de Paris en 1780.

Nous avons dit plus haut que les donations faites *ab irato*, pouvoient être attaquées de même que les testamens; mais il est à propos de remarquer que les donations sont moins suspectes, parce qu'elles sont moins sujettes à la suggestion, qui très-souvent se combine avec la colère dans l'esprit du testateur, l'excite quelquefois & la maintient toujours. On présume encore très-difficilement qu'un homme ait poussé la haine jusqu'au point de se dessaisir de son bien de son vivant; nous ne donnons guère que dans le moment où l'approche de la mort annonce que nous sommes prêts à quitter la possession de nos richesses; mais il seroit très-difficile d'attaquer, par le moyen d'*ab irato*, une donation faite par un contrat de mariage. La raison en est que la donation, par contrat de mariage, est une convention entre le donateur & le donataire, par laquelle ce dernier, en conséquence du don qui lui est fait, livre irrévocablement sa personne à une autre, qui s'engage pareillement à lui sous la foi du même don. Or, comme il n'y a plus de retour après la tradition que chacun des conjoints a faite de sa personne, il est impossible de rendre au donateur, ou à ses représentans, ce qu'il a donné, parce que le don n'est pas seulement fait au donataire, mais plutôt au mariage, & que le donataire n'y prend part, qu'autant qu'il est une partie essentielle du mariage, dont l'autre conjoint & les enfans qui en doivent naître sont également parties. On trouve cependant quelques exemples de donations, même par contrat de mariage, qui ont été révoquées comme faites *ab irato*; mais il faut que la preuve des faits soit entiérement décisive, comme dans l'espèce de la donation faite par Mr Bontout à Me Varillas, qui fut cassée par arrêt du premier avril 1659, parce qu'il étoit prouvé par le procès-verbal d'un commissaire, qu'on lui avoit fait violence.

Ce que nous disons des testamens faits *ab irato*, & qui doivent être infirmés en connoissance de cause, n'a lieu ordinairement qu'en faveur des descendans ou des ascendans; généralement parlant les collatéraux ne peuvent pas attaquer les testamens de leurs parens sur le seul fondement de la colère; la raison en est que n'étant point obligé par la loi naturelle de laisser son bien à ses collatéraux, il est inutile d'examiner si le testateur les en prive par colère ou par d'autres raisons, & si cette colère est légitime ou injuste. Il faut cependant en excepter, 1°. les testamens qui, pour parler le langage ordinaire du barreau, contiennent un *éloge odieux*, à moins qu'il ne porte sur des faits connus & avérés; 2°. ceux qui privent un frère ou autre collatéral de la succession, pour la donner à une personne notée d'infamie; 3°. ceux qui dépouillent les collatéraux de la portion de propres que la loi leur réserve, & dont ils ne peuvent être privés que pour une injure atroce, qui légitimeroit l'exhérédation prononcée par un père contre un enfant.

ABJURATION, s. f. (*Droit canonique.*) c'est l'acte par lequel un hérétique renonce à ses erreurs, & déclare avec serment de recevoir la foi catholique.

Dans les pays d'inquisition on distingue trois sortes d'*abjurations*, savoir, l'*abjuration de formali*, qui est celle que fait un apostat ou un hérétique, reconnu notoirement pour tel; l'*abjuration de vehementi*, ou celle que fait un fidèle vivement soupçonné d'hérésie, & l'*abjuration de levi*, ou celle que fait un fidèle qui n'est soupçonné d'hérésie que légérement. L'*abjuration de levi* n'emporte pas, comme les autres, l'interdiction des fonctions même civiles, ni l'inhabilité a posséder des bénéfices.

L'*abjuration* n'est pas connue en France sous ces distinctions, parce qu'il n'y a plus d'inquisition. Lorsque les hérétiques veulent rentrer dans le sein de l'église romaine, ils font leur *abjuration* entre les mains des archevêques ou évêques qui en retiennent l'acte en bonne forme. Avant l'édit de 1685, la déclaration du 10 octobre 1679 obligeoit les évêques à remettre les actes d'*abjuration* aux gens du roi pour qu'il les signifiassent aux ministres & aux consistoires des lieux où les convertis faisoient leur résidence: mais cette formalité n'a plus lieu depuis l'édit cité.

Suivant la déclaration du 17 juin 1683, les enfans de ceux qui ont fait *abjuration* doivent être instruits dans la religion catholique, apostolique & romaine.

Les François qui ont fait *abjuration* de la religion prétendue réformée ne peuvent sortir du royaume sans permission. C'est ce qui résulte de la déclaration du 11 février 1699.

Les religionnaires fugitifs ne peuvent rentrer dans le royaume, sans faire *abjuration*, & sans prêter serment de fidélité.

L'*abjuration* d'un religionnaire n'a point d'effet rétroactif pour recueillir une succession échue avant l'*abjuration*; c'est ce qu'a jugé la grand'chambre du parlement, le 17 avril 1741, en attribuant une succession contestée aux parens qui étoient catholiques romains dans le tems du décès. L'*abjuration* rend celui qui l'a faite, capable de posséder les charges, les emplois, les dignités, qui, suivant les loix du royaume, ne peuvent être possédées que par des catholiques.

Voyez les loix citées dans cet article.

On trouve quelquefois dans le corps du droit canon les termes d'*abjuration* & d'*abjurer*, employés pour signifier qu'on a quitté une mauvaise habitude, qu'on a renoncé à un mauvais commerce, qu'on a abandonné un vice. Ainsi, on dit d'un homme qui quitte une femme avec laquelle il vivoit en adultère, qu'il a abjuré l'adultère; mais cette façon de s'énoncer n'est pas d'usage parmi nous.

ABJURATION, (*Droit romain.*) les loix romaines appellent ainsi toute dénégation avec faux serment, d'une dette, d'un gage, d'un dépôt, & généralement de toutes choses qu'on avoit confiées: dans ce sens l'*abjuration* est la même chose que le *parjure*, & est opposée au mot *éjuration*, qui désigne un serment juste.

ABJURATION, (*Loix angloises.*) en Angleterre, les mots d'*abjurer* & d'*abjuration* s'emploient dans le sens de *renoncer* & de *renonciation* à l'autorité & au domaine d'une telle personne. Le serment d'*abjuration* a été principalement inventé après l'expulsion de la famille royale des Stuards; il consiste dans la promesse qu'on exige de tout Anglois, par laquelle il s'oblige de ne reconnoître aucune autotorité royale dans la personne du prince qu'on appelle le prétendant, & de ne lui rendre jamais l'obéissance qu'un sujet doit à son souverain.

Les anciennes coutumes d'Angleterre appelloient du nom d'*abjuration*, le serment par lequel une personne coupable de félonie, qui s'étoit retirée dans un asyle, s'obligeoit d'abandonner le royaume pour toujours, ce qui le mettoit à l'abri de toute espèce de châtiment. On lui donnoit alors une croix, qu'il devoit porter à la main le long des grands chemins, jusqu'à ce qu'il fût hors des domaines du roi, & on l'appelloit *la bannière de mère-église*.

Le droit d'asyle ayant été ôté aux églises & autres lieux saints par le statut 21 de Jacques I, l'*abjuration* a été aussi abolie.

ABLAIS, s. m. (*Terme de coutume.*) par lequel on désigne les bleds qui sont sciés & coupés, mais qui sont encore sur le champ. Le mot *ablais* est synonyme à celui de *dès-bled*, qu'on lit dans quelques coutumes.

La coutume de Ponthieu, *art. 105*, défend de charier ou emporter ses *ablais* avant le soleil levé, & après le soleil couché, sous peine d'une amende de soixante sols.

Dans les coutumes où le droit de terrage est dû, nul ne peut enlever ses *ablais*, qu'il n'ait auparavant averti le seigneur ou ses préposés, pourvu que lui ou son préposé fasse sa résidence, pendant le tems de la moisson, dans la paroisse sur laquelle sont situés ou l'héritage sujet à champart, ou la grange champarteresse. Celui qui les enlève sans avoir averti le seigneur, est condamné à lui mener le droit de champart au lieu accoutumé, & à une amende de soixante sols, pour chaque fois & chaque pièce de terre dont il a enlevé les *ablais*: la coutume de Bourbonnois l'oblige même à payer double champart.

S'il y a plusieurs seigneurs à qui appartient le droit de champart, il suffit d'en avertir un pour tous, & de mener le champart dans la grange du principal d'entre eux.

La forme dans laquelle l'avertissement doit être donné au seigneur, n'est pas clairement énoncée par les coutumes; quelques-unes paroissent indiquer qu'il doit être fait par un acte ou exploit; mais l'usage le plus généralement suivi est de le faire verbalement.

Les coutumes varient entre elles sur le tems pendant lequel le sujet doit attendre le seigneur du champart. Il faut à cet égard, ainsi que par rapport à la peine encourue faute d'avertissement, suivre l'usage des lieux & la disposition de la coutume.

ABLÉGATION, s. f. (*Droit civil.*) les Romains nommoient ainsi une espèce de bannissement, que les pères de famille pouvoient prononcer contre ceux de leurs enfans dont ils étoient mécontens. Le pouvoir des pères n'étant point aussi étendu parmi nous, nous n'avons pas reçu dans nos mœurs l'*ablégation* des Romains.

ABLERET, s. m. (*Coutume locale de Meneton.*) c'est le nom d'un filet propre à pêcher du poisson, qu'on nomme ailleurs un *carré*.

ABLOQUIÈS, s. m. (*Terme de coutume.*) ce mot, dans la coutume d'Amiens, est joint à celui de *solivés*. Le tenancier cottier, est-il dit dans l'*art. 198*, ne peut, sans le consentement de son seigneur, démolir aucun édifice *abloquiés* & *solivés*, étant en héritage par lui tenu en roture; & s'il le fait sans le consentement de sondit seigneur, il échet en l'amende de soixante sols parisis, & si est tenu de remettre ledit édifice au même état.

Pour entendre cet article, il faut savoir d'abord que la coutume appelle *terre cottiere* celle qui n'est point en fief, qui est tenue en roture, & qu'on pourroit appeller *vilaine*, suivant l'ancienne acception de ce mot: en second lieu, qu'on appelle dans le pays *ablocqs*, des parpains, ou murs de pierre ou de brique, élevés de deux pieds ou environ, sur lesquels on dresse des solives pour bâtir des maisons de bois: les édifices ainsi construits sont dits *édifices abloquiés* & *solivés*, des mots *ablocqs* & *solives*. Sous ce mot d'*édifices* sont compris toutes sortes de bâtimens, comme granges, écuries, étables ou autres, pourvu qu'ils soient *abloquiés* & *solivés*. Ces héritages ne peuvent être démolis par celui qui les tient à cens ou à rente, sans le consentement du bailleur; s'il le fait, il est tenu de rétablir les bâtimens dans leur premier état, & il est en outre amendable envers son seigneur.

ABOILAGE, s. m. (*Droit féodal.*) c'est un vieux terme, par lequel on désignoit le droit qui appartient au seigneur, sur les abeilles qui se trouvent dans sa seigneurie; il dérive du mot *aboille* qu'on disoit anciennement pour *abeille*. *Aboilage* est la même chose qu'*abeillage*, dont nous avons parlé plus haut. *Voyez* ABEILLAGE.

ABOLITION, f. f. (*Droit public & criminel.*) c'est en général l'action par laquelle on détruit une chose.

Dans le droit, le mot *abolition* peut se considérer sous deux rapports; 1°. à l'égard des loix, des coutumes & usages; 2°. à l'égard des crimes.

Abolition des loix, coutumes & usages. A parler strictement, dans la véritable signification des termes, *abolir* se dit plutôt des coutumes & usages que des loix, pour lesquelles on se sert du mot *abroger.* Le non-usage suffit pour l'*abolition*, mais il faut un acte positif pour l'*abrogation.*

La coutume, dit Montaigne, est *reine & empériere du monde;* elle est la loi vivante du peuple; elle donne le mouvement aux corps politiques; elle fait même quelquefois toute leur existence. Il est donc de l'intérêt d'un bon gouvernement de fixer ses regards sur les coutumes générales & particulières, afin de maintenir & de protéger celles qui sont utiles; de laisser tomber dans l'oubli celles dont les inconvéniens surpassent les avantages; & d'abolir celles qui sont contraires à la nature, à la justice, à la sûreté, à la tranquillité, & aux bonnes mœurs.

Il est souvent dangereux de vouloir réformer sur le champ les coutumes d'une nation: elles tiennent aux préjugés, & le peuple ne change pas aisément de manière de penser, il est même souvent assez aveugle pour rejetter les avantages qu'on veut lui procurer; c'est pourquoi l'*abolition* des coutumes est l'ouvrage du tems, de la persuasion, de l'exemple & de l'autorité. Le tems qui dévore tout, ne fait grace ni aux opinions, ni aux préjugés; c'est lui qui a détruit un grand nombre d'usages barbares ou ridicules, utiles ou agréables, dont l'histoire conserve le souvenir. La persuasion peut beaucoup; & lorsque les grands, les magistrats, & sur-tout les gens de lettres se réunissent pour donner au peuple des instructions, il ne tient pas longtems à ses erreurs. On obtient plus sûrement son suffrage, & on entraîne son opinion, lorsqu'on joint aux discours la force de l'exemple. Le gouvernement peut & doit user de son autorité, pour détruire une coutume contraire au bon ordre; mais alors il faut que l'acte d'*abolition* soit parfaitement motivé, car autrement le législateur risque de manquer le but qu'il se propose, & de compromettre son autorité. Nous en avons un exemple dans le préjugé barbare qui force un homme à se battre, pour venger des propos indécens ou indiscrets d'un étourdi ou d'un mauvais plaisant. La sévérité des ordonnances n'a pu le déraciner, on ne peut espérer d'en venir à bout que par la voie de la persuasion, ou la voix plus puissante de l'exemple. Puissent les lumières, dont notre siècle se glorifie, dessiller enfin les yeux de la noblesse & des militaires, & les convaincre qu'il est plus grand de pardonner que de se venger; que les Grecs & les Romains, auxquels on ne peut refuser le titre de braves & de courageux, n'ont jamais trempé leurs mains que dans le sang des ennemis de leur patrie!

Il est certain que la puissance législative n'est point infaillible; qu'elle ne peut tout prévoir, ni tout combiner; qu'il est des événemens dans l'avenir qui échappent à l'esprit le plus sage & le plus pénétrant; que lorsque les intérêts d'un état sont changés, que des loix utiles sont devenues nuisibles par le changement des mœurs & des opinions, il faut hâter la réforme, & abolir une loi que les circonstances rendent inutiles ou désavantageuses: ce n'est pas détruire, c'est protéger l'état & faire le bien général.

Cette opération ne peut être faite que par la puissance législative, car il n'appartient d'abolir une loi, qu'à celui qui a le droit de l'établir; mais il ne faut user de cette faculté, qu'avec les égards, les ménagemens, les précautions, & la solemnité qu'exige la sainteté des loix. Le législateur doit combiner dans sa sagesse le degré de bonté de la loi qu'il veut introduire, avec les désavantages de celle qu'il veut abolir; les inconvéniens actuels de ce changement, avec le fruit qui doit en résulter. Cette comparaison est délicate, elle exige une grande prudence, & une connoissance parfaite des loix, des mœurs, des préjugés, & des opinions des peuples qu'on gouverne.

Un législateur doit sur-tout prendre garde de s'en laisser imposer par l'apparence d'un bien, qui peut ne pas avoir dans la pratique toute la réalité que la théorie lui suppose, ou par la considération de l'avantage qui résulte de certaines loix chez d'autres nations.

Au reste, la puissance législative se trompera rarement, lorsqu'elle s'appliquera à pressentir la disposition des esprits, à décrediter insensiblement l'ancienne loi & à faire desirer la nouvelle, & qu'elle ne dédaignera pas de consulter non-seulement les magistrats les plus intègres, mais encore les jurisconsultes éclairés, & les hommes qui possèdent les vrais principes de la philosophie & l'histoire de leur nation. *Voyez les mots* LOI & ABROGATION.

Abolition de crimes. L'*abolition*, en matière criminelle, est une grace par laquelle le souverain éteint entièrement un crime, qui, selon les règles ordinaires de la justice & la rigueur des ordonnances, étoit irrémissible.

Nous connoissons en France deux sortes d'*abolitions*; l'une générale, & l'autre privée.

Abolition générale. L'*abolition* générale est une amnistie, un pardon que le roi accorde à une province entière, à une ville, à une communauté, pour des crimes commis contre l'autorité royale. Cette grace s'étend jusqu'à ceux qui sont morts en combattant contre l'autorité royale, de sorte que leur mémoire ni leurs enfans ne peuvent souffrir de leurs crimes; elle n'a d'effet que pour les crimes passés, & non pour ceux qui seroient commis

mis dans la suite; elle ne préjudicie pas à l'intérêt civil des personnes offensées; elle ne remet pas les crimes particuliers qui ont été commis autrement que dans le feu d'une émeute, d'une sédition, ou dans les combats qu'une guerre civile occasionne; elle ne s'étend pas aussi aux crimes de lèze-majesté, aux assassinats prémédités, & au crime de faux commis par les juges dans les fonctions de leur office.

Plusieurs auteurs prétendent même que l'*abolition* générale ne doit pas avoir lieu en faveur de ceux qui se sont rendus plusieurs fois coupables du même crime, ou qui l'ont commis dans l'espérance de l'impunité. L'*abolition* générale n'a pas besoin de contenir les noms de tous ceux à qui le pardon est accordé, elle n'est pas sujette à l'entérinement; il suffit que la loi qui l'accorde soit enregistrée & publiée, & dès cet instant elle obtient une pleine & entière exécution, qui met les coupables à l'abri de toutes recherches. Notre histoire fournit plusieurs exemples d'*abolition* générale. *Voyez* AMNISTIE.

Abolition privée. L'*abolition* privée est celle que le roi accorde à un particulier, soit avant, soit après le jugement, sur sa requête, pour un crime irrémissible de sa nature, & c'est ce qui distingue l'*abolition*, des autres espèces de graces qu'on appelle *rémission* & *pardon*. Car, quoique dans la plupart des dispositions de l'ordonnance criminelle de 1670, on paroisse confondre les lettres d'*abolition*, de pardon & de rémission, il y a cependant entre elles une très-grande différence, soit au fond, soit dans la forme.

Grace, est un mot générique, qui contient les trois espèces.

Pardon, est cette clémence dont use le prince envers un homme qui a participé à un crime, sans en être ni l'auteur ni le complice: par exemple, celui-là doit obtenir des lettres de *pardon*, qui s'est trouvé dans une querelle, où un homme a été assassiné.

La *rémission* a lieu dans les cas de meurtres involontaires, ou qui ont été commis en défendant sa vie.

Sur la forme de ces lettres, la nature des tribunaux à qui elles sont adressées, la manière de les leur présenter, les formalités de l'entérinement, on peut consulter le titre 16 de l'ordonnance de 1670, & les commentateurs qui en ont interprété les dispositions.

L'*abolition* est différente; elle suppose que le crime existe, & qu'il n'est pas de nature à être remis. Le prince use alors de son autorité souveraine, & fait grace au coupable. Si celui-ci est déjà jugé, les lettres d'*abolition* n'écartent que la peine, l'infamie subsiste. Elle ne subsiste pas au contraire, si les lettres d'*abolition* sont obtenues avant le jugement.

Les lettres de *pardon* & de *rémission* sont, pour ainsi dire des lettres de justice, puisqu'il n'y a pas un véritable délit commis par celui à qui on les accorde, ainsi que nous le dirons plus amplement en traitant les mots de GRACE, PARDON, & RÉMISSION. Les lettres d'*abolition* au contraire sont de véritables lettres de *grace*, dans lesquelles le souverain est obligé d'user de la plénitude de sa puissance pour abolir la mémoire d'un crime irrémissible, & dérober le coupable au châtiment qu'il mérite.

Les lettres d'*abolition* s'obtiennent en la grande chancellerie, sont scellées en forme de chartre, & en commandement; lorsqu'elles concernent des gentilshommes, elles sont adressées aux cours de parlement; si elles ne regardent que des roturiers, l'adresse en est faite aux baillis & sénéchaux, ressortissans nuement aux cours souveraines; elles doivent être présentées dans les trois mois du jour de l'obtention. Celui qui en est porteur, est obligé de se constituer dans les prisons, il y demeure pendant toute l'instruction de la procédure en entérinement: c'est lui-même, qui après avoir été conduit de la prison à l'audience, y présente ses lettres à genoux & tête nue: il en écoute la lecture; dans cette posture, il prête serment que leur exposé est conforme à la vérité, après quoi on le reconduit en prison, d'où il ne sort qu'après l'entérinement de la *grace*.

Il est des crimes que les lettres d'*abolition* ne sauroient dérober au châtiment: tels sont les assassinats prémédités, le rapt de violence, les duels, *&c.* L'article 4 de l'ordonnance criminelle en contient la disposition précise. Il seroit à desirer que le prince n'accordât jamais de lettres d'*abolition*. A Dieu ne plaise qu'on veuille lui ôter le droit de faire grace, & au malheureux, l'espérance de l'obtenir! Mais les lettres d'*abolition* paroissent s'éloigner du but de toute bonne législation, qui veut que le crime soit puni irrémissiblement sans exception de personne, elles ont même quelque chose qui outrage l'humanité; car différentes en ceci des lettres de *pardon* ou de *rémission*, elles ne s'accordent qu'à de vrais criminels, & c'est moins les circonstances du fait, que la qualité du coupable, qui en déterminent la concession; elles s'accorderont à l'homme puissant pour le même crime, qui conduiroit l'homme du peuple au gibet: c'est un abus. S'il falloit mettre une différence entre deux criminels, ce devroit être pour aggraver la peine de celui qui tient dans la société un rang plus considérable, parce que ses fautes sont d'un exemple plus dangereux; tel fut l'usage constant des anciens peuples, tel est encore celui des Chinois. Ce qu'on pourroit faire dans quelques cas rares, ce seroit d'accorder de simples lettres de commutation de peines, à un criminel qui, par ses services personnels, ou ceux de sa famille, auroit mérité de l'indulgence.

Nous avons dit que l'ordonnance exceptoit plusieurs crimes atroces, pour lesquels on ne devoit point accorder de lettres d'*abolition*; on ne doit cependant pas douter que le roi n'ait le pouvoir de faire grace, & de donner la vie à qui il lui plaît, en quelque manière que le cas soit arrivé; mais alors les cours souveraines ont le droit de faire des remontrances, après lesquelles les lettres d'*abolition* doivent être entérinées, si le roi persiste dans la même volonté; c'est ce qui résulte de la disposition du tit. 16 de l'ordonnance de 1670, & de la déclaration du 22 novembre 1693. Nous avons dit plus haut que les lettres d'*abolition* laissoient subsister la note d'infamie sur celui qui les obtenoit; mais il faut à cet égard distinguer le tems où elles ont été obtenues: si elles sont accordées avant le jugement du procès, elles ne laissent subsister sur le coupable aucune note d'infamie, parce que le juge ayant, par l'entérinement des lettres, les mains liées, & ne pouvant plus juger le crime, il ne résulte aucune infamie, que l'on n'encourt que par la sentence: mais lorsqu'elles ne sont accordées qu'après la sentence, le coupable qui a été jugé, reste infame, parce que les lettres d'*abolition* ne font remise que de la peine, ce qui est conforme à la loi 7, *C. de sent. pass. & restit.* Dans le cas même où les lettres d'*abolition* contiendroient la remise de l'infamie, cela ne pourroit procurer autre chose en faveur de celui qui obtiendroit cette grace, qu'une action pour poursuivre celui qui lui reprocheroit son crime. C'est l'avis de Ferrieres & de M. d'Aguesseau.

Les lettres d'*abolition* sont personnelles, & ne s'étendent pas aux complices: mais elles ne portent aucun préjudice à la partie civile; l'impétrant de lettres d'*abolition* est même tenu de la faire assigner, pour que les lettres soient entérinées avec elle, autrement elles seroient regardées comme clandestines & frauduleuses, ainsi que l'a jugé le parlement de Grenoble en 1631.

Le seigneur haut-justicier ne peut s'opposer à l'entérinement des lettres d'*abolition*, obtenues même après le jugement définitif, par lequel la confiscation auroit été prononcée, parce que le roi, en se dépouillant de la haute-justice en faveur des seigneurs, s'est réservé, comme un droit inséparable de sa couronne, celui de faire grace & d'abolir les crimes; la seule chose qu'on accorde au seigneur, c'est un dédommagement pour les frais de l'instruction criminelle, & ces frais doivent être payés avant l'élargissement de l'impétrant, ainsi que les dommages & intérêts de la partie civile.

Nous tenons pour maxime certaine, que le roi seul peut donner des lettres d'*abolition* de crime; les princes apanagistes, quoiqu'ils jouissent, dans leurs apanages, de plusieurs droits de la souveraineté, ne peuvent exercer celui d'accorder des lettres de grace. Plusieurs évêques jouissoient autrefois de ce droit, le jour qu'ils prenoient possession de leur évêché; on l'accordoit aussi quelquefois aux gouverneurs de province, lorsqu'ils prenoient possession de leurs gouvernemens: mais cet usage ne subsiste plus, & il a été réformé à cause des abus qui en résultoient. Nous ne connoissons plus que l'évêque d'Orléans, dont le privilège à cet égard a été restraint par les édits de 1753 & 1758; & les chapitres de Rouen & de Vendôme, qui accordent encore des lettres d'*abolition* de crime. Nous en parlerons sous les mots, ORLÉANS, ROUEN, VENDÔME.

Les docteurs ultramontains, qui confondent toujours le pouvoir réel du pape sur le spirituel, avec le pouvoir imaginaire qu'ils lui attribuent sur le temporel, ont prétendu qu'il pouvoit accorder des lettres d'*abolition* de crimes dans tout le monde chrétien. C'est étendre bien loin le pouvoir des clefs, heureusement il est balancé par le pouvoir de la raison, c'est-à-dire, des privilèges & des libertés de l'église gallicane. Si l'on vouloit laisser au pape quelques droits à cet égard, ce seroit tout au plus celui d'accorder des dispenses, à l'effet de posséder un bénéfice, à un ecclésiastique qui auroit obtenu du roi des lettres d'*abolition*, parce que, comme ces lettres le rendent seulement à la vie civile, qu'il auroit perdu par sa condamnation, elles ne lui redonnent pas la capacité de remplir les fonctions de son ministère.

ABONDANCE, s. f. (*Droit public & civil.*) les étymologistes font dériver ce terme des deux mots latins, *ab* & *unda*, & ils le tirent par métaphore, comme celui d'*affluence*, de la comparaison aux fleuves, qui regorgent d'eau après les pluies & les fontes de neiges.

Ce mot signifie une grande quantité, & il s'emploie particuliérement en parlant des choses nécessaires à la vie. Il y a *abondance* toutes les fois que les denrées & les matières premières surpassent les besoins des consommateurs; si elle est portée à l'excès, elle ruine également l'agriculture & les propriétaires.

Les loix romaines avoient établi des magistrats pour maintenir ou rappeller l'*abondance*: elles recommandoient sur-tout qu'il n'y eût point d'exactions & de monopoles, point d'achats sans paiement, point de gains & de pertes illicites, point d'empêchemens à l'exercice du commerce & des métiers honnêtes, & que les puissans & les riches n'insultassent pas aux pauvres, & n'abusassent pas de leur foiblesse.

Nos loix françoises ont beaucoup varié sur les moyens d'entretenir ou de rappeller l'*abondance*, nous les exposerons au mot GRAINS. Mais on peut dire que le plus sûr moyen pour remplir cet important objet, est de perfectionner l'agriculture, de la protéger, de l'honorer, & d'engager les habitans de la campagne à multiplier les bestiaux.

ABONDANCE *des richesses & des commodités de la vie.* C'est le partage d'un petit nombre de particuliers privilégiés, que l'on regarde avec envie, mais dont on cesseroit souvent d'ambitionner le sort, si l'on pouvoit savoir à quel prix ou par quels moyens ils ont acquis cette *abondance* qui fait l'objet de nos desirs, & par combien de peines, de soins, de sollicitudes & souvent de remords, ils sont parvenus à cet état, dont ils ne peuvent sentir eux-mêmes les avantages, s'ils n'en profitent pas pour exercer la BIENFAISANCE.

L'*abondance* des particuliers n'est point l'objet de cet article, où il ne s'agit que de celle qui fait la richesse des états & le bonheur universel des citoyens.

Une paix durable dans un état policé, où la loi sacrée des propriétés est maintenue dans sa plus grande vigueur, pourroit être regardée comme la *cause première de l'abondance* & de la félicité publique, puisqu'une guerre intestine de quelques années suffit pour entraîner après elle les fléaux de la famine & de la peste, avec la désolation universelle & la destruction entière du corps politique. L'état actuel de la Pologne, l'un des pays le plus abondant & le plus fertile de l'Europe, suffit pour la confirmation de cette triste vérité. Mais si la paix procure l'*abondance*, ce n'est qu'autant qu'elle met les hommes en état de s'occuper sans relâche des travaux de la terre, dont les fruits renaissans fournissent à leurs besoins journaliers comme à leurs commodités & même à leurs plaisirs; tandis que l'éducation des bestiaux qui est une suite & une dépendance de cette occupation tranquille, procure au peuple agricole des richesses d'un autre genre, que l'industrie sait mettre en valeur pour satisfaire la multiplicité de nos goûts.

Ainsi les deux sources uniques de l'*abondance* générale roulent sur deux points fondamentaux, que les hommes ne doivent jamais perdre de vue: l'*agriculture* & toutes ses branches d'une part, & de l'autre, *la nourriture des bestiaux*. Delà découlent les jouissances des citoyens consommateurs, l'augmentation de la population, la gloire & la puissance de l'état, & même le progrès des arts & des sciences. En effet, l'esprit humain tranquille & rassuré sur les moyens de se procurer le nécessaire, comme le superflu (suivant les conditions où les hommes se trouvent) dans un état où la terre le produit, cherche à multiplier ses jouissances par l'invention des arts, & à satisfaire par l'étude & la culture des hautes sciences la curiosité qui le dévore & le consume. La félicité publique s'augmente en raison des efforts que font tous les membres de la société pour concourir au même but, & participer à cette *abondance de l'état* qui fait le fruit du travail. C'est alors que *le luxe de consommation* devient véritablement utile, & contribue à entretenir la joie & la santé parmi les hommes, à la différence de ce luxe destructeur qui ne consiste que dans une somptuosité d'apparence, dont le but est d'avilir l'agriculture en dévorant sa substance en pure perte.

Lisez l'admirable *Essai* de M. Melon, *sur le Commerce*: dans sa supposition de trois isles seules sur la terre, celle qui ne produit que des métaux & des richesses de convention, seroit bientôt abandonnée pour aller peupler l'isle du bled, où l'*abondance* & le superflu deviennent la suite nécessaire des récoltes annuelles, sur-tout si l'on sait y mettre le superflu en réserve, comme à la Chine, pour prévenir les disettes.

On distingue dans l'*Esprit des loix*, les *peuples chasseurs*, comme les sauvages de l'Amérique; les *peuples pasteurs*, comme les Tartares, les Arabes; & les *peuples agricoles*. Les premiers ne peuvent jamais être dans l'*abondance*, & la population y est nécessairement restreinte au plus petit nombre possible, eu égard à la vaste étendue de terrein qu'il faut parcourir pour se procurer la subsistance. En effet, les progressions de la population suivent nécessairement les moyens de subsister; & les peuples qui ne sont point agricoles, ne peuvent jamais former une grande nation. S'ils sont pasteurs, ils ont besoin d'un grand pays, pour qu'ils puissent subsister en certain nombre: ils peuvent se réunir pour quelque tems, comme les Tartares de l'Asie, parce que leurs troupeaux peuvent être rassemblés quelque tems; mais toutes ces hordes étant réunies, il faut qu'elles se séparent bientôt, ou qu'elles aillent faire de grandes conquêtes dans quelque empire du midi. Si ce sont, au contraire, des peuples chasseurs, comme les sauvages de l'Amérique, ils sont encore en plus petit nombre, & forment, pour vivre, une plus petite nation. La chasse & la pêche ne peuvent suffire à tous leurs besoins; ils ne peuvent acquérir l'objet de leur recherche qu'avec des peines & des soins immenses, & qu'en parcourant de vastes solitudes pour les dépeupler des animaux dont ils se nourrissent: aussi les peuples chasseurs sont nécessairement sauvages, nomades, errans, ignorant tous les arts, & réduits à la plus petite population. Leur pays est ordinairement plein de forêts; & comme les hommes n'y ont point donné de cours aux eaux, il est rempli de marécages où chaque troupe se cantonne & forme de loin en loin une petite nation sauvage.

Quand les nations ne cultivent pas les terres, dit l'auteur de l'*Esprit des Loix*, voici dans quelle proportion le nombre des hommes s'y trouve. Comme le produit d'un terrein inculte est au produit d'un terrein cultivé, de même le nombre des sauvages dans un pays est au nombre des laboureurs dans un autre; & quand le peuple qui cultive les terres, cultive aussi les arts, le nombre des sauvages est au nombre de ce peuple, en raison composée du nombre des sauvages à celui des laboureurs, & du nombre des laboureurs à celui des hommes qui cultivent les arts.

La population, cette force des empires, suit donc nécessairement les moyens de subsister; plus ces moyens sont faciles & sûrs, plus la population augmente: au contraire, plus ces moyens diminuent, plus la population se rétrécit. L'*abondance* influe donc nécessairement sur la population; mais il n'appartient qu'aux peuples agricoles d'être dans l'*abondance* de toutes choses, sur-tout si à la culture de la terre ils joignent le soin & la nourriture des bestiaux, dont les profits continuels & journaliers s'accumulent avec le produit annuel des récoltes.

La fertilité ayant des bornes, & les fruits de la terre étant périssables, l'*abondance* des choses nécessaires à la vie est nécessairement restreinte & peu durable, si l'industrie humaine ne prévient ces inconvéniens, & si la législation des peuples agricoles n'est pas sans cesse occupée des moyens de perpétuer cette *abondance* qui fait la félicité de tous, & de l'assurer sur une base solide & inébranlable. Les terreins incultes, les friches, les landes & les marais sont donc des signes visibles de la négligence d'un gouvernement, n'y ayant aucun de ces terreins que l'art ne puisse féconder: l'agriculture livrée à la routine & à l'ignorance des gens qui l'exercent sans principes, la mauvaise distribution des sols dont on laisse ordinairement la moitié sans culture, sous prétexte de repos, le défaut des prairies artificielles, par lesquelles on pourroit suppléer si aisément aux prés naturels; la langueur du commerce, les loix fiscales qui l'enchaînent, les formes judiciaires qui rendent la justice si lente & si coûteuse, l'encouragement des arts futiles, la mendicité forcée par le défaut d'atteliers publics, où l'on occuperoit les mendians valides, les troupes trop nombreuses, dont l'inaction en tems de paix pourroit être utilement employée aux travaux publics, *&c.* sont autant de reproches faits aux gouvernemens, & de moyens pour éloigner & rétrecir cette *abondance* qui rendroit les états florissans; mais ce n'est qu'en se précautionnant contre l'intempérie des saisons & l'incertitude des récoltes, par des *approvisionnemens d'ordonnance, & par des greniers publics de conservation*, où l'on met quelques années en réserve, que l'on peut rendre l'*abondance fixe & durable.* La Chine est le seul pays de l'univers où l'homme ait une prévoyance d'où dépendent sa vie & celle de sa postérité.

On a écrit depuis quelques années en faveur de la liberté du commerce des grains & de l'exportation, avec une chaleur qui a beaucoup agité les esprits sans les éclairer. On n'a pas senti qu'en se privant volontairement de son superflu sur l'espérance d'une récolte incertaine, avant d'avoir mis en réserve une suffisante quantité de bled, on rend précaire la vie du peuple, & on l'échange contre l'or des commerçans & des monopoleurs qui hâtent le moment de la disette pour se faire rentrer leurs fonds avec usure. On n'a pas même senti que l'enchérissement d'une denrée dont dépend la vie de l'homme, entraîne avec lui la chûte des manufactures & des arts, & l'émigration de ceux dont les biens, l'industrie ou le travail ne peuvent atteindre le prix des grains; que ce n'est qu'en faisant consommer à bas prix sur les lieux le superflu des récoltes, qu'on peut faire fleurir les arts, augmenter les manufactures & encourager la population par la certitude de l'*abondance;* & qu'en tous cas, si l'exportation pouvoit avoir quelques avantages, ce ne seroit qu'en la restreignant au superflu: mais qu'il ne peut y avoir de superflu que lorsque le nécessaire est assuré, & sous la main, pour ainsi dire, *dans des greniers d'abondance*, toujours prêts à être ouverts dans les disettes; car plus la population est considérable, plus les disettes sont à craindre.

On a dit ingénieusement que le bled étoit un cinquième élément, aussi nécessaire à l'homme que l'air & l'eau. Il seroit donc à souhaiter qu'il fût aussi abondant, & que l'homme trouvât aussi aisément à appaiser sa faim qu'à étancher sa soif; mais ce n'est qu'à la sueur de son front, ou par un travail opiniâtre, que l'homme se procure cette denrée de première nécessité; la providence l'y a condamné, pour l'obliger à un exercice utile, d'où dépendent sa vie & sa santé.

Sed pater ipse colendi
Haud facilem esse viam voluit, primusque per artem
Movit agros curis acuens mortalia corda,
Nec torpere gravi passus sua regna veterno.

Georg. de Virg.

Mais si l'homme ne peut se procurer l'*abondance* de cette denrée qu'avec des peines & des soins infinis, il pourroit du moins par son industrie trouver des moyens sûrs & peu dispendieux, de conserver ces mêmes denrées de première nécessité, de les tenir en réserve pour les tems malheureux qui surviennent inopinément, ou par l'intempérie des saisons, ou par des causes que toute la science humaine ne peut connoître, ni prévenir; pour ces années de stérilité, où la terre semble se refuser à la production des semences qui lui sont confiées: mais parvenir à rendre ces précautions générales, par la voie de la persuasion, & par la conviction que chaque famille, chaque individu doit avoir de son plus grand intérêt, faire répandre ces connoissances de manière qu'elles deviennent des notions communes, en démontrer les avantages dans des pratiques sûres & par des exemples mis sous les yeux du peuple, c'est là le point capital & le vœu d'une administration éclairée qui sait aller au-devant du besoin, & qui veut fixer dans ses états l'*abondance* & le bonheur des peuples. (*B.*)

ABONDANT, (D') terme de palais, qui signifie par *surérogation*, ou par *surabondance de droit*, ou *de procédure.* On dit en droit *ce qui abonde ne vicie pas*, pour signifier qu'une raison ou un droit de plus ne peut nuire dans une affaire.

ABONDER *plus grande somme*, expression qui signifie *payer plus qu'on ne doit*, & qui est employée dans les coutumes de Loudunois & de Tours, pour désigner la fraude que commet l'acquéreur d'un héritage, lorsque, pour recevoir du retrayant une somme plus considérable que celle de son acquisition, il lui fait une déclaration infidelle, & l'oblige par ce moyen, s'il veut user du droit de retrait, à rendre plus d'argent qu'il n'en a réellement été déboursé pour le prix de la vente, *vin de marché, frais & mises.*

Ces deux coutumes veulent que l'acquéreur restitue les deniers que le retrayant *aura trop abondés*, & qu'il soit en outre condamné à l'amende de soixante sols *pour le moins.* Il paroît, par cette dernière expression, que l'amende dans ce cas est arbitraire. C'est le sentiment de Dumoulin qui dit avoir vu condamner au parlement un acquéreur de cette espèce en *soixante livres parisis*.

Il y a aussi fraude, suivant la coutume d'Orléans, si l'acquéreur, pour qu'il en coûte davantage au retrayant, s'est hâté de faire faire des réparations nécessaires, & non urgentes, que ce dernier auroit pu faire dans la suite à meilleur compte; dans ce cas, dit la coutume, l'acquéreur ne peut demander & obtenir en justice que ce que ces réparations auroient coûté au retrayant, lorsqu'après le retrait il les auroit fait faire.

ABONNAGE, ABONNEMENT, ABONNER, ABONNIR, ABOURNER & ABOURNEMENT. Tous ces mots synonymes sont employés dans les textes de différentes coutumes, pour signifier les *conventions* & *transactions* passées entre le seigneur dominant & son vassal, par lesquelles les devoirs & prestations, soit honorifiques, soit utiles, ou casuels, reçoivent des formes ou des conditions différentes de celles qui sont imposées où par la première concession du fief, ou par la coutume dans laquelle il est assis. *Voyez les Coutumes de Chartres, de la Marche, de Tours, du Maine, de la Rochelle & du Poitou.*

ABONNÉE, (*Quête* ou *Taille.*) la coutume de Bourbonnois, *article 345*, se sert de cette expression pour désigner la taille due au seigneur par les vassaux, en vertu de la coutume ou de quelque abonnement, & qui par cette raison est différente de la taille qui s'impose à la volonté du seigneur, sur ses hommes & sujets, & que la coutume de la Marche appelle *quête courante*.

ABONNEMENT, s. m. est aussi une convention faite à l'amiable, par laquelle un seigneur à qui sont dus des droits, ou un créancier des sommes non liquides, ou non encore actuellement dues, se contente par indulgence, ou pour la sûreté de ses droits, d'une somme claire & liquide une fois payée, ou se relâche, en façon quelconque, de ses droits.

Ce terme a succédé à celui d'*abournement*, dérivé du mot *borne*, parce que l'*abonnement* est la facilité qu'a quelqu'un de borner, limiter, ou restraindre ses prétentions. (*H.*)

En matière de cens, corvées, rachat de fiefs, & autres semblables, l'*abonnement* est la même chose qu'*abonnage*. Voyez ce mot.

ABONNEMENT *d'aides*. Il y a des circonstances, où il est également avantageux au fermier des droits d'aides, & à celui qui débite des boissons en détail, que les droits se paient par *abonnement*, qui peut se faire soit au muid, soit à l'année. Divers réglemens ont autorisé ces sortes d'*abonnemens*, & ont établi des règles propres à prévenir les contestations à cet égard.

Les *abonnemens* ne peuvent être faits qu'avec les fermiers, ou en vertu d'un pouvoir particulier donné par écrit, qui doit être enregistré au greffe des élections, avant que les directeurs puissent en faire usage.

Les personnes abonnées ne sont point exemptes des visites des commis. Les *abonnemens* sont résolus de plein droit, lorsque le bail principal est fini. Ceux qui sont abonnés à une certaine somme, sont tenus de payer leur *abonnement* pour une année entière, lorsqu'ils cessent volontairement leur commerce avant qu'elle soit finie, quand bien même la somme seroit divisée par quartiers, & qu'ils auroient signifié au fermier la cessation de leur commerce. Ceux qui sont abonnés à une certaine somme par muid, sont déchargés de l'*abonnement* par la cessation de leur commerce, en la faisant signifier au fermier trois mois auparavant. *Voyez* AIDES.

L'ABONNEMENT *de dîmes*, fait entre les gros décimateurs & les habitans d'une paroisse, par lequel ceux-ci s'obligent de payer tous les ans par arpent une certaine somme, ou une certaine quantité de grains, doit être exécuté, sur-tout depuis l'ordonnance de 1561, qui confirme les transactions contenant *abonnemens pour dîmes*.

Pour qu'un *abonnement* soit valable, il doit être fait avec tous les habitans, ou du moins avec tous les propriétaires d'un canton; s'il n'étoit fait qu'avec un particulier il seroit nul: il faut aussi qu'il soit revêtu des formalités prescrites pour l'aliénation des biens ecclésiastiques, ou autorisé par un arrêt d'homologation.

La possession même centenaire ne suffit pas pour mettre les habitans d'une paroisse en droit de se dire abonnés. Il faut y joindre un titre d'*abonnement* en bonne forme, ou du moins d'anciennes preuves par écrit. Ceci cependant ne doit s'entendre que des *grosses dîmes* ou *dîmes de droit*: à l'égard des *menues dîmes* ou *dîmes d'usage*, elles ne peuvent être exigées des décimateurs, qu'autant qu'ils sont en possession d'en jouir; & si de tems immémorial, ils ne les ont perçues qu'en argent, ils doivent se conformer à cet usage. *Voyez* DÎMES.

ABONNEMENS *des droits de franc-fiefs*, les habitans de plusieurs villes avoient été autrefois dispensés de payer le droit de franc-fief des biens nobles qu'ils acquéroient. Ils avoient été plusieurs fois confirmés dans cette exemption par différens *abonnemens*; mais toutes ces exemptions ont été révoquées par une déclaration du premier juin 1771; ainsi il ne subsiste plus aujourd'hui d'*abonnemens des droits de franc-fief*, que celui qui a été accordé par l'arrêt du conseil du 16 mars 1762, pour les *fiefs boursaux*, & *les terres hommagées* de la province du Perche. Cet *abonnement* ne doit durer que jusqu'en 1782, conformément à la déclaration qu'on vient de citer. *Voyez* FRANC-FIEF.

ABONNEMENT *de fief*, Pocquet de Livonière, dans son *Traité des fiefs*, distingue trois sortes d'*abonnemens de fiefs*; le premier, quand le seigneur convertit la mouvance féodale en censive, en supprimant la foi & hommage, & consentant que l'héritage ne relève de lui à l'avenir, que moyennant un certain cens.

Le second a lieu lorsque le seigneur réunit deux ou plusieurs fiefs, sous une même foi & hommage, en n'en faisant qu'un même corps de fief.

Le troisième se fait lorsqu'un seigneur réduit à un moindre devoir, les services, rentes, ou servitudes, qui lui sont dus par son vassal.

Tout *abonnement* est permis lorsqu'il ne dégrade pas le fief dominant envers le suzerain, d'une manière prohibée par les coutumes où les fiefs sont situés.

Quand il n'y a ni dépié de fief, ni démembrement, l'*abonnement* ne produit point de droits au seigneur suzerain, quand même il y auroit eu des deniers déboursés pour la diminution du devoir. Mais il est dû au roi un droit d'amortissement, lorsqu'une communauté ou autres gens de main-morte s'affranchissent en tout, ou en partie, du paiement des droits féodaux, moyennant une somme déboursée. Il en seroit autrement s'il n'y avoit qu'une conversion des droits féodaux en rentes féodales. *Voyez* FIEF.

ABORD ET CONSOMMATION, (*Finance.*) l'*abord* est un droit imposé, dans tous les ports, havres, rades, & plages des provinces & généralités, où les aides sont établies, sur le poisson frais, sec & salé, qui n'est ni gâté, ni corrompu, provenant des parcs, filets, piquets & pêcheries, situés sur les grèves de la mer, & des rivières où s'étend le flux & reflux, & généralement sur tout le poisson de mer, quoique pêché dans une rivière sans flux & reflux, & transporté par eau ou par terre dans les différentes provinces du royaume, notamment dans celle d'Anjou, même en tems de foire.

Le droit de *consommation* est également levé en tout tems, & même de foire, sur le poisson de mer, frais, sec ou salé, dans le lieu où il est chargé, & avant l'enlevement, sans aucune exemption ou privilège.

Le poisson destiné pour Paris est exempt du droit de *consommation*, tant & si long-tems que les offices de jurés-vendeurs de marée subsisteront; mais avant de l'enlever des ports, havres ou rades, les maîtres de barques & bateaux, & les voituriers doivent se munir de congés en bonne forme, faire leurs soumissions aux bureaux, & donner caution pour le paiement des droits, à défaut par eux de rapporter, dans la quinzaine pour le poisson frais, & dans les trois semaines pour le poisson sec & salé, des certificats tant du commis à la recette, que des jurés-vendeurs, que leurs poissons ont été déchargés à Paris. Passé ce tems, les maîtres de barques & les voituriers peuvent être solidairement contraints par corps au paiement des droits de consommation.

Les solicoques, crevettes, homars, crabes, & autres coquillages, ne sont pas compris sous la dénomination de poisson frais, & ne paient aucun droit d'*abord*, ni de *consommation*, ainsi qu'il a été décidé le 2 juin 1747.

Les maîtres des navires, barques, bateaux & autres bâtimens & tout voiturier, doivent déclarer au bureau de leur arrivée la quantité & la qualité du poisson dont ils sont chargés, & les noms des propriétaires & facteurs auxquels il est adressé: ils doivent pareillement représenter leurs chartes-parties & lettres de voiture & souffrir la visite des commis pour vérifier leurs déclarations, le tout à peine de confiscation & de 500 livres d'amende.

Il est défendu, sous les mêmes peines, aux maîtres & voituriers de décharger leur poisson, & aux marchands & facteurs de le recevoir dans leurs maisons, avant que la visite ne soit faite & que les droits n'aient été payés.

Lorsqu'il n'y a point de bureau au lieu de la première descente, les déclarations & représentations des chartes-parties & lettres de voiture doivent être faites, & les droits payés au plus prochain bureau, à peine de confiscation & de 500 livres d'amende contre les marchands & autres qui passeroient outre sans acquit.

Les pêcheurs des villes & côtes de Normandie doivent jouir de l'exemption du droit d'*abord* sur le poisson de mer frais, sec & salé qui provient de leur pêche, à la charge néanmoins de faire les déclarations dont nous avons parlé, sous peine de confiscation du poisson & de 500 livres d'amende: il leur est d'ailleurs défendu d'acheter en mer, des marchands & pêcheurs étrangers, aucun poisson, à peine aussi de confiscation, de 500 livres d'amende, & d'être déchus de leur privilège pour le poisson qu'ils auroient pêché.

Les sujets du roi doivent jouir de la même exemption pour le poisson de leur pêche qu'ils font arriver sur des vaisseaux qui leur appartiennent, pourvu que des François composent au-moins la moitié de l'équipage de chaque vaisseau.

Suivant un arrêt du conseil du 5 avril 1740, la morue pêchée par les habitans des Sables-d'Olonne & qu'ils apportent dans les ports de Normandie, n'est sujette qu'aux mêmes droits que paient pour ce poisson les pêcheurs de ces ports.

Les contestations qui surviennent à l'occasion du droit dont il s'agit doivent être jugées en première instance par les officiers des traites, & par appel à la cour des aides.

L'ordonnance ne s'étant pas expliquée sur la confiscation prononcée sur ceux qui passent des poissons en fraude, elle ne doit s'étendre que sur le poisson, sans y comprendre les bâtimens ou voitures qui les apportent, hors le cas prescrit par l'arrêt du 24 avril 1725.

ABORDAGE, s. m. (*Code maritime.*) ce terme est également en usage dans la marine marchande & dans la marine militaire: il signifie l'action de deux vaisseaux qui se heurtent, s'accrochent, s'approchent & s'endommagent.

Nous traiterons d'abord des loix qui concernent l'*abordage*, par rapport à la marine marchande; & nous expliquerons ensuite ce qu'est l'*abordage* par rapport à la marine militaire.

De l'abordage entre vaisseaux marchands. L'*abordage* cause souvent aux navires un dommage que doit payer le maître du navire qui y a donné lieu : c'est à quoi l'oblige l'*article 11 du titre des avaries de l'ordonnance de la marine.*

Si l'*abordage* a eu lieu sans qu'on puisse justifier qu'il y ait de la faute du maître ou des gens de l'équipage du navire qui a causé le dommage, l'article 10 du même titre veut que ce dommage soit payé également par le navire qui l'a fait & par celui qui l'a souffert, c'est-à-dire, que ces deux navires doivent payer chacun moitié du dommage.

Le dommage prévu par l'ordonnance de la marine en cas d'*abordage*, l'avoit aussi été par les Romains & par les rédacteurs des us & coutumes de la mer : mais il y avoit cette différence entre le droit romain & les autres loix, qu'il assujettissoit chaque propriétaire à supporter le dommage causé à son navire.

Suivant l'article 8 du titre des prescriptions & fins de non-recevoir de l'ordonnance de la marine, toute demande pour raison d'*abordage* doit être formée vingt-quatre heures après le dommage reçu, si l'accident arrive dans un port, havre, ou autre lieu dans lequel le maître puisse agir. Après ce délai l'action n'est plus recevable.

Mais si l'*abordage* arrive en pleine mer, ou dans quelque autre endroit où le maître du navire ne puisse point agir, le délai pour former la demande ne court que depuis l'arrivée du navire dans un lieu où le maître puisse agir.

Toutes les contestations qui naissent par rapport à l'*abordage*, sont de la compétence des juges de l'amirauté, quand bien même il s'agiroit d'avaries occasionnées par l'*abordage* d'un vaisseau du roi avec un vaisseau marchand.

Lorsque le navire endommagé par l'*abordage* est assuré, l'assureur est tenu d'indemniser le propriétaire du navire si le dommage est arrivé par cas fortuit, comme dans une tempête, ou même lorsqu'il a lieu par la faute du maître d'un autre navire ; mais dans ce dernier cas le propriétaire du navire assuré doit céder à l'assureur son action contre celui par la faute de qui est arrivé l'*abordage* & contre son commettant. Si l'*abordage* avoit eu lieu par la faute du maître du navire assuré, le propriétaire de ce navire n'auroit aucune action à cet égard contre l'assureur, à moins que par une clause expresse de la convention, celui-ci ne fût tenu de la *baraterie du patron*, c'est-à-dire, de tous les événemens qu'on peut rapporter non-seulement au dol, mais encore à la simple imprudence ou impéritie tant du maître que des gens de l'équipage.

Si un vaisseau aborde une pêcherie, on présume qu'il y a été porté par la violence du vent ou par quelque autre accident, & l'avarie est supportée en commun par le vaisseau, & par la pêcherie, pourvu que celle-ci se trouve éloignée de deux cens brasses du passage ordinaire des vaisseaux ; car si elle n'étoit pas dans cet éloignement, le maître de la pêcherie répondroit seul du dommage.

Il faut observer que le dommage causé par l'*abordage*, est présumé fortuit, à moins que le contraire ne soit prouvé.

L'*abordage* peut avoir également lieu sur les rivières, & alors le dommage doit être réparé par celui qui l'a causé ; celui qui l'a souffert, doit en faire dresser procès-verbal dans le lieu le plus prochain, soit par le juge, soit, à son défaut, par un gradué ou par un notaire. Cette question est toujours très-difficile à juger, parce que la vérité ne se découvre pas aisément, & que communément les seuls mariniers sont les témoins nécessaires. L'ordonnance de 1415 statue que celui qui descend doit réparer le dommage de celui qui monte, s'il ne lui a pas crié, *lay gesir lay*, c'est-à-dire, va à terre, va à quartier ; après quoi le bateau montant est obligé de se ranger, & de donner passage. Voyez *l'Ordonnance de la marine de 1681 & ses commentateurs ; les Jugemens d'Oléron ; Stipmanus, ad jus maritimum ; Kuricke ad jus anseaticum ; le Journal des audiences*, &c. *Voyez* aussi les articles ASSUREUR, AVARIE, NAUFRAGE, *&c.*

De l'abordage dans la marine militaire. Outre l'*abordage* dont nous venons de parler, qui regarde la marine marchande, on appelle, en terme de marine militaire, *abordage*, l'approche & le choc de deux vaisseaux ennemis, qui se joignent & s'accrochent par des grappins & des amarres, pour mettre l'équipage à portée de passer sur le vaisseau ennemi & de s'en emparer.

L'*abordage* étoit la seule manière de combattre des peuples anciens, qui n'avoient point d'artillerie ; c'est par lui que les flibustiers de S. Domingue avoient répandu l'effroi dans les mers de l'Amérique ; c'est par lui que Duquesne, Tourville, Forbin, Cassart, Dugué-Trouin, Jean Bart, noms chers à la marine Françoise, se sont rendus illustres, en s'emparant de vaisseaux ennemis, beaucoup plus forts que ceux qu'ils montoient. On peut dire de l'*abordage*, que c'est la ressource du vaisseau le plus foible en artillerie, & le plus fort en équipage.

Il pourroit s'élever des contestations entre les armateurs & le capitaine d'un bâtiment corsaire, lorsque ce dernier auroit préféré de rendre à l'ennemi son bâtiment, sans tenter l'*abordage* ; mais nous n'avons aucune loi sur cette question, ni sur celles qui en peuvent dépendre ; dans le cas d'une pareille contestation, nous ignorons pardevant quels juges il faudroit se pourvoir : cet objet cependant est très-intéressant ; le sort de la guerre & des empires, n'est que le résultat des combats & des prises, dont le succès épuise l'ennemi, & le force à acheter la paix. Il y a peu de petites fautes dans cette partie, & il n'y a point de délits privés. Les idées abstraites de courage & de subordination ne sont pas toujours suffisantes pour conduire les hommes, il faut encore que dans l'action ils connoissent précisément quel est leur devoir ; & dans les jugemens, qu'ils sachent sur quoi ils peuvent être condamnés ou absous. D'ailleurs une loi claire & précise est le seul moyen de faire disparoître l'arbitraire, qui est le plus grand des maux dans l'administration de la justice; elle empêcheroit le juge d'opiner avec des préjugés de corps & des idées disparates, sur des maximes vagues & des loix obscures.

ABORNER, v. a. ABORNEMENT, f. m. (*Droit civil.*) le mot d'*aborner* vient de borner, & il signifie *donner des bornes*, des limites à un héritage, à une terre, à un champ. *Abornement* est le placement des bornes & limites qui doivent séparer deux héritages. On trouve dans quelques coutumes le mot d'*abonner*, dans la même signification que celui d'*aborner*. *Voyez* BORNAGE, BORNE.

ABOSINE, f. f. (*Coutume particulière.*) dans le pays de Forez, on appelle *abosine* ce qu'en Auvergne on nomme *apagésie* ou *abosmé* : l'*abosine* veut dire un cens indivis imposé sur tout un tenement, & pour les arrérages duquel le seigneur peut s'adresser à qui il veut des co-tenanciers, qu'on appelle dans le pays *copagenaires*, quelle que soit la portion de ce co-tenancier; sauf à celui-ci son recours contre les autres.

On a agité dans le pays, si l'action solidaire pour le paiement des arrérages du cens, doit avoir également lieu pour les droits de lods & ventes, de tout ce qui a été acquis en divers tems, & par acquisitions séparées, & par des personnes différentes, dans le même tenement; ensorte que le seigneur puisse agir contre l'un des tenanciers, quoiqu'il ne tienne aucune des parties pour lesquelles les lods & ventes sont dus.

Cette question avoit été jugée dans le Forez en faveur du seigneur; mais elle a été infirmée par arrêt du parlement de Paris, du 14 août 1634. On doit suivre la jurisprudence fixée par cet arrêt, qui est conforme aux vrais principes.

Il est certain que la portion d'un tenement qui a été vendue plusieurs fois, est hypothéquée à tous les droits de lods & ventes qui n'ont pas été acquittés, & que le dernier possesseur ne peut s'exempter de les payer; mais il seroit dur d'en charger le propriétaire d'une autre partie du tenement, qui n'est pas chargé par son bail à cens & son obligation personnelle, de veiller pour le seigneur aux mutations qui surviennent, & pour lesquelles il écheoit des droits de lods & ventes. Le contrat d'*abosine* contient une solidité entre tous les co-tenanciers pour le paiement des arrérages, c'est l'obligation personnelle contractée par chacun d'eux; tous sont donc obligés de veiller à ce que le cens soit exactement payé par tous ceux qui en sont tenus, & cette obligation individuelle autorise le seigneur à ne pas diviser l'action qu'il a pour se faire payer, & à choisir qui bon lui semble entre tous les co-tenanciers, c'est l'effet de la solidité de leur obligation; mais il n'en est pas de même par rapport aux droits de lods & ventes, ils n'ont à cet égard contracté aucune espèce d'obligation; ils ne doivent donc pas en être tenus solidairement, & c'est le cas d'appliquer les maximes de droit, que les choses odieuses doivent être restraintes aux cas prévus dans l'obligation, & que les clauses douteuses ou ambigues d'un acte doivent être interprétées en faveur du débiteur.

ABOSMÉ, (*Coutume particulière.*) Ce mot signifie exactement la même chose que ceux d'*abosine* & d'*apagésie*; c'est un cens, une redevance solidairement due par plusieurs co-tenanciers, soit que le seigneur d'un fonds quelconque en ait, par le même acte, transmis le domaine utile sous un droit de cens, sans le diviser, & sous l'obligation solidaire de tous les prenans, soit que le preneur ou ses successeurs aient vendu par portions détachées l'héritage assujetti à un cens : parce que dans cette espèce le seigneur n'est point obligé de diviser le cens, ni son action pour s'en faire payer; ensorte qu'il peut agir solidairement, & choisir qui bon lui semble entre les co-tenanciers.

Le terme d'*apagésie* est en usage dans l'Auvergne: le vulgaire en Forez se sert de celui d'*abosine*, & les anciens praticiens se servoient de celui d'*abosmé*.

ABOSNER, v. a. (*Coutume de Troyes, art. 4.*) dans cette coutume, le mot d'*abosner* a la même signification, ou pour mieux dire, il est le même que celui d'*abonner*. Voyez *ci-dessus* ABONNAGE, ABONNER.

ABOULT, f. m. (*Coutume de Mons, chap. 12.*) Faire *aboult d'ouvrages*, c'est faire visite, devis, estimation, des réparations urgentes & nécessaires, pour mettre en bon état un héritage. La coutume se sert du mot d'*aboult* en parlant d'un fond donné à bail, à rente, dont on charge le preneur de payer les réparations, suivant l'*aboult*, en déduction du prix de son bail.

ABOUMÉ: on trouve ce mot dans la coutume de Nivernois, *chap. 8, articles 6 & 7*, & il y est employé dans le même sens que celui d'*abonné*, dont se servent d'autres coutumes, pour désigner les *abonnemens* qui concernent les droits féodaux ou censuels. *Voyez* ABONNAGE, ABONNEMENT.

ABOUQUEMENT, f. m. (*Finance.*) Les auteurs du *Répertoire universel & raisonné de jurisprudence* disent : que l'*abouquement* est en terme de salines, l'entassement d'un sel nouveau, sur un monceau de vieux sel, ce qu'il n'est permis de faire, suivant les ordonnances, qu'en présence des officiers préposés à cet effet.

M. Prost de Roger, dans son *Dictionnaire de jurisprudence, & des arrêts*, dit que ce mot n'est point en usage dans cette partie des fermes du roi; il assure qu'il s'en est informé à des officiers de greniers à sel, qui ne le connoissent pas. Ce qu'il y a de certain, c'est qu'il ne se rencontre ni dans l'ordonnance des gabelles, ni dans le *commentaire* de cette ordonnance, ni dans le *Recueil des Edits, Déclarations & Arrêts sur cette matière.*

ABOURNAGE, ABOURNEMENT, ces termes sont particuliers à quelques coutumes, & signifient

la

la même chose que ceux d'*abonnage* & d'*abonnement* que nous avons expliqué ci-dessus.

La coutume du Maine désigne particuliérement par le mot d'*abournement*, la conversion d'un fief en roture, moyennant un nouveau devoir, imposé par la convention faite avec le seigneur. Mais, suivant cette coutume, l'*abournement* ne peut avoir lieu que jusqu'à concurrence de la tierce partie du fief, autrement il y auroit dépié de fief, & le seigneur suzerain seroit en droit d'exiger la foi & hommage de la partie abournée. Voyez *coutume du Maine, art. 223 & 224.*

ABOUT, ce terme est particulier à la coutume de Thérouane, dans laquelle il signifie *fins & & conclusions d'une demande*; ensorte que dire d'un demandeur qu'il a été mis en son *about*, c'est dire qu'on lui a adjugé ce qu'il demandoit. Lorsque, dit cette coutume, *art. 19*, le détenteur d'un héritage chargé de cens, n'a pas satisfait dans le jour au commandement qui lui est fait d'en payer les arrérages, le lendemain ou le jour suivant, la justice met le demandeur en son *about*.

La coutume de Ponthieu, *art. 133*, se sert du même mot *about* dans une autre signification. Elle appelle *about espécial*, les clauses ou déclarations insérées dans un acte, pour donner à un créancier une hypothèque spéciale, qui, cependant n'a pas lieu en vertu de ces clauses ou déclarations, mais seulement par une véritable prise de possession de l'héritage sur lequel l'hypotèque est accordée.

Ainsi, dit cette coutume, rentes vendues à vie ou à héritage, sont réputées dettes mobiliaires, si elles ne sont hypothéquées & réalisées, quelqu'*about espécial* qui soit déclaré par le vendeur, ou mis ès lettres de constitution de ladite rente, & n'y échéoit retrait : c'est-à-dire que, quoiqu'on ait désigné spécialement un héritage, même par tenans & aboutissans, pour l'hypothèque d'une rente, cette hypothèque n'est acquise au créancier qu'après qu'il a fait réaliser la rente, & pris adhéritance. *Voyez* ADHÉRITANCE.

ABOUTISSANS, (*tenans &*) (*Jurisprudence.*) ces deux mots ont un rapport direct entre eux, & se divisent rarement; ils sont toujours employés au plurier, pour désigner les fonds, bâtimens, chemins, rivières, & autres lieux qui environnent l'héritage dont on parle, le bornent, & le limitent de tous les côtés.

Suivant *l'art. 3 du tit. 9 de l'ordonnance de 1667*, une demande en désistement d'héritage, en déclaration d'hypothèque ou autres charges réelles, doit indiquer les *tenans & aboutissans* des terres en question, avec désignation de leur qualité & situation, afin que le défendeur sache sur quoi il a à répondre.

Quoique le défaut de ces formalités donne lieu, selon le même article, à la peine de nullité, cela ne s'observe pas à la rigueur : on est dans l'usage d'ordonner, en cas pareil, que le demandeur cottera, aux termes de l'ordonnance, par *tenans & aboutissans*, l'héritage qu'il revendique ou sur lequel il prétend une hypothèque, une rente foncière, *&c.* & l'exploit, comme nul, se supprime dans la taxe des dépens, si le défendeur vient à y être condamné.

En matière de retrait lignager, les formalités indiquées dans l'article de l'ordonnance qu'on vient de citer, sont indispensables. On trouve néanmoins au *Journal des audiences* un arrêt du premier février 1716, qui a jugé qu'un exploit en retrait lignager étoit suffisamment libellé lorsque le contrat d'acquisition y étoit daté. En effet, quand le demandeur en retrait ne peut ignorer quel est l'héritage pour lequel la demande est formée, les formalités prescrites par cet article deviennent inutiles, ainsi qu'il a été jugé par l'arrêt cité; ces formalités n'étant établies que pour faire connoître au défendeur quel est l'héritage dont on veut l'évincer.

Il suffit, selon l'article 4 du titre cité de l'ordonnance de 1667, de dire le nom & la situation d'une terre ou métairie; mais il faut désigner les *tenans* & les *aboutissans* d'une maison.

L'ordonnance exige un détail scrupuleux des *tenans & aboutissans* des biens de roture dans les saisies réelles. Pour les fiefs & seigneuries, la coutume de Paris & plusieurs autres se contentent de l'expression faite dans la saisie des manoirs principaux, avec leurs appartenances & dépendances.

L'article 6 de l'ordonnance du duc Léopold, du mois de novembre 1707, observée en Lorraine, ne diffère de l'ordonnance de 1667, qu'en ce qu'elle ne prononce pas la peine de nullité lorsqu'on néglige de remplir les formalités prescrites.

ABRÉGER *un fief*, (*Droit coutumier.*) c'est en démembrer une partie, pour être tenue noblement, soit du seigneur propriétaire du surplus du fief qui a été démembré, soit du seigneur suzerain. Ainsi le démembrement de fief multiplie le nombre des fiefs, puisqu'il y a autant de fiefs que de portions divisées; mais ces démembremens forment des arriere-fiefs, lorsque celui qui *abrège* son fief, s'est réservé la foi & hommage sur la partie démembrée.

Pour que l'abrégement de fief puisse produire un arriere-fief, il faut nécessairement que le seigneur suzerain y ait donné son consentement ; si on a négligé de le demander, il gagne l'hommage, de celui qui a acquis le démembrement; & c'est le cas où cet acte forme autant de premiers fiefs, qu'il y a de parties démembrées.

Le parage autorisé par plusieurs coutumes, devient un véritable abrégement, lorsqu'il s'éteint; & il forme autant d'arriere-fiefs qu'il y a de parties apparagées, parce que l'aîné ou celui qui le représente, acquiert la mouvance des portions des puînés. *Voyez* APPARAGER.

L'abrégement est différent du jeu de fief, en ce qu'il divise le fief & la foi, formant d'un seul fief ou des arriere-fiefs, ou plusieurs fiefs indépendans; au lieu que le jeu de fief, en divisant le domaine utile, laisse subsister l'intégrité de la foi & hommage : il n'existe, comme auparavant, qu'un seul fief; car celui qui s'est joué de son fief porte la foi, non-seulement pour la partie qu'il a retenue, mais encore pour l'héritage qu'il a aliéné par le jeu de son fief; de manière que la foi qu'il porte à son seigneur, est une reconnoissance, que les parties ne forment qu'un seul tout, & que le titre du fief subsiste dans son entier.

L'abrégement de fief ne peut avoir lieu en faveur des gens de main-morte, sans le consentement du seigneur & celui du roi. Comme les main-mortables ne meurent point; que le bien qu'ils acquièrent ne peut plus changer de mains, l'abrégement fait en leur faveur, nuit non-seulement au seigneur qui le fait, mais encore aux autres seigneurs suzerains qu'il prive des droits de mutation, & autres devoirs féodaux qui leur sont dus, & c'est la raison pour laquelle il faut, dans ces cas, le consentement du seigneur suzerain, & celui du roi comme suprême seigneur. Le seigneur n'est tenu de donner son consentement, qu'après que la main-morte l'a indemnisé; & pour obtenir celui du souverain, elle doit payer un droit d'amortissement. *Voyez* AMORTISSEMENT, INDEMNITÉ.

ABRÉVIATEURS, s. m. plur. (*Terme de chancellerie romaine.*) c'est par ce nom qu'on désigne à Rome les officiers dont la fonction est de rédiger la minute des bulles & des signatures.

Le nom d'*abréviateurs* leur a été donné, parce que ces minutes sont pleines d'*abréviations*: on les appelle aussi *prélats du parquet*, à cause de l'endroit où ils s'assemblent dans la chancellerie, qui porte le nom de *parquet*.

Il y a deux classes d'*abréviateurs*: les uns qu'on appelle *de parco majori*, du grand parquet; & les autres *de parco minori*, du petit parquet. Les premiers sont chargés d'examiner si les bulles sont expédiées selon les formes prescrites, & si elles peuvent être envoyées au plomb; ils sont aussi chargés d'en dresser les minutes, ainsi que celles des lettres apostoliques; les seconds portent aux premiers les bulles qu'ils doivent examiner, ils dressent aussi les dispenses de mariage.

Les *abréviateurs* du grand & du petit parquet jouissent des mêmes prérogatives: les bulles des papes leur donnent également les qualités de *nobles*, de *comtes palatins*, de *familiers du pape*, &c....

ABRÉVIATION, s. f. (*Droit civil & ecclésiastique.*) c'est l'art d'écrire plus vîte ou en moindre espace, par le retranchement de quelques lettres, de quelques syllabes, ou par l'usage de certains signes caractéristiques qui équivalent à certains mots.

Sans remonter aux hyéroglyphes des Egyptiens, reçus & admis en partie par les Grecs, on trouve dans l'histoire & la législation romaine des exemples fréquens des *abréviations*: Sertorius Ursatus en a donné un recueil alphabétique.

Ces *abréviations* étoient employées dans les monumens publics, dans les inscriptions, & dans la rédaction des délibérations du sénat & des actes publics. Cicéron parle de scribes qui écrivoient en note avec tant de rapidité, qu'ils ne perdoient pas un seul mot de ce qui étoit prononcé au barreau. Les Anglois ont conservé l'usage des *abréviations*, & par leur secours on transcrit exactement les discours & les débats parlementaires, & toute la procédure criminelle qui est, par ce moyen, un tableau fidèle de tout ce qui se passe entre l'accusateur & l'accusé, entre ceux-ci & le juge & les témoins. Les interrogations, les interpellations, les réponses des uns & des autres sont transcrites dans les mêmes termes qu'elles ont été prononcées, en sorte qu'en lisant une procédure criminelle angloise, vous croyez entendre, non pas un simple récit, mais les personnes même du juge, des témoins, de l'accusateur & de l'accusé; car leurs paroles, leur style, les acclamations, les interruptions même, tout se place sur le registre de manière à faire reconnoître, dans le plus grand détail, les divers sentimens des interlocuteurs.

En France on tolère l'usage des *abréviations* dans les écritures privées, les lettres missives, les papiers de commerce & de finances, quand les intéressés, associés ou correspondans sont dans l'usage de s'en servir, ou qu'elles sont claires & démonstratives, soit en elles-mêmes, soit par rapport à ce qui précède & à ce qui suit, soit enfin par l'emploi reconnu & avoué de cette même *abréviation*.

Mais dans tous les autres actes sous signature privée, les *abréviations* sont réprouvées; ainsi les sommes contenues dans les billets ou lettres de change, les obligations contractées dans des écrits privés, doivent être énoncées en toutes lettres. Il en est de même des actes de procédure, où les *abréviations* ne sont permises ni par les coutumes, ni par l'usage, ni par les ordonnances : elles sont également proscrites dans les actes des notaires & dans les testamens, sur-tout en ce qui concerne les noms propres, les dates, les sommes, & les autres parties essentielles des actes. Ce qui se met par *&c.* dans les minutes, est une espèce d'*abréviation* qui contient en soi une signification certaine, mais bornée & limitée par la nature du contrat, & cet *&c.* se met au long dans la grosse, & ne peut s'étendre à des choses qui signifient plus que ce qui est dans le corps de l'acte : plusieurs arrêts ont condamné des notaires pour des clauses énoncées par des *&c.* dans leurs minutes, qu'ils avoient étendues dans la grosse, en y ajoutant des obligations que les parties n'ont pas ordinairement l'intention d'y comprendre.

Les mots après lesquels on met des *&c.* dans les minutes, sont ordinairement ceux-ci : *auquel lieu*, &c. *nonobstant*, &c. *promettant*, &c. *obligeant*, &c. *renonçant*, &c.

Auquel lieu, &c. signifie que dans les lieux où on a fait élection de domicile, les parties consentent que tout acte soit signifié.

Nonobstant, &c. signifie malgré le changement de demeure.

Promettant, &c. ces mots ne peuvent signifier que la promesse d'exécuter l'acte, ou de payer les frais, dommages-intérêts qui viendroient de l'inexécution.

Obligeant, &c. ne donne que l'hypothèque des biens, & ne peut s'étendre à la contrainte par corps, si elle n'est stipulée dans la minute.

Le mot *renonçant*, &c. ne peut pas s'entendre des renonciations aux bénéfices de droit.

En chancellerie romaine les *abréviations* sont d'un très-grand usage, à cause de l'immensité d'écritures qui se font à Rome dans les différens tribunaux : elles y sont devenues de style, & sont d'un usage si commun, qu'on suspecteroit même de faux parmi nous, tout acte où les mots qui s'écrivent ordinairement en abrégé, seroient écrits différemment. Comme les *abréviations* rendent les bulles très-difficiles à déchiffrer, nous en donnons ici l'explication par ordre alphabétique, d'après le *Traité des usages de la cour de Rome* : cela ne peut être qu'utile aux gens d'église & de justice.

A

A A.	*anno.*
A a.	*anima.*
Aũ de cã.	*auri de camera.*
Ab.	*abbas.*
Abſ.	*abſolutio.*
Abñe.	*abſolutione.*
Abñs, abſ.	*abſens.*
Abſolveñ.	*abſolventes.*
Accu.	*accuſatio.*
A ceñ.	*a cenſuris.*
Adhéren.	*adherentium.*
Admitt. admittén.	*admittentes.*
Ad no. præſ.	*ad noſtram præſentiam.*
Adriõr.	*adverſariorum.*
Adriõs.	*adverſarios.*
Æſt.	*æſtimatio.*
Affect.	*affectus.*
Affiñ.	*affinitas.*
Aiãr.	*animarum.*
Aiũm.	*animarum.*
Al.	*alias.*
Aliã.	*aliam.*
Alienat.ne.	*alienatione.*
Alioquõdo.	*alioquomodo.*
Almus.	*altiſſimus.*
Alr.	*alter.*
Als. pns. gra.	*alias præſens gratia.*
Altẽr.	*alterius.*
Altũs.	*alterius.*
Anñ.	*annuatim.*
Anñ.	*annum. annuum.*
Annéx.	*annexorum.*
Appél. reñ.	*appellatione remota.*
Ap. obſt. reñ.	*appellationis, obſtaculo remoto.*
Aplicañ. apcañ.	*apoſtolicam.*
Apoſtõl.	*apoſtolicam.*
Ap. ſéd. lég.	*apoſtolicæ ſedis legatus.*
Appãtis. ãptis.	*approbatis.*
Approbãt.	*approbationem.*
Approbeñ.	*approbationem.*
Approbõ.	*approbatio.*
Arbõ.	*arbitrio.*
Arch.	*archidiaconus.*
Ap. arcpo. archõpo.	*archiepiſcopo.*
Archiépus.	*archiepiſcopus.*
Arg.	*argumentum.*
Aſſẽq.	*aſſequuta.*
Aſſequẽm.	*aſſequutionem.*
Aſſequutiõ.	*aſſequutionem.*
Attãta.	*attentata.*
Attatõr.	*attentatorum.*
Atteñt.	*attento.*
Atto. Att.	*attento.*
Au.	*auri.*
Aucte.	*authoritate.*
Authorit.	*authoritate.*
Audieñ.	*audientiam.*
Augeñ.	*augendam.*
Augñi.	*auguſtini.*
Autheñ.	*authentica.*
Aux.	*auxiliantes.*
Auxõ.	*auxilio.*

B

B B.	*benedictus.*
Beatiſſ.	*beatiſſime.*
Beatme pr.	*beatiſſime pater.*
Bedti. benedti.	*benedicti.*
Beñ.	*benedictionem.*
Benealibus.	*beneficialibus.*
Benẽum.	*beneficium.*
Benẽlos.	*benevolos.*
Benvõl.	*benevolentia.*
Benigtẽ.	*benignitate.*
Bo. meñ.	*bonæ memoriæ.*

C

Cã. cañ.	*camera.*
Caã. cã.	*cauſa.*
Cais. aium.	*cauſis animarum.*
Caníce.	*canonicè.*
Canõcor.	*canonicorum.*
Canoñ.	*canonicatum.*
Canoñ. rég.	*canonicus regularis.*
Canoñ. ſéc.	*canonicus ſecularis.*
Canũtus.	*canonicatus.*
Cañria.	*cancellaria.*
Capéll.	*capella.*
Capéls.	*capellanus.*
Capnã.	*capellania.*
Cãr.	*cauſarum.*
Cãrd.	*cardinalis.*
Cardĩlis.	*cardinalis.*
Cãſ.	*cauſas.*
Cauſ.	*cauſa.*
Ceñ. Ecceſ.	*cenſura eccleſiaſtica.*
Cenſ.	*cenſuris.*
Certo.	*certo modo.*
Ceſo.	*ceſſio.*

Ch.	*christi.*
C. Ci.	*civis.*
Circumpẽoni.	*circumspectioni.*
Cister.	*cistercienſis.*
Clæ.	*claræ.*
Cla.	*clauſula.*
Clauſ.	*clauſa.*
Clico.	*clerico.*
Cliſ.	*clauſilis.*
Clunia. cla.	*cluniacenſis.*
Co. com̃.	*communem.*
Cog. le.	*cognatio legalis.*
Cog. ſpir.	*cognatio ſpiritalis.*
Coga. cogn. cognoĩa.	*cognomina.*
Cogén.	*cognomen.*
Cohão.	*cohabitatio.*
Cogtus.	*cognominatus.*
Coigis. cogtis. conſ.	*conſanguinitatis.*
Coĩone.	*communione.*
Cõittatur.	*committatur.*
Collat.	*collatio.*
Colléata.	*collegiata.*
Colleg.	*collegiata.*
Collitigañ.	*collitigantibus.*
Collm̃.	*collitigantium.*
Com̃.	*communis.*
Com̃dam.	*commendam.*
Comdus.	*commendatus.*
Commr. Epõ.	*committatur epiſcopo.*
Competem̃.	*competentem.*
Coñ.	*contra.*
Coñc.	*conſilium.*
Conſẽone.	*confeſſione.*
Conſẽori.	*confeſſori.*
Concõne.	*communicatione.*
Coñlis.	*conventualis.*
Coñriis.	*contrariis.*
Conſ.	*conſecratio.*
Conſ. t. r.	*conſultationi taliter reſpondetur.*
Conſciæ.	*conſcientiæ.*
Conſequeñ.	*conſequendum.*
Conſervañ.	*conſervando.*
Consñe.	*conceſſione.*
Conſit.	*conceſſit.*
Conſtbus.	*conſtitutionibus.*
Conſtitutioñ.	*conſtitutionum.*
Coñſu.	*conſenſu.*
Cont.	*contra.*
Coẽndarent.	*commendarent.*
Coerẽtur.	*commendaretur.*
Cujuſcumq.	*cujuſcumque.*
Cujuslt.	*cujuſlibet.*
Cur.	*curia.*

D

D. n. pp.	*domini noſtri papæ.*
D. ñ.	*domini noſtri.*
Dãt.	*datum.*
Deãt.	*debeat.*
Dẽcro.	*decreto.*
Decrũm.	*decretum.*
Dẽfcti.	*defunctis.*
Defivõ.	*definitivo.*
Denomiñ.	*denominatio.*
Denominãt. denom̃.	*denominationem.*
Derogãt.	*derogatione.*
Deſup.	*deſuper.*
Devolũt. devõl.	*devolutum.*
Dĩc.	*diœceſis.*
Dic.	*dictam.*
Digñi. digñ.	*dignemini.*
Dil. fil.	*dilectus filius.*
Dipn.	*diſpoſitione.*
Diſ. veſ.	*diſcretioni veſtræ.*
Diſcreõni.	*diſcretioni.*
Diſpão.	*diſſipatio.*
Diſpen.	*diſpendium.*
Diſpenſ.	*diſpenſatio.*
Diſpenſão.	*diſpenſatio.*
Diſpoſit.	*diſpoſitivè.*
Diverſor.	*diverſorum.*
Divor.	*divorcium.*
Dñi.	*domini.*
Dñicæ.	*dominicæ.*
Dño.	*domino.*
D. dñs. dõns.	*dominus.*
Dom.	*domini.*
Dotat.	*dotatio.*
Dotãte. dot.	*dotatione.*
Dr.	*dicitur.*
Dtẽ.	*dictæ.*
Dti.	*dicti.*
Duc. au. de ca.	*ducatorum auri de camera.*
Ducat.	*ducatorum.*
Ducẽn.	*ducentorum.*
Dum. ret. dùm. viv.	*dùm viveret.*

E

Eã.	*eam.*
Eccl. rom.	*eccleſia romana.*
Ecclẽiũm.	*eccleſiarum.*
Eccleſiaſt.	*eccleſiaſtici.*
Ecclĩa. eccl.	*eccleſia.*
Ecclĩs. ecclĩcis.	*eccleſiaſticis.*
Eẽ.	*eſſe.*
Effũm. effect.	*effectum.*
Ejuſd.	*ejuſdem.*
Elect.	*electio.*
Em̃.	*enim.*
Emõltum.	*emolumentum.*
Eod.	*eodem.*
Epõ.	*epiſcopo.*
Epũs.	*epiſcopus.*
Et.	*etiam.*
Ex.	*extra.*
Ex. rom. cur.	*extra romanam curiam.*
Ex. val.	*exiſtimationem valoris.*
Exãt. exiſt.	*exiſtat.*
Excõe.	*excommunicatione.*
Excõis.	*excommunicationis.*

Excom.	*excommunicatio.*
Execrab.	*execrabilis.*
Exéns.	*existens.*
Exit.	*existit.*
Exp.	*exprimi.*
Expda.	*exprimenda.*
Expis. expreff.	*expressis.*
Expm̃i.	*exprimi.*
Exprimend.	*exprimenda.*
Exped.	*expediri.*
Expēda.	*expedienda.*
Expedñi.	*expeditioni.*
Expres.	*expressis.*
Expo. expreff.	*expressio.*
Extén.	*extendendus.*
Extend.	*extendenda.*
Extraordin.	*extraordinario.*

F

Facién.	*facientes.*
Facin.	*facientes.*
Fact.	*factam.*
Famãri.	*famulari.*
Fel.	*felicis.*
Fel. rec. pred. n.	*felicis recordationis prædecessoris nostri.*
Festiũibus.	*festivitatibus.*
Fñ. for. fors.	*forsan.*
Foà.	*forma.*
Fol.	*folio.*
Fr.	*frater.*
Fraém.	*fratrem.*
Franũs.	*franciscus.*
Frat.	*fraternitas.*
Fruct.	*fructus.*
Fructib. fruct.	*fructibus.*
Frũm.	*fratrum.*
Fundat.	*fundatio. fundatum.*
Fundé. fundne fundaõne.	*fundatione.*

G

Gener.	*generalis.*
General.	*generalem.*
Gnãlis.	*generalis.*
Gnãtio.	*generatio.*
Gñli.	*generali.*
Gña. general.	*generaliter.*
Gñra.	*genera.*
Grã.	*gratia.*
Grad. affin.	*gradus affinitatis.*
Grar.	*gratiarum.*
Grat.	*gratia.*
Grat.	*gratiosæ.*
Gratifc.	*gratificatione.*
Gratne.	*gratificatione.*
Gré.	*gratiæ.*
Grãse.	*gratiosæ.*

H

Hab.	*habere. haberi.*
Habeant.	*habeantur.*
Habén.	*habentia.*
Hactũs.	*hactenus.*
Heantur.	*habeantur.*
Hét.	*habet.*
Here.	*habere.*
Hita.	*habita.*
Hoe.	*homine.*
Homici.	*homicidium.*
Hujusm.	*hujusmodi.*
Humil. humilt. humlr.	*humiliter.*
Huõi. humõi.	*hujusmodi.*

I

I.	*infra.*
Januar.	*januarius.*
Id.	*idus.*
Igr.	*igitur.*
Illor.	*illorum.*
Immun.	*immunitas.*
Impetran.	*impetrantium.*
Imponen.	*imponendis.*
Import.	*importante.*
Incipi.	*incipiente.*
Infraptum.	*infra scriptum.*
Infrascrip. infrape.	*infra scriptæ.*
Intropta.	*intro scripta.*
Invocaõne.	*invocatione.*
Invocat. invocaõnum.	*invocationum.*
Jões.	*joannes.*
Irregulte.	*irregularitate.*
Is.	*idibus.*
Jud.	*judicium.*
Jud. judm̃.	*judicium.*
Jur.	*juravit.*
Juris patr.	*juris patronatus.*
Jurto.	*juramento.*
Jux.	*juxta.*

K

Kal. Kl.	*kalendas.*

L

Laïc.	*laïcus.*
Laicor.	*laïcorum.*
Latiff. latm̃e.	*latissime.*
Legit.	*legitimè. legitimus.*
Legm̃a.	*legitima.*
Liã.	*licentia.*
Lib.	*liber* vel *libro.*
Lit.	*litis.*
Litig.	*litigiosus.*
Litigios.	*litigiosa.*
Lima.	*legitima.*
Litt.	*littera.*
Litterar.	*litterarum.*
Lõ.	*libro.*
Lre.	*litteræ.*
Lris.	*litteris.*
Lte.	*licite.*
Ltimo.	*legitimo.*
Ludoũs. lud.	*ludovicus.*

M

M.	*monetæ.*

Mãa.	*materia.*
Magiſt.	*magiſter.*
Magro.	*magiſtro.*
Mand.	*mandamus. mandatum.*
Mand. q.	*mandamus quatenus.*
Manib.	*manibus.*
Mediet.	*medietate.*
Medtè.	*mediatè.*
Menſ.	*menſis.*
Mir.	*miſericorditer.*
Mirãone.	*miſeratione.*
Mñiri.	*miniſtrari.*
Mõ.	*modo.*
Mon. can. præm.	*monitione canonica præmiſſâ.*
Moñrium.	*monaſterium.*
Moveñ.	*moventibus.*
Mrímonium.	*matrimonium.*
Mtmõn.	*matrimonium.*

N

Nri.	*noſtri.*
Nãa.	*natura.*
Nativitem.	*nativitatem.*
Neceſſ.	*neceſſariis.*
Neceſſar.	*neceſſariorum.*
Neriã.	*neceſſaria.*
Neriõr.	*neceſſariorum.*
Nõ.	*non.*
Nobil.	*nobilium.*
Noẽn.	*nomen.*
Noia. nõa. nom.	*nomina.*
Noboſt.	*nonobſtantibus.*
Noſt.	*noſtri.*
Not.	*notandum.*
Not. notã.	*notitia.*
Notar.	*notario.*
Noto. pũbco.	*notario publico.*
Nrã.	*noſtra.*
Nũltus.	*nullatenùs.*
Nuncũp.	*nuncupatum.*
Nuncupãt.	*nuncupationum.*
Nuncupẽ.	*nuncupatæ.*
Nũp.	*nuper.*
Nũp.	*nuptiæ.*

O

O.	*non.*
Obat.	*obtinebat.*
Obĩt.	*obitus.*
Obñeri.	*obtineri.*
Obñet.	*obtinet.*
Obſt.	*obſtaculum.*
Obſtãnt.	*obſtantibus.*
Obt.	*obtinet.*
Obtint.	*obtinebas.*
Octobr.	*octobris.*
Occup.	*occupatam.*
Oẽs.	*omnes.*
Offãli.	*officiali.*
Offiũm.	*officium.*
Oĩ.	*omni.*
Oib.	*omnibus.*
Oío. oíno.	*omnino.*
Oiũm. om.	*omnium.*
Omn.	*omnibus. omnino.*
Oppis.	*opportunis.*
Oppna. opport.	*opportuna.*
Or. orat.	*orator.*
Orat.	*oratoria.*
Orcè. orãcè.	*oratricè.*
Ordbũs.	*ordinationibus.*
Ordín. ordío.	*ordinario.*
Ordís.	*ordinis.*
Ordrís.	*ordinariis.*
Orí.	*oratori.*
Orís.	*oratoris.*
Orx.	*oratrix.*

P

Pp.	*papæ.*
Pa.	*papa.*
Pact.	*pactum.*
Pũdlis.	*præjudicialis.*
Pãm.	*primam.*
Patochial. parõlis.	*parochialis.*
Pbr.	*præsbyter.*
Pbrẽcida.	*præbytericida.*
Pbri.	*præsbyteri.*
Pcẽpit.	*præcipit.*
Penía.	*pœnitentia.*
Peníaria.	*pœnitentiaria.*
Peniteñ.	*pœnitentibus.*
Pens.	*penſione.*
Penult.	*penultimus.*
Perindè val.	*perindè valere.*
Perpũam.	*perpetuam.*
Perqo.	*perquiſitio.*
Perſolven.	*perſolvenda.*
Pet.	*petitur.*
Pfeſſus.	*profeſſus.*
Pindè.	*perindè.*
Pmiſſõr.	*præmiſſorum.*
Pñ. Pñs.	*præſens.*
Pñdit.	*prætendit.*
Pñt.	*poſſunt.*
Pñtia.	*præſentia.*
Pñtium.	*præſentium.*
Pntõdum.	*prætendo-ſtandum.*
Po. ſeu 1°.	*primo.*
Põdtus.	*primodictus.*
Pœn.	*pœnitentia.*
Poínt.	*poſſint.*
Poñtus.	*pontificatus.*
Poſſ.	*poſſit. poſſeſſionem. poſſint.*
Poſſeſ.	*poſſeſſione. poſſeſſor.*
Poſſoné.	*poſſeſſionem.*
Poſſõr.	*poſſeſſor.*
Poten.	*potentia.*
Ppũum.	*perpetuum.*
Pr.	*pater.*
Præal.	*præallegatus.*

Præd.	*prædenda.*
Præbend.	*præbendas.*
Præd.	*prædicta.*
Præfer.	*præfertur.*
Præm.	*præmissum.*
Præsen.	*præsentia.*
Præt.	*prætendit.*
Prædtus.	*prædictus.*
Præsbyt.	*præsbyter.*
Prim.	*primam.*
Primod.	*primodicta.*
Priotũs.	*prioratus.*
Procurat.	*procurator.*
Prõr.	*procurator.*
Prori.	*procuratori.*
Prov.	*provisionis.*
Proviõne.	*provisione.*
Prõxos.	*proximos.*
Predr.	*prædicitur.*
Pt.	*potest. prout.*
Ptam.	*prædictum.*
Pttũr.	*petitur.*
Pub.	*publico.*
Purg. canon.	*purgatio canonica.*
Pũidere.	*providere.*

Q

Q.	*que.*
Qd.	*quod.*
Qm. qõn.	*quondam.*
Qmlt. quomolt.	*quomodolibet.*
Qtnus. qtus.	*quatenus.*
Qu.	*quod.*
Qualit.	*qualitatum.*
Quat. quaten.	*quatenus.*
Quoad vix.	*quoad vixerit.*
Quodo.	*quovis modo.*
Quon.	*quondam.*
Quor.	*quorum.*

R

Rtâ.	*registrata.*
Rec.	*recordationis.*
Reg.	*regulæ.*
Regul.	*regularum.*
Reliõne.	*religione.*
Rescript.	*rescriptum.*
Resdam.	*residentiam.*
Reservat.	*reservata. reservatio.*
Resig.	*resignatio.*
Resignatioñ.	*resignationem.*
Resigne.	*resignatione.*
Resigo.	*resignatio.*
Resigér.	*resignare.*
Resõ.	*reservatio.*
Restois.	*restitutionis.*
Retroscript.	*retro scriptus.*
Regñet.	*resignet.*
Rlãris.	*regularis.*
Rlé.	*regulæ.*
Rlium.	*regularium.*
Rñtus.	*renatus.*
Robor.	*roboratis.*
Rom.	*romanus.*
Romã.	*romana.*
Rtũs.	*retro scriptus.*
Ruglari.	*regulari.*

S

S.	*sanctus.*
S. p.	*sanctum petrum.*
S.	*sanctitas.*
S. R. E.	*sanctæ romanæ ecclesiæ.*
S. v.	*sanctitati vestræ.*
S. v. o.	*sanctitatis vestræ orator.*
Sa.	*supra.*
Sacr. unc.	*sacra unctio.*
Sacror.	*sacrorum.*
Sæcul.	*sæcularis.*
Salũri. sãlri.	*salutari.*
Sanctit.	*sanctitatis.*
Sanctme. pr.	*sanctissime pater.*
Sãrtum.	*sacramentum.*
Se. co. ex. val. an.	*secundum communem existimationem valorem annuum.*
Sec.	*secundum.*
Sed. Ap.	*sedis apostolicæ.*
Sen.	*sententiis.*
Sen. exco.	*sententia excommunicationis.*
Sentent.	*sententiis.*
Separat.	*separatim.*
Sigra.	*signatura.*
Silem̃.	*similem.*
Silibus.	*similibus.*
Simpl.	*simplicis.*
Singul.	*singulorum.*
Sit.	*sitam.*
Slaris.	*secularis.*
Slm.	*salutem.*
Slorum.	*singulorum.*
S. M. M.	*sanctam Mariam majorem.*
Sñia.	*sententia.*
Sñta. Stã.	*sancta.*
Sñti. Sati.	*sanctitati.*
Sollic.	*sollicitatorem.*
Solit.	*solitam.*
Solut.	*solutionis.*
Solutis. soluõis.	*solutionis.*
Sortile.	*sortilegium.*
Spealem̃.	*specialem.*
Spealér.	*specialiter.*
Spéali.	*speciali.*
Spec.	*specialis.*
Spo. specif.	*specificatio.*
Spũalibus.	*spiritualibus.*
Spũ.	*spiritu.*
Spũs.	*spiritus.*
Stat.	*status.*
Substãnlis.	*substantialis.*
Subvent.	*subventionis.*
Succ.	*successores.*
Succõres.	*successores.*

Sumpt. *sumptum.*
Sup. *supra.*
Suppat. *supplicat.*
Suppantis. *supplicantibus.*
Supplic. *supplicat.*
Supplicaõnis. *supplicationis.*
Suppñe. *supplicatione.*
Suptum̃. *supradictum.*
Surrog. *surrogandus.*
Surrogañ. *surrogandis.*
Surrogãonis. *surrogationis.*
Surrogat. *surrogandis.*
Suspẽn. *suspensionis.*

T

Tangeñ. *tangendum.*
Tant. *tantum.*
Temp. *tempus.*
Tẽn. *tenore.*
Tẽnen. *tenendum.*
Terno. *termino.*
Test. *testimonium.*
Testib. *testibus.*
Thiã. Theõlia. *theologia.*
Tit. *tituli.*
Tli. *tituli.*
Tñ. *tamen.*
Tpõre. *tempore.*
Tpũs. *tempus.*
Trecẽn. *trecentorum.*

V

V. *vestra.*
Vr. *vester.*
V. vrẽ. *vestrœ.*
Vacan. *vacantem. vacantibus.*
Vacaõnum. *vacationum.*
Vacatnis. vacaõnis. *vacationis.*
Val. *valorem.*
Venẽbli. *venerabili.*
Verislẽ. *verisimile.*
Verusq. *verusque.*
Vest. *vester.*
Videb. videbr. *videbitur.*
Videl. *videlicet.*
Viginti quat. *viginti quatuor.*
Ult. *ultima.*
Ult. poss. *ultimus possessor.*
Ulti. *ultimi.*
Ultũs. *ultimus.*
Ursis. *universis.*
Usq. *usque.*

X

Xpti. *christi.*
Xptiãnorum. *christianorum.*
Xptñi. *christiani.*
XX. *viginti.*

Les noms des diocèses s'abrègent ainsi : *Parisien, Lugdunen.* Parisiensis, Lugdunensis.

ABREUVOIRS, s. m. (*Police.*) les *abreuvoirs* sont des lieux disposés commodément, sur le bord des rivières, pour faciliter les moyens d'y abreuver les bestiaux. Nos rois ont donné des loix, pour la sûreté des *abreuvoirs*, qu'il seroit à souhaiter qu'on suivît par-tout ; on éviteroit par-là les inconvéniens qui résultent du peu de vigilance qu'on apporte sur cet objet.

Par les ordonnances de 1535, de 1671 & 1672, les *abreuvoirs* de Paris, ainsi que les quais, les ports & autres ouvrages publics, sont à la charge de l'hôtel-de-ville, qui doit prendre les fonds nécessaires pour leur entretien & réparations, sur le produit des différens octrois dont il jouit, par préférence à toute autre dépense. Un des échevins est particuliérement chargé de la visite des ports & *abreuvoirs*, il doit la faire tous les jours, pour donner ensuite son rapport au bureau de ce qu'il aura observé ; le pavé des *abreuvoirs* doit être refait tous les ans, & leur fond affermi par des recoupes & cailloutages ; les voies qui y conduisent doivent être libres, & sans aucun embarras ; les bateaux ne doivent s'approcher qu'à la distance de cinq toises du bord de l'eau, aux environs des *abreuvoirs*, & ils doivent se ranger de manière qu'ils n'en gênent pas l'usage, autrement on les fait retirer à leurs frais, à la diligence du procureur du roi, & les maîtres sont condamnés en une amende de soixante livres. Quoique les officiers de police aient le droit de veiller pour empêcher les entreprises qu'on pourroit faire sur les *abreuvoirs*, toutes les contestations qui naissent à cet égard, sont portées au bureau de la ville.

Les ordonnances militaires contiennent aussi plusieurs dispositions pour la sûreté des *abreuvoirs*, & prévenir les accidens qu'ils pourroient occasionner. Elles ordonnent aux majors des régimens de cavalerie, hussards & dragons, aussi-tôt que les troupes arrivent dans un camp, de visiter les *abreuvoirs* qui en sont à portée, pour faire mettre en état ceux qui sont pratiquables, & rompre ceux qui seroient dangereux.

ABREUVOIR, (*Droit d'*) ce droit étoit connu sous les Romains, & ils l'appelloient *pecoris ad aquam appulsus* : c'étoit une des huit servitudes rustiques, c'est-à-dire, à l'usage des biens de campagne : il consistoit dans le droit de faire passer sur le fonds d'autrui ses bestiaux, pour les conduire à un *abreuvoir* commun.

Cette servitude subsiste en France, elle est réelle ; & comme toute servitude est établie sur un héritage contre sa liberté naturelle, il faut qu'elle existe par titres, une possession sans titres ne suffiroit pas : l'usage s'en règle par les conventions énoncées dans le titre constitutif. *Voyez* SERVITUDE.

ABROGATION, s. f. (*Jurisprudence.*) c'est l'acte par lequel on révoque, ou on annulle une loi. Le droit d'abroger n'appartient qu'à celui qui a le droit de faire la loi. En France, le souverain seul a le pouvoir d'abroger une loi, parce qu'il est seul dépositaire de la puissance législative.

L'*abrogation* diffère de la dérogation, en ce que la

la loi dérogeante ne donne atteinte qu'indirectement à la loi antérieure, & dans les points seulement où l'une & l'autre sont incompatibles ; au lieu que l'*abrogation* détruit expressément la loi précédente. Abroger, c'est casser, annuller une loi dans tous ses chefs ; déroger, c'est n'avoir pas égard à une loi dans quelques-uns de ses chefs, en abolir une partie.

L'*abrogation* doit être prononcée par le souverain, dans la même forme que la promulgation des loix, ainsi il faut que l'*abrogation* se fasse par un acte authentique, qui est lui-même une loi ; & qu'il soit placé dans le dépôt où avoit été mise la loi abrogée : ce dépôt est parmi nous le greffe des cours souveraines, qui ont sur l'*abrogation* d'une loi le même droit que sur son établissement, celui de remontrance, droit inhérent à la magistrature, suivant les loix constitutives du royaume, dont quelques-unes même en chargent l'honneur & la conscience des magistrats; mais le droit de remontrer ne va pas jusqu'à celui d'empêcher : autrement, la plénitude du pouvoir législatif ne résideroit plus dans le souverain, mais dans la magistrature.

L'*abrogation* d'une loi doit être motivée avec plus de sagesse, de force & de clarté, que la composition d'une loi sur un objet nouveau ; il est plus aisé d'établir une loi nouvelle, que d'en abolir une ancienne : on tient à ses coutumes, on tient aux loix observées depuis long-tems, à moins que leur danger ou leur injustice ne soient clairement démontrés.

Le pouvoir d'abroger ne s'étend pas aux loix qu'on appelle *immuables*, c'est-à-dire, à celles qui par leur nature, sont tellement justes, qu'elles le sont toujours & par-tout. Le souverain peut, par exemple, changer sans inconvénient le droit civil dont dépendent les successions, la féodalité, la police, les formes, *&c.* mais il ne peut détruire la loi naturelle, ni celles qui tiennent à la constitution de son empire, & aux mœurs nationales ; s'il osoit l'entreprendre, la force pourroit assurer un instant l'exécution d'une pareille loi, dans le voisinage de la cour, mais bientôt l'opinion publique renverseroit l'édifice. Nous n'avons pas à craindre en France ces écarts du despotisme ; on voit, chaque jour, nos rois consacrer dans des édits publics la maxime, qu'ils sont dans l'heureuse impuissance d'abroger les loix fondamentales du royaume. Il suffit d'ouvrir l'histoire pour se convaincre que la misère des peuples, le malheur des princes, & la chûte des empires, ont été le résultat du mépris & de l'*abrogation* des loix de cette espèce.

Quoique nous disions que le souverain peut changer les loix qui ne tiennent pas essentiellement à la loi naturelle, ni à la constitution de l'état, il ne doit cependant le faire qu'avec beaucoup de réserve & de précautions, & lorsque de nouvelles circonstances obligent de changer ou de modifier des loix qui deviennent inutiles ou dommageables, soit par des changemens dans les mœurs, les rapports & les intérêts d'un peuple, soit par des révolutions de fait ou de systême, soit par des accidens dans le physique ou le moral.

A Athènes, il n'étoit pas permis de proposer une loi au peuple, sans avoir consulté l'aréopage, & obtenu son consentement. Chez les Locriens, celui qui vouloit proposer un nouveau réglement, ne pouvoit le faire que la corde au col, sûr d'être étranglé, si la loi proposée n'étoit pas jugée assez utile pour être adoptée.

Le cardinal de Richelieu pensoit, avec beaucoup d'autres politiques, qu'il valoit ordinairement mieux fournir des expédiens pour réformer les abus des anciens usages & des anciennes loix, que de les abroger. Montesquieu soutient avec raison, que s'il est quelquefois nécessaire de changer certaines loix, les cas en sont très-rares, & que lorsqu'ils arrivent, il n'y faut toucher que d'une main tremblante.

S'il faut apporter les plus grandes précautions lorsqu'il s'agit d'abroger d'anciennes loix, il faut aussi convenir que le législateur doit ordonner l'*abrogation* des loix qui n'ont plus d'utilité, & dont l'exécution peut devenir dangereuse ; car la première & la plus importante des loix, est celle qui commande de préférer le salut public à toute autre considération. Tous les peuples qui composent les différentes monarchies de l'Europe, n'ont aucun code de loix particulières : elles se servent toutes indistinctement de coutumes puisées dans le sein de l'ignorance & de la barbarie, de quelques loix données souvent dans des tems de trouble & d'anarchie, des loix romaines, & des décrets contenus dans le corps du droit canonique, qui ne se sont jamais accordés avec leurs mœurs & leurs usages ; cette multiplicité de sources dans lesquelles les juges vont chercher les motifs de leurs décisions, cause très-souvent de la contrariété dans les jugemens, ensorte que le juste & l'injuste paroît arbitraire, & dépendre de la différence du territoire. Les jurisconsultes eux-mêmes s'égarent souvent dans ce labyrinthe, & les plaideurs de mauvaise foi y trouvent toujours les moyens d'appuyer leurs injustes prétentions. Il seroit donc avantageux, il seroit même nécessaire qu'à l'exemple du roi de Prusse, du roi de Sardaigne & du grand duc de Toscane, chaque souverain, dans ses états, fît examiner les loix dont l'inutilité ou le désavantage est reconnu, & qu'elles fussent abrogées par une loi solemnelle.

L'*abrogation* d'une loi est tacite ou écrite : elle est tacite lorsqu'elle s'opère par l'inexécution, le non-usage, la désuétude : elle est écrite lorsqu'elle se fait par un acte public émané de la puissance législative.

Nous avons parmi nous plusieurs exemples de l'*abrogation* tacite & expresse ; les enquêtes d'examen à futur, & celles par turbes ont été solemnellement abrogées par l'ordonnance de 1667. L'édit de S. Maur de 1576, qui privoit les mères de la succession de leurs enfans, a été formellement *abrogé* par celui du mois d'août 1729. L'édit de Nantes, en faveur des réformés, a été révoqué & annullé par celui d'octobre 1685. Nous pourrions en citer beaucoup d'autres.

L'ordonnance de 1629 nous fournit un exemple frappant de l'*abrogation* tacite. Cette loi, qui contient un grand nombre de dispositions très-sages, demandée par les états, publiée & enregistrée partout avec acclamation, suivie encore au parlement de Bourgogne, semble avoir été flétrie par la disgrace de son auteur, Michel de Marillac, garde des sceaux: elle est tombée dans l'oubli; & si dans le parlement de Paris on suit quelques-unes de ses dispositions, ce n'est pas par rapport à cette loi, qu'on ne cite point, mais par rapport à leur source, & aux anciennes ordonnances d'où elles sont tirées.

L'*abrogation* tacite a même un pouvoir si considérable, que le législateur & les magistrats souverains y défèrent. M. d'Aguesseau écrivoit à un parlement en 1743: « il faut savoir s'il a été d'u» sage jusqu'à présent dans votre pays de suivre à » la rigueur les ordonnances & déclarations du » roi, ou si on a usé de tolérance & de dissi» mulation dans des cas semblables ».

Louis XV, dans l'ordonnance des substitutions, en renouvellant l'article 59 de l'ordonnance d'Orléans, a statué que, dans les provinces où l'usage avoit étendu les substitutions jusqu'à quatre degrés, la restriction à deux degrés, portée par l'article 30 de son édit, n'auroit lieu que pour les substitutions qui seroient faites à l'avenir, sans avoir d'effet à l'égard de celles qui auroient été faites, soit par des actes entre-vifs, soit par des dispositions à cause de mort, avant la publication de l'ordonnance.

Nous observerons que jusqu'à Louis XIV, il n'y avoit ni vues, ni ensemble dans notre législation & dans la rédaction des ordonnances. Plusieurs n'ont été données que pour les besoins du moment, quelques-unes ont été l'ouvrage des factions qui se succédoient, & qui ont déchiré si long-tems le sein de la patrie; d'autres ont été publiées dans des circonstances particulières, qui n'ont plus aujourd'hui ni objet ni motifs; la plupart de ces loix sont tombées en désuetude; cependant, comme elles n'ont pas été abrogées formellement, il n'est pas rare de trouver dans les nouvelles ordonnances, que le législateur renvoie sur quelques points aux anciennes, d'où il arrive que les tribunaux peuvent avoir de la tolérance ou de la dissimulation sur ces loix passagères & inusitées, ce qui introduit une diversité déplorable dans notre jurisprudence, à laquelle on pourroit remédier, si à l'exemple des Romains, après s'être assuré de l'*abrogation* tacite d'une loi, on attestoit cette *abrogation*, par une loi du prince qui la prononçât expressément: ne seroit-ce pas un moyen de diminuer les embarras de la procédure, & de supprimer les subterfuges que ces loix tombées en désuétude, & ignorées de la plupart des citoyens, occasionnent très-souvent?

ABROUSTURE, s. f. vieux mot qui signifioit jadis le droit de faire brouter le bétail en certains lieux.

ABROUTIS, (*Bois*) (*Eaux & forêts.*) dans la jurisdiction des eaux & forêts, on appelle *bois abroutis* ou rabougris, les bois défectueux, soit à cause que le fonds où ils ont crû est de mauvaise qualité, soit parce que le bétail en a détruit les bourgeons lorsqu'ils commençoient à croître.

Suivant l'article 16 du titre 3 de l'ordonnance des eaux & forêts de 1669, les grands-maîtres qui, dans le cours de leurs visites dans les forêts du roi, remarquent des endroits dégarnis ou peuplés de bois *abroutis* & rabougris, peuvent y faire mettre de nouveaux plants aux frais du roi, & pourvoir à la conservation du jeune bois, en faisant faire des fossés par adjudication au rabais. Mais l'article 3 du titre 27 porte que ces officiers feront mention dans leurs procès-verbaux des places vuides qu'ils auront remarquées dans les forêts du roi, pour être pourvu au repeuplement, sur leur avis. Depuis que par l'édit de 1716, les grands-maîtres ne peuvent plus disposer d'aucune somme sur les amendes, ils ne sont plus en état d'exécuter par eux-mêmes, ce qui leur étoit prescrit pour les bois *abroutis*; ainsi ils doivent seulement aujourd'hui envoyer tous les ans au conseil un état des sommes qu'ils croiront devoir être employées à l'aménagement des forêts, pour être par sa majesté ordonné ce qu'il appartiendra. Ainsi les grands-maîtres ne doivent point prendre sur leur compte de faire repeupler les places dégarnies, sans un ordre exprès du roi.

Quant aux recépages dont parle le même article du titre 3, relativement aux bois *abroutis* & rabougris, les grands-maîtres doivent envoyer au conseil des procès-verbaux pour être pourvu à ce qu'ils croient devoir être fait à cet égard.

L'article 45 du titre 15 de la même ordonnance, enjoint aux adjudicataires des bois du roi de faire couper près de terre toutes les souches ou étocs de bois rabougris qui sont dans les ventes, à quoi les officiers doivent tenir la main, sous peine d'interdiction.

L'article 13 du titre 25 ordonne aux communautés d'habitans qui ont des bois *abroutis*, de les faire recéper à leurs frais, & de les tenir en défends comme les autres taillis, jusqu'à ce que le rejet ait au moins six ans. Il faut remarquer à ce sujet que les officiers commis pour faire faire les recépages, ne doivent pas permettre de couper les arbres de belle venue qui peuvent se trouver dans les cantons à recéper, dans la crainte que les arbres recépés ne deviennent *abroutis*, ou rabougris. *Voyez* ABJUDICATAIRE, BOIS, RECÉPAGE, *&c.*

ABSENCE, s. f. (*Jurisprudence.*) c'est la retraite

ou l'éloignement du lieu ordinaire de son domicile. L'effet que produit l'*absence* est différent suivant les circonstances qui l'accompagnent; elle peut être innocente ou criminelle; ses effets sont durables ou momentanés; l'*absence* ne produit pas par elle-même la mort civile, elle ne fait même présumer la mort naturelle, qu'après l'expiration du terme de la plus longue vie des hommes suivant les loix de la nature. Tout ce qui se passe pendant l'*absence* d'un homme, n'est que provisionnel, & à son retour il rentre dans ses biens, quoique partagés par ses héritiers.

En lisant les loix qui ont été faites à la fin du dernier siècle, & au commencement de celui-ci, pour défendre aux sujets du roi la sortie du royaume, on pourroit penser que l'*absence* est un crime capital, qui emporte confiscation de corps & de biens, lorsqu'on s'absente sans permission. Mais on n'ignore point que ces loix ont été déterminées par des circonstances particulières, & les besoins du moment; elles ne doivent donc pas être exécutées d'une manière aussi absolue & aussi rigoureuse, qu'elles le paroissent au premier coup-d'œil.

Leur véritable, ou pour mieux dire, leur unique objet étoit d'interdire la sortie du royaume à ceux qui faisoient profession de la religion réformée, afin d'éviter par-là une désertion capable d'énerver l'état. Tous les autres citoyens jouissent encore à cet égard de la liberté qu'ils tiennent du droit naturel, sauf à être regardés comme des étrangers, qui ne sont pas morts civilement. Les peines prononcées contre les protestans par ces différentes loix, ne sont pas encourues *ipso facto*, elles exigent une condamnation; d'où il suit que les protestans même, objets de ces loix, sont seulement réputés étrangers, lorsqu'ils n'ont été ni poursuivis ni condamnés; c'est ce qui résulte de plusieurs arrêts. *Voyez* ABDICATION.

Nous allons expliquer plus en détail les règles que l'on suit à l'égard de l'*absence*, sous le mot ABSENT, où nous traiterons séparément des absens en matière civile, féodale, matrimoniale, criminelle & canonique, ainsi que de l'*absence* des personnes publiques, des employés des fermes, des militaires, & de ceux qui sont absens pour des causes nécessaires & utiles à l'état. *Voyez* ABSENT.

ABSENT, (*Droit public, civ., crim., eccles.*) c'est en général celui qui est éloigné de son domicile, de sa patrie, de ses fonctions.

SECTION PREMIÈRE.

Quelles personnes sont réputées absentes.

Le mot *absent* a un grand nombre d'acceptions, & il se dit en général, de tous ceux qui sont éloignés de leur domicile ordinaire, de l'endroit où ils ont quelques fonctions à remplir, ou qui négligent de remplir les devoirs de leur état.

Par cette raison, les rois, les reines, les princes sont *absens*, lorsqu'ils ont quitté leurs états, soit par nécessité, soit pour affaires. Les ambassadeurs, les soldats, les sujets sont *absens* lorsqu'ils ont quitté leur patrie, soit pour le service de leurs souverains, soit par esprit d'indépendance. Les bénéficiers sont *absens*, lorsqu'ils ne sont pas résidens dans leurs bénéfices, ou qu'ils manquent à les desservir. Les accusés, les condamnés, sont *absens*, lorsqu'ils ne se présentent pas sur les plaintes rendues contre eux, & qu'ils se laissent condamner par contumace. Les maris, les femmes, les enfans, sont *absens*, lorsqu'ils quittent leurs familles. Les magistrats & autres officiers subalternes de la justice sont *absens*, lorsqu'ils sont hors du lieu de leur résidence, ou qu'ils ne remplissent pas, ou ne peuvent remplir les fonctions de leurs charges. Les patrons sont *absens* lorsqu'ils ne se trouvent pas dans le lieu de la situation des bénéfices, auxquels ils nomment. Enfin, en matière de prescription & de succession, on est *absent*, toutes les fois qu'on s'est éloigné de son domicile sans vouloir ou sans pouvoir donner de ses nouvelles.

SECTION II.

Principes généraux sur les absens.

Avant d'entrer dans le détail des principes qui doivent guider dans la décision des questions que font naître les *absens*, selon les divisions que nous venons d'indiquer, il est nécessaire d'observer que l'absence hors du royaume ne fait encourir aucune incapacité, lorsqu'elle n'est pas suivie d'un établissement marqué & déterminé en pays étranger, d'où l'on puisse présumer que l'*absent* a quitté sa patrie, sans esprit de retour.

Ainsi un *absent*, par ses fondés de pouvoirs, peut contracter valablement, & faire toute espèce de conventions; & à cet égard, notre droit est différent du droit romain, qui ne permettoit pas aux *absens* de contracter par stipulation; il exigeoit la présence des parties, pour s'interroger & se répondre mutuellement.

Un *absent* peut également succéder à ses parens françois, s'il est catholique romain; mais pour pouvoir jouir des successions qui lui sont échues, il faut qu'il revienne en France, & qu'il y établisse son domicile: car il devient incapable de succéder s'il reste sous une domination étrangère. Lorsqu'une personne est absente, & cesse de donner de ses nouvelles, toutes les fois qu'il s'agit de ses intérêts, notre jurisprudence présume qu'il peut vivre jusqu'à cent ans. Cette présomption est tirée des livres saints & des loix romaines. L'ecclésiastique, *chap. 18*, nous dit que les bornes de la vie de l'homme, s'étendent jusqu'à cent ans; la loi *8, ff. de usuf. leg.*, & la loi *23*, *c. de sacros. eccles.* fixent la plus longue vie des hommes à cent ans. Par cette raison, jusqu'à ce que l'*absent* ait atteint sa centième année, il n'est présumé ni mort ni vivant, & on ne peut rien faire contre ses intérêts que provisionnellement ; mais cette présomption est-elle bien conforme aux loix de la nature ? M. Bernoulli, dans son traité *de usu artis conjectandi in jure*, c'est-à-dire, *de l'application du calcul des probabilités aux matières de jurisprudence*, prétend qu'un *absent* doit être réputé mort, lorsqu'il y a deux fois plus à parier qu'il est mort, que vivant ; or, si on applique ce raisonnement aux tables de M. de Parcieux, l'*absent* pourroit être réputé mort à quatre-vingt-treize ans, & même à soixante-quinze, si l'on s'en rapporte à MM. de Buffon & d'Alembert ; cette présomption nous paroîtroit plus juste, & devroit peut-être être admise, par la raison que l'époque de soixante-quinze ans est à-peu-près le terme ordinaire & le plus commun de la vie des hommes, & que, suivant les loix, les présomptions doivent être fondées sur quelques vraisemblances, & sur ce qui arrive le plus communément ; mais puisque nous n'avons pas de loi précise sur cet objet, il n'y a pas d'inconvéniens, en attendant qu'il plaise au roi de fixer la jurisprudence, de s'en tenir à la supposition établie par les loix romaines, & de supposer vivant un *absent* jusqu'à ce qu'il ait atteint sa centième année, toutes les fois qu'il s'agira de son intérêt, parce que la législation doit suivre ici, & dans toutes autres conjonctures pareilles, la disposition la plus favorable à l'humanité.

SECTION III.

De l'absent en matière civile.

Sous ce point de vue, nous examinerons trois questions principales : de quelle manière doit-on diriger les actions qu'on a à exercer contre un *absent ?* Un *absent* peut-il partager les successions qui lui adviennent, & dans quel tems ses héritiers doivent-ils être admis au partage de la sienne ? Comment la prescription s'opère-t-elle contre un *absent ?*

ABSENT, *assignation*. L'ordonnance de 1667 veut que les *absens* soient assignés à leur dernier domicile connu, pour répondre sur les demandes formées contre eux : & s'ils n'ont ou n'ont eu aucun domicile connu, qu'ils soient assignés par un seul cri public, au principal marché du lieu de l'établissement du siège où la contestation doit être portée, & sans aucune perquisition de leurs personnes.

Avant cette ordonnance, l'usage étoit de créer un curateur aux *absens*, pour répondre aux demandes formées contre eux ; mais cette formalité a été abrogée par l'article 8 de l'ordonnance que l'on vient de citer, & cela avec raison ; car cette procédure augmentoit la dépense, & ne produisoit aucun avantage à l'*absent*, le curateur peu intéressé à le défendre, n'en prenoit pas le soin.

On assigne encore aujourd'hui en Lorraine les *absens* au domicile du curateur en titre, suivant l'ordonnance du duc Léopold, de 1707, qui s'observe toujours ; elle enjoint au curateur de faire son possible, pour instruire l'*absent* de ce qui se passe.

A l'égard des étrangers, on les envoyoit autrefois assigner sur la frontière à son de trompe : mais la même ordonnance de 1667 a abrogé cet usage, & statué que les étrangers seroient assignés aux hôtels des procureurs-généraux du parlement où ressortissent les appellations des juges pardevant lesquels ils sont ajournés.

Par un réglement provisoire du conseil, du 25 août 1692, ceux qui habitent les colonies françoises doivent être également assignés au domicile des procureurs-généraux des cours où ressortiront les appellations des juges devant lesquels l'assignation & l'action sont portées ; il y a cependant une très-grande différence entre un François qui quitte l'Europe pour transporter son domicile dans une colonie françoise, & un étranger ; le François ne quitte pas la domination du roi, il use seulement du droit acquis à tout citoyen, de quitter une province pour aller habiter dans une autre : or, dans ce cas, le particulier qui sortiroit du ressort du parlement de Paris, & qui établiroit son domicile en Bretagne, ne seroit pas assigné au domicile du procureur-général du parlement de Paris, après le tems que les loix exigent pour assurer le nouveau domicile élu par un citoyen, il ne pourroit être légitimement assigné que pardevant le juge de son nouveau domicile, suivant la règle générale, qu'en matière personnelle ou mixte, le demandeur est obligé de suivre le domicile du défendeur. Ne devroit-on pas procéder de même à l'égard de celui qui va s'établir dans les colonies françoises ? après un an de résidence, il y a acquis un véritable domicile, & il devroit y être assigné en toutes demandes personnelles ou mixtes, & cela avec d'autant plus de raison, que l'assignation qui lui est donnée à l'hôtel du procureur-général est illusoire, & qu'il n'en a jamais connoissance ; d'où il arrive qu'un François établi en Amérique est presque toujours condamné par défaut en France. Nous savons que cet inconvénient a été remarqué par le conseil du roi, & nous sommes instruits qu'on travaille actuellement à un nouveau code de loix pour les colonies françoises, dans lequel on marquera d'une manière précise, les cas où les habitans des colonies devront être assignés en France ; ceux dans lesquels ils seront ajournés devant les juges de leurs domiciles, ainsi que la forme & les délais de ces assignations.

ABSENT, *succession*. Nous avons observé, au commencement de cet article, qu'un *absent* étoit capable de succéder, & que lorsqu'il s'agissoit de son intérêt, il étoit présumé vivre jusqu'à cent ans ; suivant cette présomption, l'*absent* est-il saisi de toutes les successions qui peuvent lui écheoir jusqu'à ce qu'il ait atteint sa centième année, & les transmet-il à ses héritiers ? On doit tenir pour certain que dans les coutumes qui fixent un tems pour la présomption de la mort, & dans les espèces où les circonstances donnent un fait déterminant sur le décès de l'*absent*, il transmet à ses héritiers les successions qui lui sont dévolues par la loi, jusqu'au jour qu'il est réputé mort, soit par les coutumes, soit par la jurisprudence, soit par les circonstances.

En second lieu, dans les coutumes qui ne fixent pas la présomption de la mort de l'*absent*, les successions qui lui adviennent jusqu'à ce qu'il ait atteint l'âge de cent ans, sont censées lui appartenir en vertu de la présomption qui le suppose vivre jusqu'à cet âge, & ses créanciers peuvent se venger sur elles de ce qui leur est dû par l'*absent*; mais s'il ne reparoît pas, il n'est pas censé en avoir été saisi, il ne les transmet pas à ses héritiers présomptifs, elles appartiennent à ceux qui, au tems de leur ouverture, auroient dû les recueillir à son défaut, parce que toutes les fois qu'un *absent* ne reparoît pas, il est réputé mort du jour qu'il a disparu, ou du jour de la dernière nouvelle qu'on en a reçue.

La raison de la différence que la jurisprudence a établie entre les créanciers & les héritiers de l'*absent*, se tire de ce que la présomption qui prolonge la vie d'un homme jusqu'à cent ans, n'a été introduite que pour son avantage, & pour ne le pas priver des biens qui pouvoient lui écheoir, & cette faveur a été aussi accordée à ses créanciers, parce qu'ils sont autorisés à exciper de tous les droits de leur débiteur, qu'ils le représentent en quelque manière, qu'ils sont peut-être plus favorables, puisqu'ils cherchent seulement à se soustraire à des pertes; mais il n'en est pas de même de ses héritiers, la jurisprudence qui les admet au partage de sa succession, les y appelle du jour de son absence ou de ses dernières nouvelles: elle le présume donc mort dès cet instant, & par cette raison elle suppose qu'il n'a pu recueillir les successions qui lui seroient échues depuis ce moment, elles ne se trouvent pas dans ses biens, & par conséquent ils n'y ont aucun droit. Il faut cependant observer que, dans l'incertitude de la vie ou de la mort de l'*absent*, ses créanciers qui auroient obtenu l'envoi en possession d'une succession qui lui est advenue, sont obligés de donner caution de restituer ce qu'ils auroient reçu, dans le cas où ceux qui auroient, à son défaut, recueilli sa succession, justifieroient du prédécès de l'*absent*.

Quel doit être le tems auquel on doit fixer l'ouverture de la succession d'un *absent*?

Les héritiers présomptifs d'un homme *absent*, obtiennent, après un certain tems, la permission de prendre possession de ses biens & de les partager. Ce partage n'est que provisionnel; & si l'*absent* se représente, ses biens doivent lui être rendus: car ce partage n'a été introduit que pour l'intérêt public, afin que les biens des *absens* ne soient pas abandonnés pendant un trop long tems; on peut même ajouter que c'est l'intérêt même de l'*absent*, parce qu'on présume que ses biens seront conservés avec plus de soin par ceux qui espèrent les recueillir, que par des étrangers.

Le tems fixé pour être mis en possession des biens d'un *absent* dont on est héritier présomptif, varie suivant les jurisdictions. A Paris, cette possession ne s'obtient qu'après trois ans d'absence prouvée par acte de notoriété ou autre pièce équivalente jointe à la requête présentée au lieutenant-civil pour cet effet. La coutume de Hainaut fixe un pareil délai.

Les coutumes d'Anjou & du Maine autorisent l'héritier à se mettre en possession des biens de l'*absent* après sept ans sans nouvelles. Il en est de même en Bretagne, où l'on juge que l'*absent* est censé vivant les sept premières années, après lequel tems il est réputé mort.

Au parlement de Toulouse, le partage provisionnel des biens de l'*absent* a lieu après neuf ans, selon les arrêts de Maynard.

A Bordeaux, le partage provisionnel des biens de l'*absent* ne peut être demandé qu'après dix ans, & ce n'est qu'aux héritiers qui sont alors les plus proches, que ce droit appartient. Cela a été ainsi décidé par deux arrêts des 21 janvier 1700 & 2 juillet 1715.

Quand il n'y a point de loi qui détermine le tems pendant lequel les héritiers doivent attendre, c'est l'usage du lieu qu'il faut suivre. Mais on peut dire en général qu'après dix ans d'absence ou de la dernière nouvelle, les héritiers peuvent demander le partage provisionnel des biens de l'*absent*, en donnant bonne & suffisante caution. Ils sont dispensés de cette caution après trente années d'absence.

Lorsqu'avant le tems déterminé pour demander le partage provisionnel, les héritiers craignent que les intérêts de l'*absent* ne périclitent, ils peuvent faire établir un curateur pour y veiller, à la charge de rendre compte, soit à l'*absent* en cas de retour, soit à eux lorsqu'ils jouiront de ses droits.

Comme la possession ne donne aux héritiers présomptifs aucune propriété, mais une simple administration dont ils sont comptables envers l'*absent* en cas de retour, ils ne peuvent vendre, aliéner, ni hypothéquer les biens de l'*absent* à son préjudice, avant qu'il ait atteint les cent ans pendant lesquels la loi le fait présumer vivant.

Lorsque l'*absent* ne revient point, il est réputé mort du jour de son départ ou de la dernière nouvelle qu'on en a eue, ensorte que sa succession est réputée ouverte dès ce tems-là: les héritiers qu'il avoit alors sont présumés l'avoir recueillie dès ce moment, & quoiqu'ils décèdent dans les dix ans de l'absence, ils ne laissent pas de transférer leurs droits à leurs héritiers. C'est ce qu'ont jugé les arrêts du parlement de Paris du 23 mars 1688, & du parlement de Toulouse, des 5 avril 1677 & 23 mars 1679.

Le tuteur d'un mineur *absent* est obligé de rendre

compte de son administration aux héritiers présomptifs de ce mineur lorsqu'ils sont en droit de demander ce partage provisionnel de ses biens. C'est ce qu'a jugé le parlement de Paris par un arrêt que rapporte Chenu dans son recueil.

La possession des biens d'un *absent* se donne également à tous les héritiers qui sont au même degré, à moins que l'un d'eux n'ait une procuration de l'*absent*; dans ce cas, c'est le procureur fondé qui doit avoir seul l'administration, comme l'a jugé le parlement de Toulouse par un arrêt du mois de mai 1564.

Quelques auteurs prétendent qu'on doit donner la possession des biens de l'*absent* à l'héritier institué, préférablement à l'héritier présomptif. Ils appuient leur opinion sur un arrêt du parlement de Paris du 27 avril 1662, qui a permis d'ouvrir le testament d'un *absent*, pour ensuite être ordonné ce que de raison : mais cet arrêt ne doit pas tirer à conséquence, parce qu'il y avoit de très-fortes présomptions de la mort de l'*absent*.

D'autres soutiennent qu'un testament ne pouvant avoir aucun effet qu'après la mort certaine du testateur, on ne doit point donner la possession des biens de l'*absent* à l'héritier institué. Ils fondent leur avis sur l'arrêt du parlement de Toulouse du 2 juin 1650.

La décision de cet arrêt est juste, mais elle reçoit deux exceptions & une limitation.

La première exception est en faveur de l'héritier institué qui se trouve en même tems l'un des héritiers présomptifs : ayant pour lui la vocation de la loi & la volonté du testateur, il doit l'emporter sur les autres héritiers présompifs.

La seconde exception a lieu quand l'héritier institué, quoiqu'étranger, est chargé de la procuration de l'*absent* : dans ce cas, le double droit qu'il tient du testateur doit le faire maintenir dans l'administration qui lui a été confiée.

Quoique l'héritier institué ne soit ni héritier présomptif, ni porteur de procuration, il faut néanmoins lui donner un jour la possession des biens de l'*absent*. M. Catelan estime qu'il faut d'abord la donner à l'héritier présomptif, & dix ans après à l'héritier institué; mais je préférerois l'avis de M. Bretonnier, qui pense qu'on ne doit donner la possession des biens à l'héritier institué que trente ans après le départ de l'*absent*, ou après la dernière nouvelle que l'on a eue de lui. Au reste, en quelque tems qu'on donne cette possession à l'héritier institué, si dans la suite il peut justifier du décès de l'*absent*, l'héritier présomptif doit être tenu de lui rendre les fruits.

Ce qui vient d'être dit de l'héritier institué, doit s'appliquer aussi au légataire universel; mais à l'égard des légataires particuliers, il paroît qu'il faut distinguer entre les légataires de corps certains, & les légataires de quantités. Les premiers doivent être traités comme les légataires universels : à l'égard des autres, il seroit dangereux de leur faire la délivrance de leur legs après dix ans. Une caution ne suffiroit pas pour assurer l'indemnité de l'*absent*, s'il revenoit : il seroit trop embarrassant & trop dispendieux pour lui de courir après les légataires ou après leurs cautions : mais si les légataires viennent à prouver le décès du testateur, il sera juste de condamner les héritiers qui auront joui des biens, à payer les legs avec les intérêts, depuis le décès du testateur. Il paroît juste aussi que les legs ne deviennent point caducs, & que le droit passe aux héritiers des légataires pour en jouir après un certain tems. Quelques-uns pensent qu'on doit attendre pour cela que l'*absent* ait atteint l'âge de cent ans; mais il n'y auroit, ce semble, aucun inconvénient à faire la délivrance des legs après trente ans d'absence. Un homme dont on n'a point de nouvelles pendant trente années, peut être réputé véritablement mort.

A l'égard des fidéicommis, il faut distinguer entre ceux qui sont faits par l'*absent*, & ceux qu'il est chargé de rendre. Quant aux premiers, ils sont universels ou particuliers. S'ils sont universels, il faut en porter le même jugement que de l'institution d'héritier; & s'ils sont particuliers, il faut leur appliquer ce qui a été dit des legs.

Mais sur les uns & les autres de ces fidéicommis, il y a la difficulté de savoir s'ils deviennent caducs lorsque l'héritier institué décède avant qu'il se soit écoulé dix années depuis l'absence du testateur.

Cette difficulté est peu importante à l'égard des fidéicommis universels; ils ne deviennent pas caducs par le prédécès de l'héritier institué, parce qu'alors la substitution fidéicommissaire se convertit en vulgaire, & fait valoir le testament.

La difficulté semble plus considérable à l'égard des fidéicommis particuliers. Je crois néanmoins qu'on doit adopter l'opinion de M. Bretonnier, qui pense qu'ils ne doivent pas être caducs. Il se fonde avec raison sur ce que, dans le doute, on doit favoriser la volonté du testateur, d'autant mieux que la mort de l'*absent* est présumée avoir eu lieu du jour de son départ, ou de la dernière nouvelle qu'on a eue de lui. Ainsi, quelque tems que l'on détermine pour l'exécution du testament d'un *absent*, il y a lieu d'établir pour principe que les dispositions qu'il renferme ne doivent point devenir caduques.

Quant aux fidéicommis que l'*absent* étoit chargé de rendre, les auteurs ne sont pas d'accord sur le tems où la restitution peut être demandée.

Ricard soutient que les fidéicommissaires appellés dans le cas de la mort de l'*absent* ne peuvent intenter leur demande qu'après la centième année de sa vie, & que s'ils décèdent auparavant, les fidéicommis sont caducs, à moins que l'on ne prouve que l'*absent* est prédécédé. Mais alors la longue absence seroit un moyen par lequel on pourroit rendre caduques toutes les substitutions.

M. le président Favre pense au contraire que, dans le cas dont il s'agit, le fidéicommissaire est bien fondé à demander l'ouverture du fidéicommis, ou du moins la régie des biens : & il en donne une bonne raison ; c'est qu'une telle régie se confie ordinairement à celui qui est le plus intéressé à la conservation des biens. On ne peut douter que cette dernière opinion ne soit préférable à celle de Ricard.

A l'égard des donations faites par un *absent*, il faut distinguer entre celles qui sont pures & simples, & celles qui sont avec rétention d'usufruit. Dans le premier cas, il n'y a pas lieu de douter, parce que la propriété & l'usufruit appartiennent au donataire. Dans le second cas, le donataire ne doit être mis en possession des biens compris dans la donation, qu'après dix années d'absence ; mais alors il doit être considéré comme propriétaire de la chose. C'est l'avis de M. Bretonnier.

Comme ceux à qui l'on donne la possession des biens d'un *absent*, sont tenus de donner bonne & suffisante caution de les lui rendre avec les fruits, le cas échéant, il ne seroit pas juste que cette caution demeurât éternellement engagée. Mais quelle est l'époque où elle doit être déchargée de plein droit ?

M. le premier président de Lamoignon avoit déterminé dans ses mémoires que l'engagement de la caution ne devoit cesser qu'après trente années, à compter du jour de l'absence ou de la dernière nouvelle ; & dans ses arrêtés, il a restreint ce tems à vingt années ; mais le premier terme paroît plus légal.

Si les enfans d'un *absent* sont mineurs, & que leur mère soit morte ou incapable d'administrer les biens, il n'est pas nécessaire d'attendre trois ans pour leur donner un tuteur ; on peut le faire après une année d'absence du père dont on n'a aucune nouvelle.

Un fils de famille, quoiqu'*absent* depuis dix ans, doit être institué héritier par le testament de son père, ou s'il revient, son retour fera annuller le testament. Peleus rapporte un arrêt du parlement de Paris qui l'a ainsi jugé.

Un fils de famille *absent* est réputé vivant pour régler la légitime, & la sienne accroît à ses frères & à ses sœurs au préjudice de l'héritier institué : Albert rapporte un arrêt du parlement de Toulouse qui l'a ainsi jugé ; mais il faut observer que, dans l'espèce de cet arrêt, l'héritier institué étoit un étranger. Il en seroit autrement si l'héritier institué étoit un des enfans : dans ce cas, il auroit autant de droit que chacun des autres enfans à la légitime de l'*absent*.

Le Brun qui, dans son *Traité des successions*, examine quand & comment la procuration d'un *absent* peut être révoquée, distingue celle que l'*absent* a donnée à son héritier présomptif, de celle qu'il a pu laisser à un étranger. La première doit, selon cet auteur, être exécutée jusqu'au retour de l'*absent*, ou jusqu'à ce qu'on soit sûr qu'il est mort : mais si la procuration a été donnée à un étranger, les héritiers présomptifs peuvent la révoquer, lorsqu'il leur a été permis de se mettre en possession des biens de l'*absent*.

Comme on tient pour maxime au conseil que toute jouissance d'immeubles qui excède neuf années est sujette au droit de centième denier, le fermier est fondé à demander ce droit aux héritiers présomptifs d'un *absent*, après neuf années d'absence, à moins qu'ils ne produisent des nouvelles certaines de son existence. Ce droit pourroit même être demandé plutôt, si des conjectures puissantes, telles que celles dont on a parlé, pouvoient faire présumer la mort de l'*absent*. Mais le fermier ne peut recevoir que provisoirement sous la caution de son bail, lorsque le droit est payé dans les trente ans de l'absence, & sauf à restituer, si l'*absent* reparoît. On ne sauroit dire que le droit soit dû, dans ce cas, par l'héritier présomptif pour la jouissance qu'il a pu avoir, puisqu'il est tenu de rendre, non-seulement les biens, mais encore tous les fruits qu'il a perçus.

Si le fermier ne formoit sa demande qu'après vingt ans, depuis le jour de l'absence, & que ce fût même dans une coutume où l'*absent* est réputé mort depuis le jour de son départ, on ne pourroit néanmoins lui objecter aucune fin de non-recevoir tirée de la clause de son bail qui ne lui accorde que vingt années pour ses recherches, parce que, d'un côté, le fermier n'a pas été en état d'agir avant le tems fixé pour réputer l'*absent* mort, & que, de l'autre, on ne peut fonder la fin de non-recevoir que sur un jugement, un partage provisionnel ou autre acte authentique qui auroit donné connoissance de l'ouverture au droit. Divers arrêts du conseil ont confirmé ces principes.

Absent, *prescription*. Chez les Romains, la présence ou l'absence, en matière de prescription, s'estimoient selon les provinces où les parties avoient leur domicile : si elles habitoient la même province, elles étoient censées présentes, l'une relativement à l'autre, & on les réputoit absentes, quand l'une habitoit une province différente de celle où demeuroit l'autre.

Parmi nous on répute présens ceux qui demeurent dans un même bailliage ou sénéchaussée, quoique la chose soit située ailleurs, & l'on regarde comme absens ceux qui ont leur domicile en différens bailliages ou sénéchaussées.

La raison de la différence est que chez les Romains, il n'y avoit dans chaque province qu'un gouverneur qui rendoit la justice à tous les sujets dans l'étendue de son gouvernement, ou par lui-même, ou par des juges délégués qu'il commettoit pour connoître des causes légères. En France, au contraire, il y a dans chaque province plusieurs bailliages ou sénéchaussées, & souvent plusieurs coutumes.

En Artois, il suffit de demeurer dans la province pour que les parties soient réputées présentes entre elles, relativement à la prescription, quoiqu'elles aient leur domicile en différens bailliages. Il y a à ce sujet un acte de notoriété du conseil d'Artois, du 11 août 1683.

La même chose a lieu en Poitou, suivant un acte de notoriété de la sénéchaussée de Poitiers, du 11 juin 1676.

Dans les pays de droit écrit, on répute présens ceux qui demeurent dans le ressort du parlement. Ainsi les personnes domiciliées dans l'étendue du parlement de Toulouse, sont censées présentes, tant qu'elles habitent les terres de ce ressort.

Mais pour déterminer quelle doit être la règle qu'on doit suivre pour le tems nécessaire pour l'absence, il faut lorsque l'héritage est situé dans une coutume différente de celle du domicile du propriétaire, s'en tenir à la coutume du lieu qui régit l'héritage; ainsi l'a décidé un arrêt du parlement de Paris du 28 juin 1682.

Selon plusieurs auteurs, si celui contre lequel on veut prescrire est présent durant une partie du tems, & *absent* durant l'autre partie, il faut alors doubler le tems qui reste à écouler depuis son absence : par exemple, si un homme étoit présent pendant les dix ans que la loi requiert pour prescrire un immeuble, la prescription seroit accomplie; mais s'il n'avoit été présent que quatre ans, il en faudroit douze autres, à cause de son absence pour achever de prescrire.

D'autres auteurs pensent que quand les parties ont été tantôt présentes & tantôt absentes, la prescription de dix ans doit être admise, si en joignant le tems de présence, il s'en trouve assez pour former cet intervalle; mais qu'autrement il faut vingt ans complets, sans distinguer le tems de présence de celui d'absence.

Le parlement de Provence juge par exception à ce qui vient d'être dit, qu'une possession de dix ans entre présens, ou de vingt ans entre *absens*, depuis l'ouverture d'un fidéicommis, ne suffit pas à l'acquéreur de bonne foi d'un bien substitué, pour acquérir la prescription, & qu'il faut en ce cas une possession paisible de trente ans depuis l'ouverture de la substitution & la condition accomplie, parce que celui qui est appellé à la substitution a ce terme de trente ans pour agir contre les détenteurs & revendiquer les biens substitués. Il y a sur ce sujet un acte de notoriété donné par le parquet du parlement de Provence le 5 septembre 1690.

L'article premier du titre 18 de la coutume générale de Lorraine soumet les *absens* à la même loi que ceux qui sont présens, & veut que la prescription soit acquise contre les uns & contre les autres par l'espace de trente ans.

La prescription ne court pas contre ceux qui sont *absens* pour le service de l'état; & pendant dix ans à compter du jour de leur retour, ils sont reçus à se pourvoir pour être restitués contre le dommage que leur a pu causer leur absence. La même faveur a lieu pour leur héritiers, & pour ceux qui, ayant été pris par l'ennemi, sont dans l'esclavage : mais il en seroit différemment de celui que son crime auroit fait condamner aux galères : la prescription courroit contre ce dernier, comme s'il étoit présent.

SECTION IV.

De l'absent en matière féodale.

Dans les coutumes qui fixent un tems pour la présomption de la mort d'un *absent*, le seigneur suzerain, à l'expiration de ce délai, est autorisé à demander à ses héritiers le rachat du fief servant, par la raison qu'ils peuvent se saisir de ces biens. Mais alors le seigneur est obligé de donner caution, de restituer le prix du rachat dans le cas du retour de l'*absent*, parce qu'alors il rentre de plein droit dans ses biens.

Mais, dans les autres coutumes, le seigneur du fief dominant ne peut faire saisir féodalement le fief servant, à cause de l'absence du vassal, quelque longue qu'elle soit, lorsqu'il a personnellement satisfait aux droits & devoirs. L'absence ne cause pas l'ouverture du fief, qui est tellement couvert par la foi, qu'il ne peut être ouvert que par la mort du vassal, ou du seigneur, ou lorsque l'un ou l'autre a aliéné son fief; mais si le vassal *absent* n'a pas satisfait, son héritier présomptif, qui a été mis en possession des biens, doit être reçu à satisfaire pour lui. C'est l'avis de Dumoulin dans son *Traité des fiefs*, & de Basnage sur les *articles 120* & *197* de la coutume de Normandie.

SECTION V.

De l'absent en matière matrimoniale.

La première, & la plus importante question qui se présente d'abord, est de savoir si, pendant l'absence du mari, ou de la femme, dont on n'a reçu depuis long-tems aucunes nouvelles, le conjoint qui a conservé le domicile ordinaire, peut se remarier. Les anciennes loix romaines avoient admis la dissolution du mariage par le divorce & par la captivité; à l'égard de l'absence, elles permettoient à la femme d'un soldat de convoler en secondes noces quatre ans après l'absence de son mari. Mais Justinien, par la *Novelle 117*, statua que l'absence du mari, quelque longue qu'elle fût, ne pourroit jamais servir d'excuse légitime à une femme pour se remarier, sans avoir des nouvelles certaines de sa mort, par la déposition & le serment du tribun sous lequel il avoit servi.

Les canons, les conciles, & toutes les loix canoniques ont adopté la disposition de la *Novelle 117*; les loix de l'état parmi nous, d'accord avec celles de l'église, ont décidé qu'un mariage légitime ne peut être dissous que par la mort de l'un des conjoints; elles ne permettent ni à la femme, ni au mari,

mari, en cas d'absence de l'un ou de l'autre, de se remarier, qu'après avoir eu des preuves certaines de la mort de celui ou de celle auquel ils sont liés par les nœuds du mariage; elles n'admettent pas même la présomption de la mort de l'*absent* après cent ans, pour autoriser un second mariage; elles n'ont égard ni à l'âge, ni à la condition des conjoints, ni à la durée de l'absence; elles punissent, comme adultère ou comme bigame, celui qui, sans des preuves certaines de la mort de l'*absent*, auroit convolé en secondes noces. On trouve dans les auteurs une multitude d'arrêts qui confirment cette jurisprudence; cependant, comme l'observe M. d'Aguesseau, si une femme, sur de fortes présomptions de la mort de son mari, s'étoit remariée, il ne faudroit prononcer la nullité du second engagement, que lorsqu'il seroit absolument certain que le premier mari étoit vivant dans le temps qu'il a été contracté; mais jusqu'à ce qu'on en ait acquis la preuve, on doit obliger ceux qui se sont mariés dans cet état d'incertitude, à demeurer séparés, jusqu'à ce qu'on puisse prononcer sur la validité de leur engagement.

Le mariage contracté par l'un des conjoints, en l'absence de l'autre, peut être attaqué non-seulement par l'*absent* à son retour, mais encore par les héritiers du premier & du second mari.

Lorsque le mari ou la femme ont contracté un second mariage, de bonne foi & sur les bruits fondés de la mort de l'*absent*, s'il reparoît, le second mariage est nul, il rentre dans tous ses droits, & le conjoint remarié est tenu de retourner avec lui; mais les enfans du second mariage sont réputés légitimes. Il ne suffit pas néanmoins, pour établir la bonne foi du second mariage, que les contractans aient ignoré que l'*absent* pouvoit être vivant, il faut encore qu'ils aient pris toutes les précautions possibles pour s'assurer de la vérité; qu'ils aient un extrait mortuaire de l'*absent*, ou autre acte équipollent; qu'ils aient été induits en erreur par quelque fausse énonciation insérée dans un acte authentique, ou par un faux certificat, ou par la notoriété publique: on n'excuse jamais la négligence de celui qui n'a pas cherché tous les éclaircissemens nécessaires.

L'état d'un enfant, né pendant le mariage, ne peut être contesté sous le prétexte de l'absence du mari ou de la femme: il n'est réputé illégitime, que lorsqu'il y a une impossibilité morale ou physique de se voir & de se joindre: c'est la disposition précise de la *loi 6, ff. de his qui sui & alien. jur. sunt*, que nous avons admise dans notre jurisprudence pour assurer la tranquillité des familles, & suivant laquelle le mari est censé le père de tous les enfans qui naissent pendant la durée du mariage.

Une femme qui, par légéreté ou caprice, s'absente de la maison de son mari, vit loin de lui pendant plusieurs années, n'y revient pas lorsqu'il la réclame, & ne l'assiste pas à la mort, ne peut, après son décès, prendre aucune part dans la communauté depuis le jour de son absence, & perd son douaire & ses autres avantages: c'est ce que prescrivent plusieurs coutumes, dont les dispositions ont été confirmées par plusieurs arrêts.

Si les loix punissent une femme qui, sans prétexte, abandonne son mari, elles punissent également le mari qui abandonne sa femme sans motifs raisonnables. Un canon du concile d'Agen veut qu'on rejette de la communion de l'église un mari qui s'éloigne de sa femme, avant d'avoir proposé les griefs qu'il prétend avoir contre elle, & avant de l'avoir fait condamner.

La jurisprudence des arrêts regarde l'absence du mari comme équivalente à une séparation. Dès qu'elle est prouvée, elle autorise la femme à la poursuite de ses droits & actions; elle peut, après cinq ans d'absence, répéter sa dot; & à l'égard de son douaire & autres avantages matrimoniaux, ils ne lui sont accordés qu'au bout de dix ans; mais en attendant elle obtient, sur les biens de son mari, une provision qui égale la moitié de son douaire. Il seroit cependant juste de n'accorder à la femme la propriété de ses avantages, que sous deux conditions; la première de donner bonne & suffisante caution; la seconde d'en employer le revenu à la nourriture & à l'éducation des enfans, s'il y en a.

Le fils de famille, qui est majeur, peut se marier, après trois ans d'absence de son père, sans encourir la peine de l'exhérédation. Bretonnier, qui cite à cet égard les dispositions du droit, dit que si la mère est vivante, il faut son consentement, & il ajoute que si elle est décédée, le mariage du fils de l'*absent* ne peut se faire qu'avec l'avis des plus proches parens, homologué en justice. Mais si le fils de famille avoit atteint l'âge de trente ans, cet avis ne seroit pas nécessaire, puisque, dans ce cas, le fils de famille pourroit se marier, même sans le consentement de son père, après lui avoir fait des sommations respectueuses pour l'obtenir.

Ce qui vient d'être dit sur le mariage du fils de famille, doit aussi s'appliquer au mariage de la fille durant l'absence de son père, dont on n'a point de nouvelles. A Paris, quand une mère, femme d'un *absent*, trouve à marier convenablement sa fille mineure, elle y est autorisée par le magistrat, qui prend, à cet égard, l'avis des parens paternels & maternels. On trouve, dans le *Journal du parlement de Rennes*, un arrêt du 28 mars 1738, qui a ordonné que, suivant l'avis des parens, il seroit procédé au mariage d'une fille de vingt & un ans, dont la mère étoit morte & le père *absent* depuis dix ans. Cet arrêt infirma une sentence, qui ordonnoit qu'avant de passer outre au mariage, le décès du père seroit constaté.

Dans les parlemens où le mariage n'émancipe point, si le père revient après le mariage de son fils, il n'est pas juste qu'il reprenne la puissance paternelle pour jouir des biens de son fils & de sa belle-fille ; sa longue absence doit l'en faire priver, parce qu'on suppose que les parens de la femme n'auroient pas consenti au mariage, s'ils avoient cru que ce père dût revenir.

Section VI.

Absent en matière canonique & bénéficiale.

L'évêque est censé *absent* s'il n'est pas dans son diocèse : il en est de même d'un bénéficier qui n'est pas dans le lieu où son bénéfice rend sa présence nécessaire.

Les *absens*, qui ont droit à l'élection d'un prélat ou d'un abbé électif, doivent y être appellés, ou ils pourroient la faire déclarer nulle ; mais s'ils consentoient dans la suite, pour le bien de la paix, à l'élection qui auroit été faite, on ne pourroit point l'attaquer, sous le prétexte que les *absens* n'y auroient point été appellés. *Voyez* Election.

Le défaut de résidence, dans un bénéfice qui l'exige, ne rend pas le bénéficier *absent*, déchu de plein droit ; il faut que le bénéfice ait été déclaré vacant & impétrable après trois citations, qui ne doivent être faites que de deux mois en deux mois. Le défaut de ces citations fit que le parlement de Dijon infirma, en 1648, la sentence qui attribuoit la cure de Cruchot au sieur Giraud, institué par l'évêque en l'absence du sieur Perrin, titulaire, qui étoit allé voyager à Jérusalem.

Les chanoines *absens* sont privés des distributions manuelles & quotidiennes. Ils deviennent aussi privables des gros fruits, s'ils sont *absens* plus de trois mois dans l'année. C'est ainsi que l'a décidé le concile de Trente, adopté à cet égard dans le royaume. Le parlement de Paris a déclaré abusif un réglement contraire de l'église de Sens.

Il faut excepter de ces dispositions les évêques-chanoines, dont l'absence est toujours réputée légitime.

On doit en dire autant des deux dignitaires ou chanoines que les conciles de Rouen & d'Aix, tenus en 1581 & 1585, ont permis aux évêques de prendre à leur suite, & qui sont appellés commensaux ; de ceux qui sont employés par l'évêque aux missions, prédications & autres pareilles fonctions ; des agens du clergé du diocèse, & des députés aux états & chambres des décimes ; à l'égard des chanoines-officiers des cours souveraines, ou commensaux de la maison du roi, *voyez* Parlement, Commensaux, Résidence, Bénéfice.

Les chanoines *absens*, pour cause de procès contre le chapitre, sont réputés présens pendant la durée du procès.

Le parlement de Grenoble a jugé, avec raison, que les *absens*, pour cause de peste, n'avoient rien à prétendre.

Section VII.

Absent en matière criminelle.

C'est celui qui étant accusé s'absente, & dont on instruit le procès par contumace. L'absence n'est point une conviction, & il seroit injuste d'envisager la fuite d'un accusé, comme un aveu de son crime ; la contumace, sans preuve, ne suffit pas pour le faire condamner, il faut, pour le juger, des preuves aussi concluantes & aussi évidentes que s'il étoit présent ; si quelquefois le juge décide du sort de l'accusé *absent*, sur des preuves moins solides & moins claires, c'est qu'il considère qu'il a un délai de cinq ans pour purger la contumace.

L'accusé, condamné à mort pendant son absence, est toujours censé vivant ; mais s'il ne se représente pas dans les cinq ans de l'exécution de la sentence, les confiscations, amendes & condamnations pécuniaires sont censées contradictoires, & ont leur exécution, comme si elles avoient été ordonnées par arrêt. L'*absent* qui veut, après les cinq ans, purger sa contumace, doit obtenir des lettres du prince, qui lui permettent d'ester à droit.

Lorsqu'un témoin nécessaire est *absent*, & que son absence est involontaire, comme pour cause de maladie, le juge, qui doit l'entendre, peut donner une commission rogatoire au juge de sa résidence, à l'effet de se transporter chez lui & de recevoir sa déposition : on adresse même une commission rogatoire à un juge étranger, lorsque le témoin est hors du royaume.

Section VIII.

Absent, personnes publiques.

Absent, (*rois.*) notre histoire fait mention de l'absence de plusieurs de nos rois, occasionnée ou par les croisades, ou par les guerres étrangères & les révoltes, & même par la captivité de deux d'entre eux. Dans le cours de ces absences, ils avoient soin de pourvoir au gouvernement du royaume par des déclarations dans lesquelles ils désignoient la personne à laquelle ils confioient la manutention de l'état, & celles qu'ils lui donnoient pour conseil.

Saint Louis, en partant pour l'expédition de la Palestine, confia l'administration du royaume à la reine Blanche sa mere, & lui laissa pour conseil ses principaux amis. Le roi Jean ratifia, par une ordonnance, tout ce que son fils aîné, régent du royaume, avoit fait pendant sa captivité. Cet usage a subsisté jusqu'à Louis XIV, qui a cessé de donner des pouvoirs de commander en son absence ; il s'est toujours fait accompagner, dans ses expéditions militaires, par ses ministres & par son conseil : Louis XV a suivi la même conduite, & nous avons plusieurs ordonnances rendues au milieu des camps.

Absent, (*princes du sang.*) les princes du sang ne peuvent s'absenter du royaume sans une permission expresse du roi ; leur sortie est un crime, pour lequel ils sont obligés d'obtenir une amnistie. Nous en avons un exemple dans la personne de Gaston, frère unique de Louis XIII, & dans celle du grand Condé, à qui Louis XIV, après le traité des Pyrénées, accorda la permission de rentrer dans le royaume.

Absent, (*pour le service de l'état.*) les Romains paroissent s'être beaucoup occupés des intérêts de ceux qui étoient employés au service de la chose publique. Le code & le digeste sont remplis de loix portées en leur faveur ; mais elles n'ont pas lieu dans nos mœurs, & ceux qui sont *absens* hors du royaume pour le service de l'état, n'ont que la faculté d'obtenir des lettres d'état, en la forme prescrite par l'*art. 1 du tit. 5 de l'ordonnance de 1669 :* suivant celle de 1667, on doit surseoir, jusqu'à leur retour, à l'exécution des jugemens rendus contre eux, & ils ont un an, après ce même retour, pour obtenir & faire signifier des requêtes civiles contre les arrêts, & six mois contre les sentences présidiales.

Absent, (*officiers de judicature.*) l'administration de la justice ne doit pas souffrir de l'absence de ceux qui en sont chargés ; leur tribunal ne doit jamais être vacant ; l'instant où il cesseroit d'être rempli, seroit celui où commenceroient les troubles ; la loi n'ayant plus d'action, le citoyen seroit sans sûreté, & le souverain sans pouvoir ; car le pouvoir du souverain n'est autre que celui de la loi : aussi nos rois ont-ils fait de sages réglemens sur la résidence habituelle des magistrats.

Les ordonnances de 1354, 1453, 1535, 1539, 1579, 1604 & 1682, enjoignent aux officiers des parlemens de ne point désemparer, ni soi-absenter sans une permission du roi, qui ne sera accordée que pour des causes urgentes & nécessaires, à peine de privation de leurs gages, & même de leur office en cas de récidive.

A l'égard des sièges inférieurs, les officiers, en cas d'absence, doivent se suppléer les uns les autres.

Dans le cas d'absence du lieutenant-général ou autre premier juge d'une cour de justice, c'est au lieutenant-particulier & aux autres juges, suivant l'ordre du tableau, à faire les actes de jurisdiction volontaire & non contentieuse ; mais ils ne doivent suppléer cet officier qu'après trois jours d'absence, ou après vingt-quatre heures, s'il s'agit d'une matière provisoire ou de jurisdiction contentieuse. Cela est ainsi prescrit par les réglemens de 1689, pour Orléans & pour Angoulême.

Après le retour du lieutenant-général, principal juge ou commissaire, les affaires commencées en son absence, doivent être remises au greffe pour qu'il les continue & les achève ; mais à l'égard de l'exécution des jugemens rendus à l'audience, où il n'aura ni présidé, ni assisté, elle doit appartenir à celui qui y aura présidé ou assisté : cela est ainsi décidé par deux arrêts du conseil, l'un du 18 juillet 1677, pour Tours ; & l'autre du 16 mars 1705, pour Autun.

Quand le scellé a été mis par le lieutenant-particulier ou par un autre juge du siège en l'absence du lieutenant-général, celui-ci peut le lever à son retour ; mais il faut, en ce cas, que les sceaux soient reconnus par le lieutenant-particulier ou par un autre juge, qui en doit dresser son procès-verbal & se retirer ensuite. Cela est prescrit par un réglement, pour Orléans, du 30 octobre 1686, homologué par arrêt du conseil du 31 août 1689.

Dans le cas d'absence du procureur du roi ou du procureur-fiscal d'une jurisdiction, les juges ne peuvent commettre un autre procureur du roi ou fiscal ; mais les fonctions en doivent être exercées par l'ancien avocat, &, à son défaut, par l'ancien gradué ou praticien du siège : différens arrêts l'ont ainsi décidé.

Quand le maître particulier d'une maîtrise des eaux & forêts est *absent*, le lieutenant doit en remplir les fonctions, tant dans les bois, pour les visites, assiettes, ventes, adjudications & récollemens, qu'à l'audience & à la chambre du conseil, pour le jugement des affaires ; mais il ne peut prétendre que les deux tiers des droits, taxations & émolumens que prendroit le maître particulier s'il étoit présent. C'est la disposition de l'article premier du titre 5 de l'ordonnance des eaux & forêts, du mois d'août 1669.

Deux arrêts de réglement des 22 août & 30 décembre 1702, ordonnent que les lieutenans des maîtrises ne pourront suppléer les fonctions des maîtres particuliers, qu'après trois jours d'absence de ceux-ci, & qu'ils feront mention de cette absence dans leurs procédures, à peine de nullité, de cinq cens livres d'amende & de tous dépens, dommages & intérêts. Ces arrêts défendent, sous les mêmes peines, aux procureurs de se pourvoir devant les lieutenans, & au greffier d'instrumenter avec eux, avant que les trois jours d'absence soient écoulés.

Lorsque le maître particulier & le lieutenant sont *absens*, le garde-marteau a droit d'administrer la justice, à l'exclusion des avocats & praticiens, à moins que le roi, le grand-maître ou son lieutenant en la table de marbre, n'en aient autrement ordonné, ou qu'il ne soit question de juger sur ses rapports : c'est la disposition de l'article premier du titre 7 de l'ordonnance citée.

Si le maître particulier, le lieutenant & le garde-marteau sont *absens*, le procureur du roi ou son substitut a droit, à l'exclusion de tout avocat, procureur ou praticien, d'administrer la justice dans les affaires où le roi & le public ne sont pas intéressés : cela est ainsi réglé par l'édit d'avril 1696.

Lorsque le procureur du roi d'une maîtrise est obligé de s'absenter, il peut faire remplir ses fonctions par tel gradué qu'il juge à propos : le parlement de Bretagne l'a ainsi ordonné par arrêt du 28 juin 1619. C'est aussi une conséquence de l'arrêt du conseil du 26 novembre 1697, qui, ayant réuni les charges de substituts, créées en avril 1696, aux offices des procureurs du roi, a laissé à ceux-ci la faculté de les désunir, s'ils le jugent à propos.

Mais si le procureur du roi s'absente sans nommer un gradué pour le suppléer, le maître particulier ou le lieutenant peuvent y pourvoir par commission particulière, sur chaque affaire dont l'exécution se poursuivra pendant l'absence.

Quand le garde-marteau est obligé de s'absenter, il doit, suivant l'ordonnance, avertir le maître particulier & le procureur du roi, afin qu'ils fassent remplir ses fonctions.

Lorsque les arpenteurs d'une maîtrise sont *absens*, les officiers doivent demander ceux de la maîtrise voisine.

Les gardes ne peuvent s'absenter sans la permission du maître particulier & du procureur du roi. Lorsque cette permission leur est accordée, il doit être commis à leur place ou le garde du canton le plus proche, ou l'un des huissiers, ou telle autre personne que les officiers jugent à propos, & alors celui qui sert doit jouir des privilèges, exemptions & gages dont jouiroit le titulaire : c'est ce qui est prescrit par les art. 1 & 6 du tit. 10 de l'ordonnance citée.

Une ancienne ordonnance de 1343, condamnoit à l'amende de dix livres, les avocats qui s'absentoient de l'audience ; mais cette loi est tombée en désuétude. La liberté & l'indépendance de la profession d'avocat ont toujours été maintenues par les souverains & les magistrats, persuadés que leur zèle, pour tous les devoirs de leur ministère, n'avoit pas besoin d'être excité par la crainte d'une peine pécuniaire.

Les procureurs, soit des cours souveraines, soit des bailliages, sont tenus de faire résidence pendant la durée du palais, & s'ils sont obligés de s'absenter, ils doivent nommer, au greffe, des substituts pour les représenter, & recevoir leurs significations.

Les greffiers des parlemens ne doivent jamais s'absenter, sans congé ou permission de la cour ; ceux des bailliages ou autres justices inférieures, sans l'agrément du principal officier du siège. Ils ont tous néanmoins la faculté de se faire représenter par des clercs ou commis, dont ils sont civilement responsables.

Les huissiers-audienciers doivent faire une résidence continuelle, pour le service des sièges où ils sont attachés, à peine d'amende s'ils n'ont excuse légitime ; à leur défaut, les sergens du même siège doivent en faire les fonctions & assister aux audiences.

ABSENT, (*commis & employés aux fermes.*) les commis des fermes générales sont responsables des événemens de leur absence ; c'est pourquoi ils ne peuvent s'absenter de leurs bureaux, ni commettre à la régie qui leur est confiée, qu'après en avoir prévenu leurs commettans ou leur directeur, & confié eur emploi à quelqu'un dont ils répondent, & qui ait la capacité nécessaire. Lorsqu'ils veulent abandonner leur régie, ils doivent attendre que leur successeur soit installé ; qu'ils lui aient remis les papiers & registres concernant la manutention de leur emploi, dont ils doivent retirer décharge.

Les commis, chargés du contrôle & des insinuations, ne peuvent abandonner la régie des droits, pour quelque cause & sous quelque prétexte que ce soit, sans une permission expresse & par écrit du fermier, ou de ses cautions ; ils doivent aussi faire prêter serment, pardevant le lieutenant-général, ou autre premier officier du siège royal le plus voisin de leurs bureaux, à celui par lequel ils se font suppléer, pour la validité des donations dont, pendant leur absence, on pourroit requérir l'insinuation à leurs bureaux.

ABSENT, (*militaires.*) les ordonnances militaires contiennent aussi des dispositions très-sages sur l'absence des gens de guerre ; les commandans, officiers & soldats ne peuvent s'absenter de leurs régimens, que par congé ou permission du roi, quand leur absence doit durer quelques mois. *Voyez* MILITAIRE, DISCIPLINE, RÉSIDENCE.

ABSENTER, (s') v. a. qui ne se dit qu'avec le pronom personnel ; il signifie *se retirer*, *s'éloigner de son domicile ordinaire* ; on l'emploie plus particulièrement pour dire qu'un homme a pris la fuite, se cache, se met à couvert de la poursuite de la justice ou de ses créanciers : on dit, par exemple, qu'un marchand *s'est absenté* & a fait banqueroute ; que telle personne *s'est absentée*, parce qu'elle étoit décrétée. *Voyez* ABSENT.

ABSOLU, (*ablatif.*) Les grammairiens entendent, par ablatif *absolu*, une phrase incidente ou incise qui se rencontre dans une période, pour y marquer quelques circonstances de temps ou de manière, qui est énoncée simplement par un ablatif : comme dans cette phrase latine, *Cæsar deleto hostium exercitu*, César après avoir défait l'armée ennemie. Tous les ablatifs, qu'on appelle *absolus*, ne le sont pas dans la véritable signification du terme, qui marque ce qui est indépendant & sans relation à d'autres choses ; car tous ces ablatifs ont une relation de raison avec les autres mots de la phrase, &, sans cette relation, ils y seroient hors-d'œuvre.

L'ablatif *absolu* se rencontre dans les actes, les conventions, les testamens, les jugemens même ; il s'exprime, en françois, par un ablatif ou par un gérondif : *ce fait*, *quoi faisant* ; il ne présente pas, sur le champ, nettement, clairement & sûrement à l'esprit l'intention du testateur ou des contractans : c'est pour cette raison que chez les Romains, comme parmi nous, il a donné lieu aux questions de droit les plus subtiles, qui ont exercé la plume des plus grands jurisconsultes. On peut consulter ce qu'en ont dit Dumoulin, Papon, Gui-pape, Duperrier, & principalement Me Cochin dans sa quatre-vingtième cause.

La question principale, qui divise les jurisconsultes, est de savoir si l'ablatif *absolu* est une condition essentielle & de rigueur, de l'espèce de celle à laquelle les Romains donnoient l'épithète de *con-*

ditio sine quâ non, pour la chose en elle-même, pour le temps & la manière de la faire; ensorte qu'à défaut d'exécution de la condition, l'acte devenoit nul & comme non-avenu; si, au contraire, l'ablatif *absolu* n'est qu'une modification, jointe à la disposition ou à la convention que l'on peut ou ne peut pas exécuter, ou exécuter moins, ou exécuter plus tard.

Après avoir lu les loix romaines sur cet objet, & ce qu'en ont écrit les jurisconsultes les plus profonds, même le savant Pothier, sur la *loi 109, ff. de condit. & demonst.*, il est encore difficile de présenter une idée nette qui puisse guider l'avocat & le juge: les contractans eux-mêmes, les testateurs seroient souvent embarrassés de rendre un compte exact de ce qu'ils ont prétendu insérer dans leurs actes. Qu'on examine deux hommes d'esprit & de bonne foi, dans le moment où ils transigent; plus occupés de ce qu'ils pensent que de ce qu'ils écrivent, ils croient être d'accord & s'entendre parfaitement; ils se relisent un an après, les expressions, dont ils se sont servis, n'expriment plus leurs idées; & ils sont en peine de rendre un compte exact de ce qu'ils ont voulu exprimer.

Il seroit à desirer que le législateur daignât s'expliquer sur cet objet, & en général sur toutes les conditions insérées dans les testamens & les actes entre-vifs: en attendant, nous essaierons de tirer, des loix romaines, quelques règles pour servir à l'intelligence des ablatifs *absolus*; nous les prendrons dans les titres du *Digeste*, *de reg. jur. de verb. sign.*, & sur-tout dans ceux *de condit. & demonst. & de reb. dubiis*; car on doit ranger les ablatifs *absolus* dans la classe des clauses que les Romains appelloient douteuses.

La première est de prendre le sens le moins rigoureux, d'interpréter la clause avec un esprit d'équité.

La seconde est de chercher, dans les testamens, l'intention du testateur, d'examiner ce qu'il est probable qu'il a pensé; dans les conventions, d'interpréter la volonté des contractans, en s'arrêtant plus à leur volonté, qu'aux termes dont ils se sont servis pour l'exprimer; & dans les choses de rigueur, de prendre le sens d'une clause douteuse, le plus favorable au débiteur.

La troisième règle est d'examiner de quelle nature est la condition imposée par l'ablatif *absolu*. Si elle est potestative, c'est-à-dire, si elle étoit tellement à portée de celui à qui elle est imposée, qu'il dépende absolument de lui de la remplir, elle doit être interprétée contre lui; &, à plus forte raison, s'il y a eu de sa part une de ces négligences que la loi compare au dol.

La quatrième règle est d'examiner si celui qui réclame l'exécution d'une clause douteuse ou ambiguë a un véritable intérêt, s'il en a un léger ou s'il n'en a aucun. Dans le premier cas, il est clair que la clause doit être prise en sa faveur, car on ne sauroit présumer qu'il ait rien stipulé contre ses intérêts; dans les autres, au contraire, elle doit être expliquée contre lui, & il doit s'imputer de n'avoir pas exposé clairement ses intentions. On doit aussi interpréter une condition apposée dans un acte, en faveur de celui qui souffriroit un tort réel de son inexécution: alors, suivant la nature & les conséquences de l'affaire, elle doit donner lieu ou à des dommages & intérêts, ou entraîner absolument la nullité de la convention.

La cinquième règle consiste à examiner, si des tiers ne sont point intéressés dans l'affaire. C'est une maxime certaine & consacrée par la jurisprudence de tous les peuples, que deux personnes, en contractant ensemble, ne peuvent ni nuire, ni préjudicier aux droits d'un tiers; c'est pourquoi, dans cette espèce, il faut interpréter la condition ou l'ablatif *absolu*, en faveur du tiers.

Enfin, on doit encore examiner si ce n'est pas même faire l'avantage de celui qui se plaint de l'inexécution d'une clause, que d'accorder un délai à celui qui devoit accomplir l'obligation prescrite.

ABSOLUTION, s. f. (*Droit criminel & ecclésiastique.*) c'est l'acte juridique, émané d'une puissance séculière ou ecclésiastique, par lequel un accusé est déclaré innocent. En suivant cette définition, il faut traiter cet objet sous deux points de vue différens: le premier, par rapport au droit criminel; le second, par rapport au droit canonique.

SECTION PREMIÈRE.

De l'absolution en matière criminelle.

L'*absolution* est un jugement par lequel un accusé est déclaré innocent, &, comme tel, préservé de la peine que les loix infligent pour le crime ou délit dont il étoit accusé.

De la forme de l'absolution chez les anciens, & suivant nos premiers usages. Chez les Romains, la manière ordinaire de prononcer un jugement étoit ainsi: la cause étant plaidée de part & d'autre, l'huissier crioit: *dixerunt*, comme s'il eût dit, *les parties ont dit ce qu'elles avoient à dire*: alors on donnoit, à chacun des juges, trois petites boules, dont l'une étoit marquée de la lettre A, pour l'*absolution*; une autre de la lettre C, pour la *condamnation*; & la troisième, des lettres NL, *non liquet*, la chose n'est pas claire, pour requérir le délai de la sentence. Selon que le plus grand nombre des suffrages tomboit sur l'une ou sur l'autre de ces marques, l'accusé étoit absous ou condamné, *&c.* s'il étoit absous, le préteur le renvoyoit, en disant *videtur non fecisse*; & s'il n'étoit pas absous, le preteur disoit *jure videtur fecisse*.

S'il y avoit autant de voix pour l'absoudre que pour le condamner, il étoit absous. On suppose que cette procédure est fondée sur la loi naturelle. Tel est le sentiment de Faber sur la 125e. loi, *au dig. de reg. jur.*; de Cicéron, *pro Cluentio*; de Quintilien, *declam. 264*; de Strabon, *lib. IX*, &c.

Dans Athènes, la chose se pratiquoit autrement:

les causes, en matière criminelle, étoient portées devant le tribunal des Héliastes, juges ainsi nommés, parce qu'ils tenoient leurs assemblées dans un lieu découvert. Ils s'assembloient sur la convocation des Thesmothètes, au nombre de mille & quelquefois de quinze cens, & donnoient leur suffrage de la manière suivante. Il y avoit une sorte de vaisseau sur lequel étoit un tissu d'osier, & pardessus deux urnes, l'une de cuivre & l'autre de bois; au couvercle de ces urnes étoit une fente garnie d'un quarré long, qui, large par le haut, se rétrecissoit par le bas, comme nous le voyons à quelques troncs anciens dans les églises: l'urne de bois étoit celle où les juges jettoient les suffrages de la condamnation de l'accusé; l'urne de cuivre recevoit les suffrages portés par l'*absolution*. Avant le jugement on distribuoit, à chacun de ces magistrats, deux pièces de cuivre, l'une pleine & l'autre percée: la première pour absoudre, l'autre pour condamner; & l'on décidoit à la pluralité des pièces qui se trouvoient dans l'une ou l'autre des urnes.

Notre jurisprudence s'est éloignée de cette forme simple de prononcer sur le sort d'un accusé, que Saint Louis avoit établie, ainsi que nous l'avons remarqué, en parlant de la lettre *A*, au commencement de cet ouvrage. Aujourd'hui le président d'un tribunal, où l'on a instruit le procès d'un accusé, recueille les voix de tous les juges présens; & si ceux qui opinent pour la condamnation ne sont qu'égaux en nombre à ceux qui opinent pour l'*absolution*, l'avis de ces derniers est préféré, parce qu'en matière criminelle on n'admet point de partage, & qu'on a toujours pensé qu'il valoit mieux absoudre un coupable, que de condamner un innocent.

De la forme de l'absolution dans notre procédure actuelle. Nous connoissons trois manières de prononcer sur le sort d'un accusé, dont le crime n'a pas été prouvé. La première & la plus favorable à l'accusé, est de le décharger absolument de l'accusation: elle contient une véritable *absolution*, & l'accusé demeure *integri statûs*. Il conserve tous les droits qu'il avoit auparavant, ensorte que s'il étoit constitué dans les ordres sacrés, ou revêtu d'un office, il en exerce les fonctions avec la même liberté & le même honneur que s'il n'avoit jamais existé contre lui un titre d'accusation.

La seconde manière est de mettre l'accusé hors de cour & de procès: cette forme de prononcer est aussi une véritable *absolution*, qui met l'accusé à l'abri de la censure de la justice; mais elle ne renferme pas une justification complette aux yeux du public, ni même de la loi, qui ne justifie pas l'accusé, mais qui se contente de ne le pas condamner: elle ne laisse aucune ressource à l'accusé pour prétendre contre son accusateur ou son dénonciateur, des dommages & intérêts, parce qu'elle emporte avec elle des soupçons légitimes contre l'accusé.

La troisième manière est de prononcer par un plus amplement informé, dont nous avons fait deux espèces, l'un circonscrit par un certain espace de temps, comme trois mois, six mois, un an: l'autre perpétuel & indéfini, c'est-à-dire, sans aucun terme fixe; quelquefois on ordonne par le même jugement, que l'accusé tiendra prison ou qu'il sera élargi, à sa caution juratoire de se représenter.

Le plus amplement informé a lieu, lorsque les faits ne sont pas assez éclaircis, ni les preuves assez fortes pour absoudre ou pour condamner; loin de contenir une décharge de l'accusation, il laisse toujours l'accusé *in reatu*, c'est-à-dire, dans les liens de la justice, & dans le péril continuel d'être condamné à une peine capitale, si pendant le temps du plus amplement informé il survient de nouvelles charges.

Examen de la nature du plus amplement informé. Tous ceux qui ont écrit sur les matières criminelles, à l'exception de M. Jousse dans son traité de la procédure criminelle, ont regardé le plus amplement informé indéfini, comme une peine plus rigoureuse que les galères; & ils ajoutent, que dans le cas d'un partage d'opinion entre ces deux peines, l'accusé subiroit celle des galères, comme la plus douce.

Nous pensons que cette opinion a été admise légérement, & qu'elle est contraire aux principes. Son examen, ainsi que tout ce qui a trait à la matière du plus amplement informé, seroit traité plus à propos sous ce mot. Mais comme nous touchons peut-être au moment de la réformation du code & de la procédure criminelle, nous croyons devoir placer ici les raisons contraires aux sentimens des criminalistes, qui regardent le plus amplement informé indéfini, comme une peine plus rigoureuse que celle des galères.

Nous convenons d'abord que dans le plus amplement informé indéfini, ou pour parler le langage ordinaire, le plus amplement informé *usque quo*, les soupçons contre l'accusé sont plus violens que dans le plus ample informé à temps; mais il n'en résulte pas moins, dans ces deux espèces, que l'accusé n'est pas convaincu, & que le juge ne peut lui faire subir le châtiment, que la loi ne prononce que contre ceux qui sont déclarés coupables.

Dans l'un comme dans l'autre, la religion du juge n'est pas suffisamment éclairée: les présomptions sont assez fortes pour en induire que l'accusé peut être l'auteur du crime qu'on lui impute, mais la preuve n'en est pas suffisamment acquise pour l'en déclarer atteint & convaincu: l'un & l'autre répondent donc au *non liquet* des Romains; le juge ne voit pas clairement si l'accusé est innocent ou coupable; il accorde à l'accusateur & à la partie publique, un nouveau délai, pour fournir & amasser leurs preuves, & que ce délai soit fixé ou indéfini, le jugement du plus ample informé ne contient rien autre chose.

Il est bien vrai que la situation de l'accusé dans le plus amplement informé *usque quo* est cruelle &

accablante ; qu'elle le laisse sous le lien de la justice, dont il voit toujours le glaive suspendu sur sa tête : mais en peut-on conclure que, si une partie de ses juges le condamne aux galères, cet avis doit passer comme le plus doux, & contenant une peine plus légère ?

La situation de l'accusé, renvoyé avec un plus amplement informé, même indéfini, ne nous paroît pas différente de celle de l'accusé que le juge, sur le vu des charges & informations, décrète d'ajournement personnel, ou de prise de corps : on peut leur appliquer les mêmes raisons que les criminalistes emploient pour regarder le plus amplement informé, comme une peine plus sévère que celle des galères.

Le décret de prise de corps sur-tout, ne doit être lancé par le juge, principalement s'il s'agit d'un domicilié, que dans une accusation grave, & dont la peine doit être afflictive ; par conséquent l'accusé, décrété de prise de corps, ainsi que celui qui est renvoyé avec un plus amplement informé, est dans le cas de craindre une peine capitale : dirons-nous, dans cette espèce, qu'il seroit plus doux pour lui d'avoir été condamné aux galères, parce que cette peine assure la vie, & que le décret le met dans le péril d'être condamné à mort ? Cette idée paroîtroit révoltante : le décret, nous dira-t-on, n'est introduit que pour empêcher la fuite de l'accusé ; mais il seroit injuste de le condamner, parce que, dans l'événement de la procédure, il peut arriver qu'il soit justifié des crimes qu'on lui impute. Eh bien ! que peut-on dire de différent dans le plus amplement informé *usque quo ?* Le juge croit avoir des présomptions assez fortes pour laisser l'accusé *in reatu ;* mais il ne le croit pas entiérement coupable, & il peut arriver que dans la suite il procure des preuves de son innocence ; faudra-t-il donc, pour le délivrer de la crainte de la mort, lui faire subir une peine afflictive, parce qu'il y a eu partage d'opinions parmi les juges ?

Mais allons plus loin : la loi civile & naturelle défendent aux juges d'infliger aucune peine, lorsqu'il n'est pas prouvé que l'accusé soit coupable ; & aussi dans tous les jugemens de condamnation, on commence par déclarer l'accusé atteint & convaincu ; & on ne prononce la peine déterminée par la loi, que pour la réparation du crime commis par l'accusé, & prouvé par les témoins.

Si l'on admet qu'en cas de partage d'opinion entre un plus amplement informé *usque quo*, & la peine des galères, l'opinion de la peine des galères doit fixer le jugement, comme moins rigoureuse ; on va directement contre l'intention & le texte de la loi.

De deux choses l'une, ou le crime dont l'accusé est prévenu, ne mérite que la peine des galères, ou il exige une peine capitale. S'il n'est dans le cas d'être puni que par les galères, le jugement qui le renvoie avec un plus amplement informé, même indéfini, est plus doux que celui qui lui inflige la peine même, puisque dans le moment il l'y soustrait, & qu'à tout événement il ne peut pas subir une peine plus grave : d'où il suit que, dans cette supposition, le plus amplement informé, considéré même comme peine, est plus doux que la condamnation aux galères, & conformément à l'ordonnance, cet avis doit former le jugement.

Le crime dont l'accusé est prévenu, mérite-t-il une peine capitale ? Par quel motif le condamnerez-vous à subir celle des galères ? Le juge ne peut pas, suivant la forme ordinaire, déclarer, dans ce jugement, que l'accusé est atteint & convaincu du crime qu'on lui impute, & que pour réparation, il le condamne aux galères. 1°. Cette énonciation seroit contre la vérité, puisque la moitié de ses juges ne croit pas la preuve complette. 2°. La sentence seroit injuste, puisqu'elle ne prononceroit pas la peine décernée par la loi, & que requiert la vindicte publique. Dira-t-on que l'accusé est violemment soupçonné d'un crime qui le conduiroit à la mort, si dans la suite il étoit prouvé, & que pour le délivrer de cette crainte, & pour le punir des soupçons auxquels il a donné lieu, on a jugé plus convenable de lui faire expier les préjugés qu'on a conçus contre lui, par une condamnation aux galères à temps ? Quel nom donnerions-nous à un pareil jugement ? Magistrats & jurisconsultes, consultez la raison & la justice ; écoutez votre propre cœur, & prononcez ensuite. Vous conviendrez sans doute, que le plus amplement informé *usque quo* est un abus ; qu'il est injuste de laisser un accusé pendant toute sa vie dans l'humiliation & dans la crainte, sous le simple prétexte qu'il peut être un jour déclaré coupable, & que nous devrions, à l'exemple des Romains, fixer un terme, à l'expiration duquel l'*absolution* soit acquise de droit. C'est ce que nous tâcherons de prouver au mot PLUS AMPLEMENT INFORMÉ. *Voyez* INFORMÉ, (*plus amplement.*) Revenons actuellement aux principes sur la matière de l'*absolution*.

De l'effet de l'absolution. L'*absolution* prononcée par un jugement définitif, & dont il ne peut y avoir d'appel, libère entièrement l'accusé, ensorte qu'il ne peut plus être recherché pour le même crime, sous prétexte qu'il seroit survenu de nouvelles preuves : car c'est une maxime inviolable en France, dit M. d'Aguesseau, *tome IX, p. 181*, qu'on ne fait pas une seconde fois le procès à un même accusé pour le même crime, suivant la règle *non bis in idem*.

Mais il faut que l'*absolution* ait été prononcée, par un jugement conforme aux loix, & sur une procédure régulière : en effet, la procédure étant nulle, le jugement qui est intervenu est également nul, suivant la maxime, *quod ipso jure nullum est, nullos parit effectus*, & c'est ce qui a été jugé par plusieurs arrêts.

La règle *non bis in idem* reçoit une seconde exception, lorsque l'*absolution* a été obtenue par collusion, c'est-à-dire, lorsque sur une accusation d'un crime atroce qui emporte peine afflictive, l'accusé après avoir transigé avec la partie civile, obtient un arrêt d'*absolution*. Cette exception est fondée sur l'article 19 du titre 25 de l'ordonnance de 1670.

L'accusé ne peut se prévaloir de la règle *non bis in idem*, qu'autant que l'accusation porte sur le même délit ; car si après avoir été absous de l'assassinat d'un homme, il le voloit ; si après avoir été absous une première fois du crime d'usure, il le commettoit de nouveau avec le premier accusateur, il pourroit être accusé une seconde fois, & condamné légitimement. L'*absolution* d'un crime n'est pas une sauve-garde pour tous ceux qui n'y ont pas été jugés, encore moins pour tous ceux que l'on peut commettre ensuite.

La règle *non bis in idem* reçoit encore une exception, lorsque le jugement d'*absolution* a été rendu sans les parties véritablement intéressées, comme la femme, les enfans, les héritiers d'un homme assassiné, s'ils étoient absens, ou s'ils prouvent qu'ils n'ont point été instruits de la poursuite du délit. La satisfaction qui leur est due, & l'ordre public font admettre une nouvelle procédure, & un nouveau jugement ; mais cette nouvelle accusation exige une grande circonspection.

L'*absolution* qui est prononcée par un jugement dont on peut appeller, n'est pas sans retour, parce qu'il reste la voie d'appel, soit de la part de la partie civile, soit de la part de la partie publique. Mais le dénonciateur, & celui à qui peut appartenir la confiscation en cas de condamnation à peine afflictive, ne peuvent appeller d'une sentence d'*absolution*.

L'*absolution* juridiquement prononcée éteint toutes demandes en dommages & intérêts, de la part de la partie civile ; elle doit même, suivant le titre 7, art. 3 de l'ordonnance de 1670, prononcer en faveur de l'accusé des dommages & intérêts, & les dépens contre l'accusateur, à moins que son accusation n'ait point été calomnieuse : & si elle n'a été rendue qu'avec la partie publique, celle-ci est tenue de nommer son dénonciateur, contre lequel l'accusé peut se pourvoir pour ses dommages & intérêts. *Voyez* ACCUSÉ, ACCUSATION.

Suivant l'ordonnance de 1670, tit. 13, art. 19, les jugemens d'*absolution* ou d'élargissement doivent être prononcés dans le même jour qu'ils ont été rendus ; & s'il n'y a point d'appel, les accusés doivent être mis hors des prisons dans les vingt-quatre heures, sans que les geoliers puissent les retenir pour les frais, nourriture, gîte, geolage, & autres dépenses, pour raison desquelles l'ordonnance réserve aux geoliers l'action sur les biens du prisonnier, & subsidiairement sur la partie civile qui l'a fait arrêter.

De l'absolution donnée par le pape. Les ultramontains accordent au pape le pouvoir d'absoudre de toute espèce de crime indistinctement, dans tous les états des princes catholiques : mais nous sommes bien éloignés d'admettre une pareille prétention ; l'article 22 des libertés de l'église gallicane porte que le pape ne peut aucunement restituer les lays contre l'infamie encourue par eux, ni les clercs, sinon aux fins d'être reçus aux ordres, offices & actes ecclésiastiques. En effet, le pape n'a aucune autorité sur le temporel, & ne peut exercer aucune jurisdiction sur les sujets du roi ; un jugement d'*absolution*, donné par le pape ou par ses légats, n'empêcheroit pas la justice séculière de poursuivre l'accusation d'un crime, & de condamner l'accusé à une peine afflictive, suivant la nature du délit, quand bien même il seroit ecclésiastique. Nous pensons même, d'après les meilleurs canonistes, que l'*absolution* prononcée par le juge ecclésiastique ordinaire, ne lie pas les mains du juge laïque pour la poursuite du délit privilégié, au lieu que l'*absolution* prononcée par le juge laïque lie tellement les mains du juge ecclésiastique, qu'il ne peut plus intenter une nouvelle accusation, pour le crime dont l'accusé a été absous, quand bien même le promoteur auroit porté sa plainte avant l'*absolution* du juge laïque.

De l'absolution obtenue en pays étranger pour un crime qui y a été commis. Cette *absolution* peut-elle anéantir en France la poursuite en dommages & intérêts ?

Pour résoudre cette question conformément aux vrais principes, il faut distinguer si le François accusé d'un crime en pays étranger, a été absous par un jugement, ou s'il n'a obtenu que des lettres de grace.

Si le souverain dans les états duquel le François a commis un crime, lui a accordé des lettres de pardon & de rémission, il est sans difficulté que la partie civile a contre lui une action pour ses dommages & intérêts, & qu'elle doit être admise dans les tribunaux de la France, par la raison que les lettres de grace ne remettent que la peine, sans exclure la réparation civile due aux parties intéressées. Cette demande en dommages & intérêts ne peut être exercée que par la voie civile, & ne peut autoriser la poursuite du crime par la procédure extraordinaire.

Lorsque le François accusé d'un crime a été absous en pays étranger par un jugement régulier, & après une procédure conforme aux règles, l'offensé ou ses héritiers peuvent bien se plaindre du jugement d'*absolution*, & se pourvoir pardevant le juge supérieur du juge du délit ; mais ils ne peuvent revenir en France contre le jugement d'*absolution*, & demander, sous prétexte de leurs intérêts, que l'on juge de nouveau. Cette procédure seroit monstrueuse, & contrediroit formellement l'axiome de droit reçu dans tous les pays, *res judicata pro veritate habetur*.

SECTION II.

De l'absolution en droit canon.

Les canonistes divisent l'*absolution* en sacramentelle ou pénitentielle, & en *absolution* des censures : on on distingue cette dernière en *absolution* pure & simple ou définitive, & en *absolution ad cautelam*, *à sævis*, *ad reincidentiam* & *ad effectum* : nous parlerons de ces différentes espèces d'*absolutions*, & nous y joindrons une courte notice de l'*absolution* pour dettes, de l'*absolution* après la mort, de l'*absolution* des rois & de leurs officiers, & de celle du serment de fidélité.

Absolution sacramentelle. Nous ne parlerons pas de tous les objets qui concernent cette *absolution*, parce qu'ils sont du ressort du théologien, plutôt que de celui du canoniste. Nous nous contenterons seulement de quelques observations qui tiennent au droit & à la police extérieure dans l'administration des sacremens.

L'*absolution* sacramentelle ne peut être donnée que par un prêtre ; c'est aux prêtres seuls que Jesus-Christ en a remis le pouvoir, & elle n'a d'effet que pour le for intérieur, sans qu'on puisse en tirer aucune conséquence dans le for-extérieur. Le prêtre, dans le tribunal de la pénitence, est seul juge compétent pour accorder ou refuser l'*absolution*, & il ne doit compte de son jugement qu'à Dieu seul ; nulle puissance sur la terre ne peut le forcer à donner ou à refuser l'*absolution*, il ne tient que de Dieu le pouvoir de lier & de délier, dont il doit user conformément aux saints canons, & selon les lumières de sa conscience.

Mais si le prêtre accompagne le refus de l'*absolution* d'un scandale public, qui trouble l'ordre de la société & déshonore le pénitent, alors le juge laïque, dépositaire de l'autorité du roi, doit maintenir la discipline établie par les canons ; il est en droit de contraindre le prêtre, non à absoudre le pénitent, mais à faire cesser & à réparer le scandale : il peut aussi, dans un cas de nécessité, enjoindre à un prêtre, qui a les pouvoirs, d'entendre la confession d'un mourant ; mais il ne peut aller au delà, c'est-à-dire, lui enjoindre de l'absoudre, parce que l'autorité du juge laïque n'a à cet égard que le droit de contraindre les prêtres à remplir les fonctions extérieures de leur ministère, mais il ne s'étend point sur ce qui se passe dans le for intérieur.

Pour qu'un prêtre puisse accorder valablement l'*absolution* dans le for intérieur, il faut qu'il réunisse les pouvoirs de l'ordre avec ceux de jurisdiction, c'est-à-dire, qu'il soit approuvé par l'évêque diocésain, & qu'il en ait obtenu la permission de confesser. Il n'y a d'exception à cette règle qu'en faveur des évêques & des curés, qui par leur titre seul ont le pouvoir d'absoudre tous ceux qui se trouvent dans l'étendue de leur cure, ou de leur diocèse. Cette maxime de l'église est conforme aux règles introduites par le droit civil, qui ne permettent aux juges de ne prononcer des jugemens que sur ceux qui leur sont soumis.

Mais dans un cas de nécessité, comme dans un danger évident de mort, tout prêtre, même non approuvé, peut absoudre, non-seulement des péchés, mais même des censures réservées ou non réservées. Cette *absolution* est irrévocable pour les péchés ; ensorte que le malade, après le rétablissement de sa santé, n'est point obligé de recourir à un confesseur approuvé pour en obtenir une seconde *absolution*. Il y a cependant des canonistes qui pensent que, dans le cas de nécessité, l'*absolution* des censures n'est que conditionnelle, ensorte que le danger cessé, & le pécheur revenu en santé, est obligé de se faire absoudre des censures qu'il avoit encourues par celui qui les a prononcées.

De l'absolution des censures. Ce n'est point ici le lieu d'expliquer ce que c'est que *censure*, & d'en distinguer les différentes espèces ; cette discussion trouvera sa place sous les mots CENSURE, EXCOMMUNICATION, INTERDIT, SUSPENSE. Il nous suffit d'observer ici que l'*absolution* des censures est la rémission, la rélaxation qu'on en accorde suivant la forme usitée par l'église.

L'*absolution* des censures est simple ou conditionnelle, privée ou publique. Elle est pure & simple lorsqu'elle n'est accompagnée d'aucune modification qui en limite ou retarde les effets, & alors elle est la même pour la prononciation au for extérieur, comme au for intérieur.

Elle est conditionnelle, lorsque son effet dépend de l'exécution d'une condition qui y a été apposée : les *absolutions ad cautelam*, & *ad reincidentiam* sont des *absolutions* conditionnelles.

L'*absolution* privée est celle qui se donne en particulier, & sans aucune des formalités prescrites par le pontifical romain.

L'*absolution* publique étoit celle que l'évêque diocésain donnoit autrefois, dans le cas où l'excommunication étoit aggravée par l'anathême, avec l'appareil le plus solemnel & le plus imposant. Cette forme d'*absolution* n'est plus en usage ; les cours souveraines ont jugé, avec raison, qu'il falloit défendre un cérémonial plus dangereux qu'utile.

C'est un principe certain, & fondé sur tous les canons des conciles, & les décrétales des papes, que l'*absolution* des censures ne peut être accordée que par celui qui a prononcé la censure : ainsi celui qui a été excommunié par son évêque, ne peut être admis à la communion par un autre, & l'excommunication ne peut être levée que par l'évêque qui l'a prononcée, ou par son successeur. Cependant comme il pourroit arriver que l'excommunication fût injuste, ou que l'évêque refusât injustement d'en absoudre, on avoit établi, dans les premiers temps de l'église, la voie de l'appel au concile provincial qui se tenoit deux fois l'année : & depuis la cessation des conciles, on a admis la voie de l'appel au métropolitain, & ensuite au primat & au pape, qui peuvent prononcer la nullité de la censure & en donner l'*absolution*, soit par rapport aux défauts de la procédure, soit par rapport à l'injustice évidente de la censure : mais il faut observer que pendant l'appel, l'excommunié reste dans les liens, parce que, dit-on, ce n'est pas l'homme qui lie ; c'est Dieu même, dont le jugement ne peut être suspendu.

L'*absolution* des censures doit être donnée dans la forme prescrite par l'église, & il faut que celui qui la demande, satisfasse à l'église, & à ceux qui ont été lésés, parce que la pénitence & la satisfaction sont deux conditions nécessaires pour l'*absolution*.

De l'absolution ad cautelam. L'*absolution ad cautelam* est celle que le supérieur accorde, quand il y a sujet de douter de la validité d'une censure, à l'appellant d'une sentence d'excommunication, pour qu'il soit provisoirement capable d'*ester* en jugement, & de poursuivre son appel; on lui a donné le nom d'*absolution à cautele*, parce qu'elle n'est donnée à l'appellant qu'après qu'il a promis, avec serment, d'exécuter le jugement qui interviendra sur l'appel.

Les *absolutions ad cautelam* doivent leur établissement à l'embarras où l'on se trouvoit, lorsqu'un excommunié vouloit poursuivre son *absolution*, parce que, suivant la rigueur des canons, l'excommunié étant considéré comme infâme, étoit incapable d'ester en jugement. Elles le doivent aussi à l'abus que les prêtres ont fait pendant long-temps des excommunications, & elles ont été approuvées par l'article 36 des *libertés de l'église Gallicane*.

On exigeoit autrefois plusieurs conditions pour obtenir une *absolution ad cautelam* : 1°. il falloit soutenir que l'excommunication étoit injuste : 2°. que cette injustice parût très-probable au juge, à qui on demandoit l'*absolution à cautele* : 3°. que la partie adverse fût citée : 4°. que le demandeur donnât caution d'exécuter le jugement qui interviendroit : mais les cours souveraines du royaume n'ont plus égard à ces conditions, elles accordent l'*absolution ad cautelam*, d'après les motifs qui leur paroissent suffisans, & que l'usage a établis dans les cours souveraines.

Le clergé a fait souvent tous ses efforts pour engager le roi à défendre aux parlemens de commander ces *absolutions*, ou de commettre pour les donner. Mais ses efforts ont été inutiles, & la jurisprudence à cet égard a été fixée par l'édit de 1695, qui ordonne aux cours, après avoir vu les charges & informations faites par le juge d'église, contre des ecclésiastiques, de les renvoyer aux évêques ou archevêques qui ont procédé contre eux, & en cas de refus, à leurs supérieurs, lorsqu'ils estimeront juste qu'ils soient absous à cautele.

Au reste, les plaintes du clergé, à cet égard, ont toujours été mal fondées. Les *absolutions* à cautele ne nuisent point à sa jurisdiction. Elles ne levent pas les censures, elles en suspendent seulement l'effet; l'excommunié est toujours séparé de l'église; il peut agir civilement comme les autres citoyens, mais il est privé de tous les biens spirituels : d'ailleurs les juges laïques n'accorderoient pas le bénéfice de l'*absolution* à cautele, à celui qui, par mépris, auroit négligé long-temps de la demander, pour obtenir ensuite la levée de son excommunication. Enfin, cette forme a produit l'avantage de rendre le clergé plus modéré dans les excommunications qu'il décernoit, & l'a obligé de les donner avec beaucoup plus de réserve, par la crainte de les voir attaquer, & de voir ester à droit, malgré lui, ceux qu'il avoit excommuniés.

Les juges inférieurs ne peuvent ordonner l'*absolution ad cautelam*, ce droit n'appartient qu'aux cours souveraines : & si le juge ecclésiastique refusoit de la donner, elles peuvent l'y contraindre par la saisie de son temporel, ou commettre un dignitaire, ou autre ecclésiastique pour la donner.

Il y a encore une autre espece d'*absolution ad cautelam*, que les canonistes appellent *extrajudiciaire*. Cette *absolution* se donne dans le tribunal de la pénitence, pour relever le pénitent de toutes les censures qu'il pourroit avoir encourues sans le savoir. Les supérieurs majeurs l'accordent à leurs inférieurs dans un cours de visite, ou dans le moment d'une élection, afin qu'elle ne puisse être attaquée de nullité, sous prétexte que quelques électeurs sont détenus dans les liens des censures. Les évêques ont aussi le droit de la donner aux ordinans, afin qu'aucune irrégularité ne rende leur ordination nulle.

De l'absolution ad reincidentiam. L'*absolution ad reincidentiam* est celle qui se donne à certaines conditions, qu'il faut nécessairement remplir, à peine de retomber dans la même censure. Elle est d'usage dans deux cas, premiérement dans le danger évident de mort d'un excommunié; en second lieu, lorsque des empêchemens légitimes le mettent hors d'état de s'adresser au prélat qui l'a excommunié, pour être relevé de son excommunication. Dans l'un & l'autre cas celui qui l'absout, ne le fait que sous la condition d'aller recevoir l'*absolution* de son prélat dès qu'il sera rétabli, ou que les empêchemens seront cessés. L'effet de cette *absolution* est de suspendre entiérement les censures, de délier l'excommunié, & de lui donner la faculté de remplir ses fonctions, comme avant l'excommunication, sans craindre aucune irrégularité. Mais si celui qui est ainsi absous, néglige de remplir les conditions qui lui ont été imposées, dès le moment que les empêchemens sont cessés, il retombe *ipso facto* dans la censure, dont il avoit été absous, quant au for intérieur seulement; car quant au for extérieur, il faut une sentence qui déclare qu'il est retombé dans la censure, à cause de sa désobéissance.

De l'absolution à sævis. L'*absolution à sævis* est celle que le pape accorde par grace singulière à un clerc qui a assisté à un jugement, ou à une exécution de mort ou de mutilation. Cette *absolution* est absolument nécessaire, car la sévérité des canons, qui défendent aux prêtres, sous peine d'irrégularité, de condamner à mort, ou même d'assister à un jugement de mort, subsiste encore aujourd'hui; on en excepte seulement un prêtre qui poursuit en justice, celui qui l'auroit blessé ou meurtri, quand bien même la peine de mort pourroit être prononcée contre le coupable, parce que, suivant notre procédure criminelle, il n'y a que le procureur du roi, qui poursuit en son nom pour la vindicte publique,

& que le plaignant n'agit que pour ses intérêts civils, dont la demande ne peut faire encourir l'irrégularité.

De l'absolution ad effectum. L'*absolution ad effectum* est de style dans les signatures de cour de Rome, dont elle fait la clôture : son effet est de rendre l'impétrant capable de jouir de la concession apostolique, quand bien même il auroit encouru quelque excommunication; mais elle ne lui donne pas la faculté d'exercer les fonctions ecclésiastiques, parce qu'elle ne suspend pas les autres effets de l'excommunication; & l'impétrant, pour jouir du bénéfice qui lui est accordé, doit se faire absoudre sur le fait particulier de la suspense ou de l'excommunication qu'il avoit encourue.

L'*absolution ad effectum* ne s'étend pas à toutes sortes de censures : elle ne serviroit à rien si l'impétrant étoit excommunié pour crime d'hérésie, pour avoir falsifié des lettres apostoliques, s'être servi de faux rescrits, ou même s'il étoit resté un an dans l'excommunication, sans en demander l'*absolution;* car celui qui persévère dans l'excommunication, est censé & réputé loin de la foi. Ce que nous disons que l'*absolution ad effectum* ne peut valider les provisions d'un bénéfice dans les cas ci-dessus spécifiés & ne doit s'entendre que lorsque cette *absolution* est accordée d'une manière vague & générale, & que les délits que nous venons de rapporter ne sont pas nommément exprimés.

SECTION III.

De l'absolution des rois, de leurs officiers, du serment de fidélité.

Les rois de France n'ont pas besoin d'*absolution*, puisqu'ils ne peuvent jamais être excommuniés. Les faits particuliers de Henri III & de Henri IV, qui ont envoyé demander à Rome l'*absolution* des censures qu'ils avoient encourues, Henri III pour la mort du cardinal de Guise, Henri IV pour l'hérésie qu'il avoit professée, ne peuvent nuire à ce privilège; les circonstances fâcheuses dans lesquelles se sont trouvés ces deux princes, les ont forcés à cette démarche; mais il n'en est pas moins certain que la dignité de leur couronne, & les privilèges qui leur ont été accordés par les papes, les mettent à couvert de l'excommunication; cette doctrine est aussi ancienne que les prétentions des papes à cet egard : tout le monde connoît la réponse des évêques de France au pape Grégoire IV : ils lui déclarèrent que s'il venoit pour excommunier le roi Louis le Débonnaire, il s'en retourneroit lui-même excommunié.

Les officiers du roi ne peuvent être aussi excommuniés, pour ce qui concerne l'exercice de leurs charges : ils ne sont point compris dans les monitions générales; s'ils étoient excommuniés par un prélat de France, il seroit contraint par la saisie de son temporel à la levée des censures qu'il auroit prononcées, il pourroit même être poursuivi comme infracteur des loix, & on trouve plusieurs arrêts qui les ont punis par de très-grosses amendes.

Le premier des papes qui ait osé absoudre les peuples du serment de fidélité, est Grégoire VII, qui a inventé cette doctrine absurde, l'a réduite en art, & l'a transmis à ses successeurs. L'histoire nous instruit des maux horribles que cette funeste division entre le sacerdoce & l'empire a causés dans l'Europe; mais il y a lieu d'espérer que l'harmonie qui subsiste entre l'autorité spirituelle & temporelle, sera désormais immuable, & qu'on ne reverra plus ces siècles de délire & de barbarie, à la faveur desquels les papes abusoient de la crédulité des peuples. Nous avons toujours résisté en France à cette puissance monstrueuse que les papes vouloient s'attribuer, & nous avons tenu comme une maxime certaine, fondée sur la raison & la parole de Dieu, que les papes n'ont aucune autorité sur le temporel des rois, qu'ils ne peuvent ni disposer du royaume de France, & de ce qui en dépend, ni en priver le roi, ou en disposer en manière quelconque, ni délier les François du serment de fidélité qu'ils ont prêté aux souverains.

Ce que nous venons de dire sur l'*absolution* des rois, sur celle de leurs officiers, sur le serment de fidélité des peuples, est tiré des libertés de l'église Gallicane; ceux qui voudront connoître à fond les principes sur lesquels nous nous sommes appuyés, peuvent consulter le *Recueil des preuves des libertés de l'église Gallicane*, par les frères Pithou, & par M. Dupuis; & le *Traité* de Bossuet *sur la défense des quatre articles de l'assemblée du clergé de 1682*.

SECTION IV.

De quelques autres absolutions.

Absolution du serment inséré dans les contrats, & pour dettes. Lorsqu'on abusoit de la crédulité des peuples & de l'emploi des peines canoniques, lorsque les prêtres vouloient attirer à leurs tribunaux la connoissance de toutes les affaires civiles, on avoit introduit l'usage d'insérer dans tous les contrats un serment par lequel les parties s'assujettissoient à en observer toutes les clauses, & celui d'excommunier ceux qui n'avoient pas soin de payer leurs dettes.

Sous prétexte du serment inséré dans tous les actes, les juges ecclésiastiques entreprenoient sur la jurisdiction temporelle, & connoissoient de presque toutes les causes. Le parlement de Toulouse, dès l'an 1290, commença à restraindre cet abus, en confirmant par un arrêt, une sentence du viguier de cette ville, qui avoit fait défenses à tous les notaires de Toulouse de faire jurer les parties; toutes les autres cours souveraines se sont de même opposées à cet abus du serment; & nous avons rejetté en France la loi de l'empereur Frédéric, ajoutée au titre du code *si adversus venditionem*, &c. qui ordonnoit que le serment des mineurs, inséré dans un contrat, seroit inviolablement gardé. C'étoit sous un faux prétexte de religion, tendre un piége réel à des jeunes gens peu instruits;

d'autant mieux que le serment n'ajoute rien à l'acte, ne change pas la nature des choses, & ne fait pas acquérir un jugement, qui ne peut être que le fruit de l'expérience d'un âge mûr.

L'*absolution* du serment ajouté à un acte, est inutile en elle-même, parce que celui qui a le pouvoir de rescinder un contrat, à cause des vices qui l'infectent, ou d'entériner les lettres de rescision qu'on peut obtenir pour s'en relever, a également la puissance de remettre, & de dispenser du serment, qui n'est qu'une partie du contrat.

De l'absolution pour dettes. L'usage d'excommunier les débiteurs qui ne payoient pas leurs dettes, étoit fondé sur plusieurs bulles des papes Célestin III & Grégoire IX, insérées aux titres 28 livre 2, & 23 livre 3 des décrétales. Cet abus a duré long-temps, & on trouve beaucoup d'actes authentiques qui l'attestent; les parlemens sont venus à bout de le proscrire: ils ont commencé par enjoindre aux ecclésiastiques de ne pas refuser l'*absolution* aux débiteurs excommuniés, & bientôt ils leur ont défendu ces excommunications absurdes. Les arrêts qu'on trouve sur cet objet dans les différens arrêtistes, prouvent que les parlemens ont été obligés de contraindre les prêtres à lever ces excommunications par la saisie de leur temporel.

De l'absolution des morts, suivant les loix 5 & 6, code *de sum. trinit.* & plusieurs canons insérés dans le corps de droit, il est de fait que les morts peuvent être excommuniés & absous, de la même manière que la mémoire des défunts en matière de grands crimes, peut être condamnée ou réhabilitée en justice. L'histoire ecclésiastique nous fournit plusieurs exemples d'hérétiques excommuniés après leur mort; & l'on peut citer entr'autres, Théodore de Mopsueste, Dioscore & Origène.

L'*absolution* des morts est devenue d'autant plus nécessaire, dans les siècles d'ignorance, qu'on avoit confondu toutes les idées, & qu'on donnoit à l'excommunication qui est une peine toute spirituelle, des effets civils; on regardoit l'excommunié, comme indigne de la participation aux biens de l'église; & comme privé des avantages de citoyen, de manière qu'il étoit non-seulement privé de la sépulture ecclésiastique, mais encore on laissoit son cadavre dans les rues ou dans les places publiques, on le jettoit même souvent à la voirie.

Cette privation de la sépulture ecclésiastique, notoit le mort d'une tache d'infamie, qui rejaillissoit sur sa famille, & dont il étoit intéressant qu'elle pût se laver; ce motif fit introduire l'*absolution* des morts, dont l'effet étoit de déclarer que le défunt avoit été injustement excommunié, ou qu'il n'étoit pas tombé dans les censures, ou qu'ayant donné des signes de repentir, il étoit mort absous devant Dieu, & que par cette raison l'église devoit le traiter, comme si elle l'avoit absous avant sa mort.

Cette *absolution* des morts avoit lieu le plus souvent pour ceux qui avoient été excommuniés pour dettes; car lorsqu'il étoit prouvé que le défunt les avoit payées, ou avoit ordonné de les payer, & que ses héritiers s'obligeoient à le faire; le motif de l'excommunication ne subsistoit plus, & on avoit droit d'en demander l'*absolution*, afin de procurer au mort les honneurs de la sépulture ecclésiastique, & de le faire participer aux prières que l'église fait tous les jours pour les morts: l'histoire nous apprend que Louis de Bourbon, fils de Pierre de Bourbon, excommunié à la poursuite de ses créanciers, le fit absoudre après sa mort, afin de prier Dieu pour le repos de son ame, & que le cardinal de Saint-Marc commit les officiaux de Bourges, Clermont, Laon, Nevers, Autun, Paris & Beauvais, pour donner cette *absolution*. Les recueils des arrêts en contiennent plusieurs qui ont enjoint aux ecclésiastiques d'absoudre des morts, & de leur donner la sépulture ecclésiastique.

De l'absolution dans les tribunaux de l'inquisition. Nous n'en parlons que pour remarquer l'injustice énorme de ces tribunaux, que la France a eu le bonheur de rejetter de son sein. L'inquisition accorde, il est vrai, l'*absolution* de l'accusation du crime d'hérésie à ceux dont le dénonciateur & les témoins sont convaincus de faux, & à ceux contre lesquels on n'a pu prouver les chefs d'accusation; mais elle met une grande différence dans l'*absolution* qu'elle leur donne.

Les loix civiles, d'accord avec les principes du droit naturel, regardent également comme innocens, & ceux qui se justifient de l'accusation qu'on leur a suscitée, & ceux dont on ne peut prouver le délit, suivant la règle *actore non probante reus absolvitur*; mais il en est autrement parmi les inquisiteurs: lorsque l'innocence de l'accusé est évidente, il est conduit sur un cheval aux acclamations du peuple: mais s'il n'est renvoyé absous que par le défaut de preuves, la sentence ne porte pas une reconnoissance de son innocence, c'est une grace qu'on lui fait; on le regarde comme un coupable qu'on traite favorablement, & il porte sur son front une ignominie éternelle. Cette forme d'*absolution* est prescrite par une bulle de Pie V, de 1467; on pourroit s'écrier quelle bulle! quelle justice! mais nous laissons à nos lecteurs le soin de faire les réflexions qu'elle inspire.

ABSOLUTION, (*prière.*) c'est le nom qu'on donne à une courte prière que l'on récite aux heures canoniales: on le donne aussi aux prières pour les morts.

ABSOLUTOIRE, adj. *terme de droit*, se dit d'un jugement qui prononce l'absolution d'un accusé. *Voyez* ABSOLUTION.

ABSOUTE, (*Droit ecclés.*) on faisoit anciennement le jeudi saint, dans les églises cathédrales, & autres principales, une confession générale, au nom de tout le peuple assemblé, après laquelle l'évêque, ou celui qui le représentoit, donnoit une absolution solemnelle de tous les péchés; cet usage subsiste encore dans l'église de France, où l'on donne tous les ans cette espèce d'absolution, qu'on appelle l'*absoute*, non-seulement dans les cathédrales, mais encore dans toutes les églises paroissiales.

Cette *absoute* n'est qu'une absolution purement cérémonielle, qu'il ne faut pas confondre avec la réconciliation vraiment sacramentelle des pénitens publics, qui se faisoit également autrefois dans le même tems, & dont l'*absoute* est une imitation, destinée à nous rappeller l'ancienne discipline de l'église. *Voyez* PÉNITENCE.

ABSTÊME, adj. (*Droit civ. & canon.*) ce mot vient du latin *abstemius*, formé lui-même de la préposition *ab*, & de *temetum* qui signifioit du vin, il est synonyme à *invinius* qu'on trouve dans Apulée: on désigne par le mot *abstême* celui qui ne boit pas de vin.

Les peuples anciens, tant policés que barbares, avoient interdit l'usage du vin aux femmes, & les hommes même en usoient très-rarement. Les loix romaines avoient poussé la sévérité jusqu'à permettre aux maris de tuer leurs femmes, lorsqu'ils s'appercevoient qu'elles buvoient du vin; Fabius Pictor rapporte, dans ses annales, qu'une femme fut condamnée par un jugement domestique à mourir d'inanition, parce qu'elle avoit pris les clefs de la cave. La prohibition de boire du vin avoit été étendue aux hommes jusqu'à l'âge de trente ans, & aux esclaves pendant toute leur vie, à l'exception des fêtes lupercales & saturnales; ces loix n'ont cessé d'être en vigueur que lorsque le luxe & la corruption des mœurs se sont introduits sous les empereurs.

La loi mahométane a également défendu l'usage du vin aux deux sexes; il y en a cependant parmi eux, qui en boivent, & l'on tolère à Constantinople les cabarets par des raisons de politique.

Un ancien capitulaire, rapporté par Baluze, défendoit à tout militaire de boire avec l'ennemi, & condamnoit celui qui se seroit enivré à l'armée, de boire de l'eau jusqu'à ce qu'il eût reconnu sa faute, & les dangers qui pouvoient en résulter; nous ne connoissons pas d'autres loix qui aient prohibé l'usage du vin.

Les religieux qui professent dans toute l'austérité la règle de S. Benoît, doivent être presque *abstêmes*. Ce patriarche des moines d'Occident, n'accorde l'usage du vin à ses religieux qu'avec une extrême réserve, & par un excès de condescendance, puisqu'il les rappelle à cette parole remarquable des anciens pères du désert, que les moines ne doivent jamais boire de vin.

Les véritables *abstêmes*, c'est-à-dire, ceux qui ne peuvent pas boire de vin, par une répugnance & une aversion naturelle & insurmontable, ne doivent pas être promus aux ordres sacrés, parce que le vin étant une partie essentielle de la matière qui sert au sacrifice de la messe, une répugnance invincible formeroit une irrégularité à l'ordination de celui qui desireroit recevoir la prêtrise; il faut qu'un prêtre ait non-seulement les qualités de l'esprit & du cœur que demande la sainteté de son ministère, mais il faut encore qu'il puisse en remplir toutes les fonctions, dont la principale est d'offrir le sacrifice de l'eucharistie, qu'il ne pourroit achever, s'il ne recevoit la communion sous les deux espèces; car il ne lui est pas permis de la recevoir sous une seule. On ne peut, dit le pape Gelase, sans sacrilège, diviser les parties d'un tout, qui fait un seul & même mystère.

Les luthériens rejettent de la communion les *abstêmes*; les calvinistes au contraire tolèrent qu'ils communient sous la seule espèce du pain, pourvu qu'ils approchent seulement les lèvres de la coupe où est contenu le vin: c'est ce qui faisoit dire à Bossuet, en réponse aux ministres de Charenton, qu'ils reprochoient à tort aux catholiques de n'accorder aux séculiers la communion sous l'espèce du pain seulement, puisqu'ils convenoient eux-mêmes que la communion sous les deux espèces n'étoit pas de droit divin, & qu'ils en dispensoient les *abstêmes*.

ABSTENTION, s. f. (*Jurisprudence.*) ce mot en droit a différentes acceptions: il signifie tantôt l'action d'un juge qui se récuse lui-même, ou qui s'abstient de juger quand il a été récusé: tantôt il signifie une peine en matière criminelle, & plus généralement la renonciation tacite à une succession ou à une substitution: nous allons expliquer ces diverses acceptions.

ABSTENTION *de juges*: un bon juge doit s'interroger lui-même, consulter sa délicatesse, & s'assurer qu'il sera impartial dans le jugement des causes portées à son tribunal; il doit aller plus loin, & respecter les préjugés que peuvent avoir les parties, si elles sont d'ailleurs assez puissantes pour influer sur l'opinion du public: il doit enfin être instruit des devoirs que lui imposent les loix, & connoître les cas dans lesquels elles lui ordonnent ou lui défendent de prononcer; il ne doit pas même attendre qu'on lui propose des moyens de récusation, il faut qu'il s'abstienne de lui-même lorsqu'il en connoît de valables.

Les loix romaines poussoient à cet égard la précaution, jusqu'à admettre pour la récusation d'un juge les plus légers soupçons, que les parties n'étoient pas même obligées d'expliquer. L'ordonnance de 1667 veut que les motifs de récusation allégués par les parties, ou proposés par le juge, soient examinés par les officiers du siège qui ordonnent qu'il s'abstiendra; l'usage cependant est qu'un juge qui se croit récusable, s'abstient du jugement sans autre formalité, & sans examen préalable de sa compagnie; la raison de l'ordonnance qui exige le jugement des causes de récusation, est fondée sur la nécessité de juger les affaires; le juge doit son ministère au public & aux particuliers, & il dépend aussi peu de lui de se récuser, qu'aux parties de le récuser sans cause légitime.

Les causes d'*abstention* d'un juge sont les mêmes

que celles que les parties peuvent alléguer pour sa récusation, nous les rapporterons sous le mot RÉCUSATION.

ABSTENTION, (*peine.*) elle se nomme *abstention de lieu.* Cette peine est d'usage en matière criminelle, lorsqu'il y a eu des menaces, des injures graves, des preuves d'une inimitié capitale, & qu'il y a crainte de récidive; elle n'est ni afflictive ni infamante, c'est une espèce de bannissement que le juge prononce par prudence, pour éloigner l'auteur des menaces du domicile d'une des parties, avec défenses d'en approcher pendant un certain espace de temps: elle a été introduite pour sauver à celui qui y est condamné, l'infamie attachée à la peine du bannissement, & pour obvier aux voies de fait: aussi ne doit-elle se prononcer que pour les cas moins graves, & qui seroient susceptibles du tribunal du point d'honneur, s'ils étoient commis par des gentilshommes, ou par des militaires. L'édit de 1604, article 6, donné touchant les injures ou voies de fait commises entre officiers de robe, fait mention de l'*abstention* de lieu, & elle a été ordonnée par plusieurs arrêts de différens parlemens.

ABSTENTION *de substitution*: on a long-tems disputé sur la question de savoir, s'il suffisoit pour remplir un degré de substitution ou de fidéicommis, d'exister lors de l'ouverture de la substitution, ou s'il falloit encore l'avoir réclamé, & avoir joui des biens qui y étoient compris. Les jurisconsultes se sont partagés sur cette question, les uns tenant l'affirmative, les autres la négative; mais l'ordonnance des substitutions, *tit.* 1, *art.* 37, a levé tous les doutes à cet égard, en statuant que lorsque le grevé de substitution aura renoncé à la disposition faite en sa faveur, ou qu'il sera mort sans l'avoir acceptée expressément ou tacitement, le substitué du premier degré en prendra la place, ensorte que les degrés de substitution ne compteront qu'après lui: & dans les cas d'*abstention* ou de renonciation d'un des substitués, il ne sera pas censé en avoir rempli un degré, & celui qui viendra après lui en tiendra la place, quoique la renonciation, ou l'*abstention* du grevé ou du substitué n'ait point été gratuite.

ABSTENTION *de succession*, c'étoit une espèce d'ignominie chez les Romains de mourir sans héritier, & la mémoire de celui dont la succession n'avoit pas été appréhendée, étoit en quelque manière flétrie dans l'opinion publique; par cette raison les loix romaines avoient introduit deux espèces d'héritiers nécessaires, qui ne pouvoient répudier la succession qui leur étoit déférée: savoir, un esclave institué héritier par son maître, & les enfans, qu'elles appelloient héritiers *siens* & nécessaires, *sui & necessarii.*

Le préteur vint dans la suite au secours des enfans d'un père décédé insolvable: il corrigea la dureté excessive de la loi, & leur permit, par un principe d'équité, de s'abstenir de l'hérédité paternelle, pourvu qu'ils n'eussent fait aucun acte d'héritier, & qu'ils ne se fussent point immiscés dans la gestion & administration des biens du défunt.

Cette disposition des loix romaines est encore suivie dans les provinces du royaume, régies par le droit écrit; & par une suite du respect qu'on a pour elles, on n'y force pas un fils à porter atteinte à la mémoire de son père, par une renonciation formelle à son hérédité: on y admet *l'abstention* pure & simple, conformément à la loi 8, *ff. de acquir. vel omitt. hæred.*, & au §. 2, *inst. de hæred. qualit. & differ.* Cette jurisprudence est confirmée par une foule d'arrêts du parlement de Toulouse.

On suit un autre usage dans les pays coutumiers: on y distingue les héritiers nécessaires, & les héritiers volontaires: les premiers sont en ligne directe ascendante ou descendante; les héritiers en ligne collatérale sont réputés héritiers volontaires, & c'est à eux seuls qu'on applique, dans toute la valeur des mots, cet adage coutumier, *n'est héritier qui ne veut.*

Il ne suffit pas aux héritiers en ligne directe de s'abstenir de l'hérédité, qui leur est déferée par la loi, ils doivent faire une renonciation, soit en jugement, soit pardevant notaire, par un acte authentique, dont il reste minute. La raison en est, qu'en succession directe, on est regardé comme héritier nécessaire, & qu'en cette qualité on peut être poursuivi, & même condamné au paiement des dettes du défunt, après l'expiration des délais accordés pour renoncer.

Mais les héritiers en ligne collatérale, qui ne se sont pas immiscés dans les biens du défunt, & qui n'ont fait aucun acte d'héritier, sont à l'abri de toutes les poursuites qu'on pourroit intenter contre eux, pour les dettes du défunt, en déclarant seulement qu'ils s'abstiennent, sans être obligés de donner une renonciation formelle & authentique. L'*abstention* & la renonciation expresse ont le même effet; mais il faut qu'elles soient de bonne foi, *rebus adhuc integris*: elles mettent l'héritier à couvert de toutes poursuites de la part des créanciers de la succession, & elles l'empêchent de pouvoir ensuite se porter héritier, & réclamer les effets de la succession qu'il a rejettée. Il y a cependant une exception à faire en faveur des mineurs, qu'on admet après leur majorité dans le droit d'examiner les forces de la succession, & de délibérer s'ils l'accepteront, ou s'ils s'en abstiendront: il en seroit de même d'un majeur qui prouveroit qu'il s'est abstenu par ignorance de fait, ou parce qu'on avoit soustrait des effets de la succession, pour la diminuer & l'engager à s'en abstenir.

La portion héréditaire de celui qui s'abstient procure un accroissement en faveur des héritiers collatéraux, qui sont habiles à succéder, & cet accroissement ne donne pas ouverture au paiement du centième denier, à moins qu'elle n'ait été précédée d'un acte d'héritier. C'est la disposition d'un arrêt du conseil du 26 novembre 1724.

Dans la coutume d'Amiens & autres voisines,

la part des puînés, qui s'abstiennent de prendre leur portion héréditaire dans le quint des fiefs, ou qui l'ayant pris décèdent sans enfans, accroît aux autres puînés qui la veulent prendre, & non à l'aîné qui n'y peut rien prétendre, à moins que tous les puînés ne meurent sans enfans.

ABSTINENCE, f. f. (*Droit ecclésiastique*) suivant les théologiens & les canonistes, c'est la privation qui nous est ordonnée ou conseillée par l'église en certaines circonstances, de certaines choses d'ailleurs permises.

Quoiqu'il soit vrai de dire que c'est moins l'*abstinence* du boire & du manger, qui constitue l'homme juste, que la soumission du cœur aux préceptes de la loi de Dieu, il faut néanmoins se soumettre aux loix reçues à cet égard.

Nos rois ont souvent employé leur autorité pour faire observer les règles de l'église relatives à l'*abstinence;* un ancien capitulaire, rapporté dans la collection de Baluze, prononçoit la peine de mort contre ceux qui, par mépris pour les loix ecclésiastiques, avoient mangé de la viande pendant le carême, sans en avoir obtenu la permission de leurs pasteurs.

Cette jurisprudence nous paroîtroit barbare aujourd'hui, & elle l'est effectivement. Ce n'est point aux loix civiles à punir d'une peine capitale les péchés, qui sans troubler l'ordre social, violent les commandemens de Dieu, ou de ses ministres. Notre jurisprudence actuelle est beaucoup plus conforme à la raison & à l'équité; elle punit l'infraction de la loi d'*abstinence*, par la perte des viandes apprêtées, & la condamnation à une amende.

La loi canonique défend à tout fidèle de faire gras, sans en avoir obtenu auparavant la permission du curé; pour en faciliter l'exécution, les réglemens de police défendent d'exposer publiquement de la viande les jours d'*abstinence;* & pendant la durée du carême il ne peut en être débité que par les bouchers commis par les hôtels-dieu, ou par le juge; il est défendu aux aubergistes & cabaretiers d'en apprêter chez eux, & d'en porter en ville, sans y être autorisés, & sans une permission expresse, à peine de confiscation, de prison & d'amende. Depuis quelques années la plupart de ces réglemens ne s'observent plus dans la capitale.

Dans les tems de disette & d'accidens, on peut permettre l'usage des mets défendus par la loi de l'*abstinence:* mais il faut alors le concours de la puissance civile & ecclésiastique pour en autoriser le débit. La permission seule de l'ordinaire ne suffiroit pas, si elle n'étoit appuyée de l'autorité des cours: un arrêt du parlement du 7 février 1552, fit défense de publier une bulle du pape, qui permettoit aux provinces ruinées par la guerre, de manger en carême des œufs, du beurre & du fromage.

Le roi régnant a demandé & obtenu du pape, une bulle qui permet aux soldats, lorsqu'ils sont en marche, de ne pas observer les jours d'*abstinence.* Dans toutes les villes de France, où il y a garnison, l'évêque permet l'usage de la viande à ceux qui la composent.

Les capitulaires de Charlemagne & de Louis le débonnaire recommandent aux juges l'*abstinence* & la sobriété, comme des vertus essentielles de leur état: ils veulent entre autres qu'ils soient à jeun, lorsqu'ils prononcent leurs jugemens, afin d'être plus en état de bien entendre toutes les causes portées à leur tribunal, & de mieux distinguer le juste de l'injuste.

ABUS, f. m. (*Droit polit. civil & canon*) c'est en général tout acte contraire à l'ordre établi. Abuser de quelque chose, dit Fevret, c'est en user autrement qu'on ne doit, ou l'employer à un autre usage qu'à celui auquel elle est destinée.

La liberté, le savoir, l'éloquence, la vertu, la justice, la religion, tout a ses *abus*, tout porte l'empreinte de l'ignorance, des passions & de la foiblesse humaine. Le souverain abuse de son pouvoir s'il l'emploie à opprimer ses sujets, à punir les délits imaginaires, à soutenir des ministres corrompus ou ineptes, à étendre les institutions que proscrit la nature, à maintenir des loix ou des usages nuisibles aux mœurs & aux progrès de la civilisation.

L'*abus* marche, pour ainsi dire, à travers les empires, sans jamais se reposer; il renverse les ouvrages de la sagesse, tantôt d'une manière insensible, tantôt d'une manière éclatante: malheur aux chefs des nations, qui négligent de suivre ses pas & de réparer à l'instant ses ravages; car il arrive une époque où toute leur puissance vient se briser contre la sienne. Ils doivent sur-tout avoir sans cesse l'œil ouvert sur les corps & sur toutes les associations particulières; c'est au centre des compagnies les plus légales que l'*abus* se refugie & devient redoutable; c'est-là qu'il agit avec toutes ses forces, & qu'il trouve des hommes toujours disposés à seconder ses attentats, sous les prétextes les plus spécieux & les plus imposans.

Réformer les *abus*, les corriger, les prévenir, voilà le droit & le devoir du souverain: devoir essentiel, qu'il s'est engagé d'accomplir envers ses sujets; devoir qui l'intéresse personnellement, puisque la sûreté & la gloire de son trône en dépendent.

Nous entendons chaque jour le peuple, les magistrats, les ministres, se plaindre des *abus* & en desirer la réforme.

On sent bien qu'à plusieurs égards l'état actuel des choses est vicieux; mais pour réformer un grand empire, il faudroit se livrer à des méditations profondes, calculer les effets que produit l'ordre actuel des choses, avec ceux qu'occasionneroit une réforme. Ce travail accable l'imagination; sa longueur & ses difficultés épouvantent, on cède à l'attrait de la fortune & des plaisirs; on y consume le tems que laisse l'expédition des affaires journalières, & qu'on devroit employer à approfondir dans la retraite, les vérités utiles à l'accroissement de la félicité publique; alors on parvient à se persuader qu'il est de la prudence de tolérer les *abus*, & l'on érige bientôt l'indolence ou l'incapacité en maxime politique. Est-ce ainsi que pensèrent & qu'agirent ces princes & ces ministres, dont les noms consacrés dans l'histoire sont aujourd'hui en vénération parmi nous? Charlemagne, S. Louis, Louis XII, Henri IV, & Louis XIV, l'Hôpital, Sulli, Colbert, au milieu des guerres étrangères, des troubles domestiques, des embarras du gouvernement, ont trouvé le temps de s'appliquer à la réforme des *abus*, & sont parvenus à les déraciner. Pourquoi donc sommes-nous aujourd'hui plus timides? Pourquoi cette indifférence pour le bien? A quoi servent les lumières de notre siècle? Languirons-nous dans un sommeil léthargique, tandis que la plupart des nations qui nous environnent, perfectionnent leurs loix, & l'éducation nationale, renoncent à leurs préjugés, réforment leur police, renversent les établissemens qu'avoient consacrés l'erreur & la barbarie de nos ancêtres? Hommes d'état, ouvrez les fastes du monde, examinez les causes de la chûte des empires, & vous tremblerez d'exposer vos concitoyens, & peut-être même vos enfans à être un jour ensevelis sous les ruines d'un édifice que vous avez craint ou dédaigné de réparer.

On ne doit pas s'attendre à trouver ici l'énumération des *abus* en tout genre, qui se sont glissés dans nos institutions politiques & civiles, nous les remarquerons sous chacun des mots auxquels ils ont rapport.

Nous nous bornons à traiter sous le mot ABUS, l'acception particulière qu'on en fait en droit, pour désigner l'*abus* de la jurisdiction ecclésiastique, & les contraventions aux saints canons, aux loix & ordonnances du royaume, qui donnent lieu à l'*appel comme d'abus*.

De l'appel comme d'abus. L'*abus*, dans cette acception particulière, n'est autre chose qu'un usage illicite de la puissance & de la jurisdiction ecclésiastique.

Règles pour connoître s'il y a abus. L'*abus* peut se commettre de trois manières principales: 1°. par le défaut de pouvoir; 2°. par l'excès d'un pouvoir légitime: 3°. en procédant d'une manière irrégulière & contraire aux règles de l'ordre judiciaire.

Le pape, les prélats, les supérieurs du clergé régulier & séculier, les officiaux & autres, commettent *abus* par défaut de pouvoir, lorsqu'ils entreprennent, soit sur la jurisdiction laïque, soit sur la jurisdiction des autres supérieurs ecclésiastiques: ils commettent *abus* dans l'exercice de leur pouvoir légitime, lorsqu'ils excèdent les bornes d'une juste modération, ou qu'ils se servent de leur autorité pour vexer les sujets du roi: enfin, ils commettent encore *abus* lorsque dans leurs jugemens ils violent les formes prescrites par les canons ou par les ordonnances du royaume.

L'article 79 des libertés de l'église gallicane indique quatre sources principales, dans lesquelles l'*abus* consiste essentiellement; savoir: 1°. dans la contravention aux canons reçus dans le royaume: 2°. dans la contravention aux concordats, édits & déclarations des rois, & aux arrêts des cours souveraines: 3°. dans les attentats contre les droits, franchises, libertés & privilèges de l'église gallicane: 4°. dans les entreprises de la jurisdiction ecclésiastique sur la jurisdiction temporelle, soit en prenant par le juge d'église, connoissance des causes qui ne sont pas de sa compétence, soit en excédant les bornes de son pouvoir.

Premiers moyens employés contre l'abus de la jurisdiction ecclésiastique. Dès le moment que les princes séculiers ont embrassé la foi catholique, & ont permis le libre exercice de la religion, on a eu recours à leur autorité, pour faire réformer les jugemens & autres actes de la jurisdiction ecclésiastique, lorsque les pasteurs de l'église ont abusé de leur autorité, soit en prenant connoissance des affaires qui n'étoient pas de leur compétence, soit en violant les canons & la discipline ecclésiastique.

S. Athanase, en 335, s'adressa à Constantin pour faire réformer le jugement qui avoit été rendu contre lui dans le synode de Tyr, par *dol*, par *fraude* & par *artifice*. Eusèbe, évêque de Dorilée, présenta en 451 une requête à l'Empereur Marcian sur tout ce qui avoit été fait contre lui dans le faux concile d'Ephèse.

Dans ces premiers siècles de l'église, les entreprises des ecclésiastiques sur la jurisdiction temporelle étoient rares, ils n'ont commencé à se multiplier qu'après la décadence de la maison de Charlemagne, lorsque les papes, oubliant qu'ils tenoient leurs richesses & leur puissance de la libéralité des rois de France, cherchèrent peu-à-peu à les augmenter, même à leur préjudice, & au détriment de toutes les puissances séculières & légitimes.

Le premier moyen qui fut employé contre les prétentions exorbitantes de la cour de Rome, & contre les entreprises de tout le clergé, fut d'abord le recours au prince, par l'*appel de déni de justice*. Ce recours fondé sur le droit de protection que les sujets doivent attendre de leurs souverains, & clairement exprimé dans la loi 2. §. 18. c. *de veteri jure enucleando*, a été admis par les loix de tous les peuples, & il est encore usité dans tous les états catholiques, où il se pratique de différentes manières, selon les différentes circonstances: il produit les mêmes effets que l'appel comme d'*abus*, quoiqu'il n'en ait pas le nom.

On imagina ensuite l'appel du pape & du S. siège, au pape & au S. siège lui-même, comme fit Philippe Auguste, lors de l'interdit fulminé contre son royaume par Innocent III.

On se servit ensuite de l'appel au futur concile, ou de l'appel au pape mieux informé: c'est ce que fit Philippe-le-Bel, qui appella *ad concilium de futuro congregandum, & ad verum, futurum & legitimum pontificem, & ad illum, seu ad illos, ad quem, vel ad quos, de jure fuerit provocandum*: c'est-à-dire, que

que ce prince dans ses démêlés avec Boniface VIII, pour se mettre à l'abri de ses violences, interjetta appel de ses bulles & décrets, tant de ceux qu'il avoit prononcés, que de ceux qu'il donneroit par la suite, au futur concile, au pape futur, vrai & légitime, & généralement à celui ou à ceux à qui il pouvoit adresser son appel. Les grands, les prélats, les universités, les couvens religieux, & généralement tous les ordres de l'état adhérèrent à cet appel.

Nous trouvons, dans notre histoire, plusieurs exemples de ces appels; mais comme ils ne remplissoient pas exactement le but qu'on s'étoit proposé, celui de maintenir & de conserver la puissance temporelle contre les entreprises de la cour de Rome & du clergé; que ces appels pouvoient être considérés comme des appels simples, qui régulièrement devoient saisir le juge supérieur du fond du sujet contre lequel on appelloit, ce qui auroit soumis à la jurisdiction ecclésiastique le jugement d'une contestation qui ne pouvoit ni ne devoit être de sa compétence, on joignit à l'appel au futur concile, des protestations de se pourvoir au conseil du roi, ou dans ses parlemens, pour y obtenir la cessation des actes, dans lesquels on prétendoit y avoir *abus*.

Cette dernière voie acheminoit de bien près les appels comme d'*abus*, tels que nous les voyons aujourd'hui, & elle produisoit le même effet.

Epoque de l'appel comme d'abus. Les auteurs sont divisés sur l'époque à laquelle on doit fixer l'usage des appels comme d'*abus* : les uns ne la fixent que sous le regne de François I, qui a employé ce mot dans le sens que nous lui donnons, dans l'ordonnance de 1539 : Pasquier, dans ses *Recherches de la France*, en place l'usage sous Louis XII. Mais si on fait attention aux arrêts rapportés par les freres Pithou, dans leur *Recueil des preuves des libertés de l'église gallicane*, on trouvera le terme d'*abus* employé dans les arrêts qui ont réformé ou arrêté les entreprises des ecclésiastiques, depuis la fameuse conférence, tenue sous Philippe de Valois, entre les députés du clergé & Pierre de Cugnières, avocat général. Si dès-lors on n'a pas établi les appels comme d'*abus* dans la forme dont nous nous servons, ils n'ont pas tardé à être en usage, & ils n'ont pas cessé depuis cette époque.

Aufrérius, qui écrivoit en 1480, au commencement du règne de Charles VIII, en fait mention dans son traité *De potestate seculari, reg. 2. fall. 30.* Benedicti, conseiller au parlement de Toulouse, sous Louis XII, atteste que les appels comme d'*abus* étoient usités de son tems; & Poncher, évêque de Paris, en parle dans ses *Statuts synodaux* de 1503, comme d'une chose établie depuis long-temps. Nous pourrions entasser un grand nombre de preuves à l'appui de cette opinion, qui fixe l'introduction de l'appel comme d'*abus* immédiatement après le règne de Philippe de Valois; mais ce que nous en avons dit doit suffire, & nous nous contenterons de remarquer avec Pasquier, *qu'il n'y a plus grand & fort nerf de notre république, ni plus assuré rempart contre les usurpations du clergé & de la cour de Rome.*

La vérité nous empêche de dissimuler que le clergé a souvent fait tous ses efforts pour rendre odieux les appels comme d'*abus*, & en obtenir la suppression : pour ne pas contredire tous les faits qui démontrent que lui-même en différens temps s'étoit servi de la voie du recours au prince, pour arrêter les vexations qu'ils éprouvoient, il s'est efforcé de mettre une différence chimérique entre ce recours au prince & l'appel comme d'*abus* : il prétendoit que l'appel comme d'*abus* renversoit l'ordre judiciaire, & servoit de prétexte aux parlemens pour attirer à eux la connoissance de toutes les causes ecclésiastiques.

Mais ses efforts ont toujours été inutiles, & ses remontrances n'ont fait aucune impression ; pour les faire cesser, l'édit de 1695, rendu sur l'exercice de la jurisdiction ecclésiastique, a réglé, d'une maniere satisfaisante, les cas où l'appel comme d'*abus* peut être interjetté, & les effets qu'il doit produire. On peut en consulter les articles 6, 11, 18, 20, 29, 36, 37 & 79.

C'est d'ailleurs une erreur de croire que les parlemens puissent, sous le prétexte d'*abus*, attirer à leur connoissance toutes sortes de causes : les ordonnances ont désigné les cas où l'appel comme d'*abus* doit avoir lieu, & elles défendent aux cours souveraines de les admettre dans d'autres circonstances ; elles ont d'ailleurs pris les précautions convenables pour que cette voie de droit ne puisse être facilement employée pour favoriser l'injustice ou l'oppression.

Ce seroit encore une erreur plus grossière, de s'imaginer, avec quelques auteurs, que l'appel comme d'*abus* intervertit l'ordre des jurisdictions, en soumettant les affaires ecclésiastiques à la décision des tribunaux séculiers. Cette voie de droit opère tout le contraire : elle sert à distinguer les bornes des deux puissances, & à empêcher que l'une n'usurpe sur l'autre. Dans les appels comme d'*abus*, les parlemens n'examinent que le fait de savoir si le juge d'église a vexé les sujets du roi, s'il a violé les canons & les règles reçues dans le royaume : après cet examen, il se contente de prononcer que le juge d'église a abusé de ses pouvoirs, & il renvoie la connoissance du fond à un autre tribunal ecclésiastique. L'appel comme d'*abus* n'intervertit donc point l'ordre judiciaire ; il ne prive pas le clergé de sa jurisdiction, & il ne le soumet à l'autorité des parlemens, que dans les cas où il est responsable au roi de sa conduite.

L'appel comme d'abus a lieu contre les entreprises des juges séculiers. Il ne faut pas s'imaginer que l'appel comme d'*abus* n'ait lieu que par rapport aux entreprises des juges ecclésiastiques ; il y a également *abus*, & on peut interjetter l'appel qualifié de ce nom, toutes les fois que le juge laïque entreprend quelque chose au préjudice de la jurisdiction ecclésiastique. Rien n'empêche de se pourvoir alors par la voie de l'appel comme d'*abus*, & on trouve plusieurs arrêts qui ont déclaré abusives les entreprises des juges laïques contre la jurisdiction ecclésiastique : si l'usage n'en est pas fréquent, c'est que l'appel simple produit le même effet, puisqu'il défère également au parlement la connoissance des griefs dont le juge ecclésiastique a droit de se plaindre. Le clergé d'ailleurs, lorsque le juge laïque entreprend sur sa jurisdiction, préfère souvent le recours direct au souverain, qui arrête les entreprises des tribunaux séculiers par des évocations, ou y pourvoit par des arrêts du conseil, dont les parlemens se plaignent quelquefois comme d'une chose contraire au bon ordre & aux loix du royaume.

De la maniere dont on supplée à l'appel comme d'abus dans quelques provinces du royaume. Les appels comme d'*abus* ne sont point connus en Lorraine & en Roussillon, c'est-à-dire, que l'on ne s'y sert pas de cette voie pour réprimer les attentats du clergé; mais on y remédie en Roussillon par la voie *de recours*, & en Lorraine, *par opposition à fins de nullité.* Ces deux formes de procéder ne diffèrent de l'appel comme d'*abus* que par l'expression, car quant au fond, elles produisent le même effet.

Tous les états catholiques se sont également occupés du soin de trouver des moyens capables de prévenir les inconvéniens des entreprises de la cour de Rome sur la jurisdiction temporelle; & les Espagnols, qui parlent encore de l'infaillibilité du pape, pour conserver au royaume ses privilèges & ses droits, appellent du pape au futur concile, & ne laissent mettre à exécution aucunes bulles, rescrits ou provisions apostoliques, sans placet & lettres d'attache du souverain ou de ses officiers, en bonne & due forme.

Quelles circonstances donnent lieu à l'appel comme d'abus? Il nous seroit impossible d'examiner & de discuter toutes les circonstances dans lesquelles il peut y avoir lieu à l'appel comme d'*abus.* Il ne se présente aucune affaire à un tribunal ecclésiastique, dont on ne puisse appeller comme d'*abus*, lorsque le juge d'église a excédé les bornes de son pouvoir, ou s'est écarté, soit en la forme, soit au fond, des règles prescrites par les canons & les ordonnances: nous observerons seulement qu'il faut s'en tenir exactement à ce que nous avons indiqué au commencement de cet article, sur les quatre principales sources de l'*abus*, & sur la manière dont les prélats peuvent le commettre. Au reste, nous aurons soin de marquer les cas où l'*abus* peut se rencontrer, à mesure que notre travail nous fournira l'occasion de traiter une matière dépendante de la jurisdiction ecclésiastique. Il nous reste actuellement à faire connoître la forme des appels comme d'*abus.*

Où se relève l'appel comme d'abus. L'appel comme d'*abus*, soit que l'*abus* soit commis par le juge ecclésiastique, ou par le juge laïque, se relève devant les tribunaux séculiers, & à cause de l'importance de la matière, ce sont les cours souveraines qui en connoissent, à l'exclusion des juges inférieurs.

Les appellations comme d'*abus* sur les affaires civiles sont toujours portées à la grand'chambre, & sur les affaires criminelles à la tournelle criminelle. Ces appels se mettent au rôle des plaidoieries; mais quand ils ne viennent point à leur tour, ils ne sont point appointés de droit comme les affaires ordinaires; on les met à un autre rôle : cependant ils peuvent être appointés, du consentement des parties & des gens du roi, ou quand la cour, après avoir entendu la plaidoierie, ne trouve pas l'affaire disposée à être jugée à l'audience. Tel est l'usage observé au parlement de Paris.

Il arrive aussi quelquefois que, quand la cour est chargée d'appellations comme d'*abus*, le roi donne une déclaration pour les appointer. La dernière déclaration de cette espèce est du 12 mai 1776.

L'appel comme d'*abus* peut être relevé par arrêt ou par lettres obtenues en chancellerie.

Dans le premier cas, il faut pour obtenir l'arrêt qui reçoit l'appel, & permet d'intimer, présenter une requête & y joindre la sentence contre laquelle on veut se pourvoir, & que le tout soit communiqué au procureur-général.

Dans le second cas, il faut une consultation de deux avocats qui trouvent l'appellant bien fondé. Cette consultation doit être attachée aux lettres de relief d'appel comme d'*abus*, qu'on peut prendre en petite chancellerie, suivant l'arrêt d'enregistrement de l'édit de 1610. Mais pour prendre des lettres d'anticipation sur un appel comme d'*abus*, il n'est point nécessaire de les libeller ni d'avoir une consultation d'avocats.

Au parlement de Toulouse, on accorde des reliefs d'appel comme d'*abus* sans consultation d'avocats, quoiqu'elle soit requise par l'édit de 1606.

Des appels comme d'abus incidens. Tout ce que nous venons de dire ne concerne que les appels comme d'*abus* principaux; mais il est nécessaire d'observer qu'on peut interjetter des appels comme d'*abus* incidemment, lorsque, dans le cours d'une procédure, on objecte un acte abusif.

Ces espèces d'appels s'interjettent ordinairement sur le barreau, & ils ne sont pas sujets aux formalités de la consultation & du sceau. Toutes les cours souveraines peuvent connoître des appellations comme d'*abus*, incidentes à une affaire principale, pendante en leur tribunal, parce qu'elles suivent naturellement les instances principales, & doivent être jugées en même temps. On trouve dans la bibliothèque canonique, au mot *Monition*, un arrêt de la cour des aides, du 18 décembre 1573, qui juge l'appel comme d'*abus* d'une monition octroyée par l'official de Reims.

Si l'on interjette incidemment appel comme d'*abus* dans une instance appointée, il doit être joint à l'instance par un réglement arrêté avec les gens du roi, ou qui se reçoit sur leur avis à l'audience de la grand'chambre, quand même l'instance principale seroit conclue aux enquêtes: mais après la jonction ordonnée, cet appel incident est jugé aux enquêtes avec l'instance principale. On doit cependant en excepter les appels, qui, quoique incidens, doivent être regardés comme principaux, lorsque le jugement du procès dépend de l'événement de l'appel comme d'*abus*. Par exemple, si, dans le cas d'un procès conclu aux enquêtes, sur une succession, dans laquelle les enfans seroient parties, on interjettoit incidemment appel comme d'*abus* de la célébration du mariage de leur père, il faudroit surseoir au jugement du procès pendant aux enquêtes, & faire juger à la grand'chambre l'appel comme d'*abus*, qui, quoique incidemment interjetté, est regardé comme un appel principal, dont la décision règlera nécessairement le sort de l'instance pendante aux enquêtes. C'est la doctrine contenue dans une lettre de M. le chancelier de Pontchartrain, écrite le 11 juillet 1701, au premier président du parlement de Toulouse, & enregistrée dans les registres de cette cour.

Effets de l'appel comme d'abus. Les appellations comme d'*abus* sont non-seulement dévolutives, mais encore suspensives, suivant la règle générale, que l'appel empêche l'effet de la chose jugée : cette raison est encore plus forte dans les appels comme d'*abus*, parce que l'*abus* intéressant l'ordre public, il seroit souverainement injuste de lui accorder la provision.

Suivant l'article 36 de l'édit du mois d'avril 1695, les appellations comme d'*abus* interjettées des ordonnances & réglemens faits par les archevêques & évêques dans le cours de leurs visites, ou des jugemens que ces prélats & autres juges d'église peuvent rendre pour la célébration du service divin, réparation des églises, achat d'ornemens, subsistance des curés, & autres ecclésiastiques qui desservent les cures, rétablissement & conservation de la clôture des religieuses, correction des mœurs des ecclésiastiques, & toutes autres choses concernant la discipline, ne doivent avoir qu'un effet dévolutif & non suspensif ; c'est-à-dire, que ces ordonnances ou jugemens doivent être exécutés nonobstant l'appel, & sans y préjudicier.

Mais si, sous prétexte de visite, de correction de mœurs, ou de maintenir la discipline ecclésiastique, les ordonnances & jugemens rendus par les ordinaires ou les juges d'église renfermoient évidemment des contraventions à la police & aux loix de l'état, alors le parlement, sur les conclusions du procureur-général, feroit défenses d'exécuter ces jugemens, & l'appel seroit suspensif comme dévolutif; sans cela ce seroit accorder la provision au trouble, tandis qu'elle n'est due qu'à l'ordre & à la règle.

Il faut aussi remarquer que quand l'appel comme d'*abus* est interjetté par le procureur-général, il est toujours suspensif, même en matière de correction, de discipline ecclésiastique, visite épiscopale, *&c.* c'est une maxime constante fondée sur ces deux considérations ; 1°. que l'article 5 de l'ordonnance de 1539, en disant que les appellations comme d'*abus* interjettées par les ecclésiastiques en matière de correction & de discipline, n'auront aucun effet suspensif, ne peut concerner les appels interjettés par le ministère public : 2°. que le roi n'accorde jamais la provision contre lui-même, comme le fit voir solidement M. Joli de Fleuri, avocat-général, à l'occasion d'un arrêt du 4 juin 1704, rapporté au journal des audiences. L'article 10 du même édit de 1695 accorde encore l'exécution provisoire aux jugemens des évêques, relatifs à l'approbation & mission des prédicateurs; & l'article 11, à ceux qui concernent les permissions de confesser. L'article 18 déclare simplement dévolutifs les appels des jugemens des évêques pour la conservation de la discipline & du bon ordre, dans les monastères non exempts, & même dans ceux qui sont exempts, lorsque les supérieurs ont négligé d'y pourvoir.

Dans le cas d'appel comme d'*abus* de la procédure criminelle commencée contre un clerc, le parlement ne peut accorder de défenses d'exécuter les décrets, même d'ajournement personnel, ni ordonner que le prisonnier sera élargi, que sur le vu des charges & informations : & quand il y a un décret de prise-de-corps, les ecclésiastiques accusés ne peuvent faire aucune fonction de leurs bénéfices & de leur ordre, même après avoir obtenu des arrêts de défense, que l'appel n'ait été jugé définitivement, ou que le juge d'église ne leur ait permis de faire ces fonctions. C'est ce qui résulte de l'article 40 de l'édit du mois d'avril 1695.

De l'intimation & prise à partie des évêques ou de leurs officiaux. Par l'édit d'octobre 1625, & l'article 43 de celui de 1695, les archevêques, évêques, ou leurs grands-vicaires ne peuvent être pris à partie pour les ordonnances qu'ils ont rendues dans les matières qui dépendent de la jurisdiction volontaire; on peut seulement les intimer. Mais ils peuvent être pris à partie pour les jugemens qu'eux ou leurs officiaux ont rendus, & que les promoteurs ont requis dans les affaires qui regardent la jurisdiction contentieuse. Dans l'un & l'autre cas la prise à partie ou l'intimation ne peut avoir lieu, si ce n'est lorsqu'il y a calomnie évidente, & lorsqu'il n'y a aucune partie capable de répondre des dommages & intérêts, qui ait requis ou qui soutienne leurs ordonnances ou jugemens. Ils ne sont tenus de défendre à l'intimation, qu'après que les cours l'ont ainsi ordonné en connoissance de cause. On peut également prendre à partie l'official & le promoteur, lorsqu'ils ont agi d'eux-mêmes, sans être requis, & qu'ils ont malversé & calomnié; alors on les intime seuls en leur propre & privé nom. Lorsqu'on interjette appel comme d'*abus* d'une sentence de l'official, rendue à la requête seule du promoteur, on peut intimer l'évêque, en son propre & privé nom, sans le prendre à partie, parce qu'on ne regarde pas les promoteurs comme capables, en cette qualité, de comparoître au parlement, & qu'ainsi que les procureurs fiscaux, ils n'ont aucune fonction devant les juges supérieurs: par cette raison, les évêques, comme les seigneurs, sont obligés de prendre le fait & cause de leurs promoteurs, lorsque les sentences ont été rendues sur leur requisition. Les évêques, dans ce cas, peuvent être condamnés aux dépens, mais non à l'amende; on trouve même des arrêts qui les ont condamné en des dommages & intérêts envers les parties.

De la désertion & péremption de l'appel comme d'abus. Les appellations comme d'*abus* regardant particulièrement l'intérêt public, & le ministère des procureurs-généraux, elles ne sont sujettes ni à la désertion, ni à la péremption : ainsi l'appellant qui se désiste de l'appel, après qu'il est relevé, doit être condamné en l'amende de 75 livres, quand bien même il seroit mineur, sauf, dans ce cas, son recours contre son tuteur, & la désertion d'appel n'empêche pas la cour de faire droit au principal sur l'appel & sur l'*abus*, s'il y échet.

Par les mêmes motifs d'intérêt public, il n'y a pas de prescription contre l'*abus* : ainsi quelque longue que soit une possession, fût-elle même de plusieurs siecles, elle ne sauroit couvrir l'*abus*, ni même faire présumer qu'un titre est valable, s'il en paroît un qui soit vicieux. C'est sur ce fondement que, par arrêt du 26 janvier 1690, le parlement déclara abusive l'exemption de l'abbaye de Jouarre, nonobstant une possession de plus de sept siècles, mais qui dérivoit d'un titre simoniaque. Et en effet, l'*abus*, comme disent les canonistes, réclame toujours; ni la foule des exemples, ni le long intervalle des temps, ni la force des autorités ne sauroient légitimer & rectifier ce qui se trouve irrégulier & abusif.

C'est par une suite de ces principes que les parties ne peuvent transiger sur l'*abus* que du consentement des gens du roi qui sont les parties principales dans ces sortes d'affaires : parce que l'*abus* étant un trouble à l'ordre public, les parties ne peuvent le faire subsister par des conventions particulières.

C'est encore par une suite des mêmes principes, qu'une partie peut interjetter appel comme d'*abus* des jugemens ecclésiastiques, même après avoir procédé volontairement, & après trois sentences conformes. Mais celui qui pouvoit décliner la jurisdiction & qui ne l'a pas fait, doit être condamné aux dépens des procédures volontaires.

Remarquez néanmoins que quand on dit que l'*abus* ne se couvre ni par le laps de temps, ni par la convention des parties, cela ne doit s'entendre que de l'*abus* qui regarde la police extérieure de l'église, le droit public, les entreprises sur l'autorité royale, & sur les prérogatives & libertés gallicanes; car en ce qui concerne le droit des particuliers seuls, l'*abus* peut, en certains cas, se couvrir par une convention; & souvent dans ces cas les cours ne prononcent pas par un débouté pur & simple, mais par fins de non-recevoir. Ainsi quand il y auroit *abus* dans le jugement qui releveroit de ses vœux un religieux profès, si les parens de ce religieux ont consenti à sa demande, ou s'ils ont partagé avec lui une succession, ils ne peuvent plus se pourvoir, par la voie de l'appel comme d'*abus*, contre la sentence qui l'a rendu au siècle : c'est ce qui a été jugé par deux arrêts du parlement de Paris des 20 janvier 1634 & 22 avril 1649. La raison de décider est que ceux qui acquiescent à la réclamation d'un de leurs parens contre des vœux solemnels, ne dérogent point au droit public; ils renoncent seulement à leur propre intérêt & aux secours extraordinaires que les loix ont introduits pour l'utilité des familles.

Il en seroit différemment si les parens n'avoient pas couvert l'*abus* par leur acquiescement & en consentant que le religieux fût relevé de ses vœux. Aussi quoique Clément Martin, après avoir obtenu une sentence qui le relevoit de vœux solemnels qu'il avoit faits dans l'ordre des capucins, eût vécu depuis en séculier dans sa famille pendant plus de vingt ans, & qu'il eût été marié deux fois pendant ce temps, il n'en fut pas moins exclu d'une succession, & obligé de rentrer dans son monastère, par arrêt du parlement d'Aix, du 18 mai 1679, lequel déclara abusive la sentence du juge d'église qui l'avoit rendu au siècle.

Le parlement en prononçant sur les appellations comme d'*abus*, doit dire qu'il *n'y a abus*, ou qu'*il a été mal, nullement & abusivement procédé, statué, ordonné* ou *célébré*. Dans le premier cas, l'appellant doit être condamné à soixante quinze livres d'amende. Dans le second cas, si la matière n'est point de la compétence du juge ecclésiastique, on renvoie pardevant le juge ordinaire séculier : mais si l'affaire doit être jugée par l'official, le parlement renvoie à l'évêque pour nommer un autre official que celui qui avoit rendu la sentence déclarée abusive, ou au supérieur ecclésiastique, si le jugement ou l'ordonnance a été rendue par l'évêque. C'est la disposition de l'article 36 de l'édit du mois d'avril 1695.

Le même édit ayant défendu de mettre les parties hors de cour sur les appels comme d'*abus*, c'est une difficulté de savoir comment on doit prononcer lorsque l'intimé déclare qu'il ne veut pas se servir de l'ordonnance dont on a appellé. Le cas s'étant présenté le 5 mars 1699 au parlement de Toulouse, on prit le parti de dire qu'*il n'y avoit pas lieu de faire droit sur l'appel comme d'*abus, *attendu la déclaration faite par la partie, qu'elle ne prétendoit point soutenir l'ordonnance contestée.*

Un étranger est-il admis à appeller comme d'abus? On a été long-temps dans l'opinion que les étrangers ne pouvoient pas être admis dans nos tribunaux, à se servir de la voie d'appel comme d'*abus*. Fevret lui-même avoit adopté ce sentiment, sous le prétexte que ces appellations ayant été introduites pour la conservation des libertés & immunités de l'église gallicane, & des droits de la temporalité du roi, les étrangers ne devoient pas user des privilèges introduits en faveur des François; mais depuis que l'on a regardé les libertés de l'église gallicane, non comme des privilèges, mais comme des droits communs appartenans, suivant les canons anciens, à toutes les églises, on a admis les étrangers à se plaindre par la voie d'appel comme d'*abus*, contre les entreprises des personnes ecclésiastiques: ainsi les étrangers, les hérétiques même ont droit d'appeller comme d'*abus*, parce que, par le droit des gens, tout homme qui plaide dans un pays, a droit d'en réclamer la loi. Le parlement de Dijon a décidé cette question en faveur des hérétiques, par un arrêt du 18 mars 1683.

Nous finirons par observer que ce n'est pas par forme de gradation de l'inférieur au supérieur que les appels comme d'*abus* sont portés aux parlemens, mais comme aux dépositaires de la puissance & de la protection royale.

L'appellant qui succombe à l'appel comme d'*abus* est condamné, outre les dépens, à une amende de 75 livres, qui ne peut être modérée dans aucun cas; elle peut être beaucoup plus considérable si les juges estiment devoir punir le fol appel par une amende plus forte, ce qui dépend de l'arbitrage du juge, lorsque la témérité de l'appel & la mauvaise foi de l'appellant sont évidentes: les cours souveraines accordent même quelquefois aux parties des dommages outre les dépens, selon leurs qualités, la grandeur des matieres & la longueur du temps.

Abus *dans les procédures.* Avant l'ordonnance de 1667 il se commettoit un grand *abus* dans l'instruction des affaires qui se poursuivoient dans les cours de justice, & aux conseils du roi. Au lieu de faire des productions effectives, les avocats & procureurs affectoient de ne produire qu'en blanc, pour avoir occasion de demander de nouveaux délais, à l'effet de remplir leurs productions: mais l'ordonnance, *article 33, titre 11*, & un arrêt du conseil de 1657 défendirent aux avocats aux conseils, aux procureurs des autres cours & jurisdictions de mettre aux greffes des productions en blanc, ni aucun inventaire dont les cotes ne seroient pas remplies, & aux greffiers de les recevoir, à peine de 150 livres d'amende contre chacun d'eux.

Abus & Malversations, (*Eaux & Forêts.*) les grands-maîtres, en procédant à leurs visites, peuvent faire toutes sortes de réformations & juger les délits, *abus* & malversations commis dans leur département, soit par les officiers ou les particuliers. C'est la disposition de l'article 4 du titre 13 de l'ordonnance des eaux & forêts de 1669.

Suivant l'article 5 du même titre, les grands-maîtres doivent procéder contre les officiers par information, décret, arrêt de leur personne & de leurs gages, instruire ou commettre pour l'instruction, & faire le procès nonobstant opposition ou appellation quelconque, jusqu'à sentence définitive inclusivement, sauf l'exécution de cette sentence s'il en est appellé.

Si, pour la longueur de l'instruction ou pour d'autres raisons, les grands-maîtres ne peuvent prendre connoissance des *abus* & malversations commis par les officiers, l'article 40 de l'édit de mai 1716 veut qu'ils renvoient les procès aux maîtrises pour y être instruits & jugés, à la charge de l'appel aux tables de marbre ou aux chambres des eaux & forêts établies près des parlemens.

Suivant l'article 6 du titre 3 de l'ordonnance citée, les grands-maîtres peuvent seuls & sans appel destituer les gardes des forêts du roi, & autres dans lesquelles sa majesté a intérêt. A l'égard des *abus* & malversations commis par les bûcherons, charretiers, pâtres & autres ouvriers employés à l'exploitation & voiture des bois, les grands-maîtres peuvent, suivant le même article, faire le procès aux coupables en dernier ressort, à la charge de les juger au présidial du lieu du délit, au nombre de sept juges au moins; mais ils ne peuvent juger aucune autre personne en matiere criminelle, qu'à la charge de l'appel.

La réparation des *abus* & malversations que commettent les officiers dans leurs fonctions, a un tel privilege sur les offices des coupables, qu'elle est préférée à toute autre créance hypothécaire, même à l'hypotheque de ceux qui ont prêté leurs deniers pour l'acquisition de l'office. Cette jurisprudence, qui paroît un peu s'échapper du cercle où les dispositions ordinaires du droit circonscrivent l'équité, est fondée sur l'article 27 du titre 32 de l'ordonnance de 1669, & sur deux ordonnances des années 1515 & 1518.

Les officiers des eaux & forêts repris pour *abus* & malversations ne peuvent pas résigner leurs offices pendant l'instruction du procès. Cela a été ainsi jugé par arrêt du parlement de Rouen, du 23 décembre 1527.

Abus des routes de remonte, (*Code militaire.*) afin que les gens de guerre n'abusent pas des routes de remonte pour faire subsister, aux dépens du roi, des équipages particuliers, l'article 44 de l'ordonnance du 13 juillet 1727 veut que les maires, échevins, consuls, syndics ou marguilliers des villes & lieux de passage fassent saisir & arrêter les mules & mulets qui pourront leur être présentés sur des routes de remonte ou de recrues, & qu'ils en donnent avis sur le champ au secrétaire d'état de la guerre, lequel recevra les ordres de sa majesté, tant sur la vente des mules & mulets saisis, que sur le châtiment du capitaine ou autre officier qui aura abusé de la route. Le roi déclare, par le même article, que le prix des mules & mulets vendus sera distribué, savoir, les deux tiers à ceux qui auront fait la saisie, & l'autre tiers à l'hôpital du lieu ou du plus prochain.

Abus *dans la maniere de tirer la milice.* (*Code militaire.*) L'article 13 de l'ordonnance du 25 février 1726 porte que s'il a été commis quelque fraude, ou qu'il y ait eu quelque *abus* dans la maniere dont le sort aura été tiré pour désigner un milicien, celui qui en fournira la preuve sera payé de la somme de cent livres par l'auteur de la fraude ou *abus*, ou par la communauté qui y aura participé.

ABUSER, v. a. (*Jurisprudence.*) c'est faire un

mauvais usage d'une chose ; ce qui ne peut arriver sans causer du dommage à soi-même ou aux autres. Dans une signification plus particulière, *abuser* s'emploie pour exprimer l'action de suborner une femme, de corrompre une fille, & leur arracher les dernières faveurs. *Voyez* SÉDUCTION.

ABUSIF, adject., *terme de Droit*, qui se dit singuliérement des entreprises, procédures & jugemens des ecclésiastiques, où il y a eu abus, c'est-à-dire, infraction des canons ou des ordonnances. *Voyez* plus haut *le mot* ABUS.

ABUSIVEMENT, adv. *terme de Droit. Voyez* ABUS.

La cour, en prononçant sur l'appel comme d'abus interjetté du jugement d'une cour ecclésiastique, dit, s'il y a lieu à l'infirmer, qu'*il a été mal, nullement & abusivement jugé.* (*H*)

A C

ACADÉMIE, s. f. (*Droit public.*) ce mot se prend ici pour ces compagnies célèbres qui cultivent les lettres, les sciences & les arts, & s'assemblent pour se communiquer mutuellement le fruit de leurs recherches & de leurs méditations.

Le mot *académie* nous vient des Grecs, qui les premiers conçurent la nécessité de rassembler, dans un même lieu, les hommes instruits, à l'effet de faciliter entre eux la communication des idées & la recherche de la vérité. Ce nom fut donné à Socrate & aux amis ou disciples qu'il rassembloit à Athènes dans la maison d'Académus, pour s'entretenir avec eux sur les principes de la morale, de la justice & de l'équité, enveloppés jusqu'alors dans les mystères de l'initiation. Cette *académie*, fondée par Socrate & Platon, fut renouvellée par Arcésilas, & perfectionnée par Carnéade, & c'est aux entretiens familiers de ces philosophes & de leurs successeurs, que nous sommes redevables du petit nombre de vérités morales qui ont échappé aux ravages des temps.

Rome, ignorante & guerrière, n'eut point d'*académie* ; Cicéron, seul parmi ses citoyens, voulut en instituer une dans sa maison de campagne de Cumes, qui n'a duré que le temps de sa vie : c'est, dans cette retraite, qu'après de longs & doctes entretiens avec ses amis, il composa ses traités philosophiques, bien supérieurs à ses plaidoyers.

Lyon dut l'origine de son athénée, qui étoit une véritable *académie*, à Caligula ; cet établissement fit fleurir les lettres & les sciences dans les Gaules ; on se rendoit de toutes parts à Lyon, pour s'éclairer en latin & en grec, sur la morale, la justice, l'histoire, l'éloquence & la poésie : on y consacroit un mois entier à ces disputes littéraires, & les vaincus devoient fournir le prix décerné aux vainqueurs, prononcer leur éloge, effacer leurs écrits, ou être plongés dans la Saône.

Les barbares, qui détruisirent l'empire romain, renversèrent ce temple des belles-lettres, en brûlèrent les archives & en dispersèrent les savans. Nous ne trouvons plus, dans l'histoire, aucune trace de société littéraire jusqu'à Charlemagne, qui, sous des noms hébreux, grecs & latins, rassembla dans son palais les savans de l'Europe, assistoit régulièrement à leurs conférences, & puisoit, dans leurs lumières & dans leur commerce, ces notions de justice & d'équité, qui se trouvent dans ses capitulaires & ceux de ses premiers successeurs, & dont plusieurs dispositions ont été renouvellées par les ordonnances de Louis XIV.

Cette *académie* disparut bientôt au milieu des siècles d'ignorance, suite nécessaire des irruptions des Normands, des guerres civiles, de la féodalité, des servitudes & des croisades. Au milieu de ces ténèbres, S. Louis essaya de ramener la lumière des lettres, il protégea les savans, fit traduire les loix romaines, pour les adapter à toute la France. Charles V & Louis XII appellèrent auprès d'eux les hommes instruits, s'occupèrent du soin de ramasser une bibliothèque ; mais particuliérement François I, appellé à juste titre *le restaurateur des lettres* ; il encouragea les savans & les retint auprès de lui, & dans le même temps on lui voit fonder le collège royal, & publier quelques sages ordonnances : telles que celle de Villers-Coterets, & celle qui enjoint aux officiers de judicature de prononcer leurs jugemens en langue françoise.

Henri IV & Sully avoient formé le projet d'établir en même temps un cabinet d'état & une *académie* : la mort précipitée du meilleur des rois, ensévelit avec lui ses vûes & ses intentions. Enfin, sous Louis XIII, le cardinal de Richelieu exécuta leur dessein, en donnant une forme constante & légale à l'*académie* françoise.

Louis XIV, dont l'ame grande & noble saisissoit avidement tout ce qui pouvoit contribuer à sa gloire & à l'avantage de l'instruction & de la félicité publique, étendit ce projet, le développa en formant successivement les *académies* des Sciences, des Inscriptions & Belles-Lettres, d'Architecture & de Peinture, qui ont été suivies, sous Louis XV, de l'établissement des *académies* de Gravure, de Marine, de Chirurgie, & des Sociétés royales d'Agriculture & de Médecine, tant dans la capitale que dans les provinces. *Voyez* UNIVERSITÉ, COLLÈGE.

Des loix & réglemens qui concernent les académies. Tous les hommes peuvent aujourd'hui se réunir pour cultiver en paix les sciences, les lettres & les arts. Les provinces renferment plusieurs associations de ce genre, que connoît & n'inquiète point l'autorité publique, tant qu'elles ne font rien de contraire à la religion, au gouvernement & aux mœurs ; mais ces sociétés manquent de consistance, & elles ne peuvent acquérir un état légal que par des lettres-patentes d'érection, duement enregistrées dans les cours souveraines.

Les *académies*, au contraire, sont de véritables corps politiques, comme les universités, les collèges, &c.; elles ont un caractère distinctif; elles sont consultées par l'administration, le conseil du roi & les cours; l'avis qu'elles donnent est joint aux pièces, & visé dans les loix & les jugemens; elles sont, comme tous les autres corps, capables de posséder, d'acquérir, de vendre, de traiter, de louer, de plaider, de transiger, de donner & de recevoir, en se conformant aux règles prescrites pour les gens de main-morte, dans la classe desquels les place leur qualité de corps ou compagnie.

C'est en vertu de cette existence civile, & de la capacité qu'elle donne aux *académies* pour toutes les espèces d'actes, que le parlement de Paris, par un arrêt du 6 septembre 1718, a adjugé à l'*académie* des sciences un legs de 120000 liv., qui lui avoit été fait par M. Roullier-de-Messey; ses héritiers le contestoient, sous le prétexte des difficultés qu'ils disoient naître de l'exécution du testament. Par un autre arrêt du 2 juin 1779, le même tribunal a pareillement adjugé à l'*académie* de Lyon, le legs d'une bibliothèque qu'on lui avoit fait.

Les *académies* ne peuvent pas changer la destination des legs & des dons qui leur ont été faits: lorsqu'on y a fondé des prix, elles peuvent bien les partager ou les remettre, lorsqu'elles ne sont pas contentes des mémoires & des pièces qui leur ont été adressés; mais elles ne peuvent, sans y être autorisées, en garder le prix, dont elles ne sont que dépositaires, ni en changer le sujet, ou en détourner la valeur à d'autres usages.

Les registres des *académies* sont admis en justice, leurs certificats y font preuve; elles ont un sceau & un cachet, qui leur ont été accordés par le roi, pour sceller tout ce qui émane de leur corps; elles ont le privilège de faire imprimer leurs ouvrages par l'imprimeur qu'elles choisissent; leur privilège s'accorde dans la même forme que les autres, & se renouvelle ordinairement tous les vingt-cinq ans. Quand l'ouvrage est de l'*académie* en corps, il ne passe pas à la censure; s'il est d'un académicien particulier, l'approbation de l'*académie*, donnée par son secrétaire, est suffisante; elle devient même nécessaire, si l'auteur, dans le titre de son ouvrage, veut prendre le titre d'académicien.

Tous les statuts & réglemens des *académies* leur ont été donnés par le roi, & ont été enregistrés dans les cours souveraines; ils ont en conséquence force de loi, & s'il survenoit quelque difficulté sur leur interprétation ou sur leur exécution, elles seroient portées dans les tribunaux ordinaires, à l'exception de l'*académie* françoise, dont les membres jouissent du droit de *committimus* aux requêtes de l'hôtel ou du palais. Il est à remarquer que jusqu'à présent l'exécution ou l'interprétation des réglemens des *académies* n'ont été le sujet d'aucune contestation, ce qu'on ne peut dire des autres corps, même religieux.

Les membres des *académies* jouissent de l'exemption du logement des gens de guerre, de guet & de garde, de tutelle & de curatelle. Elles ont toutes, pour protecteurs, le roi, ou un secrétaire d'état, ou un grand seigneur: leurs travaux ne sont pas les mêmes, mais elles ont toutes le même but, l'utilité publique.

Toutes les *académies* jouissent du droit d'élire leurs membres associés ou honoraires, au scrutin & à la pluralité des voix; elles élisent de même leur président, leur directeur, leur chancelier & leur secrétaire, à moins que, dans quelques-unes, le roi ne se soit réservé le choix du président. Les *académies* de Paris doivent de plus obtenir son agrément, pour les sujets qu'elles ont élus.

Académie Françoise. C'est la plus ancienne de toutes celles qui existent à Paris, & la seule de tous ces corps littéraires qui n'ait point d'associés, ni d'honoraires. Elle est admise, comme les cours souveraines, à haranguer le roi dans les circonstances, telles que l'avénement au trône, les mariages, la naissance d'un dauphin, & autres événemens remarquables: distinction qu'elle mérite par l'éclat de ses lumières, par l'émulation qu'elle a donnée aux autres *académies*, par son zèle pour la destruction de l'intolérance, & par les moyens qu'elle a su mettre en œuvre depuis quelques années, pour diriger l'opinion publique, & sur-tout la génération naissante vers les objets les plus utiles à la société: elle a pour base les lettres-patentes de 1635, celles de 1752, & quelques délibérations imprimées.

Le but principal de son établissement est de perfectionner la langue nationale. Ses travaux tendent à tout ce qui peut contribuer aux progrès de la grammaire, de l'éloquence & de la poésie françoise, & au maintien de la pureté de la langue & du bon goût. Elle a été instituée en l'année 1635, par le cardinal de Richelieu, son fondateur & son protecteur.

L'*académie* françoise est composée de quarante membres, elle se choisit parmi eux trois officiers principaux, un directeur, un chancelier & un secrétaire, qui est, en même temps, le trésorier de la compagnie. Le directeur & le chancelier sont renouvellés & tirés au sort tous les trois mois; le secrétaire-trésorier est perpétuel, & en cette qualité, il jouit d'un logement, que le roi lui assigne au louvre.

Le directeur préside toutes les assemblées qui se tiennent pendant son trimestre. En son absence, c'est le chancelier; en l'absence de celui-ci, c'est le doyen, & au défaut du doyen, c'est le secrétaire. Lorsque tous les quatre manquent à la fois, c'est alors au plus ancien de l'assemblée que le droit de présider est dévolu.

Si quelque circonstance paroît exiger que le directeur soit continué, il peut l'être, mais jamais contre son gré, ni pour plus de trois mois, & encore faut-il que l'assemblée, où cette continuation est arrêtée, soit au moins de douze académiciens. Le même nombre est requis dans toutes les délibérations qui forment quelque engagement pour le corps entier de l'*académie*.

Le chancelier est le dépositaire des sceaux de l'*académie*, pour en sceller tous les actes qui s'y expédient.

Le secrétaire recueille les résolutions des assemblées, & il en tient registre. Il signe les actes qui sont accordés par l'*académie*, garde tous les titres & toutes les pièces concernant son institution, ses fonctions & ses intérêts, & ne communique rien à personne sans la permission de la compagnie.

L'*académie* tient ses séances au louvre trois fois la semaine, le lundi, le jeudi & le samedi; s'il se rencontre une fête ou autre empêchement, l'assemblée est indiquée pour le jour précédent ou pour le jour suivant.

Au commencement de l'année, il se fait deux rôles de tous les académiciens, que les officiers signent, & qu'on porte au greffe des requêtes de l'hôtel du roi & des requêtes du palais, pour y avoir recours lorsqu'il en est besoin. Ces rôles sont destinés à constater les personnes des académiciens, à l'effet de les faire jouir du privilège de *committimus*.

Dans toutes les délibérations le président recueille les voix des présens, en commençant par celui qui est assis à sa droite, & il donne son avis le dernier. Pour former une délibération, il faut la présence de douze académiciens, sans compter le président. Lorsqu'il s'agit de l'élection d'un nouveau sujet, l'assemblée doit être au moins de vingt.

Cette élection se fait toujours par deux scrutins : le premier par billets, le second par des boules noires & blanches; celui qui a en sa faveur la pluralité des voix au premier scrutin, doit réunir plus des deux tiers des suffrages au second scrutin; s'il y a contre lui un tiers franc de boules noires, il faut procéder dans la même forme à une nouvelle élection sans déplacer, afin que le public ne puisse jamais soupçonner qu'il y ait quelqu'un de proposé & d'exclu.

Quand l'élection a été faite dans la forme prescrite par les réglemens, il doit en être rendu compte au roi ou par le directeur, ou par tel autre qu'il plaît à l'*académie* de désigner : de sorte que si l'approbation de sa majesté ne confirme pas l'élection, elle demeure nulle, & l'*académie* est obligée d'en faire une nouvelle, toujours dans la même forme, pour lui présenter un autre sujet.

Si un académicien faisoit quelque action indigne d'un homme d'honneur, il seroit dans le cas d'être interdit ou d'être destitué, selon l'importance de la faute. La destitution s'opère par l'usage des boules; mais il faut que le nombre des noires l'emporte de quatre sur celui des blanches.

Dans toutes autres affaires que celles d'une élection ou d'une destitution, chacun opine tout haut à son rang d'ancienneté, comme entre personnes égales; & quand les avis sont partagés, la délibération se remet à une autre assemblée.

Aucun de ceux qui se trouvent à Paris ne peut se dispenser de se rendre aux assemblées, principalement à celles où il s'agit de l'élection ou de la destitution d'un académicien, ou même de l'approbation d'un ouvrage : autrement il doit prier l'un des membres qui peut s'y trouver, de proposer ses excuses.

Ceux qui ne sont point de l'*académie* ne peuvent assister aux assemblées ordinaires ni extraordinaires, pour quelque cause ou prétexte que ce soit. Cependant cet article ne s'observe point à la rigueur : le jour de la séance publique de la S. Louis, qui est le 25 du mois d'août, & lors de l'installation d'un nouveau sujet, on permet aux étrangers, qui ont des billets d'entrée, de s'y présenter.

Il ne doit être mis en délibération, dans les séances, aucune matière concernant la religion. Les matières politiques ou morales peuvent néanmoins y être agitées, pourvu qu'on ne donne aucune atteinte à l'autorité du prince, à la constitution du gouvernement & aux loix du royaume.

Chaque jour d'assemblée ordinaire, un des académiciens, selon l'ordre du tableau, doit faire un discours en prose, dont le récit ou la lecture, à son choix, ne doit pas durer plus d'une demi-heure : on est libre de s'exercer sur le sujet que l'on veut. Le reste du temps de la séance s'emploie à examiner les ouvrages particuliers qui se présentent.

Lorsque le discours récité est destiné à être mis au jour, on nomme deux commissaires pour l'examiner. L'auteur est obligé de le rectifier, s'il y a lieu, suivant les observations qu'on lui fait, & d'en remettre ensuite une copie entre les mains du secrétaire, qui lui expédie une approbation de la compagnie. Cette copie est pour la justification de l'*académie*, dans le cas où l'ouvrage seroit publié autrement qu'il n'a été approuvé.

Les commissaires ne peuvent communiquer à personne les pièces dont ils ont été chargés, non plus que leurs observations. S'ils en retenoient même une copie, ils seroient dans le cas d'être destitués.

Pour délibérer sur la publication d'un ouvrage de l'*académie*, l'assemblée doit être de vingt académiciens au moins, y compris les officiers; & si les avis ne passent de quatre voix, la délibération doit se remettre à une autre assemblée.

Lorsqu'au lieu d'un ouvrage de l'*académie* entière, il ne s'agit que des productions d'un des membres, une assemblée de douze académiciens suffit, avec la présence d'un des officiers : il ne faut même, en ce cas, qu'une voix de plus pour déterminer les suffrages.

Aucun ne peut faire imprimer l'approbation qu'il a obtenue de l'*académie*; mais il peut mettre au frontispice de l'ouvrage ou à la fin, *Par... N... de l'académie françoise*, & si l'un des membres de la compagnie faisoit imprimer sans avoir soumis son manuscrit à l'examen, ou sans avoir obtenu l'approbation dont il s'agit, il ne pourroit point ajouter à son nom la qualité d'académicien. Cette faculté lui seroit pareillement refusée, si l'approbation n'étoit que pour une partie de l'ouvrage.

Il est dit que *l'académie* ne jugera que des ouvrages de ceux qui la composent; & que si elle se

trouve

trouve obligée, par quelque considération importante, d'en examiner d'autres, elle donnera seulement son avis sans aucune censure & sans approbation.

S'il se répandoit quelque écrit contre l'*académie*, aucun des membres ne pourroit entreprendre d'y répondre, sans en avoir été chargé expressément par la compagnie assemblée au nombre de vingt pour le moins.

La discrétion est essentiellement recommandée à tous ceux qui composent l'*académie* : il leur est défendu de rien révéler de ce qui concerne la correction, le refus d'approbation, ni de ce qui peut essentiellement intéresser le corps entier ou les membres en particulier. Une contravention, sur cet article, pourroit être suivie d'une destitution, sans espoir de rétablissement.

L'*académie* a son imprimeur, qui s'élit à la pluralité des suffrages : son élection est suivie du serment de fidélité à la compagnie, entre les mains du directeur ou de celui qui préside. Cet imprimeur ne peut s'associer personne pour les ouvrages de la compagnie, ou pour ceux qu'elle a approuvés. Il est obligé de conduire l'impression suivant la copie qu'il reçoit, signée du directeur & du secrétaire, sans aucun changement, à peine de répondre, en son nom, de tous les inconvéniens qui pourroient en résulter, de refaire l'impression à ses dépens & d'être déchu des faveurs de l'*académie*.

Les cardinaux, les princes & toutes autres personnes titrées peuvent être admis à l'*académie* ; mais ce n'est jamais qu'en qualité d'hommes de lettres. Ils n'y ont ni préséance, ni prérogatives ; chacun occupe la place que lui donne son rang de réception. Le fondateur connoissoit trop le prix des talens, pour ne pas saisir cette occasion de mettre l'homme de lettres, pour ainsi dire, de niveau avec les plus grands personnages de l'état.

L'*académie* a plusieurs espèces de prix à distribuer : un d'éloquence, qu'elle propose tous les deux ans, & qui est de 600 liv. ; un autre de poésie, aussi tous les deux ans, qui n'est plus que de 500 liv., depuis les opérations de finances faites par l'abbé Terray : ces deux prix ont été fondés par MM. de Balsac, de Clermont-Tonnerre, évêque de Noyon, & Gaudron, horloger de Paris. L'*académie* en a un troisième de 1200 liv., fondé par M. le comte de Valbelle en 1778, & qu'on distribue chaque année *à un homme de lettres, ayant déjà fait ses preuves ou donnant seulement des espérances, selon que l'académie le jugera à propos* (ce sont les termes du donateur). Elle peut encore *donner ce prix à la même personne plusieurs années de suite, & y revenir après avoir discontinué.*

En 1780, un anonyme a fondé un quatrième prix annuel de 1200 liv., ouvert du premier janvier 1781, & que l'*académie* françoise doit adjuger *à celui des livres qui auront paru dans l'année précédente, comme devant contribuer le plus au bonheur temporel de l'humanité.* Elle est libre de préférer *le mieux fait & le mieux écrit, & de pouvoir, suivant les circonstances, ou remettre le prix, ou le partager entre plusieurs ouvrages, ou le donner double.*

Enfin, au mois d'avril 1782, un autre anonyme a donné à l'*académie* 1200 liv. de rente, sur la tête du roi & de M. le dauphin, pour le prix d'un acte de vertu, dont le directeur fera l'éloge chaque année à l'assemblée publique de la S. Louis. *Le fait, qui sera l'objet du prix, doit s'être passé dans l'étendue de la ville & banlieue de Paris, deux ans au plus avant l'époque de la distribution.* Celui qui aura fait *l'action célébrée sera choisi, s'il est possible, dans la classe du peuple, & jamais dans la classe au-dessus de la bourgeoisie.*

ACADÉMIE *des inscriptions & belles-lettres.* Elle fut formée en 1663, de quelques membres de l'*académie* françoise, pour transmettre à la postérité par des médailles, les actions de Louis XIV. Elle s'appliqua ensuite aux recherches de l'antiquité, & à une critique judicieuse des faits & des opinions des anciens. Elle reçut une nouvelle forme par les lettres-patentes de 1701, auxquelles Louis XV a ajouté de nouveaux réglemens par celles de 1750 : on lui donnoit le nom d'*académie des inscriptions & médailles* ; mais un arrêt du conseil du 4 janvier 1716, la qualifie d'*académie royale des inscriptions & belles-lettres*, & c'est le titre qu'elle a conservé.

Elle est sous la protection immédiate du roi, dont elle reçoit les ordres par le secrétaire d'état au département de la maison du roi. Elle est composée de quarante membres, divisés en trois classes, savoir : dix honoraires, dix pensionnaires, & vingt associés. Il s'y étoit introduit jusqu'à cinq classes, sous différentes dénominations, qui ont été supprimées en 1750, & auxquelles on a substitué douze académiciens libres, dont quatre régnicoles non domiciliés à Paris, & huit étrangers. Outre ces douze académiciens libres, la compagnie délivre des lettres de correspondance, qui ne donnent ni le titre d'académicien, ni le droit de séance dans les assemblées.

Les honoraires, parmi lesquels on peut admettre deux étrangers, n'entrent jamais dans la classe des pensionnaires : c'est parmi eux que le roi choisit tous les ans le président de l'*académie*, & son suppléant en cas de maladie ; le roi est le maître de le continuer.

Les pensionnaires & les associés doivent résider à Paris ; s'ils transportent leur domicile ailleurs, ils sont remplacés, comme en cas de décès. Quatre de ces derniers peuvent être étrangers. C'est dans la classe des pensionnaires que la compagnie élit ses directeur & sous-directeur, son secrétaire & son trésorier. Ces deux derniers officiers sont perpétuels, & ont le droit de se faire remplacer par qui bon leur semble. Le secrétaire est dépositaire de tous les titres, regîtres & papiers, dont il délivre des extraits, munis de sa signature : le trésorier est chargé de la garde des livres, meubles, médailles, marbres, & autres pièces de cette nature qui ne peuvent être transportées hors de la salle, sans une permission par écrit de la compagnie. Ces deux officiers sont chargés des effets confiés à leurs soins par un inventaire, dressé au moment de la remise par le président, récolé tous les ans au mois de décembre, & augmenté de tout ce qui a pu être ajouté dans le cours de l'année.

L'*académie* des inscriptions & belles-lettres n'a pas l'élection de ses membres, proprement dits. Elle présente un sujet pour une place d'honoraire, elle en présente deux pour une place d'associé, & trois pour une de pensionnaire. Le roi agrée communément la nomination de l'honoraire, & choisit qui bon lui semble entre les sujets qui lui sont présentés, pour les places d'associés & de vétérans.

Le rang des académiciens libres se règle par l'ancienneté de la réception: ils prennent place dans les assemblées sur le banc des pensionnaires & des associés, sans avoir voix délibérative. Ils ne peuvent résider à Paris; & dès l'instant qu'ils y fixent leur séjour, ils perdent leur place d'académicien, sans espérance de retour.

Les académiciens, après dix ans de travaux utiles, & lorsqu'ils sont dans l'impossibilité de les continuer, peuvent demander la vétérance, que le roi seul leur accorde, sur une délibération de la compagnie, faite au scrutin, passée à la pluralité des deux tiers des suffrages, & qui lui est envoyée par la compagnie. Il n'y a que les quatre plus anciens vétérans qui puissent assister aux assemblées; en cas d'absence de leur part, ils ne peuvent être remplacés par les suivans.

Par rapport à l'impression & à l'approbation des ouvrages de l'*académie*, ou de ses membres, elle suit les mêmes règles que l'*académie* françoise: comme cette dernière, elle distribue tous les ans deux prix, dont l'objet doit concerner quelques sujets intéressans de l'histoire ou de la littérature ancienne ou moderne, & tous les trois ans, un point de l'histoire de France.

ACADÉMIE *des sciences*. Elle doit sa première origine à des assemblées particulières, qui se tenoient chez M. de Carcavi, & que M. Colbert fit tenir en 1666 dans la bibliothèque du roi; cette société étoit séparée en deux classes, l'une pour les mathématiques, la seconde pour la physique. Elles se tenoient chacune séparément toutes les semaines, & se réunissoient tous les quinze jours.

En 1699, M. de Pontchartrain lui fit obtenir le logement qu'elle occupe encore au Louvre, & lui donna un réglement signé du roi, qui détermine le nombre des académiciens, leur distribution en différentes classes, la forme des élections, le nombre & les fonctions des officiers annuels & perpétuels; ce réglement a été revêtu en 1713 de lettres-patentes, enregistrées au parlement & à la chambre des comptes.

L'*académie* est composée de douze honoraires, de vingt pensionnaires, douze associés ordinaires, douze associés libres, huit étrangers, un associé géographe, & douze adjoints vétérans ou surnuméraires. Elle est divisée en six classes, la géométrie, l'astronomie, la méchanique, l'anatomie, la chymie, la botanique. Trois pensionnaires sont attachés à chacune de ces classes, les deux autres sont les deux officiers perpétuels de l'*académie*, le secrétaire & le trésorier: les associés ordinaires & les adjoints sont également attachés au nombre de deux, à chacune des six classes.

Lorsqu'il y a une place vacante, l'*académie*, pour celles de pensionnaires, présente au roi trois sujets, dont l'un ne doit pas être de l'*académie*; pour celles d'associés ordinaires deux, avec la même condition; pour celles d'associés libres ou étrangers, deux qui lui sont désignés par un comité de six commissaires, tirés au sort dans les six classes: il en est de même pour les places d'adjoints. Mais lorsqu'il s'agit d'une place d'honoraire ou de celles de secrétaire & de trésorier, l'*académie* ne présente qu'un sujet. Les officiers de l'*académie*, outre le secrétaire & le trésorier, qui sont perpétuels, élus par l'*académie*, & confirmés par le roi, sont un président & un vice-président, choisis parmi les honoraires, un directeur & un vice-directeur, pris dans le nombre des pensionnaires; ces quatre officiers sont annuels: jusqu'en 1702 ils avoient été élus par l'*académie*, mais depuis, ils sont nommés par le roi.

Elle est sous la protection du roi, dont elle reçoit les ordres par le secrétaire d'état qui a le département de Paris; elle jouit, par rapport à l'impression & publication de ses ouvrages, & de ceux de ses membres, des mêmes droits que l'*académie* françoise. Mais son régime intérieur est différent. Toutes les affaires y sont traitées par un comité de la trésorerie, composé des officiers de la compagnie, & de deux commissaires élus au scrutin. Le comité la représente sans avoir besoin d'une autorisation particulière. La signature du trésorier suffit pour la recette & la dépense ordinaire.

Hors le temps des vacances, l'*académie* tient régulièrement deux séances par semaine, le mercredi & le samedi, & ses membres sont obligés d'y assister; la non-assiduité est même un sujet d'exclusion, auquel on procède par la voie du scrutin, & dont on a quelques exemples: mais elle n'a plus lieu depuis qu'on y a admis des vétérans: le roi accorde la vétérance à ceux qui par des raisons légitimes ne peuvent assister aux assemblées, après que l'*académie* en a délibéré par la voie du scrutin. Les vétérans jouissent des mêmes droits que les titulaires du même grade; mais ils ne peuvent plus passer à un nouveau, ni être élus officiers. Les surnuméraires jouissent aussi des droits de la classe dans laquelle ils sont surnuméraires. Le titre de surnuméraire s'accorde ordinairement à celui des deux sujets présentés pour remplir une place vacante, qui n'a pas été nommée par le roi; quelquefois aussi, sur la demande de l'*académie*, le roi accorde à un académicien la qualité de surnuméraire d'un grade supérieur à celui dans lequel il se trouve. L'*académie* est souvent consultée par les cours souveraines & les autres tribunaux; mais elle ne donne son avis, que lorsque le tribunal saisi d'une contestation, a ordonné par un jugement qu'elle sera consultée. Dans ces cas, elle donne son avis & sa réponse par écrit, soit aux parties, soit au ministère public, suivant les circonstances.

L'*académie* examine les ouvrages, les procédés, les machines qu'on lui présente; mais elle n'accorde son approbation que lorsqu'elle y trouve réunies l'utilité & la nouveauté.

L'usage de l'*académie* par rapport à la distribution de ses prix, est de déférer à des commissaires le droit d'en proposer les sujets, d'examiner les ouvrages, de les juger, & d'accorder le prix à celui qu'ils estiment le mériter, sans être obligés de rendre compte à l'*académie* des motifs de leurs jugemens.

ACADÉMIES *de province*. Il nous seroit impossible de donner un détail des loix & des statuts qui régissent chacune de ces *académies*; outre que nous n'avons pas sous les yeux les loix particulières qu'on leur a données, nous tomberions nécessairement dans des redites ennuyeuses; comme elles ont toutes le même but & la même fin, elles sont régies à-peu-près par les mêmes règles; ainsi nous nous contenterons de donner, par ordre alphabétique, le nom des villes principales où elles sont établies, & la date de leur institution.

Amiens. Les lettres-patentes de son établissement sont de 1750.

Angers. Elle est très-ancienne, ses lettres-patentes sont de 1685.

Arles. Elle a été établie en 1689, avec les mêmes privilèges que l'*académie* françoise; & ce qu'il y a de particulier, c'est qu'elle doit être composée de gentilhommes originaires & habitans de cette ville. Leur nombre qui n'étoit que de vingt, a été porté ensuite jusqu'à trente.

Arras. Son *académie* royale des belles-lettres autorisée d'abord en 1738, par une lettre de M. d'Angervilliers, ministre & secrétaire d'état, a été confirmée par des lettres-patentes de 1773.

Auxerre. Sa société des sciences & belles-lettres a obtenu des lettres-patentes en 1749.

Besançon. Louis XV, en 1752, a établi dans cette ville une *académie* des sciences, belles-lettres & arts.

Beziers. *Académie* des sciences & belles-lettres en 1723.

Bordeaux. *Académie* royale des belles-lettres, sciences & arts, en 1703.

Caën. *Académie* des belles-lettres, en 1705.

Châlons-sur-Marne. C'étoit en 1753 une société littéraire, avec une simple permission du roi; ce n'a été qu'en 1775 qu'elle a obtenu des lettres-patentes sous le titre d'*académie* des sciences, arts & belles-lettres. Quel droit n'a-t-elle pas déjà acquis sur la reconnoissance de la nation? Elle paroît s'être dévouée particuliérement aux questions de jurisprudence, & elle facilitera la réforme de notre code pénal, par les écrits lumineux qu'ont occasionnés les questions qu'elle propose, & les prix qu'elle accorde.

Cherbourg. Dès le milieu de ce siècle il y existoit une société académique, qui a obtenu en 1773 la permission d'avoir des séances publiques.

Dijon. Son *académie* des sciences a été autorisée par des lettres-patentes de 1740. On lui doit, & sur-tout à M. Maret, les premiers mémoires sur le danger des cimetières dans les villes.

Grenoble. Il y a dans cette ville une société littéraire, dont les lettres-patentes sont du mois de novembre 1780, enregistrées au parlement de Grenoble le 18 janvier 1781.

La Rochelle. Son *académie* des belles-lettres, dont l'érection est de 1732, a produit d'excellens mémoires sur le commerce.

Lyon. Nous avons vu au commencement de cet article, que Caligula y avoit établi une célèbre *académie*: depuis sa dispersion quelques-uns de ses citoyens s'étoient réunis pour cultiver les arts & les sciences. Jusqu'en 1758 ces sociétés particulières formoient deux compagnies distinctes, établies par des lettres-patentes; mais elles ont été réunies en 1758, par de nouvelles lettres, sous le titre d'*académie* des sciences, belles-lettres & arts.

Marseille. Des lettres-patentes de 1726 y établissent une *académie* des belles-lettres; son protecteur doit être choisi dans l'*académie* françoise, qui accorde à ses membres, des places dans les séances publiques.

Metz a une société royale des sciences & arts établie par des lettres-patentes de 1760.

Montauban. Son *académie* des belles-lettres est de 1744.

Montpellier. Son *académie* des sciences, établie en 1706, a les mêmes réglemens à-peu-près que l'*académie* des sciences de Paris, avec laquelle le roi, en la mettant sous sa protection, a voulu qu'elle ne fît qu'un seul & même corps.

Nancy. Sous Louis XV, le roi de Pologne, Stanislas, établit dans cette ville une *académie* royale des sciences & belles-lettres, par édit du 28 décembre 1750.

Nismes. Son *académie* des sciences est de 1682.

Pau. L'établissement de son *académie* des sciences & beaux-arts a obtenu des lettres-patentes en 1720.

Rouen a deux *académies*. La première, sous le titre de l'Immaculée conception de la sainte Vierge, paroît s'être perpétuée sous différentes formes, depuis 1072. Son but est de consacrer la poésie & l'éloquence à la religion, aux mœurs, aux progrès des arts, & au bonheur de l'humanité. La seconde est l'*académie* des belles-lettres, sciences & arts, établie par lettres-patentes de 1744.

Soissons. L'*académie* des sciences & belles-lettres de cette ville, est très-ancienne, les lettres-patentes de son établissement sont de 1674; elle doit choisir son protecteur parmi les membres de l'*académie* françoise, & lui envoyer tous les ans, le jour de S. Louis, un tribut en vers ou en prose, sur un sujet important & utile.

Toulouse. Les comtes de Toulouse ont toujours protégé les lettres, & ils avoient à leur cour des poëtes qu'on a long-temps appellé *troubadours*. Après la réunion de cette province à la couronne de France, sept Toulousains se réunirent pour cultiver les belles-lettres, & principalement la poésie; ils donnèrent à leurs études le nom de *gaie science*; ils invitèrent les poëtes du pays à se rendre tous les ans, le premier de mai, à Toulouse, pour y faire la lecture de leurs ouvrages; & ils donnèrent, à celui qu'ils jugeoient le plus digne, une violette d'or. On ajouta en 1356 au prix de la violette deux autres prix, une églantine & un souci d'argent. Cette société de la *gaie science*, connue depuis sous le nom des *jeux floraux* de Toulouse, a subsisté jusqu'aujourd'hui. Louis XIV lui donna des lettres-patentes en 1694, & la mit sous la protection du chancelier de France, & de ses successeurs. Outre cette *académie*, on y a établi en 1750 une *académie* des sciences, inscriptions & belles-lettres, & une *académie* de peinture.

Villefranche en Beaujolois. Des lettres-patentes de 1695, confirmées par d'autres lettres données en 1728, ont établi dans cette ville une *académie* des sciences & beaux-arts, qui est sous la protection de M. le duc d'Orléans, seigneur du Beaujolois.

Adadémie de Peinture &c. Nous ne parlerons pas ici des *académies* d'architecture, de peinture, de sculpture, de gravure, de chirurgie & de marine, ni des sociétés de médecine & d'agriculture; nous en traiterons sous les mots particuliers auxquels elles appartiennent.

Académie, (*Equitation.*) on donne encore le nom d'*académie* aux écoles, dans lesquelles on apprend à monter à cheval. Elles sont sous les ordres du grand-écuyer de France, sous la direction d'un maître, nommé ou agréé par lui, qui prend le titre d'écuyer, & sous l'inspection de la police des villes où elles sont établies. L'écuyer répond de la police intérieure, & a la même autorité pour surveiller & réprimer les *académies*, que les chefs des collèges & des écoles.

On a encore donné le nom d'*académie royale de musique*, au spectacle connu de tout le monde sous celui d'*opéra*. Nous en parlerons sous le mot Spectacle; & nous renvoyons au mot Jeu ce que l'on appelle *académie* de jeu, que tout le monde devroit, avec l'*académie* françoise, appeller du nom de *tripot*.

ACADÉMICIEN & Académiste, c'est le nom qu'on donne aux membres d'une académie. Ces deux noms ne sont pas synonymes: on appelle *académicien* celui qui est membre d'une société littéraire, qui s'occupe des sciences & belles-lettres, & qui travaille à la perfection de l'esprit humain. *Académiste* se dit de ceux qui fréquentent les académies destinées aux exercices du corps, qui ne travaillent que pour acquérir des talens purement personnels, tels que le manège, les armes, *&c.*

ACADÉMIQUE, (*Bureau.*) c'est le nom qu'on donne à un bureau d'écriture établi à Paris par des lettres-patentes de 1779, composé de vingt-quatre membres, de vingt-quatre aggrégés, de vingt-quatre associés écrivains & graveurs, outre un nombre indéterminé de correspondans.

Les membres du bureau *académique* doivent s'assembler tous les quinze jours, pour traiter de la perfection des écritures, du déchiffrement des anciennes, des calculs de commerce & de finances, & de la vérification des écritures.

L'établissement de cette académie est de la plus grande utilité, & a un rapport immédiat à l'administration de la justice. On a tous les jours besoin de l'avis des experts-écrivains pour éclairer sur la vérité, ou la fausseté d'un écrit, dont dépend la fortune, l'honneur, & souvent même la vie d'un citoyen. Il seroit à souhaiter que cette académie s'occupât des moyens de prouver que son art, en fait de vérification d'écritures, est moins conjectural & moins arbitraire qu'on ne se l'imagine communément.

ACAPTE, & Arrière-capte, (*Droit féodal.*) sont deux droits seigneuriaux, connus dans les provinces du ressort des parlemens de Toulouse & de Bordeaux, & auxquels le décès du seigneur ou du tenancier donne ouverture. C'est à-peu-près la même chose que le droit de reconnoissance, nommé dans la majeure partie des provinces de France *mi-lods*. En Dauphiné, ce droit se nomme *plait-seigneurial*; dans les coutumes de Billi & de Verneuil, on l'appelle *marciage*, en Bresse & Bugey, *mutagium*. Les mots d'*acapte* & *arrière-capte* viennent du mot de la basse latinité *acapitare*, qui, suivant Ducange, veut dire reconnoître le principal seigneur du fonds, *velut pro capitali domino agnoscere*. Si nous voulions donner, comme les anciens auteurs, dans la recherche des étymologies, nous dirions, peut-être avec quelque raison, que les mots d'*acapte* & d'*arrière-capte* viennent de la préposition latine *à*, & du mot *caput*, *tête*, *chef*. La préposition *à*, chez les Grecs & chez les Romains, signifie perte ou privation, & par cette raison, cette dernière étymologie convient parfaitement au droit d'*acapte* & d'*arrière-capte*: car ces droits sont dus par le décès ou la perte, soit du chef-seigneur, soit du chef-possesseur.

Les droits d'*acapte* & d'*arrière-capte* sont dus dans les provinces du ressort des parlemens de Toulouse & Bordeaux; mais il est nécessaire de remarquer d'abord que ces mots sont entendus d'une manière différente dans l'un ou dans l'autre de ces parlemens. Dans le ressort de celui de Bordeaux, on suit l'opinion de Caseneuve, dans son traité du franc-aleu du Languedoc, qui prétend que sous le nom d'*acapte* sont compris indistinctement les droits dus pour la mutation, soit du seigneur, soit du tenancier: on distingue au contraire dans le parlement de Toulouse, le droit d'*acapte* de celui d'*arrière-capte*, ensorte que l'expression d'un de ces droits dans un titre d'inféodation, n'emporte pas nécessairement l'expression de l'autre, & que toutes les fois qu'il n'est parlé que de l'*acapte* ou de l'*arrière-capte*, il n'est dû que le droit stipulé, soit par la mutation du seigneur, soit par celle du tenancier: ce qui est conforme aux règles de droit, qui décident que dans l'interprétation de la clause d'une obligation, on doit toujours tendre à la libération du débiteur, & qu'on ne peut l'étendre d'une chose à une autre.

Suivant la jurisprudence du parlement de Bordeaux, les mots d'*acapte* & d'*arrière-capte* sont synonymes; ils désignent le même droit, & l'expression d'un seul oblige le tenancier à payer un droit de mutation, soit qu'elle arrive du chef du seigneur, ou du chef du tenancier: suivant la jurisprudence du parlement de Toulouse, après bien des variations, on y distingue l'*acapte* de l'*arrière-capte*; ce sont deux droits différens, & l'expression de l'un n'emporte pas l'obligation de l'autre; de manière qu'on suit scrupuleusement la stipulation insérée dans le premier acte d'inféodation, & qu'on n'assujetit le tenancier qu'au paiement du droit qui y est énoncé, ensorte que le droit d'*arrière-capte* n'est pas compris sous celui d'*acapte*, à moins qu'il n'y ait une énonciation précise que les droits de mutation seront perçus, soit à la mort du tenancier, soit à la mort du seigneur; car, en ce cas, la dénomination du droit & des occasions où il sera dû, rend indifférentes les dénominations d'*acapte* & d'*arrière-capte*.

Quelques auteurs, & entre autres, M. d'Olive, *liv. II*, *chap.* 30. pensent que le droit d'*acapte* est dû par la mort du seigneur, & l'*arrière-capte*, par celle du tenancier. C'est l'opinion qu'ont suivie les auteurs du répertoire universel & raisonné de jurisprudence. D'autres, d'après la Roche-Flavin, *chap.* 12, *art.* 1, *des droits seigneuriaux*, prétendent que l'*acapte* est due par le décès du tenancier, & l'*arrière-capte* par celui du seigneur. C'est l'avis de Boutaric, dans son *traité des droits seigneuriaux*, *liv. I. chap.* 6, & de M. Prost de Royer, sur les mots *acapte* & *arrière-capte*. Ils se fondent sur l'usage général du royaume, par lequel les droits ne sont communément dus aux seigneurs, que par la mutation du tenancier, & qu'il est très-rare qu'ils soient dus par la mutation du seigneur. Ils ajoutent que dans le Forez & le Lyonnois, où il est dû un droit de *mi-lods* qui est à-peu-près la même chose que l'*acapte*, ce droit n'est dû qu'aux mutations du tenancier, si les titres ne portent expressément qu'il sera dû aux mutations des seigneurs. Nous nous rangeons volontiers à ce dernier avis, parce que c'est suivre le droit ordinaire; ainsi nous dirons que l'*acapte* est dû par le changement du tenancier, & celui d'*arrière-capte*, est celui qu'indique, contre l'ordre général, le décès du seigneur.

Dans l'origine, le droit d'*acapte* ne se payoit que lors de l'inféodation; il étoit le prix de la première investiture, aussi est-il connu dans quelques coutumes sous le nom d'*entrage*, *acapitum*, *acaptio* & *acaptamentum*, qui signifient proprement le droit d'entrée, que les vieux actes appellent *intragium*, & les coutumes de Nivernois & de Bourbonnois *entrage*. Ce droit d'entrée est appellé *prim-acapte*, dans un vieux acte en langue vulgaire de l'an 1255.

L'*acapte* & l'*arrière-capte* ne sont pas dus par la nature du contrat emphytéotique, mais seulement en vertu d'une stipulation expresse, insérée dans les reconnoissances passées au seigneur direct, ou d'un usage local bien constant, & qui ait force de coutume, ou enfin comme le disent Graverol & la Peyrere, en vertu d'une possession immémoriale, à laquelle cependant il faut joindre des reconnoissances des tenanciers, passées en pleine connoissance, & avec une science certaine des droits légitimement dus. L'*acapte* & l'*arrière-capte* consistent dans le doublement de la censive, soit qu'on la doive en argent, en bled, en volaille ou en ouvrage, à moins que par les titres d'inféodation, le doublement ne doive avoir lieu que sur le menu cens: c'est la jurisprudence constante des parlemens de Toulouse & de Bordeaux. Mais on peut demander si dans le doublement du cens, dû pour le droit d'*acapte*, l'année courante doit y être comprise, ensorte que le droit de mutation ne soit que le paiement d'un second cens. On peut répondre généralement que si la qualité du droit d'*acapte* ne reçoit pas son explication des termes de l'acte dans lequel il a été stipulé, ou de ceux de la coutume locale qui l'a admis, l'équité veut qu'on lui donne une interprétation favorable à l'emphytéote, & que dans le doublement des cens, le cens ordinaire y soit compris.

Les droits d'*acapte* & d'*arrière-capte* ne sont dus que par le décès du seigneur ou du tenancier; les mutations par ventes, donations, permutations, mariages ou autres, n'y donnent pas ouverture: c'est la jurisprudence des parlemens de Bordeaux & de Toulouse. De-là il suit: 1°. que pour que le décès du seigneur donne lieu au paiement de l'*arrière-capte*, il faut que la propriété, ou domaine direct de l'héritage donné à cens, ait résidé sur sa tête. En conséquence, dans les terres dépendantes de l'ordre de Malthe, ce droit n'est dû qu'au décès du grand-maître, & non à celui du commandeur, qui n'est que l'usufruitier & le gardien des biens de l'ordre. Il faut en dire autant des biens dépendans des domaines engagés de la couronne, pour raison desquels le droit d'*acapte* & d'*arrière-capte* n'est point ouvert par le décès des engagistes, mais par celui du roi, en qui réside toujours la propriété véritable & essentielle.

Il suit, en second lieu, du même principe, que la mort du mari ne donne pas ouverture au droit d'*acapte*, par rapport aux biens dotaux; le mari n'avoit pendant sa vie qu'une propriété imparfaite sur ces biens, qui ne lui permettoit pas de s'en dire le vrai seigneur; la propriété véritable résidoit toujours sur la tête de la femme, elle en reprend l'exercice après le décès de son mari, & ne peut être considérée comme un successeur nouveau.

S'il arrive, dans le cours de la même année, plusieurs mutations, par mort, soit du chef du tenancier, soit du chef du seigneur, il n'est dû, suivant la jurisprudence du parlement de Toulouse, qu'un seul droit d'*acapte* ou d'*arrière-capte*. Le parlement de Bordeaux va même plus loin, on y juge que le droit d'*acapte* ne peut être exigé qu'une fois en dix ans; ainsi quelque fréquentes que puissent être les mutations de la part des seigneurs ou des emphytéotes, il n'est toujours dû qu'un seul droit dans l'espace de dix ans.

Il y a encore une différence entre les parlemens de Toulouse & de Bordeaux sur la quantité d'années d'arrérages que l'on peut demander judiciairement, en matière d'*acapte*: le dernier a décidé que ces arrérages se prescrivoient par dix années de possession: dans le premier, au contraire, on peut en exiger vingt-neuf années.

Au surplus, les droits d'*acapte* & d'*arrière-capte* sont soumis aux mêmes loix que les autres profits de fief. Il faut néanmoins observer que, suivant l'avis de Boutaric, ces droits doivent être acquittés par l'usufruitier, lorsqu'ils échoient fortuitement pendant le cours de sa jouissance, par la raison que c'est une charge réelle du fonds, dont l'usufruitier est tenu de la même manière que des impositions royales. C'est la décision de la loi 7, § 2, *ff. de usufr. & quemadm.* & de plusieurs coutumes.

ACAZEMENT, s. m. ACAZER, v. a. (*Droit féodal.*) ces termes sont particuliers aux coutumes de Bordeaux & de Bayonne. *Acazer* veut dire proprement donner en fief, inféoder; de ce mot on a fait celui de *sous-acazer*, qui signifie bailler à rente. L'*acazement* est donc un contrat par lequel le seigneur direct & foncier donne à quelqu'un un héritage sous une rente vive, foncière & seigneuriale, qui emporte lods & ventes: le *sous-acazement* est celui par lequel l'emphytéote rétrocède ce même héritage sous une rente sèche, qui n'est qu'un cens mort, & qui ne produit aucun droit de mutation en faveur de celui qui *sous-acaze*.

Lorsque le titre primordial de l'*acazement*, que l'on appelle dans le pays la *baillette* ou l'*esporle*, porte défenses au tenancier de *sous-acazer*, il ne le peut faire, ni même louer l'héritage *acazé*, ou le donner à *gaudence* de neuf ans en neuf ans: c'est la disposition précise d'un arrêt du parlement de Bordeaux du 7 mai 1527, rendu pour fixer le sens de l'article 101 de la coutume du pays, lors de sa rédaction. Cependant les commentateurs de cette coutume assurent que le tenancier peut donner son héritage désert à faire labourer, quoique le contrat porte qu'il ne pourra le *sous-acazer*, parce que, disent-ils, c'est plutôt ménagement que détérioration. Ils ajoutent qu'il peut *sous-acazer*, malgré la prohibition du bail originaire, lorsqu'elle a été couverte par une nouvelle inféodation, qui ne contient pas la même défense, & il faut suivre cet avis dans la pratique, par la maxime contenue dans la loi 47, *ff. de oblig. & act.* qui veut que l'on soit toujours enclin à admettre le titre le moins onéreux au débiteur.

ACCAPAREMENT, s. m. (*Droit publ. & crim. Police.*) c'est l'achat de toutes ou de la majeure partie des denrées ou des marchandises d'une certaine espèce, dans l'intention de les avoir seul, & de forcer les acheteurs à en donner à l'accapareur le prix qu'il voudra. L'*accaparement* a lieu lorsque quelqu'un achète les denrées comme le bled, l'huile, le vin: les matières premières, telles que les soies, les laines, les chanvres, les cires, les suifs, *&c.*: les marchandises, comme les toiles, les draps, *&c.* L'*accaparement* le plus nuisible à la société, & sur lequel les loix & la police ont la plus grande attention, est celui des grains & des autres subsistances.

Il ne faut pas confondre l'*accaparement* avec l'enharrement. Ce dernier n'est qu'une convention faite entre l'acheteur & le vendeur, par laquelle l'un s'assure les marchandises ou la récolte, au moyen des arrhes qu'il donne, & l'autre s'oblige de les livrer dans un temps pour le prix convenu. La vente n'est pas parfaite, l'acheteur peut s'en dédire en perdant ses arrhes, & le vendeur en les restituant, ou en payant quelque dédommagement. L'*accaparement*, au contraire, est un marché qui s'exécute à l'instant même, & par lequel l'accapareur qui a payé, est propriétaire & possesseur des denrées ou marchandises. Il est rare que l'*accaparement* ne prépare pas le monopole, & n'en soit pas l'objet & la fin que se propose l'accapareur.

L'*accaparement* est-il un crime que les loix doivent punir, est-il une suite nécessaire de la liberté que l'on doit au commerce? Les moyens qu'on emploie pour le détruire, opèrent-ils sûrement le salut du peuple? Ces questions ont été controversées depuis quelques années, & jamais on n'a tant écrit en faveur de l'une ou l'autre opinion. Les uns ont prétendu que le plus grand bien de l'état & des particuliers consistoit à avoir les denrées & les marchandises au plus bas prix possible; qu'il ne pouvoit y avoir d'abondance sans ordre, point d'ordre sans réglemens, point de réglemens qui ne défendent l'*accaparement* & le monopole: les autres ont répondu que toute gêne étoit un attentat à la propriété; que le commerce ne pouvoit subsister sans une liberté absolue, qui seule pouvoit procurer la circulation, la concurrence, & par conséquent l'approvisionnement & l'abondance; que c'étoit l'unique moyen de soutenir & faire fleurir l'agriculture.

Ce grand problème devant être discuté dans le dictionnaire d'économie politique, nous nous bornerons à faire connoître les loix anciennes & nouvelles sur l'*accaparement* & le monopole.

Les loix données par Dieu même aux Hébreux ne parlent point de l'*accaparement*, & ne prononcent aucune peine contre lui ; le sage, dans les proverbes, *chap. 12*, se contente de dévouer à la malédiction des peuples, celui qui cache ses bleds pour ne pas les vendre.

Parmi les républiques grecques, on ne trouve des loix contre l'*accaparement*, que dans celle d'Athènes, qui avoit une grande population sur un territoire aride & étroit. Il y étoit défendu d'en exporter les figues & le bled, d'en faire des amas, & de les cacher. On y accordoit au dénonciateur, la moitié des biens de l'accapareur, ou de celui qui exportoit les denrées ; & les coupables étoient même punis de mort, ainsi que le dit Vinnius dans son commentaire sur le §. *11*, *tit. 18*, *liv. 4*, *des Instituts*.

Dans les temps de la république romaine, on ne trouve aucune loi contre l'*accaparement ;* le code Papyrien & la loi des douze tables n'en font aucune mention. Mais on les voit se multiplier sous les empereurs. Le titre du digeste *ad leg. jul. de ann.* défend les opérations, les spéculations, les associations, la retenue & le retardement des vivres, & condamne les monopoleurs à une amende de 20 écus d'or. La loi *6*, *ff. de extraord. crimin.* remet à l'arbitrage du juge, la prononciation des peines qu'on doit infliger aux monopoleurs, qui cachent les denrées qu'ils ont accaparées, & aux riches qui refusent de les vendre à un prix raisonnable : la loi *6*, *c. de monop. & conv. negot. illic.* prononce la confiscation des vivres ou marchandises accaparés & de tous les biens du monopoleur ; elle le condamne en outre à un exil perpétuel.

Je ne peux m'empêcher d'observer, sur la disposition de ces loix romaines, que le parlement de Provence écrivoit au roi en 1768, qu'elles ne doivent pas être regardées comme des règles de politique, mais plutôt comme une économie forcée, nécessaire à un gouvernement foible & épuisé, qui d'abord ayant introduit les distributions de pain pour corrompre & séduire le peuple, se trouvoit contraint de les continuer, & d'y employer non-seulement le tribut en grains des provinces les plus fertiles, mais encore une partie des revenus publics ; & qui pour éviter la concurrence dans les achats, avoit gêné la liberté du commerce.

Nous ne trouvons, sous la première race de nos rois, aucune loi contre les *accaparemens* & le monopole ; ce n'est qu'en 806, qu'on voit un capitulaire de Charlemagne, par lequel il taxe de gain honteux & illégitime, celui que se procure un homme qui, au tems de la vendange ou de la moisson, acheteroit des denrées pour la valeur de deux deniers, pour les revendre ensuite quatre, six ou davantage.

Le recueil fait par M. Houard, avocat, des loix anglo-saxonnes, auxquelles on donne communément le titre de *Statuta Gildæ*, contient plusieurs dispositions pour prévenir l'*accaparement*. Elles défendent aux étrangers d'acheter par eux-mêmes, ou par personnes interposées des marchandises ou denrées dans les marchés publics, au-delà de leur consommation nécessaire, & aux habitans d'un même lieu, de prêter leur nom à des étrangers pour faire le commerce, & d'en acheter eux-mêmes plus qu'ils n'en ont besoin, pour le revendre ensuite. Elles ne permettent pas d'aller au-devant des denrées qu'on apporte au marché, & de les acheter. Elles condamnent les délinquans en différentes amendes, & à la perte des denrées & marchandises. N'est-ce pas là la source de tous nos réglemens de police sur les *accaparemens*, les jurandes, les marchés, & les regratiers ou revendeurs ?

En effet, ouvrons les ordonnances depuis le roi Jean, jusqu'à la fin du règne de François I. Une de 1343, défend aux marchands de faire des magasins de bled, & de s'assembler, sous prétexte de confrairie, pour exercer le monopole. Celle de 1482 dit que nul ne pourra faire amas & provisions de bled, sinon en plein marché. Celles de 1356, 1508 & 1517 défendent à tous les officiers de judicature & de finances, de faire ou exercer la marchandise, soit par eux-mêmes, soit par personnes interposées, sous peine de privation de leur office, de restitution des gages qu'ils auroient reçus, & d'amende arbitraire. Enfin l'ordonnance de 1539 défend de commettre sur les denrées aucun monopole, & aux maîtres, compagnons & serviteurs de métiers, de faire entre eux des conventions, & d'avoir intelligence les uns avec les autres pour faire aucuns monopoles, à peine de confiscation de corps & de bien.

Toutes ces loix prohibitives disparoissent sous le règne de Henri IV ; Sulli ne voit, pour réparer les pertes de la France, que la liberté du commerce des denrées ; il fait cesser en conséquence toutes les prohibitions, il ouvre les ports, établit la circulation dans l'intérieur, arrête les entreprises des juges, qui se croyoient encore autorisés à arrêter l'exportation des bleds, & par ce moyen il ranime l'agriculture.

Sous Louis XIII & Louis XIV les loix prohibitives reprennent leur vigueur, les parlemens ordonnent qu'on fasse le procès à ceux qui feront ou auront fait des approvisionnemens de bled ; une déclaration de 1699 ordonne que ceux qui voudront entreprendre le commerce des grains, seront tenus de se faire enregistrer, & de prêter serment ; on leur défend de contracter avec d'autres des sociétés ; d'enharrer ni acheter les bleds & autres grains en verd, sur pied, & avant la récolte : défend pareillement le commerce des grains à tous officiers, gentilshommes, juges, laboureurs, fermiers, receveurs & autres, soit directement, soit indirectement. Enfin, une déclaration de 1723 ajoute encore que les bleds, farines & grains ne pourront être vendus, achetés ni mesurés ailleurs que dans les halles & marchés, ou sur les ports.

Ces loix, & les recherches ordonnées par les cours dans tous les temps de cherté, les peines prononcées contre plusieurs marchands, soupçonnés d'*accaparement*, nous font voir que les vues de Henri IV & de Sulli n'avoient pas été approfondies, & qu'on les croyoit peu propres à entretenir l'abondance, & à soutenir le bas prix des denrées. Mais le procès singulier pour un *accaparement* de marchandises d'épiceries, dans lequel fut impliqué M. le duc de la Force, a donné lieu à la révolution qui s'est faite dans les esprits.

Melon, qu'il s'étoit attaché par ses bienfaits, examina ce que c'étoit qu'approvisionnement, commerce, concurrence, liberté, abondance. Le fruit de son travail fut de donner au public son essai politique sur le commerce, qui fut bientôt suivi des réflexions politiques de Dutot, sur les finances & le commerce. On apprit alors que le commerce est l'échange du superflu contre le nécessaire; que la liberté est de son essence; qu'elle est préférable à la protection; que les plus grandes abondances de bled sont presque toujours suivies de la disette, peut-être parce que l'avilissement du prix a découragé le laboureur.

Ces vérités ont enfin dirigé les mouvemens de notre législation: un arrêt du conseil de 1743 permet le transport des grains de province à province, & de port à port, à la charge d'en faire déclaration aux intendans; M. d'Aguesseau écrivoit en 1748, au parlement de Bordeaux, que le monopole pouvoit être un crime, mais que les recherches pour le punir effrayoient les négocians, les empêchoient d'emmagasiner, & par conséquent d'approvisionner les villes; que ces actes d'éclat augmentoient le mal, & que la liberté indéfinie étoit le seul moyen de pourvoir à l'approvisionnement. Après cette lettre, parut en 1754, un arrêt du conseil, qui déclara le commerce des grains libre par terre & par eau, dans tout l'intérieur du royaume, sans passeports ou permissions particulières, & qui permit indistinctement à toutes personnes, l'exportation, même hors du royaume, des bleds des provinces de Languedoc, d'Auch & de Pau. La déclaration de 1763 a été rendue dans le même esprit. Mais l'édit de 1764 a été beaucoup plus loin. Après avoir confirmé les dispositions des arrêts du conseil, & de la déclaration de 1763, sur la liberté du commerce libre des grains, dans l'intérieur du royaume, il accorde la permission de le faire à toute espèce de personnes, même aux gentilshommes & privilégiés, aux étrangers & aux régnicoles; il autorise les emmagasinemens, & abroge enfin toutes les loix prohibitives qui avoient eu lieu jusqu'alors.

Cet édit, enregistré dans toutes les cours avec acclamation & reconnoissance, n'a pu fixer invariablement la jurisprudence. Le prix excessif des bleds en 1769 & 1770 excita l'attention des magistrats; on crut voir naître de la loi qui permettoit la liberté du commerce, les moyens d'exercer le monopole, & le parlement de Paris fit revivre les anciens réglemens sur l'enharrement, l'*accaparement*, le monopole, & la vente dans les marchés. Un arrêt du conseil du 23 décembre 1770 renouvella, ainsi que ceux du parlement, les anciennes prohibitions.

Nous avons flotté pendant dix ans dans l'incertitude, mais les principes se sont raffermis au milieu des contradictions; l'expérience nous a éclairé, les préjugés ont disparu, & nous oublions peu-à-peu jusqu'aux noms d'amas, d'*accaparement* & de monopole. L'arrêt du conseil du 13 septembre 1774, revêtu de lettres-patentes enregistrées dans tous les parlemens, a fixé les idées, & établi une jurisprudence uniforme.

Le préambule de cet arrêt contient le véritable développement des principes sur la liberté du commerce des grains, il a porté la conviction & l'évidence dans l'esprit des magistrats, qui l'ont saisi avec transport; c'est un monument éternel de la bonté & de la bienfaisance du roi, qui y parle par-tout comme le véritable père de son peuple. Nous regrettons que la nature de notre ouvrage nous empêche de l'insérer en entier, mais nous allons donner le précis de ses dispositions.

L'article premier permet à toutes personnes, de quelque qualité & condition qu'elles soient, de faire le commerce des grains dans l'intérieur du royaume, de les vendre & de les acheter, même hors des halles & des marchés, de les garder, & de les voiturer où bon leur semblera. Le second fait défense à tous officiers, & notamment à ceux de police, de mettre aucun obstacle à la circulation des grains & des farines, sous quelque prétexte que ce soit; comme aussi de contraindre les laboureurs & autres, de les conduire aux marchés: le troisième annonce que le roi ne fera faire à l'avenir aucune espèce d'achat de grains pour son compte: le quatrième permet aux régnicoles & aux étrangers d'importer dans le royaume des bleds étrangers, d'en faire tel usage qu'ils jugeront à propos, même de les réexporter, sans payer aucuns droits.

Cette loi a été suivie en 1775, d'un arrêt du conseil qui accorde des gratifications à ceux qui feront venir des grains de l'étranger. Ces mesures paternelles, jointes à la sagesse de la loi, nous mettront à l'abri de la crainte des disettes, & nous en avons goûté les fruits après la médiocre récolte de 1774: la rareté & le haut prix des grains ne subsistèrent pas long-temps, & à peine s'en seroit-on apperçu, si des gens mal-intentionnés n'avoient parcouru le royaume, semé des discours séditieux, & soulevé les habitans des lieux, pour exercer plus librement leurs brigandages. C'est ce qui donna lieu à une déclaration du roi du 5 mai 1775, qui commit les prévôts de maréchaussée pour faire le procès aux auteurs de ces attroupemens & de ces désordres: la commotion ne gagna pas les provinces du midi, qui furent approvisionnées par la liberté du commerce.

Nous finirons par remarquer que l'*accaparement* ne consiste que dans les alarmes que l'on répand parmi le peuple. Mais s'il pouvoit exister, ce que nous

nous ne croyons pas, il devroit être puni très-sévèrement. Le motif qui lui donne naissance est bas, & ses effets sont terribles; car il n'y a point de mal comparable à la famine, qui condamne à la mort chaque citoyen en particulier, & trouble l'état par les séditions, les meurtres & le carnage. Outre la perte des denrées accaparées, le monopoleur seroit puni justement par la confiscation de tous ses biens, & on devroit renouveller contre lui la peine des loix romaines, qui interdisoit le feu & l'eau à un mauvais citoyen, afin que, dénué lui-même des secours dont il vouloit priver ses frères, il subît un châtiment analogue à son crime.

Il existoit dans plusieurs provinces du royaume un véritable *accaparement* & un monopole odieux dans le commerce des vins. Chaque ville, chaque canton, avoient établi des loix qui empêchoient aux villes & aux cantons voisins le transport & la vente des vins de leurs crûs, avant que les vins recueillis dans les cantons privilégiés eussent été vendus. Louis XVI a regardé, & avec raison, ces privilèges de vendre exclusivement & d'écarter la concurrence, comme contraires au droit naturel & au droit public, dont tous les habitans du royaume doivent jouir également, & comme nuisibles aux progrès de l'agriculture & à l'intérêt général de l'état. Aussi s'est-il empressé de proscrire cet abus, & de permettre, par un édit de 1776, enregistré dans les parlemens de Toulouse & de Dauphiné, & au conseil souverain de Roussillon, la libre exportation des vins dans toute l'étendue du royaume, comme aussi de les emmagasiner, de les vendre en tous lieux, en tout temps, de les exporter en toute saison, par tous les ports, nonobstant tous privilèges particuliers & locaux, à ce contraires, que sa majesté supprime.

ACCAREMENT, ou ACCARIATION, (*Droit criminel.*) ces mots ne sont en usage que dans quelques provinces du royaume, les plus méridionales, & voisines de l'Espagne. Ferrières prétend qu'ils tirent leur origine du mot espagnol *cara*, qui signifie la tête ou le visage de l'homme; ils désignent l'action de confronter un accusé à ses co-accusés, de les mettre tête-à-tête, ou face-à-face, pour leur donner lecture de ce qu'ils ont dit dans leurs interrogatoires & réponses, s'expliquer & se défendre en présence l'un de l'autre.

L'*accarement* est différent de la confrontation, en ce que cette dernière se dit des témoins présentés à l'accusé; & l'*accarement* de la présentation des accusés aux co-accusés: on ne dit pas *accarer des témoins*, on se sert alors du terme de confronter: quoique l'ordonnance de 1670 ne se serve pas de ce mot, & qu'elle semble confondre l'*accarement* avec la confrontation, & qu'elle établisse les mêmes formes pour l'une & pour l'autre espèces, il n'en est pas moins vrai que l'*accarement* des accusés, & la confrontation des témoins sont deux actes très-différens, dont l'assimilation est souvent injuste & funeste; cet acte est un des plus importans & des plus délicats de notre procédure criminelle, il mérite toute l'attention du législateur; la forme de l'*accarement* entraîne une multitude d'abus & d'inconvéniens qu'on fera connoître sous le mot CONFRONTATION, auquel nous renvoyons.

ACCÉDER, v. a. (*Droit des gens.*) (*Droit civil.*) c'est donner son consentement à un contrat ou traité, déjà conclu & consenti entre deux ou plusieurs puissances ou personnes: ainsi l'on dit d'un créancier, qu'il *accède* à un contrat d'atermoiement entre un débiteur & quelques-uns de ses créanciers, lorsqu'il consent à son égard l'exécution de cet acte; d'un père, dont le fils s'est marié pendant son absence, qu'il *accède* au mariage, lorsqu'après son retour il le ratifie.

On dit d'un souverain qu'il *accède* à un traité passé & conclu antérieurement entre deux puissances, lorsqu'il le signe, & qu'il déclare vouloir en observer la teneur & les conditions. C'est en ce sens qu'on dit que les états-généraux ont *accédé* au traité d'Hanovre; la Czarine au traité de Vienne; la maison d'Autriche, au pacte de la maison de Bourbon; le roi de Prusse à la neutralité armée, conclue entre la Russie, la Suède & le Danemarck, pour assurer la navigation des nations neutres, & empêcher la piraterie des vaisseaux Anglois.

ACCENSE, ACCENSER, ACCENSEUR, (*termes de coutumes.*) ils se trouvent fréquemment dans les coutumes de Berri & de Bourbonnois; le mot d'*accense* signifie tantôt le prix annuel d'une ferme, tantôt l'acte même par lequel on donne à ferme, & alors il veut dire la même chose que bail; par le mot d'*accenser* on entend donner ou prendre à bail, & enfin par celui d'*accenseur*, on désigne communément le fermier ou locataire.

ACCENSEMENT, ce terme est encore employé dans les coutumes pour désigner ce que l'on entend dans celle de Berri par celui d'*accense*; mais il signifie plus particulièrement un bail à cens, ou à rente; c'est par cette raison que Ferrières appelle l'*accensement* une *sous-inféodation*, par laquelle on donne ou l'on prend un héritage à cens ou à rente; l'*accensement* se fait par celui qui aliène, à la charge d'un cens ou d'une rente, & même de tous les deux, une partie de son fief, sans démission de foi & hommage; les coutumes varient sur la portion de fief que l'on peut aliéner sous la rétention de la foi, & sans donner ouverture aux profits de mutation, en faveur du seigneur du fief dominant. Les coutumes de Châlons & d'Orléans se servent du mot d'*accensement*, pour désigner l'action de donner ou de prendre un héritage à titre de cens.

ACCENSISSEMENT ou ACCENSIVEMENT, ces deux mots expriment la même chose que celui d'accensement; on trouve le dernier dans l'ordonnance des eaux & forêts, *tit. 6, art 11*: c'est l'action de donner une terre, une maison, un héritage à titre de cens, de rente, ou de loyer. Les coutumes de Chaumont & de Troyes s'en servent pour signifier l'emphytéose, & ces deux mots y sont employés comme synonymes à celui d'emphytéose.

ACCEPTABLE, adj. se dit, au palais, des offres, des propositions, des voies d'accommodement qui sont raisonnables, & concilient, autant qu'il est possible, les droits & prétentions respectives des parties litigantes.

ACCEPTANT, adj. (*Droit civil.*) se dit de celui qui accepte, & agrée ce qu'on fait pour lui, & qui en donne sa déclaration dans l'acte qu'il passe; ce mot est de rigueur dans tous les actes où l'acceptation est nécessaire, il ne peut être suppléé par aucun autre; ainsi une donation seroit nulle, si l'acceptation n'y étoit pas clairement exprimée par le mot *acceptant*. Quoique dans les donations mutuelles, entre conjoints, la présence des deux parties paroisse suffisante, & que la réciprocité fasse une espèce d'acceptation, les notaires ont coutume d'ajouter : *ce acceptant réciproquement par le survivant.*

ACCEPTATION, s. f. (*Droit eccléf. Droit civil. Commerce.*) ce mot vient du latin *acceptatio*. C'est en général l'action de recevoir & agréer ce qui est offert, proposé, ou donné; dans tous les actes l'*acceptation* est nécessaire, parce qu'elle donne la perfection à l'acte, en manifestant l'intention de celui à qui on donne ou on propose quelque chose.

Le mot *acceptation* s'applique en droit à une infinité d'actes, qui déterminent & nécessitent souvent cette formalité; on accepte les bénéfices ecclésiastiques, les bulles, brefs & décisions de la cour de Rome, les bénéfices du prince, les fiefs, les communautés, les successions, les donations, les tutèles, les transports, les lettres-de-change.

Nous traiterons de ces différentes acceptations suivant l'ordre alphabétique dans lequel elles se présentent.

Acceptation en matière bénéficiale & canoniale : elle doit être considérée sous trois rapports différens; l'*acceptation* des bénéfices, l'*acceptation* de la règle de chancellerie romaine sur l'alternative, & l'*acceptation* des bulles & décisions de la cour de Rome.

Acceptation des bénéfices. L'*acceptation* en matière bénéficiale est la déclaration expresse ou tacite, que fait un ecclésiastique pour manifester la volonté où il est d'accepter un bénéfice qui lui est conféré ou destiné. Les canonistes distinguent plusieurs espèces d'*acceptation*, qui ont rapport aux divers genres de vacance d'un bénéfice, ou à la nature des provisions, que l'on obtient pour le posséder : les unes sont expresses, les autres tacites; quelques-unes sont personnelles, d'autres sont réelles; on peut également accepter par soi-même, ou par un procureur. Dans le cas d'une résignation de bénéfice en cour de Rome, l'*acceptation* est expresse, lorsque le résignataire est présent à l'acte même qui contient la résignation, & qu'il l'accepte; elle est pareillement expresse, s'il l'accepte nommément par un acte subséquent; cette *acceptation* expresse a l'effet de lier l'acceptant au bénéfice, de manière que s'il venoit à mourir après l'obtention des provisions en cour de Rome, le bénéfice vaqueroit par sa mort.

L'*acceptation*, dans le cas d'une résignation, est tacite, lorsque le résignataire remet la résignation à un banquier, expéditionnaire en cour de Rome, & le charge de faire expédier des provisions en sa faveur; cette mission est une véritable *acceptation*, & manifeste le consentement du résignataire, puisque la supplique est présentée au pape en son nom, & que lui-même requiert la concession du bénéfice. On doit en dire de même de tous les genres de vacance, qui donnent lieu de demander des provisions en cour de Rome; l'*acceptation* tacite de l'impétrant est suffisamment prouvée, lorsqu'il a donné à un banquier la commission de lui obtenir la signature de Rome. L'*acceptation* est personnelle, lorsque le pourvu d'un bénéfice est présent à la collation qu'on lui en fait, & qu'il donne son consentement à la collation; ce consentement peut se donner avant les provisions, ou en même temps ou après; cette *acceptation* lie le bénéficier au bénéfice, & lui donne un droit acquis sur le bénéfice, ensorte qu'il pourroit le résigner avant d'en avoir pris possession; car ce n'est pas tant par la possession, que par le titre, qu'on doit estimer le droit du bénéficier. Aussi Duperrai dit avec raison, que l'*acceptation* personnelle couvre la vacance de droit.

L'*acceptation* réelle s'opère par la prise de possession avec les formalités requises, elle remplit la vacance de fait, & oblige aux charges du bénéfice; c'est l'exécution du titre.

Nous avons dit que l'*acceptation* expresse d'une résignation donnoit au résignataire tout le droit au bénéfice résigné, ensorte que s'il venoit à décéder après l'obtention des provisions, le bénéfice vaqueroit par sa mort : ce que nous disons à cet égard est conforme à la jurisprudence du parlement, fondée sur l'article 20 de l'édit du contrôle. Au grand-conseil, on juge que le résignant n'est point dépossédé par l'*acceptation* du résignataire, ni par l'obtention des provisions, mais par la prise seule de possession; cette jurisprudence est fondée sur la modification qu'il a apposée à l'enregistrement de cet article de l'édit, qui porte : *à la charge que pour les résignations faites en faveur, le résignant ne sera privé de son droit, qu'après la prise de possession du résignataire.*

Dans le cas d'une résignation avec réserve de pension, il faut que l'*acceptation* du résignataire soit expresse, parce qu'elle ne peut être exigée qu'au moyen d'une convention certaine : c'est la disposition précise d'une règle de la chancellerie romaine, qui est si exactement suivie, que dans le cas où le résignataire n'a pas été présent à l'acte de résignation, & n'a pas consenti à la réserve de la pension, il faut demander une dérogation à la règle, qui ne souffre jamais de difficulté, lorsque le résignant est paisible possesseur; mais il en seroit autrement si le bénéfice étoit litigieux, & qu'il voulût résigner ses droits; il faut alors une *acceptation* expresse du cessionnaire, qui ne peut être chargé d'un procès & d'une pension sans son consentement.

Nous avons dit qu'on pouvoit accepter un bénéfice ou par soi-même ou par procureur, dans ce cas, il suffit d'une procuration générale, dans laquelle il soit fait mention d'*acceptations* de bénéfice, quoiqu'on n'y ait pas déterminé la nature & la qualité du bénéfice qui est à accepter; mais la procuration doit être spéciale, lorsqu'il s'agit de bénéfice incompatible, ou de bénéfice conféré en vertu d'indult ou de grade; le fondé de procuration peut être indifféremment laïque ou ecclésiastique, il n'y auroit qu'une raison de bienséance qui pourroit faire préférer l'un à l'autre.

L'*acceptation* d'un bénéfice électif-confirmatif est absolument nécessaire pour la validité de l'élection: si l'élu est absent, on lui accorde un mois pour donner son consentement & son acceptation, lorsqu'il s'agit d'une véritable prélature, telle qu'un évêché ou une abbaye; & s'il diffère plus longtems, il perd son droit; s'il s'agit de l'élection à un bénéfice du second ordre, comme d'une dignité d'une église cathédrale ou collégiale, le droit ne détermine pas le temps dans lequel l'élu doit accepter; mais si ceux qui en ont le pouvoir, lui en prescrivent un certain & déterminé, il est obligé de s'y conformer; néanmoins il peut encore valablement accepter, après l'expiration du délai fixé, pourvu qu'on n'ait pas fait une nouvelle disposition en faveur d'un autre.

Lorsqu'un bénéfice est conféré à un absent, qui ne l'a point requis, il faut que son *acceptation* soit prouvée, & manifestée par un acte, qui fasse connoître son intention d'une manière certaine; pour cet effet, il est nécessaire que son *acceptation* ou sa répudiation soit faite par lui ou son fondé de procuration, par un acte devant notaire, à moins qu'il ne prenne réellement possession du bénéfice qu'on lui a conféré.

Suivant les dispositions du droit canon, le pourvu d'un bénéfice par un collateur ordinaire, a trois ans pour accepter ou répudier sa nomination, ensorte que pendant cet espace de temps, le collateur ne peut plus disposer du bénéfice, en faveur d'un autre, au préjudice du nommé, s'il n'y consent; l'usage a cependant introduit qu'après l'expiration des six premiers mois, le collateur pouvoit sommer le collataire d'accepter ou de répudier sa nomination, & de lui prescrire un nouveau délai, à l'expiration duquel, le collateur peut librement conférer à un autre; mais jusqu'à ce qu'il l'ait fait, le collataire peut toujours accepter valablement, & il n'est pas permis au collateur de pourvoir après cette *acceptation*, par une nouvelle nomination; par la raison que, suivant la clémentine unique au titre *de renuntiat.* que nous suivons en France, le collateur ordinaire ne peut plus varier, lorsque la collation est faite & acceptée, sans distinguer si elle a été faite à une personne digne ou indigne. Si elle est faite à une personne digne, l'*acceptation* a acquis au pourvu un droit sur le bénéfice, dont il ne peut être dépouillé; si elle a été faite à un indigne, le collateur est privé pour cette fois de son droit de nomination, qui passe à son supérieur.

Si le pourvu d'un bénéfice renonce à la nomination faite en sa faveur, le droit de nommer appartient au collateur ordinaire, qui peut pourvoir légitimement après la répudiation du nommé; mais il faut remarquer que la répudiation faite après les six mois, n'empêche pas la prévention qui reste seulement en suspens, jusqu'à la répudiation; il n'y a que le collataire, & non le collateur qui puisse opposer au préventionnaire que le bénéfice est rempli; & cela, pour éviter le scandale qui résulteroit de la liberté qu'on laisseroit aux collateurs de faire un trafic honteux des bénéfices: la jurisprudence des arrêts exige que le collateur, qui confère à un absent, lui donne dans les six mois, avis de sa nomination au bénéfice, & le somme de l'accepter: autrement la collation qu'il a retenue par devers lui sans la notifier, paroît suspecte de fraude & de collusion.

La résignation pure & simple, qu'on appelle *démission*, opère une vacance entière & consommée du bénéfice, dès le moment qu'elle est admise par le collateur, soit qu'il l'accepte sans pourvoir au bénéfice, soit qu'il le confère en acceptant. A l'égard des bénéfices consistoriaux, la démission en faveur, ou pour permutation, ou pour cause de translation, fait vaquer le bénéfice dès qu'elle est acceptée par le roi.

Acceptation de l'alternative. On entend par l'*acceptation* de l'alternative, dans les provinces de France, qu'on appelle pays d'obédience, telles que la Bretagne & le Roussillon, le droit que le pape accorde aux évêques de nommer alternativement avec lui, aux bénéfices de leurs dépendances: cette grace a été accordée pour engager les évêques à la résidence; & suivant la rigueur des règles de la chancellerie romaine, il faut que les évêques pour en jouir l'aient demandée & acceptée, & qu'ils résident effectivement dans leurs diocèses, la plus courte absence les prive de ce droit; mais nous n'avons pas suivi dans notre jurisprudence cette sévérité, l'absence d'un évêque pour le bien de son diocèse, ou pour le service du roi, ne lui ôte pas le droit de conférer suivant la règle de l'alternative: la raison en est sensible; elle consiste en ce que le pape jouit du privilège de l'alternative en Bretagne, non en vertu de la règle de chancellerie *de alternativa*, mais par des lettres-patentes de Henri II de 1553, qui autorisent cette prétention du pape dans cette province.

Nous traiterons plus au long sous le mot ALTERNATIVE, ce qui a rapport à cette règle de chancellerie romaine; nous nous contenterons de remarquer ici, qu'elle doit être acceptée par les évêques; que cette *acceptation* se fait par des lettres signées de leur main, & scellées de leur sceau, qu'ils envoient au cardinal dataire, qui leur fait passer en réponſe un acte qui conſtate l'enregiſtrement de leur *acceptation*.

Si l'*acceptation* ſe fait dans un mois apoſtolique commencé, il continue au profit du pape juſqu'à la fin, & l'évêque acquiert le droit de conférer, à commencer du premier du mois ſuivant; les mois commencent & finiſſent à minuit : ceux du pape ſont janvier, mars, mai, juillet, ſeptembre & novembre : ceux des évêques ſont février, avril, juin, août, octobre & décembre.

La conceſſion de l'alternative étant une grace, les officiers de la cour de rome ont prétendu qu'elle ne pouvoit s'étendre au-delà de la vie du pape qui l'avoit accordée, parce qu'il eſt de principe que toutes les règles de la chancellerie expirent avec le pape. On n'admet point en Bretagne cette prétention, & on y regarde comme conſtant que l'effet de l'alternative dure pendant toute la vie de l'impétrant, s'il n'y déroge; mais l'acte d'enregiſtrement de l'*acceptation* de l'alternative, & les atteſtations des banquiers, doivent être enregiſtrés au greffe de cette province.

Acceptation des bulles, & décisions de la cour de Rome. L'*acceptation* des bulles & déciſions de la cour de Rome, eſt une adhéſion aux conſtitutions des papes, qui témoigne qu'elles ont été reçues & déclarées obligatoires.

Suivant les ſaints canons, & la doctrine conſtante de l'égliſe de France, clairement exprimée dans le quatrième article de la déclaration du clergé de 1682, le pape a la principale part dans la déciſion des queſtions de foi; ſes décrets doivent regarder les égliſes en général, & chaque égliſe en particulier; mais ſon jugement n'eſt irréformable qu'après l'intervention du conſentement des égliſes & de leurs paſteurs.

D'après ces principes, les évêques de France ſont en droit & en poſſeſſion de n'accepter & de ne recevoir aucune déciſion de la cour de Rome, qu'après les avoir examinées, & les avoir jugées conformes à la foi & à la tradition; elles ne deviennent des règles de créance, qu'après qu'elles ont été approuvées par le jugement des évêques : ces maximes ſont autoriſées par les anciens conciles, & par des délibérations des aſſemblées, ſoit générales, ſoit provinciales du clergé de France; on peut en voir le détail dans l'ouvrage de Boſſuet, qui a pour titre : *la défenſe des quatre articles du clergé, arrêtés en 1682*.

En ce qui concerne les déciſions dogmatiques, les canoniſtes diſtinguent deux ſortes d'*acceptation*, l'une ſolemnelle, & l'autre tacite; l'*acceptation* ſolemnelle eſt un acte formel par lequel l'acceptant déclare qu'il profeſſe les dogmes contenus dans la déciſion, ou qu'il rejette les erreurs qu'elle condamne; on appelle *acceptation* tacite, l'acquieſcement qu'on préſume donné par ceux que la déciſion ne regardoit pas particuliérement, lorſqu'ils n'ont fait paroître aucune eſpèce d'improbation contre cette déciſion.

En France, outre l'*acceptation* des évêques d'un jugement du pape, il faut pour lui donner force de loi, & le rendre obligatoire, qu'il ait été accepté par le roi, & cette *acceptation* eſt préſumée par les lettres-patentes dont il fait revêtir le jugement du pape, & qu'il envoie dans les cours ſouveraines, pour y être enregiſtrées; l'*acceptation* des évêques ſans celle du roi, eſt inſuffiſante pour autoriſer en France une déciſion du pape.

Acceptation de communauté. Il y a communauté de biens entre conjoints par mariage, lorſque la coutume, ou le contrat de mariage ne porte pas de ſtipulation contraire, & cette ſociété ſe diſſout par la mort de l'un d'eux; dans ce cas, les biens qui la compoſent ſe diviſent de telle manière que la moitié en appartient au ſurvivant, & l'autre moitié aux héritiers du prédécédé.

Il faut obſerver d'abord qu'il n'y a que la femme ou ſes héritiers, qui puiſſent accepter la communauté, parce qu'ils ont ſeuls le droit d'y renoncer: le mari & ſes héritiers n'ont pas cette option; le mari étant le ſeul adminiſtrateur, & le maître véritable de la communauté, ne peut pas être admis à renoncer à ſon propre bien; la diſſolution de la ſociété ne change rien à ſa qualité de propriétaire; ſes héritiers ne peuvent pareillement y être admis, parce qu'ils exercent les mêmes droits que le mari auquel ils ſuccèdent.

L'*acceptation* de la communauté de la part de la femme ou de ſes héritiers, eſt l'acte par lequel elle déclare qu'elle accepte la communauté qui a ſubſiſté entre elle & ſon mari; ſon effet eſt que la femme ou ſes héritiers prennent la moitié des biens qui la compoſent, & ſoient tenus de la moitié des dettes dont elle eſt chargée.

L'*acceptation* de la communauté peut être expreſſe ou tacite.

L'*acceptation* ſera expreſſe ſi, après le décès du mari, la femme ſigne un acte quelconque où la qualité de commune lui ſoit attribuée.

L'*acceptation*, au contraire, ſera tacite lorſque la femme aura, par quelque fait, manifeſté l'intention d'être commune. Tel ſeroit le cas où, après la communauté diſſoute, la femme en acquitteroit quelque dette ſans y être perſonnellement obligée. Il en ſeroit de même ſi elle diſpoſoit de quelques effets de la communauté. Cette juriſprudence dérive, ſelon la remarque de Renuſſon, d'une diſpoſition de l'article 237 de la coutume de Paris, qui forme le droit commun ſur cette matière. Suivant cette loi, la femme ne peut être admiſe à renoncer à la communauté qu'autant que *les choſes ſont encore entières*, c'eſt-à-dire, qu'elle ne s'eſt aucunement immiſcée dans la geſtion des effets communs.

Obſervez toutefois qu'on ne regarderoit pas comme une *acceptation* de la communauté les actes par leſquels la veuve n'auroit eu d'autre objet que la conſervation des effets laiſſés par le défunt, ou d'empêcher des pertes auxquelles elle auroit donné lieu par ſon inaction. Ainſi les paiemens qu'une femme feroit à des ouvriers qu'elle auroit employés à conserver les effets de la communauté, la continuation du commerce du défunt pour éviter le discrédit, & d'autres actes semblables, ne pourroient être légitimement opposés à cette femme pour la faire déclarer déchue du droit de renoncer à la communauté. Divers arrêts cités par Lebrun & par Renusson appuient cette doctrine.

Au reste une femme qui n'est pas déterminée à accepter la communauté, & qui veut éviter toute discussion avec les créanciers ou les héritiers du défunt, doit avoir la prudence de ne s'immiscer en rien dans la gestion des effets de la communauté, même pour la conservation de ces effets, qu'auparavant elle n'ait obtenu une autorisation du juge à cet égard.

Après le décès de l'un des conjoints, qui donne lieu à la dissolution de la communauté, le survivant doit faire inventaire dans les trois mois, & la femme ou ses héritiers ont encore quarante jours pour délibérer sur la qualité qu'ils veulent prendre; mais ce délai n'est pas fatal; & tant que la femme ou ses héritiers ne sont pas poursuivis pour faire leur choix, ils sont toujours à temps de le faire, pourvu que les choses soient encore entières.

En effet, la femme ou ses héritiers ne peuvent avoir le droit d'accepter la communauté ou d'y renoncer, qu'autant qu'ils n'ont pas consommé leur choix; car aussi-tôt qu'ils ont pris l'un des deux partis, ils ne peuvent plus varier. C'est ce que Charondas a fort bien remarqué sur l'article 237 de la coutume de Paris.

Observons néanmoins, avec Pothier, que dans le cas où la personne qui a renoncé à la communauté, n'a pas encore atteint l'âge de majorité, elle peut, en prenant des lettres de rescision, se faire restituer contre sa renonciation, & en conséquence accepter la communauté & en demander le partage.

Il en seroit de même si la femme ou ses héritiers n'avoient renoncé à la communauté que par erreur, soit parce qu'on leur auroit caché les effets ou la valeur de la communauté, soit parce qu'on auroit supposé des créanciers imaginaires. C'est ce qui résulte d'un arrêt du 14 juillet 1584, rapporté par Charondas en ses réponses, & par Tournet sur l'article 236 de la coutume de Paris.

Quoique régulièrement la femme ou ses héritiers ne soient plus recevables à accepter la communauté après y avoir renoncé, cependant si cette renonciation avoit été faite pour frustrer leurs créanciers, ceux-ci seroient admis à la faire déclarer frauduleuse, & à demander la part qui peut appartenir à leurs débiteurs dans les biens de la communauté. Cette doctrine est fondée sur différens arrêts, & sur l'article 278 de la coutume de Normandie.

C'est d'après les mêmes principes que par arrêt du 5 avril 1677, le parlement de Paris a jugé que les créanciers d'une femme pouvoient renoncer pour elle à la communauté, & en renonçant à reprendre ce qu'elle avoit mis dans cette communauté.

On doit regarder comme une *acceptation* de la communauté, de la part de la femme, l'acte par lequel elle cède ses droits à des étrangers.

Il en seroit de même de la renonciation que la veuve feroit à la communauté en faveur de l'un des héritiers du mari préférablement aux autres: une telle renonciation seroit une vraie cession faite à cet héritier du droit de la veuve dans la communauté. Ainsi cette veuve n'abdiqueroit pas simplement son droit, elle en disposeroit encore, & par conséquent elle feroit un acte dont il faudroit induire l'*acceptation* de la communauté, puisque personne ne peut disposer que de ce qui lui est acquis. Mais il en seroit autrement si la renonciation étoit en faveur des héritiers du mari indistinctement: cet acte ne pourroit être considéré que comme une simple renonciation, & ne pourroit pas faire supposer l'*acceptation* de la communauté, quand même la veuve auroit reçu de l'argent pour cette renonciation. C'est ce qu'a fait observer Pothier dans son traité de la communauté; conformément au principe établi dans la loi 24, *ff. de acq. vel omitt. hæred.* qui déclare que celui qui reçoit de l'argent, pour ne pas accepter une succession, n'est pas censé être héritier. *Qui pretium omittendæ hæreditatis causâ capit, non videtur esse hæres.*

On a douté autrefois si la femme, craignant que les dettes de la communauté n'en excédassent les biens, pouvoit se déclarer commune par bénéfice d'inventaire, pour n'être tenue des dettes que jusqu'à concurrence des biens de la communauté. Mais la question a été décidée par un arrêt du parlement du 8 mars 1605, qu'on trouve dans les centuries de le Prêtre. La cour, par cet arrêt, déclara nulle l'*acceptation* par bénéfice d'inventaire qu'une femme avoit faite de la communauté, & ordonna que ce même arrêt seroit publié au siège de Meaux, à la diligence du substitut du procureur-général. On avoit déjà jugé de même par un autre arrêt du 4 juillet 1598, rapporté dans les plaidoyers de M. Servin.

La raison de cette jurisprudence, est que le bénéfice d'inventaire n'a été établi par l'empereur Justinien qu'en faveur des héritiers, & que nous ne l'avons pareillement admis que pour les successions, & non pour les communautés de biens que notre droit coutumier a introduites entre les maris & les femmes: & que la loi leur accorde un nouveau secours, en leur donnant le bénéfice de n'être tenu des dettes de la communauté, que jusqu'à concurrence des biens qu'ils ont reçus.

Un arrêt du parlement de Paris du 14 février 1701, ordonne que les notaires ou greffiers qui recevront des actes d'*acceptation* de communauté en garderont minute. Ces actes sont sujets au contrôle dans la quinzaine de leur date, mais ils ne doivent pas être insinués.

Acceptation des donations. C'est le consentement que donne le donataire à la donation qui lui est faite.

Suivant l'ordonnance du mois de février 1731, l'*acceptation* de la part du donataire est tellement essentielle dans les donations entre-vifs, que celles même qui seroient faites en faveur de l'église, ou pour cause pie, ne peuvent engager le donateur, ni produire aucun autre effet, que du jour qu'elles ont été acceptées par le donataire ou par son fondé de procuration générale ou spéciale, laquelle procuration doit demeurer annexée à la minute de la donation.

Si le donataire est absent, & que la donation ait été acceptée par quelqu'un qui ait déclaré se porter fort pour lui, elle n'aura d'effet que du jour de la ratification expresse faite par le donataire par acte passé devant notaire, & dont il doit rester minute.

Autrefois le notaire acceptoit pour le donataire absent, mais l'ordonnance citée défend à tous notaires ou tabellions de faire ces sortes d'*acceptations*, à peine de nullité.

L'*acceptation* doit être expresse, sans que les juges puissent avoir égard aux circonstances dont on prétendroit induire une *acceptation* tacite; & cela quand même le donataire auroit été présent à l'acte de donation, & qu'il l'auroit signée, ou qu'il seroit mis en possession des biens donnés.

L'ordonnance n'a pas fixé le temps dans lequel une donation doit être acceptée; mais il faut qu'elle le soit avant la mort du donateur, autrement elle devient nulle.

Lorsque l'*acceptation* est donnée par un acte différent de la donation, elle doit être reçue pardevant notaire, qui en garde minute.

Lorsque le donataire est mineur de vingt-cinq ans, ou interdit par autorité de justice, l'*acceptation* peut être faite pour lui par son tuteur ou curateur, ou par son père, sa mère ou autres ascendans, même du vivant du père ou de la mère, sans qu'il soit besoin d'aucun avis de parens pour rendre l'*acceptation* valable.

Les donations faites aux hôpitaux, & autres établissemens de charité, doivent être acceptées par les administrateurs; & celles qui sont faites pour le service divin, pour fondations particulières, ou pour la subsistance & le soulagement des pauvres d'une paroisse, doivent être acceptées par le curé & les marguilliers, autrement elles sont déclarées nulles, quand bien même les administrateurs ou marguilliers auroient parlé dans l'acte; car il suffit qu'il n'y soit pas déclaré qu'ils ont accepté la donation, pour qu'elle soit sans effet; parce que l'*acceptation* est une condition essentielle, & fait partie de la substance d'une donation, dont l'acte ne reçoit sa perfection que par l'*acceptation* du donataire, qui seule dépouille le donateur de la propriété des choses données.

Les femmes mariées, même celles qui seroient non-communes en biens, ou qui auroient été séparées par sentence ou arrêt, ne peuvent accepter aucune donation entre-vifs sans être autorisées par leurs maris, ou par justice, à leur refus: cette autorisation ne seroit cependant pas nécessaire pour les donations qui seroient faites à la femme à titre de *paraphernal*, dans les pays où les femmes peuvent avoir des biens de cette qualité.

Il y a encore plusieurs sortes de donations, dans lesquelles l'*acceptation* n'est pas nécessaire; savoir,

1°. Celles qui sont faites par contrat de mariage aux conjoints, ou à leurs enfans à naître, soit par les conjoints même, ou par les ascendans ou parens collatéraux, même par des étrangers.

2°. Lorsque la donation est faite en faveur du donataire & des enfans qui en naîtront, ou que le donataire est chargé de substitution au profit de ses enfans ou autres personnes nées ou à naître, elle vaut en faveur de ces enfans ou autres personnes, par la seule *acceptation* du donataire, encore qu'elle ne soit pas faite par contrat de mariage, & que le donateur soit un collatéral ou un étranger.

3°. Dans une donation faite à des enfans nés & à naître, l'*acceptation* faite par ceux qui étoient déjà nés au temps de la donation, ou par leurs tuteurs ou curateurs, père, mère ou autres ascendans, vaut également pour les enfans qui pourront naître dans la suite, encore que la donation ne soit pas faite par contrat de mariage, & que le donateur soit un collatéral ou étranger.

4°. Les institutions contractuelles & les dispositions à cause de mort, qui seroient faites dans un contrat de mariage, même par des collatéraux ou par des étrangers, ne peuvent pareillement être attaquées par le défaut d'*acceptation*.

5°. L'*acceptation* n'est point requise dans les contrats portant création de rentes perpétuelles ou viagères, quoiqu'ils contiennent des donations au profit de ceux sur la tête desquels les rentes sont constituées, ou même au profit d'autres personnes qui n'en ont pas fourni la valeur. La chambre des comptes de Paris a rendu à cet égard le 17 juin 1758, un arrêt qui porte que les contrats de rentes viagères & de tontines constituées au profit d'un tiers, seront exécutés comme ils l'ont été jusqu'à présent, sans être assujettis à l'*acceptation* ni à l'insinuation.

Les mineurs, les interdits, l'église, les hôpitaux, les communautés, ou autres qui jouissent des privilèges des mineurs, ne peuvent être relevés du défaut d'*acceptation* des donations entre-vifs; ils ont seulement leur recours, tel que de droit, contre leurs tuteurs, curateurs, ou autres personnes qui ont pu être chargées de faire l'*acceptation*. Mais la donation ne doit point être confirmée sous prétexte de l'insolvabilité de ceux contre lesquels ce recours est donné.

Acceptation en matière féodale. Lorsque dans le partage d'une communauté, acceptée par la femme il se trouve des fiefs acquis par le mari, on demande si la femme est tenue de payer le rachat de ces fiefs pour la moitié qui lui revient.

Les coutumes de Paris, d'Anjou & du Maine décident formellement que la femme ne doit aucun profit de rachat pour raison de la moitié du fief qui lui appartient, parce que l'*acceptation* de la femme ne lui acquiert pas un droit nouveau, ce n'est qu'une simple déclaration de sa volonté; la moitié du fief est censée lui appartenir du jour de l'acquisition faite par le mari, son droit étoit entier avant son *acceptation*, il étoit seulement suspendu jusqu'à ce moment: & comme il n'y a pas de mutation dans sa propriété, il ne peut y avoir ouverture au droit de rachat.

Il n'y auroit pas même lieu à ce droit s'il n'y avoit qu'un fief dans la communauté, & qu'il fût échu à la femme par la voie de la licitation, parce qu'elle ne produit aucun droit de lods & ventes, qu'elle n'a été introduite que pour faciliter les partages, & que l'adjudicataire est censé posséder tout l'héritage licité au même titre qu'il possédoit la partie indivise qui lui appartenoit de son chef.

Dans la coutume de Paris, la femme n'est pas même tenue de porter la foi & hommage de la portion de fief qu'elle acquiert par l'*acceptation* de la communauté, elle est acquittée de ce devoir, par celle que son mari a portée lors de l'acquisition. Dans les coutumes d'Anjou & du Maine elle est obligée à la prestation de la foi & hommage.

Acceptation d'une succession. La loi naturelle & civile appelle les enfans & les parens d'un défunt à la succession des biens qu'il laisse au jour de son décès; & suivant la règle générale de notre droit François, *le mort saisit le vif, son plus prochain héritier, habile à lui succéder:* mais cette règle ne doit jamais s'entendre qu'avec une seconde qui dit *que nul n'est héritier, qui ne veut.* De-là il suit que nous ne connoissons pas, parmi nous, comme chez les Romains, d'héritiers nécessaires, & que pour être héritiers, il faut accepter cette qualité.

L'*acceptation* de succession est ou expresse, ou tacite. Elle est expresse lorsque l'héritier appellé par la loi, déclare pardevant notaire, ou par un acte au greffe, ou en jugement, qu'il accepte la succession dont est question. Elle est tacite lorsqu'il s'immisce dans l'administration des biens du défunt, qu'il dispose des effets de la succession, qu'il en reçoit les revenus, qu'il en paie les dettes. Ces actes équipollent à une *acceptation* juridique, à moins que celui qui les fait n'ait une autre qualité suffisante pour en agir ainsi, & qu'il n'eût déclaré expressément qu'il n'entend nuire, ni préjudicier au droit qu'il a d'accepter ou de répudier la succession.

L'*acceptation* d'une succession ne donne à l'héritier aucun droit nouveau, elle n'ajoute aucun droit réel à celui qu'il avoit antérieurement; c'est une simple déclaration de l'exercice du droit qui lui étoit acquis; elle a un effet rétroactif au jour de l'ouverture de la succession, & l'héritier est censé héritier dès ce moment-là.

L'*acceptation* a trois qualités, elle est irrévocable, universelle & indivisible. Ainsi l'acceptant ne peut plus renoncer à la succession; car, dit la loi 4, *c. de repud. vel abst. hæred.* Celui qui est une fois héritier ne peut plus cesser de l'être. *Qui semel hæres, semper hæres:* il n'est pas aussi en son pouvoir d'accepter la succession pour une partie, & d'en répudier une autre, parce que sa qualité est indivisible; & par la raison qu'elle est universelle, il est à la place du défunt, & succède à tout le droit qui lui appartenoit, il est chargé de toutes ses dettes, & ses engagemens sont devenus les siens propres.

Un mineur peut être relevé de l'*acceptation* qu'il auroit faite d'une succession, pourvu qu'il réclame dans les dix ans de sa majorité, & qu'il prouve qu'il a été lésé par son *acceptation.* On pourroit encore restituer un majeur contre une *acceptation*, lorsqu'il survient des dettes considérables, qu'on ne pouvoit pas connoître dans le temps de l'ouverture de la succession. C'est l'espèce d'un arrêt du parlement de Provence du 22 juin 1713, où il s'agissoit d'une dette considérable, qui ne fut découverte que 27 ans après l'*acceptation* pure & simple de la succession.

On peut accepter une succession sous bénéfice d'inventaire. Cette faculté introduite d'abord par l'empereur Gordien en faveur des soldats, qui étoient exposés à accepter des successions onéreuses, fut étendue par Justinien à tous les citoyens, en vertu d'une loi générale, qui est la dernière du code au titre *de jure deliber.* Nous l'avons admise dans notre jurisprudence, comme un privilège utile & nécessaire. Nous renvoyons l'explication de la forme & des effets de l'*acceptation* d'une succession sous bénéfice d'inventaire, au mot BÉNÉFICE D'INVENTAIRE.

Acceptation de transport & de délégation. C'est un acte par lequel un débiteur, pour se libérer envers son créancier de ce qu'il lui doit, ou d'une partie de sa dette, lui délègue & transporte une pareille somme, à prendre sur une autre personne, qui, par l'*acceptation* qu'elle fait de ce transport devient également le débiteur de celui au profit duquel le transport a été fait.

On distingue trois personnes dans cet acte, celui qui fait le transport, celui au profit de qui il est fait, & celui sur lequel on délègue; il ne reçoit sa perfection que par le consentement de ces trois personnes; & principalement par l'*acceptation* expresse de celui sur lequel il est fait, qui rend ce dernier véritablement débiteur du créancier à qui le transport a été fait. *Voyez* DÉLÉGATION, TRANSPORT.

ACCEPTEUR, adj. pris subst. (*Commerce.*) c'est celui qui s'engage à payer une lettre-de-change. Nous n'expliquerons pas ici tout ce qui concerne les lettres-de-change: cet objet trouvera naturellement sa place sous les mots CHANGE & LETTRE-DE-CHANGE: nous nous bornons en conséquence à traiter de l'acceptation d'une lettre-de-change, & des obligations que contracte l'*accepteur.*

Pour saisir aisément le sens de ce que nous allons dire, il est nécessaire de connoître précisément ce que c'eſt qu'un *accepteur*. Quoiqu'il puiſſe y avoir un grand nombre de perſonnes intéreſſées dans une lettre-de-change, & qu'on en diſtingue même huit eſpèces, que nous ferons connoître au mot LETTRE-DE-CHANGE, on en conſidère principalement trois, entre leſquelles toute la négociation d'une lettre-de-change peut être bornée : le tireur, c'eſt-à-dire celui qui fournit la lettre-de-change, & qui la tire ſur ſon correſpondant; le porteur, celui à qui la lettre-de-change eſt donnée, pour en recevoir le paiement, & à l'ordre duquel elle eſt tirée; l'*accepteur*, celui ſur lequel elle eſt tirée, & qui doit l'accepter & la payer enſuite.

Il eſt certain que dans le moment de la livraiſon de la lettre-de-change, il n'y a d'obligation réellement contractée qu'entre le tireur & le porteur; celui ſur qui elle eſt tirée n'eſt pas le débiteur du porteur, & ce dernier n'a aucune action pour exiger le paiement du montant de la lettre-de-change; il eſt néceſſaire, pour opérer l'obligation de celui ſur qui la lettre eſt tirée, en faveur du porteur, qu'il accepte cette lettre-de-change, & ce n'eſt qu'après ſon acceptation & à cauſe d'elle, qu'il devient, envers le porteur de la lettre, le principal obligé. L'acceptation eſt donc abſolument néceſſaire pour donner au porteur une action contre celui ſur lequel la lettre-de-change, dont il eſt porteur, eſt tirée.

Définition & forme de l'acceptation d'une lettre-de-change. On peut définir l'acceptation, l'acte par lequel une perſonne ſe rend débitrice d'une lettre-de-change, & s'oblige d'en payer la valeur au terme de ſon échéance.

L'accepteur devient le principal obligé. L'acceptation d'une lettre-de-change doit être faite par écrit, l'ordonnance du mois de mars 1673 ayant abrogé l'uſage de les accepter verbalement. L'acceptation doit auſſi ſe faire purement & ſimplement; car ſi on la fait conditionnellement, on peut la regarder comme un refus, & en conſéquence le porteur de la lettre-de-change eſt en droit de la faire proteſter. Telles ſont les diſpoſitions de l'article 2 du titre 5.

Pour remplir le vœu de cette loi, il ſuffit que celui qui accepte écrive au bas de la lettre le mot *accepté* avec ſa ſignature, & c'eſt ainſi qu'en uſent parmi nous les banquiers & les autres négocians: la bonne foi & la rapidité des affaires de commerce ont introduit cette forme ſimple, & néanmoins ſuffiſante; car ce mot, avec la ſignature de l'*accepteur*, ſe rapportant à tout le contenu de la lettre-de-change, ſuffiſent pour le temps de l'échéance & la quotité de ſa valeur.

La date de cette acceptation n'eſt pas néceſſaire, lorſque la lettre-de-change a une échéance fixe, parce que les dix jours pour le protêt courent du jour de l'échéance du terme fixé dans la lettre pour le paiement: mais ſi la lettre eſt à un certain nombre de jours de vue, comme à trois, ſix, douze, quinze, &c. il faut néceſſairement dater l'acceptation, afin qu'il conſte de l'époque à laquelle les jours de vue ont commencé de courir.

M. Pothier penſe, avec Dupuis de la Serra, que quand celui ſur lequel la lettre-de-change eſt tirée, eſt créancier du porteur de cette lettre, & qu'il met au bas, *accepté pour payer à moi-même*, cela ne doit point être regardé comme une acceptation conditionnelle, pourvu toutefois que la créance ſoit d'une ſomme liquide, & qu'elle ſoit échue ou doive échеoir au temps de l'échéance de la lettre. Le refus d'un paiement réel fait par cette ſorte d'acceptation, procédant de ce que le porteur eſt débiteur de celui ſur qui la lettre-de-change eſt tirée, il ne peut être exercé aucun recours contre le tireur qui a fourni la lettre. Cette forme d'acceptation eſt une véritable compenſation qui a lieu entre les négocians comme entre toute autre eſpèce de perſonnes; mais il eſt abſolument néceſſaire que la créance qu'on prétend compenſer ſoit liquide, & ſoit due au temps de l'échéance de la lettre-de-change; elle n'auroit pas lieu, ſi le porteur devoit à l'*accepteur* pour un temps plus éloigné; la loi la proſcrit dans ce cas, parce qu'on ne peut compenſer une dette qui n'eſt pas échue.

De même ſi un créancier du porteur de la lettre-de-change avoit fait ſaiſir entre les mains du négociant ſur qui elle eſt tirée, ce qu'il doit ou pourra devoir par la ſuite au porteur, le négociant doit alors accepter la lettre *pour payer à qui ſera par juſtice ordonné avec un tel ſaiſiſſant*. Le porteur ou propriétaire de la lettre ne peut ſe plaindre d'une telle acceptation, parce que c'eſt ſon fait qui donne lieu à la reſtriction qu'elle renferme. Tel eſt encore l'avis des auteurs qu'on vient de citer.

Savary, & après lui M. Jouſſe, ont prétendu que quand celui ſur qui une lettre-de-change étoit tirée, la retenoit ſous prétexte de l'avoir égarée ou autrement, & qu'il la rendoit enſuite au porteur ſans écrire au bas ſon acceptation, la lettre n'en étoit pas moins cenſée acceptée, enſorte que dans le cas de faillite du tireur, il devenoit lui-même débiteur de la lettre: mais c'eſt une erreur dans laquelle ces auteurs ont été entraînés pour n'avoir pas connu les motifs ſur leſquels étoit fondée la ſentence confirmée par arrêt, dont parle Dupuis de la Serra au chapitre 10 de ſon traité des lettres-de-change. Il ne faut appliquer ce préjugé qu'au cas où celui ſur qui la lettre eſt tirée, la retient par dol & dans la vue d'empêcher que le porteur n'agiſſe contre le tireur faute d'acceptation. Il ne peut avoir lieu, lorſque celui ſur qui la lettre-de-change a été tirée, la retient pour l'examiner, cette retenue ne peut jamais équivaloir à une acceptation: il y a même plus, c'eſt que l'*accepteur* eſt libre de rayer ſon acceptation, tant qu'elle reſte dans ſes mains, & ſans s'en être deſſaiſi en faveur du porteur: c'eſt la déciſion d'un parere de Lyon du 16 avril 1776.

On lit dans la collection de juriſprudence, que l'acceptation d'une lettre-de-change ne ſe préſume pas par le mot *vu*, & qu'il faut que l'acceptation ſoit expreſſe. C'eſt une erreur, & l'uſage dément cette aſſertion.

Il est certain que les lettres payables à six, douze ou quinze jours de vue ne s'acceptent que de cette façon ; c'est pourquoi le banquier ou négociant qui veut que son *vu* ne tienne pas lieu d'acceptation, doit s'en expliquer en écrivant sur la lettre ces mots, *vu sans accepter*.

Dans le cas d'une lettre-de-change tirée par un mari & acceptée par sa femme, celle-ci n'est point obligée, quoique l'acceptation n'ait eu lieu qu'en conséquence d'une lettre du mari. C'est ce que le parlement de Paris a décidé par arrêt du 13 août 1552, rapporté par Chopin. Le motif de cette décision fut que le mari ne pouvoit être déchargé par une lettre qu'on ne pouvoit regarder que comme une procuration donnée à sa femme pour négocier un effet commun.

Il n'est pas nécessaire de faire accepter les lettres qui sont payables dans un temps fixé : la raison en est que le délai pour les acquitter court jusqu'au moment où elles sont échues : cependant le porteur est intéressé à ne pas négliger cette acceptation, parce qu'elle lui donne un débiteur de plus. En effet, aussi-tôt qu'un banquier ou négociant a accepté une lettre-de-change, il ne peut pas se dispenser de la payer : en vain diroit-il que le tireur ne lui a point fait remettre de fonds, ou qu'il a fait banqueroute, il ne seroit pas écouté. Il s'est engagé par son acceptation ; & pour obtenir son indemnité, il n'a d'autre moyen que celui d'exercer son recours contre le tireur. Divers arrêts ont confirmé cette jurisprudence. Ainsi il importe de ne point accepter de lettres-de-change avant d'avoir reçu ce que les négocians nomment *provision*, c'est-à-dire, des deniers en suffisance pour acquitter ces lettres à l'échéance.

Le protêt faute d'acceptation doit être fait en même temps qu'on présente la lettre, lorsque celui sur qui elle est tirée refuse de l'accepter. Ce protêt a lieu tant pour les lettres-de-change payables à jour nommé, que pour celles qui sont à usances ou à un certain nombre de jours de vue. Il faut néanmoins observer que dans les endroits où l'on est dans l'usage de ne pas faire accepter, ou de ne le faire qu'après un certain tems, comme à Lyon, on doit s'en tenir exactement à ce qui s'observe dans ces places ; autrement un protêt fait au préjudice de cet usage seroit nul & ne produiroit aucun effet.

L'effet du protêt faute d'acceptation, est que le porteur de la lettre-de-change peut revenir contre le tireur, non pour lui faire rendre le montant de la lettre, parce qu'il ne peut exiger cette restitution qu'après avoir fait protester la lettre faute de paiement, mais seulement pour l'obliger à faire accepter cette lettre ou à donner caution que dans le cas où elle ne seroit point payée à son échéance, il rendra la somme avec les changes & rechanges, & frais de protêt, ce qui ne peut être refusé en justice.

Au reste, quoique le porteur d'une lettre-de-change puisse la faire protester faute d'acceptation aussi-tôt que celui sur qui elle est tirée refuse de l'accepter, il est néanmoins assez d'usage, pour l'avantage du commerce & pour faciliter le paiement des lettres à leur échéance, de ne point faire protester faute d'acceptation les lettres-de-change à usances ou qui ne sont point tirées à vue, ou à tant de jours de vue : on attend ordinairement que le temps du paiement de la lettre soit échu, parce que dans les entrefaites celui sur qui la lettre est tirée peut recevoir des fonds pour l'acquitter.

Effets de l'acceptation. Par l'acceptation, l'*accepteur* devient le principal débiteur de la lettre-de-change, ensorte que le tireur & les endosseurs ne sont plus que garans solidaires du paiement : il est tenu d'en payer le montant au terme de son échéance, & dans le lieu où elle est payable ; & faute par lui de la payer, il est tenu des frais de protêt, de voyage, de change & rechange, & des intérêts ; il ne peut même opposer que le tireur ne lui en a pas fourni les fonds, ou que depuis il a fait banqueroute ; en vain diroit-il aussi qu'il n'est que le commissionnaire du tireur, & que c'est en cette seule qualité qu'il a accepté. Son engagement existe non-seulement lorsqu'il est réellement débiteur du tireur, pour la valeur de la lettre-de-change, mais encore lorsqu'il a accepté volontairement, soit en vertu de la recommandation qui lui en a été faite au besoin, soit qu'il l'ait fait librement pour l'honneur de la signature du tireur ou de l'un des endosseurs. Son acceptation étoit un acte libre de sa volonté, qu'il étoit le maître d'accorder ou de refuser ; mais dès qu'une fois il l'a donnée, il s'est engagé & doit nécessairement payer, parce que son acceptation renferme vis-à-vis du porteur une obligation personnelle, qui subsiste indépendamment de la remise des fonds, & ne s'éteint pas par ce qui se passe entre le tireur & le porteur. Il n'y a que le dol & la fraude qui puissent faire restituer un *accepteur* contre son acceptation, parce qu'ils emportent la nullité des actes, dans lesquels ils se rencontrent, & auxquels ils ont donné lieu ; on ne prend pas de lettres de rescision en chancellerie, pour se faire restituer ; la sentence des juges-consuls suffit.

L'accepteur a son recours contre le tireur. L'*accepteur* a un recours certain contre le tireur, dans le cas où ce dernier ne lui a pas fourni les fonds nécessaires pour payer la lettre-de-change, ou qu'il n'est pas son débiteur pour raison d'autres affaires : celui qui a accepté par honneur pour la signature de l'un des endosseurs, a non-seulement le même recours contre le tireur, mais il a encore une action solidaire contre les endosseurs, parce qu'il est entiérement aux droits du porteur. Ces actions & ce recours ne peuvent souffrir la moindre difficulté, c'est en droit l'action justement accordée à celui qui paie justement pour un autre.

Il a privilège sur les choses du tireur qui sont entre ses mains. L'acceptation produit même, en faveur de l'*accepteur*, un privilège sur les choses qu'il a entre les mains, & qui appartiennent au tireur, jusqu'à concurrence de ce qui lui est dû, & de ce qu'il paie pour l'acquit de son acceptation, ensorte que si le tireur vient à faillir, il a un privilège incontestable sur les billets qu'il lui a remis entre les mains, pour lui servir de provision, ou sur les marchandises qu'il étoit chargé de vendre ; la raison en est qu'il n'est censé avoir accepté la traite du tireur, que sur la foi des marchandises ou effets qu'il avoit entre ses mains. Cette compensation jusqu'à due concurrence est légitime & conforme à l'usage du commerce.

L'accepteur est justiciable des consuls. De quelque qualité & condition que soit l'*accepteur* d'une lettre-de-change, il devient par-là même justiciable des consuls, & sujet à la contrainte par corps, à l'exception des septuagénaires, des filles & des femmes qui ne sont pas marchandes publiques, & des personnes constituées dans les ordres sacrés. Les mineurs banquiers, marchands ou financiers sont réputés majeurs pour le fait de leur commerce, & ils ne sont pas restituables contre l'acceptation qu'ils ont faite de lettres-de-change ; ils sont même sujets à la contrainte par corps, parce que le commerce détruit l'incapacité résultante de la minorité, & émancipe de la puissance paternelle. Mais il en doit être autrement d'un mineur *non marchand*, qu'on auroit engagé à tirer, endosser ou accepter une lettre-de-change. Le condamner & le contraindre par corps, ce seroit un moyen sûr de ruiner les jeunes gens de famille, qui se trouveroient chaque jour la dupe des usuriers & des faiseurs d'affaires, tandis que les loix de tous les pays, & de tous les temps ont veillé à la conservation de leur patrimoine.

L'acceptation donnée sur une fausse signature du tireur est nulle. Suivant un parère de Lyon du 3 janvier 1777, il paroît constant que l'acceptation donnée à une lettre-de-change, dont la signature du tireur a été depuis reconnue fausse, n'oblige pas l'*accepteur* à la payer : le porteur est obligé de souffrir la radiation de l'acceptation, sauf son recours contre ceux qui lui ont fourni la lettre-de-change. En effet, l'acceptation ne peut être relative qu'à la signature constante du tireur ; si elle est déclarée fausse, l'acceptation, dont elle étoit le fondement & le motif, devient nulle, & le porteur n'a aucun droit d'en exciper : il y a même plus, c'est que dans le cas où la lettre-de-change auroit été payée par l'*accepteur*, le porteur seroit tenu de le rembourser, le paiement en ayant été obtenu sur un faux titre : car c'est un principe incontestable que ce qui est faux ne peut produire aucun effet.

ACCEPTILATION, s. f. (*terme de Droit romain.*) C'est un paiement imaginaire qui s'opéroit en prononçant certaines paroles solemnelles, combinées contradictoirement avec l'obligation, dont le créancier accordoit la remise. Par exemple, le débiteur qui vouloit se libérer, interrogeoit le créancier & lui demandoit s'il ne tenoit pas pour reçu ce qu'il lui devoit, le créancier répondoit qu'il le tenoit pour reçu ; cette remise verbale avoit un effet réel, & libéroit entièrement le débiteur, quoiqu'il n'eût effectivement rien payé.

Les Romains connoissoient deux sortes d'*acceptilations*, la simple, & l'*acceptilation* aquilienne. L'*acceptilation* simple avoit été introduite pour éteindre les obligations contractées par la stipulation, qui, dans leur législation, étoit une forme de contracter par des paroles solemnelles, & qui consistoit dans l'interrogation & la réponse des parties contractantes.

L'*acceptilation* aquilienne, ainsi nommée de Gallus Aquilius qui l'avoit imaginée, avoit lieu pour libérer le débiteur de ce qu'il devoit pour toute autre cause que pour une stipulation ; pour qu'elle opérât la décharge du débiteur, le créancier demandoit à son débiteur, s'il ne promettoit pas de payer ce qu'il lui devoit pour différentes causes (dont on faisoit l'énumération), celui-ci répondoit, *je le promets* : ensuite le débiteur interrogeoit le créancier, & lui demandoit, *tenez-vous pour reçu tout ce que je viens de vous promettre ?* à quoi le créancier répondoit, *je le tiens pour reçu.* Ces paroles libéroient entièrement le débiteur.

L'*acceptilation* est différente de la quittance, en ce que par l'*acceptilation* le débiteur est entièrement libéré sans avoir rien payé, au lieu que la quittance n'opère sa décharge que lorsqu'il y a eu un paiement effectif. En effet, si le créancier restoit nanti de l'obligation, & qu'il prétendît n'avoir souscrit une quittance, que sur la foi d'un paiement futur, qu'il nieroit avoir reçu, le débiteur, nonobstant sa quittance, seroit dans la nécessité de prouver qu'il a réellement & de fait payé le contenu en son obligation.

Nous ne connoissons pas dans notre jurisprudence ces subtilités du droit romain, nous n'avons jamais reçu les obligations qui se contractoient parmi eux par la stipulation ; aussi l'*acceptilation* n'est-elle pas en usage dans la forme solemnelle qu'ils avoient introduite ; mais elle n'en subsiste pas moins par rapport à ses effets.

Il y a lieu à l'*acceptilation* toutes les fois qu'un créancier fait remise à son débiteur de sa créance, soit par un acte exprès, soit par une quittance dans laquelle il le décharge de sa dette sans en recevoir le paiement : c'est encore une véritable *acceptilation* lorsqu'un testateur déclare qu'il a reçu de son débiteur, ce qu'il n'a pas reçu, & veut que la promesse lui soit rendue : ou lorsqu'un créancier d'une dette sans titre, déclare qu'il a été payé, soit qu'il l'ait été effectivement, soit qu'il ne l'ait pas été.

L'*acceptilation* est une sorte de donation, mais elle n'est pas sujette aux formalités prescrites pour les donations proprement dites : la simple quittance ou la déclaration du créancier est suffisante, à moins qu'elle ne soit donnée pour frustrer des créanciers légitimes.

ACCEPTION, s. f. (*Jurisprud.*) Il y a deux sortes d'*acception*, celle des mots & celle des personnes.

Acception des mots. L'*acception* d'un mot est le sens qu'on lui donne, & que doit y attacher celui qui le lit, ou l'entend prononcer, s'il veut connoître la pensée de celui qui l'emploie.

Une langue pour être parfaite devroit avoir autant de mots différens, que celui qui la parle peut avoir d'idées différentes dans l'esprit : mais loin d'atteindre à cette perfection, nous sommes souvent forcés de donner plusieurs *acceptions* à un même mot. Pour remédier à cet inconvénient de toutes les langues, il est nécessaire de fixer la signification d'un mot par une définition qu'on appelle *nominale*, dont l'unique emploi est de fixer le sens, dans lequel celui qui parle prend le mot dont il se sert.

Les définitions sont principalement nécessaires dans les traités entre les souverains, dans les loix, les édits, déclarations, ordonnances, lettres-patentes, dans les rescripts, capitulations, conventions, dépêches des ambassadeurs, lettres, mémoires, négociations & manifestes. En un mot, dans tous les écrits qui émanent du gouvernement, il importe d'avoir égard à l'*acception* propre des mots, & lorsqu'elle n'est pas exacte & précise, il faut la fixer, parce que la moindre équivoque, un sens mal déterminé, un mot vague dans un traité, dans une convention, peuvent devenir une source de guerre entre les nations, & de contestations entre les particuliers.

La moindre ambiguité dans l'énoncé d'une loi, suffit à la mauvaise foi pour s'en prévaloir; elle peut être une occasion de faute pour un homme droit, mais peu éclairé; elle peut même embarrasser les juges dans certaines circonstances délicates, & rendre leurs décisions injustes.

Les jurisconsultes romains ont toujours eu l'attention de donner sur tous les mots, des définitions précises & exactes; & les compilateurs du digeste, pour parvenir plus sûrement à écarter toutes les ambiguités, ont fait un titre exprès de la signification des mots. Il seroit à souhaiter qu'on rendît le même service à notre jurisprudence françoise, & que le gouvernement chargeât des hommes versés dans la connoissance de la langue, de peser & de définir les mots des loix avec une attention & une prévoyance scrupuleuses, pour n'y rien laisser d'obscur & d'ambigu.

Acception des personnes. C'est ainsi qu'on appelle l'injuste préférence que l'on donne à une personne sur une autre. Les loix de tous les peuples du monde, enjoignent aux juges de rendre la justice sans *acception* de personne : le riche & le pauvre, le puissant & le foible doivent être égaux aux yeux du juge, comme ils le sont aux yeux de la nature; le juge devient un prévaricateur lorsqu'il a plus d'égard pour une personne que pour une autre. Il est également coupable lorsqu'entraîné par la faveur, ou par la crainte du ressentiment des grands & des riches, il n'oppose pas son autorité pour faire cesser l'oppression que souffrent les pauvres & les foibles : il l'est aussi lorsqu'il se laisse fléchir par des motifs de compassion en faveur du pauvre, de la veuve & de l'orphelin, dont la cause n'est pas juste.

Nos ordonnances sont pleines de dispositions, qui enjoignent aux juges de ne faire *acception* de personne. Celle de 1535 assujettit les juges à prêter serment qu'ils exerceront fidellement la justice sans *acception* de personnes, *non par prière, dons, ni argent, mais toutes haines, rancunes, amour, faveur, cessantes.* Celles de 1560 & de 1579 défendent à tous juges de recevoir des présens; & celle de 1446 leur défend de boire & de manger avec les parties, même leur enjoint de communiquer le moins qu'ils pourront avec elles. C'étoit pour remplir ce devoir essentiel que les membres du parlement de Paris avoient anciennement le respectable usage de ne point fréquenter les maisons des princes ni des grands.

Nos anciens jurisconsultes répètent à chaque page les maximes que nous venons de citer. Le juge, dit M. Jousse, est coupable de dol, toutes les fois qu'il juge par des motifs de faveur, de haine & d'intérêt; c'est ce qu'on appelle juger *per gratiam, aut inimicitiam, vel sordes*, & c'est ce qui peut donner lieu à la prise à partie contre le juge. Louis XIV donna un grand exemple à tous les juges de son royaume, lorsque dans une affaire importante, où il s'agissoit de son domaine, voyant que les opinions étoient partagées, il prononça lui-même sa condamnation; il faut bien, dit-il, que je sois mal fondé, puisque l'on doute.

L'église a toujours réprouvé l'*acception* des personnes, & c'est un vice contre lequel les canons ont toujours prononcé, soit pour les ordinations, les élections, les collations de bénéfice, soit même pour l'administration des choses spirituelles. Les règles prescrites par les canons sont si rigoureuses, qu'il n'est pas permis à un électeur de s'arrêter au choix d'une personne digne, lorsqu'il peut en choisir une plus digne. *Eligentes non salvant conscientiam suam, ubi potuerunt eligere meliorem, quia debent consulere ecclesiæ, meliori modo quo possunt. Cap. Ubi periculum, §. cæterum. X de appell.*

Malgré ces dispositions du droit, l'*acception* des personnes n'est pas toujours punie au for extérieur; elle ne l'est parmi nous dans les élections, & les collations de bénéfice, que quand l'élu ou le collataire a des qualités personnelles qui de droit le rendent indigne du choix qu'on a fait de sa personne, comme par exemple s'il étoit simoniaque ou bâtard : il faut même ajouter que les motifs de ceux qui l'ont choisi, quelque iniques qu'ils puissent être, ne peuvent lui nuire, qu'autant qu'ils sont prouvés judiciairement, & qu'ils sont tels que le choix paroisse illicite ou simoniaque.

Si les loix canoniques enjoignent aux électeurs & aux collateurs de choisir, pour remplir un bénéfice, le plus digne sans *acception* de personne, nous disons dans un autre sens, & nous tenons pour maxime générale de notre droit, que le pape ne peut faire *acception* de personne, entre ceux qui s'adressent à lui pour obtenir des provisions d'un bénéfice. C'est-à-dire que, suivant le privilège des François en cour de Rome, le pape est un collateur forcé, & qu'il est obligé de conférer les bénéfices qui lui sont demandés, à ceux qui les requièrent, sans avoir la liberté & le pouvoir de choisir entre les impétrans.

ACCÈS, f. m. (*Droit canonique.*) on exprime par ce mot le droit qu'on accorde pour l'avenir sur un bénéfice. Il ne faut pas confondre ce terme avec ceux d'ingrès & de regret, ce sont trois choses très-différentes, tant pour la cause que pour l'effet.

L'ingrès est le droit par lequel celui qui a résigné un bénéfice, avec stipulation de retour, peut rentrer dans ce même bénéfice, si le cas stipulé pour le retour arrive.

Le regret est le droit que donne à un résignant de rentrer dans le bénéfice qu'il a résigné, l'acte de révocation de la renonciation à son bénéfice.

L'*accès*, au contraire, est un droit accordé à quelqu'un, pour pouvoir posséder à l'avenir un bénéfice dont on ne peut pas encore lui donner la possession. La différence, disent les canonistes, qu'il y a entre le regret & l'*accès*, c'est que le regret *habet causam de præterito*, parce qu'il faut pour l'exercer, avoir eu droit au bénéfice, au lieu que l'*accès habet causam de futuro*. L'*accès* avoit anciennement lieu dans deux cas, lorsqu'on donnoit à un clerc la faculté de posséder un bénéfice après la mort du titulaire actuel, & c'est ce que nous appellons *coadjutorerie*, ou lorsque le pape accordoit des provisions d'un bénéfice à celui qui n'avoit pas la capacité requise par les canons, à l'effet de le posséder, lorsque l'incapacité cesseroit, & alors il en donnoit la garde à un autre, qui étoit obligé de le rendre à celui qui en avoit obtenu l'*accès*.

Le pape seul est dans l'usage de concéder le droit d'*accès*; cette manière de conférer les bénéfices étoit très-fréquente avant le concile de Trente: elle avoit souvent lieu en France lorsque les bénéfices ecclésiastiques étoient transmissibles, & devenoient quelquefois héréditaires, comme les bénéfices féodaux & les autres propriétés. Dans ces temps, lorsqu'on vouloit assurer à un enfant la possession d'un bénéfice, dont la foiblesse de son âge le rendoit incapable, le pape lui accordoit l'*accès* à ce bénéfice, & il commettoit un tiers pour le tenir, jusqu'à ce que le pourvu avec le droit d'*accès*, *cum jure accessûs*, pût valablement le posséder après la cessation de son incapacité. Ce tiers étoit appellé *custodi-nos*; effectivement il remettoit le bénéfice lorsque le pourvu avoit atteint l'âge requis par les canons, & celui-ci y entroit de plein droit, sans nouvelles provisions.

L'*accès* est encore en usage dans les pays d'obédience, où de tous temps les papes ont autorisé les *custodi-nos*, l'ingrès & les commendes; mais il n'a jamais été universellement approuvé: on peut voir dans les ouvrages de S. Bernard, avec quelle indignation il s'est élevé contre cet abus. Le concile de Trente, & Pie V, dans sa bulle de 1571, ont fait tous leurs efforts pour l'abolir. Les canonistes les plus célèbres, & entre autres, Van-Espen, regardent l'*accès* comme un abus contraire à la loi naturelle & à la loi divine, que la plus ancienne coutume ne sauroit légitimer.

Dans notre jurisprudence actuelle, nous supposons que le pourvu d'un bénéfice ne peut y être nommé que lorsqu'il a la capacité requise, & qu'il a atteint l'âge nécessaire pour le posséder, & nous suivons à cet égard la disposition du concile de Trente, & de la constitution de Pie V, & nous ne connoissons plus l'*accès* accordé à une personne pour posséder un bénéfice lorsqu'elle sera en âge. Notre usage accorde seulement au pape le droit de nommer des coadjuteurs aux archevêques & évêques, & aux abbés ou abbesses, encore ne doit-il donner une coadjutorerie, que dans le cas d'une nécessité pressante, & en connoissance de cause. Le coadjuteur *per modum accessûs* n'est pas proprement titulaire du bénéfice, ensorte qu'il ne vaque pas par son décès, mais par celui dont il est coadjuteur; il n'a pas ce que les jurisconsultes désignent par le *jus in re*, il a simplement le *jus ad rem*, c'est-à-dire qu'il a droit au bénéfice, lorsqu'il deviendra vacant, & qu'il a l'espérance de la succession future.

ACCÈS, *terme usité à la cour de Rome*, lorsqu'à l'élection des papes, les voix se trouvant partagées, quelques cardinaux se désistent de leur premier suffrage, & donnent leur voix à un sujet qui en a déjà d'autres, pour en augmenter le nombre. Ce mot vient du latin *accessus*, dérivé d'*accedo*, accéder, se joindre.

L'*accès*, dans ce sens, a aussi lieu dans l'élection d'un abbé ou d'une abbesse. Régulièrement, le scrutin une fois publié dans une élection, les électeurs ne peuvent plus varier; mais on a admis l'*accès* pour éviter les embarras d'une nouvelle élection. Il faut néanmoins observer que dans l'élection d'un abbé ou d'une abbesse, l'*accès* n'exclut pas les oppositions, mais qu'elle les exclut dans l'élection d'un pape, & que, dans ce dernier cas, suivant la constitution de Grégoire XV, l'*accès* doit se faire secrétement, & que cela n'est pas requis dans les autres élections. Nous observerons aussi que le mot *accès*, pris dans ce dernier sens, n'est pas entiérement exact, & que la plupart des jurisconsultes & des canonistes traduisent le mot latin *accessus* dans l'espèce d'une élection, par celui d'*accession*, qui paroît plus conforme à la nature des choses, & qui exprime, d'une manière plus précise, l'action par laquelle une partie des électeurs accède à l'avis de quelques autres.

ACCESSEURS, on nommoit ainsi les officiers préposés à la police des villes, qu'on a depuis appellés assesseurs. L'édit de 1692, en créant des maires perpétuels dans les villes & communautés, avoit aussi créé des assesseurs. *Voyez* ASSESSEURS.

ACCESSION, s. f. c'est en général l'union d'une personne, ou d'une chose à une autre, union par laquelle la chose ou la personne ajoutée, dépend de la personne, ou de la chose à laquelle elle a été unie.

Ce mot a rapport au droit naturel & des gens, au droit ecclésiastique & civil; c'est aussi un terme de palais. Nous allons parcourir ses différentes significations.

De l'accession, suivant le droit des gens. Dans ce sens, l'*accession* est le consentement par lequel une puissance, un souverain, entre dans un engagement déjà contracté entre d'autres puissances & d'autres souverains. *Voyez* ci-dessus ACCÉDER.

Lorsqu'un souverain a signé l'engagement par lequel il accède à un traité conclu entre d'autres puissances, il doit remplir les obligations qu'il s'est imposées, & auxquelles il se trouve assujetti par l'intérêt général & les circonstances. Mais malheureusement, dans les traités des souverains, comme dans toutes les conventions humaines, la foiblesse, l'intérêt du moment, des vues ultérieures, & des desseins secrets, soumettent l'exécution de l'engagement au retard, aux négligences, aux détours ; qui entraînent dans le fait une inexécution réelle, souvent funeste à tous. Que de maux on épargneroit à l'humanité, s'il existoit un tribunal où les nations intéressées pussent exiger l'exécution stricte des conventions, à l'abri desquelles la sûreté & la tranquillité des peuples devroient être inébranlables !

De l'accession suivant le droit ecclésiastique. Nous avons dit ci-dessus à l'article Accès, que dans l'élection d'un pape ou d'une abbesse, les électeurs pouvoient, après le scrutin, accéder à l'élection d'un de ceux qui se trouvoit désigné par le scrutin.

Régulièrement lorsqu'une élection a été commencée par la voie du scrutin, & qu'il a été publié, les électeurs ne peuvent plus varier, c'est-à-dire, qu'ils ne peuvent rien ajouter au scrutin, & qu'il est nécessaire d'en recommencer un nouveau, lorsque aucun des nommés par le premier scrutin, n'a le nombre de voix requis, pour être valablement élu.

On s'écarte de cette règle dans l'élection d'un pape, & le droit & l'usage ont admis cette exception dans l'élection des abbés & des abbesses; & lorsque l'élection a commencé par le scrutin, elle peut se finir par la voie de l'*accession*, qu'on appelle *quasi-inspiration*. Ainsi lorsque dans l'élection d'un pape, les cardinaux après la publication du scrutin, s'apperçoivent qu'aucun n'a assez de voix pour être élu, ils abandonnent cette voie, & prennent le parti de réunir leurs suffrages en faveur de l'un d'eux, & l'élire par forme d'*accession*.

Il est nécessaire de remarquer qu'une élection commencée par *inspiration*, ne peut pas se continuer par la voie du scrutin, quoique celle commencée par scrutin, puisse se confirmer & s'accomplir par l'*accession*, lorsque le scrutin se trouve interrompu, ou par égalité de voix ou autrement, parce que la voie d'*accession* peut bien être accessoire de celle du scrutin, qui est la principale; mais celle du scrutin ne peut pas être accessoire à celle de l'inspiration.

De l'accession suivant le droit naturel & civil. L'*accession*, disent les jurisconsultes, est une manière d'acquérir, qui dérive du droit naturel : elle est en même temps le titre, par lequel tout accessoire, augmentation ou dépendance d'une chose, est acquis de plein droit, à celui à qui la chose appartient, par la force, par la puissance même de la chose; & comme s'expriment les loix romaines, *vi ac potestate rei suæ.*

Une chose devient l'accessoire d'une autre, lorsqu'elle est produite par elle, ou qu'elle y est unie, ce qui peut arriver ou naturellement, ou par le fait de l'homme; d'où il suit que l'*accession* est ou naturelle ou industrielle, & cette dernière peut être fortuite ou l'effet de la volonté.

Notre législation & nos coutumes sont entièrement muettes sur l'objet important de l'*accession* : nous ne trouvons aucunes règles qui déterminent précisément ce que c'est que l'*accession*, & ce qu'on doit regarder comme accessoire en fait de propriété, de vente & de legs : les loix romaines ont semé dans les instituts quelques principes, & dans le digeste quelques décisions, qui peuvent servir à nous guider au milieu de la contrariété qui se trouve dans la jurisprudence des arrêts, & des embarras qu'occasionnent les considérations diverses, d'après lesquelles nos jurisconsultes veulent que le juge se décide dans les contestations soumises à son tribunal. Nous allons exposer, d'après les Romains, quelques principes, avec le plus de précision & de clarté qu'il nous sera possible.

De l'accession naturelle. L'*accession* naturelle a lieu dans deux espèces différentes, & se fait de deux manières; ou la chose qui m'appartient en produit une nouvelle, ou il s'y est joint une chose nouvelle. Dans le premier cas, la chose produite par celle qui m'appartient, m'est acquise par une suite de la propriété que j'ai sur ma chose, & parce qu'avant d'exister, elle faisoit déjà portion de ma chose; ainsi la toison dont je dépouille ma brebis, l'agneau qui en naît m'appartient de droit, parce que tout ce qui naît de ma chose est à moi, & qu'il en faisoit partie avant son existence, que l'agneau étoit avant sa naissance, une portion des entrailles de la mère. *Ea quæ ex animalibus dominio tuo subjectis nata sunt, eodem jure tibi acquiruntur, quidquid enim ex re nostrâ nascitur, nostrum est, imo antequam nascatur rei nostræ partem facere intelligitur*, § 19, *inst. de rer. divis.*

Par la même raison, les fruits qui naissent sur un héritage, suivent le domaine de l'héritage, & par conséquent sont acquis au propriétaire du fonds, *fructus pendentes pars fundi videntur. L.* 44, *ff. de rei vindic.* Personne n'a le droit de les cueillir, & celui qui le feroit, commettroit un vol. Ce droit d'*accession* va jusqu'à accorder la propriété des fruits au maître de l'héritage, même dans le cas où un autre les auroit semés, & auroit payé les frais de labour : tout ce que celui-ci peut exiger, c'est d'être remboursé des frais nécessaires de culture & de semence, s'il les a faits de bonne foi.

En suivant ces premières idées, les Romains qui avoient assimilé leurs esclaves à leurs bestiaux, avoient également ordonné que le fils, né d'une femme esclave, appartiendroit au maître de la mère, par la raison qu'avant sa naissance il faisoit portion du sein de sa mère, & que l'enfant nouveau-né doit suivre la condition du ventre dont il est sorti, comme n'étant qu'un accessoire de la propriété acquise sur la mère. *Fœtus ventrem sequitur, nam est portio viscerum matris. L. ult. c. de rei vindic.*

Nous avons suivi ces dispositions des loix romaines, à l'égard des nègres esclaves, que nous achetons pour la culture & l'exploitation des colonies. L'article IX de la déclaration de 1724, porte : que les enfans qui naîtront des mariages entre les esclaves, seront esclaves, & appartiendront aux maîtres des femmes esclaves, & non à ceux de leurs maris, si les maris & les femmes ont des maîtres différens. C'est une suite de la décision des loix romaines, qui donnent la propriété des petits des animaux au maître de la femelle, sans avoir égard au mâle, qui l'a fécondé. La raison qu'ils en donnent, que l'animal qui naît d'un autre, fait partie de son ventre, est très-naturelle, & propre à favoriser l'agriculture & le commerce. Mais pouvoit-on abuser du droit de la force, pour étendre à l'homme que la nature a créé libre, une loi qui ne devoit & ne pouvoit avoir de rapport qu'aux animaux domestiques, destinés au service de l'homme ?

Seconde espèce d'accession naturelle. La seconde espèce d'*accession* naturelle, qu'on appelle *alluvion*, & qui se fait fortuitement, & sans les soins & la participation de l'homme, est lorsque la rivière a joint à mon héritage quelques portions de terrein par un accroissement insensible. Ces portions appartiennent au propriétaire du champ, sans qu'elles puissent être réclamées par ceux à qui les terres détachées pouvoient appartenir. Mais pour que l'*accession* transfère dans ce cas-ci la propriété, il faut qu'elle ait eu lieu lentement & insensiblement, sans qu'on puisse désigner l'instant où chaque portion de terre a été détachée de l'héritage voisin, & ajoutée à un autre ; car si la rivière dans un débordement a emporté une partie considérable d'un champ, & l'a joint tout-à-coup à votre héritage, l'ancien maître conserve son droit de propriété sur cette portion.

Par les mêmes raisons les loix romaines accordoient la propriété des isles qui se forment dans le lit des rivières, aux riverains, chacun en proportion de l'étendue des héritages qu'il possédoit le long de la rivière, parce qu'elles supposoient l'isle formée naturellement, & peu-à-peu de la substance de leurs héritages ; ce qui est conforme à la raison & à l'équité ; car le fleuve s'élargissant à mesure que l'isle croît, diminue en même proportion les fonds voisins.

Nous n'avons pas suivi dans notre droit françois les dispositions romaines à cet égard : toutes les isles ou autres atterrissemens qui se forment dans les rivières appartiennent au roi, & font partie du domaine. Les terres ajoutées par alluvion aux héritages baignés par le fleuve & les rivières navigables, n'appartiennent aux riverains, que lorsqu'ils ont un titre de concession, qui leur permet de se les approprier. *Voyez* ALLUVION & ATTERRISSEMENT.

De l'accession industrielle. L'*accession* industrielle est celle qui unit l'une à l'autre deux substances qui appartenoient à différens maîtres, ou qui, par l'introduction d'une nouvelle forme, a, pour ainsi dire, détruit & anéanti la substance même de la chose, pour substituer à sa place une nouvelle espèce.

Première espèce : union de deux choses qui peuvent se séparer. Lorsque deux choses appartenantes à différens maîtres, ont été unies ensemble, on peut dire en général que l'*accession* ne fait perdre à aucun des deux maîtres, la propriété de sa chose ; ainsi si deux masses d'argent ont été réunies & fondues ensemble pour n'en former qu'un seul lingot, celui-ci appartiendra en commun aux propriétaires des différentes masses, en proportion de la quantité qu'ils avoient avant la réunion : cette décision doit avoir lieu, soit que l'argent ait été fondu & réuni par la volonté des deux maîtres, ou qu'il l'ait été par l'un d'entre eux à l'insçu de l'autre. En effet, la masse d'argent qui appartenoit à Pierre, quoique réunie par la fusion à celle de Paul, existe de la même manière qu'avant la fusion, qui n'a pu faire perdre à Pierre son droit de propriété, & quoiqu'elle ait été réunie à celle de Paul sans sa participation, il en reste toujours propriétaire ; la fonte n'a pu en changer ni les qualités ni le domaine. D'ailleurs, comme dans cette espèce les matières peuvent se séparer & être remises dans leur première forme, sans détérioration, Pierre a le droit d'exiger que la portion qui lui appartient soit séparée de celle de Paul, & lui soit rendue.

Union de deux choses qui ne peuvent être séparées. Lorsque les choses unies & confondues ensemble ne peuvent se séparer, soit parce que la séparation ne pourroit s'en faire sans causer un dommage considérable, soit parce que le mêlange les a tellement confondues, qu'il est impossible de les séparer ; comme si, par exemple, on avoit mêlé deux pièces de vin, elles appartiennent aux maîtres des choses unies, ainsi que nous l'avons dit d'abord, lorsque le mêlange a été fait volontairement ; mais s'il a été fait sans le consentement de l'un des deux, ce dernier ne peut être obligé de rester en communauté, & il a le droit de demander que celui qui a fait l'union, soit tenu de lui payer la valeur de sa chose, ou de lui en rendre la même quantité & la même qualité.

Cette espèce d'*accession* est encore désignée en droit par le mot de *confusion. Voyez ce mot.*

De l'accession industrielle, proprement dite. Le mot d'*accession* se dit plus particuliérement de l'union de deux choses tellement réunies l'une à l'autre, qu'elles ne font plus qu'un seul tout, qu'on ne peut séparer sans détérioration, comme par exemple, lorsqu'on a bâti sur le fonds d'autrui, avec ses matériaux une maison, lorsqu'un orfèvre a monté sur son or, un diamant qui appartenoit à un autre, lorsqu'un tailleur a doublé l'habit de Paul avec la doublure de Pierre, *&c.*; dans ces différentes espèces, les choses réunies forment un nouveau tout qui ne peut se séparer sans détérioration, quoique les différentes parties qui le composent, puissent être séparées l'une de l'autre, & subsister par elles-mêmes. Car il est certain que les matériaux employés dans un bâtiment restent toujours les mêmes; que le fer, la pierre, les bois, pourroient subsister après leur séparation du bâtiment où ils sont employés, & qu'il en est de même de l'or dans lequel on a enchâssé un diamant, & de la doublure de Pierre, employée à doubler l'habit de Paul.

Dans cette espèce d'*accession*, à qui doit-on accorder la propriété des choses unies? Les Romains ont établi des principes clairs & précis, que nous avons à-peu-près adoptés dans nos mœurs.

Ils distinguent d'abord entre les matières unies, quelle est la principale, & quelles sont celles qu'on doit regarder comme de simples accessoires, & ils décident en général, que le maître de la partie principale devient le propriétaire des accessoires. Reste encore la difficulté de reconnoître l'accessoire du principal. Premiérement la chose principale est celle qui subsiste par elle-même; l'accessoire au contraire est celle qui ne peut exister, sans la chose à laquelle elle est unie. Un bâtiment ne peut subsister sans le sol sur lequel il est construit; le sol au contraire subsiste indépendamment du bâtiment: ainsi dans l'espèce d'un bâtiment construit sur le terrein d'autrui, la propriété du bâtiment appartient au maître du sol, par droit d'*accession*, quelle que soit la valeur du bâtiment construit, parce que le terrein peut subsister sans le bâtiment, & non le bâtiment sans le terrein.

Si la chose principale est d'une valeur presque nulle, & celle de l'accessoire d'un grand prix, alors quoique l'accessoire ne puisse subsister sans la chose principale, l'accessoire attire à lui le domaine de la chose principale. Par cette raison, un diamant monté sur un anneau d'or, acquiert à son maître la propriété de l'or; le peintre qui a fait un tableau sur la toile d'un autre, acquiert la propriété de la toile; un auteur qui écriroit un ouvrage de sa composition sur un papier qui ne lui appartiendroit pas, devient le propriétaire du papier. Cette dernière décision est appuyée sur le suffrage des jurisconsultes françois, quoiqu'opposée à la décision du paragraphe 33, *des inst. tit. de rer. div.* Mais elle est conforme à celle qui accorde au peintre la propriété de la toile, & il paroît singulier que les jurisconsultes romains aient sur ces deux espèces donné deux décisions contradictoires, dont l'une élève la peinture, & l'autre semble avilir le génie, les sciences & les lettres; nous avons mieux suivi les principes de l'équité en prononçant que le manuscrit d'un auteur doit être regardé comme le principal, & le papier comme l'accessoire: peut-on assimiler le génie & les pensées de l'homme peints sur un vil papier, à un arbre planté sur un terrein ou à une pièce de bois jointe dans un bâtiment?

Il est donc certain que le propriétaire de la chose principale devient le maître de tous les accessoires qui y sont joints. Mais comment pourvoira-t-on au dédommagement du propriétaire des choses unies? Pour décider avec équité les différentes questions qui peuvent naître à cet égard, il faut distinguer deux espèces: ou le maître de l'accessoire l'a uni à la chose principale qui appartient à un tiers, ou le maître de la chose principale s'est servi d'accessoire qui ne lui appartenoit pas; & dans l'un ou l'autre cas, celui qui a uni les deux objets a agi de bonne foi, ou de mauvaise foi.

Lorsque le maître de la chose principale s'est servi d'accessoires étrangers, par exemple, lorsque j'ai bâti sur mon terrein avec les bois & les pierres d'une autre personne; lorsque je me suis servi de l'or qui ne m'appartenoit pas, pour monter mon diamant: si je l'ai fait de bonne foi, je suis tenu de payer la valeur de l'or & des matériaux à ceux à qui ils appartiennent, parce que la loi naturelle me défend de m'enrichir au détriment d'autrui: mais si j'ai usé de mauvaise foi, & que j'aie enlevé l'or ou les matériaux sachant certainement qu'ils ne m'appartenoient pas, je peux être poursuivi pour le vol, & être condamné aux dommages & intérêts du propriétaire de l'accessoire.

Lorsqu'au contraire le propriétaire de l'accessoire les a joints à une chose principale dont le domaine ne lui appartenoit pas, s'il l'a fait de bonne foi, il doit être indemnisé en entier du prix de ses accessoires, par le propriétaire de la chose principale; il peut même retenir la chose entre ses mains, jusqu'à ce qu'il soit remboursé de la valeur des accessoires. S'il a agi de mauvaise foi, par exemple, s'il a bâti sciemment sur le terrein d'autrui, les loix romaines ne lui accordoient aucun recours, & pour le punir de sa mauvaise foi, elles présumoient qu'il en avoit fait donation au propriétaire du fonds, & ne lui donnoient aucune répétition pour être dédommagé de la valeur de ses matériaux. Nous nous sommes plus rapprochés dans notre jurisprudence de la règle d'équité, qui ne permet à personne de s'enrichir aux dépens d'autrui, & dans cette espèce on laisse au constructeur la liberté d'enlever tout ce qui peut l'être sans détérioration; on l'oblige même à enlever tous les matériaux, & à remettre le terrein dans son premier état, si le propriétaire l'exige; il est même condamné envers ce dernier, à des dommages & intérêts, pour l'indemniser du temps où il n'a pas joui de son fonds: mais si le propriétaire du fonds veut conserver les bâtimens construits, il est tenu de payer au constructeur la valeur de ses matériaux, & les frais de construction, ou à abandonner la possession de l'héritage, jusqu'au remboursement de ces dépenses.

De l'accession appellée spécification. La dernière espèce d'*accession*, que les Romains appelloient *spécification*, a lieu, comme nous l'avons dit plus haut, lorsque, par une forme nouvelle donnée à la matière, on en fait une nouvelle chose, qui n'existoit pas auparavant. Lorsque je fais du vin avec des raisins, de la toile avec du chanvre, du drap avec de la laine, un vase avec un lingot d'argent, à qui des deux, ou du propriétaire de la matière, ou de l'artiste ce nouveau corps doit-il appartenir?

Les premiers jurisconsultes romains s'étoient partagès sur cette question : les Sabiniens vouloient que la chose nouvelle appartînt au propriétaire de la matière, parce que disoient-ils, la forme n'étoit qu'une simple modification de la matière, & qu'elle ne pouvoit subsister sans elle : d'où ils concluoient que la matière étoit toujours la chose principale, & la forme un accessoire, qui devoit suivre le sort du principal, & conséquemment appartenir au maître du principal. Les Proculéiens au contraire, soutenoient que c'étoit de la forme que la chose recevoit son existence, & qu'elle devoit, par cette raison, appartenir à celui qui l'avoit mise en œuvre.

Justinien, §. 25, *inst. de rer. div.* a adopté un parti moyen entre ces deux opinions, & a suivi le sentiment des jurisconsultes appellés *Erciscundi ;* nous avons adopté ses décisions, qui sont effectivement plus conformes aux loix de la justice & de l'équité.

Il distingue deux cas différens : ou l'espèce peut retourner à son premier état, ou elle ne le peut pas. Si l'espèce qui a été faite peut retourner à son premier état, le propriétaire de la matière le devient de l'espèce qui a été faite, sinon elle appartient à celui qui l'a faite. Par exemple, un vase peut être remis en la masse d'airain, d'argent ou d'or, dont il a été fait ; mais le vin, l'huile, le froment ne peuvent retourner en raisins, en olives & en épis. Ainsi dans la première espèce, le propriétaire de l'or, de l'argent, de l'airain, le sera du vase, & celui qui a tiré le vin, l'huile & le bled des raisins, des olives ou des épis, acquiert le domaine de la nouvelle substance. Justinien ajoute que si quelqu'un a fait une espèce, en partie de sa matière & partie de la matière d'autrui, il demeure propriétaire du total, parce qu'outre la forme, il a fourni une partie de la matière. Pothier en adoptant les dispositions des loix romaines, laisse néanmoins au juge la liberté de s'en écarter, suivant les circonstances. Il suppose un orfèvre qui auroit acheté de bonne foi des lingots, qui m'auroient été volés, & qui en auroit fabriqué de la vaisselle d'un travail précieux, & il veut que l'orfèvre ne soit tenu que de me payer le prix de mes lingots : il suppose encore qu'un apothicaire ait fait un onguent excellent avec des simples rares, que j'aurois apportées de pays étranger, & il décide que le remède doit appartenir au propriétaire des simples, en payant par lui à l'apothicaire le prix de son travail. Ces distinctions sont fondées sur la plus parfaite équité. *Voyez* SPÉCIFICATION.

Les mots d'*accession* & d'*accessoire* sont souvent confondus dans le droit & par quelques auteurs. On appelle *accessoire* la chose jointe à une autre, & *accession*, l'action qui forme l'accessoire, & le titre qui donne droit à acquérir l'accessoire. Ces idées se trouveront plus développées sous le mot ACCESSOIRE que nous allons traiter.

ACCESSOIRE, (*Droit civil & naturel.*) ce mot, quoique dérivé de celui d'*accession*, renferme beaucoup plus d'idées, & s'applique à un plus grand nombre de choses. L'accession, comme nous l'avons dit ci-dessus, se dit seulement d'une chose ajoutée ou survenue à une autre, & en ce sens le mot *accession* est opposé à celui de *principal. Accessoire* se dit généralement de tout ce qui suit & accompagne le principal, de ce qui s'y ajoute, s'y unit, & en est une dépendance : ainsi les fruits sont un *accessoire* du fonds, les intérêts d'une rente, les dépens d'un procès, les fers d'un cheval, la bordure d'un tableau, en un mot, le terme d'*accessoire* s'applique à tout ce qui peut être la suite ou la dépendance d'une chose.

En jurisprudence, comme en physique, l'*accessoire* n'est point au principal ce que la partie est au tout. L'*accessoire* est supposé ajouté au principal, qui a pu & peut encore exister sans lui. La partie est une portion intégrante du tout ; ainsi la moitié de la dot promise après la mort, est une partie du tout, tandis que l'augment n'en est que l'*accessoire*. Cette différence entre la partie & l'*accessoire*, qui semble ne tenir qu'à l'exactitude du langage, a dans l'administration de la justice, plus d'influence qu'on ne pense ; il est nécessaire de s'en former des notions exactes ; car c'est d'elles que naissent les principes de la législation, & la véritable manière de les appliquer aux espèces qui se présentent dans les tribunaux.

Il n'y a presque aucune des affaires qui se traitent entre les hommes, dans lesquelles il ne se trouve une chose principale & des *accessoires ;* cependant la détermination précise des *accessoires*, en fait de propriété, de legs, de vente, est un des objets des plus difficiles de notre jurisprudence, un de ceux qui reviennent le plus souvent, & sur lequel nous n'avons aucune espèce de loix : nous sommes donc forcés de récourir aux loix romaines, & de faire dans notre jurisprudence l'application des principes généraux qu'elles nous ont laissés sur la nature & les effets de l'*accessoire* & du principal.

On peut les réduire à trois : 1°. l'*accessoire* ne peut être plus fort que le principal ; 2°. l'*accessoire* suit le principal ; 3°. l'*accessoire* périt avec le principal.

Nous allons appliquer ces principes, & les conséquences qui en résultent aux différentes choses qui sont susceptibles d'*accessoires*.

Des accessoires des fonds. Nous avons déjà dit au mot *accession* que les fruits naturels d'un fonds appartenoient au propriétaire, parce qu'ils en sont une suite & une dépendance, & qu'ils en font partie ; & en suivant ce même principe, nous avons ajouté que tout ce qui naît des animaux qui nous appartiennent, est encore à nous, comme *accessoire* de notre propriété : c'est encore par la même raison que tout ce qui a été planté, semé ou édifié dans un fonds, appartient au propriétaire de ce fonds ; nous avons donné, sur ces différens objets, les principes des loix romaines, & la manière dont ils avoient été adoptés dans nos mœurs, ainsi que les exceptions & limitations qu'on y doit observer. *Voyez* ACCESSION.

Des accessoires d'une vente. Dans le contrat de

vente, tout ce qui fait partie de la chose vendue, ou ce qui en est un *accessoire*, est censé vendu conjointement avec le principal, s'il n'est expressément réservé. Ainsi celui qui vend un héritage, vend en même temps les arbres, les fruits pendans par les racines, les échalas qui sont dans les vignes, les clefs de la maison, les tuyaux qui y conduisent une fontaine, les servitudes, & généralement tout ce qui en dépend, & qui y est destiné pour l'usage ordinaire, & pour perpétuelle demeure. Il faut néanmoins observer, que, dans la vente d'un héritage affermé à prix d'argent, l'acquéreur de ce même héritage ne peut demander les loyers ou fermages, que du jour de son contrat d'acquisition, le surplus appartient au vendeur, s'il n'y a convention contraire; parce que ces arrérages sont dus à raison de la jouissance, & échoient de jour à jour, de la même manière que la jouissance qui se renouvelle & se perpétue tous les jours.

Les choses détachées d'un bâtiment, mais dont l'usage y est *accessoire*, comme la corde & les seaux d'un puits, les robinets d'une fontaine, son bassin & autres semblables, celles aussi qui n'en ont été détachées que pour y être remises, en sont des *accessoires*, & entrent dans la vente; mais celles qui, y étant destinées, n'y ont pas encore été mises, n'y doivent pas être comprises. Au reste, pour juger sainement de tous les cas particuliers où toutes ces choses sont des *accessoires* de la vente du fonds, ou n'en font pas partie, il faut considérer les circonstances, leur destination ordinaire, le lieu où elles se trouvent lors de la vente, l'état des lieux vendus, & sur-tout l'intention des contractans, pour reconnoître ce qu'ils ont entendu y comprendre.

On peut dire en général que dans la vente d'une maison ou autre héritage, tout ce qui y a été mis pour perpétuelle demeure, ce qui y est attaché à fer, à plomb, ce qui y est scellé en chaux, & en plâtre, ce qu'on répute faire partie de l'immeuble, & ce qui est ordinairement estimé comme tel, est un *accessoire* du fonds vendu, & appartient au nouvel acquéreur.

Dans la vente des choses mobiliaires, les *accessoires* qui peuvent en être séparés, sans leur nuire, entrent dans la vente ou n'y entrent pas, selon les circonstances. Ainsi le cheval que je mets en vente sans harnois, n'est pas censé vendu avec le harnois; mais s'il est présenté en vente avec le harnois, le harnois appartiendra à l'acheteur, à moins qu'il n'y ait convention contraire.

Dans la vente d'un château, l'artillerie qui s'y trouve en est regardée comme l'*accessoire*, & en cette qualité elle passe à l'acquéreur du fonds. C'est le droit commun, fondé sur la disposition de plusieurs coutumes du royaume.

Le droit de servitude comprend les *accessoires*, sans lesquels on ne pourroit en user. Par cette raison le droit de puiser de l'eau dans un puits ou une fontaine, emporte la servitude du passage, & celle de faire faire les réparations nécessaires, pour s'en servir; si le travail ne peut se faire dans l'endroit où est fixée la servitude, on pourra travailler dans les environs, selon que la nécessité y oblige. Il faut observer cependant que les *accessoires* en matière de servitude, doivent toujours être réglés de la manière la moins incommode à celui qui la doit.

Des accessoires en matière d'hypothèque. En matière d'hypothèque, lorsqu'un fonds est hypothéqué, tout ce qui lui devient *accessoire*, soit par l'art, soit par la nature, est sujet à la même hypothèque. Ainsi les arbres plantés sur mon héritage, & les fruits qui y croissent, sont sujets à l'hypothèque, comme ma terre: l'accroissement qui peut y survenir par alluvion y est également assujettie; mais si ces parties *accessoires* en sont séparées, on ne les considère plus comme *accessoires*; le créancier hypothécaire n'y a plus aucun droit, dès qu'il a souffert que les fruits soient cueillis; il en est de même d'une forêt hypothéquée, dès que les arbres ont été coupés & transportés; & des matériaux d'une maison, que le créancier auroit laissé démolir & transporter ailleurs.

Il en est de même lorsqu'on a fait ajouter de nouveaux bâtimens à une maison déjà hypothéquée. Ces nouveaux bâtimens deviennent un *accessoire* de la maison, & comme en étant une suite & une dépendance, ils sont obligés à l'hypothèque qui y étoit assise antérieurement: cependant les ouvriers qui ont fait cette construction, ou ceux qui ont prêté des deniers pour les payer, acquièrent un privilège sur le créancier hypothécaire du fonds, parce que sans eux cet *accessoire* n'existeroit pas. *Voyez* BATIMENT, HYPOTHÈQUE.

Les arrérages d'une rente en sont l'accessoire. Les arrérages d'une rente constituée n'étant qu'un *accessoire* du principal, suivent pour l'hypothèque la date de ce même principal, parce que la chose engagée & hypothéquée pour le principal, l'a été en même temps pour les intérêts de ce principal. C'est pourquoi nous accordons dans notre jurisprudence, au créancier antérieur par son titre, le droit d'être payé sur la vente des biens de son débiteur, avant les créanciers postérieurs, quand bien même ceux-ci auroient obtenu avant lui, une sentence de condamnation: il doit être payé non-seulement de son principal, mais encore de ses arrérages & de ses frais; parce que ces deux objets sont un *accessoire* du principal, & qu'ils en suivent la nature, & ont les mêmes effets.

La caution est accessoire de l'obligation principale. En général, l'obligation d'une caution ne doit être regardée que comme l'*accessoire* de l'obligation principale, & semble être soumise au même sort; cependant les loix & la jurisprudence ont admis une distinction nécessaire, qui résulte de la nature du contrat de cautionnement. Lorsque l'obligation principale est nulle en elle-même, soit à cause du dol du créancier, soit parce qu'elle a été contractée par un fils de famille, l'obligation accessoire de la caution ne peut pas se soutenir; mais si l'obligation n'est pas nulle en elle-même, & qu'elle soit seulement dans le cas d'être rescindée par un privilège accordé à la personne du débiteur, comme si un mineur se fait restituer, parce que le créancier ne peut pas prouver que la somme prêtée a été employée utilement; alors l'obligation accessoire de la caution subsiste, quoique l'obligation principale soit annullée. La raison de cette jurisprudence est fondée, sur ce que la caution n'est exigée que pour la sûreté du créancier, & lui répondre du paiement, & sur ce que le fidéjusseur devoit ne pas s'engager, sans s'instruire préalablement si le principal obligé n'avoit aucune exception qui pût le mettre à couvert de la demande du créancier; ou si l'argent, emprunté par le mineur, avoit eu un emploi certain & utile: ces décisions sont fondées sur les loix romaines.

Des accessoires d'un procès. Dans les instances & procès, les juges connoissent de tout ce qui est accessoire aux instances pendantes pardevant eux, comme des dépens, dommages & intérêts, radiation de termes injurieux dans les écritures, remise de pièces, *&c.* .... Par la même raison, le juge qui s'est dépouillé de la connoissance d'une affaire, comme incompétent, ou qui l'a été par appel ou autrement, ne peut se réserver la connoissance ou le jugement des *accessoires*. Les ordonnances veulent que l'on condamne aux dépens, celui qui succombe dans la demande principale, & qu'il en supporte seul les frais. Cette condamnation est juste, parce que les dépens d'un procès n'en sont que l'*accessoire*, & que celui qui gagne le principal, doit également gagner les *accessoires*. Se peut-il que dans nos formes de procédure, cet *accessoire* devienne plus considérable que le principal? Est-ce un vice de notre législation? Ou doit-on en imputer la faute aux ministres de la justice?

Des accessoires en matière de legs. En matière de legs, on appelle *accessoire* d'une chose léguée, ce qui n'étant pas la chose même, y a cependant une si grande liaison, qu'il n'en doit pas être séparé, & qu'il doit la suivre, comme étant comprise dans le legs, quoique le testateur n'en ait pas fait mention; ainsi les fers & le licou d'un cheval en sont l'*accessoire*, le cadre d'un tableau, les balcons d'une maison. Ces choses sont censées comprises dans le legs d'un cheval, d'un tableau, d'une maison.

On peut distinguer deux sortes d'*accessoires* des objets légués: ceux qui suivent naturellement la chose, & qui, sans qu'on les exprime, demeurent compris dans les legs, & ceux qui n'y sont ajoutés que par une disposition particulière du testateur. Ainsi le legs d'une montre en comprend la boëte, & le legs d'une maison en comprend les clefs. Au contraire, le legs d'une maison ne comprendra pas les meubles qui s'y trouveront, à moins que le testateur ne l'ait exprimé.

Il y a des *accessoires* de certaines choses qui n'en sont pas séparés, tels que sont les arbres plantés dans un fonds: & ces sortes d'*accessoires* suivent toujours la chose léguée, s'ils n'en sont exceptés. Il y a des *accessoires* qui, quoique séparés des choses, les suivent aussi, comme les harnois d'un attelage de chevaux de carrosse & autres semblables. Il peut même y avoir un progrès d'*accessoires* des *accessoires*, comme des pierreries à la boëte d'une montre. Et il y a enfin de certaines choses dont on peut douter si elles sont *accessoires* d'autres, ce qui peut dépendre de la disposition du testateur, & de l'étendue ou des bornes qu'il donne à ses legs, comme bon lui semble. Ainsi il n'y a pas d'autre règle générale dans les doutes de ce qui doit suivre la chose léguée, comme son *accessoire*, que l'intention du testateur, dont l'expression jointe aux circonstances & aux usages des lieux, peut faire juger de ce qui doit être *accessoire* ou non. Que si la disposition d'un testateur laisse la chose en doute, on peut en chaque cas juger de ce qui doit être compris dans les legs, comme *accessoire*, ou ne l'être pas, par les règles particulières sur les divers cas expliqués dans les articles suivans.

Si un testateur lègue une maison sans rien spécifier de ce qu'il entend comprendre dans ce legs, le légataire aura le fonds, le bâtiment & ses dépendances, comme une cour, un jardin & autres appartenances de cette maison, avec les peintures à fresque & autres ornemens ou commodités, qui tiennent à fer & à clou, ou sont scellés en plâtre pour perpétuelle demeure; car ces sortes de choses ont la nature d'immeubles. Mais il n'y aura aucun meuble compris dans ce legs, à la réserve des clefs & autres choses, s'il y en avoit qu'un pareil usage rendit aussi nécessaires.

Si celui qui avoit légué un fonds par son testament y fait ensuite quelque augmentation, comme s'il ajoute quelque chose à son étendue, ou s'il y fait quelque bâtiment, ces augmentations font partie du fonds & sont au légataire, si ce n'est que le testateur en eût disposé autrement.

Il en seroit de même d'un legs d'une terre, si le testateur l'ayant léguée y ajoutoit de nouveaux bâtimens, & même de nouveaux droits, ou s'il achetoit des fonds pour augmenter l'étendue ou d'un parc, ou de quelques héritages dépendans de la terre. Car ces sortes d'augmentations seroient des *accessoires* qui suivroient le legs, soit par leur nature d'*accessoire*, ou parce qu'on ne pourroit présumer que le testateur eût voulu séparer ces objets pour les laisser, sans la terre, à son héritier.

Si le legs étoit d'un seul héritage, & qu'après le testament le testateur y eût ajouté quelque fonds joignant, cette augmentation pourroit appartenir ou au légataire, ou à l'héritier, selon que cette nouvelle acquisition pourroit être considérée comme un *accessoire* du legs, ou tout autrement. Car si, par exemple, c'étoit une acquisition d'une parcelle de terre pour quarrer un champ, ou pour servir à une prise d'eau ou autre servitude, ou même pour augmenter seulement le fonds de quelque étendue;

ces acquisitions seroient des *accessoires* qui suivroient le legs, de même que ce qui s'y trouveroit naturellement ajouté par quelque changement que feroit le cours d'un rivière joignante. Mais si le fonds acquis & joignant à l'héritage légué étoit d'une autre nature, comme un pré joint à une vigne que le testateur auroit léguée, ou que cet héritage acquis par le testateur fût également joignant, & à celui qu'il auroit légué, & à un autre qu'il laisseroit à son héritier, ces sortes d'acquisitions ne seroient pas des *accessoires* du legs, à moins qu'on ne dût en juger autrement par la disposition du testateur, & les circonstances qui pourroient expliquer son intention.

Si un testateur qui auroit légué un fonds, y fait un bâtiment, cet *accessoire* du fonds sera au légataire, s'il ne paroît que le testateur ait voulu révoquer le legs; & si, par exemple, un testateur ayant légué une place à bâtir dans une ville, y fait une maison, ou si, ayant légué quelque jardin, verger ou autre lieu, il l'accommode d'un logement, ces bâtimens dans ces circonstances seront au légataire. Mais s'il avoit bâti dans un fonds légué une maison ou autres commodités nécessaires pour une ferme à laquelle il joindroit ce fonds, donnant cette ferme à un autre légataire, ou la laissant à son héritier, on jugeroit par l'usage de ce bâtiment qu'il auroit révoqué le legs.

Si pour l'usage d'un fonds dont le testateur auroit légué l'usufruit, la servitude d'un passage étoit nécessaire sur un autre fonds de l'hérédité, l'héritier ou autre légataire à qui appartiendroit l'héritage qui devroit être sujet à la servitude, la devroit souffrir. Car le légataire doit jouir de l'héritage sujet à l'usufruit, comme en jouissoit le testateur qui prenoit son passage dans son propre fonds: & cet *accessoire* est tel qu'il est de l'intention du testateur qu'il suive le legs.

Si un testateur qui avoit deux maisons joignantes, en lègue une à un légataire, & l'autre à un autre, ou en lègue l'une & laisse l'autre à son héritier; le mur mitoyen de ces deux maisons, qui n'avoit pour seul maître que le testateur, deviendra commun aux deux propriétaires de ces deux maisons. Ainsi la servitude réciproque sur ce mur commun, sera comme un *accessoire* qui suivra le legs.

Si de deux maisons d'un testateur, l'une laissée à l'hérédité, l'autre donnée à un légataire, ou les deux données à deux légataires, l'une ne pouvoit être haussée sans ôter le jour de l'autre, ou y nuire beaucoup; l'héritier ou le légataire qui auroit la première, ne pourroit la hausser que de telle sorte, qu'il restât pour l'autre ce qui seroit nécessaire de jour pour pouvoir en jouir. Car le testateur n'auroit pas voulu que son héritier ni ce légataire pussent rendre inutile le legs de l'autre maison.

Le legs d'une maison dans la ville n'en comprend pas les meubles, s'ils n'y sont ajoutés par le testateur. Et le legs d'une maison de campagne ne comprend pas non plus ce qu'il peut y avoir de meubles nécessaires pour la culture des héritages, ni les récoltes serrées dans les granges & pressoirs. Mais ce legs comprend les choses qui tiennent au bâtiment, comme en certains lieux les pressoirs & les cuves.

Les legs d'une maison de campagne, avec ce qui s'y trouvera nécessaire pour l'usage de la culture des héritages & pour les récoltes, comprend les meubles qui peuvent servir à ces usages. Et s'il y a quelque doute sur l'étendue que doit avoir ce legs, il faut l'interpréter par les présomptions de l'intention du testateur qu'on pourra tirer des termes du testament & des circonstances: on peut aussi se servir des éclaircissemens que pourroit donner l'usage des lieux.

Si un testateur avoit légué une maison & tout l'ameublement qui s'y trouveroit, ce legs comprendroit tout ce qu'il y auroit de meubles destinés pour l'ameublement de cette maison, comme les lits, les tapisseries, les tableaux, les tables, les fauteuils & autres semblables: mais s'il s'y trouvoit des tapisseries ou autres meubles en réserve destinés, ou pour vendre, ou pour l'usage d'une autre maison, le légataire n'y auroit aucun droit. Si au contraire quelques meubles de cette maison se trouvoient ailleurs au temps de la mort du testateur, comme si des tapisseries avoient été prêtées ou données à raccommoder, ce qui seroit hors de la maison pour de telles causes, ne laisseroit pas d'être compris dans le legs.

Si dans le legs d'une maison, le testateur avoit compris en termes généraux & indéfinis tout ce qui pourroit se trouver dans cette maison au temps de sa mort, sans en rien excepter, ce legs, qui contiendroit toutes les choses mobiliaires, & même l'argent, ne comprendroit pas les dettes actives, ni les autres droits de ce testateur, dont les titres se trouveroient dans cette maison. Car les dettes & les droits ne consistent pas en papiers qui en contiennent les titres, & n'ont pas de situation en un certain lieu; mais leur nature consiste dans le pouvoir que la loi donne à chacun de les exercer. Ainsi les titres ne sont que les preuves des droits, & non pas les droits même.

Les *accessoires* qui doivent suivre la chose léguée, ne sont jugés tels que par l'usage qu'on leur donne, & non par leur prix. De sorte que l'*accessoire* est souvent d'une bien plus grande valeur que la chose même dont il est l'*accessoire*; & il ne laisse pas d'être à celui à qui elle est léguée. Ainsi, par exemple, des pierreries enchâssées dans la boîte d'une montre n'en font qu'un ornement & un *accessoire*, mais elles suivront les legs de la montre.

ACCESSOIRE, (*Loix criminelles angloises.*) les jurisconsultes anglois distinguent, en matière criminelle, les principaux délinquans & les *accessoires*. Ils appellent *accessoires* ceux qui ne concourent pas au crime, comme principaux agens. On peut être *accessoire* devant ou après le crime. L'*accessoire* avant le crime, est celui qui le procure, le conseille, ou le commande: l'*accessoire* après le crime, est celui qui donne asyle & secours au coupable, connu comme tel, qui procure son évasion, qui recèle ou achète les choses dérobées.

Pour être réputé *accessoire* d'un crime, il faut qu'il soit entiérement consommé. Par exemple, celui qui prête assistance à celui qui en a blessé un autre mortellement, avant la mort du blessé, n'est pas réputé *accessoire* du meurtre, parce que la félonie n'est comptée qu'au moment de la mort; mais dès l'instant que la félonie est consommée, on ne peut prêter secours au délinquant, sans se rendre accessoirement coupable du crime. Les plus proches parens de l'assassin ne sont point exceptés de cette règle; il n'y a que la femme à l'égard de son mari, & on devroit aussi en excepter les enfans vis-à-vis de leur père.

Dans le crime de haute trahison, il n'y a point d'*accessoire*, tout est principal, à cause de l'énormité du crime.

Dans nos mœurs, les complices, fauteurs & adhérens d'un crime, sont punis de même que celui qui l'a commis. En Angleterre l'*accessoire* est souvent puni moins rigoureusement que le principal agent à l'égard du vol; le voleur est puni de mort, mais ses *accessoires* ne subissent que la peine de l'exportation, suivant un statut de la reine Anne, & de Georges premier.

Il n'est pas inutile de remarquer que les *accessoires* doivent être punis avec moins de sévérité que les principaux délinquans, parce qu'il est d'une législation équitable de graduer les peines suivant les délits; ce seroit un moyen sûr de les prévenir & d'en diminuer le nombre, car il est probable que les traîtres trouveroient moins de complices.

ACCIDENT, f. m. (*Droit public, civil & criminel.*) c'est un événement que n'a pu prévoir celui qui y est exposé, ou celui qui y donne occasion. Les mots *malheur*, *désastre* & *accident* annoncent & désignent un fâcheux événement : mais celui de malheur s'applique plus particuliérement aux événemens de fortune, & de choses étrangères à la personne; l'*accident* regarde proprement ce qui arrive dans la personne même. C'est un malheur de perdre son argent ou son ami, c'est un *accident* de tomber ou d'être blessé. Le terme de désastre désigne plus particuliérement ces événemens affreux, qui s'étendent à un grand nombre de personnes; une ville détruite par le feu, les campagnes ravagées par un orage, sont des désastres.

Les *accidens* arrivent quelquefois par une force majeure, ils sont souvent l'effet de l'imprudence, ou de la machination, ou de la faute d'un tiers; dans tous ces cas, la première idée est celle d'un événement fortuit, ou d'une force majeure, parce que l'homme n'est pas porté naturellement à soupçonner le mal; mais quand on cherche les causes, on y trouve souvent la faute, le dol, la méchanceté, le crime. Dans les délits, les accusés se défendent par la supposition de l'*accident* ou de l'erreur; à l'égard des événemens fâcheux qui se succèdent rapidement dans les grandes villes, on entend prononcer d'abord le mot d'*accident* pour exprimer le malheur qui vient d'arriver; & ceux de crime, d'infamie, d'horreur, ne sortent de la bouche, que lorsqu'on soupçonne de la méchanceté, dans la cause inconnue de l'événement, ou une négligence visible, une faute grossière dans ceux qui y ont donné occasion, ou qui ne l'ont pas prévenu.

Dans cette matière, les principes de notre législation ne sont pas précis, les moyens de décider sont arbitraires, les loix & les préjugés sont dispersés, ensorte que les juges ont beaucoup de peine à démêler la vérité, & à asseoir un jugement équitable. Nous allons rassembler sous un seul point de vue les principes que le droit romain & notre droit françois renferment à cet égard.

Précis des loix romaines. Les jurisconsultes romains, d'après la loi des douze tables, décident, dans tous les événemens malheureux, arrivés par *accident*, qu'il faut examiner, si l'*accident* a eu lieu, par cas fortuit, par dol ou méchanceté, ou par faute, ce qu'ils expriment par ces trois mots : *casus, dolus, an culpa.*

Le cas fortuit est ce qui arrive par une fatalité imprévue, même au père de famille le plus diligent : ou ce qui n'a pas coutume d'arriver; la cause du cas fortuit est une force majeure, à laquelle on ne peut résister, tels sont le tonnerre, la grêle, la tempête, les tremblemens de terre, les débordemens, les inondations, les ravages d'un incendie, l'attaque de l'ennemi ou des voleurs.

Le dol ou la méchanceté, est toute espèce de machination pratiquée pour exposer quelqu'un à un *accident* ou à la force majeure, comme si j'agis auprès de l'ennemi ou des voleurs pour vous faire piller, si je vous dresse quelque embuche pour vous occasionner du dommage, soit dans votre personne, soit dans vos biens.

La faute consiste à ne pas faire tout ce qu'on auroit dû ou pu faire pour prévenir l'*accident*, ainsi que l'exige le devoir d'un père de famille vigilant; elle se divise en faute grossière, légère, & très-légère.

La faute grossière est une grande négligence, qui est assimilée au dol; telle est celle que commet celui qui embarrasse la voie publique de manière à nuire à quelqu'un, ou qui jetteroit une poutre dans le passage ordinaire des citoyens.

La faute légère est celle que peut commettre un père de famille, moins vigilant. Si on ne l'impute pas à tous les particuliers comme délit, elle suffit pour rendre responsable d'un *accident* l'administrateur de la chose publique; car il doit non-seulement éviter le reproche du dol & de la faute grossière, mais il doit encore avoir une intelligence éclairée & active, qui veille au bonheur & à la sûreté de tous. *Magistratus reipublicæ non dolum solum modo, sed & latam negligentiam, & hoc amplius;*

diligentiam debent. L. 6. ff. de admin. rer. ad civit. pertinent. Un arrêt du parlement de Paris de 1499 cassa les officiers municipaux de cette ville, les déclara incapables de remplir aucune charge, avec amende, & des dommages & intérêts considérables, pour n'avoir pas prévenu un *accident* arrivé par la chûte du pont Notre-Dame.

D'après ces notions primitives, les loix romaines décident 1°. que personne n'est tenu ni du cas fortuit, ni de la force majeure, parce qu'aucun conseil humain ne peut les prévenir : 2°. que lorsqu'il y a dol & méchanceté, la personne offensée peut poursuivre, en vertu de l'action introduite par la loi *aquilia*, l'indemnité qui lui est due, ou se servir de la procédure criminelle publique, pour obtenir, outre ses dommages & intérêts, une vengeance publique : 3°. que s'il y a de la faute, de la négligence de la part de celui qui pouvoit empêcher un *accident*, & ne l'a pas fait, il demeure responsable du dommage, qui doit être estimé par le juge, suivant le mal causé par l'*accident*, les personnes & les circonstances.

Tableau des loix françoises. Notre jurisprudence a pour base les principes établis par les loix romaines, quelques réglemens généraux & particuliers de police, & nombre d'arrêts rendus dans différentes espèces ; quoique les arrêts soient à-peu-près parmi nous, ce qu'étoient chez les Romains les décisions des jurisconsultes, renfermées dans le digeste, ils n'ont pas cependant une égale autorité, soit parce que les espèces ne sont jamais absolument les mêmes, soit parce qu'ils ont souvent été rendus dans un autre parlement ; les réglemens de police n'ont ordinairement pour objet que de prévenir les *accidens*, & ils ne condamnent qu'à une amende pour punir la négligence, ou la désobéissance à la loi, sans faire mention de l'indemnité due à celui qui a reçu du dommage par l'*accident* ; les principes du droit romain souffrent aussi beaucoup de modifications par l'arbitraire des jugemens & des actions ; il y a même une grande différence entre la manière de procéder qui étoit en usage à Rome, & celle que nous suivons, soit dans la nature, soit dans l'effet de l'action, par laquelle on poursuit la réparation du dommage.

A Rome les citoyens se respectoient & se ménageoient assez pour n'employer la procédure criminelle, que dans les grandes actions, où la nature du délit exigeoit la perte entière d'un citoyen : chez nous, au contraire, on la saisit sous le plus léger prétexte, sauf à faire renvoyer à fins civiles, dès qu'on a acquis la preuve par l'information.

A Rome, l'homicide involontaire n'avoit pas besoin de grace, il n'étoit jamais assimilé à un coupable ; parmi nous l'homicide involontaire est obligé de recourir à des lettres de grace, qui ne sont accordées qu'à la charge d'aumôner trois livres, & d'indemniser les héritiers du défunt, suivant ce qui sera arbitré par le tribunal, chargé de l'entérinement des lettres ; l'impétrant est réduit à se mettre dans les fers, & à paroître au milieu de l'audience, attendant à genoux l'entérinement de ses lettres : humiliation qui confond l'*accident* avec le crime, dégrade le citoyen, & détruit dans l'esprit du peuple les notions du juste & de l'injuste ; il seroit facile & équitable de changer ou de modifier cet usage : on devroit distinguer entre les homicides, ceux qui se commettent par imprudence, par impéritie, par ivrognerie, d'avec ceux qui sont commis par cas fortuits, ou par la nécessité d'une défense légitime.

Les premiers seroient dans le cas d'avoir besoin de la grace du prince, parce que s'ils ne sont pas les effets de la volonté, ils peuvent néanmoins être assimilés aux délits, par la raison que celui qui les commet, s'est volontairement exposé au danger de les commettre ; mais on ne peut imputer aucune espèce de faute, ni au soldat qui, s'exerçant à tirer des armes, dans le lieu destiné à cet exercice, a le malheur de tuer un passant ; ni au paysan, qui coupant des branches d'arbre dans son champ, vient à écraser une personne qui se trouve dessous sans aucune nécessité, & qu'il n'a point apperçue ; ni enfin à celui qui ne peut défendre sa vie, qu'en l'ôtant à son aggresseur : toutes ces personnes ne sont coupables ni dans le fait ni dans le droit ; il seroit donc nécessaire de ne les pas confondre avec ceux auxquels on peut reprocher avec justice une faute grossière, & à l'exemple des Romains, les décharger de toute espèce de demande & de poursuite.

Les *accidens* arrivent de mille manières différentes, les uns sont causés par les animaux domestiques, d'autres par les constructions, démolitions ou vétusté des bâtimens ; quelques-uns par les voitures ; quelques autres par la chûte de certains corps ; il en arrive à la chasse, dans les tumultes, & généralement dans toute espèce d'occasion ; nous allons les parcourir, & rapporter ce que notre jurisprudence a de plus certain sur cette matière.

Des accidens causés par les animaux. Les *accidens* arrivés par les animaux domestiques sont très-fréquens : ils se décident par les principes établis dans les titres *de noxalib. action.* & *si quadup. paup. fec. dic.* La coutume de Bretagne, *art.* 640, ordonne que la réparation des *accidens* arrivés par chevaux, charrettes ou autres, soit prise sur leur valeur, & dans le cas où les propriétaires ne les voudroient pas abandonner, qu'ils en seront tenus à l'arbitrage du juge.

Celui qui excite un chien, & lui fait faire du mal, est responsable du dommage ; il en est de même du maître d'un animal vicieux, lorsqu'il n'en a pas averti ; à l'égard des animaux féroces qu'amènent dans nos villes la misère des conducteurs, & la curiosité publique, la police ne peut être trop vigilante & trop sévère, pour les obliger à prévenir les *accidens* qu'ils peuvent causer. Si un muletier n'a pas l'adresse, ou la force, qu'auroit un homme plus robuste, pour retenir ses mules,

& qu'ils écrasent un esclave, il doit en payer la valeur; & de même celui qui par mal-adresse ou par foiblesse ne peut retenir la fougue de son cheval, est tenu de réparer le dommage qu'il a causé.

Des accidens causés par les constructions ou démolitions. Les constructions, démolitions, ou réparations des bâtimens, sont très-souvent l'occasion de la mort des ouvriers ou des passans; leur vétusté, & leur chûte qui en est une suite, multiplient les *accidens*; on y fait peu d'attention, & tout se cache & s'enveloppe sous le mot d'*accident*; mais combien de fois ne sont-ils pas causés par la négligence du propriétaire, par celle de l'entrepreneur, par leur avidité, ou leur indifférence? ils sont cependant coupables de la mort d'un grand nombre de citoyens, qu'on auroit conservés si la justice dans tous ces cas recevoit les plaintes d'une famille, vérifioit les faits, & condamnoit à de grosses indemnités les propriétaires & les entrepreneurs dont l'économie, ou pour mieux dire l'avarice, ont donné lieu à l'*accident*.

On peut voir dans le titre du digeste *de damn. inf. de suggr. & protec.* les précautions que prenoient les Romains pour éviter ces *accidens*; nous avons fait quelque chose, mais bien moins qu'eux, & nous ne pouvons qu'exhorter les magistrats, & sur-tout le ministère public, à se faire rendre compte de la manière dont les *accidens* arrivent; & lorsqu'il y a de la négligence de la part des propriétaires ou des entrepreneurs, de ne pas se contenter de les punir par une amende, mais d'accorder aux blessés, ou à la famille du mort, une indemnité considérable: c'est un moyen de rendre les *accidens* beaucoup plus rares.

Des accidens causés par les voitures. Les accidens qui arrivent dans une grande ville, & sur-tout dans la capitale, se multiplient journellement en raison du nombre des voitures, de leur vîtesse effrayante, & de la multitude d'hommes & d'animaux qui se pressent ou se heurtent: les jugemens rendus sur ces dommages journaliers se trouvent en grand nombre dans les recueils d'arrêts, mais ils sont tous différens & presque contraires les uns aux autres, ce qui naît de la diversité des circonstances, de la qualité & de la fortune des parties; pourquoi notre législation ne s'occuperoit-elle pas de cet objet si important à la sûreté publique? la justice, l'humanité, la politique même réclament en faveur du pauvre, contre l'abus du luxe & de la richesse; souvenons-nous dans ces *accidens*, qu'ils deviennent une dette contractée par la richesse envers la pauvreté; consultons ce que nous dicte notre propre cœur, & d'après lui, qu'on décerne une juste indemnité en faveur d'un malheureux blessé par une voiture, ou en faveur de sa famille, s'il a eu le malheur d'être tué: que le conducteur de la voiture soit contraint de payer cette indemnité, & à son défaut, que son maître en demeure civilement responsable; c'est la décision contenue dans plusieurs arrêts: mais je ne peux m'empêcher d'observer, qu'assez ordinairement les dommages & intérêts sont insuffisans, & qu'ils sont encore diminués par les frais énormes de notre procédure.

Des accidens qui arrivent à la chasse. La chasse est un acte licite & permis, peut-être à trop de personnes; elle est souvent l'occasion & la source des plus funestes *accidens*; il n'est pas rare que, soit impéritie, mal-adresse, ou mauvaise vue, négligence ou hasard, un chasseur tire sur un homme, en le prenant pour une bête; tous les jurisconsultes s'accordent à dire que si un chasseur, en tirant sur une bête fauve, tue un homme qui se trouve au-delà, & qu'il ne pouvoit appercevoir, il n'y a aucune faute de sa part, & par conséquent point de délit; un ecclésiastique même n'encourroit pas l'irrégularité pour raison d'un tel homicide. Mais pour diminuer le nombre de ces *accidens*, ne pourroit-on pas tenir la main à l'exécution des réglemens qui défendent la chasse à un certain ordre de personnes, & en établir de nouveaux, pour régler les heures avant ou après lesquelles il ne sera plus permis de chasser?

Les maîtres & les pères & mères sont-ils civilement responsables de leurs domestiques & de leurs enfans? Les maîtres sont civilement responsables des *accidens* occasionnés par leurs domestiques, lorsqu'ils sont dans leurs fonctions, & qu'en conséquence ils agissent ou sont censés agir par l'ordre de leurs maîtres: c'est la jurisprudence des arrêts.

Mais on y trouve une contrariété singulière, lorsqu'il s'agit de la question de savoir si les père & mère sont responsables des *accidens* occasionnés par leurs enfans; il paroît cependant que la jurisprudence la plus constante, est que l'enfant ne peut être poursuivi criminellement, pour un *accident* dont il a été l'agent ou l'occasion, & qu'il n'y a personnellement contre lui aucune action civile en dommages & intérêts, d'où il suit qu'en général les pères & mères ne sont pas civilement responsables des *accidens* auxquels leurs enfans ont donné lieu, & que les arrêts contraires ne contiennent que des exceptions qui doivent avoir eu lieu par rapport à des circonstances particulières.

La coutume de Bretagne, *art. 656*, contient à cet égard une disposition particulière: elle veut que le père soit tenu de payer l'amende civile, pour le tort fait à autrui par son enfant, tant qu'il reste sous sa puissance, par la raison qu'il doit veiller sur ses enfans, & les châtier. Cette disposition nous paroîtroit devoir faire le droit commun, car il est juste que le père réponde au moins civilement des torts faits par son enfant; de même que, chez les Romains, le maître étoit tenu de réparer l'*accident* occasionné par les animaux & les esclaves qui lui appartenoient. Il y a parité de raison, & conséquemment il doit y avoir même disposition légale, suivant cet axiome de droit, *ubi eadem ratio, ibi idem jus statuendum est.*

Nous renvoyons aux mots BAIL & FERME, ce qui

concerne les *accidens* dont les fermiers & locataires sont tenus, ainsi qu'aux mots INCENDIE & TUMULTE, les questions qui naissent relativement à ces *accidens*.

ACCINS ET PRÉCLOTURES, termes par lesquels on désigne en quelques endroits les environs, appartenances, dépendances & accessoires d'un lieu seigneurial qui fait partie du préciput de l'aîné.

Suivant un acte de notoriété du châtelet, donné en 1699, s'il s'agissoit à Paris de régler ce qui doit appartenir à celui auquel on auroit légué un château avec *accins & préclôtures*, il faudroit entendre la maison seigneuriale, la cour, la basse-cour, fût-elle séparée par les fossés du château, ou par un chemin public, en outre les logemens, écuries, granges & greniers du fermier, avec les bâtimens & clos qui joignent immédiatement la maison; mais si ces bâtimens & clos étoient séparés de la maison par une rivière ou un chemin public, ils ne feroient pas partie des *accins & préclôtures*; dans ce cas-là néanmoins, la basse-cour en feroit partie, parce qu'elle est pour l'usage du maître, & que les logemens, écuries, *&c.* dont nous venons de parler, sont censés ne concerner que l'exploitation de la ferme ou des jardins.

Tel est l'usage du châtelet; mais il n'est pas suivi par-tout de la même manière, car en quelques endroits le chemin public qui sépareroit de la maison les bâtimens & clos, n'empêcheroit pas qu'ils ne fissent partie du préciput de l'aîné; tandis qu'ailleurs un simple mur ou un fossé suffisent pour qu'ils ne puissent y être compris. *Voyez* les articles AINÉ, PRÉCIPUT, *&c.*

De cette diversité des coutumes, & de la manière vague dont elles désignent ce qu'on doit entendre par les mots d'*accins & préclôtures*, il naît une infinité de questions pleines de difficultés, qui rendent ce point de droit féodal la source d'un grand nombre de procès, ruineux pour les familles. Il faudroit un volume entier pour donner une notion exacte de la variété des coutumes, des opinions contradictoires de leurs commentateurs, de la valeur que l'on donne à ces mots dans chaque province, & des arrêts qui ne jugent jamais que des espèces particulières. C'est aux jurisconsultes, chacun dans leur province, à prendre des notions exactes sur ce que la coutume, sous laquelle ils vivent, appelle droit d'*aînesse*, *préciput*, *accins & préclôtures*, *manoir* & *château*. *Voyez* AINESSE, PRÉCIPUT, MANOIR, *&c.*

Nous observerons seulement, d'après Vigier, dans son *Commentaire sur l'art. 88 de la coutume d'Angoumois*, que quand l'étendue de l'*accin & préclôture* a été réglée par deux ou trois partages des auteurs du succédant, il est raisonnable de s'en servir; mais qu'à défaut de ces partages, ils doivent être limités à l'arbitrage d'un homme sage & prudent, eu égard à toute la valeur du fief: cette opinion paroît fort sage, on pourroit l'adopter, sans inconvénient, dans toutes les coutumes.

Lorsqu'il n'y a point de manoir, l'aîné ne peut demander d'indemnité à cet égard, parce que les coutumes lui accordent, par préciput, ce qui existe, & non pas ce qui pourroit ou sembleroit pouvoir être: il ne peut aussi, dans le même cas, demander les *accins & préclôtures*, parce qu'où il n'y a point de préciput, il ne peut y avoir d'accessoire. Ces deux points sont généralement reçus dans toutes les coutumes; mais il y a variété sur la question de savoir où l'on doit prendre la légitime des puînés, lorsque toute une succession consiste dans le manoir, & ses *accins & préclôtures* non contestés.

Les coutumes de Paris, d'Orléans, de Melun décident textuellement que la légitime doit se prendre sur le manoir, ses *accins & préclôtures*; celle de Bayonne supprime toute légitime, comme si le préciput de l'aîné étoit une dette de la succession: presque toutes les autres sont muettes sur cet article. Nous pensons que ce silence ne doit pas nuire aux puînés, car leur légitime est fondée sur la loi naturelle, & le droit d'aînesse ne l'est que sur la loi politique, qui doit toujours céder à la première.

ACCISE, s. f. (*Droit féodal.*) en Angleterre & en Hollande, on donne ce nom à un droit qu'on lève sur les comestibles, les vêtemens, les marchandises & autres objets de luxe. Nous ne connoissons en France que la province d'Alsace, où l'*accise* soit en usage; c'est un droit du fisc dans lequel quelques seigneurs, qui possédoient des fiefs régaliens, ont été conservés par les traités de Westphalie.

Ce droit, dans son origine, étoit une taxe arbitraire que les seigneurs imposoient sur tout ce qui se vendoit dans les marchés situés sur leurs territoires; mais il a été modifié & réglé par des loix particulières. Des lettres-patentes, du mois d'août 1701, l'ont confirmé en faveur du comte d'Hanau, & celle du mois d'avril 1768, en faveur du duc de Wittemberg. Ces deux loix leur conservent les droits d'*accise* dans tous les lieux où il est prouvé & justifié qu'ils ont toujours été établis sur le sel, le fer & autres marchandises; mais elles donnent un nouveau tarif pour le même droit, dû sur le pain & la viande de boucherie, que les seigneurs ne peuvent changer, & que leurs receveurs ne peuvent excéder.

ACCLAMATION, s. f. (*Droit civil & canonique.*) ce mot est toujours pris en bonne part dans notre langue, c'est ou un cri de joie, ou le consentement que l'on donne à un acte: en ce sens, il est opposé à *clameur*, qui est le cri de la douleur, ou de l'effroi, ou de l'indignation.

Les premiers Romains, dans les assemblées, soit du peuple, soit du sénat, faisoient tout par *acclamation*: le président Brisson en a recueilli soigneusement les formules, dans le livre second de son traité *de formulis & solemnibus populi romani verbis.* Sous les empereurs, les *acclamations*, dont les sénateurs se servoient pour les applaudir & les saluer, devinrent un monument de servitude & de basse adulation.

Les chrétiens de la primitive église prirent, du peuple romain, l'usage des *acclamations*. Les pères des conciles en faisoient pour souhaiter aux souverains la prospérité & de longues années; pour anathématiser les hérétiques, ou pour approuver unanimement un avis proposé. L'élection des évêques se faisoit par tout le peuple assemblé, & plus ordinairement par *acclamation*; plus le peuple les réitéroit, plus son choix honoroit le sujet élu: aussi les secrétaires avoient-ils le soin de marquer le nombre de fois qu'elles avoient été répétées.

L'*acclamation*, dans les élections, est la même chose que ce que les canonistes appellent *inspiration*. Cette manière s'est conservée en France, dans les élections des abbés & des abbesses; mais il faut, en outre, remplir les formes établies par les canons & les loix du royaume. Ce genre d'élection suspect, comme il le fut à Rome, doit être confirmé par la voie du scrutin; & nous avons remarqué ci-dessus, au mot ACCÈS, qu'ordinairement il ne devoit avoir lieu que pour compléter le nombre nécessaire de suffrages, en faveur de quelqu'un qui partageoit les voies du scrutin.

Nos premiers rois ont été élus par *acclamations*: c'est ainsi que fut reconnu Pharamond, porté sur un pavois autour du camp des Francs, & Hugues-Capet, qui fut reconnu roi des François par les *acclamations* unanimes des prélats & des barons: il n'y avoit pas alors d'autre forme.

L'usage des *acclamations* n'a ordinairement lieu, parmi nous, que dans les spectacles, pour applaudir & l'auteur & les acteurs: c'est le moyen que peut employer le public pour leur témoigner sa satisfaction. Nous en faisons usage au barreau, pour soutenir & augmenter la noble confiance des défenseurs du foible opprimé: peut-être même ont-elles influé sur les arrêts. Les soldats s'en servent souvent à la vue de leurs généraux, & souvent ces cris de joie & de contentement assurent la victoire. Elles accompagnent nos rois lorsqu'ils paroissent en public; c'est la manière la moins équivoque dont une nation vive, sincère & brave, puisse témoigner le plaisir qu'elle éprouve: c'est le cri du sentiment, le transport de la joie, le vœu de l'espérance & du patriotisme.

ACCOINTANCE, s. f. vieux mot qui s'emploie encore quelquefois au palais, pour signifier *un commerce illicite* avec une femme ou une fille. (*H*)

ACCOLADE, s. f. cérémonie ancienne, qui se pratiquoit lorsqu'on conféroit à quelqu'un l'ordre de chevalerie. Celui qui recevoit un nouveau chevalier, lui donnoit un baudrier & une ceinture dorée; le baisoit à la joue gauche, & lui donnoit sur l'épaule un petit coup du plat de son épée: ce n'étoit qu'après cette réception que le récipiendaire pouvoit se qualifier chevalier, & porter les éperons dorés. L'ancienne chevalerie est tombée, & la cérémonie de l'*accolade* ne se pratique plus que dans la réception des chevaliers de quelque ordre de chevalerie militaire.

ACCOMMODATION, s. f. *terme de palais* qui a vieilli, & qui signifie la même chose que celui d'*accommodement*, dont nous allons parler.

ACCOMMODEMENT, s. m. (*terme de Pratique.*) c'est un traité fait à l'amiable, par lequel on termine un différend, une contestation, un procès. On dit, avec raison, qu'un mauvais *accommodement* vaut mieux qu'un bon procès, & ce proverbe n'est pas honorable pour les gens de loi. Un *accommodement* peut se faire par le seul concours des parties, ou par l'entremise d'un ou de plusieurs arbitres qu'elles choisissent, & à qui elles s'en rapportent: il signifie la même chose qu'*arbitrage* & *transaction*. *Voyez* ces mots.

Accommodement de famille. On donne le nom d'*accommodement* aux arrangemens ou accords qui se font dans les familles, soit pour y maintenir la paix, soit pour l'avantage de ceux qui les composent. Plusieurs coutumes favorisent beaucoup cette espèce d'*accommodement*, entr'autres celle de Berri, qui exempte du droit de relief tous ceux qui se font avant le partage entre les pères & les enfans, les frères & les sœurs, ou par contrat de partage. Ainsi, lorsqu'après la mort du père la fille s'accommode pour sa dot ou pour sa portion héréditaire, & reçoit de son frère une somme d'argent avant d'avoir appréhendé la succession, il n'est dû aucun droit de lods & ventes, pour cet accroissement d'hérédité, en faveur de l'aîné.

Effet de l'accommodement en matière criminelle. En matière criminelle, la partie civile peut faire un *accommodement* avec l'accusé pour raison de ses intérêts civils, & cet accord la rend incapable d'agir de nouveau contre celui-ci; mais il ne peut empêcher la poursuite de la partie publique dans les délits qui intéressent l'ordre social; il ne lui fait obstacle que lorsque le délit ne concerne que le plaignant: comme dans les cas où il s'agit d'excès, d'injure, de libelle, & autres choses semblables. Dans l'accusation de faux principal ou de faux incident, l'*accommodement* doit être homologué en justice, après la communication & l'avis du ministère public.

Règles sur les accommodemens avec les employés des fermes. Les fermiers du roi ne pouvoient, suivant l'art. 6 du tit. 20 de l'ordonnance des gabelles de 1680, faire aucun *accommodement* pour les amendes ou confiscations, avant qu'elles eussent été ordonnées; mais un arrêt du conseil du 19 janvier 1694, & les clauses insérées dans les baux des fermes depuis 1738, leur permettent de transiger sur les amendes & confiscations, sans demander le consentement du procureur du roi, excepté dans les cas où il y auroit lieu à une condamnation à peine afflictive; car alors l'*accommodement* n'empêcheroit pas les poursuites du ministère public: ce qui est conforme à l'ordonnance criminelle de 1670.

Les commis des aides ne peuvent faire aucun *accommodement* pour raison de fraude & de contravention, avant d'y être autorisés par leurs directeurs ou les préposés à la recette générale, après leur

leur avoir envoyé les copies des procès-verbaux qu'ils ont dressés, & qui doivent être sommairement enregistrés par les directeurs ou receveurs, sur un registre tenu à cet effet. Ces défenses ont été faites principalement en faveur du fermier, pour contenir les commis qui auroient pu abuser de cette faculté, & malverser en s'attribuant le montant de ces sortes d'*accommodemens*. Si les commis transigent avec les fraudeurs, sans la participation de leur supérieur, ils sont repréhensibles vis-à-vis de lui; mais l'*accommodement* n'en subsiste pas moins, & les parties saisies n'en peuvent exciper, à moins qu'elles ne prouvent qu'elles ont été lézées, & que le montant de l'accord excède la somme à laquelle auroient été portées & l'amende & la confiscation : cette jurisprudence est appuyée sur plusieurs arrêts du conseil.

ACCORD, f. m. (*en Droit.*) soit en matière civile, soit en matière criminelle, signifie un *accommodement* entre les parties contestantes, au moyen de ce que l'une des deux parties fait des offres que l'autre accepte. Ainsi l'on dit *les parties sont d'accord*, pour dire qu'elles sont accommodées. *Voyez* TRANSACTION.

ACCORDAILLES, f. f. pl. (*terme de Palais.*) qui signifie *le consentement à un mariage*, donné solemnellement par les parens des deux futurs époux, assemblés à cet effet, & la promesse réciproque que ceux-ci se font de s'unir par le mariage. Hors des matières de palais, on dit plus ordinairement *accords*. *Accordailles* est antique. (*H*)

Les *accords* ou *accordailles* sont au contrat civil du mariage, ce que sont en droit canonique les fiançailles qui précèdent le sacrement; les unes & les autres sont des promesses de contracter mariage, & elles se règlent par les mêmes principes.

Les *accords* se font par un contrat devant notaire, ou par acte sous signature privée, ils peuvent même être conçus dans une simple promesse par écrit; mais cet engagement, pour être valable, doit être réciproque, celui d'une des parties ne suffiroit pas. On n'admet pas la preuve par témoins des *accords* d'un futur mariage; c'est la disposition de l'ordonnance de Moulins, & d'une déclaration du 29 novembre 1639 : c'est un motif d'autant plus pressant de les rédiger par écrit, ou de les consigner dans un acte pardevant notaire.

L'exécution ou l'inexécution des promesses est de la compétence du juge ecclésiastique; mais si une des parties refuse d'accomplir le mariage projetté, il ne peut que l'exhorter à remplir ses engagemens; & si elle persiste dans son refus, il en prononce la résolution, par rapport aux parties contractantes seulement, sans prendre connoissance de ce qu'il peut y avoir dans les *accords* de relatif aux parens ou autres personnes intervenantes, & aux dommages & intérêts auxquels donne lieu l'inexécution de la convention.

La demande en dommages & intérêts doit être portée devant le juge séculier, parce que le mariage, comme ce qui le précède ou le suit, est un contrat civil qui appartient à l'ordre politique, & dont la connoissance ne peut regarder que les juges laïques. Quoique, dans cette espèce de contrat, celui-ci ne puisse contraindre aucune des parties à remplir ses engagemens, afin de ne pas blesser la liberté des mariages, il résulte néanmoins des dommages & intérêts plus considérables, lorsque l'une des parties refuse de se marier après les *accords*, que dans le cas où il n'y a eu qu'une simple promesse de mariage entre les deux contractans : cette jurisprudence est appuyée sur plusieurs arrêts. *Voyez* FIANÇAILLES.

ACCORDÉ, ACCORDÉE, adj. c'est le nom dont on se sert vulgairement pour désigner celui & celle qui se sont engagés à contracter mariage entre eux, par des articles signés de part & d'autre. Dans le cas de rupture de cet *accord*, les présens qui ont été faits par celui qui a refusé d'accomplir le mariage, restent en propriété à l'autre; de manière que si l'*accordée* rompt sans sujet le mariage, elle perd ce qu'elle a pu donner en présent à l'*accordé* : si, au contraire, la rupture vient de la part de l'homme & n'a point de fondement solide, il perd également les bagues, joyaux, & autres présens qu'il peut avoir faits. Mais dans le cas où l'*accordée* refuseroit sans cause d'accomplir le mariage, elle est tenue à la restitution de ce qu'elle a reçu, ou de sa valeur; les loix romaines l'obligeoient même à la restitution du quadruple. Ces décisions sont fondées sur la loi générale de tous les contrats, qui ordonne de faire perdre les arrhes à celui qui les a donnés pour confirmer sa promesse d'exécuter une convention, dès qu'il refuse sans motif de l'accomplir.

Lorsque la rupture de l'engagement n'est pas volontaire, si, par exemple, elle arrive par le décès de l'*accordé*, on décide assez communément que l'*accordée* ne doit pas la restitution des présens de peu de valeur qu'elle a reçus, parce que ces bagatelles sont considérées comme des dons faits à la personne en considération d'elle-même; mais elle doit rendre les habits, linges, joyaux & autres choses de grand prix, parce qu'ils ne lui ont été donnés qu'en considération du futur mariage. Les Romains, dans cette espèce, donnoient à l'*accordée* la moitié de tout ce qu'elle avoit reçu, si, après les fiançailles, l'*accordé* lui avoit donné un baiser : le motif de cette loi étoit que, *osculo delibata censebatur virginitas*.

ACCORDEMENT, f. m. (*terme de Coutume.*) il se trouve fréquemment dans celles de Berri & de Montargis. Il signifie premiérement la convention par laquelle le seigneur, ayant droit de se faire payer des lods & ventes, transige avec l'acquéreur de l'héritage à raison duquel ils sont dus, sur la somme à laquelle le droit sera fixé; il signifie, en second lieu, les droits même des lods & ventes, parce qu'on a coutume d'en composer & accorder avec le seigneur censuel.

ACCOUCHEMENT, f. m. (*Droit civil.*) c'est

la fonction par laquelle une femme se délivre du fruit de la conception. On ne peut guère donner de règle certaine pour déterminer le temps où l'*accouchement* doit arriver, afin de rendre l'enfant légitime. La nature s'écarte si souvent de sa marche ordinaire, qu'elle semble avoir voulu ne nous laisser que des doutes sur ce point.

Les médecins, les chirurgiens, les naturalistes ne sont pas d'accord sur le temps de la gestation d'une femme. Les uns la fixent à neuf mois, & ne la prolongent tout au plus que de dix jours; d'autres l'admettent jusqu'à dix mois & demi, & quelques-uns même jusqu'à un an. Chacun de ces sentimens est soutenu par des hommes également habiles & estimables. Cette diversité d'opinions s'est introduite parmi les jurisconsultes; un jugement de l'empereur Adrien a déclaré légitime un enfant venu au monde onze mois après la mort de son père, & un autre du préteur Papyrius a légitimé un enfant né après treize mois. Parmi nous, des arrêts ont jugé légitimes des enfans nés dans le onzième mois, tandis que d'autres ont déclaré illégitime un enfant né dix mois & quatre jours après la mort de son père.

Il est difficile, d'après une aussi grande contrariété, de poser des principes certains, & de guider d'une manière infaillible, le juge dans la décision des espèces qui peuvent se présenter tous les jours sur le moment de l'*accouchement* d'une femme, & en conséquence sur la légitimité de l'enfant qui vient au monde. Nous croyons néanmoins qu'il faut distinguer trois sortes d'*accouchemens*: les naturels, c'est-à-dire, les plus conformes aux opérations ordinaires de la nature, ils sont de neuf mois à quelques jours près, soit en plus, soit en moins; les rares, qui arrivent dans le sixième, septième, huitième & dixième mois accomplis; les extraordinaires, qu'on regarde cependant comme possibles, & qui sont les *accouchemens* à la fin du onzième mois & au-delà.

Dans les *accouchemens* ordinaires & naturels, il ne peut jamais y avoir de difficulté sur la légitimité de l'enfant: suivant la règle sagement établie, *pater est quem nuptiæ demonstrant*, l'enfant né au commencement du dixième mois, après la mort ou l'absence de son père, est censé lui appartenir, & doit toujours être regardé comme légitime.

Pour soutenir la possibilité des *accouchemens* extraordinaires du onzième mois accompli, les médecins prétendent que ce retard peut avoir lieu, lorsque la mère a essuyé une grande maladie pendant laquelle on lui a fait de fréquentes saignées, ou même lorsqu'elle a éprouvé des chagrins longs & graves, qui ont pu retarder l'accroissement de l'enfant; mais la seule opinion des médecins & des chirurgiens, qui les regardent comme possibles, ne doit pas suffire pour déterminer les juges à légitimer un enfant qui naîtroit dans le onzième mois ou au-delà après la mort du père, ils doivent examiner attentivement la conduite de la mère, & ne se décider en faveur de la légitimation de l'enfant, que lorsqu'elle jouit d'une réputation sans reproche. Ce n'est que sur ce fondement qu'ont été rendus les arrêts des parlemens, qui ont légitimé les enfans nés dans le onzième mois: nous ne pensons pas qu'au-delà de ce terme on doive regarder comme légitime l'enfant qui naîtroit. Le parlement de Paris le 5 janvier 1768, sur les conclusions de M. Barentin, avocat-général, confirma une sentence du juge de Mont-Didier, qui déclaroit illégitime un enfant né onze mois & sept jours après la mort de son père.

Les *accouchemens* rares des sixième, septième, huitième & dixième mois peuvent arriver dans deux temps différens, qu'il est nécessaire de distinguer. Ils ont lieu après le décès ou l'absence du père, ou après le sixième, septième ou huitième mois, à compter du jour de la célébration du mariage des père & mère. Dans la première espèce, c'est-à-dire, lorsqu'un enfant vient au monde six, sept ou huit mois après la mort ou l'absence du père, il n'y a aucune espèce de doute sur la légitimité de sa naissance, parce qu'il a été conçu pendant la durée du mariage de ses père & mère; mais il peut s'élever des nuages par rapport à un *accouchement* arrivé six, sept ou huit mois d'après le jour des noces.

Dans cette espèce, on doit regarder comme certain que l'enfant né le septième mois & au-delà, d'après la célébration du mariage de sa mère, est légitime, parce que non-seulement il est né pendant le mariage, mais encore parce qu'il est censé y avoir été conçu. Les *accouchemens* au septième mois sont rares à la vérité, mais ils sont néanmoins assez fréquens pour ne laisser aucun doute sur la légitimité de l'enfant, & le mari même ne seroit pas admis à la preuve du contraire, par la raison que cet *accouchement* paroît aussi naturel que celui qui arrive dans le neuvième mois.

A l'égard des enfans qui naissent dans le premier, second, troisième, quatrième, cinquième & sixième mois, à compter du jour de la célébration du mariage, la loi les répute légitimes, d'après la règle que nous avons déjà citée, *pater est quem nuptiæ demonstrant*; mais cette présomption n'est pas du nombre de celles que les jurisconsultes appellent *juris & de jure*, c'est une simple présomption de droit, contre laquelle on admet à la preuve contraire & avec raison; car la naissance d'un enfant, si peu éloignée de la célébration du mariage, suppose une débauche précédente.

Quel que soit le terme fixé par la nature pour l'*accouchement*, le hâter, c'est se rendre coupable envers elle, & violer en même temps les loix civiles; l'enfant, qui est la victime de cet attentat, dès le moment qu'il est conçu, appartient à la société dont il devient membre, comme le père & la mère qui l'ont engendré. Nous traiterons de la nature & des peines de ce crime, sous le mot AVORTEMENT.

L'édit de Henri II, du mois de février 1556,

veut que toute femme ou fille, convaincue d'avoir celé sa grossesse & son *accouchement*, sans avoir déclaré l'un ou l'autre, soit réputée avoir homicidé son enfant; &, pour réparation, punie de mort, si cet enfant se trouve privé du baptême & de la sépulture, & que la mère ne produise aucun témoignage pour prouver qu'il étoit mort ou en vie lors de l'*accouchement*.

Un arrêt du parlement de Paris, du 21 avril 1625, a jugé qu'une sage-femme, qui, dans sa maison, avoit accouché une femme & avoit fait trouver une nourrice à l'enfant, seroit chargée de payer les mois de la nourrice, jusqu'à ce qu'elle eût indiqué le père ou la mère de l'enfant.

Une déclaration du 20 février 1680, défend aux personnes de la religion prétendue réformée, de se mêler de l'*accouchement* des femmes. *Voyez* les articles GROSSESSE, NAISSANCE, BATARD.

ACCOUCHEUR, f. m. ACCOUCHEUSE, f. f. (*Politique.*) L'*accoucheur* est un chirurgien, dont le principal talent est d'accoucher les femmes. L'*accoucheuse* est une femme qui fait profession d'accoucher.

La fonction d'accoucher mérite l'attention du souverain, s'il est vrai que la population soit la richesse des empires, & que la vie des enfans & des mères dépende de l'habileté de ceux ou celles qui président aux accouchemens. Une profession si nécessaire ne devroit être exercée que par des personnes instruites, qui auroient fait plusieurs cours d'anatomie, subi des examens sévères, & opéré, pendant plusieurs années, sous les yeux de leurs maîtres.

Le gouvernement a senti la nécessité de veiller sur l'instruction de ceux qui s'appliquent à l'art des accouchemens; plusieurs intendans ont déjà établi dans nos provinces des personnes instruites, pour enseigner cet art & en démontrer les règles; mais il seroit à desirer que ces établissemens fussent multipliés dans toutes nos villes du premier, du second & du troisième ordre; qu'on y donnât chaque année plusieurs cours gratuits d'accouchement, & qu'on défendît à tout particulier de s'immiscer dans la pratique des accouchemens, sans avoir été reçu après un examen sévère, précédé d'une attestation qui constate l'assiduité avec laquelle il aura suivi les cours publics d'anatomie.

ACCROIS, f. m. Les coutumes d'Anjou, art. 103, & du Maine, art. 116, se servent de ce terme, pour désigner les profits de bestiaux qui proviennent par la naissance de nouvelles bêtes: ainsi les agneaux, les veaux, les poulains sont des *accrois*.

ACCROISSEMENT, f. m. (*Droit civil.*) c'est l'adjection, la réunion d'une partie d'une chose devenue vacante, à celle qui est déjà possédée par un autre. L'*accroissement* se fait de plusieurs manières: l'accession, dont nous avons parlé ci-dessus, est un véritable *accroissement*; l'alluvion & l'atterrissement en sont encore des espèces: nous les traiterons sous leurs mots propres. *Voyez* ACCESSION, ALLUVION & ATTERRISSEMENT. Nous nous contenterons d'expliquer l'*accroissement* qui a lieu en matière de succession, de legs, d'usufruit, de douaire, de communauté.

De l'accroissement en matière de succession. En matière de succession on appelle *accroissement* le droit qu'acquièrent un ou plusieurs héritiers d'une succession, sur les possessions d'un ou de plusieurs cohéritiers qui n'ont pu jouir de leurs portions, ou qui y ont renoncé. Ainsi, lorsque de deux enfans l'un renonce à la succession du père ou s'en rend indigne, l'autre acquiert, par droit d'*accroissement*, la portion qui auroit appartenu au premier, sans sa renonciation ou son incapacité.

Si l'héritier, qui a accepté une succession, décède avant la renonciation de ses cohéritiers, il transmet à ses héritiers, non-seulement sa portion héréditaire, mais encore toutes celles qui lui seroient revenues par droit d'*accroissement*, parce que ce droit est censé acquis, & a un effet rétroactif au moment de l'ouverture de la succession: ainsi, ils héritent de la même manière qu'auroit hérité leur auteur, s'il n'étoit pas décédé avant la renonciation de ses cohéritiers, parce qu'à l'instant de sa mort ils ont été saisis de tous les droits qui lui appartenoient.

La part, qui fait *accroissement*, se partage en raison de la portion que chacun prend dans le reste.

L'*accroissement* a toujours lieu entre les héritiers appellés par la loi du sang, soit qu'il s'agisse d'une succession directe, ou qu'il soit question d'une collatérale. Dans ces cas, la portion abandonnée, ou qui ne peut être recueillie, grossit la masse de l'hérédité, & se partage avec le reste. Mais il en seroit différemment entre des héritiers qui ne tireroient pas leurs droits de la loi du sang. Si, par exemple, la succession d'un particulier appartenoit, par droit de déshérence, à plusieurs seigneurs de diverses seigneuries, & qu'un de ces seigneurs renonçât à ce qui lui seroit échu, la portion abandonnée n'appartiendroit point aux seigneurs des autres seigneuries, mais au premier occupant.

Il n'en seroit pas de même si la succession, par déshérence, étoit ouverte dans une seule seigneurie où il y eût plusieurs seigneurs; alors la part du co-seigneur renonçant appartiendroit aux autres, par droit d'*accroissement*.

L'*accroissement* a toujours lieu en succession légitime, soit directe, soit collatérale, & il ne peut donner lieu à aucune question; mais il n'en est pas de même dans les successions testamentaires; car, comme il dépend en même temps de la volonté du testateur, & de plusieurs règles du droit romain très-difficiles à entendre, il occasionne souvent des contestations, qui ne peuvent être décidées que par des interprétations arbitraires.

La première règle est certainement la volonté du testateur, lorsqu'elle est clairement énoncée; ainsi l'*accroissement* se détermine, d'après son intention exprimée.

Dans l'hypothèse qu'il auroit divisé sa succession en deux ou plusieurs portions, pour deux ou plusieurs branches d'héritiers, la part de celui qui renonceroit seroit *accroissement* à la branche avec laquelle il auroit hérité; mais si tous les héritiers d'une branche venoient à renoncer, alors leur part seroit acquise aux autres branches, sans que celles-ci pussent s'en tenir à leurs propres portions, & abandonner celle qui seroit vacante, quelque onéreuse qu'elle pût être; parce que le droit à l'hérédité est un droit universel qui comprend tous les biens & toutes les charges, & que ce droit est indivisible, c'est-à-dire, qu'on ne sauroit être héritier d'une partie de la succession, tandis que l'autre partie reste vacante & sans héritiers.

Si de deux héritiers testamentaires qui n'héritent point par la loi du sang, l'un renonce à la succession ou est incapable de la recueillir, & que le testateur n'ait pas expliqué son intention sur le droit d'*accroissement*, sa portion appartient-elle au cohéritier testamentaire ou à l'héritier naturel que la loi désigne pour succéder, lorsqu'il n'y a point de testament?

Cette question est décidée par le droit romain, en faveur du cohéritier testamentaire, & c'est la seconde règle générale qui détermine le droit d'*accroissement*. Il paroît néanmoins qu'il seroit plus équitable d'appeller dans ce cas l'héritier du sang, ce seroit le moyen d'éviter beaucoup de procès; d'ailleurs, quel inconvénient y auroit-il de borner le droit d'*accroissement* aux successions légitimes, & aux cas prévus & déterminés par le testateur, & d'accorder à l'héritier légitime toutes les portions répudiées, soit par un héritier testamentaire, soit par les légataires?

La portion d'un enfant, dont l'exhérédation subsiste, accroît à l'enfant qui étoit lui-même exhérédé, comme aux autres héritiers, lorsqu'il a fait annuller, à son égard, l'exhérédation.

Si l'un des enfans déshérités avoit seulement différé d'agir sans reconnoître la validité de l'exhérédation & sans renoncer à la succession, sa portion n'accroîtroit point aux autres par son silence; mais ceux-ci pourroient l'obliger à s'expliquer, & alors s'il attaquoit l'exhérédation, il faudroit en faire juger, contradictoirement avec lui, la validité ou la nullité.

Dans l'hypothèse où les cohéritiers d'un homme grevé de substitution renonceroient à la succession, les portions accrues à l'héritier grevé feroient-elles partie du fidéi-commis, & le fidéi-commissaire seroit-il en droit de revendiquer cet *accroissement?* L'affirmative paroît incontestable, parce que l'*accroissement* se fait à la chose, & que l'héritier grevé doit remettre tout ce qui peut lui échoir en qualité d'héritier.

Quoique le droit d'*accroissement* ait toujours lieu entre les cohéritiers par la loi du sang, il faut néanmoins remarquer que si l'un d'eux venoit à mourir après l'ouverture de la succession sans l'avoir connue, ou avant de l'avoir acceptée, il transmettroit sa part à ses héritiers, sans que ses cohéritiers pussent y prétendre par droit d'*accroissement.*

En Picardie, les terres données aux puînés, en dédommagement du quint qui leur appartient dans les fiefs, accroissent aux puînés jusqu'à la concurrence de la portion du quint.

L'*accroissement* n'a pas lieu dans les contrats, ni dans les donations entre-vifs; ainsi l'immeuble, qui seroit vendu à deux personnes, ne pourroit être prétendu par celle qui garderoit la convention que l'autre auroit résolue; & dans le cas d'une donation entre-vifs à deux particuliers, le donataire qui refuseroit, ne feroit pas *accroissement* au donataire qui accepteroit. Cette disposition change, si la donation est à cause de mort. La raison de la différence est qu'une donation à cause de mort est une volonté dernière, qui est susceptible d'une interprétation plus étendue & plus favorable qu'un acte entre-vifs.

De l'accroissement entre colégataires. Le droit d'*accroissement* n'a lieu entre colégataires, que dans les cas où le testateur les a joints ensemble, ce qui peut se faire de trois manières différentes: car ils peuvent être joints, 1°. par la chose léguée, & par l'expression du discours; 2°. par la chose seulement; 3°. par les seules paroles qu'emploie le testateur.

Ils sont joints par la chose & par les paroles; *re & verbis*, lorsque le testateur s'est exprimé en ces termes: je lègue à Pierre & à Paul ma maison de ville; par la chose seulement, lorsqu'il a dit: je lègue à Pierre ma maison de ville; & par une autre clause: je lègue à Paul ma maison de ville; enfin par les paroles seulement, comme dans cette phrase: je lègue à Pierre & à Paul ma maison de ville, chacun par moitié.

Dans la première espèce, si l'un des colégataires renonce au legs qui lui a été fait, sa portion accroît à son colégataire acceptant, parce qu'on doit présumer que la volonté du testateur est que sa maison passe en propriété à Pierre & à Jean, ou à l'un des deux, dans le cas où l'un des deux renonceroit à son legs.

Dans la seconde espèce, si l'un des colégataires renonce, celui qui accepte acquiert la totalité du legs, non par droit d'*accroissement*, mais par ce que les jurisconsultes appellent *non-décroissement*, qui consiste à retenir la totalité d'une chose, sur laquelle un autre a droit de prendre sa part, & qui la renonce. L'un & l'autre droits dérivent de la volonté du testateur, dont l'intention étoit que le legs ne reçût aucun décroissement.

Dans la troisième espèce, il n'y a lieu ni à l'*accroissement*, ni au non-décroissement, parce que les légataires, qui ne sont conjoints que par les paroles, ne le sont pas à proprement parler, & qu'on peut raisonnablement présumer que le testateur ne les a compris dans une même clause, que pour abréger son discours; d'ailleurs, il est certain que dans cette espèce chaque legs est un legs particulier, qui ne doit pas plus accroître au conjoint par paroles, que les legs faits à d'autres légataires, par les différentes clauses contenues dans le testament, ne lui accroissent.

Lorsqu'il n'y a pas lieu à l'*accroissement* entre les légataires, les legs particuliers, qui deviennent caducs par la renonciation du légataire, appartiennent ordinairement au légataire universel ; mais si les termes du testament s'y opposent, ils appartiennent à l'héritier institué, parce que le droit d'*accroissement*, en faveur du légataire universel, n'étant introduit par aucune loi expresse, il ne peut avoir lieu qu'en vertu de la volonté expresse ou tacite du testateur.

Il en est du légataire, qui meurt avant que d'avoir accepté le legs fait à son profit, comme de l'héritier, c'est-à-dire, qu'il transmet à ses héritiers non-seulement la partie de son legs, mais encore le droit d'*accroissement* pour les portions de ses colégataires, qui deviennent caduques.

L'*accroissement* a également lieu entre colégataires, lorsque le legs est devenu caduc par la turpitude de l'un d'eux.

Il faut appliquer aux fidei-commissaires, tout ce que nous avons dit des légataires, c'est-à-dire, que le droit d'*accroissement* a lieu entre eux, lorsqu'ils sont conjoints dans le fidéi-commis par la chose seulement, ou, en même temps, par la chose & par les paroles ; mais il n'y a pas lieu à l'*accroissement*, lorsqu'ils sont appellés à la substitution, chacun pour une part séparée.

Accroissement en matière d'usufruit. L'*accroissement* en matière d'usufruit a ses loix particulières. L'usufruit d'un fonds légué à plusieurs, mais sans division, c'est-à-dire, sans portion distincte & séparée pour chacun d'eux, ne se consolide à la propriété qu'après la mort du dernier légataire, qui jouit, par *accroissement*, des parts de ses prédécesseurs ; & il en est de même, si l'un des colégataires renonce à la portion d'usufruit qui lui a été léguée.

Il n'en est pas de même d'un fonds légué à plusieurs par portion distincte & divisée ; chaque legataire ayant une fois accepté sa part, elle n'accroît plus aux colégataires en cas de décès, elle passe aux héritiers du défunt.

Ricard s'est fait la question suivante : un testateur institue deux légataires ; à l'un il lègue le fonds, à l'autre l'usufruit ; celui-ci renonce à son legs ; le légataire de la propriété en jouira-t-il ?

Cette question n'est pas difficile à résoudre. Il est clair que la renonciation du légataire de l'usufruit opère le même effet qu'opéreroit sa mort, la réunion de l'usufruit à la propriété.

En général, tant que l'objet de l'usufruit légué n'a pas été séparé entre les colégataires, soit par la volonté du testateur, soit par le partage fait entre les colégataires, le droit d'*accroissement* a lieu entre eux, tant parl e décès de l'un d'eux, que par sa renonciation. C'est par cette raison que, suivant la disposition de plusieurs coutumes de France, & particuliérement de celles d'Anjou & du Maine, les enfans puînés, qui jouissent par indivis & en usufruit de leurs portions héréditaires, acquièrent, par droit d'*accroissement*, la portion vacante par le décès de l'un d'eux ; au lieu que lorsqu'ils jouissent à part & divisément, l'*accroissement* n'existe plus en leur faveur, & la portion vacante se consolide à la propriété de l'aîné ou de ses représentans.

L'*accroissement* n'a pas lieu entre colégataires de pensions alimentaires, quand bien même le testateur n'auroit pas exprimé qu'il lègue à chacun sa portion séparée ; par la raison, dit M. Pothier, qu'en exprimant que c'est pour alimens, il a suffisamment fait entendre qu'il ne léguoit à chacun que la part nécessaire pour frayer à ses alimens : c'est le fondement d'un arrêt du 2 décembre 1608, rapporté par Mornac.

Le légataire universel des meubles & acquêts d'un mari, devient propriétaire de la communauté entière, si la veuve y renonce.

Du droit d'accroissement dans la continuation de communauté. Il ne peut y avoir lieu au droit d'*accroissement* dans le partage d'une communauté, soit qu'il se fasse entre le mari & la femme, ou entre l'un des conjoints & les héritiers du prédécédé ; mais il a lieu, lorsqu'il y a eu entre eux une continuation de communauté, & qu'il meurt un ou plusieurs des héritiers.

Dans cette espèce, les parts de ceux qui sont décédés appartiennent à ceux d'entre eux qui survivent, à l'exclusion du conjoint : c'est la disposition de l'art. 243 de la coutume de Paris.

Quelques-uns ont prétendu que si l'un ou plusieurs des enfans renonçoient à leurs parts, elles devoient appartenir au conjoint survivant, à l'exclusion des autres enfans ; ils ont fondé leur opinion sur un arrêt du 6 septembre 1687, rapporté au journal du palais, qui a en effet jugé que l'*accroissement* n'avoit lieu, en faveur des enfans, que dans le cas de mort ; & que dans le cas de la renonciation de l'un à la continuation de la communauté, sa part appartenoit au père ou à la mère survivant ; mais cet arrêt a été rendu dans des circonstances particulières, 1°. le conjoint survivant étoit mort ; 2°. de trois enfans il n'y en avoit qu'un qui demandât la continuation, non de son chef, car il y avoit renoncé, mais en qualité de légataire universel d'un autre enfant, ce qui rendoit sa cause peu favorable. Ainsi, la règle qui, en cas de mort d'un enfant, attribue aux autres enfans sa part dans la continuation de la communauté, à l'exclusion du conjoint survivant, doit opérer le même effet lors de la renonciation d'un enfant, nonobstant l'arrêt cité.

Si l'un des enfans entre dans un monastère & y fait profession pendant la continuation de la communauté, sa part accroît pareillement aux autres enfans ; mais dans ce cas ils sont obligés, lors du partage avec le conjoint survivant, de déduire sur leur part ce qui aura été pris dans la communauté, pour la dot religieuse de leur frère ou de leur sœur.

Le droit d'*accroissement* n'a pas lieu en faveur des enfans, si celui d'entre eux qui décède, laisse lui-même des enfans. Ceux-ci sont, avec raison, préférés à leurs oncles & à leurs tantes; d'ailleurs, en qualité d'héritiers de leur père, ils jouissent du droit qu'il avoit dans la continuation de communauté, ou dans la communauté même, parce que ce droit fait partie de sa succession, & qu'ils le représentent à cet égard.

Si l'enfant, mort durant la continuation de communauté, laisse une veuve avec laquelle il étoit en communauté de biens, la portion qu'il avoit, dans la continuation de communauté, n'accroît à ses frères & à ses sœurs, qu'à la charge de laisser à la veuve sa part dans les biens de cette portion, qui sont entrés dans la communauté qu'il y avoit entre cette veuve & le défunt.

Il est nécessaire d'observer que tout ce que nous venons de dire sur le droit d'*accroissement*, entre les enfans, dans la continuation de communauté, pour la portion qui devient vacante par le décès de l'un d'eux, est plus véritablement un droit de non-décroissement, qu'un droit d'*accroissement*; car ce droit, de l'enfant décédé, ne vient pas à ses frères à titre de succession, mais il demeure réuni & confus dans leurs portions, comme si leur frère défunt n'avoit jamais eu part dans la communauté: au reste, cette portion n'accroît aux survivans, que sous la déduction de ce que le prédécédé peut avoir reçu.

Si une femme ou ses héritiers viennent à renoncer à la communauté, tous les biens de cette communauté seront acquis au mari; mais ce sera moins par droit d'*accroissement*, selon la remarque de Guyot, que par non-décroissement, attendu que le partage de la communauté ne sauroit avoir lieu que quand elle est acceptée. Il n'est dû, par cette sorte d'*accroissement*, aucune espèce de droits seigneuriaux, pas même le centième denier, comme le conseil l'a décidé le 5 février 1729; parce qu'il n'y a point de véritable mutation, le mari étant censé avoir toujours été propriétaire de la totalité.

Ce principe doit pareillement être suivi en matière de succession. Celui qui recueille, par *accroissement*, ne doit point de doubles droits pour la part qui lui accroît; il ne doit que ceux dont il seroit tenu, s'il étoit appellé par la loi ou par le testament pour recueillir le tout, parce qu'en effet il n'agit qu'en cette qualité; mais il faut que la renonciation de celui qui ne prend pas soit pure & simple, car s'il avoit reçu quelque chose pour s'abstenir ou pour renoncer, ce seroit une cession.

Le conseil a décidé, le 23 novembre 1748, qu'un mari & une femme étant légataires d'un usufruit pour eux & pour le survivant des deux, celui-ci doit un droit de mi-centième denier de la moitié, dont il y a *accroissement* en sa faveur par le décès de l'autre, nonobstant le droit qu'ils ont payé ensemble pour le legs.

Le conseil a pareillement décidé, le 7 octobre 1751, que la dame veuve de M. de la Jonchère devoit le mi-centième denier de la moitié d'une terre, dont elle & son mari avoient, étant séparés de biens, acquis l'usufruit pour eux & pour le survivant, à cause de l'*accroissement* d'usufruit en faveur de cette dame par la mort de son mari.

Un particulier ayant fait à deux de ses sœurs une rente viagère de 300 livres, avec *accroissement* en faveur de la survivante pour jouir des 600 livres, elles ont prétendu ne devoir que 30 livres chacune pour l'insinuation de ce legs; mais le conseil a décidé, le 8 juillet 1737, que l'un des droits seroit perçu sur le pied de 3000 liv., & l'autre sur le pied de 6000 livres.

Un autre arrêt, du 22 juillet 1741, rendu au sujet d'une donation de 200 livres de rente viagère faite à un mari, à sa femme & à leur fille, a jugé qu'il étoit dû trois droits d'insinuation; l'un de 7 livres sur le tiers; le second de 10 livres sur la moitié; & le troisième de 20 livres sur la totalité.

Il résulte de ces décisions, qu'il faut distinguer si l'objet susceptible d'*accroissement* est, de sa nature, sujet au centième denier ou à l'insinuation, suivant le tarif: dans le premier cas, le droit de centième denier n'est exigible que lorsque l'*accroissement* a lieu; & dans le second, le droit d'insinuation doit être perçu en même temps que l'on insinue l'acte.

De l'accroissement par rapport au douaire. Le douaire, suivant la coutume de Paris, est propre aux enfans, & la femme n'en jouit qu'en usufruit. Dans cette coutume, & dans celles qui ont des dispositions semblables, l'*accroissement* n'a pas lieu; mais il se divise suivant le nombre des enfans qui existent au moment du décès du mari, & la portion de ceux qui acceptent la succession de leur père, reste dans la masse de cette succession, sans que les autres enfans, qui renoncent pour s'en tenir au douaire, puissent y rien prétendre. Il n'en est pas de même des enfans qui meurent naturellement ou civilement avant le décès du père, leur part passe, par droit d'*accroissement*, aux autres enfans, parce que, comme nous l'avons déjà dit, on ne considère qu'à cette époque le nombre des enfans entre lesquels le douaire doit être partagé; ceux qui sont décédés auparavant n'ont jamais eu la propriété du douaire, mais seulement l'espérance de l'avoir un jour.

Accroissement particulier dans la coutume de Bretagne. En Bretagne, on appelle *accroissement légal*, celui que fait à l'aîné la part d'un de ses frères qui s'est fait religieux, ou celle de sa sœur mariée à moindre part; mais il faut que tout ceci soit fait avant l'ouverture de la succession & du vivant du père, pour qu'il y ait lieu à cette sorte *d'accroissement. Voyez* COMMUNAUTÉ, SUCCESSION, TESTAMENT, INSINUATION, AINÉ, LEGS, *&c.*

ACCRUE, s. f. (*Droit naturel & civil.*) c'est en général l'augmentation d'une chose par la jonction d'une autre, & , en ce sens, *accrue* est synonyme du mot *accession*. Quelques coutumes emploient ce terme, pour signifier particuliérement ce qu'on appelle *alluvion* & *atterrissement*. *Voyez* ACCESSION, ALLUVION, ATTERRISSEMENT.

ACCRUES, *au plurier*, (*terme de Coutume.*) se disent de l'augmentation que reçoit une forêt, dont les bois s'étendent au-delà de son enceinte.

Les *accrues* de bois, suivant la coutume de Troyes, n'acquièrent que la possession actuelle au propriétaire de la forêt, avec un commencement de prescription; mais le propriétaire du terrein de l'*accrue*, ne perd son droit qu'après une prescription de trente années contre lui.

Suivant les coutumes de Sens & d'Auxerre, les *accrues* appartiennent au seigneur haut-justicier, comme biens vacans, si personne n'est en possession des héritages où elles se trouvent; autrement elles appartiennent aux propriétaires de ces héritages.

La coutume de Chaumont attribue les *accrues* de bois au seigneur haut-justicier à qui appartient la forêt voisine, pourvu que le terrein où elles sont ne soit pas distingué de cette forêt par quelque borne ou fossé, car, dans ce cas, il n'y auroit point d'*accrues*.

Il suit de ces dispositions, qu'il n'y a que le seigneur haut-justicier qui ait droit d'*accrues*; qu'il ne peut se les approprier que par prescription, & qu'il n'a aucun droit sur celles qui sont séparées de la forêt par des bornes ou des fossés. Ainsi, l'on peut établir, pour principe certain, que les *accrues* des bois appartiennent au propriétaire du terrein où elles se trouvent, à moins qu'il ne les perde par sa négligence, en laissant acquérir la prescription contre lui. Les coutumes n'examinent pas si les arbres qui composent ces *accrues* viennent des racines ou de la graine des arbres qui sont sur le terrein voisin, elles veulent que la propriété des arbres appartienne indistinctement au maître du terrein sur lequel ils se trouvent.

Les *accrues* ne changent pas la nature de l'héritage auquel elles sont jointes, ensorte que lorsqu'elles arrivent à un propre de communauté, elles ne bénéficient point à la communauté; car elles ne font pas un nouvel héritage, mais seulement partie de l'héritage auquel elles sont jointes, & il n'est dû, à cause d'elles, aucune récompense à la communauté, puisqu'elle n'a rien dépensé à cet égard, & que les *accrues* sont un don de la nature. Par la même raison, elles ne donnent pas lieu à un nouveau cens; mais si le seigneur avoit droit de percevoir une portion des fruits sur l'héritage auquel se sont jointes des *accrues*, comme dans l'espèce d'une terre sujette au droit de terrage, le seigneur peut prendre sa portion de fruit sur les *accrues* lentes & imperceptibles, comme il la prenoit sur le reste de l'héritage.

ACCUMULATION *ou* CUMULATION, *en Droit*, est la jonction de plusieurs titres avec lesquels un prétendant se présente pour obtenir un héritage ou un bénéfice, qu'un seul de ces titres pourroit lui acquérir. *Voyez* CUMULATION. (*H*)

L'*accumulation* ou *cumulation* se disent encore de la jonction d'une action avec une autre, comme lorsqu'on joint ensemble l'action civile avec l'action criminelle. L'*accumulation* a encore lieu, en matière criminelle, lorsque le prévenu d'un crime vient, pendant l'instruction, à être accusé de crimes nouveaux, sur lesquels il y a des procédures commencées dans un autre tribunal; alors son procès lui est fait par *cumulation*, ou par une cour souveraine ou par un des tribunaux, en vertu d'un arrêt d'attribution qui le rend compétent, & lui permet de juger par *cumulation* les délits commis hors de son ressort, quoiqu'il y ait des procédures commencées par un autre tribunal. Nous en parlerons plus amplement au mot CUMULATION.

ACCUSATEUR, s. m. (*Droit criminel.*) est celui qui poursuit quelqu'un en justice, pour la réparation d'un crime qu'il lui impute. Chez les Romains l'accusation étoit publique, & tout citoyen se pouvoit porter *accusateur*. En France un particulier n'a droit de se porter *accusateur*, qu'entant que le crime lui a apporté personnellement du dommage, & il ne peut conclure qu'à des réparations civiles; il n'appartient qu'au ministère public, c'est-à-dire, au procureur-général ou à son substitut, de conclure à des réparations pénales; c'est lui seul qui est chargé de la vindicte publique.

Le particulier, qui révèle en justice un crime où il n'est point intéressé, n'est point *accusateur*, mais simple dénonciateur, attendu qu'il n'entre pour rien dans la procédure, & n'est point poursuivant concurremment avec le procureur-général, comme l'est l'*accusateur* intéressé.

Delà il suit que l'*accusateur* diffère essentiellement du dénonciateur. Le premier est toujours supposé avoir un intérêt légitime à la recherche du crime; le second, au contraire, n'a aucun intérêt personnel, & ne peut ou ne doit être induit à faire sa dénonciation, que par l'amour de l'ordre, du bien, & de la sûreté publique.

De la peine du calomniateur. Chez les Romains, la loi des douze tables vouloit que les *accusateurs* se soumissent à la loi du talion; mais dans les temps postérieurs de la république, l'*accusateur* injuste étoit noté d'infamie, & on lui imprimoit sur le front la lettre K; à Athènes on le condamnoit à une amende de mille drachmes, s'il n'avoit pas pour lui la cinquième partie des suffrages: c'est ce qui arriva à Eschine, pour avoir accusé Ctésiphon.

Parmi nous, sous le gouvernement féodal, où les combats judiciaires avoient lieu, l'*accusateur*, qui étoit vaincu par l'accusé, payoit souvent de sa vie la témérité de son accusation; la moindre peine qu'il pouvoit essuyer étoit de payer l'amende, & d'avoir le poing coupé. Depuis l'abolition des combats judiciaires, toutes les ordonnances ont prononcé des peines très-sévères contre les faux *accusateurs*.

L'*accusateur*, qui calomnie, est condamné à une réparation, relative à la qualité du fait & des circonstances. Il peut même être condamné au dernier supplice, quand l'accusation est d'un crime capital, & qu'il a suborné des témoins, pour faire juger coupable l'innocent qu'il a accusé. Nous en avons plusieurs exemples; mais nous nous contenterons de parler du procès criminel intenté il y a quelques années à un nommé le Roi, qui fut accusé par un de ses ennemis d'avoir voulu l'assassiner. Lors de la confrontation du second témoin, produit par son *accusateur*, le lieutenant-criminel s'apperçut de la subornation, & il parvint à découvrir la fausseté de l'accusation, en mettant en présence les uns des autres l'*accusateur*, l'accusé & les témoins : l'*accusateur* & le premier témoin furent condamnés à être rompus vifs, & le second témoin à être pendu.

Mais si l'accusation n'est qu'imprudente, sans calomnie, l'*accusateur* ne peut être condamné qu'aux dépens, dommages & intérêts de l'accusé.

Il peut même être exempt de ces dommages & intérêts, & de toute autre peine, si son accusation se trouve fondée sur une erreur juste, & qu'elle se trouve justifiée par la bonne foi dans laquelle il étoit, par son intérêt & par de fortes présomptions.

C'est sur ce fondement qu'il a été jugé, par arrêt du 30 mars 1694, rapporté par Augeard, que la veuve & les enfans de Jacques le Brun, accusé injustement d'avoir assassiné la dame Mazel sa maîtresse, & qui avoit péri durant la procédure après avoir souffert la question, étoient mal fondés à demander des dommages & intérêts contre les *accusateurs* du défunt, attendu qu'ils ne l'avoient poursuivi que sur des indices pressans, & pour venger le meurtre de leur mère.

Lorsqu'on ne prononce que des dépens pour dommages & intérêts, contre un *accusateur* mal fondé, tout doit entrer en taxe sans avoir égard aux réglemens, qui n'adjugent souvent qu'une partie des frais faits par les parties litigantes. Cela a été ainsi jugé par arrêt du 19 décembre 1715, dans une cause plaidée par Brillon, contre le célèbre Cochin. La raison de cette décision est que l'accusé innocent doit du moins être indemnisé entièrement de toutes les dépenses qu'il a été obligé de faire pour se justifier.

De la fausse accusation intentée par le ministère public. Lorsque l'*accusation* a été poursuivie à la requête du ministère public, l'accusé absous ne peut ordinairement prétendre des dommages & intérêts; car l'usage de ce recours nuiroit à la recherche des crimes, & les procureurs du roi ne l'entreprendroient qu'en tremblant, s'ils étoient responsables, en leur nom, de l'événement du procès. Mais on ne sauroit douter que, dans le cas d'une accusation injuste, la partie publique ne soit sujette, comme tout autre *accusateur*, à être condamnée à des dommages & intérêts envers l'accusé, & même à d'autres réparations, selon la qualité du fait & des circonstances; cependant il ne faut pas, avec l'auteur du traité de la justice criminelle de France, appuyer cette jurisprudence sur l'arrêt du 28 juin 1695, rapporté au journal des audiences, puisque dans cette espèce, les accusés & M. de Peccalotzi, procureur général à la cour des monnoies, furent mis hors de cour, sur la demande en dommages & intérêts.

Au surplus, le principe qu'on vient d'établir est incontestable. Il doit même avoir son application toutes les fois que la partie publique forme une accusation sans aucun commencement de preuve, ou par esprit de vexation, ou sans avoir de dénonciateur, & même quand elle reçoit des dénonciateurs inconnus, notoirement insolvables ou de foi suspecte. On sait l'histoire de Raimond Pelisson, président au parlement de Chamberri : ayant été condamné, par arrêt du parlement de Dijon du 18 juillet 1552, à faire amende honorable pour de prétendues faussetés & malversations commises dans les fonctions de sa charge, il subit cette peine publiquement; mais son innocence ayant été reconnue dans la suite, il fut déclaré absous par arrêt du parlement de Paris du 11 octobre 1556, & Thaboué, procureur général au parlement de Chamberri, son *accusateur*, fut condamné à la même peine qu'il lui avoit fait subir, & de plus à être pilorié aux halles de Paris, &c.

Un grand nombre d'autres arrêts, rendus en différentes cours, ont confirmé la doctrine dont il s'agit, en condamnant personnellement la partie publique à des dommages & intérêts envers des accusés renvoyés absous.

Lorsqu'il n'y a pas d'*accusateur*, & que le ministère public a agi en conséquence d'une dénonciation, l'accusé absous peut s'en prendre à lui pour ses dommages & intérêts, & à cet effet, suivant l'art. 73 de l'ordonnance d'Orléans, il peut contraindre les procureurs du roi ou fiscaux de lui nommer leur dénonciateur. Cette jurisprudence a également lieu dans les tribunaux ecclésiastiques, & tout ce que nous avons dit du ministère public, doit s'appliquer aux promoteurs des officialités.

De la forme de procéder, lorsque deux parties sont mutuellement accusatrices. Quelquefois les deux parties litigantes veulent être l'une & l'autre *accusatrices*. Dans ce cas, il faut, immédiatement après les interrogatoires, décider qui doit rester accusé ou *accusateur*, sans que les juges puissent faire une double instruction, ni procéder à des récollemens & confrontations sur des informations respectives, à peine de nullité, répétition des frais & des dommages & intérêts des parties. C'est ce qui résulte de l'article 10 du réglement du 10 juillet 1665, concernant

concernant les abus qui s'étoient introduits dans les siéges inférieurs du ressort du parlement de Paris. *Voyez* ACCUSATION, ACCUSÉ, DÉNONCIATEUR, PLAINTE, &c.

La loi peut-elle forcer un citoyen à se rendre accusateur? La loi n'oblige aucun individu à se rendre *accusateur* de ceux qui ont attenté à sa vie, ou troublé sa tranquillité. La liberté, à cet égard, est fondée sur le droit naturel, qui laisse à chacun la disposition de pardonner, ou de poursuivre les torts & les injures qu'il a reçus. Tous les peuples ont reconnu qu'il étoit plus noble & plus grand de pardonner que de se venger; d'ailleurs, une loi précise qui, sous prétexte du bien public, voudroit forcer tous les particuliers à poursuivre ou à dénoncer les délits qui ne concernent que leurs personnes, seroit évidemment contraire aux préceptes de la morale chrétienne, qui nous font un devoir du pardon des ennemis.

Mais si la loi ne doit pas me contraindre à poursuivre la réparation d'un crime qui ne regarde que moi, elle punit la négligence de ceux qui ne poursuivent pas l'offense, qui intéresse celui auquel ils sont unis par les liens du sang, de la reconoissance ou du mariage. Ainsi la veuve qui ne poursuit pas l'assassin de son mari, le fils, celui de son père, le frère, celui de son frère, l'héritier, celui de ceux dont il recueille la succession, le légataire universel, celui du testateur, sont privés également du droit de succéder dans les biens & les avantages résultans pour eux de la mort de celui qui a été assassiné, & ils passent à ceux qui ont droit de requérir la succession, à la place de ceux que la loi en juge indignes. Cette jurisprudence est confirmée par nombre d'arrêts, & appuyée sur les dispositions des loix romaines, qu'on trouve réunies dans les titres du digeste & du code, *de his quæ ut indig. aufer.*

La loi néanmoins ne punit pas la négligence à poursuivre un crime, lorsque cette poursuite seroit en quelque sorte un attentat contre nature, ou que l'honneur impose silence aux héritiers de l'offensé. Tel est par exemple le cas où l'aïeule ne poursuivroit pas l'assassinat de son petit-fils, commis par sa fille ou sa belle-fille. Il en seroit de même du fils héritier d'un homme, dont son père auroit commis le meurtre: la négligence à poursuivre le meurtrier ne le priveroit pas de l'hérédité.

Lorsqu'il se présente plusieurs héritiers pour poursuivre la mort d'un défunt, l'accusation est déférée à celui ou à ceux qui sont habiles à lui succéder, & ce n'est que dans le cas de négligence de leur part, qu'on admet pour *accusateur* les parens plus éloignés, auxquels on défère en même temps la succession. Mais s'il y a plusieurs parens du même degré, ils doivent se réunir, & former leur accusation par une même plainte, afin que les frais ne soient pas trop multipliés.

Des personnes qui peuvent valablement accuser. Nous avons dit ci-dessus que nul ne pouvoit être *accusateur*, s'il n'avoit un intérêt direct à la recherche du crime: cependant le père peut poursuivre les excès commis envers son fils, le mari envers sa femme, le maître envers son domestique, lorsqu'il agissoit pour lui & par ses ordres: une maison religieuse peut se joindre aux parens d'un de ses religieux assassiné pour poursuivre le meurtrier, mais elle ne peut y être contrainte.

Un fils de famille, qui est encore sous la puissance paternelle, peut se porter *accusateur* des excès commis envers lui, sans y être autorisé par son père; mais il est plus régulier de l'obliger à prendre cette autorisation, c'est même l'intérêt de l'accusé, pour qu'il puisse répéter contre le père ses dommages & intérêts, dans le cas où, par l'événement de la procédure, il lui en seroit adjugé. A l'égard des mineurs, celui qui est au-dessous de l'âge de puberté ne peut se porter *accusateur* sans y être autorisé par son tuteur, & même la plainte doit être faite au nom de ce dernier, & non de celui du pupille. Mais le mineur émancipé peut être *accusateur* des excès commis contre lui, par la raison que, pouvant régir son bien, il seroit inconséquent de lui refuser la capacité de poursuivre la vengeance d'un délit commis contre sa personne; mais si la plainte est renvoyée à fins civiles, il doit alors se faire assister de son curateur, autrement l'arrêt qui interviendroit pourroit être attaqué par la voie de la requête civile.

Une femme en puissance de mari peut, sans son autorisation, se rendre accusatrice toutes les fois qu'il s'agit de la défense de son honneur, & des excès commis envers elle; mais elle doit se faire autoriser par le juge, conformément à l'article 200 de la coutume d'Orléans, & 224 de celle de Paris, qui forment le droit commun.

Le crime d'adultère ne peut être poursuivi par la voie de l'accusation, que par le mari, parce que c'est un crime privé, qui n'intéresse que lui seul; d'ailleurs il seroit trop dangereux de permettre à des étrangers de se porter *accusateurs* dans cette espèce.

Toutes femmes & filles travesties & habillées en homme, ne sont pas reçues à se plaindre des insultes qu'elles ont reçues sous ce déguisement. Il en est de même des ecclésiastiques, lorsqu'ils sont déguisés sous d'autres habits que ceux de leur état.

ACCUSATION, s. f. (*Droit criminel.*) c'est l'imputation qu'on fait à quelqu'un d'un crime pour en poursuivre contre lui la vengeance, suivant les peines établies par les loix du royaume. Telle est l'*accusation* publique. Ce mot vient du latin *accusatio*, qui signifie la même chose.

Ce terme signifie aussi quelquefois l'action par laquelle quelqu'un se plaint en justice pour obtenir la réparation des torts que lui ont occasionnés les crimes ou les délits d'une ou de plusieurs personnes. C'est ce qu'on appelle plus convenablement *plainte*.

De la forme de l'accusation chez les Romains. Chez les Romains, il n'y avoit point d'accusateur public pour les crimes qui réclament la vindicte publique. Chaque citoyen, soit qu'il y fût personnellement intéressé ou non, pouvoit poursuivre le coupable;

lorsqu'il en avoit obtenu la permission du préteur, à qui il falloit qu'il présentât requête pour cet effet. Cette formalité avoit lieu, pour que le préteur refusât l'*accusation* qui seroit intentée par les esclaves, les affranchis & les infames, contre leurs maîtres, leurs patrons, ou quelques autres personnes. Le préteur pouvoit également rejetter l'*accusation* formée contre un ambassadeur, un absent ou un magistrat en charge. Enfin l'objet de cette requête étoit que le juge, avant d'admettre l'*accusation*, pût examiner si elle étoit recevable, eu égard à la qualité de l'accusateur & de l'accusé. Mais quand il n'y avoit point d'obstacle à ce que l'*accusation* fût reçue, la partie s'inscrivoit en déposant son libelle d'*accusation* entre les mains du greffier. Alors le juge donnoit une permission de faire assigner la partie accusée; cette assignation n'étoit pas pour venir plaider, mais seulement pour constater le chef d'*accusation* en présence de l'accusé. Le défendeur pouvoit proposer des fins de non-recevoir, s'il en avoit quelques-unes. Mais s'il se restreignoit à confesser ou à nier le fait, le préteur fixoit des délais pour faire les preuves. On venoit ensuite plaider; & c'étoit alors que commençoit véritablement l'*accusation*.

Depuis le premier moment de l'*accusation*, l'accusé étoit uniquement occupé du soin de se défendre: il ne paroissoit plus en public avec ses habits ordinaires; il se revêtoit d'une robe de deuil, & alloit mendier les suffrages de ses juges, en tâchant de les attendrir par un extérieur capable d'exciter la compassion. Mais comme c'eût été là une foible ressource pour se justifier d'une *accusation* grave & bien fondée, l'accusé prenoit des défenseurs à qui il confioit ses intérêts. Un accusé avoit ordinairement quatre défenseurs. Le premier étoit appellé *patronus*; & c'étoit lui qui plaidoit la cause. Le second étoit nommé *advocatus*, sa fonction consistoit à assister à la plaidoirie, & à fournir les moyens de défenses. Le troisième & le quatrième sont indiqués par Asconius Pædianus, sur la première Verrine de Cicéron, sous les noms de *procurator* & de *cognitor*.

Après les délais expirés, lorsqu'on en étoit venu au jour auquel l'accusateur & l'accusé devoient se présenter devant le juge, on les assignoit l'un & l'autre: si l'accusé refusoit de comparoître, on le condamnoit par défaut: si, au contraire, c'étoit l'accusateur qui ne se présentoit pas, on effaçoit le nom de l'accusé du registre des *accusations*, & on le renvoyoit absous. Mais lorsque les deux parties se trouvoient à l'audience, l'accusateur déclaroit le genre d'action suivant lequel il vouloit poursuivre l'accusé; & après avoir entendu les parties, on procédoit à l'audition des témoins, & à l'examen des preuves par écrit.

Le terme d'*accusation* n'avoit même lieu qu'à l'égard des crimes publics: la poursuite d'un délit particulier, s'appelloit simplement *action*. Au reste, chez les Romains l'*accusation* ne portoit aucune espèce d'atteinte à l'accusé, lorsqu'il avoit été renvoyé absous; l'histoire rapporte que Caton, le plus honnête homme de son siècle, avoit été accusé quarante-deux fois, & absous autant de fois.

De la forme de l'accusation dans notre jurisprudence. Dans ces siècles d'ignorance où tout se décidoit par la force, lorsque l'*accusation* étoit grave, ou elle se décidoit par le combat, ou on obligeoit l'accusé à se purger par serment: serment qui néanmoins ne suffisoit pas seul, à moins qu'un certain nombre des parens de l'accusé ou de ses voisins, ou de ses connoissances, ne jurassent conjointement avec lui. Mais la voie du combat étoit la plus ordinaire, & c'est sans doute par une suite de cet usage, qui a été long-temps en vigueur dans l'Angleterre, qu'on y nomme encore aujourd'hui l'accusateur *appellant*, & l'accusé *appellé*.

Dans nos mœurs actuelles, l'*accusation* publique ne peut avoir lieu qu'à la requête des procureurs du roi, ou des procureurs fiscaux des seigneurs, lorsqu'il s'agit de crimes dont la connoissance appartient aux juges laïques, & à la requête des promoteurs, pour les délits qui sont de la compétence des tribunaux eccésiastiques. Il est cependant vrai que celui qui a un intérêt légitime à la recherche d'un crime, a, de même que la partie publique, le droit d'accuser, & qu'il est véritablement accusateur; car quoiqu'il n'agisse que pour obtenir en sa faveur une condamnation de dommages, & non pour la vindicte publique, il suit la même forme & la même procédure que la partie publique, pour obtenir la preuve du crime & de son auteur.

Ainsi, l'*accusation* formée, soit par l'offensé, soit par le procureur du roi, se fait par un acte au greffe ou une requête présentée au juge qui a droit d'en connoître: cet acte, que l'on nomme *plainte*, est le premier de l'action criminelle, & le principal de la procédure: il doit contenir le nom & la qualité du plaignant, l'espèce de crime que l'on poursuit, le lieu où il a été commis, & même le temps: la plainte néanmoins seroit bonne, quoique le lieu du délit ne fût pas spécifié, parce que cette omission peut être suppléée par les informations. Mais il n'est pas nécessaire qu'elle contienne le nom de l'accusé, il est suffisamment désigné par le mot de *quidam*: ce sont les informations qui le font connoître; car souvent on ignore le nom de l'auteur d'un crime commis pendant la nuit: mais les faits doivent être bien circonstanciés, sans obscurité & sans équivoque. La plainte donnée par un acte au greffe, doit être écrite par le greffier, & signée du plaignant. Si elle est faite par requête, elle doit être également signée du plaignant & de son procureur; & dans l'un & l'autre cas, on doit spécifier si le plaignant ne sait ou ne peut signer.

Après la plainte rendue, & sur les conclusions du ministère public, lorsque l'*accusation* est commencée par la partie civile seule, le juge ordonne que les témoins seront entendus; d'après leurs dépositions, il décrète l'accusé, suivant la nature des charges, ou d'assigné pour être ouï, ou d'ajournement personnel, ou de prise de corps. Il lui fait subir ensuite autant d'interrogatoires qu'il le juge nécessaire, & d'après cette procédure, lorsqu'il s'est assuré de la nature du délit, que l'accusé lui paroît suspect d'en être l'auteur, il passe au réglement du procès, c'est-à-dire, que dans ce moment le juge déclare qu'il y a lieu de suivre la voie extraordinaire, ou de renvoyer les parties à fins civiles, & en procès ordinaire. Lorsque les charges paroissent concluantes, & que le crime mérite une peine infamante ou afflictive, il ordonne qu'il sera passé au récollement & à la confrontation des témoins. Tel est l'ordre & la marche de l'*accusation*. Il suffit d'en donner ici cette courte notion : chacune de ses parties sera développée sous le mot qui lui est propre.

Quels sont les délits pour lesquels il y a lieu à l'accusation? Il y a lieu à l'*accusation* publique dans tous les délits graves où le public est offensé, & contre lesquels la loi prononce des peines afflictives ou infamantes ; mais si le délit est léger, & n'est pas de nature à mériter l'animadversion publique, ces officiers ne sont point obligés d'agir, & même ils doivent garder le silence. Il est donc très-important qu'ils sachent distinguer les délits que la loi exige qu'ils poursuivent, de ceux qui n'intéressent pas le public, & où leur ministère n'est point requis.

Les délits qu'ils doivent poursuivre sont, 1°. tous ceux qui offensent la majesté divine, tels que l'hérésie, le blasphême, le parjure, le sacrilège, l'abus des sacremens, le trouble fait au service divin, dans le cas seulement où il y a scandale public, sédition ou violation d'une loi du prince : car, comme l'observe avec raison M. Vermeil, dans son *Essai sur la législation criminelle, chap. 3*, ces espèces de délit, par rapport à l'ordre social, ne doivent pas être appréciés de la même manière que le péché vis-à-vis de Dieu, & il ne faut pas, par excès de zèle pour la religion, punir rigoureusement des fautes dont Dieu s'est réservé la vengeance.

2°. Les délits qui offensent le souverain, tels que les crimes de lèse-majesté, la fabrication & exposition de fausse-monnoie, les levées de troupes sans commission du roi, les assemblées illicites, les séditions & émotions populaires, les malversations & prévarications d'officiers dans leurs fonctions, le péculat, le crime de concussion, la rébellion aux ordres & mandemens du roi & de la justice, le recèlement des voleurs & gens condamnés & décrétés par la justice, les entreprises de ceux qui, par violence, empêchent l'établissement des gardiens & commissaires, ou l'exécution des jugemens, *&c.*

3°. Tous les crimes qui troublent l'ordre & la tranquillité publique, tels que le vol avec violence, le délit de ceux qui, par force ou à main armée, chassent les particuliers des biens qui leur appartiennent, ou dont ils sont en possession ; qui emprisonnent ces particuliers, les frappent, les maltraitent, les engagent par force & violence au service du roi, enlèvent des femmes ou filles, *&c.* l'usurpation des dixmes & des biens des bénéfices, les monopoles, le duel, l'usure, la polygamie, l'inceste, les crimes contre nature, le maquerellage, la prostitution publique, l'exposition d'enfans, le recèlement de grossesse, l'enlévement de bornes, la soustraction des titres des biens des villes & communautés, faite par les seigneurs, dans la vue de s'emparer de ces biens, *&c.*

4°. Différens délits privés, tels que l'homicide, le larcin, le recèlement des choses volées, l'abigéat, les banqueroutes frauduleuses, le faux, le stellionat, l'incendie, le viol, les blessures notables, l'impéritie grossière, les libelles diffamatoires, l'*accusation* calomnieuse, *&c.*

L'*accusation* publique n'a pas lieu en matière d'adultère, à moins que le mari ne favorise la débauche de sa femme.

Il en est de même des délits légers, tels que seroit le vol d'un chien.

Le ministère public ne doit point agir non plus contre un enfant qui a volé son père, ni contre une femme qui a volé son mari ; mais les complices peuvent être poursuivis criminellement.

Le recèlement fait par une veuve ou par des héritiers des biens d'une communauté ou d'une succession, ne peut être poursuivi que par la voie civile ; mais on peut agir extraordinairement contre les tiers ou complices.

Les délits des intendans, receveurs, fermiers ou autres qui dissipent les deniers de leur maniement ou recette, ne peuvent être poursuivis criminellement pour raison de cette dissipation, à moins toutefois qu'il ne soit question des deniers royaux.

Les aubergistes, dans la maison desquels on a volé les choses qu'on leur avoit confiées, ne peuvent être poursuivis que civilement pour raison de ces vols, à moins qu'ils n'y aient participé par eux-mêmes. Il faut en dire autant des voituriers, sur la voiture desquels on a volé les effets qu'ils s'étoient chargés de conduire.

Les délits commis par des animaux, comme des chevaux, des bœufs, des chiens, *&c.* ne peuvent être poursuivis que civilement contre les maîtres de ces animaux, à moins que ces maîtres ne les aient excités, ou qu'il n'y ait eu de leur part une négligence grossière.

Lorsque le délit est de nature à faire prononcer quelque peine afflictive, le ministère public est obligé d'agir, quand même la partie offensée auroit transigé avec le coupable. C'est ce qui résulte de l'article 19 du titre 25 de l'ordonnance de 1670.

Il n'est pas nécessaire qu'il y ait des preuves convaincantes pour former une *accusation* publique ; il suffit d'avoir des raisons apparentes pour déférer le crime à la justice.

L'*accusation* peut avoir lieu pour raison de plusieurs crimes en même temps contre le même accusé, ou pour raison du même crime contre plusieurs accusés, ou pour raison de plusieurs crimes contre plusieurs accusés : ce qui arrive lorsque les accusés sont complices d'un même crime, ou que les crimes sont connexes.

La partie publique peut d'ailleurs ajouter à la première *accusation*, lorsqu'on lui dénonce ou qu'elle découvre de nouveaux complices, ou qu'il survient de nouvelles charges contre l'accusé. Il faut en dire autant relativement au délit qui, depuis les poursuites commencées, vient à changer de nature. Tel seroit le cas où une blessure qui n'avoit pas paru mortelle, viendroit à occasionner la mort du blessé.

Lorsque l'accusé a commis plusieurs crimes dans des jurisdictions différentes, ou que les accusés ont des domiciles divers, l'*accusation* doit être formée devant le juge supérieur. Il est assez ordinaire, dans ces cas, d'attribuer, par un arrêt, au juge qui a commencé à instruire le procès d'un accusé, la connoissance des crimes commis hors de son ressort, & l'instruction contre ses complices domiciliés ailleurs. Les attributions données aux prévôts de maréchaussée, émanent toujours du conseil du roi ; & c'est aussi le conseil seul qui peut rendre un arrêt d'attribution, lorsque les jurisdictions sont dans le ressort de différens parlemens ; mais si elles sont sous le même ressort, le parlement peut commettre l'un des juges.

Les procureurs du roi, ni les procureurs fiscaux des justices seigneuriales, ni les seigneurs de ces justices à qui les amendes & confiscations appartiennent, ne peuvent faire aucune composition pour raison des crimes dont ils sont obligés de faire la poursuite ; cela leur est expressément défendu, à peine, contre les seigneurs, de privation de leurs justices. La même chose est défendue aux juges, à peine de privation de leurs charges. C'est ce qui résulte de plusieurs loix, & particuliérement de l'article 2 du titre 88 de l'ordonnance de Charles V, de l'an 1356.

ACCUSATION SECRETE, (*Polit.*) est la délation d'un crime ou délit, vrai ou faux, faite à un ministre de la justice, par une partie privée, qui n'a point d'intérêt particulier à la poursuite du crime, & dont on reçoit la délation sans preuves. On sent assez, par cette définition, que les *accusations secretes* sont un abus manifeste, quoique consacré chez plusieurs nations. Elles n'y sont nécessaires qu'en conséquence de la foiblesse du gouvernement. Elles rendent les hommes faux & perfides. Celui qui peut soupçonner un délateur dans son concitoyen, y voit bientôt un ennemi : on s'accoutume à masquer ses sentimens, & l'habitude que l'on contracte de les cacher aux autres, fait bientôt qu'on se les cache à soi-même. Malheureux les citoyens qui se trouvent dans cette triste situation ; ils errent sur une vaste mer, occupés uniquement à se sauver des délateurs, comme d'autant de monstres qui les menacent ; l'incertitude de l'avenir couvre pour eux d'amertume le moment présent. Privés des plaisirs si doux de la sécurité, à peine quelques instans de bonheur répandus çà & là sur leur malheureuse vie, & dont ils jouissent à la hâte & dans le trouble, les consolent-ils d'avoir vécu. Est-ce parmi de pareils hommes que nous trouverons d'intrépides soldats, défenseurs du trône & de la patrie ? Y trouverons-nous des magistrats incorruptibles, qui sachent soutenir & développer les véritables intérêts du souverain avec une éloquence libre & patriotique, qui portent au trône avec les tributs, l'amour & les bénédictions de tous les ordres des citoyens, pour en rapporter au palais des grands & à l'humble toît du pauvre, la sécurité, la paix, l'espérance industrieuse d'améliorer son sort : levain utile de la fermentation & principe de la vie des états ?

Qui peut se défendre de la calomnie, quand elle est armée du bouclier impénétrable de la tyrannie, le secret ? Quel misérable gouvernement que celui où le souverain soupçonne un ennemi dans chacun de ses sujets, & se croit forcé, pour le repos public, de troubler celui de chaque citoyen !

Quels sont donc les motifs par lesquels on prétend justifier les *accusations* & les peines secretes ? la tranquillité publique, le maintien de la forme du gouvernement ? Il faut avouer que c'est une étrange constitution, que celle où le gouvernement, qui a déjà pour lui la force & l'opinion, craint encore chaque particulier. La sûreté de l'accusateur ? les loix ne le défendent donc pas suffisamment : il y a donc des sujets plus puissans que le souverain & les loix. La nécessité de sauver le délateur de l'infamie ? c'est-à-dire, que, dans le même état, la calomnie publique sera punie, & la calomnie secrete autorisée. La nature du délit ? si les actions indifférentes, ou même utiles au bien public, sont déférées & punies comme criminelles, on a raison : l'*accusation* & le jugement ne peuvent jamais être assez secrets. Mais peut-il y avoir un crime, c'est-à-dire, une violation des droits de la société, qu'il ne soit pas de l'intérêt de tous de punir publiquement ? Je respecte tous les gouvernemens, & je ne parle d'aucun en particulier. Telle est quelquefois la nature des circonstances, que les abus sont inhérens à la constitution d'un état, & qu'on peut croire qu'il n'est pas possible de les extirper sans détruire le corps politique.

Montesquieu a déjà dit que les *accusations* publiques sont conformes à la nature du gouvernement républicain, où le zèle du bien public doit être la première passion des citoyens : & que dans les monarchies, où ce sentiment est plus foible par la nature du gouvernement, c'est un établissement sage que celui des magistrats qui, faisant les fonctions de partie publique, mettent en cause les infracteurs des loix. Mais tout gouvernement, soit républicain, soit monarchique, doit infliger au calomniateur la peine décernée contre le crime dont il se porte accusateur. (*D. F.*)

ACCUSÉ, *en Droit*, est celui qu'on poursuit en justice pour la réparation d'un crime qu'on lui impute. Il est de l'essence de la procédure criminelle, qu'il soit entendu avant que d'être jugé, à moins qu'il ne soit contumax ou refuse de répondre ; auxquels cas, après l'avoir sommé de se représenter ou de répondre, on passe outre au jugement du procès. Il doit répondre présent & en personne, & non par procureur, à moins qu'il ne sache pas le françois, auquel cas on lui adjoint un interprète qui explique ses réponses au juge. *Voyez* INTERPRETE, MUET & CONTUMAX.

Il n'est point reçu à user de récrimination, qu'il n'ait purgé l'accusation contre lui intentée.

L'*accusé* meurt *integri status*, c'est-à-dire, sans flétrissure, lorsqu'il meurt avant le jugement de son procès, quand même les informations seroient achevées & concluantes contre lui, & qu'il seroit déjà condamné par les premiers juges, pourvu que l'appel n'ait point encore été confirmé par des juges souverains, à moins que l'accusation n'ait pour objet un crime de lèse-majesté. Et par conséquent ses biens ne sont pas sujets en ce cas à confiscation: ce qui n'empêche pourtant pas que la partie civile ne puisse répéter ses dommages & intérêts contre les héritiers, lesquels n'ont d'autre moyen de s'en faire décharger, que de purger la mémoire du défunt. *Voyez* MÉMOIRE.

Les premiers rédacteurs de l'*Encyclopédie* se contentent seulement d'annoncer que l'*accusé* doit répondre personnellement sur les faits qui lui sont imputés; nous croyons devoir donner plus d'étendue à cet objet, & traiter en même temps deux questions qu'ils ont négligées; la premiere concernant l'aliénation des biens des *accusés*, la seconde concernant les personnes qui peuvent être valablement *accusées*.

L'accusé doit-il répondre lui-même? On doit regarder comme une règle générale en matière criminelle, que tout *accusé* est tenu de se présenter en personne devant le juge, en conséquence du décret prononcé contre lui, ce qui a lieu non-seulement à l'égard des délits poursuivis à la requête du ministère public, mais encore pour les délits poursuivis à la requête des parties civiles.

Cette règle ne reçoit d'exception qu'à l'égard des malades, des prisonniers, & de ceux qui sont renfermés dans quelques maisons de force: ils sont admis à proposer leurs excuses par un procureur, & on ne peut les regarder comme contumaces tant que les moyens d'exoine subsistent.

Un *accusé* banni, par une première sentence, du territoire d'une justice, & décrété sur une nouvelle accusation par le même juge, soit d'assigné pour être ouï, soit d'ajournement personnel, peut proposer pour excuse, la crainte d'encourir les peines prononcées contre l'infraction du ban, & le juge doit y avoir égard, & ne point procéder contre l'*accusé*, jusqu'à ce qu'il ait reçu un sauf-conduit.

Le mineur, le fils de famille, la femme, *accusés* & poursuivis, doivent se présenter, & n'ont pas besoin de l'assistance de leur tuteur, père ou mari. C'est même l'avantage de ces derniers de ne point autoriser le mineur, l'enfant ou la femme, parce qu'alors ils ne sont pas tenus des dommages & intérêts qui peuvent être adjugés au plaignant, excepté dans les cas où la loi rend les père & mère, maîtres ou maîtresses, civilement responsables des délits commis par leurs enfans, ou leurs apprentifs. *Voyez* DOMMAGES & INTÉRÊTS.

L'*accusé* contumax ne peut être admis à proposer aucune défense par procureur, ni à alléguer son privilège, ou des fins de non-recevoir. On excepte cependant les père & mère, mari ou femme, fils ou tuteur du contumax, qui peuvent être reçus en leur nom, à prendre sa défense, & à fournir tous les moyens qui tendent à établir son innocence. Cette exception est fondée sur ce que les parens sont censés défendre, en quelque sorte, leur propre cause, & sur ce que l'ordonnance de 1670 admet les parens à purger la mémoire d'un *accusé*, décédé & condamné par contumace.

On donne un défenseur aux *accusés*, lorsqu'ils sont hors d'état de se défendre eux-mêmes, tels sont les sourds, les muets, les étrangers qui ne savent pas le françois: il en est de même de ceux à la mémoire ou au cadavre desquels on fait le procès.

Un accusé peut-il valablement aliéner ses biens? Il est d'abord certain que si, par l'événement du procès, l'*accusé* est renvoyé absous, l'aliénation de ses biens, faite pendant le cours de la procédure est valable, & doit avoir entiérement son effet. Mais dans le cas où, par le jugement, il est condamné à une peine qui emporte mort naturelle ou civile, & confiscation de biens, on distingue assez communément entre les différentes espèces de crime.

Lorsque l'*accusé* s'est rendu coupable d'un crime atroce, tel que le parricide, ou le crime de lèse-majesté au premier chef, l'interdiction d'aliéner a un effet rétroactif au jour où le crime a été commis: mais s'il n'est question que d'un crime ordinaire, tel qu'un meurtre ou un vol, l'interdiction n'a lieu que du jour où le décret a été prononcé contre l'*accusé*, & même dans ce cas l'aliénation faite par l'*accusé* est valable, lorsqu'elle est faite sans fraude, & à titre onéreux, soit pour payer ses créanciers, soit pour se procurer des alimens, soit pour subvenir aux dépenses qu'exige, ou qu'il croit devoir être utiles pour sa justification.

Celui qu'on accuse d'un crime capital, & qui, par l'événement du procès est déclaré coupable, devient inhabile à recueillir les successions, legs ou donations qui ont pu lui échoir ou lui être faits depuis l'accusation formée contre lui. Cette maxime est appuyée sur trois arrêts du parlement de Paris, des 25 juin 1619, 10 janvier 1630 & 16 juillet 1676, rapportés dans le *Répertoire universel & raisonné de Jurisprudence au mot* ACCUSÉ.

Par la même raison, un bénéficier, *accusé* de crime, ne peut valablement résigner son bénéfice pendant l'instruction du procès, si, par l'événement, il est convaincu, & que le crime soit du nombre de ceux qui font vaquer le bénéfice de plein droit.

Quelles personnes peuvent être valablement accusées?

En général, toute personne capable d'ester en jugement peut être *accusée* & poursuivie criminellement pour raison du crime qu'elle a commis; on peut accuser non-seulement les auteurs d'un crime, mais encore leurs complices, & même ceux qui les ont favorisés, soit en leur prêtant secours, soit en leur fournissant des armes ou autres moyens, soit en les payant, les louant ou les conseillant pour le faire commettre.

Au reste, il sera très-facile de connoître les personnes qui peuvent être *accusées*, en faisant l'énumération de celles qui ne peuvent l'être.

1°. On ne peut valablement accuser une seconde fois, pour le même crime, ceux qui ont été absous par une sentence juridique, suivant la maxime *non bis in idem*. *Voyez* ABSOLUTION, *Sect. I.*

2°. Ceux qui ont subi la peine due à leurs crimes, ne peuvent plus être *accusés* pour le même crime. Cette règle dépend encore de la maxime *non bis in idem*. En effet, si celui qui a été renvoyé absous ne peut plus être *accusé* du même crime, à plus forte raison celui qui a été puni pour raison d'un crime, ne doit pas être *accusé* de nouveau, & puni pour le même crime, quand même la peine qu'il auroit subie, seroit moindre que celle que le crime méritoit.

3°. Le père & la mère ne peuvent être *accusés* par leurs enfans, non plus que les enfans par leurs père & mère, parce qu'ils ne sont tous qu'une seule & même personne: ce qui néanmoins ne doit s'entendre que des crimes que les uns ou les autres ont commis envers des étrangers, ou des vols qu'ils peuvent s'être faits mutuellement, à raison desquels ils ne doivent pas former leur accusation au criminel, mais agir seulement à fins civiles. Mais s'il s'agissoit d'excès commis les uns envers les autres, & d'attentats à leur vie, leur plainte seroit reçue, & sur-tout celle des père & mère qui auroient été battus ou outragés par leurs enfans.

4°. Les fous, les insensés, les pupilles ne peuvent être *accusés* criminellement, parce que dénués de jugement & de raison, ils sont incapables de dol, par conséquent ils ne peuvent être punis, même pour les plus grands crimes, si ce n'est pour attentat contre la personne du souverain; exception absurde, mais que l'intérêt public autorise.

Mais si les fous ou les insensés ont des intervalles dans leur folie, & qu'ils aient commis quelque crime dans les momens lucides de leur raison, ils doivent être punis, parce qu'alors ils sont capables de connoître ce qu'ils font. On décide de même par rapport aux enfans qui approchent de l'âge de puberté; on les considère comme capables de dol & de malice, sur-tout lorsqu'ils ont la force de commettre le mal, & que, par les circonstances qui ont accompagné le crime, le juge peut s'assurer qu'ils l'ont commis volontairement: c'est par ce motif, qu'un arrêt du parlement de Dijon fit procéder, par information, contre un enfant de douze à treize ans, qui avoit rompu le bras à un autre d'un coup de pierre.

5°. La prescription étant acquise en France, pour raison des crimes, par le laps de vingt ans, ceux qui l'ont acquise ne peuvent être *accusés* du même crime, à l'exception de ceux de lèze-majesté au premier chef & de duel. Ce dernier, suivant l'art. 35 de l'édit de 1679, ne peut se prescrire même par trente ans, à moins qu'il n'y ait eu ni exécution, ni condamnation, ni plainte.

Ce que nous disons ici, que les crimes se prescrivent par vingt ans, doit s'entendre lorsqu'il n'y a point eu de plainte, ou qu'après la plainte, l'information, même le décret de prise de corps, le crime est resté impoursuivi pendant vingt ans, par la négligence de la partie civile ou du ministère public; mais s'il y a eu une sentence de condamnation exécutée par effigie, la prescription de vingt ans n'a plus lieu, parce que cette exécution figurative proroge l'action pour trente ans.

ACCUSÉ, s. m. (*Jurisprudence criminelle.*) On donne ce nom à toute personne qui est déférée aux vengeurs des loix, comme ayant enfreint ces mêmes loix. Ainsi l'on peut être criminel, sans être *accusé*; l'on peut de même être *accusé*, sans être criminel. Mais cette dernière considération, qui doit faire trembler tout homme chargé de juger son semblable, lui impose du moins l'obligation indispensable de traiter l'*accusé* avec toutes sortes d'égards, tant qu'il n'est qu'*accusé* ou prévenu; sans quoi, il seroit dangereux qu'il ne fît supporter à l'innocent des peines qui ne sont dues qu'au coupable. Peut-on se flatter que la procédure criminelle suive toujours cette règle, dont l'humanité lui crie de ne s'écarter jamais?

Ou l'*accusé* est présent, ou il est fugitif. Au dernier cas, la poursuite se fait contre lui par contumace. Si au contraire l'*accusé* n'a pas pris la fuite, l'usage; le croiroit-on, dans un pays où l'on se pique de douceur, de sensibilité, d'amour pour ses semblables? l'usage est de le jetter dans une prison, de le charger de fers, de lui interdire toute communication avec des conseils, d'entendre en secret des témoins dont on lui cache jusqu'au nom, de renvoyer à la fin de l'instruction du procès, l'examen des faits qu'il allègue pour sa défense; de traiter, en un mot, à son insu, de sa fortune, de sa vie, de son honneur, & même de l'honneur de sa famille.

Lorsque le juge a de la sorte accumulé les dépositions & les preuves, il examine ce qui en résulte. S'il n'y voit rien qui charge l'*accusé*, alors il le renvoie quitte & absous; souvent même il lui réserve ses dommages & intérêts, contre l'accusateur. Mais s'il sort des dépositions, d'assez puissans indices pour faire présumer légalement que l'*accusé* est coupable, alors le juge ordonne que les témoins seront ouis de nouveau sur les faits qu'ils ont attestés, & qu'ils seront présentés au prévenu; c'est ce qui s'appelle *régler la procédure à l'extraordinaire*. Dès ce moment, il y a présomption légale que l'*accusé* est criminel.

C'est aussi dès ce moment seul que la justice est pardonnable d'agir avec rigueur contre lui. Mais jusques-là pourquoi le traiter avec sévérité ? Pourquoi le précipiter dans un cachot, où il est confondu avec les plus vils des humains ? Pourquoi l'arracher à ses biens, à son domicile, à ses amis, à une épouse, à des enfans qui ont besoin de ses secours ? c'est-à-dire, pourquoi le punir d'avance par l'endroit le plus sensible de notre être ? Quelque solemnelle que soit ensuite la réparation, si cet *accusé* est déclaré innocent, elle ne lui rendra jamais ce qu'une rigueur précipitée lui a ravi. Par conséquent cette rigueur ne paroît pas juste.

Pour être excusable, il faudroit qu'elle fût nécessaire; il faudroit conséquemment qu'il n'y eût pas d'autre moyen d'assurer la punition du crime, supposé que le prévenu fût criminel. Mais comment faisoit-on dans Athènes, où les plus grands criminels même jouissoient d'une liberté pleine & entière pendant tout le temps que duroit l'instruction de leur procès ? Comment faisoit-on à Rome, où nul *accusé* ne cessoit d'être libre, que lorsqu'il étoit convaincu & condamné ? Comment fait-on en Angleterre, où la loi *habeas corpus* défend tout à la fois de tenir un citoyen en prison au-delà de vingt-quatre heures sans l'interroger, & veut qu'après cet intervalle on le relâche sous caution, jusqu'à ce que son procès lui soit fait ?

L'impératrice de Russie, dans cette belle instruction que la raison semble avoir dictée pour le bonheur de l'humanité, & qui devroit être le manuel des législateurs & des juges, a dit, art. 157 : « C'est une différence d'arrêter quelqu'un ou de » le mettre en prison...... Il ne faut pas que le même » lieu serve à mettre en sûreté un homme *accusé* » d'un crime avec quelque vraisemblance, & un » homme qui en est convaincu, *&c.* »

Il seroit donc à desirer qu'il y eût, pour les prévenus, un lieu de détention ou de sûreté qui ne fût point la prison; je voudrois qu'au lieu d'y rencontrer la misere & le déshonneur, ils y trouvassent presque les mêmes commodités que dans leurs domiciles; qu'ils n'y perdissent rien de l'estime publique; qu'on ne les y retînt, qu'autant de temps qu'il en faut pour constater leur crime ou vérifier leur innocence : peut-être même devroit-on les laisser vaquer à leurs fonctions, s'ils fournissoient caution de se représenter lorsque la justice les réclameroit. Il est à propos de réserver la punition, & la prison en est une, pour les seuls criminels.

Et même, comme il n'existe jamais, avant la condamnation, que des présomptions du crime; comme l'*accusé* peut encore prouver son innocence, il faudroit écarter des prisons & de l'instruction des procès criminels, toute sévérité que les circonstances ne rendroient pas nécessaires. Par exemple, à quoi bon les cachots, puisque la détention n'y est pas plus assurée que dans toute autre chambre de la prison ? Ou si l'on veut absolument qu'il y en ait, est-il besoin d'y mettre les prisonniers aux fers ? Ne suffit-il pas aussi, n'est-ce pas même trop de les priver de la lumière, & de leur y faire respirer un air corrompu, *&c ?*

Il est une chose sur-tout qui fait peine aux ames sensibles, c'est qu'un *accusé* soit dénué de conseils; c'est qu'on lui cache le nom & les dépositions des témoins qu'on a rassemblés contre lui. Il ne les voit, on ne lui fait part de ce qu'ils ont dit, qu'au moment où ils lui sont confrontés: moment qui n'est jamais long, & où l'*accusé* ne sauroit avoir toute sa présence d'esprit, parce que cette formalité lui annonce que son procès est réglé à l'extraordinaire.

Terrasson, dans son *Histoire de la jurisprudence romaine*, observe qu'à Rome on donnoit à l'*accusé* jusqu'à quatre défenseurs; que les dépositions se lisoient tout haut; qu'on laissoit au prévenu le temps d'y répondre, & de se concerter avec les hommes généreux qui s'étoient chargés du soin de le justifier.

Quel inconvénient trouveroit-on à suivre parmi nous cette procédure noble & franche qui respiroit, comme on l'a si bien dit, toute la magnanimité romaine, tandis que la nôtre semble n'annoncer que la timidité, la défiance, l'envie de surprendre ? Pourquoi ne nommeroit-on pas tout de suite les témoins à l'*accusé*, & ne lui donneroit-on pas une copie de leurs dépositions ? Pourquoi lui seroit-il défendu d'en conférer avec un conseil ?

L'article 8 du titre 14 de l'ordonnance de 1670, ne le permet pas, si ce n'est dans le cas du péculat, concussion, banqueroute frauduleuse, *&c.* « Quoi ! s'écrie là-dessus l'illustre auteur du *Commentaire sur le traité des délits & des peines*, votre » loi permet qu'un concussionnaire, un banque» routier frauduleux ait recours au ministère d'un » avocat, & très-souvent un homme d'honneur » est privé de ce secours ! S'il peut se trouver une » seule occasion où un innocent seroit justifié par » le ministère d'un avocat, n'est-il pas clair que » la loi qui l'en prive est injuste » ?

Il faut le dire à la gloire des rédacteurs de l'ordonnance : cet article 8 ne passa point de toutes les voix. Le premier président de Lamoignon le combattit avec une force qui auroit bien dû persuader ses collègues. Les générations les plus reculées ne liront qu'avec attendrissement les réflexions sages qu'il fit contre cet article. « Il est vrai, di» soit-il, que quelques criminels se sont échappés » des mains de leurs juges & exemptés des pei» nes, par le moyen de leur conseil. Mais si le » conseil a sauvé quelques coupables, ne peut-il » pas arriver aussi que des innocens périssent faute » de conseil ?..... Or, il est certain qu'entre tous » les maux qui peuvent arriver dans la distribution » de la justice, aucun n'est comparable à celui de » faire mourir un innocent; il vaudroit mieux ab» soudre mille coupables, *&c.* » *Voyez* le procès-verbal de l'ordonnance.

Je ne doute point que ces réflexions ne déterminassent le législateur à donner un conseil aux *accu-*

sés, si l'on venoit à réformer aujourd'hui cette ordonnance criminelle, qui a tant besoin de réforme. L'impératrice de Russie, dans cette instruction qui doit diriger les rédacteurs de son code, fait une observation digne tout à la fois de Socrate & de Titus. « Sous un gouvernement modéré, dit-elle, » Art. cv, on n'ôte la vie à personne, à moins » que la patrie ne s'élève contre lui ; & la patrie » ne demandera jamais la vie de personne, sans » lui avoir donné auparavant tous les moyens de » se défendre ». Le roi de Sardaigne, dans le code qu'il a publié en 1770, n'a pas hésité à suivre cette route, & à donner aux *accusés* des défenseurs plus propres à éclairer le juge & à tranquilliser sa conscience, qu'à favoriser les coupables. Il y laisse à ceux-ci la liberté de choisir leurs avocats & leurs procureurs ; il y prend même des moyens pour leur en assurer le ministère.

Une disposition pareille tourneroit à la gloire de notre législation. L'honneur & la vie des hommes sont quelque chose d'assez précieux, pour qu'on ne doive les leur ravir qu'après avoir épuisé tous les moyens de les leur conserver. (*A. A.*)

ACCUSER, v. a. (*Droit criminel. Commerce.*) c'est intenter contre quelqu'un une action extraordinaire, par laquelle on lui impute un crime vrai ou faux dont on poursuit la réparation, soit pour obtenir des dommages & intérêts, soit pour le faire condamner à la peine décernée par la loi. *Voyez* Accusé.

En matière de commerce, c'est avouer, reconnoître, ou déclarer qu'on a reçu de l'argent ou des marchandises envoyées par un autre ; ainsi celui qui envoie, demande qu'on lui *accuse* la réception de son envoi, & celui qui a reçu, *accuse*, c'est-à-dire, reconnoît que les choses envoyées lui ont été remises, & sont en sa possession.

ACEMETES, f. m. (*Droit ecclésiastique.*) ce mot vient du grec, & signifie *veillant*. On le donnoit à des moines établis, dans le quatrième siècle, par S. Alexandre, qui, divisés en trois bandes, se relevoient de huit heures en huit heures pour prier ainsi continuellement. Cet ordre ne subsiste plus ; mais il y a encore quelques monastères en France, dont les membres se succèdent les uns aux autres pour entretenir une psalmodie ou des prières continuelles : telles sont entr'autres les filles de sainte Claire, où l'adoration du saint Sacrement est continuelle. (*H.*)

ACENSE, Acensement. *Voyez ci-dessus* Acense, *&c.*

ACÉPHALE, f. m. *qui n'a point de chef ou de tête.* On l'emploie, dans le sens propre, pour exprimer des êtres vivans sans tête, s'il en existe ; c'est sans fondement que les anciens naturalistes ont avancé qu'il y avoit des peuples entiers, agissant sans cette partie du corps humain. Pline les nomme *blemmyes.*

Acéphale se dit plus ordinairement, dans un sens figuré, d'un corps sans chef. Ainsi l'on appelle *acéphales* des prêtres qui se soustraient à la discipline & à la jurisdiction de leur évêque, & des évêques qui refusent de se soumettre à celle de leur patriarche. *Voyez* Exemption & Privilège.

On a encore donné ce nom aux monastères ou chapitres indépendans de la jurisdiction des évêques ; sur quoi Geoffroi, abbé de Vendôme, fit cette réponse au commencement du douzième siècle : « nous » ne sommes point *acéphales*, puisque nous avons » Jesus-Christ pour chef, & après lui le pape ». Raison illusoire, puisque non-seulement tout le clergé, mais encore les laïcs auroient pu la prétexter, pour se soustraire à la jurisdiction des ordinaires. Aussi les conciles & les capitulaires de nos rois prononcent-ils des peines très-grièves contre les clercs *acéphales*.

L'histoire ecclésiastique fait mention de plusieurs sectes désignées par le nom d'*acéphales*. De ce nombre sont, 1°. ceux qui ne voulurent adhérer ni à Jean, patriarche d'Antioche, ni à S. Cyrille d'Alexandrie, dans la dispute qu'ils eurent après l'assemblée du concile d'Ephèse : 2°. certains hérétiques du cinquième siècle, qui suivirent d'abord les erreurs de Pierre Mongus, évêque d'Alexandrie, puis l'abandonnèrent, parce qu'il avoit feint de souscrire aux décisions du concile de Chalcedoine ; ils soutenoient les erreurs d'Eutychés. 3°. Les sectateurs de Sevère, évêque d'Antioche, & généralement tous ceux qui refusoient d'admettre le concile de Chalcedoine.

Quelques jurisconsultes appellent aussi *acéphales* les pauvres gens qui n'ont aucun seigneur propre, parce qu'ils ne possèdent aucun héritage, à raison duquel ils puissent relever du roi, d'un baron, d'un évêque, ou autre seigneur féodal. Ainsi dans les loix de Henri I, roi d'Angleterre, on entend par *acéphales*, les citoyens qui, ne possédant aucun domaine, ne relevent d'aucun seigneur, en qualité de vassaux. (*H.*)

ACHAISONNER, v. a. On trouve ce mot dans les assises de Jérusalem, *chap. 18 & 142* ; il signifie prendre occasion d'exiger injustement de quelqu'un, une chose qui lui appartient : il veut dire aussi le vexer, l'inquiéter.

ACHAT, f. m. (*Droit naturel & civil.*) c'est l'acquisition d'un effet mobilier ou immobilier, moyennant un prix convenu à l'amiable, entre les parties, ou prisé judiciairement.

On appelle aussi *achat* la chose achetée, & *livre d'achat*, le livre dans lequel les marchands enregistrent les effets qu'ils achètent.

L'*achat* suppose nécessairement une vente, ensorte que l'*achat* & la vente ne sont qu'un seul & même contrat, considéré par rapport aux différentes parties contractantes ; car il ne sauroit y avoir d'*achat* sans vente, ni de vente sans *achat*. C'est pourquoi ce contrat est appellé, en droit romain, d'un même nom *emptio-venditio*. Celui qui livre la chose, s'appelle le *vendeur* ; celui qui donne le prix convenu, l'*acheteur*, & la chose livrée est l'objet de la vente, comme l'argent en est le prix.

Origine

Origine & nature de l'achat. Le contrat d'*achat* & de vente tire son origine du droit naturel, qui nous autorise à transmettre à un autre la propriété d'une chose qui nous appartient. L'*achat* a succédé au contrat d'échange, lors de l'établissement des monnoies, signes représentatifs des richesses naturelles & industrielles. Il diffère de l'échange, en ce que l'un s'opère par la tradition de deux choses différentes, que se font réciproquement deux personnes, qui en possèdent chacune une séparément; au lieu que l'*achat* s'effectue par la tradition d'une chose faite par le vendeur, pour une certaine quantité de monnoie que lui donne l'acheteur. Dans l'échange, les choses qui en sont l'objet, sont également marchandises; dans l'*achat*, au contraire, l'une est marchandise, & l'autre le prix de la marchandise.

Le contrat d'*achat* a fait disparoître celui de l'échange, parce que le premier, dans le cours ordinaire des choses, est beaucoup plus facile à exécuter.

L'*achat*, comme nous l'avons déjà remarqué, tire son origine du droit naturel, & il se gouverne par les seules règles de ce droit; aussi suit-on, dans l'interprétation des conventions qui le concernent, non la rigueur du droit civil & de la signification stricte des termes, mais ce que prescrivent la raison & l'équité.

Ce contrat est du nombre de ceux qu'on appelle *consensuels*, c'est-à-dire, qu'il reçoit sa perfection de la volonté seule & du consentement des parties: il est aussi synallagmatique, c'est-à-dire qu'il oblige les deux contractans; car il contient un engagement réciproque des contractans, l'un envers l'autre: il est encore commutatif, car chaque partie est dans l'intention de recevoir autant qu'il donne.

Trois choses sont nécessaires pour la validité & la perfection du contrat d'*achat*: 1°. le consentement du vendeur & de l'acheteur; 2°. la chose vendue; 3°. le prix convenu. En effet, on ne peut concevoir un *achat* sans la vente d'une chose, sans le prix pour lequel elle est vendue, & sans consentement de la part des parties.

Des obligations réciproques du vendeur & de l'acheteur. Puisque ce contrat est obligatoire de part & d'autre, il s'ensuit que le vendeur est obligé de livrer à l'acheteur la chose vendue, & que ce dernier est également tenu de lui en payer le prix. Cette double obligation fait naître deux actions directes, dont la première, appellée *ex empto*, est donnée à l'acheteur contre le vendeur, pour contraindre celui-ci à livrer la chose vendue, aux offres de lui en payer le prix: la seconde, appellée *ex vendito*, s'accorde au vendeur contre l'acheteur, pour le forcer à payer le prix de la chose vendue, avec offre de la lui livrer, ou de l'en faire jouir.

On pourroit traiter ici toutes les questions qui concernent l'essence du contrat de vente, la nature des choses qui peuvent être vendues, ou dont l'*achat* est défendu, & généralement tout ce qui a rapport à cette matière. Mais nous croyons que tous ces objets seront placés plus convenablement sous le mot VENTE, auquel nous renvoyons.

ACHAT, (*livre d'*) (*Commerce*) tous les marchands en gros ou en détail, sont obligés d'avoir un livre d'*achat*, sur lequel ils doivent écrire de suite, & par ordre de date, tout ce qu'ils achetent, en spécifiant l'espèce, la qualité, & la quantité des choses achetées. Ce livre, lorsqu'il est suivi exactement, & qu'il paroît conforme à la vérité, fait foi en justice de marchand à marchand.

On ne peut obliger un marchand à déposer au greffe son livre d'*achat*, il n'est tenu de le représenter que dans le cas de succession, de société ou de faillite.

L'ordonnance de 1673 avoit enjoint aux marchands de faire coter & parapher leurs registres & leurs livres, par première & dernière page, soit par l'un des juges-consuls, dans les villes où il y en a d'établis, soit par un juge royal; mais cette loi s'est abolie par le non-usage, & l'on admet en justice les livres qui ne sont ni cotés ni paraphés. Cette disposition de l'ordonnance est très-sage, elle devroit être maintenue dans toute sa vigueur; on ôteroit par-là aux banqueroutiers, le moyen de cacher leurs fraudes, par la facilité qu'ils ont de substituer de nouveaux livres aux anciens. Quelles raisons peuvent donc opposer les banquiers & les négocians pour s'en affranchir? Les orfèvres, jouailliers, bijoutiers, fripiers, & tous les revendeurs publics, sont obligés de faire parapher leurs livres d'*achat* par les lieutenans de police, ou autres officiers des villes où ils demeurent; il n'y a pas plus d'inconvénient à l'égard des autres marchands & négocians: c'est même le moyen d'assurer la bonne-foi, qui est l'ame & le soutien du commerce, & de prouver l'honnêteté de ceux que des malheurs obligent à recourir à la générosité de leurs créanciers.

ACHAT *passe louage*, manière de parler proverbiale, & qu'on emploie au palais, pour signifier que le nouvel acquéreur d'une maison, ou d'un héritage, en est pleinement investi, & qu'il est le maître d'en jouir & de déposséder le locataire ou le fermier, sauf à ceux-ci à se pourvoir pour leurs dommages & intérêts.

Ce privilège, accordé à l'acquéreur, est le même que celui dont jouissoit le vendeur, comme propriétaire; il est fondé sur la loi *Æde, c. l. de locat. cond.* qui permet au maître d'une maison de rentrer dans sa jouissance, & d'en expulser le locataire, lorsqu'il en a besoin pour son usage. Ce droit du vendeur, faisant partie de la vente, passe nécessairement entre les mains de l'acquéreur, qui peut en user comme bon lui semble. Le locataire exerce son recours, à raison des dommages & intérêts qui lui sont dus, pour l'inexécution de son bail, contre ceux qui le lui ont passé, & non contre le nouvel acquéreur; à moins que par une clause particulière du contrat de vente, il n'ait été chargé d'entretenir le bail de la maison qu'il a acquise.

Le privilège d'un nouvel acquéreur cesse aussi dès qu'il a donné au bail, fait par son prédécesseur, son approbation, soit expresse, soit tacite. Ce seroit une approbation tacite de recevoir les loyers sans aucune réserve. Au reste, lorsque l'acquéreur a le droit d'expulser le locataire, & qu'il veut en user, il est tenu de faire signifier au locataire son contrat d'acquisition, & de lui accorder un délai compétent pour vuider les lieux. Ce délai ne commence à courir que du jour de la signification, & il est plus ou moins long, suivant l'usage des lieux, & la nature de l'héritage donné à loyer.

ACHETEUR, s. m. (*Jurisprud.*) est celui qui a fait l'achat, soit d'un immeuble, ou d'un effet mobilier; en quoi ce terme diffère de celui d'*acquéreur*, qui ne se dit proprement que de l'*acheteur* d'un immeuble. *Voyez* ACHAT & ACQUÉREUR. (*H*)

ACOLYTE, s. m. (*Droit ecclésiast.*) ce nom fut donné, dans les premiers siècles de l'église, aux jeunes clercs qui suivoient & servoient les évêques. Leurs fonctions ordinaires, outre le service de l'autel, étoient encore de porter les lettres que les églises s'écrivoient, & de donner aux fidèles les eulogies ou pains bénis, que l'on envoyoit en signe de confraternité & de communion.

On ne voit pas que l'église grecque eût des *acolytes*; mais l'église latine en eut dès les premiers temps. A Rome, on en distinguoit de trois sortes: les palatins, les stationnaires, les régionnaires. Les premiers servoient le pape dans son palais; les seconds étoient attachés au service d'une église particulière: les régionnaires suivoient les sous-diacres, & les aidoient dans les fonctions qu'ils exerçoient en différens quartiers de la ville.

Nous appellons aujourd'hui *acolyte*, un jeune clerc promu à l'un des quatre ordres mineurs, qui précèdent le sous-diaconat, & que l'on nomme vulgairement *les quatre moindres*. Ses fonctions ordinaires sont de servir à l'autel le prêtre, le diacre & le sous-diacre, de porter les cierges & de préparer l'encens, le feu, l'eau & le vin pour la messe. On appelle aussi communément *acolytes*, dans les églises, ceux qui remplissent ces fonctions sans être promus à l'ordre d'*acolytes*. *Voyez* CLERC, ORDINATION, *&c.*

ACOMPAGNEMENT, s. m. ce mot est très-ancien, on le trouve dans la coutume de Beauvoisis, recueillie par Beaumanoir. Il signifie une société. On y trouve aussi le mot de s'*entre-accompagner*, pour dire s'associer en commun.

ACON, s. m. (*Droit maritime.*) c'est une sorte de bateau plat, dont on se sert particuliérement dans le ressort de l'amirauté de la Rochelle, pour aller sur la vase quand la mer s'est retirée. Cette sorte de bateau n'est composé que de trois planches, un seul homme peut s'y embarquer; il le fait couler sur la vase, ayant un pied dedans, & l'autre dehors; ils servent à aller chercher le poisson qui se trouve arrêté dans les filets & engins, tendus à l'ouverture des pêcheries, qu'on appelle *bouchots*, & à prendre les moules qui se nourrissent & se multiplient sur les pieux du clayonnage de ces bouchots. L'*acon* n'a ni quille, ni voiles, ni gouvernail.

Le frai du poisson se trouvant en abondance sur les terreins plats & vaseux, l'article 26 de la déclaration du 23 avril 1726, défendit à tout pêcheur, faisant la pêche à la mer le long des côtes & aux embouchures des rivières, de se servir de bateaux sans quille, mâts, voile ni gouvernail, à peine de confiscation de ces bateaux, de cent livres d'amende, &c.

Mais comme, par cette loi, l'usage de l'*acon* se trouvoit proscrit, & que cependant on ne peut aller aux bouchots d'Esnandes & de Charon que par le moyen de cette espèce de bateau, un arrêt du conseil du 11 janvier 1727, a dérogé, à cet égard, à la déclaration dont on vient de parler, afin que les propriétaires de ces bouchots pussent continuer la pêche qu'ils ont coutume de faire; mais à la condition, qu'il n'y auroit qu'un seul bateau pour le service de chaque bouchot, & qu'on ne pourroit s'en servir pour d'autres pêches. *Voyez* PÊCHE, POISSON, *&c.*

ACQUEREMENT, s. m. (*terme de Coutume.*) celle de Châteauneuf, *art. 66*, se sert de ce terme pour désigner en général, toute espèce d'acquisition, & plus particuliérement, un conquêt de communauté; il ne s'applique qu'aux immeubles.

ACQUÉREUR, s. m. *en Droit* est la personne à qui l'on a transporté la propriété d'une chose, par vente, cession, échange, ou autrement. Il se dit singuliérement de celui qui a fait l'acquisition d'un immeuble. (*H*)

Toute acquisition ne peut se faire qu'en vertu d'un titre translatif de propriété, transmis par le cédant à l'*acquéreur*. Lorsque le cédant est légitime propriétaire de la chose cédée, la pleine propriété en passe à l'*acquéreur*; mais s'il n'étoit pas légitime propriétaire, l'*acquéreur* ne devient que simple possesseur de la chose, avec la faculté de pouvoir en acquérir la propriété par prescription.

Dans cette dernière espèce il faut distinguer, avec tous les jurisconsultes, l'*acquéreur* de bonne foi, d'avec l'*acquéreur* de mauvaise foi.

L'*acquéreur* de bonne foi est celui qui a acquis de quelqu'un qui n'étoit pas propriétaire, mais qu'il croyoit propriétaire.

L'*acquéreur* de mauvaise foi, est celui qui a acquis de celui qu'il savoit bien n'être pas propriétaire.

La différence entre ces deux *acquéreurs*, est que le premier prescrit valablement, & l'autre non.

Celui qui se rend *acquéreur* d'une portion de droit, ou autre chose commune à plusieurs personnes, entre dans les engagemens formés relativement à cette chose, sans qu'il faille aucune convention à cet égard.

Des acquisitions qui se font pour un tiers. Un particulier qui juge à propos de ne pas paroître *acquéreur* de certains biens, peut en faire l'acquisition sous le nom d'un tiers, lequel stipule dans le contrat, qu'il acquiert pour lui ou pour son ami, élu ou à élire. On dit *son ami élu*, parce qu'il peut se faire que l'acte d'élection soit antérieur à l'acquisition.

Mais quel est le terme fixé pour l'élection à faire? Dans le pays de droit écrit, elle doit avoir lieu dans les quarante jours après l'acquisition; & si on la faisoit après, elle seroit considérée comme une nouvelle vente, sur laquelle le seigneur pourroit demander des droits seigneuriaux. Dans quelques coutumes, il y a un an pour faire l'élection, & le seigneur ne peut demander ses droits qu'après ce temps. A cet égard, il faut suivre la disposition textuelle de chaque coutume, & dans celles qui ne s'expliquent pas sur cet objet, on ne doit accorder que le terme de quarante jours, qui, suivant l'usage commun, est le plus long délai.

A l'égard des biens que l'on vend en justice, l'acquisition s'en fait ordinairement par un procureur, qui s'oblige de déclarer dans la huitaine, la personne pour laquelle il a fait l'enchère. Il doit faire cette déclaration au greffe de la jurisdiction, en exprimant le nom, les qualités & la demeure de celui pour qui il a acquis le bien.

Si le procureur néglige de satisfaire à ces obligations, il doit payer le prix du bien, comme en ayant fait l'acquisition pour lui-même.

Lorsque l'adjudication se fait à la barre de la cour, ou pardevant des commissaires, le procureur doit, sous la même peine, faire signifier, dans la huitaine, sa déclaration au domicile du receveur des consignations.

Autrefois les gens de main-morte faisoient beaucoup d'acquisitions d'immeubles, sous des prête-noms d'amis élus ou à élire, dans la vue d'éviter le paiement des droits d'indemnité & d'amortissement; mais pour prévenir ces fraudes, le roi, par l'article 14 de l'édit du mois d'août 1749, a défendu à toutes personnes, de prêter leurs noms aux gens de main-morte, pour acquérir des biens, à peine de 3000 livres d'amende.

Si celui pour lequel l'acheteur a déclaré qu'il acquéroit, n'accepte pas, l'acquisition appartient à l'*acquéreur*, mais il ne doit pas un double droit de lods & vente, à moins qu'il n'y ait eu quelque convention équivalente à une cession, entre lui & son prête-nom. L'acceptation de la vente faite par le nommé, ne donne pas aussi ouverture à de nouveaux droits, à moins que le premier *acquéreur* ne se soit fait investir & ensaisiner par le seigneur, & ne lui ait payé les profits, sans faire de réserve, parce qu'alors son option est consommée, & la rétrocession qu'il feroit à son nommé, est considérée comme une nouvelle vente.

Des droits dus par un acquéreur. Indépendamment des droits dus par un *acquéreur*, pour son acquisition, il est encore tenu du paiement des droits seigneuriaux, & de centième denier, dus pour les mutations antérieures, par la raison que ces droits sont réels; mais il n'est pas tenu des droits de franc-fief, dus par ses vendeurs, parce que ces droits sont plus personnels que réels.

Dans le cas où l'acquéreur d'un immeuble est évincé par la voie du retrait, il doit être remboursé, non seulement de ce qu'il lui en a coûté pour son acquisition, mais encore des dépenses nécessaires auxquelles il a été obligé pour empêcher le dépérissement de l'héritage. Telles sont les réparations faites aux bâtimens. Mais si les dépenses faites par l'*acquéreur* n'avoient point été nécessaires, il ne pourroit en prétendre le remboursement, quand même elles seroient utiles au retrayant. La raison en est qu'il ne doit pas être permis à l'*acquéreur* de rendre la condition du retrait plus onéreuse par ces dépenses, & d'empêcher ainsi les lignagers qui n'auroient pas la commodité de les rembourser, d'exercer le droit du retrait, que la loi leur accorde. C'est pour cela que la plupart des coutumes, & entr'autres celles de Paris & d'Orléans, défendent aux *acquéreurs* de faire aucune innovation ni amélioration sur l'héritage sujet au retrait, pendant le temps du retrait.

Mais si les dépenses faites sans nécessité ne peuvent être répétées sur le retrayant, il doit être permis à l'*acquéreur* d'enlever ce qui peut l'être sans détériorer l'héritage, à la charge de remettre les choses au même état qu'elles étoient lors de l'acquisition. Par exemple, si un *acquéreur* avoit mis des chambranles de marbre, & des glaces aux cheminées d'une maison, dont on vient à exercer le retrait sur lui, il pourra emporter ses chambranles & ses glaces, en retablissant les cheminées dans leur ancien état. C'est la disposition de plusieurs coutumes, entr'autres de celles de Laon & de Châteauneuf.

Cependant si, sans pouvoir en tirer aucune utilité, l'*acquéreur* détruisoit les améliorations qu'il a faites, s'il effaçoit des peintures, par exemple, uniquement pour empêcher le retrayant d'en profiter, il ne seroit pas excusable; & quand il offriroit de remettre les choses comme il les a reçues, il pourroit être condamné aux dommages & intérêts du retrayant.

Pour faire ajouter foi aux dépenses nécessaires dont l'*acquéreur* doit être remboursé, il lui suffit de représenter les mémoires & les quittances des ouvriers qui les ont faites, à moins que le retrayant n'offre de prouver qu'elles sont supposées. Au reste, pour éviter les contestations sur ce sujet, il est de la prudence de l'*acquéreur*, lorsque les réparations nécessaires sont considérables, de n'y travailler qu'après avoir fait nommer d'office par le juge, un expert pour les visiter & les estimer.

Lorsque l'*acquéreur* a trouvé un trésor dans l'héritage sujet au retrait, avant la demande, doit-il rendre au retrayant la partie du trésor que les loix adjugent au propriétaire de l'héritage dans lequel il est trouvé? La raison de douter, dit M. Pothier qui propose cette question, est 1°. que cet *acquéreur*, lors de la découverte du trésor, étoit propriétaire du fonds : 2°. que les fruits perçus avant la demande, appartiennent à l'*acquéreur*, qui n'est point tenu de les rendre au lignager. La raison de décider que l'*acquéreur* doit rendre cette portion du trésor au retrayant, est qu'elle n'est pas un fruit de l'héritage, mais une espèce d'accessoire acquis au propriétaire : l'*acquéreur*, qui n'avoit qu'un droit momentané de propriété dans l'héritage, n'a pu acquérir qu'un pareil droit dans l'accessoire. C'est suivant ce principe qu'un mari qui, par le droit romain, étoit propriétaire du fonds dotal durant le mariage, devoit néanmoins, après la dissolution du mariage, rendre à la femme, avec le fonds dotal, le trésor qu'il y avoit trouvé lorsque le mariage subsistoit, & par conséquent, tandis qu'il étoit propriétaire. Ajoutez qu'un trésor trouvé est une bonne fortune, qui provient du marché de l'héritage : or le retrayant prenant le marché pour son compte, & avec tous les risques, il est juste qu'il en ait aussi tous les bénéfices.

L'*acquéreur* est tenu de faire raison des dégradations survenues, par sa faute, dans l'héritage, depuis qu'il en a pris possession, jusqu'au moment où il l'a remis au retrayant.

En cela l'*acquéreur*, relativement au retrayant, diffère du possesseur de bonne-foi, relativement au propriétaire. Le possesseur de bonne-foi n'est tenu des dégradations par lui faites, avant la demande, qu'autant qu'il en a profité ; parce qu'il n'a contracté envers le propriétaire, aucune obligation de lui rendre l'héritage, ni par conséquent de le lui conserver ; & qu'il a pu abuser d'une chose dont il croyoit avoir la propriété incommutable. Mais celui qui acquiert un héritage sujet à retrait, sait ou doit savoir qu'il contracte, en l'acquérant, l'obligation de le rendre à ceux des lignagers qui voudront en exercer le retrait, & par conséquent, celle de le leur conserver.

Le seigneur auquel sont dus les lods & ventes, ou autres profits, peut bien les demander à l'*acquéreur* avant le retrait ; mais aussi-tôt que le retrait a eu lieu, il ne peut plus les demander qu'au retrayant.

Il n'en est pas de même de l'amende encourue par l'*acquéreur*, faute d'avoir notifié au seigneur son acquisition, dans le temps prescrit par la coutume ; il ne cesse pas, malgré le retrait, d'être débiteur de l'amende, parce que le retrait, en anéantissant dans la personne de l'*acquéreur*, la vente qui lui a été faite, ne détruit pas la faute qu'il a commise envers le seigneur : cette amende ne peut pas non plus être à la charge du retrayant, parce qu'il ne doit pas souffrir du délit ou quasi-délit de l'*acquéreur*.

Si, avant le retrait, le seigneur fait des poursuites contre l'*acquéreur* pour être payé des profits, & que pendant le cours de ces poursuites, l'héritage ait été retiré, l'*acquéreur*, en dénonçant ce retrait au seigneur, doit être renvoyé de ces poursuites, sauf au seigneur à se pourvoir contre le retrayant ; mais l'*acquéreur* doit être condamné envers le seigneur, aux dépens faits avant la dénonciation.

Il suit que, si avant le retrait, les profits ont été payés au seigneur par l'*acquéreur*, celui-ci ne peut pas les répéter au seigneur ; mais il a le droit de s'en faire rembourser par le retrayant.

Si le retrait est exercé par un lignager que son office ou sa dignité exempte de payer les profits ou droits seigneuriaux, pour les acquisitions qu'il fait dans les mouvances du roi, Guyot dit, dans son traité des fiefs, que ce lignager entre dans tous les droits de l'*acquéreur*, & qu'il subit toutes les charges auxquelles il étoit sujet, ensorte qu'il doit rembourser à l'*acquéreur* les profits par lui payés, & que si ces profits n'ont pas été payés, le retrayant les doit au fermier du domaine, parce que ce n'est pas le retrait qui y a donné lieu, c'est l'acquisition faite par un non-privilégié.

Mais cette opinion n'est pas fondée, parce qu'au moyen du retrait, le retrayant est subrogé à l'*acquéreur*, en telle sorte que si celui-ci n'avoit pas payé les profits, il n'y auroit, comme nous l'avons dit, d'action que contre le retrayant, qui est réputé avoir acquis d'abord : le retrait fait passer les biens au retrayant, comme s'il avoit acquis immédiatement du vendeur ; l'*acquéreur* intermédiaire est considéré comme s'il n'avoit pas acquis ; aussi n'est-il sujet à aucune garantie. Concluons donc que si l'acquisition reste au privilégié retrayant, l'exemption des profits a lieu en sa faveur ; c'est pourquoi, si ces profits ont été payés par l'*acquéreur* évincé, le fermier du domaine doit les lui rendre, ou au retrayant privilégié, si celui-ci les a remboursés à l'*acquéreur*.

Si au contraire l'*acquéreur* est privilégié, & qu'il soit évincé par un retrayant sans privilège, il est certain que les profits sont dus par ce retrayant : mais doivent-ils être payés au privilégié, ou au fermier du domaine ? Il faut, sans difficulté, les payer au fermier du domaine, parce que l'exemption accordée au privilégié, ne peut être considérée comme une aliénation qui l'autorise à exiger les profits appartenans au roi. D'ailleurs, l'*acquéreur* privilégié, évincé par un retrait lignager, n'a eu qu'une propriété momentanée, laquelle est totalement anéantie par l'effet du retrait, qui rend le retrayant seul véritable *acquéreur*. Ce privilégié ne peut donc se prévaloir de sa possession intermédiaire, pour exiger autre chose que le remboursement de ce qu'il a été obligé de payer. L'idée de l'exemption dont il auroit joui, si son acquisition avoit subsisté, ne se réalise pas au point de produire un privilège actif.

Il est vrai que, par un édit de François I, donné à Chenonceaux en 1545, il fut ordonné que les secrétaires du roi de la grande chancellerie seroient francs & quittes des droits ou profits, pour raison des biens dont ils exerceroient le retrait lignager sur un premier *acquéreur*, & que tous les profits leur seroient pareillement acquis, soit qu'ils fussent *vendeurs*, *acquéreurs*, *retrayans*, *convenus par retrait lignager*, *ou autrement*, &c.

Mais cet édit qui excède les bornes d'un privilège, en accordant une concession & un don, étoit un titre qui concernoit uniquement les secrétaires du roi du grand collège, & qui ne devoit naturellement subsister que durant le règne de François I. Néanmoins les dispositions de cet édit ont donné lieu à différens privilégiés, de former la prétention de s'approprier les profits dus au roi, lorsqu'ils étoient évincés de leurs acquisitions, par un retrait lignager.

On trouve, au journal des audiences, un arrêt du parlement de Paris, par lequel le sieur René Parain, secrétaire du roi, adjudicataire de la terre de Courtabeuf, mouvante du roi, de laquelle il avoit été évincé par Josias de Rouen, cessionnaire du retrait féodal, fut débouté de sa prétention d'exiger les droits féodaux, comme un profit de sa charge; & le collège des secrétaires du roi, qui étoit intervenu, fut pareillement débouté de son intervention.

Un autre arrêt du parlement de Paris, du 18 décembre 1668, obtenu par le marquis d'O, & les princesses de Carignan, a jugé que les secrétaires du roi, *acquéreurs* de biens dans le domaine du roi, ne pouvoient prétendre les profits contre le retrayant lignager, lorsqu'ils étoient dus au roi ou aux engagistes. Cet arrêt a été rendu contre le sieur Truchot, secrétaire du roi, qui avoit acquis les terres de Francouville & de Roffai, dans la mouvance du roi, desquelles il fut évincé par le retrait lignager du marquis d'O. Il prétendoit les profits seigneuriaux, comme lui étant acquis par le privilège de sa charge; mais il fut débouté de sa demande, & condamné aux dépens.

Différens auteurs, qui ont agité cette question, n'ont fait aucune difficulté de la résoudre, conformément aux arrêts dont on vient de parler.

Il y a néanmoins un arrêt du parlement de Paris, du 14 mai 1714, confirmatif d'une sentence du bureau des finances de Poitiers, par laquelle le fermier du domaine avoit été débouté d'une demande de lods & ventes, formée contre le sieur Hallou de la Galinière, qui avoit exercé le retrait lignager d'un bien mouvant du roi, acquis par le sieur Bretonnière de Maison-Neuve, président au même bureau des finances de Poitiers: le retrayant avoit payé ces profits à l'*acquéreur*, & l'arrêt a déclaré ce dernier fondé à les retenir, comme chose à lui appartenante.

Cet arrêt est certainement opposé aux principes & aux termes même de la concession des privilèges des trésoriers de France: aussi les auteurs qui en ont parlé, ont-ils tous adopté la maxime contraire.

Au reste, tout ce qu'on vient de dire relativement aux acquisitions des privilégiés, ne peut plus recevoir aucune application, tant qu'il ne sera pas dérogé à l'arrêt du conseil d'état du roi, du 26 mai 1771, lequel révoque tous les privilèges d'exemption des droits ou profits dus au roi, pour les mutations des biens qui sont dans les mouvances de sa majesté.

ACQUÉRIR, v. a. (*Droit naturel & civil.*) c'est se procurer un titre qui donne droit de jouir d'une chose en propriété ou en usufruit.

Il y a différens moyens d'*acquérir*; les uns tirent leur origine du droit naturel, tels que l'occupation, l'accession, la tradition: les autres ont été introduits par le droit civil, comme les testamens, la prescription, *&c.*... mais tous ont été astreints par la loi civile à des formalités, dont l'observation est absolument nécessaire, soit pour donner l'authenticité aux moyens d'*acquérir*, soit pour leur donner l'effet de transmettre à l'acquéreur le droit de propriété.

Nous ne ferons pas ici l'énumération de tous les moyens d'*acquérir*, il en existe autant que de manières de transférer la propriété, la possession ou l'usufruit. Nous les traiterons chacun sous leur mot propre.

Nous observerons seulement que l'on peut *acquérir*, non-seulement par soi-même, mais encore par une personne étrangère, qui n'est nullement dans notre dépendance, telle qu'un fondé de procuration, ou celui qui, en notre absence, se fait fort pour nous, & que les jurisconsultes romains appellent *negotiorum gestor*, & qu'à leur exemple nous pourrions nommer *géreurs d'affaires*. Mais, dans ce dernier cas, l'acquisition n'a entièrement lieu au profit du mandant, que lorsqu'il a ratifié ce qui avoit été fait en son nom. L'effet de cette ratification est rétroactif, & a lieu à son profit, du jour de l'acquisition faite par son fondé de procuration.

Les loix romaines accordoient aux maîtres le droit d'*acquérir* par leurs esclaves, & aux pères par leurs enfans. Ce dernier étoit restraint par les différentes espèces de pécule, introduites en faveur des enfans. *Voyez* PÉCULE.

Nous ne connoissons plus en Europe l'esclavage, il n'existe que dans les colonies du nouveau monde, où nous avons pour esclaves les nègres, que nous allons acheter sur la côte d'Afrique: les dispositions des loix romaines sur l'acquisition des maîtres par leurs esclaves, y sont encore suivies. A l'égard de celles qui concernent le droit qu'a le père, d'*acquérir* par ses enfans; dans les provinces du royaume, régies par le droit romain, le père acquiert, par le fils qu'il a sous sa puissance, tout ce que le fils peut *acquérir* par les moyens que son père lui a donnés; mais il n'a que l'usufruit de ce qui advient à son fils par son travail, ou qu'il acquiert, soit par legs, donation, ou succession; & il ne peut rien prétendre dans ce que le fils acquiert à l'armée ou dans le barreau, au service du prince ou de l'église.

Dans les provinces coutumières, la puissance paternelle y est très-bornée; le père n'y acquiert rien par ses enfans. Quelques-unes cependant, lui accordent l'usufruit des choses, qui sont données aux enfans, qui sont sous leur puissance; mais ils n'en jouissent que jusqu'à l'émancipation, soit réelle, soit tacite, de leurs enfans.

ACQUÊT, s. m. (*Droit coutumier.*) c'est un bien immeuble dont on a acquis la propriété par achat, donation, ou autrement que par succession.

On emploie ce mot *acquêt* par opposition au mot *propre*, parce que dans le pays coutumier il y a une grande différence pour les dispositions entre-vifs ou à cause de mort & pour les successions, entre les biens que l'on a soi-même acquis & ceux que nos parens nous ont transmis : ces derniers sont appelés *propres*, parce que ce sont des biens de famille qui semblent ne convenir proprement qu'à ceux qui sont de la même famille.

Acquêt & conquêt ne sont pas tout-à-fait synonymes : ces deux mots désignent également un bien acquis ; mais celui d'*acquêt* s'entend de ceux qui sont acquis avant le mariage, & celui de *conquêt*, des biens acquis pendant la communauté qui existe entre le mari & la femme, & il est opposé aux biens qu'on appelle *propres de communauté*. Tout conquêt est véritablement *acquêt*, mais tout *acquêt* n'est pas conquêt. *Voyez* CONQUÊT.

On ne connoît point dans le pays de droit écrit cette distinction des biens en *acquêts* & propres : tout ce qu'y possède un particulier, soit à titre d'acquisition ou d'hérédité, ne forme pour lui qu'un bien de la même nature. Ce que nous allons dire des *acquêts* ne sera donc relatif qu'au pays coutumier.

Règles pour distinguer les acquêts. Une maxime généralement adoptée dans les pays de coutume, est que tous les biens que possède un particulier sont censés n'être que des *acquêts*, si le contraire n'est prouvé ; excepté dans celle de Normandie, où ils sont réputés propres si l'on ne justifie qu'ils sont *acquêts*.

Les immeubles qui nous viennent en ligne directe, à quelque titre que ce soit, sont des biens propres dans notre patrimoine : les immeubles qui nous viennent en ligne collatérale ne nous sont propres qu'autant qu'ils nous arrivent par succession : si nous les obtenions en vertu d'un legs ou d'une donation, ils seroient pour nous des *acquêts*, quoiqu'il fût stipulé par l'acte qu'ils ne nous ont été donnés qu'à condition qu'ils nous seroient propres, parce qu'il n'est au pouvoir de personne d'imprimer aux biens d'autre qualité que celle qu'ils ont naturellement, à moins que cette clause n'eût été apposée pour empêcher qu'ils n'entrassent dans une communauté.

Quand la qualité d'héritier en collatérale concourt dans la même personne avec celle de légataire, ainsi que ces deux qualités peuvent concourir dans différentes coutumes, ce que l'on recueille comme héritier est propre, & ce que l'on prélève comme légataire est *acquêt* : il y a plus, c'est que si le même objet passoit à la même personne avec autant de droit à titre de legs qu'à celui de succession, il suffiroit de préférer la qualité de légataire pour en faire induire une renonciation tacite à la qualité d'héritier. C'est ce qui a été jugé au parlement de Paris le 8 juillet 1733, à l'occasion d'un legs fait par le sieur Turmenies de Nointel à sa sœur qui avoit accepté le legs sans renoncer à la succession du testateur. L'arrêt est cité dans la nouvelle edition de la jurisprudence civile de Lacombe.

Quoique nous disions que les immeubles qui nous viennent en ligne directe, à quelque titre que ce soit, forment des propres dans notre patrimoine, ceci ne doit pourtant s'entendre que de ce que nous recevons à titre gratuit ; car si, par exemple, un père cédoit à son fils un héritage en paiement d'une créance, l'héritage seroit un *acquêt* pour ce fils. On voit dans la nouvelle édition de la jurisprudence civile de Lacombe, que la chose a été ainsi jugée par un arrêt du 5 juillet 1746, concernant un legs universel fait par la demoiselle Ferrand en faveur de l'abbé de Bouillé ; cette jurisprudence a été suivie depuis dans une autre affaire jugée au parlement de Paris le 14 juillet 1766.

Mais si la créance partoit d'un principe de libéralité de la part du père, on penseroit différemment, comme dans le cas où, après avoir constitué une dot à sa fille en argent, il lui céderoit un fonds en paiement : ce fonds seroit pour la fille un propre, comme on le verra plus particuliérement à l'article BIENS.

Que doit-on penser de la question suivante ? Un père possède un *acquêt* & il en fait donation à son fils ; cet *acquêt*, suivant les principes établis, devient alors un propre pour ce fils : mais ce fils vient à mourir & le père lui succède : l'objet donné qu'il retrouve dans la succession de son fils, est-il dès-lors un propre pour ce père, ou simplement un *acquêt*, comme il l'étoit avant la donation ?

Les auteurs sont partagés sur cette question : les uns prétendent que lorsque les héritages retournent de cette façon au père, ces héritages conservent la qualité ou de propres ou d'*acquêts* qu'ils avoient avant la donation. D'autres pensent, au contraire, qu'ils retournent avec la qualité de propres que leur a imprimée la transmission du père au fils, & ce dernier sentiment a été adopté par l'arrêt rendu le premier septembre 1762, entre M. le duc de Luxembourg & M. le duc de Mortemart, dans une affaire où il s'agissoit de savoir si une terre que la duchesse de Beauvillers avoit donnée à son petit-fils & qu'elle avoit recouvrée après la mort de celui-ci, étoit pour cette aïeule un propre, ou simplement un *acquêt*, comme avant la donation. Il est vrai qu'on s'appuyoit fort sur l'article 313 de la coutume de Paris, où, en parlant du droit qu'ont les ascendans de recueillir les biens que leurs enfans ou petits-enfans laissent après leur mort, on emploie le terme de *succéder* : de sorte que dans d'autres coutumes où le droit des ascendans seroit différemment expliqué, il n'y auroit rien d'étonnant qu'on jugeât tout autrement.

On demande si les biens confisqués & remis ensuite par le roi ou par le seigneur aux héritiers du coupable, sont *acquêts* ou propres à ces héritiers.

Les auteurs distinguent en ce cas entre les héritiers directs & les héritiers collatéraux : Dumoulin, Chopin & d'autres, tels que le Brun & Renusson, regardent comme propres les biens ainsi remis aux héritiers *directs*, & leur sentiment est appuyé d'un arrêt du 26 janvier 1556. A l'égard des héritiers *collatéraux* on les juge *acquêts*, & cette opinion est appuyée d'un arrêt du 15 juin 1640, qu'on trouve au *Journal des audiences*.

Il semble pourtant qu'en pareille occasion on ne devroit faire aucune différence entre ces divers héritiers, parce que les uns comme les autres tiennent tout alors de la générosité du roi ou du seigneur; mais on considère que les enfans ont une sorte de droit sur les biens de leur père, & que la remise qu'on leur fait est moins un don particulier qu'une renonciation à la faculté qu'on avoit de leur enlever les biens qu'on leur laisse; au lieu qu'à l'égard des collatéraux on n'est point porté à penser aussi favorablement. Il est pourtant vrai que le Brun cite un arrêt du 24 janvier 1691, qui a jugé que des biens remis par le roi aux enfans du condamné étoient *acquêts* en leur personne; mais il ajoute qu'il y eut des circonstances particulières dans les lettres de don, & il ne les explique nullement.

Nous croyons que, pour établir une jurisprudence certaine à cet égard, il faudroit partir d'un fait qui seroit de savoir si, avant la remise, les héritiers ont été dépouillés des biens confisqués par une prise de possession de la part du roi ou du seigneur; ou si au contraire les choses, lors de cette remise, étoient dans le même état qu'elles se sont trouvées au temps de la condamnation : au premier cas il n'y auroit aucun inconvénient de juger les biens *acquêts* pour toute sorte d'héritiers; dans le second cas, il n'y en auroit aucun non plus à les juger propres pour les uns comme pour les autres, en laissant les choses suivant les règles ordinaires des successions.

De la succession des acquêts. Il est de droit commun en pays coutumier, s'il n'y a des usages contraires, que les *acquêts* d'un défunt appartiennent à l'héritier le plus proche. Ainsi les pères, les mères & les autres ascendans y succèdent : telles sont les dispositions de l'article 311 de la coutume de Paris, & de l'article 223 de la coutume de la Marche.

Lorsque le défunt n'a point d'héritiers en ligne directe, ses collatéraux les plus proches, soit paternels ou maternels, succèdent à ses *acquêts*, parce que cette sorte de biens n'est affectée naturellement à aucune ligne. Mais, dans la coutume de la Marche, lorsque les *acquêts* ont été faits des biens d'un parent, ces *acquêts* dans la succession du défunt reviennent à ceux qui sont héritiers du côté de celui à qui l'héritage appartenoit avant l'acquisition; & lorsqu'ils ont été faits d'un étranger, ils sont dévolus aux seuls parens paternels, à l'exclusion des parens maternels.

Ceux qui possèdent des *acquêts* sont moins gênés dans certaines coutumes pour en disposer, qu'ils ne le sont à l'égard des propres. Dans la coutume de Paris on peut léguer tous ses *acquêts*, & l'on ne peut léguer que le quint de ses propres. Dans celle du Boulonnois, les *acquêts* cotiers & les meubles se partagent également entre tous les enfans qui succèdent *ab-intestat*; le père peut même disposer de ses meubles & *acquêts* en faveur d'un étranger, au préjudice de ses enfans, qui n'ont pas même le droit de demander sur les *acquêts* le supplément de leur légitime : coutume odieuse, & qui devroit être réformée, car la légitime est due aux enfans par le droit naturel, & elle doit se prendre par privilège sur tous les biens du père. Dans la coutume de Poitou on a de même plus de liberté pour les *acquêts* que pour les propres : dans celle de la Marche, quiconque a des enfans ne peut disposer de ses propres en faveur de qui que ce soit à titre gratuit, si ce n'est par le contrat de mariage de celui envers lequel il exerce sa libéralité; mais à l'égard de ses *acquêts*, il peut les donner par acte entre-vifs en tout ou en partie, à des étrangers ou à des parens, excepté toutefois ses enfans qu'il ne peut gratifier que par testament ou par contrat de mariage. Dans la coutume de Metz, on ne peut disposer librement de ses *acquêts* qu'autant qu'ils ont été acquis ou donnés à titre de *gagière*. Si ce terme ne se trouve pas dans l'acte, ces sortes de biens sont regardés comme faisant partie du patrimoine de l'acquéreur, dont il ne peut plus disposer avec la même liberté qu'il auroit pu le faire s'il avoit entendu les conserver comme *acquêts de gagière*.

Mais il y a des coutumes où, pour pouvoir librement disposer de ses *acquêts* il faut posséder des propres; de sorte que si l'on n'a que des *acquêts*, les biens de cette espèce tiennent lieu de propres, & en suivent la loi quand il s'agit d'en disposer : telles sont les coutumes de Poitou & du Maine. Anciennement on croyoit que, pour peu qu'on possédât des propres, on avoit dès-lors une entière liberté pour les *acquêts*; mais la jurisprudence a changé à cet égard depuis un arrêt du 29 mai 1668, rapporté par Soefve & cité par Boucheul. Par cet arrêt on a jugé dans la coutume de Poitou où les *acquêts* tiennent lieu de propres, & où l'on ne peut disposer que du tiers des biens de cette nature, qu'il faut, pour avoir une entière liberté au sujet des *acquêts*, que le propre que l'on possède soit d'une valeur proportionnée aux autres biens qu'on peut avoir.

Ce que nous venons de dire des *acquêts* par opposition aux propres, ne se rapporte qu'aux donations & aux successions. Il y a encore une autre grande différence à faire entre les *acquêts* & les propres dans le pays coutumier au sujet des communautés qui y ont lieu de plein droit, ou que les futurs conjoints sont dans l'usage de stipuler par leur contrat de mariage. Il y a des *acquêts* qui entrent dans ces sortes de communautés, & il y en a d'autres qui n'y entrent pas. Ceux qui y entrent & qui proviennent des travaux de l'industrie ou des acquisitions, soit du mari, soit de la femme, sont appelés *conquêts*, parce qu'ils sont censés être le fruit commun du travail des époux : il en sera parlé dans l'article relatif à cette dénomination.

Un acquêt peut-il être subrogé à un propre? La subrogation peut-elle avoir lieu en faveur des propres, & conférer à un *acquêt* la qualité de propres? Supposons, par exemple, que Pierre, en vendant un héritage qui lui étoit propre paternel, ait déclaré dans le contrat de vente, que son intention est, que le prix de cet héritage, ou que les immeubles qu'il achetera de ce même prix, seront propres dans sa succession, & appartiendront à la ligne, d'où provenoit le propre vendu; l'argent, s'il est encore dû au temps du décès de Pierre, ou l'héritage qu'il aura acquis, seront-ils regardés dans sa succession, comme propres ou comme *acquêts*?

Dans le premier cas, le prix dû pour la vente de l'héritage propre, appartiendra à l'héritier aux *acquêts*, au préjudice de l'héritier des propres, par la raison que cette créance est une action purement mobiliaire, quoique la cause qui lui a donné naissance, soit un immeuble, & même un propre. Dans le second cas, l'héritage acquis de la vente des deniers du propre, n'en est pas moins un *acquêt*, malgré l'intention & la déclaration de celui qui a vendu le propre, parce qu'il n'y a que la loi seule, & non la volonté d'un particulier, qui puisse imprimer une qualité déterminée aux différentes espèces de biens, & que la loi seule, & non la volonté d'un particulier, peut introduire des fictions; c'est le sentiment de tous les jurisconsultes, & la jurisprudence constante des arrêts.

Quelques coutumes cependant ont admis cette subrogation. Celle de Bourbonnois, *art. 259*, l'autorise, mais avec la condition 1°. qu'au moment de la vente, le vendeur sera tenu de déclarer devant le juge, ou devant deux notaires, qu'il entend employer le prix de la vente actuelle en achat d'autres héritages; 2°. que cette nouvelle acquisition sera faite peu de temps après la première vente; 3°. que dans le contrat d'acquisition du nouvel héritage, il déclarera & affirmera que c'est des deniers provenans de la vente de son propre. Dans la coutume de Normandie, les *acquêts* sont de droit subrogés aux propres aliénés, & fortissent la même nature.

On demande encore si, après la réunion du fief servant au fief dominant, le fief servant participe de la nature du fief dominant, & si en conséquence il doit être regardé comme propre, ou comme *acquêt*, suivant la qualité du fief auquel il est réuni?

Dans la coutume de Normandie, qui regarde tous les biens comme des propres, il est sans difficulté que le fief servant, de quelque manière qu'il ait été réuni au fief dominant, est censé propre, lorsque le fief dominant tenoit nature de propre; mais dans les autres coutumes, lorsque le fief servant est réuni au fief dominant par confiscation, commise, déshérence, ou retrait féodal, il reste *acquêt* entre les mains de celui qui le réunit; mais s'il avoit été concédé pour un certain temps, & aliéné à titre d'emphytéose, la réunion qui s'opère après l'expiration du bail, le fait participer à la qualité du fief auquel il est réuni. Cette jurisprudence est fondée sur ce que la cause de réunion naît du titre même de la concession & de l'inféodation, & d'une réserve foncière, qui fait partie du fonds même, & en est un droit précis & immédiat.

ACQUÊT *amorti*, (*Coutume de Poitou, art. 345.*) on donne ce nom aux héritages propres à l'un des conjoints, vendus pendant le cours de la communauté, & retirés ou rachetés par celui à qui ils appartenoient; on l'applique encore aux rentes constituées pendant le mariage sur l'héritage propre de l'un des conjoints, & par lui rachetées ensuite: l'héritage, ainsi rentré dans la main du conjoint, ou libéré des rentes & autres charges, est appellé *acquêt amorti*, c'est-à-dire, que le retrait ou la libération ne le rendent point conquêt de communauté; mais il est censé de même nature, qu'il étoit auparavant la vente, ou avant d'être chargé de rente, & l'autre conjoint ou ses héritiers n'y peuvent rien demander. La coutume d'Angoumois décide également que l'héritage vendu pendant le mariage par l'un des conjoints, & retiré par lui, est de même nature qu'il étoit avant la vendition.

ACQUÊT *nouveau*, (*Finance.*) on donne ce nom à toutes les espèces de biens, possédés par les gens de main-morte, soit ecclésiastiques, soit laïques, de quelque nature que soient les biens, lorsqu'ils n'ont pas été amortis: ainsi les fiefs, les rotures, les rentes foncières, les bâtimens nouvellement construits & destinés à produire des revenus, les rentes constituées dans les coutumes qui leur donnent la qualité d'immeubles, sont de nouveaux *acquêts*, & sont assujettis à payer au roi une taxe, qu'on nomme également droit de nouvel *acquêt*.

Ce droit est différent de celui d'amortissement, puisqu'il se paie sur les biens qui n'ont point été amortis; mais comme celui-ci, c'est un droit royal, domanial, inaliénable & imprescriptible. Il est dû par les gens de main-morte pour indemniser l'état du tort qu'il reçoit, lorsqu'un héritage passe en leur possession, parce qu'alors il est exempt de la contribution aux charges publiques, & ne peut plus donner lieu aux profits de mutation, puisque les gens de main-morte n'ont pas la faculté d'aliéner leurs biens.

Ce droit est fort ancien; Laurière en trouve des traces dans une ordonnance de Philippe-le-Long de 1316, par laquelle ce prince ordonne la saisie des biens des églises, qui n'étoient pas amortis, & l'enlèvement des fruits, jusqu'à ce que le droit d'amortissement ait été payé, ou que le bien soit délaissé: la taxe des nouveaux *acquêts* étoit autrefois arbitraire; mais après avoir long-temps varié, elle fut fixée au revenu d'une année sur vingt, ou ce qui est la même chose, au vingtième du revenu, pour

pour le temps de la jouissance avant le paiement du droit d'amortissement.

Le paiement du droit de nouvel *acquêt*, n'empêche pas que celui d'amortissement ne soit dû, si les gens de main-morte veulent conserver la possession du bien ; il n'empêche pas non plus qu'ils ne soient contraints de vuider leurs mains, si les seigneurs, de qui les héritages nouvellement acquis relèvent, veulent les y obliger, sur-tout depuis la déclaration de 1749, qui défend aux gens de main-morte de faire de nouvelles acquisitions.

On peut dire qu'aujourd'hui le droit de nouvel *acquêt* est peu de chose, & qu'il n'est payé que pour les immeubles dont les gens de main-morte ont l'usufruit, parce que depuis l'édit de 1708, ils sont tenus de faire, dans l'an & jour de la date de leurs contrats d'acquisition, ou autres titres de propriété, leurs déclarations aux receveurs de la généralité où les biens sont situés, à peine de 1000 l. d'amende ; & que par l'édit de 1749 ils ne peuvent acquérir des immeubles, sans lettres-patentes du roi, qui sont rarement accordées, ou bientôt suivies du paiement du droit d'amortissement.

Le droit de nouvel *acquêt* est dû également par le bénéficier étranger, comme par le regnicole, quand bien même le chef-lieu du bénéfice seroit situé hors du royaume ; il suffit que l'héritage se trouve sous la domination du roi, parce que les mêmes raisons subsistent à son égard, comme pour les bénéfices situés entiérement dans le territoire de la France, ils n'en sortent pas moins du commerce, & doivent payer l'indemnité due au roi & à l'état.

ACQUÊT, (*nouvel*) *terme de Coutume*. La coutume d'Artois donne le nom de *nouvel acquêt* aux biens nobles possédés par les roturiers, & à une taxe qu'ils doivent payer, pour avoir le droit d'en jouir. Suivant les articles 194, 195, 196, 197 & 198 de la rédaction de cette coutume de 1553, le droit de *nouvel acquêt* se paie de vingt ans en vingt ans ; il est dû par tous les acquéreurs non nobles, & la totalité du droit est le revenu d'une année estimée dans trois ; ce droit est personnel, c'est-à-dire, qu'il n'est dû qu'à cause de la personne qui possède le fief, & de sa qualité de non-noble, ensorte que si le fief passe d'une main non-noble en celle d'un noble, il n'est plus chargé de la taxe de *nouvel acquêt* : ce droit n'est dû qu'une seule fois, & lorsqu'il a été payé, le possesseur du bien noble & ses hoirs en demeurent francs & quittes à perpétuité. C'est une disposition singulière dans cette coutume, qu'il suffit d'être né d'une femme noble, quoique d'un père roturier, pour être exempt du droit de *nouvel acquêt* ; cependant on ne doit pas en inférer que le ventre ennoblisse, la mère n'ennoblit l'enfant que par rapport au droit de posséder des fiefs, sans être sujet au droit de *nouvel acquêt* ; car en fait d'imposition & d'aides, il faut être noble de père. Suivant une déclaration du 9 mars 1700, le droit de *nouvel acquêt* est fixé à une année & demie de revenu.

ACQUIESCEMENT, s. m. (*terme de Droit.*) c'est le consentement & l'adhésion que l'une ou l'autre des parties ou toutes ensemble donnent à une proposition, à une clause, à une condition, à un jugement, ou à quelque autre acte que ce soit ; ainsi, acquiescer à une condition, à une clause, c'est l'accepter : acquiescer à un jugement, c'est en passer par ce qu'il ordonne.

L'appel d'un jugement n'est pas recevable lorsque les parties y ont acquiescé ; il n'est pas même nécessaire pour cela que l'*acquiescement* soit formel, tel que seroit un acte par lequel la partie condamnée renonceroit à l'appel, c'est assez qu'on puisse le présumer par la conduite de la partie, comme si elle demande du temps pour payer ou pour exécuter la sentence de condamnation : ou enfin si elle laisse passer le temps accordé par l'ordonnance pour interjetter appel.

On ne considère pas comme un *acquiescement* ce qui ne vient que du fait du procureur : ainsi lorsqu'après une sentence qui civilise une instance criminelle, un procureur signifie à l'autre le nom des témoins pour procéder en conséquence, cela n'est pas regardé comme un *acquiescement* de la part de la partie, lorsque la sentence ne lui a pas été signifiée. C'est ce qu'a jugé le parlement de Toulouse par arrêt du 24 janvier 1748, rendu entre le sieur Cambon, chirurgien, & le sieur Armengaud, trésorier de France.

Lorsqu'après la sentence les procureurs liquident les dépens, cette opération ne doit pas non plus être regardée comme un *acquiescement* de la part de la partie qui se prétend lésée, quand même son procureur auroit dit qu'il procède en conséquence d'un pouvoir spécial à lui donné, à moins qu'il ne conste en effet de ce pouvoir. Cela a été ainsi décidé par arrêt du même parlement rendu le 29 mars 1744 entre M. Coriolis, abbé de Crucz, & le prieur de son abbaye.

Il a été aussi jugé au parlement de Toulouse, en 1731, qu'un *acquiescement* donné par erreur ne nuisoit pas. Le nommé Jean Martel s'étoit rendu appellant d'une sentence du sénéchal de Montpellier ; mais ayant mal pris le sens de cette sentence, il se désista de son appel, & présenta une requête au sénéchal dans laquelle il prit des conclusions condamnées par la sentence : on lui opposa la sentence ; il reconnut alors qu'il l'avoit mal entendue, & il en appella de nouveau : en vain on lui opposa son *acquiescement*, la cour ne s'y arrêta point. *Voyez* APPEL, SENTENCE, *&c.*

L'effet de l'*acquiescement* est d'empêcher de revenir dans la suite contre l'exécution, soit du contrat, soit du jugement, par la raison que la justice ne permet pas de varier, & qu'on ne peut retirer le consentement qu'on a donné librement à un jugement ou à un acte.

Acquiescement se dit encore, en terme de commerce, lorsque quelqu'un demeure d'accord d'une chose & en convient ; alors il opère une fin de non-recevoir contre celui qui l'a donné ; ainsi lorsqu'un marchand a signé un compte arrêté par des arbitres entre lui & son correspondant, que l'un d'eux en a soldé le montant, & que l'autre l'a reçu purement & simplement sans protestation, il ne leur est plus permis de revenir contre ce qu'ils ont fait ; & ce qui a été arrêté par leur *acquiescement* formel, ne peut plus devenir incertain, ni faire la matière d'une contestation soumise au sort des jugemens.

Ce que nous venons de dire, que l'*acquiescement*, donné à un acte ou à un jugement, empêchoit celui qui l'avoit donné de revenir contre ce qui avoit été fait, doit-il avoir lieu, lorsque les parties ont consenti de plaider devant un juge incompétent?

Cette question peut être envisagée sous deux points de vue différens. Le juge est incompétent ou à raison de la personne de l'une des parties, qui par privilège est exempte de la jurisdiction du juge, ou à raison de la nature même de l'affaire portée devant lui, ce que les jurisconsultes désignent par ces mots : *aut ratione personæ, aut ratione materiæ.*

Lorsque le juge est incompétent *ratione personæ*, si celui qui avoit le droit de demander son renvoi pardevant le juge de son privilège, s'est désisté formellement du droit de le requérir, ou a reconnu tacitement la jurisdiction du juge, en procédant volontairement devant lui, son *acquiescement* réel ou tacite, lui préjudicie, & il ne seroit plus écouté, si après le jugement, ou même auparavant, & pendant la litispendance, il en interjettoit appel, comme de juge incompétent ; la raison en est que le juge incompétent *ratione personæ*, est naturellement le juge de l'affaire portée devant lui, & qu'il ne cesse de l'être qu'à cause du privilège de l'une des parties, qui peut y renoncer & n'en pas faire usage, puisque la loi permet à toutes personnes de renoncer aux privilèges qui leur ont été accordés : *unicuique licet juri in favorem suum introducto renuntiare.*

Mais lorsque le juge est incompétent *ratione materiæ*, quelque *acquiescement* que les parties aient donné pour procéder devant lui, elles ne sont pas liées, & elles peuvent, en tout état de cause, revenir contre leur *acquiescement*, parce que les jurisdictions étant de droit public, il ne dépend pas des parties d'en donner une à un juge à qui elle n'appartient pas ; il y a plus, c'est que non-seulement le procureur du roi de la jurisdiction compétente, peut demander le renvoi, malgré l'*acquiescement* des parties, mais même le juge, qui reconnoît son incompétence, est tenu, suivant l'article premier de l'ordonnance de 1667, de renvoyer les causes & instances dont la connoissance ne doit pas lui appartenir.

Les jurisconsultes sont partagés sur la question de savoir si une femme peut être restituée contre l'*acquiescement* qu'elle a donné à une sentence. Quelques-uns prétendent qu'elle doit être restituée, parce qu'elle est censée ignorer le droit : cette raison n'est pas valable ? car l'erreur de droit nuit à toute espèce de personnes sans exception ; d'ailleurs, dans le cas d'un jugement rendu, on ne peut pas dire que la femme ait été destituée de conseil ; mais le droit de la femme pour se faire restituer contre l'*acquiescement* qu'elle auroit donné à un jugement, est fondé sur une règle plus sûre & plus générale, qui accorde non-seulement à la femme, mais même à toute autre personne la facilité de se faire restituer contre les *acquiescemens* donnés à un jugement, lorsqu'ils l'ont fait par crainte, par fraude ou par dol, parce que celui qui y a donné occasion ne peut s'en prévaloir. On présume aisément que la foiblesse ordinaire du sexe, met les femmes dans le cas d'être induites par crainte, par fraude ou par dol, à souscrire des actes contraires à leurs intérêts ; c'est pourquoi on leur accorde ordinairement le droit d'être restitués, parce qu'en général il y a lieu à la restitution contre un *acquiescement*, toutes les fois que les moyens de restitution se tirent du fonds & de la nature de l'affaire.

ACQUISITION, s. f. (*Jurisprudence.*) c'est l'action par laquelle on devient propriétaire d'une chose quelconque. Ce mot se dit aussi de la chose même qu'on a acquise : ainsi on dit en ce sens, il a fait une bonne ou une mauvaise *acquisition.* Ce mot se dit singuliérement des immeubles.

Des acquisitions faites par les particuliers. Les *acquisitions* qui se font après la dissolution d'une communauté par la mort d'un des conjoints, & avant la confection d'inventaire, font partie de cette communauté.

Les *acquisitions* d'immeubles donnent ouverture à des droits seigneuriaux, tels qu'ils sont réglés par les coutumes des lieux.

Ces *acquisitions* d'immeubles ont été assujetties à l'insinuation par l'article 24 de l'édit du mois de décembre 1703, pour le salaire de laquelle insinuation il est dû le centième denier.

Les droits de contrôle & de centième denier sont dus sur le prix porté aux contrats, en observant que les charges imposées à l'acquéreur ou dues sur les biens contribuent à former ce prix.

Il faut que l'*acquisition* d'immeubles soit insinuée dans l'étendue de la justice royale de la situation des biens ; ensorte que l'insinuation faite dans un bureau établi près d'une justice seigneuriale est bonne, pourvu que ce bureau soit dans l'étendue de la justice royale : suivant les articles 19 & 24 de l'édit de 1703, cette insinuation ne pouvoit se faire qu'au siège des bailliages & autres jurisdictions royales ordinaires, dans le ressort desquels les biens étoit situés : mais il fut permis, par l'article 22 de la déclaration du 19 juillet 1704, d'établir des bureaux dans l'étendue du ressort de chaque siège royal, ce sont les bureaux d'arrondissement, où l'on peut valablement insinuer les *acquisitions* des biens situés dans ce ressort.

L'obligation de faire insinuer les *acquisitions* d'immeubles n'a pas lieu en Lorraine, non plus que l'imposition du centième denier.

Les *acquisitions* d'immeubles sous signature privée doivent, après avoir été contrôlées, être insinuées dans les trois mois de leur date, à peine du triple droit de centième denier, conformément aux édits des mois de décembre 1703 & octobre 1705, qui prononcent cette peine contre tous les acquéreurs qui ne font pas insinuer leurs titres dans ce délai.

En Lorraine, les *acquisitions* d'immeubles sous signature privée sont nulles si elles ne sont pas rédigées devant notaire dans la quinzaine de leur date, & que l'une ou l'autre des parties n'ait point intenté d'action en justice à cet égard.

Des acquisitions faites par le roi. Les *acquisitions* faites par le roi dans les directes & mouvances des seigneurs, ne sont point, depuis François premier, assujetties aux loix prescrites pour les *acquisitions* que font les particuliers. Le roi, étant le seigneur des seigneurs de son royaume, ne sauroit être tenu d'aucun devoir de foi & hommage envers qui que ce soit, ensorte que lorsqu'il acquiert des immeubles, à quelque titre que ce puisse être, les mouvances particulières sont éteintes. Il est à la vérité tenu d'indemniser les seigneurs particuliers, parce qu'il ne seroit pas juste qu'ils fussent privés de leurs droits utiles sur les immeubles qui dépendent de leurs seigneuries; mais par le moyen de cette indemnité, les parties sous-inféodées acquises par le roi sont rappellées à la mouvance immédiate de la couronne d'où elles sont originairement sorties, & où elles doivent perpétuellement rester, quelque disposition qu'il en soit faite. Cette indemnité est ordinairement réglée au tiers de la valeur des fiefs, & au cinquième des rotures.

Il n'est point dû de droit de contrôle ni de centième denier pour les *acquisitions* faites par le roi, parce que le souverain ne doit point être sujet aux impôts établis pour son usage & pour les besoins de l'état.

Des acquisitions faites par les gens de main-morte. Il est défendu aux gens de main-morte de faire aucune *acquisition* d'immeubles, droits réels, rentes foncières ou non rachetables, même de rentes constituées sur des particuliers, sans en avoir auparavant obtenu la permission par lettres-patentes enregistrées au parlement ou à la cour souveraine dans le ressort desquels les biens à acquérir sont situés.

Cette défense est fondée sur ce que les *acquisitions* des gens de main-morte deviennent, à plusieurs égards, préjudiciables à l'état & au commerce. Aussi le souverain, frappé des inconvéniens qu'elles entraînent, a-t-il déclaré par son édit du mois d'août 1749, qu'il n'accorderoit plus de lettres-patentes pour cet effet, qu'après s'être fait rendre compte de la nature & de la valeur des biens dont il sera question, ainsi que de l'utilité ou des inconvéniens de l'*acquisition*. Et afin que la religion du roi ne soit pas surprise par de faux exposés, sa majesté veut, par l'article 21 de l'édit cité, que les lettres-patentes qu'elle aura accordées ne puissent être enregistrées que sur les conclusions de ses procureurs-généraux, après qu'il aura été informé des avantages & des inconvéniens de l'*acquisition*, & qu'il aura été donné communication de ces lettres aux seigneurs haut-justiciers & autres de qui les biens à acquérir sont tenus immédiatement, soit en fief ou en roture. Les cours peuvent d'ailleurs, avant de procéder à l'enregistrement des mêmes lettres, les communiquer à toute autre personne dont elles croiront devoir prendre l'avis ou le consentement.

Lorsque des biens de la qualité de ceux qu'il est défendu aux gens de main-morte d'acquérir, viennent à leur échoir en vertu des droits acquis aux seigneuries qui leur appartiennent, ils sont obligés d'aliéner ces biens dans un an, à compter du jour qu'ils leur auront été dévolus, sans qu'ils puissent les faire passer à d'autres gens de main-morte, ni en employer le prix à acquérir d'autres biens de la même qualité. Pour obliger les gens de main-morte à se conformer à cette loi, il est ordonné que s'ils négligent d'y satisfaire dans le délai prescrit, la réunion des biens à eux échus aura lieu au profit du domaine, si la seigneurie dont ces biens dépendent est dans la mouvance immédiate du roi; si au contraire elle relève d'un seigneur particulier, celui-ci aura la faculté de demander la réunion des mêmes biens à son domaine: mais si ce seigneur laisse écouler une année sans faire usage de la faculté qui lui est attribuée, les biens dont il s'agit se trouveront réunis de plein droit au domaine, ensorte que le fermier de cette partie des droits du roi sera alors autorisé à faire les poursuites & diligences nécessaires pour s'en mettre en possession.

S'il arrivoit que des gens de main-morte vinssent à acquérir des biens de l'espèce de ceux dont on vient de parler, soit par échange, vente, adjudication, donation, transport, même en paiement de ce qui pourroit leur être dû, ou à quelque autre titre onéreux ou gratuit, non-seulement ces actes seroient nuls, mais il seroit encore interdit aux gens de main-morte le droit de répéter les sommes qu'ils pourroient avoir données pour leurs *acquisitions*.

Les *acquisitions* de ce genre ainsi annullées, les particuliers auxquels elles doivent naturellement retourner par la loi du sang, sont les enfans ou les héritiers présomptifs de ceux qui ont fait l'aliénation: aussi sont-ils autorisés à réclamer les biens dont il s'agit avec restitution de fruits; & cette réclamation peut se faire non-seulement après la mort, mais même du vivant de celui qui a aliéné.

Si, par négligence ou par d'autres considérations particulières, les enfans ou les autres héritiers présomptifs n'exercent pas les droits que la loi leur attribue, les seigneurs dans la mouvance desquels les biens acquis par les gens de main-morte sont situés, peuvent demander d'être mis en possession de ces biens, avec restitution de fruits, à compter du jour de la demande. Cependant si les héritiers viennent à réclamer dans l'an & jour du jugement qui aura mis les seigneurs en possession, ceux-ci seront tenus de leur céder la propriété des héritages; mais après l'an & jour révolus sans réclamation, les seigneurs demeurent propriétaires incommutables.

Si les seigneurs sont eux-mêmes gens de main-morte, ou qu'à l'exemple des héritiers, ils gardent le silence, le procureur-général est alors tenu de requérir qu'il soit ordonné par la cour que les biens dont il s'agit, seront vendus au plus offrant & dernier enchérisseur, pour le prix en être confisqué au profit du roi, & appliqué par sa majesté à quelques œuvres pies ou ouvrages publics. Mais avant cette vente judiciaire on doit rendre un arrêt préparatoire qui fixe un délai pour y procéder, & l'on appose des affiches en conséquence : par ce moyen les parties intéressées à la réclamation sont constituées en retard, & leur négligence ne peut plus avoir aucune excuse.

Quoiqu'il soit défendu aux gens de main-morte d'acquérir des rentes sur des particuliers sans avoir obtenu auparavant des lettres-patentes qui leur en accordent la permission, ils ont la liberté d'en acquérir, sans cette formalité, sur le roi, sur le clergé, sur les diocèses, sur les pays d'états, & sur les villes ou communautés. La raison de la différence est qu'en acquérant des rentes constituées sur des particuliers, les gens de main-morte pourroient, par cette voie oblique, s'emparer des biens sur lesquels elles seroient hypothéquées, & qu'on n'a pas les mêmes inconvéniens à craindre au sujet des rentes constituées sur le roi, le clergé, *&c.*

Il est défendu à toutes personnes de prêter leurs noms à des gens de main-morte pour acquérir des biens de l'espèce de ceux dont l'*acquisition* leur est interdite, à peine d'une amende de trois mille livres, applicable, savoir, un tiers au dénonciateur, un tiers au roi, & l'autre tiers au seigneur dans la mouvance duquel les biens seront situés.

Exceptions en faveur des hôpitaux, fabriques, &c. En considération de la faveur que méritent les églises paroissiales, leurs fabriques, les hôpitaux & les autres établissemens de charité, la déclaration du 20 juillet 1762 ordonne que les dispositions de dernière volonté par lesquelles on leur donnera des rentes, biens-fonds & autres immeubles seront exécutées sous les conditions suivantes.

1°. Les rentes pourront être remboursées par les débiteurs sur le pied du denier vingt, s'il n'y a point de principal déterminé, quand même elles auroient été stipulées non rachetables. De plus les héritiers & représentans du donateur auront la liberté de retirer ces rentes dans l'an, qui courra du jour de l'ouverture de la succession.

2°. Les héritiers de ceux qui auront donné des immeubles, pourront pareillement retirer ces immeubles dans le même délai, à la charge d'en payer la valeur au légataire, suivant l'évaluation qui en sera faite.

3°. Si les débiteurs ou les héritiers du donateur négligent de rembourser les rentes, ou de payer la valeur des immeubles dans le délai fixé, les administrateurs des hôpitaux & autres établissemens dont on a parlé, seront tenus d'aliéner ces rentes ou immeubles dans l'an & jour, qui courra depuis l'expiration du délai accordé aux débiteurs & aux héritiers pour les racheter, ou retirer. Si l'on néglige de satisfaire à cette obligation, il y aura lieu à la peine prononcée contre les autres gens de main-morte qui se maintiennent plus d'un an dans la possession des immeubles à eux échus en vertu des droits acquis aux seigneuries dont ils sont propriétaires, de quoi les administrateurs seront garans & responsables.

La déclaration citée déroge à l'article 17 de l'édit du mois d'août 1749, lequel défend de faire aucune disposition de dernière volonté, pour donner aux gens de main-morte des biens de l'espèce de ceux qu'ils ne peuvent posséder sans en avoir obtenu la permission par lettres-patentes; mais cette dérogation n'est qu'en faveur des hôpitaux & des autres établissemens dont on vient de parler; & elle ne s'étend point aux autres gens de main-morte, à l'égard desquels la loi subsiste dans toute sa force.

Un édit du mois de juin 1769 a permis aux communautés laïques & ecclésiastiques, séculières ou régulières de Lorraine, de se rendre adjudicataires des biens des jésuites de cette province, à la charge néanmoins qu'elles se pourvoiront, en conséquence de leurs *acquisitions*, pour obtenir les lettres d'amortissement nécessaires. *Voyez* INSINUATION, INDEMNITÉ, ACQUÊT, CENTIÈME DENIER, AMORTISSEMENT, *&c.*

ACQUIT, s. m. (*terme de Pratique.*) synonyme à *quittance* & *décharge* : c'est en général un acte ou sous-signature privée, ou pardevant notaire, qui prouve qu'on a payé.

On dit aussi payer à l'*acquit* d'un autre, lorsque l'on paie pour lui & à sa décharge; ainsi un tuteur qui fait un paiement pour son pupille, paie à son *acquit*. *Voyez* DÉCHARGE, QUITTANCE.

ACQUIT, (*terme de Finance.*) c'est une espèce de quittance, ou billet imprimé sur du papier timbré, qui est expédié & délivré aux marchands, commissionnaires, ou voituriers, par les commis, receveurs & contrôleurs des bureaux des cinq grosses fermes établies aux entrées & sorties du royaume ou des provinces réputées étrangères.

Il y a des *acquits* de quatre espèces : l'*acquit de paiement*, l'*acquit à caution, ou de précaution*, l'*acquit à caution de transit*, & l'*acquit ou le certificat de franchise*.

1°. *De l'acquit de paiement.* L'*acquit* de paiement, appellé aussi *acquit de droits*, fait mention de la qualité, quantité, poids ou valeur des marchandises, du nombre des caisses, balles & ballots où elles sont renfermées; de leurs marques & numéros, des plombs qui y ont été apposés, de la somme qui a été payée pour les droits d'entrée ou de sortie; du nom du marchand pour le compte duquel les marchandises sont envoyées; du lieu où elles doivent être déchargées, & de la route que les voituriers doivent tenir. Cet *acquit* de paiement doit suivre la marchandise jusqu'au dernier bureau où elle doit être vue & examinée par les commis des fermes, pour connoître si les droits ont été bien ou mal reçus; & s'ils ont été mal reçus, en faire payer le supplément par les marchands à qui elle appartient.

On marque aussi dans cette sorte d'*acquit* le temps pendant lequel les marchandises doivent passer au dernier bureau; lorsqu'il est écoulé, l'*acquit* demeure nul & ne peut être reçu par les commis, à moins qu'il n'y ait eu quelque empêchement légitime justifié par un procès-verbal en bonne forme. Il est en outre défendu aux voituriers de passer par d'autres bureaux, que par ceux marqués dans les *acquits*; ils sont aussi tenus de conduire directement les marchandises à tous les bureaux de leur route, & d'y représenter leurs *acquits*, pour y faire mettre un vu; enfin ils doivent les laisser au dernier bureau, où après que les ballots, caisses ou balles ont été ouverts & visités, les commis leur délivrent sans frais, un brevet de contrôle. Les voituriers sont encore obligés de représenter leurs *acquits* sur la première requisition qui leur en est faite par les commis ou gardes qu'ils trouvent sur leur route; ceux-ci peuvent même retenir les *acquits*, en délivrant pareillement un brevet de contrôle aux voituriers, sans néanmoins que l'ouverture & visite des balles se puissent faire ailleurs que dans les bureaux; alors on peut seulement visiter les marchandises qui ne l'ont pas encore été, y ayant défenses, pour celles qui l'ont déjà été, de les ouvrir ailleurs qu'au dernier bureau.

2°. *De l'acquit à caution.* L'*acquit à caution* ou *de précaution* se délivre par les commis des traites à un particulier qui se rend caution qu'une balle de marchandise sera vue & visitée par les commis du bureau du lieu pour lequel elle est destinée, & que les droits y seront payés, s'il en est dû; & à cet effet la balle est cordée, ficelée & plombée au bureau où l'*acquit* est délivré, pour qu'elle ne puisse être ouverte, ni les marchandises changées dans la route qu'elle doit tenir. Lorsque la balle est parvenue au lieu de sa destination, & que les marchandises ou autres choses qui y sont contenues, ont été vues & visitées par le commis visiteur, le receveur & le contrôleur, sur le vu du visiteur, en font payer les droits qui peuvent être dus, & mettent la décharge au dos de l'*acquit*, qu'on renvoie ensuite à la caution, pour le représenter aux commis qui le lui ont délivré, afin qu'ils la déchargent de son cautionnement.

Les soumissions faites pour les *acquits* à caution qui se délivrent dans les bureaux des fermes, sont déclarées exemptes du contrôle des actes, quand même il seroit formé des demandes en conséquence.

Si le marchand qui fait l'envoi des marchandises consigne les droits au lieu de donner caution, il doit en être fait mention dans l'*acquit* à caution.

Un arrêt du conseil du 10 janvier 1708 a fait défense au juge des traites de Langres, & à tous autres, de rendre aucune sentence ou jugement pour servir d'*acquit* à caution, à peine de nullité, & de répondre, en leur propre & privé nom, des dommages & intérêts du fermier.

Lorsque les marchands, voituriers ou messagers, qui ont pris des *acquits* à caution, rapportent des certificats faux, ou des signatures fausses, ou qu'ils supposent des qualités aux personnes qui ont donné les certificats, pour être déchargés du cautionnement, on doit les poursuivre extraordinairement, comme pour crime de faux: c'est la disposition d'un arrêt du conseil du 13 mars 1722.

Il ne doit être donné qu'un seul *acquit* de paiement ou à caution pour tous les ballots & marchandises qui appartiennent à un même marchand, lorsqu'ils sont conduits par un même voiturier, & adressés à un même marchand.

Il est dû cinq sous par les marchands, voituriers ou autres pour chaque *acquit* de paiement ou à caution, & cinq sous pour le certificat de descente, si les droits sur les marchandises comprises dans l'*acquit* montent à trois livres: mais si ces marchandises sont au-dessous de trois livres & qu'elles vaillent au moins vingt sous, les droits d'*acquit* & de certificat de descente ne sont que de deux sous six deniers par acte. Il est défendu aux commis de percevoir aucun droit, lorsque les marchandises sont au-dessous de la valeur de vingt sous: il n'est dû dans ce cas que le prix du papier.

3°. *De l'acquit à caution de transit.* L'*acquit à caution de transit* se délivre pour faire partir des matières ou marchandises exemptes de droits, soit à l'entrée, soit à la sortie du royaume. Ces marchandises doivent être ouvertes au dernier bureau dénommé dans l'*acquit*: si la déclaration qu'en a faite le propriétaire se trouve fidelle, l'*acquit* est alors renvoyé déchargé à celui qui s'est cautionné; & sur la représentation qu'il fait de cette décharge, son cautionnement n'a plus d'effet.

L'*acquit à caution de transit* se donne pour certaines matières premières, qui servent à l'usage des fabriques du royaume, & que, pour l'avantage du commerce, on a affranchies des droits d'entrée & de sortie; il a pareillement lieu pour certaines marchandises destinées à nos colonies; le but de cet *acquit* est d'assurer que les marchandises ou les matières premières, sont véritablement conduites au lieu de leur destination, & ne sont pas employées ou conduites hors du royaume en fraude.

des droits dus pour leur entrée ou leur sortie.

4°. *De l'acquit de franchise.* L'*acquit de franchise* porte exemption de droits sur les marchandises achetées en foires franches de Lyon ou autres, pour passer à l'étranger. Afin que cette franchise ait son effet, il faut un certificat des officiers de la ville, portant que les marchandises ont été achetées en temps de foire; que les ballots qui sont plombés & désignés, ne contiennent rien de prohibé, il faut aussi qu'elles soient sorties de la ville avant la fin de la foire, & du royaume avant la foire suivante. *Voyez* Déclaration, Visite, Commis, Marchandises, Entrée, Sortie, Foire, *&c.*

Acquit patent, se dit d'un ordre ou mandement que le roi donne pour faire payer par ses receveurs ou trésoriers une certaine somme à celui qui en est porteur.

Les *acquits patents* doivent être signés du roi, & contre-signés d'un secrétaire d'état, vérifiés en la chambre des comptes, & contrôlés.

Les paiemens qui se font en conséquence des *acquits patents*, doivent être mis au dos.

Quoique l'ordonnance de 1557 défende aux trésoriers & receveurs de payer aucune somme en vertu d'*acquits patents*, néanmoins ils ne laissent pas encore aujourd'hui de payer en conséquence, lorsque ces *acquits* sont en bonne forme, c'est-à-dire signés & contre-signés, vérifiés à la chambre, & contrôlés: quand le paiement est délivré, on en fait mention au dos.

Acquit de comptant est le nom qu'on donne aux lettres-patentes que le roi fait expédier au garde du trésor royal, pour les sommes délivrées manuellement à sa majesté, afin qu'elles lui soient passées, sans difficulté, par la chambre des comptes qui ne doit pas exiger que cet officier justifie autrement l'emploi de ces sommes.

Acquit, (*Commerce.*) ce mot parmi les négocians signifie *quittance*, *reçu*, *récépissé*. Ainsi lorsque l'on trouve sur un livre de marchand, payé à un tel, par *acquit* du tel jour, cela veut dire qu'on lui a payé ce qui lui étoit dû, & qu'il en a donné quittance.

Le mot d'*acquit* se met ordinairement au bas d'une lettre-de-change, & il suffit avec la signature du porteur ou du dernier endosseur, pour assurer que le paiement en a été fait.

Acquit, (*terme de Coutume.*) dans la coutume de Ponthieu, *art. 86*, l'*acquit* signifie un droit dû au seigneur censuel, sur les héritages tenus à cens, lorsque par un contrat de vente, ils passent entre les mains d'un nouvel acquéreur. Cette coutume exige que le droit d'*acquit* soit payé dans le jour même de la vente.

Dans les coutumes d'Anjou & du Maine, l'*acquit* est un droit de péage que les seigneurs châtelains peuvent lever sur les marchands forains, qui passent sur le territoire de leurs seigneuries.

Acquits, (*Finance.*) c'est le nom qu'on donne, à la chambre des comptes, aux pièces justificatives de la recette & de la dépense des comptables. Ils doivent être cotés par premier & dernier. Lors du rapport du compte, l'auditeur en fait mettre les *acquits* sur le bureau, & c'est d'après eux que l'on juge le compte.

ACQUITTER, v. a. (*Jurisprud.*) *acquitter* une promesse, un engagement, c'est le remplir; *acquitter* ses dettes, ou celles d'un autre, c'est les payer; *acquitter* quelqu'un de quelque chose, c'est l'en affranchir en la faisant pour lui, ou empêchant qu'il ne soit poursuivi pour raison de ce. Si, par exemple, un seigneur qui relève lui-même d'un autre, a des vassaux sur qui le seigneur suzerain prétende des droits, c'est à lui à les en *acquitter*; car ils ne doivent le service qu'à leur seigneur immediat. (*H.*)

Acquitter se dit aussi du paiement des droits des marchandises aux entrées ou sorties du royaume, aux entrées des villes, & dans les bureaux du roi. *Acquitter* veut dire encore, dans les coutumes d'Anjou, du Maine & de Ponthieu, payer le droit d'acquit.

ACRE, s. m. (*Droit civil.*) les auteurs ne sont pas d'accord sur l'étymologie de ce mot: en attendant, il suffira de savoir que l'*acre* est une mesure de terre, en usage dans quelques provinces du royaume, & principalement en Normandie. L'*acre* contient cent-soixante perches quarrées, la perche vingt-quatre pieds.

ACROSTICHE, s. f. *en Droit*, s'est dit pour *cens*. *Voyez* Cens.

ACTE, s. m. (*terme de Droit.*) ce terme s'applique en général à tout ce qui est de procédure, & à toutes les conventions qui se rédigent par écrit dans la société.

Les *actes* se divisent en *actes* authentiques & en *actes* privés. Les *actes* authentiques sont ceux qui portent avec eux le caractère de l'autorité publique, & qui ont été rédigés par le ministère d'officiers-publics.

Les *actes* privés ne sont signés que par les particuliers.

Les *actes* authentiques sont judiciaires, ou passés pardevant notaires. Les judiciaires se font en justice, pour la poursuite d'une action, jusqu'au jugement définitif.

Les *actes* passés pardevant notaires, sont tous les contrats, baux, obligations, transactions, quittances, procurations, décharges, rédigés par ces officiers.

Il faut remarquer qu'entre les actes passés pardevant notaires, & ceux passés sous signature privée, il y a ces différences, que les premiers étant revêtus de la forme qui leur donne une exécution parée, peuvent être exécutés par tout le royaume, qu'ils emportent hypothèque du jour de leur date, qui est certaine, même contre des tiers; & qu'il n'est pas besoin que ceux qui les ont souscrits, les aient reconnus, parce qu'ils sont censés vrais, jusqu'à l'inscription de faux.

Tout cela s'entend des *actes* qui ne sont pas prolibés, & dans la rédaction desquels on a observé les formalités prescrites par la loi.

A ces différences près, les *actes* sous seing-privé, obligent les contractans, comme ceux qui sont passés pardevant notaires. Mais il faut que ceux-ci soient reconnus par ceux qui les ont souscrits, avant d'obtenir le caractère d'authenticité que les autres acquièrent dès le moment de la rédaction.

Observez que le ministère des notaires est indispensable pour la rédaction de quantité d'*actes*, qui seroient nuls, s'ils étoient sous signature privée, comme on le verra sous le nom particulier de chacun de ces *actes*.

Nous ne considérons ici les diverses sortes d'*actes* que sous les rapports généraux qui sont communs à tous les *actes* d'une même espèce.

SECTION PREMIÈRE.

Des actes des notaires.

Il est fort important, pour les juges, pour les parties & pour ceux qui les défendent, de connoître les formalités essentielles des *actes* qu'on doit passer devant notaires.

L'acte doit être rédigé en langue françoise, par un notaire qui en ait le pouvoir. La premiere chose nécessaire pour la validité d'un *acte*, est que le notaire qui le reçoit, soit créé & établi pour la ville ou le lieu dans lequel les parties se trouvent lorsqu'elles contractent; autrement l'*acte* est nul, ou n'a, selon les circonstances, que la valeur d'un écrit sous seing-privé. Il peut cependant être valable si les parties ont agi suivant l'erreur commune, *quia error communis facit jus.* C'est l'espèce de la fameuse loi *barbarius Philippus*, *ff. de jurisd.*

Les *actes* passés devant notaires doivent être rédigés en langue françoise, excepté ceux qui sont destinés à être envoyés à Rome. C'est la disposition de l'article 3 de l'ordonnance de 1539, de l'article 33 de l'ordonnance de 1563, & de l'article 27 de celle de 1629.

Louis XIV a ordonné la même chose, par un édit du mois de février 1700, pour les *actes* qui se passent dans le Roussillon & dont plusieurs s'écrivoient en catalan; Louis XV, en renouvellant cette loi, a établi, par la déclaration du 24 mars 1754, la peine de nullité contre les *actes* qui ne seroient pas écrits en langue françoise; au reste, cette déclaration n'a dû faire loi que trois mois après avoir été promulguée.

L'acte doit contenir le nom, le domicile & la signature des parties & des notaires. Le nom d'un des contractans, resté en blanc, rend l'acte absolument nul, lorsqu'il est laissé pour être rempli à la volonté de celui pour qui l'*acte* est passé; par exemple, le nom du créancier ou du débiteur omis dans une obligation, la rend nulle. Il y a plusieurs arrêts, ordonnances ou réglemens, conformes à ce principe, qui ne fait point de difficulté.

Les procurations sont exceptées de cette règle.

Outre les noms de famille & de baptême, il y a des qualités qu'il est essentiel de marquer; comme si une femme est autorisée de son mari, si les parties contractent en leur nom, ou comme fondées de procuration, ou comme tuteurs.

On doit mettre le domicile réel des parties, le lieu & la paroisse où elles habitent. On doit pareillement marquer le domicile des témoins. Quelquefois on indique dans l'*acte* un lieu autre que celui de la résidence d'une partie où elle consent que les assignations, sommations ou autres procédures nécessaires, pour l'exécution de la convention, soient signifiées: c'est ce qu'on appelle le *domicile élu.* Les *actes* qui y sont signifiés, après la mort même des parties, peuvent valoir contre les héritiers, quand on n'a point borné le temps de ce domicile; le plus sûr est cependant de s'adresser au domicile réel & ordinaire.

Le lieu & la maison où l'*acte* se rédige doivent être désignés. Les ordonnances l'exigent ainsi, pour rendre le faux plus difficile à commettre, & plus facile à prouver. L'omission de cette formalité pourroit, en plusieurs cas, faire déclarer un *acte* nul, surtout s'il y avoit des présomptions de faux ou de fraude.

Le notaire doit dater l'*acte*, & marquer s'il se passe avant ou après midi.

La signature de l'*acte*, par les parties, est indispensable. Si l'une des deux ne sait signer, le notaire doit expressément en faire mention. Cela est prescrit par les ordonnances d'Orléans & de Blois.

Auparavant il n'étoit pas absolument nécessaire que les parties signassent les *actes* passés devant notaires: c'est pourquoi, par arrêt du 27 mars 1733, rendu contre Guichard, traiteur, en faveur de la fabrique de la Madelaine en la cité, le parlement de Paris a ordonné l'exécution d'un *acte* du 25 novembre 1469, qui n'étoit signé que des notaires, & dans lequel il s'agissoit d'une servitude. Mais depuis les ordonnances citées, différens *actes* ont été déclarés nuls, parce qu'il y manquoit la signature d'une des parties, quoique d'ailleurs ils fussent signés des notaires & des témoins.

Il faut néanmoins remarquer que les loix qui exigent la signature de toutes les parties, des notaires & des témoins, pour la perfection & la validité des *actes*, ne doivent pas s'appliquer rigoureusement aux quittances: la signature du créancier suffit pour leur faire opérer la décharge du débiteur; & cela a été jugé par arrêt rendu au parlement de Paris le 5 août 1749. Le créancier qui s'étoit pourvu au conseil en cassation, a été débouté de sa demande, par arrêt du 21 juillet 1752.

S'il y a deux notaires présens à l'*acte*, il ne faut pas de témoins; mais s'il n'y a qu'un notaire, il faut deux temoins. Quelques parlemens exigent toujours des témoins.

Les parties doivent signer les premières, les témoins ensuite, & la signature du notaire doit terminer l'*acte*.

Le père & le fils, l'oncle & le neveu, le beau

père & le gendre, le frère & le beau-frère ne peuvent servir ensemble de témoins dans un *acte*: ce qui a été ainsi jugé par un arrêt du 4 mai 1550, rapporté par Guénois; cependant cela n'opéreroit la nullité de l'*acte* que dans le cas où il y auroit de violens soupçons de faux ou de fraude.

Il est défendu aux notaires d'employer pour témoins dans un *acte*, leurs enfans, leurs clercs, leurs domestiques, ni des gens qui n'aient pas atteint l'âge de vingt ans.

La présence des témoins est nécessaire pendant tout le temps que l'*acte* se rédige, à peine de nullité pour les testamens; & à l'égard d'un autre *acte*, ils doivent au moins être présens, lorsque les parties le signent.

C'est une maxime certaine, qu'un *acte* auquel il manque la signature de quelqu'un des notaires ou des témoins, n'est pas authentique, & ne peut être considéré que comme un écrit sous seing-privé, quoiqu'il soit signé des parties contractantes, & revêtu d'ailleurs de toutes les autres formalités nécessaires.

De l'authenticité des actes, & des principaux devoirs des notaires. L'authenticité attribuée aux *actes* passés pardevant notaires, est fondée sur l'exactitude que ces officiers, dépositaires de la foi publique, sont censés apporter dans la rédaction de ces *actes*: exactitude qui consiste sur-tout à écrire fidellement les conventions des contractans, sans y rien ajouter ni diminuer, que de leur consentement.

C'est pour cela que tout ce qui ne se trouve pas écrit dans le corps de l'*acte*, n'en fait point partie, si le notaire ne l'a fait parapher par les contractans; ainsi les additions non paraphées qui se trouvent à la marge d'un *acte*, ne font aucune foi, & ne peuvent opérer aucun effet.

Ce qui est raturé dans le corps d'un *acte*, doit être nécessairement approuvé par les parties; & à la fin de l'*acte*, il doit être fait mention de l'approbation, & du nombre des mots rayés. Il est d'ailleurs expressément défendu d'écrire dans les interlignes.

Quoiqu'il soit permis aux parties contractantes de changer ce qu'elles veulent dans l'*acte* qu'elles ont passé, cependant quand cet *acte* est une fois signé d'elles, des témoins & du notaire, il est entièrement parfait, & il faut un autre *acte*, passé avec les mêmes formalités, & entre les mêmes parties, pour pouvoir y ajouter ou diminuer la moindre chose.

Dans la règle exacte, les notaires doivent connoître les parties & les témoins, afin que dans les *actes*, on ne suppose pas une personne à la place d'une autre: l'ordonnance de Louis XII de 1498, l'exige ainsi de ces officiers, à peine de privation de leur office: mais comme il seroit très-difficile, & souvent impossible aux notaires, d'acquérir cette connoissance, sur-tout dans une ville comme Paris, on ne punit pas le notaire qui a erré à cet égard, lorsqu'il a été de bonne foi, & qu'il a été trompé lui-même. Il en seroit différemment, s'il y avoit dol de sa part; on le puniroit alors très-sévérement.

Le notaire doit lire à haute voix, l'*acte* avant de le faire signer, & faire mention qu'il l'a lu; mais cette formalité ne peut être de rigueur que dans les testamens, ou dans les *actes* passés entre gens qui ne sont pas lettrés, parce qu'alors la surprise est facile.

Il est défendu aux notaires de donner communication de leurs minutes, & d'en délivrer des expéditions à d'autres qu'à ceux qui sont nommés dans les *actes*, ou à leurs héritiers, à moins que cela ne leur soit ordonné par le juge: mais ces minutes doivent être communiquées aux procureurs généraux, lorsqu'elles peuvent intéresser le roi, le public ou les hôpitaux.

Les notaires ne peuvent déchirer aucune minute, même du consentement des parties, sans en dresser un *acte*. Un particulier qui prétendoit être l'héritier de son parent défunt, ayant prouvé qu'un notaire, après la mort du testateur, avoit déchiré un *acte*, dont on ne retrouva pas les morceaux, ce notaire fut, par arrêt du 3 avril 1677, condamné conjointement avec ceux qui avoient eu part au déchirement, aux dommages & intérêts de la partie. En vain le notaire allégua que la pièce déchirée n'étoit qu'un simple projet, il ne fut point écouté.

Les ordonnances obligent les notaires à garder minutes de tous les actes translatifs de propriété, & de tous ceux dont il naît une obligation perpétuelle, comme vente, transaction, mariage, testament, donation, &c. La plupart des *actes* qui n'obligent que pour un temps, se délivrent en brevet, à moins qu'ils ne forment une obligation réciproque entre les parties, & qu'ils ne doivent être faits doubles. A Paris, ils se délivrent quelquefois en brevets doubles.

Lorsqu'on veut faire mettre en forme exécutoire, un *acte* délivré en brevet, il faut le rapporter chez le notaire qui l'a passé; il fait mention sur le brevet du jour qu'on le lui rapporte, le garde pour minute, délivre la grosse, & la signe. Il faut que ce soit le même notaire qui a signé l'*acte*.

Si ce notaire est mort, ou n'est plus en charge, on porte le brevet au notaire que l'on juge à propos de choisir, pour remplir les mêmes formalités.

Il y a au châtelet de Paris, un officier destiné à certifier le tout, & à mettre ce que l'on appelle l'*ita est*.

Des grosses. Les grosses des *actes* doivent être expédiées en parchemin, signées du notaire, scellées & écrites tout au long.

Ce qui se met par *&c.* dans les minutes, se met au long dans la grosse, & ne peut s'étendre à des choses qui signifient plus que ce qui est dans le corps de l'*acte*, comme nous l'avons dit à l'article ABRÉVIATION.

Les notaires ne peuvent délivrer une seconde grosse ou expédition, qu'après une ordonnance du juge.

Lorsqu'une

Lorsqu'une partie a perdu la grosse d'un *acte*, le juge n'ordonne jamais qu'on en délivrera une seconde, qu'à la charge que la partie adverse sera appellée. Cette règle est fondée sur ce qu'on se contente ordinairement, lorsque l'on fait quelque paiement à compte d'une obligation ou d'un autre *acte*, de faire écrire la somme en marge de la grosse du créancier, qui peut feindre de l'avoir perdue, pour qu'il ne reste aucun vestige du paiement.

Lorsqu'une des parties s'oppose à ce qu'on délivre une seconde grosse, le juge ordonne communément que cette partie fera la preuve des paiemens par elle allégués ; & d'après la solidité ou l'insuffisance de cette preuve, il permet ou défend l'expédition de la seconde grosse.

Qui perd sa grosse, perd son hypothèque, selon la jurisprudence suivie au parlement de Paris; mais cette jurisprudence, quoique fondée sur l'ordonnance de 1539, n'est pas générale. L'article 199 du réglement de 1666 du parlement de Rouen y est contraire.

La jurisprudence du parlement de Dijon y est pareillement contraire, suivant une attestation du 18 avril 1714, donnée par l'ordre des avocats.

Si la minute & la grosse d'un *acte* se trouvoient différentes, la minute feroit foi.

De la créance qu'on doit accorder aux actes. Dès qu'un *acte* a été produit en justice, il devient commun aux deux parties.

Celui qui produit un *acte* est censé l'approuver, tant pour les choses qu'il contient pour lui, que pour celles qu'il contient contre lui.

L'ordonnance de 1667 défend d'admettre la preuve par témoins contre le contenu des *actes*; mais elle peut être admise lorsqu'il y a un commencement de preuve par écrit.

Lorsqu'on se plaint de la fausseté d'un *acte*, on ne peut l'attaquer que par la voie de l'inscription de faux, & il fait foi tant que les juges ne l'ont pas déclaré faux. Ils doivent même en ordonner l'exécution provisoire, à moins que de fortes présomptions ne les engagent à décider autrement.

Lorsqu'un *acte* est simulé, & qu'il est fait pour éluder une loi, ou pour tromper un tiers, on admet la preuve par témoin de cette simulation, parce que la loi, en voulant prévenir le faux dans les témoignages, n'a pas prétendu l'autoriser dans les *actes*.

Un seigneur peut être admis à prouver par témoins que dans un contrat de vente on a déguisé le prix, pour frauder ses droits.

Du contrôle & insinuation des actes. Les *actes* des notaires doivent être contrôlés dans la quinzaine de leurs dates, & il est défendu à ces officiers, d'en délivrer aucun aux parties, que cette formalité ne soit remplie.

Les notaires sont aussi obligés de faire insinuer les *actes* sujets à cette formalité, à l'exception des substitutions, des donations entre-vifs, & des *actes* concernant des immeubles situés hors du ressort de ces officiers. L'insinuation de ces sortes d'*actes*, est à la charge des parties; mais le notaire doit les avertir de remplir cette formalité, & faire mention de l'avertissement dans l'*acte*.

Si un *acte* passé pardevant notaires est résilié, même dans la quinzaine de sa date, il n'est pas moins sujet au contrôle dans le délai ordinaire, à la diligence du notaire, parce que le droit est acquis dès l'instant de la signature, qui donne la perfection à l'*acte*.

Lorsqu'un *acte* infecté de quelque vice qui le rend nul, est refait de nouveau, les droits de contrôle & d'insinuation se paient une seconde fois, parce qu'ils sont le salaire d'une formalité dont on ne peut se dispenser : mais il n'en est pas de même du droit de centième denier : celui-ci est un droit réel dû pour la mutation, & par conséquent on ne doit pas le payer de nouveau, si le second *acte* ne fait que confirmer la translation de propriété, stipulée par le premier, sans augmentation de prix.

C'est d'après ces principes que, par arrêt du conseil du 4 juin 1724, il a été décidé que le droit d'insinuation étoit dû pour une seconde séparation entre mari & femme, quoique la première qui avoit été mal faite, eût été insinuée.

Il y a eu plusieurs autres décisions du même genre, qui ne laissent aucun doute sur cette matière.

SECTION II.

Des actes sous seing privé.

Nous avons dit au commencement de cet article que les *actes* sous seing privé obligeoient les contractans, comme les *actes* pardevant notaires; mais les premiers ne font pleinement foi en justice, que du jour qu'ils y ont été reconnus par ceux qui les ont signés.

L'omission de date dans les *actes* sous seing privé, n'est point une nullité. Il faut même observer que lorsqu'ils ont une date, on la regarde en justice comme incertaine, parce qu'il dépend toujours de la partie qui les signe, de les antidater : c'est pourquoi on dit communément de ces *actes*, qu'*ils n'ont point de date* : pour leur en assurer une, on est obligé de les faire contrôler, ou de les déposer chez les notaires.

La reconnoissance des *actes* sous seing privé peut se faire pardevant tous les juges ordinaires, soit royaux, soit seigneuriaux, pourvu qu'ils soient compétens.

Un créancier ne sauroit, en vertu d'un *acte* sous seing privé, obtenir aucune condamnation contre celui qui l'a souscrit, qu'il n'ait auparavant conclu à la reconnoissance de l'*acte*, & fait statuer sur cette reconnoissance.

Il y a à cet égard une différence entre celui qui a lui-même souscrit l'*acte*, & ses héritiers ou successeurs. Ceux-ci pouvant n'être pas instruits de la manière dont signoit le défunt, ne sont point obligés de reconnoître ou de dénier précisément la signature, lorsqu'ils sont assignés pour cet effet; & sur la déclaration qu'ils font que cette signature ne leur est pas connue, le juge en ordonne la vérification : mais celui qui a lui-même souscrit l'*acte*, ne pouvant ignorer sa manière de signer, doit sans détour reconnoître ou dénier sa signature ; & s'il ne la dénie pas, le juge en prononce la reconnoissance.

Les *actes* sous seing privé n'emportent hypothèque que du jour qu'ils ont été reconnus ; mais si la signature est déniée & ensuite reconnue, l'*acte* a hypothèque du jour de la dénégation, parce qu'il ne seroit pas juste que les chicanes d'un débiteur, fissent perdre l'hypothèque au créancier.

Par l'édit du mois d'octobre 1706, il est ordonné que tous les *actes* passés sous seing privé, seront contrôlés avant qu'ils puissent être employés à former aucune demande en justice, & les droits payés suivant la qualité des *actes*, & à proportion des sommes y contenues, comme s'ils étoient originairement passés devant notaires, à peine de nullité des mêmes *actes*, & de 300 livres d'amende pour chaque contravention, tant contre les parties qui s'en seront servi, que contre les huissiers & sergens qui auront agi en conséquence : il est aussi défendu aux juges royaux, & à ceux des seigneurs, de prononcer aucun jugement sur ces sortes d'*actes*, sans s'être assurés auparavant qu'ils sont contrôlés, & les droits acquittés, à peine de nullité des jugemens & de 300 livres d'amende contre les juges, laquelle amende doit pareillement avoir lieu contre les procureurs qui auront occupé dans les instances, & contre les huissiers ou sergens qui auront mis les jugemens à exécution. Il est encore ordonné que dans les jugemens, portant reconnoissance ou condamnation, qui interviendront sur des *actes* sous seing privé, il sera fait mention du contrôle de ces *actes*, comme cela se pratique à l'égard du contrôle des exploits, à peine, contre les greffiers, de 300 livres d'amende, pour chaque contravention.

Les dispositions de l'édit cité n'ont pas lieu pour les lettres-de-change, ni pour les billets à ordre & au porteur, des marchands, négocians & gens d'affaires ; ces *actes* sont dispensés du contrôle par l'édit même ; & le tarif du 29 septembre 1722 exempte aussi de cette formalité, les billets de marchands à marchands, causés pour fourniture de marchandises de leur commerce réciproque, & les extraits des livres entre marchands, pour fourniture de marchandises, concernant leur négoce seulement.

Mais il faut remarquer que, selon l'arrêt du 7 février 1719, ces sortes d'*actes* ne sont exceptés de la loi commune, que quand les demandes, auxquelles ils donnent lieu, sont formées dans les jurisdictions consulaires. Diverses décisions du conseil ont confirmé tout ce qu'on vient d'établir.

Un arrêt du 9 mars 1706, a défendu aux contrôleurs des exploits, de contrôler à l'avenir aucun exploit fait en exécution & pour raison d'*actes* sous seing privé, qu'ils ne se soient assurés du contrôle de ces *actes* & du paiement des droits, à peine de trois cens livres d'amende pour chaque contravention.

Les notaires, les greffiers & autres officiers qui ont droit de rapporter des *actes*, n'en peuvent passer aucun en conséquence de ceux qui sont faits sous seing privé, que ces derniers ne soient contrôlés : ils ne peuvent non plus recevoir en dépôt aucun *acte* sous seing privé, ni l'annexer à leurs minutes, qu'il ne soit revêtu de la même formalité. Ils doivent d'ailleurs faire mention du lieu & de la date du contrôle des *actes* sous seing privé, du nom du contrôleur & du droit reçu, le tout à peine de nullité de leurs *actes*, & de trois cens livres d'amende pour chaque contravention.

Il est vrai que, par l'arrêt du conseil du 28 novembre 1716, il a été permis aux notaires de rapporter & énoncer dans leurs *actes*, d'autres *actes* sous signature privée, quoique non contrôlés, pourvu qu'ils ne soient pas annexés aux minutes ; mais cela ne s'entend que d'une énonciation simple d'*actes* cités par exception, ou pour servir d'explication, & non pas de ceux dont on tire une induction active, & qui sont le principe & la base de ceux que l'on passe devant notaires. Les *actes* primitifs & originaires qui sont le principe de l'*acte* notarié, & qui sont nécessaires pour son exécution entière, ou qui sont dans le cas d'être exécutés conjointement, doivent être nécessairement contrôlés avant qu'ils puissent servir à passer d'autres *actes*.

Les *actes* sous seing privé, & les autres pièces que l'on ne produit que par exception, pour établir une défense, sans en signifier de copie, & sans en tirer aucune induction active, ne sont pas sujets à la formalité du contrôle. C'est ce qui résulte des décisions du conseil des 3 août 1715, 13 mars 1721, & 18 mars 1722.

Il en est de même de tous les *actes* produits en justice pour le soutien de la recette & de la dépense des comptes, pourvu qu'ils ne contiennent d'autres dispositions que celles qui ont rapport à ces comptes, & qu'il ne soit fait en conséquence aucun exploit, signification, demande ou autre *acte* de procédure. Cela est ainsi décidé par les arrêts du conseil des 29 avril 1721, 22 juillet 1728, & 27 juin 1730.

Un autre arrêt du conseil du 29 juillet 1732, a aussi déclarés exempts de contrôle, les endossemens de billets à ordre, dans les cas même où ces billets sont sujets à cette formalité.

Les lettres missives produites qui ne contiennent ni obligation ni matière, sur laquelle il soit formé quelque demande, sont pareillement exemptes de contrôle ; mais il a été jugé, par arrêt du 10 juin 1729, qu'un *acte* dont on prétendoit se servir pour prouver la qualité d'un particulier, & pour en tirer, par conséquent, une induction active, devoit être préalablement contrôlé.

Les curés & les autres ecclésiastiques, les juges, les avocats, les notaires, les greffiers, les procureurs, les huissiers & les autres gens de pratique & de loi, ne peuvent écrire aucun *acte* sous seing privé, où ils ne sont pas parties principales, à peine de nullité de l'*acte* & de deux cens livres d'amende pour chaque contravention, & contre chaque contrevenant. Il est pareillement défendu, sous les mêmes peines, à toutes sortes de personnes quelles qu'elles soient, de servir de témoins dans des *actes* de cette espèce, à moins que ce ne soit pour attester les marques apposées aux quittances des mariniers & matelots, relativement aux armemens qui se font pour le compte du roi. C'est en conséquence de ces principes établis par différentes loix, que par arrêt du conseil du 13 septembre 1695, un ecclésiastique a été condamné à deux cens livres d'amende, pour avoir fait & signé un accord sous seing privé, en conséquence du pouvoir qui lui avoit été donné par la partie, de poursuivre l'instance, ou de transiger à telles conditions qu'il jugeroit à propos.

Plusieurs arrêts du conseil défendent généralement à toutes personnes, autres que les ecclésiastiques & les officiers de judicature, d'écrire sous seing privé, pour des parties qui ne savent pas signer, des *actes* que des loix positives ont ordonné de passer pardevant notaires.

En Lorraine, il n'y a aucune loi qui défende aux personnes revêtues d'un caractère public, d'écrire des *actes* sous seing privé pour autrui, dans les cas où ces *actes* ne doivent pas être passés devant notaires. Toute personne peut de même servir de témoin pour attester la marque d'un débiteur au bas d'un billet, ou autre *acte*, dont l'objet n'excède pas deux cens francs barrois: mais si la somme étoit plus considérable, le créancier & les témoins encourroient l'amende de trois cens francs, & l'*acte* seroit déclaré nul, conformément à la déclaration du duc Leopold, du 7 mai 1724.

SECTION III.

Des actes judiciaires.

Ces *actes* sont ainsi nommés parce qu'il est nécessaire qu'un ou plusieurs officiers de justice y interviennent. On les distingue en *actes* de jurisdiction contentieuse, & en *actes* de jurisdiction volontaire. Les *actes* de jurisdiction contentieuse, sont ceux qui se font en justice, pour intenter une action, & la poursuivre jusqu'au jugement définitif. On appelle *actes de jurisdiction volontaire*, ceux que les lieutenans généraux, ou, à leur défaut, les premiers officiers de justice, peuvent faire dans leur hôtel.

En général, tous les actes judiciaires sont strictement asservis aux formalités prescrites par les ordonnances & les coutumes. Ces formalités ont été introduites pour prévenir la fraude, & elles sont tellement essentielles, que les loix prononcent la nullité des *actes* où elles sont omises, & menacent même de peine pécuniaire, d'interdiction, & même de plus grande peine, ceux qui y contreviennent.

Des actes de jurisdiction contentieuse. Les lieutenans généraux ou autres premiers juges, ne peuvent régulièrement faire en leur hôtel, aucun *acte* de jurisdiction contentieuse; & il leur est défendu d'y donner des audiences extraordinaires, & de se taxer des vacations pour des *actes* de cette nature. Ainsi toutes les affaires contentieuses en général, doivent être jugées au siège par tous les juges qui le composent.

Cette règle souffre néanmoins quelques exceptions: 1°. les affaires provisoires, & qui requièrent célérité, peuvent être jugées par le lieutenant général ou autre premier juge seul, en son hôtel, sans l'assistance des autres officiers, les jours que le siège ne s'assemble pas. Telles sont les causes où il s'agit de l'élargissement des personnes emprisonnées pour dettes, de la main-levée des marchandises, meubles, chevaux & bestiaux saisis, du paiement que des hôteliers ou des ouvriers demandent à des étrangers, pour leur avoir fourni de la nourriture, des habits, *&c.* & en général, lorsqu'il y a péril en la demeure.

2°. Lorsque dans les appositions & levées de scellés, & dans les confections d'inventaire, les parties forment des contestations, les commissaires, les notaires & les procureurs qui y assistent, peuvent, si les parties le requièrent, se rendre à l'hôtel du lieutenant général ou autre premier juge, pour y faire décider ces contestations: mais il doit les juger sans frais & sans se taxer aucune vacation, quand même il se transporteroit sur les lieux où les scellés sont apposés, & où l'on travaille aux inventaires.

3°. Le lieutenant général d'Orléans, par une attribution particulière, connoît des causes qui concernent les octrois & deniers patrimoniaux de la ville d'Orléans, & les peut juger seul en son hôtel.

4°. L'article 33 du réglement d'Autun du 16 mars 1705, porte que le lieutenant général connoîtra seul avec le bailli, des convocations de ban & arrière-ban, des taxes & impositions faites en conséquence, modérations & décharges, revues, élections d'officiers, examen des comptes des trésoriers & receveurs du même ban & arrière-ban, circonstances & dépendances.

D'autres réglemens néanmoins portent que les distributions & redditions des comptes de deniers, tant de l'arrière-ban que d'emprunts, levées, réparations, munitions & autres choses semblables, se feront à la chambre du conseil avec les conseillers.

A l'égard des instances & procès concernant le ban & arrière-ban, ils doivent se juger, non par le lieutenant général seul, mais par tous les officiers du siège; & s'ils sont appointés, le rapport doit s'en faire à la chambre.

Au reste ce que nous disons ici du ban & de l'arrière-ban, tient plus au droit & à la théorie qu'à la pratique: car il est probable qu'on ne fera plus usage de cette milice, & que si l'on vouloit encore s'en servir, les détails dont nous venons de parler, ne seroient plus confiés aux juges ordinaires.

Des actes de jurisdiction volontaire. Le lieutenant

général, ou autre premier juge, peut faire seul en son hôtel, plusieurs *actes* de jurisdiction volontaire, comme les élections de tuteur & de curateur, les émancipations, les réceptions de cautions, les informations de vie & de mœurs, les réceptions de serment en exécution de sentence, les enquêtes, les interrogatoires en matière civile, les taxes de dépens, *&c.*

En cas d'absence du lieutenant général, c'est au lieutenant particulier ou aux autres juges, suivant l'ordre du tableau, à faire les *actes* de jurisdiction volontaire & non contentieuse; mais ils ne peuvent y vaquer qu'après trois jours d'absence du lieutenant général, & après 24 heures si la matière est provisoire.

Les *actes* de jurisdiction volontaire peuvent se faire pendant le temps des vacations, & aux jours de féries du palais.

On peut aussi faire ces sortes d'*actes* la nuit, & après le soleil couché.

Les *actes* de jurisdiction volontaire doivent être expédiés avec le greffier du siege, à l'exception néanmoins des légalisations & des certificats de vie, qui peuvent s'expédier par le juge seul.

Dans tous les cas d'instruction ou d'*actes* de jurisdiction volontaire, où il survient quelque contestation ou différend, le lieutenant général, ou le juge qui en fait les fonctions, doit dresser son procès-verbal des dires & prétentions des parties, pour en faire son rapport à la chambre, où il doit renvoyer les parties à l'audience, pour leur être fait droit.

Les *actes* judiciaires ne doivent pas être contrôlés; mais ils peuvent être sujets à l'insinuation, & au droit de centième denier, selon les dispositions qu'ils renferment.

Un arrêt du conseil du 10 août 1737, a ordonné la restitution d'un droit de contrôle, perçu sur une licitation faite en justice, entre des cohéritiers; parce que, sur la contestation des héritiers, il avoit été ordonné que les biens seroient vendus ou licités en justice, & que par conséquent il n'avoit pas été libre aux parties de procéder à cette vente pardevant notaires.

Un autre arrêt du 15 décembre 1731, a jugé que les cautionnemens fournis pour l'exécution d'une sentence prononcée exécutoire, nonobstant l'appel en donnant caution, ne sont pas sujets au contrôle.

Des actes volontaires reçus judiciairement. Il ne faut pas confondre les *actes* judiciaires avec les *actes* volontaires reçus en justice. Ceux-ci sont de nature à être passés devant notaires, & ne sont pas du ressort du juge, qui ne peut statuer que sur les contestations régulièrement portées devant lui, sans pouvoir régler aucune convention volontaire entre les parties.

Cependant l'usage de faire rédiger des conventions volontaires dans la forme d'*actes* judiciaires est ancien. L'idée que de pareils *actes* sont stables l'a introduit, & le dessein de se soustraire au paiement des droits des notaires, & à ceux du contrôle & autres, l'a continué de différentes manières, soit en simulant une contestation, sur laquelle on fait admettre un expédient, contenant les conventions volontaires des parties, soit en obtenant sur de pareilles contestations un renvoi devant des avocats, dont on rapporte ensuite l'avis pour le faire homologuer.

Mais ces expédiens, ces avis, & toutes les autres conventions, dans quelque forme qu'elles soient rédigées, sont de véritables transactions qui doivent être contrôlées avant d'être admises par le juge, si elles sont signées des parties, sinon le jugement qui les admet doit être contrôlé dans la quinzaine de sa date, à la diligence de greffier.

Il est de principe qu'il n'y a d'exempts du contrôle, que les *actes* & jugemens qui ne sont pas de convention, & où, par conséquent, le ministère du juge est nécessaire; & que tous ceux qui sont volontaires & de nature à pouvoir être passés pardevant notaires, doivent être contrôlés dans la quinzaine, quoique faits en justice, en quelque forme que ce soit. Cette décision est appuyée sur plusieurs arrêts du conseil.

Les *actes* & jugemens qui cassent & annullent, ou qui accordent main-levée d'autres *actes*, tels que des donations entre-vifs ou à cause de mort, dons mutuels, testamens, substitutions, exhérédations, séparation entre mari & femme, ou exclusion de communauté, doivent être insinués comme les *actes* cassés & annullés; mais il n'est dû pour les *actes* & jugemens qui cassent, annullent, ou qui accordent main-levée, que la moitié des droits fixés pour les premiers.

SECTION IV.

Des actes capitulaires.

On donne ce nom aux *actes* faits dans les chapitres de chanoines & de communautés régulières & séculières de l'un & de l'autre sexe, ainsi que dans les bureaux de régie & administration des œuvres & fabriques, des hôpitaux, maisons & œuvres de charité, *&c.*

On distingue deux sortes d'*actes* capitulaires: les uns concernent le spirituel & la police intérieure, & les autres l'administration temporelle & extérieure.

Les premiers ne sont point sujets au contrôle, le fermier n'en peut pas même demander la communication, s'ils sont inscrits dans un registre particulier qui leur soit uniquement destiné; mais les *actes* capitulaires qui concernent l'administration extérieure & temporelle, doivent être communiqués au fermier, lorsqu'il requiert cette communication, & ils sont tous de nature à devoir être contrôlés, les uns dans la quinzaine de leur date, & les autres avant de s'en servir.

La réponse du roi sur l'article 12 du cahier du clergé de l'année 1735, porte que si les chapitres n'inféroient dans leurs regiftres aucun *acte* fujet au contrôle, les commis du fermier n'auroient nul droit de les vérifier; mais que tandis que les greffiers des chapitres feront les fonctions de notaires, ils doivent être foumis aux mêmes règles que les notaires.

Sur les pourfuites faites contre les chapitres des églifes cathédrales & collégiales, & contre les hôpitaux, pour la repréfentation de leurs regiftres capitulaires, & pour faire contrôler les *actes* qui y font fujets, il fut ordonné, par décifion du confeil du 22 juin 1737, qu'il feroit fourni par les agens généraux du clergé, un état de tous les *actes* fujets aux droits de contrôle, compris dans ces regiftres, lequel état feroit certifié des doyens & fecrétaires des chapitres, pour être les droits payés fur cet état; & qu'à l'avenir il feroit tenu deux regiftres, dont l'un contiendroit les *actes* capitulaires, l'autre les *actes* d'adminiftration, & que le fermier prendroit communication de celui-ci, quand bon lui fembleroit.

L'arrêt du confeil du 3 mars 1739 a confirmé cette décifion, & prononcé la peine de nullité & de deux cens livres d'amende contre les greffiers, fecrétaires ou autres qui auront négligé de faire contrôler les *actes* fujets à cette formalité, dans la quinzaine du jour de leur date.

Un autre arrêt du 30 août 1740, rendu en interprétation du précédent, pour expliquer quels font les *actes* capitulaires fujets au contrôle, & ceux qui en font difpenfés, ordonne que les délibérations prifes dans les chapitres des chanoines & des communautés féculières & régulières de l'un & de l'autre fexe, de même que dans les bureaux de régie & d'adminiftration des œuvres & fabriques, des hôpitaux & des maifons de charité, demeureront exemptes du droit de contrôle, lorfqu'il ne s'agira dans ces délibérations, que d'inftituer ou deftituer des officiers du bas-chœur; de régler le fervice intérieur de l'églife; de la correction de quelqu'un des capitulans; de députer un chanoine ou d'autres perfonnes, foit pour fuivre les procès, foit pour vaquer à l'adminiftration des biens ruraux, à la réparation & reconftruction des maifons & fermes, ou à quelque autre chofe que ce foit: mais fi ces délibérations venoient à être produites en juftice, pour former quelque demande, ou qu'elles ferviffent d'autorifation à cet effet, elles feroient affujetties au contrôle; cependant elles feroient difpenfées de cette formalité, fi elles n'étoient produites que par forme d'exception.

Cet arrêt déclare auffi exempts du contrôle, les *actes* de noviciat, vêture & profeffion, ainfi que les *actes* paffés dans les chapitres & les bureaux d'adminiftration des hôpitaux, même avec des perfonnes étrangères, pourvu qu'ils ne foient pas rédigés par les fecrétaires ou greffiers, dans la forme d'*actes* devant notaires, & qu'ils ne foient pas employés à former des demandes en juftice.

Ces exemptions ne peuvent s'appliquer qu'aux *actes* qu'on eft libre de rédiger fous fignature privée, & non aux baux à loyer ou à vie, ni aux dotations qu'on doit néceffairement paffer devant notaires, ni aux autres *actes* de cette efpèce, non plus qu'à ceux qui étant fujets à l'infinuation, doivent être infinués dans un temps déterminé. C'eft pourquoi un arrêt du confeil du 22 décembre 1750 a confirmé une ordonnance de l'intendant d'Amiens, en ce qu'elle prononçoit l'amende encourue, pour n'avoir pas fait contrôler & infinuer dans la quinzaine, un bail à vie d'une maifon fait par *acte* capitulaire de chanoines de la cathédrale de Soiffons à l'abbé Cornil.

Section V.

Des actes eccléfiaftiques.

Les *actes* eccléfiaftiques font ceux qui concernent la collation, la préfentation ou la poffeffion des bénéfices, & qui regardent directement ou indirectement, le titre ou l'adminiftration du bénéfice, quant au fpirituel feulement.

On divife ces *actes* en deux efpèces; ceux de la première émanent de la jurifdiction gracieufe & volontaire des évêques; les autres font de la compétence des notaires apoftoliques.

Les *actes* eccléfiaftiques de la première efpèce ne font jamais fujets à la formalité du contrôle; mais ceux de la feconde efpèce y font fujets dans la quinzaine de leur date, quoique reçus par les greffiers ou fecrétaires des chapitres, parce qu'alors ces officiers font les fonctions de notaires.

L'article premier de l'arrêt de réglement du 30 août 1740, met dans la claffe des *actes* eccléfiaftiques de la première efpèce, les approbations, atteftations, démiffoires, difpenfes, entérinemens, érections de bénéfices & cures, les exeat, les fulminations, les inftitutions canoniques, les lettres d'ordre, les permiffions, les vifa, les unions, les légalifations fignées des évêques ou de leurs fecrétaires; les permutations qui fe font devant les évêques, & généralement tous les *actes* qui font de la jurifdiction gracieufe & volontaire des évêques, quand même ils feroient faits & donnés par le chapitre, pendant la vacance du fiège.

Les *actes* eccléfiaftiques de la feconde efpèce font, fuivant le même arrêt, les nominations & préfentations à bénéfices par patrons laïques ou eccléfiaftiques, les permutations & démiffions en cour de Rome; les réfignations, les provifions données par les abbés, abbeffes, bénéficiers & autres collateurs; les collations accordées par ceux qui ont droit d'indult, ou données par les chanceliers des églifes & univerfités, à ceux qui font nommés par le roi: les fignifications de lettres d'indult, de joyeux avénement, & de ferment de fidélité; les informations d'âge, vie & mœurs des perfonnes nommées aux archevêchés & évêchés; les procurations pour prendre poffeffion de bénéfices ou dignités, ou pour s'en démettre; les procurations qui portent résignation ou rétrocession, ou qui sont conçues dans des termes qui dispensent les résignataires de passer d'autres *actes* pour parvenir à l'obtention des provisions ; les prises de possession, les oppositions & interpellations que les parties, pour la conservation de leurs droits, font aux patrons, aux élisans & aux collateurs & collatrices; les cessions, sous le bon plaisir du roi, de l'indult des officiers du parlement de Paris; les cessions & échanges de patronages des églises, les procès-verbaux de fulmination de bulles, ou visa de signature en cour de Rome; les procès-verbaux d'élection à une première dignité d'église cathédrale, collégiale ou conventuelle; les procès-verbaux de bénédiction des abbés ou des abbesses; les réquisitions de confirmation; les concordats au sujet d'archevêchés, évêchés, abbayes, dignités ou autres bénéfices, sur procès mus ou à mouvoir, pour raison du possessoire des mêmes bénéfices; les créations, réductions & extinctions de pensions créées & à créer en cour de Rome; les commissions d'archidiacre pour desservir une cure; les compromis & expéditions de sentences arbitrales entre ecclésiastiques, pour raison des droits appartenans à leur bénéfice; les procurations pour compromettre, requérir, résigner, céder ou rétrocéder un bénéfice; les procurations pour notifier les noms, titres & qualités des gradués, ou pour consentir la création ou extinction de pension; les révocations de ces procurations, les rétractations & les significations de brefs & bulles, signatures & rescrits apostoliques; les attestations du temps d'étude, les notifications des degrés & autres représentations; les requisitions de visa & de fulmination de bulles; les requisitions pour l'admission à prendre l'habit, faire noviciat & profession; les requisitions pour satisfaire au décret d'une provision de bénéfice régulier; les requisitions qui se font aux curés pour publier aux prônes des messes, les prises de possession, en cas de refus des curés; les *actes* de refus d'ouvrir les portes pour prendre possession ou autrement, les oppositions à la prise de possession, les lettres d'intronisation & les répudiations de provisions : tous ces *actes* sont déclarés sujets au droit de contrôle.

SECTION VI.

Observations générales.

Nous venons de nommer les divisions les plus ordinaires des *actes*, & nous y avons traité ce qui nous a paru de plus essentiel sur les formalités nécessaires, & sur les effets qu'ils produisent. Il ne nous est pas possible de rapporter ici toutes les espèces d'*actes* qu'on peut faire, & de prescrire les règles qui les concernent ; tout ce qui peut être fait par un citoyen devient un *acte* soumis à des loix; celui qui accepte une succession, fait *acte* d'héritier; celui qui appelle d'un jugement, interjette un *acte* d'appel; celui qui fournit des défenses sur une demande, ou qui produit des titres à l'appui de son action, fait un *acte* de produit. On appelle *actes de baptême, de mariage & de sépulture*, les enregistremens qui s'en font, par ordre de date, sur des livres tenus à cet effet. Il en est de même de toutes les choses qui peuvent se faire. En traitant toutes les espèces d'*actes*, nous pourrions former un traité complet de toutes les matières de droit; c'est pourquoi nous nous bornons à ce que nous avons dit, & nous traiterons de la nature & des règles des différens *actes*, sous le mot particulier à chacun d'eux.

Acte, en terme de palais, signifie une attestation donnée par le juge, pour constater quelque circonstance de fait ou de procédure. Ainsi l'une des parties, par exemple, qui a mis son inventaire de production au greffe, en demande *acte* : un avocat dans ses écritures ou son plaidoyer, demande *acte* de quelque aveu fait en justice par sa partie adverse, & favorable à la sienne. Dans quelques jurisdictions, & notamment au châtelet de Paris, on ne dit pas demander *acte*, mais demander lettres. *Voyez* LETTRES.

On appelle aussi *acte*, au palais, l'attestation que donne un greffier, ou autre personne ayant caractère en justice, pour notifier qu'une partie s'est présentée, ou a satisfait à telle ou telle formalité ou procédure. C'est en ce sens qu'on dit un *acte* de comparution, pour attester qu'une partie a comparu ; un *acte* de voyage, pour attester qu'une partie s'est transportée de tel lieu en tel autre, à l'effet de poursuivre son droit, ou de défendre à la demande contre elle formée. C'est dans ce sens aussi qu'on appelle *acte* de célébration de mariage, le certificat par lequel le curé atteste qu'il a été célébré entre tel & telle personnes.

ACTEUR, f. m. ACTRICE, f. f. (*Jurisprudence.*) on entend par ces mots, ceux ou celles qui montent sur le théâtre, pour y jouer des rôles, soit dans la tragédie, soit dans la comédie. *Voyez* COMÉDIEN.

ACTIF, adj. (*terme de Pratique.*) ce mot est l'opposé de passif, & tous les deux se prennent quelquefois substantivement; le premier sert à désigner l'utile d'une succession, d'une communauté, *&c.* Le second s'entend de l'onéreux. Ainsi on dit des dettes *actives* & des dettes passives; elles sont *actives* du côté du créancier, elles sont passives par rapport au débiteur. Nous devons payer les dettes passives, & nous avons le droit d'exiger les dettes *actives*.

Les mots d'*actif* & de passif sont encore d'un usage très-fréquent dans les élections; la faculté de donner son suffrage, pour le choix d'un sujet, s'appelle *voix active*, & on appelle *passive*, l'habileté à être élu soi-même.

ACTION, f. f. (*Droit civil & criminel.*) les loix romaines ont défini l'*action*, le droit de poursuivre en jugement ce qui nous est dû : *actio nihil aliud est, quàm jus persequendi in judicio, quod sibi debetur. pr. inst. de actio.* Cette définition est simple, claire & précise ; elle embrasse toutes les espèces d'*actions* & de demandes que nous pouvons former, soit en vertu d'un titre, soit en vertu d'une loi.

Le but de l'*action* est de contraindre celui contre lequel elle est dirigée, à satisfaire à ce qu'il nous doit, ou à l'y faire condamner par le juge : d'où il suit que toutes *actions* ou demandes ne peuvent subsister, si elles n'ont pour base un intérêt particulier & légitime, & qu'on doit en conséquence rejetter toutes celles qui ne tendent qu'à nuire aux autres, sans aucun profit pour celui qui l'intente.

Origine des actions, leur forme & leur nature. L'origine des *actions* est de droit naturel, car nous tenons de la nature le droit d'agir, soit pour conserver ce que nous possédons, soit pour recouvrer ce qu'on nous a enlevé. Mais comme l'exercice de ce droit occasionneroit une multitude d'abus, s'il étoit laissé à la volonté & à la libre disposition de chaque citoyen, la loi civile, sans ôter le droit d'agir, impose l'obligation de n'agir que sous l'autorité de la loi, & de la manière que la loi prescrit ; & comme elle exige que l'on s'adresse aux juges, pour obtenir la conservation ou le recouvrement de son bien, chaque citoyen ne peut poursuivre ce qui lui est dû, qu'en jugement.

Chez les Romains, l'ancien ordre judiciaire étoit que celui qui vouloit agir contre quelqu'un, l'assignât à comparoir devant le prêteur, ce qui s'appelloit *vocare in jus*, appeller en droit. Alors le demandeur déclaroit l'*action* suivant laquelle il vouloit poursuivre son adversaire : car il faut savoir que, dans la même cause & pour le même fait, on pouvoit intenter diverses sortes d'*actions* ; & de toutes ces *actions*, le demandeur devoit en choisir une à laquelle il se tenoit, & qu'il devoit faire signifier à la partie adverse.

Dès que ce choix étoit fait, le demandeur devoit proposer son *action* selon la formule qui lui étoit particulière ; & cela étoit tellement de rigueur, que s'il arrivoit que le demandeur ou son avocat laissât échapper, même par inadvertence, quelque mot contraire à ce que prescrivoit la formule propre à l'*action* qu'il avoit choisie, il perdoit sur le champ sa cause. Il est vrai que celui qui avoit ainsi perdu sa cause, faute d'avoir observé la formule, étoit ordinairement rétabli par le prêteur, dans l'état où il étoit auparavant, & cela s'appelloit *restituer en entier*.

Mais comme ces formalités scrupuleuses ne pouvoient qu'être souvent préjudiciables aux parties, l'usage en fut abrogé par l'empereur Constantin ; depuis ce temps, les procès civils se jugèrent sur le simple exposé des demandes & des moyens des parties, lesquelles eurent la liberté de plaider leurs causes, en quelque terme que ce fût, & sans être obligées d'exprimer le nom de l'*action*, dont elles vouloient se servir.

Le droit canonique, en rejettant les anciennes formalités qui avoient été en usage chez les Romains, a voulu que les *actions* fussent intentées par une briève & sommaire exposition du fait dont il s'agiroit, avec des conclusions libellées, sans avoir égard aux termes dans lesquels l'exploit seroit conçu.

Ces dispositions du droit canonique sont observées par tout le royaume. Suivant l'ordonnance de 1667, il n'est pas nécessaire d'exprimer dans l'ajournement le nom de l'*action* qu'on intente, il suffit de déclarer clairement le fait, d'en tirer les conclusions, de les libeller, & d'établir sommairement les moyens de sa demande. Cette forme des ajournemens est suffisante pour faire connoître à la partie citée, la nature de la demande qu'on lui fait, & la mettre dans le cas ou d'y acquiescer, ou d'y défendre. Les formalités des exploits sont de rigueur, & l'ordonnance prononce non-seulement la nullité des exploits, dans lesquels elles ne sont pas observées, mais encore une amende de 100 livres contre les huissiers qui les ont omises.

L'*action* n'est pas seulement une faculté accordée par le droit, pour agir en justice ; elle est en elle-même un véritable droit qui fait partie de notre bien, d'où il suit qu'elle est transmissible & divisible, comme les autres espèces de biens. Comme transmissible, elle fait partie d'une succession, & passe aux héritiers, parce que celui qui contracte agit pour ses héritiers comme pour lui-même. Ainsi l'héritier d'une *action* a le droit d'en poursuivre le débiteur, comme celui auquel il a succédé, & par la même raison il est chargé des *actions* dont étoit tenu le défunt. D'ailleurs, comme les *actions* sont divisibles, elles peuvent être exercées & poursuivies par chacun des héritiers pour sa part & portion, de même que chacun d'eux n'est tenu qu'au prorata de sa portion héréditaire des dettes de la succession.

Division générale des actions. Les *actions* parmi nous, comme chez les Romains, sont principalement divisées en *actions réelles*, *personnelles* ou *mixtes*.

L'*action réelle* est celle qui est dirigée contre la chose même, & par laquelle on demande à être remis en possession d'une chose qui nous appartient ; telles sont les *actions* par lesquelles nous réclamons ou la propriété d'un héritage, ou les droits réels dont il est chargé, comme les cens, les rentes foncières, les dixmes, les champarts, les servitudes, les hypothèques.

L'*action* personnelle est celle que nous dirigeons contre la personne qui est obligée de nous faire, de nous donner, ou de nous remettre quelque chose ; elle est appellée *personnelle*, parce qu'elle est attachée à la personne, & qu'elle la suit toujours. Il y a quatre causes d'où naissent les obligations personnelles, & conséquemment les *actions* personnelles, savoir : le contrat & le quasi-contrat, le délit & le quasi-délit.

L'*action* mixte est celle qui participe de l'*action*

réelle & personnelle, & par laquelle nous agissons non-seulement en revendication d'une chose qui nous appartient; mais encore pour obtenir le paiement de quelques prestations personnelles. La première partie de cette *action* tient à l'*action* réelle, la seconde à l'*action* personnelle ; & quand bien même le possesseur de la chose l'abandonneroit sur la demande, l'*action* continue toujours contre lui pour la restitution des fruits, ou des dommages & intérêts, dont il est personnellement tenu.

Il résulte de ces premières notions, qu'il y a une grande différence entre l'*action* réelle & l'*action* personnelle. 1°. L'*action* réelle s'exerce contre celui qui auparavant ne nous étoit aucunement obligé, au lieu que l'*action* personnelle ne s'exerce que contre celui qui étoit obligé avant la demande en vertu d'une obligation précédente : 2°. l'*action* réelle est inhérente à la chose demandée, & la personnelle à la personne du défendeur. 3°. L'*action* réelle n'est accordée que contre le détenteur de la chose, & ne passe pas contre son héritier, à moins qu'il ne soit lui-même détenteur ; & ce n'est qu'en cette qualité, & non en celle d'héritier qu'il peut être poursuivi : l'*action* personnelle au contraire, s'intente même contre l'héritier du débiteur, parce qu'il représente sa personne, & qu'il est tenu des obligations qu'il a personnellement contractées.

Les trois *actions* principales dont nous venons de parler se subdivisent en une multitude d'autres, dont il est important de connoître la nature, & que nous allons tâcher d'expliquer.

Des actions personnelles. Nous avons dit que les *actions* personnelles dérivoient de quatre causes différentes : des contrats & quasi-contrats, des délits ou quasi-délits, de là il suit que les *actions* personnelles se subdivisent en *actions* civiles & en *actions* criminelles.

L'*action* civile est celle qui ne tend qu'à recouvrer ce qui appartient au demandeur en vertu d'un contrat, ou autre cause semblable, comme lorsqu'il cherche à recouvrer une somme d'argent qu'il auroit prêtée. L'*action* criminelle tend à faire punir la personne accusée ou poursuivie, soit corporellement, soit pécuniairement.

En France, il n'y a pas proprement d'*actions* criminelles, ou pénales, ou du moins elles ne sont pas déférées aux particuliers, qui dans les procès criminels ne peuvent poursuivre que leur intérêt civil : ce sont les gens du roi qui poursuivent la vindicte publique.

Actions personnelles civiles. Les *actions* civiles personnelles sont d'abord l'*action ex mutuo*, qui naît du prêt de consomption, par laquelle le prêteur demande que l'emprunteur soit condamné à lui rendre une somme semblable à celle qui lui a été prêtée, ou la même quantité de bled, de vin, ou autres choses de même valeur, avec les intérêts du jour de la demande, qui lui sont adjugés pour le dédommager du retard qu'il éprouve.

Du prêt à usage, autrement appellé le *commodat*, naissent deux *actions*, l'une directe & l'autre contraire. Par l'*action* directe, le prêteur agit contre l'emprunteur, pour l'obliger à lui rendre la chose prêtée, ou à en payer le prix, s'il ne peut la représenter. L'*action* contraire s'accorde à l'emprunteur contre le prêteur ou pour l'obliger à lui restituer les frais qu'il a été obligé de faire pour la conservation de la chose prêtée, ou pour l'empêcher de troubler l'emprunteur dans l'usage qu'il doit avoir de la chose prêtée.

Le contrat de dépôt produit deux *actions*, la directe par laquelle celui qui a donné une chose en dépôt, agit contre le dépositaire, pour se la faire rendre ; & l'*action* contraire par laquelle le dépositaire répète contre le propriétaire de la chose déposée, les frais & les dépenses que le dépôt a pu lui occasionner.

Il en est de même pour les choses données en gage & nantissement. Le débiteur agit contre le créancier par une *action* directe pour se faire rendre son gage, moyennant le paiement de la dette; & le créancier peut agir par une *action* contraire pour faire condamner son débiteur, lorsqu'il lui a donné en nantissement une chose qui ne lui appartenoit pas, à lui en substituer une d'égale valeur, & à défaut par lui de remplir cette obligation, d'être contraint au remboursement de la dette.

Du mandat naissent pareillement deux *actions*, la directe & la contraire. Par la directe, le mandant agit contre le mandataire pour le faire condamner ou à rendre compte du mandat s'il a été exécuté, ou aux dommages & intérêts, résultans de son inexécution, si le mandataire n'a pas été empêché de l'exécuter par une cause légitime : le mandataire agit par l'*action* contraire contre le mandant pour être remboursé des dépenses qu'il a faites, & se faire décharger des obligations qu'il a contractées dans l'exécution du mandat.

Les contrats de vente & de louage contenant une obligation réciproque de la part des vendeur & bailleur, & de celle des acheteur & preneur, il en résulte nécessairement deux *actions* ; dans le contrat de vente il y a l'*action ex empto*, par laquelle l'acheteur agit contre le vendeur, pour qu'il lui délivre la chose vendue, moyennant le prix convenu, ou afin d'obtenir des dommages & intérêts pour l'inexécution de la convention : & le vendeur a l'*action ex vendito*, afin d'être payé du prix de la chose vendue.

Le locataire agit par l'*action ex conducto*, contre le propriétaire de la chose, à l'effet de jouir de la chose louée, ou d'être dédommagé du défaut de jouissance : & le propriétaire a, de son côté, l'*action ex locato*, par laquelle il agit contre le locataire pour être payé des loyers, & pour se faire rendre à la fin du bail la chose louée en bon état.

Du contrat de société naît l'*action pro socio*, qui est également donnée à tous les associés, par laquelle l'un d'eux peut agir contre les autres pour leur faire remplir les obligations qui dérivent du contrat

contrat de société ; cette *action* a également lieu après la dissolution de la société pour en obtenir le compte & le partage. Ordinairement le jugement de cette *action* est renvoyé pardevant des arbitres : car, suivant l'édit du mois d'août 1650, & l'ordonnance du commerce de 1673, les marchands sont tenus, dans les contras de société, de convenir d'arbitres pour vuider les contestations qui peuvent naître entre eux ; & dans le cas où ils l'auroient omis, le juge doit y suppléer.

Nous venons de dire que le contrat de vente donnoit naissance à deux *actions* directes, l'une en faveur du vendeur, & l'autre en faveur de l'acheteur; mais ce contrat donne encore lieu à une troisième *action*, qu'on appelle l'*action redhibitoire*, que la loi accorde à l'acheteur pour obliger le vendeur à reprendre la chose vendue, & à en rendre le prix, lorsque la chose vendue n'est pas telle que la loi veut qu'elle soit, ou lorsqu'elle a des vices & des défauts qui en empêchent l'usage.

Cette *action* a lieu dans les ventes de choses mobiliaires & immobiliaires; mais pour être exercée, il faut que le vice ou le défaut de la chose en empêche l'usage, & que le vendeur l'ait frauduleusement caché à l'acheteur : car si ce dernier en a eu connoissance, & que le vendeur puisse le prouver, il seroit alors débouté de l'*action* redhibitoire.

Lorsque, par exemple, vous m'avez vendu un terrein, dont il exhale des vapeurs malignes & contagieuses, il y a lieu à l'*action* redhibitoire, si vous m'avez celé cette mauvaise qualité du terrein, parce que je ne peux en faire usage; il en seroit de même si vous m'aviez vendu un héritage grevé de substitution, sans m'en avoir donné connoissance, à moins que vous ne vous obligiez à faire ratifier la vente par celui en faveur de qui la substitution est ouverte, lorsqu'il sera dans le cas de le faire, & que vous ne me donniez caution pour la sûreté de mes dommages & intérêts.

Dans les choses mobiliaires, l'*action* redhibitoire a principalement lieu à l'égard des bestiaux. La pousse, la morve, la courbature sont des vices redhibitoires pour les chevaux, la ladrerie pour les pourceaux, le mal caduc & la pommelière pour les vaches.

Les coutumes varient entre elles sur la fixation du délai accordé à l'acheteur pour attaquer le vendeur par l'*action* redhibitoire, il faut suivre à cet égard leurs dispositions particulières; mais dans celles qui ne s'en expliquent pas, le droit commun fixe ce délai à quarante jours, pendant lesquels l'acheteur peut contraindre le vendeur à reprendre la chose vendue, & à en restituer le prix, lorsqu'elle a un des vices pour lesquels la loi ordonne que la vente sera annullée.

Quelquefois l'*action* redhibitoire se change en une *action* estimatoire, dont l'effet est de faire restituer par le vendeur à l'acheteur, l'excédent de la valeur de la chose vendue, par rapport aux vices dont elle est infectée. Les Romains lui donnoient le nom de *quanti minoris*, parce qu'elle consiste à faire rendre ce que l'acheteur auroit payé de moins, s'il eût connu les vices de la chose. Nous traiterons plus au long ces deux *actions*, à l'*article* VENTE.

Le quasi-contrat qui existe entre celui qui fait les affaires d'un autre sans procuration, & celui dont on fait les affaires, donne naissance à deux *actions* : la première qui est directe, appartient à celui dont on a fait les affaires, contre celui qui les a faites, pour l'obliger à rendre compte de sa gestion ; la seconde, qu'on appelle *contraire*, se donne à celui qui a fait les affaires sans procuration, pour être remboursé & indemnisé de tout ce qu'il a pu lui en coûter pour sa gestion.

Le quasi-contrat qui oblige le tuteur envers son pupille, & le pupille envers le tuteur, donne lieu à l'*action* de tutèle directe & contraire. Par la première, le mineur agit contre son tuteur pour qu'il lui rende compte de son administration, & répare les torts qu'il peut lui avoir causés ; par la seconde, le tuteur exige de son pupille le remboursement des dépenses faites pour sa gestion, & l'indemnité des dommages qu'il a soufferts à ce sujet, & des frais de l'administration.

Lorsque quelqu'un a payé à un autre, par erreur, une chose qu'il ne lui devoit pas, il naît entre eux un quasi-contrat qui donne lieu à une *action*, que les Romains appelloient *condictio indebiti*, par laquelle celui qui a payé ce qu'il ne devoit pas, agit contre l'autre, pour se faire restituer ce qu'il a payé par erreur; cette *action* a également lieu, lorsque le débiteur a payé plus qu'il ne devoit, & son effet est d'obtenir la restitution de ce qu'il a payé au-delà de sa dette. Cette *action* est appuyée sur les premiers principes de l'équité, qui ne permet pas à l'homme, qui par erreur a reçu ce qui ne lui étoit pas dû, de s'enrichir aux dépens de celui qui par erreur lui a fait un paiement.

Les *actions* qui naissent de certains engagemens que la loi seule forme, & que, par cette raison, l'on appelle *condictio ex lege*, sont aussi personnelles. Il est encore des *actions* personnelles qui naissent de la loi naturelle; telle est par exemple, l'obligation où sont réciproquement les père & mère de donner des alimens à leurs enfans, & ceux-ci à leurs père & mère.

Des actions réelles. Les *actions* réelles se subdivisent principalement en *actions* possessoires & en *actions* pétitoires. Par la pétitoire, nous revendiquons la propriété d'un fonds ou d'un droit réel, contre le possesseur : par la possessoire, nous agissons ou pour être maintenus dans la possession d'un fonds ou d'un droit réel dont on veut s'emparer, ou pour être rétablis dans cette possession, lorsque nous y avons été troublés.

L'*action* possessoire se nomme *complainte* & *réintégrande* en matière civile, & *récréance* en matière bénéficiale. Elle est un juste préalable à l'*action* pétitoire, pour faire cesser plus promptement l'effet des usurpations ; & réintégrer provisoirement la personne spoliée. Elle tire son origine du droit romain. Il n'est pas nécessaire que le possesseur prouve ses titres de possession, il lui suffit de prouver qu'il est actuellement en possession. Il faut pour lui donner ouverture qu'il y ait un trouble, soit de fait, soit de droit : elle doit être intentée dans l'an & jour du trouble, autrement elle demeure prescrite, & il ne reste au demandeur que l'*action* pétitoire : elle ne tombe que sur les immeubles, mais elle s'intente pour toute espèce de droits réels, même pour celui de patronage ; on n'en excepte que les servitudes, à cause de la maxime, nulle servitude sans titre.

L'*action* pétitoire ne peut être intentée qu'après le jugement de l'*action* possessoire, parce que la loi défend de cumuler l'une & l'autre. Il y a autant d'*actions* pétitoires qu'il y a de différentes espèces de fonds, de droits réels & de titres, à raison desquels la propriété nous en appartient. Mais elles ont toutes cela de commun, qu'on agit contre le détenteur de la chose ou du droit, pour en obtenir la propriété.

Les *actions* réelles sont 1°. l'*action* de revendication par laquelle le propriétaire d'une chose la revendique contre le possesseur actuel, & le fait condamner à la lui restituer : 2°. la demande en hérédité, par laquelle un héritier réclame une succession contre ceux qui s'en sont emparé à son préjudice : 3°. l'*action* hypothécaire, par laquelle le créancier agit contre tout possesseur de l'héritage hypothéqué par le débiteur, pour sûreté de la créance : 4°. l'*action* en retrait, par laquelle le lignager ou le seigneur demandent que l'acquéreur leur abandonne l'héritage qu'il a acquis dans la famille de l'un, ou dans la seigneurie de l'autre, moyennant le remboursement du prix principal de son acquisition & de ses loyaux coûts.

Suivant le principe que nous avons posé ci-dessus, toutes les demandes intentées pour revendiquer la propriété d'un droit réel, tels que ceux de servitude, de dixmes, de champart & autres, sont des *actions* réelles, & de deux espèces différentes; les unes s'appellent *confessoires*, & les autres *négatoires* : par l'*action* confessoire, nous prétendons un droit sur l'héritage d'autrui ; par l'*action* négatoire, nous dénions le droit à celui qui le prétend sur notre héritage.

Des actions mixtes. Les loix romaines ne connoissoient que trois *actions* mixtes ; celles de partage entre cohéritiers, de division entre associés, & de bornage entre voisins. Les jurisconsultes les nommoient *duplicata judicia*, à cause des différentes qualités de demandeur & de défendeur, que cumulent sur leurs têtes ceux qui agissent & ceux qui défendent. En effet, dans ces espèces d'*actions*, chacune des parties agit, non-seulement pour obtenir le partage, ce qui rend l'*action* réelle, mais on demande en outre que chacune d'elles fasse raison aux autres, de ce qu'elle peut leur devoir personnellement, soit par rapport au partage à faire, soit autrement; & cette prestation rend à cet égard l'*action* personnelle. Nous renvoyons l'explication plus détaillée de ces *actions* à leurs mots propres. Nous observerons seulement qu'on met au rang des *actions mixtes*, plusieurs *actions* inconnues aux Romains.

En général nous appellons *actions mixtes*, toutes celles dans lesquelles, outre la revendication d'une chose, on demande au défendeur des prestations personnelles, telles que des restitutions de fruit, ou des dommages & intérêts. Il faut même faire beaucoup d'attention à la manière dont la demande est conçue, afin de connoître si l'*action* est réelle ou mixte ; car delà dépend la connoissance du juge, devant qui elle doit être intentée. Les *actions* réelles sont portées devant le juge du territoire où est située la chose ; les *actions* personnelles & mixtes sont portées devant le juge du domicile du défendeur.

Autres divisions des actions. Les *actions* se divisent en mobiliaires & immobiliaires, selon leur objet. On appelle *mobiliaires*, celles qui tendent à obtenir la possession ou la propriété d'un meuble, & *immobiliaires*, celles qui ont un immeuble pour objet. Une troisième division partage les *actions* en préjudiciaire ou incidente, que l'on nomme encore *préparatoire*, & en *action* principale. L'*action* préjudiciaire est celle par laquelle on demande le jugement d'une question incidente, qui doit déterminer le jugement du principal. Par exemple, lorsque quelqu'un poursuit un de ses frères pour le partage des terres venues du père commun, & qu'on oppose au demandeur qu'il est bâtard, il faut décider cette dernière question, avant de procéder au jugement du fond de la contestation principale, qui est le partage des héritages : c'est pourquoi cette *action* est appellée *préjudiciaire ; quia priùs judicanda est.*

On divise encore les *actions* en temporelles & perpétuelles. L'*action* temporelle est celle qui est prescrite par un certain espace de temps, telles sont toutes celles qui doivent être intentées dans un certain délai fixé par la loi. L'*action* en retrait lignager & féodal, est une *action* temporelle ; celles qui sont accordées aux marchands pour la répétition de ce qui leur est dû pour les marchandises par eux vendues, est aussi du même genre ; parce que la loi ne leur accorde que le délai d'un an pour les intenter, & qu'après, elles sont prescrites.

Les *actions* perpétuelles sont celles dont la durée n'est déterminée par aucun temps fixe, qui ne sont pas expressément limitées, & qui ne s'éteignent que par la prescription. C'est improprement qu'on les appelle *perpétuelles* : cette expression signifie seulement qu'elles sont différentes des *actions*, dont la durée est limitée à un court espace de temps, qu'elles ne sont pas bornées à un certain espace, & que leur effet ne peut être arrêté que par la longue prescription, qui, dans quelques coutumes, est de dix ans entre présens, & de vingt entre absens ; par le droit commun de trente ans pour les *actions* réelles & entre les particuliers, de quarante ans lorsqu'elles ont lieu en faveur de l'église ou contre elle, ou lorsque l'*action* personnelle se trouve jointe à l'*action* réelle.

Il est nécessaire d'observer qu'il y a des *actions* personnelles qui sont accompagnées d'hypothèques, telles que celles qui naissent d'un contrat, ou de tout autre acte passé devant notaire, ou d'une sentence. Nous ajouterons encore qu'il y a des obligations pour lesquelles la loi n'accorde pas d'*action*, telles que les dettes contractées au jeu, & d'autres que l'usage admet, quoiqu'elles soient interdites par les coutumes.

Du juge compétent pour connoître d'une action. En général, toute *action* doit être portée devant le juge du domicile du défendeur, suivant la maxime, *actor sequitur forum rei*; parce qu'il est juste que celui qui est attaqué, puisse se défendre de la manière la plus facile: mais cette règle est sujette à plusieurs exceptions.

1°. Il y a des personnes qui ont le privilège de plaider, tant en demandant qu'en défendant, devant certains juges. C'est pourquoi, lorsqu'elles sont assignées ou qu'elles assignent quelqu'un, c'est leur privilège, & non le domicile de la personne assignée, qui règle la compétence du juge. Ainsi les officiers commensaux de la maison du roi, & les autres corps ou particuliers qui ont droit de *committimus* aux requêtes de l'hôtel, peuvent faire assigner en première instance, dans cette jurisdiction, ceux contre lesquels ils ont des *actions* à diriger.

2°. Les sceaux attributifs de jurisdiction, tels que ceux des châtelets de Paris, Orléans & Montpellier, donnent au juge, sous le scel duquel un acte a été passé, le droit de connoître des *actions* qui dérivent de cet acte. Ainsi, lorsqu'un contrat de vente, une reconnoissance de rente, une constitution, une obligation, *&c.* sont passés sous le scel du châtelet de Paris, le créancier & celui au profit duquel l'obligation a été passée, ou leurs héritiers, peuvent faire assigner & contraindre le débiteur, l'obligé, ou leurs héritiers, devant le prévôt de Paris, quoiqu'ils aient leur domicile dans un autre bailliage.

3°. Lorsqu'une partie par un acte authentique se soumet à la jurisdiction d'un autre juge que celui de son domicile actuel, pour raison des contestations qui pourront être relatives à cet acte, & que pour cet effet elle a élu un domicile fictif dans le territoire du juge, à la jurisdiction duquel elle s'est soumise; on peut l'assigner, ainsi que ses héritiers, devant ce juge, parce qu'alors c'est le domicile choisi par les parties qui règle la compétence. Mais ces sortes de soumissions n'ont lieu que lorsqu'une des deux parties a un domicile différent, afin de faciliter au créancier la poursuite de son *action*; car si les deux parties étoient justiciables du même juge, & qu'en contractant ils se soumissent à la jurisdiction d'un juge étranger, cette convention n'auroit aucun effet.

4°. L'*action* purement réelle forme aussi une exception à la règle générale, qui veut que le défendeur soit poursuivi devant le juge de son domicile. Ainsi l'*action* pétitoire en revendication, ou qui tend à faire quitter la possession d'un héritage, étant de cette nature, il est au choix du demandeur de la porter devant le juge du domicile du défendeur, ou devant le juge du lieu où l'héritage contentieux est situé. Cette exception est fondée sur ce que le juge, dans le territoire duquel l'héritage est assis, peut plus facilement examiner l'objet de la contestation, & être mieux instruit de ce qui y a rapport, qu'un juge éloigné.

5°. Les *actions* confessoires & négatoires doivent se régler sur les mêmes principes, parce que ce sont des *actions* réelles; il faut en dire autant des *actions* qui concernent le fonds & la propriété d'un héritage, ou les droits dont cet héritage est chargé, comme les cens, rentes foncières, dixmes, champarts & servitudes; car toutes ces *actions* sont réelles, mais cela ne s'entend que des cas où l'*action* s'intente au pétitoire.

6°. A l'égard de l'*action* hypothécaire, il faut distinguer si elle tend simplement à faire déclarer l'héritage hypothéqué à une telle dette ou à une telle rente, ou bien si elle a pour objet d'obliger le détenteur de l'héritage à l'abandonner, si mieux il n'aime payer; elle est purement réelle, & peut être portée devant le juge du lieu où l'héritage est situé: mais si l'*action* hypothécaire n'est qu'accessoire à l'obligation personnelle, comme quand on conclut contre un des héritiers de l'obligé, au paiement total de la dette, elle est alors appellée *action personnelle hypothécaire*, & doit être portée devant le juge du domicile de l'obligé.

7°. Les saisies réelles étant des *actions* purement réelles, la connoissance en appartient au juge du lieu où les héritages sont situés; il y a cependant aussi une distinction à faire à cet égard, entre les saisies réelles faites en vertu de contrats, obligations ou autres actes passés devant notaires, & celles qui se font en vertu de sentences ou autres jugemens.

Les saisies réelles de maisons ou héritages, faites en vertu d'actes passés devant notaires, doivent être poursuivies au siège, dans le territoire duquel les héritages sont situés; & s'il s'agit d'offices ou de rentes constituées, la vente doit s'en faire au siège où les parties saisies étoient domiciliées, dans le temps de la saisie réelle. C'est ce qui résulte d'un édit du mois d'août 1674.

Si les biens saisis sont situés en différentes jurisdictions, l'*action*, ou la saisie réelle, doit être poursuivie devant le juge royal supérieur: deux arrêts du parlement de Normandie, des années 1679 & 1680, & deux autres du parlement de Paris, des années 1681 & 1684, l'ont ainsi jugé.

Le parlement de Toulouse, au contraire, a décidé par arrêt du 22 décembre 1712, qu'en pareil cas, l'*action* devoit être portée devant le juge du principal manoir.

Quant aux saisies réelles des héritages, offices & autres immeubles, faites en vertu d'une sentence ou autre jugement, elles doivent se poursuivre au siège dans lequel la sentence a été rendue, quand même les biens saisis seroient situés en différentes jurisdictions. C'est ce que prescrivent l'édit du mois d'août 1674, & l'arrêt du 9 août 1684. Mais cette jurisprudence n'est pas uniforme, & l'on suit, dans plusieurs provinces, ce qui est prescrit par l'article 160 de l'ordonnance de Louis XIII, du mois de janvier 1629, lequel porte que les décrets d'héritages, quoique poursuivis en exécution d'arrêt ou de sentence, doivent être faits au siège, dans le territoire duquel les héritages sont situés.

Suivant la déclaration du roi Stanislas, du 27 juin 1746, concertée avec la cour de France, la discussion générale des biens possédés par le même débiteur, tant en Lorraine qu'en France, doit se faire pardevant les juges de son domicile.

Les décrets des pairies se font au parlement.

8°. Ce qui vient d'être dit des saisies réelles, doit aussi s'appliquer en partie aux saisies mobiliaires. En effet, l'article 1 du titre 33 de l'ordonnance de 1667, oblige ceux qui veulent faire des saisies-exécutions, d'élire domicile dans le lieu où la saisie est faite.

C'est d'après les mêmes principes, que celui entre les mains duquel se trouvent des meubles réclamés, comme une voiture, une montre, des diamans, doit plaider devant le juge du lieu où s'est faite la découverte de ces meubles, quoiqu'il n'y ait ni connoissance, ni domicile.

A l'égard des saisies-arrêts que l'on fait entre les mains d'un ou de plusieurs débiteurs, fermiers ou locataires, les contestations qui en naissent doivent être jugées au siège dans le territoire duquel le débiteur a son domicile.

9°. Quand il s'agit d'une matière bénéficiale, par exemple, du possessoire d'un bénéfice, des réparations qu'on doit y faire *&c.*, l'*action* doit être intentée devant le juge du lieu où le bénéfice est situé.

Il paroît que cette règle doit aussi s'appliquer aux offices qui se règlent presque toujours par les mêmes principes que les bénéfices.

10°. Toute *action* dont l'objet est de faire faire inventaire, ou de procéder à la liquidation ou au partage d'une succession, doit être portée devant le juge du lieu où la succession est ouverte, c'est-à-dire, où le défunt avoit son domicile lorsqu'il est mort.

Il faut remarquer néanmoins que si parmi les héritiers il s'en trouvoit un seul qui eût ses causes commises aux requêtes de l'hôtel, ou devant quelque autre juge, il pourroit y faire évoquer le partage, à cause de son privilège.

Quant aux demandes des légataires contre l'héritier pour avoir délivrance de leurs legs, elles doivent être formées devant le juge du lieu où l'héritier a son domicile ordinaire: si l'*action* est intentée contre l'exécuteur testamentaire, le juge de son domicile doit en connoître; ce qui n'a pas lieu toutefois, lorsque les coutumes contiennent des dispositions contraires. Telle est la coutume d'Orléans, qui laisse aux légataires, pour obtenir la délivrance de leurs legs, le choix de s'adresser au juge du domicile de l'héritier, ou de l'exécuteur testamentaire, ou au juge de l'endroit où le défunt avoit sa résidence; ou enfin, au juge du territoire où les choses léguées sont situées.

Lorsque le défunt laisse plusieurs héritiers qui habitent des jurisdictions différentes, le meilleur parti est alors d'obtenir des lettres de chancellerie, adressées au juge royal, dans le territoire duquel la plupart des héritiers font leur résidence; sinon où la plus grande partie des biens de la succession est située, pour pouvoir obliger tous les héritiers à procéder devant ce juge, sur toutes les *actions* & conclusions des légataires & des créanciers.

11°. L'*action* en reddition de compte contre un tuteur, curateur ou administrateur nommé par justice, peut s'intenter devant le juge du domicile de ce tuteur ou administrateur, ou devant le juge qui l'a établi, sans que, sous prétexte de saisie ou intervention des créanciers privilégiés de l'une ou de l'autre des parties, les comptes puissent être évoqués ou renvoyés dans d'autres jurisdictions. C'est la disposition de l'article 2 du titre 29 de l'ordonnance de 1667.

12°. Quand il s'agit de donner un tuteur à un mineur, il faut assigner ceux qui doivent être présens à cet acte, devant le juge du domicile du mineur, & le renvoi ne peut être demandé devant aucun autre juge. Il en est de même lorsqu'il s'agit de faire interdire un furieux ou un insensé.

13°. En matière de reconnoissance de promesse, celui qu'on assigne est tenu de répondre devant le juge du lieu où il est trouvé, sans qu'il puisse se faire renvoyer devant le juge de son domicile, ni devant celui de son privilège, quand même la reconnoissance seroit demandée devant un juge de seigneur. Telles sont les dispositions de l'article 92 de l'ordonnance de 1539, & de l'article 10 de l'ordonnance de Roussillon, du 9 août 1564.

Cette règle a pareillement lieu contre l'héritier, à l'égard de la reconnoissance du seing du défunt; contre la femme, à l'égard du seing de son mari décédé; contre l'abbé, à l'égard du seing de son prédécesseur; contre le maître, à l'égard du seing de son facteur, *&c.* Mais dans tous ces cas, lorsque la reconnoissance est jugée, il faut renvoyer l'affaire devant le juge qui en doit connoître, c'est-à-dire, devant le juge du domicile, ou du privilège du débiteur. Le parlement de Paris l'a ainsi décidé par arrêt du 29 avril 1606.

14°. Lorsqu'un notaire est assigné en vertu d'un compulsoire, un témoin pour déposer dans une enquête, & en général quand il s'agit de l'instruction d'un procès, on doit répondre devant le juge qui a permis de compulser, qui a ordonné l'enquête, *&c.*

De même, lorsqu'une personne est assignée pour faire sa déclaration sur une saisie-arrêt faite contre un débiteur, elle doit répondre devant le juge auquel appartient la connoissance de cette saisie. Mais si l'on vient à contester sur la déclaration, il faudra alors se pourvoir devant le juge du domicile de la personne assignée en déclaration. Tout cela est fondé sur ce qu'une simple déclaration concernant une saisie-arrêt n'est point un acte de jurisdiction contentieuse, & qu'il n'y a que pour les actes de cette espèce-ci, qu'une partie a droit de demander d'être renvoyée devant le juge de son domicile.

De même encore toutes les oppositions aux actes judiciaires, quels qu'ils soient, doivent être portées devant le juge dont ces actes sont émanés.

Pareillement, quand quelqu'un est assigné en garantie formelle ou simple, il est obligé de plaider devant le juge où l'*action* principale est pendante, à moins qu'il ne soit privilégié, & qu'il ne demande le renvoi devant le juge de son privilège, comme le lui permet l'article 8 du titre 8 de l'ordonnance de 1667.

Enfin, les incidens qui surviennent dans un procès, doivent être portés devant le juge saisi du procès.

15°. Une autre exception à la règle qui veut que le défendeur soit assigné devant le juge de son domicile, est lorsqu'on agit en vertu de quelque sentence ou ordonnance : l'*action*, dans ce cas, doit être intentée devant le juge dont la sentence est émanée, quel que soit le domicile de la partie assignée, parce que chaque juge a l'exécution des sentences qu'il rend ; ce qui doit néanmoins s'entendre des juges qui ont une jurisdiction proprement dite, & non de ceux qui ne connoissent que de certains objets particuliers, comme les juges-consuls, les officiaux, *&c.* ceux-ci n'ont pas l'exécution de leurs sentences, & la connoissance de cette exécution est attribuée au juge-royal du lieu.

Au reste, il faut observer que la règle, par laquelle les demandes en exécution des sentences & autres jugemens doivent être portées devant le juge dont ils sont émanés, ne regarde ni les cours souveraines, ni les présidiaux, ou autres juges d'appel : il est au contraire défendu à ceux-ci, de retenir l'exécution de leurs arrêts ou jugemens, & ils doivent la renvoyer au juge dont est appel, si la sentence est confirmée, ou à celui qui tient immédiatement le siège après lui, si elle est infirmée.

16°. En matière criminelle, toute *action* doit être intentée devant le juge du lieu où le crime a été commis, à moins qu'il ne s'agisse d'un délit dont la connoissance soit particuliérement attribuée à quelque autre juge. C'est ce qui résulte de l'article premier du titre premier de l'ordonnance de 1670.

17°. En matière de police, l'assignation peut toujours être donnée devant le juge de police du lieu où la contravention a été commise : ce qui est fondé sur ce que les contraventions aux réglemens de police sont des espèces de délits, dont la connoissance appartient, par conséquent, au juge du lieu où ils ont été commis.

18°. Dans toutes les causes dont la connoissance est attribuée aux juges-consuls, le créancier peut, à son choix, intenter son *action* dans le lieu où le débiteur a son domicile, dans le lieu où la promesse a été faite & la marchandise fournie, & dans celui où le paiement doit être fait. C'est la disposition de l'article 17 du titre 12 de l'ordonnance de 1673.

19°. Enfin la règle qui veut que le défendeur soit assigné devant le juge de son domicile, souffre encore quelques exceptions fondées sur des dispositions établies par des réglemens particuliers, ou par des coutumes. Celle d'Orléans, par exemple, veut que le forain ou étranger qui aura fait quelque contrat, promesse ou marché, dans la ville d'Orléans, & qui, pour raison de ces actes, sera poursuivi en justice dans les 24 heures, soit tenu de répondre devant le prévôt d'Orléans.

Toutes ces exceptions sont rapportées dans le traité de l'administration de la justice.

Observations sur les actions. Quand on a d'abord agi par *action* civile contre un particulier, dans un cas où l'on pouvoit prendre la voie extraordinaire, mais qui ne mérite ni peine afflictive, ni condamnation infamante, on n'est plus recevable à prendre cette dernière voie.

L'*action* qui résulte d'une obligation sous condition, ne peut être exercée avant que la condition ait eu lieu : mais celui au profit duquel l'obligation est passée, peut agir pour conserver son droit ; c'est ce qu'on appelle l'*action conservatoire*, qu'il est d'autant plus juste d'accorder en pareil cas, que sans elle, on courroit souvent risque de perdre son droit. C'est d'après ce principe, qu'un créancier dont la créance n'est pas encore exigible, peut néanmoins s'opposer aux décrets des immeubles de son débiteur, lorsque d'autres créanciers poursuivent ce décret.

ACTION *en banque*, (*Commerce.*) On donne ce nom, ou simplement celui d'*action*, à l'intérêt que l'on a dans une compagnie formée pour l'établissement de quelque commerce, ou autrement. Le fonds principal de l'entreprise se divise par portions, & chaque portion s'appelle *action*.

Ces sortes d'*actions* sont meubles, & l'on présume qu'elles appartiennent à celui qui en est porteur. Elles sont une espèce de monnoie fictive, ou de marchandise dont le prix varie, & qui s'achète plus ou moins, suivant le nombre de vendeurs & d'acheteurs, & les succès ou les revers de l'entreprise.

Comme les *actions* de la compagnie des Indes ne doivent point être mises au rang des écritures privées, elles sont exemptes du droit & de la formalité du contrôle, suivant la décision du conseil du 4 juin 1722 ; mais il a été jugé le 20 juin 1723, que cette exemption n'avoit lieu que pour les *actions* même, & non pour les reconnoissances d'*actions*, & que ces dernières étoient sujettes au droit de contrôle, sur le pied de la valeur des *actions*, selon le cours de la place.

Le conseil a même décidé le 15 août suivant, que des reconnoissances d'*actions* étoient sujettes au contrôle, sur le pied de la valeur, quoiqu'on opposât que les *actions* étoient nulles, faute d'avoir été déposées.

Les mêmes règles doivent être observées à l'égard des *actions* des fermes créées sur les fermes générales, par arrêt du conseil du 17 avril 1759, à l'imitation de celles qui furent créées jusqu'à concurrence de cent millions, sur le bail d'Aymard Lambert, par arrêt du 16 septembre 1718, & dont le dividende fut réglé par un autre arrêt du 21 juillet 1719.

Quand il se trouve des *actions* dans un inventaire, c'est sur le pied de leur valeur dans le commerce, & non de leur valeur originelle, qu'on doit les estimer & en joindre le montant à celui des autres effets, pour percevoir le droit de contrôle sur le tout. Cela est ainsi ordonné par l'arrêt du conseil du 20 juin 1723.

Dans les grandes entreprises, on distingue assez ordinairement deux espèces d'*actions*, les unes qu'on appelle *simples*, qui n'ont d'autre sûreté que le fonds même de l'entreprise, & qui participent aux profits & aux pertes : les autres sont des *actions* rentières, c'est-à-dire qu'elles ont, sous la garantie de la compagnie, & quelquefois du souverain, un intérêt fixe. C'est un prêt véritable dont il est seulement dû le remboursement. Ces *actions* ne participent pas dans les bénéfices, mais elles ne supportent aucune perte.

On appelle fondre une *action*, la vendre, & la nourrir, lorsqu'on paie exactement à l'échéance, les sommes pour lesquelles on s'est engagé envers la compagnie, ou que de nouveaux besoins exigent. Ceux qui ne nourrissent pas leurs *actions*, n'ont aucune part dans les répartitions qu'on appelle *dividendes*, & qui se règlent sur les profits que fait la compagnie.

ACTIONNAIRE, s. m. c'est le nom qu'on donne au possesseur d'une action dans une compagnie de commerce, ou dans une entreprise.

ACTRAYÈRE, (*terme de Coutume.*) celles de Vitri *art. 19*, & de Chaumont *art. 50*, appellent de ce nom ce qui advient au seigneur par droit de déshérence des biens d'un bâtard ou d'un aubain.

ACTUAIRE, s. m. On trouve dans les anciens monumens le mot d'*actuaire*, pour celui de *scribe* ou *tachigraphe*. C'étoit, chez les Romains, la personne chargée de dresser, en présence du magistrat, les contrats & autres actes, d'où lui est venu le nom d'*actuaire*, en latin *actuarius*. Cet office répond à celui de greffier parmi nous. Le greffier, ainsi que l'*actuaire*, prête serment en justice, & promet d'enregistrer fidellement ce que les parties avancent de bouche ou par écrit; comme aussi, de garder les actes, & les mettre en ordre dans son greffe. *Voyez* GREFFE, GREFFIER.

ACTUAUTÉ, s. f. c'est un ancien mot qui signifioit *acte*, *action*.

ACTUEL, adj. pris subst. (*terme de Pratique.*) Il signifie réel, & effectif; ainsi on dit un paiement *actuel*, pour dire qu'il est effectif, fait en deniers comptans, & à découvert.

ACUEILLAGE, s. f. terme ancien qui signifioit *louage*, *engagement*. Ce mot, ainsi que celui d'*accueillir*, est encore en usage dans quelques provinces, & ils s'emploient tous deux dans la signification d'engager, ou de louer un domestique.

A D

ADAMAGER, & ADOMAGER, v. a. (*Coutume.*) mots qu'on rencontre dans la rédaction des anciennes coutumes : ils signifient la même chose qu'*endommager*.

ADCENSE, ADCENSER, ces termes sont absolument les mêmes qu'*accense* & *accenser*; on les trouve écrits par un *d* au lieu d'un double *cc* dans quelque texte ancien des coutumes. *Voyez* ci-dessus ACCENSE.

ADDICTION, s. f. (*Jurisprudence.*) ce mot appartient particuliérement au droit romain, dans lequel il signifie l'action de faire passer & de transférer la propriété d'une chose, soit par sentence, soit par une vente volontaire, à celui qui en offre le plus. L'*addiction* est la même chose que l'aliénation qui se fait par une adjudication volontaire ou forcée; il répond pour l'effet à ce qu'on désigne dans notre jurisprudence par le terme d'*adjudication*.

Le mot d'*addiction* vient du verbe *addico*, mot qui, chez les Romains, signifioit la permission de délivrer à l'acquéreur la chose ou la personne vendue par autorité de justice; c'est pourquoi les biens adjugés de cette manière par le préteur, étoient appellés *bona addicta*, & les débiteurs livrés par cette même voie à leurs créanciers, à défaut de paiement de leur part, s'appelloient *servi addicti*.

La loi des douze tables avoit ordonné que tout débiteur, dont la dette seroit avouée ou reconnue en justice, auroit trente jours pour satisfaire à son créancier, & qu'après l'expiration de ce délai, s'il n'avoit pas payé, il seroit livré à son créancier, qui avoit la faculté de le vendre ou de le retenir dans les fers. Cette loi barbare permettoit même aux créanciers, lorsqu'il y en avoit plusieurs, de garder leur débiteur pendant vingt-sept jours, & ensuite de le mettre en pièces, & d'en partager les membres entre eux. Aussi occasionna-t-elle plusieurs séditions dans Rome, & particuliérement la retraite du peuple sur le mont Aventin, qui donna lieu à la création des tribuns. Elle fut abolie, & l'on se contenta de livrer le débiteur insolvable à son créancier; dans la suite, on introduisit l'*addiction* des biens du débiteur.

Les formalités de l'*addiction* consistoient, en ce

que les créanciers d'un débiteur absent ou insolvable se présentoient devant le préteur, qui après avoir reconnu la légitimité de leurs créances, leur permettoit de se mettre en possession des biens de leur débiteur. Ce premier décret ne leur en donnoit que la garde & l'administration : le préteur fixoit un délai, pendant lequel le débiteur pouvoit rentrer dans ses biens, en satisfaisant à ses créanciers : mais à l'expiration du délai déterminé, les créanciers se présentoient une seconde fois devant le préteur, qui leur abandonnoit la possession des biens du débiteur ; ils avoient alors le droit de vendre ces biens au plus offrant & dernier enchérisseur, suivant les formalités requises par les loix romaines, dans les ventes publiques.

Constantin, par la novelle 53, abolit les ventes solemnelles qui se faisoient par l'*addiction;* mais il permit en même temps aux créanciers de saisir les biens de leurs débiteurs, & de les faire vendre jusqu'à concurrence de ce qui leur étoit dû.

Dans les provinces régies par le droit romain, on accorde aux créanciers l'envoi en possession des biens de leurs débiteurs ; & quoique l'article 45 de l'ordonnance de Moulins ait proscrit cet usage, il ne s'en est pas moins conservé ; mais dans les pays coutumiers, lorsqu'un débiteur ne satisfait pas à ses engagemens, ses créanciers peuvent saisir ses meubles, les vendre à l'encan, & faire saisir réellement ses immeubles, dont ils poursuivent la vente pardevant le juge. *Voyez* DÉCRET, ADJUDICATION, SAISIE-RÉELLE.

Il y avoit encore, chez les Romains, une autre espèce d'*addiction*, qu'ils appelloient *addictio in diem.* C'étoit une clause dérogatoire, insérée dans un contrat de vente, par laquelle le vendeur stipuloit que le fonds vendu n'appartiendroit irrévocablement à l'acquéreur, que dans le cas, où après le délai fixé par la clause, il ne se présenteroit personne qui améliorât la condition du vendeur, en offrant un prix plus considérable.

Pour effectuer cette clause, il n'étoit pas toujours nécessaire que le prix offert par le second acheteur fût exactement plus fort que celui du premier, il suffisoit que la condition du vendeur fût améliorée, comme si par exemple il avoit vendu au premier acheteur à terme, & que le second offrît de payer comptant ; il falloit encore que le vendeur acceptât les offres du second acquéreur, ensorte que si plusieurs avoient vendu ensemble avec la clause d'*addiction*, la première vente subsistoit jusqu'à ce que les nouvelles offres eussent été acceptées par tous les vendeurs, le refus d'un seul les rendoit inutiles.

Cette clause résolutoire n'est point en usage dans notre jurisprudence ; mais les ventes judiciaires, les ventes en direction chez les notaires, les licitations, soit volontaires, soit en justice, dans lesquelles les remises & les adjudications sauf quinzaine sont très-fréquentes, ressemblent beaucoup aux ventes, avec la clause de supplément d'offre.

ADDICTE, ou ADDITTE, (*terme de la Coutume de Boulonois, articles 17 & 46.*) ce mot signifie la même chose qu'*abournement* dans d'autres coutumes : il désigne l'accord, la transaction entre le seigneur & le vassal, pour régler le paiement des droits féodaux ou censuels, d'une manière différente de celle qui est déterminée par la coutume.

ADDITION, f. f. (*terme de Pratique.*) ce mot est synonyme à celui de *supplément*, & il entraîne après lui l'idée d'augmentation & d'agrandissement. On ne peut faire aucune *addition* aux actes passés devant notaires, à moins qu'elles ne soient faites en présence des parties, & signées d'elles & des notaires ou témoins ; cette disposition a lieu, soit que les *additions* se fassent à la marge par renvoi, ou qu'elles soient ajoutées au-dessous des signatures. Autrement celui qui fait des *additions* à un acte, se rend coupable de faux, comme celui qui en changeroit la date, ou un des feuillets sur lesquels il a été écrit.

1°. Dans la procédure civile on appelle *addition* les écritures que l'on ajoute, après avoir donné ses défenses & ses repliques, soit pour ajouter de nouveaux faits, de nouveaux titres, ou de nouveaux moyens, soit pour répondre aux faits & moyens de la partie adverse, contenus dans ses productions & écritures. L'ordonnance de 1667 a proscrit l'usage des dupliques, tripliques, additions premières, secondes, & autres écritures, avec défenses aux juges de les passer en taxe ; mais tient-on la main à cette sage disposition de l'ordonnance ? les juges veillent-ils assez attentivement pour empêcher les productions multipliées des procureurs, si ruineuses pour les parties ?

2°. Dans l'instruction des procès criminels, on appelle *addition d'information*, & *plainte* par *addition*, une seconde plainte, & une seconde information auxquelles on est obligé d'avoir recours, lorsque dans l'instruction du procès d'un accusé, on découvre de nouveaux crimes qui n'étoient pas compris dans la première plainte, ou des complices, contre lesquels on ne peut informer sans plainte, & lorsque le juge croit nécessaire de se procurer un supplément à la première information, afin de vérifier les charges & les faits, & de rendre plus complettes les preuves qu'il ne juge pas suffisantes.

Autrefois, sur une plainte par *addition*, on décrétoit de nouveau l'accusé, lors même qu'il étoit déjà constitué prisonnier ; mais aujourd'hui l'on se contente de l'interroger sur la plainte nouvelle, si le décret qui intervient sur cette plainte, est de même nature que celui qui a été rendu sur la première. Si l'accusé n'avoit pas encore été décrété, le juge le décrète par un seul & même jugement, sur les informations & les plaintes, soit originelles, soit par *addition*.

La plainte & l'information par *addition*, ainsi que les preuves qui en résultent, se joignent à celles déjà acquises par les premières plainte &

information, quand bien même les crimes ne seroient pas connexes; il suffit qu'ils tombent sur le même accusé, pour en joindre les poursuites. Le juge qui a reçu la première plainte, & fait la première information, est compétent pour statuer par un seul & même jugement sur cette première plainte, & sur celle qui a été faite par *addition*, pourvu qu'à l'égard du délit qui fait l'objet de l'*addition*, il n'y ait point eu de plainte rendue en justice pardevant un autre juge; mais en ce cas, le juge qui, dans l'instruction du procès pendant devant lui, reçoit par *addition* une plainte contre un délit, dont un autre juge étoit saisi, doit s'adresser à M. le chancelier, qui, sur les ordres du roi, fait rendre un arrêt pour attribuer à l'un des juges la connoissance exclusive de tous les crimes, pour lesquels un accusé est poursuivi: & lorsque l'instruction du crime contenu dans la plainte par *addition*, est pendante dans les cours souveraines, toutes les accusations doivent être portées & jointes dans cette cour, quand bien même la première plainte seroit suivie, & seroit de la compétence des prévôts de maréchaussée, ou des présidiaux. C'est la disposition des loix romaines, & des ordonnances de 1559 & de 1670, ainsi que des lettres-patentes de 1728, & de la déclaration du 5 février 1731.

Lorsqu'il y a plusieurs *additions* d'information, elles doivent être intitulées par ordre, première, seconde, *&c.* Sur l'appel en cour souveraine, on peut ordonner une *addition* d'information, pour y avoir en jugeant tel égard que de raison, néanmoins sans retarder le jugement sur le fond de l'appel. Si les témoins de la première information ont été récollés & confrontés, le juge doit par un nouveau jugement ordonner également le récollement & la confrontation de ceux de l'*addition*; mais dans le cas contraire, le récollement & la confrontation des témoins entendus dans plusieurs informations, s'ordonnent par un seul & même jugement.

Sur la présentation des lettres de pardon & de rémission, la partie civile & la partie publique peuvent faire informer par *addition*, le juge même peut l'ordonner d'office, avant de faire droit; mais la partie civile n'y seroit pas admise, si elle ne le demandoit que long-temps après la présentation des lettres de grace, & pour en retarder l'entérinement. Dans celui de lettres d'abolition, il ne peut y avoir d'*addition* d'information, parce qu'il ne s'agit point d'examiner si le crime est rémissible ou non, il suffit qu'elles soient conformes aux charges, pour être entérinées.

ADDRESSÉE, s. f. (*Coutume de Hainault*, *art.* 97.) ce mot signifie *une provision alimentaire.* Une femme, dit cette coutume, chassée de la maison par son mari, peut demander en justice une *addressée*, c'est-à dire une pension suffisante pour sa subsistance & son entretien.

ADEMNEUR, s. m. terme ancien, qui signifie celui qui porte dommage.

ADEMPTION, s. f. (*Droit civil.*) ce mot vient du latin *ademptio*, qui signifie *l'action d'ôter*, il n'est guère en usage dans notre jurisprudence. Nous nous servons de celui de *révocation*; aussi appartient-il plus particuliérement à la jurisprudence romaine, où il s'emploie pour exprimer la révocation d'un legs, d'une donation.

L'*ademption* ou la privation d'un legs peut être expresse ou tacite; elle est expresse lorsque le testateur déclare formellement qu'il révoque ce qu'il avoit légué, soit qu'il le fasse par des termes proprement révocatoires, soit qu'il en emploie d'équivalens, pourvu qu'ils désignent clairement son intention & sa volonté.

L'*ademption* est tacite quand le testateur la fait d'une manière indirecte ou implicite, & que les faits ou les circonstances font connoître évidemment que l'intention du testateur, est que la jouissance du legs ne passe pas au légataire; ce qui arrive par exemple, lorsque le testateur vend la chose qu'il avoit léguée, ou qu'il paie son créancier, avant son décès, & que le testament contient une clause qui ordonne le paiement de cette dette.

L'*ademption* d'un legs peut se faire dans le même testament qui contenoit le legs: elle se fait aussi par un testament postérieur, ou par un codicille, confirmé par testament, & même par un codicille *ab-intestat*; elle a lieu de quelque manière que la volonté du testateur soit exprimée, parce que suivant les loix romaines, il faut moins de formalités pour ôter ce qui est donné, que pour le donner par testament. En France la révocation d'un legs peut se faire par toutes espèces d'actes, même par une simple déclaration de la volonté du testateur, reçue devant notaire.

Les loix romaines mettent au nombre des révocations tacites, l'inimitié survenue entre le testateur & le légataire, si cette inimitié est capitale; car il n'est pas présumable que le testateur ait voulu donner des marques de sa libéralité à son ennemi. Il n'y a point de difficulté lorsque l'*ademption* est expresse; mais il n'est pas si aisé de déterminer les cas dont on peut induire l'*ademption* tacite. Lorsque le testateur a donné ou vendu la chose léguée, soit au légataire, soit à un étranger, le legs est certainement ôté, car il ne peut y avoir de preuve plus certaine du changement de volonté, que la vente ou la donation de cette chose; mais il n'en seroit pas de même s'il l'avoit seulement engagée ou hypothéquée: alors le légataire auroit droit de la demander franche & quitte de l'engagement ou de l'hypothèque.

Si le testateur avoit légué de la laine, & qu'il en eût fait faire du drap, le legs est censé ôté par cette nouvelle circonstance, parce que le legs n'est pas du drap, mais de la laine: il en seroit de même si le testateur avoit légué une créance qui lui appartenoit, & qu'il en eût reçu le remboursement; mais il faudroit décider autrement dans le cas où le testateur ayant légué deux plats d'argent, d'argent, leur auroit fait changer de forme; le légataire seroit en droit de les réclamer; parce que le legs n'est censé détruit que lorsque la chose léguée ne peut plus retourner à sa première forme.

Toutes ces espèces sont tirées des loix romaines, aux titres du code & du digeste *de adim. vel transf. leg.* au surplus, *voyez* ci-après RÉVOCATION.

ADENERER *ou* ADENIERER, v. a. (*Jurispr.*) ancien terme de pratique, qu'on trouve aussi dans plusieurs coutumes, & dans quelques anciennes ordonnances. Il signifie *estimer*, *apprécier*, & plus souvent encore, *vendre à enchère publique*; c'est ce qui fait dire à Ferriere qu'il vient du latin, *ad æneum*, *aut æris pretium constituere*. C'est suivant cette dernière acception qu'il est employé dans la coutume de Lille, *chap. 9. art. 10*, & dans celle de Blois, *art. 37.*

ADEPTION, s. f. (*Droit canon.*) il se dit quelquefois, en matière bénéficiale, de la prise de possession d'un bénéfice, & même de la simple acceptation. *Voyez* ACCEPTATION, PRISE DE POSSESSION.

ADEPTS *ou* ADEX, vieux mots que l'on trouve dans la coutume de Saint Omer, *art. 7*, pour désigner une espèce de droit seigneurial, qui permet de s'approprier comme épaves, les essains de mouches à miel, que les propriétaires ne poursuivent plus; Ducange croit qu'il y a une faute dans le texte de la coutume, & qu'au lieu d'*adepts*, il faut lire *epts*, qui vient du mot latin *apis*, qui signifie *abeilles*, appellées anciennement *eps*; cette correction paroît d'autant plus juste, que le mot d'*eps* se trouve dans l'art. 192 de la coutume d'Amiens, dont la disposition à l'égard des abeilles épaves, est la même que celle de l'art. 7 de la coutume de Saint Omer.

ADÉQUATION, s. f. c'est l'égalisation du partage d'une succession entre frères, pour laquelle les loix des Lombards accordoient une action utile durant quarante ans, pendant lequel temps il étoit défendu de rien aliéner, ni distraire de la succession.

ADEZ, vieux mot qu'on trouve dans plusieurs articles de la coutume de Mons, où il est employé tantôt pour *dès-lors*, tantôt pour *incontinent*, *sur le champ*.

ADFAITIER, v. a. qui signifioit anciennement *entretenir*, *réparer*.

ADHERDANT, ce mot étoit employé autrefois pour *adhérent*, *associé*, ou *attaché à un même parti*.

ADHERDRE, v. a. vieux mot, qui signifioit *prendre*, *saisir*, *assigner*, *hypothéquer*, *adhérer*.

ADHÉRENT, adj. (*Droit criminel.*) signifie *celui qui est dans le même parti*, *la même intrigue*, *le même complot*; car ce terme se prend pour l'ordinaire en mauvaise part. Il est synonyme à *complice*: mais il en diffère en ce que ce dernier se dit de celui qui a part à un crime, quel que soit ce crime: au lieu que le mot d'*adhérent* ne s'emploie guère que dans le cas de crime d'état, comme *rebellion*, *trahison*, *félonie*, &c. (*H*)

On donne aussi le nom d'*adhérent* à celui qui participe à un crime, soit en conseillant de le commettre, soit en le favorisant.

En général, les *adhérens* ou complices d'un crime, celui même qui conseille à quelqu'un de le commettre, sont punis de la même peine que celui qui l'a commis, sur-tout lorsqu'il paroît que, sans ce conseil, le crime n'auroit pas eu lieu. Tel seroit le cas où des enfans auroient commis un meurtre d'après le conseil de leur père: ou celui d'une femme qui auroit conseillé à son amant d'assassiner son mari.

On ne doit pas néanmoins en conclure que toute espèce de conseil mérite d'être puni comme le crime. Il faut distinguer si le conseil a été donné par imprudence ou légéreté, ou s'il a été donné dans la vue de faire du mal, & si l'on a en même temps indiqué les moyens de commettre le crime avec succès. Une personne en a insulté grièvement une autre, celle-ci s'en plaint à un ami, qui lui conseille d'en tirer vengeance; d'après ce conseil l'offensé appelle en duel son ennemi, & le tue; celui qui a donné le conseil de se venger, ne doit pas être censé complice de l'homicide, & ne peut être puni comme tel; il en est de même du cas où l'on auroit donné conseil à quelqu'un de donner des coups de canne à son ennemi; si celui-ci l'excède de coups jusqu'à l'assassiner, l'auteur du conseil ne pourroit être regardé comme complice du meurtre.

On doit encore observer que si le conseil n'a rien ajouté à la résolution où étoit le coupable, l'auteur du conseil évite la peine ordinaire du crime; on ne doit le condamner qu'à une peine proportionnée aux circonstances & à la nature du crime. *Voyez* CRIME & COMPLICE.

ADHÉRER, v. a. (*terme de Pratique.*) il exprime le consentement que l'on donne à un acte ou à un jugement antérieur. Il s'emploie aussi pour signifier que l'on confirme un acte antérieur par un acte subséquent. On dit encore au palais, qu'on *adhère* aux conclusions d'un autre, lorsqu'on a le même intérêt, & qu'on emploie pour sa propre défense les moyens sur lesquels il s'est appuyé lui-même.

ADHÉRITANCE, DESHÉRITANCE, ADHÉRITEMENT, & ADHÉRITER, termes des coutumes de Hainaut, Mons, Cambrai, Namur & Valenciennes, par lesquels on désigne les actes de saisine, possession, dessaisine, que les seigneurs ou les officiers de justice expédient en cas de vente & achat d'héritage, ou de charge sur ces héritages, tellement que l'acheteur s'en saisit, & le vendeur s'en dessaisit. Ces mots répondent à ceux d'*ensaisinement*, *inféodation*, *investiture*, qui sont en usage dans les autres coutumes du royaume, & ils produisent le même effet.

L'*adhéritance* est proprement la saisine prise par l'acquéreur; la *deshéritance*, la dessaisine du vendeur, & de-là on dit *se deshériter* pour se dessaisir d'une chose, & *s'adhériter* pour s'en saisir. L'*adhé-*

ritance & l'ensaisinement diffèrent, en ce que la première se fait par les officiers qui ont un caractère public, & que dans la plupart des coutumes, l'ensaisinement se fait par le seigneur ou son fondé de procuration, d'où l'on peut conclure que la main-mise de fait ressemble mieux à l'*adhéritance* que l'ensaisinement.

En effet, l'*adhéritance* est une véritable main-mise, ou prise de possession, car elle se fait par une dessaisine & une saisine réelle, en mettant la main à la verge ou bâton que tient le bailli, mayeur, ou autre officier de loi, qui transmet par cette formalité la propriété incommutable de l'héritage vendu, donné, aliéné ou hypothéqué; mais il n'est pas exactement vrai que l'*adhéritance* ne se donne que par un officier public : la coutume de Valenciennes distingue entre les fiefs, & les biens roturiers; l'*adhéritance* de ces derniers, qu'on appelle *main-fermes*, doit se faire devant le mayeur, les échevins, & autres gens de loi qui exercent les droits de basse-justice, & peuvent connoître de la propriété, & donner effet aux conventions qui la transfèrent; mais dans les ventes de fief, l'*adhéritance* se donne ou par le seigneur, ou par son bailli, en présence d'un nombre suffisant d'hommes de fief.

L'*adhéritance* a lieu non-seulement dans les ventes ou échanges, & autres contrats qui transfèrent la propriété; mais elle est encore nécessaire dans les constitutions de rente, & d'hypothèque, ensorte que le créancier d'une rente ou d'une somme d'argent dont l'hypothèque est assigné sur un héritage, n'a d'hypothèque qu'autant qu'il a pris *adhéritance* sur cet héritage avec les formalités requises, en proportion de la valeur de son hypothèque; jusqu'à ce moment la rente est regardée comme meuble, & n'emporte point d'hypothèque, quoique reçue par un officier public; aussi dans l'ordre de collocation de créanciers, ils prennent date entre eux, pour être placés utilement sur les deniers provenant de la vente d'un fonds, non du jour de la constitution de l'hypothèque, mais du jour qu'ils ont pris *adhéritance*.

L'*adhéritance* doit se faire pour les fiefs devant le seigneur, ou son bailli, en présence des hommes de fief, qui, suivant l'ancienne procédure observée sous le gouvernement féodal, étoient obligés d'accompagner le seigneur dans les jugemens, & d'assister aux plaids de sa justice; & pour les rotures pardevant le mayeur, les échevins & les hommes de loix. La coutume de Valenciennes exige pour les villes la présence du mayeur, & de sept échevins pour la validité de l'*adhéritance*, & ailleurs celle du mayeur ou de son lieutenant, & de quatre échevins. Celle de Namur n'exige que la présence de deux échevins, avec le mayeur, le bailli, ou son lieutenant.

L'*adhéritance* doit s'effectuer par l'acquéreur en personne. La coutume de Cambrai lui permet de la faire par procureur en cas de maladie, d'absence, ou autre empêchement légitime. La coutume de Hainault veut qu'on dresse deux actes de l'*adhéritance*, dont l'un est remis aux parties, & l'autre doit être déposé dans le coffre de la justice, appellé le *ferme*.

Depuis la réunion d'une partie du Hainaut à la couronne de France, le roi a créé des offices de notaires royaux dans les territoires d'Avesnes & du Quesnoi, auxquels il a attribué les mêmes droits qu'aux autres notaires du royaume; cette création a donné lieu à une contestation entre les notaires & les officiers des justices : les notaires se prétendoient capables de recevoir toutes sortes de contrats, tant pour les droits personnels que pour les droits réels, & d'en transférer irrévocablement la propriété, en y insérant les actes de *déshéritance* & d'*adhéritance*; les officiers de justice soutenoient au contraire qu'il ne leur étoit pas permis de recevoir de pareils actes.

Un arrêt du 24 octobre 1674, rendu au parlement de Metz, a décidé la contestation en faveur des officiers de justice; il a jugé que les notaires établis à Avesnes pouvoient recevoir toutes sortes de contrats & d'actes sur les droits réels & personnels, mais qu'en vertu de ces actes il n'étoit acquis aux parties aucun droit de propriété incommutable, qu'après avoir fait réaliser leurs contrats, pardevant les baillis & hommes de fief pour les fiefs, & pardevant les maires & gens de loi, pour les rotures.

La possession paisible d'un héritage pendant dix ans, équivaut à l'*adhéritance*, & produit le même effet, ainsi qu'il a été jugé au parlement de Douai le 12 octobre 1699.

L'*adhéritance* a lieu pour les réceptions d'offices. L'édit de janvier 1718, portant création d'une jurisdiction consulaire à Valenciennes, ordonne que les juges-consuls, suivant l'usage, seront *adhérités* & investis par la plume, afin que leurs jugemens soient reconnus pour titres authentiques, ainsi que les jugemens émanés des autres jurisdictions du pays.

ADHÉSION, s. f. (*Droit polit. civ. & can.*) c'est en général la même chose que *consentement* & *attachement*. En terme diplomatique, le mot d'*adhésion* signifie *le consentement donné par un souverain à un traité, à une convention, passés entre quelques autres souverains*, & alors il est synonyme à *accession*. *Voyez* ACCESSION (*Droit des gens.*)

Dans l'usage ordinaire, & lorsqu'on parle de particuliers, on se sert du mot d'*adhésion* pour signifier l'attachement à un parti, à une opinion, à un acte passé entre d'autres personnes. Ainsi on dit qu'un créancier donne son *adhésion* à un contrat d'atermoiement, lorsqu'il se réunit à ceux qui l'ont accepté, & qu'il en consent l'exécution; de même on donne son *adhésion* à une opinion, lorsqu'on déclare qu'on est dans les mêmes sentimens, & qu'on soutient la même chose. Le consentement peut être forcé, l'attachement est toujours libre, & l'*adhésion* ne l'est pas toujours : l'intérêt, la crainte, ou la complaisance emportent le consentement : l'amitié, l'amour, ou la haine décident de l'attachement : la force de la vérité, la conviction, ou l'opiniâtreté entraînent l'*adhésion*, ou la font refuser.

Adhésion, (*demande en*) *Droit canonique.* En droit canonique *adhésion* a une signification particulière, & éloignée de l'acception ordinaire de ce mot. On appelle *demande en adhésion* celle que forme un des conjoints par mariage, pour vivre ou se réunir avec l'autre.

Cette demande peut se faire incidemment ou par action principale; elle est formée incidemment, lorsqu'elle est jointe à une demande principale, qui amène la demande incidente. Il y a cinq demandes principales auxquelles la demande en *adhésion* peut être jointe. 1°. Lorsqu'une femme s'oppose à la publication des bans, & à la célébration d'un second mariage que son mari veut contracter : 2°. quand le mari demande la nullité d'un second mariage contracté par sa femme : 3°. quand la femme demande la réhabilitation d'un mariage nullement contracté : 4°. lorsqu'elle s'oppose à une demande en séparation de corps : 5°. lorsqu'elle s'oppose à la demande en dissolution de mariage.

La demande en *adhésion* est formée par action principale, quand elle n'a pour unique objet que la réunion des deux conjoints; & dans ce cas, elle ne peut être formée que pardevant le juge séculier : mais les officiaux peuvent en connoître, lorsqu'elle est incidente à une demande principale pendante pardevant eux. *Voyez les mots* Mariage, Séparation, Réhabilitation.

ADJACENT, adj. (*terme de Pratique.*) il signifie qu'une chose est située auprès ou aux environs d'une autre, qu'elle y est contiguë.

ADJOINDRE, v. a. (*Jurisprud.*) c'est donner à quelqu'un un collègue, lui associer un second, soit pour l'aider ou le conseiller, soit pour examiner & contrôler ce qu'il fait. On dit au palais *adjoindre* au conseiller-rapporteur, deux autres conseillers pour examiner l'inventaire & les pièces, lorsqu'il rapporte le procès.

ADJOINT, adj. pris quelquefois subst. (*Jurispr.*) c'est en général celui qui est réuni à un autre, soit pour l'aider dans ses fonctions, soit pour prendre garde à ce qu'il fait; un *adjoint* est en même temps un aide & un surveillant, on en donne souvent au tuteur testamentaire. Chez les Romains, les officiers militaires, les magistrats, les receveurs ou trésoriers, avoient des *adjoints*, qui partageoient avec eux les fonctions de leur ministère. On trouve dans le corps du droit romain plusieurs loix concernant les *adjoints*, qu'ils nommoient plus particuliérement *adjuteurs*, *adjutores*.

Anciennement on appelloit parmi nous *adjoints*, des officiers établis pour la confection des enquêtes; c'étoit une espèce de contrôleur du commissaire qui y présidoit; on nommoit aussi *adjoints* les officiers appellés au jugement des procès entre les catholiques & les protestans, qui devoient se décider conformément à l'édit de Nantes, donné par Henri IV.

Les *adjoints* des enquêtes furent créés par un édit de 1578, qui les distingue en deux classes, les uns gradués pour assister aux enquêtes, exécutions d'arrêts, jugemens, commissions, & lettres-patentes, avec les conseillers de cour souveraine, les baillis & sénéchaux, ou leurs lieutenans : les autres procureurs, notaires, praticiens, qui assistoient aux exécutions, commissions & enquêtes faites par les juges subalternes.

L'inutilité de leur assistance aux enquêtes, & l'augmentation considérable de frais, causée dans l'instruction des procès par les droits qui leur étoient attribués, engagèrent Louis XIV à en abroger les fonctions par l'article 12 de l'ordonnance de 1667. Cependant les guerres que ce monarque eût dans la suite à soutenir, & la nécessité de recourir à des moyens extraordinaires pour fournir aux dépenses qu'elles occasionnoient, l'obligèrent à rétablir, par édit du mois d'avril 1696, les offices d'*adjoints*, & à faire revivre les droits dont ils jouissoient avant qu'il les eût supprimés : mais Louis XV, peu de temps après son avénement au trône, supprima une seconde fois les *adjoints*, par édit de novembre 1717, & rétablit à cet égard les choses sur le pied de l'ordonnance de 1667.

Avant la révocation de l'édit de Nantes, lorsqu'un catholique & un protestant étoient intéressés dans une enquête, il falloit un *adjoint* protestant, lorsque le commissaire étoit catholique; & si celui-ci étoit protestant, l'*adjoint* devoit être catholique. De même dans les procès criminels instruits par les prévôts des maréchaux ou leurs lieutenans contre un protestant, si le prévôt étoit catholique, il devoit appeller avec lui un *adjoint* de la religion prétendue réformée, pour assister avec lui à toute l'instruction du procès. L'ordonnance de 1667 laissoit encore subsister les *adjoints* pour ces sortes de cas; mais l'édit d'octobre 1685, ayant révoqué celui de Nantes, il rendit cette réserve sans objet.

Par l'article 17 du titre 5 de l'ordonnance civile du mois de novembre 1707, le duc Léopold a pareillement supprimé en Lorraine les *adjoints* dans toutes les jurisdictions & pour toutes sortes de cas, à l'exception néanmoins des enquêtes faites par les juges non gradués des justices seigneuriales : ceux-ci doivent prendre pour *adjoint* un gradué, & au défaut d'un gradué, un praticien non suspect aux parties. Cela s'observe encore aujourd'hui.

L'usage des *adjoints* a encore lieu présentement dans certains cas. Lorsque le conseil d'état donne commission à un intendant de province pour juger en dernier ressort, il doit prendre pour *adjoints* les officiers du siège du lieu où s'instruit le procès, ou à leur défaut des gradués. Les prévôts de maréchaussée ne peuvent juger seuls, il faut nécessairement qu'ils prennent pour *adjoints* les juges des lieux ou des gradués.

Adjoint, (*pour le paiement.*) *Droit romain.* c'est une tierce personne indiquée par le contrat, ou l'acte d'obligation, à laquelle le débiteur doit payer, comme mandataire ou donataire du créancier. Les jurisconsultes romains l'appellent *adjectus solutionis gratiâ.*

Cet *adjoint pour le paiement* est bien différent d'un simple fondé de procuration. La faculté de payer à celui-ci, cesse par la révocation du pouvoir qui lui a été donné, parce que n'étant fondé que sur la volonté du créancier, elle est révocable, comme toute autre procuration; au contraire, la faculté de payer à une personne indiquée dans l'obligation, ne peut cesser par la simple volonté du créancier, parce qu'elle a son fondement dans la convention même dont elle fait partie, & à laquelle on ne peut déroger sans le consentement de deux contractans. C'est la disposition de la loi 12, §. 3, & de la loi 106, *ff. de solution.*

Adjoint, (*Police. Commerce.*) on appelle *adjoints*, certains officiers de la librairie. A Paris ils sont au nombre de quatre: les anciens de la communauté ont le droit de les choisir, avec seize modernes de dix années de réception au moins. On les prend indistinctement parmi les libraires ou les imprimeurs; ils restent en exercice pendant deux ans, & chaque année l'élection des nouveaux se fait dans la chambre de communauté, en présence du lieutenant de police & du procureur du roi, entre les mains desquels ils prêtent serment. Ils sont en exercice avec le syndic de la communauté, & veillent à ce que les ordonnances sur l'imprimerie & la librairie s'exécutent ponctuellement.

Le syndic & les *adjoints* composent ce qu'on nomme à Paris, & dans quelques autres villes, la chambre syndicale, dont les fonctions principales sont d'examiner si les livres qui arrivent à Paris, ne sont pas prohibés, & de faire des visites chez les imprimeurs & libraires, pour reconnoître s'ils ne contreviennent pas aux réglemens & au bon ordre; ils rendent compte à M. le chancelier. *Voyez* Syndic, Libraire, Chambre syndicale, Livre.

ADJONCTION, s. f. généralement, ce mot signifie *jonction, union d'une personne à une autre:* en style de Palais, on l'emploie dans les plaintes en matière criminelle, où l'on demande l'intervention ou *adjonction* de M. le procureur-général, ou de son substitut, ou du procureur-fiscal, si la plainte n'est point portée devant une justice royale. Demander l'*adjonction* du ministère public, c'est demander qu'il se porte accusateur, & poursuive l'accusé en son nom concurremment avec la partie civile. Cette *adjonction* est absolument nécessaire, puisque la partie civile ne peut conclure qu'à des dommages & intérêts, & que le ministère public seul, peut demander qu'on inflige à l'accusé les peines prononcées par la loi, ainsi que nous l'avons dit ci-dessus aux mots Accusé & Accusation.

ADJOUR, s. m. (*terme de Coutume.*) il est employé par celles de Hainaut & de Valenciennes pour celui d'*assignation* & d'*ajournement*, dont il est synonyme.

ADIRÉ, adj. (*terme de Pratique.*) terme encore en usage au palais, il est synonyme à *égaré.* Il se dit particuliérement des papiers ou des pièces d'un procès qui ne se trouvent plus. Ce mot signifie quelquefois *rayé* ou *biffé.*

L'ordonnance du commerce de 1673, se sert du terme d'*adiré*, en parlant des lettres-de-change, qui se sont perdues, & elle prévoit deux espèces où cet accident peut arriver.

S'il arrive qu'une lettre-de-change payable à un particulier, & non au porteur ni à ordre, se trouve *adirée*, le paiement en pourra être poursuivi & fait, en vertu d'une seconde lettre, & sans donner caution, en faisant mention que c'est une seconde lettre, & que la première demeurera nulle.

Mais si la lettre *adirée* est payable au porteur ou à ordre, le paiement n'en peut être exigé que par ordonnance de justice, & en donnant caution de garantir ce paiement.

Telles sont les dispositions des articles 18 & 19 du titre 5. Dans le premier cas, on est dispensé de donner caution, parce qu'une lettre-de-change qui n'est point payable à ordre ni au porteur, mais seulement à un particulier, ne peut servir à nulle autre personne, qu'en vertu d'un transport de ce particulier. Or si, après le paiement de la seconde lettre, il se présentoit une personne avec la première lettre-de-change, même avec un transport du particulier à qui elle appartenoit, ce transport ne produiroit à cette personne qu'un recours contre le cédant; parce qu'il est de principe qu'on ne peut céder sur une chose plus de droit qu'on n'y en a soi-même.

Dans le second cas, on exige l'ordonnance du juge & une caution, parce qu'une lettre payable au porteur peut tomber entre les mains d'un inconnu qui dira en avoir fourni la valeur; & que, si elle est à ordre, on peut supposer que celui qui la reçoit a passé son ordre à quelqu'un qui viendra en demander le paiement.

Mais comme l'ordonnance citée ne règle rien au sujet de la personne à laquelle le porteur d'une lettre-de-change doit s'adresser pour en obtenir une seconde lorsque la première se trouve *adirée*, & que ce silence de la loi a souvent occasionné des contestations entre les porteurs des lettres, les endosseurs & les tireurs, les porteurs prétendant qu'ils n'étoient point obligés de s'adresser à d'autres qu'aux derniers endosseurs, & ceux-ci soutenant au contraire que c'étoit aux tireurs qu'il falloit s'adresser, il y a été pourvu par un arrêt de réglement du parlement de Paris du 30 août 1714. Cet arrêt intervenu sur un appel de la conservation de Lyon, ordonne « que dans le cas de la perte d'une » lettre-de-change tirée de place en place payable » à ordre, & sur laquelle il y a eu plusieurs en» dosseurs, celui qui étoit porteur de ladite lettre-

» de-change sera tenu de s'adresser au dernier en» dosseur de ladite lettre, pour avoir une seconde » lettre-de-change de la même valeur & qualité » que la première, lequel dernier endosseur sera » pareillement tenu sur la requisition qui lui en » sera faite par écrit, de prêter ses offices audit » porteur de la lettre-de-change auprès du précé» dent endosseur, & ainsi en remontant d'endos» seur en endosseur, jusqu'au tireur de ladite lettre, » même de prêter son nom audit porteur, en cas » qu'il faille donner des assignations, & faire des » poursuites judiciaires contre les endosseurs pré» cédens; que tous les frais qui seront faits à ce » sujet, même les ports de lettres & autres frais » seront acquittés par ledit porteur de la première » lettre-de-change qui aura été perdue, & que » faute par le dernier endosseur de ladite lettre, » & en remontant par les endosseurs précédens, » d'avoir prêté leurs offices & leur nom audit » porteur, après en avoir été requis par écrit, » celui des endosseurs qui aura refusé de le faire, » sera tenu de tous les frais & dépens, même » des faux-frais qui pourront être faits par toutes » les parties depuis son refus ».

L'article 13 du titre 5 de l'ordonnance accorde un délai de deux mois pour fournir une seconde lettre-de-change à la place de celle qui a été *adirée* : ce délai ne commence à courir que du jour que le porteur de la lettre *adirée* a dénoncé l'adirement au dernier endosseur. *Voyez* LETTRE-DE-CHANGE, AVAL, PROTÊT, *&c.*

ADITION, s. f. *terme de Jurisprudence*, qui ne s'emploie qu'avec le mot *hérédité*. *Adition d'hérédité* est la déclaration que fait l'héritier institué formellement ou tacitement, qu'il accepte l'hérédité qui lui est déférée. Dans le droit romain ce terme ne s'employoit qu'en parlant d'un héritier étranger appellé à la succession par le testament du défunt. Quand l'héritier naturel, ou héritier du sang, acceptoit l'hérédité, cela s'appelloit *s'immiscer*, & l'acceptation *immixtion*. Mais nous ne faisons point cette distinction, & l'*adition* se prend en général pour l'acte par lequel l'héritier, soit naturel ou institué, prend qualité.

Un simple acte de l'héritier naturel ou institué, par lequel il s'est comporté comme héritier, opère l'*adition* d'hérédité, & lui ôte la faculté de renoncer ou de jouir du bénéfice d'inventaire. Il est égal que l'*adition* soit expresse ou tacite : elle est expresse lorsque l'héritier déclare par un acte formel, qu'il accepte la succession; elle est tacite lorsqu'il dispose des effets de la succession, comme il le feroit d'une chose à lui appartenante.

Du moment de l'*adition* d'hérédité il se fait une confusion des biens du défunt & de ceux de l'héritier, ensorte que si ceux du défunt ne suffisent pas pour payer les dettes de sa succession, elles le sont avec ceux de l'héritier, sur lesquels les créanciers du défunt acquièrent hypothèque.

Il faut néanmoins observer que l'hypothèque acquise sur les biens de l'héritier aux créanciers du défunt, ne fait aucun tort aux créanciers de l'héritier, antérieurs à l'*adition* d'hérédité; ils peuvent demander la séparation des biens de leur débiteur d'avec ceux dont il a hérité, & il leur est permis de se faire payer de leurs créances hypothéquées avant les créanciers de la succession; par la raison que les biens de leur débiteur, leur étoient affectés avant qu'il acceptât la succession, & indépendamment de sa qualité d'héritier, qui ne peut changer leur condition, pour la rendre pire.

Il est encore nécessaire d'observer que, suivant la jurisprudence des parlemens de Paris & de Provence, les créanciers d'une succession n'acquièrent d'hypothèque sur les biens de l'héritier que du jour qu'il leur a passé un titre nouvel, ou qu'ils ont obtenu une condamnation, qui déclare contre lui leurs titres exécutoires, comme ils l'étoient à l'égard du défunt. Mais dans le parlement de Normandie l'hypothèque a lieu sur les biens de l'héritier en faveur des créanciers de la succession, par la seule *adition* d'hérédité, sans qu'il soit besoin d'obtenir contre lui aucune condamnation, ou de lui faire passer un titre nouvel.

Cette jurisprudence du parlement de Rouen devroit être généralement adoptée, elle éviteroit une procédure inutile, que les créanciers d'un défunt sont obligés de suivre contre son héritier; il est de l'intérêt public qu'on diminue, autant qu'il est possible, les frais & les longueurs de la procédure, sur-tout lorsqu'elle ne produit aucun avantage, comme dans l'espèce dont nous parlons. En effet, l'*adition* de l'hérédité est un quasi-contrat, en vertu duquel l'héritier, par sa qualité & par la possession qu'il a prise des biens du défunt, se trouve suffisamment obligé envers ses créanciers, puisqu'une suite nécessaire de son *adition* est de le soumettre au paiement des charges de la succession, dont la première & la principale est l'acquittement des dettes passives : il nous paroît donc inutile d'obliger les créanciers du défunt, d'obtenir contre l'héritier une condamnation qui le met au lieu & place de celui dont il recueille la succession. Cette jurisprudence est d'ailleurs conforme aux principes de droit, qui décident que l'héritier, en acceptant l'hérédité, paroît avoir contracté avec les créanciers héréditaires. *Hæres cum creditoribus hæreditariis contraxisse videtur.*

L'*adition* d'hérédité oblige encore l'héritier à remplir toutes les charges imposées sur la succession, par la volonté du défunt, telles que sont les legs, les fidéi-commis & autres dispositions : elle le rend aussi débiteur des frais funéraires. L'héritier est même tenu de toutes ces charges, ainsi que des dettes passives de la succession, lorsqu'il la vend, ou la donne; il suffit qu'il ait accepté la succession, parce que celui qui a une fois accepté une succession, ne perd plus la qualité d'héritier, *qui semel hæres semper hæres. Voyez* ACCEPTATION de succession.

ADJUDICATAIRE, f. m. (*terme de Pratique.*) on donne ce nom à plusieurs personnes : 1°. à celui qui devient propriétaire d'une chose vendue à enchère publique, soit que la vente se fasse judiciairement ou volontairement : 2°. à celui qui prend à bail un héritage affermé par justice : 3°. à celui à qui on adjuge les fermes des revenus du roi & de l'état, lorsqu'ils sont donnés à l'enchère : 4°. à celui qui prend au rabais, c'est-à-dire, au plus bas prix, l'entreprise d'ouvrages ou de réparations considérables. *Voyez* ci-après ADJUDICATION.

ADJUDICATIF, adj. (*terme de Palais.*) se dit d'un arrêt ou d'une sentence qui porte adjudication au profit du plus offrant, d'un bien vendu par autorité de justice, ou qui défère au moins demandant une entreprise de travaux ordonnés judiciairement. *Voyez* ADJUDICATION & ADJUGER.

ADJUDICATION, f. f. (*Jurisprudence.*) ce mot a deux acceptions, il se prend d'abord pour l'action d'adjuger une chose exposée en vente, au plus offrant & dernier enchérisseur : & en second lieu, pour l'acte même judiciaire ou volontaire, par lequel on adjuge un meuble, un bail, un bien, des ouvrages, des réparations, *&c.*

Les *adjudications*, soit volontaires, soit forcées, sont très-fréquentes : il n'est peut-être personne qui ne se trouve dans le cas de vendre ou d'acheter par *adjudication.* C'est pour cette raison que nous croyons devoir discuter les principes qui régissent chaque espèce d'*adjudication*, suivant la différente nature des choses qui sont à adjuger, & de donner un précis des règles & des formalités qu'il est nécessaire d'observer pour rendre une *adjudication* valable.

ADJUDICATION *de baux judiciaires.* On appelle *bail judiciaire* celui qui se fait, par autorité de justice, des biens saisis réellement à la diligence des sequestres des biens saisis, ou des commissaires aux saisies réelles. Quoique les offices & les rentes soient regardés comme des immeubles, on n'en fait point de baux judiciaires, parce qu'ils ont un revenu fixe & certain, dont la perception est aisée : ainsi les baux judiciaires n'ont lieu que pour les biens qui sont de nature à être affermés.

Les baux judiciaires ont été introduits, pour empêcher que les sequestres ou les commissaires ne consomment en frais de régie tout le produit des biens saisis ; & pour éviter cette perte à la partie saisie, la loi les oblige d'en poursuivre promptement le bail, après y avoir appellé toutes les parties intéressées. Cette obligation a été reconnue & recommandée par nos plus anciennes ordonnances, & notamment par celle de 1539, art. 82, « qui veut que tous sequestres, commissaires & dépositaires de justice, commis au » gouvernement d'aucunes terres ou héritages, » soient tenus les bailler à ferme par autorité de » justice, parties appellées, au plus offrant & dernier enchérisseur ».

On procède à l'*adjudication* des baux judiciaires devant le juge de l'endroit où le décret se poursuit, lorsque les biens sont saisis réellement & que le commissaire aux saisies réelles en est établi le gardien ; mais les sequestres peuvent, en vertu d'une ordonnance, y faire procéder pardevant un huissier ou un notaire. Dans l'un & l'autre cas, l'*adjudication* doit être précédée de proclamations aux prônes des églises paroissiales où sont situés les biens, & d'appositions d'affiches aux portes des églises & lieux accoutumés, & des autres formalités qui peuvent rendre l'*adjudication* plus notoire, & y attirer un plus grand nombre d'enchérisseurs.

L'*adjudication*, faite devant le juge, est un acte de jurisdiction contentieuse, &, par cette raison, n'est pas sujette au contrôle ; mais une *adjudication*, faite devant un huissier, doit être contrôlée dans les trois jours, & dans la quinzaine lorsqu'elle est faite pardevant un notaire.

Pour épargner ces frais préliminaires, lorsqu'on trouve un fermier jouissant en vertu d'un bail conventionnel, on est dans l'usage de convertir ce bail en bail judiciaire, si le fermier y consent, à moins qu'il ne paroisse évidemment, par la combinaison des circonstances, qu'il a été fait en fraude & à vil prix. Si le sequestre ou commissaire aux saisies réelles négligeoit de convertir le bail conventionnel en bail judiciaire, les parties intéressées peuvent le sommer d'y procéder.

Les réglemens défendent à plusieurs personnes de se rendre adjudicataires des baux judiciaires, soit directement, soit indirectement. De ce nombre sont, 1°. le commissaire aux saisies réelles ; 2°. la partie saisie, sa femme & ses enfans ; 3°. les parens ou alliés de l'huissier qui a fait la saisie ; 4°. les officiers, avocats, procureurs, greffiers, huissiers ou sergens de la jurisdiction où se poursuit le décret ; 5°. les solliciteurs, les clercs & commis des procureurs & des greffiers ; 6°. le poursuivant criées, parce qu'ayant le bail à vil prix, on pourroit craindre qu'il négligeât de poursuivre l'*adjudication* par décret, afin de profiter des fruits par une longue jouissance ; mais il n'en est pas de même des créanciers opposans, ils peuvent être admis à enchérir, si la coutume des lieux ne le défend expressément : il est même de l'intérêt de toutes les parties que leurs enchères soient admises, parce qu'alors le bail judiciaire peut être porté plus haut.

Les mineurs de vingt-cinq ans ne peuvent être reçus adjudicataires d'un bail judiciaire, parce qu'ils ne peuvent ni contracter, ni s'engager valablement, & qu'ils sont dans le cas de s'en faire relever, quand il leur est préjudiciable. Les femmes & les filles, que l'ordonnance de 1667 exempte de la contrainte par corps, ainsi que les septuagénaires, ne devroient pas être admises à l'enchère d'un bail judiciaire ; on les admet cependant, & elles se rendent adjudicataires, pourvu que les cautions qu'elles donnent soient bonnes & solvables, parce qu'alors on peut agir contre leurs cautions, qui peuvent être contraintes par corps au paiement du prix du bail.

Dans plusieurs tribunaux du royaume, on suit la disposition textuelle de l'art. 16 de l'édit de 1626, & en conséquence le fermier judiciaire est dépossédé de son bail, sans prétendre aucun dédommagement dès que la saisie cesse, soit par la main-levée, soit par l'*adjudication* définitive du bien saisi; mais dans le ressort du parlement de Paris, depuis le réglement du 21 août 1664, le fermier jouit des loyers de la chose saisie & des revenus de la terre qu'il a ensemencée, en payant le prix du bail au propriétaire ou à l'adjudicataire du fonds saisi. Cette obligation, de laisser jouir le fermier judiciaire, est même comprise dans les charges de l'enchère & dans l'*adjudication* de quarantaine, afin que l'adjudicataire ne se croie pas en droit d'entrer en possession des biens qui lui sont adjugés, & de déposséder sur le champ le fermier judiciaire. *Voyez* SAISIE RÉELLE.

ADJUDICATION *des bois du roi*. Les bois du roi sont de quatre espèces: les bois taillis, qui se coupent tous les huit ou dix ans; les hauts taillis, qui sont au-dessus de dix ans jusqu'à trente; ceux qu'on appelle *demi-futaie*, de l'âge de quarante à soixante ans; & enfin les bois de haute-futaie, qui sont de cent ans & au-dessus. La vente de tous ces bois doit être faite, suivant le réglement qui en est arrêté auparavant dans le conseil du roi, ou sur des lettres-patentes duement enregistrées dans les cours de parlement ou dans les chambres des comptes. Toutes *adjudications* faites autrement ne seroient pas nulles, mais l'adjudicataire paieroit le quadruple de la valeur des bois qui lui auroient été adjugés, & celui qui auroit ordonné la vente seroit destitué de sa charge: c'est la disposition de l'article 1 du titre 15 de l'ordonnance des eaux & forêts de 1669.

Des formalités qui doivent précéder les adjudications. Avant de procéder à la vente des bois du roi, les grands-maîtres sont obligés d'envoyer leurs mandemens aux maîtrises dès le mois de septembre, pour désigner les jours des *adjudications*, comme le prescrit l'art. 2 du tit. 3 de l'ordonnance du mois d'août 1669. L'art. 13 du même titre veut que ces *adjudications* soient faites avant le prémier janvier de chaque année.

Quand le jour de l'*adjudication* est indiqué pour une maîtrise, le procureur du roi doit en faire faire les publications, qui sont ordinairement au nombre de trois, lorsque la vente est considérable; mais deux suffisent, lorsqu'il s'agit de ventes médiocres, ou de celle des arbres chablis. Ces publications doivent être faites de manière qu'il y ait au moins huit jours pleins entre la dernière publication & l'*adjudication*.

Les *adjudications* ne peuvent être faites que par les grands-maîtres & les officiers des maîtrises, & il est défendu à ceux-ci, sous peine de répondre des événemens, de reconnoître pour cet effet d'autres personnes, à moins qu'elles ne soient munies d'ordres particuliers du roi.

Cette jurisprudence est observée si ponctuellement au conseil, qu'ayant été ordonné, par arrêt du 11 octobre 1724, qu'il seroit dressé des inventaires de tous les matériaux employés ou destinés à la construction de plusieurs casernes, tant de ceux qui étoient sur les carrières, que des bois qui étoient dans les forêts, soit qu'ils fussent façonnés ou non, & qu'il seroit incessamment, par les intendans de.... procédé à l'*adjudication* de ces matériaux; cet arrêt, en ce qui concernoit l'*adjudication* des bois, fut révoqué par un autre du 23 juillet 1725: celui-ci ordonna que la visite & la vente des bois seroient faites par les grands-maîtres & les officiers des maîtrises.

C'est d'après le même principe que, par arrêt du conseil des 2 & 8 juillet 1726, il fut ordonné que les bois, provenant de l'essartement des nouvelles routes qui devoient être faites dans la forêt de Guise, seroient vendus par le grand-maître & les officiers de la maîtrise, quoique les routes dussent être faites sous les ordres & la direction du surintendant des bâtimens.

La vente doit être encore précédée de la visite des bois, faite par le grand-maître ou le maître particulier, accompagnés du procureur du roi, du garde-marteau & des sergens à garde, qui doivent en signer le procès-verbal qu'on remet à l'arpenteur. Celui-ci doit faire un plan figuré de la vente, dans lequel il doit désigner les pieds corniers qui en font les angles & qui séparent la nouvelle d'avec l'ancienne, les arbres de lisières & de parois, en fixer le nombre & la qualité. Ce procès-verbal doit être signé du sergent à garde, & une copie en être déposée au greffe de la maîtrise: on envoie même au grand-maître une expédition paraphée du maître particulier & du procureur du roi.

Où doivent se faire les adjudications, & quelles personnes sont admises à enchérir. Les *adjudications* des bois du roi ne peuvent se faire ailleurs que dans les auditoires où se tient ordinairement la jurisdiction des eaux & forêts, à peine de nullité, & de dix mille livres d'amende contre le grand-maître ou autre qui en auroit autrement ordonné: c'est la disposition de l'art. 3 du tit. 15, confirmée par un arrêt du conseil rendu le 24 novembre 1699, contre le grand-maître Bruillevert.

Avant de recevoir les enchères, le cahier des charges doit être lu à haute & intelligible voix.

Les personnes notoirement insolvables ne doivent pas être admises à enchérir les bois à vendre, & s'il s'en présente de cette qualité, les arrêts du conseil, des 17 juillet 1671 & 21 mai 1697, veulent que les officiers des maîtrises en avertissent les grands-maîtres pour les faire rejetter, à peine, contre ces officiers, de répondre des événemens en leur propre & privé nom.

Les ecclésiastiques, les gentilshommes, les gouverneurs de places, les capitaines des maisons royales, leurs lieutenans & officiers; les magistrats, juges & procureurs du roi ne peuvent pas non plus se rendre adjudicataires des bois du roi, ni prendre part aux *adjudications* directement ou indirectement, à peine de confiscation des bois vendus ou du prix des ventes, & de perdre leurs privilèges. C'est la disposition de l'art. 21 du tit. 15 de l'ordonnance citée, lequel veut d'ailleurs que les officiers des maîtrises, qui auront reçu de pareils adjudicataires, ou qui, ne les ayant connus qu'après l'*adjudication*, auront souffert l'exploitation, soient punis par la perte de leurs charges, & même de plus grande peine, selon les circonstances.

Les mêmes défenses sont étendues, par l'art. 22, à tous les officiers des chasses & des eaux & forêts, de même qu'à leurs enfans, gendres, frères, beaux-frères, oncles, neveux & cousins-germains.

Les receveurs généraux ou particuliers des domaines & bois sont obligés de se trouver aux *adjudications*, pour discuter la solvabilité des enchérisseurs ou de leurs cautions, & ils ont le droit de se placer à la gauche du grand-maître.

Des adjudications définitives. Les *adjudications* doivent être signées sur le champ par les marchands, les grands-maîtres, particuliers, procureurs du roi & autres officiers, immédiatement au bas du traité, & chaque feuillet paraphé par le grand-maître.

Les *adjudications* ne sont définitives, qu'après vingt-quatre heures passées; jusqu'à ce temps, chacun doit être reçu à doubler & à tiercer.

L'art. 25 du tit. 15 cité, permet aux adjudicataires de renoncer à leurs enchères, au greffe de la maîtrise, avant le midi du lendemain de l'*adjudication*, à la charge de faire signifier, dans cet intervalle, leur renonciation au précédent enchérisseur & au receveur des domaines & bois.

Dans ce cas, l'adjudicataire qui renonce doit payer comptant la folle enchère, c'est-à-dire, la somme qui excède celle du pénultième enchérisseur, & l'enchère appartient à celui-ci. Si ce pénultième enchérisseur révoque aussi son enchère, il doit de même payer la folle enchère, & l'*adjudication* appartient à celui qui a enchéri avant lui; en sorte que tous les enchérisseurs doivent être successivement subrogés à ceux qui révoquent leurs enchères.

L'adjudicataire, qui se désiste de son enchère, doit être arrêté jusqu'à ce qu'il ait payé ou donné bonne & suffisante caution, le receveur pouvant, dans ce dernier cas, lui accorder le même délai qu'on est dans l'usage de fixer pour le paiement du prix de l'*adjudication*.

Il n'y a que les greffiers des maîtrises qui puissent valablement délivrer des expéditions des *adjudications* : cela a été ainsi jugé par deux arrêts du conseil des 29 novembre 1703 & 5 août 1704. Un autre arrêt du 26 février 1707, a défendu aux secrétaires des grands-maîtres, non-seulement de délivrer des expéditions des *adjudications*, mais encore de se mêler de la réception des cautions, d'en écrire ou délivrer aucun acte, & d'exiger aucun droit à cet égard, à peine de nullité, de restitution du quadruple, & de 500 livres d'amende.

Des cautions & associés. Si l'adjudicataire manque de fournir caution dans la huitaine, il est évincé de plein droit. Le receveur est obligé, dans ce cas, de faire signifier dans le jour, à celui qui étoit le pénultième enchérisseur, qu'il est substitué au lieu & place de celui qui n'a pas fourni caution, & que, dès ce moment, l'*adjudication* est à sa charge.

Les cautions des adjudicataires des bois sont responsables non-seulement du prix des ventes, mais encore de l'exécution des clauses portées par le cahier des charges.

Un adjudicataire des bois du roi ne peut avoir plus de trois associés, lesquels doivent se rendre, ainsi que l'adjudicataire, au greffe de la maîtrise, dans la huitaine de l'*adjudication*, pour y déposer une expédition du traité d'association, & y faire leur soumission de remplir toutes les charges de l'*adjudication*.

Si l'adjudicataire se trouve convaincu d'avoir fait quelque association secrete, ou d'avoir engagé les autres marchands à ne point enchérir, il doit être condamné à une amende arbitraire, qui ne peut être au-dessous de mille livres, & privé du droit de se rendre adjudicataire à l'avenir. Un arrêt du conseil, du 3 mai 1701, a confirmé une sentence rendue par la maîtrise de Senlis, conformément à cette disposition de l'ordonnance.

Des formalités & des obligations que l'adjudicataire doit remplir. Les *adjudications* des bois du roi, étant nécessairement des actes judiciaires, ne sont pas sujetes au contrôle, non plus que les cautionnemens fournis en conséquence, & les déclarations que les adjudicataires donnent au greffe pour faire connoître leurs associés.

L'adjudicataire, quoiqu'il ait fourni caution, ne peut commencer l'exploitation, qu'il n'ait représenté aux officiers & fait enregistrer au greffe le consentement du receveur des domaines & bois; & si les officiers négligent de faire remplir ces formalités, ils se rendent personnellement responsables des événemens.

Après les *adjudications*, les ventes ne peuvent être changées, ni en tout, ni en partie, sous quelque prétexte que ce soit, à peine, contre les marchands, d'amende arbitraire, & contre les officiers, de punition exemplaire, de la perte de leurs charges, & de restitution du quadruple du prix des ventes changées.

Avant de commencer son exploitation, l'adjudicataire peut faire faire un souchetage dans la vente & aux environs, pour constater le nombre & la qualité des souches des bois coupés en délit. Ces souches se marquent d'un coup de marteau, afin de pouvoir être reconnues. Cette opération se fait pour prévenir les abus qui peuvent se commettre dans les ventes, & afin qu'on ne puisse pas imputer

imputer dans la suite aux marchands adjudicataires, les délits qui pourroient avoir été commis avant l'*adjudication*.

Le souchetage doit se faire sans frais, devant le maître & le garde-marteau, en présence du garde, par deux experts; l'un pour le procureur du roi, l'autre pour l'adjudicataire.

L'adjudicataire peut établir des facteurs ou garde-ventes, pour la conservation de ses intérêts.

L'adjudicataire des bois de futaie doit avoir un marteau pour marquer les arbres qu'il vend par pied, & un registre pour marquer la quantité & le prix des bois qu'il a vendus, avec les noms, surnoms & domiciles des acheteurs, à peine de cent livres d'amende & de confiscation.

Tous les associés ne peuvent avoir qu'un seul marteau, dont l'empreinte doit être au greffe; & il ne peut être vendu aucun arbre qu'il ne soit marqué, ni être marqué d'autre bois que celui qui provient de la vente.

Si l'adjudicataire a plusieurs ventes, & qu'à cause de la distance des lieux il soit obligé d'y tenir différens registres, il peut alors avoir autant de marteaux que de registres, pourvu qu'il en ait fait faire procès-verbal, & que l'empreinte des marteaux soit mise au greffe.

Il est défendu à l'adjudicataire d'avoir, dans l'étendue de sa vente, d'autres bois que ceux qui en proviennent, à peine d'être puni comme s'il les avoit volés.

Il lui est aussi défendu, sous peine de confiscation & de cent livres d'amende, d'avoir des atteliers, pour travailler ses bois ailleurs que dans sa vente.

Il est expressément ordonné aux adjudicataires de faire couper, le plus près de terre qu'il est possible, les souches des arbres abatrus anciennement dans leurs ventes, & aux officiers d'y tenir la main, sous peine d'interdiction, sans que ces souches puissent être arrachées, sous quelque prétexte que ce soit.

Il est défendu aux adjudicataires, sous peine de cinq cens livres d'amende & de confiscation, de peler les bois de leurs ventes, tandis qu'ils sont sur pied.

Il faut remarquer que deux arrêts du conseil, des 8 février 1672 & 30 mai 1702, ont dérogé à cette dernière disposition de l'ordonnance, en faveur des habitans de la principauté de Château-Regnault & du duché d'Harcourt, afin de faciliter le commerce de tannerie qui s'y fait.

Il est défendu aux adjudicataires de faire des cendres dans leurs ventes, à peine d'amende arbitraire & de confiscation des bois & outils, & aux officiers de le souffrir, à peine de privation de leurs charges, à moins que la permission n'en ait été accordée par lettres-patentes duement vérifiées, sur les avis des grands-maîtres.

Il est aussi défendu à tout adjudicataire, tant des bois du roi que de ceux des particuliers qui joignent les forêts de sa majesté, de donner du bois aux bûcherons & autres ouvriers pour paiement de leurs salaires, à peine de répondre des délits commis dans les forêts jusqu'au récollement; & s'il arrive aux bûcherons ou autres ouvriers d'emporter aucun bois, de quelque nature que ce soit, l'ordonnance veut qu'ils soient condamnés à une amende de cinquante livres pour la première fois, & punis corporellement dans le cas de récidive.

Si l'adjudicataire vient à faire travailler, dans sa vente, la nuit ou un jour de fête, il doit être condamné à cent livres d'amende.

Lorsqu'un adjudicataire abat des bois au-delà des bornes de la vente, il doit être condamné à la restitution du quadruple, sur le pied du prix principal de son *adjudication*, si les bois, sur lesquels il a entrepris, sont de même nature que ceux de la vente; mais s'ils valent mieux ou qu'ils soient plus âgés, l'adjudicataire doit être condamné à l'amende & à la restitution, à proportion du diamètre de chaque arbre.

S'il y a de la *surmesure* dans une vente, l'adjudicataire doit la payer à proportion du prix principal & des charges de la vente; & s'il y a *moindre mesure*, le prix de l'*adjudication* doit être diminué à proportion, sans qu'il puisse être donné du bois pour indemnité, ni la surmesure être compensée en espèce avec la moindre mesure.

Il ne doit être donné à l'adjudicataire aucun bois par forme de *remplage*, sous prétexte qu'il s'est trouvé des places vuides dans la vente, à peine de restitution du quadruple, contre l'adjudicataire qui l'auroit reçu, & de trois mille livres d'amende, avec perte de leurs charges, contre les officiers qui l'auroient accordé.

L'adjudicataire est responsable des délits qui se font, à l'ouie de la coignée, aux environs de la vente, à moins que lui ou ses facteurs n'en aient fait rapport. Il est aussi civilement responsable des délits commis par ses ouvriers ou domestiques.

Un arrêt du conseil, du 3 septembre 1748, a jugé que les adjudicataires des bois du roi ne pouvoient être imposés dans le rôle des tailles, pour raison de leurs *adjudications*, sauf à les taxer dans les lieux de leurs domiciles, pour raison de leur commerce & de leurs facultés.

L'adjudicataire des bois du roi ne doit aucun droit d'entrée, de péage, d'octroi, *&c.* pour les bois qu'il fait conduire & débiter dans les villes, pour son compte; mais il doit les droits attribués aux gardes des ports, & aux mouleurs & jaugeurs de bois.

Il doit aussi les droits de passage sous les ponts, & aux pertuis où il y a des maîtres établis; de même que les droits de sortie des bois qu'il fait transporter dans les pays étrangers, lorsqu'il en a la permission.

Les adjudicataires peuvent vendre leurs bois à qui bon leur semble dans le royaume, lorsqu'il n'y a point de clause contraire dans le cahier des charges. C'est pourquoi un arrêt du conseil, du 16 août 1740, a cassé une ordonnance du lieutenant-général de Rouen, par laquelle il avoit enjoint aux adjudicataires des bois du roi, de réserver leurs bois blancs pour les boulangers, les pâtissiers & les manufactures de fayance.

Lorsque, dans une *adjudication*, il se trouve des bois propres au service de la marine, & reconnus pour tels, les entrepreneurs de la fourniture de ces sortes de bois sont tenus de les faire enlever & d'en payer la valeur, selon le prix convenu avec l'adjudicataire ou réglé par experts, dans les termes fixés par le cahier des charges de l'*adjudication*.

Si les entrepreneurs refusent d'enlever les arbres marqués du marteau de la marine, ou déclarent par écrit qu'ils n'entendent point les prendre, l'adjudicataire n'en a pas pour cela la disposition, & les officiers des maîtrises ne peuvent, sous quelque prétexte que ce soit, l'autoriser à les vendre; mais il doit s'adresser au secrétaire d'état ayant le département de la marine, pour obtenir cette autorisation, ou recevoir, à cet égard, des ordres relatifs aux circonstances. C'est ce qui résulte de l'arrêt de réglement du 8 février 1767, par lequel le roi a cassé & annullé une sentence de la maîtrise particulière de Sainte-Menehould, rendue le 10 avril 1766, sur une contestation survenue entre Buirette, marchand adjudicataire, & le sieur Gohel & compagnie, intéressés dans la fourniture générale des bois de marine.

Par cette sentence, les officiers de la maîtrise avoient autorisé Buirette à disposer à son profit, comme il le jugeroit à propos, de 430 arbres, marqués du marteau de la marine, au cas que le sieur Gohel ne conviendroit pas du prix de ces arbres, dans le délai fixé par la sentence. Le conseil a regardé cette sentence comme préjudiciable au bien du service du roi, & a jugé que les officiers de la maîtrise auroient dû se borner à statuer sur les difficultés survenues entre les parties, relativement au prix des arbres, & ordonner que Buirette s'adresseroit au roi pour en obtenir la libre disposition.

Toutes les contestations qui peuvent survenir entre les adjudicataires, leurs associés, subrogés, cautions, certificateurs, les receveurs des domaines & bois, les receveurs des droits d'entrée, péages, octrois, *&c.* & en général toutes les actions concernant les *adjudications*, circonstances & dépendances, doivent être portées, en première instance, aux sièges des maîtrises: divers arrêts du conseil l'ont ainsi décidé.

Adjudication *des bois des gens de main-morte*. Les bois des gens de main-morte sont de deux espèces: les uns sont en coupe réglée; les autres en réserve, dont on fait des coupes extraordinaires. Il n'y a pas de loix qui astreignent les gens de main-morte à faire l'*adjudication* des coupes réglées de leurs bois taillis, par-devant les maîtrises des eaux & forêts; mais les *adjudications* des bois de réserve doivent être faites avec les mêmes formalités que les *adjudications* des bois du roi. Il n'y a que les grands-maîtres qui aient droit d'y procéder, ou les officiers des maîtrises qu'ils commettent à cet effet. C'est pourquoi un arrêt du conseil, du 3 août 1706, a déclaré nulle une *adjudication* de bois de l'abbaye de Bois-Groland, faite par les officiers de la maîtrise de Fontenay-le-Comte, sans commission du grand-maître; & a ordonné que, par le sieur Milon, grand-maître, il seroit procédé à une nouvelle *adjudication*, avec défenses aux mêmes officiers de procéder à l'avenir à de semblables ventes, sans commission, à peine de 1000 livres d'amende, & de tous dépens, dommages & intérêts.

Il y a plus; c'est que des lettres-patentes, adressées directement aux officiers d'une maîtrise pour procéder à une *adjudication*, ne pourroient être exécutées valablement, sans l'attache ou la commission du grand-maître.

Lorsque les grands-maîtres procèdent eux-mêmes aux *adjudications* dont il s'agit, ils sont toujours obligés de les faire aux sièges des maîtrises & avec les officiers dans le ressort desquels les bois sont situés, à peine de nullité & de dix mille livres d'amende.

Le prix des *adjudications* des bois des ecclésiastiques doit être payé aux bureaux des receveurs généraux ou particuliers des domaines & bois.

Outre le prix principal qui se paie dans les termes portés au cahier des charges, l'adjudicataire doit payer comptant quatorze deniers par livre pour le roi.

Sur le prix, le receveur doit retenir le dixième attribué aux pauvres communautés, à moins que l'arrêt, qui permet la coupe, n'exempte expressément de cette charge.

Les deniers provenant de la vente des bois des ecclésiastiques & destinés au paiement de réparations, *&c.* ne peuvent être délivrés aux entrepreneurs que sur les ordonnances des grands-maîtres.

Les *adjudications* des bois des ecclésiastiques ne sont pas sujettes au contrôle, & les adjudicataires sont tenus d'observer tout ce qui est prescrit pour l'exploitation des bois du roi.

Lorsque, dans les bois d'une communauté de paroisse, il ne s'agit que des coupes ordinaires dont la vente a été permise par le grand-maître, l'*adjudication* en doit être renvoyée devant les juges des lieux, à moins qu'il n'y ait un siège de maîtrise ou de gruerie dans la paroisse même.

Ces *adjudications* doivent toujours être faites sans frais, mais avec les formalités prescrites pour les autres *adjudications* de bois, & les deniers en provenant ne peuvent être employés qu'aux réparations extraordinaires, ou autres affaires urgentes des communautés.

Il a été décidé, par arrêt du conseil du 23 janvier 1748, qu'il n'étoit point dû de centième denier pour les *adjudications* des bois des gens de main-morte & des communautés ecclésiastiques & laïques, même dans les coutumes où ces bois sont immeubles, & où il est dû sur les bois des seigneurs & des particuliers ; mais le droit de contrôle est dû, lorsque ces *adjudications* se font ailleurs que dans les sièges des maîtrises ou grueries.

ADJUDICATION *des bois des seigneurs & des particuliers.* Il n'y a aucune loi qui assujettisse à faire ces *adjudications* en justice, lorsque le roi ou les engagistes n'ont aucun intérêt dans les bois ; ainsi elles doivent être contrôlées dans la quinzaine de leur date, à la diligence des greffiers, de même que les cautionnemens qui sont séparément fournis en conséquence, conformément aux principes établis pour les actes volontaires reçus en justice. C'est pourquoi un arrêt du conseil, du 22 novembre 1723, a déclaré nulles soixante-quatre *adjudications* de bois, signées des adjudicataires, de même que du juge & du greffier de la baronnie de Lucheux, & condamné le greffier à autant d'amendes de deux cens livres, pour ne les avoir pas fait contrôler dans la quinzaine.

Quelques seigneurs ont prétendu qu'ayant une gruerie, qu'ils tenoient par concession du souverain, avec les prérogatives, privilèges & exemptions attribués aux maîtrises, les *adjudications* de leurs bois, faites dans ces gruries, n'étoient pas sujettes au contrôle ; mais ce moyen est insuffisant. Le droit de gruerie appartient naturellement à tous les seigneurs haut-justiciers, comme l'a jugé le parlement de Paris, par arrêt du 18 mars 1706. Ce droit consiste dans la liberté qu'ont les seigneurs de faire garder leurs bois, & de faire juger, en première instance, par les officiers de leur justice, les délits commis dans ces mêmes bois ; mais, comme ils ont la liberté d'exploiter & de vendre leurs bois comme il leur plaît, les *adjudications* qu'ils en font faire dans leurs justices, sont des actes volontaires sujets au contrôle.

Lorsque, par une même *adjudication*, il est vendu des bois à divers particuliers, il n'est dû qu'un droit de contrôle sur le total des ventes faites dans la même séance & par le même cahier : le conseil l'a ainsi décidé le 11 juillet 1725.

Si l'*adjudication* est faite en justice, en vertu de quelque autorité qui l'a ainsi ordonné, elle n'est plus volontaire, ni par conséquent sujette au contrôle : c'est ce que le conseil a décidé, par arrêt du 28 juin 1731.

Dans quelques provinces, on a coutume d'adjuger les bois, par cantons, à tant la verge ou l'arpent, dont la quantité ne se constate que trois ou quatre mois après l'*adjudication*, & souvent même après la coupe. Par arrêt du conseil, du 23 septembre 1725, il est ordonné que ces *adjudications* de bois seront portées au contrôle, dans la quinzaine de leurs dates, pour y être enregistrées, & pour être mis un *vu* sur les minutes, sans qu'avant cet enregistrement il puisse être fait aucun acte, ni poursuite en conséquence, autres que les procès-verbaux de mesurage ; & que, pour constater la quantité des arpens ou verges compris dans chaque *adjudication*, & en fixer les droits de contrôle, le mesurage sera fait & parfait, contradictoirement avec les vendeurs & les adjudicataires, dans le délai de six mois au plus tard, à compter de la date de l'*adjudication*, & les droits de contrôle payés sur le pied de la quantité qui se trouvera dans la quinzaine du jour de la perfection du mesurage, dont le procès-verbal sera rapporté pour être contrôlé : il doit aussi être fait mention de ce contrôle sur l'*adjudication*, mais sans qu'il puisse être perçu aucun droit à cet égard ; enfin les vendeurs ne peuvent demander aux adjudicataires d'autres sommes que celles qui résultent des procès-verbaux de mesurage, d'après lesquels les droits de contrôle ont été fixés.

ADJUDICATION *à l'extinction de la chandelle.* Anciennement la vente des biens saisis judiciairement se faisoit à l'extinction de la chandelle : cet usage a été prohibé par plusieurs arrêts, & notamment par celui du parlement de Paris du 2 décembre 1574.

Ces sortes d'*adjudications* n'ont plus lieu aujourd'hui que pour les fermes du roi, & pour les ouvrages publics. On y procède en allumant une chandelle ; tant qu'elle brûle, tout le monde est admis à enchérir ; mais après qu'elle est éteinte, on n'y est plus reçu, & l'*adjudication* se fait à celui qui a mis la dernière enchère.

Il y a aussi quelques jurisdictions où les *adjudications* se font à la baguette. Le juge frappe, avec une baguette, un certain nombre de coups, &, au dernier, il adjuge.

ADJUDICATION *des domaines & fermes du roi. Adjudication des domaines.* Les *adjudications* des domaines du roi se font par devant des commissaires du conseil, nommés par le roi ; elles doivent être précédées d'affiches & publications, faites sur les lieux où les domaines sont situés ; elles se font souvent à titre de fermes, quelquefois à titre de propriété, soit incommutable, soit à faculté de rachat, soit à vie ; elles se font aussi à titre de reventes, sur une première aliénation.

Après l'*adjudication* définitive, les commissaires peuvent recevoir, dans les vingt-quatre heures, une enchère, qui doit être du tiers du prix de l'*adjudication* ; lorsque cette enchère, par tiercement, a lieu, on renvoie l'*adjudication* définitive à quinzaine, & on n'en reçoit plus que par doublement du prix principal. Il est bon d'observer que, dans les six mois de l'*adjudication*, les commissaires sont autorisés à recevoir le doublement du prix pour lequel l'*adjudication* définitive a été faite.

Les enchères, pour les reventes des domaines, ne peuvent être reçues qu'en argent, & à la charge de rembourser les engagistes. L'adjudicataire, à prix d'argent, de bonne foi & sans fraude, ne peut être dépossédé que moyennant le remboursement de sa finance, de ses frais, loyaux-coûts, impenses & améliorations utiles & nécessaires, faites par autorité de justice.

Les fermiers & engagistes des domaines sont tenus de remettre, aux receveurs généraux des domaines & bois de la généralité, des copies collationnées, en bonne forme, des *adjudications* par revente ou autrement, qui leur sont délivrées par le greffier de la commission, pour servir aux receveurs à la confection de l'état, en détail, des domaines de leurs généralités, & leur rendre plus facile la perception du prix des fermes, & des droits féodaux ou censuels qui, par la suite, peuvent être dus par les adjudicataires. *Voyez* ALIÉNATION.

Adjudication des fermes du roi. Les fermes du roi s'adjugent à-peu-près de la même manière. L'*adjudication* s'en fait, à l'extinction de la chandelle, au conseil de direction des finances, & de l'autorité des commissaires nommés à cet effet; elle est précédée de publications & d'affiches, qui se font au moins six mois avant l'expiration du bail actuel; les publications se font dans les provinces où les droits du bail à faire doivent être perçus par les officiers du bureau des finances, qui en envoient au conseil le procès-verbal; les affiches se mettent principalement au portes du louvre, & de la salle du conseil; elles contiennent les conditions & le temps des baux qui doivent être renouvellés.

Les enchères se font par le ministère des avocats au conseil; toutes personnes solvables, & ayant caution, sont reçues à les proposer: on peut voir, à cet égard, le réglement des fermes du 25 juillet 1681. Les nobles y sont admis, & ils ne dérogent pas en se rendant adjudicataires; c'est ce qui a été précisément stipulé dans l'art. 443 du bail de Domerge, passé le 18 mars 1647: cette clause a été depuis insérée dans les baux postérieurs.

Les officiers des cours souveraines, qui connoissent des droits du roi, ne peuvent se rendre adjudicataires des fermes, ni s'y intéresser directement ou indirectement. Il est pareillement défendu aux officiers des élections, & autres connoissant des droits des fermiers du roi, de s'intéresser dans les sous-baux, à peine d'interdiction, de confiscation de leurs avances, & d'amende.

L'adjudicataire des fermes du roi n'est que le prête-nom de ses cautions, qui sont les véritables fermiers, néanmoins le bail est passé en son nom; tous les actes que les fermiers généraux peuvent faire, sont également en son nom; & c'est contre lui qu'on dirige les actions, lorsqu'on en a quelques-unes à intenter contre la ferme.

L'avocat, à qui les fermes ont été adjugées, doit, dans les vingt-quatre heures, donner, au greffe du conseil, le nom de l'adjudicataire & de ses cautions, &, dans les trois jours, les cautions doivent signer, au greffe, l'acte de cautionnement; s'ils ne le faisoient pas, la ferme seroit de nouveau publiée à la folle enchère de l'adjudicataire & de ses cautions.

Après l'*adjudication* pure & simple, on ne reçoit plus d'enchère que par tiercement, c'est-à-dire, que la nouvelle enchère doit être d'un tiers plus forte que la première. Si le tiercement a eu lieu, il se publie à l'audience du conseil, & l'adjudicataire, ainsi que celui qui l'a fait, sont admis à enchérir l'un sur l'autre; mais une tierce personne ne seroit pas reçue à proposer une nouvelle & simple enchère, à moins qu'elle ne propose un doublement sur le tiercement, & cette enchère seroit même reçue huit jours après l'*adjudication*. *Voyez* DOMAINE, FERMES DU ROI.

ADJUDICATION *d'immeubles*. Dans notre procédure actuelle, nous connoissons quatre espèces d'*adjudications* d'immeubles. La première se fait par une direction de créanciers; la seconde, par la licitation d'un héritage entre cohéritiers ou copropriétaires; la troisième & la quatrième, en vertu d'un décret volontaire ou forcé.

De l'adjudication en direction. L'*adjudication* d'immeubles en direction, est la vente que des créanciers unis font des biens que leur débiteur leur a volontairement abandonnés; elle se fait par les directeurs nommés & établis par l'acte d'union, en présence des créanciers ou de quelques-uns d'eux, en l'étude d'un notaire, avec les formalités usitées dans les ventes judiciaires. En conséquence, les directeurs des créanciers font poser des affiches pour indiquer le jour de la vente; au jour marqué, ils reçoivent les enchères, & souvent ordonnent une ou plusieurs remises, lorsqu'ils croient que les biens ne sont pas encore portés à leur valeur.

Il arrive même, dans les directions, que l'*adjudication* se fait sauf quinzaine, c'est-à-dire, que, pendant l'espace de quinze jours, ils sont encore les maîtres de recevoir de nouvelles enchères; mais, après ce dernier délai, l'*adjudication* se fait définitivement au plus offrant & dernier enchérisseur: cette dernière peut encore être couverte, dans les vingt-quatre heures, par un tiercement, après lequel les directeurs passent à l'adjudicataire le contrat de vente, qui le rend propriétaire incommutable.

Comme cette espèce d'*adjudication* est véritablement une vente volontaire, elle a été assujettie au contrôle des actes, par le tarif du 29 septembre 1722. *Voyez* DIRECTION.

Des adjudications par licitation. Les *adjudications* par licitation se font à l'amiable, du consentement des parties & par devant notaires, ou par ordonnance de justice & en présence du juge. Dans le premier cas, aucun étranger ne peut être admis à enchérir, si ce n'est du consentement de tous les colicitans; dans le second cas, on reçoit toutes enchères étrangères.

Lorsque l'*adjudication* se fait à l'amiable, même après une sentence qui l'a ordonnée, on n'observe aucune formalité; un seul acte par devant notaire suffit pour la consommer; mais lorsqu'elle se fait en présence du juge & par autorité de justice, il faut préalablement annoncer la licitation, par des affiches posées sur la porte de l'héritage qui est à liciter; sur celles des parties licitantes, & dans tous les lieux accoutumés: on accorde plusieurs remises, & ce n'est qu'après avoir observé toutes ces formalitès, qu'on adjuge l'héritage au plus offrant & dernier enchérisseur. *Voyez* LICITATION.

Des adjudications par décret volontaire. L'*adjudication* par décret volontaire, est une vente d'immeuble qu'un nouvel acquéreur fait faire, par autorité de justice, d'un bien qu'il vient d'acheter, pour purger les hypothèques dont il seroit chargé. Les formes d'un décret volontaire sont les mêmes que celles qu'on observe dans un décret forcé. Il faut, pour y parvenir, une saisie réelle, faite ordinairement à la requête d'un créancier imaginaire; il faut des criées, des affiches, des proclamations, des significations de toutes ces parties de la procédure, il n'y a d'excepté que le bail judiciaire, qui n'a pas lieu dans le décret volontaire; mais on ne doit pas omettre, dans les affiches & criées, que l'immeuble est saisi sur l'acquéreur, comme ayant acquis de tel vendeur; car, sans cela, les créanciers hypothéquaires du vendeur pourroient s'en plaindre, & prétendre qu'elles auroient été faites en fraude.

Il y a cette différence, entre le décret volontaire & le décret forcé, que, dans le premier, les enchères ne sont reçues que pour la forme seulement, & que le décret ne peut être adjugé qu'à l'acquéreur, pour le prix convenu par son contrat d'acquisition; cependant les créanciers hypothécaires du vendeur sont admis à enchérir, & le poursuivant décret ne peut conserver la propriété de l'immeuble, qu'en payant le prix porté par les enchères des créanciers.

Dans les décrets volontaires, il n'est dû qu'un seul droit aux seigneurs, soit pour la vente, soit par l'*adjudication*; mais si l'*adjudication* a été faite pour une somme plus considérable que celle portée dans le contrat de vente, les lods & ventes doivent lui être payés sur le pied de l'*adjudication.* C'est la disposition de l'art. 84 de la coutume de Paris, qui est fondée sur ce que la vente & l'*adjudication* par décret ne sont qu'un seul & même transport de propriété, opéré par deux actes qui produisent un effet unique, celui d'assurer, au nouvel acquéreur, la propriété certaine d'un immeuble; mais s'il permettoit que l'héritage décrété fût adjugé à une tierce personne, cette *adjudication* seroit regardée comme une nouvelle vente, & alors il seroit dû au seigneur un double droit.

De l'adjudication par décret forcé. L'*adjudication* par décret forcé, est une vente qui se fait par la justice même, après la saisie d'un héritage, sur le possesseur.

Cette vente ne peut être faite, qu'après avoir rempli un grand nombre de formalités prescrites par les coutumes & les réglemens, dont les principales sont les affiches, les criées & les proclamations. Nous en réservons le détail sous les mots DÉCRET & SAISIE RÉELLE: nous nous contenterons ici de traiter ce qui a seulement rapport à l'*adjudication* des immeubles.

Dans les ventes par décret forcé, il y a deux espèces d'*adjudication*; l'une que l'on appelle *sauf quinzaine*, & l'autre définitive.

L'*adjudication* sauf quinzaine n'est qu'une *adjudication* incertaine, qui ne donne, sur les biens décrétés, aucune propriété actuelle à l'adjudicataire, puisqu'il peut être déchu par un plus haut enchérisseur; au lieu que l'*adjudication* définitive rend propriétaire incommutable le dernier enchérisseur. S'il ne se présentoit personne pour enchérir sur le prix de l'*adjudication* sauf quinzaine, celle-ci deviendroit définitive.

Il n'y a aucune loi positive qui assujettisse le poursuivant décret à faire publier les enchères pendant plusieurs quinzaines; mais il est assez d'usage de n'adjuger purement & simplement qu'après trois remises de quinzaine en quinzaine. Au châtelet de Paris on n'adjuge même qu'après la quatrième remise. Les poursuivans, les opposans & la partie saisie peuvent demander au juge de nouvelles remises, qu'on ne leur refuse pas, lorsque les biens ne paroissent pas portés à leur valeur.

On ne peut pas procéder à l'*adjudication* par décret, si le titre, en vertu duquel la vente se poursuit, est attaqué, ou s'il y a appel des procédures même du décret.

L'adjudicataire n'est pas responsable de la régularité de la poursuite du décret, cela regarde le poursuivant, contre lequel il a un recours, si cette poursuite vient à être déclarée nulle.

L'*adjudication* par décret ne peut être annullée, sous prétexte de lésion d'outre moitié du juste prix, parce que l'adjudicataire a contracté sous l'autorité de la justice, & qu'ainsi tout est présumé fait dans l'ordre.

La contrainte par corps peut être exercée contre un adjudicataire de biens vendus judiciairement; au surplus, s'il ne paie pas dans le temps indiqué par les conditions de la vente, on peut faire procéder à une nouvelle *adjudication*, à sa folle enchère, sans qu'il faille, pour cela, une saisie réelle des biens qui lui ont été adjugés.

L'*adjudication* pour folle enchère donne-t-elle ouverture à de nouveaux droits? Il faut distinguer si le premier adjudicataire a joui de l'immeuble qui lui étoit adjugé, ou si l'on procède à une nouvelle *adjudication* avant qu'il en ait fait aucun acte considérable de propriété. Dans le premier cas, il est dû deux droits, par la raison qu'il y a deux mutations réelles de propriété; dans le second, il n'est dû qu'un seul droit, parce que la première *adjudication* étant regardée comme nulle, & la seconde se faisant sur les procédures du premier décret, le premier adjudicataire n'a jamais été ni propriétaire, ni possesseur: c'est la jurisprudence adoptée au conseil, par rapport au centième denier.

Les *adjudications* par décret, étant des actes de jurisdiction contentieuse, ne sont point sujettes au contrôle.

L'*adjudication* une fois faite en justice, tout le risque des biens adjugés est pour l'adjudicataire;

ainsi, l'adjudicataire d'une maison, qui viendroit à périr après l'*adjudication*, ne pourroit prétendre d'indemnité, parce que le contrat a été parfait au moment même de l'*adjudication*, & que c'est le cas d'appliquer la maxime, *res perit domino*.

Si l'on avoit déclaré, dans les criées & dans l'*adjudication*, les biens plus considérables qu'ils ne le sont réellement, & qu'au lieu, par exemple, de contenir cent arpens de terre, selon la déclaration, ils n'en continssent réellement que cinquante, l'adjudicataire pourroit demander une diminution, sur le prix de son *adjudication*.

Il en seroit de même s'il se trouvoit, sur le bien décrété, quelque charge non purgée par le décret; comme le douaire d'une femme qui n'étoit point ouvert dans le temps du décret, & pour lequel il n'étoit pas nécessaire de former opposition aux criées.

Dans ce cas, si le prix de l'*adjudication* consigné n'étoit pas distribué aux créanciers, l'adjudicataire y prendroit son indemnité; mais si ce prix étoit distribué, les derniers créanciers seroient obligés de rendre à l'adjudicataire ce qu'ils auroient touché, jusqu'à la concurrence de la somme fixée pour son indemnité. Car, indépendamment de ce qu'ils l'ont subrogé en leurs droits & hypothèques, il est juste que ceux qui ont fait vendre un bien en justice, pour être payés de ce qui leur étoit dû, & qui en ont touché le prix, fassent jouir l'adjudicataire, ou qu'ils lui restituent ce qu'ils en ont reçu.

On peut se pourvoir par opposition, ou par requête civile contre une *adjudication*, quand elle a été faite dans une cour souveraine; ou par la voie d'appel, lorsque le bien a été adjugé dans une jurisdiction subalterne.

Le parlement de Paris a jugé, par arrêt du 31 août 1761, que l'appel d'une sentence d'*adjudication* n'étoit plus recevable après dix ans, parce que l'*adjudication* étoit un contrat qui avoit autant & en quelque sorte plus de force, que s'il eût été passé devant notaire; mais l'adjudicataire ne seroit pas admis à demander la décharge de son *adjudication*, sous le prétexte de l'appel qui en auroit été interjetté, parce que l'appel ne détruit pas son obligation, & qu'il n'est plus également en son pouvoir de la révoquer. Si, par l'événement de l'appel, l'*adjudication* est déclarée nulle, l'adjudicataire peut répéter, contre le receveur des consignations, les droits qu'il a perçus; contre le seigneur, les lods & ventes qu'il a payés; contre les créanciers, ce qu'ils ont touché; & contre le poursuivant, ses dommages & intérêts.

L'*adjudication* par décret est sujette au retrait, soit lignager, soit féodal, dans les pays où les coutumes ne l'en exemptent pas expressément.

Les juges, dans la jurisdiction desquels le décret se poursuit, ne peuvent point se rendre adjudicataires, parce qu'il est à craindre qu'ils n'abusent de l'autorité que leur donne leur caractère, pour se faire adjuger, à vil prix, le bien décrété, au préjudice de la partie saisie & de ses créanciers: l'ordonnance de 1629 en contient une disposition expresse. Quoique cette ordonnance n'ait point été enregistrée au parlement de Paris, on ne doit pas moins en suivre les dispositions à la rigueur, soit à cause des motifs d'équité sur lesquels elle est fondée, soit à cause de différens arrêts de réglement, qui font les mêmes défenses aux officiers des bailliages, sièges royaux, & autres jurisdictions de son ressort. *Voyez le réglement général de 1665, art. 13.*

Il y a sur cette matière une loi positive, qui s'exécute ponctuellement en Lorraine; c'est une ordonnance du duc Léopold du 8 mars 1723: elle fait défense aux juges, procureurs & avocats généraux, substituts & greffiers de faire aucune mise ou enchère sur les biens qui se décrètent & vendent dans les tribunaux auxquels ils sont attachés, & de s'en rendre adjudicataires ou baillistes judiciaires, directement ni indirectement, à peine de nullité des mises, enchères, ventes, baux & *adjudications*, de perte du prix de leurs *adjudications*, & de tous dépens, dommages & intérêts des parties.

Cette loi excepte néanmoins deux cas, où elle permet aux officiers, qu'on vient de nommer, de se rendre adjudicataires: l'un est lorsque le décret est volontaire, & se poursuit pour purger les hypothèques; l'autre est quand l'officier se trouve créancier de la partie saisie, avant le décret commencé, parce qu'alors il a intérêt de faire valoir le bien, pour obtenir d'être colloqué utilement: ces exceptions pourroient, sans inconvénient, être admises dans tous les tribunaux.

Quoique les femmes & les filles ne puissent être contraintes par corps, on leur permet néanmoins de se rendre adjudicataires; mais quand elles ne paient point le prix de l'*adjudication* & qu'elles ont du bien ailleurs, on vend leur bien pour achever la valeur de leur enchère, si le fonds décrété est revendu au-dessous du prix pour lequel elles se l'étoient fait adjuger. Il en est de même des septuagénaires, qui ne sont point sujets à la contrainte par corps, suivant l'ordonnance de 1667.

Si la femme, qui est sous la puissance de son mari ou même séparée de biens, mais qui n'a point d'autorisation pour aliéner ses immeubles, enchérit sans être autorisée par son mari, l'enchère est tellement nulle, que le bien ne peut être vendu à sa folle enchère, si elle ne paie pas le prix de l'*adjudication*: c'est ce qui a été jugé par un arrêt du parlement de Rouen, du 14 mai 1671, rendu conformément aux conclusions de M. le Guerchois, avocat général. Beraut cite un arrêt semblable, rendu au parlement de Paris le 22 septembre 1579. Cette jurisprudence est fondée sur ce que l'enchère est une espèce de contrat que l'enchérisseur passe avec la justice, & que tout acte, passé par une femme qui se trouve sous la puissance de son mari sans qu'il l'ait autorisée, est absolument nul, & ne peut, par conséquent, l'assujettir, ni à la contrainte par corps, ni aux risques de la revente à sa folle enchère.

Un créancier, privilégié ou hypothécaire, peut demander qu'en déduction de sa créance, on lui adjuge les immeubles saisis réellement, pour le prix auquel ils seront estimés par des experts. Cette demande a pour objet d'éviter des frais de criées, qui pourroient absorber la valeur des biens au préjudice des créanciers; mais celui qui la forme doit offrir, 1°. de payer les créances antérieures à la sienne, s'il y en a; 2°. de laisser les héritages aux autres créanciers, à la charge de donner caution de le payer, ou de les faire porter à un prix tel, qu'il puisse être payé de ce qui lui est dû, tant en principal, qu'en intérêts & frais.

On peut aussi demander, pour éviter des frais, que des immeubles, saisis réellement & de peu de valeur, soient vendus & adjugés sans décret, après de simples affiches & publications; mais une telle *adjudication* ne purge pas les hypothèques, elle n'a que l'effet d'une vente devant notaire.

Il y a très-peu de formalités pour les *adjudications*, quand le bien est vendu par subhastation dans la Bresse. Toutes les enchères s'y reçoivent, sans ministère de procureur. A la troisième criée, on adjuge le bien au plus offrant & dernier enchérisseur. Le juge, en faisant l'*adjudication*, enjoint à l'acquéreur d'en payer le prix au saisissant, ou à un autre créancier, dans les dix jours; il lui déclare que, s'il ne satisfait point à son obligation dans le temps marqué, le bien sera revendu à sa folle enchère; ensuite le juge donne à l'acquéreur la possession d'une manière fictive, en lui mettant une plume entre les mains. On dresse un procès-verbal de l'*adjudication*, qui est signé par le juge & par l'adjudicataire, de manière qu'il a les fruits du fonds subhasté du jour même de l'*adjudication*. Cependant, après que l'acquéreur a été mis en possession de cette manière par le châtelain, il s'adresse au juge supérieur, qui a accordé la commission, pour faire subhaster le fonds, & il en obtient des lettres de mise en possession, qu'il fait signifier à la partie saisie. Les six mois de rachat, accordés par les statuts à celui dont le bien a été subhasté, pour y pouvoir rentrer & rembourser l'acquéreur, ne courent que du jour que ces nouvelles lettres de prise de possession ont été signifiées.

En Provence, la collocation est une *adjudication* qui se fait en justice de la totalité ou d'une partie des biens du débiteur, en paiement de la dette, suivant l'estimation qui a été faite du fonds. Si le créancier ne vouloit pas prendre les fonds de proche en proche, pour le prix qu'ils sont estimés, il pourroit les faire vendre à l'encan, & en toucher le prix.

ADJUDICATION *des meubles saisis*. La vente des meubles saisis doit se faire dans un marché public; & s'il n'y en a point, dans l'endroit de la saisie, les effets doivent être transportés au marché le plus prochain; cependant le juge peut ordonner que l'*adjudication* de meubles se fera dans un autre endroit; les parties elles-mêmes peuvent aussi en convenir. L'ordonnance de 1667 veut qu'il y ait huit jours entre la vente & la saisie, afin de donner, aux autres créanciers du saisi, le temps de former leurs oppositions, &, au débiteur, de se procurer les moyens d'empêcher la vente de ses meubles.

Les meubles précieux, les bagues & bijoux ne peuvent être vendus qu'après trois expositions, à trois jours de marché différens, à moins que les parties n'en conviennent autrement. La vaisselle d'argent doit être portée à l'hôtel des monnoies le plus prochain, & l'huissier doit sommer la partie saisie de s'y trouver, pour la voir peser & payer.

L'huissier qui procède à la vente d'effets saisis, est obligé de faire monter, le plus qu'il lui est possible, le prix de la vente, en profitant de la chaleur des enchères, & il ne doit adjuger la chose qu'au plus offrant & dernier enchérisseur, à la charge que le prix de l'*adjudication* sera payé sur le champ; car si l'huissier jugeoit à propos de faire crédit à l'adjudicataire, il seroit personnellement garant du prix de l'*adjudication*, envers les créanciers saisissans & la partie saisie. D'ailleurs, comme il pourroit arriver que, sous des noms supposés ou par quelque autre manœuvre frauduleuse, l'huissier se rendît lui-même adjudicataire, à vil prix, des choses saisies, l'ordonnance l'oblige, sous peine de nullité, d'interdiction, d'amende, & de dommages & intérêts envers les parties, d'indiquer, dans son procès-verbal, le nom & le domicile de l'adjudicataire, afin que les parties intéressées soient en état de découvrir la fraude, s'il y en a, & d'en porter leurs plaintes.

Il est aussi défendu à l'huissier, sous peine de concussion, de rien recevoir de l'adjudicataire, directement ou indirectement, au-delà du prix de l'*adjudication*.

ADJUDICATIONS, (*Espèces particulières*.) Les ouvrages publics qui se font pour le compte du roi, les réparations & les reconstructions des presbytères, les ouvrages que font faire les villes, se donnent, par *adjudication*, à celui qui consent & qui s'oblige de les faire au plus bas prix: c'est ce que l'on appelle *donner au rabais*.

Cette *adjudication* est ordinairement précédée d'un devis de l'ouvrage projetté, dressé par un architecte ou un ingénieur: on l'indique ensuite par des affiches & publications. Les enchères, pour les ouvrages royaux & les réparations des presbytères, se font par-devant les intendans des provinces, & pour ceux des villes, par-devant les officiers municipaux.

Après la confection de l'ouvrage, on rapporte l'acte d'*adjudication* & le devis. Un architecte ou un ingénieur sont chargés de visiter l'ouvrage, & d'examiner s'il est conforme au devis, & s'il a été exécuté selon les régles de l'art; ce n'est qu'après ce rapport que l'ouvrage est reçu, & que l'entrepreneur peut exiger le reste de son paiement ; car l'art. 13 du tit. 32 de l'ordonnance de 1672 défend de donner plus des trois quarts du prix convenu, avant la réception des ouvrages, afin de tenir les ouvriers dans le devoir, & les obliger à travailler avec plus de fidélité.

En Flandres, on est dans l'usage de faire des *adjudications* d'immeubles, par mise à prix. Ces actes ne sont parfaits qu'après quarante jours, pendant lesquels toutes personnes sont reçues à faire des enchères. Un arrêt du conseil, rendu en forme de réglement, le 9 janvier 1725, ordonne que les contrats de vente, par mise à prix, seront contrôlés dans la quinzaine de leur date, & les droits payés sur le pied des sommes y contenues ; que chaque enchère sera pareillement contrôlée dans la quinzaine de sa date, & les droits payés sur le montant des enchères ; que le droit de centième denier sera payé dans la quinzaine de la dernière enchère, & en même temps qu'elle sera contrôlée ; & que, pour l'insinuation des biens situés hors l'arrondissement du bureau où les actes seront passés, les trois mois, accordés par les réglemens, ne courront que du jour de la dernière enchère.

Les *adjudications* des revenus communs des biens patrimoniaux & d'octroi des villes & communautés séculières & régulières, sont sujettes au contrôle dans la quinzaine de leur date, soit qu'elles soient faites par les magistrats & autres officiers des villes par délibérations, soit qu'elles soient reçues par les secrétaires des villes ou autrement ; mais les *adjudications* des revenus des communautés laïques, faites devant les intendans & commissaires départis, sont expressément dispensées de cette formalité, tant par l'arrêt du 13 décembre 1695, que par les déclarations des 19 mars 1696, 14 juillet 1699 & 20 mars 1708.

Un arrêt du conseil, du 27 septembre 1723, rendu au sujet des *adjudications* que les jurats des communautés de Béarn font, à des prix très-modiques, de certains revenus communs qui consistent en bruyères & branchages d'arbres, ordonne que, pour chaque *adjudication* faite à chaque particulier, n'excédant pas dix livres, le droit de contrôle sera payé, conformément à l'article 3 du tarif de 1722 ; & qu'à l'égard des *adjudications* faites, dans une même vacation, à différens particuliers, pour des sommes au-dessous de dix livres, ces sommes seront jointes ensemble, & le droit de contrôle payé autant de fois qu'il y aura de dix livres, & en outre un droit pour l'excédent.

Il a été décidé, par arrêt du conseil du 15 février 1724, que l'*adjudication* de l'entretien du port de Cette en Languedoc, faite par les commissaires du roi & des états de Languedoc, étoit sujette au contrôle. Et un autre arrêt, du 7 mai 1729, a jugé que le droit de contrôle étoit dû pour l'*adjudication* au rabais, faite devant le lieutenant-général de police, des ouvrages relatifs à une boucherie.

L'article 3 de l'arrêt de réglement du 15 octobre 1737, concernant les actes des communautés de Languedoc, déclare sujettes au contrôle les *adjudications* au rabais, pour les constructions ou réparations des maisons & édifices publics.

Les *adjudications*, faites devant les officiers des hôtels-de-ville, pour l'entretien des pavés, l'enlèvement des boues, le nettoiement des rues, *&c.* doivent être contrôlées dans la quinzaine, selon l'arrêt du conseil du 17 octobre 1748, rendu contre le sieur Guymond, greffier de l'hôtel-de-ville de Mayenne.

Les *adjudications* volontaires des navires, faites à l'amirauté, sont sujettes au contrôle. Telles sont celles qui se font sur les propriétaires, armateurs ou autres, soit par l'effet d'une dissolution de société ou autre motif volontaire, soit en conséquence de l'abandonnement que le débiteur fait du navire à ses créanciers. Mais s'il s'agit de navires pris sur l'ennemi ou naufragés, & que les *adjudications* soient faites à la requête du procureur du roi, elles sont dispensées de cette formalité, parce que le ministère du juge est nécessaire. Il en est de même des *adjudications* des navires, faites en conséquence des saisies des créanciers.

L'adjudication d'un vaisseau saisi réellement se fait après la troisième criée, à moins que le juge ne trouve à propos d'accorder une ou deux remises, qui doivent être affichées comme les criées. L'article 10 du titre 15 de l'ordonnance de la marine, du mois d'août 1681, vouloit que le prix de l'*adjudication* des vaisseaux fût consigné entre les mains d'un notable bourgeois ou au greffe de l'amirauté, sans frais, & cela dans les vingt-quatre heures de l'*adjudication*, & que les vingt-quatre heures étant passées, l'adjudicataire fût contraint, par corps, à consigner, & que le vaisseau fût publié de nouveau à l'issue de la messe paroissiale, &c adjugé, trois jours après, à la folle enchère du premier adjudicataire. Mais le roi ayant établi des receveurs des consignations dans toutes les jurisdictions royales, par l'édit du mois de février 1689, les amirautés y ont été comprises ; de sorte qu'il y a présentement, dans ces jurisdictions, des receveurs des consignations, entre les mains desquels le prix des vaisseaux, vendus par décret, doit être consigné. La revente à la folle enchère se poursuit comme avant l'édit de 1689. *Voyez* SAISIE, VENTE, SEQUESTRE, BAIL JUDICIAIRE, ABANDONNEMENT, FOLLE ENCHÈRE, CONSIGNATION, ACTE, DOUBLEMENT, TIERCEMENT, GRAND-MAITRE.

ADJUGER, v. a. (*Jurisprudence.*) c'est juger en faveur de quelqu'un, conformément à ses prétentions ; c'est accorder judiciairement une chose contestée à celui qui la demande. Il signifie aussi donner la préférence dans une vente publique au plus offrant & dernier enchérisseur ; &, dans une proclamation d'ouvrages ou entreprises au rabais, à celui qui demande moins. On dit aussi *adjuger* une provision. *Voyez* PROVISION.

ADJURATION,

ADJURATION, s. f. (*Droit ecclésiastique.*) c'est la formule dont on se sert dans les exorcismes. Jesus-Christ, en établissant son église, lui a donné, dans la personne de ses apôtres & de ses disciples, le pouvoir de commander aux démons. *Convocatis*, dit S. Luc, chap. 9, *duodecim discipulis, dedit illis virtutem & potestatem super dæmonia.* C'est en vertu de cette promesse de son instituteur, & de l'autorité qu'il lui a donnée, que l'église, par différentes loix canoniques, a prescrit les formules de l'*adjuration*, & les cas où elle doit être employée. Elles ne peuvent être faites que par les ministres ecclésiastiques.

Dans les siècles d'ignorance, on adjuroit, on excommunioit les animaux mal-faisans. Pour y procéder, on faisoit contre eux une procédure ridicule qui étoit suivie de sentence d'anathême & de malédictions. Aujourd'hui, malgré les lumières de notre siècle, plusieurs curés de campagne, trop faciles à condescendre aux idées superstitieuses de leurs paroissiens, font encore des *adjurations* contre les animaux, & même contre les choses inanimées, telles que les vents, la grêle & le tonnerre. C'est un abus, une extravagance dangereuse que les curés doivent tâcher de déraciner en instruisant leurs paroissiens sur la nature & les effets de ces météores, & sur leur nécessité, puisqu'ils sont dans l'ordre des événemens naturels.

L'*adjuration* se fait, ou en s'adressant à Dieu & en le suppliant de faire cesser la possession du démon; ou au démon, en lui commandant, au nom de Dieu, & en vertu de la puissance qu'il a accordée à son église, de sortir du corps ou des lieux dont il abuse pour nuire aux hommes. *Voyez* EXORCISME.

ADJURÉ, adj. (*terme de Coutume.*) celle de Hainaut s'en sert pour signifier un administrateur; ainsi le mari est *adjuré* des biens de sa femme. Le tuteur, le curateur sont *adjurés* des biens du pupille & du mineur.

ADJUSTER *mesures*, (*Droit d'*) *Droit féodal.* il appartient au moyen-justicier, & il consiste dans le pouvoir de visiter les mesures dont les marchands se servent pour la vente des choses liquides ou solides, & de faire rompre celles qui ne sont pas justes. *Voyez la coutume de Bourgogne*, art. 55.

ADJUSTOIR, s. m. (*Monnoie.*) c'est une espèce de petite balance appellée autrement *trebuchet*, dont on se sert pour peser & ajuster les monnoies avant de les frapper. Elle fait connoître si les lames ou carreaux ont trop ou trop peu de poids, c'est-à-dire, s'ils sont trop forts ou trop foibles.

ADMALLER, v. a. vieux mot qui signifioit *citer, appeller en justice.*

ADMESUREMENT, s. m. ancien terme dont on se servoit pour celui de *réglement* qu'on lui a substitué, & qui est seul en usage.

ADMETTRE, v. a. (*Jurisprudence.*) il a en droit la même signification que *recevoir* : ainsi on dit, la cour l'*a admis* à faire preuve, sa requête *a été admise*. En droit canon, on dit également *admettre* une résignation, une permutation, *admettre* quelqu'un aux ordres sacrés : en finance, ce mot a la même signification, & on y dit *admettre* les articles d'un compte, pour les recevoir, les allouer.

ADMINICULE, s. m. *en Droit*, est ce qui forme un commencement de preuve ou une preuve imparfaite; c'est une circonstance ou une conjecture qui tend à former ou à fortifier une preuve.

Ce mot vient du latin *adminiculum*, qui signifie *appui, échalas.*

Les *adminicules* peuvent-ils faire une preuve juridique & complette? Cette question a lieu dans les matières civiles & criminelles; nous allons l'examiner sous ces deux rapports.

Des adminicules en matière civile. En matière civile, les *adminicules* sont un commencement de preuve. S'ils ne prouvent pas le fait, ils peuvent y conduire; ils donnent quelquefois lieu à l'admission de la preuve testimoniale. Par exemple, je suis porteur d'un billet par lequel vous reconnoissez me devoir cent... la somme qui étoit écrite, se trouve effacée ou n'a point été exprimée : vous soutenez que vous ne devez que cent livres, & je prétends que vous devez cent écus. Dans cette espèce, le billet est un commencement de preuve par écrit, & cet *adminicule* fait admettre le porteur du billet à la preuve testimoniale. Mais il faut observer que les *adminicules* ne peuvent conduire à la preuve testimoniale, que lorsqu'ils se trouvent dans des actes qui ont un rapport direct à l'objet de la contestation, comme dans l'espèce que nous venons de citer.

L'*adminicule* sert à confirmer une chose déjà probable par elle-même. On regarde comme tels les rôles de liève ou cueillerets, les quittances de paiement des droits seigneuriaux, les comptes rendus par les régisseurs ou procureurs des seigneurs, les déclarations & confessions des emphytéotes dans les achats, ventes, divisions & partages des biens. Toutes ces choses ne sont point une preuve complette de la qualité & de la quantité des droits féodaux; mais, à défaut de titre primordial, & lorsqu'il est impossible de le reproduire, ces *adminicules* soutenus d'une longue possession, suffisent pour établir la seigneurie directe & déterminer la nature & la qualité du droit seigneurial. C'est du moins l'opinion des jurisconsultes : elle est fondée sur une déclaration de 1637, enregistrée dans les parlemens.

Il en seroit de même dans le cas où un bail à cens se trouveroit perdu ou égaré. Une reconnoissance de la part du censitaire, soutenue d'*adminicules* qui font connoître que la reconnoissance a eu quelque suite, fait foi contre le tiers-détenteur, parce que les *adminicules* prouvent que la reconnoissance a été exécutée.

Des adminicules en matière criminelle. Presque tous les criminalistes prétendent que, lorsqu'il y a des présomptions & des *adminicules*, le juge peut non-seulement faire appliquer l'accusé à la question, mais même le condamner à une peine moindre que celle que la loi prononce contre ceux qui sont pleinement convaincus d'avoir commis le crime. Les auteurs du Répertoire universel & raisonné de jurisprudence ont aussi suivi cette opinion, quant à la prononciation d'une moindre peine.

Nous n'avons plus à nous plaindre de la barbarie & de la cruauté de la loi qui permettoit aux juges de faire appliquer à la question un accusé, sur la déposition d'un seul témoin, ou lorsqu'il y avoit des *adminicules* considérables, mais insuffisans pour le condamner à la peine portée par la loi. La suppression de la question préparatoire est un premier bienfait du nouveau règne.

Mais nous croyons qu'il n'a jamais été au pouvoir d'un juge de condamner à une moindre peine celui contre lequel il ne s'élève que des indices & des *adminicules* : s'il existoit une loi qui le lui permît, elle porteroit un caractère de réprobation & d'injustice. Nous ne remettrons pas sous les yeux des magistrats les victimes innocentes que leur ignorance ou leur imprudence ont fait immoler par la main des bourreaux, sur de simples *adminicules* ; ce sont de véritables assassinats qu'ils ont commis à l'ombre de la loi, & qui ont dû leur causer les plus cruels remords, lorsque la vérité s'est enfin manifestée.

La loi naturelle & les loix civiles se réunissent pour avertir le juge qu'un accusé ne peut être condamné que lorsque l'accusation est prouvée par des titres indubitables, par des témoins sans reproche, par des preuves aussi claires que le jour : dès qu'il n'existe pas de preuves contre lui, il doit être absous : son innocence est prouvée par cela seul; ce n'est point à lui à prouver qu'il n'a pas commis le crime dont on l'accuse; il lui suffit, pour exiger & obtenir son absolution, qu'il ne soit pas chargé du crime qu'on lui impute, par le nombre de témoins que la loi exige : donner atteinte à ces maximes, c'est violer les droits de l'humanité.

ADMINISTRATEUR, s. m. (*Jurisprudence.*) on donne ce nom à tous ceux qui régissent les biens ou la personne d'un autre.

Un tuteur, un curateur sont les *administrateurs* des biens & de la personne d'un pupille. Un exécuteur testamentaire est l'*administrateur* des biens de la succession. Un intendant de maison est un *administrateur*, puisqu'il en gouverne les biens & les régit. Les procureurs, les avocats qui sont chargés spécialement des affaires litigieuses d'un seigneur, & qui composent son conseil, sont aussi réputés *administrateurs*.

On appelle singulièrement *administrateurs* ceux qui sont chargés de la régie des biens des hôpitaux.

C'est aussi le nom qu'on donne aujourd'hui particulièrement aux régisseurs des postes, depuis que la ferme en a été supprimée par l'arrêt du conseil d'état, du 27 août 1777.

On appelle *administratrice*, une femme chargée d'une administration; ainsi la mère qui devient tutrice de ses enfans, est l'administratrice de leurs biens. On la désigne au parlement de Bordeaux sous le nom d'*administratresse*. L'administratrice est obligée de rendre compte de la même manière que l'*administrateur*.

En pays coutumier, le mari est *administrateur* légitime de tous les biens de sa femme, à moins que le contrat de mariage ne porte exclusion de communauté, & qu'il n'y soit stipulé que la femme aura l'administration de ses biens. Mais, dans les pays de droit écrit, le mari n'est *administrateur* que des biens dotaux, & non des biens paraphernaux.

Les loix exemptent quelques personnes de l'administration des biens d'autrui ; elles défendent à d'autres de l'accepter ; elles ordonnent qu'on en prive quelques autres. La dignité épiscopale & plusieurs charges & offices exemptent ceux qui en sont revêtus, d'accepter l'administration des tutèles, curatelles & autres : un religieux ne peut être commis à l'administration des biens d'une congrégation différente ; il ne peut même se charger d'administrer les biens d'autrui : celui qui a failli ou obtenu des lettres de répit, ne peut plus être *administrateur*. Le père, le tuteur, le curateur qui dissipent les biens des enfans & des mineurs, sont dans le même cas; mais il faut alors constater juridiquement leurs dissipations, & faire nommer par le juge un autre tuteur ou curateur. Dans plusieurs coutumes, la mère qui convole en secondes noces, perd l'administration des biens des enfans du premier lit.

Un *administrateur* ne peut acheter aucune des choses dont il a l'administration. Il ne peut aussi recevoir aucune donation de la part de celui dont il administre les biens, avant que son administration soit finie, & avant d'en avoir rendu compte, parce que la volonté du donateur n'est pas censée libre, tant qu'il est dans la dépendance du donataire, & qu'il est de l'essence de la donation d'être entièrement libre. On excepte de cette disposition les père & mère & autres ascendans, qui peuvent recevoir de leurs enfans, quoiqu'ils administrent leurs biens.

En disant que les *administrateurs* ne peuvent rien recevoir de ceux dont ils administrent les biens, nous avons ajouté que c'étoit pour ne pas gêner la liberté du donateur, lorsqu'il étoit dans la dépendance du donataire : de là il suit que la prohibition cesse lorsque l'*administrateur* se trouve au contraire dans la dépendance du donateur. C'est pourquoi rien n'empêche la validité d'un don fait par un seigneur à son intendant, quoique ce dernier régisse ses biens, parce qu'il n'agit que par l'ordre de son maître, & qu'il peut être dépossédé de son emploi, quand il plaît au seigneur. C'est une distinction que fait Ricard, d'après Dumoulin.

La prohibition ne s'étend pas à des dons légers, par lesquels le donateur voudroit témoigner sa reconnoissance des soins pris par l'*administrateur* : mais elle a lieu même par rapport aux personnes interposées par l'*administrateur*. L'ordonnance de Henri II, de 1559, le dit formellement.

Tout *administrateur* du bien d'autrui doit faire inventaire avant de se charger de l'administration. Il est également tenu, à la fin, de rendre compte de sa gestion, & de se conduire comme le père de famille le plus économe & le plus vigilant.

ADMINISTRATION, s. f. (*Droit public, civil & canonique.*) c'est le gouvernement, la gestion des affaires d'un état, d'une communauté, d'un particulier; ce terme se dit plus particuliérement de la direction & de la régie des biens d'une succession, d'un mineur, d'un interdit pour fureur, imbécillité ou autres causes, & de ceux d'un hôpital; ainsi tout tuteur, curateur, exécuteur testamentaire, *administrateur* d'hôpital a une administration.

SECTION PREMIÈRE.

De l'Administration en droit public.

Nous ne parlerons pas ici de ce qui concerne l'*administration* de l'état. Nous remarquerons seulement que, dans un état monarchique, tel que la France, l'*administration* & le gouvernement appartiennent essentiellement au souverain; quoique soumis aux loix, son pouvoir est néanmoins indépendant des ministres de la loi, qui, par eux-mêmes, n'ont de pouvoir que celui qu'il leur a confié : d'où il suit que le prince ne leur doit aucun compte de sa conduite, & que les ministres qu'il emploie, ne peuvent s'immiscer dans les affaires, que par son ordre, & ne rendent compte qu'à lui seul, relativement à la partie de l'*administration* dont ils sont chargés.

Une partie bien essentielle dans l'ordre public, c'est l'*administration* de la justice; elle émane de la puissance souveraine : plusieurs de nos rois l'ont exercée autrefois; mais leurs domaines s'étant accrus considérablement, & les affaires multipliées, il leur est devenu impossible de l'exercer seuls. Il a fallu transmettre l'exercice de ce pouvoir à des citoyens instruits, dont le zèle, l'équité, le patriotisme & le désintéressement fussent connus.

Les administrateurs, chargés par le roi de rendre la justice aux peuples, forment des corps respectables qui ont donné dans tous les temps des preuves d'attachement au monarque, de respect pour les loix, d'amour pour l'ordre & la justice. Il leur reste un grand ouvrage à faire qui leur concilieroit l'estime & la vénération de tous les citoyens, ce seroit d'exposer au pied du trône les abus qui se sont introduits dans les tribunaux; ceux sur-tout qui tiennent à l'insuffisance ou à la trop grande sévérité de la législation, & dont la réforme dépend de l'autorité souveraine. Eux-mêmes pourroient en extirper un grand nombre; il ne dépend que de leur zèle, de rendre la justice moins dispendieuse, plus prompte & plus facile, en tenant la main à l'exécution des réglemens qui fixent les jours, l'heure & la durée des audiences, & défendent aux magistrats de s'absenter sans cause légitime : ce qui retarde beaucoup l'expédition des affaires, & occasionne aux parties d'énormes frais de voyage, d'avenirs, de plaidoiries & d'expéditions; ils pourroient surveiller davantage leurs secrétaires & les ministres inférieurs de la justice, en les empêchant de multiplier inutilement les actes de procédure, au mépris des réglemens.

SECTION II.

De l'Administration en droit civil.

L'*administration* d'une tutèle ou curatelle & d'une succession est un quasi-contrat par lequel le tuteur est obligé envers le pupille, le curateur envers le mineur ou l'interdit, l'exécuteur testamentaire envers les héritiers & les légataires, à gérer & gouverner les biens qui leur sont confiés, pour l'avantage & l'utilité de ceux pour lesquels ils les régissent. Chacune de ces espèces d'*administration* est assujettie à des loix & des réglemens particuliers; nous les détaillerons sous les mots TUTÈLE, CURATELLE, EXÉCUTION TESTAMENTAIRE.

Administration des sociétés. Il arrive assez communément qu'on confie à une ou plusieurs personnes l'*administration* des affaires d'une société : le pouvoir de l'administrateur dépend entiérement des clauses insérées dans le contrat même de société, ou dans l'acte de sa nomination; il est obligé de s'y conformer, & il est responsable de tout ce qu'il feroit de contraire aux pouvoirs qui lui ont été donnés. Mais si l'acte ne contient que la nomination de l'administrateur, il a alors la même autorité qu'un fondé de procuration générale. Il peut faire tous les actes & marchés nécessaires pour la société, donner quittance & la recevoir pour tout ce qui est dû ou ce que doit la société, payer les ouvriers & serviteurs qu'il emploie, les renvoyer quand bon lui semble, poursuivre le jugement des procès, accéder même aux contrats d'atermoiement auxquels la société a intérêt. L'administrateur d'une société ne peut être dépouillé de son *administration*, que dans le cas de fraude, d'incapacité, de faillite ou de mort civile, lorsqu'il a été nommé par le contrat de société; mais s'il en a été chargé par un acte séparé & particulier, c'est un simple mandataire qui peut être révoqué par la volonté des associés.

De l'administration des hôpitaux. A l'égard des hôpitaux destinés pour les pauvres qui sont hors d'état de travailler, pour les malades & les orphelins, l'*administration* de leurs biens étoit entiérement dépendante des évêques; Justinien fit même une loi expresse pour ordonner que les administrateurs de ces lieux de piété rendroient compte à l'évêque des revenus & de l'usage qu'ils en auroient fait. Mais depuis l'ordonnance de Moulins & l'édit de 1561, l'*administration* des hôpitaux n'est confiée qu'à des laïques.

On distingue aujourd'hui deux sortes d'administrateurs : les administrateurs nés, & les administrateurs élus. Les administrateurs nés sont ordinairement, dans les villes épiscopales, l'évêque qui peut se faire représenter par un grand-vicaire, le premier officier de la justice, le procureur du roi, le lieutenant de police, les maire & échevins : dans les autres villes, la place de l'évêque est remplie par la dignité la plus considérable d'une église collégiale, s'il en existe, ou par le curé. Les administrateurs élus sont choisis à la pluralité des voix par le bureau d'*administration*; ils doivent être pris parmi les notables bourgeois du lieu, & leurs fonctions durent le temps fixé, soit par un réglement, soit par l'usage.

L'évêque est chef né de l'*administration*, & il a le droit de présider le bureau; mais, en son absence, son grand-vicaire ne jouit pas de cette prérogative qui est dévolue au premier officier de la justice, &, à son défaut, au maire de la ville.

Les administrateurs des hôpitaux en sont les véritables tuteurs; mais les administrateurs nés n'en sont que les tuteurs honoraires. La gestion & le gouvernement des affaires, la recette & la dépense regardent en entier les administrateurs élus.

Le bureau de l'*administration* qu'ils composent, fait seul les baux des fermes, après les publications & enchères. Il peut accorder des remises aux fermiers; c'est à lui de veiller à la conservation des titres & papiers, à la recette des revenus, à la poursuite des débiteurs, au maintien des réglemens, soit pour la police de l'hôpital & du bon ordre, soit pour qu'on n'y reçoive que les pauvres, en faveur desquels il a été fondé, soit pour qu'on leur donne tous les secours temporels & spirituels qui leur sont nécessaires; & sur-tout à la visite des lieux, principalement de l'infirmerie & de l'apothicairerie; en un mot, tout ce qui concerne l'économie & l'*administration* des biens des hôpitaux, le soin de leurs affaires, & la conservation de leurs priviléges, regarde les administrateurs. Mais les dépenses extraordinaires, telles que les constructions de bâtimens nouveaux, les procès à intenter ou à soutenir, les emprunts, les acquisitions ne peuvent être décidées que dans une assemblée générale de tous les administrateurs nés & élus.

Les administrateurs des hôpitaux, tant que dure leur *administration*, sont exempts de tutelle, de curatelle, de guet, de garde, & généralement de toutes les charges publiques de cette espèce : les administrateurs, les receveurs & trésoriers doivent rendre compte tous les ans de leur *administration*, & en payer le reliquat; paiement auquel ils peuvent être contraints par corps, nonobstant toutes lettres de répit & d'état. Ces comptes sont reçus suivant l'usage des lieux, ou pardevant le bureau général, ou les officiers royaux, ou les officiers municipaux; il n'y a à cet égard aucune loi générale : tout dépend de l'usage & des réglemens particuliers.

Ce que nous venons de dire de l'*administration* des hôpitaux, reçoit une exception pour ceux qui sont desservis & gouvernés par des religieux, religieuses ou bénéficiers qui jouissent de tous les revenus, à la charge d'entretenir un certain nombre de pauvres.

Il est encore nécessaire d'observer que le droit des évêques ne s'étend pas sur les hôpitaux soumis à la jurisdiction des chapitres exempts, & qui ont une jurisdiction quasi-épiscopale. Ainsi à Orléans, le chapitre de cette ville qui a la jurisdiction quasi-épiscopale sur l'hôtel-dieu, préside au bureau de l'*administration*, à la place de l'évêque.

Les débiteurs, fermiers ou locataires d'un hôpital n'en peuvent être administrateurs, suivant une déclaration du mois d'août 1713 : pareillement un administrateur ne peut emprunter aucune somme de l'hôpital, quand bien même elle lui seroit offerte par les autres, à peine de payer le double de la somme empruntée; il ne peut de même prendre à loyer une maison dépendante de l'hôpital, à peine de nullité du bail.

Les abus qui se sont glissés dans l'*administration* des hôpitaux, ont engagé le roi à établir, par un arrêt de son conseil, du 17 août 1777, une commission pour travailler à leur réforme; mais la commission n'a encore fait paroître aucun réglement nouveau.

SECTION III.

De l'Administration en droit canonique.

En matière ecclésiastique, on distingue deux espèces d'*administration*, la spirituelle & la temporelle.

L'*administration* spirituelle consiste dans le pouvoir d'excommunier, de suspendre, d'interdire, conférer, instituer, confirmer, élire, présenter, visiter, corriger, punir, ce qui comprend la charge des ames : dans l'*administration* des sacremens, la jurisdiction pénitentielle, la jurisdiction extérieure, volontaire ou contentieuse, les dispenses, les commutations de vœux, & généralement tout ce qui peut concerner la discipline ecclésiastique.

Nous traiterons, sous chaque mot particulier, les règles que l'église & l'état ont établies pour l'*administration* de toutes les parties qui concernent le culte & la religion. Nous nous contenterons de placer ici quelques principes généraux sur l'*administration* spirituelle ecclésiastique.

Quoique l'église soit souveraine & indépendante de toute espèce de puissance, dans tout ce qui concerne le for intérieur, ses ministres ne peuvent s'écarter des réglemens que leur prescrivent les loix & les canons, dans l'*administration* extérieure des sacremens. Toutes les fois qu'ils s'en éloignent & commettent des abus qui regardent la police extérieure, intéressent le public, & nuisent aux citoyens, le souverain, & les magistrats dépositaires de son autorité, peuvent les citer à leur tribunal, & doivent les punir, comme perturbateurs du repos public, & comme violateurs des loix de l'église dont le souverain est le protecteur.

Dans l'*administration* extérieure des sacremens,

les souverains, pour le maintien de l'ordre & de la tranquillité publique, ont le droit d'établir des règles dont les ministres de l'église ne peuvent s'écarter sans se rendre coupables : telles sont les loix civiles qui concernent l'*administration* des sacremens de baptême & de mariage.

Les évêques, comme les prêtres, sont obligés de se conformer, dans l'*administration* des choses ecclésiastiques, aux cérémonies introduites par l'église; ensorte que, s'ils vouloient y faire, de leur autorité, quelques changemens contraires à l'usage, les magistrats seroient dans le cas de s'y opposer, parce qu'il n'est pas plus au pouvoir d'un évêque d'introduire des nouveautés contraires aux usages reçus, qu'aux dispositions des conciles. S'il croit nécessaire de faire quelque réforme dans l'*administration* actuelle, il ne peut l'entreprendre qu'avec le concours de l'autorité civile & ecclésiastique, c'est-à-dire, qu'il faut que la réforme soit admise du consentement des évêques de la province ou de son clergé, & le décret qui l'ordonne, homologué dans les cours souveraines.

Les canons & les ordonnances, particuliérement celle d'Orléans, ont expressément défendu aux ecclésiastiques de rien exiger en paiement de leurs fonctions & de l'*administration* des sacremens. Cette loi est fondée sur le précepte de Jesus-Christ, qui leur a enjoint de donner gratuitement ce qu'ils ont reçu gratuitement. Ils devoient se contenter de ce qui leur étoit offert volontairement par les fidèles. Mais les oblations étant devenues moins abondantes, & une partie des ministres de l'autel ne pouvant pas subsister comme auparavant, l'ordonnance de Blois & l'édit de Melun ont autorisé les ecclésiastiques à exiger, pour l'*administration* des sacremens, ce que la piété des fidèles avoit coutume de leur offrir volontairement.

Les mêmes loix & l'édit de 1595 ont laissé à l'arbitrage des évêques la fixation des honoraires qu'il étoit juste d'accorder aux ecclésiastiques, & leur ont attribué la connoissance des contestations relatives à ces honoraires, lorsqu'elles s'élèvent entre personnes ecclésiastiques; mais quand elles sont entre personnes laïques, la connoissance en appartient aux juges séculiers. Fevret rapporte plusieurs arrêts qui ont déclaré abusives des sentences rendues en pareil cas par les officiaux. Les réglemens des évêques, par rapport aux honoraires du clergé, doivent être homologués dans les cours souveraines, avant d'avoir aucun effet, & afin que les ecclésiastiques puissent en poursuivre le paiement dans les tribunaux.

L'*administration* ecclésiastique temporelle consiste dans le pouvoir, non de vendre & d'aliéner, mais dans celui de louer, de donner à ferme, de recevoir les loyers & fermages, & d'en donner quittances; en un mot, dans l'exercice des droits & prérogatives attachés aux bénéfices.

Dans les premiers siècles de l'église, les évêques étoient les premiers & les principaux administrateurs de ses biens; elle en avoit peu alors, & la disposition en étoit laissée à l'évêque qui les distribuoit à son clergé, & répandoit le surplus dans le sein des pauvres. Cette forme a subsisté longtemps dans l'église; &, quoique les évêques se déchargeassent du soin & de la régie des biens sur des économes & des administrateurs, qu'on appelloit assez généralement *procurateurs*, *gardiens*, *majordomes*, *vidames* & *apocrysiaires* (on trouve ces différentes dénominations dans les canons des conciles), ils avoient seuls l'inspection sur tous ces administrateurs; en cas d'abus de leurs pouvoirs dans cette *administration*, ils étoient tenus d'en rendre compte au synode de la province. On voit encore aujourd'hui des vestiges de cette ancienne discipline, en ce que les évêques ne peuvent pas aliéner les biens de leurs églises ou évêchés sans le consentement de leurs chapitres.

Mais, dans la suite, les biens de l'église ayant considérablement augmenté, & quelques évêques de France ayant abusé de leur autorité dans l'*administration* des biens, le concile de Carpentras commença à introduire la division des biens ecclésiastiques, & assigna des revenus fixes aux églises paroissiales. Les partages se sont multipliés successivement depuis le sixième siècle : on en est venu insensiblement à assigner des revenus particuliers à chaque bénéfice. Ainsi aujourd'hui l'*administration* des biens de l'église est partagée en autant de portions qu'il existe de bénéfices particuliers : le bénéficier en est l'administrateur, c'est-à-dire, qu'il a le droit de jouir de tous les émolumens & de tous les fruits qui y sont attachés; il diffère des autres administrateurs, en ce qu'il ne rend compte à personne de ce qu'il reçoit : les évêques cependant conservent encore aujourd'hui une inspection générale sur l'*administration* des biens de ces bénéfices : le roi, & les magistrats, sous son autorité, exercent aussi à cet égard un droit de surveillance, pour réprimer les abus qui pourroient s'introduire dans l'*administration* des biens eccéléfiastiques.

ADMINISTRATION, (*terme de palais.*) il est synonyme à *fournissement*; & c'est dans ce sens qu'on dit administrer des preuves, des témoins, des titres, des moyens : ainsi administrer & fournir sont la même chose, en terme de pratique.

ADMISSIBLE, adj. (*Jurisprudence.*) se dit de tout ce qui est valable & recevable, & qui peut être admis; il s'entend également des personnes & des choses : ainsi on dit indifféremment les témoins sont *admissibles*, les moyens & les preuves sont *admissibles*.

ADMISSION, s. f. (*Jurisprudence.*) action par laquelle quelqu'un est admis à une place ou dignité.

Ce terme se dit spécialement de la *réception* aux ordres ou à quelque degré dans une faculté; & le billet des examinateurs en faveur du candidat s'appelle *admittatur*, parce que l'*admission* est exprimée par ce terme latin.

ADMISSION se dit aussi au palais, des preuves

& des moyens qui sont reçus comme concluans & pertinens (*H*).

Admission, (*Droit canonique.*) c'est le nom qu'on donne à l'acte par lequel un collateur approuve la démission, permutation ou résignation qui est faite entre ses mains.

La procuration d'un bénéficier qui veut se démettre, résigner ou permuter, n'est qu'un préparatoire à la vacance du bénéfice qu'il veut quitter ; ce n'est que l'*admission* faite par le supérieur qui fait vaquer réellement le bénéfice ; jusqu'à ce moment celui qui a donné la procuration, n'est pas censé dépossédé, parce qu'un bénéficier ne peut se délier d'avec l'église à laquelle il est attaché, que du consentement des supérieurs préposés à cet effet. Il faut néanmoins observer que, si *l'admission* n'étoit pas pure & simple, & que le résignataire vînt à mourir avant d'avoir pris possession, le résignant pourroit y rentrer : telle est du moins la jurisprudence du grand-conseil; la raison en est que l'*admission* n'ayant pas été faite purement & simplement, elle n'a pu opérer la vacance du bénéfice, qui n'est censée parfaite que par l'*admission* formelle de la résignation.

L'*admission* ne peut se faire que par le supérieur à qui appartient l'institution canonique du bénéfice ; ainsi la démission faite entre les mains du patron, & l'*admission* que celui-ci auroit accordée, sont nulles, à moins que l'évêque ou le collateur ordinaire ne les admettent.

A l'égard des bénéfices dont la nomination appartient au roi, le pape ne peut en admettre les démissions au préjudice du roi : & celles qui ont été faites entre les mains du roi, opèrent la vacance du bénéfice, du moment que le roi a donné son brevet de nomination à un autre, brevet qu'on regarde comme une *admission*, & qui en a la force, quand bien même le pape refuseroit des provisions.

Lorsque l'*admission* d'une démission est faite par le pape, il y a deux signatures, l'une pour admettre la démission & déclarer le bénéfice vaquant, l'autre pour le conférer à celui qui a été indiqué par la procuration, & en faveur de qui la démission a été faite. Mais quand la démission est faite entre les mains de l'ordinaire, il ne donne pas d'acte particulier d'*admission* : les provisions en tiennent lieu, & en font seulement mention.

Admission, (*Droit public.*) on appelle ainsi la réception d'un ministre envoyé par un souverain à un autre, soit pour résider auprès de lui, soit pour traiter avec lui d'une affaire particulière. C'est l'*admission* qui établit le caractère de ministre public, & qui l'autorise; elle est ou solemnelle ou tacite. L'*admission* solemnelle est celle qui se fait par une entrée & une audience publiques, accompagnées des formalités d'usage : elle est tacite, lorsque le ministre étranger communique d'une façon simple & privée avec le souverain ou ses ministres; l'une & l'autre ont le même effet.

L'*admission* d'un ambassadeur est libre de la part du souverain auquel il est envoyé : & la refuser, n'est point agir contre le droit des gens ; il peut arriver très-souvent que ce refus ne soit pas même outrageant pour le souverain, parce qu'il peut être fondé sur les qualités personnelles de l'ambassadeur dont la personne ne seroit pas agréable au prince auprès duquel il doit résider.

ADMITTATUR, ce mot est latin, & nous l'avons admis dans notre langue pour désigner le billet que l'on donne, après les examens subis, à ceux qui se présentent pour recevoir les ordres sacrés, aux candidats qui aspirent aux degrés d'une facultés, à ceux enfin qui demandent à être admis à certaines dignités. L'*admittatur* est le certificat que les examinateurs donnent au récipiendaire pour attester qu'il a la capacité ou les qualités requises pour être admis à l'office ou au degré pour lequel il postule.

A Paris, les commissaires, notaires & procureurs n'obtiennent des provisions, qu'après avoir prouvé, par un certificat qu'on appelle *admittatur*, qu'ils ont été admis par le corps dans lequel ils veulent entrer.

Cet *admittatur* ne peut être refusé que dans le cas où le candidat manqueroit de la capacité requise pour posséder l'office qu'il demande; car si le refus étoit fait par caprice ou mauvaise humeur, sans fondement légitime, le récipiendaire, en le prouvant, obtiendroit facilement ses provisions; il y a plusieurs arrêts qui l'ont ainsi jugé, & qui ont condamné les opposans aux dépens, & même à des dommages & intérêts envers le récipiendaire.

ADMODIATEUR *ou* Amodiateur, s. m. (*terme de Coutume.*) il désigne celui qui tient à ferme un bien, une métairie, & particuliérement un fermier partiaire. *Voyez* Admodiation.

ADMODIATION *ou* Amodiation, s. f. il est usité en quelques provinces pour signifier un bail dont le prix se paie en fruits par le fermier qui en retient la moitié, ou plus ou moins, pour s'indemniser de ses frais d'exploitation.

Dans quelques endroits, le terme d'*admodiation* est entiérement synonyme au mot *bail à ferme*, & il se dit du bail même dont le prix se paie en argent. *Voyez* Bail.

ADMODIER *ou* Amodier, v. a. qui veut dire affermer une terre en grain ou en argent.

ADMOISONNER, v. a. on trouve ce mot dans Beaumanoir sur la coutume de Beauvoisis, où il signifie *donner à ferme.*

ADMONÊTER, v. a. (*Droit criminel.*) on se sert de ce terme dans les tribunaux pour désigner une légère correction verbale qui a lieu en matière criminelle, par laquelle le juge enjoint au coupable d'être plus circonspect à l'avenir, & lui défend de récidiver. *Voyez* Admonition.

ADMONITEUR & Admonitrice, adj. (*Droit ecclésiastique.*) c'est, parmi les religieux ou religieuses, celui ou celle qui est chargé d'avertir les autres. Dans quelques couvens, ce nom se donne celui des novices qui doit avertir les autres de ce qu'ils ont à faire.

ADMONITION, s. f. (*Droit criminel.*) est une sorte de punition qui se prononce en matière de délit; elle consiste dans une réprimande que le juge fait à l'accusé, en l'avertissant d'être plus circonspect à l'avenir, & de ne plus retomber dans la même faute, à peine d'être puni plus sévérement.

L'*admonition* peut se prononcer sur une simple information, sans qu'il soit nécessaire de procéder au récolement & à la confrontation des témoins : cette peine est moindre que celle du blâme; elle n'est pas flétrissante, & celui qui la subit, n'est pas noté d'infamie. C'est par cette raison que l'appel en est porté aux enquêtes, selon deux arrêts de réglement des 3 septembre 1667 & 6 août 1720. La sentence qui l'ordonne, s'exécute à huis-clos dans la chambre du conseil ou un autre lieu dans lequel se rend la justice, ou même au greffe.

Quoique l'*admonition* ne rende pas infâme; & que, d'après la jurisprudence des arrêts, des officiers admonêtés puissent continuer leurs fonctions, elle emporte cependant une certaine note qui tend à diminuer l'estime & la confiance, & qui peut autoriser les avocats à ne plus communiquer avec un confrère contre qui l'*admonition* auroit été prononcée. Un avocat de Saumur ayant été admonêté par un arrêt de la tournelle, pour un fait de procédure, ses confrères ne voulurent plus communiquer avec lui; il s'éleva une contestation qui fut jugée en faveur des avocats, par arrêt rendu en la grand-chambre sur les conclusions de M. Gilbert de Voisins.

L'*admonition* est une peine; c'est la raison pour laquelle elle ne peut être jointe à une autre plus considérable. Ainsi il a été défendu, par arrêt du 4 décembre 1673, au lieutenant criminel de la justice de la Bussière, de condamner en même temps au bannissement & à l'*admonition*; il en est de même du blâme, le juge ne peut le joindre à l'*admonition*.

Mais l'*admonition* se joint souvent à l'aumône, & quelquefois elle est suivie d'une amende. Les premiers auteurs de l'Encyclopédie ont avancé que, dans ce dernier cas, l'*admonition* étoit flétrissante. C'est une erreur : l'amende, en matière criminelle, n'est pas infamante par elle-même; elle ne le devient que quand elle est jointe à une peine qui emporte note d'infamie : c'est ce qu'a prouvé Loiseau dans son *Traité des offices*; & c'est ainsi qu'il faut entendre l'article 7 du titre 25 de l'ordonnance de 1670; ce qui fait dire à M. Jousse, que l'amende, jointe à une *admonition*, ne peut pas plus opérer que l'*admonition* même. En effet, l'amende n'est ordinairement qu'une peine accessoire à la condamnation principale; par conséquent, elle ne doit pas produire plus d'effet que la peine à laquelle elle est jointe. Au reste, les juges, en prononçant l'*admonition*, ne doivent pas condamner à l'amende; cela leur est défendu par les arrêts des 20 juillet 1708, 26 août 1709 & 3 septembre 1702.

ADMONITION, (*terme de Coutume.*) celle de la Rochelle, *art.* 26, se sert du mot d'*admonition*, dans le même sens que celui d'*action*; ainsi l'*admonition personnelle*, veut dire la même chose qu'*action personnelle*. On le trouve employé de même dans les anciens praticiens : suivant Imbert, *admonition de payer*, *& requête de payer*, *est tout un*. Demander par *admonition*, dit Huet, c'est se pourvoir par assignation & commandement, en vertu d'un mandement ou commission du juge; delà il paroît qu'ils employoient le terme d'*admonition* pour signifier particuliérement une demande par requête.

ADMONITION, (*Droit canon.*) ce mot est synonyme de celui de *monition* : on entend par *admonition* un avertissement contenu dans un acte, qui doit précéder la sentence du juge contre un bénéficier scandaleux : on appelle aussi *admonition* la publication des censures, qui se fait au prône dans les paroisses. *Voyez* CENSURE, MONITION.

ADMUIDIER *ou* ADMICIDER, v. a. ces termes s'employoient anciennement dans le même sens que ceux de *convenir*, *traiter*, *s'accommoder*.

ADNOTATION, s. f. terme de chancellerie romaine, qui désigne une requête ou supplique, répondue par la seule signature du pape.

ADNULLEMENT, s. m. vieux mot dont on s'est servi pour exprimer l'action par laquelle on annulloit un acte.

ADOLESCENCE, s. f. (*Jurisprudence.*) c'est l'âge qui suit l'enfance, il commence avec la puberté, & finit à la majorité. Les mâles entrent dans l'*adolescence* à quatorze ans, les femmes à douze, & en sortent à vingt-cinq ans accomplis. C'est pendant ce temps que le corps achève de prendre son accroissement & sa force, & que l'esprit & le jugement se forment. Les loix civiles permettent à l'adolescent de jouir & de disposer de ses revenus, mais lui défendent en même temps d'aliéner ses fonds, de se marier, ou d'entrer en religion sans l'autorisation de celui que la loi lui a choisi pour son soutien, son défenseur & son protecteur. *Voyez* MINEUR.

ADOPTIF, adj. (*Jurisprudence.*) est la personne adoptée par une autre. *Voyez* ADOPTION.

Les enfans *adoptifs*, chez les Romains, étoient considérés comme les enfans ordinaires, & ils entroient dans tous les droits que la naissance donne aux enfans à l'égard de leurs pères. C'est pourquoi il falloit qu'ils fussent institués héritiers ou nommément deshérités par le père, sans cela le testament étoit nul.

L'empereur Adrien préféroit les enfans *adoptifs* aux enfans ordinaires, par la raison, disoit-il, que c'est le hasard qui nous donne ceux-ci, au lieu que c'est notre propre choix qui nous donne les autres. (*H*)

ADOPTION, s. f. (*Droit civil.*) c'est un acte autorisé par la loi, & qui donne le droit de choisir quelqu'un d'une famille étrangère pour en faire son propre enfant.

Adoptio, disent les loix romaines, *est actus legi-*

timus naturam imitans, quo quis sibi filium facit quem non generavit.

L'*adoption* étoit en usage dans les temps les plus reculés : elle fut établie pour consoler ceux qui n'avoient point d'enfans naturels.

Chez les Grecs & chez les Romains, il étoit nécessaire que l'autorité publique concourût avec le citoyen, pour rendre une *adoption* valable; & comme elle étoit une imitation des loix de la nature, les eunuques, les esclaves, les femmes, les imbécilles ne pouvoient pas adopter. Il falloit que celui qui vouloit adopter fût de condition libre, & qu'il eût au moins dix-huit ans de plus que l'enfant adoptif.

Dès que l'acte étoit consommé, le père avoit sur le fils adoptif les mêmes droits que le véritable père, & réciproquement. L'*adoption* ne devenoit pas nulle par la naissance des enfans naturels & légitimes.

A Athènes, le père qui avoit un fils adoptif n'avoit pas la liberté de se marier sans la permission des magistrats.

A Lacédémone, les actes d'*adoption* devoient être confirmés en présence du roi; c'étoit par ce moyen qu'on légitimoit les bâtards.

A Rome, il y avoit deux sortes d'*adoption* : l'une qui se faisoit devant le préteur, & l'autre par l'assemblée du peuple, quand la république subsistoit, & postérieurement, par un rescrit de l'empereur.

Pour la première, qui étoit celle d'un enfant sous la puissance paternelle, le père naturel déclaroit devant le préteur qu'il émancipoit son fils, se déportoit de l'autorité qu'il avoit sur lui, & consentoit qu'il passât dans une autre famille.

L'autre *adoption* que l'on appelloit *adrogation*, étoit celle d'une personne libre, & qui n'étoit plus sous la puissance paternelle. *Voyez* ADROGATION.

Les enfans adoptifs prenoient les noms, les prénoms & les surnoms de ceux qui les avoient adoptés.

Un plébéien pouvoit bien à Rome adopter un patricien, mais un patricien ne pouvoit adopter un plébéien.

Les anciens Germains faisoient usage de l'*adoption*, long-temps avant de connoître les loix romaines; & comme ces peuples rapportoient tout à la guerre, l'*adoption* chez eux étoit une cérémonie militaire qui se faisoit sous les armes. C'est d'après cette coutume, que Gontran, roi d'Orléans & de Bourgogne, voulant déclarer majeur son neveu Childebert, & ensuite l'adopter, lui dit : « j'ai mis ce javelot dans tes mains, comme un » signe que je t'ai donné mon royaume ». Et se tournant vers l'assemblée : « Vous voyez que mon » fils Childebert est devenu un homme; obéissez-» lui ».

Théodoric, roi des Ostrogoths, dit M. de Montesquieu, voulant adopter le roi des Herules, lui écrivit : « c'est une belle chose parmi nous de » pouvoir être adopté par les armes : car ces hom» mes courageux sont les seuls qui méritent de » devenir nos enfans. Il y a une telle force dans » cet acte, que celui qui en est l'objet, aimera » toujours mieux mourir, que de souffrir quelque » chose de honteux. Ainsi par la coutume des na» tions, & parce que vous êtes un homme, nous » vous adoptons par ce bouclier, cette épée, » ces chevaux que nous vous envoyons ».

Godefroi, duc de la basse Lorraine, fut adopté en 1096, par l'empereur Alexis, qui le revêtit de ses habits impériaux.

Baudoin, son frère, fut adopté par le prince d'Edesse qui le fit entrer nu sous sa chemise, & le serra dans ses bras. C'est de cette manière que se fait, chez les Musulmans, la cérémonie de l'*adoption*.

L'*adoption* a eu lieu autrefois en France sous les rois de la première race. L'abbé Trithème observe dans ses annales qu'en 672, Sigebert, roi d'Austrasie, adopta Childeric, fils de Grimoald, maire de son palais. Cette *adoption* se faisoit ou par les armes, ou par les cheveux, dont on coupoit l'extrémité, & même en touchant la barbe. Dans le traité que fit Clovis avec Alaric, ce dernier s'engagea de toucher la barbe de Clovis, & de-devenir par-là son père adoptif. L'usage de l'*adoption* cessa sous la seconde race; du moins les capitulaires de Charlemagne n'en font pas mention. La seule coutume de Saintes, *article premier*, permet une affiliation par le moyen de laquelle, l'affilié succède en certain cas, même avec les enfans naturels & légititimes; mais cette disposition singulière est restreinte au ressort de cette coutume. Celles de Bourbonnois & de Nivernois ont des dispositions à-peu-près semblables, & dont les effets sont presque les mêmes que ceux de l'*adoption*. Nous en parlerons ci-après sous le mot AFFILIATION.

Quelquefois, à la vérité, on adopte un étranger, à condition qu'il portera le nom & les armes de celui qui lui donne ses biens par contrat ou par testament; mais cet étranger n'est pas pour cela saisi, en vertu de la loi, des biens du donateur ou du testateur; il ne les peut prendre que comme un donataire entre-vifs, ou comme légataire, ou héritier institué par contrat ou par testament. Ce qui fait que cette espèce d'*adoption* ne l'exempte pas de payer les droits seigneuriaux, quoiqu'ils ne soient pas dus pour mutation en succession directe. Elle ne produit non plus aucune sorte de parenté qui puisse former un empêchement au mariage.

On connoît encore en France une autre sorte d'*adoption* usitée pour des enfans orphelins dans les deux hôpitaux de Lyon, l'hôtel-dieu & la charité. Les recteurs de l'hôtel-dieu adoptent les orphelins qui leur sont présentés jusqu'à l'âge de sept ans, & ceux de la charité les adoptent depuis sept ans jusqu'à quatorze. Ces hôpitaux ont été maintenus

tenus dans ce droit par différentes lettres-patentes des années 1560, 1643, & 1672, qui ont été confirmées par de nouvelles lettres-patentes du mois de septembre 1729, homologuées par arrêt de la cour du 7 septembre 1731.

Tous les orphelins qui sont dans ces hôpitaux ne sont pas réputés adoptifs ; il n'y a que ceux qui ont été en effet adoptés du consentement de leurs parens les plus habiles à leur succéder.

Les recteurs de ces deux hôpitaux, en qualité de pères adoptifs des orphelins, prennent soin de leurs biens & de leur éducation. Les orphelins adoptés ne peuvent prendre parti en religion, ni contracter mariage sans le consentement des recteurs. Cette puissance paternelle finit à leur majorité. S'ils décèdent pendant le cours de l'*adoption*, l'hôpital leur succède pour une portion, conjointement avec leurs frères & leurs sœurs, & au défaut de ceux-ci, pour le tout, à l'exclusion des collatéraux, & même des frères & des sœurs qui ont consenti à l'*adoption*, en âge de majorité. L'hôpital gagne les fruits des biens pendant l'*adoption*.

Adoption *des Villes* : c'est un acte par lequel les officiers municipaux d'une ville adoptent l'habitant d'une autre, l'admettent au nombre de leurs concitoyens, l'autorisent à en porter le titre, & lui confèrent tous les honneurs, droits, privilèges & immunités dont ils jouissent eux-mêmes.

C'est ainsi que M. du Belloy, après sa tragédie du Siège de Calais, a été adopté par les officiers municipaux de cette ville : celle de Liège a aussi donné à M. Morand, médecin de Paris, le titre de citoyen. M. le maréchal de Richelieu a été mis au nombre des nobles de la république de Gênes, après avoir délivré cette ville de l'oppression des Impériaux, en 1747.

ADOUCIR, v. a. (*Droit ecclés.*) il est presque synonyme à celui de *mitiger*, il y a cependant quelques différences entre eux ; ils se disent principalement des règles monastiques. Le premier diminue la rigueur de la règle par la dispense d'une partie de ce qu'elle prescrit, & par la tolérance des légères inobservations ; il n'a rapport qu'aux choses passagères & particulières. Le second diminue la rigueur de la règle par la réforme de ce qu'elle a de rude ou de trop difficile. C'est une constitution, sinon constante, du moins autorisée pour un temps.

Adoucir dépend de la facilité ou de la bonté d'un supérieur : *mitiger* est l'effet de la réunion des volontés ou de la convention des membres d'un corps, ou de la loi d'un maître, selon le gouvernement.

ADOURIR, v. a. (*Procédure.*) mot fort ancien, qui signifioit *ouvrir les plaids, donner audience.*

ADRAS, s. m. vieux mot, qui signifioit *amende par défaut.*

ADRÉCHIER, v. a. on l'employoit autrefois pour dire *arrêter quelqu'un, mettre la main sur lui.*

ADRESSE *des lettres royaux, ou de chancellerie* : c'est le nom que l'on donne à la clause qui concerne leur exécution, & qui commet un officier public pour y veiller, ou pour la procurer. Dans les objets qui concernent l'ordre public, & l'intérêt général, soit du royaume, soit d'une province, soit d'un corps particulier, l'*adresse* se fait aux cours souveraines, ou aux juges royaux qui doivent connoître des choses réglées par les lettres royaux : cette adresse se fait en ces termes : *Si donnons en mandement à nos amés & féaux, les gens tenant notre cour de parlement*, ou *à notre prévôt de Paris, son lieutenant.....* qu'ils aient ces présentes à faire lire, publier, enregistrer, & exécuter de point en point, *&c....*

Lorsque les lettres royaux concernent les affaires pendantes devant les tribunaux de justice, elles sont adressées à des huissiers, pour qu'ils aient à faire, de par le roi, injonction & commandement de satisfaire aux mandemens & ordonnances des juges. Telles sont les lettres de relief d'appel, d'anticipation, & l'*adresse* des jugemens, qui doivent être mis à exécution. L'*adresse* en est conçue en ces termes : *Si donnons en mandement au premier huissier ou sergent sur ce requis, de faire pour l'exécution des présentes, tous exploits, significations, & actes de justice nécessaires.*

Adresse, (*Matière bénéficiale.*) c'est la partie des provisions, ou collations d'un bénéfice qui contient le nom de celui à qui le bénéfice est conféré, ou de celui qui doit donner au pourvu l'institution canonique. Ordinairement l'*adresse* des provisions d'un bénéfice se fait au pourvu ; mais à l'égard des provisions émanées du roi, elles ne sont jamais adressées au pourvu ; c'est tantôt aux évêques, tantôt à ses officiers, suivant les personnes qui doivent mettre les lettres à exécution. Quant aux bénéfices consistoriaux, le brevet de nomination est toujours sans *adresse*.

Les rescrits de la cour de Rome, soit de graces, soit de privilèges, sont toujours adressés aux impétrans, à moins qu'ils n'exigent un examen préalable ; alors l'*adresse* s'en fait à ceux qui ont le droit de faire subir l'examen. Les rescrits de justice ou mixtes sont communément adressés aux ordinaires des lieux, ou à des dignitaires, ou à des chapitres. Les rescrits en forme gracieuse, peuvent être adressés à tel exécuteur qu'il plaît au pape de nommer : ceux *in formâ dignum* sont adressés à l'ordinaire, ou s'il est suspect, à l'évêque le plus voisin. *Voyez* Rescrit.

ADROGATION, s. f. (*terme de Droit civil.*) étoit une sorte d'adoption qui ne différoit de l'adoption simplement dite, qu'en ce qu'il falloit que le sujet adopté par l'*adrogation* fût affranchi de la puissance paternelle, soit par la mort de son père naturel, soit par l'émancipation. Elle demandoit aussi un peu plus de solemnité, & ne pouvoit se faire sous le gouvernement républicain, que dans l'assemblée du peuple, & depuis par un rescrit de l'empereur. Quant aux effets, ils étoient précisément les mêmes que ceux de l'adoption.

Adrogation se disoit aussi, chez les Romains, de l'association d'un patricien dans l'ordre des plébéiens, où il se faisoit aggréger, soit pour gagner l'affection du peuple, soit pour parvenir au tribunat. (*H*)

ADVANCEMENT de droit naturel, (*terme de Coutume.*) celle de Tours, *art. 304*, se sert de ce mot dans la même signification que l'*avancement d'hoirie. Voyez* HOIRIE.

ADVENANT, s. m. (*terme de Coutume.*) celles d'Anjou, du Maine, de Loudun & de Tours donnent à ce mot deux significations différentes. Elles s'en servent d'abord pour désigner, dans le cas du parage ou du dépié de fief, l'obligation où est le vendeur ou parageur, qui doit porter la foi pour le fief entier, & garantir les acquéreurs ou paragés, de conserver en ses mains une portion suffisante du fief pour le paiement & la prestation des droits & des devoirs seigneuriaux. C'est cette portion qui s'appelle *advenant*, le seigneur suzerain est en droit d'exiger que le vendeur ou parageur conserve l'*advenant*, & ce dernier doit lui prouver qu'il a effectivement *advenant*, lorsque le seigneur prétend qu'il y a *desadvenant*, c'est-à-dire, que le vendeur ou parageur n'a pas conservé dans ses mains une portion suffisante. Dans ces mêmes coutumes, le mot *advenant*, par une seconde acception, s'entend de la portion légitime des héritages & patrimoine, en laquelle une fille peut succéder *ab-intestat*. Elles appellent aussi *plus qu'advenant* la quatrième partie de l'*advenant*, dont les pères & mères peuvent disposer avant le mariage de leur fils aîné, en faveur de la fille première mariée, soit en forme de dot, soit par autre don de noces.

ADVENANT, *bienfait*. Les coutumes d'Anjou, *art. 278*, & du Maine, *art. 294*, donnent ce nom à la récompense que l'aîné assigne à son puîné, pour les fiefs de dignité qu'il retient, qui ne tombent pas en partage, & qui ne se départent pas entre frères, si le père ne leur en a point fait le partage.

ADVENANT, *douaire*. La coutume de Lodunois, *chap. 31. art. 5*, appelle *douaire advenant*, le douaire conventionnel, qui revient au douaire coutumier.

ADVENANT, *logis*. Dans les coutumes d'Anjou & du Maine, c'est ainsi que l'on appelle *la maison*, dont l'héritier doit pourvoir la veuve noble, selon la qualité & la force de la succession.

ADVENANT MARIAGE, (*coutume de Normandie, art. 240 & suivans.*) c'est la dot que le frère aîné, gardien de ses sœurs après la mort du père commun, est obligé de leur donner, lorsqu'elles ont atteint l'âge de vingt-un ans, & qu'elles trouvent un parti convenable. Cette dot s'appelle *mariage advenant*, c'est-à-dire, mariage proportionné aux biens que le frère aîné a eu par succession en ligne directe. Cette dot doit être fixée & estimée par les plus proches parens.

ADVENTICE ou ADVENTIF, adj. (*Jurispr.*) ce mot se dit généralement de tout ce qui arrive ou accroît à quelqu'un, ou à quelque chose : ainsi matière *adventice* est celle qui n'appartient pas proprement à un corps, mais qui y est jointe fortuitement. *Voyez* ACCESSION, ACCRUE, ACCROISSEMENT, ACCESSOIRE.

Adventif se dit plus particuliérement des biens qu'on acquiert par toute autre voie que par les successions directes, & qui adviennent à quelqu'un, soit par la libéralité d'un étranger, soit par une succession collatérale; & en ce sens, *adventif* est opposé à profectif, qui se dit des biens qui viennent au fils directement de ses père & mère.

Les Romains qui accordoient au père la propriété de tout ce que le fils acquéroit pendant le temps qu'il demeuroit sous sa puissance, avoient introduit différentes espèces de pécules, à l'effet de diminuer ce droit de la puissance paternelle. D'abord les loix accordèrent au fils la propriété & la libre disposition même par testament de tout ce qu'il acquéroit dans le service militaire, c'est ce qu'on appelloit *pécule castrense*; bientôt on adopta une seconde exception en faveur des gains que le fils pouvoit faire au barreau, & qu'on appella *pécule quasi-castrense* : enfin Justinien ordonna que tous les biens que les enfans pourroient acquérir, soit par cas fortuit, soit par leur travail, soit par succession de leur mère, leur appartinssent en toute propriété, sans que le père en eût l'usufruit, & ces biens étoient compris sous le nom de *pécule adventif*; il ne resta plus dans la propriété & la possession du père que les biens ou pécule profectifs, c'est-à-dire, ceux que le fils acquéroit avec les fonds que son père lui avoit confiés.

Dans les provinces du royaume, régies par le droit écrit, on y suit les dispositions du droit romain : en conséquence, le père a la propriété de tout le pécule profectif de son fils, ensorte que s'il lui a remis une somme d'argent pour la faire valoir dans le commerce, le fonds & les bénéfices appartiennent au père ; mais la propriété de tous les biens *adventifs* appartient au fils, sans que le père puisse y prétendre aucun droit.

Dans les provinces coutumières, où la puissance paternelle n'est point admise dans le sens & dans l'étendue que lui donnent les loix romaines, le père n'acquiert rien par ses enfans. Dans celles qui admettent la puissance paternelle, le père a l'usufruit des choses données à ses enfans, qui sont encore, lors de la donation, sous sa puissance, & il en jouit jusqu'à ce que l'enfant donataire soit émancipé expressément ou tacitement. La coutume de Bretagne donne au père, en cas qu'il le veuille, tous les biens acquis par le fils non-émancipé, à l'exception de ceux qui lui ont été donnés, ou qui lui sont échus par succession. *Coutume de Bretagne, art. 529.*

ADVENTIF, (*terme de Coutume.*) dans la coutume d'Auvergne, on appelle aussi *biens adventifs* tous les biens qui arrivent à une femme après qu'elle est fiancée. Ces biens n'augmentent pas la dot, & la femme peut en disposer au profit de qui bon lui semble, excepté son mari, de l'autorisation duquel elle n'a d'ailleurs pas besoin à cet égard.

Dans quelques-uns des pays de droit écrit, comme au parlement de Bordeaux, on comprend quelquefois sous le terme de *biens adventifs* tous ceux qui ne sont pas partie de la dot de la femme, & qu'elle avoit avant le mariage ou qui lui sont échus depuis : mais la dénomination est impropre à l'égard des biens qu'elle avoit avant le mariage; ceux-ci doivent être appellés paraphernaux. Au reste on peut dire dans ce pays que, quoique tous les biens paraphernaux ne soient pas *adventifs*, tous les biens *adventifs* sont paraphernaux.

Nous avons des loix qui ne se servent que de l'expression *extra dotem* pour signifier tout à la fois les biens *adventifs* & les biens paraphernaux. *Voyez* PARAPHERNAUX.

ADVENTURES *de fief*, (*terme de Coutume.*) celle d'Anjou, *art. 103*, entend par ce mot les émolumens casuels des fiefs, tels que les profits de lods & ventes, de relief, de rachat, *&c.*... qui ne sont pas un revenu ordinaire du fief, & qui n'arrivent que lorsqu'il y a mutation dans le possesseur du fief servant. Dans cette coutume, le seigneur qui a saisi féodalement le fief de son vassal à défaut de foi & hommage, fait non-seulement siens les fruits ordinaires du fief, mais encore les *adventures*, & même les profits de bestiaux.

ADVERSAIRE, s. m. (*Jurisprudence.*) ce mot est formé de la préposition latine *adversus*, contre, composée de *ad*, vers, & *vertere*, tourner. Il signifie au palais la partie adverse de celui qui est engagé dans un procès. (*H*)

ADVERSE, adj. (*Partie*) *terme de Palais*, signifie *la partie avec laquelle on est en procès.* (*H*)

ADVERT, ancien mot qui signifioit *les fruits pendans par les racines.*

ADVEST *ou* ADVESTURE : ces termes se trouvent dans les coutumes de Cambrai, Hainaut, Mons, Namur & Valenciennes ; ils désignent 1°. les frais de labour & de semences, qui servent à revêtir un champ ; 2°. les fruits, pendans par les racines, qui font partie du fonds, jusqu'à ce qu'ils en soient séparés par la récolte, & lui servent, pour ainsi dire, de vêtement.

ADULTE, adj. pris quelquefois substantivement, (*Jurisprudence.*) ce mot est formé du participe latin *adolescere*, qui signifie *croître* ; ainsi *adulte* est la même chose que *crû.* On appelle *adultes* les personnes qui sont arrivées à l'âge d'adolescence, & qui dans ce temps sont censées déjà avoir des sentimens & de la raison. *Voyez* ADOLESCENCE, MINEUR.

ADULTÉRATION, s. f. (*terme de Droit.*) est l'action de dépraver & gâter quelque chose qui est pur, en y mêlant d'autres choses qui ne le sont pas. Ce mot vient du latin *adulterare*, qui signifie la même chose. Ce n'est pas un mot reçu dans le langage ordinaire : on dit *altération.*

Il y a des loix qui défendent l'*adultération* du café, du thé, du tabac, soit en bout, soit en poudre ; du vin, de la cire, de la poudre à poudrer les cheveux.

C'est un crime capital dans tous les pays d'*adultérer* la monnoie courante. Les anciens le punissoient avec une grande sévérité : les Egyptiens faisoient couper les deux mains aux coupables : le droit romain les condamnoit à être exposés aux bêtes ; l'empereur Tacite ordonna qu'ils seroient punis de mort ; & Constantin, qu'ils seroient réputés criminels de lèse-majesté. Parmi nous, l'*adultération* des monnoies est un cas pendable. *Voyez* MONNOIE. (*H*)

ADULTÈRE, s. m. (*Droit criminel.*) c'est le crime que commet le mari ou la femme en violant la foi conjugale : quand les deux coupables sont dans les liens du mariage, le crime est double, & quand l'un des deux est libre, l'*adultère* est simple. Il y a lieu au double *adultère* lorsqu'un homme marié le commet avec une femme mariée; il est simple lorsque l'une des deux personnes n'est pas engagée dans les liens du mariage, cette dernière ne commet que la fornication ; elle est néanmoins punissable comme complice de l'adultère.

Ce délit porte le trouble & la confusion dans l'ordre social, il bannit les bonnes mœurs qui en sont le soutien, il affoiblit le corps politique, en énervant les membres qui le composent, il les rend souvent coupables des crimes les plus atroces.

Loix & peines de l'adultère chez les anciens. Toutes les nations policées ont eu ce crime en horreur, & toutes l'ont puni ; mais les unes différemment des autres. Ici le mari de la femme coupable étoit juge & exécuteur en sa propre cause : il pouvoit priver de la vie ceux qui lui ravissoient l'honneur.

Là, on crevoit les yeux au criminel.

Chez les Juifs, on lapidoit les deux coupables.

Sous Théodose, une femme convaincue d'*adultère* fut livrée à la brutalité de quiconque voulut l'outrager. Jugement ridicule, qui violoit les mœurs pour punir la violation des mœurs.

Lycurgue voulut que l'*adultère* fût puni comme le parricide, & cependant il fut un temps où, suivant Plutarque, l'*adultère* fut permis à Lacédémone.

Les anciens Saxons brûloient la femme ; & sur ses cendres ils élevoient un gibet où le complice de son *adultère* étoit étranglé.

Les Sarmates attachoient avec un crochet les parties coupables ; & ils laissoient près du criminel un rasoir avec lequel il étoit obligé de se dégager, à moins qu'il ne préférât de mourir dans cette étrange situation.

Les Espagnols privoient le coupable des mêmes parties.

En Angleterre, on coupoit autrefois les cheveux de la femme *adultère*, ensuite on la traînoit toute nue, ou du moins dépouillée jusqu'à la ceinture, hors de la maison de son mari, en présence de tous ses parens, & on la fouettoit de ville en ville, jusqu'à ce qu'elle mourût sous les verges : on n'avoit d'égard ni à son sexe, ni à sa jeunesse, ni à sa beauté, ni à sa fortune. On pendoit ordinairement à un arbre son séducteur.

Au royaume de Tunquin, la femme *adultère* est jettée à un éléphant qui l'enlève avec sa trompe, & quand elle est tombée, il la foule aux pieds jusqu'à ce qu'elle soit sans vie.

Chez les Turcs, on l'enterre à demi, & on la lapide.

A Rome, quand les mœurs y étoient en honneur, c'est-à-dire, dans les premiers temps de la république, l'*adultère* étoit jugé au tribunal domestique, ou du mari outragé, qui assembloit les parens de sa femme, & prononçoit la peine qui lui paroissoit convenable: elle étoit alors arbitraire : ce tribunal n'empêchoit pas que les coupables ne pussent être accusés publiquement devant le peuple, parce qu'il étoit question d'une violation de mœurs; & les mœurs, dans cette république, étoient la base sur laquelle reposoit l'édifice du gouvernement.

Dans les temps postérieurs, & après plusieurs variations dans la jurisprudence romaine à ce sujet, l'accusation cessa d'être publique : elle fut réservée au mari, qui a seul droit parmi nous d'accuser la femme comme étant le seul offensé, & par conséquent le seul intéressé.

Auguste, par la loi *julia*, prononça contre le mari & la femme *adultère* la peine de la rélégation, avec perte pour la femme de la moitié de sa dot, & du tiers de ses autres biens, & pour le mari de la moitié de ses biens. Constantin prononça la peine de mort tant contre l'homme que contre la femme *adultère*, & celle du feu contre la femme qui avoit commis l'*adultère* avec un esclave. Constant fut plus sévère, il prononça contre les *adultères*, la peine du parricide. Justinien laissa subsister la peine de mort contre l'homme, & ne condamna la femme *adultère* qu'à être fustigée, & renfermée pendant deux ans dans un monastère, au bout desquels, si son mari venoit à décéder, ou ne la reprenoit pas, elle étoit rasée, portoit l'habit de religieuse, & restoit dans le couvent le reste de ses jours.

Loix anciennes des François contre l'adultère. Les Francs après la conquête des Gaules, continuèrent de se gouverner par la loi salique, qui ne prononçoit contre l'*adultère* qu'une amende de deux cens sols. Lorsque Clovis eut admis les loix romaines, l'*adultère* fut condamné à mort, & on en trouve la preuve dans Grégoire de Tours. Les anciens capitulaires de Charlemagne & de Louis le Débonnaire défendirent l'*adultère* sous peine de mort; il paroît que cette jurisprudence eut lieu jusqu'à la chûte de la maison de Charlemagne. Pendant les troubles qui suivirent l'avénement de Hugues Capet à la couronne, les loix furent sans force & sans vigueur; & il ne paroît pas qu'il y eût alors en France de loi contre l'*adultère*. Le jugement rendu en 1314 contre les trois femmes des enfans de Philippe-le-Bel, donne lieu de penser qu'on y suivoit quelquefois les dispositions des loix romaines : car les femmes de Louis, roi de Navarre, & de Charles-le-Bel, convaincues d'*adultère*, furent rasées & renfermées.

On trouve quelques anciennes ordonnances où il est parlé du crime d'*adultère*, & de sa punition: Charles, fils aîné & lieutenant de Jean I, rendit une ordonnance au mois de février 1357, pour les habitans de Ville-Franche en Périgord, suivant laquelle les *adulteres* surpris en flagrant-délit, ou dont le crime étoit prouvé par témoins, devoient à leur choix, payer chacun cent sols d'amende, ou courir nuds par la ville.

Par une autre ordonnance donnée par le roi Jean au mois d'octobre 1362, pour les habitans de la ville de Prissey, près de Mâcon, les *adultères* surpris en flagrant délit devoient subir la peine du fouet ou payer soixante sols & un denier.

Suivant la coutume de S. Sever, l'homme & la femme surpris en *adultère* devoient subir ensemble la peine du fouet. Et la coutume de Bayonne vouloit que les coupables fussent condamnés pour la première fois à courir par la ville sans fustigation, & à un bannissement arbitraire; & dans le cas de récidive, à être fouettés & bannis à perpétuité.

Les coutumes & statuts de Bergerac condamnent l'*adultère* à une amende de cent sols, ou à courir nud par la ville avec la femme *adultère*. Suivant les coutumes d'Agen, l'homme & la femme surpris en *adultère*, étoient conduits par la ville, leurs mains liées ensemble avec une corde, & payoient une amende de cinq sols. La coutume de Béarn les condamnoit à courir la ville, & à être fustigés par l'exécuteur de la haute-justice.

De la peine de la femme adultère, suivant la jurisprudence moderne. Pendant long-temps la jurisprudence françoise a été fort incertaine sur la punition de l'*adultère*, tantôt on suivoit la disposition rigoureuse de la loi de Constantin, tantôt on se contentoit des peines établies par Justinien; mais la jurisprudence actuelle de tous le tribunaux du royaume, à l'égard des femmes *adultères*, est conforme aux dispositions de la novelle 134 de Justinien, & de l'authentique *sed hodiè*, dont on a retranché la peine du fouet: ainsi on condamne une femme *adultère* à être enfermée dans un couvent pour y demeurer en habit séculier l'espace de deux années, pendant lesquelles son mari peut la voir & la reprendre si bon lui semble: & s'il ne la reprend pas, ou qu'il vienne à décéder pendant ce temps, on ordonne qu'elle sera rasée, voilée & vêtue comme les autres religieuses & filles de la communauté, pour y rester sa vie durant, & y vivre selon la règle de la maison.

On ordonne aussi communément qu'elle sera déchue de son douaire, préciput, & autres avantages portés par son contrat de mariage, & que sa dot appartiendra à son mari pour en jouir par lui en propriété, à la charge de payer à sa femme une pension telle qu'elle est fixée par le jugement.

Lorsque la femme *adultère* est pauvre, le mari peut demander & le juge ordonner qu'elle sera renfermée à l'hôpital, au lieu d'un couvent, pour y être traitée conformément aux réglemens faits contre les femmes débauchées.

Une femme condamnée pour crime d'*adultère*, reste capable de tous les effets civils, parce qu'elle n'a fait ni vœu ni profession. C'est pourquoi si son mari se réconcilie avec elle & la reprend, elle rentre dans tous les droits dont le jugement de condamnation l'avoit privée. Mais elle ne seroit pas fondée à y rentrer, même dans les deux ans après le décès de son mari, en offrant de prouver qu'avant de mourir, il étoit sur le point de lui pardonner. C'est ce qui a été jugé par arrêt de la tournelle du 22 août 1725.

On a jugé au parlement de Toulouse contre un conseiller, qu'un magistrat qui a fait condamner sa femme pour *adultère*, ne peut pas la reprendre tant qu'il est magistrat.

Une femme condamnée pour *adultère* peut, après la mort de son mari, en épouser un autre, & par ce moyen obtenir sa liberté: mais ce second mariage ne la fait pas rentrer dans les droits dont l'a privé le jugement prononcé sur son crime, & elle n'a aucune action pour réclamer sa dot ou l'exécution de ses conventions matrimoniales. C'est ce qui résulte des arrêts célèbres des 19 janvier & 21 juin 1684, rendus en faveur de Marie Joisel qui étoit enfermée depuis dix ans pour crime d'*adultère*, & que le sieur Thomé, médecin, avoit demandée en mariage après la mort du procureur du roi de Melun, son mari.

Il est nécessaire d'observer que la femme punie comme *adultère*, ne peut se remarier après la mort de son mari, qu'après en avoir obtenu la permission du juge qui l'a condamnée, & à la charge que le mariage sera célébré en présence d'un huissier commis à cet effet. C'est ce qui a été réglé par les deux arrêts que nous venons de citer.

De la peine contre les hommes adultères. Quant à la peine des hommes *adultères*, Suétone nous apprend qu'Auguste bannit Ovide coupable d'*adultère* avec Julie, fille de cet empereur. Ce même prince fit mourir Jule Antoine, complice du crime de Julie.

Cujas & Tiraqueau observent que les empereurs suivans firent aussi mourir plusieurs hommes convaincus d'*adultère*.

Constantin fit une loi qui prononça cette peine contre les *adultères* de l'un & l'autre sexe, & Justinien ne la changea pas à l'égard des hommes.

D'anciens arrêts prouvent que parmi nous le fouet & le bannissement étoient la peine des hommes convaincus d'*adultère*.

On a aussi quelquefois prononcé l'amende honorable & les galères contre les hommes coupables de ce crime.

Suivant la jurisprudence actuelle, la peine qu'on prononce ordinairement contre les hommes *adultères* est arbitraire, & dépend des circonstances qui accompagnent le crime & la qualité des personnes. Guy-Pape dit qu'en Dauphiné il y a un statut qui ne prononce contre les *adultères* qu'une amende de cent écus: mais il n'est plus suivi, si toutefois il l'a été.

Quand c'est la femme qui a séduit l'homme, ou qu'ils se sont séduits l'un l'autre, on prononce une peine moins sévère contre l'amant; mais on le punit plus rigoureusement lorsqu'il a séduit la femme. Au reste on condamne toujours solidairement les coupables aux dépens.

Par arrêt du 27 octobre 1605, rapporté par Bouvot & par Brillon, un particulier qui avoit débauché une femme mariée, & l'avoit retenue chez lui six ou sept mois, a été déclaré indigne de posséder à l'avenir aucun office, & condamné à un bannissement de cinq ans hors du royaume, à une amende, & à 4000 liv. d'intérêts civils.

Suivant le droit canon, le clerc coupable d'*adultère* doit être déposé & renfermé le reste de ses jours dans le monastère le plus rude. Mais dans les tribunaux séculiers on punit les ecclésiastiques comme les autres particuliers, de peines arbitraires, selon la qualité du délit, & la condition des personnes.

Quand l'*adultère* est accompagné de vol fait au mari, de rapt, d'inceste, de sacrilège, *&c.* on le punit du dernier supplice, & c'est ce qui est confirmé par plusieurs arrêts.

La qualité des personnes contribue aussi à rendre l'*adultère* plus ou moins criminel: & lorsque l'inégalité des conditions est très-considérable, on le punit du dernier supplice.

En 1314, Philippe & Gauthier de Launoi, frères & gentilshommes de Normandie, accusés & convaincus d'*adultère* avec les femmes des enfans du roi Philippe-le-Bel, furent, par arrêt du parlement, le roi y séant, condamnés à être écorchés vifs, à être ensuite traînés dans la prairie de Maubuisson nouvellement fauchée, & à avoir les membre coupés & pendus à un gibet: les princesses coupables furent condamnées à une prison perpétuelle. Marguerite, l'une d'elles, périt en prison; Blanche fut répudiée dans la suite sous prétexte de parenté, & Jeanne, femme de Philippe-le-Long, fut tirée de prison au bout d'un an par son mari qui voulut bien la reconnoître pour innocente & la reprendre avec lui: *en quoi*, dit Mézeray, *il fut plus heureux ou du moins plus sage que ses deux frères.*

On a un autre exemple d'un supplice atroce dans l'arrêt prononcé en 1329, contre René de Mortemer convaincu d'*adultère* avec Isabelle de France, reine d'Angleterre. Il fut condamné à être traîné dans les rues de Londres sur un bahut; on le mit ensuite sur une échelle au milieu de la place où on lui coupa les parties naturelles qui furent jettées au feu, après quoi il fut écartelé &

ses membres envoyés dans les quatre principales villes d'Angleterre.

Selon les loix romaines, le domestique coupable d'*adultère* avec la femme de son maître, doit être condamné au feu : parmi nous la potence est le supplice qu'on lui fait subir. Divers arrêts en fournissent des exemples.

Cependant si la maîtresse avoit séduit le domestique, ou qu'il n'y eût pas une différence considérable dans les conditions, la peine pourroit être modérée à celle des galères, ou du bannissement, selon les circonstances.

Ce qui vient d'être dit des domestiques doit aussi s'appliquer aux clercs & aux commis qui auroient commerce avec les femmes des gens de justice ou de finances auxquels ils sont attachés. C'est d'après ce principe que, par arrêt du 28 février 1553, le clerc du sieur la Côte, conseiller, a été condamné à être pendu pour *adultère* commis avec la dame la Côte.

Un juif coupable d'*adultère* avec une femme chrétienne seroit puni plus sévèrement qu'un autre particulier. Julius Clarus prétend qu'il faudroit le condamner aux galères perpétuelles.

Si pour commettre le crime d'*adultère*, un médecin abusoit de la confiance que le mari seroit obligé d'avoir en lui à cause de sa profession, il pourroit être condamné au dernier supplice.

Selon l'opinion des jurisconsultes, le seigneur de fief qui commet *adultère* avec la femme de son vassal doit perdre son droit de fief, & le vassal doit alors relever du seigneur suzerain : si au contraire le vassal commet *adultère* avec la femme de son seigneur de fief, il doit perdre son fief par commise; peine que Dumoulin étend au commerce illicite que le vassal peut avoir avec la fille, la bru, la petite-fille, & même avec la veuve du seigneur dominant.

Des cas où la propriété de la dot de la femme condamnée pour adultère ne passe pas au mari. Nous avons dit précédemment qu'on adjugeoit communément au mari la propriété de la dot de la femme *adultère;* mais cette règle est sujette à plusieurs exceptions.

1°. S'il y a des enfans du mariage actuel de la femme, sa dot doit leur être conservée, parce qu'il ne seroit pas juste qu'ils souffrissent du crime de leur mère, & que leur père en profitât à leur préjudice. Le jugement de condamnation de la femme, ne lui en accorde que l'usufruit pendant la vie de la femme.

2°. S'il y a des enfans d'un premier lit, on ne doit adjuger au second mari, à cause de l'*adultère* de sa femme, qu'une part égale à celle de l'enfant le moins prenant, ce qui est conforme à l'édit des secondes noces.

3°. Si le mari tue sa femme, quoique surprise en *adultère*, il perd tous les avantages qu'elle peut lui avoir faits, tant par contrat de mariage que par testament.

Nous remarquerons à ce sujet, que quoiqu'il ne soit pas permis en France à un mari de tuer sa femme, ni celui qu'il surprend en flagrant délit avec elle, cependant lorsque cela arrive, il obtient facilement des lettres de rémission; ce qui n'auroit pas lieu s'il tuoit les coupables autrement qu'en flagrant délit.

4°. Si le mari a favorisé la débauche de sa femme, la dot de celle-ci ne doit pas lui être adjugée.

5°. Si celui qui a constitué la dot, a stipulé que dans le cas où la femme viendroit à mourir sans enfans la dot lui retournera, l'*adultère* de la femme ne peut empêcher l'effet de cette stipulation, parce que le droit du donateur a été établi avant que le crime fût commis.

A l'égard des biens paraphernaux, le mari de la femme *adultère* n'est pas en droit de les demander, quand même il n'y auroit point d'enfans : ses prétentions ne peuvent se porter au-delà de la dot, parce que les loix pénales ne doivent point recevoir d'extension.

La femme peut-elle intenter l'action d'adultère contre son mari. Quoique dans nos mœurs il n'y ait contre les maris *adultères* aucune peine afflictive ou infamante, on pense néanmoins que celui qui l'est, ne peut pas accuser sa femme d'*adultère*, ou du moins que celle-ci peut faire cesser l'action en usant de récrimination, & en opposant à son mari le même crime que celui dont il l'accuse. La raison de cette décision, est qu'on ne doit point écouter celui qui veut faire punir l'inobservation des promesses qu'il a violées lui-même.

Plusieurs auteurs croient aussi que la femme du mari *adultère* peut intenter contre lui l'action d'*adultère*, non par la voie criminelle pour le faire punir, mais par la voie civile pour obtenir une séparation de corps & de biens, & le faire priver de la dot & des autres avantages qu'elle a pu lui faire par contrat de mariage. Mais d'autres pensent que si la femme n'alléguoit que ce seul moyen, elle ne seroit point écoutée, & qu'il faut pour que son action soit admise, que l'*adultère* soit accompagné de scandale, ou de mauvais traitemens, dissipation & autres choses semblables. Cette dernière opinion est suivie dans les tribunaux du royaume.

On peut nous demander par quelle raison l'homme peut intenter contre sa femme l'accusation d'*adultère*, & que les tribunaux n'y admettent pas la plainte de la femme contre son mari coupable du même crime? Peut-il y avoir quelque différence dans le même crime, ou l'homme est-il moins coupable que la femme? Nous répondrons que l'*adultère*, dans le rapport qu'il a vis-à-vis de Dieu, & dans les idées spirituelles, est un péché également énorme, soit de la part de l'homme, soit de la part de la femme, puisqu'il contient la même violation du précepte divin : mais comme la société ne doit point apprécier les délits, de la même manière que la religion, & qu'elle ne doit punir que le trouble & le préjudice qu'ils causent dans l'ordre reçu, les loix civiles & politiques de presque tous les peuples, ont avec raison distingué entre l'*adultère* du mari & celui de la femme. Elles exigent de la femme un degré de retenue & de continence, qu'elles n'exigent point des hommes, parce que la violation de la pudeur suppose dans les femmes un renoncement à toutes les vertus : parce que la femme en violant les loix du mariage, sort de l'état de sa dépendance naturelle : parce que la nature a marqué l'infidélité des femmes par des signes certains : parce qu'en outre les enfans adultérins de la femme, sont nécessairement au mari, & à sa charge, au lieu que les enfans adultérins du mari ne sont pas à la femme, ni à sa charge. Or les effets de l'*adultère* de la femme causant un plus grand préjudice à l'ordre social, il est certain que son crime, par rapport à la société, doit être puni plus sévérement que celui de l'homme.

Des exceptions contre l'accusation d'adultère. Au reste, on tient pour maxime que la femme cesse d'être punissable lorsque le mari a donné lieu lui-même à l'*adultère*, en le favorisant.

Lorsque l'*adultère* avec la femme a été commis contre son gré & par violence, elle n'est point coupable, ni par conséquent sujette à aucune peine, mais il faut que la violence soit prouvée.

L'erreur est aussi une excuse légitime dans la femme : ainsi lorsque par surprise un autre que son mari a eu commerce avec elle, on ne doit pas la punir, parce que c'est la volonté qui fait le crime : mais il faut que la femme prouve l'erreur, parce que la présomption est contre elle.

Si la femme ayant de fortes raisons pour croire son mari mort, s'abandonnoit à un autre, elle ne pourroit pas non plus être poursuivie comme coupable d'*adultère*, ou du moins elle ne seroit pas punie d'une peine aussi sévère que celle que l'on a coutume de prononcer contre ce crime. Et si, croyant son mari mort, elle se remarioit de bonne foi à un autre, l'accusation d'*adultère* ne seroit pas à plus forte raison recevable contre elle, comme l'a jugé un arrêt du mois de juillet 1670, rapporté au journal des audiences.

Les mauvais traitemens du mari envers sa femme peuvent faire diminuer la peine de l'*adultère*, parce qu'il peut en quelque sorte en être regardé comme la cause.

Lorsque le mari a continué d'habiter avec sa femme après l'avoir surprise en *adultère*, il ne peut plus l'accuser, parce qu'il est censé avoir pardonné l'injure : il en est de même lorsqu'après avoir eu connoissance du crime, il s'est réconcilié avec elle.

Il y a plus : c'est que la réconciliation du mari avec la femme poursuivie pour *adultère*, empêche qu'il ne puisse continuer son action contre le complice de sa femme, pour le faire condamner à des dommages & intérêts. Cela a été ainsi jugé par arrêt du 7 juillet 1691.

Au reste, cette réconciliation n'a d'effet que pour le crime antérieur. Dans le cas où la femme viendroit à commettre un nouvel *adultère*, le mari seroit fondé à la poursuivre, comme l'a décidé un arrêt du 14 décembre 1675, rapporté par Boniface.

Celui qui a eu commerce avec une femme mariée qu'il croyoit fille ou veuve, n'est pas punissable comme *adultère*, lorsque son ignorance paroît plausible.

On ne punit pas non plus, comme les autres *adultères*, celui qui a commerce avec une femme mariée, mais qui s'abandonne à toutes sortes de personnes.

Nous avons dit qu'en France le mari seul pouvoit accuser sa femme d'*adultère* : cette maxime y est tellement observée, que par arrêt du 18 juillet 1665, il a été jugé qu'un père ne pouvoit, malgré son fils, accuser sa belle-fille d'*adultère*.

L'héritier du mari peut-il intenter l'action d'adultère contre sa veuve? Les héritiers du mari ne peuvent pas non plus intenter l'accusation d'*adultère* contre sa femme, lorsqu'il ne s'est pas plaint lui-même de son vivant. Ils seroient pareillement non-recevables à objecter l'*adultère* par forme d'exception, à la femme qui demanderoit ses reprises & conventions matrimoniales, comme l'ont jugé deux arrêts des 9 mai 1585, & 14 mai 1620.

Cependant lorsque le mari a, de son vivant, accusé sa femme d'*adultère*, ses héritiers peuvent reprendre l'instance & la faire juger; mais ils ne peuvent pas conclure à la peine de l'authentique; cette action pénale est éteinte par la mort du mari. C'est ce qui résulte de l'arrêt du parlement de Paris rendu le 5 janvier 1680, entre les héritiers du sieur de Courcelles & la dame Marie Sidonia de Lénoncourt sa veuve.

Les héritiers peuvent-ils opposer le crime d'*adultère*, pour faire annuller un legs fait par le mari à une femme avec laquelle il a vécu en *adultère*, ou par la femme, à un homme avec lequel elle vivoit dans le crime? Les arrêts varient sur ce point de jurisprudence : les uns ont admis les héritiers à prouver le mauvais commerce qui a subsisté entre le testateur & le légataire; d'autres les ont déboutés de leurs demandes. En général nous pensons qu'on doit préférer à l'intérêt particulier tout ce qui tend à l'honnêteté publique, & que pour réprimer un vice qui n'est que trop fréquent, il est à propos d'apporter des obstacles à tout ce qui peut l'entretenir; mais on ne doit admettre les héritiers à opposer l'*adultère*, pour faire annuller un legs considérable, que lorsqu'il y a un commencement de preuves; autrement on ne doit pas regarder d'un œil favorable, des héritiers dont la conduite tend à blesser la mémoire du défunt. On ne doit pas aussi les admettre à la preuve du commerce *adultérin* entre le testateur & sa légataire, lorsque le mari de celle-ci ne se plaint pas de sa conduite, & qu'il n'y a point eu de scandale public.

Nous avons déjà dit que le mari seul pouvoit intenter contre sa femme l'accusation d'*adultère*, parce qu'il ne convient pas à d'autres de mettre le trouble & la division entre un mari & une femme qui paroissent contens l'un de l'autre. Cette action du mari doit toujours être admise, quand bien même la femme ne demeureroit pas avec lui, & qu'elle seroit séparée de corps & de biens.

Le mari peut poursuivre sa femme seule s'il le juge à propos, mais il ne peut poursuivre son complice, sans avoir accusé sa femme auparavant. Ainsi l'ont jugé deux arrêts du parlement de Paris, rapportés par Bardet.

Il est si vrai que l'accusation d'*adultère* ne peut être intentée que par le mari, que quoique dans notre procédure criminelle la vengeance de tous les crimes appartienne en général au gens du roi, ils ne sont néanmoins pas reçus à intenter l'accusation d'*adultère* contre une femme, lorsque le mari ne s'en plaint pas. Divers arrêts des années 1558, 1563, 1575, 1608, 1642 & 1680 l'ont ainsi jugé.

Cependant si le mari favorisoit la débauche de sa femme, le ministère public pourroit agir pour faire punir l'un & l'autre, comme l'ont décidé les arrêts des premier juillet 1606, & 24 juin 1671. Mais alors on n'inflige point à la femme la peine ordinaire des *adultères*, on la punit comme les autres femmes débauchées, & le mari comme coupable de maquerellage.

Quoique les héritiers du mari puissent suivre l'accusation d'*adultère* par lui intentée lorsqu'il vivoit, ils n'y sont néanmoins pas obligés, & ils peuvent s'en désister. Cela a été ainsi jugé par arrêt du 7 juillet 1755, dans la cause de la dame du Belloi, accusée d'*adultère* avec un prêtre nommé *Bérard*.

Par le droit romain il n'étoit pas permis de transiger sur le crime d'*adultère*; mais aujourd'hui ces transactions sont autorisées, non-seulement entre le mari & la femme, mais encore entre le mari & le complice de sa femme. Il a même été jugé, par arrêt du parlement de Rouen du 8 mars 1678, qu'une femme qui sur une pareille accusation avoit transigé avec son mari & renoncé à son douaire, ne pouvoit se faire restituer contre cette renonciation.

Au reste, ces sortes de transactions ne peuvent préjudicier aux droits & hypothèques acquis aux créanciers du mari, sur les biens à lui attribués par la condamnation de sa femme. C'est ce qui a été jugé par arrêt du parlement de Grenoble du 11 juillet 1653.

Comment s'éteint l'accusation d'adultère. Le crime d'*adultère* s'éteint par la mort du mari, quand il ne l'a pas poursuivi, & par celle de la femme, quoique les poursuites aient été commencées: ainsi le mari ne peut, quand la condamnation n'a pas été prononcée, opposer le crime de sa femme à ses héritiers, pour s'exempter de rendre la dot, & autres avantages portés en son contrat de mariage. On a même jugé qu'après la sentence du premier juge, si la femme vient à mourir pendant l'appel, l'action du mari seroit éteinte.

L'action d'*adultère* contre la femme, s'éteint aussi par le désistement de son mari, par une transaction, un accommodement, & plus sûrement encore par une réconciliation. Ainsi, lorsque le mari reprend sa femme dans sa maison, l'admet dans son lit, l'assure par lettres de son amitié, cette réconciliation éteint sa poursuite, elle empêche même le mari d'agir contre le complice de sa femme; à plus forte raison la réconciliation empêcheroit-elle le mari d'intenter l'action d'*adultère* contre sa femme, si après avoir eu connoissance de sa débauche, il s'étoit réconcilié avec elle.

L'action du mari contre la femme, pour crime d'*adultère*, se prescrit pour cinq ans, qui courent du jour du crime commis.

La même prescription de cinq ans a lieu à l'égard de celui qui a commis l'*adultère* avec la femme: il ne peut plus être poursuivi après ce temps; ce qui est une suite de ce que l'action que le mari a contre lui est inséparable de celle qu'il a contre sa femme. Mais cette prescription s'interrompt par la plainte rendue dans les cinq ans, à la différence de ce qui se pratique à l'égard des crimes, dont la prescription ne s'acquiert que par vingt années. Cela a été ainsi établi par M. Joli de Fleuri, lors de l'arrêt du 12 mai 1711, rapporté au journal des audiences.

Quoique l'action d'*adultère* se prescrive par cinq ans, elle n'est néanmoins pas prescrite par ce temps lorsqu'on oppose l'*adultère* par voie d'exception.

Si l'*adultère* avoit été commis par violence contre la femme, le crime du coupable ne se prescriroit que par vingt années.

De la preuve de l'adultère, & des formalités de la procédure. La preuve de l'*adultère* peut se faire, non-seulement par des témoins qui ont vu commettre le crime, mais encore par des indices & des présomptions. Ceci est fondé sur la difficulté qu'il y a d'avoir des preuves dans cette espèce de délit. Mais une seule présomption ne suffit pas, il en faut plusieurs, & même il faut que ce soit des présomptions fortes & violentes.

Ces présomptions sont 1°. quand on a vu l'amant & la femme se promener souvent ensemble seuls dans des endroits retirés.

2°. Quand on a vu l'amant parler plusieurs fois en secret à la femme, lui faire des présens, *&c.*

3°. Quand on l'a vu aller souvent la nuit rendre des visites à la femme, ou pendant le jour lorsque le mari étoit absent.

4°. Quand on a vu l'amant & la femme s'enfermer ensemble tête-à-tête, s'embrasser, *&c.*

5°. Si l'amant accusé avoue qu'il a commis l'*adultère*, & que la femme au contraire nie le fait, la déclaration du coupable qui avoue son crime, forme un indice considérable contre la femme.

6°. Les domestiques & les parens sont admis à déposer en matière d'*adultère*, mais leurs témoignages ne forment qu'un indice & non une preuve complette.

C'est

C'est au juge du domicile du mari à connoître de l'accusation d'*adultère*, parce que le mari est le seul qui puisse intenter cette action contre sa femme. Celle-ci ne seroit pas fondée à demander son renvoi devant le juge du lieu du délit.

Quoique le droit de prendre des conclusions pour faire infliger les peines établies contre les crimes, réside dans la personne des procureurs du roi ou des seigneurs, qui sont seuls les ministres de la vengeance publique; cependant en matière d'*adultère*, le mari peut conclure contre sa femme à la peine prononcée par les loix; ce qui est particulier à cette espèce d'action.

Lorsque, sur l'accusation d'*adultère*, la femme accusée prétend qu'il n'y a point de mariage contracté entre elle & l'accusateur, ou qu'il est nul, il faut avant tout décider cette question, parce que s'il n'y avoit point de mariage, l'action seroit sans fondement.

Le mari qui fait publier des monitoires pour crime d'*adultère* contre sa femme, ne doit énoncer que les faits nécessaires à sa preuve, sans employer le terme d'*adultère*. Cela a été ainsi jugé par deux arrêts du parlement de Rouen des 2 mai 1553 & 21 février 1676.

Pendant l'instruction du procès, le mari doit fournir des alimens à sa femme. Divers arrêts l'ont ainsi jugé, entre autres un du 21 juin 1758, rendu au parlement de Paris sur les conclusions de M. Seguier. Non seulement cet arrêt a adjugé une provision alimentaire à la femme, quoiqu'accusée d'inceste, en même temps que d'*adultère*, avec le curé de la paroisse, frère de son mari; mais il est encore remarquable en ce qu'il a autorisé les accusés à emprunter sur leurs biens, ou à en vendre jusqu'à concurrence de 1500 livres pour fournir aux frais de leur défense, & à l'instruction de l'accusation en subornation des témoins entendus contre eux.

Lorsque, dans une accusation d'*adultère*, les conclusions du ministère public tendent à ce que la femme soit authentiquée, l'usage est d'interroger la femme sur la sellette, parce qu'on regarde cette peine comme afflictive.

Il a été jugé par arrêt du 12 août 1672, que l'appel interjetté par le mari, d'une sentence rendue sur une accusation d'*adultère*, ne devoit point être porté aux enquêtes, mais à la tournelle, parce que cet appel a le même effet que l'appel *à minimâ* interjetté par le ministère public.

Il faut aussi remarquer que quand la femme a été condamnée par sentence aux peines de l'authentique, il lui est libre d'appeller ou de ne pas appeller, parce que dans ce cas l'appel n'a pas lieu de droit comme pour les autres peines afflictives, qu'on ne peut faire subir au condamné qu'après que la confirmation de la sentence par la cour supérieure.

L'adultère donne-t-il lieu à la dissolution du mariage? S. Augustin a prétendu que ce crime pouvoit occasionner la séparation d'habitation, mais ne rompoit jamais les liens du mariage, & que le mari qui avoit chassé sa femme *adultère*, commettoit lui-même l'*adultère*, s'il en épousoit une seconde, de même que la femme *adultère* si elle épousoit un second mari.

Cette indissolubilité du mariage, dans les cas d'*adultère*, a toujours depuis ce temps formé un point de discipline, reconnu dans toute l'église d'occident. Il a été confirmé par les dispositions d'un grand nombre de conciles provinciaux, qui ont tous également déclaré que l'*adultère* commis par l'un des deux conjoints, ne rompoit pas ses liens; les anciens auteurs ont enseigné la même doctrine, ce qui a fait dire à Gratien, dans son *Recueil des décrets*, qu'il étoit démontré, que celui qui, après avoir chassé sa femme pour cause d'*adultère*, en épousoit un seconde de son vivant, se rendoit coupable d'*adultère*.

Le droit canonique moderne a suivi constamment les mêmes décisions; & Alexandre III, dans le chapitre 5 x *de divort.* ordonne au mari qui s'est séparé de sa femme pour cause d'*adultère*, & qui s'est remarié à une autre, de retourner avec la première. Il ne veut même pas qu'il lui reproche son péché, parce qu'il s'en est rendu coupable à son tour. Le concile de Trente vouloit appuyer ce sentiment d'un décret avec anathême contre ceux qui soutiendroient le contraire; mais les Vénitiens s'y étant opposés, il se contenta de prononcer anathême contre ceux qui ne suivroient pas la doctrine de l'église sur l'indissolubilité du mariage.

Dans notre jurisprudence, le lien du mariage subsiste toujours, après la séparation du mari & de la femme, pour cause d'*adultère*, & il forme un empêchement dirimant, qui rendroit nul un mariage contracté du vivant des conjoints, par l'un ou l'autre de ceux qui ont été séparés.

Nos jurisconsultes, d'accord avec les canonistes, conviennent que l'*adultère* est une cause légitime de séparation entre les conjoints. La jurisprudence du parlement de Toulouse autorise la demande en séparation, formée par la femme, pour cause d'*adultère* de son mari; mais au parlement de Paris, il faut que l'*adultère* du mari soit accompagné de scandale, ou d'autres causes, qui peuvent faire ordonner la séparation, telles que seroient des mauvais traitemens, des insultes, des outrages accablans pour une femme. *Voyez* ADULTÉRIN.

ADULTÉRIN, adj. (*Jurisprudence.*) on appelle *adultérins* les enfans provenus d'un adultère. Un enfant peut être *adultérin* de trois manières différentes: s'il naît du commerce d'un homme & d'une femme mariés, ou de celui d'un homme libre & d'une femme mariée, ou enfin d'un homme marié & d'une fille libre. Ils sont tous placés dans la même classe, le vice de leur origine est égal, & on doit leur appliquer à tous ce que nous allons dire sur les enfans *adultérins*.

On appelle encore parmi nous *adultérins* les

enfans de prêtres, diacres & soudiacres, & généralement de tous ceux qui ont fait vœu de chasteté, parce que ceux qui sont engagés dans le célibat par la profession religieuse, ou par la réception des ordres sacrés, sont censés commettre par leur infidélité un adultère spirituel.

Les enfans *adultérins* sont regardés comme plus odieux que les bâtards nés de personnes libres; le droit romain leur refusoit la qualité d'enfans naturels, comme si la nature les désavouoit; la novelle 89 ne leur permet pas même de demander des alimens à leur père & mère: loi barbare, qui condamne à la mort des êtres innocens; car n'est-ce pas les dévouer à la mort que de les priver des alimens, & de les abandonner à la pitié de la société? Aussi notre jurisprudence s'est-elle écartée d'une disposition aussi absurde; les enfans *adultérins* peuvent recevoir, peuvent même exiger de leurs père & mère une pension suffisante pour leur servir d'alimens, ils peuvent même être dotés par leurs père & mère: Basset rapporte un arrêt du parlement de Grenoble, qui a laissé à une fille *adultérine* la dot qui lui avoit été donnée; le fondement de cet arrêt étoit appuyé sur la disposition de la loi 2, *ff. de jur. dotium*, qui envisage comme une chose intéressante pour la république, la constitution des dots en faveur des filles, parce que ce n'est que par les liens du mariage, que les états peuvent se peupler.

Le droit qu'a le bâtard *adultérin* de demander des alimens sur les biens de ses père & mère, naît de sa qualité & de la nature, la loi civile le lui confirme, & l'action qu'elle lui donne pour les obtenir, se poursuit contre les héritiers de ses père & mère; la fixation des alimens dépend de l'arbitrage du juge, qui se détermine sur l'opulence des père & mère. Au reste l'obligation du père de fournir des alimens à son fils *adultérin*, cesse du moment que le père lui a procuré les moyens de gagner sa vie, ou l'a pourvu d'un état convenable.

Dans le cas où la femme est condamnée pour cause d'adultère, sur la poursuite & la plainte de son mari, & que son enfant est déclaré *adultérin*, peut-il obtenir des alimens sur la dot de sa mère, qui passe au mari par la condamnation de la femme? On peut dire, d'une part, que l'enfant est créancier de sa mère par le droit naturel, tandis que le mari ne l'est que par la loi civile: & de l'autre, que la femme ne pouvant obliger sa dot, même en contractant volontairement avec quelqu'un, il ne doit pas, à plus forte raison, lui être permis de l'engager, en commettant un crime qui intéresse autant son mari que l'adultère: d'ailleurs la loi ne veut pas que les créanciers soient privés d'une partie de leurs dettes sous le prétexte des alimens des enfans légitimes de leur débiteur. Ainsi il ne seroit pas juste que la créance naturelle d'un bâtard *adultérin*, sur les biens de sa mère, fit tort à une autre créance aussi légitime, & dont la cause est aussi malheureuse, que celle que le mari a à exercer sur la dot de sa femme, après sa condamnation. C'est d'après ces principes que le parlement de Toulouse, par un arrêt du mois de mars 1670, condamna une femme comme adultère, & adjugea sa dot au mari, sans rien statuer en faveur de l'enfant *adultérin*.

Les enfans *adultérins*, ainsi que les bâtards, peuvent acquérir & posséder toute sorte de biens, ils jouissent de tous les droits de citoyens, ils peuvent être légitimés par le prince, quoiqu'on leur accorde cette grace plus difficilement qu'aux enfans bâtards nés de personnes libres; la légitimation les rend habiles à posséder des bénéfices, mais elle ne leur donne pas la faculté de succéder à leur père & mère, quand bien même ils auroient obtenu le consentement de ceux qui doivent leur succéder. Il est nécessaire d'observer que si le père de l'enfant *adultérin* est vivant, la légitimation doit être faite de son consentement, suivant la disposition de l'ordonnance de 1579: la raison en est que la légitimation donne au légitimé le droit de porter le nom & les armes de son père, ces dernières cependant avec une marque qui distingue son origine; mais pour que l'enfant légitimé jouisse de la noblesse de son père, il faut que la clause d'ennoblissement soit spécialement insérée dans les lettres.

Le mariage subséquent, s'il devient possible entre le père & la mère d'un enfant *adultérin*, n'opère pas sa légitimation; c'est même un nouveau crime suivant les loix canoniques, qui défendent le mariage entre les adultères, sur-tout s'ils se sont promis l'un à l'autre de le contracter. Cette disposition du droit est fondée sur ce que le mariage subséquent ne légitime un bâtard, que dans le cas où le père & la mère de l'enfant ont pu contracter mariage ensemble dans le temps de sa conception, ou dans le temps de sa naissance, parce que la loi les suppose mariés dès ce temps, supposition fictive qui opère la légitimation. Or, cette supposition ne peut avoir lieu à l'égard d'un enfant *adultérin*, car il n'est adultérin que parce qu'au moment de sa naissance, le père ou la mère, ou tous les deux n'auroient pu contracter mariage ensemble, & que s'ils l'eussent contracté, ils auroient commis le crime de bigamie.

On demande si l'ignorance ou la bonne foi de l'une ou l'autre des parties, lors de la conception de l'enfant *adultérin*, doit le rendre légitime. Cette question ne peut guère avoir lieu que dans le cas d'absence du mari ou de la femme, & lorsque le conjoint délaissé, sur des présomptions de la mort de l'absent, convole à de secondes noces. Il est généralement admis que la bonne foi de l'un des conjoints suffit pour légitimer les enfans nés de ce second mariage, & qu'ils ne peuvent être censés *adultérins*. Voyez au surplus sur cette question, ce que nous avons dit au mot *absent* à l'article ABSENT, *matière matrimoniale*. *Voyez* aussi ADULTÈRE.

ADVOCATIE, s. f. (*Droit féodal.*) c'est la même chose qu'*avouerie*; l'un & l'autre se disent de la charge & de l'emploi d'avoué d'une église, ou d'un évêque. Les avoués étoient ordinairement des personnes puissantes qui devoient les défendre & les protéger, & devant lesquelles on assignoit leurs fermiers, locataires, & débiteurs. *Voyez* AVOUÉ, AVOUERIE.

Les archiducs d'Autriche jouissoient du droit d'*advocatie* sur toutes les abbayes & monastères situés en Alsace; en vertu de ce droit, ils nommoient à tous les prieurés situés dans cette province, sans avoir recours à aucun général d'ordre, & les religieux ne pouvoient procéder à aucune élection de supérieur, qu'en présence des commissaires des archiducs. Le roi ayant été subrogé par le traité de Munster, à tous les droits de la maison d'Autriche en Alsace, il a toujours envoyé des commissaires à chaque nouvelle élection.

ADVOCATION, s. f. on se servoit anciennement de ce terme pour exprimer la profession d'avocat.

ADVOLÉ, terme ancien, qui signifioit *aubain, étranger*. Ce mot vient du latin *advolare*, qu'on employoit dans la basse latinité, pour dire *venir d'ailleurs*; par cette raison on appelloit les étrangers *advolés*, *quia aliundè venerant & advolârant*. Froissart premier volume *chap. 39* : « ceux, dit-il, qui » étoient ainsi bannis, dont il y avoit foison, se » tenoient à S. Omer le plus, & les appelloit-on » *advolés* ».

ADVOU, terme ancien de la coutume du Maine, qui signifie *aveu*, *Voyez* ci-après AVEU.

ADVOUATEUR, s. m. (*terme de Coutume*) on le trouve dans celle de Saintonge *art. 12*; il signifie *celui qui réclame & reconnoît pour siens, des bestiaux pris en dommages sur les terres d'autrui, ou dans les bois & forêts*.

L'auteur du dictionnaire des eaux & forêts prétend que l'on dit aussi *advoateur*, pour signifier *le propriétaire qui trouve sur ses terres des bestiaux en dommage, & qui les appelle, les avoue, & les prend, comme s'ils étoient à lui* : ensorte que ces deux mots seroient très différens entre eux, le premier se disant du maître des bestiaux pris en dommages, & le second, de celui qui fait saisir les bestiaux. Il peut avoir raison, mais nous n'avons trouvé nulle part le nom d'*advoateur*, & quand il auroit été employé dans quelque texte de coutume, ou dans quelque ancien praticien, ce seroit le même que celui d'*advouateur*; une légère différence dans l'ortographe d'un nom, ne peut pas lui donner deux significations aussi différentes.

A E

AÉ, vieux mot, qui signifioit *âge*.

AEISEMENS, mot ancien dont on se servoit pour celui d'*usage*.

AEL, vouloit dire anciennement *aïeul*.

AEMPLIR, on trouve ce mot dans quelques anciens auteurs, pour ceux de *remplir* & d'*accomplir*.

AENÉAGE ou AINAISGE, ce mot est synonyme à celui d'*aînesse*, il n'est plus en usage. *Voyez* AINESSE.

AEN-SAUCHIER, est aussi un vieux mot qui signifioit *accroître*.

AERDRESSE, c'étoit anciennement le terme dont on se servoit pour exprimer l'action par laquelle on acceptoit le duel judiciaire, en prenant le gage du défi.

AERNOVEL, ce mot très-ancien signifioit le mois d'août.

AERPENIS, c'est encore un mot qui a vieilli, & qui signifioit un demi-arpent de terre.

A F

AFERMAGE, s. m. on se servoit anciennement de ce terme pour celui d'*engagement*, *louage de valet*.

AFFAIRE, s. f. (*Jurisprudence.*) ce mot est d'un très-grand usage : en droit, il s'emploie pour signifier *toutes les choses qui concernent la fortune & les intérêts soit du public, soit des particuliers*; en terme de pratique, il signifie *les contestations ou procès qu'on a avec quelqu'un, en quelque jurisdiction que ce soit, tant en matière civile, que criminelle, ou ecclésiastique*.

Nous observerons en général que toutes les *affaires* ne doivent être décidées que par un juge compétent; ainsi le juge ecclésiastique ne peut connoître des *affaires* dont le jugement appartient au juge laïque seul, & par la même raison, le juge séculier ne doit pas prononcer sur celles qui doivent être portées au tribunal ecclésiastique : autrement l'*affaire* décidée par un juge incompétent, est regardée comme non-jugée, & la sentence n'a aucun effet.

Toute *affaire* doit être jugée selon les loix, les coutumes, ou les usages constans des lieux; aucune ne doit l'être arbitrairement. Quand les juges se permettent de juger arbitrairement, c'est un abus, punissable dans le juge inférieur, & une injustice énorme dans le juge supérieur : elle lui fait perdre la confiance & la vénération que sa place exige, elle cause l'incertitude & la variété dans les opinions des jurisconsultes & des praticiens, elle engage les parties dans des procédures inutiles, & les jette dans des frais ruineux, elle épuise les plaideurs de bonne foi, qui, sous la protection des loix, soutiennent avec confiance leurs intérêts légitimes, & malgré leur bon droit, se voient enlever leurs biens par un jugement arbitraire & inique.

Les *affaires* sont, ou civiles, ou criminelles, ou ecclésiastiques; les civiles sont celles où il ne s'agit que d'un intérêt pécuniaire : elles se jugent ou à l'audience, ou sur le rapport de l'un des juges. *Voyez* AUDIENCE, COMMISSAIRE, RAPPORTEUR. Il y a autant d'espèces d'*affaires* civiles qu'il y a de causes qui divisent les hommes par rapport à leurs intérêts, & qui occasionnent entre eux des contestations.

Dans les *affaires* civiles, il y en a quelques-unes que l'on appelle *sommaires* : elles concernent ou les personnes ou les choses; les personnes, lorsqu'il s'agit d'un domestique qui réclame ses gages, un ouvrier le prix de sa journée, un enfant qui demande des alimens, *&c.*... les choses, comme la dot, le paiement d'une chose louée ou vendue, & généralement toutes les choses dont la valeur n'excède pas la somme de 200 liv. dans les bailliages & sénéchaussées, & 400 liv. dans les cours souveraines.

On met au nombre des *affaires sommaires*, toutes celles qui concernent la police, à quelques sommes qu'elles se montent : les achats, ventes, délivrance, paiement des denrées, & provisions de bouche : les ventes faites en foire, sur les quais, & dans les étapes : les loyers & réparations des maisons : le paiement des fournisseurs, des chirurgiens, apothicaires, procureurs & huissiers, pourvu qu'il n'excède pas la somme de 1000 liv. : l'apposition & la levée des scellés, la confection d'un inventaire, & les oppositions qu'on y forme lorsqu'elles ne concernent pas le fonds de l'affaire : les demandes à fins d'élargissement, de main-levée, de saisie, d'établissement ou de décharge des gardiens, commissaires, dépositaires ou sequestres.

Dans les jurisdictions inférieures, les demandes en *affaires sommaires* se font par exploit; dans les cours souveraines par une requête, sur laquelle le juge met *viennent les parties*, s'il y a procureur constitué; & s'il n'y en a point, *soient parties appellées*. Dans toutes les jurisdictions, les *affaires sommaires* doivent être jugées à l'audience sur un simple acte d'*avenir* : toute autre formalité & procédure sont absolument défendues par l'ordonnance de 1667 : dans les bailliages & autres sièges inférieurs, les parties peuvent y plaider sans être assistées d'avocats ni de procureurs.

En matières sommaires, les jugemens rendus par les juges inférieurs, doivent être exécutés par provision, en donnant caution, nonobstant l'appel, & sans y préjudicier. Une déclaration du 28 décembre 1700, défend aux juges supérieurs d'empêcher l'exécution d'une condamnation de la police, qui n'excède pas 60 liv. : il seroit à desirer que les juges supérieurs n'accordassent de défenses contre l'exécution provisoire des sentences, qu'en connoissance de cause, ou lorsque le juge inférieur a notoirement abusé de son pouvoir, en ordonnant l'exécution provisoire d'une sentence, dans les cas où il n'y est pas autorisé par loi. Ce seroit un moyen sûr & facile de diminuer le nombre des procès, & d'arrêter les chicanes & la mauvaise foi des plaideurs.

Les *affaires* criminelles doivent être jugées par préférence à toutes les autres, non-seulement parce qu'il est de l'intérêt public que les crimes soient promptement punis, mais encore parce que si un accusé est innocent, il ne peut être trop tôt absous. Les ordonnances d'Orléans & de Blois, celles de 1539 & de 1670 y obligent les juges, à peine de privation de leurs charges. Cependant pour en accélérer le jugement elles ne doivent pas être jugées de relevée, ni les dimanches & fêtes. Tout est de rigueur dans les *affaires* criminelles, on y observe un secret inviolable. Ce secret est certainement un abus : nous en parlerons particuliérement à l'article AUDIENCE.

Les *affaires* ecclésiastiques, suivant les anciens canons, devoient être portées au tribunal de l'église, & terminées par le concile de la province, de la décision duquel il n'y avoit point d'appel. Le concile de Sardique de l'an 347, accorda d'abord au pape le droit de faire examiner dans un nouveau concile les *affaires* des évêques qui avoient été condamnés. Les papes ayant fait recevoir ce décret, quoiqu'avec peine, par toutes les églises d'occident, ils s'en servirent comme d'un moyen pour s'attribuer les appellations des jugemens rendus, même sur les *affaires* les moins considérables. Ils poussèrent ensuite leurs prétentions jusqu'à vouloir juger les appellations par eux ou par les officiers de leur cour; à évoquer les affaires ecclésiastiques qui étoient pendantes dans les tribunaux inférieurs; à recevoir les appellations avant qu'on eût passé par tous les degrés des autres jurisdictions, & quelquefois jusqu'à vouloir connoître des plus petites *affaires* en première instance. Cette multitude d'*affaires* & ces entreprises sur la jurisdiction des évêques & des métropolitains, dont S. Bernard représente si vivement les inconvéniens au pape Eugene III, consumoient en frais les parties qui étoient obligées d'aller plaider à Rome, favorisoient les injustices de ceux qui croyoient leurs parties adverses hors d'état de soutenir ces dépenses, & faisoient passer à Rome l'argent des pays étrangers : d'ailleurs les *affaires* ne pouvoient être aussi bien instruites que si elles eussent été jugées sur les lieux, à cause de l'éloignement, de la difficulté de produire les pièces, & de la multitude des procès dont la cour de Rome étoit accablée.

Le concile de Basle chercha des moyens pour arrêter ce désordre; & il en trouva deux, qui, en rendant aux juges inférieurs leur jurisdiction, & en conservant au pape son autorité ancienne sur les appels, ont tout remis dans l'ordre naturel. Le premier de ces moyens fut d'ordonner que le pape ne pourroit connoître en première instance des *affaires* ecclésiastiques, & que l'on n'appelleroit au saint siège qu'après avoir passé par tous les degrés des jurisdictions inférieures, comme de l'évêque au métropolitain, du métropolitain au primat, & du primat au pape. Le second, fut qu'en cas d'appel au saint siège, le pape nommeroit sur les lieux des juges délégués pour juger les appellations.

Ces décrets du concile furent acceptés avec joie par l'église gallicane qui s'étoit fortement opposée à ce que les *affaires* de France fussent jugées hors du royaume, & qui avoit vu avec peine que plusieurs réglemens faits sur ce sujet, n'avoient point eu d'exécution. Ces mêmes décrets furent insérés dans la pragmatique & dans le concordat ; & ils sont à présent la loi de l'église de France.

Autrefois on publioit au prône plusieurs pièces qui concernoient les *affaires* temporelles : à présent, ces publications ne se font plus pendant le service divin, mais à la porte de l'église de la paroisse, quand on sort de la messe ; ceci a même lieu pour les *affaires* du roi, & pour tous les cas dans lesquels les coutumes ou les anciennes ordonnances vouloient que la publication se fît pendant la messe paroissiale. C'est une marque du respect qu'on doit aux mystères de la religion, de ne point détourner les fidèles de l'attention qu'ils doivent y apporter, pour les occuper d'*affaires* profanes.

On ne doit pas regarder comme *affaires* profanes pour lesquelles il ne faut pas interrompre le service divin, la publication des bans de mariage, & celles que les curés doivent faire de trois mois en trois mois de l'édit du roi Henri II, contre les femmes qui cèlent leur grossesse, & dont les enfans meurent sans baptême & sans sépulture ecclésiastique ; car il y a du spirituel joint au temporel dans ces publications.

Il ne faut pas confondre les *affaires* de l'église avec celles des ecclésiastiques. Les *affaires* de l'église proprement dites, sont celles qui regardent la religion, & la connoissance en appartient aux seuls ecclésiastiques : mais à l'égard de leurs *affaires* temporelles, ils doivent, comme tous les autres citoyens, s'adresser aux juges laïques. Dans la primitive église, ils ne se mêloient d'aucune affaire profane, ils se dévouoient entiérement à Dieu, ne s'attachoient qu'à lui, & ne se regardoient plus comme appartenans au monde. Mais depuis que la dévotion des fidèles a enrichi l'église, ils ont nécessairement, comme les autres citoyens, des procès pour la conservation de leurs biens.

On distingue les *affaires* des ecclésiastiques en réelles, personnelles & criminelles. Les *affaires* réelles des ecclésiastiques sont de la compétence du juge laïque, & c'est à lui qu'ils doivent s'adresser. La connoissance de leurs *affaires* purement personnelles appartient aux officiaux, qui connoissent également de leurs affaires criminelles, dans les délits qu'on appelle *communs*, & conjointement avec les juges séculiers dans les délits privilégiés.

Les *affaires* qui regardent plus l'intérêt public que celui des particuliers, ne peuvent être terminées par des compromis. Ainsi dans les appellations comme d'abus, il n'est permis ni de compromettre, ni de transiger sans le consentement des gens du roi ; parce que les contraventions aux saints décrets, aux ordonnances de nos rois, & aux libertés de l'église gallicane, intéressent le public. Il en est de même des compromis sur les *affaires* criminelles : les gens du roi dans les tribunaux séculiers, & les promoteurs dans les officialités, sont les principales parties des accusés ; & les transactions que ceux-ci peuvent faire avec les parties civiles, ne doivent point empêcher le ministère public d'agir.

Le 18 août 1629, on jugea au parlement de Paris qu'une sentence arbitrale sur une *affaire* criminelle étoit nulle : on déchargea l'accusateur, qui étoit appellant, de la peine portée par le compromis ; & on renvoya les parties pardevant le juge qui devoit connoître du crime. L'arrêt est rapporté dans le troisième livre du recueil de Bardet.

Affaires. *De la gestion des affaires.* 1°. Les loix civiles n'obligent personne à prendre soin des *affaires* d'autrui, excepté ceux qui en sont chargés par quelque devoir particulier, comme les tuteurs, les curateurs & autres administrateurs : mais celui qui s'engage volontairement à prendre soin de l'*affaire* d'un autre, soit par amitié, soit par zèle, & que les loix romaines appelloient *negotiorum gestor*, contracte vis-à-vis la personne dont il gère les *affaires*, un *quasi-contrat*, sans qu'il soit besoin d'un consentement formel, & d'une convention expresse de la part de celui dont il fait les *affaires*. Celui qui s'est chargé du soin d'une *affaire* n'est plus le maître de l'abandonner, & il doit continuer ce qu'il a commencé, jusqu'à ce qu'il l'ait achevé, ou que la personne intéressée soit en état d'y travailler elle-même. En un mot, il tient lieu d'un procureur constitué. C'est pourquoi il devient responsable du préjudice qui peut être causé, non-seulement par sa mauvaise foi, mais même par un défaut de soin de sa part.

2°. Si celui qui a entrepris la conduite des *affaires* d'un absent en néglige une partie, & que son engagement en éloigne d'autres personnes qui auroient pu y pourvoir, il doit répondre du dommage selon les circonstances.

3°. Lorsque celui qui fait les *affaires* d'un absent entreprend, sans nécessité, quelque *affaire* nouvelle que rien n'obligeoit l'absent d'entreprendre, comme s'il achète pour lui des marchandises, ou qu'il l'intéresse dans quelque commerce, il supportera seul les pertes qui pourront arriver, quoique si par l'événement il y avoit du profit, il seroit pour l'absent. Cependant si dans la même *affaire* il se trouvoit de la perte d'une part, & du profit de l'autre, le profit s'emploieroit à diminuer la perte de celui qui auroit entrepris l'*affaire*.

4°. Celui que rien n'oblige à se mêler des *affaires* d'un autre, peut se borner à une, & s'abstenir des autres, s'il n'y a pas de connexité entre elles. Il n'est d'ailleurs pas tenu des cas fortuits, ni des autres événemens qui pourroient rendre inutiles ses bons offices.

5°. Si la personne pour laquelle un particulier a entrepris une *affaire* vient à mourir avant que l'*affaire* soit consommée, ce particulier sera obligé de continuer ses opérations pour l'intérêt des héritiers ou des autres personnes que l'*affaire* pourra concerner. C'est une suite de l'engagement qu'il a pris, & qu'il faut considérer dans son origine, indépendamment des changemens de maître qui peuvent arriver.

6°. Lorsque dans l'administration des *affaires* d'un absent il reste entre les mains de celui qui a géré, des deniers qu'il emploie à son profit, ou qu'il néglige d'employer au profit de l'absent, en acquittant par exemple, une dette produisant des intérêts, il peut être obligé de payer l'intérêt de ces deniers à proportion du temps qu'il les aura gardés.

7°. Si quelqu'un par erreur a géré une *affaire* qu'il croyoit être celle de son ami, mais qui étoit l'*affaire* d'une autre personne, il se forme un engagement entre lui & cette personne, comme si la vérité de la chose lui eût été connue.

8°. Quoique ceux qui s'ingèrent dans les *affaires* d'autrui soient régulièrement tenus, comme on l'a dit, d'en prendre un soin très-exact: cependant si les circonstances étoient telles qu'il y eût de la dureté d'exiger un tel soin, on pourroit apporter du tempérament à cette règle, & ne pas les rendre responsables des fautes où il n'y auroit aucune mauvaise foi. On considère en pareil cas, la qualité des personnes, leur liaison d'amitié ou de proximité, la nature de l'*affaire*, la nécessité qu'il y avoit d'y pourvoir, comme si c'étoit pour prévenir une saisie ou une vente des biens de l'absent, *&c.*

9°. Celui de qui l'*affaire* a été bien conduite, est obligé envers la personne qui en a pris soin, de la dégager des engagemens qu'elle a contractés pour lui, & de ratifier ce qu'elle a fait.

10°. Les dépenses nécessaires ou utiles, & telles que l'absent auroit pu ou dû les faire, doivent être remboursées: mais si pour une dépense de cette nature, on a employé plus qu'il ne falloit, on n'est pas en droit d'exiger ce surplus. Si, pour ces dépenses, la personne qui les a faites a été obligée d'emprunter à intérêt, ou de faire des avances qui lui aient été onéreuses, l'absent doit payer les intérêts des sommes avancées, quand même la personne qui les a fournies auroit été dans la nécessité de se charger du soin de l'*affaire*.

11°. Les dépenses faites imprudemment pour une personne qui ne vouloit pas, ou même qui n'étoit pas en état de les faire, ne peuvent pas être exigées; telles sont, par exemple, les changemens faits dans une maison, & que le maître n'auroit pu ni voulu faire. Mais si la dépense a été telle que le maître auroit dû la faire, & que ce qui a été fait utilement vienne à périr ou à se perdre par quelque cas fortuit, il sera tenu de rembourser cette dépense à la personne qui l'aura faite, parce que l'évènement ne peut lui être imputé. Tel seroit le cas d'une personne qui voyant en péril de ruine la maison de son ami absent, la feroit appuyer; si cette maison venoit ensuite à périr par un incendie ou quelque autre accident, la dépense faite pour la conserver, ne seroit pas moins légitimement due.

12°. Si celui dont on a géré les *affaires*, a ensuite approuvé ce qui a été fait, après l'avoir connu, il ne peut se rétracter, quand même il auroit sujet de se plaindre, à moins qu'il n'y ait eu quelque dol secret.

AFFARE, s. m. (*Droit féodal.*) ce terme est particulier à la province de Dauphiné; on l'y emploie pour signifier toutes les dépendances d'un fief. Salvaing s'en sert en ce sens dans son *Traité de l'usage des fiefs.* Denisart dit qu'en Auvergne on donne le nom d'*affare* à un canton d'héritage ou de territoire.

AFFÉAGE ou AFFÉAGEMENT, s. m. AFFÉAGER, v. a. (*Droit féodal.*) *Afféage* ou *afféagement*, c'est l'action d'*afféager*, c'est-à-dire de démembrer un fief. Ce terme est particulièrement en usage dans la coutume de Bretagne, il signifie exactement la même chose que *démembrement de fief.*

Afféager, c'est donc aliéner une partie des terres nobles d'un fief, & les en démembrer pour être tenues en roture ou en fief, par celui qui en devient acquéreur, à la charge de payer une certaine somme ou redevance.

Il y a deux sortes d'*afféagement*, le noble & le roturier; l'*afféagement* est noble lorsque la partie aliénée l'est à titre de sous-inféodation, & que l'acquéreur est tenu d'en porter la foi & hommage à celui qui lui a fait l'*afféagement:* il est roturier lorsque dans l'acte d'*afféagement* il a été stipulé que l'héritage *afféagé* seroit tenu roturièrement. Il faut nécessairement que cette clause soit exprimée, pour que l'héritage devienne roturier; car si elle n'y est pas insérée, l'héritage conserve constamment sa qualité de noble, quoiqu'il soit chargé, par l'*afféagement*, d'une rente censive; parce que le cens, en Bretagne, ne fait pas preuve de roture, & que l'héritage *afféagé* étant noble dans la main du seigneur, & tenu de lui à foi & hommage dans la main du vassal, cet *afféagement* n'a apporté aucun changement dans sa qualité.

L'*afféagement* est très-usité en Bretagne, il y est autorisé par la coutume, & par une ordonnance de Jean V, duc de Bretagne, de l'an 1430, qui accorde à tous les habitans de la province, la liberté d'*afféager* roturièrement tout domaine noble. Depuis quelques années le nombre s'en est accru considérablement, & on en a retiré de grands avantages: une grande quantité de terres incultes, qui faisoient partie des fiefs, a été *afféagée* & cultivée.

Lorsque le possesseur d'un héritage *afféagé* en acquiert la directe, l'héritage reste toujours roturier; mais s'il revient dans la main du seigneur, l'héritage qui étoit anciennement noble, & qui étoit devenu roturier par l'*afféagement*, reprend sa première noblesse, & ne fait plus qu'un seul & même domaine noble, avec la partie que le seigneur avoit conservée; il a le droit de le *réafféager* noblement ou roturièrement.

L'*afféagement* ne donne pas lieu au retrait, soit lignager, soit féodal, parce que la coutume ne le regarde pas comme une vente véritable; mais il faut, suivant l'article 359, qu'outre la rente imposée sur les terres *afféagées*, les deniers d'entrée n'excèdent pas cinq sols par chaque journal, autrement il seroit censé y avoir vente, & il y auroit lieu au retrait.

L'*afféagement* a lieu pour les biens qui appartiennent au roi; il en est fait mention dans l'article 11 du titre 6 de l'ordonnance des eaux & forêts de

1669. Mais les *afféagemens* des terres situées dans l'enceinte, ou joignant les bois & forêts du roi, doivent être enregistrés au greffe de la maîtrise où est situé le bien *afféagé*, à peine de nullité du contrat d'*afféagement*; & les procureurs du roi en doivent donner avis aux grands-maîtres, sous peine de répondre envers le roi, de ses dommages & intérêts.

AFFÉAGISTE, adj. (*Droit féodal.*) c'est celui qui, en Bretagne, a pris par afféagement une partie des terres nobles. Comme l'afféagement a principalement lieu à l'égard des terres qui ont toujours été incultes, l'usage le plus ordinaire des *afféagistes* est d'entourer ces terres de clôtures, afin de conserver plus aisément les récoltes qu'on leur fait produire. On punit sévérement ceux qui endommagent ces clôtures. Un réglement de 1736 veut que la poursuite s'en fasse extraordinairement par les procureurs du roi ou des seigneurs, sur la dénonciation des *afféagistes* ou des riverains, sans les obliger à être parties dans l'instance criminelle. Comme il y a lieu de présumer que le dommage arrivé aux clôtures des terres *afféagées*, est causé par les riverains, qui se trouvent gênés par-là dans les usurpations de ces terres, qui avant l'afféagement étoient vaines & vagues, ou du moins dans la liberté d'y faire pâturer leurs bestiaux, ce réglement rend les riverains responsables des dommages & intérêts des *afféagistes*, s'ils ne dénoncent pas les coupables, ou ne font pas connoître le délit. Ainsi l'ont jugé deux arrêts du parlement de Rennes, des 10 juillet 1747, & 16 juillet 1748.

AFFECTATION, s. f. (*Droit civil.*) Ce mot est presque synonyme à celui d'*hypothèque*; il signifie l'imposition d'une charge, ou hypothèque sur un fonds qu'on assigne pour sûreté d'une dette, d'un legs, d'une fondation, ou d'une obligation quelconque. Ainsi affecter c'est hypothéquer, engager, obliger. On dit en ce sens affecter une terre au paiement d'une créance, d'une pension, d'une fondation. L'effet de l'*affectation* est d'hypothéquer tellement l'immeuble au paiement ou à la sûreté de la chose pour laquelle il est affecté, que le propriétaire de ce fonds ne peut plus l'aliéner qu'à la charge pour l'acquéreur de payer le créancier, ou de continuer le paiement de la pension ou de la fondation.

AFFECTATION, (*Droit canonique.*) c'est une exception ou réservation d'un bénéfice qui empêche le collateur d'y pourvoir librement à la première vacance qui en arrivera, parce qu'il est chargé de quelque mandat, indult, nomination ou réservation du pape.

De l'affectation selon le droit canonique italien. L'*affectation*, suivant le droit canonique ultramontain, est une sorte de réserve papale, mais qui diffère des véritables réserves, en ce que l'*affectation* se fait par une opération matérielle, & la réserve par la parole du pape. En effet, pour qu'il y ait lieu à l'*affectation* du pape sur un bénéfice, il faut, pour ainsi dire, qu'il ait mis la main dessus. *Quando papa apponit manum super provisione alicujus beneficii, tunc illud dicitur affectum.*

Les Ultramontains désignent plusieurs manières dont un bénéfice peut être affecté par le pape, & auquel, par cela même, il a seul le droit de pourvoir. On met à Rome au nombre des bénéfices affectés, 1°. ceux qui ont été donnés en commende perpétuelle, 2°. ceux sur lesquels le pape a donné un mandat *de providendo*, quand bien même le bénéfice ne seroit pas vacant au temps du mandat: 3°. les bénéfices auxquels il a donné des coadjuteurs, même lorsque les lettres de coadjutorie ne seroient pas signifiées: 4°. ceux auxquels le pape a nommé par droit de prévention, quand bien même la collation du pape seroit nulle par la faute de l'impétrant; enfin la cour de Rome prétend que la suspension d'une élection faite par le pape affecte le bénéfice, & que le droit d'y pourvoir lui appartient.

L'*affectation* du pape, suivant cette doctrine, ne peut préjudicier à l'indult des cardinaux: elle cesse quand la provision a eu son effet: elle est aussi sans effet lorsque la provision est conditionnelle, & que la condition ne peut pas s'accomplir. Elle ne peut avoir lieu pour les bénéfices qui sont en patronage laïque.

De l'affectation suivant le droit canonique françois. Toutes les réserves du pape, soit expresses, soit tacites, inconnues dans les premiers siècles de l'église, n'étoient que des usurpations des droits des évêques & des collateurs; elles ont été abolies en France par la pragmatique & le concordat, & depuis ce temps, elles n'y ont plus eu lieu: on n'y reconnoît donc point l'*affectation*.

La seule qu'on y admette doit être établie par la loi ou par l'acte de fondation, c'est-à-dire, par l'église ou par le fondateur, qui ordonnent que le bénéfice ne pourra être conféré, que sous certaines formes & solemnités, & qu'il ne sera conféré qu'à certaines personnes qui doivent avoir les qualités requises par la loi ou par la fondation.

Il y a des bénéfices affectés à des personnes nobles, d'autres à ceux qui sont actuellement prêtres, d'autres à des docteurs, d'autres aux chantres & aux enfans de choeur d'une église. Les provisions de ces bénéfices, accordées à ceux qui n'ont pas les qualités requises, sont absolument nulles; le pape même n'en peut dispenser, quand elles sont marquées par la fondation, ou par des statuts duement homologués.

Le bénéfice ainsi affecté ne peut être résigné ou donné qu'à ceux qui ont les qualités requises pour le posséder, autrement la résignation est nulle. Mais pour que l'*affectation* des bénéfices ait lieu en faveur de certaines personnes, il faut qu'elle soit expressément spécifiée dans l'acte de fondation, ou qu'elle soit établie par des statuts approuvés par l'évêque ou par le pape, revêtus ensuite de lettres-patentes, homologuées par les cours souveraines, dans le ressort desquelles sont situés les bénéfices: si toutes ces conditions n'ont pas été remplies, si même le statut d'*affectation* a été volontairement interrompu, ou n'a pas eu son exécution, l'*affectation* cesse entiérement, le bénéfice rentre dans le droit commun, & peut être librement conféré à ceux qui ont les qualités requises, par le droit ordinaire, pour être nommés à un bénéfice, & le posséder.

Non-seulement on peut affecter un bénéfice à certaines personnes par l'acte de fondation, on peut encore lui imposer de nouvelles charges, ou de nouvelles *affectations*: mais alors il faut que cette *affectation* produise un avantage & une utilité certaine à l'église, & qu'elle se fasse avec l'approbation de l'évêque ou du pape, du consentement du collateur, & en vertu de lettres-patentes du roi, enregistrées dans une cour souveraine. Les arrêts ont déclaré nulles plusieurs *affectations*, lorsqu'elles ont paru nuisibles à l'église, & contraires à l'esprit de ses loix.

L'effet de l'*affectation* est tel que, si celui qui possède le bénéfice affecté, venoit à quitter l'emploi en vertu duquel il en étoit pourvu, il cesseroit aussi de jouir du bénéfice.

Lorsque la capacité de posséder un bénéfice est affectée aux personnes nées dans l'endroit, celui qui est né, par hazard, dans un autre endroit, lorsque son père est domicilié du lieu, est censé être né dans le lieu du domicile de son père. C'est ce qui a été jugé au parlement de Paris le 3 août 1709.

L'*affectation* d'un bénéfice peut avoir lieu en faveur d'un ordre religieux, il faut alors pour le posséder, avoir fait profession dans cet ordre, & vivre sous la même règle: si l'*affectation* est faite à une maison particulière, il faut, pour pouvoir en profiter, non-seulement être de l'ordre dont dépend la maison, mais encore être de la maison même à laquelle l'*affectation* a été faite. C'est par une suite de ce principe sur l'*affectation* des bénéfices, à une personne qui doit avoir certaines qualités requises, qu'on a établi la règle qui défend à un régulier de se faire pourvoir d'un bénéfice séculier, & à un séculier de posséder un bénéfice régulier. Il n'est pas inutile de remarquer que les bénéfices sont de droit public, & qu'il n'est pas au pouvoir d'une communauté religieuse, d'affecter à ses membres les bénéfices qui dépendent d'elle, & dont elle a la collation.

AFFÉRAGE, c'est un terme fort ancien qu'on employoit pour signifier le prix d'une chose à vendre par autorité de justice. C'est le même que les termes d'*affeurage* ou *afforage*, que l'on peut voir ci-dessous.

AFFÉRENT, adj. (*terme de Pratique.*) il n'est usité qu'au féminin, & on y joint toujours le mot de *part*; ainsi on dit la *part afférente*. Dans un partage de succession, ou autre chose commune, on appelle *part afférente*, celle qui appartient & revient de droit à chacun des co-héritiers ou des co-partageans.

AFFÉRIR, v. a. c'est un vieux mot qui signifioit la même chose qu'appartenir.

AFFERMER, v. a. (*terme de Pratique.*) qui signifie *prendre* ou *donner*, mais plus souvent donner à ferme une terre, métairie, ou autre domaine, moyennant certain prix ou redevance que le preneur ou fermier s'oblige de payer annuellement. *Voyez* FERME, BAIL.

AFFETS, ce mot est particulier à la coutume du comté de Bourgogne: il a la même signification que celui de *chargé*, *affecté*. C'est dans ce sens que cette coutume dit d'un héritage, chargé d'un cens, qu'il est *affets de cens*.

AFFEURAGE, s. m. (*terme de Coutume.*) *Voyez* AFFORAGE, qui est la même chose.

AFFEURER, v. a. (*Coutume de Normandie, art. 20.*) c'est estimer à certain prix. Il vient du vieux mot *feur*, qui avoit, entre autres significations, la même que le mot *prix*.

AFFIAGE ou AFFIAILLE, ce terme fort ancien étoit employé pour ceux de *sûreté* & d'*assurance*.

AFFIAILLES ou AFFIANCES, on se servoit aussi autrefois de ces mots pour celui de *fiançailles*.

AFFICAVAGE. C'est encore un ancien terme dont on se servoit pour désigner une des espèces du bail à cens.

AFFICHE, s. f. (*terme de Pratique.*) c'est un écrit, un placard, qu'on appose dans certains endroits publics, pour rendre une chose notoire. L'*affiche* a lieu pour indiquer une vente de meubles, de biens, de bois, *&c.....* tant par autorité de justice qu'autrement; elle sert aussi pour indiquer les tirages des loteries, les remboursemens des effets publics, & généralement tout ce qu'on veut faire connoître au public.

Origine & usage des affiches. Le principal usage des *affiches* est de faire connoître les loix nouvelles du prince; il y a même un édit de François I, donné en 1539, qui porte que les ordonnances seront écrites en gros caractères & sur du parchemin, pour être affichées dans les seize quartiers de la ville de Paris, dans les fauxbourgs, & dans les endroits les plus éminens. Cet usage est aussi ancien que la monarchie, nous l'avons emprunté des Romains, qui faisoient mettre dans la place publique des programmes pour annoncer les ventes & les loix avant qu'elles fussent autorisées par les suffrages du peuple.

Leurs loix punissoient sévérement ceux qui gâtoient ou enlevoient les ordonnances que le préteur faisoit afficher au commencement de sa magistrature. Les hommes libres étoient condamnés à une amende de cinq cens écus d'or, ou punis à l'arbitrage du juge, s'ils étoient hors d'état de la payer. Ce délit, commis par un esclave, étoit réprimé par une punition corporelle, & son maître obligé de l'abandonner au préteur pour le faire punir.

L'édit de 1539, dont nous venons de parler, fait défenses d'ôter les loix & les ordonnances des endroits où elles ont été affichées, à peine de punition corporelle. L'espèce de punition n'est pas déterminée par la loi, elle ne pourroit être moindre que l'amende ou la prison; elle pourroit être beaucoup plus rigoureuse si le délit avoit été commis

par

par mépris envers le législateur. Tout ceci dépend de la nature des circonstances qui rendent le délit plus ou moins grave.

Du droit d'afficher. Le droit d'afficher les nouvelles loix n'appartient, dans chaque ville, qu'au juge qui a la jurisdiction ordinaire & territoriale. Le prévôt de Paris jouit de ce droit depuis l'établissement de son office; & par un arrêt du premier mars 1475, il a été jugé que la publication d'une loi, concernant les monnoies, devoit être publiée par lui.

Les intendans, dans les provinces, peuvent faire afficher les arrêts du conseil & les ordonnances qu'ils rendent, sans avoir besoin de l'autorisation du magistrat ou de la police : ce droit leur est attribué, parce qu'ils ont la haute police, & qu'ils agissent au nom & par les ordres du roi.

Les évêques, dans leurs diocèses, ont également la faculté de faire afficher leurs mandemens, sans demander l'autorisation du juge royal. Est-ce un droit, est-ce une simple tolérance? Nous ne connoissons aucune loi qui leur ait accordé nommément cette permission, mais ils en jouissent; cependant il est certain que si le mandement d'un évêque étoit contraire aux loix civiles ou ecclésiastiques, le juge séculier pourroit en empêcher la publication & l'*affiche*, puisqu'il a le pouvoir de le supprimer lorsqu'il a été affiché.

Les *affiches* qui concernent les affaires des particuliers, & qui servent à annoncer les ventes volontaires ou forcées, & toutes les autres choses qu'on veut rendre notoires, ne peuvent être posées qu'en vertu d'une ordonnance du juge, ou d'une permission du lieutenant de police.

Des cas où les affiches sont nécessaires. Les *affiches* sont quelquefois nécessaires, même à peine de nullité, lorsqu'il s'agit d'une aliénation forcée, à laquelle il ne suffit pas au propriétaire d'accéder, ou à laquelle des tiers peuvent être intéressés. Il ne suffit point, par exemple, qu'un mineur donne son consentement à la vente des biens qui lui appartiennent pour que cette vente, quoiqu'autorisée par justice, soit valable; il faut qu'elle ait été précédée d'*affiches* ou de publications, afin qu'elle soit connue de tous ceux qui peuvent en augmenter le prix, & rendre meilleure la condition du mineur.

Il en est de même des aliénations qui concernent les communautés d'habitans ou de gens de main-morte : leur intérêt est qu'elles se fassent au plus haut prix, & que, par conséquent, il y ait des *affiches* pour avertir les acheteurs; tout comme lorsqu'il s'agit de réparations à faire à une église, à un presbytère, ou à un édifice public, il est nécessaire de les annoncer, afin que par le moyen du concours des entrepreneurs on n'en paie qu'un prix convenable.

Dans les parties qui concernent le domaine du roi, soit pour un engagement, soit pour une vente de bois ou de glandée, on observe de même la formalité des *affiches*. On l'observe enfin dans toutes les occasions où il est intéressant que le public soit prévenu des adjudications auxquelles il peut prendre part, comme aux baux judiciaires, à la vente des immeubles par décret, &c.

Quant à la vente des immeubles par décret, la formalité des *affiches* est requise avec rigueur pour l'intérêt de la partie saisie, & de tous les créanciers. L'article 2 de l'édit de 1551 exige impérieusement qu'après la saisie l'huissier mette une *affiche* à la porte principale de l'église paroissiale, de la situation des biens saisis; & afin que cette *affiche* donne une connoissance suffisante des biens pour laquelle elle est apposée, elle doit contenir, ainsi que l'exploit de saisie, une explication de la nature & de la qualité des choses saisies, de leur situation, de leurs tenans & aboutissans. On doit y énoncer les causes de la saisie, le domicile du saisissant, les lieux où doivent se faire les criées, & le tribunal où les poursuites, pour parvenir à une adjudication, peuvent avoir lieu.

Si avec une paroisse il y avoit une succursale, il ne suffiroit pas d'exposer des *affiches* à la porte de l'église principale, il faudroit encore en mettre à la porte de la succursale, si dans cette succursale les habitans y recevoient les sacremens de baptême & de mariage comme dans l'église principale : c'est ce qui résulte d'un arrêt, cité par Tournet, sur l'article 347 de la coutume de Paris.

Lorsque les biens sont situés dans plusieurs paroisses, l'édit veut qu'il y ait des *affiches* dans chacune des paroisses des fiefs qui relèvent d'un fief principal, mais non point au sujet des censives qu'on appelle *arrière-fiefs*, parce qu'il seroit difficile de connoître tous les héritages qui peuvent les former.

Il faut que ces sortes d'*affiches* soient accompagnées de panonceaux aux armes de France, quand même le décret se poursuivroit dans une justice de seigneur. On l'a ainsi jugé le 11 décembre 1576, suivant Mornac, contre le cardinal de Guise, archevêque de Rheims; & le 20 janvier 1609, suivant la remarque de d'Héricourt, à l'égard d'un décret fait dans le comté d'Eu, où les panonceaux avoient été mis aux armes de madame de Guise, comtesse d'Eu.

Quand il s'agit de rentes sur l'hôtel-de-ville de Paris, il faut des *affiches* & à la porte de l'hôtel-de-ville & à celle de l'église paroissiale de saint-Jean-en-Grève.

A l'égard des rentes constituées, les *affiches* se posent, suivant la coutume de Paris, à la porte de la maison de la partie saisie, & à celle de l'église de sa paroisse. On peut en mettre à d'autres endroits si l'on veut, mais il n'y a nulle obligation à ce sujet.

Comme la province d'Artois étoit, lors de l'édit des criées, sous l'empire de la maison d'Autriche, elle n'a point été assujettie aux formalités que cette loi prescrit; mais, suivant la remarque de Maillart qui a écrit sur cette coutume, on y observe cette formalité, que sept jours après la saisie réelle, le sergent doit faire mettre un prix sur les fonds saisis, en faisant élire domicile au metteur dans le lieu de la jurisdiction où le décret se poursuit; & en lui faisant contracter l'obligation de payer lorsqu'on lui fournira le décret. Il faut aussi signifier à la partie saisie, une copie du procès-verbal de la mise à prix, parce qu'alors cette partie peut trouver, de son côté, de nouveaux metteurs, si le prix est au-dessous de la valeur de l'objet saisi.

Les *affiches* pour un vaisseau doivent être apposées au grand mât, sur le quai & à la principale porte de l'église & de l'auditoire de l'amirauté. On y explique le nom du vaisseau saisi, le lieu où il est gissant ou flottant, & l'on indique le jour d'audience auquel les enchères seront remises.

Lorsqu'il s'agit d'une maison dans un village, dans une ville, ou même à Paris, on est obligé d'afficher, à la principale entrée de cette maison, un panonceau portant mention que la maison est saisie & mise en criées.

Indépendamment des *affiches* que l'on fait à l'église paroissiale de la situation des biens, à la principale entrée d'une maison, *&c.* on regarde encore comme essentiel d'en apposer à la porte principale du domicile de la partie saisie, de l'auditoire où se poursuit la saisie réelle, & même de l'église dans la paroisse de laquelle est situé cet auditoire. On en met pareillement au poteau de justice d'où dépendent les objets saisis, ainsi qu'à l'endroit le plus apparent du marché le plus proche du domicile de la partie saisie. On en met enfin par-tout où il est d'usage qu'il y en ait pour rendre la saisie plus notoire. Cependant les lieux essentiels sont seulement ceux qui sont indiqués par les ordonnances, par les réglemens, & par les différentes coutumes qui s'expliquent à ce sujet: car à l'égard des autres endroits où l'on juge à propos d'en apposer, une omission pour ces mêmes endroits n'emporteroit aucune nullité.

En fait de saisie réelle, il faut des *affiches* en deux occasions différentes. Il en faut d'abord pour les criées, il en faut ensuite pour avertir de la vente. Ce sont ordinairement les procureurs qui composent ces sortes d'*affiches*. Ils les rédigent de façon à prévenir tous ceux qui peuvent être intéressés à la saisie réelle, des démarches qu'ils sont obligés de faire, soit pour former des oppositions afin de conserver ou afin de distraire, & à les avertir du jour, de l'heure & de la jurisdiction où l'on se propose de recevoir les enchères concernant la vente. On voit assez, par le style de ces *affiches*, de quelle manière elles doivent être conçues.

Au bas de ces *affiches*, l'huissier fait mention qu'elles ont été apposées telle année, tel jour, *&c.* en observant qu'il faut qu'il ait le pouvoir d'exploiter dans l'endroit où il les met, autrement il y auroit nullité dans son opération. La partie poursuivante dénonce en outre l'exploit d'apposition à la partie saisie, quoiqu'on ait eu l'attention de mettre une de ces *affiches* à sa porte, afin qu'elle ait une connoissance certaine des poursuites que l'on fait contre elle.

Comme les *affiches* sont nécessaires en pareille occasion & pour le public & pour les parties intéressées, l'arrêt du parlement de Paris, rendu sur l'enregistrement de l'édit de 1551, qu'on nomme l'*édit des criées*, défend à toutes personnes d'arracher ou de déchirer ces *affiches*, à peine d'amende arbitraire, & même de punition corporelle. Brillon nous apprend qu'une demoiselle fut condamnée à deux cens livres d'amende, par un arrêt du parlement de Grenoble du 16 mars 1665, pour avoir arraché de pareilles *affiches*.

La lacération des *affiches* ne seroit pas un moyen pour donner atteinte au décret: c'est ce qui a été jugé, comme l'observe Gouget, en son *Traité des criées*, le 24 juillet 1607, contre un particulier qui s'étoit rendu appellant d'une saisie réelle qu'on poursuivoit contre lui au châtelet de Paris. Mais, suivant la remarque de d'Héricourt, ce moyen seroit valable contre un adjudicataire, si celui-ci avoit déchiré les *affiches* pour écarter les enchérisseurs.

Quand il s'agit de vente ou de licitation par autorité de justice, quoiqu'il n'y ait point alors de saisie réelle, on ne laisse pas, comme nous l'avons observé en commençant, d'apposer des *affiches* pour indiquer ces opérations lorsque le roi, les gens de main-morte & les mineurs y ont intérêt. Ces *affiches* se posent aux mêmes endroits que ceux où l'on en met pour des saisies réelles; il faut au moins qu'il y ait un intervalle de quinzaine, entre l'apposition de ces *affiches* & la publication des enchères.

Des affiches qui concernent les particuliers. Quant aux *affiches* qui n'ont pour objet que des avis au public, des annonces, *&c.* dans la bonne règle, on ne peut en apposer aucune qu'elle n'ait été vue du magistrat de police. Ceci s'observe scrupuleusement à Paris depuis un arrêt du conseil du 4 mai 1669, qui fait défenses d'y afficher aucune feuille ou placard sans la permission de M. le lieutenant de police, à peine de punition corporelle contre les afficheurs, & d'interdiction, même de privation de la maîtrise contre les imprimeurs qui les auroient imprimés. L'*affiche* doit même faire mention de l'approbation obtenue en pareil cas.

Si une *affiche* avoit trait à compromettre la réputation d'autrui, elle donneroit lieu à des poursuites criminelles. Elle formeroit même un délit public dont les gens du roi, sur le silence de la partie offensée, pourroient poursuivre la réparation.

Il n'est point permis à Paris à toutes sortes de personnes d'apposer des *affiches*, même approuvées, comme on pouvoit le faire anciennement. Il arrivoit de cette liberté générale, qu'on faisoit afficher des libelles par des personnes qui, ne sachant point lire, les posoient de bonne-foi & sans défiance. Pour remédier à cet inconvénient, la police a pris le parti, depuis quelques années, de ne permettre l'apposition de quelque *affiche* que ce soit, qu'à des personnes qui savent lire, & qui sont désignées pour cet effet. *Voyez* AFFICHEUR.

Les jugemens, les sentences & les arrêts ne peuvent être affichés qu'autant que ces actes en contiennent la permission; & lorsque la réputation d'un tiers y est intéressée, on doit s'abstenir d'en afficher ailleurs qu'aux lieux indiqués, & d'excéder le nombre d'exemplaires déterminé; autrement le procédé dégénéreroit en injure. Si le nombre des *affiches* n'étoit point déterminé, la restriction en seroit de plein droit, suivant l'usage, à cent exemplaires.

Il n'est pas permis de mettre toutes sortes d'*affiches* aux portes des églises: une ordonnance du 24 juillet 1728, défend d'y afficher les pièces de théâtre; ce qui doit s'entendre aussi de tous les autres spectacles profanes.

Il nous reste à observer qu'en matière civile, lorsqu'un huissier ou sergent ne trouve personne au domicile de celui auquel il donne une assignation, il doit attacher l'exploit à la porte, & en avertir le voisin, auquel il doit faire signer l'exploit, ou faire mention de sa déclaration de ne pouvoir ou de ne vouloir signer: c'est ce que prescrit l'article 4 du titre 2 de l'ordonnance de 1667.

En matière criminelle, lorsqu'un accusé, décrété de prise de corps, ne comparoît pas sur les assignations qu'on lui donne à cet effet, on use d'*affiches*, & l'on se comporte en ce cas, comme le prescrit l'article 17 de l'ordonnance de 1670.

De quelques espèces où l'usage des affiches est nécessaire. L'usage des *affiches* est très-commun dans les affaires qui concernent le commerce; on s'en sert pour annoncer le départ des vaisseaux, le lieu où ils vont, les endroits où ils toucheront, le nombre des tonneaux qu'ils contiennent: elles indiquent aussi leur arrivée, la qualité, l'espèce & la quantité de marchandises qu'ils apportent, le jour, le lieu, & très-souvent les conditions de la vente. Il y a même peu de chose dans le négoce qui n'ait besoin d'*affiches*: mais aucune ne doit être posée sans la permission du magistrat, & dans les ports de mer, sans celle du maître du port.

Lorsqu'il s'agit de censures, la dénonciation s'en fait par une *affiche*, & c'est aussi le moyen que l'on emploie pour citer un bénéficier absent. La cour de Rome a souvent prétendu que les *affiches* mises, par l'ordre du pape, au champ de Flore, ou à la porte de son palais, suffisoient pour citer un étranger à son tribunal, & rendre notoires les sentences d'excommunication & de censures prononcées à Rome. Il y a même eu à cet égard une décrétale de Boniface VIII, mais elle a été révoquée par Clément V dans le concile de Vienne. Au reste, nous n'avons jamais regardé comme obligatoire en France, ce que le pape peut ordonner ou faire afficher dans la ville de Rome: les citations faites par *affiches* dans cette ville contre un François, ne le mettent point en demeure, & ne l'obligent pas à comparoître; il ne peut être cité en justice que pardevant ses juges naturels, & dans la forme prescrite par l'ordonnance de 1667.

AFFICHES, (*Librairie.*) on appelle aussi *affiches* certaines feuilles périodiques qui paroissent à Paris tous les jours, & dans quelques provinces toutes les semaines; elles servent à annoncer les biens à vendre ou à louer, les spectacles, les découvertes nouvelles, & généralement tout ce qui peut être utile au public. Ces feuilles sont soumises à l'inspection de la police, & l'on n'y peut rien insérer qui n'ait été approuvé par la censure.

AFFICHEUR, s. m. (*Police.*) c'est celui qui pose & attache les affiches, les placards, les arrêts, sentences & autres annonces. Les *afficheurs* à Paris font corps avec les colporteurs, mais ils ne font pas entre eux une communauté, ils dépendent de celle des libraires, sans en faire partie: ils doivent porter, comme les colporteurs, une plaque de cuivre à leur boutonnière, sur laquelle doit être gravé le mot d'*afficheur*; mais ils ne peuvent colporter aucune espèce de livre.

Les *afficheurs* sont au nombre de quarante, ils sont choisis par les syndic & adjoints des libraires, & présentés par eux au lieutenant général de police, qui les reçoit après une information de vie & mœurs, sur les conclusions du procureur du roi. Ils doivent savoir lire & écrire; ils ne peuvent céder & transporter leur plaque, ni se faire suppléer par un étranger, à peine de prison & de cinquante livres d'amende; ils ne peuvent aussi exercer leur profession avant d'avoir fait inscrire leur réception à la police, sur les registres de la communauté des libraires, ainsi que l'endroit de leur demeure: ils sont astreints, sous les mêmes peines, à remplir cette formalité, & à celle de porter continuellement leur plaque.

Aucun *afficheur*, sous peine de prison & de punition corporelle, ne peut poser des affiches dans Paris, en ce qui regarde les livres, s'il n'y est pas fait mention du privilège accordé par le roi; & en ce qui concerne les autres placards, sans la permission de la police, à l'exception des édits, ordonnances, déclarations, arrêts & mandemens de justice, dont l'affiche a été ordonnée, ainsi que les affiches des spectacles.

Tout ce que nous venons de dire concerne les *afficheurs* de la ville de Paris; dans celles de provinces, il n'y a communément qu'un seul *afficheur* public qui est reçu par le lieutenant de police; on doit se servir de son ministère pour faire poser les avis, annonces & placards que l'on veut faire connoître dans le public. Cet *afficheur* doit avoir les mêmes qualités que ceux de Paris, & il est obligé à l'observation des mêmes réglemens, en ce qui concerne la position des *affiches* qu'il ne peut faire sans l'autorisation du magistrat.

AFFICHIER, v. a. ancien mot dont on se servoit pour ceux d'*affirmer*, *jurer*, *certifier*.

AFFICTEMENT, s. m. terme ancien qui signifioit *bail à cens*.

AFFIDÉ, adj. (*Droit féodal.*) ce terme n'eſt guère en uſage que dans la province d'Alſace, où on appelle *affidés-féodaux* des quaſi-vaſſaux qui ſe mettent ſous la ſauve-garde & la protection du ſeigneur. Il y avoit de ces affidations qui étoient perpétuelles, d'autres ſe faiſoient pour un temps. Un grand nombre de villes d'Alſace, d'abbayes & de ſeigneuries, s'étoient autrefois *affidées* à la préfecture d'Haguenau. M. le duc de Choiſeul, qui jouit aujourd'hui de cette préfecture, érigée en fief maſculin par Louis XIV, a pour quaſi-vaſſaux les villes qui s'y étoient anciennement incorporées.

AFFILIATION, ſ. f. (*Droit civil, coutumier & canonique.*) ce mot a différentes acceptions parmi nous; il eſt employé, par les écrivains du moyen-âge, pour *adoption*: nous n'en parlerons pas ici dans ce ſens, on peut voir ce que nous avons dit au mot ADOPTION. Nous allons expliquer ce que c'eſt que l'*affiliation* coutumière & canonique.

AFFILIATION *coutumière*, c'eſt une eſpèce d'adoption qui eſt en uſage dans les coutumes de Saintonge, de Bourbonnois & de Nivernois.

Celle de Saintonge admet deux eſpèces d'*affiliation* ou aſſociation; l'une gratuite, par laquelle l'affiliant ou l'aſſociant adopte un étranger gratuitement; la ſeconde dans laquelle l'affilié ou l'aſſocié confère, & porte dans la maiſon de l'affiliant les biens qu'il poſſède, & y renonce en faveur des enfans naturels.

Dans la première eſpèce l'affilié ſuccède par têtes avec les enfans naturels de l'affiliant en tous ſes biens meubles & acquêts immeubles; mais il ne ſuccède pas aux propres, à moins que l'*affiliation* n'ait été faite par contrat de mariage, & qu'on n'y ait ſtipulé, en faveur de l'affilié, la ſucceſſion aux propres de l'affiliant. Mais dans la ſeconde eſpèce, l'affilié ſuccède par têtes, comme les enfans naturels, ſoit aux propres, ſoit aux meubles & acquêts. *Coutume de Saintonge*, *art.* 1.

De même que, dans le droit Romain, l'adopté ne ſuccédoit pas aux collatéraux de ſon père adoptif, ainſi l'affilié ou aſſocié n'hérite pas des collatéraux, à moins qu'il n'ait été appellé à l'*affiliation*, & qu'il n'y ait conſenti.

Les *affiliations* ſe font comme les inſtitutions contractuelles, par contrat de mariage; mais elles peuvent auſſi ſe faire par un ſimple contrat, paſſé devant notaire. Les femmes ont la faculté d'affilier, de même que les hommes, ce qui établit une différence entre l'*affiliation* coutumière & l'adoption admiſe par les loix romaines, ſuivant leſquelles la femme ne pouvoit adopter, par la raiſon qu'elle n'avoit ſur ſes enfans, aucune puiſſance légale.

Dans les coutumes de Bourbonnois & de Nivernois il n'y a pas proprement d'*affiliation* ſemblable à celle de la coutume de Saintonge, c'eſt plutôt une eſpèce d'échange & de ſubrogation qui a lieu dans les doubles mariages. Par exemple, lorſqu'Antoine marie ſon fils avec la fille de Louiſe, & donne en même temps ſa fille au fils de Louiſe, il ſe fait alors, par le contrat de mariage de ces enfans, un échange du fils de Louiſe avec la fille d'Antoine.

L'effet de cet échange & de cette ſubrogation eſt de faire participer les enfans ainſi baillés & échangés, dans la famille où ils entrent, aux mêmes droits qu'ils avoient dans la maiſon dont ils ſont ſortis, & en conſéquence de les faire admettre à la ſucceſſion des pères & mères adoptifs, tant aux propres qu'aux meubles & acquêts, de la même manière que ceux auxquels ils ſont ſubſtitués; & ils en ſont ſaiſis, comme les enfans légitimes qu'ils repréſentent, à moins qu'il n'y ait convention contraire dans le contrat de mariage. *Coutume de Bourbonnois*, *art.* 265; *de Nivernois*, *chap.* 23, *art.* 25.

Il y a pluſieurs différences entre l'affilié & le ſubrogé. 1°. Le ſubrogé jouit des mêmes droits que l'enfant naturel; ſon père adoptif eſt contraint de lui laiſſer la légitime de droit, & les réſerves coutumières: l'affilié, au contraire, n'étant pas conſidéré ſur le même pied que l'enfant naturel, n'a aucune action contre la ſucceſſion de l'affiliant, il ne peut agir que comme créancier pour retirer ce qu'il a apporté, ou comme donataire, s'il a été affilié gratuitement, à l'effet d'obtenir la portion qui lui revient dans les meubles & acquêts. 2°. Le ſubrogé ou échangé eſt ſaiſi, par la loi, de ſa portion héréditaire, comme les enfans naturels, ce qui n'a pas lieu pour l'affilié. 3°. Le ſubrogé peut retraire, le ſimple affilié ne le peut pas. 4°. Les ſubrogés ne doivent pas, comme les affiliés, les droits de reliefs pour les fiefs qui leur viennent par le moyen de leur adoption.

Il nous reſte à obſerver que, dans la coutume de Saintonge, les *affiliations* participent de l'adoption & de l'aſſociation, enſorte que le père adoptif ne peut révoquer l'*affiliation*, ſans partager la ſociété, qui eſt une partie intégrante de l'*affiliation*, & qu'il eſt tenu de donner à l'affilié ſa part des meubles & acquêts, telle qu'il la doit à ſes autres enfans: mais ſi, en ne révoquant pas l'*affiliation*, il diſpoſe de ſes meubles & acquêts, l'affilié ne peut s'en plaindre.

AFFILIATION, (*Droit canonique.*) c'eſt l'état d'un religieux qui eſt attaché à tel ou tel monaſtère de ſon ordre, de manière que le ſupérieur ne peut pas arbitrairement l'en faire ſortir pour l'envoyer ailleurs. Mais pour que l'*affiliation* ait lieu en France, & qu'elle empêche le ſupérieur d'exercer, envers le religieux, le pouvoir que lui donnent les canons & les loix du royaume, il faut l'approbation de la puiſſance ſéculière, & l'homologation des ſtatuts de l'ordre, ou des bulles qui ont établi l'*affiliation*: dans ce cas ſeulement le religieux, qu'un ſupérieur voudroit ſans motif faire paſſer du monaſtère où il eſt affilié dans un autre, réclameroit avec ſuccès la protection du juge ſéculier, à l'effet de reſter dans la maiſon à laquelle il eſt affilié. Cette eſpèce d'*affiliation* a principalement lieu dans l'ordre des Bernardins.

Le terme d'*affiliation* ſe dit encore pour ſignifier

l'aggrégation que des ordres réguliers font des personnes laïques qui deviennent en quelque sorte membres de l'ordre, & participent aux prières qui s'y récitent. Les Jésuites étoient dans cet usage.

On appelle aussi *affiliation*, la réunion de plusieurs religieux du même ordre, que l'on appelle de différentes provinces, pour former, dans la capitale, un corps ou collège commun. Tels sont à Paris les carmes conventuels de la place Maubert.

AFFINAGE, s. f. AFFINEUR, s. m. (*terme de Monnoie.*) L'*affinage* est l'action par laquelle on purifie l'or & l'argent, en les dégageant de toutes les parties hétérogènes qui y étoient jointes. L'*affineur* est celui qui exerce l'art de l'*affinage*.

Les *affineurs* formoient autrefois une communauté, dans laquelle on étoit reçu, comme dans les autres, par des lettres, & en faisant un chef-d'œuvre. Louis XIV supprima cette communauté, & créa à la place des offices d'*affineurs* dans les villes de Paris & de Lyon : ces offices ont essuyé plusieurs variations ; mais par un édit du mois de décembre 1760, ceux de la ville de Lyon ont été réunis à la communauté des tireurs d'or de cette ville, à la charge, par ces derniers, de se conformer aux réglemens concernant l'*affinage* des matières d'or & d'argent.

Les *affineurs*, ou ceux qui à Lyon leur ont succédé, sont soumis à la jurisdiction des officiers des monnoies : ils sont tenus de rendre les lingots d'argent à onze deniers dix-huit gros de fin, & ceux d'or à vingt-trois karats, vingt-six trente-deuxièmes : les lingots doivent être essayés dans la chambre de délivrance, par l'essayeur de la monnoie, qui y applique son poinçon pour en assurer le titre : les *affineurs* doivent rendre, huit jours après au plus tard, le même fin qui leur aura été livré. Ils jouissent des mêmes honneurs, privilèges, franchises, exemptions & immunités, dont jouissent les officiers des monnoies ; leurs charges ne sont incompatibles qu'avec celles des hôtels des monnoies, & elles ne dérogent pas à la noblesse.

Il est expressément défendu à toutes sortes de personnes, autres que les *affineurs*, d'affiner & de départir aucune matière d'or & d'argent, ni d'avoir aucuns outils & ustensiles servant à cet usage, sous quelque prétexte que ce soit, à peine de trois mille livres, applicables un tiers au dénonciateur, & le reste aux *affineurs*, comme aussi de vendre des retailles d'or & d'argent à autres qu'aux *affineurs*, ou aux directeurs des monnoies.

Les *affineurs* ou leurs préposés sont obligés de tenir un registre fidèle pour écrire les quantités, qualités, & poids de toutes les matières qu'ils achètent ou reçoivent, le nom des personnes de qui ils les ont achetées ou reçues ; de celles à qui ils les vendent ou les rendent, & le prix qu'ils les ont achetées & revendues. Tel est le précis des réglemens qui concernent les *affineurs*, & qui se trouvent dans différens édits & déclarations des rois, depuis l'ordonnance de Philippe de Valois, de janvier 1347, jusqu'à l'édit du mois de décembre 1760.

On appelle aussi *affinage* une dernière tonture que l'on donne aux draps, & *affineur* l'ouvrier qui donne cette façon. Un réglement de 1708 ordonne que les draps de Languedoc & de Provence, dont la principale consommation se fait dans le Levant, seront tondus d'*affinage* avant de les envoyer à la teinture, en donnant trois façons, au moins, aux plus fins, & au moins deux façons, aux communs.

AFFINITÉ, s. f. (*Droit civil & canonique.*) c'est la liaison & le rapport qu'il y a entre l'un des conjoints par mariage, & les parens de l'autre conjoint. Il y a liaison & affinité entre le frère ou la sœur de ma femme & moi, parce qu'ils sont les parens de ma femme.

L'*affinité* ne se contracte qu'entre l'un des conjoints & les parens, & non les alliés des uns des autres. Ainsi, dans l'exemple proposé, il n'y a aucune alliance entre mon frère ou ma sœur, & le frère ou la sœur de ma femme. Par la même raison il n'y a point d'alliance entre les enfans que le mari & la femme ont eus chacun d'un premier lit, avant le second mariage contracté entre eux, parce que, disent les loix, *affinis affinem non generat*. La signification du mot *affinité* répond à son étymologie, qui vient de la préposition latine *ad* & du mot *finis*, qui signifie *bornes*, *confins*, *limites* ; c'est comme si l'on disoit que l'*affinité* confond les bornes qui séparoient deux familles pour n'en faire qu'une, ou du moins pour les unir entre elles.

Des différentes espèces d'affinité. Le droit civil ne connoissoit d'*affinité* que celle que nous avons définie, & n'admettoit conséquemment que celle qui provient d'un mariage légitime : mais l'ancien droit canonique en distinguoit plusieurs espèces : la première, celle qui existe entre l'un des conjoints & les parens de l'autre : la seconde, entre l'un des conjoints & les alliés du second : une troisieme enfin, entre l'un des conjoints & les alliés des alliés de l'autre. Mais le concile de Latran, en 1213, décida qu'il n'y avoit que l'*affinité* du premier genre qui produisît une véritable alliance, & que les deux autres étoient de misérables subtilités scholastiques.

Le droit canonique actuel distingue trois espèces d'*affinité*. La première est celle qui vient de l'union de deux familles par un mariage légitime. La seconde provient d'une conjonction illicite entre deux personnes de sexe différent. La troisième est d'un genre spirituel, & se contracte entre la personne baptisée & ses parrain & marraine, entre ces derniers & les père & mère du baptisé, & encore entre la personne qui baptise, & l'enfant baptisé & ses père & mère.

Pour que l'*affinité* ait lieu par la conjonction licite ou illicite de deux personnes de différent sexe, il faut, suivant le sentiment de S. Thomas, adopté par tous les canonistes, que le mariage ou la conjonction ait été pleinement & véritablement consommée.

Des effets de l'affinité par rapport au mariage. L'*affinité* n'a aucun rapport, parmi nous, aux successions, & elle ne donne aucun droit pour y prétendre : le droit civil la considère relativement à l'ordre judiciaire, & aux empêchemens dirimans du mariage : le droit canonique n'en traite que relativement au mariage.

Il n'y a pas de degrés, proprement dits, dans l'*affinité* comme dans la parenté ; néanmoins comme les parens de l'un des conjoints sont alliés à l'autre conjoint dans le même degré d'*affinité* que celui de la parenté qui les lie au premier conjoint, on compte la liaison d'*affinité* par les mêmes degrés que la liaison de parenté.

Lorsque l'*affinité* provient d'un mariage légitime, elle fait naître un empêchement dirimant du mariage entre les alliés en ligne directe jusqu'à l'infini, & en ligne collatérale jusqu'au quatrième degré inclusivement. On prétend que la prohibition en ligne directe est fondée sur la loi naturelle & l'honnêteté publique : elle se trouve consignée dans le Lévitique, & le pape n'en peut accorder dispense. Mais on dispense aisément de l'*affinité* du quatrième degré, & très-souvent du second en ligne collatérale : ainsi le pape peut permettre à quelqu'un d'épouser la sœur de sa défunte femme, & à la femme d'épouser le frère de son défunt mari. Il faut néanmoins qu'il y ait des raisons importantes pour accorder cette dispense.

Dans l'*affinité* produite par une conjonction illégitime, le mariage est également défendu en ligne directe jusqu'à l'infini, & en ligne collatérale jusqu'au second degré. C'est la disposition du concile de Trente, adoptée par les conciles provinciaux de Rheims & de Bordeaux, de 1583, & par le cahier que le clergé présenta à Charles IX. Mais il faut remarquer que l'empêchement n'a lieu par rapport à l'*affinité* illicite, que dans le cas où le commerce illicite a été connu & public ; car si je contracte mariage avec la fille d'une femme que j'ai connu charnellement, & qu'elle ait ignoré mon commerce, mon mariage ne sera pas annullé sous prétexte de l'*affinité* qui est entre nous : c'est la décision d'Alexandre III, adoptée en France. On n'y admet à faire preuve de cette espèce d'*affinité*, pour obtenir la cassation d'un mariage, que lorsque le commerce illicite a été public.

L'*affinité* qui naît d'une conjonction illicite peut bien former un empêchement dirimant au mariage, mais elle ne rompt pas celui qui est déjà contracté ; ainsi, lorsqu'un homme a commerce avec la sœur ou la fille de sa femme, son mariage subsiste également, & le coupable, comme la partie innocente, doivent se traiter maritalement.

Le concile de Trente a restraint l'alliance spirituelle, que produit l'administration du sacrement de baptême, à l'effet de produire un empêchement au mariage, entre le baptisé & ses parrains & marraines, entre le parrain & la mère, la marraine & le père du baptisé, entre lui & la personne qui l'a baptisé. Ainsi une fille ne peut valablement épouser son parrain, & un garçon sa marraine : le parrain ne peut épouser la mère de l'enfant qu'il a tenu sur les fonts baptismaux, ni la marraine le père de son filleul ou de sa filleule. La personne qui a baptisé l'enfant, ne peut dans la suite épouser ni l'enfant ni ses père & mère. Il y a entre toutes ces personnes une espèce d'affiliation & de compaternité, qui fait regarder l'enfant baptisé, comme le fils adoptif de celui qui le baptise, & de ses parrains & marraines. Cependant, si dans un cas de nécessité, un père baptisoit son enfant, il n'en résulteroit pas une *affinité* capable de donner lieu à la cassation de son mariage ; cette espèce s'étant présentée dans le neuvième siècle, l'évêque de Limoges jugea que le mari devoit se séparer de sa femme ; mais Jean VIII, qui pour lors occupoit le saint siège, décida que l'évêque avoit mal jugé.

Nous remarquerons ici que l'*affinité* est contractée du moment même que le baptême est célébré, & par la célébration même qui a l'effet de produire l'alliance spirituelle, d'où il suit que l'auteur des *Conférences de Paris* s'est doublement trompé, lorsqu'il a décidé qu'il n'y avoit pas d'alliance spirituelle entre les parrains & marraines & l'enfant baptisé, lorsqu'ils tenoient sur les fonts un enfant différent de celui qu'ils comptoient tenir, & qu'il n'y en avoit point non plus entre eux & les père & mère de l'enfant, si ces derniers n'avoient point engagé les parrains & marraines. Il appuie son opinion sur le défaut de volonté qui se trouve alors entre les parrain & marraine & les pere & mere de l'enfant ; opinion qui paroît mal fondée : autrement il n'y auroit jamais d'*affinité* dans les conjonctions illicites. Il faut s'en tenir à ce que nous avons dit : c'est le sentiment de Van-Espen, & des meilleurs canonistes.

Lorsque d'autres personnes, que celles qui sont désignées pour parrain & pour marraine, tiennent l'enfant, elles ne contractent aucune *affinité* spirituelle pour ce sujet, même quand elles auroient tenu l'enfant par procuration ; c'est ceux qu'ils représentent qui contractent l'*affinité*, parce que celui qui donne sa procuration à un autre, est censé faire lui-même ce que fait son fondé de procuration.

Celui qui tient un enfant déjà ondoyé, & qui le présente à l'église pour lui faire suppléer les cérémonies du baptême, ne contracte aucune *affinité* avec lui, ni avec ses père & mère. Il en est de même d'un second baptême, qui seroit administré par erreur.

On ne refuse jamais de dispenses pour l'*affinité* spirituelle, elle n'est pas même d'une grande considération dans les tribunaux du royaume : on n'y déclare jamais nul un mariage contracté entre ceux qui sont liés par cette *affinité*, on peut seulement les punir de la violation des loix de l'église : on n'admet point non plus l'appel comme d'abus, interjetté par des collatéraux, de la célébration d'un mariage, dont les moyens ne seroient appuyés que sur l'*affinité* spirituelle.

Des effets de l'affinité par rapport aux actes judiciaires. L'*affinité* produit parmi nous un moyen de récusation contre les juges. En matière civile, le parent ou l'allié de l'une des parties, jusqu'aux enfans des cousins issus de germain, qui sont le quatrième degré inclusivement, ne peuvent demeurer juges, si toutes les parties n'y consentent par écrit. En matière criminelle, le juge peut être récusé, s'il est parent ou allié d'une des parties, même au cinquième degré inclusivement, il doit même s'abstenir de juger en quelque degré de parenté ou d'alliance que ce puisse être, s'il porte le nom & les armes de l'accusateur ou de l'accusé, quand bien même les deux parties y consentiroient.

On peut aussi récuser pour cause d'*affinité* tous ceux qui sont employés à quelques fonctions de justice, comme commissaires, huissiers, procureurs du roi ou fiscaux. Mais pour que la récusation du juge puisse avoir lieu, il faut que la partie qui est parente du juge, soit nommément partie au procès, & non pas en nom collectif, comme lorsque elle est membre d'une compagnie. Ce que nous venons de dire est fondé sur la disposition des ordonnances de 1667, de 1670, & de la déclaration du 2 octobre 1694.

L'ordonnance de 1667 défend aussi d'admettre en témoignage ceux qui sont parens ou alliés des parties jusqu'au quatrième degré inclusivement; si on les a admis, leurs dépositions doivent être rejettées. Il y a cependant des cas où l'on s'écarte de cette règle, lorsqu'il s'agit de constater l'âge ou le décès de quelqu'un, de prouver la parenté ou l'alliance qui se trouve entre deux personnes. Les parens & alliés sont alors témoins nécessaires, & il faut les entendre en déposition. En matière criminelle, les parens & alliés peuvent être témoins: sans cela, la preuve seroit souvent impossible à faire; mais les juges ne doivent pas y ajouter une foi entière; il faut encore examiner s'ils sont conformes aux autres indices & présomptions.

L'*affinité* cesse par la mort de l'un des conjoints, lorsqu'il n'a laissé aucun enfant vivant; par conséquent une partie ne pourroit récuser un juge dont la femme seroit morte sans enfans, sous le prétexte de l'alliance qui a existé entre ce juge & sa partie adverse.

AFFINS, *terme de Droit* vieilli: ce mot avoit été francisé, & étoit synonyme à *alliés*, qui se dit des personnes de deux familles distinctes, mais attachées seulement l'une à l'autre par les liens de l'affinité. (*H*)

AFFIRMATION, s. f. (*Jurisprudence.*) c'est une déclaration faite en justice par serment pour s'assurer de la vérité d'un fait. La formalité qu'on observe en France, est de faire lever la main à ceux qui doivent affirmer; la main doit être nue; & celui qui fait l'*affirmation* doit avoir en outre la tête nue. Ceux qui sont constitués dans les ordres sacrés, portent la main sur la poitrine. Les Juifs sont admis à la prestation du serment, en mettant la main sur une bible hébraïque, & la tête couverte.

En Angleterre, on se contente d'une simple *affirmation*, sans serment, de la part des Kakers, qui soutiennent que le serment est absolument contraire à la loi de Dieu.

Cette secte y causa beaucoup de trouble par son opposition déclarée à toutes sortes de sermens, & spécialement par son refus de prêter le serment de fidélité exigé par Charles II, jusqu'à ce qu'en 1689, le parlement fit un acte qui portoit que leur déclaration solemnelle d'obéissance & de fidélité vaudroit le serment ordinaire.

En 1695, ils obtinrent, pour un temps limité, un autre acte portant que leur *affirmation* solemnelle vaudroit serment dans tous les cas où le serment est solemnellement prescrit par la loi; excepté, dans les matières criminelles, pour posséder des charges de judicature, des postes de confiance & des emplois lucratifs: laquelle *affirmation* devoit être conçue en cette forme: « Je N. en présence de Dieu » tout-puissant, témoin de la vérité de ce que j'at» teste, déclare que, *&c.* ».

Dans la suite, cet acte fut renouvellé & confirmé pour toujours: mais la formule de cette *affirmation* n'étant pas encore à leur gré, comme contenant en substance tout ce qui fait l'essence du serment, ils sollicitèrent le parlement d'y faire quelques changemens; à quoi ils parvinrent en 1721: on le rectifia de la manière qui suit, à la satisfaction universelle de tous les quacres: « Je N. déclare & affirme » sincèrement, solemnellement & avec vérité, &c. ». A présent on se contente, à leur égard, de cette formule, de la manière pourtant, & en exceptant les cas qu'on vient de dire en parlant de la formule de 1695. Et celui qui, après une pareille *affirmation*, déposeroit faux, seroit réputé coupable de parjure, & punissable comme tel. *Voyez* PARJURE.

Nous distinguons deux sortes d'*affirmation*; celle qui se prête en matière civile, & celle qui se prête en matière criminelle.

C'est une maxime de notre droit, que l'*affirmation* ne sauroit être divisée, c'est-à-dire, qu'il faut faire droit sur toutes les parties de la déclaration, & non pas avoir égard à une partie, & rejetter l'autre. Si, par exemple, une personne à qui on défère le serment en justice, sur la question de savoir si elle a reçu un dépôt qu'on lui demande, répond qu'elle l'a reçu, mais qu'elle l'a restitué depuis, on ne pourra pas, en conséquence de l'aveu qu'elle fait de l'avoir reçu, la condamner à restituer: il faudra au contraire la décharger de la demande afin de restitution, en conséquence de ce qu'elle affirme avoir restitué: mais cette maxime ne s'observe qu'en matière civile. En matière criminelle, comme l'*affirmation* ne suffit pas pour purger l'accusé, on se sert contre lui de ses aveux pour opérer sa conviction, sans qu'on ait toujours égard à ce qu'il dit pour sa décharge. Si, par exemple, un homme accusé de meurtre avoue avoir menacé la personne qui depuis s'est trouvée tuée, quoiqu'il affirme que ce n'est pas lui qui l'a tuée, la présomption qui résulte de sa menace, ne laissera pas d'être regardée comme un commencement de preuve, nonobstant ce qu'il ajoute à sa décharge.

L'*affirmation*, en matière civile, doit réguliérement être déférée au défendeur, quand le demandeur ne justifie pas sa demande par un titre : ainsi lorsqu'un marchand répète contre un particulier le prix des marchandises qu'il prétend lui avoir fournies, si ce particulier déclare ne rien devoir, il doit être renvoyé des fins de la demande en affirmant sa déclaration. Cela est fondé sur ce que le marchand n'a pas voulu d'autre titre que la foi de ce particulier, puisqu'il n'a exigé de lui aucun écrit. Il en seroit de même de l'ouvrier qui répéteroit des salaires, & du domestique qui répéteroit des gages; l'*affirmation* du défendeur décideroit la contestation en sa faveur, à moins qu'il n'y eût un titre.

Cependant, comme le défendeur ne doit pas être le maître du prix de la marchandise qu'on lui a fournie, ni de celui de l'ouvrage qu'on a fait pour lui, le marchand ou l'ouvrier dont la fourniture ou l'ouvrage sont avoués, peuvent demander que le défendeur qui soutient avoir payé, soit tenu préalablement de déclarer quelle somme il a délivrée. Sur cette déclaration, le juge défère l'*affirmation* à l'un ou à l'autre, selon les circonstances : il la défère au défendeur, si la somme qu'il dit avoir payée, paroît suffisante, & qu'il offre d'affirmer que le marchand s'en est contenté; mais si la somme déclarée ne paroît pas suffire pour payer la marchandise fournie, le juge admet le marchand à affirmer qu'il ne s'en est pas contenté, & il ordonne que le défendeur paiera suivant l'estimation, sauf à déduire la somme qu'il dit avoir délivrée : &, si le demandeur ne convient pas d'avoir reçu cette somme, le juge ordonne en outre que le défendeur affirmera qu'il la lui a payée. (*H*)

Il y a aussi quelques cas qui sont exceptés de la règle générale, & dans lesquels l'*affirmation* se défère au demandeur. 1°. Si l'action est intentée par un marchand contre un autre marchand pour raison de marchandises dont ils font commerce, & que le demandeur ait un registre en bonne forme, contenant les fournitures qu'il répète, l'*affirmation* doit lui être déférée, parce que, dans ce cas, son registre lui tient lieu de titre. La faveur due au commerce a introduit cette jurisprudence.

2°. Si l'action est intentée par un propriétaire de maison contre un locataire, pour raison des loyers, l'*affirmation* doit être déférée au demandeur, parce que la jouissance du locataire fait un titre contre lui, & qu'il n'a pas dû payer les loyers sans en tirer quittance.

3°. Le propriétaire auquel le maçon demanderoit le prix de la construction d'une maison, ne seroit pas admis à affirmer qu'il a payé, à moins que l'action ne fût intentée après l'année, parce que des objets de cette nature ne se paient ordinairement pas sans quittance, & que l'existence des ouvrages forme une espèce de titre en faveur de l'ouvrier.

4°. Le pensionnaire auquel on répète le paiement de la pension, ne doit pas être admis à affirmer qu'il ne le doit pas, quand même il seroit sorti de la maison du maître de pension, pourvu néanmoins que celui-ci eût intenté son action immédiatement après la sortie du pensionnaire : car, s'il s'étoit écoulé un certain intervalle entre les poursuites du demandeur & la sortie du défendeur, il faudroit déférer l'*affirmation* à ce dernier. Telle est la jurisprudence du châtelet de Paris.

5°. Si le créancier est nanti d'un gage, la dette ne s'éteint pas non plus par l'*affirmation* du débiteur : c'est au demandeur que le serment doit être déféré, mais seulement jusqu'à concurrence de la valeur du nantissement, & il est obligé d'affirmer que c'est à titre de nantissement qu'il tient le gage. Si le créancier répétoit une somme plus considérable que la valeur du nantissement, le défendeur seroit déchargé de l'excédent en affirmant qu'il ne le doit pas.

Lorsque celui auquel le juge a déféré l'*affirmation*, décède sans l'avoir prêtée, quoiqu'il eût été sommé de le faire, elle doit être déférée à l'autre partie, parce qu'on présume dans ce cas, que le défunt a reconnu la vérité de la demande. Mais si le décès étoit arrivé avant que le défunt eût été sommé de prêter l'*affirmation* mise à sa charge, elle seroit censée prêtée, parce que le défaut de sommation fait présumer la remise du serment & un désistement tacite de la demande.

L'*affirmation* ordonnée pour décider une contestation doit être prêtée en personne devant le juge & non au greffe. Mais s'il ne s'agit que d'une *affirmation* sur une saisie-arrêt, elle peut être prêtée par procureur.

Si celui auquel l'*affirmation* est déférée, ne peut pas se transporter devant le juge pour la prêter, celui-ci, lorsque l'exoine est légitime, peut ou se transporter chez la partie, ou y envoyer le greffier seul pour y recevoir l'*affirmation* ordonnée. Personne ne peut, sous quelque prétexte que ce soit, refuser de prêter l'*affirmation* ordonnée par le juge. Les princes du sang & les chefs des cours souveraines n'en sont pas dispensés; mais l'usage est que le juge se transporte chez les princes pour y recevoir leur *affirmation*.

Lorsque le serment est déféré à une communauté, il faut qu'elle donne un pouvoir spécial à quelqu'un d'affirmer ce qui doit l'être dans l'affaire contentieuse. Le notaire ou autre officier public, rédacteur de ce pouvoir, doit même faire affirmer entre ses mains par ceux qui le donnent, la vérité des faits qu'il y spécifie.

Dès qu'une *affirmation* ordonnée pour terminer une contestation est une fois prêtée, l'appel du jugement qui l'a admise, n'est plus recevable. Telle est la règle générale. Cependant comme il y a des tribunaux inférieurs où les juges reçoivent l'*affirmation* par le jugement même qui l'a ordonnée, on est dans l'usage au palais d'admettre encore l'appel de ces sortes de jugemens, & d'y faire droit, s'il y a lieu, sans que l'appellant soit dans le cas d'encourir la grosse amende pour cause de fin de non-recevoir, si l'appel n'étoit pas bien fondé.

Mais s'il y a un intervalle entre l'*affirmation* ordonnée & la réception (comme cela devroit toujours être, à moins que les parties étant présentes à l'audience, l'une ne défère le serment à l'autre), l'appel n'est plus admissible après l'*affirmation* prêtée, parce que l'appellant a pu, en signifiant son appel, empêcher qu'elle ne fût reçue.

Il y a néanmoins un arrêt du 2 septembre 1743, par lequel, nonobstant l'*affirmation* prêtée à Chartres par le sieur le Tellier, médecin, deux jours après la signification de la sentence qui admettoit sa déclaration que les sommes répétées lui étoient dues, qu'il n'avoit pas écrit sur son livre journal le paiement que ses parties adverses prétendoient lui avoir fait, & même qu'il n'avoit point de livre journal, la cour a infirmé les sentences qui avoient admis & reçu l'*affirmation*. Mais dans cette affaire, on avoit, depuis l'*affirmation*, acquis la preuve par écrit que le sieur le Tellier avoit un livre journal où il écrivoit ses visites & ce qu'il recevoit.

Cependant, par un autre arrêt du 19 août 1769, on n'a point eu d'égard à la preuve de la fausseté d'une *affirmation*; laquelle preuve, disoit-on, n'avoit été acquise que postérieurement à la sentence contradictoire du châtelet, en conséquence de laquelle l'*affirmation* avoit été reçue. Dans cette espèce, la demoiselle de Montjoly avoit négligé d'interjetter appel de la sentence qui avoit reçu l'*affirmation* du sieur Colemart; voilà peut-être le motif qui a déterminé la cour: car, en général, on peut établir pour principe que la preuve évidente de la fausseté d'une *affirmation*, acquise postérieurement à la sentence qui a reçu l'*affirmation*, doit empêcher le parjure de triompher. Tel est sans doute l'esprit de la loi, & le ministère public pourroit en remplir les vues, en se faisant recevoir appellant, en cas pareil, de la sentence qui auroit reçu l'*affirmation*, si la partie intéressée avoit omis cette formalité.

Il arrive quelquefois que, sur les saisies-arrêts faites pour le recouvrement des deniers royaux, les *affirmations* des débiteurs ne sont pas sincères, soit en disant, de concert avec les principaux redevables, qu'ils ont payé d'avance, soit en rapportant des quittances sous signature privée de date antérieure aux saisies-arrêts, quoique données postérieurement. C'est pourquoi, par arrêt de la chambre souveraine des francs-fiefs du 18 juin 1659, il a été ordonné que les fermiers des débiteurs des droits, qui, sur les saisies interposées entre leurs mains, rapporteroient des quittances de paiemens faits d'avance, seroient contraints, nonobstant ces quittances, sauf leur recours.

C'est d'après cette jurisprudence que, par ordonnance de l'intendant de Rouen, du 11 septembre 1750, la veuve Bertaux, fermière du sieur de Vidame, entre les mains de laquelle il avoit été fait une saisie pour le recouvrement d'un droit de franc-fief, & qui rapportoit des quittances de paiemens faits d'avance, sans que son bail l'y obligeât, a été condamnée à payer au fermier du domaine tous les termes échus depuis la saisie, sauf son recours contre le propriétaire.

L'intendant d'Alençon a rendu, dans les mêmes circonstances, contre les fermiers du sieur Camus, une pareille ordonnance qui a été confirmée par arrêt du conseil du 11 février 1754.

Le jugement qui, dans une justice royale, accorde acte de l'*affirmation* d'un débiteur sur une saisie réelle faite entre ses mains, est sujet au petit scel, & il est dû vingt-cinq sous pour ce droit, suivant la seconde classe du tarif du 20 mars 1708. Cela a été ainsi décidé par arrêt du conseil du 31 décembre 1722.

Il y a des coutumes où le temps fixé pour le retrait d'un bien lignager ne commence à courir que du jour auquel l'acquéreur a affirmé la sincérité du contrat d'acquisition, & la vérité du prix qu'il contient. Quoiqu'il paroisse que cette formalité n'ait été établie que pour empêcher les fraudes qui pourroient se commettre dans l'expression du prix de l'acquisition, elle doit néanmoins être observée dans le cas de vente & d'adjudication par décret, & même envers les retrayans qui ont pu assister au contrat. Dans ces cas cependant on ne peut présumer aucune fraude; mais il suffit que la coutume ait prescrit l'*affirmation* comme une formalité, & en ait fait une loi générale, pour qu'il ne puisse pas être permis de s'en dispenser, sous quelque prétexte que ce soit. Il est en effet de principe que, dans les matières de rigueur, on ne sauroit omettre impunément ce qui est de formalité.

L'article 136 de la coutume de Paris porte, entre autres choses, que le retrayant doit payer & rembourser l'acquéreur dans vingt-quatre heures, après que le retrait lui a été adjugé par sentence, & que l'acquéreur a mis ses lettres au greffe, & en outre affirmé la sincérité du prix, s'il en a été requis.

Il suit de cette dernière disposition que, si l'acquéreur a été requis d'affirmer, le temps des vingt-quatre heures ne doit courir que du jour & de l'heure qu'il aura prêté son *affirmation* devant le juge en présence du retrayant, ou depuis qu'elle aura été signifiée à celui-ci, si elle a été prêtée en son absence. Enfin, si l'heure n'est exprimée, ni par l'acte d'*affirmation*, ni par celui de signification, le temps fatal ne courra que depuis la dernière heure du jour.

Mais comme, pour faire courir le temps des vingt-quatre heures, la coutume n'exige l'*affirmation* de l'acquéreur, que lorsqu'il a été requis de la prêter, il suit que, s'il n'en a pas été requis, le temps des vingt-quatre heures courra depuis la sentence, s'accomplira & emportera la déchéance du retrait, quoique l'*affirmation* n'ait pas été prêtée.

AFFIRMATION, *en terme de bureaux*, est la déclaration qu'un comptable met à la tête de son compte, pour le certifier véritable. Selon l'usage des bureaux, l'*affirmation* se met en haut de la première page du compte, & à la marge en forme d'apostille.

Ce terme se dit aussi du serment que fait le comptable, lorsqu'il présente son compte à la chambre des comptes en personne, & qu'il affirme que toutes les parties en sont véritables.

Affirmation *des procès-verbaux des employés.* Les saisies & oppositions pour les baux des fermes du roi doivent être faites, aux termes de l'arrêt du conseil du 14 septembre 1688, entre les mains des commis des fermiers : & c'est uniquement devant les officiers des élections & greniers à sel ou autres, auxquels la connoissance en appartient, qu'on peut les assigner, pour faire par eux les *affirmations* de ces saisies.

La déclaration du 23 septembre 1732 porte que les employés des fermes du roi pourront valablement affirmer leurs procès-verbaux devant les juges des lieux ou les plus prochains juges, soit royaux ou des seigneurs; que ceux-ci seront tenus de mettre l'acte d'*affirmation* au pied du procès-verbal, & qu'ils le signeront sans frais, en exécution de l'article 8 du titre 11 de l'ordonnance de 1687.

Cette même déclaration ajoute que l'*affirmation* d'un procès-verbal d'employé ne donne au juge qui la recevra, aucun droit pour prononcer sur l'objet énoncé dans ce procès-verbal; la jurisdiction étant, à cet égard, conservée au juge auquel elle a été particulièrement attribuée.

L'auteur du dictionnaire des domaines prétend que l'*affirmation* du procès-verbal d'un commis ou employé qui a prêté serment, n'est nécessaire que pour concourir à faire rejetter une inscription de faux que l'on voudroit former après le temps utile, & que ce procès-verbal doit être suffisant, quoique non affirmé, pour constater un fait, jusqu'à ce qu'on ait entrepris la preuve du contraire. Il croit, en conséquence, qu'un tel procès-verbal n'est pas nul, & que le défaut d'*affirmation* peut seulement donner lieu à prolonger le délai fixé par la loi pour l'inscription de faux; mais c'est une erreur. Cet auteur estimable, tout instruit qu'il est dans la matière qu'il traite, n'a pas fait attention que la déclaration du 4 octobre 1725, registrée à la cour des aides le 13 décembre suivant, prononce spécialement la peine de nullité contre les procès-verbaux des commis & employés des fermes, tant en matière civile que criminelle, lorsque ces commis ou employés auront négligé de les affirmer dans les délais prescrits par les ordonnances.

Les *affirmations* des procès-verbaux des commis des fermes du roi, ne sont point sujettes au droit du petit scel, quoique faites devant des juges royaux. Cela a été ainsi décidé par arrêt du conseil du premier juin 1729.

Affirmation *de voyage & séjour.* C'est un acte qui se fait dans un des bureaux des fermes du roi, qui sont unis aux fermes des greffes, & qu'on appelle *greffe des affirmations*; là, on déclare qu'on s'est transporté dans le lieu de la jurisdiction où le procès s'instruit, pour en poursuivre le jugement.

Cet acte met dans le cas d'exiger de la partie adverse, après le gain de son procès, le remboursement des frais de voyage & de séjour.

L'acte d'*affirmation* de voyage doit être signé de la partie, de son procureur, du greffier ou de son commis qui en délivre une expédition sur parchemin : cette copie est signifiée à la partie adverse; & ce n'est que du moment de cette signification, que courent les frais de voyage & de séjour. On en use de même pour le temps du départ dont on prend également un acte au greffe, & que l'on fait signifier. Il est défendu, par un arrêt du 20 septembre 1672, de passer en taxe aucuns frais de voyage qui ne seroient pas justifiés par des actes d'*affirmation*; il n'est pas même permis aux juges de les taxer à l'audience, s'ils ne sont justifiés par des actes signés des préposés du fermier.

Quand on plaide contre plusieurs personnes, il faut prendre l'acte d'*affirmation* de voyage contre la partie principale, & subsidiairement contre les autres, afin que, si l'on perd contre l'une, & que l'on gagne contre l'autre, on puisse répéter contre celle-ci les frais de voyage & de séjour.

Lorsqu'on est obligé de faire plusieurs voyages dans le cours d'une instance, on prend autant d'actes d'*affirmation* qu'il y a eu de voyages; on prend même, après le jugement, un acte de continuation pour faire expédier le jugement & taxer les dépens.

Une *affirmation* de voyage peut être faite par un procureur muni d'une procuration spéciale à l'effet de suivre le procès. Un héritier même sous bénéfice d'inventaire, en prenant les mêmes précautions, peut se faire payer sur les biens de la succession, lorsqu'il est d'une autre ville, & que les affaires de cette succession l'obligent à faire des voyages. Les frais de voyage sont aussi alloués à un étranger; mais ils ne commencent à être à la charge de sa partie adverse, que du moment de son arrivée dans le royaume.

Les actes d'*affirmation* de voyages sont sujets à un droit de contrôle, dans quelques jurisdictions qu'ils aient été reçus, même au grand-conseil, à la prévôté de l'hôtel, & dans les justices seigneuriales. Il a été jugé par plusieurs arrêts du conseil, que ces actes n'étoient pas des actes ordinaires de greffe; qu'il n'y avoit que des commis & préposés du fermier qui pussent les percevoir; que les greffiers des seigneurs ne pouvoient les recevoir, à moins d'être commis par le fermier, & à la charge de lui compter du produit.

AFFIRMATIVE, (*terme de Pratique.*) c'est une proposition par laquelle on affirme quelque chose : ce terme est l'opposé de *négative.* On dit communément, les jurisconsultes sont partagés sur cette question, les uns tiennent l'*affirmative*, les autres la négative : les juges ont été d'avis différens, ceux-ci tenoient pour l'*affirmative*, ceux-là pour la négative.

AFFISTOLEUR, s. m. on désignoit par ce nom un délateur.

AFFLEBOIEMENT, s. m. AFFLEBOYER, v. a. anciens mots qui s'employoient principalement pour signifier l'affoiblissement & la diminution des monnoies.

AFFLICTIF, adj. (*terme de Palais.*) il ne s'emploie guère qu'au féminin, & on le joint toujours avec le mot *peine*. Les peines *afflictives* ne devroient jamais être arbitraires, elles doivent être déterminées par la loi d'une manière très-précise. Les peines *afflictives* ne sont pas toujours corporelles; mais les peines corporelles sont toujours *afflictives*. En France, les gens du roi ou des seigneurs ont seuls le droit pour conclure à peine *afflictive* contre les accusés, comme dépositaires de la vindicte publique. Ces sortes de peines, toujours diffamantes, ne doivent s'infliger qu'avec beaucoup de circonspection, & sur des preuves bien constantes.

AFFOIBLIR, v. a. AFFOIBLISSEMENT, s. m. (*Monnoie.*) ces deux mots s'emploient pour désigner l'altération des monnoies : elle peut se faire, 1°. en diminuant le poids des espèces d'or & d'argent; 2°. en diminuant leur bonté intrinsèque par une plus grande quantité d'alliage; 3°. en surhaussant leur cours ordinaire; 4°. en chargeant de traite excessive les espèces d'or & d'argent, ou l'une des deux; 5°. en s'éloignant beaucoup de la proportion reçue dans les états voisins; 6°. en faisant fabriquer une quantité si considérable d'espèces de monnoie de cuivre, que l'on soit obligé de la faire entrer dans le commerce, & de l'employer dans les paiemens au lieu des espèces d'or & d'argent.

Nos rois ont senti l'importance de ne jamais permettre l'*affoiblissement* des monnoies. Le roi Jean, par une ordonnance du 28 décembre 1355, déclara déchu de son office tout officier qui lui conseilleroit d'*affoiblir* les monnoies, & voulut qu'on déposât en chaque cité un étalon ou patron, afin que le poids de la monnoie ne pût être changé : depuis cette ordonnance, les présidens & conseillers de la cour des monnoies font serment, à leur réception, de ne jamais conseiller ni consentir à l'*affoiblissement* des monnoies.

AFFOLER, v. a. (*Coutume de Bayonne, titre 7, article 17.*) ce mot signifie *blesser, meurtrir. Voyez* ci-après AFFOLURE.

AFFOLURE, s. f. (*Coutume de Hainaut, chap. 40 & 41.*) ce mot signifie les blessures légères, & qui ne sont pas dangereuses; on les distingue en pleines *affolures*, en demies, en tierces ou en quartes.

La coutume règle le dédommagement dû au blessé, qu'elle appelle *aprouandement*. Elle le fixe à huit muids de bled pour une pleine *affolure*, & à proportion pour le quart, le tiers ou la moitié d'une *affolure* : elle accorde autant de huit muids de bled que le blessé a reçu d'*affolures* ; elle permet en même temps au délinquant de racheter chaque muid de bled par une somme de trente-six livres. L'aprouandement doit être payé dans le terme de S. André qui suit immédiatement le temps de la blessure.

En cas d'absence du pays, de la part de celui qui a blessé, l'affolé peut, pour son aprouandement, faire saisir & vendre ses biens, meubles & immeubles; mais, s'il n'en existe pas, il peut attendre son retour pendant l'espace de six ans, après lequel temps son action est prescrite.

Lorsque le délit a été commis par plusieurs, chacun d'eux peut être poursuivi solidairement pour le paiement entier de l'aprouandement, sauf à celui-ci son recours contre les autres.

AFFORAGE, s. m. (*Coutumes de Picardie.*) il se prend dans deux significations différentes. On l'emploie pour désigner un droit payable au seigneur, afin d'obtenir le privilège de vendre du vin, du cidre ou autre liqueur, dans l'étendue de sa seigneurie, suivant le prix qui y a été mis par ses officiers : il signifie aussi le tarif même de ces sortes de marchandises, fixé par les officiers.

Ce terme, disent les auteurs de la première édition de l'Encyclopédie, vient du mot latin *forum* qui signifie *marché*. Mais il paroît plus naturel de le faire venir du mot *foranum*, qui veut dire *trou*, ou de celui de *perforare, percer*, parce que le seigneur permet, moyennant ce droit, de percer une pièce de vin ou autre liqueur, & de la vendre. On ne peut guère le tirer du mot *forum*, qui veut dire *marché* ou *place*, puisque le vin se débite dans des caves ou maisons privées.

On paie aussi à Paris un droit d'*afforage* qui consiste dans un impôt que la ville perçoit sur les vins étrangers qu'on y expose en vente : il en est fait mention dans l'ordonnance de la ville, de 1672.

Le droit d'*afforage* s'est établi dans la province de Picardie pour empêcher la vente des boissons qui pourroient être nuisibles, & en même temps pour empêcher les marchands de faire le monopole & de rançonner les consommateurs. Les coutumes obligent les vendeurs de boisson de fournir aux seigneurs ou à leurs officiers une certaine quantité de chaque pièce, afin qu'ils puissent en faire la dégustation; & ceux-ci sont autorisés à fixer le prix que la boisson sera vendue. Mais ils doivent avoir égard au prix courant dans le pays, & aux frais nécessaires de garde & de conduite; ensorte que si, pour molester le vendeur, ils taxoient la vente à un prix inférieur à celui que l'achat exigeroit, ou refusoient de le taxer, & en empêchoient par ce moyen la vente, le vendeur pourroit se pourvoir pardevant le juge supérieur, & obtenir même contre eux des dommages & intérêts, sur-tout s'il arrivoit qu'à cause du retard, le vin perdît de sa qualité, ou vînt à s'aigrir.

Les officiers du seigneur qui a droit d'afforer, peuvent se transporter chez les cabaretiers & autres vendeurs de vin, mais non chez les particuliers; ils doivent attendre que ceux-ci les appellent, pour mettre le prix aux vins qu'ils ont dans leurs caves, & qu'ils veulent vendre, parce que le droit d'*afforage* n'est dû que sur les vins vendus *en broche & en détail*, & non sur ceux que l'on peut avoir pour sa propre consommation.

Les différentes coutumes de Picardie varient entre elles sur les diverses espèces de boissons pour lesquelles le droit d'*afforage* est dû, & sur la quantité du droit; il faut s'en tenir strictement à ce que chaque coutume prescrit; de manière que, si elle n'accorde le droit d'*afforage* que sur le vin, le seigneur ne peut le prétendre sur les autres boissons.

Le droit d'*afforage* n'est pas un droit d'aides, mais un droit féodal. Il peut se prescrire, comme tous les droits seigneuriaux, par le laps de temps que chaque coutume exige pour opérer la prescription.

Un seigneur qui loue à un cabaretier une maison qui lui appartient, n'a pas besoin de faire dans le bail une réserve du droit d'*afforage*, parce que ce droit n'a rien de commun avec le prix du bail qui est exigible en vertu d'un titre tout-à-fait étranger à celui qui donne le droit de percevoir l'*afforage*. Aussi le cabaretier ne seroit pas écouté s'il refusoit de payer l'*afforage*, sous le prétexte que son bail n'en fait pas mention; il faudroit au contraire, pour lui en accorder l'exemption, que le bail contînt une clause expresse par laquelle on le lui remettroit.

AFFORAIN, f. m. (*Coutume de Mons, chap. 53.*) c'est le nom dont elle se sert pour désigner un étranger.

AFFORANT. On trouve ce terme dans quelques anciennes coutumes; il y signifie la même chose qu'*appartenant*.

AFFOREMENT. Ce vieux mot signifioit *estimation*.

AFFORER, v. a. c'est l'action, ou l'exercice du droit de mettre à prix les vins ou autres boissons. *Voyez* AFFORAGE.

AFFORS. La coutume de Mons, *chap. 51*, se sert de ce terme dans la même signification que les coutumes de Picardie emploient celui d'*afforage*.

AFFOUAGE, f. m. *terme de coutume* qui signifie le droit de couper du bois dans une forêt pour son usage & celui de sa famille. Ce mot dérive de *feu*. Le droit d'*affouage* est plus commun dans la Lorraine que dans les autres provinces de France: tous les ans on y coupe une certaine quantité de bois qui se partage entre ses habitans, & qui leur est délivrée par les officiers des maîtrises des eaux & forêts: le seigneur haut-justicier prend sa part de l'*affouage*: elle est double, &, s'il est absent, son fermier la reçoit pour lui.

Par arrêt du conseil du roi de Pologne, duc de Lorraine, du 18 janvier 1738, il a été défendu aux communautés de cette province de vendre ou commercer, soit en gros, soit en détail, sous quelque prétexte que ce pût être, les bois destinés & marqués pour leurs *affouages*, à peine de confiscation des mêmes bois, de cent livres d'amende pour la première fois, & de plus grande peine en cas de récidive.

La même défense a lieu, sous les mêmes peines, contre chaque habitant qui détourne à d'autres usages les bois destinés pour son *affouage*, excepté toutefois les maréchaux & cloutiers domiciliés dans des villages éloignés des ventes des bois du roi, qui peuvent convertir en charbon, mais seulement pour leur usage, les bois qu'on leur délivre pour *affouage*. L'arrêt qui leur accorde cette permission, leur défend d'acheter l'*affouage* d'aucun particulier, & ordonne qu'avant de convertir le leur en charbon, ils seront tenus de faire au greffe de la maîtrise leur déclaration de la quantité de cordes de bois qu'ils voudront employer pour cet effet, & si elles proviennent de leurs portions communales.

Un autre arrêt du conseil du même prince, du 21 mars 1757, ordonne que les officiers des maîtrises seront tenus de délivrer annuellement les *affouages* des communautés, avant le premier décembre, afin que les habitans puissent en jouir pendant l'hiver.

AFFOUAGEMENT, f. m. *terme de coutume* usité dans la Provence & en quelques autres endroits où les tailles sont réelles: il signifie l'état ou la liste du nombre des feux de chaque paroisse qu'on dresse à l'effet d'asseoir la taille avec équité & proportion. Ce mot est dérivé du précédent. (*H*)

L'*affouagement* se renouvelle ordinairement tous les trente ans, parce que, dans cet intervalle, il arrive des révolutions assez considérables pour changer la nature & la qualité des biens. Lorsqu'on veut procéder à un nouvel *affouagement*, des experts, autorisés par une commission du roi, se transportent dans toutes les villes, lieux, bourgs & terroirs du pays, pour reconnoître les améliorations ou détériorations qui sont survenues: ils doivent remarquer les passages, rivières, pêches, bois, pâturages, foires, marchés, privilèges, décharges, & généralement tout ce qui peut apporter commodité ou incommodité en chacun des lieux. Sur leur rapport, & d'après leurs visites & estimations, on procède à un nouvel arrangement des feux, & à la répartition au marc la livre des impositions de la province.

AFFRANCHISSEMENT, f. m. (*Droit romain. Code des colonies, Droit féodal.*) ce mot est opposé à celui de *servitude*; & comme il y a deux espèces de servitude, l'une qui affecte les biens, & l'autre les personnes, il y a aussi l'*affranchissement* des biens & celui des personnes. Mais le plus ordinairement on entend, en droit, par le mot d'*affranchissement*, l'acte par lequel on met un esclave en liberté.

Chez les Romains & plusieurs autres anciens peuples, on connoissoit deux espèces d'esclaves; les uns étoient attachés au service personnel du maître, les autres occupés à la culture des terres; ces derniers en faisoient partie, & étoient vendus avec le fonds.

Nous n'avons parmi nous d'esclaves proprement dits que dans les colonies; mais on rencontre dans plusieurs provinces des hommes attachés à la glèbe, sur lesquels les seigneurs ont des droits aussi étendus que ceux des Romains sur les esclaves qu'ils appelloient *addicti glebæ & adscriptitii*.

L'*affranchissement* peut avoir lieu, soit pour les esclaves proprement dits, tels que les nègres dans les colonies, soit pour les serfs de la campagne, que les coutumes appellent *gens de main-morte ou mort-taillables.*

Pour procéder avec ordre dans ce que nous avons à dire sur le mot *affranchissement*, nous diviserons cet article en plusieurs sections dans lesquelles nous examinerons, 1°. l'*affranchissement* suivant le droit romain dont nous suivons presque toutes les dispositions par rapport aux nègres : 2°. nous exposerons ce que les édits de 1685 & de 1724 ont introduit dans nos usages : 3°. nous parlerons de l'*affranchissement* des gens de main-morte, suivant la nature du droit féodal.

SECTION PREMIÈRE.

De l'affranchissement suivant les loix romaines.

Des différentes espèces d'affranchissement. Chez les Romains on distinguoit trois sortes d'*affranchissement*, dont le premier s'appelloit *manumissio per vindictam ;* le second, *manumissio per epistolam & inter amicos ;* & le troisième, *manumissio per testamentum.*

L'*affranchissement* ou manumission *per vindictam* étoit le plus solemnel. Les Latins l'exprimoient par ces mots *vindicare in libertatem ;* & ce terme *vindicare* a excité de la dispute entre les auteurs. Les uns le font venir du nom d'un certain esclave appellé *Vindicius* qui, ayant découvert aux Romains la conspiration que les fils de Brutus formoient pour le rétablissement des Tarquins, fut affranchi pour sa récompense. Les autres soutiennent que *vindicare* vient du mot *vindicta*, qui signifie la baguette avec laquelle le préteur frappoit l'esclave que son maître vouloit mettre en liberté. Quoi qu'il en soit, voici de quelle manière se faisoit cette sorte d'*affranchissement.* Le maître tenoit son esclave par la main, ensuite il le laissoit aller; & c'est de-là qu'est venu le mot latin *manumissio.* En même temps il lui donnoit un petit soufflet sur la joue; soufflet qui étoit le signal de la liberté. Après cela, le maître présentoit son esclave au consul ou au préteur qui le frappoit doucement de sa baguette, en prononçant cette formule, *aio te liberum esse more quiritûm.*

Cette cérémonie étant achevée, l'esclave étoit inscrit sur le rôle des affranchis. Alors il se faisoit raser, & se couvroit la tête d'un bonnet appellé *pileus*, qui étoit en usage à certains jours chez les Romains. Pour se mettre en possession de ce bonnet avec plus de solemnité, il le prenoit dans le temple de Féronie, déesse des affranchis. Dans ce temple il y avoit un siège de pierre où étoit cette inscription : *bene meriti servi sedeant, surgant liberi.* On sait que, chez les anciens Romains, le *pileus* étoit le signe & le symbole de la liberté. A la mort de Néron, le peuple parut dans les rues avec ce bonnet en tête. Tel étoit l'*affranchissement* solemnel.

L'*affranchissement* ou manumission *per epistolam & inter amicos*, consistoit en ce que le maître, après avoir invité ses amis à un repas qu'il leur donnoit, admettoit son esclave à sa table, & l'y faisoit asseoir en sa présence. La raison de cet usage est que les anciens étoient persuadés qu'il y avoit du deshonneur & de l'indécence à manger avec des personnes d'un état aussi bas que celui d'esclave. Ainsi, pour qu'un maître qui chérissoit un esclave, pût le faire manger avec lui, il falloit qu'il le tirât de l'esclavage, & qu'il lui donnât la liberté. Justinien voulut que cinq amis du maître assistassent comme témoins à cette cérémonie.

L'*affranchissement* ou manumission *per testamentum* consistoit en ce que le testateur ordonnoit à ses héritiers d'affranchir un tel esclave qu'il leur désignoit en ces termes, *Davus servus meus liber esto.* Ceux que l'on affranchissoit de cette manière, étoient nommés *orcini* ou *charonitæ*, parce qu'ils ne commençoient à jouir de la liberté, que quand leurs patrons avoient passé la barque à Caron, & étoient dans l'autre monde, *in orco.* Si le testateur prioit simplement son héritier d'affranchir un tel esclave en ces termes : *rogo hæredem meum ut Davum manumittat*, alors l'héritier conservoit le droit de patronage. Enfin, si le testateur avoit ordonné que, dans un certain temps qu'il avoit désigné, on donneroit la liberté à un tel esclave, cet esclave étoit nommé *statu liber*, & il ne commençoit à jouir véritablement de la liberté, que quand le temps limité par le testateur étoit venu; mais, en attendant cette époque, les héritiers du défunt avoient toujours le droit de vendre l'esclave, sauf à lui à se faire mettre en liberté dans le temps auquel il devoit l'avoir par le testament. Mais alors l'esclave étoit obligé de rendre à son nouveau maître ce que celui-ci avoit donné à l'héritier pour l'acquisition.

Les deux dernières espèces d'*affranchissemens* dont nous venons de parler, continuèrent toujours d'être en usage à Rome : mais les *affranchissemens per vindictam* éprouvèrent quelques changemens sous les empereurs chrétiens; car, depuis Constantin, ils ne se firent plus dans les temples des faux dieux, ni avec toutes les cérémonies que nous avons détaillées. On se contenta de conduire l'esclave dans une église chrétienne. Là on lisoit l'acte par lequel le maître affranchissoit son esclave : un ecclésiastique signoit cet acte, & alors l'esclave étoit libre. Cette manière d'affranchir fut nommée *manumissio in sacrosanctis ecclesiis*, & elle devint d'un grand usage dans la suite.

Ceux qui avoient été affranchis suivant quelqu'une de ces différentes manières, prenoient le nom de *liberti*, & leurs enfans celui de *libertini.* C'est ainsi qu'on les distinguoit dans les temps reculés de Rome. Cependant la plupart des jurisconsultes & des meilleurs écrivains de Rome ont employé indifféremment l'un & l'autre terme pour signifier un affranchi; & l'on en trouve un exemple dans le premier plaidoyer de Cicéron contre Verrès.

Différentes loix qui restreignoient la faculté d'affranchir. Il ne faut pas croire que tous ceux qui avoient des esclaves, fussent en droit de les affranchir; car, si une personne chargée de dettes venoit à affranchir ses esclaves en fraude de ses créanciers, l'*affranchissement* étoit nul. La raison en est que tant que les esclaves restoient dans la servitude, les créanciers du maître pouvoient les saisir comme faisant partie des biens du débiteur; au lieu que, quand les esclaves étoient affranchis, on ne pouvoit plus les saisir; c'est pourquoi le créancier commençoit par faire déclarer l'*affranchissement* nul, afin de pouvoir exercer librement son droit sur les esclaves de son débiteur. Pareillement, si un affranchi, n'ayant point d'enfans, affranchissoit ses esclaves en fraude de son patron, l'*affranchissement* étoit déclaré nul. Ceux qui étoient encore sous la puissance paternelle, ne pouvoient pas non plus donner la liberté à leurs esclaves.

Pour ce qui est du nombre d'esclaves que l'on pouvoit affranchir par testament, la loi *fusia caninia* avoit réglé que celui qui avoit deux esclaves, pouvoit les affranchir tous les deux; que celui qui en avoit quatre, pouvoit les affranchir tous les quatre; que celui qui en avoit six, pouvoit en affranchir trois; que celui qui en avoit huit ou neuf, pouvoit en affranchir quatre; que celui qui en avoit dix, pouvoit en affranchir cinq; & que celui qui en avoit dix-huit, pouvoit en affranchir six. Depuis ce nombre jusqu'à trente, on en pouvoit affranchir le tiers; & depuis trente jusqu'à cent, on en pouvoit affranchir le quart. Enfin, si on en avoit plus de cent, on pouvoit en affranchir la cinquième partie; mais il étoit réglé, que quelque quantité d'esclaves que l'on eût, on n'en pouvoit pas affranchir plus de cent par testament. En effet, si quelqu'un avoit affranchi un plus grand nombre d'esclaves que celui qui étoit prescrit par la loi, l'*affranchissement* étoit valable seulement pour ceux qui étoient compris dans le nombre légitime, & les autres restoient esclaves. Outre cela, il falloit que le testateur nommât par son nom chacun des esclaves qu'il vouloit affranchir; car, s'il avoit seulement dit en général, *je donne la liberté à tous mes esclaves*, il n'y en auroit pas eu un seul d'affranchi. De même, si le testateur avoit écrit de manière que les noms des esclaves qu'il vouloit affranchir, fissent une espèce de cercle, ensorte que l'on ne pût pas distinguer ceux qui devoient être affranchis avant les autres, aucun des esclaves dénommés dans le testament ne devenoit libre. Au reste, les esclaves que le testateur avoit affranchis dans le cours de sa vie, demeuroient en possession de la liberté, & n'étoient pas compris dans le nombre de ceux que l'on pouvoit affranchir par testament.

Des droits du patron sur ses affranchis. L'affranchi sorti d'esclavage étoit obligé au respect & à la reconnoissance envers son ancien maître, à peine de retourner dans les fers. De ces obligations dérivoit la nécessité dans laquelle étoit l'affranchi, de fournir à la subsistance de celui auquel il devoit la liberté, s'il tomboit dans l'indigence. Par une suite du même respect, l'affranchi ne pouvoit épouser ni la mère, ni la veuve, ni la fille de son patron.

Comme il se trouvoit à Rome des affranchis qui étoient fort riches, il avoit paru très-important de régler quelles seroient les personnes qui leur succéderoient; car, quoique tous les affranchis devinssent citoyens Romains par l'*affranchissement*, cependant ils ne jouissoient pas des mêmes privilèges que les ingénus, par rapport aux successions.

Suivant la loi des douze tables, si un affranchi laissoit des enfans légitimes ou adoptifs, le patron n'avoit rien dans sa succession, soit qu'il fût mort *ab intestat*, ou après avoir testé. Mais si un affranchi qui n'avoit point d'enfans, mouroit *ab intestat*, alors le patron lui succédoit: sur quoi Vinnius remarque fort à propos que, dans la succession des affranchis, les patrons jouissoient des mêmes privilèges que les agnats dans la succession des personnes libres d'origine. En effet, les affranchis prenoient les noms de leurs patrons, comme les enfans celui de leurs pères. Par exemple, Pline nous apprend, dans son histoire naturelle, que *Lénéus*, affranchi du grand Pompée, se fit appeller *Pompeius Lénéus*; & que *Laurea*, aussi-bien que *Tiron*, tous deux affranchis de Cicéron, se firent appeller, l'un *Laurea Tullius*, & l'autre *Tullius Tyro*. Les loix nous fournissent même plusieurs exemples de legs faits, à condition que les affranchis prendroient le nom de leurs patrons. Ainsi il n'est pas étonnant que, dans les successions des affranchis, les patrons aient tenu le même rang que les agnats occupoient dans les successions des ingénus.

Le patron ou, à son défaut, les enfans du patron, étoient donc les héritiers de l'affranchi, en cas qu'il ne laissât après lui ni postérité ni héritiers siens. Cependant, comme il pouvoit arriver non-seulement qu'un affranchi ne fît dans son testament aucune mention de celui auquel il avoit obligation de la liberté, mais encore qu'il lui donnât formellement l'exclusion, il fut statué par l'édit du préteur, que la moitié des biens énoncés dans le testament retourneroit au patron; & que le patron jouiroit du même droit, dans le cas où son affranchi, étant mort sans avoir testé, laisseroit après lui une épouse légitime & un fils adoptif.

Après la loi du préteur vint la loi *papia-poppœa* qui fut faite sous l'empire d'Auguste. Cette loi, voulant récompenser la fécondité des femmes, permit à celles qui seroient affranchies, de tester sans l'autorité de leurs patrons, & même de les exclure. Mais la même loi voulut aussi que le patron eût une portion virile, à proportion du nombre d'enfans qu'une affranchie laisseroit.

La loi *papia-poppœa* fit encore quelque chose de plus important & de plus avantageux aux patrons. En effet, l'édit du préteur avoit accordé aux enfans légitimes le droit d'exclure le patron. Mais la loi *papia-poppœa* distingua les cas. Suivant cette loi, si un affranchi avoit laissé cent mille sesterces & moins de trois enfans, le patron succédoit avec les enfans de l'affranchi par égales portions. Mais, si l'affranchi laissoit au-dessous de cent mille sesterces, il pouvoit en disposer suivant sa volonté. Enfin, si un affranchi laissoit trois enfans, le patron étoit totalement exclu.

Dans la suite, Justinien voulut que les patrons succédassent également à leurs affranchis & affranchies. Il disposa encore de l'ordre qu'il falloit tenir dans ces sortes de successions. Il étendit le droit de succéder des patrons & de leurs parens, de quelques lignes qu'ils fussent, jusqu'au cinquième degré. Il voulut à la vérité que l'ordre des lignes fût comme dans les autres successions ; mais il déclara que le plus proche de chaque ligne succéderoit & excluroit le plus éloigné ; de sorte que la représentation n'auroit point lieu dans la succession des affranchis. Au reste, ce qu'on vient de dire, suppose le cas où les affranchis ne laissoient ni enfans ni héritiers siens pour exclure les patrons.

L'empereur Justinien abolit aussi la différence qui avoit subsisté entre les affranchis de diverses sortes ; & il voulut qu'ils eussent tous également le droit de faire des testamens, ainsi qu'on le voit par la loi unique au code *de latinâ libertate tollendâ* ; & par la loi unique au code *de dedititiâ libertate tollendâ* : ainsi Justinien ôta en quelque manière aux patrons le droit, & tout au moins la plus grande partie de l'espérance qu'ils pouvoient avoir de succéder à leurs affranchis au défaut d'enfans ou d'héritiers.

Un des privilèges des esclaves devenus libres par l'*affranchissement*, étoit qu'ils ne pouvoient plus être appliqués à la question dans une affaire où leur maître se seroit trouvé impliqué. Milon, accusé du meurtre de Clodius, se servit de cette précaution pour détourner des dépositions qui ne lui auroient pas été favorables. Il aima mieux donner la liberté à des esclaves témoins du fait, que de s'exposer à être chargé par des gens d'autant moins capables de résister à la torture, qu'ils étoient presque tous délateurs nés de leurs maîtres.

SECTION II.

De l'affranchissement des nègres.

Les loix romaines concernant l'*affranchissement* des esclaves, ne sont d'aucun usage en France, parce qu'il n'y a point d'esclaves, excepté néanmoins les nègres de nos colonies : & lorsqu'il s'agit de leur *affranchissement*, on suit les règles établies dans le droit romain, suivant les modifications qu'il a reçues par les édits de 1685 & 1724.

Selon le premier de ces édits, enregistré au conseil souverain de Saint-Domingue, le 6 mai 1687, les maîtres âgés de vingt ans pouvoient affranchir leurs esclaves par acte entre-vifs ou à cause de mort, sans être tenus de rendre raison des motifs qui les avoient déterminés, & sans avoir besoin d'avis de parens à cet égard. Mais, par une ordonnance du 15 juin 1736, le pouvoir d'affranchir a été restreint aux maîtres qui en ont obtenu la permission par écrit des gouverneurs & intendans ou commissaires ordonnateurs. Et, suivant la déclaration du roi du premier février 1743, cette permission ne doit point être accordée aux mineurs, même émancipés, qui n'ont pas atteint l'âge de vingt-cinq ans.

Les *affranchissemens* faits sans la permission dont on vient de parler, sont nuls, & les maîtres qui les ont faits, doivent être condamnés à un amende arbitraire, outre la confiscation des esclaves qu'ils ont voulu affranchir.

Mais un esclave que le maître nomme pour être tuteur de ses enfans, est affranchi de plein droit.

Les esclaves affranchis selon les règles prescrites doivent jouir des droits, privilèges & immunités dont jouissent les personnes nées libres dans le royaume, sans même avoir besoin de lettres de naturalité, lorsqu'ils sont nés dans les pays étrangers. Il faut néanmoins remarquer que les nègres, soit affranchis ou nés libres, sont déclarés incapables de recevoir des blancs aucune donation entre-vifs, à cause de mort, ou autrement ; & il est ordonné que celles que les mêmes blancs pourront leur faire, seront nulles à l'égard des donataires, & appliquées au profit de l'hôpital le plus prochain.

L'affranchi doit porter un respect singulier à ses anciens maîtres & à leurs enfans ; ensorte que, s'il venoit à leur faire quelque injure, elle seroit punie plus grièvement que si elle étoit faite à une autre personne. Du reste, il est déclaré franc & quitte envers eux de toutes charges, services & droits utiles, s'ils vouloient en prétendre sur sa personne ou sur ses biens en qualité de patrons. Par l'article 34 de l'édit de 1724, il est défendu aux affranchis & aux nègres libres de donner retraite aux esclaves fugitifs, sous peine d'être condamnés par corps envers les maîtres à une amende de trente livres de sucre par chacun des jours qu'ils auront gardé les fugitifs. La même loi porte que, si ces affranchis ou nègres libres sont hors d'état de pouvoir payer l'amende, ils seront faits esclaves & vendus pour la payer ; & que, si le prix de la vente excède l'amende, le surplus sera délivré à l'hôpital.

Selon l'ordonnance du 15 juin 1736, les prêtres & religieux qui desservent les cures des colonies, ne doivent baptiser, comme libre, aucun enfant, que l'*affranchissement* de la mère ne leur ait été prouvé par un acte de liberté en bonne forme, duquel ils sont tenus de faire mention sur le registre de baptême.

L'article 11 de la déclaration du 15 décembre 1738, ordonne que les maîtres qui ameneront des esclaves en France, ne pourront les y affranchir autrement que par testament : & même, dans ce cas, les *affranchissemens* ne doivent valoir qu'autant que le testateur décède avant l'expiration des délais pour lesquels les esclaves amenés en France doivent être renvoyés dans les colonies.

Section III.

De l'affranchissement des personnes & des biens, suivant le droit féodal.

Définition de cette espèce d'affranchissement, & son origine. L'*affranchissement* féodal est l'exemption que le roi ou un seigneur accorde à un sujet, à un vassal, à une terre, à une ville, à une communauté, d'un droit, d'une servitude, d'un impôt, d'une charge publique, d'une prestation réelle ou personnelle.

En Angleterre, on prend le mot *affranchissement* dans un sens analogue à celui-ci, pour l'aggrégation d'un particulier dans une société ou dans un corps politique, au moyen de laquelle il acquiert certains privilèges & certaines prérogatives.

Ainsi on dit en Angleterre, qu'un homme est *affranchi*, quand il a obtenu des lettres de naturalisation, au moyen desquelles il est réputé régnicole, ou des patentes qui le déclarent bourgeois de Londres ou de quelque autre ville.

Nous avons remarqué que, chez les Romains, il y avoit une sorte d'esclaves qui étoient attachés à la culture d'un fonds particulier, & que, pour cette raison, on appelloit *addictos glebæ*, *servos adscriptitios*. Ils en faisoient partie, & ils étoient vendus avec la terre; mais ils la cultivoient à leur volonté, à la charge de rendre tous les ans à leurs maîtres une certaine quantité de bleds ou de fruits.

Le même usage subsistoit chez les Germains. Les Francs qui faisoient partie de cette nation, après avoir conquis les Gaules, continuèrent d'y avoir des esclaves de la glèbe. Aussi, sous les deux premières races de nos rois, la plupart des habitans de la campagne étoient serfs, c'est-à-dire, attachés à certains fonds dont ils ne pouvoient être séparés.

Le droit féodal, né sur la fin de la seconde race, & affermi au commencement de la troisième, ajouta encore à la servitude connue dans les temps antérieurs : on distingua deux espèces de serfs, les uns attachés à la glèbe, les autres qu'on appelloit *hommes de poële*. Ceux-ci payoient au seigneur certains droits, & faisoient pour lui des corvées; ceux-là, essentiellement attachés à la terre, lui donnoient une partie des fruits qu'ils recueilloient; ils se vendoient avec la terre; ils ne pouvoient se marier ni changer de demeure ou de profession sans le consentement du seigneur : ce qu'ils acquéroient, lui appartenoit. Il y avoit donc alors deux espèces de servitude, l'une constituée sur les personnes, l'autre sur les choses ou biens des vassaux.

Louis-le-Gros forma le projet de reprendre une partie de l'autorité dont ses vassaux s'étoient emparés, & il ne trouva pas de moyen plus sûr pour augmenter sa puissance, & s'assurer de la confiance & des forces du peuple, que d'affranchir les serfs de son domaine, & de les transformer en citoyens dont il pût s'aider pour contenir les grands seigneurs dans les bornes du devoir & de la soumission.

Son exemple fut suivi par ses successeurs : S. Louis confirma tous les *affranchissemens* faits par eux, & donna des loix pour les maintenir & les diriger au bien de l'état & des sujets : Louis Hutin, en 1315, rendit un édit célèbre par lequel il concéda à tous ses serfs la liberté moyennant finance, & engagea tous les seigneurs à faire la même chose; il obligea même ceux qui ne vouloient pas affranchir leurs serfs, de lui payer une certaine somme. La plupart suivirent l'exemple de nos rois; ils affranchirent leurs serfs à prix d'argent, ou à la charge de quelques services.

Mais il est encore resté des vestiges de cette espèce de servitude des personnes dans les provinces régies par le droit romain; dans les coutumes de Bourgogne, de Bourbonnois, de Nivernois & autres, ces serfs y sont appellés *vilains*, *gens de corps & de poële*, *gens de main-morte & de morte-main*, *main-mortables*, *mortaillables*, *&c.* selon l'usage des lieux qu'ils habitent.

De la manière dont la main-morte se contracte & s'affranchit. Les droits que les seigneurs ont sur les serfs, diffèrent selon les pays : ils dépendent ou de la coutume & de l'usage de chaque endroit, ou des titres des seigneurs. Nous les expliquerons en détail sous chacune des dénominations qui leur sont propres; nous nous contenterons de remarquer la manière dont on peut être assujetti ou affranchi de la main-morte.

La main-morte ou la condition serve se contracte de trois manières : par la naissance, par une convention expresse & par une convention tacite, lorsqu'une personne libre vient habiter dans un lieu mortaillable.

L'*affranchissement* de la main-morte se fait par convention ou par désaveu : par convention, lorsque le seigneur affranchit volontairement son serf : par désaveu, lorsque le serf quitte tous les biens mortaillables, & déclare qu'il entend être libre; mais quelques coutumes veulent, même en ce cas, qu'il abandonne une partie de ses meubles au seigneur; & celle de Bourgogne exige l'abandon de la totalité des meubles que le serf peut posséder dans l'étendue de la seigneurie.

Le sacerdoce ni les dignités civiles n'affranchissent pas des charges de la main-morte; mais ils exemptent des droits personnels qui aviliroient le caractère dont le serf main-mortable est revêtu. Aussi, dans des temps antérieurs, le main-mortable ne pouvoit-il être admis à la cléricature sans le consentement de son seigneur.

Le roi peut néanmoins affranchir un serf en l'ennoblissant, ou en lui conférant un office qui donne la noblesse. Car le titre de noblesse efface la servitude avec laquelle il est incompatible : & le seigneur du serf ainsi affranchi peut seulement demander une indemnité.

La coutume du comté de Bourgogne veut que l'homme franc affranchisse sa femme main-mortable au regard seulement des acquêts & des biens situés en lieu franc : mais, si elle décède sans hoirs, & sans fans qu'il y ait eu de féparation de biens entre elle & fon mari, le feigneur du lieu où elle eft née, emporte fa dot matrimoniale avec fon trouffeau & fes meubles.

Dans les coutumes de Nivernois & de Vitri, les gens de main-morte par naiffance font appellés *gens de pourfuite*, parce que le feigneur peut les pourfuivre pour le paiement de la taille qu'ils lui doivent, en quelque lieu qu'ils habitent hors de fon domaine. Suivant la coutume de Vitri, ce droit de pourfuite fe prefcrit par vingt ans, & le mort-taillable jouit de la franchife & de la liberté, lorfque, pendant cet efpace de temps, le feigneur ne l'a pas réclamé. Mais la fervitude réelle ne fe prefcrit pas tant que le ferf poffède l'héritage fujet à la fervitude.

De tout temps, nos rois ont joui du droit d'affranchir, par des lettres particulières, les ferfs de leurs vaffaux, & alors ces affranchis ceffoient d'appartenir à leurs feigneurs, & devenoient bourgeois du roi; mais le ferf étoit tenu de payer une indemnité à fon feigneur, qu'on eftimoit affez ordinairement au tiers du bien de l'affranchi. Quelques feigneurs fe font oppofés à ces *affranchiffemens*, mais ils ont toujours été déboutés de leurs prétentions; & l'*affranchiffement* donné par le roi a été maintenu par les arrêts du parlement.

L'*affranchiffement* d'un ferf, fait par fon feigneur immédiat, ne peut avoir lieu fans le confentement du roi ou du feigneur fuzerain, par la raifon que cet *affranchiffement* diminue le fief: ce qui ne fe peut faire au préjudice du feigneur dominant. Anciennement les ferfs ainfi affranchis paffoient au pouvoir du roi ou du feigneur dominant.

Loifel, en fes *Inftitutes coutumières*, dit qu'il eft dû au roi une finance pour chaque *affranchiffement*. Laurière obferve qu'on ne pouvoit l'obtenir autrefois qu'en payant finance au feigneur dominant & à tous les autres feigneurs fupérieurs, en remontant jufqu'au roi; mais que, par humanité, on établit dans la fuite qu'il ne feroit plus payé de finance aux feigneurs médiats, & que le roi feul, comme fouverain, pourroit en prétendre une.

Il n'y a point de loi pofitive qui ait affranchi de l'obligation de demander le confentement du roi pour accorder l'*affranchiffement* d'un ferf: on n'eft plus dans l'ufage de le faire; il fe trouve cenfé donné, lorfque l'acte d'*affranchiffement* a été joint à un aveu & dénombrement fait au roi poftérieurement, & que l'aveu a été reçu fans contradiction & fans blâme. Mais fi, au lieu de rapporter dans l'aveu & dénombrement l'acte d'*affranchiffement*, on s'étoit contenté d'une énonciation vague qui n'auroit pu inftruire fuffifamment les gens du roi ou le feigneur dominant, du changement ou de la diminution du fief, un tel aveu & dénombrement ne pourroit être oppofé comme ayant confirmé l'*affranchiffement*.

Il y a lieu de préfumer qu'il ne reftera bientôt plus aucun veftige en France de la fervitude perfonnelle, & que l'on oubliera dans les tribunaux les noms de *main-morte, ferve condition*, *gens de pourfuite*, &c... Les feigneurs, dans les terres defquels il en exifte encore, imiteront fans doute la bienfaifance & l'humanité du roi, en profcrivant de leurs domaines jufqu'au mot odieux de la fervitude, & en faifant participer tous fes fujets à la liberté à laquelle il les appelle par fa déclaration de 1777, portant abolition de la fervitude dans tous fes domaines.

De l'affranchiffement des biens par rapport aux charges dues au domaine du roi. Nous avons vu plus haut que, par le droit féodal, non-feulement les perfonnes, mais les biens même avoient été affujettis à différentes charges. Il n'y a pas de difficulté pour les *affranchiffemens* des perfonnes, & l'on ne doute pas que le roi ne puiffe affranchir tous fes ferfs, fans qu'il foit permis à fes fucceffeurs de révoquer la liberté une fois accordée, parce que cet *affranchiffement* n'eft que la reftitution d'un droit naturel inaliénable. Mais doit-on appliquer le même principe à l'*affranchiffement* des charges impofées fur les biens?

Ces charges, impofitions ou redevances font une partie effentielle & intégrante des domaines du roi, qui, par leur nature, font inaliénables. C'eft pourquoi l'on foutient qu'en général, le roi lui-même ne peut faire aucun *affranchiffement* de droits féodaux ou feigneuriaux des biens du domaine, parce qu'il n'eft qu'ufufruitier, & qu'il ne fauroit préjudicier à fon fucceffeur à la couronne. Ainfi, lorfque des circonftances particulières, telles que les dépenfes néceffaires pour foutenir une guerre ou d'autres befoins preffans de l'état, ont donné lieu à des *affranchiffemens* de cette nature, ils n'ont pu être confidérés que comme des aliénations à faculté perpétuelle de rachat.

Louis XIV, par fa déclaration du 28 janvier 1651, accorda à ceux qui poffédoient des biens dans la cenfive & mouvance du domaine, la faculté de les affranchir du paiement des lods & ventes, de même que du quint, requint, relief, rachat & autres droits cafuels, moyennant une finance qu'ils paieroient pour l'indemnité du roi; &, faute par les poffeffeurs de s'affranchir de ces droits, il fut permis à toutes perfonnes de les acquérir.

Par l'édit du mois de novembre 1658, il fut dit que les droits dont on vient de parler, feroient vendus & aliénés à titre d'inféodation.

Par l'édit du mois de mars 1693, les fiefs, maifons, boutiques, boucheries, halles, moulins, fours, preffoirs & autres biens relevant du domaine, & fitués dans les villes & bourgs fermés du royaume, furent affranchis moyennant finance, &, à faculté de rachat, des cenfives, rentes foncières, feigneuriales & autres, &, en général, de tout autre droit & redevance annuelle en argent envers le domaine.

Par un autre édit du mois de feptembre de la même année, le roi ordonna que l'*affranchiffement* porté par l'édit du mois de mars précédent, auroit lieu à perpétuité, non-feulement pour les biens fitués dans la directe de fa majefté, mais encore pour ceux qui feroient dans la directe des feigneurs particuliers, à la charge par les propriétaires de payer au roi la même somme qui seroit payée en cas de mutation. Le roi se réserva d'indemniser les seigneurs sur les états de produit qu'ils fourniroient des droits dont l'*affranchissement* étoit ordonné.

Les motifs de cet édit, à l'exécution duquel la ville de Paris ne fut point assujettie, furent que, quoique, dans plusieurs villes, le roi n'eût la directe que sur une partie des maisons, il étoit convenable de rendre leur qualité uniforme, & de les faire également contribuer aux besoins de l'état : que, pour cet effet, sa majesté avoit résolu de se servir du droit que lui donnoit la police générale qui lui appartenoit dans tout le royaume, & de la prérogative éminente de la souveraineté qui lui attribuoit le droit de se servir de tout ce qui étoit dans l'état, quand la nécessité le demandoit, en indemnisant d'ailleurs les particuliers des choses prises pour l'utilité publique.

Les rôles arrêtés au conseil en vertu des édits dont on vient de parler, montèrent, pour les provinces, à 7420000 livres : mais le recouvrement ne répondit pas à la spéculation. Il ne paroît pas même que l'*affranchissement* ait eu lieu dans les directes des seigneurs particuliers ; & tous ceux qui ont eu lieu dans la directe du roi, sont toujours rachetables à sa volonté, en restituant aux acquéreurs le prix qu'ils en ont payé. Au reste, nous traiterons la question de l'aliénation des domaines sous le mot DOMAINE. *Voyez* les articles COMMUNES, ESCLAVE, SERF, *&c.*

AFFREREMENT, f. m. (*Droit particulier des provinces de Guienne & de Languedoc.*) c'est une société qui s'établit par contrat de mariage entre le mari & la femme, & leurs frères & sœurs : cette société est valable, quand elle est faite sans dol ni fraude; les gains qui proviennent de l'*affrerement*, ne sont pas sujets au retranchement des libéralités que se font ceux qui convolent en secondes noces, ayant des enfans du premier mariage. L'*affrerement* fini à la mort de l'un des affrerés, le partage se fait entre les survivans & les héritiers du prédécédé, chacun pour leur portion virile; on y fait entrer les biens qui ont été affrerés, & les acquêts faits pendant la durée de l'*affrerement*.

AFFRÉTEMENT, f. m. (*Droit maritime.*) on donne le nom d'*affrétement* au contrat de louage des vaisseaux & bâtimens de mer. On se sert aussi, dans quelques ports de l'Océan, du terme de *charte-partie*, & dans ceux de la Méditerranée, de celui de *naulissement* pour signifier la même convention.

Le mot d'*affrétement* ou de *frétement* (car on trouve encore ce terme), vient du mot *fret*, qui exprime le prix du louage d'un vaisseau, d'où l'on a formé le mot d'*affréteur* qu'on donne à celui qui prend à louage le vaisseau.

Le terme de *fret* tire son origine du mot latin *fretum*, mer, ou *fero*, porter; l'une & l'autre de ces étymologies est également bonne.

Le mot de *naulissement* vient du latin *naulum*, qui signifie *payage* ou le *prix* qu'un passager donnoit au maître d'un navire pour le transporter, lui & ses effets, d'un lieu dans un autre.

Le terme de *charte-partie* vient de ce qu'anciennement, en Angleterre & en Aquitaine, il étoit d'usage d'écrire sur une charte les conventions faites entre le propriétaire d'un vaisseau & l'affréteur. On coupoit cette charte du haut en bas en deux parties égales dont on donnoit une portion à chacune des parties contractantes. On rassembloit ces deux parts, lorsqu'il étoit question de vérifier si les conventions avoient été fidellement exécutées; on s'assuroit, par leur rapport, qu'elles étoient le véritable original sur lequel la convention avoit été écrite, & on prévenoit par ce moyen les artifices des faussaires.

L'*affrétement* peut se faire ou du navire entier ou d'une partie. Celui d'une partie se fait ou au quintal ou au tonneau.

On appelle *quintal* un cent pesant; louer un vaisseau au quintal, c'est le louer pour y charger & transporter tant de cens pesant de marchandises.

On nomme *tonneau de mer* un espace de quarante-deux pieds cubes; louer au tonneau, c'est louer à un marchand la place de tant de tonneaux pour y mettre & transporter ses marchandises.

Le louage au quintal ou au tonneau se fait ou purement & simplement, ou sous la condition que le maître de bâtiment trouvera, dans un temps déterminé, d'autres affréteurs pour compléter le chargement de son navire. Cette dernière convention s'appelle *louer à la cueillete.*

L'*affrétement* fait à la cueillete devient nul, lorsque, dans le temps prescrit, le maître n'a pas trouvé de quoi remplir sa cargaison : mais la condition est censée remplie, dès l'instant qu'il a trouvé suffisamment de marchandises pour charger son vaisseau aux trois quarts.

Le louage d'un navire se fait encore de deux différentes manières, au voyage ou au mois. Un vaisseau est loué au voyage, lorsque le fret dont on convient, est une certaine somme pour tout le voyage. Il est loué au mois, lorsque la convention porte que le fret en sera payé, à raison d'une certaine somme par mois; &, dans cette espèce, le temps ne commence à courir que du jour où le vaisseau met à la voile, à moins que les parties ne s'en soient autrement expliquées.

Avant d'entrer dans le détail des loix qui concernent l'*affrétement*, il est nécessaire de remarquer que les ordonnances de 1504, de 1567 & de 1629 portoient défenses d'affréter dans les ports du royaume aucuns vaisseaux étrangers, lorsqu'il s'en trouvoit de françois. Mais depuis, ces défenses ont été converties en un droit de fret, fixé à cent sols par tonneau, que les vaisseaux étrangers paient, soit qu'ils chargent, soit qu'ils déchargent dans nos ports. Il y a même quelques nations qui jouissent de l'exemption de ce droit. *Voyez* FRÊT.

Nous devons encore observer que, dans tout ce que nous dirons ici de l'*affrétement*, lorsqu'il sera question du maître du navire, nous entendons par ce mot, non le propriétaire, mais le patron ou capitaine.

De la nature & de la forme de l'affrétement. L'*affrétement* est un contrat par lequel le propriétaire ou le maître d'un navire le loue en entier ou en partie à un marchand pour le transport de ses marchandises, & s'oblige envers lui de les conduire au lieu de leur destination, moyennant le prix que le marchand s'oblige de payer pour le fret, c'est-à-dire, pour le loyer du navire.

L'*affrétement* est donc un véritable contrat de louage, puisqu'on y rencontre les trois choses qui constituent l'essence & la substance du louage: une chose louée pour un certain usage, un prix convenu pour le loyer, & le consentement des contractans.

Dans cette espèce, la chose louée est le navire destiné au transport des marchandises: & l'usage de cette chose louée est le transport lui-même d'un lieu dans un autre.

Le prix donné est ce qu'en terme de marine, on appelle le *fret* ou *loyer* de la chose.

Le consentement des parties est de la substance de l'*affrétement* comme de tous les autres contrats, & s'étend au navire, aux marchandises qui doivent y être chargées, au lieu où elles seront transportées, & au prix du fret.

Il n'est pas absolument nécessaire que les parties s'expliquent sur le frêt, lorsqu'il est constamment fixé pour les marchandises d'une certaine qualité, & pour leur transport dans un certain lieu.

Il est même vrai de dire que, lorsqu'un marchand charge ses marchandises au vu & au su du maître du navire, sans une convention expresse sur le fret, le contrat est valable, & le fret doit être payé suivant le prix commun: & s'il y a variété, il sera fixé sur un fret moyen entre le plus cher & le moindre. Mais, lorsque les marchandises ont été chargées à l'insu du maître, il est en droit d'en exiger le fret au plus haut prix, parce qu'il eût été le maître de les décharger avant son départ.

Le consentement est tellement nécessaire, que le maître du navire peut faire décharger les marchandises mises à son insu sur son bord, & d'exiger de leur propriétaire les frais du déchargement. Mais, s'il a mis à la voile avant d'avoir connoissance de ces marchandises, il peut, dans le cas où elles surchargeroient son navire, les mettre à terre dans le premier port où il relâchera, après avoir pris l'avis de son équipage, & en avoir donné connoissance au marchand; si elles ne le surchargent pas, il est obligé de les conduire à leur destination, parce que, si, à la vérité, il n'a pas consenti à leur chargement, il est en quelque sorte repréhensible pour n'avoir pas examiné, avant de mettre à la voile, les objets embarqués sur son bord.

Il est cependant nécessaire de remarquer que, lorsque le navire a été loué en entier à un affréteur, le maître est tenu de décharger au premier port où il relâche, tout ce qui a été chargé à son insu, quand bien même le vaisseau n'en seroit pas surchargé; 1°. parce que ces marchandises conduites avec celles de l'affréteur au lieu de la destination du navire, pourroient nuire au débit de celles de l'affréteur; 2°. parce qu'il s'exposeroit envers l'affréteur à des dommages & intérêts; 3°. parce qu'il n'a pas dû, sans le consentement de l'affréteur, charger d'autres marchandises que les siennes.

L'*affrétement*, ainsi que le contrat de louage, reçoit sa perfection du seul consentement des parties: &, si l'ordonnance de la marine exige qu'il soit rédigé par écrit, l'acte n'est pas de la substance de ce contrat, il n'est utile que pour prouver les conventions des parties. C'est par cette raison qu'on ne dresse aucun acte de louage des petits bâtimens employés au cabotage, sur-tout lorsqu'ils transportent des marchandises d'un lieu à un autre dans le ressort d'une même amirauté. On se contente alors de remettre au patron une facture ou lettre de voiture qui contient la note des marchandises, la somme qui doit être payée pour le fret, & le nom de la personne à qui elles sont adressées.

Dans les voyages de long cours, on dresse une charte-partie par acte, soit sous signature privée, soit devant notaire, qui doit faire mention du nom & du port du vaisseau, du nom du maître & de l'affréteur, du lieu & du temps de la charge & de la décharge, du prix du fret & naulis, des intérêts des retardemens & séjours, & généralement de toutes les autres clauses & conditions dont les parties conviennent.

En exécution de la charte-partie, le maître du navire donne à l'affréteur une reconnoissance qu'on appelle sur l'Océan *connoissement*, & sur les côtes de la Méditerranée, *police de chargement*. Cette reconnoissance signée du maître & de l'écrivain, ou de celui qui en fait les fonctions, contient la quantité & quelquefois le poids des caisses ou ballots, la qualité générique & extérieure des marchandises, leur marque, le nom de l'affréteur & de celui auquel les marchandises sont adressées, les lieux du départ & de la décharge, le nom du maître & celui du vaisseau avec le prix du fret, pour suppléer à l'acte de charte-partie, dans lequel il est exprimé, mais qui pourroit se perdre.

On fait trois copies du connoissement; l'une reste entre les mains de l'affréteur, la seconde est envoyée à son correspondant, la troisième remise entre les mains du maître ou de l'écrivain du vaisseau.

Des obligations du maître du navire. Dans tout contrat de louage, le locateur doit faire jouir le locataire de la chose louée, quant à l'objet pour lequel elle a été louée. En conséquence, le maître du navire est tenu de transporter les marchandises au lieu de leur destination; car c'est dans ce transport que consiste l'usage du bâtiment qu'il a loué. Mais, comme on peut affréter un bâtiment en entier ou par parties, le maître du navire contracte des obligations différentes dans l'un ou l'autre cas.

Lorsque le navire a été loué en entier par l'affréteur, il doit jouir de la totalité du navire, à l'exclusion de tous autres pendant la durée du voyage, de manière que, si ses marchandises ne remplissent pas toute la charge du navire, le maître ne peut louer à d'autres personnes les places qui lui restent, sans le consentement de l'affréteur; il lui suffit d'en avoir assez pour répondre de la valeur du fret.

Cette obligation est si étroite, qu'il ne peut même charger des marchandises pour son propre compte; &, s'il le fait du consentement de l'affréteur, il doit lui tenir compte du fret de ces marchandises, à moins qu'il n'y ait une convention contraire.

Il en est de même des marchandises étrangères que le maître prendroit du consentement de l'affréteur, ainsi que celui qui est dû pour le transport des malles des étrangers. Mais, à l'égard de leurs personnes, il n'a pas besoin du consentement de l'affréteur, parce qu'il est suffisamment présumé par l'intérêt même de l'affréteur, à qui il importe d'avoir sur le navire qu'il a loué, des passagers qui peuvent, en cas d'accident, contribuer à sa défense.

Lorsque le navire a été loué au quintal ou au tonneau, le maître est tenu seulement d'y recevoir la quantité de marchandises pour lesquelles il s'est obligé, ou de donner à l'affréteur la place suffisante pour y placer la quantité de tonneaux dont ils sont convenus: il peut disposer du surplus comme bon lui semble.

Il est du devoir du maître d'un bâtiment affrété, non-seulement de n'apporter aucun obstacle au chargement des marchandises de l'affréteur, mais même de le défendre contre ceux qui pourroient s'opposer soit au chargement, soit au transport de ses marchandises.

Il est tenu pareillement de se charger des marchandises de l'affréteur, & de les prendre en sa garde, de manière qu'il ne leur arrive par sa faute aucune avarie. Il doit aussi les conduire au lieu de leur destination, dans le temps fixé par la charte-partie, ou par l'usage du commerce, & mettre à la voile, soit au jour convenu, soit dans le moment favorable. Le juge peut néanmoins, en cas de contestation, accorder au maître du navire une modique prorogation des délais.

Lorsque le navire n'a pas été visité par les maîtres charpentiers & calfats avant son départ, le maître est garant des vices de son vaisseau, qui existoient avant qu'il mît à la voile, & qui l'ont rendu incapable de se rendre au lieu de sa destination, ou même qui ont retardé notablement sa course. Il est, en conséquence, responsable des dommages & intérêts de l'affréteur, & il ne peut alléguer qu'il ignoroit les vices de son bâtiment; car sa profession l'oblige de s'y connoître & de s'en informer.

Ceci cependant ne doit s'entendre que des vices extérieurs; car, si le vice étoit intérieur & caché, & s'il n'avoit pu même être connu par la visite ordinaire, le maître du navire n'en seroit responsable que dans le cas où il seroit prouvé qu'il étoit connu du maître avant son départ, & qu'il y a eu dol & mauvaise foi de sa part.

Le maître d'un navire affrété est obligé, avant le départ & pendant le voyage, d'apporter tous les soins convenables pour la conservation des marchandises qui lui ont été confiées: il est même responsable des fautes légères. Par cette raison, il doit avoir sur son bord la charte-partie & les autres pièces justificatives de son chargement; &, si, en temps de guerre, faute de pouvoir les représenter, son navire étoit déclaré de bonne prise, il seroit tenu des dommages & intérêts des affréteurs.

La conservation des marchandises reçoit une première exception dans les cas de nécessité, tels qu'une tempête ou l'attaque faite par un corsaire ou un pirate. Si on est obligé de jetter à la mer une partie des marchandises pour alléger le vaisseau & faciliter sa fuite, le maître n'est tenu à aucuns dommages & intérêts envers les propriétaires des marchandises.

Mais, avant d'en venir à cette ressource, il doit prendre l'avis des intéressés, s'ils sont présens, & des gens de l'équipage.

Le propriétaire des marchandises jettées à la mer a une action d'indemnité contre tous les intéressés à la conservation du vaisseau, ainsi que nous le dirons au mot AVARIE.

Le maître du navire est encore autorisé à vendre des marchandises des affréteurs pour acheter des vivres pendant le cours du voyage, & pour faire radouber son vaisseau, & généralement pour toute autre nécessité aussi pressante. Mais, dans ces cas, il est tenu de prendre l'avis des gens de l'équipage, & de constater par leur témoignage la nécessité de l'emprunt, & son emploi. Il doit aussi préférer d'emprunter de l'argent, s'il le peut commodément, ou vendre par préférence ses propres marchandises, ou celles du propriétaire du bâtiment.

Lorsque les marchandises ont été jettées à la mer, leur propriétaire n'a le droit d'exiger une indemnité de tous les intéressés à la conservation du navire, que lorsqu'il est arrivé à bon port; mais, s'il périt dans le voyage avec toute sa cargaison, ou s'il est pris par l'ennemi, il n'y a plus lieu à la contribution pour les marchandises jettées à la mer.

Il n'en n'est pas de même de celles qui ont été vendues pour subvenir aux nécessités pressantes du vaisseau. Si, après cette vente, il vient à périr ou à être pris, le maître est tenu de payer les marchandises à l'affréteur à qui elles appartenoient. La raison de cette différence est fondée sur ce que, par la vente des marchandises, le maître du navire en a reçu le prix comme une espèce de prêt forcé que le propriétaire des marchandises vendues lui a fait; qu'il naît de ce prêt une obligation personnelle du maître qui l'oblige à rendre à l'affréteur la somme provenue du prix de ses marchandises, quoique, par événement, il n'en ait pas profité; que la perte de son bâtiment ne le libère pas de la nécessité de rendre à l'affréteur une somme qui lui appartenoit. Cette décision est fondée sur l'article 68 des ordonnances de Wisboury : c'est le sentiment de M. Valin sur l'article 14 du titre du fret, & de M. Pothier dans son *Traité de la charte-partie*.

Le maître du navire est nécessairement tenu de remettre aux correspondans des affréteurs les marchandises dont il s'est chargé, à moins qu'il ne justifie qu'elles ont été perdues ou enlevées par une force majeure. Lorsqu'il ne les représente pas, il est responsable envers l'affréteur non-seulement du prix des marchandises, mais encore du bénéfice que le marchand auroit pu faire, conformément à leur qualité & à leur valeur dans le lieu de leur destination, à la déduction néanmoins du fret & des droits & menus frais auxquels elles auroient été sujettes.

Il est également obligé de les remettre dans le même état où il les a reçues, à moins qu'elles n'aient été endommagées par une force majeure dont il n'est pas responsable. Toutes les fois qu'elles l'ont été par son fait & sa négligence, ou par celle de ses gens, il est obligé d'indemniser l'affréteur de ce qu'elles valent de moins. Dans le cas même où l'avarie seroit considérable, le correspondant peut refuser de les recevoir & les laisser au maître pour son compte ; & alors il doit à l'affréteur les mêmes dommages, que s'il ne représentoit aucune partie des marchandises.

Lorsqu'un navire est loué en entier par un seul affréteur, il arrive souvent qu'on désigne dans la charte-partie la quantité de tonneaux qui forment le port du bâtiment. Cette clause peut donner lieu à deux questions ; la première de savoir à quoi est tenu le maître, lorsque le port a été déclaré plus considérable qu'il n'est effectivement ; la seconde, lorsqu'il a été déclaré moindre.

Dans le premier cas, si la contenance du bâtiment, déclarée dans la charte-partie, se trouve plus considérable que sa contenance réelle, que la différence soit un peu considérable, & qu'elle excède la quarantième partie, le maître du navire est tenu envers l'affréteur, non-seulement de la diminution du fret, au *prorata* de ce qui manque de tonneaux, mais encore de ses dommages & intérêts, eu égard à ce qu'il souffre de n'avoir pu transporter autant de marchandises qu'il se le proposoit.

Si, au contraire, le maître a déclaré son vaisseau d'un moindre port que celui dont il est effectivement, il ne peut demander une augmentation de fret, pour raison d'une plus grande contenance, parce qu'il a loué son vaisseau en entier, sans s'en rien réserver.

On doit sentir que ces questions ne peuvent avoir lieu, lorsque le fret a été stipulé, même pour le vaisseau entier, à raison du tonneau.

Des actions qui naissent de l'affrétement contre le maître du vaisseau, & ses commettans. Les affréteurs ont contre le maître du navire l'action *ex conducto*, par laquelle ils peuvent le faire condamner personnellement à remplir ses obligations, &, faute par lui de les remplir, aux dommages & intérêts résultans de l'inexécution des obligations qu'il a contractées.

Ils ont pareillement contre les propriétaires du navire, qui ont préposé le maître à sa conduite, l'action exercitoire, aux mêmes fins que celle *ex conducto*, qu'ils peuvent exercer contre le maître : cette action s'étend à tous ceux qui ont droit de percevoir les revenus du bâtiment, soit en qualité de propriétaires, soit en qualité de premiers & principaux locataires.

L'action exercitoire est fondée sur le principe général, par lequel tout commettant est censé avoir consenti d'avance aux contrats que son commis ou préposé peut faire pour l'utilité de la chose qui lui est confiée. Ainsi, dans l'*affrétement*, les propriétaires d'un navire doivent être tenus envers les affréteurs des obligations contractées avec eux par le maître qu'ils ont préposé, parce qu'ils ont consenti d'avance à tous les contrats qu'il feroit pour l'avantage du navire dont il a la conduite.

Lorsque les propriétaires d'un navire demeurent dans le lieu où est le vaisseau, le maître peut-il les engager sans leur consentement ? quelques-uns penchent pour l'affirmative ; mais nous croyons devoir embrasser le sentiment contraire, comme plus conforme à l'ordonnance de la marine, qui porte, *titre des chartes-parties, article 2*, que le maître sera tenu de suivre l'avis des propriétaires du vaisseau, quand il l'affrétera dans le lieu de leur demeure. En effet, les propriétaires d'un bâtiment sont bien censés donner pouvoir au maître qu'ils établissent, de louer le vaisseau en leur absence, & de faire tout ce qu'ils feroient eux-mêmes, s'ils étoient présens ; mais on ne peut présumer cette volonté de leur part, lorsque l'*affrétement* se passe dans le lieu de leur demeure.

Il sera donc vrai de dire que, dans cette espèce, la location, faite par le maître sans le consentement des propriétaires, ne les oblige pas vis-à-vis des affréteurs ; néanmoins le contrat est valable entre ces derniers & le maître, parce que, dans cette circonstance, il a pu louer une chose qui ne lui appartenoit pas. Mais s'il ne peut remplir son obligation, & que les propriétaires ne veulent pas consentir à l'*affrétement* qu'il a contracté, il sera tenu des dommages & intérêts envers les affréteurs.

Lorsque la propriété du vaisseau appartient à plusieurs personnes, chacune d'elles est tenue solidairement de l'action exercitoire, ainsi qu'il est décidé par les loix 1, §. *ult.* & 2, *ff. de exerc. act.* & par l'*Ordonnance du commerce* de 1673, qui déclare les associés de commerce solidairement obligés à toutes les dettes de leur société.

Il est nécessaire de remarquer que les propriétaires d'un vaisseau ne sont pas, ainsi que tous les autres commettans, tenus indéfiniment de toutes les obligations que leur préposé a contractées, mais seulement jusqu'à la concurrence de l'intérêt qu'ils ont dans le navire ; ensorte qu'ils peuvent se décharger des obligations que le maître a contractées pour eux, en abandonnant leur bâtiment & le fret. Sous le nom de bâtiment, sont compris les agrêts & apparaux qui sont spécialement affectés à toutes les créances des affréteurs.

L'action exercitoire a lieu contre les propriétaires d'un navire, non-seulement pour l'*affrétement* fait par le maître qu'ils ont préposé, mais même pour celui qui auroit été passé avec celui qu'il se seroit substitué sans le consentement des propriétaires, & même contre leur défense. La faveur particulière que mérite la navigation, a introduit cette exception à la règle générale, qui ôte à un procureur le pouvoir de se substituer quelqu'un pour les affaires dont il est chargé.

Du droit & des obligations de l'affréteur. L'affréteur, ainsi que tout locataire, a le droit de jouir de la chose qui lui a été louée, & de s'en servir aux usages pour lesquels elle a été louée : en conséquence, il doit jouir, pendant tout le temps du voyage, du vaisseau ou de ses parties, conformément à la convention de son *affrétement*. Mais il ne peut, à l'exemple des autres locataires, sous-fréter le navire pour un plus haut prix que celui pour lequel il l'a loué.

L'ordonnance le défend, afin d'empêcher les monopoles que des personnes pourroient faire en s'emparant de tous les navires, pour rançonner ensuite les marchands qui en auroient besoin.

Dans le contrat d'*affrétement*, comme dans celui de louage, l'affréteur ne peut exiger la jouissance du navire affrété, que contre le maître, les propriétaires & leurs héritiers; mais il n'a aucun droit à exercer contre celui qui, depuis la date de son contrat, a acquis le navire à titre singulier, sans être chargé d'accomplir la convention de l'*affrétement*. Ce dernier peut empêcher l'affréteur de charger ses marchandises; il pourroit même, suivant la rigueur du droit, l'obliger à retirer celles qui seroient déjà chargées; cependant je pense que l'intérêt public du commerce obligeroit l'acquéreur d'entretenir l'*affrétement*, surtout si son acquisition ne précédoit que de quelques jours, le temps où le vaisseau doit mettre à la voile.

La principale obligation que l'affréteur contracte envers le maître ou le propriétaire du navire, est celle de payer le fret soit du bâtiment entier, s'il l'a frété tout entier pour son compte, soit des parties pour lesquelles il a été employé au transport de ses marchandises, de manière que, s'il l'a loué au quintal ou au tonneau, il est tenu du fret eu égard au nombre de quintaux chargés ou de tonneaux employés; &, dans le cas où il a chargé un plus grand nombre de marchandises que celles portées par la charte-partie, il doit une augmentation de fret, à raison de ce surplus.

L'obligation de payer le fret comprend non-seulement la somme principale convenue pour le fret, mais aussi celle promise pour le *vin de marché*, ou pour le *chapeau* ou *chausses* du *maître*. Lorsque l'affréteur promet cette dernière somme sous la condition qu'*il sera content*, elle est censée accomplie, & la somme due, dès que l'affréteur ne peut justifier d'aucune juste cause de mécontentement.

On appelle, en terme de marins, *pot de vin*, *chapeau* ou *chausses de maître*, un présent que l'affréteur fait au maître, outre & par-dessus le fret. Autrefois ce présent appartenoit au maître, à l'exclusion des propriétaires; mais aujourd'hui il est obligé de leur en tenir compte, ainsi que du fret, à moins que, par une convention expresse, les propriétaires ne le lui aient abandonné.

Le fret est dû par l'affréteur, lorsque les marchandises sont parvenues au lieu de leur destination, & qu'elles y sont déchargées : il est dû en entier, quand bien même elles se trouveroient endommagées par un accident de force majeure, qui les détérioreroit au point qu'elles ne valussent plus le fret. Dans cette espèce, l'affréteur ne seroit pas reçu à les abandonner pour le fret, par la raison qu'on ne peut rien imputer au maître qui a rempli la condition à laquelle il étoit obligé, celle de conduire les marchandises dans l'endroit convenu.

Le fret des marchandises mises en futailles, comme le vin, l'huile, le miel & autres liqueurs, n'est pas dû sur les futailles vuides ou presque vuides. L'affréteur, en les abandonnant au maître, se décharge de l'obligation du fret. Cette décision est fondée sur ce que ces marchandises n'existent plus, & que, par cette raison, on ne peut pas dire que le maître les ait transportées à leur destination, d'où il suit qu'il n'en peut exiger le fret. Mais, si le coulage est occasionné par la faute du maître ou de ses gens, non-seulement il perd le fret, mais il est tenu des dommages & intérêts de l'affréteur, résultans de la perte de ses marchandises.

Il est plusieurs cas où le fret est dû en partie ou même en entier, quoique les marchandises ne soient pas arrivées à leur destination. Nous en parlerons sous le mot FRET.

L'affréteur est obligé envers le maître du navire de charger ses marchandises dans le temps convenu par la charte-partie, ou dans celui qui a été limité par le juge, à peine, lorsqu'il a été mis en demeure, d'être condamné aux dommages & intérêts que le maître souffre par son retard.

Vingt-quatre heures après le chargement, l'affréteur doit présenter au maître les connoissemens pour les signer, & lui remettre les acquits de ses marchandises, & toutes les autres pièces qui lui sont nécessaires.

L'affréteur est encore obligé d'indemniser le maître, 1°. des dépenses extraordinaires, que la nécessité ou la conservation de son bâtiment & de ses marchandises l'oblige de faire pendant le cours du voyage; 2°. des droits & impositions qu'il a payés, soit pour l'entrée, soit pour la sortie des marchandises.

Enfin l'affréteur contracte l'obligation de contribuer aux avaries communes, pour raison des marchandises qu'il a chargées sur le navire. *Voyez* AVARIES.

De l'action qui naît de l'affrétement contre l'affréteur.

De l'obligation contractée par l'affréteur de payer le fret convenu pour le transport de ses marchandises, naît contre lui l'action *ex locato*, qui appartient proprement au maître du navire, & que le propriétaire peut néanmoins exercer en son nom ; par elle, ils sont dans le cas de contraindre l'affréteur au paiement du fret, dès que les marchandises ont été transportées & débarquées.

Cette action est privilégiée sur les marchandises transportées dans le navire, avant tous les créanciers de l'affréteur, même avant le vendeur de ces mêmes marchandises, à qui le prix en seroit encore dû, soit qu'il les ait vendues à terme ou sans terme; ce privilège s'étend même contre le propriétaire des marchandises, qui les réclameroit, comme lui ayant été volées avant que l'affréteur les eût chargées.

Il a lieu, tant que les marchandises sont dans le vaisseau, sur les gabarres qui les portent à terre, ou sur les quais, & même pendant quinzaine, après la délivrance faite à celui à qui elles sont adressées. Il s'éteint dans ce dernier cas, lorsqu'elles ont été vendues à un tiers. Le maître du navire, pour conserver son privilège sur les marchandises déchargées, peut les faire saisir sur les gabarres ou sur les quais, & en empêcher le transport & la vente, jusqu'à ce qu'on lui ait assuré le paiement du fret.

L'action qui appartient au maître contre l'affréteur, est annale, & se prescrit, s'il manque de l'exercer, dans l'année, après le voyage fini. Mais, dans le cas où il seroit lui-même débiteur de l'affréteur pour le prix des marchandises qu'il auroit vendues pour subvenir aux nécessités de son vaisseau, l'action qui lui appartient à raison du fret, est perpétuelle, & il peut toujours opposer la déduction de ce qui lui est dû à cet égard, lorsque l'affréteur lui redemande le prix de ses marchandises, conformément à la maxime de droit : *quæ temporalia sunt ad agendum, perpetua sunt ad excipiendum.*

De la résolution du contrat d'affrétement. Le contrat d'*affrétement* se résout, comme les autres contrats, par le consentement des parties : il se résout aussi de plein droit, sans leur consentement, par quelques accidens de force majeure, arrivés avant le départ du vaisseau, sans aucune faute de l'une ou l'autre des parties. Tels sont les cas prévus par l'ordonnance, *article 7, titre des chartes-parties*, portant que le contrat est résolu par la survenance de la guerre qui occasionne une interdiction de commerce avec le pays pour lequel le vaisseau étoit affrété. Alors il n'est dû aucun dommage & intérêts, soit de la part du maître, soit de la part de l'affréteur : ce dernier est même tenu de payer les frais de charge & de décharge de ses marchandises.

La guerre survenue avec d'autres pays que celui pour lequel le vaisseau est affrété, les embargos mis sur tous les bâtimens qui se trouvent dans le port, ne détruisent pas le contrat d'*affrétement*. Le maître & l'affréteur sont également tenus d'attendre que l'ambargo soit levé; cet événement ne change rien au fret qui est dû en entier, lorsque le vaisseau est affrété au voyage : il commence à courir du jour du départ, quand il est fait au mois.

Il faut observer néanmoins que, pendant la clôture du port, l'affréteur peut faire décharger ses marchandises à ses frais, mais qu'il est tenu de les recharger, dès que la navigation devient libre, ou d'indemniser le maître. Cependant, comme le remarquent très-bien Pothier & Valin, l'affréteur n'est pas tenu de remplacer ces marchandises, ni d'indemniser le maître, si elles étoient de nature à ne pas se conserver long-temps, & à ne pouvoir être facilement remplacées par d'autres de même espèce.

Pareillement, la guerre survenue entre deux nations, autres que celles pour lesquelles est destiné le vaisseau affrété, n'empêche pas le maître de le conduire à sa destination, &, par conséquent, elle n'empêche pas l'exécution de l'*affrétement*. Elle rend à la vérité la navigation plus périlleuse, elle expose le bâtiment à être attaqué par les corsaires ennemis; mais la survenance de cette guerre, & les accidens qu'elle entraîne, ne sont pas des cas insolites; & comme les parties ont pu & dû les prévoir, ils ne les déchargent pas de leurs obligations mutuelles. C'est pourquoi le maître ne peut rompre son voyage sans être tenu des dommages & intérêts des affréteurs; &, par la même raison, ceux-ci, s'ils ne veulent pas exécuter le contrat, doivent payer au maître l'indemnité prononcée par l'ordonnance, *art. 3 & 6, tit. du fret*; indemnité qui consiste dans la totalité du fret, lorsque le navire a été affrété en entier, & dans la moitié du fret, lorsque le fret a été convenu à la cueillette, au quintal ou au tonneau.

Nous observerons avec Pothier, en finissant cet article, que le contrat d'*affrétement* ou de charte-partie, que nous avons considéré jusqu'à présent comme un contrat de louage de chose, par lequel le propriétaire ou le maître du navire le loue pour servir au transport des marchandises, & loue en même temps ses services pour faire ce transport, peut être également considéré comme un louage d'ouvrage, par lequel le marchand loue l'ouvrage du transport qui est à faire de ses marchandises, au maître qui se charge de faire ce transport pour le prix convenu. Mais nous ne nous arrêterons pas à détailler la différence entre ces deux manières de considérer l'*affrétement*, parce qu'elle n'existe que dans la spéculation, & que les obligations du maître & de l'affréteur sont toujours les mêmes.

AFFRONTAILLES, s. f. pl. *terme de Pratique*, usité en quelques endroits pour signifier les bornes de plusieurs héritages aboutissans à celles d'un autre fonds.

AFFRONTATION, s. f. (*Droit criminel.*) c'est la confrontation d'un accusé vis-à-vis de ses co-accusés ; on lui donne le nom d'*affrontation* pour la distinguer de la confrontation des témoins à l'accusé. On observe dans l'*affrontation* les mêmes règles que dans la confrontation. Au reste, ce mot a la même signification que ceux d'*accariation* & d'*accarrement* dont nous avons parlé plus haut, & qu'on peut consulter. *Voyez* ACCAREMENT.

AFI, mot ancien qui signifioit *il affirme, il témoigne.*

AFRANQUIR, ancien mot qui est le même qu'*affranchir.*

AFRIQUE, troisième partie de l'ancien monde. Nous laissons au Dictionnaire de géographie les détails qui concernent la situation de cette partie du globe, & la description des différentes principautés, qu'elle contient. Nous nous bornerons à observer que le commerce d'*Afrique* est très-utile à la France à cause de ses colonies.

C'est par cette raison que Louis XVI, par un arrêt de son conseil du 14 août 1777, a accordé à la compagnie de la Guyane françoise le privilège exclusif, pendant quinze ans, de la traite des nègres, du commerce de l'isle de Goré, & sur les côtes d'*Afrique*, depuis le cap Vert jusqu'à la rivière de Cosamence : cette compagnie s'est obligée d'introduire tous les nègres de sa traite à Cayenne & à la Guyane.

Depuis la suppression de la compagnie des Indes, les marchandises destinées pour la traite des nègres ne sont sujettes en France à aucun droit d'entrée ou de sortie : les sucres mêmes qui proviennent du prix de la vente des nègres, pourvu qu'ils soient chargés par acquit de traite, ne paient que la moitié des droits de consommation : enfin, pour donner plus d'activité à la traite des nègres, le roi a accordé une gratification de quinze livres par tête de nègre acheté depuis le cap Nègre jusqu'au cap de Bonne-Espérance.

Il y a à Marseille une compagnie d'*Afrique*, qui jouit du privilège exclusif pour la pêche du corail & pour la traite des bleds qui viennent de la côte de Barbarie dans cette ville. Les fonds de cette compagnie sont de douze cens mille livres, son commerce annuel est d'environ huit à neuf cens mille livres; elle fait en argent tous ses achats de grains, de laine, de corail & de cuir : elle occupe trente à quarante navires.

A G

AGAPES, s. f. (*Droit ecclésiastique.*) c'est le nom qu'on donnoit, dans la primitive église, aux repas de charité que les chrétiens faisoient entre eux dans les temples, après la célébration des offices. Chaque fidèle apportoit de chez lui, suivant ses richesses, de quoi fournir à la nourriture des pauvres, & tout le monde indistinctement se mettoit à la même table, évêques, prêtres, laïques, riches & pauvres; la charité & l'amour étoient les liens qui les unissoient; alors tous les chrétiens se regardoient comme frères. Cependant S. Paul se plaignoit déjà des abus qui s'étoient glissés dans ces *agapes* : il reproche aux riches, qu'ils ne partageoient plus avec les pauvres, & que les uns sortoient de ces repas, gorgés de vin & de viande, tandis que les autres n'avoient pas mangé. Les païens en firent des critiques sanglantes; ils accusoient les fidèles de s'y livrer à des abominations dont ils trouvoient le prétexte dans le baiser de paix, que les chrétiens se donnoient entre eux.

Ces raisons déterminèrent plusieurs évêques à s'élever contre ces repas, & à les défendre dans leurs églises; enfin le concile de Carthage de 397 en proscrivit entièrement l'usage; & on y a substitué celui du pain béni que l'on offre à la messe, & qu'on distribue ensuite à tous les fidèles.

Il subsiste encore dans quelques églises de France, des vestiges de ces *agapes* dans la collation qui s'y fait le jeudi saint après le lavement des pieds, soit dans l'endroit où s'assemble le chapitre, soit dans la sacristie, soit même dans l'église. On y distribue le pain & le vin aux pauvres dont on lave les pieds, de la même manière qu'on le fait à ceux qui se trouvent à cette cérémonie.

AGAPÈTES, s. f. (*Droit ecclésiastique.*) On appelloit ainsi, dans la primitive église, des filles vierges qui vivoient en communauté sans faire de vœux, & servoient les ecclésiastiques, ou s'associoient avec eux par un pur motif de piété & de charité. Les *agapètes* furent aussi appellées *sœurs adoptives* & *sous-introduites.*

Ces sociétés n'opérèrent point de scandale dans les commencemens; mais il n'en fut pas de même par la suite : c'est pourquoi le concile de Nicée fit un canon exprès pour défendre aux prêtres & aux autres clercs de retenir auprès d'eux d'autres femmes que leurs proches parentes, comme la mère, la sœur & la tante.

Ces défenses ont toujours subsisté depuis; & si, dans les dixième & onzième siècles, on a vu à cet égard de grands abus de la part des prêtres, l'église les a fait cesser, dès que les circonstances lui ont permis d'y remédier. Aujourd'hui chaque évêque veille, dans son diocèse, à ce que les ecclésiastiques ne se fassent servir que par des femmes hors de tout soupçon. Les parlemens ont aussi fait des réglemens à ce sujet, & on trouve dans Chenu un arrêt du parlement de Paris, du 22 mars 1547, qui, conformément aux canons, défend aux ecclésiastiques de tenir en leurs maisons aucunes femmes suspectes, sous peine d'amende arbitraire, & d'être punis par leurs juges ordinaires de telle punition qu'il appartiendra.

AGATIS *ou* AGASTIS, s. m. (*terme de Coutume.*) c'est le dommage causé par un animal domestique quelconque, dans un champ, une vigne, un pré, un bois, un verger, un jardin. Ce dommage champêtre doit être réparé par le propriétaire du bétail qui l'a fait; &, dès qu'il est apparent, constaté, & sur-tout établi par un procès-verbal, on peut intenter l'action d'*agatis.*

Le droit commun autorise ceux qui trouvent des bestiaux en dommages sur leurs héritages, de s'en saisir & de les conduire au chef-lieu de la seigneurie : plusieurs coutumes néanmoins, telles que celles de Nivernois, Montargis, Orléans, Bordeaux, Berri, Rheims, Blois, Poitou, la Marche & Auvergne,

Auvergne, permettent au saisissant de garder chez lui les bestiaux saisis pendant vingt-quatre heures, après lesquelles il est obligé de les conduire au chef-lieu de la seigneurie, à peine de payer une amende qui est différente, suivant les diverses coutumes.

Les gardes des bois, des vignes & des champs, que l'on appelle *messiers*, *prévôts*, *vigniers*, *&c.* ont également le droit de saisir les bestiaux qu'ils trouvent en dommage; &, sur leur serment, le propriétaire des bestiaux doit être condamné en l'amende & au dommage prescrit par la coutume : l'amende appartient au seigneur, & le dommage au propriétaire de l'héritage.

Lorsque le chef-lieu de la seigneurie est éloigné, ou qu'il n'y a pas de lieu propre à garder les bestiaux saisis, le propriétaire ou le garde qui les a saisis, sont autorisés à les mettre en fourrière, c'est-à-dire, en dépôt chez un voisin ou autre personne, à en dresser procès-verbal, & le signifier au maître des bestiaux, avec assignation dans les vingt-quatre heures.

Il y a cette différence entre la saisie faite par un garde, ou par le propriétaire de l'héritage endommagé, que la saisie faite par le garde est toujours soumise à la décision de la justice; au lieu que le propriétaire saisissant peut s'accommoder à l'amiable avec la partie saisie, même lui remettre les dommages & intérêts qu'il pourroit prétendre, sans que le seigneur puisse s'en plaindre, & exiger l'amende que la coutume lui accorde.

Lorsque les bestiaux saisis ne sont pas réclamés dans les délais fixés par la coutume du lieu, le propriétaire qui a reçu le dommage, ou le seigneur, peuvent demander qu'ils soient vendus par autorité de justice, au premier marché du lieu, ou, s'il n'y en a pas, au marché le plus voisin. Cette vente doit être précédée d'une publication devant l'église paroissiale à l'issue de la messe. Les deniers de la vente sont employés au paiement de la nourriture de la bête, de l'amende & des dommages & intérêts du propriétaire de l'héritage endommagé : le surplus doit être rendu au maître des bestiaux.

Mais, si le propriétaire des bestiaux saisis les réclame, les coutumes veulent qu'ils lui soient rendus, en donnant par lui caution de payer le dommage ; il est même déchargé de donner caution, lorsqu'il possède, dans l'étendue de la seigneurie, un bien suffisant pour répondre du dommage causé par ses bestiaux. Mais, s'il usoit de violence pour les retirer des mains du saisissant, il seroit condamné à une seconde amende, qui est différemment prescrite par les coutumes: il faut, à cet égard, suivre la disposition de chacune.

Les coutumes ont prévu le cas où le propriétaire de l'héritage endommagé ne pourroit saisir les bestiaux, & celui où ils lui échapperoient après la saisie : dans l'une & l'autre espèce, en cas de déni du dommage de la part du maître des bestiaux, le saisissant est cru sur son affirmation appuyée de celle d'un témoin irréprochable.

Dans l'action d'*agatis*, le propriétaire de l'héritage endommagé, s'il est reconnu pour honnête homme, en est cru à son serment, lorsqu'il se contente des dommages & intérêts fixés par la coutume; mais, s'il prétend qu'il lui en est dû de plus considérables, il faut que la preuve en soit pleine & entière, comme dans toutes les autres affaires civiles, & conformément aux règles ordinaires de la justice ; son serment ne peut la suppléer. Le juge doit même ordonner que le dommage sera visité & estimé par des experts convenus entre les parties ou nommés d'office : & ce n'est que d'après leur rapport qu'il se détermine sur la quotité des dommages qu'il accorde.

L'action d'*agatis* est temporelle, c'est-à-dire, qu'elle se prescrit par un certain laps de temps : quelques coutumes n'accordent au saisissant que trois jours, d'autres huit, d'autres quarante, d'autres trois mois, quelques-unes un an. On doit suivre à cet égard la disposition de chacune d'elles; au surplus, il faut qu'elle soit intentée assez à temps pour que le dommage puisse être constaté. Et, en effet, si le dégât ne paroît plus, si les choses ne sont plus dans le même état, comment le juge pourra-t-il fixer des dommages & intérêts proportionnés à la perte que le propriétaire peut avoir éprouvée?

Il y a des coutumes qui permettent, malgré la défense du droit civil, de tuer certaines espèces d'animaux qu'on trouve en dommages sur ses héritages. Ces animaux sont le bouc & la chèvre, les porcs & les oies.

Quelques coutumes ne permettent de tuer qu'un seul de ces animaux, d'autres laissent la liberté indéfinie sur le nombre; mais, dans l'un & l'autre cas, elles exigent qu'on laisse sur la place les animaux tués, sans permettre au propriétaire de l'héritage de les enlever : elles lui interdisent aussi toute action en dommages & intérêts, parce qu'il s'est fait justice lui-même.

La coutume de Labourd permet à celui qui a tué un cochon faisant le dégât dans ses terres, de l'enlever & d'en disposer à sa volonté ; elle laisse néanmoins au maître du cochon le choix de le retirer en payant quinze ardits (petite pièce de monnoie ancienne), s'il a été tué de jour, & trente ardits, lorsqu'il a été tué pendant la nuit ; mais il faut qu'il le réclame avant qu'il ait été dépécé : autrement il n'y est plus reçu.

L'action d'*agatis* n'a pas lieu, lorsque le dommage a été causé par cas fortuit, comme lorsqu'une bête l'a occasionné en fuyant un loup, ou pressée par des mouches, ou par un autre accident, & que le gardien fait les diligences nécessaires pour suivre ses bestiaux, & les chasser de l'héritage d'autrui. Les coutumes d'Orléans & de Montargis en ont une disposition expresse qui doit servir de droit commun, parce qu'elle est conforme à la raison & à l'équité.

AGDE, petite ville du Languedoc dans le ressort du parlement de Toulouse. Son territoire est petit, mais riche, gras & fertile.

L'évêque d'*Agde* est suffragant de Narbonne; il prend le titre de *comte d'Agde*, & il en est le seigneur temporel; autrefois même il jouissoit du droit de faire battre monnoie : il a séance aux états de Languedoc. On dit qu'il jouit du privilège de ne pouvoir être excommunié que par le pape.

Il s'est tenu à *Agde*, en 506, un concile dont nous avons quarante-huit canons; le plus important est celui qui défendoit aux clercs de vendre ou de donner les biens de l'église, sous peine de l'indemniser de leurs propres biens, & d'être privés de la communion.

AGE, f. m. (*Droit civil, crim. & canon.*) c'est le nom qu'on donne aux différens degrés de la vie des hommes pour désigner les diverses époques de sa durée. Ce terme est d'un usage fort étendu en droit; il sert à déterminer le temps de la vie auquel un citoyen devient habile à tel ou tel emploi, celui où il est censé capable de contracter, de paroître en jugement, de régir ses biens, & d'en disposer; celui enfin où on le regarde comme répréhensible d'une faute ou d'un crime.

Division de l'âge. La vie des hommes se partage ordinairement en quatre *âges* différens : l'enfance, la puberté ou l'adolescence, l'*âge* viril, & celui de la vieillesse. L'enfance commence à la naissance de l'homme, & finit à l'*âge* de douze ans pour les filles, & de quatorze pour les mâles. On divise cette époque à-peu-près en deux parties égales; la première qui conduit l'enfant jusqu'à l'*âge* de sept ans, se nomme par les jurisconsultes l'*âge près de l'enfance* : au-dessus de sept ans, c'est l'*âge* qui approche de la puberté. Cette distinction a principalement lieu pour les délits commis par les enfans au-dessous de quatorze ans.

L'*âge* de puberté ou de l'adolescence se compte depuis douze ou quatorze ans, eu égard au sexe de la personne, jusqu'à vingt ou vingt-cinq ans. L'*âge* viril commence à cette époque, & ne se termine qu'à soixante ans ou environ, temps auquel commence la vieillesse qui finit avec la vie.

Les loix civiles n'admettent que trois sortes d'*âges*, l'enfance, la puberté & la majorité. Elles fixent la durée de l'enfance jusqu'au moment de la puberté : &, pendant ce temps, elles ne soumettent l'homme à aucune espèce de devoirs, parce qu'il n'est pas réputé en état de faire usage de sa raison, ni de se rendre compte de sa conduite.

Pendant la durée de l'adolescence qui commence à la puberté, & finit à vingt-cinq ans, elles ne permettent au citoyen aucune démarche qui puisse lui devenir préjudiciable, elles annullent tout ce que la jeunesse fait faire avec précipitation, elles guident l'ignorance, & conservent à l'homme sa propriété contre la violence, ou des suggestions insidieuses.

Ce n'est qu'après l'*âge* de vingt-cinq ans, qu'elles permettent à l'homme de disposer de sa liberté par le mariage, de régir & d'aliéner ses biens, de remplir les charges & offices de la société, parce que alors elles supposent que la raison s'est suffisamment développée dans chaque individu, & qu'il a eu le temps nécessaire pour acquérir la science de se bien conduire.

Cette distinction que les loix ont faite de trois *âges*, d'après laquelle elles ont statué sur le moral de l'homme, est fondée sur l'expérience de tous les siècles. Les législateurs ont reconnu que la perfection du corps s'annonce à l'extérieur par des signes sensibles qui ne peuvent tromper; & que celle de l'esprit, moins faite pour tomber sous les sens, est ordinairement relative à celle du corps; de manière que les exemples contraires sont assez rares pour ne pas infirmer le principe, & que l'on ne peut assigner de règle plus exacte pour juger de la perfection de l'entendement que la perfection même des facultés physiques.

C'est d'après cette expérience constante, que les loix de tous les peuples policés ont distingué les trois espèces d'*âges* de l'homme, pour régler d'une manière fixe & invariable l'aptitude d'un sujet pour remplir telle ou telle fonction, & pour exercer telle faculté, ou tel pouvoir.

De la preuve de l'âge. Les preuves de l'*âge* ne doivent se faire régulièrement que par les registres que les curés ou vicaires des paroisses sont obligés de tenir pour y inscrire les baptêmes, mariages & sépultures. L'article 4 de la déclaration du 9 avril 1736 veut que, dans les actes de baptême, il soit fait mention du jour de la naissance de l'enfant, du nom qui lui aura été donné, de celui de ses père & mère, *&c.*; à défaut de registres, soit qu'ils aient été perdus, soit qu'il n'en ait jamais existé, les preuves de l'*âge* peuvent se faire, tant par les livres, registres & papiers des père & mère décédés, que par témoins, au nombre desquels sont admis les parens, alliés & autres. C'est une disposition expresse de l'ordonnance de 1667. Mais les parties intéressées à la preuve de l'*âge* d'une personne, ainsi que le ministère public, sont reçues, selon les circonstances, à attaquer ces preuves par d'autres titres & d'autres témoins.

De l'âge requis pour posséder des bénéfices. On est étonné de lire dans S. Thomas, que l'usage de la raison n'est pas nécessaire quant à la validité de l'ordination, ni même de nécessité de précepte pour recevoir la tonsure & les ordres mineurs : comment a-t-il pu supposer qu'il ne faille pas avoir l'usage de la raison, ou du moins un commencement de raison pour recevoir la tonsure, lorsque l'église exige dans ceux à qui on la confère, qu'ils aient auparavant choisi l'état ecclésiastique pour s'appliquer uniquement au service de Dieu? Le sentiment de S. Thomas n'est pas suivi dans la pratique. Conformément aux dispositions du concile de Trente, il faut avoir sept ans accomplis pour recevoir la tonsure; mais elle peut être conférée à six ans par dispense du pape.

Il y a néanmoins des diocèses dans le royaume

où des statuts synodaux ne veulent pas que la tonsure soit conférée avant l'*âge* de quatorze ans.

Il n'y a point d'*âge* déterminé d'une manière précise par l'ancien droit ni par le nouveau, pour recevoir les ordres mineurs; c'est pourquoi les évêques de France ne suivent à cet égard que l'usage: plusieurs cependant ne conférent pas ces ordres avant l'*âge* de dix-huit ans. Il faut suivre à cet égard les usages de chaque diocèse, & on ne peut forcer un évêque à s'en écarter, parce qu'il est indépendant pour ce qui regarde la discipline de son diocèse, lorsqu'elle n'est pas contraire à une loi en vigueur dans le royaume.

Quant aux ordres sacrés, il paroît qu'avant le concile de Trente, on n'exigeoit que l'*âge* de dix-huit ans pour le sous-diaconat, & de vingt ans pour le diaconat; mais, selon ce concile, il faut être âgé de vingt-deux ans pour le sous-diaconat, de vingt-trois pour le diaconat, & de vingt-cinq pour la prêtrise, sans distinction des séculiers d'avec les réguliers. Il n'est pas nécessaire que la dernière année soit complette pour être comptée: il suffit qu'elle soit commencée.

Ce réglement du concile de Trente se trouve confirmé par l'usage général de l'église. L'ordonnance de Blois l'a adopté, & a dérogé à cet égard à celle d'Orléans qui défendoit de promouvoir aucun sujet à l'ordre de prêtrise, avant qu'il n'eût atteint l'*âge* de trente ans.

Le troisième concile de Latran, tenu sous Alexandre III, avoit défendu d'élire pour l'épiscopat des sujets qui n'auroient pas trente ans accomplis. Sans confirmer expressément cette disposition, le concile de Trente dit que nul ne doit être élevé à l'épiscopat, qu'il ne soit d'un *âge* mûr.

Par le concordat, il est dit que celui que le roi nommera à un évêché sera au moins dans la vingt-septième année de son âge, & l'ordonnance de Blois porte qu'il aura au moins vingt-sept ans; mais dans l'usage, il suffit que la vingt-septième année soit commencée. Nos rois ont même quelquefois nommé à des évêchés des personnes qui n'avoient point encore atteint cet *âge*, & le pape leur a accordé des dispenses. Le cardinal de Richelieu n'avoit que vingt-deux ans, quand il fut pourvu de l'évêché de Luçon en 1607, & le cardinal de Janson n'en avoit que vingt-quatre, quand il fut fait évêque de Digne en 1654.

On doit, suivant le concile de Trente, observer, dans la création des cardinaux, tout ce qui est recommandé pour l'élection des évêques; d'où l'on conclut qu'il faut être âgé de trente ans pour être fait cardinal-prêtre, & de vingt-trois ans pour être fait cardinal-diacre, conformément au concile de Latran. Cependant le compact des cardinaux ne demande que l'*âge* de vingt-cinq ans dans l'un & l'autre cas, & par une bulle de Sixte-Quint, il suffit d'être âgé de vingt-deux ans pour être cardinal-diacre, pourvu que le promu au cardinalat se fasse ordonner diacre dans l'année de sa promotion; au surplus, le pape peut, dans cette matière, accorder des dispenses d'*âge*.

A l'égard des abbayes & des prieurés conventuels du royaume, qui étoient autrefois électifs-confirmatifs, & dont le concordat a accordé au roi la nomination, si l'abbaye ou le prieuré sont tenus en titre, le roi doit nommer un religieux de l'ordre, âgé au moins de vingt-trois ans, & il est rare que le pape accorde des dispenses avant cet *âge*: mais quand le nommé doit être pourvu en commende, on obtient la dispense sans peine, pourvu qu'il soit âgé de seize à dix-huit ans.

Quant aux abbayes de France où l'élection de l'abbé a encore lieu, il faut que celui qui est élu ait au moins vingt-cinq ans dans le temps de l'élection, parce que le concordat n'a dérogé aux dispositions canoniques pour l'*âge* des abbés, qu'en faveur de la nomination royale; & que l'ordonnance de Blois veut que l'on conserve dans ces élections privilégiées la forme des saints décrets & les constitutions canoniques. A l'égard des abbés chefs-d'ordre, ils ne peuvent être élus qu'au même *âge* que les évêques, à moins que les statuts de l'ordre ne l'aient réglé autrement.

Les religieuses ne doivent point être pourvues d'abbayes, ni de prieurés conventuels, à moins qu'elles n'aient dix ans de profession, ou qu'elles n'aient exercé un office claustral pendant six ans entiers. Le roi déroge quelquefois à la disposition de l'édit de 1606 sur cet article.

Le concile de Trente ne demande que vingt-deux ans commencés pour posséder une dignité dans une cathédrale, ou dans une collégiale, quand elle n'est point chargée de la conduite des ames, & vingt-cinq ans lorsqu'elle a charge d'ame; mais l'édit de 1606 ne fait pas cette distinction, & il suffit que ceux qui sont pourvus d'une telle dignité aient au moins quelques jours au-delà des vingt-deux ans accomplis, parce qu'ils sont obligés de se faire promouvoir à l'ordre de prêtrise dans l'année, à compter du jour de leur paisible possession, c'est-à-dire, dans les deux années de leurs provisions. Suivant la déclaration du 13 janvier 1742, enregistrées au parlement le 26 du même mois, aucun ecclésiastique ne peut être pourvu d'une cure ou autre bénéfice à charge d'ames, qu'il ne soit constitué dans l'ordre de prêtrise, & qu'il n'ait vingt-cinq ans accomplis, ensorte que les provisions obtenues avant cet *âge*, ou sans la qualité de prêtre, n'auroient aucun effet & seroient regardées comme nulles.

Quoique cette déclaration ait ôté aux évêques le droit & la liberté qu'ils avoient eus jusqu'alors, de conférer les bénéfices à charge d'ames à un diacre ou autre ecclésiastique qu'ils jugeoient capable d'en remplir les fonctions, elle a cependant été faite à la prière & sur les représentations du clergé, lorsqu'il s'assembla en 1740. Au reste, cette loi ne concerne pas les premiers & principaux bénéfices à charge d'ames, c'est-à-dire, les évêchés

& les archevêchés. Il n'est pas nécessaire que ceux qui y sont nommés par le roi soient dans les ordres sacrés, mais ils doivent s'y faire promouvoir dans trois mois, après qu'ils ont obtenu leurs provisions. Il n'est pas non plus nécessaire d'être actuellement prêtre pour être élu pape.

On suit dans plusieurs tribunaux du royaume la dix-septième règle de chancellerie, selon laquelle il suffit d'avoir quatorze ans accomplis pour les canonicats des cathédrales, dix ans accomplis pour les canonicats des collégiales, & sept ans accomplis pour les chapelles & les autres bénéfices simples de cette nature: usage contraire à la disposition du concile de Trente, qui demande quatorze ans pour toutes sortes de bénéfices. Au reste, cette règle de chancellerie ne fait pas loi en France; elle est à la vérité suivie dans la jurisprudence des parlemens, mais le grand-conseil juge qu'il suffit d'avoir dix ans pour être déclaré capable de posséder un canonicat de cathédrale, & sept ans pour un canonicat de collégiale: cet *âge* même est suffisant dans ce tribunal, pour un canonicat de cathédrale conféré par le roi en régale.

Comme il faut être religieux profès pour tenir un bénéfice régulier en titre, dans la règle générale, on ne peut en être pourvu avant vingt-un ans, qui est aujourd'hui l'*âge* requis pour faire profession; cependant comme on est dans l'usage d'accorder des provisions de bénéfices réguliers à quelques-uns de ceux qui veulent entrer dans l'ordre dont les bénéfices dépendent, rien n'empêche qu'on n'en accorde à un clerc de vingt ans, qui sera en état de faire profession à vingt-un ans accomplis.

Au parlement de Paris, on veut que celui qui est pourvu d'un prieuré simple, même en commende, ait quatorze ans, parce que c'étoit autrefois l'*âge* de la profession.

On trouve, au journal des audiences, un arrêt de cette cour, du 28 août 1676, qui juge qu'il ne suffit pas d'entrer dans la quatorzième année pour tenir un bénéfice régulier en commende, mais qu'il faut avoir quatorze ans accomplis. On avoit déjà jugé par un arrêt du 15 décembre 1639, qu'un écolier âgé seulement d'onze ans, n'avoit pu être pourvu en commende d'un prieuré régulier. Cet arrêt est dans le second volume du recueil de Bardet.

Ceux qui sont pourvus d'un bénéfice auquel il y a quelque ordre sacré attaché, doivent avoir, dans le temps de leurs provisions, l'*âge* requis pour qu'ils puissent recevoir l'ordre attaché au bénéfice, dans le temps de la paisible possession; & comme on a fixé une année pour cette possession paisible, par rapport à l'ordination, il faut du moins que le pourvu ait reçu l'ordre marqué dans les deux ans de la date de ses provisions.

Le défaut d'*âge* dans le pourvu annulle les provisions; le pape peut cependant accorder des dispenses d'*âge* pour certains bénéfices, comme pour les abbayes & les prieurés conventuels: mais quand l'*âge* est marqué par la fondation du bénéfice, le pape ne peut y déroger, sur-tout si le bénéfice est de fondation laïque; & s'il le faisoit, il y auroit abus.

C'est une maxime reçue de tous les canonistes, que quand la loi ou les statuts demandent un certain *âge* pour être pourvu d'un bénéfice, l'année commencée est regardée comme si elle étoit accomplie; à moins que la loi ou les statuts ne marquent expressément que l'année doit être accomplie.

De l'âge requis pour posséder les charges & offices.

1°. Le premier juge des jurisdictions consulaires doit être âgé de quarante ans, & les autres consuls de vingt-sept ans, à peine de nullité des élections, suivant l'arrêt du conseil, du 9 septembre 1673.

2°. Les chefs des compagnies de judicature, comme les présidens dans les présidiaux, les lieutenans-généraux & criminels dans les bailliages qui ressortissent nuement aux cours supérieures, doivent être âgés de trente ans, conformément à l'édit du mois de juillet 1669. Il en est de même des avocats & procureurs-généraux des cours supérieures.

3°. Les conseillers des différentes cours de justice, soit supérieures ou inférieures, les avocats & procureurs du roi des présidiaux, des bailliages & des sénéchaussées, & en général tous les officiers des mêmes sièges, tels que les greffiers, les notaires, les procureurs & les huissiers, doivent avoir au moins vingt-cinq ans accomplis, conformément à l'édit du mois de novembre 1683.

4°. Le 30 décembre 1679, le roi donna une déclaration par laquelle, en interprétant l'édit du mois de juillet 1669, & en dérogeant à l'article 107 de l'ordonnance de Blois de l'année 1579, sa majesté régla, que pour posséder les ch rges de baillis, sénéchaux, vicomtes, prévôts & lieutenans-généraux civils, criminels ou particuliers des sièges qui ne ressortissent pas nuement au parlement en matière civile, il suffiroit d'avoir atteint l'*âge* de vingt-sept ans accomplis.

5°. A l'égard des lieutenans-généraux de police, quoique ressortissans nuement au parlement, ils peuvent être pourvus de leurs offices à l'*âge* de vingt-cinq ans, sans qu'il leur faille obtenir des dispenses. Il en est de même des maîtres particuliers & des procureurs du roi des maîtrises des eaux & forêts.

6°. Les maîtres des requêtes ne sauroient être reçus sans dispense avant l'*âge* de trente-un ans. Il faut même, suivant l'édit du mois de novembre 1683, qu'ils aient possédé un office de judicature dans une cour supérieure pendant six ans.

7°. Les présidens des cours & compagnies supérieures doivent être âgés de quarante ans, suivant l'édit du mois d'août 1669, enregistré au parlement le 13 du même mois: mais le roi déroge souvent à ces règles par les dispenses qu'il accorde.

8°. Les officiers des justices seigneuriales doivent avoir vingt-cinq ans accomplis, pour pouvoir exercer leurs fonctions; c'est ce qui a été jugé par arrêt du 9 juillet 1658, rapporté au journal des audiences.

9°. Toutes les dispenses d'*âge* qui s'accordent relativement aux offices, doivent être expédiées séparément des provisions, & signées en commandement. On a coutume d'insérer dans ces dispenses, que l'officier ne pourra opiner avant l'*âge* de vingt-cinq ans, ni présider avant l'*âge* requis par les ordonnances, si c'est un chef de compagnie. C'est pourquoi, par arrêt du 4 juin 1712, il a été jugé qu'un tel chef de compagnie ne pouvoit même présider dans aucune assemblée ou cérémonie publique, ni porter la parole au nom de la compagnie.

Cependant, malgré la restriction portée dans la dispense d'*âge*, la déclaration du 20 mai 1713, permet à l'officier mineur ainsi pourvu, de rapporter des procès, & lui accorde dans ce cas voix délibérative.

10°. Les princes du sang ont séance & voix délibérative au parlement à l'*âge* de quinze ans, & les ducs & pairs à vingt-cinq ans, selon l'édit du mois de mai 1711.

11°. Les commissaires & les contrôleurs des guerres doivent, avant de prêter leur serment, justifier qu'ils sont dans la vingt-cinquième année de leur *âge*.

12°. Les receveurs généraux des domaines & bois peuvent être pourvus à l'*âge* de vingt-deux ans, suivant l'article 21 du mois de décembre 1701, & l'article 11 de celui du mois de juin 1725.

13°. Les commis des fermes doivent être âgés au moins de vingt ans.

14°. Les charges de lieutenans, sous-lieutenans, & même les places de sergens de grenadiers, ne peuvent être remplies que par des sujets qui aient moins de quarante ans. L'ordonnance du 8 novembre 1689, défend aux colonels d'en proposer de plus âgés.

15°. A l'égard des capitaines de grenadiers, l'ordonnance du 15 janvier 1692, permet de les proposer jusqu'à l'*âge* de quarante-cinq ans, pourvu qu'ils aient la vigueur nécessaire à l'exercice de leur charge.

16°. Suivant l'article 13 du titre 3 de l'ordonnance militaire du 25 mars 1776, il est défendu d'enrôler aucun homme qui ait atteint quarante ans ou qui en ait moins de seize accomplis, pour servir dans l'infanterie ou la cavalerie.

17°. L'ordonnance du 27 novembre 1765, celle du 13 octobre 1773, & celle du premier décembre 1774, veulent que les garçons sujets à tirer au sort pour la milice, en soient exempts, s'ils ont moins de dix-huit ans, ou qu'ils en aient atteint quarante.

18°. Les mêmes ordonnances portent qu'au défaut de garçons, les jeunes gens mariés de l'*âge* de vingt ans & au-dessous, seront assujettis à tirer au sort, & par préférence, ceux qui n'auront point d'enfans.

19°. Les gardes des capitaineries royales ne peuvent être reçus qu'ils n'aient atteint l'*âge* de vingt-deux ans, suivant l'édit du mois de juillet 1748.

De l'âge requis pour contracter & disposer de ses biens. En général, on doit regarder comme une règle certaine, qu'il faut avoir atteint l'*âge* de vingt-cinq ans pour pouvoir ester en jugement, s'obliger valablement, & disposer de ses biens par contrats entre-vifs. Mais cette règle reçoit quelques exceptions. Les mineurs émancipés, soit par la coutume, soit par des lettres du prince, jouissent librement du revenu de leurs biens & de leurs meubles; ils peuvent à cet égard s'obliger valablement, vendre & aliéner leurs meubles, & ne sont pas restituables, à moins qu'on n'ait employé envers eux un dol & une fraude manifeste.

Un marchand, mineur de vingt-cinq ans, contracte valablement pour les affaires de son commerce, lorsqu'il a été reçu marchand : & il est à cet égard regardé comme majeur, lorsqu'il a atteint l'*âge* de vingt ans; c'est une suite & une conséquence nécessaire de la disposition contenue dans l'article 3 du titre 1 de l'ordonnance de 1673, qui permet de recevoir marchands ceux qui ont vingt ans accomplis.

De l'âge nécessaire pour tester. L'*âge* pour disposer de ses biens par testament, se règle par la loi du lieu où le testateur fait son domicile, lorsqu'il a fait son testament. Il y a une très-grande différence à l'égard de l'*âge* pour tester entre les provinces régies par le droit romain, & celles qui le sont par les coutumes.

Dans les pays de droit écrit, conformément au droit romain, l'*âge* de puberté est celui auquel on peut tester; ainsi les filles âgées de douze ans, & les garçons de quatorze ans accomplis, peuvent disposer librement de leurs biens par testament. C'est aussi l'*âge* où, dans ces provinces, finit la tutèle : disposition qui peut avoir souvent des suites très-fâcheuses, soit pour les pupilles, soit pour les familles.

Les coutumes varient entre elles sur l'*âge* fixé pour la confection d'un testament. Dans les unes, il suffit qu'on ait quatorze ans accomplis; d'autres en exigent dix-sept; quelques-unes, dix-huit; celle de Paris & plusieurs autres requièrent l'*âge* de vingt ans pour disposer de ses meubles & acquêts, & celui de vingt-cinq pour pouvoir tester du quint de ses propres. Il faut suivre à cet égard la loi que chaque coutume prescrit dans son ressort.

Mais quelle règle doit-on suivre dans les coutumes qui sont muettes sur cet article? Les jurisconsultes sont partagés sur cette question. Les uns veulent que l'on s'attache à la disposition des loix romaines; les autres disent que la coutume de Paris doit faire le droit commun, & être suivie dans les coutumes qui se taisent. Cette diversité a eu également lieu dans la jurisprudence des arrêts dont les uns ont déclaré valables des testamens faits avant l'*âge* de vingt ans, & les autres les ont déclarés nuls. Nous pensons que, dans le cas où la coutume se tait, on ne doit suivre ni le droit romain ni la coutume de Paris, mais l'usage constant des lieux.

En effet, les testamens sont très-fréquens parmi les hommes; il est impossible que, dans les coutumes qui n'ont aucune disposition précise sur l'*âge* de tester, il n'y ait eu un usage constamment suivi par rapport à l'*âge*, avant lequel on regarde les testamens comme nuls. Or, c'est cet usage qu'il faut suivre dans la jurisprudence, parce que ceux qui agissent en conséquence d'une coutume, même tacite, agissent sous la foi publique, & qu'on doit conserver leur volonté & leur intention qui n'ont rien de contraire aux loix reçues & aux bonnes mœurs. D'ailleurs, par quelle raison accorderoit-on à la coutume de Paris une supériorité qu'on n'accorde pas aux autres? Elle n'étend son autorité que sur les biens & sur les personnes situés dans son territoire; au-delà, elle n'a pas plus de pouvoir que les coutumes d'Angleterre ou de tout autre pays étranger: a-t-elle été rédigée avec plus de soin que les autres? Ses dispositions sont-elles plus conformes à la raison naturelle & à l'équité? Il n'y a aucun motif qui puisse engager à la préférer au droit romain. Cette réflexion nous conduit à répéter encore que notre législation est imparfaite, & que, dans l'ordonnance des testamens, on auroit pu insérer un article sur l'*âge* de tester; il auroit fait loi dans les coutumes muettes à cet égard, & auroit écarté la variété des opinions & des arrêts.

Nous avons dit plus haut qu'il falloit avoir égard au domicile du testateur pour décider de l'*âge* compétent pour tester. Il est nécessaire d'observer que cette capacité, acquise par le domicile, se porte par-tout. Ainsi, en supposant qu'un personne domiciliée dans une province de droit écrit, se trouve à Paris, & qu'elle y fasse son testament, il sera valable, quand bien même elle n'auroit pas atteint l'*âge* prescrit par la coutume de Paris. Pour tester, il suffit que le testateur ait l'*âge* requis par le lieu de son domicile ordinaire: c'est ce qui a été jugé par un arrêt du 6 septembre 1672.

Au reste, l'*âge* du testateur doit se considérer, non au temps de sa mort, mais au temps de son testament: car c'est dans ce moment que le testateur doit avoir la capacité de tester.

Dans les provinces de droit écrit, l'*âge* de puberté est suffisant pour servir de témoin dans un testament; mais, depuis l'ordonnance de 1735, il faut, dans toutes les autres provinces, avoir vingt ans accomplis pour être témoin testamentaire.

De l'âge requis pour contracter mariage. Il n'y a aucune loi en France, qui règle l'*âge* où l'on peut contracter mariage: nous suivons à cet égard la disposition des loix romaines qui l'avoient fixé à quatorze ans pour les hommes, & à douze pour les femmes; ensorte que ceux qui ont passé cet *âge*, peuvent valablement contracter mariage. S'il avoit été contracté auparavant, il seroit nécessaire de le réitérer lors de la puberté pleine, soit expressément, par une nouvelle célébration, soit tacitement, par une co-habitation volontaire.

Il est nécessaire de remarquer que les enfans, sous puissance paternelle, ne peuvent se marier sans le consentement de leurs père & mère, les mâles avant l'*âge* de trente ans, & les filles avant celui de vingt-cinq, sous peine d'encourir l'exhérédation & les autres peines portées par l'ordonnance de Blois & celles de 1550, 1629 & 1639.

Ceux qui sont en tutèle ou curatelle, ne peuvent également contracter mariage, avant l'*âge* de vingt-cinq ans, sans le consentement de leurs tuteurs ou curateurs. *Voyez* MARIAGE.

De l'âge nécessaire pour embrasser l'état religieux. Les anciennes loix canoniques, autorisées par celles du royaume, permettoient autrefois indistinctement aux personnes des deux sexes d'embrasser la profession monastique à l'*âge* de seize ans; mais l'édit du mois de mars 1768 défend aux hommes de prononcer des vœux de religion avant l'*âge* de vingt-un ans accomplis, & aux filles avant dix-huit. Ceux qui font des vœux solemnels avant cet *âge*, ne contractent aucun engagement légitime. Il y a lieu de croire que cette loi subsistera malgré les réclamations du clergé régulier & séculier. C'étoit une inconséquence de permettre à un enfant de seize ans d'engager irrévocablement sa liberté, lorsque les loix lui défendent le plus léger engagement avant l'*âge* de vingt-cinq ans.

De l'âge auquel un maître peut affranchir ses esclaves. Les loix romaines permettoient à un maître âgé de vingt ans de donner la liberté à ses esclaves: Justinien avoit même donné cette capacité au mineur âgé de dix-sept ans accomplis; mais, parmi nous, les nègres, esclaves dans nos colonies, ne peuvent recevoir leur liberté, que lorsque leurs maîtres ont atteint l'*âge* de vingt-cinq ans accomplis.

A quel âge on peut être témoin. Les impubères ne peuvent être admis en témoignage, en matière civile; mais, en matière criminelle, ils sont reçus à déposer, pourvu qu'ils déposent de faits proportionnés à l'intelligence d'un impubère. Le juge cependant ne doit avoir égard à leur témoignage, qu'autant qu'il est accompagné de solidité & de nécessité; de nécessité, lorsqu'il ne peut y avoir d'autres témoins; de solidité, c'est-à-dire, que l'impubère ne se contredise pas, que sa déposition soit claire, conséquente & nullement embarrassée.

On doit observer que le témoignage d'un impubère ne peut jamais fournir une preuve suffisante pour opérer une condamnation à peine capitale.

Dans les actes où la présence d'un temoin est nécessaire, tels que dans ceux qui sont passés par un notaire ou par un huissier dans certaines circonstances, les témoins doivent être au moins âgés de la majorité coutumière. Dans le ressort du parlement de Paris, ils doivent être âgés de vingt ans, suivant un arrêt de réglement du 2 juillet 1708. La même jurisprudence a lieu dans le ressort du parlement de Rouen, en vertu d'un arrêt de réglement du 17 janvier 1731.

AGE, (*dispense d'*) nous avons déjà observé plus haut, en parlant de l'*âge* requis pour posséder des charges, qu'on accordoit aisément des dispenses, à l'effet de posséder un office, ou d'exercer une charge. Le roi seul peut accorder ces sortes de dispenses : elles ne peuvent être expédiées qu'au grand sceau & en forme de commandement, parce qu'elles contiennent une dérogation précise aux loix en vigueur qui défendent l'admission dans une charge ou un office avant un certain *âge*, & qu'il n'appartient qu'au législateur de déroger à une loi vivante. Aussi ces espèces de dispense doivent-elles être enregistrées dans la cour souveraine, sous le ressort de laquelle la personne, en faveur de qui elle est accordée, doit posséder l'office ou la charge.

Les réglemens, concernant les facultés de droit, ne permettent d'en fréquenter les écoles, à l'effet d'obtenir des degrés, qu'après l'*âge* de seize ans accomplis, ils exigent deux années d'étude complettes pour l'obtention du degré de bachelier, & une troisième année pour celui de licence. Ils abrègent ce temps d'étude en faveur de ceux qui ont commencé leur vingt-cinquième année, alors ils n'astreignent qu'à six mois d'étude : savoir, trois mois pour l'obtention du baccalaureat, & trois autres mois pour celui de licence. Les professeurs de ces facultés ne peuvent diminuer les interstices fixés par les réglemens entre ces deux degrés, ni abréger le temps des études. Par ces raisons, lorsque l'utilité ou la nécessité le requiert, le roi accorde facilement des lettres de dispense d'*âge* & de temps, & permet d'admettre aux degrés de bachelier & de licentié en droit, ceux qui n'ont pas ou l'*âge* ou le temps d'étude requis.

Ces dispenses sont également expédiées au grand sceau, & enregistrées dans le parlement, sous le ressort duquel est la faculté de droit, à laquelle elles sont adressées. On ne peut se dissimuler que ces dispenses, ainsi que celles accordées pour des charges de magistrature, ne soient un abus qu'on devroit réformer.

On appelle aussi *dispense d'âge*, des lettres de bénéfice d'*âge*, par lesquelles le prince émancipe un mineur de vingt-cinq ans. Ces lettres s'accordent dans les chancelleries, près des parlemens, à ceux qui ont quatorze ans accomplis : elles sont sujettes à un droit d'insinuation, avant qu'on puisse en faire usage : on les adresse au juge du mineur, qui, en procédant à leur entérinement, doit lui nommer un curateur.

L'effet de ces lettres est d'accorder au mineur la libre disposition de ses meubles, & l'administration de ses immeubles, mais sans pouvoir les vendre, aliéner ou hypothéquer.

Ceux qui n'ont pas l'*âge* requis pour les ordres sacrés, ou pour posséder un bénéfice, s'adressent au pape pour en obtenir dispense : elle est même nécessaire, quand il ne manqueroit qu'un jour au pourvu d'un bénéfice. Cette dispense s'accorde sur une attestation de l'ordinaire ; mais le pape ne peut l'accorder contre la teneur d'une fondation, ou contre la disposition précise d'une loi ; car il ne peut dispenser des loix du royaume. Si la dispense du pape est subreptice ou obreptice, l'incapacité de celui qui l'a obtenue subsiste comme auparavant, & s'il se faisoit pourvoir d'un bénéfice en vertu de cette dispense, le bénéfice seroit sujet au dévolut.

Age, (*exemptions*) l'*âge* de soixante & dix ans est une excuse suffisante pour ne pas accepter une tutèle. Le même *âge* met à couvert de la contrainte par corps pour dettes purement civiles, suivant l'article 9 du titre 34 de l'ordonnance de 1667, à moins qu'il ne s'agisse de stellionat, recelé ou de dépens en matière criminelle, & que les condamnations n'aient été prononcées par corps.

Lorsque les septuagénaires retiennent des deniers royaux, ils ne sont pas non plus dans le cas de jouir de la faveur de la loi citée, parce que le roi ne donne point de privilège contre lui-même. Cela a été ainsi jugé par arrêt du conseil, du 28 mars 1680.

Cependant, par arrêt de la cour des aides de Paris, du 28 février 1716, un septuagénaire, débiteur de deniers royaux, fut déchargé de la contrainte par corps. Mais un autre arrêt du parlement de Paris, du 30 mars de la même année, confirma une sentence du châtelet, qui avoit ordonné la contrainte par corps contre le nommé Mazens, débiteur de deniers royaux, & septuagénaire. En vain on allégua l'arrêt que la cour des aides venoit de rendre ; on répondit que c'étoit tout au plus un préjugé, & que les deniers royaux avoient le privilège singulier de ne pouvoir être retenus sans dol.

Il faut néanmoins observer qu'on ne doit user de la contrainte par corps contre des septuagénaires, pour deniers royaux, que quand il s'agit de comptabilité ; c'est-à-dire, contre des commis & autres receveurs reliquataires des deniers de leur recette, en tout ou en partie, & contre leurs cautions : cette contrainte peut encore avoir lieu contre des débiteurs de deniers royaux, quoique septuagénaires, lorsqu'ils ont fait usage de moyens frauduleux pour les retenir ; mais à l'égard des autres débiteurs de droits dus au roi, & à ses fermiers ou régisseurs, ils doivent être exempts de la contrainte par corps, lorsqu'ils ont atteint l'*âge* de soixante-dix ans.

Au commencement de ce siècle, il suffisoit qu'on eût commencé sa soixante & dixième année pour jouir de l'exemption de la contrainte par corps ; on trouve un arrêt du 24 juillet 1700, qui l'avoit jugé en faveur d'un homme âgé de soixante & neuf ans trois mois : mais aujourd'hui ce privilège n'est accordé qu'à soixante & dix ans accomplis : & cette jurisprudence est constatée par plusieurs arrêts.

Un prisonnier pour dettes, qui est parvenu à la fin de sa soixante & dixième année, doit être élargi, ainsi qu'il a été jugé par un arrêt du conseil du 8 mai 1668 ? Il casse un arrêt du parlement de Dijon, qui avoit jugé le contraire.

Age, (*matière criminelle.*) les loix françoises, ainsi que les loix romaines, distinguent, en matière de délit, les impubères d'avec ceux qui ont passé l'*âge* de puberté. Le mineur au-dessus de l'*âge* de puberté est poursuivi criminellement pour tous les crimes qu'il peut commettre : on le condamne aux mêmes peines que les majeurs; on trouve néanmoins dans les recueils d'arrêts quelques exemples qui exemptent de la peine des enfans qui n'avoient pas encore atteint l'*âge* de puberté pleine, qu'on fixe ordinairement pour les hommes à dix-huit ans, & pour les femmes à seize.

A l'égard des impubères, nous distinguons, d'après les Romains, ceux qui sont dans l'enfance, ou à peine sortis de l'enfance, de ceux qui touchent à la puberté. Les premiers sont regardés comme incapables d'entendement, &, par cette raison, ne doivent pas être sujets aux peines établies par les loix contre les coupables : ils ne sont pas même tenus des dommages & intérêts civils.

Mais ceux qui approchent de la puberté, ayant plus de lumières & un entendement plus formé, on les suppose capables d'un discernement suffisant pour distinguer le mal & l'apprécier; par cette raison, ils sont punis des crimes qu'ils commettent, mais avec moins de rigueur que les pubères, & on ne prononce pas contre eux la peine de mort. En général, dans les procès des impubères, les juges se décident par les circonstances : de là résulte une variété étonnante, & même une espèce de contradiction dans les arrêts.

Un grand *âge* peut aussi servir d'excuse, & contribuer à faire diminuer la peine, pourvu qu'il ne s'agisse pas d'un crime capital; car alors la vieillesse n'est pas une excuse.

Age, (*Eaux & Forêts.*) en terme d'eaux & forêts, on appelle *âge du bois*, le temps depuis lequel un arbre a commencé à croître, ou le temps depuis lequel un bois a été coupé. L'ordonnance des eaux & forêts de 1669, *tit. 26*, *art. 1*, défend aux particuliers de couper leurs taillis, avant qu'ils aient au moins l'*âge* de dix ans; les baliveaux sur taillis avant celui de quarante ans, & les arbres de haute futaie avant celui de cent vingt ans. Cette même ordonnance exige qu'on réserve, dans les coupes des taillis, tous les baliveaux anciens & modernes, ainsi que seize baliveaux par arpent de l'*âge* du bois.

Age, (*passe-*) on appelle en Normandie *acte de passe-âge*, l'acte que le juge accorde pour la notoriété de la majorité; le juge ne doit accorder cet acte que sur des preuves valables de la naissance & de l'*âge* de vingt ans accomplis.

AGÉ, (*terme de Coutumes.*) plusieurs d'entre elles emploient le terme d'*âgé* pour signifier un majeur de vingt-cinq ans : c'est ainsi que l'article 113 de celle de Paris porte que la prescription de dix ans court entre présens, & celle de vingt ans entre absens *âgés* & non privilégiés. Les *âgés* & non privilégiés sont les majeurs de vingt-cinq ans, qui d'ailleurs n'ont aucun privilège pour empêcher la prescription de courir, tels que sont les privilèges du seigneur féodal ou censuel, du fisc, de la femme pour son douaire, des substitués pour les biens qui sont grevés de substitution en leur faveur.

AGEN, ville capitale du comté d'Agenois, dans la Guienne.

Les comtés d'Agenois & Condomois furent confisqués sur Edouard d'Angleterre, prince de Galles, & unis au domaine de la couronne par le roi Charles V.

Les habitans de ces comtés, engagés en 1652 au cardinal de Richelieu, prétendoient que tous les biens roturiers étoient tenus en franc-aleu; mais par un arrêt du conseil du 12 octobre 1746, il a été jugé, en faveur de M. le duc d'Aiguillon, successeur du cardinal de Richelieu, qu'il n'y a point de franc-aleu sans titre, & que la directe universelle, en portant censives, lods & ventes, & autres droits seigneuriaux, appartient au roi dans toute l'étendue de ces comtés, & que, dans tous les lieux où la perception du cens avoit été interrompue, il en seroit imposé un nouveau, à raison de celui qui se paie dans les seigneuries voisines.

Les élections d'*Agen* & de Condom sont les seules de la généralité de Bordeaux où la taille soit réelle. La répartition de l'imposition se fait entre les différentes jurisdictions, au marc la livre d'une somme qui fut fixée idéalement, lorsqu'on renouvella le cadastre de ces provinces; & ensuite répartie entre les différentes jurisdictions : c'est ce que l'explication que l'on va donner de la forme des cadastres, dans ces deux élections, rendra sensible.

Il s'étoit élevé quelque temps avant l'année 1572, dans l'Agenois, une contestation entre les nobles & privilégiés d'une part, les consuls & le tiers-état de l'autre, sur la question de savoir, si la taille étoit prédiale & réelle, ou si elle étoit personnelle; la cour des aides de Paris (celle de Bordeaux n'ayant été créée qu'en 1629) ordonna, par arrêt du 15 août 1597, qu'il en seroit informé; elle commit à cet effet un de ses conseillers, qui fit son procès-verbal d'enquête en 1598, auquel il joignit des cadastres & rôles des tailles des principales villes.

Sur le rapport de cette enquête, & après beaucoup de contestations, il intervint, le 18 août 1601, un arrêt qui déclara les tailles *réelles & prédiales dans l'Agenois, au paiement desquelles les ecclésiastiques nobles & privilégiés devoient être contraints pour raison des héritages roturiers qu'ils ne tiendroient pas noblement.*

Cette disposition donna lieu à de nouvelles contestations entre le tiers-état & les ecclésiastiques.

Elles furent terminées par un arrêt rendu le 20 septembre 1691, du consentement des parties. Cet arrêt déclara les biens immeubles tenus & possédés par les ecclésiastiques du pays d'Agenois, à cause des églises & bénéfices seulement, non sujets à la contribution des tailles; l'arrêt du 18 août demeurant en sa force & vertu pour les autres biens tenus & possédés en roture par les mêmes ecclésiastiques.

Les syndics de l'Agenois ayant représenté à la cour des aides de Paris, que pendant les guerres & les troubles qui avoient agité la province depuis cinquante ans, les titres & papiers, & particulièrement les cadastres, contenant la description des héritages

héritages sujets au paiement des tailles, avoient été perdus, ce qui donnoit lieu à beaucoup d'erreurs dans le département de cet impôt, à quoi il étoit nécessaire de remédier par un nouvel arpentement des héritages sujets à la contribution des tailles, en exécution de l'arrêt du 18 août 1601; ils demandèrent, pour y parvenir, qu'il leur fût permis d'imposer sur le pays la somme de quatre mille écus en deux années.

La cour des aides ordonna, sur cette requête, qu'en exécution des arrêts des 18 août & 20 septembre 1601, arpentement & description seroient faits des héritages tenus & possédés roturiérement dans l'Agenois par toutes personnes, de quelque qualité & condition qu'elles fussent, les syndics des ecclésiastiques & nobles présens ou duement appellés; l'arrêt commit un conseiller pour l'exécution de cette ordonnance; & quant à la permission d'imposer sur tout le pays d'Agenois la somme de quatre mille écus, il ordonna que les syndics se retireroient pardevers le roi, pour y être pourvu selon le bon plaisir de sa majesté.

Tous les consulats du tiers-état s'assemblèrent au mois d'octobre 1604, & délibérèrent sur la forme dans laquelle il devoit être procédé au département général des impositions dans chaque jurisdiction.

En conséquence de cette délibération, le commissaire rendit le 17 novembre 1604, une ordonnance contenant réglement pour que l'arpentage de toute la province fût fait, jurisdiction par jurisdiction, sauf ensuite à distraire les lieux sacrés & les lieux nobles.

Les consuls de Monflanquin & ceux de plusieurs autres jurisdictions, formèrent opposition à cet arpentement général, ainsi qu'au département des tailles; & cette opposition fut suivie de grandes contestations qui furent portées dans différens tribunaux, au conseil, au parlement, à la cour des aides, & devant les trésoriers de France.

Enfin, après seize années de procédures, les consuls de toutes les communautés de l'Agenois s'assemblèrent à *Agen* au mois de mai 1621, & nommèrent de part & d'autre des députés, auxquels ils donnèrent pouvoir de convenir d'arbitres pour terminer toutes leurs contestations; ces députés nommèrent pour arbitres quatre conseillers au parlement de Bordeaux, deux trésoriers de France & deux avocats, auxquels ils donnèrent pouvoir de statuer définitivement sur toutes leurs contestations, & généralement de juger tous les différends concernant le réglement des tailles du pays, & *ce dans quinzaine, à compter de ce jour;* à l'effet de quoi, les parties seroient tenues de remettre leurs pièces dans le jour entre les mains de deux avocats arbitres: ce délai de bien peu de durée pour terminer des contestations aussi anciennes & aussi compliquées, ne fut cependant prorogé que jusqu'au 10 juin suivant; ainsi la répartition des impositions entre toutes les communautés de l'Agenois, au nombre de cent neuf, & leurs contestations particulières furent fixées & jugées en trente-six jours, & c'est ce travail, qui jusqu'ici a constamment servi de base à la répartition des impositions.

Les arbitres ordonnèrent que les tailles seroient départies, assises & égalisées sur le pied de 40 mille livres, dont chacune des villes, jurisdictions & communautés paieroit & porteroit ses parts contingentes.

Ils firent ensuite la distribution de cette somme de 40 mille livres entre les cent neuf jurisdictions qui composoient alors l'élection d'*Agen* (il s'est fait depuis quelques désunions des paroisses qui composoient ces jurisdictions, ensorte qu'il en subsiste aujourd'hui cent trente-neuf.). Enfin, il fut ordonné qu'à l'avenir toutes les sommes, de quelque nature, qualité & quantité qu'elles fussent, seroient imposées, assises & égalisées à la même proportion en mesure du pied dudit département, sans qu'aucune de ces communautés pût prétendre plus ample décharge contre les autres, pour raison des lieux sacrés, biens nobles, vagues & incultes, ni autres, en quelque façon que ce fût.

Ce jugement arbitral fut homologué par des lettres-patentes, enregistrées à la cour des aides de Paris, le 4 mai 1622.

La formation des cadastres du Condomois est postérieure à celle de l'Agenois.

Par un réglement du 15 juillet 1668, rendu sur l'avis de M. Pellot, intendant des généralités de Bordeaux & de Montauban, il avoit été ordonné que l'arpentement & abonnement général seroit fait des trois élections d'*Agen*, Condom & les Lannes, où la taille est réelle dans le ressort de la cour des aides de Bordeaux, par les commissaires qui seroient à ce députés, pour être divisées & partagées en un certain nombre de feux, ensemble les communautés de ces élections, sur le pied desquels feux se feroient les impositions; ce réglement prescrivit la même forme pour la confection du cadastre, la répartition & le recouvrement des impositions, que celle qui étoit suivie dans la généralité de Montauban; mais cela n'a point été exécuté.

Par un arrêt du conseil du premier avril 1671, M. d'Aguesseau, alors intendant de la généralité de Bordeaux, fut commis pour procéder à l'arpentement & réglement des impositions à faire sur les trois élections d'*Agen*, Condom & les Lannes; cette dernière élection a été depuis réunie à la généralité de Pau.

La multiplicité de ses occupations ne lui permit pas de vaquer seul à cette opération; M. Baritault, avocat général à la cour des aides de Bordeaux, fut commis, par un second arrêt du conseil, pour procéder à l'exécution du premier, séparément ou conjointement avec M. d'Aguesseau; ces commissaires remplirent leur mission dans le Condomois, ils y firent faire l'arpentement & l'estimation des fonds, qui, suivant leur qualité, furent distingués en différens degrés pour supporter les impositions dans la même proportion, & pour la facilité de la répartition.

Tous les degrés furent réduits au premier, dans la récapitulation qui fut faite à la fin de chaque cadastre; ensorte que deux arpens du second degré, trois arpens du troisième degré, quatre arpens du quatrième degré ne furent comptés que pour un arpent du premier degré; les maisons & les moulins furent pareillement abonnés pour un certain nombre d'arpens du premier degré.

Il en résulte que les cadastres indiquent la contenance réelle des terres, & une contenance fictive en conséquence de l'évaluation, & c'est cette dernière qui sert de règle pour la répartition des impositions dans les cent quatre-vingts communautés ou jurisdictions qui forment l'élection de Condom.

Les commissaires firent ensuite, comme dans l'élection d'*Agen*, la répartition d'une somme de vingt mille livres entre les cent quatre-vingts jurisdictions, & c'est sur ce pied & au marc la livre de ce que chaque jurisdiction supporte de cette somme, que s'est faite depuis la répartition de la taille & des impositions accessoires. Il est facile de juger par l'ancienneté de la confection ou de la réformation des cadastres de l'Agenois & du Condomois, qui ont les uns cent cinquante & les autres près de cent ans, que les changemens qui sont survenus pendant ce long espace de temps dans la nature & les productions des terres, dans la force des paroisses & jurisdictions, occasionnent des injustices & des inégalités inévitables; mais l'abus auquel il seroit le plus important de remédier, résulte du désordre des cadastres, & des livres de charge & de décharge.

Un très-grand nombre de jurisdictions n'a plus de cadastre, & la répartition de l'imposition ne se fait que sur les rôles précédens qui peuvent eux-mêmes être remplis d'erreurs; les cadastres qui restent sont tous déchirés & surchargés d'écritures, ensorte qu'il est très-difficile de s'y reconnoître.

Les livres de charge & de décharge sont tenus par les secrétaires des communautés qui doivent y inscrire toutes les mutations, afin d'être toujours en état de reconnoître les propriétaires actuels; ces livres sont remplis d'erreurs par la négligence, & peut-être la mauvaise foi des secrétaires, ce qui donne lieu, sur les quantités d'arpens anciennement constatées, à des *déficit* qui retombent à la charge de la paroisse; il est vrai qu'en vérifiant les rôles, les officiers des élections doivent veiller à ce que la même quantité de journaux ou d'arpens y soit toujours énoncée; mais les erreurs se sont tellement multipliées, qu'il y a telle jurisdiction où le quart des terres taillables a été tiré du cadastre; cet exposé fait sentir combien il seroit important de réformer chaque année un certain nombre de jurisdictions, ce qui mettroit ensuite à portée de rétablir entre toutes les communautés d'une élection, & entre les élections elles-mêmes, une proportion qui n'existe plus, soit par le désordre qui s'est introduit dans les cadastres, soit par les changemens survenus dans la valeur & le produit des terres par les nouvelles cultures, les branches de commerce ouvertes ou perdues, la facilité des débouchés, & enfin toutes les causes physiques qui, dans l'espace de plus d'un siècle, ont dû produire des effets sensibles. *Voyez* TAILLE, CADASTRE, *&c.*

AGENCEMENT, s. m. (*Droit civil.*) ce terme est particulier aux ressorts des parlemens de Bordeaux & de Pau: il exprime un don de noces au gain de survie entre le mari & la femme. L'*agencement* est à-peu-près la même chose que ce qu'on appelle *augment* dans les autres provinces de droit écrit, & *douaire* dans les pays coutumiers. *Voyez* AUGMENT.

Il y a cependant quelques différences entre l'augment & l'*agencement*. 1°. Le nom d'*agencement* convient mieux à l'augment conventionnel qu'à l'augment en général, parce qu'*agencer* veut dire *ajuster*, *arranger*, ce qui suppose une convention: on l'emploie cependant également pour exprimer toute sorte d'augment.

2°. L'*agencement* est toujours réciproque, & acquis au survivant, au lieu que l'augment, comme le douaire, n'est attaché qu'à la survie de la femme. 3°. L'*agencement* appartient aux enfans ou héritiers de leur père & mère, & aucune disposition ne peut les en frustrer, si ce n'est d'une portion virile, à prendre sur le tout, par préciput, au profit de l'héritier institué par testament. L'*agencement* n'est pas sujet à l'insinuation, suivant la déclaration du 25 juin 1729, & l'ordonnance des donations de 1731.

AGENT, adj. pris subst. (*Droit public, civil & canon.*) c'est celui qui fait les affaires d'autrui. Ainsi, on donne le nom d'*agent*, soit à un député chargé de négocier auprès d'un souverain, soit à un fondé de procuration pour les affaires des particuliers. Dans ce sens, *agent* est la même chose que *député*, *procureur*, *syndic*, *facteur*.

Les *agens* des princes sont considérés comme gens d'affaires de leurs maîtres, ils ne jouissent d'aucuns des privilèges & honneurs des ambassadeurs; ils n'ont pas de lettres de créance, mais seulement des lettres de recommandation: ils ne sont pas admis à l'audience des rois, ils doivent s'adresser au secrétaire d'état chargé des affaires auxquelles leur maître est intéressé. L'ordre de Malthe a en France, outre son ambassadeur, un *agent* chargé de solliciter auprès du roi & de son conseil, l'interprétation des ordonnances, & la cassation des arrêts rendus contre les droits & privilèges de l'ordre.

Celui qui fait, en pays étranger, les affaires d'un marchand ou négociant, est considéré comme son *agent* ou son commissionnaire. Cet *agent* peut faire la vente & l'achat des marchandises de son commettant, soit en son nom, soit au nom de celui dont il fait les affaires.

AGENS *de banque & de change.* On appelle ainsi des officiers ou personnes publiques, par l'entremise desquels on négocie les lettres-de-change, billets ou autres effets payables au porteur ou à ordre, moyennant un droit qui leur est attribué pour cet effet,

Il y a des villes où les *agens* de change sont en titre d'office, & ont des provisions ou commissions du roi, comme à Paris, Marseille, Bordeaux & Lyon; il y en a d'autres où ils sont choisis par les maires & échevins, ou par les juges-consuls, ou par les maîtres, gardes & syndics des corps des marchands; mais dans la plupart des lieux, il est permis à toutes sortes de personnes de faire le négoce dont il s'agit, sans avoir besoin de commission, pourvu que ceux qui l'exercent soient d'une probité connue.

Précis des loix qui concernent l'établissement des agens de change. Avant le règne de Charles IX, chacun faisoit à sa volonté le commerce d'argent, de billets ou de marchandises, & il n'y avoit aucune différence entre les courtiers de marchandise & les *agens* de change; titre nouveau que ces derniers n'ont commencé à porter qu'en 1639.

Ce monarque, pour arrêter, comme il le dit dans son édit du mois de juin 1572, les abus qui se commettoient dans l'exercice du courtage, établit en titre d'office tous ceux qui étoient alors courtiers, à la charge qu'ils prendroient des provisions, & qu'ils se feroient recevoir en cette qualité de courtiers par les baillis, sénéchaux & autres juges royaux des lieux de leur résidence.

Les guerres de la ligue ayant empêché l'exécution de cet édit, Henri IV, en 1595, en renouvella les dispositions; & par un arrêt de son conseil, de la même année, il défendit à toutes personnes, sous peine de punition corporelle, de crime de faux & de 500 écus d'amende, d'exercer la profession de courtier de change, banque & vente en gros des marchandises étrangères, avant d'avoir pris de lui des lettres de provision. Il fixa en même temps, à huit, le nombre de ces officiers pour Paris, à douze pour Lyon, à quatre pour Rouen, à pareil nombre pour Marseille, à trois pour chacune des villes de Tours, la Rochelle & Bordeaux, à un pour chacune des villes d'Amiens, Dieppe & Calais; & il fut ordonné que dans les autres villes on en établiroit autant qu'il seroit nécessaire.

Dans l'adresse de cet arrêt au prévôt de Paris, le roi déclare expressément qu'il n'entend pas qu'aucun particulier puisse être contraint de se servir du ministère de ces officiers dans les négociations de change & de banque, ou de vente de marchandise, lorsqu'il ne jugera pas à propos de les employer, & cette déclaration a été répétée dans les créations de courtiers ou *agens* de change qui ont suivi la première.

Le nombre des huit offices de courtiers ou *agens* de change, créés pour Paris par Henri IV, fut augmenté différentes fois sous le règne suivant, savoir en 1610, en 1629, en 1633 & en 1634. A cette dernière époque, il s'en trouva vingt de créés. Par édit du mois de décembre 1638, Louis XIII en créa encore dix autres, & ordonna que les vingt anciens paieroient une nouvelle finance, & qu'il y auroit entre eux tous bourse commune.

Cet édit ayant paru onéreux à ces officiers, particuliérement à cause de la bourse commune, si contraire au secret nécessaire dans l'exercice de leur profession, ils firent des remontrances, en conséquence desquelles ils obtinrent un arrêt le 2 avril 1639, qui les déchargea, non seulement de l'obligation de faire bourse commune, mais encore de la taxe à laquelle on les avoit assujettis pour ce sujet. C'est par ce même arrêt que le titre de *courtier*, que ces officiers avoient eu jusqu'alors, fut changé en celui d'*agent* de change & de banque.

En 1645, Louis XIV créa six nouveaux offices d'*agens* de change pour Paris. Les choses restèrent sur ce pied jusqu'au mois de juillet 1705, que ce prince en créa encore deux autres; mais par édit du mois de décembre de la même année, tous les offices de courtiers & *agens* de change, créés jusqu'alors dans toute l'étendue du royaume, furent supprimés, à la réserve de ceux des villes de Marseille & de Bordeaux, & il en fut créé 116 autres pour être distribués dans les principales villes du royaume, avec la qualité de conseillers du roi, *agens* de banque, de change, de commerce & des finances.

Vingt de ces offices furent destinés pour Paris; mais à peine étoient-ils remplis, qu'ils furent de nouveau supprimés par un édit du mois d'août 1708, qui en créa quarante autres, auxquels l'édit du mois de novembre 1714 en ajouta encore vingt.

Ces soixante *agens* de change furent également supprimés par un arrêt du 30 août 1720, qui en établit un pareil nombre par commission. Les choses demeurèrent en cet état jusqu'en 1723, qu'un édit du mois de janvier de cette année créa à la place de ces derniers, soixante nouveaux conseillers, *agens* de change, de banque & de commerce. Cet édit porte qu'ils jouiront des droits & prérogatives qui avoient été attribués aux *agens* de change créés par les édits de 1708 & 1714, à l'exception des gages & du franc-salé, & qu'ils ne pourront prétendre les exemptions de tailles, ustensiles & autres charges qui avoient été accordées par les mêmes édits à leurs prédécesseurs.

Des devoirs, obligations & privilèges des agens de change. Suivant les loix rapportées ci-dessus, & conformément à l'arrêt du conseil du 24 septembre 1724, qui a ordonné l'établissement d'une bourse dans la ville de Paris, les *agens* de change réduits au nombre de quarante par un arrêt du conseil du 22 décembre 1733, doivent être âgés de 25 ans accomplis, & prêter serment devant le lieutenant civil, de s'acquitter fidellement de leurs commissions.

Les fonctions d'*agens* de change ne dérogent point à noblesse, & peuvent être exercées avec celles de conseillers-secrétaires du roi, sans qu'il soit nécessaire d'obtenir des lettres de compatibilité.

Les marchands, les négocians, les banquiers & autres qui sont admis à la bourse, peuvent bien négocier entre eux les lettres-de-change, billets au porteur ou à ordre, de même que les marchandifes, fans l'entremife des *agens* de change; mais cette entremife eft néceffaire pour négocier les actions de la compagnie des Indes, & tous les autres effets & papiers royaux commerçables.

Cela eft ainfi établi par les articles 17 & 18 de l'arrêt du 24 feptembre 1724, rappellés & confirmés par celui de 1733, qui révoque, à l'égard des effets de la compagnie des Indes & autres effets commerçables, la permiffion de les négocier fans le miniftère des *agens* de change, accordée par un arrêt du confeil du 26 février 1726, à tous ceux qui font admis à la bourfe.

En conféquence des arrêts du confeil de 1724 & de 1733, les négociations des effets royaux commerçables, faites fans le miniftère d'un *agent* de change, font déclarées nulles en cas de conteftation, & ceux qui font ce commerce font punis de prifon & condamnés à une amende de fix mille livres payable par corps, de laquelle, moitié appartiendra au dénonciateur & le refte à l'hôpital-général.

Les *agens* de change font tenus de fe trouver tous les jours à la bourfe depuis dix heures du matin jufqu'à une heure après-midi, à l'exception néanmoins des jours de fêtes & de dimanches.

Ils doivent avoir un regiftre journal coté & paraphé par les juges & confuls de la ville de Paris, fur lequel il leur eft enjoint de garder une note exacte des lettres-de-change, billets & autres papiers commerçables, marchandifes ou effets qu'ils font chargés de négocier. Il leur eft défendu d'infcrire aucun nom fur ce regiftre, mais ils font obligés d'y diftinguer chaque partie par une fuite de numéros, & de délivrer à ceux qui les emploient un certificat de chaque négociation qu'ils font, lequel doit porter le numéro & être timbré du folio où la partie aura été infcrite fur le regiftre.

Ce regiftre fait foi en juftice pour les négociations dont les *agens* de change ont été chargés; c'eft pourquoi ils font tenus, lorfqu'ils en font requis, de repréfenter les articles de ce regiftre fur le contenu defquels il s'élève des conteftations entre les négocians.

Lorfque les négociations de lettres-de-change, billets au porteur ou à ordre & de marchandifes fe font à la bourfe par le miniftère des *agens* de change, le même *agent* peut fervir au tireur & au vendeur & à l'acheteur des marchandifes. Mais les négociations des papiers commerçables & autres effets doivent toujours être faites par le miniftère d'un *agent* de change: ainfi, les particuliers qui veulent acheter ou vendre de ces fortes de papiers, doivent remettre, avant l'heure de la bourfe, l'argent ou les effets aux *agens* de change, & ceux-ci en donnent leur reconnoiffance avec promeffe d'en rendre compte dans le jour.

Lorfque deux *agens* de change font d'accord d'une négociation à la bourfe, ils doivent fe donner réciproquement leurs billets, par lefquels l'un promet de fournir dans le jour les effets négociés, & l'autre le prix des mêmes effets. Chaque billet doit être non feulement timbré du numéro fous lequel la négociation eft infcrite fur le regiftre de l'*agent* de change qui le fournit, mais il faut encore qu'il rappelle le numéro du billet fait par l'autre *agent* de change, afin que ces billets fervent de renfeignement & de contrôle l'un à l'autre.

Les *agens* de change font auffi tenus, en confommant leurs négociations avec ceux qui les ont employés, de leur repréfenter le billet au dos duquel doit être l'acquit de l'*agent* de change, avec lequel la négociation a été faite, & de rappeller, dans le certificat de négociation, le nom de cet *agent*, les deux numéros du billet, la nature & la quantité des effets vendus ou achetés, & le prix des mêmes effets.

Il eft expreffément défendu aux *agens* de change de faire aucune fociété entre eux, fous quelque prétexte que ce puiffe être, ni avec aucun négociant ou marchand, foit en commandite ou autrement, même de faire aucune commiffion pour le compte des forains ou étrangers, à moins qu'ils ne foient à Paris dans le temps de la négociation, le tout fous peine de deftitution & de trois mille livres d'amende.

Il eft auffi défendu, fous les mêmes peines, à tout *agent* de change de fe fervir d'aucun commis, facteur ou entremetteur, même de fes enfans, pour quelque négociation que ce foit, à moins qu'il ne vienne à tomber malade. Dans ce cas, il a la liberté de faire achever les négociations commencées, mais il n'en peut point entreprendre de nouvelles.

Quiconque tient les livres, ou eft caiffier de quelque banquier ou négociant, ne fauroit être reçu à faire les fonctions d'*agent* de change. Il en eft de même de ceux qui ont fait faillite, obtenu des lettres de répi ou fait contrat d'atermoiement.

Tout commerce, quel qu'il foit, eft interdit aux *agens* de change pour leur propre compte, fous peine de deftitution & de 3000 livres d'amende. Cette défenfe leur a été faite pour prévenir les abus de confiance, qui pourroient dériver de la connoiffance qu'ils ont des affaires de tous les négocians & banquiers de la ville où ils font le change.

Il leur eft auffi défendu, fous les mêmes peines, de négocier des lettres-de-change, billets, marchandifes, papiers & autres effets appartenans à des gens dont la faillite eft connue.

Il leur eft pareillement défendu d'endoffer aucune lettre-de-change & billet au porteur ou à ordre, & de les figner par *aval*, c'eft-à-dire, d'être cautions des tireurs ou endoffeurs: ils peuvent feulement, lorfqu'ils en font requis, certifier les fignatures des tireurs, acquéreurs ou endoffeurs des lettres & de ceux qui ont fait les billets.

Remarquez cependant qu'un *agent* de change n'eft pas fujet aux peines prononcées par la loi, lorfqu'il tire une lettre-de-change fur fon débiteur ou qu'il en prend une fur un lieu pour lequel il a besoin d'argent, relativement à ses affaires: il n'est pas censé par-là faire le trafic qui lui est interdit.

Les *agens* de change ont droit de percevoir, pour les négociations en argent comptant, lettres-de-change, billets au porteur ou à ordre & autres papiers commerçables, 50 sous par mille livres, dont 25 sous payables par l'acheteur & les 25 autres par le vendeur; & à l'égard des négociations pour fait de marchandises, ils doivent en être payés sur le pied de demi pour cent de la valeur des marchandises, y ayant un quart pour cent à la charge de l'acheteur & autant à la charge du vendeur. Il est défendu aux *agens* de change de rien exiger de plus, sous peine de concussion.

Les *agens* de change ne peuvent nommer, en aucun cas, les personnes qui les ont chargés de quelque négociation, & ils doivent les servir avec fidélité en leur gardant un secret inviolable, à peine, s'ils sont convaincus de prévarication, d'être condamnés à réparer le tort qu'ils auront occasionné, à être en outre destitués, & à trois mille livres d'amende.

Ceux qui veulent être pourvus d'une place d'*agent* de change en titre d'office, doivent être examinés par le syndic des *agens* de change, & c'est sur le certificat qu'il donne, que l'expédition de la commission est délivrée.

Les *agens* de change sont sujets à la contrainte par corps pour la restitution des lettres-de-change, billets & autres choses qui leur ont été confiées. Ils peuvent même être poursuivis extraordinairement dans le cas de divertissement des deniers ou effets.

Un *agent* de change de Lyon ayant été convaincu d'avoir médité & exécuté une banqueroute frauduleuse, en emportant avec lui de la ville de Lyon, dont il s'étoit absenté, non seulement les papiers, bijoux & effets qui lui appartenoient, mais encore ceux qu'on lui avoit remis pour être négociés; d'avoir prévariqué dans les fonctions d'*agent* de change, en détournant à son profit les sommes qu'on lui avoit confiées; de n'avoir tenu aucun livre ni règle des opérations qu'il faisoit; d'avoir fabriqué de fausses lettres-de-change, *&c.* a été condamné, par arrêt du 10 février 1756, à faire amende honorable & à être ensuite pendu: ce qui a été exécuté à Lyon. *Voyez* LETTRES-DE-CHANGE, BILLET, EFFETS ROYAUX, *&c.*

AGENS *généraux du clergé*. On donne ce titre à deux ecclésiastiques du second ordre, qui sont chargés des affaires du clergé de l'église gallicane, à la cour de France.

Les *agens* généraux du clergé ont succédé aux syndics généraux que l'assemblée de Melun supprima en 1579, sous prétexte qu'ils avoient abusé de leur autorité. Ils ne sont point élus dans l'assemblée du clergé, mais les provinces les nomment tour-à-tour de cinq ans en cinq ans, à chaque assemblée ordinaire pour le renouvellement des contrats ou pour les comptes. On lit l'acte de nomination en même temps que les procurations des députés des deux provinces des *agens*; on reçoit ensuite ceux-ci, après leur avoir fait prêter le serment qu'ils rempliront fidellement leurs fonctions durant leur agence.

La nomination des *agens* se fait quelque temps avant la tenue de l'assemblée générale du clergé, & deux provinces ecclésiastiques nomment chacune un *agent* dans l'ordre suivant: Sens & Auch, Paris & Alby, Embrun & Arles, Rheims & Narbonne, Bourges & Vienne, Lyon & Bordeaux, Rouen & Toulouse, Tours & Aix; ces dernières ont nommé les deux *agens* mis en exercice par l'assemblée du clergé de 1780.

Les *agens* généraux ne peuvent avoir voix délibérative dans les assemblées générales du clergé, si ce n'est dans le cas où elle leur est accordée par délibération de l'assemblée.

On ne peut continuer les *agens*, sous quelque prétexte que ce soit; c'est pourquoi les provinces qui sont en tour doivent nommer chacune le leur quelque temps avant l'assemblée, afin qu'ils puissent s'instruire des affaires du clergé avec ceux qui quittent leurs fonctions. S'il arrivoit qu'une des provinces consentît à la nomination d'un des anciens *agens*, elle perdroit son tour de nomination, & la province qui la suit en pourroit nommer un pour les cinq ans.

Il faut que les provinces qui sont en tour, nomment, pour remplir la place d'*agent*, des prêtres qui aient dans la province un bénéfice payant décime, autre qu'une chapelle, & qui aient assisté, s'il se peut, à une assemblée générale, afin qu'ils soient instruits des affaires du clergé.

Si celui qui est nommé par la plus grande partie des députés, n'étoit point prêtre, ou n'avoit point de bénéfice dans la province, le droit de remplir cette place seroit dévolu à celui qui, ayant les qualités requises, auroit eu le plus de voix en sa faveur, après celui qui se trouve exclu par le défaut de qualité.

Le réglement de l'assemblée de 1655 exige en outre, qu'un *agent* ne puisse être nommé qu'il n'ait résidé dans sa province au moins un an auparavant; mais dans l'usage, on n'observe pas cette disposition à la lettre.

S'il arrive qu'un *agent* soit nommé par le roi, à un évêché, & qu'il accepte cette dignité pendant le cours de son agence, ou qu'il soit pourvu d'un office royal, la place est vacante de plein droit, & la province qui l'avoit choisi peut en substituer un autre.

Toutes les fonctions des *agens* se réduisent à trois chefs principaux: le premier, est de veiller sur la recette des deniers du clergé; d'examiner les états que leur envoient les receveurs particuliers, les receveurs provinciaux & le receveur général; d'avoir soin que les deniers soient employés suivant les ordres de l'assemblée, & de poursuivre les décharges pour les non-jouissances & les spoliations. Le second chef, est d'avoir soin qu'on ne donne point d'atteinte aux privilèges du clergé & aux clauses des contrats pour les subventions ordinaires ou extraordinaires; d'avertir les archevêques, les évêques & les syndics des diocèses de tout ce qui peut les concerner sur ce sujet; de faire au roi & à son conseil toutes les remontrances qu'ils croient nécessaires pour l'avantage du clergé, même d'intervenir au conseil & aux parlemens, quand ils ont reçu un ordre spécial de l'assemblée, pour donner dans quelque affaire leur requête d'intervention au nom du clergé. Le troisième chef, est d'avoir la garde des archives, & de faire délivrer des extraits des papiers communs à ceux du clergé qui en ont besoin, sans laisser emporter les papiers hors de la chambre dans laquelle ils doivent être conservés.

Lors de l'établissement des *agens* généraux du clergé, l'entrée au conseil du roi leur fut accordée, avec la liberté de faire des réquisitions dans les affaires du clergé qui y seroient rapportées; mais s'étant abstenus de se trouver au conseil, après le réglement du 3 janvier 1673, quoiqu'ils n'y fussent pas nommés, le roi, par un brevet daté du 11 septembre de la même année, leur permit de nouveau de parler en l'assemblée du conseil, lorsque M. le chancelier le jugeroit convenable.

Quand les commissaires nommés par le roi vont à l'assemblée du clergé, les *agens* généraux vont les recevoir à la descente de leur carrosse; & lorsque l'assemblée en corps va rendre ses respects au roi, le secrétaire, le promoteur & les deux *agens* marchent les premiers.

Il a été défendu par arrêt du conseil d'état du 10 novembre 1640, aux *agens* généraux du clergé, de former aucune opposition à l'exécution des édits & ordonnances.

Le clergé donne pour appointemens à chacun de ses *agens* généraux, cinq mille cinq cens livres par an, & on leur remet aussi chaque année une somme de trois mille livres pour les frais des affaires du clergé. Ils jouissent, outre cela, des fruits de leurs bénéfices, de même que s'ils assistoient aux offices: ensorte que s'ils possèdent des bénéfices qui exigent résidence, ils en perçoivent non seulement les gros fruits, mais même toutes les distributions manuelles. Ils ont d'ailleurs le droit de *committimus* au grand sceau pour toutes leurs affaires pendant le temps de leur agence.

Lorsque les cinq années sont expirées, les *agens* doivent remettre entre les mains de ceux qui sont nommés pour leur succéder, les clefs des archives & les papiers, suivant l'inventaire qui en a été dressé, & rendre compte à l'assemblée de ce qui s'est passé pendant leur agence. Ce compte qu'ils rendent au clergé pour l'instruire de l'état présent de ses affaires, est ordinairement divisé en trois parties; la première, pour les affaires temporelles, les décimes, les subventions extraordinaires; la seconde, pour les privilèges du clergé; la troisième, pour la jurisdiction ecclésiastique.

Les *agens* généraux qui ont exercé leur charge & rendu leur compte, ne peuvent plus se trouver par la suite dans les assemblées du clergé, à moins qu'ils ne soient députés de leur province. *Voyez* Clergé, Assemblée, Député, Décimes, *&c.*

Agent & Patient, se dit dans le droit coutumier d'Angleterre, de celui ou de celle qui se fait ou qui se donne quelque chose à soi-même; de sorte qu'il est tout-à-la-fois & celui qui fait ou qui donne la chose, & celui à qui elle est donnée ou à qui elle est faite. Telle est, par exemple, une femme quand elle s'assigne à elle-même sa dot sur partie de l'héritage de son mari. (*H.*)

AGGRAVANT, adj. (*Droit criminel.*) ce mot ne s'emploie guère seul, on y joint toujours celui de circonstances: ainsi, on dit, il y a dans cette espèce une circonstance *aggravante*, c'est-à-dire une circonstance qui augmente la grandeur & la gravité du délit, & qui peut donner lieu à en augmenter la peine & le châtiment.

AGGRAVATION, s. f. (*Jurisprudence.*) dans le sens du verbe dont il est formé, ce terme devroit signifier l'action de rendre une faute plus criminelle, car c'est la véritable signification d'*aggraver*; mais il n'est pas françois en ce sens, & il ne s'emploie qu'en droit canonique, pour désigner une censure ecclésiastique, une menace d'excommunication après trois monitions faites sans fruit, & alors il est synonyme au mot *aggrave*.

AGGRAVE & Réaggrave, s. m. (*Droit canonique.*) on appelle *aggrave* une censure ecclésiastique, qui menace d'excommunication ceux qui, après trois monitions, refusent d'exécuter ce que l'église commande: & *réaggrave*, le dernier monitoire qui contient l'excommunication définitive; jusqu'à ce dernier, toutes les publications n'étoient que comminatoires.

En France, l'*aggrave* & le *réaggrave*, ainsi que les monitoires, ne peuvent être publiés sans la permission du juge laïque. Suivant un concile de Tours de 1239, les effets de l'*aggrave* & du *réaggrave* sont de priver le coupable de la participation aux biens spirituels de l'église, de lui interdire l'usage des choses publiques, & même de le séparer de la société. Leur usage le plus fréquent est pour obliger ceux qui ont connoissance d'un crime, d'en révéler les auteurs & complices; ainsi, pour l'ordinaire, ces peines sont prononcées contre des inconnus: mais il est reçu parmi nous, que la fulmination des *aggraves* & *réaggraves* ne peut jamais opérer l'interdiction du commerce avec ceux qui en sont l'objet. *Voyez* Censure, Excommunication.

AGGRÉÉ, (*être*) terme particulier de la coutume de Clermont en Beauvoisis, qui veut dire être payé, & satisfait à son gré & volonté, de ce qui peut être dû.

AGHAIS, (*terme de Coutume.*) marché à *aghais*

ou fait à terme de paiement & de livraison, & qui oblige celui qui veut en profiter, à ne point laisser passer le jour convenu au d'*aghais*, sans livrer ou payer, ou sans consigner & faire assigner au refus de la partie. *Voyez* Galland, *Traité du franc-aleu*.

AGIO, f. m. (*terme de Commerce & de Banque.*) c'est un mot italien, qui signifie *aide*, & suivant quelques autres, *aise*, *commodité* : il a parmi nous plusieurs significations. Il exprime, en premier lieu, le change, ou la différence qui se rencontre entre la monnoie ou l'argent de banque, & l'argent courant ou monnoie courante de caisse; il signifie, en second lieu, le profit que l'on fait sur une espèce dont le cours est fixé, ou sur les matières d'or & d'argent dont la valeur est déterminée. Le mot *agio* est quelquefois synonyme à *escompte*, & signifie le bénéfice d'une avance faite à quelqu'un.

Enfin, sur les ports de mer, on se sert du terme d'*agio d'assurance*, pour exprimer la prime & le coût de l'assurance.

L'*agio* varie dans toutes les places, & il suit les hasards des autres commerces; il est tantôt plus fort, tantôt plus foible, suivant le plus ou le moins d'argent, le plus ou le moins de négociations de papiers.

AGIOTAGE, f. m. (*Commerce.*) ce mot vient de celui d'*agio* ; mais parmi nous, il se prend ordinairement en mauvaise part, pour exprimer le commerce usuraire que fait celui qui prend un profit exorbitant pour convertir en argent des lettres-de-change, billets, promesses, rescriptions ou contrats. De-là sont venus aussi les mots d'*agioter*, pour signifier l'action de celui qui fait valoir son argent à un gros intérêt; d'*agioteur* & d'*agioteuse*, qui sont synonymes au mot d'*usurier*. *Voyez* USURE, USURIER.

AGIR, v. a. (*terme de Pratique.*) c'est poursuivre en justice une demande ou une action. Dans notre ancien droit françois, il falloit *agir* soi-même en justice, & l'on ne pouvoit se servir du ministère d'un fondé de procuration, sans y être autorisé par des lettres du prince. Mais depuis long-temps, cet usage ne subsiste plus, & depuis l'érection des offices de procureurs, non seulement on peut *agir* & défendre par eux, mais même on ne peut être admis en jugement que par leur ministère, excepté dans les affaires de peu d'importance, & dans les jurisdictions des juges-consuls & des seigneurs qui n'ont ni procureurs en titre d'office, ni postulans. *Voyez les mots* ACTION, DEMANDE, PROCUREUR.

AGISTEMENT, mot ancien qui signifioit *impôt*, *tribut*.

AGLAN, vieux terme dont on se servoit pour celui de *glandée*.

AGNATION, f. f. (*terme de Droit romain.*) c'est le lien de parenté ou de consanguinité, qui se trouve entre les descendans par mâles d'un même père. L'étymologie de ce mot est la préposition latine *ad*, & *nasci*, *naître*.

L'*agnation* diffère de la cognation en ce que celle-ci étoit le nom universel sous lequel toute la famille & même les agnats étoient renfermés; au lieu que l'*agnation* n'étoit qu'une sorte particulière de cognation, qui ne comprenoit que les descendans par mâles. Une autre différence est que l'*agnation* tire ses droits & sa distinction du droit civil, & que la cognation au contraire tire les siens de la loi naturelle & du sang.

Par la loi des douze tables, les femmes étoient appellées à la succession avec les mâles, suivant leur degré de proximité, & sans distinction de sexe. Mais la jurisprudence changea dans la suite, & par la loi *Voconia*, les femmes furent exclues du privilège de l'*agnation*, excepté celles qui étoient dans le degré même de consanguinité, c'est-à-dire, les sœurs de celui qui étoit mort *intestat* ; & voilà d'où vint la différence entre les agnats & les cognats.

Mais cette distinction fut dans la suite abolie par Justinien, *Institut. iij. 10.* & les femmes rentrèrent dans les droits de l'*agnation* ; ensorte que tous les descendans paternels, soit mâles ou femelles, furent admis indistinctement à lui succéder, suivant le degré de proximité.

Par là, le mot de *cognation* rentra dans la signification naturelle, & signifia tous les parens, tant du côté du père que du côté de la mère; & *agnation* signifia seulement les parens du côté paternel.

Les enfans adoptifs jouissoient aussi des privilèges de l'*agnation*, que l'on appelloit à leur égard *civile*, par opposition à l'autre qui étoit naturelle. Mais ceux qui sont nés d'une conjonction illicite n'ont pas d'agnats; *quia nec gentem, nec familiam habent*.

Le droit d'*agnation*, chez les Romains, s'éteignoit par toute espèce de changement d'état, qu'ils appelloient *capitis diminutio*, au lieu qu'il n'en étoit pas de même du droit de cognation. La raison de cette différence est que l'*agnation* étant une dénomination introduite par le droit civil, la même puissance peut bien changer cette disposition, mais elle ne peut donner atteinte au droit naturel.

Charles IX, par l'édit donné à S. Maur au mois de mai 1567, voulut, en quelque manière, rétablir dans les pays de droit écrit, les effets de l'*agnation*, que Justinien avoit abrogés, & y remettre en vigueur la loi *Voconia* : mais Louis XV, par son édit du mois d'août 1729, a révoqué l'édit de S. Maur, & a ordonné que les successions seroient déférées, réglées & partagées comme elles l'avoient été auparavant.

On suit les dispositions de la loi Voconienne pour la succession à la couronne de France, ou pour mieux dire, on y suit la loi salique en usage parmi les Francs, avant la conquête des Gaules. Cette loi ordonne que les terres saliques passeront par successions aux seuls agnats, sans que les femmes puissent y rien prétendre.

La succession agnatique est seule admise pour succéder au trône, depuis la fondation de la monarchie françoise, de manière qu'aucun étranger n'est parvenu à s'y placer, & toutes les fois qu'il ne s'est trouvé que des filles propres à recueillir la succession du roi leur père, elles ont été exclues par les agnats, en quelque degré qu'ils fussent.

AGNATS, (*terme de Droit romain.*) les descendans mâles d'un même père. *Voyez* AGNATION.

Agnats se dit par opposition à *cognats*, terme plus générique, qui comprend aussi la descendance féminine du même père. *Voyez* COGNATS, COGNATION & AGNATION. (*H.*)

AGNEAU, s. m. (*Droit civil & ecclésiastique.*) c'est le nom qu'on donne au petit d'une brebis, jusqu'à ce qu'il ait atteint l'âge d'un an.

Les jurisconsultes romains ont décidé que dans le legs d'un troupeau de brebis, les *agneaux* n'y étoient pas compris; mais il restoit la difficulté de savoir à quel âge les femelles devoient être comprises sous le nom de *brebis*, & les mâles sous celui de *mouton*; les loix se sont déclarées en faveur du terme d'un an, ensorte que les *agneaux* qui ont passé cet âge, sont compris sous le nom de *brebis*, de *moutons* ou *beliers*.

Comme la multiplication des bestiaux est absolument nécessaire pour le bien de l'agriculture, & l'augmentation des véritables richesses de l'état, le gouvernement s'est occupé en différens temps de la conservation des *agneaux*. La dernière loi rendue sur cet objet, est un arrêt du conseil du 29 octobre 1701, qui rappelle les dispositions des anciennes ordonnances.

Il permet dans l'étendue de dix lieues aux environs de Paris, de tuer des *agneaux* depuis Noël jusqu'à la Pentecôte seulement, & le défend absolument après cette époque. Il étend sa défense pendant tout le cours de l'année dans tout le reste du royaume, à peine de cinq cens livres d'amende contre les fermiers ou laboureurs, qui les auront vendus, & contre les bouchers ou cabaretiers qui les auront tués.

Ce même arrêt permet néanmoins à ceux qui élèvent des *agneaux*, de se vendre mutuellement ceux dont leurs bergeries se trouveroient surchargées.

Les *agneaux*, dans la plupart des coutumes, sont sujets à la dixme soit ecclésiastique, soit inféodée, & on lui donne le nom de *dixme de charnage*, *carnelage* ou *carnecy*. La quotité de cette dixme, ainsi que le moment de sa prestation, différent suivant les coutumes, il faut dans chaque canton suivre l'usage du lieu. Nous en traiterons plus amplement sous le mot DIXME, auquel nous renvoyons pour l'éclaircissement des difficultés qui naissent à l'égard de cette espèce de dixme.

AGNEL, s. m. (*Monnoie.*) c'étoit une pièce de monnoie d'or, qui a eu cours en France pendant l'espace d'environ 200 ans: elle représentoit d'un côté un agneau, tenant une croix longue, ornée d'une bannière, avec cette légende: *agnus Dei, qui tollit peccata mundi*, & sur le revers une croix fleurdelisée, ou fleuronnée. Après le règne de S. Louis, on mit sur le revers les mots: *Christus regnat, vincit, imperat.*

Les *agnels* ont été fort estimés de l'étranger, jusqu'au règne de Charles VI, qui altéra cette monnoie. On les appelloit assez communément, *moutons à la grande laine*, & *moutons à la petite laine*. Ils sont nommés dans un grand nombre de titres anciens, *mutones aurei*. Jusqu'au règne de Charles VI, qui réduisit leur poids à deux deniers, ils pesoient de trois deniers cinq grains, à trois deniers seize grains d'or fin, à vingt-trois karats.

AGNELIN, s. m. (*Commerce.*) c'est le nom qu'on donne à la laine que l'on ôte aux agneaux par la tonte. Il y en a de plusieurs qualités, qu'on désigne par différens noms. Mais en général, les laines d'*agnelin* sont de mauvaise qualité, & par cette raison, les réglemens défendent de s'en servir dans toutes les fabriques de laine: l'usage n'en est permis que dans la fabrication des chapeaux.

AGONIE, s. f. (*Droit ecclésiastique.*) c'est le dernier combat de la nature contre la mort, & le dernier effort d'un moribond. Dans cet instant, il est supposé hors d'état de résister à la séduction de ceux qui l'entourent: aussi les loix ont-elles rejetté presque tous les actes faits par des agonisans. C'est par cette raison que les mariages contractés *in extremis*, sont bien valables quant au sacrement, mais ne produisent aucuns effets civils. *Voyez* MARIAGE.

Mais lorsqu'il s'agit de restitution, de reconnoissance de dettes, les déclarations des agonisans sont d'un grand poids, parce qu'on ne présume pas le mensonge de la part de celui qui est prêt à paroître devant l'Être suprême. On trouve un arrêt du 29 mars 1618, qui contraignit un père à payer deux obligations faites par son fils au lit de la mort, à un marchand chez lequel il étoit en apprentissage, pour remplacer les deniers qu'il lui avoit pris, & qu'il avoit divertis. Le père fut contraint au paiement de ces obligations, parce qu'il s'étoit rendu caution de la fidélité de son fils, & qu'on jugea la déclaration du fils, faite sans déguisement, pour se purger & mettre son ame en repos.

AGORANOMIE, c'est le nom qu'on donne à la justice des juges établis pour décider des contestations qui s'élevoient entre marchands: elle fut créée à Paris, dit Loiseau, par le chancelier de l'Hôpital, en 1565, & ensuite dans plusieurs autres villes du royaume, par l'édit de 1566.

AGOUTS, mot ancien qu'on trouve dans la coutume de Loudunois, *chap. I, art. 1*, où il a la même signification que celui d'*égout*; espèce de servitude que les Romains appellent *stillicidium*, & qui consiste à souffrir sur son héritage la chûte des eaux du toît de son voisin.

AGRAIRE, *loi*, (*terme de Jurisprudence romaine.*) chez les Romains, on appelloit *loix agraires* des loix qui avoient pour objet le partage & la distribution des terres. Ce mot vient du latin *ager*, *champ*.

Quoique cette partie du droit romain ne puisse s'appliquer

s'appliquer à nos loix & à nos usages, nous n'avons néanmoins pas cru devoir la passer sous silence, parce que les rapports qu'elle a avec d'autres objets ne laissent pas d'en rendre la connoissance utile jusqu'à un certain point.

La loi des douze tables avoit permis aux créanciers de s'emparer des biens de leurs débiteurs; & si les biens n'étoient pas suffisans pour acquitter les dettes, le créancier pouvoit aussi s'emparer de la personne de son débiteur, & le rendre son esclave, ou même le faire mourir. C'est par l'exécution de cette loi que les patriciens se vengèrent du peuple, en exerçant des cruautés inouies, & en s'appropriant les terres des plébéiens, sous prétexte d'anciennes créances qui avoient eu l'usure pour principe.

Ces actes vexatoires ne purent être de longue durée, malgré les apparences de légitimité qui sembloient y avoir donné lieu. Un riche plébéien nommé C. Licinius Stolon, ayant été fait tribun du peuple, l'an de Rome 377, entreprit de faire cesser les violences des patriciens, en proposant une loi qui les obligeroit de céder au peuple toutes les terres qu'ils auroient au-delà de cinq cens arpens. L'autre tribun nommé L. Sextius, se joignit à Licinius pour faire recevoir cette loi. Les guerres contre les Gaulois, & la création de plusieurs nouveaux magistrats, firent languir cette affaire pendant neuf années, au bout desquelles la loi *licinia* fut enfin reçue, malgré les oppositions des patriciens.

Elle fut appellée *loi agraire*, parce qu'elle établit le partage des terres, en ordonnant qu'aucun citoyen ne pourroit posséder à l'avenir plus de cinq cens arpens de terre, & qu'on distribueroit gratuitement, ou qu'on affermeroit à un très-bas prix l'excédent de cette quantité, à ceux d'entre les citoyens qui n'auroient pas de quoi vivre. Elle voulut qu'on leur donnât à chacun au moins sept arpens. Cette loi règla aussi le nombre de bestiaux & d'esclaves que chacun pourroit avoir pour faire valoir les terres qui lui seroient échues par ce partage, & l'on nomma trois commissaires pour tenir la main à l'exécution de ce nouvel ordre de choses.

Mais, par une fatalité inconcevable, il arrivoit toujours que les auteurs des loix n'étoient pas ceux qui les observoient le plus exactement. Licinius Stolon fut convaincu d'être possesseur de plus de mille arpens de terre. Il est vrai que, pour échapper à la rigueur de la loi, il avoit donné la moitié de ces mille arpens à son fils, après l'avoir fait émanciper. Mais cette émancipation, que l'on regarda comme frauduleuse, ne dispensa pas Licinius Stolon de restituer à la république cinq cens arpens, qui furent distribués à de pauvres citoyens. De plus, pour marquer à Licinius le zèle avec lequel on exécutoit sa loi, le peuple le condamna à payer l'amende de dix mille sous d'or, ainsi qu'il l'avoit ordonné lui-même. Ainsi, Licinius porta le premier la peine d'une loi dont il étoit l'auteur, & cette loi fut abolie dès la même année par la cabale des patriciens, toujours opposés à l'abondance, dès qu'il s'agissoit d'y contribuer.

Le mauvais succès de la loi *licinia* ne rebuta point le peuple. Mais il falloit attendre des circonstances plus favorables pour la faire recevoir une seconde fois, d'une manière plus authentique; & qui en assurât davantage la durée. On crut avoir trouvé cette occasion, attendue constamment pendant plus de cent trente années, lorsque Tibérius Gracchus fut élu tribun du peuple, environ l'an de Rome 527.

Tibérius Gracchus, allié du grand Scipion, s'étoit flatté d'avoir assez de crédit dans Rome pour faire revivre la loi *licinia*. Mais il trouva les oppositions ordinaires de la part des grands, qui s'étoient encore fortifiés par le suffrage d'Octavius, qu'ils avoient attiré dans leur parti. Octavius étoit aussi tribun du peuple; & c'étoit peut-être là le plus grand obstacle à l'acceptation de la loi *licinia*.

Mais Tibérius, homme d'un génie supérieur & doué d'ailleurs de l'heureux talent de la persuasion, surmonta toutes ces difficultés. Il commença par faire déposer Octavius; & la destitution de ce magistrat ayant levé tous les obstacles, la loi fut reçue d'une voix unanime: mais elle coûta la vie à son auteur; car les patriciens conservèrent toujours une si grande haine contre Tibérius, qu'ils trouvèrent enfin l'occasion de le faire périr dans une émotion populaire.

La fatale destinée attachée aux sectateurs de la loi *licinia*, n'épouvanta point ceux qui étoient véritablement zélés pour les intérêts de la patrie; & ils trouvèrent un soutien bien puissant dans la personne de Caïus Gracchus, frère de Tibérius, qui venoit d'être immolé à la haine des patriciens. Caïus, pour se mettre plus en état de servir le peuple, demanda la charge de tribun qui avoit été si funeste à son frère Tibérius. On peut juger si les sollicitations de Caïus furent traversées par le sénat, qui, au seul nom de Gracchus, trembloit déjà pour le rétablissement des loix *agraires*. Mais Caïus qui ne doutoit point de la victoire sur ses ennemis, s'il pouvoit intéresser pour lui la plus grande partie du peuple, continua toujours ses poursuites, & elles le conduisirent enfin à la charge de tribun.

Caïus Gracchus signala son entrée dans le tribunat, par la proposition qu'il fit de recevoir une troisième fois la loi *licinia*. Nouvelle opposition de la part du sénat; nouveaux efforts de la part du peuple. Enfin, Caïus obtint que cette loi fût encore reçue malgré les patriciens; il fit encore d'autres loix pour la réformation de la justice, & du sénat. Mais comme les loix *agraires* contrarioient le plus les magistrats corrompus par l'avarice, Caïus en devint à son tour la victime, ainsi que son frère.

Le consul Opimius, auteur de la mort de Caïus Gracchus, ne songea plus qu'à abolir les loix des Gracques, & à exterminer les restes d'un parti qu'il appréhendoit toujours. Pour achever l'exécution de cette entreprise, il fit couler le sang de tous ceux qui s'étoient intéressé aux Gracques; & pour qu'il ne restât plus aucun monument d'une famille qui avoit fait des efforts, inutiles à la vérité, mais toujours louables pour le bien de la république, il s'assura de quelques ames vénales qui avoient succédé aux Gracques dans l'exercice du tribunat: ensorte qu'un tribun inspiré par Opimius, fit recevoir une loi qui laissoit chacun en possession de ses terres, à condition de payer une légère redevance. Ainsi finirent les loix des Gracques.

Mais ce ne fut pas là la fin des loix *agraires*, du moins de celles auxquelles on donna ce nom; car dans les différens temps qui suivirent celui dont nous parlons, on en fit d'autres qui, à la vérité, ne regardèrent plus le partage des terres, mais qu'on appella néanmoins dans la suite *loix agraires;* telles furent celles qui concernoient quelques terres appartenantes à la république, & celles qui régloient la police des campagnes. Il nous reste encore quelques fragmens de ces dernières dans les recueils d'inscriptions, & entre autres dans les anciennes loix que Fulvius Ursinus a fait imprimer à la fin de ses notes sur le livre d'Antoine Augustin, *de legibus & senatus consultis.*

Nous avons quelques oraisons de Cicéron, ayant pour titre *de lege agrariâ:* elles sont contre Rullus, tribun du peuple, qui vouloit que les terres conquises fussent vendues à l'encan, & non distribuées aux citoyens.

AGRAIRES, (*Chambres*) Raoul Spifame, auteur politique du seizième siècle, propose dans le 185e projet de ses arrêts, de l'édition donnée par M. Auffray, en 1775, d'établir dans tout le royaume des chambres *agraires*, rurales ou arpentaires, pour gouverner la culture & fécondité des terres négligées.

Nous ne rapporterons pas ici ce projet de Spifame, à cause de son extrême longueur; mais nous engageons les hommes d'état, les sociétés d'agriculture, à lire ce morceau dans l'auteur même. Ils s'appercevront que les économistes modernes n'ont pas le mérite de l'invention sur plusieurs objets *agraires* qu'ils nous présentent. On pourroit tirer de cet auteur des loix & des réglemens propres à augmenter les progrès de l'agriculture & les richesses foncières du royaume.

AGRANDISSEMENT, s. m. (*Eaux & Forêts.*) c'est la même chose qu'*accroissement*, *augmentation.* L'ordonnance de 1669 attribue aux officiers des eaux & forêts la connoissance de tous les différends mus sur le fait des *agrandissemens* & augmentations des bois & des rivières.

AGRÉAGE, s. m. (*Finance.*) ce mot n'est en usage qu'à Bordeaux, où il s'emploie pour celui de *courtage:* une pipe d'eau-de-vie de cinquante veltes paie dans cette ville cinq sols de droit d'*agréage* ou de courtage. *Voyez* COURTAGE.

AGRÉER, v. a. (*Jurisprudence.*) c'est ou donner son consentement ou ratifier une chose. Ordinairement on *agrée*, c'est-à-dire, qu'on donne son consentement à un acte, lorsqu'on y adhère dans le temps même qu'il se passe; on l'*agrée* en le ratifiant, lorsqu'on y acquiesce après coup.

AGRÉER, (*Marine.*) en terme de marine, ce mot a deux significations différentes: c'est, en premier lieu, convenir avec le propriétaire d'un vaisseau du prix du fret; c'est aussi équiper un vaisseau de ses manœuvres, cordages, voiles & autres choses accessoires à la navigation.

AGREFFER, v. a. c'est un ancien mot, qui signifioit *saisir*, prendre avec effort.

AGRÉGATION, s. f. (*Jurisprudence.*) ce mot est synonyme à celui d'*association*, on s'en sert pour exprimer la réception de quelqu'un au nombre de ceux qui composent un corps, une communauté. On entend même quelquefois par ce mot, le corps ou l'assemblée. Toutes les associations, & par conséquent toutes *agrégations* sont défendues en France, à moins qu'elles ne soient autorisées par le prince.

L'*agrégation* s'emploie encore pour signifier l'union d'une abbaye, d'un monastère, à une autre abbaye ou à un autre ordre. Lorsque ces *agrégations* ont été faites avec toutes les formalités requises, que le consentement des deux maisons a été donné librement, & que le traité d'union a été revêtu de lettres-patentes, elles doivent subsister. Ainsi le grand-conseil ordonna avec raison, par un arrêt du 20 mai 1716, que le traité d'*agrégation* de l'abbaye de Monestier S. Castre & ses dépendances, à l'ordre de Cluny, subsisteroit tel qu'il avoit été fait.

En Italie on fait fréquemment des *agrégations* de plusieurs familles ou maisons, au moyen desquelles elles portent les mêmes armes & le même nom.

AGRÉGÉ, adj. (*Jurisprudence.*) c'est celui qui est joint & associé à un corps. Il y a dans plusieurs diocèses de France, des communautés de prêtres qu'on nomme *agrégés*, *filleuls*, ou *communalistes.* Ces communautés font corps entre elles, quoiqu'elles ne soient pas revêtues de lettres-patentes. Leurs statuts exigent communément certaines qualités dans ceux qui veulent y être *agrégés.* Nous en parlerons aux mots FILLEULS, COMMUNALISTE.

AGRÉGÉ, (*Docteur*) c'est le nom qu'on donne dans les facultés de droit à des docteurs établis, en vertu de la déclaration du roi de 1682, pour assister avec les professeurs aux examens, & aux thèses des étudians, suppléer les professeurs dans leurs leçons en cas de maladie, ou autres empêchemens légitimes, & ne faire avec eux qu'un seul & même corps. Les docteurs *agrégés* jouissent des mêmes droits, honneurs, privilèges & prérogatives que les professeurs; mais ils ne peuvent assister dans les délibérations qu'en nombre égal à celui des professeurs. *Voyez* UNIVERSITÉ.

AGRÉMENT, s. m. (*Jurisprudence.*) ce mot est synonyme à ceux de *consentement*, *ratification*, *approbation* : ainsi le contrat passé avec l'*agrément* de quelqu'un, est censé être par lui consenti, ratifié, & approuvé. Néanmoins ce terme s'emploie plus particuliérement pour signifier le consentement que l'on donne à une personne pour faire quelque chose, & c'est en ce sens qu'on dit de plusieurs charges & offices, qu'il faut obtenir l'*agrément* du roi pour en traiter, & s'en faire pourvoir; qu'on dit encore, qu'aucun légat ne peut exercer ses fonctions, avant d'avoir obtenu l'*agrément* du roi. Il résulte de ces exemples que le mot *agrément*, dans son acception stricte, est le consentement donné à quelqu'un pour faire une chose, à laquelle celui qui donne son *agrément* ne prend part qu'indirectement.

AGRER *ou* YCHIDE, s. m. (*terme particulier de la coutume de la Sole, chap. 31, art. 4.*) c'est le nom qu'elle donne à des rentes assignées spécialement sur un héritage, pour être payées sur le revenu annuel de l'héritage.

AGRÉRER, v. a. (*terme de Coutume.*) celle de Bordeaux appelle *agriere*, ce que d'autres appellent *terrage* ou *champart*, & elle se sert du mot d'*agrérer* pour signifier, *prendre & lever champart.*

AGRÈS, (*Droit maritime.*) on comprend sous ce mot tout ce qui est nécessaire aux manœuvres d'un vaisseau, tels que les voiles, les cordages, les poulies, les vergues, les ancres, les cables, & généralement tout ce qui sert à le mettre en état de naviguer.

On peut prêter à la grosse aventure sur les *agrès* d'un vaisseau, comme sur son corps & sur sa quille; on peut également faire assurer le corps, la quille, les *agrès* & apparaux d'un bâtiment, & dans ce cas la police d'assurance doit en contenir l'estimation.

La perte des *agrès* est regardée comme de simples avaries, qui ne tombent que sur le maître, le navire, & le fret.

Les gages des matelots sont hypothéqués par privilèges à toutes autres créances, sur le corps du vaisseau, ses *agrès*, apparaux & ustensiles : si tout périt, ou est pris par l'ennemi, ils ne peuvent rien prétendre de ce qui leur est dû, mais ils ne sont pas obligés de restituer ce qu'ils ont déjà reçu. Dans le cas de naufrage, ils exercent leur privilège sur les débris du navire, & sur ce que l'on a pu sauver de ses *agrès*.

AGRESSER, v. a. (*terme de Droit.*) c'est attaquer quelqu'un par des menaces, des injures, des gestes, des coups.

AGRESSEUR, s. m. (*terme de Droit.*) c'est celui qui a fait naître une querelle, soit en injuriant, soit en menaçant, soit en frappant, soit en tirant l'épée, ou en faisant quelque autre chose de ce genre. Ainsi l'*agresseur* est celui qui injurie le premier, qui fait une menace à un autre, qui lui donne un démenti, qui provoque en duel, qui frappe ou tire son épée le premier. L'*agresseur* est toujours le plus coupable, &, en matière criminelle, on informe d'abord pour connoître lequel des deux accusés est l'*agresseur.*

Lorsque de deux hommes qui se sont querellés ou blessés, on ignore lequel a été l'*agresseur*, & que chacun des deux prétend n'avoir agi qu'à son corps défendant, c'est par les circonstances qu'on doit tâcher de connoître la vérité : Farinacius veut qu'en pareil cas on fasse attention au genre de réputation dont jouit chacun des adversaires ; on confronte leurs armes avec leurs blessures; on s'instruit des circonstances qui ont précédé l'action, & de celles qui l'ont accompagnée; enfin un juge éclairé combine les différens rapports que peuvent avoir entre elles les déclarations qu'on lui a faites, & les plaintes sur lesquelles il doit prononcer, il doit examiner le motif ou l'intérêt que l'un peut avoir eu pour tuer son adversaire, ou lui faire violence, la jeunesse, la force, l'adresse à faire des armes; le lieu où l'action s'est passée, les menaces précédentes, les démarches qu'ils ont faites l'un & l'autre avant & après l'action.

Lorsqu'une des parties allègue pour sa justification, la nécessité d'une juste défense, cette excuse ne doit être admise qu'autant qu'elle est fondée sur de bonnes raisons & sur de puissans indices : mais dans le doute, s'il y a des présomptions égales de part & d'autre, il faut incliner en faveur de l'accusé.

Lorsqu'on prouve qu'on a tué à son corps défendant, & en conséquence d'une offense qui a précédé, on est censé avoir tué dans le cas d'une défense nécessaire & légitime. Cependant si les parens ou héritiers de l'*agresseur* demandoient à prouver que la première offense étoit légitime, & que l'offensé a excédé les bornes d'une légitime défense, ils seroient admis à faire cette preuve. En effet, pour que celui qui en repoussant la force, & en défendant sa vie, tue son adversaire, ne soit pas puni comme homicide, il faut : 1°. que celui qu'il a tué, ait été l'*agresseur*, & l'ait réduit à une telle extrémité, qu'il ne lui ait pas été possible d'éviter la mort : 2°. que l'agression de son ennemi ait été si vive, & si prompte, qu'il n'ait pu l'éviter par la fuite sans courir le risque de sa propre vie : 3°. qu'il ait commis l'homicide dans la chaleur de l'action, & en usant de la plus grande modération qui lui a été possible : 4°. que l'agression l'ait visiblement exposé au danger de perdre la vie; ainsi de simples menaces ou des injures n'excuseroient pas de l'homicide celui qui tireroit son épée, & tueroit une personne qui l'injurie.

S'il n'est pas possible de connoître quel est, entre deux adversaires, celui qui a été l'*agresseur*, quelques auteurs pensent qu'il ne faut alors punir ni l'un ni l'autre : mais, dans cette espèce, Farinacius établit les distinctions suivantes.

1°. Si aucun des deux combattans n'a été blessé, ou que l'étant tous deux, les blessures sont de peu de conséquence, on doit les renvoyer sans leur infliger aucune peine, ou du moins la punition doit être légère.

2°. Si l'un est vivant & que l'autre ait été tué, quelques auteurs pensent que c'est à celui qui est vivant à prouver qu'il a tué l'autre à son corps défendant, & qu'au défaut de cette preuve il doit être puni de mort: mais cette opinion est trop rigoureuse, à cause de l'incertitude de l'agression; on ne doit prononcer contre celui qui est vivant qu'une peine moindre que celle de l'homicide.

De même si des deux adversaires un seul a été blessé, ou que tous deux l'ayant été, la blessure de l'un se soit trouvée plus dangereuse que celle de l'autre, l'incertitude de l'agression doit faire diminuer la peine qu'on infligeroit à celui qui a blessé, s'il étoit reconnu pour *agresseur*.

3°. Enfin, lorsqu'il est prouvé que les deux adversaires se sont attaqués en même temps, comme quand ils sont venus à la rencontre l'un de l'autre l'épée à la main, on doit les punir tous deux, du moins celui qui a tué ou blessé.

L'ordonnance du 5 janvier 1677, veut que si deux officiers se battent, & que l'*agresseur* ne puisse être connu, ils soient tous deux cassés, & qu'en outre on les poursuive criminellement comme infracteurs des ordonnances publiées contre les duellistes. L'édit contre les duels de 1723 veut que l'*agresseur* soit seul condamné à la mort, quand il sera prouvé qu'il a seul provoqué le combat.

Le réglement des maréchaux de France, du 22 août 1653, porte que lorsqu'il y aura eu quelque démêlé entre des gentilshommes, dont les uns auront promis de ne se point battre, & les autres ne l'auront pas promis, ces derniers seront toujours réputés *agresseurs*, à moins qu'il n'y ait des preuves positives du contraire. Il est nécessaire de remarquer que si un *agresseur* attaque mon père, mon ami, même un homme que je ne connois pas, je peux, je dois même le défendre, & si je tue l'*agresseur*, je ne suis pas coupable d'homicide; il en est de même du domestique qui défend son maître. *Voyez* Homicide, Duel, *&c.*

AGRESSION, s. f. (*terme de Pratique.*) est l'action par laquelle quelqu'un se constitue *agresseur* dans une querelle ou une batterie, c'est-à-dire, commence la dispute ou la querelle.

AGRICULTURE, s. f. (*Droit public.*) c'est l'art de cultiver la terre, pour en tirer les diverses sortes de choses qu'elle peut produire, soit pour la nourriture de l'homme, comme les bleds, le vin, les fruits, soit pour son vêtement, comme le lin, le chanvre, le coton. Tous les travaux d'*agriculture* se rapportent au bien public, à l'utilité générale, ils doivent donc intéresser tous les membres de la société. Sans l'*agriculture* une nation ne peut avoir de puissance durable. Les Romains n'ont conquis l'univers que dans le temps où ils étoient cultivateurs, & ils n'ont commencé à s'affoiblir, que lorsqu'ils placèrent l'*agriculture* au rang des arts vils, & qu'ils la firent exercer par des esclaves. Ce préjugé s'étendit chez toutes les nations où la puissance romaine & sa corruption pénétrèrent; non seulement on méprisoit, mais même on accabloit d'oppression, les personnes qui y étoient employées. Nous pensons différemment aujourd'hui. Un grand nombre d'écrits lumineux ont éclairé la nation & le gouvernement sur leurs véritables intérêts. On sent la nécessité de l'*agriculture*, son influence sur la prospérité de l'état. On cesse de vexer le cultivateur; on veut même lui faire aimer sa profession. Delà ces loix sages qui défendent de saisir les meubles, les harnois, les instrumens les bestiaux, employés au labourages: les ordonnances relatives à la conservation des grains, depuis la semence jusqu'à la récolte: les défenses de chasser dans les vignes, dans les bleds, dans les terres ensemencées; la permission de travailler à la récolte, même les jours de fêtes; l'abolition du vingtième d'industrie dans les bourgs, les villages, & les campagnes; l'adoucissement de la corvée, la liberté du commerce des grains, l'établissement des administrations provinciales, *&c.* Nous traiterons de tous ces objets sous les mots qui leur sont propres.

AGRIER *ou* Agriere, (*termes de Coutume.*) on s'en sert dans celles de la Marche, de l'Angoumois, de S. Jean d'Angeli, & dans presque toutes les provinces de droit écrit, pour signifier un droit qui se lève sur les terres, & que les autres coutumes appellent *droit de champart* ou *terrage*. Les termes d'*agrier* & d'*agriere* viennent du mot latin *ager*, qui veut dire *champ*.

Pour lever l'*agrier*, l'usage seul ne suffit pas, il faut un titre précis; il ne se paie pas en argent, mais en nature; la quotité du droit se détermine par la coutume de l'endroit: quelques-unes le font monter au quart des fruits croissans.

Il se lève non seulement sur les grains & sur le vin, mais encore sur toutes les espèces de fruits, de manière que si le propriétaire d'un champ sujet à l'*agrier*, y plante des arbres fruitiers, les fruits de ces arbres seront sujets au droit.

L'emphytéote qui tient en *agrier* est obligé de cultiver & d'ensemencer son champ pour que le seigneur puisse percevoir son droit; & s'il y manque, on le condamne à payer le produit de l'*agrier*, suivant l'estimation d'un homme de probité. Il ne lui est pas même permis de changer la face de son fonds, lorsque le droit d'*agrier* est déterminé, & qu'il doit être payé en vin ou en bled; de sorte qu'il ne peut ni planter de la vigne dans un champ, ni semer à la place de sa vigne, ni faire de l'un & de l'autre un pré. Cependant si l'intérêt & l'utilité évidente du tenancier exigeoient que la terre fût employée à une autre culture, que celle désignée dans le contrat de cession, il pourroit se faire autoriser à changer les productions de son héritage; outre le bien public, qui augmente par la meilleure culture des terres, l'intérêt du seigneur s'y rencontre également, puisqu'il retrouve dans les nouveaux fruits un droit plus considérable & plus avantageux que dans la première espèce de culture. Mais lorsque le contrat d'*agrier* ne porte qu'une stipulation générale, sans spécifier la qualité du fruit, l'emphytéote a la pleine liberté de changer les productions de son champ, pourvu qu'il produise annuellement des fruits que le seigneur puisse percevoir.

Le droit d'*agrier* est censé seigneurial dans la main de celui à qui il appartient, à moins qu'il ne paroisse évidemment que le fonds sujet à cette redevance ne soit dans la directe d'un autre seigneur. Lorsqu'il est seigneurial, il produit des lods & ventes; mais il n'en produit pas, lorsqu'il n'est considéré que comme une charge, qui ne naît pas de la directe.

De droit commun l'*agrier* seigneurial est portable de la part du tenancier, à moins que le titre ne le déclare quérable de la part du seigneur: mais l'*agrier*, qui n'est pas seigneurial, n'est portable, que dans le cas où cette condition est imposée par le titre.

Dans le parlement de Bordeaux, on adjuge vingt-neuf années d'arrérages de l'*agrier* seigneurial & portable, & cinq seulement quand il n'est ni seigneurial, ni portable. Au parlement de Toulouse au contraire dans l'un & l'autre cas, on n'adjuge que cinq années.

Le propriétaire du fonds sujet à l'*agrier*, est obligé d'avertir le seigneur lorsqu'il veut cueillir ses fruits; mais il n'est pas tenu de lui demander la permission de vendanger, il n'y a que le seigneur haut-justicier qui ait le droit de fixer le jour des vendanges. Il est aussi obligé de demander un garde, qui se transporte sur le fonds sujet à l'*agrier*, à l'effet de compter les gerbes de bled, ou les hottées de vendanges, pour qu'il ne soit fait aucune fraude au seigneur de l'*agrier*.

Le garde peut entrer dans les vignes ou pieces de bled, il est même, dans quelques endroits, nourri & payé par le tenancier, ce qui dépend de la coutume & de l'usage des lieux, ou des conventions insérées dans le titre primordial.

La dixme doit être perçue avant l'*agrier*: mais ce droit est imprescriptible comme le cens, & celui qui y est sujet n'est pas reçu à soutenir que de temps immémorial il n'a rien payé. La raison de cette jurisprudence est fondée sur ce que le droit d'*agrier* est imposé pour la tradition même du fonds, & qu'il doit être considéré comme une rente fonciere, prise dans l'acception la plus étendue, qui ne doit pas reconnoître l'empire du temps, parce qu'on n'auroit pas donné le fonds, sans être assuré de la prestation de la rente, qui a fait seule le prix de l'aliénation; mais il n'en est pas de même de la quotité de l'*agrier*, & de la maniere dont il doit être payé. Le tenancier est bien fondé à opposer la prescription contre la quotité, lorsque de temps immémorial, il l'a payé à une moindre quantité que celle portée par la coutume, & contre l'obligation de le conduire dans le lieu du domicile du seigneur, lorsque celui-ci est venu le lever, sans obliger l'emphytéote à le lui porter.

AGRIMENSATION, s. f. (*terme de Droit.*) par où l'on entend l'arpentage des terres. *Voyez* ARPENTAGE. (*H.*)

A H

AHANABLE, adj. (*terme de Coutume.*) ce vieux mot veut dire *labourable*. Ainsi les terres *ahanables* sont celles qui doivent être cultivées; on trouve ce terme dans la coutume de Boulenois, *art. 170 & 174*. On s'en sert aussi en Champagne, où l'on dit encore *ahaner les terres*, pour *les labourer*. La coutume de Mons, *art. 51*, se sert du mot *ahans* dans la même signification que celui d'*ahanable*. On trouve aussi les mots d'*ahener*, pour *labourer*, & d'*ahennage*, pour *labourage*.

AHEURER, v. a. ancien mot qui vouloit dire *s'absenter*.

AHONTER, v. a. on le disoit autrefois pour *déshonorer*.

AHUCHIER, v. a. on s'en servoit à la place des mots *appeller*, *mander*.

AHUR, s. m. signifioit un voleur.

A I

AIDE, s. m. (*Droit civil, canonique & militaire.*) ce mot a parmi nous différentes significations. Mais, en général, il signifie *secours* ou *subside*. On l'emploie en droit civil & canonique pour désigner certaines sommes que l'on donnoit aux évêques, aux rois & aux seigneurs. Il désigne aussi un office, une dignité, un emploi, on dit un *aide-de-camp*, un *aide-major*, un *aide-mouleur*. Nous allons suivre ces différentes acceptions.

AIDE, *secours* ou *subside*. (*Droit canonique.*) on trouve, dans l'histoire ecclésiastique, qu'en certaines occasions les évêques levoient des *aides* sur leurs diocésains, pour subvenir aux dépenses extraordinaires: les *aides* se levoient ordinairement lors de leur sacre, ou joyeux avénement, lorsqu'ils recevoient les rois chez eux, lorsqu'ils partoient pour un concile, ou qu'ils alloient à la cour du pape. On leur donnoit le nom de *coutumes épiscopales* ou *synodales*, & celui de *denier de pâques*.

Les archidiacres levent encore des especes d'*aides* dans leur archidiaconé. On est obligé de leur payer un droit, lors de leur visite, droit qui leur est dû par toutes les églises paroissiales, même par celles qui sont desservies par des religieux, droit accordé pour les dédommager des frais de leur voyage. Ordinairement il est de trois livres ou de cent sols, suivant l'usage du diocèse. Rarement les archidiacres en profitent eux-mêmes, ils l'abandonnent au secrétaire qui les suit, & se contentent du dîner que les curés leur offrent sans y être obligés.

On appelle encore en droit canonique *aide*, ou *succursale* une église bâtie pour la commodité des paroissiens, lorsque l'église paroissiale est trop éloignée, ou trop petite pour les contenir tous.

AIDE, (*Droit féodal.*) dans les anciennes coutumes ce mot signifie un *subside*, un *secours en argent*, que les vassaux & censitaires étoient obligés de payer à leurs seigneurs en certaines circonstances particulières.

Il paroît que les seigneurs ont introduit ces *aides* à l'exemple des patrons de l'ancienne Rome, qui recevoient des présens de leurs cliens & de leurs affranchis en certains cas, comme pour doter leurs filles, ou en certains jours solemnels, comme celui de leur naissance.

L'*aide* diffère de la taxe, en ce que la taxe s'impose dans quelque besoin extraordinaire & pressant, au lieu que l'*aide* n'est exigible qu'autant qu'elle est établie, & dans les cas marqués par la coutume.

Origine des aides, & des cas où elles sont dues. Dans l'origine, les *aides* étoient libres & volontaires, elles ne dépendoient que de l'honnêteté & de la courtoisie des vassaux. C'étoient des présens que nos rois recevoient dans des circonstances extraordinaires, & qu'à leur imitation les seigneurs reçurent dans les mêmes circonstances. Aussi ces *aides* étoient appellées *libres & gracieuses*, *loyaux-aides*, *coutumes volontaires*, *droits de complaisance*; elles sont même ainsi qualifiés dans un arrêt du 10 juillet 1624. Mais ces *aides* ont été ensuite réglées par des conventions passées entre les seigneurs & leurs vassaux, ou par les coutumes lors de leur réformation.

L'*aide* étoit principalement due dans quatre cas, lorsque le seigneur étoit fait prisonnier, lorsque lui ou son fils étoit reçu chevalier, lorsqu'il marioit sa fille aînée, lorsqu'il partoit pour le voyage d'outre-mer. C'est par rapport à ces quatre motifs pour lesquels les seigneurs exigoient une *aide* de leurs vassaux, que l'on trouve fréquemment dans les auteurs le droit d'*aide* sous la dénomination de la taille aux quatre cas.

Mais outre ces *aides* que le seigneur avoit le droit d'exiger, on connoissoit encore des *aides raisonnables*, que les vassaux étoient obligés de fournir aux seigneurs dans de certaines nécessités imprévues, & pour raison desquelles on les taxoit au *prorata* de leurs facultés. Telles étoient par exemple, celles que l'on nommoit, *aides de l'ost & de chevaùchée*, qui étoient des subsides dus au seigneur, pour l'aider à subvenir aux frais d'une guerre; elles étoient payées par tous ceux qui ne pouvoient le servir en personne.

L'aide est-elle due dans toutes les provinces du royaume? Dans les pays de droit écrit on ne paie le droit d'*aide*, que lorsqu'il est fondé en titre.

Quelques auteurs ont prétendu que lorsque le titre donne au seigneur le droit de taille en général, ou à volonté, à merci ou à miséricorde, ou le droit de taille haut & bas, ils sont en droit de lever la taille aux quatre cas. Mais nous ne pensons pas que cette opinion soit bien fondée. Il faut s'en tenir strictement aux dispositions contenues dans le titre, & les vassaux & censitaires ne peuvent être contraints à payer d'autres redevances, que celles auxquelles ils ont été assujettis.

Les termes même *de taille à volonté*, & *aux cas accoutumés*, ne peuvent s'étendre à la taille aux quatre cas: le sens naturel de ces mots est d'exprimer que la taille est due suivant l'usage ordinaire, & imposable à la volonté du seigneur, parce qu'autrefois le seigneur faisoit annuellement le rôle de la taille qui lui étoit due & en fixoit la quotité suivant les facultés des contribuales. Depuis, l'usage s'est introduit de déterminer cette quotité sur l'estimation d'experts.

En second lieu, les termes *aux cas accoutumés* pourroient s'entendre non des quatre cas, mais de ceux pour lesquels il est d'usage dans le pays d'imposer le taillable. Cela est conforme à la jurisprudence du parlement de Paris; mais celui de Bordeaux admet que le mot *de toutes les tailles*, comprend la taille annuelle, celle à volonté, & celles aux cas extraordinaires.

Dans les pays coutumiers les *aides* ne se paient que lorsqu'elles sont établies par la coutume, & de la manière dont elle les a prescrites. Celles qui contiennent ces droits, sont Bourgogne, Franche-Comté, Amiens, Boulenois, Artois, Anjou, le Maine, Bretagne, Loudunois, la Salle-de-l'Isle, Ponthieu, Beauquesne, Dourlens, Normandie, Tours, Poitou, Bapaume, Auvergne, Bourbonnois, & la Marche.

Précis des dispositions de chaque coutume. Dans les coutumes de Bourgogne & de Franche-Comté, le droit d'*aides* est dû au seigneur dans les quatre cas, le premier pour payer sa rançon, lorsqu'il a été fait prisonnier; le second lorsqu'il est fait chevalier; le troisième lorsqu'il marie sa fille aînée, & le quatrième lorsqu'il fait le voyage d'outre-mer. Il se fixe dans tous ces cas, à la somme que produisent toutes les redevances seigneuriales d'une année, ensorte que si elles montent à une somme de cent livres, le droit d'*aide* sera également de cent livres. Mais si les redevances seigneuriales se paient en nature, on estimera la valeur des fruits, suivant le prix courant de l'année, parce que l'*aide* doit toujours être payée en argent.

Dans la coutume du Boulenois, le droit d'*aide* est égal à la somme due pour le relief de fief; mais il n'est exigible qu'une seule fois dans la vie du seigneur, soit pour le mariage de sa fille aînée, soit lorsque son fils est fait chevalier; il est à son choix de l'exiger dans l'un ou l'autre cas.

Les coutumes d'Amiens & de Dourlens ne l'accordent aussi qu'une seule fois pendant la vie du seigneur & à son choix, pour les deux cas exprimés dans celle du Boulenois; elles en fixent la quotité à une somme de dix livres, pour les fiefs tenus en pairie, & à soixante sols pour les fiefs tenus en plein hommage & non pairie.

La coutume de Normandie accorde au seigneur le doit d'*aide* lorsqu'il fait son fils chevalier, qu'il marie sa fille aînée, & qu'il est fait prisonnier. Elle appelle ces droits d'*aide aides-chevels*, parce qu'ils ne sont dus qu'au chef-seigneur, c'est-à-dire, à celui qui possède par foi & hommage, & qui, à cause de son fief, tombe en garde.

La coutume ne s'explique pas sur la somme à laquelle l'*aide* doit monter; mais Basnage, & les autres commentateurs, estiment qu'elle ne peut pas être plus forte que l'*aide* de relief que cette coutume donne encore aux héritiers d'un seigneur, pour leur fournir la somme dont ils ont besoin pour payer eux-mêmes le relief du fief qui leur est échu par la mort de leur parent. Or ce droit d'*aide-relief* est de la moitié du relief qui seroit dû pour le fief servant.

En Bretagne, le vassal doit à son seigneur le droit d'*aide*, lorsqu'il marie l'une de ses filles, que lui ou son fils aîné est fait chevalier, lorsqu'il a été fait prisonnier, & lorsqu'il achète ou qu'il retire les héritages mouvans de son fief ou de sa censive. Dans les trois premiers cas, l'*aide* est du prix de la rente seigneuriale: pour la rançon, l'*aide* n'est due qu'après que les meubles du seigneur ont été épuisés pour la payer, & le surplus de la rançon s'impose sur chaque vassal, en proportion du bien qu'il possède. Au cinquième cas, l'*aide* n'est pas un don, mais une simple avance, faite par le vassal, de la rente qu'il doit au seigneur, & dont celui-ci doit lui donner quittance.

Les coutumes d'Anjou & du Maine n'accordent aux seigneurs les droits d'*aide* qu'en trois cas: lors du mariage de sa fille, lorsqu'il est fait chevalier, ou qu'il est prisonnier. Il ne peut les lever qu'une seule fois en sa vie, & ils consistent dans le doublement des devoirs de ses hommes, lorsqu'ils n'excède pas la somme de vingt-cinq sols, autrement ils ne surpassent jamais cette somme, à quelque quantité qu'ils montent.

La coutume de Tours accorde les droits d'*aides* dans les mêmes cas que celles d'Anjou & du Maine; mais elle ajoute que si deux ou trois cas arrivent dans la même année, le seigneur ne doit pas les exiger dans la même année, mais seulement un droit chaque année: elle défend à tout non-noble de les demander, & indistinctement à tous de les céder, transporter ou donner à ferme, parce que ce droit n'est accordé qu'à la personne du seigneur, uniquement pour ses besoins particuliers & extraordinaires. Le droit d'*aide* est fixé, pour les fiefs sujets au service, à la tierce-partie du service, & au quinzième du revenu que le vassal retire de son fief; & à l'égard des fiefs non sujets à services, ainsi qu'à l'égard des cens & rentes inféodées, au cinquième du revenu de l'année.

La coutume de Loudunois contient les mêmes dispositions que celle de Tours, & elle fixe le droit, lorsqu'il n'est pas abonné, à la troisième partie du service outre le service, & s'il n'y a pas de service, à la septième partie du revenu du fief pour l'année; elle le détermine pour le cens & rentes inféodées, à leur doublement, s'ils ne passent pas vingt sols, & à cette même somme lorsqu'ils sont plus considérables.

La coutume de Poitou donne au seigneur le droit de lever l'*aide* dans les quatre cas, & chacun est fixé à la quatrième partie du revenu du fief, de ce que le vassal leveroit en sa main, déduit le droit du laboureur. Les quatre cas arrivant la même année, le seigneur n'en doit lever qu'un par chaque année. Cette coutume accorde au seigneur, homme d'église, un droit d'*aide* lorsqu'il entre pour la première fois dans son bénéfice.

Dans la coutume de la Marche, la taille est due aux quatre cas, non au seigneur haut-justicier, sujet de la comté de la Marche, à cause de la justice qu'il possède en Marche, mais au seigneur direct & foncier.

Ce droit d'*aide* est fixé pour ceux qui tiennent en franchise, & à devoir d'argent, à la même somme que celle déterminée pour le devoir; mais quant aux héritages tenus *servement*, l'*aide* se lève à la volonté du seigneur, suivant les facultés des tenanciers, & dans le cas de plainte de leur part, elle est imposée à dire d'experts. Ceux qui ne doivent pas d'argent, ne doivent pas aussi l'*aide* aux quatre cas.

Lorsque le seigneur lève le droit d'*aide*, il ne peut lever dans la même année la quête courante, mais il perçoit quatre fois l'*aide*, si les quatre cas se rencontrent dans la même année.

La coutume d'Auvergne est celle qui a le plus étendu le droit d'*aide*. Elle l'accorde dans les quatre cas; & en outre elle veut que l'*aide* se réitère autant de fois que le seigneur est fait prisonnier, & au mariage de chacune de ses filles, pourvu qu'elles soient mariées hors de sa maison & dotées. La veuve même du seigneur peut l'exiger dans ce dernier cas.

Les quatre cas arrivant dans la même année, les quatre droits ne doivent être perçus qu'en quatre ans. Chacun de ses droits est fixé à une somme de trente sols par feux, qui doivent être égalés & répartis sur les sujets: mais les veuves, les mineurs & autres personnes misérables, en sont exempts.

Dans la partie de l'Auvergne, qui est située entre les rivières de Cher & de Sioule, la taille aux quatre cas est due au seigneur direct, & non au seigneur haut-justicier: ce droit est fixé par la coutume locale, au doublement du cens.

La coutume de Bourbonnois ne diffère guère de celles d'Auvergne & de la Marche, elle donne le droit d'*aide* dans les quatre cas, le déclare réitérable pour la rançon, le fait consister dans le doublement de la taille réelle & personnelle, & lorsqu'il se rencontre plusieurs cas dans la même année, elle ordonne qu'ils seront partagés en différentes années, de manière qu'il n'en soit payé qu'un par chaque année.

En Artois, il est dû au seigneur haut-justicier & vicomtier, lorsqu'il marie sa fille aînée, ou que son fils aîné est reçu chevalier. Ce droit est le même que celui de relief sans chambellage.

Saint-Omer & Bauquesne ont adopté les mêmes dispositions.

Bapaume n'en diffère qu'en ce qu'elle n'accorde ce droit qu'au seigneur haut-justicier, & non au seigneur vicomtier.

Dans le Ponthieu, le droit d'*aide* est dû dans trois

cas; lors du mariage de la fille aînée du seigneur, lorsqu'il fait son fils chevalier, lorsqu'il est prisonnier. Ce droit sur les héritages côtiers est le double de la rente seigneuriale; les fiefs paient soixante sols.

D'après l'extrait des coutumes que nous venons de donner, on voit qu'il est impossible d'établir aucune règle générale sur la prestation de l'*aide* ou taille aux quatre cas; il faut absolument s'en tenir aux dispositions particulières de chaque coutume, soit pour fixer la quotité du droit, soit pour décider les espèces dans lesquelles le droit d'*aide* est dû, soit enfin pour déterminer les personnes sur lesquelles le seigneur a droit de lever l'*aide*. A l'égard de ce dernier objet, les coutumes varient entre elles; les unes accordent l'*aide* au seigneur sur les fiefs & sur les rotures, les autres ne l'accordent que sur les fiefs. Il faut observer que les ecclésiastiques ne sont pas exempts du droit d'*aide* aux quatre cas, pour raison des biens qui y sont sujets, & qu'ils possèdent à tout autre titre que celui de leur bénéfice.

De la jurisprudence actuelle sur l'aide coutumière. Le droit d'*aide* est imprescriptible, premièrement, parce que le seigneur est le maître de le lever ou de ne pas le lever; secondement, parce qu'il s'écoule des siecles entiers sans qu'il arrive aucun des cas pour lesquels il peut être demandé: mais quand il y a eu ouverture au droit, sa prestation est prescriptible par trente ans, suivant la coutume d'Auvergne, dont la disposition doit être suivie dans toutes celles qui n'ont à cet égard aucune disposition contraire, parce que la prescription de trente ans est conforme au droit commun.

Les voyages de la terre-sainte & les croisades n'ayant plus lieu aujourd'hui, le droit d'*aide* dans ce cas paroît anéanti, & il n'est plus d'usage. On en peut dire autant de l'*aide* de rançon, puisqu'aujourd'hui les seigneurs de fief ne sont plus obligés au service militaire, à raison de leurs fiefs, & ne servent dans les armées qu'au moyen d'une solde que le roi leur paie. D'ailleurs, comme on ne paie plus de rançon pour les prisonniers de guerre, & qu'elle est payée par le roi, il n'y a pas lieu à la demande de l'*aide*. Cependant si un officier étoit obligé d'en payer une, les dispositions des coutumes subsisteroient, & le seigneur fait prisonnier seroit en droit de demander une *aide* à ses vassaux pour le paiement de sa rançon.

Les *aides* coutumières n'ont donc plus lieu que pour les mariages des filles, ou la réception en l'ordre de chevalerie. Mais il faut remarquer que le droit d'*aide* pour raison du mariage de la fille aînée, n'est exigible qu'après le mariage accompli; & que si le mariage venoit à être déclaré nul après le paiement de l'*aide*, le seigneur qui l'auroit reçu seroit tenu de le restituer à ses sujets, par la raison que ce droit ne lui est accordé que pour la dot de sa fille, & que cette dot lui est rendue lorsque le mariage est déclaré nul.

Les coutumes accordent au seigneur un droit d'*aide* lorsque lui ou son fils sont armés chevalier. Dans le temps de leur rédaction, nous ne connoissions en France aucun de ces ordres de chevalerie que les souverains ont institués, ou pour s'attacher plus particuliérement les grands seigneurs, ou pour récompenser les services militaires. Il n'y avoit alors qu'une espèce de chevalerie qui ne constituoit aucun ordre proprement dit dans l'état, mais qu'on regardoit comme le dernier degré d'honneur auquel un gentilhomme pût aspirer. La qualité de chevalier ne s'accordoit qu'après des preuves non équivoques de bravoure, elle se conféroit dans les assemblées publiques, comme les tournois, ou à la tête des armées. On donnoit au nouveau chevalier le baudrier ou la ceinture de chevalier, on lui chaussoit les éperons dorés. Cette réception engageoit à des frais considérables, & c'est par cette raison que les coutumes avoient ordonné une *aide* qui pût mettre le nouveau chevalier en état d'y suffire. Cette antique chevalerie n'existe plus, ce qui donne lieu à la question de savoir si la réception des ordres de chevalerie institués aujourd'hui, & qui ont fait tomber l'ancienne, peuvent donner occasion au nouveau chevalier d'exiger l'*aide* de chevalerie.

Un arrêt de 1632, cité par le président Bouhier, & rapporté par Henrys, avoit jugé que la réception de chevalier de l'ordre de S. Michel donnoit ouverture au droit d'*aide*: mais cet arrêt n'est plus suivi aujourd'hui; les auteurs prétendent que le droit d'*aide* ne doit être accordé qu'aux chevaliers de l'ordre du S. Esprit, qui y ont été confirmés par arrêt du conseil du 6 juin 1767, rendu entre M. le duc de Richelieu, la dame des Ecotais, veuve du marquis de Valory, comme ayant la garde-noble de son fils, & les chevaliers du S. Esprit, intervenans.

En examinant l'esprit des coutumes, il semble que le droit d'*aide* a principalement été co[illegible] aux chevaliers pour les mettre à même de fournir aux frais d'une réception très-dispendieuse: or on ne peut appliquer ce motif aux chevaliers de S. Michel, de S. Louis, ou de S. Lazare, dont la réception n'engage à aucune dépense ruineuse.

L'ordre du S. Esprit lui-même ne rappelle l'ancienne chevalerie que par sa prééminence sur ceux de S. Lazare, de S. Michel, &c.

La chevalerie n'existant plus, les droits de servitude, & généralement tous les droits onéreux qui en dépendoient, ne devroient-ils pas être ensevelis avec elle? Il seroit au moins à desirer qu'on mît de l'uniformité dans les coutumes que nous venons de passer en revue; leurs dispositions sur ce point sont obscures, & remplies d'irrégularités choquantes.

Nous remarquerons, avant de finir, qu'en Provence on permet au père qui fait recevoir son fils chevalier de Malthe, de demander l'*aide* de chevalerie; mais cette disposition ne doit pas s'étendre aux autres provinces, parce que la réception dans cet ordre est moins l'acquisition d'un titre d'honneur que la profession dans un ordre religieux.

AIDE, (*Droits d'aides. Finance.*) c'est en général les

les secours ou subsides que les sujets fournissent ou paient au roi pour soutenir les dépenses de la guerre & les autres charges de l'état.

Sous les deux premières races de nos rois, & au commencement de la troisième, la couronne n'avoit d'autres revenus que ceux du domaine. Dans les besoins de l'état on levoit des impositions extraordinaires, qui ne duroient qu'autant que la cause qui les avoit fait établir. On rapporte la plus ancienne de ces impositions à l'année 584, sous le règne de Chilpéric. Ce fut lui qui mit sur le vin l'impôt d'une amphore, ou huitième de muid, par arpent. Ces subsides, qu'on appelloit *aides*, n'étoient ordinairement établis que pour un an. Mais dans la suite, le royaume, en étendant ses limites, ayant eu besoin d'un plus grand nombre de places fortes & d'armées plus nombreuses pour sa défense, les dépenses augmentèrent à proportion. Les revenus ordinaires ne furent plus suffisans: il fallut avoir recours, même en temps de paix, aux impositions extraordinaires; & la même nécessité qui les fit proroger pour quelques années, les rendit bientôt ordinaires & perpétuelles.

Ces subsides, de quelque espèce qu'ils fussent, conservèrent long-temps le nom générique d'*aides*, qui embrassoit même le droit de la gabelle, & une grande partie de ce qui compose les traites. Cette dénomination aujourd'hui n'est plus appliquée qu'à certains impôts qui se lèvent sur les boissons & sur quelques autres marchandises, & ce n'est plus même que dans ce sens que le mot *aides* est en usage relativement aux revenus de l'état.

Avant François I, toutes les parties des finances étoient dans la plus grande confusion. C'est sous ce prince qu'on a commencé à mettre de l'ordre & de la clarté dans la perception des subsides, & dans l'administration des deniers de l'état. Les ordonnances du 7 décembre 1542, du premier mars 1545, du 12 avril 1547, & du mois de décembre 1557, qui ont été rendues sous les règnes de ce prince & de son successeur, ont été la base de la plupart des réglemens généraux faits sous les règnes suivans.

Les droits qui composoient la ferme des *aides* étoient pour lors divisés en plusieurs fermes particulières qui s'adjugeoient tous les ans. Ce ne fut qu'en 1604 qu'on les réunit en une ferme générale, adjugée pour plusieurs années. Le premier bail en fut passé, le 4 mars, à Drouart du Bouchet, auquel on subrogea, dès le 15 mai suivant, Jean Moisset. Ce bail, & ceux qui le suivirent jusqu'en 1663, ne portoient que la simple énumération des droits qui en faisoient l'objet: on n'y entroit dans aucun détail concernant la perception; les articles de ces baux étoient en petit nombre, & ne contenoient que les clauses générales & respectives. Celui qu'on passa à Rouvelin le 25 septembre 1663, est le premier où les droits aient été divisés par nature, & mis dans un nouvel ordre, qui est encore, à peu de chose près, celui qu'on a pris pour modèle dans les baux suivans. La quotité des droits, le cas de la perception, & la formalité de la régie y sont détaillés succinctement. Chaque bail enregistré dans les cours devint le réglement général que devoient observer les redevables & le fermier. Les deux ordonnances de 1680, rendues l'une pour le ressort de la cour des *aides* de Paris, & l'autre pour celui de la cour des *aides* de Rouen, & celle de 1681, pour tous les droits des fermes, rassemblèrent toutes les dispositions répandues dans ces baux & dans les réglemens particuliers, & réglèrent les cas qui n'y avoient point été prévus. Ce sont ces ordonnances qui sont encore en vigueur aujourd'hui; mais changées, modifiées, étendues ou interprétées dans une partie de leurs dispositions, par un grand nombre de réglemens généraux & particuliers, dont les principaux sont les édits de septembre 1684, & de décembre 1686; la déclaration du 4 mai 1688, pour le gros & autres droits; celle du 7 février 1688, au sujet des procédures des fermes; celle du 10 octobre 1689, pour les droits de jauge-courtage; les édits de février 1704, & octobre 1705, pour les inspecteurs aux boissons & aux boucheries; la déclaration du 23 octobre 1708, pour les droits de courtiers-jaugeurs; celles du 10 avril 1714 au sujet des droits d'entrée, des 3 mars 1705 & 7 mai 1715, pour les quatre sous pour livre; les lettres-patentes du 10 octobre 1719 pour les entrées de Paris, du 25 mars 1732, sur les inscriptions de faux, *&c.*

Les *aides*, telles qu'elles subsistent aujourd'hui, ne se lèvent que dans le ressort des cours des *aides* de Paris & de Rouen; c'est-à-dire, dans la partie des provinces qui ont composé d'abord le patrimoine de nos rois, & qui font environ le tiers du royaume. Du nombre des autres provinces, les unes se sont rédimées des droits d'*aides* par des équivalens ou autrement; les autres, comme pays d'états, font elles-mêmes leurs impositions sous l'autorité du roi. On peut remarquer que ces équivalens & impositions sont, pour la plupart, à-peu-près de même nature que les droits d'*aides*, & établis pareillement sur les boissons: tels sont les devoirs de Bretagne, les équivalens de Languedoc.

Les généralités & élections où les *aides* ont lieu, sont 1°. la généralité d'Alençon, où l'on perçoit les anciens & nouveaux cinq sous, la subvention à l'entrée, le droit de quatrième, & la subvention au détail.

2°. La généralité d'Amiens, où l'on perçoit les anciens & nouveaux cinq sous, la subvention à l'entrée, le sou pour livre à l'entrée, le droit de gros, & celui de quatrième.

3°. La généralité de Bourges, où l'on perçoit le huitième & la subvention au détail.

4°. La généralité de Caen, où l'on perçoit les anciens & nouveaux cinq sous, la subvention à l'entrée, le quatrième, & la subvention au détail.

5°. La généralité de Châlons, où l'on perçoit les anciens & nouveaux cinq sous, le sou pour livre aux entrées, le gros, le huitième, & la subvention au détail.

6°. La généralité de la Rochelle, où, à l'exception de l'élection de Marenne, on perçoit le huitième, & la subvention au détail.

7°. La généralité de Lyon, où l'on perçoit les anciens cinq sous, le huitième, & la subvention au détail.

8°. La généralité de Moulins, où, à l'exception des élections de Gueret & de Combrailles, on perçoit le huitième, & la subvention au détail.

9°. La généralité d'Orléans, où l'on perçoit les anciens cinq sous, le huitième, & la subvention au détail.

10°. La généralité de Paris, où l'on perçoit les anciens & nouveaux cinq sols, le droit de gros, le huitième, & la subvention au détail.

11°. La généralité de Poitiers, où l'on perçoit le huitième, & la subvention au détail.

12°. La généralité de Rouen, où l'on perçoit les anciens & nouveaux cinq sous, la subvention à l'entrée, le quatrième, & la subvention au détail.

13°. La généralité de Soissons, où l'on perçoit les anciens & nouveaux cinq sous, le droit de gros, le huitième, & la subvention au détail.

14°. La généralité de Tours, où l'on perçoit les anciens cinq sous, le huitième, & la subvention au détail.

15°. L'élection d'Auxerre, où l'on perçoit le gros & le huitième.

16°. Les élections de Bar-sur-Seine & de Mâcon, où l'on perçoit le gros & le quatrième.

17°. Les élections d'Angoulême & de Bourganeuf, où l'on perçoit le huitième & la subvention au détail.

On appelle indistinctement *pays d'aides* tous ceux qu'on vient de nommer : nous n'avons indiqué que les droits généraux, sans parler des droits particuliers qui s'y perçoivent, & l'on a vu que ces droits généraux ne sont point établis uniformément dans toutes ces généralités & élections. Les unes sont sujettes à des droits dont les autres sont exemptes. Plusieurs de ces mêmes droits varient encore, tant par rapport à leur quotité, que relativement à la manière de les percevoir, comme on le verra à l'article de chacun de ces droits. Ces variations ont fait naître une infinité de questions & de cas particuliers qui ont donné lieu au dédale de loix & de réglemens dont la partie des *aides* est chargée. Il seroit sans doute à desirer, pour la félicité & la tranquillité publiques, qu'on simplifiât ces droits, & qu'on établît de l'uniformité dans la perception. On empêcheroit ainsi bien des difficultés, beaucoup de procès, & par conséquent la ruine d'un grand nombre de familles.

Les baux de la ferme des *aides* doivent être enregistrés dans les élections.

Les réceptions des commis aux *aides* doivent être retirées, & les droits payés avant qu'ils puissent faire aucune fonction. L'arrêt du conseil du 11 juin 1729 a fixé le droit de petit scel de ces réceptions, à douze sous six deniers, & quatre sous pour livre.

Par un autre arrêt du 31 décembre 1722, le conseil a décidé que les contraintes des directeurs des *aides* n'étoient sujettes qu'à un droit de petit scel, quoiqu'il y eût plusieurs contraignables dénommés dans la contrainte.

Les ordonnances des officiers des élections, au pied des requêtes présentées par les directeurs des *aides*, portant permission de faire des visites chez les particuliers soupçonnés de fraude, sont sujettes au petit scel, & le droit est de sept sous six deniers, avec les quatre sous pour livre, selon l'arrêt du conseil du 19 juillet 1731.

Les exploits faits pour la ferme des *aides* peuvent être contrôlés le huitième jour de leur date, lorsqu'ils ne sont pas faits dans les lieux où il y a un bureau de contrôle établi. C'est ce qu'a décidé l'arrêt du conseil du 24 août 1734.

Le droit de trois sous par saisie mobiliaire n'est pas dû dans les affaires qui concernent le fermier des *aides*. Le conseil l'a ainsi décidé le 2 février 1724.

Par un autre arrêt du 10 septembre 1729, il a été décidé que, pour un exploit fait contre un cabaretier, son entreposeur, les vendeurs, buveurs & autres, à l'occasion d'un même genre de fraude, il est dû autant de droits de contrôle qu'il y a de significations de l'exploit, conformément à la déclaration du 23 février 1677.

Si dans les causes portées devant les juges des élections sur le fait des *aides*, la demande n'est que de trente livres & au-dessous, ou qu'étant plus forte le défendeur ne conteste que jusqu'à la concurrence de trente livres, & offre de payer le surplus, les jugemens qui interviennent doivent s'exécuter en dernier ressort ; & il est défendu aux cours des *aides* d'en recevoir les appellations, sous peine de nullité, pourvu qu'il n'y ait point de privilège à juger.

Pareillement, lorsque, dans les procès que les fermiers des *aides* intentent contre les particuliers qu'ils prétendent coupables de fraude, la demande en confiscation n'excède pas un quart de muid d'eau-de-vie, ou un muid de vin, ou deux muids de bière, cidre ou poiré, de quelque valeur que soit chaque espèce de boisson, & qu'il s'agit de cas où les juges ont la liberté de modérer les amendes portées par les ordonnances, les sentences doivent être exécutées en dernier ressort, sans qu'aucune des parties puisse se pourvoir par appel, à moins toutefois que la condamnation d'amende n'excède la somme de cinquante livres.

Les cautionnemens faits par les directeurs ou receveurs des *aides*, en conformité de la déclaration du 16 mars 1720, pour l'exécution, nonobstant l'appel des sentences rendues au profit du fermier des *aides*, sont sujets au contrôle des actes, lorsque la caution n'a pas été ordonnée par le juge. C'est ce qui a été décidé par arrêt du conseil le 25 juin 1724.

Aide, (*charge, office, dignité.*) entre les charges & offices auxquels on ajoute le mot d'*aides*, on doit distinguer les cours des *aides*, qui sont des cours supérieures de justice, établies à l'instar des parlemens, pour juger en dernier ressort tous les procès civils & criminels, au sujet des *aides*, gabelles, traites, & autres matières de ce genre. Nous donnerons le détail des cours des *aides* sous le mot Cour.

Aide-de-camp, c'est le titre d'un officier qui reçoit ou qui porte les ordres des officiers-généraux. Un général a quatre *aides*-de-camp pour donner ses ordres: les lieutenans-généraux & les maréchaux-de-camp en ont un; s'ils en ont davantage, le roi ne les paie point.

Il y a eu de tout temps des *aides*-de-camp dans nos armées; cependant ils n'ont pas toujours porté ce nom. Le nom d'*aide-de-camp* se donnoit autrefois à ceux qui aidoient le maréchal-de-camp dans la répartition des divers quartiers d'un campement. Quand le roi est à l'armée, il choisit ordinairement un nombre de seigneurs qualifiés pour lui servir d'*aides*-de-camp. Ces seigneurs sont les seuls qui aient sous eux d'autres *aides*-de-camp qu'on appelle *aides-de-camp du roi.*

Aides des cérémonies, c'est un officier de la cour des rois de France, dont les fonctions consistent à aider le grand-maître des cérémonies, & à remplir ses fonctions lorsqu'il est absent; il prête serment de fidelité entre les mains du grand-maître de la maison du roi, il porte à la main, pour marque de sa dignité, un bâton dont la pomme est d'ivoire. Il est quelquefois chargé d'apporter les ordres du roi aux cours souveraines, alors il prend place sur le banc des conseillers dont il occupe la dernière, & dans laquelle il siège l'épée au côté, & le bâton de cérémonie à la main.

Aide à maçon, on donne ce nom aux manœuvres & ouvriers employés à porter aux maçons & couvreurs les matériaux dont ils ont besoin. *Voyez* Maçon, Ouvrier.

Aide-major, c'est un officier dont les fonctions consistent à aider le major dans tous les détails qui regardent le service, le bien & le soulagement d'un corps. Et l'on appelle *sous-aide-major* un officier subordonné à l'*aide*-major.

Il y avoit autrefois des *aides*-majors dans tous les régimens d'infanterie, de cavalerie, de dragons & de hussards; mais les ordonnances du 25 mars 1776 ont supprimé ces officiers.

Cependant, comme ces ordonnances ne concernent ni l'infanterie suisse, ni l'artillerie, ni les carabiniers, ni le régiment des gardes-françoises, ni celui des gardes-suisses, ni la gendarmerie, ni les gardes-du-corps, il subsiste encore des officiers, tant sous le titre d'*aide*-major que sous celui de sous-*aide*-major, dans ces différens corps.

Il y a aussi des *aides*-majors & des sous-*aides*-majors dans les places de guerre. Suivant l'article 7 de l'ordonnance du 18 mars 1776, les places d'*aides*-majors ne peuvent être accordées qu'à des officiers qui aient au moins le grade de capitaine. En l'absence du major & autres officiers supérieurs, ils peuvent commander dans la place, en vertu des ordres du roi, qui leur ont été envoyés; & lorsqu'ils n'en ont pas, ils commandent en concurrence avec les autres capitaines, suivant l'ancienneté de leur commission.

Suivant l'article 7 du titre 2 de l'ordonnance du premier mars 1768, les *aides*-majors & les sous-*aides*-major des places sont tenus de se trouver tous les matins chez le major, pour l'informer de ce qui s'est passé pendant la nuit dans leur quartier, ou le matin à l'ouverture des portes, & pour recevoir ses ordres.

On appelle *aide-major d'une escadre*, un officier de mer, dont le titre désigne le rang. Le major & l'*aide*-major s'embarquent sur le vaisseau du commandant; mais s'il y a plusieurs *aides*-major dans une escadre, on les distribue sur les principaux pavillons. Durant l'absence du major, l'*aide*-major en remplit les fonctions. Quand le major a reçu l'ordre du commandant dans le port, & qu'il le porte lui-même au lieutenant-général, à l'intendant, & aux chefs d'escadre, l'*aide*-major le porte en même temps au commissaire-général de la marine, & au capitaine de garde: c'est ce qui résulte du titre premier de l'ordonnance du 15 avril 1689.

Aide des maîtres de pont, ce sont à Paris des officiers de ville qui aident les bateaux dans leur passage sous les arches des ponts, & dans les autres lieux difficiles. Ils doivent travailler en personne, & se munir de tout ce qui est nécessaire pour leur travail, ensorte qu'ils répondent des dommages & intérêts des voituriers, lorsque le retard arrive par leur faute, ou qu'ils sont la cause de la perte des bateaux. Il leur est défendu de faire le commerce sur la rivière, d'entreprendre des voitures, & de tenir hôtellerie ou cabaret, à peine d'amende & d'interdiction; ils ne peuvent exiger des droits plus considérables que ceux qui leur sont attribués, & par cette raison, le tarif en doit être inscrit sur une plaque, placée dans l'endroit le plus élevé des ports. Ils doivent encore faire une résidence actuelle dans les lieux où ils sont établis, & obéir ponctuellement aux ordres qui leur sont donnés par les maîtres. Telles sont les dispositions d'un arrêt du conseil du 24 juin 1777.

Aides à mouleurs de bois. Les mouleurs de bois sont des officiers de ville établis sur les ports & les quais de Paris, pour mesurer tous les bois à brûler, & veiller à l'exécution des ordonnances de police, concernant la vente & le débit de ces sortes de marchandises. Les plaintes continuelles qu'on faisoit contre eux engagèrent Louis XIV à créer, par un édit du mois de mai 1644, cent charges d'*aides* à mouleurs, auxquels il accorda l'exemption de toutes les charges publiques, & leur attribua six deniers pour livre, à prendre sur tous les bois, pour être mis en bourse commune. Cet édit fut suivi, en

1672, d'une déclaration interprétative, qui ordonne que les *aides* à mouleurs seront tenus de mettre le bois par le milieu des membrures, de le ranger de sorte que la mesure se trouve bonne & loyale, & de ne souffrir aucuns bois courts & tortus; elle leur défend de travailler hors de la présence des jurés-mouleurs. Le nombre des mouleurs & des *aides* à mouleurs, étoit en 1644, de cent pour chaque espèce, il fut augmenté de soixante mouleurs & d'autant d'*aides* en 1646. Ces deux sortes d'officiers obtinrent, en 1707, d'être réunis en une seule & même communauté, à laquelle ils réunirent aussi les charges de contrôleurs des bois sur les ports, que l'on venoit de créer.

AIDER (s'), v. a. (*terme de Pratique.*) ce verbe est toujours précédé d'un pronom personnel, & il signifie, au palais, se servir d'une chose dont on veut tirer quelque induction avantageuse. Ainsi on dit *s'aider d'une pièce, d'un titre*, pour dire qu'on produit ce titre ou cette pièce pour appuyer son droit, ses demandes.

AIESEMENT, s. m. ancien mot dont on se servoit dans le même sens que celui d'*usage*.

AIGAGE, (*Jurisprudence.*) c'est un ancien terme dérivé des mots *aqua, agium*, dont les auteurs de la basse latinité avoient formé celui d'*aquagium*, pour signifier ce que les jurisconsultes romains appelloient *aquæ ductus, conduite d'eaux*. On se sert encore en Provence du mot d'*aigage* pour signifier un droit d'arrosage, un droit de conduire l'eau d'une rivière ou d'une fontaine, à travers les héritages d'autrui.

L'*aigage* est une servitude, par laquelle celui qui a droit de conduire l'eau à travers le fonds d'autrui, peut apposer un tuyau au cours d'un ruisseau, pour en dériver l'eau jusques chez lui, en faisant attention de ne porter ni dommage ni préjudice au maître du fonds sur lequel il a le droit de faire conduire l'eau. *Voyez* AQUEDUC.

AILAGE, ancien terme dont on se servoit pour désigner les champs les plus voisins d'une ville.

AILEVIN ou AILEVAN, ce vieux mot signifioit *enfant-trouvé.*

AILLEURE, vouloit dire autrefois *alliage*.

AILLIER, c'est une espèce de filet qu'on emploie pour prendre les cailles dans les bleds verts. Il en est parlé dans l'article 19 de l'ordonnance de 1601, qui en permet la fabrication & la vente.

AINÉ, adj. pris substantivement. (*Jurisprudence.*) ce mot, dit Ferrieres, est composé du vieux mot *ains*, qui signifioit *avant*, & du mot *né*. On appelle donc *aîné* le premier né, ou le plus âgé des enfans mâles, à qui, à ce titre, il échoit dans la succession de ses père & mère une portion plus considérable qu'à chacun de ses frères & sœurs.

L'*aîné* ne se considère qu'au jour du décès & de l'ouverture de la succession, & c'est celui qui alors précède en âge les autres enfans; car il peut arriver que le puîné devienne & se trouve l'*aîné* dans le temps du décès du père, par le prédécès du premier né, sans laisser de postérité.

Les coutumes accordent, dans les successions, de grandes prérogatives à l'*aîné*. Nous allons en parler sous le mot AINESSE.

AINÉ, (*terme de la coutume de Normandie.*) Dans les articles 471 & 577, elle appelle *aîné des opposans* le plus ancien des créanciers opposans à un décret, & elle appelle, dans le même sens, *dettes aînées*, les dettes plus anciennes en hypothèque.

AINÉAGE, (*terme de Coutume.*) il est particulier à celle de la Rochelle, où il signifie la même chose que le mot *aînesse*.

AINESSE, s. f. (*Jurisprudence.*) c'est la priorité de naissance ou d'âge entre des enfans nobles, ou qui ont à partager des biens possédés noblement; cette priorité donne au plus âgé des mâles le droit de prendre dans la succession de ses père & mère, une portion plus considérable que celle de chacun de ses frères & sœurs en particulier. Ce droit, cette prérogative accordée à l'aîné, se nomme *droit d'aînesse.*

Du Moulin, dans son *Traité des fiefs*, regarde la prérogative des aînés comme d'un usage très-ancien, & il la fait remonter jusqu'au temps des patriarches. Il fut cependant inconnu aux Romains; c'est pourquoi il n'a pas lieu dans les provinces de France, qui suivent les dispositions du droit écrit: il n'existe que dans celles où les coutumes l'ont introduit, & par conséquent il n'est pas fort ancien.

Origine du droit d'aînesse. Tous les témoignages historiques nous apprennent, que sous les deux premières races de nos rois, l'aîné partageoit également avec ses frères dans les possessions féodales comme dans les autres biens. On trouve la preuve de cette égalité dans cette loi d'Edouard le confesseur; *si quis intestatus obierit, liberi ejus succedunt in capita.*

La révolution qui porta les Capétiens sur le trône, en opéra une dans les possessions féodales: les propriétaires des grands fiefs crurent que le moment étoit arrivé de secouer le joug de l'autorité royale. A leur exemple, tous les seigneurs voulurent donner de l'extension à leurs droits, & en établir de nouveaux. De-là les guerres privées qui déchirèrent si long-temps le sein de la France: de-là le droit d'*aînesse*. Il fallut réunir, dans une même main, toute la puissance du père, pour soutenir l'ouvrage de son injustice, ou pour repousser celle de ses voisins; & l'usage s'établit peu-à-peu de donner toutes les possessions féodales à l'aîné des enfans mâles. Il reste une multitude de preuves de cet ancien droit: il est écrit bien clairement dans l'assise de Geoffroi, comte de Bretagne, de l'an 1185, en ces termes: *majores natu integrum dominium obtineant; & junioribus, pro posse suo, provideant de necessariis, ut honestè viverent.* Cependant l'injustice de desheriter ainsi les cadets étoit trop criante: on y remédia en établissant ce que l'on appelle le *frérage* dans quelques endroits, & le *parage* dans d'autres.

Sous le règne de Philippe-Auguste, ce nouvel usage étoit déjà universellement répandu; les seigneurs s'en plaignirent. Ils en souffroient effectivement, puisque les tenures en frérage, relevant des aînés, ne donnoient plus ouverture à aucun droit, en faveur des dominans.

On pourvut à cet inconvénient par une ordonnance du premier mai 1210, qui fait époque dans la matière féodale, & qui abolit le frérage dans la coutume de Paris, & dans plusieurs provinces du royaume. MM. Pithou regardoient cette ordonnance comme la première des rois de la troisième race.

Cependant comme cette ordonnance n'avoit pas été concertée avec les vassaux, elle n'eut pas d'abord un effet universel. La plupart des propriétaires des fiefs refusèrent de s'y soumettre. Au reste, elle ne priva l'aîné que de l'honorifique de l'hommage & des droits qui en résultoient; ainsi sa portion avantageuse dans les fiefs continua d'être à-peu-près la même qu'auparavant.

En quoi consiste le droit d'aînesse, suivant la coutume de Paris & le droit le plus commun. Selon l'article 13 de la coutume de Paris, le fils aîné a, par préciput, dans un des fiefs de la succession à son choix, le château ou manoir principal, avec toutes les dépendances, qui consistent dans la cour, les fossés, la basse-cour, quand même elle seroit séparée du château par un fossé ou par un chemin, l'enclos ou jardin joignant le manoir, jusqu'à la concurrence d'un arpent; & si le jardin est plus grand, l'aîné peut le garder en entier, en récompensant ses puînés en terre du même fief s'il y en a, sinon en d'autres terres ou héritages de la succession, à la commodité des puînés le plus que faire se pourra, au dire d'experts; mais il ne peut les obliger à recevoir leur récompense en argent.

Cependant si le fief ne consistoit que dans un manoir & un grand enclos, l'aîné pourroit récompenser les puînés en argent, parce que la coutume en l'assujettissant à donner des héritages pour récompense, suppose nécessairement qu'il y en a.

Lorsqu'il n'y a point de basse-cour, l'aîné ne peut rien demander en compensation, parce que la coutume ne donne la basse-cour que comme une dépendance du manoir.

Il faut aussi remarquer que la coutume exige que le jardin soit contigu au manoir, pour que l'aîné puisse y prendre un arpent, à la différence de la basse-cour, qu'elle lui accorde lors même qu'elle est séparée du château par un chemin.

Remarquez encore que l'esprit de la coutume, en attribuant le principal manoir à l'aîné, n'a pas été d'en restreindre le droit par cette expression, ni de le fixer sur le principal manoir exclusivement aux autres: il en résulte seulement que l'aîné ne peut prendre pour son droit qu'une seule maison, quand même il y auroit plusieurs fiefs dans la succession, ou plusieurs maisons sur un fief. Dans ce dernier cas, il peut choisir entre ces maisons celle qu'il juge à propos: peu importe qu'elle soit le principal manoir, & que les arrière-fiefs en relèvent ou non: dès qu'elle peut servir à l'habitation, l'aîné peut la prendre pour son préciput, quand même elle seroit récemment construite, & qu'originairement le fief n'auroit consisté qu'en terres labourables.

Si la maison est bâtie sur plusieurs fiefs, l'aîné la prend en entier; mais il n'en seroit pas de même si elle étoit bâtie en partie sur un fief & en partie sur un bien de roture, parce que la coutume n'accorde aucun préciput à l'aîné sur les biens de roture. C'est d'après ce principe que, si le jardin ou la basse-cour, joignant le principal manoir, étoient tenus en roture, l'aîné n'y auroit aucun préciput, & il faudroit les partager par égales portions.

Il peut arriver que toute la succession ne consiste que dans un fief, composé seulement d'un château & des autres objets que la coutume assigne pour préciput à l'aîné. Dans ce cas le fief appartiendra en entier à l'aîné, mais à la charge que les autres enfans y prendront leur légitime ou droit de douaire coutumier ou préfix. Ceci fait voir que la légitime & le douaire sont préférables au droit d'*aînesse*. En effet, la légitime est de droit naturel, tandis que le droit d'*aînesse* ne procède que de la disposition de la loi municipale; & le douaire est une créance qui mérite d'autant plus de faveur que c'est pour tenir lieu d'alimens aux enfans.

Mais de quelle manière doit être réglée la légitime dans le cas dont il s'agit? C'est ce que la coutume n'a point expliqué. Ricard pense que la disposition de la coutume étant irrégulière & contre la maxime générale, l'exécution en doit être laissée à la prudence du juge, afin qu'il décide selon les circonstances. Si le manoir étoit peu considérable, & à peine suffisant pour la nourriture des enfans, l'auteur cité voudroit qu'on le partageât également, parce qu'alors la division concerneroit de simples alimens qui n'admettent point de prérogatives. Si le manoir étoit de plus grande conséquence, voici, continue Ricard, la règle que je tiendrois; « je lui laisserois la qualité de fief sans » lui conserver celle de préciput, parce que l'équité » agissant ici contre le droit commun, elle ne doit » opérer que par degrés, & dans le cas de nécessité: en conséquence je considérerois l'aîné comme un donataire; aussi l'est-il de la coutume, » qui lui donne le manoir en entier par le préciput; » & sur ce fondement je réglerois la part des puînés » par forme de légitime, qui seroit le quart du manoir, s'il n'y avoit qu'un puîné, ou le tiers, s'ils » étoient plusieurs ».

Il faut convenir qu'il règne dans cette opinion une dialectique solide & lumineuse; cependant comme elle donne ouverture à des difficultés qui peuvent naître de la valeur ou de l'estimation du fief, je crois qu'on doit lui préférer l'avis d'Argou & de plusieurs autres, qui pensent que dans le cas dont il s'agit les puînés doivent avoir pour leur légitime la moitié de ce qu'ils auroient eu si le manoir n'avoit pas été en fief. Il faudroit même encore en user de cette manière s'il se trouvoit dans la succession quelques autres biens qui fussent de si peu de valeur, qu'on ne pût les mettre en proportion avec le manoir.

Comme il se trouve souvent dans l'étendue du préciput de l'aîné, ou un moulin, ou un pressoir, ou un four qui quelquefois sont bannaux, & qui rendroient le préciput trop considérable si les puînés étoient privés du produit de ces biens, l'article 14 de la coutume de Paris porte que l'aîné aura seulement le corps du moulin, four ou pressoir, mais que les revenus du moulin bannal ou non bannal, & du four & pressoir bannaux, se partageront comme le reste du fief.

On remarque, par cette phrase, que la coutume distingue le moulin du four & du pressoir; elle donne part aux puînés dans le produit du moulin, soit qu'il soit bannal, ou qu'il ne le soit pas, parce que ce produit est annuel & certain; & elle ne leur donne part dans le produit du four & du pressoir que quand ils sont bannaux; parce qu'autrement ils ne servent qu'à la commodité particulière de la maison, sans produire aucun revenu.

Au reste, la coutume autorise l'aîné à garder pour lui la bannalité & le produit, à la charge de récompenser les puînés au dire d'experts. Elle veut d'ailleurs que si les puînés prennent part au produit, ils contribuent à l'entretien & aux réparations des moulin, four & pressoir, à proportion de l'émolument.

Le moulin contigu à l'enclos, avec communication de l'un à l'autre, doit être considéré comme s'il étoit dans l'enclos même.

Si dans le préciput de l'aîné il se trouve un colombier, une garenne & des fossés, les pigeons, les lapins & les poissons appartiennent à l'aîné, sans qu'il soit pour cela obligé de récompenser les puînés.

Lorsqu'il n'y a point de maison dans aucun des fiefs de la succession, & qu'il n'y a que des terres labourables, l'article 18 de la coutume donne à l'aîné le droit de choisir, par préciput, un arpent de terre dans l'endroit qu'il juge à propos.

Il résulte de cette disposition que s'il y avoit dans un des fiefs de la succession une maison, de si peu de valeur que l'aîné aimât mieux prendre un arpent de terre, il n'en auroit pas le droit, & il faudroit qu'il se contentât de la maison, pourvu qu'elle pût servir à la demeure d'un père de famille. Au reste, une simple étable, un grenier, un cellier, ne sont pas mis au nombre des habitations; & s'il n'y avoit que de pareils bâtimens dans les fiefs de la succession, l'aîné pourroit prendre un arpent de terre pour son préciput.

Il résulte aussi de ces termes, *terres labourables*, insérés dans l'article cité, que l'arpent que l'aîné est en droit de prendre, en tel lieu qu'il lui plaît, au défaut de maison, ne peut s'entendre que de terres de cette nature, & non de bois, vignes, prés ou étangs, à moins qu'il n'y ait point de terres labourables dans la succession. Telle est l'opinion de Ricard, de Brodeau, de Ferrière & de plusieurs autres: Dumoulin toutefois est d'avis contraire; mais quelque prépondérance que doive avoir l'autorité de ce célèbre jurisconsulte, je ne crois pas qu'il faille suivre son sentiment dans le cas dont il s'agit, parce qu'en attribuant à l'aîné le choix de prendre son arpent en bois ou en vignes, ce seroit ajouter à la coutume; par conséquent on choqueroit la maxime, qui veut que les privilèges étant de rigueur, soient plutôt restreints qu'étendus.

Quant à la mesure de l'arpent, on doit suivre celle de la jurisdiction où le fief est situé; & s'il dépend de plusieurs jurisdictions, c'est la mesure du lieu où l'arpent est situé qui doit en régler l'étendue.

Si le manoir est entièrement ruiné, l'aîné n'est pas tenu de le prendre pour son préciput, & alors les matériaux sont regardés comme un effet mobilier, partageable par égales portions entre tous les enfans: mais si le manoir n'est pas ruiné, quelque considérables que soient les réparations qui sont à y faire, l'aîné doit le prendre tel qu'il est, sans pouvoir obliger les puînés à contribuer aux dépenses qu'exigent ces réparations. Réciproquement, si le château est en bon état, quand même le père y auroit fait faire des augmentations, l'aîné en profite seul sans être tenu d'aucune récompense à ce sujet, envers les puînés.

Lorsque le fief ne consiste qu'en droits incorporels, tels que la justice, des cens, un péage, il n'y a pas lieu au préciput de l'aîné, parce que la loi ne lui accorde ce préciput que sur la maison féodale, ou au défaut de maison, sur les terres.

Les droits seigneuriaux dus au fief depuis l'ouverture de la succession, comme les lods & ventes, les reliefs, quints, *&c.* n'entrent point dans le préciput de l'aîné, mais ils se partagent comme le domaine du fief, & l'aîné y prend la même part qu'il a dans le fief, abstraction faite du préciput.

Le Brun & Dumoulin pensent qu'il doit en être de même du patronage des bénéfices attachés aux fiefs; mais Duplessis, Chopin, Charondas, le Maître, sont d'avis contraire, & veulent que le droit de patronage fasse partie du préciput de l'aîné. Je crois l'opinion de ceux-ci préférable à celle des premiers, parce que le droit de patronage est indivisible de sa nature, & qu'il est d'autant plus expédient que l'aîné en jouisse seul, que la présentation ne peut appartenir à toutes les personnes qui ont part dans le fief, sans donner lieu à des contestations qu'il est à propos d'éviter autant qu'on le peut. D'ailleurs le droit de patronage est un droit honorifique, & non un droit utile: autre raison pour l'attribuer à l'aîné, à l'exclusion des cadets.

L'aîné ayant la portion la plus noble dans le fief, & même une part plus considérable, peut s'en qualifier seigneur indéfiniment comme s'il en étoit seul propriétaire: c'est la disposition de l'article 14 de la coutume de Troyes, & de l'article 200 de celle de Sens, qui forment à cet égard le droit commun de la France. Quant aux puînés, la qualité qui leur appartient est celle de seigneurs en partie du même fief.

Les fiefs de dignité, tels que les duchés, marquisats, comtés & baronnies, peuvent être retenus en entier par l'aîné, à la charge de récompenser les puînés pour la part qu'ils ont droit d'y prétendre. Cette exception à la règle générale a été introduite afin de maintenir, dans tout son lustre, la dignité de ces sortes de terres.

Lorsque dans une même succession il y a des fiefs situés dans plusieurs coutumes, l'aîné prend un préciput dans chacune. Cela est fondé sur ce que chaque coutume ayant son empire particulier, il faut qu'elle produise son effet. C'est pourquoi on considère les fiefs situés dans chacune, comme autant de successions particulières, où l'aîné doit jouir des avantages qui lui sont attribués.

De la portion avantageuse de l'aîné dans les fiefs. Outre le préciput dont nous avons parlé, l'aîné a dans les fiefs de la succession une portion plus forte que celle des puînés. S'il n'y a que deux enfans venans à la succession, il prend les deux tiers des terres nobles & des droits qui en dépendent: si les enfans venant à la succession sont en plus grand nombre, l'aîné prend la moitié, & le reste se partage entre les puînés, par égales portions.

Telles sont les dispositions des articles 15 & 16 de la coutume de Paris. Il en résulte, selon Dumoulin, que « quoique le père ait laissé plus de » deux enfans, cependant s'il n'y en a que deux » habiles à succéder ou venans à la succession, » le fils aîné n'en a pas moins les deux tiers des » fiefs, outre son préciput; ensorte que s'il se trou» ve trois enfans à l'ouverture de la succession, que » le troisième renonce, le second ne peut préten» dre que le tiers dans les fiefs, parce que pour ré» duire le fils aîné à la moitié, il faut non-seule» ment qu'il y ait plus de deux enfans, mais en» core qu'il y en ait plus de deux venans à la suc» cession. Cette décision auroit lieu quand même » le second auroit acheté la renonciation du troisiè» me; quand même celui-ci auroit déclaré ne renon» cer qu'en faveur du second: si-tôt qu'il a renon» cé il est devenu étranger à la succession, & n'a » pu intervertir l'ordre établi par la loi; il en seroit » autrement, si, au lieu de renoncer, il avoit cédé » son droit au second; il auroit par-là fait acte d'hé» ritier, & cela suffiroit pour diminuer la portion » de l'aîné.

» De même une fille qui, à raison de sa dot, » auroit renoncé, par son contrat de mariage, à la » succession future de son père, n'empêcheroit pas » l'aîné de prendre les deux tiers des fiefs, s'il n'a» voit qu'un frère concourant avec lui à la succes» sion: ce frère pourroit dire, à la vérité, que » leur sœur commune est censée venir à la succes» sion, puisqu'elle n'y a renoncé qu'en considéra» tion de sa dot: que d'ailleurs cette renonciation » ayant été achetée par le père commun, des faits » duquel tous les enfans sont également tenus, l'aîné » ne peut pas en tirer avantage contre son cadet. » Nonobstant ces raisons, l'existence de la fille ne » diminuera pas la portion de l'aîné, parce que dans » le fait elle ne vient point à la succession: ce » qu'elle a reçu pour le prix de sa renonciation ne » peut être d'aucune considération; son père & sa » mère en avoient la libre disposition; ils pouvoient » l'aliéner de toute autre manière: cela ne peut » donc influer sur le partage de leur succession. Si » le père eût donné des fiefs à cette fille, la por» tion avantageuse de l'aîné en auroit été diminuée; » cependant il n'auroit pas le droit de s'en plain» dre. Réciproquement le cadet ne doit pas trou» ver mauvais si la renonciation de sa sœur lui est » préjudiciable. Il en faudroit dire autant si un troi» sième fils renonçoit à la succession pour s'en te» nir à une donation, même plus considérable que » sa portion héréditaire ».

Mais si cela avoit lieu, remarquent Duplessis & ses annotateurs, ce seroit un moyen ouvert pour avantager l'aîné: en effet, le père pourroit faire à un cadet un don considérable d'héritages en roture, pour l'engager à renoncer, afin que l'aîné prît les deux tiers dans les terres nobles, au préjudice du puîné. C'est pourquoi ces auteurs pensent qu'un enfant donataire qui renonce est effectivement héritier, du moins jusqu'à la concurrence du don, & qu'ainsi la part qu'il auroit eue sans sa renonciation, doit se partager sans aucune prérogative d'*aînesse*, selon la disposition de l'article 310 de la coutume de Paris.

Brodeau adopte l'opinion de Dumoulin, & d'autres auteurs embrassent celle de Duplessis & de ses annotateurs.

Mais « quelque parti que l'on prenne sur cette » question, remarque judicieusement M. Henrion, » il est bien difficile de ne blesser ni les règles » de l'équité, ni le texte de la coutume; comptez les enfans vivans à l'instant du décès du père, » & faites accroître leur part à celle du puîné, » donnant à ce dernier autant qu'à son aîné, c'est» à-dire, la moitié dans le fief, vous choquez par» là l'esprit général de la coutume, qui est d'avan» tager l'aîné dans les biens nobles. Donnez les deux » tiers à l'aîné, comme s'il n'y avoit réellement » que deux enfans existans, vous allez directement » contre l'article 310, qui porte que la part de » ceux qui renoncent accroît aux autres sans pré» rogative d'*aînesse*. Enfin, conformez-vous à cet » article 310, donnez la portion avantageuse à l'aîné, » comme s'il y avoit trois enfans, & partagez ensuite » entre lui & son frère la part du renonçant, vous » vous écartez évidemment des articles 15 & 16, » suivant lesquels l'aîné ne doit être réduit à la » moitié que lorsqu'il y a plus de deux cohéritiers; » articles dans lesquels les rédacteurs ont répété, » avec une sorte d'affectation, ces mots si tranchans, » *venans à la succession* ».

Il n'est pas étonnant, d'après cela, que les auteurs

aient tant travaillé sur la question dont il s'agit, sans s'accorder. Au reste, je crois avec Livonière & plusieurs autres, que l'opinion de Dumoulin doit être adoptée lorsque la renonciation est purement gratuite, & qu'il faut la rejetter, lorsque le puîné ne renonce que pour conserver des avantages qu'il préfère à sa portion héréditaire. Dans le premier cas, le puîné qui renonce est dans la classe des enfans inhabiles à succéder, dont l'existence est regardée comme nulle, relativement au partage de la succession: dans le second cas, au contraire, sa renonciation n'empêche pas qu'il ne soit héritier indirectement, puisque la masse de la succession se trouve diminuée par les avantages qu'on lui a faits.

Quoique l'aîné prenne une part plus considérable dans les fiefs, il n'est cependant tenu des dettes que jusqu'à la concurrence de sa portion héréditaire, c'est-à-dire, que comme chacun de ses autres frères; parce que son préciput & sa portion avantageuse sont un bénéfice de la loi, & qu'il ne les prend pas comme héritier de son père. Cela auroit même lieu dans le cas où la succession du père seroit débitrice du fief dans lequel l'aîné prend une portion avantageuse, quoique ce fief fût spécialement affecté au paiement du prix. En effet, ce n'est pas la chose qui doit, c'est le père qui, en qualité d'acquéreur, étoit personnellement obligé: cette dette est donc une dette de la succession, & non d'un objet particulier; elle doit donc être supportée également par tous les cohéritiers.

Il en sera de même, par les mêmes raisons, si le père s'est obligé à payer cent livres de rente perpétuelle & non rachetable, à prendre premiérement sur son fief, ensuite sur tous les autres biens de sa succession. L'aîné ne paiera de cette rente qu'autant que ses autres frères, parce que le père commun étoit personnellement obligé, & que tous les cohéritiers sont également tenus des actions personnelles qui avoient lieu contre le défunt. Si au contraire, le défunt avoit chargé le fief, ou la maison féodale de cette rente, ensorte qu'il ne fût obligé à la payer qu'autant que lui ou ses héritiers seroient propriétaires du fief, alors l'aîné en seroit tenu proportionnellement à la part qu'il auroit dans le fief, & même il seroit tenu de l'acquitter en entier, si la maison choisie pour son préciput en étoit seule chargée. En général, l'aîné est tenu proportionnellement à sa part de toutes les charges qui affectent le fief comme fief, qui le suivent en quelque main qu'il passe, & qui n'obligent que celui qui en est possesseur. Mais à l'égard des dettes auxquelles le défunt étoit personnellement obligé, elles se partagent également entre tous les cohéritiers.

L'aîné peut-il exiger une portion avantageuse dans les actions qui ont un fief pour objet? Un père vend un fief avec faculté de réméré, ensuite il décède laissant plusieurs enfans qui font usage de la faculté réservée par leur père. Ce fief ainsi réuni à la succession, se partagera-t-il également entre les cohéritiers sans droit d'*aînesse*, ou bien sera-t-il sujet à ce droit? On répond que l'aîné pourra prendre sur ce fief la portion que la coutume défère à la primogéniture; parce que la vente ainsi résolue par une cause inhérente au contrat, est censée n'avoir jamais existé; que d'ailleurs l'action en réméré, que l'on doit regarder comme une partie de la chose même, étoit dans la main du père, à l'instant de son décès: & qu'enfin la réversion de ce fief n'est que l'exécution d'un acte antérieur à l'ouverture de la succession.

Mais en exerçant cette action, les héritiers sont tenus de restituer le prix que leur auteur a reçu. Comment se fera cette restitution? L'aîné qui a plus que la moitié est-il tenu d'y contribuer à proportion de sa part? Cette restitution n'est point une dette du défunt, elle n'a lieu que par le fait des héritiers, & parce qu'ils veulent faire usage de l'action en réméré; ce n'est que par ce qu'ils retirent qu'ils sont débiteurs. Ce n'est donc que comme propriétaires de la chose retirée qu'ils en doivent le prix; ils doivent donc y contribuer proportionnellement à la part qu'ils ont dans le fief. En vain dira-t-on, en faveur de l'aîné, que l'exercice de l'action en réméré n'est que l'exécution d'un acte antérieur à l'ouverture de la succession: cela est vrai à certains égards; mais il est également vrai que c'est réellement un nouveau contrat qui fait rentrer les héritiers dans la propriété de ce fief.

Il en seroit autrement si la résolution de la vente se faisoit de plein droit: par exemple, le père ayant vendu un fief au-dessous de la moitié de sa valeur, ses enfans se pourvoient contre les acquéreurs, & demandent la rescision de la vente, ou le supplément du prix. Si l'acquéreur prend le parti de donner le supplément du prix, ce supplément doit se partager également entre les cohéritiers: si au contraire il remet le fief, le partage s'en fera comme celui des autres fiefs de la succession, & il y aura lieu au droit d'*aînesse*. Mais, comme il faudra rendre à cet acquéreur la somme payée au père, comment les enfans contribueront-ils à cette restitution? L'aîné n'en sera tenu que comme un de ses cohéritiers, parce que cette dette procédant du fait du père, devient une dette commune de la succession.

Si, au contraire, le fief qui se trouve dans la succession du père est soumis à la faculté de réméré, il n'en sera pas moins sujet au droit d'*aînesse*, & même si le vendeur exerce la faculté qu'il s'est réservée, & qu'il rende le prix de ce fief, l'aîné en aura une partie proportionnée à celle qu'il avoit dans la chose retirée, parce qu'il est juste qu'il reprenne dans cette somme l'équivalent de ce qu'il avoit dans le fief. De même, si le père a acheté le fief beaucoup au-dessous de sa valeur, l'aîné y aura pareillement son droit d'*aînesse*; mais si le vendeur vient à se pourvoir pour cause de lésion d'outre-moitié, alors les droits de l'aîné dépendent du parti que l'on prendra; si l'on rend au vendeur le supplément du prix, tous les cohéritiers y contribueront également,

également, sans que l'aîné soit tenu de fournir plus que les autres; si au contraire on déguerpit le fief, & qu'on le rende au vendeur, l'aîné n'a aucun avantage à prétendre sur la somme que ce vendeur sera obligé de restituer.

Des autres prérogatives du droit d'aînesse. Outre le préciput & la portion avantageuse que la coutume attribue à l'aîné, c'est aussi à lui qu'appartiennent les tableaux de famille, le cri & les armes du père, ses manuscrits, les livres apostillés de sa main, & le dépôt des titres qui sont indivisibles.

Le droit d'aînesse a-t-il lieu dans les successions de père & de mère, & dans celle des ascendans? Non-seulement l'aîné jouit, dans la succession du père, des avantages qu'on a détaillés, il exerce encore de pareils droits dans celle de la mère; c'est la disposition précise de la loi. Il prend donc, selon le nombre des enfans, les deux tiers ou la moitié dans les fiefs; pour sa portion avantageuse, & pour son préciput, l'une des maisons tenues en fief, telle qu'il juge à propos de la choisir.

Il est bon de remarquer ici que ce droit de choisir ne peut être cédé ni vendu par l'aîné, quoiqu'il puisse incontestablement vendre son préciput après la mort de son père: c'est pourquoi si l'acquéreur du préciput faisoit le choix, il seroit absolument nul, à moins que l'aîné ne l'approuvât, & ne le notifiât à ses frères, ou que par l'acte de vente il ne l'eût ratifié d'avance. La raison en est, que la coutume accorde ce droit à l'aîné personnellement; qu'elle veut qu'il choisisse lui-même, & que c'est par son fait seul qu'elle consent que le préjudice qui peut résulter du choix, soit porté aux cadets.

Cependant l'aîné n'est pas tellement obligé de choisir par lui-même qu'il ne puisse valablement le faire par le ministère d'un procureur: mais une procuration générale, de quelque étendue qu'elle fût, seroit insuffisante à cet égard; il est nécessaire qu'elle donne spécialement la commission de choisir, ou du moins de procéder au partage de la succession; parce que dans ce cas-ci la procuration seroit regardée comme contenant implicitement le pouvoir de choisir, attendu que le choix est un préalable nécessaire au partage.

Dès que le choix est valablement fait, l'aîné ne peut plus varier; à moins qu'il n'y ait erreur ou fraude de la part de ses cohéritiers: par exemple, lorsqu'il a choisi une maison censuelle, la croyant féodale, une maison sujette à un réméré, ou dont la propriété n'appartenoit pas au défunt, ou quand il s'est déterminé par de fausses indications que ses cohéritiers lui ont données; dans tous ces cas & autres semblables, l'aîné a la faculté de faire un nouveau choix.

Si dans les deux successions du père & de la mère il n'y a qu'un fief de conquêt, Dumoulin pense que l'aîné doit prendre son préciput dans chacune des deux moitiés du fief, comme si c'étoit deux fiefs séparés, & que s'il y a deux manoirs dans le fief, ils lui appartiennent tous deux; ou s'il n'y en a qu'un, il peut le prendre pour préciput dans une succession, avec un arpent de terre aussi pour préciput, dans l'autre succession. Le Brun adopte la même opinion: « Le fief de conquêt, dit-il, n'est » à la vérité qu'un unique fief par rapport au sei» gneur dominant; mais il se multiplie en deux di» vers fiefs, l'un pour la succession du père, l'au» tre pour celle de la mère, & par conséquent » l'aîné doit avoir un préciput dans l'une & dans » l'autre de ces deux parties ».

Mais Brodeau, Duplessis & le Maître sont d'avis contraire, & pensent que l'aîné ne doit avoir pour préciput que le manoir. En effet, dès que pour donner deux préciputs dans le cas dont il s'agit, il faut feindre, contre la vérité, qu'il y a deux fiefs, on doit pareillement feindre la division du manoir en deux parties, & regarder chacune de ces parties comme un manoir particulier pour un préciput dans chaque succession. Cette considération doit déterminer en faveur de la dernière opinion, parce qu'on remplit ainsi le vœu de la coutume, sans s'écarter des règles de l'équité.

Quelques-uns croient que le fils aîné qui a pris un préciput dans les successions de son père & de sa mère, peut en prendre un encore dans chaque succession des autres ascendans: mais je ne crois pas cette opinion fondée, parce que, comme le remarque Guyné, toutes les successions se réunissent en ligne directe. En effet, on ne vient à la succession de l'aïeul qu'en représentant le père ou la mère. Or, dans ce cas, si on accordoit à l'aîné un nouveau manoir, on lui donneroit plus que la coutume ne lui a octroyé, & il se trouveroit avantagé de deux manoirs dans la même succession. Tout ce que peut alors demander l'aîné, c'est d'être admis à changer le préciput qu'il a pris dans la succession de son père, contre celui qu'il auroit choisi dans celle de son aïeul, s'il n'eût pas exercé son droit avant qu'elle fût ouverte.

A qui appartient le droit d'aînesse. Ce droit appartient, comme nous l'avons dit, à l'aîné mâle habile à succéder, quand même dans l'ordre de la nature il seroit le puîné de toutes les femelles, pourvu qu'il soit légitime, ou légitimé par un mariage subséquent.

Si l'aîné mâle est inhabile à succéder, qu'il soit par exemple, exhérédé ou religieux profès, ou mort civilement, le droit d'*aînesse* passe au plus âgé des puînés, pourvu que l'incapacité de l'aîné soit antérieure à l'ouverture de la succession: & il faut remarquer à ce sujet que la démence, la minorité, l'état ecclésiastique séculier ne formant aucune incapacité pour succéder, ne privent point l'aîné de son droit d'*aînesse*.

Si l'aîné vient à décéder, & qu'il laisse des enfans, le droit d'*aînesse* se divise entre eux par portions égales si ce sont des filles; mais s'il y a des mâles & des femelles, l'aîné prend le préciput tel que le père l'auroit eu, & le surplus se partage à l'ordinaire.

Si l'aîné décède sans enfans, ou devient incapable après avoir été saisi du droit d'*aînesse*, c'est une succession collatérale à partager entre les autres enfans en même temps que la directe, mais suivant les règles particulières & propres à chacune de ces successions.

La coutume de Melun contient à cet égard une disposition singulière; elle attribue le droit d'*aînesse* au puîné, lorsque l'aîné décède sans enfans avant le partage.

En général, les filles ne sont point admises au droit d'*aînesse*; & partagent également, à moins que les coutumes, comme celles de Tours & d'Angoumois, n'aient des dispositions contraires. C'est une conséquence de ce que le droit d'*aînesse* n'ayant été introduit que pour conserver la splendeur des familles, & en transmettre la mémoire à la postérité avec plus d'éclat, il ne sauroit produire ses effets dans la personne des filles dont le nom se perd lorsqu'elles se marient.

On conçoit bien que ce qu'on vient de dire ne concerne pas la fille de l'aîné, lorsqu'il s'agit de partager la succession de son aïeul: elle représente alors son père, & elle en exerce les droits.

Est-il au pouvoir du père de déroger au droit d'aînesse, & d'en empêcher l'effet? Il faut à cet égard considérer si la disposition du père concerne le droit d'*aînesse* en lui-même; ou les biens qui en sont l'objet.

Dans le premier cas, c'est-à-dire si le père dispose du droit d'*aînesse* en lui-même, sa disposition est absolument nulle, de quelque manière qu'elle soit conçue, ce droit est un bienfait de la loi, auquel le père ne peut valablement porter aucune atteinte.

Si le père dispose, non du droit en lui-même, mais des objets destinés à former le préciput, il faut encore distinguer si la disposition est en faveur de ses enfans puînés, ou d'un étranger. Le père peut disposer de ses fiefs à titre onéreux ou gratuit en faveur d'un étranger, parce que l'esprit de la loi n'a point été d'anéantir le droit de propriété, ni de prononcer contre le propriétaire l'interdiction d'aliéner, pour favoriser le droit d'*aînesse*; mais le père n'est pas le maître de disposer de ces objets en faveur de ses enfans puînés; lorsque cela est arrivé, les magistrats n'ont guère manqué d'annuller la disposition. C'est ainsi que, par arrêt du 14 avril 1654, il a été jugé qu'un père qui avoit deux enfans, un fils & une fille, & pour principal bien la seigneurie d'Hédouville, n'avoit pu valablement donner à sa fille une dot de 40 mille livres, qu'elle soutenoit lui devoir être payée sur cette terre, en conséquence de sa renonciation à la succession, parce que le fils aîné fit voir que cette donation absorboit la plus grande partie de la valeur de la terre, & anéantissoit les effets du droit d'*aînesse* établi par la coutume, & qui lui étoit acquis dès le moment de sa naissance.

Par un autre arrêt du 9 avril 1726, rendu entre M. Destouy, conseiller au grand-conseil, & le marquis de Curzai, le parlement de Paris a jugé que le droit d'*aînesse* de M. Destouy dans la succession de la marquise de l'Hôpital sa mère, n'avoit dû recevoir aucune atteinte par la donation entre-vifs qu'elle avoit faite au marquis de Curzai son fils puîné, & que M. Destouy pouvoit prendre son droit d'*aînesse* sur les biens compris dans cette donation.

Remarquons ici que, quoique nous ayons dit que le père pouvoit donner ses fiefs à un étranger, & priver ainsi son fils aîné des avantages que la loi lui accorde, ce n'est toutefois pas une opinion universellement reçue: le Brun, Argou & Guyot y sont opposés, mais les raisons qui dérivent du droit de propriété, & l'autorité de Dumoulin, de Brodeau, de le Camus, de Ricard & de plusieurs autres, qui ont embrassé l'opinion que nous avons établie, méritent la préférence.

Par une suite de ce que nous avons dit, que le père ne pouvoit disposer de ses fiefs en faveur de ses enfans puînés, il ne peut de même ordonner, au préjudice de l'aîné, qu'il en sera fait un partage égal. Cela a été ainsi jugé par arrêt du 14 août 1566; la cour, en confirmant la sentence du prévôt de Paris du 2 novembre 1559, ordonna que, sans avoir égard au partage fait par Jean d'Orléans père, les biens de sa succession seroient partagés & divisés entre ses enfans selon la coutume de Paris, & qu'en conséquence la moitié du fief des oncles appartiendroit à l'aîné.

La question a encore été décidée de même par d'autres arrêts du parlement de Paris, des 22 décembre 1570, 14 mars 1600, 8 mars 1612, 26 mars 1620, & 8 mars 1638.

C'est d'après les mêmes principes, & parce qu'il n'est pas permis aux pères ni aux mères de changer l'ordre établi dans leur succession, qu'ils ne peuvent stipuler, en acquérant un fief, qu'il sera partagé comme roture. Cependant cette jurisprudence n'est pas universelle, car la coutume d'Orléans autorise le père à stipuler par le contrat d'acquisition, & même à ordonner par un acte postérieur, que le fief par lui acquis sera partagé également entre ses enfans.

Il y a aussi un arrêt du parlement de Paris du 18 mars 1749, qui, sur le fondement de l'article 133 de la coutume d'Artois, portant que chacun peut vendre, engager, donner ou aliéner ses biens, fiefs, terres, & généralement disposer par disposition testamentaire ou autres, de tous acquêts & conquêts, a jugé que le sieur & la dame Coffin, domiciliés & décédés à Hesdin, avoient pu valablement stipuler dans les contrats d'acquisition de plusieurs fiefs, qu'ils seroient partagés par égales portions entre leurs enfans, & en conséquence, faire par leur testament le partage de ces fiefs, au préjudice du droit d'*aînesse* de leur fils. L'arrêt a seulement réservé au fils aîné le droit de se pourvoir pour demander sa légitime, s'il prétendoit qu'elle fût entamée par les dispositions de son père & de sa mère. Le fils aîné, contre lequel cet arrêt a été rendu, en citoit néanmoins trois autres rendus également pour la coutume d'Artois le 30 juin 1702,

4 juillet 1735, & 4 août 1747, conformes à ses prétentions.

Au reste, si un tiers donnoit un fief à un père & à une mère, il pourroit stipuler qu'il seroit partagé entre leurs enfans comme roture, parce qu'il peut imposer à sa libéralité telle condition qu'il juge à propos, & que même il est le maître d'en priver entièrement l'aîné en faveur des puînés.

L'aîné peut-il renoncer à son droit d'aînesse, & quel est l'effet de cette renonciation? Il y a deux cas où l'aîné peut renoncer à son droit d'*aînesse* : le premier, avant l'ouverture de la succession qui y donne lieu; le second, lorsque cette succession est échue.

Si le fils aîné, avant le décès de ses père ou mère, donnoit son consentement à des actes par lesquels il seroit dépouillé du droit d'*aînesse*, il pourroit aisément s'en faire relever, parce que l'on présumeroit que le consentement n'auroit eu lieu que pour empêcher le père de faire encore plus de préjudice au fils. Plusieurs arrêts l'ont ainsi jugé, entre autres, un du 14 août 1584, rapporté par Louet.

Charondas néanmoins est d'avis contraire : il dit que le fils aîné étant majeur & n'ayant point d'enfans, peut valablement céder son droit d'*aînesse* à quelqu'un de ses frères, du consentement du père ou de la mère, de qui viennent les fiefs.

D'autres pensent que si l'aîné majeur consentoit, dans le contrat de mariage d'un puîné, que celui-ci jouît du droit d'*aînesse*, il ne pourroit se faire relever d'un pareil consentement; mais cette opinion est contraire à la jurisprudence. L'arrêt du 14 avril 1616, rapporté par Auzanet, a déclaré nulle la renonciation au droit d'*aînesse* faite par un aîné prêtre, en faveur de son frère puîné, dans le contrat de mariage de celui-ci, avec le consentement du père & de la mère.

La raison de cette décision est que l'on ne peut supposer que la renonciation de l'aîné ait été volontaire, parce que si elle l'eût été, il est à croire qu'il ne se seroit pas pourvu pour la faire annuller.

Si l'aîné habile à succéder renonce à la succession, soit gratuitement, soit pour s'en tenir au don qui lui a été fait, il n'y a point de droit d'*aînesse* entre les puînés. C'est ce qui résulte des articles 27 & 310 de la coutume de Paris.

Mais cette disposition doit-elle avoir lieu dans les coutumes muettes à cet égard?

Cela ne peut être mis en question qu'autant que la renonciation de l'aîné est gratuite; car autrement on doit présumer qu'il a eu la valeur de ce qui lui appartenoit. Or le Brun, Livonière, Papon, d'Argentré, Brodeau, Ricard, le Grand, pensent que, dans le cas d'une renonciation gratuite, le droit d'*aînesse* appartient au plus âgé des puînés. « C'est une » maxime, en matière de succession, dit le Brun, » que celui qui renonce est considéré comme » n'ayant jamais existé; ce qui étant présupposé, » il faut dire que l'accroissement se faisant réguliè» rement à la masse de la succession, & le renon» çant étant réputé mort, le droit d'*aînesse* appar» tient au second fils dans les coutumes qui n'ont » point de dispositions contraires ».

L'opinion de ces auteurs se trouve fortifiée par un ancien arrêt du 14 août 1567, rapporté par Papon.

Mais Dumoulin est d'un avis tout opposé : il établit, comme principe général, que la renonciation gratuite de l'aîné ne fait point passer le droit d'*aînesse* à son cadet : il veut que ce droit accroisse à tous les cohéritiers. « L'aîné, dit-il, quoique ne pre» nant rien, n'en existe pas moins, & n'en est pas » moins l'aîné de la famille : il est vrai qu'il ne » jouira pas des droits utiles qu'il auroit pu prendre » à ce titre dans la succession de son père; mais » tous les droits honorifiques, tous ceux qui ne lui » sont pas déférés à titre successif lui appartiennent » de même que s'il n'avoit pas renoncé. Nonobs» tant cette renonciation, c'est en lui que réside la » dignité de la famille, c'est lui qui en est le chef; » enfin s'il y avoit dans la famille un fief substitué » au profit de l'aîné, ce seroit à lui seul que ce fief » appartiendroit; en un mot, la renonciation à la » succession ne peut le priver que des droits atta» chés à la qualité d'héritier : or le titre d'aîné ne » lui est point déféré par le droit héréditaire; il le » conserve, quoiqu'il ne soit pas héritier. Ce titre » n'est donc pas dévolu au cadet : celui-ci ne peut » donc réclamer les prérogatives attachées à cette » qualité ».

L'opinion de Dumoulin a été embrassée par Chopin, Tronçon, Duplessis, Guiot, le Maistre & plusieurs autres; & je la crois beaucoup mieux fondée que la première. Au reste, il est très-rare qu'un aîné renonce gratuitement & précisément pour faire l'avantage de ses puînés. Sa renonciation est ordinairement l'effet de quelque don plus considérable que le préciput, & dans ce cas tous les auteurs sont d'accord que sa portion accroît à la succession entière, sans aucune prérogative pour le cadet.

Quelle est la portion de l'aîné réduit à sa légitime? Lorsqu'un père réduit son fils aîné à sa légitime, elle doit être, dans la coutume de Paris, de la totalité du préciput, de la portion avantageuse dans les fiefs & francs-aleux nobles, & de la moitié de sa part dans les autres biens. Le préciput & la portion avantageuse ne sont sujets à aucune diminution, parce que, comme on l'a vu, ils appartiennent à l'aîné en vertu d'une loi à laquelle le père ne peut déroger.

De même, si un père laissant dans sa succession beaucoup de rotures, avoit donné le fief à l'un de ses puînés, l'aîné pourroit, sans se restreindre à sa légitime, demander son préciput, ainsi que sa portion avantageuse dans le fief, & sa part entière des rotures. On regarderoit en ce cas la donation comme non avenue, relativement à l'aîné; & par rapport à lui, le fief seroit considéré comme faisant encore partie de la succession.

Le puîné ne pourroit même à ce sujet prétendre aucune récompense sur les rotures, parce que quand une disposition est révoquée en vertu d'une loi prohibitive, on ne peut opposer à celui qui agit, le fait du défunt dont il est héritier, ni exercer contre lui aucun recours de garantie. C'est le cas de dire que le père a fait ce qu'il ne pouvoit pas faire, & qu'il n'a pas fait ce qu'il auroit pu faire. Il lui étoit libre d'avantager son fils puîné en lui donnant des rotures, & de réduire l'aîné à sa légitime sur cette espèce de biens; mais dès qu'il ne l'a pas fait, on ne doit pas suppléer cette omission. Tel est l'avis de le Brun.

D'autres néanmoins pensent que si l'aîné exerce son action révocatoire de la donation du fief faite au puîné, celui-ci doit être indemnisé sur les rotures de la succession. Mais cette dernière opinion ne me paroît pas fondée, parce qu'en indemnisant le puîné, on autoriseroit indirectement une disposition prohibée par la loi.

De quelques espèces dans lesquelles le droit d'aînesse paroît souffrir quelques difficultés. Le droit d'*aînesse* a lieu sur les fiefs substitués par un collatéral, lorsque l'ordre des successions est gardé dans la substitution, & que les fiefs ont passé en ligne directe. Cela a été ainsi jugé par arrêt du 3 juillet 1604.

La raison de douter étoit qu'en ce cas les fiefs ne viennent pas du père, mais de la seule libéralité du donateur, & que le droit d'*aînesse* n'auroit pas lieu sur un fief qui seroit donné directement par un collatéral, tel qu'un oncle qui le donneroit à ses neveux. Les juges au contraire ont considéré que le donateur ayant gardé l'ordre des successions dans la substitution, il ne seroit pas juste de le changer, & que l'on devoit présumer que le but de la substitution n'avoit été que d'empêcher la dissipation du bien.

Ricard pense que l'aîné doit jouir de ses droits sur les biens que l'édit des secondes noces réserve aux enfans du premier lit. Cette opinion néanmoins ne paroît pas sans difficulté, parce que les enfans peuvent prendre les biens que l'édit leur réserve, sans se porter héritiers, & que le droit d'*aînesse* semble n'avoir lieu que dans le partage des successions, comme on le voit, à l'égard du douaire où l'aîné n'a aucun avantage: cependant je trouve, ainsi que le Maistre, que Ricard est bien fondé, parce que le but de l'édit, en réservant aux enfans du premier lit les biens qui viennent du prédécédé lorsque le survivant vient à se remarier, n'a pas été de changer l'ordre du partage établi par la coutume, mais de réparer, par cette réserve, le préjudice que les enfans du premier lit reçoivent des seconds mariages: d'ailleurs, si les enfans ne sont pas obligés d'accepter la succession pour jouir du bénéfice de l'édit, il faut toutefois qu'ils soient habiles à succéder: enfin, s'il n'y a point de droit d'*aînesse* dans le douaire, c'est qu'il y a à cet égard une disposition expresse fondée sur ce qu'il tient lieu d'alimens également nécessaires à tous les enfans.

L'aîné ne peut prendre aucun avantage dans les fiefs qui ont été acquis pendant la continuation de la communauté, faute d'inventaire. Mais cela ne doit s'entendre que de la part que l'aîné & ses frères ou ses sœurs ont dans ces acquêts, & non de la portion qui est restée au survivant, & qui se trouve dans sa succession, car l'aîné doit y avoir les mêmes droits que sur les autres fiefs de l'hérédité.

Auquel de deux jumeaux doit appartenir le droit d'aînesse? Entre deux jumeaux le droit d'*aînesse* est déféré à celui qui a vu le jour le premier.

Lorsqu'on ignore lequel des deux jumeaux est né le premier, le droit d'*aînesse* appartient à celui qui est en possession de la qualité d'aîné, & qui a été reconnu pour tel dans la famille; mais il faut, dit Dumoulin, que cette possession soit publique, reconnue ou tolérée par le frère, & autorisée par le père commun.

Si l'un ni l'autre des jumeaux n'est en possession de la qualité d'aîné, Dumoulin pense que c'est au sort à décider entre eux: Argou est aussi de cet avis; mais la plus commune opinion, dit le Brun, est que le droit d'*aînesse* doit être partagé entre eux, quant aux prérogatives qui peuvent être divisées, & à l'égard de celles qui sont indivisibles, ils doivent en jouir alternativement. Faber adopte l'avis de le Brun, & je crois qu'on doit le préférer à celui de Dumoulin, sur la question dont il s'agit. En effet, chacun des deux peut passer pour le premier né, puisqu'il ne paroît précédé d'aucun autre dans l'ordre de la naissance. Tous deux ont donc un droit égal à la chose: & dès-lors on ne peut sans injustice donner le tout à l'un au préjudice de l'autre.

Du bâtard légitimé. Un bâtard légitimé par un mariage subséquent, est capable du droit d'*aînesse*; cela ne souffre pas de difficulté. Mais on a mis en question si le droit d'*aînesse* arriveroit au fils naturel d'un homme qui épouseroit une femme, & qui en auroit des enfans avant d'épouser la concubine qui lui auroit donné ce fils naturel? Le Brun a pensé que le fils naturel, légitimé par un mariage subséquent, devoit être l'aîné. Dumoulin, Charondas, Brodeau, Auzanet, Ferrière & plusieurs autres sont d'avis contraire, & se fondent sur ce que le droit étant acquis au premier né du premier mariage dès l'instant de sa naissance, il n'a pu en être dépouillé par un mariage postérieur.

Le Brun répond à cela que « le droit d'*aînesse* » n'est guère plus acquis pendant la vie du père, » que le droit de succéder; qu'ainsi le fils légitime, » né du premier mariage, n'a pas plus prévenu pour » le droit d'*aînesse* que pour le reste de la succes- » sion; & que conséquemment rien ne doit empê- » cher que le mariage subséquent n'ait son effet » pour l'un comme pour l'autre.

J'avoue que, quoique la première opinion ait infiniment plus de partisans que celle de le Brun, je trouve néanmoins celle-ci mieux appuyée: car il me semble que c'est une contradiction manifeste d'accorder au mariage subséquent l'effet rétroactif de légitimer la naissance, & de lui refuser l'effet d'attribuer les droits qui par leur nature paroissent

& sont réellement inséparables de cette même naissance. Ajoutons que le droit d'*aînesse* ne peut être exercé qu'à l'ouverture de la succession : qu'à cette époque les enfans des deux mariages ont un même caractère de légitimité; qu'ils sont tous frères, & que le plus âgé d'entre eux est incontestablement l'aîné: pourquoi donc les droits attachés à cette qualité ne lui appartiendroient-ils pas ?

Quant à la légitimation par lettres du prince ; elle a des effets moins étendus; quelque absolues que soient les clauses du rescrit, quand même il seroit revêtu de l'approbation de toute la famille, quand même le seigneur dominant y auroit consenti (ce qui est nécessaire lorsque le fief doit rentrer dans sa main, au défaut d'enfans légitimes de son vassal), néanmoins les enfans légitimés par cette voie, ne peuvent, dans aucun cas, prétendre le droit d'*aînesse*: tout au contraire, ils ne doivent avoir qu'une portion égale à celle du moins prenant, soit qu'ils partagent avec des mâles, soit qu'ils n'aient pour co-héritiers que des filles, ou des enfans d'un mariage contracté depuis leur légitimation. Une pareille manière de légitimer les enfans est défavorable, & l'effet doit en être sévérement resserré dans les bornes les plus étroites. Le droit d'*aînesse* & celui d'exclure les filles sont des droits extraordinaires; les accorder au légitimé par lettres du prince, ce seroit étendre un privilège déjà exorbitant par lui-même, ce qui seroit entiérement contre les règles. Telle est l'opinion de Dumoulin, & la plupart des auteurs l'ont adoptée.

Variété des coutumes sur le droit d'aînesse. Tout ce que nous avons dit jusqu'à présent des droits & des prérogatives de l'aîné, doit s'entendre de la coutume de Paris, & du droit commun. Mais il est nécessaire de remarquer que les coutumes diffèrent beaucoup les unes des autres sur le préciput qu'elles attribuent à l'aîné.

Il y en a qui, dans le partage des successions, distinguent la qualité des personnes, & veulent que les successions des nobles se partagent d'une manière, & celles des roturiers d'une autre : telles sont, par exemple, les coutumes de Champagne; mais celle de Paris qui forme le droit commun dans les coutumes où le droit d'*aînesse* est admis, & qui n'ont point de dispositions contraires, donne ce droit d'*aînesse* aux roturiers aussi-bien qu'aux nobles.

Il y en a, comme celle de Troyes, où l'aîné, soit noble ou roturier, n'a que le principal manoir & le vol du chapon. S'il y a plusieurs fiefs mouvans du principal manoir, il choisit la mouvance de tel de ces fiefs que bon lui semble; il a d'ailleurs par préciput un arpent de chaque nature de terre; par exemple, un arpent de pré, un arpent de bois, *&c.* Les mâles prennent chacun dans les fiefs autant que deux filles ; & si l'aîné décède avant son père ou sa mère, ne laissant que des filles, elles ne représentent pas leur père au droit d'*aînesse*, quand il y a d'autres mâles, mais seulement au droit qu'il avoit comme mâle, c'est-à-dire, qu'elles ne prennent point de préciput; mais elles prennent la portion d'un des mâles, comme leur père auroit fait.

Quelques-unes, comme celle d'Auxerre, ne donnent à l'aîné que le principal manoir & le vol du chapon, sans aucune portion avantageuse dans le surplus des fiefs, & ne lui donnent même qu'un seul préciput dans les deux successions du père & de la mère; mais quoiqu'il ait pris son préciput dans la succession du premier décédé, il peut, en le rendant, choisir dans la succession du dernier mourant.

D'autres, comme celle de Chauny, donnent aux filles, au défaut d'enfans mâles, le droit d'*aînesse* dans les fiefs : quelques-unes donnent même tous les fiefs à la fille aînée, à la charge seulement d'un quint aux puînés, soit en usufruit ou en propriété, selon les lieux.

La coutume du grand Perche donne à l'aîné noble tous les meubles & effets mobiliers, à la charge de payer les dettes mobiliaires, & en outre un préciput dans les fiefs & dans les autres biens.

Les coutumes de Bretagne, d'Anjou, de Touraine & plusieurs autres, font des avantages considérables aux aînés nobles.

Quand le fils aîné décède avant son père & sa mère, & qu'il laisse des enfans, il y a quelques coutumes qui n'admettent pas la représentation au droit d'*aînesse*, s'il ne laisse que des filles, & qui n'admettent même les mâles que quand le père & la mère n'ont point laissé d'autres enfans mâles.

A l'égard de la succession des fiefs en ligne collatérale, les coutumes ne diffèrent guère moins que pour les successions en ligne directe. Nous n'entrerons pas dans le détail de ces différences qui nous meneroient trop loin : c'est assez d'avoir établi ici les principes généraux & le droit commun; nous renvoyons à chaque coutume pour les loix particulières qui y sont prescrites.

Des provinces de droit écrit où le droit d'aînesse a lieu. Nous avons dit, au commencement de cet article, que le droit d'*aînesse* n'avoit pas lieu dans les provinces régies par le droit écrit; il faut cependant en excepter quelques-unes, dans lesquelles les coutumes ont stipulé un avantage en faveur des aînés : telles sont celles de Bordeaux & de Bayonne.

Celle de Bordeaux permet aux père & mère de disposer librement de tous leurs biens nobles ou roturiers, meubles ou immeubles, par testament, contrat de mariage, ou autre disposition valable, en faveur d'un ou de plusieurs de leurs enfans, sans que l'aîné puisse s'en plaindre, ni demander autre chose que sa légitime de droit. Mais lorsqu'ils décèdent *intestats*, l'aîné succède seul aux comtés, vicomtés, baronnies, & à toutes autres dignités, maisons nobles, & autres biens nobles, & il n'est tenu de laisser aux autres enfans que leur légitime, qui doit être payée aux mâles moitié en terre & moitié en argent, & aux filles en argent seulement. S'il n'y a que des filles, l'aînée d'entre elles jouit de la même prérogative, & dans ce cas la légitime des filles puînées doit être payée en argent & en terre par moitié. Si l'aîné renonce gratuitement avant l'échéance de la succession, le puîné prend le droit d'*aînesse*, mais le puîné ne l'auroit pas, si l'aîné renonce à la succession échue.

La coutume de Bayonne accorde aux premiers nés un droit d'*aînesse*, fondé, non sur la qualité féodale des biens, mais sur la qualité de propre qu'ils ont acquise. Les biens propres sont appellés dans cette coutume, *biens papoaux* & *biens avitins*. Les pères & mères peuvent en disposer par testament ou autre manière, en faveur de tel de leurs enfans qu'ils veulent, sans que les autres puissent rien exiger; mais ils sont tenus de laisser à l'aîné la *lar*, c'est-à-dire, la maison principale, qui est devenue propre avitin, & qui a fait souche dans la personne dont la succession est à partager; la *lar*, ou la maison appartient à l'aîné ou à l'aînée, par préciput, sans partage ni récompense. S'il se trouve plusieurs lars ou maisons dans la succession, l'aîné a le droit de choisir celle qui lui plaît; & si par événement, la succession n'étoit composée que d'une maison, *propre avitin*, elle appartiendroit à l'aîné ou à l'aînée, sans que les puînés y pussent rien prétendre pour leur légitime.

AINSI, conj. (*terme de Pratique.*) ce mot est principalement employé dans les testamens reçus par les notaires, qui après avoir écrit les dispositions du testateur, ajoutent *& fut ainsi fait, dicté & nommé*. Plusieurs coutumes ont expressément ordonné que cette phrase seroit insérée dans les testamens: or, comme dans ces actes toutes les clauses prescrites par les loix ou les coutumes sont de rigueur, il est nécessaire que cette clause, *ainsi fait, dicté & nommé*, y soit insérée, à peine de nullité du testament. La conjonction *ainsi*, mise au commencement de la clause, est relative à toutes les formalités prescrites par la coutume, & aux dispositions contenues dans le testament, & rappelle que le tout a été *dicté & nommé* par le testateur, & lui a été relu.

AJOURNEMENT, s. m. (*Droit civil.*) signifie la même chose que le mot *assignation*, l'un & l'autre diffèrent de celui de *citation* qui leur est à-peu-près synonyme, & qui est aussi un *ajournement*; mais le terme de *citation* convient proprement aux assignations données en matière de police par les commissaires ou huissiers de police, & à celles données pardevant les juges d'église. *Voyez* CITATION.

Bornier fait dériver le mot d'*ajournement* des mots latins, *in diem dictio*, c'est-à-dire, citation faite en plein jour, d'où il conclut que l'*ajournement* ne peut se faire de nuit, & dans l'obscurité, si ce n'est pour des cas qui requièrent célérité. Mais nous préférons l'étymologie donnée par Ferrieres, qui veut que l'*ajournement* ait été ainsi nommé, parce que l'assignation est donnée pour comparoître devant le juge à un jour fixe & certain. Quoi qu'il en soit de ces disputes d'étymologies, qui par elles-mêmes sont peu intéressantes, nous allons donner la définition de l'*ajournement*, qui en fera connoître la nature & l'essence. L'*ajournement* est un acte par lequel un huissier, sergent ou appariteur, dénonce à quelqu'un la demande qu'une personne forme contre lui en justice, & lui donne assignation pour comparoître devant le juge qui en doit connoître, afin d'y répondre & procéder sur les conclusions prises contre lui.

Usage des Romains par rapport aux ajournemens. Chez les Romains celui qui vouloit intenter une action contre quelqu'un, l'appelloit devant le magistrat auquel étoit déféré le pouvoir de statuer sur le droit des parties: c'est ce que l'on appelloit *vocatio in jus*.

Dans l'origine, cet appel se faisoit de vive voix par le demandeur qui rencontrant celui contre lequel il vouloit agir, le sommoit de venir sur le champ devant le magistrat pour se défendre lui-même. S'il refusoit d'obéir à la sommation, le demandeur pouvoit l'y contraindre & le traîner malgré lui devant le magistrat, à moins qu'il ne donnât caution de comparoître au jour dont il pouvoit convenir avec le demandeur.

Par la suite, on changea cette façon de procéder, & l'on établit que l'appel en justice se feroit sans violence, avec la permission du magistrat par une tierce-personne, c'est-à-dire, par un sergent ou huissier, & par un écrit portant assignation au défendeur à comparoître devant le magistrat, & contenant l'énonciation du nom & de la qualité de l'action dont le demandeur vouloit faire usage contre lui, ainsi que l'exposition sommaire des moyens sur lesquels la demande étoit fondée.

L'édit du préteur par lequel ces formalités furent établies, défendit aux enfans & aux affranchis d'appeller en justice, sans permission du magistrat & sans connoissance de cause, leurs pères, leurs mères, leurs patrons, ainsi que les pères, les mères & les enfans de leurs patrons, à peine d'une amende de cinquante écus d'or.

L'usage de citer devant le juge, par le ministère d'un huissier, ceux avec lesquels on a quelque différend, s'est conservé parmi nous; mais nous n'avons pas admis la défense faite aux enfans & aux affranchis, de laquelle nous venons de parler. Ils peuvent faire assigner leurs pères, comme toute autre personne, sans permission & sans encourir aucune peine.

Des formalités de l'ajournement. Les formalités qui doivent être observées dans le royaume, & que nous allons rapporter, sont particulièrement prescrites par l'ordonnance du mois d'avril 1667, à laquelle on a dans la suite ajouté quelques réglemens.

Pour la validité d'un exploit d'*ajournement*, il faut qu'il soit fait par un huissier ou sergent qui doit décliner son nom, & déclarer la justice dans laquelle il est immatriculé, & le lieu de sa demeure, à peine de nullité & de 20 liv. d'amende.

L'huissier doit être compétent, c'est-à-dire, qu'il doit être reçu & immatriculé dans la jurisdiction sur le territoire de laquelle il donne l'assignation, quand bien même elle seroit donnée pour comparoître dans une jurisdiction étrangère, à peine de nullité de l'exploit, & de 500 liv. d'amende. Ce principe reçoit une exception en faveur des huissiers du châtelet de Paris, & de quelques autres jurisdictions, qui, par le titre de création de leurs charges, ont le droit d'exploiter par tout le royaume.

L'huissier doit exprimer la date du jour, du mois & de l'an auxquels l'exploit est fait, & si c'est en vertu de quelques pièces, comme une ordonnance, une commission, une sentence ou un arrêt, il faut en faire mention expresse.

L'exploit doit être libellé, c'est-à-dire, qu'il doit contenir sommairement les moyens sur lesquels la demande est fondée, & les conclusions du demandeur. Cela est ainsi ordonné, afin que la partie assignée sache pourquoi elle est appellée en justice, & qu'elle puisse en conséquence ou se défendre ou se conformer à la demande. Le défaut de cette formalité entraine aussi la peine de nullité, & de 20 liv. d'amende.

L'huissier doit, sous la même peine, désigner le nom, la qualité & le domicile du demandeur, & déclarer que l'assignation a été donnée à la personne ou au domicile du défendeur, ce qui doit être exprimé tant dans l'original que dans la copie, avec le nom des personnes auxquelles l'exploit aura été laissé.

On observera qu'à l'égard des *ajournemens* ou assignations qui concernent les droits d'un bénéfice, l'ordonnance permet de les donner au principal manoir du bénéfice. De même les assignations concernant les droits & fonctions des offices, peuvent être valablement données au lieu où s'exerce chaque office. La raison qui a donné lieu à ces exceptions, est qu'alors l'action est plutôt réelle que personnelle, & qu'ainsi l'on doit plus considérer le lieu du bénéfice ou de l'exercice de l'office, que le domicile du bénéficier ou de l'officier. Il en seroit tout autrement, s'il étoit question du titre du bénéficier ou de l'officier; la contestation étant alors toute personnelle, il faudroit se conformer à la règle générale, qui ne permet de donner les *ajournemens* qu'à personne ou domicile.

Nous remarquerons ici que quelques-uns entendent par le domicile de l'ajourné non-seulement le domicile véritable, mais encore le domicile qu'il a élu par le contrat pour raison duquel on l'ajourne, & ils pensent que les assignations données à ce dernier domicile, doivent produire le même effet que si elles étoient données au domicile véritable. Tel est le sentiment de Bacquet, adopté par d'Héricourt. Mais si la personne avoit un domicile connu dans la même ville, l'assignation donnée au domicile élu seroit nulle.

Lorsqu'il s'agit d'assignations concernant l'instruction ou la procédure, il suffit d'assigner la partie au domicile de son procureur; & alors les assignations ont le même effet que si elles avoient été données au domicile de la partie. C'est la disposition de l'article 4 du titre 12 de l'ordonnance de 1667.

Une autre formalité à remplir de la part de l'huissier, est d'énoncer, dans l'exploit d'*ajournement*, le nom du procureur du demandeur, à peine de nullité & de 20 liv. d'amende.

Il y a néanmoins des sièges & des matières où le ministère des procureurs n'est pas nécessaire: alors au lieu d'en nommer un, l'huissier doit, par l'exploit d'*ajournement*, faire faire élection de domicile au demandeur, dans le lieu de la jurisdiction où l'affaire se poursuit.

Si l'huissier donne copie de quelques pièces, il doit aussi l'énoncer dans son exploit.

L'ordonnance de 1667 avoit obligé les huissiers & sergens à se servir de recors qui devoient signer avec eux les originaux & les copies des exploits d'*ajournement*: l'objet de cette disposition avoit été d'empêcher les antidates & les autres faussetés qu'on a dans tous les temps imputées, non sans fondement, à un grand nombre de ces ministres de la justice: mais l'expérience fit bientôt connoître que les huissiers se servoient de recors les uns aux autres, & se confioient réciproquement leur signature, pour se dispenser d'être présens, & d'assister l'officier qui délivroit les actes aux parties. Ainsi les précautions prises par l'ordonnance ne servoient que de prétexte aux huissiers pour émolumenter. D'ailleurs les négocians représentèrent que, quoique les significations qu'on leur faisoit ne fussent le plus souvent que des protêts de lettres-de-change occasionnés parce qu'ils n'avoient pas reçu les fonds nécessaires pour acquitter ces lettres, cependant l'appareil scandaleux d'un nombre d'officiers employés pour ces sortes de significations, nuisoit à leur réputation & au bien du commerce.

Ces considérations déterminèrent le roi à substituer à la formalité des recors, celle du contrôle des exploits, lesquels selon l'édit du mois d'août 1699, doivent être contrôlés au bout de trois jours, c'est-à-dire, le quatrième jour au plus tard, afin que la date n'en puisse plus être altérée.

Il faut néanmoins observer qu'il y a divers exploits où l'usage des recors est encore indispensable: tels sont les exploits de saisie réelle, de criées, &c.

Si l'huissier ne trouve personne dans la maison où il va faire un *ajournement*, il doit attacher son exploit à la porte, & en avertir le proche voisin par lequel il fera signer l'exploit; & s'il refuse de signer, l'huissier en fera mention. S'il n'y a point de proche voisin, l'huissier fera parapher son exploit par le juge du lieu, ou à son défaut, par le plus ancien praticien du siège, à qui il est enjoint de le faire sans frais.

L'*ajournement* même fait à la requête des procureurs du roi, doit être sur papier timbré, & contrôlé dans les trois jours de la signification. Les pièces qui sont employées pour moyen de la demande, sont également sujettes au contrôle, & il doit en être fait mention dans les copies. Ces formalités sont prescrites par l'ordonnance, à peine de nullité & d'amende pour le défaut de papier timbré & de contrôle de l'exploit, & de perte des frais pour les copies de pièces non contrôlées.

L'ajournement doit-il être précédé d'une permission du juge? Les *ajournemens* peuvent se faire tant en cause principale que d'appel, sans permission du juge, mandemens, ni lettres royaux, quand même les défendeurs auroient leur domicile hors de la jurisdiction du juge devant lequel on veut les ajourner.

Cette règle reçoit néanmoins plusieurs exceptions.

1°. Ceux qui ont droit de *committimus* ne peuvent faire *ajourner* aux requêtes de l'hôtel, qu'en vertu de lettres de *committimus bien & duement expédiées & non surrannées*, dont il doit être laissé copie dans la même feuille ou cahier qui contient l'exploit. Cependant s'il y avoit des instances liées devant le juge du privilège, les *ajournemens* pourroient y être donnés en sommation ou autrement sans lettres, requête ou commission particulière.

Ceux qui ont leurs causes commises devant les baillis & sénéchaux en vertu de lettres de garde gardienne, sont aussi obligés de donner copie de leurs lettres en tête de l'exploit.

2°. On ne peut donner aucun *ajournement* devant les cours souveraines ou qui jugent en dernier ressort, soit en première instance, par appel ou autrement, qu'en vertu de lettres de chancellerie, commission particulière, ou arrêt.

Remarquez cependant que ceux qui ont droit de plaider en première instance à la grand'chambre du parlement, comme l'hôtel-Dieu de Paris, l'hôpital-général, le grand bureau des pauvres, & les ducs pour leurs duchés-pairies, sont affranchis de cette formalité.

3°. On ne peut donner aucun *ajournement* au conseil du roi, ni aux requêtes de l'hôtel pour juger en dernier ressort, qu'en vertu d'un arrêt du conseil ou d'une commission du grand sceau.

Il faut néanmoins observer, par rapport aux instances d'évocation sur parentés & alliances, qu'elles peuvent être portées au conseil par un simple *ajournement* donné en vertu de la cédule évocatoire, sans qu'il soit besoin de lettres ni d'arrêts.

4°. Dans la province de Lorraine, aucune action ne peut être intentée que par une requête libellée qui doit contenir le fait, & sommairement les moyens de la demande, avec des conclusions certaines à la fin. Le juge met au bas de cette requête un décret portant ordre ou permission d'assigner, & c'est en vertu de ce décret que l'huissier assigne le défendeur. Si cette formalité étoit négligée, & que l'huissier ajournât sans commission par un exploit libellé, comme cela se pratique dans le reste du royaume, l'*ajournement* seroit nul.

5°. Il y a des coutumes qui exigent, comme une formalité essentielle, la permission du juge pour pouvoir assigner en retrait lignager.

Du juge devant lequel on doit donner l'ajournement. En général, l'assignation doit toujours être donnée devant le juge du domicile de celui qu'on assigne: cette règle ne reçoit aucune exception en matière personnelle, si ce n'est à l'égard de ceux qui ont leurs causes commises devant certains juges.

Si le défendeur prétend qu'il n'a pas son domicile dans le ressort du juge pardevant lequel il est assigné, c'est au demandeur à prouver le contraire.

En matière réelle, le demandeur a le choix de faire assigner pardevant le juge du domicile du défendeur, ou pardevant le juge du lieu où la chose contentieuse est située.

Lorsqu'on veut faire assigner plusieurs particuliers justiciables de différens juges, il faut les faire assigner devant le juge supérieur commun, s'ils demeurent tous dans un même bailliage ou présidial; mais s'ils sont de différens bailliages ou présidiaux, on doit alors se pourvoir au parlement pour faire fixer la jurisdiction où il faudra plaider.

Des ajournemens donnés aux étrangers & aux absens. Anciennement l'usage étoit que pour ajourner un étranger, l'huissier y procédât à son de trompe sur la frontière du royaume; formalité bizarre, dispendieuse & ridicule que Louis XIV a sagement abrogée, en ordonnant d'ajourner les étrangers aux hôtels des procureurs généraux des parlemens où ressortiront les appellations des juges devant lesquels les contestations seront portées en première instance.

Il faut observer que ceux qui demeurent dans les isles d'Amérique & autres lieux hors de l'Europe qui appartiennent à la France, sont, quoique sujets du roi, regardés comme étrangers lorsqu'il s'agit de les assigner dans le royaume. Cet usage n'est fondé sur aucune loi expresse, il s'est introduit ensuite d'une requête présentée au roi pour assigner en pareil cas, & il fut permis par arrêt du conseil du 25 août 1692, d'assigner le défendeur à deux mois & à l'hôtel de M. le procureur-général. Le parlement de Paris a jugé de même par arrêt du 6 juillet 1740. *Voyez* ABSENT.

En Lorraine, les étrangers qui n'ont aucun domicile actuel dans l'état, doivent être assignés au domicile de leurs fermiers, receveurs, ou procureurs fondés, s'ils en ont; sinon, par affiche à la porte de l'auditoire du lieu de la jurisdiction. On doit en outre les assigner au domicile du curateur en titre. C'est la disposition de l'article 13 du titre premier de l'ordonnance du duc Léopold du mois de novembre 1707, pour l'instruction de la procédure civile.

Les particuliers condamnés au bannissement ou aux galères à temps, & les absens pour faillite, voyage de long cours ou hors du royaume, doivent être assignés à leur dernier domicile: cela est

ainsi

ainsi prescrit par l'article 8 du titre 2 de l'ordonnance de 1667, qui abroge l'usage de faire un procès-verbal de perquisition de leurs personnes, & de leur créer un curateur.

Si les absens n'ont jamais eu de domicile certain ou connu, l'article 9 du titre 2 de l'ordonnance de 1667, veut qu'on les ajourne par un seul cri public, au principal marché du lieu de l'établissement du siège où la contestation devra être portée, sans qu'il soit besoin d'aucune perquisition : il faut seulement que le juge paraphe l'exploit d'*ajournement*, ce qu'il doit faire sans frais.

Des ajournemens donnés à une communauté, à un mineur, &c. Quand il s'agit d'assigner les habitans d'une paroisse en général, on les ajourne au domicile du maire ou du syndic, ou autre principal officier de la communauté. A l'égard des couvens & autres communautés séculières & régulières, elles doivent être assignées en parlant au chef, supérieur, syndic, & autre premier ou principal officier, ou au portier.

Observez néanmoins que lorsque la mense de l'abbé est séparée de celle des religieux, l'assignation donnée à l'abbé seul, & les procédures faites contre lui, ne peuvent préjudicier aux religieux.

Les assignations concernant les officiers peuvent se donner au domicile du greffier de la jurisdiction de l'officier qu'on fait assigner, quand il s'agit des fonctions du tribunal, relativement à une partie qui s'en plaint; mais s'il est question d'un différend entre officiers, même pour raison de leurs fonctions, les assignations doivent être données à personne ou domicile.

Lorsqu'on a une demande à former contre un mineur qui n'est pas émancipé, c'est le tuteur même qu'il faut assigner; & si le mineur a deux tuteurs, l'un honoraire & l'autre onéraire, c'est toujours au domicile du tuteur honoraire que l'*ajournement* doit être fait, parce que le tuteur onéraire est donné *à la chose* & non à la personne : *rei & non personæ*.

Si le mineur est émancipé, il faut l'assigner conjointement avec son curateur, chacun par un exploit séparé; & cette assignation au curateur pour assister son mineur en justice est nécessaire, à peine de nullité. Cela a été ainsi jugé par arrêt du parlement de Provence du 13 mars 1713.

Les mêmes formalités doivent être observées à l'égard des prodigues, des imbécilles & de tout autre interdit.

Lorsque le mineur n'a ni tuteur ni curateur, il faut avant de l'*ajourner* lui en faire créer un.

En matière de bénéfices, les mineurs qui en sont pourvus peuvent agir en justice sans l'autorité d'un tuteur ou curateur pour la conservation des droits de leurs bénéfices; ce qui est une exception à la règle générale.

Une femme mariée ne peut être assignée que conjointement avec son mari, & par un seul & même exploit.

Quoiqu'on puisse donner une assignation à la personne comme au domicile du défendeur, il faut néanmoins que ce soit dans un lieu convenable. Ainsi un *ajournement* qui seroit fait dans une église ou dans un auditoire n'auroit aucun effet, comme l'ont jugé trois arrêts des 6 octobre 1534, 11 mars 1551, & 5 février 1661.

De même s'il s'agissoit d'assigner un marchand, on ne pourroit le faire dans les lieux appellés *bourses* ou places d'assemblée des négocians.

Lorsqu'on fait assigner plusieurs particuliers pour le même fait, on doit donner à chacun copie des pièces, ou des extraits des mêmes pièces si elles sont trop longues; mais quand il y a plusieurs co-héritiers, il ne faut qu'une seule copie des pièces pour tous. On la donne à l'aîné ou à l'un d'eux, avec sommation aux autres d'en prendre communication par ses mains.

Quand on veut assigner pour obtenir une sentence contre plusieurs marchands associés ou autres débiteurs de billets solidaires, les huissiers doivent avoir attention de n'assigner qu'un de ces débiteurs tant pour lui que pour ceux qui ont signé ou endossé les billets avec lui : la même chose doit s'observer pour les autres procédures, sans, que sous quelque prétexte que ce soit, les huissiers ou sergens puissent en user autrement, à peine de concussion & de 500 liv. d'amende.

Des formalités particulières à certains ajournemens. 1°. Lorsque les exploits d'*ajournement* contiennent des demandes pour censives ou pour la propriété de quelque rente foncière, charge réelle, hypothèque, corps d'une terre ou métairie, retrait féodal ou lignager, *&c.* il faut y désigner le bourg, village ou hameau, le terroir & la contrée où les héritages sont situés, exprimer la consistance & la nature de ces héritages, avec leurs tenans & aboutissans, ensorte que le défendeur ne puisse ignorer pour quel héritage il est assigné.

L'ordonnance prononce la peine de nullité lorsqu'on omet ces formalités. Néanmoins cette nullité ne se prononce guère dans l'usage : on se contente d'ordonner que le demandeur sera tenu de coter par tenans & aboutissans l'héritage qu'il revendique ou sur lequel il prétend une rente foncière ou une hypothèque, & l'exploit comme nul est rejetté de la taxe de dépens, si le défendeur vient à y être condamné.

Cependant si l'exploit d'*ajournement* contenoit une demande en retrait lignager, l'omission d'une seule des formalités prescrites emporteroit la nullité de l'exploit, & feroit par conséquent tomber la demande sans pouvoir l'intenter de nouveau, parce que dans cette matière tout est de rigueur.

2°. Une assignation donnée à la requête de plusieurs particuliers, dont un seul seroit désigné par son nom, & les autres par le terme de *consorts*, seroit nulle, du moins à l'égard de ceux qui ne seroient désignés que sous la qualité de *consorts*, parce qu'en France on ne plaide point par procureur : il faut que ceux qui forment quelque demande en justice soient nommés, ou du moins qu'ils soient suffisamment connus par l'exploit d'*ajournement*.

3°. Les assignations doivent être données de jour, & avant le coucher du soleil, à moins qu'il ne soit question de délit ou de quelque autre cas qui requiert célérité. C'est ce qui a été jugé par arrêt du 20 mars 1576, & c'est aussi la disposition de l'article 39 de la coutume de Bretagne.

4°. Il n'est pas permis non plus d'assigner tous les jours indistinctement. L'ordonnance de Moulins porte que les actes judiciaires doivent cesser les jours de fêtes & de dimanches. Mais il faut distinguer si la chose requiert célérité ou non : dans le premier cas, on peut assigner un jour de fête ou de dimanche. C'est pourquoi un arrêt du 14 juin 1566 a déclaré valable un exploit d'*ajournement* fait le jour de la fête-Dieu, parce qu'il contenoit une demande en retrait lignager, qui auroit été prescrite si on l'eût différée jusqu'au lendemain.

Si au contraire la chose ne requiert point de célérité, on déclare nuls les exploits de cette espèce. C'est ainsi que, par arrêt du 4 janvier 1719, un exploit d'*ajournement* contenant une demande en retrait, a été déclaré nul, pour avoir été fait un jour de fête, tandis qu'il y avoit encore un mois avant que l'an & jour du retrait fût écoulé.

5°. Les assignations qui se donnent aux communautés d'habitans, doivent être données un jour de dimanche ou de fête à l'issue de la messe paroissiale ou des vêpres. C'est la disposition de l'article 3 d'une déclaration du 17 février 1688.

6°. Dans les matières attribuées aux jurisdictions consulaires, le créancier a le choix de faire donner l'assignation ou au lieu du domicile du débiteur, ou au lieu auquel la promesse a été faite & la marchandise fournie, ou au lieu auquel le paiement doit être fait. C'est la disposition de l'article 17 du titre 12 de l'ordonnance du commerce.

7°. Selon l'article suivant, les assignations pour affaires de commerce maritime, doivent être données devant les juges & consuls du lieu où le contrat a été passé, & non devant ceux du lieu d'où le vaisseau est parti, ni du lieu où il a fait naufrage.

8°. Les commis des aides sont autorisés à donner des assignations en conséquence de leurs procès-verbaux, sans se servir du ministère des huissiers, pourvu que ce soit à la suite de leurs procès-verbaux, & dans le même temps qu'ils les font, & les dénoncent aux parties. Ils peuvent même, dans le ressort de la cour des aides de Rouen, donner assignation sur leurs procès-verbaux par acte séparé. Au reste, quand il s'agit d'assigner, saisir & emprisonner pour deniers royaux, les fermiers du roi peuvent employer tels huissiers qu'ils leur plaît, & qui alors peuvent exploiter hors l'étendue des jurisdictions dans lesquelles ils sont immatriculés.

9°. Les huissiers sont obligés, sous peine de 20 liv. d'amende, de mettre au bas de l'original de chaque exploit les salaires qu'ils ont reçus.

Ajournement personnel, (*Droit criminel.*) C'est, en matière criminelle, un décret portant qu'un accusé sera *ajourné* à comparoir en personne pardevant le juge, pour répondre sur les charges qui résultent contre lui des informations, pièces du procès, & autres sur lesquelles les gens du roi voudront le faire entendre.

Le décret d'*ajournement* personnel ne peut être rendu que sur les conclusions du ministère public. Il tient le milieu entre le décret d'assigné pour être ouï qui est le plus doux, & le décret de prise de corps qui est le plus rigoureux.

On doit signifier le décret d'*ajournement* personnel à la personne de l'accusé ou à son véritable domicile, avec assignation pour se trouver au jour & lieu indiqués pour subir interrogatoire.

Ce décret ne se décerne que dans des cas assez graves pour qu'il puisse en résulter une peine infamante. Il faut y exprimer le titre de l'accusation, & s'il y a d'autres accusés décrétés de prise de corps, il ne faut donner copie à chaque décrété que de la partie du décret qui le concerne.

Le décret d'*ajournement* personnel emporte de droit interdiction lorsqu'il est décerné contre des juges ou officiers de justice : c'est ce qui résulte des articles 10 & 11 du titre 10 de l'ordonnance criminelle.

Le décret d'*ajournement* personnel que prononcent des juges laïques contre un ecclésiastique, interdit pareillement celui-ci de ses fonctions ; & c'est d'après ce principe, solidement établi en 1708 par M. Joly de Fleuri, qu'en 1754 le parlement ordonna qu'il seroit informé contre le sieur Vallet, chantre de l'église d'Orléans, accusé d'avoir fait des fonctions ecclésiastiques au préjudice d'un décret d'*ajournement* personnel prononcé contre lui.

Un ecclésiastique est-il interdit par le décret d'*ajournement* personnel prononcé par un official? Héricourt décide pour l'affirmative, sur le fondement qu'un décret de cette nature suppose un délit grave, qui, suivant l'esprit de l'église, rend l'accusé suspens des fonctions de son ordre. Duperray est d'un avis opposé, & prétend que ce décret n'interdit point l'ecclésiastique, à moins que l'official n'ait ajouté ces mots : *& cependant demeurera interdit des fonctions de ses ordres.* Ducasse dit que tel est l'usage du parlement de Toulouse ; mais il paroît que cette jurisprudence s'écarte des vrais principes. En effet, si le décret d'*ajournement* personnel, prononcé contre un ecclésiastique par un juge d'église, n'interdisoit pas l'ecclésiastique de ses fonctions, il n'y auroit aucune différence entre l'*ajournement* personnel & le décret d'assigné pour être ouï, ce qui seroit contraire à l'esprit & à la lettre de la loi.

Il faut néanmoins observer que le décret d'*ajournement* personnel n'emporte interdiction que du jour qu'il est signifié. L'accusé jusqu'à ce temps, peut exercer librement ses fonctions, quelque connoissance qu'il ait d'ailleurs du décret.

L'interdiction encourue par un décret d'*ajournement* personnel, n'est levée ni par une appellation, ni par un arrêt de défenses, ni par les réponses du décrété.

Pour que l'officier ou l'ecclésiastique puisse reprendre ses fonctions, il faut qu'il y soit renvoyé par le jugement définitif ou par provision, ou autrement par l'arrêt de défenses, ou enfin qu'il lui ait été permis, par une sentence préparatoire, de reprendre ses fonctions indéfiniment, ou seulement par provision. Quand il n'est pas dit *par provision*, la permission est regardée comme indéfinie. Lorsque cette permission n'est que provisoire, il faut, par la sentence définitive, renvoyer dans les fonctions.

Si le juge, après avoir levé l'interdiction, croit nécessaire de réitérer les interrogatoires, comme il le peut, il faut une ordonnance qui permette de donner à l'accusé une nouvelle assignation. Cette assignation ne feroit pas revivre l'interdiction, à moins qu'il ne fût survenu de nouvelles charges, & qu'il n'y eût matière à décerner un nouveau décret pour lequel il faut de nouvelles conclusions: ce qui n'arrive ordinairement que lorsqu'il y a une nouvelle accusation, & des preuves qui méritent un second décret sur lequel il faut un second interrogatoire. Pour juger un accusé, il faut qu'il ait été décrété sur tous les crimes dont il est accusé, & sur chaque décret, il faut lui faire subir interrogatoire, ou instruire contre lui la contumace.

Suivant la déclaration du mois de décembre 1680, les cours ne peuvent donner d'arrêts de défenses d'exécuter les décrets d'*ajournemens* personnels, ni renvoyer l'accusé en l'état d'assigné pour être ouï, qu'après avoir vu les charges & les informations.

La même déclaration veut que les accusés qui demanderont de pareilles défenses, attachent à leur requête la copie du décret qui leur aura été signifié.

Si celui qui est décrété d'*ajournement* personnel ne comparoît pas dans le délai qui lui a été fixé, pour subir interrogatoire, l'*ajournement* personnel doit être converti en décret de prise de corps à l'échéance de l'assignation, sans qu'il soit nécessaire d'attendre aucun délai pour lever le défaut ou pour le faire juger. Cela est ainsi ordonné par l'édit du mois de juillet 1773. Avant cette loi, il étoit d'usage que la partie civile laissât passer un délai de huitaine après l'échéance de l'assignation avant de lever son défaut au greffe, & ce n'étoit qu'après un autre délai de quinzaine qu'elle pouvoit faire ordonner sur ce défaut la conversion du décret d'*ajournement* personnel en décret de prise de corps. Ces formalités qui n'ont jamais été usitées en Lorraine, & qui ne pouvoient être d'aucune utilité, sont abrogées dans tout le royaume par l'édit que nous venons de citer.

Lorsque l'accusé contre lequel le décret d'*ajournement* personnel a été converti en décret de prise de corps est constitué prisonnier & prête son interrogatoire, il doit obtenir sa liberté, & être remis en état d'*ajournement* personnel, à moins qu'il ne soit survenu de nouvelles charges contre lui depuis le premier décret.

Les cours peuvent ordonner par délibération secrete, que l'accusé, décrété en apparence d'*ajournement* personnel, sera arrêté, lorsqu'il comparoîtra. C'est un artifice innocent dont les magistrats sont quelquefois obligés d'user envers ceux dont on craint le crédit ou la résistance, pour s'assurer de leur personne avec plus de facilité & moins d'éclat, & sans exposer la vie des ministres de la justice. Mais ces délibérations secrètes ne sont confiées qu'à la prudence des compagnies supérieures. La faculté en est interdite à tous les autres juges, afin qu'ils ne puissent pas faire indiscrétement une insulte à des personnes qualifiées.

Selon l'article 5 du titre 5 de l'ordonnance criminelle de Lorraine, le décret d'*ajournement* personnel n'emporte point interdiction contre les officiers de finance, à moins qu'ils ne soient accusés de malversations dans leurs charges.

Suivant l'ordonnance des aides, les commis du fermier contre lesquels il y a décret d'*ajournement* personnel, peuvent, après leur interrogatoire prêté & sans qu'il soit besoin d'aucun jugement, continuer leurs fonctions, excepté chez les vendans en détail, où l'action qui a donné lieu au décret est arrivée. Cela est fondé sur ce que les évènemens auxquels les commis sont exposés, mettroient trop souvent la régie dans le cas d'être interrompue, s'il leur falloit subir les longueurs des procédures, pour être rétablis dans leurs fonctions.

On pense communément qu'un ecclésiastique décrété d'*ajournement* personnel, est incapable de requérir des bénéfices; cependant d'Héricourt prétend qu'il n'y a point de nullité dans les provisions d'un bénéfice conféré à un ecclésiastique décrété d'*ajournement* personnel par un juge inférieur, lorsque cet ecclésiastique a obtenu un arrêt portant défenses de mettre le décret à exécution.

Je crois cette opinion fondée, parce que le juge supérieur n'ayant pu empêcher l'exécution du décret qu'après avoir vu les charges, l'arrêt de défenses décide que le délit imputé à l'ecclésiastique, n'est point assez grand pour que le juge inférieur ait pu décerner contre lui le décret d'*ajournement* personnel: ce décret doit donc être considéré alors comme un acte injuste, qui, par conséquent, ne doit produire aucun effet.

Ce que nous venons de dire se justifie par l'arrêt du 6 février 1721, qui a jugé qu'un particulier décrété d'*ajournement* personnel, mais qui avoit obtenu un arrêt portant défenses de mettre le décret à exécution, seroit reçu dans un office d'élu de l'élection des Sables-d'Olonne, quoique l'accusation ne fût pas jugée au fond.

AJOURNER, v. a. (*Jurisprudence.*) c'est l'action d'assigner, de citer quelqu'un pour comparoître en justice, soit en matière civile, soit en matière criminelle.

AJOURNER A BAN, terme de la coutume d'Anjou, *art.* 147, qui signifie *ajourner à cri public.* Cette expression dérive de l'ancien mot *ban*, qui vouloit dire *proclamation*, *publication.*

Ajourner *hors huitaine.* Les coutumes de Clermont, *art.* 2, & de Mantes, *art.* 72, se servent de cette expression pour désigner une assignation donnée à huitaine franche entre le jour où l'exploit a été donné, & celui du terme où l'assignation doit écheoir.

AIR, f. m. (*Droit civil & naturel*) l'*air* & l'eau, dit Justinien dans ses *Instituts*, sont communs à tous les hommes par le droit naturel. L'*air* n'est pas au pouvoir de l'homme, & il lui est impossible d'asseoir aucun domaine sur cet élément, ni le diviser en propriété respective, comme il a fait de la terre. Mais cela n'empêche pas que les loix civiles n'aient établi quelques règles pour en déterminer l'usage, & obvier aux entreprises que des personnes mal-intentionnées pourroient faire pour arrêter sur les héritages voisins la libre circulation de l'*air*; les loix ont même accordé à chacun une espèce de propriété sur l'*air* qui circule sur son terrein, propriété qu'on peut comparer à celle qu'il a sur son héritage.

C'est par rapport à cette sorte de propriété, & à la nécessité de l'*air* pour la végétation des plantes & la salubrité des habitations, que les loix romaines avoient défendu de planter des arbres trop près de l'héritage voisin, qu'elles ordonnoient de couper les branches & les feuilles qui pouvoient nuire, par leur ombrage, au champ du voisin, & qu'elles étendoient cette disposition aux arbres qui déroboient le jour & la vue d'une maison voisine.

Nous avons adopté parmi nous ces dispositions des loix romaines, & même plusieurs de nos coutumes ont prescrit la distance à laquelle les arbres pouvoient être plantés: &, lorsque, malgré cette précaution, leurs branches s'étendent sur les héritages voisins, elles contraignent les propriétaires des arbres d'en couper les extrémités qui peuvent gêner la libre circulation de l'*air.* *Voyez* Arbre.

Mais si l'*air* est commun à tous les hommes, l'autorité publique n'en a pas moins le droit de veiller à ce que personne n'en altère la salubrité, & le droit de réprimer & punir les contrevenans. Car la puissance publique doit empêcher tout ce qui pourroit gêner ou altérer l'usage des choses communes à tous les hommes par le droit naturel.

Nos loix françoises ont fait un grand nombre de réglemens pour prévenir les maux que causeroit au peuple la corruption de l'*air*; de-là les ordonnances de police, qui défendent de jetter dans les villes aucunes immondices par les fenêtres, qui obligent chaque maison à avoir des latrines, chaque particulier à balayer tous les jours le devant de sa maison, à y jetter de l'eau dans les grandes chaleurs, pour tempérer l'inflammation de l'*air*; elles défendent aussi de garder dans sa maison des lapins, des pigeons, des boucs, des chèvres, des cochons, des oies, des canards; elles enjoignent aux écorcheurs d'exercer leur profession hors des villes, & d'y faire la fonte des graisses; & ordonnent d'enterrer les bêtes mortes de maladie, avec leur peau, & de placer les cimetières hors de l'enceinte des villes.

Tous ces réglemens sont-ils exécutés, & les officiers de police veillent-ils avec attention pour empêcher qu'on y donne atteinte? Nous nous dispenserons de faire aucune réflexion à cet égard. Mais nous ne pouvons nous empêcher de dire que la salubrité de l'*air*, la santé & la vie des citoyens renfermés dans les murs d'une grande ville, dépendent absolument de leur vigilance, & qu'ils sont responsables de la mort de leurs concitoyens, lorsque leur négligence à faire observer les réglemens donne lieu à la corruption de l'*air*, & occasionne une maladie épidémique. Nous finirons par rappeller aux officiers chargés de la police, qu'il ne périt communément chaque année dans les campagnes, par toutes les causes de mortalité réunies, que la quarante-deuxième partie des habitans, la trente-deuxième dans les petites villes, & que, dans les grandes villes, la mortalité s'étend à la vingt-quatrième partie: ce qui provient certainement de ce que l'*air* de la campagne jouit de toute sa pureté, au lieu qu'il est altéré dans les villes à proportion de leur étendue.

AIRE, f. m. (*Eaux & Forêts.*) l'ordonnance de 1669, *tit.* 25, *art.* 11, ordonne que les coupes de bois des communautés laïques seront faites *à titre & aire* par gens entendus & capables: ces mots *à titre & aire* veulent dire à fleur de terre, tout de suite, sans laisser ni intervalle, ni aucune intermission de l'ancienne coupe à la nouvelle, ni aucun bois entre-deux, en abattant les arbres debout, le plus près de terre possible, & en ôtant & récepant les vieilles souches & les brins rabougris.

Aire d'Oiseaux. On donne ce nom au nid des oiseaux de proie, parce qu'ils le font ordinairement sur un terrein plat & découvert.

L'article 8 du titre 30 de l'ordonnance du mois d'août 1669 défend à toutes personnes de prendre dans les forêts du roi des *aires* d'oiseaux de quelque espèce que ce soit, & ailleurs des œufs de cailles, de perdrix ou de faisans, à peine de cent livres d'amende pour la première fois, du double pour la seconde, & du fouet & bannissement à six lieues de la forêt pendant cinq ans pour la troisième.

Suivant l'article 9 du même titre, les gardes des forêts où se trouvent des *aires* d'oiseaux, doivent être chargés, par un acte particulier, de les conserver, & alors ils en sont responsables.

AIRURE, terme particulier de la coutume de Normandie, qu'elle emploie, *art.* 119, dans la même signification que *labours* & *semences.* Ce mot paroît venir du latin, *arare*, *cultiver*, *labourer*.

AISANCE, f. f. *en terme de Pratique*, se dit d'un service ou d'une commodité qu'un voisin retire d'un autre, en vertu de titres ou de possession immémoriale, sans qu'il en revienne aucun fruit à cet autre voisin; comme la souffrance d'un passage sur ses terres, d'un égout, &c. Ce terme est synonyme à *servitude. Voyez* SERVITUDE. (*H*)

AISANCES, *au pluriel*, on entend communément par ce mot les latrines d'une maison.

Les propriétaires des maisons situées à Paris sont obligés, par la coutume, d'y avoir des *aisances* ou privés suffisans, &, lorsqu'ils les vuident, ils doivent en faire transporter les matières hors de la ville, *Ordonnance de 1539, art. 21, 22 & 23.*

Celui qui veut établir des *aisances* contre un mur mitoyen, doit faire un contre-mur d'un pied d'épaisseur. Il faut d'ailleurs qu'il y ait quatre pieds de maçonnerie d'épaisseur entre des *aisances* & un puits, lorsque les *aisances* sont d'un côté du mur mitoyen, & le puits de l'autre côté. C'est ce que prescrit l'article 191 de la coutume de Paris. Ces précautions ont été ordonnées par les coutumes, afin que le voisin ne souffre ni préjudice ni incommodité des matières que contiendra la fosse d'*aisances.*

Lorsque des *aisances* sont communes entre deux maisons voisines, situées dans une ville ou dans les fauxbourgs, chacun des propriétaires peut obliger son voisin à contribuer aux frais nécessaires pour vuider & rétablir ces *aisances* : il le peut de même, si les maisons sont situées à la campagne, à moins que le voisin n'aime mieux renoncer à l'usage des *aisances* : mais si, après cette renonciation, le voisin veut rentrer dans son ancien droit, il le peut, en payant de nouveau la moitié des *aisances.*

Le locataire d'une maison ne peut pas s'opposer à la vuidange des fosses d'*aisances*, ni demander aucune indemnité pour l'incommodité qu'elle lui cause, ou le tort qu'il en peut souffrir dans ses meubles & ses habits.

Les anciennes ordonnances de police défendoient de travailler pendant le jour à la vuidange des fosses, & l'enlévement des matières ne pouvoit se faire que de nuit. Mais depuis que le gouvernement a chargé l'académie des sciences de chercher les moyens de prévenir les accidens funestes qui étoient une suite de la mauvaise manière dont on travailloit à la vuidange des fosses, &, qu'à l'aide des ventillateurs, on est parvenu à empêcher les émanations de l'air méphitique, & que les ouvriers peuvent travailler à la vuidange sans ressentir aucune mauvaise odeur : l'enlévement des fosses d'*aisances* se fait également de jour & de nuit, sans que les citoyens en éprouvent aucune incommodité.

AISSIN, c'étoit une mesure de froment, dont il est parlé dans les anciennes ordonnances de la ville de Paris, mais dont elles n'expliquent pas la contenance.

AIT ACTE (*expression de Palais.*) est une ordonnance qui se met au bas des requêtes présentées par les parties, lorsqu'elles demandent acte de l'emploi qu'elles font d'icelles pour quelques écritures. Par exemple, dans une requête d'emploi pour griefs, l'appellant demande acte de ce que, pour griefs, il emploie la présente requête, & le rapporteur met au bas d'icelle, *ait acte & soit signifié.* (*H*)

A L

ALANIER, s. m. (*Jurisprudence.*) dans quelques anciennes coutumes, c'est le nom qu'on donnoit à des gens qui formoient & élevoient, pour la chasse, des dogues venus d'Espagne, qu'on nommoit *alans.* (*H*)

ALARME, s. f. (*Droit militaire.*) c'est le cri ou signal pour courir aux armes. Une ordonnance de Henri II de 1551, renouvellée en 1553, condamnoit à passer par les piques, le soldat qui ne se trouveroit pas assez promptement à son étendard, lors d'une *alarme.* L'ordonnance de 1727 prononce la peine de mort contre tout soldat qui, dans une *alarme*, ne suit pas le drapeau; elle ordonne, en même temps, que celui qui, dans une place de guerre, causera quelqu'*alarme* pendant la nuit, sera mis sur un cheval de bois chaque jour, pendant un mois, à la garde montante.

ALBAIN, on trouve ce mot dans la coutume de Champagne, *article 58*, pour celui d'*aubain*, d'*étranger. Voyez* AUBAIN.

ALBARE, ce vieux mot signifioit *acquit, quittance.*

ALBERGATE a la même signification que le mot *albergues* dont nous allons parler, & qui veut dire *droit de gîte.*

ALBERGATION, s. f. & ALBERGEMENT, s. m. (*Jurisprudence.*) On fait principalement usage du mot d'*albergement* en Dauphiné : il répond à ce que les autres coutumes appellent *emphytéose*, & celles du Maine & d'Anjou *bail à viage.*

L'*albergement* se fait ordinairement pour quatre-vingt-dix-neuf ans, mais il peut se faire aussi pour un temps moins considérable; on peut y insérer telles conditions qu'il plaît aux contractans : par exemple, il est permis de stipuler que le fonds *albergé* retournera dans les mains du bailleur avant l'expiration du terme, si le preneur aliène le fonds ou décède sans enfans.

L'*albergement* est une espèce de sous-acasement, qui ne donne pas lieu aux droits de lods & ventes; mais il en seroit dû si l'*albergement* se faisoit moyennant une somme d'argent, parce qu'alors on le regarderoit comme une vente. *Voyez* BAIL EMPHYTÉOTIQUE, EMPHYTÉOSE.

ALBERGUES & ALBERGEST, (*droit d'*) *Droit féodal.* Ceux qui ont fait des recherches sur ce mot, le font venir des droits de gîte ou d'*hébergement*, que les vassaux devoient à leurs seigneurs, lesquels droits étoient nommés *albergues* en Dauphiné & en Languedoc : on peut dire aussi qu'il vient de l'ancien mot *alberge*, qui se disoit pour *auberge.*

Mais quelle que soit l'origine de ce mot, c'étoit un droit par lequel le seigneur qui en jouissoit pouvoit aller loger dans le manoir, château ou maison de son vassal, avec ses amis, ses domestiques & ses équipages, y étoit nourri, & y restoit le temps déterminé par ses titres. Cet ancien droit ne subsiste plus aujourd'hui, il a été changé en rentes payables en grains ou en deniers : ces rentes conservent encore, en plusieurs endroits, le nom d'*alberges* ou *albergues*.

Il est dû au roi des redevances annuelles, appellées *albergues* dans la plupart des provinces du royaume, même dans celles où l'*hébergement* n'a jamais eu lieu. L'édit du mois de septembre 1727, adressé au parlement de Toulouse au sujet de la jurisdiction des domaines, désigne nommément les *albergues*, comme faisant partie des droits domaniaux, dont la connoissance est attribuée aux trésoriers de France.

En différens temps, les engagistes & possesseurs de petits domaines ont été confirmés dans leur possession, à la charge d'une rente annuelle, sous le nom d'*albergue*, ou sous quelque autre dénomination. C'est ainsi que, par la déclaration du mois d'avril 1686, les possesseurs des iles, formées par les rivières navigables du Languedoc, ont été confirmés dans leur possession en payant une finance, & à la charge d'une redevance annuelle, par forme d'*albergue* & de champart.

On a de même donné le nom d'*albergues* aux rentes imposées, par les contrats d'aliénation des biens ou droits domaniaux, à titre d'inféodation; & voilà pourquoi le domaine a, dans presque tout le royaume, des rentes appellées *albergues*.

Le rachat & le remboursement de ces rentes avoient été ordonnés sur le pied du denier quinze, par un édit du mois de mars 1696, & par un arrêt du conseil du 8 mai 1695, à la charge de réserver six deniers de cens au profit du roi, pour la conservation des lods & ventes aux mutations qui y donnent ouverture; mais depuis cet édit & l'arrêt rendu en interprétation, le rachat des rentes a été ordonné sur un autre pied. Celles qui ne se sont pas trouvées rachetées ont ensuite été aliénées; & il a été ordonné que ceux qui en avoient remboursé sur le pied du denier douze ou du denier quinze, paieroient un supplément de finance jusqu'à concurrence du denier vingt-quatre, sinon que les rentes seroient rétablies à proportion, c'est-à-dire, que la rente, rachetée sur le pied du denier douze, seroit rétablie pour moitié, & celle rachetée sur le pied du denier quinze, rétablie pour trois huitièmes.

La jouissance des portions de rentes *albergues* & redevances aliénées du domaine, dont le supplément de finance n'a pas été payé, appartient aux fermiers du domaine : on peut sur cela consulter l'édit du mois d'avril 1702, les déclarations des 13 août 1697, & 22 décembre 1708, les arrêts du conseil des 14 mai & 23 juin 1721, 16 janvier 1725, 26 janvier 1740 & 8 juillet 1749.

Dans le for de Béarn, on donne le nom d'*auberga-da* & d'*arciut* au droit que nous nommons *albergue*. Dans l'état de Gênes, l'*albergue* est une adoption.

ALBERT, ville de France dans la Picardie.

Les habitans des villes d'*Albert*, Doulens, Péronne, Bray & Saint-Quentin sont exempts du sou pour livre sur les espèces réservées à l'entrée des villes, & ne doivent que l'augmentation fixée par le tarif : cette exception est fondée sur d'anciens privilèges, & a été confirmée par un arrêt du conseil du 9 septembre 1673.

Les habitans d'*Albert* sont aussi exempts de la subvention à l'entrée ; mais ils sont sujets au huitième réglé & à la subvention au détail, ainsi qu'il a été réglé par l'ordonnance de 1686.

Albert est le chef-lieu du marquisat du même nom ; cette ville est dans la généralité & le diocèse d'Amiens, & sa justice relève du bailliage de la même ville.

ALBRET, ville de Gascogne dans les landes de Bordeaux.

Le comté d'*Albret* fut érigé en duché-pairie, par lettres-patentes de Henri II, du mois de décembre 1556, en faveur d'Antoine de Bourbon, roi de Navarre, & de Jeanne d'*Albret* son épouse. Henri IV le réunit à la couronne; & Louis XIV le donna, par contrat du 20 mars 1651, au duc de Bouillon, en échange de la principauté de Sédan.

Par lettres-patentes du mois de novembre 1643, le comté de Guiche, qui étoit mouvant du duché d'*Albret*, en fut distrait pour relever de la grosse Tour du Louvre.

D'autres lettres-patentes, du mois de février 1652, ont rendu aux terres d'*Albret* & de Château-Thierry le titre de duché-pairie, en faveur de Frédéric-Maurice de la Tour, duc de Bouillon, & de ses enfans & héritiers, successeurs & descendans, tant mâles que femelles, même de Henri de la Tour, maréchal de France, son frère; & ont ordonné que le contrat d'échange de ces terres avec la principauté de Sédan, en date du 20 mars 1651, & les lettres-patentes du 20 avril suivant, seroient registrés.

Par d'autres lettres-patentes, du 7 mars 1661, le roi a confirmé le contrat, par lequel M. le prince de Condé a cédé à sa majesté le duché d'*Albret*, la baronnie de Durance, les justices de la ville de Nogaro, *&c.* & en contr'échange le roi lui a cédé le duché de Bourbonnois, ses appartenances & dépendances, pour en jouir, tant par lui que par ses successeurs, à titre d'engagement, comme il jouissoit du duché d'*Albret*.

Enfin des lettres-patentes, du mois d'août 1662, ont confirmé celles des mois d'avril 1651 & février 1652, & rétabli les terres & seigneuries d'*Albret* & de Château-Thierry dans le titre de duché-pairie, en faveur de Godefroi-Maurice de la Tour, duc de Bouillon, grand chambellan de France, pour en jouir par lui, ses enfans, héritiers, successeurs & descendans, tant mâles que femelles à perpétuité, & même par Henri de la Tour, maréchal général des camps & armées, son oncle, & ses descendans, à défaut d'héritiers mâles & femelles du duc de Bouillon.

ALBY, ville capitale de l'Albigeois, dans le haut Languedoc; elle est aujourd'hui le siège d'un archevêché, érigé en 1676 : avant cette époque, son évêque étoit suffragant de Bourges ; il a pour suffragans les évêques de Cahors, de Mende, de Rhodès, de Vabres & de Castre. Quelques auteurs disent que l'archevêque de Bourges, en consentant à la distraction de l'évêché d'*Alby*, s'est réservé le droit de primatie, & qu'il en jouit provisionnellement depuis un arrêt du parlement de Paris de 1710. *Voyez* BERRY.

Les habitans du diocèse d'*Alby* paient différens droits, qu'on nomme droits de *pézade*, *passade*, *coutume* & *servitude*. *Voyez* ces mots.

Par arrêt du conseil du 11 avril 1676, portant réglement pour la levée du droit de pézade du diocèse d'*Alby*, les communautés de Tamus, Mirandol, Moulares, Adouques, Montirat, Pont de Ciron, Treban, le Bosc, Padiès & Castelgaric, ont été condamnées à payer au receveur ou fermier du domaine du roi, le 29 août de chaque année, la moitié du droit & redevance annuelle de la pézade. Cette moitié consiste en une quarte de bled-froment ou seigle, tel qu'il croît sur le terroir, & une quarte d'avoine, par paire de bœufs qui servent à labourer, & en une demi-quarte des mêmes grains pour chaque paire de jumens, vaches, mules ou ânesses, servant au labourage ; plus, en quatre deniers, par chaque tête de gros bétail non employé au labour ; un denier pour six menues bêtes, & deux deniers pour chaque homme, à l'exception néanmoins des nobles & des ecclésiastiques, lesquels ont été déclarés exempts des redevances de la pézade, tant pour leurs biens que pour leurs personnes. La même exemption a été accordée aux mineurs, pour leurs personnes seulement, aux vieillards de soixante ans & au-dessus, aux laboureurs menant actuellement la charrue, & aux femmes.

Par un autre arrêt du 29 janvier 1678, celui du 11 avril 1676 a été déclaré commun avec toutes les autres communautés du diocèse d'*Alby* ; & par un troisième arrêt du 8 mars 1681, les droits dont il s'agit ont été adjugés au roi, & ont été compris dans le bail des domaines.

Depuis, le droit de pézale a été aliéné, moyennant une rente annuelle de 13000 liv., & cette rente sur elle-même aliénée moyennant 156000 liv., en vertu de l'édit du mois d'avril 1702 ; mais un arrêt du conseil, du 3 juillet 1717, l'a réunie au domaine.

La même rente fut cédée en contr'échange à M. de Belleisle, par contrat du 2 octobre 1718, passé en vertu de l'arrêt du conseil & des lettres-patentes du 27 septembre précédent ; elle fut ensuite distraite de cet échange, par une déclaration du 18 juillet 1724 ; & par une autre déclaration du 10 septembre 1726, elle y fut remise ; enfin, elle a été distraite définitivement du même échange, par lettres-patentes du mois de mars 1731, pour être unie & incorporée au domaine, à compter du premier avril suivant.

ALBUM PRÆTORIS. Ce sont deux mots latins qui signifient le tableau sur lequel étoit écrit l'édit que chaque préteur faisoit afficher au commencement de sa magistrature, pour annoncer aux citoyens les matières & les affaires qui étoient soumises à sa jurisdiction, & la manière dont il donneroit les actions. Ce tableau étoit appellé *album*, parce qu'ordinairement il étoit gravé sur un marbre blanc, ou sur une planche peinte en blanc. C'étoit un délit de gâter ce tableau, & l'action, par laquelle on poursuivoit le coupable, s'appelloit *actio de albo corrupto* : elle étoit personnelle, prétorienne, populaire & pénale, c'est-à-dire, qu'elle ne pouvoit être intentée que contre l'auteur du délit, qu'elle avoit été introduite par le préteur ; que tout citoyen étoit admis à la former, & que le but de cette action étoit de faire condamner le délinquant en une amende de cinq cens écus d'or.

On a inséré ici ce mot qui appartient à la jurisprudence romaine, parce que nous avons fait remarquer, à l'article AFFICHE, que les condamnations prononcées contre ceux qui gâtoient ou enlevoient les affiches posées par autorité de justice, avoient leur fondement & leur origine dans les loix romaines.

ALCADE, s. m. (*Droit particulier de la Bourgogne.*) ce mot est d'origine arabe, & par cette raison, il est très-usité en Espagne, où il se donne aux officiers de judicature, dans les tribunaux inférieurs, dont les fonctions répondent à celles des baillis & lieutenans généraux parmi nous.

Ce nom est en usage dans la Bourgogne, quoiqu'elle n'ait jamais été sous la domination espagnole. On y appelle *alcade* les commissaires que les états de cette province nomment conjointement avec les élus, pour veiller pendant le temps intermédiaire de la tenue des états, sur les intérêts & l'administration du pays.

Les *alcades* ne sont pas revêtus de l'autorité de juges, ce sont de simples examinateurs, dont les fonctions sont bornées à observer l'administration des élus pendant leur triennalité, à examiner les abus, à offrir les moyens de les prévenir ou de les arrêter. Pour cet effet, ils s'assemblent une première fois dans le mois de novembre ou de décembre, qui précède la convocation des états, & une seconde fois, quinze jours ou trois semaines avant leur ouverture ; ils dressent alors des cahiers ou instructions, qu'on lit dans chaque chambre, avant la séparation des états.

Les *alcades*, ainsi que les élus, sont nommés au commencement de chaque tenue d'états ; mais ils n'entrent en fonction qu'après leur clôture, époque à laquelle commence la triennalité. Ils sont au nombre de sept, deux du clergé, deux de la noblesse, & trois du tiers-état. Ceux du clergé se prennent dans les chapitres des cathédrales ou collégiales, & dans le nombre des prieurs : ceux de la noblesse sont choisis alternativement dans les deux grands bailliages : ceux du tiers-état se prennent, le premier à tour de rôle, dans l'une des trois villes qui nomme l'élu, le second alternativement dans les autres villes qui suivent, le troisième alternativement dans l'un des comtés de Charolois, de Mâconnois & de Bar-sur-Seine.

ALCHIMISTE, s. m. c'est le nom qu'on donne à celui qui travaille à la recherche du grand-œuvre, c'est-à-dire, à la transmutation des métaux en or.

Il paroît par une bulle de Jean XXII, rapportée dans les *extravagantes communes*, que de son tems plusieurs personnes, sous prétexte d'alchimie, vendoient de l'or faux. Ce pape veut, en ce cas, que les *Alchimistes* & ceux qui leur auront aidé, soient notés d'infamie; qu'ils soient condamnés à restituer autant d'or véritable, qu'ils auront vendu d'or alchimique; que ceux qui seront hors d'état de payer soient détenus en prison, ou punis à l'arbitrage du juge, suivant les circonstances & la qualité des personnes; que les clercs coupables de ce délit soient sujets aux mêmes peines, & en outre privés de leurs bénéfices, & déclarés incapables d'en posséder à l'avenir.

Il est permis de risquer sa fortune à la recherche du grand-œuvre; mais ceux qui exposeroient dans le commerce de l'or faux, ne seroient pas punis aujourd'hui en vertu de la bulle du pape, mais en vertu des loix & des ordonnances.

ALÉATOIRE, adj. (*Jurisprudence.*) ce mot est toujours joint en droit à celui de *contrat.* On appelle contrat *aléatoire* des actes qui renferment certaines conventions relatives à des événemens incertains.

Il y a deux sortes de contrats *aléatoires*: dans les uns il n'y a qu'une partie contractante qui s'expose à un risque au profit de l'autre partie, moyennant une somme que celle-ci donne pour prix de ce risque. Tel est le contrat d'assurance: l'assureur seul se charge des risques que les effets de l'assuré peuvent courir sur la mer, & celui-ci s'oblige de payer pour le prix du risque la somme appellée *prime*.

Dans les contrats *aléatoires* de la seconde espèce, chacune des parties se charge réciproquement d'un risque, faisant, dans l'une, le prix du risque que l'autre court: tel est le contrat à rente viagère, qu'on appelle autrement à fonds perdu. Par ce contrat, le vendeur court le risque de ne recevoir rien ou presque rien, pour la chose qu'il vend à l'acheteur, comme cela arriveroit, s'il venoit à mourir immédiatement après avoir contracté; & ce risque que court le vendeur, est le prix de celui que court de son côté l'acheteur, de payer au vendeur le double ou le triple de cette chose, comme cela seroit, si le vendeur vivoit durant une longue suite d'années.

Les principaux contrats *aléatoires* sont le contrat d'assurance, la grosse aventure, les rentes viagères, les jeux, les loteries, les gageures: nous parlerons de chacun d'eux en particulier, sous le nom qui lui est propre.

Les contrats *aléatoires* ressemblent aux contrats commutatifs, tels que la vente, le louage, la société, en ce qu'ils contiennent de part & d'autre un intérêt réciproque, & que chacun des contractans n'entend point accorder un bienfait à un autre; mais ils en diffèrent en ce que, dans le contrat *aléatoire*, ce que l'un des contractans reçoit, n'est pas l'équivalent d'une chose qu'il ait donnée ou qu'il se soit obligé de donner, mais seulement l'équivalent du risque dont il s'est chargé.

Les contrats *aléatoires* ne doivent pas avoir d'exécution, lorsqu'ils contiennent une injustice manifeste; ils peuvent aussi être déclarés nuls, dans le cas, par exemple, d'une gageure pour cause illicite. Un arrêt du parlement de Paris du 29 mars 1563, rapporté par Buguion, défend de faire des gageures au sujet des femmes grosses, crainte qu'elles ne donnent lieu à des suppositions de part.

ALENÇON, ville de Normandie, chef-lieu d'une généralité de même nom. Elle ressortit au parlement de Rouen, & à la cour des aides de Normandie; elle possède une jurisdiction consulaire.

Alençon étoit anciennement un comté qui, par lettres-patentes du premier janvier 1414, fut érigé en duché en faveur de Jean, comte d'*Alençon*, pour le tenir en pairie, tant par lui que par ses successeurs.

Ce duché fut réuni à la couronne, par lettres-patentes du mois de janvier 1549.

Par arrêt du conseil, du 28 juillet 1668, il a été ordonné que les engagistes des domaines d'Essey, Moulins, Bonmoulins, Falaise, & autres de la généralité d'*Alençon*, seroient tenus de représenter leurs titres; & par un autre arrêt, du 31 décembre 1668, ces domaines ont été réunis.

Par lettres-patentes du mois de juin 1710, il fut fait don à Charles de France, duc de Berry, des duchés d'*Alençon* & d'Angoulême, du comté de Ponthieu, des châtellenies de Coignac & de Merpins, & des terres & seigneuries de Noyelles, Hiermont, Courteville & le Ménil, pour en jouir par lui & ses hoirs mâles, en ligne directe, à titre d'apanage.

Le comté de Ponthieu & les terres & seigneuries de Noyelles, Hiermont, Courteville & le Ménil, furent distraits de cet apanage par lettres-patentes du mois de septembre 1710, & on leur substitua les vicomtés d'Andely, Vernon & Gisors.

Après la mort de M. le duc de Berry, le tout a été réuni au domaine par édit du mois d'août 1714, portant réglement pour le douaire de Marie-Louise-Elisabeth d'Orléans, duchesse de Berry sa veuve, laquelle est ensuite décédée au mois de juillet 1719.

On paie, dans la généralité d'*Alençon*, les anciens & nouveaux cinq sous, suivant les titres de création des mois de septembre 1761 & 18 juillet 1581.

Cette généralité est aussi sujette à la subvention à l'entrée, au quatrième ou détail, & à la subvention au détail.

On appelle *droit du tarif d'Alençon*, des droits établis par arrêt du conseil du premier juin 1658, sous

sous la forme d'un octroi, pour servir au paiement de la taille, taillon & autres subsides de la même espèce. Ces droits ont été réunis à la ferme des aides, par un autre arrêt du conseil du 13 mai 1665, qui décharge pour toujours de la taille la ville d'*Alençon*.

Ils se perçoivent, conformément au tarif arrêté par les notables de cette ville & annexé à l'arrêt de 1658, sur les denrées & marchandises y désignées, qui entrent dans *Alençon* pour y être consommées ou vendues : ce tarif est imprimé.

Ces droits ne sont pas dus sur les marchandises qui passent debout dans cette ville, pourvu qu'elles n'y séjournent pas plus de trois jours, & qu'elles en soient enlevées par les mêmes chevaux ou voitures qui les y ont conduites.

Il est défendu aux habitans d'*Alençon* de tenir directement ni indirectement, sous le nom de leurs enfans, associés ou autres, aucune boutique ou magasin hors de la ville ou de ses fauxbourgs, dans quelque lieu du voisinage que ce soit, & de décharger ou vendre, dans la même ville ou aux environs, aucune marchandise, que les droits du tarif n'aient été acquittés, à peine de confiscation de ce qui n'auroit point été déclaré, & de 500 liv. d'amende pour chaque contravention.

Les commis du fermier sont autorisés à faire, de quinzaine en quinzaine, les visites nécessaires pour la découverte des fraudes, chez les bourgeois, dans les boutiques des marchands & autres lieux, soit dans la ville, soit aux environs, en y appellant deux proches voisins, & en cas de refus des voisins, ils peuvent y appeller un élu.

Il est enjoint aux maire & échevins de faire fermer les portes de la ville à sept heures du soir, & de ne les faire ouvrir qu'à six heures du matin, depuis la saint Remy jusqu'à Pâques, & depuis Pâques jusqu'à la saint Remy, de les faire fermer à neuf heures du soir & ouvrir à quatre heures du matin.

Les ecclésiastiques, les nobles, les trésoriers de France, les receveurs généraux des finances, les secrétaires du roi, les élus, les receveurs des tailles & les commensaux des maisons royales servant actuellement, sont exempts des droits du tarif, sur les denrées qu'ils font entrer pour leur provision, dont la quantité doit être réglée par l'intendant de la généralité, sans qu'ils en puissent vendre ni échanger aucune partie, à peine de confiscation & de déchéance de leur privilège.

Les officiers du présidial, qui prétendoient aussi être exempts des mêmes droits, y ont été assujettis par deux arrêts du conseil des 23 janvier 1691 & 22 novembre 1692.

Il y a à *Alençon* une direction de gabelles, composée de dix greniers à sel. Suivant l'ordonnance des gabelles de 1680, le sel, dans la généralité d'*Alençon*, doit être vendu volontairement, & non par impôt : le prix en étoit fixé à 37 liv. le minot, excepté dans les trois greniers de Caronge, de Fresnay & de Falaise, où il doit être vendu 38 livres.

ALETH-sur-l'AUDE, ville épiscopale du Languedoc, dont l'évêque est suffragant de Narbonne; il a séance aux états de la province. Chaque nouvel évêque doit payer, dans les deux mois de la prestation du serment de fidélité, une somme de 600 liv. à la chambre des comptes, pour obtenir la jouissance des fruits de son évêché. Pour les impositions ecclésiastiques, le diocèse d'*Aleth* ressortit à la chambre souveraine de Toulouse.

ALFET, s. m. (*Jurisprudence.*) ancien mot anglois, qui signifioit *la chaudière* qui contenoit l'eau bouillante dans laquelle l'accusé devoit enfoncer son bras jusqu'au coude, par forme d'épreuve ou de purgation. *Voyez* ÉPREUVE & PURGATION. (*H*)

ALIBI, s. m. (*Jurisprudence.*) terme purement latin, qui signifie *ailleurs*, & dont on a fait un nom françois, qui s'emploie, en style de procédure criminelle, pour signifier l'*absence de l'accusé*, par rapport au lieu où on l'accuse d'avoir commis le crime ou le délit : ainsi alléguer ou prouver un *alibi*, c'est protester ou établir, par de bonnes preuves, que, lors du crime commis, on étoit en un autre endroit que celui où il a été commis.

L'*alibi* est un des meilleurs faits justificatifs qu'un accusé puisse employer pour repousser une accusation intentée contre lui ; mais pour qu'il produise un effet certain, il faut que l'éloignement de l'accusé, du lieu où s'est commis le délit, soit tel qu'il ne soit pas possible que l'accusé ait pu s'y trouver. Tel seroit le cas où un homme, accusé d'un vol fait à Marseille un tel jour, prouveroit que ce même jour il étoit à Rouen.

La preuve de l'*alibi* se fait par titres ou par témoins. Par titres, lorsque l'accusé prouve que le jour même du délit, & loin du lieu où il a été commis, il a passé un acte devant notaire, s'est fait promouvoir à un degré dans une université, a plaidé personnellement à une audience, *&c.*..... Lorsque la preuve de l'*alibi* se fait par témoins, on admet, selon les circonstances, la déposition des domestiques de l'accusé, ils sont même quelquefois témoins nécessaires.

L'*alibi* peut être proposé dans les interrogatoires ; mais le juge, suivant l'ordonnance de 1670, ne doit admettre l'accusé à la preuve qu'après la confrontation, & lorsque les faits articulés peuvent servir à sa décharge.

ALIÉNABLE, adject. (*Jurisprudence.*) terme de droit, se dit des choses dont l'aliénation est permise : telles sont toutes celles qui existent dans le commerce civil.

ALIÉNATION, s. f. (*Jurisprudence.*) c'est en général un acte par lequel on transfère d'une personne à une autre la propriété d'une chose ; ensorte que celui qui aliène s'en dessaisisse, & que celui qui l'acquiert en devienne propriétaire.

L'*aliénation* est un mot générique qui comprend non-seulement les actes de ventes, mais aussi tous actes quelconques translatifs de propriété, ou qui peuvent tendre à donner atteinte à la propriété, en la rendant moins utile : ainsi le bail emphytéotique, le gage, l'échange, l'hypothèque, la donation, & même la constitution de quelques servitudes sont des espèces d'*aliénation*.

Tout propriétaire majeur, & qui a la libre administration de ses biens, peut régulièrement aliéner, s'il n'en est empêché par quelque loi ou par quelque convention. Ainsi le donataire ne peut aliéner le fonds qui lui a été donné, lorsque le donateur a inséré dans la donation, la clause expresse que le donataire ne pourra aliéner la chose qui lui est donnée ; mais si cette défense n'a point été faite, & que la donation vienne ensuite à être révoquée, les *aliénations* intermédiaires, faites par le donateur, n'en sont pas moins valables.

Par une suite du principe que nous avons posé, si plusieurs copartageans d'un immeuble sont convenus que l'un ne pourra aliéner sa part qu'au refus des autres & après les avoir avertis, & que, nonobstant cette convention, l'un d'eux aliène sa part à un étranger, les autres peuvent retirer sa part, en remboursant l'acquéreur.

Il existe, en France, quelques espèces de biens qui ne peuvent être aliénés par parties, telles que les terres érigées en duché-pairie ; & dans le cas où il en seroit aliéné partie, M. le procureur général peut former opposition à la vente pour l'intérêt du roi, seigneur dominant de la terre, sans le consentement duquel le vassal n'a pu démembrer son fief. On trouve deux arrêts du parlement de Paris, dont le premier, en 1654, déclara nulle la vente d'une châtellenie, qui faisoit partie du duché de Chevreuse ; le second, en 1664, jugea la même chose par rapport à un démembrement du duché de la Valette.

Un françois, domicilié en pays étranger, ne perd pas la possession ni la jouissance des biens qu'il possède en France ; mais il ne peut valablement les aliéner, & ses héritiers présomptifs sont reçus à y former opposition : souvent même, après leur retour en France, on ne leur permet l'*aliénation* de leurs biens fonds, qu'à la condition d'en employer le prix à l'acquisition d'autres immeubles assis dans le royaume.

Pour donner un certain ordre à ce que nous avons à dire sur les *aliénations*, nous expliquerons séparément les règles concernant les débiteurs qui aliènent en fraude de leurs créanciers, l'*aliénation* des biens dotaux, des biens ecclésiastiques, des biens des communautés laïques, des biens des mineurs, des biens du roi, autrement dits des biens domaniaux : quant à la vente des biens d'un accusé, on peut voir ce que nous en avons dit ci-dessus au mot ACCUSÉ.

SECTION PREMIÈRE.

De l'aliénation des biens des débiteurs.

Les loix romaines distinguoient deux espèces, par rapport à l'aliénation des biens d'un débiteur : ou le débiteur avoit conservé la libre administration de ses biens, ou il les avoit donnés en gage à ses créanciers.

Dans le premier cas, le débiteur ne pouvoit les aliéner en fraude de ses créanciers, à titre gratuit ; l'*aliénation* en étoit déclarée nulle, quand bien même la personne en faveur de qui elle étoit faite auroit ignoré le préjudice fait au créancier, parce que sa bonne foi n'empêche pas l'injustice du donateur.

Mais si l'*aliénation* avoit été faite à titre onéreux à des acquéreurs de bonne foi, elle ne pouvoit être révoquée ni annullée. Néanmoins si l'acquéreur avoit participé à la fraude du débiteur, comme si l'*aliénation* avoit été faite à vil prix, & le prix simulé, si les acquéreurs étoient supposés, elle ne pouvoit subsister, l'acquéreur ne pouvoit même retenir l'héritage, jusqu'à ce qu'il eût été remboursé des deniers qu'il avoit payés.

Dans le cas où le débiteur avoit abandonné un fonds en gage à son créancier pour sûreté de sa créance, ce débiteur, quoique propriétaire véritable de la chose engagée, ne pouvoit l'aliéner, & au contraire le créancier, qui n'en avoit que la simple possession, pouvoit valablement l'aliéner, à défaut de paiement au temps marqué, même sans le consentement du débiteur, en observant les formalités prescrites par la loi ; cependant ce consentement devenoit nécessaire, lorsque, dans le contrat de gage, on étoit convenu que le gage ne seroit pas aliéné, même à défaut de paiement, sans la permission du débiteur. *Voyez* les titres du code & du digeste, *quæ in fraud. credit.*

Suivant notre jurisprudence, le créancier ne peut aliéner le gage que lui a remis son débiteur, sans sa permission expresse ; & à son défaut, lorsqu'il est fondé en titre exécutoire, ou qu'il a obtenu une sentence de condamnation, il doit se faire autoriser par justice à la vente & *aliénation* du gage.

L'édit du mois de mai 1609 annulle les transports, cessions, ventes, donations, & *aliénations* faites aux enfans & héritiers présomptifs, ou aux amis d'un débiteur, & il ordonne que s'il paroît que ces actes aient eu lieu en fraude des créanciers, les cessionnaires, donataires & acquéreurs soient punis comme complices des fraudes & banqueroutes. L'ordonnance du commerce, de 1673, déclare pareillement nulles les cessions & *aliénations* de biens meubles ou immeubles, faites par un débiteur en fraude de ses créanciers.

Mais il est bon d'observer que, lorsqu'il y a contestation pour savoir si les biens d'un débiteur ont été aliénés en fraude de ses créanciers, c'est à ces derniers à faire la preuve de la fraude ; car elle ne se présume jamais, excepté lorsque les biens ont été aliénés dans les dix jours qui ont précédé la faillite, parce que l'ordonnance de 1673 en a une disposition expresse.

SECTION II.

De l'aliénation des biens dotaux.

Chez les Romains, la loi *julia*, *de fundo dotali*, avoit défendu au mari d'aliéner, malgré sa femme, le fonds dotal situé en Italie, & de l'hypothéquer, même de son consentement. La raison de cette différence, étoit la présomption qu'une femme consentiroit plus facilement à hypothéquer qu'à aliéner ses biens.

Justinien, dans la vue de pourvoir davantage à l'intérêt des femmes, étendit la loi *julia* aux fonds dotaux situés dans les provinces, & défendit l'*aliénation* du fonds dotal, quand même elle seroit faite du consentement de la femme; c'est pourquoi il n'est resté dans le digeste aucune trace de la différence qu'il y avoit auparavant, entre l'*aliénation* du fonds dotal & la constitution d'hypothèque sur ce même fonds.

Dans la suite, le même empereur ordonna, par le droit des novelles, que l'*aliénation* du fonds dotal seroit valable, si la femme y consentoit lors de l'*aliénation*, & que deux ans après elle réitérât son consentement.

La loi *julia* est observée dans les provinces du royaume où l'on suit le droit écrit, excepté dans le Lyonnois, le Forez, le Beaujolois & le Mâconnois, où, par la déclaration du mois d'avril 1664, elle a été abrogée pour favoriser le commerce de ces provinces.

Les coutumes d'Auvergne, de la Marche, de Bordeaux & de Normandie ont aussi adopté la loi *julia*; mais dans la coutume de Paris & dans la plupart des autres, le mari peut aliéner les fonds dotaux de sa femme, pourvu qu'elle y consente, & quand elle n'y a pas consenti, l'*aliénation* est nulle; ensorte qu'après le décès de son mari, elle peut rentrer de plein droit dans ses biens aliénés, sans qu'elle ait besoin de lettres de rescision.

Remarquez cependant, sur cette matière, que si une femme, remariée en secondes noces, aliénoit ses propres biens, & qu'il fût prouvé, par la nature des circonstances, que l'*aliénation* n'a eu lieu que pour avantager le second mari au préjudice des enfans du premier lit, la justice pourroit venir au secours de ces derniers. L'arrêt du parlement de Paris, du 2 août 1766, rapporté par l'auteur de la collection de jurisprudence, confirme cette doctrine; mais il faut qu'il y ait des preuves non équivoques que l'*aliénation* est faite en fraude des enfans du premier lit; car, malgré cet arrêt, il n'en est pas moins vrai qu'un père ou une mère, non interdits, peuvent disposer de leurs biens comme bon leur semble.

SECTION III.

De l'aliénation des biens ecclésiastiques.

Règle générale: les biens de l'église ne peuvent être aliénés. Quoique les évêques eussent, pendant les premiers siècles, l'administration de tous les biens ecclésiastiques de leur diocèse, il ne leur étoit pas permis de les vendre, de les échanger, ni de les aliéner, de quelque manière que ce fût. Les anciens conciles en contiennent des dispositions expresses. Ils n'exceptoient de cette règle que les cas d'une nécessité évidente, ou de l'utilité sensible que l'église pourroit retirer de l'*aliénation*. Ces règles ecclésiastiques ont toujours été autorisées par les princes chrétiens. En 470, l'empereur Léon défendit toutes sortes d'*aliénations* à l'église de Constantinople.

L'empereur Anastase I, dit le Silentiaire, étendit la défense de Léon à toutes les églises du patriarchat de Constantinople; & en 353, Justinien fit une loi générale, par laquelle il défendit à toutes les églises d'Orient, d'Occident & d'Afrique d'aliéner leurs biens, à moins que ce ne fût pour nourrir les pauvres durant quelque famine extraordinaire, ou pour racheter les prisonniers.

Ces exceptions sont conformes à l'ancienne coutume dont parle S. Ambroise, qui dit que, pour ces deux causes, on ne vendoit pas seulement les fonds, mais encore les vases sacrés.

C'est de la loi de Justinien, qu'on vient de citer, & de la novelle 120 de cet empereur, qu'ont été tirés la plupart des principes qu'on trouve sur cette matière, dans les canons postérieurs & dans les décrétales. Ils ont été confirmés par les ordonnances de nos rois, & ils sont suivis exactement parmi nous.

Ces principes sont que les bénéficiers & ceux qui composent les communautés ecclésiastiques, séculières & régulières, n'ayant point la propriété des biens appartenans au bénéfice ou à la communauté, mais un simple usufruit, ne peuvent aliéner les droits, les fonds, ni même les meubles attachés à leurs bénéfices, attendu que ces biens appartiennent à l'église & à l'état.

Sous le terme d'*aliénation* prohibée des biens de l'église & des hôpitaux, on comprend la donation, la vente, l'échange, les hypothèques, l'inféodation, les baux emphytéotiques, & tous les autres actes de quelque nature qu'ils puissent être, par lesquels la propriété d'un bien ecclésiastique pourroit être transférée à un particulier ou à une autre église, même les actes par lesquels l'église n'abandonneroit que le domaine utile, se réservant toujours le domaine direct. La même défense a lieu pour les transactions, parce que les bénéficiers ou ceux qui composent la communauté ou qui en administrent les revenus, ne peuvent transiger sur la propriété d'un bien qui ne leur appartient point.

Exceptions à la règle générale. Mais quelque générale que soit cette règle de ne point aliéner les biens ecclésiastiques & ceux des hôpitaux, elle reçoit une exception dans le cas d'une nécessité absolue ou d'une utilité évidente pour l'église, pourvu qu'en faisant l'*aliénation* on observe les formalités prescrites sur ce sujet par les canons, & par l'usage qui a été observé en France de temps immémorial.

Les causes qui rendent légitimes les *aliénations* des biens d'église, sont des dettes valablement contractées qu'il faut acquitter; les besoins pressans des pauvres, qu'il faut soulager dans des occasions extraordinaires; l'avantage que l'église peut retirer, par l'échange d'un fonds, en se procurant un revenu plus considérable, plus à sa bienséance; le profit qui revient à l'église du bail emphytéotique d'une terre plus à charge que profitable. Pour rendre valable l'échange que fait une église avec une autre église; il suffit que les fonds échangés soient d'une égale valeur & qu'ils soient à la bienséance de ces églises, parce que chacune d'elles trouve en ce cas un avantage dans l'échange.

Outre ces causes, il en est encore une dont les canons ne parlent pas, & qui est suffisante pour l'*aliénation* d'un bien d'église, sans même qu'il faille observer les formalités accoutumées: elle se tire de l'utilité publique, comme lorsqu'il s'agit de fortifier une ville; c'est pourquoi on peut en pareil cas forcer les ecclésiastiques à aliéner. Ainsi, par arrêt du parlement de Paris, de 1539, il a été jugé que les habitans d'Orléans avoient été bien fondés à disposer, pour les fortifications de leur ville, du cloître des religieux de saint Euverte, à la charge de leur donner d'autres lieux commodes; & par arrêt du parlement de Provence, du 26 janvier 1677, il a été jugé que le nombre des paroissiens étant augmenté, les marguilliers étoient fondés, pour agrandir leur église, à prendre une chapelle voisine qui appartenoit à des religieux carmes.

Des formalités nécessaires pour la validité de l'aliénation des biens ecclésiastiques. Avant que le créancier de l'église puisse en faire aliéner les fonds, pour être payé de ce qui lui est dû, il faut qu'il en fasse discuter les effets mobiliers, comme on le pratique avant de décréter les immeubles des mineurs. Il doit aussi, pour la validité de l'*aliénation*, être en état de prouver que la dette, pour le paiement de laquelle on a aliéné des fonds, a été légitimement contractée pour l'avantage de l'église.

Pour que les fonds d'un chapitre puissent être valablement aliénés, il faut que le chapitre ait été assemblé selon la manière accoutumée; que l'on ait délibéré sur la nécessité ou sur l'utilité de l'*aliénation*, & que la plus grande partie des capitulans l'ait approuvée. Si quelqu'un des capitulans s'oppose à l'*aliénation*, on ne doit pas passer outre, avant que le juge, à qui il appartient d'en connoître, ait prononcé sur cette opposition.

La délibération du chapitre, qui a résolu l'*aliénation*, doit être suivie d'une enquête, qu'on appelle information *de commodo & incommodo*, sur l'utilité ou sur la nécessité de l'*aliénation*, sur l'état des biens de l'église, sur la valeur des fonds qu'on veut aliéner, & s'il s'agit d'un échange, sur la valeur du bien qu'on veut donner à l'église en échange. Le bénéficier, qui ne fait point partie d'un chapitre, doit observer la même formalité. On suit aussi cette règle, quand les habitans d'une paroisse ont résolu, dans une assemblée, d'aliéner quelque bien de la fabrique, & quand les administrateurs des hôpitaux veulent en vendre ou en échanger quelques fonds.

Il faut remarquer que s'il ne s'agit que de l'*aliénation* des biens d'un bénéfice ordinaire & particulier, l'information doit être faite à la requête du procureur du roi, & la vente homologuée par le juge royal; mais s'il est question d'aliéner des biens de bénéfices consistoriaux ou de fondation royale, ou que l'objet de l'*aliénation* soit considérable, on ne peut y procéder qu'en vertu de lettres-patentes du roi enregistrées dans les cours, d'après le procès-verbal *de commodo & incommodo*, fait à la requête du procureur général.

Le consentement de l'évêque est absolument nécessaire pour rendre l'*aliénation* valable, sans quoi les bénéficiers, ou ceux qui composent les communautés, seroient juges dans leur propre cause. On doit aussi demander le consentement du patron ecclésiastique ou laïque, parce qu'il est de son intérêt de conserver les biens de l'église dont il est le fondateur. Les communautés, exemptes de la jurisdiction de l'ordinaire & qui sont en congrégation, ne demandent point la permission à l'évêque pour les *aliénations*; mais au supérieur régulier.

Les canonistes demandent si, pour la validité de l'*aliénation*, il faut obtenir le consentement de l'évêque, du chapitre ou du bénéficier qui veut aliéner, ou de l'évêque du lieu où le bien est situé. Quelques-uns d'entre eux disent qu'il est à propos, pour une plus grande sûreté, d'avoir le consentement de l'un & de l'autre évêque. Cependant les canons ne demandent que l'approbation du propre évêque de l'église dont on aliène le bien; & il y a beaucoup d'apparence qu'on la jugeroit suffisante, si la question se présentoit.

Quoique la mense de l'abbé soit séparée de celle des religieux, les uns & les autres ont toujours intérêt à la conservation des biens de l'abbaye. C'est pourquoi l'abbé ne peut aliéner les fonds de sa mense, sans le consentement des religieux, & les religieux ne peuvent disposer des biens qui se trouvent dans leur lot, sans l'approbation de l'abbé: c'est ce qui a été jugé par divers arrêts des 28 février 1584, 20 février 1598, & 12 décembre 1599. Il en est de même des évêques, par rapport aux chapitres de leurs églises cathédrales.

Plusieurs canonistes prétendent qu'outre le consentement du chapitre, l'évêque doit encore obtenir celui du métropolitain, pour aliéner quelque domaine de l'évêché. Ce parti est sans doute le plus sûr, & il est bon de le conseiller quand il s'agit de faire une *aliénation*; mais si elle étoit faite, on peut croire, avec d'Héricourt, que le défaut de consentement du métropolitain ne la rendroit pas nulle, parce que les canons, qui prescrivent les formalités que l'évêque doit observer, n'exigent en ce cas que le consentement du chapitre.

S'il s'agit d'aliéner des biens d'une église, qui n'est ni chapitre, ni couvent, telle qu'une église paroissiale, c'est assez du consentement de l'évêque, sans celui du chapitre de la cathédrale; mais il faut le consentement du curé, si le bien est du domaine de la cure, & si le bien appartient à la fabrique, il faut, outre le consentement de l'évêque, celui du curé & des marguilliers.

Quand on vend un bien d'église, il faut mettre des affiches, faire des publications, & ne le délivrer qu'au plus offrant & dernier enchérisseur; en un mot, il faut y observer les mêmes formalités que pour la vente des biens des mineurs, & des biens décrétés: le contrat de vente doit aussi spécifier toutes les formalités qui ont été observées, & contenir la destination & l'emploi des deniers.

Comme l'église peut être restituée de même que les mineurs, quand on ne prouve pas que l'*aliénation* lui a été utile, l'acquéreur doit faire employer les deniers, suivant la destination qui en a été faite par la délibération & par l'approbation de la vente, & se faire délivrer une expédition des quittances de ceux qui reçoivent l'argent: il doit en outre, dans les quatre mois de la vente, faire enregistrer son contrat d'acquisition dans les greffes des gens de main-morte établis, par l'édit de 1691, à peine de nullité de l'*aliénation*.

Il n'est point nécessaire d'observer à la rigueur toutes les formalités prescrites par les canons, pour l'*aliénation* des biens ecclésiastiques, quand les domaines que l'église vend, ou qu'elle donne à cens ou à bail emphytéotique, sont d'un revenu si modique, qu'il faudroit employer une partie du prix de l'*aliénation* pour faire faire l'enquête, les affiches & les proclamations.

C'est sur ce principe que, par arrêt du 19 juin 1762, le parlement de Paris a déclaré valable la vente des fiefs de Caillouette & Haye, faite par le chapitre de Beauvais, sans les formalités prescrites, moyennant une somme de 350 livres une fois payée.

On permet aussi aux ecclésiastiques de donner à cens ou à bail emphytéotique les biens qu'on a coutume de donner à cens, quand ces biens retournent à l'église, parce que le bail est expiré, ou parce que le censitaire les abandonne; mais il faut, en ce cas, que la raison qui a fait autoriser la première *aliénation* subsiste encore; car si une terre inculte, qui auroit été aliénée pour quatre-vingt-dix ans à la charge de la défricher, pouvoit produire un revenu considérable à l'église après l'expiration du bail, il ne seroit pas permis au bénéficier de la donner à un nouveau censitaire, ou de renouveller le bail de l'ancien.

Les aliénations des biens ecclésiastiques, faites sans nécessité ou sans formalités, sont toujours révocables. Quand les *aliénations* des biens de l'église, des hôpitaux ou des fabriques ont été faites sans nécessité & sans utilité évidente, ou sans observer les formalités prescrites par les canons, elles peuvent être déclarées nulles: c'est la disposition précise de l'art. 15 de l'édit de 1606. Alors l'église, ainsi que les hôpitaux & les fabriques peuvent rentrer dans leurs droits, en remboursant à l'acquéreur ce qu'il justifie avoir été employé utilement au profit de l'église, des hôpitaux ou fabriques, & sans restitution du prix de la vente, quand l'acquéreur ne justifie point que les vendeurs en ont profité. Comme les voies de nullité n'ont point lieu en France, il faut que, dans ce cas, l'église prenne des lettres de rescision, à moins que le roi ne l'en ait dispensée expressément, comme par la déclaration du 12 février 1661 en faveur des fabriques, auxquelles il a permis de rentrer de plein droit dans les biens qu'elles avoient aliénés depuis 1641. Quand l'église n'a profité en aucune maniere de l'*aliénation*, l'acquéreur doit restituer, avec le fonds, les fruits depuis trente-neuf ans.

Quoiqu'on prescrive contre l'église par une possession de quarante années sans trouble & avec bonne foi, cette possession, celle même de cent années, ne peut plus servir au détenteur pour le faire maintenir en possession du bien, dès qu'on prouve que le titre, qui sert de fondement à sa possession, est nul; c'est pourquoi il faut appliquer à cette matiere la maxime commune, qu'il vaut mieux, pour le possesseur, n'avoir point de titre, que d'en avoir un vicieux. Après les quarante années de possession, on présume qu'on a observé toutes les formalités nécessaires pour la validité des *aliénations*, quand on l'a énoncé dans l'acte, quoiqu'on n'en rapporte point d'autres preuves; parce que la simple énonciation dans les pieces anciennes fait une preuve, à moins que cette énonciation ne soit détruite par une preuve contraire. On présume même, lorsqu'il s'agit d'*aliénations* très-anciennes, qu'on a observé les formalités nécessaires, quoiqu'elles ne soient point énoncées dans l'acte; car la moindre grace qu'on puisse faire en ce cas au possesseur, est de juger du titre par la possession; mais le tiers-détenteur ne peut se servir contre l'église de la possession, quelque longue qu'elle soit, non plus que l'acquéreur, quand on prouve, par le titre même de l'*aliénation*, qu'on n'a point observé toutes les formalités nécessaires pour la rendre valable.

La lésion considérable n'est pas couverte par l'observation des formalités, & si cette lésion est prouvée, il y a lieu, pendant quarante ans, à la rescision de l'acte d'*aliénation*.

Les aliénations des biens eccléfiaftiques ont été long-temps regardées comme de fimples engagemens. Les malheurs auxquels la France fut expofée fur la fin du feizième fiècle, obligèrent nos rois à demander au clergé des fubventions extraordinaires. Pour mettre les eccléfiaftiques en état de les payer, on leur permit d'aliéner des biens de leurs églifes, au cas qu'ils ne puffent trouver d'autres moyens de fournir au roi ce qu'il demandoit, foit en vendant des meubles, foit par des coupes de bois, foit en conftituant des rentes. Les papes approuvèrent ces *aliénations ;* cependant il y eut de grands abus, par la collufion des commiffaires députés pour cette vente avec les acquéreurs, par les adjudications faites à vil prix, & par la vente des héritages les plus confidérables, defquels le prix alloit beaucoup au-delà de ce qui étoit néceffaire pour acquitter la fubvention, dont chaque bénéfice étoit chargé.

On n'a regardé, en France, ces *aliénations* que comme des engagemens; c'eft pourquoi on a fouvent permis aux eccléfiaftiques de rentrer dans les biens qui avoient été aliénés pour les fubventions. On accorda d'abord à l'églife la faculté de les racheter dans l'année ; enfuite cette faculté fut prorogée à cinq ans; depuis elle a été fouvent renouvellée par les contrats que les affemblées du clergé ont paffés avec le roi.

Ces prorogations ont été renouvellées, depuis 1641 jufqu'en 1675, dans toutes les affemblées du clergé, & les détenteurs payoient au roi, à la décharge du clergé, différentes taxes, pour être maintenus dans la poffeffion des biens eccléfiaftiques.

Enfin, il parut plus avantageux au clergé d'abandonner aux tiers-détenteurs les biens aliénés pour caufe de fubvention, que de faire ufage de la faculté de rachat. Cette faculté ne pouvoit s'exercer de fa part, qu'en rembourfant le prix principal de l'*aliénation*, les dépenfes faites pour les améliorations, foit utiles, foit agréables, enfemble les taxes payées depuis 1641 jufqu'en 1675. Ces confidérations déterminèrent le clergé, en 1702, à renoncer pour toujours à cette faculté, en confentant que le roi levât, à la décharge du clergé, une nouvelle taxe fur les biens eccléfiaftiques aliénés depuis 1556. Cette taxe étoit le fixième denier du prix de l'*aliénation* ou de la valeur des biens, quand le prix de l'*aliénation* n'étoit pas connu, avec les deux fous pour livres.

Par la déclaration du 18 juillet 1702, relative à ce contrat, il a été dit que ceux qui paieroient au roi la taxe dont on vient de parler, deviendroient propriétaires incommutables des fonds aliénés par l'églife, & que les eccléfiaftiques ne feroient plus reçus à retirer ces biens, fous quelque prétexte que ce fût.

Les détenteurs des biens aliénés par l'églife, qui n'avoient point payé la taxe du huitième denier en 1675, ont été obligés de payer le quart du prix de l'*aliénation*, pour jouir du bénéfice de la déclaration dont on vient de parler.

Il eft certain que le clergé, en fe faifant décharger d'une partie des fubventions extraordinaires pour renoncer à une faculté de rachat qu'il ne pouvoit exercer fans lui être plus onéreufe que profitable, a pris le parti le plus avantageux. Cela eft bien vérifié par le fait de quelques communautés qui ont contracté beaucoup de dettes, pour rentrer dans des biens dont les revenus ne leur produifent pas la moitié des intérêts des fommes qu'elles ont empruntées pour faire le rachat.

Les détenteurs des biens eccléfiaftiques, engagés à faculté de rachat, dont le terme n'étoit point expiré lors de la déclaration de 1702, ont été confirmés dans leur poffeffion pour trente années, à compter du jour que les trente années, qui leur avoient été accordées par la déclaration de 1675, feroient expirées, fans que les eccléfiaftiques puffent exercer pendant ce temps la faculté de rachat. Pour jouir de ce privilège, les détenteurs ont été obligés de payer le huitième denier du prix de l'*aliénation*, comme ils avoient fait en 1675. Ceux qui poffédoient des biens eccléfiaftiques, à baux à vie ou à longues années, ont acquis le droit de poffeder ces biens, par eux-mêmes ou par leurs héritiers, pendant dix années au-delà des termes portés par les baux, en payant au roi deux années de la jufte valeur des revenus des biens qui leur ont été données à vie ou à longues années.

Dans le temps où fut publiée la déclaration du 18 juillet 1702, plufieurs eccléfiaftiques & communautés avoient intenté des actions contre les détenteurs de leurs biens aliénés : le roi leur permit de pourfuivre ces actions, & de rentrer dans leurs biens fans payer la nouvelle taxe ; pourvu qu'ils rentraffent en poffeffion dans les fix mois, à compter du jour que le contrat, d'entre le roi & le clergé, avoit été figné. A l'égard des biens ufurpés fur l'églife ou aliénés fans néceffité, fans utilité, & fans obferver les formalités prefcrites par les canons hors du cas de la fubvention, l'églife eft toujours en droit d'y rentrer, quelque taxe que les détenteurs aient payée, fauf à eux à fe pourvoir contre le roi, en cas que l'action qu'ils pourroient avoir contre lui ne fût pas prefcrite.

Règles particulières pour les biens de l'ordre de Malte. Les formalités établies pour l'*aliénation* des biens de l'ordre de Malte, font différentes de celles des autres biens d'églife. Il faut que cette forte d'*aliénation* foit faite avec l'autorité du grand-maître & du chapitre général conjointement, parce que le grand-maître feul ne peut pas déroger aux ftatuts, qui interdifent impérieufement l'*aliénation* des biens de l'ordre ; & fi la permiffion d'aliéner ne fe demande pas dans le temps de la tenue d'un chapitre général, il faut non-feulement l'agrément & la permiffion du grand-maître, de fon confeil

& du trésor, mais du pape, auquel, en ce cas, le droit de déroger aux statuts est accordé par les statuts même, qui lui donnent la qualité de premier supérieur; un chapitre provincial n'étant pas capable & n'ayant pas l'autorité de déroger à une défense aussi expresse, que celle qui concerne les *aliénations*. On observe encore en France de proposer & de faire approuver l'*aliénation* par le chapitre de l'ordre, qui se tient au Temple chez le grand-prieur de France. *Voyez* VENTE, ECHANGE, DONATION, DOMAINE, RÉUNION, USURPATION, MALTE, AMORTISSEMENT, INDEMNITÉ, *&c*.

Des rentes. Les emprunts étant considérés comme des *aliénations* indirectes, puisqu'ils chargent les biens d'une rente dont elle diminue la valeur, ils doivent être précédés, dans les corps ecclésiastiques, d'une délibération qui en constate la nécessité, qui indique l'emploi qui en sera fait; & le corps qui veut emprunter, doit y être autorisé par des lettres-patentes données après le consentement de l'évêque.

Les débiteurs de rentes, dues à des bénéficiers, ont, à la vérité, le pouvoir d'en rembourser les capitaux, & de se libérer de la prestation de la rente; mais comme ce remboursement est une véritable *alienation*, & pour obvier en même temps à ce que le titulaire du bénéfice n'emploie pas à son profit particulier le rachat des rentes, l'édit de de 1606 oblige le débiteur à ne pouvoir effectuer le remboursement qu'après avoir appellé le patron ou le collateur du bénéfice, qui doit veiller à ce que les deniers du rachat soient employés à l'augmentation des revenus du même bénéfice.

Du titre clérical. On doit encore comprendre, dans le nombre des biens ecclésiastiques dont l'*aliénation* est défendue, le titre clérical établi pour assurer la subsistance de ceux qui se consacrent au service des autels.

On appelle *titre clérical*, une rente assignée sur des héritages par un père ou autre personne, en faveur de celui qui se fait promouvoir aux ordres sacrés.

Depuis que l'usage s'est introduit de conférer les saints ordres, sans attacher le clerc au service d'une église & sans lui conférer un bénéfice, plusieurs d'entre eux se trouvoient dans la nécessité ou de mendier leur subsistance, ou de s'adonner à des métiers qui dégradoient leur ministère. Ces motifs ont déterminé les conciles, & spécialement celui de Trente, à défendre de conférer les ordres à des clercs qui ne seroient pas pourvus d'un bénéfice, ou auxquels on n'assureroit pas un revenu suffisant pour leur entretien; ils ont même porté la précaution jusqu'à interdire l'*aliénation* des biens affectés au titre clérical, sans la permission de l'évêque: permission qui ne doit être accordée que dans le cas où l'ecclésiastique seroit pourvu d'un bénéfice, ou auroit d'ailleurs un bien suffisant.

L'ordonnance d'Orléans a adopté les dispositions des conciles; elle les a même étendues jusqu'à défendre entiérement l'*aliénation* du titre clérical, & à vouloir que le revenu, destiné à cet objet, fût certifié valable par quatre personnes solvables du lieu, qui seroient tenus de fournir & faire valoir le revenu du titre.

La jurisprudence des arrêts est conforme à l'ordonnance: le Prêtre rapporte un arrêt du parlement de Paris, du 20 janvier 1610, qui a déclaré que le titre clérical étoit inaliénable. Un arrêt du parlement de Toulouse, rapporté par Catelan, a même jugé que des créanciers hypothécaires, antérieurs à la création du titre, conservoient leur hypothèque, mais que l'effet en restoit suspendu, & qu'il ne pouvoit empêcher l'usufruit de l'ecclésiastique, pourvu cependant que la constitution du titre eût été publiée dans la paroisse où se trouve situé le fonds affecté au titre clérical: il faut cependant remarquer que ce fonds peut être valablement aliéné, mais à la charge de l'usufruit destiné pour les alimens du prêtre.

SECTION IV.

De l'aliénation des biens des communautés laïques.

Les troubles qui désolèrent le royaume vers la fin du seizième siècle, ayant obligé un grand nombre de communautés d'aliéner leurs biens communaux, pour payer les tailles & les autres impositions auxquelles on les avoit assujetties, le roi, par un édit du mois de mars 1600, ordonna qu'elles pourroient rentrer dans ces biens durant l'espace de quatre années, en remboursant aux acquéreurs le prix qu'ils en auroient payé.

La même permission fut renouvellée par d'autres loix postérieures, & singuliérement par la déclaration du 22 juin 1659 & l'édit du mois d'avril 1667, qui accordent aux communautés de toutes les provinces du royaume, le droit de rentrer, sans aucune formalité de justice, dans les fonds, prés, pâturages, bois, terres, usages & autres biens communs par elle vendus ou aliénés, par des baux à cens ou emphytéotiques depuis l'année 1620, pour quelque cause que ce pût être, même à titre d'échange, en rendant toutefois les héritages échangés, & en remboursant aux acquéreurs le prix des autres *aliénations* faites pour cause légitime, & qui auroient tourné au profit des communautés. Il fut, en outre, défendu aux mêmes communautés d'aliéner à l'avenir leurs usages & biens communaux, sous quelque cause ou prétexte que ce pût être, nonobstant les permissions qu'elles pourroient obtenir à cet effet, à peine de nullité des contrats, de perte du prix contre les acquéreurs, & de 3000 liv. d'amende contre les personnes chargées des affaires des communautés qui auroient consenti à ces *aliénations*.

Il résulte, de ce qui vient d'être dit, que quel que soit le motif des *aliénations* faites des biens des communautés, & quelques formalités qu'on y observe, la faculté perpétuelle de rachat en est toujours une condition nécessaire, soit qu'on l'exprime dans les contrats ou qu'on ne l'y exprime pas, parce que ces sortes de biens sont inaliénables, comme l'observe le Grand sur la coutume de Troyes, & comme le parlement l'a jugé par arrêt du 4 octobre 1614.

SECTION V.

De l'aliénation des biens des mineurs.

Les mineurs, même ceux qui sont émancipés ou mariés, ne peuvent aliéner leurs immeubles, ni les hypothéquer, & l'*aliénation* qu'ils en auroient faite, sans l'autorisation de leurs tuteurs ou curateurs, seroit déclarée nulle, sans avoir besoin de lettres de rescision; & dans le cas où elle auroit été faite avec l'intervention du tuteur ou curateur, elle ne peut être valable, & le mineur peut se faire restituer, si on n'y a pas observé les formalités requises par les réglemens.

Lorsque des circonstances particulières rendent indispensable l'*aliénation* des biens d'un mineur, il faut qu'elle se fasse en vertu d'une ordonnance du juge, rendue en connoissance de cause sur un avis de parens, & que la vente soit faite judiciairement, au plus offrant & dernier enchérisseur, après les publications, affiches & remises ordinaires & accoutumées: il y a à ce sujet un fameux arrêt de réglement du 9 avril 1630, dont l'exécution a été ordonnée par un autre du 28 février 1722.

Les causes de nullité de l'*aliénation* des biens d'un mineur, résultantes de l'inobservation des formalités, ne se couvrent jamais; le tuteur même qui a aliéné, & qui, par la suite, devient héritier du mineur, a droit de demander la cassation de l'acte qui renferme l'*aliénation*, pourvu qu'il ne s'en soit pas rendu garant; mais, dans ce cas, l'acquéreur évincé peut demander au tuteur le remboursement du prix qu'il a payé, ainsi que ses frais & loyaux coûts.

SECTION VI.

De l'aliénation des biens du roi & de la couronne.

Il paroît, par plusieurs monumens historiques, qu'anciennement on distinguoit les domaines particuliers de nos rois, d'avec ceux qui étoient attachés à leur couronne. Ils pouvoient alors en disposer librement & les aliéner, lorsqu'ils n'avoient point été réunis au domaine de la couronne par une loi particulière; mais depuis l'ordonnance de Moulins en 1566 & l'édit de 1607, on n'a plus fait aucune distinction entre le domaine privé du roi & celui de la couronne, & tous les biens qui peuvent advenir au roi, à quelque titre que ce soit, sont censés réunis & faire partie des biens de la couronne, quand bien même il n'y auroit point eu de déclaration ou édit portant une réunion expresse.

Le domaine de la couronne est inaliénable. L'inaliénabilité du domaine de la couronne n'a pas toujours été regardée comme un droit certain, mais aujourd'hui il est de principe que les biens du domaine de la couronne ne peuvent être aliénés, ou du moins qu'on ne peut en faire aucune *aliénation*, qu'à la charge de rachat, lorsqu'on le jugera à propos; & quand cette clause ne seroit pas insérée dans l'acte d'*aliénation*, elle est toujours censée y être.

Quelques auteurs ont prétendu que Charles V avoit le premier établi cette jurisprudence, en ordonnant la réunion des domaines aliénés à la couronne; mais Savaron rapporte des ordonnances d'un temps bien antérieur au règne de S. Louis, qui ont ordonné la révocation de ces sortes d'*aliénations*.

Le procureur général de la Guesle a fait voir que Hugues Capet, le premier des rois de la troisième race, jetta les fondemens de la splendeur & de la durée de l'empire françois, en supprimant les partages royaux, tels que ceux qui avoient eu lieu entre les enfans des rois des deux premières races, & en défendant l'*aliénation* des biens du domaine. Cette jurisprudence, qui n'étoit établie par aucune loi précise, est née, comme le droit des gens, de la nature même des choses, & de l'utilité évidente pour le royaume. Nos rois, dans le moment de leur sacre, juroit de conserver intacts les biens, les droits & l'honneur de leur couronne.

Charles VI, à l'imitation de ses prédécesseurs, fit serment, lors de son sacre, en 1380, de ne point aliéner son domaine. Ce monarque prit même, à cet égard des précautions particulières; car il se fit, sous son règne, une ordonnance solemnelle en forme de *pragmatique jurée, & promise sur les saints évangiles par le roi, les princes & les officiers de la couronne, laquelle prohiboit, cassoit & annulloit les dons du domaine, soit de l'ancien que le roi tenoit alors, soit de ce qui pouvoit lui écheoir & avenir par dons, achats, successions, forfaitures & confiscations.*

Charles VIII, par sa déclaration du 22 septembre 1483, révoqua les dons & engagemens du domaine de la couronne; & le 27 décembre 1484, il donna des lettres-patentes, portant réglement pour la réunion du domaine aliéné depuis le décès de Charles VII.

François I, par ses édits & sa déclaration des 13 septembre 1517, 30 juin 1539 & 10 septembre 1543, révoqua tous les dons & *aliénations* du domaine, à l'exception des terres aliénées pour les frais de la guerre.

Par un autre édit du 18 août 1559, François II révoqua pareillement tous les dons & *aliénations* que

que ses prédécesseurs avoient faits des biens & revenus du domaine de la couronne, & il ordonna qu'il ne pourroit être fait à l'avenir de pareille *aliénation*, à moins que ce ne fût pour constituer la dot des filles de France & le douaire des reines, ou pour l'apanage des frères & enfans du roi.

Au mois de février 1566, Charles IX donna à Moulins un édit, qu'on appelle communément l'*ordonnance du domaine*, dont l'article premier porte, que le domaine de la couronne ne peut être aliéné, qu'en deux cas seulement : l'un pour l'apanage des puînés de la maison de France, lequel doit retourner à la couronne, s'ils viennent à décéder sans enfans mâles ; l'autre pour se procurer les deniers nécessaires aux frais d'une guerre, & dans ce cas, il y a faculté perpétuelle de rachat.

Louis XIV ordonna, par édit du mois d'avril 1667, la réunion de tous les domaines aliénés, nonobstant toute prescription & espace de temps, sans qu'à l'avenir ces domaines pussent être aliénés ni distraits, sinon pour apanage des enfans mâles puînés de France, & à la charge de retourner à la couronne, le cas échéant.

Enfin Louis XV, par son édit du mois de juillet 1717, concernant les princes légitimés, a reconnu que les loix fondamentales du royaume le mettoient dans l'heureuse impuissance d'aliéner le domaine de la couronne.

Exceptions à l'inaliénation du domaine. Cette jurisprudence, qui déclare le domaine inaliénable & qui est l'ouvrage de tant de rois, reçoit néanmoins quelques exceptions.

L'édit du mois d'août 1559, celui du mois de février 1566, & celui du mois d'avril 1667, mettent, comme on l'a vu, l'apanage des enfans mâles puînés de France, au nombre des *aliénations ;* c'est en effet une espèce d'*aliénation* du domaine, quoique faite sous la condition de retourner à la couronne par la mort de l'apanagiste, ou de ses descendans sans enfans mâles. Mais comme l'apanage est une charge naturelle de l'état, il étoit de la prudence de la loi d'ouvrir une voie pour acquitter cette charge, & la plus convenable étoit d'admettre une exception à la règle qui interdit l'*aliénation* du domaine.

Quoique l'exception, faite par l'édit de 1559 en faveur de la dot des filles de France & du douaire des reines, ne soit pas nommément rappellée dans les édits de 1566 & 1667, elle ne doit pas moins avoir lieu, puisque c'est également pour acquitter les charges de l'état. Cependant, à l'égard de la dot, il ne faut pas entendre une dot en immeubles cédés en propriété, parce qu'il seroit contraire au bien public que les terres & seigneuries du royaume passassent dans la possession des princes étrangers : on peut donc seulement, en cas de besoin, & en vertu d'édits, déclarations ou lettres-patentes duement vérifiés, aliéner à prix d'argent, mais à faculté perpétuelle de rachat des biens du domaine, pour en employer le prix au paiement de la dot des filles de France. Quant au douaire des reines, c'est un simple usufruit qui peut valablement leur être donné, pour jouir de tous les droits utiles & honorifiques comme toute autre douairière, mais sous la réserve des droits régaliens, qui ne peuvent jamais sortir de la main du souverain ; encore y a-t-il eu plusieurs remontrances du parlement, tendantes à restreindre les douairières de France à recevoir annuellement le montant de leur douaire des mains de ceux auxquels les fonds affectés au douaire seroient affermés par le roi.

Les biens du domaine peuvent aussi être aliénés par échange, parce que l'échange n'est qu'une subrogation déterminée par des raisons de convenance, souvent même parce qu'il est de l'intérêt de l'état de posséder les biens reçus en contr'échange ; & que d'ailleurs si l'état aliène des fonds par l'échange, il en reçoit le remplacement par d'autres, qui sont à l'instant unis au domaine de la couronne, comme l'étoient ceux qu'il cède en échange. Il est donc bien juste que ces actes subsistent à perpétuité, lorsqu'ils ont été faits selon les règles établies, sans fraude ni fiction ; mais s'il y a eu lésion énorme pour l'état, ou que l'évaluation n'ait pas été faite avec les formalités requises, le roi peut rentrer dans ses domaines échangés, en rendant les biens & droits qui avoient été cédés en contr'échange.

Les charges accidentelles de l'état, telles que celles de soutenir une guerre, étant indispensables, il a fallu y pourvoir en établissant une exception à la règle de l'inaliénabilité : c'est ce qu'a fait l'édit de 1566 ; mais alors l'*aliénation* ne peut s'opérer qu'à faculté perpétuelle de rachat, comme on l'a vu, & après des lettres-patentes duement vérifiées. Ainsi les *aliénations* de cette sorte ne forment proprement que des engagemens, & les biens qui en sont l'objet ne peuvent être censés distraits de la couronne, puisque la faculté de les racheter subsiste toujours, sans être sujette à aucune prescription.

On a encore trouvé convenable, & même avantageux à l'état, d'ordonner l'*aliénation*, à titre *d'inféodation & de propriété incommutable*, de certains petits domaines, tels que des édifices particuliers sujets à réparations ; d'objets qu'il ne seroit pas convenable au roi de posséder, tels que des échopes, des boutiques & des terres vaines & vagues, à la charge de foi & hommage, de cens ou de rentes, & de payer les droits seigneuriaux aux mutations, suivant les coutumes des lieux. *Ordonnance de 1408, édits de 1566 & 1565.*

Formalités de l'aliénation des domaines. Les *aliénations* du domaine sont soumises à des formalités particulières, depuis le règne de Henri IV seulement ; car auparavant elles se faisoient par des actes passés devant notaires, comme on le voit dans un registre qui est au dépôt des minutes des finances, & qui contient l'extrait des *aliénations* faites sous ce prince ; c'est pourquoi on peut encore trouver chez pluſieurs notaires des minutes de ces *aliénations* ; & de celles qui ont eu lieu ſous les règnes précédens.

Henri IV, en changeant de forme, ordonna qu'à l'avenir les *aliénations* du domaine ſe feroient par adjudication au plus offrant & dernier enchériſſeur, devant des commiſſaires qu'il nomma pour cet effet. Ces commiſſaires, pris d'abord dans le parlement & dans la chambre du domaine, ont été depuis choiſis parmi les conſeillers d'état & intendans des finances : il y a actuellement un bureau particulier pour ces *aliénations*.

L'édit du mois d'avril 1667, & ceux de mars 1695, d'avril 1702 & août 1708, portent que les engagiſtes, qui, ſous des noms interpoſés, auront de nouveau fait publier & mis aux enchères les mêmes domaines dont ils étoient engagiſtes, & s'en ſeront rendus adjudicataires, ſoit ſous leur nom, ſoit ſous des noms empruntés, ſeront déchus du droit de demander les rembourſemens par les contrats des nouvelles adjudications, quelques quittances qu'ils en rapportent ; qu'il ſera fait trois publications des domaines à vendre, pardevant les ſieurs intendans & commiſſaires départis dans les provinces & généralités, après leſquelles ces domaines ſeront adjugés par ces officiers, au plus offrant & dernier enchériſſeur, en la manière accoutumée, ſauf une quatrième publication, qui ſera faite pardevant les commiſſaires généraux départis à cet effet au château du Louvre, à l'appartement des Tuileries, leſquels après cette quatrième publication feront les adjudications définitives, à moins que, dans le temps de la quatrième publication, il ne ſoit fait un tiercement, qui ne pourra être au-deſſous du tiers du prix principal : dans ce cas, l'adjudication définitive doit être remiſe à quinzaine pour tout délai.

Le tiercement peut auſſi être reçu dans les vingt-quatre heures depuis l'adjudication définitive, après quoi on ne doit plus recevoir d'enchère que par doublement, c'eſt-à-dire, de moitié du prix de l'adjudication, & cela dans l'eſpace de huitaine ſeulement.

Par l'arrêt du conſeil du 19 août 1702, les marguilliers de chaque paroiſſe où ſont ſitués les domaines & juſtices dont l'*aliénation* eſt ordonnée, ſont obligés de faire les publications à l'iſſue des meſſes paroiſſiales, par trois dimanches conſécutifs, & d'appoſer des affiches, pour leſquelles il doit leur être payé cinq ſous & autant aux curés.

La déclaration du roi du 26 décembre 1703, porte que les contrats d'*aliénation* des juſtices royales, même les lettres-patentes obtenues par les acquéreurs pour établir, dans un ſeul lieu, le ſiège des juſtices par eux acquiſes ſur pluſieurs paroiſſes, ſeront enregiſtrés purement & ſimplement aux greffes des parlemens dans le reſſort deſquels ces juſtices auront été aliénées, ſans qu'il ſoit beſoin à cet égard d'aucune information de commodité ni incommodité, ni d'aucune autre formalité. La même loi diſpenſe les premiers acquéreurs des domaines, juſtices & droits, d'en rendre aucun hommage, & d'en fournir aucun aveu & dénombrement aux chambres des comptes ou bureaux des finances, & ordonne que l'enregiſtrement des contrats qui leur auront été paſſés tiendra lieu à leur égard d'hommage & d'aveu, à la charge, par leurs ſucceſſeurs, de rendre les devoirs ordinaires & accoutumés, & de payer les droits dus au roi, ſuivant les coutumes des lieux.

Un arrêt du 13 mai 1724, faiſant réglement au ſujet des *aliénations* des domaines par revente, a ordonné,

1°. Que les offres, enchères & ſur-enchères, qui ſeroient faites pour la revente des domaines engagés, ne ſeroient reçues qu'en rentes, à la charge de rembourſer en argent comptant les anciens engagiſtes.

2°. Que ceux qui deſireroient faire des offres pour acquérir des domaines, juſtices, moulins, fours, *&c.* & généralement tous autres droits dépendans des domaines & précédemment engagés, pourroient remettre entre les mains du contrôleur général des finances, ou, dans les provinces, entre les mains des intendans & commiſſaires départis, leurs ſoumiſſions de rembourſer comptant & par un ſeul paiement, les finances dues aux anciens engagiſtes, & de payer annuellement au domaine telle rente qu'ils voudroient offrir.

3°. Qu'après que les offres auroient été admiſes par arrêt du conſeil, il ſeroit, à l'égard des domaines ſitués dans la généralité de Paris, procédé pardevant les commiſſaires généraux, après trois publications de huitaine en huitaine, tant à Paris que dans les villes les plus prochaines des lieux où les domaines ſont ſitués, à l'adjudication pure & ſimple & définitive au plus offrant & dernier enchériſſeur ; & que, pour les domaines ſitués dans les autres provinces & généralités, il ſeroit procédé pardevant les intendans & commiſſaires départis aux adjudications, après trois publications faites de huitaine en huitaine, tant dans la ville où réſident les intendans, que dans les villes les plus prochaines de la ſituation des domaines, ſauf une quatrième publication qui ſeroit faite au château des Tuileries, pardevant les commiſſaires généraux.

4°. Les adjudicataires ne doivent, ſuivant l'arrêt cité, payer que le ſou pour livre du montant des enchères, pour leſquelles l'adjudication leur aura été faite, au lieu des deux ſous pour livre qui étoient payés par les adjudicataires à prix d'argent ; lequel ſou pour livre doit être réglé ſur le pied du denier trente du capital de la rente pour laquelle ſera faite l'adjudication.

5°. Si le roi juge à propos de rentrer par la ſuite dans quelqu'un des domaines dont il s'agit, les engagiſtes demeureront déchargés du paiement des rentes dès l'inſtant qu'ils ſeront dépoſſédés, ce qui ne pourra avoir lieu qu'en les rembourſant par un ſeul paiement, des finances qu'ils auront payées aux anciens engagiſtes.

6°. Les adjudicataires, leurs héritiers & ayans-cause, sont déclarés exempts des droits de franc-fief.

L'arrêt du conseil du 24 mars 1739, ordonne, conformément à un autre du 20 novembre 1725, que, faute, par les adjudicataires des biens domaniaux, de faire expédier les contrats des adjudications qui leur ont été faites suivant l'arrêt du 13 mai 1724, il seroit, après une seule publication dans les lieux où les domaines sont situés, procédé par les intendans & commissaires départis, à de nouvelles adjudications à la folle enchère des mêmes adjudicataires, sauf une dernière publication & adjudication au château des Tuileries, devant les commissaires généraux nommés pour faire les reventes.

Un autre arrêt du conseil du 5 mars 1743, porte que les adjudicataires des domaines par revente fourniront aux fermiers des domaines des expéditions en forme des contrats, tant des reventes déjà faites, que de celles qui seront à faire par la suite, & qu'à cet effet le greffier de la commission sera tenu de faire ces expéditions, pour chacune desquelles l'adjudicataire lui paiera six livres.

Il faut remarquer que cette somme de six livres est seulement pour l'expédition à fournir au fermier du domaine ; celle de l'adjudicataire par revente est sujette aux droits ordinaires, & elle ne peut lui être délivrée qu'après avoir payé le sou pour livre du principal au denier trente de la rente, ainsi que les frais faits sur les lieux ; & lorsque l'adjudicataire n'y satisfait pas, le fermier est autorisé, en payant seulement les droits de greffe, à retirer l'expédition du contrat de revente, afin d'être en état de poursuivre l'adjudicataire. C'est ce qui a été décidé au conseil le 2 mai 1761, au sujet d'une adjudication faite par revente au comte de la Coste.

Pour que les receveurs généraux des domaines puissent fournir exactement les états en détail des domaines, & faire payer les droits dus aux mutations de ceux qui sont aliénés à titre d'inféodation, il a été ordonné, par arrêt du 31 décembre 1743, qu'il leur seroit remis par les fermiers des domaines des copies collationnées en bonne forme, des adjudications de chaque domaine de leurs généralités.

L'article 1 du titre 27 de l'ordonnance des eaux & forêts, du mois d'août 1669, réitère les défenses faites par l'ordonnance de Moulins, de faire aucune aliénation, de quelque partie que ce soit, des forêts, bois & buissons du roi, à peine, contre les officiers, de privation de leurs charges, & de dix mille livres d'amende contre les acquéreurs, outre la réunion au domaine & la confiscation, au profit de sa majesté, de tout ce qui pourroit avoir été semé, planté ou bâti. *Voyez* DOMAINE.

ALIÉNATION *d'esprit.* C'est un état de maladie qui empêche les fonctions de la raison & de la volonté, & pendant lequel on est sujet à des accès de fureur ou de folie. Celui dont l'esprit est aliéné est incapable d'aucun acte civil ; il ne peut disposer ni de sa personne, ni de son bien ; il ne peut agir ni pour lui, ni pour les autres, & s'il commet un délit, il ne peut être puni ; car n'ayant aucune volonté, il ne peut être regardé comme criminel, lors même qu'il avoue le crime ; mais dans ce cas si le juge ne peut lui infliger les peines prononcées par la loi, il ne doit pas le remettre en liberté, il est de son devoir de le remettre entre les mains de ses parens pour le garder, & s'il n'en a point ou qu'ils soient dans l'impuissance de fournir au frais de cette garde, il doit le faire renfermer dans un hôpital ou dans une maison de santé.

Nous devons remarquer que lorsqu'on propose l'*aliénation* d'esprit, pour exception dans une accusation capitale, les juges inférieurs doivent, sans y avoir égard, condamner l'accusé suivant la rigueur de la loi, quoiqu'il leur soit permis d'informer sur le fait de l'*aliénation* d'esprit. Les cours souveraines sont dans l'usage d'ordonner, sur l'appel, que l'accusé, dont l'esprit est aliéné, sera renfermé : c'est la disposition d'un arrêt du parlement de Paris du 8 juillet 1738, qui fait défenses aux officiers du bailliage d'Orléans de prononcer sur l'*aliénation* d'esprit.

ALIGER, v. a. qui signifioit *se lier, s'engager.*

ALIGNAIGER *ou* ALINAGIER, v. a. terme ancien dont on se servoit pour dire *prouver la parenté.*

ALIGNEMENT, s. m. (*Droit civil. Police.*) c'est le plan que donnent les officiers de la voirie ou de police, pour la construction des bâtimens qui bordent les rues ou les chemins publics. Ce plan détermine la longueur, les angles & les dispositions de ces bâtimens.

On entend aussi, par *alignement*, le plan donné par des experts ou par des propriétaires, pour construire ou réparer des maisons ou édifices.

Il est défendu, par divers réglemens, aux propriétaires des maisons, de faire réédifier & rétablir celles qu'ils ont sur les rues, & aux maçons d'y travailler, avant d'avoir pris l'*alignement* en présence du juge & du procureur du roi, à peine de démolition & d'amende.

Un entrepreneur ou maçon ne doit pas démolir un mur mitoyen au rez-de-chaussée, avant que l'*alignement* ne soit déterminé par un rapport d'experts, nommés par les parties ou par le juge, ou qu'il n'ait reçu, de la part des deux voisins propriétaires, cet *alignement* par écrit, à peine de répondre, en son nom, des changemens, usurpations, altérations & entreprises qui pourroient se faire sur l'héritage de l'un ou de l'autre voisin.

C'est toujours au droit du sol, appellé *rez-de-chaussée*, que les héritages sont séparés, & qu'on doit prendre l'*alignement* de leur séparation, s'il n'y a titre au contraire ; ensorte que s'il s'agit de refaire quelque ancien mur ou cloison mitoyenne entre deux héritages, il faut examiner leur assiette & l'endroit où étoit le rez-de-chaussée dans le temps que le mur a été construit, sans avoir aucun égard à l'à-plomb de la partie supérieure de ce mur.

Dans les villes où sont établis les bureaux des finances, & dans les villes & villages situés sur les routes pavées & entretenues aux frais du roi, on doit s'adresser aux trésoriers de France pour avoir les *alignemens* des murs qu'on reconstruit sur les rues, parce que la voirie est de leur jurisdiction; mais dans les autres villes, le droit de donner les *alignemens* appartient aux officiers de police, à l'exclusion des autres juges. Ces deux points ont été réglés par deux arrêts: l'un du grand-conseil, du 23 janvier 1745, qui maintient les officiers de police de la ville de Sens dans le droit de donner les *alignemens*, à l'exclusion des trésoriers de France; le second du parlement de Paris, du 11 juillet 1704, qui adjuge le même droit aux officiers de police de Meaux, contre le prévôt de la même ville.

L'appel des ordonnances du bureau des finances, sur le fait des *alignemens*, se relève au conseil, à peine de nullité de la procédure faite dans un autre tribunal, & de cassation des jugemens: c'est ce qui résulte de deux arrêts du conseil des 4 juillet & premier octobre 1737, qui ont évoqué des appels interjettés au parlement de Rouen, de deux ordonnances du bureau des finances, & qui font défenses de se pourvoir ailleurs. Il y a encore deux arrêts du conseil des 27 septembre 1777 & 26 février 1778, qui décident pareillement que les appels, pour *alignemens* donnés par les bureaux des finances, doivent être relevés au conseil. *Voyez* VOIRIE, BUREAU DES FINANCES.

ALIMENTAIRE, (*Loi.*) étoit une loi, chez les Romains, qui enjoignoit aux enfans de fournir la subsistance à leur père & mère. *Voyez* ALIMENS. (*H*)

ALIMENTS, s. m. pl. (*Droit naturel & civil.*) on entend par ce mot la nourriture & les autres choses nécessaires à la vie, comme l'habitation, les vêtemens. On donne le même nom aux deniers accordés pour tenir lieu de ces choses.

La loi accorde des *alimens* à plusieurs sortes de personnes, quand elles sont sans biens & hors d'état de gagner leur vie.

Les alimens sont dus aux enfans. Les pères, les mères & les autres ascendans doivent des *alimens* à leurs enfans & petits-enfans, jusqu'à ce qu'ils puissent s'en procurer par leur travail. Les femmes cependant ne doivent ces *alimens*, dans les pays de droit écrit, que quand les maris sont pauvres; mais en pays coutumier, cette obligation est commune au mari & à la femme, comme l'a jugé le parlement de Paris, par arrêt du 15 février 1656.

Si le mari & la femme sont séparés de corps & de biens, & qu'il y ait des enfans communs issus de leur mariage, ils doivent l'un & l'autre fournir des *alimens* à ces enfans. Dans ce cas, le juge ordonne quelquefois que les garçons seront élevés chez le père, & les filles chez la mère, pourvu qu'elle soit d'une bonne conduite; autrement, le juge ordonne qu'elles seront élevées chez des parens dont les parties seront convenues, ou qu'elles seront mises dans un couvent. Pareillement si le mari n'a pas des mœurs honnêtes & réglées, le juge ordonne que les garçons seront mis en pension, soit dans un collège, soit chez des parens ou quelque autre personne; ce qui dépend des circonstances, de l'âge, de la condition & des biens des personnes.

Quoique le père ni la mère ne puissent répéter contre un enfant les *alimens* qu'ils lui ont procurés dans ses besoins, cependant si les *alimens* fournis avoient été promis par le contrat de mariage de cet enfant, il seroit tenu d'en déduire la valeur sur sa portion héréditaire dans les successions paternelle & maternelle.

D'après deux arrêts du parlement de Paris des 12 février & 22 décembre 1628, presque tous les auteurs ont annoncé, comme une maxime générale, « que le père n'est pas obligé de fournir des » *alimens* à un enfant qu'il est dans le cas de déshé» riter; que l'aïeul n'en doit point à ses petits-en» fans, si leur père s'est marié sans son consente» ment, à moins qu'il n'eût fait préalablement des » sommations respectueuses ».

Il est étrange que, pour établir une maxime aussi barbare, on se contente de deux arrêts obscurs, qui n'ont point été rendus en forme de réglement. Loin de nous & d'un gouvernement guidé par l'esprit de sagesse & d'humanité, un système de législation qui révolte la nature! Qu'un père outragé ait, dans les premiers instans de colère, brisé les liens qui l'unissoient à son fils, & oublié qu'un même sang couloit dans leurs veines; que les écarts d'un enfant, en proie aux passions, aient pu déterminer le père à le retrancher en quelque sorte de sa descendance; ce premier mouvement, quelles qu'en soient les suites, peut être excusé, il peut même être toléré, soit pour en imposer aux enfans dénaturés, soit par l'espoir d'une réconciliation pour laquelle le cœur paternel doit parler sans cesse.

Mais les réglemens politiques doivent-ils étouffer sans retour les cris de la nature, anéantir cette loi souveraine gravée dans les cœurs, & qui parle avec une égale force à tous les hommes, à toutes les nations, à tous les âges?

Non, une pareille jurisprudence est trop odieuse. Si l'ignorance & la barbarie des siècles précédens avoient introduit cet usage, quelque antique qu'il fût, on devroit le proscrire. Un mari est obligé de fournir des *alimens* à sa femme convaincue d'adultère; un père est-il dans une circonstance plus favorable, à l'égard des enfans qu'il a déshérités? L'obligation de les nourrir est un moyen puissant de le rendre plus attentif à l'éducation qu'il leur doit. On ne sauroit se dissimuler que la principale cause de la perversité de la jeunesse ne tienne au vice de l'éducation.

Des alimens dus aux bâtards. Le père naturel ou ses héritiers, & subsidiairement la mère du bâtard, lui doivent des *alimens* jusqu'à ce qu'il soit en état de gagner sa vie.

Le parlement d'Aix a même jugé, en 1627 & en 1632, que l'aïeul paternel devoit des *alimens* au bâtard de son fils; mais le parlement de Paris a jugé le contraire en 1603, sous prétexte qu'en obligeant l'aïeul à fournir des *alimens* en pareil cas, ce seroit autoriser la débauche. La jurisprudence du parlement d'Aix me paroît mieux fondée, parce que l'aïeul, qui refuse des *alimens* à un bâtard, blesse la loi naturelle.

Les *alimens* d'un bâtard lui sont seulement dus depuis le jour de l'accouchement de la mère, & non depuis le jour que le père est condamné à se charger de l'enfant: le parlement de Paris l'a ainsi jugé, par arrêt du 4 octobre 1724.

Si une fille a eu commerce avec plusieurs hommes, ils doivent tous contribuer solidairement aux *alimens* de l'enfant, attendu qu'on ignore lequel d'entre eux en est le père: c'est ce qui a été jugé par arrêt du 25 février 1661.

Une bâtarde à laquelle son père naturel avoit légué une rente viagère pour lui tenir lieu d'*alimens*, ayant reçu une somme pour l'amortissement de cette rente, prétendit ensuite que la même rente devoit lui être payée; elle la demanda sous prétexte, disoit-elle, qu'on ne peut pas transiger sur de pareilles rentes, ni les amortir: mais, par arrêt rendu au parlement de Rouen le 17 mai 1754, elle fut déboutée de sa demande.

Une autre bâtarde avoit obtenu, par arrêt du parlement, une pension alimentaire & annuelle de 300 livres. Le père paya la pension, sans retenue des impositions royales: étant venu à décéder, ses héritiers payèrent également la pension sans aucune retenue; mais, par la suite, ils soutinrent que cette retenue étant de droit, ils pouvoient la faire. La bâtarde prétendit qu'ils étoient non-recevables & mal fondés dans la forme & au fond; non-recevables, parce qu'ils avoient payé la pension sans aucune retenue; mal fondés, attendu la faveur que méritent les pensions alimentaires: elle observoit en outre que, vu l'augmentation du prix de toutes les denrées, sa pension étoit plutôt dans le cas d'être augmentée, que d'éprouver une diminution par la retenue des impositions royales. Par arrêt du premier août 1768, les héritiers furent déclarés non-recevables dans leur demande: cette espèce & la précédente sont rapportées dans la collection de jurisprudence.

Dans toutes les causes d'état indécises, le père est obligé de fournir des *alimens* à celui qui se dit son fils, & qui est en possession de la filiation: c'est ce qui a été jugé par arrêt du 21 août 1626.

Des alimens dus aux pères & mères. De même que les pères & les mères sont obligés de fournir des *alimens* à leurs enfans, ceux-ci en doivent réciproquement à leurs pères & à leurs mères infirmes & indigens; s'ils refusoient de leur en fournir selon leurs facultés, la justice les y contraindroit.

Il y a même un arrêt, du 13 mai 1613, qui a condamné un gendre à payer une pension alimentaire de 200 liv. à sa belle-mère, quoiqu'il n'eût reçu d'elle aucun avantage, que sa femme ne lui eût apporté aucune dot, & qu'il demeurât en pays de droit écrit où la communauté n'a pas lieu.

Lorsqu'un père ou une mère demandent des *alimens* à leurs enfans & qu'il y en a plusieurs d'établis, l'usage du châtelet est d'ordonner que chacun des enfans fournira les *alimens* pendant un certain temps, de façon que l'un n'en donne pas plus que l'autre.

Le même tribunal est aussi dans l'usage d'ordonner que les *alimens* seront fournis en nature par les enfans, à moins qu'ils ne préfèrent de payer la pension que la sentence fixe.

Mais, par arrêt du 18 février 1766, le parlement de Paris a jugé qu'un père pouvoit s'adresser à celui de ses enfans qu'il jugeoit à propos, pour lui demander des *alimens*, & que la pension alimentaire devoit être payée en argent, lorsque le père ne vouloit pas être nourri chez ses enfans. Voici le précis de l'affaire qui a donné lieu à cet arrêt.

Un père, qui avoit trois enfans, demanda des *alimens* à celui qu'il savoit être le plus en état de lui en fournir; l'enfant fut condamné par sentence à payer une pension annuelle de 400 livres à son père. L'enfant, ayant appellé de cette sentence, soutint qu'il n'auroit dû être condamné qu'à payer son tiers; il en faisoit des offres; il disoit, d'ailleurs, qu'il étoit prêt à fournir des *alimens* en nature à son père, &, pour cet effet, il offroit de le laisser venir prendre ses repas chez lui; mais la cour jugea que cet enfant devoit payer la totalité de la somme en argent, sauf son recours contre ses frères, pour la part qu'il paieroit pour eux.

Il n'en seroit pas de même d'un fils qui demanderoit des *alimens* à son père; celui-ci ne pourroit être obligé à fournir des *alimens* hors de sa maison, sous prétexte d'incompatibilité d'humeur, & le juge enjoindroit au fils de retourner chez son père, pour y être entretenu & nourri: c'est ce qui a été jugé par arrêt du 27 juillet 1609, & par une sentence des requêtes du palais du 6 juillet 1725.

On n'oblige pas les enfans à fournir des *alimens* aux femmes de leurs pères que l'on nomme *marâtres*, ni aux maris de leurs mères appellés vulgairement *parâtres*.

Des alimens dus par le mari à sa femme, & par la femme à son mari. Le mari doit des *alimens* à sa femme indigente, lors même qu'elle ne lui a apporté aucune dot, & qu'elle en est séparée par autorité de justice; il en seroit autrement, si la séparation n'avoit aucun motif suffisant, & qu'elle fût l'effet du caprice ou de la légéreté.

Le parlement de Bretagne a jugé, en 1666, qu'un mari devoit nourrir & prendre soin de sa femme devenue folle, & a débouté ce mari de la demande par lui formée contre les parens de sa femme, tendante à ce qu'ils fussent obligés de contribuer aux dépenses que cette situation occasionnoit.

Une femme, séparée de biens, doit des *alimens* à son mari indigent, quand elle est en état de lui en fournir: c'est ce qu'a jugé le parlement de Dijon le 25 janvier 1719, en condamnant la dame de Salvert à payer 200 liv. de pension au sieur de Salvert son mari, chevalier de l'ordre royal & militaire de S. Louis.

Mais s'il y avoit entre les conjoints séparation de corps & de biens, & que la séparation fût fondée sur les torts du mari, il n'obtiendroit pas facilement une pension alimentaire contre sa femme: cette question se présenta au châtelet en 1759 dans l'espèce suivante, rapportée par l'auteur de la collection de jurisprudence. Le vicomte de l'Hôpital y avoit demandé des *alimens* à sa femme séparée d'avec lui, en vertu d'un arrêt du 12 décembre 1755, qui déclaroit aussi révoqués les dons & avantages à lui faits par le contrat de mariage; il disoit que la femme riche est obligée par les loix divines & humaines de nourrir son mari pauvre, & il lui demandoit une pension viagère.

La vicomtesse de l'Hôpital répondoit que son mari ne pouvoit pas employer, en sa faveur, une qualité & des droits qu'il avoit abdiqués par ses excès, & dont il avoit été jugé indigne; par sentence, rendue le 3 juillet 1759, le vicomte de l'Hôpital fut déclaré non-recevable.

Il y eut appel de cette sentence; mais l'affaire changea de face, parce que, depuis la sentence, le vicomte de l'Hôpital apprit que, par testament, la mère de sa femme lui avoit fait un legs en ces termes:

« Quels que soient les torts de M. de l'Hôpital » envers ma fille, par esprit de religion, je lui » donne & lègue, à prendre limitativement sur » la part de ma fille, 3000 liv. de pension via- » gère, exemptes de toutes impositions, *&c.* »

Le vicomte de l'Hôpital demanda la délivrance de ce legs: sa femme le soutint nul, 1°. parce que sa mère n'avoit pas pu, selon elle, faire un legs à prendre limitativement sur la portion de l'un de ses héritiers.

2°. Parce que le legs paroissoit fait en haine de la séparation.

3°. Parce qu'elle ne pouvoit pas être contrainte de donner des *alimens* à un mari qui avoit violé ses droits, *&c.*

Mais tous ces moyens furent rejettés; &, par arrêt du 28 août 1760, la cour ordonna la délivrance du legs en faveur du vicomte de l'Hôpital.

Le mari, pendant le procès, ou de dissolution de mariage ou d'adultère, doit fournir des *alimens* à sa femme; & c'est toujours au juge laïque qu'elle doit s'adresser pour les obtenir.

Des alimens dus à d'autres personnes. La Roche-flavin rapporte un arrêt qui a condamné le nommé Garebal, riche marchand de Rouergue, à donner des *alimens* à son frère indigent.

Le donataire universel doit des *alimens* au donateur indigent; s'il les lui refusoit, ce seroit une ingratitude qui pourroit faire révoquer la donation, au moins ce refus donneroit-il action au donateur pour les demander.

Le créancier, qui contraint son débiteur par corps & par emprisonnement de sa personne, doit consigner les *alimens* suivant la taxe; & s'il y a plusieurs créanciers, ils peuvent être contraints solidairement pour cet effet, sauf leur recours entre eux.

La taxe des *alimens* se fait de temps en temps, par le juge qui a la police des prisons, eu égard à la cherté des vivres, & elle varie selon les temps.

L'article 29 de l'arrêt de réglement du premier septembre 1717, concernant les prisons du ressort du parlement de Paris, porte que les lieutenans-généraux, ou autres premiers officiers des justices royales ou subalternes, seront tenus de régler tous les ans le dernier jour de décembre, sur les conclusions des procureurs du roi ou fiscaux, la somme pour laquelle il sera fourni, par mois, des *alimens* aux prisonniers détenus pour causes civiles, & que les ordonnances, rendues à cet égard, seront publiées le 2 de janvier de chaque année à l'audience de chaque siège, & affichées dans les prisons, pour être exécutées durant l'espace d'une année, sauf à être pourvu extraordinairement aux cas qui pourroient mériter quelque changement relativement au prix des vivres.

Un arrêt du parlement de Rouen, donné en forme de réglement le 4 avril 1731, sur le requisitoire du procureur général, ordonne qu'à l'avenir la provision alimentaire des prisonniers, détenus à la requête des parties civiles, sera de trois sous quatre deniers par jour, si mieux n'aime le prisonnier prendre en échange deux livres de pain, que le geolier sera tenu de lui délivrer sur sa simple demande.

Un autre arrêt du parlement de Paris a porté, à cause de la cherté du pain, à sept sous par jour la taxe des *alimens* des prisonniers détenus, pour dettes civiles, dans les prisons de Paris.

L'article premier de la déclaration du 10 janvier 1680, fait défenses à tout huissier & officier de justice d'emprisonner aucun particulier pour dettes, sans consigner entre les mains du greffier de la prison ou du geolier, la somme nécessaire pour la nourriture du prisonnier pendant un mois.

Il est pareillement défendu aux huissiers de recommander aucun prisonnier sans consigner pareille somme, à moins qu'elle n'ait déjà été consignée par quelqu'un de ceux qui ont fait arrêter ou recommander le prisonnier.

Les créanciers ou les parties civiles qui ont ainsi fourni la nourriture à un débiteur, en doivent être remboursés, par préférence à tout autre créancier, sur les biens de ce débiteur, & il doit leur être délivré exécutoire pour cet effet. Cette disposition de l'ordonnance est fondée sur ce que le public étant intéressé à la vie du débiteur, il est juste que ce qui est fourni pour la conserver, soit préféré à toute autre dette particulière de quelque nature qu'elle puisse être.

Quant aux prisonniers détenus pour crimes, on ne sauroit contraindre les parties civiles à leur fournir des *alimens*; ils ne sont nourris que de pain & d'eau, & couchés sur de la paille que leur fournit le geolier : le pain est payé par le roi ou par les seigneurs.

L'article 10 de la déclaration du 10 janvier 1680, porte que ceux qui auront été condamnés, en matière criminelle, à des amendes envers les seigneurs haut-justiciers, & à des dommages & intérêts envers les parties civiles, seront mis hors de prison, si les receveurs des amendes, les seigneurs haut-justiciers & les parties civiles négligent de fournir des *alimens* dans la huitaine, après la sommation qui leur en aura été faite à domicile ; c'est pourquoi, dans le cas d'appel des procès criminels, les receveurs des amendes, les seigneurs haut-justiciers & les parties civiles sont tenus d'élire domicile dans la maison d'un procureur de la jurisdiction où l'appel ressortit, & faute par eux de satisfaire à cette obligation, il doit être pourvu à l'élargissement des accusés, par les juges des lieux où ils sont détenus.

Autrefois, lorsqu'après deux sommations, faites à différens jours, les créanciers étoient en retard de fournir des *alimens* au prisonnier, le juge pouvoit, trois jours après la dernière sommation, ordonner l'élargissement du prisonnier, partie présente ou duement appellée ; mais cette disposition de l'ordonnance de 1670, a été changée par la déclaration de 1680, sur le fondement que les prisonniers ne tiroient pas de l'ordonnance, l'avantage que le législateur avoit voulu leur procurer, parce qu'ils étoient, pour la plupart, dans l'impuissance de fournir les deniers nécessaires pour faire les sommations, & obtenir leur élargissement en connoissance de cause : c'est pourquoi l'article 5 de la déclaration citée, veut qu'après l'expiration des premiers quinze jours du mois, pour lequel la somme nécessaire aux *alimens* d'un prisonnier n'aura point été payée, les conseillers des cours, commis pour la visite des prisonniers, ou les juges des lieux, ordonnent l'élargissement du prisonnier sur sa simple requisition, sans autre procédure, en rapportant le certificat du greffier ou geolier, que la somme pour la continuation des *alimens* n'a point été payée, & qu'il ne lui reste aucun fonds à cet égard entre les mains.

Il faut néanmoins remarquer que si les causes de l'emprisonnement & des recommandations, excèdent 2000 livres, le prisonnier doit demander son élargissement par une requête signifiée au créancier, au domicile par lui élu dans l'acte d'écrou ou de recommandation, & sur cette requête, le juge prononce l'élargissement, s'il y a lieu de le faire.

L'article 6 de la même déclaration de 1680, porte que le prisonnier qui aura une fois été élargi, parce que les *alimens* nécessaires ne lui auront pas été fournis par les créanciers, ne pourra être une seconde fois emprisonné ni recommandé à la requête des mêmes créanciers, qu'en payant par avance de leur part, des *alimens* pour six mois, à moins qu'il n'en soit autrement ordonné par jugement contradictoire.

L'article 25 de l'arrêt de réglement du premier septembre 1717, porte que quand un prisonnier sera obligé de faire des significations, ou d'obtenir des jugemens contre ses créanciers, pour être payé de ses *alimens*, les geoliers ou greffiers des geoles ne recevront les créanciers à consigner les *alimens* pour l'avenir, qu'en consignant en même temps ceux qui n'auront pas été payés, & en remboursant le prisonnier des frais qu'il aura faits à ce sujet, lesquels doivent être liquidés sans autre procédure, par le lieutenant général ou autre premier officier du siège où la prison est située.

Un arrêt de la cour des aides, du 20 décembre 1707, a fait défenses aux greffiers, concierges & geoliers des prisons du ressort de cette cour, de retenir aucune chose sur les sommes consignées entre leurs mains pour les *alimens* des prisonniers, sous prétexte de gîte & geolage, ou autre quel qu'il soit, à peine de 300 livres d'amende & d'être procédé contre eux extraordinairement suivant la rigueur de l'ordonnance.

Lorsqu'une femme, pendant son mariage, a commis quelque délit, & que le plaignant l'a fait emprisonner pour la réparation civile à laquelle elle a été condamnée envers lui, est-il fondé à répéter au mari les deniers avancés pour les *alimens* de la femme, tandis qu'il la retient en prison? Les moyens du créancier sont que la communauté doit des *alimens* à la femme, & qu'en les lui fournissant, il a acquitté une dette de la communauté qui, par conséquent, doit lui être remboursée par le mari, en sa qualité de chef de la même communauté.

Le mari peut repousser la demande, en disant que la communauté n'a pas profité des *alimens* que le créancier a fournis à la femme qu'il retient prisonnière; que ces *alimens* ne sont dus que dans la maison même du mari, où ils n'auroient rien coûté à la communauté, parce qu'elle auroit été dédommagée par les services que la femme auroit rendus à la maison.

Je crois que les moyens du mari doivent prévaloir, si ce n'est dans quelques coutumes singulières, comme celles d'Anjou & du Maine, qui disent, sans distinction du mari & de la femme, que le créancier du conjoint coupable d'un délit peut se venger sur les biens communs pour la réparation qui lui est due, sauf au conjoint innocent à demander le partage des biens de la communauté, à l'effet de restreindre le créancier à la part qu'y doit avoir le conjoint coupable.

L'abbé doit des *alimens* aux religieux, en quelque état que soient les biens ou le titre de l'abbaye. Cette maxime des décrétales est reçue dans tous les tribunaux du royaume.

Précis des loix établies en faveur des alimens. Les loix ont introduit plusieurs privilèges pour conserver les pensions alimentaires à ceux qui en doivent jouir.

1°. Celui à qui on a laissé des rentes pour ses *alimens*, ne peut pas, sans ordonnance du juge, rendue en connoissance de cause, transiger valablement sur les revenus qui ne sont pas encore échus, pour les éteindre ou pour les diminuer. Cette disposition de la loi est d'autant plus sage, que, si elle n'avoit pas lieu, un dissipateur pourroit consumer en très-peu de temps ce qui lui a été laissé pour subsister durant sa vie, & retomber ainsi dans la misère dont on a voulu le tirer. D'ailleurs, la libéralité ne seroit pas employée selon l'intention de celui qui l'a faite, si l'on permettoit à un prodigue de dépenser par avance ce qui est destiné à le nourrir journellement. Mais on peut transiger sur les revenus échus, quoiqu'ils aient été destinés pour des *alimens*, parce que celui auquel ils ont été laissés, ayant vécu sans ce secours, les revenus passés ne doivent plus servir aux *alimens*, ni par conséquent en avoir la faveur. Il ne faut néanmoins pas prendre ceci à la lettre; car, si celui qui doit les *alimens* avoit été en demeure de les payer, & que celui auquel ils sont dus eût été obligés d'emprunter pour vivre, les arrérages passés conserveroient alors tout leur privilège.

On peut conclure de ce qu'on vient de dire, que l'arrêt du parlement de Rouen, du 17 mai 1754, que nous avons rapporté plus haut, ne doit pas faire règle dans cette matière.

2°. On ne peut admettre la compensation en matière d'*alimens*. Si celui qui doit les *alimens* est d'ailleurs créancier de celui auquel ils sont dus, il faut qu'il les paie, sauf à se pourvoir sur les autres biens de son débiteur, s'il en a; & quand il n'en auroit point, la compensation n'auroit pas lieu, parce qu'il faut que les *alimens* soient employés, suivant leur destination, à l'entretien de celui à qui ils ont été assignés.

3°. Quand il y a contestation au sujet des *alimens*, la cause doit être jugée sommairement, & le jugement qui intervient, doit être exécuté nonobstant l'appel; car il n'est pas juste de laisser périr celui à qui les *alimens* sont dus, pendant le cours d'une longue procédure, ni de lui faire essuyer des frais qu'il n'a pas le moyen de supporter.

4°. Quand les *alimens* ont été légués par testament, & que l'héritier est absent, ou qu'il diffère d'accepter la succession, le juge doit ordonner que les *alimens* seront payés par provision, attendu qu'on ne doit à cet égard faire souffrir aucun retard au légataire.

5°. Quand le prince accorde des lettres de surséance à un débiteur, il en excepte toujours les dettes qui sont dues pour *alimens*, & même celles qui tiennent lieu d'*alimens*, comme les légitimes dues aux enfans, les restitutions de deniers dotaux, les arrérages de douaire, & autres créances de cette nature.

6°. Si le testateur a légué des *alimens* jusqu'à la puberté, ils doivent être fournis aux mâles jusqu'à l'âge de dix-huit ans & aux filles jusqu'à quatorze ans, quoique régulièrement les mâles aient atteint la puberté à quatorze ans, & les filles à douze.

7°. La faveur des *alimens* fait qu'on peut en léguer valablement à toutes sortes de personnes, même à celles qui sont incapables des effets civils. Un arrêt du 20 décembre 1737, a jugé qu'un legs d'*alimens* fait à un étranger non naturalisé, étoit valable, pourvu que l'étranger demeurât en France pour y consommer le produit du legs.

8°. Lorsque des *alimens* annuels sont laissés à quelqu'un par une disposition à cause de mort, ils sont dus pour toute l'année, aussi-tôt qu'elle est commencée. Il en est de même d'un legs d'*alimens* payable tous les six mois. Dès que le premier mois est commencé, les *alimens* des six mois sont dus aux héritiers du légataire, s'il ne les a pas reçus lui-même. C'est le contraire d'une pension viagère, créée par acte entre-vifs; elle n'est due que jusqu'au jour du décès de celui au profit de qui elle a été constituée.

9°. Si plusieurs sont chargés de fournir des *alimens* à une personne, chacun d'eux peut y être contraint pour le tout, sauf son recours contre chacun des autres pour sa part & portion seulement. Belordeau dit que cela a été ainsi jugé, sur le fondement que, s'il falloit s'adresser à chacun de ceux qui sont obligés de fournir ces *alimens*, cela multiplieroit les embarras & les frais.

10°. Un legs de simples *alimens*, comprend non seulement la nourriture, mais encore le vêtement & l'habitation, à moins que le testateur n'ait borné sa libéralité à quelqu'un de ces objets. Ainsi le legs qui seroit fait à quelqu'un de ce qu'il lui faut par jour pour sa nourriture, ne comprendroit ni l'habitation ni les vêtemens.

Quand le testateur n'a pas spécifié à quoi doit se monter par an le legs fait à quelqu'un pour *alimens*, on le règle sur le pied de ce qu'il avoit coutume de fournir de son vivant au légataire, ou selon ce qu'il laisse à pareil titre d'*alimens* à d'autres qui sont de même qualité que le légataire, ou enfin on fixe la valeur de ces *alimens* relativement aux facultés du du testateur, à l'état & à la qualité du légataire, & à l'affection que le défunt avoit pour lui.

Lorsque le testateur a désigné & affecté un héritage pour la sûreté des *alimens* qu'il a légués à quelqu'un, cette disposition n'augmente ni ne diminue la somme du legs, soit que l'héritage produise plus de revenu qu'il n'en faut pour acquitter le legs, soit qu'il en produise moins. Dans ce dernier cas, le legs doit être pris sur les autres biens de la succession.

Mais, il en seroit différemment, si le testateur avoit déclaré vouloir que les *alimens* fussent pris sur un certain fonds seulement. Si ce fonds étoit insuffisant, le légataire n'auroit rien à prétendre sur les autres biens de la succession.

Les legs d'*alimens* durent pendant la vie du légataire, si le testateur n'a point limité de temps.

La faveur des *alimens* est telle, que le parlement de Paris a condamné par corps en 1629, la caution d'une somme donnée pour *alimens* par une obligation pure & simple.

La même faveur des *alimens* fit condamner en 1691, le marquis de Langres, héritier présomptif & curateur de la dame de Courvaudon, interdite, à payer l'obligation de 5000 livres que cette dame avoit passée au profit de la demoiselle l'Ecuyer, chez qui elle avoit été logée, nourrie & entretenue pendant deux ans. La raison de décider fut qu'il faut des *alimens* aux personnes interdites comme à celles qui ne le sont pas.

C'est encore la faveur des *alimens* qui, en plusieurs jurisdictions, fait que le boucher, le boulanger, & en général ceux qui ont fourni des *alimens*, sont préférés aux créanciers qui n'ont aucun privilège particulier. Mais pour empêcher les abus qui pourroient en résulter, la plupart des coutumes ont fixé le temps pour lequel cette préférence devoit leur être accordée. Dans les pays de droit écrit, leur privilège n'a pas lieu contre la dot & les conventions matrimoniales de la femme.

Quelque favorable que soit un legs d'*alimens*, le droit d'accroissement n'a point lieu, lorsque le legs est fait à plusieurs personnes, & que quelqu'un des légataires le répudie; parce qu'un tel legs étant borné à ce qui est nécessaire à l'entretien de chaque légataire, il ne peut être susceptible d'accroissement. De même, si le legs d'*alimens* est fait à plusieurs frères, la part de celui qui décède n'accroît point aux autres.

Comme la loi n'a pas prévu tous les cas où il est nécessaire de contraindre quelqu'un à fournir des *alimens* à un autre, les juges accordent souvent en connoissance de cause des provisions alimentaires, sur-tout quand la partie qui est en possession retarde le jugement du procès; cela est arbitraire, & dépend de la qualité des parties qui plaident & de la matière dont il s'agit.

ALIMENTATION, f. f. (*terme particulier du bailliage d'Haguenau.*) c'est le nom d'un droit que les trente-cinq communautés de la préfecture & grand bailliage d'Haguenau doivent au lieutenant de roi de ce bailliage.

Ce droit consiste dans l'obligation de défrayer les équipages de chasse de cet officier, quand, en chassant, il juge à propos de s'arrêter dans quelques-unes de ces communautés. Par un traité du 13 mars 1712, approuvé par le roi, les parties intéressées ont converti ce droit en une redevance annuelle.

ALINGNANCE, mot très-ancien qui signifioit *district* & *ressort*.

ALIVRER, v. a. on se sert de ce mot en Provence pour exprimer l'action de fixer dans les cadastres la partie de l'impôt que doit supporter un bien. Lorsque les experts procèdent au cadastre & à l'alivrement des biens d'un canton, ils doivent faire trois classes des biens, à l'effet de distinguer les bons, les médiocres & les mauvais, & *alivrer* chacun d'eux, suivant leur juste valeur, avec leurs qualités & franchises. Dans les alivremens qui se font tous les ans pour la répartition de l'impôt, on doit suivre la valeur fixée par le cadastre, sans pouvoir augmenter l'alivrement d'un bien, sous prétexte de réparations & améliorations; ce seroit punir un propriétaire des soins qu'il a donnés à la culture de son héritage, & étouffer l'industrie qui tend à augmenter les richesses & les forces du royaume. *Voyez* CADASTRE.

ALIX, (*Chapitre d'*) dans le village d'*Alix*, situé à trois lieues de Lyon, il existe un chapitre de filles nobles, qui, suivant un arrêt du conseil d'état de 1754, doivent, pour y être admises, faire preuve de cinq quartiers de noblesse. Des lettres-patentes du mois de novembre de l'année suivante, leur ont permis de porter une médaille d'or émaillée, surmontée d'une couronne de comte, attachée à un ruban passé en écharpe.

ALLAIER *ou* ALLOYER, v. a. on se servoit anciennement de ces mots pour dire donner à l'or & à l'argent l'alloi requis & ordonné par le prince.

ALLAISES, f. f. (*Eaux & Forêts.*) ce sont des barres qu'on met dans le travers des rivières; un arrêt de la table de marbre, du 28 février 1716, défend expressément de gêner la navigation des rivières, en y mettant des *allaises*.

ALLÉAGE, f. m. (*Coutume de Metz, art. 140.*) ce terme a rapport à l'art de l'orfévrerie: « nul, » dit cette coutume, ne sera admis au métier d'or- » fèvre, qu'il n'ait été apprentif, qu'il ne sache » lire & écrire, & qu'il n'entende les *alléages* d'or » & d'argent » ; c'est-à-dire la manière de travailler ces métaux, pour les mettre au titre exigé par les ordonnances.

ALLÉGATION, f. f. (*terme de Palais.*) c'est la citation d'une autorité ou d'une pièce authentique, à l'effet d'appuyer une proposition, ou d'autoriser une prétention ou l'énonciation d'un moyen. Plus souvent on entend par *allégation*, l'exposition des faits que le défendeur annonce aux juges, comme utiles à la décision. En général, les faits allégués font peu d'impression, s'ils ne sont ou notoires, ou appuyés sur des preuves, & c'est ce que signifie cet adage très-commun & très-équitable: *de his quæ non apparent, aut quæ non sunt, idem fit judicium.*

Dans les provinces de droit écrit, une fausse *allégation*, pour se faire exempter d'une tutèle, produit l'effet singulier de rendre responsable de l'administration des biens du mineur, celui qui s'est fait exempter de l'accepter sous un prétexte faux. Cette disposition est fondée sur le texte des loix romaines, qui déclarent que celui qui, par une fausse *allégation*, s'est fait excuser d'accepter une tutèle, n'en est pas déchargé.

Il n'en est pas de même dans le droit coutumier, parce qu'on n'y reconnoît comme tuteur que celui qui est nommé par le juge. D'où il suit qu'on ne peut regarder comme tuteur, celui qui a été déchargé d'une tutèle par une sentence, tant qu'elle subsiste. Cette différence de jurisprudence est fondée sur ce que, dans le pays coutumier, la tutèle est toujours dative, c'est-à-dire que nul n'est tuteur, s'il n'est nommé par le juge; au lieu que dans le droit romain, la tutèle est déférée par la loi au plus proche parent, & qu'il est tenu de s'en charger indépendamment de l'ordonnance du juge, qu'il lui faut même une sentence qui admette les excuses qu'il propose pour être exempt de l'accepter. C'est par cette raison, & en même temps pour le punir de sa mauvaise foi, que la loi veut qu'il demeure responsable de la tutèle, lorsqu'il a employé de faux moyens & de fausses *allégations* pour s'en faire décharger.

ALLÈGE, f. f. (*Finance. Eaux & Forêts.*) c'est un petit bâteau qui tire son nom de l'usage auquel il sert. L'*allège* est ainsi nommé, parce qu'il est destiné à soulager les grands bateaux d'une partie de leur charge. On ne peut lever de péage sur les *allèges*, l'ordonnance n'y assujettit que les bateaux-maires, avec lesquels les *allèges* ne sont censées faire qu'un seul & même bateau. *Voyez* ALLÉGEMENT.

ALLÉGEANCE, (*serment d'*) f. f. *Jurisprud.* c'est le serment de fidélité que les Anglois prêtent à leur roi en sa qualité de prince & seigneur temporel, différent de celui qu'ils lui prêtent en la qualité qu'il prend de chef de l'église anglicane, lequel s'appelle *serment de suprématie. Voyez* SUPRÉMATIE.

Le *serment d'allégeance* est conçu en ces termes: « Je N.... proteste & déclare solemnellement devant Dieu & les hommes, que je serai toujours fidèle & soumis au roi N.... Je professe & déclare solemnellement que j'abhorre & déteste & condamne de tout mon cœur, comme impie & hérétique, cette damnable proposition, *que les princes excommuniés ou destitués par le pape ou le siège de Rome, peuvent être légitimement déposés ou mis à mort par leurs sujets, ou par quelque personne que ce soit* ».

Les Quakers sont dispensés du serment d'*allégeance*; on se contente à ce sujet de leur simple déclaration. (*H*)

ALLÉGEANCE, (*terme de Coutume.*) dans le style des cours & justices séculières du pays de Liège, on se sert du mot d'*allégeance* pour désigner les exceptions que le défendeur allègue contre le demandeur. *Voyez* EXCEPTION.

ALLÉGEMENT, f. m. (*Finance.*) c'est, en terme de gabelle, le déchargement d'une partie du sel que portent les bateaux, que les fermiers du roi emploient pour le transport des sels. L'ordonnance de 1680 ne permet l'*allégement* que dans le cas de nécessité; lorsque les eaux sont trop basses, ou que les bateaux sont en danger, & dans ces cas il doit se faire en présence d'un officier du plus prochain grenier à sel, qui en dresse procès-verbal, en présence des commis de la ferme, à peine de confiscation des allèges, & de 300 liv. d'amende. Suivant les réglemens postérieurs la présence des officiers du grenier à sel n'est nécessaire que lorsque le sel n'est pas dans des sacs scellés & plombés; il leur est dû dix sols par muid pour leur droit d'assistance.

L'ordonnance des aides de 1680 permet d'alléger les bateaux de vins chargés pour Paris, à condition de déclarer l'*allégement* aux commis du bureau le plus prochain dépendant des entrées de Paris, qui sont tenus d'en faire mention sur les lettres de voiture. Cette disposition doit être suivie, à peine de confiscation & de cent livres d'amende.

ALLÉGUANCE, (*coutume de Bretagne, art. 157.*) ce terme veut dire alléguer, mettre avant quelque fait, quelque chose.

ALLEMANDS, c'est le nom qu'on donne aux habitans de l'Allemagne. Dans quelques provinces de France, ils jouissent des droits de citoyens, lorsqu'ils s'y fixent & y ont un domicile établi. En vertu de lettres-patentes de Louis XI, données en 1475, ceux qui s'établissent à Toulouse peuvent non-seulement disposer de leurs biens par testament, mais ils peuvent aussi y tenir des offices & des bénéfices, sans avoir besoin de lettres de naturalité: plusieurs arrêts les ont maintenus dans la jouissance de ces privilèges.

Ils jouissent des mêmes droits dans la ville de Bordeaux par des lettres-patentes de 1474, & dans celle de Calais en vertu des lettres-patentes de Charles IX, de 1576.

La coutume de Mets leur accorde tous les droits de bourgeoisie & de citoyens, lorsqu'ils s'établissent & épousent une fille de la ville, ensorte qu'ils peuvent disposer par testament de leurs biens, & que leur succession n'appartient pas au fisc, comme celle des autres étrangers.

ALLENNER, ALLÉNIVER, *ou* ALLÉVINER, v. a. (*termes de Coutume.*) on les trouve dans celles de Troyes, *art. 88*, & de Vitri, *art. 37*: ils dérivent du mot *alvin*, qu'on dit encore en plusieurs provinces pour désigner les petits poissons qui servent à peupler les étangs; aussi les mots d'*allenner*, d'*alléniver*, ou d'*alléviner*, signifient-t-elles l'action d'empoissonner un étang.

ALLER A JEU, (*coutume de Bretagne, art. 420.*) cette coutume, en parlant des amendes & dommages qui doivent être payés par les bestiaux pris dans les héritages d'autrui, permet d'avoir un taureau pour trois villages : elle ajoute qu'il ne doit être payé pour lui aucune amende, dommage ou assise, dans quelque lieu qu'il soit trouvé, parce qu'on ne peut, dit-elle, l'empêcher d'*aller à jeu.* Disposition sage, puisqu'il seroit impossible de garder un taureau en chaleur, & de l'empêcher de suivre les vaches ; ce seroit priver leurs propriétaires des avantages qu'ils peuvent retirer du taureau, & par cette raison ils doivent supporter les dommages qu'il peut occasionner dans les champs.

ALLEU, (*franc-*) s. m. (*Jurisprudence.*) terre possédée librement par quelqu'un sans dépendance d'aucun seigneur. Le mot *alleu* a été formé des mots *alodis*, *alodus*, *alodium*, *aleudum*, usités dans les anciennes loix & dans les anciens titres, qui tous signifient *terre*, *héritage*, *domaine* ; & le mot *franc*, marque que cet héritage est libre & exempt de toutes charges. Mais quelle est l'origine de ces mots latins eux-mêmes ? c'est ce qu'on ignore.

Caseneuve dit qu'elle est aussi difficile à découvrir que la source du Nil. Il y a peu de langues en Europe à laquelle quelque étymologiste n'en ait voulu faire honneur. Mais ce qui paroît de plus vraisemblable à ce sujet, c'est que ce mot est françois d'origine.

Bollandus définit l'*alleu*, *prædium*, *seu quævis possessio libera jurisque proprii*, & *non in feudum clientelari onere accepta.*

Après la conquête des Gaules, les terres furent divisées en deux manières, savoir en bénéfices & en *alleus*, *beneficia & allodia.*

Les bénéfices étoient les terres que le roi donnoit à ses officiers & à ses soldats, soit pour toute leur vie, soit pour un temps fixe.

Les *alleus* étoient les terres dont la propriété restoit à leurs anciens possesseurs ; le soixante-deuxième titre de la loi salique est *de allodiis* : & là ce mot est employé pour *fonds héréditaires*, ou celui qui vient à quelqu'un, de ses pères. C'est pourquoi *alleu* & *patrimoine* sont souvent pris par les anciens jurisconsultes pour deux termes synonymes. *Voyez* PATRIMOINE.

Dans les capitulaires de Charlemagne & de ses successeurs, *alleu* est toujours opposé à *fief*: mais vers la fin de la deuxième race, les terres allodiales perdirent leurs prérogatives ; & les seigneurs fieffés obligèrent ceux qui en possédoient à les tenir d'eux à l'avenir. Le même changement arriva aussi en Allemagne. *Voyez* FIEF & COMMUNES.

Origine & divisions des alleus. Il faut considérer l'*alleu* dans deux temps différens. Sous les deux premières races de nos rois l'*alleu* étoit possédé par le Gaulois ou par le Franc en pleine propriété. L'un & l'autre en avoient le domaine direct & utile, & la disposition pleine & absolue, telle qu'elle appartient à tous les hommes par le droit naturel. L'héritage en *alleu* étoit exempt de toutes charges & impositions foncières, & des redevances féodales ; c'est ce qui a fait dire de l'*alleu*, que c'étoit un héritage tenu, par le propriétaire, de Dieu & de son épée.

Sur la fin de la seconde race, & au commencement de la troisième, l'anarchie féodale ayant bouleversé tous les principes, les Francs & les Gaulois, confondus par les alliances, & ne formant plus qu'une seule nation, cherchèrent à se mettre à couvert de la tyrannie & de l'usurpation : ces motifs engagèrent les plus foibles à se mettre sous la protection des seigneurs plus puissans ; ceux-ci de leur côté cherchèrent à accroître leur force par la réunion de celles des petits, & à se mettre par-là en état de balancer l'autorité royale, & de l'empêcher de les retenir dans la subordination. Il arriva de ce changement que les possesseurs des terres allodiales les assujettirent aux seigneurs, afin de les conserver à l'abri de leur puissance, & les seigneurs les convertirent en fief, en les rendant à leurs premiers maîtres : ils usurpèrent aussi les droits de directe sur les terres enclavées dans leur territoire, ils forcèrent les propriétaires à les reconnoître, & c'est alors que s'introduisit l'étrange maxime *nulle terre sans seigneur.*

Il est possible que quelques anciens *alleus* n'aient point changé de nature, & qu'il s'en rencontre encore aujourd'hui quelques-uns de cette espèce, mais la plupart de ceux que nous appellons aujourd'hui *alleus*, sont des fiefs ou des rotures, qui ont été remis en *alleu*, par l'affranchissement des devoirs féodaux & des droits censuels. Delà est venu la dénomination de *franc-alleu*, pour dire qu'un héritage n'est chargé d'aucune redevance censuelle ou féodale, & qu'il ne relève de personne médiatement, ou immédiatement, ensorte que le mot *franc-alleu* est opposé à ceux de fief & de roture.

Il y a deux sortes de *franc-alleu*, le noble & le roturier.

Le *franc-alleu* noble est celui qui a justice, censive ou fief mouvant de lui ; le *franc-alleu* roturier est celui qui n'a ni justice ni aucunes mouvances. Il y a entre ces deux espèces plusieurs différences : le propriétaire du *franc-alleu* noble peut en aliéner des portions à titre de cens, ce que ne peut le propriétaire du *franc-alleu* roturier : le *franc-alleu* noble se partage noblement comme les fiefs ; le roturier comme les autres biens, à l'exception de la coutume de Châlons, qui veut que tout *franc-alleu* se partage également entre les héritiers : le *franc-alleu* noble, possédé par un roturier, est assujetti au paiement du droit de franc-fief, le *franc-alleu* roturier n'est point exempt de la taille & des autres impositions.

De la jurisprudence actuelle sur les alleus. Par rapport au *franc-alleu*, il y a trois sortes de coutumes dans le royaume : les unes veulent que tout héritage soit réputé franc, si le seigneur dans la justice duquel il est situé, ne montre le contraire ; tels sont tous les pays de droit écrit, & quelques parties du pays coutumier. Dans d'autres, le *franc-alleu* n'est point reçu sans titre, & c'est à celui qui prétend posséder à ce titre, à le prouver. Enfin quelques autres ne s'expliquent point à ce sujet, & dans ces dernières on se règle par la maxime générale, admise dans tous les pays coutumiers, qu'*il n'y a point de terre sans seigneur*, & que ceux qui prétendent que leurs terres sont libres, le doivent prouver, à moins que la coutume ne soit expresse au contraire.

Dans les coutumes même qui admettent le *franc-alleu* sans titre, le roi & les seigneurs sont bien fondés à demander que ceux qui possèdent des terres en *franc-alleu* aient à leur en donner une déclaration, afin de connoître ce qui est dans leur mouvance, & ce qui n'y est pas.

Le *franc-alleu* ne reconnoît aucune espèce de seigneur. Le propriétaire d'un héritage allodial en a, comme nous l'avons dit plus haut, la pleine & entière disposition ; il ne le possède ni comme vassal, ni comme censitaire, ni comme emphytéote ; mais cette qualité ne l'affranchit pas du ressort de la justice royale, ni même de la justice particulière du seigneur, lorsqu'il se trouve situé dans son territoire ; à cet égard, il est dans la classe de tous les autres héritages censuels qui l'avoisinent, à moins que la justice n'y soit aussi attachée.

Il ne peut pas mépriser la jurisdiction du seigneur de son territoire, il doit même se présenter en sa cour, lorsqu'il y est appellé, & y déclarer que son héritage est tenu en *franc-alleu*, & s'il manque à l'intimation, il est amendable. Les coutumes d'Orléans, *art. 255*, & du Maine, *art. 153*, en ont une disposition précise ; & c'est l'avis unanime de nos meilleurs jurisconsultes, Cujas, Dumoulin, Loisel ; le P. de Lamoignon, décide dans ses arrêtés que le *franc-alleu* noble ou roturier est sujet à la jurisdiction du seigneur haut-justicier, dans laquelle il est situé, parce que la qualité d'*alleu* n'a rien de commun avec la jurisdiction, & que la reconnoissance de la justice n'ôte rien de l'affranchissement des charges censuelles ou féodales, qui forment la nature de l'*alleu*, & en constituent l'essence.

Il suit de ces principes, que les seigneurs haut-justiciers, dans la confection de leurs terriers, peuvent contraindre les possesseurs des biens allodiaux à faire leurs déclarations, pour les mettre en état de connoître s'il ont sur eux les droits de justice ; nous venons de dire que la coutume du Maine les y assujettissoit sous peine d'amende. Ces déclarations des possesseurs en *franc-alleu* ne préjudicient en rien aux franchises de leurs *alleus*, mais ils servent à faire connoître ce qui est dans le territoire de la justice, afin que le seigneur puisse y exercer ses droits, lorsque l'occasion le requiert ; car il est bon de remarquer que les *alleus*, en quelques provinces qu'ils soient situés, sont sujets aux droits de confiscation, d'aubaine, de bâtardise, & de deshérence, comme tous les autres biens.

Nous avons dit ci-dessus que dans les provinces de droit écrit, & dans quelques coutumes, les héritages étoient censés francs & allodiaux par leur nature, & que le seigneur se trouvoit obligé de prouver son droit de directe. C'étoit effectivement autrefois le sentiment de presque tous les jurisconsultes, & la jurisprudence des cours souveraines ; mais depuis long-temps, la funeste maxime *nulle terre sans seigneur*, déjà connue & défendue par Beaumanoir & Jean-Fabert, paroît l'unique principe sur lequel la jurisprudence actuelle s'appuie, dans la décision des contestations qui s'élèvent par rapport aux terres tenues en *franc-alleu*.

On doit donc aujourd'hui regarder en général comme une maxime assez constante, même en pays de droit écrit, qu'il n'y a *nulle terre sans seigneur*, & par conséquent nul *franc-alleu* sans titre. Ainsi tous les héritages renfermés dans un territoire, relèvent du seigneur de ce territoire, à moins que le possesseur ne prouve qu'il les possède en *franc-alleu*, & s'il est prouvé qu'ils ne relèvent pas du seigneur, ils doivent alors relever du roi, parce qu'ils sont nécessairement soumis à la directe universelle, qui lui appartient sur tous les biens du royaume.

Ceux qui voudront prendre la peine de consulter le dictionnaire raisonné des domaines trouveront une multitude de décisions du conseil & des parlemens qui, dans les provinces de droit écrit, & dans les coutumes allodiales, n'admettent le *franc-alleu*, que lorsqu'il est prouvé par des titres authentiques : autrement les héritages, tenus en *franc-alleus* nobles, sont déclarés tenus en fief du roi, & les *francs-alleus* roturiers, sont déclarés assujettis aux cens en usage dans la province ; les uns & les autres sont obligés à tous les droits de directe universelle, emportant devoirs de fief, censive, lods & ventes. Nous pourrions accumuler ici un grand nombre de citations, mais nous renvoyons à l'auteur ci-dessus cité & au mot Agen.

Des alleus dans les coutumes d'Anjou & du Maine. Dans la coutume du Maine lorsqu'un vassal veut transformer en *franc-alleu* un héritage hommagé, il en obtient d'abord la permission de son seigneur, qui commence par anéantir la foi & hommage moyennant une somme dont on convient pour l'indemniser des droits qu'il perd par l'affranchissement de l'héritage ; ensuite il établit sur l'héritage un cens de quatre sols, permis par la coutume ; après ce changement du fief en roture, le seigneur, par un dernier acte, remet le cens à son vassal, pour un prix dont ils conviennent ensemble, & qu'ordinairement on énonce d'une manière vague, afin que les successeurs du seigneur, incertains de la somme qui a été payée, ne puissent pas demander que la terre érigée en *franc-alleu* soit remise en son premier état, en offrant de rembourser au propriétaire, ce qu'il auroit payé pour l'affranchissement de sa terre. Nous ne pensons pas qu'aujourd'hui cette conversion de fief en *alleu* puisse se faire sans le consentement du roi, même dans la coutume du Maine, parce qu'elle diminue le fief dominant, qui de suzerain en suzerain doit être reporté en son entier jusqu'au roi. Il n'est pas en la puissance du seigneur d'affoiblir, médiatement ou immédiatement, la directe du roi.

Dans la province d'Anjou, il y a une espèce de *franc-alleu*, que l'on peut appeller imparfait, il n'est exempt que de la prestation de la foi & hommage; mais d'ailleurs il est assujetti au paiement des lods & ventes, à une déclaration de la part du nouveau propriétaire à chaque mutation, au retrait féodal, & même au droit de ventes doubles, lorsqu'il est situé dans les contrées de la province où les droits de vente & d'issue sont établis.

Du cas où un alleu passe en la possession des gens de main-morte. Si les gens de main-morte acquièrent un héritage allodial, ils ne sont tenus de payer que le droit d'amortissement au roi, & ne doivent aucun droit d'indemnité, ni autre devoir utile, parce que le *franc-alleu*, avant de passer dans leurs mains n'étoit assujetti à aucune redevance féodale ou censuelle & ne porte en conséquence aucun préjudice au seigneur. Il faut cependant en excepter les *francs-alleus* imparfaits d'Anjou, pour lesquels les gens de main-morte doivent payer au seigneur une indemnité à raison des lods & ventes qui lui étoient dus, & qui ne peuvent plus avoir lieu; mais dans ce cas même, ils ne sont pas tenus de présenter un homme vivant ou mourant, qui ne se donne que pour la foi & hommage, de la prestation de laquelle ces *francs-alleus* sont déchargés.

ALLEUTIER, s. m. (*coutume de Hainaut.*) elle donne ce nom à ceux qui possèdent des héritages en franc-alleu; elle se sert aussi des mots *alleutz*, ou *alloëts* pour signifier un *alleu*.

ALLEYER, v. a. (*terme des coutumes d'Acs, tit.* 12, & *de S. Sever, tit.* 10.) c'est déclarer par serment au seigneur péager, ou à son commis, l'espèce & la quantité de marchandises que l'on voiture par ses terres, & dont le péage est dû.

ALLIAGE, s. m. (*terme de Monnoie.*) c'est le mêlange de divers métaux, pour les rendre plus propres à l'usage auquel on les destine.

L'*alliage* de la monnoie en France est prescrit par les ordonnances, & il s'y fait avec tant de précaution, qu'il n'altère presque pas l'or & l'argent. On ne mêle ordinairement que deux gros de cuivre sur un marc d'argent, ensorte qu'on n'y introduit que l'*alliage* nécessaire pour durcir l'or & l'argent, & les rendre plus propres au travail. Les ordonnances ayant prescrit le titre de l'*alliage*, si le titre d'une certaine quantité de matière fondue est trop bas, il faut y ajouter du fin, & de même s'il est trop haut, on le diminue en y ajoutant une matière inférieure, telle que le cuivre.

L'argent de la monnoie est allié avec une plus grande quantité de cuivre que l'argent employé dans les ouvrages d'orfévrerie; mais la monnoie d'or contient moins d'*alliage* que l'or des bijoux. Au reste ceux qui travaillent les matières d'or & d'argent sont obligés de se conformer aux réglemens qui prescrivent la quantité d'*alliage* qu'ils peuvent employer; & pour les empêcher de s'en écarter, ils sont tenus de faire essayer leurs ouvrages, & de les faire marquer d'un poinçon qui assure à l'acheteur que l'ouvrage est au titre requis. *Voyez* TITRE.

ALLIANCE, s. f. (*Droit civil. Droit des gens.*) ce mot vient de la préposition latine *ad*, & du verbe *ligare*, *lier*. C'est en général l'union ou la liaison de deux ou de plusieurs personnes, de deux ou de plusieurs nations. Ce terme exprime différentes idées, selon qu'il regarde le droit civil ou le droit des gens.

ALLIANCE, (*en droit civil.*) c'est l'union ou liaison de deux personnes ou de deux familles par le mariage, qu'on appelle autrement *affinité*. *Voyez ce mot.* L'*alliance* est donc la liaison & les relations qui se font entre le mari & les parens de la femme, & entre la femme & les parens du mari: le fondement de cette liaison est l'union si étroite du mari & de la femme, qui fait que ceux qui sont liés par la parenté à l'un des deux, se trouvent en même temps liés à l'autre, ensorte que le mari considère le père & la mère de sa femme, comme lui tenant lieu de père & de mère, & ses frères, ses sœurs & ses autres proches, comme ses frères, ses sœurs & ses proches; & que la femme regarde de même le père, la mère & tous les proches de son mari.

La loi des douze tables défendoit les *alliances* entre les personnes d'un rang & d'une condition inégales. Dans nos mœurs, il y a des *alliances* réprouvées par les loix naturelles & sociales, telle seroit celle du fils & de la mère, telle encore celle qui seroit contractée par un insensé, un furieux, un impuissant. Il y en a d'autres qui sont réprouvées par les loix ecclésiastiques, d'autres enfin par les loix civiles. Nous les expliquerons sous le mot EMPÊCHEMENT: nous observerons seulement en général qu'aucune *alliance* ne peut être valable, si elle n'est contractée suivant les formes prescrites par les loix de l'église & de l'état. *Voyez* AFFINITÉ, EMPÊCHEMENT, MARIAGE.

ALLIANCE, (*droit des gens.*) c'est l'union que font entre eux les souverains & les états, pour leur sûreté, leur défense & leurs avantages communs. C'est dans ce sens que l'on dit de deux princes ou de deux nations, qu'ils sont alliés; alors le mot d'*allié* est synonyme à celui de *confédéré*.

Quoique le titre d'*allié* des Romains fût une espèce de servitude, il étoit pourtant fort recherché. Polybe raconte qu'Ariarathes offrit un sacrifice d'action de graces aux Dieux pour l'avoir obtenu. La raison en étoit que dès-lors ces alliés n'avoient plus rien à craindre d'aucun autre peuple.

Les Romains avoient différentes sortes d'*alliés*: quelques-uns participoient avec eux aux privilèges des citoyens, comme les Latins & les Herniques; d'autres leur étoient unis en conséquence de leur fondation, comme les colonies sorties de Rome; d'autres y tenoient par les bienfaits qu'ils en avoient reçus, comme Massinissa, Eumènes & Attale, qui leur étoient redevables de leurs états; d'autres l'étoient en conséquence de traités libres, mais qui aboutissoient toujours à la fin à les rendre sujets de Rome, comme les rois de Bithynie, de Cappadoce, d'Egypte, & la plupart des villes de Grèce; d'autres enfin l'étoient par des traités forcés & en qualité de vaincus: car les Romains n'accordoient jamais la paix à un ennemi qu'ils ne fissent une *alliance* avec lui, c'est-à-dire qu'il ne subjuguoient jamais aucun peuple qui ne leur servît à en subjuguer d'autres.

Dans les gouvernemens monarchiques, il n'y a que le souverain qui ait le droit de contracter des *alliances*: dans les républiques, ce droit réside dans le peuple ou dans ses représentans.

Il peut y avoir aussi une différence essentielle entre les *alliances* qui se font par les souverains & celles qui se contractent entre les républiques: ces dernières sont toujours réelles, tandis que les autres sont quelquefois personnelles: c'est-à-dire que les *alliances* contractées par des républiques sont faites de peuple à peuple, de nation à nation; mais entre les souverains, l'*alliance* n'existe souvent qu'entre ceux qui l'ont contractée, & à la mort de l'un des deux, elle ne subsiste plus entre le survivant & le successeur du prédécédé: pour les rendre réelles, il faut qu'elles soient spécialement contractées entre les souverains & leurs peuples, pour eux & pour leurs successeurs.

Les *alliances* doivent subsister non seulement lorsqu'elles sont égales, c'est-à-dire lorsque les engagemens sont réciproques, & que les avantages des souverains qui s'unissent sont équitablement stipulés en faveur des uns & des autres; mais encore lorsqu'il y a dans le traité des conditions inégales, comme, par exemple, lorsqu'on oblige un des contractans à rembourser les frais de la guerre, à raser les fortifications de quelque place, à donner des ôtages, à ne point construire de places fortes dans de certains endroits, *&c.*

Une *alliance* entiérement inégale n'oblige pas un souverain, lorsqu'elle n'a pas été volontaire de sa part, & qu'elle devient préjudiciable à ses sujets. C'est par cette raison que François I ne fut pas obligé d'accomplir le traité de Madrid, & de céder la Bourgogne à Charles-Quint, parce qu'il n'étoit pas libre dans le moment où il contracta cette obligation, & qu'elle étoit entiérement contraire aux intérêts de ses sujets. Il ne pouvoit pas même les faire passer sous une domination étrangère; car il n'avoit pas le droit d'aliéner le domaine de sa couronne.

Toute *alliance* est interrompue de droit, lorsque l'une des parties contractantes cesse de remplir ses engagemens; il en est de même lorsque le temps déterminé pour sa durée expire, à moins que les deux puissances ne continuent de faire ce qu'elles faisoient auparavant: car alors l'*alliance* est censée tacitement renouvellée. Il est bon d'observer que si dans un traité on a compris les alliés les uns des autres, ce mot renferme non seulement ceux qui le sont au moment de l'*alliance*, mais encore tous ceux qui le deviendront dans la suite. *Voyez* TRAITÉ.

ALLIER *ou* ALLÉER, v. a. (*Monnoie.*) c'est fondre plusieurs métaux ensemble, les joindre & les mêler, pour qu'ils ne forment plus qu'un seul & même métal. *Voyez* ALLIAGE *&* TITRE.

ALLIER, (s') *Droit civil & des gens*, c'est, en terme de droit civil, s'unir à quelqu'un par les liens du mariage, & en terme de droit des gens, c'est l'union de deux nations par un traité: dans ces deux espèces, on dit également de deux familles ou de deux peuples, qu'ils *s'allient* entre eux. *Voyez* ALLIANCE.

ALLOCATION, (*terme de Pratique.*) c'est l'approbation ou l'arrêté d'un compte, ou en particulier des articles de ce même compte, qui doivent se faire par la partie intéressée à qui le compte est fourni. (*H*)

ALLODIAL, adj. (*Jurispr.*) épithète d'un héritage qui est tenu en franc-alleu. *Voyez* ALLEU.

Une terre *allodiale* est celle dont quelqu'un a la propriété absolue, & pour raison de laquelle le propriétaire n'a aucun seigneur à reconnoître, ni aucune redevance à payer.

En ce sens, *allodial* est opposé à *feudal* ou *féodal*, ou *bénéficiaire*. *Voyez* FIEF, BÉNÉFICE, ALLEU, *&c.* Les héritages *allodiaux* ne sont pas exemps de la dixme.

On distingue, dans la coutume de Bourbonnois, l'*allodial* corporel, qui est un fonds tenu en franc-alleu, & l'*allodial* incorporel, qui est une rente foncière possédée en franc-alleu. Cette rente se constitue, lorsque le propriétaire d'un héritage franc & *allodial* le transporte tout entier, ou en transporte une partie à quelqu'un, à la charge d'une rente annuelle.

Lorsqu'un seigneur de fief acquiert un héritage *allodial*, les auteurs sont partagés sur la question de savoir, si la réunion doit se faire de plein droit de l'héritage *allodial*, ensorte qu'il ne fasse plus qu'un seul & même fief avec ce qui le composoit auparavant. Nous croyons qu'il faut distinguer trois espèces différentes: ou l'héritage *allodial* étoit un démembrement du fief, ou il est enclavé dans l'étendue du fief, sans qu'on puisse justifier qu'il en ait fait partie, ou enfin il n'en est que limitrophe. Dans le premier & dans le second cas, la réunion s'en fait de plein droit, au fief dont il a été ou dont il est censé démembré; c'est le retour de la partie au tout. Mais lorsqu'il n'est que voisin du fief, le seigneur qui l'acquiert peut le garder dans sa main avec sa qualité d'alleu, & ne peut être contraint de le réunir au fief qu'il possédoit. Nous pensons néanmoins qu'il pourroit en opérer la réunion à son fief, en le comprenant volontairement dans ses aveux & dénombremens, parce que c'est un retour au droit commun, que l'on doit favoriser, à cause de la maxime *nulle terre sans seigneur*, & parce qu'il est permis à toute personne de renoncer au privilège qui lui est accordé.

ALLONGEMENT, vieux mot dont on se servoit en terme de pratique, dans la même signification que nous employons celui de *délai*.

ALLOUANCE, autrefois on employoit ce mot pour celui d'*approbation*.

ALLOUÉ, adj. pris subst. (*Jurispr.*) est un ouvrier qui, après son apprentissage fini, s'est encore engagé à travailler pendant quelque temps pour le compte de son maître. Une déclaration du 18 avril 1720, défend à tous les fabriquans de bas, qui demeurent dans des lieux privilégiés, de faire des *alloués*.

Il y a cette différence entre l'*alloué* & l'apprentif, que les *alloués* qui n'ont pas fait l'apprentissage requis par les statuts, ne peuvent parvenir à la maîtrise, quelque espace de temps qu'ils servent en qualité d'*alloué*. Mais dans les contestations qui s'élèvent à leur occasion, la faveur est toujours pour les *alloués*, à cause de la dureté de l'obligation où ils se trouvent de travailler pour leurs maîtres, sans espérance de devenir maîtres par la suite.

L'article 30 du réglement du 28 février 1723, concernant l'imprimerie & la librairie, contient une disposition précise sur les *alloués*. Ils doivent savoir lire & écrire, être inscrits sur un regiftre particulier; & après avoir servi deux ans leurs maîtres, & payé dix livres à la communauté, ils doivent avoir pour le travail, la préférence sur tous les ouvriers de province & étrangers. Les maîtres sont tenus de déclarer à la chambre syndicale, les 15 & dernier jour de chaque mois, les changemens qui surviennent dans leurs imprimeries, relativement à leurs ouvriers ou *alloués*, soit pour leur entrée, soit pour leur sortie, & s'ils manquent à leur travail par inconduite, pour affaires ou pour cause de maladie. Un arrêt du conseil, du 30 août 1777, renouvelle les mêmes dispositions, déclare pareillement que les *alloués* ne pourront, sous aucun prétexte, parvenir à la maîtrise d'imprimeur & de libraire, & qu'ils seront préalablement examinés par les syndics & adjoints, pour s'assurer de leur capacité pour lire le manuscrit & l'imprimé.

ALLOUÉ, (*terme de Coutume.*) on s'en sert particuliérement en Bretagne, pour désigner le substitut ou lieutenant du sénéchal, & on donne à cet office le nom d'*allouyse* ou *alloise*. En 1597, le parlement de cette province rendit un arrêt, qui enjoignoit aux sénéchaux de garder les ordonnances, & leur défendit de connoître par appel des jugemens de leurs *alloués*.

ALLOUER, v. a. (*Jurispr.*) c'est approuver quelque chose. Ce terme s'emploie singuliérement, en parlant des articles d'un compte ou d'un mémoire; en *allouer* les articles, c'est reconnoître que ces articles ne sont pas susceptibles de contestation, & y acquiescer; ce qui se peut faire purement & simplement, ou avec des restrictions & modifications. Dans le premier cas, l'allocation s'exprime simplement par ces mots, *alloué tel article*. Dans le second cas, on ajoute *pour la somme de tant*. (*H*)

+ ALLOI ou ALOI, s. m. (*Monnoie.*) on se sert de ce terme pour exprimer la qualité des monnoies d'or & d'argent. Une pièce est de mauvais ou de bas *aloi*, quand elle est au-dessous du titre que les ordonnances exigent; elle est de bon *aloi*, quand elle est fabriquée conformément aux réglemens. Ce mot vient de la préposition latine *ad*, & du mot *lex*, loi; ainsi en disant qu'une monnoie est d'*alloi*, c'est dire qu'elle est faite *ad legem*, suivant *la loi*. Le mot d'*alloi* est plus en usage parmi le peuple; dans les monnoies, on se sert plus communément de ceux de *titre*, de *fin*, de *loi*.

ALLUVION, s. f. (*Droit naturel & civil.*) c'est un accroissement de terrein qui se fait peu-à-peu sur les bords de la mer, des fleuves & des rivières, par les terres que l'eau y apporte, & qui se consolident pour ne faire qu'un tout avec la terre voisine; on donne encore le nom d'*alluvion* aux terres dont l'eau s'éloigne lentement & imperceptiblement, & qu'elle laisse à découvert.

Le droit romain met l'*alluvion* au nombre des moyens d'acquérir par le droit des gens, comme étant une espèce d'accession, ensorte que cet accroissement, s'opérant d'une manière lente & imperceptible, demeure à l'héritage auquel il se trouve réuni. La portion ajoutée ainsi d'une manière insensible, n'est pas considérée comme une terre nouvelle, c'est une partie de l'ancienne, qui en acquiert les mêmes qualités & qui appartient au même maître, de la même manière que les accrues d'un arbre font partie de l'arbre, & sont dans le domaine du propriétaire de l'arbre. Ce droit d'accroissement par *alluvion* est fondé sur la règle de droit, qui accorde le profit & l'avantage d'une chose à celui qui est exposé à en souffrir le dommage & la perte.

Il ne faut pas confondre l'accroissement qui se fait par *alluvion*, avec celui qu'occasionneroit une inondation subite, qui enleveroit une portion considérable du terrein de mon voisin, & qui la déposeroit sur le bord de mes héritages. Le maître ne perd pas son droit de propriété sur la partie de son champ, enlevée par la violence de l'eau, il a le droit de la réclamer; mais s'il laisse écouler un laps de temps assez considérable, pour que cette partie se trouve unie & consolidée à mon héritage, ensorte qu'on ne puisse plus la distinguer; par exemple, si les arbres de la portion de terrein enlevée, avoient poussé leurs racines dans mon héritage, alors il n'est plus en droit de la revendiquer, & elle m'appartient par droit d'*alluvion*.

Les dispositions du droit romain sur l'*alluvion* sont suivies généralement en France. Les coutumes de Metz, de Sens & d'Auxerre en ont une disposition précise, & elles forment à cet égard le droit commun. Mais il faut en excepter la province de Franche-Comté, où l'on tient pour maxime, que la rivière de Doux *n'ôte* ni *ne baille*, c'est-à-dire que celui dont cette rivière diminue l'héritage en l'inondant, peut prendre son indemnité sur les terreins qu'elle laisse à découvert. Il en est de même dans les héritages voisins de la rivière de la Fère en Auvergne, dont la coutume locale établit le même droit.

Les *alluvions* que la mer occasionne sur les terreins qu'elle baigne, appartiennent aussi, par droit d'accession, au propriétaire de ces héritages, qui peuvent faire des digues pour se les conserver.

Nous devons observer néanmoins que pour acquérir par droit d'*alluvion*, il faut nécessairement deux conditions : 1°. que l'accroissement se fasse lentement & imperceptiblement, de manière qu'on ne puisse remarquer le temps où chaque partie d'*alluvion* a été jointe & consolidée à l'héritage ; 2°. que les héritages en vertu desquels on prétend le droit d'acquérir par *alluvion*, soient contigus à la rivière, ensorte que le lit sur lequel elle coule, paroisse en quelque sorte faire partie de ces mêmes héritages ; car s'ils n'aboutissent pas directement à la rivière, & qu'ils soient bornés par une chaussée ou par un chemin, les parties que la rivière laisse à découvert entre son lit & le chemin, ne peuvent appartenir aux propriétaires des héritages situés de l'autre côté du chemin ; ces terres appartiennent au roi dans les rivières navigables, & aux seigneurs haut-justiciers, dans celles qui ne le sont pas. Nombre d'édits, d'ordonnances, de lettres-patentes, ont déclaré que tout ce qui est île, îlot, atterrissement & accroissement appartenoit au roi, à l'exception de ceux qui étoient possédés par les possesseurs riverains, en vertu de titres antérieurs à l'année 1566. *Voyez* les édits, *&c.* de 1663, 1668, 1670, 1693 & 1710.

A l'égard des augmentations arrivées subitement à un héritage, par un débordement ou par quelque autre cas fortuit, nous suivons les loix romaines, qui permettent au propriétaire de les revendiquer ; mais s'il néglige de le faire, elles appartiennent au roi, ou aux seigneurs haut-justiciers, parce qu'elles sont considérées comme des espèces d'épaves.

L'accroissement fait par *alluvion* prend les qualités de fief ou de roture, de propre ou d'acquêt, que peut avoir l'héritage accru : & il est sujet aux mêmes charges de cens, de champart, de substitution, d'usufruit, sans distinction de la partie accrue par *alluvion*, d'avec les anciennes portions de l'héritage, parce que l'une & l'autre ne font plus qu'un même tout indivisible. Ainsi le cens dû sur l'héritage ancien n'accroît ni ne décroît, à moins qu'il ne soit dû, & ne se paie à raison de l'arpent ; en ce cas, si le fonds est augmenté par *alluvion*, le cens augmentera en proportion, de même qu'il auroit diminué, si la rivière en eût emporté une partie. A l'égard du champart, de l'usufruit, de la substitution, les augmentations survenues par *alluvion* y sont également sujettes, parce qu'elles sont censées avoir appartenu au même héritage ou constituer avec lui un tout indivisible & ne faire que le même héritage : c'est le fondement de l'article 195 de la coutume de Normandie, qui porte que les terres d'*alluvion* accroissent aux propriétaires des héritages contigus, à la charge de les bailler par aveu au seigneur du fief, & d'en payer les droits seigneuriaux, comme des autres héritages adjacens.

Bacquet, dans son traité des droits de justice, avoit prétendu que la connoissance des contestations qui s'élevoient relativement aux *alluvions*, appartenoit aux trésoriers de France, parce que cet objet regarde le domaine du roi ; mais l'ordonnance de 1669 a établi le contraire, & en a attribué la jurisdiction aux officiers des maîtrises. *Voyez* ACCRUE, ACCROISSEMENT, ACCESSION, ATTERRISSEMENT.

ALMANACH, f. m. (*Jurisprudence.*) Guénois rapporte une loi de 1490, qui défend la publication des *almanachs* en France. Les ordonnances de Blois & d'Orléans ont renouvellé les mêmes défenses, à moins que les *almanachs* n'aient été auparavant visités par les évêques ou par ceux qu'ils auroient commis à cet effet, ou que les vendeurs n'aient obtenu la permission du roi ou des juges ordinaires. Louis XIII, par des lettres-patentes du 20 janvier 1628, en rappellant l'ordonnance de Blois, fit défenses d'y insérer des prédictions concernant les états & personnes, les affaires publiques ou particulières ; en un mot, d'y mettre autres choses que les lunaisons, les éclipses, & les diverses températures de l'air.

Depuis cette époque, la vente & l'impression des *almanachs* ont été long-temps permises indistinctement à tout le monde, sans qu'il fût besoin d'obtenir de privilèges, comme pour la vente & l'impression des autres livres : il n'y a même encore à cet égard aucune loi précise ; mais ceux qui ont obtenu le privilège de l'*Almanach royal*, & celui des *Etrennes mignonnes*, ont été très-soigneux de veiller à ce qu'on n'y portât aucune atteinte ; ils se sont fait maintenir dans cette jouissance : ils l'ont même regardé comme un bien de famille qu'ils ont transmis à leurs héritiers.

Les merciers & les porte-balles peuvent vendre librement toute espèce d'*almanachs* dont l'impression est permise.

ALMOIGNE, f. f. (*Droit ecclésiastique.*) on employoit ce mot pour celui d'*aumône*. On trouve dans des chartres anciennes, l'expression de *franche-almoigne* pour exprimer ce que nous avons appellé depuis *franche-aumône*.

ALMSFEOH, f. m. (*Jurisprudence.*) étoit un des noms que les anciens Anglois donnoient au denier S. Pierre. *Voyez* DENIER S. PIERRE. (*H*)

ALODE, f. m. (*terme usité en Alsace.*) il y désigne une certaine espèce de biens qui, comme les francs-alleux des autres provinces, sont libres, & ne doivent aucun devoir au seigneur. Les *alodes* d'Alsace sont de libre disposition ; les femmes peuvent les acquérir,

acquérir, les posséder, & y succéder comme les hommes.

ALOIGNÉ, vieux mot qui signifioit *délai*, *retard*.

ALONGE, f. f. (*Commerce.*) c'est le nom d'une petite bande de papier, qu'on colle à une lettre-de-change dont le dos est rempli par les noms des endosseurs, lorsqu'il est nécessaire d'en ajouter de nouveaux; pour éviter la fraude qui pourroit se faire dans ces *alonges*, le premier endosseur qui y signe son ordre, doit spécifier en même temps la somme principale, contenue dans la lettre-de-change, la date du jour où elle a été tirée, le terme de l'échéance & les noms du tireur, de celui sur qui elle a été tirée, & de celui à l'ordre duquel elle a été tirée.

ALONGER, v. a. (*Commerce.*) c'est, en terme de manufacture, tirer une étoffe de laine pour la rendre plus longue: ce qui se fait par le moyen d'une machine qu'on appelle *rame*, d'où l'on a nommé cette opération *ramage*. Les réglemens les plus anciens ont sévérement défendu le ramage des draps & autres étoffes de laine, ainsi qu'on peut le voir dans des lettres-patentes de 1384. Les statuts de la communauté des drapiers de 1578 leur enjoignent de faire abattre les machines qui servoient à *alonger* les draps.

Il seroit à desirer, pour l'utilité & l'avantage du commerce, que, dans toutes les fabriques en laine, on tînt la main à l'exécution des arrêts du conseil des 3 octobre 1689 & 12 février 1718, qui ne permettent pas d'étendre sur la rame les draps sortis du foulon, & de les tirer, si ce n'est pour leur donner une demi-aune de longueur sur vingt aunes, & d'un seizième de largeur sur les étoffes de cinq quarts, & les autres en proportion. Ces arrêts condamnent les manufacturiers qui y contreviennent, à l'amende, à la saisie & à la confiscation de leurs marchandises, suivant la qualité du délit.

ALOYER, v. a. (*Monnoie.*) c'est donner aux métaux le titre que les ordonnances exigent pour la fabrication des monnoies.

ALPAGE, ce mot est particulier à la province de Dauphiné; il désigne les terreins qui ne sont pas labourés, & qu'on laisse en friche pour servir au pâturage des bestiaux.

ALSACE, province de France située entre le Rhin & la Lorraine. Louis XIV l'ayant conquise, elle lui a été cédée par les traités de Munster & de Risvick.

Par le traité de Munster du 24 octobre 1648, Louis XIV réunit à la couronne de France le landgraviat de l'*Alsace* & du Suntgau, & la préfecture provinciale du Haguenau, avec tous les droits de majesté, supériorité & propriété, dont avoient joui l'empereur, l'empire & la maison d'Autriche.

Cependant, par un article particulier, les droits de l'empereur & de l'empire furent expressément conservés sur les états d'*Alsace*, qui jusqu'alors avoient été immédiats, c'est-à-dire, qui n'avoient reconnu aucun autre supérieur que l'empereur.

Mais après la conclusion du traité de Nimègue de l'an 1679, le conseil souverain que le roi avoit établi à Brisac, rendit, le 22 mars & le 9 août 1680, deux arrêts par lesquels tous les bailliages, terres & seigneuries, tant de la basse que de la haute *Alsace* furent réunis, sans exception, sous la souveraineté du roi. Ces arrêts occasionnèrent beaucoup de plaintes à Vienne & à la diète de l'empire. Elles furent suivies d'une trêve conclue à Ratisbonne au mois d'août 1684, par laquelle on convint que tout ce qui avoit été adjugé au roi, soit par le conseil de Brisac, soit par les parlemens de Metz & de Besançon, lui demeureroit pendant vingt ans seulement.

Les démarches de l'empereur & de l'empire, pour se conserver quelque autorité dans l'*Alsace*, n'empêchèrent pas la plupart des états précédemment immédiats, de reconnoître volontairement la suprématie du roi: tels furent particuliérement l'évêque de Strasbourg & le comte de Hanau. La ville de Strasbourg s'étoit déjà soumise, par une capitulation particulière, le 30 septembre 1681. Le traité de Riswick, en 1697, a confirmé à la France la souveraineté absolue de l'*Alsace*, & des états immédiats de cette province.

Louis XIV, voulant par des bienfaits s'attacher les seigneurs immédiats qui avoient reconnu son autorité, leur accorda par différentes lettres-patentes la jouissance de tous leurs anciens droits, même régaliens, pourvu qu'ils ne blessassent point ceux de la souveraineté de sa majesté.

Pour concilier ces intérêts respectifs, le roi usant du pouvoir que l'empereur lui avoit transmis, prit le parti de concourir perpétuellement avec ces grands vassaux, pour l'exercice des droits régaliens, inséparables de la souveraineté, & de tenir par ce moyen l'exercice de leur supériorité territoriale à jamais suspendu.

Ainsi la justice criminelle n'est plus exercée en *Alsace* en dernier ressort que par les officiers royaux; on n'y connoît plus d'autre monnoie que celle du roi, d'autres troupes que celles du roi, *&c.*

A l'égard de tous les autres droits, les seigneurs en ont conservé la possession.

Comme l'évêque de Strasbourg & le prince de Darmstad, qui représente les anciens comtes de Hanau, sont les puissans propriétaires des anciens fiefs régaliens d'*Alsace*, nous allons faire connoître les droits dans la jouissance desquels le roi les a maintenus.

SECTION PREMIÈRE.

Des droits dont jouissent aujourd'hui les seigneurs d'Alsace qui relevoient autrefois immédiatement de l'empereur.

Ces seigneurs ont le droit, 1°. d'exercer la haute, moyenne & basse-justice.

2°. De nommer & choisir les baillis, prévôts, greffiers, & autres officiers de justice & de police.

3°. De tenir & de faire exercer des régences ou justices de ressort, tant en matière civile que criminelle, à la charge néanmoins de l'appel au conseil supérieur d'*Alsace*.

4°. De faire des statuts & réglemens de police, à la charge de l'homologation au même tribunal.

5°. De jouir des deshérences & biens vacans, ainsi que des amendes & confiscations, même dans les cas royaux, à l'exception néanmoins de celles qui peuvent provenir de crimes de lèze-majesté.

6°. De percevoir le droit de migration, qui consiste dans le dixième des effets emportés hors de la province, & chez l'étranger.

7°. De percevoir le droit de *main-morte*, dans les endroits où il y a lieu, en vertu d'une possession immémoriale: ainsi, lorsqu'un habitant meurt, le seigneur partage, par portions égales, les bestiaux; & à défaut de bestiaux, les habits & meubles du défunt: s'il n'y a rien, l'officier du seigneur emporte un siège à trois jambes pour la conservation du droit.

Observez à ce sujet que peu de seigneurs jouissent de ce droit en *Alsace*: les auteurs qui en parlent le regardent comme odieux, & décident qu'il ne doit être exercé que quand il y a des titres positifs ou un usage immémorial.

8°. Ils perçoivent les droits d'*umbgeld* & de débit de sel: le premier consiste dans une certaine taxe en argent, sur tout le vin qui se débite par les cabaretiers; le second est la faculté attribuée au seigneur de vendre du sel à ses sujets, pour le même prix que le fermier du roi le donne.

9°. Ils ont le droit d'exiger en nature ou en argent douze corvées sur chaque habitant, conformément à l'arrêt du conseil du 24 décembre 1682.

10°. Ils peuvent disposer de tous les minéraux qui se trouvent dans leurs terres.

11°. Ils ont la faculté de faire tirer le salpêtre, à condition néanmoins que les salpêtriers ne pourront le vendre qu'au fermier des poudres du roi.

12°. Les officiers & serviteurs de ces seigneurs sont réputés regnicoles, & doivent jouir des mêmes franchises & privilèges que les autres sujets du roi.

13°. Les impositions & contributions que ces seigneurs ont droit d'exiger de leurs sujets, par rapport à leurs immeubles, doivent être réglées & payées dans les lieux où les biens sont situés, sans égard au changement de domicile du propriétaire.

14°. C'est à eux qu'appartiennent les trésors cachés, ou l'argent trouvé dans l'étendue de leurs jurisdictions, sous les conditions cependant que ce droit ne pourra avoir lieu que pour la part & portion qui en appartient aux seigneurs hauts-justiciers, suivant la coutume & les usages de la province.

15°. Ils peuvent imposer annuellement une somme sur leurs habitans pour l'entretien de leurs officiers de justice.

16°. Il leur est dû le trentième denier de la vente des meubles, & le cinquantième de celle des immeubles vendus dans l'étendue de leurs jurisdictions.

Observez que ces seigneurs ne jouissent pas de ce dernier droit comme d'un droit ancien, mais par forme d'indemnité pour la suppression des droits de péages qu'ils étoient ci-devant autorisés à lever dans leurs terres, & qui ont été supprimés dans l'intérieur de la province par un arrêt du conseil du 3 octobre 1680.

17°. Ils ont un droit d'accise, qui est une taxe arbitraire sur ce qu'on vend dans les marchés.

Remarquez néanmoins que ce droit est modifié à l'égard des bestiaux & du pain. *Voyez* ACCISE.

18°. Ils sont exempts de toute imposition pour leurs biens propres & domaniaux qu'ils font exploiter par eux-mêmes, & s'ils font exploiter par des fermiers, on ne fait payer à ceux-ci que la moitié de ce qu'ils paieroient s'ils exploitoient comme propriétaires.

19°. Ils ont toute jurisdiction sur la chasse & les eaux & forêts dans l'étendue de leurs justices.

20°. Ils perçoivent les dîmes novales sur les biens nouvellement défrichés, pourvu qu'ils aient été possédés au premier janvier 1624 par des Luthériens: c'est l'époque qui a été fixée par le traité de Westphalie, pour la sécularisation des biens ecclésiastiques laissés aux Luthériens.

SECTION II.

De la noblesse d'Alsace.

Il y a deux sortes de noblesses en *Alsace*: celle de la basse *Alsace*, composée de gentilshommes, ci-devant immédiats de l'empire, qui ne reconnoissoient pour supérieur que l'empereur, comme chef du corps germanique, & qui jouissoient, dans leurs terres, des droits régaliens: ils exerçoient sur les habitans de ces terres, par eux-mêmes ou par leurs officiers, la justice en dernier ressort pour le criminel; & quant au civil, à la charge de l'appel aux tribunaux ordinaires & généraux de l'empire.

L'autre noblesse est celle de la haute *Alsace*, qui, de temps immémorial, avoit reconnu la supériorité des archiducs d'Autriche comme landgraves d'*Alsace*, & leur étoit soumise en tous genres, aussi bien qu'aux cours de justice de ces princes, appellées *régences*.

De la noblesse de la basse Alsace. Il y a dans l'empire trois corps de noblesse immédiats; les cercles de Souabe, de Franconie & du bas-Rhin. Chacun de ces corps tient un directoire composé de quelques-uns de ses membres: on y traite des affaires communes pour le maintien des privilèges des gentilshommes, & juger les contestations particulières qui naissent entre eux; mais les officiers des directoires ne font que la fonction d'amiables compositeurs, & les parties qui ne veulent point s'en tenir à leurs décisions, sont libres de se pourvoir aux cours de justice de l'empire, qui sont le conseil aulique & la chambre impériale de Wetzlar.

La noblesse de la basse *Alsace* avoit été long-temps sans être reconnue dans l'empire, pour immédiate : cette qualité lui avoit été donnée pour la première fois dans le traité de Munster, peut-être à dessein de la part des plénipotentiaires impériaux. Quoi qu'il en soit, au mois de novembre 1651, cette noblesse s'assembla, fit des statuts, établit une matricule & un directoire pareil à ceux des autres noblesses immédiates de l'empire. Cette association & ce tribunal furent approuvés par des lettres-patentes de l'empereur Ferdinand III, du 10 juin 1652. La noblesse de la basse *Alsace* fit en même temps une espèce de traité d'union avec le corps de noblesse des cercles de Franconie, de Souabe & du bas-Rhin; ce qui fut encore autorisé par le même empereur, suivant des lettres-patentes de même date que les précédentes.

La noblesse de la basse *Alsace* avoit donc déjà une matricule & un directoire, lorsqu'après les arrêts de réunion elle reconnut en 1680 la souveraineté de Louis XIV, & lui prêta serment de fidélité entre les mains de M. de la Grange, alors intendant. Cette démarche fut aussi-tôt suivie de deux différentes lettres-patentes de sa majesté, du mois de décembre 1680, & du 9 mai 1681, par lesquelles le roi confirma à ce corps de noblesse tous ses privilèges; & entre autres, celui d'avoir un directoire ou conseil, donnant à ce tribunal le pouvoir de juger tous les différends des gentilshommes du corps, & des habitans de leurs terres, tant au civil qu'au criminel; & lui attribuant, à l'instar des présidiaux, le dernier ressort jusqu'à deux cens cinquante livres de principal, & l'exécution par provision des jugemens dans les causes dont la valeur n'excède pas cinq cens livres.

Chaque gentilhomme ne laisse pas d'avoir dans sa terre un bailli qui juge les habitans en première instance, & dont les appellations vont d'abord au directoire; en un mot, le directoire de la noblesse de la basse *Alsace* a précisément la même jurisdiction que celle qu'on attribue en France aux sièges des bailliages qui sont en même temps présidiaux.

On peut donc dire que le roi a conféré plus de juridictions au directoire de la noblesse de la basse *Alsace* qu'il n'en avoit auparavant; puisque les officiers qui le composent sont devenus juges nécessaires des gentilshommes & des habitans de leurs terres; au lieu que précédemment ils n'étoient qu'arbitres des différends des seuls membres du corps, toute liberté restant même aux parties de ne les pas reconnoître. C'est encore aujourd'hui la seule fonction qui soit exercée en matière contentieuse par les directoires de la noblesse immédiate de l'empire.

Le directoire de la basse *Alsace* doit s'assembler tous les jeudis de chaque semaine, pour entendre les affaires qui doivent y être portées : mais la noblesse ne peut tenir aucune autre assemblée générale ou particulière, sans la permission par écrit du roi. Elle est autorisée à lever annuellement sur ses vassaux une somme de 15742 livres, pour le paiement des gages des officiers qui composent le directoire, & l'entretien des meubles & de la maison où ils tiennent leurs séances.

De la noblesse de la haute Alsace. Quant à la noblesse de la haute *Alsace*, elle étoit soumise, avant le traité de Munster, aux loix particulières de la maison d'Autriche; c'est pourquoi les gentilshommes qui composoient cette noblesse reconnoissoient en toutes sortes de matières la compétence des tribunaux de cette maison.

Depuis le traité de Munster, le roi a exercé sans interruption les droits qu'avoit la maison d'Autriche sur ces gentilshommes & sur leurs terres.

La même noblesse avoit autrefois ses causes commises, tant en demandant qu'en défendant, à la régence des archiducs à Ensisheim; elle fut confirmée dans ce privilège par un édit du mois de novembre 1661, & aujourd'hui ses causes, tant en demandant qu'en défendant, se portent directement au conseil souverain d'*Alsace*.

En 1713 cette noblesse de la haute *Alsace* supplia le roi de lui accorder les mêmes privilèges que ceux dont jouit la noblesse de la basse *Alsace*, & notamment celui d'avoir un directoire ou présidial où pussent ressortir les appels des jugemens des baillis; mais cette demande n'eut point d'effet.

Au surplus, la noblesse de la haute *Alsace* n'est pas moins illustre que celle de la basse; toutes deux entrent également dans tous les chapitres d'Allemagne, même dans ceux où l'on exige les preuves les plus distinguées.

Section III.

Du droit civil d'Alsace.

L'*Alsace* est principalement régie par le droit écrit; mais il ne laisse pas d'y avoir quelques coutumes locales, & même des usages non écrits, ce qui paroît venir de ce qu'autrefois cette province étoit composée de quantité de petits états, dont les magistrats ou possesseurs étoient états d'empire : il y avoit des évêques, plusieurs villes en forme de républiques, des comtes & d'autres seigneurs, tous membres du corps germanique.

Dans la plus grande partie de la haute *Alsace*, & même dans la basse, tout ce que les conjoints apportent en mariage compose une masse dont le mari ou ses héritiers prennent les deux tiers, & la femme ou les siens l'autre tiers, avec environ 60 livres pour gain nuptial. Cette confusion ou société de tous biens est appellée la *coutume de Ferrette*; elle n'est point écrite, mais elle est fondée sur un usage qui a force de loi, & qui a lieu de plein droit & sans aucune stipulation.

Une chose qui paroît reçue assez généralement par toute l'Alsace, c'est que le survivant reprend avant le partage tous ses habits, hardes, linges & joyaux, & les héritiers du prédécédé font de leur côté la même chose. Lorsqu'il y a des enfans, la mort du père arrivant, ses habits & hardes appartiennent aux garçons : quand la mère meurt, les filles prélèvent également ses habits, hardes & joyaux.

Un autre gain nuptial très-usité dans toute l'*Alsace* est une espèce de donation à cause de noces, qui se stipule ordinairement dans les contrats de mariage, & qu'on appelle, en langue du pays, *morgengaab*. Il y a des jurisconsultes qui traduisent ce mot par ceux-ci : *donum matutinale morganatica*.

Ce *morgengaab*, usité en *Alsace*, paroît tirer son origine du *morghangeba* des Allemands.

En effet, le *morghangeba* des Allemands étoit un présent de noce que le mari faisoit à la femme : on l'appella d'abord *morgengabe*, de *morgene*, & de *gabe*, qui veut dire *don* : *quasi matutinale donum* ; parce que ce présent se faisoit le matin du jour des noces, & avant le festin : depuis, par corruption, les Allemands l'appellèrent *morghanba* ou *morghangeba*, & enfin *morganitique*.

Ainsi, comme l'*Alsace* a été long-temps soumise aux mêmes loix que l'Allemagne, cette province a dû emprunter plusieurs usages des Allemands, tel que celui du *morgengaab*, & elle les a retenus lorsque dans la suite elle a changé de domination.

Au reste, le *morgengaab* tel qu'il est usité en *Alsace*, est un avantage que le futur époux fait à sa future épouse si elle est fille, & qui consiste dans une certaine somme qu'on stipule quelquefois propre à la femme, & quelquefois réversible aux enfans. Quand une veuve épouse un garçon, elle lui fait aussi un avantage de cette nature ; & si un homme veuf se remarie avec une veuve, celle-ci a aussi sa *morgengaab*.

Tous ces différens droits de *morgengaab* dépendent entiérement de la convention ; car il y a des contrats de mariage où l'on n'en stipule point, alors il n'en est point dû à la femme, si ce n'est dans la coutume de Ferrette dont on vient de parler, où la femme, ainsi que ses héritiers, tirent de la masse commune des biens des conjoints, le tiers avec environ 60 livres pour *morgengaab* coutumière.

Dans plusieurs cantons de l'*Alsace*, tels que Colmar, Landau, Selestat, Turckeim & leurs ressorts, le droit de dévolution a lieu sans aucune stipulation entre les conjoints. Il consiste dans le droit acquis aux enfans des conjoints, de succéder, à l'exclusion des enfans d'autres mariages, à la propriété de tous les biens meubles, apportés en mariage par les conjoints, ou qui leur sont échus depuis par succession ou autrement. L'usufruit en appartient au survivant, avec la faculté, en cas d'indigence, d'en aliéner le tout ou partie, en obtenant la permission du juge. Lorsqu'il n'existe aucun enfant du mariage, & que le prédécédé n'a pas disposé de sa portion par testament, la pleine propriété en est acquise au survivant. On peut déroger, par le contrat de mariage, au droit de dévolution & de succession réciproque.

Strasbourg, autrefois république, a ses loix écrites, suivant lesquelles tout ce qu'une femme apporte en mariage est un bien propre & réservé à elle & aux siens, dont le remploi se fait par privilège, & préférablement aux créanciers hypothécaires, même antérieurs au mariage, conformément à la loi *assiduis*, au code *qui potiores in pign. vel hyp. habeantur*.

L'auteur du *Traité du droit commun des fiefs* observe qu'en *Alsace*, comme en Allemagne, les fiefs sont régis par la loi imposée lors de la concession & dans l'acte d'investiture, par le droit féodal des Lombards, comme le prouvent les actes de notoriété des électeurs & princes de l'empire, qu'Harprecht a recueillis & publiés en 1723, par les constitutions des empereurs & par les pactes de famille.

Le roi a sur tous ces fiefs des droits de directe ou de suzeraineté, tels que les avoient autrefois les empereurs & la maison d'Autriche, & les vassaux en portent la foi & hommage au conseil souverain d'*Alsace*, qui est la cour féodale de cette province.

En général les fiefs d'*Alsace* ne sont transmissibles qu'aux seuls descendans mâles du premier investi : c'est pourquoi on les nomme *fiefs masculins*.

Il y a néanmoins aussi dans cette province des fiefs féminins & des fiefs héréditaires dont les reprises se font à chaque mutation comme celles des fiefs masculins : ils sont d'ailleurs réversibles à la couronne, comme les fiefs masculins, & l'espérance du retour des uns & des autres est égale par l'extinction des possesseurs actuels : cette espérance est plus ou moins éloignée, selon que ceux qui ont droit à ces fiefs sont plus ou moins nombreux.

Louis XIV, voulant traiter favorablement ses sujets d'*Alsace*, donna une déclaration le 26 février 1697, par laquelle il se désista du droit de réversion qui lui appartenoit sur les fiefs de cette province, & ordonna que les possesseurs actuels, leurs enfans, mâles ou femelles, successeurs & ayans cause en jouiroient à l'avenir avec pouvoir de les vendre & d'en disposer comme de leurs autres biens, à condition que ceux qui voudroient profiter de cette grace paieroient les sommes comprises dans les rôles arrêtés au conseil.

Plusieurs possesseurs de fiefs situés en *Alsace* s'étant en conséquence affranchis du droit de réversion, peuvent aujourd'hui disposer de leurs fiefs comme on en dispose dans les autres provinces du royaume.

Les habitans de l'*Alsace* ne peuvent pas être contraints de plaider hors de leur province, en conséquence du droit de *committimus*.

On n'observe dans les tribunaux de Strasbourg ni l'ordonnance civile du mois d'avril 1667, ni l'ordonnance criminelle du mois d'août 1670, & la justice s'y rend suivant les anciens usages du pays : mais ces loix & les autres ordonnances de nos rois sont suivies au conseil souverain d'*Alsace*, & dans la plupart des autres jurisdictions de la province.

Section IV.

Des droits & impositions établis en Alsace.

Droits domaniaux. L'*Alsace* n'est assujettie ni au contrôle des actes, ni à l'insinuation; la déclaration du roi du 14 juillet 1699, celle du 29 septembre 1722, & l'arrêt du 10 octobre suivant l'en ont exemptée. Cette exemption est rappellée dans l'article 552 du bail de Carlier du 19 août 1726.

La vente exclusive du tabac n'a pas lieu dans cette province: elle prétend aussi être déchargée de toutes créations d'offices & autres nouveaux établissemens. C'est par cette raison qu'on n'y perçoit pas les droits de greffes établis par les édits de 1672, 1673, 1691, & 1695, & que les commissaires aux saisies mobiliaires, créés par l'édit de 1704, n'ont pas été établis dans cette province.

Par l'article 496 du bail de Forceville, il est dit que le fermier jouira des domaines & droits domaniaux établis en *Alsace*, consistant, 1°. en droits de péage, suivant le tarif du 12 janvier 1663, les arrêts des 3 octobre 1680, 20 février 1683 & autres postérieurement rendus, même dans la ville de Landau & ses dépendances; 2°. en droits de pontonage ou de traite rendus uniformes par Louis XIV, & perçus dans les bureaux qu'il fit établir sur les frontières de la province; 3°. en droits de la vente du sel, dans les lieux de l'ancienne domination, au prix de dix livres seize sous huit deniers le quintal, & dans les villes de Huningue, Fort-Louis, Neuf-Brisac, les citadelle & forts de Strasbourg, au prix de sept livres dix sous le quintal; 4°. en droit de massphening ou impôt sur le vin, dans les lieux de l'ancienne domination; 5°. en droits de protection des juifs, d'aubaine, de migration, de déshérence & bâtardise; 6°. en amendes prononcées au conseil souverain d'*Alsace*, & dans les autres justices royales; 7°. en droits de défrichemens & autres, ainsi qu'en ont joui ou pu jouir les précédens fermiers, en conséquence des arrêts du conseil, & ordonnances rendues par les commissaires départis dans cette province.

Le droit de franc-fief ne se paie pas en *Alsace* par le roturier qui possède un fief; l'investiture qu'il obtient du roi, & la possession du fief l'ennoblissent. La confiscation des biens des condamnés, excepté le seul crime de lèze-majesté, n'a lieu que dans les terres de l'évêché de Strasbourg, & du comté de Hanau.

De la subvention. Ce qui tient lieu de taille en *Alsace* s'appelle *subvention.* Depuis 1648, époque de la cession de cette province à la France, jusqu'en 1701, l'imposition qui se faisoit annuellement sous ce titre avoit été fixée à quatre-vingt-dix-neuf mille livres: elle fut portée à trois cens mille livres par un arrêt du 27 novembre 1700, & voici ce qui y donna lieu. Louis XIV, par édit du mois d'août 1694, avoit créé deux sièges de maîtrises des eaux & forêts en *Alsace*, l'un à Ensisheim, l'autre à Haguenaw, & par un autre édit général pour tout le royaume, du mois d'octobre 1699, & dont l'*Alsace* n'avoit point été exceptée, il avoit été créé des offices de lieutenans-généraux de police: les magistrats, bourgue-mestres & habitans des villes, bourgs & communautés de la haute & basse *Alsace*, supplièrent le roi de faire défense aux officiers des maîtrises de s'immiscer à l'avenir dans la connoissance des matières, concernant les bois appartenans aux particuliers & aux communautés laïques & régulières, même aux bénéficiers de la province, sous quelque prétexte que ce pût être, & de décharger les villes & autres lieux de la même province de l'exécution de l'édit portant création de lieutenans-généraux de police, dont l'établissement renverseroit l'ordre observé jusqu'alors pour la police dans ces endroits: ils offrirent de payer au roi pendant la paix jusqu'à la somme de trois cens mille livres monnoie de France, de subvention ordinaire par an, au lieu de celle de quatre-vingt-dix-neuf mille livres qu'ils avoient toujours payées, sur quoi intervint l'arrêt du 27 novembre 1700, qui leur accorda les exemptions & décharges qu'ils demandoient, à la charge de payer suivant leurs offres, aussi pendant la paix, à commencer en 1701, la somme de trois cens mille livres chaque année; savoir, deux cens soixante-sept mille livres de subvention ordinaire, & trente-trois mille livres pour les étapes, ensemble les neuf deniers pour livre, dont trois deniers pour les baillis des communautés pour leurs frais de collecte, conformément à l'édit du mois de septembre 1686, & six deniers pour livre pour les receveurs particuliers en exercice, suivant l'édit du mois de septembre 1696, laquelle somme de trois cens mille livres avec les neuf deniers pour livre seroit imposée & levée sur les habitans contribuables de la haute & basse *Alsace*, & réglée sur les bureaux des recettes particulières de Colmar, Strasbourg & Landau, suivant la répartition qui en seroit faite par l'intendant; que le paiement en seroit fait par les contribuables, entre les mains des receveurs particuliers de ces bureaux, & par ces receveurs au receveur général des finances de la généralité de Metz, en la manière & aux termes ordinaires & accoutumés, pour être la même somme de trois cens mille livres par lui payée, ainsi qu'il seroit ordonné par sa majesté.

La subvention sert de règle pour toutes les impositions extraordinaires, ainsi que la taille en sert dans les autres provincesdu royaume; la répartition s'en fait par l'intendant & les prévôts; les assesseurs qui sont assermentés tous les ans, répartissent dans leurs communautés, par un rôle vérifié & rendu exécutoire par le bailli du département, la somme portée par le mandement de l'intendant; le recouvrement s'en fait par un collecteur choisi dans chaque communauté qui en compte au bailli du département, & celui-ci au receveur des finances.

Les deux tiers s'imposent sur les fonds, & l'autre tiers sur l'industrie; les biens reconnus pour nobles en l'année 1648, s'ils sont exploités par les propriétaires, soit nobles ou roturiers, ne supportent rien de la subvention : cette exemption a été confirmée par différens arrêts du conseil ; mais si les biens nobles sont affermés, le fermier est imposé à la portion colonique, c'est-à-dire à la moitié de la somme à laquelle les biens seroient imposés s'ils n'étoient point nobles.

Lorsqu'il survient quelques contestations, elles sont décidées par l'intendant, sauf l'appel au conseil, n'y ayant en *Alsace* ni élection, ni cour des aides.

Observation concernant les notaires d'Alsace. Par arrêt du conseil du 28 juillet 1727, il est ordonné que les notaires, tabellions, greffiers & autres personnes publiques, ayant droit d'instrumenter dans la province d'*Alsace*, seront tenus de communiquer aux procureurs, commis & préposés de l'adjudicataire général des fermes, les minutes de tous les actes dont ils sont dépositaires, ensemble les registres & protocoles ou répertoires qu'ils doivent en tenir dans la forme prescrite par l'article 3 de la déclaration du 19 mars 1696, à peine, en cas de refus de leur part, de deux cens livres d'amende pour chaque contravention. Il leur est aussi enjoint de délivrer, lorsqu'ils en seront requis, des extraits des mêmes actes & répertoires, moyennant la somme de six sous qui leur sera payée pour chaque extrait ; à l'exception néanmoins des testamens & donations à cause de mort, dont ils ne pourront donner communication ni délivrer des extraits qu'après la mort des testateurs & donateurs.

SECTION V.

Du gouvernement ecclésiastique & civil de l'Alsace.

Du gouvernement ecclésiastique. La province d'*Alsace* est sous le ressort de quatre diocèses différens, Besançon, Basle, Spire & Strasbourg. Il y a environ vingt-quatre paroisses qui dépendent de Besançon : presque toute la haute Alsace, au nombre de 240 paroisses, relèvent de Basle, dont l'évêque tient un official à Altkire, petite ville sur les frontières de la Suisse. Cent dix paroisses de la basse *Alsace* sont sous l'évêché de Spire, le surplus forme le district de celui de Strasbourg.

L'official de Spire, pour la partie de l'*Alsace* qui en dépend, juge définitivement ; mais les appels simples de l'official de Basle se relèvent pardevant celui de Besançon, qui est son métropolitain. Les appels comme d'abus de l'un & de l'autre se portent au conseil supérieur d'*Alsace*.

Le concordat germanique qui avoit été introduit dans les états héréditaires de la maison d'Autriche, & qu'on suivoit par conséquent en *Alsace*, n'y est plus observé depuis que cette province est sous la domination françoise. Le pape n'y a d'autre pouvoir que celui que les loix du royaume lui accordent ailleurs : ses bulles n'y sont exécutées qu'après avoir été enregistrées au conseil de Colmar, qui se conforme, ainsi que les autres cours souveraines, aux libertés de l'église gallicane.

Les empereurs jouissoient autrefois en *Alsace* du droit de premières-prières, qui est à-peu-près semblable à celui de joyeux-avénement, que nos rois exercent dans les anciennes provinces du royaume. On y a substitué celui de joyeux-avénement, parce qu'il marque mieux l'hommage & la reconnoissance du sujet envers son souverain, dans le moment de son avénement au trône. Louis XV, & le roi actuellement regnant ont exercé ce droit, sans aucune contestation en *Alsace*, ainsi que dans les autres provinces.

Du gouvernement civil. L'évêque de Strasbourg & le comte de Hanau ont conservé leurs justices particulières qu'on appelle *régences* : la noblesse immédiate de la basse *Alsace*, ainsi que nous l'avons marqué plus haut, a été maintenue dans le droit de justice, qu'elle exerce par un directoire.

Il y a un juge royal pour les forts & citadelle de Strasbourg : la ville a différens tribunaux mi-partis catholiques & luthériens, dont nous parlerons sous le mot STRASBOURG : le reste de la province est partagé entre plusieurs justices royales, qui sont les bailliages de Haguenau & de Villembourg, les prévotés de Neuf-Brisac, Huningue, Ensisheim & Fort-Louis, créées toutes en 1694.

Toutes ces justices ressortissent par appel au conseil supérieur de la province, établi d'abord en 1658 à Ensisheim, transféré en 1675 à Brisac, & séant maintenant à Colmar. Ce tribunal, créé d'abord avec une jurisdiction souveraine, réduit ensuite en conseil provincial sous le ressort du parlement de Metz, est demeuré depuis 1679, cour souveraine. Les offices en avoient été conférés gratuitement jusqu'en 1694, que le roi jugea à propos de les rendre héréditaires, & les soumit à payer finance, en établissant en même temps une seconde chambre & une chancellerie.

Le conseil connoît en première instance de toutes les affaires, qui se portoient autrefois à la régence d'Autriche, des foi & hommages, aveux & dénombremens des fiefs dépendans du roi, & par appel, des jugemens de tous les tribunaux de la province, soit des justices royales, soit de celles des villes, des communautés, des seigneurs ecclésiastiques ou séculières, & de la noblesse, à l'exception des jugemens rendus à la table de marbre, qui se relèvent au parlement de Metz, & des jugemens criminels du magistrat de Strasbourg, qui sont en dernier ressort.

Les maîtrises des eaux & forêts établies en *Alsace*, n'ont aucune jurisdiction sur les bois des particuliers & des communautés ; leur ressort ne s'étend que sur les forêts qui appartiennent au roi.

Il n'y a point d'élection dans cette province, l'intendant prend connoissance des affaires qui ailleurs seroient du ressort de ces tribunaux ; les autres affaires de finances sont portées à la cour des aides, & au bureau des finances de Metz.

Il y a à Strasbourg une université érigée en 1621 par Ferdinand II, elle fait corps avec celles de

France & d'Allemagne; elle se gouverne suivant les anciens statuts des empereurs & du magistrat, sans observer les réglemens donnés par le roi aux autres universités de France.

ALTARISTE, (*Coutume de Metz, art. 126.*) c'est le nom qu'on donne à un bénéficier qui est attaché à la desserte d'un autel, de même qu'on appelle ailleurs *chapelain* celui qui est attaché au service d'une chapelle. Le mot *altariste* vient du latin *altare*, qui veut dire *autel. Voyez* CHAPELAIN.

ALTÉRATION, s. f. ALTÉRER, v. a. (*Droit civil. Monnoie.*) c'est en général dégrader une chose & en changer l'état de bien en mal. Ces termes sont plus particuliérement en usage dans les monnoies. *On altère* les monnoies soit en les rognant & les limant sur la tranche, soit en enlevant quelques parties de leur superficie avec de l'eau régale, lorsque la monnoie est d'or, ou de l'eau-forte lorsqu'elle est d'argent. C'est en partie pour empêcher de rogner les pièces sur la tranche, qu'on a imaginé d'y mettre ce qu'on nomme le *cordon*. Suivant l'ordonnance de 1670, l'*altération* des monnoies est un cas royal, l'ecclésiastique qui en est accusé ne peut même demander son renvoi devant son juge. C'est un crime qu'on punit de mort, conformément aux édits de 1718, & de 1726, & dont le roi ne peut faire grace au coupable, parce qu'il jure à son sacre de ne jamais remettre la peine encourue par ceux qui *altèrent* les monnoies. Sévérité qui tient aux suites funestes de l'*altération* des monnoies, qui décréditent un peuple chez les puissances étrangères, & font suspecter l'honneur & la probité du monarque.

On appelle encore *altération* les changemens que l'on fait sur un acte ou sur des registres: un arrêt de la cour des aides du 13 mai 1777, a très-sévérement défendu aux employés dans les fermes du roi, de faire aucunes *altérations* ou ratures sur leurs registres, si ce n'est en présence des parties intéressées, ou elles duement appellées.

ALTERCATION, s. f. (*Jurisprudence.*) léger démêlé entre deux amis ou deux personnes qui se fréquentent. Ce mot vient du latin *altercari*, qui signifioit simplement *converser*, *s'entretenir ensemble.*

Altercation se dit aussi quelquefois, en terme de palais, de ces contestations, ou plutôt de ces cris qui s'élèvent souvent entre les avocats, lorsque les juges sont aux opinions. (*H*)

ALTERNATIF, adj. (*Jurisprud.*) *qui succède à un autre, qui lui succède à son tour.* Ainsi un office *alternatif* est celui qui s'exerce tour à tour par plusieurs officiers. On dit de deux officiers généraux qui commandent chacun leur jour, qu'*ils commandent alternativement. Voyez* OFFICE.

ALTERNATION, on se sert quelquefois de ce terme pour exprimer le changement d'ordre qu'on peut donner à plusieurs choses, en les mettant successivement les unes après les autres.

ALTERNATIVE, s. f. (*Droit civil.*) c'est l'option entre deux choses: elle a lieu dans les obligations, les substitutions, les legs.

On appelle *obligation alternative* celle par laquelle on s'engage à faire ou donner quelques choses, à la condition que le paiement de l'une acquittera de la prestation des autres. Je contracte une obligation *alternative*, lorsque je m'engage à vous payer cent écus ou cent boisseaux de bled, à faire un ouvrage ou à payer telle somme. Cette obligation s'éteint par le paiement de l'une ou l'autre des choses promises. Ce qui constitue l'obligation *alternative*, c'est la particule disjonctive, insérée dans le discours; car si on avoit promis deux choses avec une particule conjonctive, par exemple, cent livres & dix boisseaux de bled, les deux objets réunis forment le capital de l'obligation, qui ne seroit pas éteinte par la prestation de l'un des deux. Il faut remarquer que lorsque quelqu'un s'est obligé, par le même acte, au paiement de deux sommes différentes sous une particule disjonctive, par exemple, lorsqu'il promet payer dix écus ou cinq écus, l'obligation n'est pas pour cela *alternative*, il n'est vraiment débiteur que de la moindre somme. C'est la doctrine des loix romaines répandues dans les titres du digeste; *de verborum oblig.*, *de solution.*, *de contrah. empt.*

Dans les obligations *alternatives* l'option appartient au débiteur, lorsque par l'acte même elle n'est pas accordée au créancier. Mais l'un & l'autre, lorsque le choix leur appartient, ne peuvent plus varier dans celui qu'ils ont fait; & ni l'un ni l'autre ne peuvent être contraints de recevoir ou de donner en paiement une partie de chacune des choses comprises dans l'obligation. Ainsi lorsqu'il est dû cent écus ou cent boisseaux de bled, soit que le créancier, soit que le débiteur, qui avoit le choix, ait opté de faire ou de recevoir le paiement en bled, il n'est plus admis à exiger qu'il se fasse en tout ou en partie en argent.

Dans les obligations *alternatives*, la nature de la créance n'est véritablement déterminée que par le paiement; de-là il suit, 1°. que la perte entière de l'une des deux choses qui y étoit comprise, n'éteint pas l'obligation qui subsiste par rapport à celle qui reste & qui alors se trouve être la seule réellement due: 2°. que dans le cas où le choix appartient au débiteur, le créancier ne peut diriger sa demande contre lui, pour une des deux choses particuliérement, mais qu'il doit l'intenter alternativement pour l'une ou l'autre.

Tout ce que nous venons de dire de l'obligation *alternative* doit s'appliquer également aux legs & autres dispositions testamentaires, faites sous une particule disjonctive. Comme dans cette espèce, l'héritier se trouve le débiteur, le choix lui appartient, à moins que le testateur ne l'ait donné au légataire, & dans ce dernier cas, le choix passeroit à son héritier s'il étoit décédé avant de l'avoir fait.

Il en est de même dans un jugement rendu sous l'*alternative*: celui qui est condamné peut se déterminer au parti qui lui paroît le moins onéreux, toutes les fois que l'option n'a pas été donnée à sa partie adverse.

Alternative, (*Droit canonique.*) nous connoissons, dans le droit canon, deux espèces d'*alternative* à l'égard de la collation des bénéfices; l'une qui regarde le pape & les évêques des provinces appellées d'obédience : la seconde, par laquelle deux collateurs présentent alternativement à un bénéfice.

De l'alternative du pape. On donne ce nom à l'exercice du droit que le pape & les évêques ont alternativement de pourvoir aux bénéfices vacans dans les pays d'obédience.

Après le concordat passé entre le pape Léon X & le roi François I, la cour de Rome prétendit qu'il ne devoit avoir lieu que pour les pays du domaine de la couronne de France, qui existoient lors de la pragmatique sanction, à laquelle le concordat étoit subrogé, loin de s'opposer à cette prétention, Henri II déclara par des lettres-patentes que l'union de la Bretagne & du comté de Provence à la couronne de France ne soumettoit point ces pays au concordat, & qu'ils restoient soumis à toutes les règles de chancellerie qui y étoient auparavant observées, & en particulier, à la réserve des mois apostoliques.

Louis XIV, en acceptant l'indult pour les bénéfices consistoriaux du Roussillon, y a conservé au pape les réserves des mois apostoliques, comme le roi Henri II avoit fait pour la Bretagne & pour la Provence. On appelle en France *pays d'obédience* les provinces qui restent soumises à toutes les anciennes réserves de la chancellerie.

Pour entendre ce que c'est que l'*alternative*, il faut remonter à la règle des mois, dont elle n'est qu'une suite. Dans l'origine & de droit commun, le pape n'avoit aucun droit à la nomination des bénéfices; elle appartenoit à chaque évêque dans son diocèse. Mais les opinions ultramontaines qui s'accréditèrent dans les siècles d'ignorance, donnèrent au pape tous les droits de la souveraineté dans le gouvernement de l'église; en conséquence il s'attribua la nomination de tous les bénefices ecclésiastiques. Les évêques résistèrent, autant qu'il leur fut possible, à cette usurpation de la cour de Rome; enfin le pape Martin V, pour faire cesser les plaintes du corps épiscopal, imagina la règle qu'on appelle *de mensibus*, par laquelle il se réserva la nomination à tous les bénéfices séculiers ou réguliers, pendant les mois de janvier, de février, d'avril, de mai, de juillet, d'août, d'octobre & de novembre; il laissa à la libre disposition des évêques la collation des bénéfices pendant les quatre autres mois. Cette règle, contraire au droit commun, ne fut suivie d'une manière stable que depuis le pontificat de Léon X. Innocent VIII ajouta à la règle *de mensibus*, celle que l'on appelle *alternative*, & qui, réunie actuellement à celle des mois, forme la huitième de la chancellerie romaine, sous le titre *de mensibus & alternativâ.*

Le but du pape, dans l'établissement de cette règle, a été de favoriser la résidence des évêques; & pour les engager à s'acquitter de ce devoir, il partagea la collation des bénéfices entre eux & le S. siège, & il leur accorda six mois au lieu de quatre, que leur avoit laissés la règle *de mensibus*; ainsi aujourd'hui, en vertu de l'*alternative*, les évêques résidans dans leurs diocèses, ont le droit de conférer les bénéfices vacans dans les mois de février, d'avril, de juin, d'août, d'octobre, & de décembre.

Les évêques d'un pays d'obédience qui veulent jouir du privilège de l'*alternative*, doivent envoyer au dataire des lettres signées de leurs mains, & scellées de leur sceau par lesquelles ils déclarent qu'ils veulent jouir de l'*alternative*: le dataire leur renvoie un acte qui fait foi de la réception & de l'enregistrement à la daterie : ce n'est qu'après ces formalités qu'ils peuvent jouir de l'*alternative*.

On prétend à Rome que l'acceptation de l'*alternative*, faite pendant la vie d'un pape, n'a point d'effet sous son successeur, parce que c'est une dépendance d'une règle de chancellerie, & que ces règles se renouvellent à chaque nouveau pontificat. Au contraire, en Bretagne, on soutient qu'il suffit qu'un évêque ait une fois accepté l'*alternative*, pour qu'elle ait lieu pendant sa vie, nonobstant les changemens des papes. Il arrive souvent, à cause de cette diversité d'opinions, que le pape confère dans des mois qui appartiennent à l'évêque en conséquence de l'*alternative*, & qu'il refuse de conférer dans les mois qui lui sont réservés par l'*alternative*, mais dans lesquels il n'auroit point droit de conférer si l'*alternative* n'avoit point été acceptée. Dans le premier cas le parlement de Bretagne maintient en possession des bénéfices, ceux qui ont été pourvus par l'ordinaire, sans avoir égard aux provisions de cour de Rome : dans le second cas, le même parlement ordonne à l'évêque ou à ses grands vicaires, de donner des provisions à celui qui a retenu une date à Rome; & ces provisions sont censées datées du jour du refus de la cour de Rome.

Il faut que l'évêque qui veut jouir de l'*alternative*, réside pendant tout le mois dans son diocèse : quand il ne s'absenteroit qu'un seul jour, il perdroit le droit de conférer pendant tout le mois; & les provisions qu'il accorderoit seroient nulles, quoiqu'il eût été dans son diocèse dans le temps qu'il a conféré. En Bretagne on excepte de cette règle rigoureuse les absences des évêques pour le service du roi, ou pour le bien de leurs églises.

L'*alternative* n'a été admise qu'en faveur des évêques & de la résidence dans leurs diocèses; ainsi les autres collateurs ordinaires du pays d'obédience n'ont pas le même privilège; ils ne confèrent que pendant quatre mois de chaque année.

Les mois, soit du pape, soit de l'ordinaire, commencent à minuit, & finissent à la même heure.

On

On prend pour règle, à cet égard, le premier coup de l'horloge publique de l'endroit.

S'il n'y a point d'horloge, on a recours au témoignage des gens qui connoissent les heures au cours des astres, au chant du cocq, *&c.*

Quand il y a lieu de douter si un bénéfice a vaqué dans un des mois de l'ordinaire, ou dans un mois apostolique, & qu'il y a deux pourvus, l'un par le pape, & l'autre par le collateur ordinaire, la présomption doit être en faveur de celui qui est en possession : si aucun des deux n'a pris possession, le pourvu de l'ordinaire mérite la préférence, par la raison qu'il a pour lui le droit commun.

L'*alternative* ne s'étend qu'aux vacances par mort, & n'empêche pas que les ordinaires ne puissent admettre sur les lieux, & dans tous les mois de l'année, des résignations pures & simples, ou pour cause de permutation.

La règle des mois & de l'*alternative* réserve expressément au pape les bénéfices vacans par le décès du titulaire en cour de Rome : c'est pourquoi le pape confère, en ce genre de vacance, même dans les mois destinés aux collateurs ordinaires.

La règle de chancellerie des mois & de l'*alternative*, & les ordonnances de Henri II, ne parlent point des patrons. L'usage de la Bretagne est, à l'égard des patrons laïques, que les évêques confèrent sur leur présentation dans tous les mois de l'année, sans que le pape puisse les prévenir. Pour les patrons ecclésiastiques, le collateur ordinaire confère aussi sur leur présentation dans tous les mois de l'année : mais le pape peut les prévenir. Dans les signatures qu'il accorde par prévention sur les patrons ecclésiastiques, il ajoute la clause *cum derogatione juris patronatûs ;* ce qui justifie qu'il ne prétend point se réserver de mois au préjudice des patrons ecclésiastiques.

Toutes les règles de chancellerie expirant par la mort du pape, suivant l'expression & les usages de la cour de Rome, la réserve des mois & de l'*alternative* ne doit point avoir lieu pendant que le S. siège est vacant : par conséquent les collateurs ordinaires des pays d'obédience doivent conférer librement dans tous les mois, jusqu'à ce que la règle soit renouvellée par un nouveau pape.

Cependant le parlement de Paris a jugé au contraire le 12 mars 1624, sur la cure d'Elian, en basse Bretagne. L'arrêt fut rendu conformément aux conclusions de l'avocat général Talon, qui dit qu'il falloit réserver au successeur la collation, laquelle est un fruit de la papauté comme des autres bénéfices; mais l'usage qu'on observe en Bretagne est opposé à cet arrêt; & cet usage est fondé sur la nature des règles de chancellerie, par rapport aux pays d'obédience.

Les cardinaux étant exempts, en vertu du compact, de toute espèce de réserve, l'*alternative* n'a point lieu à leur égard, & ils confèrent librement les bénéfices qui sont à leur collation dans les pays d'obédience, en quelque mois de l'année qu'ils viennent à vaquer.

Les papes accordent aussi sur ce sujet des indults à des collateurs distingués par leur mérite ou par leur qualité : ces indults donnent ordinairement à ceux qui les ont obtenus, le pouvoir de conférer les bénéfices vacans dans les mois réservés au S. siège, quand ces bénéfices sont situés en pays d'obédience.

Lorsque le bénéfice vacant & celui qui donne droit de conférer sont situés dans des pays différens, dont l'un est régi par le concordat, & l'autre par la règle de chancellerie des mois & de l'*alternative*, il faut prendre pour règle la loi la plus favorable au collateur. Ainsi le collateur de Bretagne conférera les bénéfices situés en pays de concordat pendant toute l'année, & le collateur, dont le chef-lieu du bénéfice est en pays de concordat, disposera des bénéfices de Bretagne, sans être assujetti à la réserve des mois apostoliques.

En cela la cour de Rome a préféré de favoriser le collateur, plutôt que de suivre à la rigueur les principes qui voudroient que sur cette matière on adoptât la règle du lieu où le bénéfice vacant est situé : cette jurisprudence règne dans les tribunaux du royaume. Augeard rapporte un arrêt qui y est conforme, & qui a été rendu par la grand'chambre du parlement de Paris, le 6 mai 1706, pour la Bretagne. Il avoit déjà été décidé de même par un arrêt de réglement rendu au conseil d'état en juin 1686, pour les bénéfices du Roussillon.

De l'alternative entre deux collateurs. On appelle *alternative* le droit qu'ont deux collateurs de nommer tour-à-tour à un bénéfice : ce n'est pas une *alternative* de temps, mais une *alternative* de collation, c'est-à-dire que chaque collateur nomme à son tour au bénéfice, lorsqu'il devient vacant.

Le roi, par exemple, jouit avec le chapitre de S. Urbain de Troyes de l'*alternative* pour la nomination des canonicats; droit fort ancien, qui appartenoit aux comtes de Champagne, avant la réunion de leurs états à la couronne : en vertu de ce droit le roi nomme alternativement aux bénéfices qui viennent à vaquer. Il ne consomme pas son tour lorsqu'il confère sur résignation, ainsi que l'a jugé le grand-conseil, par un arrêt du 21 janvier 1664.

Lorsqu'une collation est *alternative* entre deux patrons ecclésiastiques, les provisions du pape, données par prévention, ne remplissent pas le tour du patron prévenu; mais si l'un des patrons est laïque & l'autre ecclésiastique, ce dernier perd son tour par la prévention du pape, qui ne peut, dans aucun cas, préjudicier aux droits des patrons laïques, soit par prévention, soit par collation.

ALTESSE, s. f. (*Droit public.*) c'est un titre d'honneur qu'on ne donne en France qu'aux princes du sang, aux princes légitimés, & aux princes étrangers, qui sont reconnus pour tels. Il y a dans le royaume quelques grandes maisons qui prétendent au titre d'*altesse* à cause des principautés qu'elles possèdent ; mais il ne leur est donné que par les gens de leurs maisons, ou par ceux qui leur sont personnellement attachés.

A l'exception de monseigneur le dauphin, tous les enfans & petits-enfans du roi sont qualifiés d'*altesse* royale, qui est le titre d'honneur le plus qualifié après celui de majesté ; l'usage de ce titre ne s'est établi en France que depuis 1633. Les princes du sang prennent le titre d'*altesse* sérénissime ; on ne donne aux princes légitimés que le simple titre d'*altesse*.

ALVIN, s. m. (*Eaux & Forêts.*) c'est le nom donné ordinairement au poisson que l'on met dans les étangs pour les empoissonner. Dans quelques provinces on les nomme *norrain* & *peuple*. L'ordonnance des eaux & forêts de 1669, fixe la grandeur que doit avoir chaque espèce de poisson destiné à repeupler les étangs du domaine. Suivant la disposition de l'article 21, tit. 31, la carpe doit avoir six pouces, la tanche cinq, la perche quatre ; à l'égard du brochet, le fermier de l'étang peut le mettre de tel échantillon qu'il lui plaît, mais il ne doit être jetté dans un étang qu'un an après les autres espèces de poisson. Cette dernière disposition de l'ordonnance a lieu pour les ecclésiastiques & les communautés. Il est même de l'utilité de chaque particulier de suivre en cette partie l'ordonnance, afin de laisser prendre à l'*alvin*, qui a servi à l'empoissonnement des étangs, une force suffisante pour se mettre en état de défense contre la dent meurtrière du brochet.

L'article 12 du même titre ordonne aux pêcheurs de rejetter dans les rivières les truites, carpes, barbeaux, bremes & meuniers qui ont moins de six pouces, & les tanches, perches & gardons qui en ont moins de cinq, à peine de cent livres d'amende, & de confiscation contre les pêcheurs qui auront vendu ou acheté le poisson au-dessous de cette mesure. On devroit faire exécuter à la rigueur cette disposition de l'ordonnance ; c'est l'unique moyen de peupler les rivières, & d'y conserver la quantité de poisson qu'elles peuvent nourrir.

A M

AMABYR *ou* AMVABYR, s. m. ancien mot anglois, qui signifie *le prix de la virginité*. C'étoit un droit qui se payoit au seigneur dans quelques provinces d'Angleterre, par celui qui épousoit la fille d'un de ses vassaux. (*H*)

AMANDISE, vieux mot que l'on rencontre dans des auteurs anciens, qui signifie la même chose qu'*amende* & *confiscation*.

AMANS, terme employé par la coutume du pays Messin, pour désigner les officiers publics, destinés à recevoir les actes & contrats passés entre les citoyens ; les *amans* ont été institués par Bertram, cinquante-neuvième évêque de Metz, qui, en 1197, ordonna que l'on rédigeroit par écrit tous les actes qui seroient conservés dans chaque paroisse par deux prud'hommes. Ces officiers étoient de simples garde-notes. Aussi trouve-t-on, dans les anciennes ordonnances de Metz, les noms réunis d'*amans* & de notaires, de même qu'on réunissoit ailleurs les tabellions & garde-notes. L'ordonnance du même Bertram appelle *arche*, l'endroit où les *amans* devoient déposer les minutes des actes.

AMARAGE. (*contrat d'*) cette dénomination est en usage dans le Mâconnois. Le contrat d'*amarage* est un acte par lequel le possesseur d'un fonds quelconque constitue à son profit une rente perpétuelle & non rachetable sur ce même fonds, dont il abandonne la propriété à celui en faveur de qui l'*amarage* est fait. L'amazataire est tenu d'entretenir le fonds amaragé, de manière que son état réponde de la rente qui y est imposée. Si, à défaut du paiement de la rente, il est évincé de l'héritage amaragé, il peut y rentrer en payant les arrérages échus, ou en faisant les réparations nécessaires, si la négligence à cet égard a causé son éviction.

Le contrat d'*amarage* est la même chose que le bail à rente, & toutes les questions qu'il peut faire naître, doivent être décidées par les mêmes principes.

AMARRER, v. a. (*terme de Marine.*) signifie *attacher, fixer*. Quand un vaisseau arrive dans un port, les ordonnances exigent qu'ils soit à l'instant *amarré* en un lieu particulier, sous peine d'amende : le maître de quai ne doit pas souffrir qu'on le place ailleurs, ni qu'on *amarre* les vaisseaux les uns aux autres, parce qu'un tel amarrage n'est d'aucune sûreté contre les coups de vents & les mouvemens imprévus de la mer. Il y a des ports où les amarres doivent se faire en-avant & en-arrière d'un navire, à quai ou à cale, & non en travers, afin d'occuper le moindre espace possible : il faut là-dessus consulter les réglemens de police relatifs à chaque lieu.

Les capitaines qui ont fait les premiers leur rapport au greffe, ont le droit d'*amarrer* avant ceux qui seroient arrivés plutôt qu'eux au port. Le temps qu'un navire peut rester *amarré*, se détermine par la quantité & la qualité des marchandises dont il est chargé ; & c'est le maître de quai qui en fixe le temps, comme le lieu.

Il peut même couper les amarres, lorsque les gens du navire refusent de larguer, après des injonctions verbales. Si, après ces injonctions, ou même après qu'on a coupé les amarres, le bâtiment causoit quelque dommage aux bâtimens voisins, le capitaine en faute seroit condamné à les payer.

Mais si le capitaine peut prouver par témoins, qu'il n'a pas été en son pouvoir d'obéir, alors le dégât est mis au rang des abordages fortuits.

Les pieux, les anneaux, les boucles & autres choses nécessaires à l'amarrage des vaisseaux, & qui doivent tenir aux ports, sont aux frais, ou des villes, ou de ceux qui perçoivent à leur profit des droits sur ce qui arrive dans ces ports. *Voyez l'Ord. de 1681, liv. 4.*

AMAS, s. m. c'est l'assemblage de plusieurs choses semblables ou différentes. Tout *amas* qui peut préjudicier au bien public, est défendu. Celui qui, dans un temps de disette, fait un *amas* considérable de grains, & le cache pour rendre plus rare la subsistance du peuple, est un accapareur, un monopoleur : mais on ne doit pas regarder comme tel, celui qui, dans les années d'abondance, met des grains en réserve pour suppléer aux années de stérilité. *Voyez* ACCAPAREMENT.

L'ordonnance des gabelles de 1680 fait défenses à tous les particuliers des provinces de franc-salé, de faire aucun *amas* de sel dans leurs maisons; à cet égard, on regarde comme *amas*, tout ce qui excède la provision de six mois, à raison d'un minot pesant cent livres pour sept personnes.

L'ordonnance des eaux & forêts de 1669 défend de faire aucun *amas* de pierres, de terres, de fascines, qui pourroit nuire au cours de l'eau, dans les rivières navigables ou flottables. Elle défend pareillement aux gardes des bois, & à tous ceux qui habitent les maisons voisines des forêts du roi, de faire aucun *amas* de bois au-delà de la quantité nécessaire pour leur consommation.

AMASEMENT, s. m. AMASER, v. a. on trouve souvent ces mots dans les coutumes d'Artois, de Cambrai, de Hesdin & de Théroane. *Amaser* veut dire *bâtir*, *construire une maison* : *amasement* signifie *maison*, *édifice*. De-là les expressions d'héritages *amasés*, c'est-à-dire, sur lesquels il y a un manoir, une habitation; *non amasés*, sur lesquels il n'y a aucune espèce de logement.

AMBASSADE, AMBASSADEUR, AMBASSADRICE, (*Droit public.*) c'est l'emploi d'une personne envoyée par un prince ou par un état indépendant, à un autre prince ou à un autre état. On appelle *ambassadeur*, le ministre public qu'un souverain envoie à un autre pour représenter sa personne. On donne le nom d'*ambassadrice* à la femme d'un *ambassadeur*. Elle jouit des mêmes honneurs que son mari; elle est, comme lui, une personne sacrée qui est sous la protection du droit des gens, & qui ne peut être insultée.

Quelles personnes sont comprises sous le mot d'ambassadeur. Sous le nom d'*ambassadeur*, on doit comprendre tous ceux qui sont envoyés par un prince à un autre pour traiter de leurs intérêts, sous quelque titre que ce puisse être; ainsi tout ce que nous dirons des *ambassadeurs*, doit également s'appliquer aux envoyés, aux résidens, aux ministres plénipotentiaires.

On distingue à la vérité entre les *ambassadeurs* & les envoyés ou résidens. Le titre d'*ambassadeur* est au-dessus : &, dans le fait, toutes les nations de l'Europe ne donnent la qualité d'*ambassadeur*, qu'aux personnes de distinction : celles d'un rang inférieur n'ont que le titre d'envoyé ou de résident. Mais cette différence n'a rapport qu'à l'honorifique, & nullement aux droits de franchise & de sûreté : ils sont tous également ministres publics; le droit des gens exige qu'un envoyé jouisse de la même faveur & de tous les droits qu'on accorde à un *ambassadeur*.

Origine des ambassades, & leur objet. Les souverains, ainsi que les particuliers entre eux, ont des intérêts à discuter avec les autres souverains, soit par rapport à eux-mêmes, lorsqu'il s'agit, par exemple, d'une demande en mariage, soit par rapport à leur qualité de chefs des nations : ne pouvant se rapprocher, ils ont recours à des espèces de procureurs fondés; aussi voyons-nous peu d'exemples de rois qui aient pu terminer, dans des entrevues, les discussions qu'ils avoient à régler.

Il est donc d'une nécessité indispensable qu'ils se fassent représenter par un ou plusieurs de leurs sujets qui parlent & agissent en leur nom, qui exposent leurs intérêts, & les discutent, comme ils le feroient eux-mêmes. Pour remplir ces vues, il a fallu que toutes les nations convinssent entre elles d'accorder réciproquement une sûreté entière aux *ambassadeurs*, & de regarder leur personne comme sacrée. Cette prérogative dérive du droit des gens, qui met tellement la personne des *ambassadeurs* à couvert de toute insulte, qu'une nation qui souffriroit chez elle qu'on violât l'immunité d'un ministre public, seroit justement attaquée par les armes, & se couvriroit d'infamie vis-à-vis des autres nations policées.

Les *ambassades* ont pris naissance dans le même temps que les hommes ont commencé à se diviser en peuples & en nations différentes; dès-lors il y a eu nécessairement des affaires à traiter, des contestations à finir, des alliances à former, des médiations à proposer, des traités & des alliances à conclure.

Dans les premiers temps, toutes les *ambassades* étoient extraordinaires, & n'avoient lieu que pour des motifs de nécessité ou de bienséance, ou même de magnificence & d'ostentation. Les historiens nous apprennent que les peuples anciens formoient leurs *ambassades* d'un grand nombre de personnes, soit qu'ils pensassent que des collègues pouvoient contribuer mutuellement au succès de l'*ambassade*, soit qu'ils voulussent marquer de la considération à l'état auquel elle étoit destinée.

Aujourd'hui les *ambassades* sont ordinairement remises à un seul homme : &, si, dans quelques occasions particulières, on en nomme plusieurs, leur nombre n'excède guère de celui de trois.

La grande liaison des peuples les uns avec les autres, la multiplicité de leurs rapports, leurs intérêts réciproques, le besoin d'une protection puissante à laquelle les particuliers qui trafiquent chez une nation étrangère, puissent commodément & efficacement recourir, la défiance & le besoin d'être instruit de ce qui se passe chez les autres, ont introduit, depuis environ deux cens ans, parmi presque toutes les nations de l'Europe, l'usage des *ambassades* ordinaires, c'est-à-dire, de celles que remplissent des ministres publics qui résident continuellement dans les cours où ils sont envoyés.

A qui appartient le droit d'ambassade. Le droit de représentation imprime tant de majesté, qu'il ne peut découler que du pouvoir dont il est un attribut essentiel. Il n'y a donc que les souverains qui aient le droit d'envoyer des *ambassadeurs*, parce que seuls ils sont armés, & peuvent mettre leurs ministres sous la protection du droit des gens.

Il n'est pas cependant nécessaire que le souverain qui envoie un *ambassadeur*, jouisse actuellement & effectivement de l'empire; un prince dépossédé, mais qui n'a pas abdiqué le souverain pouvoir, peut en envoyer; ils peuvent être reçus dans les autres cours, à moins que des raisons de politique ne s'y opposent, & même, dans ce cas, on ne peut violer à leur égard le privilège que donne aux *ambassadeurs* le droit des gens.

De tout ceci on doit en conclure que le souverain qui admet, en qualité d'*ambassadeur*, l'envoyé d'un prince ou d'une nation, par cet acte seul, reconnoît ce prince ou cette nation comme indépendant. Ainsi la ligne protestante des rois d'Angleterre, électeurs d'Hanover, & le roi de Prusse ont été regardés comme les véritables souverains de leurs états respectifs, par les puissances qui ont reçu chez elles leurs *ambassadeurs*; ainsi l'indépendance de l'Amérique sera solemnellement reconnue par tous les états qui admettront leurs *ambassadeurs*.

Une seconde conséquence qui suit du principe que nous venons d'établir, est que les sujets ne peuvent députer vers un prince étranger, ni en recevoir des ministres, ni envoyer des *ambassadeurs* à leurs propres souverains. Ceci souffre cependant une exception à l'égard des princes qui sont en partie sujets, & en partie indépendans, tels que les électeurs & quelques autres princes d'Allemagne, qui jouissent du droit d'envoyer des *ambassadeurs* ou des ministres dans toutes les cours, & même dans celle du chef de l'empire, dont ils relèvent. L'empereur prétend néanmoins avoir une jurisdiction immédiate sur les ministres des électeurs, princes & états immédiats de l'empire, tant à la cour impériale, que dans toute l'étendue de l'empire.

Il suit encore de notre principe, qu'un souverain n'envoie point d'*ambassadeurs* à ses sujets, mais seulement des commissaires chargés de l'exécution de ses ordres; qu'il n'en députe pas non plus aux sujets des autres souverains, à moins qu'il n'excite ou ne favorise la rebellion de leurs peuples; que, s'il en adresse à des gouverneurs généraux, à des corps composant des assemblées, des états, des diètes, cet envoi est relatif aux souverains que ces corps ou gouverneurs représentent.

Dans les monarchies électives, ceux qui, pendant l'interrègne, jouissent de la puissance publique, soit sénateurs, soit états généraux, possèdent incontestablement le droit d'*ambassade*.

Dans les monarchies héréditaires, dans le temps de la minorité du souverain, le régent ne peut, par lui-même, s'attribuer la même prérogative, parce que le roi mineur est toujours le véritable souverain: aussi les *ambassadeurs*, envoyés par le régent, restent toujours les *ambassadeurs* du roi.

S'il y avoit contestations entre divers héritiers prétendant droit à la couronne, les états généraux du royaume peuvent envoyer, en leur nom des *ambassadeurs*, parce qu'ils ont en main l'autorité publique, jusqu'à la décision du droit des contendans.

De la dignité & du caractère de l'ambassadeur. Un *ambassadeur* représente la personne du prince, & la majesté de la nation qui l'envoie; ce droit de représentation immédiate oblige & l'*ambassadeur*, & le souverain, auprès duquel il est accrédité, à observer un cérémonial d'étiquette rigoureuse.

Mais l'envoyé d'un prince ne peut demander à jouir des franchises & immunités dues à un *ambassadeur*, qu'en justifiant sa qualité & ses pouvoirs par les lettres de créance dont il doit être muni. Il ne peut aussi déployer son caractère, que dans les états du prince, auprès duquel il est envoyé; à l'égard des autres nations, son caractère est nul; il n'est pour elle qu'une personne privée: elles ne lui doivent rien de ce que le droit des gens attribue aux *ambassadeurs*.

Par cette raison, si l'envoyé d'un prince est obligé de traverser les états d'un autre souverain pour se rendre auprès de celui vers lequel il est envoyé, il doit se munir de passe-ports; autrement il se plaindroit à tort, s'il venoit à être arrêté, parce que le droit des gens n'oblige pas à respecter la personne d'un *ambassadeur* qui passe par les états d'un souverain, sans avoir obtenu son consentement.

Un *ambassadeur* ne peut, sans se rendre coupable envers son prince, négliger aucun des droits qui sont attachés à sa place: il doit aussi être attentif à ce que la dignité de son prince, & principalement le rang qu'il tient parmi les autres souverains, ne soient pas attaqués.

Il est des usages auxquels la dignité des *ambassadeurs* ne veut pas qu'ils se soumettent; ils ne doivent pas aller aux noces, assister aux funérailles, se trouver aux assemblées publiques & solemnelles, à moins que leur maître n'y ait intérêt. Ils ne doivent pas même porter le deuil de leurs proches, parce qu'ils ne représentent que la personne du prince qui les envoie.

Des privilèges des ambassadeurs. Le premier privilège d'un *ambassadeur* est celui d'être reçu par le prince ou la nation auquel il est envoyé, à moins qu'ils n'aient une juste cause de le refuser. Cette obligation est fondée en général sur l'intérêt de la société & de l'humanité: comme toutes les nations ont besoin de s'aider continuellement par un commerce de services & d'égards, l'usage des *ambassadeurs* leur devient absolument nécessaire. L'obligation de les recevoir regarde aussi bien ceux qui sont envoyés par l'ennemi, que ceux qui viennent d'une puissance amie. Il est du devoir des princes qui sont en guerre, de chercher les moyens de rétablir entre eux une paix juste & raisonnable: & ils ne sauroient y parvenir sans écouter les propositions qu'ils peuvent se faire réciproquement.

L'hôtel d'un *ambassadeur* représente, pour ainsi

dire, les états de son souverain, comme lui-même en représente la personne : par cette raison, le lieu qu'il occupe, doit être pour lui & pour les gens de sa suite, un asyle sacré qu'on ne peut violer, où personne ne doit être arrêté que de son consentement. Néanmoins si un criminel s'étoit réfugié dans l'hôtel d'un *ambassadeur*, il doit le livrer à la justice qui le réclame ; &, s'il le refusoit, on pourroit, sans aucune violation du droit des gens, user de force pour l'en arracher.

Ceux qui outragent ou insultent un *ambassadeur*, violent non-seulement les loix civiles qui défendent d'offenser personne, mais encore le droit des gens qui veille à la sûreté des ministres publics. Les injures qu'on leur fait, doivent être punies plus rigoureusement que si elles s'adressoient à d'autres particuliers. Alexandre fit passer au fil de l'épée les habitans de Tyr, parce qu'ils avoient insulté ses *ambassadeurs*. Les Romains livroient les coupables aux *ambassadeurs*, afin qu'ils pussent se venger à leur gré. Suivant les usages adoptés par toutes les nations de l'Europe, un peuple chez lequel on auroit insulté un *ambassadeur*, & qui n'en puniroit pas sévérement les auteurs, seroit regardé comme complice du crime, & l'on pourroit lui déclarer justement la guerre.

Non-seulement la personne des *ambassadeurs* doit être à l'abri de toute insulte, mais même leurs domestiques & les gens de leur suite; si quelqu'un d'entre eux avoit été outragé, l'*ambassadeur* seroit en droit d'en demander la réparation, comme d'une insulte faite à lui-même. Personne n'ignore avec quelle rigueur Louis XIV agit, lorsque les domestiques du duc de Crequi, son *ambassadeur* à Rome, y furent insultés par les gardes-corses du pape Alexandre VII.

Lorsque nous disons que la sûreté que l'*ambassadeur* tient du droit des gens, doit s'étendre à tous ceux qui sont à sa suite, nous n'entendons que ceux qui composent sa famille, tels que sa femme & ses enfans, ou qui sont attachés à son service, comme ses secrétaires, ses gentilshommes, ses domestiques, en un mot, les personnes portées sur l'état de sa maison, & à ses gages, ou à ceux de son souverain.

Si un *ambassadeur* abusoit de son titre & de son caractère, qu'il commît un crime dans le pays où il réside, qu'il y excitât des troubles, qu'il devînt l'auteur d'une conspiration contre le souverain ou contre la nation auprès de laquelle il résideroit, nous pensons avec Montesquieu, que, dans tous ces cas, l'*ambassadeur* ne devroit même être soumis qu'à la jurisdiction de son prince : le caractère public dont il est revêtu, mérite d'être respecté ; il faut le renvoyer, en le dénonçant à son maître qui devient par-là son juge ou son complice.

En effet, le droit des gens a voulu que les princes s'envoyassent des *ambassadeurs* ; or, par une raison tirée de la nature de la chose même, ces *ambassadeurs* ne doivent dépendre en aucune manière, ni du souverain chez lequel ils sont envoyés, ni de ses tribunaux : ils sont en quelque sorte la parole du prince qui les envoie ; parole qui doit être libre, comme celle de l'homme indépendant qu'ils représente : d'ailleurs on pourroit leur imputer des crimes imaginaires, & alors la crainte les engageroit à dissimuler les atteintes portées à leurs prérogatives ou aux intérêts de leur souverain. Il faut donc, conclut M. de Montesquieu, suivre, à l'égard des *ambassadeurs*, les raisons tirées du droit des gens, & non pas celles qui dérivent du droit civil.

Nous ne trouverons, dans l'histoire moderne, aucun exemple d'*ambassadeurs* punis par le souverain contre lequel ils avoient conspiré. Lorsque l'évêque de Roff, *ambassadeur* de la reine d'Ecosse, conspira, avec le duc de Norfolk, contre la reine d'Angleterre, les Anglois se contentèrent de l'arrêter, de le confronter avec les coupables, & de le renvoyer chez lui.

Sous Henri IV, l'*ambassadeur* d'Espagne eut part à la conspiration du comte d'Auvergne & du duc d'Angoulême ; on fit le procès à l'un & à l'autre, mais sans parler de l'*ambassadeur*. Un nommé Merargues avoit comploté, avec le secrétaire du même *ambassadeur*, de livrer Marseille au roi d'Espagne : le parlement condamna Merargues au supplice ; il remit le secrétaire entre les mains du roi qui le renvoya à l'*ambassadeur*, & l'obligea de le faire sortir du royaume.

Mais si quelqu'un de la suite de l'*ambassadeur* s'étoit rendu coupable d'un vol, d'un assassinat, ce ne seroit pas violer le droit des gens, que de réclamer le coupable, de s'en saisir & de le punir suivant les loix du pays. Sully, ministre de Henri IV, & son *ambassadeur* en Angleterre, informé qu'un gentilhomme de sa suite avoit tué un Anglois dans un mauvais lieu, le fit arrêter, & prévint le maire de la ville, qu'il pouvoit se saisir du meurtrier; celui-ci ayant le meurtrier en sa puissance, le roi d'Angleterre lui accorda sa grace, & le fit remettre en liberté. L'exemple de Sully doit être suivi par tous les *ambassadeurs*.

Un *ambassadeur* n'a pas le droit de faire punir, dans l'intérieur de son hôtel, les gens de sa suite qui se sont rendus coupables de quelques crimes : exempt de la jurisdiction du pays où il réside, il ne peut y en exercer aucune en son nom, ni même au nom du souverain qu'il représente.

Les *ambassadeurs* & tous les gens de leur suite peuvent disposer de leurs biens par testament & par toute autre disposition, selon les loix de leur pays ; &, s'ils décèdent sans avoir disposé de leur succession, leurs héritiers légitimes la recueillent, quoiqu'étrangers ; par la raison que les *ambassadeurs* ne sont point sujets aux droits d'aubaine. Mais ceci doit s'entendre seulement de leurs meubles & effets mobiliers ; car, s'ils avoient acquis des immeubles ou des rentes, ils seroient à cet égard sujets au droit d'aubaine. La raison de différence est que ceux qui sont absens pour le service de l'état, sont toujours regardés comme présens dans leur patrie; d'où il suit que les meubles qu'ils possèdent, devant suivre la loi du domicile de celui à qui ils appartiennent, ils sont réputés situés dans le pays de l'*ambassadeur*. Mais il n'en est pas de-même des immeubles : aucun motif ne peut engager à les exempter du droit d'aubaine; il n'y a ni nécessité ni utilité qu'un *ambassadeur* en acquierre; sa résidence dans le pays étranger n'étant que momentanée, & les immeubles qu'il acquerroit, devant être possédés par des étrangers, il arriveroit que ces immeubles seroient exempts pour toujours du droit d'aubaine, sous le prétexte qu'ils auroient appartenu à un *ambassadeur*.

C'est d'après ces principes qu'a été rendu l'arrêt du 14 février 1727, qui a adjugé au domaine les immeubles acquis en France par le sieur Thomas Crawfort, gentilhomme Ecossois, résident du roi d'Angleterre à la cour de France, & a débouté de sa requête le frère du sieur Crawfort qui les réclamoit.

Par une suite du principe que les meubles d'un *ambassadeur* sont censés suivre le domicile qu'il conserve dans son pays, lors de son décès ou de celui de quelqu'un des gens de sa suite, on n'appose pas le scellé sur leurs effets, à moins qu'une nécessité urgente ou quelque cas singulier n'exigent de prendre cette précaution pour les conserver à leurs héritiers légitimes.

C'est aux *ambassadeurs*, ou aux gens chargés des affaires des princes ou des républiques, qu'appartient le droit de légaliser les actes authentiques qui doivent être envoyés pour faire foi dans leur pays : c'est aussi à eux qu'appartient le droit de donner des passe-ports aux personnes de leur nation.

En France, le nonce du pape a la préséance sur tous les autres *ambassadeurs*, & porte la parole en leur nom, lorsqu'il s'agit de complimenter le roi. Dans toutes les autres cours de l'Europe, l'*ambassadeur* de France a le pas sur tous les *ambassadeurs* des autres rois : l'Espagne seule avoit contesté cette préséance; mais, en 1662, elle la reconnut solemnellement, & aucune autre puissance ne la lui a disputée depuis cette époque.

Des ambassadrices. Nous avons remarqué, au commencement de cet article, que l'on donnoit aux femmes des *ambassadeurs* le nom d'*ambassadrices*, qu'elles jouissoient des droits, honneurs & prérogatives de leurs maris, & que, comme eux, elles étoient sous la protection du droit des gens. Mais il n'est pas inutile de remarquer qu'il y a eu, & qu'il peut y avoir des *ambassadrices*, comme il y a des *ambassadeurs*. L'Asie nous en fournit un exemple dans la personne d'un roi de Perse qui, pendant les troubles de l'empire, envoya une femme de sa cour en *ambassade* vers le grand-seigneur. Louis XIV, en 1645, chargea la maréchale de Guebriant de conduire, en qualité de son *ambassadrice* extraordinaire, la princesse Marie de Gonzagues, fille du duc de Nevers, au roi de Pologne qui l'avoit épousée par procureur. La ligue de Cambrai, en 1508, fut signée de la part de l'empereur, par Marguerite d'Autriche, sa fille, munie du plein pouvoir de l'empereur son père. En 1529, la paix de Cambrai, dressée en interprétation, & pour l'accomplissement du traité de Madrid, fut appellée *la paix des dames*, parce qu'elle fut signée par Louise de Savoie, mère de François premier, & par Marguerite d'Autriche, duchesse de Parme, au nom de Charles-Quint, en vertu des pleins pouvoirs du roi de France & de l'empereur qui ne leur avoient pas donné la qualité d'*ambassadrices*, mais de plénipotentiaires.

Il peut donc arriver qu'une femme ait le caractère d'*ambassadeur*, sur-tout s'il s'agissoit d'une *ambassade* auprès de quelque souveraine dont elle pourroit gagner la confiance, & approcher de sa personne plus facilement qu'un négociateur; dans ces occasions, l'*ambassadrice* seroit sous la protection du droit des gens, ainsi que l'*ambassadeur*, & jouiroit des mêmes droits, privilèges, honneurs & prérogatives.

AMBIDEXTRE, adj. pris subst. (*Jurisprudence.*) *qui se sert des deux mains* avec une aisance égale. Ce mot vient du latin *ambidextra*, composé de *ambo*, les *deux*, & *dextra*, *droite*, *main*. Hyppocrate, dans ses *Aphorismes*, prétend qu'il n'y a point de femme *ambidextre* : plusieurs modernes cependant soutiennent le contraire, & citent des exemples en faveur de leur sentiment; mais, s'il y a des femmes *ambidextres*, il faut avouer du moins qu'il y en a beaucoup moins que d'hommes.

On a aussi appliqué le mot *ambidextre* dans un sens métaphorique, à ceux qui prennent de l'argent de deux parties, & promettent séparément à l'une & à l'autre de s'employer pour elles, comme pourroit le faire un expert, un procureur ou solliciteur de mauvaise foi. (*H*)

AMBIGU, AMBIGUITÉ, (*Droit civil.*) *ambigu* se dit d'une expression obscure, équivoque ou douteuse; ainsi l'*ambiguité* est une obscurité de paroles auxquelles on peut attribuer divers sens : ce qui empêche qu'on ne connoisse la volonté de celui qui les a proférées, ou qui les a couchées par écrit.

L'*ambiguité* ne doit pas être confondue avec l'obscurité. Cette dernière ne peut recevoir aucune interprétation, aucun sens; car il sera toujours question de savoir ce qui aura été dit : l'*ambiguité* au contraire rend seulement incertain le sens d'une disposition qui présente plusieurs significations.

L'*ambiguité* se rencontre très-souvent dans les contrats que les hommes passent entre eux, mais plus fréquemment encore dans les testamens & autres dispositions de dernière volonté.

Les loix romaines ont discuté, dans le plus grand détail, tous les cas où il se trouve de l'*ambiguité*, & elles nous ont laissé des règles pour résoudre les doutes qui peuvent naître de la manière dont les clauses d'un contrat ou d'un testament sont énoncées. Elles sont rassemblées dans les titres *de rebus dubiis*, *de pactis*, *de regulis juris*, & dans plusieurs loix concernant les testamens & les legs.

En général, on doit tenir comme une règle certaine, que, dans les contrats, l'*ambiguité* doit toujours être interprétée en faveur du débiteur, & à sa décharge. Dans la vente ou dans un bail, une clause *ambiguë* doit être expliquée au désavantage du vendeur ou du bailleur, parce qu'ils ont pu expliquer clairement leur intention. Cette décision est appuyée sur la loi 39, au titre *de pactis*. Dans les testamens, le juge doit tâcher de pénétrer la volonté du testateur, & chercher la solution des doutes que fait naître l'*ambiguité* dans les conjonctures & les circonstances; il peut même avoir recours à la preuve par témoins, & interroger ceux qui ont été présens à l'acte, pour découvrir la véritable intention du testateur.

AMBITION. (*Droit canonique.*) *Voyez* COURSE AMBITIEUSE.

AMBULANT, c'est, en France, le nom qu'on donne à un employé dans les fermes, qui n'a point de bureau fixe, & dont les fonctions consistent à parcourir tous les bureaux d'un département, à observer s'il ne s'y passe rien contre les droits du roi ou de ses fermiers, à examiner les registres des receveurs & contrôleurs, à dresser procès-verbal de leurs contraventions, à recevoir les sommes qu'ils ont perçues, les forcer même en recette des droits qu'ils auroient dû percevoir, & qu'ils ont négligés, & à rendre compte au directeur général de leur département, de toutes leurs observations.

On ajoute ordinairement au nom d'*ambulant* celui de *contrôleur*, & on appelle *ambulance*, l'emploi que remplit le contrôleur-*ambulant*. La nomination aux ambulances appartient aux fermiers généraux, & les départemens des *ambulans* sont plus ou moins étendus, suivant les arrondissemens que les fermiers généraux peuvent fixer à son gré.

AMBULATOIRE, adj. (*Jurisprudence.*) terme qui se disoit des jurisdictions qui n'avoient point de tribunal fixe, mais qui s'exerçoient, tantôt dans un lieu, tantôt dans un autre, pour les distinguer de celles qui étoient sédentaires. Ce mot est dérivé du verbe latin *ambulare*, *aller & venir*. Les parlemens & le grand-conseil, sédentaires aujourd'hui, étoient autrefois des cours *ambulatoires*.

On dit en droit, en prenant ce terme dans un sens figuré, que la volonté de l'homme est *ambulatoire* jusqu'à la mort, pour signifier que, jusqu'à sa mort, il lui est libre de changer & révoquer, comme il lui plaira, ses dispositions testamentaires.

AME, (*bénéfice à charge d'*) *Droit canonique.* Suivant la disposition du droit naturel, les bénéfices ecclésiastiques, par rapport aux fonctions & aux devoirs des titulaires, se divisent en bénéfices simples & en bénéfices à charge d'*ame*. *Voyez* BÉNÉFICE.

Les bénéfices à charge d'*ame* sont ceux dont le titulaire, outre les fonctions ordinaires, attachées à l'ordre, est tenu de veiller à la conservation du dépôt de la foi, à l'instruction des fidèles, & à l'administration publique & particulière des sacremens. Les bénéfices à charge d'*ame* sont les évêchés, les cures, les abbayes & les prieurés réguliers. Nous exposerons plus amplement les droits & les devoirs des possesseurs de bénéfices à charge d'*ame*, sous leur titre particulier. Nous remarquerons seulement, que, lorsqu'un bénéfice à charge d'*ame* est conféré par un laïque, en vertu d'un droit de patronage, le pourvu est obligé de prendre de l'ordinaire du lieu où est situé le bénéfice, une institution autorisable, avant de pouvoir exercer les fonctions attachées à ce bénéfice.

AMÉLIORATION, s. f. *en Droit*, signifie l'accroissement ou le progrès de la valeur & du prix d'une chose, ou ce qui la rend plus agréable. Ainsi améliorer, c'est augmenter le revenu d'une chose.

On en distingue de plusieurs sortes, d'indispensables, d'utiles & d'agréables. Les *améliorations* indispensables sont celles qui étoient absolument nécessaires pour la conservation de la chose. Les utiles sont celles qui n'ont fait qu'augmenter sa valeur ou son produit. On en tient compte à celui qui a fait les unes ou les autres, quoiqu'il n'eût pas commission de les faire. Les *améliorations* d'agrément sont celles qui n'ajoutent que des superfluités à la chose, sans en augmenter le prix. On n'est pas obligé de tenir compte de celles-là à celui qui les a faites sans pouvoir.

Les *améliorations* indispensables doivent être restituées à celui qui les a faites; peu importe que le possesseur ait été de bonne ou de mauvaise foi, il ne peut être obligé à déguerpir, qu'après qu'il a été remboursé.

Le tuteur ou l'usufruitier, en quittant l'administration ou l'usufruit, peuvent retenir le montant des *améliorations* par eux faites, sur les choses dont ils ont eu l'administration ou l'usufruit.

Lors de la dissolution de la communauté, les héritiers du prédécédé doivent tenir compte au survivant des *améliorations* par lui faites sur les biens propres de celui dont ils recueillent la succession. Le retrayant est tenu pareillement de rendre à l'acquéreur qu'il évince, le prix des *améliorations* nécessaires.

A l'égard des *améliorations* utiles, il est de justice & d'équité que celui auquel elles profitent, indemnise de la dépense qu'elles ont occasionnée à celui qui les a faites, suivant ce principe du droit naturel, que personne ne doit s'enrichir au détriment d'autrui. Si l'on suppose, par exemple, que le possesseur ou l'acquéreur d'un héritage l'ait amélioré, en y plantant un bois ou une vigne, le véritable propriétaire ou le retrayant qui évince le possesseur ou l'acquéreur, est tenu de lui tenir compte de la dépense qu'il a faite pour les frais de plantation du bois ou de la vigne.

Néanmoins, comme, dans l'espèce proposée, les *améliorations* faites sur l'héritage sont de nature à produire des fruits & des revenus, il faut avoir égard aux fruits produits par ces *améliorations*, à l'effet de fixer l'indemnité due au possesseur ou à l'acquéreur.

Si la jouissance des fruits a pu acquitter le principal & les intérêts de l'*amélioration*, ces deux objets doivent se compenser, & le propriétaire ou retrayant n'est tenu de donner aucune indemnité, puisque celui qui a fait les *améliorations*, ne souffre ni perte ni dommage.

Si au contraire les fruits n'ont point égalé la dépense de l'*amélioration*, celui qui l'a fait faire, doit recevoir un dédommagement proportionné à la valeur de ses frais & de ses avances, parce qu'il ne doit rien perdre.

Au reste, les difficultés relatives à la restitution des *améliorations*, doivent se régler suivant les circonstances. Il est de la prudence du juge de ne pas priver le possesseur des dépenses raisonnables que le maître auroit pu ou dû faire, & de ne pas non plus trop charger celui qui obtient la propriété d'un héritage; on doit avoir égard à la qualité des dépenses & des personnes, à la nécessité ou utilité des *améliorations*.

Mais que doit-on décider dans le cas où les jouissances des *améliorations* excèdent la dépense qu'elles ont occasionnée? Dans cette espèce, ainsi que dans la première, celui qui les a faites, ne peut prétendre aucun dédommagement, puisqu'il est remboursé au-delà de ses avances, & il ne doit également aucune restitution de fruits, parce que tous les fruits perçus appartiennent légitimement au possesseur de bonne foi; & il est censé possesseur de bonne foi jusqu'à ce qu'on ait formé contre lui en justice une demande régulière. *Voyez* PROPRIÉTÉ, POSSESSEUR.

Ceux qui ont prêté des deniers pour améliorer un fonds, acquièrent un privilège sur les *améliorations*, comme sur une acquisition faite de leurs deniers. Mais cette préférence est bornée à ce qui reste en nature des *améliorations*, & n'affecte pas le corps de l'héritage. C'est pourquoi, s'il n'en reste rien, il n'y a plus de cause de préférence : si elles subsistent, le privilège de celui qui les a faites, ne s'étend que sur ce qui en reste.

AMÉLIORISSEMENT, f. m. se dit, *dans l'ordre de Malte*, dans le même sens qu'on dit par-tout ailleurs *amélioration*. *Voyez* AMÉLIORATION. (*H*)

AMÉNAGEMENT *des forêts*, terme de la jurisdiction des eaux & forêts. L'*aménagement* des forêts consiste dans le recépage des bois abroutis, & le repeuplement des places vaines & vagues, &, en général, dans tout ce qui peut être l'objet de l'amélioration des forêts : ainsi l'*aménagement* est synonyme à *amélioration*.

L'article 57 de l'édit du mois de mai 1716 porte que les grands maîtres des eaux & forêts enverront tous les ans au conseil un état des sommes qu'ils croiront devoir être employées à l'*aménagement* des forêts, avec les procès-verbaux & pièces justificatives, ensemble l'état des journées & vacations extraordinaires, faites, pour les intérêts du roi, par les officiers des maîtrises, pour être, par sa majesté, ordonné ce qu'il appartiendra.

Les frais de l'*aménagement* des forêts doivent être pris sur les amendes, & deniers qui se perçoivent par le sergent-collecteur, conformément à l'article 17 du titre 3 de l'ordonnance de 1669.

AMENAGER, v. a. se dit bien de l'action d'améliorer une forêt; mais il est encore synonyme à *exploiter*, ensorte qu'il signifie aussi *débiter* un bois ou une forêt, en bois de chauffage, charpente ou autrement.

AMENDABLE, adj. (*terme de Droit.*) qui a deux significations différentes: quand on l'applique à une personne, il signifie *qui mérite d'être imposé à une amende*; quand on l'applique à une chose, il signifie *qui mérite d'être amendée*, c'est-à-dire d'être réformée ou perfectionnée. (*H*)

AMENDABLE, (*Commerce.*) ce mot est très-commun dans les statuts des corps & des communautés des arts & métiers; il se dit des ouvrages saisis par les jurés, qui sont en état d'être rendus meilleurs, & qui pour cela ne sont pas sujets à confiscation. A Paris, c'est la chambre de police pour certains métiers, & celle de bâtimens pour d'autres arts, qui jugent si une besogne est *amendable* ou non; & dans le premier sens, il s'entend aussi des artisans qui méritent d'être mis à l'amende pour avoir contrevenu à leurs statuts & réglemens. *Voyez* AMENDE.

AMENDE, f. f. c'est en général une peine pécuniaire imposée par la justice, pour quelque infraction aux loix ou pour satisfaction & réparation de quelque faute.

On distingue plusieurs sortes d'*amendes*, dont les unes sont fixées par les ordonnances ou les coutumes, & les autres sont arbitraires.

SECTION PREMIÈRE.

Des amendes fixées par les ordonnances.

Les *amendes* fixées par les ordonnances sont particulièrement celles qui concernent les délits commis relativement aux forêts, à la chasse & à la pêche; celles qui ont été établies pour punir les plaideurs téméraires, lorsqu'ils se pourvoient par appel, par requête civile ou autrement, contre les sentences ou arrêts, sans y être fondés; celles qui sont encourues pour contravention aux réglemens concernant l'administration & la régie des droits des fermes, *&c.*

Les *amendes* arbitraires sont celles que les juges prononcent tant en matière civile que criminelle, & desquelles la quotité n'est point déterminée par les ordonnances: celles-ci s'étendent à toutes sortes de crimes & de contraventions.

Nous allons établir le plus succinctement que nous le pourrons, ce qui a rapport à chaque espèce principale d'*amende*.

Amendes pour délits commis dans les forêts. Selon l'ordonnance des eaux & forêts du mois d'août 1669, & l'édit du mois de mai 1716, l'*amende* ordinaire pour délits commis dans les forêts du roi, par personnes privées, sans feu & sans scie, depuis le lever jusqu'au coucher du soleil, est de quatre livres pour chaque pied de tour de chêne,

&

& de tout autre arbre fruitier indistinctement, mesuré à un demi-pied de terre; de cinquante sous pour chaque pied de tour de saule, hêtre, orme, tilleul, sapin, charme & frêne; & de trente sous pour chaque pied de tour de bois de toute autre espèce, verts, ou secs ou abattus.

L'*amende* est la même, dans le cas où les arbres n'ont été qu'ébranchés ou déshonorés.

Celui qui enlève une charretée de merrain, de bois quarré, de sciage ou de charpente, encourt une *amende* de quatre-vingts livres, & de quinze livres, si la charretée est de bois de chauffage.

Pour la charge d'un cheval ou d'un âne, *l'amende* est de quatre livres; & elle est de vingt sous pour un fagot.

Pour baliveaux, parois, arbres de lisière & autres arbres abattus, l'*amende* est de cinquante livres; mais elle n'est que de dix livres, pour les baliveaux de l'âge du taillis au-dessous de vingt ans.

Pour pied cornier coupé, l'*amende* est de cent livres, & de deux cens livres, s'il a été déraciné ou déplacé.

Si les délits ont été commis depuis le coucher jusqu'au lever du soleil, avec feu ou scie, ou par les officiers des eaux & forêts, les arpenteurs, gardes, usagers, coutumiers, pâtres, paissonniers, les marchands ventiers, leurs facteurs, les gardes-ventes, bûcherons, charretiers, charbonniers, maîtres des forges, tuiliers, briquetiers & autres employés dans l'exploitation des forêts; tous ces délinquans doivent être condamnés au double des *amendes* ordinaires.

L'ordonnance veut que les propriétaires des bestiaux trouvés en délit, ou hors des lieux, des routes & chemins désignés, soient condamnés à l'*amende* de vingt livres, pour chaque cheval, bœuf ou vache; de cent sous, pour chaque veau; & de trois livres, pour chaque brebis ou mouton. Dans le cas de récidive, l'*amende* doit être du double, & pour la troisième fois, du quadruple.

Quiconque coupe ou amasse de jour des herbages, glands ou faînes de quelque nature & âge que ce soit, & les emporte des forêts, boquetaux, garennes & buissons, doit être condamné, la première fois, à l'*amende* de cent sous, pour charge d'homme; de vingt livres, pour la charge du cheval ou de l'âne; & de quarante livres, pour la charretée ou voiture. Dans le cas de récidive, l'*amende* doit être du double.

Les ouvriers qui se trouvent avoir prêté la main aux délits commis dans les forêts du roi où ils sont employés, doivent être condamnés chacun à cent livres d'*amende* pour la première fois, & punis corporellement, en cas de récidive. Ils doivent d'ailleurs être tenus solidairement des peines encourues pour ces délits.

Il est défendu aux officiers des eaux & forêts, de modérer les *amendes* ou de les changer après les jugemens, à peine de répétition contre eux, de suspension de leurs charges, pour la première fois, & de privation, en cas de récidive.

Les officiers des sièges de la table de marbre, peuvent cependant modérer les *amendes*, sur l'appel qui en est interjetté par les parties condamnées.

Les *amendes* & restitutions pour délits commis dans les eaux & forêts des ecclésiastiques, des communautés & des particuliers, sont les mêmes que pour les délits commis dans les forêts du roi.

Les *amendes*, restitutions, confiscations, dommages & intérêts, pour raison des bois & forêts du roi, de même que pour ceux tenus en gruerie, grairie, tiers & danger, concession, engagement & par indivis, appartiennent au roi, sa majesté s'étant réservé la justice dans ces bois, avec les profits qui y sont attachés.

Toutes les *amendes*, en général, prononcées par les officiers des maîtrises, & autres officiers royaux des eaux & forêts, en réformation ou autrement, pour délits, abus, usurpations & contraventions, dans les bois des ecclésiastiques & des communautés, de même que dans les bois qui en dépendent par droit de gruerie, grairie ou autrement, appartiennent aussi au roi.

Les *amendes* doivent être payées sur les biens, meubles, fruits, revenus & autres effets mobiliers des condamnés, tant par les fermiers conventionnels & judiciaires, commissaires aux saisies réelles, receveurs des consignations, payeurs des gages d'officiers & autres débiteurs des condamnés, par préférence à tout autre créancier, à la réserve seulement des propriétaires des maisons, pour le loyer qui leur sera dû, des domestiques, pour la dernière année de leurs gages, des boulangers & des bouchers, pour ce qu'ils auront fourni pendant les six derniers mois, & des marchands qui revendiqueront des marchandises non payées & qui se trouveront en nature sous corde & sous balle. Quant aux immeubles des condamnés, le roi n'y a hypothèque que du jour de la condamnation.

Ceux contre lesquels les *amendes* ont été prononcées, peuvent aussi être contraints au paiement par emprisonnement de leurs personnes, lorsque les sentences de condamnation ont été confirmées par arrêt, ou qu'elles ont passé en force de chose jugée, faute, par les condamnés, d'avoir relevé ou fait juger l'appel dans le temps prescrit par l'ordonnance.

Lorsque les collecteurs des *amendes* sont dans le cas d'user de la contrainte par corps, les frais de capture, conduite, gîte & geolage des condamnés, doivent être avancés & payés par les receveurs des *amendes* sur les exécutoires des officiers des maîtrises visés par les grands-maîtres chacun dans son département.

Mais afin que les collecteurs ne puissent abuser de cette facilité, pour s'épargner les frais dont ils sont tenus pour le recouvrement des *amendes*, il leur est défendu d'user de la voie de l'emprisonnement contre les domiciliés, avant de les avoir discutés dans leurs meubles & biens. Ils ne peuvent pas non plus employer cette voie envers les non-domiciliés, qu'ils n'aient auparavant fait viser leurs contraintes par le procureur du roi de la maîtrise, & celui-ci ne doit viser ces contraintes qu'après s'être assuré que les collecteurs ont fait contre les condamnés les autres poursuites & diligences convenables.

Les *amendes* ne se prescrivent que par dix ans.

Il est expressément défendu aux grands-maîtres & aux autres officiers des eaux & forêts, d'ordonner le paiement d'aucune somme, pour quelque objet que ce soit, sur les deniers provenant des *amendes*, à peine de restitution du quadruple & d'interdiction. Ceux qui voudront s'instruire de la manière dont les rôles des *amendes* doivent être fixés & arrêtés par les officiers des maîtrises des eaux & forêts, de la forme des rôles, des droits & devoirs des collecteurs & receveurs des *amendes*, & de leur comptabilité, peuvent avoir recours à l'ordonnance de 1669, & à ce que nous en dirons aux mots SERGENT, COLLECTEUR *des amendes*.

Amendes pour faits de chasse. La chasse a toujours été regardée en France comme un droit fiscal & domanial. Dès le berceau de la monarchie, il y a eu des loix pour en assurer la jouissance au souverain; &, depuis l'introduction de la féodalité, aux seigneurs des terres, en faveur desquels le roi a bien voulu s'en désister. Parmi les loix relatives à cet objet, il en existe une qui prononce la peine de mort contre ceux qui y donnoient atteinte: mais aujourd'hui l'ordonnance veut que les juges condamnent à cent livres d'*amende*, & même à une punition corporelle, s'il y échet, quiconque chasse à feu & entre ou demeure la nuit avec arme à feu, dans les bois & forêts du roi ou des particuliers.

Il est aussi défendu à tout marchand, bourgeois, artisan, paysan ou autre roturier qui ne possède ni fief, ni haute-justice, de chasser en quelque lieu & à quelque gibier que ce soit, à peine de cent livres d'*amende* pour la première fois, du double pour la seconde, & pour la troisième, d'être attachés, durant trois heures, au carcan du lieu de leur résidence, & bannis, pendant trois ans, du ressort de la maîtrise, sans que les juges puissent remettre ou modérer la punition, sous peine d'être interdits.

Les seigneurs, gentilshommes, haut-justiciers & autres de quelque état & condition qu'ils soient, qui, sans avoir le droit, tirent ou chassent à bruit dans les forêts, buissons, garennes & plaisirs du roi, doivent être condamnés à 1500 livres d'*amende*, & les roturiers aux *amendes* & autres punitions portées par l'édit de 1601, à la réserve de la peine de mort qui est abolie à cet égard.

Selon cet édit, l'*amende* est de quatre-vingt-trois écus un tiers, pour avoir chassé aux cerfs, biches & faons; de quarante-un écus deux tiers, pour avoir chassé aux chevreuils & aux sangliers; & de six écus deux tiers, pour avoir chassé au menu gibier.

Ces *amendes* augmentent, dans le cas de récidive.

Il est défendu de chasser avec des chiens couchans, en quelque lieu que ce soit, & de tirer au vol à trois lieues près des plaisirs du roi, sous peine de deux cens livres d'*amende* pour la première fois, du double pour la seconde, & du triple pour la troisième, outre le bannissement à perpétuité du ressort de la maîtrise.

Il est aussi défendu à toutes personnes, même aux gentilshommes & autres ayant droit de chasse, de chasser sur les terres ensemencées, depuis que le bled est en tuyau, & dans les vignes, depuis le premier jour de mai jusqu'après la récolte, à peine de privation du droit de chasse, de cinq cens livres d'*amende*, & de tous dépens, dommages & intérêts envers les propriétaires ou usufruitiers.

Ceux qui prennent dans les forêts, garennes, buissons & plaisirs du roi, des aires d'oiseaux, & ailleurs des œufs de cailles, perdrix ou faisans, doivent être condamnés à cent livres d'*amende* pour la première fois, & au double pour la seconde.

Les tendeurs de lacs, tirasses, tonnelles, traîneaux, bricolles de cordes & de fil d'archal, *&c.* doivent être condamnés au fouet & à trente livres d'*amende* pour la première fois, & dans le cas de récidive, ils doivent être fustigés, flétris & bannis pour cinq ans du ressort de la maîtrise.

Quiconque trouble les officiers des chasses dans leurs fonctions, ou leur fait violence pour se maintenir dans un droit de chasse usurpé, doit être condamné à trois mille livres d'*amende*.

L'*amende* pour fait de chasse appartient au roi, lorsque les poursuites ont été faites dans une justice royale; mais lorsque le juge d'un seigneur a pris connoissance du délit, l'*amende* appartient au seigneur.

Les *amendes* de chasse doivent être payées par tête & solidairement par les délinquans. Un arrêt du parlement de Paris, du 13 mai 1735, a condamné les religieux de S. Vincent du Mans, à l'*amende* solidairement avec deux de leurs domestiques, qui avoient chassé sur la terre d'un seigneur voisin; l'arrêt a infirmé le jugement de la table de marbre, qui avoit déchargé les moines de la solidité prononcée par la sentence de la maîtrise de Château-du-Loir.

Des amendes pour faits de pêche. Il est défendu à tout particulier autre que les maîtres pêcheurs reçus aux sièges des maîtrises, de pêcher dans les fleuves & rivières navigables, à peine de cinquante livres d'*amende* pour la première fois & du double pour la seconde, outre la confiscation du poisson, des filets & autres instrumens de pêche.

Les pêcheurs qui pêchent aux jours de fête ou de dimanche, doivent être condamnés à quarante livres d'*amende*. Ceux qui pêchent dans le temps du frai, encourent une *amende* de vingt livres pour la première fois & du double pour la seconde; &

ceux qui font usage de filets & d'engins prohibés, doivent être condamnés à cent livres d'*amende* pour la première fois, & punis corporellement pour la seconde.

Les pêcheurs doivent remettre dans l'eau les truites, carpes, barbeaux, brêmes & meuniers qu'ils auront pris, ayant moins de six pouces entre l'œil & la queue, & les tanches, perches & gardons qui en auront moins de cinq, à peine de cent livres d'*amende* & de confiscation, tant contre les vendeurs que contre les acheteurs.

Il est défendu aux mariniers ou compagnons de rivière, d'avoir avec eux, lorsqu'ils conduisent leurs bateaux ou trains, aucun engin à pêcher, à peine de cent livres d'*amende* & de confiscation des engins.

Les *amendes* prononcées pour fait de pêche dans les rivières navigables & autres eaux qui appartiennent au roi, doivent être recueillies au profit de sa majesté, de la même manière que les *amendes* prononcées par les officiers des maîtrises, pour délits commis dans les forêts.

Des amendes de consignation & de condamnation. Ce sont des *amendes* fixées par les ordonnances & qui doivent être consignées en tout ou en partie, lorsqu'on veut se pourvoir en justice dans certain cas. Ainsi, celui qui veut faire juger ou poursuivre le jugement d'un appel, doit consigner l'*amende* avant de demander l'audience, quand même le poursuivant ne seroit pas appellant. Cette consignation d'*amende* est de douze livres dans les cours supérieures & aux requêtes de l'hôtel, de six livres dans les présidiaux, & de trois livres dans les sièges royaux.

Remarquez cependant que l'*amende* de fol appel est de soixante-quinze livres dans les cours supérieures, mais les juges peuvent la modérer à douze livres: dans les autres sièges, elle n'est susceptible ni de diminution, ni d'augmentation. C'est toujours la même qui a été consignée.

Lorsque les cours condamnent l'appellant à l'*amende*, sans la modérer, le fermier peut répéter soixante-trois livres, outre les douze livres consignées; mais si les arrêts jugent l'instance périe ou prononcent hors de cour & de procès sur l'appel, sans s'expliquer sur l'*amende*, celle qui a été consignée demeure acquise au fermier, qui ne peut rien prétendre de plus, parce qu'alors on ne statue point sur l'appel. Cela est conforme à la jurisprudence du parlement de Paris, qui a rendu le 8 mai 1665, un arrêt de réglement portant qu'en toutes les instances d'appel instruites contradictoirement, soit que l'on prononce hors de cour sur l'appel ou l'appellation au néant, les appellans seront condamnés à autant d'*amendes* de douze livres qu'il y aura de réglemens dans l'instance pris sur différentes appellations principales.

Dans les appels comme d'abus, les juges sont obligés, quand il n'y a abus, de prononcer l'*amende* de soixante-quinze livres, sans pouvoir la modérer.

La déclaration du 21 mars 1671, défend à tout procureur de mettre aucune appellation soit des justices royales inférieures, soit des justices seigneuriales, aux rôles ordinaires & extraordinaires, tant en matière civile que criminelle, ou d'en poursuivre l'audience, ou de conclure en aucun procès par écrit avant d'avoir consigné l'*amende* fixée par les ordonnances; à peine de cinq cens livres d'*amende* pour la première fois, & d'interdiction en cas de récidive. Il est pareillement défendu, sous les mêmes peines, aux greffiers & commis des greffes, de délivrer aucun jugement où il y aura condamnation des *amendes* qui doivent être consignées, qu'ils n'aient la quittance du fermier ou de son commis, de laquelle ils sont tenus de faire mention sur la minute, & d'en énoncer la date. Cette obligation leur est enjointe par plusieurs arrêts du conseil.

Lorsque le jugement dont est appel vient à être infirmé, l'*amende* consignée doit être restituée en espèces au cours du jour, sans avoir égard aux augmentations ou diminutions survenues pendant la consignation.

1°. Celui qui veut se pourvoir en cassation contre un arrêt ou jugement contradictoire, doit consigner cent cinquante livres pour l'*amende* envers le roi, & la requête en cassation ne peut être reçue que la quittance de consignation n'y soit jointe. Mais s'il ne s'agit que d'un arrêt ou jugement par défaut ou par forclusion, l'*amende* à consigner n'est que de soixante-quinze livres.

Remarquez que cette consignation ne compose pas toute l'*amende*. Ainsi celui qui a formé une demande en cassation & qui succombe après un arrêt de soit communiqué, doit être condamné à trois cens livres d'*amende* envers le roi, & à cent cinquante livres envers la partie, si l'arrêt ou jugement dont la cassation étoit demandée, a été rendu contradictoirement, & à la moitié des mêmes sommes, si l'arrêt ou le jugement a été rendu par défaut ou par forclusion. Il doit être fait état sur les *amendes* de la somme consignée.

L'article 36 du titre 4 du réglement du 28 juin 1738, porte que les *amendes* dont on vient de parler, ne pourront être remises ni modérées, sous quelque prétexte que ce soit, & qu'au contraire, elles pourront être augmentées, lorsqu'on statuera sur la demande en cassation. L'article suivant porte que dans le cas où il auroit été omis de prononcer sur l'*amende*, elle n'en sera pas moins acquise de plein droit, en quelques termes que puisse être conçu l'arrêt qui rejettera la demande en cassation.

Lorsque le demandeur obtient la cassation par lui demandée, l'*amende* consignée doit lui être rendue sans délai, en quelques termes que l'arrêt soit conçu, & même quand la restitution de l'*amende* n'y seroit point ordonnée.

2°. Il n'y a aucune *amende* à consigner, pour présenter les requêtes en cassation des jugemens de compétence des prévôts des maréchaux de France ou des sièges présidiaux, & si ces requêtes sont rejettées, les demandeurs n'encourent point d'*amende*.

3°. Les demandeurs en contrariété d'arrêts ou de jugemens, sont aussi dispensés de la consignation d'*amende*; mais s'ils viennent à succomber dans leur demande, le conseil peut les condamner à telle *amende* qu'il jugera à propos d'arbitrer.

4°. Les demandeurs en révision d'arrêts ne sont sujets ni à la consignation ni à la condamnation d'*amende*, à moins qu'ils n'aient conclu à la cassation, auquel cas les règles établies au sujet des demandes en cassation doivent être observées.

5°. Le fermier général des gabelles, aides, entrées & autres fermes unies & ses sous-fermiers doivent être reçus à se pourvoir contre les arrêts concernant les droits des fermes, sans être tenus de consigner aucune *amende*.

Les requêtes en cassation, présentées en matière domaniale par les procureurs généraux du roi, ou par les inspecteurs généraux du domaine, doivent aussi être admises sans consignation d'*amende*. Il en doit être de même pour les requêtes en cassation, présentées par les procureurs généraux, contre les arrêts dans lesquels ils ont été parties ou ont requis pour l'intérêt public.

Si les demandes en cassation concernent des arrêts par lesquels on a reçu l'appel des jugemens des consuls ou d'autres juges, dans des cas où il ne devoit pas avoir lieu, la requête peut pareillement être présentée sans consignation d'*amende*.

Il en est de même des demandes en cassation contre les procédures ou arrêts attentatoires à l'autorité du conseil.

6°. L'article 32 du titre 4 de l'ordonnance du mois d'août 1669, veut que celui qui n'est point privilégié, & qui fait assigner quelqu'un ou renvoyer une cause pardevant des juges de privilège, soit condamné, lorsqu'il sera prononcé sur le déclinatoire, à 75 liv. d'*amende* applicable moitié au roi, & moitié à la partie.

Si par omission ou autrement, l'arrêt intervenu sur le déclinatoire n'adjugeoit point cette *amende*, elle n'en seroit pas moins acquise de plein droit.

7°. Celui qui veut faire évoquer une affaire, en articulant qu'un officier de cour souveraine a sollicité les juges de la compagnie, consulté ou fourni aux frais du procès, doit préalablement consigner la somme de 150 livres, & joindre la quittance de consignation à sa requête; il est défendu aux avocats aux conseils, sous peine de cent livres d'*amende*, de signer de pareilles requêtes, à moins que cette quittance n'y soit attachée.

Si le demandeur en évocation succombe, il doit être condamné à trois cens livres d'*amende* envers le roi, & à cent cinquante livres envers la partie, mais, sur cette *amende*, on lui tient compte de la somme consignée.

Ces *amendes* sont encourues de plein droit, en conséquence de la cédule évocatoire, dans le cas même où le demandeur en évocation signifieroit son désistement avant qu'il y eût eu aucune assignation donnée au conseil.

8°. Celui qui veut s'inscrire en faux contre un acte, doit consigner une *amende* & en attacher la quittance à sa requête.

Cette *amende* est de cent livres dans les cours souveraines & aux requêtes de l'hôtel, de 60 livres dans les bailliages, sénéchaussées & autres sieges qui ressortissent immédiatement aux cours souveraines, & de vingt livres dans tous les autres sièges.

Si la requête étoit présentée avant que l'*amende* fût consignée, la déclaration du 21 mars 1671 veut que le procureur contrevenant soit condamné à 500 livres d'*amende*.

Lorsque la requête pour une inscription de faux est présentée aux cours dans les six semaines antérieures au temps où finissent leurs séances, le demandeur est tenu de consigner trois cens livres, & même une plus grande somme, si les juges trouvent à propos de l'ordonner.

Quand le demandeur en faux vient à succomber, il doit être condamné à une *amende*, dont les deux tiers appartiennent au roi ou aux haut-justiciers, & l'autre tiers à la partie. Cette *amende*, y compris la somme consignée, doit être de 300 livres dans les cours souveraines & aux requêtes de l'hôtel, de cent livres dans les sièges qui ressortissent immédiatement aux cours, & de 60 livres dans les autres sièges. Les juges ont d'ailleurs le pouvoir d'augmenter ces *amendes*, selon les circonstances.

Si le demandeur en faux vient à se désister, la condamnation d'*amende* n'aura pas moins lieu, pourvu toutefois que l'inscription en faux ait été formée au greffe.

Le demandeur en faux n'encourt aucune *amende*, lorsque la pièce ou l'une des pièces arguées de faux est déclarée fausse en tout ou en partie ou qu'elle est rejettée du procès. De même, lorsque la demande en faux n'a point été admise ou qu'elle n'a point été suivie d'inscription formée au greffe, l'*amende* consignée par le demandeur doit lui être rendue, en quelques termes que la demande ait été rejettée.

9°. Suivant l'ordonnance du mois d'avril 1667, les tiers opposans à l'exécution des arrêts des cours qui auront été déboutés de leurs oppositions, doivent être condamnés à 150 livres d'*amende*, & ceux qui auront été déboutés de leurs oppositions à l'exécution des sentences, en 75 livres applicables moitié au roi & moitié à la partie.

10°. Le réglement du conseil du 28 juin 1738, fixe aussi à 150 livres, applicables moitié au roi & moitié à la partie, l'*amende* encourue par ceux qui succombent dans leurs oppositions aux arrêts du conseil; & cette *amende* peut être augmentée, lorsque le conseil le juge à propos.

11°. Ceux qui récusent quelque juge & dont les moyens de récusation sont déclarés impertinens & inadmissibles, doivent être condamnés à deux cens livres d'*amende* dans les cours souveraines & aux requêtes de l'hôtel, à cinquante livres dans les présidiaux, bailliages & sénéchaussées, & à trente-cinq livres dans les châtellenies, prévôtés, vicomtés, élections, greniers à sel & autres jurisdictions royales. La moitié de ces *amendes* appartient au roi, & l'autre moitié à la partie. Elles ne peuvent être remises ni modérées.

Les *amendes* prononcées pour récusation dans les justices seigneuriales, appartiennent moitié au seigneur & moitié à la partie.

Le réglement du 4 janvier 1673 & l'arrêt du conseil du 22 avril suivant, avoient ordonné que l'*amende* pour récusation de juges seroit consignée avant que le demandeur fût admis à se pourvoir; mais l'article 8 du réglement du 27 octobre 1674, a dispensé de cette consignation.

Au reste, lorsque la demande en récusation de juge est rejettée, l'*amende* dont il s'agit est encourue, en quelques termes que la décision soit conçue.

12°. L'ordonnance du mois d'avril 1667, veut que ceux qui auront obtenu des lettres en forme de requête civile, contre des arrêts contradictoires, ne puissent présenter leur requête en entérinement, sans consigner une *amende* de 300 livres envers le roi, & de 150 livres envers la partie. Si les arrêts ont été rendus par défaut, l'*amende* ne doit être que de 150 livres envers le roi, & de 75 livres envers la partie.

Lorsque le demandeur succombe ou qu'il se désiste de sa demande, en quelque manière que ce soit, l'*amende* consignée est acquise, sans que les cours ou juges puissent en ordonner la remise ou modération. C'est ce qui a été jugé par plusieurs arrêts du conseil, des 15 janvier 1671 & 7 mars 1676.

13°. Au reste, il faut observer que, conformément à l'arrêt du conseil, du 22 décembre 1771, il doit être payé huit sous pour livre du montant & en sus de toutes les sommes consignées pour *amende*. Ces huit sous pour livre sont acquis au fermier, dès l'instant de la consignation, & ils ne sauroient être répétés, même dans les cas où les sommes consignées pour *amende* doivent être restituées.

Des amendes pour contravention aux réglemens concernant l'administration & la régie des droits des fermes. Les différens fermiers du roi jouissent des *amendes* encourues pour contravention aux réglemens, concernant les droits qui leur sont affermés. On trouvera le montant de chaque espèce d'*amende* sous le nom propre à l'objet dont elle dérive, nous ne prétendons établir ici que des principes généraux.

L'article 6 du titre des confiscations & *amendes* de l'ordonnance des gabelles, du mois de mai 1680, défend à l'adjudicataire des fermes, de transiger des *amendes* avant qu'elles soient ordonnées en justice; mais cette disposition n'est point observée, & il est permis au fermier & à ses employés de composer des *amendes* & confiscations, sans attendre les jugemens, ni demander le consentement des procureurs généraux, ou de leurs substituts dans les jurisdictions où les saisies seront pendantes. C'est le dispositif d'un arrêt du conseil, du 19 janvier 1694.

Un arrêt de la cour des aides de Paris, du 18 juin 1740, a infirmé une sentence de l'élection de Compiegne, par laquelle il avoit été défendu aux commis des aides de faire aucun accommodement avec les particuliers trouvés en contravention, & la cour a déclaré valable l'accommodement que les élus avoient annullé, sous prétexte qu'il étoit écrit par les commis, & même que les accommodemens ne pouvoient être faits que par les directeurs & par actes doubles.

Le fermier, en transigeant des *amendes*, ne peut traiter que sur ce qui est connu & établi par un procès-verbal, sans quoi il en résulteroit des inconvéniens préjudiciables à la ferme & au public.

La déclaration du 15 juillet 1710 autorise le fermier à décerner ses contraintes pour les droits de contrôle, insinuation & petit scel, & pour les *amendes* contre les redevables, notaires, greffiers & autres.

Les arrêts du conseil, des 21 août 1714, 24 février & 28 mars 1719, portent pareillement que les contrevenans seront contraints au paiement des *amendes* sur les contraintes du fermier.

Cependant il est bien plus régulier, & l'on est dans l'usage de rapporter un procès-verbal des contraventions, pour faire prononcer les *amendes* encourues.

Dès que les *amendes* ont été prononcées, les contrevenans peuvent être contraints par corps à les acquitter, quoique le jugement de condamnation ne le porte pas expressément; c'est qu'il s'agit d'une infraction à la loi du prince, que les contrevenans sont personnellement tenus de réparer par le paiement de l'*amende* qui affecte non seulement leurs biens, mais encore leurs personnes.

Au reste, il convient de ne faire usage de la contrainte par corps qu'avec prudence, & lorsqu'il s'agit d'*amendes* prononcées pour des faits graves, contre des personnes qui, par état, ont dû connoître les dispositions des réglemens auxquels elles ont contrevenu, ou quand il n'y a pas d'autres moyens de se procurer le paiement des condamnations.

Les *amendes* de contravention étant personnelles, l'héritier n'en sauroit être tenu lorsqu'elles n'ont pas été prononcées contre le contrevenant même.

Des arrêts des 30 septembre & 23 décembre 1721, & des 18 mars, 24 avril & 10 juillet 1725, avoient néanmoins jugé le contraire; mais par décision du conseil du 24 août 1727, rendue contre Caraman, fermier de Bretagne, qui demandoit à l'héritier d'un notaire les *amendes* encourues par cet officier, il a été jugé que l'héritier ne devoit que les droits que le notaire n'avoit pas payés, & non les *amendes*.

La même chose a été décidée au conseil le 14 février 1728, le 6 août 1729 & le 15 juillet 1732.

Il en seroit autrement si le contrevenant décédé avoit passé une soumission de payer l'*amende*, il faudroit, dans ce cas, que l'héritier exécutât la soumission, parce qu'alors c'est une dette véritable du défunt, & une charge de sa succession, dont est tenu son héritier.

En matière d'aides, les *amendes* sont solidaires, 1°. contre ceux qui vendent & achètent du vin sans avoir rempli les formalités prescrites.

2°. Contre les entreposeurs des boissons recelées pour les débiter en fraude, & ceux qui prêtent leur maison pour l'entrepôt.

3°. Contre tous ceux qui sont condamnés pour un même fait de fraude.

4°. Contre six des principaux habitans d'une communauté qui a fait rebellion.

5°. Contre les geoliers & les prisonniers pour opposition aux exercices des commis.

6°. Contre les maîtres des maisons & leurs domestiques; les pères, les mères, & leurs enfans mineurs, demeurant avec eux, pour fraude & complicité, & pour violence & rebellion.

Il est défendu aux juges de modérer les *amendes* & confiscations, à peine d'en répondre en leur propre & privé nom, excepté néanmoins les cas exprimés dans la déclaration du 17 février 1688. Mais ils ont le pouvoir d'augmenter les *amendes*, selon le genre des contraventions.

Dans aucun cas l'*amende* ne peut être confondue avec la confiscation, ni les dépens avec l'*amende* & la confiscation. Chacun de ces objets doit être prononcé séparément & distinctement par les juges, afin qu'on puisse connoître s'ils ont observé les réglemens dans leurs sentences ou arrêts.

Le fermier peut prétendre autant d'*amendes* qu'il y a de différentes sortes de fraudes résultantes d'un même procès-verbal. La plupart des réglemens s'expriment en ces termes: *à peine d'amende pour chaque contravention.*

Les sentences sur le fait des aides sont exécutoires en donnant caution, pour ce qui concerne les *amendes*, à quelque somme qu'elles puissent monter, ainsi que pour le principal, nonobstant l'appel & sans y préjudicier, pourvu néanmoins qu'il n'y ait point d'inscription de faux contre les procès-verbaux qui ont donné lieu aux condamnations.

C'est en conséquence de ces dispositions qu'il est défendu aux cours des aides de recevoir l'appel des sentences portant condamnation d'*amende*, avant que cette *amende* ait été consignée entre les mains du fermier ou de ses préposés.

Section II.

Des amendes arbitraires.

Les *amendes* arbitraires sont, comme on l'a vu, celles qui s'adjugent tant en matière civile que criminelle, & dont les juges peuvent déterminer la quotité.

De la nature des amendes arbitraires, & de ceux à qui elles appartiennent. Ces *amendes* sont des droits utiles de la justice, des profits casuels accessoires du droit de la rendre; elles font partie du domaine du roi, ou de celui des seigneurs dans leurs hautes-justices, & elles appartiennent à sa majesté dans toutes les cours & autres jurisdictions royales.

Quelques engagistes jouissent des *amendes* dans les justices des domaines engagés: mais pour les prétendre, il ne suffit pas que le mot *amendes* se trouve compris dans l'engagement, parce qu'il ne s'applique qu'aux *amendes* féodales, établies par les coutumes contre les vassaux, lorsqu'ils sont en demeure de payer les droits seigneuriaux, ou de rendre les devoirs auxquels ils sont tenus; il faut, pour que les *amendes* de justice appartiennent aux engagistes, que la justice leur ait été attribuée spécialement avec tous les droits accessoires, utiles & onéreux: dans ce cas, ils sont tenus de tous les frais de justice, de l'entretien des palais & auditoires, de la nourriture des prisonniers, *&c.*

La déclaration du roi du 6 novembre 1706, avoit ordonné que les *amendes* qui seroient adjugées au roi, appartiendroient aux fermiers des domaines pendant la durée de leurs baux; mais dans la suite, cette disposition a été changée.

L'adjudicataire des fermes jouit des *amendes* de toute nature qui sont consignées entre ses mains, ou entre celles de ses sous-fermiers & commis dans toutes les cours & jurisdictions, y compris le parlement de Paris; des *amendes* de police, soit qu'elles soient adjugées au roi ou indécises, & des *amendes* arbitraires sujettes à recouvrement, même de celles prononcées pendant les précédens baux, dont il n'a été formé aucune demande.

Par la même raison, l'adjudicataire des fermes est chargé de rendre & restituer aux parties, à la première requisition, les *amendes* consignées dont la restitution est ordonnée pendant son bail, même les *amendes* qui pourroient être à restituer sur des arrêts & sentences précédemment rendus, dans quelque temps que les consignations aient été faites.

Suivant la déclaration du 28 novembre 1700, les *amendes* prononcées contre les collecteurs, soit pour défaut de confection des rôles ou autrement; & celles qui sont prononcées contre les receveurs & officiers comptables, faute d'avoir rendu leurs comptes dans le temps fixé, appartiennent en entier au roi, & font partie de la ferme des domaines.

Des amendes dont la totalité n'appartient pas au roi. 1°. Il y a des *amendes* de police dont il a été attribué des portions aux officiers de police. Il a aussi été accordé des portions d'*amendes* de contravention aux réglemens des manufactures, soit aux inspecteurs des manufactures, soit aux gardes & jurés des métiers, soit aux hôpitaux.

2°. Quelques officiers des sièges & jurisdictions des provinces de Flandres & de Hainaut ayant prétendu qu'il leur étoit dû une partie des *amendes* adjugées au roi, il fut ordonné, par arrêt du conseil du 14 juillet 1722, que tous ceux qui auroient de pareilles prétentions, seroient tenus de représenter leurs titres devant les intendans de ces provinces.

Par un second arrêt du conseil du 21 juillet 1725, rendu sur l'avis de l'intendant de Flandres, il fut jugé que l'attribution de la portion d'*amendes* dont il s'agit, avoit été uniquement attachée à la charge de procureur général du parlement de Flandres: en conséquence il fut ordonné qu'il seroit compté à Cordier, chargé de la régie des fermes du roi, & à ses successeurs, de la totalité des *amendes* prononcées & à prononcer dans les sièges royaux du ressort du parlement de Flandres, sans que les officiers des sièges & jurisdictions de Flandres pussent y rien prétendre.

Un arrêt du conseil du 12 février 1671, a ordonné que le fermier général des domaines & ses préposés, jouiroient des *amendes* qui seroient prononcées par les conseils souverains d'Arras & de Tournay, & par les autres sièges du pays.

3°. Par un autre arrêt du conseil du 24 octobre 1747, il a été ordonné que toutes les *amendes* qui seroient prononcées par les maire, sous-maire & jurats de la ville de Bordeaux, soit dans l'exercice de la jurisdiction criminelle, soit dans celle de la police, à quelque somme qu'elles pussent monter, appartiendroient au roi, & que le recouvrement en seroit fait par le fermier des domaines: pour cet effet, il a été enjoint aux maire & jurats de faire rédiger sommairement sur le champ, les jugemens qu'ils rendront, portant condamnation à quelque *amende* que ce soit; & il leur a été défendu, & à tous autres, d'en percevoir ou s'en approprier aucune, sous quelque prétexte que ce fût.

4°. Quant aux *amendes* prononcées pour jeux défendus, soit contre les joueurs, soit contre ceux qui ont loué ou prêté leurs maisons: suivant la déclaration du roi, du premier mars 1781, le montant en doit être partagé par tiers, entre le roi, les hôpitaux des lieux, & le dénonciateur.

5°. Les *amendes* & confiscations prononcées contre ceux de la religion prétendue réformée, qui sont réfractaires aux ordres du roi, tombent en régie, pour être le tout employé à la subsistance des nouveaux convertis à la foi catholique; & le fermier du domaine n'y peut rien prétendre.

6°. Selon le réglement du 12 novembre 1669, l'amiral de France doit jouir des *amendes* prononcées dans les sièges particuliers d'amirauté, & dans les sièges généraux de Rouen & de Paris: mais il n'a que moitié de celles prononcées aux tables de marbre.

Par les réglemens qui concernent la police & la discipline des équipages des navires expédiés pour les colonies, l'embarquement & le débarquement des matelots, & particulièrement par ceux des 19 mai 1745, & 22 juin 1753, les *amendes*, pour contravention à ces réglemens, sont aussi attribuées à l'amiral qui est tenu de tous les frais de justice des amirautés, comme ayant tous les droits utiles de la justice. Mais en Bretagne où le gouverneur de la province jouit des droits d'amiral sans être tenu des frais de justice, les *amendes* attribuées ailleurs à l'amiral appartiennent au roi.

Le juge peut-il régler l'application de l'amende. Les juges qui ont le pouvoir de régler les *amendes* criminelles, civiles ou de police, qui ne sont pas fixées, n'ont pas celui d'en faire l'application, soit pour réparations, pain des prisonniers, nécessités du palais, impression, frais de justice, ni pour quelque autre prétexte que ce soit: & même, en condamnant des accusés à des *amendes* envers le roi, les juges ne peuvent prononcer aucune condamnation d'aumônes applicables à œuvres pies, si ce n'est dans les cas où il a été commis sacrilèges, & lorsque la condamnation d'aumône fait partie de la réparation. Ces *amendes* sont entièrement comprises dans les baux des fermes: & le fermier doit en jouir, si ce n'est dans les cas où les ordonnances en ont fait une application particulière.

Toutes les fois que les juges, même ceux des cours souveraines, ont voulu faire une application des *amendes*, leurs jugemens ont été cassés par des arrêts du conseil: un même du 23 septembre 1775 a condamné les officiers du bailliage d'Estaing à payer une *amende* de cent livres, dont ils avoient ordonné l'application à la charité.

La prescription a-t-elle lieu contre les amendes? Le délai accordé à chaque fermier est d'une année seulement après l'expiration de son bail, pour s'assurer, par des poursuites ou par des promesses ou obligations passées devant notaires, les *amendes* acquises ou adjugées avant la fin de son bail. Passé ce terme d'une année, les *amendes* appartiennent au fermier successeur. Au reste, cette prescription établie contre le premier fermier en faveur du second, ne peut être opposée par les débiteurs des *amendes*: elles peuvent être répétées à ceux-ci pendant trente années, à compter du jour de la condamnation.

Il y a néanmoins des provinces dont les loix, coutumes, statuts ou usages ont établi une prescription moins longue pour le recouvrement des *amendes*: on peut citer particulièrement l'article premier du titre 21 du réglement, for & coutume du Béarn, du 15 juillet 1584, suivant lequel l'action, pour demander les *amendes* adjugées au fisc, doit être exercée dans le cours de cinq années; & si, pendant ce temps, il n'y a eu aucune diligence faite en justice pour le recouvrement de ces *amendes*, elles sont déclarées prescrites. Mais cette sorte de prescription n'a lieu que pour les *amendes* qu'il étoit d'usage de prononcer dans les provinces dont il s'agit, lors de la rédaction de la loi ou coutume, & nullement pour les *amendes* établies par les ordonnances, édits & déclarations postérieurs, ni pour celles prononcées par d'autres juges que ceux de ces provinces, quoique les particuliers condamnés y soient domiciliés: c'est ce qui résulte de l'arrêt du conseil du 23 octobre 1725, rendu contradictoirement avec les états de Béarn, & sur le dire de l'inspecteur général du domaine de la couronne.

Du recouvrement des amendes. Pour faciliter le recouvrement des *amendes* acquises ou adjugées au roi, il est enjoint aux procureurs, sous peine de cinq cens livres d'*amende* pour la première fois, & d'interdiction, en cas de récidive, d'insérer, dans les qualités des arrêts & jugemens, les noms, surnoms, qualités & demeures des parties condamnées : d'un autre part, les greffiers sont tenus, sous les mêmes peines, de délivrer à ceux qui sont préposés à la recette des *amendes*, des extraits de tous les jugemens portant condamnation d'*amende*, lesquels extraits doivent contenir les noms & qualités des parties, leurs domiciles & les noms de leurs procureurs.

Ces extraits doivent être délivrés tous les lundis par les greffiers des cours, & le premier jour de chaque mois, par les greffiers des présidiaux & des autres justices inférieures. S'il n'y a point eu d'*amende* adjugée, ces officiers doivent en donner leur certificat. Ils sont en outre obligés de tenir en bonne forme des registres de toutes les *amendes* prononcées, & de les communiquer au fermier ou à ses commis, lorsque ceux-ci le requièrent.

Le commis à la recette des *amendes* doit, en conséquence des extraits qui lui ont été délivrés, décerner ses contraintes, les faire signifier, & ensuite les mettre à exécution par les voies ordinaires & accoutumées pour le recouvrement des deniers royaux.

Le privilège établi pour le paiement des *amendes* en matière d'eaux & forêts, & dont nous avons parlé, a également lieu pour toutes les autres *amendes* prononcées au profit du roi. Elles doivent être préférées à toute autre créance sur les meubles, revenus & effets mobiliaires des condamnés, mais sous les restrictions dont nous avons fait mention pour les *amendes* prononcées dans les jurisdictions des eaux & forêts.

Ajoutez à ces restrictions, que l'*amende* pour crime ne doit être prise sur les effets du condamné, qu'après la somme adjugée à la partie civile pour réparation, dommages & intérêts, parce que l'offense faite au public n'est qu'une suite & une conséquence de celle qui a été faite à la partie intéressée : c'est ce qui a été jugé par deux arrêts du parlement de Paris, des 10 mars 1660, & 28 février 1681.

Lorsque le roi accorde des lettres de rémission du crime pour lequel l'accusé auroit été condamné à l'*amende*, l'*amende* est censée remise, quand bien même il n'en seroit pas parlé dans les lettres de rémission.

Des amendes en matière criminelle. En matière criminelle, la condamnation d'*amende* est solidaire contre tous les accusés, à moins qu'elle ne soit prononcée contre eux divisément; mais, en matière civile, elle se divise, lorsqu'elle est prononcée contre plusieurs personnes.

Suivant le droit romain, l'*amende* seule n'emporte point d'infamie ; mais parmi nous elle est infamante, lorsqu'elle est prononcée sur une procédure extraordinaire, parce qu'alors elle procède d'une cause infamante. Un arrêt du parlement de Paris, du 17 décembre 1727, a fait défense aux juges de Nemours de prononcer aucune condamnation d'*amende* en matière criminelle, quand les procès ne sont pas instruits par récollement & confrontation.

L'*amende* ne se prononce guère seule sur une procédure extraordinaire ; on la joint presque toujours à quelque autre peine, telle que celle du blâme, qui est la moindre des peines infamantes : cependant il paroît par les articles 6 & 7 du titre 25 de l'ordonnance criminelle de 1670, que l'*amende* peut se prononcer seule.

Les cours souveraines peuvent condamner un accusé à l'*amende*, sans qu'elle emporte note d'infamie; mais alors il faut qu'il y ait dans l'arrêt cette clause, *sans que l'amende puisse porter aucune note d'infamie*; autrement cette peine seroit infamante. Les juges inférieurs, même royaux, ne peuvent pas user de ce droit. La raison en est qu'il n'y a que l'autorité souveraine qui puisse anéantir l'infamie de droit, & les cours sont revêtues de cette autorité pour cet effet dans le cas dont il s'agit.

Les *amendes* & autres condamnations pécuniaires, prononcées en matière criminelle, s'exécutent par provision & nonobstant l'appel en donnant caution, si, outre les dépens, elles n'excèdent pas quarante livres envers la partie, & vingt livres envers le seigneur dans les justices seigneuriales; cinquante livres envers la partie, & vingt-cinq livres envers le roi dans les jurisdictions royales qui ne ressortissent pas au parlement, & cent livres envers la partie, & cinquante livres envers le roi dans les bailliages, sénéchaussées ou autres sièges qui ressortissent nuement aux cours souveraines.

Les condamnations à l'*amende* en matière criminelle demeurent sans effet, lorsque l'accusé vient à mourir avant que l'appel soit jugé, ou même après l'arrêt qui confirme le jugement, si cet arrêt n'a pas été prononcé ni signifié à l'accusé. C'est une suite de ce que l'*amende* fait partie de la peine, & que celle-ci ne peut avoir lieu que le jugement définitif n'ait été prononcé ou signifié à l'accusé. Si l'accusé avoit payé l'*amende* par provision, ses héritiers seroient en droit de la répéter.

Les officiaux peuvent-ils condamner à l'amende? L'église n'ayant point de fisc, les officiers ne peuvent condamner à aucune *amende*; mais ils peuvent ordonner de payer une certaine somme par forme d'aumône, dont ils doivent marquer dans la sentence l'application à un hôpital, aux réparations d'une église, ou à quelque autre œuvre de piété.

SECTION III.

Des amendes de cens ou de coutumes.

Ce sont des peines pécuniaires, établies contre ceux

ceux qui contreviennent à ce que prescrit la coutume, ou qui n'exécutent pas ce que la coutume ou le seigneur ont droit d'exiger, à cause des héritages qu'ils possèdent. Ces peines ne sont pas infamantes : elles sont domaniales, & font partie des profits de la seigneurie.

L'article 85 de la coutume de Paris prononce une *amende* de cinq sous parisis, c'est-à-dire, de six sous trois deniers contre les censitaires qui ne paient pas exactement les cens au jour qu'ils sont dus ; mais cet article excepte les héritages de la ville & banlieue de Paris. Les détenteurs de ces héritages ne doivent aucune *amende*, faute de paiement du cens, à moins qu'ils ne s'y soient expressément obligés.

Les coutumes d'Amiens, de Péronne, de Poitou, de Chartres & de Dourdan prononcent aussi une *amende*, faute de payer le cens au jour de l'échéance, porté par les titres, pourvu, disent-elles, que le seigneur ait un bureau pour sa recette, qu'il l'ait fait dénoncer au prône de l'église paroissiale.

L'*amende*, faute de paiement de cens, est pareillement prononcée par les coutumes de Nivernois, d'Etampes, de Meaux, de Montargis, d'Orléans, de Rheims, de Tours, de Troyes, de Melun, de Vermandois, de Blois, de Clermont, de Monfort, de Nantes, d'Anjou, de Château-Neuf, de Dreux, de Laon, du Maine, de Senlis, de Sens, de Valois, d'Abbeville, d'Auxerre, du grand Perche, de Chaumont, de Lorraine & de Normandie.

La même *amende* est encore imposée dans plusieurs seigneuries situées en pays de droit écrit, & dans d'autres coutumes qui ne portent point d'*amende*. Ce sont les titres & terriers des seigneuries qui établissent & le droit & la quotité de l'*amende*, à défaut de paiement.

Quelques auteurs ont prétendu qu'il étoit dû autant d'*amendes* que d'années d'arrérages du cens ; mais cette opinion, opposée à celles de Dumoulin & de Coquille, est destituée de fondement. Aussi, par arrêt du 27 juillet 1607, a-t-il été jugé qu'un débiteur de vingt-neuf années d'arrérages de cens ne devoit qu'une seule *amende*.

Si un particulier possédoit plusieurs héritages chargés chacun d'un cens particulier, portant *amende* selon la coutume, il ne seroit tenu, faute de paiement, de tous ces cens séparés, que d'une seule *amende* envers le seigneur de qui dépendent les héritages : c'est ce qu'a encore jugé l'arrêt qu'on vient de citer.

La quittance donnée par le seigneur, son receveur ou son fermier, sans aucune réserve ni protestation, exclut du droit de répéter l'*amende*, parce que c'est une peine qui n'est prononcée contre le censitaire que pour l'obliger à payer le cens, &, dès qu'il est payé, l'*amende* est présumée remise avec d'autant plus de fondement, que toutes les peines sont odieuses.

Quoique l'*amende* soit due de plein droit, faute de paiement du cens au jour de l'échéance, le censitaire n'en seroit néanmoins pas tenu, si quelque inondation, une maladie contagieuse, la présence des ennemis ou quelque autre obstacle semblable l'eût empêché de se rendre dans le lieu où se fait la recette du cens, & il ne devroit cette *amende* qu'après que l'obstacle auroit cessé.

Les arrêts généraux des grands jours de Clermont, des 27 novembre 1665 & 9 janvier 1666, font défense à tout seigneur haut-justicier & autre d'exiger de leurs habitans, emphytéotes & justiciables, aucune *amende* pour quelque cause que ce soit, si elle n'est adjugée par sentence ou jugement valablement donnés.

Un arrêt du parlement d'Aix, du 8 novembre 1638, avoit déjà jugé que les *amendes* ordonnées par statuts ne peuvent être exigées par voie d'exécution contre les contrevenans qu'après une condamnation préalable.

L'acquéreur d'un héritage censuel encourt une *amende* pour vente recelée, lorsqu'il n'a pas payé ou *déprié*, c'est-à-dire, donné avis au seigneur dans le temps fixé par la coutume.

Il est clair que pour que l'acquéreur encourre cette *amende*, il faut, avant toutes choses, qu'il y ait eu un profit de vente ; car si l'acquéreur en étoit exempt par privilège ou que le contrat fût nul, il n'y auroit point d'*amende*.

Il faut aussi, pour donner lieu à l'*amende*, que le seigneur n'ait pas été présent au contrat ; car l'acquéreur n'a pu être obligé de donner avis au seigneur de ce que le seigneur ne pouvoit ignorer : mais la connoissance que le seigneur auroit pu avoir d'ailleurs, n'excuseroit pas l'acquéreur qui ne l'auroit point averti.

L'*amende* pour vente recelée s'encourt par toutes sortes de personnes, même par les mineurs, sauf leur recours contre les tuteurs.

Lorsque plusieurs ont fait une acquisition en commun, ils n'encourent tous ensemble, faute de dépri, qu'une seule *amende* ; & si un seul d'entre eux a déprié, il sauve l'*amende* aux autres, quand même il auroit déclaré n'entendre déprier que pour sa part. C'est que l'action de déprier, qui n'est autre chose que celle de notifier le contrat d'acquisition, ne peut avoir lieu pour un acquéreur, qu'elle ne l'ait en même temps pour ses co-acquéreurs.

Il y a un très-grand nombre d'espèces d'*amendes* établies par les coutumes, & qu'on appelle par cette raison, *amendes de loi*, *amendes statutaires* : elles ont été ordonnées, soit pour indemniser les particuliers qui ont souffert quelque dommage, soit pour le profit des seigneurs ou des magistrats. Le juge ne peut ni les changer, ni les augmenter, ni les diminuer : nous aurons soin de parler de chacune de ces espèces d'*amendes*, sous les mots auxquels elles se rapportent.

AMENDE HONORABLE, (*Droit criminel.*) c'est une sorte de peine infamante, à laquelle on condamne ordinairement les coupables qui ont causé un scandale public, tels que les séditieux, les sacrilèges, les faussaires, les banqueroutiers frauduleux,

&c. Elle consiste dans un aveu public que le coupable fait du crime pour lequel il est condamné.

On distingue deux sortes d'*amendes honorables*; l'une qu'on appelle *amende honorable simple* ou *sèche*, & l'autre que l'on nomme *amende honorable in figuris*.

L'*amende honorable* simple se fait à l'audience ou à la chambre du conseil, nue tête, & à genoux seulement, sans que le coupable soit conduit par l'exécuteur de la haute-justice, & qu'il y ait aucune autre marque d'ignominie.

L'*amende honorable in figuris* est celle qui se fait, par le coupable, à genoux, nu en chemise, ayant la corde au cou, une torche à la main, & conduit par l'exécuteur de la haute-justice.

L'*amende honorable in figuris* se prononce le plus souvent avec quelque autre peine afflictive, & quelquefois on la prononce seule.

La peine de l'*amende honorable* se prononce contre les femmes comme contre les hommes.

Le jugement qui condamne un criminel à faire *amende honorable*, doit indiquer les termes dans lesquels il faut qu'il la fasse.

Si le coupable refuse de faire cette *amende honorable* dans les termes prescrits, il peut être condamné à une peine plus sévère. Il y a plusieurs exemples de pareilles condamnations. Bardet rapporte un arrêt du 27 mai 1632, par lequel le nommé Jean Bournet, condamné pour crime de faux, à faire amende honorable & aux galères pendant neuf ans, n'ayant pas voulu proférer les paroles, fut condamné aux galères à perpétuité. Un autre arrêt du parlement d'Aix, du 15 mai 1669, convertit, pour la même raison, la peine de l'*amende honorable* en celle du fouet, contre un criminel condamné d'ailleurs aux galères à perpétuité.

Il n'est pas nécessaire de faire une nouvelle instruction pour condamner à une peine plus sévère le coupable qui refuse de proférer les paroles prescrites; il suffit, aux termes de l'article 22 du titre 25 de l'ordonnance du mois d'août 1670, de lui faire trois injonctions d'exécuter le jugement. Le commissaire dresse procès-verbal du refus, & après que le ministère public en a eu communication, la chambre juge sur ses conclusions. Si le jugement est rendu par un tribunal qui ne juge point en dernier ressort, il faut qu'il soit confirmé sur l'appel; mais dans ce cas, il n'est pas nécessaire de transférer le coupable au parlement.

Les trois injonctions ou sommations, dont on vient de parler, doivent être faites par le juge, & il ne suffiroit pas qu'elles fussent faites par le greffier. Il faut que ces trois injonctions soient distinguées & écrites en trois articles séparés dans le procès-verbal; & même si l'accusé, outre le refus, prononce quelques paroles injurieuses, il doit en être fait mention à chaque article.

Autrefois cette désobéissance à justice étoit punie très-sévérement, & quelquefois même de la peine de mort. Mais dans la suite les tribunaux ont été moins rigoureux. On en a deux exemples du temps du premier président de Harlai, qui fit entendre à la grand'chambre que les condamnés étoient assez à plaindre de faire de pareilles réparations, sans qu'il fallût les punir plus sévérement, pour avoir refusé de parler. On ne fit rien à ces criminels, & ils furent reconduits à la conciergerie.

Cependant, si l'*amende honorable* étoit prononcée comme peine principale & non comme accessoire, il paroît qu'il seroit du devoir des juges, de punir, conformément à la disposition de l'ordonnance, le refus de proférer les paroles prescrites.

Il ne faut pas confondre l'*amende honorable*, avec la réparation d'honneur que les juges ordonnent quelquefois envers les particuliers offensés, soit dans leurs maisons ou ailleurs, en présence d'un certain nombre de personnes choisies. Celle-ci n'est point infamante comme l'autre. Cela a été ainsi jugé par arrêt du 5 juin 1628.

Fevret se fondant sur l'avis de Chopin & sur un arrêt du parlement de Paris du 14 août 1334, pense que le juge d'église peut condamner un clerc à l'*amende honorable*, pourvu qu'il fasse exécuter son jugement dans l'enceinte de son prétoire. Castel est du même sentiment, & dit que cette peine n'emporte point d'irrégularité, puisqu'il n'y a ni mutilation ni effusion de sang, & que d'ailleurs il n'y a aucune loi qui empêche le juge d'église de la prononcer. Mais M. Ducasse official lui-même, après avoir observé que les auteurs cités conviennent que cette peine ne doit être ordonnée que rarement par les juges ecclésiastiques, ajoute qu'il ne voudroit pas la prononcer, parce qu'elle imprime une tache ineffaçable à l'honneur & à la réputation, qui ne doivent pas être moins chers à un clerc que sa propre vie. D'après ces considérations, l'auteur des nouvelles notes sur Fevret pense que la condamnation à l'*amende honorable* étant infamante, elle ne peut être prononcée par le juge d'église. Cette opinion paroît conforme aux vrais principes, & on doit dire avec Lacombe, que les officiaux peuvent seulement ordonner que les coupables demanderont pardon à l'audience du prétoire, en présence d'un certain nombre de personnes, ce qui n'emporte point infamie.

L'*amende honorable* n'emportant que l'infamie sans irrégularité, les bénéfices des clercs qui y sont condamnés, ne vaquent pas de plein droit, on leur enjoint seulement de s'en démettre dans un certain temps, ou de les résigner en faveur de sujets capables.

AMENDEMENT, s. m. (*changement en mieux.*) On trouve ce mot employé dans ce sens au livre premier des établissemens de S. Louis, *chap. 78*, & au livre 2, *chap. 15*. Le prince permet qu'on demande *amendement* des jugemens rendus dans ses cours de justice, non comme ayant été rendus méchamment, mais en ce qu'ils peuvent être préjudiciables; & dans le cas où le juge ne vouloit pas faire l'*amendement* requis, on pouvoit appeller à la cour du roi.

Amendement s'est dit aussi dans le même sens qu'*amélioration*, & il en est synonyme.

AMENDEMENT *des bacheliers*. On donne ce nom, dans la coutume de Paris, aux anciens, & à ceux qui ont passé dans les charges de quelques-uns des six corps de marchands.

L'*amendement* des bacheliers, suivant l'art. 79 de l'ancienne coutume, étoit un nouvel examen, fait par quelques anciens d'une communauté d'arts ou métiers, après un premier rapport d'expert, dont les parties demandoient la réformation.

Il faut observer que, par la nouvelle rédaction de la coutume, tout rapport d'expert doit être homologué, sans qu'il puisse être examiné de nouveau, lorsque les deux experts sont d'un avis unanime; s'ils ne peuvent s'accorder, il est d'usage d'en nommer un troisième, qui les départage & forme le rapport: ainsi, l'on n'a plus recours à ce que l'ancienne coutume appelloit *amendement des bacheliers*.

AMENDEMENT *de lotie*. La coutume de Normandie appelle ainsi le *retour* ou *soulte* de partage, qu'un héritier paie à son cohéritier, pour l'indemniser de la portion plus forte qu'il prend dans une succession, dont les immeubles n'ont pu être partagés également. Si nous supposons, par exemple, que le défunt ait laissé dans sa succession deux immeubles, l'un de trois mille livres & l'autre de deux mille, pour être partagés par égale portion entre deux héritiers, celui à qui l'héritage de trois mille livres écherra par le partage, est tenu de donner à son cohéritier une somme de cinq cens livres, pour *retour* ou *soulte*: c'est ce que la coutume de Normandie appelle *amendement de lotie*; comme si on disoit *amendement* ou *amélioration du lot le plus foible*.

AMENDER, v. a. condamner à l'amende, payer l'amende. Lorsque la cour confirme une sentence criminelle, dont est appel, elle prononce ainsi: *La cour dit qu'il a été bien jugé par le lieutenant criminel du châtelet, mal & sans griefs appellé par ledit...... & l'amendera*; c'est-à-dire, que l'appellant paiera l'amende. *Voyez* AMENDE.

AMENDER, signifie tirer du profit de quelque chose: ainsi on peut dire, les héritiers n'ont rien *amendé* de telle succession, pour dire que cette succession ne leur a été ni profitable, ni avantageuse.

AMENDER *un ouvrage*. C'est l'améliorer, en corrigeant ses imperfections. Les réglemens, donnés en France pour les manufactures de lainerie, veulent que l'étoffe défectueuse, qui ne pourra être *amendée*, soit coupée par morceaux de deux aunes chacun: le juge, en prononçant, peut, suivant les circonstances, condamner le fabricant en l'amende.

Quand les jurés d'une communauté ont saisi quelque objet, pour contravention aux réglemens, l'objet saisi, s'il ne peut être *amendé*, est confiscable, suivant tous les statuts des communautés d'arts & métiers.

AMENDER *chemin*. La coutume de Bretagne, *article 49*, se sert de ce mot, pour signifier les réparations que les seigneurs doivent faire faire aux chemins qui traversent leurs seigneuries. Cette manière de parler dérive de ce que, suivant cette coutume, les amendes adjugées, par la coutume, aux seigneurs, doivent être principalement employées à ces réparations.

AMENDER *le don de mariage*. (*Coutume d'Anjou, art. 279.*) On se sert de ces termes pour signifier qu'un enfant doté, par ses père & mère, d'un héritage, l'a *amélioré* & *augmenté*. Cet *amendement* ou *augmentation* met le donataire, lorsqu'il vient à la succession de ses père ou mère, dans le cas de ne pas rapporter en nature l'héritage qu'il a reçu, il n'est tenu que de précompter sur sa portion héréditaire, le prix que valoit l'héritage au temps où il l'a reçu.

AMENDER *à l'office*, (*terme de la coutume du Maine, art. 165.*) Suivant l'ancienne coutume, en toutes demandes réelles ou personnelles, le demandeur & le défendeur étoient obligés de payer une amende, lorsqu'ils faisoient défaut au jour indiqué par l'assignation; cette amende étoit due en outre de celle que devoit payer celui qui succomboit: c'est cette amende, due à justice, que la coutume entend par les termes d'*amender à l'office*.

AMENÉ *sans scandale*, (*un*) On appelloit ainsi autrefois une ordonnance rendue par le juge, pour qu'un accusé fût *amené* devant lui. Elle enjoignoit à l'huissier, porteur de cette espèce de décret, de se rendre sans scandale chez l'accusé, de le conduire avec les mêmes précautions devant le juge, qui l'interrogeoit & pouvoit ensuite le renvoyer chez lui.

L'ordonnance de 1670 a défendu à tous juges d'ordonner qu'aucune partie soit *amenée* devant eux sans scandale. Le but du législateur a été d'ôter aux exécuteurs des décrets, tout prétexte de faire chartre privée des accusés qu'ils conduiront, & par ce moyen, de favoriser leur évasion.

L'*amené* sans scandale étoit, dans les officialités, une sorte de procédure qui équivaloit à un décret de prise de corps, dont il ne différoit que parce qu'il s'exécutoit sans scandale. Les officiaux en abusoient souvent, & ce fut cet abus qui, avant l'ordonnance de 1670, avoit engagé les parlemens à interdire aux officiaux cette forme de procéder.

AMENRIR, v. a. AMENRISSEMENT, s. m. (*Jurisprudence.*) termes anciens employés dans quelques coutumes, où ils signifient *diminuer*, *estropier*, *détériorer*, *diminution*, *blessure*, *détérioration*.

AMÉRIQUE, c'est le nom qu'on donne à cette partie du globe qui a été découverte par Christophe Colomb, & qu'on appelle *le nouveau monde*. Presque tous les peuples européens ont des colonies dans cette vaste contrée; dans les établissemens françois on suit la coutume de Paris, & l'on y administre la justice suivant les loix du royaume qui y ont été enregistrées: nous entrerons, à cet égard, dans un plus grand détail au mot COLONIES.

AMÉS ET FÉAUX, expressions par lesquelles nos rois distinguèrent, dans leurs lettres-patentes, les magistrats & les officiers qui étoient revêtus de quelque dignité; il n'y avoit même ordinairement, selon la remarque de Loyseau, dans son *Traité des ordres & des dignités*, que ceux qui avoient le titre de *conseillers du prince*, à qui il accordât ceux de *dilecti & fideles nostri*, dont *nos amés & féaux* est la traduction.

AMESSURES, (*cas d'*) on trouve ces termes dans deux arrêts; l'un, du parlement de la chandeleur, de 1290; & l'autre, du parlement de pâques, de 1311. Ces mots signifient une affaire, dans laquelle il s'agit d'injure & d'outrage, soit de fait, soit de parole, pour raison desquels le jugement ne doit opérer qu'une condamnation à une amende, ou à une peine pécuniaire: cette espèce d'affaire s'appelle *cas d'amessures*, du mot de la basse latinité *amerciare*, qui vouloit dire *condamner à une amende pécuniaire*.

AMÉTER *son fief*, est la même chose que l'*abonner*. La coutume de Mantes, *art.* 23, se sert du terme d'*améter*, lorsque le seigneur & le vassal composent ensemble, à l'amiable, pour les droits & profits.

AMEUBLIS, (*Deniers*) quelques praticiens se servent très-improprement de cette façon de parler pour désigner dans la constitution de la dot d'une femme, composée d'argent ou autres effets mobiliers, la portion qu'elle apporte en la communauté, & pour la distinguer de celle qu'elle se réserve propre. Il est inutile de donner la qualité d'*ameubli* à une espèce de chose qui, par sa nature, est réputée meuble, & dont une partie ne peut être considérée comme immeuble, qu'en vertu d'une fiction qu'opère la stipulation de propre.

AMEUBLISSEMENT, s. m. (*terme de Jurisprudence françoise.*) est une fiction de droit, par laquelle une portion de la dot du mari ou d'une femme, qui est immeuble de sa nature, est réputée meuble ou effet mobilier, en vertu d'une stipulation expresse, faite au contrat de mariage, pour le faire entrer en communauté. On y a recours, lorsque le mari ou la femme n'ont pas assez d'effets mobiliers à mettre dans la communauté.

Règles générales sur l'ameublissement. L'*ameublissement*, fait par contrat de mariage, n'est pas une convention sujette à insinuation, quoiqu'elle puisse emporter avantage en faveur de l'un des conjoints. L'*ameublissement* d'un propre, fait par contrat de mariage, reste sans effet dans le cas de décès du conjoint sans enfans.

Dans le cas de renonciation à la communauté par la femme, elle reprend ses *ameublissemens*: mais, si elle l'accepte, ils sont confondus dans la communauté.

Le mineur de l'un & l'autre sexe ne sauroit faire, par contrat de mariage, l'*ameublissement* d'aucune portion de sa dot, de sa propre autorité, ni même de celle de son tuteur ou curateur seul; ou, s'il le peut, du moins seroit-il restituable après l'avoir fait: mais il ne l'est pas, si l'*ameublissement* a été fait par avis de parens, homologué en justice, à moins que l'*ameublissement* ne fût excessif, auquel cas il seroit seulement réductible. L'*ameublissement* est jugé raisonnable ou excessif par proportion, avec l'avantage que le conjoint ameublissant reçoit de l'autre conjoint.

Dans l'usage, c'est ordinairement le tiers de la dot, qui est ameubli.

L'*ameublissement* n'étant stipulé que pour faire entrer dans la communauté les propres ameublis, il n'en change point d'ailleurs la nature; de sorte que, si la femme a ameubli un héritage qui lui étoit propre, & que, dans le partage de la communauté, cet héritage tombe dans son lot, il sera propre dans sa succession, comme s'il n'avoit point été ameubli.

Il y a des *ameublissemens* généraux, il y en a de particuliers.

De l'ameublissement général. L'*ameublissement* est général, lorsqu'on fait entrer dans la communauté une universalité de ses immeubles, comme quand il est dit par contrat de mariage, que les futurs conjoints *sont communs dans tous leurs biens*.

Puisqu'il est permis aux conjoints de se donner, par contrat de mariage, tous leurs biens, il doit, à plus forte raison, leur être permis d'ameublir tous leurs immeubles. En effet, celui qui ameublit ses immeubles, ne les aliène pas, il les met seulement en communauté; &, si la communauté vient à prospérer, il participe au bénéfice.

Mais cette communauté de tous les biens ne comprend-elle que l'universalité des biens actuels des conjoints, ou s'étend-elle à tous ceux qui pourront leur arriver dans la suite durant la communauté?

Par le droit romain, la société de tous les biens comprenoit les biens présens & à venir, à quelque titre qu'ils arrivassent. Mais, dans notre jurisprudence, la convention d'*ameublissement* étant de droit étroit, il paroît qu'on ne sauroit à cet égard adopter la disposition des loix romaines, ni étendre la stipulation d'une communauté de tous les biens, aux biens à venir, lorsque les parties ne s'en sont pas expliquées.

Au surplus, il est à propos d'observer que l'*ameublissement* est entièrement du droit françois. Il s'est introduit pour favoriser la communauté que la plupart des coutumes ont établie entre les personnes mariées: ainsi on ne peut pas proprement le comparer à la société des biens dont parle la loi 3, §. 1, D. *pro socio*.

Ce n'est pas que les Romains n'aient eu une espèce d'*ameublissement*, en ce que le fonds dotal de la femme se convertissoit en deniers par l'estimation qu'on en faisoit, & que, dans le cas où le mari se trouvoit obligé de rendre sa dot, il étoit le maître de ne donner que le prix auquel elle avoit été estimée. On conçoit que cette espèce d'*ameublissement* n'avoit point de rapport à celui qui est en usage parmi nous.

On doit aussi regarder comme un *ameublissement* général, la convention par laquelle les futurs conjoints stipulent que les successions qui leur arriveront durant la communauté, seront communes entre eux : il est clair qu'une telle stipulation ne s'étend pas moins aux immeubles qu'aux meubles de ces successions.

De l'ameublissement particulier. L'*ameublissement* est particulier, lorsqu'un conjoint met en communauté, non l'universalité de ses immeubles, mais quelques immeubles particuliers.

Cet *ameublissement* est d'ailleurs déterminé ou indéterminé : il est déterminé, lorsque, par le contrat de mariage, l'un des futurs conjoints promet d'apporter en communauté tel ou tel immeuble.

Il est au contraire indéterminé, lorsqu'on stipule par le contrat de mariage, que l'un des époux mettra en communauté ses biens, meubles & immeubles, jusqu'à la concurrence de tant, ou une certaine somme à prendre d'abord sur ses meubles, & subsidiairement sur ses immeubles, *lesquels, jusqu'à concurrence de la somme fixée, sortiront nature de conquêts.*

Remarquez avec M. Pothier, que, dans ce cas, c'est cette phrase, *lesquels, jusqu'à concurrence d'une telle somme, sortiront nature de conquêts*, qui renferme l'*ameublissement*. En effet, par cette stipulation, le futur conjoint ne promet pas simplement de mettre en communauté une certaine somme, il promet aussi d'y mettre de ses immeubles pour remplir la somme convenue : il se rend, jusqu'à concurrence de cette somme, débiteur envers la communauté, non d'une simple somme d'argent, mais d'immeubles : ce qui forme un *ameublissement*.

Si l'on disoit simplement, continue l'auteur cité, que le futur conjoint promet de mettre en communauté la somme de tant, à prendre sur ses biens, meubles & immeubles, cette stipulation ne renfermeroit aucun *ameublissement* : ces termes, *à prendre sur ses biens, meubles & immeubles*, signifient seulement que le futur conjoint hypothèque tous ses biens pour assurer l'exécution de son obligation ; ou que si, durant la communauté, on aliène quelqu'un de ses immeubles, le prix en sera appliqué au paiement de la somme promise pour son apport.

De même, s'il étoit dit dans un contrat de mariage, que le mari pourra vendre un certain héritage de la femme, & en mettre le prix en communauté, une telle clause ne contiendroit pas l'*ameublissement* de cet héritage, parce que ce ne seroit que le prix de l'héritage, & non l'héritage même qu'on auroit voulu mettre en communauté. Si, lors de la dissolution de la communauté, un tel héritage n'avoit pas été vendu, la femme ou ses héritiers seroient débiteurs envers la communauté, non de l'héritage, mais du prix qu'il vaudroit.

Des effets de l'ameublissement. Les immeubles ameublis, devenant effets de la communauté, c'est une conséquence nécessaire qu'ils soient aux risques de la communauté. Ainsi lorsque, par la suite, ces immeubles dépérissent ou sont détériorés par quelque cause que ce soit, même par force majeure ou par le fait du mari, la perte en tombe, non sur le conjoint qui les a ameublis, mais sur la communauté.

Le mari peut disposer par vente, donation, ou à quelque autre titre que ce soit, des hériages ameublis par sa femme, sans avoir pour cela besoin de son consentement, parce qu'il est maître absolu des biens qui composent la communauté.

Les immeubles ou héritages ameublis par chacun des conjoints doivent être compris dans la masse du partage qui est à faire des biens de la communauté, lorsqu'elle vient à être dissoute; cependant celui des conjoints qui a ameubli un héritage, peut le retenir; il est seulement obligé de tenir compte, sur sa part, du prix de cet héritage, relativement à la valeur qu'il a au moment du partage.

Les héritiers du conjoint qui a fait l'*ameublissement*, ont le même droit.

Lorsqu'un enfant a recueilli successivement les successions de son père & de sa mère, sans qu'il ait été fait aucun partage entre lui & le survivant, il est censé avoir recueilli en entier l'héritage ameubli dans la succession de celui qui en a fait l'*ameublissement* : c'est pourquoi, dans la succession de cet enfant, l'héritage ameubli doit être réputé propre du côté de celui qui a fait l'*ameublissement*, de même que s'il n'avoit point été ameubli; c'est ce qui a été jugé par un arrêt du parlement de Paris, du 10 avril 1668, rendu entre les héritiers paternels & maternels du fils de François Crampon & de Catherine Nourry.

On auroit jugé différemment si l'héritage ameubli avoit été partagé entre la femme survivante & l'enfant né du mariage : dans ce cas, la portion échue à l'enfant, comme héritier de son père, auroit été un propre paternel.

La mère étant héritière mobiliaire de ses enfans décédés sans hoirs dans la coutume de Paris, & usufruitière des conquêts de sa communauté, échus à ses enfans par le décès du père, on demande si l'immeuble, ameubli pour entrer dans la communauté du mari & de la femme, doit être regardé comme conquêt, dans le cas même de la succession des enfans décédés avant leur mère.

Cette question s'est présentée au parlement de Paris; &, par arrêt du 7 janvier 1688, il a été jugé que les immeubles ameublis par le père, & retrouvés dans la succession de ses enfans, doivent être regardés comme un conquêt de sa communauté dont l'usufruit appartient à la femme survivant son mari & ses enfans.

Lorsque la communauté a souffert éviction d'un héritage ameubli par l'un des conjoints pour quelque cause déjà existante au temps de l'*ameublissement*, le conjoint qui a ameubli cet héritage, est-il tenu de l'éviction envers la communauté ?

Pothier qui propose cette question, observe qu'on doit à cet égard distinguer entre les *ameublissemens* généraux & les *ameublissemens* particuliers.

Dans le cas d'un *ameublissement* général, il est clair que la communauté doit supporter l'éviction, puisque les parties n'entendent mettre en communauté d'autres immeubles que ceux qui leur appartiennent, & de la même manière qu'ils leur appartiennent: la difficulté ne tombe donc que sur les *ameublissemens* particuliers. On peut là-dessus, ajoute l'auteur, proposer deux cas : le premier a lieu, quand, par le contrat de mariage, il est dit que le futur conjoint mettra en communauté une certaine somme pour paiement de laquelle il a ameubli un tel héritage: si, par la suite, la communauté vient à être évincée de cet héritage, il est certain que le conjoint qui l'a ameubli, demeure débiteur envers la communauté de la somme qu'il a promis d'y apporter. La raison de décider ainsi, est qu'un débiteur ne sauroit être libéré que le créancier ne jouisse de la chose qui lui a été donnée en paiement.

Le second cas se présente, quand, par le contrat de mariage, l'*ameublissement* n'est précédé d'aucune promesse de mettre une certaine somme en communauté, comme lorsqu'il est dit simplement que le futur conjoint, pour composer sa part de la communauté, y a mis un tel héritage qu'il a ameubli à cet effet. Si l'éviction de cet héritage vient à avoir lieu, ce conjoint en sera-t-il tenu, ou sera-t-elle à la charge de la communauté ?

Il y a à cet égard, dit encore ce jurisconsulte, trois opinions : l'une est des auteurs qui décident indistinctement que le conjoint qui a fait l'*ameublissement*, n'est aucunement tenu de l'éviction que la communauté en a soufferte.

Ceux qui embrassent la seconde opinion, font la distinction suivante : lorsque l'apport fait d'un certain héritage par un conjoint, est un apport égal à celui de l'autre conjoint, la communauté de biens, établie entre eux, & dans laquelle ils ont entendu mettre autant l'un que l'autre, étant un contrat commutatif, chaque conjoint est garant, envers la communauté, de l'éviction de l'héritage qu'il a ameubli, attendu que la garantie des évictions a lieu dans tous les contrats commutatifs : mais, si l'un des conjoints ne met rien dans la communauté par le contrat de mariage, tandis que l'autre y met un héritage ameubli, ou lorsque celui-ci, avec l'héritage ameubli, met encore dans la communauté autant que l'autre conjoint, l'*ameublissement* étant alors un titre lucratif, c'est la communauté qui doit supporter l'éviction de l'héritage ameubli, parce que, dans les titres lucratifs, il n'y a pas lieu à la garantie des évictions.

Les auteurs qui suivent la troisième opinion, rejettant la distinction que font ceux de la seconde, décident indistinctement que le conjoint qui, par le contrat de mariage, a ameubli un héritage au profit de la communauté, est tenu, en cas d'éviction, de faire raison de la valeur à la communauté, parce que le contrat de société est un contrat de commerce, dans lequel, par conséquent, il y a lieu à la garantie. Quoique, par ce contrat, l'un des conjoints apporte en choses plus que l'autre, cela ne doit pas être considéré comme une donation faite par le premier au second, parce que celui-ci est présumé suppléer par son industrie à ce qu'il apporte de moins en choses. Cette troisième opinion paroit préférable aux précédentes. Il faut néanmoins excepter le cas de l'édit des secondes noces, les *ameublissemens* étant sujets au retranchement ordonné par cet édit.

Les *ameublissemens*, quels qu'ils soient, généraux ou particuliers, continue l'auteur cité, n'ont d'effet qu'entre les parties contractantes ou leurs héritiers, & pour le cas de la communauté. Ainsi lorsqu'un des conjoints a ameubli un certain héritage, cet héritage n'est réputé conquêt que relativement à l'autre conjoint ou à ses héritiers; il conserve, à l'égard de toute autre personne, la qualité qu'il avoit avant l'*ameublissement*. S'il étoit propre paternel au conjoint qui l'a ameubli, & qu'il lui revienne en tout ou en partie par le partage de la communauté, il conservera, dans la succession de ce conjoint, la qualité de propre de la ligne paternelle, & il appartiendra aux héritiers des propres de cette ligne. Il sera pareillement sujet au retrait lignager & aux réserves coutumières.

Lorsqu'un des conjoints a apporté en communauté ses meubles & immeubles jusqu'à la concurrence d'une certaine somme, aucun de ces immeubles ne fait partie de la communauté, tant que les parties n'ont pas spécifié ceux de ces immeubles qui composent l'apport du conjoint qui a fait l'*ameublissement*. Sans cette spécification, la communauté n'a qu'un simple droit de créance & une simple action contre ce conjoint pour l'obliger, lors de la dissolution de la communauté, à comprendre dans la masse des biens à partager, quelques-uns de ses immeubles, jusqu'à concurrence de la somme par lui promise, desquels immeubles le choix doit lui être laissé, ou à ses héritiers; &, faute de faire ce choix dans un temps limité par les juges, il doit être référé à l'autre conjoint ou à ses héritiers.

Il suit du principe qu'on vient d'établir, que si, durant la communauté, quelqu'un des immeubles du conjoint qui a fait un *ameublissement* indéterminé, vient à périr par force majeure, la perte en doit être supportée en entier par ce conjoint, & non par la communauté. En effet, dès que l'*ameublissement* est indéterminé, on ne peut pas dire que l'immeuble péri est celui qui est entré dans la communauté : le conjoint doit donc fournir à la communauté, dans les immeubles qui lui restent, la somme entière qu'il a promise pour son apport.

On avoit aussi tiré du même principe cette conséquence, que, tant que l'apport de la femme étoit indéterminé, le mari n'avoit pas droit de vendre aucun des immeubles à elle appartenans, puisqu'il n'y en avoit point dont on pût dire qu'il eût été ameubli, & qu'il fût entré dans la communauté. Mornac rapporte même un arrêt qui l'a ainsi jugé : mais Pothier pense avec raison que, les *ameublissemens* se faisant principalement pour qu'il y ait un fonds de biens de communauté dont le mari puisse disposer au besoin, la clause d'un *ameublissement* indéterminé que la femme fait de ses immeubles, jusqu'à concurrence d'une certaine somme, renferme tacitement un pouvoir qu'elle donne au mari d'aliéner ceux d'entre ses immeubles qu'il jugera à propos, jusqu'à concurrence de la somme fixée.

Remarquez à ce sujet, que, si, avant que le mari ait vendu aucun héritage de sa femme, elle lui fait signifier qu'elle détermine son *ameublissement* à tels & tels héritages, il ne pourra plus disposer que de ceux qu'elle aura ainsi spécifiés.

L'*ameublissement*, faisant partie du contrat de mariage, ne peut être considéré comme une libéralité ni comme une donation ; par conséquent, il n'est point sujet à l'insinuation.

AMEUTER, v. a. c'est attrouper plusieurs personnes, les exciter à quelque violence ou à la rebellion. Ce crime est sévérement puni par les ordonnances, ainsi que nous le dirons aux mots EMEUTE, ATTROUPEMENT.

AMIABLE (*à l'*) *ou* AMIABLEMENT, on se sert de cette façon de parler pour exprimer qu'un procès, une contestation s'est terminée sans plaider, & par la voie de la conciliation.

On appelle quelquefois *amiable compositeur*, celui qui s'est entremis pour concilier les différends élevés entre deux personnes. Son office n'est pas le même que celui d'un arbitre ; ce dernier fait véritablement la fonction de juge : il est obligé d'adjuger à chacun ce qu'il croit lui appartenir ; au lieu que l'*amiable* compositeur n'agit que suivant la volonté des parties : il les engage à se relâcher mutuellement de leurs droits.

AMIDON, AMIDONNIER, (*Jurispr. arts & métiers.*) l'*amidon* est une substance tirée du froment, dont on se sert pour faire l'empois & la poudre à poudrer. On donne le nom d'*amidonnier* à ceux qui préparent l'*amidon*.

Sans entrer ici dans le détail des réglemens qui concernent la profession de l'*amidonnier*, qui l'assujettissent aux visites des employés de la ferme, & qui le condamnent en diverses amendes, suivant les contraventions dans lesquelles il peut tomber, nous nous bornerons à observer que, par un arrêt du conseil du 20 mars 1772, il est défendu aux *amidonniers* d'employer à la fabrication de l'*amidon* des bleds de bonne qualité, & propres à faire du pain ; d'en avoir chez eux de cette espèce plus qu'il n'en faut pour leur consommation & celle de leur famille, à moins qu'ils n'en aient obtenu la permission par écrit de l'intendant qui peut la leur retirer suivant les temps & les circonstances.

Les matières qu'ils peuvent employer, sont, 1°. les sons, gruau, recoupes & recoupettes de bon bled, dont les farines ont été employées par les boulangers ; 2°. les bleds défectueux, gâtés ou germés, dont il seroit dangereux de faire du pain.

Il leur est défendu de vendre le marc de leur *amidon* à ceux qui nourrissent des vaches, des chèvres & autres bestiaux, à peine de 200 livres d'amendes, tant contre l'*amidonnier* que contre l'acheteur.

Aucun réglement de police n'interdit aux *amidonniers* la liberté de demeurer dans les villes ; mais il seroit à souhaiter qu'on les obligeât de s'en éloigner : car l'eau corrompue qu'ils retirent des vaisseaux où ils ont fait fermenter leurs grains, est très-capable de vicier l'air.

AMIENS, ville capitale de la province de Picardie, unie au domaine de la couronne par édit du mois d'avril 1470.

On perçoit, dans cette ville, le sou pour livre sur les espèces réservées, les anciens & nouveaux cinq sous, la subvention au détail & le huitième réglé.

Chaque année, il se tient à *Amiens* deux foires franches, pendant lesquelles on ne perçoit sur les vins que l'augmentation & non le gros : mais elles n'ont été établies que pour les marchands forains, & il est défendu à tous les habitans, à peine de confiscation & de cinq cens livres d'amende, de vendre aucun vin sur l'étape en gros ni en détail, directement ni indirectement pendant le temps de ces foires. Il leur est aussi défendu, sous les mêmes peines, de prendre, en garde des forains, les vins qui auront été étapés, & de les recevoir dans leurs maisons.

Ces défenses sont conformes aux anciens réglemens faits pour la police d'*Amiens*, lesquels ont eu pour objet de ne pas laisser les marchands de vin de la ville s'emparer du commerce, & devenir maîtres du prix des vins.

Les habitans de la ville d'*Amiens* furent exemptés du droit de franc-fief par Louis XI, en 1470 : ce qui fut confirmé en 1597, & même par arrêt du 4 août 1693 ; mais les privilèges de l'exemption de ce droit ne pouvant se soutenir, & ayant même été révoqués, les habitans d'*Amiens* payèrent une finance de vingt-cinq mille livres en 1712, & ils obtinrent le 29 octobre, un arrêt du conseil qui les confirma de nouveau dans l'exemption.

Cette exemption n'étoit qu'un abonnement qui ne pouvoit excéder le bail de Cadet, qui subsistoit alors, & qui devoit finir le 30 avril 1717 : cependant l'intendant d'*Amiens* jugea, par ordonnance du 14 août 1720, que les habitans de cette ville devoient jouir à perpétuité du droit de franc-fief. Mais, par arrêt du conseil du 17 octobre 1724, il fut ordonné que, sans s'arrêter à cette ordonnance, les habitans d'*Amiens*, propriétaires de fiefs, à quelque titre que ce pût être, depuis le dernier avril 1717, & qui auroient joui vingt années du privilège accordé par l'abonnement du 29 octobre 1712, seroient sujets au droit de franc-fief.

Comme la généralité d'*Amiens* est un pays de

nantissement, où il est nécessaire, pour ensaisiner l'acquéreur, que le vendeur soit dépossédé réellement, soit par le seigneur, soit par son bailli, lequel ensaisine le nouvel acquéreur, un arrêt du conseil du 24 novembre 1703, a maintenu les trésoriers de France & les autres juges ordinaires de cette généralité, dans le droit & la possession d'ensaisiner les actes translatifs de propriété des terres & héritages tenus du roi en fief ou en roture, tant à cause des domaines dont sa majesté jouit, que de ceux qui sont engagés dans la même généralité, pour acquérir hypothèque sur ces terres & héritages, ou faire courir l'année du retrait. Le même arrêt ordonne qu'en exécution de l'édit du mois de décembre 1701, & pour conserver la connoissance des domaines & mouvances du roi dans la généralité d'*Amiens*, tous les titres translatifs de propriété des terres & héritages tenus de sa majesté, soient enregistrés par le receveur & le contrôleur de cette généralité : les possesseurs doivent y être contraints par saisie des revenus des mêmes terres & héritages. Les droits d'enregistrement se paient comme ils sont réglés pour l'ensaisinement.

La livre d'*Amiens* n'est que de quinze onces, poids de marc, le pied de onze pouces & demi, l'arpent de cent chaînes, & la chaîne de vingt pieds. La toise a six pieds moins un vingt-deuxième. L'aune est la même que celle de Paris : le septier de bled pèse cinquante livres, celui d'avoine quarante-quatre livres huit onces sept gros.

Les officiers municipaux connoissent de tout ce qui concernent la police, & des contraventions aux réglemens des manufactures. Le commandant même de la place ne peut faire emprisonner un bourgeois sans en faire à l'instant avertir le maire.

Nous avons dit sous le mot ACADÉMIE, qu'il y en avoit une établie à *Amiens* par lettres-patentes de 1750. Elle est composée de 25 académiciens honoraires, parmi lesquels sont toujours l'évêque, l'intendant de la province, & le maire de ville; & de 36 académiciens résidans dans la ville ou dans la province : à l'exception du droit de committimus, ils jouissent de tous les droits & privilèges des académiciens de Paris. Cette société est sous la protection du gouverneur de la province, elle a toujours consacré à l'avantage du public & de l'humanité le prix fondé par la ville, il consiste en une médaille d'or, qu'elle distribue tous les ans. Les sujets qu'elle propose pour y concourir, intéressent toujours l'agriculture, les manufactures, & généralement tous les arts utiles.

Il y a aussi à *Amiens* une école de botanique, des cours d'anatomie & de chymie, un collège royal de médecine, un collège où l'on enseigne les humanités, la rhétorique, la philosophie & la théologie. M. le comte d'Aguy y a établi une école gratuite d'accouchement.

L'évêque d'*Amiens* jouissoit anciennement du droit singulier de vendre aux nouveaux mariés la permission de coucher ensemble les trois premières nuits de leur mariage. Ce droit dont il jouissoit en qualité de seigneur du comté d'*Amiens*, a été abrogé par un arrêt du parlement de Paris de 1409.

Les jurisdictions d'*Amiens* sont un présidial, un bailliage, un bureau des finances, une élection, un grenier à sel & une justice consulaire. *Amiens* est dans le ressort du parlement, de la chambre des comptes, de la cour des aides, & de la cour des monnoies de Paris.

On suit dans cette ville & dans son territoire une coutume particulière, rédigée en 1507, & réformée en 1567, par des commissaires du parlement de Paris.

Amiens est un passage pour l'entrée des chevaux étrangers en Picardie ; c'est aussi un des bureaux par lequel les dentelles de l'Artois, de la Flandre & du Hainaut françois peuvent entrer dans le royaume.

AMINEUR, (*terme de gabelle, synonyme à mesureur.*) on s'en sert dans les greniers à sel pour désigner les personnes qui y sont employées à mesurer le sel qui se distribue aux consommateurs. *Voyez* MESUREUR.

AMIRAL, s. m. (*Droit maritime.*) grand officier de la couronne, qui commande en chef à tous les vaisseaux de guerre. Dans l'ordonnance de Charles VI, du mois de décembre 1400, l'*amiral* de France est appellé *chef des armées de mer.*

Dutiller & Fauchet remarquent que la charge d'*amiral* a long-temps été exercée en France par commission. Le pouvoir de l'*amiral* ne s'est pas d'abord étendu par tout le royaume : il n'étoit, à proprement parler, qu'*amiral* de Normandie & de quelques côtes voisines : les gouverneurs ou sénéchaux de Provence, de Guienne & de Bretagne joignoient à leurs qualités celle d'*amiral* de la province où ils commandoient : ce qui subsiste encore aujourd'hui en Bretagne où le gouverneur exerce les fonctions d'*amiral.*

L'*amiral* de France n'a pas séance au parlement de Paris ; c'est pourquoi Dutillet s'étonne que Louis, bâtard de Bourbon, comte de Roussillon, fait *amiral* de France par Louis XI en 1466, se soit assis au parlement sur les hauts sièges, tandis qu'il étoit d'usage que les *amiraux* ne fussent que sur les bas sièges. Ce fut d'après cet usage, qu'en 1527, l'*amiral* Chabot &, en 1551, l'*amiral* de Colligny ne prirent place qu'aux bas sièges. Lorsqu'en 1582, le premier président de Thou reçut le duc de Joyeuse à l'état & office d'*amiral*, il lui dit qu'il pouvoit s'asseoir comme duc & pair de France, & non pas comme *amiral* ; & l'on trouve dans le cinquième plaidoyer de M. Marion sur la réception du duc d'Epernon à la charge d'*amiral* de France, qu'*il étoit debout au barreau, son épée déceinte & la tête nue.*

Au reste, la charge d'*amiral* est aujourd'hui l'une des plus considérables du royaume : elle avoit été supprimée avec celle de connétable par un édit de Louis XIII, du mois de janvier 1627, & ce prince l'avoit remplacée par l'office de grand-maître, chef

& surintendant général de la navigation & du commerce de France, dont fut pourvu le cardinal de Richelieu; mais Louis XIV rétablit la charge d'*amiral* en 1668 en faveur de Louis, comte de Vermandois : & elle est actuellement possédée par M. le duc de Penthièvre.

La justice est rendue au nom de l'*amiral* dans tous les siéges d'amirauté. Il a la nomination des offices de lieutenans, conseillers, avocats & procureurs du roi, greffiers, huissiers & sergens; mais les officiers qu'il a nommés, ne peuvent exercer, sans avoir obtenu des provisions du roi ; c'est pourquoi ils sont officiers du roi & non de l'*amiral*. Cependant le droit annuel de ces offices se paie à l'*amiral*, & ils ne vaquent qu'aux parties casuelles de ce grand officier, & non à celles du roi.

C'est à l'*amiral* qu'appartient le droit de donner des congés, passeports, commissions & sauf-conduits aux capitaines & maîtres des vaisseaux équipés en guerre ou pour le commerce.

Lorsque le roi juge à propos d'accorder un congé, un passeport, une commission, un sauf-conduit en fait de marine, on ne peut en faire usage sans avoir pris les lettres d'attache de l'*amiral* : cet ordre fut établi par Louis XIII, quand il créa la charge de grand-maître, chef & surintendant général de la navigation & commerce de France.

L'*amiral* a le droit d'établir dans les ports le nombre nécessaire d'interprètes & de maîtres de quai; &, lorsque le port n'exige point de maîtres de quai, il peut commettre des personnes propres à en faire les fonctions, c'est-à-dire, à veiller aux navires & bâtimens de mer qui sont dans le port, au lestage & délestage de ces bâtimens, & à l'entretien des feux, tonnes & balises.

L'*amiral* a aussi le droit de visiter ou faire visiter par qui il juge à propos, les ports, côtes & rades du royaume, pour connoître s'ils sont en bon état, & quelles sont les précautions à prendre pour la sûreté des navires.

Comme chef & généralissime des armées navales, l'*amiral* a le commandement de la principale de ces armées, mais toutefois sous les ordres du roi de qui il tient tout son pouvoir.

Le vaisseau que monte l'*amiral*, porte par distinction le pavillon quarré blanc au grand mât & les quatre fanaux.

Lorsque le roi juge à propos de retenir l'*amiral* auprès de sa personne, les ordres envoyés par sa majesté aux armées navales, doivent lui être communiqués.

L'ordonnance de la marine attribue à l'*amiral* le dixième des prises faites en mer ou sur les grèves, sous commission & pavillon de France; mais, par un édit du mois de septembre 1758, le droit dont il s'agit, a été supprimé.

Toutes les amendes prononcées dans les siéges particuliers d'amirauté appartiennent à l'*amiral*.

Il jouit aussi des droits d'ancrage, tonnes & balises, du tiers des effets & hardes, tant de gens de mer, que des passagers qui meurent sans tester pendant leurs voyages sur les vaisseaux marchands, lorsque ces effets n'ont pas été réclamés durant l'espace de deux années; il jouit encore de la moitié des effets tirés du fond de la mer ou jettés sur le rivage par les flots, lorsqu'ils n'ont pas été réclamés dans l'an & jour fixés par l'ordonnance de 1681.

Pour délivrer les congés & percevoir les droits attribués à l'*amiral*, cet officier peut établir, dans chaque siége d'amirauté, un procureur ou receveur.

Chaque receveur est tenu de faire enregistrer sa commission au greffe de l'amirauté où il est établi, & d'y prêter serment.

Il doit aussi avoir un registre coté & paraphé par le juge pour y enregistrer les congés qu'il délivre.

Il lui est enjoint de tenir son bureau ouvert, & d'y être chaque jour pour la délivrance des congés & passe-ports, depuis huit heures du matin jusqu'à onze, & depuis deux heures après midi jusqu'à cinq. Il doit d'ailleurs écrire au bas de chaque congé qu'il délivre, ce qu'il a reçu, à peine de cinquante livres d'amende au profit de l'hôpital du lieu de son établissement.

Le receveur de l'*amiral* doit être appellé à la diligence du procureur du roi, pour la confection de l'inventaire des effets sauvés des naufrages ou pris sur les ennemis : mais il ne peut prétendre aucun droit d'assistance.

Les requêtes à fin de main-levée des effets sauvés des naufrages, & les autres demandes & procédures où l'*amiral* peut avoir intérêt, doivent être communiquées à son receveur.

Il est défendu aux gouverneurs des provinces, lieutenans généraux & autres officiers de guerre, de donner aucun congé, passe-port & sauf-conduit pour aller en mer, & à tous gentilshommes & seigneurs de se dire & qualifier *amiraux* dans leurs terres, d'exiger, sous ce prétexte, aucun droit, & de rien entreprendre sur la charge d'*amiral*.

AMIRAUTÉ, (*Jurisprudence.*) on appelle *amirauté*, la jurisdiction qui connoît des contestations en matière de marine & de commerce de mer.

On donne aussi le nom d'*amirauté* au lieu où les officiers de ce tribunal tiennent leurs séances. Cette jurisdiction est aussi ancienne que le titre d'amiral; il y avoit anciennement peu de siéges d'*amirauté*, le nombre s'en est multiplié dans la suite, & en différens temps : on en distingue deux espèces, les siéges particuliers, & les siéges généraux : les premiers sont établis dans les ports & havres; les seconds, au nombre de trois, sont près des parlemens : savoir, celui de Paris qui tient son siége à la table de marbre du palais, celui de Rouen, & celui de Rennes.

Les sentences des siéges particuliers de l'*amirauté* se relèvent pardevant les siéges généraux auxquels ils ressortissent. Ce tribunal est composé de l'amiral de France qui en est le chef, d'un lieutenant général, d'un lieutenant particulier, d'un lieutenant criminel, de cinq conseillers, d'un procureur du roi, de trois substituts, d'un greffier, & de plusieurs huissiers.

Les sièges généraux ne jugent également qu'à la charge de l'appel qui se porte dans les parlemens auprès desquels ils sont situés. Ils avoient été supprimés en 1771, lors de la disgrace des parlemens; mais ils ont été rétablis par Louis XVI en 1775.

Les juges d'*amirauté* connoissent, privativement à tous autres, & entre toutes personnes de quelque qualité qu'elles soient, même privilégiées, regnicoles ou étrangères, tant en demandant qu'en défendant, de tout ce qui concerne la construction, les agrêts, apparaux, armement, avitaillement, équipement, vente & adjudication de vaisseaux.

Ils connoissent pareillement de toutes les actions qui procèdent de charte-partie, affrètement ou nolissement, connoissement ou polices de chargemens, engagemens ou loyers de matelots, & des victuailles fournies pour leur nourriture pendant l'équipement des vaisseaux, ensemble des polices d'assurance, obligations à la grosse aventure ou à retour de voyage, &, en général, de tous les contrats concernant le commerce de mer, nonobstant toute soumission ou privilège contraire. Ainsi les conventions par lesquelles les contractans se seroient soumis à une certaine jurisdiction autre que l'*amirauté*, pour régler les différends & contestations qui pourroient s'élever entre eux sur l'objet de leur contrat, ne pourroient ôter aux juges de l'*amirauté* la connoissance de ces contestations, lorsqu'elles dérivent du commerce maritime. De même, les attributions du scel du châtelet & des autres tribunaux qui prétendent avoir de pareils droits, les committimus & tous les autres privilèges, ne peuvent préjudicier à la jurisdiction des juges de l'*amirauté* dans tout ce qui est de leur compétence.

Ces juges connoissent aussi des prises faites en mer, des bris, naufrages & échouemens: du jet à la mer, & de la contribution, des avaries & dommages arrivés aux vaisseaux & marchandises de leur chargement; ensemble des inventaires & délivrances des effets délaissés dans les vaisseaux par les personnes qui meurent sur la mer.

Ils connoissent encore des droits de congé, tiers, dixième, balise, ancrage & autres qui appartiennent à l'amiral, ainsi que de ceux que lèvent ou prétendent lever les seigneurs ou autres particuliers voisins de la mer, sur les pêcheries ou poissons, & sur les marchandises ou vaisseaux sortant des ports ou y entrant.

C'est aussi aux juges de l'*amirauté* qu'appartient la connoissance de la pêche qui se fait en mer, dans les étangs salés & aux embouchures des rivières. Ils connoissent pareillement de la qualité des rêts & filets, & des ventes & achats de poisson dans les bateaux ou sur les grèves, ports & autres lieux où les pêcheurs ont coutume de vendre le poisson de mer qu'ils ont pris.

Ces juges connoissent pareillement des dommages causés par les bâtimens de mer aux pêcheries construites, même dans les rivières navigables, & de ceux que les bâtimens en reçoivent, ensemble des chemins destinés pour le halage des vaisseaux venant de la mer, à moins qu'il n'y ait titre, réglement ou possession contraire.

Ils connoissent encore des dommages faits aux quais, digues, jettées, palissades & autres ouvrages construits contre la violence de la mer: & c'est à eux de veiller à ce que les ports & rades soient conservés dans la profondeur & la netteté convenables.

C'est aux mêmes juges à faire la levée des corps noyés, & à dresser procès-verbal de l'état des cadavres trouvés en mer, sur les grèves ou dans les ports, même de la submersion des gens de mer étant à la conduite de leurs bâtimens dans les rivières navigables.

Ces juges assistent aux montrées & revues des habitans des paroisses, sujets au guet de la mer, & ils connoissent de tous les différends qui naissent à l'occasion de ce guet, de même que des délits commis par ceux qui font la garde des côtes, tant qu'ils sont sous les armes.

Ils connoissent pareillement des pirateries, des pillages & désertions des équipages, & généralement de tous les crimes & délits commis sur la mer, les ports, havrès & rivages.

C'est aux mêmes juges qu'appartient le droit de recevoir les maîtres des métiers de charpentier de navire, calfateur, cordier, trévier, voilier & autres ouvriers travaillant seulement à la construction des bâtimens de mer, & de leurs agrêts & apparaux, dans les lieux où il y a maîtrise, & ils connoissent des malversations commises par ces ouvriers dans leurs professions.

Les jugemens des sièges particuliers d'*amirauté*, qui n'excèdent pas la somme de cinquante livres, doivent être exécutés définitivement & sans appel. Cela est ainsi prescrit par l'article premier du titre 13 de l'ordonnance de 1681.

Selon l'article suivant, les jugemens définitifs concernant les droits de congé, & autres appartenans à l'amiral, peuvent être exécutés par provision à la caution juratoire du receveur de ce grand officier.

Les sentences concernant la restitution des choses déprédées ou pillées dans les naufrages, doivent être exécutées nonobstant & sans préjudice de l'appel en donnant caution.

Il en est de même des sentences dont l'appel interjetté n'a point été relevé dans six semaines.

Les jugemens rendus par les sièges d'*amirauté* en matière de ventes & achats de vaisseaux, fret ou nolis, engagement ou loyers de matelots, assurance, grosse aventure ou autres contrats concernant le commerce & la pêche de la mer, sont exécutoires par corps.

Il est défendu aux officiers d'*amirauté* d'exiger des pêcheurs, mariniers & marchands, du poisson ou autres marchandises, & même d'en recevoir sous prétexte de paiement de leurs droits, à peine d'interdiction & de cinq cens livres d'amende.

Il leur est pareillement défendu de prendre directement ou indirectement par eux ou par personnes interposées, aucune part ni intérêts dans les droits de tonnes, balises, ancrage & autres dont la connoissance leur appartient, à peine de privation de leurs charges, & de mille livres d'amende.

Un arrêt du conseil du 18 juin 1769, a aussi fait défenses aux officiers d'*amirauté* d'ordonner ou souffrir les dépôts des effets & marchandises provenant des bris, naufrages & échouemens dans des magasins appartenans aux uns ou aux autres de ces officiers, ou dépendans des maisons qu'ils habitent, à peine d'interdiction contre les contrevenans, & de privation de leurs offices, en cas de récidive.

Par lettres-patentes du 10 janvier 1770, enregistrées pendant l'exil du parlement le 27 mai 1771, il est ordonné que, dans les siéges d'*amirauté*, les officiers feront eux-mêmes, dans les douze heures du rapport au plus tard, & sans pouvoir s'en dispenser, la visite de tous les bâtimens ou navires qui arriveront dans les ports du royaume, de ceux qui en sortiront pour aller en guerre ou en voyage dans d'autres ports ou dans les pays étrangers, & de ceux qui feront relâche, soit que ces bâtimens soient vuides ou chargés. Les mêmes officiers sont tenus de délivrer leurs procès-verbaux de visite ou certificats aux capitaines ou patrons des navires, & d'y faire mention des marchandises qui composent les cargaisons de l'équipage, des passagers, du jour de l'arrivée ou du départ, & des droits qui leur auront été payés, lesquels pourront être perçus dans le cas de relâche des navires comme dans le cas d'entrée ou de sortie. Ils doivent aussi faire tenir par le greffier un registre où le contenu aux procès-verbaux de visite soit sommairement rapporté. Ce registre doit être coté & paraphé à chaque page par le lieutenant général de l'*amirauté*, & clos par le même officier & par le procureur du roi à la fin de chaque année. Il est en outre ordonné qu'il y aura au moins trois officiers présens à chaque visite, lesquels percevront, outre leur droit, celui des autres officiers du siège qui manqueront, & dont ils tiendront la place. Le procès-verbal de visite doit être signé sur le champ & sans désemparer. Il est expressément défendu aux mêmes officiers de donner aucun certificat, s'ils n'ont pas fait la visite en personne, à peine d'amende, & même de plus grande peine, selon les circonstances. Il est également ordonné que, si, après la visite, les marchands veulent encore charger quelques marchandises, ils le feront sur les certificats du principal officier de l'*amirauté* & du procureur du roi, sans qu'on puisse les obliger à une seconde visite, si ce n'est en cas de nécessité ou soupçon de fraude : lorsque, dans ces occasions, les officiers de l'*amirauté* jugent à propos de faire une seconde visite, ils sont tenus de la faire sur le champ.

Ayant été représenté au roi que, dans plusieurs siéges d'*amirauté*, les officiers ne pouvoient suffire par eux-mêmes à faire les visites prescrites par les lettres-patentes dont nous venons de rapporter les dispositions, sa majesté, en ordonnant, par arrêt de son conseil du 22 juin 1771, l'exécution des mêmes lettres-patentes, quant à l'obligation de faire la visite des vaisseaux lors de leur entrée, sortie & relâche dans les ports ou havres du royaume, a, par provision & jusqu'à ce qu'elle ait définitivement expliqué ses intentions, permis aux officiers des *amirautés* de faire chaque visite au nombre de deux au lieu de celui de trois : elle leur a en outre permis, lorsqu'ils ne pourront vaquer en personne aux visites dont il s'agit, de les faire faire dans les ports de leur résidence par les huissiers-visiteurs, & dans les ports obliques de leurs départemens par des personnes de probité & capacité reconnues, qu'ils nommeront pour cet effet, lesquelles seront tenues de prêter préalablement serment pardevant le principal officier du siége de l'*amirauté*, & de se conformer exactement à tout ce qui est prescrit par les ordonnances & réglemens. Les huissiers-visiteurs, non plus que les personnes commises aux visites, ne peuvent exiger ni percevoir d'autres droits que ceux qui sont fixés par les lettres-patentes du 10 janvier 1770, portant réglement des droits & salaires des offices des *amirautés*. Il est d'ailleurs enjoint aux huissiers-visiteurs de porter leurs procès-verbaux de visite sur le registre qui doit être tenu à cet effet au greffe du siége de l'*amirauté*, & de rendre compte de chaque visite dans les vingt-quatre heures au principal officier du siége. Il est aussi enjoint à ceux qui seront commis pour procéder aux visites ordonnées dans les ports & havres obliques de tenir un registre coté & paraphé par le lieutenant général de l'*amirauté*, pour y enregister les visites qu'ils auront faites; lequel registre ils doivent déposer tous les trois mois au greffe de l'*amirauté*.

Il est défendu, par le même arrêt, aux capitaines ou conducteurs de lever les ancres pour sortir du port, ou, lors de leur arrivée, de laisser sortir du bâtiment aucun des équipages ou effets qui s'y trouveront, & de commencer la décharge avant d'avoir été visités, à peine de cinq cens livres d'amende, & d'autre plus grande peine, selon les circonstances.

Par arrêt du conseil du 24 mars 1771, les droits de consulat & de foire, qui se percevoient dans quelques siéges d'*amirauté*, & particuliérement à Marseille, ont été supprimés comme abusifs.

Amirautés de Hollande & d'Angleterre. L'*amirauté* des Provinces-Unies a un pouvoir plus étendu : outre la connoissance des contestations en matière de marine & de commerce de mer, elle est chargée du recouvrement des droits que doivent les marchandises qu'on embarque & débarque dans les ports de la république, & de faire construire & équiper les vaisseaux nécessaires pour le service des Etats-Généraux. Elle est divisée en cinq colléges, & juge en dernier ressort des matières qui sont de sa connoissance.

L'*amirauté* d'Angleterre diffère peu de celle de France. Il est à remarquer seulement que, dans tous ses sièges d'*amirauté*, les procédures se font au nom de l'amiral, & non pas au nom du roi. Il faut encore remarquer que l'*amirauté* d'Angleterre a deux sortes de procédures ; l'une particulière à cette jurisdiction : & c'est de celle-là qu'elle se sert dans la connoissance des cas arrivés en pleine mer ; l'autre conforme à celle usitée dans les autres cours : & c'est de celle-ci qu'elle se sert pour les cas de son ressort, qui ne sont point arrivés en pleine mer, comme les contestations survenues dans les ports ou havres, ou à la vue des côtes.

L'*amirauté* d'Angleterre comprend aussi une cour particulière, appellée *cour d'équité*, établie pour régler les différends entre marchands. (*H-Z*)

AMISSION, terme ancien qui signifioit une peine pécuniaire, prononcée en justice.

AMMESTRE, vieux mot qui désigne les charges d'échevin, de consul.

AMNISTIE, s. f. (*Politiq.*) sorte de pardon général qu'un prince accorde à ses sujets par un traité ou par un édit, dans lesquels il déclare qu'il oublie tout le passé, & le tient pour non avenu, & promet n'en faire aucune recherche. *Voyez* PARDON.

Ce mot est francisé du grec, qui étoit le nom d'une loi semblable que Trasybule avoit faite après l'expulsion des trente tyrans d'Athènes. Andocides, orateur athénien, dont Plutarque a écrit la vie, nous donne, dans son *Oraison sur les mystères*, une formule de l'*amnistie*, & des sermens par lesquels elle étoit cimentée.

L'*amnistie* est ordinairement la voie qu'emploie le prince pour se réconcilier avec son peuple, après une révolte ou soulevement général. Tel a été, par exemple, l'oubli que Charles II, roi d'Angleterre, a accordé lors de sa restauration : tels ont été les différens édits de pacification donnés par nos rois dans toutes nos guerres civiles, & principalement pendant celles de religion : telle a été l'*amnistie* accordée par Louis XIV, après les troubles qui avoient agité sa minorité.

Tel est le pardon que le roi, par son ordonnance du 11 mai 1775, a accordé aux particuliers qui, par séduction ou par l'effet de l'exemple des principaux séditieux, étoient entrés dans les attroupemens dont parle cette ordonnance. On sait que ceux qui composoient ces attroupemens, s'étoient répandus dans les campagnes pour piller les moulins & les maisons des laboureurs ; que même ils avoient eu l'audace de s'introduire à Versailles & à Paris où ils avoient pillé les halles, forcé les maisons des boulangers, & volé les bleds, les farines & le pain destiné à la subsistance des habitans de ces villes.

Les instigateurs de ces attroupemens ont été exceptés de la grace : & elle n'a été accordée aux autres, qu'à la charge de rentrer sur le champ dans leurs paroisses, & de restituer en nature ou en argent, suivant la véritable valeur, les grains, les farines & le pain pillés, ou qu'ils s'étoient fait donner au-dessous du prix courant.

On doit conclure de cette dernière *amnistie*, que le roi peut, en l'accordant, y renfermer quelques exceptions ; il y en a toujours une de droit pour raison du crime de lèze-majesté, & pour les assassinats prémédités. Au reste, l'*amnistie* générale s'étend même à ceux qui sont morts, avant qu'elle ait été accordée. Les crimes ou les injures commis de particulier à particulier, & qui ne sont pas relatifs à la cause publique, ne sont pas couverts par l'*amnistie*, & la réparation peut s'en poursuivre : c'est ce qui a été jugé par arrêt du parlement de Paris du premier février 1653, contre le sieur de Montmort qui prétendoit exciper de l'*amnistie* générale, accordée par Louis XIV, pour éviter la réparation de l'insulte qu'il avoit faite au lieutenant général de Château-du-Loir dans ses fonctions.

L'*amnistie* est aussi un pardon que le roi accorde aux déserteurs. Louis XV a fait publier durant son règne plusieurs *amnisties* de ce genre ; & le roi régnant vient d'en accorder une par son ordonnance du 12 décembre 1775, qui en même temps a diminué les peines dont on punissoit précédemment les déserteurs.

On a donné aussi le nom d'*amnistie* au pardon que Louis XIV, en 1698, donna aux faux-sauniers de son royaume, & Louis XV, en 1718, aux forbans & pirates de l'Amérique, connus sous le nom de *flibustiers*.

Louis XIV, par un édit du mois de juillet 1665, accorda une *amnistie* aux comptables & aux autres justiciables de la chambre de justice, établie sous sa minorité.

On appelle encore *amnistie*, certains délais que le roi accorde à ceux qui n'ont pas exécuté ce qui étoit prescrit par une loi, parce qu'ordinairement le roi fait en même temps remise de la peine ou de l'amende encourue : ainsi on a appellé *amnistie*, la déclaration du 14 juillet 1699, par laquelle le roi déchargea les notaires & les commis à l'exercice du contrôle des actes, de toute contravention à l'édit du mois de mars 1693, & de toute prévarication à cet égard, au moyen de quoi, on ne pût faire aucune recherche de droits de contrôle pour des actes antérieurs.

Par une autre déclaration du 21 juin 1733, il fut accordé un délai jusqu'au premier janvier 1734, pour faire contrôler, insinuer & sceller les actes sujets à ces formalités, passés avant la déclaration du 29 septembre 1732. Les contrevenans qui se sont conformés à la déclaration de 1733, ont été relevés de toutes condamnations précédentes.

Il a aussi été accordé différens délais pour faire contrôler les actes de foi & hommage, adjudications de bois & autres actes passés devant les juges, greffiers & autres officiers de justice, de nature à pouvoir être faits également pardevant notaires ; les déclarations & reconnoissances aux papiers terriers, ainsi que les aveux & dénombremens fournis sous signature privée, aux chambres des comptes & bureaux des finances, & qui n'avoient point été contrôlés : au moyen du contrôle & du paiement des droits dans les délais accordés, ces actes ont été validés, & les contrevenans relevés des peines & amendes par eux encourues, nonobstant les arrêts & ordonnances de condamnation. Le dernier de ces délais a été fixé au 31 décembre 1737, par l'arrêt du conseil du 21 mai précédent.

Il a pareillement été accordé des délais pour faire insinuer les lettres de naturalité, de légitimation, d'annoblissement, de réhabilitation, de noblesse, d'érection de fiefs, marquisats, comtés, baronnies & autres dignités ; de concession de justice, foires & marchés & autres semblables, enregistrées dans les cours & jurisdictions, sans avoir été insinuées.

Tous ces délais sont qualifiés d'*amnistie* par les arrêts même qui les ont accordés.

AMOISSONER, vieux mot qui signifioit donner quelque chose à mesure convenable, faire des conventions, conclure un marché.

AMONÊTEUR, on appelloit ainsi autrefois un huissier, un sergent.

AMORTIR, v. a. c'est éteindre, anéantir, faire cesser un droit ; ainsi on dit *amortir une rente*, *une pension*. On *amortit* une rente, quand on l'éteint par le rachat ou par le remboursement du capital. Si un héritage est chargé de droits, & qu'on les éteigne, c'est *amortir* cet héritage. Il y a donc autant d'espèces d'amortissement, qu'il y a de moyens d'éteindre ces droits.

Quand on permet à des gens de main-morte d'acquérir un fonds, cette permission s'appelle *amortissement*, parce qu'elle met ce fonds hors du commerce, & qu'il est en même temps dégagé des droits de lods & ventes.

On *amortit* encore la foi & hommage en s'abonnant avec le seigneur, afin qu'il en décharge son vassal, & substitue à sa place quelques redevances ou droits annuels & personnels. Il y a quelques coutumes qui autorisent cette espèce d'amortissement.

AMORTISSABLE, terme de coutume dont on se sert pour désigner un fonds qui peut être amorti. Ainsi on dit *un cens*, *une rente*, *un droit amortissable*.

AMORTISSEMENT, s. m. (*Jurisprudence.*) ce mot, dans sa signification générale, veut dire *rachat d'un droit*, *extinction d'une dette*.

Mais plus ordinairement on entend par ce mot, la permission que le roi accorde aux gens de main-morte, tels que le clergé, les religieux, les confrairies, les corps de métiers & les communautés, de posséder des immeubles, sans pouvoir être contraints d'en vuider leurs mains, au moyen d'une somme d'argent que les gens de main-morte lui paient, & qu'on appelle *droit d'amortissement*.

On appelle aussi *amortissement*, les lettres-patentes qui contiennent cette permission, & *droit d'amortissement*, la finance payée pour raison de cette même permission.

Cette finance qui est payée au roi pour l'obtention des lettres-patentes qui permettent aux gens de main-morte d'acquérir des immeubles, a été introduite pour tenir lieu du dédommagement de la perte que souffrent l'état & le public, en ce que ces biens sortant du commerce, se trouvent affranchis de la contribution à une partie des charges de l'état.

Outre le droit d'*amortissement* dû au roi, il est encore dû, ainsi que nous le dirons plus bas, un droit d'indemnité aux seigneurs dont relèvent, soit à titre de cens, soit à titre de fief, les immeubles acquis par les gens de main-morte.

Origine du droit d'amortissement. Le droit d'*amortissement* n'est pas de l'invention des peuples chrétiens : il est fondé sur le droit romain. Il étoit défendu chez eux, par la loi *Papiria*, de consacrer aucun fonds à des usages religieux sans le consentement du peuple, & cela, par le même motif qui nous a fait admettre le droit d'*amortissement*, c'est-à-dire, afin d'empêcher que les biens des particuliers ne sortissent du commerce.

Il n'est pas aisé d'en découvrir l'origine parmi nous. Quelques-uns prétendent que S. Louis imagina le premier en France, l'expédient d'introduire ce droit ; pour réprimer l'avidité des ecclésiastiques de son temps.

D'autres attribuent l'*amortissement* aux régens qui furent chargés du soin & de l'administration de l'état pendant les voyages de ce prince ; & ils fondent leur opinion sur la résistance qu'on dit qu'y apporta le pape Alexandre IV.

On voit, par un arrêt du conseil, rendu le 3 avril 1731, contre les religieux de l'abbaye de Clermarais en Artois, qu'au mois de septembre 1200, Balduines, comte d'Artois, amortit les biens donnés à cette abbaye par Bertouldus, comte de France, en 1183.

Pocquet de Livonière remonte plus haut : il dit qu'autrefois les ecclésiastiques qui possédoient des fiefs, étoient obligés de servir en personne le roi à la guerre ; mais que l'exercice des armes ne convenant pas à leur profession, ils furent affranchis du service militaire par une ordonnance arrêtée dans l'assemblée des états sous Charles-le-Chauve, à la charge de payer le droit d'*amortissement*.

En effet, il est dit, par la déclaration de Louis XIV, du 5 juillet 1689, que le zèle des précédens rois pour le service de Dieu les avoit portés à dispenser les prélats séculiers & réguliers de les servir dans les guerres, afin que rien ne les détournât de l'application continuelle qu'ils devoient donner à la conduite de leurs églises ; mais que, dans la suite, l'augmentation du bien des anciennes églises, la multiplication des monastères & l'établissement de différentes communautés ayant diminué trop considérablement les forces du royaume & les revenus de la couronne, il a été nécessaire d'y apporter des remèdes ; que d'abord on a obligé les ecclésiastiques & les communautés à mettre hors de leurs mains les biens dont ils ne pouvoient acquitter les charges, & qu'enfin on leur a accordé la faculté de les posséder moyennant une finance appellée *droit d'amortissement.*

Au reste, quelle que soit l'origine de l'*amortissement*, c'est une loi d'autant plus juste que l'intérêt de l'état la rend nécessaire. C'est pour cela, remarque M. Giri, qu'elle a été adoptée par nos voisins : elle est ancienne en Angleterre; elle est en usage en Espagne, en Sicile, dans les Pays-Bas; les papes l'ont même approuvée dans les lieux où ils sont souverains. En effet, il importe au public & à l'état, que les gens de main-morte n'augmentent pas leurs possessions : ils sont exempts de diverses impositions auxquelles les laïques sont sujets, & le poids de ces impositions deviendroit plus onéreux, si les acquisitions des gens de main-morte n'étoient soumises à des règles propres à les restreindre à de justes bornes.

De la nature du droit d'amortissement. Il ne faut pas confondre l'*amortissement* avec l'indemnité : l'*amortissement* est la permission accordée par le souverain aux gens de main-morte, de posséder des immeubles; l'indemnité est un autre droit dû aux seigneurs à qui appartient la directe des héritages acquis par les gens de main-morte, pour les dédommager de la perte des profits féodaux ou censuels qu'ils perçoivent à chaque mutation. *Voyez* INDEMNITÉ.

Anciennement les grands vassaux de la couronne, & plusieurs autres grands seigneurs s'arrogeoient le droit d'amortir les héritages situés dans leurs terres : on trouve même un arrêt de 1290, qui y maintient le duc de Nevers; mais, depuis l'ordonnance de Charles V, en 1372, le droit d'*amortissement* appartient au roi seul : il en jouit par le titre de sa souveraineté comme d'un dédommagement de la perte que souffrent l'état & le public, lorsque les biens sortent du commerce; il jouit en outre de l'indemnité, comme seigneur, lorsque les biens sont dans ses censives, mouvances, directes ou justices.

Le droit d'*amortissement* est donc un droit de la souveraineté, un droit domanial, &, par conséquent, un droit imprescriptible. De-là il suit que les gens de main-morte ne peuvent posséder aucun héritage qui ne soit amorti, & que, dans tous les temps, on peut les obliger à rapporter les lettres d'*amortissement* pour tous les biens qu'ils possèdent, même depuis plusieurs siècles.

Il pourroit arriver cependant que la recherche du droit d'*amortissement*, & l'obligation qu'on imposeroit au clergé de payer l'*amortissement* de tout ce qu'il ne prouveroit pas avoir été amorti, contiendroit une espèce d'injustice, parce que les quittances d'*amortissement*, faites dans un temps éloigné, peuvent être perdues ou égarées. Ce motif engagea Louis XIV à accorder au clergé, en 1641, un *amortissement* général pour tous les biens payant décimes, qu'il avoit acquis jusqu'à cette époque, & pour ceux qui ne paient pas décimes, dont il étoit en possession en 1600. Cet *amortissement* est contenu dans le contrat passé, en 1641, à Mantes entre le roi & le clergé : le même roi, par un arrêt du conseil du 21 décembre 1686, a expressément défendu d'inquiéter le clergé sur la possession des biens dont il jouissoit aux époques ci-dessus citées, & de le contraindre au paiement du droit d'*amortissement.*

L'objet primitif de l'établissement de ce droit étoit de connoître toutes les acquisitions de l'église, & d'en arrêter les progrès, lorsque le bien de l'état le requerroit : mais on ne le considère plus aujourd'hui que comme une simple formalité & un objet de finances.

Lorsque le roi juge à propos d'accorder à des gens de main-morte la permission d'acquérir quelques immeubles, l'*amortissement* se fait par lettres scellées du grand sceau, qui doivent être enregistrées selon les règles prescrites par l'édit du mois d'août 1749, & que nous avons indiquées à l'article ACQUISITION.

De la forme de l'amortissement. Le même édit défend d'expédier aucune quittance du droit d'*amortissement*, qu'il n'ait été justifié de la permission dont il s'agit, & de l'arrêt d'enregistrement, à peine de nullité & de confiscation, au profit de l'hôpital général le plus prochain, des sommes payées pour ce droit.

Les commis qui perçoivent les droits d'*amortissement*, en donnent des récépissés qui se convertissent en quittances de finances, & ces quittances sont sujettes à l'insinuation.

Quelque généraux que soient les termes dans lesquels sont conçues les lettres d'*amortissement*, accordées à une église, à une communauté ou à d'autres gens de main-morte, elles ne peuvent jamais avoir lieu que pour les biens qui y sont exprimés, ou tout au plus, pour les biens que les gens de main-morte pourroient acquérir par la suite, jusqu'à concurrence d'une certaine somme. Les lettres d'*amortissement*, accordées pour tous les biens qu'une communauté pourra acquérir dans la suite, sont nulles, & les juges ne doivent y avoir aucun égard, quand même elles auroient été enregistrées. L'édit de 1606 le décide formellement.

La recherche des droits anciennement échus ne peut être faite que pour le compte du roi & par des ordres particuliers, parce que l'article 529 du bail de Forceville du 16 septembre 1738, confirmé dans les baux postérieurs, porte que le fermier ni ses sous-fermiers ne pourront faire aucune recherche des droits d'*amortissement*, recelés ou négligés, au-delà de vingt années antérieures au jour de la demande; sa majesté se réservant le recouvrement de ceux dus avant cette époque.

Effet de l'amortissement. Lorsqu'un corps, une communauté ou autres personnes ecclésiastiques ont obtenu l'*amortissement* d'un bien particulier qu'ils ont déclaré & spécifié en détail par tenans & aboutissans, ils ne peuvent plus être contraints, après la vérification des lettres, à vuider leurs mains de ce bien amorti.

Si le bien se trouve dans la mouvance du roi, ils ne doivent plus, pour les fiefs, d'homme vivant, mourant & confisquant; ni de redevance pour un héritage roturier, à moins que le roi n'en ait fait une réserve expresse dans ses lettres d'*amortissement*.

Lorsque le bien amorti se trouve dans la mouvance immédiate d'un seigneur autre que le roi, les lettres d'*amortissement* sont toujours accordées sans préjudice de ses droits, & elles ne lui font aucun obstacle pour demander l'indemnité qui lui est due, ni pour exiger qu'il lui soit fourni homme vivant & mourant.

La condition & la nature de l'héritage amorti ne sont pas détruites par les lettres d'*amortissement*; d'où il suit que l'héritage amorti peut retourner à sa première condition & nature; qu'il ne demeure amorti que tant qu'il est possédé par la main-morte qui a obtenu l'*amortissement*; que, dès qu'il sort de ses mains, il cesse d'être amorti, parce que l'*amortissement* n'est pas résolutif de la mouvance, mais seulement suspensif; & que, comme il est personnel, il ne peut servir qu'à ceux qui l'ont obtenu, & nullement à d'autres gens de main-morte, quoique de même qualité ou de même ordre.

Les biens possédés par les gens de main-morte, soit qu'ils soient amortis ou non, demeurent non-seulement sous la jurisdiction du seigneur, mais encore sous la mouvance féodale : ils restent même chargés des rentes & devoirs accidentels au fief. C'est pour cela que le droit canonique permet à une abbesse & à une prieure de sortir pour aller faire hommage. Aussi, par arrêt du parlement de Bretagne du 20 juillet 1651, il fut jugé que l'abbesse de S. Sulpice devoit aller faire hommage au seigneur de Betton, dans son auditoire, pour les biens temporels relevant de lui, & possédés par l'abbaye, nonobstant l'allégation de l'obligation de clôture.

Quoique l'effet de l'*amortissement* soit en général de rendre les gens de main-morte propriétaires incommutables des héritages amortis, cependant il est établi en Bretagne par l'article 268 de la coutume, que le seigneur de fief peut, nonobstant les lettres d'*amortissement*, forcer, durant l'espace de trente années, les gens de main-morte à se désister de la possession des biens amortis en leur faveur. Cela a été ainsi jugé par deux arrêts du parlement de Bretagne, des 17 juillet 1719, & 29 mars 1735, confirmés par une décision du conseil du 12 septembre 1746. Cette décision, en mettant hors de cour sur la demande en cassation du dernier de ces arrêts, a ordonné que l'article 268 de la coutume de Bretagne seroit exécuté, &, en conséquence, a maintenu les seigneurs de fief de la Bretagne dans le droit de faire quitter aux gens de main-morte la possession des biens par eux acquis dans les mouvances de ces seigneurs, si mieux n'aimoient ceux-ci se contenter de l'indemnité & de l'homme vivant, mourant & confisquant.

Des biens sujets au droit d'amortissement. Par l'arrêt du conseil du 21 janvier 1738, les échanges, acquisitions, dons & legs d'immeubles, faits uniquement pour agrandir ou rendre plus commodes les églises, chapelles, sacristies & autres lieux destinés au service divin, sont déclarés exempts du droit d'*amortissement*. Il en est de même des immeubles destinés à servir de logemens & de jardins aux communautés religieuses, pourvu qu'elles n'en tirent aucun revenu; mais l'exemption cesseroit, si ces immeubles produisoient un revenu.

Les hôpitaux & autres lieux séculiers ou réguliers, où l'hospitalité est exercée, doivent jouir des mêmes exemptions pour les immeubles & bâtimens destinés, soit au logement, à la subsistance & à l'entretien des pauvres ou des malades, soit à leur instruction gratuite.

Cette exemption a aussi lieu en faveur des maisons & écoles de charité des paroisses, tant des villes que de la campagne, lorsque les immeubles acquis ne sont employés qu'au soulagement des malades ou à l'instruction gratuite de la jeunesse, & ne produisent aucun revenu.

Un arrêt du conseil de 1774 a ordonné que les maisons abbatiales, prieurales & canoniales, & tous les autres biens dépendans des lieux claustraux & réguliers, qui ont été ou seroient mis à l'avenir dans le commerce, demeureroient, par grace, déchargés du droit d'*amortissement*, pourvu que l'usage & la destination n'en fussent pas changés & dénaturés pour toujours, & à la charge que le droit de nouvel acquêt en seroit payé par les bénéficiers & autres gens de main-morte, relativement à la durée des baux de ces biens.

Le clergé de France a fait des représentations au sujet de cet arrêt, en ce qu'il paroissoit comprendre dans la même classe toutes les maisons abbatiales, prieurales & autres semblables, quoique celles acquises avant 1641 pussent être mises dans le commerce sans donner lieu au droit de nouvel acquêt, attendu qu'elles avoient été amorties; en conséquence, le conseil a rendu un autre arrêt le 29 janvier 1776, qui, en déclarant les maisons abbatiales prieurales, canoniales, & autres de même nature, que le clergé possédoit avant 1641, ou qui, ayant été acquises depuis, ont été données à loyer avant 1700, exemptes de tout droit d'*amortissement* & de nouvel acquêt, quoiqu'elles soient mises dans le commerce, & qu'elles produisent un revenu, a ordonné que celles acquises depuis 1641, qui n'ont été données à loyer que depuis 1700, continueroient d'être assujetties au droit de nouvel acquêt, lorsqu'elles seroient louées, à moins qu'elles n'eussent été amorties, ou qu'elles ne fussent réputées l'être, comme faisant partie de dotations ou fondations royales.

Les fondations perpétuelles de prières, faites dans les hôpitaux ou dans les maisons & écoles de charité, ne sont sujettes au droit d'*amortissement*, que jusqu'à concurrence de ce qui est jugé nécessaire pour acquitter ces fondations : mais celles qui sont faites en deniers aux autres gens de main-morte, sont sujettes au paiement de ce droit sur le pied de la totalité des sommes données, lorsque le donateur n'a pas fixé les sommes qu'il veut être employées à l'acquit de ces fondations.

Les constructions à neuf & les reconstructions des fermes & autres édifices qui ne produisent par eux-mêmes ni revenu ni loyer particulier, & qui ne servent qu'à la commodité de ces fermes, ne sont point sujettes au droit d'*amortissement*. Mais si les gens de main-morte en retiroient ou pouvoient retirer des loyers, elles seroient sujettes au droit d'*amortissement*, sur le pied de la valeur, tant du sol que des bâtimens, à la déduction néanmoins du tiers pour le fonds amorti, en justifiant qu'il l'a été avec finance.

Il faut remarquer à ce sujet, que les gens de main-morte ne peuvent joindre à leur clôture aucun édifice, ni faire aucune construction ou reconstruction de bâtimens, qu'après en avoir communiqué les plans & devis aux intendans des provinces, & à Paris, au lieutenant général de police ; ces officiers envoient ensuite leur avis au conseil, tant sur la nécessité des constructions, que sur les droits d'*amortissement* qui peuvent en être dus. Les gens de main-morte qui contreviennent à la disposition dont il s'agit, doivent être condamnés à payer le double de la somme à laquelle monteroient ces droits, si les bâtimens étoient sujets à l'*amortissement*.

Lorsque l'acquisition ne porte pas expressément que les biens acquis doivent être joints à la clôture, le droit d'*amortissement* est dû, quand même les acquéreurs joindroient ensuite ces biens à la clôture : c'est ce qu'a décidé l'arrêt du conseil, rendu le 22 mai 1743 contre les religieuses de Notre-Dame de Saint-Junien.

Les droits d'*amortissement*, dus pour les constructions & reconstructions de bâtimens, appartiennent au fermier, pendant le bail duquel les bâtimens ont été commencés, pourvu qu'il y ait des devis & des dépris passés pardevant notaires pendant la durée de son bail.

Les bâtimens que les villes & les communautés font construire pour des casernes ou pour loger les gouverneurs, évêques, intendans & curés, ou pour tout autre objet d'utilité publique & de décoration, sont exempts du droit d'*amortissement*, pourvu qu'ils ne produisent aucun revenu, & que le fonds en ait été amorti avec finance. Si les villes & communautés achètent des maisons toutes bâties pour les usages dont on vient de parler, l'*amortissement* n'en doit être payé que sur le pied de la valeur du fonds.

Lorsque les bâtimens dont il s'agit, cessant d'être employés pour l'utilité publique, viennent à produire un revenu, les villes & communautés doivent payer au fermier actuel l'*amortissement* sur le pied du capital des loyers, à la déduction néanmoins de la somme payée pour l'*amortissement* du sol.

Le fermier n'est point obligé de s'en rapporter, pour la liquidation des droits d'*amortissement*, aux estimations des biens, faites par les contrats d'acquisition ou par les actes de donation : s'il y a contestation à cet égard, les biens doivent être estimés par experts convenus ou nommés d'office.

Lorsque la liquidation se doit faire sur le capital des revenus, ce capital doit être fixé, pour la ville de Paris, au denier vingt-deux, & pour les autres villes & la campagne, au denier vingt.

Le droit d'*amortissement* est dû sur la valeur des biens acquis sans déduction de l'usufruit réservé ni d'aucune autre charge. C'est pourquoi, par arrêt du conseil du 11 mars 1750, il a été jugé contre les religieuses de la visitation de Chaillot, qu'il ne devoit être fait aucune déduction des rentes viagères.

Il n'est point dû de droit d'*amortissement* pour raison des biens donnés par les rois, parce qu'il est de l'essence du don d'être gratuit, & que le souverain, en donnant, accorde la capacité suffisante pour recevoir & pour posséder ce qu'il donne. Il fut même décidé, lors du recouvrement de 1689, que les fonds acquis des deniers donnés ou légués par le roi, à condition d'en faire emploi, seroient exempts de tous droits d'*amortissement* & de nouvel acquêt.

Les droits d'*amortissement* des fondations faites en termes généraux, sans désignation d'église ou de main-morte, à la charge par les héritiers de faire dire les prières qu'ils jugeront à propos, doivent être payés par les héritiers des fondateurs, & le fermier peut décerner ses contraintes contre eux ; mais, lorsque l'église où la fondation doit être exécutée, est désignée, la contrainte doit être décernée contre la main-morte, sauf son recours, s'il y a lieu à l'exercer.

La jurisprudence n'admet pas ce recours, lorsqu'il s'agit de donations entre-vifs, à moins que l'acquit des droits ne soit une clause de la donation : mais, lorsqu'il est question de legs, le recours est admis, pourvu que le droit n'entame pas les réserves coutumières : car la loi ne permettant pas aux hommes de disposer de l'universalité de certains biens, il faut que l'héritier les trouve dans la succession. Ainsi, dans la coutume de Paris, les quatre quints des propres ne peuvent pas être chargés de contribuer au paiement du droit d'*amortissement*.

Il n'est dû aucun droit d'*amortissement* pour les sommes & effets mobiliers, donnés à des communautés ou autres gens de main-morte sans aucune fondation de messe ou prières particulières, sujettes à rétribution, & seulement pour avoir part aux prières ordinaires de la communauté ou de l'église.

Toutes les fondations pour cinquante ans & au-dessous doivent moitié du droit d'*amortissement*, & au-dessus de cinquante ans le droit entier. Mais cette disposition ne comprend ni les messes ni les autres prières qui doivent se dire dans l'année, à compter du jour de la mort du testateur : il n'est dû pour celles-ci aucun droit d'*amortissement*.

Les gens de main-morte qui acquièrent des biens roturiers dans leurs directes, en conséquence des lettres-patentes qui ont pu leur être accordées, doivent le droit d'*amortissement* au cinquième ; mais, lorsque

lorsque la réunion de la roture au fief n'a pas lieu, l'*amortissement* n'est dû qu'au sixième.

L'*amortissement* des biens en franc-aleu doit être payé comme pour les autres biens, c'est-à-dire, au cinquième pour les biens en franc-aleu noble, & au sixième pour les biens en franc-aleu roturier.

Lorsque le droit d'*amortissement* est dû pour des dons & legs des sommes en argent ou d'effets mobiliers, il doit être fixé à raison du sixième.

L'*amortissement* des messes fondées dans les hôpitaux, hôtels-dieu & autres maisons de charité, doit être payé sur le pied de la rétribution fixée à dix sols pour chaque messe dans les provinces, & à quinze sols dans la ville & banlieue de Paris.

Il faut remarquer qu'outre le droit principal, il faut aussi payer les sous pour livre, établis par divers édits & déclarations.

Du droit d'amortissement fixé dans quelques provinces du royaume. Dans le Roussillon, l'*amortissement* est fixé, par une ordonnance de Jacques I, roi d'Aragon, de l'année 1376, au quart de la valeur des héritages, biens, immeubles & droits mobiliers, acquis ou donnés. Des arrêts du conseil des 23 janvier 1691, & 11 août 1705, ont ordonné que le droit dont il s'agit, continueroit d'être payé sur ce pied dans cette province.

En Artois, en Flandres & en Hainaut, le droit d'*amortissement* se paie à raison de trois années du revenu des biens nobles ou en roture, à l'exception des hôpitaux & des maisons de charité, lesquels ne doivent que moitié, c'est-à-dire, un an & demi du revenu, suivant les déclarations des 22 novembre 1695, & 9 mars 1700.

Dans la Franche-Comté, l'*amortissement* se payoit autrefois à raison de cinq années du revenu des fiefs, & de trois années du revenu des biens de roture. Mais, par la déclaration du 18 mai 1731, ce droit a été fixé, pour cette province, au même taux qu'il est actuellement payé par les autres provinces de l'intérieur du royaume. Il faut néanmoins excepter les fondations à prix d'argent, pour lesquelles seulement l'*amortissement* se paie en Franche-Comté, à raison de trois années du revenu, selon l'arrêt du conseil, rendu le 11 mars 1739, en faveur des cordeliers de Besançon, contre le fermier, qui avoit appellé de l'ordonnance de l'intendant.

Suivant la déclaration du roi Stanislas, du 12 juin 1758, le droit d'*amortissement* est fixé en Lorraine au tiers de la valeur des fiefs & autres biens nobles, mouvans immédiatement du souverain, tant à cause des domaines dont il jouit, que de ceux qui sont tenus de lui à titre d'engagement.

Le même droit est fixé au cinquième, tant pour les biens en roture qui sont dans la censive du roi, que pour les fiefs & autres biens nobles qui ne sont dans la mouvance de sa majesté, qu'en qualité d'arrière-fiefs.

A l'égard des terres en roture, tenues en censives de seigneurs censiers & féodaux, l'*amortissement* est fixé au sixième. Les rentes & les sommes en argent, données ou léguées aux gens de main-morte pour sûreté des fondations perpétuelles, doivent aussi l'*amortissement* sur le pied du sixième des capitaux.

Des biens qui ne sont pas sujets au droit d'amortissement. 1°. Les gens de main-morte qui, pour sûreté de leurs créances, possèdent, à titre d'engagement, des biens-fonds en vertu de jugemens ou d'actes passés pardevant notaires, sont tenus de payer le droit de nouvel acquêt depuis leur jouissance, & lorsqu'ils ont possédé dix années, ils doivent se désister de leur possession, sauf à eux à faire vendre les biens engagés pour être payés de leurs créances. Mais comme ils peuvent obtenir du roi des lettres-patentes pour continuer leur jouissance des biens engagés au-delà de dix années, ils sont alors tenus d'en payer l'*amortissement*, à condition toutefois que, si, par le moyen du remboursement de leurs créances, ils venoient à être obligés de quitter la possession de ces biens, il leur seroit libre de remplacer les sommes remboursées en d'autres fonds de même nature, sans payer de nouveau l'*amortissement*.

2°. Les sommes données ou léguées pour cause de fondations de messes, de prières, de subsistance d'étudians, mariages de pauvres filles, soulagement de prisonniers, & autres œuvres pieuses de même nature, & qui sont délivrées aux gens de main-morte en rente sur l'hôtel-de-ville de Paris, ne sont sujettes à aucun droit d'*amortissement*. Les gens de main-morte peuvent aussi placer en pareilles rentes les sommes reçues pour l'acquit des fondations dont il s'agit, sans être obligés de payer aucun droit d'*amortissement*.

3°. L'exemption du même droit a lieu en faveur des gens de main-morte pour l'acquisition des rentes constituées par le clergé en vertu de lettres-patentes des 28 juin 1755, & 24 mai 1760, même dans le cas où ces rentes sont données ou léguées pour cause de fondation ou œuvres pies : mais si ces rentes étoient acquises par des gens de main-morte avec des deniers donnés ou légués à la charge de fondation, elles seroient sujettes au droit d'*amortissement* en vertu de l'article 9 du réglement du 13 avril 1751.

4°. Les rentes à quatre pour cent, créées par l'édit du mois d'avril 1758, sur les aides & gabelles, peuvent aussi être acquises par les gens de main-morte, sans qu'ils soient obligés de payer aucun droit d'*amortissement*, à moins toutefois que ces rentes n'aient été données ou léguées à charge de fondation, ou acquises pour faire emploi des deniers donnés à cette charge.

5°. L'exemption de l'*amortissement* a pareillement lieu en faveur de la main-morte, pour l'acquisition des rentes constituées sur les tailles, sur la ferme générale des postes & sur les pays d'états, mais avec les mêmes restrictions que pour les rentes sur les aides & gabelles. Quant aux autres effets, ils sont sujets à l'*amortissement*, sauf en cas de remboursement de ces effets, à les remplacer en autres rentes, sans payer un nouveau droit d'*amortissement*.

6°. Il n'est point dû de droit d'*amortissement* des sommes données en argent pour la dot des personnes qui embrassent la vie religieuse, ni des rentes constituées qui sont créées ou cédées pour le même objet, parce que la main-morte les possède librement & sans charge de fondation.

Mais si, pour la dot d'une religieuse, il étoit cédé à la communauté un fonds de terre ou une rente foncière rachetable ou non rachetable, le droit d'*amortissement* seroit dû sans difficulté, parce que ces biens ne sauroient passer dans la possession des gens de main-morte, à quelque titre que ce puisse être, sans être amortis.

7°. L'abbé & ses religieux ne faisant qu'un même corps, il n'est point dû de droit d'*amortissement* pour le partage des biens de l'abbaye entre eux. Il semble qu'on devroit suivre la même règle, quand les religieux achètent une portion de la mense de l'abbé ou l'abbé une portion de la mense des religieux; cependant le conseil, jugeant que cette idée d'un même corps s'évanouissoit dans un contrat de vente, parce qu'on ne vend point à soi-même, a décidé que dans ce cas, le droit d'*amortissement* devoit être payé.

8°. Il n'est dû aucun droit d'*amortissement* par les curés des paroisses pour raison des transactions, concordats, ou acquisitions faites au profit de leurs cures, relativement aux dixmes de leurs paroisses, soit qu'elles soient ecclésiastiques ou inféodées.

De l'ordre de Malte. L'ordre de Malte avoit prétendu qu'il devoit être exempt du droit d'*amortissement*, parce qu'il est hospitalier, & que les chevaliers commandeurs ne sont que des administrateurs de l'hôpital général, & non des bénéficiers; mais comme la déclaration du 5 juillet 1689 & les réglemens postérieurs n'accordent l'exemption du droit dont il s'agit, qu'aux hôpitaux de l'intérieur du royaume où l'hospitalité est exercée, l'ordre de Malte a été condamné à payer ce droit par arrêt du conseil rendu contradictoirement le premier mai 1753, entre le grand prieur de France, le procureur général de l'ordre, le commandeur de S. Jean de Latran & l'inspecteur du domaine.

Dans quel temps est dû le droit d'amortissement. Lorsqu'il s'agit d'acquisitions qui donnent ouverture au droit d'*amortissement*, les gens de main-morte ont l'an & jour pour mettre les biens hors de leurs mains ou pour satisfaire au paiement du droit, s'ils n'ont pas été évincés pendant ce temps, ensorte qu'on ne peut les contraindre à payer auparavant. C'est pour cela qu'un arrêt du conseil, du 8 avril 1752, a ordonné la restitution du droit d'*amortissement*, payé le 20 mai 1749, par les religieuses de la congrégation de N. D. de Caudebec, pour biens acquis le 3 avril précédent, & dont elles avoient été dépossédées par retrait lignager dans l'an & jour.

Mais si la main-morte paie volontairement dans l'an & jour en conséquence d'une remise obtenue du fermier, sous la condition de ne pouvoir répéter en cas d'éviction, elle ne sera pas en droit de former une demande en restitution, & elle n'aura que la voie de faire emploi du montant du remboursement, en se conformant aux formalités prescrites.

S'il s'agit de biens donnés entre-vifs, le droit d'*amortissement* est acquis par l'acceptation qui donne la perfection à la donation, quand même l'exécution de la donation seroit différée par une réserve d'usufruit ou autrement.

De plus, les gens de main-morte ne peuvent valablement, au préjudice des droits du roi, résilier une donation une fois acceptée. C'est d'après ce principe, que, par arrêt du conseil du 24 août 1727, les religieuses de S. Benoît de Perigueux ont été, nonobstant leur renonciation, condamnées au paiement du droit d'*amortissement* d'une somme à elles donnée entre-vifs, en 1722, à charge de fondation, pour n'être délivrée qu'après la mort du donateur, & cette jurisprudence a été confirmée par un autre arrêt du conseil du 26 août 1728.

A l'égard des biens & effets donnés & légués par testament & autres dispositions de dernière volonté, le droit d'*amortissement* est dû dès l'instant de l'acceptation, sans attendre la délivrance, & la main-morte est tenue de se déterminer, après le décès des testateurs, par une acceptation ou une renonciation. Si elle accepte, le droit d'*amortissement* est dès-lors exigible; & si elle renonce, il faut que ce soit par acte en forme & passé devant notaires, pendant que les choses sont entières, & par conséquent sans avoir fait aucun acte d'acceptation, comme une demande en délivrance, *&c.*

Le délai pour accepter ou pour renoncer en pareil cas, a été fixé à un temps plus ou moins long, relativement aux circonstances; mais on peut établir en général qu'il ne doit pas excéder six mois, à compter du jour du décès du testateur.

Le droit d'*amortissement* des bâtimens construits sur des terreins donnés par des gens de main-morte, à baux emphytéotiques ou à vie, à la charge par les preneurs d'y bâtir, n'est dû qu'à l'expiration des termes convenus par les baux; mais si ces bâtimens sont construits dans le cours d'un bail ordinaire, ils sont sujets au droit d'*amortissement* aussitôt qu'ils sont couverts.

Le fermier a trois ans après son bail, pour s'assurer, par des demandes en bonne forme, les droits ouverts pendant le cours du même bail, & même ceux échus antérieurement & qui ont été négligés par les fermiers précédens, pourvu toutefois qu'il ne remonte pas au-delà de vingt années depuis le jour de sa demande.

Le recouvrement des droits d'*amortissement* se fait en vertu de contraintes décernées par le fermier, & visées par l'intendant de la province où ces droits sont dus. Les frais de la première signification de la contrainte ne sont point à la charge des redevables. Ceux-ci ont un mois, à compter du jour de cette signification, pour se pourvoir par opposition. S'ils ont négligé de proposer leurs moyens dans ce délai, les poursuites doivent être continuées à leurs frais.

La restitution des droits d'*amortissement* induement perçus pendant le cours du bail du fermier, ne peut être demandée que durant les deux années qui suivent la fin du bail : si ces droits n'ont été payés qu'après le bail fini, la prescription des deux années ne court que du jour du paiement.

La connoissance des contestations qui peuvent s'élever au sujet du droit d'*amortissement*, est attribuée aux intendans des provinces en première instance, à la charge de l'appel au conseil ; & il n'est pas permis de se pourvoir pardevant d'autres juges, à peine de 500 liv. d'amende, ainsi qu'il a été jugé par deux arrêts du conseil, des 23 janvier & 17 avril 1770.

AMOVIBILITÉ, s. f. ce terme est plus de droit ecclésiastique que de droit civil ; il désigne la qualité d'un office ou d'un bénéfice, qui est amovible. *Voyez ce dernier mot.*

AMOVIBLE, adj. *terme de Droit*, & sur-tout *de Droit ecclésiastique*, se dit d'un office ou d'un bénéfice qui n'est pas perpétuel, & dont le titulaire peut être destitué, dépossédé, ou privé à la volonté du supérieur.

De l'amovibilité des charges. Avant Louis XI, toutes les charges & tous les offices, soit militaires, soit de judicature, soit de finance, étoient *amovibles.* Nous lisons dans les anciens historiens, qu'à chaque renouvellement des parlemens, le roi envoyoit la liste de ceux qui devoient y avoir séance, & c'étoit toujours de nouveaux seigneurs qui tenoient le nouveau parlement. Mais ce prince déclara, par un édit, que dans la suite les charges ne vaqueroient plus que par mort ou par forfaiture.

L'introduction de la vénalité, en rendant les charges héréditaires, les a rendues non seulement inamovibles, mais elle a même accordé la faculté de les transmettre à ses héritiers, ou de les vendre à des étrangers ; ensorte qu'on peut dire qu'il n'y a presque plus aujourd'hui en France de charges ou offices *amovibles* : cependant les secrétaires d'état sont *amovibles*, les dignités qui confèrent l'autorité & le commandement, telles que celles de maréchal de France, de lieutenant-général des armées du roi, *&c.* sont à la vérité inamovibles, c'est-à-dire que celui qui en a été une fois revêtu, ne peut être dépossédé du titre que par mort ou forfaiture ; mais l'exercice du pouvoir de ces offices est entièrement subordonné à la volonté du souverain.

Des bénéfices amovibles. En droit canonique, on distingue les offices & bénéfices en *amovibles* ou inamovibles. Les vicaires des paroisses, les grands-vicaires sont *amovibles* à la volonté du curé ou de l'évêque, presque tous les offices claustraux sont *amovibles* à la volonté du supérieur, qui peut en déposséder les titulaires quand bon lui semble.

Les ultramontains mettent au nombre des bénéfices *amovibles*, par opposition aux véritables bénéfices érigés en titre à perpétuité, le droit que le pape accorde à un particulier de jouir, pendant sa vie, d'une portion des biens de l'église, à prendre par exemple sur les revenus d'un bénéfice, ce qui n'est autre chose qu'une pension.

Dans le doute, les bénéfices séculiers sont censés perpétuels, & les bénéfices réguliers sont au contraire présumés *amovibles.*

En France, on ne reconnoît de bénéfices *amovibles* que chez les réguliers, qui les appelloient anciennement *obédiences*, à cause de l'obligation où étoient les religieux qu'on en pourvoyoit, de les quitter lorsqu'on le leur ordonnoit.

Autrefois tous les offices claustraux, toutes les places monachales ou plutôt tous les bénéfices réguliers étoient *amovibles.* Lorsque les moines eurent acquis des biens considérables, il fallut en confier l'administration à des laïques ou à des religieux ; ce dernier parti fut suivi. Les abbés, sans rien perdre de leurs droits, chargèrent du soin des biens qu'ils avoient à la campagne, ceux de leurs religieux qu'ils crurent les plus propres pour cet effet. La commission de ces religieux étoit révocable, & au bout d'un certain temps, ils retournoient au monastère où ils rendoient compte de leur gestion à l'abbé. Cette dépendance subsista tant que la pratique de la règle fut en vigueur. Le premier de ces religieux à qui l'abbé communiquoit un droit de prééminence sur les autres, étoit appellé *prieur* ; & l'on appella *prieuré*, la ferme qu'il administroit.

Dans la suite, ces prieurs trouvèrent le moyen de rendre leur commission plus durable & même perpétuelle, en s'arrangeant avec les abbés qui étoient tombés dans le plus grand relâchement. Au lieu de rendre compte & de ne prendre sur les revenus des fermes que leur entretien, ces prieurs payèrent aux abbés une rente en argent, & restèrent ainsi continuellement dans leurs prieurés.

A l'exemple des prieurs, d'autres officiers des monastères, aux offices desquels étoit attachée l'administration de certains biens, s'en approprièrent les revenus, & chacun fit mense à part.

Plusieurs de ces offices ont toutefois conservé leur premier état dans certains ordres ; mais il ne faut pas comprendre parmi ces offices *amovibles*, les prieurés-cures dépendans de la congrégation de France & des autres congrégations qui depuis un siècle ont obtenu des lettres-patentes pour autoriser leurs constitutions, en vertu desquelles le général peut rappeller au cloître, du consentement de l'évêque diocésain, les titulaires de ces bénéfices. Ces titulaires sont de véritables bénéficiers qui ne sauroient être destitués sans quelque cause, au lieu que les possesseurs des bénéfices *amovibles* sont plutôt des desservans ou de simples administrateurs que de véritables titulaires, puisqu'ils peuvent être révoqués sans cause, au gré du supérieur régulier, & qu'ils le sont en effet souvent. C'est sur cette distinction, qu'il est établi parmi nous que le défaut d'expression d'un bénéfice *amovible* ne rendroit pas une impétration subreptice. Cependant par arrêt du parlement d'Aix, rendu le 21 février 1764, en faveur du frère Roussin, contre le frère Pontillon, observantin, il a été jugé que la destitution sans cause d'un religieux institué dans un office *amovible* étoit abusive.

Quant à la question de savoir si les bénéfices *amovibles* peuvent être résignés en faveur, Flaminius tient pour l'affirmative, & il se fonde sur ce qu'il fut décidé le 28 janvier 1583, que la règle *de publicandis resignationibus* a lieu à l'égard de ces sortes de bénéfices. M. Pialès dit que, sans examiner si l'opinion de Flaminius est conforme aux principes, il suffit d'observer qu'il y a très-peu de ces bénéfices en France, & que tous ceux que l'on y connoît sont affectés aux membres de la maison dont ils dépendent, ce qui fait qu'on ne peut les résigner à des étrangers. Inutilement, ajoute le même auteur, le bénéficier résigneroit à un de ses confrères, parce que le supérieur ne manqueroit pas de rappeller au cloître le résignataire qui auroit été pourvu par le pape.

Le concile de Trente a laissé à la prudence des évêques, la nomination des vicaires perpétuels ou *amovibles* dans les paroisses unies aux chapitres ou aux monastères, en leur donnant une portion congrue; sur quoi, les canonistes établissent pour les pays où le concile a été publié & reçu, 1°. que l'évêque peut user de son autorité pour établir des vicaires perpétuels ou *amovibles* dans les paroisses unies à des communautés, quand même les lettres d'union voudroient que la paroisse fût desservie par des vicaires *amovibles*, pourvu que ces lettres aient une date antérieure au concile, & qu'elles ne soient pas rémunératives.

2°. Que l'évêque ne sauroit, en vertu de ce concile, mettre des vicaires perpétuels dans une paroisse unie à une communauté, quand l'union a été faite par manière de concordat avec le saint siège, ou lorsqu'elle est si ancienne, que de temps immémorial les ordinaires n'y ont vu que des vicaires *amovibles*.

Suivant la bulle de Pie V, les cures de l'ordre de Prémontré ne doivent être desservies que par des vicaires *amovibles* au gré des supérieurs.

Les vicaires *amovibles* ou perpétuels des paroisses, & même de l'ordre de Malte, doivent être approuvés & examinés par l'évêque: mais le choix ou la nomination de ces vicaires n'appartient pas toujours à l'évêque, c'est à celui qui possède le bénéfice où est la paroisse à faire ce choix, même dans les mois réservés au pape, sauf certains droits d'annate & de provisions apostoliques, que le vicaire ainsi choisi par le curé primitif, est obligé de payer à la chambre.

L'amovibilité des curés dans les paroisses a toujours été regardée en France comme très-préjudiciable. L'article 12 de l'ordonnance du mois de janvier 1629, & l'article 24 du réglement des réguliers, contiennent à cet égard une disposition que Louis XIV a confirmée par sa déclaration du 29 janvier 1686, en ordonnant que les cures unies à des chapitres ou autres communautés ecclésiastiques, & celles où il y a des curés primitifs, seront desservies par des curés ou des vicaires perpétuels pourvus en titre, sans que l'on y puisse mettre à l'avenir des prêtres *amovibles*, sous quelque prétexte que ce soit.

Cette déclaration, renouvellée par celle du mois de juillet 1690 & par l'article 24 de l'édit de 1695, ne concerne pas les paroisses appartenantes à des chapitres ou monastères, & desservies par un religieux ou un chanoine, parce qu'on regarde ces paroisses plutôt comme des bénéfices réunis à ces chapitres ou monastères, que comme des églises où ils sont curés primitifs.

AMPARLIER, s. m. (*Jurispr.*) vieux mot qui s'est dit autrefois pour *avocat*. On a dit aussi *avant-parlier* dans la même signification. Tous deux sont dérivés de *parlier*, signifiant la même chose. (*H*)

AMPLIATIF, adj. (*terme de Chancellerie romaine.*) il se dit des brefs ou indults qui ajoutent quelque chose aux concessions & privilèges contenus ès indults & brefs antérieurs. (*H*)

AMPLIATION, s. f. (*terme de Chancellerie*, & singuliérement *de Chancellerie romaine*) un bref ou bulle d'*ampliation* est la même chose qu'un bref ampliatif.

On appelloit autrefois *lettres d'ampliation*, celles qu'on obtenoit en petite chancellerie, à l'effet d'articuler de nouveaux moyens omis dans des lettres de requête civile précédemment impétrées; mais l'usage de ces lettres est à présent abrogé, & l'ordonnance de 1667 qui les a abrogées, a ordonné que ces moyens seroient articulés par une simple requête.

AMPLIATIONS *de contrats*, (*en termes de Pratique.*) sont des copies de ces contrats, dont on dépose les grosses ès mains d'un notaire, pour en délivrer des *ampliations* ou expéditions aux parties ou à des créanciers colloqués utilement dans un ordre, avec déclaration de l'intérêt que chaque créancier a dans ces contrats relativement à sa collocation dans l'ordre.

AMPLIATION, (*en terme de Finance.*) se dit du double que l'on tire d'une quittance, ou de tout autre acte, ce qui s'appelle encore *duplicata*.

Les collecteurs des amendes des eaux & forêts sont tenus de donner quittance & *ampliation* de chaque somme qu'ils reçoivent des condamnés, qui ne sont totalement déchargés, qu'après avoir déposé au greffe de la maîtrise, les *ampliations* qu'ils ont reçues.

Les greffiers sont tenus d'inscrire ces *ampliations* dans les registres des dépôts, & d'en marquer la réception au dos des quittances, qui restent entre les mains des condamnés: c'est ce qui a été prescrit par l'édit du mois de mai 1716.

Ampliation se dit encore de l'expédition en papier d'un nouveau contrat de rente sur l'hôtel-de-ville, fournie par le notaire avec la grosse en parchemin. Le rentier garde la grosse, & remet l'expédition avec sa quittance au payeur, pour recevoir.

AMPLIER, v. act. *terme de Palais* usité dans quelques tribunaux, signifie *différer* & *mettre plus au large*. Ainsi, *amplier le terme d'un paiement*, c'est donner du temps au débiteur; *amplier un criminel*, c'est différer le jugement de son procès; *amplier un prisonnier*, c'est lui rendre sa prison plus supportable, en lui donnant plus d'aisance & de liberté. (*H*)

Cette expression est usitée dans quelques jurisdictions des provinces méridionales; il arrive souvent que les délais & les formes pouvant entraîner des longueurs, un accusé, décrété de prise de corps pour délits, qui ne peuvent lui attirer aucune peine afflictive ou infamante, demande sa liberté provisoire, & la conversion du décret; si le juge l'accorde, on appelle la sentence un *jugement d'ampliation*.

Sous ce point de vue, cette forme ne peut qu'être utile; mais il n'en est pas de même de la manière dont ces ampliations sont accordées par quelques juges inférieurs, qui y trouvent un prétexte pour établir une sorte de concussion, & qui souvent ne décréteroient que d'assigné pour être oui, ou d'ajournement personnel, s'ils ne se flattoient pas d'avance que l'accusé, jaloux de recouvrer sa liberté, se prêtera à leurs exactions.

Il arrive journellement que pour de simples rixes entre de jeunes gens de famille, ces juges les décrètent de prise de corps: les parens alarmés font demander la conversion du décret: elle ne peut point régulièrement être refusée; elle devroit être accordée sur requête & sommairement: mais le juge y mettant l'appareil d'un jugement définitif, taxe pour lui & le procureur du roi des épices plus ou moins fortes, suivant la qualité & la fortune de l'accusé.

Un pareil abus mérite la plus sévère animadversion: souvent le parlement a ordonné la restitution des épices *induement perçues*, & a fait de fortes injonctions aux juges qui les avoient exigées & touchées: mais comme sur mille exemples de ces concussions il en vient à peine trois à la connoissance des magistrats supérieurs, le public est vexé, & l'auteur de la vexation reste impuni, & ne croit pas devoir changer un arrangement pécuniaire, lorsqu'il n'a d'autre crainte, en cas qu'il soit découvert, que celle d'une simple injonction & l'obligation de restituer un seul article. Il seroit donc à desirer que le souverain ou les cours souveraines fissent sur cet objet, un réglement qui prononçât la peine d'interdiction pour un an à la première fois, & pour la vie en cas de récidive.

AMPUTATION, s. f. (*Jurisprud. criminelle.*) c'est le retranchement d'un membre. On prononce cette peine en France contre plusieurs crimes; quelquefois on l'inflige seule, quelquefois on la joint à des peines encore plus grandes.

Le parricide, le mari qui tue sa femme, sont condamnés à avoir le poing coupé, avant de subir le supplice qu'ils ont mérité. L'édit de mars de 1685, rendu pour les colonies françoises, condamne l'esclave fugitif, après un mois d'absence, à avoir les oreilles coupées, & en cas de récidive, à avoir le jaret coupé; peine que nous avons imitée des Romains, qui faisoient couper un pied à l'esclave fugitif.

Dans notre ancien code criminel on trouve que les faux-monnoyeurs étoient condamnés à avoir le poing coupé, & les voleurs à la perte d'une ou des deux oreilles.

A N

AN ET JOUR, formule consacrée pour exprimer le temps qui détermine le droit d'une personne en plusieurs cas, ou qui opère l'usucapion & même la prescription. Le jour a été ajouté à l'année pour faire disparoître l'embarras de savoir si le jour du terme devoit être compris dans le terme.

Il y a plusieurs actions annales, c'est-à-dire qu'on ne peut diriger que pendant une année, après laquelle elles sont prescrites, & on leur oppose la fin de non-recevoir, tirée de l'*an & jour*.

De cette espèce est l'action en réparation d'injures; si l'offensé laisse passer l'*an & jour* sans intenter son action, il n'est plus recevable, il est censé avoir pardonné l'injure qu'il avoit reçue. En Lorraine, huit jours de silence de la part de l'offensé suffisent pour que cette action soit prescrite.

Suivant la coutume de Paris, les médecins, chirurgiens & apothicaires, sont déclarés non recevables dans leurs demandes, s'ils négligent d'intenter leur action dans l'année, à moins que dans le même délai ils n'aient fait arrêter le compte de ce qui leur est dû.

La même disposition a lieu à l'égard des drapiers, merciers, épiciers, orfèvres, maçons, charpentiers, couvreurs, barbiers, laboureurs, domestiques & autres mercenaires, lorsqu'ils n'ont pas formé leur demande, ou fait arrêter leur compte dans l'année qui a suivi leur travail, ou la livraison de leurs marchandises.

Il est cependant à propos de remarquer que la jurisprudence du châtelet est d'obliger le débiteur d'affirmer qu'il a véritablement payé, pourvu toutefois que la demande soit dirigée avant le laps de trente ans; car alors elle seroit entièrement prescrite. *Voyez* PRESCRIPTION.

La demande en complainte doit être aussi formée dans l'*an & jour* du trouble: autrement le possesseur qui ne seroit pas pourvu dans l'année, seroit non-recevable: il y a plus, celui qui auroit troublé le véritable propriétaire auroit lui-même acquis une possession, en conséquence de laquelle la voie de la complainte lui seroit ouverte; & s'il s'agissoit d'effets mobiliers, la possession pendant l'*an & jour* opéreroit une fin de non-recevoir contre le propriétaire qui les réclameroit.

Cette prescription d'*an & jour*, en matière de complainte, court contre les mineurs, les absens, les insensés, les femmes mariées, l'église & tous les autres qui peuvent, en différens cas, user du bénéfice de restitution. *Voyez* COMPLAINTE, RÉINTÉGRANDE.

L'*an & jour* est encore, en matière de retrait lignager, le terme accordé aux lignagers pour retraire un héritage propre qui a été aliéné, & au-delà duquel il n'est plus praticable. Il y a des coutumes où ce délai n'est que de deux ou de trois mois. Ce temps court même contre les mineurs, sans espérance de restitution.

L'action en retrait est tellement prescrite par l'*an & jour* que si elle avoit été intentée après ce délai, & que l'acquereur eût consenti l'abandon de l'héritage, on ne pourroit regarder cet abandon que comme une nouvelle vente qui occasionneroit de nouveaux droits seigneuriaux, & feroit regarder l'héritage retiré dans la main du retrayant comme un véritable acquêt, & qui n'empêcheroit pas les créanciers du premier acquereur de suivre cet héritage pour la sûreté de leurs hypothèques. *Voyez* RETRAIT LIGNAGER.

C'est une maxime fondée sur plusieurs anciens arrêts, & sur l'autorité de ceux qui ont écrit sur la matière du retrait, que la demande en retrait lignager, & toutes les autres actions annales se périment par un an lorsqu'elles n'ont pas encore été contestées. L'ordonnance de Roussillon & l'arrêté de 1692, qui déclarent que toutes les instances, quoique non contestées, se périment par trois ans, ne doivent s'entendre que des actions ordinaires, & non des annales; leur esprit ayant été d'abréger le temps de péremption, & non de le prolonger; mais lorsque ces actions ont été contestées, elles ne se périment plus que par trois ans.

Il seroit peut-être utile qu'en ajoutant aux dispositions de l'ordonnance de 1667, qui règle le temps dans lequel on peut appeller d'un jugement sur quelque matière que ce soit, on contraignît un retrayant, débouté par sentence de sa demande en retrait, d'appeller de ce jugement dans l'*an & jour* du jugement, de la même manière que la loi l'oblige à former sa demande dans ce délai. Il y auroit une véritable justice à ne lui accorder pour appeller, que le même temps qui lui a été concédé pour intenter son action: ce seroit le moyen d'abréger le délai qui rend la propriété d'un héritage incertaine.

ANARCHIE, s. f. (*Politique.*) c'est un désordre dans un état, qui consiste en ce que personne n'y a assez d'autorité pour commander & faire respecter les loix; le peuple alors se conduit comme il veut, sans subordination & sans police.

En général, tout gouvernement tend au despotisme ou à l'*anarchie*.

ANATHÊME, s. m. (*Droit canon.*) les canonistes ne sont pas d'accord sur le sens véritable de ce mot: les uns veulent que l'*anathême* soit la même chose que l'excommunication; les autres soutiennent que c'est une peine plus grave. Dans l'exactitude, ce mot ne signifie rien autre chose que l'excommunion majeure qui retranche entiérement un chrétien du sein de l'église.

Il est vrai que dans l'ancien testament le mot d'*anathême* a deux significations différentes: par la première, il désigne la destination d'un chose à son entière ruine, à sa destruction complette; tel est l'*anathême* auquel Moïse dévoua les villes des Cananéens, & les Juifs qui adoroient les faux-dieux.

Mais l'*anathême* n'emportoit pas toujours la mort du coupable, ce n'étoit alors qu'une excommunication par laquelle il étoit exclu, non seulement des assemblées religieuses, mais encore de la communion de la synagogue, & des privilèges de la nation. On trouve l'*anathême* employé dans ce sens au chap. 10 d'Esdras.

On trouve dans les épîtres de S. Paul le mot d'*anathême* employé dans les deux significations qu'il avoit parmi les Juifs. Mais il ne s'ensuit pas pour cela que l'église puisse prononcer l'*anathême* dans le sens d'une destruction entière. La puissance qu'elle a reçue de J. C. est toute spirituelle, & les moyens qu'elle a droit d'employer contre ceux qui violent ses loix, ne peuvent avoir d'effet que dans l'ordre surnaturel, ou les priver seulement de sa communion extérieure; ainsi on ne doit regarder l'*anathême* que comme une excommunication majeure.

L'usage du mot *anathême* est devenu très-fréquent: les pères & les conciles l'emploient dans tous les cas où celui d'*excommunication* leur paroît trop foible. On le trouve sur-tout à la fin des canons du concile de Trente, & de quelques autres, où après les définitions des articles de foi, les pères du concile déclarent *anathême* ceux qui penseront ou enseigneront différemment. Dans cette manière de s'exprimer, le mot d'*anathême* ne peut avoir ni présenter d'autre sens que de faire regarder comme hors de l'église celui qui tient une doctrine différente de celle du concile.

On distingue aujourd'hui deux sortes d'*anathêmes*: les uns sont judiciaires, les autres abjuratoires.

Les judiciaires ne peuvent être prononcés que par un concile, un pape, un évêque, ou quelque autre personne ayant jurisdiction à cet égard, les solemnités qui l'accompagnent sont les mêmes que celles de l'excommunication. *Voyez* AGGRAVE, EXCOMMUNICATION.

L'*anathême* abjuratoire fait ordinairement partie de l'abjuration d'un hérétique converti; on l'oblige toujours d'anathématiser l'erreur à laquelle il renonce.

On trouve, dans quelques anciennes chartres de fondations faites par nos rois, la formule de l'*anathême* employée de la même manière que les papes à la fin de leurs bulles. On lit dans une de Louis d'Outre-mer, pour l'abbaye de S. Hilaire de Poitiers, cette clause: *Si quispiam hujusce regiæ potestatis monumentum violare præsumpserit, primitùs iram Dei omnipotentis, & sancti Hilarii, & sanctorum omnium in-*

currat, ... sub anathematis vinculo se sciat perpetualiter esse damnandum.

On seroit tenté de croire que ces chartres sont supposées, ou que quelque faussaire y auroit ajouté à la fin cette formule d'excommunication, pour rendre en quelque sorte plus sacrées les donations qu'elles contiennent. Quoi qu'il en soit, il ne faut pas se servir de ces exemples pour établir, en faveur de nos souverains, le droit de prononcer des excommunications. L'*anathême* est une peine spirituelle, qui ne peut être employée que par l'église, & qui n'a d'effet que dans le for intérieur.

ANATOCISME, s. m. (*Jurisprudence.*) on donne ce nom à un contrat usuraire, par lequel on réunit les intérêts au principal pour former un nouveau capital portant intérêt. C'est ce qu'on appelle vulgairement l'*intérêt de l'intérêt*, ou *l'intérêt composé*, & ce que les canonistes nomment l'*usure de l'usure*, parce qu'ils regardent tout intérêt comme usuraire; ils ajoutent qu'aucune puissance ne peut accorder la dispense ou l'absolution de l'*anatocisme*, même à l'article de la mort, sans obliger le moribond à la restitution de ce qu'il a perçu, ou du moins, sans promesse de restituer, si on le peut.

Le droit romain avoit défendu l'*anatocisme* sous des peines très-séveres, il ne vouloit pas qu'on exigeât du débiteur les intérêts des intérêts, quelque retard qu'il eût mis dans le paiement de ces mêmes intérêts: il défendoit au créancier de cumuler les intérêts avec le capital, pour leur en faire produire de nouveau; il ordonnoit que l'intérêt de l'intérêt, payé par le débiteur, seroit imputé sur le sort principal. On peut voir sur ce sujet le titre du code *de usuris*, & la loi 20 c. *ex quib. caus. inf. irrog.* Il est inutile de dire que l'*anatocisme* est défendu par le droit ecclésiastique, puisque les canonistes réprouvent toute espèce d'intérêt d'argent prêté; mais il faut remarquer qu'il est sévérement défendu par notre droit civil; on trouve à cet égard plusieurs dispositions précises dans les ordonnances de 1673 & de 1679, & nombre d'arrêts ont jugé en conséquence, notamment un du parlement de Besançon du 8 janvier 1607, rendu en forme de réglement.

La jurisprudence des provinces de Flandres & d'Artois admet l'*anatocisme*; mais pour qu'il soit réputé légitime, il ne faut pas que les intérêts se joignent au principal pour former ensemble un nouveau contrat. Il y est seulement permis de former des intérêts seuls, un nouveau capital, & d'en constituer une nouvelle rente. Cette jurisprudence est appuyée sur plusieurs jugemens des tribunaux du pays, elle a même été confirmée par un arrêt du parlement de Paris, du 31 janvier 1739. *Voyez* INTÉRÊT *de l'argent.*

ANCÊTRES, s. m. (*Droit civil.*) ce mot ne s'emploie jamais qu'au plurier, il désigne les personnes dont on descend, & ne se dit que des premiers de la race, de la famille. *Voyez* AYEUL.

ANCHESSERIE, s. f. ce vieux mot signifioit *noble, ancienne race.*

ANCHISSERIE, s. f. ancien terme qui désignoit une succession.

ANCIEN, adj. pris subst. (*Droit civil.*) on appelle ainsi celui qui a été reçu le premier dans un corps, ou dans une communauté. Ce mot répond au *senior* des Latins. Il doit avoir la préséance sur ceux qui ont été reçus après lui, & s'ils obtenoient une place à laquelle il eût droit de prétendre, à raison de son ancienneté, ce seroit lui faire un passe-droit.

Le plus *ancien* dans une compagnie ou dans une communauté d'artistes & d'artisans, doit être mis le premier sur la liste ou catalogue, qui contient le nom de tous ceux qui composent le corps ou la communauté; il prend la qualité de doyen, il préside les assemblées, lorsque le corps ou la communauté n'ont point d'officiers particuliers, & qu'ils se nomment pour veiller à la police & aux intérêts de la compagnie.

Entre les créanciers hypothécaires, qui ne sont pas privilégiés, c'est le plus *ancien* qui doit être payé, & qui vient le premier en ordre sur le prix d'un immeuble saisi réellement, & adjugé par décret, soit judiciaire, soit même volontaire. *Voyez* CRÉANCIER, ABANDONNEMENT.

Ancien se dit encore des biens propres qui ont passé successivement à titre de succession, ou autre équivalent entre les mains de plusieurs propriétaires. *Voyez* PROPRES.

ANCIEN, (*Droit canonique.*) les Juifs donnoient le nom d'*anciens* aux chefs des tribus, aux chefs de famille, qui pouvoient connoître des affaires d'une certaine importance, aux membres du grand conseil de la nation, appellé le *sanhédrin*, & aux docteurs de la loi.

L'église, en succédant à la synagogue dans l'exercice de la religion chrétienne, en admit tous les usages compatibles avec le nouveau culte qu'on devoit rendre à Dieu. Elle conserva la dénomination d'*ancien*, qui servit à désigner les docteurs & les conducteurs du peuple, & on honora de ce nom les prêtres & les docteurs, successeurs des soixante & douze disciples, chargés sous l'inspection & l'autorité des évêques, de prêcher & d'administrer les sacremens.

Ces *anciens* partageoient avec l'évêque le pouvoir de la discipline ecclésiastique, qui s'exerçoit dans un conseil appellé *presbytère*, composé de l'évêque, comme chef, séant au milieu dans une chaire, & des *anciens* assis à ses côtés dans des chaires moins élevées, & communément disposées en forme de cercle, ce qui faisoit donner à ces assemblées le nom de *couronne de presbytère*, *corona presbyterii*.

On conserva long-temps un très-grand respect pour les *anciens*, c'est-à-dire pour les prêtres; l'évêque ne faisoit rien de considérable sans l'avis & la décision de ses *anciens*; ils avoient séance & voix délibérative dans les conciles généraux & dans les synodes.

Il y avoit aussi des *anciennes* parmi les premiers chrétiens; S. Paul en parle dans ses épîtres à Timothée; il paroît qu'elles étoient chargées, vis-à-vis des femmes, des mêmes soins dont les diacres étoient chargés vis-à-vis des hommes. Elles veilloient sur-tout à l'instruction des jeunes filles, & rendoient les services relatifs à la naissance ou au baptême des personnes du sexe.

Les réformés ont établi parmi eux des officiers, à qui ils donnent le nom d'*anciens*, qui, conjointement avec leurs pasteurs ou ministres, composent leur consistoire ou assemblée, pour veiller à la religion & à l'observation de la discipline. On choisit les *anciens* d'entre le peuple, & on pratique quelques cérémonies à leur réception. Dans le temps que les Calvinistes étoient tolérés en France, le nombre de leurs *anciens* étoit fixe, & un édit de 1680 leur défendoit de souffrir aucun catholique-romain dans leurs prêches.

ANCIEN, (*style*) on nomme ainsi la manière de compter dont on se servoit avant la réformation du calendrier romain; la supputation qu'on lui a substituée s'appelle *nouveau style*.

ANCIENS ET NOUVEAUX CINQ SOUS. C'est un droit d'aides qui se perçoit dans plusieurs provinces, tant sur le vin que sur plusieurs autres denrées. *Voyez* SOUS.

ANCRAGE, (*droit d'*) c'est un droit que l'on paie dans tous les ports & havres, pour avoir la permission d'y mouiller. Depuis le rétablissement de la charge d'amiral, ce droit se perçoit au profit de ce grand officier de la couronne.

Par le réglement de 1745, le droit d'*ancrage* est dû dans tous les ports & rades du royaume, sans aucune exception, à raison de trois sous par tonneau plein, & d'un sou six deniers par tonneau vuide. Il suffit que le vaisseau entre chargé ou sorte chargé, pour que le droit soit dû à raison du tonneau plein. Si cependant un bâtiment forcé par le mauvais temps ou autre raison, vient à entrer dans un port, il n'est dû aucun droit d'*ancrage*, s'il ne charge ou décharge aucune espèce de marchandise.

Il y a quelques ports où, suivant un ancien réglement de 1643, le droit d'*ancrage* est de cinq sous par tonneau, tant plein que vuide; à Calais il est de six sous trois deniers, il se lève tant sur les François que sur les étrangers: dans certains ports les seuls étrangers y sont assujettis; il faut à cet égard se conformer à l'usage des lieux.

ANCRE, s. f. (*terme de Marine.*) c'est un instrument de fer à double crochet, très-gros & très-pesant, qu'on attache à un cable, & dont on se sert pour fixer & arrêter les vaisseaux.

Suivant l'ordonnance de la marine de 1681, les *ancres* tirées du fond de la mer, & qu'on ne réclame pas dans les deux mois de la déclaration qui en a été faite, doivent appartenir en entier aux personnes qui les ont tirées. Mais si elles ont été réclamées dans le temps fixé par l'ordonnance, ceux à qui elles appartiennent doivent payer, à celui qui les a retirées, le tiers de leur valeur.

La déclaration, faite par le propriétaire d'une *ancre* laissée à la mer, doit contenir le lieu où l'*ancre* a été abandonnée, s'il y avoit des bouées ou gaviteaux, si le cable y a été laissé en entier ou en partie; avec indication de sa longueur & grosseur, de même que toutes les autres marques qui pourroient la faire reconnoître.

Suivant la même ordonnance, il est enjoint aux capitaines de navires, qui sont obligés d'abandonner leurs *ancres* dans les rades, d'y mettre des bouées ou gaviteaux, à peine de les perdre. Les *ancres* ainsi marquées appartiennent à ceux qui les ont laissées, & ils sont les maîtres de venir les reprendre; il est même défendu à tout autre particulier de les lever. Si cependant le maître du navire ne vient pas dans un certain temps lever l'*ancre* qu'il a ainsi abandonnée, les officiers de l'amirauté de l'endroit peuvent ordonner qu'elle sera levée, & le maître du navire n'a plus le droit de la réclamer.

ANCRE, (*terme de Maçonnerie.*) c'est une barre de fer de la forme d'une S, d'un Y ou d'un T, qu'on fait passer dans l'œil d'un tiran, pour empêcher les écartemens d'un mur, la poussée d'une voûte, ou pour contenir les tuyaux des cheminées. L'*ancre* qui se trouve posée dans un mur mitoyen appartient à celui des deux propriétaires du mur, du côté duquel l'*ancre* approche le plus: mais si elle est posée précisément au milieu du mur, elle est réputée mitoyenne, comme le mur.

ANDAIN, (*Agriculture.*) c'est l'étendue en longueur d'un pré que l'on fauche, sur la largeur que le faucheur peut couper d'herbe à chaque pas qu'il fait.

ANÉE ou ASNÉE, on donne ce nom, dans quelques provinces de France, à une certaine mesure de grains. A Lyon, l'*anée* est de six bichets, pesant chacun soixante livres: à Mâcon l'*anée* est de vingt mesures, qui reviennent à un septier huit boisseaux de Paris. On nomme aussi *anée* la quantité de vin qu'un âne peut porter; elle est fixée à 80 pots.

ANGES, c'étoit le nom d'une monnoie d'or fabriquée sous Philippe de Valois: elle étoit d'or fin; les premiers qui furent fabriqués pesoient cinq deniers seize grains, les seconds ne pesoient que cinq deniers, enfin les derniers ne pesèrent que quatre deniers treize grains.

ANGERS, ville capitale du duché d'Anjou, dans la généralité de Tours.

Le comté d'Anjou, réuni à la couronne en 1202, fut érigé en pairie en faveur de Charles de France, comte de Valois, d'Anjou, du Maine & de Chartres, par lettres-patentes du mois de septembre 1297.

Par d'autres lettres-patentes du mois d'octobre 1360, il fut fait une donation pure & simple de ce duché & du comté du Maine à Louis de France & à ses enfans mâles, nés & à naître, ou engendrés de ses enfans mâles en loyal mariage.

Ce duché revint à la couronne en 1480, sous le règne de Louis XI, par René d'Anjou, comte du Maine, décédé sans enfans mâles. Il fut depuis donné en apanage en 1566, par Charles IX, à Henri son frere; lequel étant parvenu à la couronne, le donna pour supplément d'apanage à François, duc d'Alençon, son frère, qui mourut sans enfans.

Par édit du mois de février 1554, portant réglement sur le droit & impôt du trépas de Loire d'Anjou, & sur la forme de le lever, il est ordonné que ce droit sera levé sur toutes sortes de personnes & marchandises qui passeront, monteront, descendront ou traverseront la rivière de Loire, depuis le port de Cande-lez-Anjou, jusqu'à celui d'Ancenis, pays de Bretagne, & qu'à le payer tous marchands, voituriers & autres, de quelque qualité qu'ils soient, seront contraints, excepté toutefois ceux qui par les ordonnances sont exempts & privilégiés, comme les maîtres des requêtes de l'hôtel, les notaires & secrétaires, & les marchandises tirées & enlevées du bailliage & du ressort de Saumur.

Les bourgeois & habitans de la ville & cité d'*Angers* obtinrent en 1474, de Louis XI, l'exemption du droit de franc-fiefs, pour les fiefs & autres biens nobles qu'ils posséderoient dans le royaume, & il paroît qu'ils en jouirent jusqu'en 1672. Ils furent recherchés, en exécution de l'édit du mois de mars de la même année, & ils obtinrent un arrêt le 22 mai 1673, qui les déchargea d'acquitter ce droit en payant, suivant leurs offres, une somme de huit cens mille livres. Ils payèrent encore une nouvelle finance de cent sept mille deux cens soixante-treize livres, en exécution de l'édit de 1692; & ils obtinrent, au moyen de cet abonnement, un arrêt du conseil le premier décembre 1693, qui les déchargea de tout droit de franc-fief.

Par lettres-patentes en forme de déclaration du mois de juillet 1714, il fut ordonné qu'au moyen de l'abonnement fait en exécution de l'édit de 1692, les habitans de la ville & des fauxbourgs d'*Angers* seroient maintenus & confirmés à perpétuité dans l'exemption des droits de francs-fiefs, des fiefs & biens nobles qu'ils posséderoient dans tout le royaume; dérogeant à cet égard à la déclaration du 16 juillet 1702; & cela en considération d'une somme de vingt-deux mille livres qu'ils payèrent sous le titre de don gratuit.

Mais ce dernier abonnement ne pouvant produire d'autre effet qu'une décharge de l'exécution de la déclaration de 1702, & de l'édit de 1708, ces habitans ont été poursuivis de nouveau; & après une longue discussion est intervenu l'arrêt du conseil du 19 septembre 1730, dont on va parler.

Par cet arrêt les habitans de la ville & des fauxbourgs d'*Angers* ont été maintenus à perpétuité, tant pour le passé que pour l'avenir, dans l'exemption du droit de francs-fiefs pour tous les fiefs & autres biens nobles par eux acquis & possédés, à quelque titre que ce pût être, ou qu'ils acquerroient & posséderoient dans la suite, en quelque lieu du royaume qu'ils pussent être situés. Le roi a accepté la somme de vingt-deux mille livres, offerte par les maire & échevins, à titre de don gratuit, y compris les deux sous pour livre, pour la confirmation de ces privilèges, jusqu'au dernier décembre 1729: la distribution de cette somme a été faite aux différens fermiers pour indemnité de la non-jouissance du droit de franc-fief, & il a été ordonné qu'il seroit imposé annuellement mille livres, & deux sous par livre pour la conservation des privilèges dont il s'agit, & pour être cette somme payée d'année en année, à titre de don gratuit, au fermier des domaines pour le principal, & au receveur général des domaines & bois pour les deux sous par livre.

La dame Grandhomme, veuve du sieur Pays-Mellier, & bourgeoise d'*Angers*, ayant été inquiétée pour le droit de franc-fief de deux terres qu'elle possédoit dans la généralité de Poitiers, se pourvut en décharge devant l'intendant de Poitiers, sur le fondement de l'arrêt de 1730; & le fermier ayant opposé que le montant de l'abonnement, ne profitant qu'au fermier de la généralité de Tours, ne pouvoit procurer l'exemption hors de l'étendue de cette généralité, l'intendant renvoya les parties au conseil. Les maire & échevins d'*Angers* intervinrent dans l'instance; & par décision du 4 septembre 1735, il fut ordonné que l'arrêt de 1730 seroit exécuté pour tous les fiefs situés dans l'étendue du royaume, sans que les sous-fermiers de Poitiers ni autres pussent prétendre aucune indemnité à cet égard.

Les habitans d'*Angers* ont conservé le privilège dont il s'agit jusqu'en 1771, qu'il a été révoqué par une déclaration du premier juin. Par cette loi il est ordonné que les habitans d'*Angers*, qui étant roturiers ont joui jusqu'alors de l'exemption personnelle du droit de franc-fief, seront tenus de le payer à l'avenir pour raison de leurs biens nobles, dans quelque province que ces biens soient situés. Par ce moyen la ville d'*Angers* se trouve libérée de la somme qu'elle devoit annuellement, selon l'arrêt du conseil du 19 septembre 1730.

Par lettres-patentes du premier mai 1773, le roi a ordonné que le corps municipal d'*Angers* seroit à l'avenir composé d'un maire, d'un lieutenant de maire, d'un trésorier & receveur des octrois & deniers patrimoniaux, de quatre échevins, de douze conseillers de ville, d'un procureur du roi, & d'un secrétaire-greffier-garde des archives. Le titre de conseiller du roi est attribué à tous ces officiers.

Monsieur, en vertu de ses lettres d'apanage, a la nomination de tous ces officiers sur la présentation que la ville doit lui faire de trois sujets.

Le maire & le lieutenant de maire ont le droit d'exercer pendant quatre années, & peuvent être continués pour quatre autres années. Il doit être élu tous les ans deux échevins pour exercer avec les deux anciens. Les autres officiers du corps sont à vie.

Tous ces officiers & les notables de la ville, présidés par le lieutenant-général du présidial, sont désignés pour composer l'assemblée générale qui doit avoir lieu le premier juin de chaque année pour les élections.

La ville d'*Angers* a été maintenue dans ce droit d'élection, par un arrêt du conseil du 18 août 1772, moyennant une somme de cent mille livres qu'elle a payée par forme de supplément aux anciennes finances.

Il y a à *Angers* une université dont on attribue la fondation à S. Louis, en 1246; nous en parlerons sous le mot UNIVERSITÉ. On y a aussi établi en 1685, une académie qui a produit plusieurs auteurs célèbres, entre autres Gilles Menage, Bodin, Airault, Eveillon & François Bernier.

Le bailliage d'*Angers* ressortit au parlement de Paris; on y suit la coutume particulière d'Anjou, réformée en 1508. Elle est divisée en seize parties, & contient 512 articles.

ANGLE, (*Eaux & Forêts.*) l'ordonnance des eaux & forêts de 1669 appelle *angles* les places qui se trouvent sur les chemins, dans lesquelles elle veut qu'il soit planté des croix, des poteaux, des pyramides, pour indiquer les routes, & cela aux frais du roi ou des villes voisines : elle défend, sous peine de 300 livres d'amende, & de punition exemplaire, de rompre, emporter ou briser ces signaux.

ANGLICANE, (*Église*) Les historiens ne sont pas d'accord sur l'époque à laquelle les lumières de la foi ont été portées dans l'île de la Grande-Bretagne; il paroît cependant qu'elle a reçu l'évangile, soit par les apôtres même, soit par quelques-uns de leurs disciples. On trouve les souscriptions de quelques évêques anglois dans le concile d'Arles, en 314.

L'invasion des Saxons réduisit l'église *anglicane* au petit nombre de ses premiers habitans, resserrés dans la province de Galles; mais elle reprit un nouvel éclat sous le pape Grégoire le grand, à l'arrivée du moine Augustin & de ses compagnons, qui convertirent à la fois un grand nombre d'Anglo-Saxons.

Les pontifes romains, successeurs de S. Grégoire, pleins de projets vastes & chimériques, profitèrent de toutes les circonstances favorables pour asservir à leur joug le clergé d'Angleterre, & ils vinrent à bout, sous le roi Jean-sans-terre, non-seulement de dominer le clergé, mais même de rendre le royaume entier leur tributaire.

Cet état de dépendance de l'église *anglicane* a duré jusqu'au règne de Henri VIII. Ce prince, furieux contre la cour de Rome, à cause de l'excommunication qu'elle avoit prononcée contre lui, au sujet de son divorce avec Catherine d'Aragon, abolit en 1533 toute puissance & autorité papale en Angleterre, ce qu'il fit confirmer par son parlement l'année suivante; on lui accorda le titre de chef suprême de l'église.

Les novateurs du seizième siècle profitèrent de la séparation de l'église *anglicane* d'avec celle de Rome, pour y introduire leur réforme. Après plusieurs variations, cette église prit enfin, sous le règne d'Elizabeth, dans un synode tenu en 1562, une forme constante, & régla la confession de foi, qu'elle suit encore aujourd'hui sans aucun changement notable.

Cette confession est contenue dans 39 articles. Dans les cinq premiers on reconnoît l'existence & les attributs de Dieu, la trinité, l'incarnation, la descente de J. C. aux enfers, sa résurrection, & la divinité du S. Esprit.

Dans les 6e, 7e & 8e, on donne l'écriture pour règle de la foi & du culte, on détermine le nombre des livres canoniques, on reçoit les symboles des apôtres, de Nicée & de S. Athanase.

Depuis le 9 jusqu'au 18 on traite du péché originel, du libre arbitre, des péchés commis après le baptême, de la prédestination, & sur tous ces points on s'efforce de tenir un milieu entre les divers sentimens des catholiques & des protestans.

Les articles 19, 20, 21, 22, 23 & 24 parlent de l'église, de son autorité, de ses ministres, des conciles, du purgatoire, de la nécessité de faire l'office en langue vulgaire. On y rejette l'infaillibilité des conciles, le purgatoire, les indulgences, la vénération des reliques & des images, l'invocation des saints : on n'y reconnoît pour véritables ministres que ceux qui ont reçu la vocation & l'institution des premiers pasteurs établis par J. C.

Les articles 25, 26, 27, 29 & 30 sont employés à l'explication des sacremens que l'église *anglicane* réduit à deux, le baptême & la cène. On peut voir, par la manière dont le clergé d'Angleterre s'est expliqué sur l'eucharistie, l'embarras qu'il éprouvoit en ne reconnoissant pas le dogme de la présence corporelle, & avec quel soin il a cherché des expressions qui ne lui fussent pas contraires. Mais il s'est déclaré sur la communion, sous les deux espèces.

Dans les neuf derniers articles, on condamne le célibat des ecclésiastiques, on reconnoît dans l'église le pouvoir d'excommunier, on rejette l'autorité de la tradition, on approuve la consécration des évêques, & l'ordination des prêtres & des diacres, suivant le rituel d'Edouard VI; on déclare qu'aucun particulier n'a le pouvoir de changer les cérémonies & le culte établi, que les églises même n'ont ce droit que par rapport aux cérémonies d'institution purement humaine, & que dans le cas seulement où le changement contribue à l'édification des fidèles. Enfin, on y confirme tout ce qui avoit été fait sur la suprématie du souverain, & contre le pape.

L'église *anglicane* se distingue de toutes les autres églises réformées qui existent en Angleterre ou ailleurs, dans l'institution de la hiérarchie. Elle suppose que la distinction des évêques & des anciens, & la supériorité des premiers est d'institution apostolique; qu'il n'y a de légitime consécration d'évêque ou d'archevêque, ni d'ordination de prêtre & de diacre que celles qui se font par les évêques, & suivant les cérémonies établies par le réglement d'Edouard VI, & ratifiées par le parlement; que la meilleure forme du gouvernement de l'église est celle qui a été en usage dans les cinq premiers siècles; qu'on doit l'observer religieusement, & ne point s'écarter de l'institution primitive, selon laquelle le gouvernement ecclésiastique est partagé entre des archevêques, des évêques, des prêtres, des doyens, des archidiacres, des préfets, des chanoines, des recteurs ou curés; que la forme du gouvernement de l'église romaine étant semblable à l'ancienne, ses ordres hiérarchiques doivent être considérés comme légitimes, de même que toute ordination de sa part; que le clergé supérieur doit être revêtu d'une certaine autorité sur le clergé inférieur, & avoir de même une part au gouvernement civil de la nation.

L'église *anglicane* reconnoît le roi pour chef de tous les états du royaume, soit ecclésiastiques, soit séculiers: il n'est, en qualité de chef de l'église, sujet à aucune jurisdiction étrangère; il a lui-même toute espèce de jurisdiction sur les ecclésiastiques, qu'il peut châtier & réformer lorsqu'il le juge à propos.

Le roi est collateur de tous les évêchés: s'il en laisse l'élection, on ne peut y procéder qu'avec sa permission & son consentement; les électeurs sont même tenus de donner leurs suffrages à celui qu'il a désigné.

Il a le pouvoir de convoquer les conciles nationaux & provinciaux, d'y faire, du consentement du concile, des canons & des constitutions, d'introduire de nouvelles cérémonies, & de dresser des formulaires.

Il peut encore unir les diocèses, en étendre ou en restraindre les limites, créer de nouveaux évêchés, accorder des survivances, des annexes, des commandes, pardonner à ceux qui ont violé les loix ecclésiastiques, exercer enfin dans l'église, tous les droits qu'un chef peut exercer légitimement.

L'église *anglicane* est gouvernée, sous l'autorité du roi, par deux archevêques, ceux d'Yorck & de Cantorberi. Ce dernier est primat & premier métropolitain d'Angleterre, il est aussi le premier pair ecclésiastique; c'est lui qui couronne le roi, & quelque part que la cour se trouve, le roi & la reine sont ses paroissiens: sa jurisdiction est extrêmement étendue.

Les évêques d'Angleterre sont tous barons & pairs du royaume, & ils prennent séance entre eux selon l'ancienneté de leur ordination, à l'exception des évêques de Londres, Durham & Winchester, qui sont toujours les trois premiers dans le collège épiscopal.

Après les évêques viennent les doyens, les archidiacres, les préfets, les chanoines & les curés, dont l'autorité & les fonctions sont à-peu-près les mêmes que dans l'église romaine.

Le clergé anglican a conservé l'ancienne forme de l'habillement sacerdotal.

Quoique l'église *anglicane* soit la dominante, on y tolère les presbytériens, les anabaptistes, les quakers, les méthodistes, & un grand nombre d'autres qui sont tous désignés sous le titre de *non conformistes*. Mais si la tolérance paroît être aujourd'hui une vertu du peuple Anglois, son histoire nous apprend que l'église *anglicane* a eu, comme toutes les religions, ses temps de fanatisme & de persécution, contre ceux qui ne croyoient pas devoir adopter sa doctrine.

ANGLOIS, ce sont les sujets du roi d'Angleterre.

Les *Anglois* & les autres sujets du roi Jacques II, qui ont suivi ce prince en France, jouissent à certains égards, des privilèges des regnicoles. Toujours attachés à l'infortunée maison de Stuard, ils conservent dans le royaume leur religion, célèbrent des mariages & règlent leurs conventions conformément à leurs usages, recueillent leurs successions, les partagent & disposent de leurs biens suivant les loix de leur pays. Il y a sur cet objet une lettre écrite par Louis XIV à M. le Camus, lieutenant civil, le premier mars 1704; & une autre écrite par Louis XV au chapitre de S. Pierre de Lille le 25 mars 1741.

Les fermiers du domaine ont prétendu que le droit de jouir des privilèges des regnicoles n'avoit été attribué qu'aux *Anglois* & aux Irlandois qui avoient suivi la fortune du roi Jacques, & qui avoient passé en France avant l'année 1707, & que ceux qui y avoient passé depuis devoient être regardés comme sujets de la Grande-Bretagne; mais il paroît que plusieurs sentences de la chambre du domaine de Paris ont jugé le contraire. Cette jurisprudence, insérée dans la collection de Denisart, s'y trouve encore appuyée par les deux arrêts dont on va parler.

L'un, rendu le 15 mars 1747, a adjugé la succession de la demoiselle Morgant en Irlande, & qui n'étoit venue en France qu'en 1711, à la dame de Méhégant sa proche parente, domiciliée en France.

Le sieur Morgant, frère de la défunte, mais domicilié en Angleterre, réclamoit aussi cette succession; mais comme elle étoit ouverte en 1746, & que la guerre avoit été déclarée aux *Anglois* le 15 mars 1744, on a jugé que le traité d'Utrecht & la déclaration de 1739, qui donnent aux *Anglois* la capacité de succéder en France, comme on le verra bientôt, demeuroient sans effet pendant la guerre.

L'autre arrêt, rendu au conseil le 18 septembre 1747, a adjugé au sieur O Conor, Irlandois, l'universalité des successions des sieurs Dillon & Keli, aussi Irlandois, mais qui n'étoient passés en France que depuis 1720. Cet arrêt a cassé ceux par lesquels la chambre des comptes de Dôle avoit déclaré échus au roi, par droit d'aubaine, tous les immeubles fictifs ou réels situés en Franche-Comté, dépendans de la succession du sieur Dillon.

Quant aux sujets actuels du roi de la Grande-Bretagne, l'article 13 du traité de commerce, navigation & marine, conclu à Utrecht le 11 avril 1713, porte qu'il sera entièrement libre & permis aux marchands & autres sujets du roi très-chrétien, & de la reine de la Grande-Bretagne, de léguer ou donner, soit par testament ou autre disposition, même à l'article de la mort, toutes les marchandises, effets, argent, dettes actives & autres biens mobiliers qui se trouveront ou devront leur appartenir au jour de leur décès dans les lieux soumis à la domination des puissances contractantes; & soit qu'ils meurent après avoir testé ou *ab intestat*, leurs légitimes héritiers, exécuteurs ou administrateurs, demeurant dans l'un ou l'autre des deux royaumes, ou venant d'ailleurs, quoiqu'ils ne soient pas reçus au nombre des citoyens, pourront recouvrer les biens dont il s'agit & en jouir paisiblement selon les loix respectives de la France & de la Grande-Bretagne; de manière cependant que les sujets de l'un & de l'autre royaume soient tenus de faire reconnoître selon les loix, les testamens ou le droit de recueillir les successions *ab intestat* dans les lieux où elles seront ouvertes, soit en France, soit dans la Grande-Bretagne.

La déclaration du roi du 19 juillet 1739 contient, en faveur des *Anglois*, de semblables dispositions. Mais comme le traité d'Utrecht & cette déclaration n'affranchissent du droit d'aubaine les sujets du roi de la Grande-Bretagne, que pour le mobilier seulement, ce droit a lieu contre eux pour les immeubles situés en France, & dépendans des successions de leurs compatriotes décédés dans le royaume.

Le 22 mars 1758 on plaida au châtelet la question de savoir si, d'après le traité d'Utrecht & la déclaration du 19 juillet 1739, les *Anglois* pouvoient succéder au mobilier de leurs parens françois, concurremment avec d'autres parens françois de même degré. Les *Anglois* produisirent des certificats authentiques qui justifioient qu'en Angleterre les François sont admis à la succession de leurs parens *anglois*, comme les *Anglois* eux-mêmes, & concurremment avec eux. Cependant le châtelet jugea tout autrement que les tribunaux *anglois*, & attribua aux seuls parens regnicoles, à l'exclusion des *Anglois*, la succession dont il s'agissoit. Cette sentence fut confirmée par arrêt du 12 août de la même année. Cette espèce est rapportée dans la collection de jurisprudence.

Le 6 septembre 1701, il fut rendu un fameux arrêt portant réglement sur l'entrée des marchandises du crû & fabrique d'Angleterre, d'Ecosse, d'Irlande, & des pays en dépendans.

Cette loi défend, sous peine de confiscation & d'amende, d'introduire dans le royaume plusieurs de ces marchandises, & soumet les autres à certains droits qu'elle spécifie. Cet arrêt est encore suivi aujourd'hui, à quelques changemens près.

ANGOULÊME & ANGOUMOIS, l'*Angoumois* est une province qui fait partie de la généralité du Limousin: sa capitale porte le nom d'*Angoulême*, elle est le siège d'un évêque suffragant de Bordeaux, qui prend le titre d'archi-chapelain du roi en Aquitaine: elle est le siège d'un présidial, d'un bailliage, d'un bureau des finances, d'une maîtrise des eaux & forêts, d'une prévôté & d'une élection: elle est dans le ressort du parlement de Paris.

L'*Angoumois* a sa coutume particulière, publiée & rédigée en 1514: elle est divisée en dix chapitres, qui traitent des jurisdictions haute, moyenne, basse & foncière, des notaires, de la communauté des biens, des donations, du retrait lignager, du douaire des successions, des criées, des testamens, des émancipations: elle a été commentée par Pierre Gondillard de Font-Froide, & par Jean Viguier.

Charles V accorda plusieurs privilèges à la ville d'*Angoulême*, entre autres la noblesse à tous ses officiers municipaux: François I les leur confirma, & les exempta du ban & du droit de franc-fief. La noblesse a été restreinte à la personne du maire, qui est aujourd'hui électif & triennal.

L'*Angoumois* a eu, dès le dixième siècle, ses comtes particuliers, qui reconnoissoient pour suzerains les ducs d'Aquitaine. Cette province fut réunie à la couronne sous les rois Philippe-le-Bel, & Philippe de Valois, en vertu des transactions qu'ils passèrent avec les prétendans à la succession de Guy de Lusignan, accusé de félonie.

Ce comté a été donné successivement en apanage en 1327, à Philippe, comte d'Evreux, & en 1351, au connétable Charles d'Espagne. La malheureuse journée de Poitiers fit passer l'*Angoumois* sous la domination des Anglois par le traité de Brétigni en 1360. Charles V le reprit sur eux en 1372. Charles VI le donna en apanage à Louis de France, duc d'Orléans, son frère; il fut réuni à la couronne lors de l'avénement au trône de François I, qui en 1515 l'érigea en duché, en faveur de Louise de Savoie sa mère.

Ce duché fait aujourd'hui partie de l'apanage de monseigneur le comte d'Artois.

ANGUARA, vieux mot que nos pères, dans le temps que notre langue étoit encore un composé de mauvais latin & de mots tudesques, employoient pour signifier *corvée*, *service de chevaux*. On trouve aussi dans les anciens titres les mots latins *angariæ*, *parangariæ*, pour exprimer le droit que le seigneur avoit de contraindre ses hommes à la prestation de ces corvées.

ANIMADVERSION, s. f. en style de palais, signifie *réprimande* ou *correction*, faite de paroles seulement: ainsi on dit que tel procureur s'est exposé à l'*animadversion* des juges.

ANIMAUX, (*Droit naturel & civil.*) êtres vivans & sensibles, sur lesquels l'homme exerce un empire absolu; non seulement il les emploie pour s'aider dans ses travaux, mais il en dispose encore pour sa nourriture.

Du pouvoir de l'homme sur les animaux, suivant le droit naturel. Avant d'entrer dans le détail de ce que les loix civiles ont déterminé par rapport à la propriété & à l'usage des *animaux*, il n'est pas inutile d'examiner si la souveraineté que l'homme s'est arrogée sur eux est conforme ou non à l'ordre naturel. En effet, si la nature n'accorde à l'homme aucun pouvoir sur les *animaux*, il s'ensuit qu'il est un injuste agresseur, un être cruel & barbare, toutes les fois qu'il ôte à une bête, qui ne le provoque pas, la vie qu'elle tient, comme lui, de la nature.

Dans l'antiquité, les disciples de Pythagore n'osoient attenter à la vie d'aucun *animal* vivant; les philosophes, & même quelques castes d'Indiens regardent comme un crime de donner la mort à aucune espèce de bêtes. Leurs préjugés seroient-ils donc une suite de la loi naturelle?

Non sûrement: il est aisé de prouver que l'exercice du droit de l'homme sur les *animaux*, est fondé sur la nature, qui lui permet de les employer à son usage, & de se nourrir de leur chair.

Nous ne dirons pas, avec Puffendorf, que ce droit est fondé sur ce qu'il n'y a point de société entre l'homme & la bête, parce qu'il n'y a entre eux ni raison ni langage commun; que s'il n'y a aucune société, il ne peut y avoir naturellement ni droit ni obligation; que ce défaut de droit empêche qu'il y ait aucune injustice, puisqu'elle ne consiste que dans la violation d'un droit.

Ces raisons de Puffendorf ne sont pas suffisantes pour établir la puissance de l'homme. C'est supposer qu'on peut empêcher les créatures de jouir de leurs droits, par cela seul que ces droits ne sont pas communs, ce qui est faux; car il suffit que les bêtes aient un droit tel, par exemple, celui de vivre, pour que tout autre être soit tenu de le respecter.

Le pouvoir de l'homme sur les *animaux* lui a été donné par l'auteur même de la nature, & c'est par cette raison qu'il ne peut contenir aucune injustice.

Si nous ouvrons la génèse nous verrons qu'immédiatement après le déluge, Dieu permit à Noé & à sa famille d'user, pour leur nourriture, des *animaux* de la terre, des poissons de la mer, & des oiseaux du ciel, de la même manière qu'ils avoient usé des herbes & des fruits.

Il y a plus, cette permission étoit nécessaire pour la conservation de l'ordre dans l'univers. Car, les ouvrages du créateur, bien plus accomplis que les nôtres, ont la faculté de se perpétuer à jamais par de nouveaux individus qui se succèdent les uns aux autres, de sorte que si, par quelque cause externe, une espèce devient rare ou manque totalement dans un coin de la terre, cette faculté générative remet bientôt les choses dans le premier état. Or si une ou plusieurs espèces se multiplioient à l'infini, comme cela est possible, il est évident que la nourriture & l'habitation manqueroient bientôt aux autres espèces & à l'homme même, qui ne pourroit plus défendre ses provisions contre la voracité des *animaux* trop multipliés.

N'arrêtons pas nos regards sur les *animaux* nuisibles, tels que les ours, les lions, les chats, les rats *&c.*: ne faisons pas attention aux plaintes des voisins des forêts où l'on ne chasse pas assez les bêtes fauves: considérons seulement les *animaux* paisibles & les plus utiles à l'homme, par les services qu'il en pourroit tirer dans l'état de nature, tels que les brebis & les vaches. Si ces *animaux* ne mouroient que de vieillesse ou de maladie, bientôt la terre entière ne suffiroit pas pour les contenir. Il arriveroit alors de deux choses l'une, ou les pâturages n'étant plus en proportion de ces *animaux*, tout ce qui viendroit au-delà du nombre proportionnel des pâturages périroit, ou ils dévoreroient les fruits & les herbes destinés à la nourriture de l'homme, qui seroit exposé à mourir de faim.

Il a donc fallu que le sage auteur de la nature pourvût à la conservation de tous les êtres, & établit un ordre qui prévînt la trop grande multiplication d'une espèce, au détriment des autres. Ces loix se trouvent dans la permission qu'il a donnée à l'homme d'user des *animaux*; & pour l'exécution de ces loix, il a donné à l'homme un appétit propre à rechercher la chair des *animaux* pour sa nourriture, & un estomac pour la digérer. Il l'a forcé, par ce moyen, de veiller malgré lui, & sans le savoir, à la conservation de son espèce, à celle de tous les autres *animaux*, même de ceux dont il détruit les individus.

Le créateur a même donné des substituts à l'homme, pour exécuter ses décrets, & maintenir l'équilibre entre les différentes espèces de bêtes. Les *animaux* voraces, en cherchant à contenter leur appétit, & à satisfaire leurs besoins, exécutent les ordres de la providence, détruisent l'excédent d'une espèce, la réduisent dans les justes bornes qui lui sont prescrites, & tendent également à la conservation de toutes.

Il est donc évident que le pouvoir de l'homme sur les *animaux* est fondé sur la nature même des choses, & qu'il remplit les dispositions du créateur. Mais il ne doit pas oublier qu'il ne doit user de son droit qu'avec une sage modération, dans les termes de ses besoins, & d'un agrément raisonnable; éviter le détriment & la perte entière des espèces, & ne porter aucun préjudice aux autres hommes. C'est donc un abus du pouvoir, que de ravager sans scrupule les campagnes & les fruits de la terre, pour chasser plus agréablement.

La loi des Chinois, qui ne permet de tuer une bête que lorsqu'elle est parvenue à la grosseur ordinaire de son espèce, est très-conforme à la loi naturelle. On doit en dire autant de celle qui, en France, défend la pêche avec des filets, dont les mailles seroient trop étroites pour laisser échapper les petits poissons.

Dispositions du droit civil par rapport aux animaux. On peut distinguer les *animaux* en deux classes : dans l'une sont les *animaux* à l'usage ordinaire des hommes, & que ceux-ci sont en leur puissance, comme les chevaux, les bœufs, les moutons, *&c.* dans l'autre, sont les *animaux* qui jouissent de leur liberté naturelle, comme les bêtes sauvages, les oiseaux, les poissons. Ces derniers passent à l'usage & au pouvoir des hommes par la chasse & par la pêche, dans les cas où elles sont permises.

1°. Les *animaux*, dit Pothier, qui sont dans leur liberté naturelle, sont censés faire partie du lieu où ils jouissent de cette liberté. Par exemple, les poissons sont censés faire partie de l'étang, les lapins de la garenne, les pigeons du colombier où ils se trouvent dans leur liberté naturelle. La raison en est que, suivant les principes du droit, les *animaux* sauvages ne sont proprement des biens particuliers, que lorsque nous les tenons sous la main & en notre garde. Ainsi le propriétaire d'un étang où il y a des poissons, d'une garenne où il y a des lapins, d'un colombier où il y a des pigeons, est bien plutôt propriétaire d'un étang empoissonné, d'une garenne peuplée de lapins, d'un colombier peuplé de pigeons, qu'il ne l'est des poissons, des lapins, & des pigeons qui y sont.

Ces *animaux* n'étant donc pas, quant au domaine que le propriétaire de l'étang, de la garenne ou du colombier peut en avoir, quelque chose de distingué de l'étang, de la garenne, du colombier, où ils sont dans leur liberté naturelle, ils ne peuvent entrer, comme effets mobiliers, dans la communauté légale de ce propriétaire avec sa femme ; ils ne sauroient faire partie de cette communauté, qu'autant que l'étang, la garenne & le colombier avec lesquels ils sont censés ne faire qu'un seul & même tout, seroient des conquêts de nature à y entrer.

Mais lorsque ces *animaux* ne sont pas dans leur liberté naturelle, & que nous les tenons sous la main, comme sont les poissons que nous avons dans un réservoir, les lapins que nous élevons dans un grenier, & les pigeons que nous tenons enfermés dans une volière, ils nous appartiennent comme effets mobiliers, & entrent en cette qualité dans la communauté légale.

Cette distinction se trouve dans plusieurs coutumes du royaume. L'article 91 de celle de Paris dit, *poisson étant en étang ou en fossé, est réputé immeuble ; mais quand il est en boutique ou réservoir, est réputé meuble.*

L'article 355 de la coutume d'Orléans dit la même chose, & cela doit être observé par-tout où les coutumes n'ont point de disposition contraire.

Il en est tout autrement des *animaux* domestiques tels que sont les volailles, & même les *animaux* qui servent à l'exploitation des terres, comme sont les chevaux, les bœufs, *&c.* ils sont toujours à notre égard un bien meuble qui doit, par conséquent, entrer dans la communauté légale.

Pothier observe très-judicieusement à ce sujet, qu'il seroit à desirer qu'il y eût une loi qui attachât au domaine d'une terre, tous les *animaux* servant à la faire valoir, ensorte qu'ils seroient censés faire partie de cette terre, & qu'ils n'entreroient en communauté qu'autant que la terre elle-même y entreroit ; que la même loi ordonnât qu'en matière de succession l'héritier des propres succédant à une terre, succéderoit aussi aux *animaux* qui y seroient employés ; que dans le cas de retrait, le retrayant retireroit la terre avec les *animaux* ; & qu'en matière de garde-noble, dans les coutumes qui donnent les meubles des mineurs aux gardiens, ceux-ci ne pourroient prétendre, comme biens meubles, les animaux employés à exploiter les terres de leurs mineurs. On pareroit, par ce moyen, à divers inconvéniens contraires au bien de l'agriculture. En effet, une femme ayant une terre avec les *animaux* nécessaires pour la faire valoir, se marie sans faire de contrat de mariage : si après la mort de son mari elle est obligée de renoncer à la communauté, & d'abandonner en conséquence aux héritiers ou aux créanciers du défunt, les *animaux* de sa terre, sans avoir de moyens pour en acheter d'autres, il est évident que cette terre ne pourra plus être cultivée comme auparavant. De même un héritier des propres succédant à une terre sans succéder aux *animaux* qui la font valoir, c'est une nécessité que cette terre soit mal exploitée, si le propriétaire manque d'argent pour acheter d'autres *animaux.* L'inconvénient est encore plus sensible en matière de garde-noble dans les provinces où la coutume donne au gardien en propriété, tous les meubles échus au mineur par le décès de son père ou de sa mère : ce mineur trouvant à la fin de la garde-noble ses terres sans bétail, comment les fera-t-il valoir ?

Le législateur a déja reconnu combien il étoit utile de ne pas séparer d'une terre les *animaux* qui servent à l'exploiter, puisque l'article 6 du titre premier de l'ordonnance du mois d'août 1747 veut, contre la disposition du droit romain, que les *animaux* employés à faire valoir une terre, soient compris dans la substitution de cette terre, quoique le testateur n'en ait rien dit.

En Beaujolois, les *animaux* servant à la culture des terres, & qui sont compris dans une saisie réelle d'immeubles, se vendent avec les héritages, & sont dans ce cas réputés immeubles, suivant un acte de notoriété, donné par le bailliage de Ville-Franche au mois d'août 1750.

2°. L'*animal* qui naît d'un autre *animal*, dont la propriété m'appartient, m'appartient également par le droit d'accession. *Voyez ce dernier mot.*

3°. Les *animaux* dont on tire quelque revenu, comme les moutons, les brebis, les vaches qui produisent de la laine, des agneaux, des veaux, peuvent être donnés par une espèce de louage. On laisse à celui qui se charge de les garder & de les nourrir, une certaine portion dans le produit, telle toutefois que la convention n'ait rien d'usuraire par l'excès du profit réservé au maître. *Voyez* CHEPTEL.

4°. Si l'on fait paître des *animaux* dans un lieu qui n'y soit point sujet, ou dans un temps défendu, le propriétaire ou autre possesseur de ces *animaux* sera non seulement tenu du dommage, mais encore d'une amende, selon les circonstances.

Il en est de même du cas où les *animaux* rompent des arbres, ou font quelque autre dommage en pacageant. *Voyez* AGATIS.

5°. Celui qui surprend dans son héritage les *animaux* d'autrui qui y pacagent, ne peut user d'aucune voie de fait qui puisse leur nuire, sinon il demeure responsable du dommage.

6°. Un mulletier ou un charretier qui n'ont pas la force ni l'adresse de retenir un cheval fougueux, ou une mule qui s'effarouche, sont tenus du dommage que ces *animaux* peuvent causer.

De même celui qui, pour trop charger un cheval ou un autre *animal*, ou pour n'avoir pas évité un pas dangereux, ou par quelque autre faute, donné lieu à une chûte, doit répondre du dommage que cette chûte a pu occasionner.

Dans tous ces cas, celui qui a souffert le dommage a son action contre le voiturier & contre celui qui l'a employé.

Les maîtres des chiens qui mordent, des chevaux qui ruent & mordent, du bœuf qui a coutume de frapper de la corne, *&c.* ceux qui mènent des bêtes farouches, comme des ours, des lions, *&c.* sont tenus du dommage que ces *animaux* causent. Mais si un chien ne mord que parce qu'il a été excité, celui qui a donné lieu au mal doit en répondre.

Lorsque l'*animal* qui a causé du dommage a été effarouché par un autre *animal*, c'est le maître de celui-ci qui doit l'indemnité.

7°. L'ordonnance des eaux & forêts défend expressément aux habitans des paroisses & autres, ayant droit d'usage dans les forêts du roi, des communautés ou des particuliers, d'y envoyer des chèvres & bêtes à laine, même dans les landes, bruyères & places vaines du voisinage, à peine de confiscation des bêtes, outre trois livres d'amende pour chacune, de dix livres d'amende contre les pâtres pour la première fois, du fouet & du bannissement hors du ressort des maîtrises pour la seconde, & contre les propriétaires ou pères de famille de répondre des amendes prononcées contre les mêmes pâtres.

8°. Le grand-maître des eaux & forêts de Guienne fit le 29 octobre 1753, un réglement par lequel il ordonna que les particuliers qui nourrissoient & entretenoient des chèvres dans la vallée du Figuier, seroient tenus de s'en défaire dans le mois, à peine de cinquante livres d'amende, & de confiscation des chèvres qu'ils auroient conservées, à l'exception toutefois des particuliers qui en entretenoient pour le soulagement des malades, & auxquels il permit d'en nourrir une seule. Les habitans de la vallée du Figuier se pourvurent au conseil contre cette ordonnance, & représentèrent que si elle subsistoit, elle entraîneroit leur ruine, & les forceroit à quitter leur habitation; que dans toute la vallée située à l'extrémité du comté de Foix, au plus haut des montagnes sur la frontière d'Espagne, il n'y avoit qu'un bois consistant en arbres épars, dans les endroits escarpés de la montagne, dont la plupart étoient des sapins; que cette partie avoit toujours été réservée & gardée pour les bâtimens des habitans; que dans le reste on ne voyoit que quelques noisetiers, du buis, & d'autres semblables bois; que c'étoit la partie destinée pour le chauffage des habitans, & où ils menoient paître leurs chèvres; que le pays étoit si ingrat, qu'ils étoient obligés d'envoyer tous les ans leurs bêtes à laine hiverner dans le plat pays, ensorte que tant que duroit la rigueur de la saison, ils ne pouvoient garder chez eux que des chèvres dont le lait faisoit leur principale & presque unique nourriture; que d'ailleurs si on les empêchoit d'avoir des chèvres, ils ne pourroient plus engraisser leurs terres, puisqu'ils n'avoient pour cet effet que la fiente de ces *animaux*, *&c.* Malgré ces raisons, l'ordonnance du grand-maître des eaux & forêts de Guienne fut confirmée par arrêt du conseil du 3 juin 1755.

Plusieurs coutumes, & singulièrement celle de Nivernois, défendent de nourrir des chèvres dans les villes; quelques autres défendent seulement de les mener paître dans les héritages d'autrui.

Sur la représentation du syndic général des états de Languedoc, & en homologuant la délibération prise par les mêmes états le 6 février 1725, le conseil a fait défense, par arrêt du 29 mai suivant, à tous les habitans du Languedoc, de tenir des chèvres dans l'étendue de cette province, à peine de cent livres d'amende. Cet arrêt donne toutefois le pouvoir à l'intendant d'accorder la permission de nourrir de ces sortes d'*animaux* dans les lieux où l'on peut en tenir sans causer du dommage.

Le parlement de Dauphiné a établi une police semblable, par arrêt du 11 août 1735.

9°. Une bête blessée à la chasse, dans le cas où la chasse est permise, appartient au chasseur qui l'a blessée quand il continue de la poursuivre, & non à celui qui la prend nonobstant cette poursuite.

Il y a même une ordonnance de Henri IV, par laquelle il est permis à ceux qui ont droit de chasse de suivre le gibier qu'ils ont fait lever sur leurs terres, & de le prendre dans les fief, terre & seigneurie d'autrui, parce qu'autrement le plaisir de la chasse seroit imparfait.

Au reste, lorsque la bête que l'on poursuit est prise, ou entièrement échappée, on ne peut plus rester sur les terres d'un autre pour y chasser sans son consentement.

10°. Divers réglemens de police ont défendu aux bourgeois & habitans de Paris d'avoir & de nourrir chez eux des porcs, lapins, lièvres, pigeons, poules & autres volailles, parce que ces *animaux* infectent l'air.

La même police a lieu dans la plupart des autres villes.

11°. Il existe dans les campagnes, & même aux environs des villes, un usage très-pernicieux de déposer les bêtes mortes le long des haies & des buissons : elles attirent les chiens & les loups, elles répandent l'infection dans les environs. Plusieurs intendans ont déjà rendu des ordonnances pour obliger les maîtres des animaux morts de maladie, de les enterrer dans des fosses profondes, & de les recouvrir de terre & d'épines, afin d'en défendre l'approche aux *animaux* voraces. Le parlement de Paris a établi les mêmes dispositions par un dernier arrêt de réglement du 7 septembre 1778. Il seroit à souhaiter qu'une loi générale étendît ces sages dispositions dans tout le royaume, & que les juges des lieux tinssent exactement la main à l'observation d'une loi aussi salutaire, & aussi avantageuse au public.

ANIMOSITÉ, est une passion de l'ame, accompagnée de haine, de colère & de malveillance. On suppose dans celui dont l'*animosité* est connue, un dessein de nuire à celui qui en est l'objet; aussi l'*animosité* est-elle une cause de récusation. *Voyez ce mot.*

ANNATE, c'est le revenu d'une année, ou plutôt la taxe à laquelle a été autrefois fixé le revenu d'une année des bénéfices consistoriaux, que ceux qui sont pourvus de ces bénéfices paient à la chambre apostolique, en retirant leurs bulles. Ces taxes ne sont pas proportionnées à la valeur présente des revenus d'une année des bénéfices : il y en a plusieurs dont l'*annate* se monte à plus de deux années de fruits.

Il y a eu, dès le douzième siècle, des évêques & des abbés qui, par un privilège ou par une coutume particulière, recevoient les *annates* des bénéfices vacans, dépendans de leur diocèse ou de leur abbaye. Etienne, abbé de sainte-Geneviève, & depuis évêque de Tournay, se plaint dans une lettre adressée à l'archevêque de Reims, que l'évêque de Soissons s'étoit réservé l'*annate* d'un bénéfice, dont le titulaire n'avoit pas de quoi vivre. Par ce fait & par plusieurs autres semblables, il paroît que les papes avoient accordé le droit d'*annate* à différens collateurs, avant de se l'attribuer à eux-mêmes. L'époque de l'établissement de ce droit n'est pas bien certaine. Quelques-uns la rapportent à Boniface IX, d'autres à Jean XXII, & d'autres à Clément V; mais M. de Marca observe que, du temps d'Alexandre IV, il s'étoit élevé de grandes disputes au sujet des *annates*; & par conséquent qu'elles étoient dès-lors en usage.

Clément V les établit en Angleterre. Jean XXII se réserva les *annates* de tous les bénéfices qui vaqueroient durant trois ans dans toute l'étendue de l'église catholique, à la réserve des évêchés & des abbayes. Ses successeurs établirent ce droit pour toujours, & y obligèrent les évêques & les abbés. Platine dit que ce fut Boniface IX qui, pendant le schisme d'Avignon, introduisit cette coutume, mais qu'il n'imposa pour *annate* que la moitié de la première année du revenu. Thierry de Niem dit que c'étoit un moyen de cacher la simonie dont Boniface IX ne se faisoit pas grand scrupule. Le jurisconsulte Dumoulin & le docteur de Lausnoy ont soutenu, en conséquence, que les *annates* étoient simoniaques. Cependant Gerson & le cardinal d'Ailly, qu'on n'accusera pas d'être favorables au pape, ont prouvé qu'il étoit permis de payer les *annates*, par l'exemple des réserves, des pensions, des décimes ou autres impositions sur les fruits des bénéfices, qu'on ne regarde point comme des conventions simoniaques. Ce qu'il y a de plus important à remarquer pour la justification des *annates*, c'est qu'on ne les paie point pour les provisions qui s'expédient toujours *gratis*, mais à titre de subvention, ou comme parlent les canonistes, de *subsidium charitativum*, pour l'entretien du pape & des cardinaux. On peut consulter sur cette matière Fagnan, qui l'a traitée fort au long.

Il faut avouer cependant que les François ne se sont soumis qu'avec peine à cette charge. Le roi Charles VI, en condamnant le prétendu droit de *dépouille*, par son édit de 1406, défendit de payer les *annates* & les taxes qu'on appelloit de *menus services*, *minuta servitia*. Dans le même temps ce prince fit condamner, par arrêt du parlement, les exactions de l'anti-pape Benoît de Lune, sur-tout par rapport aux *annates*.

Dans le concile de Constance, tenu en 1414, il y eut de vives contestations au sujet des *annates*; les François demandoient qu'on les abolît, & ils s'assemblèrent pour ce sujet en particulier. Jean de Scribani, procureur fiscal de la chambre apostolique, appella au pape futur de tout ce qui pourroit être décidé dans cette congrégation particulière; les cardinaux se joignirent à lui, & l'affaire demeura indécise; car Martin V, qui fut élu, ne statua rien sur cet article. Cependant, en 1417, Charles VI renouvella son édit contre les *annates* : mais les Anglois s'étant rendus maîtres de la France, le duc de Bedfort, régent du royaume pour eux, les fit rétablir. En 1433 le concile de Bâle décida, par le décret de la session 12, que le pape ne devoit rien recevoir pour les bulles, les sceaux, les *annates* & autres droits qu'on avoit coutume d'exiger pour la collation & la confirmation des bénéfices. Il ajouta que les évêques assemblés pourvoiroient d'ailleurs à l'entretien du pape, des officiers & des cardinaux, à condition que si cette proposition n'étoit pas exécutée, on continueroit de payer la moitié de la taxe ordinaire pour les bénéfices qui étoient sujets au droit d'*annate*, non point avant la concession des bulles, mais après la première année de la jouissance. Dans le décret de la session 21, qui est relatif à celui de la douzième, le même concile semble abolir les *annates* : mais il approuve qu'on donne au pape un secours raisonnable pour soutenir les charges du gouvernement ecclésiastique, sans toutefois fixer sur quels fonds il le prendra. L'assemblée tenue à Bourges en 1438, à laquelle assista le roi

Charles

Charles VII, reçut le décret du concile de Bâle contre les *annates*, & accorda seulement au pape, pendant sa vie, une taxe modérée sur les bénéfices vacans, à cause des besoins pressans de la cour de Rome, & sans tirer à conséquence. Charles VII avoit confirmé, dès 1422, les édits de son successeur. Louis XI avoit rendu de pareils édits en 1463 & 1464. Les états assemblés à Tours en 1493, présentèrent à Charles VIII une requête pour l'abolition des *annates*, & il est sûr qu'on ne les paya point en France tant que la pragmatique sanction y fut observée. Mais elles furent rétablies pour les évêchés & les abbayes, non par le concordat passé entre François I & Léon X, mais par une bulle postérieure qui le suivit de près, & sur laquelle François I donna des lettres-patentes, qui n'ont cependant été enregistrées dans aucun parlement. Les autres bénéfices sont tous censés au-dessous de la valeur de vingt-quatre ducats, & par conséquent ne sont pas sujets à l'*annate*. Malgré cette dernière disposition, qui a aujourd'hui force de loi dans le royaume, François I fit remontrer au pape l'injustice de ces exactions par les cardinaux de Tournon & de Grammont, ses ambassadeurs extraordinaires, en 1532. Henri II, dans les instructions données à ses ambassadeurs envoyés au concile de Trente en 1547, demandoit qu'on supprimât ces impositions; & enfin, en 1561, Charles IX donna ordre à son ambassadeur auprès du pape, de poursuivre l'abolition des *annates*, que la faculté de théologie de Paris avoit déclarées simoniaques. Ce décret de la faculté ne condamnoit comme telles que les *annates* exigées pour les provisions sans le consentement du roi & du clergé, & non pas celles qui se paient maintenant sous le titre de subvention, suivant la disposition du concile de Bâle.

En Angleterre, l'archevêque de Cantorbery jouissoit autrefois des *annates* de tous les bénéfices de son diocèse par un privilège du pape, comme le rapporte Mathieu Paris, dans son *Histoire d'Angleterre sur l'année* 746. En 1305 Clément V se fit payer les *annates* de tous les bénéfices quelconques vacans en Angleterre pendant deux ans, selon Mathieu de Westminster, ou pendant trois ans, selon Walsingham. Les *annates* furent depuis établies dans tout ce royaume, jusqu'à Henri VIII qui les abolit.

Par le concordat fait entre la nation germanique & le pape Nicolas V, en 1448, on régla que tous les évêchés & les abbayes d'hommes paieroient l'*annate*, & que les autres bénéfices n'y seroient sujets que quand le revenu seroit de vingt-quatre florins d'or. Charles V fit des efforts inutiles pour abolir les *annates* en Allemagne, & l'article de l'ordonnance d'Orléans, qui les abrogeoit en France, fut révoqué par l'édit de Chartres en 1562.

Paul II fit une bulle, en 1469, pour ordonner qu'on paieroit les *annates* de quinze en quinze ans, pour les bénéfices sujets à ce droit, qui seroient unis à quelque communauté. Ses successeurs confirmèrent ce réglement. Fagnan remarque que quand il arrive plusieurs vacances du même bénéfice dans la même année, on ne paie qu'une seule *annate*: ce qui prouve, ajoute-t-il, que ce n'est point pour la collation des bénéfices, mais pour l'entretien du pape & du sacré collège.

Quelques chapitres jouissent, à titre d'*annate*, du revenu des canonicats qui sont vacans; mais ce revenu appartient à la fabrique, & doit être employé aux ornemens de l'église.

Le droit de déport, en usage en Normandie, est un véritable droit d'*annate*; dans quelques diocèses, les archidiacres jouissent de la première année des cures vacantes dans l'étendue de leur archidiaconé; mais ce droit tire son origine de la garde des églises vacantes, qui leur appartenoit autrefois.

ANNEAU, s. m. (*Droit civil & canonique.*) bague ou petit corps circulaire qui se met au doigt.

Les anciens faisoient usage de trois sortes d'*anneaux*: les premiers qui servoient d'ornement & de marque de distinction, se portoient au doigt. Le droit de porter l'*anneau* d'or n'appartenoit, dans les premiers temps de la république romaine, qu'aux sénateurs seuls qui avoient rempli quelque ambassade chez une nation étrangère. Ce droit s'étendit dans la suite aux autres sénateurs, & devint enfin le signe propre & distinctif des chevaliers romains: le peuple portoit alors l'*anneau* d'argent, & les esclaves celui de fer; mais après la ruine de la république, l'*anneau* d'or ne fut plus qu'une foible distinction, qui s'accordoit même à des affranchis.

La seconde sorte d'*anneaux* servoit à cacheter les lettres, les contrats, les diplômes, les armoires, les coffres, *&c.* Chaque particulier avoit un de ces *anneaux* qui lui étoit propre, & sur lequel étoit une figure quelconque, comme d'une divinité, d'un animal, *&c.*

La troisième sorte d'*anneaux* étoit destinée aux cérémonies nuptiales. Le futur époux donnoit le jour des finançailles un de ces *anneaux*, qui étoit ordinairement de fer, à la future épouse, en témoignage des engagemens qu'il contractoit avec elle. Cette coutume a passé jusqu'à nous.

C'est à cette imitation que les évêque, contractant une espèce de mariage spirituel avec leur église, reçoivent l'*anneau* à leur consécration. Autrefois les évêques ne pouvoient porter l'*anneau* au doigt de la main droite, que quand ils célébroient la messe; hors de là il ne leur étoit permis que de le porter au pouce. Cette distinction ne s'observe plus aujourd'hui.

La congrégation des rites a défendu aux notaires non participans, aux docteurs, aux chanoines des cathédrales, sans excepter les dignitaires, de porter l'*anneau* en célébrant la messe; & en général, il est défendu à tout ecclésiastique de porter l'*anneau* au doigt, s'il n'est revêtu d'une dignité ou d'un office qui lui en donne le droit.

Suivant nos usages, le droit de porter l'*anneau*

est presque particulier aux évêques. Les abbés qui jouissent de ce droit, doivent avoir, en leur faveur, le privilège ou la possession, ainsi que pour la jouissance des autres honneurs pontificaux.

On appelle *anneau du pêcheur*, un sceau dont on se sert à Rome pour sceller les brefs & les bulles. Ce nom vient de la figure de S. Pierre pêcheur, qui est gravé sur ce sceau, pêchant dans une barque.

Anneau *des mouleurs de bois*: c'est un cercle de fer qui doit avoir à Paris deux pieds un pouce de diamètre, sur six pieds trois pouces de circonférence. Le modèle de cet *anneau* est déposé à l'hôtel-de-ville; ceux dont les mouleurs de bois se servent, doivent être étalonnés sur celui de la ville, & marqués à ses armes.

Anneaux et fers, *ou* Anneaux de fer, (*terme de Coutume.*) celle de Loudun, *chap.* 2, *art.* 8, appelle ainsi les carcans ou *anneaux de fer* qui pendent aux poteaux, que les moyens-justiciers peuvent faire poser sur leur territoire, pour marque de leur justice.

ANNÉE, c'est le temps que le soleil met à parcourir les signes du zodiaque, & qui est composé de douze mois.

De l'année civile & ecclésiastique. Les Egyptiens furent, dit-on, les premiers qui partagèrent l'*année* en douze mois. Mais comme ces douze mois ne se trouvèrent d'abord composés que de trois cens soixante jours, on prétend que Thot ou Mercure y en ajouta cinq, & que Thalès institua l'*année* sur le même pied dans la Grèce.

L'*année* des Romains a varié en différens temps. Sous le règne de Romulus, elle étoit de trois cens quatre jours. Numa la régla sur le cours de la lune. Servius Tullius, ou les décemvirs, y firent d'autres changemens; enfin, quand Jules-César se fut rendu maître de la république, il régla l'*année* sur le cours du soleil; il ordonna, pour remettre les choses dans l'ordre, que l'*année* 708 de Rome, seroit composée de quatre cens quarante-cinq jours (d'où cette *année* fut appellée l'*année de confusion*), & que dans la suite l'*année* auroit trois cens soixante-cinq jours & six heures.

Les Juifs & la plupart des Orientaux ont une *année* civile qui commence avec la nouvelle lune de septembre, & une *année* ecclésiastique qui commence avec la nouvelle lune de mars.

Les Chinois, & beaucoup de nations Indiennes, commencent l'*année* avec la première lune de mars, & les Brachmanes, avec la nouvelle lune d'avril.

Les Turcs commencent leur *année* lorsque le soleil entre dans le signe du belier, & les Persans dans le mois de Fernadin, qui répond à notre mois de juin.

D'Acosta rapporte que les Mexicains commençoient l'*année* le 23 février, temps auquel la verdure commençoit à paroître. Dix-huit mois de vingt jours chacun composoient leur *année*, & les cinq jours qui excédoient ces dix-huit mois, étoient consacrés aux plaisirs, sans qu'il fût permis de vaquer à aucune affaire, pas même au service des temples. Alvarès en dit autant des Abyssins.

Les Grecs commencent l'*année* au premier septembre, & datent du commencement du monde.

En France, sous la premiere race de nos rois, l'*année* commençoit le premier de mars, jour auquel se faisoit la revue des troupes. Sous les rois Carlovingiens, elle commençoit le jour de Noël; & sous les Capétiens le jour de pâques. Ce fut Charles IX qui ordonna en 1563, qu'elle commenceroit dans la suite au premier de janvier.

L'*année* établie par Jules-César a été suivie, chez les nations chrétiennes, jusqu'au moment où Grégoire XIII y fit une correction.

La raison de cette correction fut que l'*année* julienne avoit été supposée de trois cens soixante-cinq jours six heures, au lieu que la véritable *année* solaire est de trois cens soixante-cinq jours cinq heures quarante-neuf minutes, ce qui fait onze minutes de différence.

Or, quoique cette erreur de onze minutes qui se trouve dans l'*année* julienne, soit fort petite, cependant elle étoit devenue si considérable, en s'accumulant depuis le temps de Jules-César, qu'elle avoit monté à soixante-dix jours, ce qui avoit considérablement dérangé l'équinoxe; car, lors du concile de Nicée, lorsqu'il fut question de fixer les termes du temps auquel on doit célébrer la pâque, l'équinoxe du printemps se trouvoit au 21 de mars; mais cette équinoxe ayant continuellement anticipé, on s'est apperçu l'an 1582, lorsqu'on proposa de réformer le calendrier de Jules-César, que le soleil entroit dans l'équateur dès le 11 mars, c'est-à-dire, dix jours plutôt que du temps du concile de Nicée. Pour remédier à cet inconvenient, qui pouvoit aller encore plus loin, le pape Grégoire XIII fit venir les plus habiles astronomes de son temps, & concerta avec eux la correction qu'il falloit faire, afin que l'équinoxe tombât au même jour que dans le temps du concile de Nicée; & comme il s'étoit glissé une erreur de dix jours depuis ce temps-là, on retrancha ces dix jours de l'*année* 1582, dans laquelle on fit cette correction; & au lieu du 5 d'octobre de cette année, on compta tout de suite le 15.

La France, l'Espagne, les pays catholiques d'Allemagne, & l'Italie, en un mot, tous les pays qui sont sous l'obéissance du pape, reçurent cette réforme : mais les protestans la rejettèrent.

En l'an 1700, l'erreur des dix jours avoit augmenté encore, & étoit devenue de onze; c'est ce qui détermina les protestans d'Allemagne à accepter la réformation grégorienne, aussi bien que les Danois & les Hollandois; mais les Anglois & plusieurs peuples du Nord de l'Europe conservèrent le calendrier julien, qu'ils ont enfin abandonné en 1752, pour adopter le nôtre. Ensorte qu'il n'y a plus aujourd'hui de différence entre leur manière de dater & la nôtre.

Au reste, il ne faut pas croire que l'*année* grégorienne soit parfaite ; car dans quatre siècles, l'*année* julienne avance de trois jours une heure & vingt-deux minutes. Or, comme dans le calendrier grégorien on ne compte que les trois jours, & qu'on néglige la fraction d'une heure & vingt-deux minutes, cette erreur, au bout de soixante-douze siècles, produira un jour de mécompte.

A Rome, on distingue deux sortes d'*années ;* l'une commence à la nativité de Jesus-Christ, & c'est celle que les notaires suivent; ils datent *à nativitate :* l'autre commence au 25 mars, jour de l'incarnation, & celle-ci sert à dater les bulles, *anno incarnationis*.

L'*année* ecclésiastique commence le premier dimanche de l'avent, lequel est toujours le dimanche le plus proche de la S. André, qui arrive le 30 novembre. Cette année est uniforme dans toute la chrétienté.

En terme de daterie, on appelle *année grasse* celle où, à cause de la vacance du S. siège, on donne quelques mois au-delà de l'année ordinaire, pour pousser les dates au registre. *Voyez* DATE.

On appelle *an du monde*, lorsqu'on compte les *années* du moment de la création, & *an de grace* les *années* qu'on date de la naissance de Jesus-Christ. Ce n'a été que vers le huitième siècle qu'on a commencé à compter en France les années de la naissance de J. C.

Des cas où l'année commencée est ou n'est pas réputée complette. Il y a plusieurs cas où l'*année* commencée est tenue pour complette. Quoiqu'il faille, par exemple, selon le concile de Trente, être âgé de vingt-cinq ans pour être admis à l'ordre de prêtrise, il n'est pas nécessaire que la dernière *année* soit complette, il suffit qu'elle soit commencée. Mais lorsqu'il s'agit de donation ou de disposition testamentaire, il faut que la dernière année de l'âge requis, pour donner entre-vifs ou par testament, soit achevée, ou du moins que l'on soit parvenu au dernier jour de l'*année*.

De l'année de probation. On appelle *année de probation*, l'*année* du noviciat des religieux, pendant laquelle on les éprouve pour connoître s'ils pourront supporter l'austérité de la règle, s'ils ont une vocation bien décidée, & s'ils sont propres à la vie monastique qu'ils veulent embrasser.

L'*année* de probation doit être continue & sans interruption, dans le monastère même où le novice a été reçu. C'est ce que prescrit le concile de Trente.

Par arrêt du parlement de Paris, du 31 juillet 1736, il a été jugé qu'il n'y avoit abus dans la sentence de l'official de Séez, qui avoit déclaré nulle la profession d'un novice à qui l'on n'avoit pas fait pratiquer la règle pendant l'*année* de probation.

Par un autre arrêt du 13 août 1759, le même parlement a jugé qu'il n'y avoit abus dans la sentence de l'officialité d'Orléans, du 23 juillet 1755, qui avoit admis, en faveur d'un religieux Augustin, la preuve de l'interruption de l'*année* de probation prise de ce que pendant cette *année* on l'avoit mis en prison dans le couvent, & qu'il avoit été privé des habits de religieux, du bréviaire, & de l'assistance aux offices. En vain on opposa que cette prison n'étoit qu'une retraite dont le motif avoit été d'éprouver la vocation du novice.

Le pape ne peut pas abréger en France l'*année* de probation sans le concours de l'autorité du roi, parce que cette *année* est prescrite par les ordonnances, & notamment par celle de Blois.

De l'année de viduité. On appelle *an de deuil*, ou *année de viduité*, la première *année* qui s'écoule depuis la dissolution du mariage.

En pays de droit écrit, on appelle aussi *année de viduité*, un droit établi en faveur de la femme survivante, lequel consiste en une certaine somme d'argent qu'on lui adjuge, tant pour les intérêts de sa dot mobiliaire, que pour les alimens qui lui sont dus aux dépens de la succession de son mari, pendant l'*année* du deuil.

Le droit de viduité est une grace de la loi, mais il est dû de plein droit à la femme, après le décès de son mari, & elle en jouit quand bien même elle n'auroit pas apporté de dot; c'est une charge du mariage qui, comme le remarque Expilly, est encore censée durer pendant cette *année*.

La veuve qui vit impudiquement pendant l'*année* du deuil, doit être privée de tous les gains nuptiaux & de survie, & généralement de tous les avantages à elle accordés sur les biens de son mari, soit par les loix, la coutume ou l'usage, soit par son contrat de mariage.

Le droit romain établit la même peine contre la femme qui se remarie dans la première *année* de son veuvage; non qu'un tel mariage soit assimilé à une vie impudique, mais parce qu'il est contre les règles de la bienséance, & qu'il peut en résulter des inconvéniens.

Cette disposition du droit romain est suivie dans la plupart des parlemens de droit écrit. C'est ainsi que la question fut jugée au parlement de Grenoble, par arrêt du mois de janvier 1618, contre une femme qui s'étoit remariée dans le cinquième mois après le décès de son premier mari.

Le parlement de Toulouse rendit de semblables arrêts en 1575, & en 1576.

Duvair rapporte un arrêt du parlement d'Aix, par lequel une veuve fut en pareil cas privée de ses gains nuptiaux.

On suit les mêmes principes au parlement de Dijon.

Mais il en est autrement dans les ressorts des parlemens de Paris & de Bordeaux: les femmes n'y perdent pas leurs gains nuptiaux pour s'être remariées pendant l'*année* du deuil.

ANNEXE, s. f. c'est, en droit civil ou canonique, un accessoire, une dépendance ou appartenance, soit d'un héritage ou d'un bénéfice, en conséquence de l'union qui en a été faite audit bénéfice ou héritage. C'est en ce sens qu'on dit que le prieuré de S. Eloi est une *annexe* de l'archevêché de Paris; que les *annexes* qu'un testateur a faites de son vivant à l'héritage qu'il lègue, sont censées comprises dans le legs.

On appelle aussi *annexe* une église qui relève d'une autre, ou qui après avoir été démembrée d'une plus grande, lui demeure attachée, & reste dans sa dépendance: ces especes d'églises se nomment aussi *succursales*.

On emploie aussi le mot d'*annexe* en matiere bénéficiale, pour désigner les fonds annexés aux prébendes ou dépendans d'un bénéfice, & en ce sens on distingue deux sortes d'*annexes*: l'une s'entend des choses annexées inséparablement au bénéfice ou à la prébende, ensorte que celui qui obtient ce bénéfice ou cette prébende devient de droit possesseur de l'*annexe*. Par exemple, si un prieuré est attaché à une dignité, il appartient nécessairement au sujet pourvu de cette dignité.

L'autre espece d'*annexe* s'entend des choses qui ne sont pas attachées précisément à tel ou tel bénéfice en particulier, mais qui le sont à un certain nombre en général, ensorte que tantôt elles dépendent de celui-ci, & tantôt de celui-là, ce qui a lieu dans les chapitres où l'option est pratiquée.

On fait encore une autre distinction de ces *annexes*: les unes, disent les mémoires du clergé, étoient, par leur fondation, des titres de bénéfices qui ayant été unis à d'autres bénéfices ont cessé, par l'union, d'être des titres distingués des bénéfices auxquels ils ont été unis. Les autres, qu'on appelle improprement *annexes*, n'ont été que des terres & dépendances des bénéfices situés dans un autre diocese que celui du chef-lieu.

L'*annexe* des prébendes ne se présume point, il faut que celui qui la prétend en fasse la preuve.

On a agité plusieurs fois dans l'assemblée générale du clergé de France, si l'imposition des décimes d'un bénéfice, qui avoit plusieurs *annexes* situés dans différens dioceses, devoit se faire dans tous les dioceses où se trouvoient les *annexes*, ou au chef-lieu seulement. Il a été décidé que l'imposition devoit se faire dans le chef-lieu, à l'exception néanmoins des bénéfices, dont les dépendances étoient sous d'autres souverains, dans le temps que les premiers départemens ont été faits: quoique ces *annexes* soient rentrées depuis sous la domination du roi, on les impose toujours à part dans le diocese où elles sont situées, parce qu'on suppose que les chefs-lieux n'ont été compris dans le département qu'à raison des revenus qui étoient perçus sur les terres de l'obéissance du roi.

Annexe (*droit d'*) est le droit exclusif que prétend le parlement de Provence d'enregistrer les bulles, brefs, & autres rescrits semblables qui viennent de Rome, ou de la légation d'Avignon, & qui ne peuvent être exécutés dans le ressort de ce parlement, sans être revêtus d'un arrêt d'autorisation.

Anciennement les comtes de Provence ne laissoient exécuter dans l'étendue de leurs états aucune expédition de la cour de Rome, ou de la légation d'Avignon, sans l'avoir examinée, & accordé la permission de la recevoir ou de la publier, d'après l'avis de leur conseil. Depuis la réunion de cette province à la couronne de France, le parlement s'est cru en droit de faire cet examen, il s'y est toujours maintenu, il le regarde, avec raison, comme très-intéressant pour l'état, & utile au public comme aux particuliers.

Le droit d'*annexe* est connu dans quelques autres parlemens sous le nom d'*attache* ou de *lettres d'attache*. Du temps du concile de Latran, tenu en 1513, ce droit paroît avoir été contesté, puisque le concile prononça quelques censures contre certains membres du parlement de Provence, qui étoient nommés dans une requête présentée au concile, relativement au même droit: mais les censures ne subsisterent pas long-temps, cette cour en obtint bientôt l'absolution; & le pape Léon X lui-même, qui présidoit à ce concile, se soumit à l'*annexe*, comme il paroît par une expédition datée du 25 septembre 1514.

Les gens du roi du même parlement ont déclaré, par un acte de notoriété du 6 mars 1720, que les dates qui ne sont que de simples certificats de banquiers expéditionnaires n'ont jamais été assujetties à l'*annexe*, & qu'il n'y a que les expéditions prises en conséquence, qui soient sujettes à cette formalité.

La déclaration du 10 novembre 1748, ayant ordonné que les provisions sur démission ou permutation émanée de la vice-légation d'Avignon seroient nulles, si elles n'étoient insinuées deux jours francs avant le décès du résignant ou permutant, il arriva que les greffiers des insinuations ecclésiastiques se refuserent à cette formalité, avant que l'arrêt d'*annexe* des provisions dont il s'agit eût été obtenu: comme cette sorte de refus occasionnoit des délais contraires à l'intérêt des particuliers, & à l'esprit du législateur qui avoit eu principalement en vue l'avantage des expectans, & attendu que l'insinuation n'est point une exécution de rescrit, mais seulement une formalité pour le constater, le procureur général du parlement de Provence fit sur ces motifs une requisition verbale à cette cour, qui en conséquence ordonna, par arrêt du 30 juin 1760, que les greffiers des insinuations enregistreroient sans délai les provisions sur démission ou permutation émanées de la vice-légation, à la charge que les impétrans rapporteroient dans quinzaine l'*annexe* de la cour. Le même arrêt fit défense de prendre possession ou de faire aucun acte en vertu des provisions insinuées avant l'*annexe*, à peine de nullité, & d'une amende de trois mille livres, encourue par le seul fait.

Les gens du roi déclarerent, le 21 mai 1692, que l'*annexe* n'est jamais accordée que sous la clause expresse ou sous-entendue de *sauf l'abus*.

Par un autre acte de notoriété du 23 mai 1725,

les mêmes gens du roi attestèrent l'usage & la nécessité de l'*annexe*.

L'arrêt qui reçoit l'*annexe* doit être scellé en chancellerie.

Cette formalité doit être si exactement pratiquée en Provence, que dans un chapitre provincial des chanoines réguliers de la sainte-Trinité, tenu à Lambesc, on exclut des charges ceux des capitulans, dont les dispenses d'ordre, obtenues à Rome ou à Avignon, n'avoient pas été annexées, & une consultation de cinq avocats jugea l'exclusion légitime & bien fondée.

ANNEXÉ, adj. *en Droit*, & même dans le langage ordinaire, se dit d'une chose moins considérable, jointe & unie à une plus grande. Ainsi, disons-nous, une telle ferme, un tel patronage est *annexé* à tel fief, tel manoir, *&c.* Charles VIII, en l'année 1486, annexa la Provence à son royaume.

ANNION, (*bénéfice d'*) ancien terme de droit françois, se disoit de lettres royaux qui accordoient à un débiteur le délai d'une année pour la vente de ses meubles, dans le cas où il étoit à craindre qu'ils ne fussent vendus à vil prix. *Voyez* RÉPIT, LETTRES D'ÉTAT. (*H*)

ANNIVERSAIRE, s. m. (*Droit ecclésiastique.*) c'est une cérémonie de l'église, ou une fête que l'on célèbre tous les ans à certain jour, & qui est la même que celle de l'année précédente. Dans l'acception la plus commune, on entend par ce mot l'acquit d'un service obituaire, fondé à perpétuité dans une église.

Le concile de Trente, conforme en cela au droit commun, avoit décidé que les évêques pouvoient réduire le nombre des *anniversaires*; mais la congrégation établie à Rome après ce concile, pour en interpréter les dispositions, a décidé qu'il falloit le concours du pape. Cette décision peut avoir lieu dans les états étrangers; mais en France, l'évêque seul est en droit de faire les réglemens qu'il juge nécessaires pour la discipline de son diocèse & pour la célébration du service divin. Cependant si l'*anniversaire* étoit une fondation, il ne peut rien y changer sans le consentement du fondateur, ou de sa famille, ou à leur défaut, sans le concours du juge séculier.

ANNOTATION *de biens*, (*terme de Palais.*) est une saisie provisoire qui se fait des biens d'un criminel absent, à l'effet de les confisquer au profit du roi ou du haut-justicier, en cas qu'il persiste dans sa coutumace.

1°. Cette *annotation* peut avoir lieu toutes les fois qu'il y a un décret de prise de corps originaire, parce qu'un décret de cette nature suppose un délit grave qui peut emporter des amendes & des confiscations: d'ailleurs il paroît assez naturel qu'un homme qui cherche à éluder un décret ne puisse pas l'éluder impunément, comme il le feroit s'il continuoit à jouir de ses biens. C'est pourquoi l'ordonnance veut que tout ce qui appartient à l'accusé soit saisi, son mobilier, ses titres, ses papiers, & même les fruits de ses immeubles.

Si le décret de prise de corps étoit rendu par conversion faute de satisfaire à un décret d'ajournement personnel, il n'y auroit pas lieu à l'*annotation*. C'est ce qu'a fait remarquer, en 1764, M. l'avocat général du parlement de Paris dans une affaire où après la conversion d'un décret d'ajournement personnel en décret de prise de corps, on avoit fait saisir & annoter les biens de l'accusé.

2°. Cette saisie doit se faire de la manière portée par le titre des saisies & exécutions de l'ordonnance de 1667; & lorsqu'il s'agit de la saisie des fruits des immeubles, on y établit des commissaires dans la forme prescrite par le titre 19 de la même ordonnance, en évitant d'établir pour gardiens aux meubles, & pour commissaires aux fruits, les parens ou les domestiques des fermiers & receveurs du domaine du roi, ou des seigneurs qui ont droit de confiscation, de crainte que l'espoir de devenir maître des biens confisqués ne les rendît moins soigneux sur la garde qui leur en seroit confiée.

Lorsque parmi les objets saisis il s'en trouve quelqu'un qui peut dépérir ou se consommer en frais de garde, l'huissier doit en faire la vente; mais il faut qu'il y soit autorisé par une ordonnance du juge, sur la demande de la partie civile, & sur les conclusions de la partie publique.

3°. Comme l'*annotation* n'a pour objet principal que de punir l'obstination de l'accusé à ne point comparoître en justice, on accorde volontiers à sa femme & à ses enfans, une provision sur les fruits & les revenus saisis pour les faire subsister. Cette *annotation* est même mise de plein droit au néant, en vertu de l'article 18 du titre 17 de l'ordonnance de 1670, lorsque l'accusé est constitué prisonnier, ou qu'il se représente. Il lui suffit de justifier de l'écrou de sa personne pour avoir main-levée de la saisie de ses biens, en payant néanmoins les frais de contumace qu'il peut avoir occasionnés, suivant la taxe qui en est faite sur le champ, sans autre procédure. Ainsi l'*annotation* n'ayant lieu en France qu'à raison de la contumace de l'accusé, ce seroit une vexation que de saisir en même temps & ses biens & sa personne: un arrêt du 25 janvier 1715, a déclaré le juge & le procureur-fiscal de Gassey bien pris à partie, & les a condamnés en 500 livres de dommages-intérêts & aux dépens, pour avoir ainsi fait annoter les biens d'un accusé, qui étoit déjà dans les prisons.

4°. C'est au juge saisi de l'affaire criminelle qu'appartient la connoissance de tout ce qui a rapport à l'*annotation* dont il s'agit ici. S'il avoit commis quelque autre juge pour faire saisir & annoter, ce juge n'auroit pas le pouvoir de statuer sur les difficultés qui pourroient être la suite de l'*annotation*, parce que le pouvoir d'un juge commis se borne exactement à ce qui est porté par sa commission.

5°. Au reste, l'*annotation* n'est pas une formalité essentiellement requise dans l'instruction de la contumace contre un accusé. On pourroit l'omettre sans que la procédure en fût moins valable; mais la partie publique qui la négligeroit s'exposeroit à une réprimande, à moins qu'il ne fût notoire que le peu de fortune de l'accusé n'en valoit pas la peine.

6°. Le juge d'église ne peut ordonner l'*annotation* des biens de l'accusé qu'il a décrété; on ne peut pas non plus saisir & annoter en vertu du simple décret émané de lui : il est vrai que l'article 44 de l'édit d'avril 1695 porte que les décrets décernés par les juges d'église seront exécutés sans qu'il soit besoin de prendre à cet effet aucun *pareatis* du juge ordinaire des lieux; mais comme une *annotation* est quelque chose de plus que la simple exécution d'un décret, la jurisprudence des arrêts ne regarde pas cette *annotation* comme devant être une suite nécessaire du décret prononcé. C'est ce dont on peut s'appercevoir par un arrêt de la tournelle criminelle, du 4 juin 1707, qui a déclaré abusif un décret rendu par l'official de la Rochelle, contre un curé dont il étoit dit que les biens seroient saisis & annotés; & par un autre arrêt du 30 août 1733, qui fait défenses à l'official de Beauvais d'ajouter aux décrets qu'il décernera, que les biens de l'accusé seront saisis & annotés. Le motif de cette jurisprudence est que le juge d'église n'a aucun pouvoir sur les biens temporels des particuliers.

7°. Lorsqu'il y a lieu à une *annotation*, on ne peut pas l'empêcher, sous prétexte qu'on est créancier. La femme, malgré tous les privilèges qu'elle peut avoir, en la supposant même séparée de biens de son mari, ne sauroit non plus y mettre obstacle. C'est ce qu'a éprouvé la dame de Vareilles au parlement de Paris, le 7 septembre 1747.

Si cependant on avoit compris dans une *annotation* des objets qui n'appartinssent pas à l'accusé, les propriétaires de ces objets seroient en droit de se pourvoir devant le juge de la saisie, & d'en demander la distraction.

8°. L'*annotation* des biens d'un accusé demeure sans effet, comme nous l'avons dit, non-seulement lorsqu'il est constitué prisonnier ou qu'il s'est représenté, mais encore lorsqu'il vient à mourir avant le jugement par contumace, ou lorsque, par ce même jugement, il est déchargé de l'accusation, ce qui peut arriver quand il ne se trouve point de preuves contre lui. L'accusé jouit de la même faveur lorsqu'il se représente dans l'année après l'exécution du jugement. L'article 26 du titre 17 de l'ordonnance de 1670, veut qu'alors main-levée lui soit donnée de son mobilier & du revenu de ses immeubles, déduction faite des frais de saisie; mais s'il a été condamné à une amende par ce jugement, il faut que cette amende soit consignée ou prise sur les objets saisis.

9°. Observez que dans les cas portés par l'article que nous venons de citer, la main-levée n'est pas de plein droit comme elle le seroit avant le jugement par contumace; il faut alors qu'elle soit demandée, & que cette demande ait été communiquée à la partie publique & à la partie civile, s'il y en a une; car il est reconnu que la partie civile qui poursuit l'exécution d'un décret de prise de corps, peut faire saisir & annoter tout comme la partie publique. La raison en est que la partie civile a intérêt de s'assurer tout ce qui peut répondre des indemnités & des réparations pécuniaires qu'elle peut prétendre.

10°. L'accusé a cinq ans après l'exécution du jugement par contumace pour se représenter à l'effet de purger sa condamnation; mais il y a cette différence que s'il laisse passer la première année sans se représenter, & qu'il y ait eu une confiscation prononcée, il perd les fruits de ses immeubles, au lieu qu'il ne les perd point en se représentant dans l'année. Observez qu'il ne les perd pas non plus, quand même il auroit laissé passer l'année, lorsqu'il n'y a point eu de confiscation prononcée, & qu'il se représente dans les cinq ans du jugement.

11°. Comme après les cinq ans les accusés obtiennent encore facilement des lettres pour être reçus à se justifier, si par le jugement rendu sur leurs moyens de justification ils sont absous, ou que du moins la confiscation soit rétractée, leurs meubles & leurs immeubles leur sont rendus, mais simplement dans l'état où ils se trouvent alors, sans aucune restitution des revenus, non plus que des amendes & des intérêts civils adjugés. C'est ce que porte l'article 28 du titre 17 de l'ordonnance déja citée.

12°. On sait que les crimes se prescrivent par le laps de vingt ans, lorsque les premières poursuites n'ont point été suivies d'un jugement de condamnation. Il résulte de cette maxime, qu'après ce temps le crime est regardé comme non avenu; & par une suite de cette fiction, toute la procédure, tenue contre l'accusé, tombant nécessairement, l'*annotation* de ses biens tombe aussi. Il peut en reprendre la jouissance, en payant néanmoins les frais d'*annotation* & de régie.

ANNUEL, adj. pris subst. (*Droit civil.*) c'est un droit que doivent payer tous les ans au roi les titulaires de certains offices, pour faire passer après leur décès la propriété de ces offices à leurs héritiers.

L'*annuel* a aussi été appellé *paulette*, parce que Charles Paulet, secrétaire de la chambre du roi, en fut l'inventeur & le premier fermier.

Ce droit fut établi d'abord en 1604; Louis XIII le supprima le 15 janvier 1618; mais il le rétablit le 31 juillet 1620.

Par un édit du mois de décembre 1709, le roi ordonna le rachat de l'*annuel*; ensuite ce droit fut rétabli pour neuf ans, par la déclaration du 9 août 1722, à compter du premier janvier 1723, ce qui a été continué depuis par divers arrêts & déclarations: mais les officiers des cours souveraines furent exemptés du même droit, par l'édit de 1722.

En 1743, les trésoriers de France, les receveurs généraux des finances & des domaines & bois, les notaires, les procureurs & les huissiers des justices royales, furent obligés de racheter l'*annuel*. En 1745 on fit la même chose pour les élections, greniers à sel, *&c*.

Dans l'origine le droit dont il s'agit étoit de quatre deniers pour livre. On l'a depuis augmenté & diminué selon les temps. C'est aujourd'hui le centième denier du prix auquel les offices ont dû être fixés, conformément à l'édit du mois de février 1771, & à l'arrêt du conseil du 9 juillet 1772.

Selon ces dernières loix, les pourvus des offices de justice, police, finances, & autres offices royaux ont été chargés de remettre entre les mains de M. le contrôleur général des finances, une déclaration du prix auquel ils estimoient que leurs offices devoient être fixés, & c'est sur cette estimation que les rôles du centième denier payable annuellement pour chaque office, ont dû être arrêtés.

Ce centième denier tient tout-à-la-fois lieu de l'*annuel*, & du prêt que l'on payoit auparavant.

Ce droit doit être acquitté dans le courant des mois de novembre & décembre de chaque année. Par ce moyen le titulaire peut résigner, durant l'année suivante, l'office dont il est pourvu, sans qu'il soit nécessaire qu'il survive quarante jours à sa résignation; & s'il vient à décéder dans le cours de cette année, sa veuve ou ses héritiers peuvent disposer de l'office dont il étoit pourvu comme d'une chose à eux appartenante, en se conformant néanmoins aux règles prescrites à cet égard.

Si le titulaire d'un office vient à décéder sans avoir payé le droit *annuel* du centième denier, cet office devient vacant au profit du roi, & doit être taxé comme tel aux parties casuelles, quand même il auroit été saisi réellement, & adjugé par décret. Ceux néanmoins qui, ayant négligé de payer le centième denier, veulent se défaire de leurs offices, peuvent en disposer de leur vivant, pendant les mois de novembre & de décembre, à la charge de payer au lieu du vingt-quatrième, le douzième de la fixation des mêmes offices, & les deux sous pour livre; mais s'il arrive que le résignant ne survive pas pendant quarante jours, depuis la date de la quittance du droit payé aux revenus casuels pour sa résignation, son office doit être taxé comme vacant au profit du roi, sans que ses héritiers ou représentans puissent même répéter le droit dont on vient de parler.

Les présidens & conseillers des cours supérieures, les présidens, maîtres, correcteurs & auditeurs des chambres des comptes, les avocats & procureurs généraux, les greffiers en chef des mêmes cours & chambres, les intendans des finances & du commerce, les maîtres des requêtes, les gardes du trésor royal, le trésorier des revenus casuels, les deux gardes des registres du contrôle général des finances, les baillis & sénéchaux d'épée, les lieutenans de roi des provinces, & les offices de payeurs & contrôleurs des trente parties de rentes réservés & déclarés héréditaires, par l'édit du mois de mai 1772, ne sont point assujettis au paiement du droit *annuel* de centième denier: mais les titulaires de tous les autres offices royaux dépendans des parties casuelles, sont tenus de ce droit, de quelque nature & qualité que soient leurs offices, & quels que soient les titres d'exemption d'*annuel* qu'ils aient pu obtenir autrefois.

Ceux qui possèdent des offices avec faculté de les exercer en vertu de quittances de finance contrôlées, & qui ont été dispensés de prendre des provisions, sont tenus du droit *annuel* de centième denier, comme les autres officiers, & sous les mêmes risques.

Les nouveaux pourvus d'offices doivent payer le droit dont il s'agit dans les deux mois à compter du jour de la date de leurs provisions, ou du jour du contrôle des quittances de finance, s'ils sont dans le cas de pouvoir exercer sans provisions. Lorsqu'ils viennent à décéder dans ce délai ou dans le reste de l'année, sans avoir rempli l'obligation qui leur est imposée, leurs offices doivent être déclarés vacans aux parties casuelles, & taxés comme tels au profit du roi. Il est en conséquence défendu aux gardes des rôles, sous peine d'en répondre en leur propre & privé nom, de présenter au sceau des provisions sur la démission ou résignation des pourvus d'offices & porteurs de quittances de finances, ou sur la nomination de leurs héritiers & représentans, qu'il ne leur ait été justifié du paiement du centième denier, ou d'un certificat de vie de ceux au nom de qui elles auront été expédiées.

Les nouveaux pourvus ou porteurs de quittances de finance qui négligeroient de payer dans les deux mois le droit dont il s'agit, ne pourroient plus être admis à le faire, que dans le temps de l'ouverture du paiement du même droit pour l'année suivante, & à la charge de payer tout-à-la-fois le droit de cette année, & celui qu'ils auroient omis de payer comme nouveaux pourvus.

Pour prévenir que, sous prétexte de résignations simulées & de quittances expédiées en conséquence à des prête-noms qui n'en font aucun usage, les officiers ne puissent soustraire leurs offices soit au droit du centième denier, soit à la vacance, au défaut du paiement de ce droit; l'article 10 de l'arrêt du conseil du 6 juillet 1772, ordonne que lorsqu'il n'aura point été pris de provisions sur les quittances de résignation dans l'année, à compter du jour de leur date, le centième denier des offices y dénommés sera dû & payé au nom de ceux qui les auront résignés, & que ceux des mêmes offices dont les titulaires résignans viendront à décéder après l'expiration du délai dont on vient de parler, sans que les résignataires en aient fait sceller des provisions, ou que le centième denier en ait été acquitté, seront taxés comme vacans aux revenus casuels du roi, sauf aux résignataires à se pourvoir pour être remboursés des droits de résignation qu'ils justifieront avoir payés. Il est en conséquence défendu aux gardes des rôles de présenter au sceau des provisions sur quittance de résignation après l'année de leur date, qu'on ne leur ait représenté la quittance du centième denier, ou qu'à la charge par ceux qui solliciteront ces provisions, de rapporter avant qu'elles leur soient remises, un certificat qui justifie qu'au jour qu'elles auront été scellées l'ancien titulaire étoit vivant.

A l'égard des porteurs de quittances de résignation au douzième denier qui après l'an du jour de la date de ces quittances, voudront payer le centième denier au nom de leurs résignans, ils doivent y être reçus, sans qu'on puisse exiger d'eux le paiement des années que les mêmes résignans auroient omis d'acquitter. C'est la disposition de l'article 11 de l'arrêt cité.

Lorsque des pourvus d'offices sont admis à résigner à charge de survivance & retenue de service, & que les résignataires ont en conséquence obtenu des provisions, ce n'est point à ceux-ci à payer le droit *annuel* de centième denier, c'est aux anciens pourvus, quand même leurs résignataires seroient installés, & exerceroient concurremment avec eux: mais si ces anciens pourvus négligeoient d'acquitter le droit dont il s'agit, leurs survivanciers pourroient l'acquitter, & s'en faire rembourser sur le prix principal de l'office. Au reste, si les anciens titulaires venoient à décéder sans que le centième denier eût été payé ni par eux, ni par leurs survivanciers, leurs offices ne seroient point réputés vacans; il faudroit seulement alors que les survivanciers, en se présentant pour payer ce droit en leur propre nom, comme ils sont tenus de le faire dans les deux mois, à compter du jour qu'ils jouissent seuls des offices, payassent en même temps les années omises depuis que la survivance leur auroit été accordée.

Les créanciers qui ont des hypothèques sur quelque office sujet au centième denier, peuvent acquitter ce droit si le titulaire refuse ou néglige d'y satisfaire; & pour se faire indemniser de ce qu'il leur en aura coûté à cet égard, l'article 14 de l'arrêt cité leur attribue un privilège spécial sur le prix principal de l'office.

De même les enfans ou héritiers d'un officier décédé, qui justifient avoir payé pour lui & en son nom, le droit de centième denier, en doivent être remboursés par la succession de cet officier, & par préférence sur le prix principal de l'office.

Les officiers qui, ayant omis d'acquitter le centième denier, veulent ensuite entrer en paiement de ce droit, ne peuvent y être admis que dans les mois de novembre & décembre, durant l'ouverture des bureaux, & en payant toutes les années omises depuis qu'ils ont été tenus du même droit. Dans ce cas-là même la dispense de la survie des quarante jours ne commence à courir en leur faveur qu'au premier janvier de l'année suivante, ensorte que s'ils venoient à décéder depuis le paiement fait jusqu'au dernier décembre inclusivement, leurs offices seroient déclarés vacans, & taxés comme tels aux parties casuelles. Leurs héritiers ou représentans pourroient seulement alors demander le remboursement du centième denier payé avant le décès.

Il est défendu au trésorier des revenus casuels, & à ses commis, d'admettre au paiement du droit *annuel* de centième denier, aucun officier, s'il ne rapporte la quittance de l'année précédente, ou s'il ne paie, comme on l'a dit, les années antérieures qu'il aura omis de payer.

Lorsqu'un officier qui n'a pas payé le centième denier résigne son office & vient à mourir sans avoir survécu quarante jours à sa résignation, la perte du droit de résignation & de l'office est à la charge de ses héritiers ou représentans: c'est pourquoi le résignataire a un recours en garantie contre eux, pour ce qu'il a pu payer à cet égard, à moins qu'il n'y ait clause expresse du contraire dans son contrat ou autre titre d'acquisition: mais il ne peut, sous prétexte de ce recours, prétendre des dommages & intérêts, par forme d'indemnité ou autrement.

ANNUEL *des engagistes*. Les engagistes, les possesseurs des domaines & droits domaniaux, ont été assujettis, par la déclaration du mois de février 1641, à payer un droit *annuel*, fixé au centième denier du montant de leurs finances. Ce droit se paie dans les mois d'avril, mai & juin.

ANNUEL, (*Droit d'aide.*) c'est aussi le nom d'un droit que l'on perçoit sur les boissons.

On a fait en différens temps plusieurs réglemens de police pour remédier aux abus qui avoient lieu dans le commerce des boissons. Par un édit de Henri III du mois de mars 1577, il fut défendu de tenir hôtellerie, taverne ou cabaret, sans lettres ou permission du roi, pour l'obtention desquelles il fut en même temps fixé une finance: cet édit fut enregistré au parlement sur des lettres de jussion.

La déclaration du 30 décembre 1582, rendue en interprétation de cet édit, voulut que les marchands de vins en gros fussent par la suite assujettis à la même loi.

L'édit de janvier 1627, attribua l'hérédité à ces sortes de permissions, en payant la finance fixée par cet édit; mais il fut révoqué par celui de 1632, qui ordonna qu'au lieu de ces taxes il seroit payé annuellement, par tous ceux qui faisoient le commerce des vins, soit en gros, soit en détail, savoir, six livres dans les villes, cinq livres dans les bourgs & villages sur les grandes routes, & quatre livres dans les autres villages & hameaux, & c'est ce qui fut appellé droit *annuel*.

La perception de ce droit fut fixée par le réglement du 12 août 1637.

L'ordonnance de 1680, article premier du titre du droit *annuel* des vendeurs de vins, a retranché la dernière des trois fixations, par la difficulté de distinguer les lieux qui devoient être de la seconde ou ou de la troisième classe, & pour faire cesser les contestations fréquentes qui en étoient les suites.

L'ordonnance a porté les deux fixations, en y comprenant les parisis, sou & six deniers pour livre ou augmentation, à huit livres par an dans les villes, & à six livres dix sous dans les autres lieux. Dans la suite on a ajouté à l'*annuel* d'autres sous pour livre, dont nous parlerons à l'article Sou.

Ce droit, suivant l'article 4 du même titre, doit être acquitté en un seul paiement après le 15 février de chaque année, & sans répétition de la part de ceux qui viennent à quitter le commerce dans le cours de l'année: ceux qui commencent à vendre dans le courant de l'année, sont aussi tenus de payer le droit entier dès le commencement de leur débit.

Le droit *annuel* se perçoit dans toute l'étendue des pays d'aides, sans distinction de ceux qui sont exempts de gros, d'avec ceux qui y sont sujets.

Il se lève sur le pied des fixations ci-dessus, quelle que soit l'espèce de boisson qui forme l'objet du commerce, soit eau-de-vie, vin, cidre, poiré ou bière: la seule exception est pour le revendeur de bière, qui n'est assujetti qu'au demi-droit; mais le brasseur paie le droit entier.

L'*annuel* est dû par les marchands & bouilleurs d'eau-de-vie, par les marchands & brasseurs de bière, par les marchands en gros de vin ou autres boissons, par les hôteliers, taverniers, cabaretiers, même par les Suisses & marchands privilégiés suivans la cour, loueurs de chambres garnies, aubergistes, traiteurs, & par tout autre faisant trafic de boisson en gros ou en détail.

Ce droit est perceptible pour chaque genre de fabrication ou de commerce, & pour la vente de chaque espèce de boisson; ainsi les marchands ou autres qui vendent en même temps en gros & en détail, doivent un *annuel* pour la vente en gros, & un autre pour celle en détail, & en outre, autant d'*annuels* qu'ils tiennent de caves ouvertes hors de leurs maisons pour cette vente.

Celui qui fait en même temps commerce en gros d'eau-de-vie, de vin, cidre & poiré, & de bière, doit trois *annuels*, savoir, un pour l'eau-de-vie, un pour le vin, cidre & poiré, dont le commerce réuni ne peut jamais opérer qu'un seul droit *annuel*, & un pour la bière, avec la distinction cependant que ce dernier est réduit à moitié, si le vendeur ne l'a point fait fabriquer; & s'il vend à la fois les mêmes boissons en détail, il est encore sujet à pareil droit, comme vendant en détail.

L'*annuel* est également dû par les autres particuliers, quoique non marchands de profession, lorsque des quantités qu'ils ont achetées pour leur provision, ils vendent pendant l'année au-delà de trois muids de vin, & de six muids de cidre & poiré.

Tous les autres particuliers qui n'ont point chez eux de boissons d'achat, peuvent vendre en gros & en détail, sans être tenus de payer l'*annuel*, les vins, cidres & poirés provenant des héritages ou pressoirs qu'ils font valoir par leurs mains, & dont ils sont propriétaires, usufruitiers & preneurs à longues années; ils peuvent aussi vendre sans payer le droit *annuel*, mais seulement en gros, les boissons de pareille espèce provenant des vignes, dixmes & pressoirs qu'ils tiennent à ferme.

Il n'y a, quant à l'eau-de-vie, d'autre exemption que pour un propriétaire qui, dans son domicile & non ailleurs, en fait fabriquer pour sa consommation, un demi-muid & au-dessous.

Observez toutefois que les maîtres distillateurs qui ne consomment de l'eau-de-vie que pour faire de l'eau-forte, sont exempts de l'*annuel* en donnant au fermier une declaration par écrit dans le mois de janvier de chaque année, qu'ils n'en veulent composer aucune liqueur servant de boisson, de laquelle déclaration il doit leur être délivré un double par le fermier, sans autres frais que ceux du timbre.

Les apothicaires qui ne font usage d'eau-de-vie que pour la composition de leurs remèdes, ont aussi été déchargés de l'*annuel*, par arrêt du conseil du 8 mars 1689.

Les maîtres paumiers qui avoient d'abord été assujettis à l'*annuel*, comme les marchands de vin, en ont été déchargés par divers arrêts de la cour des aides & du conseil, à la charge de n'avoir aucun vin dans leurs maisons, même pour leur provision, de déclarer qu'ils n'en veulent point avoir, & de souffrir les visites des commis.

Les particuliers qui font passer des boissons d'achat d'un pays d'aides dans un pays qui en est exempt, sont sujets à l'*annuel*, comme l'ont jugé divers arrêts, sur le principe que, suivant l'ordonnance, les boissons, dans ce cas, sont réputées vendues en gros, & que ceux qui font de pareils envois, doivent être censés avoir pour objet un commerce effectif.

Les contraintes pour le paiement de l'*annuel* sont exécutoires par corps contre les hôteliers, taverniers & cabaretiers.

Annuel, (*Droit ecclésiast.*) on nomme ainsi une messe qu'on fait célébrer journellement, ou un jour de chaque semaine, pendant une année entière, pour le repos de l'ame d'une personne décédée.

On a mis en question, si l'*annuel*, ordonné par le défunt, devoit être regardé comme une suite des frais funéraires, &, comme tel, alloué par privilège avant les créanciers. Je ne vois pas sur quel fondement on a pu faire cette question: les prières pour les morts, autres que celles des obsèques, seroient-elles donc plus utiles pour le défunt, que l'acquittement de ses dettes? Un débiteur, au lit de la mort, comme en pleine santé, n'a pas le droit de voler ses créanciers; il est plus simple de payer ses dettes que de faire prier Dieu pour obtenir le pardon de ne les avoir pas acquittées; car, suivant l'écriture, celui qui retient volontairement le bien d'autrui n'a point de salut à espérer; ses dispositions pieuses, soit par testament, soit de toute autre manière, doivent être subordonnées aux droits de la justice, & aux devoirs de l'honnête homme. Toute jurisprudence contraire à ces principes, nous paroît completternent absurde.

ANNULATION, s. f. (*terme de Palais.*) est la même chose que cassation ou rescision.

ANNULLER, v. a. (*Jurisprudence.*) c'est casser, révoquer un statut ou réglement, un acte, une procédure, ou autre chose de cette nature. *Voyez* CASSATION, RESCISION, RÉVOCATION, &c.

Un testament ou autre acte ne peut être *annullé* quant à certaines dispositions, & avoir son exécution quant aux autres.

Il y a cependant des exceptions en fait de testament; par exemple, en pays de droit écrit, un testament peut se trouver nul par quelque vice dans l'institution qui en est la base; alors il subsiste, quant aux legs particuliers, quand il s'y rencontre la clause codicillaire, dont on parlera au mot CODICILE. En pays, coutumier il arrive également que le legs universel est souvent dans le cas d'être annullé par l'incapacité ou l'indignité du légataire, sans que les legs particuliers souffrent de cette nullité, & *vice versâ.*

Dans les décrets volontaires ou forcés, il y a des oppositions à fin d'*annuller*; nous en parlerons sous les mots DÉCRET & OPPOSITION.

ANOBLISSEMENT, s. m. (*Jurisprud.*) faveur du prince, qui donne à un roturier le titre de noble. Je dis faveur du prince, parce qu'il n'y a que le roi en France qui ait le pouvoir de faire des nobles; comme il n'y a que l'empereur qui le puisse en Allemagne. Or le roi donne la noblesse, ou en conférant le titre de chevalier, ou par des lettres d'*anoblissement*, ou par des provisions d'offices qui donnent la noblesse, comme de conseillers au parlement, de secrétaires du roi, & de quelques autres.

Origine des anoblissemens. Les auteurs varient sur l'époque des premières lettres d'*anoblissement.* M. d'Hozier, dans son histoire d'Amanzé, en rapporte une charte de l'an 1008; mais elle est suspecte.

D'autres prétendent que les premières lettres d'*anoblissement* furent données en 1095, par Philippe I, à Eudes le maire, dit *Chalo Saint-Mars.* Mais il est plus probable que le premier *anoblissement* par lettres fut fait en 1271, par Philippe-le-Hardi, fils de S. Louis, en faveur du nommé Raoul, orfèvre.

En 1313, Philippe-le-Bel fit plusieurs *anoblissemens*, pour réparer les pertes faites en Orient par les croisades: les mêmes motifs déterminèrent la permission qui fut accordée aux roturiers, de posséder des fiefs, en payant une finance. Par cette permission, les roturiers assujettis au service militaire, usurpèrent facilement la noblesse: l'usurpation fut telle, que les fiefs anoblissoient les roturiers qui les possédoient, & qui y faisoient leur résidence; mais l'article 258 de l'ordonnance de Blois de l'an 1579, remédia à cet abus.

Les *anoblissemens* devinrent communs dans le quatorzième siècle. Philippe de Valois en accorda moyennant finance & sans finance; car la charte de noblesse de Guillaume de Dormans, de l'an 1339, porte qu'elle fut donnée sans finance. En 1354, Jean de Reims paya trente écus d'or pour être annobli: un autre en paya quatre-vingts, en 1355.

Dans la suite, il y a eu des *anoblissemens* créés par édit, & dont la finance a été réglée; mais ils ont toujours été suivis de lettres particulières pour chaque personne qui devoit profiter de la grace portée par l'édit.

Par édit du mois de janvier 1568, Charles IX créa douze personnes nobles en chaque ville & bailliage du royaume, à la charge de payer la finance fixée par cet édit.

Henri III fit de semblables *anoblissemens* dans les généralités de Paris, Rouen & Caen, ainsi que dans la province de Bretagne, par ses édits du mois de juin 1576, & du mois de septembre 1577.

Par édit du mois de mai 1593, Henri IV anoblit vingt-quatre personnes dans l'étendue du ressort du parlement de Paris.

Louis XIII, en faveur de la naissance du dauphin son fils, accorda, par son édit du mois de novembre 1638, la noblesse moyennant finance, à différentes personnes, dans chacune des généralités du royaume.

Au mois de mai 1643, on créa deux nobles dans chaque généralité, à cause de l'avénement de Louis XIV à la couronne.

Par un autre édit du mois d'octobre 1645, ce prince créa cinquante autres nobles en Normandie, avec permission de trafiquer leur vie durant, à la charge que leurs enfans demeureroient dans des villes franches & serviroient le roi au premier arrière-ban.

En faveur de la paix conclue le 7 novembre 1659, Louis XIV, par son édit du mois de janvier 1660, créa encore deux nobles dans chaque généralité, moyennant finance.

Par édit du mois de mars 1696, le même prince créa cinq cens nobles dans le royaume, à la charge qu'ils paieroient chacun deux mille écus de finance. Il créa pareillement deux cens nobles, par son édit du mois de mai 1702, & cent autres par l'édit de décembre 1711.

On a souvent donné des lettres de noblesse pour récompense de services; mais à moins que les services ne soient spécifiés, on y a peu d'égard, attendu qu'il y a eu de ces lettres où cette énonciation étoit devenue de style; on laissoit même le nom de la personne en blanc, de sorte que c'étoit une noblesse au porteur.

Les divers besoins de l'état ont ainsi réduit le ministère à chercher des ressources dans l'avidité que les hommes ont pour les honneurs.

Il y a même eu des édits qui ont obligé des gens

riches à prendre des lettres de noblesse, moyennant finance : de ce nombre a été Richard Graindorge, fameux marchand de bœufs en Normandie, qu'on obligea en 1577 d'accepter des lettres d'*anoblissement*, pour lesquelles on lui fit payer trente mille livres. Laroque, dans son *Traité de la noblesse*, dit en avoir vu les contraintes entre les mains de Charles Graindorge, sieur Durocher, petit-fils de ce Richard.

Ce n'est pas seulement en France que la noblesse est ainsi devenue vénale. Au mois d'octobre 1750, on publia à Milan, par ordre de la cour de Vienne, une espèce de tarif qui fixe le prix auquel on pourra se procurer les titres de prince, de duc, de marquis, de comte, & les simples lettres de noblesse ou de naturalisation.

Des différentes révolutions que les anoblissemens ont éprouvées en France. Les anoblis ont été obligés en diverses circonstances de prendre des lettres de confirmation, moyennant finance. Henri IV, par un édit du mois de janvier 1598, révoqua tous les *anoblissemens* faits depuis vingt ans à prix d'argent. Les besoins de l'état l'obligèrent ensuite à les rétablir, par édit du mois de mars 1606.

Par l'article premier de l'édit du mois de janvier 1634, Louis XIII révoqua tous les *anoblissemens* faits depuis vingt ans, moyennant finance ou autrement, à l'exception des douze créés par l'édit du mois de mars 1628, en faveur des associés de la compagnie de la nouvelle France. L'article 4 du même édit, porte qu'à l'avenir il ne sera fait aucun *anoblissement* que pour *grandes & importantes considérations* ; que les *anoblissemens* seront enregistrés dans les cours souveraines, après que les procureurs généraux du roi auront été ouis, & que les habitans des paroisses de la demeure des anoblis seront indemnisés. La cour des aides de Paris, en vérifiant l'édit, en restreignit l'effet aux anoblis moyennant finance ; à l'égard des anoblis de la compagnie de la nouvelle France, elle ordonna qu'il en seroit délibéré, & cependant qu'ils ne jouiroient d'aucun privilège.

Le même prince, par son édit donné à Saint-Germain au mois de novembre 1640, révoqua tous les *anoblissemens* faits moyennant finance ou autrement depuis trente années ; & cette révocation fut confirmée par la déclaration du 16 avril 1643.

Louis XIV révoqua aussi, par deux édits des mois d'août & septembre 1664, tous les *anoblissemens* faits depuis trente années ; mais il se réserva de confirmer les anoblis pour services signalés rendus dans les armées & autres emplois importans ; & par deux arrêts du conseil, du 13 janvier 1667, il fut dit que l'intention du roi étoit que la révocation eût lieu depuis le premier janvier 1614, pour la province de Normandie, & depuis le premier janvier 1611, pour les autres provinces du royaume, & que tous les nobles par lettres, depuis ces époques jusqu'aux édits de 1664, seroient imposés à la taille, à l'exception néanmoins de ceux qui auroient obtenu des lettres de confirmation sur des exposés véritables, & duement enregistrées depuis 1664.

Par l'édit du mois d'août 1715, Louis XV révoqua, éteignit & supprima tous les *anoblissemens* faits depuis le premier janvier 1689, moyennant finance, en conséquence des édits de 1696, 1702 & 1711 ou autrement, & ordonna que tous les particuliers anoblis depuis cette époque, ainsi que leurs enfans & descendans, seroient imposés à la taille & aux autres charges publiques, à la réserve de ceux que sa majesté jugeroit à propos d'excepter en considération de services importans rendus à l'état.

Il résulte de ces différens réglemens que les descendans des anoblis par lettres, depuis 1614 en Normandie, & depuis 1611 dans les autres provinces, la Lorraine exceptée, jusqu'à 1664, ne peuvent prétendre aucun des privilèges de la noblesse ; que ceux qui ont été anoblis depuis 1664 jusqu'à 1689, par des lettres duement enregistrées, & qui ont payé les finances ordonnées pour y être confirmés, jouissent de la noblesse ; & que tous les anoblis depuis 1689 jusqu'à 1715, sont rentrés dans l'état où ils étoient auparavant, à moins qu'ils n'aient été exceptés par des lettres particulières obtenues selon la réserve faite par l'édit de 1715.

Il faut aussi observer que tous les anoblis pendant le règne de Louis XIV, c'est-à-dire depuis 1643 jusqu'en 1715, ont dû être confirmés dans leur noblesse, & payer le droit de confirmation, lorsque Louis XV est monté sur le trône.

Enfin, par l'édit du mois d'avril 1771, les anoblis depuis 1715 ont été confirmés dans le privilège de noblesse, tant pour eux que pour leur postérité, à la charge néanmoins de payer la finance fixée par cet édit, dont nous rapporterons les dispositions principales à l'article CONFIRMATION.

Formalités des lettres d'anoblissement. Les lettres d'*anoblissement* sont expédiées en la grande chancellerie, & signées par un secrétaire d'état ; elles contiennent ordinairement les armoiries peintes de l'annobli : mais elles n'ont d'effet qu'après l'enregistrement au parlement, à la chambre des comptes, & à la cour des aides : au parlement, à l'effet des partages nobles, & autres droits de noblesse, dont la discussion appartient à ce tribunal ; à la chambre des comptes, parce que toutes les concessions du roi y doivent être enregistrées, & que d'ailleurs l'impétrant y doit la finance, qui y est fixée & arrêtée ; & à la cour des aides, pour qu'il puisse jouir de l'exemption de la taille & des autres subsides que les roturiers paient, & dont la connoissance appartient à cette cour.

De l'anoblissement par charges. L'*anoblissement* que procurent certaines charges, n'est véritablement acquis que lorsque le titulaire est décédé dans l'exercice de cette charge, ou qu'il l'a conservée pendant l'espace de vingt ans; car s'il la vendoit avant ce temps, ni lui, ni sa postérité ne jouiroient des privilèges de la noblesse.

Louis XV, par une ordonnance du mois de novembre 1750, a déclaré que la noblesse pourroit s'acquérir par le grade d'officier général dans ses armées, & par les services rendus à l'état, de la part de l'aïeul & du père, qui auroient été faits capitaines & chevaliers de S. Louis.

L'anobli, soit par lettres du prince, soit par l'acquisition & possession d'une charge, jouit des mêmes exemptions & privilèges que les nobles de race. Il peut prendre la qualité d'écuyer, porter des armoiries timbrées, faire valoir son bien sans payer la taille & autres impositions roturières, posséder des fiefs sans payer le droit de franc-fief: il n'est plus sujet aux corvées personnelles, il n'est plus justiciable des prévôts & châtelains, il ne peut être poursuivi que pardevant les baillis & sénéchaux; & en matière criminelle, il a le droit sur l'appel d'être jugé par la grand'chambre & tournelle réunies. Il rend la femme qu'il épouse, participante de ses droits & privilèges, qu'elle conserve tout le temps qu'elle reste en viduité.

ANONYME, (*Société*) dans cette espèce de société, chacun des associés travaille séparément sous son nom particulier, & tous se rendent compte l'un à l'autre des profits ou des pertes qu'ils ont faits dans leurs négociations. Comme ces sociétés ne regardent pas le public, & que très-souvent elles n'ont lieu que pour une seule affaire, quelquefois même pour un seul achat, il n'est pas nécessaire que les conditions, sous lesquelles elles sont contractées, soient connues du public, & que l'acte en soit enregistré au greffe des jurisdictions consulaires, comme cela se pratique pour les autres actes de société: il n'est pas non plus nécessaire que tous les associés soient marchands, les personnes de tous états peuvent former une société *anonyme*.

Il y en a de différentes espèces, elles peuvent se contracter verbalement ou par écrit: presque toutes se forment par lettres missives, que s'écrivent ceux qui veulent s'associer.

Une des principales est celle qu'on appelle *compte en participation*. Il arrive à Bordeaux un navire chargé de marchandise; un négociant de cette ville en envoie une facture à son correspondant à Paris, & lui propose de participer avec lui à l'achat de cette cargaison ou seulement d'une partie; si ce dernier acquiesce à la proposition, & mande au correspondant de Bordeaux qu'il entre pour un tiers ou un quart dans cette cargaison, ou dans une partie de marchandise, il se forme entre eux, à cet égard, une société, dont les profits ou les pertes doivent être supportés entre eux au prorata de leurs portions.

L'obligation qui lie les deux contractans, résulte des lettres écrites respectivement par le négociant de Bordeaux & de Paris. Celui de Paris est tenu de remettre à celui de Bordeaux sa portion de fonds nécessaire pour l'achat des marchandises; celui de Bordeaux est tenu, envers celui de Paris, de vendre les marchandises achetées, & de lui tenir compte du produit; mais l'obligation du négociant de Paris ne s'étend pas au vendeur des marchandises qui n'auroit aucune action contre lui, si l'acheteur ne le payoit pas, parce que le négociant de Bordeaux agit seul en son propre & privé nom: par la même raison, le négociant de Paris n'auroit aucune action contre le vendeur, si celui-ci ne fournissoit pas la marchandise telle qu'il s'y seroit engagé.

C'est encore une société *anonyme*, que celle que contractent verbalement plusieurs marchands qui vont acheter la même marchandise dans une foire, & qui, pour ne pas la suracheter, s'ils faisoient leur achat séparément & concurremment, chargent un seul d'entre eux d'acheter la quantité nécessaire pour tous les associés.

En général, il y a autant de sociétés *anonymes* qu'il peut se rencontrer d'espèces de liaisons de commerce, dans lesquelles un seul des associés ne paroît agir qu'en son nom, & n'agit pas sous le nom collectif de ses coassociés, ainsi qu'il se pratique dans les autres sociétés.

ANQUILLEUSE, on se servoit anciennement de ce mot, pour désigner une femme coupable de larcin chez les marchands: on le trouve dans plusieurs arrêts de la chambre criminelle du parlement de Paris.

ANSAIGE, on donnoit ce nom au droit d'entrée ou de réception, qu'on payoit en entrant dans un corps ou dans une communauté.

ANSÉATIQUES, (*Villes*) on appelloit ainsi plusieurs villes de l'Europe, situées sur les bords de la mer, qui avoient formé entre elles une association pour faire respectivement le commerce, & se défendre mutuellement des entreprises des seigneurs, des rois & des empereurs.

Cette société fut formée dans le quinzième siècle; elle prit le nom de *hanse teutonique*, parce que cette association commença en Allemagne, & que la plupart des villes y étoient situées: on a compté jusqu'à soixante-douze villes, qui jouissoient de la franchise des villes *anséatiques*. Les rois de France firent des traités avec ces villes, principalement avec celles de Hambourg, Brême & Lubeck; ils leur accordèrent plusieurs privilèges; ils les affranchirent du droit d'aubaine; leurs sujets pouvoient aller librement par le royaume, & disposer de leurs biens par testament, donation ou autrement: leurs héritiers *ab intestat* pouvoient librement recueillir leur succession, soit qu'ils résidassent en France ou ailleurs.

Les villes de Hambourg, Brême & Lubeck jouissent encore des mêmes privilèges, qui ont été renouvellés par les traités de 1716 & 1718, enregistrés au parlement: les habitans de Dantzick ont obtenu les mêmes droits en 1726. Les Hambourgeois en ont été privés par un arrêt du conseil du 24 mars 1760, parce que, dans plusieurs occasions, ils avoient favorisé les ennemis avec lesquels la France étoit alors en guerre ; mais ils y ont été rétablis après la paix, & ils en jouissent aujourd'hui comme auparavant.

ANTÉCÉDENT, adj. se dit généralement de tout ce qui précède dans l'ordre des temps : ainsi on dit au palais ma partie m'a fait telle offre *antécédente* ; elle se fonde sur un arrêt *antécédent*.

ANTÉCESSEUR ; s. m. Terme de droit qui vient du mot latin *antecessor*, par lequel on désigne les professeurs de droit civil & canon dans les universités.

ANTEFERRI. On appelle ainsi une clause que l'on insère dans quelques provisions de cour de Rome, & par laquelle le pape déclare qu'il veut que l'impétrant soit préféré à tout autre.

Il est de règle que la clause *anteferri* ne profite à l'impétrant au préjudice d'un tiers, que quand celui-ci n'a sur le bénéfice que ce que les canonistes appellent *jus ad rem*, *& non jus in re*. Ainsi un expectant ou simple mandataire, qui n'a que droit à la chose même après son acceptation, cède à celui qui est pourvu avec la clause *anteferri*.

Une autre maxime est que la clause dont il s'agit ne produit aucune préférence, lorsqu'elle concourt avec des graces plus favorables. Ainsi dans le cas où le pape, après avoir permis ou ordonné l'union d'un bénéfice, viendroit à pourvoir quelqu'un de ce bénéfice avec la clause *anteferri*, la préférence n'auroit pas lieu en faveur du pourvu, parce que la grace de l'union est plus favorable que la grace de la provision : l'une est pour toujours ; l'autre pour un temps : l'union a l'intérêt de l'église pour objet, & la provision l'intérêt de la personne.

Au reste, la clause *anteferri* n'est plus d'aucune considération parmi nous. Louis XI défendit, en 1464, d'y avoir à l'avenir aucun égard. Elle est pareillement proscrite par les libertés de l'église gallicane, qui rendent le pape collateur forcé des bénéfices situés en France, & lui ôtent le choix entre ceux qui les lui demandent. *Voyez* CLAUSES, LIBERTÉS, *&c.*

ANTÉRIEUR, (*en style de Palais.*) se dit en quelques occasions pour *plus ancien*. Ainsi l'on dit d'un acte, qu'il est *antérieur* en date à un autre ; d'un créancier, qu'il est *antérieur* en hypothèque à un autre créancier. (*H*)

ANTÉRIEUREMENT, adv. ANTÉRIORITÉ, s. f. (*termes de Palais.*) que l'explication du mot ci-dessus fait assez comprendre. *Voyez* ANTÉRIEUR.

ANTICHRÈSE, s. f. (*en Droit.*) convention où l'emprunteur engage ou cède ses héritages, ses possessions & ses revenus, pour l'intérêt de l'argent prêté. Ce genre de convention étoit permis chez les Romains, quoique l'usure y fût prohibée. On l'appelloit en France *mort-gage*, pour la distinguer d'un simple engagement où les fruits de la terre n'étoient point aliénés, & que l'on appelloit *vif-gage*. *Voyez* GAGE & HYPOTHÈQUE. (*H*)

L'*antichrèse* est encore en usage dans tous les parlemens, où le droit écrit est la loi principale, même dans les provinces du ressort du parlement de Paris, régies par le même droit. Il y a seulement quelque différence sur la manière dont cette convention doit s'exécuter, & sur les effets qu'elle produit.

Aux termes des loix romaines, on donnoit la jouissance d'un bien, pour tenir lieu des intérêts de l'argent prêté, *loco usurarum*, & cela sans distinguer si la somme due produisoit des intérêts de sa nature, telle que la dot ou le prix d'un immeuble vendu ou si on avoit fait les poursuites nécessaires pour donner cours aux intérêts.

On ne distinguoit pas non plus, dans le droit romain, si les jouissances du bien excédoient le taux légitime de l'intérêt, ou s'il y avoit égalité entre l'intérêt & les revenus ; & l'on présumoit tout compensé, à cause de l'incertitude ou de la variation des fruits, *propter incertum eventum fructuum*. On suit encore dans l'Italie ces loix à la lettre ; mais en France on a introduit des règles plus favorables au débiteur.

On exige, 1°. que, dans le cas où la créance n'est point de nature à produire des intérêts, il y ait une demande judiciaire pour les faire courir, sans quoi les fruits sont imputés annuellement sur le principal & le diminuent : dans quelques parlemens une seule sommation suffit pour mettre le débiteur en retard, & faire produire des intérêts ; 2°. si les produits excèdent le légitime intérêt, *si sint ultrà modum usurarum*, l'excédent s'impute sur le principal : avec ces modifications, le parlement de Paris confirme le contrat d'*antichrèse* dans les provinces du droit écrit de son ressort.

L'*antichrèse* est utile au débiteur : elle empêche sa ruine, que peut produire l'accumulation des intérêts ; elle lui sauve l'embarras de donner une caution, qu'il achète très-souvent ; elle pare l'action en garantie, les exécutions, les ventes de meubles, & autres effets des constitutions des rentes ordinaires. Dumoulin, ennemi de l'*antichrèse*, qu'il traitoit de contrat usuraire, convenoit néanmoins qu'elle devoit être approuvée, quand elle étoit plus favorable au débiteur qu'au créancier. Jamais ce contrat ne peut devenir usuraire, lorsque les fruits abandonnés n'excéderont pas les intérêts légitimes, & qu'il contiendra une faculté de rachat perpétuel, qui ne se prescrit même pas par cent ans.

On peut dire que quelques-unes de nos coutumes ont admis l'*antichrèse*. Le contrat pignoratif usité dans l'Anjou, le Maine & la Touraine, & la jouissance pignorative ou la jouissance par hypothèque de la coutume d'Auvergne, sont de véritables *antichrèses*. Ces différens contrats sont à faculté perpétuelle de rachat, & les fruits, que produisent les biens ainsi cédés, tiennent lieu du paiement des arrérages du principal, pour lequel le contrat pignoratif a été fait, & s'ils les excèdent, cet excédent doit être imputé sur le principal.

Celui qui jouit par *antichrèse* ne peut prescrire la propriété, parce que son titre est précaire: dans sa succession, l'*antichrèse* est réputée meuble, parce que le débiteur peut, à sa volonté, la faire cesser, en remboursant le principal & les intérêts, & que l'*antichrèse* ne peut être regardée que comme une sûreté, prise par le créancier, pour assurer le paiement de ses arrérages.

La durée ordinaire de l'*antichrèse* est de dix ans, &, comme elle ne transfère pas la propriété de même que le contrat de louage, il n'est pas dû de profits de lods & ventes; mais si elle est renouvellée au bout des dix ans, on présume alors qu'il y a une vente pure & simple, & que l'*antichrèse* est frauduleuse, & faite dans le dessein de frustrer le seigneur féodal de ses droits; ce second contrat donne lieu à la demande des droits seigneuriaux: on trouve deux arrêts, des 5 mai 1665 & 12 mai 1703, qui l'ont jugé ainsi. Denisart & les auteurs du Répertoire universel & raisonné de jurisprudence, rapportent un arrêt, du 5 août 1761, qui a débouté l'évêque de Mende de la demande qu'il faisoit des droits de lods & ventes à la marquise de Grisac, à cause de la cession à elle faite, par transaction du 18 septembre 1732, de la jouissance de la terre de Florac, située dans le ressort du parlement de Toulouse, jusqu'au parfait paiement d'une somme de 60000 liv. Malgré cette contrariété apparente de jurisprudence, nous croyons qu'un premier contrat d'*antichrèse* ne doit jamais produire de lods & ventes, mais qu'il doit en produire lorsqu'il est renouvellé, sur-tout lorsqu'on peut, par les termes du contrat, présumer que ce renouvellement est une vente déguisée pour frauder les droits seigneuriaux.

L'édit du mois d'octobre 1705, & la déclaration du 20 mars 1708, mettent l'*antichrèse* au nombre des actes translatifs de propriété qui doivent être insinués, & dont le centième denier doit être payé dans le temps, & sous les peines portées par les réglemens: il y a même plusieurs arrêts du conseil, qui ont jugé en conformité de ces réglemens. Ils paroissent opposés au principe, qui n'admet de translation de propriété des immeubles, que lorsqu'elle est faite par tradition; aussi le commentateur du tarif du contrôle de 1722, se donne la torture pour concilier cette contradiction, mais c'est inutilement; & on ne peut en rendre d'autre raison, si ce n'est que dans un édit bursal donné pour les besoins de l'état, le législateur a pu assujettir certains actes qui ne transfèrent pas la propriété, aux mêmes droits que les actes qui la transmettent.

ANTICIPATION, s. f. (*Jurisprudence.*) c'est l'action de prévenir ou de prendre les devans, soit avec une personne, soit dans une affaire, ou d'agir avant le temps.

Anticiper un paiement, est le faire avant son échéance; par exemple on dit: *une telle dette n'étoit pas encore échue, il anticipoit le temps du paiement.*

On appelle *bail par anticipation*, celui qui se fait avant l'expiration du bail actuel. *Voyez* BAIL.

Anticipation se dit encore des usurpations faites par quelqu'un sur l'héritage de son voisin, ou par quelqu'un sur les droits d'autrui. *Voyez* USURPATION.

ANTICIPATION, (*terme de procédure.*) c'est l'assignation que donne un intimé à l'appellant, à l'effet de faire juger l'appel par lui interjetté, quand il néglige de le faire. On prend, pour cet effet, des lettres à la chancellerie, qui s'appellent *lettres d'anticipation*; & dans les procédures qui sont faites en conséquence, l'intimé s'appelle *anticipant*, & l'appellant *anticipé*. *Voyez* APPELLANT & INTIMÉ.

Dans les jurisdictions inférieures, qui ont droit de juger des appels, l'*anticipation* se fait par un simple exploit d'assignation, sans aucune ordonnance ni commission du juge; mais dans les parlemens & autres cours souveraines près desquelles il y a des chancelleries établies, on ne peut anticiper qu'en vertu de lettres d'*anticipation* prises en ces chancelleries, à peine de nullité de la procédure.

Celui qui veut anticiper, ne peut le faire que huit jours après l'acte d'appel interjetté; l'*anticipation* faite auparavant, seroit à la charge de l'anticipant, parce que la loi accorde à l'appellant le délai de huit jours, pour délibérer sur le parti qu'il veut prendre.

ANTIDATE, s. f. (*Jurisprudence.*) est une date fausse, antérieure à la vraie date d'un écrit, d'un acte, d'un titre ou chose semblable. *Voyez* DATE.

Elle est moins importante, & par cette raison moins punissable dans les actes sous signature privée, qui par eux-mêmes n'ont pas de date certaine, que dans les contrats ou obligations passées pardevant notaires, parce que ces actes-ci emportent hypothèque, ce que ne font pas les simples écrits chirographaires. *Voyez* CHIROGRAPHE. (*H*)

La loi regarde l'*antidate* comme une fausseté. Celui qui *antidate* un acte ou un écrit quelconque, commet le crime de faux, qu'on punit selon les circonstances; mais plus sévérement, quand il s'agit d'actes pardevant notaires ou qui emportent hypothèque. C'est principalement pour prévenir cette espèce de délit, qu'on a établi le contrôle des exploits & des actes pardevant notaires.

C'est aussi pour empêcher les fraudes qui pourroient avoir lieu dans le commerce, que l'ordonnance de 1673, *tit.* 5, *art.* 26, a défendu d'antidater les ordres des lettres-de-change & des billets à ordre, & qu'elle a ordonné que les signatures mises au dos, ne seroient regardées que comme des endossemens & non comme ordres, toutes les fois qu'elles seroient sans date & ne contiendroient pas le nom de celui qui en auroit payé la valeur, soit en argent, marchandise ou autrement. Au reste, le créancier qui veut attaquer ces ordres de faux, comme antidatés, doit fournir les preuves du délit, par titres ou par témoins.

ANTIMOINE, ſubſtance minérale, dont on fait uſage dans la médecine.

L'*antimoine* a été défendu en France en 1566, par arrêt du parlement de Paris, rendu ſur l'avis des médecins. Cette cour dégrada même Paumier de Caen, en 1609, parce qu'il avoit ordonné à ſes malades l'uſage de l'*antimoine ;* mais le même parlement, en 1666, caſſa ſon premier arrêt : il fut en même temps défendu à toutes perſonnes de donner l'*antimoine* comme remède, ſans l'avis des médecins.

ANTINOMIE, ſ. f. on appelle ainſi, en droit, la contradiction réelle ou apparente qui ſe trouve entre deux loix, & qui en rend l'interprétation difficile.

Les juriſconſultes ont donné pluſieurs règles, pour faciliter la conciliation des *antinomies.*

La première eſt d'examiner attentivement les termes de la loi, & de voir ſi le texte n'en a pas été altéré par les copiſtes ; car un point, ou une virgule mal placés, un mot mis avant l'autre, changent le ſens d'une phraſe.

La ſeconde eſt d'examiner la véritable ſignification des termes dans leſquels chaque loi eſt conçue, & faire attention s'ils ſont pris dans le même ſens, à l'égard des loix oppoſées entre elles.

La troiſième eſt de voir ſi des deux loix oppoſées, l'une ne contient pas la diſpoſition rigoureuſe du droit, l'autre un tempérament d'équité.

Souvent les loix, oppoſées entre elles, ont été tirées d'auteurs de ſectes différentes, ce qui donne alors un quatrième moyen de conciliation, en obſervant la différence des principes admis dans les diverſes ſectes des juriſconſultes romains.

La cinquième règle, très-importante en elle-même, eſt d'obſerver avec ſoin le temps où ont été promulguées les loix oppoſées, parce qu'il arrive ſouvent que la dernière a introduit un droit nouveau, & abrogé celui qui étoit contenu dans la plus ancienne.

Enfin, il faut examiner ſi l'une des loix oppoſées ne parle pas du genre en général, & l'autre d'une eſpèce particulière ; ou ſi quelques circonſtances n'ont pas déterminé le légiſlateur à donner une déciſion, qui ne s'applique qu'à un fait ſingulier.

ANTIPAPE. On appelle de ce nom celui qui eſt élu, par la plus petite partie des cardinaux, après l'élection conſommée d'un premier ſujet : l'hiſtoire eccléſiaſtique nous fournit pluſieurs exemples d'*antipapes.* Ceux qui embraſſent ſon parti ſont ſchiſmatiques. Lors du grand ſchiſme d'Occident, la France prit le parti de ſe ſouſtraire à l'obéiſſance de tous les *antipapes.*

ANTIQUITÉ, ſ. f. on dit, en droit, que les preuves tirées de l'*antiquité* ſont d'un grand poids : elles réſultent des chartres, des titres, des vieux monumens & du témoignage des vieillards, qui diſent avoir vu, ou tenir de leurs ancêtres, que les choſes ont toujours exiſté de telle ou telle manière.

Les monumens anciens, comme les tombeaux, les inſcriptions, doivent, ſuivant Charondas, avoir beaucoup d'autorité ; &, ſuivant Balde, il en doit être de même des anciennes inſcriptions, des écritures privées qui ſe trouvent dans les archives : c'eſt avec ces ſecours, que l'on vient ſouvent à bout d'éclaircir des faits obſcurs.

ANTITHÉTAIRE, ſ. m. (*Droit.*) terme qui ſe préſente ſouvent dans le titre d'un chapitre des loix de Canus, mais non pas dans le chapitre même. Il ſignifie un homme qui tâche de ſe décharger d'un délit en récriminant, c'eſt-à-dire, en chargeant du même fait ſon propre accuſateur. *Voyez* RÉCRIMINATION. (*H*)

ANTONINS, c'eſt ainſi qu'on nomme des chanoines réguliers de l'ordre de S. Antoine.

Cet ordre a pris naiſſance dans le onzième ſiècle. Un ſeigneur allemand, nommé Joſſelin, iſſu des comtes de Poitiers, de l'illuſtre maiſon de Touraine, entreprit, par dévotion, un voyage dans la terre ſainte. A ſon retour, il jugea à propos de s'arrêter à Conſtantinople, où on lui fit préſent de quelques reliques de S. Antoine, qu'il apporta de ce pays. Il regardoit ces reliques, comme un renfort dans ſes expéditions militaires ; il les avoit habituellement avec lui, ſuivant l'uſage de ce temps-là. Le pape & les évêques exigèrent qu'il les expoſât dans un lieu décent, à la vénération publique. Il obéit & choiſit, pour cet effet, la petite ville de la Mothe-ſaint-Didier, dont il étoit ſeigneur ; il y jetta les fondemens de la magnifique égliſe de S. Antoine, qui ſubſiſte encore aujourd'hui.

Dans ce même temps l'Europe fut affligée d'un fléau terrible, contre lequel la médecine oppoſoit vainement ſes efforts ; c'étoit un feu qui dévoroit ceux qui en étoient atteints : S. Thomas l'appelloit *feu infernal ;* mais il étoit plus généralement connu ſous le nom de *ſidération* ou de *feu ſacré*, comme s'il eût été l'effet de quelque influence des aſtres ou du ciel. On crut que l'interceſſion de S. Antoine étoit le ſeul remède qui pût en arrêter les ſuites, & c'eſt ce qui l'a fait nommer *feu de S. Antoine.* On venoit donc en foule à la Mothe-ſaint-Didier, pour réclamer la protection du ſaint. Le nombre des malades qu'on y envoyoit étoit ſi conſidérable, que, faute de logemens, on étoit forcé d'en laiſſer une grande multitude expoſée aux injures de l'air.

Gaſton & ſon fils Gérin, deux riches gentilshommes d'une des premières maiſons du Dauphiné, touchés de la ſituation de ces malheureux, réſolurent de pourvoir à leurs beſoins, & ils y conſacrèrent leurs biens & leurs perſonnes. Sept autres gentilshommes de la province, animés par un ſi bel exemple, voulurent avoir part à ces bonnes œuvres. Ils firent bâtir de concert, dans la petite ville de la Mothe, un hôpital, où ils reçurent tous les malades de l'un & l'autre ſexe, attaqués du feu de S. Antoine.

C'eſt à ces illuſtres hoſpitaliers que l'ordre des Antonins eſt redevable de ſon inſtitution. Cet établiſſement qui eut lieu ſous le pontificat d'Urbain II, en forma d'autres en France en Allemagne, en Italie, en Eſpagne, en Angleterre, en Ecoſſe, en Hongrie, en Lorraine, en Savoie, en Piémont & même au-delà des mers. On donna à Gaſton, comme premier inſtituteur, le titre de grand-maître, & de gouverneur de tous ces nouveaux établiſſemens, qui reconnurent pour chef-lieu la petite ville de la Mothe. Toutes les maiſons de l'ordre devinrent autant de commanderies, qu'on diviſa en générales & en ſubalternes. Les générales relevoient immédiatement de celle du chef-lieu, dont le grand-maître étoit titulaire; les ſubalternes relevoient des générales.

Les hoſpitaliers s'aſſujettirent à une vie commune & uniforme; & pour marque extérieure de leur profeſſion, ils mirent un *Tau* grec ſur leurs habits: c'eſt le *T* de notre alphabet, qu'on appelle improprement *la croix de S. Antoine*. Ce *T*, qui repréſente la béquille ſur laquelle les malades ſe ſoutenoient, étoit la figure de l'hoſpitalité, à laquelle les Antonins étoient dévoués, & c'eſt cette marque que les chanoines réguliers de l'ordre de S. Antoine, leurs ſucceſſeurs, portent encore aujourd'hui.

La forme de leur ancien régime ſubſiſta pendant plus de deux ſiècles: dix-ſept grands-maîtres ſe ſuccédèrent les uns les autres durant cet intervalle. Mais, en 1297, Aimon de Montigny, dix-ſeptième grand-maître, conſidérant que la maladie du feu de S. Antoine n'étoit plus ſi fréquente; que l'objet qui avoit donné lieu à l'établiſſement des hoſpitaliers ceſſeroit peut-être un jour entiérement, & que cette ceſſation pourroit donner lieu à la diſſipation de ſon ordre, demanda au pape Boniface VIII une nouvelle forme de conſtitution, qui, ſans faire perdre de vue la fin primordiale de l'inſtitut des hoſpitaliers, les attachât plus particuliérement au culte divin & aux fonctions eccléſiaſtiques, qui ſont perpétuelles de leur nature. Le pape, ayant égard à cette demande, accorda aux hoſpitaliers la qualité de chanoines réguliers de S. Auguſtin, dont ils ſuivoient déjà la règle, & leur donna un abbé général.

Le chef-lieu de la congrégation de l'ordre, eſt l'abbaye de S. Antoine de Viennois. L'abbé général, qui eſt toujours un régulier, a ſéance dans l'aſſemblée des états du Dauphiné, immédiatement après l'évêque de Grenoble, qui en eſt le préſident. Il a pareillement ſéance au parlement de Dauphiné: il y a, à ce ſujet, des lettres-patentes de Charles VI & de Louis XI.

Les Génovéfins, connus ſous le titre de chanoines réguliers de la congrégation de France, ont diſputé, en 1723, aux Antonins cette qualité de chanoines réguliers; mais ceux-ci l'ont conſervée, par un arrêt du grand-conſeil du 24 mars 1723.

Quoique tous les chanoines, qui vivent ſous la règle de S. Auguſtin, ſemblent habiles à poſſéder des bénéfices dépendans des congrégations où cette règle s'obſerve, néanmoins les bénéfices de l'ordre des Antonins ſont tellement affectés aux membres qui le compoſent, que des chanoines, des autres congrégations de S. Auguſtin, ne peuvent les impétrer: c'eſt ainſi que l'a jugé un arrêt du grand-conſeil du 10 février 1753, cité par Deniſart, contre un chanoine régulier de l'ordre de la Chancelade, qui eſt aſſez ſemblable à celui de la congrégation de France.

Les religieux de S. Antoine, qui ſont pourvus de bénéfices dépendans de leur ordre, ne ſont pas inamovibles dans la poſſeſſion de ces bénéfices; ils peuvent être rappellés au cloître, ſans forme de procès, par le chapitre, ou par le ſupérieur général aſſiſté de ſon définitoire, pourvu que l'évêque dioceſain y donne ſon conſentement. Il y a, à ce ſujet, un édit du mois de mars 1734, regiſtré au grand conſeil le 26, & cité par les auteurs du Dictionnaire eccléſiaſtique. Cette manière d'agir eſt aſſez conforme à celle qui ſe pratique dans d'autres ordres religieux, à l'égard de ceux qui y poſſèdent des bénéfices.

On forma, en 1775, le projet d'unir l'ordre hoſpitalier de S. Antoine de Viennois, à celui de Malthe. En conſéquence d'un traité préalable, paſſé entre les deux ordres, & en conſéquence de la permiſſion du roi, des commiſſaires des deux ordres demandèrent à Rome l'approbation de cette réunion.

Le pape Pie VI, par une bulle du 17 décembre 1776, ſupprima l'ordre des Antonins; le 30 mai de l'année ſuivante, le roi donna des lettres-patentes pour autoriſer la fulmination & l'exécution de cette bulle, & en même temps pour donner à l'ordre de Malthe la jouiſſance proviſoire de tous les biens appartenant à celui de S. Antoine, à l'exception cependant des cures, dont le roi réſerve la nomination aux évêques. Les mêmes lettres-patentes attribuent, à la grand'chambre du parlement de Paris, la connoiſſance de toutes les conteſtations qui pourroient s'élever ſur l'exécution du traité, & de la bulle de ſuppreſſion. Ces lettres-patentes ont été enregiſtrées au parlement le 20 juin 1777, à la charge de laiſſer, aux cures deſſervies par les chanoines de S. Antoine, un gros en grains proportionné à l'étendue de la paroiſſe, au nombre des habitans, & aux revenus dont l'ordre jouiſſoit dans la paroiſſe; comme auſſi de laiſſer aux curés, ſans diminution du gros, la maiſon presbytérale & ſes dépendances, les fonds chargés d'obits & de fondations, les offrandes & oblations, & généralement tous les droits caſuels ſpécialement affectés aux cures.

A O

AOROLAT, (*terme de la coutume de Labourd, tit. 14, art. 6.*) Ce mot ou celui de *rolat*, que l'on trouve

trouve dans la coutume de Bayonne, signifie *un titre paré & exécutoire.* Ainsi, dans ces coutumes, s'obliger en *rolat* ou *aorolat*, c'est donner, à l'appui de son obligation, un titre exécutoire par lui-même.

AOUVRIR, ce verbe signifioit *admettre*, *recevoir à plaider.*

AOUSTAGE, vieux mot, dont on se servoit anciennement pour signifier *payable à la mi-août.*

AOUSTER, terme de coutume qui veut dire *moissonner.* On le trouve dans la coutume d'Anjou, qui fixoit quinze deniers tournois par chaque jour, pour *faucher*, *aouster & vendanger.*

AOUTERON, c'est le nom qu'on donne aux moissonneurs, dans quelques provinces de France.

AOUSTEURS, (*Dixme des*) cette dixme est la gerbe qui est donnée à ceux qui servent à recueillir le grain, pour leur tenir lieu de salaire.

On prétend, dans certains cantons de la Normandie, que la dixme des *aousteurs* doit être prise avant celle du curé, sous prétexte que le curé doit contribuer aux frais de la récolte; mais plusieurs arrêts ont décidé que la dixme des *aousteurs* ne devoit pas diminuer le droit du curé.

A P

APAGÉSIE, s. f. (*Coutume.*) on nomme ainsi, en Auvergne, un cens ou une redevance, solidairement due par plusieurs propriétaires: c'est la même chose que ce que l'on exprime dans le Forez, par les termes d'*abosine* & *d'abosiné. Voyez* ces deux mots.

APAISEURS, ce sont des officiers de police, connus, sous ce titre, à Lille & à Valenciennes. Leurs fonctions sont assez semblables à celles de ceux, qu'à Londres on nomme *juges de paix.* Aussitôt qu'il survient une querelle, une dispute, on a recours à eux pour la terminer. Ces officiers font partie du corps municipal de l'endroit; & ce qu'il y a de particulier, c'est qu'au lieu d'être nommés par les habitans de la ville, leur nomination dépend, à Lille, des curés des quatre plus anciennes paroisses, & à Valenciennes du magistrat: c'est un ancien usage qui ne déplaît à personne, & qui peut avoir ses avantages. Ces officiers n'ont aucun privilège particulier; ils jugent, en première instance, des querelles particulières des habitans; on appelle de leurs jugemens aux mayeur & échevins de la ville: outre ces cinq officiers, le tribunal des *apaiseurs* a un prévôt, qui est toujours le plus ancien des sergens de la prévôté, un greffier & un huissier.

APAN, APANTER, anciens mots qui signifient, l'un, *bail à cens*; l'autre, *donner à cens.*

APANAGE, s. m. (*Droit polit. & cout.*) ce mot porte son étymologie, & il s'entend naturellement d'une provision d'aliment, semblable, à peu de chose près, à celle que les Romains appelloient *panes civiles.*

Dans ce sens, les mots de dot, de *douaire* sont synonymes à *apanage.* La portion qu'un père donne à un enfant, pour lui tenir lieu de sa part des biens de ses père & mère, est l'*apanage* de cet enfant.

Mais aujourd'hui, dans l'usage ordinaire, ce terme désigne particuliérement les domaines que le roi donne aux fils puînés de France, pour qu'ils puissent vivre d'une manière digne de leur rang.

Le président Hénault, dans son *Abrégé chronologique de l'histoire de France*, dit que l'*apanage*, tel que nous le concevons aujourd'hui, ne commença à être dans toute sa force, que sous Philippe-le-Bel, & qu'auparavant il avoit eu bien des variations. En effet, sous les deux premières races, les enfans des rois partageoient également la couronne entre eux; sous le commencement de la troisième, l'inconvénient de ces partages fit prendre le parti de démembrer quelques portions de terres, dont on donnoit la propriété au fils puîné.

Mais à mesure que les principes de la vraie politique se perfectionnèrent, l'inconvénient du démembrement d'une partie du domaine de la couronne s'étant fait sentir davantage, les partages ou *apanages*, dont l'apanagiste pouvoit auparavant disposer comme de son bien, devinrent une espèce de majorat ou de substitution, & furent enfin chargés de retour à la couronne, à défaut d'hoirs. C'est-là véritablement où commencent les *apanages*, dont le nom représentoit une sorte de concession, qui, sans morceler le domaine de la couronne, en suspendoit seulement la jouissance pour quelque temps & pour quelque portion, mais sans toucher à la propriété.

Cette loi se trouve établie par un arrêt rendu, entre Charles d'Anjou, roi de Sicile, & Philippe-le-Hardi son neveu, au sujet du comté de Poitiers. Charles prétendoit à ce comté, comme plus proche héritier d'Alphonse dernier décédé, lequel étoit son frère, au lieu que Philippe n'étoit que son neveu; mais l'arrêt prononça en faveur de Philippe, sur ce principe que, toutes les fois que le roi faisoit don à un de ses puînés de quelque héritage, & que le donataire ou apanagiste mouroit sans héritier, l'héritage retournoit au donateur roi ou à son héritier à la couronne, sans que le frère de l'apanagiste y pût rien prétendre.

Ainsi, voilà les *apanages* restraints aux hoirs de l'apanagiste; mais dans les hoirs, les femelles, ainsi que les mâles, étoient comprises, ce qui étoit dangereux, parce que les portions des *apanages* pouvoient passer à des étrangers par mariage. Philippe-le-Bel remédia à ce dernier inconvénient; ce fut lui, dit du Tillet, qui ordonna, par son codicille ou par ses lettres-patentes, suivant Dupuy, que le comté de Poitou, par lui baillé en *apanage* à son fils puîné, Monsieur, Philippe de France, qui dans la suite fut roi, sous le nom de Philippe-le-Long, retourneroit à la couronne au défaut d'héritiers mâles, par où il excluoit les filles.

La condition de réversion à la couronne, des terres données en *apanage*, prend sa source dans la loi qui défend l'aliénation des biens de la couronne, & elle est tellement inhérente à la concession de l'*apanage*, qu'elle auroit également lieu, quand bien même elle ne seroit pas exprimée dans l'acte.

Il paroîtra peut-être étonnant que les puînés aient des *apanages*, & qu'on n'en accorde pas aux filles des rois : cette différence est fondée sur la loi salique. Cette loi, en excluant les femmes du trône, les exclut pareillement de la possession du domaine de la couronne, qui en est inséparable ; or, celui qui n'a point de droit à la couronne, ne peut en avoir au domaine. Pour les dédommager, l'état leur fournit une dot en argent, & jusqu'au moment de leur mariage, on leur accorde une rente suffisante sur le trésor royal, pour l'entretien de leur maison, & soutenir avec dignité l'éclat de leur naissance.

Lorsque les biens donnés en *apanage*, retournent à la couronne au défaut d'héritiers mâles, ils sont libres de toutes les dettes qu'auroient pu contracter les apanagistes : c'est la disposition de l'art. 1 de l'édit de Charles IX, donné à Moulins au mois de février 1566.

A cela près que les apanagistes ne peuvent aliéner les terres qui leur sont données en *apanage*, ils en sont vrais propriétaires & ont tous les droits du domaine utile ; ils prennent les titres de leurs seigneuries & s'en qualifient duc ou comte, selon le titre attaché à la terre ; ils nomment aux offices, & font rendre la justice aux sujets, au nom du roi & au leur ; ils ont le patronage des églises & la collation des bénéfices qui en dépendent, & ils reçoivent les hommages de leurs vassaux, à la charge seulement d'en envoyer les doubles à la chambre des comptes de Paris. Il y a actuellement trois princes apanagés : le duc d'Orléans ; Monsieur, comte de Provence ; & Monseigneur, comte d'Artois.

L'*apanage* de M. le duc d'Orléans a été constitué en faveur de feu Monsieur, par édit du mois de mars 1661 ; & par une déclaration du 24 octobre 1680, les droits d'échange lui furent attribués dans l'étendue des terres de son *apanage*.

Aucun privilégié ne jouit de l'exemption des droits seigneuriaux en cas de vente ou d'échange, dans l'étendue de l'*apanage* de M. le duc d'Orléans.

Le roi, par sa déclaration du 7 juin 1704, a cédé à ce prince les offices de greffiers des insinuations laïques des sièges & justices des villes & duchés d'Orléans & de Chartres, & autres qui dépendent de son *apanage*, ainsi que des sièges ou justices de ses terres patrimoniales, venues de la maison de Montpensier, dans lesquels la justice est administrée au nom de sa majesté. Il a en outre été stipulé que M. le duc d'Orléans jouiroit, dans les sièges & justices du duché de Montpensier, de Dauphiné, d'Auvergne, de Combrailles, d'Argenton en Berry, de la principauté de Joinville en Champagne, de celles de la Roche-sur-Yon & du Luc, de Champigny & de Cravant en Touraine, du droit des insinuations & enregistremens des mutations, lequel demeureroit réuni aux greffes de ces terres, pour être, les offices dont il s'agit, exercés conformément à l'édit du mois de décembre 1703.

Par arrêt du conseil du 30 octobre 1706, la connoissance des droits d'insinuation & de centième denier, appartenans à M. le duc d'Orléans, fut attribuée aux juges & officiers de l'*apanage*, & des terres patrimoniales de ce prince ; & par un autre arrêt du conseil du 3 décembre 1709, il fut ordonné que les contestations seroient sommairement jugées & décidées par le lieutenant-général seul, le prévôt ou le juge de chacun des sièges de ces justices, sauf l'appel.

Il est aussi ordonné, par un arrêt du conseil du 18 juillet 1713, que les insinuations, concernant les biens situés dans l'étendue de la justice de Condé-sur-Noireau & les habitans qui y sont justiciables, seront faites au bailliage de Tinchebray, avec défenses aux fermiers du roi de troubler M. le duc d'Orléans, ni ses fermiers à cet égard. Cet arrêt est fondé sur ce que les cas royaux de la haute-justice de Condé, se jugent au bailliage de Tinchebray ; qu'avant 1703, les insinuations de la justice de Condé se faisoient aux assises du bailliage de Tinchebray, & sur ce que l'article 19 de l'édit du mois de décembre 1703, porte qu'il ne sera établi, dans les villes où il y a justice royale, qu'un seul greffe d'insinuations, *&c.*

Un arrêt du conseil, du 23 août 1718, a ordonné que les appellations des sentences & jugemens des juges de l'*apanage* & des terres patrimoniales, sur le fait des insinuations laïques, seroient relevées, instruites & jugées au conseil, avec défenses aux parties de se pourvoir ailleurs, à peine de nullité, de mille livres d'amende, de cassation des procédures, & de tous dépens, dommages & intérêts.

Par une déclaration du 19 juin 1751, le roi a accordé à M. le duc d'Orléans les droits attribués aux greffiers des insinuations dans le comté de Soissons, acquis par son altesse sérénissime, & en échange ce prince a cédé à sa majesté les mêmes droits dans les principautés de la Roche-sur-Yon & du Luc, & dans les terres & seigneuries de Cravant, Champigny & Argenton.

Il s'est souvent élevé des difficultés sur les prétentions respectives des fermiers du roi & de ceux de M. le duc d'Orléans, au sujet des droits d'insinuation & de centième denier : il paroît néanmoins facile d'établir les principes qui doivent écarter toute discussion à cet égard. En effet, le roi a cédé à M. le duc d'Orléans les offices de greffiers des insinuations, qui, suivant l'édit du mois de décembre 1703, devoient être établis dans les villes & lieux de son *apanage*, & dans ses terres patrimoniales. Il s'agit donc de savoir où devoient être établis ces greffiers : si c'est dans les terres du prince, les fermiers de son altesse sérénissime doivent jouir de tous les droits d'insinuation & de centième denier dus pour les insinuations que ces greffiers doivent faire, indépendamment de la situation & de la mouvance des biens, parce que ces droits sont le salaire de la formalité, & qu'ils appartiennent par conséquent à celui qui doit insinuer. Si, au contraire, les actes doivent être insinués hors de l'étendue de l'*apanage* & des terres patrimoniales, les droits ne peuvent être prétendus par les fermiers du prince, parce que l'insinuation est faite par celui qui représente le greffier de sa majesté, auquel les droits appartiennent pour son salaire.

Par l'édit du mois de décembre 1703, les greffiers des insinuations sont créés pour être établis dans toutes les villes & lieux du royaume, où il y a siège de jurisdiction royale & ordinaire. Il est ordonné qu'il ne sera établi, dans les villes où il y aura bailliage & prévôté ou autre jurisdiction ordinaire, qu'un seul greffe des insinuations, où tous les contrats & actes seront insinués; & qu'au cas que les parties ou les impétrans se trouvent domiciliés, ou que les biens soient situés dans l'étendue des justices appartenantes à des seigneurs particuliers, l'insinuation sera faite aux greffes établis dans les bailliages, sénéchaussées & autres justices royales, où ressortissent ces justices seigneuriales, & que si elles ressortissent aux cours, l'insinuation sera faite au greffe des insinuations des bailliages, & autres jurisdictions royales, auxquels la connoissance des cas royaux appartient, dans l'étendue des mêmes justices seigneuriales.

Ainsi, les lieux de l'établissement des greffes, dont il s'agit, étant constatés, il ne peut plus y avoir de difficulté, parce que quand l'acte a été valablement insinué dans un bureau, selon l'édit de 1703, les droits, qui sont le salaire de cette insinuation, appartiennent incontestablement à celui qui est propriétaire, ou qui doit jouir du greffe des insinuations de ce bureau.

Ce qu'on vient de dire, s'applique également aux droits dus pour l'insinuation des donations entre-vifs. Ces actes, suivant l'ordonnance & la déclaration de 1731, ne peuvent plus être insinués dans les bureaux établis près des sièges royaux ordinaires, mais seulement dans ceux établis près des sièges royaux ressortissans nuement aux cours où le donateur a son domicile, & où les choses données sont situées; & si le domicile ou les biens sont dans une justice seigneuriale, la donation doit être insinuée dans le bureau établi près du siège qui a la connoissance des cas royaux, dans l'étendue de cette justice.

L'*apanage* de M. le comte de Provence, fils de France, appellé aujourd'hui MONSIEUR, a été constitué par édit du mois d'avril 1771. Le roi cède à ce prince & à ses descendans mâles, pour leur *apanage*, le duché d'Anjou, le comté du Maine, le comté du Perche & le comté de Senonches, avec les villes, cités, châteaux, châtellenies, places, maisons, forteresses, fruits, profits, cens, rentes, revenus, émolumens, honneurs, hommages, vassaux & sujets, bois, forêts, étangs, rivières, fours, moulins, prés, pâturages, fiefs, arrière-fiefs, justices, jurisdictions, patronages d'églises, collations de bénéfices, forfaitures, confiscations & amendes, quints, requints, lods & ventes, profits de fief, & tous autres droits & devoirs quelconques, dépendans de ces duchés & comtés ou qui y sont attachés, à l'exception de la forêt de Senonches que sa majesté s'est réservée, & à condition, à l'égard des bois de futaie, d'en user, de la part du prince apanagiste, en bon père de famille, & de n'en couper que pour entretenir & réparer les édifices & châteaux de l'*apanage*.

Le roi se réserve aussi, par le même édit, les droits de ressort & souveraineté, la foi & hommage lige, la garde des églises cathédrales & autres, qui sont de fondation royale ou autrement privilégiées, la connoissance des cas royaux, & de ceux dont, par prévention, les officiers du roi ont droit de connoître, pour lesquels décider sa majesté se propose d'établir des juges particuliers; mais jusqu'à ce que ces juges soient établis, la jurisdiction qui leur est destinée, doit être exercée par les officiers ordinaires. Le roi veut, d'ailleurs, que le produit des exploits, amendes, greffes, sceaux & autres émolumens, qui proviendront de la jurisdiction de ces juges particuliers, appartiennent au prince apanagiste, après néanmoins que les gages des mêmes juges auront été prélevés sur ce produit.

Il est aussi stipulé que les baillis, sénéchaux & autres juges établis précédemment par le roi dans les lieux de l'*apanage* dont il s'agit, seront maintenus dans leurs offices par le prince apanagiste, qui ne pourra faire aucune innovation à leur égard; mais lorsque ces offices viendront à vaquer, la pleine provision & institution en appartiendra au prince apanagiste & à ses successeurs mâles.

Il faut remarquer que cette disposition ne concerne, ni les juges des cas royaux dont nous avons parlé, ni les présidens-juges, conseillers & autres officiers des sièges présidiaux, ni les officiers des aides, tailles & gabelles, ni les prévôts des maréchaux, leurs lieutenans, greffiers, archers & autres officiers extraordinaires établis dans les lieux de l'*apanage*; le roi s'est réservé la nomination & institution de ces officiers, de même que le produit des exploits & des amendes qui lui seront adjugées par les présidiaux, dans les cas où, selon les édits, ils jugent en dernier ressort.

Il est d'ailleurs permis au prince apanagiste d'établir, dans telle ville de son *apanage* qu'il jugera à propos, une chambre des comptes, pardevant laquelle les receveurs des domaines de ce prince rendront compte de leur recette & administration; les doubles des comptes ainsi rendus doivent être envoyés duement collationnés, signés & certifiés à la chambre des comptes de Paris de trois ans en trois ans, & les receveurs sont chargés de prendre chaque année leurs états de recette & de dépense des trésoriers de France des bureaux des finances, dans le ressort desquels les domaines sont situés.

Il est en outre stipulé que le prince apanagiste & ses successeurs seront tenus d'entretenir & faire entretenir les fondations des églises, les maisons, châteaux & forteresses des duchés & comtés dont il s'agit, & de payer les fiefs, aumônes & autres charges ordinaires des domaines de l'*apanage*.

Enfin, il est dit que MONSIEUR tiendra les duchés & comtés de son *apanage* en tous droits & titres de pairie, avec les prérogatives & prééminences qu'ont accoutumé d'avoir les princes de la maison de France, à la charge toutefois que les présidiaux continueront de connoître des causes & matières qui leur sont attribuées, sans que, sous ombre de cette pairie, la connoissance des matières dont il s'agit puisse être dévolue, par appel, immédiatement au parlement.

Les lettres-patentes, du 21 avril 1771, accordent à MONSIEUR le droit de nommer & présenter, sa vie durant, aux abbayes, prieurés & autres bénéfices consistoriaux des lieux de son *apanage*, à l'exception des évêchés, dont le roi s'est réservé la disposition.

L'*apanage* de M. le comte d'Artois, autre fils de France, a été constitué par un édit du mois d'octobre 1773. Les terres qui le composent, sont le duché & comté d'Auvergne & tout ce qui appartient au roi dans la province de ce nom; le duché d'Angoulême, & l'ancienne comté & vicomté de Limoges; ensemble le duché de Mercœur, à l'exception des terres, seigneuries & mandemens de Lastic & Systrières, Ruisnes & Corbière, Tavanelle & la Gaze, que le roi a vendus au comte de Lastic, par contrat du 17 septembre 1722, & sans que, sous le titre de comté & vicomté de Limoges, puissent être compris le marquisat de Pompadour & les domaines de la basse Marche, que sa majesté s'est réservés.

Au surplus, l'édit dont on vient de parler, & les lettres-patentes du 31 octobre 1773, contiennent, en faveur de M. le comte d'Artois, les mêmes dispositions que celles qui ont été faites en faveur de MONSIEUR, par l'édit & les lettres-patentes du mois d'avril 1771.

D'autres lettres-patentes, du 28 mars 1774, ont ajouté, à l'*apanage* de M. le comte d'Artois, la vicomté de Turenne, & ont réuni, à la vicomté de Limoges & par conséquent au même *apanage*, le marquisat de Pompadour, à l'exception des objets affectés au service des haras du roi dans le Limosin.

Enfin, par d'autres lettres-patentes, en forme d'édit, du mois de juin 1776, enregistrées au parlement le 5 juillet suivant, le roi a distrait, de l'*apanage* de M. le comte d'Artois, le comté & vicomté de Limoges, le marquisat de Pompadour & la vicomté de Turenne, avec tous les droits, tant utiles qu'honorifiques, en dépendans; ensemble la forêt de la Braconne, faisant partie du duché d'Angoulême: &, en même temps, sa majesté a accordé à ce prince, tant pour remplacement que pour supplément d'*apanage*, le duché de Berry, le duché de Châteauroux, le comté d'Argenson, la seigneurie d'Enrichemont, le comté de Ponthieu; ainsi que tous les droits & actions dépendans de ces duchés, comtés & seigneuries, à la réserve du ressort & de la souveraineté, *&c.*

Les édits, qui fixent l'*apanage* & déterminent les objets qui doivent le composer, n'ont leur exécution qu'après qu'ils ont été enregistrés. L'évaluation des domaines, cédés par le roi en *apanage*, se fait par des commissaires de la chambre des comptes de Paris que le roi nomme, & par ceux que le prince apanagiste nomme de son côté; & pour cet effet, le roi & l'apanagiste donnent leurs lettres-patentes aux commissaires qu'ils ont nommés. La recherche des titres de l'*apanage* se fait par celui que le prince veut choisir, & à qui il adresse ses lettres-patentes.

APANAGE *coutumier*, on donne ce nom à la portion de biens, que quelques coutumes accordent aux puînés des familles, pour leur tenir lieu de patrimoine.

Les coutumes de Berri & de Bourbonnois admettent l'*apanage* des filles, c'est-à-dire, qu'une fille mariée par son père ou sa mère, son aïeul ou aïeule, & qui a été par eux apanagée ou dotée d'une portion de leurs biens quelle qu'elle soit, est exclue des successions de ceux qui l'ont ainsi mariée. Cette espèce d'*apanage* a été introduite pour favoriser les mâles, il n'a guère lieu que dans les familles nobles, qui ont intérêt de soutenir l'éclat & la splendeur de leur nom, & qui, pour cet effet, font tous leurs efforts pour conserver à l'aîné la majeure partie des biens. Relativement à l'*apanage* des filles, le parlement de Paris, par arrêt du 3 mai 1758, a jugé qu'un père qui n'avoit pas fait d'inventaire, par lequel la communauté fût dissoute, ni fait constater ce qui appartenoit à ses enfans du chef de leur mère, ne pouvoit être considéré comme ayant valablement apanagé ses filles, & cela parce que les deux patrimoines étoient confondus ensemble: cette espèce est rapportée dans la collection de jurisprudence. Mais il paroît que le seul motif de l'arrêt n'a pas été le défaut d'inventaire, car il étoit prouvé que le père n'avoit rien donné de son propre bien, ni payé, en quelque sorte, le prix de la renonciation de sa fille.

APANAGER, v. a. (*terme de Coutume.*) c'est donner à un enfant puîné ou à des filles, une dot pour leur tenir lieu de leur portion héréditaire dans les successions de leur père & mère & autres ascendans, & les obliger à y renoncer. Cette dot doit être effective, parce qu'elle est le prix de la renonciation aux successions futures; mais il n'est pas nécessaire qu'elle soit proportionnée à la richesse de la famille, il suffit qu'il y ait un don quelconque, ne fût-ce, comme s'expliquent quelques coutumes, qu'un *chapel de roses*. *Voyez* CHAPEAU.

APANAGISTE, f. m. (*terme de Droit.*) est celui qui possède des fiefs ou autres domaines en apanage. *Voyez* APANAGE. (*H*)

APANER, v. a. (*Droit coutumier.*) ce mot a la même signification qu'*apanager*, & les coutumes s'en servent indistinctement.

APARAGER, v. a. (*Droit coutumier.*) on se sert de cette expression dans quelques provinces méridionales de la France. *Aparager*, c'est marier une fille suivant sa condition; *désaparager*, c'est au contraire lui donner un mari qui n'est pas de son rang.

Ce mot signifie encore donner aux filles & aux puînés une portion dans les fiefs dépendans des successions des père & mère, qu'ils doivent, suivant quelques coutumes, tenir en foi & hommage de leur aîné. *Voyez* PARAGE, FRÉRAGE.

APARAGEUR, s. m. c'est celui qui aparage, comme on appelle *aparageau* celui qui est aparagé. Le terme d'*aparageur* se donne communément à l'aîné d'une famille, parce que c'est lui qui doit aparager, c'est-à-dire, donner une portion dans les fiefs à ses sœurs & à ses puînés: c'est ce qui résulte du procès-verbal de la coutume de Poitou, où il est dit que le procureur du roi a remontré que les *aparageurs* & les *aparageaux* (qui sont les frères aînés & puînés), en partageant entre eux les fiefs, créoient des jurisdictions subalternes, en faisant multiplication de degré d'icelles, au grand préjudice & foule des sujets.

APARET, ancien mot qui signifioit *clôture de prés.*

A PARFAIRE, (*terme de Pratique.*) on se sert de cette expression, dans l'exploit de demande d'un retrait lignager, pour exprimer l'offre que fait le retrayant de payer à l'acquéreur le prix en entier de l'héritage qu'il veut retraire. Comme il arrive très-souvent que le retrayant ignore le prix payé par l'acquéreur, & les autres loyaux coûts qu'il est tenu de lui rembourser, en lui offrant le remboursement de ce qui est à sa connoissance, il doit ajouter qu'il est prêt *à parfaire* toutes les dépenses légitimement faites par l'acquéreur, & que son intention est de l'en indemniser. Ces termes *à parfaire* sont de rigueur dans la coutume de Paris, & dans toutes celles qui ont prescrit les formalités du retrait lignager; leur omission cause la déchéance du retrait: cela a été ainsi jugé par plusieurs arrêts du parlement de Paris, rapportés par Brodeau & Vrevin.

APLETS, (*Code maritime.*) ce sont les rets ou filets dont on se sert pour la pêche du hareng. Les mailles des *aplets*, suivant l'ordonnance de la marine de 1681, doivent avoir un pouce en quarré; les pêcheurs qui en emploieroient d'autres, seroient condamnés en cinquante livres d'amende, & à la confiscation des filets; ils encourroient la même peine, s'ils s'en servoient pour d'autres pêches, pour lesquelles ils doivent se servir de filets d'une maille plus grande. L'usage des filets à grandes mailles a eu pour objet de conserver le petit poisson.

APLOYER, ancien mot employé pour celui d'*acquiescer* dont il est synonyme.

APOCRISIAIRE, s. m. c'étoit, dans l'empire romain, un officier établi pour porter les messages, intimer les ordres, ou déclarer les réponses de l'empereur. Ce mot en effet vient du grec *apocrisis*, *responsum*, *réponse*; & de-là vient qu'on trouve cet officier nommé en latin *responsalis*, porteur de réponse.

Il devint dans la suite chancelier de l'empereur, dont il gardoit les sceaux. On trouve quelquefois dans un latin barbare *asecreta*, secrétaire, pour *apocrisiarius*, apocrisiaire: c'est ce que Vopiscus, dans la vie d'Aurelien, appelle *notarius secretorum.*

On donna ensuite le nom d'*apocrisiaires* aux diacres que les évêques, & sur-tout les patriarches, députoient pour les intérêts de leurs églises: il fut spécialement affecté aux ecclésiastiques qui étoient envoyés de Rome, pour traiter des affaires du saint siège à la cour de l'empereur; car outre les sous-diacres & les défenseurs que les papes envoyoient de temps en temps dans les provinces pour veiller aux intérêts de l'église romaine, ils avoient ordinairement un nonce résidant à la cour impériale, que les latins appelloient *responsalis*, & les grecs *apocrisiaires.*

Il paroît que l'usage des *apocrisiaires* a commencé du temps de Constantin, car la conversion des empereurs dut nécessairement établir des correspondances entre eux & les pontifes de Rome; cependant on n'en voit le nom que sous Justinien, qui en fait mention dans la sixième novelle, *chap.* 2, où il nous apprend que tous les évêques avoient de semblables officiers.

Les monastères eurent aussi leurs *apocrisiaires*, qui ne résidoient cependant pas perpétuellement dans la ville impériale, ni à la cour, mais qu'on déléguoit dans le besoin pour les affaires que le monastère ou quelqu'un des moines pouvoit avoir au-dehors ou devant l'évêque. La novelle 79 veut que les ascètes & les vierges consacrées à Dieu, comparoissent & répondent par leurs *apocrisiaires*: cette espèce étoit à-peu-près ce que sont aujourd'hui les procureurs dans les monastères, ou les procureurs généraux des ordres religieux.

Les *apocrisiaires* de pape n'avoient aucune jurisdiction; leur emploi se bornoit à exposer au prince les intentions du pape, & au pape les volontés de l'empereur, & à faire passer de l'un à l'autre les réponses réciproques sur les affaires qu'ils négocioient: les papes leur déléguoient quelquefois le jugement de quelques causes importantes. Quoiqu'ils fussent nonces du pape, ils cédoient le pas aux évêques: on en trouve la preuve dans le concile de Constantinople en 536, où Pélage, *apocrisiaire* du pape Agapet, souscrivit après les évêques.

Il y eut plusieurs *apocrisiaires* à la cour de Charlemagne & de Louis le Débonnaire.

On a depuis donné le nom d'*apocrisiaire* à un officier ecclésiastique de la cour des rois de France ; il étoit confesseur du roi, avoit une jurisdiction sur tous les clercs du palais, & prenoit connoissance des affaires de l'église ; on le qualifioit de *custos palatii*, garde du palais ; il exerçoit à-peu-près les fonctions attribuées aujourd'hui au grand aumônier. *Voyez* AUMONIER, ARCHICHAPELAIN.

APOCRYPHE, adj. ce mot est grec, & signifie *inconnu*, *caché*, *faux* : on s'en sert en parlant des écrits dont les auteurs sont inconnus, ou qui sont faussement attribués à certaines personnes. La qualification d'*apocryphe* se rapporte particuliérement aux livres qu'on a voulu joindre dans la bible, à ceux qui ont été reconnus pour authentiques, & à plusieurs constitutions & écrits faussement attribués aux apôtres, à leurs successeurs immédiats, & aux premiers pontifes & docteurs de l'église.

Les cinquante canons attribués aux apôtres, qu'on trouve dans les recueils de droit canon, avoient été déclarés *apocryphes* par le pape Gelase ; mais Léon IX les a reçus comme orthodoxes. On place au rang des livres *apocryphes*, les testamens des douze patriarches ; l'assomption de Moyse ; le salut d'Abraham ; les livres de Janès & de Manbrès, dont parle S. Paul ; les lettres de la sainte Vierge à S. Ignace ; le protoévangile de S. Jacques, & plusieurs autres exprimés dans le concile de Rome, tenu sous le pape Gelase l'an 494.

On regarde, avec raison, comme *apocryphes* les décrétales des papes qui ont précédé S. Syrice, lesquelles se trouvent dans la collection des canons d'Isidore Mercator, & dont le moine Gratien a tiré plusieurs canons insérés dans sa concordance, appellés communément *le décret de Gratien*, & qui composent la première partie des corps de droit canonique.

On distingue aisément ces faux canons dans l'édition du corps de droit canonique, publiée par les frères Pithou ; ils ont eu le soin de mettre en tête la date des écrits vrais ou supposés, & l'on doit rejetter tous ceux dont les auteurs sont antérieurs au pape Syrice. On peut aussi, à cet égard, consulter les corrections d'Antoine Augustin, & des centuriateurs de Magdebourg, qui, à l'aide d'une saine critique, ont distingué les épîtres décrétales attribuées faussement aux premiers évêques de Rome.

APOSTAT, APOSTASIE. *Apostat* est un mot tiré du grec, par lequel on désigne particuliérement celui qui, après avoir embrassé la foi catholique, l'abandonne ensuite volontairement & en devient l'ennemi déclaré, soit en la tournant en ridicule, comme fit l'empereur Julien, soit en persécutant ceux qui la professent, comme fit l'empereur Adrien. On appelle *apostasie* le crime de l'*apostat*.

On a étendu depuis la signification du mot *apostat*, & on l'applique à un ecclésiastique qui abandonne son état, à un religieux ou une religieuse qui ont renoncé à leurs vœux.

On distingue trois sortes d'*apostasies*, qui regardent les trois différens états des fidèles ; savoir, l'*apostasie de perfidie*, l'*apostasie de désobéissance*, & l'*apostasie d'irrégularité* ou *de religion*.

L'*apostasie de perfidie* est celle dont un fidèle se rend coupable en quittant la religion catholique : on l'appelle aussi *apostasie de la foi*.

La déclaration du 14 mai 1724 prononce la peine du bannissement perpétuel & la confiscation de biens, contre ceux qui retourneront à la religion prétendue réformée, après en avoir fait abjuration.

L'*apostasie de désobéissance* est, à proprement parler, le schisme ; elle a lieu, lorsqu'on méprise l'autorité du souverain pontife ou des canons.

L'*apostasie de religion* ou *d'irrégularité* se commet lorsqu'un religieux, après avoir fait des vœux dans un ordre approuvé, quitte l'habit & la vie religieuse ; il est excommunié par le seul fait, cependant il n'est réputé *apostat*, que quand il s'est absenté assez long-temps pour faire penser qu'il n'a plus envie de revenir.

Les ordonnances de nos rois veulent que les *apostats* soient condamnés au bannissement à temps ou perpétuel avec confiscation de biens, ou aux galères suivant les circonstances : c'est la disposition des ordonnances & déclarations de 1663, 1664 & 1666.

Un religieux, qui s'étoit marié à Marseille, a été condamné, pour son *apostasie*, aux galères perpétuelles, par un arrêt du parlement de Provence du mois de mars 1765.

On appelle encore *apostasie de rechûte*, le crime de ceux qui, après avoir abjuré leurs erreurs, y reviennent après les avoir quittées. C'est cette espèce d'*apostats* qu'on nomme *relaps*, & qui, par les loix du royaume, sont punis avec le plus de rigueur ; c'est contre eux qu'a été portée principalement la déclaration du 14 mai 1724, dont nous avons parlé ci-dessus. Le crime d'*apostasie* est de la compétence du juge laïque, lorsqu'il est joint au scandale public ; mais l'official peut revendiquer un prêtre ou un religieux *apostat* : dans ce cas, le juge laïque doit ordonner le renvoi de l'accusé pardevant l'official, qui, de son côté, instruit le délit commun, & le juge royal le délit privilégié ; & après les informations faites conjointement, chacun de ces deux différens juges prononce séparément sa sentence.

APOSTILLE, s. f. (*Droit commun.*) annotation ou renvoi qu'on fait à la marge d'un écrit, pour y ajouter quelque chose qui manque dans le texte, ou pour l'éclaircir & l'interpréter.

APOSTILLE, *en matière d'arbitrage*, signifie un écrit succinct que des arbitres mettent à la marge d'un mémoire ou d'un compte, à côté des articles qui sont en dispute. Les *apostilles* doivent être écrites de la main des arbitres, & on doit les regarder comme autant de sentences arbitrales, puisqu'elles jugent les contestations qui sont entre les parties.

Celles qui sont faites en marge d'un acte passé

pardevant notaires, doivent être paraphées par le notaire & par les parties.

Un procureur met aussi ses *apostilles* sur un mémoire de frais ou une déclaration de dépens : l'*apostille* désigne alors les articles qu'il ne passe pas.

En terme de finance, l'*apostille* est une note que l'auditeur des comptes met à la marge de ceux qui lui sont envoyés. Lorsqu'il a examiné un compte, & qu'il en a trouvé les articles conformes aux états du roi & aux pièces que le comptable rapporte, il met à côté son *apostille* en ces termes : *vu tel état, telle quittance*, & au texte, *bonne recette*, *passée & allouée telle somme, ci-devant exprimée.*

APOSTILLÉ : quand on dit qu'un mémoire, qu'un compte est *apostillé* par des arbitres, c'est-à-dire, qu'il a été réglé & jugé par eux. *Voyez* APOSTILLE. (*G*)

APOSTILLER, mettre des apostilles en marge d'un mémoire, d'un acte, d'un compte, d'un contrat. *Voyez* APOSTILLE.

APOTÉOR, cet ancien mot signifioit *censier.*

APOTHICAIRE, s. m. celui qui prépare & distribue les remèdes qu'ordonne le médecin.

La profession de l'*apothicaire*, qu'on appelloit autrefois *pharmacien*, est une de celles qui importent le plus à la sûreté publique : c'est ce qui fait qu'il y a eu des règles établies, pour que ceux qui l'embrassent s'en acquittent avec toute la capacité qu'elle exige.

Ces règles étoient ci-devant communes en grande partie aux marchands épiciers, parce que ceux-ci, en tirant des épiceries des pays étrangers, y faisoient joindre en même temps beaucoup de drogues qui entrent dans la médecine, & qu'ils étoient dans l'usage de débiter. Les *apothicaires* & les épiciers, avant la suppression des jurandes portée par l'édit du mois de février 1776, ne formoient donc à Paris qu'un seul & même corps, régi par des loix communes, mais seulement pour la partie du commerce ; car pour ce qui concernoit essentiellement la pharmacie, comme la composition des remèdes, il n'y avoit que les épiciers, reçus *apothicaires*, qui pussent s'en mêler, tout comme il falloit être reçu épicier, pour faire le commerce de ce qui appartient à l'épicerie. Aujourd'hui que toutes les maîtrises sont supprimées, excepté quelques-unes qui ont été réservées par l'édit, & du nombre desquelles est celle des *apothicaires*, sans qu'il soit parlé des épiciers, il s'ensuit que les *apothicaires* peuvent être pharmaciens & épiciers tout ensemble ; mais que ceux-ci ne peuvent pas de même être tout à la fois épiciers & pharmaciens, sans être reçus *apothicaires.*

Le corps des *apothicaires*, & principalement des *apothicaires* de Paris, a produit plusieurs hommes célebres dans la république des lettres ; c'est à leurs travaux que l'humanité doit plusieurs découvertes utiles, & la chymie les progrès qu'elle a faits depuis un demi-siècle.

Comme il est intéressant de faire connoître les loix sous lesquelles se gouverne la communauté des *apothicaires*, nous allons nous attacher à l'analyse des statuts de celle des maîtres *apothicaires* de Paris : les réglemens qui la concernent peuvent s'appliquer, dans certaines occasions, aux difficultés qui peuvent survenir en province dans les maîtrises de la même espèce.

Ce fut en 1484, sous Charles VIII, que l'on commença à s'occuper de la profession des *apothicaires* ; on leur donna dans ce temps-là quelques réglemens. Sous Louis XII, en 1514, on ajouta à ces réglemens ; ils s'accrurent, en 1516 & en 1520, sous François I ; en 1571, sous Charles IX ; en 1583, sous Henri III ; & en 1598, sous Henri IV. A mesure que l'art, dont il s'agit, fit des progrès, on étendit les réglemens. Louis XIII renouvella & confirma les anciens, en 1611 & 1624, par des lettres-patentes ; enfin parurent, le 28 novembre 1638, les statuts selon lesquels la communauté des *apothicaires* s'est toujours régie depuis.

Suivant ces statuts, pour être reçu *apothicaire*, il faut être né françois sujet du roi, ou avoir obtenu des lettres de naturalité duement enregistrées ; mais avant cette réception, il faut d'abord avoir été présenté au bureau devant les gardes, pour savoir si l'on a fait quelques études de grammaire, & si l'on a de l'aptitude ; ensuite avoir travaillé, en qualité d'apprentif, chez un maître, pendant quatre ans entiers, & rapporter le brevet d'apprentissage avec la quittance du maître, & une attestation de services pendant six ans de plus, en qualité de compagnon, chez des maîtres de Paris ou de la province.

Lorsque ces préliminaires sont remplis, que les pièces sont en règle, & que personne n'a rien à dire sur la probité & sur les mœurs de l'aspirant, on lui nomme un conducteur qui le présente aux gardes, avec lesquels il prend jour pour subir son examen. Cet examen se fait en présence de tous les maîtres qui veulent y assister, & des docteurs de la faculté de médecine pour la pharmacie : l'examen doit durer l'espace de trois heures, pendant lesquelles l'aspirant est interrogé par les gardes, & par neuf maîtres désignés par ces gardes, en observant que ceux qui ont été désignés dans une occasion, ne le soient pas dans une autre, afin que chacun ait, à son tour, l'honneur ou l'avantage d'interroger.

L'examen étant fini, l'aspirant se retire, & il est admis ou refusé, à la pluralité des voix, suivant la capacité qu'on lui a reconnue. S'il est admis, un des médecins lui annonce qu'on a été satisfait de ses réponses, & qu'il peut prendre ses arrangemens pour subir un second examen, qu'on nomme l'*acte des herbes* ou *des plantes* ; & cet examen, duquel sont exempts les fils de maîtres, se fait, comme le précédent, en présence des maîtres & des docteurs.

Quand, sur ce dernier examen, l'aspirant a été trouvé capable, on lui donne à faire le chef-d'œuvre ordinaire, qui est de cinq compositions, en présence des maîtres & des gardes, avec la démonstration de toutes les drogues qui y entrent. Le chef-d'œuvre des fils de maîtres n'est que de deux compositions.

Finalement, quand le sujet a fait preuve de sa capacité, & par les examens & par le chef-d'œuvre, il va prêter serment devant le lieutenant de police, en présence des docteurs & des gardes.

Les veuves des *apothicaires*, tant qu'elles sont en viduité, peuvent continuer l'exercice de leur mari, pourvu qu'elles aient un garçon qui ait été examiné & approuvé par les maîtres & gardes *apothicaires ;* précaution nécessaire pour l'intérêt public, parce qu'indépendamment de la partie du commerce qui peut s'exercer par toutes sortes de personnes, l'art dont il s'agit demande des connoissances particulières, qu'une femme n'est pas censée avoir acquises. Lorsqu'elles exercent par le ministère d'un garçon, il faut qu'elles tiennent boutique elles-mêmes, sans pouvoir céder leur place à personne ; elles peuvent faire continuer, sous ce garçon, le reste du temps de l'apprentif que faisoit leur mari, mais l'apprentissage fini, elles ne peuvent point prendre de nouveau sujet en qualité d'apprentif : sur quoi il est bon d'observer que les maîtres, en fait d'apprentif, ne peuvent en avoir qu'un à la fois.

Pour l'exécution des statuts, & pour l'administration des affaires de la communauté, il y a trois jurés gardes d'établis ; on les prend parmi les maîtres en qui l'on reconnoît le plus d'expérience & de probité. Il en sort un de charge tous les ans ; celui qui doit le remplacer est élu en présence du lieutenant général de police & du procureur du roi au châtelet, le 6 décembre de chaque année, ou un autre jour indiqué par le magistrat de police, & le serment se fait tout de suite après.

Les gardes sont obligés de faire au moins trois visites dans l'année chez tous les *apothicaires*, tant de la ville que des fauxbourgs & de la banlieue, & cela sans demander aucune permission aux officiers de justice.

Ces gardes avoient ci-devant inspection sur les poids, balances & mesures, chez tous les marchands & gens de métier ; mais depuis la suppression des jurandes, ce droit est demeuré restreint aux membres de leur communauté.

L'un de ces mêmes gardes est préposé pour recevoir les deniers de la communauté ; il en rend compte, lorsqu'il sort de charge, aux autres gardes en présence des anciens ; il remet les fonds qui lui restent, entre les mains du nouveau receveur ; s'il est au contraire en avance, c'est ce nouveau receveur qui le rembourse : il y a, à ce sujet, un arrêt du 6 mai 1634.

Lorsqu'il survient des affaires importantes à la communauté, il est du devoir des gardes d'assembler au bureau tous les anciens, qui ont passé par les charges, pour leur en faire part. Ces anciens sont tenus de se rendre à la convocation, à peine de quatre livres parisis d'amende contre chacun des défaillans, sans cause légitime. On délibère à la pluralité des voix, & ce qui est arrêté, doit être suivi & observé par toute la compagnie, comme si tout le monde avoit été appellé à la délibération, que l'on rédige dans un registre destiné à cet effet.

Les gardes doivent veiller à ce qu'aucune personne sans qualité ne s'immisce dans l'art de la pharmacie ; il est défendu de s'y ingérer, à peine de confiscation & de cinquante livres d'amende, applicable un tiers au roi, un tiers aux affaires, & l'autre tiers aux pauvres de la communauté. Les médecins, les chirurgiens, ni d'autres ministres de santé, non plus que les religieux, ne peuvent, sous prétexte qu'ils ont des connoissances particulières, composer, vendre, ni débiter aucun médicament destiné au corps humain. Ces remèdes, que différentes personnes s'avisent de publier sous le titre de *spécifiques*, sont encore défendus, suivant qu'on peut en juger, par un arrêt du conseil du 10 septembre 1754, à moins que ces personnes n'obtiennent du gouvernement une permission de les débiter, d'après des certificats de la faculté de médecine, qui attestent l'efficacité de ces spécifiques.

Les chirurgiens peuvent cependant composer & tenir chez eux les médicamens qu'ils croient nécessaires pour la cure des plaies, des tumeurs, des fractures & des autres maladies externes qu'ils sont dans le cas de traiter ; mais ils ne peuvent faire aucun commerce de remèdes en général. Cette faculté qu'ont les chirurgiens, pour les maladies qui sont de leur compétence, est établie par des lettres-patentes du 8 juillet 1724, intervenues sur un arrêt du conseil du 20 juin précédent ; mais s'ils excédoient la permission qu'ils ont en pareil cas, ce seroit une contravention, pour laquelle ils pourroient être condamnés à des dommages-intérêts considérables, comme le fut, en 1738, par un arrêt du 10 mars, un chirurgien de la Rochelle, pour avoir voulu entreprendre sur les droits des maîtres *apothicaires* de l'endroit. La communauté des chirurgiens étoit intervenue pour soutenir leur confrère, mais cette intervention ne servit qu'à faire prononcer une amende contre elle. En un mot, depuis l'arrêt du conseil du 12 avril 1749, portant réglement entre les médecins & les chirurgiens, il est constamment reconnu que ceux-ci ne peuvent composer, vendre, ni débiter aucun remède pour entrer dans le corps humain.

Cette jurisprudence a été formellement adoptée au parlement de Bordeaux, comme on peut en juger par un arrêt, en forme de réglement, du 4 septembre 1750, dont Denizart rapporte les principales dispositions. Les défenses, dont il s'agit par cet arrêt, portent contre toutes sortes de personnes, notamment contre les opérateurs, les charlatans, les empiriques, ainsi que contre les frères-*apothicaires* des maisons religieuses : il est défendu à ceux-ci d'employer aucun remède hors de leur couvent,

&

& aux médecins de donner ou de signer aucune ordonnance, pour être exécutée par d'autres que par les maîtres *apothicaires*.

Il se faisoit, il y a quelques années, un grand débit de thériaque & de confection hyacinthe, à Paris, chez les Jésuites de la rue S. Antoine. Ce commerce, porté trop loin, ayant déplu aux maîtres *apothicaires*, ceux-ci firent faire une saisie de ces drogues; les Jésuites cherchèrent à revendiquer leur marchandise, mais la saisie fut déclarée valable, par une sentence du lieutenant général de police, du 2 septembre 1760, & les Jésuites furent condamnés à cent livres d'amende, & à mille livres de dommages-intérêts.

Quelques années après, les *apothicaires* de Paris eurent à se plaindre d'un épicier-droguiste qui entreprenoit sur leur état, par des compositions de pharmacie; on fit chez lui une saisie qui fut aussi déclarée valable, & qui donna lieu à un arrêt de réglement entre les *apothicaires* & les épiciers, le 11 juillet 1764. Cet arrêt, en réservant entiérement aux *apothicaires* la composition des remèdes, laissa pourtant aux épiciers la faculté, non pas de composer, mais de faire venir & de débiter, comme objet de commerce, les quatre grandes compositions galéniques, qui sont la thériaque, le mithridate, l'alkermès & l'hyacinthe; mais lorsque ces marchandises arrivent pour eux, il faut que la visite en soit faite par les gardes *apothicaires*, en présence des médecins nommés à cet effet par la faculté, & qu'on justifie même par les lettres de voitures, que ces marchandises viennent de loin. A l'égard des autres compositions, les épiciers ne peuvent point en tenir chez eux, de crainte que les erreurs, les méprises & l'ignorance, de leur part, ne soient funestes à la santé des citoyens.

C'est par une suite de la nécessité des précautions que l'on croit devoir prendre, pour ce qui concerne la pharmacie, que dans les villes du royaume où il n'y a point de communauté d'*apothicaires* établie en règle, la police est en droit de savoir si celui qui se consacre à l'exercice de cet art, a toutes les attestations nécessaires pour constater sa capacité; ainsi, l'*apothicaire* qui veut s'établir dans un endroit où il n'y a point de maîtrise, doit nécessairement rapporter des lettres qui attestent cette capacité. C'est pour cela que les *apothicaires* de Paris ont le droit d'examiner, en présence d'un docteur en médecine, les sujets qui se destinent à l'exercice de leur profession dans les provinces, & de leur donner les lettres nécessaires en pareil cas. En présentant ces lettres au magistrat de police de l'endroit où l'on veut s'établir, & en faisant le serment de s'acquitter fidellement de son état, on peut dès-lors entrer en exercice. Ce seroit en vain que les autres *apothicaires* de l'endroit, s'il y en avoit, ne trouveroient point suffisante la réception faite par les *apothicaires* de Paris, on n'auroit nul égard à leurs oppositions, comme l'ont jugé différens arrêts.

Quoique les *apothicaires* aient le droit de composer des remèdes, cependant ils ne peuvent faire ni délivrer aucune composition de médecine pour quelque malade que ce soit, sans l'ordonnance d'un médecin : c'est ce qui a été jugé, le 29 avril 1595, au parlement de Paris, contre les *apothicaires* de Poitiers. La faculté de médecine a même été chargée, par un ancien arrêt de réglement du 3 août 1536, dont l'exécution a été ordonnée par divers arrêts postérieurs, d'aller faire, chez les *apothicaires*, des visites de leurs drogues, soit simples ou composées, afin de faire rejetter celles qui ne se trouvent pas de bonne qualité.

Un arrêt du parlement de Toulouse du 20 octobre 1557, dont il est parlé dans la Rocheflavin, enjoint aux docteurs-régens de la faculté de médecine, & aux administrateurs des villes du ressort, de faire perquisition des drogues chez les *apothicaires*, & de faire brûler celles qui ne seroient pas de bonne qualité. Cette police a été renouvellée par un autre arrêt de la même cour, du 2 juillet 1564; & pour qu'on s'y conforme plus particuliérement, il est enjoint aux docteurs-médecins de faire trois ou quatre visites dans l'année chez les *apothicaires*.

Lorsqu'il s'agit d'un embarquement, l'ordonnance de la marine veut que les drogues, dont le coffre du chirurgien d'un navire doit être garni, soient visitées par le plus ancien maître chirurgien du lieu, & par le plus ancien *apothicaire*, autre néanmoins que celui qui a fourni les drogues. L'objet de cette visite est de reconnoître s'il y a dans le coffre des drogues & des médicamens en suffisance, & s'ils sont de bonne qualité : ce qui est conforme à l'article 25 des statuts des *apothicaires* de Bordeaux, homologués par un arrêt du parlement de cette ville, en date du 2 mars 1697.

Privilèges des apothicaires. Ils ont un an pour demander le paiement des drogues ou des médicamens qu'ils ont fournis. L'article 125 de la coutume de Paris, qui fait le droit commun en cette partie, leur accorde ce temps-là; mais il ne faut pas conclure des dispositions de cette loi, qu'après ce délai il suffiroit de leur opposer une fin de non-recevoir; il en resulte seulement qu'en cas de contestation, sur la question de savoir si les fournitures ont été payées ou non, le serment *litis-décisoire* se défère après l'année au défendeur, & s'il refuse d'affirmer qu'il ne doit rien, on le condamne à payer.

Observez toutefois que si les fournitures ont été faites dans le cours d'une longue maladie & sans discontinuation, le serment se défère à l'*apothicaire*, quand même cette maladie auroit duré plus d'un an; mais il faut toujours qu'il se pourvoie dans l'année, à compter du jour que cette maladie a cessé, ou qu'il a discontinué de fournir.

Nous remarquerons, à ce sujet, que, lorsqu'un *apothicaire* a traité quelque maladie secrète, il doit éviter de la divulguer; Bouchel, dans sa Bibliothèque, fait mention d'un arrêt du parlement de Paris du 9 juillet 1599, par lequel un *apothicaire* fut condamné à perdre ce qui lui étoit dû, pour avoir décelé une maladie que la sagesse ne lui permettoit point de révéler.

Les *apothicaires* doivent être payés, par préférence, sur le prix des meubles du défunt, du montant des médicamens fournis dans sa dernière maladie : ce privilège est de même nature que celui des frais funéraires.

On a souvent agité la question de savoir si les *apothicaires* étoient incapables de recevoir des libéralités de ceux auxquels ils prêtent les secours de leur art. La jurisprudence des arrêts, attestée par différens auteurs, notamment par les plus célèbres commentateurs de la coutume de Paris, ne fait aucune difficulté de les mettre au rang des personnes prohibées, lorsque la libéralité a été faite dans le temps de la maladie du donateur, ou lorsque celui-ci étoit d'une mauvaise santé habituelle & souvent obligé de recourir aux ressources de la pharmacie; on sait que, si dans de pareilles circonstances on pouvoit recevoir des libéralités, il y a des occasions où il ne seroit pas difficile d'en obtenir. Il est vrai que Denisart fait mention d'un arrêt du 27 février 1740, confirmatif d'une sentence du châtelet de Paris, portant délivrance au sieur Piat, *apothicaire*, d'un legs universel à lui fait par la dame de la Croix. Cette dame étoit âgée de soixante-seize ans; son testament avoit été fait le sixième jour avant sa mort, dans un temps où le légataire lui fournissoit des drogues. Mais ce préjugé particulier, rendu dans des circonstances où la bonne foi du sieur Piat étoit établie par une infinité d'indices différens, notamment par des interrogatoires sur faits & articles, & par une enquête à laquelle on avoit procédé contre lui, ne détruit pas l'opinion généralement reçue, qu'il seroit d'une dangereuse conséquence d'autoriser de pareilles libéralités indistinctement dans tous les cas.

Si l'*apothicaire* étoit parent du donateur malade, & qu'il y eût des motifs pour faire penser que la donation a pu être le fruit seul de l'attachement, sa qualité d'*apothicaire* cesseroit alors de lui être nuisible, dès qu'il ne paroîtroit contre lui aucun fait de suggestion.

On agita en 1621, au parlement de Paris, la question de savoir si le fils d'un *apothicaire* avoit pu impétrer un bénéfice vacant par la mort de celui à qui son père avoit fait des fournitures : le procès étoit au sujet d'une prébende de l'église de Nantes, & il fut décidé, par un arrêt du 11 mars de la même année, qu'on trouve dans la bibliothèque canonique, que le bénéfice avoit pu légitimement s'impétrer, dès qu'il n'y avoit rien de la part du père qui annonçât le moindre reproche à lui faire.

Observations sur l'état de l'apothicaire. Celui qui exerce cet art, doit se comporter de façon à ne commettre aucune de ces fautes qui caractérisent une ignorance crasse, autrement il seroit responsable des événemens qui pourroient en résulter. Ses méprises peuvent être aussi de la plus grande conséquence; une drogue employée pour une autre, peut avoir des suites funestes. C'est pourquoi, comme ils ne sont point censés connoître ce qui convient à telle ou à telle maladie, ils ne peuvent composer ni distribuer de remèdes, sans être munis auparavant de l'ordonnance d'un médecin.

Une question est de savoir si l'état du pharmacien est compatible avec l'état ecclésiastique. D'après les principes établis par les canonistes modernes, l'affirmative est sans difficulté. Un pharmacien, c'est-à-dire, un *apothicaire*, ne fait rien qui puisse lui attirer le reproche de défaut de douceur; au contraire, les remèdes qu'il administre sont tous censés avoir pour objet le soulagement des malades. Basset rapporte un arrêt du grand-conseil du 29 avril 1603, qui permet l'exercice de la pharmacie à un curé.

Au reste, ceux qui s'adonnent à cette profession, doivent éviter particuliérement de délivrer des drogues dangereuses aux personnes suspectes. Il leur est expressément défendu, par la déclaration du mois de juillet 1682, à peine de punition corporelle, de garder chez eux aucun de ces poisons simples ou préparés qui n'entrent dans aucune composition médicinale, & qui ne peuvent servir qu'à nuire. A l'égard de ces minéraux qui sont mortels par eux-mêmes, mais qui cependant peuvent servir à des usages utiles, les *apothicaires* peuvent en délivrer, après néanmoins les avoir préparés pour les usages auxquels ils sont destinés. Mais, aux termes d'un réglement du 15 décembre 1732, il leur est enjoint de tenir ces minéraux, ainsi que les autres drogues qui peuvent produire des effets pernicieux, dans des lieux sûrs dont ils doivent garder la clef, sans qu'ils puissent les laisser à la disposition de leurs femmes, de leurs enfans, de leurs garçons, de leurs apprentifs ni de leurs domestiques, sous quelque prétexte que ce soit, à peine de mille livres d'amende pour la première fois, *&c.* & encore ne peuvent-ils délivrer de ces drogues & de ces minéraux, qu'à ceux qui, par leur état, sont censés en avoir besoin.

Suivant la déclaration de 1777, ils doivent avoir un registre particulier, coté & paraphé par le lieutenant général de police, sur lequel ils doivent inscrire le nom, la demeure & la qualité de ceux à qui ils vendent de ces minéraux, comme aussi le jour, le mois & l'année de la vente, qui ne peut être faite qu'à des personnes connues & domiciliées, qui doivent signer sur le registre.

APOTRES, (*terme de Droit.*) on appelloit ainsi autrefois des lettres dimissoires, par lesquelles les premiers juges, de la sentence desquels avoit été interjetté appel, renvoyoient la connoissance de l'affaire au juge supérieur & s'en dessaisissoient; faute de quoi, l'appel ne pouvoit pas être poursuivi. Ces sortes de lettres étoient aussi en usage dans les cours ecclésiastiques.

Mais ces *apôtres*-là ont été abrogés tant en cour laïque qu'en cour eccléſiaſtique : on s'en ſert cependant encore dans les appels aux conciles généraux, contre des jugemens & entrepriſes des papes, parce qu'alors les jugemens contre leſquels on veut ſe pourvoir, n'émanent pas d'un tribunal ſoumis aux ordonnances de nos rois ; ces lettres d'*apôtres* ſont alors regardées comme une atteſtation de l'appel interjetté.

On appelloit encore *apôtres* les lettres dimiſſoires qu'un évêque donnoit à un laïque ou à un clerc, pour être ordonné dans un autre diocèſe. *Voyez* DIMISSOIRE. (*H*)

APPANSEMENT, ſ. m. (*terme de Droit.*) ce mot n'eſt plus en uſage, il eſt ſynonyme à *délai.*

APPARAGER, v. a. (*Droit coutumier.*) ce terme a la même ſignification que ceux d'*apaner* & d'*apanager. Voyez ci-deſſus ces mots.*

APPARAT, s'employoit autrefois comme ſynonyme à *commentaire*, & on s'en eſt ſervi ſingulièrement pour déſigner la gloſe d'Accurſe ſur le digeſte & le code. *Voyez* DIGESTE & CODE. (*H*)

APPARAUX, ſ. m. (*Marine.*) ce mot ne ſe dit preſque jamais ſeul, on y joint celui d'*agrès*, & ces deux termes ſignifient ce qui ſert à équiper un vaiſſeau. Les agrès ſont les voiles, les cordages, les poulies, les vergues, les ancres, les cables & généralement tout ce qui eſt néceſſaire à la manœuvre du vaiſſeau, pour qu'il puiſſe naviguer. Les *apparaux* comprennent la même choſe, & de plus le gouvernail & l'artillerie ; ainſi le mot *apparaux* dit plus qu'*agrès*, mais il dit moins qu'*équipement*, qui ſignifie en outre les gens de l'équipage & les vivres.

L'ordonnance de la marine de 1681 veut que l'eſtimation des *apparaux* ſe faſſe par police, quand l'aſſurance eſt faite ſur la quille du vaiſſeau, ſauf à l'aſſureur à faire procéder à une nouvelle eſtimation, en cas de fraude.

APPAREILLEMENT, ſ. m. (*Droit coutumier.*) on appelle ainſi l'union des biens de deux perſonnes qui ſe remarient, & qui ont chacune des enfans de leur premier mariage. Cette union ſe fait par convention ; ſon effet conſiſte à réunir les biens des conjoints avec celui des enfans de leur premier mariage, de les confondre de manière que les enfans du mari, comme ceux de la femme, & les enfans du ſecond lit ſuccèdent également.

La coutume de Hainaut admet l'uſage des *appareillemens* ; autrement, dans cette coutume & dans pluſieurs autres de la Flandre Françoiſe & de la Picardie, tous les immeubles que le mari & la femme poſſèdent avant le premier mariage, ou qu'ils ont acquis pendant ſa durée, appartiennent aux enfans de leur premier lit, & les biens échus ou acquis pendant le ſecond mariage appartiennent à ceux du ſecond lit.

APPARITEUR, ſ. m. (*Juriſpr.*) ce nom déſignoit chez les Romains un officier prépoſé pour exécuter les ordres des magiſtrats. C'étoit à-peu-près ce que nous appellons *exempt*, *huiſſier* ou *ſergent.*

Les *appariteurs* étoient dans un tel mépris à Rome, que pour punir une ville dont les habitans s'étoient révoltés, le ſénat la condamna à fournir annuellement un certain nombre d'*appariteurs* aux magiſtrats.

Aujourd'hui nous appellons *appariteurs*, les huiſſiers de la juriſdiction eccléſiaſtique. Leurs fonctions ont lieu dans toute l'étendue de l'officialité à laquelle ils ſont attachés.

Ces *appariteurs* peuvent bien citer & aſſigner dans les cauſes qui ſe pourſuivent devant les officiaux ; mais lorſqu'il s'agit de faire une exécution ou quelque autre exploit de juſtice, en vertu d'une ſentence rendue par un juge eccléſiaſtique, on doit ſe ſervir d'un huiſſier ou ſergent de la juriſdiction ordinaire.

APPAROIR, (*en ſtyle de Palais*) eſt ſynonyme à *paroître* ; faire *apparoir*, c'eſt montrer, prouver, conſtater. Ce mot veut dire auſſi *être évident*, *être manifeſte.* Il eſt employé dans les lettres de grande & de petite chancellerie, adreſſées aux juges pour être entérinées : on y inſère toujours la clauſe, *s'il vous apparoît de la légitimité des prétentions*, *de la vérité de l'expoſé*, &c.

APPAROISSANT, *loi*, (*Coutume de Normandie, art.* 40 & *ſuiv.*) les rédacteurs de cette coutume ont donné à l'action en révendication, le nom d'*action de loi apparente* ou *apparoiſſante* ; ils ont voulu conſerver l'ancienne manière de parler, dans laquelle on appelloit *lex apparabilis*, loi *apparoiſſant*, le combat judiciaire qui terminoit preſque toutes les conteſtations ; par-là, ils ſe ſont énoncés d'une manière peu intelligible. Quoi qu'il en ſoit, la loi *apparoiſſante* n'eſt autre choſe qu'une action réelle, que la révendication que tout propriétaire peut intenter contre le poſſeſſeur de l'héritage qui lui appartient.

Pour que cette action ſoit légitime, il faut que le demandeur en action de loi *apparoiſſante* ſoit véritablement propriétaire, & qu'il en juſtifie ; qu'elle ſoit dirigée contre le poſſeſſeur ; que l'héritage ſoit déſigné par tenans & aboutiſſans. L'uſage, avant d'intenter cette action, eſt de prendre des lettres en la chancellerie près le parlement de Rouen : elle ſe preſcrit par quarante ans ; car, ſuivant la même coutume, cette poſſeſſion paiſible ſuffit, même ſans titre, pour acquérir irrévocablement la propriété.

La connoiſſance de la loi apparente, appartient au juge du lieu où eſt ſitué l'héritage, parce que c'eſt une action réelle ; mais elle doit être portée devant le juge royal, ou le juge haut-juſticier ; le juge vicomtier n'en peut connoître, quand bien même l'héritage conteſté ſeroit roturier.

Pendant le cours de l'inſtance, le poſſeſſeur n'eſt pas dépoſſédé, on ne peut pas même ordonner le ſequeſtre de l'objet en conteſtation, la coutume contient à cet égard une diſpoſition préciſe : mais si le possesseur succombe, il est condamné en la restitution des fruits, à compter du jour de sa possession, parce qu'il est regardé comme possesseur de mauvaise foi.

APPARTENANCE, (*en Droit.*) est synonyme à *dépendance*, *annexe*, &c. *Voyez l'un & l'autre.*

Ce mot est formé du latin *ad*, à, & *pertinere*, appartenir.

Les *appartenances* peuvent être corporelles, comme les hameaux qui appartiennent à un chef-lieu; ou incorporelles, telles que les services des vassaux ou censitaires. (*H*)

APPEAUX, vieux terme de pratique qui signifioit autrefois ce que signifient aujourd'hui les appels qu'on interjette d'une sentence ou d'un jugement qui n'est point rendu en dernier ressort: on dit même encore de quelques jurisdictions, un siège d'*appeaux*, pour signifier une justice qui en a d'autres dans son ressort.

Tout ce qu'on pourroit dire d'intéressant sur ce mot, se rapporte à l'article suivant. Nous observerons seulement qu'en Provence & en Languedoc, ce vieux terme d'*appeaux* se donne encore à certains juges devant lesquels on se pourvoit par appel, quoique l'on puisse pareillement interjetter appel des sentences de ces mêmes juges aux parlemens du ressort.

Avant la création des parlemens, il y avoit quelques provinces méridionales où l'on étoit dans l'usage de se pourvoir contre la décision des juges dont on avoit à se plaindre. A Castres, il y avoit une jurisdiction qu'on appelloit la justice des *appeaux*. Il y en avoit une autre à-peu-près semblable à Ségur, pour la province du Périgord, dont le ressort s'étoit peu-à-peu étendu dans le Limosin. Ce qu'il y a de singulier, c'est que ces jurisdictions s'étoient conservées même après l'érection des parlemens de Toulouse & de Bordeaux; car celle de Ségur n'a été bien formellement supprimée que par un édit du mois de janvier 1750, & celle de Castres par un autre édit du mois de mai de l'année suivante. Dans la coutume de Lille, on appelle procéder à *appeaux*, appeller le criminel à cris publics.

APPEL, (*Jurispr.*) c'est un remède de droit que les loix donnent aux parties, pour faire casser ou rectifier par les juges supérieurs une sentence que l'on croit injuste, & redresser les torts & griefs qu'elle fait à l'appellant.

On entend aussi par le mot *appel* l'action même par laquelle on a recours au juge supérieur.

On nomme *acte d'appel*, l'acte que celui qui se plaint d'une sentence fait signifier à celui qui a obtenu gain de cause, pour lui déclarer qu'on est appellant du jugement rendu à son profit.

On donne le nom de *lettres de relief d'appel*, aux lettres obtenues dans les chancelleries établies près des cours souveraines, pour relever l'*appel* interjetté d'un jugement qu'on veut y faire réformer.

Pour donner de l'ordre & de la précision à ce que nous avons à dire sur l'*appel*, nous diviserons cet article en plusieurs sections.

Nous exposerons, dans la première, l'usage ancien & moderne de l'*appel*, ses divisions, ses effets, les formalités qu'on y observe, & généralement tout ce qui concerne les *appels* ordinaires.

Dans la seconde, nous donnerons un précis sur les tribunaux où ressortissent les différentes jurisdictions établies dans le royaume.

Nous expliquerons, dans la troisième, les *appels* qualifiés.

Nous parlerons dans la quatrième, des *appels* en matière criminelle.

La cinquième traitera de l'*appel* des juges ecclésiastiques, & généralement de toutes les espèces d'*appel* en matière canonique.

SECTION PREMIÈRE.

Usage de l'appel, ses divisions, ses effets, &c.

L'*appel* est de droit naturel, il a toujours été & est encore en usage chez toutes les nations policées. Les jurisconsultes anciens & modernes l'ont, dans tous les temps, considéré comme un remède, non seulement contre l'iniquité, mais encore contre l'ignorance des juges. Les Romains le regardoient comme nécessaire; d'après leurs jurisconsultes, le droit canonique en a aussi admis l'usage, & on le trouve en vigueur chez toutes les nations qui se sont partagé l'empire romain.

Usage ancien & moderne de la France sur l'appel. Dans les premiers temps de la monarchie françoise, ou pour parler plus exactement, pendant la durée du gouvernement féodal, les roturiers ne pouvoient appeller des jugemens de leurs seigneurs ou de leurs cours.

Les nobles, les possesseurs de fiefs, pouvoient, à la vérité, user de la voie d'*appel* du jugement de leur seigneur, au seigneur suzerain; mais cet *appel* étoit un véritable défi à combat, par armes, qui devoit se terminer par le sang, ou de l'appellant ou de celui dont on soutenoit le jugement faux. L'*appel* alors étoit entre les mains de l'appellant un moyen qu'il auroit pu employer contre la partie adverse, & qu'il prenoit même contre le juge.

L'*appel*, dans ces temps barbares, étoit regardé comme une espèce de félonie, puisqu'il contenoit un démenti formel donné au seigneur, & qu'il lui reprochoit l'iniquité de son jugement: aussi par cette raison, le vassal qui se rendoit appellant de son seigneur, étoit-il obligé d'abandonner son fief, & de faire signifier cet abandon, avant de faire recevoir son *appel*, & d'offrir le gage de bataille. Par la même raison, si le seigneur se rendoit appellant d'un jugement rendu contre lui en sa cour, en faveur de son vassal, il renonçoit pareillement à l'hommage que le vassal lui devoit, ensorte que dans l'un ou l'autre cas, la perte du fief ou de l'hommage étoit une suite nécessaire de l'*appel*.

Cette jurisprudence entraînoit avec elle une multitude d'inconvéniens : pour y remédier, on imagina de ne point appeller directement du seigneur, mais seulement du jugement des pairs qui avoient assisté en sa cour, de le soutenir faux, méchant & calomniateur : par ce moyen, le seigneur n'étoit plus responsable personnellement du jugement dont on appelloit, le vassal ne commettoit plus de félonie envers lui, & n'encouroit plus la perte de son fief.

Les pairs du seigneur devenoient personnellement responsables de leur sentence, & ils étoient obligés d'en soutenir la validité contre l'appellant, par la voie du combat. S'ils avoient tous été d'un avis unanime, l'appellant étoit obligé de les combattre tous l'un après l'autre : s'ils avoient été partagés, l'appellant n'avoit alors affaire qu'à ceux qui lui avoient été contraires, & dont il soutenoit le jugement faux.

Il étoit facile aux parties de connoître ceux de leurs pairs dont l'avis leur étoit favorable ou préjudiciable, parce qu'on étoit dans l'usage de le prononcer tout haut.

L'*appel* ainsi interjetté de la part du condamné, les pairs qui l'avoient jugé, déclaroient qu'ils soutenoient leur avis bon & juste : alors le seigneur délivroit les gages de bataille, & faisoit donner à l'appellant sûreté qu'il soutiendroit son *appel*.

Le pair qui ne défendoit pas son jugement, ou qui succomboit dans le combat, payoit au seigneur une amende de soixante livres ; l'appellant vaincu payoit également soixante livres d'amende au seigneur, & une pareille somme à chaque pair : il lui en coûtoit même la vie dans les affaires capitales.

Sous S. Louis, l'usage s'introduisit d'appeller sans courir le hasard du combat, & on commença à juger les *appels* par droit ; mais il falloit appeller sur le champ : car celui qui, après le jugement, quittoit la cour de justice sans appeller, étoit réputé tenir le jugement.

Ce fut aussi sous le règne de ce roi, que les parlemens reçurent les *appels* des roturiers, parce qu'alors on commença à sentir l'injustice dont on usoit à leur égard, en les privant du seul moyen qu'ils eussent de se mettre à l'abri des vexations & du despotisme de leurs seigneurs & de leurs juges.

Jusqu'au règne de Philippe de Valois, l'usage étoit de rendre les juges responsables de leurs jugemens ; ensorte que, si l'*appel* étoit d'un juge royal, il devoit être ajourné pour répondre sur l'*appel* de la partie ; s'il étoit d'un juge seigneurial, on ajournoit le seigneur qui l'avoit institué. Pour ne point retenir trop long-temps les juges à la suite de la cour, le parlement de Paris étoit dans l'usage de former autant de rôles qu'il y avoit de provinces dans son ressort, & chacun de ces rôles étoit appellé alternativement dans un certain mois déterminé. Par ce moyen, les juges de chaque province connoissoient le moment où on statueroit sur les *appels* de leurs sentences, & se rendoient au pied de la cour pour y soutenir leurs jugemens.

Depuis Philippe de Valois, on ne rend plus les juges responsables de leurs sentences : on oblige la partie qui a gagné en première instance, à défendre à l'*appel*, de manière que le fait du juge est le fait de la partie en faveur de laquelle il a jugé. Cependant aujourd'hui même, lorsqu'il y a lieu de se plaindre nommément du juge, par exemple, s'il a jugé par haine, par faveur, s'il a été corrompu par présens, s'il a prononcé contre l'ordonnance, on peut le rendre responsable de son jugement, & l'ajourner lui-même : & c'est ce qu'on appelle la *prise-à-partie* ; mais on ne peut prendre cette voie sans la permission spéciale du juge supérieur. *Voyez* PRISE-A-PARTIE.

Division des appels. 1°. On peut d'abord diviser l'*appel* en *appel* simple & en *appel* qualifié.

L'*appel* est simple, lorsque l'appellant se plaint seulement que le juge s'est trompé, ou qu'il a jugé contre le droit & l'équité.

L'*appel* est qualifié, lorsque l'appellant attaque la compétence du juge, ou qu'il se fonde sur l'abus de son autorité. *Voyez ci-après section troisième.*

2°. Tout *appel* peut être indéfini ou limité. Il est indéfini, lorsqu'on attaque le jugement dans toutes ses parties : il est limité, lorsqu'on appelle de quelque chef, ou seulement des dépens.

3°. On distingue encore au palais les *appels*, en *appels* ou appellations verbales, & en *appels* par écrit.

L'appellation verbale se dit de l'*appel* interjetté d'une sentence rendue à l'audience ou sur délibéré.

On nomme *appel* par écrit, celui qui est interjetté d'un jugement rendu sur les productions respectives des parties dans un appointement à mettre ou dans un appointement en droit.

Les appellations verbales sont portées aux grandes chambres des parlemens ; les *appels* par écrit sont distribués aux chambres des enquêtes.

4°. On distingue aussi les *appels* en *appel* principal & en *appel* incident. Le principal est tout *appel* quelconque d'un jugement.

L'*appel* incident est celui qu'une partie interjette dans le cours de la procédure d'une sentence qu'on lui oppose, & dont on veut tirer quelque avantage contre elle. Cet *appel* s'interjette par une simple requête verbale, sans qu'il soit besoin de lettres de relief d'*appel*.

5°. On qualifie encore au palais quelques *appels* incidens, d'*appel en adhérant*, & d'*appel en tant que de besoin*.

L'*appel* en adhérant est un *appel* incident qu'on joint à ceux interjettés antérieurement ; il a lieu, lorsqu'on interjette incidemment *appel* de ce qui a suivi la sentence dont on s'est déjà rendu appellant, ou lorsqu'on appelle d'une seconde sentence qui prononce la confirmation d'une première dont on est appellant.

L'*appel en tant que de besoin* est un *appel* indéterminé qu'on interjette pour obvier aux avantages que la partie adverse voudroit tirer d'une sentence : on y ajoute ces mots, *en tant que de besoin*, pour que l'appellant ne soit pas condamné aux dépens qu'il est obligé de supporter dans un *appel* déterminé, lorsqu'il n'obtient pas gain de cause sur son *appel*.

Des jugemens dont on peut interjetter appel, & des personnes qui peuvent appeller. C'est une règle générale en France, qu'on peut interjetter *appel* de toute espèce de jugement d'un juge inférieur, lorsqu'il n'a pas le pouvoir de juger en dernier ressort : il importe peu que le jugement soit interlocutoire, c'est-à-dire, d'instruction, ou qu'il soit définitif : en ce point, notre jurisprudence diffère de la jurisprudence romaine, qui n'admettoit l'*appel* d'un jugement interlocutoire, que quand le grief étoit irréparable en définitif.

Les Romains reconnoissoient aussi des nullités de droit, ensorte qu'une sentence qui en étoit infectée, ne pouvoit passer en force de chose jugée, & n'avoit pas besoin d'être réformée par l'*appel*. Nous ne connoissons pas ces sortes de nullités de droit. Une sentence visiblement nulle & injuste doit être attaquée par la voie de l'*appel* : le juge supérieur peut seul en connoître, & la déclarer nulle.

On ne peut plus appeller d'une sentence qui a passé en force de chose jugée, suivant cet axiome de droit : *res judicata pro veritate habetur*, la chose jugée est une vérité. Un jugement acquiert cette autorité, lorsqu'on a laissé écouler le temps fixé par les ordonnances pour en interjetter *appel*, ainsi que nous le dirons dans le paragraphe suivant, ou lorsqu'on a acquiescé au jugement d'une manière, soit tacite, soit expresse.

La signification seule d'une sentence sans réserves ni protestations suffit pour empêcher la partie qui l'a fait signifier, d'en interjetter *appel* par la suite. Ainsi toute personne qui se propose d'appeller d'un jugement à l'égard de quelque chef qui lui fait préjudice, ne seroit plus recevable dans son *appel*, si, dans la signification, il ne fait une réserve expresse de se pourvoir contre les dispositions qui lui font griefs.

On trouve dans la collection de jurisprudence un arrêt du 13 août 1765, qui appuie cette décision.

Toutes personnes intéressées à une sentence peuvent en interjetter *appel*, quand bien même elles n'auroient pas été parties dans le jugement, & n'y auroient pas assisté. Mais tous ceux à qui le jugement ne porte aucun préjudice direct, ne sont pas recevables à en appeller. Cependant lorsque, dans le cours d'une instance, on oppose une sentence rendue entre d'autres particuliers, & qu'on prétend en tirer avantage, celui contre qui on l'oppose, peut s'en rendre appellant incidemment & en tant que de besoin.

Les tuteurs, curateurs & autres administrateurs des biens d'autrui peuvent interjetter *appel* des jugemens rendus contre les pupilles, les mineurs & autres personnes dont ils gèrent les biens : ils ne sont pas même responsables de l'événement de l'*appel*, lorsqu'ils ont eu la précaution de se faire autoriser par une assemblée de parens, voisins ou amis.

Les maires & échevins, les fabriciens d'une paroisse peuvent également interjetter *appel* d'un jugement qui porte préjudice à la ville ou à la paroisse, après s'y être fait légalement autoriser. Autrement ils s'exposent à être condamnés aux dépens en leur nom, sans pouvoir les répéter contre ceux dont ils administrent les biens.

Du temps accordé pour former l'appel. Les loix romaines avoient fixé des délais pour appeller. Ils n'étoient d'abord que de deux jours dans sa propre cause, & de trois pour appeller au nom d'un autre. Justinien les prolongea jusqu'à dix jours, après lesquels la sentence passoit en force de chose jugée.

Parmi nous, avant l'ordonnance de 1667, la faculté d'appeller d'une sentence duroit trente ans, parce que l'action qui dérive de la sentence pour l'exécuter, ne se prescrivant que par trente ans, il paroissoit raisonnable de ne pas donner de limites plus étroites à l'action que l'on a pour l'attaquer par la voie de l'*appel*.

La longueur de cette action mettoit dans une incertitude perpétuelle le sort & les biens des familles : personne ne pouvoit être sûr de ce qu'il possédoit, puisqu'il pouvoit être attaqué de nouveau au bout de trente ans, & voir renverser sa fortune & son établissement par l'événement d'un procès qu'il croyoit éteint par le laps de temps.

Aujourd'hui l'on n'admet la faculté d'appeller d'une sentence au bout de trente ans, que lorsque cette sentence n'a été signifiée ni à personne ni à domicile : mais une simple signification à personne ou à domicile restraint le délai d'appeller au terme de dix ans, soit entre absens, soit entre présens non privilégiés : & cet espace de temps se compte du jour de l'exploit de signification.

Le délai est de vingt ans pour les hôpitaux, les églises, les maladreries, les collèges, les universités.

Il ne court contre les mineurs, que du jour de leur majorité, & contre les absens pour le service du roi, qu'après le temps de leur service.

L'ordonnance de 1667 a même fourni à ceux qui ont lieu de craindre un *appel*, les moyens de forcer leurs adversaires de s'expliquer pendant un certain temps, après lequel la faculté d'interjetter *appel* est éteinte, lorsqu'on a rempli les formalités nécessaires pour les avertir & les constituer en retard.

Ces formalités sont d'abord de faire signifier la sentence à celui qui a été condamné, avec les formalités des ajournemens à personne ou domicile ; ensuite, lorsque trois années se sont écoulées depuis cette signification, il faut le sommer par exploit signifié avec les mêmes formalités, d'en interjetter *appel*. Si, après avoir été ainsi doublement averti, il n'interjette point son *appel* dans six mois de la sommation à lui faite, il est par la suite non-recevable à le faire.

Comme les hôpitaux, églises, collèges, universités & autres communautés privilégiées ont toujours été sous la protection des loix d'une manière particulière, le délai qui doit être entre la signification de la sentence & la sommation d'en interjetter *appel*, est doublé à leur égard, c'est-à-dire, qu'il est de six ans au lieu de trois. Ces délais, dans l'un & dans l'autre cas, ne courent pas moins contre les absens que contre les présens; & il n'y a d'affranchis de cette fin de non-recevoir, que les mineurs, tant que dure leur minorité, & les absens hors du royaume pour le service du roi, ou en conséquence de ses ordres.

Si celui qui a été condamné, vient à décéder pendant le cours du délai de trois années, ses représentans, soit à titre universel, soit à titre particulier, n'étant point présumés avoir connoissance des procédures faites contre lui, doivent être personnellement avertis par une procédure spéciale, & on leur accorde un accroissement de délai pour les mettre à portée de s'instruire des affaires du défunt. C'est pourquoi, outre ce qui reste à expirer du délai ordinaire, ils ont une année entière, après laquelle il faut leur faire signifier la sentence avec sommation d'en interjetter *appel;* & la sentence ne peut passer en force de chose jugée contre eux, qu'après les six mois, à compter de cette nouvelle sommation. La même chose a lieu en faveur du successeur d'un bénéficier qui auroit été condamné, & qui seroit mort dans l'intervalle de six années; ce successeur auroit une année & ce qui resteroit à expirer des six années, pour interjetter *appel*, & il n'y seroit non-recevable que six mois après la sommation personnelle qui lui en auroit été faite; cette seconde sommation doit avoir lieu, tant à l'égard des héritiers & représentans d'un défunt, que du successeur d'un bénéficier décédé, quand bien même on en auroit déjà fait une première, soit au défunt, soit au bénéficier mort avant leur décès, d'autant que cette première sommation peut être parfaitement inconnue à leurs successeurs ou représentans.

Du temps où l'appel doit être relevé, & de la désertion & péremption d'appel. Chez les Romains l'appellant étoit obligé de prendre des lettres démissoires ou libelles d'appellation qu'ils nommoient *apôtres*, dans les trente jours de l'*appel;* sinon il étoit censé désert, & l'on pouvoit mettre la sentence à exécution, si les parties n'avoient pas transigé.

Dans notre jurisprudence, les appellations des justices inférieures doivent être relevées dans les vingt-quatre jours; il en est de même de l'*appel* du juge-auditeur du châtelet de Paris, dont les *appels* se portent au présidial. Les *appels* des bailliages, portés aux présidiaux, se relèvent dans les quarante jours, & les *appels* portés au parlement ont un délai de trois mois.

Les appellations des sentences rendues dans les grueries royales doivent être portées aux maîtrises, & poursuivies dans la quinzaine, sinon les sentences s'exécutent par provision; l'ordonnance de 1669 veut qu'après le mois écoulé sans appel ou sans poursuite sur l'*appel*, les sentences soient exécutées en dernier ressort, comme ayant passé en force de chose jugée.

Les appellations des maîtrises portées directement aux sièges des tables de marbre, doivent être relevées dans le mois de la prononciation ou signification des sentences, & être mises en état d'être jugées dans les trois mois suivans. Les officiers chargés de ces appellations sont à cet effet tenus d'en faire leur rapport dans un mois pour tout délai, après qu'elles leur ont été distribuées, à peine d'en répondre en leur propre & privé nom. Cependant les jugemens rendus après l'expiration des délais fixés par l'ordonnance ne sont pas regardés comme nuls, lorsque les procureurs du roi dans les maîtrises ont occasionné le retard en négligeant d'envoyer aux procureurs généraux les pièces & mémoires instructifs.

Ce que nous disons des délais fixés pour relever les *appels* des maîtrises des eaux & forêts, reçoit deux exceptions. La première est fondée sur l'article 53 de l'édit du mois de mai 1716, qui accorde quatre mois pour faire juger les appellations des maîtrises situées au-delà de la Loire, qui ressortissent à Paris.

La seconde est en faveur des sentences des maîtrises, portant condamnation à peine afflictive ou infamante : la faculté d'en appeller ne se prescrit, quant à la peine, que par l'espace de vingt ans; mais elles s'exécutent après les trois ou quatre mois pour les amendes pécuniaires & les condamnations civiles.

L'*appel* des sentences portant condamnation, soit de paiement des droits des fermes, soit de confiscation & amende pour fait purement civil, doit être relevé par les appellans dans les trois mois, à compter du jour de la signification de la sentence à personne ou à domicile, & ils sont tenus de le mettre en état d'être jugé dans les neuf mois suivans. Dans l'un & l'autre cas, après le délai expiré, la sentence dont est *appel*, demeure confirmée de plein droit, & passe pour jugée en dernier ressort; l'amende même de fol *appel* & les dépens sont dus, dans le second cas, par l'appellant, faute d'avoir mis son *appel* en état d'être jugé.

Quoiqu'il soit vrai que l'*appel* est censé désert, lorsque l'appellant néglige de le relever dans les délais prescrits par la loi, la désertion n'a pas lieu dans les *appels* comme d'abus, & dans les *appels* en matière criminelle, parce que ces sortes d'*appels* intéressent le public, & que la négligence d'un particulier ne peut lui nuire.

La désertion d'*appel* ne s'acquiert pas de plein droit : elle doit être prononcée par le juge. La jurisprudence n'est pas certaine par rapport à la compétence du juge qui doit prononcer sur la désertion. Anciennement le juge dont étoit *appel*, connoissoit de la demande en désertion; mais un arrêt du 19 août 1756, rendu en la seconde chambre des enquêtes à Paris, a fait défenses aux juges du vidamé de Gerbois de déclarer déserts les *appels* interjettés en la cour de leurs jugemens : un arrêt de la tournelle, rendu en 1770, a confirmé une sentence de désertion d'*appel*, prononcée par le bailli de la seigneurie d'Alleri, ressortissant de la sénéchaussée de Ponthieu.

Comme il n'existe aucune loi précise sur cet objet, nous pensons qu'on peut indifféremment se pourvoir soit pardevant le juge dont est *appel*, soit pardevant le juge supérieur : dans l'un ou l'autre cas, la demande en désertion se fait par une assignation donnée à l'appellant, sur laquelle on prend un appointement au greffe devant un ancien avocat.

Si la désertion n'est pas acquise, le juge convertit la demande en désertion, en anticipation; il est même aujourd'hui d'usage au parlement de Paris de convertir toujours la désertion en anticipation, & d'opposer alors les fins de non-recevoir contre l'*appel*. *Voyez* DÉSERTION D'APPEL.

Lorsque l'appellant laisse passer trois ans sans faire aucunes poursuites sur l'*appel*, l'intimé peut demander que l'*appel* soit déclaré péri. Cette demande se fait par une requête qui peut être ou répondue d'un *viennent les parties à l'audience*, ou appointée à mettre. Dans l'un & l'autre cas, si l'appellant à qui cette requête a été signifiée, ne fournit pas de défenses dans les délais de l'ordonnance, il intervient arrêt qui déclare l'*appel* péri, met l'appellation au néant, & ordonne l'exécution de la sentence dont est *appel*. *Voyez* PÉREMPTION D'APPEL.

Il y a cette différence entre la péremption & la désertion d'*appel*, que l'*appel* déclaré péri est entiérement anéanti par le jugement; ensorte que l'appellant ne peut plus poursuivre sur son *appel*, & que la sentence doit être exécutée : mais lorsque l'*appel* a été simplement déclaré désert, l'appellant à la vérité ne peut plus poursuivre en vertu de cet *appel*, mais il peut en interjetter un nouveau, s'il est encore dans le temps d'appeller, en refondant les dépens de l'*appel* & du jugement de désertion, qui doivent être taxés par une seule & même déclaration.

L'article 40 du tarif de 1622 assujettit les déclarations d'*appel* à un droit de contrôle, fixé à seize sous pour les *appels* de sentences d'un juge inférieur : &, quoique cette déclaration soit faite en forme d'acte sous signature privée, si elle est signifiée le même jour sur un même cahier, elle n'est considérée que comme un seul & même acte avec la signification, & il n'est dû que le droit de contrôle de l'exploit : des arrêts du conseil des 3 septembre, 15 octobre 1728, & 8 janvier 1729 l'ont ainsi décidé.

Mais si la déclaration d'*appel* est distincte de l'exploit de signification, il est dû un droit de contrôle pour chacun de ces actes. Un arrêt du conseil du 21 mars 1739 a débouté les procureurs du ressort du parlement d'Aix, d'une demande en restitution de droits de contrôle, perçus pour des déclarations d'*appel*, désistemens & autres actes semblables, faits sous signature privée, & distinctement de l'exploit de signification.

Les significations de relief d'*appel*, quoique faites de procureur à procureur, sont sujettes au droit de contrôle.

Le droit de petit scel est dû sur le pied fixé par la seconde classe du tarif du 20 mars 1708, pour toutes les sentences & jugemens qui déboutent les appellans : le conseil l'a décidé ainsi par un arrêt du 30 juillet 1729.

Lorsque les appellans succombent, ils doivent être punis par une amende qu'ils sont tenus de consigner avant de faire juger leur *appel*, ainsi qu'on l'a dit au mot AMENDE.

Il n'y a que les avocats qui aient le droit de plaider les causes d'*appel*. Un arrêt du parlement de Paris, du 20 décembre 1741, a fait défenses d'exécuter une sentence du siège de Sézanne, qui permettoit aux procureurs de les plaider. Cet arrêt a été confirmé par un autre du 20 mars suivant, rendu sur l'opposition des procureurs de Sézanne au premier arrêt : de pareils arrêts ont été rendus, les 26 septembre 1741, & 3 septembre 1742, en faveur des avocats de Gueret & de Boulogne-sur-mer, contre les procureurs des mêmes villes.

De l'effet de l'appel. Pour connoître entiérement l'effet de l'*appel*, il faut remarquer d'abord qu'on peut interjetter *appel* de toute sentence qui n'est pas rendue en dernier ressort, soit que le jugement soit interlocutoire ou d'instruction, soit qu'il se trouve définitif.

L'*appel* d'un jugement interlocutoire n'est pas suspensif & n'arrête pas réguliérement le cours de la procédure : ainsi l'*appel* d'un jugement qui ordonne une visite d'experts, peut toujours être exécuté, nonobstant l'*appel* qu'une des parties en auroit interjetté.

Mais tout *appel* de jugement définitif est en même temps suspensif & dévolutif; il empêche l'exécution de la sentence dont est *appel*, & en porte la connoissance au juge supérieur.

Cette règle générale souffre néanmoins quelques exceptions : il y a des sentences qui s'exécutent par provision, soit par rapport à la nature de l'affaire, soit par rapport à la qualité du juge.

Par rapport à la nature de l'affaire, on exécute par provision toutes les sentences rendues en matières provisoires, lorsqu'il est besoin de célérité, ou qu'il pourroit y avoir péril à la demeure; telles sont les sentences qui ordonnent l'élargissement de prisonniers pour dettes, les réclamations de dépôt, les salaires des ouvriers, des domestiques, des hôteliers, la vente d'effets périssables, les loyers, les alimens, les médicamens, l'acceptation ou le rejet des cautions, & autres affaires de ce genre.

On exécute aussi par provision les sentences de police, à quelque somme qu'elles puissent monter, lorsque

lorsque le public y est intéressé ; les jugemens pour le ban & l'arrière-ban, à cause de l'intérêt de l'état ; les sentences de reddition de comptes de communauté.

La qualité du juge donne une exécution provisoire aux sentences présidiales, rendues au second chef de l'édit ; à celles des juges-consuls, qui contiennent des condamnations au-dessous de cinq cens livres ; à celles des trésoriers de France en matière de voirie, & lorsqu'il s'agit de la perception ou du recouvrement des droits du roi, lorsque le fond du droit n'est pas contesté ; & assez généralement à toutes celles qui ont été rendues par des juges d'attribution.

Les cours souveraines sont dans l'usage d'accorder des défenses d'exécuter les sentences provisoires ; ces défenses occasionnent de très-grands abus ; souvent un plaideur de mauvaise foi ne poursuivroit pas l'*appel* d'un jugement qui l'a condamné, s'il n'espéroit arrêter l'exécution provisoire de ce jugement, lasser la patience de son adversaire, & le fatiguer par la longueur & l'incertitude de la procédure. Il seroit à souhaiter qu'on n'accordât jamais de défenses qu'en connoissance de cause, & lorsqu'il paroîtroit évidemment que le juge inférieur a excédé ses pouvoirs, en ordonnant l'exécution provisoire de sa sentence.

Section II.

Des tribunaux où ressortissent les appels des différentes jurisdictions du royaume.

En général, toutes les appellations se relèvent devant les tribunaux où les juges dont est *appel* ressortissent immédiatement.

1°. L'*appel* des sentences du moyen & du bas-justicier se porte devant le haut-justicier : l'*appel* de celui-ci se relève ordinairement au bailliage ou à la sénéchaussée royale du ressort : il faut cependant en excepter quelques justices seigneuriales qui ressortissent à d'autres justices de seigneurs plus relevées, comme un comté, une baronnie.

2°. L'*appel* des juges des pairies ressortit nuement au parlement pour les cas ordinaires, & non devant le bailli ou sénéchal royal, pourvu que, lors de l'érection de la pairie, le seigneur ait indemnisé les officiers du tribunal où ressortissoit l'*appel* avant l'érection de cette pairie ; autrement l'*appel* des jugemens de la même pairie continue toujours à ressortir devant ces officiers. A l'égard des deux cas de l'édit, l'*appel* des pairies se porte aux sièges présidiaux, dans le ressort desquels elles sont situées.

3°. Le juge où ressortit l'*appel* des prévôts ou châtelains royaux, est le bailli ou sénéchal pour les cas ordinaires ; &, pour les cas de l'édit, c'est le présidial dans l'étendue duquel les prévôtés ou châtellenies sont situées.

Il y a néanmoins quelques exceptions à cette règle. 1°. Les appellations des sentences rendues par les prévôts en matière de renvois & déclinatoires, doivent être portées nuement au parlement, comme l'ont jugé divers arrêts, &, entre autres, un du 20 juillet 1713.

2°. Les appellations des sentences des prévôts & autres juges royaux, portant condamnation d'amende contre les avocats, procureurs, greffiers, sergens & autres praticiens, pour désobéissance & contraventions par eux faites à l'édit de Cremieu & aux déclarations postérieures, doivent pareillement être relevées nuement au parlement, suivant la déclaration du 17 mai 1574 : ce qui depuis a été confirmé par plusieurs arrêts, & particuliérement par un du 5 août 1602, rendu pour la Rochelle, & par un autre du 20 avril 1660, rendu pour Vic en Carladès.

Cependant l'arrêt du 17 avril 1612, rendu pour Sens, a jugé que, dans ce cas de condamnation d'amende, l'*appel* d'une sentence de la prévôté devoit être porté au bailliage.

Au reste, cette disposition est sans objet depuis la déclaration du 28 janvier 1682, qui défend de condamner à l'amende pour transport de jurisdiction, à moins qu'on ne dise que cette déclaration n'a lieu que pour les amendes prononcées par des jurisdictions indépendantes l'une de l'autre.

3°. Les appellations interjettées des prévôts & autres juges royaux, comme chargés de l'exécution des arrêts du parlement, ressortissent aussi nuement au parlement.

4°. En matière de lettres de répit, lorsque ces lettres ont été adressées à un prévôt, comme plus prochain juge royal de celui qui les a obtenues, les *appels* des sentences rendues en conséquence, vont nuement au parlement. Il en seroit de même, quand il s'agiroit, dans ce cas, de l'*appel* d'un juge de seigneur.

5°. C'est encore au parlement que se portent immédiatement les *appels* des jugemens rendus par les prévôts sur des contestations relatives aux biens patrimoniaux des villes.

4°. Les tribunaux où ressortissent les appellations des sentences des baillis ou sénéchaux royaux & des juges des pairies, sont les parlemens & les cours souveraines, dans le ressort desquels ces justices sont situées. Il faut toutefois excepter de cette règle les causes soumises à l'édit des présidiaux : elles doivent, en cas d'*appel*, être portées au présidial du ressort.

5°. L'*appel* des conservatoires des universités se porte aussi au parlement dans les cas ordinaires, & au présidial dans les cas de l'édit.

6°. L'*appel* des jugemens des requêtes de l'hôtel & des jurisdictions consulaires, excepté dans les cas où ces tribunaux jugent en dernier ressort, se porte aussi au parlement.

7°. En matière d'eaux & forêts, les appellations des grueries royales doivent être portées aux maîtrises, & poursuivies dans la quinzaine. Celles des grueries des seigneurs, ainsi que celles des maîtrises, se relèvent aux tables de marbre, soit par requête ou par lettres, au choix des parties. Dans les lieux où les tables de marbre ont été supprimées, les *appels* des eaux & forêts se relèvent au parlement.

Les appellations des sentences rendues aux tables de marbre, lorsqu'elles ne jugent pas au souverain, doivent être relevées aux parlemens dans le mois, & jugées dans les trois mois, de même que les *appels* des maîtrises.

On peut se dispenser de porter aux tables de marbre les *appels* des sentences des maîtrises, concernant le fonds des bois du roi, & autres dans lesquels sa majesté a intérêt. Ces sortes d'affaires peuvent ressortir directement aux cours de parlement : il en est de même des appellations comme de juge incompétent.

Les *appels* des jugemens rendus sur des procès instruits en vertu d'ordres du conseil, ressortissent directement au conseil. Deux arrêts de ce tribunal, des 4 février & 2 mai 1693, font défenses aux officiers des tables de marbre, & autres, de prendre connoissance de ce qui aura été fait par les officiers des maîtrises en exécution des ordres du conseil, à peine d'interdiction & des dépens, dommages & intérêts des parties.

Les *appels* des jugemens des grands-maîtres ne peuvent être relevés qu'aux cours de parlement : ce qui a lieu, non-seulement pour les jugemens qu'ils rendent aux sièges des tables de marbre à l'ordinaire, ou avec les officiers des maîtrises, sur les instructions faites par ces officiers, mais encore de ceux qu'ils rendent seuls en procédant à leurs visites & informations. Divers arrêts du conseil font défenses aux officiers des tables de marbre de recevoir ces appellations, à peine de nullité, & aux procureurs, de présenter aucune requête à cet effet, à peine de trois cens livres d'amende.

Lorsque les grands-maîtres ont jugé en vertu d'ordres particuliers du conseil, les appellations de leurs sentences se portent alors à ce tribunal.

Les appellations des sentences rendues dans les jurisdictions des capitaineries royales se portent au conseil, suivant les réglemens intervenus avant & depuis l'ordonnance de 1669, qui n'en parle pas.

En Lorraine, les *appels* des jugemens rendus par les gruyers des seigneurs, en fait d'eaux & forêts, se relèvent aux bailliages où ressortissent les justices de ces seigneurs, &, en dernier ressort, au parlement, en observant néanmoins que les procédures instruites au grand criminel doivent ressortir à la cour sans passer par le degré des bailliages.

Dans cette même province, les *appels* des maîtrises se relèvent à la chambre des comptes, lorsqu'il s'agit des délits commis dans les bois, eaux & forêts du domaine du roi, ou des communautés & paroisses situées dans les hautes-justices du roi; mais ils se portent au parlement de Nancy pour les jugemens qui concernent les eaux & forêts des particuliers & des communautés laïques.

8°. Les *appels* des ordonnances & jugemens rendus par les intendans & commissaires départis dans les provinces, se relèvent au conseil par lettres du grand sceau, ou par arrêt de soit communiqué : c'est la disposition de l'article 8 du réglement du conseil du 28 juin 1738 : &, par l'article suivant, il est dit que ces ordonnances ou jugemens seront exécutés par provision, nonobstant l'*appel*, & qu'il en sera inséré une clause expresse dans les lettres ou dans l'arrêt qui recevra la partie appellante : ce qui doit être observé, à peine de nullité.

Lorsqu'il s'agit de cotes d'offices dans l'imposition de la taille, l'*appel* des ordonnances rendues à ce sujet par les commissaires départis, doit être porté à la cour des aides, en se conformant à ce qui est prescrit par la déclaration du 20 mai 1759.

9°. Les *appels* des sentences des prévôtés des monnoies se portent à la cour des monnoies.

10°. Les *appels* des sentences de la connétablie, des prévôts des marchands & échevins, & des sentences arbitrales, se relèvent au parlement : il en est de même des sentences des juges conservateurs des privilèges des foires.

11°. Suivant les lettres-patentes du 14 mai 1727, les appellations des jugemens, tant interlocutoires ou préparatoires que définitifs, rendus dans les bureaux des finances, doivent être portées aux parlemens, à la charge par ces cours de se conformer à l'article 2 du titre 6 de l'ordonnance de 1667. Et, par un arrêt rendu en forme de réglement le 26 avril 1758, le parlement de Paris a ordonné que l'*appel* des ordonnances & jugemens, tant préparatoires, provisoires ou interlocutoires, que définitifs, rendus par les trésoriers de France, en toute matière de domaine & de voirie, à la requête des parties ou du procureur du roi, ne pourroit être porté qu'à ce tribunal.

L'*appel* des mêmes jugemens n'est pas recevable, lorsqu'il n'est question que de deux cens cinquante livres une fois payées, ou de dix livres de rente en fonds.

12°. Les *appels* des élections, greniers à sel & bureaux des traites foraines, se relèvent aux cours des aides ou aux tribunaux qui en font les fonctions. Mais il faut observer à ce sujet que l'article 34 de la déclaration du premier août 1721, contenant réglement général pour le tabac, enregistrée à la cour des aides le 26 septembre suivant, porte que ceux qui auront été condamnés par des sentences à des amendes ou à des peines afflictives, ne pourront être reçus appellans qu'ils n'aient consigné dans le mois, à compter du jour de la prononciation ou signification des sentences, la somme de trois cens livres entre les mains du fermier ou de ses commis; & il est en conséquence défendu aux procureurs & huissiers de signer ni signifier aucun acte ni relief d'*appel*, sans donner copie de la quittance de consignation qu'ils sont tenus de se faire représenter; le tout à peine de nullité & de cent livres d'amende.

Ces dispositions s'exécutent, & des arrêts de la cour des aides, des 20 septembre & 12 décembre 1737, qui n'y étoient pas conformes, ont été cassés par un arrêt du conseil du 7 janvier 1738, lequel a condamné le procureur à l'amende de cent livres pour avoir signé la requête de deux contrebandiers appellans qui n'avoient pas consigné les trois cens livres.

Il faut aussi remarquer que les sentences de condamnation pour le paiement des droits des fermes du roi, sont exécutoires par provision & nonobstant l'*appel*, à quelque somme que ces droits puissent monter. Elles sont pareillement exécutoires, par provision & nonobstant l'*appel*, pour le paiement des amendes & confiscations, à moins qu'il n'y ait inscription de faux contre les procès-verbaux qui ont donné lieu aux condamnations. Mais, à l'égard des dépens, l'*appel* a un effet suspensif.

Il est défendu aux officiers de la cour des aides de recevoir l'*appel* des contraintes, commandemens, saisies & exécutions faites en conséquence, sauf aux redevables à se pourvoir par opposition pardevant les élus, & à appeller des jugemens qui seront rendus sur leur opposition.

Lorsqu'il y a *appel* de ces jugemens à la cour des aides, il doit être jugé à l'audience, ou tout au plus, après un délibéré sur le registre, & sans épices.

Il est aussi défendu aux cours des aides de recevoir l'*appel* des sentences des élus, lorsque les condamnations n'excèdent pas la somme de trente livres, ou que les condamnés ne contestent que jusqu'à la concurrence de cette somme, pourvu toutefois qu'il n'y ait point de privilège à juger.

13°. Les *appels* des jugemens rendus par les juges du canal de Briare, établis à Ozouer-sur-Trezée, devoient, suivant les lettres-patentes du mois de septembre 1638, se relever devant le prévôt des marchands & les échevins au bureau de la ville; mais l'arrêt d'enregistrement du 15 avril 1639, a ordonné que ces *appels* ressortiroient, tant en matière civile que criminelle, à la grand'chambre du parlement.

14°. En Bretagne, les appellations des jugemens rendus en matière de devoirs, impôts & billots, traites, ports & havres, fouage, tabac, & généralement de tout ce qui regarde les droits du roi, ceux des fermes & domaines, les levées de deniers ordinaires & extraordinaires, les deniers d'octrois des villes, les fraudes aux droits du roi, les contraventions aux ordonnances ou réglemens concernant ces droits, & aux baux des états, se relèvent directement au parlement, conformément à la déclaration du 20 août 1732.

Il n'y a, dans la même province, que deux degrés de jurisdiction dans toutes les affaires où il s'agit de saisies-réelles, baux judiciaires, criées, bannies, enchères, adjudication d'immeubles, comptes de receveurs des consignations, de sequestre & de commissaires aux saisies-réelles, de sentence d'ordre & de distribution de deniers, de la qualité d'héritier bénéficiaire, de la discussion de bénéfice d'inventaire, d'institution de tuteurs & curateurs des mineurs & interdits, de la vente ou administration de leurs biens, &c. dans tous ces cas, les *appels* se relèvent directement au parlement de Rennes.

15°. Autrefois les *appels* des sentences rendues au bailliage de Versailles se relevoient au châtelet; mais, par une déclaration du mois de mars 1751, il a été ordonné que ces *appels* seroient portés directement au parlement.

16°. Les *appels* des sentences de la prévôté de l'hôtel se relèvent au grand conseil, & ceux des sentences rendues au bailliage de l'artillerie de France séant à l'arsenal de Paris, se relèvent au parlement de cette ville.

17°. L'*appel* d'une taxe ou exécutoire de dépens, s'instruit dans le tribunal même où l'exécutoire est décerné. Au châtelet, c'est M. le lieutenant civil qui juge ces *appels*.

Au parlement de Paris, on renvoie les *appels* d'exécutoires de dépens devant un ancien procureur pour donner son avis.

18°. Les officiers des sièges généraux des amirautés aux tables de marbre, connoissent par *appel* des jugemens rendus par les juges des amirautés particulières. Ces *appels* doivent être relevés dans les six semaines, sinon le jugement s'exécute nonobstant l'*appel*, en donnant caution. Les sentences des amirautés particulières s'exécutent aussi nonobstant l'*appel*, lorsque les condamnations n'excèdent pas cinquante livres.

SECTION III.

Des appels qualifiés.

Nous avons observé dans la section première de cet article, qu'on distinguoit, en matière civile, l'*appel* simple & l'*appel* qualifié; nous avons ajouté qu'on nommoit *appel qualifié*, les *appels* comme d'abus, les *appels* comme de juge incompétent, de déni de justice, de déni de renvoi. Tout ce que nous avons dit de l'*appel* simple, soit par rapport aux formalités, à la désertion & péremption des *appels*, doit s'appliquer également aux *appels* qualifiés.

Nous ne parlerons pas ici de l'*appel* comme d'abus, parce que nous en avons traité fort au long sur le mot ABUS. Nous allons nous borner à faire connoître succinctement chaque espèce des autres *appels* qualifiés.

1°. Il y a lieu à l'appellation de déni de renvoi, lorsque le défendeur, dès le commencement de la procédure, avant la contestation en cause, a proposé une exception déclinatoire dont il a été débouté par le juge.

2°. L'*appel* d'incompétence a lieu toutes les fois qu'un juge a jugé une cause qui n'étoit pas de sa compétence, même dans le cas où on ne lui en auroit pas demandé le renvoi. Mais il est nécessaire que le jugement qu'on veut attaquer comme incompétent, ait été rendu par défaut; car si on avoit contesté au fond pardevant ce juge, on auroit reconnu sa compétence, & l'*appel* comme de juge incompétent ne seroit pas recevable.

Un arrêt du parlement de Paris, du 27 juin 1704, a décidé que les parlemens seuls peuvent connoître de l'incompétence des juges inférieurs.

L'*appel* comme de juge incompétent n'a point d'effet suspensif, & le juge dont est *appel*, peut continuer l'instruction commencée, jusqu'à sentence définitive; mais si, par l'événement de l'*appel*, il est déclaré incompétent, toute l'instruction par lui faite est déclarée nulle.

Les *appels* de déni de renvoi & d'incompétence se vuident au parquet par l'avis des avocats généraux, quand bien même le juge dont est *appel* ne ressortiroit pas nuement au parlement.

3°. L'ordonnance de 1667 permet d'appeller comme de déni de justice, lorsque le juge refuse de juger une affaire pendante devant lui, ou de rapporter celle dont il est chargé. Mais, avant de pouvoir interjetter cet *appel*, il faut faire deux sommations de huitaine en huitaine, pour les juges ressortissans nuement au parlement, & de trois jours en trois jours pour les autres. Ces sommations doivent être faites au domicile du juge ou au greffe de sa jurisdiction, en parlant au greffier ou à son commis.

Cette appellation se juge par expédient, sur l'avis des avocats généraux, ainsi que l'*appel* comme de juge incompétent.

4°. Il existe encore un *appel* qualifié qui est celui de récusation de juge. Cet *appel* n'est pas suspensif: mais, dans les cas de descentes, informations ou enquêtes, le juge récusé ne peut passer outre, & il doit y être procédé par un autre officier non suspect aux parties. Cet *appel* doit être jugé sommairement sans frais & sans épices : si le jugement est favorable à l'appellant, on ordonne au juge récusé de s'abstenir, sinon on donne congé de la requête.

SECTION IV.

Des appels en matière criminelle.

En matière criminelle, on peut appeller non-seulement des sentences définitives qui ne sont pas rendues en dernier ressort, mais encore de tous les jugemens interlocutoires & d'instruction : c'est une voie de droit que la loi accorde aux accusés & aux plaignans, à la partie civile & à la partie publique. Elle est ouverte à celle-ci contre les sentences ou ordonnances des premiers juges qu'elle croit préjudiciables à l'intérêt public : elle est ouverte à la partie civile, quand elle pense que la sentence lui porte préjudice : l'accusé enfin peut y avoir recours, quand il croit qu'il y a injustice dans le jugement rendu contre lui.

L'*appel* en matière criminelle est libre ou forcé. Il est forcé dans le cas où la sentence définitive condamne l'accusé à une peine afflictive, c'est-à-dire, que, dans ce cas, il est nécessaire & de plein droit, indépendamment de l'accusé & des autres parties. Dans toutes les autres espèces, les parties qui ont intérêt à la sentence, peuvent y acquiescer ou en interjetter *appel*.

De l'appel à minimâ, *& des personnes qui ne peuvent appeller.* L'accusé doit être considéré comme la principale des parties à qui le droit d'*appel* est accordé. Ses moyens d'*appel* peuvent être tirés de la forme ou du fond du jugement dont il est appellant, ou de l'incompétence du juge.

La partie publique peut aussi appeller, lorsque ses conclusions ne sont point suivies, & en général lorsqu'il lui paroît que le jugement dont elle appelle, pourroit, s'il étoit exécuté, nuire à la poursuite ou punition du crime, ou qu'il ne prononce pas une peine proportionnée au délit. On donne ordinairement le nom d'*appel à minimâ* à ce dernier *appel*.

Mais s'il a été rendu un jugement plus sévère que celui auquel la partie publique avoit conclu, elle ne peut plus appeller *à minimâ*, comme l'ont jugé deux arrêts du parlement de Paris, des 27 novembre 1674, & 18 mars 1680. Dans ce cas, cette sorte d'*appel* ne peut être interjettée que par le procureur général.

Il faut aussi remarquer que le ministère public ne doit interjetter *appel à minimâ*, que dans les affaires où il échet peine afflictive, sinon il pourroit courir le risque d'être pris à partie.

Lorsque la partie publique a appellé *à minimâ* dans un cas où il y a lieu de le faire, elle ne peut plus se désister de son *appel*. C'est ce qu'a jugé le parlement de Paris par arrêt du 13 mai 1683.

La partie civile peut aussi interjetter *appel* des sentences ou ordonnances rendues en matière criminelle, lorsqu'elle croit en avoir reçu quelque préjudice; mais elle n'a pas le droit d'appeller *à minimâ* de la peine prononcée contre l'accusé, parce que la vengeance publique ne la concerne point, & qu'elle n'intéresse que le ministère public.

La faculté d'appeller des jugemens rendus en matière criminelle, n'appartient qu'aux accusés, à la partie publique & à la partie civile. Ainsi un dénonciateur n'a pas le droit d'interjetter *appel* d'une sentence d'absolution, comme l'a jugé le parlement de Paris par arrêt du 14 mai 1709.

Un autre arrêt du même tribunal du premier septembre 1704, a jugé qu'un seigneur à qui la confiscation appartient, n'est pas fondé à appeller d'une sentence de condamnation à mort, sur le prétexte que cette sentence adjuge à la partie civile des dommages & intérêts trop forts, au préjudice du droit de confiscation.

Dans quel tribunal se portent les appels, & en quel temps ils doivent être interjettés? Toutes les appellations des sentences préparatoires, interlocutoires & définitives doivent être portées directement aux cours supérieures dans les accusations pour crimes qui méritent peine afflictive; mais s'il s'agit de délits où il n'échet point de peine afflictive, les accusés ont le choix de se pourvoir par *appel* aux cours supérieures ou aux bailliages : c'est ce qui résulte de l'article premier du titre 26 de l'ordonnance criminelle.

Il suit de ce principe, que, dans le cas où il n'échet point de peine afflictive, le plaignant ne peut pas, sur l'*appel* interjetté de la sentence d'un prévôt ou d'un juge de seigneur, se pourvoir par anticipation à la cour, lorsque l'accusé appellant a déclaré vouloir que l'*appel* fût porté au bailliage : autrement l'accusé seroit, par cette anticipation, privé du bénéfice qui lui est accordé par la loi. Il est même d'usage, lorsque l'accusé ne s'est point expliqué à cet égard dans son acte d'*appel*, de lui faire une sommation d'opter; & s'il ne répond point à cette sommation, le plaignant a le choix de l'intimer au bailliage ou au parlement. Divers arrêts l'ont ainsi jugé.

Pour que l'état de l'accusé ne soit pas trop long-temps incertain, s'il est absous ou condamné par sentence à une peine qui soit moindre que celle à laquelle la partie publique avoit conclu, il peut signifier le jugement à cette partie publique, & la sommer d'en appeller ou d'y acquiescer. Si, après ces diligences, la partie publique n'interjette point *appel* de ce jugement, l'accusé peut en demander l'exécution aux juges, & ils doivent la lui accorder.

Remarquez à ce sujet que plusieurs arrêts ont enjoint aux procureurs du roi & à ceux des seigneurs, d'interjetter *appel* des sentences dont ils veulent appeller, aussi-tôt qu'elles leur auront été prononcées ou signifiées.

La partie publique, en faisant prononcer ou signifier à l'accusé une sentence de condamnation au bannissement ou à quelque autre peine dont l'*appel* est libre, peut aussi, de son côté, obliger cet accusé d'exécuter promptement ce jugement, ou de l'attaquer par la voie d'*appel*.

Afin que les parties puissent signifier les sentences ou ordonnances qui les concernent, ou les attaquer par la voie d'*appel*, elles ont la liberté de les lever, quand il leur plaît, & les greffiers ne peuvent refuser de leur en délivrer des expéditions.

Effet de l'appel en matière criminelle. En matière de jugement ou ordonnance d'instruction, l'*appel* n'a aucun effet suspensif : c'est pourquoi il doit être procédé à cette instruction & au jugement des procès criminels, nonobstant toutes appellations, même comme de juge incompétent & récusé; &, si les accusés refusent de répondre, sous prétexte d'*appel*, leur procès doit leur être fait comme à des muets volontaires, jusqu'à sentence définitive inclusivement : c'est ce que prescrit l'article 2 du titre 25 de l'ordonnance criminelle.

Il faut toutefois observer que les procédures faites avec les accusés volontairement & sans protestation de leur part, depuis leurs appellations sur des jugemens ou ordonnances d'instruction, même comme de juge incompétent ou récusé, ne peuvent leur être opposées comme fins de non-recevoir : c'est ce qui résulte de l'article 3 du même titre.

Et, suivant l'article 4 du titre 26, les cours ni les autres juges d'*appel* ne peuvent accorder aucune défense de continuer l'instruction des procès criminels, sans avoir vu les charges & informations, & sans conclusions du ministère public.

Quoiqu'en général, l'*appel* d'une sentence définitive, interjetté par l'accusé, en suspende l'exécution, cependant, lorsqu'elle ne contient que des condamnations pécuniaires, elle doit être exécutée par provision, nonobstant l'*appel*, en donnant caution, si, outre les dépens, ces condamnations n'excèdent pas quarante livres d'intérêts civils envers la partie, & vingt livres d'amende envers le seigneur dans les justices seigneuriales, cinquante livres envers la partie, & vingt-cinq livres envers le roi dans les justices royales qui ne ressortissent pas nuement au parlement, & cent livres envers la partie, outre la moitié de cette somme envers le roi, dans les bailliages, sénéchaussées ou autres sièges qui ressortissent nuement aux cours de parlement. Cela est ainsi réglé par l'article 6 du titre 25.

Si la sentence, outre la condamnation pécuniaire, prononce l'admonition, le blâme, le bannissement ou quelque autre réparation, l'*appel* ne suspend que la peine & non la condamnation pécuniaire, à moins qu'elle n'excède les sommes que l'on vient de spécifier.

Formalités qui s'observent sur l'appel. Dans toutes les appellations de grand criminel, il n'est pas nécessaire de prendre des reliefs d'*appel* ni de donner des intimations; les ordonnances ne prescrivent d'autres formalités que de transférer les accusés avec leur procès devant le juge où l'*appel* doit être jugé.

S'il y a plusieurs accusés du même crime, & que les uns aient été condamnés & les autres absous, on doit les envoyer tous devant le juge d'*appel*. Il en est de même, si l'un des accusés est condamné à la question : c'est ce qui résulte des articles 7 & 8 du titre 26. Mais il ne s'agit ici que du grand criminel; car, en petit criminel, l'*appel* d'un des accusés n'empêche pas l'exécution de la sentence à l'égard de ceux qui n'ont point appellé.

Lorsque quelques-uns des accusés ne sont pas prisonniers, ou qu'ils ont été élargis depuis la sentence & avant l'*appel*, ils doivent se mettre en état lors du jugement du procès sur l'*appel*, en se conformant à ce que la cour aura ordonné à cet égard : c'est ce que prescrit l'article 13 du titre 26.

Les accusés sont aussi obligés de se mettre en état, lorsque, sur l'*appel à minimâ*, il intervient des conclusions à peine afflictive, quoique la sentence ne prononce aucune peine de cette espèce. Cela a été ainsi jugé par arrêt du parlement de Paris, du 14 avril 1725.

Mais si les appellations ne sont que d'une permission d'informer, d'un décret, même de prise de corps, ou de quelque autre ordonnance d'instruction, les accusés ne sont point obligés pour le jugement de ces décrets & ordonnances, de se mettre en état ni de se rendre dans les prisons; & s'ils sont prisonniers, on ne les transfère point, excepté pour la question.

Dans un *appel* comme de juge incompétent, si le jugement définitif n'a pas encore été rendu, il n'est pas nécessaire non plus que l'accusé, quoique décrété, se mette en état sur l'*appel* pour le faire juger.

Il n'est pas nécessaire que la partie civile soit mise en cause sur l'*appel*: c'est à elle à intervenir si elle le juge à propos.

Lorsque, sur l'*appel*, la partie civile néglige de faire transférer l'accusé, celui-ci peut demander, par une requête au parlement, qu'il soit transféré, & son procès envoyé au greffe de la cour dans le temps qu'il lui plaira d'indiquer par l'arrêt, à la diligence de la partie publique & aux frais de la partie civile contre laquelle il sera délivré exécutoire. On signifie l'arrêt qui intervient à la partie civile; &, si elle n'y satisfait pas, l'accusé doit être transféré à la diligence de la partie publique.

Le greffier du juge qui a rendu la sentence dont est *appel*, doit envoyer à la cour toutes les pièces du procès, même la sentence, sans attendre pour cela le paiement des épices, ni celui de ses salaires, parce qu'en matière criminelle, rien ne doit retarder le jugement des procès.

Lorsque c'est un procureur du roi ou un procureur fiscal qui a appellé *à minimâ*, le procureur général prend ordinairement fait & cause pour lui, à moins que l'*appel* ne lui paroisse mal fondé: mais, quoique, dans ce cas-ci, il n'y ait point de conclusions, la cour ne juge pas moins sur l'*appel*, & même elle permet quelquefois de prendre à partie l'appellant *à minimâ*. C'est pourquoi les procureurs du roi ou fiscaux doivent avoir soin de ne porter à la cour aucune appellation indiscrète.

Des appels de grand & de petit criminel. Les appels des procès de grand criminel doivent être portés à la tournelle criminelle. Tels sont non-seulement ceux où l'*appel* est de droit, mais encore tous ceux où le ministère public est partie en cause principale, & le procureur général en cause d'*appel*.

Un arrêt du 4 mai 1620, rendu entre les greffiers criminels, a mis au nombre des procès de grand criminel toute condamnation infamante.

Les appellations des sentences qui entérinent des lettres de grace ou de rémission, sont aussi regardées comme procès de grand criminel, & se portent à la tournelle, lorsque c'est le procureur du roi qui est appellant; mais s'il n'y a que la partie civile qui appelle, ces affaires se portent aux enquêtes.

Les appellations des sentences qui ordonnent un plus amplement informé, sont encore regardées comme procès de grand criminel, & ne se portent point à l'audience, mais à la tournelle criminelle.

Il y a des procès qui, quoique de grand criminel, doivent se porter à la grand'chambre, tant en première instance qu'en cause d'*appel*. Tels sont ceux où il s'agit de rébellion à l'exécution des arrêts de la grand'chambre; ceux des gentilshommes & des ecclésiastiques qui demandent à être jugés par la grand'chambre, &c.

Lorsque la sentence dont est *appel*, ne condamne les accusés à aucune peine afflictive ou infamante, qu'elle prononce seulement une amende ou des dommages & intérêts, & que le ministère public n'est point appellant, l'*appel* forme alors un procès de petit criminel.

Lorsque les *appels* de cette espèce sont portés dans les cours, ils doivent y être relevés par des lettres prises en chancellerie, comme en matière civile; &, dans l'exploit d'assignation ou d'intimation, donné en vertu de ces lettres, l'appellant doit indiquer le procureur qui occupera pour lui.

Un autre arrêt du parlement du 12 septembre 1696 a défendu aux procureurs de la cour de faire insérer dans les commissions & reliefs d'*appel* qu'ils obtiendroient en chancellerie, aucune clause portant que les informations seront apportées au greffe de la cour, ni aucune injonction & peine contre les greffiers. Ces dispositions ont été réitérées par un autre arrêt du 15 janvier 1749.

On doit observer, dans la poursuite des *appels* de petit criminel, les mêmes délais & les mêmes procédures que ceux que prescrit l'ordonnance du mois d'avril 1667 pour les procès civils.

L'*appel* des sentences rendues par le lieutenant général de police de Paris pour débauche de filles & de femmes publiques, se porte à l'audience de la grand'chambre & non à celle de la tournelle: ce qui est fondé sur ce que ces sortes de procès ne sont pas regardés comme des procès criminels.

Section V.

De l'appel des juges ecclésiastiques, & autres appels en matière canonique.

On distingue, en matière ecclésiastique, deux sortes d'*appel*: l'*appel* simple & l'*appel*-comme d'abus. Sur l'*appel* comme d'abus, *voyez* Abus.

L'*appel* simple des sentences rendues par les juges d'église, tant en matière civile que criminelle, est le seul qui soit de la compétence du juge ecclésiastique: & on suit, dans les appellations de ces tribunaux, le même ordre que dans les tribunaux laïques; ensorte que l'*appel* d'un juge ecclésiastique inférieur se porte devant le supérieur ecclésiastique immédiat. Ainsi on appelle de l'évêque, ou de son official au métropolitain, du métropolitain au primat, du primat au pape, en allant de supérieur en supérieur.

Ce supérieur immédiat n'est pas l'archevêque même ou le primat, c'est leur l'official, excepté dans le cas où il s'agit de l'*appel* d'un acte de jurisdiction volontaire, comme d'un refus de visa, &c.

Dans les endroits où les archidiacres n'ont point

de jurisdiction, l'*appel* simple de leurs ordonnances se porte aussi à l'officialité métropolitaine, parce qu'alors ils n'ont rendu ces ordonnances que comme délégués de l'évêque; mais quand les archidiacres ont été maintenus dans l'exercice de quelque jurisdiction propre à leur dignité, l'*appel* de leurs ordonnances ou jugemens se porte devant l'official de l'évêque : le grand-conseil l'a ainsi jugé pour les archidiacres de l'église de Chartres, par arrêt du 18 juillet 1633, rapporté dans les mémoires du clergé.

On peut appeller du chapitre où a assisté l'évêque, comme chanoine, à l'évêque même; mais s'il a assisté comme président, & en sa qualité de prélat, il faut relever l'*appel* devant le métropolitain.

Lorsque le siége épiscopal est vacant, le chapitre ou son official connoît des *appels* qui seroient dévolus à l'évêque.

Quant aux ordonnances & jugemens rendus par les officiaux des chapitres qui ont une jurisdiction quasi-épiscopale, les *appels* s'en portent ou devant l'official de l'évêque, ou devant celui du métropolitain, suivant les droits & privilèges de ces chapitres. Celui de l'église cathédrale d'Orléans ressortit immédiatement au métropolitain qui est l'archevêque de Paris.

L'*appel* du métropolitain va au primat, s'il y en a un, & du primat au pape; ensorte qu'un particulier, condamné par l'évêque ou son official, peut éprouver quatre degrés de jurisdiction. Mais il faut observer que, quand il y a trois jugemens définitifs conformes, dans les matières qui sont de la compétence des juges d'église, on n'est plus recevable à appeller du troisième : divers arrêts l'ont ainsi jugé; entre autres, un du parlement de Paris, du 16 janvier 1601, un autre du parlement de Provence, du 26 janvier 1671, & un autre du parlement de Toulouse, du 19 janvier 1677.

Si l'*appel* est d'une sentence interlocutoire, on ne peut plus appeller, quand il y a deux jugemens conformes : le parlement de Provence l'a ainsi décidé par arrêt du 16 janvier 1687.

Lorsque l'*appel* est dévolu au pape, les François ont le privilège de ne pouvoir pas être obligés d'aller plaider à Rome : le souverain pontife doit, dans ce cas, nommer & déléguer des juges ou commissaires d'un diocèse voisin pour juger l'affaire : &, si l'une des parties se trouve lésée par le jugement de ces commissaires, elle peut encore en appeller & obtenir du pape de nouveaux commissaires, jusqu'à ce qu'il y ait trois jugemens conformes.

Pour faire nommer ces commissaires ou délégués, il faut s'adresser à un banquier expéditionnaire en cour de Rome, lequel obtient une bulle de délégation.

Au reste, on est obligé d'épuiser tous les degrés de jurisdiction avant de pouvoir recourir au pape; autrement il y auroit abus, comme l'ont jugé divers arrêts, entre autres, un du parlement de Provence, du 30 mars 1634, & un autre du parlement de Toulouse, du premier juin 1668.

Il y a néanmoins quelques chapitres en France, qui sont de la jurisdiction de l'ordinaire, & dont les *appels* se relèvent devant le primat ou en cour de Rome.

De l'appel simple en matière civile. On ne doit point appeller au parlement des jugemens & ordonnances des juges d'église par la voie d'*appel* simple, à moins toutefois qu'il ne s'agisse d'une sentence rendue par des arbitres ecclésiastiques. Dans ce cas, l'*appel* se porte à la cour, comme s'y porte l'*appel* de toutes les autres sentences arbitrales.

Lorsqu'il s'agit d'ordonnances rendues par les évêques touchant l'approbation & mission des prédicateurs, l'*appel* n'a point d'effet suspensif.

Il en est de même des ordonnances concernant les permissions, limitations & révocations pour administrer le sacrement de pénitence.

Les ordonnances que les évêques diocésains rendent dans le cours de leurs visites des monastères exempts ou non exempts, tant d'hommes que de femmes, pour le maintien de la discipline, ne sont pas non plus suspendues par l'*appel*.

La même chose a encore lieu à l'égard des ordonnances & réglemens que les évêques ou leurs grands-vicaires font pour la conduite spirituelle & la célébration du service divin, ainsi que pour les hôpitaux & autres lieux établis pour le soulagement, la retraite & l'instruction des pauvres.

A l'exception de ces cas & de quelques autres marqués par l'ordonnance, l'*appel* simple, interjetté des sentences & ordonnances rendues par les officiaux & autres juges d'église, en empêche l'exécution. C'est d'après ce principe que, par arrêt du parlement de Paris du 9 mars 1728, il a été fait défense à l'official d'Angers de mettre dans ses sentences, qu'elles seroient exécutées nonobstant opposition ou appellation quelconque.

Lorsque le promoteur est partie dans le jugement dont il y a *appel* au métropolitain, doit-on, sur l'*appel*, intimer l'évêque ou seulement son promoteur? L'usage qui se pratique dans l'archevêché de Rheims, est d'intimer les évêques suffragans. Les autres évêques prétendent qu'on ne doit intimer que les promoteurs, & ils se fondent sur l'article 43 de l'édit du mois d'avril 1695 : mais il paroît que cet article ne concerne que les *appels* comme d'abus.

Anciennement, l'appellant d'un juge ecclésiastique étoit obligé de prendre des lettres démissoires, appellées *apôtres* (*voyez ce mot*) afin de pouvoir relever son *appel*; mais l'ordonnance de 1539 ayant abrogé cette formalité, l'*appel* se relève aujourd'hui par une commission du métropolitain qui tient lieu de relief. Au surplus, toutes les formalités prescrites par les ordonnances pour les tribunaux laïques, & particulièrement par l'ordonnance de 1667, doivent être observées dans les officialités.

De l'appel simple en matière criminelle. L'*appel* simple des jugemens rendus par les officiaux, en matière criminelle, a lieu, même à l'égard des jugemens rendus par des conseillers clercs à qui on a donné des lettres de vicariat; car alors ils n'agissent point comme officiers d'une cour souveraine, mais comme commissaires des évêques qui les ont délégués. On trouve dans les nouveaux mémoires du clergé un arrêt du 17 décembre 1644, qui l'a ainsi jugé.

Cette sorte d'*appel* peut non-seulement être interjettée par l'accusé ou par la partie plaignante, mais encore par le promoteur, lorsque la sentence de l'official ne prononce pas une peine suffisante & proportionnée au délit. Dans ce cas-ci, cet *appel* se nomme *appel à minimâ*.

Lorsqu'il y a *appel* simple de la sentence de l'official, sans que personne soit appellant du jugement rendu sur le délit privilégié, l'ecclésiastique qui est prisonnier, doit être transféré dans les prisons de l'officialité métropolitaine. Il en est de même, s'il y a *appel à minimâ* de la part du promoteur, ou si la peine est du nombre de celles pour lesquelles l'*appel* a lieu de plein droit dans les officialités.

Les cas de grand criminel pour lesquels l'accusé doit être transféré de plein droit dans les prisons du juge supérieur ecclésiastique, sont ceux qui troublent tellement la discipline ecclésiastique, qu'ils méritent une peine exemplaire & publique.

La procédure sur les *appels* simples au métropolitain, en matière criminelle, est la même que celle qui est prescrite par l'ordonnance de 1670; ainsi il n'y a d'autres formalités à observer pardevant l'official supérieur, que celles qui s'observent dans les *appels* au parlement.

De l'appel au pape mieux informé & au futur concile. Les papes ont souvent prétendu qu'on ne pouvoit appeller de leurs jugemens, & qu'il n'existoit dans l'église aucun tribunal qui leur fût supérieur; ils ont même voulu empêcher qu'on eût recours aux conciles généraux pour réprimer leurs entreprises contre les canons, l'autorité des rois, & les droits des églises particulières. Le corps du droit canon est plein de rescrits & de décrétales qui contiennent cette doctrine que l'on trouve singulièrement établie dans la fameuse bulle *in cœnâ Domini*.

Cette opinion des docteurs ultramontains a toujours été condamnée en France, & l'on y a constamment enseigné que l'on pouvoit appeller du pape au pape & au saint siège, ou du pape au futur concile. La forme de ces *appels* n'est peut-être pas plus ancienne que la fin du douzième siècle ou le commencement du treizième. Mais il n'en est pas moins vrai que le droit d'appeller du pape est de la plus haute antiquité, ou, pour mieux dire, qu'il est aussi ancien que l'établissement de l'église. En effet, la résistance de S. Paul est un véritable *appel* de S. Pierre au concile général; &, si ce premier vicaire de Jesus-Christ n'eût pas déféré aux remontrances de S. Paul, il eût été condamné par l'assemblée des fidèles, qui jugea définitivement la prétention de S. Pierre contraire à l'esprit de l'église.

Nous avons, dans notre histoire de France, plusieurs exemples de ces *appels* du pape, au pape mieux informé, au pape & au saint siège, & au futur concile général. En 1484, le procureur général du parlement de Paris interjetta dans cette forme, *appel* de la légation du cardinal Ballue: en 1491, l'université de Paris appella dans les mêmes termes d'une bulle d'Innocent VIII, qui imposoit une levée d'argent sur le clergé de France; & pour nous rapprocher de nos temps, en 1688, le procureur général du parlement de Paris interjetta *appel* au futur concile, des bulles d'Innocent XI, portant révocation des franchises des ambassadeurs.

Depuis cette dernière époque, on a abandonné cette forme d'*appel*, & avec raison, parce que cette voie ne mettoit pas suffisamment en sûreté nos privilèges & nos libertés, puisqu'en attendant le jugement de l'*appel*, la question qui y donne lieu reste toujours indécise, & peut même souffrir quelque atteinte de la part du pape. Il est vrai que pour parer à cet inconvénient, & rendre suspensif l'*appel* au concile, on étoit dans l'usage de protester de nullité, de tout ce qui seroit fait au préjudice de l'*appel*, & qu'on obtenoit un arrêt du parlement qui faisoit défenses de passer outre.

Mais une raison plus décisive, qui a fait cesser parmi nous cette forme d'*appel*, c'est qu'elle engage à reconnoître dans le concile une autorité de laquelle il ne seroit plus permis de réclamer: or, en cela même, on donneroit atteinte à nos libertés qui consistent principalement à ne pas souffrir qu'il soit fait aucun changement au droit commun du royaume, soit par le pape, soit même par un concile général; & c'est en vertu de ces libertés, qu'on n'a jamais reconnu dans l'église de France l'autorité des décrets du concile de Trente, sur les choses qui concernent la discipline ecclésiastique.

Ainsi, aujourd'hui lorsque la France croit avoir sujet de se plaindre d'une bulle ou d'un rescrit de la cour de Rome, qui porte atteinte à ses droits, franchises & libertés, on se pourvoit contre le jugement du pape par l'*appel* comme d'abus. *Voyez* ABUS.

APPEL, (*Droit criminel.*) ce mot se dit du défi que l'on fait à quelqu'un pour le forcer à un combat singulier; & dans ce sens, il est synonyme à *duel*. Voyez DUEL.

APPEL & *menée du sergent*, (*termes de la Coutume de Tours, art. 169.*) ces deux mots sont synonymes, & veulent dire *citation en jugement*. Le mot *menée* vient du terme *minare*, qui, suivant Scaliger, signifioit dans la basse latinité *appeller en jugement, traduire en droit*. Les huissiers établis dans les villes, bourgs & villages, pour servir à la justice d'un seigneur, étoient obligés, suivant l'ancien style, de rapporter par tour & par ordre aux assises du juge les exploits d'assignation qu'ils avoient donnés.

APPEL, (*Code militaire.*) se dit de la convocation que les officiers font de leurs soldats, pour reconnoître s'ils sont tous présens. L'ordonnance de 1776 veut que, dans tous les régimens d'infanterie, cavalerie, hussards ou dragons, les *appels* se fassent

faſſent deux fois par jour. L'officier de ſemaine doit rendre compte des *appels* au capitaine de la compagnie, les capitaines en rendent compte une fois par jour au major, qui le rend enſuite au lieutenant-colonel, & celui-ci au colonel.

APPELLANT, (*en terme de Palais.*) eſt une des parties colliticantes, qui ſe prétendant léſée par un jugement, en interjette appel devant des juges ſupérieurs. L'*appellant* eſt oppoſé à l'intimé, qui eſt celui au profit duquel la ſentence a été rendue, & qui en ſoutient le bien jugé.

APPELLATION, ſ. f. (*terme de Palais.*) qui au fond eſt tout-à-fait ſynonyme à *appel;* cependant il y a des phraſes auxquelles le premier eſt ſpécialement conſacré : par exemple, au parlement, pour éviter de prononcer expreſſément ſur le bien ou mal jugé d'une ſentence qu'on infirme, on dit la cour a mis l'*appellation* au néant; on ne dit jamais *a mis l'appel au néant.* On dit *appellation* verbale d'un appel interjetté ſur une ſentence rendue à l'audience; on ne dit pas *appel verbal.* D'ailleurs le mot *appellation* a encore ceci de particulier, qu'il ſe peut dire au plurier, & non pas *appel.* (*H*)

APPELLER, v. a. (*terme de Palais.*) ſe dit de la plainte, portée par une partie, contre une ſentence d'un juge inférieur, devant le juge ſupérieur, dans le ſens où l'on ſe ſert de la voie de l'appel pour obtenir la réformation d'un jugement, & dont nous venons de parler ſous le mot Appel : il ſe dit encore de l'ajournement par lequel on cite quelqu'un à comparoître en juſtice. Lorſqu'on préſente au juge requête pour *appeller* quelqu'un, ſoit en jugement, ſoit en témoignage, ſoit en garantie, le juge met au bas de la requête *ſoient parties appellées.*

On dit encore au palais *appeller une cauſe*, lorſque l'huiſſier audiencier nomme à haute voix les perſonnes qui ont un procès, pour avertir leur avocat ou procureur de ſe préſenter & de venir plaider.

On ſe ſert auſſi du terme d'*appeller*, lorſque celui qui ſe croit inſulté, fait provoquer en duel celui dont il a reçu une injure, & qu'il lui en demande ſatisfaction par les armes. Celui qui appelle en duel, doit être puni ſévérement; ainſi que nous le dirons au mot Duel.

Appeller *à ban*, (*terme de la Coutume de Senlis, art. 106.*) qui ſignifie *appeller*, aſſigner quelqu'un à cri public. *Voyez* Ajournement.

APPELLÉ, Rapporté, (*termes de Pratique.*) pour entendre ce que ſignifient ces termes, il faut ſavoir que, quand une cauſe de rôle eſt *appellée*, & que l'un des deux avocats ne ſe préſente pas pour plaider, l'avocat préſent demande défaut, s'il eſt pour l'appellant; ou congé, s'il eſt pour l'intimé. Sur cela M. le premier préſident dit : *faites-la appeller & rapporter.* On remet pour cet effet un mémoire à un huiſſier, qui appelle à l'inſtant à la barre de la cour le défaillant & ſon procureur en ces termes : *entre un tel appellant, contre un tel intimé, &c.* il revient enſuite faire ſon rapport à la cour en diſant; *meſſieurs, j'ai appellé tel & tel ſon procureur :* alors l'avocat préſent demande défaut ou congé, & la cour le prononce.

Cette formalité d'appeller & rapporter ſe pratique à la grand'chambre pour les défauts qui ſe prennent à tour de rôle, c'eſt-à-dire dans les cauſes qui ſont à un rôle.

On fait auſſi appeller & rapporter à la première chambre de la cour des aides pour tous les défauts ſur les appels, tant du rôle du mardi de relevée, que ſur les appels qui ſe plaident le mercredi & le vendredi matin ſur un ſimple mémoire, parce qu'autrefois il y avoit auſſi un rôle pour ces audiences-là.

APPENDANCE, *en droit*, eſt à-peu-près ſynonyme aux mots *dépendance* & *appartenance.* Cependant quelques auteurs diſtinguent les *appendances* des appartenances d'un fief, d'une ſeigneurie, d'un héritage. Les appartenances ſont tout ce qui eſt attaché à une terre de toute ancienneté, tels que les prés, les bois, les terres, *&c.* Les *appendances*, au contraire, ſont les héritages nouvellement réunis par acquiſition, confiſcation, commiſe, bâtardiſe, deshérence & autrement, tant en domaine qu'en mouvance.

APPENS, (*Guet-*) ſ. m. pl. eſt un aſſaſſinat concerté & prémédité. *Voyez* Assassinat. On diſoit auſſi anciennement, *appenſé*, de *fait appenſé*, pour ſignifier *guet-appens.*

APPENSEMENT, adv. (*terme de Coutume, Bretagne, art. 400.*) c'eſt un ancien mot dérivé d'*appens*, qui ſignifie *ſciemment, de deſſein prémédité.*

APPERT, (*il*) terme uſité au palais, dans le commerce & dans le ſtyle de chancellerie, pour ſignifier *il eſt manifeſte, avéré ou conſtant;* c'eſt un imperſonnel qui rend le mot latin *apparet*, il apparoît. (*H*)

Les négocians ſe ſervent ſouvent de ce terme dans la tenue de leurs livres. Par exemple : M. Roger, ſecrétaire du roi, doit donner premier juin, pour marchandiſes, ſuivant ſa promeſſe payable dans trois mois, *appert* au journal de vente, fol. 2. l. 40--10. (*G*)

APPLAIGNEUR, (*terme d'Arts & Métiers.*) c'eſt le nom qu'on donne, dans les manufactures d'étoffes de laine, à l'ouvrier qui eſt chargé d'*applaigner*, c'eſt-à-dire, de parer ou lainer les étoffes, en faiſant paroître des brins ſur la ſuperficie par le moyen du chardon.

Les ordonnances défendent aux *applaigneurs* d'avoir chez eux aucune preſſe, à fer, airain, ou à feu, ni de s'en ſervir pour preſſer les draps & autres étoffes de laine, à peine de confiſcation, & de cinq cens livres d'amende.

APPLÈGE, Applégement, Appléger, termes anciens qu'on rencontre dans pluſieurs coutumes. *Applège* ou *applégement* ſe diſoit pour exprimer la complainte intentée à l'effet d'acquérir ou recouvrer la poſſeſſion. *Appléger* vouloit dire *intenter la complainte.* On appelloit auſſi *contre-applégement* les défenses de celui contre qui étoit dirigé l'*applégement*. L'action en *applégement* n'avoit lieu que pour les immeubles.

Ces mots, en jurisprudence coutumière, se prennent aussi quelquefois pour ceux de *cautionnement*, & de *cautionner*.

APPLEMENT, est encore un ancien terme de coutume qui a la même signification qu'*applégement*, c'est-à-dire, que tantôt il signifie un cautionnement, tantôt l'action possessoire.

APPLICABLE, adj. (*terme de Pratique.*) on fait usage de ce mot pour désigner l'emploi qu'on doit faire d'une chose; il est d'usage principalement en parlant de la destination des amendes prononcées par les ordonnances ou par les jugemens. Ainsi l'on trouve dans les ordonnances, que l'amende sera *applicable* partie au dénonciateur, partie aux hôpitaux: dans les jugemens, qu'un tel sera condamné à dix livres d'amende *applicable* au pain des prisonniers. Lorsqu'on prononce une amende au profit du roi, on ne se sert pas du terme d'*applicable* mais de ceux *envers le roi*.

APPLIS, s. m. (*terme de Coutume.*) on se sert de ce mot en Bresse, pour désigner les outils que le propriétaire d'une ferme fournit à son fermier pour l'exploitation de la ferme.

APPLOYER, v. a. vieux mot de jurisprudence coutumière, qui signifioit *donner caution*.

APPOINT, (*Monnoie.*) c'est ce que l'on paie en petite monnoie, pour compléter une somme dont le payement ne peut se faire juste avec les espèces d'or & d'argent. Plusieurs réglemens avoient défendu de donner de la monnoie de cuivre dans tous les paiemens, à l'exception de ce qui seroit nécessaire pour les *appoints*: mais, malgré ces défenses, il s'étoit introduit un usage très-abusif de former des sacs de monnoie de cuivre de la valeur de vingt-cinq ou de cinquante livres, & dans tous les bureaux, chez tous les banquiers, on contraignoit les particuliers de recevoir ces sacs, en paiement, sans les compter. Mais Louis XVI, par une déclaration de 1781, a proscrit l'usage, soit au trésor royal, soit chez les commerçans, de la monnoie de cuivre, excepté pour les *appoints*.

APPOINTÉ, (*Arrêt d'*) adj. *terme de Pratique*. c'est un arrêt qui se passe entre les parties, de leur consentement, par l'avis de leurs avocats ou de leurs procureurs, & dans la plupart des affaires avec le consentement des avocats-généraux.

APPOINTÉ, (*Droit militaire.*) sorte de bas-officier d'infanterie au-dessous du caporal.

Le feu roi, par son ordonnance du 10 décembre 1762, concernant l'infantérie françoise, supprima le grade d'anspessade, & créa, pour en tenir lieu, des places d'*appointés*.

Et par une autre ordonnance du 12 du même mois, il fut aussi créé des *appointés* dans les dragons.

Mais par deux ordonnances du 25 mars 1776, le roi a supprimé les *appointés*, tant de l'infanterie françoise & étrangère que des dragons.

Observez néanmoins que, comme ces ordonnances ne concernent ni le régiment des gardes françoises, ni celui des gardes suisses, ni les régimens suisses ou grisons, ni le corps royal de l'artillerie, il subsiste encore des *appointés* dans tous ces corps.

Les fonctions des *appointés* sont de commander, au défaut des caporaux, les escouades dont ils font parties.

APPOINTEMENS, s. m. (*en Droit.*) on appelle ainsi les gages attachés à certaines charges, emplois, offices & commissions; dans ce sens ce mot ne s'emploie qu'au plurier.

L'article 14 du titre commun de l'ordonnance de toutes les fermes, porte que les *appointemens* ou gages de ceux qui sont employés par les fermiers des droits du roi & par leurs procureurs & sous-fermiers, ne pourront être saisis à la requête de leurs créanciers, sauf à ceux-ci à se pourvoir sur les autres biens de leurs débiteurs.

Les *appointemens* des employés des fermes sont ainsi privilégiés, parce qu'ils sont affectés à la subsistance des employés, & qu'ils ne sont dus qu'à raison de l'exercice des fonctions de leurs emplois: en effet, s'ils étoient adjugés à un créancier, l'employé ne pouvant plus subsister du produit de son emploi, en cesseroit les fonctions, & ses *appointemens* cesseroient également d'être payés: le créancier n'auroit plus cet objet, & la cessation d'exercice de l'employé occasionneroit, dans la régie des fermes, un préjudice que le roi a voulu prévenir.

Les *appointemens* des officiers de guerre, ainsi que la paie du soldat, ne peuvent être saisis, afin qu'ils soient toujours en état de servir le prince & la patrie. Le même motif met à couvert de la saisie les *appointemens* des gouverneurs & des officiers des états-majors des places.

Mais, suivant l'ordonnance militaire du 4 novembre 1651, le dommage commis dans les garnisons par les soldats, soit pour avoir exigé quelque chose sans payer ou autrement, doit être réparé aux dépens des chefs & officiers de la troupe, & leurs *appointemens* doivent être employés pour cet effet, selon les ordres que le roi aura donnés à cet égard.

S'il arrivoit qu'un capitaine retînt une partie de la solde de ses soldats, & que cela les eût obligés à faire quelques exactions, l'ordonnance du 7 février 1661 veut qu'en ce cas les commissaires des guerres fassent arrêter les *appointemens* de ce capitaine pour être employés à réparer le dommage, & qu'en outre ils informent le roi du fait & du nom du capitaine, afin que sa majesté fasse expédier ses ordres pour le faire casser.

Les ordonnances de 1553, 1567 & 1586, qu'on trouve dans le *Code Henris*, ont déclaré insaisissables les *appointemens* des officiers des maisons du roi, de la reine & des princes, dont l'état est envoyé à la cour des aides. Lorsqu'un officier, pour raison d'infirmité ou d'ancienneté, se trouve dans le cas de quitter le service, les *appointemens* que le roi lui conserve sont également insaisissables, & il en est de même de ceux que le roi conserve à ceux dont il supprime les offices.

APPOINTEMENT, (*Pratique.*) c'est en général, un jugement préparatoire par lequel le juge, pour mieux s'instruire d'une affaire, ordonne que les parties la discuteront par écrit devant lui. Cette discussion a été appellée *appointement*, parce que le juge, par le jugement d'appointé, doit fixer & désigner les points de l'affaire, qu'il faut éclaircir; car *appointer*, veut dire, *fixer & réduire quelque chose à un point.*

Des affaires qui doivent être appointées. S'il étoit possible que toutes les affaires se décidassent à l'audience, ce seroit sans doute la voie la plus prompte & la moins dispendieuse pour les parties. C'est par cette considération que le législateur a voulu que toutes les causes fussent d'abord plaidées verbalement afin qu'on ne les appointât qu'en pleine connoissance, qu'après une mûre délibération, & dans le cas seulement où il y auroit impossibilité de juger sur-le-champ définitivement. Ainsi avant d'entamer les opinions sur le fond d'une affaire, les juges sont obligés de délibérer si elle est susceptible d'être décidée à l'audience ou si elle exige un *appointement.*

Les différentes modifications que l'on a tâché dans la suite d'introduire contre cette disposition de l'ordonnance qui ne permet d'appointer que sur plaidoirie, ont donné lieu à la déclaration du 12 août 1669, laquelle a renouvellé les défenses d'appointer aucune cause au conseil, en droit, ni à mettre, sinon sur les plaidoiries des parties & à la pluralité des voix.

Cependant l'expérience a bientôt fait connoître que, s'il étoit facile d'exécuter cette partie de l'ordonnance dans plusieurs parlemens dont la jurisdiction a ordinairement pour bornes celles de la province où ils sont établis, elle devenoit impraticable au parlement de Paris, dont le ressort a presque autant d'étendue seul que celui de tous les autres parlemens ensemble. C'est pourquoi le roi en confirmant, par sa déclaration du 15 mars 1673, l'usage où étoit le parlement de Paris de faire des rôles où se mettoient les appellations verbales, tant simples que d'abus, les requêtes civiles, les demandes en exécution d'arrêts & autres demandes principales, pour être plaidés les lundis, mardis & jeudis matin, & les mardis & vendredis de relevée, a ordonné en même temps qu'à la fin de chaque rôle, les causes qui resteroient à plaider demeureroient de droit appointées, soit au conseil ou en droit, par un réglement général, à moins que par arrêt il ne fût ordonné qu'elles seroient mises sur un autre rôle : on en a seulement excepté les appels comme d'abus, les régales, les requêtes civiles, les appels simples d'une sentence d'*appointement* à mettre. Ce réglement n'a pas lieu pour les rôles des mercredis & samedis, ni pour celui des vendredis matin, appellés *petits rôles*, où les causes qui ne viennent point à leur tour sont reportées sur un autre rôle. Les mêmes dispositions ont été étendues à la cour des aides de Paris par une déclaration particulière du 17 novembre de la même année 1673.

On a encore été plus loin dans l'usage du palais, en permettant les *ajoutés au rôle*, lesquels multiplient presque à l'infini les causes qui se trouvent appointées par le réglement général dont la clôture du rôle est accompagnée.

Il y a d'ailleurs un genre d'affaires qui, exigeant un examen de pièces, doivent nécessairement être appointées, & ce seroit un emploi inutile du temps que de les porter à l'audience : de ce nombre sont les redditions de compte, les liquidations de dommages & intérêts, & les appels de taxes de dépens. Aussi l'ordonnance contient-elle une exception par rapport à ces matières sur lesquelles elle autorise les parties à prendre des *appointemens* au greffe, & les dispense de les porter à l'audience.

L'*appointement* doit établir la contestation des parties, leurs qualités & les conclusions des demandes, sur lesquelles seulement les parties doivent écrire & produire; & les jugemens prononcés y sont rédigés. L'*appointement* formant la contestation en cause, il n'est pas permis aux parties, après l'*appointement*, de décliner la jurisdiction, ni la révoquer.

Il y a aussi des affaires qui ne doivent jamais être appointées : telles sont 1°. les affaires sommaires; 2°. celles qui se jugent par défaut; 3°. celles qui touchent les déclinatoires & les renvois; 4°. celles où se juge la solvabilité d'une caution; 5°. les appels d'incidens, quand on évoque le principal; 6°. les reproches allégués contre les témoins; 7°. les récusations de juge; 8°. les oppositions aux publications de monitoires.

Comme on distingue différentes manières d'instruire les affaires appointées, on distingue aussi différentes sortes d'*appointement*.

De l'appointement à mettre. On appelle *appointement à mettre*, une sorte d'*appointement* qui n'a lieu que dans les affaires légères. Aussi l'instruction en est-elle des plus simples; elle se réduit uniquement à une production de part & d'autre, sans réponses ni contredits.

Cependant la malignité des plaideurs ou l'avidité des officiers, avoient trouvé moyen d'y donner plus d'étendue, sous prétexte de demandes incidentes & autres choses de même espèce. Sur cela intervint le réglement du 25 novembre 1689, lequel ordonna que tous les frais que l'on feroit dans les instances d'*appointement* à mettre, compris le déboursé, même l'arrêt de réglement & tout ce qui seroit fait jusqu'à l'arrêt définitif, ne pourroient excéder la somme de vingt livres, pour quelque cause & prétexte que ce pût être, soit pour le demandeur, soit pour le défendeur, & que le procureur ne pourroit rien compter ni faire payer au-delà à sa partie. Le même arrêt de réglement ordonna en même temps que si le demandeur se trouvoit obligé depuis sa demande d'expliquer, d'étendre ou de restreindre ses conclusions ; ou si le défendeur vouloit de sa part former quelques demandes qui se trouvassent dépendantes de la demande originaire, leurs requêtes seroient répondues d'une ordonnance, portant qu'elles seroient signifiées à la partie adverse pour y répondre si bon lui sembloit, dans le temps qui seroit déterminé, lequel ne pourroit être que de trois jours, & y être fait droit en jugeant, sans néanmoins que, sous ce prétexte ni aucun autre, les défendeurs pussent former des demandes semblables aux conclusions qu'ils auroient prises par leurs défenses, ou qui produiroient le même effet. Il fut pareillement ordonné qu'encore que les dépens fussent adjugés sur les instances appointées à mettre, le procureur n'en feroit aucune déclaration, & ne pourroit prétendre aucun droit pour la taxe, & que lorsque ces dépens seroient employés dans les déclarations de dépens qui pourroient être données en conséquence des arrêts définitifs, il n'y auroit qu'un seul article à cet égard. Tel est le précis du réglement de 1689, pour ce qui concerne les *appointemens* à mettre.

Par un nouveau réglement contenu dans les lettres-patentes du 23 mai 1778, registrées le premier juin suivant, les frais d'instructions sur les *appointemens* à mettre ont été augmentés jusqu'à la somme de quarante livres.

Les avocats ne doivent pas écrire dans les *appointemens* à mettre, & s'ils écrivent, leurs écritures ne passent pas en taxe.

Les *appointemens* à mettre dans les bailliages & sénéchaussées doivent se distribuer de jour à autre aux officiers qui ont assisté à l'audience, par celui à qui la distribution en appartient.

De l'appointement en droit. On appelle *appointement en droit*, celui qui se prononce lorsqu'un affaire est tellement compliquée, qu'elle ne pourroit être parfaitement examinée à l'audience, ni sur un délibéré, ni sur un *appointement* à mettre.

Pour appointer en droit, il faut absolument que les juges aient à décider sur un point de droit, & c'est en quoi cet *appointement* diffère de *l'appointement* à mettre, où ils n'ont à décider que sur des titres, ou sur des faits. C'est aussi parce qu'il s'agit de la décision d'un point de droit, que les avocats sont dans l'usage de faire les écritures dans les *appointemens* en droit.

Avant l'ordonnance de 1667, on distinguoit deux sortes d'*appointemens* en droit. Les uns n'autorisoient simplement qu'à *écrire & produire* ; de sorte que le défendeur ne pouvoit *contredire* sans obtenir un second *appointement* à cet effet. Les autres portoient en même temps à *écrire & contredire de huitaine en huitaine.* Aujourd'hui cette distinction n'a plus lieu. L'ordonnance veut que tous les *appointemens* en droit emportent réglement non-seulement à écrire & produire dans la huitaine, mais encore à contredire dans le même délai, soit qu'on l'ait exprimé dans le jugement d'*appointement* ou non.

Ainsi la seule procédure essentielle pour l'instruction d'un *appointement* en droit, est que le demandeur détaille le fait & les moyens de sa demande dans une pièce d'écriture intitulée *avertissement*, & qu'il produise les pièces justificatives en conséquence (on peut faire l'un & l'autre en même temps par une seule & même requête employée pour avertissement, écritures & production); & de l'autre part, que le défendeur contredise ensuite les moyens & la production du demandeur. Voilà où se borne exactement l'instruction de l'*appointement* en droit, en suivant strictement l'ordonnance; & lorsque cette instruction est achevée, on peut poursuivre le jugement définitif. Mais dans l'usage, on a coutume de s'étendre un peu davantage. Comme le défendeur produit lui-même ses pièces à l'appui de ses contredits, le demandeur prend de là occasion de contredire à son tour la production du défendeur. Ensuite l'un & l'autre répliquent réciproquement à leurs contredits respectifs, par des salvations de contredits de production. S'il survient ensuite, dans le cours de l'instance, de nouvelles pièces à produire, ces nouvelles productions donnent encore occasion à de nouveaux contredits & à de nouvelles salvations : mais l'ordonnance défend de faire des productions en blanc, c'est-à-dire, sans pièces & non remplies, à peine d'amende contre le procureur produisant, & contre le greffier qui reçoit la production ; il seroit à souhaiter que ces productions nouvelles n'eussent jamais pour objet que des pièces qui auroient été effectivement recouvrées depuis la première production, & qui n'en auroient pu faire conséquemment partie. Mais combien de fois arrive-t-il que les procureurs ne composent leur première production que de procédures & de pièces de peu d'importance, en retenant à dessein celles qui sont les plus décisives, pour se ménager par-là après coup des productions nouvelles qu'ils multiplient souvent à l'infini ? Brigandage très-commun, également ruineux pour les parties & déshonorant pour la justice, & auquel il seroit bien à desirer que les premiers magistrats pussent trouver un remède efficace qui en arrêtât le cours.

De l'appointement de jonction. Lorsque dans un procès appointé, l'une ou l'autre des parties a quelque nouvelle demande à former, elle doit le faire par une requête verbale de procureur à procureur, où elle expose le fait & prend des conclusions. On suit l'audience sur cette demande & l'on prend sentence qui appointe les parties & joint au premier *appointement.* Cet *appointement* s'appelle *appointement de jonction.*

Les réglemens de février 1696, novembre 1699, & juin 1705, donnés pour l'expédition des sentences du châtelet de Paris, défendent de passer des *appointemens* à mettre & joint, à un procès qui n'a pas été appointé, ou à un rapporteur qui n'a pas été commis, & aux greffiers de les passer sans dater les premiers *appointemens*, & avoir vérifié si c'est le même rapporteur qui est commis.

De l'appointement au conseil. On appelle *appointement au conseil*, celui qui se prononce dans une cause d'appel verbal. Cette sorte d'*appointement* ne diffère de l'*appointement* en droit qu'en ce que la première pièce d'écriture de l'appellant, qui doit être le premier produisant, est intitulé *causes & moyens d'appel*, au lieu d'avertissement.

L'*appointement* au conseil a lieu, lorsqu'après la plaidoirie des parties, les juges s'apperçoivent que l'affaire ne peut être jugée sur-le-champ, parce qu'il y a des titres à voir. Dans cette espèce d'*appointement*, on suit la même procédure que dans les *appointemens* en droit.

L'*appointement* au conseil a lieu aussi, comme nous l'avons remarqué ci-dessus, lorsque les causes, portées ou ajoutées au rôle, n'ont pu être appellées à leur tour; lorsque le temps fixé pour l'appel du rôle est expiré, toutes celles qui n'ont point été plaidées, sont par un réglement général appointées au conseil sur l'appel, & en droit & joint sur les demandes respectives des parties.

De l'appointement de conclusion. On appelle *appointement de conclusions*, un *appointement* qui s'ordonne en cause d'appel dans une affaire jugée en première instance par forclusion, ou après des productions respectives sur un *appointement*, soit en droit, soit à mettre.

Autrefois lorsqu'il étoit intervenu un jugement en première instance sur productions, on ne remettoit point, en cas d'appel, les productions aux parties. Sous prétexte que cette remise auroit pu leur donner lieu de les altérer & d'en soustraire quelques pièces, qu'elles se seroient apperçues leur avoir fait préjudice devant le premier juge, il étoit défendu aux greffiers des tribunaux inférieurs de remettre les productions à d'autres qu'à des messagers reçus à la cour, lesquels s'en chargeoient pour les faire tenir aux greffiers de la cour, à-peu-près de la même manière que cela se pratique encore pour les procédures criminelles. C'est ce qui résulte de l'édit de Charles IX, donné à Paris au mois de janvier 1573. Henri III, son successeur, créa par un autre édit du mois de novembre 1586, des messagers en titre d'office dans chaque bailliage, sénéchaussée ou élection, pour l'apport, tant des procès civils que des procès criminels, aux greffes des cours.

Mais comme, tout bien pesé, personne n'est plus intéressé que ne le sont les parties elles-mêmes à la conservation des pièces, qu'elles ont mises sous les yeux de la justice, pour leur défense respective, la nouvelle loi les a affranchies de la voie toujours coûteuse des messagers, pour les faire parvenir au juge supérieur en cas d'appel. Mais pour que l'expédition des affaires n'en souffre aucun retardement, elle les oblige à mettre leurs productions aux greffes dans la huitaine de l'assignation. Et afin que les parties ne trouvent de leur côté aucun obstacle, on assujettit celui sur le rapport duquel est intervenue la sentence dont est appel dans le tribunal inférieur, à mettre le dispositif de la sentence & le procès entier au greffe, trois jours après le jugement du procès; afin qu'aussi-tôt après cette remise, les procureurs qui ont occupé puissent retirer leurs productions, & les remettre à leurs parties. Il est défendu au greffier & au rapporteur de donner à une partie communication de la production de son adversaire après le jugement. Si cependant une des parties craignoit que sa partie adverse ne fît soustraction, en cause d'appel, de quelques-unes des pièces par elles produites, elle peut en prendre des copies collationnées; c'est ordinairement le rapporteur qui préside à cette collation par droit de suite.

Lorsque l'appellant & l'intimé ont comparu, l'un & l'autre sont obligés, huitaine après l'échéance de l'assignation, de mettre leurs productions respectives, sur lesquelles la sentence dont est appel est intervenue, au greffe destiné à cet effet. On nomme ces productions, *productions principales*. Cependant, quoique l'ordonnance semble exiger que l'appellant & l'intimé mettent tous deux au greffe leurs productions principales, dans l'usage du palais, il suffit que l'un des deux y mette la sienne; l'autre ne la joint que lorsque le procès est distribué, attendu qu'il suffit qu'il y en ait une au greffe pour la distribution.

Comme c'est l'intimé qui est obligé de soutenir le bien-jugé de la sentence dont est appel, c'est à lui à la lever & à en mettre l'original au greffe à l'effet de conclure. En conséquence, si l'intimé ne satisfait pas à cette obligation, & que l'appellant ait intérêt d'accélérer la conclusion du procès, ce dernier peut lever une expédition de cette sentence par extrait, & obtenir exécutoire du remboursement, en présentant à la cour une requête à cet effet.

Huitaine après que l'une ou l'autre des parties a mis au greffe sa production principale & l'original de la sentence, le procureur le plus diligent offre l'*appointement* de conclusions, qu'il fait signifier à l'autre, avec sommation de le passer. On fait ensuite une copie au net de cet *appointement* signifié que les procureurs signent, pour être mis au greffe; & c'est sur cette copie signée que s'expédie l'arrêt de conclusion. Il faut avoir grand soin de mettre à la marge, que *l'amende a été consignée par quittance du.....* car il est très-expressément défendu aux procureurs de signer aucun *appointement* de conclusion, que l'amende n'ait été consignée; & s'ils avoient l'imprudence de le faire, il s'exposeroient à de rigoureuses poursuites de la part du fermier.

Si l'un ou l'autre des procureurs refuse de signer l'*appointement* de conclusion, celui qui poursuit, lève au greffe des présentations un défaut faute de conclure, que le greffier délivre ensuite en parchemin : trois jours après la signification de ce défaut, celui qui le poursuit, le produit & le fait distribuer en la grand'chambre, de même qu'un défaut faute de défendre. Le profit du défaut contre l'intimé, le déclare déchu du bénéfice de la sentence; & quand c'est contre l'appellant que le défant faute de conclure est obtenu, pour le profit, il est déclaré déchu de son appel.

Si l'appellant a poursuivi l'*appointement* de conclusion, comme cette première démarche annonce, de sa part, l'intention d'accélérer le jugement de l'appel, il ne manque pas ordinairement de faire suivre de près la signification de ses griefs. Mais lorsque c'est l'intimé qui a provoqué la conclusion du procès, & qui en a levé & fait signifier l'arrêt, il fait en même temps, ou peu de temps après, une sommation à l'appellant de fournir ses griefs; & c'est du jour de la signification de cet acte, que court la huitaine accordée par l'ordonnance à cet effet, & passé laquelle on est en état de poursuivre la forclusion. Cependant, quoiqu'après cette sommation l'ordonnance décide que la forclusion est acquise de plein droit, sans autre commandement ni procédure, il faut, dans l'usage du palais, que la sommation soit réitérée jusqu'à trois fois, pour qu'on puisse poursuivre le jugement de la forclusion. Encore ne la juge-t-on jamais dans le même parlement où le procès a été conclu : c'est ce qui a donné lieu à ce proverbe trivial au palais, qu'*on ne donne de forclusion qu'après l'année du conclu*. Les griefs s'intitulent *hors le procès*, parce qu'on les met dans un sac particulier, différent de ceux qui contiennent les productions principales.

L'appellant accompagne ordinairement la signification de ses griefs, d'une sommation de fournir des réponses. Mais cette sommation n'est pas nécessaire; la seule signification des griefs suffit pour mettre l'intimé en demeure de répondre. On ne suit point à la rigueur la disposition de l'ordonnance pour la fixation des délais. Car ce seroit souvent réduire une partie à l'impossible, que de l'obliger à faire signifier des réponses dans la huitaine de la signification des griefs.

L'*appointement* de conclusion est connu au châtelet de Paris, sous le nom d'*appointement à confirmer ou infirmer*.

De l'appointement à ouïr droit. Quand une demande appointée en droit dans un tribunal, est renvoyée ou évoquée dans un autre, il est d'usage de prononcer aussi un *appointement*, sur la même contestation, dans le tribunal où elle est renvoyée; & ce nouvel *appointement* est nommé, dans la plupart des tribunaux, *appointement à ouïr droit comme devant*.

De l'appointement de contrariété ou à faire preuve. On appelle *appointement à faire preuve ou de contrariété*, le jugement qui ordonne une enquête, & qui enjoint aux parties de justifier des faits qu'elles ont avancés.

On a prétendu que lorsque deux parties étoient appointées à faire preuve réciproquement des faits qu'elles avançoient, l'une & l'autre devoient retirer une expédition de l'*appointement*, sous prétexte qu'aucune des deux ne pouvoit entreprendre sa preuve, & assigner des témoins pour cet effet, en vertu d'une copie signifiée de la part de sa partie adverse : ainsi, lorsque l'*appointement* étoit émané d'une jurisdiction royale, les droits de greffe & de petit-scel devoient être payés pour les deux expéditions. On se fondoit même sur un arrêt du conseil, rendu le 23 mai 1719, contre les procureurs de Provence, portant qu'en toutes causes où il y aura eu jugement, arrêt de remise, ou *appointement* d'instruction; les mêmes procureurs ne pourront êtres ouïs, ni aucunement procéder en exécution de ces jugemens, qu'au préalable ils n'aient été levés au greffe & signifiés, avec défense d'y suppléer par des actes signifiés entre eux ou autrement.

L'affaire portée au conseil au sujet des *appointemens* en preuve respective, il a été décidé le 22 octobre 1775, que relativement au fermier du domaine, il suffit qu'il y ait une expédition levée, scellée & signifiée; & que l'autre partie peut agir sur la copie qui lui a été signifiée. Cela est juste : tout l'intérêt du fermier est qu'on ne se serve point d'actes sans en acquitter les droits, & d'empêcher que les procureurs ne cherchent à suppléer l'expédition des jugemens, par des significations entre eux, ainsi qu'il est dit par l'arrêt de 1719; mais lorsqu'un jugement est levé & les droits payés, la partie à laquelle il est signifié, peut incontestablement agir sur cette signification, sans être tenue de lever au greffe une autre expédition du jugement.

L'*appointement* à faire preuve a lieu, quand les parties se disent en possession du même fonds : celui de contrariété, lorsque les parties sont contraires en frais. Ces deux *appointemens* doivent, à peine de nullité, contenir les faits sur lesquels les parties doivent faire preuves.

De l'appointement à fournir débats. On appelle *appointement à fournir débats*, une espèce d'*appointement* en droit sur un compte. Il n'est pas nécessaire qu'il soit prononcé à l'audience, on peut le prendre au greffe : pour que cet *appointement* ait lieu, il faut qu'il y ait au moins trois articles du compte, qui soient débattus & contestés.

De l'appointement de délibérer. Il y a deux sortes d'*appointement* de délibérer, l'un se fait sur le bureau, & l'autre sur-le-champ : tous deux ont lieu quand l'affaire peut se décider par le simple examen de quelques pièces, ou qu'elle est sommaire, & ne peut être appointée, ni en droit, ni à mettre.

Dans le premier cas, les juges ordonnent que les parties remettront leurs sacs à l'un d'entre eux, pour, sur le vu des pièces, en être délibéré. Il ne résulte aucune procédure de ce jugement; les procureurs, après qu'il a été prononcé, retirent leurs sacs des mains des avocats, les remettent au rapporteur avec un mémoire s'ils le veulent, mais il n'entre point en taxe. Le rapporteur rapporte ensuite l'affaire dans la chambre du conseil, où on la juge sans frais.

Dans le second cas, les pièces sont retirées sur le champ des mains des avocats, les juges se rendent dans la chambre du conseil pour les examiner; & après en avoir délibéré, ils rentrent à l'audience, où ils prononcent le jugement, qui s'inscrit sur le plumitif.

De l'appointement offert. On appelle *appointement offert*, un écrit signifié par un procureur au procureur adverse, qui contient les qualités des parties, & le prononcé de l'arrêt, qu'on se propose d'obtenir après la signification de cet écrit : on présente ensuite à l'un des avocats généraux un placet, sur lequel il met son *vu*. Ce placet est porté chez le secrétaire du premier président, qui l'insère dans le rôle suivant son rang.

Le procureur qui offre l'*appointement*, fait sommation au procureur adverse de venir communiquer au parquet, en déclarant que s'il n'y vient pas, il en communiquera, & fera arrêter l'*appointement.* Si les parties comparoissent, l'avocat-général entend leurs moyens, & donne son avis soit pour admettre, soit pour réformer l'*appointement.* Cet avis est ordinairement suivi & confirmé par l'arrêt ou la sentence. Si l'une des parties ne comparoît pas, on obtient, par défaut, la réception de l'*appointement*, tel qu'il a été proposé ou réformé par l'avis de l'avocat-général.

Des appointemens arrêtés par les avocats. Cette espèce d'*appointement* a lieu lorsque les avocats ou procureurs des parties, conviennent d'un autre avocat pour tiers; ou lorsqu'une affaire est renvoyée pardevant des avocats ou procureurs, pour être terminée par leur avis. L'arrêt qui renvoyoit ainsi pardevant les avocats, ordonnoit que leur avis seroit reçu en forme d'*appointement.*

Cette espèce d'*appointement* n'a plus lieu au parlement de Paris, depuis les lettres-patentes du 12 décembre 1780, l'arrêt de réglement du 21 février 1781, qui ont substitué à cette forme les *appointemens*, qu'on appelle *appointemens sommaires.* Ces deux loix règlent les matières qui pourront être appointées sommairement, & la forme de l'instruction de ces *appointemens.*

Les instances qui seront appointées sommairement, ne seront pas vues de commissaires, & par cette raison, il n'y aura pas lieu aux vacations; les épices ne peuvent excéder huit écus, & les frais des procureurs ne doivent pas excéder la somme de vingt livres, tant en demandant qu'en défendant, & celle de quinze livres pour les interventions, compris l'arrêt même de réglement & tout ce qui sera fait jusqu'à l'arrêt définitif. Ces *appointemens* sommaires n'auront lieu qu'à la grand'chambre du parlement.

L'arrêt de réglement du 21 février, en expliquant l'article des lettres-patentes, qui regardent la liquidation des frais des *appointemens* sommaires, ordonne, jusqu'à ce que le roi en ait ordonné autrement, que dans les sommes de vingt & quinze liv. les frais faits jusqu'au réglement, ne seront pas compris, mais qu'ils seront taxés conformément au tarif de 1778, & qu'on n'y comprendra pas également le coût de l'arrêt de réglement, de l'expédition & signification du même arrêt.

De l'appointement à décréter. L'*appointement* à décréter est la même chose que le congé d'adjuger; il a lieu dans les décrets forcés, & c'est un jugement par lequel on ordonne qu'après l'apposition des affiches, l'héritage saisi sera vendu au plus offrant & dernier enchérisseur. Il ne se rend qu'après le jugement des certifications des criées : pour l'obtenir il faut assigner le saisi devant le juge, à l'effet de le voir prononcer; il ne peut l'être qu'après les délais des assignations & mémoires.

Des appointemens aux conseils du roi. En toute espèce d'instance, pendante aux conseils du roi, les *appointemens* sont ou sommaires ou à l'ordinaire.

Les *appointemens* à l'ordinaire obligent les parties de communiquer respectivement dans la huitaine, en original, ou par copies, les pièces dont elles prétendent s'aider, & elles doivent écrire & produire, huitaine après, pour tout délai.

Dans l'*appointement* sommaire la communication respective doit se faire dans les trois jours, & dans le même délai, elles doivent produire & écrire au conseil; l'*appointement* doit être offert par la partie la plus diligente trois jours francs, avant de présenter la requête pour faire nommer un rapporteur.

Il est d'usage de laisser dans la première ligne assez de blanc, pour y insérer le nom du maître des requêtes, qui doit être commis par le rapport; on laisse également assez de blanc dans la requête, pour y mettre les conclusions de celui à qui l'*appointement* est offert.

Dans les *appointemens* au conseil, on met toujours les qualités du demandeur les premières, quand bien même le défendeur offriroit l'*appointement*, parce qu'au conseil on donne les qualités aux parties, suivant les actes d'introduction d'instance.

Toutes les affaires traitées au fonds, & les instances en cassation d'arrêt, sont réglées à l'ordinaire. L'*appointement* sommaire a lieu, pour les instances & réglemens de juge.

APPOINTEUR, s. m. se dit, dans un sens odieux, de juges peu assidus aux audiences, & qui n'y viennent guère que quand il est besoin de leur voix, pour faire appointer le procès d'une partie qu'ils veulent favoriser.

Ce terme se dit aussi de toutes personnes qui s'ingèrent à concilier les différends, & accommoder des procès. (*H*)

APPORT, s. m. (*Droit coutumier.*) ce terme est usité dans les contrats de mariage, pour désigner ce qu'un conjoint met en communauté.

Il arrive souvent qu'au lieu de former une communauté de tout le mobilier qu'on peut avoir respectivement, on se contente de stipuler qu'on apportera simplement une certaine somme en communauté, & que, par conséquent, tout ce qui auroit pu y entrer naturellement lors de la célébration du mariage en sera exclu; car en pays coutumier, les conjoints, sont dès l'instant du mariage, communs pour tout le mobilier qu'ils peuvent avoir, à moins que le contraire ne soit stipulé entre eux. Cette promesse d'apporter une certaine somme, est ce qu'on appelle *convention d'apport.* Elle forme, au profit de la communauté, une dette, dont l'effet est, que si, lors de la dissolution de la communauté, l'*apport* ne se trouve point encore fait, celui qui s'y est obligé est dans le cas ou de l'effectuer, ou de souffrir une compensation sur la part qui lui revient des profits de cette communauté.

Pour savoir si l'*apport* promis par un conjoint a été réellement payé par lui à la communauté, on impute, en premier lieu, les effets mobiliers qu'il avoit au moment de la célébration du mariage, sur le pied de la valeur qu'ils avoient alors, ou sur l'estimation qui en a été faite par le contrat: on peut même dire, à ce sujet, que la communauté a reçu ce mobilier comme en paiement jusqu'à concurrence de l'*apport.* On impute encore le montant de l'*apport* sur les dettes actives qui sont rentrées durant la communauté; mais on n'est pas obligé de le déduire sur celles qui ont été payées auparavant. On fait à cet égard une distinction entre les dettes actives du mari & celles de la femme; c'est au mari, lorsqu'il est tenu de *l'apport*, à prouver par des actes ou des indices non suspects, que le paiement en a été fait dans le temps de la communauté. Lorsqu'au contraire c'est la femme qui est tenue de cet *apport*, les créances qui lui étoient dues sont censées être rentrées durant la communauté, & dès-lors elles servent à compenser ce qu'elle devoit apporter, à moins que le mari, qui étoit obligé de les faire rentrer, ne prouve par ses diligences qu'il n'a pu en être payé.

Tout ce qui fait partie de la dot mobilière d'un conjoint, dit Pothier, & qui a été reçu durant la communauté, s'impute sur la somme promise par ce conjoint pour son *apport:* son opinion jusques-là paroît conforme aux principes. Mais lorsqu'il en infère que si le père & la mère du futur, par exemple, avoient promis par le contrat de mariage, outre la dot qu'ils font à leurs fils, de le nourrir chez eux, ainsi que sa femme, ses enfans & ses domestiques; pendant une ou plusieurs années, ces nourritures seroient censées faire une augmentation de dot pour le mari, sur lesquelles on pourroit compenser ce qu'il a promis pour son *apport* en communauté; nous ne saurions être de son avis, par la raison que ces nourritures étant une condition du mariage, autant pour la femme que pour le mari, celui-ci ne peut raisonnablement s'en prévaloir au préjudice de celle-là. Au surplus, dès que l'*apport* a été promis indépendamment de cette clause, on doit présumer qu'elle a été stipulée autant au profit d'un conjoint que de l'autre, & que l'intention de toutes les parties étoit qu'elle ne laissât point de vestiges après qu'elle auroit été exécutée. Mais si ces nourritures avoient été évaluées par le contrat de mariage, elles paroîtroient devoir faire partie de la dot, & elles s'imputeroient alors sur l'*apport* promis par le mari.

Lorsqu'au lieu de donner un héritage, on ne donne pour dot que les fruits de cet héritage pendant un certain nombre d'année, ces fruits forment le principal de la dot, dès qu'ils ont été donnés expressément pour en tenir lieu, & ils doivent opérer une compensation sur la somme promise pour *apport* de la part de celui à qui ces fruits ont été accordés, suivant que l'observe Pothier, à l'occasion d'une sentence du bailliage d'Orléans, confirmée par arrêt, dans une affaire concernant la dame de Rochefort, à qui son père & sa mère avoient donné en dot la coupe d'une certaine quantité de bois-taillis pendant un nombre d'années. Mais, pour que cette compensation ait lieu, il faut qu'elle s'accorde parfaitement avec l'intention des parties, & qu'on puisse la présumer aussi aisément qu'elle se présume dans l'espèce qui a fait le sujet de l'arrêt dont nous venons de parler.

Observez que la compensation de l'*apport* n'a point lieu sur les conquêts ni sur le mobilier qui peut entrer en communauté par l'effet d'une donation ou d'une succession, parce qu'il seroit contradictoire qu'un conjoint payât, aux dépens de la communauté, une dette qui doit elle-même en augmenter les biens: cette compensation ne s'opère que sur ce qui n'entre point dans cette même communauté, c'est-à-dire, sur ce que le conjoint qui doit l'*apport* a droit d'y prélever.

Pour établir ce prélevement, c'est au conjoint qui le demande, à justifier du mobilier qu'il avoit lors de la célébration du mariage. On s'en remet ordinairement là-dessus à ce qui a été déclaré par le contrat, même pour le mobilier du mari, suivant un arrêt du 23 juillet 1712, rapporté au journal des audiences. Ce mobilier pourroit encore se constater par un état fait entre les conjoints depuis le mariage, pourvu qu'il n'excédât pas les bornes de la vraisemblance. Au surplus, s'il y avoit de la fraude, ce seroit à celui qui l'allègue à la prouver. L'*apport* du conjoint peut encore être constaté par un partage fait peu de temps avant ou peu après le mariage, ou par un compte de tutèle rendu à-peu-près dans le temps du mariage.

Observez qu'au lieu d'une certaine somme, on peut apporter en communauté un immeuble qui, au moyen de l'*apport* stipulé, demeure ameubli; c'est-à-dire, qu'il tient lieu d'une somme ou d'une chose mobilière.

Observez encore que dès qu'il y a un *apport* stipulé, les dettes antérieures au mariage sont par cela seul censées exclues de la communauté. Le Brun pense différemment; mais l'opinion contraire de Pothier, conforme à celle de la Thaumassiere, dans ses questions sur la coutume de Berry, nous paroît plus conforme aux principes, parce qu'enfin dès qu'on promet d'apporter une somme ou un objet particulier, on annonce par-là que la valeur n'en sera point absorbée par les dettes antérieures de celui qui s'est rendu comme caution que l'*apport* s'effectueroit.

La convention d'*apport* met une grande différence entre

entre la communauté conventionnelle qu'elle établit & la communauté légale que la coutume suppose entre les conjoints. Premiérement, la communauté légale acquiert à titre universel tout le mobilier des conjoints, la communauté conventionnelle n'acquiert à titre particulier que la somme promise par l'*apport*; s'il y a de l'excédent, il est propre de communauté. En second lieu, dans la communauté légale, chaque conjoint ne s'oblige d'apporter à la communauté que le mobilier qu'il a, & qu'autant qu'il lui appartient, d'où il suit que si la communauté souffre l'éviction de quelque partie de ce mobilier, le conjoint n'en doit aucune récompense à la communauté: au contraire, dans la convention d'*apport*, le conjoint se rend débiteur envers la communauté d'une somme certaine, & si elle souffre l'éviction du mobilier qu'il a donné en paiement, il est tenu de l'en indemniser, parce qu'il n'a pas réellement payé la somme dont il s'est constitué débiteur envers elle.

APPORT *du sac* ou *des pièces*, c'est la remise faite au greffe d'une cour supérieure, en conséquence de son ordonnance, des titres & pièces d'un procès instruit par des juges inférieurs dont la jurisdiction ressortit à cette cour; & l'acte qu'en délivre le greffier s'appelle *acte d'apport*.

Ce mot est très-usité en matière criminelle: on s'en sert, lorsqu'on ordonne que des procédures faites dans un siège seront *apportées* dans un autre siège où s'instruit une affaire à laquelle elles ont rapport. Lorsque le siège où l'on veut faire apporter ces procédures n'a aucune supériorité sur celui d'où l'on veut les faire venir, on s'adresse au juge supérieur, qui ordonne cet *apport*, suivant les motifs qu'on lui expose pour l'obtenir.

On appelle encore *acte d'apport*, celui que donne un notaire à un particulier, qui vient déposer une pièce ou un écrit sous seing-privé, dans son étude, à l'effet de lui donner une date certaine.

Apport se dit aussi, dans la coutume de Rheims, de tout ce qu'une femme a apporté en mariage, & de ce qui lui est échu depuis, même des dons de noce que son mari lui a faits.

Apport, dans quelques autres coutumes, se prend aussi pour rentes & redevances, mais considérées du côté de celui qui les doit. Il est employé suivant cette acception, dans la coutume d'Auvergne, *chap. 31, art. 31.*

APPORTIONNEMENT, f. m. (*Coutume particulière.*) dans la coutume de la Rochelle, on appelle *apportionnement* une déclaration que fait le père ou la mère survivant, par laquelle ils reconnoissent devoir à leurs enfans une certaine somme, pour leur tenir lieu de tous les droits mobiliers qu'ils pourroient prétendre, soit du chef du prédécédé, soit à titre de continuation de communauté.

Le père & la mère ont joui également du droit d'apportionner leurs enfans jusqu'en 1704, que le parlement de Paris, par un arrêt du 20 juin de cette année, a jugé que la communauté n'étoit point dissoute par l'*apportionnement* fait par la mère, & que, sans y avoir égard, les enfans pouvoient demander le partage de la continuation de communauté. L'*apportionnement* a néanmoins continue, sur-tout parmi les gens du commun, comme le remarque Vallin, dans son commentaire sur la coutume de la Rochelle; ensorte que dans ce pays, on estime que l'*apportionnement* fait par la mère, peut bien servir aux enfans, de titre pour demander la somme que la mère a reconnu leur devoir pour leurs droits mobiliers, mais qu'ils ne peuvent être contraints d'y acquiescer, comme à l'*apportionnement* fait par le père.

L'*apportionnement* peut se faire par le contrat de mariage du père, qui convole en secondes noces: il peut aussi se faire par tout autre acte, mais il faut que cet acte soit public & invariable, & par conséquent fait en justice ou pardevant notaire, en minute & non en brevet; il ne seroit pas valable sous signature privée.

On peut y insérer d'autres clauses, celle, par exemple, de déclarer que les enfans se succéderont les uns aux autres au préjudice du père, qui de droit est leur héritier mobilier.

Il est probable que l'*apportionnement* s'est introduit en faveur du commerce, pour donner un moyen au père de ne pas faire connoître, par un inventaire, la situation de sa fortune, ce qui très-souvent peut être dangereux pour un commerçant, dont le crédit tient à l'opinion favorable qu'on a de ses affaires.

Quelques jurisconsultes se sont élevés contre les *apportionnemens*, dont ils craignent d'autant plus l'abus, qu'il arrive très-souvent que le père n'apportionne ses enfans que lorsqu'il convole en secondes noces. Pour y remédier, M. Vallin propose de ne le faire valoir que comme un inventaire, & de ne lui pas donner l'autorité d'un réglement absolu & définitif des droits mobiliers des enfans: on pourroit encore exiger que l'*apportionnement* se fît contradictoirement avec les parens du prédécédé, en présence du juge, & qu'il fût enregistré à son greffe.

APPORTIONNER, v. a. (*terme de Coutume.*) suivant la coutume d'Acs, *titre 2, art. 1*, le fils aîné est seul héritier des biens que cette coutume appelle *gentious*, soit qu'ils soient acquêts, soit qu'ils soient avitins: mais il doit *apportionner* ses sœurs & ses frères puînés, des biens délaissés par les père & mère communs. Cette portion qui est due aux puînés & aux filles, est du quart des biens, lorsqu'il n'y a qu'un ou deux puînés; & du tiers, s'il y en a trois ou plus de trois.

APPOSER, v. a. (*en Droit.*) généralement c'est mettre une chose sur une autre, & par cette raison on dit *apposer des affiches*, *apposer le scellé*, parce qu'en effet les affiches sont posées sur les endroits publics, & le scellé sur les effets mobiliers de quelqu'un.

On dit par extension, *apposer une clause, une condition à un acte, à un contrat*, pour dire *y insérer une clause, une condition.*

Du verbe *apposer* dérive le mot substantif d'*apposition*, qui se dit de l'action d'*apposer* une chose sur une autre, & ce terme se dit particuliérement de l'apposition d'affiches ou de scellé. *Voyez* AFFICHES, & SCELLÉ.

APPRÉBENDEMENT, f. m. (*Droit canon.*) ce terme n'est en usage qu'en Lorraine, où l'on s'en sert pour désigner la réception d'une chanoinesse, & le droit que lui donne cette réception, pour jouir d'une prébende après la mort de la chanoinesse qui l'apprébende.

APPRÉCIATEUR, f. m. (*Jurisprud.*) est celui qui apprécie les marchandises ou autres choses qui, par ordonnance du juge, doivent être évaluées & estimées par experts.

A Bordeaux, on nomme *appréciateurs* les commis chargés de faire l'estimation de toutes les marchandises qui entrent dans cette ville, ou qui en sortent; & c'est sur cette estimation que se règlent les droits qu'on doit payer pour l'entrée ou la sortie de ces marchandises.

APPRÉCIATION, f. f. en général, c'est l'estimation de la valeur d'une chose. Ce mot est presque synonyme à ceux de *prisée* & d'*évaluation*; il y a cependant entre eux quelque légère différence. Estimation est un mot générique, qui cependant exprime spécialement l'estimation faite par des experts: on nomme *prisée* celle qui est faite par les huissiers, elle ne s'applique qu'aux meubles: on fait l'évaluation des choses qui consistent en poids, nombre & mesures; & l'appréciation se dit de la valeur de ces mêmes objets, exprimée par une somme d'argent.

On doit faire apprécier par des experts les choses qu'on nous confie, & dont nous devons rendre compte, pour en payer la valeur, si elles ne sont pas dans le cas d'être rendues en nature au propriétaire.

Pour apprécier une chose, il faut faire attention à son utilité, à sa nature, à la difficulté de se la procurer, à son état actuel, à sa rareté; car toutes ces circonstances peuvent ôter ou ajouter à son prix.

L'*appréciation* ne devient une règle obligatoire que lorsque ceux qui apprécient une chose ont été choisis par les intéressés ou les magistrats, qu'ils se sont obligés à apprécier selon leur conscience, & qu'ils sont experts dans le genre de la chose soumise à leur *appréciation.*

Ce terme d'*appréciation* est sur-tout en usage pour signifier l'estimation des grains qui se portent & se vendent dans les marchés publics. Dans ce sens on donne le nom d'*appréciation* aux actes qui se font en justice sur le rapport de deux ou trois marchands, ou boulangers, ou mesureurs de grains, pour constater le prix & la valeur de chaque espèce, chaque jour de marché. Cette *appréciation* doit être enregistrée sans frais au greffe de la justice du lieu, & les extraits qu'on en délivre, ne sont pas assujettis aux droits de petit scel.

Toutes les fois qu'il s'agit, pour la fixation des droits de contrôle, centième denier ou autres, d'évaluer des revenus en grains, on doit prendre les *appréciations* déposées aux greffes, des dix dernières années, & en composer une année commune, sur le pied de laquelle le droit est perçu. C'est une règle que le conseil a prescrite plusieurs fois, & qu'il a confirmée par arrêt du 14 février 1750.

APPRÉHENDER, v. a. en terme de jurisprudence se dit de l'action de prendre ou de saisir quelque chose: ainsi on dit *appréhender une succession*, pour signifier *s'immiscer dans la régie des biens délaissés par un défunt, & faire acte d'héritier; s'emparer de la succession.*

On se sert aussi du terme d'*appréhender* pour dire *saisir & arrêter un débiteur, une personne décrétée de prise de corps.*

APPRÉHENDITION, f. f. vieux mot qui signifie la même chose qu'*appréhension*, dont on se sert en droit pour désigner la prise de corps d'un criminel ou d'un débiteur.

APPRENTI, APPRENTISSAGE. *Apprenti* est celui qui s'engage à un maître pour apprendre sous lui un métier, un commerce que le maître exerce, & auquel l'*apprenti* veut s'adonner. *Apprentissage* se dit de l'état, des fonctions & de l'étude de celui qui apprend un métier. Par extension on appelle aussi *apprentissage* le temps qu'on emploie à apprendre un métier; ainsi l'on dit que l'*apprentissage* est de trois ans, pour dire que l'*apprenti* doit mettre trois ans au cours d'étude nécessaire pour s'instruire de la profession à laquelle il veut s'adonner. On donne le nom de *brevet d'apprentissage* à l'acte par lequel un particulier, pour apprendre un métier, s'oblige à demeurer pendant un certain temps chez un maître, aux conditions convenues entre eux.

Si l'édit de suppression des jurandes, rendu au mois de février 1776, eût subsisté, la loi des *apprentissages* seroit restée sans force; mais le roi, par un autre édit du mois d'août de la même année, ayant rétabli les six corps des marchands, & quarante-quatre communautés d'artisans, & ayant annoncé, par l'article 39 du même édit, qu'il seroit pourvu sur la forme & la durée des *apprentissages* jugés nécessaires, pour exercer quelques-unes de ces professions, il en résulte que les *apprentissages* sont encore aujourd'hui nécessaires pour tous les métiers dont les communautés ont été rétablies par l'édit du mois d'août 1776, & qu'on n'exempte de la formalité de l'*apprentissage*, que celles qui ont été déclarées entiérement libres.

Nous savons qu'on travaille actuellement à rédiger une loi claire & précise pour chaque espèce de corps & communauté; mais en attendant qu'elle soit promulguée, il faut suivre les anciens réglemens qui concernent les *apprentissages*: nous pensons d'ailleurs que la loi nouvelle en conservera une grande partie, & sur-tout celle qui tient à l'ordre public, & au maintien de la police des communautés.

L'ordonnance de 1673 oblige tous ceux qui aspirent à la maîtrise, à demeurer chez un maître en qualité d'*apprenti* : tous les statuts & réglemens qui ont été faits pour les différentes communautés, leur ont imposé la même obligation. Le temps de l'*apprentissage* n'est pas le même pour toutes, chacune a ses statuts particuliers, qui en déterminent la durée, & qu'on doit consulter; ils règlent aussi l'âge auquel on peut être admis à l'*apprentissage* ; quelques-uns, & notamment ceux de la librairie, défendent d'y admettre des gens mariés. Défense aussi nuisible aux mœurs qu'aux progrès des arts & métiers.

L'époque du commencement de l'*apprentissage* est ordinairement fixée par un acte pardevant notaire, qu'on appelle *brevet d'apprentissage*. Souvent cet acte est passé devant les jurés de la communauté; les statuts de quelques-unes exigent qu'il soit passé dans les bureaux de la communauté. Cet acte contient le temps que l'*apprenti* doit rester chez son maître, le prix qu'il donne pour les frais de son *apprentissage*, & les termes dans lesquels il doit être payé : le maître, de son côté, s'oblige à nourrir & loger l'*apprenti*, à le traiter humainement, & à lui montrer la profession qu'il exerce.

L'*apprenti* ne peut s'absenter de chez son maître, à peine, pour la première fois, de doubler le temps de son absence, & pour la seconde fois, d'être déchu de son *apprentissage*, & à cet effet, le maître doit faire constater l'absence de son *apprenti* sur le livre de la communauté. Si cependant le maître maltraitoit l'*apprenti*, ou ne lui fournissoit pas la subsistance nécessaire, ce dernier peut le faire assigner à Paris pardevant le procureur du roi au châtelet, & dans les villes de province, pardevant le lieutenant général de police, pour remettre le brevet d'*apprentissage* entre les mains des jurés, qui lui procureront un autre maître, chez lequel il puisse continuer son *apprentissage*.

Le maître doit exercer lui-même son métier pour avoir des *apprentis*. La veuve qui continue le commerce ou le métier de son mari, peut bien continuer l'*apprenti* qu'il a commencé, mais elle ne peut pas en faire un nouveau. Il est aussi défendu, par les statuts de presque toutes les communautés, d'avoir plus d'un *apprenti* à la fois, à moins que le second ne soit reçu dans la dernière année de l'*apprentissage* du premier.

Après l'expiration du temps d'*apprentissage*, le maître est tenu de donner à l'*apprenti* un certificat, qui doit être déposé avec le brevet au bureau de la communauté; mais pour être reçu maître, il faut y joindre encore un certificat de compagnonage, car l'*apprenti* doit aussi servir en qualité de compagnon, à-peu-près le même temps que pour l'*apprentissage*. Les maîtres font quelquefois remise d'une partie du temps de l'*apprentissage*, ce qui est cependant défendu aux libraires & imprimeurs, par le règlement de 1723. Cette remise ne peut être accordée que par un acte passé devant notaire.

Les fils des maîtres sont exceptés de la loi de l'*apprentissage*, pourvu qu'ils aient demeuré jusqu'à l'âge de 17 ans chez leur père & mère, exerçant leur art ou profession, & qu'ils puissent être censés l'avoir exercé eux-mêmes. Mais cette exemption ne doit pas s'entendre de l'espèce dans laquelle un fils de maître d'une communauté voudroit être reçu dans une communauté différente. Ainsi, par exemple, le fils d'un marchand mercier ne pourroit être reçu épicier, s'il n'avoit été en *apprentissage* chez un maître de cette communauté. L'exemption de l'*apprentissage* ne s'étend pas non plus aux enfans nés avant la maîtrise du père ; plusieurs arrêts l'ont ainsi décidé.

Avant l'ordonnance de 1667, on obligeoit un *apprenti* par corps ; mais depuis cette ordonnance, on n'admet plus cette contrainte : on peut seulement stipuler que si l'*apprenti* quitte avant son temps d'*apprentissage* fini, il sera tenu de payer la somme promise, & un mineur ne doit pas être restitué contre cette obligation.

Remarquez néanmoins que l'*apprenti* qui embrasse la vie religieuse, doit être déchargé de l'obligation qu'il a contractée avec son maître pour son *apprentissage*.

L'*apprenti* pourroit aussi se faire décharger de son obligation, si quelques maladies ou des infirmités l'empêchoient de continuer son *apprentissage*.

Les contestations relatives aux engagemens des *apprentis* doivent être portées, en première instance, pardevant les lieutenans-généraux de police, conformément aux édits de création de ces officiers, du mois de mars 1667, & du mois d'octobre 1699.

Si un *apprenti* faisoit une donation à son maître, elle seroit déclarée nulle à cause du pouvoir que celui-ci a sur l'autre. Le parlement de Toulouse l'a ainsi jugé par arrêt du 9 mars 1577.

Mais il en seroit différemment de la donation d'un compagnon à son maître : celle-ci ne seroit point annullée, parce qu'un compagnon est aux gages de son maître, & peut le quitter quand il le juge à propos.

Le droit de contrôle d'un brevet d'*apprentissage* est fixé, par l'article 23 du tarif du 29 septembre 1722, à vingt sous pour les villes où il y a cour supérieure, & à dix sous pour les autres villes & lieux.

Le conseil a jugé, par arrêt du 3 août 1715, que quand un brevet d'*apprentissage* contient obligation de payer une somme, le droit de contrôle devoit être perçu relativement à la somme, s'il étoit plus fort que le droit dû pour le brevet. Et par un autre arrêt du conseil du 3 mars 1716, il a été jugé que lorsqu'un brevet d'*apprentissage* n'étoit que pour le temps porté par les statuts, sans clause étrangère, le droit de contrôle n'étoit dû que comme brevet, quelque somme qui fût stipulée; mais que s'il excédoit le temps déterminé par les statuts, & qu'il se trouvât contenir d'autres dispositions, le droit devoit être perçu sur la plus forte disposition.

Le conseil a aussi jugé par arrêt du 15 mars 1723, que le fermier avoit pu percevoir légitimement deux droits de contrôle pour un brevet d'*apprentissage*, par lequel la communauté du métier avoit donné quittance de ses droits. Cette jurisprudence a été confirmée par un autre arrêt du 3 mai de la même année, qui a jugé qu'indépendamment du contrôle fixé par le brevet d'*apprentissage*, il étoit dû un second droit lorsque les jurés du métier recevoient une somme dont ils donnoient quittance par le même acte.

APPRÉSAGEMENT, Apprésagier, anciens mots qui se disoient pour *apprécier*, *estimer*, *appréciation*, *estimation*.

APPROBAMUS, (*terme de Droit canonique.*) ce mot est purement latin; mais les canonistes l'ont introduit en françois pour signifier le *visa* que donne l'ordinaire à un mandat ou rescrit *in formâ dignum*. L'ordinaire à qui la commission est adressée pour le *visa*, ne doit pas prendre connoissance de la validité du titre, ni différer, à raison de ce, de donner son *approbamus*. (*H*) *Voyez* Visa.

APPROBATEUR, s. m. (*Code criminel.*) on entend, par ce terme, celui qui loue & approuve un mauvais dessein & une mauvaise intention d'un autre. Le droit romain soumet à la même peine les *approbateurs* & les auteurs du délit. C'est par cette raison que la loi 1, §. 4, *ff. de servo corr*, donne action contre celui qui avoit loué & approuvé le dessein d'un esclave, qui de lui-même étoit déterminé à faire un vol, ou à prendre la fuite: que les empereurs Valens & Valentinien avoient soumis à une peine capitale ceux qui rencontrant un libelle par cas fortuit, le faisoient connoître au lieu de le brûler ou le déchirer. Mais il faut remarquer qu'une simple approbation d'un délit ne rend pas toujours punissable ou responsable du dommage, devant les tribunaux de la justice, celui qui loue une mauvaise action: il est nécessaire que l'approbation contribue à déterminer & à encourager l'agent, ou qu'elle-même soit un nouveau délit, comme dans l'espèce de celui qui répandroit un libelle diffamatoire. *Voyez* Adhérent, Complice.

APPROBATIF (*acte*), en droit, signifie en général un acte confirmatif d'un autre acte passé précédemment. L'acte *approbatif* ajoute une nouvelle force au premier, il ôte tout moyen de se pourvoir contre les obligations qu'il contient. Ainsi le mineur, devenu majeur, qui donne un acte *approbatif* d'un acte passé avec lui pendant sa minorité, ne peut plus être reçu à demander des lettres de restitution contre cet acte: de même une femme qui, après la dissolution du mariage, auroit approuvé une vente de ses biens propres, faite par son mari, ne peut être restituée contre cette vente. Pareillement un résignant ne peut plus demander le regrès, lorsqu'il a fait un acte *approbatif* de sa résignation. C'est ce qui a été jugé au parlement de Paris en 1629, sur les conclusions de M. Bignon, avocat général, & en 1694 sur celles de M. d'Aguesseau.

APPROBATION, s. f. (*Droit canonique.*) on entend ici par ce mot le pouvoir que donne l'évêque diocésain à un ecclésiastique séculier ou régulier, pour prêcher ou confesser dans son diocèse.

Suivant l'ancienne discipline de l'église, chaque ecclésiastique étoit attaché, par son ordination même, à une église particulière, pour y exercer les fonctions de son ordre; & la dénomination de *titre ecclésiastique* ne signifioit alors autre chose que l'église à laquelle le prêtre ou le diacre étoit dévoué par son ordination. On ne connoissoit point ce qu'on appelle *ordinations vagues & sans assignation d'églises particulières*.

Parmi un grand nombre d'autorités, tirées entre autres des décisions des conciles, qui ont condamné les ordinations vagues depuis le quatrième jusqu'au douzième siècle, il faut particuliérement distinguer le canon 6 du concile de Calcédoine, lequel *défend d'ordonner aucun clerc qu'il ne soit attaché à une église.*

Dans le douzième siècle, on se relâcha de cette règle, dit Chardon, en multipliant extrêmement les clercs, parce que les particuliers cherchoient à jouir des privilèges de la cléricature, & les évêques à étendre leur jurisdiction.

Il faut néanmoins convenir que, malgré le relâchement qui s'étoit introduit à cet égard, l'église a plus d'une fois réclamé l'observation de l'ancienne discipline: elle l'a fait sur-tout avec force dans le seizième siècle, lorsque le concile de Trente étoit assemblé. Aussi ce concile, en renouvellant le canon 6 du concile de Calcédoine, a défendu toute ordination vague, & ordonné que personne à l'avenir ne pourroit être fait prêtre que ce ne fût pour le service de quelque église ou autres lieux pieux.

Ce réglement du concile de Trente a été adopté par l'église gallicane dans plusieurs conciles provinciaux, entre autres celui de Reims, de 1564, celui de Rouen de 1581, & celui de Toulouse de 1592. Mais il n'en a pas été plus ponctuellement observé; & les ordinations vagues & indéterminées ont continué & continuent encore d'avoir lieu, sous prétexte que les ecclésiastiques, pourvus d'un titre de bénéfice, ne suffiroient pas seuls pour en remplir tous les devoirs & les engagemens, s'ils ne pouvoient pas être aidés dans les fonctions de leur ministère, par des prêtres ainsi ordonnés sans titre de bénéfice. En effet, il y a beaucoup de paroisses dans les grandes villes où les curés ont un besoin essentiel de ces sortes de secours, & ils en seroient privés s'il n'y avoit point d'ordinations vagues.

Aussi, dans l'état actuel de la discipline ecclésiastique, on distingue deux sortes de prêtres, relativement au pouvoir de prêcher & de confesser; savoir, les simples prêtres, & les prêtres en titre.

Quant aux simples prêtres, quoiqu'ils aient reçu

dans l'ordination le pouvoir de prêcher & de confesser, ils ne peuvent exercer ce pouvoir sans une *approbation* particulière de l'évêque diocésain.

Comme l'évêque est le maître d'accorder ou de refuser cette *approbation*, il peut aussi la limiter & même la révoquer, lorsqu'il le juge à propos, sans être obligé d'en rendre aucune raison.

Les prêtres réguliers ne sont pas moins soumis à cette règle que les séculiers. Il est vrai que les religieux mendians avoient obtenu, lors de leur établissement, différentes bulles des papes qui leur accordoient la permission de prêcher & de confesser, sans avoir besoin de l'*approbation* de l'évêque diocésain : mais ces privilèges, contraires par leur nature à la discipline ecclésiastique, excitèrent tant de troubles dans toute l'église, & particuliérement en France & en Angleterre, que la cour de Rome se vit obligée de les révoquer. Les mémoires du clergé rapportent plusieurs bulles sur ce sujet. On trouve aussi dans ces mémoires, un acte remarquable donné par les religieux principaux des communautés de Paris, au cardinal de Richelieu, le 19 de février 1633, où ils reconnoissent qu'ils sont obligés de subir l'examen, & d'avoir l'*approbation* de l'ordinaire pour prêcher & pour confesser.

Cependant, les réguliers sont dans l'usage & la possession de se confesser les uns les autres, même de confesser leurs novices, sans l'*approbation* des évêques, & avec la seule permission de leurs supérieurs.

A l'égard des religieuses exemptes ou non exemptes, leurs confesseurs doivent être approuvés par l'évêque, avec cette différence néanmoins, qu'indépendamment de l'*approbation* de l'évêque, il faut encore que les confesseurs des religieuses exemptes, soient du choix des supérieurs réguliers ou autres; aussi les évêques, dans ces sortes d'*approbations*, ne manquent-ils jamais d'insérer une clause qui énonce le consentement des supérieurs. Ceci souffre toutefois une exception en faveur des monastères des religieuses de Citeaux, de Fontevrault & du Calvaire, dont les chapelains sont en possession de confesser les religieuses, les pensionnaires & les autres personnes qui sont dans la clôture, sans autre permission que celles des supérieurs majeurs de ces communautés : mais ces chapelains ne peuvent pas plus que les autres réguliers confesser, même dans leurs églises, les séculiers ou autres qui se présentent, sans un pouvoir spécial de l'évêque diocésain, parce qu'alors la raison de l'exception, introduite en leur faveur, cesse, & qu'ils rentrent dans la règle générale.

C'est par les mêmes motifs que les réguliers, exempts ou non exempts, peuvent bien, sans la permission ou *approbation* de l'évêque, faire dans l'intérieur de leurs couvens des exhortations adressées à leurs religieux ; mais ils ne peuvent prêcher publiquement dans leurs églises, ni même faire dans l'intérieur de leur maison aucune instruction pour l'usage des séculiers, sous quelque prétexte que ce soit, qu'avec le consentement de l'évêque ; parce qu'il a intérêt que les ouailles confiées à sa sollicitude pastorale, soient instruites par des ecclésiastiques qui aient mérité sa confiance.

Quoique l'évêque soit le maître absolu des pouvoirs ou *approbations* qu'il donne pour confesser & pour prêcher, & que, par une suite nécessaire, il ne soit point obligé de motiver les refus ni même les révocations de ces pouvoirs, cependant, s'il exprimoit la cause de ces refus ou révocations, & que par sa nature elle fût abusive, elle pourroit donner lieu à un appel comme d'abus.

M. Duperray a prétendu qu'un évêque ne pouvoit sans abus refuser à un ordre entier le pouvoir de prêcher & de confesser ; & il s'est fondé sur un arrêt rendu en faveur des cordeliers, contre l'évêque de Clermont. Mais il y a un exemple contraire & postérieur à cet arrêt : c'est l'interdit prononcé par le cardinal de Noailles, archevêque de Paris, contre tous les jésuites des trois maisons de cette ville : il est probable qu'ils n'auroient pas manqué de réclamer contre cet interdit, s'ils avoient cru pouvoir réussir à le faire lever. Il paroît par conséquent que les ordres en général n'ont pas plus de droit de réclamation à cet égard que les particuliers : c'est-à-dire, que si dans l'interdit d'un ordre quelconque, l'évêque a donné des motifs qui soient infamans ou mal appliqués, l'ordre a le droit de se pourvoir par la voie de l'appel comme d'abus, pour empêcher qu'une telle tache ne subsiste contre lui : mais quand l'ordre religieux ainsi interdit ne se trouve pas dans le cas d'un pareille réclamation, l'interdiction seule ne peut jamais par elle-même être un moyen d'appel comme d'abus, quoiqu'elle concerne tout un corps, & qu'elle prouve que ce corps a perdu la confiance de l'évêque, parce que, comme on l'a remarqué, l'évêque ayant la disposition absolue de ces sortes de pouvoirs, personne n'a le droit de lui demander compte de la dispensation qu'il en fait.

Mais si l'exercice du pouvoir de prêcher & de confesser peut être ainsi borné dans les simples prêtres, il n'en est pas de même à l'égard des prêtres en titre, tels que les curés, & les autres ecclésiastiques à qui le titre de leur bénéfice donne le droit d'exercer les fonctions pastorales en tout ou en partie.

Les curés sont les assesseurs nés des évêques dans les fonctions du saint ministère : c'est sur eux que l'évêque, qui est le pasteur universel du diocèse, se décharge d'une portion du soin des ames qui lui sont confiées. Ainsi il ne leur faut que le titre de leur bénéfice, & les provisions de l'évêque qui leur en assurent la possession, pour avoir le droit perpétuel d'enseigner & de diriger le troupeau qui leur est assigné.

Mais on a demandé si les curés pouvoient, même dans les limites de leurs paroisses, confesser d'autres personnes que leurs paroissiens ? Quoique cela ait paru faire quelques difficultés parmi les canonistes, on ne croit pas néanmoins qu'il puisse y avoir sur ce point un doute fondé. En effet, le droit des curés est, en cette occasion, plus réel que personnel: on le regarde comme établi par Jesus-Christ même. Ce n'est donc point au curé à examiner si les personnes qui se présentent à lui pour la confession, sont ou ne sont pas domiciliées dans sa paroisse; il suffit qu'elles se présentent à lui dans les limites de son ressort, pour qu'il soit en droit d'exercer à leur égard les fonctions de son ministère. Il y a même plus; un curé n'a besoin que des pouvoirs attachés à son titre, pour aller confesser dans une autre paroisse du diocèse, pourvu que ce soit avec l'agrément du curé de cette paroisse. C'est un droit confirmé aux curés par un usage constant, & dont ils ne peuvent être privés que par une ordonnance expresse de l'évêque qui les restreindroit à leur seule paroisse.

Le curé d'une paroisse d'une certaine étendue, étant obligé de se décharger d'une partie du soin de son troupeau sur d'autres prêtres, soit en qualité de vicaires, soit en qualité d'habitués, il ne peut être gêné par l'évêque dans le choix des uns ou des autres, pourvu toutefois que ce choix tombe sur des ecclésiastiques approuvés de l'évêque. En effet, ces ministres inférieurs étant destinés à être les coopérateurs du curé, il est juste & naturel qu'il ait la liberté de les choisir à son gré, afin que les pasteurs & les prêtres qui lui sont subordonnés, agissent tous ensemble de concert pour l'avantage commun des fidèles, & pour leur édification.

Les curés ne sont point les seuls que le titre de leur bénéfice autorise à prêcher & confesser sans une approbation particulière de l'évêque: il y a d'autres bénéficiers qui jouissent du même droit, soit en tout, soit en partie. Ainsi les doyens & les autres premiers dignitaires des églises cathédrales & collégiales, sont réputés curés des différens membres de leurs corps, & en cette qualité ils exercent à leur égard les fonctions curiales.

On peut mettre dans la même classe les archidiacres, dans les endroits où le déport a lieu en leur faveur; car, comme en vertu de ce droit l'archidiacre doit desservir ou faire desservir le bénéfice, il faut nécessairement, dans le premier cas, qu'à ce droit se réunisse celui d'exercer toutes les fonctions pastorales.

Il faut, du moins par rapport à la confession, dire la même chose des pénitenciers, qui étant les confesseurs universels du diocèse, ont, par leur titre seul, le droit de confesser dans toute l'étendue de ce même diocèse.

Les théologaux jouissent des mêmes prérogatives par rapport à la prédication. Institués pour enseigner & pour prêcher, ils n'ont besoin que de leur titre pour avoir le droit de prêcher. Et ce droit leur est expressément confirmé par l'édit de 1695, quoique l'utilité & la nécessité de leurs fonctions soient bien différentes de ce qu'elles étoient dans leur origine. Mais un théologal n'ayant, par son titre, que le droit de prêcher dans l'église cathédrale ou collégiale de son établissement, il ne peut prêcher dans les autres églises de la ville ou du diocèse, sans une *approbation* spéciale de l'évêque, à cet égard.

Les aumôniers des vaisseaux, approuvés par les évêques diocésains, s'ils sont séculiers, ou par leurs supérieurs s'ils sont réguliers, peuvent entendre les confessions de toutes les personnes qui sont dans le vaisseau: & la même chose s'observe pour les aumôniers des régimens.

Approbation, (*Droit civil.*) c'est l'agrément, le consentement que l'on donne à une chose, à un acte dans lequel on a quelque intérêt, & qui a été passé sans l'aveu & le consentement de celui qui l'approuve.

L'*approbation* donnée à un acte nul, n'empêche pas qu'il ne puisse être attaqué de nullité, suivant l'axiome de droit: on confirme vainement ce qui est nul de plein droit; en effet l'*approbation* n'ajoute rien de nouveau à un acte, elle confirme seulement ce qui a été fait; or si l'acte renferme une nullité radicale, l'*approbation* postérieure ne peut pas le valider. Mais lorsqu'un acte n'est pas nul en lui-même, & qu'il s'y rencontre seulement quelques défauts, qui pourroient le faire casser, si celui qui a quelque intérêt à cet acte l'approuve, il n'est plus recevable à s'en plaindre. Par exemple, si un fils de famille, mineur, se marie contre la volonté de son père, il encourt la peine d'exhérédation, son mariage dans quelques circonstances peut être attaqué par le père, & être déclaré non valablement contracté; mais si le père fait quelques actes approbatifs de ce mariage, il n'est plus recevable à en interjetter appel comme d'abus, & il ne peut plus exhéréder son fils.

Approbation, (*Librairie.*) les réglemens des imprimeurs & libraires défendent d'imprimer aucun ouvrage, qu'il n'ait été auparavant censuré & approuvé. Cette *approbation* se fait par le censeur, que M. le chancelier ou M. le garde des sceaux en ont chargé; elle se donne par un acte sous signature privée: elle doit contenir non seulement l'ouvrage, mais encore l'avis, la préface, & l'épître dédicatoire. Après l'*approbation* donnée, l'auteur ni l'imprimeur ne peuvent rien changer à l'ouvrage; & s'il y a quelques changemens, ils doivent être remis au censeur pour les approuver. L'*approbation* doit être imprimée à la fin ou au commencement de l'ouvrage.

L'imprimeur qui imprimeroit, & le libraire qui vendroit un livre sans *approbation*, seroient punis: l'imprimeur seroit condamné à une amende, & déclaré déchu de sa maîtrise: le libraire seroit également condamné à l'amende, & sa boutique fermée; on confisqueroit en outre tous les exemplaires de l'ouvrage. Mais, quelque repréhensible que puisse être un ouvrage, dès qu'il a été muni d'une *approbation*, l'imprimeur & le libraire n'encourent aucune peine: l'auteur même ne doit pas être poursuivi pour les écarts ou les erreurs dans lesquels il seroit tombé, on ne peut exiger de lui qu'une simple rétractation : le censeur seul doit être responsable de l'*approbation* qu'il a donnée mal-à-propos.

APPROCHER CARREAUX, (*terme de Monnoie.*) c'est couper les lames d'or, d'argent ou de cuivre, les réduire au poids que l'espèce doit avoir, & leur donner la forme que les réglemens exigent.

APPROPRIANCE, *terme de Droit coutumier* usité dans quelques coutumes, pour signifier *prise de possession.* Dans la coutume de Bretagne, ce terme est synonyme à *décret*; c'est une formalité usitée pour rendre irrévocable la translation de propriété. *Voyez ci-dessous* APPROPRIEMENT.

APPROPRIATION, s. f. (*terme de Jurisprudence canonique.*) est l'application d'un bénéfice ecclésiastique, qui de sa propre nature est de droit divin, & non point un patrimoine personnel, à l'usage propre & perpétuel de quelque prélat ou communauté religieuse, afin qu'elle en jouisse pour toujours.

Il y a *appropriation* quand le titre & les revenus d'une cure sont donnés à un évêché, à une maison religieuse, à un collège, *&c.* & à leurs successeurs, & que quelqu'un des membres de ce corps fait l'office divin, en qualité de vicaire. *Voyez* CURE & VICARIAT.

Pour faire une *appropriation*, après en avoir obtenu la permission du roi en chancellerie, il est nécessaire d'avoir le consentement de l'évêque du diocèse, du patron & du bénéficier, si le bénéfice est rempli; s'il ne l'est pas, l'évêque du diocèse & le patron peuvent le faire avec la permission du roi.

Pour dissoudre une *appropriation*, il suffit de présenter un clerc à l'évêque, & qu'il l'institue & le mette en possession; car cela une fois fait, le bénéfice revient à sa première nature. Cet acte s'appelle une *désappropriation.*

L'*appropriation* est la même chose que ce qu'on appelle autrement, en droit canonique, *union.* *Voyez* UNION. (*H*)

APPROPRIÉ, adj. *en terme de Droit canonique*, se dit d'une église ou d'un bénéfice, dont le revenu est annexé à quelque dignité ecclésiastique ou communauté religieuse, qui nomme un vicaire pour desservir la cure. En Angleterre, le mot *approprié* est synonyme à *inféodé.* *Voyez* INFÉODÉ. On y compte 3845 églises *appropriées.* (*H*)

APPROPRIEMENT, s. m. (*coutume de Bretagne, art. 269.*) L'*appropriement* ou l'appropriance en Bretagne, ainsi que nous l'avons remarqué plus haut, est un véritable décret volontaire, & il en a tous les effets : pour qu'il soit valable, il faut que le nouvel acquéreur ait réellement pris possession de la chose qu'il veut approprier, & qu'il en ait joui pendant une année.

L'*appropriement* se fait par trois proclamations, qui font mention de la chose cédée ou transportée, ensemble de la possession annale du nouvel acquéreur. Une seule proclamation suffit, lorsqu'elle est précédée d'une possession de dix ans non interrompue, & qu'il n'y a aucune fraude; car la moindre fraude, soit dans le contrat, soit dans les proclamations, empêche l'effet de l'*appropriement.* La coutume accorde dix ans pour la découvrir, & faire déclarer nul l'*appropriement.*

L'effet de l'*appropriement* est d'assurer la propriété irrévocable de la chose appropriée, & d'en purger les hypothèques; ainsi, ceux qui ont droit d'en prétendre, doivent se rendre opposans à l'*appropriement du contrat.*

L'*appropriement* n'est nécessaire qu'à l'égard des tierces personnes, & pour prévenir les hypothèques de celui qui a vendu ou cédé l'objet approprié; car vis-à-vis de lui, sa démission est irrévocable, & l'*appropriement* est inutile.

APPROVISIONNEMENT, s. m. (*Police.*) c'est la fourniture, la provision de vivres, & autres choses nécessaires à la subsistance des citoyens.

L'*approvisionnement* des villes, & principalement de la capitale, a toujours été regardé comme une partie importante du gouvernement & de la police. Il est confié principalement aux lieutenans généraux de police, sous l'inspection des parlemens, & sous les ordres des intendans & du ministre qui a le département de la province.

Le moyen principal, dont on a fait usage jusqu'ici pour procurer cet *approvisionnement*, a été de tenir la main à ce que toutes les denrées fussent amenées au marché, & de ne point souffrir que le débit s'en fit ailleurs. L'abondance étant ainsi réunie dans un même lieu, chacun peut s'y pourvoir avec moins de risque d'être trompé, soit pour la qualité des denrées, parce qu'elles sont soumises à l'inspection des officiers de police, soit pour le prix, parce que l'on a la liberté de s'adresser à plusieurs vendeurs : telle est la première règle générale, qu'établissent la plupart des ordonnances sur cette matière.

La seconde règle consiste à empêcher ceux qui achètent pour revendre, de faire leur commerce au préjudice du public; c'est pourquoi on leur défend d'acheter avant une certaine heure, qui varie selon les lieux & les professions.

Au reste, ces moyens ne doivent plus être employés relativement aux grains. Les lettres-patentes du 2 novembre 1774, enregistrées au parlement le 19 décembre suivant, ont accordé une liberté spéciale au commerce de cette denrée, & ont défendu aux juges de police & à tout autre officier, de contraindre aucun marchand, fermier, laboureur ou autre, à conduire des grains ou farines au marché, & de les empêcher de vendre ces denrées où bon leur sembleroit. En effet, le meilleur moyen d'assurer l'*approvisionnement* d'une ville, est de laisser la plus grande liberté pour la vente des denrées. *Voyez* BLED, POLICE, COMMERCE.

Tout ce qui concerne l'*approvisionnement* d'une armée, est de la compétence de l'intendant de l'armée, avec subordination au général & au secrétaire d'état ayant le département de la guerre.

L'*approvisionnement* des vaisseaux du roi regarde,

dans chaque port, l'intendant de la marine, qui reçoit les ordres du ministre de ce département.

Suivant l'ordonnance des gabelles, l'*approvisionnement* des greniers à sel ne peut se faire qu'avec des sels surannés; cependant, dans un cas de besoin, le fermier peut en prendre des nouveaux, pourvu qu'ils aient été six semaines en gamelles.

APPUI, s. m. (*Voirie.*) on donne ce nom aux supports de pierre, de bois ou d'autres matériaux, qui soutiennent un mur, une ouverture de boutique, un balcon. On appelle aussi *appui*, en terme de maçonnerie, une pièce de pierre ou de bois, qui fait le parement d'une boutique ou d'une croisée, & sur laquelle la fermeture de la boutique, ou les chassis des croisées sont appuyés.

On ne peut mettre aucun *appui* en dehors des maisons, sans la permission des trésoriers de France, ou des autres officiers qui ont le droit de voirie.

APPUYER (*droit d'*) ou *droit d'appui*, c'est une servitude connue, dans le droit romain, sous le nom de servitude *ligni immittendi*, *oneris ferendi*. Elle consiste dans le droit de faire porter, sur le mur de son voisin, les poutres, les solives, ou les soutiens de la couverture de son bâtiment. *Voyez* SERVITUDE.

APPUREMENT *d'un compte*, (*terme de Finances & de Droit.*) c'est la transaction ou le jugement qui en termine les débats, & le paiement du reliquat; au moyen de quoi le comptable demeure quitte & déchargé. *Voyez* COMPTE.

APPUREMENT *d'un compte*, est l'approbation des articles qui y sont portés, contenant décharge pour le comptable.

Les Anglois appellent cette décharge un *quietus est*, parce qu'elle se termine chez eux par la formule latine, *abinde recessit quietus*. *Voyez* COMPTE. (*H*)

On se sert aussi du mot d'*appurement* dans le commerce. Lorsqu'il y a des difficultés sur l'*appurement* d'un compte entre négocians, les juges-consuls sont compétens pour en connoître.

L'*appurement* des comptes de finances, se fait pardevant les officiers de la chambre des comptes, ou pardevant des commissaires particuliers.

APRAYER, v. a. (*Coutume d'Artois*, *art. 62.*) ce mot, ainsi que celui d'*apratir*, que l'on rencontre dans quelques anciens auteurs, signifie *convertir en pré une terre labourable*. Le propriétaire d'une terre, assujettie au droit de champart, ne peut la convertir en pré, sans le consentement du champarteur. *Voyez* CHAMPART.

APRISE, *vieux terme de Palais*, synonyme à *estimation*, *prisée*. Il est fait d'*aprisia*, qu'on trouve en ce sens dans d'anciens arrêts, & qui vient du verbe *appretiare*, priser. (*H*)

Ce mot, dans les anciens auteurs & dans quelques coutumes, a encore d'autres significations. Il se prend pour une enquête que le juge fait d'office, pour apprendre la vérité d'un fait.

Dans les coutumes de Liège, il s'entend de la forme de prononciation d'un jugement, que le juge supérieur donne à un juge inférieur.

APROUANDEMENT, s. m. (*Coutume de Hainaut, chap. 40.*) mot employé pour signifier la provision que le juge accorde à un homme blessé, & qui doit lui être payée par celui qui l'a maltraité. La coutume accorde autant de provisions, qu'il y a de blessures considérables; l'*aprouandement* de chacune est fixé à huit muids de bled, & chaque muid de bled est évalué à la somme de 36 liv. *Voyez* AFFOLURE.

APTE, APTITUDE. On se sert, dans les tribunaux, du terme d'*apte*, pour signifier *propre* ou *idoine à quelque chose*: ainsi on dit d'une personne qu'elle est *apte*, c'est-à-dire, habile à posséder un office, à faire une chose.

On se sert, en jurisprudence, du terme *aptitude*, pour capacité, habileté à posséder quelque charge, quelque emploi.

A Q

AQUEDUC (*droit d'*) ou (*droit de conduite d'eau.*) cette servitude est très-connue dans le droit romain, c'est l'une des huit qu'on appelloit *rustiques*. Elle consiste dans le droit qu'a le propriétaire d'un héritage, de faire passer l'eau par l'héritage d'autrui jusques dans le sien, soit par des tuyaux de terre ou de plomb, soit par une rigole ou petit fossé. Cette servitude ne peut être acquise que par celui qui possède un héritage auquel elle peut être utile; il faut aussi, pour en être chargé, posséder un héritage. Cette servitude est réelle, & par conséquent elle ne s'éteint pas à la mort du propriétaire de l'héritage dominant; elle passe à son héritier, & généralement à tous les possesseurs de cet héritage, parce que ce droit est inhérent au fonds. *Voyez* SERVITUDE.

AQUEILLIR, v. a. mot ancien, qui signifioit *associer*, *donner part dans quelque chose*. On se sert encore de ce terme dans quelques provinces, pour dire *louer & retenir un domestique en lui donnant des arrhes*, qu'on appelle vulgairement *denier à dieu*.

AQUILIENNE (LOI), *lex Aquilia*, (*Jurisprud. criminelle.*) c'étoit une loi pénale qui avoit deux objets. Le premier, d'assurer la punition & la réparation du dommage que l'on avoit causé à un particulier, soit en blessant, soit en tuant, soit en lui enlevant ses esclaves ou son bétail; le second, d'assurer de même la réparation & la punition du tort que pouvoit avoir occasionné à un citoyen, le fait de l'esclave ou du bétail appartenant à un autre. Elle fut dénommée *aquilienne*, parce qu'elle obtint la sanction du peuple romain, sur la proposition qu'en fit L. Aquilius, l'un de ses tribuns, qui remplissoit cette charge en l'année 572 de la fondation de Rome.

Sur le premier chef, la loi ne prononçoit que des dédommagemens; à l'égard du second, elle vouloit qu'outre le dédommagement, on livrât à l'offensé l'esclave ou l'animal qui avoit causé le dommage.

Parmi nous, & chez tous les peuples de l'Europe, cette loi *aquilienne* ne produit plus qu'une action civile en dommages & intérêts.

Qu'on nous permette de considérer ici rapidement, quelle est la manière dont la justice a cru devoir procéder, dans les différens temps, contre les animaux qui avoient causé quelque dommage: c'est une chose digne d'être observée par le philosophe, & de tenir sa place dans l'histoire de l'esprit humain.

Le *chapitre XXI du Lévitique*, veut que tout animal qui aura tué un homme, soit lapidé & mis à mort.

En Crète, Minos avoit ordonné que si un pourceau faisoit quelque dégât dans un champ de bled, on lui arrachât toutes les dents.

Solon, le sage Solon, sur la plainte d'un particulier qui avoit été mordu par un chien, fit charger l'animal de chaînes, & le fit livrer en cet état à l'offensé.

Démocrite, quoique philosophe, vouloit qu'on punît de mort tout animal qui auroit fait un tort quelconque.

Les loix de Dracon alloient plus loin que les premières loix. Non-seulement elles dévouoient à la peine & au trépas, les animaux dont la griffe ou la dent avoient tué ou blessé un particulier, elles envoyoient encore au supplice les êtres même inanimés & insensibles qui avoient occasionné de semblables accidens. Meursius, dans son excellent *Abrégé des loix athéniennes, liv. I, chap. 17*, cite plusieurs exemples de condamnations prononcées contre des arbres, des pierres, des statues, dont la chûte avoit écrasé ou blessé des citoyens: l'exécution se faisoit avec appareil. Pausanias parle d'une statue qui fut précipitée juridiquement dans la mer, pour être tombée de son piedestal, sur un particulier qui en avoit été blessé.

Nos pères adoptèrent, à leur tour, cette jurisprudence du Prytanée; il seroit facile d'en rapporter beaucoup de preuves & beaucoup d'exemples: nous nous bornerons à en citer deux. Guipape, jurisconsulte instruit, conseiller & ensuite président au conseil souverain de Dauphiné, lequel a écrit vers l'année 1440, se fait à lui-même cette demande, *quest. 238*: si un animal commet un délit, comme font quelquefois les pourceaux qui mangent des enfans, faut-il le punir de mort? Il n'hésite pas à répondre affirmativement, & à dire qu'on le jugeroit de la sorte en Dauphiné, si le cas s'y présentoit. Il confirme son opinion, par un fait dont il avoit été témoin: il assure que, traversant la Bourgogne pour se rendre à Châlons-sur-Marne où étoit alors le roi, il vit un pourceau suspendu aux fourches patibulaires, pour avoir tué un enfant.

Dans les archives du collège de Besançon, il existe un titre qui prouve que la jurisprudence des Comtois étoit la même que celle des Dauphinois & des Bourguignons: c'est une sentence que rendit, sur un conflit de jurisdiction, *Guillaume le bâtard de Poitiers, chevalier, bailli du comté de Bourgogne*. Il ordonne qu'un pourceau, atteint & convaincu d'avoir *tué & meurtri un enfant*, sera conduit jusqu'à un tel endroit par les officiers de l'abbesse de Beaume, & que là, il sera remis au prévôt de Montbason, *pour exécuter ledit porc aux fourches dudit lieu*, &c.

Ces loix étoient fondées sur la nécessité de veiller à la conservation des hommes; on vouloit engager les maîtres à veiller sur les bêtes qui pouvoient nuire, & on les rendoit responsables du dégât; leur négligence étoit punie, par la perte d'un animal utile. C'étoit le maître qui étoit puni plutôt que l'animal; mais comme les institutions les plus sensées s'altèrent aisément, on s'imagina peu-à-peu que la punition tomboit sur l'animal plutôt que sur le maître; on transforma leur mort en un supplice proprement dit; & ce fut le comble du ridicule, lorsqu'on voulut traiter l'animal malfaicteur, comme l'homme coupable. (*AA*)

AQUITAINE, (*Droit public.*) les savans ne sont pas d'accord sur les bornes de l'*Aquitaine*, qui faisoit une des trois parties de l'ancienne Gaule. Lorsque César divisa la Gaule en quatre grands gouvernemens, il fit entrer dans l'*Aquitaine*, le Bordelois, l'Angoumois, l'Auvergne, le Velais, le Gévaudan, le Rouergue, le Quercy, l'Agenois, le Berri, le Limousin, le Périgord, le Poitou, la Saintonge & le Vivarais.

Sous l'empereur Julien, l'*Aquitaine* fut partagée en deux provinces, sous le nom de première & de seconde *Aquitaine*, dont Bordeaux fut d'abord la métropole; Bourges succéda ensuite à cet honneur. Comme le gouvernement hiérarchique de l'église suivit à-peu-près le gouvernement civil des Romains, les évêques de Bourges & de Bordeaux s'attribuèrent le titre de primat de l'*Aquitaine*.

Le nom d'*Aquitaine* a été donné à cette province, à cause de l'abondance de ses eaux, & on l'appelloit aussi anciennement *Armorique*, du mot gaulois *Armor*, qui signifioit *pays maritime*. L'*Aquitaine* moderne est renfermée entre la Loire, l'Océan & les Pyrénées.

Cette province, après avoir éprouvé plusieurs révolutions, fut érigée en royaume en 778 par Charlemagne: Charles le Chauve supprima le titre de royaume, & confia cette province à des ducs.

Le titre de duc d'*Aquitaine* a été renouvellé en 1753, en faveur du second fils du dauphin, qui, par la mort de son père & de son frère aîné, règne aujourd'hui glorieusement sous le nom de *Louis XVI*.

A R

ARAIRE, adj. (*terme de Coutume.*) ARATOIRE; adj. (*terme ordinaire.*) ces deux mots sont synonymes, & désignent les outils & instrumens qui servent au labourage : ils ne peuvent être saisis pour dettes.

ARAISONNER, v. a. c'est un ancien mot qui signifioit *appeller en justice*.

ARAMIR, v. a. autre vieux mot, dont on se servoit dans le sens de promettre & s'engager.

ARAMNE, s. m. (*Coutume de Valois, art. 7.*) ce mot y est employé, pour signifier l'amende qui étoit due à justice par le demandeur ou le défendeur, lorsqu'ils ne comparoissoient pas au jour fixé par l'assignation.

ARAMONT, petite ville du bas Languedoc, sur les bords du Rhône, aux confins de la Provence. Elle jouit du droit d'envoyer tous les ans son premier consul à Uzès aux états, pour être témoin de la répartition des impositions royales, provinciales & diocésaines. Elle députe tous les sept ans un de ses citoyens pour assister aux états de la province; mais il n'a voix délibérative qu'en cas de partage, & concurremment avec le député de la ville de Bagnol ou du Saint-Esprit.

Il y a à *Aramont* un bureau des cinq grosses fermes; les habitans jouissent du droit de nommer leurs officiers municipaux, à moins que le roi ou les états de la province ne donnent quelque réglement pour en interrompre l'exercice.

La seigneurie directe appartient à des seigneurs particuliers, qui prennent le titre de marquis d'*Aramont*; ils nomment les juges, dont les sentences ressortissent par appel en la sénéchaussée de Nîmes, & de là au parlement de Toulouse.

ARBAN, s. m. (*Coutume de la Marche.*) ce mot désigne un droit de corvée que les seigneurs peuvent exiger, par chaque semaine, de ceux qui résident dans leurs seigneuries, & qui, à cause des héritages qu'ils y possèdent, sont serfs & mortaillables.

On donne aussi à cette corvée le nom de *ban* ou de *bian*. *Ban*, parce que les seigneurs à qui elle est due, l'indiquoient aux corvéables par un ban ou proclamation; & *bian*, parce qu'elle est due pour la récolte des biens.

L'*arban* est très-onéreux au tenancier; car quiconque tient un héritage de cette nature, doit travailler de son métier au profit du seigneur un jour par semaine : c'est la disposition de l'article 136 de la coutume citée.

Selon l'article 138, tout serf ou mortaillable qui a des bœufs, doit, outre l'*arban*, employer une paire de bœufs ou une charrette, au choix du seigneur, pour voiturer le vin de celui-ci; & cette augmentation du droit d'*arban*, se nomme *vinade*.

La cour des grands jours, séant à Clermont en Auvergne, a prescrit, par un arrêt de réglement du 30 janvier 1666, quand & comment ces droits pourroient s'exiger : voici le dispositif de cet arrêt.

« La cour fait défense à tous seigneurs de la » haute & basse-Marche, ayant droit d'*arban* & » *vinade*, de contraindre les redevables de les faire » au-delà des lieux portés par la coutume; savoir, » le droit d'*arban*, que dans les lieux où lesdits » tenanciers puissent partir de leurs maisons, & » y retourner le même jour; & de *vinade*, ailleurs » qu'au lieu ou châtellenie où lesdits droits sont » dus, sans que lesdits seigneurs les puissent obliger de faire ladite *vinade*, qu'ils ne les aient préalablement sommés de la faire en temps dû & » compétent, ensorte qu'ils puissent être de retour » dans leurs maisons à la saint Martin d'hiver, » ni les obliger à la prestation desdits droits, si » lesdits seigneurs, leurs accenseurs, ne demeurent » actuellement en la maison du seigneur, dépendante de la terre où ils sont dus, & sans que » lesdits seigneurs puissent vendre ni transporter à » autre personne les commodités desdites *vinades* » ou *arbans*, qui ne pourront être employées qu'à » l'usage du seigneur & de son hôtel & non ailleurs, si ce n'est aux fermiers ou accenseurs, » qui se pourront aider desdits *arbans* pour amender & recueillir les fruits des héritages dudit seigneur, sans pouvoir les appliquer à eux ni à » leur usage particulier; lesquels fermiers ou accenseurs ne pourront aussi demander aucuns arrérages desdits droits, s'ils ne sont requis ou » demandés; savoir, la *vinade* dans l'année; & les » *arbans* dans la semaine, suivant la coutume; & » en cas que lesdits droits n'aient point été demandés, les redevables ne pourront être contraints au paiement de plus grande somme, que » quinze sous par chacune *vinade* entière, ou à » proportion, selon que lesdits redevables seront » débiteurs de la *vinade*, soit simple ou entière, » ou plus ou moins ».

L'*arban* ne tombe pas en arrérage, c'est-à-dire, que s'il n'a pas été exigé dans le cours de la semaine, le seigneur ne peut contraindre le corvéable à fournir deux *arbans* dans la semaine suivante. *Voyez* CORVÉE, SERF, MORTAILLABLE, *&c.*

ARBALÊTRIER, (*Code militaire.*) c'étoit le nom qu'on donnoit autrefois à une partie des troupes, dont l'arme principale étoit l'*arbalête*. Leur chef se nommoit le grand-maître des *arbalêtriers*; il étoit le premier officier de l'armée après le connétable. L'invention des armes à feu a donné lieu à la suppression du corps des *arbalêtriers*, & la charge de leur grand-maître a fini dans Aimar de Prie, vers l'an 1534.

Il subsiste encore néanmoins, dans quelques villes du royaume, des compagnies d'*arbalêtriers*, qui sont des associations autorisées; ils ont des statuts particuliers, & jouissent de certains privilèges, sous l'autorité des magistrats municipaux; ils s'exercent encore à tirer, avec l'*arbalête*, un oiseau, & celui qui l'abat remporte le prix proposé.

Comme l'*arbalête* n'est plus une arme nécessaire dans les armées, l'exercice en est devenu inutile, & on ne doit plus le considérer aujourd'hui que comme un jeu & un amusement : c'est sur ce motif qu'un arrêt du parlement de Paris du 9 avril 1630, rendit civilement responsable la compagnie des *arbalêtriers* de Meaux, des dommages & intérêts dus à un jeune homme qui avoit été blessé par l'un d'eux. *Voyez* ACCIDENT.

ARBITRAGE, s. m. *en Droit*, est le jugement d'un tiers, qui n'est établi ni par la loi, ni par le magistrat, mais que les parties ont choisi elles-mêmes pour terminer un différend. *Voyez ci-dessous* ARBITRE.

ARBITRAGE, (*Commerce.*) en terme de change & de commerce, le mot d'*arbitrage* se dit de la combinaison ou assemblage de plusieurs changes, qu'on fait pour connoître quelle place est la plus avantageuse pour tirer ou pour remettre.

ARBITRAIRE, adj. pris dans un sens général, se dit de ce qui n'est ni défini ni limité par aucune loi ou constitution expresse, & qu'on laisse au jugement & à la discrétion des particuliers. Ce mot vient du latin *arbitrium*, volonté. Il s'emploie aussi pour signifier le pouvoir exercé despotiquement par un souverain, un ministre, un juge, ou toute autre personne.

Le pouvoir *arbitraire* d'un ministre n'est jamais légitime; celui du souverain peut l'être, quand la loi n'a rien prescrit; car lorsqu'elle est établie, le souverain y est soumis, & ne peut rien ordonner qui lui soit contraire. Les juges ne doivent jamais prononcer arbitrairement sur les contestations pendantes devant eux, à moins que la loi n'ait laissé à leur *arbitrage* d'ordonner ce qu'ils jugeront à propos; mais toutes les fois que la loi a déterminé la sentence du juge, il ne lui est pas permis de s'en écarter, ni de prononcer une peine moindre ou plus forte. *Voyez* POUVOIR, DESPOTISME, JUGES.

ARBITRAL, adj. (*terme de Droit*) se dit des décisions, sentences, ou jugemens émanés des arbitres. Les sentences *arbitrales* doivent être homologuées en justice, pour acquérir l'autorité d'un jugement judiciaire, & pour pouvoir emporter hypothèque sur les biens du condamné; & lorsqu'elles le sont, elles deviennent exécutoires, nonobstant oppositions ou appellations quelconques.

S'il y a quelques difficultés pour l'interprétation d'une sentence *arbitrale*, c'est aux arbitres qu'il faut s'adresser pour l'interprétation, s'ils sont encore vivans, & si le délai, qui leur a été donné pour juger, n'est pas expiré; sinon, il faudra s'en rapporter au juge ordinaire. (*H*)

ARBITRALEMENT, adv. (*terme de Droit.*) ce mot n'est en usage que dans le cas où l'on parle d'une sentence *arbitrale*, comme dans cette phrase, *c'est une chose jugée arbitralement.*

ARBITRATEUR, s. m. (*terme de Droit.*) est une espèce d'arbitre. *Voyez* ARBITRE. On s'exprimeroit plus correctement en disant que c'est un amiable compositeur, c'est-à-dire, que l'*arbitrateur* est choisi par d'autres pour terminer un différend selon les principes de l'équité, sans s'astreindre rigoureusement aux formalités de la justice.

En Angleterre, les parties en litige choisissent ordinairement deux *arbitrateurs*; & en cas qu'ils ne puissent pas s'accorder, on y en ajoute un troisième, que l'on appelle *arbitre*, à la décision duquel les deux parties sont obligées d'acquiescer.

Les jurisconsultes mettent une différence entre *arbitre* & *arbitrateur*, en ce que, quoique le pouvoir de l'un & de l'autre soit fondé sur le compromis des parties, néanmoins leur liberté est différente; car un arbitre est tenu de procéder & de juger suivant les formes de la loi, au lieu que l'on s'en remet totalement à la propre discrétion d'un *arbitrateur*: sans être obligé à aucune procédure solemnelle, ou à suivre le cours des jugemens ordinaires, il peut accommoder à son gré l'affaire qui a été remise à son jugement, pourvu que ce soit *juxtà arbitrium boni viri.* (*H*)

ARBITRATION, s. f. (*terme de Palais.*) est une estimation ou évaluation faite en gros, & sans entrer en détail: ainsi l'on dit en ce sens qu'on a *arbitré* les dépens ou les dommages & intérêts, à telle somme. (*H*)

ARBITRE, s. m. (*en terme de Droit.*) est un juge nommé par le magistrat, ou convenu par deux parties, auquel elles donnent pouvoir, par un compromis, de juger leur différend suivant la loi.

Antiquité des arbitres, leur usage chez les Romains & en France. Dans l'origine des sociétés, toutes les contestations qui s'élevoient entre leurs membres, se décidoient par des *arbitres*, & ce n'a été qu'après que les sociétés politiques se sont étendues, qu'on a été forcé d'établir des juges pour terminer les procès que faisoient naître les intérêts différens. Qu'on ouvre les histoires de tous les peuples, l'on y verra que les premiers rois ont été ou de puissans chasseurs, qui s'appliquoient à la destruction des bêtes féroces, ou des *arbitres*, occupés à concilier les différends qui s'élevoient entre leurs voisins.

La manière de terminer les procès par la voie des *arbitres*, est certainement la plus utile & la plus avantageuse pour le bien public; ce devroit être la seule en usage parmi les personnes raisonnables, aujourd'hui sur-tout, qu'il est si dangereux d'avoir des procès, qu'il en coûte des frais immenses pour les terminer, qu'on est obligé de solliciter les juges & de consumer une partie de sa vie dans les anxiétés, avant d'obtenir un jugement définitif.

La voie des *arbitres* a été autorisée par les loix romaines, & toutes les questions qui y ont rapport se trouvent traitées dans le titre du digeste, *de recept. qui arbitr. recep.* Suivant ces loix, les parties se soumettoient quelquefois à un seul *arbitre*, mais ordinairement elles en choisissoient plusieurs, qu'elles prenoient en nombre impair. Dans les matières qui intéressoient le public, telles que les crimes, les mariages, les affaires d'état, &c. il n'étoit pas permis d'avoir recours aux *arbitres.* On ne pouvoit pas non plus appeller d'une sentence ou d'un jugement rendu par *arbitre*; l'effet d'un appel étoit de suspendre l'autorité d'une jurisdiction, & non pas celle d'un pacte, d'une convention ou d'un contrat ; & c'étoit sous ce point de vue que les Romains envisageoient les *arbitres*.

Nos loix ont pareillement autorisé les *arbitres*. Il en est fait mention dans un édit de François I, de 1535, dans un de François II, de 1560, dans l'édit de Moulins, sous Charles IX, dans l'ordonnance du commerce de 1673, & dans celle de la marine de 1681. La coutume de Bretagne, *art. 18*, permet aux parties, de soumettre à des *arbitres* la décision de leurs contestations.

Des différentes espèces d'arbitres, & des personnes qui peuvent l'être. 1°. On distingue parmi nous plusieurs sortes d'*arbitres*: quelques-uns sont obligés de procéder suivant la rigueur de la loi, & d'autres sont autorisés par les parties même à s'en relâcher, & à suivre l'équité naturelle. Ils sont appellés proprement *arbitrateurs*. Voyez ARBITRATEUR.

Les uns & les autres sont choisis par les parties; mais il y en a une troisième sorte qui sont des *arbitres* nommés par les juges, lesquels sont toujours tenus de juger suivant la rigueur du droit.

2°. En général, on peut choisir pour *arbitre* qui l'on veut, même le fils dans la cause de son père. Mais il faut excepter de cette disposition, les furieux, les insensés, les sourds & muets, les infames, les esclaves & les religieux.

3°. Justinien, *L. ult. c. de recep.* défend absolument de prendre une femme pour *arbitre*, comme jugeant qu'une pareille fonction n'est pas bienséante au sexe; néanmoins le pape Alexandre III confirma une sentence arbitrale, donnée par une reine de France.

Jeanne de Bourbon, femme de Charles V, siégea à côté de lui, lorsqu'en 1369 il tint son lit de justice au palais, contre le prince de Galles.

Mathilde, comtesse d'Artois, créée pair de France, assista en personne au parlement en 1314, & y eut séance & voix délibérative, comme les autres pairs de France, dans le procès criminel fait à Robert, comte de Flandres.

Jeanne, fille de Baudouin, fit le serment de fidélité pour la pairie de France; & Marguerite sa sœur, en ayant hérité, assista, comme pair, au célèbre jugement des pairs de France, donné pour le comté de Clermont en Beauvoisis.

Au parlement tenu le 9 décembre 1378, pour le duc de Bretagne, la duchesse d'Orléans s'excusa par lettres de ce qu'elle ne s'y trouvoit pas.

Ces exemples & d'autres semblables ont déterminé plusieurs auteurs à établir pour principe que les reines, les princesses, les duchesses & les autres dames d'un rang distingué, pouvoient être choisies & prononcer légitimement comme *arbitres*.

Cependant un arrêt du 29 août 1602, cité par Brillon, rejetta une sentence arbitrale rendue par la maréchale de Lavardin, assistée d'une autre dame & d'un gentilhomme, quoique cette sentence fût juste & raisonnable, puisque la cour rendit un jugement semblable.

Un autre arrêt du 14 janvier 1603, déclara nulle une sentence arbitrale rendue par la marquise de Nesle & deux autres dames prises pour *arbitres* avec elle : mais ce fut sans doute parce qu'il s'agissoit des droits du greffier de la justice de la marquise de Nesle, & qu'elle avoit intérêt dans la cause.

4°. Le cardinal Wolsey fut envoyé par Henri VII à François I, avec un plein pouvoir de négocier, de faire & de conclure tout ce qu'il jugeroit convenable à ses intérêts; & François I lui donna le même pouvoir de son côté: de sorte qu'il fut constitué le seul *arbitre* de leurs affaires réciproques.

5°. Un mineur, un officier de judicature peuvent-ils être choisis pour *arbitres*?

Mornac croit qu'un mineur de vingt-cinq ans ne peut être pris pour *arbitre*, & il se fonde sur ce que les arbitrages ont été établis à l'instar des jugemens qui se rendent par les juges ordinaires : mais d'autres auteurs pensent avec raison que si un mineur d'une capacité reconnue avoit été choisi pour *arbitre*, & qu'il eût, en cette qualité, rendu une sentence, les juges d'appel ne la déclareroient pas nulle, à cause de la minorité de l'*arbitre*. En effet, on voit partout des avocats qui n'ont pas encore atteint l'âge de vingt-cinq ans, & qui ont acquis toutes les connoissances nécessaires pour terminer judicieusement un différend. Or, de tels *arbitres* sont préférables à la plupart de ceux qu'on pourroit choisir parmi les majeurs d'un autre état ou profession.

6°. L'article 17 de la coutume de Bretagne porte en termes exprès, que le juge des parties ne peut être *arbitre* de leurs différends. Le parlement de Rennes a rendu le 20 mars 1576, un arrêt conforme à cette loi.

7°. L'ordonnance du mois d'octobre 1535, a défendu aux présidens & aux conseillers du parlement de Provence, de se charger de l'arbitrage des causes soumises à la décision de la cour ou des justices du ressort.

L'ordonnance d'Abbeville, du 23 février 1539, défend la même chose à tous les juges en général; mais ces loix n'ont jamais été reçues au parlement de Grenoble. La raison qu'en donne Guypape est que, quand le dauphin Humbert II établit le conseil delphinal, il permit aux officiers de ce tribunal d'être *arbitres* entre les parties; & que Louis VI ayant dans la suite converti ce conseil en parlement, il lui conserva tous ses droits & privilèges.

On trouve quelques réglemens du parlement de Toulouse, qui portent que les présidens, conseillers & gens du roi qui y servent, ne pourront accepter aucun arbitrage, sans permission de la cour. Un autre arrêt du même parlement, du 22 juin 1701, décide qu'un juge qui a ouvert son avis dans une affaire, ne peut plus en être l'*arbitre*, sans le consentement par écrit de toutes les parties.

Le parlement de Dijon a jugé, par arrêt du 29

novembre 1571, qu'un conseiller de cette cour, qui est juge nécessaire, ne pouvoit être *arbitre*, à moins qu'il ne fût parent ou récusé.

Le parlement de Paris permet qu'un officier quelconque soit pris pour *arbitre* des procès dont il doit être juge; cette pratique est fondée sur un motif de bien public que la faveur due aux accommodemens autorise.

Remarquez toutefois que s'il s'agissoit de compromettre sur un procès déjà porté en justice, celui qui en seroit rapporteur ne pourroit pas être du nombre des *arbitres*.

De la nature du compromis. L'acte par lequel on se soumet à l'arbitrage, se nomme *compromis*, parce que les parties s'engagent les unes envers les autres à exécuter ce que les *arbitres* décideront, & souvent on y stipule que celle qui y contreviendra paiera telle ou telle somme d'argent; mais comme cet acte est entiérement libre, ce n'est que de la volonté de ceux qui le passent que les *arbitres* reçoivent leurs pouvoirs. Le compromis peut avoir lieu pour une seule difficulté, comme pour plusieurs; réguliérement il faut que la difficulté existe, lors de la passation du compromis, ou tout au moins que les parties soient dans le cas de craindre qu'il ne s'en élève entre elles: par exemple, lorsqu'il s'agit d'une reddition de compte, d'un partage de société ou de succession, & autres choses semblables, dans lesquelles, quoiqu'il n'y ait point encore de contestation & de débat, les parties, pour les prévenir, peuvent convenir que s'il s'en élève quelques-uns, ils seront décidés par l'arbitrage d'une ou de deux personnes désignées par le compromis, autrement on ne peut compromettre d'une manière vague & indéterminée pour des contestations à venir.

Des devoirs & du pouvoir des arbitres. 1°. Les *arbitres* compromissionnaires doivent juger à la rigueur aussi bien que les juges, & sont obligés de rendre leur jugement dans le temps qui leur est limité; mais les actes faits pendant le temps du compromis, pour l'instruction de l'affaire, sont valides & doivent avoir tout leur effet, quoique les *arbitres* n'aient pas rendu leur sentence arbitrale dans le temps fixé par le compromis.

2°. Les *arbitres* ne peuvent excéder les bornes du pouvoir qui leur est prescrit par le compromis: cependant si les parties les ont autorisés à prononcer selon la bonne foi & suivant l'équité naturelle, sans les astreindre à la rigueur de la loi, alors ils ont la liberté de retrancher quelque chose du bon droit de l'une des parties pour l'accorder à l'autre, & de prendre un milieu entre la bonne-foi & l'extrême rigueur de la loi.

3°. Le pouvoir des *arbitres* ne peut s'étendre que sur les choses contenues dans le compromis; ainsi lorsqu'il survient de nouveaux chefs de contestations, il faut un nouveau pouvoir; mais, pour éviter cet inconvénient, il est d'usage d'insérer dans le compromis une clause générale, pour donner aux *arbitres* le pouvoir de juger toutes les contestations qui pourroient survenir entre les parties pendant le cours de l'arbitrage.

4°. Les *arbitres*, ainsi que les juges, peuvent rendre des sentences interlocutoires, ordonner la preuve d'un fait contesté, entendre les témoins produits par les parties, même recevoir leur serment, interroger les parties sur faits & articles, ordonner la visite des lieux contentieux, même s'y transporter & les examiner par eux-mêmes.

5°. Mais ils ne peuvent forcer les témoins à venir déposer, parce qu'ils n'ont aucune puissance publique, & par la même raison, lorsqu'ils ont ordonné une visite d'experts, il faut avoir recours à l'autorité du juge ordinaire, pour les assigner, leur faire prêter serment, & les obliger à déposer leur rapport.

6°. Les *arbitres* doivent prononcer les condamnations de dépens, conformément à l'ordonnance de 1667, à moins qu'une clause expresse du compromis ne les autorise à les remettre, modérer ou liquider. Cependant leur silence, à l'égard des dépens, ne rend pas leur sentence nulle; mais celui qui auroit obtenu gain de cause seroit obligé de se pourvoir pardevant le juge ordinaire, pour obtenir cette condamnation contre sa partie adverse.

7°. Il faut remarquer que les *arbitres* ne peuvent en aucun cas condamner l'une des parties à l'amende, mais ils peuvent prononcer la condamnation par corps, dans les matières qui y sont sujettes.

Comment s'éteint le pouvoir des arbitres. Le pouvoir des *arbitres* finit par l'expiration du temps limité par le compromis, ensorte qu'une sentence arbitrale rendue après ce temps seroit nulle.

Cependant il en seroit différemment, si le délai ne s'étoit écoulé que par le fait des *arbitres* qui auroient négligé de juger, ou si le compromis avoit autorisé les *arbitres* à proroger le temps; ou enfin si ce temps avoit été prorogé du consentement de toutes les parties.

Un jugement interlocutoire que rendroient des *arbitres*, ne seroit pas suffisant pour proroger le temps du compromis; il faudroit nécessairement un nouveau pouvoir pour cet effet.

Lorsque le temps du compromis est expiré, & que les parties ne jugent pas à propos de le proroger, elles sont remises dans l'état où elles étoient avant que ce compromis eût été passé.

La mort de l'une des parties fait finir le compromis; cependant un arrêt du parlement de Rouen, du premier février 1667, a jugé qu'un fils pouvoit adopter un compromis passé par son père.

Si l'un des *arbitres* vient à mourir, le compromis ne peut plus avoir d'effet.

Le compromis cesse aussi d'avoir lieu lorsque les parties font une transaction touchant la chose contestée, ou lorsque cette chose cesse d'exister.

Lorsque les *arbitres* ont rendu une sentence définitive, leurs fonctions sont remplies & leur pouvoir est fini.

Le pouvoir des *arbitres* finit aussi par la révocation du compromis, lorsque le temps n'y a pas été limité. Mais pour que cette révocation puisse avoir lieu, il faut que les choses soient entières; c'est ainsi que l'a jugé le parlement de Dijon, par arrêt du 19 décembre 1686.

Suivant l'ancienne jurisprudence, les *arbitres* qui s'étoient chargés d'un arbitrage & avoient accepté un compromis, ne pouvoient se dispenser de juger, à moins qu'ils n'alléguassent une excuse légitime; aujourd'hui on n'impose point aux *arbitres* la nécessité de rendre leur sentence, lorsqu'ils ne jugent pas à propos de le faire.

Du partage d'opinion entre les arbitres. Quand les *arbitres* ont été choisis en nombre pair, & qu'ils sont partagés en opinions, ils peuvent convenir de *sur-arbitres*, sans le consentement des parties; & s'ils n'en conviennent pas, il en est nommé un par le juge. Pour parvenir à faire nommer d'office un *sur-arbitre*, il faut présenter requête au juge, en lui exposant la nécessité d'un *sur-arbitre*, attendu le partage d'opinions des *arbitres*; & l'ordonnance du juge sur ce point doit être signifiée, à la diligence d'une des parties, aux *arbitres*, en les priant de vouloir procéder au jugement de leur différend.

Formalités auxquelles sont assujettis les arbitres, & les sentences arbitrales. Les *arbitres* peuvent juger sur les pièces & mémoires qui leur sont remis, sans aucune formalité de justice, & nonobstant l'absence de quelqu'une des parties.

Les sentences arbitrales doivent, de même que les sentences des juges ordinaires, être rendues sur le vû de toutes les pièces produites par les parties. Elles doivent aussi être signées de tous les *arbitres*. Si quelqu'un d'entre eux refusoit de signer, il pourroit y être contraint par les juges ordinaires, sinon ils ordonneroient que le défaut de sa signature ne pourroit empêcher que la sentence ne sortît son effet. Louet cite un arrêt du 11 décembre 1585, qui l'a ainsi jugé.

Quoique les *arbitres* ne puissent se taxer ni vacations ni épices, les avocats choisis pour *arbitres* peuvent prendre des honoraires. Il y a à ce sujet un arrêt du 18 juin 1696.

La sentence arbitrale définitive étant une fois rendue, les *arbitres* ne peuvent plus ni la changer, ni la réformer; mais ils peuvent l'interpréter, comme nous l'avons dit ci-dessus au mot ARBITRAL.

Quoique l'ordonnance de 1667 ait abrogé la formalité des prononciations des arrêts & jugemens, il faut néanmoins, pour la validité d'une sentence arbitrale, qu'elle soit prononcée aux parties dans le temps du compromis, autrement elle seroit déclarée nulle. Deux arrêts du parlement de Paris, des 18 juin 1698 & 20 février 1713, l'ont ainsi jugé. Cette jurisprudence est fondée sur ce que c'est la prononciation qui assure la date de la sentence.

La prononciation doit être faite par le greffier qui a reçu la sentence; il dresse un acte de cette prononciation, il le signe & le fait signer par les parties présentes. Si quelqu'une de ces parties refuse de signer, il faut en faire mention, ainsi que de l'interpellation qui lui aura été faite à cet égard.

Lorsque les parties refusent ou négligent de comparoître chez le greffier des arbitrages, pour entendre prononcer la sentence, celui-ci peut, de son propre mouvement, se transporter chez elles pour cette prononciation, & la leur faire signer, ou dresser un acte du refus de signer.

Au reste, si l'une des parties levoit une expédition de la sentence arbitrale & la faisoit signifier aux autres parties, cette signification tiendroit lieu de prononciation.

Toutes les sentences arbitrales doivent être contrôlées dans la quinzaine de leur date. Cette obligation est imposée aux *arbitres*, lorsqu'ils ne déposent leur sentence qu'après la quinzaine; mais lorsqu'ils l'ont remise avant ce délai entre les mains du greffier des arbitrages, ce dernier doit la faire contrôler, & il ne peut auparavant en délivrer aucune expédition.

Le compromis sur lequel est intervenu une sentence arbitrale, doit être également contrôlé, lorsqu'il a été fait sous signature privée, avant qu'on puisse rendre, prononcer, recevoir ou expédier la sentence. Cette jurisprudence est établie par un grand nombre d'arrêts du conseil, rapportés par les auteurs du *Répertoire universel & raisonné de Jurisprudence*.

Les droits de contrôle pour un compromis, ou pour une sentence arbitrale en matière ecclésiastique, & entre des ecclésiastiques, pour raison des droits appartenans à leur église, sont fixés à une somme de deux livres, par l'article 1 du tarif de 1722. A l'égard des autres sentences arbitrales, le droit de contrôle doit être perçu sur le pied réglé par les articles 3 & 4 du même tarif. On ne peut à ce sujet donner aucune règle fixe, parce qu'en général, il est de principe que le contrôle est dû sur tout ce qui fait l'objet des contestations réglées par la sentence arbitrale, qu'elle donne même lieu à la perception des droits de centième denier, lorsqu'elle opère une mutation de propriété, ou d'usufruit de biens immeubles.

De l'appel des sentences arbitrales. Quelque clause que les parties insèrent dans un compromis pour empêcher l'appel d'une sentence arbitrale, elles ne conservent pas moins la liberté d'interjetter cet appel: ce qui est fondé sur ce que les magistrats établis par la loi, ne peuvent être privés du droit de connoître des jugemens de ceux qui n'ont d'autre autorité que celle que leur ont donnée des particuliers.

C'est aux cours souveraines que doivent être portés les appels des sentences arbitrales, quand même elles auroient été rendues par des *arbitres* ecclésiastiques en matière temporelle. Mais si l'affaire jugée par des *arbitres* eccléſiaſtiques étoit purement ſpirituelle, l'appel qu'on pourroit en interjetter ſeroit qualifié comme d'abus ou ſeroit ſimple : dans le premier cas, il faudroit le porter au parlement pour faire juger l'abus ; dans le ſecond cas, il faudroit le relever à l'officialité métropolitaine.

Lorſque l'affaire ſur laquelle la ſentence arbitrale a été rendue, eſt au premier chef de l'édit des préſidiaux, l'appel en doit être porté au préſidial du lieu où la partie pourſuivie a ſon domicile.

Quand les ſentences arbitrales ont été homologuées ou déclarées exécutoires, elles s'exécutent par proviſion, nonobſtant l'appel, tant pour le principal que pour les dépens. Cependant Boniface rapporte un arrêt du 8 octobre 1643, qui a jugé que l'exécution d'une ſentence arbitrale devoit être ſuſpendue par l'appel, quand il étoit fondé ſur quelque nullité & que la nullité étoit évidente.

Pour être reçu appellant d'une ſentence arbitrale, il faut préalablement payer la peine ſtipulée par le compromis, & juſqu'alors toute audience doit être déniée à l'appellant. Cela eſt ainſi établi par pluſieurs ordonnances & arrêts.

Pour faire acquitter cette peine, l'intimé doit préſenter ſa requête à la cour, & conclure à ce que toute audience ſoit déniée à l'appellant juſqu'à ce qu'il ait ſatisfait au paiement de la ſomme répétée pour la peine.

Les mineurs ne peuvent être ſoumis à aucune peine dans le cas d'appel d'une ſentence arbitrale, quand même ils auroient compromis avec l'autorité de leur tuteur ou curateur. Deux arrêts, des 18 mars 1595 & 6 avril 1625, l'ont ainſi jugé.

Mais ſi le tuteur avoit compromis, tant en ſon nom qu'en qualité de tuteur, pour un intérêt commun, il ſeroit tenu d'acquitter la moitié de la peine, à moins qu'il n'y eût à cet égard une obligation ſolidaire.

Si le tuteur & le mineur avoient des intérêts différens à diſcuter avec un autre, & que le tuteur vînt à appeller de la ſentence arbitrale, tant en ſon nom qu'en qualité de tuteur, il devroit la peine entière pour lui.

S'il y avoit quelque nullité dans la ſentence arbitrale ou dans le compromis, & que cette nullité fût évidente, on pourroit appeller de la ſentence, ſans que l'appellant fût obligé de payer la peine ſtipulée par le compromis.

Tel ſeroit, par exemple, le cas où tous les *arbitres* ne ſe ſeroient pas trouvés au jugement. Car il faut obſerver que le pouvoir des *arbitres* eſt joint, & ne peut être ſéparé, enſorte qu'ils ne peuvent juger que tous enſemble ; c'eſt la diſpoſition de la loi 17, §. 2. *ff. de recep. in arbitrium.*

Il en ſeroit de même, ſi les *arbitres* n'avoient pas jugé tous les chefs du procès, ou qu'ils euſſent jugé au-delà de ce qui leur étoit permis par le compromis, ou enfin s'ils avoient rendu leur ſentence après le temps convenu par les parties, & lorſque leurs fonctions ne devoient plus avoir lieu.

Du dépôt & de l'homologation des ſentences arbitrales. Autrefois les ſentences arbitrales étoient reçues par les greffiers ordinaires des juſtices ; mais elles doivent aujourd'hui être dépoſées entre les mains des greffiers des arbitrages, créés par un édit du mois de mars 1773, dans les juſtices royales & dans celles des pairies.

Elles emportent hypothèque du jour de leur prononciation ou ſignification, ſans avoir beſoin d'être homologuées, parce que ces greffiers ont un caractère public à cet égard, de même que les notaires pour les actes qu'ils reçoivent.

Lorſqu'il n'y a pas dans le lieu de la demeure des *arbitres* de greffier des arbitrages, ou que la matière n'eſt pas de la compétence des juges royaux ordinaires, ou des juges des pairies, la ſentence arbitrale doit être homologuée devant le juge ſupérieur qui auroit dû connoître de l'affaire. Mais ce juge ne doit pas connoître des vices de cette ſentence, ſoit dans la forme, ſoit dans le fonds, quand bien même ils ſeroient allégués par une des parties. La raiſon en eſt, que ſa compétence ne s'étend pas ſur la validité ou l'invalidité de la ſentence dont on lui demande l'homologation, qu'on appelle de ſa ſentence comme de celle des *arbitres*, & qu'il n'agit que pour donner la force & l'exécution à la ſentence qu'il homologue. Mais ſi une ſentence arbitrale intéreſſe le public, elle n'eſt homologuée qu'après une communication préalable au procureur du roi.

L'homologation d'une ſentence arbitrale en matière de commerce, doit ſe faire pardevant les juges-conſuls, s'il y en a, celles des conteſtations conforme au premier chef de l'édit des préſidiaux, pardevant les officiers du préſidial, lorſqu'une des parties eſt gentilhomme, pardevant les baillis ou leurs lieutenans généraux ; il y a même à cet égard un arrêt de réglement du 14 avril 1681, rendu pour Compiegne : enfin lorſque les parties ont un domicile différent, on doit pourſuivre l'homologation d'une ſentence arbitrale pardevant le juge du défendeur.

Des cas où l'on eſt forcé de nommer des arbitres. Les loix romaines ne vouloient pas qu'on contraignît à prendre la voie des *arbitres :* nous n'avons pas ſuivi cette diſpoſition, les ordonnances de 1560, de 1667 & 1673, ainſi que celle de Moulins, ont enjoint aux parties de ſe choiſir, dans certains cas, des *arbitres* & de ſe ſoumettre à leur jugement pour régler leurs différends.

Cette obligation a lieu 1°. lorſqu'il s'agit de diviſer & partager une ſucceſſion entre des parens, de procéder à l'audition d'un compte de tutèle & autre adminiſtration, ou qu'il eſt queſtion d'une reſtitution de dot ou d'une délivrance de douaire. L'ordonnance du mois d'août 1560, veut que dans ces circonſtances, les parties, quand elles ſont majeures, choiſiſſent entre leurs parens, amis ou voiſins, trois *bons & notables perſonnages*, pour régler leurs intérêts en qualité d'*arbitres*. Cette ordonnance ajoute que ce qui sera fait par ces *arbitres* aura force de chose jugée, & sera exécuté nonobstant opposition ou appellation quelconque, & que si l'une des parties diffère ou refuse de nommer des *arbitres*, elle y sera contrainte par le juge.

Le motif de cette ordonnance, qui a été confirmée par l'article 83 de celle de Moulins, & par l'article 152 de celle du mois de janvier 1629, a été d'entretenir la paix dans les familles.

Henrys observe que, quoique ces ordonnances aient été sagement établies, elles n'en sont pas mieux exécutées; & que les juges n'ordonnent que difficilement que les parens conviendront d'*arbitres*, même dans le cas où les avocats requièrent que cela soit ordonné.

2°. Les marchands ou négocians qui contractent une société de commerce, doivent, par l'acte même de société, se soumettre à des *arbitres* pour les contestations qui peuvent survenir entre eux; & si cette clause se trouve omise, & qu'il n'y ait point d'*arbitres* nommés par l'acte, un des associés peut en nommer, & les autres sont tenus d'en faire autant, sinon le juge doit en nommer pour eux. C'est la disposition de l'article 9 du titre 4 de l'ordonnance du commerce, du mois de mars 1673.

L'article 10 du même titre, veut que si l'un des *arbitres* vient à mourir ou à s'absenter pour longtemps, les parties, ou à leur refus, les juges en nomment un autre à sa place.

L'article 12 porte que les *arbitres* pourront juger sur les pièces & mémoires qui leur seront remis, sans aucune formalité de justice, & nonobstant l'absence de quelqu'une des parties.

L'article 13 veut que les sentences arbitrales, rendues entre associés pour négoce, marchandise ou banque, soient homologuées à la jurisdiction consulaire, s'il y en a une dans le lieu, sinon au siège ordinaire des juges royaux ou de ceux des seigneurs.

Tout ce qui vient d'être dit des associés doit aussi avoir lieu à l'égard de leurs veuves, héritiers & ayans-cause.

Dans les contrats ou polices d'assurances maritimes, il est assez d'usage que les parties se soumettent à des *arbitres*, en cas de contestations, & alors l'une des deux peut demander son renvoi devant l'*arbitre* qu'elle nomme, & forcer ses parties adverses d'en nommer un, ou le juge en nomme un d'office. Mais si la clause de se soumettre à des *arbitres*, n'est pas insérée dans la police, le juge n'est pas tenu d'accorder le renvoi demandé par l'une des parties; la raison de différence entre les contrats d'assurance & les sociétés, est à cet égard fondée sur ce que les contestations entre associés consistent dans des comptes, & des discussions de fait, qui sont ordinairement très-longues, au lieu que celles qui naissent sur les contrats d'assurance, peuvent ordinairement se décider beaucoup plus facilement. Les juges peuvent même, sans avoir égard à la clause de soumission aux *arbitres*, retenir la connoissance d'une contestation sur une police d'assurance, lorsqu'elle a pour objet un point de droit, que des *arbitres* négocians ne sont pas en état de décider. C'est l'usage de l'amirauté du palais à Paris, dont les sentences à cet égard ont toujours été confirmées par arrêt.

3°. Les parties doivent pareillement se soumettre aux *arbitres*, à la décision desquels les juges les renvoient quelquefois d'office dans certaines affaires. Lorsque les *arbitres* ont donné leur avis ou rendu leur jugement, les juges par qui ils ont été nommés, en ordonnent l'homologation, & alors le jugement des *arbitres* produit le même effet que s'il avoit été rendu par le siège qui l'a homologué. Quand c'est le parlement qui a renvoyé les parties devant des avocats, leurs avis reçus par appointement ont force d'arrêts & ne sont point sujets à l'appel.

Si les *arbitres* devant lesquels les parties ont été renvoyées pour l'exécution d'un arrêt, avoient fait tous leurs arrêtés & que quelques-uns de ces arrêtés ne fussent point signés, à cause du décès d'un des *arbitres*, il n'y auroit que les arrêtés signés qui seroient exécutés; & sur les contestations décidées par les arrêtés non signés, les parties seroient tenues de se pourvoir en la cour, sauf à elles à tirer des inductions telles qu'elles jugeroient à propos, de ces arrêtés non signés. C'est ce qui a été jugé par arrêt du 19 juillet 1696.

4°. Il y a en Provence un statut de l'an 1469, & un autre de l'an 1491, par lesquels il est voulu que les contestations qui surviennent entre les nobles, entre les seigneurs & leurs vassaux, entre les communautés & les particuliers, & entre les parens, alliés & conjoints, soient décidées par des *arbitres*. Voyez COMPROMIS, HOMOLOGATION, SENTENCE, SOCIÉTÉ.

ARBITRER, v. a. (*terme de Pratique.*) c'est estimer une chose en gros sans entrer dans un détail particulier: ainsi l'on dit les experts ont *arbitré* les réparations d'une maison à la somme de.... les juges ont arbitré les dépens, les dommages & intérêts à tant. On dit encore dans le même sens, qu'il appartient au juge d'*arbitrer* la réparation due pour des injures, pour un délit.

ARBRE, s. m. (*Jurispr.*) ce que nous avons à dire sur les *arbres* peut se réduire à quatre articles: dans le premier, nous expliquerons les différentes significations que l'ordonnance des eaux & forêts de 1669 donne aux *arbres*, suivant leur espèce, leur état, leur situation & leur usage. Dans le second, nous parlerons de la propriété des *arbres* & des contestations qui peuvent naître à cet égard, soit par rapport au tronc de l'arbre, soit par rapport à leurs fruits: dans le troisième, nous indiquerons les loix qui concernent la plantation des *arbres* le long des grands chemins. Nous parlerons, dans le quatrième, des peines prononcées contre ceux qui abattent les *arbres* d'autrui.

SECTION PREMIÈRE.

Des différentes qualifications données au mot arbre, *dans l'ordonnance des eaux & forêts.*

L'ordonnance des eaux & forêts donne aux *arbres* des qualifications relatives à l'état dans lequel ils se trouvent, ou à l'usage auquel ils sont destinés. Ainsi,

Les *arbres* de délit sont ceux qui ont été coupés en contravention, soit dans les bois du roi, soit dans ceux des ecclésiastiques & des particuliers.

Les *arbres* déshonorés sont ceux dont on a coupé la cime & les branches. On dit aussi *échouper un arbre*, quand on en coupe le sommet dont le haut forme une espèce de bouquet. Ceux qui ont déshonoré des *arbres* doivent être condamnés aux mêmes amendes & dommages & intérêts que s'ils avoient coupé ces *arbres*.

Les *arbres* charmés sont ceux qu'on a entamés pour les faire périr. On nomme communément *arsins*, ceux auxquels on a mis le feu, soit par malice, soit par accident.

Quiconque est convaincu d'avoir charmé ou écorcé des *arbres*, doit être puni corporellement. C'est la disposition de l'article 22 du titre 27 de l'ordonnance des eaux & forêts.

Les *arbres* chablis sont ceux qui ont été abattus, renversés, brisés, ou arrachés par le vent.

Les *arbres* faux ventés sont ceux que l'on a fait tomber par le moyen de quelque machine, ensorte qu'il semble que c'est le vent qui les a abattus; ou bien ceux que l'on a déchaussés pour que le vent pût les abattre plus facilement.

L'amende pour ce délit est la même que pour les bois abattus par pied.

Les *arbres* de réserve sont proprement les baliveaux laissés dans chaque coupe pour repeupler la forêt.

On appelle aussi *arbres de réserve*, les pieds corniers, parois ou *arbres* de lisière, que l'arpenteur laisse autour des ventes pour en marquer les limites.

Les *arbres* ou pieds corniers sont ceux qu'on marque dans les angles: on appelle particuliérement *pieds tournans* ceux qui sont dans les angles rentrans.

Ces *arbres* doivent être marqués des marteaux du roi, du grand-maître & de l'arpenteur, sur les deux faces qui regardent la vente.

L'amende pour chaque pied cornier abattu est de cent livres; & s'il a été arraché, de deux cens liv.

Les *arbres* de lisière, autrement dits *parois*, sont ceux qu'on laisse sur les lignes, entre les pieds corniers.

Ces *arbres* doivent aussi être marqués des marteaux du roi, du grand-maître & de l'arpenteur sur le côté qui regarde la vente.

L'amende pour *arbre* de lisière est de cinquante livres.

Les *arbres* de lumière sont ceux que les arpenteurs laissent au milieu des brisées pour faciliter leurs opérations. Ces *arbres* sont marqués sur les deux faces qui regardent les pieds corniers.

Les *arbres* empruntés sont ceux que l'arpenteur marque ou emploie comme pieds corniers, quoiqu'ils ne soient pas directement dans les angles des ventes à couper: ce qui a lieu lorsque dans ces angles il ne se trouve point d'*arbres* assez considérable pour pied cornier.

Les *arbres* empruntés doivent être spécialement désignés dans les procès-verbaux d'assiette par leur âge, qualité, nature & grosseur; & par la distance où ils se trouvent de l'angle & des autres pieds corniers.

Si, durant l'exploitation d'une vente, des *arbres* réservés étoient abattus par les vents ou quelque autre accident, les marchands doivent les laisser sur la place, & en donner promptement avis au garde, qui de son côté est obligé d'avertir les officiers pour en marquer d'autres, & tout cela doit se faire sans frais.

Si l'adjudicataire a abattu lui-même des *arbres* de réserve, ou si ayant été abattus par d'autres, lui ni ses facteurs n'en ont point dressé de procès-verbal, il doit être condamné à l'amende de cent livres pour pied cornier abattu, & de deux cens livres s'il a été arraché; & à celle de cinquante livres pour les autres *arbres* de réserve, comme baliveaux, parois, *arbres* de lisière, à moins toutefois que les baliveaux ne soient de l'âge du taillis au-dessous de vingt ans: dans ce cas l'amende n'est que de dix livres. Il doit en outre être condamné aux dommages & intérêts, qui ne peuvent être de moindre somme que l'amende.

Non-seulement l'adjudicataire est sujet à être condamné pour les *arbres* de réserve de la vente qu'il exploite actuellement, mais encore pour ceux qu'il a abattus dans les ventes précédentes. C'est ce qu'a décidé l'arrêt du conseil du 7 février 1705, qui, en confirmant une sentence de la maîtrise de Compiègne contre les adjudicataires des bois du roi des ordinaires de 1701 & 1702, pour avoir coupé des *arbres* dans les ventes précédentes, a fait défense à tout adjudicataire de couper aucun *arbre* de réserve, tant des ventes actuelles que des précédentes, à peine de cinquante livres d'amende pour chaque *arbre*, & de pareille somme de dommages & intérêts, conformément aux articles 4 & 8 du titre 32 de l'ordonnance des eaux & forêts.

L'ordonnance de 1669 distingue encore les *arbres* fruitiers d'avec les autres espèces; elle défend de les abattre, & lorsqu'ils sont coupés en délit, l'amende est la même que pour le chêne, c'est-à-dire, de quatre livres pour chaque pied de tour. Lors des coupes des bois du roi, ainsi que des bois des communautés, les *arbres* fruitiers doivent être réservés de même que les baliveaux, & sous les mêmes peines.

Dans l'Artois, la Picardie & le Boulonnois, on donne différens noms aux *arbres*, suivant leur âge. On appelle *perot*, comme qui diroit *père*, un *arbre* qui a deux fois l'âge du taillis; & *tayon*, c'est-à-dire *ayeul*, celui qui a trois fois le même âge; ainsi en supposant un taillis qu'on ait coutume de couper tous les dix ans, les baliveaux, laissés lors de la première coupe, sont des *perots* au temps de la seconde, & s'appellent *tayons* dans le temps de la troisième. *Voyez* Bois.

Section II.

De la propriété des arbres & de leurs fruits.

De la propriété de l'arbre. C'est une règle constante & générale, que les *arbres* plantés en pleine terre font partie du fonds, & sont réputés immeubles, de même que l'héritage sur lequel ils ont été plantés. Cette règle souffre néanmoins quelques exceptions.

1°. Si, par erreur, quelqu'un avoit planté dans sa terre un *arbre* qui ne lui appartînt pas, ou s'il avoit planté un de ses *arbres* dans le terrein d'autrui, cet *arbre* conserve sa qualité de meuble, appartient à son maître, & n'est censé faire partie de la terre où il a été planté, que quand il y est attaché par les racines qu'il a poussées : mais dès ce moment il appartient au propriétaire du fonds comme un accessoire de ce fonds, ensorte que si le premier maître de l'*arbre* l'enlevoit ou l'arrachoit, le propriétaire du fonds seroit fondé à le revendiquer, & à demander des dommages & intérêts. La loi accorde néanmoins au premier maître de l'*arbre* une action utile, pour en demander l'estimation, parce que l'équité ne permet pas que l'un s'enrichisse au détriment d'un tiers. Cette décision est tirée des loix romaines, §. *31*, *inst. de rer. div. & acq. ear. domi.*, & est admise dans notre jurisprudence.

2°. La règle que nous venons d'établir qu'un *arbre* planté faisoit partie du fonds, souffre encore une exception par rapport aux *arbres* des pépinières, qu'on enlève de la terre qui les a produits pour les transplanter dans une autre terre où ils sont mis comme en dépôt pour s'y nourrir & s'y fortifier, jusqu'à ce qu'on les en arrache pour les vendre. Ces *arbres* acquièrent la qualité de meuble dès l'instant qu'ils sont arrachés de la terre qui les a produits : ils la conservent dans la pépinière où on les met, parce qu'on la regarde comme une espèce de dépôt pour la conservation des *arbres*: le propriétaire de ces mêmes *arbres* conserve sur eux le domaine qu'il y avoit, quoiqu'ils aient été transplantés sur un terrein étranger.

3°. Il suit du principe établi ci-dessus, que si un locataire ou fermier, pendant le cours de son bail, a planté sur l'héritage qu'il tenoit à ferme ou à loyer, des *arbres* pour y être à perpétuelle demeure, il ne peut, à la fin de son bail, ni les abattre ni les arracher; ce qu'il peut faire à l'égard des *arbres*, arbustes & arbrisseaux, qu'il auroit mis en pépinière pour en faire commerce.

Dans cette espèce, le propriétaire de l'héritage doit payer au fermier l'estimation des *arbres* qu'il a plantés, s'il n'étoit pas obligé de le faire par une clause de son bail, ou s'il ne les a pas plantés pour remplacer des *arbres* de même espèce, qui ont péri pendant la durée de son bail, parce qu'alors ces *arbres* sont une amélioration sur l'héritage dont le propriétaire ne doit pas profiter, sans indemniser le fermier des dépenses qu'il a faites pour planter & cultiver ces *arbres*.

C'est par erreur que les auteurs du *Répertoire universel & raisonné de Jurisprudence*, à l'article Arbre, *pag. 526*, ont avancé que les *arbres* plantés par un fermier n'appartenoient point au propriétaire à moins qu'il n'en eût payé l'estimation, & qu'ils appuient leur opinion d'un arrêt du parlement de Bretagne, du 17 octobre 1575.

Premièrement l'arrêt qu'ils citent est rapporté par d'autres auteurs, comme rendu non en faveur du fermier contre le propriétaire, mais contre un nouvel acquéreur; en second lieu, quand bien même cet arrêt auroit jugé que les *arbres* plantés par le fermier, devoient lui être payés par le propriétaire, il ne s'ensuivroit pas que les *arbres* une fois plantés ne font pas partie de l'héritage; on pourroit seulement en conclure, ainsi que nous l'avons dit, que le propriétaire doit en payer l'estimation, parce que l'équité ne souffre pas qu'un étranger profite du bien d'autrui; *ratio non patitur quemquam cum alterius jacturâ locupletari.*

Il faut, à l'égard de la propriété des *arbres* plantés par un étranger sur le terrein d'autrui, s'attacher aux décisions des loix romaines, qui n'ont reçu aucune modification, soit par les ordonnances, soit par les coutumes.

Des personnes qui ne peuvent disposer de la propriété des arbres. Du principe établi ci-dessus que les *arbres* font partie du fonds, il s'ensuit premièrement que l'usufruitier & la douairière ne peuvent ni abattre ni arracher les *arbres* de haute futaie, si ce n'est par rapport aux *arbres* fruitiers seulement, lorsqu'ils sont hors d'état de porter du fruit, & à la charge d'en substituer de nouveaux à leur place. La raison s'en tire de la nature même de l'usufruit, qui exige que l'usufruitier jouisse de la chose en la conservant dans son entier, pour la remettre dans le même état à la fin de l'usufruit. L'usufruitier peut cependant disposer des *arbres* morts, & même demander au propriétaire les *arbres* nécessaires pour faire les réparations des bâtimens dont il a l'usufruit.

2°. Le seigneur qui fait saisir féodalement à défaut de foi, ne peut faire couper aucun *arbre* de haute futaie, parce qu'il ne peut s'approprier que les fruits de l'héritage saisi sur son vassal, & non le fonds.

3°. Lorsque pendant le cours de la communauté le mari a abattu des bois de haute futaie, soit sur son héritage propre, soit sur celui de sa femme, ces *arbres* coupés sont bien réputés meubles par leur séparation du sol; mais cependant, comme ils ne sont pas censés faire partie des fruits & des revenus de l'héritage, & qu'ils étoient regardés comme une portion du fonds, après la dissolution de la communauté, le conjoint à qui le fonds appartient peut les reprendre en nature s'ils existent, ou exercer la reprise du prix, pour lequel ils ont été vendus, sur les biens de la communauté qui l'a reçu. Les bois taillis au contraire, coupés pendant la communauté, n'occasionnent aucune récompense du prix pour lequel ils ont été vendus, parce qu'ils sont réputés fruits.

4°. En matière de succession, si le propriétaire des *arbres* les a vendus, & qu'il vienne à décéder, soit que les *arbres* aient déjà été abattus, soit qu'ils ne l'aient pas été au moment de son décès, le prix des *arbres* appartiendra à l'héritier au mobilier. Dans le premier cas, il ne peut y avoir aucune difficulté, parce que la séparation des *arbres* d'avec le sol sur lequel ils étoient plantés, les a rendus meubles : il n'y en a pas non plus dans le second cas, parce que l'action, pour obtenir le paiement des *arbres* vendus, est une action purement mobiliaire, puisque son objet ne tend qu'à obtenir une somme d'argent, qui est un meuble.

5°. Quoique les *arbres* de haute futaie soient censés faire partie du fonds, il n'y a pas lieu cependant au retrait lignager, lorsqu'ils sont vendus; il faut néanmoins en excepter la coutume de Normandie qui en admet le retrait, pourvu qu'il soit fait avant que les *arbres* soient abattus.

6°. Bretonnière & la Roche-Flavin ont pensé que le vassal ne pouvoit, sans le consentement de son seigneur, couper les hautes futaies, & les *arbres* fruitiers dans son fief: mais ils se sont trompés : il faudroit, pour que cette opinion eût lieu, que les actes d'inféodation eussent fait mention des *arbres* qui existoient alors sur le fief, & qu'on les eût réservés expressément. Nous ne pensons pas qu'on trouve cette réserve dans aucun acte d'inféodation; d'ailleurs cette réserve ne pourroit s'accorder avec nos mœurs, qui permettent au vassal d'aliéner une partie de son fonds, sans le consentement de son seigneur.

De la propriété des arbres plantés sur les limites de deux héritages voisins. Nous avons dit plus haut que l'*arbre* appartenoit au propriétaire du fonds sur lequel il avoit poussé des racines, par cette raison Justinien, dans le paragraphe des instituts cité ci-dessus, decide qu'un *arbre* planté sur les limites de deux héritages appartenoit au propriétaire des deux fonds voisins. Cette décision est juste, mais il faut observer que les Romains entendoient par *limites d'un héritage*, qu'ils appelloient *confinium*, un espace d'environ cinq pieds, qui devoit rester libre entre chaque héritage, & sur lequel il n'étoit permis ni à l'un ni à l'autre des propriétaires, de planter des *arbres*, ensorte que lorsqu'il s'en trouvoit, ils leur appartenoient également. Mais cette décision ne peut avoir lieu dans nos usages, parce que nous ne laissons aucun espace vuide entre deux héritages contigus.

1°. Il se présente d'abord une première espèce qui ne peut former aucune difficulté. Si deux voisins plantent une haie ou des *arbres* pour séparer leurs héritages & leur servir de bornes, la haie ou les *arbres* sont mitoyens, & leur appartiennent également, & l'un ou l'autre ne doit rien faire qui puisse nuire à la haie ou aux *arbres ;* chacun d'eux recueillera les fruits des *arbres* qui se trouvent sur son côté, ou, ce qui seroit beaucoup plus équitable, ils les recueilleront en commun & les partageront, & lorsque la haie ou les *arbres* seront arrachés, le bois qui en proviendra, ou le prix pour lequel il sera vendu, appartiendra à chacun d'eux pour moitié.

2°. Mais il y a plus de difficulté par rapport aux *arbres* plantés par un propriétaire sur son fonds & sur les limites de l'héritage du voisin.

D'abord il est de droit commun que celui qui veut planter une haie sur son héritage, ne peut le faire qu'à deux à trois pieds de distance des terres de son voisin, pour que les branches & les racines de sa haie ne l'incommodent point.

Dans le cas où le planteur n'a pas observé la distance nécessaire pour ne causer aucun préjudice à son voisin, les *arbres* appartiennent en entier à celui sur l'héritage duquel ils sont plantés, quand bien même les racines s'étendroient sur l'héritage voisin. Mais le maître de celui-ci peut demander en justice que les racines & les branches de l'*arbre*, qui ont poussé sur son héritage, soient coupées; il peut même exiger que les branches soient entiérement retranchées jusqu'à une certaine hauteur, ainsi que nous l'avons remarqué au mot Air.

De la distance entre la plantation des arbres & l'héritage voisin. Le droit romain ne permettoit de planter des *arbres* qu'à cinq pieds de distance des héritages voisins, il en exigeoit même dix pour les figuiers. Mais, dans notre droit, il n'y a aucune loi générale sur cet objet; on suit les différens usages des lieux, qui assez ordinairement sont déterminés par la coutume.

1°. Celle de Paris est muette à cet égard. L'usage est de fixer la distance des *arbres* plantés sur le bord d'un héritage voisin, d'après la nature & la situation des *arbres*, ensorte que le voisin ne puisse souffrir aucun dommage de ces *arbres*, soit par leurs racines, soit par leurs branches, que leur distance soit assez considérable pour ne pas empêcher les rayons du soleil d'arriver au champ voisin, & l'air d'y circuler librement.

Ainsi l'on exige une distance, au moins de dix-huit pieds, entre la plantation d'un *arbre* & le champ du voisin, lorsqu'il s'agit d'ormes, de noyers ou de chênes. Celle de cinq à six pieds suffit à l'égard des autres *arbres*.

Dans les jardins ou les parcs qui sont clos de murailles, la distance est moins considérable, les palissades d'ifs, de charmilles & d'érables, doivent se planter à un pied & demi de distance de la ligne qui sépare les héritages; ensorte que si le mur est mitoyen, les palissades se trouvent à un pied &

demi de distance du mur; mais elles peuvent être plantées auprès du mur, s'il appartient en pleine propriété au maître du jardin. Les *arbres* de haute futaie doivent être plantés à la distance de trois pieds de la ligne qui sépare les deux héritages, & dans ce cas, le propriétaire des *arbres* est tenu de les faire ébrancher annuellement du côté du mur.

2°. La coutume d'Orléans porte qu'il n'est loisible dans le vignoble de planter ormes, noyers ou chênes, plus près des vignes de son voisin que de quatre toises; mais à l'égard des autres lieux, tels que les champs ou les prés, ainsi qu'à l'égard des autres *arbres*, soit dans le vignoble, soit ailleurs, on n'exige ordinairement qu'une distance de cinq pieds; la distance d'une haie doit être d'un pied & demi. Mais quoique les *arbres* soient plantés à cette distance, le propriétaire de l'héritage voisin est toujours en droit de faire couper les parties des branches qui s'étendent sur son héritage, parce qu'on suit, dans cette coutume, la règle du droit romain, qui défend d'appuyer ou de suspendre quelque chose sur l'héritage du voisin. Cette permission de couper les branches d'un *arbre* voisin s'étend jusqu'à la hauteur de quinze pieds.

Lorsque les *arbres* ne sont pas plantés à la distance requise par la coutume, le voisin qu'ils gênent peut demander qu'ils soient arrachés; mais s'il les a soufferts sans se plaindre pendant le temps requis pour acquérir la prescription, on considère son silence comme un consentement tacite de sa part. Cette décision est conforme à l'équité, & doit être suivie dans toutes les coutumes qui n'ont pas de disposition contraire.

3°. La coutume du Boulonnois décide que le propriétaire qui a des *arbres* dont les branches pendent sur l'héritage voisin, peut être sommé de les retrancher, sous peine d'amende.

4°. Celle de Bassigni donne la moitié du fruit des *arbres* plantés aux confins des héritages voisins au propriétaire de l'*arbre*, & l'autre moitié au propriétaire du fonds sur lequel ils sont tombés. C'est un dédommagement qu'on lui accorde, parce qu'à la rigueur il pourroit contraindre le propriétaire des *arbres* à en retrancher les branches jusqu'à quinze pieds de hauteur.

5°. M. de Perchambault, dans son commentaire sur la coutume de Bretagne, dit que l'usage le plus commun dans cette province est que les fruits sont toujours au propriétaire de l'*arbre*, & les feuilles à celui dans l'héritage duquel elles se trouvent.

6°. La coutume de Limoges ordonne que celui qui plante un *arbre* dans son fonds, laisse six pieds de distance entre cet *arbre* & la terre de son voisin, & que tous les *arbres* plantés à une distance moins éloignée, soient arrachés.

7°. La coutume de Normandie n'a rien statué sur la distance qu'il doit y avoir entre les *arbres* que l'on plante & l'héritage voisin. Mais comme cette province est une de celles où on plante le plus des arbres, un réglement, fait en 1751 par le parlement de Rouen, exige sept pieds de distance entre les *arbres* plantés & l'héritage voisin; & si les *arbres* plantés à cette distance étendent leurs branches sur le fonds voisin, le propriétaire de ce fonds peut exiger que le propriétaire des *arbres* les ébranche à quinze pieds de hauteur au-dessus de terre.

En ce qui concerne les fruits qui croissent sur les branches qui s'étendent sur les héritages voisins, la jurisprudence du parlement de Rouen n'est pas certaine. Des arrêts adjugent au propriétaire de l'héritage, tous les fruits qui y sont tombés; d'autres ne lui en adjugent que la moitié, & réservent l'autre moitié au propriétaire de l'*arbre*. Cette dernière décision nous paroît devoir être constamment suivie, comme plus conforme à l'équité; car, par ce moyen, le propriétaire de l'*arbre* est dédommagé de ses frais de culture, & le propriétaire du fonds est indemnisé du dommage que peut lui causer la proximité de l'*arbre*.

8°. Par arrêt rendu au parlement de Grenoble, toutes les chambres assemblées le 8 novembre 1612, il a été défendu à tout propriétaire de planter aucun *arbre* plus près que de six pieds, des terres labourables, jardins, vergers ou vignes du voisin, & plus près que de trois toises des bâtimens, maisons, granges ou étables d'autrui, à peine de désobéissance, de deux cens livres d'amende, & de tous dépens, dommages & intérêts des parties.

9°. Le parlement de Dijon, par arrêt du 3 mai 1578, a permis aux particuliers de couper à la hauteur de quinze pieds les branches des *arbres* d'autrui, qui ombragent leurs héritages.

10°. Dans les autres coutumes qui sont muettes sur cet objet, nous pensons qu'on ne doit pas souffrir auprès des héritages les *arbres* qui peuvent causer quelques dommages, soit par leurs racines, soit par leur ombrage, & qu'il faut observer une distance proportionnée à la nature de l'*arbre*, & que dans le cas où il y auroit des *arbres* à fruits, dont les branches s'étendroient sur le voisin, les fruits de ces branches doivent être partagés entre le propriétaire de l'*arbre*, & celui de l'héritage voisin.

11°. Depuis l'ordonnance de 1669, personne ne peut planter des *arbres* qu'à cent perches de distance des forêts du roi, à moins qu'on n'en ait obtenu une permission expresse, à peine de cinq cens livres d'amende, & de confiscation des *arbres* qui doivent être arrachés. La même loi défend aux propriétaires des héritages voisins des rivières navigables, de planter des *arbres* sur le bord de ces rivières, plus près que de trente pieds du côté du tirage, & de dix pieds de l'autre côté; la peine contre les contrevenans est également de cinq livres d'amende, & de confiscation des *arbres*.

SECTION III.

Des plantations d'arbres le long des grands chemins.

Diverses ordonnances ont prescrit de planter des *arbres* le long des grands chemins. La plus ancienne qu'il y ait à ce sujet est du mois de février 1522.

Elle enjoint à tous seigneurs hauts-justiciers, & à tous manans & habitans des villages & paroisses, de faire planter le long, & sur le bord des grands chemins publics, dans les lieux qu'ils jugeront à propos & commodes, des ormes, pour que le royaume, avec le temps, en puisse être suffisamment peuplé & pourvu; sur peine d'amende arbitraire, au profit du roi.

Henri III renouvella cette ordonnance par une autre du 19 février 1552, & enjoignit de faire cette année même les plantations prescrites.

L'article 356 de l'ordonnance de Blois de l'an 1579, enjoignit pareillement aux seigneurs & habitans des paroisses, de border les grands chemins d'ormes, noyers, ou autres *arbres*, selon la nature du pays.

L'exécution de la même loi fut encore ordonnée au mois de janvier 1583 : enfin, par l'article 6 de l'arrêt du conseil du 3 mai 1720, il a été enjoint à tous les propriétaires d'héritages tenans & aboutissans aux grands chemins & branches d'iceux, de les planter d'ormes, hêtres, châtaigniers, *arbres* fruitiers ou autres *arbres*, suivant la nature du terrein, à la distance de trente pieds l'un de l'autre, & de les armer d'épines, & ce depuis le mois de novembre jusqu'au mois de mars de l'année suivante inclusivement.

Suivant l'article 7 du même arrêt, il est permis aux seigneurs particuliers qui ont la voirie sur les chemins, d'y planter des *arbres*, si les propriétaires des héritages voisins n'y en plantent pas : dans ce cas, les *arbres* plantés & les fruits qu'ils produisent doivent appartenir à ces seigneurs, en leur qualité de voyer.

Cependant, comme cet article ne fixe aucun délai pour mettre les propriétaires en demeure, & que sans leur laisser le temps de planter, les seigneurs voyers s'empressoient de faire eux-mêmes les plantations à fur & à mesure que l'on traçoit ces chemins, & avant qu'ils fussent finis, le roi a jugé qu'il résultoit de là sur les terres des propriétaires une servitude qui n'étoit pas méritée, & une peine qui n'étoit pas encourue, puisqu'elle ne devoit avoir lieu que dans le cas de la négligence de ces propriétaires, & après qu'ils auroient été mis en demeure : en conséquence, sa majesté a rendu un arrêt en son conseil le 17 avril 1776, par lequel elle a ordonné qu'à l'avenir les seigneurs voyers ne pourroient planter les chemins dans l'étendue de leurs seigneuries, qu'à défaut, par les propriétaires, d'avoir fait les plantations dans un an, à compter du jour où les chemins auroient été entièrement tracés, & les fossés ouverts.

Il est donc certain aujourd'hui que, quoique les grands chemins soient censés appartenir au roi, & soient en conséquence appellés *chemins royaux*, les droits de cette propriété se réduisent à ceux de protection, d'inspection, & quelquefois de juridiction, dont le souverain jouit, non à titre de propriétaire, mais seulement de conservateur du bien public. Or, il suit de là que c'est avec raison que les *arbres* qui bordent ces chemins ne doivent pas lui appartenir, mais aux propriétaires des héritages sur lesquels ils sont plantés; & en effet, il eût été injuste que le souverain se fût attribué la propriété d'*arbres*, qui tirent toute leur nourriture ou d'une terre qui ne lui appartient pas, ou du chemin dont l'emplacement a été fourni par les riverains.

C'est par ces motifs d'équité que le réglement pour les eaux & forêts du mois de janvier 1583, veut que les fruits de ces *arbres* appartiennent aux propriétaires des terres voisines, ou aux voyers, s'ils y ont droit, c'est-à-dire, si ces fruits leur sont attribués par les prérogatives de leurs charges.

L'ancienne coutume de Boulenois, *art.* 40, *tit.* 9, donne les fruits des *arbres* des grands chemins & des places publiques, aux habitans des paroisses où ils sont situés, & leur permet d'en user à leur gré. Cette disposition doit encore être suivie aujourd'hui pour les *arbres* plantés antérieurement aux loix que nous venons de citer, pourvu que les plantations soient toujours entretenues aux frais des communautés. Mais elle ne pourroit empêcher les propriétaires des terres voisines des grands chemins, de planter sur les bords les *arbres* prescrits par les réglemens, & de disposer librement de leurs fruits, & de se les approprier.

Le feu roi Stanislas a rendu, en 1741 & 1742, deux arrêts en son conseil, concernant la plantation des *arbres* sur les grands chemins de la Lorraine, dont les dispositions sont pleines de sagesse & d'utilité pour le bien public. Ces arrêts portent qu'à mesure que les chaussées des chemins seront faites, on y plantera des arbres de différentes qualités & espèce, suivant la nature du terrein; que les propriétaires riverains seront tenus de préparer les trous nécessaires sur l'alignement donné par les ingénieurs des ponts & chaussées avant le 15 octobre de chaque année; que faute de l'avoir fait, les seigneurs haut-justiciers seront autorisés de les faire à leurs frais depuis le 15 octobre jusqu'au premier novembre; qu'à leur défaut les communautés feront les trous par corvées, & planteront les *arbres* dont la propriété appartiendra, dans le premier cas, aux riverains, dans le second, aux seigneurs hauts-justiciers, & dans le troisième aux communautés : que ceux qui auront la propriété des *arbres* seront tenus de les armer d'épines, & de leur donner deux labours par chaque année, pendant les six premières.

SECTION IV.

Des peines prononcées contre ceux qui abattent les arbres qui ne leur appartiennent pas.

Chez tous les peuples, les loix ont puni sévérement ceux qui coupoient les *arbres* qui ne leur appartenoient pas.

1°. A Rome, la loi des douze tables les condamnoit à une amende de 25 as, qui reviennent à 25 sous de notre monnoie, pour chaque pied d'*arbre*. La jurisprudence, introduite par les édits des prêteurs, augmenta la peine, & le coupable payoit le double de la valeur de l'*arbre* coupé, outre l'estimation des dommages & intérêts du propriétaire.

2°. Quelques anciennes coutumes avoient aussi prononcé une amende contre ceux qui coupoient ou abattoient les *arbres* d'autrui. Celle d'Amiens les condamnoit en 60 sols parisis d'amende, outre les dommages & intérêts. Celle de Boulenois contient la même disposition: celle de Bourgogne prononçoit une amende de sept sols pour un *arbre* qui n'étoit pas encore en âge de porter du fruit, & une de 65 sols pour les *arbres* censés futaies. Dans la coutume de Troyes, celui qui coupe des *arbres* dans les bois & forêts, est puni par la confiscation de ses chevaux, voitures, harnois & outils.

3°. Aujourd'hui, dans toute l'étendue du royaume, on prononce les peines portées par l'ordonnance des eaux & forêts de 1669, & les réglemens qui l'ont suivie: nous en avons déjà rapporté quelques dispositions au commencement de cet article, nous en parlerons encore sous les mots BOIS & FORÊTS; mais nous allons indiquer les précautions que les loix ont prises pour les *arbres* des grands chemins.

4°. L'ordonnance de Blois prononce, contre ceux qui coupent des *arbres* sur les grands chemins, la peine d'amende arbitraire, & de punition exemplaire.

5°. Suivant le réglement de janvier 1583, ceux qui commettent ce délit doivent être condamnés à tenir prison & à vingt écus d'amende par chaque pied d'*arbre*.

6°. L'article 8 de l'arrêt du conseil du 3 mai 1720, défend à toutes personnes de rompre, couper ou abattre les *arbres* dont il s'agit, à peine de soixante livres d'amende pour la première fois, & du fouet en cas de récidive.

7°. Une ordonnance du bureau des finances de la généralité de Paris, du 23 août 1743, a fait défense aux pâtres & bergers de laisser brouter ou manger par leurs bestiaux l'écorce des *arbres* qui sont sur les grands chemins, à peine de trente livres d'amende contre chaque contrevenant, de laquelle amende les propriétaires des troupeaux sont déclarés responsables.

8°. Une autre ordonnance, rendue par le même bureau le 9 juillet 1773, a fait défenses aux propriétaires des héritages situés près des grands chemins, d'endommager les *arbres* plantés sur ces chemins, & a condamné divers particuliers à cent livres d'amende, & à réparer le dommage qu'ils avoient occasionné en comblant des fossés, & détruisant des épines qui entouroient & conservoient des *arbres* de l'espèce dont il s'agit.

9°. Une autre ordonnance que ce bureau a aussi rendue le 2 août 1774, a fait défense aux blanchisseurs, blanchisseuses, manufacturiers, jardiniers, & à toute autre personne, d'attacher aux *arbres* plantés le long des grands chemins, aucun cordage, soit pour faire sécher des linges, des draps, des habillemens, des légumes, ou pour quelque autre cause que ce soit, à peine de cinquante livres d'amende, & de confiscation des choses étalées.

10°. L'action que les loix romaines donnoient contre ceux qui coupoient les *arbres* d'autrui, étoit une action civile; parmi nous elle est également civile, sur-tout quand celui qui a coupé des *arbres* est dans la bonne foi, & peut croire qu'ils lui appartenoient. Mais lorsque par les circonstances on s'apperçoit qu'il y a eu une mauvaise intention, & un dessein prémédité de nuire, on poursuit ce délit par la voie criminelle, & on trouve des arrêts de différens parlemens qui ont condamné les coupables au fouet, au bannissement, ou aux galères; l'ordonnance de 1669 prononce ces peines contre ceux qui récidivent à couper des bois dans les forêts du roi.

Observation par rapport aux chenilles. Le parlement de Paris, par un arrêt du 4 février 1732, dont les dispositions ont été renouvellées en 1777, ordonne à tous propriétaires, fermiers ou locataires, faisant valoir leurs propres biens, ou exploitant ceux d'autrui, d'écheniller ou faire écheniller leurs *arbres*, haies & buissons, & de brûler les bourses & les toiles qui en seront tirées, à peine de 30 livres d'amende contre les contrevenans, & même de plus grande peine si le cas y échet.

Les officiers de police & les syndics des communautés sont chargés de veiller à l'exécution de ces arrêts, & les jugemens, rendus par les juges royaux subalternes, doivent être exécutés par provision, nonobstant appel ou opposition.

Ce réglement devroit être étendu à toutes les provinces du royaume, ce seroit le moyen de prévenir les ravages que les chenilles exercent trop souvent dans les campagnes.

ARBRES-COUPIERS, ce terme est particulier à la coutume de Boulenois; il sert à désigner les *arbres* qu'on est dans l'usage d'émonder & de couper. Suivant cette coutume, l'usufruitier & la douairière ont droit de faire couper & émonder ces *arbres*, dans les temps où on a coutume de le faire.

ARC-EN-BARROIS, c'est un petit canton du Barrois, qui a été déclaré ville par arrêt du 11 août 1726. Il y a un bailliage ducal: on y trouve aussi un grenier à sel dépendant de la généralité, & de la direction de Dijon. Le sel s'y vend volontairement 35 livres le minot. On donne, dans le Barrois, le nom d'*arc* à l'aune qui ne contient que deux tiers de l'aune de Paris.

ARCHAUX, (*Coutume de Menetou-sur-Cher, art.* 23.) c'est le nom d'une espèce de coffre ou petit bateau, dans lequel on conserve le poisson: on lui donne ailleurs les noms d'*arche*, de *huche*, de *bascule*. Par cet article, il est défendu d'établir dans la rivière de Cher aucun *archaux* ou garenne pour y nourrir ou conserver le poisson. Cette défense est d'autant plus raisonnable que les *archaux* ou garennes gêneroient le cours de l'eau, & obstacleroient la navigation.

ARCHE, s. f. (*Eaux & Forêts.*) c'est l'espace qui est entre deux piles d'un pont; leur entretien est à la charge de celui à qui le pont appartient, & il est responsable des dommages & intérêts, pour raison des accidens qui peuvent survenir, faute par lui d'avoir veillé à la conservation des *arches*.

Dans les lieux voisins des capitaineries royales des chasses, il est défendu aux propriétaires de laisser aucunes ouvertures, par où le gibier puisse passer; mais cette prohibition ne s'étend pas aux *arches*, qui servent au cours des ruisseaux, ni aux ventouses & autres ouvertures nécessaires à l'écoulement des eaux.

Les *arches*, construites sur les rivières navigables, ne peuvent avoir moins de 24 pieds de largeur, & l'alignement doit en être donné par les maîtres des eaux & forêts. A l'égard des *arches* qu'un propriétaire fait construire sur ses héritages, pour faciliter l'écoulement des eaux, elles peuvent être de telle largeur que le juge le propriétaire qui les fait construire pour son utilité particulière.

ARCHE, (*Coutume de Metz.*) c'est le nom que les anciennes ordonnances du pays de Metz donnoient aux dépôts dans lesquels on conservoit la minute des actes passés entre les particuliers. *Voyez ci-dessus* AMANS.

ARCHE, (*la cour des arches.*) en Angleterre est une cour épiscopale à laquelle ressortissent les appels en fait de matières ecclésiastiques de toutes les parties de la province de Cantorbéri. Cette cour est ainsi appellée de l'église & de la tour voûtée de Sainte-Marie, où elle se tenoit ordinairement. Les officiers de cette cour sont le juge, le secrétaire de synode, les greffiers, les avocats, les procureurs ou députés de l'assemblée du clergé, *&c.*

Le juge de la cour des *arches* est appellé *le doyen des arches*, ou l'*official de la cour des arches*, *&c.* On joint ordinairement à cette officialité une jurisdiction particulière sur treize paroisses de Londres: cette jurisdiction s'appelle *un doyenné*; elle n'est point subordonnée à l'autorité de l'évêque de Londres, & elle appartient à l'archevêque de Cantorbéri.

D'autres pensent que le nom & les fonctions du doyen de la cour des *arches* viennent de ce que l'official de l'archevêque ou le doyen, étant souvent employé dans les ambassades étrangères, le doyen des *arches* étoit son substitut dans cette cour. Ce juge, sur quelque appel que l'on fasse à sa cour, sur le champ, & sans aucun examen ultérieur de la cause, envoie son ajournement à l'accusé, & sa défense au juge dont est appel. Les avocats qui plaident ou qui peuvent plaider à la cour des *arches*, doivent être docteurs en droit civil dans quelqu'une des universités d'Angleterre. (*H*)

ARCHER, s. m. (*Droit civil, militaire, criminel & Monnoie.*) on donnoit anciennement ce nom à des soldats armés d'arcs, qui accompagnoient la gendarmerie, dont l'arme principale étoit la lance. Ils servoient à combattre de loin, & à jetter le désordre dans l'armée ennemie, par la multitude des traits qu'ils lançoient, afin de faciliter l'approche de la gendarmerie.

Charles VII créa un corps d'infanterie qu'on nommoit *francs-archers*, parce que ceux qui le composoient, jouissoient de l'exemption de tout subside: ils étoient fournis & entretenus par les paroisses du royaume. L'usage des armes à feu rendit inutiles les francs-*archers*, & Louis XI leur substitua un corps de dix mille hommes d'infanterie françoise, & de six mille Suisses.

Le mot d'*archer* ne s'emploie aujourd'hui que pour désigner les gardes chargés de veiller au maintien de la tranquillité publique. Il y en a de différentes espèces: les *archers* de la maréchaussée, ceux des monnoies, ceux de robe-courte, ceux des hôtels-de-ville & de la connétablie.

1°. *Archers de maréchaussée.* Les anciennes compagnies de ces *archers* ont été supprimées par un édit du mois de mars 1720, qui en a créé de nouvelle sous la dénomination de cavaliers. Mais l'ancien usage a prévalu, & on a continué de les appeller indistinctement *archers* ou *cavaliers de maréchaussée.* Cette ordonnance a été suivie d'une autre le 3 octobre 1778.

Ce corps fait partie de celui de la gendarmerie, & lorsqu'il y en a un détachement en exercice militaire, il prend rang immédiatement après la gendarmerie, avant toutes les autres troupes étrangères, engagées au service de France.

Il est composé aujourd'hui de six inspecteurs généraux, de 33 prévôts généraux, de 108 lieutenans, 150 sous-lieutenans, 150 maréchaux de logis, 650 brigadiers, 2580 cavaliers, & 33 trompettes: il est partagé en six divisions: la première comprend les compagnies des chasses & voyages du roi, celles des généralités de Paris, Soissons, Picardie, Flandre & Hainault. La seconde est composée des compagnies de Champagne, Trois-Evêchés, Alsace, Lorraine & Franche-Comté: la troisième des compagnies de l'Orléannois, du Berri, du Bourbonnois, du Lyonnois, & de la Bourgogne: la quatrième des compagnies de Tours, Rouen, Caen, Alençon & Bretagne: la cinquième de celles de Poitou, Limousin, Aunis, Guienne & Bearn: la sixième, d'Auvergne, Montauban, Dauphiné, Languedoc, Provence, Roussillon & Corse.

Le gouverneur du duché de Bourgogne avoit été maintenu dans le droit de disposer des places des maréchaussées dans toute l'étendue de son gouvernement. M. le prince de Condé, gouverneur de cette province, a remis son droit de nomination au roi, qui lui a conservé celui de présentation aux places de prévôt général, de lieutenant & de sous-lieutenant, & la nomination à celles de maréchal-des-logis, de brigadier & d'*archer*.

Depuis l'édit de 1720, les *archers* de maréchaufsée exerçoient leurs fonctions en vertu d'une commission du roi, scellée du grand sceau, & accordée ordinairement sur la présentation des prévôts généraux, qui à ce moyen nommoient proprement à toutes les places.

Les *archers* de maréchaussée sont pourvus aujourd'hui de leurs places en vertu de commissions expédiées par le secrétaire d'état, ayant le département de la guerre, & elles sont scellées du grand sceau. Ils sont reçus par les prévôts généraux, entre les mains desquels ils prêtent serment, pour l'enregistrement duquel, ainsi que des provisions, le greffier ne peut exiger que quarante sous.

Le prévôt général de l'Isle de France avoit conservé jusqu'en 1740, le droit de nomination aux places de sa compagnie, mais elle lui a été ôtée par des lettres-patentes de cette même année, qui l'ont autorisé à recevoir de chaque cavalier de maréchaussée à gage, une somme de 600 livres, & celle de 150 livres pour ceux qui sont sans gage. Leurs provisions ne peuvent être scellées que quand ils ont produit la quittance du prévôt général.

Le prévôt général, suivant l'ordonnance de Blois, & les édits de 1629, 1720 & 1753, ne pouvoit recevoir aucun droit pour la nomination ou réception d'un *archer*, à peine de dix ans de prison: mais par l'ordonnance de 1778, il ne peut rien recevoir, quand bien même il lui seroit volontairement offert de l'argent, ou autre chose, sous peine d'être cassé.

Les places de brigadier doivent être données aux cavaliers les plus instruits & de meilleure conduite, sur la présentation des prévôts généraux, qui en présentent trois pour chaque place vacante, parmi ceux qui ont cinq ans de service. Celles de cavalier doivent être données à des cavaliers, hussards ou dragons de taille de cinq pieds quatre pouces au moins, qui sachent lire & écrire, & aient servi seize ans: on doit joindre à leur présentation leurs extraits de baptême, leurs congés absolus, & les certificats de bonne conduite des commandans des corps dans lesquels ils ont servi; mais nul ne peut être proposé s'il y a plus de trois ans qu'il a quitté le service.

On a raison de prendre pour ces places des hommes de bonne conduite, hardis & résolus, à cause des dangers auxquels leur emploi les expose. Chargés d'arrêter les brigands, les voleurs de grand chemins, les soldats déserteurs, les vagabonds, les auteurs des troubles publics, leur service est aussi pénible que dangereux. Obligés d'être presque jour & nuit à cheval pour donner la chasse aux perturbateurs de la tranquillité publique, ils peuvent même entrer dans les maisons des particuliers, ainsi qu'il a été jugé par un arrêt du parlement de Paris du 23 février 1606. Ils servent l'état aussi utilement que les troupes destinées à le défendre contre les ennemis du dehors: on punit sévérement ceux qui leur résistent, & se mettent en défense contre eux. L'article 53 de l'ordonnance du 8 avril 1718, condamne à mort tous militaires qui auront pris les armes contre le prévôt de maréchaussée, & ses *archers*.

Les *archers* ne doivent point être domestiques du prévôt général, ni d'aucun autre officier de maréchaussée.

Ils ne peuvent pas non plus être huissiers ou sergens, soit royaux ou subalternes, ces places étant déclarées incompatibles avec celles d'*archers*.

Les *archers* sont exempts de collecte, de logement de gens de guerre, tutèle, curatelle & autres charges publiques, même de la capitation. Ils sont également exempts des droits de péage & de bac, lorsqu'ils sont en exercice de leurs fonctions.

La solde des *archers* de maréchaussée, qui est de 500 livres par an, n'est sujette à aucune saisie, si ce n'est pour dettes contractées au sujet de leur nourriture, monture ou équipage; dans ces cas-ci, la moitié de leur solde peut être retenue.

Les *archers* peuvent donner les assignations aux témoins dans les affaires de maréchaussée, & faire les significations & tout autre acte dans les instructions & procédures des procès prévôtaux, soit interlocutoires, préparatoires ou définitifs, même arrêter, écrouer & recommander les particuliers décrétés par les prévôts: mais ils ne peuvent exploiter dans aucune autre affaire de quelque nature & qualité qu'elle soit, sous peine de faux, & de neuf ans de galères.

Les *archers* doivent laisser aux prisonniers qu'ils ont arrêtés, copie du procès-verbal de capture & de l'écrou, à peine d'interdiction, des dommages & intérêts des parties, & de 300 livres d'amende.

Dans le cas de flagrant délit, ils peuvent entrer dans les maisons des particuliers, pour y faire la recherche & perquisition des coupables; mais hors ce cas, ils ne le peuvent pas. Le parlement de Paris l'a ainsi jugé par arrêt du 23 février 1606.

Les *archers* ne doivent point fouiller les prisonniers qu'ils arrêtent, avant de les avoir mis entre les mains du geolier.

Lorsqu'ils trouvent l'accusé saisi de quelques effets, ils doivent en dresser inventaire, & les remettre sur le champ au greffe de la maréchaussée du lieu de la capture, ou au plus tard dans trois jours.

Ils ne peuvent retenir aucun meuble ou effet appartenant aux accusés, ni s'en rendre adjudicataires sous leur nom ou autrement, à peine de privation de leurs offices, de 500 livres d'amende, & de restitution du quadruple.

Un arrêt du parlement du 15 juillet 1729, a condamné un sous-brigadier & deux *archers* de maréchaussée aux galères, pour avoir soustrait 24 louis d'or de la bourse d'un prisonnier, sans en avoir fait mention dans le procès-verbal de capture.

Lorsque des *archers* arrêtent quelque accusé, ils sont tenus de le conduire dans les prisons, sans pouvoir le retenir dans des maisons particulières, sinon en en le conduisant, ou lorsqu'il y a péril d'enlèvement, de quoi ils doivent faire mention dans le procès-verbal de capture & de conduite, à peine d'interdiction, de 1000 livres d'amende, & des dommages & intérêts des parties.

Dans le cas de flagrant délit, le juge peut enjoindre aux *archers* de prendre & arrêter les coupables, & de les constituer prisonniers; & s'ils refusent de lui obéir, ils doivent être condamnés à des amendes, & même interdits, si cette désobéissance est préjudiciable au public.

Suivant la disposition de l'édit du mois de février 1599, lorsque les *archers* désobéissoient aux ordres des prévôts, ceux-ci étoient en droit de les suspendre, & même de les destituer: cependant ils ne pouvoient le faire qu'en connoissance de cause, & après une preuve d'abus & de malversations. L'appel de cette destitution se portoit à la connétablie, mais il n'empêchoit pas que la destitution n'eût lieu par provision.

Aujourd'hui, lorsque les *archers* se rendent coupables de désobéissance envers les prévôts des maréchaux, ils doivent être jugés sans appel par un conseil de guerre, composé des officiers de maréchaussées des deux plus prochains départemens.

Il est défendu aux *archers* de s'absenter du lieu de leur résidence, sans un congé par écrit du prévôt général, à peine d'être punis comme déserteurs. Ils doivent même prendre un congé de la cour, lorsque leur absence doit durer plus de quinze jours. Ils sont aussi dans le cas de la destitution, lorsqu'ils se marient sans une permission par écrit du prévôt général.

S'il arrivoit que des soldats, cavaliers, ou dragons se missent en défense contre un prévôt général & ses *archers*, & qu'ils en blessassent quelqu'un, l'article 57 de l'ordonnance du 8 avril 1718, veut qu'ils soient condamnés à être pendus, en quelque nombre qu'on les arrête.

Les *archers* hors d'état de continuer leurs services, doivent être admis à l'hôtel royal des Invalides, attendu qu'on retient sur leurs gages & soldes trois deniers pour livre, destinés à l'entretien de cet hôtel. *Voyez* MARÉCHAUSSÉE.

2°. *Archers de la prévôté générale des monnoies.* Ces *archers* forment une compagnie composée d'un grand-prévôt, six lieutenans, dont un à gages & cinq sans gages, deux guidons ayant rang de lieutenans sans gages, dix exempts dont trois à gages, trois cens trente *archers* dont quarante-un à gages, & deux cens quatre-vingt-neuf sans gages, tous pourvus en titre d'office, & de soixante & dix par commission: ce qui en fait monter le nombre à quatre cens.

Ils sont du corps de la maréchaussée & gendarmerie de France; ils doivent jouir de tous les privilèges qui leur ont été accordés par différentes lettres-patentes, édits, déclarations & arrêts du conseil, & notamment par les lettres-patentes du mois de février 1773, & l'arrêt du conseil du 28 octobre suivant.

Avant ces dernières lettres-patentes, la nomination des officiers & *archers* de la prévôté générale des monnoies de Paris appartenoit au grand-prévôt: & le roi, en l'en privant, lui a accordé, par forme d'indemnité, un droit d'attache & de présentation à toutes les places de sa compagnie, pour raison duquel il lui est payé, à chaque mutation de lieutenant à gages, dix-huit cens livres; de lieutenant sans gages, seize cens livres; des trois exempts à gages, onze cens livres; des exempts sans gages, neuf cens livres; des quatre greffiers, neuf cens livres; des quarante & un *archers* à gages, six cens livres, & de tous les autres sans gages, cinq cens livres; lesquelles sommes doivent être délivrées avant l'expédition des provisions, à peine de nullité.

Le grand-prévôt peut néanmoins encore commettre à tous les offices d'*archers* de sa compagnie qui viennent à vaquer par mort, abandonnement, forfaiture, infirmités, grand âge, désertion, défaut de service, tant & si long-temps que dure la vacance; mais les *archers*, ainsi commis, ne jouissent pas du droit d'exploiter, attribué aux *archers* en titre d'office, si ce n'est en cas de flagrant délit, dans les matières de la compétence de la cour des monnoies & du grand-prévôt.

La jurisdiction du prévôt général se nomme *prévôté générale des monnoies*. Elle connoît de tous les délits commis par les justiciables de la cour des monnoies, jusqu'à sentence définitive, sauf l'appel en la cour, à l'exception des délits commis dans la ville & généralité de Paris. Elle connoît aussi des cas prévôtaux, comme les prévôts des maréchaux.

La réception des *archers* de la prévôté générale des monnoies consiste à prêter serment entre les mains du prévôt général; à quoi ils doivent être admis sans frais sur une requête par eux présentée, & répondue des conclusions du substitut du procureur-général du roi.

Les *archers* de la monnoie ont été établis pour être attachés à la jurisdiction de la cour des monnoies, & en faire exécuter les arrêts & réglemens, par tout le royaume. Les lettres-patentes de 1773 leur permettoient de résider en tel lieu du royaume qu'ils jugeoient à propos: mais, par un arrêt de la cour des monnoies, du 5 mai de la même année, portant réglement pour leurs services, on les a distribués dans toutes les villes où il y a hôtel des monnoies.

Les *archers* de la monnoie ont pouvoir d'exploiter dans toute la France, tant en matière civile que criminelle, & de mettre à exécution tous arrêts, jugemens, sentences, contrats & obligations, de quelques cours & juges que ces actes soient émanés, à la réserve toutefois des actes revêtus du sceau du châtelet de Paris. A cet article près, ils ont, pour exploiter, les mêmes droits que les huissiers du châtelet.

Les autres privilèges des *archers* dont il s'agit, ont été restreints par les lettres-patentes, en forme d'édit, du mois de mai 1770, à l'exemption de collecte, syndicat, milice, corvées, trésorerie, administration, confrairie, marguillage, tutèle, curatelle, patrouille, guet & garde & autres charges personnelles. Ils sont aussi exempts de tout droit de péage, pontonnage &, autre, lorsqu'ils sont en ordonnance. La même exemption a lieu pour la corvée, mais pour leur cheval de monture seulement. Ils doivent en outre jouir de l'exemption de logement & de fourniture d'ustensiles de gens de guerre; mais cette exemption n'a pas lieu dans le cas de foule, ni lorsque ces *archers* font quelque acte dérogeant, tel que le commerce à boutique ouverte. Tous les autres privilèges & exemptions qui leur avoient été accordés précédemment, ont été supprimés, comme abusifs & à charge aux finances du roi.

Ces *archers* doivent, ainsi que leurs officiers, passer tous les ans en revue devant le premier président de la cour des monnoies, conformément à l'ordonnance du mois d'août 1731.

Ceux qui sont éloignés de quatre-vingts lieues de Paris, sont dispensés de cette revue : mais ils sont tenus de se présenter une fois par an devant tel officier que le prévôt général juge à propos de commettre, pour en obtenir un certificat qu'ils se sont présentés dans le temps qui leur a été fixé, & qu'ils sont en état de faire le service.

Les *archers* qui, pour cause de maladie, ne peuvent aller passer en revue devant l'officier que le prévôt général leur a indiqué, doivent envoyer à ce dernier un certificat du médecin ou chirurgien & du curé de leur paroisse, duement légalisé par le juge royal le plus prochain de leur demeure, sinon le prévôt général est en droit de les punir par voie de discipline militaire.

Un arrêt de la cour des monnoies, du 19 juin 1773, a ordonné que les exempts & *archers* de la prévôté générale des monnoies se conformeroient aux édits, arrêts & réglemens concernant leurs fonctions, & qu'en conséquence, ils seroient tenus de mettre à exécution les jugemens des officiers des monnoies, & de leur prêter assistance & main-forte, lorsqu'ils en seroient requis.

La finance des offices d'*archers* à gages a été fixée à six cens livres, & celle des *archers* sans gages, à cent livres, par l'arrêt du conseil du 28 octobre 1773. Ils ont été assujettis, par le même arrêt, au paiement du centième denier : & c'est sur le pied de cette fixation qu'il doit être annuellement payé pour ces offices, dans les mois de novembre & décembre, aux parties casuelles du roi, conformément à l'édit du mois de février 1771, & à l'arrêt du conseil du 6 juillet 1772, concernant l'évaluation des offices.

3°. *Archers de robe-courte.* Un édit du mois de novembre 1554 a créé des *archers* de robe-courte pour l'exécution des sentences, commissions, décrets & ordonnances de justice criminelle, & ils ont été attachés à certains sièges présidiaux dans lesquels il y a des lieutenans de robe-courte.

La nomination de ces *archers* appartient aux lieutenans-criminels de robe-courte, à qui il est défendu de se faire payer cette nomination.

Les mêmes *archers* doivent être reçus & prêter serment devant le lieutenant-criminel de robe-longue, après une information préalable de vie & de mœurs.

Ils doivent être domiciliés & non domestiques du lieutenant-criminel de robe-courte.

Ils peuvent, dans les affaires criminelles, faire tous les exploits de justice qui appartiennent à l'office de sergent, dans les limites du ressort des présidiaux où ils sont établis.

Les *archers* de robe-courte, établis à Orléans, ont droit d'exploiter par tout le royaume, même au civil, suivant une déclaration du roi, du 27 mars 1656, & un arrêt du grand-conseil, du 30 mars 1658; mais, avant de faire aucun exploit pour le civil, ils sont tenus de prêter serment devant le lieutenant général qui doit les recevoir sans frais & sans nouvelle information de vie & de mœurs.

Les *archers* de robe-courte doivent prêter main-forte aux prévôts des maréchaux, lorsque ceux-ci le requièrent pour l'exécution de la justice criminelle.

Suivant l'édit du mois de janvier 1691, les *archers* du lieutenant-criminel de robe-courte du châtelet de Paris font, à l'exclusion des sergens & huissiers de ce tribunal, les emprisonnemens & écrous des personnes arrêtées en vertu des décrets du même lieutenant, & donnent les assignations nécessaires pour l'instruction des procès qui sont de sa compétence.

Si les *archers* refusoient d'exécuter les ordres du lieutenant-criminel de robe-courte, cet officier pourroit les destituer & en mettre d'autres à leur place.

Lorsqu'il y a appel de cette destitution, il doit être porté au parlement; mais la destitution doit tenir pendant l'appel, par forme de suspension.

Lorsque des *archers* de justice vont dans les quartiers des gardes-françoises pour y arrêter des soldats ou d'autres personnes, l'ordonnance du 18 août 1668 veut qu'il leur soit donné main-forte, & défend, sous peine de la vie, à ces soldats, de les insulter ni troubler dans les fonctions de leurs charges.

4°. *Archers de l'hôtel-de-ville de Paris.* Ce corps étoit anciennement composé de trois compagnies, dont la première, créée par Charles VI en 1410, étoit de cent soixante arbalêtriers; la seconde, créée par Louis XI en 1437, étoit de cent vingt *archers*; la troisième, formée par François premier en 1523, étoit de cent arquebusiers. Ces trois compagnies ont été réunies en une seule en 1690, & forment aujourd'hui un corps de trois cens hommes, y compris les officiers, qui sont, un colonel, trois capitaines, trois lieutenans, un major, un aide-major, trois cornettes, trois guidons & trois sergens. Le nombre de ces *archers* a encore été augmenté en 1687.

En 1704, on créa pour ce corps un commissaire auquel on attribua quinze cens livres de gages, l'exemption des droits d'aides pour cent muids de vin, & un droit de visa à chaque mutation, qui consiste en vingt livres pour chaque officier, & dix livres pour chaque *archer:* mais, en 1705, cet office a été réuni à celui de colonel.

Avant 1690, le prévôt des marchands & les échevins nommoient à toutes les places d'officiers & d'*archers;* à cette époque, ils ont été érigés en titre d'office, & on a attribué au lieutenant-colonel trois cens livres de gages; aux capitaines & majors, deux cens livres; aux lieutenans & aides-majors, cent cinquante livres; aux sous-lieutenans, cent livres; aux enseignes & cornettes, soixante & quatorze livres. Mais le titulaire de chacun de ces offices est assujetti au paiement du centième denier pour le conserver.

Les *archers* de la ville de Paris jouissent du droit de *committimus*, tant en défendant qu'en demandant, comme les commensaux de la maison du roi. Ils jouissent de l'exemption de toutes les charges personnelles, & ils ont été maintenus contre les fermiers des aides dans l'exemption des droits d'aides; mais ce privilège a été restreint par l'ordonnance de 1680, & un arrêt du conseil de 1687, à quatorze cens muids de vin.

Lorsque le corps de ville se trouve à quelques cérémonies publiques, les *archers* doivent l'accompagner: il y en a toujours quelques-uns dans l'intérieur de l'hôtel-de-ville, & sur-tout les jours d'audience, soit pour veiller à la sûreté publique, soit pour exécuter les ordres que les officiers municipaux peuvent avoir à leur donner.

Dans presque toutes les villes où il y a un corps municipal, ces officiers ont un certain nombre d'*archers* à leurs ordres: ils jouissent assez ordinairement de l'exemption des charges publiques & des octrois des villes.

5°. *Archers de la connétablie.* Par un édit de 1695, le roi créa dans les bailliages & sénéchaussées, duchés-pairies & autres justices ressortissant nuement aux cours de parlement, un office d'*archer* de la connétablie; en 1704, on en créa un second: par une déclaration du 9 août 1722, ces offices ont été déclarés casuels.

Leurs fonctions consistent à résider auprès des lieutenans des maréchaux de France: ils ont le droit d'exploiter & de mettre à exécution par tout le royaume les arrêts, sentences, jugemens, contrats, obligations, décrets & tous autres actes de justice, de quelque juge que ce soit. Ils sont reçus en vertu de la nomination des lieutenans des maréchaux, & de provisions expédiées en la grande chancellerie par les lieutenans généraux des bailliages où ils sont établis.

Les excès ou rebellions commis envers les *archers* de la connétablie, lorsqu'ils exercent leurs fonctions, sont de la compétence du siège de la connétablie, fixé à Paris: & l'appel s'en porte au parlement.

Archers des pauvres. Il y avoit encore autrefois à Paris des *archers* de l'hôpital dont la fonction étoit d'arrêter les mendians, les vagabonds & gens sans aveu. Mais, devenus inutiles, ils ont été réformés depuis qu'en vertu de l'édit de 1764, on arrête & renferme les mendians dans toutes les provinces du royaume.

Dans les temps de maladie épidémique, on établit dans Paris & dans les autres villes où regnent ces maladies, des prévôts de santé qui ont sous leurs ordres des *archers*. Nous en parlerons sous les mots MALADIE & SANTÉ.

ARCHEVÊCHÉ, s. m. (*Droit ecclésiast.*) terme qui se prend en différens sens: 1°. pour le diocèse d'un archevêque, c'est-à-dire, pour l'étendue de pays soumise à sa jurisdiction, mais qui ne compose qu'un seul diocèse; on dit en ce sens, que tel évêché a été érigé en *archevêché;* que tel *archevêché* contient tel nombre de paroisses: 2°. pour une province ecclésiastique, composée d'un siège métropolitain & de plusieurs évêques suffragans; ainsi l'*archevêché* de Sens, ou l'église métropolitaine & primatiale de Sens a pour suffragans les évêchés d'Auxerre, de Troyes, de Nevers, & l'évêché titulaire de Bethléem: 3°. pour le palais archiépiscopal ou pour la cour ecclésiastique d'un archevêque; ainsi l'on dit, un tel ecclésiastique a été mandé à l'*archevêché*, on a agité telle ou telle matière à l'*archevêché:* 4°. pour les revenus temporels de l'*archevêché;* ainsi l'*archevêché* de Tolède passe pour le plus riche du monde.

Suivant une table qui paroît assez exacte, on compte aujourd'hui dans l'église catholique cent trois *archevêchés:* savoir, quatorze en Italie, y compris le siège de Rome; dix-neuf en France, en comptant Avignon; vingt-quatre dans les royaumes de Naples & des deux Siciles; trois en Sardaigne, un en Savoie, onze en Portugal & en Espagne; cinq en Allemagne, un en Bohême, deux en Hongrie, un dans les Pays-Bas, deux en Pologne. La Grèce, la Dalmatie & l'Albanie en contiennent onze, l'Asie trois, & l'Amérique six.

Les églises réformées en ont conservé neuf; deux en Angleterre, quatre en Irlande, un en Suède, & deux dans le Danemarck & la Norwège.

En France, l'*archevêché* de Paris est le plus distingué par le lieu de son siège qui est la capitale du royaume; mais quelques autres le sont encore plus par une prééminence affectée à leur siège.

L'archevêque de Lyon jouit des droits de primatie sur les métropoles de Paris, Tours & Sens, & sur leurs suffragans. Celui de Bourges prend la qualité de primat d'Aquitaine, & il exerce sa primatie sur la métropole d'Alby & ses suffragans: celui de Bordeaux prend la même qualité, & il l'exerce sur l'*archevêché* d'Auch.

Il y a encore d'autres archevêques qui s'arrogent

la qualité de primat, sans exercer aucune fonction primatiale hors de leurs provinces. Tel est l'archevêque de Sens qui prend la qualité de primat de Germanie; celui de Narbonne qui prend le titre de primat de la Gaule Narbonnoise; celui de Rheims se fait nommer primat de la Belgique & légat du saint siége; celui de Vienne prend le titre de primat des primats; enfin l'archevêque d'Arles prend la qualité de légat du saint siége.

Mais les titres de légat, que prennent les archevêques d'Arles & de Rheims, ne leur donnent pas le droit de faire les fonctions attachées à ce titre; celui de Rheims n'en tire d'autre avantage que la qualité d'Excellence que lui donnent ceux qui veulent lui faire honneur.

La qualité de primat des quatre Lyonnoises fut donnée pour la première fois à l'archevêque de Lyon par Grégoire VII en 1109, non comme un droit nouveau, mais comme une suite des droits qui lui avoient toujours appartenu. Les archevêques de Sens s'y sont opposés pendant long-temps; & ce n'a été qu'après la réunion de la ville de Lyon à la couronne de France sous Philippe-le-Bel en 1312, que, par le traité fait entre le roi & la ville de Lyon, la primatie de l'archevêque de Lyon sur celui de Sens fut entiérement établie.

L'archevêque de Rouen n'a jamais reconnu la primatie de Lyon, malgré les efforts des archevêques de cette dernière ville: il a même été maintenu dans cette franchise par un arrêt du conseil du 12 mars 1702, enregistré dans les parlemens de Paris & de Rouen; ensorte que le métropolitain de Rouen est resté en possession de ne relever que du saint siége.

On trouve des canons qui attribuent la qualité de primats aux métropolitains qui ne relèvent que du saint siége; c'est par cette raison que l'histoire ecclésiastique donne cette qualification à l'archevêque de Chypre.

Il n'y a que deux *archevêchés* en Angleterre, celui de Cantorbéri & celui d'York, dont les prélats sont appellés *primats* & *métropolitains*; avec cette unique différence, que le premier est appellé *primat* de toute l'Angleterre, & l'autre simplement *primat* d'Angleterre.

L'archevêque de Cantorbéri avoit autrefois jurisdiction sur l'Irlande, aussi-bien que sur l'Angleterre: il étoit qualifié de patriarche, & quelquefois *alterius orbis papa*, & *orbis britannici pontifex*.

Les actes qui avoient rapport à son autorité, se faisoient & s'enregistroient en son nom, de cette manière, *anno pontificatûs nostri primo*, &c. Il étoit aussi légat né. Il jouissoit même de quelques marques particulières de royauté, comme d'être patron d'un évêché, ainsi qu'il le fut de celui de Rochester, de créer des chevaliers, & de faire battre monnoie. Il est encore le premier pair d'Angleterre, il siége immédiatement après la famille royale, ayant la préséance sur tous les ducs & tous les grands officiers de la couronne. Suivant le droit de la nation, la vérification des testamens ressortit à son tribunal; il a le pouvoir d'accorder des lettres d'administration, d'accorder des licences ou priviléges, & des dispenses, dans tous les cas où elles étoient autrefois poursuivies en cour de Rome, & qui ne sont point contraires à la loi de Dieu. Il tient aussi plusieurs cours de judicature, telles que la cour des arches, la cour d'audience, la cour de la prérogative, la cour des paroisses privilégiées. *Voyez* ARCHE.

L'archevêque d'York a les mêmes droits dans sa province, que l'archevêque de Cantorbéri. Il a la préséance sur tous les ducs qui ne sont pas du sang royal, & sur tous les ministres d'état, excepté le grand chancelier du royaume. Il a les droits d'un comte palatin sur Hexamshire.

Le nom d'*archevêché* n'a guère été connu en occident avant le règne de Charlemagne: &, si l'on s'en est servi auparavant, ce n'étoit alors qu'un terme de distinction qu'on donnoit aux grands siéges, mais qui ne leur attribuoit aucune sorte de jurisdiction; au lieu qu'à présent ce titre emporte le droit de présider au concile de la province. C'est aussi à son officialité que sont portés les appels simples des causes jugées par les officiaux de ses suffragans.

ARCHEVÊQUE, s. m. (*Droit ecclésiastique.*) prélat métropolitain qui a plusieurs évêques pour suffragans, & qui en est le chef: c'est le premier des évêques d'une province ecclésiastique.

Saint Athanase paroît être le premier qui ait employé la dénomination d'*archevêque*, en l'attribuant à l'évêque d'Alexandrie. Mais, si le titre n'est que du quatrième siècle, la dignité & la jurisdiction remontent beaucoup plus haut.

L'écriture & la tradition nous apprennent que les apôtres & leurs disciples ont résidé d'abord dans les grandes villes d'où ils envoyoient des évêques dans les villes inférieures: celles-ci regardoient les premières comme leurs mères; on les nommoit déja *métropoles* dans le gouvernement politique, & les évêques qui y résidoient, s'appellèrent aussi *métropolitains*.

L'église, fondée pendant le règne des empereurs romains, suivit toujours la division des provinces de cet empire; les évêques établis dans les grandes villes ou métropoles prirent insensiblement le titre de métropolitains & d'*archevêques*, comme ayant d'autres évêques dans leur dépendance.

Les révolutions arrivées dans l'empire, & l'établissement des peuples du Nord qui s'en partagèrent les provinces, n'ont presque rien changé à cet égard. Les villes que les Romains avoient appellées *metropoles*, ont presque toutes conservé leur titre & leur *archevêque*: quelques-unes seulement ont été érigées depuis en métropoles, comme Paris & Alby en France. *Voyez* MÉTROPOLE.

L'âge & les qualités requises pour un *archevêque*, sont les mêmes que pour les simples évêques; il a les mêmes fonctions à remplir: comme eux, il est obligé à la résidence; il n'en diffère que par l'usage du *pallium*, & par rapport à la forme de sa consécration; car les évêques ont, ainsi que lui, la plénitude du sacerdoce.

Les *archevêques* cependant, en leur qualité de métropolitains, ont une prééminence d'honneur sur les évêques de leurs provinces.

Autrefois les métropolitains assistoient aux élections de leurs suffragans : ils confirmoient ceux qui avoient été élus, & ils les consacroient après avoir reçu leur serment d'obéissance : l'abrogation des élections, & le droit que les papes se sont attribués insensiblement pour la consécration, ont privé les métropolitains de leur pouvoir sur tous ces chefs. Ils ont aussi laissé perdre, par un non-usage, le droit de visiter les églises de leur province. On ne peut cependant leur opposer que la prescription sur ce dernier article; car il n'y a point de loi qui les ait dépouillés de cette prérogative attachée à leur dignité.

L'*archevêque* peut célébrer pontificalement dans toutes les églises de sa province, y porter le *pallium*, & faire porter devant lui la croix archiépiscopale, comme étant une marque de son autorité. Mais il ne peut, dans aucun cas, exercer la puissance de l'ordre dans le diocèse de son suffragant, sans sa permission.

C'est aux *archevêques* qu'appartient le droit d'indiquer, avec le consentement du roi, le concile des évêques de leur province, de marquer le lieu où il doit être tenu, & de présider à cette assemblée.

Les *archevêques* indiquent aussi les assemblées provinciales qui se tiennent pour nommer les députés aux assemblées générales du clergé; ils marquent le lieu & le temps de ces assemblées particulières, & ils y président. Suivant l'usage qui s'est conservé dans l'église de France, les bulles de jubilé doivent être adressées aux *archevêques* qui les envoient à leurs suffragans.

Ceux qui croient avoir sujet de se plaindre des ordonnances ou des jugemens rendus par les évêques, leurs grands-vicaires ou leurs officiaux, se pourvoient pardevant l'*archevêque*, tant pour ce qui est de la jurisdiction volontaire, que pour ce qui dépend de la jurisdiction contentieuse.

Les métropolitains ne peuvent connoître en première instance des affaires dont la décision appartient aux évêques, quand même ceux qui ont quelque intérêt dans l'affaire y consentiroient, parce qu'il n'est point permis aux particuliers de se soustraire à la jurisdiction de l'ordinaire, & de renverser l'ordre public des jurisdictions.

Comme le chapitre exerce toute la jurisdiction épiscopale pendant la vacance du siège, les *archevêques* ne peuvent connoître des affaires ecclésiastiques qui naissent dans les diocèses vacans, qu'en cas d'appel de ce qu'ont décidé les officiers du chapitre, ou le chapitre assemblé.

Quand l'évêque a négligé de conférer les bénéfices dans les six mois de vacance, qui lui sont accordés par le concile de Latran, pour y pourvoir, soit que le bénéfice fût à la pleine collation de l'évêque ou qu'il eût dû le conférer par droit de dévolution, c'est au métropolitain qu'il appartient d'en accorder des provisions dans les six mois suivans, à compter du jour que l'évêque a pu en disposer, & a négligé de le faire. Si l'*archevêque* conféroit avant que les six mois de l'évêque fussent expirés, les provisions seroient nulles de plein droit, & la négligence de l'évêque ne les rendroit pas valables. Il peut aussi donner des provisions aux gradués, dans le cas d'un refus injuste de la part de l'évêque.

Les grands-vicaires des *archevêques*, représentant le prélat qui leur a confié son autorité pour la jurisdiction volontaire, peuvent accorder des *visa*, lorsque les évêques les ont refusés sans raison, donner des dispenses & exercer tous les autres actes de la jurisdiction volontaire, en cas d'appel; même conférer les bénéfices vacans par dévolution, si l'*archevêque* leur a accordé spécialement par leur commission le droit de donner des provisions des bénéfices.

Chaque métropolitain doit nommer un official, pour juger les appellations des sentences rendues dans les officialités des évêques de la province. Cet official métropolitain doit avoir les qualités requises par les canons & par les ordonnances pour les officiaux des évêques, c'est-à-dire, qu'il faut qu'il soit prêtre, né ou naturalisé dans le royaume; qu'il soit licencié en droit ou en théologie; qu'il ne soit conseiller d'aucune jurisdiction royale. L'*archevêque* peut le révoquer, quand il le juge à propos, sans en expliquer la raison, en observant de faire insinuer la révocation au greffe des insinuations ecclésiastiques de son diocèse.

Quand la province du métropolitain s'étend dans le ressort de différens parlemens, l'*archevêque* doit nommer un official métropolitain principal, qui réside dans la ville métropolitaine, & avoir un autre official métropolitain, qui ait son siège dans un lieu de la partie de sa province soumise à un autre parlement que celui où ressortit sa ville métropolitaine.

Dans les églises qui ont le titre de primatiales, comme celles de Lyon & de Bourges, l'official métropolitain juge, non-seulement les causes d'appel de tous les diocèses des suffragans, mais encore celles des appellations interjettées de l'official diocésain de la métropole. L'official primatial juge les appellations des sentences rendues par l'official métropolitain.

Cette maxime est fondée sur un usage constant & immémorial; mais il faut avouer qu'il est très-difficile de le justifier, suivant les principes du droit, quoique plusieurs auteurs aient fait sur ce sujet beaucoup d'efforts. Ce qu'ils ont dit de meilleur, consiste à soutenir que les divers officiaux jugent & prononcent chacun selon l'étendue de leur pouvoir : le premier, comme représentant l'évêque diocésain; le second, le métropolitain, comme juge du premier degré d'appel; & le troisième, le primat qui l'a constitué pour les causes dévolues à la primatie. Mais comme les trois qualités d'évêque, de métropolitain & de primat se trouvent réunies dans une seule personne, & que le tribunal de l'official est le même que celui de l'évêque, il semble qu'appeller de l'official diocésain d'un *archevêque* à son official métropolitain, & de son official métropolitain à l'official primatial, ce seroit appeller de l'évêque à lui-même. Ce n'est donc que par une abstraction, ou, comme parlent les canonistes, *intellectûs consideratione*, qu'on divise dans l'évêque métropolitain & primat ces différens degrés de jurisdiction, pour en faire des tribunaux différens. Quoique cette jurisprudence soit sujette à des inconvéniens, on l'a conservée, parce qu'elle sert à obtenir trois sentences conformes, à moins de frais.

L'official d'un métropolitain ne peut procéder contre les évêques suffragans, quand il s'agit de correction & de discipline ecclésiastique : c'est l'*archevêque* en personne, comme supérieur immédiat, qui doit connoître de ces affaires ; ce qui a été ainsi établi par respect pour le caractère épiscopal. Quand on a violé cette règle, les parlemens ont déclaré les citations abusives.

Les *archevêques* ne peuvent faire aucune fonction archiépiscopale, avant d'avoir reçu du pape le *pallium*. Dans l'origine, le *pallium* étoit un ornement d'honneur, dont Constantin, suivant plusieurs savans, gratifia le pape & les patriarches d'Orient. Les empereurs permirent ensuite à tous les évêques Grecs de le porter. Mais en Occident, les papes, qui d'abord en avoient seuls le droit, l'accordèrent aux métropolitains ou *archevêques*, & même à quelques évêques. Ils le firent d'abord avec la permission des empereurs; mais devenus indépendans, ils se firent, du droit d'accorder le *pallium*, un des plus puissans moyens d'accroître leurs richesses & leur domination. Ils imaginèrent de persuader aux *archevêques* que leurs droits & leur jurisdiction dépendoient de cette décoration, qu'ils ne pouvoient les exercer sans l'avoir reçu; Grégoire VII voulut même les assujettir à aller le demander à Rome en personne.

Le *pallium* est une bande de laine blanche, dépouille de deux agneaux que des sous-diacres apostoliques ont eu soin de faire paître & de tondre eux-mêmes. Cette bande est chargée de trois croix noires, elle est attachée à un rond qui se met sur les épaules, & elle forme deux pendans longs d'environ un pied, auxquels sont attachées de petites lames de plomb arrondies, couvertes de soie & de quatre croix rouges. Le *pallium* doit avoir touché les corps de S. Pierre & de S. Paul. Il est le symbole de la plénitude du sacerdoce, de l'indépendance de l'*archevêque*, & de la dépendance de ses suffragans : son envoi est une espèce de confirmation des droits des métropolitains ; il est tellement personnel à l'*archevêque* qui l'a obtenu, qu'on le lui laisse après sa mort, & qu'on l'en revêtit avant de l'ensevelir. Le *pallium* envoyé à un *archevêque* est tellement affecté à son église, que, s'il est transféré à un autre siège métropolitain, il est obligé d'en demander un nouveau.

ARCHIACOLYTE, s. m. (*Droit ecclés.*) les chanoines des cathédrales se divisoient autrefois en quatre ordres : les prêtres, les diacres, les sous-diacres & les acolytes. Chacun de ces ordres avoit son chef, celui des acolytes se nommoit *archiacolyte*. Il étoit dignitaire comme les chefs des trois autres ordres, mais il n'assistoit pas au chœur, & n'avoit point de voix au chapitre, par la raison que les acolytes n'en avoient pas le droit. Cette dignité ne subsiste plus depuis long-temps.

ARCHI-CAMÉRIER *ou* ARCHI-CHAMBELLAN, s. m. (*Droit civil.*) c'est un officier de l'empire d'Allemagne, qui n'a pas les mêmes fonctions que le grand-chambellan en France, & dont la dignité n'est à proprement parler qu'un titre d'honneur.

L'électeur de Brandebourg est par la bulle d'or, *archi-chambellan* de l'empire, en cette qualité, il porte le sceptre devant l'empereur, & marche à la gauche de l'électeur de Saxe.

Dans le festin qui suit l'élection de l'empereur, il est à cheval, comme les autres électeurs, & porte un bassin & une aiguière d'argent, avec une serviette sur le bras. Ce n'est guère qu'en cette occasion, qu'il exerce les fonctions de sa charge; il peut même être suppléé par un vice-gérent, qui est le prince d'Hohenzollern, aussi de la maison de Brandebourg.

ARCHI-CHANCELIER, s. m. (*Droit civil.*) ce titre, qui a pris son origine en France vers le neuvième siècle, n'est plus aujourd'hui en usage que dans l'empire; il donnoit à ceux qui en étoient revêtus le droit de signer les diplômes royaux, à la tête des grands officiers de la couronne : ce qui a duré jusqu'au règne de Louis-le-gros, sous lequel cet officier, en perdant la qualité d'*archi-chancelier*, ne signoit qu'après les autres.

Il y avoit en France plusieurs *archi-chanceliers*, soit parce qu'il y avoit plusieurs départemens, soit plutôt parce que ce titre étoit attaché, comme en Allemagne, aux sièges de certaines églises. Il paroît l'avoir été en particulier à l'archevêché de Rheims, mais comme une simple dignité sans fonction, ainsi que semble l'indiquer le fait rapporté par D. Mabillon, dans son livre *de re Diplom. pag.* 121.

Frère Guerin, chevalier de Saint-Jean de Jérusalem, & évêque de Senlis, fut fait chancelier à l'avénement de Louis VIII à la couronne. Il ne fit pas revivre, en sa faveur, le titre d'*archi-chancelier*; mais il releva singuliérement la dignité de son office, par la loi qu'il fit porter, que le chancelier seroit le premier de tous les grands officiers de la couronne, & qu'il auroit séance parmi les pairs du royaume.

Le titre d'*archi-chancelier* s'est perpétué en Allemagne; l'archevêque de Mayence prend celui d'archi-chancelier de l'empire, &, en cette qualité, il est doyen perpétuel du collège électoral, & le garde de la matricule de l'empire; pendant la vacance du trône impérial, il convoque les diètes d'élection. L'archevêque de Cologne prend aussi le titre d'*archi-chancelier* de l'empire en Italie, & l'archevêque, électeur de Trèves, prend celui d'*archi-chancelier* des Gaules, & du royaume d'Arles. *Voyez* CHANCELIER.

ARCHI-CHANTRE, s. m. (*Droit ecclésiastique.*) c'est le nom d'une dignité dans les églises cathédrales & collégiales; on le nomme plus communément *grand-chantre*. Nous parlerons de ses fonctions au mot CHANTRE.

ARCHI-CHAPELAIN, s. m. (*Droit ecclés.*) c'étoit autrefois le nom du premier aumônier des rois de France. Ses fonctions & ses prérogatives sont encore à-peu-près les mêmes. *Voyez* AUMÔNIER.

Le premier aumônier des évêques portoit aussi le nom d'*archi-chapelain*, parce qu'il étoit le supérieur de tous les clercs attachés au service personnel de l'évêque, qui lui étoient subordonnés.

ARCHIDIACRE, s. m. (*Droit ecclés.*) c'est le nom qu'on donnoit autrefois au plus ancien des diacres, ou à celui que l'évêque choisissoit pour être à leur tête. C'est aujourd'hui un ecclésiastique pourvu d'une dignité qui lui donne une sorte de jurisdiction.

Du mot *archidiacre* sont venus ceux d'*archidiaconat*, pour désigner l'office & dignité de l'*archidiacre*, & d'*archidiaconé*, pour la partie du diocèse qui est sujette à la visite de l'*archidiacre*, & dont l'évêque a déterminé l'étendue.

L'origine de cette dignité remonte aux temps des apôtres, qui choisirent parmi les premiers chrétiens, les plus zélés & les plus vigilans d'entre eux, pour leur confier le soin des pauvres, & les charger de leur distribuer les libéralités des fidèles.

Le premier qui ait été honoré de ce titre fut S. Etienne, que l'apôtre S. Luc appelle *le premier des diacres*. Leurs fonctions se réduisoient alors à la seule distribution des aumônes; mais le maniement des deniers & des richesses de l'église mit bientôt les *archidiacres* au-dessus des prêtres, qui, bornés aux fonctions purement spirituelles, telles que la prière, l'instruction & l'administration des sacremens, eurent moins de crédit & d'autorité; c'est ce que nous allons développer.

Les diacres furent d'abord établis pour soulager les évêques & les prêtres dans les fonctions extérieures du gouvernement de l'église; le titre d'*archidiacre* fut attribué à celui d'entre eux que l'évêque regarda comme le plus habile & le plus vigilant; bientôt après, les prélats, en lui conférant ce titre, lui conférèrent une partie de leur jurisdiction. Ainsi les *archidiacres* furent autrefois les grands-vicaires de l'évêque, & ils exercèrent, en son nom, la jurisdiction épiscopale sur les églises de leur dépendance. Ils en étoient regardés comme l'œil & la main. Dans l'église, ils avoient soin de l'ordre & de la décence du service divin; ils étoient les maîtres & les supérieurs des clercs; ils leur assignoient leur rang & leurs fonctions. S'il n'y avoit pas d'économe, ils recevoient les oblations & les revenus de l'église, & prenoient soin de la subsistance des clercs & des pauvres. Ils étoient les censeurs des mœurs, & veilloient à leur correction. Ils avertissoient l'évêque de tous les désordres, & faisoient à-peu-près les fonctions des promoteurs d'aujourd'hui, pour en poursuivre la réparation.

L'étendue de leurs pouvoirs, & les fonctions qu'ils remplissoient les faisoient placer, dans la hiérarchie ecclésiastique, immédiatement après l'évêque. Vers le sixième siècle, on leur attribua la jurisdiction sur les prêtres, & dans le onzième, on les considéra comme des juges ordinaires, qui avoient de leur chef une jurisdiction propre, & le pouvoir de déléguer d'autres juges; ils usoient, en leur nom, des droits dont ils ne jouissoient que comme délégués de l'évêque. Plusieurs ont même prétendu en France avoir le droit de juger en première instance toutes les affaires ecclésiastiques de leur archidiaconé, & de pouvoir établir un official pour terminer ce qui dépendoit de la jurisdiction contentieuse. Mais au commencement du treizième siècle, les évêques s'appliquèrent à réduire dans de justes bornes les entreprises des *archidiacres*, qui s'étoient emparés de presque toute leur jurisdiction: ils leur ôterent la jurisdiction volontaire par l'établissement des grands-vicaires, la contentieuse par celle des officiaux, & ils resserrèrent ce qu'ils leur en laissèrent, en multipliant les archidiaconés. Les canons de plusieurs conciles maintinrent les évêques dans leurs droits; & toutes les fois qu'ils ont eu recours aux tribunaux séculiers, pour se plaindre des entreprises des *archidiacres* sur leur autorité, les parlemens les ont déclarées abusives, & ont réduit la jurisdiction des *archidiacres* à des bornes plus étroites.

Aujourd'hui le droit le plus considérable qui leur ait été conservé, est celui de visiter les églises de leur archidiaconé, de dresser des procès-verbaux de l'état dans lequel ils trouvent chaque paroisse, des plaintes que peuvent former les paroissiens contre leurs curés, de recevoir les comptes des revenus des fabriques, & de faire des ordonnances pour le recouvrement & l'emploi des deniers qui en proviennent. Cela est ainsi prescrit par l'article 17 de l'édit du mois d'avril 1695.

Suivant l'article 14 du même édit, les *archidiacres* doivent, dans le mois après leurs visites achevées, en remettre les procès-verbaux aux archevêques ou évêques, pour ordonner, sur ces procès-verbaux, ce qu'ils croient devoir être plus utile pour le bien de l'église.

Les *archidiacres* qui sont en possession de faire des ordonnances dans le cours de leurs visites, peuvent statuer sur ce qui regarde les vases sacrés, les bancs des églises, le service divin & les autres matières de cette nature, conformément aux statuts

& aux usages du diocèse : ils peuvent aussi, suivant la jurisprudence des arrêts, décider des contestations légères & qui ne méritent pas d'instruction ; mais il ne leur est pas permis de prononcer sur les questions qui doivent être portées au tribunal contentieux, ni sur les affaires importantes qui dépendent de la jurisdiction volontaire, comme les dispenses de publication de bans, les permissions de marier dans un temps défendu par l'église.

Quoiqu'en général la discipline des écoles appartienne aux juges séculiers, l'*archidiacre* peut, ainsi que l'évêque, interroger dans le cours de ses visites, les maîtres & maîtresses d'école des petits villages, & même les destituer, lorsqu'il n'est pas satisfait de leur doctrine & de leurs mœurs. C'est la disposition de l'article 25 de l'édit du mois d'avril 1695.

Réguliérement les *archidiacres* n'ont pas le droit de visiter les monastères ni les églises collégiales de leur archidiaconé ; cependant s'ils étoient en possession de les visiter & d'y faire des ordonnances, il faudroit se conformer à cet usage. On trouve au journal des audiences un arrêt du 16 juin 1640, qui a maintenu l'*archidiacre* d'Outre-Loire, du diocèse d'Angers, dans la possession de visiter l'église collégiale de Blésion, située dans son archidiaconé.

Il est permis aux *archidiacres* de visiter, en personne & sans frais, les paroisses dont les religieux sont curés, celles où les chapitres prétendent avoir un droit de visite, même celles qui dépendent des commanderies de l'ordre de Malte. A l'égard des églises paroissiales, desservies dans les monastères qui se prétendent exempts de la jurisdiction des ordinaires, l'évêque seul peut les visiter en personne.

Un *archidiacre* ne doit visiter qu'une fois par an les églises paroissiales, à moins qu'il ne survienne quelque raison importante qui l'oblige à faire une seconde visite dans le cours de l'année.

Il doit visiter toutes les chapelles domestiques, & se faire rendre compte des revenus des confrairies qui se trouvent quelquefois dans les chapelles des châteaux des seigneurs.

Les appellations des ordonnances que rendent les *archidiacres*, doivent être portées devant l'évêque, & non devant le supérieur de l'évêque, parce que les *archidiacres* ne sont pas regardés à présent comme grands-vicaires de l'évêque, & qu'ils possèdent en titre l'archidiaconé qui leur donne une espèce de jurisdiction.

C'est à l'*archidiacre* qu'appartient le droit de présenter à l'évêque ceux qui doivent être ordonnés, d'assister à l'examen de ceux qui doivent recevoir les ordres, & de mettre ou de faire mettre en possession des bénéfices-cures ceux qui en sont légitimement pourvus.

Autrefois celui qui exerçoit les fonctions d'*archidiacre*, ne pouvoit être ordonné prêtre sans perdre sa dignité : depuis que les *archidiacres* sont devenus ordinaires, & qu'ils n'ont plus exercé la jurisdiction sur les curés, comme vicaires de l'évêque, on les a obligés de se faire promouvoir à l'ordre de prêtrise, afin que les curés ne fussent pas dépendans d'une personne qui leur fût inférieure par l'ordre : il faut aussi que les *archidiacres* soient licentiés en théologie ou en droit canon, quand bien même ils n'auroient aucune fonction de jurisdiction & de visite à exercer, parce que les archidiaconés sont des dignités des églises cathédrales, & que l'édit de 1606 impose à tous les dignitaires des églises cathédrales l'obligation d'être docteur ou licentié en théologie ou en droit. Suivant la disposition de l'article premier du même édit, tous les dignitaires doivent se faire promouvoir à l'ordre de prêtrise dans l'année de leur paisible possession, d'où on doit conclure qu'on ne peut être pourvu d'un archidiaconé que lorsqu'on est suffisamment âgé pour être ordonné prêtre dans l'année.

L'*archidiacre* étant pourvu de sa dignité en titre, ne peut en être dépouillé suivant le bon plaisir de l'évêque, comme les grands-vicaires & les officiaux, qui n'ont qu'une simple commission ; on ne peut le priver de son titre, qu'après des procédures régulières, quand il a mérité cette peine par quelque délit.

Quoiqu'il n'y eût autrefois qu'un *archidiacre* dans chaque église cathédrale, l'étendue des diocèses a obligé de les diviser en plusieurs archidiaconés ; c'est pourquoi l'on voit plusieurs *archidiacres* dans la plupart des églises de France & des pays voisins ; & dans quelques diocèses, l'*archidiacre* de la ville épiscopale prend le titre de *grand archidiacre*.

Quand l'*archidiacre* fait ses visites, on doit le recevoir avec des marques de distinction. Une des principales est d'être reçu à la porte des églises par les curés, & de porter seul l'étole en leur présence. Un arrêt du parlement de Paris, du 26 juin 1726, l'a ainsi jugé pour l'*archidiacre* de Senlis ; & un autre arrêt du 28 juin 1734, a prononcé de même en faveur de l'*archidiacre* de Puisaie de l'église d'Auxerre. Toutefois ce droit dépend de l'usage & de la possession.

Un *archidiacre* peut aussi, dans le cours de ses visites, se faire payer du droit de procuration, qui est ordinairement de trente, cinquante ou soixante sous par jour, selon l'usage des diocèses.

Lorsque l'*archidiacre* est en visite, il est censé présent au chœur, s'il est chanoine, & il participe à tous les fruits & à toutes les distributions de son bénéfice, pourvu toutefois qu'il ait soin d'avertir le chapitre de son départ. Un arrêt du parlement de Dijon, du premier juillet 1658, l'a ainsi jugé en faveur de l'*archidiacre* d'Autun.

Dans quelques diocèses, les *archidiacres* jouissent du revenu des cures & d'autres droits pendant la vacance, ou lorsqu'elles sont en litige. Ce droit se nomme *droit de déport*, il est si odieux, que le concile de Basle avoit voulu l'abolir ; mais l'usage a prévalu sur son autorité. *Voyez* DÉPORT.

A Paris, les *archidiacres* jouissent de ce qu'ils appellent

appellent *spolium*, ou droit de dépouille. Ils ne sont fondés à cet égard sur aucune disposition du droit civil ni du droit canonique; mais ils ont pour eux une longue possession, au moyen de laquelle on les a maintenus dans l'usage de prendre, *après le décès des curés*, *soit de la ville ou de la campagne*, *le meilleur lit garni*, *la robe ou soutane*, *la ceinture*, *le surplis*, *l'aumusse*, *le bréviaire*, *le cheval ou mulet*, *s'il y en a un*, *à cause de leur dignité d'archidiacre*, & *pour leur droit de funérailles*. C'est ce qui résulte de deux arrêts rendus les 20 juillet 1684 & 18 mars 1711, en faveur de l'*archidiacre* de Josas.

Plusieurs arrêts rapportés dans le premier volume des anciens mémoires du clergé, ont jugé que les archidiaconés n'étoient pas sujets à l'expectative des gradués. Ils en avoient été déclarés exempts par l'édit de 1596; mais comme il n'a été enregistré dans aucune cour de justice, ces arrêts sont appuyés sur l'article 1 de l'édit de 1606, qui déclare exemptes de l'expectative des gradués toutes les dignités des églises cathédrales.

Un autre arrêt rendu au parlement de Paris, le 30 août 1678, entre le sieur Millot, curé de Pressigny, à portion congrue, & le seigneur du lieu, débiteur de la portion congrue, en qualité de gros décimateur, a jugé que les gros décimateurs n'étoient point tenus de payer les droits de visites de l'*archidiacre*, quoique le curé fût réduit à sa portion congrue.

ARCHIDUC, s. m. (*Droit public.*) titre de dignité & de prééminence dans les gouvernemens politiques, qui donne à celui qui en est revêtu, le pas & la préséance sur les ducs.

Le premier qui s'arrogea ce titre, fut Bruno, archevêque de Cologne, qui prit le titre d'*archiduc* en 959: l'empereur Frédéric III, en 1453, ou Maximilien I, en 1459, l'affectèrent exclusivement à la maison d'Autriche, dont les princes, depuis cette époque, ont seuls été décorés de ce titre, quoiqu'il y ait eu autrefois des *archiducs* de Lorraine & de Brabant.

Les principaux privilèges de l'*archiduc* d'Autriche sont, 1°. d'exercer toute justice dans son domaine, sans appel; 2°. d'être censé recevoir l'investiture de ses états, après en avoir fait la demande par trois fois; 3°. de ne pouvoir être dépouillé de son état, même par l'empereur, ni les états de l'empire; 4°. d'assister aux conseils relatifs à toutes les affaires de l'empire, qu'on ne doit point décider sans sa participation; 5°. de pouvoir créer des comtes, des barons, & d'annoblir dans tous les états de l'empire; privilèges que n'ont pas les autres ducs.

Dans les diètes de l'empire, l'*archiduc* d'Autriche tient le directoire des princes, il préside à leur collège alternativement avec l'archevêque de Salzbourg. Cette alternative ne se fait pas à chaque séance, mais à chaque changement de matière, sans cependant que l'un & l'autre quittent leur place, pendant qu'on agite les propositions, & qu'on est aux opinions: mais l'*archiduc* fait toujours l'ouverture de la diète.

ARCHIERARQUE, s. m. (*Droit ecclés.*) ce mot est tiré du grec, & veut dire *le premier des chefs*; on l'a quelquefois donné au pape, parce qu'il est le chef de la hiérarchie de l'église.

ARCHIMAGE, s. m. (*Droit public.*) c'est le titre que prit Zoroastre, lorsqu'il eut établi sa réforme dans la Perse: ses successeurs l'ont toujours conservé depuis.

L'*archimage* des Parsis ou Guèbres, reste des anciens mages, réside aujourd'hui dans le Kirman, province de la Perse. Sa dignité l'oblige à se conserver dans une pureté plus grande que celle de toute autre personne. Le simple attouchement d'un laïque, sur-tout s'il est d'une religion différente, est capable de le souiller. Il lui est défendu de rester dans une pieuse oisiveté, il faut qu'il travaille de ses mains, & prépare lui-même les choses nécessaires à sa subsistance & à son entretien. Si ses biens vont au-delà de son nécessaire, il est obligé de distribuer aux pauvres son superflu. Sa vie doit être une prière continuelle, & les méchans doivent trouver en lui un censeur sévère & courageux. Il est aussi spécialement chargé de l'entretien du feu sacré.

Ce pontife souverain des Parsis ou Guèbres jouit d'une autorité absolue sur la conscience des fidèles, autorité que lui donne le sadder, un des livres sacrés des Guèbres. Ce livre déclare expressément que le plus sûr moyen d'obtenir le paradis, est d'obéir au grand pontife, & de gagner ses bonnes graces; qu'en vain un fidèle emploieroit toute sa vie à la pratique des bonnes œuvres, s'il manque à la soumission qu'il doit au souverain de la religion. S'il ne lui est pas agréable, & s'il ne paie pas la dixme avec exactitude, toutes ses bonnes œuvres sont perdues pour lui, & il ne doit en attendre aucune récompense en l'autre monde.

ARCHIMANDRITE, s. m. (*Droit ecclés.*) ce mot est grec, & signifie *le supérieur d'un monastère*, auquel on donne aujourd'hui le nom d'*abbé*. On l'employoit aussi pour désigner particulièrement ceux qui gouvernoient plusieurs monastères, & alors on entendoit par ce mot, ceux que nous appellons *supérieurs généraux*. Les latins ont quelquefois donné aux archevêques le nom d'*archimandrites*, & dans ce sens, il veut dire *chef de troupeau*.

ARCHIMARÉCHAL, s. m. (*Droit public.*) c'est un titre de dignité dans l'empire d'Allemagne qui est attachée à la personne de l'électeur de Saxe. En cette qualité, il précède immédiatement l'empereur dans les cérémonies, & porte devant lui l'épée nue. Avant le dîner qui suit le couronnement de l'empereur, l'*archimaréchal*, accompagné de ses officiers, monte à cheval, le pousse à toute bride dans un grand monceau d'avoine amassée dans la place publique, en emplit une mesure d'argent qu'il tient d'une main, & qu'il racle de l'autre avec un racloir aussi d'argent: il donne ensuite cette mesure au vice-maréchal, héréditaire de l'empire, qui la rapporte à la maison-de-ville. Cette dernière charge est depuis long-temps dans la maison de Pappenheim.

ARCHIPRÊTRE, s. m. (*Droit ecclés.*) dans la primitive église, on donnoit ce nom au plus ancien ou au chef des prêtres, comme celui d'*archidiacre* au premier des diacres: aujourd'hui on donne ce nom à un ecclésiastique revêtu d'une dignité à laquelle sont attribués différens droits. On appelle *archiprêtré* ou *archiprêtrise* le titre & le district de l'*archiprêtre*.

Dans les premiers siècles de l'église, on reconnoissoit trois dignités principales qui étoient en même temps dignités de l'église cathédrale & du diocèse; savoir, l'*archiprêtre*, qui étoit à la tête des prêtres & des clercs; l'archidiacre, établi sur les diacres, & le primicier, c'est-à-dire, le premier des clercs, établi sur tout le clergé inférieur.

Il est parlé de ces trois dignités dans les canons arabiques du concile de Nicée. Et le concile de Mérida, tenu en 666, ordonne à chaque évêque d'avoir dans sa cathédrale un *archiprêtre*, un archidiacre & un primicier, mais il ne marque pas quelles étoient leurs fonctions.

Comme le nom de *prêtre* vient de l'âge avancé où devoient être ceux qu'on honoroit de ce caractère, l'*archiprêtre*, qui étoit le premier des prêtres, devoit être le plus âgé. Cependant les évêques donnoient quelquefois cette dignité au mérite, quoique régulièrement elle ne dût être donnée qu'à l'ancienneté. On voit que Protérius, qui fut élu évêque d'Alexandrie après la déposition de Dioscore, dans le concile de Chalcédoine, avoit été fait *archiprêtre* de la même église. Et S. Jérôme semble faire entendre que dans l'église latine, toutes les cathédrales avoient leurs *archiprêtres*, & qu'il ne devoit y en avoir qu'un dans chacune.

Les *archiprêtres* ayant tenu autrefois un rang distingué dans l'église, nous allons exposer leurs fonctions telles qu'elles étoient selon l'usage ancien, & telles qu'elles sont selon le droit canonique actuel.

Dans l'origine, l'*archiprêtre* étoit la première dignité après l'évêque, & pour l'ordinaire, il étoit, comme le grand-vicaire, chargé de la conduite de l'église, lorsque l'évêque étoit absent. Le capitulaire de Louis-le-débonnaire de l'année 828, appelle les *archiprêtres* les aides & les coadjuteurs des évêques.

Le concile de Paris, tenu en 850, dit que les *archiprêtres* étoient chargés d'exciter à la pénitence publique ceux qui étoient coupables de crimes publics, & que, conjointement avec les évêques, ils devoient nommer des prêtres & des cures pour recevoir les confessions des crimes secrets.

Le second concile de Tours, après avoir réglé l'ordre & les fonctions des *archiprêtres*, les condamne à faire pénitence dans un monastère, s'ils ont manqué de veiller sur la continence des prêtres, des diacres, des sous-diacres: le même concile défend à tout évêque de déposer un *archiprêtre*, sans avoir pris le conseil de tous les prêtres & abbés du diocèse.

Il paroît par la règle de S. Chrodegand, évêque de Metz, qu'ils étoient les ministres universels de l'évêque pour le gouvernement spirituel des laïques, des curés & même des chanoines, & que quand un évêque les avoit une fois établis, il ne pouvoit plus les destituer que dans un synode, après leur avoir fait leur procès.

Le concile de Châlons, tenu en 650, défendit aux juges séculiers de continuer les visites qu'ils avoient coutume de faire dans les paroisses de la campagne & dans les monastères, à moins qu'ils n'y fussent invités par les *archiprêtres* & par les abbés.

Le concile de Pont-Audebert, tenu en 1279, recommande aux *archiprêtres* de prendre garde que tous les ecclésiastiques de leur ressort portent la tonsure & l'habit ecclésiastique. Il paroît même, par ce dernier concile, qu'ils avoient jurisdiction, puisque le canon 16 leur défend de suspendre & d'excommunier, sans mettre leur sentence par écrit.

Aujourd'hui le nombre, le rang, les fonctions & les droits des *archiprêtres* varient suivant les différens diocèses. A Paris, il n'y en a que deux, qui sont le curé de la Magdeleine & celui de S. Severin. Leurs fonctions consistent à envoyer les mandemens de l'archevêque aux curés de la ville & de la banlieue: ils assistent à la confection des saintes huiles le jeudi saint, dans l'église métropolitaine, mais ils n'y ont séance que dans les bas stalles. Au synode de l'archevêque, ils sont nommés les premiers, tiennent la première place du côté gauche avec les doyens ruraux, & suivent immédiatement l'archevêque à la procession à côté des grands-vicaires.

A Tours, il y a cinq *archiprêtres*. Le premier, qui a le titre de *grand-archiprêtre*, est un dignitaire de la cathédrale qui a séance au-dessus des chanoines, & les précède à la procession. Il a un revenu fixe, outre le casuel qui lui est commun avec les autres *archiprêtres*. Ceux-ci ne marchent à la procession qu'après les chanoines prébendés.

A Orléans, il n'y a qu'un *archiprêtre*, qui est une des dignités du chapitre, mais il n'exerce aucune fonction. Il jouit du droit de prendre dans l'étendue du grand archidiaconé, le lit garni des curés, après leur mort. Ce droit est évalué cinquante livres pour les cures où il y a vicaire, & vingt-cinq livres pour celles où il n'y en a point. Il a d'ailleurs le tiers des déports dans l'étendue du grand archidiaconé; les deux autres tiers appartiennent au doyen, comme grand archidiacre.

Dans d'autres diocèses, les *archiprêtres* ont les mêmes droits sur les curés de ville, que les doyens ruraux sur les curés de campagne. Dans l'église métropolitaine de Rheims, les *archiprêtres* ne sont que les vicaires des chanoines; ils officient à leur place. Ils entonnent les petites heures.

Il seroit trop long de parler des fonctions des

archiprêtres dans les différens diocèses du royaume. Leurs droits & leur rang varient d'un diocèse à un autre ; il faut avoir recours à l'usage de chaque endroit, lorsqu'il arrive quelque contestation à cet égard.

Lorsqu'un archiprêtré est dignité, il faut être gradué & âgé de vingt-deux ans pour le posséder ; & s'il a charge d'ames, il ne faut pas moins de vingt-cinq ans accomplis ; comme pour les cures.

Nous rapporterons, sous le mot DOYENS RURAUX, les réglemens généraux du clergé, par rapport aux fonctions des *archiprêtres* & des doyens. *Voyez* DIGNITÉ, DOYENS RURAUX, CURÉ, DÉPORT, SYNODE, *&c.*

ARCHISYNAGOGUE, f. m. (*Droit ecclés.*) on donnoit autrefois ce titre à certains ecclésiastiques employés près du patriarche de Constantinople. On les trouve nommés dans quelques auteurs, *apostoles*. Dans le code Théodosien, on lit, *archisynagogi patres synagorum*, *presbyteri apostoli primates*. Tous ces noms étoient donnés à des ecclésiastiques qui étoient comme les assesseurs & les conseillers du patriarche.

ARCHITECTE, f. m. (*Droit civil.*) c'est celui qui donne le plan & le dessin d'un bâtiment, qui sait en conduire les ouvrages & qui en fait profession.

L'art de l'architecture remonte à l'origine même du monde. Dès qu'il y a eu des hommes, ils ont songé à se bâtir des cabanes & des maisons, pour se mettre à couvert des injures de l'air, & des attaques des bêtes féroces.

La nécessité les obligea d'abord à se retirer dans des antres & des cavernes, qu'ils trouvèrent toutes faites ou qu'ils se creusèrent eux-mêmes ; bientôt après ils construisirent des habitations plus propres, avec les branches d'arbres, les roseaux & la terre ; ils employèrent ensuite la pierre & les métaux : on vit enfin sortir de ces commencemens grossiers & simples, cet art pompeux & superbe, qui semble ajouter aux ouvrages de la nature, & embellir l'univers.

Les Egyptiens ont donné les premiers chefs-d'œuvre d'architecture ; les Grecs les ont imités & surpassés ; les Romains ont copié ces derniers, & ce sont les édifices, en tout genre, de ces trois peuples, qui sont devenus les modèles de tous les ouvrages d'architecture, dont l'Italie, la France, l'Europe entière sont décorées.

La science de l'*architecte* est très-étendue : elle comprend le dessin, la géométrie, les mathématiques, les règles de l'optique, l'intelligence de la coupe des pierres. Il doit y joindre un genre inventif, un goût sûr pour la disposition & l'arrangement des parties d'un édifice, un discernement fin & éclairé pour la distribution des ornemens. Il doit sur-tout faire profession d'une probité exacte, pour mériter la confiance de ceux qui font bâtir, & ne point avilir son art, en le regardant uniquement comme une source de fortune pour lui.

Nous allons diviser ce que nous avons à dire sur les *architectes* & sur l'architecture, sous différens mots, suivant la nature des objets que nous avons à traiter.

ARCHITECTE, (*Académie d'architecture.*) l'art de l'*architecte* est si noble & si important, que chez presque tous les peuples policés on a établi des écoles pour l'enseigner. On en voit plusieurs en Italie & en Allemagne.

En France, les beaux monumens que l'architecture a créés parmi nous depuis un siècle, ont fait regarder cet art comme intéressant & digne de la protection du souverain. Nous sommes redevables à Louis XIV des progrès qu'il a faits & qu'il continue de faire. C'est sous son règne, en 1671, que s'est formée cette école célèbre que l'on connoît à Paris, sous le titre d'*académie d'architecture*, instituée pour la perfection de l'art des bâtimens. Louis XV, à son avénement au trône, confirma cet établissement qui n'avoit pas encore reçu la forme dont il étoit susceptible, & lui donna des statuts, par ses lettres-patentes du mois de février 1717.

Louis XVI, en cherchant, au commencement de son règne, à donner aux beaux-arts une marque de sa protection spéciale, a regardé l'architecture comme digne de son attention ; en conséquence, voyant qu'il étoit possible de donner à l'école où elle s'enseigne, des réglemens plus précis & plus intéressans que ceux qu'elle avoit ci-devant reçus, sa majesté a arrêté de nouveaux statuts, par des lettres-patentes du mois de novembre 1775, registrées au parlement le 26 janvier 1776. Ces statuts sont au nombre de soixante articles, & voici en substance quels sont les principaux.

L'académie reçoit les ordres du roi par l'ordonnateur général des bâtimens de sa majesté. Elle est composée d'*architectes*, d'associés libres & de correspondans associés étrangers & régnicoles.

Les académiciens *architectes* sont partagés en deux classes ; la première est composée d'un directeur & de seize autres académiciens, dont un secrétaire & deux professeurs ; le premier d'architecture, le second de mathématiques. La seconde classe est formée de seize autres académiciens *architectes*.

Les associés libres autrement dits *académiciens honoraires*, sont au nombre de six ; les associés étrangers & régnicoles éloignés au moins de vingt-cinq lieues de Paris, sont fixés à douze.

Le titre d'*architecte du roi* n'appartient qu'aux membres des deux classes de l'académie, avec défenses à tous entrepreneurs, maîtres maçons & autres personnes quelconques, de prendre cette qualité. Aucun de ces membres ne peut exercer les fonctions d'entrepreneurs, même pour les bâtimens du roi ; & ceux qui sont désignés pour remplir une place à cette académie, ne peuvent l'occuper qu'après en avoir obtenu l'agrément de sa majesté. Il faut même être âgé de vingt-cinq ans, pour être proposé à une place d'académicien *architecte*.

Les assemblées se tiennent au Louvre le lundi de chaque semaine, excepté les temps de vacance, qui sont depuis le 8 septembre jusqu'au 11 novembre inclusivement. L'académie vaque encore la quinzaine de pâques, la semaine de la pentecôte, & la quinzaine depuis noël jusqu'aux rois.

Les académiciens doivent être assidus tous les jours d'assemblée; & chacun d'eux doit donner par an un mémoire au moins, sur quelque sujet de son art. Il est attribué par séance à chaque membre de la première classe présent, une pistole de monnoie actuelle, avec un jetton d'argent. Ceux de la seconde classe n'ont qu'un jetton. Les étrangers ne peuvent assister à ces assemblées, à moins qu'ils n'y soient introduits par le secrétaire de l'académie.

Le premier *architecte* du roi est toujours le directeur de cette académie, & la préside en l'absence de l'ordonnateur général des bâtimens. Tous ceux qui la composent, sans distinction, ont voix délibérative, lorsqu'il ne s'agit que des recherches de l'art; mais quand il est question d'affaires concernant le corps académique, ou l'élection d'un sujet, les *architectes* de la première classe & les trois plus anciens honoraires associés libres, ont seuls droit de donner leur suffrage. A l'égard de l'élection d'un sujet pour une place de la seconde classe, tous les académiciens peuvent délibérer; mais les associés étrangers, lorsqu'ils se trouvent à Paris, ne peuvent opiner que dans les matières de l'art, & encore faut-il que leur séjour dans Paris n'excède pas deux ans, autrement ils ne jouissent plus de ce privilège.

Le secrétaire, les deux professeurs, l'un d'architecture, l'autre de géométrie, sont perpétuels & à la nomination de l'ordonnateur général des bâtimens.

Le professeur d'architecture est obligé de donner des leçons en public deux jours de chaque semaine, hors le temps des grandes & des petites vacances.

Le professeur de mathématique est pareillement obligé de donner deux leçons par semaine sur la géométrie, la méchanique & la perspective.

Toute personne, de quelque âge & condition qu'elle soit, qui a du goût pour l'architecture, est admise aux leçons, pourvu qu'elle soit connue & présentée par quelque académicien; & afin que le public soit prévenu de ces leçons, on doit chaque année les faire afficher au commencement de novembre.

On dresse tous les ans une double liste des élèves de l'académie: l'une de ces listes, signée du professeur, reste entre les mains du secrétaire; l'autre, signée du secrétaire, reste dans celles du professeur.

Le professeur d'architecture peut nommer, entre les jeunes gens étudians, quatre de ses élèves, chacun des autres académiciens en peut choisir & nommer un.

Pour être nommé élève de l'académie, il faut au moins seize ans, être de bonnes mœurs, faire profession de catholicité, savoir lire & écrire; posséder les premières règles de l'arithmétique; dessiner facilement l'architecture & l'ornement, &, s'il se peut, la figure; avoir une teinture des lettres & de la géométrie, quelque connoissance des auteurs, des règles & des premiers principes d'architecture, par rapport à la pratique & à la théorie de cet art.

Ces mêmes élèves sont tenus d'être domiciliés à Paris, & d'être assidus aux leçons des professeurs, sur-tout de celui d'architecture. Ils ne peuvent manquer plus d'un mois aux leçons de ce dernier professeur, sans un congé motivé de sa part, autrement ils seroient dans le cas d'être rayés de la liste; & ceux qui suivent exactement les leçons, seroient exempts de la milice, si on la tiroit à Paris.

Pour exciter l'émulation de ces élèves & connoître leurs progrès, on doit distribuer tous les mois une médaille d'argent à celui qui a le mieux traité le sujet proposé par le professeur. Des douze sujets à traiter, il y en a huit qui doivent avoir pour objet des compositions d'architecture; deux la composition de l'ornement, & les deux autres quelque partie de l'art relative aux mathématiques.

Indépendamment de ces prix particuliers de chaque mois, on doit proposer chaque année, au commencement d'avril, un sujet de grand prix, tel qu'il aura été arrêté par délibération de l'académie; & ce sujet doit rouler sur quelque grande composition d'architecture. Les productions des élèves en plans, élévations & profils doivent être examinées & jugées par l'académie convoquée pour cela à la fin de mai. C'est alors qu'on décerne aux deux élèves qui ont le mieux réussi, deux médailles, l'une d'or pour le premier prix, & l'autre d'argent pour le second. C'est à l'ordonnateur général des bâtimens à délivrer ces prix dans une assemblée qui doit se tenir sur son indication à la fin de mai ou au commencement de juin; & suivant les circonstances, il peut rendre cette assemblée publique.

Lorsqu'un académicien, après avoir rempli pendant long-temps ses devoirs académiques, se trouve, par l'état de sa santé ou par d'autres causes, dans l'impossibilité d'être assidu aux assemblées, il peut, sur un exposé fait au roi, obtenir la vétérance. Dans ce cas, il continue de jouir de la qualité d'académicien & des honneurs de la classe à laquelle il appartenoit, avec la faculté d'assister aux assemblées, mais sans voix délibérative, & sans aucune part aux rétributions de présence des autres académiciens.

Lorsqu'il survient des particularités qui ne sont point prévues par les statuts, l'académie doit s'adresser à l'ordonnateur général des bâtimens du roi, afin que celui-ci prenne les ordres de sa majesté. Cependant l'académie peut délibérer pour former un avis sur ce qui paroît le plus convenable & le plus avantageux.

Le dernier article des statuts est qu'ils seront

lus chaque année à la rentrée de l'académie, afin qu'étant connus de tous les membres de la compagnie, aucun d'eux ne soit excusable d'y contrevenir.

ARCHITECTE, (*Experts*, *Entrepreneurs*.) par un édit du mois de mai 1690, & une déclaration du roi, du mois d'août 1691, on a créé & érigé en titre d'office soixante charges d'*architectes*-experts-jurés du roi: on les a distingués en deux classes, ceux de la première, au nombre de trente, sont qualifiés d'*architectes-experts-bourgeois*, ceux de la seconde, en pareil nombre, sont appellés *jurés-experts-entrepreneurs*. Ceux qui en sont pourvus, en paient la finance au bureau des parties casuelles, & prêtent serment au châtelet de Paris.

Leurs fonctions dans la ville, prévôté & vicomté de Paris, ainsi que dans toutes les villes du royaume, consistent dans la visite, prisée & estimation, tant à l'amiable que par justice, pour raison soit de partage, licitation, servitude, alignement, ou péril imminent, de tous ouvrages de maçonnerie, charpenterie, couverture, menuiserie, serrurerie, sculpture, dorure, peinture, arpentage, mesurage de terre, & généralement tout ce qui concerne les bâtimens & héritages.

Lorsque les *architectes* font la visite d'un bâtiment, ils peuvent être considérés comme juges ou comme arbitres, & souvent même le juge ordinaire leur renvoie la décision des contestations qui s'élèvent à l'occasion des constructions. C'est en qualité de juges ou d'arbitres, qu'ils reçoivent les ouvrages des édifices publics, des constructions & réparations des biens ecclésiastiques, données par adjudication au rabais, avant que les ouvriers qui ont fait ces ouvrages, ou en ont fourni les matériaux, donnent leurs mémoires, pour en être payés. C'est encore par rapport à ces qualités des *architectes*, qu'à Paris & en province, les particuliers, qui regardent comme exorbitans les mémoires des maçons, charpentiers, couvreurs, peintres & autres ouvriers en bâtimens, remettent ces mémoires, entre les mains d'un *architecte*, pour les régler: il est assez ordinaire qu'on s'en rapporte à la taxe qu'il en fait, à moins qu'il n'y ait de puissans motifs qui donnent lieu de croire qu'il ait été partial.

Il arrive encore très-communément qu'on charge un *architecte* de la conduite d'un bâtiment & de l'achat des matériaux, sans qu'il soit tenu de rien fournir par lui-même: alors il n'est que l'agent & l'économe de celui qui l'emploie, & il doit en remplir toutes les obligations: en conséquence, il malverseroit, s'il exigeoit des fournisseurs un pot de vin, s'il leur payoit leurs fournitures plus qu'elles ne valent, s'il donnoit aux ouvriers plus que leur travail ne l'exige, s'il ne veilloit pas à l'emploi de leur temps, & s'il souffroit qu'on employât de mauvais matériaux.

Comme les *architectes* peuvent en même temps être entrepreneurs, ils ont, en cette qualité, le droit d'employer leur travail pour des bâtimens ou pour d'autres ouvrages, & de fournir quelquefois en même temps les matériaux nécessaires pour les constructions ou pour les réparations dont ils sont chargés. Dans ce cas ils ont un privilège sur les objets construits ou réparés, pour leurs salaires & leurs fournitures, à-peu-près comme le vendeur en a un sur le prix de la chose vendue. Mais au parlement de Paris, pour exercer ce privilège à l'exclusion d'autres créanciers, il faut, aux termes d'un arrêt de réglement du 18 août 1766, que, par un expert nommé d'office par le juge ordinaire à la requête du propriétaire, il y ait eu préalablement un procès-verbal qui ait constaté l'état des lieux, relativement aux ouvrages que l'on se propose; & que ces ouvrages, dans l'année de leur perfection, aient été reçus par un expert également nommé d'office, soit à la requête du propriétaire, soit à celle des *architectes*, ouvriers, entrepreneurs, *&c.* que cet expert ait énoncé sommairement les différentes natures d'ouvrages qui ont été faits, & qu'il ait déclaré s'ils sont bien conditionnés & suivant les règles de l'art.

Si, après l'ouvrage fait, il survenoit quelque accident extraordinaire, tel qu'un incendie, un tremblement de terre qui le fît périr, l'*architecte* n'en seroit point responsable, quand même l'ouvrage n'auroit point encore été reçu, parce qu'à mesure qu'il se fait, il appartient à celui qui l'a commandé, & que la chose périt pour celui qui en est le maître. Il en seroit différemment des bois de construction que l'*architecte* auroit rassemblés sur place, & qui seroient consumés par un incendie avant d'avoir été employés: la perte en seroit pour l'*architecte* qui n'est déchargé de l'obligation de fournir ce qu'il a promis, qu'après que la fourniture a été faite.

Si l'*architecte*, au lieu de travailler ou de faire travailler solidement, ne produisoit qu'un ouvrage défectueux, non-seulement il perdroit son travail & ses matériaux, il seroit encore obligé d'indemniser le propriétaire du dommage que celui-ci auroit souffert, soit pour les accidens qui s'en seroient suivis, soit pour le temps pendant lequel ce propriétaire auroit manqué de gagner, sur-tout s'il étoit un homme de commerce ou d'un état qui lui rendît le bâtiment plus nécessaire qu'à un autre particulier.

Un *architecte* ou un entrepreneur est garant, plus ou moins long-temps, de son travail, suivant la nature de l'ouvrage entrepris. Ce temps, s'il n'est pas réglé par une convention particulière, est ordinairement celui qui est moralement requis pour une épreuve; il y a des constructions dont on est responsable pendant dix ans.

ARCHITECTURE, s. f. (*Droit civil & militaire. Marine.*) c'est l'art de construire des bâtimens pour la nécessité, la commodité & les différens usages de la vie.

On entend aussi quelquefois par le mot *architecture*, l'ordonnance & la disposition d'un édifice.

L'*architecture* est un art libéral : on la distingue en trois espèces différentes, la civile, la militaire & la navale.

L'*architecture* civile comprend tous les bâtimens qui servent à l'usage de la vie civile, tels que les temples, les maisons royales, celles des particuliers, les places publiques, les théâtres, les jardins, les arcs de triomphe, les ponts, les chaussées, *&c.*

L'*architecture* militaire regarde l'art de fortifier les places par toutes les constructions que le génie de la guerre peut inventer. Cette partie est plus du ressort de l'ingénieur que de l'architecte : le premier a cependant besoin du secours du dernier pour l'exécution de ses plans.

L'*architecture* navale a pour objet la construction des ports, des digues & de tous les genres de bâtimens propres à la navigation : elle appartient aussi aux ingénieurs, de même que l'*architecture* militaire.

1°. Nous ne nous arrêterons pas à détailler les principes de l'*architecture* civile, les différens ordres qu'elle emploie pour la décoration des édifices, les loix qui concernent la solidité des bâtimens : ces objets trouveront leur place naturelle dans le Dictionnaire des arts. Nous nous contenterons d'observer que le gouvernement doit veiller à ce que les architectes & tous les entrepreneurs de bâtimens, sur-tout dans les grandes villes, ne nuisent pas à la santé des citoyens, par des maisons mal exposées, mal aérées ou excessivement élevées; par des hôpitaux construits au centre des villes où ils entretiennent la contagion; par des rues qui, mal alignées ou sans issue, s'opposent à la libre circulation de l'air. *Voyez* AIR, ENTREPRENEUR.

2°. L'*architecture* militaire dépend entièrement du pouvoir souverain. Le monarque ou celui qui le représente, jouit seul du droit de faire fortifier les places dont il juge la situation utile & nécessaire à la défense & à la conservation de l'état. Sous l'anarchie féodale, chaque seigneur s'étoit arrogé le droit de fortifier à son gré le château qu'il habitoit. La France entière étoit hérissée de forteresses qui servoient de retraite à des brigands qui désoloient toutes ses provinces. Mais à mesure que les rois ont réuni à leur couronne les grands fiefs qui en avoient été démembrés, qu'ils ont retiré des mains de leurs vassaux l'autorité qu'ils avoient usurpée, le droit de fortifier des places a été ôté aux seigneurs particuliers : & ceux qui s'aviseroient de construire des forts sur leurs terres, s'exposeroient à être regardés comme affectant l'indépendance, & à être poursuivis comme coupables de trahison : la moindre peine qu'on leur infligeroit, seroit la démolition à leurs frais de toutes les fortifications qu'ils auroient fait élever. *Voyez* FORTIFICATION.

3°. L'*architecture* navale, sur-tout dans la partie qui concerne la construction des vaisseaux, est restée long-temps dans l'enfance. Les peuples anciens ont construit des vaisseaux d'une grandeur démesurée qu'on est presque tenté de regarder comme des fables. L'histoire fait mention d'un vaisseau construit par l'ordre de Ptolomée Philopator, roi d'Egypte, qui avoit six cens pieds de long, quatre-vingt-cinq de large, & qui contenoit un palais superbe &. un temple magnifique. Mais ces bâtimens pompeux n'étoient d'aucune utilité pour la navigation, & ne sont qu'un témoignage éclatant du luxe prodigieux de ceux qui les ont fait construire.

Jusqu'au règne de Louis XIV, tous les peuples navigateurs avoient abandonné la construction des navires à une routine aveugle; mais, à cette époque, les mathématiciens, & Newton lui-même s'occupèrent des règles qui pouvoient diriger les ouvriers dans cet art si important pour le commerce & la prospérité des états. Ils cherchèrent à résoudre les problêmes d'où résulte le secret d'une construction parfaite.

ARCHITRÉSORIER, f. m. (*Droit public.*) en Allemagne, on appelle *architrésorier* ou grand trésorier de l'empire, l'officier qui, le jour du couronnement de l'empereur, monte à cheval, & jette des pièces d'or & d'argent au peuple dans la place publique.

Cette dignité fut créée avec le huitième électorat en faveur du prince Palatin du Rhin : mais Frédéric V ayant été dépossédé de son électorat par l'empereur Ferdinand II, après la bataille de Prague, cette charge fut donnée à l'électeur de Bavière : elle a été rendue à la maison Palatine par le traité de Westphalie, qui l'a remis en possession de ses états.

L'empereur Joseph ayant mis l'électeur de Bavière au banc de l'empire, le priva de son électorat & de sa charge de grand-maître-d'hôtel, qu'il donna à l'électeur Palatin, & revêtit de celle de grand-trésorier l'électeur d'Hanover, qui d'ailleurs fonde son droit à cette charge, sur ce qu'il descend de Frédéric V.

La maison de Bavière ayant été rétablie dans ses états & dans ses droits, l'électeur Palatin conteste à celui d'Hanover le titre de grand-trésorier, avec d'autant plus de raison, que ce dernier ne le possède qu'en vertu d'une disposition particulière de l'empereur Joseph, qui n'a pas été confirmée par une décision du corps germanique.

ARCHIVES, f. f. pl. (*Droit civil.*) on appelle ainsi d'anciennes chartres ou d'anciens titres qui concernent les droits ou privilèges d'une communauté, d'une maison, d'une souveraineté : on appelle aussi *archives*, le lieu où ces titres sont conservés.

On doit distinguer deux espèces d'*archives* : les unes qu'on appelle *archives particulières*, sont celles qui n'intéressent que les particuliers, les corps & communautés : les autres qu'on nomme *archives publiques*, sont établies par la justice ou par le souverain pour y recevoir le dépôt de tous les actes qui intéressent l'état, le souverain & le public.

C'est ce dépôt qui peut être véritablement appellé *archives*, & c'est celui que Dumoulin avoit en vue, lorsqu'il a défini le mot *archive*, en disant : *archivum est quod publicâ autoritate potestatem habentis erigitur.* Il y a cette différence entre ces deux espèces d'*archives*, que les actes tirés des *archives* particulières ne font foi qu'autant qu'ils sont en bonne forme, & ont par eux-mêmes la qualité d'actes authentiques, au lieu que les *archives* publiques, ayant été établies pour la conservation des vrais titres, & par la puissance publique, tous les actes qui en sont tirés, même ceux qui ne sont que sous signature privée, font foi par eux-mêmes, dès qu'ils sont munis de la signature du garde des *archives*.

C'est par ce motif que si, dans une contestation, on est obligé de lever quelque extrait de pièces conservées aux *archives* publiques, on n'est point tenu d'appeller les parties adverses pour en faire la collation avec elles, parce que cet extrait n'est pas la collation d'un titre représenté par un particulier sans caractère; c'est au contraire une expédition qui, étant signée de l'officier préposé, doit produire le même effet que l'expédition délivrée par un notaire, lorsqu'il a reçu la minute d'un acte. Dans ce cas-ci, la signature du dépositaire de l'acte suffit pour en assurer la foi.

Les *archives* de France sont à la chambre des comptes & au bureau des finances : on croit que ce dépôt a commencé à se former sous Philippe-le-Bel. Il y a à la chambre des comptes une grande quantité de titres des particuliers qui n'ont aucune relation avec le domaine de la couronne. Les greffes des cours de justice peuvent être regardés aussi comme un dépôt d'*archives* : on y trouve effectivement un grand nombre de pièces intéressantes.

Lorsque les juges ont admis & reçu une inscription de faux contre des pièces qui se trouvent aux *archives* de la chambre des comptes, les originaux n'en peuvent être tirés qu'en vertu de lettres du roi, signées d'un secrétaire d'état. Cela est ainsi prescrit par l'article 46 de l'édit de réglement pour les chambres des comptes, donné au mois d'août 1669.

Les receveurs généraux des domaines & les fermiers des domaines doivent avoir une libre entrée dans les lieux où sont déposés les anciens titres ou registres du royaume, & ils ont le droit de prendre communication de ces titres sans déplacer. C'est la disposition des lettres-patentes du 12 juillet 1687; de l'édit de décembre 1701; de l'article 541 du bail de Carlier du 19 août 1726 : & l'article 518 du bail de Forceville du 16 septembre 1738, porte que *les officiers des chambres des comptes & des bureaux des finances seront tenus de donner communication, sans déplacer, à l'adjudicataire des fermes, ses sous-fermiers, procureurs & commis, de tous les titres, papiers & enseignemens concernant les domaines, même de leur en délivrer des copies & extraits, en payant seulement les frais ou déboursés.*

Suivant deux ordonnances du duc Léopold de Lorraine du 17 mars 1699, les actes, sentences, arrêts, jugemens, registres & papiers publics ou du domaine doivent être déposés dans les greffes & *archives* publiques, & inventoriés dans la forme prescrite par ces ordonnances.

Par édit des mois de janvier & juillet 1708, & de mars 1709, il fut créé des offices de gardes & dépositaires des *archives* dans toutes les cours, sièges & jurisdictions royales, avec attribution de droits fixes pour l'enregistrement des provisions & pour les réceptions des différens officiers de ces cours & sièges. Il leur fut en outre attribué un sou pour livre du montant de tous les dépens, dommages & intérêts.

Ces offices furent supprimées par édit du mois d'août 1716, & les droits qui leur avoient été attribués, furent réservés pour être perçus au profit du roi sur le pied du tarif du 8 du même mois.

Par l'article 2 de la déclaration du roi du 5 août 1732, les droits des gardes des *archives* pour les réceptions d'officiers furent totalement éteints & supprimés; mais, par l'article 3, il fut ordonné que les droits qui leur avoient été attribués sur les dépens, dommages & intérêts, continueroient d'être perçus sur le pied fixé par le même article. Ces droits font partie de ceux qui se perçoivent sous le titre de contrôle des dépens.

Les *archives* des communautés séculières ou régulières, laïques ou ecclésiastiques, ne sont regardées que comme des *archives* particulières, & non comme un dépôt public dont personne n'a droit de demander l'ouverture : c'est le dispositif d'un arrêt du parlement de Dijon du 4 août 1725, qui a jugé en même temps que le roi seul ou ses procureurs sont autorisés à demander l'entrée dans des *archives* particulières.

Suivant les réglemens de plusieurs conciles de France, &, entre autres, de Rouen en 1581, & d'Aix en 1585, chaque évêque, dans son diocèse, doit avoir des *archives* pour y renfermer les registres des ordinations & des collations, & généralement tous les actes émanés, soit des évêques, soit de leurs grands-vicaires, afin qu'on puisse, dans le besoin, en tirer des extraits ou des copies. Ces *archives* doivent contenir tout ce qui peut avoir rapport à l'administration spirituelle & temporelle du diocèse. On y trouveroit aujourd'hui l'état des biens ecclésiastiques, situés dans chaque province, si le clergé n'avoit obtenu la suspension de l'exécution de la déclaration du 17 août 1750, qui avoit obligé tous les bénéficiers à donner une déclaration de leurs biens & de leurs titres.

Les fabriques, ainsi que nous le dirons plus au long sous ce mot, sont tenues d'avoir un dépôt de tous les titres concernant leurs biens & revenus, de toutes les pièces concernant les affaires de la fabrique & de la cure, des comptes de leurs revenus & des pièces justificatives.

Il n'y a en France aucune communauté, aucun corps, soit laïque, soit ecclésiastique, qui n'ait ses *archives* où sont déposés ses titres & papiers. On trouveroit même à peine une maison un peu considérable qui n'ait un chartrier pour la conservation de ses titres.

Ces dépôts sont très-précieux, & d'une très-grande utilité, lorsqu'ils ont été faits avec soin, que chaque titre est rangé par ordre de date, de siècle en siècle, d'année en année, & de mois en mois, & que l'inventaire contient un extrait exact de chaque titre, en énonçant les noms & qualités des parties, leurs conventions, les tenans & aboutissans des héritages, leurs charges, cens & servitudes, à l'exception seulement des formalités des actes.

ARCHIVISTE, f. m. (*Droit civil.*) c'est celui à qui sont confiés la garde, le soin & la direction des *archives* : nous donnons principalement ce nom aux gardiens des *archives* des seigneuries, abbayes & communautés.

Cet emploi étoit très-honorable chez les Grecs qui ne le confioient qu'à des personnes distinguées, d'une capacité & d'une fidélité reconnues. Les Romains n'en faisoient pas le même cas : ils confondoient l'*archiviste* avec les écrivains & les secrétaires qu'ils estimoient peu, parce qu'ils les regardoient comme des mercenaires. Cependant, sous les empereurs grecs, le maître des archives, que l'on appelloit *logotheta*, jouissoit des distinctions les plus éminentes; son office ressembloit en quelque sorte à celui de chancelier.

Après l'établissement de la religion chrétienne, les *archivistes* acquirent, aux yeux même des Romains, une considération qui leur avoit été refusée. Chaque église, celle de Rome en particulier, conservoit dans un dépôt les saintes écritures, les actes des martyrs, les lettres apostoliques, les décrets des conciles, les épîtres des confesseurs auxquels on joignit bientôt les titres des biens immeubles dont on enrichit les églises. Ces dépôts furent mis sous la garde de conservateurs en titre, qui étoient toujours tirés du nombre de prêtres, souvent même ils étoient confiés aux évêques.

Nous n'avons en France aucun *archiviste* en titre d'office. Les dépôts des cours souveraines sont confiés aux greffiers; les titres, les documens, les actes qui concernent la nation, sont ou dans les greffes des différentes jurisdictions, ou entre les mains des ministres du département qu'ils concernent.

Il est très-essentiel de ne confier, soit les archives publiques, soit les archives particulières, qu'à des personnes à l'épreuve de toute corruption. Un *archiviste* doit être un homme fidèle, actif, d'une mémoire heureuse, qui ait fait une étude particulière de la diplomatique, qui possède l'art de déchiffrer les écritures & de vérifier les dates, qui connoisse les archives, & sache les placer suivant l'ordre établi.

ARCHONTE, f. m. (*Droit public.*) ce mot grec signifie *commandant*, *prince*, *gouverneur* ; on le donnoit à Athènes aux premiers magistrats de la république. Ils étoient au nombre de neuf. Le premier se nommoit proprement *archonte*; on y ajoutoit le surnom d'*éponyme*, parce qu'il donnoit son nom à l'année de son administration, & que toutes les affaires importantes se passoient également en son nom. Il avoit le soin des choses sacrées, présidoit à une espèce de chambre ecclésiastique, où l'on décidoit de tous les démêlés des époux, des pères & des enfans, & les contestations formées sur les testamens, les legs, les dots, les successions. Il étoit chargé particuliérement des mineurs, tuteurs, curateurs; en général, toutes les affaires civiles étoient portées en première instance à son tribunal.

Le deuxième *archonte* avoit le surnom de *roi* : le reste du culte public & des cérémonies religieuses lui étoit confié. Sa fonction principale étoit de présider à la célébration des fêtes, de terminer les querelles des prêtres & des familles sacrées, de punir les impiétés & les profanations des mystères. On instruisoit encore devant lui quelques affaires civiles & criminelles qu'il décidoit ou renvoyoit à d'autres cours.

On donnoit le nom de *polémarque* au troisième *archonte*. Son véritable département étoit le militaire, ainsi que le désigne son nom dérivé de deux mots grecs qui signifient *guerre* & *commander*. Pendant la paix, il exerçoit sur les étrangers la même jurisdiction que le premier *archonte* sur les citoyens.

Les six autres portoient le nom de *thésmothetes*, qui signifioit *établir les loix* : ils formoient un tribunal qui jugeoit des séductions, des calomnies, de toute fausse accusation : ils veilloient au maintien des loix, & pouvoient s'opposer à tout établissement qui leur paroissoit contraire aux intérêts de la société.

Le corps seul des *archontes* avoit le droit de vie & de mort : ils étoient exempts des impôts qu'on levoit pour l'entretien des armées; ils entroient de droit à l'aréopage, après avoir rendu compte de leur administration.

Cette magistrature a eu ses révolutions. Les premiers qui succédèrent aux rois, furent perpétuels : on leur substitua ensuite des *archontes* décennaux qui ne subsistèrent que soixante & dix ans, & qui furent remplacés par des *archontes* annuels.

ARCIUT, f. m. ce terme se trouve dans les titres premier & vingt de la coutume de Béarn; c'est une redevance en argent, due aux évêques de cette province par les couvens & monastères, pour leur tenir lieu du droit de gîte & d'hébergement qu'ils prenoient dans les maisons des abbés dans le cours de leurs visites, & dont ces derniers se sont rédimés en se soumettant de payer annuellement aux évêques une certaine somme.

ARDITS, (*Coutume de Labour, tit. 3, art. 9.*) c'est le nom d'une petite pièce de monnoie autrefois en usage, & qu'on estime à-peu-près un liard de notre monnoie. La coutume se sert de ce terme pour la fixation de l'amende encourue par les propriétaires des bestiaux saisis dans les pâturages d'une autre paroisse : elle les condamne à trente *ardits* d'amende, lorsque le bétail est pris en pâturant de nuit, & à quinze *ardits* seulement, lorsque c'est

de

de jour. Il n'eſt pas inutile de remarquer que preſque toutes les coutumes ont diſtingué le dommage cauſé par les beſtiaux menés de nuit dans les terres ou pâturages d'autrui, d'avec le dommage cauſé pendant le jour; la plupart ont décidé que l'amende, pour le dommage fait de nuit, ſeroit double de celle encourue pour le dommage arrivé de jour : diſtinction qui nous paroît juſte; les juges devroient en ſuivre les diſpoſitions toutes les fois qu'on porte à leur tribunal des demandes en dommages & intérêts pour les dégâts cauſés par les beſtiaux : parce que le propriétaire & le fermier ne peuvent pas veiller la nuit à la conſervation de leurs héritages, & qu'on eſt dans le cas de préſumer une intention formée de nuire à ſes voiſins, lorſqu'on attend la nuit pour mener paître ſes beſtiaux.

ARDOISE, ſ. f. (*Police.*) c'eſt une ſorte de pierre bleue qui, en ſortant de la mine, eſt aſſez tendre pour être coupée en feuillets propres à couvrir les bâtimens.

L'ordonnance de la ville de Paris de 1672 ne permet d'y amener que deux eſpèces d'*ardoiſes;* la quarrée, forte de dix à onze pouces de long ſur ſix à ſept de large, & deux lignes d'épaiſſeur; & la carrée fine qui a douze à treize pouces de longueur ſur une ligne d'épaiſſeur. Chaque eſpèce doit être ſéparée dans les bateaux & dans les magaſins, à peine de confiſcation. Les jurés-couvreurs, conformément à un arrêt du parlement du 5 août 1669, étoient obligés de faire au bureau de la ville leur rapport de la quantité & de la qualité des *ardoiſes* qui étoient arrivées, & d'en repréſenter les échantillons dont un des échevins faiſoit regiſtre; &, d'après ce rapport, on taxoit le prix des *ardoiſes* ſuivant la diſpoſition de l'arrêt ci-deſſus cité.

En 1728, on abandonna ce réglement, & l'on jugea à propos de fixer à chaque fois le prix de l'*ardoiſe*, d'après l'eſtimation des jurés-couvreurs, par une ſentence du bureau de la ville.

On ne peut vendre aucune *ardoiſe* à Paris avant que les échantillons en aient été apportés à l'hôtel-de-ville : les marchands qui en amènent à Paris, ſont obligés de la garder pendant trois jours ſur le port : & il eſt défendu aux marchands regratiers, ſous peine d'amende, d'en acheter avant l'expiration de ces trois jours qui ſont accordés aux bourgeois pour acheter celles dont ils ont beſoin.

ARÉE, ſ. f. c'eſt le nom que la coutume de Saintonge, *article 16*, donne aux bœufs de travail; un bœuf d'*arée* eſt un bœuf propre à mettre à la charrue.

ARÉOMETRE, *ou* PÈSE-LIQUEUR, ſ. m. (*Police, Finance, Commerce.*) c'eſt un inſtrument qui ſert à connoître la qualité des liqueurs ſpiritueuſes, telles que les eaux-de-vie, & l'eſprit de vin. On plonge l'*aréometre* dans le vaiſſeau où ſont contenues ces liqueurs; plus elles ſont légères & plus il deſcend, il enfonce beaucoup moins, lorſqu'elles ſont fortes.

Les marchands d'eaux-de-vie ſe ſervent de cet inſtrument, pour les vendre & pour les acheter. Le roi, en 1771, ſe détermina à en ordonner l'uſage, pour faire examiner aux entrées de Paris la qualité des eaux-de-vie, & en faire payer les droits conformément aux indications de l'*aréometre.*

Des lettres-patentes du mois d'août de la même année, enregiſtrées le 4 ſeptembre ſuivant, & dont l'exécution, ſuſpendue par un arrêt du 24 du même mois, a été ordonnée par un autre du 21 août 1772, ordonnent que l'eau-de-vie dans laquelle le pèſe-liqueur s'enfoncera juſqu'au vingt-deuxième degré excluſivement, ſera qualifiée eau-de-vie ſimple; celle où il s'enfoncera depuis le vingt-deuxième degré, juſqu'au trente-quatrième excluſivement, ſera réputée eau-de-vie rectifiée; & celle où il s'enfoncera depuis le trente-quatrième degré & au-deſſus, ſera réputée eſprit-de-vin, & que les droits ſimples, doubles ou triples ſeront perçus en conſéquence.

Ces précautions ont été ordonnées pour obvier aux fraudes que les marchands épiciers & autres vendeurs d'eau-de-vie, qui faiſoient venir des eaux-de-vie doubles, ou rectifiées, n'en payoient les droits que ſur le pied des eaux-de-vie ſimples, & les réduiſoient au degré de force convenable par des mélanges d'eau, qui en altéroient la qualité, & en rendoient la conſommation dangereuſe, ſurtout pour le panſement des plaies.

ARÉOPAGE, ſ. m. (*Droit public.*) c'eſt le nom d'un fameux tribunal d'Athènes, dont Solon eſt regardé comme le fondateur, ou plutôt le reſtaurateur; car il eſt prouvé par les marbres d'Arondel, qu'il exiſtoit 941 ans avant Solon.

Les maximes de l'*aréopage*, dans ſon inſtitution, étoient très-conformes à celles des Egyptiens. Les parties étoient obligées d'y plaider elles-mêmes : on y regardoit l'éloquence des orateurs, comme un talent dangereux, qui donnoit au crime les couleurs de l'innocence. Dans la ſuite, la ſévérité & l'exactitude de l'*aréopage*, ſur ce point, s'adoucirent; on ſouffrit que les accuſés & même les accuſateurs empruntaſſent leur ſecours; mais il ne leur étoit jamais permis de s'écarter du fond de la queſtion, qu'ils devoient traiter ſans exorde, & ſans péroraiſon.

Les aréopagites tenoient au commencement leurs aſſemblées en plein air, ils les fixèrent enſuite dans un édifice qui n'avoit rien que de ſimple, & dont le toit, juſqu'au règne d'Auguſte, étoit de la plus vile matière. Ils portoient le ſcrupule au point de faire tirer au ſort les cauſes, ſur leſquelles ils devoient prononcer, & les juges à qui on en confioit la déciſion. Ils ne jugeoient que pendant la nuit, afin, dit Lucien, de n'être occupés que des raiſons, & point du tout de la figure de ceux qui parloient. Le reſpect qu'on leur portoit étoit tel, qu'on n'oſoit rire en leur préſence, & leur réputation d'équité ſi bien établie, que ceux même qu'ils condamnoient, ou qu'ils renvoyoient de leurs demandes, ne ſe plaignoient jamais de l'avoir été injuſtement.

L'*aréopage*, dans son origine, ne connoissoit que des meurtres; mais dans la suite sa jurisdiction s'étendit à tout ce qui pouvoit intéresser la république. La religion étoit de son ressort, & s'étendoit au détail du culte des dieux; il avoit l'inspection sur les mœurs, le luxe, l'oisiveté & la débauche; les édifices publics, la propreté des rues, la paie des soldats, la distribution des deniers publics étoient réglés par sa sagesse : le peuple même, tout souverain qu'il étoit, ne faisoit jamais rien sans le consulter, & souffroit, sans murmure, qu'il réformât ses jugemens précipités.

Ce pouvoir souverain étoit lui-même soumis aux loix, qui seules déterminoient les récompenses & les peines. Ces juges, si respectables, rendoient compte de l'exercice de leur autorité à des censeurs publics, qui, placés entre eux & le peuple, empêchoient que cette aristocratie ne devînt trop puissante.

Pour être admis à l'*aréopage*, il falloit de la naissance, une fortune au-dessus de la médiocre, & sur-tout beaucoup de vertu. Solon ordonna de plus, que l'entrée de ce tribunal suprême ne fût ouverte, qu'à ceux qui auroient exercé la charge d'archonte; il exigea même que ces magistrats annuels rendissent auparavant un compte exact de leur administration : si leur conduite étoit irréprochable, on les admettoit avec éloge, mais le moindre écart les en éloignoit sans retour. Solon, pour donner plus de poids à cette loi nouvelle, s'y assujettit le premier.

Les suffrages se donnoient avec une espèce de calculs, faits avec des petits os de porcs, ou des coquilles, auxquels on substitua dans la suite des petites pièces d'airain; on les distinguoit par la forme & la couleur : ceux qui condamnoient étoient noirs & percés par le milieu, les autres étoient entiers & blancs.

Chaque aréopagite donnoit son suffrage en silence, ce qu'il faisoit en portant son calcul dans une des deux urnes, qui étoient dans l'endroit le plus reculé de l'assemblée. Elles étoient placées l'une devant l'autre, la première d'airain, s'appelloit l'*urne propre*, & l'*urne de la mort*; la seconde de bois se nommoit *impropre*, & l'*urne de la miséricorde*. Pour s'assurer plus exactement si chacun avoit donné sa voix, le héraut prenoit les deux urnes, les présentoit successivement à tous les sénateurs, en leur ordonnant, au nom de la république, de ne pas différer d'absoudre ou de condamner.

Lorsque tous les suffrages étoient donnés, on les tiroit des urnes, & on les mettoit dans un troisième vase d'airain. On les comptoit ensuite, & selon que le nombre des noirs prévaloit, ou étoit inférieur à celui des blancs, les juges traçoient avec l'ongle une ligne plus ou moins courte, sur une tablette enduite de cire, sur laquelle on marquoit le résultat de chaque affaire. La plus courte signifioit que l'accusé étoit renvoyé absous; la plus longue exprimoit sa condamnation.

Les émolumens des juges étoient aussi médiocres que ceux des avocats. La longueur de la procédure n'y changeoit rien, & quand la commission d'une affaire étoit renvoyée au lendemain, les commissaires n'avoient ce jour-là qu'une obole.

Les décisions de l'*aréopage*, suivant le témoignage des historiens, étoient marquées au coin de la plus exacte justice; les dieux même, disoit-on, s'étoient soumis à son arbitrage.

Le jugement d'Oreste est un des plus célèbres de ce tribunal; on rapporte que les suffrages étant également partagés entre son absolution & sa condamnation, Minerve qui le protégeoit, ajouta son suffrage à ceux qui lui étoient favorables, & que depuis cette époque, toutes les fois que les voix étoient égales, on décidoit en faveur de l'accusé, en lui donnant ce qu'on appelloit *le calcul de Minerve*.

ARGENT, s. m. (*Droit civil.*) c'est un métal parfait, d'un blanc brillant & éclatant, après l'or le plus flexible des métaux.

1°. On trouve l'*argent* sous différentes formes dans l'intérieur de la terre : il y en a une petite quantité sous la forme naturelle & malléable, on le nomme *argent vierge* ou *argent natif*; la forme la plus ordinaire, sous laquelle la nature nous le présente, est l'état minéral, c'est-à-dire, que ce métal est uni & incorporé avec beaucoup de matières hétérogènes, telles que d'autres substances métalliques, & les substances minéralisantes, qui sont le soufre & l'arsenic. On l'en sépare par des procédés usités tant dans la docismatique ou l'art des essais, que dans les travaux en grand des mines.

2°. La coutume d'Anjou, *art. 61*, accorde au roi les mines d'or, & celles d'*argent* au comte, vicomte & baron. C'est la seule qui ait une disposition précise sur cet objet. Dans le reste du royaume, les mines d'*argent* n'appartiennent pas au souverain, mais il lui est dû le dixième du métal qu'on en tire : le propriétaire du terrein où se trouve une mine, est tenu d'en donner avis au gouvernement, & d'obtenir la permission de l'exploiter. *Voyez* MINE.

3°. L'*argent* est ou marchandise, ou signe représentatif. Comme marchandise, il se vend; comme signe, il sert à payer le prix des marchandises vendues. L'abondance de l'*argent* ne rend pas un pays plus riche, c'est l'abondance des productions de la terre, & des marchandises travaillées par l'industrie, qui forment la véritable richesse des états, & qui y entretiennent une grande population. La vente d'une grande multitude de denrées multiplie, pour ainsi dire, l'*argent*, par une circulation rapide, & attire nécessairement l'*argent* des pays qui n'ont que ce métal, sans productions territoriales.

4°. Dans notre langue, le mot *argent* est un terme générique qui comprend non-seulement les monnoies d'or, d'*argent*, de cuivre, ou d'autre métal, mais encore toutes les espèces de richesses circulantes, telles que les papiers-monnoies, les billets, les lettres-de-change, les effets royaux, *&c.*...

pourvu que ces signes soient autorisés par les loix de l'état, ensorte que quand on dit qu'un homme a beaucoup d'*argent*, on entend également la monnoie réelle & la monnoie fictive.

5°. L'*argent* monnoyé a deux valeurs, l'une intrinsèque & l'autre idéale; la valeur intrinsèque est celle que lui donne le poids de métal qui le compose; la valeur idéale est celle qui est fixée par le souverain. *Voyez* MONNOIE.

6°. Le transport des matières d'or & d'*argent* chez l'étranger a été long-temps défendu en France. On en trouve la prohibition dans une ordonnance de Louis XII, dans des édits de François premier, & de Henri II; il étoit également défendu d'acheter l'*argent* monnoyé, soit de France, soit de l'étranger, pour le fondre ou le difformer, à peine de confiscation & d'amende, même de peines corporelles. Une ordonnance de 1687 avoit renouvellé les défenses antérieures du transport des matières d'or & d'*argent* monnoyé ou non-monnoyé; un édit du mois de février 1726, avoit même prononcé la peine de mort contre ce genre de délit: mais ces défenses n'ont plus lieu aujourd'hui, & par une décision du conseil du 19 juillet 1756, il a été permis de porter chez l'étranger, sans payer aucun droit, toutes les matieres & espèces d'or & d'*argent*, soit de France, soit étrangères, vieilles ou neuves, sans restriction.

7°. Les défenses de fondre les monnoies d'or & d'*argent* pour les employer dans le commerce des batteurs & tireurs d'or, & des orfèvres, n'ont jamais été révoquées; mais le moyen le plus sûr pour ôter à ces ouvriers le désir de le faire, consiste en ce qu'ils sont obligés de donner leurs ouvrages à un titre plus fin que les hôtels des monnoies, ce qui leur occasionneroit une perte considérable dans la refonte des espèces.

8°. Suivant une déclaration du 29 octobre 1726, il est défendu aux couriers des lettres, de se charger d'aucune espèce ou matière d'or & d'*argent*, sous peine de neuf ans de galères, & à toutes personnes de leur en remettre, à peine de confiscation, & d'une amende du double de la valeur, dont la moitié applicable au dénonciateur, & l'autre aux hôpitaux. Lorsque l'on veut faire transporter de l'*argent* d'une ville dans une autre, on peut se servir de la voie de la poste ou des messageries publiques.

9°. Les ordonnances prescrivent de jetter dans le vinaigre l'*argent* qui vient d'un pays infecté de la peste.

10°. Il est défendu, par différens réglemens & arrêts de la cour des monnoies, à tous les ouvriers qui travaillent en or battu, trait ou filé, de fumer ou parfumer les matières qu'ils emploient, parce que l'effet du *fumage* des galons, passemens ou lames, est de donner à l'*argent* bas le brillant de l'*argent* du plus haut titre. *Voyez* FUMAGE.

11°. Les fondeurs divisent l'*argent* en douze parties appellées *deniers*, chacune de vingt-quatre grains. L'*argent* qui a une douzième partie d'alliage est à onze deniers de fin; c'est le titre ou la loi des écus en France. L'*argent* au-dessous de six deniers de fin s'appelle *billon* ou *argent-bas*, c'est la matière des sous. L'*argent* fin est l'*argent* à douze deniers, ou au plus haut titre auquel il puisse être porté.

12°. On appelle *argent-le-roi*, celui qui est au titre auquel les ordonnances l'ont fixé pour les ouvrages d'orfévrerie & de monnoyage. Par l'article 3 de l'édit de Henri II, il fut défendu de travailler de l'*argent* au-dessous d'onze deniers douze grains de fin au remede de deux grains. Il est aujourd'hui, dans le commerce, à onze deniers dix-huit grains de fin.

ARGENT *de banque & de permission*. On appelle *argent de banque* celui que les négocians ou autres déposent dans les banques publiques, telles que celles de Gènes, de Venise, d'Amsterdam. Cet *argent* est ordinairement plus cher que l'*argent* courant, par la facilité qu'il y a de faire des paiemens considérables avec les reconnoissances de la banque, ou les écritures en banque, sans courir les frais & les risques du transport de l'*argent*.

Une seconde raison de la valeur supérieure de l'*argent* de banque, se tire de ce que ces banques ne recevant que les pièces d'or & d'*argent* du meilleur alloi, on est sûr d'être payé avec les mêmes espèces, au lieu que les lettres-de-change, payables en *argent* courant, sont souvent soldées avec toutes sortes de monnoies, sur lesquelles il y a à perdre.

Dans la plupart des Pays-Bas françois & autrichiens, on appelle *argent de permission* l'*argent* de change. Il diffère beaucoup de l'*argent* courant, car cent florins de permission en valent 108 & $\frac{1}{3}$ courant. C'est en *argeut* de permission que se réduisent toutes les remises qui se font en pays étrangers. *Voyez* BANQUE.

ARGENTAN, petite ville de Normandie de la généralité d'Alençon, & du diocèse de Sées. On y trouve un bailliage, une vicomté, une élection, un grenier à sel, où il se vend volontairement trente-sept livres. Il y a dans cette ville quatre foires par an. La première le jour de S. Vincent, la seconde à la quasimodo, la troisième à la Pentecôte, la quatrième en août.

ARGENTERIE, s. f. (*Droit civil.*) c'est le nom qu'on donne aux meubles & à la vaisselle d'argent. L'*argenterie* des églises & des paroisses contient les chandeliers, les lampes, les croix, les burettes, les plats ou cuvettes, les aiguières : mais on ne comprend pas sous cette dénomination les calices, les ciboires, les soleils, qu'on désigne par le nom de *vases sacrés*. L'*argenterie* des paroisses appartient aux fabriques, & ce sont elles qui sont chargées de la dépense des réparations qu'elle peut exiger; on en fait payer l'usage à ceux qui s'en servent pour faire célébrer les funérailles de leurs parens ou de leurs amis.

ARGENTEUR, s. m. (*Arts & Métiers.*) on donne ce nom aux ouvriers qui appliquent de l'argent en feuilles sur quelques ouvrages de bois ou de métal. La communauté des *argenteurs* est très-ancienne à Paris, leurs statuts remontent au regne de Charles IX.

ARGENTIER, s. m. (*Commerce.*) dans quelques lieux de la Normandie, & principalement à Caen, on donne ce nom aux orfèvres. Dans les anciennes ordonnances, on appelle également *argentiers* les banquiers, les changeurs, & généralement tous ceux qui faisoient le commerce d'argent. Ce mot étoit formé de celui d'*argentarius*, dont les Romains se servoient pour désigner un changeur.

On se servoit aussi quelquefois de ce nom pour désigner celui qui étoit chargé en titre du maniement des finances, & dont l'office répondoit à celui de *contrôleur-général.* Jacques Cœur, sous Charles VII, est appellé *argentier*, parce qu'il gouvernoit les finances de ce prince.

ARGENTON, petite ville du Berri, qui autrefois n'avoit qu'une chambre à sel, érigée depuis en grenier à sel. Elle dépend de la généralité & de la direction de Bourges.

ARGILLE, s. f. (*Eaux & Forêts.*) c'est une terre pesante, grasse & compacte. L'ordonnance des eaux & forêts de 1669, *tit.* 27, *art.* 12, défend, sous peine de 500 livres d'amende, & de confiscation des harnois & chevaux, d'enlever de l'*argille* & du sable dans l'étendue & sur les bords des bois & forêts du roi, sans une permission expresse.

ARGILLIERS. Suivant la déclaration du 24 juin 1691, registrée en la cour des aides le 4 août suivant, les habitans d'*Argilliers*, d'Aigremont, de la Riviere, de Passavant en Vruge, de la Coste, de Vaugecourt & de Boissières, ne doivent payer le sel, qu'ils prennent au grenier de Langres, que vingt livres le minot.

ARGOUSIN, (*Code maritime.*) c'est le nom qu'on donne à des bas-officiers de la marine royale. Ils ont été établis pour veiller sur les forçats, & leur principale fonction consiste à leur ôter & à leur remettre leurs chaînes.

L'ordonnance de 1748, portant réunion du corps des galères à celui de la marine, enjoint, *art.* 23, aux comites & sous-comites, *argousins*, *sous-argousins* & pertuisaniers, embarqués sur les galères armées, d'y faire le même service auquel ils ont été jusqu'à présent destinés, lors des campagnes des galères.

ARGUE, s. f. (*Arts & Métiers.*) on appelle *argue* une machine propre à tirer & à dégrossir les lingots d'or & d'argent que les tireurs d'or veulent employer dans les ouvrages qui se font avec l'or & l'argent trait ou filé. On nomme aussi *argue royale* le bureau établi à Paris pour la perception des droits de marque sur les ouvrages d'or & d'argent, où depuis l'arrêt du conseil du 24 avril 1725, les tireurs d'or sont obligés de porter leurs lingots d'or & d'argent pour y être dégrossis & tirés, & y payer les droits de marque & de contrôle.

Louis XIV avoit créé, par un édit du mois de septembre 1705, un receveur de la marque d'or & d'argent, & un receveur pour le bureau de l'*argue* de Paris. Mais ces deux offices ont été supprimés, l'un par l'édit de janvier 1730, & l'autre par celui de décembre 1728; & la perception des droits de marque fut abandonnée aux fermiers & sous-fermiers. Il avoit été aussi créé, en 1708, des inspecteurs aux *argues* de Paris & de Lyon; mais ces offices ont été supprimés par un édit du mois d'août 1717.

Les lingots d'or & d'argent marqués & affinés ne peuvent être dégrossis & tirés que dans les *argues* établies par le prince, & il est défendu à tous orfèvres, tireurs d'or, ou autres personnes, d'avoir dans leurs maisons ou ailleurs, aucuns bancs attachés ou scellés en place, pour tirer aucun ouvrage de quelque nature que ce soit, à peine de confiscation & de 3000 livres d'amende, même de déchéance de la maîtrise contre les tireurs d'or chez lesquels on trouveroit des filières de la grosseur des trous qui servent à l'*argue.* C'est la disposition précise des lettres-patentes du 7 mai 1725, données sur l'arrêt du conseil du mois d'avril précédent.

ARGUER, v. a. *terme de Pratique* dont on se sert dans les tribunaux dans la même signification que ceux de *reprendre* & de *contredire.* On y dit *arguer un acte de faux.*

ARGUMENT, s. m. (*Jurisprud.*) c'est en général un raisonnement par lequel on tire conséquence d'une ou de plusieurs propositions. Dans les facultés de droit, on appelle *un argument* l'opposition réelle ou apparente d'une loi avec une autre. *Voyez* ANTINOMIE.

ARIANISME, s. m. (*Droit ecclésiastique.*) Arius, prêtre de l'église d'Alexandrie, qui vivoit au commencement du quatrième siècle, est l'auteur d'une hérésie fameuse dans les annales de l'église. Son erreur principale consistoit à nier la consubstantialité des trois personnes de la sainte Trinité.

Il fut condamné dans plusieurs conciles, & principalement dans celui de Nicée en 325, qui est le premier des conciles œcuméniques. Sa doctrine s'est maintenue jusques sous l'empire de Théodose, qui l'abattit entièrement par des loix sévères qu'il publia contre les Ariens.

Cette hérésie fut renouvellée dans le seizième siècle par Valentin Gentil, Napolitain; mais ses sectateurs ne se sont pas perpétués, parce que cette hérésie étant anti-trinitaire, n'est tolérée dans aucun pays catholique ou réformé.

ARISTOCRATIE, s. f. (*Droit public.*) sorte de gouvernement politique, administré par un petit nombre de gens nobles & sages.

Il y a trois sortes d'*aristocraties*, la naturelle, l'élective & l'héréditaire. La première n'a pu exister que lors de la formation des sociétés politiques; car il étoit alors naturel que les chefs des familles qui se réunissoient, les gouvernassent conjointement. La seconde, par laquelle les membres de la république en choisissent les chefs, est très-certainement la meilleure, elle existe à Amsterdam, & dans les cantons Suisses: on peut la définir, celle dans laquelle le souverain pouvoir est confié à un certain nombre de citoyens, choisis par les suffrages des autres dans les différentes familles de l'état ou de la capitale. L'*aristocratie* héréditaire est celle où le pouvoir souverain est renfermé dans un certain nombre de familles auxquelles la seule naissance en donne le droit, & qui passe des pères aux enfans, sans aucun choix, à l'exclusion de tous les autres. Telle est l'*aristocratie* de Gènes, de Venise & de Luques, & on peut dire que c'est la plus mauvaise de toutes.

Les auteurs qui ont écrit sur la politique préfèrent l'*aristocratie* à toutes les autres formes de gouvernement. Mais toutes les déclamations politiques contiennent souvent beaucoup de mauvais raisonnemens, mêlés de quelques vérités. Il n'est pas de forme parfaite de gouvernement: l'*aristocratie*, comme les autres, a ses avantages & ses désavantages.

Quant aux loix relatives à l'*aristocratie*, on peut consulter l'excellent ouvrage de M. de Montesquieu. Voici les principales.

1°. Dans une *aristocratie*, le corps des nobles donnant les suffrages, ces suffrages ne peuvent être trop secrets.

2°. Le suffrage ne doit point se donner par sort; on n'en auroit que les inconvéniens. En effet, lorsque les distinctions qui élèvent quelques citoyens au-dessus des autres sont une fois établies, quand on seroit choisi par le sort, on n'en seroit pas moins odieux, ce n'est pas le magistrat, c'est le noble qu'on envie.

3°. Quand les nobles sont en grand nombre, il faut un sénat qui règle les affaires que le corps des nobles ne sauroit décider, & qui prépare celles dont il décide; dans ce cas on peut dire que l'*aristocratie* est en quelque sorte dans le sénat, la démocratie dans le corps des nobles, & que le peuple n'est rien.

4°. Ce sera une chose très-heureuse dans l'*aristocratie*, si par quelque voie indirecte on fait sortir le peuple de son anéantissement. Ainsi, à Gènes, la banque de S. Georges, qui est dirigée par le peuple, lui donne une certaine influence dans le gouvernement qui en fait toute la prospérité.

5°. Les sénateurs ne doivent point avoir le droit de remplacer ceux qui manquent dans le sénat; c'est à des censeurs à nommer les nouveaux sénateurs, si l'on ne veut perpétuer les abus.

6°. La meilleure *aristocratie* est celle où la partie du peuple, qui n'a point de part à la puissance, est si petite & si pauvre, que la partie dominante n'a aucun intérêt à l'opprimer.

7°. La plus imparfaite est celle où la partie du peuple qui obéit est dans l'esclavage civil de celle qui commande.

8°. Si dans l'*aristocratie* le peuple est vertueux, on y jouira à-peu-près du bonheur du gouvernement populaire, & l'état deviendra puissant.

9°. L'esprit de modération est ce qu'on appelle *la vertu* dans l'*aristocratie*; il y tient la place de l'égalité dans l'état populaire.

10°. La modestie & la simplicité des manières sont la force des nobles aristocratiques.

11°. Si les nobles avoient quelques prérogatives personnelles & particulières, distinctes de leur corps, l'*aristocratie* s'écarteroit de sa nature & de son principe, pour prendre ceux de la monarchie.

12°. Il y a deux sources principales de désordre dans les états aristocratiques: l'inégalité excessive entre ceux qui gouvernent & ceux qui sont gouvernés, & l'inégalité entre ceux qui gouvernent.

13°. Il y aura la première de ces inégalités, si les privilèges des principaux ne sont honorables que parce qu'ils sont honteux au peuple, & si la condition relative aux subsides est différente entre les citoyens.

14°. Le commerce est la profession des gens égaux: les nobles ne doivent donc pas commercer dans une *aristocratie*.

15°. Les loix doivent être telles que les nobles soient contraints de rendre justice au peuple.

16°. Elles doivent mortifier en tout l'orgueil de la domination.

17°. Il faut qu'il y ait, ou pour un temps ou pour toujours, une autorité qui fasse trembler les nobles.

18°. Pauvreté extrême des nobles, richesses exorbitantes des nobles, pernicieuses dans l'*aristocratie*.

19°. Il ne doit point y avoir de droit d'aînesse entre les nobles, afin que le partage des fortunes tienne toujours les membres de cet ordre dans une égalité approchée.

20°. Il faut que les contestations qui surviennent entre les nobles ne puissent durer long-temps.

21°. Les loix doivent tendre à abolir la distinction que la vanité met entre les familles nobles.

22°. Si elles sont bonnes, elles feront plus sentir aux nobles les incommodités du commandement que ses avantages.

23°. L'*aristocratie* se corrompra, quand le pouvoir des nobles devenant arbitraire, il n'y aura plus de vertu dans ceux qui gouvernent ni dans ceux qui sont gouvernés. *Voyez l'Esprit des loix*, *p. 1 & suiv. 13 & suiv. 114 & suiv.*, où ces maximes sont appuyées d'exemples anciens & modernes, qui ne permettent guère d'en contester la vérité.

Dans tout état aristocratique, il existe deux personnes morales, le souverain & le gouvernement. Le souverain est le peuple, & le gouvernement ceux qui commandent & gouvernent au nom du peuple. Lorsque ces derniers sont citoyens, le gouvernement aristocratique est préférable au démocratique, qui est sujet à beaucoup plus d'inconvéniens, parce que l'*aristocratie* se rapproche davantage du gouvernement monarchique, le plus parfait de tous, quand il est limité.

On peut dire, avec M. de Montesquieu, que l'*aristocratie*, quand les familles regnantes observent les loix, est une monarchie qui a plusieurs monarques, & qui est très-bonne par sa nature, puisque tous ces monarques sont liés par les loix; mais quand ils ne les observent pas, c'est un état despotique qui a plusieurs despotes, & qui est le pire de tous. C'est malheureusement ce qui arrive dans les gouvernemens où l'*aristocratie* est héréditaire.

ARLES, ville très ancienne, & qui jouissoit, sous les Romains, d'un éclat très-considérable; elle a donné son nom à une partie de la monarchie françoise, sous le nom de *royaume d'Arles*. Elle est encore aujourd'hui une des principales villes du gouvernement de Provence, dont elle est terre adjacente. Son archevêque prend le titre de légat du S. siège. *Voyez* ARCHEVÊCHÉ.

Le chapitre de la cathédrale étoit autrefois régulier, il n'a été sécularisé que vers l'an 1584. Lorsqu'il marche en procession, tous les curés de la ville, & les ordres réguliers qui l'accompagnent, laissent leurs croix dans l'église métropolitaine, & ne les reprennent qu'après la procession; ils marchent sous celle de la cathedrale, pour marque de leur dépendance.

Les suffragans d'*Arles* sont les évêques de Marseilles, de S. Paul-Trois-Châteaux, de Toulon & d'Orange.

On donne aux quatres dignités du chapitre, les noms de *prévôt*, *archi-diacre*, *sacristain* & *archi-prêtre*. Outre ces dignités, il y a trois personnes qu'on appelle le *capiscol*, le *primicier* & le *trésorier*: l'office de théologal n'est ni personnat ni dignité.

Les privilèges de la ville d'*Arles* sont établis sur deux conventions passées entre Charles premier & Louis XI, & les habitans d'*Arles*. Le principal est de pouvoir prendre du sel dans les marais salins de Bardon & des Maries, pour leur consommation, qui est fixée aujourd'hui à 60 muids de 144 minots chacun pour la ville d'*Arles*, & de dix muids pour la communauté des Maries. Ce privilège est d'autant plus assuré, que le roi, par un arrêt du conseil de 1647, a ordonné qu'il feroit à l'avenir une des conditions du bail de la ferme des gabelles.

Sur des lettres accordées par les consuls aux pêcheurs, on leur délivre, pour la salaison de leurs pêches, 40 livres de sel par quintal d'anguilles, de carpes, muges, & autres poissons de cette espèce. Suivant un arrêt de 1731, les pêcheurs doivent représenter le poisson frais qu'ils veulent faire saler dans la ville, ou en souffrir la visite après qu'il a été salé. On délivre également trente livres de sel par chaque quintal de viande qu'ils veulent saler. Pour éviter les fraudes & les abus qui pourroient résulter de ce privilège, tous les ans, dans le mois de février, on doit faire le dénombrement des habitans, qu'on appelle *registre du sexté*, dont le double doit être remis au contrôleur des gabelles, & à la marge de chaque article, les consuls, lors de la délivrance du sel, doivent faire mention de la quantité donnée à chacun.

Il y a à *Arles* une académie des belles-lettres, qui a obtenu des lettres-patentes en 1668. Le nombre des académiciens est de trente, qui doivent tous être tirés du corps de la noblesse. *Voyez* ACADÉMIE.

ARMAGNAC (L'), c'est une petite province de France aux confins du Languedoc, de la Gascogne & du Bearn, dont Auch est la capitale. La sénéchaussée de l'*Armagnac* est composée de deux présidiaux, Leictoure & Auch. Le premier a été érigé sous Henri II, il comprenoit alors tout l'*Armagnac*, mais il a été démembré depuis pour former celui de Auch.

Cette province est du gouvernement de Guienne, du ressort du parlement de Toulouse, & de la chambre des comptes de Navarre.

Il y a eu plusieurs concordats passés entre les vicomtes d'*Armagnac* & leurs sujets. Ces concordats forment les coutumes différentes qu'on suit dans les lieux où elles ont été établies: telles sont celles données en 1286 aux habitans de Sezensac, en 1294, à ceux de Sezensaquet, & celles des vicomtés de Léomaque & d'Auvilar. *Voyez* AUCH, LEICTOURE.

ARMAIRES, (*terme de la Coutume de Normandie*, *art. 619.*) ce sont des espèces de fenêtres, bâties dans le mur qui sépare deux maisons, sans cependant le traverser. Celui du côté duquel elles sont posées, peut s'en servir, sans néanmoins qu'il puisse, par cette raison, s'attribuer un droit de propriété sur le mur, parce que *armaires* & relais ne font marque de propriété que lorsqu'ils sont accompagnées de pierre-de-taille, traversant tout le mur.

ARMATEUR, ARMEMENT, s. m. (*Droit maritime.*) le terme d'*armateur* s'applique également à celui qui commande un vaisseau armé pour croiser sur l'ennemi, & au négociant qui équipe un vaisseau, soit pour la course, soit pour le commerce. Et l'on appelle *armement*, la provision de tout ce qui est nécessaire à la subsistance, à la manœuvre, & à la sûreté d'un vaisseau.

Des formalités que doivent remplir les armateurs. Personne ne peut armer un vaisseau en guerre sans une commission ou permission, par écrit, de l'amiral. C'est la disposition de l'article premier du titre des prises de l'ordonnance de la marine, du mois d'août 1681.

Cette permission ne s'accorde qu'après que le souverain a autorisé ses sujets à courir sur les ennemis de l'état, soit en général par la déclaration de guerre, soit par une ordonnance particulière, soit enfin par des lettres de représailles ou des lettres de marque. La raison pour laquelle les sujets ne peuvent armer en course que par la permission du roi, est fondée sur ce que le droit de faire la guerre n'appartient pas aux sujets, mais à l'état, dont le souverain a seul l'administration.

L'*armateur* qui obtient cette permission, doit la faire enregistrer au greffe de l'amirauté du lieu où se fait l'*armement*. Il doit d'ailleurs donner caution jusqu'à concurrence de la somme de quinze mille livres, pour répondre des dommages & intérêts auxquels ses entreprises pourront donner lieu, & cette caution doit être reçue par le lieutenant de l'amirauté, en présence du procureur du roi. L'ordonnance du 23 février 1674, exigeoit, outre la caution, un certificateur.

Suivant les réglemens des 23 juillet 1704 & 21 octobre 1744, les *armateurs*, outre le cautionnement, sont indéfiniment responsables de tous les dommages & intérêts, résultant des délits & déprédations de leurs gens, de même que des prises irrégulières qu'ils font, sans pouvoir même s'en défendre en payant les 15000 livres du cautionnement, & en abandonnant leur vaisseau avec ses agrêts & apparaux.

Il est défendu à tout sujet du roi de prendre commission d'un prince étranger pour armer des vaisseaux en guerre, ou courir la mer sous sa bannière, à moins qu'il n'en ait obtenu la permission de sa majesté. Sans cette permission il seroit traité comme un pirate.

Des obligations imposées aux armateurs. Suivant les loix maritimes, les deux tiers des matelots des vaisseaux armés en course & en marchandises, doivent être françois, & pour s'assurer de l'exécution de la loi, l'*armateur* doit déposer au greffe de l'amirauté le rôle de son équipage, & se soumettre à ramener son vaisseau dans le port où il l'a armé. Au surplus, il peut composer son équipage comme il le juge à propos, soit pour le nombre des hommes, soit pour celui des officiers.

Tout *armateur* qui fait une prise, doit l'amener ou l'envoyer avec les prisonniers au port où s'est fait l'*armement*, à peine de perdre son droit, & d'amende arbitraire, à moins toutefois qu'il n'ait été forcé par la tempête ou par les ennemis, à relâcher dans quelque autre port : il faut alors qu'il donne promptement avis aux intéressés à l'*armement*, du cas où il se trouve, afin qu'ils puissent prendre les précautions convenables pour la conservation de leurs droits.

Il est défendu, sous peine de la vie, à tout *armateur* ou commandant de vaisseau, ainsi qu'aux soldats & matelots, de couler à fond les vaisseaux pris, & de descendre les prisonniers dans des îles, ou sur des côtes éloignées, pour celer la prise.

Un pareil acte nuiroit aux intérêts des particuliers, qui ont contribué aux frais de l'*armement*, & seroit, à juste titre, regardé comme une inhumanité & une cruauté, contraires au droit sacré des gens.

Lorsque l'*armateur* ne peut se charger du vaisseau pris ni de l'équipage, & qu'il en enlève seulement les marchandises, ou qu'il le relâche par composition, il doit se saisir des papiers, & amener au moins les deux principaux officiers du vaisseau pris ; à peine d'être privé de ce qui peut lui appartenir dans la prise, & même de punition corporelle, le cas échéant. Cela est ainsi ordonné afin que l'on connoisse, par le moyen des papiers, ce qui peut être tramé contre l'état, & que ces deux principaux officiers répondent de tout ce qui aura été entrepris contre l'intérêt de la nation.

Un vaisseau pris devient un dépôt entre les mains de l'*armateur*, qui en doit compte à ses commettans ou à ses associés ; en conséquence, il ne doit laisser faire aucune ouverture des coffres, ballots, sacs, pipes, bariques, tonneaux ou armoires, ni transporter ou vendre aucune marchandise du vaisseau pris, qu'il n'ait été déclaré de bonne prise, ou que les officiers de l'amirauté ne l'aient ordonné, à peine, contre l'*armateur* & les acheteurs ou receleurs, de restitution du quadruple, & de punition corporelle.

Aussitôt qu'un vaisseau pris est amené dans quelque rade ou port du royaume, l'*armateur* qui a fait la prise, ou, s'il est absent, celui qu'il a chargé de le représenter, doit faire son rapport aux officiers de l'amirauté, leur représenter les papiers & les prisonniers, & leur déclarer le jour & l'heure que le vaisseau a été pris, en quel lieu ou à quelle hauteur ; si le capitaine a fait refus d'amener les voiles ou de faire voir sa commission ou son congé : s'il a attaqué ou s'il s'est défendu ; quel pavillon il portoit, & toutes les autres circonstances de la prise & du voyage.

Après ce rapport, les officiers de l'amirauté doivent se transporter sur le vaisseau pris, pour y dresser procès-verbal, tant de la qualité & de la quantité des marchandises qui y sont, que de l'état où ils auront trouvé les chambres, armoires, écoutilles & fond de cale du vaisseau. Ils doivent ensuite faire apposer le sceau de l'amirauté & établir des gardes pour veiller à la conservation du scellé, & pour empêcher le divertissement des effets.

Le procès-verbal dont il s'agit doit être fait en présence du capitaine du vaisseau pris, & s'il est absent, en présence de deux principaux officiers ou matelots de son équipage. L'*armateur* ou principal officier du vaisseau preneur doit pareillement être présent à ce procès-verbal. Il faut aussi, si la prise est réclamée, y appeller ceux qui la réclament, ou qui prétendent que de certaines marchandises ou effets trouvés dans le vaisseau, doivent leur être rendus.

Et afin de savoir s'il ne s'est rien passé que de régulier au sujet de la prise, les officiers de l'amirauté doivent entendre à cet égard le maître ou commandant du vaisseau pris, & les principaux de son équipage, même quelques officiers & matelots du vaisseau qui a fait la prise.

Si le vaisseau est amené sans prisonniers, charte-partie, ni connoissement, les officiers, soldats & équipage du vaisseau preneur doivent être interrogés séparément par le juge de l'amirauté, sur les circonstances de la prise, & pourquoi le vaisseau a été amené sans prisonniers. On doit aussi faire visiter par expert le vaisseau & les marchandises, pour connoître, s'il est possible, sur qui la prise a été faite.

Lorſqu'après avoir rempli toutes ces formalités, on n'a point découvert ſur qui la priſe a été faite, il faut en inventorier les effets, les apprécier, & les mettre ſous bonne & ſûre garde, pour être reſtitués à qui il appartiendra, s'ils viennent à être réclamés dans l'an & jour, ſinon partagés comme épave de mer, & par égales portions entre le roi, l'amiral & l'*armateur*.

Si avant le jugement de la priſe, il eſt néceſſaire de tirer du vaiſſeau les marchandiſes pour en empêcher le dépériſſement, elles doivent être inventoriées par le juge de l'amirauté, en préſence du procureur du roi & des parties intéreſſées. On les met enſuite ſous la garde d'une perſonne ſolvable, ou dans des magaſins qu'on ferme à trois clefs différentes, dont l'une ſe délivre aux *armateurs*, l'autre au receveur de l'amiral, & la troiſième à ceux qui réclament la priſe, s'il s'en trouve quelques-uns, ſinon au procureur du roi.

Les *armateurs* & négocians qui font le commerce des îles françoiſes en Amérique, peuvent charger à fret pour Cadix, des marchandiſes du royaume ſur les vaiſſeaux qui partent à vuide des ports de France pour aller prendre des marchandiſes de retour dans ces îles: cette permiſſion leur a été accordée par la déclaration du roi du 30 ſeptembre 1737; mais il leur eſt défendu, ainſi qu'à tout officier & matelot, de charger à Cadix ſur leurs vaiſſeaux, ſous quelque prétexte que ce ſoit, aucune marchandiſe ou denrée, à peine de confiſcation, & de trois mille livres d'amende. Pour l'exécution de cette loi, le conſul de France à Cadix doit viſiter les vaiſſeaux dont il s'agit lors de leur départ de ce port, afin de juſtifier qu'en partant ils n'avoient aucune charge, & les gouverneurs & intendans des îles françoiſes ſont tenus de faire faire de pareilles viſites à l'arrivée des mêmes vaiſſeaux, pour conſtater qu'ils ſont arrivés à vuide dans ces îles.

De la ſolde & des devoirs de l'équipage. L'engagement des officiers, matelots, mouſſes, ſoldats ou volontaires, règle les appointemens de chacun d'eux, & ce qui doit leur être payé d'avance. Les réglemens de la marine défendent de donner à l'équipage une avance qui excède les deux tiers de la paie, le ſurplus ne doit être payé qu'au retour du navire, & le cinquième jour après ſon arrivée: pendant les quatre jours précédens, l'équipage eſt obligé de déſarmer le vaiſſeau, & l'amarrer au quai, ſous peine d'une déduction de trente ſous par jour à chacun de ceux qui auront manqué de travailler au déſarmement. Mais ſi le bâtiment a été pris ou a fait naufrage pendant la courſe, le dernier tiers eſt perdu pour l'équipage.

Le temps de la courſe, s'il n'y a pas de convention particulière, eſt de quatre mois, y compris le temps des relâches, à l'exception de celles qui ſont néceſſaires pour les néceſſités preſſantes du bâtiment, ou pour amener les priſes, pour leſquelles l'ordonnance accorde quinze jours; mais le temps qui excéderoit ce terme, fait partie des quatre mois, qui commencent à courir du jour que le vaiſſeau a mis à la voile, ou qu'il a doublé les caps ou pointes, qui, ſuivant les uſages locaux, déterminent un départ abſolu.

Pendant le temps de la courſe, aucune perſonne de l'équipage ne peut abandonner le vaiſſeau, à peine d'être punie comme déſerteur. Tout l'équipage eſt obligé de travailler pour le ſervice du bâtiment, lorſqu'il eſt commandé; il y eſt même tenu pendant les relâches, & les capitaines ſont autoriſés à retenir trente ſous par jour à chacun de ceux qui ne travaillent pas; cet argent eſt diſtribué à ceux qui ont travaillé.

Si avant l'expiration des quatre mois, temps ordinaire d'une courſe, l'*armateur* veut deſarmer ſon bâtiment, il ne peut rien déduire à l'équipage ſur la ſolde dont il eſt convenu; mais ſi dans les quatre mois il veut changer de vaiſſeau, l'équipage eſt tenu de s'y embarquer pour continuer la courſe, aux mêmes conditions, & ſans rien exiger de plus.

Avant l'embarquement, on ne doit promettre aucunes parts dans les priſes aux officiers-majors, officiers mariniers, volontaires, ſoldats, matelots ou autres; les ordonnances décident qu'elles ſeront réglées après le retour des vaiſſeaux, à proportion du mérite & du travail de chacun, dans un conſeil tenu à cet effet pendant la huitaine qui ſuit la fin de la courſe. Ce conſeil eſt compoſé du capitaine & des ſix premiers officiers, ſuivant le rôle d'équipage.

Quelles perſonnes peuvent s'intéreſſer dans les armemens, & du partage des priſes. Toute eſpèce de perſonne peut s'intéreſſer ſur les vaiſſeaux armés en courſe, à l'exception des intendans & commiſſaires de la marine, qui doivent obtenir une permiſſion expreſſe du roi, à peine de caſſation & d'amende.

Le tiers du produit des priſes appartient à l'équipage qui les a faites, & les deux autres tiers aux armateurs & aux intéreſſés, qui peuvent s'aſſocier ou par quotités fixes, ou par actions, ſur leſquelles ſe règlent la répartition des profits, ou la contribution aux pertes.

Tout ce que nous venons de dire eſt tiré de l'ordonnance de la marine de 1681, *titre des priſes*, & d'une déclaration du 24 juin 1778. Nous renvoyons à ce qui concerne les priſes, ſous le mot PRISE.

Des exemptions accordées aux armateurs. Suivant l'arrêt du conſeil du 25 mai 1756, les navires qui ne ſont armés que pour la pêche, doivent, relativement aux vivres, vins, eaux-de-vie, & autres boiſſons deſtinées à les avitailler, jouir de l'exemption des droits de ſortie des traites ou cinq groſſes fermes exigibles dans le port où s'eſt fait l'*armement*; mais cette exemption ceſſeroit ſi l'on embarquoit dans ces navires autre choſe que des vivres & des inſtrumens ſervant à la pêche.

La même exemption ne peut s'étendre que ſur les proviſions néceſſaires pour le temps ordinaire de chaque pêche, à raiſon de trois quarts de pinte de de vin par jour pour chaque homme d'équipage, du double en cidre ou poiré, & de l'équivalent en eau-de-vie, à raison du quart de ce qui est accordé en vin : le maître & le pilote de chaque navire doivent avoir une double ration, mais les mousses n'en ont qu'une demie.

Pour l'exécution de cette loi, chaque propriétaire de bâtiment armé pour la pêche, doit remettre au bureau des fermes un duplicata du rôle de son équipage, certifié par le commissaire de la marine ou autre officier chargé du bureau des classes.

Il faut aussi, lors du départ des navires armés pour la pêche, prendre au bureau des fermes un congé dans lequel on désigne le jour du départ, la quantité de vivres, vins, eaux-de-vie & autres boissons qui ont été embarqués, & le nombre d'hommes dont chaque navire est monté, avec expression de la qualité de chacun de ces hommes. Au retour de la pêche, ce congé doit être représenté par les capitaines ou patrons dans le port où ils arrivent; & si ce n'est pas celui d'où ils sont partis, il faut que le congé y soit visé, & ensuite envoyé au port du départ. Si ces formalités étoient négligées, on pourroit obliger les capitaines ou leurs cautions à payer le quadruple du droit de sortie des vivres & boissons dont il s'agit.

Au retour des navires, la déclaration en doit être remise dans les vingt-quatre heures de l'arrivée; & il doit être dressé procès-verbal par le fermier ou ses préposés, de tous les vins & eaux-de-vie qui y sont en nature. Si la quantité consommée se trouve excéder celle qu'on auroit dû consommer proportionnément au temps que les bâtimens ont été en voyage, l'excédent est sujet à tous les droits dont l'exemption est accordée à l'égard du reste, sans que pour raison du coulage ou déchet, ni sous quelque autre prétexte que ce soit, on puisse prétendre aucune diminution de ces droits.

Les vivres, vins & eaux-de-vie embarqués en exemption de droit pour la pêche, & qui n'y ont pas été consommés, ne peuvent demeurer à bord plus de six jours après le retour du navire dans le port : passé ce temps, les droits en doivent être liquidés, comme si ces vivres & boissons avoient été consommés au-delà de la quantité pour laquelle l'exemption est accordée.

Les navires qui reviennent dans un autre port que celui où ils ont été armés pour la pêche, & dans lequel il est dû des droits différens, ne peuvent y décharger ni vin ni eau-de-vie, qu'en payant par les *armateurs* ou patrons, non-seulement les droits dont l'exemption aura été accordée au lieu du départ, mais encore ceux qui sont en usage dans le port où ils auront abordé, à moins toutefois que ces navires ne se trouvent dans les cas forcés d'une visite ou d'un radoub : alors les *armateurs* ou patrons sont tenus de faire leur déclaration, & d'entreposer les boissons sous les clefs du fermier, si le commis l'exige.

Lorsque, sous l'apparence de la pêche, l'*armateur* ou maître d'un navire fait un commerce de vin & d'eau-de-vie qu'il transporte en fraude sur quelque côte du royaume ou autrement, il doit être condamné à une amende de trois mille livres, qui ne peut être remise ni modérée. Le navire avec ses agrès & apparaux est affecté par privilège au paiement de cette amende, sans préjudice de la contrainte par corps contre le maître.

Les *armateurs* de la Hogue & Barfleur ont le droit de faire venir de Brouage, & d'entreposer les sels nécessaires pour la pêche, en se conformant aux règles établies par le titre 15 de l'ordonnance des gabelles.

Ces *armateurs* sont tenus de fournir à leurs frais des magasins sûrs pour y recevoir les sels qu'ils veulent entreposer; & les permissions nécessaires pour aller chercher ces sels, ne doivent être accordées qu'après que les magasins auront été indiqués aux commis du fermier, & qu'il les aura acceptés.

Ces magasins doivent être fermés par trois clefs différentes, dont l'une pour le propriétaire des sels, la seconde pour le commis du fermier, & la troisième pour un habitant notable du lieu, le tout aux frais du propriétaire, & sauf au fermier de faire ajouter à ses dépens les serrures ou cadenas qu'il jugera convenables.

Les emplacemens & relevemens se font dans les magasins aux dépens des *armateurs* & propriétaires des sels, qui sont tenus, à cet effet, de fournir des trémies & minots duement étalonnés, pour constater les quantités de sel emplacées & relevées, de quoi l'on doit dresser procès-verbal.

Les denrées, boissons & liqueurs qui servent à l'avitaillement des vaisseaux appartenans au roi, aux compagnies de commerce ou aux particuliers, sont déchargées de tout droit d'octroi, même de la première moitié, soit que ces vaisseaux soient armés en guerre ou pour le commerce. C'est la disposition de l'article 6 de l'ordonnance du mois de juillet 1681, des lettres-patentes du mois d'avril 1717, & des arrêts du conseil des 25 mai 1734, & 15 février 1735.

Les viandes qu'on sale pour servir aux *armemens* de mer, sont exemptes des droits d'inspecteurs aux boucheries, conformément à l'édit du mois de février 1704.

Par arrêt du conseil du 23 mai 1758, rendu contradictoirement avec les négocians & *armateurs* du Havre, en interprétation de celui du 16 mai 1747, il a été jugé que les boissons & autres marchandises sujettes au droit d'aides qui proviendroient des prises faites en mer sur les ennemis de l'état, pourroient être entreposées pendant six mois, à compter du jour de l'adjudication, sans payer aucun droit d'aide ni autre. Le même arrêt déclare que l'exemption portée par la déclaration du mois de mai 1756, de toute espèce de droit sur les marchandises servant à l'avitaillement des vaisseaux armés en course, ne doit point avoir lieu par rapport aux droits d'aides.

Par ordonnance du 28 février 1716, il a été défendu à tout *armateur*, marchand ou autre sujet du roi, d'acheter de la poudre, du plomb, des outils, des armes, & en général, des munitions de quelque espèce que ce soit, qui proviennent des magasins de sa majesté, à peine, pour la première fois, de 300 livres d'amende, & de punition corporelle en cas de récidive, outre l'amende qui demeurera encourue au profit du dénonciateur pour moitié, & de l'hôpital du lieu ou du plus prochain pour l'autre moitié.

Lorsque le roi prête un de ses vaisseaux pour être armé en course, toutes les provisions de bouche qui servent à son avitaillement, sont exemptes de tous droits d'octroi, même de la première moitié. Les vaisseaux des compagnies d'*armateurs* ou de commerce, ainsi que ceux des particuliers, jouissent du même privilège, conformément à l'ordonnance de 1681, aux lettres-patentes de 1717, aux arrêts du conseil des 25 mars 1734, & 15 février 1735, & à la déclaration de 1778.

ARME, s. f. (*Droit civil, canon. & milit.*) ce terme a, dans notre langue, plusieurs significations différentes. Dans un premier sens, il désigne les divers instrumens qui servent à attaquer & à se défendre: on l'emploie dans un autre sens pour signifier certaines marques propres & héréditaires à chaque famille noble, & qu'on appelle autrement *armoiries*. Nous ne parlerons ici que de la première signification du mot *arme*. Pour la seconde, *voyez ci-dessous le mot* ARMOIRIE.

Définition & division du mot arme. Le mot *armes*, selon la signification la plus étendue qu'il a en droit, s'entend non seulement de tous les instrumens qui servent à attaquer ou à se défendre, mais encore de tout ce qu'un homme prend dans sa main, étant en colère, pour le jetter à quelqu'un, ou pour le frapper. *Armorum appellatio*, disent les loix romaines, *non ubique scuta & gladios, & galeas significat, sed & fustes & lapides.*

Les *armes* sont de deux espèces, offensives & défensives. On appelle *offensives*, celles dont on fait usage pour attaquer, telles que l'épée, la bayonnette, le fusil, le pistolet, *&c.* les *armes* défensives sont celles qui servent à se mettre à couvert des coups de son ennemi. Les anciens en avoient un grand nombre; mais depuis le fréquent usage des *armes* à feu, nous ne nous servons plus d'autres *armes* défensives que de la cuirasse.

Du droit des armes. Le droit de mettre en usage les *armes*, & de s'en servir pour repousser la force, n'appartient qu'au souverain, qui seul peut l'exercer, soit pour le gouvernement de l'état, soit pour sa défense. Ce droit est inséparable de la souveraineté, & le prince n'en jouiroit pas, s'il étoit obligé d'avoir recours à un autre pour faire respecter les loix au-dedans, & réprimer au-dehors les entreprises de l'ennemi.

Il suit de ce principe, qu'il n'y a que le souverain qui puisse légitimement employer la force des *armes*, & qu'un sujet ne peut jamais être autorisé, soit à prendre les *armes* contre son prince, soit à ne les pas prendre, quand le prince le lui ordonne.

Dans le premier cas, ceux qui s'élèvent en *armes* contre le commandement du souverain, sont coupables du crime de lèze-majesté au premier chef, & ce crime emporte confiscation de corps & de biens; il peut même être poursuivi après la mort des coupables. *Voyez* REBELLION.

Dans la seconde espèce, celui qui refuse de prendre les *armes* au commandement du roi, se rend coupable de désobéissance & même de trahison; car c'est trahir l'état & le prince, que de se refuser à la défense de l'un ou de l'autre. Il n'appartient pas à un simple particulier d'examiner les motifs de la guerre, sa justice ou son injustice, il suffit qu'elle soit ordonnée par le prince, pour qu'il ne puisse refuser de prendre les *armes*.

Dans le cas d'une nécessité urgente, le ministère des autels n'affranchit point de ce devoir, parce que ce n'est que par les *armes* que l'état peut se défendre.

Nous remarquerons en passant, que chez presque tous les peuples du monde, on a, par cette même raison, regardé la profession des *armes* comme la plus honorable.

Des défenses de porter des armes. Les divers accidens auxquels l'usage des *armes* peut donner lieu, ont excité, dans tous les temps, l'attention des législateurs. Les loix romaines ont défendu le port d'*armes* à toute espèce de personne. Les soldats romains ne les portoient même pas hors du camp.

Nos loix ont adopté cette prohibition. Une ordonnance de Charles VIII de 1487, ne permet le port d'*armes* qu'aux gentilshommes, aux officiers aux gages du roi, & à ceux qui habitent les bords de la mer, & prononce contre les contrevenans la confiscation des *armes*, la prison, & même des peines plus grièves, si le cas y échet. Toutes les loix qui ont été données depuis, ont maintenu cette disposition, & en ont étendu ou resserré les peines.

Un édit du mois de décembre 1558, a défendu à tout autre qu'aux gens de guerre, de porter des arquebuses ou des pistolets, à peine d'être pendus & étranglés.

Par la déclaration du 23 juillet 1559, il a été défendu à toutes personnes, même aux gentilshommes & aux gens de guerre, de porter pistolets ni arquebuses, à peine, pour la première fois, de confiscation de ces *armes*, de cinq cens écus d'amende, ou des galères à perpétuité, en cas d'insolvabilité; & d'être pendus & étranglés, dans le cas de récidive.

Une autre déclaration du 30 avril 1565, a prononcé, pour le même genre de délit, la confiscation de corps & de biens; mais les officiers & gens de guerre de la garde du roi, ont été exceptés de cette disposition.

Par une autre déclaration du 4 août 1598, il a

été défendu à tous les sujets du roi, de porter des arquebuses ou des pistolets dans les campagnes, à peine, pour la première fois, de confiscation de ces *armes*, de deux cens livres d'amende & de prison jusqu'au paiement, & de la vie, en cas de récidive. La même loi a seulement permis aux seigneurs, gentilshommes & hauts-justiciers d'avoir des arquebuses dans leurs maisons, pour chasser.

Une autre déclaration du 12 septembre 1609, a défendu, sous peine de la vie, à toutes personnes, même aux nobles, de porter des pistolets de poche, & aux marchands d'en vendre. Le parlement de Grenoble a condamné, le 21 juin 1613, un particulier à être pendu pour avoir contrevenu à cette défense.

La déclaration du 24 juillet 1617, a défendu à toutes personnes de porter des *armes* à feu, & surtout des pistolets de poche, à peine d'être punies selon la rigueur des ordonnances, à l'exception toutefois des gens de guerre, munis des certificats de leurs capitaines, & des huissiers, lorsqu'ils vont en campagne.

L'article premier de la déclaration du 18 novembre 1660, défend à toute personne allant de jour ou de nuit dans Paris, d'y porter des *armes* à feu, à peine de confiscation de ces *armes*, de quatre-vingt livres parisis d'amende, & de punition corporelle, si le cas le requiert.

L'article 3 permet aux étrangers ou forains, de porter des *armes* à feu en campagne, mais à la charge de les donner en garde à leurs hôtes.

L'article 4 porte que les maîtres seront responsables de leurs domestiques sur le fait du port des *armes*.

Suivant l'article 14, le port des *armes* à feu dans le royaume, est interdit à toute autre personne qu'aux gentilshommes, aux officiers du roi, aux gardes, archers & sergens exécutant les ordres de justice.

Ces défenses de porter des *armes* à feu ont été renouvellées par la déclaration du 15 mars 1661, sous peine de confiscation des *armes*, de trois cens livres d'amende, même de punition corporelle, selon les circonstances, & en cas de contravention, il a été permis au guet & aux officiers de justice, de constituer prisonniers les délinquans.

A l'égard des *armes* blanches, l'édit du mois de juillet 1561, a défendu à tout autre qu'aux gentilshommes, de *porter épées ou dagues* dans les villes, bourgs & bourgades du royaume, à peine de punition corporelle & d'une amende de cinquante écus d'or au soleil, ou de punition arbitraire, en cas d'insolvabilité.

Un autre édit du mois d'octobre suivant, a défendu à tout autre qu'aux gentilshommes, de porter des *épées ou dagues* dans la ville de Paris, à peine de *la hart*.

Ces loix ont néanmoins permis tant aux maîtres qu'aux domestiques, *allant dans les champs & passant par les grands chemins, forêts & bois*, de porter des épées pour la défense de leurs personnes.

L'article 2 de la déclaration du 18 novembre 1660, a aussi défendu à tout autre qu'aux gentilshommes, officiers de guerre & archers, de porter l'épée ou d'autres *armes* dans Paris; mais cet article dit simplement à peine de punition. Cet article enjoignoit à ceux qui avoient le droit de porter l'épée, de se faire éclairer par des flambeaux ou lanternes, quand ils iroient la nuit dans les rues de Paris.

Un arrêt du parlement du 13 octobre 1691, a défendu aux écoliers en général & à tout autre qu'aux gentilshommes, de porter l'épée ni d'autres *armes*, à peine de confiscation de ces *armes* & de cent livres d'amende.

Outre ces réglemens, il y en a encore de particuliers concernant les gens du commun, les laquais, *&c.*

L'article 47 de l'arrêt du parlement du 22 décembre 1541, a défendu *à tous gens de labour, vignerons & gens de campagne, de porter par leurs villages*, des épées, poignards ou autres *armes* offensives, à peine de confiscation de ces *armes* & de punition corporelle.

La déclaration du 3 février 1600, a fait défense à tout écolier, clerc, page, laquais & artisan, de porter des épées, dagues, poignards ou autres *armes*, dans les villes & fauxbourgs.

Celle du 25 juin 1665, a défendu aux pages & aux laquais de porter aucune *arme* dans les villes & les bourgs, à peine de la vie.

Par arrêt du 2 septembre 1673, le parlement de Paris a défendu aux écoliers de porter l'épée, & a ordonné que cet arrêt seroit lu de trois mois en trois mois dans les pensions.

L'ordonnance du 14 juillet 1716, défend à tous les sujets du roi, particuliérement à ceux qui habitent les frontières, & qui ne sont pas enrôlés pour les milices entretenues, de porter des *armes*, de quelque espèce qu'elles soient, à peine de dix livres d'amende pour la première fois, & de cinquante livres pour la seconde, outre un mois de prison & la confiscation des *armes*. Mais les gentilshommes, les gens vivant noblement, les officiers de justice royale, les gens de guerre, & les compagnies d'arquebusiers, autorisées par lettres-patentes, ne sont point compris dans la prohibition.

La déclaration du 23 mars 1728, fait défense de porter sur soi aucun couteau pointu, bayonnette, pistolet, ou autre *arme* offensive cachée & secrète, comme une épée en bâton, *&c.* à peine de cinq cens livres d'amende & de six mois de prison.

Par l'article 13 de la déclaration du 25 août 1737, il est enjoint à tous ceux qui arrivent à Paris, & qui n'ont ni qualité ni droit pour porter l'épée ou d'autres *armes*, de déposer celles avec lesquelles ils seront arrivés, entre les mains de leur hôte, le jour même de leur arrivée. L'hôte doit en conséquence en charger son registre, pour en donner sa déclaration au commissaire du quartier, lequel est tenu de veiller à empêcher les abus &

contraventions qui pourroient avoir lieu à cet égard.

Les laquais qu'on arrête portant des cannes, peuvent être punis de carcan, la canne pendue au cou. Cela a été ainsi jugé par arrêt du parlement du 15 octobre 1700.

Des juges qui ont la connoissance du port d'armes. C'est principalement aux officiers de police à veiller dans les villes, à l'exécution des ordonnances concernant le port d'*armes* & leurs fabriques. A Paris, les commissaires de quartier sont chargés de tenir la main à ce que personne ne porte l'épée, s'il n'en a le droit.

Les ordonnances de Moulins & de Blois privent de leur justice les seigneurs hauts-justiciers, lorsqu'ils négligent la poursuite du port d'*armes* dans l'étendue de leur ressort, & ordonnent la destitution de leurs officiers, lorsqu'il est prouvé que c'est par leur négligence & leur connivence que les délinquans n'ont point été poursuivis.

L'édit de Cremieu & l'ordonnance de 1670, *tit. 1, art. 11*, paroissent avoir changé à cet égard la disposition du droit commun, & privé les juges ordinaires de la connoissance du port d'*armes*, en mettant cette espèce de délit au nombre des cas royaux, dont la connoissance est donnée aux baillifs, sénéchaux & juges présidiaux, à l'exclusion des autres juges royaux & des juges des seigneurs. C'est le sentiment de M. Jousse, dans son commentaire sur l'ordonnance, & dans son *Traité de la justice criminelle.*

Quelques auteurs, tels que Bornier, Lacombe, prétendent que le port d'*armes* n'est pas par lui-même un cas royal, & que pour le rendre tel, il doit être joint au crime d'assemblée illicite ou à celui de vol sur le grand chemin. On prétend même étayer cette opinion d'une lettre de M. le chancelier d'Aguesseau, du 22 mai 1728. Mais la lettre ne décide pas nettement en faveur de l'opinion de ces auteurs, & nous croyons qu'elle est insuffisante pour s'écarter de la disposition textuelle de l'ordonnance, qui range indistinctement le port d'*armes* parmi les cas royaux, & qui le déclare prévôtal lorsqu'il est joint avec le crime d'assemblée illicite, ou de vol de grand chemin. Ensorte que le simple port d'*armes*, suivant l'ordonnance, est un cas royal à l'ordinaire, qui se juge à la charge de l'appel, & qu'il devient prévôtal, & se juge en dernier ressort, lorsqu'il se trouve joint à un attroupement, ou à un vol de grand chemin.

Lorsque le port d'*armes* a rapport à la chasse, la connoissance en appartient aux officiers des eaux & forêts.

Des personnes repréhensibles ou non pour le port d'armes. Il est nécessaire de remarquer que la défense de porter des *armes* concerne également ceux qui font usage d'*armes* à feu brisées par la crosse ou par le canon, ou de cannes & de bâtons creuses. Car l'article 3 du titre 30 de l'ordonnance de 1669, défend à toutes personnes, sans distinction de qualité, de faire usage de pareilles *armes*, même d'en porter, sous quelque prétexte que ce soit, & à tout ouvrier d'en fabriquer ou façonner, à peine, contre les particuliers, de cent livres d'amende pour la première fois, & de punition corporelle pour la seconde, & contre les ouvriers, de punition corporelle pour la première fois.

Suivant l'article 13 du titre 10, & l'article 6 du titre 30 de la même ordonnance, les gardes des plaines & les sergens à garde des bois du roi, peuvent, lorsqu'ils font leur charge, revêtus des livrées de sa majesté & non autrement, porter des pistolets, tant de jour que de nuit, pour la défense de leurs personnes.

Un arrêt du conseil du 11 avril 1724, a permis aux officiers, gardes & arpenteurs du département de Metz, de porter le fusil lorsqu'ils feroient leurs fonctions.

D'autres arrêts du conseil des 22 février 1729, premier octobre 1732, & 20 mars 1753, ont accordé la même permission à tous les gardes généraux, & en particulier à ceux de la maîtrise de Boulogne-sur-mer, ainsi qu'aux gardes de la maîtrise de Sainte-Menehoult.

Mais si les gardes viennent à abuser de leurs *armes*, en chassant ou en tirant sur quelque gibier que ce soit, ils doivent être condamnés à l'amende, destitués ou bannis des forêts, & punis corporellement suivant les circonstances. Telle est la disposition de l'article 14 du titre 10 de l'ordonnance des eaux & forêts. Un arrêt du conseil du 28 août 1753, a jugé en conformité contre un garde qui avoit chassé.

Il a été jugé, par arrêt du 31 juillet 1705, rapporté au journal des audiences, que les gardes, soit généraux, soit particuliers, ne doivent pas prendre les *armes* des personnes qu'ils trouvent chassant sans aucun droit. Il suffit qu'ils dressent un procès-verbal du fait.

Pour punir quelqu'un du port d'*armes* prohibé par les ordonnances, il faut 1°. que par la coutume & l'usage du lieu, il n'ait pas été autorisé à cette contravention; 2°. que le bien public n'ait pas engagé les gouverneurs, commandans, même les seigneurs à ordonner le port d'*armes*; 3°. que le délinquant ait été pris sur le fait ayant sur-lui ou chez lui des *armes* prohibées.

Le nommé Buhot, metteur-en-œuvre, ayant en son nom une cause à l'audience de la tournelle criminelle, fut dépeint dans la plaidoirie comme un homme *tapageur*, & l'avocat adverse observa que ce particulier avoit la témérité de paroître à l'audience de la cour avec une épée qu'il n'avoit pas droit de porter. Après que Buhot eut perdu son procès, la cour ordonna, par arrêt du 25 avril 1766, l'exécution des édits, ordonnances, arrêts & réglemens sur le fait du port d'*armes*; en conséquence, prononça la confiscation de l'épée de Buhot, présent à l'audience, & le condamna à dix livres d'amende pour s'être présenté avec une épée qu'il n'avoit pas droit de porter. Cette espèce est rapportée dans la collection de jurisprudence.

Formalités requises pour constater le port d'armes. Lorsque les officiers de justice chargés de veiller à l'exécution des loix qui défendent aux particuliers de porter des *armes* offensives, trouvent quelqu'un en contravention à cet égard, ils doivent en dresser leur procès-verbal: on assigne ou l'on décrète en conséquence le délinquant, & s'il y a lieu de prononcer contre lui quelque peine afflictive ou même infamante, ces officiers & leurs records doivent être répétés sur leur procès-verbal, & même récolés & confrontés le cas échéant. Tel est l'ordre de la procédure qu'on doit faire sur ce sujet.

La connétablie a rendu le 21 juillet 1740, un jugement pour réprimer les abus qui ont souvent lieu lorsque les cavaliers de la maréchaussée enlèvent les *armes* à des particuliers auxquels il est défendu d'en avoir. Il porte que lorsque les officiers de maréchaussée ou les cavaliers, en vertu d'ordres de leurs supérieurs, ou en faisant leurs tournées, auront trouvé & saisi des *armes* chez des particuliers auxquels il est défendu d'en garder, ils seront tenus de dresser un procès-verbal de saisie de ces *armes*, le feront signer par deux témoins, suivant l'ordonnance, en donneront copie, & le déposeront dans les vingt-quatre heures au greffe de la maréchaussée, s'il y en a un, ou dans le lieu de leur résidence, sinon ils enverront le même procès-verbal, dans trois jours, au greffe du prévôt ou du lieutenant: ils doivent d'ailleurs porter les *armes* saisies chez le maire ou syndic du lieu où ils résident, & en tirer un reçu. Le même jugement leur défend de contraindre, de leur propre autorité, les contrevenans au paiement des amendes portées par l'ordonnance du 14 juillet 1716, avant qu'elles aient été déclarées encourues par le prévôt de la maréchaussée ou son lieutenant, ou tel autre juge qu'il appartiendra. Ils doivent d'ailleurs, lorsqu'ils font payer les amendes prononcées, dresser des procès-verbaux qu'ils sont tenus de remettre au greffe de la maréchaussée, ainsi que ces amendes, qu'il leur est défendu d'appliquer à leur profit, sauf à eux néanmoins à se pourvoir au roi pour obtenir d'être payé, sur le produit des mêmes amendes, de leurs frais de course & du transport des *armes* saisies. Il leur est aussi enjoint d'exécuter les jugemens de condamnation d'amende, en la manière prescrite par ces jugemens, & il leur est fait défense de maltraiter ceux qui refusent de payer les amendes encourues, de les conduire dans des cabarets, d'y manger ou boire à leurs dépens, & de faire aucune composition avec eux.

Du port d'armes par rapport aux soldats. Suivant les ordonnances militaires, les soldats en garnison ne peuvent porter leurs *armes* hors de leurs quartiers, quand ils ne sont pas de service. Ces mêmes ordonnances défendent aux cavaliers, dragons ou soldats de vendre leur habillement, leurs *armes* ou leurs chevaux, sous peine de punition exemplaire, & à toute personne, de quelque qualité qu'elle soit, de les acheter, à peine, contre les contrevenans, de confiscation & de deux cens livres d'amende.

Il est pareillement défendu aux officiers des troupes du roi, de vendre aucune *arme* des cavaliers, dragons & soldats de leurs compagnies, à peine d'être cassés & privés de leurs charges. Il y a en outre, dans ce dernier cas, la peine de confiscation & de deux cens livres d'amende contre les acheteurs.

L'article 27 de l'ordonnance militaire du premier juillet 1727, veut que le soldat qui vole les *armes* d'un autre soldat, soit condamné à être pendu.

Suivant la même ordonnance, tout soldat ou cavalier qui tire des *armes* à feu dans une place de guerre, lorsque la garde de nuit est posée, doit être mis sur le cheval de bois, chaque jour, pendant un mois, à l'heure de la garde montante.

Le soldat qui, en combattant, perd ses *armes* lâchement, doit être banni du corps, & déclaré incapable de servir. Celui qui porte la main aux *armes* dans la ville & place de garde, doit avoir le poing coupé.

Lorsque des soldats, cavaliers ou dragons mettent l'épée à la main pour se battre, & qu'un officier de la garnison survenant, leur ordonne de se séparer, ils doivent lui obéir sur le champ, sans pouvoir pousser un seul coup, sous peine d'être passés par les *armes*. C'est la disposition de l'article 15 de l'ordonnance citée.

Suivant l'article 16, celui qui insulte ou qui attaque un soldat, cavalier ou dragon en sentinelle, ordonnance ou faction, soit l'épée à la main, le fusil en joue ou à coups de bâton ou de pierre, doit être passé par les *armes*.

L'article 20 veut que le soldat, cavalier ou dragon qui, étant engagé dans quelque querelle, appelle à son secours ceux de sa nation, de son régiment ou de sa compagnie, ou forme quelque attroupement, soit passé par les *armes*.

L'article 33 ordonne aussi de passer par les *armes*, comme déserteur, tout soldat, cavalier ou dragon qui, étant dans le camp ou dans la garnison, ne suivra pas son drapeau ou son étendard dans une alarme ou autre affaire.

Du port d'armes par rapport aux ecclésiastiques. Le port d'*armes* est défendu aux ecclésiastiques, s'ils n'en ont obtenu une permission expresse de l'évêque. La pénitence & la prière, dit S. Ambroise, sont les seules *armes* dont il leur soit permis de faire usage.

Plusieurs conciles ont déterminé les peines qu'ils devoient subir, lorsqu'au mépris des défenses canoniques, ils étoient convaincus du port d'*armes*.

Le premier concile de Mâcon veut qu'on punisse de prison & d'un jeûne de trente jours au pain & à l'eau, les ecclésiastiques qui portent des *armes*.

Le concile de Verberie fait la même défense, mais il n'impose aucune peine.

Le concile de Poitiers, où présidoit en 1078 Hugues de Die, comme légat de Grégoire VI, prononce pour ce délit la peine de l'excommunication.

D'autres conciles, tels que ceux de Bude & de Ravenne, tenus en 1279 & 1286, ont aussi défendu le port d'*armes* aux ecclésiastiques.

Mais depuis que Clément V a déclaré que les ecclésiastiques n'encourroient aucune irrégularité, lorsque, pour sauver leur vie, ils auroient tué leur agresseur, on a jugé qu'il devoit leur être permis de porter des *armes*, lorsqu'ils seroient dans le cas de craindre pour leur vie, & même lorsqu'ils iroient en voyage.

Le premier concile de Milan a ordonné que le port des *armes* ne sera permis aux ecclésiastiques que quand ils auront quelque péril à craindre, & qu'en ce cas, ils en obtiendront la permission par écrit de leur évêque. Le concile d'Aix en Provence, tenu en 1585, a adopté ce réglement.

Au reste, la permission de porter des *armes*, que l'évêque accorderoit à un ecclésiastique, ne mettroit pas celui-ci à l'abri des peines prononcées par les ordonnances, si les *armes* étoient du nombre ou de la qualité dont la fabrication & le port sont défendus par ces mêmes ordonnances.

Le port d'*armes* par les ecclésiastiques & les délits qui peuvent en être la suite, sont des cas privilégiés dont les juges séculiers ont droit de connoître.

Le simple port d'*armes*, quoique défendu aux clercs, lorsqu'ils n'ont point obtenu pour cet effet la permission de l'évêque, ne produit point d'irrégularité : mais c'est une question de savoir si ceux qui ont fait le métier de la guerre sont irréguliers, & si les bénéfices de ceux qui sont engagés dans la profession des *armes* vaquent de plein droit.

Le père Thomassin dit que les papes & les évêques ont autrefois exhorté les fidèles à s'engager dans les croisades, mais qu'ils n'ont jamais permis aux ministres des autels d'entrer dans cette milice, ni de répandre le sang des ennemis de la religion ; qu'Alexandre III déclare irréguliers, sans aucune exception, tous ceux qui tuent ou qui mutilent leurs adversaires dans les combats, sans que les évêques puissent les dispenser de cette irrégularité.

Pastor, dans son *Traité des bénéfices*, soutient que par la seule profession des *armes*, & même sans avoir tué ni mutilé, on tombe dans une irrégularité dont le pape & son légat peuvent seuls dispenser.

Mais le chapitre *in audientia, de sentent. excommun.* veut qu'avant de priver des privilèges de son état, un clerc qui s'est engagé dans la profession des *armes*, on lui fasse trois monitions canoniques. Innocent IV dit même qu'un clerc peut jouir de ses privilèges dans le service militaire. Le cardinal Hostiensis ajoute que bien loin qu'un ecclésiastique qui porte les *armes* encoure de plein droit la perte de son bénéfice, il seroit au contraire punissable, si dans l'exercice de cette profession, il ne faisoit son devoir & n'exhortoit les autres à faire le leur. Covarruvias, Bonacina, Suarez, Navarre & plusieurs autres, tant théologiens que canonistes, ne sont pas moins indulgens sur cette question.

M. Piales, qui a traité la même matière avec quelque étendue, dit après les autorités qu'on vient de rapporter, qu'on peut regarder comme indubitables ces trois maximes : la première, que l'engagement dans la profession des *armes* ne fait point vaquer le bénéfice de plein droit.

La seconde, que cette profession ne rend irrégulier ni le laïque ni le clerc, pourvu qu'ils ne sachent pas positivement avoir tué ou mutilé.

La troisième, qu'on peut assister à un combat, y commander en qualité d'officier, & exhorter les soldats à faire leur devoir, sans encourir l'irrégularité, pourvu que soi-même on ne tue ou l'on ne mutile personne.

Le grand-conseil a néanmoins jugé par arrêt du 28 mars 1742, que l'état de capitaine emportoit abdication de l'état ecclésiastique.

Le parlement de Paris a une jurisprudence opposée, comme le prouve un arrêt qu'il a rendu le 22 juin 1672.

Au reste, on ne voit plus guère de clercs aller au service dans le dessein de revenir à l'église après quelques campagnes.

Armes, (*Manufactures d'*) nous avons en France plusieurs loix qui défendent la fabrication de certaines *armes* : un édit de 1666 défendit celle des pistolets de poche, soit à fusil, soit à rouet, des bayonnettes, des poignards, des couteaux en forme de poignards, des dagues, des épées en bâtons, ou des bâtons en ferremens, à peine contre les vendeurs & fabricans, pour la première fois, de cent livres d'amende, & d'interdiction de leur maîtrise pour un an ; &, en cas de récidive, de privation totale de la maîtrise.

Cette même loi, dans le cas où les *armes* auroient été fabriquées en chambre par des compagnons, veut qu'ils soient fustigés & flétris pour la première fois, & envoyés aux galères pour la seconde.

Comme la fabrique des bayonnettes à ressort, propres aux fusils des soldats, n'étoit pas comprise dans les défenses dont nous venons de parler, la même loi veut qu'elles ne soient fabriquées & vendues que par ceux auxquels le roi le permettra, & qu'il n'en soit livré qu'aux officiers préposés pour les acheter ou les faire fabriquer, dont ils doivent donner leur certificat aux fabricans & vendeurs qui sont tenus de l'inscrire sur leur registre.

L'exécution de cet édit a été confirmée par une déclaration du 23 mars 1728.

Il y a en France plusieurs manufactures d'*armes* qui sont sous la protection du roi, & dont plusieurs ne travaillent que pour lui, telle que celle d'*armes* blanches, établie en Alsace par lettres-patentes du 15 juillet 1730.

On trouve, dans le code militaire de Briquet, une ordonnance du 25 octobre 1716, portant réglement pour les ouvriers qui fabriquent des *armes* à l'usage des troupes dans les manufactures de S. Etienne en Forez, de Charleville, Mouzon & Maubeuge.

Une autre ordonnance, du 10 juillet 1722, prescrit l'ordre qui doit être observé dans les manufactures, où l'on fabrique des *armes* pour le service du roi.

Suivant cette ordonnance, les entrepreneurs doivent tenir un registre pour y inscrire les noms des ouvriers employés dans leur manufacture. Ce registre doit être vérifié par l'inspecteur & le contrôleur, sinon il seroit regardé comme nul.

Il est défendu aux marchands, & à toute autre personne quelle qu'elle soit, d'acheter directement ni indirectement, des ouvriers des manufactures où l'on fabrique des *armes* pour le roi, aucune matière propre à cette fabrication, comme fer, houille, acier, fil de fer, limes, tôles, bois, borax, platines, canons, & en général tout ce qui sert à la construction d'une *arme*, sous peine de confiscation des marchandises & d'être mis en prison, sans qu'il faille avoir recours, pour cet effet, aux juges ordinaires. Il est enjoint à l'inspecteur & au contrôleur de chaque manufacture de faire exécuter cette ordonnance, de dresser des procès-verbaux des contraventions à la requisition de l'entrepreneur, & de recourir à l'autorité des gouverneurs & commandans des places, pour avoir main-forte s'il en est besoin.

Les contestations qui peuvent survenir entre les ouvriers & l'entrepreneur, pour raison du service de la manufacture, doivent être jugées sur le rapport de l'inspecteur & du contrôleur, & à la requisition de l'entrepreneur, par l'intendant ou le commissaire ordonnateur employé dans le lieu où la manufacture est établie, sans qu'aucun autre juge puisse en connoître.

Aucun ouvrier, armurier ou autre, établi dans une ville où l'on fabrique des *armes* pour le service du roi, ne peut entreprendre de fournir des *armes* aux troupes, à moins que les canons n'aient été éprouvés dans le lieu de la manufacture, en présence de l'inspecteur & du contrôleur.

Les cabaretiers ou autres marchands, qui font crédit aux ouvriers des manufactures d'*armes* dont il s'agit, ne peuvent rien exiger de l'entrepreneur pour leur paiement, à moins qu'il ne leur en ait répondu.

Les ouvriers, qui sont redevables à l'entrepreneur, ne peuvent quitter la manufacture qu'ils ne l'aient entiérement satisfait, à peine d'être mis en prison.

Lorsque ces ouvriers ne font autre chose que de travailler à la fabrication des *armes* destinées aux troupes du roi, & qu'ils sont inscrits sur le registre dont on a parlé, ils doivent être exempts de loger des gens de guerre & de monter la garde bourgeoise, sa majesté ayant jugé cette exemption nécessaire, pour qu'ils ne soient point interrompus dans leur travail.

Il n'est pas permis, en France, d'envoyer à l'étranger des *armes* & des munitions de guerre, elles sont déclarées, à la sortie du royaume, marchandises de contrebande; mais on ne doit entendre, par le mot d'*armes*, que celles qui sont à l'usage des troupes. Les épées montées ou non montées, les fusils & pistolets à l'usage des particuliers, peuvent sortir librement du royaume en payant les droits de sortie, suivant le tarif: ce que nous disons est conforme aux décisions du conseil des 1 novembre 1736 & 5 février 1753.

Les *armes* destinées pour le commerce de Guinée, sont déclarées exemptes de tout droit de sortie, par l'art. 6 des lettres-patentes du mois d'avril 1716.

L'entrée des *armes*, dans le royaume, n'a pas toujours été libre, comme on peut le voir par les déclarations des 3 février 1617, mai 1618, 25 janvier 1620; ainsi que par les ordres du roi des 29 novembre 1666 & dernier octobre 1668.

Ceux qui voudront s'instruire des droits d'entrée & de sortie qui se perçoivent sur toutes les espèces d'*armes*, doivent consulter le tarif de 1664, les arrêts du conseil des 2 mars 1728, 30 mars 1747, 15 juin 1755, 7 décembre 1756 & 16 août 1769.

Armes *ou* Armoiries, en terme de l'art héraldique, on appelle *armes* ou *armoiries* certains signes ou marques d'honneur, de noblesse, de dignité, qui servent à distinguer les états, les communautés, les familles & leurs différentes branches.

Elles sont composées d'émaux, de couleurs, de figures déterminées qu'on fait peindre sur les écus, sur les cottes-d'*armes*, sur les bannières & pennons, & qu'on brodoit aussi anciennement sur les habits.

Elles ne servent pas seulement à distinguer les états & les familles, mais elles indiquent encore leurs prétentions, leurs alliances, des droits, des concessions, des patronages, *&c....* & sous ce point de vue, elles sont d'un grand usage dans la diplomatique.

Le nom d'*armes* ou d'*armoiries* a été donné à ces marques d'honneur, parce qu'on a commencé à les porter sur les *armes*, telles que le bouclier & la cuirasse. Lorsque l'usage du bouclier a été abandonné, les guerriers ont fait représenter leurs *armes* dans une enceinte qui avoit à-peu-près la forme de l'écu, & que depuis on a appellé *écusson*, & qu'ils faisoient porter devant eux dans les tournois.

Origine des armoiries. On n'est pas d'accord sur l'origine des *armoiries*. Favyn prétend qu'elles ont été dès le commencement du monde; Segoin, du temps des enfans de Noé; d'autres, du temps d'Osiris, ce qui est appuyé par quelques passages de Diodore de Sicile; d'autres, du temps des Hébreux, parce qu'on a donné des *armes* à Moyse, à Josué, aux douze Tribus, à Esther, à David, à Judith, *&c.* & d'autres, dès les temps héroïques, & sous l'empire des Assyriens, des Mèdes & des Perses; ceux-ci s'appuient sur Philostrate, Xénophon & Quint-Curce; quelques-uns prétendent qu'Alexandre régla les *armoiries* & l'usage du blason; le père Monet veut qu'elles aient commencé sous l'empire d'Auguste; d'autres, pendant les inondations des Goths, & d'autres, sous l'empire de Charlemagne. Chorier, dans son histoire du Dauphiné, remarque que chaque soldat Gaulois faisoit peindre sur son bouclier, quelque marque qui lui étoit propre, & par la vue de laquelle il pouvoit être reconnu entre ses compagnons; il cite, sur cela, Pausanias, qui le dit en effet; & c'est là, selon Chorier, l'origine des *armes* des familles nobles. Il dit ailleurs qu'il y auroit de l'ignorance à croire que les Romains aient entiérement manqué d'*armoiries*; mais qu'il n'y en auroit guère moins à soutenir qu'ils en aient eu qui fussent propres à chaque famille. Spelman dit que ce sont les Saxons, les Danois & les Normands, qui les ont apportées du Nord en Angleterre, & de-là en France. Il est certain que, de temps immémorial, il y a eu, parmi les hommes, des marques symboliques, pour se distinguer dans les armées, & qu'on en a fait des ornemens de boucliers & d'enseignes; mais ces marques ont été prises indifféremment pour devises, emblêmes, hiéroglyphes, *&c.* Ce n'étoient point des marques héréditaires de la noblesse d'une maison, réglées selon l'art du blason, & accordées ou approuvées par les souverains. Ainsi, avant Marius, l'aigle n'étoit point l'enseigne perpétuelle des généraux romains; ils portoient indifféremment dans leurs étendards, ou un loup, ou un léopard, ou un aigle, selon le choix de celui qui commandoit. On remarque la même diversité à l'égard des François; ce qui fait que les auteurs sont partagés, lorsqu'ils parlent des *armoiries* de France.

Ceux qui prétendent qu'elles doivent leur origine aux tournois & aux carrousels, disent qu'anciennement, dans les spectacles, les cavaliers faisoient peindre, sur leurs boucliers, des chiffres, ou devises & emblêmes, pour marquer leurs belles actions, leurs inclinations, leurs passions, ou quelque autre chose à leur avantage, ou à celui de leurs dames; que, dans ces occasions, ils portoient, comme un témoignage public de leur passion, les couleurs pour lesquelles leurs dames s'étoient déclarées, & qu'ils en parsemoient ou partageoient leur écu. Quoi qu'il en soit, les *armoiries* sont devenues, par la suite, le signe distinctif des différentes maisons & familles nobles.

Des juges établis sur le fait des armoiries. Pour maintenir l'ordre & la police dans le port des *armoiries*, & prévenir les usurpations à cet égard, Philippe-Auguste créa un roi d'*armes* de France, dont les fonctions furent de tenir, sous l'inspection & surintendance du connétable & des maréchaux de France, des registres de toutes les familles nobles, de leurs *armoiries* blasonnées, & du nom, surnom & qualité de quiconque avoit droit d'en porter. Mais Charles V ayant, par sa chartre de l'an 1371, accordé aux parisiens les privilèges de la noblesse, ils se virent autorisés à porter des *armoiries*, &, sur cet exemple, les notables bourgeois des autres villes en prirent aussi.

Charles VIII, voulant réprimer les abus qui s'étoient introduits à cet égard, créa, en 1487, un maréchal d'*armes* de France, auquel il attribua les mêmes fonctions, que l'ancien roi d'*armes* avoit négligé d'exercer.

Les rois, successeurs de ce prince, firent, dans le même esprit, différens réglemens sur ce sujet, comme le prouve l'art. 90 de l'ordonnance d'Orléans, publiée sous Charles IX; l'art. 257 de celle de Blois, publiée sous Henri III; & la déclaration de Henri IV, du 23 août 1598. Mais la licence des temps ayant rendu ces réglemens sans effet, la noblesse de France supplia Louis XIII, en 1614, *de faire faire une recherche de ceux qui avoient usurpé des armoiries, au préjudice de l'honneur & du rang des grandes maisons & anciennes familles.*

Sur ces remontrances, il fut créé, par édit du mois de juin 1615, un juge d'*armes* de la noblesse de France, auquel toute jurisdiction fut attribuée, pour connoître du fait des *armoiries* & des contestations qui pourroient en naître, à la charge de l'appel en dernier ressort, pardevant les maréchaux de France. Cet officier fut en même temps chargé de dresser des registres universels, pour y insérer le nom & les *armes* des personnes nobles; & il fut ordonné à celles-ci de fournir aux baillis & sénéchaux les blasons & *armes* de leurs maisons, pour y être envoyés. Il fut d'ailleurs fait défense à quiconque seroit à l'avenir honoré du titre de noblesse, de porter des *armoiries*, qu'elles n'eussent été reçues par le juge d'*armes*, & qu'il n'en eût donné son attache.

Louis XIV ayant reconnu qu'à défaut d'autorité sur les baillis & sénéchaux, le juge d'*armes* n'avoit pu former des registres assez authentiques pour conserver le lustre des *armoiries* des grandes & anciennes maisons, & fixer celles des autres maisons qui avoient droit d'en porter, prit le parti de supprimer l'office de juge d'*armes*, & d'établir un dépôt public où devoient être enregistrées toutes les *armoiries*. Il créa en conséquence différentes maîtrises particulières, lesquelles devoient connoître chacune dans son district, de tout ce qui auroit rapport aux *armoiries*, à la charge de l'appel en derniere instance, pardevant une grande maîtrise générale & souveraine à Paris. Mais les offices créés pour composer ces maîtrises n'ayant point été levés, cet établissement ne put avoir lieu, & par édit du mois d'avril 1701, l'office de juge d'*armes* fut rétabli.

Louis XV, ayant voulu effectuer le projet formé par Louis XIV, rendit, le 29 juillet 1760, une

une ordonnance qui, faute d'enregistrement au parlement, n'a point eu d'exécution.

De ceux qui ont le droit d'avoir des armes. Originairement les gentils hommes seuls jouissoient du droit d'avoir un écusson, sur lequel ils faisoient peindre leurs *armes*; & lorsque le roi ennoblit un roturier, il l'autorise à avoir des *armes*, qui ordinairement sont représentées au bas des lettres d'anoblissement.

Les *armoiries* paroissent être tellement affectées à la noblesse, qu'on brise l'écusson d'un gentilhomme dégradé; & qu'on l'enterre, lorsque le dernier rejetton d'une maison vient à mourir.

Le roi Charles V, par une chartre de 1371, ayant ennobli les parisiens, ils prirent des *armoiries*. Leur exemple fut bientôt suivi par les habitans des autres villes, quoiqu'ils n'eussent pas les mêmes droits; ils ont toujours continué à les porter, parce qu'on ne les a jamais troublés dans leur possession: cependant, suivant les ordonnances, il n'y a que les nobles qui puissent avoir écu, ou *armes* timbrées.

Maréchal, dans son *Traité des droits honorifiques*, cite un arrêt du parlement de Dijon, qui a condamné des bourgeois en 1000 liv. d'amende, parce qu'ils portoient des *armoiries* & prenoient la qualité de nobles.

Les académies, les universités, les villes, les provinces, les communautés ont des *armes*; mais il faut que ces corps les reçoivent du souverain, & ils ne peuvent les changer sans sa permission.

Les gentilshommes ayant distingué leurs *armoiries* par le heaume ou armure de tête, qu'on nomme aussi *casque* & *timbre*, les roturiers ont aussi timbré les leurs, malgré les défenses qui en ont été faites dans les ordonnances d'Orléans, *art.* 200, & de Blois, *art.* 255. Anciennement la haute noblesse seulement usoit du privilège de timbrer ses *armes*; les simples gentilshommes les portoient nues & sans timbre. Aujourd'hui les femmes portent encore leurs *armes* sans timbre; leur écusson est en lozange, entouré de cordelières, qu'on nomme *lacs d'amour*.

Les couronnes de comtes & de marquis, servent aujourd'hui de timbre aux *armoiries* des roturiers. L'édit de 1696 les autorisoit à demander au prince le droit d'*armoiries*, & il est libre d'en prendre à ceux qui en ont obtenu la permission; mais comme cette loi n'a jamais été révoquée, & subsiste encore dans toute sa vigueur; qu'elle prononce 300 liv. d'amende contre ceux qui usurpent induement le droit de porter des *armes*, on pourroit l'exiger de tous ceux qui se servent d'*armoiries* sans titre, & leur faire en outre supporter la confiscation de tous les meubles, sur lesquels elles se trouveroient peintes.

Ceux qui, par rapport à une charge ou à une dignité, ont le droit de prendre, dans leur écusson, certaines marques d'honneur qui caractérisent leur état, sont dépouillés du privilège de porter ces ornemens extérieurs, par la perte ou la vente de leur office ou dignité. Ainsi, un duc & pair, un président à mortier, ne peuvent plus poser leurs *armes* sous le manteau herminé, lorsque le duc n'est plus possesseur de la pairie, & que le président à mortier a résigné son office; cependant si le roi leur conserve les honneurs de leur dignité, ils peuvent continuer à en porter les marques, mais leurs enfans n'ont pas le même droit.

Lorsqu'une famille noble est éteinte, ou du moins qu'il n'en reste plus de mâles, il faut le concours de l'autorité souveraine, pour donner le droit à quelqu'un de porter le nom & les *armes* de cette famille. Ce principe est certain; il est fondé sur ce que les particuliers ne peuvent valablement faire entre eux aucune convention contraire à l'ordre établi par le souverain, à moins qu'il n'y ait donné son approbation. Or, cet ordre exige que les enfans portent le nom & les *armoiries* de leurs pères. Aussi, dans les lettres-patentes du mois de novembre 1572, par lesquelles Antoine de Blanchefort fut autorisé à porter le nom & les *armes* de Créqui, le roi s'exprime ainsi: *à nous seuls appartient de permettre la mutation & changement de cri, noms & armes des grandes & illustres maisons*, &c.

Observant néanmoins que les lettres, par lesquelles le roi autorise un sujet à prendre le nom & les *armoiries* d'une famille, demeureroient sans effet, s'il y avoit encore des mâles de cette famille, & qu'ils s'opposassent à l'enregistrement de ces lettres. La raison en est que, quand le souverain accorde une grace, il ne veut pas qu'elle porte préjudice aux droits d'un tiers.

La fille, qui épouse un homme noble, conserve les *armoiries* de sa famille, & elles se placent au côté gauche de celles de son mari.

Du droit de faire poser ses armes dans l'église. Les seigneurs hauts-justiciers & les patrons peuvent faire mettre leurs *armoiries* dans leurs justices ou fondations, mais celles du patron doivent être placées au-dessus de celles du haut-justicier. Le Prêtre rapporte un arrêt qui l'a ainsi jugé le 23 août 1614.

Quoique le patronage & les droits honorifiques soient transmis, par la vente de la terre à laquelle ils sont attachés, l'acquéreur n'est point pour cela autorisé à ôter les *armoiries* des patrons, parce que ce seroit faire une injure à leur famille. Cet usage est conforme aux loix romaines, qui défendoient d'effacer l'inscription mise en l'honneur de celui qui avoit fait un ouvrage public.

La chambre de l'édit a jugé conformément à ces dispositions, par arrêt du 22 mai 1658, en défendant à l'acquéreur d'une terre où il y avoit un couvent de cordeliers, fondé par les aïeux du duc de Rohan, d'ôter de dessus *les vitres* & autres endroits, les *armoiries* des fondateurs. C'est que ces marques d'honneur, étant tout à la fois des monumens de libéralité & de reconnoissance, doivent bien moins être considérées comme réelles, que comme personnelles. Il en seroit autrement des litres & ceintures funèbres, peintes sur les murs d'une église paroissiale; le seigneur moderne pourroit faire effacer celles des anciens seigneurs. Il auroit le même droit à l'égard des *armoiries* qui seroient sur des édifices particuliers.

Un autre arrêt du 5 juin 1644, rapporté par Basnage, a condamné les religieuses de Villarceaux à rétablir les *armoiries* des seigneurs de ce lieu, qu'elles avoient fait ôter de dessus la porte & principale entrée de leur église, ensemble plusieurs inscriptions & titres, qui justifioient que les seigneurs de Villarceaux avoient réédifié l'église de ces religieuses.

Les *armoiries*, peintes sur les vitres, ne sont que des marques d'honneur & non de seigneurie, à moins qu'elles ne soient seules à la maîtresse vitre.

Un arrêt du premier avril 1623, rapporté au quatrième tome du journal des audiences, a jugé qu'un gentilhomme ne pouvoit, même avec une possession immémoriale, avoir ses *armoiries* aux vitres d'une chapelle, à moins qu'il ne constât d'une rétribution payée à la fabrique pour cet effet.

Les bienfaicteurs d'une église ne peuvent faire mettre leurs *armoiries* qu'à quelque tableau, image ou ornement dans le chœur, & non aux vitres du chœur, ni au corps de l'église.

Par arrêt du 11 août 1622, le parlement de Toulouse a autorisé un curé, nonobstant l'opposition du seigneur haut-justicier, à recevoir des tableaux où étoient peintes les *armoiries* de ceux qui les avoient donnés, pour qu'on les plaçât sur les autels de l'église.

Le seigneur, qui a ses *armoiries* gravées sur les cloches, n'a pas le droit d'obliger les marguilliers & les habitans à les faire remettre lorsqu'on refond les cloches.

Lorsqu'il y a plusieurs patrons d'une même église, l'aîné, ou celui qui est issu de l'aîné, doit avoir ses *armoiries* placées à la droite, le puîné à la gauche, ou l'aîné pose les siennes au-dessus de celles du puîné: cela a été jugé par arrêt du parlement de Toulouse, du 13 septembre 1552. Il en seroit de même, si la seigneurie étoit possédée indivisément par deux seigneurs.

Explication des qualifications ajoutées au mot armoiries. On appelle *armoiries pures & pleines*, celles qui n'ont aucune autre pièce de blason, que celles qu'elles doivent avoir. Telles sont les *armes* de France, *d'azur aux trois fleurs-de-lys d'or;* & il n'y a dans tout le royaume, que le roi seul & son successeur légitime qui les puissent porter pures & pleines, c'est-à-dire, sans brisures & écartelures. Les aînés des premières maisons de France, portent aussi les *armes* de leurs familles pures & pleines; les puînés les brisent de quelque pièce de blason.

Les *armes brisées* sont celles auxquelles on a ajouté quelque pièce pour brisure, comme celles de M. le duc d'Orléans, qui porte les *armes* de France, brisées d'un lambel d'argent.

Les *armes d'alliance* sont celles que les familles prennent & ajoutent aux leurs, pour connoître les alliances qui se font par les mariages.

Les *armes de concession* sont celles qui sont données & autorisées par un prince, & souvent prises de quelque partie des siennes, pour être ajoutées à celles de la personne qu'ils en veulent honorer, en récompense de quelque service signalé.

Les *armes assomptives* sont celles qu'un homme a droit de prendre, en vertu de quelque action honorable & d'éclat. En Angleterre, un guerrier, qui n'est pas noble, & qui fait prisonnier de guerre un gentilhomme ou un prince, a droit de porter les armes de son prisonnier, & de les transmettre à sa postérité.

Les *armes chargées* sont celles auxquelles on ajoute quelque pièce, pour quelque action glorieuse. Et l'on appelle *armes diffamées* ou *déchargées*, celles dont on a retranché quelque pièce ou partie, pour punition de quelque délit; comme il arriva, sous S. Louis, à Jean d'Avênes, qui, pour avoir injurié sa mère Marguerite, comtesse de Flandres, en présence de ce roi, fut condamné à porter le lion de ses *armes* morné, c'est-à-dire, sans ongles & sans langue.

Suivant l'art. 197 de l'ordonnance de 1629, les bâtards nobles doivent, ainsi que leurs descendans, porter, dans leurs *armoiries*, une barre qui les distingue d'avec les légitimes.

ARMENTIÈRES, petite ville de la Flandres françoise, dans la châtellenie de Lille, du gouvernement & de l'intendance de Flandres. La justice y est rendue par un bailli & sept échevins, dont les appels se relèvent au parlement de Douai.

On y suit encore plusieurs loix des ducs de Brabant, anciens souverains du pays. *Armentières* a une coutume particulière qui ne contient que neuf articles; sur tout le reste, on suit la coutume de la châtellenie de Lille.

Les seigneuries de S. Simon, Raise & Cour, qui sont situées dans le territoire d'*Armentières*, ont aussi une coutume locale & particulière, contenue en cinq articles. Ces coutumes se trouvent dans le tome second du Coutumier général.

ARMER, v. a. (*Eaux & Forêts.*) *armer* un arbre, c'est l'entourer d'épines, pour empêcher qu'il ne soit touché & endommagé par les bestiaux ou les passans. Un arrêt du conseil, du 3 mai 1720, ordonne à tous les propriétaires d'héritages, aboutissans sur les grands chemins, d'*armer* d'épines les arbres, que ce même arrêt leur ordonne de planter sur les bords du chemin. *Voyez* ARBRE, *section troisieme.*

ARMINIANISME, s. m. (*Droit ecclésiastique.*) c'est le nom qu'on donne à une secte particulière de réformés, à laquelle Arminius a donné son nom.

Calvin & ses premiers sectateurs avoient établi des dogmes très-sévères sur le libre arbitre, la prédestination, la justification, la persévérance & la grace. Arminius prit, sur tous ces points, des sentimens plus modérés, & qui le rapprochoient, à quelques égards, de ceux de l'église romaine. Gomar, calviniste rigide & professeur de théologie à Groningue, s'opposa fortement aux opinions d'Arminius.

Leurs querelles théologiques menacèrent les Provinces-Unies d'une guerre civile ; on assembla, pour les terminer, un synode à Dordrect en 1618 & 1619, dans lequel il se trouva, outre les théologiens de la Hollande, des députés de toutes les églises réformées, à l'exception des françois, qu'on empêcha d'y assister, par des raisons d'état. Les Arminiens y furent condamnés, & on se servit de ce prétexte, pour poursuivre & persécuter ceux qu'on avoit intérêt de croire Arminiens.

Ce fut le motif apparent qu'employa le prince Maurice, pour faire périr, par la main du bourreau, Barnevelt, grand pensionnaire de Hollande, à l'âge de soixante-dix ans. Il en avoit passé quarante dans les emplois les plus honorables, & dans la conduite des affaires les plus importantes ; mais la religion ne fut qu'un prétexte, dont le prince Maurice se couvrit, pour se défaire de celui dont il craignoit les reproches & les talens, & qui étoit le plus en état de s'opposer à ses desseins ambitieux.

ARMOIRE, f. f. (*Eaux & Forêts.*) l'ordonnance des eaux & forêts de 1669, *tit. 8*, *art. 12*, a prescrit de mettre en la chambre de chaque maîtrise une *armoire*, pour y déposer les registres, les minutes, & généralement toutes les pièces qui concernent la jurisdiction. Le greffier, qui quitte son greffe & sort d'exercice, est obligé de remettre les clefs de cette *armoire* à son successeur, & de dresser, en sa présence & en celle du maître particulier, ou de son lieutenant, un inventaire de tout ce qui y est contenu, sans que lui ou ses héritiers puissent retenir aucunes pièces, sous quelque prétexte que ce soit. Le nouveau greffier est tenu de se charger de tout ce qui est déposé dans l'*armoire*, au pied de l'inventaire.

ARNAY *ou* ERNAY-LE-DUC, petite ville du duché de Bourgogne, siège du bailliage d'Auxois, & de la chancellerie qui y est unie ; ils ressortissent tous les deux au parlement de Dijon, &, pour le premier chef de l'édit, au présidial de Saumier. Le prieur de S. Benoît exerce, deux fois l'année, la justice dans *Arnay*, la veille de S. Jacques, & la veille de S. Blaise, depuis midi, jusqu'à pareille heure du lendemain. Il y a aussi à *Arnay* un grenier à sel, dépendant de la généralité & de la direction de Dijon ; le sel s'y vend volontairement 35 liv. le minot.

ARPENT, f. m. (*Droit civil.*) c'est une mesure de terre, qui est plus ou moins grande, selon les différens pays, & à laquelle on donne aussi diverses dénominations. En Normandie, on la nomme *acre* ; dans le Lyonnois, *bicherée* ; dans le Dauphiné, *septérée* ou *journal* ; en Languedoc, *saumée* ; en Bretagne & en Lorraine, *journal* ; en Saintonge, *brasse*.

L'arpentage des terres, vignes, prés, jardins, *&c.* doit se faire suivant la mesure usitée dans le pays ; mais, par une disposition textuelle de l'ordonnance de 1669, les bois, soit du roi, soit des ecclésiastiques, soit des particuliers, doivent être mesurés indistinctement dans toutes les provinces du royaume, à raison de cent perches par arpent ; la perche de vingt-deux pieds ; le pied de douze pouces, & le pouce de douze lignes mesure de roi, à peine de 1000 liv. d'amende.

Malgré une disposition aussi précise, il s'est présenté deux fois au parlement de Paris, la question de savoir à quelle mesure on devoit arpenter les bois, lorsque la quantité de l'*arpent* n'avoit pas été déterminée par la vente. Les vendeurs prétendoient qu'elle se devoit faire suivant la coutume des lieux ; les marchands soutenoient, au contraire, qu'il falloit employer la perche désignée par l'ordonnance. La prétention des marchands a été confirmée par deux arrêts des 3 mars 1690, & 25 avril 1760.

Ces décisions, comme le remarquent très-bien les auteurs du *Répertoire universel & raisonné de jurisprudence*, sont dans les vrais principes, parce que les personnes qui contractent, ne sont présumées le faire que suivant la loi générale, qui est censée connue de tous les régnicoles.

Etat des diverses grandeurs de l'arpent, selon les coutumes de chaque province. L'*arpent* de Paris contient 100 perches quarrées ; la perche, 18 pieds ou 3 toises ; la toise, 6 pieds ; le pied, 12 pouces, & le pouce, 12 lignes : il y a des lieux où la perche a 20 pieds, & d'autres où elle en a 22.

L'*arpent* de Montargis a 100 cordes, & la corde a 20 pieds.

L'*arpent* de Bourgogne contient 440 perches ; la perche, 9 pieds & demi ; le pied, 12 pouces : on ne se sert de cette mesure que pour les bois.

Les terres, les vignes & les prés se mesurent au journal, qui contient 360 perches, de 9 pieds ½ chacune.

L'*arpent* de Bourbonnois, pour les bois, contient 4 toises ; la toise, 6 pieds ; le pied, 12 pouces ; par conséquent, l'*arpent* contient 40 toises, sur chaque côté du carré.

Les terres, les vignes & les prés se mesurent, dans cette province, à la septerée, quartelée, quartonnée, bicherée, coupée & boisselée, c'est-à-dire, l'étendue du terrein qui reçoit la semaille en gros grains, de ces différentes mesures ; & comme cette étendue est arbitraire, tant parce qu'il peut entrer dans une pièce de terre plus ou moins de grains, suivant le laboureur qui la seme, que parce qu'il faut avoir égard aux terreins que l'on distingue en trois classes ; savoir, la bonne & forte terre qui se trouve ordinairement le long des grandes rivières, que l'on appelle le *chambonnage* (pour dire de bons champs) ; la terre commune ou médiocre, qui se sème d'un cinquième de moins ; &

la mauvaise, qui se sème d'un sixième de moins que la commune; il en résulte une différence qui donne toujours lieu à mettre, dans les ventes & terriers, un environ, ayant pour objet le plus ou le moins.

L'*arpent* de Touraine est de 100 chaînes ou perches; la perche de 25 pieds; le pied de 12 pouces.

L'*arpent* d'Orléans est de 100 perches carrées; la perche de 20 pieds; le pied de 12 pouces.

L'*arpent* de Nivernois est de 4 quartiers; le quartier de 10 toises; la toise de 6 pieds, & le pied de 12 pouces: ainsi, le quartier est de 10 toises sur chaque face.

L'*arpent* de Poitou est de 80 pas en carré; chaque pas valant 5 pieds, qui est le pas géométrique.

L'*arpent* de la province de la Marche est égal à la septerée, qui doit être prise à la mesure de la châtellenie où elle est assise.

L'*arpent* de Dunois a 100 perches; la perche 20 pieds; le pied 12 pouces, & est égal à la septerée de terre, excepté à Marchenoir & à Freteval, lieux de la même coutume, qui ont leur *arpent* de 100 cordes, dont chacune est de 22 pieds.

L'*arpent* du pays de Perche contient 100 perches; la perche, 24 pieds, & le pied, 13 pouces: ce qui est égal à la septerée, qui vaut 4 boisselées.

L'*arpent* de Clermont en Beauvoisis est de 100 pieds, & dans quelques endroits de la même province, on ne mesure qu'à 72 verges pour *arpent*.

On mesure encore les terres & les autres héritages de cette province à la mine, qui a 60 verges; la verge de 22 pieds, & le pied de 11 pouces.

La mesure du Lyonnois est la bicherée, qui contient 196 toises; la toise de 7 pieds & demi; le pied de 12 pouces, & le pouce de 12 lignes; mais cependant ce pied n'est point égal au pied de roi, il se trouve plus long de 7 lignes & demie.

La bicherée lyonnoise se divise & mesure encore en pas, & en contient 1764 en carré, le pas a 2 pieds & demi de longueur.

En Beaujolois & aux environs de Lyon, la bicherée, qui est la mesure ordinaire, est de 1600 pas, & le pas de deux pieds & demi.

Villefranche en Beaujolois a un pied plus court de 4 lignes que celui de Lyon; par conséquent, encore plus long de 3 lignes & demie que celui de roi; & la toise y est toujours de 7 pieds & demi de longueur.

En Dauphiné, on mesure la septerée au journal & à la quartelée; la septerée contient 900 toises carrées, & le journal 600 toises carrées; les 2 septerées font 3 journaux; la septerée fait 4 quartelées; la quartelée 4 civadiers; le civadier 4 picotins; le pied delphinal est égal au pied de la ville de Lyon, & la toise est de 6 pieds.

En Languedoc, on mesure les héritages à la saumée, qui est composée de 1600 cannes carrées; la canne de 8 pans, & le pan de 8 pouces 9 lignes.

En Provence, la saumée est de 150 cannes carrées; la canne de 2 quartelées & demie; la quartelée de 4 civadiers; le civadier de 4 picotins.

En Normandie, les terres & les prés se mesurent par acre; les bois & bocages par *arpent*; & les vignes & les vergers par quartiers.

L'acre a 160 perches; l'*arpent* a 100 perches; le quartier a 25 perches: l'acre est composée de 4 vergées; la vergée de 40 perches; la perche de 22 pieds.

En Bretagne, on mesure les héritages au journal, lequel contient 22 seillons un tiers; le seillon a 6 raies; la raie 2 gaules & demie; la gaule 12 pieds.

L'*arpent* & le journal de cette province sont la même chose; on leur donne 20 cordes en longueur, & 4 en largeur; chaque corde est de 20 pieds.

Dans la coutume du Maine, l'arpent est de 100 perches; la perche de 22 pieds; le pied de 12 pouces.

En Xaintonge, les bois se mesurent à la brasse, & la brasse est de 6 pieds communs.

En Lorraine, le journal a 250 toises quarrées; la toise est de 10 pieds; le pied de 10 pouces.

Le pas géométrique vaut 5 pieds; le pas commun vaut 3 pieds de roi.

Dans la généralité de Guienne, les terres se mesurent par escaits, par lattes, par quartonnats, par journaux & par septerées; l'escait est composé de 12 pieds mesure d'Agen, plus grand de 3 lignes que celui de roi; 24 escaits font la latte; 3 lattes font le quartonnat; 3 quartonnats le journal; & 2 journaux la septerée ou l'*arpent* du pays. Cette mesure s'emploie du côté de Clérac; mais elle varie dans les différens lieux de la province, où elle est tantôt plus forte, tantôt plus foible.

ARPENTAGE & ARPENTEUR, s. m. (*Jurisprudence.*) L'*arpentage* est l'art ou l'action de mesurer les terres; l'*arpenteur* est celui dont l'office est de faire les *arpentages*.

Il y avoit autrefois une charge de grand *arpenteur* de France. Le dernier titulaire a été Adrien le Hardi, marquis de la Trousse, chevalier des ordres du roi & lieutenant-général de ses armées. C'étoit de lui que la plupart des *arpenteurs* des provinces recevoient leurs provisions.

Les barons, qui étoient anciennement les premières dignités du royaume, avoient aussi le droit d'établir, dans leurs terres, des *arpenteurs*: cela est prouvé par l'édit de Henri II, du mois de février 1554, qui créa des *arpenteurs* dans chaque bailliage & sénéchaussée, avec la clause que c'étoit sans préjudicier aux droits des barons.

Une ordonnance de 1575 paroît avoir enlevé cette prérogative des barons, en défendant à tous seigneurs, hauts, moyens & bas-justiciers, d'instituer dans leurs justices d'autres *arpenteurs*, que ceux qui avoient été créés par le roi.

Il paroît aussi, par cette ordonnance, ainsi que par l'édit cité plus haut, que le grand *arpenteur* n'exerçoit plus alors son droit, du moins aussi généralement, & que sa dignité se trouvoit réduite à un seul titre sans fonction.

La charge de grand *arpenteur* de France ayant ensuite été supprimée, par arrêt du conseil d'état du 21 septembre 1688, il fut ordonné, par un autre arrêt du 2 juillet 1689, que les *arpenteurs*, qui avoient exercé sur la nomination de cet officier, prendroient des provisions du roi.

On distingue aujourd'hui deux sortes d'*arpenteurs*. Les premiers, qui font partie des officiers des maîtrises des eaux & forêts, & qui ne sont pas moins anciens que les maîtrises elles-mêmes; & les seconds, qui ont été créés en titre d'office, par édit du mois de mai 1702, au nombre de deux dans chaque bailliage ou jurisdiction royale, & d'un pour chaque autre ville ou bourg du royaume. Ces derniers *arpenteurs* sont communément appellés *arpenteurs experts*, parce qu'ils ont été unis aux jurés experts des bâtimens, par différens édits.

Il faut qu'un *arpenteur* sache bien l'arithmétique & la géométrie pratique; on ne devroit même jamais en recevoir, à moins qu'ils ne fussent instruits de la théorie de leur art. Celui qui ne sait que la pratique, est l'esclave de ses règles; si la mémoire lui manque, ou s'il se présente quelque circonstance imprévue, son art l'abandonne, ou il s'expose à commettre de très-grandes erreurs; mais quand on est muni d'une bonne théorie, c'est-à-dire, quand on est bien rempli des raisons & des principes de son art, on trouve alors des ressources: on voit clairement si la nouvelle route que l'on va suivre conduit droit au but, ou jusqu'à quel point elle peut en écarter.

Suivant l'article premier du réglement des *arpenteurs*, fait par le grand *arpenteur* de France, & enregistré au siège de la table de marbre de Paris, le 25 mai 1586, il ne devoit être reçu aucun *arpenteur*, qu'il ne connût les ordonnances, les us & coutumes des lieux; qu'il n'eût été pendant huit mois au moins apprenti chez des maîtres experts, & qu'il n'eût fait preuve de sa capacité dans l'art de l'*arpentage*.

Les *arpenteurs* ne peuvent être reçus, qu'après une information de vie & de mœurs, & ceux des maîtrises doivent en outre donner caution, jusqu'à la concurrence de 1000 livres, pour répondre des abus & malversations qu'on pourra leur imputer dans l'exercice de leurs fonctions : cela est ainsi prescrit par l'art. 2 du tit. 11 de l'ordonnance des eaux & forêts.

Suivant l'art. 4 du même titre, les *arpenteurs*, attachés aux maîtrises des eaux & forêts, avoient le droit de faire, par préférence à tous autres, les *arpentages* des bois, fonds, & domaines du roi & des ecclésiastiques, communautés ou gens de main-morte, ainsi que les mesurages ordonnés par justice, pour quelque cause que ce fût: il n'y avoit que les particuliers qui pussent employer d'autres *arpenteurs*, & seulement pour faire des *arpentages*, mesurages & délivrances volontaires.

Ces dispositions avoient été confirmées par plusieurs arrêts du conseil, entre autres ceux des 13 mars 1693, & 17 septembre 1697, qui avoient maintenu les *arpenteurs* des maîtrises au droit de faire, dans leur district, les *arpentages* & mesurages, tant des bois du roi, que de ceux des ecclésiastiques, *&c.* par préférence à tous autres *arpenteurs*, à peine de nullité & de 1000 liv. d'amende.

Quant aux bois des particuliers, il étoit ordonné que les *arpenteurs* des maîtrises en pourroient faire les *arpentages*, concurremment avec les experts *arpenteurs* jurés des bailliages, soit à l'amiable ou par autorité de justice, sans néanmoins que les *arpenteurs* des maîtrises pussent, en aucun cas, faire des mesurages de terres, prés ou vignes, au préjudice des experts *arpenteurs* jurés, à peine de nullité & de 1000 liv. d'amende.

Mais l'édit du mois de mai 1702 ayant attribué aux *arpenteurs*, qu'il créoit en titre d'office, le droit de faire, à l'exclusion de tous autres, les *arpentages* & prisées des terres, prés, bois, vignes, eaux & forêts, il s'éleva des contestations entre ces nouveaux *arpenteurs* & ceux des maîtrises. Ces derniers prétendoient être seuls en droit de faire les *arpentages* non-seulement des bois du roi, mais encore de ceux des ecclésiastiques & des communautés; les nouveaux *arpenteurs* opposoient à cette prétention leur édit de création. Sur ce différend, le conseil rendit un arrêt, le 18 septembre 1703, qui ordonna que les *arpenteurs*, créés par l'édit de 1702, pourroient faire les mesurages & *arpentages* des bois appartenans aux ecclésiastiques, communautés & particuliers, lorsqu'ils ne se feroient pas en vertu d'ordonnance des grands-maîtres ou des officiers des maîtrises, & qu'à l'égard des *arpentages* ordonnés par ces officiers, soit dans les bois des ecclésiastiques, des communautés & des particuliers, ou dans ceux du roi, ils ne seroient faits que par les *arpenteurs* des maîtrises, qui ne pourroient être troublés par les autres, à peine de tous dépens, dommages & intérêts.

Pour que les juges soient en état de décider de l'étendue d'un terrein contentieux, l'*arpenteur* doit détailler, dans son procès-verbal, la quantité de perches ou verges, dont l'arpent, le journal, la bicherée ou autre mesure est composée; la longueur de la perche, verge ou corde, & combien de pieds de roi elle contient.

Les juges doivent nommer, pour experts *arpenteurs*, ceux qui ont acquis des offices de cette espèce.

Un arrêt rendu le 16 septembre 1756, entre le sieur Mansart, seigneur de Levy en Nivernois, & des marchands auxquels il avoit vendu une coupe de bois considérable, ayant ordonné l'*arpentage* de ces bois par deux *arpenteurs* royaux, le sieur Mansart en nomma un qui avoit cette qualité; mais les acquéreurs de ces bois nommèrent le sieur Goyard, qui n'étoit pourvu que par commission du grand-maître des eaux & forêts.

Après que ces deux *arpenteurs* eurent commencé l'opération, le sieur Mansart récusa Goyard, sur le fondement de son défaut de qualité, & les marchands le soutinrent non-recevable.

L'incident fut jugé au parlement, & par arrêt du 13 avril 1758, il fut ordonné que les opérations seroient continuées par un autre *arpenteur* royal, conjointement avec le sieur Fourré, expert *arpenteur*, nommé par le sieur Mansart. Cette espèce se trouve dans la Collection de jurisprudence.

Les vacations des experts *arpenteurs* sont fixées, par l'édit de 1702, à 3 liv. chacune dans le lieu de leur résidence, & à 5 liv. lorsqu'ils sont obligés de se transporter ailleurs.

Le même édit leur a enjoint, sous les peines portées par les édits & réglemens relatifs à la perception des droits de contrôle des actes des notaires, de faire contrôler, dans les temps fixés, tous les actes qu'ils pourront passer.

L'art. 72 du tarif du 29 septembre 1722, fixe à dix sous le droit de contrôle des procès-verbaux de rapports d'experts, & de ceux d'*arpentage*, mesurage, prisée, vérification, estimation de réparations & dégradations, & autres de pareille nature, reçus par les notaires, greffiers, *arpenteurs* royaux, greffiers des experts ou de l'écritoire, & autres qui ont la faculté de dresser des actes de ce genre.

Les procès-verbaux, dont le droit est fixé par l'article cité, sont ceux par lesquels l'*arpenteur* ou l'expert parle seul, pour constater un fait de son ministère, sans que les parties interviennent pour faire aucun réglement entre elles, ou se soumettre à ceux faits par l'*arpenteur*; car si les parties faisoient quelque arrangement dans ces sortes d'actes, le droit de contrôle seroit dû relativement à cet arrangement.

C'est d'après ce principe que, par arrêt du 12 février 1746, le conseil a confirmé une ordonnance d'un subdélégué de l'intendant de Soissons, par laquelle Jacques le Quint, *arpenteur* à Ribemont, avoit été condamné à une amende de 200 l., pour n'avoir pas fait contrôler, dans la quinzaine, un acte d'*arpentage* & de subdivision de biens.

Par un autre arrêt du 21 décembre 1748, le conseil a confirmé une ordonnance de l'intendant d'Orléans, rendue contre Jean Bourgogne, *arpenteur*, pour n'avoir pas fait contrôler plusieurs procès-verbaux d'*arpentage*. Ce fut en vain que ce particulier représenta qu'il n'étoit pas *arpenteur* royal, & que la plupart de ses procès-verbaux n'étoient que des mesurages faits à l'amiable & sans contradicteur.

Un autre arrêt du 9 décembre 1751 a condamné le nommé Roussel, *arpenteur* en la maîtrise de Noyon, à payer les droits de contrôle de deux procès-verbaux d'*arpentage* de bois, & à 400 liv. d'amende, pour ne les avoir pas fait contrôler dans la quinzaine. Il opposa inutilement, à la demande du fermier, qu'il n'étoit pas notaire, & qu'il ne s'agissoit que de plans, qu'il avoit faits à la réquisition du procureur du roi de la maîtrise.

Un seigneur a-t-il le droit de faire arpenter les héritages de ses censitaires, & de leur reprendre ce qui, par l'événement de l'*arpentage*, se trouve avoir été usurpé sur lui, en laissant à ses vassaux l'étendue de terrein portée par leur titre? Cette question, dit l'auteur de la Collection de jurisprudence, se présenta, il y a environ vingt ans, entre le sieur Graffin & les nommés Brelets. Le sieur Graffin demandoit l'*arpentage* du terrein des Brelets, & soutenoit qu'ils avoient usurpé, sur sa seigneurie, 37 journaux de terrein qu'il revendiquoit; les Brelets représentoient leur contrat d'acquisition originaire, qui portoit 75 journaux trois quarts & demi, plus ou moins, si plus ou moins y a; « ainsi » que le tout consiste, s'étend & se comporte plus » ou moins, si plus ou moins y a; & sans que » le vendeur soit tenu d'en faire aucun mesurage, » tradition, ni délivrance à l'acquéreur ».

Les Brelets opposoient de plus une possession de 96 ans, & disoient que les confins de leur héritage étoient immuables; que, par conséquent, l'*arpentage* étoit inutile, puisqu'il étoit impossible qu'ils eussent usurpé une partie de la terre du sieur Graffin; néanmoins, par sentence du bailliage de Chaumont, du 18 août 1753, confirmée par arrêt rendu le 5 mai 1756, l'*arpentage* provisoire fut ordonné.

Il y a des provinces, telles que la Franche-Comté & la Lorraine, où les *arpentages* généraux sont en usage. Les juges les ordonnent, lorsqu'un grand nombre d'habitans se plaignent qu'ils ne jouissent que d'une partie des terres que leur donnent leurs titres de propriété; on fait faire, dans ce cas, si la matière y est disposée, l'*arpentage* général de toutes les terres d'une paroisse, par un *arpenteur* juré; & après que les propriétaires du territoire ont représenté leurs titres de propriété, on attribue à chacun ce qui est justifié lui appartenir.

Par arrêt du 3 juillet 1728, le parlement de Bretagne a ordonné aux greffiers des experts *arpenteurs* de son ressort, de remettre dans un mois, aux greffes des jurisdictions des lieux où ils auront travaillé, les minutes de leurs procès-verbaux de mesurage & *arpentage*.

Si les *arpenteurs* ordinaires d'une maîtrise sont absens, les officiers de cette maîtrise doivent demander aux officiers de la maîtrise voisine, un ou plusieurs de leurs *arpenteurs*, selon les circonstances, & ces *arpenteurs* ne peuvent leur être refusés. C'est la disposition de l'art. 6 du tit. 11 de l'ordonnance des eaux & forêts, lequel défend d'ailleurs, sous peine de nullité, aux officiers des maîtrises, de se servir d'autres *arpenteurs*, que de ceux qui sont pourvus ou commis par le roi.

Les *arpenteurs* de chaque maîtrise sont tenus de visiter, une fois par an, les bornes, fossés & arbres de lisière des forêts du roi, & de celles dans lesquelles sa majesté a intérêt, pour connoître s'il y a quelque chose de rempli, changé, coupé, arraché ou transporté, &c.

Il est expressément défendu aux *arpenteurs* de marquer, pour les ventes, plus ou moins d'arpens qu'il ne leur en a été prescrit par le grand-maître, même sous prétexte de rendre la figure plus régulière, ou pour quelque autre considération que ce soit; ensorte que le plus ou le moins n'excède pas un arpent sur vingt, à peine d'interdiction & d'amende arbitraire.

L'ordonnance veut que, si un *arpenteur* tombe jusqu'à trois fois dans une faute de ce genre, il soit déclaré incapable de faire les fonctions d'*arpenteur*.

S'il arrivoit qu'un *arpenteur* se laissât corrompre pour cacher un transport ou arrachement de bornes, & qu'il souffrît ou fît lui-même un changement de pieds corniers; l'ordonnance veut qu'il soit, dès la première fois, privé de sa commission, condamné à l'amende de 500 liv., & banni à perpétuité des forêts du roi, sans que les officiers puissent modérer ou différer la condamnation, sous peine de perdre leurs offices.

Suivant les ordonnances de Henri II, du mois de février 1554, & de Charles IX, du mois de décembre 1563, les rapports des *arpenteurs* doivent être crus en justice.

Les *arpenteurs* royaux ne sont pas obligés de se servir du ministère d'un greffier de l'écritoire, quand il ne s'agit que d'*arpentage* ou de mesurage; ils peuvent eux-mêmes rédiger leurs procès-verbaux, & en délivrer des expéditions aux parties: ce droit leur est attribué par l'édit du mois de décembre 1690.

Les *arpenteurs* des maîtrises sont déclarés, par l'ordonnance de 1669 & par divers arrêts du conseil, exempts de logemens de gens de guerre, ustensiles, fournitures, contributions, subsistance, tutèle & curatelle, collecte de deniers royaux & autres charges publiques.

Le réglement du conseil du 29 juin attribue aux *arpenteurs* des maîtrises, pour *arpentage* & *réarpentage* de chaque arpent de futaie, une livre, & pour chaque arpent de taillis, dix sous.

En Lorraine, les *arpenteurs* ont quatre sous par arpent de coupe annuelle, suivant le tarif annexé à l'édit du roi Stanislas, du mois de décembre 1747, portant création des maîtrises des eaux & forêts de cette province.

ARQUEBUSIER, s. m. (*Arts & Métiers. Droit civil.*) l'*arquebusier* est un artisan qui fabrique les petites armes à feu, telles que les arquebuses, fusils, mousquets, pistolets, &c.

Les *arquebusiers* ont tiré leur nom des premières armes à feu qu'on commença à faire après l'invention de la poudre, & qu'on appelloit *arquebuses à croc*.

Les *arquebusiers* ont été érigés en communauté par Henri III, qui, en 1575, leur donna des statuts enregistrés au parlement le 23 mars 1577. Ils ont été confirmés par Louis XIII en 1634. Des lettres-patentes du 2 janvier 1749, & un arrêt du conseil du 14 août de la même année, leur ont donné des réglemens pour les compagnons & ouvriers, & pour l'administration des deniers de la communauté.

Elle fut supprimée avec les autres communautés par l'édit du mois de février 1776; mais elle fut rétablie par celui du mois d'août de la même année, & réunie à celle des couteliers & des fourbisseurs: par ce moyen les *arquebusiers* jouissent du droit de fabriquer & de polir tous les ouvrages d'acier qu'ils peuvent vendre. Les frais de réception dans ce corps sont fixés par le même édit à 400 livres, au lieu de 650 livres auxquelles ils montoient auparavant.

La communauté des *arquebusiers*, couteliers, fourbisseurs doit être représentée, ainsi que le prescrit l'édit de 1776, par vingt-quatre députés, si le nombre des maîtres n'est que de trois cens; & par trente-six, si le nombre est plus considérable. Les jurés sont à la tête de cette députation pour la présider.

Nul ne pouvoit autrefois être élu juré, qu'il n'eût été maître de confrairie, à peine de nullité de l'élection, & d'un demi-écu d'amende contre chacun des maîtres qui lui avoit donné sa voix; mais, depuis que les confrairies ont été supprimées, il suffit d'être du nombre des maîtres qui ont payé les droits de confirmation, de réunion & d'admission, & qui forment le premier tableau des maîtres.

On ne peut exercer le métier d'*arquebusier*, ni tenir boutique d'arquebuserie, qu'on ne soit reçu maître: &, pour parvenir à la maîtrise, il faut avoir été apprentif pendant quatre ans, & compagnon pendant le même espace de temps. Les fils de maître ne sont pas dispensés de l'apprentissage qu'ils doivent faire chez un autre maître; mais ils peuvent passer le temps du compagnonnage dans la boutique de leurs pères.

Chaque maître ne peut avoir qu'un apprentif à-la-fois: ils peuvent cependant en prendre un second dans la dernière année du premier. Il est défendu à tout apprentif d'être plus de trois mois hors de chez son maître sans cause légitime, à peine d'être renvoyé & de perdre son droit à la maîtrise.

Les maîtres ne doivent pas débaucher les apprentifs ni les compagnons leurs camarades; ceux-ci ne doivent pas non plus quitter leurs maîtres avant d'avoir fini les ouvrages qu'ils ont commencés.

Tout aspirant à la maîtrise doit faire un chef-d'œuvre, à l'exception des fils de maître qui ne sont tenus qu'à une simple expérience.

Les compagnons qui ont fait leur apprentissage à Paris, sont préférés aux étrangers pour l'ouvrage chez les maîtres, à moins qu'ils ne veuillent pas travailler au même prix que ces derniers.

Tout maître doit avoir son poinçon pour marquer ses ouvrages. L'empreinte est gravée sur une table de cuivre, déposée au châtelet dans la chambre du procureur du roi.

Les maîtres *arquebusiers* peuvent faire toutes sortes d'arbalêtes d'acier, garnies de leurs bandages, d'arquebuses, de pistolets, de piques, de lances, de fusils, & les monter. Il leur est également permis de fabriquer & de vendre des bâtons à deux bouts, & toutes sortes de bâtons, ouvragés en rond & au rabot.

Mais il leur est défendu de brâser, & d'exposer en vente des canons de fusils brâsés. Les jurés, lorsqu'ils font leurs visites, ont le droit de mettre au feu les canons qu'ils soupçonnent brâsés, pour en découvrir la brâsure & les autres défauts. Si le canon n'a aucun vice, ils sont obligés de le faire remettre au même état qu'il étoit avant de le passer au feu. Il leur est également défendu, sous peine d'amende & de confiscation, d'aller au-devant des forains pour acheter leurs marchandises, avant que la visite n'en ait été faite par les jurés.

La déclaration du 22 mars 1728 leur défend de fabriquer des pistolets de poche ou d'autres armes défendues, & d'en faire le commerce, à peine, pour la première contravention, de confiscation & de cent livres d'amende, outre l'interdiction de travailler pendant un an; &, en cas de récidive, d'être privés de leur maîtrise, & même punis corporellement, selon les circonstances. Mais cette déclaration ne s'exécute point; les pistolets de poche, ainsi que les bâtons creusés dans lesquels on cache une bayonnette & autres armes de ce genre, sont aujourd'hui très-communes, & se vendent publiquement.

Les maîtres *arquebusiers* ne peuvent louer leur maîtrise ni faire exercer leur profession par d'autres personnes, à peine d'être destitués de leur maîtrise & condamnés aux dommages & intérêts, & à l'amende envers la communauté.

Il leur est permis de s'établir & d'ouvrir boutique par-tout où ils le jugent à propos, sans avoir égard à la distance des boutiques. Ils ont le privilège d'aller exercer leur métier dans toutes les villes du royaume, en justifiant seulement au juge royal ou au lieutenant de police de l'endroit l'acte de leur réception à Paris. Ce privilège est commun à toutes les maîtrises de la capitale, suivant un édit de Henri III, du mois de décembre 1581, enregistré au parlement le 7 mars 1583, & confirmé depuis par un arrêt du conseil du 23 janvier 1742.

Les veuves restant en viduité jouissent des privilèges de leurs maris, sans néanmoins pouvoir faire des apprentifs. Elles & leurs filles affranchissent les compagnons qu'elles épousent: ces derniers ne sont obligés qu'à la simple expérience, comme les fils de maître.

Pour être reçu maître dans cette communauté, comme dans les autres, il faut être âgé de vingt ans, ou marié (on obtient facilement des dispenses à cet égard): il faut faire profession de la religion catholique, être de bonnes vie & mœurs; &, après le temps d'apprentissage & de compagnonnage, faire le chef-d'œuvre ou l'expérience, payer les droits d'usage, & prêter le serment devant le procureur du roi au châtelet; les étrangers sont admis à la maîtrise sans être obligés de prendre des lettres de naturalité dont l'édit de 1776 les exempte, en même temps qu'il les a affranchis du droit d'aubaine pour leur mobilier & leurs immeubles fictifs.

Toutes les contestations concernant la communauté des *arquebusiers*, sa police générale & particulière, doivent être portées en première instance aux audiences de police, sauf l'appel au parlement.

Il a été permis aux *arquebusiers* de Paris d'établir un jeu d'arquebuse pour y exercer la jeune noblesse & ceux qui font profession des armes. Ce jeu subsiste encore aujourd'hui près des fossés de la porte S. Antoine.

ARQUEBUSIERS, (*Compagnie d'*) lorsqu'on commença à se servir de l'arquebuse, nos rois sentant les avantages qu'on pouvoit retirer de l'usage de cette arme pour la défense des villes, voulurent que les bourgeois s'exerçassent à en tirer; &, pour les y engager, ils leur proposèrent des prix qui consistoient en différens droits ou exemptions.

C'est par ce même motif que l'article 29 des statuts donnés à la communauté des *arquebusiers* en 1575, déclare les maîtres *arquebusiers* francs & quittes de toutes impositions pour les marchandises qu'ils font venir, servant à leur métier, attendu, y est-il dit, que c'est pour la sûreté & la défense de notre bonne ville de Paris.

L'exercice de l'arquebuse qui avoit autrefois un objet réel d'utilité, n'est plus guère qu'un amusement, aujourd'hui que la défense des villes n'est plus confiée aux bourgeois. Cependant on a maintenu les différens corps d'arquebuse dans la possession de leurs droits & privilèges.

Les compagnies d'*arquebusiers* sont donc encore aujourd'hui un corps autorisé par le souverain, qui a la permission de s'assembler & de s'exercer à tirer de l'arquebuse dans un endroit spécialement affecté à cet exercice.

Ces compagnies étoient établies dans toutes les villes du royaume, & jouissoient autrefois de l'exemption des droits d'aides, appellés *droits de détail*. Mais plusieurs réglemens généraux & particuliers ont supprimé ces exemptions, ou comme abusives, ou comme dénuées de titres. Il y a cependant encore quelques endroits où ces compagnies ont conservé en partie leurs privilèges.

Un arrêt du conseil du 14 juin 1729, revêtu de lettres-patentes enregistrées à la cour des aides le 4 janvier 1730, a confirmé le privilège des *arquebusiers* de Laon, & ordonné que ceux qui abattront l'oiseau trois fois consécutives, jouiront, leur vie durant, & les veuves, pendant leur viduité, de l'exemption de toutes tailles, subsides & autres impositions, assiette, tutèle, curatelle, établissement de commissaire, logement de gens de guerre, *&c.*

On compte en Bretagne trente-trois villes ou bourgs dans lesquels l'*arquebusier* qui a eu l'adresse d'abattre l'oiseau auquel on donne le nom de *papegaut*, jouit, pendant un an, de l'exemption des droits d'impôts & billots, jusqu'à concurrence d'une certaine

certaine quantité de vin qui est, par exemple, de vingt tonneaux à Rennes; de quinze à Quimper-Corentin; à Saint-Malo, de quarante pipes; à Pont-l'Abbé, de quinze pipes; dans d'autres endroits, de vingt bariques, *&c.* Mais il faut avoir prêté le serment prescrit par le prince pour être en droit de tirer l'oiseau.

Il faut d'ailleurs que ceux qui veulent être admis à tirer l'oiseau, s'exercent un jour chaque mois, & qu'ils *aient à eux en propre une bonne arquebuse, qu'ils doivent tenir toujours prête, avec deux livres de poudre & deux livres de balle :* c'est ce qu'ont prescrit les arrêts du conseil des 27 juillet 1671, & 21 août 1677.

L'*arquebusier* qui a abattu l'oiseau, peut exploiter par lui-même son droit d'exemption, ou le céder à un seul cabaretier ou habitant du nombre de ceux avec lesquels il a tiré. Dans ce dernier cas, il faut qu'il signifie sa cession au fermier du droit. Au reste, celui qui jouit de l'exemption, doit souffrir les exercices des commis du fermier.

L'arrêt du 27 juillet 1671 porte que les villes de S. Pol-de-Léon & de Hédé prendront sur leurs octrois, la première, la somme de trois cens livres, & l'autre, celle de cent livres, pour être remises à celui qui aura abattu l'oiseau, & lui tenir lieu d'exemption.

On lit dans la Collection de jurisprudence, qu'un jour d'assemblée des *arquebusiers* de la ville de Nevers, huit ou dix d'entre eux, après avoir tiré l'oiseau, s'amusèrent à tirer contre une cheminée dont ils firent tomber des platras qui écrasèrent un boulanger. La veuve de ce boulanger qui avoit trois enfans, rendit plainte du fait : &, par la sentence définitive, le lieutenant-criminel de Nevers lui adjugea deux mille livres de dommages & intérêts qu'il prononça seulement contre ceux qui avoient tiré.

Sur l'appel interjetté de cette sentence par la veuve, M. l'avocat général fit voir que le corps des *arquebusiers* étoit solidairement responsable des dommages & intérêts dus à cette veuve, & il conclut à ce qu'avant faire droit, le corps de l'arquebuse fût mis en cause. L'arrêt qui intervint le 29 janvier 1738, fut conforme aux conclusions, & condamna néanmoins les accusés à payer une provision de cinq cens livres.

On voit, par cet arrêt, que la cour a préjugé que le corps des officiers de l'arquebuse devoit, sous peine de répondre des événemens, empêcher les *arquebusiers* de tirer ailleurs qu'aux lieux ordinaires, & leur faire observer une police exacte.

ARQUES, petite ville de Normandie dans le pays de Caux. C'est le siège d'un juge royal, & d'une élection divisée en sergenteries, suivant l'usage de la Normandie. On y trouve aussi une maîtrise particulière des eaux & forêts.

On tient à *Arques* trois foires, une à la S. Vincent, la seconde à la S. Barnabé, & la troisième le jour de la fête de la décollation de S. Jean.

Autrefois la mesure d'*Arques* étoit la mesure ordinaire de la province de Normandie.

ARQUÉRAGE, s. m. *terme d'ancien droit coutumier*, signifiant une *sorte de servitude*, en vertu de laquelle un vassal étoit obligé de fournir un soldat à son seigneur. On a aussi dit *archarage* & *archairage.* Il semble que ce mot soit dérivé de celui d'*archer.* (*H*)

ARRACHEMENT, s. m. (*terme de Droit.*) ce mot en général signifie l'action d'arracher, d'ôter de force quelque chose, comme un arbre, une borne, un pieu. L'ordonnance des eaux & forêts de 1669 se sert de ce terme pour signifier l'enlevement des bornes.

Si un arpenteur des forêts du roi se prête à l'*arrachement* d'une borne, ou cèle l'*arrachement* qui en auroit été fait, il doit être privé de sa commission, condamné à l'amende de cinq cens livres, & banni des forêts.

ARRACHIS, s. m. (*Eaux & Forêts.*) ce mot est presque synonyme de celui d'*arrachement.* Mais il s'applique particuliérement à l'enlèvement frauduleux des arbres & des jeunes plants. L'ordonnance de 1669 défend, 1°. tout *arrachis* & enlèvement de plants, glands & faines des bois du roi, à peine d'amende arbitraire; 2°. l'*arrachis* ou l'enlèvement d'arbres, de branches ou feuillages d'arbres, sous prétexte de noces, fêtes ou confrairie, à peine des dommages & intérêts, & d'une amende selon le tour & la qualité des bois; 3°. l'enlèvement de chênes, charmes & autres bois dans les forêts du roi, sans une permission expresse & l'attache du grand-maître, à peine de punition exemplaire, & de cinq cens livres d'amende.

ARRAS, ville capitale de l'Artois, divisée autrefois en deux villes; mais l'ancienne qui se nommoit *la cité*, est aujourd'hui réunie à la nouvelle, & il ne subsiste plus de leur séparation qu'une partie peu considérable de rempart.

L'évêque est seigneur de l'ancienne ville : c'est un des suffragans de l'archevêché de Cambrai; il ne fait pas corps avec les évêques de France, & n'est pas membre du clergé. Il jouit de la qualité de président-né des états d'Artois; &, par cette raison, il a droit d'avoir un fauteuil dans les assemblées à la droite de ceux des commissaires du roi.

L'évêché d'*Arras* est partagé en douze doyennés ruraux qui dépendent de deux archidiaconés, celui d'*Arras*, & celui d'Obtervant. Le roi nomme à cet évêché, non en vertu du concordat, mais d'un indult du pape Clément IX, de 1668.

Le chapitre de la cathédrale est composé de six dignités, le prévôt, le doyen, les deux archidiacres, le trésorier & le pénitencier, de quarante chanoines dont l'un est le chantre, & de quarante chapelains. L'évêque confère les canonicats; le roi nomme le prévôt; le chapitre élit le doyen; le chantre & l'évêque nomment les autres dignitaires.

Arras est le siège des états de la province & du conseil provincial d'Artois. Les autres jurisdictions de cette ville sont celles du bailliage, autrement appellée *la gouvernance*, de l'élection, des magistrats municipaux, de l'abbaye de S. Vaast réunie à l'ordre de Cluny, du chapitre, de la salle épiscopale, de la maréchaussée dont la compétence est jugée par le conseil provincial.

La jurisdiction des officiers municipaux est composée d'un mayeur & de douze échevins dont quatre sont gradués. Les causes qui y sont portées, tant pour le civil que pour le criminel, ressortissent par appel au conseil provincial, de même que toutes les autres jurisdictions qui sont dans la ville.

Les officiers municipaux connoissent jusqu'à jugement définitif, de tous les délits qui se commettent dans l'étendue de leur jurisdiction, & ils ont ce qu'on appelle *la grande-main*. Le lieutenant général de la gouvernance fait, dans la jurisdiction de la ville, les fonctions de procureur du roi dans toutes les affaires criminelles, & le procureur-syndic, dans toutes les affaires civiles & de police.

Anciennement les officiers municipaux étoient nommés dans une assemblée de notables : aujourd'hui leur nomination se fait par l'assemblée générale des états.

Arras a un gouverneur & un état-major composé d'un lieutenant de roi, d'un major, de deux aides-majors. La citadelle a aussi son état-major particulier, composé d'un gouverneur, d'un lieutenant de roi, d'un major, d'un aide-major & d'un sous-aide-major. Cette citadelle est forte, mais on l'appelle *la belle inutile*, parce qu'elle est construite de manière qu'elle ne peut être d'aucune utilité pour la défense de la ville. *Arras* est de l'intendance de Flandres. *Voyez* ARTOIS.

ARREAU, petite ville de la Gascogne, capitale de la vallée d'Aure : elle est du diocèse de Comminges, & elle a une justice royale.

ARRENTEMENT, s. m. & ARRENTISSEMENT, s. m. (*termes de droit coutumier.*) on s'en sert pour désigner l'action de donner ou de prendre à rente un héritage; on appelle aussi *arrentement* l'héritage même donné à rente.

L'*arrentement* est véritablement un bail à rente : aussi nous renvoyons à ce mot pour traiter des loix qui le concernent. *Voyez* BAIL A RENTE.

ARRÉRAGES, s. m. pl. (*terme de Pratique.*) on appelle *arrérages* ce qui est dû & échu d'une rente, d'une pension, d'un loyer, d'un cens, d'une ferme.

On disoit autrefois *ariérage* avec une sorte de raison, puisque ce terme signifie ce qui est resté en-arrière.

SECTION PREMIÈRE.

Des arrérages des rentes.

De la nature de ces arrérages, & du temps où ils peuvent être exigés. 1°. Les *arrérages* d'une rente quelle qu'elle soit, perpétuelle ou viagère, sont dus à proportion du temps qu'ils ont couru, & le débiteur les doit payer chaque année. Ils échoient & sont dus chaque jour; mais celui au profit de qui la rente est constituée, ne peut les exiger qu'après l'année révolue, à moins qu'il n'y ait clause dans le contrat de constitution qui l'autorise à les demander tous les trois ou tous les six mois.

2°. Ils se comptent de jour à jour; ainsi la somme due pour chaque terme ou demi-terme se divise en autant de portions qu'il y a de jours : mais ils ne se comptent pas de moment à moment; ensorte que ce qui est dû chaque jour, est indivisible. Ainsi, par exemple, les *arrérages* d'une rente viagère ne se comptent pas du moment de la mort de celui à qui elle étoit due, mais ils sont dus pour tout le jour.

3°. Les *arrérages* sont de véritables fruits civils qui sont dus par partie & pour chaque jour du temps pendant lequel ils ont couru, soit que la rente soit foncière ou constituée, soit qu'elle soit perpétuelle ou viagère.

Il suit de ce principe, que, lors du rachat d'une rente, on doit payer avec le principal, non-seulement les *arrérages* échus jusqu'au dernier terme, mais aussi ceux qui sont dus pour tous les jours qui se sont écoulés depuis ce terme jusqu'au jour du rachat.

Par la même raison, les *arrérages* des rentes que des gens mariés ont mis en communauté, appartiennent à la communauté jusqu'au moment de sa dissolution; ensorte que le conjoint survivant & propriétaire de la rente, ne peut prétendre ni le dernier terme échu, ni ce qui est dû pour le temps écoulé depuis ce terme jusqu'au jour de la dissolution de la communauté, quand bien même la rente seroit foncière; en quoi elle diffère des *arrérages* d'une ferme, qui n'appartiennent à la communauté que lorsque les fruits ont été récoltés. La raison de cette différence est fondée sur ce que les loyers sont dus par rapport aux fruits qui se recueillent sur l'héritage, & que la rente est due à raison de l'héritage même, & de la possession qu'en a le débiteur de la rente.

4°. Ce que nous disons des *arrérages* de rentes, échus pendant la communauté, est confirmé par un arrêt du parlement de Paris du 31 juillet 1741, rapporté par les auteurs du Répertoire; il a jugé qu'un mari, propriétaire d'une rente, étoit tenu de rendre compte aux héritiers de sa femme de trois mois ou environ des *arrérages* échus lors de la dissolution de la communauté, si-tôt qu'il les auroit reçus à l'échéance de la rente.

Cette décision est conforme au droit commun; on ne suit pas même dans la pratique les dispositions des coutumes qui y sont contraires, telle, par exemple, que celle d'Orléans qui porte, *art.* 207, que les *arrérages* de rentes foncières ou constituées, & loyers de maison, ne sont réputés meubles que lorsque les termes des paiemens sont échus. Pothier observe dans son traité *de la Communauté*, que, dans tous les actes de partage, on tire en ligne, pour composer la masse de l'actif de la communauté, les *arrérages* de chaque rente propre de l'un ou de l'autre des conjoints, échus jusqu'au dernier terme, & ensuite le montant de ce qui en a couru depuis ce terme jusqu'au jour de la dissolution. Cet auteur observe que la coutume s'est mal expliqué.

5°. Les *arrérages* de rentes sont réputés meubles; ils se règlent, pour la succession, par la loi du domicile du créancier, & ils appartiennent aux héritiers des meubles, suivant la coutume des lieux où le rentier est décédé. Il faut observer néanmoins, 1°. que la saisie-réelle fait regarder les *arrérages* comme immeubles, & qu'ils sont distribués entre les créanciers par ordre d'hypothèque; 2°. que les *arrérages* des rentes dues par le roi ne sont censés meubles qu'à l'ouverture du bureau où l'on les paie, & non pas au jour de leur échéance.

Du temps où les arrérages commencent à courir, du lieu où ils sont payés, & des retenues auxquelles ils sont sujets. 1°. Les *arrérages* d'une rente sont dus du moment qu'elle a été constituée, par la raison que, le principal ayant été aliéné, il est juste qu'il produise, au profit du créancier, un revenu légitime, & tel que la loi permet de le stipuler.

Il importe peu que la constitution de rente provienne de deniers prêtés & fournis à l'instant, ou de l'extinction d'une créance qui étoit alors exigible, & qui ne produisoit aucun intérêt, parce que le créancier qui abandonne le droit qu'il avoit de contraindre son débiteur au paiement d'une somme certaine, liquide & exigible, & qui aliène cette même somme, est regardé comme celui qui, à l'instant de la constitution, auroit fourni des deniers pour acquérir la rente. Mais les *arrérages* d'une rente ne peuvent jamais servir de capital pour la création ou constitution d'une nouvelle rente, parce que les loix défendent d'exiger les intérêts des intérêts. *Voyez* ci-dessus ANATOCISME. Par cette même raison, le débiteur d'*arrérages*, mis en retard par une demande judiciaire, ne doit pas les intérêts de ces *arrérages* du jour de la demande.

2°. Les *arrérages* d'une rente doivent se payer au domicile du créancier, lorsque celui-ci & son débiteur habitent le même lieu : le débiteur ne seroit pas reçu à alléguer que les parties ne s'en sont pas expliquées.

Si le débiteur change de domicile, le créancier n'en doit pas souffrir : &, quelque éloigné que soit le nouveau domicile du débiteur, il ne peut s'en faire un prétexte pour refuser de payer les *arrérages* au domicile de son créancier.

Mais si au contraire le créancier change de domicile, il ne peut pas forcer son débiteur à y continuer le paiement des *arrérages*, quand bien même le contrat porteroit expressément que le paiement se feroit dans la maison du créancier, parce que cette clause ne peut s'entendre que de la maison occupée par le créancier lors de la passation de l'acte, & qu'on auroit fait mention de la translation du domicile, si elle avoit été prévue.

Si, lors du contrat, le débiteur & le créancier ont un domicile différent, les *arrérages* doivent se payer à celui du débiteur; on peut cependant stipuler que le paiement s'en fera à celui du créancier; cette clause est licite, & doit avoir son exécution.

3°. Les édits donnés pour la levée des dixièmes & vingtièmes ont autorisé les débiteurs de rente de faire déduction à leurs créanciers des dixièmes ou vingtièmes sur les *arrérages* qui ont couru pendant le temps que ces impositions ont eu lieu. Cette retenue est fondée sur ce que le créancier doit au roi le vingtième de tous ses biens, &, par conséquent, de la rente qu'il perçoit, &, d'un autre côté, sur ce que les biens du débiteur ne doivent s'estimer que sous la déduction des rentes dont ils sont chargés. Ainsi, lorsque le débiteur de la rente paie au roi le dixième ou le vingtième de tout son bien, il paie le dixième ou le vingtième des rentes en l'acquit des créanciers à qui il les doit; il est par conséquent fondé à les retenir, & à en faire déduction sur les *arrérages* qu'il paie.

De la prescription de cinq ans. On ne peut demander que cinq années d'*arrérages* d'une rente constituée. Mais pour que cette prescription puisse avoir lieu, il faut qu'il n'y ait eu ni compte, ni sentence, ni convention, ni interpellation judiciaire : car si le créancier avoit dirigé ses poursuites pour le paiement des *arrérages* avant l'expiration des cinq ans, ils ne seroient pas prescrits.

La coutume de Bar-le-Duc contient une disposition précise à cet égard; mais, dans les autres provinces, cette prescription est fondée sur plusieurs ordonnances, & principalement sur une de Louis XII de 1510. Il faut cependant en excepter l'Artois & la Lorraine où ces ordonnances ne sont pas exécutées.

Cette prescription, introduite par Louis XII, est bien moins fondée sur la présomption du paiement, que sur la faveur due au débiteur, & pour empêcher qu'il ne soit accablé par le grand nombre d'*arrérages* que le créancier laisseroit accumuler. C'est pourquoi, pour être déchargé du paiement des *arrérages* antérieurs aux cinq dernières années, le débiteur n'est pas obligé d'affirmer qu'il les a payés.

Pothier observe que cette prescription ne décharge pas le débiteur au for intérieur, & qu'il est toujours naturellement tenu des *arrérages* qu'il n'a pas payés, excepté dans certains cas, 1°. lorsque le débiteur est un mineur ou un interdit dont le tuteur ou le curateur sont insolvables, & que, compensation faite de ses revenus, il n'a pas profité de la somme qui auroit dû être employée au paiement des *arrérages*; 2°. lorsque la débitrice est une femme sous puissance de mari, & qu'elle renonce à la communauté, parce qu'elle ne doit pas souffrir de la négligence du créancier, & qu'elle ne peut avoir aucun recours sur la succession de son mari qui a acquis la prescription; 3°. les co-débiteurs d'une rente, ainsi que les cautions, ne sont pas tenus, dans le for intérieur, de payer les *arrérages* prescrits, parce que le créancier n'est plus en état de leur céder ses actions contre le débiteur principal ou contre le co-obligé : le co-débiteur n'est obligé naturellement que pour la part dont il est débiteur.

Cette prescription a lieu contre les mineurs, les insensés, les interdits, l'église, les communautés, les hôpitaux : mais ils ont tous leur recours contre leurs tuteurs, curateurs ou administrateurs qui sont tenus de les indemniser, & de leur payer les *arrérages* qu'ils ont laissé prescrire.

Cette prescription de cinq années ne s'étend pas aux rentes viagères. Soëfve rapporte un arrêt du 5 mai 1668, par lequel la d'Albrac fut condamnée à payer à la marquise de Kerian dix années d'*arrérages* d'une pension viagère. Et Henrys pense avec plusieurs autres auteurs, que l'on peut répéter trente années de ces sortes d'*arrérages*.

Il est néanmoins vrai que, par arrêt du 7 septembre 1657, les *arrérages* d'un pension viagère, constituée, au profit de la dame Diane de Coligni, par son père, lorsqu'elle se fit religieuse, furent réduits à dix années, quoiqu'il lui en fût dû plus de vingt-cinq années; mais Henrys observe judicieusement que cet arrêt ne doit pas être tiré à conséquence, parce qu'il a été rendu dans la coutume de Bourbonnois, qui ne permet pas de répéter plus de dix années de quelque espèce d'*arrérages* que ce soit.

La prescription de cinq ans n'est pareillement pas admise, relativement à une rente constituée, pour raison de l'acquisition d'un héritage, parce que les rentes de cette espèce tiennent lieu d'immeubles qui produisent des fruits : ainsi ce ne sont pas tant les *arrérages* d'une rente constituée que l'on demande, que les fruits d'un héritage. Cujas remarque judicieusement à ce sujet, que la jouissance d'un immeuble acheté produit un intérêt légal, plus favorable que l'intérêt conventionnel, attendu que c'est par une espèce de compensation que les loix l'ont introduit.

Le roi n'use jamais du bénéfice de la prescription à l'égard des *arrérages* des rentes constituées dont il est débiteur.

Un opposant à un décret doit être colloqué pour tous les *arrérages* qui lui sont dus d'une rente constituée, sans qu'on puisse lui opposer le défaut de sommation pendant cinq années, depuis son opposition, même depuis la saisie-réelle. La raison que l'on peut rendre de cet usage, est que la saisie-réelle est faite, non-seulement pour la conservation des droits du saisissant, mais encore pour tous les autres créanciers de la partie saisie, qui viendront à former opposition au décret. Or, tant qu'il y a une instance pendante au sujet des *arrérages* d'une rente, cette instance empêche le cours de la prescription de cinq ans, introduite par l'ordonnance de Louis XII. Il y en a une disposition expresse pour le parlement de Normandie dans le réglement de 1666.

A l'égard des *arrérages* de la rente constituée, échus avant la saisie-réelle, l'opposant n'en peut demander que cinq années. On a été encore plus loin en Bourgogne; car un opposant ne peut être colloqué sur les biens décrétés au préjudice des autres créanciers opposans, pour les deniers promis & les legs testamentaires, dix ans après le terme expiré pour faire le paiement de ces sommes, à moins qu'il n'y ait eu une interpellation judiciaire ou autre acte suffisant pour interrompre la prescription. On ne peut pas non plus demander en Bourgogne, au préjudice des autres créanciers opposans, plus de dix années d'*arrérages* de cens, de droits seigneuriaux ou fonciers, de pensions de religieux & de religieuses, de douaires & du prix des fermes, à moins qu'il n'y ait eu quelque acte suffisant pour interrompre la prescription. On présume dans le ressort de ce parlement, qu'avant les dix années, le créancier s'est fait payer de ce qui lui étoit dû, ou qu'il doit être puni de sa négligence pour avoir laissé accumuler un trop grand nombre d'années d'*arrérages* au préjudice du capital des autres créanciers.

Le débiteur de plusieurs années d'*arrérages* peut obliger le créancier à recevoir le paiement d'une année, quoiqu'il ne lui offre pas en même temps le paiement des autres années, parce que tous ces termes d'*arrérages* sont autant de différentes dettes : mais le créancier n'est pas obligé de recevoir les dernières années avant les précédentes.

Suivant ce principe, Dumoulin décide qu'un emphytéote sujet, par la clause du bail, à perdre son droit, s'il laisse accumuler trois années d'*arrérages* de la redevance, peut éviter cette peine en offrant le paiement d'une année avant l'expiration de la troisième.

La présomption de droit, établie dans la loi 3, *c. de Apoch. publ.* pour les tributs, s'applique aux *arrérages* des rentes, soit foncières, soit constituées, aux loyers, aux fermes & à toutes autres dettes annuelles. Ainsi les quittances de trois années consécutives établissent une présomption du paiement des *arrérages* des années précédentes, &, par conséquent, une fin de non-recevoir contre la demande de ces *arrérages*.

La raison de cette présomption est qu'étant d'usage qu'un créancier reçoive de son débiteur les anciens *arrérages* avant les nouveaux, il n'est pas probable qu'il se soit fait payer les nouveaux pendant trois années consécutives, sans avoir été payé des anciens.

Ainsi, pour qu'il y ait lieu à la fin de non-recevoir, il faut que les *arrérages* des années précédentes aient été dus à la personne même qui a donné les quittances des trois années consécutives : car si Pierre vendoit à Paul un héritage dont il lui fût dû plusieurs années de fermages, & que ce même Paul se fût fait payer de trois années de fermage, échues depuis son acquisition, les trois quittances qu'il auroit données à cet égard, n'opéreroient aucune fin de non-recevoir contre la demande que Pierre pourroit faire du paiement des fermages des années précédentes.

De même il faut, pour qu'il y ait lieu à la présomption des paiemens & à la fin de non-recevoir que le particulier à qui on a donné quittance de trois années consécutives de fermages ou d'*arrérages*, soit aussi celui contre lequel on répète les *arrérages* antérieurs. Ainsi le paiement de trois années de fermages que feroit un nouveau fermier n'opéreroit aucune fin de non-recevoir au profit du fermier précédent, au sujet des fermages dont il pourroit être débiteur.

Il n'y aura pas lieu non plus à la présomption du paiement des *arrérages* antérieurs à ceux des trois dernières années, ni par conséquent à la fin de non-recevoir, toutes les fois que le créancier pourra donner des raisons qui auront dû le déterminer à recevoir les nouveaux fermages ou *arrérages* avant les anciens.

Si des fabriciens, par exemple, donnoient au fermier de la métairie d'une fabrique trois quittances de trois années de fermages, échues pendant leur exercice, ce fermier ne pourroit employer ces quittances comme une fin de non-recevoir contre la demande du paiement des fermages antérieurs, parce que ces fabriciens avoient intérêt de faire payer les fermages échus durant leur gestion, plutôt que ceux qui avoient couru du temps des fabriciens, leurs prédécesseurs.

Un acte de notoriété, donné par les officiers du bailliage de Sens, le 29 août 1768, atteste que l'usage de ce siège est de ne point accorder aux fermiers leur demande en paiement des *arrérages* des cens & rentes, trois ans après que le bail des mêmes fermiers est expiré, pourvu toutefois que les censitaires ne leur aient point donné de reconnoissance que ces *arrérages* restent dus, & qu'ils affirment qu'ils les ont payés.

Le parlement de Paris a jugé en conformité dans une affaire dont voici l'espèce, & qui se trouve rapportée dans la Collection de jurisprudence.

La veuve Choullier fit assigner, en 1767, Jean Thibaut pour le faire condamner au paiement de neuf années d'*arrérages* de cens échus pendant le bail de Choullier : les défenses de Thibaut se réduisirent à dire : « j'ai payé, &, quand je ne l'aurois pas fait, vous n'êtes plus en droit de me rien » demander : si je n'ai point de quittance, c'est que » les fermiers ne sont pas dans l'usage d'en donner » pour des objets de cette modicité; on leur suppose de la bonne foi, & l'on pense qu'ils écrivent avec soin sur leurs cueillerets tous les articles de leur recette ».

La veuve Choullier opposa à Thibaut la déclaration de ses biens & de leurs charges, qu'il avoit fournie lui-même à l'hôpital de Tonnerre, le 22 janvier 1758, & dans laquelle il s'étoit soumis à payer les *arrérages* des cens en question : mais Thibaut lui répondit : « ce n'est pas à votre profit » que j'ai passé cette reconnoissance, puisque le bail » de votre mari étoit expiré depuis deux ans; c'est » pour l'hôpital que je l'ai faite, & il n'étoit question que de payer ce qui étoit échu depuis la fin » du bail de Choullier ».

Sur cette plaidoirie, la cour, par arrêt du 10 janvier 1769, confirma la sentence du bailliage de Sens, qui avoit déclaré la veuve Choullier non-recevable dans sa demande.

Des arrérages dus par les bénéficiers. Pour savoir si celui qui succède à un bénéfice, est tenu d'acquitter les *arrérages* dus par son prédécesseur, on doit examiner si ce sont des rentes foncières ou féodales, réelles & attachées aux biens qui ont donné lieu à ces *arrérages*, ou si ce sont des pensions ou redevances de certains bénéfices envers d'autres bénéfices supérieurs, ou si ce sont des pensions réservées sur le titre même du bénéfice.

A l'égard des *arrérages* des rentes foncières ou féodales, les auteurs sont divisés : les uns, tels que Chopin, Dupineau & Tronçon, pensent que le successeur doit être tenu de les payer : les autres, tels que Godefroi & Mornac, distinguent le successeur au bénéfice vacant par mort, d'avec le successeur par résignation : le premier ne doit, selon eux, être tenu que des rentes échues depuis sa prise de possession, parce qu'il ne tient son bénéfice que du collateur, & ce dernier est présumé avoir conféré le bénéfice sans autres charges que celles qu'impose la fondation, lesquelles sont d'acquitter le service, & de payer, pour l'avenir seulement, les charges auxquelles le temporel est assujetti.

Quant à celui qui a été pourvu par résignation ou par permutation, il est, disent ces auteurs, tenu en quelque sorte des faits de son prédécesseur : il doit s'imputer la faute de n'avoir pas examiné, avant d'avoir accepté la résignation, les charges du temporel du bénéfice, & si elles étoient acquittées ou dues.

Sur cette variété d'opinions, l'auteur de la jurisprudence canonique croit qu'il seroit raisonnable, à l'égard des *arrérages* échus du temps du prédécesseur, de s'en tenir à ce qui est réglé pour les décimes par l'édit du mois de janvier 1599; suivant lequel les receveurs des décimes ne peuvent demander au nouveau successeur au bénéfice pourvu par le décès du dernier titulaire, plus de deux années d'*arrérages* de ces décimes, & au successeur pourvu par résignation, plus de trois années.

Cette opinion paroît d'autant mieux fondée, que les décimes peuvent être considérées comme des charges réelles, & qu'on peut par conséquent leur assimiler les rentes foncières & féodales. On trouve d'ailleurs, dans Catelan, un arrêt qui a jugé selon ce principe.

Quant à ce qui concerne les *arrérages* des pensions dont certains bénéfices sont chargés envers des bénéfices supérieurs, tels que des prieurés envers des abbayes, Louet rapporte des arrêts du parlement, qui déchargent le titulaire actuel de ces *arrérages* : mais cette jurisprudence n'est pas suivie au grand-conseil; on y juge au contraire que les abbés peuvent demander vingt-neuf années d'*arrérages* de ces pensions, sauf aux titulaires actuels leur recours contre les héritiers de leurs prédécesseurs, pour les *arrérages* échus de leur temps. La raison de cette jurisprudence est que le revenu de ces prieurés appartenoit originairement pour le tout aux abbayes, & que ce n'étoit que des obédiences où l'on envoyoit des religieux qui rendoient compte de leur administration, & rapportoient les fruits à la mense.

Enfin, pour ce qui est des pensions sur les titres des bénéfices, les *arrérages* en doivent être payés par les titulaires, à proportion du temps de la jouissance de chacun d'eux; ensorte que, après la mort du bénéficier, le pensionnaire doit s'adresser à ses héritiers pour être payé des *arrérages* échus au jour du décès. Il ne peut s'adresser au nouveau titulaire que pour les pensions à venir. Cette jurisprudence est fondée sur ce que les pensions dont il s'agit, n'ont eu pour objet que l'avantage du bénéficier prédécesseur, & non celui de son église.

SECTION II.

Des arrérages du cens, champart, dixme & rentes foncières, &c.

1°. Les *arrérages* des cens sont des espèces de fruits civils, comme tous les autres *arrérages*; mais ils en diffèrent en ce que le cens est une reconnoissance solemnelle, due par le censitaire à un certain jour marqué par le titre; ainsi il n'est dû & n'est payable au seigneur que du jour porté par la reconnoissance.

Par cette raison, dans le cas de la dissolution de la communauté, on ne peut faire entrer dans la masse qui la compose, les *arrérages* de cens non échus, pour le temps qui s'est écoulé depuis le dernier terme jusqu'au jour du décès de l'un des conjoints, parce que le cens n'est pas proprement dû à raison de la jouissance du censitaire, mais en signe de sujétion : &, comme cette reconnoissance envers le seigneur n'est due qu'à un certain jour fixé & déterminé, le censitaire ne doit rien avant l'échéance de ce jour.

La prescription de cinq ans n'a pas lieu pour les *arrérages* du cens; suivant le droit commun, ils ne se prescrivent que par trente ans; il en est de même des *arrérages* du champart. Boniface rapporte un arrêt du 14 mai 1583, par lequel le parlement de Provence a jugé qu'ils ne se prescrivoient que par quarante ans contre les seigneurs ecclésiastiques, & par trente contre les laïques.

On tient pour maxime au parlement de Bourgogne, que le seigneur peut obliger le nouveau possesseur d'un héritage, sur lequel il lui est dû un cens, à en payer vingt-neuf années, quoiqu'elles soient dues par le possesseur antérieur. Et c'est d'après ce principe, que, par arrêt du premier août 1639, ce tribunal condamna la comtesse de Tavannes à payer onze années d'*arrérages*, d'une charge foncière, établie sur la terre de Corcelles, échues avant qu'elle possédât cette terre.

Ce que nous disons ici, qu'on peut exiger vingt-neuf années d'*arrérages* du cens, ne doit s'entendre que du droit commun qui a lieu dans les coutumes qui n'ont à cet égard aucune disposition. Il en est quelques-unes qui défendent aux seigneurs de demander à leurs censitaires au-delà d'un certain nombre d'années d'*arrérages*; telles sont la coutume de Bourbonnois qui n'en accorde que dix, & celle d'Auvergne, qui n'en donne que cinq. Il faut suivre ces dispositions à la lettre; & le seigneur qui voudroit exiger un plus grand nombre d'années d'*arrérages*, seroit débouté de sa demande, en lui opposant la prescription coutumière.

2°. Lorsque les *arrérages* de cens ou de rentes foncières sont dus, & se paient en nature de grains, vin, foin, huile, &c. on ne peut les exiger en nature, que dans le courant de l'année de l'échéance; dès qu'elle est révolue, le débiteur peut les payer en argent, sur le pied de ce que valoient ces denrées, dans le temps où elles auroient dû être livrées.

Un réglement général de la cour des grands jours de Clermont, du 19 janvier 1666, fait défenses aux seigneurs, & à leurs fermiers ou receveurs, d'exiger pour *arrérages* de cens, des obligations portant plus grande somme que la valeur des grains ou autres denrées. C'est pourquoi ce réglement veut qu'on exprime dans ces obligations la qualité, la quantité & la valeur des denrées, année par année; il fait aussi défenses aux notaires de recevoir ces obligations, sans y observer les conditions qu'il prescrit, sous peine de nullité des actes, de perte des sommes y contenues, de tous dépens, dommages & intérêts, contre les parties qui auront stipulé à leur profit dans ces obligations, sans spécification particulière; & de deux mille livres d'amende contre les notaires qui les auront passées.

3°. Les droits de bannalité & de corvées ne s'arréragent point, ils sont prescrits dès qu'ils n'ont point été requis & demandés dans le temps où ils sont dus, soit par les titres, soit par la coutume. Il en seroit autrement si ces droits étoient abonnés, le seigneur peut alors en demander vingt-neuf années d'*arrérages*, parce que l'effet de l'abonnement est de continuer le droit de bannalité & des corvées, en une redevance annuelle, soit en argent, soit en espèces fixes.

4°. Les dixmes qui ne sont pas abonnées ne s'arréragent point; elles doivent être exigées chaque année, & le décimateur n'est plus reçu à les demander après l'année révolue. C'est ce qu'ont jugé un arrêt du parlement de Paris, du 13 décembre 1672, rapporté au journal des audiences; & un arrêt du parlement de Provence, du 26 mars 1658, qu'on trouve dans Boniface. Cette jurisprudence est fondée sur ce que la dixme n'a été établie que pour la subsistance des ministres de l'autel, & ne leur est payée que comme alimens annuels, d'où on conclut que le ministre, qui ne l'a pas exigée, n'en avoit aucun besoin : on peut encore ajouter que la dixme n'est pas une rente foncière due par la terre même, mais seulement une charge des fruits.

En suivant ces mêmes principes, on doit conclure que, si la dixme tient plus de la nature du champart & d'une rente foncière, on doit en adjuger les *arrérages*; c'est le motif des deux arrêts du parlement de Paris, des 4 février 1723 & 3 septembre 1726, qui ont condamné les habitans de la paroisse d'Ingré de payer au prévôt d'Ingré, dignitaire de l'église de Chartres, les *arrérages* du droit de dixme & de champart de toutes leurs terres.

ARRÊT, s. m. (*Droit civil. Procédure.*) on donne le nom d'*arrêt* aux jugemens des cours souveraines, contre lesquels on ne peut se pourvoir par la voie d'appel.

Quelques auteurs prétendent que ce mot est tiré du latin *stare*, qui signifie *arrêter*, *rendre une chose stable & fixe*, parce que l'autorité des cours *arrête*, *finit* & détermine les différends & les contestations qui s'élèvent entre les citoyens.

D'autres cherchent l'origine de ce mot dans ces expressions du moyen âge, *arrestum*, *arrestare*, qui signifioient, suivant Ducange & les autres glossateurs, *saisir*, *prendre*, *détenir quelqu'un*, *saisie*, *détention*, *capture*: & ils disent qu'on appella *arrêts* les décisions, parce qu'elles arrêtoient le cours de la procédure, & posoient des bornes que la chicane ne pouvoit plus passer.

Il nous paroît plus naturel de faire dériver ce mot du mot grec *arescon*, que les latins rendoient par celui de *placitum*, il me plaît. Le recueil de Jean Luc, l'un des plus anciens arrêtistes qu'on connoisse, est intitulé *placita curiæ*, recueil des décisions, qu'il a plu à la cour de donner. Il paroît même que l'on se servoit anciennement du mot *placitum*, car le premier président, en prononçant les *arrêts*, se servoit de cette locution, *placuit curiæ*.

Lorsque les *arrêts* se rendoient en latin, on les exprimoit par les mots *judicia*, *consilia*, *mandata*: ce ne fut que dans le treizième siècle, que l'on commença à se servir du mot *arrestum*, pour désigner un jugement de cour souveraine. Ducange prétend que ces mots avoient chacun une acception différente: *arrestum* signifioit un jugement prononcé, les parties ouïes contradictoirement; *judicium*, un jugement rendu sur procès, par écrit & sur enquêtes; *consilium*, un jugement préparatoire; & *mandatum*, une injonction faite à des juges inférieurs par le tribunal auquel ils ressortissoient.

Nous sommes entrés dans ce détail pour faciliter l'intelligence des anciens auteurs, & praticiens qui ont écrit en langue latine: aujourd'hui on se sert du mot générique *arrêt*, pour exprimer tous les jugemens émanés des cours souveraines, on y joint différentes qualifications, suivant leur usage ou leur objet: nous les rapporterons dans un des paragraphes suivans.

De la forme des arrêts. L'usage de rendre en latin les *arrêts*, a duré jusqu'en 1539. François I, par un édit de cette année, ordonna qu'à l'avenir tous *arrêts* seroient prononcés, enregistrés & délivrés aux parties en langue maternelle: édit plein de sagesse, & digne d'un prince assez éclairé, pour sentir les inconvéniens, qu'entraînoit l'usage barbare de juger les citoyens dans une langue qu'ils n'entendoient pas. Nous devons encore desirer que la langue du barreau parvienne à se perfectionner, comme celle du reste de la nation, qu'elle proscrive entiérement ces anciennes formules gothiques, dont on surcharge encore tous les actes, & qui les rendent inintelligibles, pour quiconque n'est pas initié dans les mystères de la chicane.

2°. Un *arrêt* doit être fait & écrit d'une manière si claire, & si précise, qu'il ne contienne, ni ambiguité, ni incertitude.

3°. Tout *arrêt*, de quelque nature qu'il soit, doit être daté du jour qu'il a été rendu. Dans les procès par écrit, la date & le dispositif de l'*arrêt* doivent être écrits de la main du rapporteur; & il doit mettre en marge le nom des juges qui l'ont rendu: il doit en outre être signé du rapporteur & du président.

Les *arrêts* prononcés à l'audience, doivent être visés & signés sur le plumitif par le président, & les greffiers ne peuvent en délivrer aucune expédition, avant d'être munis de cette signature, sous peine de privation de leur office.

En matière criminelle, un *arrêt*, portant peine afflictive, doit être signé par tous les juges qui y ont assisté, à peine d'interdiction, de dommages & intérêts des parties, & de cinq cens livres d'amende: mais le *retentum*, qu'on y ajoute souvent, n'est signé que par le rapporteur & le président.

4°. Le roi est réputé présent à tous les *arrêts*, que rendent les cours supérieures, & c'est par cette raison qu'ils sont expédiés sous son nom, & exécutés, comme des ordres émanés du souverain.

5°. Anciennement les *arrêts* ne coûtoient rien aux parties; les greffiers, qui les expédioient, étoient payés sur un fond destiné pour cet objet. Sous Charles VIII, le dépositaire de ce fond, l'ayant dissipé & pris la fuite, ce prince ordonna qu'à l'avenir les parties paieroient les *arrêts* qu'elles obtiendroient.

6°. Les *arrêts* ne peuvent s'exécuter qu'après avoir été signifiés à la partie adverse, au domicile de son procureur; on réitère cette signification à la partie elle-même ou à son domicile, avec sommation d'y satisfaire. Lorsque ces formalités ont été remplies, on peut mettre à exécution les dispositions d'un *arrêt*.

7°. Les ordonnances de 1539, de 1566 & de 1667, accordent aux *arrêts* rendus contradictoirement, l'effet de donner une hypothèque à ceux qui les obtiennent, sur les biens des condamnés, du jour qu'ils ont été prononcés; mais les *arrêts* par défaut ne la donnent que du jour de leur signification.

8°. Aucun *arrêt* ne peut être imprimé sans une permission expresse, donnée par l'*arrêt* même: on ne doit pas excéder le nombre d'exemplaires prescrit par l'*arrêt*, à peine de deux cens liv. d'amende, contre les parties & l'imprimeur, & en cas de récidive de l'imprimeur, à peine de suspension de ses fonctions pendant trois mois.

9°. Les cours prononcent leurs *arrêts* en cette forme: *la cour a mis & met l'appellation au néant, &c*..... M. de Montesquieu, *liv. XXVIII, de l'Esprit des Loix, chap. 33*, prétend que cette formule vient de nos anciens combats judiciaires. En effet, dit-il, quand celui qui avoit appellé de faux jugement étoit vaincu, l'appel étoit anéanti; quand il étoit vainqueur, le jugement & l'appel étoient anéantis, & il falloit procéder à un nouveau jugement.

10°. Quoique la voie d'appel ne soit pas ouverte contre les *arrêts*, ils ne sont pas néanmoins irrévocables, ou, pour mieux dire, leur effet ne s'en suit pas toujours absolument. On peut les faire réformer, ou par la requête civile, ou par opposition, ou par la voie de la cassation, selon les circonstances. *Voyez* REQUÊTE CIVILE, OPPOSITION, CASSATION.

Mais, il faut observer qu'un *arrêt* ne peut être attaqué sous prétexte qu'il a mal jugé; on ne peut employer que des moyens de forme, à moins qu'il ne contienne des dispositions évidemment contraires aux ordonnances du royaume. Ce qui a été sagement établi, pour mettre enfin des bornes à la malice des plaideurs : autrement les discussions seroient interminables, si l'autorité ne les arrêtoit pas, après avoir fourni aux citoyens tous les moyens raisonnables de défendre leurs droits.

De l'exécution des arrêts, & du paréatis. Les *arrêts* resteroient sans force si le tribunal, qui les a rendus, n'avoit pas en même temps le pouvoir de les faire exécuter. C'est pourquoi l'article 6 du titre 27 de l'ordonnance du mois d'avril 1667, porte que les *arrêts* s'exécuteront dans toute l'étendue du royaume en vertu d'un *pareatis* du grand sceau, sans qu'il soit besoin de demander à cet égard aucune permission aux cours de parlement, ni aux autres juges, dans le ressort desquels on voudra faire exécuter ces *arrêts*.

S'il arrivoit qu'une cour défendît d'exécuter ces *arrêts*, ou en retardât l'exécution, le même article veut que le président & le rapporteur soient tenus solidairement des dommages & intérêts des parties, de même que des condamnations portées par les *arrêts*, dont ils auront empêché l'exécution, & qu'ils soient en outre condamnés à une amende de deux cens livres envers le roi.

Au reste, il n'est pas nécessaire de prendre un *pareatis* du grand sceau, pour faire exécuter un *arrêt*; il suffit de le prendre à la chancellerie du parlement, dans le ressort duquel l'*arrêt* doit être exécuté. Le garde des sceaux de cette chancellerie est tenu, sous peine d'interdiction, de le sceller sans entrer en connoissance de cause.

Les parties peuvent même encore se dispenser de prendre ce dernier *pareatis*; il suffit qu'elles obtiennent, au bas d'une requête, une permission du juge des lieux, pour faire exécuter l'*arrêt*: ce que ce juge ne peut leur refuser.

L'article 7 du titre cité, porte que le procès sera extraordinairement fait & parfait à ceux qui, par violence ou voie de fait, auront empêché directement ou indirectement l'exécution des *arrêts* ou jugemens, & qu'ils seront tenus des dommages & intérêts de la partie, & en outre condamnés à cent livres d'amende envers le roi, & autant envers la même partie, sans que cette amende puisse être remise, ni modérée.

Un huissier, de la chancellerie présidiale de Troyes, s'étant transporté chez les capucins de la même ville, le 25 avril 1755, pour leur signifier un *arrêt* du parlement, fut saisi par un frère convers, sur les ordres du gardien, qui fit sur le champ assembler tous les autres religieux; &, en leur présence, le gardien arracha la grosse de l'*arrêt* & la copie des mains de l'huissier, en proférant des imprécations & faisant des menaces. L'huissier ayant dressé procès-verbal de cette violence, on instruisit le procès des capucins, à la requête du procureur général; &, par *arrêt* rendu, toutes les chambres assemblées, le 23 octobre 1755, le gardien fut banni du royaume à perpétuité, le frère convers, qui s'étoit saisi de l'huissier, & le vicaire du gardien, le furent pour trois ans; & il fut ordonné que l'*arrêt* seroit transcrit sur un tableau que l'exécuteur de la haute-justice attacheroit à un poteau, qui, pour cet effet, seroit planté dans la principale place publique de la ville de Troyes.

Les *arrêts* qui ont été rendus par des cours sur des espèces particulières, ne peuvent servir que de raison dans d'autres cours: encore est-il rare qu'ils puissent absolument être regardés comme des motifs de décision, parce qu'il n'arrive pas souvent que les circonstances des faits soient les mêmes: les juges se déterminent quelquefois sur des motifs qu'on ne doit point étendre d'un cas à un autre: on ignore ordinairement les raisons de la décision: d'ailleurs, les arrêtistes ne sont pas toujours fidèles à rendre compte des faits & des moyens des parties, comme on le reconnoît quelquefois par l'opposition qui se trouve entre ceux qui rapportent les mêmes *arrêts*. La jurisprudence est quelquefois différente, non-seulement entre les parlemens, mais encore entre les chambres du même parlement. Cependant il faut convenir que quand il y a une suite d'*arrêts*, qui paroissent avoir été rendus dans la même espèce, & qui ont jugé une question de la même manière, sans qu'on allègue des *arrêts* contraires, cette suite de jugemens uniformes fait un usage qui est le meilleur interprète des loix.

Qualifications des arrêts, selon les sujets sur lesquels ils sont rendus, ou la manière dont on les obtient. Arrêt de réglement. Les parlemens font quelquefois, dans des assemblées de toutes les chambres, des réglemens, soit sur la procédure, soit sur des questions de droit ecclésiastique ou civil: ces réglemens, faits sous le bon plaisir du roi, qui ne les désavoue pas, doivent tenir

tenir lieu de loi dans tous les tribunaux eccléſiaſtiques ou ſéculiers du reſſort du parlement : c'eſt pourquoi on les envoie dans ces tribunaux, pour y être publiés, comme les édits, ordonnances & déclarations du roi.

Les anciens auteurs appellent *arrêts en robes rouges*, certains *arrêts* que les cours prononçoient la veille des grandes fêtes, avec ſolemnité, & dans leurs habits de cérémonie. Ils ſe rendoient ordinairement ſur des queſtions de droit, dépouillées de toutes circonſtances, afin de fixer la juriſprudence.

On appelle *arrêt contradictoire*, celui qui eſt rendu après que les parties ont été ouïes, & qu'elles ont défendu leurs intérêts.

On donne le nom d'*arrêt par défaut*, à celui qu'on rend contre une partie qui néglige de répondre à l'aſſignation qu'on lui a donnée, ou qui n'a pas fourni ſes défenſes dans les délais de l'ordonnance, ou qui, après avoir fourni ſes défenſes, ne vient pas à l'audience pour plaider.

Un *arrêt par forcluſion*, eſt celui qu'on obtient contre une partie qui a négligé de produire dans un procès par écrit.

Un *arrêt définitif*, eſt celui qui termine un procès, & met fin aux diſcuſſions des parties.

Un *arrêt interlocutoire*, eſt celui qui ne prononce pas ſur les conteſtations, mais qui ordonne quelque choſe, par où doit ſe déterminer la déciſion.

Un *arrêt par appointé*, eſt celui dont les parties conviennent volontairement par l'avis de leurs conſeils.

On appelle *arrêt ſur requête*, celui qu'une partie obtient ſur une demande non-communiquée à ſa partie adverſe. Tels ſont les *arrêts* de défenſe, & ceux qu'on donne pour admettre, ou relever un appel. Ces *arrêts* ſe délivrent de jour à autre, ſans attendre la prononciation ordinaire; ils ſont mis en liaſſe, cotés au dos, arrêtés le ſamedi de chaque ſemaine, & remis aux greffiers pour en garder les minutes, ſans qu'elles puiſſent être tirées du greffe : les principales pièces, qui ſervent à établir les concluſions de la requête, doivent être énoncées dans le vu de l'*arrêt* : la requête doit être ſignée d'un procureur.

Un *arrêt de réformation* eſt celui qui a lieu pour réformer des dates, des ſommes, *&c.* ſur leſquelles on s'eſt trompé dans le diſpoſitif d'un *arrêt*. L'uſage, en pareil cas, eſt de mettre au greffe un appointement qui porte que l'*arrêt ſera réformé en ce que*, *&c.* Si le procureur de la partie adverſe ne forme point oppoſition dans la huitaine à cet *arrêt de réformation*, on le fait expédier, & il vaut *arrêt* contradictoire. S'il y eſt formé oppoſition, on ſe retire au parquet des gens de roi pour faire juger l'incident.

Un *arrêt de ſurſéance*, eſt celui que les cours ſouveraines accordent à un débiteur, pour lui donner un délai, pour ſatisfaire ſes créanciers. Il ne prouve pas l'inſolvabilité ou la déconfiture du débiteur, c'eſt même un moyen donné par la loi, pour la prévenir; car il doit porter ſur des faits certains qui ſuppoſent la ſolvabilité de celui à qui on l'accorde. *Voyez* SURSÉANCE.

Un *arrêt* ou jugement d'*itérato*, eſt celui qui porte que, dans quinze jours après les quatre mois, le débiteur d'une ſomme de dépens ou de dommages & intérêts, qui ſoit au moins de deux cens livres, ſera contraint par corps au paiement de cette ſomme. L'épithète d'*itérato* vient de ce que cet *arrêt* ou jugement s'obtient en conſéquence d'un premier *arrêt* ou jugement, qui a été ſignifié avec commandement de payer les dépens ou dommages & intérêts adjugés, & qu'on y déclare au débiteur, qu'à faute de paiement dans quatre mois, il y ſera contraint par corps. Les *arrêts* d'*itérato* n'ont point lieu contre les eccléſiaſtiques, parce qu'ils ne ſont pas ſujets à la contrainte par corps, pour dettes civiles. *Voyez* ITÉRATO.

Un *arrêt de défenſes* eſt celui qu'obtient un appellant, pour empêcher l'exécution d'un jugement, qui, ſans cet *arrêt*, ſeroit exécutoire nonobſtant l'appel.

Ces ſortes d'*arrêts* ne peuvent s'obtenir que dans les cours où reſſortiſſent les appels des ſentences, dont on veut ſuſpendre l'exécution. C'eſt, par exemple, à la cour des aides qu'il faut demander des *arrêts* de défenſes contre les ſentences des élections, des greniers à ſel, & des juges des traites : de même, on doit s'adreſſer au parlement pour obtenir des *arrêts* de défenſes, contre les ſentences des juriſdictions qui reſſortiſſent à ce tribunal.

Pour obtenir un *arrêt* de défenſes, il faut néceſſairement qu'il y ait appel du jugement, dont une partie demande que l'exécution proviſoire ſoit ſuſpendue; & cet appel peut s'interjetter par la requête même qu'on préſente pour demander l'*arrêt* de défenſes.

Il faut auſſi que le jugement, dont on ſe plaint, ſoit joint à la requête, par laquelle les défenſes ſont demandées; les réglemens l'exigent : il y a à ce ſujet une déclaration de l'année 1680; & un *arrêt* rendu le 17 janvier 1725, défend aux procureurs d'obtenir aucun *arrêt* de défenſes ſur des extraits ou copies des ſentences non-expédiées ni ſignifiées.

Quand il eſt dit par une ſentence qu'elle ſera exécutée par proviſion, *nonobſtant l'appel & ſans y préjudicier*, l'exécution ne peut en être ſuſpendue que par un *arrêt* de défenſes.

On ne doit point accorder d'*arrêts* de défenſes, contre les jugemens concernant les faits de police, dans leſquels il s'agit de l'intérêt public, ni contre les ſentences définitives rendues dans les matières ſommaires, lorſque les condamnations n'excèdent pas les ſommes ſpécifiées par l'article 13 du titre 17 de l'ordonnance de 1667.

La déclaration du 16 mars 1720 défend aux cours des aides de donner des *arrêts* de défenſes, contre les ſentences qui prononcent des amendes & confiſcations, à moins que les appellans ne juſtifient qu'ils ont consigné le montant des condamnations.

Par l'édit du mois d'août 1715, il est aussi défendu, à peine de nullité, aux cours des aides d'accorder, pour quelque cause, & sous quelque prétexte que se soit, aucun *arrêt* de défense, qui puisse empêcher l'exécution des rôles des tailles, & des autres impositions.

Suivant la déclaration du mois de décembre 1680, les cours ne peuvent accorder d'*arrêts* de défenses d'exécuter les décrets d'ajournement personnel, ni renvoyer les accusés en état d'assignés pour être ouis, qu'après avoir vu les charges & informations.

Un *arrêt* portant défense de mettre à exécution un décret décerné contre un officier de judicature, seroit insuffisant pour que l'officier pût reprendre ses fonctions, si l'*arrêt* ne l'ordonnoit expressément.

Des arrêts du conseil. Les *arrêts* du conseil du roi font partie du droit françois, & sont toujours censés donnés pour le bien des sujets & de l'état. Ils sont explicatifs ou simplement confirmatifs d'une loi précédemment faite par édit, déclaration ou lettres-patentes.

Les uns sont rendus en commandement du propre mouvement du roi, pour servir de réglement.

D'autres, rendus sur des contestations particulières, sont contradictoires, ou sur requête & par défaut; les premiers servent aussi de réglement, lorsqu'à la disposition qui juge la contestation, il en est ajouté une pour faire observer ce jugement dans l'étendue d'un territoire, d'une province, ou de tout le royaume.

Les *arrêts* en commandement sont signés par un secrétaire d'état; au lieu que les autres sont seulement signés par celui des greffiers du conseil, secrétaires des finances, qui est de quartier; mais la minute est toujours signée de M. le chancelier, ou de M. le garde des sceaux, & du rapporteur.

Un *arrêt* du conseil qui juge simplement une question sur laquelle on n'avoit encore rien décidé, & qui ne contient point de disposition générale à cet égard, est un préjugé que l'on doit suivre, mais qui n'est considéré comme règle, que lorsque la même question s'étant présentée de nouveau, a encore été jugée de la même manière. Alors ces *arrêts* constatent l'usage, & forment une jurisprudence qui doit être exactement observée.

Comme il n'est pas possible de tout prévoir par un édit ou par une déclaration, il est indispensable que les questions qui naissent sur l'exécution de ces loix primitives, soient décidées par ceux auxquels le roi en a donné le pouvoir, ou par sa majesté elle-même.

Seul législateur dans le royaume, le roi est le maître, en établissant des droits, de prescrire la forme & l'ordre qui doivent être suivis pour les percevoir. Ainsi, il lui est libre d'attribuer à tels juges, qu'il lui plaît, la connoissance de ces droits, & de tout ce qui peut y avoir rapport.

Les diverses attributions de la connoissance des contestations, sur les droits unis à la ferme des domaines, ont été faites à la charge de juger ces contestations, selon les édits & les *arrêts* du conseil rendus au sujet de ces droits, sauf l'appel réservé au roi & à son conseil.

Sur l'appel de ces jugemens, le conseil prononce par décision ou par *arrêt :* la multiplicité des affaires détermine souvent le conseil à ne donner qu'une décision, afin d'éviter aux parties qui succombent, les frais de l'expédition d'un *arrêt*, & de la commission du grand sceau, dont il doit être revêtu, pour être mis à exécution. Au reste, une décision est l'équivalent d'un *arrêt*.

Ces décisions & ces *arrêts* sont ce qui forme la jurisprudence de cette partie d'administration, & cette jurisprudence du tribunal du législateur fait une règle qui ne peut recevoir d'atteinte que de l'autorité même qui l'a établie.

Ce qu'on vient de dire ne doit s'entendre que des *arrêts* du conseil des finances, comme étant les seuls qui puissent faire règle sur les différens droits des fermes : lorsque les parties en obtiennent dans quelque autre conseil, tel que celui des dépêches, le fermier est toujours en droit d'y former opposition, s'ils sont contraires aux principes, & de se pourvoir au conseil des finances pour y faire juger la question. Mais les *arrêts* rendus par les commissaires de la grande direction ou autres bureaux, auxquels le conseil des finances a renvoyé le jugement des instances, servent de règle comme s'ils étoient rendus au conseil des finances.

Les baux des fermes du roi imposent aux fermiers l'obligation de se conformer à la jurisprudence établie par les *arrêts* du conseil dans l'administration & la perception des droits, dont la régie leur est confiée.

Le conseil a aussi décidé que ses *arrêts* font loi en matière d'eaux & forêts, & que les sentences, rendues en confirmité dans les maîtrises, ne peuvent être infirmées par les juges d'appel.

Des recueils d'arrêts. Plusieurs *arrêts*, conformes sur une même question de droit, forment ce qu'on nomme la *jurisprudence des arrêts* ou *des cours ;* la posséder, c'est avoir la science, la connoissance des décisions que les cours sont dans l'usage de porter sur ces sortes de questions.

Il n'en est point dont les *arrêts* n'aient été recueillis par quelques compilateurs; de-là, cette multitude d'arrêtistes dont les ouvrages surchargent les bibliothèques des jurisconsultes, sans éclairer leur esprit. On estime la collection connue sous le nom de *Journal du Palais*, 2 *vol. in-fol.* On recherche les *arrêts* de Boniface, de le Prestre, de Bordet & un petit nombre d'autres.

Il existe aussi un *Dictionnaire des Arrêts ;* & l'auteur a eu le courage de porter sa compilation jusqu'à six volumes *in-fol. ;* elle se vend chérement parce qu'elle est rare : mais elle ne vaut rien. L'auteur n'a mis, dans son travail, ni choix, ni méthode, ni goût; il a rassemblé, au hasard, une multitude d'*arrêts* pour & contre, sur les mêmes questions; il a grossi des volumes par des mémoires qu'il avoit composés dans différens procès, & qui n'ont ni le mérite du style, ni le mérite du fond; en un mot, avec cette quantité d'*arrêts*, peu conformes & souvent contraires, il ne peut que jetter dans l'embarras un juge scrupuleux, égarer le jurisconsulte qui cherche à s'instruire, & fournir des armes à la chicane.

On estime, avec raison, deux ouvrages de Rousseau de la Combe, avocat au parlement de Paris; l'un in-4°. intitulé *Recueil de jurisprudence civile;* l'autre in-fol. intitulé *Recueil de jurisprudence canonique* : cet auteur a su allier la méthode & la précision avec un développement suffisant, pour faire connoître les principaux points de droit. Si quelquefois il s'étend peu sur certaines matières, il n'est ni obscur, ni fautif; & si on ne trouve pas toujours dans son ouvrage la décision de l'objet que l'on examine, il fournit au moins la notice des auteurs qui l'ont traité, & indique exactement l'endroit du livre où l'on peut chercher.

La Peyrère pour le parlement de Bordeaux, & Fromental pour celui de Toulouse, sont aussi deux auteurs qu'on peut en général consulter avec confiance pour la citation des *arrêts*.

Il n'est point de même, à beaucoup près, du dictionnaire de Brillon; il y règne une confusion & un défaut absolu de choix, qui surchargent sans éclairer & qui ne produisent que l'ennui. Il s'est, d'ailleurs, principalement attaché à rapporter les *arrêts* du grand-conseil : & on sait que la jurisprudence de ce tribunal, sur une partie des objets, dont la connoissance lui a été attribuée, s'écarte des règles par lesquelles on juge dans les parlemens.

On connoît aussi la *Collection* donnée par Denisart, procureur au châtelet de Paris : le public lui est sans doute redevable du zèle avec lequel il a, pendant vingt-cinq ans, servi les tribunaux de la capitale; mais peu versé dans tout ce qui sortoit des bornes de la procédure, il a souvent erré lorsqu'il a voulu personnellement donner des réflexions sur quelque question de droit, ou lorsqu'il a voulu indiquer les motifs qui avoient donné lieu aux *arrêts* qu'il cite : aussi est-il reconnu aujourd'hui au palais que son livre ne peut être de quelque secours que pour trouver la date de certains *arrêts*, & leur espèce, souvent mal rendus; c'est à ces erreurs mille fois vérifiées que l'on doit attribuer la foule de mauvais procès qu'ont fait intenter des praticiens de province, qui ont cru que l'on devenoit avocat consultant, dès l'instant qu'on possédoit un exemplaire de la *Collection*.

Des jurisconsultes distingués par leur savoir & leurs talens travaillent maintenant à une nouvelle édition de ces deux derniers arrêtistes; nous ne doutons point qu'ils ne leur donnent toute la perfection qui leur manque. Au reste, à l'exception des *arrêts* portant réglement général sur quelque matière, il est en général fort dangereux de déterminer le sort qu'aura un procès, par ce qui a été jugé dans une espèce qui paroît renfermer quelques similitudes : il n'est jamais d'espèce qui n'ait quelques circonstances particulières, capables d'engager les magistrats, par un sentiment d'équité, à porter un jugement différent : & si au palais les amateurs sévères des principes, disent sans cesse, *legibus non exemplis judicandum*, on n'y entend pas moins souvent citer l'adage de droit, *ex facto jus oritur*. C'est aujourd'hui une maxime reçue au barreau, que les *arrêts* sont bons pour ceux qui les obtiennent. Comment d'ailleurs seroient-ils autorité, puisque les magistrats n'y rendent aucun compte des motifs de leurs jugemens?

Observation sur les arrêts. Spifame, dont nous avons déjà cité plusieurs fois les projets de réglement, propose d'obliger, par une loi générale, tous les juges souverains & inférieurs, d'exprimer dans leurs sentences & jugemens, la cause expresse & spéciale de leurs avis, & de faire imprimer les *arrêts* rendus dans cette forme avec les qualités des parties : une pareille loi seroit de la plus grande sagesse. Son exécution mettroit nécessairement le peuple à portée d'apprendre insensiblement à distinguer le juste de l'injuste, & à connoître les loix auxquelles il est soumis : les juges s'instruiroient davantage, & leurs décisions seroient applaudies, même par les parties, qui reconnoîtroient les principes sur lesquels elles sont appuyées.

Cette loi a été établie à Naples, par un édit du mois de septembre 1774, qui enjoint aux magistrats de motiver leurs sentences, de ne juger que sur le texte de la loi, & dans le cas où elle n'auroit pas prononcé, de rendre compte au roi de l'affaire, pour la décider lui-même.

ARRÊT, (*terme de Pratique.*) on se sert de ce mot au palais dans le même sens que celui de *saisie*, soit de la personne, soit des biens.

L'*arrêt* ou saisie de corps ne peut se faire que par autorité de justice, ou par celle du prince. Un supérieur peut cependant, dans certains cas, faire arrêter son inférieur; mais il faut qu'une loi précise lui accorde ce pouvoir, comme les loix militaires qui le donnent dans certains cas aux officiers. *Voyez* DÉCRET *de prise-de-corps*.

L'*arrêt* ou saisie des biens ne peut avoir lieu que par l'autorité de la justice; si elle se fait en vertu d'un acte pardevant notaire, expédié en forme exécutoire, c'est parce que la loi a revêtu ces espèces d'actes d'une autorité suffisante, pour contraindre les contractans à remplir leurs obligations par la saisie de leurs biens. *Voyez* SAISIE.

ARRÊT & BRANDON, (*terme de Pratique & de Droit coutumier.*) dans les coutumes, telles que celles de Chartres, Paris & Rheims, qui permettent l'*arrêt & brandon*, ces mots signifient *une saisie des fruits pendans par les racines*, faite en vertu des dispositions de la coutume pour le cens, qui est dû par le possesseur de l'héritage.

Cette saisie coutumière est un simple empêchement à la jouissance du censitaire, car le seigneur ne peut pas faire vendre les fruits & en profiter, comme dans la saisie féodale. Lorsque le censitaire s'oppose à cette saisie, il doit avoir main-levée par provision, en consignant trois années de cens.

Le mot de *brandon* a été ajouté à celui d'*arrêt*, parce que le sergent qui fait la saisie des fruits pendans par racines, est obligé de mettre un brandon, c'est-à-dire, une marque qui désigne que l'héritage est saisi. Cette marque est différemment fixée par les coutumes, il faut employer celle qui est ordonnée par la coutume du lieu; dans celle de Paris elle consiste dans un bâton garni de paille, qu'on fiche en terre.

ARRÊT DE PRINCE, (*Droit maritime.*) On appelle *arrêt de prince*, l'ordre du souverain, en vertu duquel on retient dans un port les vaisseaux qui y sont.

Entre les différens risques que doivent courir les assureurs d'un navire, l'ordonnance rapporte l'*arrêt de prince*. Il y a toutefois plusieurs distinctions à faire à cet égard. Cet *arrêt* se fait ou dans un pays étranger, par les ordres d'un prince étranger, ou dans un port du royaume, par les ordres du roi.

Si l'*arrêt* est fait en pays étranger, il faut encore distinguer dans quelles circonstances il a eu lieu, & si l'on peut espérer d'en obtenir main-levée.

Quand l'*arrêt de prince* s'est fait après une déclaration de guerre, ou en vertu de lettres de représailles, l'événement est à la charge des assureurs, & l'assuré peut sans délai leur abandonner les marchandises assurées, & exiger d'eux la somme convenue, quand même la confiscation des marchandises n'auroit pas encore été prononcée.

Mais lorsque l'*arrêt de prince* a eu lieu en temps de paix, l'espérance qu'il y a d'en obtenir main-levée, fait que l'assuré n'est pas fondé à demander sur le champ, la somme convenue aux assureurs, en leur abandonnant les effets assurés : il doit auparavant justifier qu'il a fait les diligences convenables pour obtenir la main-levée de l'*arrêt* dont il s'agit. Si ces diligences n'ont produit aucun effet, & que le délai déterminé par l'ordonnance soit écoulé, l'assuré peut abandonner les effets assurés, & exiger des assureurs la somme convenue.

Le délai dont on vient de parler est de six mois, à compter du jour que l'*arrêt* du vaisseau a été signifié aux assureurs, quand cet *arrêt* s'est fait en Europe ou en Barbarie, & d'un an lorsqu'il a été fait dans un pays plus éloigné.

Remarquez néanmoins que si les effets assurés sont des marchandises sujettes à dépérir, le délai n'est que de six semaines, au lieu de six mois, ou de trois mois au lieu d'un an. C'est ce qui résulte des articles 49 & 50 du titre des assurances de l'ordonnance de la marine.

Quoique l'assuré, qui a obtenu main-levée de l'*arrêt de prince*, n'ait plus le droit d'abandonner les marchandises assurées aux assureurs, il peut toutefois leur demander l'indemnité du dommage qu'il a souffert par le dépérissement survenu aux marchandises pendant le temps qu'a duré l'*arrêt*. Il peut aussi répéter ce qui lui en a coûté pour la nourriture & les loyers des matelots, pendant le même temps. C'est une avarie qui est à la charge des assureurs.

Lorsque le prince prend, dans un cas de besoin, les marchandises assurées, & qu'il en paie le prix, l'assuré n'a aucun recours contre les assureurs, parce qu'il ne souffre aucune perte.

Si l'*arrêt* se trouve fait pour cause de contrebande, & que les marchandises assurées soient confisquées, la perte doit-elle être supportée par les assureurs? seront-ils tenus, par exemple, d'indemniser le négociant françois, dont les Espagnols auront arrêté le vaisseau & confisqué les marchandises de soierie, chargées clandestinement en Espagne contre la loi de ce royaume, qui défend l'exportation de cette espèce de marchandises?

M. Vallin pense que cette perte doit être à la charge des assureurs, s'ils ont eu connoissance que les marchandises qu'on a fait assurer étoient de contrebande. C'est en effet ce qu'a jugé le parlement de Provence, par *arrêt* du 30 juin 1758.

Mais M. Pothier s'élève avec raison contre cette doctrine. En effet, il ne peut pas être permis à un françois de faire, dans un pays étranger, les choses que les loix y défendent : ainsi, ceux qui font un commerce dans un pays, sont obligés, par le droit des gens, & par la loi naturelle, à se conformer, pour ce commerce, aux loix du pays où ils le font. Chaque souverain exerce son empire sur tout ce qui se fait dans le pays où il commande : il a conséquemment le droit de faire, pour le commerce de ses états, des loix auxquelles les étrangers doivent être soumis, aussi-bien que ses sujets. On ne peut nier qu'un souverain n'ait le droit de retenir dans ses états certaines marchandises, & d'en défendre l'exportation : les exporter ensuite contre ses ordres, c'est une désobéissance, & par conséquent un délit. D'ailleurs, quand un françois ne seroit point par lui-même sujet aux loix d'Espagne, pour le commerce qu'il fait dans ce royaume, on ne peut disconvenir que les Espagnols, dont il est obligé de se servir, ne soient sujets à ces loix, & qu'ils n'y contreviennent en concourant avec lui à l'exportation qu'elles défendent : or, par cela même qu'il ne peut faire la contrebande en Espagne, sans engager des espagnols à violer les ordres de leur souverain, il se rend coupable lui-même en les engageant à le devenir. Le commerce dont il s'agit est donc illicite, & par conséquent le contrat d'assurance fait pour le favoriser, en chargeant l'assureur des risques de la confiscation, ne doit produire aucune obligation.

La cause la plus ordinaire, pour laquelle l'*arrêt de prince* a lieu dans les ports de France, est lorsqu'en temps de guerre, ou à la veille d'une guerre, le roi, pour prévenir les prises des vaisseaux, les retient dans ses ports jusqu'à ce qu'ils puissent partir en flotte, & être escortés par des vaisseaux de guerre.

L'article 52 du titre des assurances porte que si le vaisseau est arrêté, par les ordres du roi, dans un port du royaume, *avant le voyage commencé*, les assurés ne pourront, à cause de l'*arrêt*, faire l'abandon de leurs effets aux assureurs.

Il résulte de ces termes, *avant le voyage commencé*, que si c'est depuis *le voyage commencé* que l'*arrêt* a été fait, les assurés doivent être admis à faire l'abandon de leurs effets, quand même cet *arrêt* auroit eu lieu par ordre du roi dans un port du royaume, où le vaisseau auroit été obligé de relâcher. Il n'y a par conséquent, après *le voyage commencé*, aucune différence entre l'*arrêt de prince* fait en pays étranger, & l'*arrêt* fait par ordre du roi.

Lorsque l'*arrêt* n'a été fait que pour retarder le départ du vaisseau, en attendant une escorte, le contrat d'assurance reste dans toute sa force : il doit suffire aux assureurs de n'être pas tenus d'indemniser l'assuré de la perte qu'il souffre du retard; ils ne peuvent pas, sans son consentement, annuller la convention.

Lorsque l'*arrêt* a été fait parce que le roi avoit besoin du navire, l'assuré peut encore, en ce cas, faire subsister le contrat, en chargeant les marchandises assurées sur un autre navire, & en notifiant ce chargement aux assureurs, sans quoi le contrat devient nul.

Si l'*arrêt* a été fait pour tirer du vaisseau quelques effets dont le roi avoit besoin, le contrat subsiste pour le surplus, en diminuant la prime à proportion.

Lorsque l'*arrêt* n'a été fait qu'à cause que le roi avoit besoin du maître, le propriétaire peut proposer un autre maître, sans que le contrat en reçoive aucune atteinte. *Voyez* ASSURANCE, GUERRE, AFFRÊTEMENT, REPRÉSAILLES, MATELOTS, AVARIE, CONTREBANDE, PRIME, *&c.*

ARRÊT, (*Villes d'*) *Droit coutumier.* Les habitans de plusieurs villes de France jouissent du privilège de saisir & arrêter les biens & effets de leurs débiteurs étrangers, qui se trouvent dans l'enceinte des villes, même de les faire constituer prisonniers, lorsqu'ils viennent dans la ville. Ce privilège leur est accordé, ou par le souverain ou par la coutume, il n'est pas le même dans toutes les villes, il est plus étendu dans les unes que dans les autres.

Les coutumes de Paris, Verdun, Metz, Melun, Montargis, Orléans, Sens-Locale, la Rochelle & Bourges, ne permettent que l'*arrêt* & saisie des hardes & meubles du forain : celles de Calais, Lille, Labourd, la Sole, Amiens, Reims & l'usance de Vannes, permettent aussi d'arrêter la personne du débiteur forain, pourvu qu'il y ait preuve par écrit authentique, & non par écriture privée : la coutume de Cambrai permet l'*arrêt* de la personne par le ministère d'un sergent, & celles de Saint-Sever, de Saint-Flour & d'Auvergne, quand elle se fait par autorité de justice.

On appelle *forains* ceux qui ne sont pas domiciliés dans la ville; mais la coutume de la Rochelle ne regarde pas comme forains, ceux qui ont ou domicile ou biens dans l'étendue de la province.

Le débiteur forain, constitué prisonnier, ne peut obtenir son élargissement qu'en payant; mais s'il y a contestation sur la dette, il peut demander & obtenir son élargissement en donnant bonne & suffisante caution, pardevant le juge qui a autorisé son *arrêt*, de subir jurisdiction pardevant lui, & de payer ce qui sera jugé tant en principal que frais.

Dans les villes d'*arrêt*, on peut saisir sans titre ni cédules les hardes & autres effets des forains; mais cette saisie ne donne aucune privilège au bourgeois qui l'a fait faire, sur les deniers de la vente. S'il survient des oppositions, & qu'il y ait lieu à une contribution, il n'a d'autre préférence que celle de premier saisissant.

La coutume de Reims ne permet pas d'arrêter les nobles ni les ecclésiastiques forains. Ce privilège des ecclésiastiques doit avoir lieu dans toutes les villes d'*arrêt*, parce que l'article 57 de l'ordonnance de Blois exempte tous les ecclésiastiques de la prise-de-corps pour raison de dettes civiles. Les privilèges des villes d'*arrêt* n'ont pas lieu contre les magistrats des cours souveraines.

Les pupilles, les insensés, les femmes ne sont pas sujettes au privilège des villes d'*arrêt*. Le forain ne doit être arrêté que *in viâ* par le ministère d'un sergent, & ordinairement en vertu d'une ordonnance du juge. On déclareroit tortionnaire la saisie de la personne d'un forain, faite dans la maison d'un bourgeois, ou quand les portes de la ville sont fermées; il en seroit de même dans le cas où le créancier auroit fait venir son débiteur, ou s'il étoit venu dans la ville pour affaire publique. Il est cependant vrai de dire qu'un créancier peut faire arrêter, de son autorité privée, son débiteur forain, s'il le trouvoit dans le moment où il s'embarqueroit, ou quitteroit la ville, l'*arrêt* dans ce cas peut se faire un jour de fête ou de dimanche.

On a contesté à la ville de Dunkerque le privilège de ville d'*arrêt*; mais un *arrêt* du parlement de Paris, du 12 mars 1767, rapporté par Denisart, a déclaré que les habitans de cette ville en devoient jouir.

ARRÊTÉ, (*terme de Palais & de Commerce.*) il signifie une résolution ou détermination prise par une cour de judicature, en conséquence d'une délibération, mais qu'elle ne rend pas encore notoire par un arrêt ou jugement.

Les sociétés de commerce donnent aussi le nom d'*arrêtés* aux résolutions prises par les associés à la pluralité des voix.

On appelle, en finances & en commerce, *arrêté de compte*, l'acte qui règle ce qu'une partie doit à une autre, après la liquidation des prétentions respectives.

ARRÊTÉS *de M. le P. P. de Lamoignon* : c'est un recueil précieux de projets de loix, & des principales règles de la jurisprudence, rassemblés sous les yeux de M. Lamoignon, par douze des plus fameux avocats de son temps.

Son but étoit de remplir le vœu de tous les jurisconsultes éclairés, & en particulier du fameux Dumoulin, & pour cet effet de réduire à une seule toutes les coutumes du royaume, dont le nombre monte à deux cens quatre-vingt-cinq. Il vouloit aussi faire disparoître les contrariétés qui se rencontrent dans notre jurisprudence, non-seulement entre les différens parlemens, mais encore entre les chambres d'un même parlement; il donnoit encore des décisions nouvelles & particulières pour les cas où les coutumes & le droit romain gardent le silence.

Le projet de M. de Lamoignon avoit été agréé par Louis XIV; mais il n'a pas eu l'effet qu'on en attendoit, c'est un malheur pour la France. Pourquoi un seul peuple, un seul législateur, n'ont-ils pas un seul & même code?

Quoique les *arrêtés* dont nous parlons n'aient pas le caractère des loix publiques, on les regarde au palais avec la vénération qu'on doit à des constitutions célèbres, que la raison a dictées, & que les siècles ont consacrées; les juges y puisent souvent leurs décisions; & le législateur y a eu souvent recours : M. d'Aguesseau, dit, en parlant de ces *arrêtés*, que c'est l'ouvrage le plus propre à former cette étendue, & cette supériorité d'esprit avec lesquelles on doit embrasser le droit François, si on veut en posséder parfaitement les principes.

ARRHER, v. a. (*Jurisprudence.*) c'est s'assurer d'une marchandise ou d'une denrée en donnant des arrhes. Les loix & les ordonnances de police défendoient d'*arrher* les grains, soit avant leur récolte, soit dans le temps qu'on les amène aux marchés, dans la crainte que les marchands ne se rendissent maîtres du prix de la vente. *Voyez ce que nous en avons dit ci-dessus aux mots* ACCAPAREMENT, AMAS. *Voyez aussi* GRAINS & MONOPOLE.

ARRHES, s. f. plur. (*Droit civil.*) les *arrhes* sont un gage en argent donné par l'acheteur au vendeur, pour assurer l'exécution d'un marché.

Il y a deux espèces d'*arrhes* : les unes se donnent lors d'un contrat seulement projetté, & les autres, après le contrat conclu & arrêté.

1°. Les *arrhes* qui se donnent lors d'un marché proposé & avant qu'il ait été conclu, forment la matière d'un contrat particulier par lequel *Pierre*, qui donne ses *arrhes*, consent de les perdre s'il refuse de conclure le marché proposé, & *Paul* qui les reçoit, s'oblige, de son côté, à les rendre au double, dans le cas d'un pareil refus de sa part.

Cette convention étant de la nature du contrat d'*arrhes*, il n'est pas nécessaire qu'elle soit expresse : elle est tacitement renfermée dans le fait même par lequel l'une des parties, lors d'un marché proposé & non encore arrêté, donne quelque chose à l'autre par forme d'*arrhes*.

Si, d'un consentement unanime, les parties annulent le marché, ou si l'inexécution de la convention ne peut être imputée, ni à l'acheteur, ni au vendeur, celui qui a reçu les *arrhes* doit les rendre, & rien au-delà.

La chose donnée pour *arrhes* doit être conservée avec soin par celui qui l'a reçue; il est tenu à cet égard de la faute légère, le contrat d'*arrhes* se faisant pour l'intérêt de l'un & de l'autre des contractans.

2°. Quand les *arrhes* se donnent après le marché conclu, c'est ordinairement l'acheteur qui les donne au vendeur, pour servir de preuve de la convention.

Lorsque les *arrhes* données par l'acheteur consistent dans une somme d'argent, elles sont censées données à compte du prix de la vente.

Si les *arrhes* sont une autre chose que de l'argent, le vendeur peut retenir cette chose, comme une espèce de gage, jusqu'à ce qu'il soit entièrement payé.

3°. Lorsqu'après le contrat de vente conclu & arrêté, le vendeur a reçu des *arrhes* de l'acheteur, chacune des parties peut-elle être contrainte par l'autre à l'exécution de son obligation, & condamnée, faute de l'exécuter, aux dommages & intérêts résultans de l'inexécution, comme s'il n'avoit point été donné d'*arrhes?* ou est-il au pouvoir de l'acheteur d'annuller son obligation, en offrant de perdre les *arrhes* qu'il a données? & le vendeur a-t-il le droit de rendre la sienne inutile, en offrant les *arrhes* au double?

Fachin & les docteurs qu'il cite ont suivi cette dernière opinion. Ils se fondent sur ce que Justinien dit que l'acheteur qui refuse d'exécuter le contrat, doit perdre les *arrhes*, & que si le refus vient du vendeur, il doit les rendre au double. La loi, disent ces auteurs, ayant fixé les dommages & intérêts résultans de l'inexécution de l'obligation, à la perte des *arrhes*, relativement à l'acheteur, & à la restitution des *arrhes* au double, relativement au vendeur, les parties ne sauroient prétendre d'autre indemnité. On doit présumer qu'en donnant & en recevant les *arrhes*, elles se sont contentées de cette espèce de dommages & intérêts, & qu'elles ont renoncé à toute autre action pour faire exécuter le contrat.

Mais Wesembec, Vinnius & M. Pothier rejettent avec raison cette opinion : ils remarquent judicieusement que ce qu'a dit l'empereur Justinien, ne doit s'entendre que des *arrhes* que l'on donne lors du marché qui n'est encore que proposé & non conclu, ni rédigé par écrit. Il doit en être autrement lorsque les *arrhes* ont été données après le marché conclu & arrêté. L'acheteur peut être contraint au paiement du prix, & le vendeur à livrer la chose; ou s'il ne peut la livrer, aux dommages & intérêts de l'acheteur, sans que les parties puissent annuller leurs obligations respectives, en offrant de perdre les *arrhes* ou de les rendre au double. En effet, il seroit absurde que les *arrhes* n'ayant été données & reçues que pour confirmer la convention & la rendre plus certaine, devinssent la cause de la résolution du contrat.

4°. Quoique les *arrhes* soient communément perdues pour l'acheteur, quand il refuse d'exécuter le marché, elles doivent toutefois lui être rendues, lorsque nonobstant son refus, il a été contraint d'exécuter la convention : parce que la perte des *arrhes* s'applique à l'inexécution du marché, & non au refus de l'exécuter.

De même, lorsque pour n'avoir pas exécuté la convention, le vendeur à été condamné aux dommages & intérêts de l'acheteur, celui-ci ne peut pas répéter le double des *arrhes*, parce que cette peine tient lieu des dommages & intérêts; & que si le vendeur la supportoit, l'acheteur seroit payé doublement d'une même chose.

5°. Ordinairement dans le projet d'un contrat de vente, ou dans l'acte même de vente on fixe un délai, dans lequel celui qui a donné les *arrhes* est tenu de retirer des mains du vendeur la chose achetée, & ce temps expiré, les *arrhes* appartiennent de droit au vendeur.

Quelques coutumes ont aussi, pour éviter les contestations, limité un temps après l'expiration duquel le marché est résolu, & les *arrhes* appartiennent au vendeur.

L'article 400 de la coutume de Reims, porte que, *tous acheteurs de vin & autres marchandises doivent, dans vingt jours après l'achat, lever ladite marchandise, qu'autrement les* arrhes *sont perdues; &*, ajoute l'article, *ne sera tenu le vendeur de la délivrer s'il ne lui plaît; néanmoins sera au choix du vendeur de poursuivre son acheteur pour raison de ses dommages & intérêts.*

Les articles 256 de la coutume de Sens, 141 de la coutume d'Auxerre, 278 de la coutume de Laon & 268 de celle de Châlons, ont des dispositions à-peu-près semblables.

Les statuts des drapiers de l'an 1572, disent que si aucun achète du drap d'un de ses confrères, qu'il ait baillé des *arrhes*, & qu'il ne vienne pas querir le drap, dans le mois après qu'il en aura été sommé, il perdra ses *arrhes* s'il n'y a convention au contraire, & ne pourra rien demander au vendeur, & lui fera savoir ledit vendeur ladite ordonnance quand il lui fera faire ladite sommation.

Par arrêt du 12 juin 1645, le parlement d'Aix a jugé qu'un acheteur devoit perdre les *arrhes* données, lorsqu'il avoit négligé de payer au terme préfix, le prix de la chose achetée.

Maynard rapporte un arrêt du 7 juillet 1569, par lequel le parlement de Toulouse cassa la promesse de vendre faite par un mineur, & le condamna à rendre les *arrhes* qu'il avoit reçues.

6°. Le propriétaire d'une maison n'est pas tenu de rendre au double les *arrhes* qu'il a reçues, pour sûreté du bail ou de la promesse qu'il a faite de passer bail de sa maison, lorsqu'il refuse de le passer, parce qu'il veut aller lui-même occuper la maison : il ne peut, dans ce cas, être obligé qu'à rendre les *arrhes* telles qu'il les a reçues. Cette jurisprudence paroît contraire à la nature du contrat d'*arrhes;* mais elle est fondée sur ce que le bail qu'un propriétaire fait de sa maison, comprend toujours tacitement la faculté de résoudre le bail lorsqu'il voudra occuper la maison lui-même. Une telle convention doit donc être mise au rang de celles dont l'inexécution ne peut être imputée ni à l'une ni à l'autre des parties.

7°. Chez les Romains, le fiancé avoit coutume de donner des *arrhes* à la fiancée, ou au père de la fiancée, si elle étoit sous la puissance paternelle. Ces *arrhes* étoient perdues pour le fiancé, s'il venoit à manquer à son engagement; mais si le mariage ne s'étoit pas fait par la faute de la personne qui avoit reçu les *arrhes*, elles devoient être rendues au double au fiancé.

Lorsqu'aucune des parties n'avoit donné lieu par sa faute à ce que le mariage ne se fît pas, & qu'il n'avoit été rompu que pour quelque cause légitime ou par une force majeure, telles que la mort d'une des parties, les *arrhes* devoient être rendues purement & simplement sans aucune augmentation.

Parmi nous, le fiancé & la fiancée se donnent assez frequemment des *arrhes* l'un à l'autre. Si l'une des deux parties refuse, sans un juste sujet, d'accomplir son engagement, elle doit rendre à l'autre les *arrhes* qu'elle en a reçues, & perdre celles qu'elle lui a données, pourvu toutefois que ces *arrhes* ne soient pas trop considérables, eu égard à la qualité & aux facultés des parties.

Si les *arrhes* excédoient de beaucoup la somme à laquelle pourroient être réglés les dommages & intérêts résultans de l'inexécution des promesses de mariage, la partie qui auroit donné ces *arrhes* seroit en droit de les répéter, mais seulement en ce qu'elles excéderoient la valeur des dommages & intérêts que le juge doit accorder en cas pareil. Cela a été ainsi jugé par un arrêt du 20 août 1680, rapporté au journal du palais.

Dans cette espèce, M. Hébert, maître des requêtes, ayant voulu épouser la fille de M. d'Epinoy, maître des comptes, il y eut contrat de mariage passé entre les parties, le 9 avril 1680. Le lendemain, M. Hébert obtint une dispense de publication de bans, & le 11, il envoya à la fiancée une cassette, des bourses & deux mille louis d'or pour *arrhes* ou présent de noces. La veille du jour pris pour la célébration du mariage, M. Hébert prétexta une indisposition, & fit ensuite connoître qu'il n'avoit plus dessein de se marier. Il fit en conséquence répéter la cassette, les bourses & les deux mille louis.

Quelques jours s'écoulèrent sans qu'on satisfît à sa demande : c'est pourquoi il fit assigner le père

& la mère de la fiancée pour les faire condamner à lui rendre ces effets & cet argent, avec l'intérêt du jour de la demande. Les défendeurs fournirent des défenses, & demandèrent incidemment des dommages & intérêts à M. Hébert : enfin, par l'arrêt cité, la cour accorda onze mille livres de dommages & intérêts à la fiancée, & trois mille livres à son père, & ordonna que le surplus seroit rendu à M. Hébert.

Cette doctrine est fondée sur ce qu'étant important pour le bien de la société que les mariages soient parfaitement libres, on doit faire ensorte que la crainte d'une perte trop considérable ne force une personne à se marier contre son gré.

C'est pour les mêmes considérations qu'on n'a parmi nous aucun égard aux stipulations pénales, relatives au refus d'exécuter des promesses de mariage, lorsque la peine stipulée excède ce que le juge estime être dû pour les dommages & intérêts. Cela a été ainsi jugé par un arrêt du 29 août 1713, rapporté au journal des audiences. *Voyez* DENIER-A-DIEU, LOUAGE, MARIAGE, VENTE.

ARRIÈRE-BAN, s. m. (*Droit féodal.*) on donne ce nom à la convocation que le souverain fait de toute la noblesse de ses états, ou des possesseurs de fief, pour marcher en armes contre l'ennemi. Cette coutume étoit autrefois fort commune en France; mais depuis qu'on a introduit l'usage des troupes réglées, l'*arrière-ban* n'a plus été convoqué que dans des circonstances désastreuses; la dernière a eu lieu sous Louis XIV, pendant la guerre commencée en 1688, & terminée par la paix de Rysvik. *Voyez* BAN.

ARRIÈRE-BAUX, s. m. (*Finance.*) ce sont ceux que faisoient les sous-fermiers. L'ordonnance de 1681 défend expressément les *arrière-baux*, & enjoint aux sous-fermiers d'exercer eux-mêmes leurs sous-fermes. Un arrêt du conseil du mois de juillet 1687, leur avoit permis d'en faire pour les regrats qu'ils avoient pris en sous-ferme. Depuis la suppression des sous-fermes, on n'a plus fait d'*arrière-baux*.

ARRIÈRE-BOUTIQUE, s. f. (*Arts & Métiers. Police.*) une sentence du lieutenant-général de police de Paris, du 6 février 1671, défend aux orfèvres d'avoir dans leurs *arrière-boutiques*, ou salles basses, des forges & fourneaux, sans en avoir obtenu la permission des maîtres & gardes de leur corps.

ARRIÈRE-CAPTE, nous avons expliqué, sous le mot ACAPTE, ce qu'on entendoit par ces termes dans la Guienne, le Languedoc & le Quercy. *Voyez* ACAPTE.

ARRIÈRE-CAUTION. *Voyez* CAUTION.

ARRIÈRE-FIEF, s. m. (*Droit féodal.*) on appelle *arrière-fief*, la partie qui a été démembrée d'un fief & dont elle relève : cette portion, eu égard à celle dont elle a été séparée, est un fief servant; mais elle est *arrière-fief*, à l'égard du fief primitif ou suzerain.

Il seroit difficile de fixer le temps où a commencé l'usage des *arrière-fiefs* : on voit, par un capitulaire de Pepin, que ceux auxquels le roi donnoit un bénéfice, en donnoient eux-mêmes une partie à des vassaux : mais ces parties n'étoient pas distinguées du tout; le roi pouvoit les ôter, lorsqu'il le jugeoit à propos, & à la mort du vassal, l'arrière-vassal perdoit son fief. L'usage subsista de la sorte, tant que ces espèces de biens furent amovibles ou concédées à vie; mais dès qu'elles devinrent héréditaires, les *arrière-fiefs* passèrent aux héritiers des arrière-vassaux, comme les fiefs passoient aux héritiers du possesseur. Nous traiterons des devoirs des *arrière-fiefs* à l'article FIEF. *Voyez* ce mot.

ARRIÈRE-GARDE, (*terme de Droit coutumier.*) est une sorte de garde qui a lieu quelquefois dans les coutumes où la garde appartient au roi ou au seigneur, comme en Normandie; dans le cas où il échet une garde seigneuriale à un mineur, qui lui-même, à cause de son bas-âge, est en la garde de son seigneur, alors la garde de l'arrière-vassal tourne au profit du seigneur suzerain, & c'est ce qu'on appelle *arrière-garde*; & cela en conséquence d'une maxime de droit, que celui qui est sous la puissance d'autrui ne peut pas exercer la même puissance sur un autre. C'est par la même raison qu'un fils de famille, en pays de droit écrit, n'a pas ses enfans sous sa puissance; qu'un esclave ne peut pas posséder des esclaves, ni un mineur exercer une tutèle. *Voyez* GARDE, TUTÈLE, *&c.* (*H*)

ARRIÈRE-NEVEU ou ARRIÈRE-PETIT-NEVEU, (*termes de Généalogie & de Droit.*) est le petit-fils du neveu, ou fils du petit-neveu. Il est distant de la souche commune ou de son bisaïeul au cinquième degré. *Voyez* DEGRÉ. (*H*)

ARRIÈRE-PANAGE, (*terme de Droit*) usité en matière d'eaux & forêts, qui signifie le temps auquel on laisse les bestiaux paître dans la forêt après que le panage est fini. *Voyez* PANAGE. (*H*)

ARRIÈRE-PETIT-FILS ou ARRIÈRE-PETITE-FILLE, c'est le fils ou la fille du petit-fils ou de la petite-fille, descendans en droite ligne du bisaïeul ou de la bisaïeule, dont ils sont distans de trois degrés. *Voyez* DEGRÉ. (*H*)

ARRIÈRE-VASSAL, (*terme de Jurisp. féodale.*) est le vassal d'un autre vassal. *Voyez* VASSAL & ARRIÈRE-FIEF. (*H*)

ARRIÈRE-VASSEUR, c'est un terme particulier de la coutume de Chartres, qui est synonyme d'*arrière-vassal.*

ARRIMAGE & ARRIMEUR, s. m. (*Droit maritime.*) on appelle *arrimage* l'ordre & l'arrangement de la cargaison d'un vaisseau. Les *arrimeurs* sont des officiers des ports dans la Guienne & le pays d'Aunis, dont les fonctions sont de charger & de placer les marchandises dans les vaisseaux, & principalement celles qui sont en tonneaux. Il est de leur devoir d'évaluer encore pour quel nombre de tonneaux les marchandises paieront le frêt.

Le droit de choisir les *arrimeurs* appartient ordinairement au marchand; mais à la Rochelle c'est le le propriétaire du navire qui en fait choix. Il seroit à souhaiter, dit M. Vallin, que pour s'assurer davantage de la fidélité des *arrimeurs*, on les établît par commission révocable à volonté, qu'on leur fît prêter serment en justice, & que leur salaire fût réglé par les amirautés.

ARRIVAGE, s. m. *terme de Police*, qui signifie l'abord des marchandises au port d'une ville. L'ordonnance de 1672, concernant la ville de Paris, veut qu'il y ait toujours un échevin commis pour recevoir les déclarations de l'*arrivage* des marchandises sur les ports de cette ville.

ARRONDISSEMENT, s. m. (*Finance.*) on se sert de ce mot pour exprimer le district & l'étendue d'un bureau des fermes. Ainsi on appelle *arrondissement* d'un bureau de contrôle des actes & de l'insinuation, les paroisses, villages, hameaux & autres lieux qui dépendent de ce bureau, & doivent y faire contrôler & insinuer leurs actes. Ces bureaux ont été établis pour l'utilité publique, & pour faciliter la perception des deniers royaux.

L'édit d'octobre 1694, la déclaration de mars 1696, & plusieurs arrêts du conseil font défenses aux notaires de faire contrôler & insinuer leurs actes ailleurs que dans les bureaux de leur *arrondissement*, & aux contrôleurs d'en contrôler d'autres que ceux passés dans les lieux de leur résidence & de leur dépendance, à peine de nullité de l'acte, de cent livres d'amende contre le contrôleur, & de deux cens contre le notaire; ils peuvent même être interdits & poursuivis extraordinairement.

Lorsque deux notaires, résidant dans deux endroits différens, passent conjointement un acte, il doit être contrôlé dans le bureau d'*arrondissement* de celui des notaires qui reste dépositaire de la minute. Un arrêt du conseil, du 14 décembre 1728, confirmatif d'un jugement de l'intendant d'Auvergne, a condamné deux notaires de Thiers & de Volore à l'amende de deux cens livres chacun, pour avoir fait contrôler un acte dans le bureau de la résidence de celui qui avoit signé en second.

Les notaires au châtelet d'Orléans; qui ont le droit de passer des actes dans toute l'étendue du royaume, peuvent faire contrôler leurs actes indifféremment ou dans le lieu de leur résidence, ou dans celui de la passation de l'acte; mais ils encourent l'amende s'ils les font contrôler dans un autre endroit. C'est ce qui a été jugé par un arrêt du conseil, du 12 janvier 1745, rapporté dans le dictionnaire des domaines.

Les actes sous-seings privés doivent aussi être contrôlés dans les bureaux qui ont été fixes pour cela.

Le droit de centième denier, dû pour les actes translatifs de propriété, doit être payé au bureau dans l'*arrondissement* duquel sont situés les biens. Quant aux droits d'insinuation pour donation entre-vifs, ils ne peuvent être payés, & les actes insinués, que dans les bureaux désignés par la déclaration du 17 février 1731. *Voyez* CONTRÔLE, NOTAIRE, INSINUATION, &c.

ARROSER, v. a. (*Police.*) une ordonnance de police, du 26 juillet 1777, enjoint aux habitans de Paris, dans les temps de chaleur, de faire *arroser* le devant de leurs maisons deux fois par jour, savoir, à dix heures du matin & à trois heures après midi, en observant de n'*arroser* qu'à la distance de deux pieds ou environ de leurs maisons ou bâtimens, & de n'employer aucune eau croupissante: cette ordonnance est très-sagement établie pour entretenir la fraîcheur & la salubrité de l'air; on devroit, par une loi générale, l'étendre à toutes les villes du royaume.

ARSENAL, s. m. (*Code militaire.*) c'est le lieu où sont rassemblés & gardés tous les instrumens de guerre.

Les *arsenaux* sont du département du ministre de la guerre, & sous l'inspection des gouverneurs & commandans des places. L'ordonnance du 27 juin 1776, veut que les lieutenans-généraux, commandans dans les provinces, & les lieutenans-généraux commandans les divisions, visitent les *arsenaux* des places de leurs départemens, & rendent compte au secrétaire d'état des observations qu'ils auront faites dans leurs visites. Les commandans des places doivent faire nettoyer deux fois par mois les *arsenaux*, par les soldats de la garnison.

Les magasins des *arsenaux* doivent être fermés par une porte garnie de trois serrures: une des clefs est gardée par le gouverneur ou commandant de la place, la seconde par le commissaire d'artillerie, la troisième par le garde-magasin.

Une ordonnance du mois de décembre 1756, rendue pour l'*arsenal* de Paris, défend à ceux qui ont des logemens, d'en sous-bailler le tout ou partie, sans une permission expresse & par écrit du roi, de retirer chez eux des gens sans aveu, ou qui font commerce de marchandises prohibées, à peine d'être privés de leurs logemens. Elle enjoint aux suisses & portiers d'en fermer exactement les portes à neuf heures du soir, depuis le mois d'octobre jusqu'au mois d'avril, & à dix heures pendant le reste de l'année; & de ne les ouvrir qu'à six heures du matin en hiver, & à cinq heures en été. Passé ces heures, ils ne peuvent ouvrir les portes qu'aux personnes qui y demeurent, ou à des personnes connues qui, y ayant des affaires, n'auroient pu se retirer avant la fermeture. Ils doivent aussi examiner les étrangers qui se présentent chargés de hardes & de paquets, les arrêter en cas de résistance de leur part, & en rendre compte sur le champ au gouverneur.

L'*arsenal* de Paris a une jurisdiction particulière qu'on appelle le *bailliage de l'arsenal ou de l'artillerie*; nous en parlerons sous le mot BAILLIAGE.

ARSENIC, s. m. (*Police.*) substance minérale qui est un poison très-violent. La vente n'en est permise en France qu'à ceux qui sont autorisés à en faire le débit, & ils sont obligés de se conformer, dans cette vente, à ce que les ordonnances leur ont prescrit, & que nous avons rapporté à la fin du mot APOTHICAIRE.

ARSIN, adj. (*Eaux & Forêts.*) c'est le nom que l'ordonnance de 1669 donne aux arbres que l'on a fait périr par le feu. *Voyez* ARBRE.

Denisart observe qu'en Picardie & en Flandre on donne le nom d'*arsin* à une exécution de justice, qui consiste à mettre le feu à la maison du criminel qui a tué ou blessé quelque bourgeois, ou qui a commis quelque autre crime dans une ville.

ARTICLE, s. m. (*terme de Pratique & de Procédure.*) en général, on appelle *articles* les parties d'un écrit composé de plusieurs chefs, tels qu'un compte, un contrat de mariage. Une loi est aussi quelquefois divisée par *articles*: quelques coutumes sont également divisées par chapitres, & les chapitres par *articles*.

Chaque *article* d'un contrat, d'une convention, est inséparablement attaché à tous les autres, & ne compose avec eux qu'un seul & même acte.

Tous les comptes doivent être rendus par recette & par dépense, & chaque chapitre séparé par *articles*. Ils doivent être clairs, détaillés, & décrits en particulier; car il est nécessaire que celui qui rend un compte, justifie clairement qu'il n'a rien soustrait de la recette, & qu'il n'a couché dans la dépense aucun *article* qui n'ait dû y entrer.

On donne encore la dénomination d'*article* à la liste ou déclaration des dépens auxquels une partie est condamnée par un jugement. Le procureur de celui qui a obtenu des dépens, fait signifier à sa partie adverse son état *articles* par *articles*, & il a soin de n'en pas cumuler deux ensemble; quelquefois pour une requête on met cinq à six *articles*: savoir, pour la requête, pour la journée à l'ordonnance dont elle est répondue, pour le droit de conseil ou de constitution, pour la journée au produit, *&c.*

La raison de cette multiplicité d'*articles* de dépens est fondée sur ce que le procureur a un droit de déclaration sur chacun d'eux, un second droit pour la copie du même *article*, un troisième pour son droit d'assistance à la taxe, sans parler du droit de distribution, de celui d'assistance du procureur tiers, & du procureur du condamné.

Cet abus est porté au point qu'un article qui ne forme lui-même qu'un objet de douze sous, en coûte quinze pour le faire taxer; il est bien à desirer que les magistrats supérieurs s'occupent sérieusement de cette partie de la procédure, & y remédient.

ARTICLES DE MARIAGE, (*Droit civil.*) on entend par ce terme les clauses & conventions qui doivent faire la substance d'un contrat de mariage projetté.

Ordinairement la future épouse ou ses parens dressent les *articles* du futur mariage, tels qu'ils leur conviennent, les communiquent ensuite au futur époux qui les accepte ou les contredit. Lorsque les parties sont d'accord sur toutes les clauses, on fait deux copies de ces *articles*, que les deux futurs & leurs parens signent, & dont chacun d'eux garde une copie. C'est sur ces articles que le notaire dresse ensuite son contrat de mariage, sans y rien changer, diminuer ni augmenter, à moins que ce ne soit par l'ordre exprès des parties.

Les *articles* d'un contrat de mariage ne peuvent rien contenir de contraire aux loix ou aux bonnes mœurs.

L'effet des *articles* de mariage est d'obliger les parties à la célébration du mariage, sous peine, contre la partie qui s'y refuseroit, de dépens, dommages & intérêts.

Cette peine n'auroit toutefois pas lieu, si depuis la signature des *articles* de mariage, il étoit survenu quelque cause légitime qui eût empêché l'une des parties de se marier. C'est d'après ce principe que, par arrêt du 17 juin 1602, le sieur Goury fut renvoyé de la demande en dommages & intérêts formée contre lui, parce que le refus qu'il faisoit de se marier étoit fondé sur ce que depuis les *articles* de mariage signés, le père de la fiancée avoit été accusé du crime de péculat, & avoit pris la fuite.

Un autre arrêt du 10 juillet 1603, entérina des lettres de rescision prises par une femme contre des *articles* de mariage, parce que le futur époux avoit celé le nombre de ses enfans & de ses dettes.

De même, lorsqu'après des *articles* signés, le mariage n'a pas lieu pour quelque cause juste ou nécessaire, celui qui a fait des présens, dans la vue du mariage, est en droit de les répéter, pourvu que la rupture du mariage ne puisse lui être imputée. Divers arrêts l'ont ainsi décidé.

On peut insérer, dans des *articles* de mariage, toutes sortes de clauses, pourvu qu'elles ne soient ni contre les loix ni contre les bonnes mœurs.

Les *articles* de mariage font une telle foi, qu'un contrat de mariage postérieur à la bénédiction nuptiale, mais conforme à ces *articles*, seroit valable, pourvu toutefois qu'il ne fût pas trop opposé à ce qui se pratique communément, eu égard à l'état & à la qualité des parties. Le Brun rapporte un arrêt du parlement de Paris, du 7 décembre 1701, qui l'a ainsi jugé. *Voyez* ARRHES.

ARTICLES (*faits &*), *en terme de Palais*, sont les circonstances & particularités sur lesquelles une partie se propose d'en faire interroger une autre en justice: dans ce sens, on ne dit guère *articles* qu'avec faits; comme *interroger quelqu'un sur faits & articles*, *donner copie des faits & articles*, &c.

ARTICLES PLACITÉS, on nomme ainsi des *articles* qui contiennent des décisions en forme d'arrêté du parlement de Rouen, en interprétation de plusieurs *articles* de la coutume de Normandie. Ces arrêtés n'ont point été revêtus de lettres-patentes, mais ils n'en ont pas moins force de loi dans la province, parce qu'ils ont été faits par l'ordre du roi.

Ces *articles* sont de deux sortes, les uns, au nombre de 152, contiennent des interprétations ou explications de plusieurs *articles* de la coutume; les autres, au nombre de 80, régardent les tutèles. Les premiers ont été rédigés & publiés le 6 avril 1666, les seconds le 6 mars 1673.

ARTICULER, v. a. *en style de Palais*, signifie *avancer formellement*, *mettre en fait.* Lorsque les parties *articulent* des faits contraires, on les appointe à faire preuve respective.

Dans notre ancienne procédure, lorsqu'instruisant un procès on avoit omis des faits qui pouvoient servir à sa décision, on ne pouvoit les proposer de nouveau, qu'en vertu de lettres royaux. Aujourd'hui il suffit de les exposer dans une simple requête, signifiée & jointe au procès, ce qui s'appelle *articuler des faits nouveaux.*

ARTIFICIER, s. m. (*Arts & Métiers. Police.*) c'est celui qui compose des feux d'artifice. Ceux qui desirent exercer la profession d'*artificier*, doivent prendre des lettres de maîtrise de la communauté des arquebusiers, s'il y en a dans le lieu où ils veulent s'établir, sinon obtenir une permission des juges de police, qui doivent veiller avec attention à ce qu'il n'en résulte aucun inconvénient.

Un arrêt de réglement du parlement de Paris, rendu le 30 avril 1729, sur l'avis du lieutenant-général de police & du procureur du roi au châtelet, fait défense à tout *artificier* ou marchand faisant trafic de poudre à canon, fusées volantes & autres artifices, de loger dans les limites de la ville de Paris: ils peuvent seulement occuper, dans les fauxbourgs, des maisons isolées qu'ils sont tenus d'indiquer au lieutenant-général de police & au commissaire du quartier, afin que ces officiers puissent en faire la visite.

Le même arrêt fait défense à tout propriétaire ou principal locataire de louer, dans les limites de Paris, aucun appartement, échope ou boutique, à des *artificiers* ou marchands faisant trafic public & ordinaire de poudre à canon, fusées volantes & artifices, à peine, contre chaque propriétaire ou principal locataire, de trois mille livres d'amende, de résolution des baux, & d'être condamnés à avoir les lieux ainsi loués, fermés pendant trois ans.

Il est en outre défendu aux *artificiers* d'essayer leurs artifices ailleurs que dans les lieux écartés, & qui leur auront été indiqués par le lieutenant-général de police.

Cet arrêt a été rendu pour étendre les dispositions d'un précédent, donné en 1700, qui avoit défendu aux *artificiers* de louer aucune maison dans le voisinage des églises, des maisons royales, du palais, & autres tribunaux de justice, des hôtels des princes, des officiers de la couronne, des principaux officiers de justice, des hôpitaux, des collèges, des halles, des marchés publics, & même de s'établir dans certains quartiers, tels que ceux du louvre & de la cité, à peine de 3000 liv. d'amende.

Il y a des *artificiers* d'un autre genre qui sont au nombre de quatre dans chaque compagnie de bombardiers du corps royal de l'artillerie. Ils composent les artifices destinés à mettre le feu aux ouvrages de défense ou d'attaque construits par l'ennemi. L'ordonnance du roi, du 3 octobre 1774, assigne à chacun de ces *artificiers* dix sous huit deniers de paie par jour en temps de paix, & onze sous en temps de guerre.

Suivant la même ordonnance, chaque *artificier* qui, ayant servi pendant seize ans dans un même régiment, est jugé hors d'état de continuer ses services & veut se retirer chez lui, doit y recevoir annuellement quatre-vingt-dix livres, pourvu toutefois qu'il ait servi huit ans en qualité d'*artificier*; autrement il ne lui seroit dû que le traitement du grade inférieur au sien, c'est-à-dire, d'un soldat de la première classe: ce dernier traitement est de soixante-douze livres par an. Il doit d'ailleurs lui être délivré un habit uniforme tous les huit ans.

Lorsqu'un artificier a vingt-quatre ans de service, il est le maître d'aller à l'hôtel royal des invalides, ou de se retirer chez lui. S'il prend ce dernier parti, on doit lui compter annuellement 180 livres, s'il a servi huit ans comme *artificier*, ou 144 livres seulement, si son service en cette qualité est au-dessous de huit années. Il doit en outre lui être délivré, tous les six ans, un habit de véteran.

Suivant l'article 90 du titre premier de l'ordonnance citée, les emplois d'*artificiers* dans les places doivent être remplis de préférence par les officiers de fortune des compagnies de bombardiers, ou par des sergens qui auront mérité cette récompense par leurs talens & leurs bons services. Le roi défend de proposer aucun autre sujet pour ces emplois, sous quelque prétexte que ce soit.

Les officiers qui remplissent les fonctions d'*artificiers* dans les places, ont le titre d'officiers de *bombardiers* attachés à ces places; & continuent de porter leur uniforme d'officier.

ARTILLERIE, s. f. (*Code militaire.*) gros équipage de guerre qui comprend le canon, les boulets, les mortiers, les bombes, les mousquets, & en général toutes les munitions dont on se sert dans les batailles, & dans l'attaque ou la défense des places.

L'*artillerie* d'un château ou forteresse est censée y être pour perpétuelle demeure & en faire partie, ensorte que si un seigneur vient à vendre sa seigneurie avec le château & les dépendances, il ne pourra emporter l'*artillerie* destinée à la garde de ce château. On trouve à cet égard des dispositions précises dans les coutumes de Rheims, de Châlons, de Laon, d'Amiens, de Berry, de Tours, de Nivernois, de Bourbonnois, *&c.*

On appelle *bailliage de l'artillerie de France* un tribunal qui tient ses séances dans l'arsenal de Paris. Il est composé d'un bailli d'épée, d'un lieutenant-général, d'un avocat du roi, d'un procureur du roi, *&c.*

Les officiers de ce tribunal sont juges civils & criminels dans l'enclos de l'arsenal. Ils connoissent de tout ce qui concerne les poudres & salpêtres, leur fabrication & leur transport dans les magasins & arsenaux.

On appelle *corps royal de l'artillerie*, un corps qui, selon l'ordonnance du 3 octobre 1774, est composé de sept régimens, sept compagnies de mineurs & neuf d'ouvriers.

Chaque régiment est composé de deux bataillons formés chacun de deux compagnies de canonniers, deux de bombardiers & une de sapeurs. Chaque bataillon est divisé en deux brigades, l'une de quatre compagnies de canonniers, & l'autre de trois compagnies de canonniers & d'une de sapeurs. Les quatre compagnies de bombardiers des deux bataillons forment une cinquième brigade.

L'état-major de chaque régiment est composé d'un colonel, d'un lieutenant-colonel, cinq chefs de brigades, dont deux commandent les deux compagnies de sapeurs, un major, un aide-major, deux sous-aide-majors, un quartier-maître, un trésorier, un tambour-major, six musiciens, un aumônier, un chirurgien.

Chaque compagnie de canonniers, de bombardiers & de sapeurs est composée de trente-cinq hommes, & commandée, savoir, les compagnies de canonniers & de bombardiers, par un capitaine en premier, un lieutenant en premier, un lieutenant en second, & un adjudant; celle de sapeurs, par un chef de brigade, un capitaine en second, un lieutenant en premier, un lieutenant en second & un adjudant.

Les compagnies de mineurs & d'ouvriers ne sont point attachées aux régimens, mais elles font toujours partie du corps royal; celles des mineurs forment un corps particulier. Celles d'ouvriers sont distribuées dans les arsenaux de construction. Chaque compagnie de mineurs est composée de quarante-six hommes, & commandée par un capitaine en premier, un capitaine en second, un lieutenant en premier, un lieutenant en second & un adjudant. L'état-major du corps des mineurs est composé d'un commandant en chef, d'un commandant particulier, & d'un aide-major. Chaque compagnie d'ouvriers est composée de quarante hommes, & commandée par un capitaine en premier, un capitaine en second, un lieutenant en premier, un lieutenant en second, & un adjudant.

Il y a de plus neuf inspecteurs généraux du corps royal, dont le premier a titre de directeur général, sept commandans en chef des écoles, vingt-deux colonels directeurs, vingt-sept lieutenans-colonels, dont quatre inspecteurs de manufactures d'armes, & vingt-trois sous-directeurs, soixante-trois capitaines en premier, & soixante-dix-sept capitaines en second, dont onze sont attachés à chaque régiment.

ARTISAN, *adj. pris subst.* (*Droit civil. Police.*) c'est le nom qu'on donne à ceux qui exercent les arts méchaniques. Les Grecs & les Romains regardoient les professions qui peuvent conduire à gagner de l'argent, comme indignes d'un homme libre, & par cette raison, ils abandonnoient aux esclaves l'exercice des arts. Les nations modernes, plus raisonnables à cet égard, accordent aux *artisans* tous les droits de citoyens; ceux qui excellent dans leur profession, & qui l'exercent avec honneur, obtiennent même une sorte de considération, encourageante pour les autres, & très-favorable au progrès de l'industrie. Le premier devoir d'un *artisan* est de connoître parfaitement son art, & d'en observer toutes les règles. Il se nuit à lui-même & se fait mépriser lorsqu'il les ignore, & s'en écarte. Mais il est punissable s'il manque de fidélité dans ses ouvrages, & s'il ne se conforme pas aux réglemens qui lui ont été donnés pour l'exercice de son art.

Les *artisans* forment en France des communautés qui ont chacune leurs statuts particuliers, & des jurés ou gardes pour les gouverner. Aucune ne peut s'établir qu'en vertu de lettres-patentes, enregistrées dans les parlemens & autres cours de justice, où les affaires de la communauté doivent être portées.

Les juges ordinaires des *artisans*, pour ce qui regarde leur profession, sont les officiers de police; mais s'ils font en même temps le commerce, en achetant des marchandises pour les revendre, ils deviennent à cet égard justiciables des consuls. Pour les autres objets qui ne doivent pas être convertis en ouvrage de leurs professions, quand bien même ces objets seroient vendus à l'*artisan* pour l'usage de son métier, l'*artisan* devient justiciable des juges ordinaires. Ainsi, la vente de pierres faite à un meûnier pour les réparations de son moulin, n'est pas de la compétence du juge de police ni des juges-consuls.

Les instrumens d'un *artisan* mis en terre, ou scellés en plâtre, dans la maison qu'il occupe, même dans le cas où elle lui appartiendroit, sont réputés meubles, & ne font pas partie de l'héritage; mais lorsque l'*artisan* quitte une maison qu'il occupoit à titre de loyer, il est tenu de réparer les dégradations causées par ses instrumens.

Dans les villes où sont établies les communautés, nul ne peut être reçu maître qu'après avoir rempli le temps de l'apprentissage & du compagnonage, & avoir fait le chef-d'œuvre, lorsque les statuts le prescrivent.

Les *artisans* sont responsables des malversations & abus qui se trouvent dans les ouvrages qu'ils font exécuter par d'autres, & qu'ils vendent comme étant faits par eux-mêmes. Il y a même des ouvrages qui doivent porter la marque du maître qui les a fabriqués.

L'ordonnance du commerce de 1673 déclare prescrites les demandes en paiement d'ouvrages, faites par les *artisans*, un an après la délivrance de l'ouvrage. Plusieurs coutumes ont une semblable disposition: cependant l'*artisan* peut exiger que son débiteur affirme qu'il a payé. Mais cette prescription annale n'est point admise dans les justices consulaires pour les ouvrages que les *artisans* font les uns pour les autres.

ARTISONNÉ *ou* ARTUSONNÉ, (*Bois*.) terme des coutumes de Tours & de Loudun, qui se dit des bois piqués par une espèce de ver qu'on appelle *artison* ou *artuson*. Ces coutumes défendent d'employer à la fabrication des futailles ou poinçons, qui servent à la garde du vin, le merrain qui se trouve piqué de vers.

On trouve aussi le terme de *bois veriné* pour signifier le bois ainsi piqué de vers.

ARTOIS, (*Droit public*.) province de France au nord de la Flandres.

On sait qu'anciennement l'*Artois* & la Flandres ne formoient qu'une seule & même province, tenue par les comtes de Flandres, dans la mouvance & sous l'hommage de la couronne. Philippe d'Alsace, comte de Flandres, donna, en 1180, l'*Artois* en dot à Isabelle de Haynault sa nièce, en faveur de son mariage avec Philippe-Auguste.

Louis VIII, leur fils, donna l'*Artois* à Robert son second fils, *à la charge de le tenir par lui & ses héritiers en hommage & en souveraineté, à toujours, de la couronne de France*. L'*Artois*, en 1309 & 1318, fut adjugé à Mahaut, comme l'héritière la plus prochaine, au préjudice de Robert son neveu, sur le fondement de la coutume du pays, qui n'admettoit aucune représentation : ce comté passa ensuite dans la première maison des ducs de Bourgogne, puis dans la seconde ; & par le mariage de Marie de Bourgogne avec Maximilien, dans la maison d'Autriche. Par le traité de Madrid, du 14 janvier 1525, les comtés de Flandres & d'*Artois* furent entièrement séparés de la couronne : cette indépendance fut confirmée & ratifiée par les traités de Cambrai, du 3 août 1529, & de Crespy, du 18 septembre 1544.

Pendant la guerre de 1635, qui ne fut terminée, quant à l'Espagne, que par le traité des Pyrénées, Louis XIII s'empara d'Arras, & soumit une partie de l'*Artois*, qui fut cédée à la France par le traité des Pyrénées. Cette portion fut appellée l'*Artois* cédé, & ce qui restoit à l'Espagne, fut appellé l'*Artois* réservé. La cession fut confirmée par la paix d'Aix-la-Chapelle, du 6 mai 1668. La guerre ayant recommencé entre la France & l'Espagne, le premier décembre 1671, Louis XIV s'empara en 1677, de Saint-Omer, & du reste de l'*Artois* réservé. Par le traité conclu à Nimègue, le 17 septembre 1678, la totalité de l'*Artois* fut cédée à la France, & réunie par-là, tant en propriété qu'en souveraineté, à la couronne.

Des états d'Artois. L'*Artois* est un pays d'états. L'ordre ecclésiastique est composé des évêques d'Arras & de Saint-Omer, & des abbés de la province ; tout gentilhomme, qui possède deux terres à clocher, jouit de l'entrée aux états ; les officiers municipaux des villes représentent le tiers-état.

Les états s'assemblent tous les ans, en vertu des ordres du roi ; les commissaires de sa majesté sont, le gouverneur de la province, l'intendant, & le premier président au conseil provincial d'*Artois* ; ils sont nommés par des commissions en forme de lettres-patentes, & exposent aux états, conformément à leurs instructions, les ordres du roi.

Les états nomment des commissaires, pour prendre connoissance de ce qui a rapport aux fonds qu'il faut fournir, tant pour le roi, que pour les charges courantes & extraordinaires ; ces commissaires s'instruisent du service de l'année précédente, & de la position actuelle où sont les caisses ; ils forment en conséquence leur projet de fonds, & sur leur rapport, l'assemblée générale délibère ; elle fixe ensuite un état d'impositions, qui, quand il excède la mesure ordinaire de celles qui ont cours dans la province, ou quand il donne lieu à de nouveaux impôts, doit être nécessairement autorisé par des lettres-patentes.

C'est dans l'assemblée générale des états, que l'on procède à l'élection des députés ordinaires, dont les fonctions ne durent que trois ans ; il y en a un de chaque ordre : ils forment à Arras un bureau permanent, dont l'exercice est néanmoins suspendu pendant la tenue des états.

Ce sont, à proprement parler, des syndics choisis, qui régissent & exercent une administration économique au nom du corps, sous l'autorité du roi, pendant l'année, & d'une assemblée à l'autre. Les ordres de sa majesté ne leur sont point directement adressés ; c'est l'intendant qui les reçoit, & fait part aux députés de ce qui est nécessaire pour leur exécution.

Des impositions dans la province d'Artois. Les impositions, qui ont lieu en *Artois*, sont de deux espèces : les unes sur les fonds ; les autres sur les denrées & consommations.

La taille royale, aide ordinaire ou ancienne composition d'*Artois*, de 14000 liv. par an, est de la première classe.

Elle remonte au XIVe siècle : l'ancienne répartition, entre les villes, bourgs & communautés qui y sont sujets, subsiste ; c'est la somme à laquelle l'exemption des aides & autres droits a été anciennement fixée ; elle est réduite à 13533 liv., soit à cause de la remise de la somme de 800 liv. faite à la ville d'Hesdin, par arrêt du conseil du 8 février 1661, soit à cause de la décharge des aides ordinaires, accordée aux villages du pays du Boulenois, des modérations faites d'ancienneté à certains lieux, & des non-valeurs ordinaires.

Anciennement cette taille ou aide, qui ne pouvoit s'imposer que par les élus d'*Artois*, dans les lieux qui y étoient sujets, se multiplioit par eux autant de fois qu'il étoit nécessaire pour faire face aux affaires, tant du prince que de la province ; il y avoit aussi quelques droits en usage sur les boissons, vivres & denrées. Mais, en 1569, les choses changèrent de face, par rapport aux impositions générales.

Philippe II, roi d'Espagne, ayant demandé des secours à ses états des provinces des Pays-Bas, on imagina des moyens plus prompts & plus convenables pour y subvenir ; il fut résolu, dans les assemblées générales des états par province, & ensuite dans les assemblées des états généraux du pays, d'établir une nouvelle imposition générale & réelle, qui auroit lieu sur chaque corps de terre, & le 9 septembre 1569, Philippe II donna un édit pour l'établissement de cette nouvelle imposition dans tout le pays.

Cette imposition est appellée, en *Artois*, *le centième*, & dans d'autres provinces des Pays-Bas, elle est nommée *taille réelle*, *vingtième*, *dixième*.

Les états de chacune de ces provinces ont été chargés de l'imposition à faire, & de la régie & administration ; & il n'est resté aux juges des aides, c'est-à-dire, à l'égard de l'*Artois*, aux élus de cette province en première instance, & au conseil d'*Artois* en dernier ressort, que la jurisdiction contentieuse pour toutes les difficultés qui pourroient naître à cette occasion, comme à l'égard des autres impositions.

En *Artois*, comme dans les autres provinces des Pays-Bas où l'imposition réelle a lieu, il a été fait des rôles par paroisses ; ces rôles ont ensuite été vérifiés par des procès-verbaux, que l'on nomme *récolemens*.

Ce sont ces rôles & ces récolemens réunis ensemble, qui forment ce que l'on appelle le *cahier de centième* de chaque communauté ; ils sont, en *Artois*, comme dans les autres lieux des Pays-Bas, au dépôt des états de chaque province.

Pour la fixation du centième en *Artois*, on n'a eu égard qu'à la valeur des fonds & édifices ; c'est le centième de cette valeur qu'on impose, à la différence des vingtièmes, qui, par exemple, en Flandres, ont été réglés sur le loyer des terres, maisons, moulins, dixmes, terrages, bois & autres espèces de biens-fonds, dont la taxe est la vingtième partie de ce qu'ils rapportent au propriétaire.

Un centième produit en *Artois* environ 215000 l. : l'imposition s'en fait, chaque année, dans l'assemblée des états ; elle est communément de plusieurs centièmes dans la proportion des demandes & des charges de la province, & du produit des droits qui se perçoivent sur les denrées & boissons, ensorte que ces deux espèces d'impositions servent de ressource l'une à l'autre pour faire le service.

Comme ce sont les fonds de terre qui doivent la taille royale & le centième, personne n'en est totalement exempt.

Il n'y a néanmoins qu'un centième ordinaire, qui se paie par le clergé, par les nobles & par certains officiers de judicature, pour les fonds qu'ils font valoir par eux-mêmes ; il en est de même de tous les habitans des villes, pour les maisons & héritages qu'ils tiennent par leurs mains dans la ville & banlieue où ils résident.

Mais les centièmes extraordinaires qui sont imposés en *Artois*, & qui se perçoivent à l'occasion des dixièmes & vingtièmes, dont l'imposition a été ordonnée dans tout le royaume, sont payés par tous les propriétaires des fonds, sans aucune distinction ni exemption.

C'est avec le produit de ces impositions & droits, que les états acquittent l'ancienne composition d'*Artois* ; le don gratuit ou aide extraordinaire, qui est de 400000 liv. ; les fourrages aux troupes qui sont en quartier dans la province, & les autres charges ordinaires & extraordinaires que la province est dans le cas de supporter.

Nous avons observé que les contestations, sur les impositions & droits dans la province d'*Artois*, étoient portées en première instance devant les officiers de l'élection, &, par appel, en dernier ressort, au conseil d'*Artois*.

L'institution des élus, en *Artois*, remonte, ainsi que dans le reste du royaume, à l'époque de l'établissement des aides & impositions ; ils ont subsisté sur le pied de leur ancien établissement, jusqu'en 1745 ; & quoique dans les temps intermédiaires ils eussent perdu une partie de leur jurisdiction sur le Boulenois, Guines, pays conquis & reconquis, ils ont continué de prendre connoissance de toutes sortes de matières d'aides & impositions, d'abord sous le ressort de la cour des aides de Paris, jusqu'en 1530, & ensuite sous le ressort du conseil d'*Artois* établi par Charles-Quint, & subrogé à cette cour des aides par l'édit de création.

Par l'édit du mois de novembre 1745, ils ont été réformés & érigés en siège d'élection provinciale d'*Artois*, pour continuer à connoître en première instance, & privativement aux autres juges du pays, de toutes les matières propres de leur état & office, sous le ressort du conseil provincial d'*Artois*.

Des droits domaniaux en Artois. Par une déclaration du roi du 20 juillet 1700, M. de Bagnols, intendant à Lille, fut commis pour procéder, à la requête du procureur du roi au bureau des finances de Lille, poursuite & diligence du fermier des domaines, à la recherche & réformation des domaines, & confection des papiers-terriers dans la province de Hainaut, la châtellenie de Lille, les pays de Laleu, Tournai & Tournesis, Cambrai & Cambresis, *Artois*, &c. & il fut ordonné que les possesseurs de fiefs ou d'héritages tenus en censive, mouvans du roi, fourniroient des déclarations en langue françoise, & les possesseurs de francs-aleux, nobles ou roturiers, des dénombremens exacts de ce qu'ils possédoient en franc-aleu.

La déclaration du 14 juillet 1699 a excepté la province d'*Artois* de l'établissement du contrôle des actes. Elle a pareillement été dispensée de l'insinuation établie par l'édit du mois de décembre 1703.

Le roi ayant, par édit du mois de mars 1714, réuni au domaine tous les droits de contrôle des actes, sa majesté fixa, par arrêt du 20 du même mois, à la somme de 18000 liv. par an, l'abonnement de ces droits dans l'étendue de la province d'*Artois*.

Les aliénations & abonnemens ayant été de nouveau révoqués par la déclaration du 29 septembre 1722, la province d'*Artois* obtint un arrêt du conseil le 24 décembre 1726, par lequel elle fut dispensée d'exécuter cette déclaration, à la charge qu'elle paieroit, par forme d'abonnement, pour les droits de contrôle, d'insinuation laïque, *&c.* la somme de 90000 liv. par an, pendant le cours du bail de Carlier, qui devoit commencer au premier janvier 1727. Au reste, cet arrêt ordonna l'exécution des réglemens faits pour empêcher les abus & contraventions qui pourroient avoir lieu, en passant dans une province, les actes qu'on doit passer dans une autre.

Divers arrêts du conseil ont renouvellé cet abonnement, pour les baux postérieurs à celui de Carlier. Ces arrêts, dont quelques-uns ont augmenté le prix de l'abonnement, portent que tous les contrats & actes passés par les notaires d'*Artois*, entre des domiciliés de cette province ou entre d'autres parties, pourvu que l'une d'elles soit domiciliée dans l'*Artois*, pourront être exécutés & produits en justice dans toutes les autres provinces du royaume, sans être assujettis au contrôle ni à l'insinuation.

Mais si les actes étoient passés en *Artois*, entre des domiciliés d'une province où le contrôle est établi, il y auroit contravention au réglement, & les parties seroient non-seulement tenues de payer les droits au fermier, mais elles seroient encore condamnées à l'amende.

Suivant un arrêt du conseil du 15 mars 1723, le droit de franc-fief ne doit être perçu, dans la province d'*Artois*, que sur le pied d'une année de revenu; & les possesseurs roturiers, qui ont payé ce droit, ne peuvent plus être poursuivis ni inquiétés, par la suite, à ce sujet, non plus que leurs héritiers, tant & si long-temps qu'ils demeurent en possession des biens dont le droit a été acquitté.

Ainsi, la mutation, à titre d'héritier, n'est pas, en *Artois*, un motif sur lequel on puisse se fonder, pour exiger un droit de franc-fief du nouveau possesseur.

Par arrêt du conseil du 13 juillet 1728, le sieur Fromentin, conseiller au conseil provincial d'*Artois*, a été déclaré exempt du droit de franc-fief, sur le fondement que ce conseil est du nombre des compagnies supérieures, puisqu'il connoît, en dernier ressort, de différentes matières.

De la gabelle dans la province d'Artois. L'*Artois* jouit de l'exemption de la gabelle : ce privilège tire son origine de l'ancienne composition d'*Artois*, appellée communément l'*aide ordinaire*; il a été confirmé par les capitulations accordées aux villes du pays, & par une infinité de réglemens.

Des traites dans l'Artois. L'*Artois* est du nombre des provinces réputées étrangères, relativement aux marchandises qui en sortent pour entrer dans les provinces des cinq grosses fermes, ou qui sortent des cinq grosses fermes pour entrer dans l'*Artois*. Ces marchandises sont sujettes aux droits d'entrée & de sortie fixés par le tarif de 1664, & par les réglemens postérieurs.

Remarquez néanmoins que les négocians & habitans des provinces de Flandres, *Artois*, Cambresis & Hainaut, ont la liberté du *transit* pour les marchandises provenant de leurs manufactures, & pour les matières qu'ils y emploient, entrant & sortant par les bureaux de Bayonne, Septeme, Pont de Beauvoisin & Langres, sans payer aucun droit d'entrée ni de sortie, ni autres droits locaux & de péage, de quelque nature qu'ils puissent être.

Les marchandises, pour jouir du bénéfice du *transit* en exemption de droits, doivent être conduites au bureau des fermes à Lille, pour y être déclarées, vues & visitées, & il faut qu'elles soient accompagnées de certificats des juges, magistrats ou officiers des lieux, qui attestent celui de la fabrique; elles sont ensuite plombées & expédiées en *transit*, avec acquit à caution, portant soumission de représenter dans six mois, au dos de l'acquit, le certificat de la sortie de ces marchandises, signé du receveur & du contrôleur du bureau dénommé par l'acquit; le tout sous les peines portées par les ordonnances.

Les matières servant aux manufactures de ces provinces, & qui viennent d'Espagne, du Levant, d'Italie & d'Allemagne, doivent être déclarées, visitées & plombées aux bureaux d'entrée ci-dessus désignés, avec l'acquit à caution portant obligation de rapporter, dans un pareil délai de six mois, au dos du même acquit, le certificat signé du receveur & du contrôleur du bureau de Lille, de l'arrivée de ces matières dans cette ville.

Les marchandises & les matières servant à leur fabrication, expédiées en *transit*, ne peuvent entrer dans l'étendue des cinq grosses fermes, ni en sortir que par le bureau de Péronne, où les acquits & certificats doivent être présentés & visés, & les plombs reconnus; & en cas de fraude, il y a peine de confiscation & une amende de mille livres, conformément aux arrêts du conseil des 15 juin 1688, 14 juin 1689, 20 juin 1713, & 15 février 1720.

Les négocians des mêmes provinces jouissent aussi du bénéfice du *transit* des marchandises de leurs manufactures, destinées pour le Portugal & la Biscaye, par les ports de Rouen & du Havre, conformément à l'arrêt du conseil du 31 mai 1732.

L'objet de ce *transit* est devenu moins intéressant depuis qu'il a été accordé des exemptions de droits en faveur des marchandises des principales manufactures du royaume, exportées à l'étranger, telles que les étoffes de toute espèce, toiles, bonneteries, tapisseries & chapeaux; & en faveur de l'importation des principales matières premières nécessaires à l'aliment de ces manufactures, telles que les laines non parées, chanvres & lins en masse, poils de chèvres non filés, de chameaux & de chevreaux.

De l'administration de la justice en Artois. L'*Artois* est du ressort du parlement de Paris, mais seulement pour les affaires civiles. Il y a un tribunal établi à Arras, sous le nom de conseil provincial d'*Artois*, qui juge en dernier ressort toutes les affaires criminelles, les matières qui concernent les subsides & les impositions, & les affaires civiles sujettes à estimation, lorsqu'elles n'excèdent pas deux mille livres en principal ou quatre-vingts livres de rente, outre les dépens & restitutions de fruits relatifs à ces affaires, à quelque somme & valeur qu'ils puissent monter. Ce même tribunal peut ordonner l'exécution provisoire de ses jugemens, à la charge de donner caution, dans les affaires civiles qui n'excèdent pas quatre mille livres de principal ou cent soixante livres de rente.

Le conseil provincial d'*Artois* fut créé par l'empereur Charles-Quint, par un édit du 12 mai 1530.

Les offices de ce tribunal furent rendus vénaux par les édits des années 1692 & 1693, & par des déclarations postérieures. Avant le changement opéré par ces loix, quand il vaquoit quelque office de président, de conseiller, d'avocat ou de procureur-général, le conseil nommoit trois sujets, parmi lesquels le roi en choisissoit un pour remplir l'office vacant. Mais le conseil ne jouissoit pas du droit de présenter aux offices de premier président & de chevalier d'honneur; le roi y nommoit de son propre mouvement.

Un édit du mois de février 1771, avoit supprimé le conseil provincial d'*Artois*, & un autre édit du même mois & de la même année, avoit établi à la place de ce tribunal, un conseil supérieur dans la ville d'Arras; mais ces édits ont été révoqués par un autre du mois de novembre 1774, qui a remis les choses sur le pied où elles étoient auparavant, à quelque différence près, dans l'exercice de la jurisdiction.

La compétence & l'autorité du conseil provincial d'*Artois* avoient été réglées par les placards de Charles-Quint, des 12 mai, 23 juin, 5 juillet 1530, 10 juillet 1531, & par une déclaration de Louis XIV, du 25 mars 1704; mais s'étant élevé différentes contestations entre les officiers de ce conseil & ceux des bailliages royaux de la province d'*Artois*, sur cette compétence & sur les droits de ressort de tous ces tribunaux, leurs droits respectifs ont été fixés par des lettres-patentes du 13 décembre 1728, que le parlement de Paris a enregistrées le 5 septembre 1730.

Le conseil provincial d'*Artois* ne connoît pas des appels de déni de renvoi ou d'incompétence en matière civile. Un arrêt rendu sur le requisitoire de M. le procureur-général, le 22 février 1732, le lui a défendu; & un autre arrêt rendu le 3 avril 1756, a ordonné que ces sortes d'appels continueroient d'être portés au parlement.

Le ressort du conseil provincial d'*Artois* s'étend sur toute la province d'*Artois*, & sur les villes & territoires de Dunkerque, de Gravelines & de Bourbourg, conformément à une déclaration de l'année 1664.

Une autre déclaration du 27 octobre 1708, a accordé aux habitans de la province d'*Artois*, le privilège de ne pouvoir être traduits en première instance ailleurs que devant les juges de cette province.

C'est en conséquence de cette loi, qu'un arrêt du conseil du 10 février 1733, a cassé & annullé la procédure extraordinaire & les décrets de prise de corps décernés par la maîtrise des eaux & forêts d'Amiens, contre plusieurs habitans du village de Baillon, situés en *Artois*, pour rebellion faite aux huissiers de cette maîtrise, qui poursuivoient un paiement de bois adjugés par le bailli de Vaudemont.

La prescription qui ne s'acquiert que par quarante ans, quand l'action hypothécaire est jointe à la personnelle, n'est pas connue en *Artois*.

Les propriétaires d'héritages propres, situés en *Artois*, ne sont pas toujours les maîtres de les aliéner comme nous le disons à l'article NÉCESSITÉ *jurée*.

Dans les décrets d'immeubles qui se poursuivent en *Artois*, il n'est pas nécessaire d'apposer des affiches aux choses saisies, & si l'on en appose, on peut se dispenser d'y ajouter les armes du roi, parce que la coutume d'*Artois* ne prescrit point cette formalité, & que l'édit de 1551 n'a point été publié dans cette province, qui étoit alors sous la domination des princes de la maison d'Autriche. Mais il y a en *Artois* une autre formalité essentielle, c'est que sept jours après la saisie réelle, le sergent doit faire mettre à prix, par une personne, les fonds qui ont été saisis, faire obliger, dans le procès-verbal, cette personne de payer, en lui fournissant le décret, le prix qu'elle a mis, lui faire élire un domicile dans le lieu de la jurisdiction où se poursuit le décret, & signifier à la partie saisie une copie du procès-verbal de la mise à prix.

Les criées doivent être faites dans l'année de la mise à prix, sinon la saisie réelle est interrompue ou périe, selon le placard du 18 juillet 1531. Mais on ne peut les commencer que le huitième jour de la mise à prix. Elles se font au marché *Bretèque*, (c'est-à-dire, au lieu du marché destiné pour les proclamations,) de huitaine en huitaine pour les biens de roture, & de quinzaine en quinzaine pour les fiefs, même pour les rotures qui ont été saisies avec un fief. Au dimanche qui suit chaque criée faite au marché, on en fait une à l'issue de la messe de paroisse. Il faut quatre criées, tant de marché que d'église.

Les adjudications par décret sont censées faites dans cette province, à la charge des droits purement réels, des rentes foncières & des anciennes redevances. C'est ce que porte l'acte de notoriété donné par le conseil d'*Artois* le 27 février 1696.

Il n'est pas nécessaire en *Artois* de s'opposer à fin de conserver, pour être colloqué sur le prix d'un d'un fonds vendu par décret. Non seulement on peut demander d'être colloqué après le décret scellé, & avant l'ordre & la distribution du prix, suivant les actes de notoriété, délivrés par le conseil d'*Artois*, le 21 avril 1684 & le 15 mai 1691; mais on peut encore faire refaire l'ordre à ses dépens & faire rapporter à ceux qui ont reçu, tant que la dette n'est point prescrite. Cela est fondé sur ce qu'il n'y a aucune loi enregistrée en *Artois*, qui oblige de s'opposer *à fin de conserver*.

La procédure qui se fait en *Artois* pour régler l'ordre de la collocation des créanciers, a quelque rapport à celle du châtelet de Paris. Quinze jours après l'adjudication au plutôt, les créanciers ou leurs procureurs comparoissent au prétoire de la jurisdiction où l'adjudication a été faite; & là, en présence de deux commissaires, ils expliquent leurs prétentions sur le prix des biens adjugés par décret, & ils représentent les titres sur lesquels ils appuient ces prétentions. Si le poursuivant ou un autre créancier n'oppose rien à celui qui demande à être colloqué, il est mis dans son rang de privilège ou d'hypothèque; ou si la dette est purement personnelle, il est dit qu'il viendra au sou la livre avec les autres créanciers de la même classe. Il n'y a point d'autre ordre en *Artois* que le procès-verbal de ce qui se passe en présence des commissaires. Il est rédigé par le greffier, & on l'appelle *cahier de distribution*. En cas de contestation entre les créanciers, on donne la provision à celui qui a le droit le plus apparent; & sur le fonds, l'affaire est appointée entre les contestans.

Dans la coutume d'*Artois* & dans quelques autres coutumes voisines, il y a trois voies, que l'on appelle *œuvres de loi*, pour acquérir l'hypothèque. La première est *la mise de fait*, qui se fait par un sergent, en vertu d'une commission du juge; cette mise de fait doit être suivie d'une *tenue* de droit, c'est-à-dire, d'une sentence qui confirme la mise de fait. La seconde est *le rapport d'héritage*, c'est-à-dire, une espèce de *devest* entre les mains du seigneur, dont l'héritage est tenu en fief ou en censive, en présence de ses hommes de fief. La troisième est *la main assise* du comté d'*Artois*, ou d'une autre justice souveraine ou supérieure, après avoir appellé la partie intéressée & le seigneur dont l'héritage est tenu.

Quand on veut avoir une mise de fait sur des héritages situés en différentes jurisdictions, on prend une commission à la jurisdiction supérieure de celle où les héritages sont situés. Ainsi, quand les fonds sur lesquels on veut avoir un droit réel sont situés en différentes seigneuries qui sont du même bailliage, la mise de fait doit être demandée au bailliage; & quand les fonds se trouvent situés en différens bailliages, la mise de fait s'obtient au conseil d'*Artois*.

C'est une question dans la coutume d'*Artois*, si dans les justices seigneuriales on doit tenir un registre des rapports d'héritages, de sorte qu'il n'y ait point d'hypothèque, quand le rapport ne se trouve point inscrit sur le registre. M. Maillart, qui traite cette question dans son commentaire sur la coutume d'*Artois*, dit que pour acquérir hypothèque, il faut que le rapport soit inscrit sur le registre de la jurisdiction seigneuriale destiné à cet effet. La raison qu'il en rend, est que dans l'établissement des *œuvres de loi* pour acquérir hypothèque, on a eu principalement en vue de faire connoître à ceux qui voudroient contracter avec une personne, si son bien est déjà affecté & hypothéqué à d'autres créances, & que cette formalité deviendroit absolument inutile, au moins pour cet effet, si l'on n'étoit point obligé de tenir un registre des rapports d'héritages. Un auteur, dont on a des observations sur le droit coutumier, qui regardent particuliérement la coutume d'*Artois*, est de même avis que M. Maillart. L'un & l'autre croient qu'il faut étendre à la coutume d'*Artois*, pour le rapport d'héritages, ce que prescrivent les coutumes de nantissement, savoir, d'inscrire ce rapport sur un registre. C'est en effet ce qui se pratique au bailliage d'Arras, & même dans les grandes jurisdictions seigneuriales de l'*Artois*.

Mais il y a plusieurs justices seigneuriales, où l'on n'observe point cet usage; & le conseil provincial d'*Artois* juge que l'hypothèque a lieu du jour des rapports d'héritages faits dans ces justices en présence des hommes de fief, quoique la minute du rapport soit remise entre les mains du créancier, & que l'on n'en tienne aucun registre. On dit, pour autoriser cette jurisprudence du conseil d'*Artois*, que la coutume prescrivant le rapport d'héritage pour faire acquérir l'hypothèque, sans exiger que ce rapport soit inscrit sur le registre, on ne peut obliger à y ajouter, à peine de nullité, une formalité dont la coutume ne parle point. On prétend qu'il y auroit d'ailleurs de l'inconvénient à déclarer nuls ces rapports, sur la foi desquels on a cru jusqu'ici acquérir une hypothèque sur les biens situés dans la coutume d'*Artois*. Mais quand une formalité, à laquelle on n'est point expressément assujetti par la coutume, est néanmoins nécessaire pour remplir l'esprit de ces dispositions, & que cette formalité est prescrite par les coutumes qui ont le même esprit de rendre les hypothèques publiques, afin qu'on puisse être instruit des hypothèques dont sont chargés les biens de ceux avec qui on veut contracter, il paroît bien difficile de ne point regarder comme un abus, l'usage des petites jurisdictions d'*Artois*, de ne point tenir registre des rapports d'héritages; & il y a lieu de croire que s'il s'en présente quelque occasion, le parlement réformera cet abus.

On a long-temps douté en *Artois*, si, pour acquérir hypothèque sur un héritage patrimonial, il suffisoit d'avoir observé l'une des trois voies prescrites par l'article 75 de cette coutume. Ce qui faisoit naître cette difficulté, est que l'article 76 de la coutume porte, que pour vendre, aliéner, ou changer nommément un héritage patrimonial, au préjudice des héritiers, il faut le consentement de l'héritier apparent, ou un remploi des deniers en héritages de pareille valeur que celui qui est aliéné ou changé, ou que le propriétaire jure qu'il est dans la nécessité de vendre, & que cette nécessité soit attestée par deux témoins dignes de foi. On disoit que l'hypothèque du fonds semble comprise sous le nom général de *charge de l'héritage*. Mais le roi a réglé par sa déclaration du 14 mars 1722, enregistrée au parlement de Paris, le 17 avril de la même année, que, sous le nom de *charges imposées nommément* sur les héritages patrimoniaux, il ne faut entendre que les rentes foncières & non rachetables. Il veut, en conséquence, que les rentes constituées à prix d'argent & les autres obligations personnelles, hypothéquées ou non, aient leur entière exécution contre les héritiers des biens patrimoniaux situés en *Artois*, encore que l'une des trois voies marquées par l'article 76 de la coutume, pour l'aliénation des héritages patrimoniaux, n'ait point été observée, à la charge néanmoins que cet article sera exécuté pour les ventes, les charges réelles & les autres aliénations des héritages patrimoniaux.

Les sentences n'emportent point d'hypothèque en *Artois*, sur les biens des condamnés, suivant l'article 74 de la coutume de ce pays-là, à moins que la sentence n'ait été suivie de l'une des trois formalités nécessaires pour acquérir hypothèque. Le comté d'*Artois* est différent en ce point des coutumes de Picardie, où l'on n'acquéroit autrefois hypothèque que par l'une des trois voies, & où les sentences donnent à présent une hypothèque sur les biens du condamné. La raison de la différence vient de ce que l'*Artois* étoit sous la domination de la maison d'Autriche, lorsque l'ordonnance de Moulins a décidé que les sentences emporteroient par la suite hypothèque sur les biens du condamné, du jour de leur date, & que cette ordonnance ne fait point une loi pour l'*Artois*, où elle n'a point été enregistrée ni exécutée, même depuis la réunion de cette province à la couronne.

On n'admet point non plus en *Artois*, sans l'observation de l'une des *œuvres de loi*, d'hypothèques privilégiées pour certaines dettes, comme on les admet, sans nantissement, dans les coutumes de Picardie. C'est pourquoi le mineur n'a d'hypothèque en *Artois*, sur le bien de son tuteur, pour le reliquat du compte de tutèle, ni la femme mariée, sur les biens de son mari, pour sa dot & ses conventions matrimoniales, que du jour que l'on a satisfait à l'une des trois voies pour faire acquérir hypothèque au pupille ou à la femme.

A l'égard des dettes purement privilégiées, pour lesquelles les créanciers sont colloqués de droit commun avant tous les créanciers hypothécaires, elles sont colloquées en *Artois* dans la distribution des deniers avant toutes les créances pour lesquelles on a observé l'une des trois voies, quoique les créanciers privilégiés n'aient point pris cette précaution. Ce qui est fondé sur ce que, de droit commun, le privilège dépend de la qualité & de la faveur de la dette, & qu'il n'y a point de disposition dans la coutume d'*Artois* qui déroge à cette règle du droit commun. Ainsi, celui qui a prêté des deniers pour acquérir une maison ou pour la réparer, est préféré dans l'*Artois* à tout autre créancier hypothécaire qui a observé l'une des trois voies pour acquérir hypothèque.

Dans les pays de nantissement, & dans les coutumes de saisine, il ne faut ni nantissement, ni saisine pour avoir hypothèque sur les charges, parce que l'édit du mois de février 1683, qui déroge à toute coutume contraire, veut que les deniers provenant de la vente des offices soient distribués par ordre d'hypothèque, entre les créanciers opposans au sceau, sans aucune distinction, entre les pays de saisine & de nantissement, & les autres provinces du royaume. Louis XIV en a lui-même rendu la raison dans une déclaration pour la Bresse, où il dit que les offices n'étoient point vénaux ni héréditaires dans le temps que plusieurs des réglemens sur les criées & sur les subhastations ont été faits. Il semble, par cette raison, que dans l'*Artois*, où les offices de judicature ne sont devenus vénaux & héréditaires que depuis l'édit de 1683, les *œuvres de loi* ne devroient point être nécessaires pour acquérir hypothèque. Cependant ceux qui sont instruits des usages du conseil d'*Artois*, assurent que, pour être colloqué sur un office par ordre d'hypothèque, il faut avoir acquis l'hypothèque par l'une des trois voies prescrites par la coutume, comme pour les fonds.

Dans les Pays-Bas, & principalement en *Artois*, toutes les administrations, telles que celles des maisons de charité, des hôpitaux & autres établissemens publics, appartiennent de droit aux officiers municipaux.

L'abbaye de S. Bertin, située à Saint-Omer en *Artois*, a le privilège singulier de pouvoir user d'exécution seigneuriale contre tous ses débiteurs d'*Artois* & de Flandres, de la même manière que le roi, *pour deniers royaux*, *nonobstant toute appellation*, &c. Les moines de cette abbaye disent que ce privilège leur a été originairement accordé par Philippe-le-bon, duc de Bourgogne. Louis XV le leur a confirmé par ses lettres-patentes du mois de janvier 1725, enregistrées au parlement de Douay, le 9 mars suivant.

Du droit ecclésiastique en Artois. L'édit du mois d'avril 1695, concernant la jurisdiction ecclésiastique, n'est pas actuellement observé en *Artois*, même dans les portions de cette province, dépendantes des évêchés de Boulogne, d'Amiens & de Noyon, ni même dans les autres provinces des Pays-Bas soumis à la France. L'exécution des dispositions de cet édit y est suspendue par un réglement du 5 septembre 1701, & par des lettres-patentes du 13 avril 1706.

L'église d'Arras avoit été anciennement déchargée de la régale par des lettres-patentes du roi Philippe-Auguste, données à Fontainebleau en 1203 : ce privilège fut assez constamment reconnu jusqu'en 1724 ; mais la mort de M. de Sève, évêque d'Arras, arrivée cette année, ayant donné lieu à une contestation sur ce sujet, le parlement de Paris déclara, par arrêt du 20 mars 1727, que l'église d'Arras étoit sujette à la régale.

Après le traité de paix de l'an 1659, M. de Rochechouart, évêque d'Arras, prétendit que l'université de Paris ne pouvoit nommer ses gradués sur les collateurs du comté d'*Artois* ; ce qui donna lieu à plusieurs contestations entre des gradués & ceux qui avoient été pourvus dans les mois des gradués, sans avoir la nomination des universités. Le roi, qui voulut faire un réglement sur cette matière, évoqua l'affaire à son conseil. M. l'évêque d'Arras & l'université de Paris y furent reçus parties intervenantes. On fit voir dans les mémoires de l'université, 1°. que le comté d'*Artois* avoit toujours fait partie du royaume de France, & qu'il avoit été sous le ressort du parlement de Paris jusqu'au traité de Madrid, de 1526 ; par conséquent, que la pragmatique sanction & le concordat d'entre Léon X & François I, qui établissent les privilèges des gradués, ont été exécutés dans l'*Artois* ; 2°. que par des lettres-patentes de l'empereur Charles V, on a permis aux états d'*Artois* de suivre les usages & les libertés de l'église gallicane, ce qui les a exemptés de toutes les charges auxquelles les collateurs des autres pays sont assujettis envers la cour de Rome ; 3°. que le comté d'*Artois* étant réuni à la couronne, on ne devoit regarder cette réunion que comme un retour de ce pays à son premier état. C'est ce que les Romains appelloient *jus post-liminii*, *droit de retour*, par lequel non seulement les particuliers, mais encore les villes & les provinces qui avoient été dépouillées de leurs droits par la captivité, les recouvroient par leur retour, suivant la loi 19, au digeste, *de captivis & post-lim. rev.* On ajoutoit que les capitulations qui conservoient aux ecclésiastiques de l'*Artois* les immunités dont ils avoient joui sous la domination d'Espagne, n'avoient fait que conserver dans cette province le droit commun de la France, qui avoit été regardé comme un privilège, tant que ce pays avoit été soumis à une domination étrangère. Sur ces raisons, le roi, sans s'arrêter à l'intervention & à la demande de M. l'évêque d'Arras, maintint l'université de Paris dans le droit & dans la possession de nommer ses gradués sur le diocèse d'Arras, pour être pourvus des bénéfices vacans dans ce diocèse, conformément au concordat passé entre Léon X & François I. L'arrêt, qui est du 3 juin 1688, se trouve dans le cinquième volume du journal des audiences.

On a même jugé au parlement de Paris, le 26 janvier 1717, sur les conclusions de M. de Lamoignon, avocat-général, que les canonicats de Saint-Omer sont sujets à l'expectative des gradués, quoique cette ville fût sous la domination du roi d'Espagne, lorsque le concordat a été passé entre Léon X & François I, quoique le roi de France lui ait conservé tous ses privilèges par la capitulation, quoique le tiers des prébendes de l'église de Saint-Omer soit affecté à des gradués par la bulle de l'érection de l'évêché, & quoique aucun gradué n'eût placé ses grades sur ce chapitre avant 1716. Les neuf canonicats de l'église de Saint-Omer, affectés à des gradués, ne sont pas sujets à l'expectative des gradués simples ou nommés, parce qu'ils sont exempts de toute expectative, par la bulle d'érection de l'évêché. Il en est de ces canonicats comme des dignités des autres églises cathédrales, qui doivent toujours être conférées à des gradués, mais qui ne sont pas sujettes à l'expectative des gradués nommés ou simples.

Les collateurs de la province d'*Artois* ont obtenu un arrêt du conseil d'état du roi, le 19 février 1677, qui les maintient dans l'exemption du droit d'indult. Le parlement de Paris prétend que cet arrêt ne peut lui faire de préjudice, 1°. parce qu'il a été obtenu sans l'appeller ; 2°. parce que les bulles assujettissent aux droits d'indult tous les collateurs du royaume, sans aucune distinction des anciens & des nouveaux domaines ; 3°. parce que l'*Artois* étoit assujetti à l'indult avant la cession faite à Charles V, de la souveraineté de ce pays ; & qu'il doit rentrer dans son ancien état par droit de retour ; 4°. parce que les exemptions accordées par Charles V aux collateurs de ce pays, & confirmées par le traité des Pyrénées, ne regardent que les réserves & les provisions apostoliques *nouvelles & non accoutumées, ne vues audit pays* ; c'est-à-dire, les réserves qui n'avoient point lieu dans cette province avant qu'elle fût séparée de la France.

Si ces raisons prouvent que l'indult du parlement devroit avoir lieu dans la province d'*Artois*, la vérité est qu'il n'y a pas lieu non plus que dans la Bretagne & les Trois-Evêchés.

Quoique l'*Artois* fît partie de la France au temps du concordat, & que par cette raison le roi doive avoir sur les bénéfices consistoriaux de cette province, les mêmes droits que le concordat lui donne sur cette espèce de bénéfice, dans toute l'étendue du royaume, l'usage est néanmoins que le roi ne nomme point par brevet aux abbayes de l'*Artois* : les religieux présentent trois sujets au roi, qui en choisit un, & l'évêque ou chef d'ordre le confirme.

Le grand-conseil connoît des contestations relatives aux bénéfices situés en *Artois*, & accordés sur la nomination du roi, soit pour joyeux avénement, serment de fidélité ou autre cas, sans qu'on puisse user d'aucune évocation en vertu des privilèges de la province: le conseil d'état l'a ainsi décidé par arrêt du mois de juin 1717.

Il ne faut pas comprendre dans cette attribution les causes de régale: la connoissance en appartient à la grand'chambre du parlement de Paris, *privativement aux autres chambres du même parlement, & à toutes les autres cours & juges du royaume.* C'est la disposition de l'article 19 du titre 15 de l'ordonnance de 1667.

ARTS & MÉTIERS, (*Jurispr. Police.*) on comprend sous cette dénomination, les différens *métiers* ou professions qui tirent leur existence de l'exercice des *arts* méchaniques.

C'est, comme l'a remarqué un philosophe, l'industrie appliquée aux productions de la nature, ou par les besoins de l'homme, ou par son luxe, ou par son amusement, ou par sa curiosité, *&c.* qui a fait naître les sciences, ainsi que les *arts & métiers.*

En examinant les productions des *arts*, on s'est apperçu que les unes étoient plus l'ouvrage de l'esprit que de la main, & qu'au contraire d'autres étoient plus l'ouvrage de la main que de l'esprit. De-là est particuliérement dérivée la prééminence que l'on a accordée à certains *arts* sur d'autres, & la distribution que l'on a faite des *arts* en *arts* libéraux & en *arts* méchaniques.

Les premiers ont conservé une sorte d'indépendance; les autres ont été soumis à des loix particulières, la plupart opposées au bien général & aux vues des législateurs: car on ne peut pas douter que quand nos rois ont érigé en communautés ceux qui exerçoient des *arts* méchaniques, ils n'aient eu dessein d'honorer ces *arts*, & de les encourager par des privilèges ou des distinctions. Mais il est probable que les statuts par lesquels la plupart de ces communautés se régissoient parmi nous, ont plutôt été surpris à l'autorité souveraine, qu'ils n'ont été le fruit de l'examen & de la réflexion. En effet, ces communautés, par exemple, où le nombre des membres étoit limité, & où la faculté d'y être admis étoit restrainte aux fils des maîtres, ne présentoient-elles point, par leur existence, un monopole également opposé à la raison & à l'intérêt public?

Pouvoit-on opposer à l'industrie, une barrière plus dangereuse que les frais & les formalités auxquels on étoit assujetti pour se faire autoriser à exercer un métier?

Il est certain que le principal mobile de la prospérité du commerce, est la concurrence: c'est par elle seule que les *arts* se perfectionnent, que les denrées abondent, que l'état se procure un grand superflu à exporter, qu'il obtient la préférence par le bon marché, enfin, qu'il remplit son objet immédiat, qui est d'occuper & de nourrir le plus grand nombre d'hommes qu'il lui est possible.

Il n'est aucune exception à cette règle, pas même dans les communautés où il se présente des grandes entreprises. Dans ces circonstances, les petites fortunes se réunissent pour former un capital considérable; les intérêts de la société en sont plus mêlés; le crédit de ces fortunes divisées est plus grand que s'il étoit réuni sur deux ou trois têtes; & dans le cas même où elles ne se réuniroient pas, dès qu'il y a beaucoup d'argent dans une nation, il est constant qu'aucune entreprise lucrative ne manquera d'actionnaires.

Les profits des particuliers diminueront, mais la masse générale du gain sera augmentée: c'est le but de l'état.

On ne peut citer dans ces matières une autorité plus respectable que celle du célèbre Jean de Witt: voici ce qu'il dit au chapitre 10 de la première partie de ses mémoires.

« Le gain assuré des corps de *métiers* ou de marchands les rend indolens & paresseux, pendant qu'ils excluent des gens fort habiles, à qui la nécessité donneroit de l'industrie: car il est constant que la Hollande, qui est si chargée, ne peut conserver l'avantage de tenir les autres peuples hors du commerce, que par le travail, l'industrie, la hardiesse, le bon ménage, & la sobriété des habitans.... Il est certain que les Hollandois n'ont jamais perdu aucun commerce en Europe par le trop grand transport des marchandises, tant que le trafic a été libre à chacun ».

Ce qu'a dit ce grand homme pour le commerce & les manufactures de sa patrie, peut être appliqué à tous les pays.

N'étoit-ce pas une chose étrange que de voir parmi nous des communautés d'*arts & métiers*, dont les apprentis ne pouvoient être mariés? N'étoit-ce pas là un réglement destructif de la population? N'étoit-ce pas décourager l'industrie, que d'obliger ceux qui vouloient exercer un *métier*, à passer sept, huit ou dix années de leur vie au service d'un maître, avant qu'ils pussent être admis à travailler pour leur propre compte? Ces abus, & un grand nombre d'autres, dont le détail est devenu inutile, se trouvent heureusement détruits par les édits des mois de février & d'août 1776; monumens à jamais mémorables de la bienfaisance éclairée de Louis XVI, & des obstacles que rencontre la réformation des abus. Nous indiquerons les dispositions de ces édits en traitant des corps & communautés, sous les noms qui leur sont propres. *Voyez aussi* JURANDE, MAITRISE, MÉTIER, COMMUNAUTÉ.

ARTS (*Faculté des*), c'est le nom par lequel on désigne ceux qui, dans les universités, enseignent les humanités & la philosophie.

On appelle *maître-ès-arts* les personnes qui ont pris des degrés dans la faculté des *arts*, & à qui on a accordé le pouvoir d'enseigner ces parties de la littérature. Voyez UNIVERSITÉ.

A S

AS, (*Jurisprudence romaine.*) dans l'origine, les Romains appelloient *as* leur livre numérique: avant & sous le regne de Numa, l'*as* étoit de bois, de cuir ou de coquille; on le fabriqua ensuite avec du cuivre : il pesoit deux onces avant la guerre punique, il fut ensuite réduit à une once, & même à une demi-once. Les jurisconsultes romains donnèrent le nom d'*as* à tout ce qui pouvoit se diviser en parties aliquotes, ensorte que l'*as* signifioit la même chose que l'unité ; mais ce mot fut principalement employé pour marquer l'hérédité, aussi trouve-t-on fréquemment *hæres ex asse*, pour signifier celui qui a le droit de prendre l'hérédité entière : cette expression d'un testateur, *j'institue Mœvius mon héritier pour l'as*, donnoit à l'institué la succession entière.

L'*as*, considéré comme l'hérédité, se divisoit en douze parties, qu'on appelloit *onces* ; chacune de ces parties avoit son nom propre. *Uncia*, l'once ou la douzième partie ; *sextans*, deux onces ou la sixième ; *quadrans*, le quart ou trois onces ; *triens*, le tiers ou quatre onces ; *quincuns*, cinq onces ; *semis*, le demi *as*, la moitié ou six onces, *septuns*, sept onces ; *bes*, *quasi bis triens*, huit onces ou les deux tiers ; *dodrans*, neuf onces ; *dextrans*, dix onces ; *deuns*, onze onces.

ASAVANTÉ, adj. terme ancien qu'on trouve dans le texte de la coutume de la Rochelle, *art.* 29, pour signifier avoir connoissance, être instruit de quelque chose.

ASCENDANT, *adj. pris en droit subst.* (*Jurisp.*) ce mot vient du latin *ascendere*, qui veut dire *monter* : il est usité en matière de généalogie & de succession, pour désigner les personnes dont quelqu'un est issu. Ainsi les père & mère, l'aïeul & l'aïeule, le bisaïeul & la bisaïeule, *&c.* d'une personne, en sont les *ascendans*.

Les loix romaines accordoient à un chef de famille l'autorité paternelle & tous les droits qui y étoient attachés (nous en parlerons au mot PUISSANCE PATERNELLE.), non-seulement sur ses enfans, mais encore sur tous ses autres descendans, ensorte qu'un petit-fils, ou arrière-petit-fils, ne pouvoit contracter mariage sans le consentement de son aïeul ou autre *ascendant*, à la puissance duquel il étoit soumis comme son père ; mais dans nos mœurs, le mariage émancipe, & l'aïeul ne peut exercer aucune puissance sur son petit-fils qu'après la mort du père. C'est sur ce fondement que plusieurs arrêts du parlement de Paris, rapportés dans le journal des audiences, ont décidé qu'il seroit passé outre à la célébration du mariage des petits-enfans, malgré les oppositions des aïeux, sur le consentement donné par les père ou mère ; un de ces arrêts, du 7 juillet 1689, l'a même jugé en faveur de la mère, quoiqu'elle ne fût pas tutrice de sa fille, & que la tutèle eût été déférée à l'aïeule.

Ce que nous avons à dire sur les *ascendans* ne concerne que la matière des successions. Nous remarquerons cependant, qu'à la mort des père & mère, les droits de la puissance paternelle sur les enfans mineurs qu'ils laissent, appartient de droit aux *ascendans* les plus proches, c'est-à-dire, qu'elle est dévolue à l'aïeul avant le bisaïeul, & que les *ascendans* paternels sont préférés aux maternels en parité de degré.

La loi civile a établi trois ordres de successions légitimes, parce qu'elle appelle trois sortes de personnes à la succession de ceux qui décèdent intestats ; les descendans, les *ascendans*, les frères & sœurs, & autres proches parens du défunt.

Les jurisconsultes romains disent que l'ordre qui appelle les *ascendans* à la succession de leurs enfans ou petits-enfans, n'est pas naturel comme celui qui appelle ces derniers à la succession des *ascendans*, parce qu'il n'est pas dans l'ordre de la nature qu'ils survivent à leurs enfans ; mais, ajoutent-ils, comme cela arrive très-souvent, l'équité naturelle veut que les *ascendans* jouissent de la succession de leurs enfans, afin qu'ils ne souffrent pas en même temps & la perte de leurs personnes, & celle de leurs biens.

Au reste, quelle que soit la raison qui a engagé les législateurs à appeller les *ascendans* à la succession de leurs descendans, lorsque ceux-ci ne laissent pas d'enfans, ce droit de succéder n'est pas uniforme en France, & ne produit pas les mêmes effets dans les provinces régies par le droit écrit, & dans celles qui le sont par des coutumes particulières.

De la succession des ascendans dans le pays de droit écrit. Suivant le droit romain, le père & la mère succèdent également à leurs fils ou filles décédés sans enfans. S'il n'y a qu'un de ces deux *ascendans* qui survive, il prend la succession en entier, parce que les *ascendans* les plus proches excluent les plus éloignés, attendu que la représentation n'a pas lieu entre les *ascendans* comme entre les descendans.

Mais quoique la représentation n'ait pas lieu pour faire concourir les *ascendans* les plus éloignés avec les plus proches, il y a néanmoins entre eux une autre espèce de représentation qui produit son effet. Ainsi, quand il se trouve au même degré plusieurs *ascendans*, les uns paternels, les autres maternels, la succession du descendant doit être divisée en deux portions, dont l'une appartient aux *ascendans* paternels, & l'autre aux *ascendans* maternels, quand bien même le nombre des uns seroit moindre que celui des autres. On considère alors les *ascendans* paternels comme prenant la place du père, & les maternels comme prenant celle de la mère.

Le père, la mère & les autres *ascendans* excluent tous les collatéraux de la succession de leurs enfans & de leurs petits-enfans, à la réserve des frères germains & des sœurs germaines de celui de la succession duquel il s'agit. Ceux-ci concourent par tête avec le père, la mère ou les autres *ascendans*. Par exemple, si le père & la mère, ou l'un d'eux, ou, à leur défaut, d'autres *ascendans*, survivent à un de leurs descendans, la succession de ce descendant sera partagée entre l'*ascendant* survivant & les frères germains ou sœurs germaines du défunt par portions égales & par têtes : ainsi, la part de chaque frère ou sœur sera égale à celle de chaque *ascen-*

dant appellé à la succession. Telle est la disposition de la novelle 118.

S'il arrive qu'avec le frère germain ou la sœur germaine, qui succèdent à leur frère avec le père, la mère ou quelque autre *ascendant*, il y ait des enfans d'un autre frère germain décédé, les enfans de ce frère prennent, dans la succession, la part que leur père y auroit eue, s'il avoit vécu. C'est ce qui est décidé par la novelle 127.

Quoiqu'il ne soit parlé dans cette novelle que des enfans d'un frère & non de ceux d'une sœur, on ne doit faire aucune distinction entre eux. La novelle 118 appellant les sœurs comme les frères avec les *ascendans*, on ne sauroit dire que la novelle 127 ait voulu exclure les enfans des sœurs, puisqu'ils représentent leurs mères comme les enfans des frères représentent leurs pères.

Mais il résulte une autre difficulté de ce que la novelle 127 ne parle que du cas où les enfans d'un frère concourent avec leur oncle, frère du défunt, & avec un *ascendant*, & qu'elle ne fait aucune mention du cas où il n'y auroit aucun frère du défunt, mais seulement quelque *ascendant* & des enfans d'un frère décédé. Il semble qu'on puisse douter si, dans ce dernier cas, les enfans du frère décédé doivent succéder avec l'*ascendant*, ou si l'*ascendant* les exclut comme il les auroit exclus avant que la novelle 127 eût établi le nouveau droit en leur faveur, contre la disposition de la novelle 118, qui n'appelloit que les frères seuls avec les *ascendans*. On dit d'un côté, qu'en appellant les enfans des frères à la succession de leur oncle avec ses autres frères & avec les *ascendans*, la novelle 127 n'a exprimé que le cas où il y a des frères du défunt, & d'habiles interprètes ont pensé que lorsqu'il ne restoit que des neveux du défunt, les *ascendans* devoient les exclure conformément à la novelle 118, qui ne les ayant point appellés, les a laissés exclus. On peut répondre en faveur des neveux, que l'événement qui leur a fait perdre leur père, ne doit pas rendre leur condition moins favorable, ni les priver du droit de représentation, dont ils jouissent quand il y a des frères; mais d'après ce qu'ont déterminé les novelles 118 & 127, on leur oppose que quand il s'agit d'interpréter des loix, celles qui dérogent aux anciennes ne doivent pas être étendues au-delà de ce qu'elles règlent; que les neveux n'ont le droit de représentation que dans le cas où les deux novelles le leur ont donné; & que, par l'ancien droit, lorsqu'il n'y avoit que des neveux pour succéder au défunt, ils partageoient la succession par tête, selon leur nombre, sans aucune représentation.

Les raisons qui peuvent être alléguées pour les neveux, ont été adoptées par le parlement de Paris: il admet en leur faveur la représentation avec les *ascendans*, quoiqu'il n'y ait point de concours de frère ni de sœur.

Le parlement de Toulouse & celui de Bordeaux excluent au contraire les neveux, quand il n'y a que des *ascendans* sans concours de frère ni de sœur.

Comme les enfans succèdent à leurs pères, & à leurs autres *ascendans*, en telle sorte que les biens leur sont acquis avant qu'ils fassent aucun acte d'héritier, & même avant qu'ils soient informés de la mort de l'*ascendant* auquel ils succèdent, les pères & les autres *ascendans* ont le même droit à l'égard de leurs descendans. C'est pourquoi, si ceux qui succèdent ainsi, viennent à mourir avant d'avoir recueilli la succession, ils la transmettent à leurs héritiers.

Tout ainsi qu'on ne met pas au nombre des enfans qui succèdent à leurs pères & à leurs autres *ascendans*, ceux dont la naissance n'est pas légitime, de même on ne met pas au nombre des personnes qui peuvent succéder à leurs descendans, les pères, les mères, ni les autres *ascendans* de ces sortes d'enfans.

Le père succédant à son fils conjointement avec les frères & les sœurs de ce fils, ne conserve pas, relativement aux portions des frères & des sœurs, l'usufruit dont il jouissoit sur les biens du défunt, lorsqu'il étoit sous la puissance paternelle.

Dans les pays de droit écrit, les pères & les mères qui ont donné quelque chose entre-vifs à un enfant, succèdent aux choses qu'ils ont données lorsque le donataire décède sans enfans, non par droit de succession ordinaire, mais par un autre, appellé *droit de retour* ou *de réversion*: ce droit de retour ne produit pas les mêmes effets dans tous les parlemens du royaume.

On juge, à l'égard des pays de droit écrit du ressort du parlement de Paris, que les enfans peuvent hypothéquer & aliéner les choses données au préjudice du père donateur, & que même ils peuvent en disposer par testament.

Le parlement de Toulouse juge au contraire que les enfans donataires ne peuvent en aucune manière disposer des choses données au préjudice du droit de retour.

Au parlement de Toulouse, le droit de retour a lieu au profit des *ascendans* & des frères, sœurs, oncles ou tantes, qui ont donné; mais dans les pays de droit écrit du ressort du parlement de Paris, il n'a lieu qu'au profit des *ascendans*, à moins qu'il n'ait été stipulé par les autres donateurs. *Voyez* Retour.

Dans les provinces de droit écrit, on ne distinguoit point les propres des conquêts, & le père & la mère succédoient indistinctement aux uns & aux autres. Mais l'édit de Charles IX, communément appellé l'*édit des mères*, a ordonné qu'à l'avenir les mères ne succéderoient à leurs enfans qu'aux meubles & conquêts, & qu'à l'égard des propres, elles auroient seulement l'usufruit de la moitié, sans y prétendre aucun droit de propriété. Comme cet édit ne parloit que des mères, les anciens jurisconsultes ont été divisés sur la question de savoir si ses dispositions devoient s'étendre aux pères appellés à la succession de leurs enfans. La jurisprudence a adopté le sentiment de Chopin & de Bacquet, qui soutiennent que cet édit doit être observé à l'égard des pères comme des mères. Il faut observer néanmoins que cette disposition n'a lieu que dans les provinces de droit écrit, du ressort du parlement de Paris, parce que l'édit n'a point été enregistré dans les parlemens de Toulouse, Bordeaux & Dijon.

De la succession des ascendans dans le droit coutumier. Les coutumes sont fort variées relativement à la manière de succéder des *ascendans*. Celle de Paris donne aux *ascendans* les meubles & acquêts; mais comme elle ne dit pas si les effets se partageront par têtes ou par souches, les auteurs ont été divisés sur cet objet. La Lande & le Brun ont pensé que dans le cas où un petit-fils décédé laisseroit pour héritiers des meubles & acquêts, son grand-père paternel d'un côté, & d'un autre côté, son grand-père & sa grand-mère maternels, le premier devroit emporter la moitié de la succession, & les deux autres le surplus.

Ces auteurs ont dit, pour soutenir leur opinion, que la coutume ne décidant pas de quelle manière le partage devoit être fait, il falloit s'en rapporter à la novelle 118, qui avoit une disposition précise à cet égard. Mais on leur a opposé avec succès que la représentation n'ayant pas lieu dans la ligne *ascendante*, les parens qui se trouvoient en pareil degré devoient succéder également; & que la disposition de la novelle ne devoit pas être étendue lorsqu'elle résistoit au droit commun.

Ce dernier sentiment a prévalu, & a été confirmé par un arrêt du parlement de Paris, du 30 mai 1702, rapporté au journal des audiences.

Renusson & Tronçon pensent que le père & la mère peuvent être héritiers des meubles & acquêts & légataires du quint des propres qui ne sont pas de leur ligne.

Brodeau & le Brun sont d'avis contraire: ils se fondent sur ce que l'article 300 de la coutume de Paris porte indéfiniment qu'on ne peut être en même temps héritier & légataire d'un défunt: ils appuient leur sentiment par un ancien arrêt du 11 mars 1581, rapporté par Charondas.

Mais la première opinion doit être préférée: quelque général que paroisse l'article 300, il n'a pour objet que de mettre l'égalité entre les cohéritiers: or, les collatéraux ne sont point cohéritiers du père & de la mère qui succèdent aux meubles & acquêts; puisque ces derniers en héritent pour le tout, à l'exclusion des premiers.

Le Brun prétend que si l'on admettoit cette concurrence des qualités d'héritiers & de légataires, il y auroit confusion du legs, parce que l'héritier deviendroit débiteur de lui-même; mais cette raison ne peut pas s'appliquer au cas dont il s'agit, parce que le père qui succède aux meubles & acquêts, & se trouve légataire d'un propre maternel, ne devient débiteur du legs, ni en tout, ni en partie, puisqu'il ne prend ce propre que sur les héritiers maternels.

Quant à l'arrêt du 11 mars 1581, comme il est ancien & unique, il ne doit pas faire loi, & Charondas même qui le cite, n'en approuve pas la décision.

Il y a des coutumes, telles que celle d'Anjou, où les *ascendans* ne succèdent qu'aux meubles & à la totalité de l'usufruit des immeubles, sans aucune distinction.

D'autres, telles que la coutume de Bourbonnois, admettent les *ascendans* à partager les meubles & acquêts avec les frères & les sœurs germains ou leurs enfans.

Quelques-unes, telles que celle de Normandie, préfèrent les *ascendans* du côté paternel au maternel, dans la succession de leurs enfans.

Dans celle de Lille, le père a la préférence sur la mère pour les meubles du fils auquel ils succèdent.

Dans celle de Saintes, les meubles appartiennent par préciput aux pères & mères, & les acquêts se partagent entre eux, & les frères & sœurs du défunt.

Dans celle d'Angoumois, les *ascendans* n'ont que les meubles, les immeubles propres ou acquêts sont dévolus aux collatéraux; à défaut d'*ascendans*, les collatéraux succèdent aux meubles, & à défaut de ceux-ci, les *ascendans* prennent les immeubles.

D'autres, comme celle du Maine, excluent l'aïeul & l'aïeule, & ne donnent la succession mobiliaire des enfans qu'aux pères & aux mères, & à leur défaut, aux collatéraux.

Dans les coutumes où les *ascendans* succèdent aux immeubles de leurs descendans, ces immeubles sont propres, & ne tombent pas dans la communauté.

On tient pour maxime qu'il n'y a aucune prérogative d'aînesse dans la succession des *ascendans*.

Soit que les *ascendans* soient appellés à la succession d'un mineur, ou qu'il n'y ait que des collatéraux, les propres de ce mineur ne changent jamais de nature, & quoiqu'on les ait aliénés par nécessité, il faut en remplacer le prix au profit de l'héritier des propres. Si les rentes que le père a laissées au mineur sont rachetées, si l'office du père a été vendu, la mère qui survit à son fils n'aura pas le prix des rentes ni de l'office, comme faisant partie de la succession mobiliaire, ce prix appartiendra aux héritiers des propres paternels.

Il n'en est pas de même des meubles du mineur, qui ont été employés à acquérir des héritages, ou à payer ses dettes. L'héritier de ces meubles n'est pas en droit d'en demander le remplacement.

C'est une règle générale, dans les pays coutumiers, que les *ascendans* ne succèdent pas aux propres de leurs descendans, excepté dans trois cas: 1°. lorsqu'ils sont de l'estoc & ligne dont sont échus les héritages; 2°. lorsque les parens de la ligne manquent: 3°. lorsqu'ils ont donné eux-mêmes l'héritage propre; suivant cette règle établie par l'article 313 de la coutume de Paris, *les ascendans succèdent ès choses par eux données à leurs enfans, décédant sans enfans, & descendans d'eux.*

Ce droit de succession, ou, pour mieux dire, de réversion & de retour, doit s'étendre même dans les coutumes qui n'ont à cet égard aucune disposition, parce qu'il est juste en lui-même, & utile à la société. Il est juste, puisqu'il fait retourner dans la famille le bien que le père en avoit fait sortir en mariant son enfant; son intention alors ayant été d'assurer la subsistance de cet enfant & de ses descendans. Il est utile à la société, puisque l'assurance de ce retour au père de famille, devient une sorte d'encouragement donné à tous les pères, pour les engager à doter leurs enfans. *Voyez* PROPRES, RETOUR, SUCCESSION.

Les pères, les mères & les autres *ascendans* ne doivent point de droits seigneuriaux pour ce qui leur revient des successions de leurs enfans ou petits-enfans, soit qu'ils héritent de ceux-ci *ab intestat* ou par testament. On doit regarder la donation à cause de mort, comme la succession même: le père n'auroit rien dû en recueillant la succession *ab intestat*, & il ne doit de même rien lorsque les choses qui lui sont léguées lui seroient revenues sans le secours du testament.

C'est aussi une maxime constante au conseil, que les *ascendans* ne doivent aucun droit de centième denier ni d'insinuation pour ce qui leur revient de leurs enfans, à titre de succession, & même à titre de legs, lorsqu'en vertu de la loi ils auroient pu recueillir les choses léguées sans le secours d'une disposition testamentaire.

Mais il en seroit différemment si le testament d'un descendant étoit nécessaire pour que les *ascendans* recueillissent le legs qu'il leur auroit fait. Dans ce cas, les *ascendans* seroient tenus de payer les droits d'insinuation & de centième denier.

ASIE, s. f. (*Droit public.*) c'est une des quatre parties du monde la plus grande après l'Amérique. Son climat est généralement le plus doux & le plus tempéré du globe. C'est le berceau du genre humain; la plupart des nations de l'Europe & de l'Afrique sont originaires de colonies venues ou des côtes de l'*Asie*, ou de la grande Tartarie. Cette vaste région, outre un nombre considérable d'îles & de petites souverainetés, renferme six grands empires: le Turc, le sophi de Perse, le Mogol, l'empereur de la Chine, le grand kam de Tartarie, & le czar de Russie; ce dernier, ainsi que le Turc, possèdent aussi de vastes domaines en Europe.

« Toute l'*Asie*, dit M. l'abbé Raynal, est sous » le despotisme: mais en Turquie & en Perse, » c'est le despotisme de l'opinion par la religion; » à la Chine, c'est le despotisme des loix par » la raison. Chez les Mahométans, on croit » à l'autorité divine du prince; chez les Chi- » nois, on croit à l'autorité naturelle de la loi rai- » sonnée; mais dans ces empires, c'est la persua- » sion qui meut les volontés».

Les religions de l'*Asie* sont le mahométisme, le paganisme & le christianisme: la première est dominante dans l'empire turc, dans l'Arabie, dans la Perse, dans une grande partie de l'Inde. L'idolâtrie regne dans la grande Tartarie, à la Chine, au royaume de Siam, à la Cochinchine, & dans les isles du Japon. Dans tous ces états & dans tous les lieux où les nations européennes ont des établissemens, l'on rencontre des juifs, des catholiques-romains, des grecs schismatiques, des chrétiens orientaux, & des réformés de toutes les sectes. On voit encore en Perse des restes de la religion des anciens mages, ou des disciples du fameux Zoroastre, qui adoroient le feu: on les appelle *Gaures* ou *Guèbres*.

Les nations commerçantes de l'Europe ont différens établissemens en *Asie*, principalement dans l'Inde, & dans les îles de l'Inde. Elles y vont chercher, non-seulement les aromates & les plantes médicinales, qu'on trouve dans ses montagnes, mais encore l'or & le diamant qu'on tire de ses mines, les perles que l'on pêche sur ses côtes, la soie qu'on recueille dans ses campagnes, & généralement tous les objets d'un luxe inutile & ruineux. *Voyez* COLONIE, ÉTABLISSEMENT, TRAITÉ DE PAIX ET DE COMMERCE.

ASINE, (*bête*) *terme de palais*, dont on se sert pour éviter de prononcer les mots d'*âne* ou d'*ânesse*, que l'on prétend avoir quelque chose de trivial.

ASPERSION, s. f. (*Droit ecclésiastique.*) on donne ce nom à l'acte par lequel on jette de l'eau-bénite sur le peuple ou dans un lieu quelconque. Nous en parlerons sous le mot EAU-BÉNITE.

ASPRÊTE, vieux mot qui signifioit *exaction*.

ASSALIMENT *des bestiaux*, (*Finance.*) suivant l'ordonnance des gabelles, il est défendu à toutes personnes d'assalir leurs bestiaux dans les marais & autres lieux où il y a du sel, de leur faire boire des eaux de la mer, & de les conduire hors des limites de la ferme pour pacager. Ceux qui veulent assalir leurs bestiaux, sont tenus de prendre du sel de l'adjudicataire des fermes, à peine de confiscation & de trois cens livres d'amende. L'édit de 1664, *art.* 22, défend d'user de l'eau de la mer & des fontaines salées pour les bestiaux, à peine d'être puni comme faux-saunier.

Dans quel temps les besoins pressans de l'état permettront-ils au gouvernement de jetter les yeux sur les rigueurs auxquelles sont exposés les peuples, d'accorder une diminution sur l'impôt du sel, & d'ôter les entraves qui empêchent les gens de la campagne d'user d'une denrée aussi salutaire pour la conservation de leurs bestiaux?

ASSARTER *ou* ESCHARTER, v. a. on trouve ce mot dans la coutume de Troyes, *art.* 177, pour signifier l'action de tailler & de couper les accrues du bois. On se sert aussi de ce terme ou de celui d'*assérter* dans la province de Berri, dans le sens d'arracher les herbes & autres plantes nuisibles dans les vignes, les champs & les jardins.

ASSASSIN, s. m. (*Droit naturel & criminel.*) on nomme *assassin* tout homme qui en tue un autre de dessein prémédité, soit qu'il se serve, pour exécuter son crime, de l'inégalité des armes ou de la situation du lieu, soit qu'il le fasse en trahison. On comprend

comprend aussi, sous ce nom, ceux qui se louent à prix d'argent ou autrement pour battre, excéder ou tuer quelqu'un.

Quelques-uns disent que le mot *assassin* vient du Levant où il prit son origine d'un certain prince de la famille des Arsacides, appellés vulgairement *assassins*, habitant entre Antioche & Damas, dans un château où il élevoit un grand nombre de jeunes gens à obéir aveuglément à tous ses ordres; il les employoit à assassiner les princes ses ennemis. Le juif Benjamin, dans son *Itinéraire*, place ces *assassins* vers le mont Liban, & les appelle en hébreu imité de l'arabe, *el assassin*; ce qui fait voir que ce nom ne vient point d'*arsacide*, mais de l'arabe *asis, insidiator*, une personne qui se met en embuscade. Les *assassins* dont nous venons de parler, possédoient huit ou douze villes autour de Tyr : ils se choisissoient eux-mêmes un roi qu'ils appelloient le *vieux de la montagne*. En 1213, ils assassinèrent Louis de Bavière. Ils étoient mahométans, mais ils payoient quelque tribut aux chevaliers du Temple.

Les protecteurs des *assassins* furent condamnés par le concile de Lyon sous Innocent IV en 1213; leur faction fut éteinte par les Tartares qui, en 1257, tuèrent le vieux de la Montagne.

L'état de la politique chez les anciens étoit tel, qu'il y avoit un certain droit des gens, une opinion établie dans toutes les républiques de Grèce & d'Italie, qui faisoit regarder comme un homme vertueux l'*assassin* de celui qui avoit usurpé la souveraine puissance. A Rome, sur-tout depuis l'expulsion des rois, la loi étoit précise & solemnelle, & les exemples reçus; la république armoit le bras de chaque citoyen, le faisoit magistrat pour ce moment. *Considérat. sur les caus. de la grand. rom. c. xj, p. 121.* (*H*)

Le crime de l'*assassin* est un horrible égarement de la raison. Cet excès d'inhumanité qui porte un homme à détruire impitoyablement & de sang-froid son semblable, sous quelque forme qu'on se le représente, est un crime au premier chef. L'action en est si atroce, que tout homme qui en est coupable, mérite d'être regardé comme une bête féroce. Comment est-il possible que l'homme puisse devenir assez barbare pour plonger un poignard dans le sein de son semblable? Où est donc, en ce moment, la raison qui lui a été donnée en partage? Où est la sûreté si importante pour tous? Où est enfin cet instinct, cette vertu de la nature qui nous fait chérir notre propre conservation, & qui nous apprend en même temps qu'elle dépend de celle d'autrui, & que l'exemple affreux de la barbarie que nous osons commettre, servira un jour à faire retomber sur nous le contre-coup de notre cruauté? O homme! sous quelque climat que tu sois né, ouvre les yeux, vois ton semblable, & crains de le détruire.

On demande s'il est permis de faire assassiner un ennemi. Grotius, sur cette question, distingue entre les *assassins* qu'on emploie pour se défaire d'un ennemi, ceux qui n'ont aucun engagement avec celui qu'ils vont tuer, & ceux qui, par cet acte violent des engagemens exprès ou tacites, tels que sont, par exemple, les sujets à l'égard de leur prince, des soldats étrangers à l'égard de celui au service duquel ils se sont enrôlés, des vassaux vis-à-vis de leur seigneur, des réfugiés ou des transfuges à l'égard de celui qui les a reçus.

Il décide que ces derniers ne sauroient exécuter sans perfidie la commission dont ils se chargent, & toutes les nations un peu civilisées tiennent à infamie d'employer le bras d'un traître pour se défaire d'un ennemi. Les histoires sainte, ancienne & moderne nous fournissent des exemples de la punition de ceux qui ont osé violer à cet égard les droits de l'humanité & de la société. A l'égard de ceux qui n'ont aucun engagement avec celui qu'ils vont tuer, Grotius prétend qu'on peut les employer sans crime. Son avis paroît assez conforme à la raison & à l'équité, parce que l'on peut, par toute sorte de manière, repousser un injuste agresseur & un ennemi public.

Il arrive quelquefois, lorsqu'il s'agit de rebelles, d'un chef de brigands & de corsaires, que les princes même les plus pieux ne font pas difficulté de proposer de grandes récompenses à quiconque voudra les trahir. La haine que l'on a pour cette espèce de gens, fait trouver légitime contre eux l'usage de ces moyens qui sont permis par le droit politique. *Voyez* ASSASSINAT, MEURTRE.

ASSASSINAT, s. m. (*Jurisprudence criminelle.*) on peut le définir, un attentat prémédité sur la vie d'un homme, bien différent en cela du meurtre involontaire, du meurtre commis dans le cas d'une défense légitime, du meurtre enfin ordonné par la loi; car qui dit attentat, dit entreprise contre l'autorité du souverain. Qu'il soit ensuite consommé ou commencé simplement : qu'on en soit coupable, ou qu'on n'en soit que complice, la définition embrasse tout; &, suivant nos loix, la punition est la même dans tous ces cas : c'est la mort.

L'*assassinat* est un de ces crimes qui font vaquer de plein droit le bénéfice de l'ecclésiastique qui s'en rend coupable. Il est aussi un de ceux pour lesquels le prince s'est ôté si sagement le pouvoir d'accorder des lettres de rémission : *art. 2 & 4 du tit. 16 de l'ordonn. crimin.*

Nos loix le punissent du supplice de la roue, à moins que le coupable ne soit une femme; presque par-tout la peine attachée à ce crime, est la perte de la vie.

Tout le monde convient qu'un *assassinat* de dessein prémédité mérite la mort; mais tous les criminalistes ne conviennent pas qu'il soit expédient pour la société, & qu'il soit utile en politique de faire mourir les assassins. Ainsi, on demande si dans le systême de la suppression des peines capitales, il ne seroit pas à propos de les laisser au moins subsister pour l'*assassinat?*

Ceux qui sont de ce sentiment se fondent sur l'accord presque unanime des peuples : ils observent que chez les Juifs, les Egyptiens, les Grecs & les Romains, l'assassin étoit puni de mort; ils s'autorisent de ce que le même usage subsiste parmi les nations modernes policées. Ils ajoutent qu'effectivement il paroît juste de priver de la vie celui qui l'a ôtée à son semblable; qu'en attentant aux jours des autres, l'assassin renonce à tout droit sur les siens; que d'ailleurs l'*assassinat* étant l'un des plus grands crimes qui troublent l'ordre de la société, il est convenable de le punir par la plus sévère des peines connues.

Les réponses ne sont peut-être pas moins faciles que satisfaisantes.

Et d'abord, il ne faut pas croire que cet accord des peuples soit aussi unanime qu'on le suppose : & quand il le seroit, il ne seroit pas tout-à-fait capable de persuader l'ami de l'humanité, qui veut trouver en tout, non des exemples, mais ces grandes maximes de raison & de justice, sans quoi le reste n'est rien.

Lorsqu'Homère nous représente sur le bouclier d'Achille, deux citoyens qui composent au sujet d'un *assassinat*, n'est-ce pas nous apprendre que l'assassin n'étoit pas toujours puni de mort chez les Grecs? Les loix athéniennes de Meursius en offrent d'autres preuves. Il établit sur des autorités sans nombre, que l'on se contentoit de bannir les assassins du milieu de la société; on leur refusoit l'entrée des temples, des bains publics, des assemblées, des maisons particulières; il étoit défendu de communiquer avec eux, de leur donner de l'eau & du feu; on confisquoit même tous leurs biens; mais on respectoit leur vie. La société leur refusoit tout ce qui étoit en son pouvoir; elle eût craint d'entreprendre sur les droits de l'Etre suprême en tranchant les jours qu'il leur avoit donnés.

On ne punissoit l'*assassinat* chez les Germains, qu'en dépouillant l'assassin d'une partie de son bien en faveur des parens du défunt : *luitur enim homicidium*, dit Tacite, *certo armentorum ac pecorum numero, recipitque satisfactionem universa domus.*

L'Histoire générale des voyages nous parle de plusieurs peuples, qui ne punissent l'*assassinat*, qu'en abandonnant le meurtrier à la famille du défunt, & le lui livrant pour s'en servir comme d'un esclave & d'une bête de somme.

D'autres ne le condamnent, comme les Germains, qu'à des amendes pécuniaires.

Nos aïeux n'en usoient pas autrement : rien n'est si connu que les compositions ordonnées par les loix des Saliens, des Bourguignons, des Ripuaires, où la vie d'un Franc est taxée à 200 sols, celle d'un Romain à 100, ainsi des autres.

Peut-être ces compositions qui nous paroissent ridicules parce qu'elles diffèrent de nos usages, n'étoient-elles pas désavouées par la justice & par la raison? Qui ne sait en effet que l'assassiné ne se lève pas du tombeau, lorsque l'assassin y descend? Pourquoi donc l'y précipiter? A quel propos enlever un second sujet à la société? Est-ce pour la consoler du premier que le meurtre lui a ravi? C[e] sont deux hommes qu'elle perd au lieu d'un. Pe[u] importe que ce soit le glaive de la loi, ou le po[i]gnard de l'assassin, qui les lui ôte. L'effet est l[e] même pour elle. Elle est privée de deux hommes & la famille du défunt n'en retire aucun avantage. Car après tout, quelles loix, en livrant un assassi[n] à la mort, pourront ramener à une épouse & à de[s] enfans, le père & l'époux que le crime a égorgés? la mort du meurtrier n'aura jamais cet effet. Il[s] n'en pleureront pas moins l'objet de leur affection; ils n'en regretteront pas moins les secours qu'ils recevoient de lui. Nos peines capitales ne leur rendront rien en retour. Les compositions au moins savoient les dédommager en partie. Depuis que l'or & l'argent sont devenus le signe d'échange de tous les biens, il est certain que cet or & cet argent peuvent rendre à des enfans & à une épouse les secours qu'ils recevoient du travail d'un père & d'un époux. Voilà ce que l'or est très-capable de représenter; voilà ce que le sang de l'assassin ne représentera jamais.

A Dieu ne plaise pourtant que nous prétendions inviter la génération actuelle à ranimer la jurisprudence des compositions, & à publier une taxe pour la jambe, le bras, l'œil, la vie d'un citoyen. Il y avoit à cela des inconvéniens terribles : d'ailleurs nos dommages & intérêts remplacent à quelques égards ce que les compositions avoient d'avantageux. Tout ce que nous voulons montrer ici est que cette jurisprudence des compositions, toute imparfaite qu'elle pouvoit être, approchoit peut-être encore plus du véritable but des châtimens, que nos peines capitales. Rien ne détermine nécessairement à laisser subsister celles-ci, pas même pour l'*assassinat.*

Dire que le meurtrier, en assassinant son semblable, renonce à tous les droits qu'il peut avoir sur sa propre vie, c'est ne rien dire du tout.

Premièrement, il est faux qu'il y renonce, soit explicitement, soit implicitement. Cela est si vrai, que pour établir cette renonciation prétendue, il est nécessaire que vous fassiez un raisonnement qui porte tout sur des suppositions. Or, il n'est pas besoin de rien supposer dans les choses qui ont la vérité pour base.

Secondement, personne n'a droit sur sa propre vie, conséquemment l'assassin ne peut renoncer à ce droit; nul ne sauroit céder, ni transmettre ce qu'il n'a pas; s'il le cédoit, il ne céderoit rien.

Troisièmement, quand il pourroit y renoncer, resteroit à savoir, si l'intérêt de la société demande qu'elle profite de cette renonciation, & qu'elle ôte à l'assassin, une vie qu'il semble lui abandonner. Il est des jurisconsultes bien respectables, qui ne le pensent pas.

Ajoutons, pour terminer cet article, qu'en dérobant l'assassin à la peine de mort, nous ne prétendons pas le soustraire au supplice. Qu'on ne s'y trompe pas, la mort n'en est pas un; & c'est précisément pour le livrer à la peine, à la douleur, à l'infamie, à un travail dur & utile à la société, que nous voudrions l'arracher à la mort. Un pendu, un roué ne sont bons à rien. Il seroit pourtant à desirer que les souffrances & les tourmens de ceux qui ont nui à la société, fussent bons à quelque chose. C'est la seule manière de dédommager cette société, dont ils ont troublé l'ordre, & trahi les intérêts. Or, voilà ce qu'on ne peut faire qu'en les laissant vivre. Leur supplice devenu utile, ne sera même que plus grand; l'impression journalière qu'il fera sur les ames, n'en acquerra que plus de force; & les effets qui en résulteront ne seront que plus sûrs & plus durables.

Tel est le langage que la douceur & l'humanité ont inspiré à plusieurs philosophes; & sur-tout au marquis de Beccaria, qui dans un écrit plein de feu & d'entousiasme, a soutenu que l'homme n'avoit dans aucun cas le pouvoir d'ôter la vie, même judiciairement, à son semblable.

La Russie a déjà adopté sans inconvénient cette jurisprudence, & l'auguste Cathérine Alexiowona, par une loi générale, a fait grace de la vie aux assassins, aux meurtriers, & à tous les coupables de ce genre, pour ne les livrer qu'à une peine utile au gouvernement & à la société qu'ils ont outragée, en les condamnant à la douleur, à la fatigue & à l'horreur d'eux-mêmes, d'autant plus accablante, que sa durée ne leur laisse entrevoir qu'un avenir plus affreux que les supplices.

Notre code pénal est certainement d'une rigueur excessive, & il est réservé à Louis XVI, qui dès les premières années de son règne, a ordonné l'abolition de la torture, & de la peine de mort contre les déserteurs, de réformer l'injustice & la barbarie de nos loix criminelles. Mais devra-t-il suivre l'exemple de la Russie? Ce système de législation est-il, comme le disent les défenseurs de l'humanité, le seul conforme à la loi naturelle? C'est ce que nous nous proposons d'examiner sous le mot PEINE, où nous exposerons ce qui nous paroîtra plus conforme au droit naturel, & au maintien de la société; nous allons nous borner ici à faire connoître de quelle manière l'*assassinat* est puni suivant notre jurisprudence actuelle.

Quelques criminalistes distinguent l'*assassinat* du meurtre de guet-à-pens. Mais je ne vois pas sur quel fondement on peut appuyer cette distinction. Ce sont deux mots exactement synonymes, & depuis long-temps on se sert indifféremment des mots d'*assassinat* ou de *meurtre de guet-à-pens*, pour désigner le même crime. S. Louis, dans ses *Etablissemens*, dit que *meurtre* est, quand *on tue quelqu'un en son lit*, ou *en aucune autre manière, pourvu que ce ne soit pas en mêlée.* On lit dans Beaumanoir, *meurtre est*, quand *aucun tue* ou *fait tuer quelqu'un, puis soleil couchant jusqu'au soleil levant*, ou *quand il tue ou fait tuer en assurément ou en trève.*

Mais il y a une grande différence entre l'*assassinat* & le simple meurtre. L'*assassinat* est un homicide commis de propos délibéré & de dessein prémédité, c'est aussi le crime de ceux qui tuent, ou seulement outragent & excèdent en trahison avec avantage. Le meurtre simple est tout homicide commis sans dessein prémédité, soit en défendant sa propre vie, soit par un accident malheureux & imprévu, soit en se laissant emporter par une violente colère dans une rixe.

L'*assassinat* & le meurtre de guet-à-pens, sont ainsi que nous l'avons remarqué au commencement de cet article, des crimes irrémissibles, pour lesquels on ne peut pas obtenir des lettres d'abolition. L'ordonnance de 1670, conforme en cela à celle de Blois, défend même aux juges d'y avoir aucun égard.

L'*assassinat* prémédité ou meurtre de guet-à-pens, est un cas royal, quoi qu'en dise Loiseau. Cela est prouvé par une ordonnance de Philippe-Auguste, rapportée par Chopin & par les coutumes de Tours & de Loudunois, qui ont à ce sujet des dispositions expresses. Une déclaration du 5 février 1731, en réglant la compétence des prévôts des maréchaux, a regardé ce crime comme un cas royal, & c'est aussi ce qu'a décidé le chancelier d'Aguesseau dans la lettre qu'il écrivit le 17 janvier 1742, au procureur général du parlement de Besançon.

On trouve néanmoins plusieurs arrêts confirmatifs de sentences rendues par des juges seigneuriaux contre des accusés convaincus d'*assassinat* prémédité. Un entre autres, du 16 juin 1691, a confirmé une sentence par laquelle le juge de Clamecy avoit condamné à la roue deux particuliers convaincus d'avoir commis le crime dont il s'agit.

Mais de ce que des juges seigneuriaux ont connu du crime d'*assassinat* prémédité, il ne faut pas conclure que ces juges aient eu le droit d'en connoître, ni que ce crime ne doive pas être mis au nombre des cas royaux. Il y a lieu de croire qu'en confirmant les sentences dont on a parlé, le parlement ne l'a fait que pour des raisons particulières tirées de l'intérêt public, & sur-tout parce qu'il n'y avoit aucun conflit de jurisdiction, ni personne qui eût revendiqué les accusés.

Suivant l'édit du mois de juillet 1547, tout particulier, soit noble ou roturier, qui commet un *assassinat*, doit être puni de la peine de mort sur la roue, sans que cette peine puisse être commuée.

Les filles & les femmes qui sont coupables de ce crime, ou qui aident à le commettre doivent être pendues, si elles sont roturieres, & décapitées si elles sont nobles.

Les complices, en matière d'*assassinat*, doivent être punis de la même manière que le principal auteur du crime. On entend par le mot de *complices* ceux qui favorisent ou encouragent l'assassin, soit avant l'action, en lui donnant de l'argent, des armes, des chevaux ou des hommes pour l'aider, soit après l'action, en lui procurant les moyens d'échapper aux recherches de la justice.

Ceux qui se louent à prix d'argent ou autrement pour tuer, excéder ou outrager quelqu'un, & ceux qui les ont loués, doivent aussi être punis de mort sans espoir d'aucun pardon. C'est la disposition de l'article 193 de l'ordonnance de Blois.

Suivant la même loi, le simple attentat ou machination doit être puni de mort, quoique l'*assassinat* n'ait point eu lieu.

Nos loix sont en cela conformes aux loix romaines, ainsi qu'on peut s'en convaincre par la disposition précise de l'article 4 du titre 16 de l'ordonnance de 1670.

Mais observez que, pour faire prononcer cette peine, il faut que les assassins aient été disposés à exécuter le crime, & que la personne qu'on vouloit assassiner n'ait été sauvée que par un effet du hasard ou de quelque circonstance singulière.

Un particulier qui avoit un procès au parlement de Paris, s'étant persuadé qu'un conseiller de cette cour étoit prévenu contre lui, forma le projet de le tuer, & cependant il ne lui fit qu'une légère blessure; mais il n'en fut pas moins condamné par arrêt du 23 mai 1360, à avoir le poing coupé, & à être ensuite pendu.

Il y a dans Papon un autre arrêt du mois d'août 1553, par lequel un particulier fut condamné à la roue, pour avoir voulu tirer un coup de pistolet sur M. de Nicolaï, conseiller au parlement.

Par un autre arrêt du parlement du 8 mai 1731, le nommé Dulys, juif, qui avoit loué un soldat aux gardes, pour assassiner le sieur Francoeur & la demoiselle Pelissier, actrice à l'opéra, fut condamné à la roue, ainsi que le soldat aux gardes, quoique le projet n'eût point été exécuté.

Un autre arrêt du 9 juillet 1748 a condamné Louis Hubert à être rompu vif, pour avoir formé le projet d'assassiner le curé d'Arpajon, & avoir donné de l'argent à cet effet.

Si ceux qu'on loue pour commettre un *assassinat*, alloient dénoncer à la justice celui qui les a loués, au lieu de se prêter à ses vues, il seroit puni comme si le crime eût été exécuté. C'est ainsi que, par arrêt du premier février 1685, un particulier fut condamné à mort, pour avoir voulu faire battre & maltraiter quelqu'un par des hommes qu'il avoit loués à prix d'argent, & qui, au lieu d'exécuter son projet, allèrent le révéler aux juges.

De même, par un autre arrêt du 18 juillet 1764, le nommé Tachet, dit Clermont, fut condamné à être rompu vif pour avoir engagé à prix d'argent, & sollicité plusieurs fois des soldats à assassiner un particulier à qui il en vouloit: ces soldats, au lieu d'exécuter le crime, avoient dénoncé Tachet à la justice.

Lorsqu'il s'agit d'*assassinat*, de violentes présomptions ont quelquefois suffi pour faire prononcer contre l'accusé, une peine capitale. Mais cependant quand aucun témoin ne dit avoir vu commettre le crime, le juge doit apporter une grande prudence dans l'examen des circonstances qui peuvent indiquer le coupable.

Une ordonnance de François I, de 1534, porte qu'aussi-tôt qu'un *assassinat* aura été commis dans une ville, les portes en seront fermées, que le magistrat fera sonner le tocsin, pour assurer la prise de l'assassin, & empêcher son évasion.

Suivant le droit canonique, les assassins, ceux qui ont donné des ordres pour faire assassiner quelqu'un, & ceux qui recèlent ou qui défendent les assassins, encourent de plein droit la peine de l'excommunication, de la déposition & de la privation des bénefices dont il sont titulaires. Il n'est pas nécessaire, pour encourir ces punitions, que l'*assassinat* ait été exécuté; il suffit qu'il y ait eu quelque entreprise extérieure contre la vie d'une personne, comme d'avoir tiré sur elle un coup de fusil ou de pistolet, de l'avoir blessée d'un coup d'épée, *&c.*

L'homicide simple n'entraîne pas, de plein droit contre le coupable, la privation des bénéfices dont il est titulaire; mais il peut en être privé par le jugement du supérieur ecclésiastique, si celui-ci croit devoir ainsi punir ce délit.

Lorsque l'*assassinat* est accompagné de vol, & qu'il a été commis sur les grands chemins, il devient cas prévôtal, & les coupables, sur-tout lorsqu'ils sont sans aveu & vagabonds, sont justiciables du prévôt des maréchaux.

La connoissance d'un *assassinat*, commis pour le fait de la chasse ou de la pêche, est de la compétence des officiers des eaux & forêts, suivant l'ordonnance de 1669, *tit. 1*, *art. 7*.

ASSASSINEMENT, s. m. (*Droit criminel.*) on se servoit anciennement de ce mot dans le même sens que de celui d'*assassinat*. On le trouve dans un édit donné à S. Germain en 1547, qui porte, que dorénavant ceux, ayant fait & commis *assassinement*, seront effectivement punis de la peine de mort sur la roue.

ASSÉCURATION, s. f. (*terme de Pratique.*) il est usité dans le ressort du parlement de Grenoble, pour désigner une opposition formée à l'adjudication d'un immeuble saisi réellement. *Voyez* DÉCRET, OPPOSITION.

ASSÉCUTION, s. f. *terme de Jurisprudence canonique*, synonyme à *obtention*; c'est en ce sens qu'on dit qu'un premier bénéfice vaque par l'*assécution* du second. *Voyez* INCOMPATIBILITÉ. (*H*)

ASSÉEUR, s. m. *terme usité à la cour des Aydes*, pour signifier un habitant d'un bourg ou d'un village, commis par sa communauté pour asseoir les tailles & autres impositions sur chacun des habitans, c'est-à-dire, pour régler & déterminer ce que chacun d'eux en supportera.

Ainsi les *asséeurs* différoient anciennement des collecteurs des impôts: ces derniers faisoient le recouvrement des deniers publics, dont les autres avoient arrêté les rôles. Aujourd'hui les fonctions des uns & des autres sont réunis dans la même personne, que l'on nomme plus généralement *collecteur*, & qui fait en même temps l'assiette & la collecte.

La Lorraine a conservé l'ancien usage d'établir dans chaque communauté des *asséeurs*, qui sont la répartition de l'impôt, appellé *subvention*, & des collecteurs, qui sont chargés de la recette. *Voyez* COLLECTEUR, TAILLE.

ASSEMBLÉE, s. f. (*Droit public & particulier.*) c'est la fonction de plusieurs personnes dans un même lieu & pour un même dessein. Ce mot tire son origine du latin *adsimulare*, qui est composé de la préposition *ad* & de l'adverbe *simul*, qui veut dire *ensemble*.

On se sert, en France, du mot générique *assemblée*, pour signifier la réunion de tous les membres d'un corps particulier, ou de la nation en général : ainsi on dit également l'*assemblée* des états-généraux, l'*assemblée* des états d'une province, l'*assemblée* des chambres d'un parlement, l'*assemblée* d'une académie, d'une université.

On dit aussi une *assemblée* de créanciers, une *assemblée* de négocians, une *assemblée* d'un corps & communauté d'arts & métiers. On se sert encore du terme d'*assemblée*, pour désigner l'auditoire d'un prédicateur & de tout orateur public.

En France, toute espèce d'*assemblée* publique ne peut avoir lieu sans la permission du souverain.

Nous ne traiterons pas ici des loix qui règlent la tenue des *assemblées* de tous les corps qui existent civilement dans l'état, & qui ont droit, par cette raison, de se réunir, pour délibérer en commun sur les affaires qui les concernent. Nous en parlerons sous les mots propres auxquels ils ont rapport.

Nous nous bornerons à donner quelques détails de plusieurs sortes d'*assemblées*, qui seroient difficilement traitées dans des articles qui seront d'ailleurs assez longs, & nous finirons par parler des *assemblées* illicites.

ASSEMBLÉE *du clergé de France*. Le clergé tient des *assemblées* générales, avec la permission du roi, de dix ans en dix ans, pour renouveller le contrat qu'il fait tous les dix ans, au sujet des rentes sur l'hôtel-de-ville. Cinq ans après chaque *assemblée*, pour le contrat, on en tient une pour entendre les comptes du receveur général, & pour les autres affaires qui peuvent survenir. On entend aussi les comptes dans les *assemblées* tenues pour le renouvellement du contrat.

Sous la première & la seconde race des rois, le clergé assistoit aux *assemblées* générales de la nation, & faisoit au souverain des dons gratuits dans la même forme que les autres sujets. Sous la troisième, le clergé payoit souvent des décimes, qui se lèvoient à-peu-près de la même manière que les vingtièmes se lèvent aujourd'hui, & cette forme de contribution ne l'obligeoit pas à s'assembler; mais depuis que, par le contrat passé entre le roi & le clergé à Poissy en 1585, le clergé s'est obligé d'employer ses décimes à l'acquit des dettes de l'hôtel-de-ville de Paris, il a été forcé de s'assembler plus souvent, soit pour renouveller ses contrats, soit pour entendre les comptes de ses receveurs, & c'est à cette époque qu'il faut remonter pour placer l'origine de ses *assemblées*.

Outre les *assemblées* ordinaires qui se tiennent de cinq ans en cinq ans, le roi Louis XIV en a quelquefois convoqué d'extraordinaires, lorsqu'il a eu besoin des secours du clergé. Nous en avons des exemples depuis le commencement du siècle.

Lorsque le roi a fait savoir aux agens généraux le lieu où il lui plaît que le clergé soit assemblé, ils écrivent aux archevêques ou à leurs grands-vicaires pour tenir les *assemblées* provinciales. Les archevêques ou leurs grands-vicaires écrivent à tous les suffragans, pour indiquer le jour & le lieu de l'*assemblée*; chaque évêque convoque en conséquence le syndic & les députés de son diocèse, suivant l'ordre qu'on a coutume d'observer en pareille occasion, & l'on choisit les députés pour l'*assemblée* provinciale. Si les agens manquoient d'avertir les provinces au mois de janvier, comme ils y sont obligés pour les *assemblées* ordinaires, les archevêques ne laisseroient point d'indiquer leur *assemblée* provinciale au mois de mars. Et si l'archevêque manquoit à satisfaire à cette formalité, les évêques assembleroient de plein droit les députés du diocèse, pour nommer le député qui doit se rendre dans la ville métropolitaine, où se tient ordinairement l'*assemblée* provinciale. En ce cas, le jour de l'*assemblée* est le 15 du mois de mars.

L'archevêque préside à l'*assemblée* de sa province, & en son absence, le plus ancien des évêques, ou le doyen, dans les provinces où cette qualité est attachée à l'un des sièges suffragans. Cependant lorsque l'archevêque ne préside point à l'*assemblée* provinciale, ce sont les grands-vicaires qui font la proposition, comme ayant reçu les lettres des agens & convoqué l'*assemblée*. L'évêque & les députés d'un diocèse n'ont ensemble qu'une voix dans l'*assemblée* : il en est de même de l'archevêque, de ses grands-vicaires & des députés de son diocèse.

Il faut que les députés aux *assemblées* provinciales soient nommés dans la procuration, qu'ils soient constitués dans les ordres sacrés, & qu'ils aient un bénéfice dans le diocèse qui les députe. Les grands-vicaires des évêques ne peuvent y assister au nom de leurs prélats qu'ils n'en aient reçu un pouvoir spécial. On examine dans la première séance de l'*assemblée* provinciale les procurations des députés, & s'ils ont les qualités requises par les réglemens. S'il y a quelque diocèse qui n'ait point envoyé ses députés, on ordonne qu'il sera passé outre, nonobstant leur absence : mais il faut auparavant que le métropolitain ou ses grands-vicaires justifient qu'ils ont envoyé les lettres d'indiction de l'*assemblée*.

On commence la seconde séance, par la messe du S. Esprit, à laquelle les évêques & les députés de la province assistent : ensuite on procède à la nomination des députés du premier & du second ordre pour l'*assemblée* générale. Puis on traite des affaires spirituelles ou temporelles qui se présentent. Les délibérations passent à la pluralité des voix des diocèses, & elles doivent être signées par tous les assistans. Si quelqu'un croit avoir sujet de se plaindre de ce qui a été arrêté dans l'*assemblée* provinciale, il doit s'adresser à l'*assemblée* générale du clergé.

Chaque province nomme quatre députés aux *assemblées* générales qui se tiennent de dix ans en dix ans, pour le renouvellement du contrat. Deux de ces députés doivent être du premier ordre, archevêques ou évêques; les deux autres sont toujours du second ordre. Pour l'*assemblée* des comptes, qui se tient entre deux *assemblées* décennales, on ne députe que deux personnes par province, l'une du premier, l'autre du second ordre.

Les députés du second ordre doivent être dans les ordres sacrés, posséder un bénéfice payant au moins vingt livres de décimes dans la province qui les députe, & y avoir fait leur résidence pendant un an.

Il y a des provinces où l'on n'observe point à la lettre les dispositions qui concernent les vingt livres de décimes, & la résidence d'un an: il paroît par le procès-verbal de l'*assemblée* de 1700, qu'elle n'a point condamné cet usage.

Les réguliers peuvent être choisis pour cette fonction comme les séculiers. Les évêques, les coadjuteurs & les suffragans des archevêques ou des évêques, ne peuvent, en aucun cas, être choisis pour remplir une des places du second ordre, quand même ils auroient un bénéfice dans la province. On peut nommer un député du premier & du second ordre du même diocèse, pourvu que celui du second ordre ne soit ni grand-vicaire, ni official de l'évêque député à l'*assemblée* générale.

Les syndics & les députés au bureau ecclésiastique de chaque diocèse, doivent remettre entre les mains des députés de leur province à l'*assemblée* générale, des mémoires exacts de l'état des paiemens faits par leur receveur, des décharges, s'il y en a eu quelqu'une obtenue à cause des spoliations, & de toutes les affaires spirituelles ou temporelles, dont il est à propos de rendre compte à l'*assemblée* générale.

Au jour déterminé pour l'ouverture de l'*assemblée* générale, les députés s'assemblent chez le plus ancien archevêque présent: on y lit la lettre adressée aux agens du clergé, pour avertir les diocèses du lieu où se doit tenir l'*assemblée*; on ordonne que tous les députés du second ordre mettront entre les mains des agens, les lettres qui justifient qu'ils ont reçu les ordres sacrés; puis on indique le jour de la première séance.

La première séance qui se tient dans le lieu indiqué pour l'*assemblée*, & à laquelle préside le plus ancien archevêque, est employée à la lecture des procurations des députés. S'il y a des contestations sur la validité des procurations, ou entre les députés d'une même province, on remet l'examen de ces affaires après la lecture de toutes les procurations. Ceux dont la validité de la députation est contestée, n'ont droit d'opiner même sur les autres procurations disputées, qu'après que l'opposition à leur nomination a été jugée & qu'ils ont été admis. On donne un défaut contre les provinces, dont les députés ne sont pas à l'*assemblée*, après la lecture du certificat des agens qui attestent qu'elles ont été légitimement convoquées. Les députés de ces provinces sont reçus quand ils se présentent dans la suite de l'*assemblée* avec des pouvoirs valables; mais ils ne peuvent attaquer ce qui a été fait & ordonné en leur absence. Il suffit, après le premier juin, qu'il y ait dix provinces avec les agens généraux du clergé, pour l'examen & pour la clôture des comptes du receveur général.

Les archevêques & les évêques des provinces du royaume, qui ne paient point de décimes, n'ayant point d'intérêt aux affaires temporelles qui se traitent dans les *assemblées*, n'y sont point appellés, & ne doivent point y assister; mais quand il se tient des *assemblées* générales de l'église gallicane, pour des affaires qui concernent toutes les provinces de la domination du roi, telle que fut celle de 1682, convoquée au sujet de la régale, du pouvoir du roi sur le temporel, de l'autorité des conciles écuméniques, & des libertés de l'église de France, on y doit admettre les députés des provinces qui ne sont pas sujettes aux décimes. A l'égard des évêques *in partibus*, ils ne sont point admis dans les *assemblées*; & quand il est nécessaire de les y entendre, on leur donne une place séparée des autres prélats du premier ordre. Ce qui n'a point lieu pour les évêques *in partibus*, qui sont nommés coadjuteurs des évêques de France, avec future succession: car ils peuvent être nommés députés du premier ordre, & quand ils doivent être entendus dans les *assemblées* auxquelles ils ne sont pas députés, on leur donne une place comme aux autres prélats; on observe la même chose pour les anciens évêques qui se sont démis de leur évêché.

Aucun évêque, ni aucun ecclésiastique des pays de décimes ne peut être admis & avoir voix aux délibérations de l'*assemblée*, qu'il ne soit député de sa province. Il en faut excepter l'évêque du diocèse dans lequel se tient l'*assemblée*, qui ne peut avoir aucune gratification pour son assistance, & les nouveaux agens à qui la compagnie accorde voix délibérative dans leur province. Les agens généraux qui sortent de charge n'ont pas la même prérogative, en cette qualité; ils n'assistent à l'*assemblée* que pour rendre compte de leur agence.

Les députés du premier ordre ne doivent assister aux séances de l'*assemblée* qu'en rochet & en camail, & ceux du second ordre, qu'en habit long & en manteau, avec le bonnet.

L'*assemblée* étant formée, après l'examen des procurations, on procède à l'élection d'un président & d'un vice-président. Ils sont élus par les délibérations des provinces à la pluralité des suffrages, sans que les députés soient obligés de s'arrêter, ni à l'ancienneté des évêques, ni au rang & aux prérogatives prétendues ou réelles des siéges qu'ils occupent, de manière que le choix peut tomber sur un évêque, quoiqu'il y eût dans l'*assemblée* des archevêques, même princes du sang.

On accorde plus de distinction aux cardinaux, car on n'a pas d'exemple qu'un cardinal, membre d'une *assemblée* générale, ait été présidé par un prélat non cardinal; on a même vu les cardinaux de Richelieu, de Mazarin & de Bissy nommés présidens, sans être députés d'aucune province. En 1700 le cardinal de Noailles, archevêque de Paris, reçut le chapeau de cardinal pendant la tenue de l'*assemblée :* il en fut alors nommé président à la prière & à la requisition de l'archevêque de Reims, qui avoit d'abord été nommé président.

Le procès-verbal de cette *assemblée* porte que ce qui a été fait à cette occasion, ne l'a été qu'à la sollicitation de l'archevêque de Reims, & ne pourra jamais être tiré à conséquence par aucun cardinal.

On peut choisir pour présidens les prélats députés qui sont absens, de même que ceux qui sont présens dans le temps de la nomination. Quand les deux présidens sont absens, & que l'on doit commencer à travailler, c'est le plus ancien prélat qui préside.

Le rang des archevêques & des évêques entre eux, se règle dans les *assemblées* sur le temps de la promotion à l'archiépiscopat ou à l'épiscopat, & non sur le temps du sacre; ce qui a été réglé sans préjudice des droits de préséance que les églises prétendent avoir les unes sur les autres.

Après la nomination des présidens, l'*assemblée* choisit, à la pluralité des suffrages, un promoteur & un secrétaire. Quoique les députés soient libres, aux termes des réglemens, de choisir qui bon leur semble, pour remplir ces deux emplois, l'usage est d'y nommer les deux agens qui sortent de place. Dans l'*assemblée* du contrat, on élit deux secrétaires & deux promoteurs; & dans celles des comptes on n'élit qu'un secrétaire & un promoteur qui sont toujours tirés du second ordre. S'ils sont promus à l'épiscopat pendant l'*assemblée*, ils ne peuvent plus exercer leurs charges, & l'*assemblée* en nomme d'autres, à la pluralité des suffrages.

L'*assemblée* de 1606 avoit arrêté qu'on ne pourroit élire les agens généraux, pour promoteurs, ni pour secrétaires; mais l'usage contraire a prévalu.

Les fonctions des secrétaires sont de rédiger par écrit tout ce qui se fait dans l'*assemblée*, & d'en dresser le procès-verbal. Celles des promoteurs sont de recevoir les mémoires de ceux qui ont quelque chose à proposer à l'*assemblée*, soit députés ou autres, d'exposer ce qui doit faire le sujet de la délibération, après en avoir conféré avec le président, si l'affaire est importante, & de donner leurs conclusions pour l'avantage général du clergé, sur tout ce qui se présente à décider. Ils commencent leur rapport debout & découverts, & ils continuent assis & couverts. Ce sont eux qui sont chargés de commettre un huissier, pour garder la porte de la salle où se tient l'*assemblée*, de manière que personne ne puisse en approcher d'assez près pour entendre ce qui s'y traite. Les députés peuvent proposer eux-mêmes ce qu'ils croient devoir être utile, sur-tout quand ils ont remis les mémoires entre les mains des promoteurs, qui n'en ont pas rendu compte à l'*assemblée*.

Les agens généraux ne sont point élus dans l'*assemblée* du clergé; mais les provinces les nomment tour-à-tour, de cinq ans en cinq ans. A chaque *assemblée* ordinaire pour le renouvellement des contrats, ou pour les comptes, les deux provinces qui sont en tour, nomment chacune un des agens. On lit l'acte de leur nomination en même temps que les procurations des députés de leur province; on les reçoit après que tous les députés ont prêté le serment, & on leur fait prêter le serment de remplir fidellement leurs fonctions, pendant les cinq ans de leur agence.

Les *assemblées* tiennent deux séances par jour, l'une le matin & l'autre l'après-midi; la séance de l'après-midi est toujours employée à l'examen des comptes, celle du matin pour les autres affaires. Quand elles ne suffisent point pour occuper pendant le temps destiné au travail, on examine les comptes. On nomme des commissaires pour l'examen particulier des comptes, & pour les autres affaires spirituelles ou temporelles, qui demandent une plus ample discussion. Chaque bureau doit être composé d'un nombre égal de commissaires du premier & du second ordre. C'est à présent le président qui nomme les commissaires.

Le plus ancien des députés du premier ordre prononce le suffrage de sa province : s'il n'y a point d'évêque député d'une province présent à l'*assemblée*, c'est un député du second ordre qui fait cette fonction. Quand l'agent se trouve d'une province, dont l'évêque est absent, ce n'est point lui qui prononce le suffrage de sa province, mais un des députés du second ordre.

Lorsqu'on se prépare à délibérer sur une affaire importante, on doit la remettre au lendemain, si trois provinces le desirent : mais après ce délai on ne peut ordonner une nouvelle remise que par l'avis des deux tiers des provinces.

Lorsqu'il s'agit de décider quelque question qui concerne l'intérêt particulier d'une province, les députés de cette province ne peuvent donner leur suffrage; & lorsqu'on délibère sur une affaire d'un des députés, il doit sortir de l'*assemblée*, & il ne peut y rentrer qu'après en avoir reçu un ordre exprès.

On a réglé, dans l'*assemblée* de 1700, que les députés du second ordre n'auroient qu'une voix consultative dans le jugement des affaires de morale & de doctrine, à moins que les procurations des provinces ne leur donnassent, en termes formels, le pouvoir de délibérer sur la morale & sur la doctrine : ce droit appartient aux archevêques & aux évêques députés, par leur caractère, indépendamment des termes de leurs procurations.

Toutes les délibérations arrêtées & conclues à la pluralité des suffrages pris par provinces, doivent être relues & signées avec le procès-verbal dans la séance suivante. Il n'est cependant pas permis à ceux qui sont présens à la lecture de l'arrêté, de demander qu'on opine de nouveau sur l'affaire qui a été décidée, à moins que la délibération n'ait été faite dans une séance où les députés étoient en petit nombre, & que l'*assemblée* ne jugeât qu'il fût nécessaire d'opiner de nouveau dans une séance, où il y auroit plus de députés présens.

Les grandes *assemblées* qui se tiennent de dix ans en dix ans, ont un droit d'inspection & de revision sur l'*assemblée* qui a été tenue cinq ans auparavant, pour tout ce qui concerne les comptes. Elles peuvent examiner si les réglemens ont été observés; si l'on a alloué mal-à-propos quelques décharges; si l'on a passé au receveur général des intérêts pour les décimes, ou quelque somme qu'il auroit payée en vertu des arrêts du conseil.

Comme le receveur du clergé est établi pour dix ans par chaque contrat passé avec les grandes *assemblées*, celles des comptes ne peuvent recevoir sa démission; mais s'il a fait quelque faute considérable dans l'administration des deniers, elles ont droit d'en établir un autre. Pour que le receveur général soit continué par les *assemblées* décennales, il faut qu'il ait en sa faveur les suffrages de plus des deux tiers des provinces. On ne peut le dispenser, sous quelque prétexte que ce soit, de donner une caution qui réside dans Paris.

Les commissaires nommés par le roi, vont ordinairement deux fois à l'*assemblée*; la première, pour donner aux députés un témoignage de l'estime & de la considération du roi pour le clergé; la seconde, pour demander le don gratuit suivant les besoins de l'état. Les agens vont recevoir les commissaires à la descente de leur carrosse, & les députés nommés par l'*assemblée* à la porte de l'église qui donne dans le cloître, quand l'*assemblée* se tient aux grands Augustins de Paris. Aux grandes *assemblées* on choisit quatre députés, deux de chaque ordre, pour recevoir chaque commissaire. Aux *assemblées* des comptes, il n'y a que deux députés, l'un du premier, l'autre du second ordre, pour recevoir chaque commissaire. Le plus ancien évêque prend la droite du premier commissaire qu'il conduit, & passe devant à toutes les portes. Le premier de ceux qui sont députés pour conduire le second commissaire, observe la même règle. On suit le même ordre pour reconduire les commissaires quand ils sortent de l'*assemblée*.

Pour accorder un don gratuit, ou une autre subvention extraordinaire, il faut, suivant les réglemens, que la délibération passe à la pluralité des suffrages de plus des deux tiers des provinces; de sorte que si un tiers des provinces s'oppose au don, ou est d'avis de donner moins, la délibération doit être dressée suivant cet avis : c'est ce que porte le réglement fait en 1646; mais on n'a point eu lieu jusqu'à présent d'en faire l'application, le clergé ayant offert au roi des dons gratuits d'un consentement unanime. Le roi a même modéré en quelques occasions le zèle de l'*assemblée*, en acceptant une somme moins considérable que celle qu'elle lui offroit.

L'*assemblée* en corps va rendre deux fois ses respects au roi. Le secrétaire, le promoteur & les deux agens marchent les premiers : après eux les prélats vont deux à deux selon l'ordre de leur sacre, en camail violet & en rochet; puis ceux du second ordre en manteau long & en bonnet quarré, deux à deux, sans distinction. Ils sont conduits dans l'appartement du roi par un des secrétaires d'état, par le grand-maître & par le maître des cérémonies. Quand ils passent dans la salle, les gardes sont en haie, sous les armes, les officiers à leur tête; les deux battans sont ouverts à toutes les portes. On observe les mêmes cérémonies, quand l'*assemblée* se retire après avoir eu audience.

C'est ce qui est justifié par les procès-verbaux des *assemblées*.

Les députés doivent assister à toutes les *assemblées*, tant du matin que de l'après-midi, à moins qu'ils n'aient quelque raison légitime de s'en dispenser. Leur taxe est payée pour chaque jour de séance, de même que pour leur voyage, & pour leur retour dans la province qui les a députés. Le temps pour les voyages est fixé suivant la distance des lieux. Ils sont tenus présens à leurs bénéfices, non-seulement pendant les séances de l'*assemblée*, mais encore pendant le temps que doit durer leur voyage.

Les *assemblées* du clergé, ainsi qu'on a dû le voir par le détail où nous sommes entrés, n'ont ordinairement lieu que pour les affaires temporelles; il arrive quelquefois cependant qu'on y traite, avec la permission du roi, des affaires de morale & de discipline.

Dans le cas où le clergé s'assemble pour décider de la foi, de la morale, ou d'autres points qui ont rapport à la religion, ses *assemblées* prennent le nom de *conciles* & de *synodes*. Nous en parlerons sous ces mots.

Assemblée *des états-généraux*. On appelle ainsi l'*assemblée* des députés des différens ordres de toute nation.

Il n'y a guère de nations policées chez lesquelles il n'y ait eu des *assemblées*, soit de tout le peuple ou des principaux de la nation; mais ces *assemblées* ont reçu divers noms, selon les temps & les pays, & leur forme n'a pas été réglée par-tout de la même manière.

Il y avoit chez les Romains trois ordres : savoir, les sénateurs, les chevaliers & le bas peuple, appellé *plebs*. Les prêtres formoient bien entre eux différens collèges, mais ils ne composoient point un ordre à part; on les tiroit des trois autres ordres indifféremment.

indifféremment. Le peuple avoit droit de suffrage, de même que les deux autres ordres. Lorsqu'on assembloit les comices, où l'on élisoit les nouveaux magistrats, on y proposoit aussi les nouvelles loix, & l'on y délibéroit de toutes les affaires publiques.

Dans la suite, les empereurs s'étant attribué le pouvoir exclusif de faire des loix, de créer des magistrats, & de faire la paix & la guerre, les comices cessèrent d'avoir lieu; le peuple perdit par-là son droit de suffrage, & le sénat fut le seul ordre qui conservât une grande autorité.

L'usage d'assembler les états ou différens ordres a néanmoins subsisté dans plusieurs pays, & ces *assemblées* y reçoivent différens noms. En Pologne, on les appelle *diètes*; en Angleterre, *parlement*; & en d'autres pays, *états*.

Dans quelques pays, il n'y a que deux ordres ou états qui soient admis aux *assemblées* générales; comme en Pologne où la noblesse & le clergé forment seuls les états qu'on appelle *diètes*, les paysans y étant tous esclaves.

En Suède, au contraire, on distingue quatre états ou ordres différens de citoyens; savoir, la noblesse, le clergé, les bourgeois & les paysans.

Dans la plupart des autres pays, on distingue trois états: le clergé, la noblesse & le tiers-état ou troisième ordre, composé des magistrats municipaux, des notables bourgeois & du peuple. Telle est la division qui subsiste présentement en France; mais les choses n'ont pas été toujours réglées de même à cet égard.

Avant la conquête des Gaules par Jules-César, il n'y avoit que deux ordres; celui des druides & celui des chevaliers: le peuple étoit dans une espèce d'esclavage, & n'étoit admis à aucune délibération. Lorsque les Francs jettèrent les fondemens de la monarchie françoise, ils ne reconnoissoient qu'un seul ordre dans l'état, qui étoit celui des nobles ou libres, en quoi ils conservèrent quelque temps les mœurs des Germains dont ils tiroient leur origine. Dans la suite, le clergé forma un ordre à part, & obtint même le premier rang dans les *assemblées* de la nation. Le tiers-état ne se forma que long-temps après, sous la troisième race.

Ces *assemblées* de la nation, qu'il ne faut pas confondre avec les *assemblées* des états du royaume, commencèrent sous le règne de Pepin à prendre le nom de *parlemens*. Ces anciens parlemens, dont celui de Paris & tous les autres semblent tirer leur origine, n'étoient pas une simple *assemblée* d'états, dans le sens que ce terme se prend aujourd'hui; c'étoit le conseil du roi, & le premier tribunal de la nation où se traitoient toutes les grandes affaires. Le roi présidoit à cette *assemblée*, ou quelque autre personne par lui commise à cet effet. On y délibéroit de la paix & de la guerre, de la police publique & administration du royaume; on y faisoit les loix, on y jugeoit les crimes publics, & tout ce qui touchoit la dignité & la sûreté du roi, & la liberté des peuples.

Ces parlemens n'étoient d'abord composés que de nobles, & ils furent ensuite réduits aux seuls grands du royaume & aux magistrats qui leur furent associés. Le clergé ne formoit point encore un ordre à part, de sorte que les prélats ne furent admis à ces parlemens qu'en qualité de grands vassaux de la couronne. On ne connoissoit point encore de tiers-états; ainsi ces anciens parlemens ne peuvent être considérés comme une *assemblée* des trois états. Il s'en faut d'ailleurs beaucoup que les *assemblées* d'états aient jamais eu le même objet, ni la même autorité, ainsi qu'on le reconnoîtra sans peine, en considérant la manière dont les états ont été convoqués & dont les affaires y ont été traitées.

On ne connut pendant long-temps, dans le royaume, que deux ordres, la noblesse & le clergé.

Le tiers-état, composé du peuple, étoit alors presque tout serf; il ne commença à se former que sous Louis-le-gros, par l'affranchissement des serfs, lesquels par ce moyen devinrent bourgeois du roi, ou des seigneurs qui les avoient affranchis.

Le peuple ainsi devenu libre, & admis à posséder propriétairement ses biens, chercha les moyens de s'élever, & eut bientôt l'ambition d'avoir quelque part au gouvernement de l'état. Nos rois l'élevèrent par degrés, en l'admettant aux charges, & en communiquant la noblesse à plusieurs roturiers; ce qu'ils firent, sans doute, pour balancer le crédit des deux autres ordres qui étoient devenus trop puissans.

Il n'y eut cependant jusqu'au temps de Philippe-le-bel, point d'autre *assemblée* représentative de la nation que le parlement, lequel étoit alors composé seulement des grands vassaux de la couronne, & des magistrats que l'on choisissoit ordinairement entre les nobles.

Philippe-le-bel fut le premier qui convoqua une *assemblée* des trois états ou ordres du royaume en la forme qui a été usitée depuis.

La première *assemblée* d'états-généraux fut convoquée par des lettres du 23 mars 1301, que l'on comptoit à Rome 1302. Ces lettres ne subsistent plus, mais on les connoît par la réponse qu'y fit le clergé; elles furent adressées aux barons, archevêques, évêques & prélats; aux églises cathédrales, universités, chapitres & colléges, pour y faire trouver leurs députés; & aux baillis royaux, pour faire élire par les villes des syndics ou procureurs.

Ce fut à la persuasion d'Enguerrand de Marigny, son ministre, que Philippe-le-bel assembla de cette manière les trois états, afin de parvenir plus facilement à lever sur les peuples une imposition pour soutenir la guerre de Flandres qui continuoit toujours, & pour fournir à ses autres dépenses, qui étoient excessives. Le roi cherchoit encore par-là à appaiser le peuple & à gagner les esprits, sur-tout à cause de ses démêlés avec Boniface VIII, qui commençoient à éclater.

Ces états tinrent plusieurs séances depuis la mi-carême jusqu'au 10 avril, qu'ils s'assemblèrent dans l'église Notre-Dame de Paris. Philippe-le-bel y assista en personne. Pierre Flotte, son chancelier, y exposa les desseins que le roi avoit de réprimer plusieurs abus, notamment les entreprises de Boniface VIII, sur le temporel du royaume. Il représenta aussi les dépenses que le roi étoit obligé de faire pour la guerre, & les secours qu'il attendoit de ses sujets; que si l'état populaire ne contribuoit pas en personne au service militaire, il devoit fournir des secours d'argent. Le roi demanda lui-même que chaque corps formât sa résolution & la déclarât publiquement par forme de conseil.

La noblesse s'étant retirée pour délibérer, & ayant ensuite repris ses places, assura le roi de la résolution où elle étoit de le servir de sa personne & de ses biens.

Les ecclésiastiques demandèrent un délai pour délibérer plus amplement, ce qui leur fut refusé. Cependant, sur les interrogations que le roi leur fit lui-même, savoir de qui ils tenoient leurs biens temporels, & de ce qu'ils pensoient être obligés de faire en conséquence, ils reconnurent qu'ils tenoient leurs biens de lui & de sa couronne; qu'ils devoient défendre sa personne, ses enfans & ses proches, & la liberté du royaume; qu'ils s'y étoient engagés par leur serment, en prenant possession des grands fiefs dont la plupart étoient revêtus, & que les autres y étoient obligés par fidélité. Ils demandèrent, en même temps, permission de se rendre auprès du pape, pour un concile; ce qui leur fut encore refusé, vu que c'étoit pour procéder contre le roi.

Le tiers-état s'expliqua par une requête qu'il présenta à genoux, suppliant le roi de conserver la franchise du royaume.

Tels furent les objets que l'on traita dans ces premiers états, par où l'on voit que ces sortes d'*assemblées* n'étoient point une suite des champs de mars ou de mai; & qu'elles ne furent point établies sur le même modèle ni sur les mêmes principes. En effet, elles n'eurent ni les mêmes droits, ni la même autorité, puisque jamais le droit de suffrage ne leur fut accordé en matière de législation.

On n'entreprendra pas de donner ici une chronologie exacte des divers états généraux tenus depuis Philippe-le-bel jusqu'à présent; on se contentera de parler des plus connus, de rapporter ce qui s'y est passé de plus mémorable, de marquer comment ces états s'arrogèrent peu-à-peu une certaine autorité, & de quelle manière elle fut ensuite réduite.

Une observation qui est commune à tous ces états, c'est que dans l'ordre de la noblesse étoient compris alors tous les nobles d'extraction, soit qu'ils fussent de robe ou d'épée, pourvu qu'ils ne fussent pas magistrats députés du peuple: le tiers-état n'étoit autre chose que le peuple, représenté par ses magistrats députés.

Depuis les premiers états de 1301, Philippe-le-bel en convoqua encore plusieurs autres: les plus connus sont ceux de 1313, que quelques-uns placent en 1314. Le ministre ne trouva d'autre ressource pour fournir aux dépenses du roi, que de continuer l'impôt du cinquième des revenus & du cinquième des meubles, même d'étendre ces impôts sur la noblesse & le clergé; & pour y réussir, on crut qu'il falloit tâcher d'obtenir le consentement des états. L'*assemblée* fut convoquée le 29 juin; elle ne commença pourtant que le premier août. Mezeray dit que ce fut dans la salle du palais, d'autres disent dans la cour. On avoit dressé un échafaud pour le roi, la noblesse & le clergé; le tiers-état devoit rester debout au pied de l'échafaud.

Après une harangue véhémente du ministre, le roi se leva de son trône, & s'approcha du bord de l'échafaud, pour voir ceux qui lui accorderoient l'aide qui étoit demandée. Etienne Barbette, prévôt des marchands, suivi de plusieurs bourgeois de Paris, promit de donner une aide suffisante, ou de suivre le roi en personne à la guerre. Les députés des autres communautés firent les mêmes offres; & là-dessus, l'*assemblée* s'étant séparée sans qu'il y eût de délibération formée en règle, il parut une ordonnance pour la levée de six deniers pour livre de toutes les marchandises qui seroient vendues dans le royaume.

Il en fut à-peu-près de même de toutes les autres *assemblées* d'états; les principaux députés, dont on avoit gagné les suffrages, décidoient ordinairement sans que l'on eût pris l'avis de chacun en particulier; ce qui fait voir combien ces *assemblées* étoient illusoires.

On y arrêta cependant, presque dans le moment où elles furent établies, un point extrêmement important; savoir, qu'on ne leveroit point de tailles sans le consentement des trois états. Savaron & Mezeray placent ce réglement en 1314, sous Louis Hutin; Boulainvilliers, dans son *Histoire de France*, prétend que ce réglement ne fut fait que sous Philippe de Valois: du reste, ces auteurs sont d'accord entre eux sur le point de fait.

Quoi qu'il en soit de cette époque, il paroît que Louis Hutin n'osant hasarder une *assemblée* générale, en fit tenir, en 1315, de provinciales par bailliages & sénéchaussées, où il fit demander par ses commissaires un secours d'argent. Cette négociation eut peu de succès, de sorte que la cour mécontente des communes, essaya de gagner la noblesse, en convoquant un parlement de barons & de prélats à Pontoise, pour le mois d'avril suivant; ce qui ne produisit cependant aucune ressource pour la finance.

Philippe V, dit le Long, ayant mis, sans consulter les états, une imposition générale du cinquième des revenus & du centième des meubles, sur toutes sortes de personnes sans exception, tous les ordres s'émurent aussi-tôt que son ordonnance parut; il y eut même quelques particuliers qui en interjettèrent appel au jugement des états généraux, qu'ils supposoient avoir seuls le pouvoir de mettre des impositions.

Le roi convoqua l'*assemblée* des états, dans l'espérance d'y lever facilement ces oppositions, & que le suffrage de la ville de Paris entraîneroit les autres. Cette *assemblée* se tint au mois de juin 1321; mais le clergé mécontent à cause des décimes que le roi levoit déjà sur lui, éluda la décision de l'affaire, en représentant qu'elle se traiteroit mieux dans des *assemblées* provinciales; ce qui ne fut pas exécuté, Philippe V étant mort peu de temps après.

Charles IV, son successeur, ayant donné une déclaration pour la réduction des monnoies, des poids & des mesures, le clergé & la noblesse lui remontrèrent qu'il ne pouvoit faire ces réglemens que pour les terres de son domaine, & non dans celles des barons. Le roi permit de tenir à ce sujet de nouvelles *assemblées* provinciales, mais on ne voit pas quelle en fut la suite.

Les états de Normandie députèrent vers le roi Philippe-de-Valois, & obtinrent de lui la confirmation de la charte de Louis Hutin, appellée *la charte aux Normands*, avec déclaration expresse qu'il ne seroit jamais rien imposé sur la province, sans le consentement des états; mais on a soin, dans tous les édits qui concernent la Normandie, de déroger expressément à cette charte.

Le privilège que Philippe-de-Valois accorda à la Normandie, n'étoit même pas particulier à cette province; car les historiens disent qu'en 1338 & 1339, il fut arrêté dans l'*assemblée* des états généraux, en présence du roi, que l'on ne pourroit imposer ni lever tailles en France sur le peuple, même en cas de nécessité ou utilité, que de l'octroi des états.

Ceux qui furent assemblés en 1343, accordèrent à Philippe-de-Valois un droit sur les boissons & sur le sel, pendant le temps de la guerre. Il y avoit eu, dès avant 1338, une gabelle imposée sur le sel; mais ces impositions ne duroient que pendant la guerre, & l'on ne voit point si les premières furent faites en conséquence d'un consentement des états. Pour ce qui est de l'imposition faite en 1343, on étoit alors si agité, qu'on ne parla point de l'emploi qui devoit en être fait; ce que les états n'avoient point encore omis.

Aucun prince n'assembla si souvent les états que le roi Jean; car sous son règne il y en eut presque tous les ans, soit de généraux ou de particuliers, jusqu'à la bataille de Poitiers.

L'objet de toutes ces *assemblées* étoit toujours, de la part du prince, de demander quelque aide ou autre subside pour la guerre, & de la part des états, de prendre les arrangemens convenables à ce sujet. Ils prenoient aussi souvent de-là occasion de faire diverses représentations pour la réformation de la justice, des finances, & autres parties du gouvernement: après la séance des états, il paroissoit communément une ordonnance pour régler l'aide qui avoit été accordée, & les autres objets sur lesquels les états avoient délibéré, supposé que le roi eût jugé à propos d'y faire droit.

Il y eut à Paris, le 13 février 1350, une *assemblée* générale des états, tant de *la Languedoil* que de *la Languedoc*, c'est-à-dire, des deux parties qui faisoient alors la division du royaume: on croit néanmoins que les députés de chaque partie s'assemblèrent séparément. Les prélats accordèrent sur le champ le subside qui étoit demandé; mais les nobles & la plupart des députés des villes, qui n'avoient pas de pouvoir suffisant, furent renvoyés dans leur province pour y délibérer. Le roi y indiqua des *assemblées* provinciales, & y envoya des commissaires qui accordèrent quelques-unes des demandes, & sur les autres, il fut député par devers le roi. Quelques provinces accordèrent un subside de six deniers, d'autres seulement de quatre.

Il paroît que sous le règne du roi Jean, on n'assembla plus en même temps & dans un même lieu les états de *la Languedoil* & ceux de *la Languedoc*, & que l'on tint seulement des *assemblées* provinciales d'états. Il y eut entre autres ceux du Limousin, en 1355, où l'on trouve l'origine des cahiers que les états présentent au roi pour exposer leurs demandes. Ceux du Limousin en présentèrent un qui est qualifié, en plusieurs endroits, de *cédule*.

Suivant les pièces qui nous restent de ces différentes *assemblées*, on voit que le roi nommoit d'abord des commissaires qui étoient ordinairement choisis parmi les magistrats, auxquels il donnoit pouvoir de convoquer ces *assemblées*, & d'y assister en son nom; qu'il leur accordoit même quelquefois la faculté de substituer quelqu'un à la place de l'un d'eux.

Ces commissaires avoient la liberté d'assembler les trois états dans un même lieu, ou chaque ordre séparément, & de les convoquer tous ensemble, ou en des jours différens.

Les trois ordres, quoique convoqués dans un même lieu, s'assembloient en plusieurs chambres; ils formoient aussi leurs délibérations, & présentoient leurs requêtes séparément; c'est pourquoi le roi, à la fin de ces *assemblées*, confirmoit par ses lettres tout ce qui avoit été conclu par chaque ordre, ou même par quelques députés d'un des ordres en particulier.

On appelloit *états généraux du royaume*, ceux qui étoient composés des députés de toutes les provinces: on donnoit aussi le titre d'*états généraux*, à l'*assemblée* des députés des trois ordres de *la Languedoil* ou de *la Languedoc*, parce que ces *assemblées* étoient composées des députés de toutes les provinces qui comprenoient chacune de ces deux parties du royaume: de sorte que les états particuliers ou provinciaux étoient seulement ceux d'une seule province, & quelquefois d'un seul bailliage ou sénéchaussée.

Les états généraux de la Languedoil ou pays coutumier, furent assemblés en la chambre du parlement en 1355. Le chancelier leur ayant demandé une aide, ils eurent permission de se consulter entre eux; ensuite ils se présentèrent devant le roi en la même chambre, & offrirent d'entretenir 30000 hommes d'armes à leurs frais. Cette dépense fut estimée 50000 livres, & pour y subvenir, les états accordèrent la levée d'une imposition.

L'ordonnance qui fut rendue à cette occasion le 28 décembre 1355, fait connoître quel étoit alors le pouvoir que les états s'étoient attribué. Ils commencèrent, par la permission du roi, à délibérer, 1º. sur le nombre des troupes nécessaires pour la guerre; 2º. sur les sommes nécessaires pour soudoyer l'armée; 3º. sur les moyens de lever cette somme, & sur la régie & emploi des deniers; ils furent même autorisés à nommer des généraux des aides, pour en avoir la surintendance, & des élus dans chaque diocèse, pour faire l'imposition & levée des deniers, usages qui ont subsisté jusqu'à ce que le roi se soit réservé la nomination des généraux, & qu'il ait eu érigé les élus en titre d'office; il fut aussi arrêté que le compte de la levée & emploi des deniers seroit rendu en présence des états, qui se rassembleroient pour cet effet dans le temps marqué.

Les états avoient aussi demandé que l'on réformât plusieurs abus qui s'étoient glissés dans le gouvernement. Et le roi, *considérant la clameur de son peuple*, fit plusieurs réglemens sur les monnoies, sur les prises de vivres & provisions qui se faisoient pour le roi & pour sa maison, sur les prêts forcés d'argent, sur la jurisdiction des juges ordinaires, enfin sur plusieurs choses qui concernoient la discipline des troupes.

Lorsque le roi Jean fut pris par les Anglois, le dauphin encore jeune, croyant devoir ménager tous les différens ordres du royaume, dans une conjoncture si fâcheuse, assembla les états à Paris, au mois de mai 1356, dans la salle du parlement, pour lui donner aide & conseil, tant pour procurer la prompte délivrance du roi, que pour gouverner le royaume & conduire la guerre pendant son absence. Il se crut d'autant plus obligé d'en user ainsi, qu'il ne prenoit encore d'autre qualité que celle de lieutenant général du royaume, dont la régence ne lui fut formellement déférée qu'un an après par le parlement.

Les députés ayant obtenu un délai pour délibérer entre eux, tinrent des *assemblées* particulières dans le couvent des cordeliers; s'étant plaint au dauphin que la présence des commissaires du roi gênoit la liberté des délibérations, ces commissaires furent rappellés. On convint de cinquante députés des trois ordres, pour dresser un projet de réformation; on délibéra aussi sur ce qui touchoit la guerre & la finance.

Le dauphin étant venu à leur *assemblée*, ils lui demandèrent le secret, à quoi il ne voulut pas s'obliger. Les députés, au lieu de s'occuper à chercher les moyens de délivrer le roi, qui étoit prisonnier à Londres, firent des plaintes sur le gouvernement, & voulurent profiter des circonstances, pour abaisser injustement l'autorité royale. Ils firent des demandes excessives, qui choquèrent tellement le dauphin, qu'il éluda long-temps de leur rendre réponse: mais enfin il se trouva forcé par les circonstances de leur accorder tout ce qu'ils demandoient.

Le roi, qui avoit déjà pris des arrangemens avec les Anglois, fit publier à Paris des défenses de lever l'aide accordée par les états, & à eux de se rassembler. Cependant, comme les receveurs des états étoient maîtres de l'argent, le dauphin fut obligé de consentir à une *assemblée*. Il y en eut encore deux autres en 1357, où la noblesse ne parut point, étant gagnée par le dauphin, qui, d'un autre côté, mit les villes en défiance contre la noblesse, pour les empêcher de s'unir.

Depuis que le dauphin eut été nommé régent du royaume, il ne laissa pas de convoquer encore, en différentes années, plusieurs états, tant généraux que particuliers: mais l'indécence avec laquelle se conduisirent les états à Paris en 1358, fut l'écueil où se brisa la puissance qu'ils avoient voulu s'attribuer dans des temps de trouble. Depuis ce temps, ils furent assemblés moins fréquemment; & lorsqu'on les assembla, ils n'eurent plus que la voie de simple remontrance.

Ceux de la sénéchaussée de Beaucaire & de Nîmes, tenus en 1363, présentèrent au roi un cahier ou mémoire de leurs demandes: c'est la première fois, à ce qu'il paroît, que les états se soient servi du terme de *cahier* pour désigner leurs demandes; car dans les précédens états, on a vu que ces sortes de mémoires étoient qualifiés de *cédule*, apparemment parce que l'on n'avoit pas encore l'usage d'écrire les actes en forme de cahier. Au reste, il étoit libre au roi de faire ou ne pas faire droit sur leurs cahiers.

Les états généraux ne furent assemblés que deux fois sous le règne de Charles V, en l'année 1369. La première de ces deux *assemblées* se tint à la grand'-chambre du parlement, le roi séant en son lit de justice; le tiers-état étoit hors de l'enceinte du parquet & en si grand nombre, que la chambre en étoit remplie. Il ne fut point question, pour cette fois, de subside, mais seulement de délibérer sur l'exécution du traité de Brétigny, & sur la guerre qu'il s'agissoit d'entreprendre. Les autres états furent tenus pour avoir un subside. Ce qu'il y a de plus remarquable dans ces deux *assemblées*, est que l'on n'y parla point de réformation comme les états avoient coutume de faire, tant on étoit persuadé de la sagesse du gouvernement.

La foiblesse du règne de Charles VI donna lieu à de fréquentes *assemblées* des états. Il y en eut à Compiègne, à Paris, & dans plusieurs autres villes. Le détail de ce qui s'y passa, aussi-bien que dans ceux qu'on tint sous le roi Jean, se trouve fort au long dans des préfaces de M. Secousse, sur les tomes III & suivans des ordonnances de la troisième race.

Les guerres continuelles que Charles VII eut à soutenir contre les Anglois, furent cause qu'il assembla rarement les états; il y en eut cependant à Mehun-sur-Yèvre, à Tours & à Orléans.

Celui de tous nos rois qui sut tirer le meilleur parti des états, fut le roi Louis XI, quand il voulut s'en servir, comme il fit en 1467, pour régler l'apanage de son frère; ce qui fut moins l'effet du pouvoir des états qu'un trait de politique de Louis XI, car il y avoit déjà long-tems que ces *assemblées* avoient perdu leur crédit. Il s'agissoit d'ailleurs en cette occasion d'un objet qui ne concernoit point les états, & pour lequel il n'avoit pas besoin de leur consentement.

Depuis l'année 1483, époque du commencement du règne de Charles VIII, il n'y eut point d'états jusqu'en 1506, qu'on en tint à Tours sous Louis XII, à l'occasion du mariage de la fille aînée du roi.

Il n'y en eut point du tout sous François premier.

Sous le règne de Henri II, il n'y en eut point avant 1558. Savaron en date pourtant d'autres de 1549; mais c'étoit un lit de justice.

Les états généraux tenus du temps de Charles IX, donnèrent lieu à trois célèbres ordonnances, qui furent faites sur les plaintes & *doléances* des trois états; savoir, les états d'Orléans, à l'ordonnance de 1560, pour la réformation du royaume, appellée l'*ordonnance d'Orléans*; & à *celle de Roussillon* de l'année 1563, portant réglement sur le fait de la justice, pour satisfaire au surplus des cahiers des états, comme le roi l'avoit réservé par la première ordonnance. Les états de Moulins donnèrent lieu à l'ordonnance de 1566, pour la réformation de la justice, appellée l'*ordonnance de Moulins*.

Les états généraux tenus à Blois sous Henri III, en 1576, donnèrent aussi lieu à l'ordonnance de 1579, laquelle, quoique datée de Paris & publiée trois ans après les états de Blois, a été appellée *ordonnance de Blois*; parce qu'elle fut dressée sur les cahiers de ces états. Il y en eut aussi à Blois en 1588, & l'insolence des demandes qui s'y firent, avança le désastre des Guises.

Le duc de Mayenne assembla à Paris en 1593, de prétendus états généraux, où l'on proposa vainement d'abolir la loi salique. Comme entre les trois ordres, il n'y avoit que celui de la noblesse qui fût dévoué au duc, & qu'il y avoit peu de noblesse considérable à cette *assemblée*, il proposa, pour fortifier son parti, d'ajouter deux nouveaux ordres aux trois autres; savoir, celui des seigneurs, & celui des gens de robe & du parlement; ce qui fut rejetté. Ces états furent cassés par arrêt du parlement du 30 mai 1594.

Les derniers états généraux sont ceux qui se tinrent à Paris en 1614. Le roi avoit ordonné que le clergé s'assemblât aux Augustins, la noblesse aux Cordeliers, & le tiers-état dans l'Hôtel-de-Ville; mais la noblesse & le tiers-état demandèrent permission de s'assembler aussi aux Augustins, afin que les trois ordres pussent conférer ensemble; ce qui leur fut accordé.

La chambre du clergé étoit composée de cent quarante personnes, dont cinq cardinaux, sept archevêques & quarante-sept évêques.

Cent trente-deux gentilshommes composoient la chambre de la noblesse.

Celle du tiers-état où présidoit le prévôt des marchands, étoit composée de cent quatre-vingt-deux députés, tous officiers de justice ou de finance.

L'ouverture des états se fit le 27 octobre, après un jeûne public de trois jours, & une procession solemnelle que l'on avoit ordonnée pour implorer l'assistance du ciel.

L'assemblée se tint au Louvre, dans la grande salle de l'hôtel de Bourbon; le roi y siégea sous un dais de velours violet semé de fleur de lys d'or, ayant à sa droite la reine sa mère assise dans une chaise à dos, & près d'elle Elizabeth, première fille de France, promise au prince d'Espagne, & la reine Marguerite.

A la gauche du roi étoit monsieur, son frère unique, & Christine, seconde fille de France.

Le grand chambellan étoit aux pieds de sa majesté, le grand-maître & le chancelier à l'extrémité du marche-pied; le maréchal de Souvré, les capitaines des gardes & plusieurs autres personnes étoient derrière, joignant leurs majestés.

Les princes, les cardinaux, les ducs étoient placés des deux côtés.

Aux pieds du trône étoit la table des secrétaires d'état.

A leur droite étoient les conseillers d'état de robe longue, & les maîtres des requêtes; à leur gauche, les conseillers de robe courte, & tout de suite les bancs des députés des trois ordres; les ecclésiastiques occupoient le côté gauche, le tiers-état étoit derrière eux.

Le roi dit en peu de mots que son but étoit d'écouter les plaintes de ses sujets, & de pourvoir à leurs griefs.

Le chancelier parla ensuite de la situation des affaires; puis ayant pris l'ordre du roi, il dit aux députés que sa majesté leur permettoit de dresser le cahier de leurs plaintes & demandes, & qu'elle promettoit d'y répondre favorablement.

Les trois ordres firent chacun leur harangue, les députés du clergé & de la noblesse debout & découverts, le prévôt des marchands à genoux pour le tiers-état; après quoi, cette première séance fut terminée.

Dans l'intervalle de temps qui s'écoula jusqu'à la séance suivante, la cour prit des mesures pour diviser les députés des différens ordres, en les engageant de proposer chacun des articles de réformation, que l'on prévoyoit qui seroient contredits par les députés des autres ordres; on s'attacha sur-tout à écarter les demandes du tiers-état, que l'on regardoit comme le plus difficile à gagner.

On se rassembla le 4 novembre suivant, le clergé demanda la publication du concile de Trente, la noblesse demanda l'abolissement de la paulette, le tiers-état le retranchement des tailles & la diminution des pensions.

L'université de Paris qui vouloit avoir séance dans la chambre des députés du clergé, donna à cet effet son cahier; mais il fut rejetté comme n'étant pas fait de concert entre les quatre facultés, qui étoient divisées entre elles.

La noblesse & le clergé prirent de-là occasion de demander la réformation des universités, & que les jésuites fussent admis dans celle de Paris, à condition, entre autres choses, de se soumettre aux statuts de cette université; mais cela demeura sans effet, les jésuites n'ayant pas voulu se soumettre aux conditions que l'on exigeoit d'eux.

On demanda ensuite l'accomplissement du mariage du roi avec l'infante, & celui de madame Elisabeth de France avec le prince d'Espagne.

Les trois ordres qui étoient divisés sur plusieurs objets, se réunirent tous pour un, qui fut de demander l'établissement d'une chambre pour la recherche des malversations commises dans les finances; mais la reine éluda cette proposition.

Il y en eut une autre bien plus importante qui fut faite par les députés du tiers-état pour arrêter le cours d'une doctrine pernicieuse, qui paroissoit se répandre depuis quelque temps, tendante à attaquer l'indépendance des rois, par rapport à leur temporel.

L'article proposé par le tiers-état portoit que le roi seroit supplié de faire arrêter en l'assemblée des états-généraux, comme une loi inviolable & fondamentale du royaume, que le roi étant reconnu souverain en France, & ne tenant son autorité que de Dieu seul, il n'y a sur la terre aucune puissance spirituelle ou temporelle qui ait droit de le priver de son royaume, ni de dispenser ou d'absoudre ses sujets pour quelque cause que ce soit, de la fidélité & de l'obéissance qu'ils lui doivent; que tous les François généralement tiendroient cette loi pour sainte, véritable & conforme à la parole de Dieu, sans nulle distinction équivoque, ou limitation; qu'elle seroit jurée par tous les députés aux états-généraux, & désormais par tous les bénéficiers & magistrats du royaume, avant d'entrer en possession de leurs bénéfices ou de leurs charges; que l'opinion contraire, aussi bien que celle qui permet de tuer ou de déposer les souverains, & de se révolter contre eux, pour quelque raison que ce soit, seroient déclarées fausses, impies, détestables, & contraires à l'établissement de la monarchie françoise, qui dépend immédiatement de Dieu seul; que tous les livres qui enseigneroient cette mauvaise doctrine, seroient regardés comme séditieux & damnables; & enfin, que cette loi seroit lue dans les cours souveraines & dans les tribunaux subalternes, afin qu'elle fût connue & religieusement observée.

Les partisans de la doctrine pernicieuse que cet article avoit pour objet de condamner, se donnèrent tant de mouvemens qu'ils engagèrent les députés du clergé & de la noblesse à s'opposer à la réception de cet article, sous différens prétextes frivoles, comme de dire que si l'on publioit cet article, il sembleroit que l'on eût jusqu'alors révoqué en doute l'indépendance de la couronne; que c'étoit chercher à altérer l'union qui étoit entre le roi & le saint père, & que cela étoit capable de causer un schisme.

Le cardinal du Perron qui fut député du clergé pour aller débattre cet article à la chambre du tiers-état, poussa les choses encore plus loin: il accordoit à la vérité que, pour quelque cause que ce soit, il n'est pas permis de tuer les rois, & que les rois ont tout droit de souveraineté temporelle en leur royaume; mais il prétendoit que la proposition, qu'il n'y a nul cas auquel les sujets puissent être absous du serment de fidélité qu'ils ont fait à leur prince, ne pouvoit être reçue que comme problématique.

Le président Miron, pour le tiers-état, défendit la proposition attaquée par le cardinal.

Cependant les députés des deux autres ordres parvinrent à faire ôter du cahier l'article qui avoit été proposé par le tiers-état; & au lieu de cet article, ils en firent insérer un autre, portant seulement que le clergé abhorroit les entreprises faites pour quelque cause ou prétexte que ce soit, contre les personnes sacrées des rois; & que pour dissiper la mauvaise doctrine dont on a parlé, le roi seroit supplié de faire publier en son royaume la quinzième session du concile de Constance.

Les manœuvres qui avoient été pratiquées pour faire ôter du cahier l'article proposé par le tiers-état, excitèrent le zèle du parlement. Les gens du roi remontrèrent dans leur requisitoire, que c'étoit une maxime reçue de tout temps en France, que le roi ne reconnoît aucun supérieur temporel de son royaume, sinon Dieu seul; que nulle puissance n'a droit de dispenser les sujets de sa majesté de leur serment de fidélité & d'obéissance, ni de la suspendre, priver ou dépouiller de son royaume, encore moins d'attenter ou de faire attenter par autorité, soit publique ou privée, sur les personnes sacrées des souverains; ils requirent en conséquence que les précédens arrêts, intervenus à ce sujet, fussent derechef publiés en tous les sièges, afin de maintenir ces maximes; sur quoi la cour rendit un arrêt conforme au requisitoire des gens du roi.

Les divisions que cette affaire occasionna entre les députés des états, firent presser la présentation des cahiers, afin de rompre l'*assemblée*. La clôture en fut faite le 23 février 1615, avec la même pompe que l'ouverture en avoit été faite.

Depuis cette dernière *assemblée* des états-généraux, il y a eu quelques *assemblées* de notables, entre autres celle qui se tint à Paris au mois de décembre 1626, jusqu'au 23 février 1627, où le duc d'Orléans présidoit. Quelques historiens qualifient cette *assemblée* d'états, mais improprement; & en tous cas, ce n'auroit été que des états particuliers, & non des états-généraux; & dans l'usage, elle est connue sous le nom d'*assemblée des notables*. *Voyez* NOTABLES.

Il paroît aussi qu'en 1651 la noblesse se donna de grands mouvemens pour faire convoquer les états-généraux, & que le roi avoit résolu qu'on les tiendroit à Tours; mais ces états n'eurent pas lieu: on trouve même dans les registres de la chambre des comptes un arrêté, fait par cette chambre, portant qu'elle ne députeroit point à ces états.

Assemblée des états d'une province. Dans quelques provinces de France, telles que l'Artois, la Bourgogne, la Bretagne, *&c.* il se tient de temps à autre des *assemblées* composées des députés du clergé, de la noblesse, & du tiers-état de la province. Nous exposerons, en parlant de chacune de ces provinces, les formes & les objets sur lesquels ces *assemblées* ont à délibérer.

Assemblée des chambres du parlement. L'ordonnance du mois de novembre 1774, enregistrée au lit de justice du 12 du même mois, a réglé ce qui doit être observé relativement aux *assemblées* des chambres du parlement.

L'article 9 porte que, conformément à l'article 18 de l'ordonnance du 28 octobre 1446, à l'article 116 de l'ordonnance du mois d'avril 1453, & à l'article 36 de l'ordonnance du mois de juin 1510, les chambres du parlement ne pourront en aucun cas être *assemblées* à la requête des parties; mais cela n'empêche pas que certains procès puissent être jugés par les chambres *assemblées*, lorsqu'ils sont de nature à y être portés.

Pour décider si une affaire est de nature à être jugée par les chambres *assemblées*, M. le premier président, ou celui qui préside en son absence, doit convoquer la grand'chambre, c'est-à-dire, tous les présidens du parlement, les conseillers ayant séance à la grand'chambre, quand même ils seroient de service à la tournelle, & en général tous ceux qui ont le droit de siéger à la grand'chambre. On statue ensuite, à la pluralité des voix, si l'affaire dont il s'agit doit être portée aux chambres *assemblées*.

S'il survenoit des difficultés, sur la compétence, entre les chambres du parlement, M. le premier président seroit tenu de convoquer l'*assemblée* des chambres, à l'effet de terminer ces difficultés dans le sein même de la compagnie; mais si le différend ne pouvoit être concilié dans l'*assemblée* des chambres, il faudroit que celles entre lesquelles il se seroit élevé, envoyassent chacune à M. le chancelier ou à M. le garde des sceaux de France, un mémoire contenant sommairement l'objet du différend & les motifs des prétentions respectives, pour, sur le compte qu'en rendroit au roi le chef de la justice, être, par sa majesté, statué ainsi qu'il appartiendroit.

Il faudroit en user de même, s'il survenoit des différends entre les officiers de quelques-unes des chambres du parlement, & les avocats & les procureurs généraux, relativement à leurs fonctions, aux droits & aux privilèges de leurs offices.

Suivant l'art. 11 de l'ordonnance du mois de novembre 1774, les chambres du parlement ne peuvent être *assemblées* pour les matières de grande police, ou autres concernant l'ordre public, qu'au préalable le premier président, ou celui qui préside en son absence, n'ait été instruit des motifs pour lesquels l'*assemblée* des chambres est demandée, ainsi que des objets sur lesquels on se propose de délibérer.

L'article 12 porte que, quand le procureur général ou quelques-uns des officiers du parlement voudront demander l'*assemblée* des chambres, ils s'adresseront au premier président ou à celui qui présidera en son absence; lui communiqueront le sujet & les motifs qui les déterminent à demander l'*assemblée* des chambres, & les objets sur lesquels ils pensent qu'il y a lieu de délibérer.

Les mêmes formalités doivent être observées, lorsqu'une des chambres du parlement croit devoir demander l'*assemblée* des chambres.

Lorsque l'*assemblée* des chambres est demandée, le premier président, ou celui qui préside en son absence, doit l'accorder ou la refuser dans les vingt-quatre heures. Dans le cas de refus, lorsque le procureur général ou un des autres officiers de la grand'chambre demandent l'*assemblée*, il leur est libre de faire leur proposition à la grand'chambre, que le premier président est obligé d'assembler à cet effet; si la grand'chambre décide ensuite, à la pluralité des suffrages, qu'il y a lieu d'assembler toutes les chambres, le premier président, ou celui qui préside en son absence, ne peut se dispenser de les convoquer, dans les formes ordinaires & accoutumées. Telles sont les dispositions de l'art. 14 de l'ordonnance citée.

Il doit en être usé de même, lorsque l'*assemblée* des chambres est demandée par l'une des chambres des enquêtes, à l'exception toutefois que le premier président ne peut, de son chef, refuser la demande, quoiqu'il puisse l'accorder.

Si l'*assemblée* des chambres est demandée par un officier des enquêtes, & refusée par le premier président ou par celui qui préside en son absence, l'officier des enquêtes peut faire part à sa chambre du sujet pour lequel il aura demandé l'*assemblée*, des motifs de sa demande, des objets sur lesquels il desireroit qu'on délibérât, & du refus du président; si cette chambre juge en conséquence, à la pluralité des suffrages, qu'il y a lieu de demander l'*assemblée* des chambres, elle doit envoyer deux députés au premier président, & si celui-ci n'accorde pas l'*assemblée* dans les vingt-quatre heures, il est tenu de convoquer la grand'chambre, pour délibérer sur la demande.

Si la grand'chambre *assemblée* décide qu'il y a lieu d'assembler toutes les chambres, le premier président, ou celui qui le représente, doit les convoquer sans délai, en la manière accoutumée, pourvu que ce ne soit point aux heures des audiences, & que le service ordinaire du parlement n'en soit point interrompu.

Il faut néanmoins remarquer que s'il étoit question de juger un procès de nature à être porté aux chambres *assemblées*, elles pourroient être *assemblées* aux heures marquées par les réglemens, pour les audiences & pour l'expédition des affaires. C'est ce que porte l'art. 8 de la même ordonnance.

Si, au contraire, la grand'chambre juge qu'il n'y a pas lieu à l'*assemblée* des chambres, le premier président, ni aucun autre officier du parlement, ne peut les convoquer.

Il est défendu aux officiers des enquêtes d'aller, sous aucun prétexte, prendre leurs places à la grand'chambre, lorsque l'*assemblée* des chambres n'a pas été convoquée en la manière accoutumée.

Aucun officier du parlement ne peut, sous prétexte d'*assemblée* des chambres, pour la réception d'un officier ou pour quelque autre sujet, proposer de délibérer sur aucun objet étranger, à moins qu'il n'ait été préalablement communiqué dans la forme que nous avons indiquée ci-devant.

Lorsque, de son propre mouvement, le roi envoie au parlement des ordonnances, édits, déclarations ou lettres-patentes concernant l'administration générale de la justice, les impositions nouvelles, les créations des rentes ou d'offices, ou autres de cette nature, il ne peut être procédé, à l'enregistrement de ces loix, que par les chambres *assemblées*; c'est pourquoi la délibération prescrite, pour que la grand'chambre détermine s'il convient d'assembler les chambres, ne doit point avoir lieu, quand il s'agit d'un tel enregistrement.

Assemblée des bailliages & présidiaux. Cette matière fait l'objet de la première section du titre 5 de la quatrième partie du *Traité de l'administration de la justice.* Voici ce que cet ouvrage contient d'essentiel à cet égard.

Les *assemblées* des compagnies dont il s'agit, peuvent avoir pour objet, 1°. de soutenir les droits ou privilèges du corps, & d'entreprendre quelque procès à cet égard; 2°. d'établir quelque réglement de discipline pour le siège, ou de taxer les droits des greffiers, des procureurs, ou de quelques autres officiers subalternes; 3°. de répondre à quelque ordre, paquet ou lettre émanée de la cour, *&c.* 4°. de faire ou recevoir quelque compliment ou députation; 5°. d'assister à quelque cérémonie publique, & de délibérer à ce sujet; 6°. de faire quelque reglement de police générale, concernant le bien public; comme quand il s'agit de s'opposer à ce qui peut troubler le bon ordre, d'empêcher qu'on ne soutienne quelque proposition contraire aux droits du roi & aux maximes du royaume, ou qu'on ne lève des droits injustes, en vertu de réglemens non revêtus des formes prescrites par les ordonnances, de supprimer un livre capable de corrompre les mœurs, *&c.*

Quand il est question de délibérer sur quelque chose qui intéresse les privilèges de la compagnie, de faire ou recevoir quelque députation, d'entreprendre un procès, d'établir un réglement de discipline pour le siège, de régler la taxe des officiers, de répondre à des ordres de la cour ou à des lettres écrites à la compagnie, *&c.* les différentes chambres ou classes du siège doivent être *assemblées* pour donner leur avis.

Mais lorsque, sur une requête présentée au lieutenant général, ou sur une plainte faite au lieutenant criminel, ces officiers jugent à propos de prendre l'avis de la compagnie, l'affaire ne doit être proposée qu'à la chambre qui a droit d'en connoître, & non à tout le corps en général, c'est-à-dire, que c'est aux juges, qui composent la chambre civile, à délibérer sur une requête présentée au bailliage civil, & à ceux qui composent la chambre criminelle, à délibérer sur une plainte faite par le ministère public, ou par une partie privée. Il faut en user de même, à l'égard des matières qui concernent la chambre présidiale, celle de la police, *&c.*

Lorsqu'il n'est question que de délibérer sur ce qui concerne les droits utiles de la compagnie, tels que les épices, *&c.* il n'est pas nécessaire que les conseillers honoraires, ni les juges, qui ne participent point à ces droits, soient appellés à l'*assemblée*, ils n'y ont point de voix délibérative; de même, lorsqu'il s'agit de délibérer sur une affaire qui ne concerne que les juges seuls en leur qualité, & non les gens du roi, ceux-ci ne doivent pas être convoqués. Mais toutes les affaires qui intéressent l'honneur, les droits & les privilèges de la compagnie en général, doivent être mises en délibération dans des *assemblées* où il faut que tous les officiers indistinctement soient appellés.

Par délibération du présidial d'Orléans, du 27 décembre 1763, il a été arrêté que les vétérans seroient appellés, & auroient voix délibérative à toutes les *assemblées* de la compagnie, à l'exception de celles qui ne regarderoient que le titre de l'office & les épices.

Quand il s'agit de délibérer sur les affaires du roi ou de la compagnie, l'*assemblée* ne peut être convoquée que par les présidens, ni se tenir ailleurs qu'au palais, à moins qu'il ne soit question de quelque chose qui requière célérité. C'est ce qu'ont prescrit divers édits & réglemens faits pour les présidiaux de Tours, de Franche-Comté, d'Autun & d'Ypres.

Dans le cas d'absence des présidens, c'est au lieutenant général, ou, à son défaut, au plus ancien

ancien officier du siège, suivant l'ordre du tableau, qu'appartient le droit de convoquer l'*assemblée* de la compagnie. Le réglement du conseil du 19 février 1729, & les lettres-patentes du 30 décembre 1731, l'ont ainsi ordonné pour le présidial du Puy-en-Velay, & pour celui de Pamiers.

L'art. 43 du réglement du 11 janvier 1647, fait pour le présidial de Montargis, porte que les officiers de ce siège ne pourront faire aucune *assemblée* publique ni particulière, pour y traiter des affaires de la compagnie, hors des jours & heures ordinaires où ils se trouvent *assemblés* de droit, à moins qu'ils n'aient été convoqués par les présidens, ou par le lieutenant général, ou par celui qui préside en son absence.

Suivant un arrêt du Parlement de Toulouse, du 18 juillet 1629, rendu pour le présidial de cette ville, l'*assemblée* peut être demandée, tant par le syndic, que par un autre officier de la compagnie, au président, ou, à son défaut, au lieutenant général, qui est tenu de l'accorder. S'il la refuse, on peut, selon le même arrêt, la demander au lieutenant criminel, ou autre officier qui le suit.

Mais les lettres-patentes du 30 décembre 1731, expédiées pour le présidial de Pamiers, portent, au contraire, que si les présidens, ou ceux qui les représentent, refusent de convoquer l'*assemblée* requise, les officiers, qui l'auront demandée, s'adresseront au parlement, pour y être ordonné, par la grand'chambre, ce qu'au cas appartiendra.

Le réglement fait pour Autun, en 1705, porte que l'*assemblée* de la compagnie ne pourra avoir lieu que dans la chambre du conseil, & après que tous les officiers qui la composent, auront été avertis par le concierge du palais ou par l'huissier de service.

Un arrêt du parlement de Paris, du 14 juillet 1656, a fait défense aux officiers du présidial du Mans de tenir aucune *assemblée* qu'elle n'ait été convoquée par les chefs, & que le procureur du roi n'y ait été appellé.

Un autre arrêt du parlement de Paris, du 21 juin 1684, rendu pour les officiers de la prévôté d'Orléans, porte qu'aucun réglement ne pourra être proposé qu'en présence du prévôt, & dans l'*assemblée* de tous les officiers du siège.

Quand la compagnie s'assemble d'office, pour quelque objet qui concerne l'intérêt public, c'est aux présidens du présidial, ou, en leur absence, au lieutenant général, à présider à la délibération; mais l'instruction qu'il s'agit de faire en conséquence, appartient au lieutenant général, si l'affaire se poursuit civilement, & au lieutenant criminel, si elle se poursuit criminellement.

Il n'est pas permis aux officiers, même sous prétexte de réglement, entreprise de jurisdiction, mercuriale ou autrement, de délibérer dans leurs *assemblées*, contre le lieutenant général, sur les faits relatifs à ses fonctions de droit, & aux prérogatives de sa charge; ces officiers ne peuvent pas non plus empêcher l'exécution des sentences qu'il a rendues, sauf à eux à se pourvoir par les voies ordinaires de droit.

Lorsque le lieutenant général, ou quelque autre officier du siège, veut former opposition aux délibérations prises par l'*assemblée*, le greffier est tenu d'écrire & de délivrer l'acte d'opposition, lorsqu'il en est requis, sous peine de 500 liv. d'amende & de privation de sa charge.

L'art. 10 du réglement du 22 juillet 1752, fait pour le présidial de Tours, porte que quand la compagnie sera convoquée pour assister aux processions ou autres cérémonies, elle s'assemblera au palais, & fera avertir les gens du roi.

Dans toutes les *assemblées* générales & les cérémonies publiques de la compagnie, le second président doit marcher à côté & à la gauche de l'ancien président, précédé des greffiers & des huissiers du siège; les autres officiers marchent deux à deux, suivant l'ordre du tableau. Quant aux gens du roi, ils doivent marcher à la suite du dernier conseiller, sans qu'ils puissent se faire précéder par aucun huissier. Cela est ainsi prescrit par le réglement de Tours du 22 juillet 1752, & par celui d'Orléans du 31 août 1689.

Assemblées illicites. On donne ce nom à toutes les *assemblées* qui se font en contravention des ordres du roi & des réglemens de police; qui attaquent précisément l'autorité royale; qui tendent à troubler le repos public, & qui souvent le troublent en effet, parce qu'elles sont suivies d'émotions populaires.

Chez les Romains, la loi des douze tables condamnoit à la mort tous ceux qui faisoient des *assemblées* séditieuses pendant la nuit. La loi *plautia* prononça ensuite la peine du bannissement, contre les coupables d'*assemblées* illicites. Sous Auguste, la loi *julia de vi publicâ & privatâ*, distingua les différentes espèces d'*assemblées* illicites, & statua des peines diverses, suivant les cas & les circonstances.

Elle regardoit comme coupables de ce délit, ceux qui portoient, dans leurs maisons ou dans leurs voyages, des armes, autres que celles qui sont nécessaires pour la chasse, le labourage & la navigation; ceux qui assembloient les citoyens, & leur fournissoient des armes pour se révolter contre l'autorité légitime; ceux qui ravageoient les campagnes, & s'emparoient, à main armée, du domaine des particuliers; ceux qui employoient la force, pour faire passer des obligations à leur profit; ceux qui insultoient les magistrats & les ambassadeurs; ceux qui incendioient les maisons d'autrui; ceux qui faisoient des *assemblées* nocturnes; en un mot, tous ceux qui troubloient le repos public de quelque manière que ce fût.

Nos loix françoises ont varié, sur la punition de ceux qui forment des *assemblées* illicites. Les criminalistes ne sont pas même d'accord entre eux, sur le nombre de personnes nécessaires pour qu'une *assemblée* soit considérée comme illicite. La loi 4, *ff. de vi bon. rapt.* regarde comme *assemblée* illicite, celle qui est composée de douze à quinze personnes. Balde & Boutillier pensent qu'on doit qualifier d'*assemblée* illicite, toutes celles qui sont composées de plus de trois personnes : d'autres auteurs en exigent au moins dix.

Nous n'avons, à cet égard, aucune détermination précise dans notre jurisprudence. On trouve cependant un arrêt, qui a jugé, pour la ville d'Issoudun en Berri, que six personnes suffisent pour former une *assemblée* illicite. La déclaration du 18 juillet 1724, renouvellée par celle du 20 octobre 1750, défend aux mendians de s'assembler au-dessus du nombre de quatre. On peut conclure de là que ce n'est pas tant le nombre des personnes qui composent une *assemblée* qui la rend illicite, que le but que se proposent ceux qui s'assemblent. Il est bon de remarquer que, dans ces sortes d'*assemblées*, les femmes doivent être comptées comme les hommes.

Les *assemblées* illicites sont un crime réputé cas royal, & dont l'art. 11 du tit. premier de l'ordonnance du mois d'août 1670, attribue la connoissance aux bailliages, aux sénéchaussées & aux présidiaux, à l'exclusion des autres juges royaux & de ceux des seigneurs.

Lorsqu'une *assemblée* illicite se fait avec port d'armes, c'est un crime dont l'art. 12 du tit. cité attribue la connoissance aux prévôts des maréchaux, pour le juger, en dernier ressort, comme cas prévôtal.

L'édit du mois de juin 1559 veut que l'on punisse de la peine de mort les *assemblées* illicites, qui se font sous prétexte de religion ou autrement.

Celui du mois de juillet 1561 défend les *conventicules & assemblées publiques, avec armes & sans armes*, sous peine de confiscation de corps & de biens. La déclaration du 10 septembre 1567, & l'ordonnance de 1629, contiennent les mêmes dispositions.

L'ordonnance de Blois veut que l'on punisse, comme criminels de lèze-majesté, les gentilshommes & autres qui tiendront des *assemblées* illicites. C'est aussi ce que prescrit la déclaration du 27 mai 1610.

L'article premier de la déclaration du 14 mai 1724 défend toute *assemblée* de religionnaires, sous peine, contre les hommes, d'être condamnés aux galères perpétuelles, &, contre les femmes, d'être rasées & enfermées à perpétuité.

Si l'*assemblée* se faisoit avec armes, il y auroit, selon la même loi, peine de mort contre les coupables.

L'article 2 de la même déclaration veut que tous les *prédicans* qui convoquent des *assemblées*, qui y prêchent ou y font d'autres fonctions, soient punis de mort, sans que cette peine puisse être réputée comminatoire.

L'édit d'octobre 1685, & les déclarations du premier juillet 1686 & du 13 décembre 1698, contiennent des dispositions conformes aux précédentes.

Les ordonnances de Moulins & de Blois enjoignent aux seigneurs haut-justiciers de poursuivre les personnes qui tiennent des *assemblées* illicites dans l'étendue de leurs justices, à peine d'être privés de leurs droits de justice.

On ne doit pas regarder comme *assemblée* illicite, la rencontre de plusieurs personnes qui s'assemblent, sans chef, l'une après l'autre, dans un même lieu, ou qui s'y trouvent par hasard, sans aucun complot ni dessein prémédité.

De même, si l'*assemblée* ne se fait pas dans la vue de nuire ou d'occasionner du trouble, elle ne doit point être regardée comme illicite.

Ceci doit avoir lieu, à plus forte raison, lorsque l'*assemblée* s'est faite pour empêcher quelque désordre, pour arrêter des voleurs ou chasser des brigands.

Il y a des coutumes qui, comme celles de Bar-le-Duc & de Franche-Comté, défendent toutes *assemblées*, qui n'auront pas été permises par le haut-justicier : mais cela ne doit s'entendre que des *assemblées* qui sont faites pour délibérer sur les affaires de la communauté.

Les ordonnances de police défendent toutes *assemblées* nocturnes. Un arrêt du parlement de Rennes, du 27 juin 1752, défend de faire aucune *assemblée* nocturne, même sous prétexte de sérénade ou autre partie de plaisir, à peine de 50 liv. d'amende pour la première fois, & de plus grande peine en cas de récidive.

Les ecclésiastiques peuvent aussi, en cette qualité, se rendre coupables d'*assemblées* illicites. Le droit canonique regarde comme telles, celles qui ne sont pas convoquées par un supérieur légitime. Dans toute l'étendue du royaume, aucun corps ecclésiastique ne peut s'assembler sans la permission du roi. Ces défenses ont été réitérées plusieurs fois, & entre autres par un arrêt du conseil du 10 novembre 1640, qui prohibe toute *assemblée* générale ou particulière du clergé, & par un arrêt du parlement de Provence du 19 juillet 1612, qui contient les mêmes défenses vis-à-vis les ecclésiastiques de sa province. Elles viennent d'être renouvellées par une déclaration du roi de la présente année 1782, qui défend aux curés de faire entre eux aucune *assemblée*, sans le consentement de leur évêque.

Assemblée, (*autres significations du mot.*) il est usité particuliérement dans le monde, pour exprimer une réunion ou compagnie de plusieurs personnes de l'un & l'autre sexe, à l'effet de jouir du plaisir de la conversation, des nouvelles, du jeu, *&c.*

En terme militaire, on appelle *quartier* ou *place d'assemblée* dans un camp, le lieu où se rassemblent les officiers pour recevoir l'ordre. On se sert aussi du mot *assemblée*, pour désigner l'action de battre une seconde fois la caisse ou le tambour, avant que l'on se mette en marche.

Quand les soldats entendent cet appel, ils abattent leurs tentes, ils les roulent, & vont se mettre sous les armes. Le troisième appel du tambour est appellé *la marche*, de même que le premier s'appelle *la générale*.

ASSENÉ & ASSENÉES, termes des coutumes de Lille & de Hainaut, qui signifient *conventions*, *avantages*, *assignats* faits aux femmes par leurs contrats de mariage. Ils s'appliquent principalement aux conventions par lesquelles on stipule le douaire, & l'on en assigne le paiement.

L'ancienne coutume de Valenciennes, *art.* 84, défend au parastre d'*assener*, c'est-à-dire, d'avantager ses enfans.

ASSENEMENT, s. m. ASSENER, v. a. (*Droit coutumier.*) ces termes se trouvent employés dans les coutumes d'Auvergne & de Bourbonnois, pour exprimer la main mise & l'exploit de saisie du seigneur, lorsqu'il veut être payé du cens qui lui est dû sur un héritage.

ASSENS. L'article 255 de la coutume de Bretagne emploie ce terme pour signifier une sorte d'émolument qui provient des bois & forêts de haute futaie, comme les panages & les glandées.

On trouve ce mot employé dans la coutume de Lille, *art. 75. & 231*; dans une signification bien différente. La coutume exprime par lui les bornes posées entre deux héritages voisins. *Voyez* BORNES.

ASSENSE, ASSENSER. *Voyez ci-dessus* ACCENSE, ACCENSER.

ASSEOIR, v. a. (*Jurisprudence.*) ce terme a plusieurs significations. On dit *asseoir* une rente, pour signifier qu'on l'assigne sur des immeubles, qu'on affecte & qu'on hypothèque à cet effet. *Voyez* RENTE, HYPOTHÈQUE.

On se sert aussi du mot *asseoir*, pour régler & imposer la quote-part particulière que chaque contribuable est obligé de payer dans les impositions, & autres droits dus au roi. *Voyez* IMPÔT, TAILLE.

En terme d'eaux & forêts, *asseoir* veut dire désigner le canton de bois qui doit être vendu. *Voyez* BOIS, FORÊTS, ASSIETTE.

ASSEREMENT, vieux mot qui signifioit *sûreté donnée en justice. Voyez* ASSURÉMENT, ASSURETÉ.

ASSERTER, v. a. La coutume de Berri, *tit. 15*, se sert de ce mot ou de celui d'*assarter*, pour signifier détruire les herbes qui poussent dans les vignes, les champs ou les jardins, soit en les arrachant à la main, soit en les déracinant avec un outil propre au travail de la terre.

ASSERTION, s. f. (*terme de Pratique.*) il est synonyme de celui d'*affirmation*. Ainsi, on dit au palais, on lui a adjugé sa demande sur son *assertion*, pour dire qu'on la lui a accordée sur son affirmation. *Voyez ce mot.*

ASSERVISER, v. a. qu'on trouve dans les anciens auteurs & praticiens, dans le sens de donner une terre à la charge de quelque service.

ASSESSEUR, s. m. (*Hist. mod. & Jurisp.*) c'est un adjoint à un juge principal, tel que le maire, ou autre magistrat d'une ville ou cité, & particulièrement à un juge d'épée, pour l'assister dans les jugemens qu'il rend, & juger conjointement avec lui.

Ces officiers ne sont établis que dans les jurisdictions inférieures. Il y en a en titre d'office, & d'autres qui n'ont que des commissions du roi : les uns & les autres doivent être gradués & officiers de robe-longue.

Quand il n'y a qu'un juge dans une ville où il n'y a point de maire, on l'appelle aussi, en quelques endroits, *assesseur*.

Anciennement tous les conseillers d'un siège étoient appellés *assesseurs*, & on leur donnoit ce nom, parce qu'ils assistoient le juge de leurs conseils. Depuis long-temps le nom de *conseiller* a prévalu, & l'on n'attribue la qualité d'*assesseur* qu'au premier officier d'une jurisdiction, dont les fonctions sont de suppléer le premier juge en son absence, de siéger immédiatement après lui, & de l'accompagner à l'audience & à la chambre du conseil.

Un édit du mois de juin 1586 créa des *assesseurs* criminels, sous le titre de lieutenans particuliers, *assesseurs* criminels & premiers conseillers. Ces offices furent ensuite supprimés par édit du mois de mai 1588; depuis ils ont été rétablis par un autre édit du mois de juillet 1596.

Lorsque les lieutenans criminels sont absens, les *assesseurs* connoissent de toutes les matières criminelles, & jouissent de tous les droits attribués à l'office de lieutenant criminel, comme en jouissoient anciennement les lieutenans particuliers civils.

Dans les affaires civiles, les *assesseurs* tiennent le premier rang après le lieutenant particulier civil. Ainsi ils précèdent les doyens des conseillers.

Louis XV, par son édit du mois de mars 1720, supprima les *assesseurs* des anciennes maréchaussées de France, & en créa de nouveaux, qui exercent sur des commissions du roi, scellées du grand sceau.

Ces *assesseurs* doivent être officiers de robe-longue & gradués.

La déclaration du 22 février 1739 veut qu'ils se fassent recevoir, & qu'ils prêtent serment en la connétablie & maréchaussée de France.

Les *assesseurs* de maréchaussée doivent assister les prévôts ou leurs lieutenans dans l'instruction des procès prévôtaux, & signer tous les actes des procédures qu'ils font avec ces officiers ; mais la parole appartient au prévôt, & en son absence au lieutenant.

Suivant l'art. 13 de la déclaration du 28 mars 1720, enregistrée au grand-conseil le 4 mai suivant, tout *assesseur* de maréchaussée est tenu, sous peine de destitution, de se transporter, lorsque la compétence est jugée, dans le lieu où le prévôt & le lieutenant instruisent le procès.

Dans le cas d'absence, de maladie, ou de récusation de l'*assesseur*, ses fonctions doivent être faites par un autre officier de robe-longue ; mais on ne peut subroger un autre officier, à la place de l'*assesseur*, que celui-ci ne soit absent depuis un jour entier. Cela a été ainsi jugé par arrêt du grand conseil du 30 juin 1618.

Observez d'ailleurs que, conformément à différentes loix, c'est le magistrat auquel appartient le droit de distribuer les procès, ou de présider au siége près duquel s'instruit la procédure, qui doit nommer un conseiller pour suppléer les fonctions de l'*assesseur*, lorsque celui-ci ne peut pas les remplir.

Les *assesseurs* peuvent informer & décréter, en l'absence du prévôt & de ses lieutenans; mais ils ne peuvent assister aux jugemens de compétence, ni être rapporteurs des procès qu'ils ont instruits.

Suivant l'art. 16 du titre 2 de l'ordonnance criminelle de 1670, les récusations, proposées contre les prévôts des maréchaux, peuvent être jugées au rapport de l'*assesseur*; & celles qui sont proposées contre ce dernier, doivent être jugées au rapport d'un des officiers du siége saisi du procès.

L'*assesseur* doit accompagner le prévôt des maréchaux ou ses lieutenans, dans les *chevauchées* qu'ils sont tenus de faire, & en signer avec eux les procès-verbaux.

Les *assesseurs* sont exempts de taille, de collecte, de logement de gens de guerre, de tutèle, de curatelle, & des autres charges publiques.

On appelle aussi *assesseurs* les conseillers de la chambre impériale d'Allemagne. Il y en a de deux sortes: les ordinaires, & les extraordinaires.

Les *assesseurs* ordinaires sont à présent au nombre de quarante-un, dont cinq sont élus par l'empereur; savoir, trois comtes ou barons, & deux jurisconsultes ou deux avocats en droit civil; les électeurs en nomment dix; les six cercles dix-huit, *&c.* Ils agissent en qualité de conseillers de la chambre, & ils ont les appointemens qui y sont attachés. *Voyez* IMPÉRIAL & CHAMBRE.

ASSEURENTER, v. a. qui signifioit anciennement *assurer quelqu'un en justice. Voyez* ASSUREMENT, ASSURETÉ.

ASSIETTE, s. f. (*Jurisprudence.*) ce mot, ainsi que celui d'*asseoir*, a plusieurs significations.

ASSIETTE, *en terme de Coutume*, se dit des fonds sur lesquels une rente est assise, est assignée, & sur les revenus desquels elle doit être payée. Il s'emploie encore pour celui d'*assignat*, en parlant du douaire ou de la dot d'une femme, qu'on assigne sur un fonds particulier. On dit, dans le même sens, que le roi donne une terre *en assiette*, lorsqu'il assigne des rentes sur cette terre.

ASSIETTE, *en matière d'Impôt & de Taille*, se dit de la répartition qui règle ce que chaque communauté, ou ce que chaque habitant doit supporter pour sa quote-part.

L'*assiette* des tailles se fait, dans chaque généralité du royaume qui est en pays d'élection, par l'intendant de la province, sur les mémoires qui lui sont donnés par les officiers des élections, les receveurs des tailles & les collecteurs. D'après ces instructions, il divise la somme imposée sur la province, en autant de parties qu'il y a d'élections. Chacune de ces parties est répartie entre toutes les paroisses qui forment l'élection, & ce travail se fait aussi par l'intendant, assisté des officiers de l'élection. La part de chaque contribuable est enfin assise & arrêtée par les collecteurs particuliers.

Dans le Languedoc, on donne le nom d'*assiette* aux assemblées particulières de chaque diocèse, qui font, sur toutes les communautés, la répartition des impositions arrêtées par les états de la province, & qui déterminent ce que chaque diocèse doit supporter dans l'année.

ASSIETTE, *en terme d'Eaux & Forêts*, est la désignation de l'étendue des bois qui doivent être vendus.

La connoissance des contestations qui s'élevent relativement aux *assiettes* des bois, tant de ceux du roi que des particuliers & communautés, & tenus en grurie, segrairie, tiers & danger, apanage, usufruit, engagement ou indivis, appartient aux officiers des maîtrises, tant au civil qu'au criminel, à l'exclusion de tous autres juges.

C'est au grand-maître des eaux & forêts à désigner, aux officiers & à l'arpenteur, les lieux & cantons où les *assiettes* des ventes doivent être faites. Il doit dresser, à ce sujet, son procès-verbal, & en laisser une expédition au greffe, pour les officiers de la maîtrise. Ceux-ci sont tenus de se conformer ponctuellement à ce qui est prescrit par ce procès-verbal, sous peine de 3000 liv. d'amende contre les contrevenans. Telles sont les dispositions de l'art. 10 du tit. 3 de l'ordonnance des eaux & forêts.

Suivant l'art. 4 du tit. 15, le grand-maître doit visiter chaque année les *assiettes* des ventes, & désigner à l'arpenteur en quelle forme il sera tenu de faire les *assiettes* de l'année suivante, pour le plus grand avantage du roi. Si l'arpenteur négligeoit de se conformer au procès-verbal qui doit être dressé pour lui servir de règle à ce sujet, il pourroit être interdit de ses fonctions.

Au reste, les *assiettes* des ventes ne peuvent se faire que de proche en proche, car l'article 6 du titre 15 veut que l'arpenteur emploie au moins un des pieds corniers de l'ancienne vente.

Les officiers des maîtrises des eaux & forêts ne peuvent procéder aux *assiettes* des ventes des bois du roi, avant d'avoir reçu, pour cet effet, les ordonnances ou mandemens des grands-maîtres.

Ces mandemens doivent être envoyés avant le premier juin de chaque année. Ils doivent contenir la désignation des cantons ou triages, le nombre des arpens, conformément aux réglemens du conseil, & l'essence des bois à vendre, relativement aux observations faites par les grands-maîtres dans leurs procès-verbaux de visite.

Immédiatement après l'arrivée des mandemens, les officiers sont tenus de s'assembler, & de fixer le jour pour vaquer à l'*assiette*.

Cette *assiette* ne peut être faite que par l'un des

arpenteurs de la maîtrise ; s'ils sont absens, les officiers doivent demander les arpenteurs de la maîtrise voisine ; & si elle les leur refusoit, elle deviendroit responsable des événemens.

L'arpenteur ne peut, sous quelque prétexte que ce soit, comprendre, dans l'*assiette*, plus d'arpens que le grand-maître n'en a déterminé. Si le plus ou le moins excédoit un arpent sur vingt, l'arpenteur pourroit être interdit, & condamné, par le grand-maître, à une amende arbitraire.

L'endroit de l'*assiette* se désigne par les brisées que l'arpenteur fait à l'entour, par les arbres de lisière qu'il laisse sur les brisées, & par les arbres ou pieds corniers qu'il laisse sur les angles.

L'arpenteur doit, en particulier, dresser procès-verbal du nombre des pieds corniers & des arbres de lisière, & en spécifier la qualité, la nature, la grosseur & la situation, relativement aux autres arbres.

Il faut pareillement qu'il fasse mention des arbres empruntés, de leur âge, qualité, nature, grosseur & situation, par rapport aux autres pieds corniers, & du nom des ventes où il les a empruntés.

Ce procès-verbal doit être signé par les sergens à garde qui ont assisté l'arpenteur, & il doit en être mis une expédition au greffe de la maîtrise, trois jours après l'*assiette*.

Il faut aussi envoyer une pareille expédition au grand-maître, & celle qui est mise au greffe de la maîtrise, doit être paraphée par le maître particulier & par le procureur du roi, avec énonciation du jour qu'elle a été apportée.

L'arpenteur est en outre obligé, conformément à l'article 3 du titre 11 de l'ordonnance citée, de faire un plan figuratif de la vente, portant la désignation des pieds corniers, des arbres de lisière ou de parois, des marques qui ont été faites, *&c.*

Lorsque l'arpentage est fini, on doit procéder au martelage des baliveaux, pieds corniers, arbres de lisière, *&c.*

Le lieutenant peut assister, si bon lui semble, aux *assiettes* & martelages ; mais il ne peut prétendre aucun droit, lorsque le maître particulier est présent.

Les *assiettes* des coupes de bois, qui appartiennent aux ecclésiastiques, doivent être faites devant les grands-maîtres des eaux & forêts, en présence des officiers des maîtrises, & avec les formalités prescrites pour les *assiettes* des ventes des bois du roi. C'est ce que porte l'article 6 du titre 24 de l'ordonnance des eaux & forêts.

Suivant l'article 10 du même titre, les procès-verbaux de ces *assiettes* doivent être déposés, tant au greffe du grand-maître, qu'à celui de la maîtrise.

Les *assiettes* des coupes ordinaires des bois, qui appartiennent aux communautés d'habitans, doivent être faites, sans frais, par les juges des lieux, en présence des procureurs d'office, des syndics & de deux députés. Les pieds corniers, les arbres de lisière & les baliveaux doivent être marqués du marteau de chaque seigneurie. Les *assiettes* des ventes extraordinaires doivent se faire comme celles des bois ecclésiastiques.

Les juges peuvent commettre, pour ces *assiettes*, tels arpenteurs qu'ils jugent à propos ; mais les récolemens ne peuvent être faits que par les arpenteurs jurés des maîtrises, à peine de nullité, de 500 liv. d'amende, & d'interdiction contre les juges qui en auroient autrement ordonné.

Assiette, (*Lettres d'*) sont des lettres qui s'obtiennent en la chancellerie, pour faire la répartition d'une condamnation de dépens sur toute une communauté d'habitans. Par ces lettres, il est enjoint aux trésoriers de France d'imposer la somme portée par la condamnation, sur tous ceux de la communauté qui sont cotisés à la taille, sans que cette imposition puisse nuire ni préjudicier aux tailles & autres droits royaux.

Ces lettres s'expédient au petit sceau, jusqu'à la somme de 150 liv., & même jusqu'à celle de 300 liv., quand la condamnation est portée par un arrêt ; mais quand la somme excède celle de 150 liv., ou qu'il y a condamnation par arrêt, portée au-delà de 300 liv., il faut obtenir des lettres de la grande chancellerie.

On prend aussi des lettres d'*assiette*, pour lever sur les habitans d'une paroisse les sommes nécessaires pour les réparations de l'église, du presbytère, & autres objets avantageux à la communauté.

Un arrêt du conseil d'état, du 27 janvier 1587, fait défenses aux maîtres des requêtes, & aux gardes des sceaux, de sceller aucunes lettres d'*assiettes* ou impositions de deniers sur le peuple, qu'elles n'aient été ordonnées par le roi dans les formes ordinaires. Cette décision est encore suivie aujourd'hui, & personne ne peut imposer, de son autorité privée une somme quelconque d'argent sur une communauté ; elle-même ne peut le faire, qu'après y avoir été autorisée par le roi.

Assiette, (*vendre du vin à l'*) *Finance*, c'est vendre du vin en détail, avec permission de donner à manger à ceux à qui on débite du vin. La vente à *assiette*, diffère de la vente à *pot*, en ce que celui qui vend à *pot* ne peut pas donner à manger, ni mettre nappe ou assiette chez lui, pour ceux qui y viennent boire. *Voyez* Vin, Vente en détail.

ASSIGNAL, s. m. (*terme de Coutume.*) Celle de Nivernois, *chap. 23*, *art. 4*, l'emploie pour signifier les biens particuliérement affectés & désignés pour asseoir & assurer la dot d'une femme & ses conventions matrimoniales.

ASSIGNANCE, s. f. on se servoit anciennement de ce mot, pour celui d'*assignation*.

ASSIGNAT, s. m. *terme de Jurisprudence* usité singuliérement en pays de droit écrit. C'est l'affectation spéciale d'un héritage à une rente qu'on hypothèque & assied dessus. Quelquefois même le créancier, pour donner plus de sûreté à l'*assignat*, stipule qu'il percevra lui-même les arrérages de la rente, par les mains du fermier de l'héritage sur lequel elle est assignée. *Voyez* AFFECTATION & HYPOTHÈQUE.

L'*assignat* est démonstratif ou limitatif. Il est démonstratif, quand il n'est indiqué que pour la sûreté du paiement de la rente; ainsi le déguerpissement de l'héritage ne libéreroit pas le débiteur, parce que, dans ce cas, il y a une action personnelle contre lui.

L'*assignat* est limitatif, quand l'héritage seul est chargé de la rente constituée; & qu'en l'abandonnant, le débiteur se trouve libéré. Ce dernier *assignat* ne donne lieu qu'à l'action réelle.

Lorsque, dans la succession d'un débiteur, il se trouve un *assignat* démonstratif sur un immeuble, l'héritier, qui succède à cet immeuble, ne doit, relativement à ses cohéritiers, que sa part de la dette, quoique l'immeuble, dont il s'agit, soit affecté par privilège. Ainsi, le fils aîné, dont le père a acquis un fief moyennant un certain prix, converti en une rente assignée par privilège sur le fief, ne doit que sa part de cette rente, comme de toute autre dette.

L'*assignat* d'un fonds, pour payer une rente, ne la rend pas pour cela rente foncière, si elle ne l'est de sa nature, & il ne donne point de privilège au créancier, si d'ailleurs la créance n'est privilégiée.

En matière de legs, l'*assignat* peut être également limitatif ou démonstratif; il fait partie de la disposition, & en est inséparable. S'il est démonstratif, il n'a pour objet que de faciliter l'exécution de la disposition, & son effet a plus d'étendue que lorsqu'il est limitatif, c'est-à-dire, que lorsque le legs est assigné sur un corps certain; car, dans ce dernier cas, la perte du corps rend le legs caduc.

Ainsi, lorsque le testateur lègue à Pierre cent écus qui lui sont dus par Alexandre, si cette somme n'est pas effectivement due à la succession du défunt ou si Alexandre devient insolvable, l'héritier n'est pas tenu de payer au légataire les cent écus, parce que le legs est limitatif, & a déterminé la libéralité du testateur envers Pierre. Mais si la disposition porte, en sa faveur, un legs de cent écus, qui lui seront payés par le fermier d'une telle terre, cet *assignat* est simplement démonstratif, ce n'est plus un certain corps qui forme la disposition; la clause d'*assignat* n'en concerne que l'exécution, & indique seulement la manière dont le legs sera payé; & quel qu'en puisse être l'événement, l'héritier est toujours tenu, envers le légataire, de la prestation du legs.

Dans l'espèce du douaire, il faut également avoir égard à l'*assignat* qui en a été fait sur les biens du mari. S'il l'a été d'une manière démonstrative, tous les héritiers du mari doivent y contribuer; si, au contraire, il est limitatif, par exemple, s'il a été assigné sur les biens propres paternels du mari, les seuls héritiers de cette espèce de biens en seront tenus, sans aucune contribution de la part des héritiers aux meubles & acquêts, & aux propres maternels; de la même manière qu'une rente, assignée sur un fief par *assignat* limitatif, n'est payée que par les mâles qui y succèdent, sans que les filles, exclues de la succession féodale, en soient tenues sur la partie des biens roturiers auxquels elles succèdent. *Voyez* DÉMONSTRATIF, LIMITATIF, LEGS, RENTE, HYPOTHÈQUE, *&c.*

ASSIGNATION, s. f. *terme de Pratique*, qui signifie *un exploit*, par lequel une partie est appellée en justice à certain jour, heure & lieu, pour répondre aux fins de l'exploit. *Voyez* AJOURNEMENT, qui est à-peu-près la même chose.

Tout ajournement porte *assignation*, *sed non vice versâ*; car l'*assignation*, en conséquence d'une saisie; pour venir affirmer sur icelle, & l'*assignation* à venir déposer en qualité de témoin, n'emportent pas ajournement. L'*assignation* n'est censée ajournement, que quand celui qu'on assigne est obligé à satisfaire aux fins de l'exploit, par une convention expresse ou tacite; en tout autre cas, l'*assignation* n'est point ajournement, ce n'est qu'une sommation ou commandement fait par autorité de justice. (*H*)

ASSIGNATION *en Droit*, se dit quelquefois dans le même sens qu'*assignat* & *délégation*. *Voyez ces deux mots.*

Les Romains se servoient de ce terme, pour signifier le transport qu'un patron faisoit, en faveur de quelqu'un, du droit qu'il avoit sur la succession de son affranchi. Un sénatus-consulte, rendu sous l'empire de Claude, donna la faculté, à celui qui avoit affranchi un esclave, de déclarer celui de ses enfans à qui il vouloit que le droit de patronage appartînt. Cette disposition étoit contraire à la loi des douze tables, qui appelloit indistinctement tous les enfans du patron à la succession de l'affranchi décédé après son patron.

Cette *assignation* pouvoit se faire en faveur d'une fille comme d'un fils, même d'un petit-fils, au préjudice des enfans du premier degré, par testament, codicile, donation entre-vifs, ou à cause de mort, lettres missives, ou simple billet sous signature privée.

ASSIGNATION, *en terme de Finance*, se dit d'un ordre qui s'expédie au trésor royal, pour recevoir sur la capitation, les tailles, les gabelles, & autres deniers royaux.

ASSIGNÉ POUR ÊTRE OUI, (*Droit criminel.*) en matière criminelle, on appelle *décret d'assigné pour être oui*, une ordonnance du juge pour obliger l'accusé à se présenter en personne, à l'effet de répondre, par sa bouche & sans ministère de conseil, sur les faits contenus en la plainte, & dans les charges & informations.

Ce décret se décerne quand les charges sont légères, ou que l'accusé est une personne de considération ou un officier public, afin de ne lui point faire perdre son état par un décret de prise de corps ou d'ajournement personnel, qui emporteroit interdiction.

On doit signifier le décret d'*assigné pour être oui*, à la personne de l'accusé ou à son véritable domicile, avec assignation pour se trouver au jour, au lieu, & à l'heure indiqués pour subir interrogatoire.

Si l'accusé ne se présente pas, le décret d'*assigné pour être oui* doit être converti en décret d'ajournement personnel.

Celui contre lequel il n'y a qu'un décret d'*assigné pour être oui*, ne peut être arrêté prisonnier, s'il ne survient de nouvelles charges, ou qu'il n'y ait, pour cet effet, une délibération secrète d'une cour souveraine; ce qui est interdit à tout autre juge.

ASSIGNEMENT, s. m. (*terme de Coutume.*) celle de Bourbonnois, *art. 368*, se sert de ce mot, pour signifier la main-mise ou saisie féodale que le seigneur peut faire du fief qui est ouvert par une aliénation.

ASSIGNER, v. a. (*Jurisprudence.*) c'est ajourner & sommer quelqu'un de comparoître devant le juge, pour défendre à une demande, ou faire quelques autres actes judiciaires.

ASSIGNER, (*terme de Coutume.*) Dans celles d'Anjou, de Chartres & de Château-Neuf, il est employé dans le même sens que celui d'*assignement* dans celle de Bourbonnois. Ainsi, il signifie *saisir féodalement*.

Celle de Bretagne, *art. 266*, se sert du terme d'*assigner greniers*, pour dire que les seigneurs, à qui sont dues des rentes en grain, payables & portables dans leurs greniers, sont tenus d'indiquer aux redevables le grenier où elles doivent être portées; & de le tenir ouvert pendant les quinze jours que la coutume accorde de délai, pour payer & porter les rentes.

ASSIS, (*Coutume de Hainault, chap. 106.*) ce mot est joint à celui de *maltôtes*; & tous les deux servent à désigner les subsides & impôts mis sur le vin. Un chevalier, dit-elle, ou fils de chevalier, est franc & exempt de payer tailles, subsides ou toulieux, cauciage, forage, *assis & maltôtes du vin*; mais s'il achetoit ou revendoit vin, il en devra le droit comme un autre marchand.

ASSISES, s. f. plur. (*terme de Droit.*) il est formé du verbe latin *assideo*, s'asseoir auprès, il ne s'emploie guère qu'au plurier.

Les *assises* sont une séance de juges assemblés pour entendre & juger des causes.

Des assises suivant notre ancien droit françois. Dans l'origine, les *assises* étoient des assemblées extraordinaires qui se tenoient annuellement à certains jours marqués par les juges supérieurs, pour voir si les officiers subalternes s'acquittoient de leurs devoirs, pour recevoir les plaintes qu'on faisoit contre eux, & prendre connoissance des appels que l'on faisoit des jurisdictions subalternes.

Ces *assises* furent instituées par S. Louis, tant pour recevoir les plaintes des vassaux ou sujets des seigneurs, contre les malversations de leurs officiers, que pour juger les appellations des sentences rendues par les juges inférieurs.

Elles ne doivent pas être confondues avec les assemblées de justice; celles-ci sont de deux sortes; savoir, les assemblées ordinaires qu'on nomme *plaids* ou *jours ordinaires*, & que plusieurs coutumes appellent *petites assises*: & les assemblées extraordinaires qu'on appelle *grandes assises*, ou *grands plaids*, ou simplement *assises*.

Anciennement les barons & les autres grands seigneurs présidoient eux-mêmes aux grandes *assises*, pour y juger certaines causes d'importance, & particuliérement celles des particuliers que les ducs & les comtes avoient pris sous leur garde. Dans la suite, les seigneurs ne voulant plus s'assujettir à tenir ces *assises* par eux-mêmes, mirent à leur place leurs officiers ou baillis; ensorte que la séance des plaids ordinaires & celle des *assises* ne formèrent plus qu'une seule & même justice, appartenante au même seigneur, quoique tenue en différens lieux. De-là le mot d'*assises* s'étendit à toutes les grandes cours de judicature, où il y avoit des jugemens & des causes solemnelles & extraordinaires.

Le droit de grandes *assises* n'appartenoit originairement qu'aux premiers seigneurs: il y a, dans la coutume de Clermont, une disposition précise à cet égard: l'article 199 porte que *nul n'a droit d'assise ni de ressort sinon le comte de Clermont*.

Mais suivant la plupart des coutumes, les seigneurs haut-justiciers qui sont comtes, barons, ou châtelains, doivent jouir du droit d'*assises* & de celui de connoître des appels des juges inférieurs de leur ressort.

Les grandes *assises* ont cessé après l'établissement des parlemens, & leur autorité a passé entiérement entre les mains de ces cours souveraines, ensorte qu'aujourd'hui les *assises* n'exercent plus qu'un pouvoir déterminé par l'usage & la pratique des lieux. L'objet de ces *assises*, & la manière de les tenir, ont particuliérement changé depuis que les sièges des baillis sont devenus des sièges de justice ordinaire. C'est ce que nous allons détailler.

Des assises suivant notre jurisprudence moderne. L'article 7 de l'édit du mois d'août 1552, servant de réglement pour les présidiaux, veut, pour le soulagement des sujets du roi, & afin que les appellations soient plus promptement terminées, qu'il soit procédé sur ces appellations aux sièges présidiaux dans les villes où ils sont établis, sans attendre leurs *assises*, & sans que les juges royaux soient obligés de se rendre sur les lieux où se tiennent ces *assises*, sinon quand le cas le requerra pour la correction des officiers, ou pour la conservation du domaine du roi, ou pour quelque autre cause juste & raisonnable.

Cependant, plusieurs bailliages & sénéchaussées se sont maintenus depuis ce temps-là dans le droit d'aller, à certains jours de l'année, tenir leurs *as-*

sises dans les sièges particuliers & autres sièges royaux de leur ressort.

Un arrêt du conseil du 7 mars 1586, rapporté par Basnage, sur l'article 572 de la coutume de Normandie, a permis aux lieutenans-généraux de se transporter à pâques, à la saint-Michel & aux Rois, dans les sièges particuliers de leur ressort, pour y tenir leurs *assises*.

D'autres arrêts du parlement des 21 mars 1653, & 11 mai 1658, ont maintenu les officiers du bailliage de Senlis, dans le droit de se transporter à Compiegne après les fêtes de pâques & de S. Martin de chaque année, pour y tenir leurs *assises*, & y rendre la justice pendant deux jours seulement, à la charge de juger toutes les causes sur le champ, & que la connoissance de celles qui seront appointées, appartiendra aux juges ordinaires des lieux.

Le présidial de Nismes a aussi été maintenu par la déclaration du 14 mai 1585, dans le droit d'aller tenir ses *assises* dans les sièges de son ressort, pendant trois jours de chaque année.

Le prévôt de Paris est pareillement en droit d'aller tenir ses *assises* dans les sept sièges royaux qui dépendent de sa prévôté.

Les objets principaux des *assises* que tiennent aujourd'hui les baillis & sénéchaux sont d'examiner si les juges & les autres officiers des justices inférieures s'acquittent de leur devoir, & de réformer les abus auxquels ils ont pu donner lieu. On reçoit les plaintes que l'on fait contre ces officiers, & l'on punit les coupables, tant par amende que par interdiction.

On peut aussi juger en première instance aux *assises*, les causes qui sont en état d'y être jugées, & sur lesquelles il y a eu assignation donnée. C'est ce que portent l'article 29 de l'édit de Crémieu, & l'arrêt du parlement de Paris, rendu le 5 juin 1659, entre les officiers du bailliage de Montdidier, & ceux de la prévôté de cette ville. Mais lorsque le temps des *assises* est expiré, les procès non jugés doivent être renvoyés devant les juges inférieurs qui jouissent de la jurisdiction ordinaire.

C'est d'après ce principe, que par arrêt du 6 septembre 1769, le parlement de Paris a déclaré nulle & incompétemment rendue, une sentence du bailliage de Montmorency, & tout ce qui s'en étoit ensuivi; & sur la demande originaire, a renvoyé devant le juge inférieur, juge naturel des parties. Par cette sentence intervenue le dernier jour des *assises*, le juge de Montmorency avoit ordonné la mise en cause d'un tiers, pour en venir à trois jours à son audience ordinaire: en exécution de cette sentence, & d'une autre qui l'avoit suivie, on avoit interposé des saisies, & l'appellant, depuis les *assises* finies, avoit procédé volontairement au bailliage de Montmorency. Mais la cour ne s'arrêta pas à la fin de non-recevoir qui sembloit résulter de cette procédure volontaire: elle considéra que le juge naturel des parties n'avoit pas dû être privé de sa jurisdiction.

L'article 28 de l'édit de Crémieu veut qu'on fasse, durant les *assises*, la lecture des ordonnances du royaume, du moins des principales & de celles qui ont été rendues depuis les dernières *assises*. L'arrêt du parlement de Paris, rendu le 11 mai 1658, pour le bailliage de Senlis, porte aussi que les officiers qui doivent se trouver aux *assises*, seront tenus d'y comparoître pour y entendre faire lecture des ordonnances.

Tous les juges du ressort, même les prévôts royaux, doivent comparoître aux *assises*. C'est ce qui est ordonné, tant par l'édit de Crémieu, que par divers arrêts.

Observez néanmoins, que les présidiaux n'ont pas le droit d'interdire les prévôts qui ont négligé de comparoître aux *assises*; ils peuvent seulement dresser procès-verbal de la contravention, & l'envoyer à la cour.

Tous les huissiers & sergens royaux des bailliages sont pareillement tenus de comparoître aux *assises* des baillis royaux.

Les huissiers & sergens des jurisdictions extraordinaires, comme ceux des élections, des eaux & forêts, des greniers à sel, *&c.* qui exploitent pour les cas ordinaires dans un bailliage, doivent aussi comparoître aux *assises* de ce bailliage, pour répondre aux plaintes relatives aux malversations qu'ils ont pu commettre dans leurs fonctions, en exerçant pour des cas de justice ordinaire. Le parlement de Paris l'a ainsi ordonné par arrêt du 11 août 1661.

Quant aux procureurs fiscaux, il ne paroît pas qu'ils soient obligés de paroitre aux *assises* des bailliages. On trouve même au journal des audiences un arrêt du parlement du 17 juillet 1668, par lequel le procureur fiscal de l'abbaye de Jouarre est dispensé d'assister aux *assises* du bailliage de Meaux.

Il y a des cantons où les juges supérieurs qui vont tenir les *assises*, font aussi réitérer le serment aux avocats & aux procureurs des sièges inférieurs.

Quand le lieutenant-général de Coutances va tenir les *assises* à Saint-Lô, à Avranches, à Carentan & à Valogne, il fait appeller les notaires, visite & parcourt les registres, *&c.*

Un arrêt du grand-conseil, du 4 février 1622, rapporté au recueil de la maréchaussée de France, porte que le vice-bailli & le lieutenant de robe-courte au bailliage d'Evreux, seront tenus de comparoître deux fois l'année aux *assises* de ce bailliage.

Tous ceux qui sont obligés de comparoître aux *assises*, & qui n'y comparoissent pas, doivent être condamnés à l'amende, à moins que leur absence n'ait été occasionnée par quelque empêchement légitime & bien constaté.

Lorsque les justices sont dépourvues de prévôts & de lieutenans, & que, par conséquent, ces officiers ne peuvent comparoître aux *assises*, on a coutume de déclarer ces justices vacantes.

Lorsqu'un officier est interdit aux *assises* pour cause

cause de prévarication, il n'est pas nécessaire de lui signifier l'interdiction, s'il a été condamné contradictoirement; il demeure suspendu de ses fonctions, aussi-tôt que le jugement lui a été prononcé. Ceci résulte d'une disposition de l'article 11 du titre 35 de l'ordonnance de 1667.

Les prévôts ont aussi droit d'*assises* sur ceux qui sont nuement leurs justiciables : mais ils ne peuvent appeller à leurs *assises* les juges dont les appellations ressortissent pardevant eux. Cela est fondé sur ce que, suivant l'article 10 du titre premier de l'ordonnance de 1670, les prévôts ne peuvent connoître des délits & malversations commis par les officiers de judicature.

Plusieurs coutumes donnent pareillement le droit d'*assises* à de simples seigneurs hauts-justiciers. Quelques-uns sont même encore aujourd'hui en possession d'aller tenir leurs *assises* dans les justices inférieures de leur dépendance. Tel est le bailli de la justice de Saint-Germain-des-Prés de Paris. Il tient annuellement ses *assises* en la prévôté & châtellenie de Ville-neuve-saint-George, & dans tous les autres sièges qui dépendent de lui.

A Provins, les *assises* se tiennent depuis le 15 jusqu'au 22 septembre par les officiers des bénédictins de cette ville: pendant cette huitaine, toutes les autres jurisdictions de la ville, & même les jurisdictions royales, sont sans fonctions: celle des moines est alors la seule qui ait autorité dans toute la ville; les assignations s'y donnent pour comparoir du jour au lendemain.

Quelques juges de seigneurs sont aussi en possession de tenir de certaines *assises* auxquelles les justiciables, appellés par des affiches, sont obligés de se trouver, sous peine d'amende, à moins qu'ils n'aient une exoine suffisante à proposer. L'objet de ces *assises* est d'instruire les justiciables des réglemens de police dont il doit leur être fait lecture, & de juger sommairement les plaintes qu'ils peuvent avoir à porter les uns contre les autres.

Des assises en matière d'eaux & forêts. Suivant l'ordonnance des eaux & forêts du mois d'août 1669, les maîtres particuliers ou leurs lieutenans sont obligés de tenir des *assises* deux fois l'an, aux jours & lieux accoutumés, pour y faire lire les ordonnances & réglemens, & y examiner la conduite, tant des officiers inférieurs que des particuliers, qui, par leur état, sont immédiatement soumis à la jurisdiction des eaux & forêts.

L'article premier du titre 12 enjoint à tous les officiers des maîtrises & des grueries royales d'assister à ces *assises*, sous peine de mille livres d'amende contre les défaillans qui n'auront point d'exoine légitime à proposer.

Cet article se trouve confirmé par l'arrêt du conseil du 10 août 1734, qui règle les fonctions tant du maître particulier que du lieutenant de la maîtrise des eaux & forêts d'Argentan; mais aux termes du même arrêt, le lieutenant particulier, le procureur du roi, le garde-marteau & le greffier ne doivent pas être compris dans l'appel qui se fait aux *assises*, & ils ne sont pas, par conséquent, sujets à l'amende prononcée contre les défaillans.

L'article 108 de la réformation de la maîtrise de Paris porte que tous les usagers comparoîtront aux *assises* par leurs marguilliers ou syndics, tant pour y entendre la lecture des ordonnances & réglemens qui les concernent, que pour y présenter de nouvelles déclarations des habitans usagers, & rapporter les changemens arrivés depuis les *assises* précédentes.

Suivant le même article, les adjudicataires des ventes des bois du roi & leurs facteurs sont tenus, de plein droit, de comparoître aux *assises* pour présenter leurs adjudications ou les expéditions en vertu desquelles ils exploitent, & rendre compte de leur conduite.

L'article 77, & celui qu'on vient de citer, enjoignent aux briquetiers, chaufourniers, tuiliers, charbonniers, verriers, potiers, tonneliers, cercliers, brasseurs, hôteliers, boulangers, sabotiers, charpentiers, charrons, menuisiers, teinturiers, tanneurs, mégissiers, meûniers, oiseleurs, jardiniers, pêcheurs, & à tous les autres ouvriers ou particuliers qui font usage des bois aux rives des forêts, & qui commercent dans les bois & sur les rivières, de comparoître aux *assises* pour y entendre la lecture des ordonnances, représenter les lettres, baux ou marchés, en vertu desquels ils exercent leurs métiers, déclarer d'où viennent les bois qu'ils ont employés, & produire les certificats des marchands qui les leur ont vendus.

Ces dispositions sont conformes à ce qui avoit été ordonné, en 1587, par un réglement de la table de marbre de Paris, portant que tous les ouvriers & maîtres des fours, forges & fourneaux, seroient tenus de comparoître de mois en mois pardevant les maîtres particuliers, pour déclarer où ils auroient eu les bois par eux employés.

L'article 10 du titre 12 de l'ordonnance du mois d'août 1669 paroissoit avoir confirmé l'obligation dans laquelle étoient les particuliers dont on a parlé, de comparoître aux *assises*: mais par arrêt du conseil du 9 janvier 1683, il a été défendu aux procureurs du roi de faire assigner aux *assises* les particuliers & les communautés, tant ecclésiastiques que séculières, usagères ou non, à moins que ce ne fût en conséquence des rapports des gardes, pour raison des délits commis dans les forêts. Le même arrêt a défendu aux officiers des maîtrises, sous peine de deux mille livres d'amende & d'interdiction, de rendre contre ces particuliers ou communautés, aucune sentence qui ne seroit fondée que sur leur défaut de comparution aux *assises*.

Par un autre arrêt du conseil du 2 décembre 1738, rendu sur les remontrances du procureur du roi de la maîtrise de Paris, le roi a déclaré qu'il n'avoit point entendu comprendre dans les défenses portées par l'arrêt de 1683, les pêcheurs ni les meûniers; & a ordonné qu'à moins d'exoine légitime, ils seroient tenus de se trouver aux *assises*, sous peine de trois livres d'amende pour la première fois, & de six livres en cas de récidive.

Les *assises* des maîtrises ne peuvent durer plus de deux jours. L'entrée des forêts, pendant ce temps, est interdite sous peine d'amende, & si quelqu'un y commettoit des délits, il pourroit être poursuivi comme voleur.

Les rapports envoyés ou portés aux *assises*, doivent être jugés sommairement à l'audience par le maître, d'après l'avis du lieutenant & du garde-marteau: mais s'il se présente quelque cause qu'il faille instruire, elle doit être renvoyée au premier jour d'audience, au siège ordinaire de la maîtrise, pour en être l'instruction faite par le maître particulier ou le lieutenant.

Les motifs des condamnations prononcées contre les officiers, ouvriers, marchands, facteurs & autres particuliers, obligés de comparoître aux *assises*, doivent être insérés dans les jugemens, à peine de nullité.

Les condamnations & les jugemens qui interviennent durant les *assises*, doivent être rédigés par le greffier, & signés par le maître, le lieutenant & le procureur du roi, avant qu'ils se séparent.

Il est défendu aux officiers qui tiennent les *assises* d'exiger ou recevoir aucune chose en argent, présent ou équivalent, pour vacations, épices & signatures de leurs jugemens, sous peine de concussion.

Telles sont les dispositions des articles 3, 7, 8, 10 & 11 du titre 12 de l'ordonnance des eaux & forêts du mois d'août 1669.

Des assises suivant la jurisprudence angloise. La constitution des *assises* d'Angleterre est assez différente de celles dont on vient de parler. On peut les définir une cour, un endroit, un temps où des juges & des jurés examinent, décident, expédient des ordres.

Il y a en Angleterre deux espèces d'*assises*, des générales & des particulières. Les *assises* générales sont celles que les juges tiennent deux fois par an, dans les différentes tournées de leur département.

Mylord Bacon a expliqué ou développé la nature de ces *assises*. Il observe que tout les comtés du royaume sont divisés en six départemens ou circuits; deux jurisconsultes nommés par le roi, dont ils ont une commission, sont obligés d'aller deux fois l'année par toute l'étendue de chacun de ces départemens: on appelle ces jurisconsultes *juges d'assise*; ils ont différentes commissions, suivant lesquelles ils tiennent leurs séances.

1°. Une commission d'entendre & de juger, qui leur est adressée, & à plusieurs autres dont on fait le plus de cas dans leurs départemens respectifs. Cette commission leur donne le pouvoir de traiter ou de connoître de trahisons, de meurtres, de félonies, & d'autres crimes ou malversations. *Voyez* TRAHISON, FÉLONIE, *&c.*

Leur seconde commission consiste dans le pouvoir de vuider les prisons, en faisant exécuter les coupables & élargir les innocens: par cette commission, ils peuvent disposer de tout prisonnier pour quelque offense que ce soit.

La troisième commission leur est adressé, pour prendre ou recevoir des titres de possession, appellés aussi *assises*; & pour faire là-dessus droit & justice.

Ils ont droit d'obliger les juges de paix, qui sont sur les lieux, à assister aux *assises*, à peine d'amende.

Cet établissement de juges ambulans dans les départemens, commença au temps de Henri II, quoique un peu différent de ce qu'il est à présent.

L'*assise* particulière est une commission spéciale, accordée à certaines personnes, pour connoître de quelques causes une ou deux; comme des cas où il s'agit de l'usurpation des biens, ou de quelque autre chose semblable: cela étoit pratiqué fréquemment par les anciens Anglois. Bracton, *liv. III, chap. 12.*

ASSISIAGE, vieux mot qui signifioit *ressort* & *district*.

ASSISTANCE, s. f. en droit, signifie souvent *présence*, dont il est alors synonyme. Et dans ce sens, il se dit de l'*assistance* ou présence de celui qu'on prend pour être témoin d'un acte judiciaire, comme tutèle, curatelle, procès-verbal, exploit d'ajournement.

L'ordonnance des gabelles de 1680 s'en sert dans l'acception de *présence*, lorsqu'au titre 14 elle défend de faire aucune distribution de sel, sans l'*assistance* des officiers du grenier à sel, ou, à leur défaut, celle de l'un des échevins du lieu.

Ce terme a la même signification dans l'ordonnance des eaux & forêts, qui exige l'*assistance* du garde-marteau à toutes les visites que les grands-maîtres ou les maîtres particuliers & autres officiers font dans les forêts du roi.

C'est dans le même sens qu'on dit qu'on ne peut plaider sans l'*assistance* d'un procureur.

Le mot *assistance* signifie aussi l'*aide* & le *secours* que les personnes préposées à la sûreté publique, doivent donner dans l'occasion. La déclaration du 6 octobre 1707 enjoint aux prévôts des maréchaux, aux baillis, sénéchaux, lieutenans & exempts de maréchaussée, de donner aides & *assistances* aux commis des fermes.

ASSISTANCE (*droit d'*), *terme de pratique* qui désigne un droit qui se paie aux procureurs, lorsqu'on taxe les dépens auxquels une partie est condamnée. Ce droit n'est dû que dans le cas où il y a réellement une taxe de frais. Le tarif le fixe à un sol par article, pour chaque procureur intéressé dans la taxe. Il n'est dû que sur les articles alloués, & lorsque les dépens sont réglés par le procureur tiers. *Voyez* DÉPENS, TAXE.

ASSISTANS, adj. pris subst. se dit, au palais, des deux anciens avocats qui étoient obligés de se trouver à l'audience pour assister leur confrère, demandeur en requête civile, au nom de sa partie. Cet usage a été abrogé par l'ordonnance de 1667, qui veut seulement qu'aux lettres de requête civile soit attachée la consultation de deux anciens avocats, & de celui qui aura fait le rapport; qu'elle contienne sommairement les ouvertures de requête civile, & que les noms des avocats & les ouvertures soient insérés dans les lettres. (*H*)

ASSISTER *en cause*, terme de palais qui signifie la même chose qu'*intervenir dans une cause*. *Voyez* INTERVENTION.

ASSISTER, (*Droit criminel.*) en matière criminelle, on condamne quelquefois les impubères, complices de quelques crimes, d'*assister* au supplice des autres accusés. Cette peine est très-grave, & elle emporte la note d'infamie.

ASSOCIATION, s. f. (*Droit civil & politique.*) dans le sens le plus général ce mot signifie l'union de plusieurs personnes ou de plusieurs choses ensemble, quel qu'en soit le but. Dans cette acception, le mariage est une *association* de deux individus de différent sexe, qui s'unissent pour avoir des enfans, & vivre plus agréablement & plus commodément dans cet état d'union. C'est aussi dans le même sens qu'on appelle *association* la réunion de plusieurs personnes pour s'assister mutuellement, pour mieux suivre une affaire, pour faire plus sûrement un commerce.

Dans le droit commun, l'*association* est l'aggrégation de plusieurs personnes en une même société, sous la condition expresse d'en partager les charges & les avantages. Chacun des membres de cette société s'appelle *associé*.

Les associés se doivent réciproquement une entière fidélité, & une grande application à ménager les affaires communes. Mais, quoique pour le bien de la paix, on ne doive pas être contraint de demeurer perpétuellement dans une société, cette fidélité que les associés se doivent, demande qu'aucun d'eux ne rompe lui seul à contre-temps, & au préjudice des autres, le traité dans lequel il est entré, sans quoi ils sont fondés à lui demander des dédommagemens.

On peut former des *associations* pour toute sorte d'objets licites, elles doivent être communément rédigées par écrit, dans lequel on doit désigner celui des associés qui est chargé du gouvernement des affaires communes.

Il y a des *associations* défendues par les loix: telle est par exemple celle qui seroit formée par plusieurs marchands de bois, pour empêcher les enchères dans le temps des adjudications. L'ordonnance de 1669 les condamne à la perte des bois qu'ils auroient achetés, au bannissement des forêts, & à une amende qui ne peut être moindre de mille livres.

Les ordonnances défendent toutes *associations* formées sous le prétexte de pratique de religion, si elles ne sont autorisées par le souverain. Elles défendent aussi aux curés & autres prêtres de former entre eux aucune *association* pour s'élever contre le mandement de leurs évêques. Les parlemens ont toujours veillé avec la plus grande attention sur cet objet de la police publique, & réprimé par leurs arrêts ces sortes d'*associations*.

Les réglemens généraux de police, & les arrêts des cours souveraines défendent également à tous ceux qui exercent des arts & métiers, de former entre eux aucune *association*, sous quelque prétexte ou dénomination que ce soit, pour se reconnoître, se placer ou s'aider, comme aussi de s'assembler & de s'attrouper, soit dans les rues, les places publiques, les auberges, les cabarets & les maisons particulières.

Nous avons observé, au commencement de cet article, que les *associations* peuvent avoir lieu pour toutes les choses licites; c'est pourquoi nous renvoyons à tous les mots qui peuvent donner lieu à une *association*. *Voyez* SOCIÉTÉ, COMPAGNIE, COURSE, BÉNÉFICE, COMMUNAUTÉ, *&c.*

ASSOCIATION, (*terme de Droit anglois.*) est une patente que le roi envoie, soit de son propre mouvement, soit à la requête d'un complaignant, aux juges d'une assise, pour leur associer d'autres personnes dans le jugement d'un procès. *Voyez* ASSISE.

A la patente d'*association* le roi joint un écrit qu'il adresse aux juges de l'assise, par lequel il leur ordonne d'admettre ceux qu'il leur indique.

ASSOCIÉ, ce mot, dans la coutume de Saintonge, *art. 1*, a une signification totalement différente de l'acception ordinaire, par laquelle on entend par *associé* celui qui est en société avec une autre personne. Il est joint avec le mot d'*affilié*, & tous deux signifient celui qui a été adopté & affilié dans une famille étrangère. *Voyez ci-dessus* ADOPTION, AFFILIATION COUTUMIÈRE.

ASSOÉ, vieux mot qui signifioit *absous*, *déchargé*, *exempt*.

ASSOLÉIR, ancien verbe actif qu'on employoit dans la signification de *garantir en fonds*.

ASSOLER, v. act. (*terme de Coutume.*) ce mot veut dire diviser les terres labourables d'une ferme, en faire plusieurs lots ou solles qui alternativement sont semées en grains, ou laissées sur repos. On les partage ordinairement en trois, l'une se sème en froment ou seigle, la seconde en menus grains, tels que l'orge & l'avoine, qu'on appelle *bleds de mars*, & la troisième reste en jachère.

La plupart des coutumes défendent aux fermiers & laboureurs de dessoler les terres; presque tous les baux en contiennent une clause expresse, à laquelle le fermier ne peut contrevenir sans courir le risque d'être condamné en des dommages & intérêts vis-à-vis de son bailleur. Le propriétaire peut permettre au colon de dessoler ou désaisonner les terres de sa ferme.

Les économistes partisans de la grande culture le conseillent fortement, & prétendent que les jachères sont nuisibles à l'agriculture. Il n'est pas de notre sujet de discuter cette question, il nous suffit de remarquer que le propriétaire & le fermier peuvent faire entre eux, à cet égard, les conventions qu'ils jugent les plus favorables à leurs intérêts particuliers, & dans les contestations qui surviennent entre eux, il faut s'attacher uniquement à la loi qu'ils se sont prescrite réciproquement. Mais si dans le bail il n'a pas été fait mention des différentes soles de la ferme, le fermier est tenu de se conformer à l'usage des lieux, & il ne peut en déranger l'ordre sans le consentement exprès de son bailleur.

ASSUBGIR, v. a. on le trouve dans la coutume de Hainaut, *chap.* 77 & 82, & il y est employé dans la signification d'assigner, d'hypothéquer un fonds, un héritage, au paiement d'une dette, d'une rente.

ASSURANCE, s. f. *en Droit commun*, est la sûreté que donne un emprunteur à celui qui lui a prêté une somme d'argent, pour lui répondre du recouvrement d'icelle, comme gage, hypothèque ou caution. *Voyez ces mots.*

Dans un sens très-étendu, on appelle encore *assurance* tout contrat par lequel un homme s'engage à indemniser le propriétaire d'une chose quelconque, des accidens qui peuvent lui arriver.

On entend plus ordinairement par ce mot le contrat par lequel un homme répond à un autre de la perte & des accidens qui peuvent arriver à un vaisseau ou à des marchandises moyennant une somme de tant pour cent de la valeur des choses assurées, que paie comptant le propriétaire du bâtiment ou des marchandises: c'est de cette espèce de contrat dont nous allons traiter.

ASSURANCE, (*contrat d'*) *Droit maritime.* Avant d'entrer dans aucun détail, il est nécessaire de donner une définition de tous les termes qui ont rapport au contrat d'*assurance*. *Assurer* un navire ou sa cargaison, c'est répondre de tous les événemens qui peuvent lui arriver.

On donne le nom d'*assureur* à celui qui répond des risques, & celui d'*assuré* à celui qui reçoit cette sûreté.

L'instrument du contrat qui est dressé selon les loix publiques de l'*assurance*, se nomme *police d'assurance.*

Le prix de l'*assurance*, c'est-à-dire ce que l'assuré paie comptant à l'assureur, reçoit le nom de *prime d'assurance.*

Origine du contrat d'assurance. Les *assurances* sont un des plus grands & des plus heureux encouragemens qu'on ait donnés au commerce. La nécessité en a fait naître l'idée, comme celle des lettres-de-change; l'industrie & le génie des négocians l'ont ensuite développée, & en ont fait une branche de commerce des plus précieuses & des plus intéressantes. Elle s'est perfectionnée chez toutes les nations qui ont un commerce maritime.

C'est aux *assurances* que l'on doit la prodigieuse étendue que nous voyons aujourd'hui au commerce. Avant cet établissement il falloit, pour former des entreprises maritimes, une hardiesse peu commune chez le négociant, qui risquoit tous les jours son vaisseau & ses marchandises, c'est-à-dire son capital entier. Un seul accident suffisoit pour déranger les maisons les plus solides, & absorber le fruit du travail de plusieurs années. Les primes d'*assurance* ont mis les négocians à couvert des risques de la mer, & ont multiplié les expéditions maritimes.

Les *assurances* ont pris naissance chez les Italiens, qui depuis la destruction de l'empire romain en Occident, ont été les premiers à cultiver toutes les branches du commerce, connues avant la découverte de l'Amérique & du cap de Bonne-Espérance. Elles ont été ensuite accueillies par les Espagnols, les Hollandois, & généralement par tous les peuples commerçans de l'Europe.

Elles ont été autorisées en France par l'ordonnance de la marine en 1681. Par l'article 1, *tit.* 6, *liv.* 8, le roi permet à ses sujets, & même aux étrangers, l'usage du contrat d'*assurance* maritime dans toute l'étendue de sa domination.

En Angleterre, l'usage des *assurances* embrasse tous les objets, mais il est plus resserré parmi nous, où il est presque borné aux opérations du commerce.

Pour donner de l'ordre à ce que nous avons à dire sur le contrat d'*assurance*, nous le diviserons en sept sections. Nous en donnerons dans la première la définition, & nous traiterons des choses qui constituent son essence: nous parlerons dans la seconde des personnes entre lesquelles ce contrat peut avoir lieu: nous en détaillerons les formes dans la troisième: la quatrième contiendra les détails nécessaires sur les obligations que contracte l'assureur, & sur les actions qui en naissent: celles que contracte l'assuré, & les actions qui en résultent, feront la matière de la cinquième: la sixième aura pour objet l'*assurance* particulière de la liberté des marins: enfin, dans la septième, nous indiquerons les juges compétens, pour connoître des contestations qui surviennent à l'occasion des *assurances*.

SECTION PREMIÈRE.

Définition du contrat d'assurance, & des choses qui constituent son essence.

Définition. L'*assurance* est un contrat par lequel l'assureur se charge du risque des cas fortuits auxquels une chose est exposée, & s'oblige, envers l'assuré, de l'indemniser de la perte, que lui causeront ces cas fortuits, s'ils arrivent, moyennant une somme que l'assuré lui donne, ou s'oblige de lui donner, pour le prix des risques dont il se charge.

L'*assurance*, comme on le voit, est une espèce de contrat de vente. L'assureur est le vendeur, l'assuré l'acheteur; la décharge des risques tient lieu de la chose vendue, & la prime d'*assurance* en est le prix. L'*assurance*, comme la vente, est un contrat consensuel qui reçoit toute sa perfection du consentement des parties. Il est aussi synallagmatique, car il produit des obligations réciproques. L'assureur s'oblige vis-à-vis de l'assuré de le garantir & indemniser des fortunes de mer, & l'assuré s'oblige réciproquement envers l'assureur de lui payer la prime convenue.

Ce contrat doit être rangé dans la classe des contrats intéressés de part & d'autre, car l'assureur se propose de profiter de la prime, & l'assuré de se décharger des risques. Il est aléatoire & non commutatif; car la prime que reçoit l'assureur n'est pas l'équivalent d'une chose qu'il donne, ou s'oblige de donner à la place, puisqu'il n'aura rien à donner si le vaisseau arrive à bon port, & que s'il périt, l'indemnité, qu'il sera tenu de donner à l'assuré, est d'une valeur trop considérable pour être regardée comme l'équivalent de la prime.

L'*assurance* tire son origine du droit des gens, mais il tient aussi, parmi nous, au droit civil, par la raison que l'ordonnance de la marine, en l'autorisant & développant les règles, puisées dans le droit naturel par lesquelles il est régi, y a ajouté quelques dispositions qu'on peut regarder comme arbitraires.

Essence du contrat d'assurance. 1°. *Nécessité de l'existence de la chose assurée.* La première chose qui paroît être de l'essence du contrat d'*assurance*, est l'existence d'un objet qui en soit la matière, & qu'on puisse faire assurer: d'où il paroîtroit devoir suivre que l'*assurance* d'une chose qui n'existeroit plus au moment du contrat devroit être nulle, quoique les parties fussent de bonne foi, & qu'elles en ignorassent la perte, ainsi que le décident les loix 15 & 57, *ff. de contrah. empt.*

Mais le droit civil, par une fiction utile au commerce, & en considération de la bonne foi de la partie qui fait assurer, suppose que les effets assurés, quoique péris au moment de l'*assurance*, sont encore réellement existans, si l'assuré en ignoroit la perte; que par cette raison ils peuvent servir de matière à ce contrat, & qu'ils ne sont censés péris qu'au moment où l'on reçoit la nouvelle de leur perte.

Il existe donc par là une première différence entre les contrats de vente & d'*assurance*; la vente d'une chose qui n'existe plus ne peut lier les parties contractantes, malgré l'ignorance où elles sont de sa perte, l'*assurance* au contraire est valable, & l'ordonnance de la marine ne la déclare nulle que dans le cas où 1°. la partie qui a fait assurer savoit la perte de ses effets; 2°. lorsqu'elle pouvoit le savoir. *Ordonnance de 1681, tit. des assurances, art. 38.*

Dans le premier cas, l'assuré se rend coupable de dol & de fraude, & il peut être poursuivi soit par l'action civile *de dolo*, soit par l'action criminelle, parce que cette espèce de dol est regardée comme un stellionnat, & comme une branche du crime de faux. Il doit être condamné à supporter la perte des effets qu'il a fait assurer, à la restitution des sommes qu'il auroit pu avoir reçues de l'assureur, & au paiement d'une double prime d'*assurance*. Ces condamnations s'exécutent contre lui par la contrainte par corps.

L'assureur, dans cette espèce, doit prouver le dol de l'assuré, suivant la règle de droit, *incumbit onus probandi ei qui dicit*, & cette autre, *reus excipiendo fit actor.* Il peut en faire la preuve par témoins, qu'il peut même prendre parmi les gens qui composoient l'équipage du vaisseau. A défaut de témoins, il peut déférer le serment à l'assuré; & si ce dernier refuse d'affirmer qu'il ignoroit, lors du contrat, la perte des choses assurées, il doit être condamné en toutes les peines portées par l'ordonnance, conformément à la décision de la loi 38, *ff. de jurejur.*

On ne peut opposer contre cette action de dol, qui appartient à l'assureur, la fin de non-recevoir, tirée de ce qu'il auroit déjà commencé à payer la somme assurée, 1°. parce que l'action de dol n'est ouverte au profit de l'assureur que du jour où il a découvert la fraude; 2°. parce que l'assuré, en recevant la somme assurée, commet un nouveau dol, qui ne doit pas lui profiter.

Le contrat d'*assurance* est nul, même vis-à-vis d'un mineur & d'un commettant, si au moment où il a été passé par le tuteur ou le commissionnaire, ces derniers avoient connoissance de la perte du vaisseau. Le mineur cependant & le commettant ne sont tenus que de rendre ce qu'ils ont reçu de l'assureur, & la peine de la double prime ne peut être prononcée que contre le tuteur ou le commissionnaire, parce que c'est la peine du dol dont ils sont seuls coupables.

Par une raison contraire, l'*assurance* seroit valable si le commissionnaire ignoroit la perte du vaisseau, & que son commettant en eût eu connoissance, à moins qu'il n'eût agi en vertu d'un ordre spécial de son commettant, parce qu'alors ce dernier est véritablement coupable de dol & de fraude, & il seroit légitimement condamné au paiement de la double prime. Valin rapporte un arrêt conforme, rendu, au mois de mai 1744, par le parlement d'Aix.

Le contrat d'*assurance* est également nul lorsque l'assuré a pu savoir, au moment du contrat, la perte des choses qu'il fait assurer, & il est censé en être instruit lorsqu'il s'est passé un temps suffisant entre la perte & le contrat d'*assurance*, pour que la nouvelle lui en soit parvenue. L'ordonnance, *art. 39*, règle ce temps, à raison d'une lieue & demie par heure. Par exemple, si le bâtiment est péri dans l'éloignement de trente-six lieues de l'endroit où le contrat d'*assurance* est passé, l'assuré est présumé l'avoir su au bout de vingt-quatre heures, & l'*assurance* qu'il s'est fait donner après l'expiration de ce délai est nulle.

Ce délai se compte de moment en moment, lorsqu'on est instruit de l'heure de la perte du vaisseau; mais s'il n'existe aucune preuve par rapport à l'heure, on ne doit commencer à compter que du lendemain, la perte du vaisseau ayant pu arriver à la dernière heure du jour.

Lorsqu'il s'est écoulé un temps suffisant pour que l'assuré ait connoissance de la perte de ses effets, & qu'effectivement il ne l'ait point eu, le contrat est simplement résolu, & il n'est pas sujet à la peine de la double prime.

Les contractans sont autorisés, par l'article 40 de la même ordonnance, à déroger à la disposition de l'article 39, en déclarant, par une clause particulière de la police, que l'*assurance* est faite *sur bonnes ou mauvaises nouvelles*, & qu'ils renoncent *à la lieue & demie par heure*.

L'effet de cette clause est d'empêcher de déclarer nulle la police d'*assurance*, par la seule raison du laps de temps, à raison d'une lieue & demie par heure. Mais si l'assureur justifie qu'au moment du contrat l'assuré étoit instruit de la perte du bâtiment, malgré cette clause, non-seulement l'*assurance* devient nulle, mais l'assuré est encore condamné au paiement de la double prime. C'est ce qui a été jugé le 29 août 1759, par un arrêt de la première chambre des enquêtes, confirmatif d'une sentence de l'amirauté de Paris, du 20 septembre 1758.

Essence du contrat d'assurance. 2° *Il faut que la chose assurée soit susceptible de risques.* Il est, en second lieu, de l'essence du contrat d'*assurance* qu'on ne peut faire assurer que les choses qui sont exposées à des risques. Par cette raison, un armateur qui a emprunté à la grosse une partie des sommes nécessaires pour completer son armement, ne peut se faire assurer ce qu'il a emprunté à la grosse, parce qu'en cas de perte du bâtiment, elle ne tombe que sur le prêteur. Par la même raison, le prêteur à la grosse peut légitimement se faire assurer le capital qu'il a prêté, mais non le profit qu'il a stipulé en sa faveur; car ce profit est un gain qu'il manquera de faire, & non une perte qu'il peut essuyer.

Par une suite du même principe, on ne peut pas faire assurer par un nouvel assureur les choses qu'on a déjà fait assurer, puisqu'elles ne sont plus aux risques de l'assuré; mais il est permis de faire assurer la solvabilité de l'assureur, le second assureur n'est alors que la caution du premier.

L'ordonnance permet aussi de faire réassurer la prime de l'*assurance*, dont le prix porte, parmi les négocians, le nom de *prime de prime*. La raison de cette décision est fondée sur ce que effectivement l'assuré, en cas de perte du vaisseau, risque de perdre sa prime, &, par conséquent, peut légitimement la faire assurer par un second assureur.

Par le même principe, l'assureur peut bien faire réassurer les objets qu'il a assurés, mais non la prime qu'il a stipulée, parce que cette prime n'est pas un risque qu'il court en cas de perte du bâtiment, mais un gain qu'il manque de faire. Pareillement le propriétaire ou maître du navire ne peut se faire assurer le frêt à faire de son bâtiment, ni même le frêt acquis, qui, aux termes de la convention faite entre lui & les affréteurs, doit lui être payé en tout événement, parce qu'alors il ne court aucun risque. Mais l'affréteur peut se faire assurer le prix du frêt qu'il paie, car ce frêt fait partie des dépenses qu'il court risque de perdre, si le bâtiment vient à périr.

C'est encore par une suite des mêmes principes, que l'ordonnance défend de faire assurer le profit espéré d'un chargement, car ce défaut de profit n'est pas une perte, mais un manque de gain. Cependant, lorsque l'assureur est certain du bénéfice qu'il a fait sur la vente de ses marchandises, dans un port éloigné, il peut légitimement le faire assurer pour le retour, parce que c'est une chose réelle qui lui appartient, & qu'il court risque de perdre.

Il suit des principes & des décisions que nous venons d'établir d'après l'ordonnance, qu'on peut faire assurer tous les objets qui sont exposés à des risques. L'ordonnance y met cependant quelques exceptions. 1°. Elle ne permet pas aux matelots & autres personnes qui composent l'équipage d'un vaisseau, de se faire assurer les loyers qu'ils ne peuvent exiger qu'en cas d'heureuse arrivée. 2°. Elle ne permet aux propriétaires d'un navire de le faire assurer qu'à la déduction du dixième de sa valeur, qui reste toujours à leurs risques. 3°. La même loi s'observe à l'égard des propriétaires des marchandises, qui les accompagnent dans le même vaisseau.

La raison de ces exceptions est pour engager toutes ces personnes à ne rien négliger pour la conservation du bâtiment auquel il seroit à craindre qu'ils ne prissent aucun intérêt, si, au moyen de l'*assurance*, ils n'étoient exposés à aucun risque.

L'ordonnance, titre *des assurances*, *art. 10*, défend de faire aucune *assurance* sur la vie des personnes, parce qu'il est contre la bienséance & l'honnêteté publique de mettre à prix la vie des hommes, & que d'ailleurs la vie d'un homme libre n'étant susceptible d'aucune estimation, elle ne peut faire la matière d'un contrat d'*assurance*.

On peut cependant faire assurer la vie des nègres, parce que ce sont des choses qui sont dans le commerce, & qui sont susceptibles d'estimation. On peut aussi faire assurer le prix payé pour le rachat des captifs, & l'effet de cette *assurance* est d'obliger l'assureur de rendre le montant de leur rachat, si lors de leur retour ils sont repris, ou s'ils périssent par quelque accident de mer, ou autrement que par mort naturelle. On peut aussi faire assurer sa liberté lorsqu'on s'embarque: ce contrat est légitime, & nous en parlerons ci-dessous *section sixième*.

Essence du contrat d'assurance. 3°. *Il faut un risque auquel la chose assurée soit exposée.* Nous venons de dire que le contrat d'*assurance* ne pouvoit avoir lieu en faveur de l'assuré, que dans le cas où la chose assurée étoit exposée à des risques; il en est de même par rapport à l'assureur, il est absolument nécessaire que la chose dont il se charge soit, ou doive être encore exposée aux risques de la mer.

Il en est de même par rapport à lui comme par rapport à l'assuré, il suffit qu'il ignore que la chose soit périe ou arrivée à bon port, pour que le contrat d'*assurance* ait son effet. La même fiction de droit qui autorise l'assuré de bonne foi à se faire garantir un objet qui n'existe plus, suppose, en faveur de l'assureur, que le vaisseau n'est arrivé au port, & que les risques n'ont cessé que du jour de la nouvelle qu'on en a eue. Ainsi il faut appliquer à l'assureur tout ce que nous avons dit de l'assuré.

Dans le cas où l'assureur auroit assuré un vaisseau qu'il auroit su ou pu savoir être rendu à sa destination, il est tenu, en punition de sa mauvaise foi, de restituer la prime d'*assurance*, & le double de cette prime.

Mais quels sont les risques dont les assureurs sont tenus? L'article 26 du titre 6 de l'ordonnance de 1681, décide que toutes les pertes & dommages qui arriveront sur mer par tempêtes, naufrages, échouemens, abordages, changemens de route, voyage ou vaisseau, jet, feu, pillages, prises, arrêt de prince, déclaration de guerre, représailles, & généralement toutes autres fortunes de mer, sont à la charge des assureurs.

Par cette loi, les assureurs sont tenus d'indemniser les assurés, non-seulement de la perte des effets assurés, de leur détérioration par des accidens maritimes, mais encore de tous les faits extraordinaires qu'on comprend sous le nom général d'*avaries*, & dont nous parlerons sous ce mot. *Voyez* AVARIES.

On entend parfaitement quelle est la nature des risques qui tombent sur l'assureur, par tempêtes, naufrages & échouemens; ainsi nous allons passer aux autres espèces.

Abordage. Un vaisseau peut recevoir du dommage du choc & du heurt d'un autre vaisseau, soit par une force majeure, comme dans une tempête, soit par la faute du maître du vaisseau qui aborde, soit enfin par la faute du patron du vaisseau abordé.

Dans les deux premiers cas, le dommage, causé par l'abordage, est à la charge de l'assureur; l'assuré n'est tenu que de lui céder les actions qu'il peut avoir contre celui qui a causé le dommage. *Voyez* ABORDAGE, MARINE MARCHANDE. Mais l'assureur n'est pas obligé de payer le dommage causé à l'assuré dans l'abordage arrivé par la faute du maître de son navire, s'il n'y a, dans la police d'*assurance*, une clause particulière, par laquelle il se charge *de la baraterie du patron*.

On appelle *baraterie du patron* tout ce qui peut causer du dommage, tant par le dol & la fraude, que par l'imprudence, le défaut de soin, & l'impéritie du patron & des gens de l'équipage. *Voyez* BARATERIE.

Changement de route ou de vaisseau. Les pertes & dommages qui arrivent par le changement de route, de voyage ou de vaisseau, ne doivent être supportés par les assureurs que dans le cas où ils ont été absolument nécessaires & forcés. Ainsi lorsque le vaisseau a été contraint de changer de route ou d'en faire une beaucoup plus considérable par la violence des vents contraires, ou par la juste crainte de tomber entre les mains des pirates ou des ennemis, les risques & les dommages sont à la charge des assureurs; mais si le voyage a été changé sans aucune nécessité, par la volonté de l'assuré ou du maître du navire, sans le consentement de l'assureur, il est entièrement déchargé des risques, & il n'est pas même tenu de la restitution de la prime qu'il a reçue.

Il en est de même du changement de vaisseau. Les obligations de l'assureur cessent dès l'instant que les marchandises sont transportées, sans nécessité & à son insu, du bâtiment désigné par la police d'*assurance* sur un autre: mais le contrat subsiste si ce changement a été forcé, comme dans le cas où le premier bâtiment se trouve hors d'état de servir, soit par un accident de mer, soit par vétusté. La dépense même, qu'il faut faire en ce cas, est un dommage qui doit être supporté par l'assureur.

Jet. Lorsque, pendant une tempête, l'on a été forcé de jetter les marchandises ou partie d'icelles à la mer, les assureurs doivent en payer la valeur à l'assuré, sauf à eux à exercer les actions de l'assuré contre ceux qui sont tenus à la contribution. Ils sont également tenus d'indemniser l'assuré de la contribution qu'il est obligé de payer sur ses marchandises qui lui ont été conservées par le jet des autres, parce que cette contribution est causée par une fortune de mer, & que les assureurs profitent du jet qui a conservé les marchandises assurées.

Feu. Lorsque le feu prend à un bâtiment par la négligence ou la faute du capitaine & des mariniers, les assureurs n'en sont responsables que lorsqu'ils se sont chargés de la baraterie du patron; mais ils sont tenus de la perte du bâtiment, lorsque le feu y a pris par un cas fortuit, comme par le tonnerre ou dans un combat, & même lorsque le capitaine, ne pouvant plus se défendre, y a mis le feu pour l'empêcher de tomber entre les mains de l'ennemi.

Prises. Quand un vaisseau est pris, la perte est entièrement à la charge de l'assureur, soit que la prise ait été faite de bonne guerre, ou qu'elle soit injuste, soit qu'elle ait été faite par hostilité ou par brigandage, l'assureur ne seroit pas même écouté, en alléguant que le vaisseau a été pris par la lâcheté du capitaine.

Pillage. La perte des effets assurés, qui arrive par le pillage qui en est fait par les brigands ou par les habitans du rivage sur lequel il a fait naufrage, est une fortune de mer dont les assureurs sont responsables.

Arrêt de prince. L'arrêt diffère de la prise en ce que la prise se fait en pleine mer: l'arrêt se fait dans un port ou dans une rade où le vaisseau se trouve. L'ordonnance met l'arrêt de prince au nombre des fortunes de mer qui doivent tomber sur les assureurs; mais il y a à cet égard plusieurs distinctions à faire. *Voyez* ci-dessus ARRÊT DE PRINCE où nous avons traité cette matière.

Déclaration de guerre, représailles. Les assureurs sont encore tenus des risques auxquels une déclaration de guerre ou des lettres de représailles exposent un vaisseau, quoique le contrat d'*assurance* ait été fait en temps de paix, & qu'on ne s'attendît aucunement à une guerre. L'ordonnance à cet égard est précise. La jurisprudence, depuis la guerre de 1755, a admis une interprétation favorable à cette disposition en faveur des assureurs, en obligeant les assurés d'augmenter leur prime d'*assurance*, suivant le taux ordinaire de la place en temps de guerre. Nous en parlerons plus au long en traitant de la prime d'*assurance*, ci-dessous, *cinquième objet qui constitue l'essence de l'assurance.*

Durée des risques. La durée des risques est ordinairement fixée par la police d'*assurance* : &, dans ce cas, il faut suivre ce qui y est réglé. Quelquefois elle est faite pour le voyage seulement, quelquefois aussi pour le voyage & le retour. Dans ce dernier cas, les assureurs sont tenus des risques jusqu'au retour du vaisseau. Mais si les parties ne se sont pas expliquées sur ce dernier objet, l'*assurance* n'est censée faite que pour l'aller, & non pour le retour.

L'*assurance* se fait aussi pour un temps limité sans désignation de voyage ; par exemple, pour six mois, à dater du jour que le vaisseau mettra à la voile. Dans cette espèce, les assureurs sont déchargés de tous les risques après l'expiration du terme fixé, sauf à indemniser, de leur part, les assurés, pour les pertes & avaries arrivées auparavant.

Lorsque l'*assurance* est faite pour un voyage désigné, quoique le temps en ait été réglé par la police, les assureurs ne sont néanmoins déchargés des risques qu'à la fin du voyage ; mais ils sont autorisés à demander une augmentation de prime, en proportion du temps que le voyage a excédé le terme porté par la police.

Lorsque les parties ne se sont pas expliquées sur le temps où les risques commencent à courir pour le compte des assureurs, l'ordonnance décide que ce temps commence, à l'égard du vaisseau, de ses agrêts, apparaux & victuailles, au moment où il met à la voile, & qu'il dure jusqu'à ce qu'il soit ancré au port de sa destination, & amarré au quai.

A l'égard des marchandises, les risques regardent les assureurs, dès qu'elles sont chargées sur le vaisseau ou dans les gabarres pour les y porter, & il dure jusqu'à ce qu'elles soient mises à terre sur le quai du lieu de leur destination. Ce qui a lieu non-seulement pour les marchandises chargées au port du départ du vaisseau, mais encore pour celles qui sont chargées dans tous les endroits où il fait *échelles*, & où il doit relâcher suivant la police d'*assurance.*

Nous avons dit que les assureurs, pour l'aller & le retour, étoient tenus des risques jusqu'à l'instant du retour des marchandises. Mais néanmoins lorsque le temps du retour n'est pas fixé par la police d'*assurance*, les assureurs ne sont pas tenus indéfiniment des risques de ce retour. La jurisprudence de l'amirauté de Paris, confirmée par deux sentences rendues en mai & en septembre 1765, est de limiter à l'arbitrage du juge le temps que doivent durer les risques du retour. Cette jurisprudence est conforme à l'équité. Les assureurs seroient exposés à être trompés. Un négociant de mauvaise foi, après avoir reçu en entier les retours qu'il a fait assurer, & dont l'assureur ne seroit pas instruit, pourroit longtemps après faire valoir cette *assurance* sur des marchandises qu'il auroit perdues, en disant contre la vérité, qu'elles font partie de ses retours.

Des pertes & dommages dont les assureurs ne sont pas tenus. 1°. Les assureurs ne sont pas responsables des pertes & dommages arrivés par la faute des maîtres & des mariniers ; ils ne sont tenus que des cas fortuits, des accidens de mer qui arrivent par une force majeure à laquelle on ne peut résister. C'est la disposition de l'*article 28 de l'ordonnance.* Cependant ils en peuvent être tenus par une clause particulière qui les charge de la baraterie du patron : &, dans ce cas, ils sont subrogés de plein droit aux actions des assurés contre le maître du navire, & contre l'armateur.

2°. L'article 29 de la même ordonnance décharge les assureurs des diminutions & pertes qui arrivent par le vice propre de la chose ; en conséquence, ils ne sont pas tenus du coulage des marchandises qui y sont sujettes, à moins qu'il n'ait été occasionné par une tempête. Alors on doit arbitrer ce que le coulage ordinaire laisse à la charge de l'assuré, & ce que l'accident de mer doit faire supporter aux assureurs.

Par les mêmes principes, les assureurs, pour l'aller & le retour d'un vaisseau, ne sont point tenus de sa perte, lorsqu'il se trouve hors d'état de revenir, par vétusté & pourriture ; il en est de même des cables & des voiles usés de vétusté, des nègres ou des animaux morts naturellement, même des nègres qui se tuent par désespoir, parce que ces pertes arrivent par la nature & le vice de la chose. Mais il en seroit autrement, si ces objets viennent à périr dans une tempête ou dans un combat.

3°. Les assureurs ne sont pas tenus des frais de pilotage, touage, lamanage, des droits de congé, de visite, de rapports, d'ancrage, ni de tous autres droits dus sur les navires & marchandises, soit à l'entrée, soit à la sortie des ports, parce que ce sont des frais ordinaires de voyage, qui sont à la charge du bâtiment & des marchandises. Mais si quelque accident extraordinaire avoit donné lieu à ces frais, les assureurs seroient tenus d'en indemniser les assurés.

4°. Les assureurs sont entiérement déchargés des risques, lorsqu'on s'est écarté de ce qui est porté par la police, si ce n'est de leur consentement ou en cas de nécessité. C'est sur ce motif & sur cette décision de l'ordonnance, que nous avons dit plus haut que les assureurs n'étoient plus responsables des dommages arrivés dans le changement de route, de voyage ou de vaisseau.

En conséquence de cette disposition de l'ordonnance, lorsque l'*assurance* d'une certaine quantité de marchandises a été faite divisément sur plusieurs vaisseaux désignés, & que la charge entière a été mise sur un seul des bâtimens, l'assureur ne court le le risque que de la somme particulière qu'il a assurée sur ce bâtiment, quand bien même tous les autres viendroient à périr : & il n'est tenu dans ce cas qu'à rendre aux assurés la prime d'*assurance* qu'il a reçue, pour les parties de marchandises qui devoient être chargées sur les autres bâtimens, à la déduction néanmoins du demi pour cent qu'ils lui doivent par forme de dommages & intérêts de l'inexécution du contrat.

Essence du contrat d'assurance. Quatrième objet. Obligation des assureurs de payer la valeur des effets péris. Il est de l'essence du contrat d'*assurance* que les assureurs s'obligent de payer une somme à l'assuré en cas de perte des choses assurées.

Ordinairement cette somme est fixée par la police; mais cela n'est pas absolument nécessaire : & les assureurs n'en sont pas moins tenus de payer le prix de la chose assurée, suivant l'estimation qui en sera faite.

L'ordonnance défend de faire assurer ou réassurer les effets au-delà de leur valeur par une ou par plusieurs polices, à peine de nullité du contrat & de la confiscation des marchandises. Mais il faut distinguer si l'assuré l'a fait sans fraude, parce qu'il ignoroit la véritable valeur des marchandises, ou s'il l'a fait sciemment.

Lorsque l'*assurance* a été portée sciemment par l'assuré au-delà de la valeur de la chose, il encourt les peines portées par l'ordonnance; mais s'il l'a fait sans fraude & de bonne foi, la police n'est pas nulle, elle est seulement réductible à la somme de la véritable valeur de la chose assurée.

Lorsque la valeur des marchandises a été portée par plusieurs polices différentes, au-delà de leur juste estimation : s'il s'agit, par exemple, d'une somme au total de quarante-cinq mille livres, pour laquelle l'assuré a pris trois assureurs différens : un premier pour quinze mille livres; un second pour vingt mille livres; un troisième pour vingt-cinq mille livres. Dans le cas de la perte totale des choses assurées, le premier assureur sera tenu de payer les quinze mille livres contenues dans son *assurance*; le second, vingt mille livres; l'*assurance* du troisième sera réduite à dix mille livres, qui forment le restant de la valeur des choses assurées, puisque les deux premières *assurances* montoient à celle de trente-cinq mille livres. Mais si la perte n'est pas totale, elle sera supportée au marc la livre par les trois assureurs, c'est-à-dire, que chacun d'eux paiera la moitié ou le tiers de son *assurance*, si la perte monte à la moitié ou au tiers des choses assurées.

Celui qui a fait assurer ses effets pour une somme au-delà de leur valeur, est toujours censé l'avoir fait de bonne foi & par ignorance, parce que la fraude ne se présume jamais. C'est donc aux assureurs à la prouver, lorsqu'ils l'allèguent, & demandent en conséquence la nullité de l'*assurance*.

Il arrive assez fréquemment qu'on fait assurer un chargement d'une manière indéterminée pour une somme moindre que sa valeur. Dans le cas de la perte d'une partie de ce chargement, les risques se partagent entre l'assureur, au *prorata* de la somme qu'il a assurée, & l'assuré pour le surplus. Ainsi, en supposant le chargement de vingt mille livres, & l'*assurance* de quinze mille livres, l'assureur supportera les trois quarts de la perte, & l'assuré, l'autre quart; la raison est qu'il n'est pas juste d'attribuer la perte de la partie des effets péris à l'assureur plutôt qu'à l'assuré, & qu'on ne peut pas dire qu'elle est une portion des effets assurés, ou de ceux qui ne le sont pas.

Mais qu'arriveroit-il si l'assuré retiroit du bâtiment une partie de ses marchandises, & n'en eût laissé que pour la somme de quinze mille livres? Dans le cas de la perte entière du restant, l'assureur est tenu de payer les quinze mille livres portées par la police, puisqu'il est obligé de payer cette même somme, quand bien même l'assuré n'auroit tiré aucune partie de ses effets. Mais, dans le cas d'une perte particulière ou d'avaries, l'assureur est-il bien fondé à soutenir qu'il ne doit contribuer que pour les trois quarts? Valin penche pour la négative, parce que, dit-il, ce n'est que par accident que l'assureur eût partagé les pertes & avaries avec l'assuré, s'il n'eût rien retiré du navire, & que d'ailleurs l'assuré ne s'est pas interdit la faculté de débiter partie de ses marchandises pendant le cours du voyage. D'autres jurisconsultes pensent au contraire que l'assureur a intérêt à ce que toutes les marchandises restent dans le bâtiment, afin que les pertes & avaries se partagent, soit avec l'assuré, soit avec un second assureur que l'assuré auroit pu prendre. Pothier, dans son *Traité des Assurances*, propose à cet égard une distinction très-plausible. Si l'assuré, dit-il, retire une partie de ses marchandises pour les débiter dans les ports où le navire relâche, l'assureur ne peut s'en plaindre, & c'est le cas d'appliquer la décision de Valin; mais si l'assuré, lorsque le navire est prêt d'arriver au port, fait décharger une partie de ses marchandises pour les soustraire au danger des avaries qu'il y a lieu de craindre, la perte arrivée sur les marchandises restées à bord du navire, sera supportée au marc la livre par l'assureur & l'assuré.

Cinquième objet de l'essence du contrat d'assurance : la prime. De même qu'il est de l'essence du contrat d'*assurance*, que l'assureur s'oblige de payer la valeur des choses assurées, il est également de son essence que l'assuré donne ou s'oblige de donner à l'assureur une somme pour le prix des risques dont il se charge.

On lui a donné le nom de *prime*, parce qu'elle se payoit *primò* & avant tout, même avant que le départ du vaisseau eût fait commencer les risques. C'est même une disposition de l'ordonnance, *tit. 6*. Mais l'usage a prévalu de ne la plus payer comptant : l'assuré donne à l'assureur un billet payable à une certaine échéance que l'on appelle *billet de prime*.

La prime consiste le plus ordinairement en une somme d'argent dont les parties conviennent à raison de tant pour cent de la valeur de la chose assurée. On convient aussi quelquefois d'une somme par chaque mois que le voyage durera, ou même d'une seule somme pour tout le temps du voyage.

Lorsqu'on fait assurer, pour une seule somme, l'aller & le retour d'un vaisseau, la prime s'appelle une *prime liée*, c'est-à-dire, qui lie & réunit en une, celle pour l'aller, & celle pour le retour.

La prime est le juste prix des risques dont l'assureur se charge. Mais comme il est très-difficile de déterminer quel est ce juste prix, on doit lui donner une très-grande étendue, & réputer pour le juste prix celui dont les parties sont convenues, sans que l'une ou l'autre puisse à cet égard alléguer la lésion.

Elle doit être plus ou moins considérable suivant qu'il y a plus ou moins de risques à courir de la part de l'assureur, & que ces risques doivent durer plus ou moins de temps. C'est par cette raison que la prime dont on convient en temps de guerre, est beaucoup plus forte que celle qu'on stipule en temps de paix.

Nous avons remarqué ci-dessus, en parlant des déclarations de guerre dont les risques sont sur le compte des assureurs, que la jurisprudence avoit introduit, depuis 1755, une augmentation des primes faites en temps de paix, lorsque la guerre survenoit inopinément. Cette jurisprudence paroît au premier coup-d'œil contraire aux principes de droit; en effet, dans tous les contrats, & dans celui de vente en particulier auquel celui d'*assurance* ressemble parfaitement, on a seulement égard au prix de la chose qui en fait l'objet, dans le temps du contrat, & non à celui qu'elle a valu depuis; d'où il suit que l'assureur s'étant chargé, pour un prix convenu, de tous les risques qu'un bâtiment peut courir, même celui d'une déclaration de guerre, expressément nommé dans l'ordonnance, ne peut par cette raison demander une augmentation de prime.

Nonobstant ces raisons, l'amirauté du palais a pensé qu'il étoit d'une nécessité absolue & indispensable pour l'intérêt du commerce maritime, & pour prévenir & empêcher la ruine des assureurs & des chambres d'*assurances*, de leur accorder une augmentation de prime pour les bâtimens qui avoient mis en mer avant la déclaration de la guerre. En effet, les assureurs, dans la sécurité que leur donnoit la paix, avoient assuré purement & simplement, & pour des primes très-modiques, un grand nombre de navires & d'effets, les prises nombreuses que les Anglois firent avant la déclaration de guerre, auroit infailliblement ruiné toutes les chambres d'*assurances*, si elles n'avoient eu, dans l'augmentation des primes, un dédommagement de la modicité de celles portées par leurs polices d'*assurances*. Les juges des amirautés ont été déterminés par la règle générale : *æquitas juris scrupulositati præponderare debet*.

Cette question ne feroit plus de difficulté aujourd'hui; on adjugeroit même une augmentation de prime dans le cas où le vaisseau auroit été pris par l'ennemi avant qu'il eût déclaré la guerre. Le parlement de Paris l'a jugé ainsi par un arrêt du 16 mars 1761, confirmatif d'une sentence de l'amirauté.

Lorsque la police d'*assurance* a été faite en temps de guerre, l'assuré peut-il demander une diminution de la prime, si la paix vient à se faire tout-d'un-coup? En s'attachant aux principes que nous avons établis, on devroit dire que la survenance de la paix ne peut empêcher l'effet d'une police contractée auparavant. Mais, à la paix de 1748, dont le retour fut très-imprévu, le roi, par deux arrêts du conseil des 16 janvier 1748, & 28 janvier 1749, ordonna une modération des primes sur les polices faites durant la guerre. Cette modération ne pouvoit avoir lieu qu'eu égard à ce qui restoit de risques à courir lors de la paix : les risques courus pendant la durée de la guerre devoient se payer sur le pied de la convention.

Consentement des parties. Sixième objet de l'essence du contrat d'assurance. Le consentement des parties contractantes est de l'essence du contrat d'*assurance*, de même que de tous les autres contrats. Il doit donc intervenir sur les choses qu'on fait assurer, qui sont la matière du contrat; sur la somme pour laquelle on les fait assurer; sur les risques dont on charge l'assureur; sur la prime qui est le prix de l'*assurance*. Cet objet n'a pas besoin de preuve ni de discussion.

SECTION II.

Des personnes entre lesquelles intervient le contrat d'assurance.

Le contrat d'*assurance* peut avoir lieu entre toutes les personnes capables de contracter ; d'où il suit qu'il est permis à tous ceux à qui les loix laissent la liberté de s'obliger, & qu'il n'existe pas entre ceux qu'elles empêchent de contracter.

Ainsi, 1°. les mineurs ne peuvent être ni assureurs ni assurés, à moins qu'ils n'exercent publiquement la profession de marchands : la loi les déclarant capables de contracter pour les affaires de leur commerce, ils peuvent donc également être parties dans un contrat d'*assurance*, soit pour faire assurer les effets de leur commerce, soit pour être assureurs, s'ils font le commerce d'*assurance*.

2°. Le commerce étant interdit aux ecclésiastiques par les loix canoniques, & aux officiers de judicature par les loix civiles, ils ne peuvent régulièrement intervenir dans les contrats d'*assurance* : s'ils le font, le contrat n'en est pas moins valide; mais ils s'exposent à plusieurs peines pour leur contravention, telles que la suspension, l'interdiction & la perte de leurs privilèges.

3°. Les nobles qui ne sont ni ecclésiastiques ni officiers de judicature, peuvent licitement intervenir dans les contrats d'*assurance*, soit comme assureurs, soit comme assurés, le commerce maritime leur étant permis par l'édit du mois d'août 1669.

4°. L'article 68 du titre des *assurances* fait défenses à tous les greffiers de police qui avoient été créés par un édit de 1657, pour passer les polices d'*assurance*; aux commis des chambres d'*assurance*, aux notaires des villes où sont établies les chambres d'*assurances* qui passent & s'entremettent, de faire passer des polices; aux courtiers & aux censaux (nom qu'on donne en Provence aux courtiers), de faire aucunes polices dans lesquelles ils soient intéressés directement ou indirectement, par eux-mêmes ou par personnes interposées, & de prendre transport des droits des assurés.

La raison qui a fait interdire le commerce des *assurances* à tous ceux que nous venons de nommer, est la même que celle qui a fait faire défenses à tout commissionnaire de faire le même genre de commerce pour lequel il fait la commission. C'est pour obvier aux fraudes & aux infidélités qu'ils seroient tentés de commettre en saisissant pour eux les occasions favorables, au préjudice de ceux qui leur confient leurs intérêts. Ils ne peuvent aussi accepter des transports, parce que ces transports forment une présomption que ceux dont ils les acceptent, ont été leurs prête-noms dans le contrat d'*assurance*, contre la défense de la loi.

Au surplus, l'ordonnance ne prononce pas la nullité des *assurances* passées avec ces sortes de personnes : elle prononce contre eux une amende de cinq cens livres pour la première fois, & la destitution de leur état, en cas de récidive.

5°. Le contrat d'*assurance* étant du droit des gens, l'ordonnance permet de le contracter avec des étrangers, soit pour se faire assurer par eux, soit pour assurer leurs effets. La déclaration de guerre entre deux nations n'empêche même pas le commerce des *assurances*, quoique tout autre soit interdit. Dans la dernière guerre, les assureurs anglois assuroient nos marchandises, & nous rendoient la valeur des prises faites par leurs corsaires.

6°. Non-seulement le propriétaire d'une marchandise peut la faire assurer; mais celui aux risques duquel elle se trouve par l'*assurance*, peut la faire réassurer par un tiers, à un prix plus ou moins fort que celui pour lequel il l'a assurée. Ce contrat de réassurance ne désoblige pas le premier assureur vis-à-vis de l'assuré; mais, en cas de perte de la chose assurée, elle lui donne un recours contre le second assureur, pour se faire indemniser de la perte qu'il essuie.

7°. Le contrat d'*assurance* peut se faire ou par soi-même ou par un commissionnaire. Mais il diffère des autres contrats qu'on fait faire par procureur, en ce que les commissionnaires pour *assurances* sont censés s'obliger tacitement en leur nom, & contracter l'obligation de payer la prime; obligation dont ils ne sont pas déchargés par la déclaration qu'ils font depuis le contrat, de la personne pour le compte de laquelle ils ont fait assurer.

Section III.

De la forme du contrat d'assurance.

Tous les contrats consensuels, au nombre desquels nous avons compris celui d'*assurance* maritime, reçoivent, suivant le droit naturel, leur perfection du seul consentement des parties; l'ordonnance prescrit néanmoins légitimement plusieurs formalités qui ne sont pas de la substance de ce contrat, mais qui en fournissent la preuve, lorsqu'on en poursuit l'exécution dans les tribunaux, & dont il n'est pas permis de s'écarter.

1°. La première est que la police d'*assurance* soit rédigée par écrit : d'où il suit que la preuve par témoins n'est pas admissible pour en prouver l'existence.

Valin critique à ce sujet l'ancien commentateur de la marine, parce qu'il a prétendu que, quand l'*assurance* ne seroit que d'une somme au-dessous de cent livres, la preuve par témoins n'en pourroit être admise. Valin prétend au contraire que, dans ce cas, il faudroit admettre la preuve testimoniale, conformément au droit commun, fondé sur l'ordonnance du mois d'avril 1667; mais ce dernier est à son tour critiqué sur cet objet par Pothier qui pense que l'ordonnance de la marine ayant voulu en général que *le contrat d'assurance fût rédigé par écrit*, sans faire aucune distinction entre les actes de cent livres & au-dessous, & ceux qui excèdent cette somme, on ne peut pas croire que le législateur ait eu intention de dispenser de cette formalité les contrats d'*assurance* au-dessous de cent livres. En effet, si telle eût été son intention, la disposition de l'ordonnance de la marine auroit été inutile, puisque la loi se seroit déjà trouvée faite par l'ordonnance de 1667. Enfin, on ne doit pas suppléer, dans une loi, une distinction qu'elle n'a pas faite.

Mais à quelque somme que puisse monter l'*assurance*, on est en droit d'en alléguer l'existence; & celui contre qui on emploie cette allégation, ne peut s'en défendre qu'en affirmant que la convention n'a point eu lieu avec lui. Ainsi le guidon de la mer, & le commentateur qui l'a suivi, se sont trompés, lorsqu'ils ont pensé que le défaut d'écriture entraînoit la nullité du contrat d'*assurance*. Il est évident que l'écriture n'est alors nécessaire que pour faire la preuve de l'existence de la convention contre ceux qui voudroient la nier.

2°. Le droit de contrôle des *assurances* pour les particuliers, & de celles prises, pour le compte du roi, par les intendans & commissaires des fournitures de la marine, avoit été fixé par les articles 7 & 9 du tarif du 29 septembre 1722; mais, par arrêt du conseil du 12 août 1732, les contrats de police d'*assurance*, soit qu'ils soient passés pardevant les notaires royaux, *censaux*, courtiers, agens de change, greffiers des amirautés & des jurisdictions consulaires ou autres qui sont dans l'usage de les recevoir, soit qu'ils soient faits sous signature privée, ont été dispensés de la formalité & du paiement du contrôle des actes.

3°. Pour une plus prompte expédition, on avoit imaginé d'imprimer des modèles de police d'*assurance*, dans lesquels se trouvoient les clauses les plus usitées en général, & du blanc pour y insérer les clauses extraordinaires : mais divers assureurs ayant prétendu que ces imprimés contenoient tantôt une clause, tantôt une autre, dont ils ne comprenoient pas le sens, & auxquelles ils n'avoient point entendu se soumettre, l'amirauté de France, au siège général de la table de marbre à Paris, rendit deux sentences, l'une le 7 décembre 1757, & l'autre le 19 janvier 1759, par lesquelles, entre autres choses, elle proscrivit l'usage des polices d'*assurance* imprimées. Valin s'élève fortement contre ce réglement qu'il croit nuire à la célérité qu'exigent les expéditions maritimes : d'un autre côté, Pothier prétend que l'usage des polices d'*assurance* imprimées étoit abusif en ce que les courtiers ou agens y inséroient toutes les clauses qu'ils imaginoient propres à favoriser leurs parties, & que les assureurs, ne s'informant que de la somme qu'on faisoit assurer, & du prix de la prime, signoient aveuglément ces actes, sans faire attention aux clauses imprimées; en conséquence, il fait l'apologie du réglement que critique Valin.

Par un autre réglement du 18 juillet 1759, l'amirauté de France a défendu aux courtiers & agens d'*assurance* de mettre des renvois sur les polices d'*assurance*, à moins que les parties n'y aient consenti, & ne les aient paraphés.

Le même réglement leur a aussi défendu de faire aucun avenant, c'est-à-dire, d'ajouter aucunes clauses aux polices, sinon à la suite des mêmes polices, ou par acte séparé, du consentement & en présence des parties; lesquels avenans doivent être signés sur le champ par les parties; le tout à peine de nullité des renvois non paraphés & avenans non signés, & de faux contre les courtiers & agens.

4°. L'article 3 du titre des *assurances* prescrit ce que doit contenir une police d'*assurance*, pour prévenir les surprises qui pourroient avoir lieu au préjudice des contractans.

Il faut, en premier lieu, spécifier le nom & le domicile de celui qui se fait assurer, & sa qualité de propriétaire ou de commissionnaire.

Si l'assuré n'est que commissionnaire, il doit se conformer aux ordres de son commettant : c'est pourquoi, si, en assurant, il vient à excéder la prime fixée par son commettant, il peut être obligé de payer cet excédent. Valin rapporte une sentence de l'amirauté de la Rochelle, qui l'a ainsi jugé le 7 septembre 1754, contre le sieur Lemoine, négociant à Rouen.

Le commissionnaire doit aussi choisir des assureurs solvables, autrement il pourroit devenir responsable de la perte des effets assurés.

Mais si, lorsque le commissionnaire a assuré, les assureurs avec lesquels il a contracté, étoient réputés solvables, il ne sera pas garant des événemens qui auront pu les rendre insolvables depuis la signature de la police d'*assurance*; il suffira, pour sa décharge, qu'il avertisse son commettant, & qu'il fasse résilier le contrat d'*assurance*, si les risques durent encore.

5°. La police doit désigner les effets sur lesquels l'*assurance* est faite. Il importe sur-tout d'expliquer si ces effets sont des marchandises *sujettes à coulage*, telles que du vin, du cidre, des liqueurs : la raison en est que les assureurs doivent connoître les risques dont ils se chargent; c'est pourquoi, si l'assuré avoit négligé cette explication dans la police d'*assurance*, les assureurs seroient dispensés de répondre du dommage qu'une tempête auroit pu occasionner durant le voyage : c'est ce qui résulte de l'article 31; il faut toutefois, suivant le même article, excepter de cette disposition l'*assurance* faite sur retour des pays étrangers : la raison de cette exception est que souvent les assurés n'ont point de connoissance des marchandises qui doivent leur arriver en retour.

6°. Il faut exprimer, dans la police, le nom du navire qui doit transporter les marchandises assurées; on doit aussi déterminer la qualité de ce navire. C'est pourquoi, si vous vouliez faire assurer des effets chargés sur le navire *le Cerbère*, & que, dans le contrat d'*assurance*, il fût stipulé que ces effets sont sur le navire *le Pluton*, la convention seroit nulle. La raison de cette décision est sensible : il est clair qu'en ce cas, les assureurs ne couroient aucun risque, puisque vous n'auriez point d'effets sur *le Pluton*, & que vous ne seriez pas fondé à prétendre qu'ils eussent assuré les effets chargés sur *le Cerbère*, puisqu'il ne seroit fait aucune mention de ce vaisseau dans la police d'*assurance*.

De même, si, dans la police d'*assurance*, on avoit donné le nom de vaisseau ou de navire à une barque ou à un bateau, la convention n'auroit aucun effet. La raison en est qu'en matière d'*assurance*, on n'entend, sous la dénomination de navire ou de vaisseau, qu'un bâtiment de mer à trois mâts, & que l'assureur pourroit dire que son intention avoit été d'assurer un bâtiment de cette espèce; mais qu'il n'auroit point voulu assurer un bateau, si on le lui eût indiqué pour être chargé de marchandises qu'il s'agissoit d'assurer. Cette décision de *Casa regis* se trouve justifiée par un arrêt du parlement d'Aix, du 16 juin 1752, confirmatif d'une sentence de l'amirauté de Marseille, du 5 décembre 1749.

Observez cependant, avec *Casa regis* & Valin, que, si la police d'*assurance* ne présentoit, sous le nom du vaisseau, qu'une erreur légère qui n'empêchât pas qu'on le reconnût, la convention seroit valable : c'est ce qu'a jugé le parlement d'Aix par arrêt du 2 mai 1750. Il s'agissoit, dans cette espèce, de prononcer sur la validité d'une *assurance* faite sur le brigantin appellé *le Lion heureux*, &

qui n'avoit été désigné dans la convention que sous la dénomination du *Brigantin l'heureux*.

7°. On doit aussi désigner, dans la police d'*assurance*, le nom du maître ou capitaine qui doit commander le vaisseau où sont les effets assurés.

Il y a néanmoins lieu de croire qu'une omission à cet égard n'opéreroit pas la nullité de la convention. La raison en est que les maîtres ou capitaines n'étant admis à commander des navires, qu'après avoir fait preuve d'habileté, les assureurs n'ont pas grand intérêt à connoître celui qui doit conduire le navire où sont les marchandises assurées.

La question seroit plus délicate, si le capitaine, désigné par la police d'*assurance* pour commander le vaisseau, eût été suppléé par un autre capitaine. Dans ce cas, les assureurs pourroient dire qu'ils ne s'étoient déterminés à contracter, qu'à cause de la confiance qu'ils avoient dans le capitaine désigné par le contrat d'*assurance*; & que, s'ils eussent su qu'un autre que lui eût dû commander le vaisseau, la convention n'auroit point eu lieu, ou du moins qu'ils auroient demandé une prime plus considérable que celle qui a été stipulée.

Au reste, il faut remarquer que cette disposition de l'ordonnance qui veut que la police d'*assurance* exprime le nom du navire & du capitaine, ne s'applique qu'aux chargemens qui se font en Europe. On est dispensé de cette formalité, relativement aux chargemens qui se font pour l'Europe, au Levant & dans les autres parties du monde : c'est ce qui résulte de l'article 4. La raison de cette décision est que le négociant qui a des marchandises dans un pays éloigné, & qui en attend le retour, est souvent dans le cas d'ignorer par quel navire on les lui enverra.

L'article qu'on vient de citer, prescrit néanmoins de désigner, dans la police, la personne à laquelle les effets assurés doivent être envoyés. Mais Valin fort instruit dans cette matière, remarque que, dans l'usage, on déroge fréquemment à cette loi, sans que cela annulle la convention. La raison en est que le négociant qui veut faire assurer des marchandises dans un pays éloigné, peut ne connoître pas mieux la personne à laquelle on les adressera, que le vaisseau qui doit les amener. Ainsi, il suffit, pour la validité de l'*assurance*, qu'il y ait réellement eu des effets chargés pour le compte de l'assuré, jusqu'à concurrence de la somme assurée. Cela s'est ainsi établi pour donner un libre cours aux *assurances*.

8°. La police d'*assurance* doit faire mention du lieu où les marchandises ont été ou seront chargées, du port d'où le vaisseau est parti ou devra partir, ainsi que des différens ports où il devra entrer, tant pour y charger des marchandises, que pour y en décharger.

L'objet que le législateur paroît s'être particuliérement proposé dans cette disposition, a été de connoître si, en temps de guerre, ses sujets ne font pas avec les ennemis un commerce préjudiciable à l'état, tel que seroit celui par lequel on procureroit à ceux-ci des munitions de guerre ou de bouche.

9°. La police d'*assurance* doit déterminer le temps auquel les risques commenceront & finiront; mais il n'est besoin d'exprimer ce temps, que dans le cas où les parties, par une convention particulière, ont voulu s'écarter en quelque chose de la disposition de l'article 5. Si la détermination du temps des risques a été omise dans la police, il faut se conformer à ce qu'a réglé sur ce point l'article 13 du titre des contrats à la grosse dont nous avons parlé ci-dessus.

10°. Il faut stipuler, dans la police d'*assurance*, les sommes qu'on entend assurer, & la prime ou le coût de l'*assurance*.

11°. La police d'*assurance* doit contenir la clause que les parties soumettront à la décision d'arbitres les difficultés qui pourront survenir au sujet de leur convention; mais l'omission de cette clause ne rendroit pas nul le contrat d'*assurance*, comme l'a dit mal-à-propos le commentateur anonyme de l'ordonnance de la marine : c'est ce que prouve bien clairement l'article 70 du titre des *assurances*, puisqu'il suppose qu'il peut y avoir des polices d'*assurance* qui ne renferment pas la clause dont il s'agit.

12°. La police d'*assurance* doit contenir toutes les conditions qui composent la convention d'entre les parties. Il faut tirer de cette dernière disposition deux conséquences : l'une, que, dans le contrat d'*assurance*, peuvent intervenir toutes les clauses que la loi ne défend pas, & qui ne sont point contraires aux bonnes mœurs; l'autre, que, si l'une des parties allègue qu'elles sont convenues d'une chose qui ne soit point justifiée par la police, on ne doit avoir aucun égard à cette allégation.

13°. L'ordonnance n'exige pas que l'estimation des marchandises soit faite par la police, parce qu'il est facile de la faire d'ailleurs par les factures & par les livres. Mais la police d'*assurance*, faite sur le corps & quille du vaisseau, ses agrès, apparaux, armement, victuailles, doit en contenir l'estimation, sauf à l'assureur, en cas de fraude, de faire procéder à une nouvelle. Néanmoins si on avoit manqué de la faire, l'*assurance* n'en seroit pas moins valable, parce que l'ordonnance n'en parle que d'une façon énonciative, & ne prononce pas, dans ce cas, la peine de nullité.

14°. L'article 9 prescrit la forme de la police d'une espèce particulière d'*assurance*, pour la liberté des personnes. Il y est dit qu'elle contiendra le nom, le pays, la demeure, l'âge & la qualité de celui qui se fait assurer; le nom du navire, du port dont il doit partir, du lieu où il doit aller; la somme qui sera payée en cas de prise, tant pour la rançon que pour les frais de retour; la personne à qui les deniers en seront fournis, & sous quelles peines.

15°. Les articles 68 & 69 défendent aux officiers qui passent les polices d'*assurance*, d'y laisser des blancs, à peine de tous dommages & intérêts, & leur enjoignent de les enregistrer dans un registre destiné à cet effet, coté & paraphé par le lieutenant de l'amirauté.

SECTION IV.

Des obligations des assureurs, & des actions qui en naissent.

Les assureurs contractent principalement deux espèces d'obligations envers les assurés.

La première est de leur payer la somme portée par la police en cas de perte totale, ou presque totale de l'objet de l'*assurance*, arrivé par quelque accident & force majeure, à la charge par l'assuré de leur faire abandon de ce qui peut rester des choses assurées; & de tous les droits qui leur appartiennent à cet égard.

La seconde est d'indemniser seulement l'assuré des accidens arrivés par une force majeure, soit aux choses assurées, soit par rapport à elles : c'est ce qu'on appelle AVARIES. *Voyez ce mot.*

Outre ces deux obligations, il en est d'autres encore qui naissent de la bonne foi qui doit régner dans ce contrat, & qui engage chacun des contractans à ne rien dissimuler de ce qu'il sait sur les choses qui en sont la matière. Ainsi l'assuré doit faire connoître à l'assureur l'étendue des risques dont il entend le rendre responsable. L'assureur, de son côté, ne doit pas profiter de l'ignorance où est l'assuré du taux ordinaire de la place, pour en exiger une prime beaucoup plus considérable que celle qu'il reçoit dans le même temps pour raison d'*assurances* pareilles.

Avant d'expliquer la nature des obligations des assureurs, il est nécessaire d'observer que la faillite de l'assuré, avant d'avoir payé la prime d'*assurance*, & pendant la durée des risques, ne décharge pas de plein droit l'assureur de ses obligations; mais qu'il peut demander à en être déchargé & à faire résoudre le contrat, si mieux n'aime l'assuré ou ses créanciers lui donner bonne & suffisante caution pour le paiement de la prime : car il n'est pas juste qu'il coure des risques, sans être certain d'en recevoir le prix.

Cette résolution du contrat n'a pas lieu, lorsqu'il s'agit d'*assurance* pour le retour de marchandises, parce qu'en cas d'un retour heureux, l'assureur a un privilège sur les choses assurées : & en cas de perte, il fait déduction de la prime qui lui en est due sur les sommes qu'il est obligé de payer.

Première obligation, de payer les sommes assurées. Cette obligation a lieu, lorsque des accidens de force majeure ont causé la perte totale ou presque totale des choses assurées; & de cette obligation naît, en faveur de l'assuré une action contre l'assureur, à l'effet d'en exiger la somme stipulée dans la police d'*assurance*, à la charge par l'assuré de faire, au profit de l'assureur, l'abandon ou délaissement des choses assurées. *Voyez* ABANDONNEMENT, *Droit maritime.*

L'article 46 de l'ordonnance indique les causes qui donnent lieu à cette obligation des assureurs. La première est *la prise du vaisseau.* Il importe peu qu'elle soit juste ou injuste, & qu'il y ait lieu d'en espérer la restitution. La perte est censée arrivée pour l'assuré au moment même de la prise, & les assureurs ne peuvent prétendre que le délaissement des choses assurées, pour en poursuivre la restitution à leurs risques.

La seconde cause est occasionnée par les *naufrages, bris & échouemens;* mais il n'y a lieu dans ces cas au paiement de la somme stipulée, que lorsque la perte des effets assurés est totale ou presque totale; si la majeure partie en a été sauvée, l'assureur n'est tenu qu'à un dédommagement, comme dans le cas d'une simple avarie.

A l'égard du bris, lorsque le vaisseau a été assuré, l'assureur, au moyen du délaissement des débris, est tenu d'en payer la valeur; mais s'il n'a été qu'endommagé, & qu'il a été radoubé, ce n'est pareillement qu'une avarie, dont l'assureur doit indemniser l'armateur.

La perte d'un bâtiment est censée totale, lorsque le vaisseau n'a pu être radoubé, faute de trouver sur le lieu les matériaux nécessaires, ou par le défaut de crédit du maître, qui n'a pu se procurer dans l'endroit l'argent dont il avoit besoin pour frayer à cette dépense.

La troisième cause est l'*arrêt de prince. Voyez ce mot.*

La quatrième est *la perte entière* des choses assurées, ce qui comprend tous les accidens de force majeure, de quelque nature qu'ils soient; tels, par exemple, que le feu, le pillage, la déclaration de guerre, *&c....*

Ces mots *perte entière* ne doivent pas être pris strictement. Il suffit que la plus grande partie des choses assurées soit perdue, ou qu'elles soient si considérablement endommagées, que leur valeur en soit diminuée de plus de moitié. M. Valin observe que lorsque les marchandises assurées sont divisées en ballots différens, il n'y a pas lieu à la répétition de la somme, si tous les ballots ne sont pas péris ou endommagés, parce qu'on ne peut pas dire qu'il y ait perte entière; l'assureur dans ce cas n'est obligé qu'au dédommagement des ballots perdus ou gâtés, quand bien même l'accident seroit arrivé à la majeure partie.

Du temps où l'action est ouverte. L'assuré ne peut exiger de l'assureur la somme stipulée, qu'après qu'il a eu nouvelle de la perte de ses effets. Cependant s'il s'est écoulé, depuis le départ du bâtiment, un an pour les voyages ordinaires, & deux ans pour ceux de long cours, sans que lui ou autres personnes aient reçu nouvelles du vaisseau, l'ordonnance, *article 58*, présume qu'il est péri, & autorise l'assuré à offrir le délaissement des choses assurées, & à demander à l'assureur la somme promise par la police.

Ce délai fixé par l'ordonnance a lieu en faveur

de l'assuré, quand même l'*assurance* auroit été faite pour un temps limité, & dans ce cas l'assureur qui prétendroit que le vaisseau n'a péri qu'après l'expiration du temps porté par la police, doit prouver son allégation, suivant les règles de droit, *incumbit onus probandi ei qui dicit : reus excipiendo fit actor.* Un arrêt du conseil de 1749, rapporté par Valin, a cassé deux arrêts du parlement de Provence, qui avoient jugé le contraire.

L'ordonnance, *article 59*, appelle *voyages de long cours* ceux de France en Moscovie, Groenland, Canada, les îles & côtes de Guinée & de l'Amérique. Une ordonnance du 18 novembre 1740, répute voyages de long cours tout ceux qui se font sur l'Océan au-delà des détroits de Gibraltar & du Sund.

L'assuré doit faire signifier aux assureurs la perte des choses assurées. Lorsque l'assuré a reçu nouvelles des accidens, qui sont à la charge des assureurs, il doit le faire signifier juridiquement aux assureurs, ou à celui qui a signé pour eux l'*assurance.*

Par un usage particulier à Marseille, il suffit que l'assuré se présente à la chambre du commerce, avec la lettre d'avis qu'il a reçue, pour y faire la déclaration de sa perte, ce qui tient lieu de signification.

Cette signification peut se faire, quoique l'assuré ne soit pas encore décidé sur le parti qu'il prendra, ou de demander la somme stipulée, en délaissant les effets assurés, ou de demander un simple dédommagement : elle ne l'empêche pas même de travailler au recouvrement des effets naufragés, sauf à en tenir compte aux assureurs. Mais lorsque l'assuré n'a pas pris son parti, il ne doit faire la signification de la perte, qu'avec protestation qu'il se réserve le droit d'offrir le délaissement dans le temps prescrit par l'ordonnance.

Du délaissement. 1°. L'assuré ne peut demander à l'assureur la somme stipulée, qu'après lui avoir fait le délaissement total des effets assurés, & de tous ses droits par rapport à eux.

Il suit delà que, si, par la même police d'*assurance*, j'ai fait assurer plusieurs espèces de marchandises, comme du sucre & de l'indigo, l'abandon doit être fait tant du sucre que de l'indigo, & il ne m'est pas permis de garder une espèce & de délaisser l'autre.

2°. Si les différentes espèces de marchandises ont été assurées par différentes polices, ou différens assureurs, je suis libre d'abandonner les espèces contenues dans une *assurance*, & de conserver les autres.

3°. Lorsque l'*assurance* a été faite au-dessous de la valeur des marchandises, par exemple, si j'ai fait assurer vingt mille livres seulement sur un chargement de trente mille livres, l'abandon fait aux assureurs ne sera que des deux tiers des choses restées. C'est alors un délaissement total, puisqu'il est fait pour le total de la partie assurée, celle qui n'étoit pas assurée, n'étant pas aux risques des assureurs, ils n'y ont aucun droit.

4°. Il en seroit de même dans le cas où la valeur du chargement auroit augmenté pendant le voyage. Supposez, par exemple, qu'un négociant ait fait assurer jusqu'à S. Domingue une somme de quinze mille livres, sur un bâtiment qui devoit auparavant passer à la côte d'Afrique, & que, par l'événement du commerce, la valeur de la cargaison assurée ait été doublée ; si le bâtiment vient à faire naufrage près des côtes de S. Domingue, le négociant ne sera tenu d'abandonner aux assureurs que la moitié de ce qui aura été sauvé du naufrage, parce qu'il n'y a que cette moitié aux risques des assureurs.

Si l'assuré a fait des frais pour la conservation des effets naufragés, l'assureur doit lui en tenir compte, & s'en rapporter à l'affirmation de l'assuré ; mais il n'est tenu de cette obligation que jusqu'à la concurrence de la valeur des effets sauvés, il est même autorisé à les laisser à l'assuré pour le montant de ses frais.

L'article 67 de l'ordonnance propose une espèce dans laquelle l'assuré n'est pas obligé de faire le délaissement des choses assurées. C'est celle où un vaisseau, pris par un corsaire, a été racheté par l'assuré, avant d'en avoir donné avis aux assureurs. Cet article laisse aux assureurs le choix de prendre la composition à leur profit, à proportion de la quantité d'objets qu'ils ont assurés sur le bâtiment, en continuant de courir les risques de la navigation, ou de payer la somme assurée. Ils doivent faire la déclaration du parti qu'ils prennent, dès le moment de la signification de la prise du bâtiment & de son rachat.

S'ils acceptent la composition, ils sont tenus de payer sur le champ la portion pour laquelle ils doivent y contribuer, à moins que le corsaire n'ait accordé un délai pour le paiement de ce rachat, & dans ce cas ils continuent d'être chargés des risques de la navigation, ensorte que si le vaisseau vient à périr ou être pris une seconde fois, ils sont contraints au paiement de la somme assurée, sans aucune diminution de ce qu'ils ont payé sur le rachat.

S'ils refusent de prendre part à la composition, il y a lieu à la demande de la somme assurée, sans qu'ils puissent rien prétendre dans les effets relâchés, parce qu'ils sont censés les avoir abandonnés à l'assuré pour le prix du rachat, de même qu'ils peuvent lui abandonner les effets naufragés pour les frais employés à leur recouvrement.

Dans l'un & l'autre cas, les assureurs, comme subrogés aux droits de l'assuré, peuvent, à leurs risques, périls & fortunes, faire déclarer la prise illégitime, & poursuivre la restitution de la somme extorquée par le corsaire.

L'effet du délaissement est de transporter aux assureurs, d'une manière irrévocable, la propriété des effets assurés, ensorte que l'assuré ne peut plus les répéter, en offrant de décharger les assureurs de la somme assurée, ou de la leur rendre si elle est payée, & les assureurs ne peuvent de même éviter de payer la somme assurée, quoique depuis ils aient recouvré les effets assurés, & offrent de les rendre à l'assuré; c'est la disposition précise de l'article 60.

Des déclarations de l'assuré, qui doivent accompagner son délaissement. L'article 53 porte que l'assuré, en faisant son délaissement, doit déclarer toutes les *assurances* qu'il a fait faire, & l'argent qu'il a pris à la grosse sur les effets assurés, à peine d'être privé de l'effet de son *assurance*. Cette disposition est juste, parce qu'il faut que l'assureur connoisse si l'*assurance*, dont on lui demande le paiement, a été légitimement contractée, ce qui ne seroit pas si des effets déjà assurés, l'avoient été de nouveau, pour une somme qui excéderoit leur valeur, ou s'ils avoient été assurés une seconde fois, puisqu'ainsi que nous l'avons dit plus haut, les réassurances sont prohibées.

Il est également juste à l'égard des emprunts faits à la grosse-aventure, car ces emprunts renferment une *assurance*, jusqu'à la concurrence des sommes empruntées, puisqu'ils ne sont pas aux risques de l'assuré.

La perte de la somme assurée, étant une peine de la fraude de l'assuré, s'il paroît que l'omission, qu'il auroit faite de la déclaration d'une *assurance*, n'est pas frauduleuse, dans le cas, par exemple, où il auroit donné commission d'assurer en pays étranger, & où il n'en auroit pas eu connoissance, il n'y auroit pas lieu à la peine prononcée par l'ordonnance.

Les déclarations de l'assuré doivent être faites régulièrement par l'acte du délaissement, mais il peut les faire après; alors le délaissement n'a lieu que du jour des déclarations, & le terme accordé par l'article 44, pour le paiement de la somme assurée, ne commence à courir que de ce jour.

De la signification des pièces justificatives. L'assuré doit faire signifier aux assureurs les pièces justificatives du chargement des marchandises sur le navire, de leur valeur, & des accidens qui les ont fait périr.

La preuve du chargement se fait par le *connoissement*, nom qu'on donne à la reconnoissance, que le maître du vaisseau remet à un négociant des marchandises qu'il a chargées sur son bâtiment. A défaut de connoissement, s'il est perdu, l'attestation du capitaine & des principaux de l'équipage suffit. Dans les chargemens faits sur les côtes de Barbarie, en cas de perte du connoissement, l'assuré doit justifier des choses chargées, par l'acte qu'on nomme un *manifeste*, & que chaque capitaine de navire doit remettre à la chancellerie du lieu du chargement : cet acte doit contenir un extrait fidèle de toutes les polices de son chargement.

Lorsque le chargement se fait en pays étranger, & l'*assurance* en France, ceux qui font faire le chargement en pays étranger, doivent y déposer un double du connoissement entre les mains du consul françois; & s'il n'y en a pas, entre les mains d'un notable marchand de la nation françoise.

A l'égard des voyages de l'Amérique, la perte du connoissement peut être suppléée par l'acquit des droits, que le capitaine a payés pour les marchandises chargées sur son bord.

Lorsque le maître d'un navire fait assurer des marchandises qui lui appartiennent, il ne peut se donner à lui-même un connoissement; mais il est tenu de s'en faire donner un par l'écrivain du vaisseau & du pilote; & pour ôter tout soupçon de collusion, il doit, suivant l'article 62, justifier de l'achat des marchandises, par les factures ou les livres des marchands de qui il les a achetées.

La valeur des effets assurés se justifie, en premier lieu, par la police d'*assurance*, si on y a inséré une estimation de ces effets. En second lieu, elle se justifie par les factures & par les livres de commerce, tant de l'assuré, que de ceux qui lui ont vendu les marchandises. Si cette preuve vient à manquer, on doit en faire l'estimation, à dire d'experts, & y joindre tous les droits & frais faits jusqu'à bord, c'est-à-dire, tout ce qu'il a dû en coûter pour le transport des marchandises, leur chargement sur le vaisseau, & les droits de douane.

La valeur des retours chargés à l'Amérique ne doit pas se faire suivant la valeur de l'argent de ce pays, sur lequel il y a un tiers à perdre en France; mais sur le pied de l'argent de France, car ils ne sont pour l'assuré que de ce qu'il en peut retirer en France. La convention de les estimer sans cette déduction a été déclarée nulle & illicite par plusieurs sentences de l'amirauté du palais.

Les assureurs qui font réassurer leurs risques, les prêteurs à la grosse qui veulent faire assurer les marchandises sur lesquelles ils ont prêté, sont également obligés de justifier à leurs assureurs du chargement & de la valeur de ces marchandises.

La preuve des accidens se fait, en cas de naufrage ou d'échouement, par les procès-verbaux des officiers de l'amirauté, du lieu le plus voisin où le naufrage est arrivé, ou pardevant des notaires, lorsqu'il n'y a pas d'amirauté : en cas de prise, par les lettres du capitaine ou des principaux de l'équipage. Mais il n'est pas nécessaire d'actes justificatifs, lorsque la perte est présumée par le défaut de nouvelles depuis un ou deux ans.

Cette signification des pièces justificatives doit être faite *incontinent*, & avant qu'on puisse poursuivre les assureurs pour le paiement des choses assurées. *Art. 58.* Ce terme d'*incontinent* ne doit pas être pris à la rigueur, il signifie seulement que l'assuré ne peut faire aucune poursuite avant cette signification.

Exceptions des assureurs. La première & la principale exception que les assureurs peuvent opposer contre les demandes des assurés, est celle qui résulte de la prescription portée dans l'article 48 de l'ordonnance, suivant lequel toute demande & délaissement n'a plus lieu six semaines après la nouvelle des pertes arrivées sur les côtes de la province où l'*assurance* a été faite, trois mois pour celles arrivées sur les côtes d'une autre province, quatre pour celles de Hollande, de Flandre & d'Angleterre, un an pour celles d'Espagne, de Portugal, d'Italie, de Barbarie, de Moscovie & de Norvège, deux ans pour celles de l'Amérique, de la Guinée & des Indes.

Dans le cas de l'arrêt de prince, ou de défaut de nouvelles, ces délais ne commencent à courir qu'après l'expiration de ceux portés dans les articles 49, 50 & 58, pour pouvoir agir en vertu de l'arrêt de prince ou du défaut de nouvelles; car il est de principe certain que le temps dans lequel une demande doit être intentée, ne commence à courir que du jour qu'on a pu l'intenter.

La reconnoissance de l'assureur écrite par lui au bas de la police, par laquelle il convient d'avoir été averti de la perte, & promet de la payer après la liquidation, fait cesser la fin de non-recevoir, & perpétue pendant trente ans l'action de l'assuré.

Non-seulement la signification de la perte des choses assurées doit être faite dans les délais prescrits, mais l'action en demande doit être intentée : c'est ce qui a été jugé par le parlement d'Aix, le 30 juin 1759, contre un assuré qui avoit fait son délaissement dans le terme, & donné sa requête à fins de paiement cinq jours seulement après l'expiration du terme.

L'assureur peut opposer, en second lieu, à l'assuré que la perte des effets n'est pas suffisamment justifiée par les attestations produites, ou qu'il n'est pas justifié qu'elle est arrivée par un accident de force majeure, & il doit être admis à la preuve de son allégation.

Il peut opposer encore que la somme assurée excède la valeur des marchandises, soit parce que l'estimation en a été portée trop haut, soit parce qu'une partie d'entre elles avoit été assurée par une ou plusieurs autres polices. L'effet de cette exception, lorsqu'elle est prouvée, tend à faire réduire la somme assurée à la valeur du chargement, ou de ce qui en restoit à assurer; elle peut même faire débouter entiérement l'assuré de sa demande, lorsqu'il y a preuve de fraude de sa part, ou même présomption de fraude par le recel qu'il auroit fait de quelqu'une des *assurances*.

Condamnation de l'assureur. Lorsque les assurés ont fait leur délaissement, & établi légitimement la quantité, la valeur & la perte des effets assurés, la condamnation qui intervient contre les assureurs est définitive, s'ils n'ont aucune exception à proposer; mais s'ils sont admis à faire la preuve contraire à celle des assurés, ils sont condamnés provisionnellement au paiement de la somme assurée, parce que la provision est due au titre, à la charge néanmoins par l'assuré de donner bonne & suffisante caution, pour la restitution de la somme, s'il est ainsi jugé en fin de cause. Si la somme n'est pas liquide, il ne doit intervenir de condamnation, qu'après la liquidation. *Art. 61.*

Terme dans lequel l'assureur doit payer, & des déductions qu'il peut faire. L'ordonnance, *article 44*, accorde aux assureurs, pour payer la somme assurée, le terme de trois mois, à compter du jour du délaissement signifié par l'assuré. On peut convenir par la police d'un terme plus ou moins long, & cette convention doit avoir son effet.

Les assureurs sont autorisés à déduire sur la somme à laquelle ils sont condamnés, 1°. la prime convenue, qui leur est due par l'assuré, à moins que par une clause expresse de la police, il n'ait été convenu que la somme assurée seroit payée sans aucune déduction de prime, qui, elle-même, ne seroit due qu'en cas d'heureuse arrivée du vaisseau.

2°. Ils sont autorisés à déduire la plus valeur à laquelle ont été estimés les effets assurés, & sur cette plus valeur, ils doivent encore précompter un demi pour cent, qui leur est attribué, en forme de dédommagement, ainsi que nous l'avons dit.

3°. Ils font aussi déduction de tout ce qu'ils ont payé à l'assuré avant l'acte de délaissement.

Seconde obligation : indemnité des avaries. Les assureurs sont tenus d'indemniser les assurés, non-seulement des avaries simples, mais encore de la perte pour laquelle les effets assurés ont contribué aux avaries communes. Voyez ce que nous avons dit ci-dessus, sur les risques auxquels les assureurs sont assujettis. Mais, dans cette espèce, les assureurs sont subrogés de droit à toutes les actions qui appartiennent à l'assuré.

La demande des avaries n'a lieu que lorsqu'elles sont un peu considérables, l'ordonnance défend d'en exiger si elles n'excèdent un pour cent : on peut convenir par la police que les assureurs ne seront pas tenus des avaries, ou qu'ils n'en seront tenus, que dans le cas où elles excéderoient trois ou quatre pour cent.

Delà naît la question de savoir si dans cette dernière hypothèse, les assureurs sont obligés au paiement entier des avaries qui excèdent trois ou quatre pour cent, ou s'ils sont autorisés à déduire ces trois ou quatre pour cent de perte, qui resteroient à la charge des assurés. Il paroîtroit conforme aux principes, que les assureurs doivent le paiement entier des avaries, parce que cette clause, *dans le cas où elles excéderont trois ou quatre pour cent*, semble être la condition de l'événement de laquelle dépend le risque des avaries pour le compte des assureurs. Cependant, au parlement de Rouen, on y accorde aux assureurs cette déduction, qu'on leur refuse à la Rochelle; l'amirauté de Paris, où ressortit celle de la Rochelle, est dans le même usage que le parlement de Rouen, parce que la cause des assureurs paroît favorable, par rapport à l'utilité que le commerce retire des *assurances*.

La demande en indemnité des avaries doit être intentée dans les délais fixés pour celle qui a lieu en cas de perte : elle est sujette aux mêmes formalités, pour justifier du chargement effectif des marchandises, de leur valeur, des dommages qu'elles ont essuyés & des accidens de force majeure qui y ont donné lieu.

Lorsque les avaries occasionnent la perte totale ou presque totale des marchandises, l'assuré doit être contraint à en faire l'abandon aux assureurs, aux offres, par eux, de payer en entier la somme assurée. S'il étoit permis à l'assuré de recevoir en même temps une indemnité, presqu'égale à la valeur de ses effets, & de retenir les débris d'un naufrage, il se trouveroit avantagé d'un double gain, ce qui est contre l'esprit du contrat d'*assurance*, par lequel l'assuré doit seulement être dédommagé de la perte qu'il a soufferte, sans pouvoir retenir aucun profit.

SECTION V.

Des obligations de l'assuré, & des actions qui en naissent.

L'assuré, par le contrat d'*assurance*, s'oblige envers les assureurs de leur payer la prime convenue pour le prix de l'*assurance*. Elle est due, soit que le vaisseau arrive heureusement, soit qu'il périsse, à moins que par une clause particulière de la police, comme nous l'avons remarqué, la prime n'ait été promise que dans le cas d'une heureuse arrivée.

La prime est due pour le prix des risques que courent les assureurs; d'où il suit que si le voyage a été rompu avant le départ du vaisseau, il n'y a plus lieu au paiement de la prime, parce que les risques ne commencent à courir que du jour que le vaisseau a mis à la voile. Mais si le voyage est rompu par le fait des asfurés, l'assureur est en droit d'exiger un demi pour cent sur le prix de l'*assurance*, pour ses dommages & intérêts résultans de l'inexécution du contrat. Il en seroit autrement si le voyage avoit été rompu par un accident arrivé par cas fortuit.

Lorsque le contrat n'a son exécution que pour une partie de l'*assurance*, par exemple, dans le cas où un négociant auroit fait assurer pour trente mille livres de marchandises, & n'en auroit effectivement chargé que pour quinze mille livres, la prime n'est due qu'eu égard à cette quantité; mais l'assureur peut retenir, ou se faire payer un demi pour cent sur la partie qui n'a point été chargée.

Le prix de la prime est également réductible, sous la même retenue d'un demi pour cent, lorsque les assureurs ont fait réduire l'estimation des choses assurées; mais l'assuré n'est pas fondé à demander lui-même la réduction de l'estimation, à l'effet de payer une moindre prime, parce qu'il ne peut attaquer son propre fait, par lequel il a porté à une valeur trop considérable l'estimation de ses marchandises. Néanmoins, s'il l'avoit fait de bonne-foi, comme dans le cas où il fait assurer un retour de l'Amérique plus avantageux qu'il ne l'a reçu effectivement, il seroit bien fondé à demander une diminution sur la prime stipulée.

Dès que les assureurs ont commencé à courir les risques, la prime leur est acquise en entier & irrévocablement, quand bien même le voyage auroit été raccourci. C'est la disposition formelle de l'article 36. Les risques sont censés commencés à courir du jour que le vaisseau a mis à la voile, s'il est ainsi convenu dans la police d'*assurance*; mais s'il n'y a à cet égard aucune convention, il est d'usage constant de regarder les marchandises assurées, aux risques des assureurs, dès qu'elles sont chargées sur le vaisseau, ou sur des gabares pour y être portées, & dès-lors la prime leur est due irrévocablement, & n'est sujette à aucune restitution.

Le principe que nous établissons, que la prime est due entière, dès l'instant que les risques sont à la charge des assureurs, reçoit trois exceptions. La première, lorsqu'elle a été stipulée à raison de tant par jour ou par mois que durera le voyage. La seconde, lorsqu'on est convenu d'une seule prime, sous le nom de *prime-liée*, pour l'aller & pour le retour du vaisseau. La troisième, dans le cas où les assureurs feroient banqueroute pendant le temps des risques.

Dans l'espèce de la première exception, il ne peut y avoir de difficulté, puisqu'elle naît de la convention des parties; la troisième n'a d'effet que dans le cas où les assureurs & leurs créanciers n'offriroient pas à l'assuré bonne & suffisante caution, pour le prix de l'*assurance*. Car alors l'assuré est bien fondé à demander la résolution du contrat.

La seconde exception ne doit pas s'entendre indéfiniment, il faut distinguer plusieurs espèces qui se présentent naturellement. Lorsque le vaisseau vient à périr avant d'arriver au lieu de sa destination, la prime est irrévocablement acquise entière aux assureurs; car, par la perte du vaisseau, le contrat a reçu une entière consommation, & les assureurs doivent le total de la somme assurée, tant pour l'aller que pour le retour.

Si le vaisseau est arrivé heureusement, & qu'il ne fasse pas de retour, c'est-à-dire, qu'il ne revienne pas du tout, par vétusté ou autre motif, ou qu'il ne charge aucunes marchandises pour remplacer les premières, l'assureur n'est tenu que de rendre le tiers de la prime; ce qu'il retient au-delà de la moitié, qui semble seulement devoir lui appartenir, lui est accordé en dédommagement de l'inexécution du contrat, d'où il suit qu'à cet égard il ne peut exiger le demi pour cent.

Lorsque le retour est fait pour une somme moindre que la valeur des effets transportés dans le premier voyage, il n'y a pas lieu à la restitution du tiers de la *prime-liée*. Mais comme le contrat n'est exécuté qu'en partie, on retranchera de ce tiers, qui fait le prix total de la prime de retour, une portion proportionnée à celle qui aura été retranchée de la somme assurée, à la déduction du demi pour cent en faveur de l'assureur.

Dans l'espèce de la *prime-liée*, les parties peuvent

convenir de la restitution d'une somme plus considérable ou moindre que le tiers de la prime, s'il n'y a pas de retour: on peut aussi valablement convenir que dans le même cas l'assureur ne rendra rien.

De l'obligation contractée par l'assuré de payer la prime d'*assurance*, naît contre lui, en faveur des assureurs, une action pour en exiger le paiement, qui doit se faire immédiatement après que le contrat a reçu sa perfection, à moins qu'une clause de la police n'accorde à l'assuré un délai pour le paiement, ou le fasse dépendre de la condition de l'heureuse arrivée du bâtiment.

M. Valin suppose, comme constant, que les assureurs ont, par rapport à cette action, un privilège sur les effets assurés, ce qui paroît conforme à l'équité.

L'assuré contracte encore envers les assureurs l'obligation de leur faire l'abandon de ce qui reste des effets assurés avant de pouvoir demander la somme assurée. *Voyez à cet égard ce que nous avons dit ci-dessus, section IV, en parlant du délaissement.*

Section VI.

De l'obligation que contracte celui qui assure la liberté d'une personne.

Nous avons déjà dit que l'on pouvoit faire assurer sa liberté. Par cette espèce de contrat d'*assurance*, l'assureur, pour une certaine prime que l'assuré lui donne ou s'engage de lui donner, s'oblige envers lui, au cas que, dans le cours du voyage mentionné par la police, il soit fait captif ou prisonnier, de lui fournir une certaine somme pour sa rançon & son retour.

La prise du vaisseau & la captivité de l'assuré, qui en résulte, donnent ouverture à cette obligation & à l'action qui en naît, pour demander la somme que les assureurs se sont obligés de payer: & l'assuré, pour intenter utilement cette action, est tenu seulement de rapporter la police d'*assurance*, une attestation de la prise du vaisseau, & de sa captivité.

L'ordonnance de la marine ne s'est point expliquée particuliérement sur le temps dans lequel les assureurs sont tenus de payer la somme convenue, mais, comme le rachat d'un captif ou la délivrance d'un prisonnier est une chose qui requiert le plus grande célérité, les assureurs ne doivent pas jouir du délai de trois mois, qui leur est accordé pour le paiement des sommes assurées sur des navires ou sur des marchandises. Le Guidon de la mer, *chap. 16*, veut que les assureurs paient la somme convenue dans la quinzaine, après la certification faite de la captivité. Nous regardons cette décision comme une chose juste, & que l'on doit suivre dans la pratique.

Il est d'usage d'indiquer par la police la personne à qui les assureurs doivent payer la somme convenue. S'il n'y en a point d'indiquée, elle doit être payée au procureur fondé du captif, ou à ceux qui auroient qualité pour recevoir pour lui, tels que seroient son père, son fils ou son frère.

Lorsque la personne qui a fait assurer sa liberté, est décédée en captivité avant d'avoir mis les assureurs en demeure de payer sa rançon, ou lorsqu'elle a trouvé le moyen de se sauver, les assureurs sont-ils déchargés de payer la somme convenue? Ils ne le sont ni dans l'une ni dans l'autre espèce.

Dans la première, la somme promise par la police d'*assurance* appartient aux héritiers du captif. Ce n'est pas directement la liberté du captif, qui fait l'objet de l'obligation des assureurs: elle n'est que la cause finale & le motif du contrat. L'objet de l'obligation des assureurs est la somme portée par la police, qu'ils sont tenus de payer à l'événement de la condition sous laquelle elle a été promise; or le droit qui résulte d'une obligation d'une somme d'argent, est un droit qui passe naturellement aux héritiers de la personne envers qui elle a été contractée.

La raison est la même dans la seconde espèce, & le captif échappé de sa captivité est bien fondé à demander à ses assureurs le prix stipulé dans la police. Mais il en seroit autrement, si les assureurs ne s'étoient pas obligés au paiement d'une certaine somme, & se fussent engagés seulement à le délivrer dans le cas où il seroit pris. Dans ce cas, comme le fait de la rédemption du captif est le seul objet de l'obligation des assureurs, & que ce fait est particulier à la personne envers laquelle il a été contracté, l'action qui naît de cette obligation, n'est pas transmissible à ses héritiers, soit qu'il décède en captivité, soit qu'il trouve le moyen de s'évader: n'étant plus captif, il n'a plus besoin d'être racheté.

Mais si les assureurs ont été mis en demeure de satisfaire à leur obligation, & de délivrer le captif avant sa mort ou son évasion, l'obligation des assureurs ayant été, par leur demeure, convertie en une obligation de dommages & intérêts, &, par conséquent, en une obligation d'une somme d'argent, l'action qui en naît, subsiste toujours, nonobstant sa mort ou son évasion.

Dans le contrat d'*assurance* dont nous parlons, on stipule ordinairement, dans la police, une peine que les assureurs seront tenus de payer, en cas de retard de leur part à satisfaire à leur obligation. Cette peine est pour tenir lieu à l'assuré des dommages & intérêts qu'il souffre par ce retard. Mais si cette peine a été omise dans la police, les assureurs n'en sont pas moins obligés de payer à l'assuré les dommages & intérêts qui résultent de la durée de sa détention, & ils doivent être estimés eu égard au genre de captivité, & à la qualité de la personne.

Cette espèce d'*assurance* a également lieu pour les voyages de terre comme pour ceux de mer; ainsi un pélerin qui se propose d'aller à Jérusalem, un négociant qui veut passer avec les caravanes en Asie, peuvent faire assurer leur liberté, dans la crainte d'être pris par les Arabes.

La police d'*assurance* doit, dans ces cas, limiter le temps du voyage ; mais le plus long ne doit pas excéder trois ans. Si la personne assurée ne tombe en captivité qu'après l'expiration de ce temps, les assureurs ne sont plus tenus envers lui, quand bien même il allégueroit que son voyage a été retardé par maladie ou par quelque autre accident.

SECTION VII.

Des juges du contrat d'assurance.

Toutes les contestations auxquelles donne lieu le contrat d'*assurance*, doivent se porter devant le siège de l'amirauté dans le ressort duquel il a été passé. Mais lorsque la police d'*assurance* contient la clause, que les parties soumettent les contestations qui pourront survenir à l'arbitrage, l'une d'entre elles peut, avant la contestation en cause, obtenir, malgré sa partie adverse, le renvoi de la cause pardevant des arbitres. Le juge doit même en nommer un pour le refusant. C'est la disposition de l'article 70 de l'ordonnance. Il n'est pas même nécessaire que les arbitres soient nommés par la police, il suffit qu'il y ait une clause générale par laquelle les parties se soient soumises à l'arbitrage.

Il est d'usage à l'amirauté du palais de retenir la connoissance des contestations qui ont pour objet quelque question de droit délicate que des arbitres négocians ne sont pas en état de décider : &, malgré la clause de soumission à l'arbitrage, leurs sentences, dans ce cas-là, ont toujours été confirmées par arrêt.

Lorsqu'une affaire a été renvoyée pardevant des arbitres, la partie qui veut aller en avant, peut produire dans la huitaine de leur nomination entre leurs mains, & signifier à sa partie adverse, qu'elle a produit, avec sommation d'en faire autant : &, huitaine après cette sommation, les arbitres peuvent, si bon leur semble, rendre leur sentence par forclusion.

Ces sentences doivent être homologuées aux sièges de l'amirauté, sans qu'il soit permis aux juges qui les homologuent, de prendre connoissance du fond : l'appel s'en porte au parlement, dans le ressort duquel est l'amirauté, où il ne doit être reçu qu'après le paiement de la peine, s'il y en a une stipulée par la soumission à l'arbitrage : ces sentences sont exécutoires par provision en donnant caution. C'est la disposition des articles 71, 73 & 74 de l'ordonnance. *Voyez* ARBITRE, ARBITRAGE.

ASSURANCE, (*Chambre d'*) *Droit maritime.* C'est le nom qu'on donne aux compagnies qui se forment & s'associent pour assurer : ces associations ne peuvent être formées qu'en vertu de lettres-patentes. *Voyez* CONTRAT D'ASSURANCE.

ASSURANCE, (*brevet d'*) *Droit civil & militaire.* C'est la retenue d'une somme que le roi accorde à celui qui est pourvu d'une charge non vénale ou d'un commandement, pour raison de laquelle sa majesté fait expédier au pourvu un brevet qu'on nomme *brevet de retenue* ou *d'assurance.* Voyez BREVET.

ASSURANCE *collatérale*, dans la jurisprudence angloise, est un acte accessoire & relatif à un autre, dans lequel on stipule expressément une clause qui étoit censée contenue au premier, pour en assurer d'autant plus l'exécution. C'est une espèce de supplément d'acte.

ASSURANCE, s. f. ASSUREMENT, s. m. ASSURETÉ, s. f. *termes de l'ancienne jurisprudence*, qui signifient en général *sauve-garde* & *protection*, & sont synonymes l'un de l'autre.

Les coutumes les emploient pour marquer l'*assurance* qu'on demandoit autrefois devant le juge à un particulier dont on appréhendoit les voies de fait, qu'il se comporteroit de façon qu'on n'eût aucun reproche à lui faire : cette *assurance* se donnoit sous la religion du serment ; & lorsqu'on manquoit à sa promesse, on encouroit des peines très-sévères, & même capitales.

Les *assuremens* se sont introduits dans ces temps malheureux, où le plus fort opprimoit le plus foible, & où celui-ci n'avoit d'autre ressource, pour se mettre à l'abri de l'outrage, que d'implorer la protection du juge.

Il y a apparence que les *assuremens* étoient fort en usage lors de la rédaction des coutumes, puisqu'on en voit plusieurs qui contiennent un titre exprès sur cette matière.

Quoique, depuis l'abrogation des duels, l'usage des *assuremens* se soit comme perdu, il paroît néanmoins qu'on seroit encore fondé à prendre cette voie, si l'occasion le demandoit.

Voici la marche qu'on tenoit anciennement pour parvenir à un *assurement*. Lorsqu'on avoit été menacé, & qu'on avoit sujet de craindre des outrages sur sa personne ou sur ses biens, on faisoit assigner devant le juge le particulier dont on redoutoit les procédés, pour voir dire qu'il seroit tenu de promettre par serment de ne *méfaire* d'aucune façon au demandeur. Sur l'assignation, il comparoissoit, ou il faisoit défaut : au premier cas, s'il prétendoit n'avoir donné aucun sujet de défiance, le demandeur étoit tenu d'affirmer qu'il avoit sujet de craindre : on s'en rapportoit à son affirmation, & le défendeur étoit obligé de donner l'*assurement*, en la manière ordinaire. Si au contraire ce dernier ne comparoissoit point, il intervenoit sentence qui lui faisoit défenses, sous les peines portées par la coutume, d'effectuer aucune menace ni voie de fait envers le demandeur, & cette sentence lui étoit signifiée.

Aujourd'hui la marche n'est plus la même : on commence par rendre plainte des faits & des menaces ; on informe, & d'après les connoissances que les témoins fournissent, le juge peut accorder au plaignant une espèce d'*assurement* qui consiste à le mettre sous la protection du roi & de la justice. Cet *assurement* est un jugement provisoire qui peut se rendre même avant que l'information soit close,

& celui qui l'obtient le fait signifier à la partie accusée.

On remarque cependant que le pouvoir d'un juge seigneurial, à cet égard, n'est pas tout-à-fait le même que celui du juge royal. Celui-ci peut accorder *assurement*, en mettant le plaignant sous la sauve-garde du roi & de justice; au lieu que le juge seigneurial ne peut le mettre que sous la protection de justice. Distinction peu nécessaire, mais qui cependant se trouve introduite, & à laquelle les juges subalternes doivent se conformer.

Lorsque le plaignant n'a point demandé cet *assurement* provisoire dans le cours de l'instruction de la procédure, il peut le demander par ses conclusions définitives; & les juges, en punissant le coupable de ses voies de fait, ou simplement de ses menaces, peuvent lui faire défenses, soit de récidiver ou de *méfaire*, en déclarant qu'ils mettent le plaignant sous la protection du roi ou de justice.

Anciennement, quand un particulier avoit obtenu un *assurement*, c'étoit un crime grave, de la part de l'accusé, que d'attenter à la personne ou aux biens de celui auquel il avoit été accordé. *Infraction d'assurement*, dit la coutume de la Marche, *emporte la peine de la hart*, c'est-à-dire, de la vie; car le terme de *hart* signifie la corde qui sert à suspendre les criminels au gibet.

Lorsqu'après l'*assurement* donné, il arrivoit quelque accident à celui qui l'avoit obtenu, on présumoit de plein droit que celui contre lequel il étoit donné, étoit l'auteur du délit; & sur cette présomption on le punissoit, à moins qu'il ne fût en état de se justifier. Aujourd'hui une présomption pareille pourroit suffire pour accuser, mais non pour faire prononcer une condamnation sans des preuves particulières; & quoique le délit eût été commis au préjudice de la protection accordée au plaignant, il ne s'ensuivroit pas qu'on dût être puni d'une peine capitale: ceci dépendroit de la qualité du fait & des circonstances.

Il n'est pas d'usage qu'on accorde d'*assurement* à un simple bourgeois contre un homme en place, ni à un inférieur contre son supérieur; la décence des rangs s'y oppose.

Dans les coutumes qui ne parlent point d'*assuremens*, on y suppléoit autrefois en obtenant des lettres de sauve-garde en chancellerie. Le roi mandoit au premier huissier ou sergent sur ce requis, de maintenir l'impétrant dans ses droits & ses possessions, contre tous ceux qui voudroient l'y troubler. Ces lettres, dont l'usage s'introduisit dans ces temps de désordres qui affligeoient le royaume, se signifioient aux personnes dont on craignoit les mauvais procédés, & copie s'en affichoit dans les endroits que l'on vouloit mettre à l'abri du ravage.

On expédie bien encore des lettres de sauvegarde en chancellerie, mais pour une fin différente de celle de l'*assurement* dont il s'agit ici; c'est ce qu'on pourra remarquer au mot SAUVE-GARDE.

ASSURETTE, f. f. *terme de Commerce maritime*, dont on se sert dans les échelles du Levant, pour celui d'*assurance*.

ASTROLOGIE, f. f. (*Droit civil & canonique.*) c'est un art suivant les règles duquel on croit pouvoir connoître l'avenir par l'inspection, la position & l'influence des corps célestes. On joint ordinairement à ce mot l'épithète de *judiciaire* pour ne pas confondre cet art faux & trompeur avec l'astronomie, ou la science des astres qui a pour objet de faire le dénombrement des corps célestes, de distinguer ceux qui sont fixes de ceux qui sont errans, de tracer la route des uns & des autres, de déterminer le temps des opérations de l'agriculture, la position respective des pays, & de conduire sûrement les navigateurs au milieu de la vaste étendue de l'Océan.

L'*astrologie* a été très-honorée dans les siècles d'ignorance. Les princes avoient auprès d'eux, dans leur cour, un nombre d'astrologues qu'ils payoient chérement, & les peuples étoient dupes de leur crédulité & du savoir apparent de ces imposteurs. Les lumières qui ont commencé à éclairer le dix-septième siècle, l'étude approfondie de l'astronomie, la connoissance des effets de la nature ont enfin dessillé les yeux, & fait tomber les prestiges de l'*astrologie*, auxquels on ne croit pas plus aujourd'hui qu'aux sortilèges & aux enchantemens.

Les loix ecclésiastiques se sont élevées dans tous les temps contre les astrologues. Le concile d'Ancyre, celui de Paris en 829, le premier de Milan ont défendu de s'adonner à l'étude de l'*astrologie*. Le pape Alexandre III interdit de ses fonctions, pendant un an, un prêtre qui s'étoit servi d'un astrolabe pour découvrir un vol fait dans son église. Urbain VIII, par différentes bulles, défendit l'*astrologie* judiciaire sous peine d'excommunication, de confiscation & du dernier supplice contre les laïcs & les clercs: les évêques & les prélats étoient seulement exempts du supplice. Il ordonna que l'astronomie se borneroit aux objets d'agriculture, de navigation & de médecine.

Les empereurs romains ont placé l'usage qu'on faisoit de l'*astrologie* pour connoître la durée de la vie du prince, au nombre des crimes de lèse-majesté, comme on peut le voir par plusieurs loix du code, *tit. de malef. & mathem.*

Les ordonnances d'Orléans & de Blois se sont conformées à la sévérité des loix ecclésiastiques contre les astrologues: elles ordonnent qu'ils soient punis extraordinairement. La jurisprudence actuelle ne les condamneroit au dernier supplice, que dans le cas où ce délit seroit joint à un crime qui mériteroit une peine capitale: autrement elle ne séviroit contre eux que comme des imposteurs & des perturbateurs du repos public.

ASYLE, f. m. (*Droit civil, ecclésiast., criminel.*) c'est un lieu de refuge & de sûreté où les criminels se retirent pour se mettre à couvert de la sévérité de la loi. L'origine en est aussi ancienne que celle des temples, des autels, des bois sacrés,

Cette institution, qui semble, au premier coup d'œil, un encouragement au crime, dont il assure l'impunité, fut inspirée par la religion & la politique.

Les fondateurs des villes se servirent de ce moyen pour augmenter le nombre de leurs habitans: c'est ainsi que Cadmus peupla Thèbes en Béotie; son exemple fut suivi par Thésée & Romulus. Les premiers législateurs, pour assurer la stabilité du droit d'*asyle* & en faire respecter la sainteté, firent accroire aux peuples que les dieux eux-mêmes avoient consacré ces lieux saints, & qu'ils en étoient les protecteurs. Les Ephésiens prétendoient que leur temple avoit reçu ce privilège d'Apollon & de Diane. Les Égyptiens assuroient que l'*asyle* de Canope étoit une institution d'Hercule. Smyrne faisoit remonter à Neptune & à Diane la sauvegarde de son temple.

Les *asyles* se multiplièrent dans tous les pays, & sur-tout dans la Grèce. Ce pieux usage dégénéra bientôt en abus, & l'on vit dans plusieurs endroits un simple autel placé dans le milieu d'un carrefour, devenir, par la superstition des peuples, un lieu saint & un *asyle* inviolable.

Des hommes souillés des plus noirs forfaits trouvèrent leur sûreté dans le temple de Pallas à Sparte. Il suffisoit d'avoir pénétré dans l'*asyle* de Calidon en Etolie, pour obtenir la remise de toutes ses dettes. Tacite observe que dans toute la Grèce les temples étoient remplis de débiteurs insolvables, qui se moquoient de leurs créanciers, & d'esclaves insolens & rebelles, qui y bravoient la colère de leurs maîtres. Les magistrats ne pouvoient venir à bout d'y exercer la police, parce que le peuple y révéroit les crimes des hommes, comme le culte des dieux.

On trouve néanmoins, dans l'histoire ancienne, quelques exemples de célèbres coupables, arrachés des *asyles* où ils s'étoient refugiés; d'autres qu'on y laissoit mourir de faim, soit en empêchant de leur porter des vivres, soit en murant l'enceinte de leur *asyle*; moyen qu'employèrent les éphores contre Pausanias. Mais la superstition & le faux zèle des peuples imputa toujours à la violation de la sainteté des *asyles*, les calamités publiques qui survenoient, & qu'on regardoit comme la punition infligée par la divinité. C'est à ces prétendus sacrilèges qu'on attribua la mort cruelle du censeur Fulvius, la maladie honteuse de Silla, le tremblement de terre qui renversa une partie de Lacédémone, & plusieurs autres fléaux publics.

On ne peut nier que l'institution des *asyles* n'eût produit de grands avantages, si l'on avoit su en prévenir les abus. L'humanité les autorise contre la sévérité de la loi, qui se trouve quelquefois excessive ou vicieuse. C'est aussi un moyen d'échapper aux premiers mouvemens d'un despote en courroux; de rappeller à une famille offensée que Dieu daigne pardonner lui-même ceux qui l'outragent; de préparer des réconciliations, & de procurer à la partie lézée des dédommagemens plus avantageux que celui d'un supplice stérile. On peut même ajouter que dans plusieurs circonstances la justice demande elle-même qu'on lui enlève les victimes, qu'elle seroit forcée d'immoler.

La loi de Moïse avoit établi un certain nombre de villes auxquelles elle attribua le droit d'*asyle*. Les meurtriers, les assassins de guet-à-pens en étoient exclus, & ils ne pouvoient s'en servir pour éviter les châtimens dus à leurs crimes: mais les homicides involontaires y trouvoient un abri contre les persécutions & la vengeance de la famille qu'ils avoient offensée, & le pardon d'un délit involontaire. Ils étoient obligés d'y rester jusqu'au moment de la mort du grand-prêtre, & ce n'étoit qu'alors qu'ils pouvoient rentrer dans le sein de leur famille.

Guidés par ces exemples, les chrétiens convertirent en *asyles* les temples consacrés à Dieu; mais il en résulta bientôt les plus funestes abus. A l'ombre des autels, on vit par-tout des brigands, des concussionnaires, des assassins, des séditieux & des traîtres, braver impunément la justice des souverains.

Les empereurs qui succédèrent à Constantin furent obligés de restraindre les privilèges des églises à cet égard. Mais leurs loix ni celles de Justinien, ne purent former des barrières assez fortes pour arrêter la puissance envahissante du clergé séculier & régulier.

Les évêques & les moines étendirent leurs immunités au-delà des temples. Leurs vastes domaines devinrent des lieux de refuge. Ils plantèrent des poteaux, au-delà desquels les magistrats ne pouvoient exercer leurs pouvoirs. Les couvens devinrent autant de forteresses, d'où le crime impuni fouloit aux pieds les loix & les magistrats.

Charlemagne porta quelques atteintes aux *asyles*, en défendant, par le chap. 8 de ses Capitulaires, de donner aucune nourriture aux criminels réfugiés dans les églises. Mais cette défense ne produisit aucun effet, & les scélérats continuèrent, comme auparavant, à jouir de l'impunité sous la sauve-garde des autels.

Plusieurs conciles ouvrirent un *asyle* à toutes sortes de criminels, & le leur assurèrent par les foudres de l'excommunication lancée contre ceux qui osoient les en tirer. Le droit canonique n'en refusa même pas aux voleurs de grands chemins, aux bandits qui font de nuit des courses dans la campagne, & aux autres voleurs publics. En 1365, Guillaume Charpentier, convaincu d'avoir assassiné sa femme, fut arraché de l'hôtel-dieu, & conduit en prison. Il se plaignit au parlement de la violation de son *asyle*, & cette compagnie condamna à l'amende les sergens qui l'avoient emprisonné; elle ordonna qu'il seroit rétabli dans son *asyle*, & son crime demeura impuni.

Louis XII, le père du peuple, quoique conseillé par un ministre, décoré de la pourpre romaine, supprima tous les *asyles* des églises, des palais, des couvens & des autres lieux privilégiés de ses états, & entre autres, des églises & couvens de S. Jacques-de-la-Boucherie, de S. Merry, de Notre-Dame, de l'Hôtel-Dieu, de l'abbaye de S. Antoine, des carmes de la place Maubert, & des grands Augustins de Paris.

François premier, par l'ordonnance de 1539, autorisa les juges à ne plus maintenir le droit d'*asyle* & les franchises des églises & monastères qui en jouissoient encore. L'article 166 porte qu'il n'y aura plus d'*asyle* dans aucun lieu pour ceux qui auront été décrétés de prise-de-corps.

Les princes, instruits de leurs droits, resserrent tous les jours cet odieux privilège des *asyles* ecclésiastiques. On en restreint le nombre, & on en borne l'usage, même dans l'Italie, le pays de l'Europe où ils étoient le plus multipliés.

Urbain V commença par réprimer la licence des cardinaux qui donnoient retraite dans leurs maisons à des scélérats poursuivis par la justice. Le pape Benoît XIV publia, en 1750, une constitution dans laquelle, sans déroger aux bulles de ses prédécesseurs en faveur des immunités ecclésiastiques, il distingua les cas où les personnes coupables d'homicide pourroient jouir des privilèges des *asyles*, de ceux qui devoient les en exclure.

Ce sage souverain ordonne que les *asyles* ne donneront une retraite assurée qu'à ceux qui, par accident, se trouvent engagés dans des affaires malheureuses, & il défend d'y admettre les meurtriers, les assassins de dessein prémédité : il veut même que ces derniers soient livrés au bras séculier.

Cette même constitution porte que, dans le cas où quelqu'un seroit blessé, de manière que sa vie parût être en danger, on doit transférer le coupable dans les prisons publiques, jusqu'à ce que l'état du blessé ait décidé de sa vie ou de sa mort ; que s'il meurt, le coupable soit puni : s'il se rétablit, son adversaire soit ramené dans son *asyle*.

Nous ne connoissons plus aujourd'hui en France le droit d'*asyle* dont jouissoient les églises. Tout accusé peut être arrêté jusques sur l'autel, sans qu'il soit nécessaire d'obtenir pour cet effet une permission de l'évêque.

Il existe néanmoins quelques endroits privilégiés, tels que les maisons royales, les hôtels des ambassadeurs, & le palais du grand-prieur de Malte à Paris, que l'on nomme *le Temple*.

Tous ceux qui se réfugient dans une maison royale, quoiqu'ils soient poursuivis pour crimes ou pour dettes, ne peuvent y être arrêtés sans une permission particulière du roi ou du gouverneur de la maison, à moins que l'ordre de son emprisonnement n'ait été donné par les maréchaux de France ; leur ordre peut être exécuté même dans la chambre du roi, & en sa présence.

Nous avons dit à l'article AMBASSADEURS, que leurs hôtels jouissoient du droit d'*asyle*, & qu'on ne pouvoit le violer sans manquer au droit des gens ; mais ce même droit leur défend d'en abuser en y recevant ceux qui sont poursuivis pour crimes ou pour dettes. *Voyez* FRANCHISES.

La franchise du Temple est telle, qu'on ne peut y arrêter même un criminel, soit en vertu d'un ordre du roi, soit en vertu d'un décret de prise-de-corps. Mais aussi-tôt que le bailli du Temple est instruit que celui qui s'y est retiré est coupable d'un crime capital, il lui enjoint d'en sortir, ou il lui fait son procès. Cette franchise particulière est fondée sur la souveraineté de l'ordre de Malte, que nos rois ont bien voulu lui conserver dans l'endroit destiné au logement du premier officier qu'il a en France.

Dans la ville de Cambrai, on ne peut arrêter pour dettes civiles les paysans qui apportent leurs denrées au marché les jeudis.

ASYLE, (*Droit des gens.*) Nous venons de considérer le mot *asyle* sous le point de vue des lieux de sûreté, accordés aux malheureux & aux criminels dans chaque état : il nous reste à l'examiner sous un nouvel aspect qui consiste dans le droit que tout souverain ou toute nation libre a de recevoir dans son territoire des sujets d'une puissance étrangère, qui fuient ou sa justice ou son courroux, d'empêcher que cette puissance ne les fasse enlever, & de ne pouvoir être contraint de les lui rendre, lorsqu'elle les réclame.

Ce droit est fondé sur la nature même de la souveraineté : &, par cette raison, il ne peut être révoqué en doute ; il est également appuyé sur le principe incontestable que les effets du droit civil ne se communiquent qu'aux citoyens ; mais que les effets du droit naturel, tels que la jouissance de la vie & de l'air, se communiquent par-tout à l'étranger comme au citoyen. On a dû même remarquer dans le précédent article, que c'est par l'usage de ce droit, que plusieurs souverains ont trouvé le moyen d'augmenter le nombre de leurs sujets.

Nous ne croyons pas devoir entrer dans un plus grand détail pour en prouver l'existence : mais on peut proposer la question importante de savoir quel usage les souverains en doivent faire vis-à-vis les uns des autres, & si l'on peut assigner des bornes à l'exercice de cet acte de souveraineté ?

On doit dire en général que le droit d'*asyle* étant un attribut & une dépendance de la souveraineté, nul prince, nul état ne peut limiter les cas où les états voisins pourront donner *asyle* à ses sujets, ni les contraindre à y mettre des bornes. Exiger impérieusement qu'ils livrent les personnes réfugiées chez eux, ce seroit faire sur leur territoire un acte de jurisdiction, & conséquemment leur contester le droit de souveraineté.

Nous voyons aussi dans l'histoire, que les souverains, jaloux de leur jurisdiction, n'ont jamais livré les particuliers retirés sur les terres de leur domination.

La république de Venise a constamment fait de son territoire un refuge commun à tous les misérables : aucun traité, aucune alliance n'ont pu l'éloigner ou la divertir de cette protection. Les Provinces-Unies de la Hollande ont toujours suivi le même principe. Dans les commencemens de leur république, dans un temps où les efforts de l'Espagne, pour les soumettre, les tenoient, pour ainsi dire, dans la dépendance de la France, rien ne put les engager de refuser aux personnes disgraciées par Henri IV, ou exilées du royaume, la libre jouissance de la vie & de l'air, sous la protection de leur gouvernement.

Mais s'il est vrai de dire qu'aucun souverain n'en peut empêcher un autre de donner retraite & *asyle* à ses sujets, il est également vrai que les rois & les nations peuvent convenir, par des traités, de se livrer réciproquement les coupables, ou s'obliger du moins à ne leur donner aucun *asyle*.

Lorsqu'il existe une pareille convention entre deux états voisins, on doit l'exécuter de bonne foi; il y a même une véritable justice à le faire vis-à-vis les coupables de crimes atroces. Car si la loi naturelle nous oblige à regarder un malheureux comme une personne sacrée, & à ne pas rejetter la prière des supplians, elle nous invite aussi à ne donner aucun refuge aux assassins, aux empoisonneurs & aux autres ennemis publics.

L'extradition réciproque des malfaiteurs a été expressément stipulée entre la France & les cantons Suisses, par le traité de Soleure du 9 mai 1715, & dans le renouvellement de l'alliance entre la France & l'universalité du corps Helvétique, du 28 mai 1777.

Le traité fait, en 1739, entre la France & l'évêque de Bâle, prince de Porentru, contient à-peu-près les mêmes dispositions.

Par la quadruple alliance de 1718, le roi de France, l'empereur, le roi d'Angleterre & la Hollande s'engagèrent à ne donner aucune protection ou *asyle* à ceux de leurs sujets respectifs qui étoient alors, ou qui seroient dans la suite rebelles: &, en cas qu'il s'en trouvât de tels dans leurs états, ils promirent de donner les ordres nécessaires pour les en faire sortir huit jours après en avoir été requis.

Dans le traité conclu en 1746 entre les cours de Vienne & de Pétersbourg, il y a une clause par laquelle les deux puissances s'engagent réciproquement à n'accorder ni *asyle*, ni assistance, ni protection quelconque, aux sujets & vassaux respectifs.

Dans la même année, le grand-seigneur & le roi de Perse convinrent réciproquement de n'accorder aucune protection aux fugitifs respectifs des deux états; & de les rendre au contraire aux chargés des affaires, sur la demande qu'ils en feroient.

En 1774, le roi d'Angleterre & le roi de Prusse ont fait un traité par lequel ils sont convenus de se livrer réciproquement les criminels qui chercheroient un *asyle* d'un état dans un autre.

Il seroit à souhaiter que toutes les nations policées décidassent par un traité universel, qu'il ne seroit accordé aucun *asyle* aux malfaiteurs. La guerre la plus juste & la seule qu'on puisse desirer, est celle que les rois feroient alors au crime. On peut même assurer que le nombre en diminueroit, si ceux qui les commettent, étoient convaincus qu'ils ne trouveroient sur la terre aucun lieu de repos.

A T

ATAVERNER, v. a. ancien mot qui signifioit *tenir taverne*, *vendre du vin en détail*.

ATERMENT, s. m. étoit autrefois le nom qu'on donnoit aux arpenteurs.

ATERMER, v. a. on s'en servoit anciennement dans le même sens qu'*ajourner*, *assigner un jour*.

ATERMINEMENT, s. m. on trouve ce terme dans quelques anciens praticiens, où il signifie *délai*. *Voyez ce dernier mot.*

ATERMOIEMENT, s. m. ATERMOIER, v. a. (*Droit civil.*) on appelle *atermoier*, l'action par laquelle un débiteur qui a fait faillite, ou qui est dans le cas de ne pouvoir s'empêcher de la faire, transige avec ses créanciers, en obtient terme ou délai, pour le paiement des sommes qu'il leur doit, & quelquefois même une remise absolue d'une partie de sa dette. On donne le nom d'*atermoiement* à la transaction passée entre le débiteur & ses créanciers, & à l'acte qui la contient.

L'*atermoiement* peut être volontaire ou forcé. Il est volontaire, lorsque les créanciers acquiescent tous à la proposition que leur fait le débiteur de payer, dans un terme fixé, le total ou une partie de leurs créances. Il est forcé, si les créanciers, ou une partie d'entre eux se refusent aux propositions du débiteur, & que ce dernier soit obligé de les y contraindre par autorité de justice.

L'*atermoiement* volontaire s'opère par un simple contrat entre les créanciers & le débiteur. Cet acte doit régulièrement être passé devant notaire: on trouve cependant dans la collection de jurisprudence, un arrêt du 3 mai 1765, par lequel le parlement de Paris a ordonné l'exécution d'un *atermoiement* passé devant les juges-consuls de Chartres. Il paroît que le motif particulier de l'arrêt étoit fondé sur ce qu'un des créanciers s'étoit rendu appellant de cet acte par pure humeur.

Pour que le contrat d'*atermoiement* ait son effet, il faut qu'il soit homologué, les parties peuvent même convenir par l'acte, de la jurisdiction où se fera l'homologation. Mais quand on ne s'en est pas expliqué, elle doit se faire, ainsi que nous le dirons plus bas, pardevant les juges royaux ordinaires.

L'*atermoiement* forcé a lieu, lorsque tous les créanciers ne sont pas du même avis; l'opinion de ceux qui réunissent les trois quarts en somme, prévaut sur celle des créanciers de l'autre quart, parce que, suivant l'ordonnance, ces créanciers font la loi aux autres, & le juge doit en homologuer l'avis, & le déclarer commun avec ceux qui sont d'un avis contraire.

Les étrangers en France sont exclus du bénéfice de

de l'*atermoiement ;* mais les marchands forains peuvent y être admis, quoiqu'ils ne soient pas contraints de se soumettre à un contrat d'*atermoiement* passé avec tous les créanciers.

Pour parvenir à un *atermoiement*, les créanciers & le débiteur sont tenus de remplir les formalités prescrites par les ordonnances.

1°. Suivant la déclaration du 11 janvier 1716, & celle du 5 août 1721, aucun particulier ne peut se dire créancier, ni signer en cette qualité aucun contrat d'*atermoiement*, qu'après avoir affirmé que sa créance est sérieuse.

Dans la ville, prévôté & vicomté de Paris, l'affirmation dont il s'agit doit être prêtée pardevant le prévôt de Paris ou son lieutenant, & dans les autres villes, pardevant les juges-consuls, lorsqu'il y en a d'établis.

Les créanciers qui n'ont pas prêté cette affirmation, ne doivent pas faire nombre pour déterminer ceux qui réunissent les trois quarts des créances.

On conçoit que cette précaution a pour objet d'empêcher le débiteur de faire intervenir au contrat d'*atermoiement*, des créanciers simulés qui ne feroient aucune difficulté de souscrire à tout ce qu'il voudroit, puisque dans la réalité il ne leur seroit rien dû.

2°. Il faut aussi que le débiteur représente & dépose au greffe de la jurisdiction consulaire, un état exact, détaillé & certifié véritable, de tous ses biens & effets, tant meubles qu'immeubles, & de toutes ses dettes. Ce n'est qu'après ces formalités remplies, que les créanciers peuvent connoître la situation de leur débiteur, & déterminer la remise qui doit lui être faite.

Un débiteur qui fourniroit un faux état de ses dettes actives & passives, peut être poursuivi comme banqueroutier frauduleux: les créanciers simulés sont condamnés aux galères, si ce sont des hommes, & au bannissement, si ce sont des femmes; ils sont en outre obligés de restituer le double de la somme dont ils se sont déclarés créanciers, & de payer une amende de 1500 liv. *Voyez* BILAN, BANQUEROUTE.

Devant quel juge l'homologation doit-elle être faite. Par arrêt de réglement du 27 mars 1702, le parlement de Paris décida que les demandes en homologation de contrats d'*atermoiement*, devoient être portées devant les juges ordinaires, & fit défenses aux juges-consuls d'en connoître.

Cependant, par une déclaration du 10 juillet 1715, toutes les jurisdictions consulaires avoient été autorisées à connoître de l'homologation des contrats d'*atermoiement ;* mais par une autre déclaration du 30 du même mois, il fut ordonné que toutes les contestations mues ou à mouvoir, pour raison des faillites & banqueroutes ouvertes, ou qui s'ouvriroient dans la ville, prévôté & vicomté de Paris, seroient portées au châtelet. Cette dernière déclaration a fait revivre l'arrêt de réglement du 27 mars 1702, lequel a toujours été exécuté depuis, quoique, par une autre déclaration du 13 septembre 1739, les jurisdictions consulaires aient été autorisées à recevoir les bilans de ceux qui se trouvent en faillite.

Il y a néanmoins une exception en faveur de la conservation de Lyon. Un édit du mois de juillet 1669, auquel il n'a point été dérogé, a attribué à cette jurisdiction le droit d'homologuer les contrats d'*atermoiement :* mais ce droit ne peut avoir lieu que quand il s'agit de la faillite d'un marchand, & qu'il n'y a que des marchands qui aient accédé au contrat. Si c'est tout autre qu'un négociant qui soit en faillite, ou si quelques-unes des créances n'ont point de rapport au commerce, l'homologation du contrat doit être poursuivie devant les juges ordinaires. Le parlement de Paris l'a ainsi jugé par arrêt du 7 mars 1761, rendu entre les officiers de la sénéchaussée & ceux de la conservation de Lyon.

Des créanciers hypothécaires. Dans le nombre des créanciers obligés de suivre la loi de l'*atermoiement*, faite par le suffrage des trois quarts, il ne faut pas comprendre les créanciers privilégiés sur les meubles, ni ceux qui ont des hypothèques sur les immeubles: ceux-ci *ne peuvent être tenus d'entrer en aucune composition, remise ou atermoiement, à cause des sommes pour lesquelles ils ont privilège ou hypothèque.* Telle est la disposition de l'article 8 du titre 11 de l'ordonnance de 1673.

Ainsi les créanciers hypothécaires peuvent faire saisir réellement les immeubles qui leur sont hypothéqués. Mais il s'est présenté au parlement de Paris la question de savoir si un créancier qui avoit été partie avec d'autres créanciers dans un contrat d'*atermoiement* fait avec le débiteur & sa femme, pouvoit faire saisir réellement les immeubles de ce débiteur & de sa femme, au préjudice des autres créanciers, faisant plus des trois quarts en somme, lesquels avoient accordé une nouvelle remise à la veuve. Le saisissant disoit qu'étant devenu créancier hypothécaire, en vertu du premier contrat d'*atermoiement* qui avoit été passé pardevant notaire, le plus grand nombre des créanciers en somme ne pouvoit l'obliger, suivant l'ordonnance du commerce de 1673, d'entrer dans le second contrat d'*atermoiement.* D'où il concluoit que la saisie réelle qu'il avoit fait faire étoit valable: en effet, elle avoit été confirmée par le premier juge.

On soutenoit au contraire, de la part de la veuve débitrice & des autres créanciers, que l'hypothèque n'étant acquise au saisissant que par le contrat d'*atermoiement*, qui donnoit une hypothèque de même date aux autres créanciers, il ne devoit y avoir aucune préférence entre eux; que quand les délais accordés par le contrat seroient expirés, ils viendroient tous au sou la livre sur les immeubles, s'ils n'étoient point payés auparavant; qu'il étoit juste par conséquent, que le saisissant entrât dans le contrat d'*atermoiement*, & que sa saisie n'eût aucun effet. C'est sur ces principes que la cour, par arrêt du 15 avril 1707, ordonna l'homologation du contrat avec le saisissant.

Observez que, quoique l'homologation du contrat d'*atermoiement* éteigne l'action personnelle jusqu'à concurrence de la remise portée au contrat, tant par rapport aux créanciers qui l'ont souscrit, que par rapport à ceux qui ont refusé de le souscrire, la caution du débiteur ne laisse pas de demeurer obligée pour la dette entière. Le parlement de Grenoble l'a ainsi jugé, par arrêt du 22 mai 1680. En effet, l'engagement de la caution est de payer le créancier au défaut du débiteur principal: ainsi cet engagement doit subsister.

Tout débiteur qui a passé avec ses créanciers un contrat d'*atermoiement*, ne peut plus être reçu à faire les fonctions d'agent de change, ou *courtier de marchandises*. C'est une disposition de l'article 3 du titre 2 de l'ordonnance du commerce. Il n'est plus aussi, par la suite, reçu au bénéfice de cession.

Droit de contrôle. L'article 12 du tarif de 1722, porte que le droit de contrôle d'un contrat d'*atermoiement*, doit se payer *à proportion de toutes les sommes y contenues, jointes ensemble, sur le pied réglé par les articles 3 & 4.*

D'après cette disposition, le fermier a prétendu que le droit de contrôle d'un acte d'*atermoiement*, devoit être perçu sur le montant de toutes les dettes passives, c'est-à-dire, tant sur les sommes convenues avec le débiteur, que sur celle dont on lui faisoit remise, attendu que la remise, jointe à l'obligation ou à la quittance du surplus, formoit un total dont le débiteur se trouvoit déchargé.

Les parties ont soutenu au contraire que ce droit n'étoit dû que sur les sommes que le débiteur s'obligeoit de payer, jointes à celles qu'il leur payoit comptant, c'est-à-dire, sur les sommes convenues, auxquelles seules on pouvoit appliquer le terme générique de *toutes les sommes jointes ensemble*, employé dans le tarif; mais que de l'étendre aux sommes dont on a fait remise, c'est donner un sens forcé à ce tarif, puisque ces sommes se trouvent anéanties par le contrat, lequel ne donne de titre aux créanciers contre leur débiteur, que pour le surplus.

Ces raisons ont été adoptées par le conseil, comme le prouvent deux décisions des 4 juillet 1733, & 17 avril 1736.

La première intervenue sur un *atermoiement* d'un million, avec une remise de 45 pour cent, à condition de payer le reste dans les temps convenus, porte que le droit de contrôle n'est dû que sur le pied des sommes auxquelles les créances sont réduites.

La seconde intervenue sur le mémoire des notaires de Toulouse, juge pareillement que le droit de contrôle des *atermoiemens* n'est dû que sur le pied des sommes qui restent à payer, déduction faite des remises.

Si les créanciers hypothécaires qui ne sont pas obligés d'accéder à un *atermoiement*, & qu'on ne doit pas même y appeller, interviennent dans l'acte, & qu'ils soient payés de leurs créances, ce sont autant de dispositions particulières, pour chacune desquelles il est dû un droit de contrôle, indépendamment de celui de l'*atermoiement*.

Lorsque l'état ou bilan des dettes actives & passives a été préalablement contrôlé, & que l'*atermoiement* ne contient pas d'autres effets, le droit de contrôle ne doit pas être perçu une seconde fois sur la masse; il n'est dû dans ce cas, pour l'*atermoiement*, que comme pour un acte simple.

L'acte par lequel des créanciers dérogent à la contrainte par corps qu'ils ont obtenue, ou pourroient être en droit d'obtenir contre leur débiteur, doit être contrôlé comme acte simple, sauf à percevoir le droit entier sur le contrat d'*atermoiement*, lorsqu'il aura lieu entre le débiteur & ses créanciers. C'est ce que le conseil a décidé par arrêt du 6 mai 1747.

Suivant l'édit du mois de décembre 1703, l'*atermoiement* doit être insinué au greffe du lieu où le débiteur est domicilié, & le droit est fixé à dix livres, par l'article 16 du tarif des insinuations, du 29 septembre 1722. Si l'*atermoiement* étoit fait à plusieurs débiteurs, il seroit dû un droit de dix livres par chacun d'eux: la raison en est que dans le délai qu'on leur accorde pour payer, l'*atermoiement* a le même effet que des lettres de répit; pour l'insinuation desquelles la déclaration du 3 avril 1708 veut qu'il soit perçu autant de droits, qu'il y a d'impétrans. En effet, dans la remise générale faite à tous les débiteurs par un seul acte, chacun d'eux y en trouve une particulière qui lui est absolument personnelle.

Un arrêt du conseil du 24 août 1748 a condamné un huissier à trois cens livres d'amende, pour avoir signifié un acte portant délai de huit ans & remise du quart de la créance, sans qu'il fût insinué. Le conseil jugea que cet acte ne pouvoit être considéré que comme un *atermoiement*. *Voyez* FAILLITE, ABANDONNEMENT, DIRECTION DE CRÉANCIERS, *&c.*

ATHÉISME, s. m. (*Droit canoniq. Droit criminel.*) c'est le crime de celui qui nie l'existence de Dieu. Il est rare de trouver des athées de bonne-foi, c'est-à-dire des personnes convaincues qu'il n'existe pas de Dieu: mais les conséquences affreuses qui résultent d'une pareille doctrine, ont armé contre elle les loix civiles, non pour venger l'honneur de la Divinité, outragé par un pareil blasphême, mais pour mettre la société civile à l'abri des troubles que cette doctrine occasionneroit.

En 1588, le parlement de Paris condamna Guitel, angevin, à être pendu pour le crime d'*athéisme*. Celui de Toulouse, en 1618, condamna un Italien qui nioit l'existence de Dieu, à faire amende honorable, nud en chemise, la torche au poing, à être traîné sur une claie, à avoir la langue coupée, & à être brûlé vif.

Cette peine nous paroît bien dure ; & lorsque le crime d'*athéisme* n'est pas joint à des circonstances qui causent du trouble & du désordre dans la société civile, ne devroit-on pas regarder les athées comme des fous & des insensés, qu'il suffiroit de renfermer? *Voyez* PEINES CAPITALES.

ATINIA, (*loi.*) *Jurisprudence romaine.* Cette loi antérieure au temps du jurisconsulte Scevola, suivant l'opinion la plus commune, avoit été portée sous le consulat de C. Cornelius Cethegus, & de Q. Minutius Rufus, par le tribun du peuple, C. Attilius Labeo. Cicéron en parle dans sa troisième Verrine. Elle confirmoit la disposition de la loi des douze tables, qui ne permettoit pas la prescription des choses volées: *rei furtivæ*, disoient-elles, *æterna autoritas esto.*

ATOUR, s. m. terme qu'on trouve dans les anciennes coutumes de Metz, qui signifie *réglement.* Ainsi *atour ancien* veut dire, les anciens réglemens, les anciennes ordonnances du pays: *atour de burlette*, les réglemens faits pour l'insinuation & le contrôle des actes. On donnoit à Metz le nom de *burlette*, aux droits de contrôle & d'insinuation.

Du mot *atour*, on a fait celui d'*atourné*, qui signifioit anciennement un *officier de ville.*

ATRE, (*Droit civil.*) c'est l'endroit d'une cheminée où l'on fait le feu. Les réglemens de police défendent de poser les *âtres* de cheminées, sur les poutres & solives des planchers, quelque exhaussement & épaisseur qu'il y ait entre le carreau de l'*âtre* & les pieces de bois sur lesquelles il est posé.

On doit faire des enchevêtures sous les *âtres*, au moins de quatre pieds d'ouverture, aux cheminées ordinaires, sur trois pieds de distance entre l'enchevêture & le mur contre lequel la cheminée est adossée, ce que l'on nomme *la trémie de la cheminée ;* & s'il y a d'autres tuyaux de cheminées, passant parderrière, ces trois pieds d'*âtres* sont à compter du dedans de la languette, qui reçoit le contre-cœur.

Lorsque l'on veut construire une cheminée dans une chambre haute d'un ancien bâtiment, & qu'on veut éviter de couper les solives sur lesquelles elle doit être appuyée, on fait au-dessus un aire de plâtre bien plein, avec des carreaux par-dessus; on laisse un isolement de trois pouces, & on pose une forte plaque de fonte, & à ce moyen on se met à l'abri des accidens du feu.

ATRIER, s. m. on donne ce nom en Normandie au lieu où le seigneur rend la justice. Il paroît que ce mot vient du latin *atrium*, palais.

ATTACHE, (*lettres d'*) *Jurisprudence.* On appelle *lettres d'attache* une permission par écrit des officiers ou juges des lieux, à l'effet d'autoriser, dans l'étendue de leur ressort, l'exécution d'actes, lettres ou jugemens émanés d'ailleurs.

Il y en a de différentes espèces. Les lettres d'*attache* des cours sont nécessaires dans certaines provinces du royaume, pour l'exécution des bulles, brefs, rescrits & provisions, émanés de la cour de Rome.

On appelle *annexe*, au parlement de Provence, ce qu'on appelle *attache* en Franche-Comté, en Flandres & en Artois. Dans cette dernière province, les lettres d'*attache* sont nécessaires, conformément à la déclaration d'avril 1675, pour valider les résignations en faveur. Il en est de même dans les trois évêchés de Metz, Toul & Verdun.

Par un usage pratiqué dans la Franche-Comté, & confirmé par un arrêt de réglement que le parlement de cette province a rendu le 29 avril 1712, il faut, pour mettre à exécution les brefs ou autres expéditions émanées de la cour de Rome, obtenir du roi des lettres d'*attache* adressées au parlement, & qu'elles y soient enregistrées.

On appelle aussi *lettres d'attache*, des lettres de la grande chancellerie, que le roi donne sur des bulles du pape, ou sur des ordonnances d'un chef d'ordre du royaume, pour les faire exécuter. Mais ces lettres se nomment plus communément *lettres-patentes.*

On appelle pareillement *lettres d'attache* les lettres de *pareatis* qui s'obtiennent en chancellerie, & qui contiennent une permission de faire mettre à exécution un jugement dans l'étendue d'une autre jurisdiction que celle où il a été rendu.

On appelle de même *lettres d'attache*, les ordonnances que rend un gouverneur de province, pour faire exécuter les ordres qui lui sont adressés de la part du roi.

Il est d'usage que les colonels-généraux de cavalerie, d'infanterie & de dragons donnent des lettres d'*attache* à ceux qui ont reçu des commissions, ou des brevets pour servir sous leurs ordres.

Tout ce qui est ordonné pour la marine ne peut s'exécuter qu'en vertu des lettres d'*attache* du grand amiral.

On donne encore ce nom aux commissions expédiées à la chambre des comptes ou ailleurs, pour faire exécuter quelque ordonnance ou arrêt.

En matière d'eaux & forêts, on appelle *attaches des grands-maîtres*, les mandemens qu'ils donnent sur les lettres-patentes, commissions & autres ordres du conseil, pour les faire mettre à exécution par les officiers des maîtrises, lorsqu'ils ne veulent pas y vaquer eux-mêmes, comme ils en ont le droit.

Les officiers des maîtrises ne peuvent, sans l'*attache* du grand-maître des eaux & forêts du département, mettre à exécution aucun ordre ou arrêt du conseil, quand même il auroit été enregistré dans les cours supérieures, & que ces cours le leur auroient adressé. C'est une conséquence des dispositions que contiennent les articles 2 du titre 3, & 6 du titre 24 de l'ordonnance des eaux & forêts.

Ces officiers ne peuvent même pas, sans l'*attache* du grand-maître, ordonner l'enregistrement de quelque ordre que ce soit. C'est pourquoi un arrêt du conseil du 8 mars 1735, a cassé l'enregistrement que la maîtrise d'Issoudun avoit fait des lettres de vétérance obtenues par un ancien procureur du roi, parce qu'il n'y avoit point d'*attache.*

Les officiers des tables de marbre ne peuvent exécuter aucune commission, ni entreprendre des réformations, si le roi ne les a commis pour cet effet, & s'ils n'ont pris l'*attache* du grand-maître. Divers arrêts du conseil l'ont ainsi jugé; entre autres un du premier août 1682, qui a cassé un arrêt du parlement de Dijon, en ce qu'il ordonnoit que les officiers de la table de marbre pourroient, en fait de réformation, prendre l'*attache* du siège, sous le nom du grand-maître.

On se sert encore du mot d'*attache* dans la signification de celui d'*affiche.*

ATTAQUER, v. a. (*Jurisprudence.*) c'est offenser le premier, provoquer une querelle. *Voyez ci-dessus* AGRESSEUR.

ATTEINDRE *d'un côté ou des deux côtés*, c'est une façon de parler particulière à la coutume de Meaux, *art.* 44. Elle signifie être parent du double ou du simple lien. *Voyez* LIEN.

ATTEINT, adj. *terme de Palais en matière criminelle*, se dit d'une personne qui a été trouvée coupable de quelque crime ou délit. On ne le dit guère sans y ajouter le terme de *convaincu*, qui y ajoute plus de force; car un accusé *atteint* est seulement celui contre lequel il y a de forts indices: mais il n'est convaincu que quand son crime est parfaitement constaté: aussi une sentence de mort porte toujours que l'accusé a été *atteint* & convaincu. *Voyez* CONVICTION. (*H*)

Les juges inférieurs sont obligés d'indiquer en substance le crime dont le condamné est déclaré *atteint & convaincu*, & il leur est défendu de prononcer aucune condamnation sans spécifier le délit pour lequel elle a lieu. C'est ce qui leur est prescrit par un arrêt de réglement du parlement de Paris du 19 janvier 1631.

Les cours souveraines prétendent être dispensées de cette déclaration, & leur usage est de condamner l'accusé pour les cas résultant du procès. Il seroit cependant à desirer que les cours, ainsi que les autres tribunaux, expliquassent la nature & la qualité du délit, sur-tout lorsqu'elles jugent en première instance, ou lorsqu'elles font un nouveau jugement. La condamnation doit servir d'exemple, & par cette raison il est convenable que le public sache pour quel crime l'accusé est condamné.

ATTELIER, s. m. (*Police. Droit civil. Eaux & Forêts.*) c'est le lieu où travaillent des ouvriers. On le dit aussi de tous ouvriers qui travaillent dans le même endroit & à une même chose.

Les *atteliers* d'ouvriers de presque tous les arts & métiers sont soumis à l'inspection des officiers de police. Il n'en faut excepter que ceux des paveurs des villes, qui dépendent en outre des officiers des bureaux des finances, dans les endroits dont ils ont la voirie.

L'ordonnance des aides de 1680 défend à ceux qui vendent du vin de tenir pendant leur débit aucun *attelier* de chaudières à eaux-de-vie, à peine de cent livres d'amende. Ces défenses sont aussi comprises dans les réglemens de la cour des aides de Paris, des années 1649, 1650 & 1662.

L'ordonnance des eaux & forêts de 1669 appelle *attelier* le lieu où l'on travaille & où l'on exploite les bois; elle défend aux sergens & gardes des bois d'en tenir aucuns, & à toutes personnes de faire des *atteliers* de cendres, si ce n'est aux marchands qui ont des marchés, en vertu de lettres-patentes, & dans les places désignées par les officiers des maîtrises, *tit.* 27, *art.* 20 & 21.

L'article 23 défend aux cercliers, vanniers, tourneurs, sabotiers & autres de pareille condition, de tenir leurs *atteliers* plus près des forêts que d'une demi-lieue, à peine de cent livres d'amende, & de confiscation des marchandises.

Il est pareillement défendu, par l'article 30 du même titre, aux habitans des maisons situées dans l'enclos & aux rives des forêts du roi, de tenir aucun *attelier* de bois, & d'en ramasser plus qu'il ne faut pour leur chauffage, à peine d'amende arbitraire, de confiscation des bois, & de démolition des maisons.

Suivant l'article 29, les adjudicataires & leurs associés ne peuvent tenir d'*atteliers* ni faire travailler leurs bois ailleurs que dans les ventes, à peine de cent livres d'amende, & de confiscation des bois.

La disposition de cet article n'est point opposée à celle des articles 23 & 30. Elle a eu pour objet d'empêcher les vols que pourroient commettre dans les bois du roi, les ouvriers des adjudicataires, s'ils avoient la liberté de tenir des *atteliers* ailleurs que dans les ventes.

Les officiers des maîtrises doivent visiter de temps en temps les *atteliers* qui sont dans le voisinage des forêts du roi, afin de reconnoître si l'on n'y a point porté de bois de délit.

L'article 4 de l'ordonnance du 27 juillet 1777, concernant les mendians, veut que les pauvres valides soient reçus dans les *atteliers* de charité, ou aux autres travaux que sa majesté a établis dans différentes paroisses, non-seulement de Paris & de ses environs, mais même des provinces, pour procurer leur entretien & leur subsistance.

ATTENANT, adj. terme de pratique dont on se sert en parlant d'un héritage, pour désigner ce qui y est contigu, ce qui l'avoisine de plus près. *Voyez* TENANT & ABOUTISSANT.

ATTENDRE *les nuits.* La coutume d'Orléans, *art.* 439, se sert de cette expression pour signifier que l'acquéreur des biens vendus à l'encan doit être contraint au paiement sans aucun délai. Cette façon de parler vient de l'ancien usage des Gaulois & des Germains, qui comptoient par nuits comme nous comptons par jours; & c'est de-là que le peuple, dans quelques provinces, se sert encore du mot *anuit* ou *ennuit* pour dire *aujourd'hui.*

ATTENDUE, s. f. mot ancien qui signifioit *défaut, faute de comparoître à une assignation.*

ATTENTAT, f. m. (*Droit civil & criminel.*) c'eft un mot générique qui fe dit de toute entreprife formée contre l'autorité du fouverain, des loix, de la juftice, & de toutes perfonnes publiques. On s'en fert également pour défigner tout délit qui trouble l'ordre focial, ou qui fait préjudice à quelqu'un. En terme de palais, il fe dit d'une procédure qui donne atteinte aux droits ou privilèges d'une jurifdiction fupérieure. En un mot, il eft à-peu-près le mot fynonyme de tous ceux qui caractérifent particuliérement un crime. L'affaffinat, le parricide, le crime de lèze-majefté, la rebellion à juftice, *&c.* font des *attentats.*

ATTENTATOIRE, c'eft un adjectif formé du mot d'*attentat*, qui a le même ufage & la même fignification. On s'en fert dans les tribunaux pour défigner plus particuliérement ce qui attente à l'autorité du prince, des loix, & de la juftice en matière grave.

ATTENTE *d'héritier*, (*coutumes d'Anjou, art. 95, & du Maine, art. 108.*) elles difent que *bail*, c'eft-à-dire un tuteur, ne peut demander *attente* d'héritier fous ombre qu'il eft pourfuivi pour une action réelle ou perfonnelle, qui dépend du fait des prédéceffeurs de fon mineur. Ces mots, *attente d'héritier*, fignifient que le tuteur qui a la garde d'un mineur, & qui, en cette qualité, fait fiens les revenus des biens des mineurs, lorfqu'il eft pourfuivi pour raifon de ces mêmes biens, eft tenu de défendre à fes rifque, péril & fortune, fans obtenir le délai qu'on accorde aux autres tuteurs, jufqu'au temps de la puberté du mineur; c'eft ce délai que ces coutumes appellent *attente d'héritiers.*

ATTENUATION, f. f. (*terme de Palais.*) en général, *atténuation* eft l'affoibliffement & la diminution d'une chofe. Mais, dans l'ufage du palais, on ne fe fert ordinairement de ce terme qu'en matière criminelle.

Autrefois on appelloit *défenfes par atténuation*, les défenfes de l'accufé, données par appointement à ouïr droit, qui portoit que la partie civile donneroit fes conclufions, & l'accufé fes défenfes par *atténuation.* Mais l'ordonnance criminelle de 1670, *tit. 21, art. 1*, a abrogé cette forme de procéder, & permet feulement à la partie civile de préfenter fa requête, dont copie doit être donnée à l'accufé qui, en conféquence, baille auffi la fienne, fans que néanmoins le jugement du procès puiffe être retardé, faute par la partie civile ou par l'accufé, de bailler fa requête.

Celle de l'accufé, tenant lieu de ce qu'on appelloit *défenfes par atténuation*, c'eft-à-dire, requête par laquelle l'accufé tâche d'excufer ou de diminuer fon crime.

Par cette requête, l'accufé peut prendre des conclufions à fins civiles. On la répond d'une fimple ordonnance *en jugeant*, ou s'il y a des pièces jointes à la requête, on ordonne qu'elles feront jointes au procès, *pour y avoir en jugeant tel égard que de raifon.*

Les moyens d'*atténuation* font ordinairement fondés fur des nullités de procédure, fur les reproches des témoins, fur les contrariétés qui fe trouvent dans leurs dépofitions. En un mot, fur toutes les circonftances qui peuvent tendre à faire difparoître l'accufation, ou à diminuer l'atrocité du crime.

Les requêtes d'*atténuation* peuvent être fignées par des avocats, & elles fe taxent comme écritures d'avocats, en quoi elles diffèrent des autres requêtes, qui font cenfées faites par le procureur, & ne fe taxent que comme ouvrage de procureur.

ATTERRISSEMENT, f. m. (*Droit naturel & civil.*) c'eft un amas de terre qui fe fait par la vafe, le limon, ou le fable que la mer ou les rivières apportent fur leurs rives ou rivages.

Les premiers auteurs de l'Encyclopédie prétendent que le mot d'*atterriffement* eft fynonyme de celui d'*alluvion :* mais ils fe trompent. Ces deux mots ont une fignification très-différente. L'accroiffement, qui fe fait par alluvion, eft infenfible, & on ne peut fixer le temps où chaque portion a été attachée à la terre voifine. L'*atterriffement* au contraire eft le produit d'un cas fortuit, caufé par un débordement, ou par l'abandonnement fubit que la mer ou une rivière font de leurs rivages.

Les loix romaines attribuoient les *atterriffemens* aux propriétaires des héritages voifins, de quelque manière qu'ils euffent lieu, foit par un amas nouveau de fable ou de limon, foit par la naiffance d'une ifle dans le lit de la rivière, foit enfin par la retraite des eaux. On peut en voir les difpofitions dans le titre premier du fecond livre des inftituts, & dans *la loi 1. ff. de flumin.*

Nos loix françoifes font à cet égard entiérement oppofées aux loix romaines. Nous diftinguons parmi nous les *atterriffemens* qui fe font dans les rivières navigables, de ceux qui arrivent dans les rivières non navigables.

Les *atterriffemens* des rivières navigables appartiennent au roi, par le titre feul de fa fouveraineté. Il a même été jugé, par un arrêt du confeil d'état du 10 février 1728, qu'un terrein inondé, & qui a fait partie d'une rivière navigable pendant plus de dix ans, appartient au roi, lorfque l'eau s'en retire, fans que les anciens propriétaires y puiffent rien prétendre, fous quelque prétexte que ce foit.

Cette décifion eft conforme à la déclaration du mois d'avril 1683, & à l'édit de décembre 1693: elle eft fondée fur ce que le roi étant propriétaire des rivières navigables, le terrein qui eft couvert par l'eau de ces rivières doit lui appartenir également lorfque les eaux l'abandonnent. L'eau des rivières n'eft que l'acceffoire du terrein fur lequel elle coule, d'où il fuit que la propriété du terrein appartenant au roi, par une raifon de juftice & d'équité, la retraite des eaux ne peut lui faire perdre une propriété qui lui étoit acquife.

Bacquet, en fon *Traité de la Chambre du Tréfor, & des droits de juftice*, prétend que la connoiffance des conteftations qui peuvent furvenir pour raifon des *atterrissemens* & des alluvions, appartient aux trésoriers de France, comme juges naturels des affaires du domaine. Mais l'ordonnance des eaux & forêts de 1669 en attribue la connoissance aux officiers des maîtrises.

Quant aux *atterrissemens* des rivières non navigables, ils appartiennent aux propriétaires de ces rivières.

La longue possession en matière d'*atterrissement* est-elle un moyen suffisant pour faire maintenir le possesseur d'un *atterrissement* dans sa possession, contre la teneur même de ses titres primitifs? Et le possesseur de l'*atterrissement* peut-il valablement opposer la prescription au seigneur haut-justicier qui a laissé prendre possession du terrein formé par l'*atterrissement?* Cette question s'est présentée, il y a quelques années, dans la coutume de Bourbonnois: voici l'espèce qui en est rapportée dans la collection de jurisprudence.

Les mineurs du nommé Lemoine, représentés par leur tuteur, se voyoient en possession de 100 septerées de terre le long de l'Allier, au lieu de 36 septerées que leur donnoient les titres primitifs de concession.

Le sieur Cazauban, écuyer, prétendit qu'en sa qualité de seigneur haut-justicier, il devoit avoir, aux termes de la coutume de Bourbonnois, *articles 340 & 341*, les 64 septerées provenues de l'*atterrissement:* il opposoit aux mineurs leurs titres primitifs, qui ne leur donnoient que 36 septerées, & il posoit pour principes, d'après beaucoup d'arrêts, que les premiers baux à cens faisoient une loi inviolable entre le seigneur & le censitaire, de telle manière que celui-ci ne pouvoit jamais prescrire contre son seigneur, la propriété d'un terrein excédant la mesure déterminée par les baux à cens.

Au contraire, le tuteur soutenoit pour les mineurs, que le seigneur haut-justicier ne s'étant point mis, dans le temps, en possession des 64 septerées formées par l'*atterrissement*, & ayant laissé les mineurs ou leurs auteurs s'en mettre en possession, ceux-ci avoient acquis la prescription contre le seigneur par une possession immémoriale. Le tuteur des mineurs combattoit aussi, en remontant à des principes de droit, la jurisprudence moderne qu'on lui opposoit relativement à l'excédant de mesure, & prétendoit que quand il seroit vrai que le seigneur auroit eu des droits, ils seroient prescrits. La sentence rendue par la sénéchaussée de Moulins, le 22 août 1758, avoit déclaré le seigneur non-recevable dans toutes ses demandes, & cette sentence fut confirmée par arrêt du 12 mai 1766. Le principal moyen qui détermina les juges, fut la prescription que les mineurs avoient opposée au seigneur haut-justicier.

ATTERMINATION, s. f. (*Jurisprudence.*) ce terme est en usage dans les tribunaux de la Flandres Françoise, où il s'emploie pour celui d'*atermoiement*.

Un arrêt du parlement de Douai, rendu les deux chambres assemblées, rapporté par Baralle, porte qu'on n'accordera pas de lettres d'*attermination* que sous une caution fidéjussoire & solvable, pour le paiement des sommes atterminées; qu'elles n'auront pas lieu contre les lettres-de-change, les arrêts de la cour, les sentences passées en force de chose jugée, & le rendage d'héritage soit des champs, soit de la ville; que sur les requêtes, afin d'obtenir *attermination*, il ne sera accordé aucun affranchissement, à moins que le poursuivant ne dénomme ses créanciers, le lieu de leur résidence, les quantités, qualités & causes de la dette, & qu'il ne fasse apparoître sommairement des pertes & autres accidens qui le mettent dans l'impuissance d'acquitter ses dettes.

Au moyen de l'accomplissement de toutes ces formalités, on expédie en la chancellerie de la cour, des lettres d'*attermination* à l'impétrant, adressées au juge de son domicile, qui doit procéder à leur entérinement, en se conformant lui-même aux règles prescrites par l'arrêt que nous venons de rapporter.

Le délai pour l'entérinement de ces lettres ne doit pas excéder trois mois.

ATTESTANT, s. m. (*Jurisprudence.*) ce terme est usité dans la ville de Bordeaux, où il est employé dans le sens de *certificateur de caution. Voyez* CAUTION.

ATTESTATION, s. f. (*Droit civil & canonique.*) c'est un certificat ou témoignage donné par écrit ou verbalement. Il y a un grand nombre d'occasions où les *attestations* sont absolument nécessaires pour obtenir une charge, un degré, un bénéfice, une dispense.

1°. Nul ne peut être reçu dans une charge ou office, ou être admis aux degrés dans les universités, qu'il ne rapporte une *attestation* de vie & de mœurs, & un certificat qui constate qu'il fait profession de la religion catholique. Régulièrement cette dernière *attestation* devroit être donnée par le curé ou le vicaire de l'impétrant; mais dans l'usage, on se contente qu'elle soit délivrée par une personne constituée dans les ordres sacrés.

2°. En matière bénéficiale, le conclave de 1700 avoit réglé que le pape n'accorderoit aucune provision sur résignation pour les cures & autres bénéfices à charge d'ame, ou sujets à résidence, si l'impétrant n'y joignoit une *attestation* de vie, mœurs & doctrine du résignataire. Mais cet arrêté du conclave n'a jamais eu force de loi en France, où d'ailleurs il seroit inutile, au moyen du *visa*, que tout ecclésiastique, pourvu d'un bénéfice à charge d'ame, est obligé de prendre de l'ordinaire.

Mais il est d'usage, pour obtenir des provisions de cour de Rome en forme gracieuse, que l'impétrant envoie une *attestation* de ses vie & mœurs, signée de son évêque ou d'un de ses grands-vicaires. Cette *attestation* n'a d'effet qu'après avoir été insinuée: mais elle n'empêche pas que l'impétrant ne soit soumis à l'examen de l'ordinaire pour en obtenir le *visa*.

3°. Ceux qui demandent en cour de Rome des dispenses de mariage *in formâ pauperum*, doivent y présenter une *attestation* de pauvreté, donnée par l'évêque, son official ou son grand-vicaire.

4°. Il y a deux espèces d'*attestations* dans les universités : la première est donnée par les professeurs sous lesquels l'aspirant aux degrés a étudié, pour justifier qu'il a réellement employé le temps prescrit par les réglemens à écouter les leçons du professeur.

Les nobles de père & de mère qui étudient dans les universités à l'effet d'y obtenir les grades nécessaires pour posséder les bénéfices affectés aux gradués, sont dispensés, par le concordat, du temps d'étude requis pour les autres sujets. Ils ne jouissent de cette dispense qu'en vertu d'une *attestation* donnée par quatre personnes dignes de foi, en présence du procureur du roi & du juge royal du domicile du noble.

5°. Les banquiers, expéditionnaires en cour de Rome, sont obligés de donner au bas des signatures & expéditions de Rome, une *attestation* par laquelle ils certifient que la signature dont est question, a été duement & véritablement expédiée à Rome. Cette *attestation* est le dernier acte qui consomme le travail du banquier. Elle est sujette au contrôle dont le droit est fixé, par le tarif de 1722, à la somme de dix sols.

Nous donnerons des détails plus étendus sur les différentes *attestations*, en traitant les mots auxquels elles ont rapport. *Voyez* CERTIFICAT.

ATTILIA, (*Loi*) *Jurisprudence romaine.* La loi des douze tables avoit ordonné qu'un père de famille nommeroit, par son testament, le tuteur de ses enfans, & qu'à défaut de testament, le plus proche parent seroit chargé de la tutèle des orphelins. De-là il arrivoit souvent que des enfans que le père n'avoit pas pourvus de tuteur, & qui n'avoient pas de proches parens, restoient à l'abandon. Ce désordre engagea le préteur Attilius, l'an 443 de Rome, de porter une loi par laquelle il fut ordonné que le préteur & le tribun du peuple feroient nommer un tuteur à tous ceux qui n'auroient ni tuteur testamentaire, ni tuteur légitime. Ce tuteur étoit nommé *tuteur attilien*, parce qu'il étoit nommé en vertu de la loi *Attilia*.

Cette loi n'avoit réglé la nomination des tuteurs que pour la ville de Rome; mais dans la suite la loi *Julia Titia* en étendit les dispositions à toutes les provinces de l'empire romain, & chargea les présidens, chacun dans l'étendue de leur territoire, de nommer les tuteurs. *Voyez* TUTÈLE.

ATTORNEMENT, ancien mot qui signifioit *procuration*.

ATTOURNANCE, f. f. (*Droit coutumier.*) ce terme est en usage dans la coutume de Bretagne, pour désigner au regard du vassal le changement de seigneur.

ATTOURNÉ, ce mot se trouve dans la charte du roi Philippe sur le patronage des églises de Normandie, dans la coutume du Loudunois, *chap. 15, art. 38*, & dans le procès-verbal de la coutume de Senlis : *attournés*, dans ce procès-verbal, sont ceux qui gèrent les affaires de la ville. La coutume de Loudun & la charte de Philippe donnent ce nom aux solliciteurs, commis ou députés qui poursuivent en justice les droits d'autrui.

ATTRAITS, la coutume de Bretagne, *art. 720*, appelle de ce nom les matériaux propres à bâtir.

ATTRAYÈRE, *voyez* ci-dessus ACTRAYÈRE.

ATTRIBUER, v. a. ATTRIBUTION, f. f. ATTRIBUTIF, adj. (*termes de Palais ou de Pratique.*) ces mots s'emploient en parlant des édits, ordonnances ou autres choses semblables, d'où il résulte en faveur de quelqu'un ou de quelque chose, un droit, un privilège, une prérogative.

Ces mots ne se disent jamais seuls; ils sont toujours suivis de la dénomination du droit ou privilège dont l'édit ou autre acte en question est *attributif*. Ainsi l'on dit que le sceau du châtelet de Paris est *attributif* de jurisdiction, c'est-à-dire, que c'est à cette jurisdiction qu'appartient la connoissance de l'exécution des actes scellés de son sceau. L'effet de cette *attribution* est bornée aux parties contractantes, & n'a pas lieu entre leurs héritiers, moins encore contre des étrangers. *Voyez* CHATELET, SCEAU.

On appelle *attribution de jurisdiction*, la connoissance de certaines affaires, attribuée à un juge, à un tribunal, par un édit, une déclaration, des lettres-patentes du souverain, à l'exclusion de tous autres juges, lorsque, par la nature de l'affaire ou la qualité des parties, la contestation en cause & le jugement auroient dû appartenir à un autre tribunal. Il est souvent nécessaire de donner de semblables *attributions*, pour la plus prompte expédition des affaires. Elles ont principalement lieu en matière criminelle, lorsqu'il se trouve plusieurs complices de crimes commis dans le ressort de différentes jurisdictions : assez ordinairement dans ces cas, le roi, par un arrêt du conseil, attribue la connoissance de toute l'affaire au juge qui a commencé l'instruction, ou à celui qui est le plus à portée de recueillir les preuves. Il y a aussi des *attributions* de jurisdiction en matière civile : elles sont même nécessaires pour évoquer la connoissance d'une affaire, d'un tribunal dans un autre, lorsque celui-ci doit s'abstenir d'en connoître, à cause, par exemple, des liaisons de parenté qui se rencontrent entre les magistrats & l'une des parties.

ATTRONCHEMENT, f. m. (*Droit féodal.*) dans quelques endroits, on donne ce nom au droit qu'a un seigneur de faire saisir & scier par le pied un arbre qui a été coupé, afin qu'en rejoignant ces deux parties, on puisse reconnoître ceux qui ont fait le vol de l'arbre coupé.

ATTROSSER, v. a. vieux mot qui signifioit *adjuger à l'encan*.

ATTROUPEMENT, s. m. (*Droit civil & criminel. Police.*) c'est une assemblée illicite & tumultueuse de gens sans autorité & sans aveu. Les juges de police, dans toutes les villes, sont chargés d'empêcher les *attroupemens* qui presque toujours nuisent au repos public. La connoissance des *attroupemens* où il s'est commis quelque violence, appartient aux juges royaux : & ils sont de la compétence du prévôt des maréchaux, lorsqu'ils sont faits avec armes.

Un arrêt du 24 septembre 1724 a fait des défenses expr[illegible] de former des *attroupemens* dans les rues & aux environs de la bourse de la ville de Paris, & même dans toutes les rues de cette ville & de ses fauxbourgs, pour y faire aucune négociation, sous quelque prétexte que ce soit.

Une ordonnance de police de Paris du 9 janvier 1673, renouvellée le 22 janvier de l'année suivante, défend à toute personne de s'attrouper & de s'assembler au-devant & aux environs des lieux publics, tels que la comédie, *&c.*

En 1726, Louis XV défendit à ceux que le sort obligeoit au service de la milice, de s'attrouper pour exiger par menaces & par violences des contributions en argent ou en denrées, sous prétexte du service qu'ils doivent rendre pour leurs communautés. Il ordonna que le procès fût fait à ceux qui seroient prévenus de pareils *attroupemens*, comme à des perturbateurs du repos public, à des pillards & des concussionnaires, & il en attribua la connoissance aux prévôts des maréchaux.

Au mois d'avril 1775, il y eut, dans plusieurs endroits du royaume, des *attroupemens* très-dangereux. Des brigands se répandirent dans les campagnes pour y piller les moulins & les maisons des laboureurs. Ils eurent même l'audace d'entrer dans les marchés de Paris & de Versailles où ils volèrent le bled, & de forcer les boutiques des boulangers pour y enlever le pain.

Louis XVI, pour arrêter ces *attroupemens*, tint, le 5 mai de la même année, un lit de justice à Versailles où il fit enregistrer une déclaration qui porte en substance que la jurisdiction prévôtale étant principalement destinée à établir la sûreté des grandes routes, à réprimer les émotions populaires, & à connoître des excès & violences commis à force ouverte, le roi veut que les particuliers arrêtés à Paris ou ailleurs, ou qui seront arrêtés par la suite pour raison des crimes énoncés dans cette déclaration, soient remis entre les mains des prévôts généraux des maréchaussées, pour être le procès des coupables fait & parfait, en dernier ressort, par ces prévôts & leurs lieutenans, assistés des officiers des présidiaux ou autres assesseurs appellés à leur défaut.

En exécution de cette loi, deux particuliers domiciliés à Paris, qui avoient eu part à l'émotion populaire, arrivée en cette ville le 3 mai, ont été condamnés à mort par jugement prévôtal, & exécutés le 11 de ce mois.

Le même jour 11, on publia une ordonnance portant que tous les particuliers qui, étant entrés dans les *attroupemens* par séduction ou par l'effet de l'exemple des principaux séditieux, s'en sépareroient immédiatement après la publication de cette ordonnance, ne pourroient être arrêtés, poursuivis ni punis pour raison de ces *attroupemens*, pourvu qu'ils rentrassent sur le champ dans leurs paroisses, & qu'ils restituassent, en nature ou en argent, suivant la véritable valeur, les grains, farines ou pain qu'ils auroient pillés ou qu'ils se seroient fait donner au-dessous du prix courant.

La même ordonnance a défendu, sous peine de mort, de continuer de s'attrouper après qu'elle auroit été publiée.

Elle porte d'ailleurs que ceux qui viendront à quitter leurs paroisses, sans être munis d'un certificat de bonnes vie & mœurs, signé de leur curé & du syndic de leur communauté, seront poursuivis & jugés prévôtalement, comme vagabonds, suivant la rigueur des ordonnances.

Les chefs & instigateurs des *attroupemens* ont été exceptés de l'amnistie accordée par l'ordonnance dont nous venons de rapporter les dispositions.

En matière de droits d'aides & autres semblables, on appelle *attroupement*, la réunion de plusieurs personnes qui font ou favorisent la contrebande.

Suivant les déclarations des 30 janvier 1717, & 12 juillet 1723, les soldats, les vagabonds & gens sans aveu qui se sont trouvés attroupés au nombre de cinq & au-dessus, avec armes offensives, entrant ou escortant, soit de jour ou de nuit, des boissons, du bétail, de la viande & toute autre denrée ou marchandise sujette aux droits, ou de contrebande, qui s'opposent avec violence & rebellion aux visites des commis, forcent les bureaux & enlèvent les choses saisies, doivent être punis de mort.

Ceux qui sont en moindre nombre, doivent, en cas de violence ou de rebellion, être condamnés aux galères pour trois ans, & à deux cens livres d'amende, & punis de mort, en cas de récidive.

Les lettres-patentes du 8 décembre 1722, & un arrêt du conseil du 2 août 1729, ont enjoint aux syndics & habitans des bourgs par lesquels il passera des particuliers attroupés avec port d'armes, & des ballots sur leurs chevaux, de sonner le tocsin pour les faire arrêter, à peine de complicité & de cinq cens livres d'amende. *Voyez* ASSEMBLÉES ILLICITES, CONTREBANDE.

A V

AVAGE, s. m. (*Jurisprudence.*) c'est le nom qu'on donne au droit que les exécuteurs de la haute-justice lèvent, ou en argent ou en nature, sur plusieurs marchandises. Ils n'ont pas ce droit par-tout ni tous les jours, mais seulement dans quelques provinces & à certains jours de marché. Il a été supprimé, en 1775, dans la ville de Paris & dans plusieurs autres, & le roi s'est chargé de pourvoir d'ailleurs à l'indemnité & au salaire de l'exécuteur.

AVAL, f. m. (*Commerce.*) souscription qu'on met sur une lettre ou billet de change par laquelle on s'engage à payer la somme mentionnée en cette lettre ou billet, dans le cas qu'elle ne seroit pas acquittée par la personne sur laquelle la lettre ou le billet est tiré.

L'*aval* est proprement un cautionnement, soit du tireur, soit de l'endosseur, soit de l'accepteur d'une lettre-de-change.

L'*aval* se fait en écrivant simplement au bas de la lettre ou billet ces mots, *pour aval*, avec la signature de celui qui la souscrit.

Ceux qui mettent leur *aval* sur des lettres-de-change, promesses, billets & autres actes de commerce, deviennent solidairement obligés avec ceux pour lesquels ils ont pris un engagement. Ainsi le propriétaire d'une lettre-de-change a, contre celui qui a mis son *aval* au bas, la même action que contre le tireur de cette lettre.

De même, celui qui met son *aval* au bas de l'endossement ou de l'acceptation d'une lettre-de-change, donne contre lui au propriétaire de cette lettre une action pareille à celle que ce propriétaire peut exercer contre l'endosseur ou l'accepteur.

Une chose particulière aux cautionnemens faits par *aval*, est que ceux qui les ont souscrits, soit qu'ils soient marchands ou qu'ils ne le soient pas, sont sujets à la contrainte par corps comme le tireur, l'endosseur ou l'accepteur pour lesquels ils se sont cautionnés, & qu'ils ne peuvent opposer les exceptions de discussion & de division dont les cautions ordinaires peuvent faire usage.

Mais si le cautionnement, au lieu d'être fait par un *aval*, l'étoit par un acte séparé, celui qui se seroit cautionné, ne seroit pas privé des exceptions dont on vient de parler. Il ne seroit pas sujet non plus à la contrainte par corps, à moins qu'il ne fût l'associé de celui pour lequel il se seroit cautionné. Telle est l'opinion de *Heinneccius.*

L'ordonnance de 1673, *tit.* 2, *art.* 2, défend aux courtiers & agens de change de mettre leur *aval* au bas des billets ou lettres-de-change dont ils sont la négociation, il leur est seulement permis d'en certifier la signature. *Voyez* LETTRES-DE-CHANGE.

AVAL & AMONT, vieux mots qu'on trouve dans quelques coutumes, dans des titres anciens, & dont les mariniers se servent communément pour désigner *aval*, le côté du soleil couchant, & *amont*, celui du soleil levant.

AVALLANT, adj. (*Navigation. Police.*) on appelle *avallant*, un bateau qui suit en descendant le cours de la rivière. Pour prévenir les accidens qui peuvent arriver par la rencontre ou l'abordage des bateaux, dont l'un monte & l'autre descend, l'ordonnance de Paris de 1672 ordonne aux voituriers des bateaux descendans, de se ranger pour laisser passer ceux qui en montant embouchent les arches des ponts, ou sont arrivés aux passages des pertuis. Mais lorsque cette rencontre a lieu dans le milieu de la rivière, où il n'existe aucun danger pour les bateaux montans, les voituriers qui les conduisent sont tenus de se retirer vers la terre, & de laisser le passage libre aux bateaux *avallant*, à peine de répondre du dommage causé soit au bateau, soit aux marchandises. *Voyez* ABORDAGE, (*Marine marchande*).

AVALLER, v. a. la coutume de Rheims, *art.* 354, se sert de ce terme dans la signification de celui de *baisser. Voyez* AVANT-TOIT.

AVALON, petite ville de la Bourgogne en Auxois. Elle est située dans le duché d'Autun & la généralité de Dijon: elle a un bailliage, une prévôté royale, un gouverneur particulier, un grenier-à-sel, & une maîtrise des eaux & forêts. C'est la capitale d'un petit pays qu'on appelle l'*Avallonnois.*

AVALUATION, f. f. on se servoit autrefois de ce terme pour celui d'*évaluation*. *Avaluation*, dit Belordeau, portée par le contrat, ne le rend pas divisible. *Voyez* ÉVALUATION.

AVANCEMENT, f. m. (*Droit civil.*) en général ce mot signifie *anticipation*, ou ce qui se fait avant le temps. Ainsi on peut dire l'*avancement* d'un paiement, pour signifier un paiement fait par anticipation, avant l'échéance du terme.

Dans l'usage du palais, le mot d'*avancement* se joint avec celui d'*hoirie*. Il signifie alors ce qui est donné à un héritier présomptif, par anticipation, sur ce qu'il avoit droit d'espérer sur une hérédité à écheoir; car *hoirie* & *hérédité* signifient la même chose.

Comme une donation en *avancement* d'hoirie est un avantage pour celui à qui elle est faite, cette donation est permise ou prohibée, suivant qu'il est permis ou défendu d'avantager la personne à qui l'on donne par anticipation: liberté ou prohibition qui peuvent encore se considérer suivant la nature des actes constitutifs de la libéralité. Sur quoi l'on doit consulter ce que nous allons dire à l'article AVANTAGE.

Une donation en *avancement* d'hoirie diffère d'une donation ordinaire, en ce que l'on est obligé de rapporter à la succession dans laquelle on demande sa portion héréditaire, ce que l'on a reçu par anticipation; au lieu que, lorsque la donation a été pure & simple, on profite de l'objet donné, & on ne laisse pas de prendre dans la succession la portion qu'on doit y avoir.

Dans le doute, si la donation est en *avancement* d'hoirie ou si elle ne l'est pas, on ne fait aucune difficulté, en ligne collatérale, de la regarder comme pure & simple. Mais en ligne directe, comme l'égalité entre les enfans est de droit naturel, la moindre indication suffit pour faire présumer que la donation est en *avancement* d'hoirie. S'il étoit dit, par exemple, que le père donne *dès-à-présent*, sans autre explication, cette expression seroit suffisante pour annoncer que la donation n'est faite que par anticipation. D'ailleurs, comme les enfans ont une espèce de possession des choses qui appartiennent à leurs pères, la donation faite par un père à son fils paroît être une délivrance de la chose sur laquelle l'enfant avoit déjà un droit anticipé, & par cette raison, tout ce qui est donné aux descendans doit être réputé donné en *avancement* d'hoirie.

Lorsque le père donne en *avancement* d'hoirie, par le contrat de mariage de son fils, ce fils donataire a la liberté de se borner au don à lui fait, en renonçant à la succession, sauf la légitime des autres enfans qu'il est obligé de fournir ou de completter, parce que la légitime est un droit sacré auquel un père ne peut donner atteinte en faveur d'un de ses enfans, au préjudice des autres.

La démission qu'un père fait de ses biens à ses enfans, est une autre espèce de don en *avancement* d'hoirie, sur lequel on peut voir ce que nous disons à l'article DÉMISSION.

Comme il est de règle que ce que l'on a reçu en *avancement* d'hoirie, se rapporte ou du moins se précompte sur la portion héréditaire que l'on réclame, nous détaillerons tout ce qui est de jurisprudence & d'usage en pareil cas, à l'art. RAPPORT.

Nous observerons seulement ici qu'il n'est point dû de droits seigneuriaux pour une donation d'immeubles à titre d'*avancement* d'hoirie, pourvu que le donataire soit réellement un héritier présomptif. Il doit être indifférent au seigneur que cet héritier recueille plutôt ou plus tard, puisqu'il doit recueillir. Il n'est même dû aucuns droits de lods & ventes, dans le cas où une fille qui a reçu un héritage en *avancement* d'hoirie, en reçoit la valeur en argent, de ses père & mère. Brodeau, sur Louet, en rapporte un arrêt conforme du 7 janvier 1613.

Les droits de contrôle d'une donation en *avancement* de succession, sont énoncés en l'article 44 du tarif du 29 septembre 1722, & il est dit qu'ils seront perçus sur le pied des articles 3 & 4 de ce même tarif, c'est-à-dire, sur l'évaluation des objets donnés, ou à défaut d'évaluation, suivant le plus fort droit qui est de deux cens livres, non compris les sous pour livre.

Indépendamment des droits de contrôle, une donation pareille est encore sujette à l'insinuation, suivant le tarif, pour le mobilier qu'elle peut renfermer, & au centième denier pour les immeubles, à moins que cette donation ne soit par contrat & en faveur de mariage en ligne directe ; c'est ce qui résulte de l'article 3 de la déclaration du roi du 20 mars 1708. De sorte que si la donation, quoique en ligne directe, n'étoit point en faveur & par contrat de mariage, le droit d'insinuation & de centième denier seroit dû, suivant plusieurs décisions du conseil, dont l'une est du 17 mars 1725, une autre du 14 août 1728, & une troisième du 21 janvier 1730.

Si cette règle avoit pu souffrir une exception, c'étoit sans doute dans le cas que voici : un nommé René Guénot avoit avancé une somme à deux de ses fils, pour les mettre en état de commercer, & il en avoit tiré quittance. Après la mort de ce particulier, cette quittance s'étant retrouvée dans son inventaire, on demanda le droit d'insinuation sur le montant de la somme. Les enfans prétendirent que cette quittance ne pouvoit être regardée que comme la reconnoissance d'une somme empruntée ; que ce n'étoit point une donation en *avancement* d'hoirie, que dès-lors il n'étoit dû aucun droit d'insinuation ; cependant, par une décision du conseil du 10 juillet 1752, il fut jugé que le droit étoit dû, parce que l'effet de cette quittance équivaloit à une donation en *avancement* d'hérédité. *Voyez* AVANTAGE, DÉMISSION, RAPPORT, DONATION, SUCCESSION, *&c.*

AVANCER, v. a. (*Commerce.*) c'est faire les frais d'une entreprise avant que le temps d'en être remboursé soit arrivé. On dit aussi *avancer* de l'argent qu'on prête, de la marchandise que l'on donne à crédit, & en général de tout ce que l'on débourse pour quelqu'un dans la régie ou la poursuite de ses affaires. *Voyez* SOCIÉTÉ, PROCUREUR, INTENDANT.

AVANCES, f. f. pl. (*Commerce.*) on donne ce nom à tous les paiemens faits avant terme ou pour ceux qui n'ont pas encore remis l'argent nécessaire pour les faire. Dans le premier cas, c'est un paiement fait par anticipation ; dans le second, c'est une espèce de prêt.

AVANCIER, f. m. c'est un vieux mot, dont on se servoit pour désigner les gardes-jurés d'un métier, dont la fonction principale est de veiller à l'exécution des statuts, & à la bonté des ouvrages.

AVANT (*aller en*) *terme de Pratique*, usité singuliérement dans les *avenirs* qui se signifient de procureur à procureur : il signifie *poursuivre le jugement d'une affaire.* (*H*)

AVANT FAIRE DROIT, (*terme de Palais.*) le juge se sert de cette formule, lorsqu'avant de juger une affaire au fond, il ordonne qu'une chose sera faite préalablement.

AVANT (*mettre en*), c'est encore un terme de palais qui signifie annoncer une chose, un fait, affirmer une proposition.

AVANT-PARLIER, f. m. vieux mot qui s'est dit autrefois pour *avocat. Voyez* PARLIER & AMPARLIER, qui signifient la même chose.

AVANT-PART, f. m. expression d'usage dans quelque coutumes pour signifier le *préciput de l'aîné. Voyez* AINESSE & PRÉCIPUT. (*H*)

AVANT-SEIGNEUR, f. m. mot ancien, qui signifioit *le premier*, *le principal seigneur.*

AVANT-TOIT, la coutume de Reims, *art.* 354, permet aux propriétaires de maisons de faire construire sur la rue, des auvents & *avant-toits* sans demander congé ou permission, & sans encourir aucune amende. Dans les autres villes, il faut obtenir une permission du voyer, pour poser un *avant-toit.*

AVANT-VENT, f. m. on se servoit anciennement de ce mot, pour celui d'*auvent.*

AVANTAGE, f. m. (*terme de Jurisprudence.*)

est ce qu'on accorde à quelqu'un au-delà de la part que l'usage ou la loi lui attribuent. Ainsi on appelle *avantage* ce qu'un testateur donne à un de ses héritiers au-delà de la portion des autres; ce qu'un mari donne à sa femme, ou la femme à son mari, au-delà de ce qui est réglé par le droit ou la coutume du lieu.

Avantage se prend aussi pour ce qui est donné en avancement d'hoirie à un héritier présomptif. C'est effectivement un *avantage* pour lui de jouir, par anticipation, d'une hérédité qui ne sera ouverte pour les autres que dans un temps postérieur.

Quoiqu'il soit de règle générale, que chaque citoyen soit le maître de ce qui lui appartient, & qu'il puisse en user & en disposer à son gré, cette règle souffre néanmoins quelques exceptions, que les loix ont introduites en considération du droit public & des bonnes mœurs.

Nous les rangerons sous trois sections particulières, dans la première nous traiterons des *avantages* prohibés entre les conjoints par mariage; dans la seconde de ceux qui sont prohibés à l'égard des enfans & autres héritiers présomptifs: dans la troisième de ceux qui le sont par rapport à la qualité des personnes.

SECTION PREMIÈRE.

Des avantages prohibés entre les conjoints par mariage.

Avant le mariage, il n'est pas d'*avantage* que des futurs époux ne puissent se faire par leur contrat: donations entrevifs ou à cause de mort, préciput, ou autres dispositions, le tout à quelque clause & condition que ce soit, est valable & doit être exécuté. Un contrat pareil est si favorable, que ce qui est de rigueur pour des dispositions consignées dans d'autres actes qu'un contrat de mariage, ne l'est plus de même, lorsque ces dispositions interviennent dans cette sorte de contrat. Une donation, par exemple, ne peut se soutenir si elle n'est expressément acceptée; mais qu'elle soit faite par contrat de mariage, cette omission ne nuit plus à la libéralité.

Cette liberté qu'ont les conjoints de s'avantager est restrainte, quand l'un d'eux a des enfans d'un premier mariage; car dans ce cas il ne peut avantager son conjoint, par quelque disposition que ce soit, que jusqu'à concurrence de la portion du moins prenant de ses enfans dans sa succession, ainsi que nous l'expliquerons plus au long au mot SECONDES NOCES.

Ce que nous disons de la liberté accordée aux conjoints de faire insérer dans leurs contrats de mariage, toute espèce de clauses avantageuses, n'a lieu que pour eux; car si, par ce même acte, on donnoit à un tiers, ce ne seroit plus la même chose. Nous dirons encore que si l'un des conjoints étoit une personne prohibée, la libéralité qu'un tiers lui feroit, n'acquerroit pas, à cause de son mariage, plus de validité. Il n'est pas plus permis en général de donner aux personnes prohibées, lorsqu'elles se marient qu'auparavant, à moins que la coutume n'en ait une disposition particulière, comme on le verra au sujet des enfans qui sont mariés par père & mère.

Des avantages directs entre conjoints. Lorsqu'une fois le mariage est célébré, cette faculté qu'avoient les époux de s'avantager, n'est plus la même. Et en cela on distingue entre le droit écrit & le droit coutumier. Dans le pays de droit écrit, les époux n'ont plus d'autre ressource que le testament. Il est vrai que cette ressource est considérable dans ce pays, où l'on peut disposer de tout son bien, sauf la légitime de ceux qui ont le droit de la réclamer. Anciennement le mari & la femme pouvoient s'avantager encore par donation entrevifs, & cette donation produisoit son entier effet, lorsque le donateur conjoint décédoit sans l'avoir révoquée: ce qui ne pouvoit valoir alors comme donation, valoit du moins comme testament; mais depuis l'ordonnance de 1731, concernant les *donations, articles 3 & 4*, des actes pareils ne peuvent plus se soutenir. La donation & le testament ont aujourd'hui leur caractère particulier; il faut que chacun de ces actes soit revêtu des formes qui lui conviennent, pour produire son effet: de sorte que ce qui ne peut valoir comme donation, ne peut valoir comme testament. Ainsi, dans le droit écrit, comme les époux ne peuvent point se faire de donation l'un à l'autre, par acte entrevifs, il s'ensuit que s'ils avoient pris cette voie, l'*avantage* ne pourroit se soutenir comme disposition à cause de mort; on leur diroit vous pouviez vous avantager par testament, & vous ne l'avez pas fait; vous vous êtes avantagé par donation entrevifs, & vous ne le pouviez pas faire: *quod potuit non fecit, fecit autem quod non potuit.*

Dans le pays coutumier en général, le mari & la femme, après le mariage, ne peuvent s'avantager directement ni indirectement, de quelque manière que ce soit, si ce n'est par don mutuel. *Voyez* DON MUTUEL. L'article 282 de la coutume de Paris, contient là-dessus une disposition formelle: ainsi il ne peut être question dans cette coutume, ni de donation, ni de testament.

Pourquoi une si grande différence entre le pays de droit écrit & le pays coutumier? dans le pays de droit écrit, on ne veut pas, à la vérité, que les époux puissent être tyrans l'un de l'autre, au point de se dépouiller irrévocablement; mais on y suppose des mœurs: on présume que le mari & la femme ont bien vécu ensemble, & l'on croit dès-lors qu'il seroit trop rigoureux de leur interdire toutes marques d'affection de l'un envers l'autre.

En pays coutumier, on pense différemment. On s'imagine que si les époux avoient la faculté de s'avantager l'un l'autre, ce seroit les mettre dans le cas d'user de violence ou d'artifice, pour s'extorquer des libéralités. Nous ne porterons point de jugement sur la préférence des motifs qui permettent ou qui empêchent une libéralité entre conjoints.

Quoi qu'il en soit, pour en revenir au droit coutumier, la prohibition portée par la coutume de Paris, n'est pas si générale qu'elle ne reçoive bien des exceptions dans d'autres coutumes. Dans les unes, comme dans celle de la Marche, il est permis au mari & à la femme de tester l'un en faveur de l'autre, jusqu'à concurrence du tiers de tous leurs biens; dans d'autres, comme en Auvergne, le mari peut tester en faveur de sa femme, & non la femme en faveur du mari. Dans une province, on peut disposer de certains biens, & dans une autre, on ne le peut pas. Ici on peut le faire lorsque les conjoints s'en sont réservé la faculté par le contrat de mariage; là on ne le peut, ni d'une façon, ni d'une autre; rien de plus varié suivant les différentes coutumes; mais en général, il est de droit commun qu'il y a une prohibition, à moins qu'elle ne soit levée par la coutume du pays où l'on a envie de disposer. Sur quoi il est bon d'observer que cette prohibition n'est que locale, c'est-à-dire, qu'elle ne porte que sur les biens qui sont situés sous la coutume prohibitive, & qu'elle ne s'étend nullement sur ceux qui sont situés en pays d'entière liberté.

Des avantages indirects entre conjoints. Il est de maxime que lorsqu'on ne peut s'avantager directement entre conjoints, on ne peut le faire non plus indirectement. Ainsi, quoique le don mutuel ne soit point, à proprement parler, un *avantage*, puisqu'il peut tourner au profit de l'un comme de l'autre, cependant, si ce don ne se faisoit qu'aux approches d'une mort inévitable il ne produiroit aucun effet; on présumeroit par-là, que le survivant a cherché à se faire faire un *avantage* indirect.

On le présumeroit de même encore, si le mari recevant une succession échue à sa femme, il exagéroit par ses quittances le montant de cette succession. On seroit fondé à croire qu'il a voulu gratifier sa femme, en lui fournissant le moyen de réclamer, quand il seroit mort, des objets plus considérables que ce qu'il auroit réellement touché de la succession.

Comme les fruits & revenus du bien de la femme appartiennent au mari, s'il paroissoit qu'ils ne se sont séparés que pour donner occasion à la femme d'appliquer ces mêmes fruits à son profit particulier, ce seroit une ouverture aux héritiers du mari pour s'en plaindre.

Si par le contrat de mariage il étoit dit que la femme partagera la communauté, sans participer aux dettes, cette clause ne pourroit non plus se soutenir, parce que rien ne seroit plus facile que de l'avantager de cette manière: le mari n'auroit pour cet effet qu'à faire beaucoup d'emprunts pour des acquisitions. Si le mari, par contrat de mariage, avoit institué sa femme héritière de tout le mobilier qui se trouveroit dans sa succession, le prix des propres aliénés tomberoit-il dans la faveur de l'institution? Si l'aliénation s'étoit faite sans fraude, ce prix lui appartiendroit; mais dans le cas contraire on penseroit différemment, suivant qu'il a été jugé dans la coutume de Paris, par arrêt du 29 février 1760.

Quoique la coutume de Paris soit une des coutumes les plus sévères, elle permet pourtant aux époux, lorsqu'ils marient leurs enfans, de stipuler *que ces enfans laisseront jouir le survivant de leur père ou de leur mère, des meubles & conquêts du prédécédé, la vie durant du survivant; pourvu qu'il ne se remarie pas.* Il ne falloit pas moins qu'une exception marquée pour les soustraire à la rigueur de l'article 282; &, comme cette exception n'est pas de droit commun, elle ne sauroit s'étendre aux autres coutumes qui n'en parlent pas.

Mais si, dans ces autres coutumes, un père, par exemple, faisoit un *avantage* à son fils, à la charge & condition par celui-ci, de laisser jouir sa mère de tel ou tel objet sa vie durant, une pareille disposition passeroit-elle pour un *avantage* prohibé? La question est délicate: il paroît d'abord que ce seroit un *avantage* indirect. Cependant, comme toutes les conventions, & principalement les conventions matrimoniales sont susceptibles de toutes sortes de clauses & conditions qui n'ont rien de contraire aux bonnes mœurs, on peut dire qu'une stipulation pareille obtiendroit son effet; parce qu'enfin on ne peut point séparer la condition de la libéralité à laquelle elle est attachée. D'ailleurs il dépendroit du fils d'accepter l'*avantage* ou de le refuser; mais, en l'acceptant, il faudroit qu'il acceptât nécessairement ce qui seroit une suite de ce même *avantage*: *qui sentit commodum, sentire debet & onus.*

On prétend que lorsque les deux conjoints sont proches parens, n'ayant dès-lors été mariés qu'avec dispense, la prohibition n'a plus lieu à leur égard; & cela, dans l'idée que les *avantages* qu'ils se feroient, auroient plutôt alors l'affection que la tyrannie ou la séduction pour principe. Mais nous ne saurions adopter cette distinction qui dans l'usage ne se propose point. Il est rare que la parenté contribue à rendre les mariages plus unis & plus heureux. L'intérêt & la cupidité sont aveugles, ils ne savent rien discerner.

SECTION II.

Des avantages prohibés vis-à-vis des enfans & des héritiers présomptifs.

Avantages concernant les enfans. Les enfans sont naturellement appellés à partager la succession de leur père & de leur mère par égale portion, & cette égalité s'observe, à moins qu'il ne soit permis d'y déroger. Le droit écrit & le droit coutumier n'ont presque rien de commun à cet égard.

Dans le droit écrit, il est permis de faire la condition d'un de ses enfans, meilleure que celle des autres, soit par testament, soit par donation contractuelle. En pays coutumier, il en est autrement;

dans quelques coutumes, on ne peut avantager les uns plus que les autres, si ce n'est par leur propre contrat de mariage; dans d'autres, on ne peut les favoriser que d'une certaine quotité & d'une certaine nature de biens. Ici on distingue entre nobles & roturiers : là on accorde un préciput; ailleurs il n'en est point question : autant de coutumes, autant, pour ainsi dire, de dispositions diverses & singulières.

Lorsqu'il est porté par une coutume, que le père & la mère ne pourront avantager l'un de leurs enfans plus que les autres, si ce n'est dans les cas où il leur est permis de ne point s'arrêter à cette égalité, il est certain que ce qu'on ne peut point faire pour eux directement, on ne peut le faire non plus d'une manière indirecte, c'est-à-dire, par des voies détournées.

Un statut pareil est-il réel ou personnel? Il devroit sans doute être personnel, & s'étendre à toutes sortes d'*avantages*, sans considérer si les biens sont situés ou non dans la coutume prohibitive; mais il en est ici, comme à l'égard du mari & de la femme, pour lesquels il est décidé, qu'ils peuvent exercer leurs libéralités respectives sur d'autres biens que ceux qui sont situés dans la coutume prohibitive où ils ont leur domicile. Sans doute qu'on regarde la prohibition comme trop rigoureuse, pour lui donner de l'effet hors du territoire où elle est introduite.

Mais si un père, pour avoir occasion d'avantager l'un de ses enfans dans une coutume prohibitive, vendoit de ses fonds situés dans cette coutume, pour en acheter d'autres dans une province où il est permis d'avantager l'un de ses enfans plus que les autres, la disposition qui seroit faite de ces biens nouvellement acquis, en faveur de cet enfant, au préjudice des autres, seroit-elle valable? Ceci dépendroit des circonstances : il est certain que, si, peu de temps après l'acquisition, le père en disposoit en faveur de son fils, cette disposition paroîtroit faite pour éluder la loi, & le fils seroit obligé de rapporter ce qu'il auroit pris; mais si d'un côté, on peut présumer de la prédilection de la part du père, on est, d'un autre côté, éloigné de soupçonner de la fraude, lorsqu'on fait attention qu'un père chérit également ses enfans, & que l'amour de l'égalité est autant chez lui dans la nature que dans la loi. On ne peut donc point donner de règles certaines en pareil cas : tout dépend des circonstances, des lumières & de la prudence des juges.

Lorsqu'il est permis d'avantager un de ses fils, en le mariant, on voudroit trouver souvent l'occasion d'en avantager un autre en même temps : la difficulté a fait imaginer une tournure qui au fond est une contravention à la loi, mais qui cependant ne laisse pas de produire son effet, & la voici : c'est de ne faire l'*avantage* au fils qu'on marie, qu'à la charge par lui d'y associer, pour un quart, un tiers, une moitié, l'autre enfant qu'on veut avantager & qui ne se marie pas. Comme il est de maxime qu'on ne peut point diviser les contrats, pour n'en exécuter que ce qui est avantageux, & abandonner ce qui en peut être onéreux, suivant que nous l'avons observé au sujet du mari & de la femme, on décide que le fils ne peut point accepter l'*avantage* qu'on lui a fait, sans effectivement en communiquer le bénéfice à l'autre fils associé pour la quote-part déterminée. Cette tournure est d'un usage établi, notamment dans la coutume de la Marche où il est défendu d'avantager l'un de ses enfans plus que les autres, si ce n'est par contrat de mariage. Cet usage est confirmé par la jurisprudence du principal siège de l'endroit, & par nombre d'arrêts de la cour du parlement, dans le ressort de laquelle se trouve située la province de la Marche.

Dans cette coutume & dans d'autres semblables, le père & la mère, en se mariant, peuvent-ils par leur contrat de mariage, faire des *avantages* par anticipation à l'un de leurs enfans à naître, au préjudice des autres? Suivant ces coutumes, les enfans ne pouvant être avantagés que par leur propre contrat de mariage, il semble qu'une faveur par anticipation blesseroit la loi; cependant on regarde une pareille disposition comme valable, & comme une suite naturelle de la faculté qu'on a par un contrat de mariage, de stipuler pour soi & pour ses descendans, telles clauses & conditions que l'on juge à propos, lorsqu'elles n'ont rien de contraire aux bonnes mœurs. En vain, diroit-on qu'un *avantage* par anticipation est contraire à la loi : la loi ne s'explique que pour les *avantages* à faire, & non pour ceux qui se trouvent déjà faits : la première loi, sous laquelle les enfans sont venus au monde, est celle du mariage, & c'est cette même loi qui doit toujours être suivie.

Question. Un enfant qui auroit rendu à son père un service de la dernière importance, qui, par exemple, se seroit exposé à un danger prochain, pour le sauver d'un naufrage, d'un incendie, ne pourroit-il point, par forme de récompense, recevoir autrement que par contrat de mariage, un *avantage* particulier de son père, sans être tenu de le précompter à ses cohéritiers? La raison de douter se tire de ce qu'un fils, en pareil cas, ne fait que son devoir; mais en raisonnant plus conformément à la nature humaine, nous pensons que la justice, bien loin de le dépouiller de cet *avantage*, viendroit à son secours pour le lui conserver. L'exemple d'un fils qui affronte le danger pour sauver la vie de son père, est trop précieux, pour que ce père soit privé de la douce satisfaction de le récompenser comme son bienfaiteur, & trop rare pour qu'il ne soit point permis de le faire servir de leçon aux autres enfans qui n'auroient point la même générosité que lui. Jamais on ne pourroit faire d'application plus matérielle de la loi, qu'en l'employant en pareil cas, à combattre une récompense due au courage & à la vertu.

Avantage aux héritiers présomptifs. Il y a des coutumes, ainsi que nous venons de le voir, où il n'est point permis d'avantager ses enfans ou petits-enfans, au préjudice les uns des autres. Cette prohibition est fondée du moins sur des motifs apparens d'équité, en ce qu'il est naturel de conserver l'égalité parmi ceux que la nature a rendus égaux entre eux, & d'éviter ainsi tout sujet de haine & de jalousie. Mais il est singulier que, dans d'autres coutumes, comme dans celle de Poitou, on ait étendu cet esprit d'égalité à la ligne même collatérale, & qu'il soit défendu, dans ces coutumes, d'avantager son héritier ou l'héritier présomptif de son héritier, au préjudice des autres, si ce n'est ou d'une certaine nature de biens, ou d'une certaine quotité. Cependant, quoique les dispositions de ces coutumes s'exécutent à la rigueur, la prohibition n'est pas telle qu'on doive généralement suspecter de fraude tous les actes qui se passent entre parens, héritiers prochains ou immédiats. On ne veut pas que le soupçon soit porté au point qu'ils ne puissent faire ensemble valablement tout ce que les hommes font entre eux dans le commerce de la vie, ils peuvent se rendre acquéreurs les uns des autres, contracter des sociétés, & même il est naturel que lorsqu'on a besoin d'argent, on l'emprunte plutôt d'un parent que d'un étranger. Ainsi, lorsqu'il s'agit de l'exécution des actes qui ont pu avoir lieu entre eux, on n'est pas facilement reçu à les arguer de fraude. Que j'aie prêté une certaine somme à un de mes parens dont je me trouve aujourd'hui l'héritier avec d'autres parens, si mon prêt est constaté par écrit, ces autres parens ne sont pas redevables à demander à faire preuve au préjudice de cet écrit, que le prêt n'a point été fait, & que cet écrit n'a eu lieu que pour m'avantager d'autant dans les biens de la succession. La règle qui veut qu'on n'attaque point des écrits par des preuves testimoniales, est en pareil cas en ma faveur.

Il en seroit différemment, si de l'écrit même on pouvoit induire des soupçons de fraude; s'il étoit, par exemple, d'une date voisine de la mort du parent, ou que le terme du paiement fût porté à une époque si reculée, qu'il ne dût naturellement écheoir qu'après la mort de ce parent, ou que le prétendu débiteur jouît notoirement d'une fortune & d'une aisance telle qu'il eût pu se passer de faire l'emprunt, & qu'il parût au contraire que l'héritier porteur de l'écrit n'étoit pas assez bien dans ses affaires pour faire un prêt pareil: toutes ces circonstances réunies pourroient faire sensation, & il resteroit alors au créancier de prouver plus particuliérement la réalité du prêt; mais dans le doute, la cause du créancier seroit toujours la plus favorable, en affirmant qu'il a réellement déboursé le montant de l'obligation.

Il faut observer que la fraude ne se présume pas aussi facilement en ligne collatérale qu'en ligne directe; on est moins porté à favoriser des parens éloignés que ses propres enfans: c'est pourquoi il faut des indices plus marqués dans une espèce que dans l'autre.

SECTION III.

Des avantages prohibés par la qualité des personnes.

Dans le cas où il est permis d'être libéral, il ne suffit pas d'un acte de libéralité pour conclure aussi-tôt que cet acte doit avoir son exécution. Il faut que ce même acte porte tellement le caractère d'une volonté libre, que rien ne puisse en faire douter; & cette liberté devient facilement suspecte, lorsque l'acte qui semble l'indiquer, se rapporte à des personnes qui avoient un certain empire sur l'esprit de ceux qui ont exercé les libéralités dont il s'agit. Dans le droit écrit, comme dans le droit coutumier, il est de jurisprudence reçue, qu'il suffit que l'acte soit en faveur d'une personne prohibée, pour que, sans autre examen, il soit déclaré nul & comme non avenu, à moins que de fortes circonstances ne déterminent à penser différemment. Voici quelles sont les personnes auxquelles parmi nous il est défendu de recevoir des libéralités de ceux sur lesquels elles sont présumées avoir un certain ascendant.

1°. *Les tuteurs à l'égard de leurs pupilles.* Il est certain qu'on a toujours regardé les tuteurs comme maîtres de la volonté de leurs pupilles, & dès-lors, on a cru qu'il seroit extrêmement dangereux d'autoriser les libéralités que ceux-ci leur feroient; aussi ne fait-on aucune difficulté de regarder ces mêmes libéralités comme nulles, & de condamner les tuteurs à s'en désister. Le pupille auroit même atteint sa pleine majorité, que la chose seroit égale, à moins que le tuteur n'eût rendu son compte & remis les pièces justificatives. Le mineur est toujours regardé comme mineur, jusqu'à un compte parfait & consommé. On a même jugé que le tuteur ne pouvoit point employer, comme une preuve de libre volonté de la part du mineur, l'éloignement considérable qui se trouvoit entre l'un & l'autre, lors de la libéralité. On s'en tient étroitement à la maxime, qu'un tuteur ne peut rien recevoir de son mineur.

On pourroit cependant se relâcher de la rigueur de la maxime, si le tuteur étoit un ascendant ou un proche parent collatéral, tel qu'un aïeul ou un oncle, sur-tout si le mineur avoit des motifs d'exercer sa reconnoissance pour des soins particuliers qui lui auroient été donnés. Au reste, tout ceci doit dépendre de la conduite qu'ont tenue les parens tuteurs, de la réputation dont ils jouissent, & de l'objet des libéralités.

Les tuteurs honoraires ne sont point compris dans la prohibition; ils sont censés, par leur qualité, être incapables d'user d'aucune mauvaise voie pour extorquer des largesses.

2°. *Les confesseurs des malades.* Il est certain que personne n'a plus d'empire auprès d'un homme en danger de mort, qu'un confesseur; & dès-lors, on a tout lieu de présumer qu'une libéralité, en pareil cas, en sa faveur, ne peut être que l'effet de la suggestion.

En seroit-il de même, si l'acte de libéralité avoit été fait dans un temps où le pénitent étoit en bonne santé? Ceci dépendroit des circonstances; mais si celui dont émaneroit la libéralité, étoit reconnu pour un homme fréquentant habituellement le tribunal de pénitence du confesseur dont il s'agiroit, nous ne saurions douter qu'un *avantage* pareil ne fût dans le cas d'être déclaré nul; il y auroit bien moins de doute encore, si la libéralité émanoit d'une femme.

Quoique en général un confesseur ne puisse recevoir de dons de la part de son pénitent, cependant, si le don étoit chargé de prières, c'est-à-dire, qu'il fût à titre onéreux & sans être excessif, il ne seroit point dans le cas d'être attaqué. On a même jugé qu'un curé recevant, comme curé un testament, avoit pu recevoir en même temps un legs que le malade lui faisoit d'une somme de cent cinquante livres, pour être employée en messes pour le repos de son ame.

3°. *Les médecins, les chirurgiens & les apothicaires.* On regarde encore ces personnes comme ayant beaucoup d'ascendant sur leurs malades, & on ne fait aucune difficulté d'annuller toutes les libéralités qu'ils peuvent recevoir dans le temps qu'ils font leurs fonctions auprès de ceux qui sont confiés à leurs soins & à leurs traitemens.

Cependant, si la libéralité n'intervenoit qu'après une parfaite guérison, on pourroit alors la regarder comme l'effet d'une reconnoissance également libre & bien placée; mais il n'en seroit pas de même, si le donateur étoit une personne sujette à de fréquentes infirmités: l'envie de s'attacher un médecin trop souvent nécessaire, pourroit avoir influé pour beaucoup sur l'avantage dont on l'auroit gratifié. Au surplus, cette considération cesseroit, si le médecin, chirurgien, *&c.* étoit proche parent du malade; il seroit plus juste & plus honnête d'attribuer à l'affection qu'à tout autre motif, la libéralité exercée envers ce parent.

Il faut remarquer que la prohibition ne s'étend dans aucun cas aux présens qui se font de la main à la main, de la part de certaines personnes assez à l'aise, pour témoigner ainsi leur reconnoissance.

4°. *Les précepteurs à l'égard de leurs élèves.* Il leur est étroitement défendu de rien recevoir de ceux dont ils font l'éducation, pendant que ceux-ci sont confiés à leurs soins, à moins que ce ne soit de l'aveu des parens. On sent les motifs d'une prohibition pareille.

5°. *Les maîtres à l'égard de leurs domestiques.* On tient encore pour maxime, que les maîtres ne peuvent rien recevoir de ceux qui sont à leur service, & cette prohibition est également sage; car enfin, les maîtres peuvent avoir un certain empire sur ces sortes de personnes, & il seroit indécent qu'ils pussent en abuser.

On ne regarde pas de même les domestiques comme personnes prohibées à l'égard de leurs maîtres; on est au contraire dans l'usage de leur faire des libéralités, lorsqu'ils ont servi pendant un certain temps. On met souvent pour condition, qu'ils ne profiteront de la libéralité qu'autant qu'ils se trouveront encore au service lors du décès de ceux qui les gratifient, & personne ne leur dispute ces sortes d'*avantages*.

Il faut pourtant convenir qu'un ancien serviteur a beaucoup d'ascendant sur son maître, sur-tout lorsque ce dernier est parvenu à cet âge avancé où l'on craint toujours d'être abandonné. Dans ces circonstances, nous croyons sans difficulté que si ce serviteur s'étoit procuré des libéralités excessives, on ne fût bien dans le cas de les faire restreindre à ce que peut mériter un ancien domestique, à raison de ses services & de la fortune de son maître.

Sur quoi il est bon d'observer qu'on ne comprend point dans la prohibition les intendans des seigneurs, ni les secrétaires des gens d'affaires, à moins qu'il ne s'élève contre eux de violens soupçons.

6°. *Les maîtres à l'égard de leurs apprentifs.* Les *avantages* concernant ces sortes de personnes, peuvent être permis ou prohibés suivant les circonstances. Tout ceci dépend de la prudence des juges.

7°. *Les avocats & les procureurs à l'égard de leurs cliens.* La prohibition est étroite pour les procureurs, pendant qu'ils ont des affaires de leurs cliens non encore terminées. Il leur est même défendu de recevoir manuellement des présens d'une certaine importance, sans quoi il leur seroit facile, comme on le conçoit aisément, de mettre les plaideurs à contribution. La défense ne seroit pas la même, si la libéralité venoit d'un proche parent, suivant ce que nous avons dit des médecins & chirurgiens.

A l'égard des avocats, la loi n'est pas aussi rigoureuse; cependant une libéralité excessive dans le temps qu'un avocat seroit chargé de la défense d'un client, & qui ne seroit point fondée sur de grandes liaisons & des habitudes particulières, seroit suspecte & pourroit être rejettée. Il n'en est pas de même des présens, ces présens sont censés lui tenir lieu d'honoraires. Voyez au surplus ce que nous disons à l'article Avocat.

8°. *Les novices à l'égard de leur monastère.* S'il étoit permis aux novices de disposer en faveur de la communauté où ils sont admis à faire profession, on pourroit souvent abuser de l'ascendant qu'on auroit sur eux pour les engager à des libéralités; mais il leur est défendu de disposer de leurs biens, non seulement au profit du monastère où ils font profession, mais encore des autres monastères du même ordre, sans quoi il seroit facile de leur faire éluder la loi.

Section IV.

Des avantages frauduleux.

1°. *Avantages frauduleux par interposition de personnes.* Dans le cas où l'on sait qu'il n'est point permis d'avantager ceux que l'on voudroit gratifier, on cherche souvent des détours en recourant à de tierces personnes ; mais ces moyens, aux yeux de la justice, ne sont pas plus heureux que ceux qui paroîtroient plus ouvertement contraires à la loi.

Ainsi, lorsqu'il n'est point permis d'avantager une femme, on ne peut faire passer cet *avantage* ni au père ni à la mère de la femme, non plus qu'aux enfans qu'elle auroit d'un premier mariage ; la fraude, en ce cas, se manifeste presque aussi ouvertement que si elle agissoit directement. Il faut dès-lors prendre pour règle générale que le père, la mère & les enfans de la personne prohibée, sont compris dans la prohibition : nous dirons aussi que la femme de la personne prohibée y est également comprise ; de façon que le mineur, qui ne peut avantager son tuteur, ne pourroit non plus avantager la femme de ce dernier.

A l'égard des frères & des sœurs de la personne prohibée, la chose n'est pas la même, à moins qu'il n'y ait de violens soupçons de fraude ; lorsque les soupçons ne peuvent pas s'éclaircir de façon à donner une espèce de certitude, la justice alors n'a d'autre ressource que de demander l'affirmation des personnes avantagées ; & lorsqu'elles font serment que la libéralité est pour elles, & qu'elles ne se sont prêtées à aucune fraude, on leur adjuge l'*avantage* dont il s'agit.

Dans les coutumes qui défendent d'être héritier & légataire en ligne collatérale, on ne laisse pas de regarder comme bon & valable le legs fait à l'un des enfans de l'héritier qui recueille la succession. C'est sur ce fondement qu'on a jugé dans la coutume de Poitou, par arrêt du 9 décembre 1606, qu'une donation faite au mari de l'héritière présomptive étoit bonne, quoique par événement, au moyen d'un don mutuel, les biens fussent retournés à la femme. On a pareillement jugé, par arrêt du 12 juillet 1759, dans la même coutume, que la femme de l'héritier présomptif ne devoit point être comprise dans la prohibition.

2°. *Avantage frauduleux par déguisement des contrats.* C'est encore une ruse de la part de ceux qui veulent avantager des personnes prohibées, de déguiser les actes à la faveur desquels ils veulent leur faire passer leurs libéralités.

Un père, par exemple, ne peut avantager son fils autrement que par contrat de mariage : pour éluder la loi, que fait-il ? Un contrat de vente au profit d'un de ses amis, avec mention que le prix a été payé en deniers comptans. Peu de temps après, il fait exercer un retrait lignager au nom de ce fils ; il intervient sentence qui condamne à passer revente au profit de ce dernier : par le contrat de revente, on affecte de stipuler que les deniers ont été empruntés d'un particulier, auquel même on accorde toute subrogation, & voilà le fils propriétaire de l'héritage de son père. Un fait pareil peut-il nuire aux autres enfans ? Non, sans doute, lorsqu'on est en état de prouver la fraude ; mais lorsque cette preuve est impossible, il est certain que le fils profite de cette manœuvre, parce qu'il est vrai de dire qu'il pouvoit exercer le retrait, & emprunter pour cet effet.

De même un testateur ne peut disposer que d'une certaine quantité de ses biens, comme du tiers, par exemple. Pour éluder la loi, après avoir épuisé en faveur d'un particulier la faculté que la loi lui donnoit, il se reconnoît ensuite débiteur envers d'autres particuliers, de tels & tels autres objets, soit pour argent prêté ou autrement ; comme ces reconnoissances sont censées être des dispositions déguisées pour excéder les bornes de la loi, elles ne doivent avoir d'effet qu'autant que ceux en faveur de qui elles se trouvent faites, sont en état de prouver que ce que le testateur déclare leur devoir leur est réellement dû ; & cette preuve se reçoit facilement par témoins, parce que la déclaration du testateur est déjà un commencement de preuve par écrit.

Il est pourtant bon d'observer que lorsque ceux en faveur desquels se trouvent ces reconnoissances, ne sont point des personnes prohibées, on commence par épuiser pour eux le legs, parce qu'enfin dans le doute, si le testateur a voulu excéder ou non les bornes de la loi, il est naturel de penser qu'il a voulu que ceux pour lesquels il se déclaroit débiteur, fussent satisfaits les premiers, sauf au légataire à profiter du surplus. Dans quelques tribunaux, ces prétendus créanciers ne sont regardés que comme des légataires, & on les fait concourir au marc la livre, si l'objet excède la faculté de disposer.

On demandera peut-être comment un acte qui ne peut valoir comme obligation, peut valoir comme testament ? Il est vrai que dans la rigueur des principes, cet acte ne peut avoir l'effet d'un testament ; mais dans l'incertitude, si la chose est due ou non, on croit qu'il est de l'équité d'en ordonner le paiement jusqu'à concurrence de la quotité disponible, en affirmant par le prétendu créancier que la chose lui est bien & légitimement due.

Si l'on nommoit pour exécuteur testamentaire d'une disposition secrete, une personne prohibée, il est certain que cette disposition ne pourroit s'exécuter. Si le mari, par exemple, chargeoit sa femme de prendre sur sa succession une certaine somme, pour en disposer suivant les intentions secretes de lui mari, ceci paroîtroit évidemment un *avantage* prohibé, tout comme le seroit aussi ce qu'il lui plairoit donner dans ce moment, au-delà des bornes de la loi, pour la décharge de sa conscience.

3°. *Caractères de la fraude.* Lorsque les parties sont

sont intelligentes & subtiles, rien n'est souvent plus difficile que de découvrir la fraude qu'elles ont eu dessein de pratiquer; elle peut cependant se présumer sur certains indices, comme nous venons de le voir. Lorsqu'un acquéreur, par exemple, n'avoit aucun intérêt de faire l'acquisition dont il s'agit, soit à raison de la situation de ses affaires, ou du peu de convenance de l'objet acquis, il est présumé n'avoir prêté que son nom pour la vente, sans en avoir déboursé le prix. De même aussi, lorsque le vendeur s'est dépouillé d'un objet qui lui convenoit, qu'il l'a fait sans y être contraint par le dérangement de ses affaires, il est présumé avoir fait cette vente gratuitement.

Par la même raison, lorsqu'on a fait une libéralité par donation ou par testament, à une personne plus riche que soi, à une personne que l'on n'étoit pas dans le cas de voir familiérement, & dont l'on n'avoit reçu aucun service, on présume que c'est un *fidéicommis* déguisé.

Lorsqu'un fils exerce le retrait d'un bien vendu par son père, & que ce fils n'étoit pas assez accrédité pour trouver à emprunter la somme nécessaire pour le remboursement de l'acquéreur, il est dès-lors vraisemblable ou que la vente n'étoit qu'une aliénation simulée, ou que le père a affecté de faire paroître un créancier pour prêter au fils.

La fraude peut se présumer encore d'une infinité d'autres manières, selon les voies différentes que l'on emploie à la pratiquer: l'âge, le temps, le lieu, les personnes, tout peut concourir à la dévoiler. Mais il ne suffit pas de simples conjectures pour l'établir comme si elle étoit réelle. Ces conjectures peuvent seulement autoriser le juge à admettre la preuve de certains faits inconnus, & qui peuvent conduire à des découvertes ultérieures.

Il y a cependant des présomptions qui ont une connexité si étroite avec le fait présumé, qu'elles suffisent en pareil cas pour déterminer la religion du juge. Mais il faut que ces présomptions se tirent principalement de la nature des actes & de la qualité des parties, en observant toujours, comme nous l'avons dit, que la présomption de fraude est moins efficace entre parens éloignés que entre parens proches, & moins efficace encore à l'égard des étrangers que de simples parens.

Lorsque la loi n'a pas réglé que telle ou telle présomption tiendroit lieu de preuve, il reste à la prudence du juge de se déterminer suivant les apparences les plus probables. Mais dans le doute, comme la fraude est un moyen odieux à faire valoir, & qu'on ne doit que difficilement se décider pour la nullité des actes revêtus des formes requises, le parti le plus conforme à l'honnêteté est de ne point s'arrêter à de simples soupçons, & de donner aux actes qu'on ne peut démontrer ouvertement frauduleux, toute l'exécution que doivent avoir, dans le cours ordinaire de la vie, les conventions qu'ils renferment.

Une dernière observation qui ne doit point nous échapper, c'est que toutes les fois qu'il y a lieu de réclamer contre un *avantage* prohibé, il n'est point nécessaire d'obtenir des lettres de rescision: il suffit d'exciper ou de la loi ou de la jurisprudence adoptée pour le faire annuller.

AVANTAGE, *en style de Pratique ou de Palais*, est un défaut obtenu, soit par le demandeur ou le défendeur, contre la partie non comparante. Cet *avantage* consiste dans l'adjudication des conclusions de la partie comparante, si elles paroissent au juge avoir un fondement légitime, sauf au défaillant à revenir par opposition contre le jugement obtenu contre lui par défaut. *Voyez* JUGEMENT & OPPOSITION. (*H*)

AVARICE, s. f. (*Droit civil. Morale.*) c'est l'attachement excessif à l'argent & aux richesses, qui fait oublier à l'homme l'honneur & la gloire, dès qu'il s'agit d'éviter la moindre dépense, ou d'acquérir des richesses.

Nous laissons aux moralistes, le soin de montrer la bassesse de ce vice honteux; il nous suffit de remarquer que l'*avarice* est odieuse dans un juge, qu'elle met dans le cas de vendre la justice au lieu de la distribuer.

On trouve, dans le corps du droit romain, plusieurs loix contre l'avarice des juges. Constantin leur défendit, sous peine de la vie, de recevoir même les petits présens, appellés *xenia*, que les anciennes loix leur permettoient d'accepter.

Nous avons aussi, dans notre code, plusieurs loix pour réprimer & punir l'*avarice* des juges: telles sont les ordonnances de 1446, 1453, 1493, 1555, & celles d'Orléans & de Blois.

AVARIE, s. f. (*Droit maritime.*) en terme de marine, on entend, par *avaries*, les accidens, pertes & dommages, & les dépenses extraordinaires qui arrivent aux vaisseaux & aux marchandises pendant le cours de la navigation, depuis leur chargement & départ, jusqu'à leur arrivée & débarquement.

L'ordonnance de la marine, au titre des *avaries*, en distingue plusieurs espèces. Les *avaries* simples ou particulières, les grosses ou communes, & les menues.

On appelle *avaries* simples les dépenses extraordinaires faites pour le bâtiment seul, ou pour les marchandises seulement; & alors le dommage arrivé en particulier, doit être supporté & payé par la chose qui a souffert ce dommage ou causé la dépense.

On met au nombre des simples *avaries*, la perte des cables, des ancres, des voiles, des mâts & des cordages, arrivée par la tempête ou autre fortune de mer; & encore le dommage des marchandises causé par la faute du maître du vaisseau ou de l'équipage, soit pour n'avoir pas bien fermé les écoutilles ou bien ancré le bâtiment, soit pour n'avoir pas fourni de bons guindages & cordages, &c. toutes ces *avaries* doivent tomber sur le maître, le navire & le fret.

Les dommages arrivés aux marchandises par leur vice propre, par tempête, prise, naufrage ou échouement; les frais faits pour les sauver, & les droits, impositions & coutumes, doivent tomber sur le compte des propriétaires.

Quand on dit *le vice propre des marchandises*, cela doit s'entendre de la pourriture, dégât, mouillure d'eau, coulage, *&c.*

La nourriture & le loyer des matelots, lorsque le navire est arrêté en voyage par ordre du souverain, sont aussi réputés simples *avaries*, lorsque le vaisseau est loué au voyage & non au mois; & c'est le vaisseau seul qui doit les supporter.

Les *grosses* ou *communes avaries* sont les dépenses extraordinaires faites, & le dommage souffert pour le bien & le salut commun des marchandises & du vaisseau, telles que les choses données par composition aux pirates, pour le rachat du navire & des marchandises; les effets jettés à la mer, les cables & mâts rompus ou coupés; les ancres & autres effets abandonnés pour le bien commun du navire & des marchandises.

Le dommage fait aux marchandises restées dans le navire en faisant le jet en mer; les pansemens & nourritures des matelots blessés en défendant le bâtiment; & les frais de la décharge pour entrer dans un havre ou dans une rivière, ou pour remettre à flot le vaisseau.

La nourriture & le loyer des matelots d'un navire arrêté en voyage par l'ordre d'un souverain, lorsque le bâtiment est loué au mois, & non pour le voyage.

Toutes ces *avaries* grosses & communes doivent tomber tant sur le vaisseau que sur les marchandises, pour être réparties, sur le tout, au sou la livre.

Les *menues avaries* sont les lamanages, touages, pilotages, pour entrer dans les havres & rivières ou pour en sortir; & elles doivent être supportées, un tiers par le navire, & les deux autres tiers par les marchandises.

Ces dépenses sont regardées comme *menues avaries*, lorsqu'elles sont des frais ordinaires; mais si elles sont occasionnées par une tempête ou autre fortune de mer, ce sont des frais extraordinaires, qu'on estime comme *avaries* communes, & pour lesquelles la contribution que nous venons d'expliquer a lieu.

Pour prévenir toute discussion entre les propriétaires ou les maîtres des navires & les marchands affréteurs, au sujet de la répartition des menues *avaries*, l'usage s'est établi depuis long-temps de passer, outre le fret, une certaine somme aux propriétaires des navires, pour les indemniser de ces menues *avaries*, sans distinguer si elles sont ordinaires ou extraordinaires; & dans plusieurs ports, où l'entrée des navires chargés est difficile & dangereuse, on y a joint aussi l'indemnité des frais extraordinaires de décharge des marchandises.

En conséquence, la formule des connoissemens est telle par-tout, qu'après la stipulation du fret, on ajoute toujours cette phrase, *outre les avaries aux us & coutumes de la mer*, ou d'autres termes équivalens. Cet usage est tellement accrédité, que si les marchandises étoient chargées sans connoissement dans un navire, on ne manqueroit pas d'en faire payer le fret, sur le pied des autres marchandises chargées par connoissement, & d'y ajouter le prix des *avaries*, *aux us & coutumes de la mer.*

Comme les droits à payer, par les navires, ne sont pas les mêmes dans tous les ports, & que dans les uns la décharge des marchandises coûte plus que dans les autres, il y a aussi de la différence dans la fixation de l'indemnité accordée au-delà du fret.

Il y a néanmoins assez d'uniformité, à cet égard, dans le cabotage françois: on passe communément, pour les *avaries*, dix pour cent du fret; mais les étrangers ne s'en tiennent à cette fixation, qu'autant qu'ils y trouvent leur indemnité, autrement ils fournissent leur état de frais & de dépenses, dont ils demandent les deux tiers aux marchands chargeurs. Ils font entrer dans cet état de dépenses, non-seulement les objets énoncés par l'art. 8 du tit. des *avaries*, mais encore ceux de l'art. 9, en y ajoutant de plus tout ce qu'il leur en coûte, excepté leur nourriture, dans tous les ports où ils sont obligés de relâcher sur la route. Il en est même qui sont dans l'usage de stipuler jusqu'à trente-trois pour cent du fret; mais lorsqu'il n'y a point de convention expresse à ce sujet, leur condition est la même que celle des autres, c'est-à-dire, qu'ils n'ont que les dix pour cent, si mieux ils n'aiment fournir l'état de leurs mises, pour en prétendre les deux tiers.

Quant aux voyages de long cours, l'usage est, à la Rochelle, de faire payer, par chaque marchand chargeur, outre le fret, quatre sous du cent pesant pour les sucres, cinq sous pour les indigos & les cafés, six sous pour les cotons, *&c.*

A Bordeaux, c'est cinq pour cent du prix du fret, autrement le sou pour livre; & ce qu'il y a de singulier, c'est que l'armateur, indépendamment de cette augmentation du fret, exige les frais de la décharge des marchandises, réglés, par l'usage, à tant par barique, caisse ou ballot, *&c.*

On prétend qu'au Havre-de-Grace, il y a, pour les *avaries* & frais de décharge, dix pour cent du fret; & qu'à Marseille, il y a jusqu'à douze pour cent.

Quoique ces frais puissent paroître excessifs, les marchands affréteurs sont néanmoins censés s'y être soumis en acceptant les connoissemens. Mais parce que des marchands ont chargé leurs marchandises sur un navire de Bordeaux, avec soumission de payer les *avaries* selon les *us & coutumes de la mer*, doivent-ils payer les cinq pour cent du prix du fret, lorsque le navire, au lieu de décharger les marchandises à Bordeaux, les décharge dans un port où les *avaries* dont il s'agit sont d'un prix inférieur?

Par sentence du 19 juillet 1758, rendue à l'amirauté de la Rochelle, il a été jugé que les frais d'*avarie* doivent être payés, suivant l'usage du port où les marchandises sont débarquées.

Rien ne paroît, au premier coup d'œil, plus simple que la distinction des *avaries*, & la manière de les régler; elles sont néanmoins la source ordinaire d'une infinité de contestations, d'où naissent, malgré la bonne foi des parties, des questions très-délicates, très-difficiles à décider, & cependant très-intéressantes pour le commerce: elles ont plus souvent lieu entre les assureurs & les assurés.

On a pu remarquer, par ce que nous avons déjà dit, que les *avaries* simples sont supportées, par la chose même qui a souffert du dommage ou causé de la dépense; que les menues *avaries* sont ordinairement fixées par le connoissement, ou l'usage des lieux, qui ont déterminé en même temps la manière dont elles seroient supportées, & ceux qui en seroient tenus: il nous reste à détailler les différentes espèces, qui sont désignées par le nom de *grosses avaries* ou *avaries communes*, dont la contribution se partage au marc la livre entre le propriétaire du navire & les affréteurs.

Du jet. La première espèce d'*avarie* commune est le jet à la mer d'une partie de marchandise, pour en conserver le reste, ainsi que le vaisseau.

C'est une règle générale que le jet n'est réputé grosse *avarie*, & ne donne lieu à la contribution, que lorsqu'il a procuré la conservation du navire & des marchandises qui y sont restées. Il faut donc le concours de deux choses: 1°. que le jet ait été nécessaire; 2°. qu'il ait préservé le bâtiment du naufrage ou du pillage.

Lorsqu'un maître de vaisseau, par crainte ou impéritie, jette à la mer une partie des marchandises, chargées sur son bord, sans une nécessité évidente, ce jet ne doit pas être compris sous le nom de *grosse avarie*, & n'est point sujet à la contribution; il en est seul tenu envers ceux à qui elles appartiennent, par l'action *ex conducto*: c'est par cette raison que l'ordonnance oblige le maître de faire constater la nécessité du jet, en cas de tempête, ou de chasse d'un pirate ou d'un ennemi, par l'avis des marchands, s'il y en a à bord, & par celui du pilote & des principaux de l'équipage.

En cas de diversité, l'avis du maître & de l'équipage doit prévaloir sur celui des marchands, parce que les premiers, étant par état gens de mer, sont censés avoir plus d'expérience: dans le cas de partage, la voix du maître est prépondérante.

L'avis de l'équipage doit non-seulement être donné pour constater la nécessité du jet, mais encore l'espèce des choses qui doivent être jettées; &, à cet égard, l'ordonnance prescrit de jetter d'abord les ustensiles du vaisseau, les choses les moins nécessaires, les plus pesantes, & celles de moindre prix.

Cet avis doit être écrit sur le registre de l'écrivain ou de celui qui en fait les fonctions, & signé de tous ceux qui ont assisté à la délibération; sinon, on doit y faire mention des raisons qui les ont empêchés de signer.

Pour obvier davantage aux fraudes que pourroient commettre les gens de l'équipage, le maître doit, dans les vingt-quatre heures qu'il arrive à un port, déclarer devant le juge de l'amirauté, s'il n'y en a pas, devant le juge ordinaire, & en pays étranger, devant le consul de la nation françoise, les causes du jet & les marchandises jettées, & confirmer la déclaration par serment.

La nécessité du jet ne suffit pas pour contraindre les propriétaires du navire & du surplus des marchandises, à contribuer pour la perte que le jet a occasionnée, il faut encore qu'il ait effectivement empêché le naufrage ou la prise du vaisseau. D'où il suit, que si le vaisseau est péri dans la tempête, les marchandises qui auront pu être sauvées du naufrage, ne seront chargées d'aucune indemnité envers le propriétaire des marchandises jettées, par la raison qu'elles ne doivent pas leur conservation à celles qui ont été jettées.

Il en est de même, lorsqu'après le jet d'une partie de la cargaison du vaisseau, il a été pris par un corsaire ou un pirate, & que l'industrie ou la bravoure de l'équipage ont délivré le navire & les marchandises restées, parce que ce n'est pas le jet qui en a procuré la conservation.

Mais lorsque le jet a effectivement procuré le salut du bâtiment, il y a lieu à la contribution, en faveur du propriétaire des effets jettés, quand bien même il viendroit à périr par une seconde tempête, ou seroit pris par un second corsaire: c'est la disposition de l'ordonnance, conforme à celle de la loi 4. §. 1. *ff. ad leg. Rhod. de jactu.* Ainsi, il importe beaucoup de savoir, si le navire a péri dans la même tempête pour laquelle le jet a été fait, ou dans une tempête subséquente. Il est bon néanmoins d'observer que si après le jet il y avoit eu quelque interruption, & que la tempête eût recommencé avec plus de violence, elle seroit réputée la même, & il n'y auroit pas lieu à la contribution.

On doit réparer non-seulement le dommage causé par la perte des marchandises jettées, mais encore celui que le jet a occasionné aux marchandises conservées & au corps du bâtiment.

Cette règle reçoit néanmoins deux exceptions: la première, par rapport aux effets dont il n'y a pas de connoissement, à moins que le maître ne s'en soit chargé sur son livre de bord, qui supplée alors au connoissement.

Si ces effets ont été jettés, les propriétaires des marchandises conservées ne sont tenus d'aucune contribution à cet égard, par la raison que le maître n'en est pas responsable, puisqu'il ne s'en est pas chargé, & qu'il ne peut être recevable à faire contribuer à cette perte, les autres parties intéressées à la conservation du navire.

La seconde exception regarde les effets qui étoient

sur le tillac : le maître du navire est seul responsable vis-à-vis leurs propriétaires, lorsqu'ils ont été jettés, parce qu'on présume qu'il y a de sa faute de les avoir reçus, & de ne les avoir pas placés d'une manière convenable. En effet, s'ils sont restés sur le tillac à défaut d'autre place, le maître a surchargé son bâtiment, & cette surcharge a pu être la cause du jet ; s'il y avoit facilité de les arranger ailleurs, le maître est encore en faute de les avoir abandonnés sur le tillac, & on présume alors qu'ils n'ont été jettés, que parce qu'ils embarrassoient la manœuvre.

Dans le cas du jet, la contribution a lieu, 1°. de la part des propriétaires du navire, pour la moitié de la valeur du vaisseau, & pour la moitié du fret qui leur est dû pour le voyage ; 2°. par les propriétaires des marchandises conservées, au prorata de ce qu'ils en ont, & eu égard à leur valeur au temps de la contribution, déduction faite du fret qui est dû par rapport à elles ; 3°. par les propriétaires des marchandises jettées, qui font confusion sur la somme qui leur est remboursée, de ce qu'ils doivent contribuer eux-mêmes sur la perte totale, en proportion de la valeur de leurs marchandises ; 4°. par les passagers, pour leurs hardes & leurs bijoux ; car quoique ces choses ne chargent pas le vaisseau, elles sont également conservées par le jet.

Les matelots sont dispensés de cette contribution, pour leurs loyers & pour leurs hardes ; & cette prérogative leur est bien due, parce qu'on doit attribuer la conservation du vaisseau aux services extraordinaires qu'ils ont rendus dans l'accident qui a donné lieu au jet.

Les munitions de guerre ou de bouche ne sont pas également sujettes à la contribution, ainsi que les personnes des passagers.

Pour établir la contribution, on compose deux masses : l'une de la perte des marchandises, & l'autre de la valeur du bâtiment & de sa cargaison. Si l'on suppose le bâtiment, le fret & les marchandises de la valeur de 200000 liv., & les marchandises jettées de celle de 20000 liv., la perte supportée par chacun de ceux qui doivent contribuer, sera du dixième de la valeur des effets qui lui appartiennent, & les propriétaires des marchandises jettées feront confusion sur eux-mêmes du dixième de la valeur de leur perte ; ainsi, ils ne recevront que 18000 liv.

Il faut toujours se ressouvenir que l'estimation des marchandises jettées, ainsi que de celles qui ont été conservées, doit se faire, eu égard à leur valeur, dans le lieu & dans le temps du débarquement & de la décharge du navire, & si aucun des contribuables refuse de payer la part qu'il doit supporter, le maître peut, pour sûreté de la contribution, retenir & même faire vendre, par autorité de justice, des marchandises, jusqu'à concurrence de leur contribution.

Le propriétaire des marchandises jettées à la mer, n'est pas censé en avoir abdiqué le domaine ; c'est pourquoi s'ils sont par la suite retirés, soit par des plongeurs, soit par des pêcheurs, il a toujours le droit de les réclamer. S'il en recouvre la possession avant que la contribution ait eu lieu pour raison de leur jet ; elle est alors réductible à la somme dont on estimera qu'elles ont été dépréciées, & aux frais qui ont été nécessaires pour leurs recouvrement ; si au contraire la contribution a déjà eu lieu, il est tenu de restituer aux intéressés ce qu'il a reçu d'eux, déduction faite pareillement du dommage qui lui a été causé per le jet, & des frais de recouvrement.

Des choses données par composition aux pirates. Une des *avaries* communes qui arrive le plus ordinairement, résulte des choses données par composition aux pirates ou aux corsaires, pour le rachat du navire & des marchandises. Comme cette perte n'est soufferte que pour empêcher le navire de tomber entre les mains de l'ennemi, elle devient une *avarie* commune à tous ceux qui ont intérêt à la conservation du vaisseau & de sa cargaison, & ils sont tenus de contribuer à indemniser celui sur lequel la perte est effectivement tombée, de la même manière que dans le cas de l'*avarie* occasionnée par le jet d'une partie des marchandises.

Mais il faut bien remarquer que l'ordonnance ne donne la qualité d'*avarie* commune, qu'aux choses données par composition pour le rachat du navire. Il en seroit autrement, si le corsaire ou pirate, après s'être emparé du bâtiment, s'étoit fait donner les effets les plus précieux sans aucune composition, & l'eût ensuite relâché avec le reste de sa cargaison : le pillage seroit alors regardé comme une *avarie* simple, qui doit être supportée en entier par les propriétaires de ces effets.

Dans cette espèce, comme dans celle du jet des marchandises, la contribution n'a lieu que dans le cas où la composition a effectivement procuré la conservation du navire ; mais si le corsaire, contre la foi donnée, s'emparoit du vaisseau ou le pilloit en entier, ceux qui auroient pu sauver quelques effets du pillage, ne sont tenus en aucune manière d'indemniser les propriétaires des choses données par composition.

Dans le cas du rachat du navire, la contribution se fait de la même manière que dans le cas du jet ; avec cette différence néanmoins, que le propriétaire du navire contribue pour la totalité de la valeur du navire & du fret, sous la déduction des victuailles consommées & des avances faites aux matelots, & c'est avec raison, puisque le fret n'est un profit pour les propriétaires du navire, que sous cette déduction.

Une seconde différence, entre cette contribution & celle qui a lieu pour le jet, consiste en ce que les matelots sont tenus de contribuer à proportion de ce qui leur reste dû de leurs loyers. La raison qui les y fait assujettir, vient de ce que le rachat du navire leur conserve la liberté, qu'ils auroient perdue, si le vaisseau n'eût pas été racheté.

Cette contribution des matelots ne profite pas aux propriétaires de la cargaison, mais seulement au maître du navire; ils sont assez avantagés de ce que ce dernier contribue au rachat, pour le total & du navire & du fret. C'est pourquoi la masse de la contribution se partage d'abord entre le maître & les marchands, au prorata de la valeur respective du vaisseau, du fret & des marchandises: après cette opération, le maître fait supporter à chaque matelot une partie de sa contribution particulière, en proportion de ce qui lui est dû pour ses loyers.

De la perte des cables, ancres, mâts, &c. Nous avons dit, au commencement de cet article, que la perte des cables, des ancres, des voiles, des mâts & des cordages étoit une *avarie* particulière, qui ne tomboit que sur le maître ou le propriétaire du navire. Cependant toutes les fois que cette perte a été occasionnée pour le salut commun, elle devient une *avarie* commune à laquelle tous les intéressés à la conservation du bâtiment doivent contribuer; mais alors le maître doit faire constater, par l'avis des principaux de l'équipage, la nécessité de jetter ces objets à la mer; & observer toutes les formalités que nous avons détaillées en parlant du jet des marchandises.

Des pansemens & nourritures des matelots blessés. Nous avons déjà dit que les pansemens & nourritures d'un matelot blessé dans un combat soutenu pour la défense du navire, étoient une *avarie* commune à tous les intéressés: il importe peu que le matelot ait été blessé, soit en combattant, soit en manœuvrant pendant le combat.

L'ordonnance ne parle que des matelots; mais il est juste d'en étendre les dispositions à tous les gens de l'équipage, même au maître, & aux passagers qui ont pris les armes à sa requisition.

La contribution, pour cette espèce d'*avarie*, doit avoir lieu pour ce qu'il en aura coûté au maître, s'il a été obligé de prendre de nouveaux matelots pour remplacer ceux qu'il a perdus dans le combat, parce que ce sont des frais nécessaires pour la conservation du navire & des marchandises, qu'il n'est pas juste de faire supporter au maître seul, qui est tenu de payer aux héritiers du matelot, mort en combattant, les loyers qui lui sont dus.

Autres espèces d'avaries. Lorsqu'un maître de navire le fait échouer sur une côte, pour éviter la poursuite d'un pirate ou d'un corsaire, le dommage causé par l'échouement, soit au navire, soit aux marchandises, est une *avarie* commune, puisqu'il a été fait pour le salut commun.

Il en est de même des frais faits pendant le séjour d'un navire dans un port, ou sous une citadelle, en fuyant des vaisseaux ennemis, ils sont censés *avaries* communes, parce que c'est pour le salut commun que le maître s'y est réfugié, & y reste pendant le temps du danger.

De l'abordage. Le dommage causé à un navire, par l'abordage & le *heurt* d'un autre, est une *avarie* dont le maître paroîtroit ne devoir pas être tenu envers les marchands, lorsqu'il n'y a point eu de sa faute, & qui devroit être mis au rang des cas fortuits, dont personne n'est responsable.

Cependant l'ordonnance de la marine oblige les maîtres des deux vaisseaux, de supporter également le dommage arrivé par l'abordage, lorsqu'on ne peut justifier par la faute de qui il a été occasionné. *Voyez* ABORDAGE.

AUBAIN, s. m. AUBAINE, s. f. (*Droit civil.*) AUBAINETÉ & AUBANITÉ, s. f. (*termes de Coutume.*)

On appelle *aubain*, dans notre jurisprudence, tout étranger, non naturalisé, qui habite dans le royaume, soit qu'il y ait fixé son domicile, soit qu'il n'y fasse que passer en voyageant ou autrement: on donne aussi le même nom à celui qui est sorti du royaume, & qui a renoncé à sa patrie, en s'établissant en pays étranger. *Aubains*, dit Loisel, *sont étrangers qui sont venus s'habituer dans ce royaume, ou citoyens qui, en étant natifs, s'en sont volontairement étrangés.*

On appelle *aubaine*, *aubaineté* ou *aubanité*, le droit en vertu duquel le souverain recueille la succession d'un étranger qui n'est point naturalisé, ou qui, étant naturalisé, ne laisse aucun parent régnicole, lorsque cet étranger n'a pas disposé de ses biens, soit par donation entre-vifs, soit par testament.

Ancienneté du droit d'aubaine. M. le Bret fait remonter l'origine du droit d'*aubaine* au temps où les hommes commencèrent à former des sociétés, & il prétend que la crainte qu'ils eurent de leurs voisins, les fit renoncer à toute communication & à toute habitude avec eux. On ne peut nier que les monumens des plus anciennes républiques prouvent l'existence de la haine ou de la crainte qu'on avoit des étrangers.

Les Athéniens n'avoient aucun égard pour eux; ils condamnèrent Trasibule à une amende de dix talens pour avoir donné le droit de bourgeoisie à Lisias, Syracusain, qu'ils chassèrent de leur ville. Ils n'admettoient dans leur pays que ceux qui avoient été bannis à perpétuité de leur patrie, ou ceux qui venoient s'y établir avec toute leur famille pour y exercer quelque métier: & même, dans ces deux cas, l'étranger étoit privé de plusieurs privilèges dont jouissoit le citoyen, & une partie de leur succession appartenoit au fisc.

Plutarque, dans la vie d'Agis, dit que ceux de Sparte, & la plupart des peuples de la Grèce en usoient avec beaucoup de rigueur envers les étrangers, dans la crainte qu'ils ne cherchassent à découvrir les secrets de l'état, ou qu'ils ne corrompissent les mœurs de leurs citoyens.

Dans les premiers temps de la république romaine, il étoit défendu à tous étrangers, même à leurs plus proches voisins, de s'établir dans la ville de Rome, sous peine de la vie. On les toléra dans la suite: mais ils ne participèrent jamais aux privilèges des citoyens.

Ils ne pouvoient en conséquence y contracter un mariage légitime : ils étoient privés de la puissance paternelle sur leurs enfans, du droit de patronage sur leurs esclaves; du privilège de la prescription & de celui de la milice. Ils ne pouvoient ni donner ni recevoir par testament : lorsqu'ils venoient à mourir, leur succession appartint d'abord aux hôtes qui les avoient reçus dans leurs maisons : & elle fut dans la suite déférée au fisc, comme bien vacant.

Ces mêmes peuples, considérant qu'ils pouvoient recevoir des secours & des conseils d'étrangers remplis de talens & de qualités éminentes & supérieures, se déterminèrent peu-à-peu à donner le droit de bourgeoisie à ceux qu'ils jugeoient devoir être utiles à la république. Mais à Athènes & à Rome, on observoit avec rigueur plusieurs formalités pour cette admission. On examinoit devant le peuple les vertus & les mérites de ceux qui sollicitoient le droit de citoyen. On étoit fort sévère dans cette information, mais particuliérement les Romains qui punissoient du dernier supplice ceux qui avoient obtenu le droit de bourgeoisie sur un faux exposé : ce qu'ils appelloient *crimen peregrinitatis*.

Du droit d'aubaine suivant l'ancien droit françois. A l'exemple des peuples anciens, le droit d'*aubaine* s'est introduit dans la France & dans toutes les contrées de l'Europe.

Quelques auteurs prétendent qu'il eut lieu pour la première fois parmi nous vers le milieu du douzième siècle, en haine des Anglois, d'où ils pensent qu'il a été appellé *albinatus*, à cause que l'isle d'Angleterre portoit le nom d'Albion. Par représailles, Edouard III fit défenses aux François d'habiter l'Angleterre, sous peine de la vie.

Quoi qu'il en soit de cette étymologie particulière, il paroît plus probable que le mot *aubain* est dérivé des mots latins *alibi natus*, *né ailleurs*.

On distinguoit, dans ces temps éloignés, deux espèces d'aubains. La première étoit composée de ceux qui quittoient le diocèse ou la châtellenie où ils étoient nés, pour aller s'établir ailleurs : la seconde, de ceux qui, nés en pays étranger, venoient fixer leur demeure dans le royaume. On appelloit ces derniers *mécrus* ou *méconnus*, comme ne pouvant être crus sur leur origine.

Quant aux aubains de la première espèce, s'ils ne reconnoissoient pas un seigneur dans l'an & jour, ils payoient l'amende au baron dans la châtellenie duquel ils avoient établi leur domicile; &, s'ils décédoient sans laisser au baron quatre deniers, tous leurs meubles, après leur décès, lui étoient acquis : c'est la disposition textuelle du chapitre 87 du premier livre des *Etablissemens* de *S. Louis*.

« Se aucuns hons étrange vient ester en aucune » châtellenie de aucun baron, & il ne fasse seigneur » dedans l'an & jour, il en sera exploitable au ba» ron : & se avanture étoit qu'il mourût, & n'eût » commandé à rendre quatre deniers au baron, tuit » il meubles seroient au baron ».

Quant à l'autre espèce d'aubains, savoir, ceux nés en pays étrangers, qui venoient s'établir dans le royaume, ils étoient traités très-durement par les seigneurs dans les terres desquels ils venoient s'établir; &, dans plusieurs provinces du royaume, il étoit d'usage que les seigneurs les réduisissent à l'état de serfs ou main-mortables de corps.

Nos rois ayant affranchi de la servitude de corps, non-seulement les habitans de leur domaine, mais encore ceux des grandes villes, ils firent cesser, par rapport aux étrangers, un usage aussi contraire à l'humanité, au droit des gens, & à l'intérêt même du royaume; ils prirent les aubains sous leur avouerie ou protection royale. Dès qu'un aubain avoit reconnu le roi, ou lui avoit fait aveu, il conservoit sa franchise, & étoit à l'abri des entreprises & des violences des seigneurs particuliers : l'usage même s'établit successivement en plusieurs lieux, que les aubains ne pourroient se faire d'autre seigneur que le roi seul : & cet usage est prouvé par le chapitre 31 du premier livre des *Etablissemens de S. Louis*.

Ce chapitre fait à la vérité connoître qu'il y avoit encore alors, dans le royaume, des provinces où il en étoit usé différemment : & l'on voit qu'au commencement du quatorzième siècle, plusieurs seigneurs en France étoient en possession de recueillir la succession des non-régnicoles décédés dans leurs terres : c'est ce qui est justifié par l'article premier d'une ordonnance de Philippe-le-Bel, de 1301.

Cet article porte que « les collecteurs établis par » le roi dans les affaires des mains-mortes, des au» bains & des bâtards, n'exploiteront point les biens » des bâtards ni des autres décédans dans les terres » des barons & des autres sujets du roi qui ont » toute manière de justice, qu'auparavant il n'ait » été constaté par une enquête qui sera faite par un » homme capable que le roi aura député à ce, & » lequel y aura appellé les parties, les collecteurs » & le seigneur du lieu, que le roi est en bonne » possession de percevoir & d'avoir les biens de » tels bâtards & aubains décédans dans lesdites ter» res, *&c.* ».

L'autorité royale rentra successivement & par degrés dans tous les droits dont, pendant l'anarchie féodale, les seigneurs s'étoient mis en possession: Charles VI, dans les lettres-patentes du 5 septembre 1386, adressées à des commissaires qu'il avoit établis pour la visitation des domaines, dit « qu'il est » notoire & a apparu à son conseil, par les char» tres, ordonnances, registres, actes & jugemens, » déclarations & usages anciens, qu'en son comté » de Champagne, lui appartiennent de son droit » tous les biens, meubles & immeubles des au» bains, en quelque justice que ces aubains soient » demeurans & décèdent, & en quelque lieu que » leurs biens soient situés ».

Comme la Champagne étoit un pays où la servitude de corps avoit lieu, ces lettres-patentes sont un monument que les vrais principes commençoient à reprendre leur empire; & il demeura bientôt après pour constant que le droit d'*aubaine* étoit un droit royal, & dont l'effet ne pouvoit cesser que par les lettres de naturalité que nul autre que le souverain ne pouvoit accorder.

Pour ce qui est du droit d'*aubaine*, dit Loiseau, il est juste de l'attribuer au roi seul : « ce n'est » point qu'il y ait vacance ou déshérence absolue » en l'étranger qui ordinairement a ses parens aussi » bien que le naturel François; ce n'est pas même » que ses parens soient empêchés de lui succéder » par le droit de nature ou des gens, mais, par la » loi particulière du royaume, qui prive l'étranger » d'être héritier, & de laisser héritiers en France; » loi qui regarde la police générale de l'état, &, » partant, appartient au roi seul, comme faite pour » l'augmentation du royaume, non pour accroître » & avantager les seigneurs particuliers ».

Le droit d'*aubaine* est essentiellement inhérent à la couronne, & ne peut être communiqué; les principes qui le régissent, sont les mêmes pour toutes les provinces du royaume; ainsi les dispositions particulières des coutumes, ou qui excluent ce droit, ou qui ne l'admettent que par rapport aux biens de certaines personnes, ou qui, l'admettant indistinctement, l'attribuent aux seigneurs particuliers, ou avec un titre, ou même sans titre, ne sont d'aucune considération ni d'aucun poids sur cette matière : la nature de ce droit répugne aux conséquences que l'on voudroit tirer de ces différentes dispositions : d'ailleurs, c'est une maxime, ainsi que le remarque Loiseau, « que les coutumes des lieux ne peuvent » ôter les droits du roi auquel elles ne peuvent pré- » judicier, n'obligeant pas même le peuple *in vim* » *statuti, sed tantùm in vim pacti*, à cause du consen- » tement volontaire qu'il prête; c'est pourquoi les » officiers du roi, & notamment son procureur, » assistent à la rédaction d'icelles, & pour la so- » lemnité de l'acte principalement & pour la ma- » nutention de ses droits, mais non pas pour pré- » judicier au roi par sa simple présence, attendu » qu'il ne le pourroit pas par un consentement » exprès ».

De ce que le droit d'*aubaine* est un droit inhérent à la couronne, il s'ensuit qu'il est domanial & inaliénable; ainsi, 1°. l'exemption de ce droit, accordée par le roi, ne peut être utile que pendant son règne: il faut, à son décès, en obtenir la confirmation de son successeur; 2°. ce droit n'est pas cessible, & ne peut passer entre les mains d'un seigneur particulier, soit par apanage, soit par engagement, soit par échange. C'est sur ce fondement que le parlement de Paris, en 1706, en refusa la jouissance à M. le duc de Gesvres à qui il avoit été cédé par le contrat d'engagement de la vicomté de Saint-Sylvain : &, en 1719, au comte de Belleisle à qui les commissaires du roi l'avoient cédé par le contrat d'échange de Belleisle. Un ancien arrêt du parlement de Toulouse, de 1595, excepta le droit d'*aubaine* dans le comté de Lauragais, donné en apanage à la reine Marguerite. Le parlement de Paris s'opposa de même à la cession de ce droit en 1726, & son opposition ne fut levée qu'en conséquence de lettres de jussion absolue.

Les étrangers, résidans dans le royaume, y étoient autrefois sujets à des droits particuliers dont Bacquet prétend qu'il a trouvé les traces dans une pièce des registres de la chambre des comptes, qui est en forme d'instruction, & dont il rapporte, de la manière suivante, l'intitulé.

« Ce sont les droits & seigneuries appartenant » au roi notre sire, au droit & à cause du gou- » vernement & administration générale du royau- » me, & par souveraineté & ancien domaine, à » cause des mortes-mains & for-mariages par tout » le royaume de France. En spécial, en bailliage » & ressort de Vermandois, lesquels doivent être » cueillis, reçus, & fait venir ens par le collec- » teur d'iceux & par ses lieutenans & sergens; que, » pour ce faire, il doit commettre & ordonner » comme il est notoire audit bailliage ».

Cette pièce fournit à cet auteur la preuve :

1°. Que les aubains étoient tenus de payer au receveur du roi 12 deniers chaque année à la S. Remi, pour droit appellé de chevage, à peine de 7 sous 6 deniers d'amende, lesquels 12 deniers & amende se comptoient en parisis ou tournois, selon l'usage des lieux.

2°. Que, lorsque les aubains se marioient à d'autres personnes que celles de leur condition, sans permission du roi, ils encouroient la peine de 60 sous d'amende; mais, dans le cas même où ils avoient obtenu cette permission, ils devoient au roi le droit de for-mariage, pour s'être alliés dans une famille d'autre condition que la leur : ce droit étoit, dans plusieurs lieux, de la moitié, & dans d'autres, du tiers de leurs biens de toute espèce, soit meubles ou immeubles.

3°. Que, s'ils se marioient à des personnes de leur condition, ils n'étoient sujets ni à l'amende de 60 sous, ni au droit de for-mariage, & devoient seulement le droit annuel de chevage.

Il paroîtroit résulter de cette pièce citée par Bacquet, que les droits qui y sont énoncés, n'étoient perçus qu'au profit du roi seul : il est cependant constant que les seigneurs particuliers, sous prétexte de leur justice, se les étoient attribués.

M. le Fevre de la Planche, dans son *Traité du domaine*, observe que ces droits de chevage & de for-mariage se sont évanouis avec les vestiges des anciennes servitudes : il cite l'article 16 de la coutume de Châlons, qui décide que l'étranger peut se marier en France, sans encourir la peine de for-mariage.

Mais si ces droits anciens ont cessé, on a exigé, dans différentes circonstances, & selon les besoins de l'état, différentes taxes des étrangers : la première a eu lieu sous le règne de Henri III : ce prince, par un édit du mois de septembre 1587, ordonna que tous les marchands, banquiers & courtiers étrangers, résidans dans le royaume, seroient obligé de prendre des lettres qui leur tiendroient lieu de naturalité, en payant les sommes auxquelles ils seroient taxés; & que, dans cette taxe, seroient compris ceux même des étrangers qui avoient obtenu des lettres de naturalité; au moyen de quoi, les uns & les autres jouiroient des mêmes priviléges que les régnicoles; & que, sur les taxes de ces derniers, on déduiroit ce qu'ils justifieroient avoir payé pour la concession de leurs premières lettres.

Louis XIII, pour subvenir aux dépenses de la guerre, ordonna, par la déclaration du 29 janvier 1639, que tous les étrangers résidans ou possédans des biens, offices ou bénéfices dans le royaume, de quelque nation, qualité & condition qu'ils fussent, & leurs premiers descendans, héritiers, successeurs ou donataires de leurs biens, payeroient les sommes auxquelles ils seroient taxés suivant les rôles qui seroient expédiés.

Louis XIV, par les édits des mois de janvier 1646 & mai 1656, ordonna que les étrangers habitués en ce royaume, & leurs premiers descendans, héritiers, successeurs & donataires, seroient confirmés dans la jouissance des droits à eux accordés par leurs lettres de naturalité, en payant les sommes auxquelles ils seroient imposés.

Néanmoins, par un arrêt du 23 juin 1657, il excepta de la taxe ordonnée par l'édit de 1656, ceux des étrangers & premiers descendans qui avoient payé les taxes de leurs lettres de naturalité & de confirmation, en vertu de la déclaration du 26 janvier 1639, & de l'édit du mois de janvier 1646.

Par une déclaration du 27 juillet 1697, ce prince fit payer une nouvelle taxe aux étrangers pour la confirmation de leurs lettres de naturalité : on est fort surpris de voir énoncer, dans cette déclaration, les droits de chevage & de for-mariage, comme s'ils eussent encore subsisté : & cette circonstance trouve sa place dans les motifs de la demande aux étrangers d'un droit de confirmation.

Il y eut, le 30 juillet de la même année 1697, un arrêt du conseil qui exempta de la taxe les descendans, successeurs & donataires, en quelque degré que ce fût, qui l'avoient payé en vertu de la déclaration de 1639, & des édits de 1646 & 1656.

Du droit d'aubaine suivant la jurisprudence actuelle. Les principes sur cette matière sont constans; tout étranger est capable, dans le royaume, des actes du droit des gens; il peut librement vendre, échanger, & en général passer toutes sortes de contrats que ce droit autorise : il peut donner & recevoir entre-vifs : mais il ne peut recevoir ni disposer par testament, ni pour cause de mort: *il vit libre, mais il meurt serf.*

Les actes du droit civil lui sont interdits; par cette raison, il est incapable de posséder, soit offices, soit bénéfices : &, comme la capacité pour les successions actives & passives est du droit civil, il en résulte que tout étranger en est exclu; il est incapable de transmettre sa succession, & cette incapacité est un des principaux fondemens du droit d'*aubaine* : le prince peut seul, par son autorité, effacer le vice qui résulte de la naissance sous une domination étrangère, & habiliter, par des lettres de naturalité, à participer aux avantages & aux droits dont jouissent les citoyens dans le royaume : mais si un étranger, quoique naturalisé, ne laisse, pour acquérir sa succession, que des enfans nés & demeurans hors du royaume, ou des parens étrangers, cette succession est dévolue au roi à titre d'*aubaine*, & le seigneur haut-justicier ne peut la prétendre, comme biens vacans & à titre de déshérence « Je » tiens, dit Loiseau, qu'il est très-juste d'exclure » le haut-justicier de la succession de l'étranger, bien » même que naturalisé, mourant sans parens régni» coles, tant à raison de la condition apposée de » style commun ès lettres de naturalité, *pourvu* » *qu'il ait héritiers régnicoles*, qui défaut en ce cas, » que parce que la naturalisation de l'étranger ne » profite pas à ses parens étrangers qui, n'étant » naturalisés eux-mêmes, sont toujours exclus de » succéder, fût-ce à un naturel François ».

Il faut cependant observer que les enfans des étrangers, quoique leur père n'ait pas obtenu de lettres de naturalité, lui succèdent, lorsqu'ils sont régnicoles : mais le père étranger ne succède pas à ses enfans : & c'est un des cas où la règle de la réciprocité, dans l'ordre des successions, n'a pas lieu.

Un étranger naturalisé François, qui se marie hors de France, & y amène ensuite sa femme, ne peut la rendre capable du droit de communauté, ni la rappeller par son testament.

Un aubain qui veut former quelque demande en justice, est obligé de donner, avant d'être entendu, une caution que l'on appelle en droit *judicatum solvi*. Cette caution ne regarde que les dépens, tant de la cause principale que d'appel. Elle tire son origine des loix romaines : les coutumes d'Abbeville & de Ponthieu en ont une disposition expresse.

L'incapacité civile d'un étranger est telle qu'il ne peut être élu supérieur d'une communauté religieuse d'homme ou de femme : qu'un aubain soit noble ou roturier, même constitué en dignité, comme un cardinal, ne peut posséder aucun honneur, offices ou bénéfices dans le royaume, avant d'avoir obtenu des lettres de naturalité ou de dispenses : ces lettres doivent être enregistrées pardevant les juges auxquels elles sont adressées.

Le droit d'*aubaine* reçoit plusieurs exceptions que nos rois ont établies en faveur de certaines provinces, de certains établissemens, & même en faveur de plusieurs pays étrangers. Nous en donnerons un précis.

Première exemption du droit d'aubaine en faveur d'une certaine classe d'étrangers. Les marchands fréquentant les foires jouissent, pendant leur voyage, leur séjour en France & leur retour dans leur pays, de l'exemption du droit d'*aubaine* : ce privilège avoit lieu dès le temps des foires de Champagne, si célèbres

célèbres dans notre histoire, & sur lesquelles nous avons plusieurs anciennes ordonnances de nos rois.

Lorsque Charles VII accorda à la ville de Lyon le privilège de trois foires franches, il fut exprimé, dans les lettres de concession, qu'elles étoient établies à l'instar de celles de Champagne qui ne subsistoient plus. A ces trois premières foires, Louis XI, par des lettres-patentes du mois de mars 1462, en ajouta une quatrième, afin d'engager les marchands étrangers à fréquenter plus volontiers ces foires, & chercher à avoir leur habitation & demeure à Lyon. L'article 9 de ces lettres leur permet de tester & disposer de leurs biens, ainsi que bon leur semblera; veut que leur testament soit valable en ce qui sera de raison, quoiqu'il ait été fait durant les foires, devant ou après, dans le royaume ou dehors, & qu'il ait son effet, comme s'il eût été fait dans leur patrie; & que, dans le cas où ils viendroient à décéder dans le royaume sans avoir testé, ceux qui sont leurs héritiers, suivant les statuts, coutumes & usages de leur pays, recueillent leur succession, comme si elle eût été ouverte par leur décès dans leur pays & domicile, sans que ces héritiers soient tenus de payer à ce sujet aucune finance, nonobstant tous édits & ordonnances à ce contraires.

Les prévôt des marchands & échevins de la ville de Lyon obtinrent, sous Charles IX, le 27 août 1569, de nouvelles lettres-patentes qui exemptèrent du droit d'*aubaine* tous les étrangers fréquentant les foires de Lyon, demeurant, séjournant ou résidant en cette ville, & négociant sous la faveur de ces privilèges, tant pour leurs marchandises & effets mobiliers, que pour leurs rentes constituées; mais l'arrêt d'enregistrement au parlement de Paris, du 4 février 1572, a excepté les rentes constituées qu'il a, sans distinction, déclarées immeubles à cet égard.

M. le Fevre de la Planche, dans son *Traité du domaine*, prétend que ce privilège, dont le principal objet a été d'attirer les étrangers aux foires de Lyon, n'a lieu qu'en faveur de ceux qui les fréquentent, & non de ceux qui sont établis dans cette ville; il cite à ce sujet différentes lettres-patentes postérieures à celles que l'on a rappellées, & prétend que la jurisprudence y est conforme.

Il paroît aussi que le droit d'*aubaine* n'est point exercé dans toute sa rigueur à l'égard des marchandises & des autres effets mobiliers des marchands étrangers qui viennent trafiquer dans le royaume avec le dessein de s'en retourner, & qui y décèdent.

Seconde exemption fondée sur les privilèges attachés à certains établissemens ou à certains lieux. Lorsqu'il a été question, pour différens établissemens de manufactures, d'appeller des étrangers, soit pour y travailler, soit pour en avoir la conduite & direction, on a cherché à les attirer par différens privilèges dont l'exemption du droit d'*aubaine* & les avantages dont jouissent les régnicoles, ont toujours fait partie.

Lorsque, par édit du mois de janvier 1607, Henri IV établit des manufactures de tapisseries de Flandres, tant à Paris que dans d'autres villes du royaume, il annoblit les sieurs de Commans & de la Planche, étrangers, chargés de la direction & de l'entreprise de l'ouvrage, ainsi que leur postérité, & il déclara naturels & régnicoles, les étrangers qui viendroient travailler à ces manufactures, sans qu'ils fussent tenus de prendre des lettres de naturalité, ni de payer aucune finance : ce qui fut ordonné de même par Louis XIII le 18 avril 1625, & confirmé par des lettres-patentes de Louis XIV, du dernier décembre 1643.

Ces manufactures étant presque tombées, Louis XIV en établit une nouvelle de tapisseries de haute & basse lisse à Beauvais, sous la conduite de Louis Hinard, par lettres-patentes du mois d'août 1664, dans lesquelles il déclara régnicoles & naturels François, les ouvriers étrangers qui y auroient travaillé pendant huit années entières & consécutives, à la charge de continuer leur demeure dans le royaume.

Par l'article 5 de l'arrêt du conseil du 25 juillet 1722, concernant la même manufacture, les ouvriers étrangers qui y sont employés, & qui professent la religion catholique, sont réputés régnicoles & naturels François, après dix ans de travail.

Enfin, par deux autres édits de Louis XIV, l'un du mois d'octobre 1663, portant établissement d'une manufacture de glaces, crystaux & verres comme ceux de Venise; l'autre, d'une manufacture royale des meubles de la couronne en l'hôtel des Gobelins, les mêmes privilèges furent accordés aux ouvriers étrangers, par le premier édit, après huit années, &, par le second, après dix années de service.

Un édit du mois d'avril 1687 porte que les pilotes, maîtres, contre-maîtres, canonniers, charpentiers, calfats & autres officiers, mariniers, matelots & autres gens de mer étrangers qui s'établiront dans le royaume, seront réputés régnicoles, après avoir servi cinq années, à compter du jour de leur enrôlement.

Un autre édit de 1607, rapporté par Fontanon, affranchit du droit d'*aubaine* ceux qui travaillent au desséchement des marais. Ceux qui travaillent aux mines, en sont pareillement exempts, ainsi que les courtiers de Bordeaux.

Louis XIV annonce par sa déclaration du mois de novembre 1662, qu'un des plus grands fruits qu'il s'étoit proposé en acquérant la ville de Dunkerque qu'il venoit de retirer des mains des Anglois, moyennant cinq millions, avoit été l'établissement du commerce, & de rendre à cette ville, autrefois si fameuse parmi les négocians, son ancienne réputation : c'est dans cette vue que, par cette déclaration, il maintient & garde la ville de Dunkerque, port, havre & habitans de cette ville dans tous les droits, privilèges, franchises & exemptions dont ils avoient joui avant & depuis la guerre, & accorde le droit de naturalité à tous les marchands & négocians étrangers qui voudront trafiquer &

s'établir à Dunkerque, pour en jouir par eux, aux mêmes privilèges, prérogatives, exemptions & avantages dont jouissent les naturels François, sans être tenus de prendre des lettres de naturalité, ni de payer aucune finance, soit qu'ils s'y établissent pour toujours, ou seulement pour leur trafic & négoce; le tout à condition par eux de garder les ordonnances pour le fait de la mer, & les statuts & réglemens concernant le fait du négoce, à peine de déchéance.

Les successions immobiliaires d'Hélène & Catherine Jausen, angloises de nation, ayant été ouvertes à Dunkerque où elles étoient décédées en 1743, donnèrent lieu à une contestation entre leurs héritiers, pareillement étrangers & habitués à Dunkerque, & le fermier des domaines.

Cette contestation, d'abord portée au bureau des finances de Lille, & ensuite sur l'appel au parlement de Paris, y fut jugée par arrêt du 6 mai 1751, qui ordonna l'exécution de la déclaration du mois de novembre 1662, & des édits & déclarations du mois de février 1700; en conséquence, maintint & garda les marchands & négocians étrangers qui viendroient trafiquer, s'établir & habiter dans la ville de Dunkerque, dans le droit de naturalité, pour par eux jouir des mêmes privilèges, prérogatives, exemptions & avantages dont jouissent les naturels sujets du roi, soit qu'ils voulussent s'y établir ou habituer pour toujours, soit qu'ils s'y établissent seulement pour leur trafic & négoce; en conséquence, débouta le fermier de toutes ses demandes & prétentions sur les successions & biens d'Hélène & Catherine Jausen, & le condamna à rendre & restituer ce qu'il en avoit touché.

L'édit du mois de mars 1669 déclare le port & havre de Marseille, libres à tous marchands & négocians, & pour toutes sortes de marchandises; le roi, pour exciter les étrangers à fréquenter ce port, même, à venir s'y établir, ordonne qu'ils pourront y entrer par mer, & en sortir avec leurs marchandises, sans payer aucun droit, quelque séjour qu'ils y eussent fait, sans être sujets au droit d'*aubaine*, & sans qu'ils puissent être traités comme étrangers en cas de décès; que, dans ce cas, leurs enfans, héritiers ou ayans cause pourront recueillir leurs successions, comme s'ils étoient vrais & naturels François; que les étrangers qui prendront parti à Marseille, & y épouseront des filles du lieu, ou qui acquerront une maison dans l'enceinte du nouvel agrandissement au prix de dix mille livres & au-dessus, qu'ils habiteront pendant trois années, ou qui en acquerront une de cinq jusqu'à dix mille livres, qu'ils habiteront pendant cinq années, même ceux qui y auront établi leur domicile, & fait un commerce assidu pendant le temps de douze années consécutives, quoiqu'ils n'aient acquis aucun bien ni maison, seront censés naturels François, réputés bourgeois de la ville, & rendus participans à tous leurs droits, privilèges & exemptions.

Troisième exception par rapport à certains effets que les étrangers peuvent acquérir. Il arrive souvent que, pour faciliter l'acquisition de plusieurs effets royaux, tels que des rentes perpétuelles ou viagères, le roi permet aux étrangers d'en acquérir avec faculté d'en disposer & de les transmettre à leurs héritiers naturels, le roi renonçant à cet égard au droit d'*aubaine* : on en trouve des exemples dans l'édit du mois de décembre 1674, & la déclaration du 19 juin 1720, pour les rentes sur la ville, & dans différens autres édits, déclarations & lettres-patentes, soit pour les augmentations de gages, soit pour les rentes viagères, soit pour les rentes sur les tailles, soit pour celles qu'a constituées le clergé dans les différens emprunts qu'il a faits à l'occasion des dons gratuits. Comme les opérations de ce genre ne sont déterminées que par les besoins, cette considération oblige à en assurer le succès par tous les expédiens qui peuvent y concourir, & à ne point négliger les secours que peuvent procurer à cet égard les fonds des étrangers.

Quatrième exception tirée des traités & conventions passés avec les puissances étrangères. Une quatrième exception ou dérogation au droit commun & général, est celle qui, ainsi qu'on l'a déjà observé, est fondée sur les traités & conventions passés avec les puissances étrangères. Les questions que peuvent faire naître ces traités, se décident par les dispositions qu'ils contiennent.

Ces dispositions sont plus ou moins étendues; les unes sont renfermées dans la simple exemption du droit d'*aubaine* dont l'effet est que, lorsque l'étranger meurt en France, ses parens sont admis à venir recueillir sa succession; les autres s'étendent à la capacité de succéder à des parens régnicoles, & communiquent à l'étranger les principaux effets du droit civil.

La réciprocité entre les nations contractantes est la base de ces différentes conventions sur lesquelles il est d'usage qu'il soit expédié des lettres-patentes qui les ratifient, & qui sont enregistrées dans les cours pour en assurer l'exécution : nous en avons des exemples récens dans les lettres-patentes du mois de juillet 1762, qui abolissent, à l'égard des sujets du roi d'Espagne & du roi des deux Siciles, le droit d'*aubaine*, leur donnent la liberté de disposer par testament, donation ou autrement, de tous leurs biens sans exception, de quelque nature qu'ils soient; & à leurs héritiers, sujets du roi d'Espagne, demeurant tant dans le royaume qu'ailleurs, la faculté de recueillir leurs successions, même *ab intestat*, soit par eux-mêmes, soit par leurs procureurs ou mandataires, quoiqu'ils n'aient point obtenu de lettres de naturalité.

Il est ajouté que les sujets respectifs seront généralement traités en tout & pour tout ce qui concerne cette disposition, comme les propres & naturels sujets de la puissance dans les états de laquelle ils résideront.

Par les conventions passées entre les ministres du roi & ceux du duc de Deux-Ponts & de l'électeur

Palatin, & ratifiées par des lettres-patentes des 29 mai 1766, & 15 janvier 1767, l'exercice du droit d'*aubaine*, tant sur les meubles que les immeubles, est réciproquement aboli à l'égard des sujets respectifs; les successions qui viendront à leur échoir, soit par testament, donation ou autre disposition quelconque, soit *ab intestat*, ou de quelque autre manière que ce soit, doivent leur être délivrées librement, sans empêchement & sans assujettissement à aucun autre droit que ceux qui se paient par les propres & naturels sujets dans chaque état.

Des lettres-patentes du 3 août 1766 ratifient la convention passée à Vienne le 24 juin précédent, par laquelle les sujets du roi & ceux de l'impératrice-reine doivent avoir respectivement en France & dans les états herédifaires de Hongrie, de Bohême, d'Autriche & d'Italie, la libre faculté de disposer de leurs biens quelconques, par testament, par donation entre-vifs ou pour cause de mort ou autrement, en faveur de qui bon leur semblera; & leurs hériiers, la faculté de recueillir leurs successions, soit *ab intestat*, soit en vertu de testament ou autres dispositions légitimes, & de posséder les mêmes biens, soit meubles, soit immeubles, droits, raisons, noms & actions, sans avoir besoin de lettres de naturalité ou autre concession spéciale; & les sujets respectifs doivent être traités à cet égard réciproquement, aussi favorablement que les propres & naturels sujets de l'une ou de l'autre des puissances contractantes : ils doivent en outre jouir, avec la même réciprocité, de la faculté de pouvoir succéder dans tous les biens dont les sujets respectifs auront droit de disposer, soit en faveur de leurs concitoyens, soit en faveur des étrangers.

D'autres lettres-patentes ont pareillement ratifié plusieurs autres conventions de la même espèce, passées entre la France & l'électeur de Trèves, l'évêque de Strasbourg, pour raison des états qu'il possède en Allemagne, le prince héréditaire de Hesse-Darmstadt, le prince de Hesse-Cassel, l'électeur de Bavière, la ville impériale de Francfort sur le Mein, le grand duc de Toscane, l'infant duc de Parme, les républiques de Venise, Raguse & de Hollande, la noblesse immédiate des cercles de Suabe, de Franconie & du Rhin, l'évêque & prince de Liège, l'électeur de Cologne, l'évêque & prince de Spire, la ville de Hambourg, l'électeur de Saxe, les états de Saxe-Veymar, d'Eisenach & d'Iena, le prince de Monaco, les cantons Suisses & les villes de Saint-Gal, Mulhouze & Brienne, le roi de Danemarck, l'évêque prince de Bamberg & de Wurtzbourg, les principautés de Neuf-Châtel & Valengin, les états généraux des Provinces-Unies, les grand-maître & commandeurs de l'ordre Teutonique, les princes de Nassau-Saarbruck, Nassau-Weilbourg, Nassau-Usingen, le margrave de Baden-Dourlach, le prince de Schwartzenberg, & les villes impériales de Ratisbonne, Aix-la-Chapelle, Cologne, Augsbourg, Nuremberg, Worms, Ulm, Spire, Eslingen, Noerdhingen, Hall en Suabe, Nordhausen, Rothweil, Dortmand, Uberlingen, Fridberg, Heilbronn, Wetzlar, Memmingen, Lindau, Dunkeilspiel, Offembourg, Gengenback, Reintlingen & vingt-trois autres villes impériales nommées dans les lettres-patentes du mois de novembre 1774.

Les Suisses, les Ecossois qui sont au service du roi ont été affranchis du droit d'*aubaine*, en vertu des traités de Louis XI, des années 1477 & 1481. Les négocians anglois en sont pareillement exempts, suivant l'article 13 du traité d'Utrecht de 1713, en ce qui concerne seulement leurs marchandises, effets, argent, dettes actives, & autres biens mobiliers.

Le traité de commerce entre la France & les Treize-Etats-Unis de l'Amérique, conclu à Paris le 6 février 1778, déclare, *article 11*, que les sujets & habitans desdits états ne seront pas réputés aubains en France, qu'ils seront exempts du droit d'*aubaine* & autre droit semblable, quelque nom qu'il puisse avoir; que leurs héritiers résidant, soit en France, soit ailleurs, pourront leur succéder *ab intestat*, sans qu'ils aient besoin d'obtenir des lettres de naturalité, & sans que l'effet de cette concession leur puisse être contesté ou empêché, sous prétexte de quelques droits ou prérogatives des provinces, villes, ou personnes privées.

Les peuples de la Flandres, du Brabant, du Luxembourg, du Milanois, de la Navarre, de Namur & de Savoie ne sont pas réputés aubains, tant à cause des traités entre l'Espagne, l'empereur, la Savoie & la France, que parce qu'ils sont censés de droit & d'origine françoise, *jure & origine galli*. Par cette raison, lorsqu'ils viennent s'établir en France, ils n'ont pas besoin de lettres de naturalité, mais d'une simple déclaration du roi, par laquelle sa majesté les avoue & les reconnoît pour ses sujets. Cette formalité est même aujourd'hui superflue pour les Flamands, à cause de différens traités qui les en ont dispensés.

C'est par la même raison que les habitans du Comtat d'Avignon sont réputés régnicoles, & sont capables de tenir offices & bénéfices; & que l'université établie à Avignon n'est pas regardée comme étrangère. Ces privilèges leur ont été accordés par des lettres-patentes de Louis XII, en 1479, & leur ont été confirmés par des lettres postérieures, des années 1574, 1611, 1643 & 1698, & par des arrêts du conseil des 18 novembre 1616 & 29 janvier 1695.

Des ambassadeurs, des étudians, des habitans des pays conquis. Les ambassadeurs, envoyés & résidens des puissances étrangères, leurs familles, leurs domestiques, & généralement tous ceux de leur suite, sont aussi exempts du droit d'*aubaine*. *Voyez* AMBASSADEUR.

Les écoliers qui viennent étudier dans les universités du royaume, en sont pareillement exempts pendant le temps de leurs études. Mais ce privilège cesse, lorsqu'il y a guerre ouverte avec le royaume, état ou république dans lequel les étudians ont pris naissance, parce que dans ce moment ils deviennent ennemis de l'état par le fait de leurs compatriotes.

Les habitans d'un pays conquis, dès le moment de la conquête, deviennent citoyens, jouissent de tous les droits qui sont attachés à cette qualité, & ne la perdent que lorsque le pays est remis sous la domination de son premier maître. Après ce changement, ceux d'entre eux qui auroient fixé leur demeure dans une autre province de France, & continueroient d'y rester même pendant un long espace de temps, perdent la qualité de régnicoles qu'ils avoient acquise par la conquête, & leur succession appartient au roi par droit d'*aubaine*; c'est la jurisprudence du conseil, ainsi qu'on le voit par un arrêt des commissaires généraux, du 30 mai 1748.

Il est nécessaire de remarquer que l'exemption du droit d'*aubaine* accordée à plusieurs nations voisines, donne bien le droit aux habitans de ces états de recueillir la succession d'un parent, leur compatriote, décédé en France; mais ils ne peuvent, sans un privilège particulier, lui succéder lorsqu'il a été naturalisé. C'est ainsi que l'a jugé la chambre du domaine, le 21 août 1748.

Dans le cas du décès d'un homme réputé aubain, quel est celui qui doit en prouver la naissance? On a plusieurs fois agité la question de savoir, si dans le cas de contestation sur l'état & la qualité d'un défunt, c'étoit au roi ou aux fermiers du domaine à faire preuve que le défunt étoit aubain, ou si c'étoit au contraire à ceux qui prétendent sa succession.

Nous pensons que lorsqu'il y a incertitude sur la qualité d'un défunt, & qu'on ignore le pays de sa naissance, les fermiers du domaine peuvent demander sa succession à titre d'*aubaine*, & que c'est à ceux qui se présentent pour la recueillir, de prouver que le défunt étoit françois. L'héritier d'une personne ne peut ignorer le lieu de sa naissance, & les preuves qu'il est obligé de rapporter pour établir son degré de parenté, qui le rend habile à succéder, doivent établir en même temps la preuve de l'endroit où il a pris naissance.

On oppose néanmoins à cette opinion trois arrêts des 31 mai 1683, 19 mars 1685 & 7 mai 1697, qui ont obligé des donataires du roi de faire preuve de l'état du défunt, dont sa majesté leur avoit donné la succession à titre d'*aubaine*.

Mais il est nécessaire d'observer que dans l'espèce de ces trois arrêts, il y avoit une possession d'état qui faisoit présumer que ceux de la succession desquels il s'agissoit étoient véritablement françois, ce qui écartoit la demande du fisc, conformément à la décision de la loi 32, *ff. de jure fisci*, qui considère comme citoyen, jusqu'après la preuve du contraire, celui qui en a rempli les charges & les fonctions: c'est sur ce fondement que Bacquet dit, que s'il n'y a ni preuve ni présomption de naissance en pays étranger, le défunt ayant longuement demeuré en France, & y étant mort, on doit présumer qu'il est né dans l'état où on le trouve.

Le premier des arrêts dont nous parlons, regardoit la succession du sieur Tollet Beauchamp, qui avoit été chevau-léger, & ensuite gouverneur des Sables-d'Olonne. Dans l'espèce du second, le défunt avoit déclaré dans plusieurs actes qu'il étoit né en Picardie, il avoit été cinquantenier de Paris, & maître jouaillier dans la même ville. Le troisième arrêt a été rendu pour la succession d'un particulier qui avoit été soixante ans au service du roi, & avoit obtenu des lettres de noblesse. Ainsi, bien loin que cette jurisprudence soit contraire à notre sentiment, elle paroît même l'appuyer, suivant cet axiome *exceptio firmat regulam.*

Du françois qui est sorti de sa patrie. Nous avons dit ci-dessus, au mot ABDICATION *de la patrie*, qu'un françois qui s'est fait étranger ne peut plus disposer des biens qu'il a en France, ni succéder à ses parens qui y demeurent, parce qu'on le regarde comme déserteur, & que par cette raison, il est privé de tous les avantages dont peut jouir un citoyen.

Néanmoins quant aux différentes questions qui peuvent s'élever relativement à son état, c'est aux circonstances à en déterminer la décision. On est toujours porté à présumer qu'il a conservé l'esprit de retour dans sa patrie, à moins que cette présomption ne soit détruite par des actes totalement opposés, & desquels il résulte qu'il s'est retiré dans le pays étranger pour y faire une perpétuelle demeure.

Un arrêt du parlement de Paris, du 28 août 1630, a jugé qu'une françoise mariée avec un anglois qui l'avoit conduite en Angleterre, étoit recevable à succéder en France, à la charge de ne pouvoir aliéner les immeubles ou d'en faire remploi en France.

Par un autre arrêt du parlement de Paris, du 16 décembre 1715, la succession d'Antoinette de Cherois, françoise, a été adjugée à ses deux nièces, nées en Hollande, de Marie de Cherois sa sœur, qui épousa en France, en 1661, un hollandois avec lequel elle passa peu de temps après en Hollande, au préjudice d'une cousine germaine qui prétendoit devoir hériter seule, comme plus proche parente capable de succéder en France.

Les enfans d'un françois, quoique nés en pays étrangers, sont réputés françois, pourvu qu'ils viennent demeurer en France, parce qu'on estime que l'esprit de leur père étoit de revenir dans sa patrie. C'est ce qui a été jugé au mois d'août 1633, dans la cause des enfans du sieur du Bail, qui avoit été demeurer en Savoie, s'y étoit marié, & avoit même harangué Louis XIII, comme député de la ville de Chamberri. *Voyez* ABDICATION, ABSENT.

Comme les biens qui se trouvent dans les successions des aubains appartiennent au roi, il n'en peut être dû aucun droit de centième denier, non plus que de ceux qui sont échus au roi à titre de déshérence, bâtardise ou confiscation. Il n'est même point dû de droit de contrôle pour la prise de possession de ces biens, par les officiers du domaine. Le conseil l'a ainsi décidé le 19 mai 1726.

Toutes les contestations relatives au droit d'*aubaine*, doivent être portées aux chambres du domaine. Les officiers des bureaux des finances ont seuls le droit d'apposer les scellés chez les aubains décédés, & d'en faire l'inventaire, à l'exclusion de tous autres juges.

AUBAN, s. m. (*terme de Coutume.*) est un droit qui se paie ou au seigneur ou aux officiers de police, pour avoir permission d'ouvrir boutique. On appelle aussi *auban* cette permission même. (*H*)

AUBANTON, petite ville de Picardie, dans le diocèse de Laon, & de l'élection de Guise. Elle a un grenier-à-sel de la généralité & direction de Soissons.

AUBARÈDE, s. m. ce terme est particulier aux coutumes d'Acs & de Bordeaux, qui s'en servent dans la signification du mot générique *bois*. Elles défendent de conduire les bestiaux pacager dans les *aubarèdes*, c'est-à-dire dans les bois d'autrui, & d'enlever *aubarède sec ou verd.*

AUBEC, s. m. on trouve ce mot dans l'article 115 de la coutume de Bordeaux, & il signifie la même chose que *aubier* & *aubour*, dont nous allons parler. *Voyez ces mots.*

AUBENAGE, s. m. (*terme de Coutume.*) c'est un droit que les coutumes de Tours & de Berri accordent aux seigneurs hauts-justiciers, sur les effets délaissés par un habitant d'une autre province, ou même d'un autre diocèse, qui décède dans l'étendue de leur justice.

Les coutumes de Tours & de Loudun font consister ce droit dans une bourse neuve & quatre deniers dedans, qui doivent être remis au seigneur ou à son receveur, dans les vingt-quatre heures du décès, & à défaut de paiement de cette bourse, les héritiers du défunt sont tenus à soixante sols d'amende, outre le droit d'*aubenage*.

AUBERGARDE, s. m. (*terme de Coutume.*) celles d'Acs, *tit. 9*, & de Bearn, *tit. 1*, se servent de ce mot pour signifier un droit seigneurial, qui consiste dans une espèce de cens ou de rente foncière.

AUBERGE, s. f. AUBERGISTE, s. m. (*Police.*) on appelle *auberges* les maisons où les voyageurs sont reçus, nourris & logés eux & leur suite. Par le mot d'*aubergiste*, on désigne celui qui tient une *auberge*. Ces deux mots sont synonymes de ceux d'*hôte* & d'*hôtellerie*.

L'extinction de l'hospitalité, qui étoit en honneur chez les anciens, a beaucoup multiplié parmi nous les *auberges*. Elles sont favorisées par les loix, à cause de la commodité & de l'utilité publique; c'est par cette raison qu'elles accordent à ceux qui les tiennent, une action pour la dépense qu'on y a faite, sur les équipages & sur les hardes des voyageurs, pourvu que ce ne soient pas celles qui sont absolument nécessaires pour se couvrir.

Mais, si d'un côté elles ont pourvu à l'indemnité des aubergistes, elles veillent aussi avec attention sur leur conduite. Elles leur enjoignent de ne point recevoir dans leurs maisons, les domiciliés des lieux, mais seulement les passans & voyageurs; de n'y point donner retraite à des gens suspects, sans en avertir les officiers de police; de n'y souffrir aucuns vagabonds ou gens sans aveu; de veiller à la sûreté des choses & des personnes; de les traiter eux & leur suite convenablement, à un prix juste & raisonnable.

Dans la ville de Paris, & dans plusieurs capitales du royaume & de l'Europe, l'aubergiste est encore tenu de porter sur un registre le nom & la qualité de celui qui entre chez lui, avec la date de son entrée & de sa sortie, & d'en rendre compte à l'inspecteur ou autre officier de police.

AUBETERRE, c'est une petite ville de l'Angoumois, du diocèse de Périgueux & de la généralité de Limoges. La Drôme la divise en deux parties, dont l'une est de l'élection d'Angoulême & l'autre de celle de Périgueux. Sa justice s'étend sur dix-neuf paroisses.

AUBIER, s. m. (*Police.*) c'est le nom qu'on donne à la partie d'un arbre qui se trouve entre le corps du bois & l'écorce qui le recouvre. L'*aubier* se durcit, prend insensiblement la substance ligneuse, & augmente successivement le corps de l'arbre. Cette substance a ordinairement dans le chêne un pouce ou un pouce & demi d'épaisseur; on la retranche toujours quand on équarrit le bois à vive-arrête.

Les statuts des menuisiers, charpentiers & tonneliers défendent de faire usage du bois auquel on a conservé l'*aubier*, parce que étant une matière molle, & presque ressemblante à la graisse qui recouvre la chair & les ossemens des animaux, elle n'est pas de durée & pourrit très-promptement.

AUBIGNI, petite ville du Berri, avec titre de duché, possédée aujourd'hui par mylord Richemont. Elle est du diocèse & de l'élection de Bourges. Un édit du mois de juin 1727 a fixé le ressort du grenier-à-sel, qui y est établi, sur la ville & fauxbourgs d'*Aubigni*, & sur les villages d'Argent, Barlieu, Blancafort, la Chapelle-d'Angillon, Clemont, Concressault, Dampierre-au-Crot, Ennordres, Ivoi-le-pré, Ménétréol-sur-Saudre, Meri-ès-bois, Oison, Prély-le-chétif, Sainte-Montaine, Souesmes & Vailly.

AUBINAGE, *ou* AULBINAGE & AULTENAGE, s. m. ce sont des termes particuliers de la coutume de Montargis, qui désignent le droit qui appartient aux seigneurs de s'emparer des biens vacans par droit de déshérence & d'aubaine.

AUBOUR, s. m. (*terme de Coutume.*) on le trouve dans l'*article 63* de celle de Tours, qui s'en sert dans la même signification que celle du mot *aubec*, de la coutume de Bordeaux, & tous les deux sont la même chose que le mot *aubier*. Ces deux coutumes défendent dans les articles cités, à tous les ouvriers, d'employer dans la fabrication des futailles & bariques, sur-tout de celles destinées à mettre du vin, aucunes pièces de merrain où il se trouve de l'aubec ou *aubour*. *Voyez* AUBIER.

AUBUSSON, petite ville de la Marche, située dans le diocèse de Limoges; elle est de l'élection de Guéret: elle a le titre de vicomté. On y trouve une châtellenie royale, & un dépôt de sel dépendant de la direction de Moulins.

AUCH, ville capitale du comté d'Armagnac, & la métropole de la Gascogne. Ses suffragans sont les évêques d'Acs, de Leictoure, de Comminges, de Conserans, d'Aire, de Basas, de Tarbes, d'Oléron, de Lescars & de Bayonne.

Le chapitre de la cathédrale est composé de quinze dignités & de vingt chanoines, dont cinq sont séculiers, le roi en qualité de comte d'Armagnac, les barons de Montaut, de Padaillan, de Montesquiou & de l'Isle.

L'archevêque partage avec le roi la seigneurie de la ville. Il y a à Auch un présidial, une sénéchaussée, un bureau des finances, & un intendant dont la commission s'étend jusques sur la Navarre.

AUCUNEMENT, adv. (*terme de Pratique.*) cet adverbe signifie proprement *en aucune façon*, *nullement*: mais il a un autre sens, lorsqu'il est employé dans les jugemens en cette phrase, *ayant aucunement égard à la demande*, &c. Cette phrase signifie que le juge ne rejette pas en tout la demande qui lui est faite, mais aussi qu'il ne l'accorde pas dans toute son étendue. Ainsi dans cette acception, *aucunement* signifie *en quelque sorte*, *à certains égards*, & il s'emploie sans négative.

AUDIENCE, s. f. ce mot signifie en général l'attention que l'on donne à quelqu'un qui parle, & il dérive du verbe latin *audio*, j'écoute, j'entends. De-là vient cette manière de s'exprimer: *voulez-vous bien me donner un moment d'audience?* c'est-à-dire voulez-vous bien m'entendre, m'écouter un moment.

Ce mot a plusieurs significations parmi nous: on donne *audience* à des ambassadeurs étrangers; les rois, leurs ministres & généralement tous ceux qui sont chargés d'une partie de l'administration donnent des *audiences*: les juges donnent également des *audiences* aux plaideurs. Nous traiterons de ces différentes acceptions sous trois mots particuliers, savoir: AUDIENCE, *droit des gens*; AUDIENCE, *droit public*; & AUDIENCE, *droit civil*.

AUDIENCE, (*Droit des gens*) on donne le nom d'*audience* aux cérémonies qui se pratiquent dans les cours, lorsque des ambassadeurs ou autres ministres publics sont admis à parler aux princes, auprès desquels ils sont envoyés.

On en distingue de plusieurs espèces, les unes sont publiques & solemnelles, les autres sont particulières. Il y a une *audience* d'admission ou de réception, & une *audience* de congé.

L'*audience* d'admission est publique & solemnelle. L'étiquette de ces *audiences* varie suivant les différentes cours; mais comme c'est une affaire de cérémonial, l'ambassadeur doit s'y rendre avec toute la pompe qui convient à la majesté du souverain qu'il représente. C'est ordinairement dans cette *audience* qu'il remet ses lettres de créance; on n'y traite jamais des affaires particulières qu'il vient négocier; il peut néanmoins faire rouler son discours sur le sujet de son ambassade, lorsqu'il est déterminé à un seul objet, tel que la conclusion d'un mariage, d'une ligue, d'un traité de paix; mais il ne doit entrer dans aucun détail qui y soit relatif.

Cette *audience* solemnelle n'est pas nécessaire pour accréditer un ministre dans une cour, il peut négocier sans en avoir eu, ainsi que nous l'avons dit au mot ADMISSION, *droit public*.

L'usage de toutes les cours exige que l'ambassadeur fasse trois révérences avant que de se couvrir & de parler. Par-tout, hors à Rome, le prince qui donne *audience* & l'ambassadeur qui la reçoit, se tiennent debout: par-tout aussi, l'ambassadeur se couvre, lorsque le prince est couvert. L'honneur de parler couvert est ce qui distingue le ministre du premier ordre d'avec ceux du second & du troisième. Le souverain qui ne se couvriroit pas à l'*audience*, empêcheroit le ministre de se couvrir, & ne le traiteroit pas en ambassadeur.

L'ambassadeur doit être conduit aux *audiences* solemnelles par l'introducteur ou le maître des cérémonies, chargé de cette fonction, quelque nom qu'il porte. On doit observer à l'égard d'un nouvel ambassadeur les mêmes égards qu'on a eu pour ses prédécesseurs, & pour ceux d'un ordre égal à celui dont il est revêtu: on doit le laisser jouir des mêmes honneurs & des mêmes prérogatives.

L'*audience* de congé est celle dans laquelle l'ambassadeur notifie au prince son rappel, & son départ de sa cour. Elle est aussi publique & solemnelle, on doit y observer les mêmes cérémonies & usages qu'à l'*audience* de réception.

Les *audiences* particulières ne sont pas sujettes au cérémonial qu'exigent les *audiences* publiques. Un ambassadeur peut en demander plusieurs, mais il doit faire attention de ne le pas faire trop fréquemment, dans la crainte de se rendre importun. Il n'y a point d'affaires qu'il ne puisse traiter, soit avec le ministre des affaires étrangères, soit avec ceux que le souverain a chargés de traiter avec lui.

AUDIENCE, (*Droit civil & public.*) on donne le nom d'*audience* aux jours & heures marqués dans lesquels les rois, les princes, les ministres & autres personnes chargées de l'administration, écoutent tous ceux qui ont à leur parler d'affaires.

Nos rois étoient autrefois dans l'usage de donner des *audiences* publiques où tout le monde pouvoit se présenter & leur parler face à face: souvent ils y prononçoient des arrêts sur les demandes des particuliers; Joinville raconte de S. Louis, qu'il donnoit souvent des *audiences* sous un chêne dans le bois de Vincennes, & qu'il y rendoit la justice à tous ses sujets.

Pourquoi ce sage usage n'existe-t-il plus? L'apparition rapide du prince qui, en traversant une galerie, reçoit les placets & mémoires qu'on lui présente, & les remet, sans les lire, à un ministre dont souvent on se plaint, supplée mal aux *audiences* publiques. C'est dans une telle *audience* que le prince paroîtroit effectivement comme un père au milieu de ses enfans, les écoutant avec bonté, recevant également leurs hommages & leurs plaintes, leur témoignant le desir qu'il a de faire régner par-tout la justice & le bonheur. C'est-là que la vérité approcheroit librement de son trône, qu'il découvriroit les torts & les injustices de ses ministres, & qu'il trouveroit les moyens d'y remédier; qu'il les empêcheroit d'intimider ses sujets, & de leur fermer la bouche par la crainte ou l'espérance.

Spifame, auteur du seizième siècle, dont nous avons déjà rapporté plusieurs projets d'arrêts, en a inséré un dans son recueil, qui porte que le roi donnera *audience* tous les jours après son dîner à tout le monde : & un second qui ordonne que le chancelier & le garde des sceaux donneront aussi *audience* tous les jours.

Dans plusieurs états de l'Europe, & principalement en Allemagne, les souverains ont de ces jours d'*audience* où il est permis à chacun sans exception de les approcher, & de proposer librement ce qu'il a à dire. Cet usage excite l'amour & la confiance des sujets, il rend les ministres, les magistrats, & tous ceux qui ont part à l'administration, attentifs à leurs devoirs, circonspects dans leurs démarches, dans la crainte qu'on ne porte contre eux des plaintes au monarque qui les a commis pour le bien de ses sujets, & non pour les opprimer.

Les ministres doivent être instruits de tout ce qui concerne le département qui leur est confié, & employer pour cet effet tous les moyens possibles d'y parvenir. Un des plus propres est sans contredit celui d'écouter les personnes même qui s'adressent à eux. Il n'est pas toujours sûr de s'en rapporter à des secrétaires & à des commis. Un ministre éclairé voit toujours mieux par ses propres yeux que par ceux d'autrui. Il est de son devoir de se rendre accessible toutes les fois que le service du public l'exige. Tout son temps est à l'état, & refuser d'écouter le moindre des sujets, s'il est nécessaire que ce sujet lui parle, c'est une faute contre l'état.

Nous n'avons pas, en France, à nous plaindre du défaut d'*audience* de la part des ministres & autres personnes chargées de l'administration publique. Tous ont des jours & des heures marqués pour cet effet, & tous les citoyens y sont admis indistinctement. Mais la rapidité avec laquelle ils écoutent ceux qui se présentent, leur permet-elle d'écouter avec assez d'attention les plaintes & les requêtes qu'on leur porte? Le petit nombre de jours où ils donnent des *audiences*, ne les empêche-t-il pas d'approfondir les objets qu'on soumet à leur décision? Enfin, la manière dont ils les donnent, n'intimide-t-elle pas ceux qui s'offrent à leurs regards? Nous laissons à leur justice & à leur prudence le soin d'examiner les réflexions que ces questions peuvent faire naître.

AUDIENCE, (*Droit civil privé.*) ce mot signifie, dans l'usage ordinaire du palais, l'assistance des juges au tribunal, à l'effet d'entendre les plaidoyers des parties ou de leurs avocats : & c'est en ce sens qu'on dit *demander*, *solliciter l'audience*, *donner audience*, *lever l'audience*.

Une affaire ou cause d'*audience* est celle qui est de nature à être plaidée : ce qui la distingue d'une cause de rapport.

On appelle aussi *audience* le lieu où s'assemblent les juges pour ouïr les plaidoyers : & c'est en ce sens qu'on dit *venir à l'audience*, *sortir de l'audience*. Ce mot alors est synonyme de celui d'*auditoire*.

On donne encore le nom d'*audience* au temps que dure la séance des juges : & c'est dans ce dernier sens que l'on dit qu'une cause a occupé deux, trois ou quatre *audiences*.

On divise les *audiences* de plusieurs manières : 1°. on distingue les *audiences* civiles où se plaident les causes civiles, d'avec les *audiences* criminelles où il s'agit d'une plaidoirie sur quelque crime : 2°. dans les cours souveraines, les *audiences* sont nommées grandes ou petites. Dans les grandes, les juges assis sur les hauts sièges décident les causes importantes, mises au rôle; dans les petites, assis sur les bas sièges, ils ne jugent que des causes appellées par placets, des incidens ou autres matières légères : 3°. les *audiences* sont ordinaires ou extraordinaires : on appelle ordinaires celles qui doivent être tenues aux jours & heures marqués par les réglemens particuliers du tribunal : les extraordinaires sont celles que le juge indique à d'autres jours & heures, pour la plus prompte expédition de la justice : 4°. on appelle *audiences de relevée*, celles que les juges accordent aux parties dans les après-dîners.

Du lieu où se tiennent les audiences. Le lieu de l'*audience* doit être un endroit public & de liberté, ouvert à tous ceux qui jugent à propos de s'y présenter; il ne peut être fermé pendant la durée de l'*audience*. Les motifs de cet usage sont, 1°. de procurer aux parties la liberté la plus entière dont elles pourroient être privées, si elles étoient obligées d'aller chez le juge pour lui expliquer leurs raisons : 2°. pour obliger les juges à la plus scrupuleuse attention & à la décence la plus convenable : car, étant environnés du public, ils ont une raison de plus d'être justes & équitables.

Dans les parlemens, les cours souveraines, les présidiaux, les bailliages & autres jurisdictions royales, on sait parfaitement que la justice doit être administrée dans un lieu public, & la plupart de ces auditoires sont ornés & décorés d'une manière solide & majestueuse, qui imprime au juge l'étendue de ses devoirs, & frappe en même temps le public de l'éclat & de la majesté du lieu.

Mais, dans les justices subalternes, l'auditoire ne répond pas souvent à la dignité de la justice. Ici elle se rend au pied d'un arbre, là dans une espèce de galetas, ailleurs le seigneur fait tenir l'*audience* dans l'endroit qu'il juge à propos : quelquefois des juges sont assez imprudens pour la tenir dans un cabaret.

Les ordonnances se sont élevées, dans tous les temps, contre ces abus, & elles ont défendu, à peine de nullité, de donner des *audiences* ailleurs que dans les endroits consacrés à cet effet; elles ont enjoint aux seigneurs de le fournir hors de leurs châteaux, & même de leurs enclos, & d'y établir un lieu sûr pour servir au dépôt du greffe, dans lequel toutes les minutes, expéditions & registres, tant de l'*audience* que des procès civils & criminels, demeureront : dans le cas de contravention, elles ordonnent que le seigneur soit privé de sa justice. Telles sont les dispositions de l'ordonnance de 1535, de celle d'Orléans, & d'un arrêt de réglement des grands jours de Clermont, du 10 décembre 1665.

Le lieu de l'*audience* doit encore être sûr & commode, décemment orné & à l'abri des injures de l'air; il doit être garni de sièges, de tables, & de tout ce qui est d'usage ou de nécessité ordinaire, & sur-tout l'image d'un crucifix doit y être placée dans l'endroit le plus apparent pour imprimer plus de respect à ceux qui sont dans le cas d'y prêter serment.

Lorsqu'il n'y a point d'auditoire convenable pour l'exercice de la justice, le seigneur ne peut revendiquer les causes de ses justiciables, portées devant le supérieur immédiat : & il suffit d'exciper du défaut d'auditoire, pour que ce dernier soit fondé à les retenir : cette jurisprudence est confirmée par plusieurs arrêts qui tous font défenses aux juges de tenir leurs *audiences* dans des maisons particulières ou dans le château du seigneur.

La peine de nullité, prononcée par les ordonnances & les réglemens contre les jugemens rendus ailleurs que dans l'auditoire, n'est ordinairement regardée que comme comminatoire : mais s'ils avoient été rendus dans un cabaret, on prononceroit sans difficulté cette peine dans toute sa rigueur.

Lorsque l'auditoire ordinaire d'une justice a besoin de réparations, l'*audience* peut se tenir dans un autre endroit, pourvu qu'il soit honnête & décent, quoique moins commode. Mais le seigneur doit travailler promptement à faire remettre l'ancien auditoire en état de servir comme auparavant.

Il se trouve quelquefois qu'un seigneur est propriétaire de plusieurs justices voisines, attachées à des fiefs différens. Il peut, sans inconvénient, en demander la réunion qu'il ne peut obtenir que du roi, par des lettres-patentes duement enregistrées. S'il ne poursuit pas cette réunion, il est obligé de fournir autant d'auditoires que de justices particulières : & c'est ainsi que l'a jugé le grand-conseil par un arrêt du 29 mars 1759. Cependant si deux justices étoient proches l'une de l'autre, & qu'un seul auditoire pût servir commodément à l'exercice des deux, on peut dispenser le seigneur d'en construire un second, à la charge néanmoins de fixer des jours différens pour l'exercice de l'une & l'autre justice, & que chaque jurisdiction ait ses registres séparés. Le parlement de Paris a adopté ce tempérament, le 19 mai 1756, en faveur de M. le duc d'Orléans, au sujet des justices de Bagnolet, & du fief de Maulny.

Du temps de la tenue des audiences. Le temps de tenir les *audiences*, soit pour le jour ou pour l'heure, n'est pas non plus une chose indifférente; &, à cet égard, on distingue entre les *audiences* ordinaires & les *audiences* extraordinaires.

Ce temps n'est pas uniforme dans les tribunaux du royaume : il dépend des affaires & de l'usage. Mais, dans tous les sièges, les jours & les heures pour tenir les *audiences* ordinaires, doivent être déterminés suivant le nombre des affaires, de façon que l'usage accoutumé ne soit point interverti. Ainsi lorsqu'on assigne quelqu'un, dans les délais ordinaires, à comparoître devant le juge, on n'est pas obligé de lui indiquer le jour ni l'heure de l'*audience*, il est présumé en être instruit par la notoriété publique.

Dans les sièges considérables où l'abondance des affaires oblige quelquefois les juges à multiplier les *audiences*, il leur est libre de le faire, & même d'en accorder de relevée; mais ils doivent auparavant l'annoncer, de façon que le public soit suffisamment instruit du jour & de l'heure de chacune.

Lorsque les juges sont assez négligens pour laisser languir les affaires à défaut d'*audiences* en nombre suffisant, on peut les contraindre d'en donner, de façon que toutes les affaires puissent s'expédier. Les lieutenans généraux des justices subalternes du comté de Bourgogne étoient anciennement dans une indifférence pareille; ils ne donnoient qu'une *audience* par semaine, & encore ne la tenoient-ils qu'après midi : par une déclaration du 27 octobre 1686, ils furent assujettis à en donner deux chaque semaine, depuis neuf heures du matin jusqu'à onze.

Les *audiences* doivent être réglées de manière que les affaires de différente nature ne soient point confondues, sur-tout dans les présidiaux & les bailliages ; car, pour ce qui est des justices subalternes, il est assez ordinaire que toutes sortes d'affaires soient portées à la même *audience*. On doit aussi avoir attention que les causes criminelles puissent se vuider avec plus de célérité que les causes civiles, & que les affaires d'importance soient jugées plutôt le matin que de relevée.

A l'égard des affaires qui demandent des *audiences* extraordinaires, c'est-à-dire, des *audiences* autres que celles qui se tiennent aux jours & aux heures accoutumés, il dépend de la prudence des juges de de les accorder ou de les refuser; cependant s'il y avoit péril dans la demeure, ce seroit une espèce d'injustice, de leur part, de s'y refuser. Ces *audiences* doivent se demander sur requête : le juge règle le jour & l'heure, & son ordonnance se signifie à la partie assignée, afin qu'elle en soit instruite. Il faut même qu'il lui soit accordé un délai suffisant pour avoir le temps de comparoître, & ce délai dépend de l'éloignement du domicile de la partie qu'on veut assigner; le juge seul doit le régler.

De la manière de tenir les audiences. On doit apporter à la tenue des *audiences* toute la décence possible. Les juges, les gens du roi, les avocats, les procureurs & les huissiers doivent y être en robe de palais : ce sont ces robes que les ordonnances & les réglemens appellent *habits décens*. Chacun doit y être à sa place, & celui qui préside doit avoir l'attention d'y faire régner le plus grand silence. Les causes doivent s'y expédier à tour de rôle & sans acception de personne. Lorsqu'un des juges manque, le plus ancien gradué présent est appellé de plein droit pour en compléter le nombre. Et, dans les affaires civiles, susceptibles d'appel, le plus ancien procureur, à défaut de gradués, est pareillement dans le cas d'être appellé.

Il est étroitement défendu d'user d'aucune insulte & sur-tout de voie de fait, pendant qu'on rend la justice.

1°. *Des insultes faites aux juges.* L'injure la plus repréhensible seroit celle qu'on feroit au juge dans son auditoire, ou à ceux qui, sous ses yeux, coopèrent à ses fonctions. Dans ce moment, pour venger l'honneur de son tribunal, il pourroit faire arrêter le délinquant, & le punir sur le champ.

Les présidiaux, par leur édit d'ampliation du mois de mars 1551, ont pouvoir de condamner sans appel, comme en matière de police, à trois livres d'amende tous ceux qui, dans l'auditoire, manquent de respect ou troublent la tranquillité.

Un échevin de Joinville fut condamné, par arrêt du 28 février 1578, à vingt écus d'amende & aux dépens, pour avoir dit au juge de l'endroit par irrévérence, que c'étoit *un beau juge, qu'il en feroit bien davantage.*

Deux particuliers, pour avoir injurié, l'*audience* tenante, l'un, le lieutenant criminel de Meaux, & l'autre, l'avocat du roi au bailliage de Carenton, furent condamnés, le premier par arrêt du 15 mars 1578, & le second par arrêt du 13 décembre 1588, à une amende honorable, à l'amende pécuniaire, à l'interdiction, à des dommages-intérêts & aux dépens.

Les ordonnances de 1507 & de 1535 enjoignent expressément aux cours de parlement *de ne pas souffrir les magistrats être vitupérés par outrageuses paroles.* En effet, il est essentiel qu'un juge, dans son tribunal, ne puisse être insulté impunément.

Si, au lieu d'une injure verbale, il y avoit une voie de fait sur la personne du juge, ce délit pourroit aller jusqu'à faire punir de mort le coupable.

Il arrive quelquefois qu'un plaideur qui vient d'entendre sa condamnation, s'échappe en mauvais propos; mais il est assez ordinaire que les juges n'y fassent pas attention, &, en cela, rien de plus conforme à leur dignité; ce seroit cependant une erreur que d'adopter ce mauvais brocard du palais, suivant lequel on a, dit-on, vingt-quatre heures pour déclamer contre ses juges : les parties doivent toujours recevoir en silence les décisions de la justice; si elles se livroient à des clameurs trop vives, elles pourroient en être sévérement reprises.

2°. *Des insultes faites à la partie adverse ou à son défenseur.* Il ne suffit pas d'être circonspect envers les juges, on doit l'être aussi envers ceux qui exercent, sous leurs yeux, quelques fonctions de leur ministère. Une partie, pour avoir injurié en pleine *audience* l'avocat de sa partie adverse, fut condamnée à cent livres par forme de réparation envers cet avocat, par arrêt du 12 juillet 1638, rapporté au journal des audiences.

Par un autre arrêt du parlement de Paris, une femme, pour avoir souffleté son avocat adverse, en 1752, lorsqu'il sortoit de la seconde chambre des requêtes, fut condamnée à une amende honorable sèche en présence des juges.

Il en seroit à-peu-près de même, si une partie insultoit, hors de l'auditoire, un officier qui viendroit de prêter contre elle son ministère à l'*audience.* Maître Eynard, procureur au parlement de Paris, en sortant de la troisième chambre des enquêtes où il avoit plaidé une cause pour son client, fut injurié par le comte de.... partie adverse de ce client : maître Eynard rentra sur le champ dans la chambre où il rendit plainte de l'insulte. Les parties furent renvoyées au bailliage du palais; il y eut information & appel de toute la procédure de la part du comte; mais, par arrêt du 28 juin 1769, la cour, en évoquant le principal, fit défenses à l'appellant de récidiver, le condamna à trois cens livres de dommages-intérêts, applicables au pain des prisonniers, & à tous les dépens.

Les parties litigantes elles-mêmes, lorsqu'elles sont devant les juges, doivent prendre garde à ne point s'insulter. Le mardi 27 octobre 1733, une demoiselle, retenue pour dettes à la conciergerie de Paris, ayant été déboutée de sa demande en liberté, formée à une *audience* de la *séance* (qui est une de celles qui se tiennent cinq fois l'an dans la conciergerie pour la délivrance des prisonniers), se jetta sur son créancier présent à l'*audience*, & lui donna un soufflet. Le substitut en rendit plainte aussitôt, & la prisonnière fut condamnée à une amende honorable sèche : ce qui fut exécuté sur le champ.

3°. *Des insultes faites par le juge aux parties.* Si les parties doivent user de circonspection envers les juges à l'*audience*, & envers ceux qui coopèrent à leurs fonctions, les uns & les autres ne sont pas moins obligés de se comporter avec sagesse envers les parties. Voici l'exemple d'une indiscrétion aussi marquée qu'on puisse en trouver de la part de deux officiers de justice en pareille occasion.

Le sieur Turle, bourgeois de la ville de Noir-Moutier en Poitou, consulté par un particulier sur le parti qu'il prendroit au sujet d'une nouvelle reconnoissance qu'on lui demandoit à la seigneurie de l'endroit, dans un temps où ses titres, pour faire cette reconnoissance, étoient incendiés, répondit qu'il falloit simplement remontrer ce fait, & demander qu'on lui donnât, à ses frais, copie des titres du seigneur, & qu'il feroit la reconnoissance.

Le particulier répéta à l'*audience* ce que le sieur Turle lui avoit dicté. Le juge fit en conséquence arrêter à l'instant ce particulier, & les huissiers le conduisirent au gouvernement.

Après l'*audience*, le juge & le procureur fiscal montèrent au gouvernement : ils y trouvèrent le sieur Turle qui avoit donné le conseil au particulier; le gouverneur prit sa canne & en frappa ce bourgeois pour avoir donné ce conseil. La canne passa ensuite au juge qui en fit le même usage, & pour terminer la scène, le sieur Turle fut conduit en prison.

Plainte du procédé en la sénéchaussée de Poitiers. Le gouverneur, le juge, le procureur-fiscal, le greffier & un garde des eaux & forêts furent enveloppés dans les charges & informations. Décret contre les accusés: appel de leur part: arrêt du 11 mai 1740, qui fit défense de récidiver, sous peine de punition corporelle, interdit le juge, le procureur-fiscal & le greffier, de leurs fonctions pour quatre ans, les condamna solidairement avec le gouverneur à six mille livres de dommages, intérêts & aux dépens, avec permission au plaignant de faire imprimer, publier & afficher l'arrêt, *&c.*

Il ne faudroit pourtant point prendre pour injure la mercuriale qu'un juge feroit à une partie, à un procureur, à un huissier en pleine *audience.* Il a droit de remontrer, lorsque l'occasion s'en présente; il est même de son devoir de le faire, & il est à l'abri de tout reproche lorsqu'il le fait sans passion.

4°. *De la retenue & circonspection recommandées aux avocats.* A l'égard des avocats & de tous ceux qui ont droit de porter la parole à l'*audience*, les ordonnances veulent qu'ils soient particuliérement réservés envers les parties contre lesquelles ils prêtent leurs ministères. Le champ de Thémis ne doit point être pour eux une arène de gladiateurs. Si, avec le droit le plus légitime, on ne pouvoit se présenter au temple de la justice, sans y recevoir des affronts qu'on n'auroit point mérités, on aimeroit souvent mieux renoncer à ses prétentions, que de les exercer, en soutenant les excès de l'injure & de la calomnie. S'il leur échappe donc, disoit en 1707 M. Portail, avocat-général, des expressions trop hardies ou trop peu ménagées, il est de la religion du magistrat à qui appartient la police de l'*audience*, de venger la dignité de son tribunal, en les avertissant de leur devoir, ou en leur imposant silence. Il ajoute cependant qu'au milieu de ces règles de bienséance, il ne faut pas toujours retenir dans une contrainte servile, ces grands orateurs qu'une juste indignation transporte quelquefois. Il est une noble hardiesse qui dans l'occasion fait partie de leur ministère, sur-tout lorsqu'il s'agit de repousser l'imposture & la calomnie, sans quoi ils seroient obligés de borner leurs fonctions à un récit froid & stérile dans des causes où il faut de la chaleur & de l'ame pour en hâter le succès. Mais ces circonstances à part, on doit user de la plus grande modération. L'ordonnance de Charles VII, de l'an 1440, recommande la plus grande retenue, & lorsque l'avocat y manque, il est dans le cas d'être pris à partie. Sur quoi nous observerons que s'il y a eu de sa part des expressions peu ménagées dans la chaleur de la plaidoirie, & qu'alors la partie présente n'en ait point demandé sur le champ réparation, elle n'est plus recevable à lui faire de procès à ce sujet. C'est ce qui a été décidé par arrêt du 14 février 1759, en faveur d'un avocat du siège de Mayenne, contre l'avocat fiscal de la justice d'Averton.

5°. *Des délits commis à l'audience.* On juge plus sévèrement les délits qui se commettent à l'*audience*, par des particuliers qui y viennent sous prétexte de s'instruire ou de satisfaire leur curiosité, que ceux qui se commettent ailleurs. Les juges qui tiennent l'*audience*, peuvent faire arrêter le coupable surpris en flagrant délit, lui faire son procès, & le condamner avant de désemparer l'auditoire. Quoique l'instruction des procès criminels ne soit point dévolue au lieutenant civil, dans les sièges où il y a un lieutenant-criminel, cependant il peut faire en pareil cas, le procès au coupable arrêté; ceci lui est permis pour venger l'honneur de son tribunal, & pour rendre le châtiment plus sensible par un exemple presque aussi prompt que la faute même.

Il fut volé le 29 août 1733, un mouchoir à une *audience* de la grand'chambre du parlement de Paris. Ce vol excita du bruit; on se saisit de la personne de l'accusé. M. l'avocat général rendit sur le champ plainte du fait. L'accusé fut interrogé, on entendit en déposition les assistans qui s'étoient apperçus du vol. Immédiatement après, on procéda au récolement & à la confrontation: on délibéra, & par arrêt du même jour, sans qu'on eût quitté le siège, le coupable fut condamné à la flétrissure & à trois ans de galère; la circonstance du lieu où le délit avoit été commis, fut aggravante, sans quoi on se fût vraisemblablement borné à la flétrissure & à un bannissement. Il y a d'autres exemples de punitions aussi promptes, prononcées en pareil cas.

Des affaires qui ne se portent pas à l'audience. Nous avons dit, au commencement de cet article, que la justice ne devoit être administrée que dans l'endroit consacré spécialement à cet effet. Mais cette règle reçoit plusieurs exceptions, que nous allons détailler.

1°. *Des affaires appointées.* Il est un certain genre d'affaires qui ne peuvent se juger sur le champ, & qui demandent un examen particulier, telles sont celles qui présentent des questions difficiles sur des points de droit, ou dans lesquelles il y a un grand nombre de pièces à examiner.

Ces sortes d'affaires s'appointent ordinairement, c'est-à-dire qu'elles se remettent entre les mains d'un des juges, qui les examine seul en particulier, fait un extrait des pièces & des moyens respectifs, forme son rapport devant les autres juges, qui délibèrent & rendent entre eux un jugement. *Voyez* APPOINTEMENT.

Ce jugement ne se prononce pas publiquement, cependant il doit être rendu à l'auditoire, ou dans une chambre destinée particuliérement au jugement des affaires de rapport, qu'on appelle *la chambre du conseil.*

Il est même nécessaire qu'une affaire ait été plaidée publiquement, avant d'être appointée; c'est la disposition précise de l'ordonnance de 1667.

Lorsque au lieu de l'appointement, les juges se contentent d'ordonner un délibéré, ils peuvent examiner l'affaire dans un lieu différent de l'auditoire public; mais le jugement se prononce ou à l'*audience* dans laquelle on a prononcé le délibéré, ou à l'*audience* suivante.

2°. *Des affaires criminelles.* On distingue dans notre procédure actuelle les affaires du grand & du petit criminel: celles du grand criminel, qui s'instruisent par récolement & confrontation des témoins, doivent se juger, à la vérité, dans l'auditoire ou dans une chambre destinée à cet effet; mais le jugement ne se rend pas sous les yeux du public: celles du petit criminel, où il ne peut y avoir lieu à aucune peine afflictive ou infamante, se décident dans l'*audience* publique de la même manière que les affaires civiles.

Cette forme de procéder au jugement des causes de grand criminel est-elle conforme à l'exacte justice? Est-elle propre à procurer aux juges les lumières nécessaires pour décider de la vie & de l'honneur d'un accusé? Cette question vient d'être traitée depuis peu par plusieurs jurisconsultes, qui ont embrassé à cet égard diverses opinions.

M. Vermeil, dans son *Essai sur les réformes à faire dans notre législation criminelle*, veut: « qu'aussitôt que le procès criminel aura été réglé à l'extraordinaire, l'instruction devienne publique; que » les témoins soient obligés de confirmer, de » modifier ou rétracter leur témoignage en pleine » *audience*; que l'accusé, assisté de son conseil, » puisse les reprocher, ou les réfuter publiquement, après avoir entendu la lecture de leurs » dépositions ».

M. Boucher d'Argis, conseiller au châtelet de Paris, dans ses *Observations sur les loix criminelles*, prétend au contraire: « que ce seroit exposer au » mépris un homme qui peut être injustement accusé; qu'un citoyen ne paroîtroit pas plutôt » devant son juge, que sa captivité seroit publique, » son honneur anéanti & son crédit ruiné; que » la justice seroit en danger de voir journellement » arracher de ses mains les coupables dont la société attend la punition ».

M. de la Croix, dans *le chap. 21 de ses Réflexions philosophiques sur l'origine de la civilisation, & sur les moyens de remédier aux abus qu'elle entraîne*, prouve sans peine que les motifs indiqués par M. Boucher d'Argis, ne sont que des prétextes vains, appuyés sur de simples conjectures & sur des craintes frivoles. Nous ajouterons même qu'ils n'ont été sentis par M. Boucher, que par l'habitude dans laquelle il a été de voir & de suivre lui-même une pratique contraire; car nous ne pouvons pas nous dissimuler que les magistrats les plus intègres & les plus éclairés tiennent à leurs usages & à leurs préjugés; qu'ils ont de la peine à contracter de nouvelles habitudes, & qu'il leur est très-difficile de substituer une pratique nouvelle à celle qu'eux & leurs prédécesseurs ont toujours suivie. Le procès-verbal de la conférence des ordonnances de 1667 & de 1670, nous fournit plusieurs preuves convainquantes de cette vérité.

M. de la Croix n'adopte pas néanmoins en entier le sentiment de M. Vermeil, il n'admet la publicité des jugemens criminels qu'après l'instruction entière du procès, & ce n'est qu'après le récolement & la confrontation, qu'il souhaite qu'on ne fasse plus à l'accusé & à son conseil un mystère de la procédure; il excepte même de cet avantage les accusés déjà repris de justice, & punis antérieurement d'une peine afflictive, les vagabonds, les voleurs & assassins pris en flagrant délit, & ceux qui dans leurs interrogatoires ont fait l'aveu circonstancié de leurs crimes.

Mais il desire en même temps, qu'un accusé ne soit décrété même d'ajournement personnel, que sur l'avis de trois juges, & qu'il ne soit interrogé & confronté qu'en présence d'un nombre de juges, égal à celui qui est nécessaire pour l'absoudre ou le condamner.

Nous avons rapporté avec plaisir les opinions différentes des jurisconsultes qui ont écrit pour faire connoître les réformes qu'on desireroit dans la procédure criminelle que nous suivons. On ne peut donner trop de louanges à ceux qui, frappés des abus qu'ils ont sous les yeux, élèvent leur voix pour les faire connoître du législateur, & lui porter les vœux des bons citoyens: mais c'est à lui seul qu'il appartient de peser, dans sa sagesse, les inconvéniens d'une loi ancienne, avec les avantages que peuvent procurer les réformes qu'on lui demande.

Qu'il nous soit cependant permis d'exposer aux magistrats supérieurs les réflexions que nous ont fait naître les sentimens opposés dont nous venons de parler.

Nous pensons d'abord avec M. de la Croix, que l'instruction & la discussion publique deviennent inutiles après l'aveu formel d'un accusé. Sa confession, soutenue des preuves judiciaires, permet de s'abstenir d'une plus longue procédure. Le juge n'a plus besoin de nouvelles lumières ni de plus grands éclaircissemens pour déterminer son suffrage. C'est le cas d'appliquer cet adage trivial, *habemus reum confitentem*. Voyez Aveu (*matière criminelle*).

La question ne peut donc plus avoir lieu que pour les accusés qui persistent dans le désaveu des crimes qu'on leur impute, & qui peuvent opposer quelque défense plausible.

On peut dire, en faveur de l'instruction publique, que si la loi civile & naturelle, l'honneur & la religion imposent à tous les juges l'obligation d'écouter avec patience ce que les parties ou leurs défenseurs jugent à propos d'alléguer pour établir leurs prétentions dans les affaires les plus légères : on doit employer les mêmes précautions, lorsqu'il s'agit d'un intérêt plus important, de l'honneur, ou de la vie d'un citoyen : que cette instruction publique peut procurer à un accusé les moyens de faire triompher son innocence, épargner quelquefois ces erreurs involontaires dans lesquelles les magistrats se sont trouvés entraînés, & tarir la source des regrets impuissans que leur causent ces mêmes erreurs : que cette forme de procéder annonce de la noblesse, de la franchise & de la grandeur, & que, par cela même, elle est digne de la douceur & de la générosité qui caractérisent singuliérement la nation françoise. On peut même l'appuyer de l'exemple des Romains dont nous avons emprunté la majeure partie de nos loix, & des Anglois, nos voisins & nos rivaux dans la carrière de la gloire & des sciences.

Mais n'en résulteroit-il pas une foule d'inconvéniens? Le premier qui se présente, est le temps immense qu'exigeroit le cours de cette procédure. Peut-être ne seroit-il pas dans le cas d'arrêter le législateur, par rapport aux tribunaux dont le ressort est peu étendu, & dans lesquels on juge à peine chaque année quelques procès criminels.

Mais, dans les parlemens, dans les tribunaux surtout de la capitale, où ces affaires sont très-multipliées, comment trouver le temps nécessaire pour discuter à l'*audience* chaque procès? Une *audience* ne suffira pas pour le plus léger ; il en faudra une très-longue pour l'audition des témoins, une seconde lors du récolement, une troisième dans le temps de la confrontation.

Ce n'est pas tout : cette instruction publique donnera lieu à une multitude d'incidens qui surchargeront & arrêteront le cours de la procédure. L'accusé, peut-être même son défenseur, chercheront à égarer l'accusateur, les témoins & le juge dans un labyrinthe de mauvaises chicanes. Elle deviendra peut-être l'école où les scélérats viendront apprendre de la justice même les moyens de la braver & de se soustraire à la peine due à leurs forfaits. Nous n'osons ajouter qu'elle peut exposer les magistrats à des scènes désagréables : il n'est aucun de nos lecteurs qui ne nous prévienne à cet égard.

3°. *Des séparations de corps entre mari & femme.* En général toutes les affaires susceptibles de plaidoirie, doivent être discutées publiquement, on en excepte néanmoins dans l'usage quelques-unes, telles que celles où il s'agit d'une demande en séparation de corps entre mari & femme.

Lorsque ces affaires intéressent des personnes de considération, lorsqu'elles présentent des détails dont le récit peut blesser les mœurs & l'honnêteté publique, le magistrat qui a la police de l'*audience*, est le maître de ne laisser plaider ces affaires qu'à huis-clos. On peut en agir de même dans toutes les causes qui offrent des contestations scandaleuses, comme seroient celles d'entre un père & ses enfans. Au reste, ces égards dépendent de la considération que méritent les parties, & de la délicatesse du juge qui préside.

Dans les demandes en séparation de corps entre mari & femme, on m'a assuré qu'il étoit d'usage au châtelet de Paris, que sur la plainte portée au lieutenant-civil, des sévices & mauvais traitemens, ce magistrat, en permettant d'assigner la partie dont on se plaint, pour en venir à l'*audience* dans les délais ordinaires, ordonne qu'au préalable le mari & la femme comparoîtront en son hôtel, pour être ouïs en présence l'un de l'autre. S'il parvient à rétablir entre eux la paix & l'union qui doivent y régner, il a rempli d'une manière plus noble les fonctions de son ministère : s'il ne peut obtenir leur réconciliation, il les renvoie à l'*audience*. Cet usage est extrêmement sage, & il seroit à souhaiter qu'on l'introduisît dans les autres jurisdictions. Les loix en effet devroient plus s'occuper des moyens d'empêcher les contestations que de les juger, & de prévenir les crimes que de les punir.

4°. *Autres affaires qui ne se portent pas à l'audience.* Il est permis aux juges de s'occuper, dans leurs hôtels, des affaires sur lesquelles il n'y a point de litige formé, de celles qui requièrent une grande célérité, de celles qu'il n'est pas possible d'expédier à l'*audience*.

1. Le juge peut rendre chez lui toutes les ordonnances sur requête, soit au civil, soit au criminel, lorsqu'elles ne tendent qu'à l'instruction de l'affaire que l'on poursuit. Il peut permettre d'assigner, de saisir, taxer des salaires, des dépens, liquider des dommages-intérêts, recevoir des cautions, accorder des défenses contre l'exécution provisoire des sentences des juges de son ressort, donner des *pareatis*, &c.

2. Il peut recevoir chez lui des parens convoqués, à l'effet de donner leur avis pour la nomination d'un tuteur ou d'un curateur à des mineurs, à des prodigues, à des insensés, & y homologuer l'avis de ces parens, soit pour la tutèle, l'émancipation, la curatelle ou l'interdiction, en observant

toutefois qu'à l'égard d'une interdiction, il est obligé de renvoyer l'homologation à l'*audience*, parce que la personne à interdire peut y proposer des moyens pour empêcher son interdiction.

3. Il peut permettre d'informer, de se faire visiter, faire l'information; mais il ne peut interroger les accusés ni les décréter, excepté dans ces momens, où les accusés ayant été pris en flagrant délit, sont conduits chez lui pour recevoir ses ordres. Il peut alors leur faire subir le premier interrogatoire, & les décréter provisoirement; mais les autres interrogatoires & les nouveaux décrets, ainsi que les sentences de provision alimentaire, de récolement & de confrontation, ne doivent se rédiger que dans la chambre destinée à cet effet.

4. Les sentences d'élargissemens provisoires doivent être pareillement rendues à la chambre. Cependant, il est porté par l'article 6 d'un édit de janvier 1685, concernant le châtelet de Paris, que quand il s'agira de la liberté des personnes qualifiées ou constituées en charge, de celles des marchands & négocians emprisonnés à la veille de plusieurs fêtes consécutives, ou de jours auxquels on n'entre point au châtelet, le juge pourra l'ordonner en son hôtel.

5. Il est dit, par ce même réglement, que lorsqu'on demandera la main-levée de marchandises prêtes à être envoyées, & dont les voituriers seront chargés ou qui pourroient dépérir; que lorsqu'il sera question du paiement que des hôteliers ou des ouvriers demandent à des étrangers pour des nourritures, fournitures d'habits, ou autres choses nécessaires; que lorsqu'on réclamera des dépôts, des gages, des papiers ou autres effets divertis, le lieutenant-civil, s'il le juge ainsi à propos pour le bien de la justice, pourra ordonner que les parties comparoîtront le jour même en son hôtel, pour y être entendues, & être par lui ordonné par provision, ce qu'il estimera de plus juste; mais il ne peut se taxer ni frais ni vacations à cet égard.

Quoique ce réglement ne semble fait que pour le châtelet, il peut néanmoins s'appliquer à toutes les jurisdictions où il se présente des cas pareils. Autrement, comment seroit-il possible, dans des occasions urgentes, de tenir des *audiences* en règle, & d'y faire trouver les autres juges qui auroient droit d'y assister? Il a paru raisonnable de laisser toutes ces décisions provisoires au premier juge en son hôtel: le bien de la justice & l'intérêt public l'exigent ainsi, sauf en cas de plus grande contestation, à renvoyer les parties à l'*audience*, pour les entendre contradictoirement, & décider définitivement leur différend au principal.

6. Le juge peut encore faire en son hôtel des partages ordonnés par justice, des enquêtes, des interrogatoires sur faits & articles, recevoir des redditions de compte, nommer des experts, recevoir leur serment & leur procès-verbal de visite ou d'appréciation, accorder des compulsoires, dresser des procès-verbaux d'extraits & de collations de pièces, d'ouverture de testamens olographes, de comparaison & de vérification d'écritures & de signatures, légaliser des actes & en attester l'authenticité.

7. Pour voir plus particuliérement ce qui peut être fait à l'*audience* ou à l'hôtel, on peut consulter le réglement du 18 juillet 1684, fait pour le bailliage du palais à Paris; celui du 17 septembre 1660, pour le siège de Dreux; un autre du 21 avril 1679, pour le bailliage de Richelieu; un quatrième du 15 mai 1714, pour la justice de Pontchartrain. On peut consulter aussi l'article 2 de l'arrêt des grands jours de Lyon, du 29 novembre 1596, rapporté par Chenu.

8. Le magistrat qui a l'administration de la police, peut faire en son hôtel tout ce qui peut tendre à la sûreté publique, lorsque les faits ne présentent rien de contentieux. Il a droit d'y rendre des ordonnances, & d'y faire des réglemens provisoires: mais si quelqu'un est cité à son tribunal pour répondre aux plaintes du procureur du roi, ou des parties, il est obligé d'en renvoyer la connoissance à l'*audience* publique.

5°. *Des réceptions d'officiers.* A l'égard des réceptions d'officiers, le juge peut faire chez lui l'information de vie & de mœurs; mais le reste dépend de l'usage introduit dans chaque siège.

Le lieutenant-civil, au châtelet de Paris, reçoit les juges des justices seigneuriales, les messagers de l'université, les huissiers, *&c.* il n'en est pas de même dans tous les sièges de province.

Un réglement fait pour l'administration de la justice dans la sénéchaussée de Poitiers, le premier juillet 1688, homologué par arrêt du conseil du 2 août suivant, porte que le lieutenant-général pourra vaquer dans sa maison aux informations de vie & mœurs de tous ceux qui se présenteront pour être reçus officiers, tant du siège présidial que des sièges qui y ressortissent, mais qu'il ne pourra recevoir que le serment des notaires, greffier, procureurs, huissiers, sergens, & autres ministres subalternes.

Et à l'égard des conseillers du siège présidial, des baillis, sénéchaux, leurs lieutenans, assesseurs & autres qui font des fonctions de juges dans les jurisdictions royales, des greffiers, procureurs, huissiers & concierges des prisons du siège de Poitiers, il est dit qu'ils seront examinés, qu'ils prêteront le serment, & qu'ils seront reçus en présence de tous les officiers du siège. Ce réglement paroît fort sage, & mérite de recevoir une extension à tous les autres sièges, où il s'éleveroit des contestations qui ne pourroient point se décider par un usage certain & bien établi.

6°. *Des officiaux.* On prétend que les officiaux ne peuvent faire aucun acte de leur jurisdiction, ailleurs que dans leur auditoire ou prétoire, sous prétexte qu'ils n'ont aucun territoire; mais ce prétexte est une idée qui tient plus à la subtilité du raisonnement qu'à la réalité du fait. Il est vrai qu'ils ne connoissent point des causes réelles entre ecclésiastiques, quoique cependant ils puissent connoître, suivant quelques auteurs, du pétitoire des bénéfices ; mais ils peuvent connoître des causes personnelles de ceux qui sont sous leur jurisdiction, & cette jurisdiction est bornée au territoire du diocèse, ou du moins à une partie de ce même territoire, lorsque dans le diocèse il se trouve plusieurs officialités ; ainsi ils ne sont pas absolument, comme on voudroit le dire, sans territoire : dès lors, nous ne saurions croire qu'il y eût abus de la part d'un official, s'il faisoit en son hôtel, comme tout autre juge, ce qu'il seroit trop incommode ou trop difficile de faire à l'*audience*, c'est-à-dire, au prétoire.

Observations nécessaires. Il nous reste à observer que les juges ne doivent point s'occuper d'affaires, soit à l'*audience*, soit à l'hôtel, les jours de fêtes, à moins qu'il ne s'agisse de cas extrêmement pressans, sur quoi l'on doit s'en rapporter à leur discrétion. Les affaires criminelles & de police peuvent pourtant se poursuivre les jours de fêtes. C'est toujours une bonne œuvre de veiller à la sûreté publique, & de hâter l'absolution d'un innocent.

A l'égard de ces jours qu'on appelle *jours de fêries* au palais, quoiqu'on ne tienne point d'*audiences* ces jours-là, on ne laisse pas d'être entièrement libre pour toutes les affaires d'hôtel.

AUDIENCE, *Cour ecclésiastique d'Angleterre*, qui se tient toutes les fois que l'archevêque veut connoître en personne d'une cause. Cette cour d'*audience* connoît principalement des différends, mus au sujet des élections, des conservations, des réceptions des clercs, & des mariages.

AUDIENCIER, s. m. (*terme de Palais.*) on appelle au palais *audiencier* l'huissier présent à l'audience pour appeller les causes, faire faire silence, garder les portes, recevoir & exécuter les ordres du juge.

Dans les cours souveraines, il y a ordinairement plusieurs huissiers de service pour les audiences : le premier d'entre eux est préposé pour appeller les causes, les autres pour se tenir à la barre & faire faire silence, & les autres, pour garder les portes.

Dans les sièges présidiaux, il y en a deux préposés à cet effet. Le premier appelle les causes, & le second se tient à la barre de la cour. Ce n'est point par droit d'ancienneté que l'un est premier & l'autre second : chacun a son titre d'office à cet égard ; de sorte que celui qui n'étoit que le second, ne devient pas le premier à la mort de celui-ci, à moins qu'il ne se fasse pourvoir de l'office dont le premier étoit revêtu. Nous parlerons plus particulièrement des huissiers *audienciers*, à l'art. HUISSIER.

AUDIENCIER, (*terme de Chancellerie.*) on en distingue deux espèces. Les premiers appellés *grands-audienciers*, sont attachés à la grande chancellerie de France ; les autres nommés simplement *audienciers* sont de service dans les chancelleries établies près des cours souveraines.

Les grands *audienciers* sont les premiers officiers de la chancellerie après le chancelier, le garde des sceaux, & les grands rapporteurs. Ils sont au nombre de quatre. Leur institution est fort ancienne ; ils servent tour-à-tour par quartier. Les fonctions de celui qui est de service est de recevoir les lettres des mains du référendaire, de les présenter pour être scellées par le scelleur, de les retirer, & de les remettre aux personnes pour qui elles sont destinées. Il reçoit aussi les droits & émolumens du sceau, dont il rend compte à la chambre des comptes. Les grands *audienciers* jouissent des mêmes honneurs, privilèges & prérogatives que les secrétaires du roi du grand collège. Ils sont même créés secrétaires, par l'édit de janvier 1551, sans être obligés de posséder aucun de ces offices ; & par une déclaration du roi du 17 septembre 1598, il est dit qu'ayant exercé leurs offices pendant vingt années, ils pourront résigner, & conserver les privilèges à eux accordés. Leurs veuves en jouissent de même pendant le temps de leur viduité.

Par un arrêt du conseil du 25 juin 1685, il est dit qu'ils seront exempts des droits de contrôle, de dépens & de greffe ; & comme par l'édit de mars 1704, portant création de quarante secrétaires du roi, il étoit accordé plusieurs immunités à ces officiers pour droits d'entrée, sans que les grands *audienciers* y fussent compris, le roi, par une déclaration du 6 avril, même année, s'expliqua plus particulièrement, en leur accordant les mêmes exemptions qu'aux secrétaires.

Les grands *audienciers* peuvent avoir entre eux une bourse d'honoraires : cette faculté leur est attribuée par un édit de décembre 1697.

Anciennement les grands *audienciers* se permettoient de dresser eux-mêmes les lettres qu'ils présentoient au sceau ; mais par un arrêt du conseil du 17 juin 1681, il leur a été fait défenses d'en présenter, qu'elles ne soient accompagnées d'un certificat des secrétaires du roi, attestant que ceux-ci les ont dressées, & que la grosse en est écrite par leurs commis.

Les provisions de grands *audienciers* doivent être enregistrées à la chambre des comptes, à laquelle ces officiers doivent prêter serment, ainsi qu'au chancelier.

Ce sont les grands *audienciers* de France qui sont préposés par un réglement du 11 avril 1682, pour l'information des vies & mœurs des *audienciers* des chancelleries près les cours.

Ces derniers sont attachés, comme nous l'avons dit, aux petites chancelleries, près les cours. Ils rapportent au maître des requêtes, qui y tient le sceau toutes les lettres à sceller, & y mettent la taxe. Ils jouissent des mêmes droits & prérogatives que les grands *audienciers*, si ce n'est que leurs gages sont beaucoup moindres.

Par l'édit de Henri II, ci-dessus cité, ils sont tenus d'envoyer à leurs dépens, de six mois en six mois, au grand *audiencier* de service, tous les deniers provenant du sceau de la chancellerie, dans laquelle ils servent.

Ils sont au nombre de quatre dans celle établie près le parlement de Paris. Ces officiers doivent faire enregistrer leurs provisions à la chambre des comptes, & prêter serment à M. le chancelier.

AUDITEUR, f. m. (*Droit civil.*) on donne ce nom à plusieurs officiers commis pour différentes fonctions.

On a souvent qualifié d'*auditeurs* les enquêteurs commis pour ouïr des témoins, procéder à l'instruction des procès, & en faire leur rapport. En Angleterre, & dans plusieurs provinces de France, on appelloit les notaires *auditeurs*, ainsi que les témoins qui assistoient à la passation & à la lecture de quelque acte, & qui le signoient.

Anciennement, les juges des causes d'appel en pairie étoient appellés *auditeurs* : ils tenoient leurs audiences trois fois l'an par forme de grands-jours, & les appellations interjettées de leurs sentences, ressortissoient au parlement.

Dans les bailliages de Lille & de Douai, on nomme encore *auditeurs* certains officiers dont les fonctions sont assez semblables à celles des notaires : ce sont, à proprement parler, des clercs du greffe.

L'édit de 1692, qui a créé des notaires dans l'étendue du ressort du parlement de Flandres, a conservé les fonctions des *auditeurs*, à la charge, par eux, de se faire assister d'un notaire royal, dans la passation des contrats & autres actes. Dans le bailliage de Lille, les actes reçus par les *auditeurs* sont scellés du sceau du bailliage, dont la garde est confiée au lieutenant-général de la gouvernance. Ce n'est qu'après cette apposition du sceau, que les actes produisent une hypothèque sur les biens des contractans.

La dénomination d'*auditeur* se donne encore aujourd'hui à plusieurs officiers, dont nous allons traiter par ordre.

AUDITEUR *des comptes*, c'est le titre de certains officiers de la chambre des comptes, préposés à l'examen & à l'audition des comptes.

Autrefois les *auditeurs* des comptes étoient de simples clercs, chargés de revoir les comptes des finances du roi, & d'en faire le rapport aux maîtres, sans avoir aucune voix délibérative sur les difficultés qui pouvoient s'y rencontrer. Aujourd'hui les conseillers du roi, *auditeurs* en la chambre des comptes de Paris, sont au nombre de quatre-vingt-deux, dont quarante-un pour le semestre de janvier, & pareil nombre pour le semestre de juillet.

Ils sont distribués en six chambres, appellées *du Trésor*, *de France*, *de Languedoc*, *de Champagne*, *d'Anjou* & *des monnoies*. Tous les comptes qui se rendent sont repartis dans ces six chambres.

Douze *auditeurs* des comptes de chaque semestre, sont distribués dans la chambre du trésor, huit en celle de France, huit en celle de Languedoc, quatre en celle de Champagne, quatre en celle d'Anjou, & cinq en celle des monnoies : ils ne peuvent être nommés rapporteurs, que des comptes attachés à chacune de ces chambres. Ils changent de chambre tous les trois ans, conformément aux ordonnances des 3 avril 1388, & 23 décembre 1554, afin qu'ils puissent connoître toutes les différentes espèces de comptes.

Anciennement, les conseillers - *auditeurs* travailloient aux comptes qui leur étoient distribués, dans les différentes chambres où ils étoient distribués, & où ils avoient des bureaux particuliers.

Mais, depuis que les comptes se sont multipliés & sont devenus très-considérables, ils les examinent chez eux.

On voit par l'ordonnance de Philippe V, dit le long, du mois de janvier 1319, & par celle de Philippe, dit de Valois, du 14 décembre 1346, que les conseillers-*auditeurs* étoient appellés *clercs*.

Louis XII les a qualifiés du nom d'*auditeurs* dans son édit du mois de décembre 1511.

Henri II, par édit de février 1551, leur a donné le titre de conseiller, attendu l'importance de leurs charges & états ; & par lettres en forme d'édit du mois de juin 1552, il leur a accordé voix délibérative dans les affaires dont ils seroient rapporteurs, soit pour le fait des comptes, ou autres charges & commissions, où ils seroient appellés.

La fonction qui les occupe le plus, est l'examen ou le rapport de tous les comptes qui se rendent à la chambre, & qui leur sont distribués.

Le conseiller-*auditeur*, qui est nommé rapporteur d'un compte, en fait l'examen sur les états du roi, & au vrai, sur le compte qui précède celui qu'il examine, sur l'original du compte qui est à juger, & sur les pièces justificatives appellées *acquits*. En même temps qu'il examine la validité des pièces rapportées sur chaque partie de ce compte, il met à la marge gauche du compte, à l'endroit où chaque pièce est énoncée, le mot *vu*, & à l'endroit où les pièces sont dites être rapportées, le mot *vrai* ; à la marge droite, il met les mêmes cotes qui sont sur chacune des pièces, lesquelles sont enliassées & cotées par première & dernière ; & il a une copie du bordereau du compte qui doit lui servir à faire son rapport sur laquelle il fait mention des pièces rapportées, & de celles qui manquent.

Lorsqu'il a fini son travail, il rapporte le compte au bureau, après quoi il transcrit sur l'original de ce compte les arrêts qui ont été rendus ; il fait ensuite le calcul des recettes & dépenses, & met l'état final du compte.

Les conseillers-*auditeurs* du semestre de janvier, ne peuvent rapporter que les comptes des années paires, & ceux du semestre de juillet, les comptes des années impaires, à l'exception de ceux qui, étant dans leur première année de novice, sont réputés de tout semestre & de toutes les chambres.

Les comptes des exercices pairs devoient être jugés dans le semestre de janvier, & ceux des exercices impairs, dans le semestre de juillet ; mais en 1716, le roi ayant considéré que le recouvrement de ses deniers avoit été retardé, & que les états n'en avoient pu être arrêtés régulièrement, ce qui avoit beaucoup retardé la présentation & le jugement des comptes au préjudice de son service, &

voulant rétablir l'ordre dans ses finances, ce qui dépend principalement de la reddition des comptes, a ordonné, par une déclaration du 15 juillet 1716, que tous les comptes qui avoient été ou seroient présentés à la chambre des comptes, par les comptables des exercices pairs & impairs, seroient jugés indistinctement dans les semestres de janvier & juillet, pendant trois ans, à commencer du premier juillet 1716. Ce délai a été prorogé par différentes déclarations jusqu'en 1743, que le roi, par une déclaration du 26 mars, a permis aux officiers de la chambre des comptes de Paris, de juger les comptes des exercices pairs & impairs dans les semestres de janvier & juillet, sans aucune distinction ni différence d'années d'exercices, jusqu'à ce qu'il en ait été autrement ordonné par sa majesté; au moyen de quoi les conseillers-*auditeurs* des semestres de janvier & de juillet, rapportent indistinctement dans les deux semestres.

Lorsqu'un conseiller-*auditeur* est dans sa première année de service, il est réputé des deux semestres; & il est aussi de toutes les chambres, jusqu'à ce qu'il s'en fasse une nouvelle distribution. Les conseillers-*auditeurs* sont aussi rapporteurs des requêtes de rétablissement; ils exécutent, sur les comptes originaux, les arrêts qui interviennent aux jugemens de ces requêtes, ainsi que ceux qui se rendent dans les instances des corrections.

En 1605, Henri IV ordonna que les comptes du revenu du collège de Navarre, seroient rendus chaque année par le proviseur de ce collège, lequel seroit tenu de mettre son compte & les pièces justificatives de ses recettes & dépenses, entre les mains du conseiller-*auditeur*, nommé par la chambre, qui se transporteroit au collège de Navarre, où les comptes seroient rendus en sa présence, & que les débats qui surviendroient au jugement de ces comptes, seroient jugés sommairement par la chambre, au rapport du conseiller-*auditeur*, & en présence des députés du collège.

Les conseillers-*auditeurs* ont de temps immémorial, la garde du dépôt des fiefs, qui comprend les originaux de foi & hommage rendus au roi, entre les mains de M. le chancelier, ou en la chambre & au bureau des finances du ressort de la chambre, les aveux & dénombremens de toutes les terres qui relèvent du roi, les déclarations du temporel des archevêchés, évêchés, abbayes, prieurés & autres bénéfices de nomination royale, & les sermens de fidélité des ecclésiastiques.

Tous ces actes ne sont admis dans ce dépôt qu'en vertu d'arrêts de la chambre, & il n'en est donné d'expédition qu'en exécution d'arrêts de la chambre, rendus sur la requête des parties qui en ont besoin.

Les conseillers-*auditeurs* ont seuls le droit d'expédier les attaches & commissions adressées aux juges des lieux, pour donner les mains-levées des saisies faites à cause des devoirs de fiefs, non faits & non rendus; ils signent ces attaches & les scellent d'un cachet du roi dont ils sont dépositaires, & pour vaquer plus spécialement à cette fonction, & administrer les pièces aux personnes qui ont à faire des recherches dans le dépôt des fiefs, ils nomment, au commencement de chaque semestre, deux d'entre eux qu'ils chargent des clefs de ce dépôt, & qui viennent tous les jours à la chambre.

Louis XIV, par édit de décembre 1691, a créé un dépôt particulier pour rassembler toutes les expéditions des papiers terriers faits en exécution de ses ordres, dans les provinces & généralités, tant du ressort de la chambre des comptes de Paris, que des autres chambres du royaume & pays conquis, les doubles des inventaires des titres du domaine de sa majesté, qui sont dans les archives des chambres des comptes, greffes des bureaux des finances, jurisdictions royales & autres dépôts publics du royaume, & les états de la consistance de la valeur & des revenus du domaine, lesquels avoient été ou devoient être dressés par les trésoriers de France, suivant les arrêts du conseil.

Une grande partie de ce dépôt a été détruite par l'incendie arrivé à la chambre le 27 octobre 1737; mais il seroit fort aisé de le rétablir parfaitement, parce qu'il subsiste des doubles de tous les titres qui avoient été remis dans ce dépôt, & ce rétablissement seroit d'autant plus utile, qu'il réuniroit tous les renseignemens du domaine en un même lieu.

Par le même édit, Louis XIV a créé un office de conseiller dépositaire de ces titres qu'il a uni à ceux de conseillers-*auditeurs*, & les a chargés de veiller à la conservation des terriers, inventaires & états, & des autres titres du dépôt, & d'en délivrer des extraits aux parties qui les requerront sur les conclusions du procureur-général du roi, & de l'ordonnance de la chambre.

Les conseillers-*auditeurs* nomment aussi, au commencement de chaque semestre, un d'entre eux qui vient tous les jours à la chambre, pour vaquer plus particuliérement aux fonctions de cet office, & délivrer des extraits des registres & volumes des terriers, inventaires, états & autres titres, aux fermiers & receveurs des domaines & autres parties qui en ont besoin.

Ils ont seuls le droit de collationner les pièces qui se trouvent dans ces deux dépôts & dans celui du garde des livres, & ils collationnent aussi les pièces qui peuvent servir au jugement des comptes, ou des requêtes de rétablissement de parties, tendantes à apurer les comptes.

Les conseillers-*auditeurs* sont du corps de la chambre, ils ont le droit d'assister au bureau, au nombre porté par le réglement de la chambre, du 20 mars 1673, avec voix délibérative, dans leurs places qui sont sur un banc à côté des présidens: dans les invitations, ils sont avertis de la part de messieurs du bureau, par le commis au plumitif, de se rendre en leurs places au bureau, pour y entendre les ordres adressés par le roi à la chambre, & pour y satisfaire. Ils assistent aux cérémonies publiques, en

robes

robes noires de taffetas ou moire : dans les commissions particulières où ils sont du nombre des commissaires, ils ont séance sur le même banc que les conseillers-maîtres, & ont voix délibérative. Ils jouissent des mêmes privilèges que les présidens & les conseillers-maîtres, comme le prouvent un arrêt du conseil d'état du roi du 11 octobre 1723, & les lettres-patentes du 16 novembre suivant, registrées au parlement, à la chambre des comptes & à la cour des aides les 4, 13 & 16 décembre de la même année.

Il y a aussi en Angleterre des *auditeurs* des comptes, que l'on distingue en différentes classes. Ce sont des officiers de l'échiquier, chargés du recouvrement des deniers publics, & des revenus casuels de la couronne, du paiement des troupes de terre & de mer, & autres dépenses publiques : ils reçoivent & examinent les comptes des collecteurs particuliers, dispersés dans les provinces, veillent à leur conduite, & paient leurs gages : tels sont les *auditeurs* des reçus, les *auditeurs* des revenus, les *auditeurs* du prêt, *&c.*

Auditeur, (*Juge du châtelet de Paris.*) au châtelet de Paris, on appelle *juge-auditeur*, un juge royal qui connoît des affaires purement personnelles, jusqu'à 50 livres une fois payées. On dit quelquefois les *auditeurs*, parce qu'autrefois il y en avoit plusieurs.

On ne sait pas au juste le temps du premier établissement des *auditeurs*, non plus que celui des conseillers dont ils ont été tirés ; il paroît seulement que, dès le douzième siècle, il y avoit au châtelet des conseillers, & que le prévôt de Paris en commettoit deux d'entre eux, pour entendre les causes légères dans les bas auditoires du châtelet, après qu'ils avoient assisté à l'audience du siège d'en haut avec lui ; on les appelloit aussi *auditeurs de témoins* & *enquêteurs ou examinateurs*, parce qu'ils faisoient les enquêtes & examinoient les témoins.

Le commissaire de Lamare, en son *Traité de la police*, prétend que S. Louis, lors de la réforme qu'il fit du châtelet, élut des *auditeurs*, & voulut qu'ils fussent pourvus par le prévôt; que ce fut lui qui sépara la fonction des *auditeurs* de celle des enquêteurs & examinateurs de témoins : il est cependant vrai de dire que les *auditeurs* firent encore, pendant quelque temps, la fonction d'examinateurs de témoins ; que les uns & les autres n'étoient point des officiers en titre, & que ce n'étoient que des commissions momentanées que le prévôt de Paris donnoit ordinairement à des conseillers.

En effet, l'ordonnance de Philippe-le-Bel, du mois de novembre 1302, fait mention que les *auditeurs* de témoins étoient anciennement choisis par le prévôt de Paris, lorsque cela étoit nécessaire ; que Philippe-le-Bel en avoit ensuite établi en titre ; mais, par cette ordonnance, il les supprima, & laissa au prévôt de Paris la liberté d'en nommer comme par le passé, selon la qualité des affaires. Il y en avoit ordinairement deux.

Cette même ordonnance prouve qu'ils avoient déjà quelque jurisdiction ; car on leur défend de connoître du domaine du roi, & de terminer aucun gros méfait, mais de le rapporter au prévôt de Paris; & il est dit que nul *auditeur* ni autre officier ne sera pensionnaire en la vicomté de Paris.

Par des lettres de Philippe-le-Bel, du 18 décembre 1311, il fut défendu aux *auditeurs*, & à leurs clercs ou greffiers, *de s'entremettre en la fonction d'examinateurs ;* & dans la sentence du châtelet, les *auditeurs* & conseillers qui avoient été appellés, sont dits *tous du conseil du roi au châtelet.*

Suivant une autre ordonnance du premier mai 1313, ils choisissoient avec le prévôt de Paris les examinateurs & les clercs ou greffiers; ils ne devoient juger aucune cause où il fût question d'héritages, ou de l'état des personnes, mais seulement celles qui n'excéderoient pas soixante sous ; tous les procès pouvoient s'instruire devant eux ; & quand ils étoient en état d'être jugés, ils les envoyoient au prévôt, & celui-ci leur renvoyoit les frivoles amendemens qui étoient demandés de leurs jugemens.

Le réglement fait pour le châtelet en 1327, porte qu'ils feront continuelle résidence en leur siège du châtelet, s'ils n'ont excuse légitime ; qu'en ce cas, le prévôt les pourvoira de lieutenans; que ni eux, ni leurs lieutenans ne connoîtront de causes qui excèdent vingt livres parisis, ni pour héritages; qu'ils ne donneront ni décrets ni commissions signées, sinon ès causes de leur compétence ; qu'on ne pourra prendre un défaut en bas devant les *auditeurs*, dans les causes commencées en haut devant le prévôt, & réciproquement, qu'on ne pourra demander au prévôt l'amendement d'une sentence d'un *auditeur*, pour empêcher l'exécution par fraude, à peine de 40 sous d'amende, que le prévôt pourra néanmoins diminuer ; qu'il connoîtra sommairement de cet amendement; enfin, que les *auditeurs* entreront au siège, & se leveront comme le prévôt de Paris.

On voit, par une ordonnance du roi Jean, du mois de février 1350, que les *auditeurs* avoient inspection sur les métiers & marchandises, & sur le sel; qu'au défaut du prévôt de Paris, ils étoient appellés avec les maîtres des métiers, pour connoître de la qualité des marchandises amenées à Paris par les forains; que dans le même cas ils avoient inspection sur les bouchers & chandeliers, élisoient les jurés de la marée & du poisson d'eau douce, & avoient inspection sur eux; qu'ils élisoient pareillement les quatre prud'hommes qui devoient faire la police du pain.

Dans les lettres du même roi, de 1354, un des *auditeurs* est qualifié de commissaire sur le fait de la marée.

Charles V, par une ordonnance du 19 octobre 1364, enjoint aux chirurgiens de Paris, qui panseront des blessés dans des lieux privilégiés, d'avertir le prévôt de Paris ou les *auditeurs*. La même chose fut ordonnée en 1370.

Un autre réglement que le même prince fit en septembre 1377, pour la jurisdiction des *auditeurs*, porte que dorénavant ils seront élus par le roi; qu'ils auront des lieutenans; que leurs greffiers demeureront avec eux, & prêteront serment entre les mains du prévôt de Paris & des *auditeurs*; que ceux-ci répondront de leur conduite; que le produit du greffe ne sera plus affermé (comme cela se pratiquoit, aussi-bien que pour les offices d'*auditeurs*); que ces derniers & leurs lieutenans viendront soir & matin au châtelet, qu'ils y assisteront avec le prévôt ou son lieutenant, pour les aider à conseiller & à délivrer le peuple, jusqu'à ce qu'il soit heure qu'ils aillent dans leur siège des *auditeurs*, pour l'expédition des causes des bonnes gens qui auront affaire à eux; que les procès où il ne s'agira pas de plus de vingt sous ne pourront être appointés.

Joly, en son *Traité des offices*, observe, à cette occasion, que les *auditeurs* assistoient aux grandes causes & aux jugemens que rendoit le prévôt de Paris ou son lieutenant-civil, depuis sept heures du matin jusqu'à dix; & que depuis dix jusqu'à midi, ils descendoient aux bas auditoires où ils jugeoient seuls & chacun en leur siège particulier; qu'en l'absence du lieutenant-civil, ils tenoient la chambre civile; qu'ils recevoient les maîtres de chaque métier, & que les jurés prêtoient serment devant eux. On voit encore dans les lettres de Charles V, du 16 juillet 1378, que les deux *auditeurs* du châtelet furent appellés avec plusieurs autres officiers, pour le choix des quarante procureurs au châtelet.

D'autres lettres du même prince, du 19 novembre 1393, nomment les avocats *auditeurs* & examinateurs, comme formant le conseil du châtelet, que le prévôt avoit fait assembler pour délibérer avec eux si l'on ne fixeroit plus le nombre des procureurs au châtelet.

Il est encore parlé des *auditeurs* dans deux ordonnances de Charles VIII, du 23 octobre 1485, qui rappellent plusieurs réglemens faits précédemment à leur sujet. L'une de ces ordonnances porte de plus, qu'ils auront 60 livres parisis de gages; qu'ils seront conseillers du roi au châtelet, & prendront chacun la pension accoutumée; qu'ils ne seront point avocats, procureurs ni conseillers d'autres que du roi; qu'ils ne souffriront point que les clercs des procureurs occupent devant eux.

A ce propos, il faut observer qu'autrefois il y avoit douze procureurs en titre aux *auditeurs*; on les appelloit les *procureurs d'en bas*; ils avoient aussi un greffier, un receveur des épices, deux huissiers, deux sergens, & tous ces officiers se disoient officiers du châtelet. Présentement il n'y a plus de procureurs aux *auditeurs*; ce sont les parties elles-mêmes qui y plaident, ou les clercs des procureurs; la plupart des autres officiers ont aussi été supprimés.

Par un arrêt du parlement, du 7 février 1494, rendu entre les *auditeurs* & le lieutenant-criminel, il fut ordonné que les *auditeurs* connoîtroient des crimes incidens, & qu'ils pourroient rapporter & juger à la chambre du conseil, avec les lieutenans & conseillers du châtelet.

La jurisdiction des *auditeurs* fut confirmée par l'ordonnance de Louis XII, du mois de juillet 1499, portant défenses aux procureurs de traduire les causes des *auditeurs* devant le lieutenant-civil, avec injonction au lieutenant-civil de les renvoyer aux *auditeurs*.

Les deux sièges des *auditeurs* furent réunis en un, par arrêt du parlement du 18 juin 1552, portant que les deux *auditeurs* tiendroient le siège alternativement, chacun pendant trois mois; que l'un assisteroit pour conseil, l'autre qui seroit au siège, & que les émolumens seroient communs entre eux.

François I donna en 1543 un édit portant que les sentences des *auditeurs* seroient exécutées jusqu'à 20 livres parisis & au-dessous, outre les dépens, à quelque somme qu'ils se pussent monter, nonobstant opposition ou appellation quelconque; un arrêt du parlement, du mois de novembre 1553, portant vérification de cet édit entre les *auditeurs*, lieutenans & conseillers du châtelet, ordonna de plus que les *auditeurs* pourroient prendre des épices pour le jugement des procès instruits pardevant eux.

Charles IX confirma les *auditeurs* dans leur jurisdiction jusqu'à 25 livres tournois, par une déclaration du 16 juillet 1572, qui fut vérifiée en 1576; leur jurisdiction fut encore confirmée par un arrêt du 14 avril 1620, que rapporte Joly; & par l'ordonnance de Louis XIII, du mois de janvier 1629, il est dit, *art. 116*, que « les auditeurs établis au » châtelet de Paris, pourront juger sans appel jusqu'à » 100 sous, entre les mercénaires, serviteurs & au- » tres pauvres personnes, & les dépens seront liqui- » dés par même jugement sans appel ».

Lors de la création du nouveau châtelet, en 1674, on y établit deux *auditeurs*, comme dans l'ancien châtelet, de sorte qu'il y en avoit alors quatre; il y eut une déclaration le 6 juillet 1683, qui en fixa le nombre à deux, & porta jusqu'à 50 livres leur attribution, qui n'étoit jusqu'alors que de 25 livres.

Enfin, au mois d'avril 1685, il y eut un édit qui supprima les deux *auditeurs* réservés par la déclaration de 1683, & en créa un seul avec la même attribution de 50 livres.

Le juge-*auditeur* tient son audience au châtelet, près du parquet. On assigne devant lui à trois jours; l'instruction y est sommaire; il ne peut entendre de témoins qu'à l'audience; il doit juger tout à l'audience, ou sur pièces mises sur le bureau sans ministère d'avocat & sans épices; il ne peut prendre que cinq sous par chaque sentence définitive.

Les sentences du juge-*auditeur* sont intitulées de son nom & de ses qualités, & doivent être exécutées, nonobstant l'appel, conformément à la déclaration du 6 juillet 1683.

Lorsqu'il y a appel d'une sentence du juge-*auditeur*, il doit être relevé dans la quinzaine, & porté au présidial, où on le juge en dernier ressort.

L'office de juge-*auditeur* est vénal; celui qui en

eſt revêtu doit être gradué, & prêter ſerment au châtelet.

Auditeurs *conventuels ou collégiaux*, (*Droit canonique.*) c'étoient anciennement des officiers établis parmi les religieux, pour examiner & régler les comptes du monaſtère.

A leur exemple, on donne auſſi dans les corps & communautés, le nom d'*auditeurs* à ceux qui ſont chargés de recevoir & d'apurer les comptes des ſyndics ou receveurs. Mais quand c'eſt un particulier ſans caractère qui reçoit un compte qui le concerne lui-même, on ne l'appelle pas *auditeur*, mais *oyant*. *Voyez* Oyant.

Auditeur *de nonciature*, (*Droit eccléſiaſtique.*) le pape joint un *auditeur* de nonciature à un nonce, de même que les autres princes envoient un ſecrétaire d'ambaſſade avec un ambaſſadeur.

L'emploi de l'un répond exactement aux fonctions de l'autre, dans toutes les cours où les nonces n'exercent aucune juriſdiction; mais dans celles où ils ſe ſont érigé un tribunal, l'*auditeur* en eſt un juge aſſeſſeur.

Ces officiers, pendant l'abſence du nonce, ou dans l'intervalle qui s'écoule entre ſon départ & l'arrivée de ſon ſucceſſeur, prennent la qualité d'*internonce*, qui répond à celle de *chargé des affaires*, que prend un ſecrétaire d'ambaſſade, ou celui de l'ambaſſadeur, dans le même cas. L'*auditeur* de nonciature n'eſt pas admis en France à l'audience du roi, mais ſeulement à celle du miniſtre des affaires étrangères.

Auditeur *de rote*, (*Droit eccléſiaſtique.*) la rote eſt à Rome une juriſdiction compoſée de douze docteurs, auxquels on donne le nom d'*auditeurs de rote*. Leur tribunal eſt fort ancien, il fut établi pour ſoulager le pape dans le jugement des affaires qui ne ſont pas conſiſtoriales, & dont le pape & ſes chapelains décidoient; d'où il ſuit que les *auditeurs* repréſentent ces premiers chapelains.

Les *auditeurs* ſont pris des quatre nations, d'Italie, de France, d'Eſpagne & d'Allemagne: trois ſont romains, un toſcan, un milanois, un boulonois, un ferrarois, un françois, un vénitien, deux eſpagnols & un allemand.

Chacun d'eux a ſous lui quatre clercs ou notaires: ils jugent de toutes les cauſes bénéficiales ou prophanes, tant de Rome que des provinces eccléſiaſtiques, en cas d'appel, & généralement de tous les procès des états du pape, au-deſſus de cinq cens écus.

Les déciſions de la rote ſont exactement recueillies, mais elles n'ont aucune autorité en France.

On trouve encore à Rome pluſieurs offices dont les titulaires ſont appellés *auditeurs*; tels ſont les *auditeurs* de la chambre, les *auditeurs* domeſtiques, qui exercent reſpectivement une charge de judicature. Leurs fonctions ſont bornées aux affaires des ſujets du pape, & n'intéreſſent en aucune manière les autres nations. Ceux qui veulent en avoir une plus ample connoiſſance, peuvent conſulter *la République eccléſiaſtique* de Zékius.

AUDITION, ſ. f. (*terme de Palais.*) qui ne ſe dit que dans deux phraſes; l'*audition* d'un compte, & l'*audition* des témoins: dans la première, il ſignifie la réception & l'examen d'un compte; dans l'autre, il ſignifie la réception des dépoſitions, ſoit dans une enquête ou une information. *Voyez* Compte, Enquête & Information. (*H*)

AUDITOIRE, ſ. m. (*Droit civil.*) c'eſt le lieu où les juges aſſemblés donnent audience aux parties, & prononcent leur déciſion. Ce terme ne ſe dit proprement que de l'endroit où s'aſſemblent les juges ſubalternes. *Voyez* Audience, (*Droit civil privé.*) paragraphe 1.

La convenance, la grandeur & la magnificence d'un *auditoire*, ſe déterminent ſuivant la dignité de la juriſdiction pour laquelle on le conſtruit. Dans les cours ſouveraines, cet *auditoire* doit être compoſé de pluſieurs ſalles, ſuivant le nombres des audiences qu'on eſt obligé de donner pour différentes affaires. Indépendamment de ces ſalles, qu'on appelle *ſalles d'audience*, il doit y avoir des chambres particulières où les juges puiſſent s'aſſembler pour délibérer ſecrétement, & juger les affaires de rapport, qui n'ont pu recevoir leur déciſion à l'audience; ce ſont ces chambres qu'on appelle *chambre du conſeil*. Il doit y avoir un appartement ſéparé pour les gens du roi, afin d'y recevoir ceux qui ont des cauſes à leur communiquer, & de pouvoir prendre entre eux des délibérations ſecretes: cet appartement ſe nomme *le parquet*. Il doit y avoir auſſi un endroit pour les greffiers, afin de pouvoir y expédier commodément tout ce qui eſt de leur miniſtère, & un lieu particulier pour ſervir de dépôt aux regiſtres & aux minutes du greffe. Les officiers de chancellerie qui ſervent près des cours, doivent avoir pareillement une ſalle à eux; les huiſſiers, un bureau pour les ſignifications; les concierges & les buvetiers, un logement; & c'eſt l'enſemble de toutes ces différentes pièces qu'on appelle *le palais de la juriſdiction*, par analogie à l'ancienne demeure des ſeigneurs hauts-juſticiers, chez leſquels on étoit obligé d'aller demander juſtice.

Tous ces endroits doivent être meublés ſuivant les différentes fonctions qui s'y exercent. A l'égard des ornemens, ceci dépend du goût & de la généroſité du prince ou de ſes officiers, en obſervant toutefois que plus un *auditoire* eſt orné, plus il inſpire de confiance & de reſpect.

Le ſeigneur, au nom duquel s'exerce la juſtice, a droit de faire mettre ſes armes par-tout où bon lui ſemble; il peut auſſi faire placer ſon portrait dans les ſalles d'audience & dans les chambres du conſeil.

Dans les préſidiaux & les bailliages, les *auditoires* doivent être proportionnés à la dignité du ſiège. Il n'eſt pas néceſſaire qu'il y règne autant de magnificence que dans les cours ſupérieures; mais il faut toujours qu'on y trouve ce qui est nécessaire à l'administration de la justice, & que la décence s'y fasse remarquer.

A l'égard des justices subalternes, on n'est pas si difficile: l'esprit des réglemens seroit pourtant que l'*auditoire* des justices des seigneurs fût composé de tout ce qui est convenable pour l'administration de la justice; qu'il y eût une salle d'audience, une chambre du conseil, un endroit pour le procureur fiscal, & un autre pour le greffe; mais l'endroit où se tiennent les audiences, sert souvent & de chambre du conseil pour le juge, & de parquet pour le procureur fiscal. Quant au greffe, il est assez ordinaire que le greffier tienne chez lui les registres & les minutes du greffe; ce qui est contraire aux ordonnances, & notamment à l'arrêt de réglement des grands jours de Clermont, du 10 décembre 1665, qui veut qu'il soit fourni par les seigneurs dans l'*auditoire*, un lieu de sûreté pour tout ce qui concerne le greffe, à peine de privation du droit de justice.

L'*auditoire* doit être fourni aux frais du seigneur justicier, sans pouvoir lever à cet effet aucune contribution sur les justiciables.

Le roi contribuoit ci-devant aux frais des réparations des *auditoires*; mais depuis un arrêt du conseil du 29 mars 1773, il est dit que les villes seront tenues de prendre ces réparations sur leurs deniers patrimoniaux, sous prétexte qu'elles en sont dédommagées par les octrois qu'occasionne l'exercice de la justice dans ces endroits-là; cependant, lorsque ces deniers patrimoniaux ne sont pas suffisans, après les charges de villes acquittées, le roi fournit le surplus par imposition ou autrement.

Lorsque les juges condamnent à l'amende, il est défendu d'ordonner que les amendes prononcées seront appliquées aux réparations de l'*auditoire*: sans une défense pareille, il pourroit arriver aux juges de prononcer légérement de pareilles condamnations, pour orner leur tribunal.

AVE, s. m. (*terme de Coutume.*) celle de Ponthieu, *tit.* 1, *art.* 7, se sert du mot *ave* pour désigner le grand-père ou la grand-mère. Lorsque aucun, dit-elle, décède sans laisser de descendans, mais laisse père, mère & *ave*, & aucuns héritiers collatéraux, les ascendans sont préférés aux collatéraux pour la succession des meubles & acquêts.

AVELETS, s. m. pl. ce mot est particulier au pays Messin. Il signifie *les petits-enfans*, c'est-à-dire les enfans du second degré, que les latins nomment *nepotes*.

AVENAGE, s. m. (*Droit féodal.*) c'est un droit ou une redevance que les habitans paient en quelques endroits à leur seigneur, pour avoir la liberté de mener paître leurs bestiaux dans les places communes & dans les terres vagues de la seigneurie.

Dans certaines provinces, on donne à ce même droit le nom de *blairie*, de *moisson*, de *liverage*.

AVENANT. *Voyez ci-dessus* ADVENANT.

AVENANTEMENT, s. m., AVENANTER *ou* AVENANTIR, v. a. ce sont d'anciens mots qui signifioient *priser*, *estimer*, *prisée*, *estimation*.

AVÉNEMENT, s. m. (*Droit canon. franç.*) ce mot, dans son acception propre, veut dire *arrivée*, mais on l'emploie rarement en ce sens. Sa signification la plus ordinaire sert à désigner le commencement du règne d'un prince, comme dans cette phrase, *lors de l'avénement de Louis XVI au trône*, &c.

Dans notre droit françois, le mot d'*avénement* se joint avec l'épithète de joyeux, & il sert à désigner le droit qu'a le roi de nommer un ecclésiastique à tous les chapitres de son royaume, à l'effet d'être pourvu du premier bénéfice qui viendra à vaquer. *Voyez* JOYEUX AVÉNEMENT.

AVÉNERIS, s. m. terme particulier de la coutume locale de Souesmes, dont elle se sert, *art.* 2, pour désigner un champ semé en avoine.

AVENIR, s. m. (*terme de Pratique.*) on appelle ainsi l'acte par lequel un procureur somme la partie adverse de se trouver à l'audience, pour y plaider contradictoirement.

On ne peut pas obtenir de sentence par défaut, contre une partie qui a procureur en cause, sans signifier préalablement un *avenir*; si l'on omettoit cette sommation, la sentence seroit nulle, à moins qu'elle ne fût prise sur un rôle publié; parce que, dans ce cas, le rôle qui est publié, interpelle tous ceux qui y sont compris, de se trouver à l'audience.

Les *avenirs* ne sont pas nécessaires pour la régularité des sentences contradictoires; mais lorsque la cause est continuée plusieurs fois de suite, il faut, aux termes de la déclaration du roi du 19 juin 1691, signifier à chaque fois un *avenir* ou un simple acte, un jour ou deux avant l'appel de la cause.

Il est d'usage, dans plusieurs jurisdictions, de déclarer par les *avenirs* les noms des avocats qui doivent plaider la cause, afin qu'ils puissent, avant la plaidoirie, se communiquer leurs dossiers, & que les faits qui résultent de la procédure soient constans.

L'article 19 du tarif des salaires des procureurs au châtelet, attribue à ces officiers deux sous six deniers, pour l'original d'un *avenir*, & moitié pour la copie.

AVENT, s. m. (*Droit ecclésiastique.*) ce mot vient du latin *adventus*, arrivée, on le donne dans l'église aux quatre semaines qui précèdent la fête de Noël, pendant lesquelles l'office ecclésiastique contient les vœux de l'église pour la naissance du Messie.

L'*avent* commence au dimanche le plus proche de la fête de S. André, qu'on célèbre le dernier jour de novembre. Autrefois on observoit pendant ce temps un carême presque aussi rigoureux que celui qui précède la fête de Pâques; mais il n'est plus observé que par quelques ordres religieux.

L'usage subsiste encore dans toute l'église de France, de ne permettre aucune célébration de mariage pendant la durée de l'*avent*. L'évêque peut cependant accorder pour cet effet une dispense, à la charge que le mariage se fera sans bruit & sans pompe.

AVENTURE, *grosse*, s. f. (*Droit maritime.*) c'est le nom qu'on donne à un contrat de prêt, par lequel l'un des contractans prête à l'autre une certaine somme d'argent, à condition qu'en cas de perte des effets, pour lesquels cette somme a été prêtée, arrivée par quelque fortune de mer ou autre accident de force majeure, le prêteur n'aura aucune répétition, si ce n'est jusqu'à concurrence de ce qui en restera; & dans le cas d'heureuse arrivée, ou qu'elle n'auroit pas eu lieu par le vice de la chose ou par la faute du maître & des mariniers, l'emprunteur sera tenu de rendre au prêteur la somme, avec un certain profit convenu, pour le prix du risque des effets dont le prêteur s'est chargé.

Ce contrat s'appelle *prêt à la grosse aventure*, ou simplement *prêt à la grosse*, & encore *contrat à retour de voyage*; parce que ordinairement le prêteur court les risques jusqu'au retour du navire, & n'a la répétition de la somme prêtée que dans le cas de l'heureux retour du vaisseau: on peut cependant ne prêter à la grosse que pour l'aller, & non pour le retour.

Ce contrat étoit en usage chez les Romains, & il est connu sous le nom d'*usure maritime*, *nauticum fœnus*, & de *contrat d'argent au voyage*, *contractus trajectitiæ pecuniæ.* Il en est traité dans les titres du code & du digeste *de nautico fœnore.*

Quoique l'usure, ou pour parler plus correctement, l'intérêt d'un argent prêté ne puisse être légitimement exigé, suivant nos loix civiles, l'intérêt que le prêteur à la grosse retire est conforme à l'équité, parce qu'il ne l'exige pas à raison du prêt même, *in vim mutui*, mais à raison des risques dont il se charge.

Le prêt à la grosse est un contrat réel, car il ne reçoit sa perfection que par la tradition de l'argent prêté: il est unilatéral, parce qu'il n'oblige que l'emprunteur qui seul contracte l'obligation de rendre le principal & l'intérêt convenu, dans le cas de l'heureuse arrivée du bâtiment. Il est néanmoins intéressé de part & d'autre, en quoi il diffère du prêt de bienfaisance, qui ne concerne que l'intérêt seul de l'emprunteur. En effet, dans le prêt à la grosse, le prêteur se propose de recueillir de son côté le profit maritime qu'il stipule, s'il n'en est empêché par quelque accident. Il est enfin aléatoire, puisque le profit n'est accordé au prêteur que pour le dédommager des risques de la perte des effets dont il se charge vis-à-vis de l'emprunteur.

De la substance du contrat à la grosse. Cinq choses forment la substance du contrat à la grosse. Premièrement il est nécessaire qu'il y ait une somme d'argent, ou autre chose équivalente, prêtée par l'un des contractans à l'autre. Nous disons de l'argent ou une chose équivalente, parce que le prêt à la grosse, ainsi que le prêt ordinaire, connu sous le nom de *mutuum*, peut consister dans toute espèce de choses qui se pèsent ou se mesurent, & qui se consomment par l'usage, pourvu qu'on joigne au prêt une convention par laquelle le prêteur se charge des risques de la chose prêtée.

2°. Il faut que l'emprunt à la grosse se fasse sur certaines choses qui y sont spécialement affectées en cas d'heureuse arrivée. Ces choses sont, suivant l'ordonnance de la marine, le corps & la quille du vaisseau, ses agrès, apparaux, armement & victuailles, & généralement tout ce qui sert à en composer le chargement & la cargaison. Mais il faut observer que l'ordonnance défend d'emprunter à la grosse, soit sur le vaisseau, soit sur les marchandises au-delà de leur valeur.

Dans le cas où l'emprunteur auroit pris de l'argent à la grosse, au-delà de la valeur des effets sur lesquels il l'a fait, si c'est en connoissance de cause, & par fraude, le contrat de prêt est nul, & la perte entière des effets ne le décharge pas de rendre au prêteur la somme entière qu'il en a reçue. Mais comme la fraude ne se présume pas, il faut qu'elle soit prouvée par le prêteur, autrement on se contente que l'emprunteur allègue quelque chose de plausible pour se justifier.

S'il n'y a point eu de fraude de la part de l'emprunteur, la convention subsiste jusqu'à concurrence de la valeur des effets, & le prêteur, en cas d'heureuse arrivée, ne peut prétendre le profit maritime que jusqu'à cette concurrence; à l'égard du surplus l'emprunteur est tenu de le restituer au prêteur avec l'intérêt au cours de la place, jusqu'au paiement, pour le dédommager de la privation de son argent, & de l'inexécution d'une partie du contrat.

L'ordonnance défend aux armateurs d'emprunter à la grosse sur le frêt à faire de leurs vaisseaux, & aux marchands sur le profit à espérer de leurs marchandises. Mais elle permet aux matelots d'emprunter à la grosse sur les loyers qui leur seront dus, pourvu que ce soit au-dessous de la moitié de ce qu'il leur sera dû, que l'emprunt soit fait en présence du maître du navire, & que le commissaire de la marine y consente. Si le prêt est fait pendant le cours du voyage, sans l'observation de ces conditions, le prêteur est exposé à une amende de cinquante livres, & à la confiscation du prêt.

3°. Il est de l'essence du contrat à la grosse, que les choses sur lesquelles le prêt est fait, soient exposées à des risques maritimes. Ces risques sont les mêmes pour les prêteurs à la grosse que pour les assureurs, & on observe les mêmes règles à l'égard des uns & des autres. *Voyez* ASSURANCE, *section première.*

4°. Il ne peut y avoir de contrat à la grosse sans un profit maritime stipulé. Ce profit ne consiste parmi nous dans un intérêt, à raison de tant pour cent par mois, que lorsque l'emprunt à la grosse est fait pour un temps limité de navigation. Mais lorsqu'il est fait pour un voyage à certain lieu, il consiste ordinairement dans une somme fixée à tant pour cent, aucune loi n'en a déterminé le taux, & il est laissé à l'arbitrage des parties contractantes. Il est aussi d'usage dans le prêt pour l'aller & le retour, de convenir que si le vaisseau n'est pas arrivé au bout d'un certain temps, le profit maritime augmentera à raison de tant pour cent par mois, au-delà du terme prescrit pour le retour.

5°. Il est enfin de la substance de ce contrat, comme de tous les autres, que le consentement des parties intervienne, sur la somme prêtée, sur les effets sur lesquels se fait le prêt, sur les risques dont le prêteur se charge, & sur le profit maritime.

Le consentement des contractans à l'égard de la somme prêtée, est suffisamment justifié, lorsqu'elle a été comptée par le prêteur, ou par quelqu'un de sa part, & qu'elle a été reçue par l'emprunteur, ou par un autre à son ordre.

La nécessité du consentement des parties sur les choses affectées au prêt, est tellement nécessaire, que le contrat seroit nul, si le prêteur avoit cru prêter sur le vaisseau le Neptune, & que l'emprunteur l'eût employé sur la Nymphe.

De la nécessité du consentement des parties par rapport aux risques, il suit qu'elles doivent être d'accord par l'acte, de tous les genres de risques dont le prêteur est chargé; mais s'il n'y a à cet égard aucune convention particulière, on présume que le prêteur s'est chargé des risques, conformément à ce qui est réglé par l'ordonnance.

De la forme du contrat à la grosse. Les formes de ce contrat sont de deux espèces : les unes en concernent la substance, & les autres la preuve.

La forme qui concerne la substance, consiste, ainsi que dans le prêt de consomption, dans la translation de la propriété des deniers prêtés de la personne du prêteur à celle de l'emprunteur. D'où il suit que si les deniers n'appartenoient pas au prêteur, le contrat est nul, faute de translation de propriéte. Mais il devient valable, si l'emprunteur les consomme de bonne-foi : cette consomption équipolle à la translation de propriété. C'est la disposition de la *loi 2*, §. 2 & 4. *l. 13, 19, & 55. ff. de reb. cred. Voyez* PRÊT.

La forme qui concerne la preuve du prêt à la grosse, est la rédaction de l'acte qui contient les conventions des parties, il est indifférent que cet acte soit passé pardevant notaire, ou rédigé sous signature privée. La seule différence qui se trouve entre ces deux manières, consiste en ce que l'acte sous seing privé ne fait foi qu'après qu'il a été reconnu ou vérifié, & qu'il ne peut opérer vis-à-vis d'un tiers le privilège attaché à cette espèce de contrat, en faveur du prêteur.

Quoique l'ordonnance n'ait rien prescrit à l'égard des choses qui doivent être convenues dans l'acte, la raison nous apprend qu'on doit y faire mention du nom des parties, de la somme prêtée, du profit maritime stipulé, le nom du navire sur lequel le prêt est fait, ou sur lequel sont chargées les marchandises qui y sont affectées, le nom du capitaine & pour quel voyage le prêt a été fait. Il n'est pas nécessaire, lorsque le navire est suffisamment désigné, que l'emprunteur exprime les effets qu'il y avoit, parce qu'il est censé avoir emprunté sur ces effets. C'est pourquoi si le vaisseau vient à périr avec son chargement, ou à être pris, la convention de la grosse-*aventure* n'en a pas moins son exécution.

S'il n'a point été passé d'acte du contrat à la grosse, & qu'une des parties en disconvienne, la preuve par témoins n'en est pas reçue : mais le prêteur peut déférer à l'emprunteur le serment décisoire, sur la vérité & les conditions du contrat. La preuve par témoins peut cependant être admise, s'il y a un commencement de preuve par écrit, par exemple, s'il existoit un billet où toutes les conventions ne fussent pas exprimées.

Si on n'a pas exprimé dans l'acte, que le prêt est fait pour l'aller & le retour, on présume ordinairement qu'il doit avoir lieu pour l'un comme pour l'autre; car c'est une règle, en fait d'interprétation, que les contrats doivent s'interpréter, selon ce qui est le plus en usage; or, l'usage est que ces emprunts se fassent pour l'aller & le retour : d'ailleurs, dans le doute, on doit préférer l'interprétation la plus favorable au débiteur.

Cependant il peut se rencontrer des circonstances qui déterminent, dans ce même cas, une interprétation différente. Par exemple, si j'ai prêté à la grosse sur un navire qui partoit pour la Martinique, que dans le même temps, il se soit fait plusieurs contrats pareils pour l'aller & le retour, & que le profit stipulé soit à-peu-près le même que les autres, on doit présumer que le contrat dont est question, a été également fait pour l'aller & le retour; &, par la raison contraire, si le profit étoit de beaucoup inférieur à celui des autres contrats, la présomption seroit qu'il n'auroit été fait que pour l'aller.

De l'obligation qui naît de ce contrat, & de la condition dont elle dépend. Nous avons dit ci-dessus que le contrat à la grosse étoit unilatéral, & ne formoit d'obligation que de la part de l'emprunteur. Elle consiste dans le paiement du sort principal & du profit maritime stipulé en faveur du prêteur. Mais cette obligation dépend de l'existence de la condition apposée dans le contrat même : s'il ne survient pas quelque accident de force majeure, qui cause la perte des effets, sur lesquels le prêt est fait.

On peut dire en général que la condition existe, lorsque pendant la durée des risques, dont le prêteur s'est chargé, il n'est arrivé aucun accident de force majeure. Ainsi, dans le prêt fait pour l'aller & le retour, il y a lieu à l'obligation de l'emprunteur par le retour heureux du vaisseau avec des marchandises, qui ont remplacé celles sur lesquelles le prêt a été fait : dans le prêt fait pour l'aller seulement, il y a lieu à l'obligation, lorsque le vaisseau est arrivé sans accident au lieu de sa destination ; enfin lorsque le prêt a été limité à un certain temps, l'expiration du délai donne naissance à l'obligation de l'emprunteur.

Il faut bien remarquer que dans tous ces cas il est tenu de payer au prêteur le prêt & le profit stipulé, quand bien même les objets, sur lesquels il a été fait, seroient péris, soit par leur propre vice, soit par la faute des gens de l'équipage, parce que le prêteur ne se charge que des risques de la mer, & qu'ils sont les seuls qui donnent lieu à la non-existence de la condition.

Par une suite de ces principes, il suit, 1°. que si le prêteur n'a couru aucuns risques, comme si le voyage n'a pas eu lieu, le contrat à la grosse n'existe plus. Dans ce cas, l'emprunteur n'est tenu qu'à rendre la somme prêtée, si le voyage a été rompu, sans qu'il y ait eu de sa faute; si au contraire il l'a été par son propre fait, il est en outre obligé de payer au prêteur l'intérêt du principal, suivant le taux ordinaire de la place, par forme de dommages & intérêts, jusqu'au jour du paiement.

2°. Si le prêteur a commencé à courir les risques, le profit maritime lui est dû, quand bien même le voyage auroit été abrégé sans aucun accident, causé par une force majeure. Le parlement d'Aix a même poussé les conséquences de ce principe au point de lui accorder le profit maritime en entier, lorsque le prêt a été fait pour l'aller & le retour, quoiqu'il n'y ait point eu de retour en marchandises, qui aient remplacé celles de l'aller. Pothier & Valin pensent néanmoins que dans ce cas on doit faire déduction au prêteur du tiers du profit maritime, & leur sentiment paroît conforme à l'esprit de l'ordonnance de la marine, qui règle pour les assureurs, dans la même espèce, qu'ils sont tenus de restituer le tiers de la prime. Or, comme il y a parité dans le cas du prêteur à la grosse, il doit être obligé de souffrir une pareille déduction. *Voyez* ASSURANCE.

3°. Comme le prêteur n'est chargé que de la perte des choses affectées au prêt, il s'ensuit qu'il n'est pas tenu de contribuer aux avaries simples, & aux dommages particuliers qui peuvent arriver, s'il n'y a dans le contrat une convention contraire. Mais il est tenu de contribuer aux avaries grosses ou communes, à la décharge de l'emprunteur, parce qu'étant faites pour la conservation du vaisseau & de sa cargaison, elles doivent être supportées par tous ceux qui y ont intérêt; or certainement cet intérêt regarde le prêteur, qui, dans le cas de naufrage ou de prise, auroit perdu & le prêt & le profit stipulé.

Dans cette espèce, l'emprunteur est obligé de lui payer le principal & le profit en entier, si le donneur à la grosse a payé de ses deniers la contribution, ou sous la déduction de cette même contribution, lorsqu'elle a été acquittée par l'emprunteur.

L'ordonnance permet de stipuler dans le contrat à la grosse que le prêteur sera tenu des avaries simples, dont il n'est pas chargé par la nature du contrat; mais il n'est pas licite de stipuler qu'il ne contribuera pas aux avaries communes, parce qu'une pareille convention seroit manifestement injuste.

4°. Lorsque, par un accident de force majeure, les effets sur lesquels le prêt a été fait sont péris en partie, la condition n'existe que jusqu'à concurrence de la valeur de ce qui en reste, &, par cette raison l'ordonnance veut que les contrats à la grosse soient réduits à la valeur des effets sauvés, c'est-à-dire, que le prêteur ne peut pas exiger la somme prêtée & le profit stipulé, mais seulement la valeur des effets sauvés, & rien de plus.

Il s'élève à cet égard une difficulté, lorsque le prêt a été fait pour une somme moindre que la valeur du chargement qui y a été affecté. Supposons, par exemple, qu'en chargeant sur un bâtiment des marchandises pour la valeur de 10000 livres, le propriétaire ait emprunté sur cet objet une somme de 5000 livres. Le vaisseau sur lequel le chargement a été fait, péri par un naufrage, & on ne repêche des marchandises que pour la somme de 5000 livres; le donneur à la grosse pourra-t-il exiger cette somme entière, ou n'en obtiendra-t-il que la moitié, de la même manière que les assureurs, dans un cas pareil, qui ne reçoivent le prix des marchandises assurées au-dessous de leur valeur, qu'au prorata du montant de leur assurance?

M. Valin prétend que dans le prêt à la grosse, ainsi que dans l'assurance, il doit y avoir lieu à la contribution sur les effets sauvés entre le prêteur & l'emprunteur, & que dans l'espèce proposée chacun d'eux retireroit la moitié de la valeur des effets sauvés. Mais ce sentiment est contraire à l'article 18 de l'ordonnance, titre du *prêt à la grosse*, qui porte: que s'il y a contrat à la grosse, & assurance sur un même chargement, le donneur sera préféré aux assureurs, sur les effets sauvés du naufrage, pour son capital seulement. D'où il suit qu'il doit être préféré à l'emprunteur, puisque les assureurs sont mis en son lieu & place, & qu'ils ont droit d'exercer toutes les actions qui pouvoient lui appartenir.

La différence qui se trouve entre le contrat d'assurance & celui à la grosse, naît de ce que l'assurance, faite à un moindre prix que la valeur des effets assurés, n'est pas faite sur le total des effets, mais seulement sur une partie quelconque, telle que le tiers, la moitié, les trois quarts; or comme il est fait indéterminément, & non sur une partie du chargement, plutôt que sur une autre, il s'ensuit que l'assurance n'a lieu que pour la partie assurée, & que le délaissement ne peut se faire au profit de l'assureur que sur cette même partie, & non pour le surplus qui n'est pas assuré.

Mais, dans le contrat à la grosse, rien n'empêche que le prêt de 5000 livres, fait sur une valeur de 10000 livres, ne soit censé fait sur le total du chargement, c'est-à-dire, à condition que l'emprunteur ne sera tenu de rendre la somme prêtée que dans le cas où il n'arriveroit aucun accident de force majeure qui en causeroit la perte, & que, dans le cas de quelque accident, le contrat ne subsisteroit que jusqu'à concurrence de ce qui resteroit du chargement. Cette convention n'a rien qui implique contradiction, ni qui blesse la justice; elle paroît même supposée par l'article 18 de l'ordonnance.

On suivroit néanmoins l'opinion de M. Valin si, par le contrat à la grosse, on avoit exprimé que le prêt a été fait sur une partie du chargement, comme le tiers, le quart, la moitié, parce qu'alors les effets sauvés ne se trouvant affectés au prêt que pour une portion, le contrat seroit réduit à la valeur, non du total, mais seulement de cette portion, & le surplus appartiendroit à l'emprunteur.

De l'action qui naît du contrat à la grosse. De l'obligation contractée par l'emprunteur, naît une action personnelle contre lui, que la loi donne au prêteur pour demander la restitution de la somme prêtée, & le profit maritime convenu par le contrat.

L'accomplissement de la condition y donne ouverture, & dès cet instant le prêteur peut agir contre l'emprunteur; il peut même demander les intérêts de la somme prêtée, à compter du jour de la demande, mais non ceux du profit maritime, parce que ce profit étant un accessoire, & une espèce d'intérêt de cette même somme, en exiger l'intérêt, ce seroit un anatocisme que les loix défendent.

Outre cette action, le prêteur a encore un privilège sur les objets affectés au prêt. S'il a été fait sur le corps & quille du vaisseau pour les nécessités du voyage, ce privilège s'étend non-seulement sur le navire, mais encore sur ses agrès, apparaux, armemens & victuailles, & même sur le frêt qui est dû par les marchands. Il n'est pas nécessaire que le prêteur justifie que les deniers prêtés ont effectivement servi à l'équipement & à l'armement du vaisseau, il suffit qu'il soit dit par le contrat, que le prêt est fait sur le corps & quille du vaisseau, pour qu'il y ait présomption qu'il a été réellement employé à cet usage.

Ce privilège a lieu, soit que le prêt ait été fait au propriétaire du vaisseau, soit qu'il ait été fait au maître, son préposé; car le fait du préposé est celui du commettant, à moins que ce dernier ne fût domicilié dans l'endroit même où l'emprunt a été fait, car alors le consentement du propriétaire est nécessaire. *Voyez* Affrêtement.

Le prêteur ne peut exercer son privilège qu'après celui des matelots & autres gens de mer, pour leurs loyers: car, en vain le vaisseau auroit-il été équipé, radoubé & réparé, s'il n'eût été conduit au lieu de sa destination, par le travail de l'équipage. Mais il s'exerce avant celui des marchands qui ont chargé leurs marchandises sur le navire.

Il peut arriver qu'un maître ait emprunté à la grosse pour équiper son bâtiment, & que pendant le cours du voyage il soit forcé de faire un nouvel emprunt pour des nécessités survenues. Quel sera alors l'ordre du privilège des deux prêteurs? L'ordonnance décide que le second prêteur sera préféré au premier, par la raison qu'en vain le vaisseau auroit été armé & équipé, s'il n'eût pu continuer son voyage à cause des accidens survenus. Or, le second prêteur, en facilitant la conduite du navire, a conservé le gage du premier, & doit lui être préféré.

On doit en décider de même dans le cas où un prêteur à la grosse, après le retour du vaisseau, laisseroit entre les mains du maître la somme prêtée, pour être employée à un second voyage. Le prêteur qui fourniroit un nouvel emprunt pour ce même voyage seroit préféré à l'ancien prêteur; car il y a présomption que le vaisseau a été équipé de ses deniers, & que son argent a servi à assurer & conserver le gage du premier prêteur.

AVENTURIER, s. m. (*Droit criminel. Police.*) c'est un homme sans aveu qu'on place dans la classe des vagabonds. L'ordonnance de Blois, *art.* 560, défend aux cabaretiers & aubergistes de loger chez eux plus d'une nuit les *aventuriers*. *Voyez* Vagabond.

AVERS, ce mot est particulier à quelques provinces du royaume. En Normandie, on le donne aux animaux domestiques: en Dauphiné il ne se dit que des bêtes à laine.

AVERSION, s. f. (*Jurisprudence.*) ce mot est presque synonyme à ceux de *haine* & d'*horreur*; c'est un vice dans tous les hommes, mais il est odieux dans un magistrat. Tout juge qui fait paroître, dans un jugement, l'*aversion* qu'il a pour l'une ou l'autre des parties, est punissable. Un arrêt du conseil d'état, du 21 février 1761, a enjoint au président de l'élection de Péronne de se rendre à la suite du conseil, & d'y rendre compte de sa conduite, pour avoir avec passion, chaleur, & inconsidérément, prononcé des jugemens contre le directeur des aides de la même ville. Un jugement rendu par *aversion* donne lieu à la prise-à-partie contre le juge, suivant les loix romaines & françoises. *Voyez* Prise-a-partie.

AVERTIR, v. a. (*Jurisprudence.*) c'est donner avis, informer quelqu'un de quelque chose. L'obligation d'*avertir* a principalement lieu en droit, vis-à-vis des laboureurs, pour le paiement de la dixme & du champart. Les ordonnances, les arrêts, les coutumes, leur enjoignent d'*avertir* les décimateurs & champarteurs, du jour où ils prétendent commencer leurs récoltes, & leur défendent de rien enlever avant l'avertissement. *Voyez* Dixme, Champart.

AVERTISSEMENT, s. m. (*terme de Procédure.*) c'est le nom qu'on donne aux premières écritures qui servent à l'instruction d'un procès par écrit. *Voyez* Appointement.

Avertissement, (*terme de Finance.*) c'est une signification donnée par écrit d'abord sur papier ordinaire, ensuite sur papier timbré, par laquelle les receveurs des deniers royaux, & principalement ceux de la capitation, font avertir ceux qui sont en retard de payer.

AVESNES, petite ville de France dans le comté de Hainaut. Il y a un bailliage, établi en 1661, qui est

est composé d'un bailli d'épée, d'un lieutenant particulier, de quatre conseillers, d'un procureur, d'un avocat du roi, & d'un greffier. On y trouve aussi un chapitre composé de douze chanoines, y compris le prévôt & le doyen. Le roi nomme à tous ces bénéfices, à l'exception du prévôt, qui est nommé par le chapitre.

AVEU, f. m. (*Droit civil, criminel & féodal.*) c'est la confession ou reconnoissance de ce qu'on a dit ou fait ou promis.

Aveu en matière civile. L'*aveu* que fait un particulier d'être débiteur de quelqu'un, suffit quelquefois pour le faire condamner au paiement de ce qu'il a déclaré devoir; mais il faut distinguer entre l'*aveu* judiciaire & l'*aveu* extrajudiciaire.

Lorsque dans le cours d'une procédure une partie a fait, ou d'elle-même, ou sur l'interpellation du juge, un *aveu* de la vérité des faits proposés, il est certain que sa déclaration devient un titre contre elle, si ces faits lui sont préjudiciables, & le juge ne peut s'empêcher de la condamner en conséquence; mais pour que cet *aveu* lui soit contraire, il faut qu'il ait été donné sans erreur, & qu'il n'ait point été capté, parce que la justice ne sauroit se fonder sur ce qui n'est que l'effet de l'inadvertence ou de la mauvaise foi.

La faculté de faire interroger sur faits & articles pertinens, est un moyen introduit pour porter le défendeur à faire l'*aveu* qu'on attend de lui, ou du moins pour découvrir la vérité qu'il cherche à déguiser.

Lorsque l'*aveu* est extrajudiciaire, comme lorsqu'on a déclaré à une personne non intéressée, qu'on doit à quelqu'un une certaine somme, cet *aveu* n'est pas toujours une présomption de la réalité de la dette, parce qu'on peut affecter de devoir, tandis qu'on ne doit rien; ainsi le défendeur, en affirmant qu'il n'est point débiteur, doit être cru, parce qu'alors il est présumé s'expliquer suivant la vérité.

Mais lorsque c'est à la personne même intéressée qu'on a déclaré devoir, cette déclaration est présumée s'être faite avec connoissance de cause; & lorsqu'elle est prouvée, il est certain qu'elle entraîne la condamnation de payer.

Si le défendeur ensuite, pour éluder l'effet de la preuve de sa déclaration, se retranchoit à soutenir qu'il a payé depuis, il ne mériteroit plus d'être écouté dans cette exception; parce qu'ayant été d'assez mauvaise foi dans le commencement pour nier sa dette, on le croiroit assez injuste pour alléguer un faux paiement.

Il en seroit différemment, si en même temps qu'il auroit avoué la créance, il soutenoit avoir payé depuis, parce qu'alors il est naturel de mériter autant de confiance sur une déclaration que sur l'autre, principalement lorsqu'il est clair qu'on n'avoit pas plus de précaution à prendre pour se libérer que pour s'obliger.

Aveu en matière criminelle. L'*aveu* de l'accusé peut de même être judiciaire ou extrajudiciaire, & produire des effets différens. Lorsque l'accusé s'est avoué coupable d'un délit, hors de la présence du juge, on tient pour maxime que cet *aveu* ne sauroit lui nuire, sur le fondement qu'on ne doit point s'arrêter aux propos d'un homme qui cherche à périr, *non auditur perire volens.* Cependant, cette maxime n'est pas si générale qu'on doive l'adopter sans réserve. Il est vrai que lorsqu'un homme s'avoue coupable, sans qu'il y ait de délit constaté, cet *aveu* ne peut tout au plus donner lieu qu'à des soupçons; mais lorsque le délit est certain, & que l'*aveu* paroît être moins l'effet de la folie que de la scélératesse & de l'intrépidité, il seroit aussi dangereux de mépriser un pareil *aveu*, que de le prendre pour une preuve contre l'accusé, & d'en faire la base d'une condamnation.

A l'égard de l'*aveu* fait devant le juge, lorsqu'il est fait librement, après que l'accusé a prêté serment de dire la vérité, il peut, sans autre preuve, opérer sa condamnation.

Lorsque la question subsistoit dans la procédure criminelle, & que l'*aveu* de l'accusé étoit nécessaire pour sa condamnation, l'*aveu* qu'il faisoit de son crime dans la force, ou même aux approches des tourmens, ne faisoit preuve contre lui qu'autant qu'il y persistoit après avoir été remis en liberté. Mais aujourd'hui cette dernière observation devient inutile. Louis XVI, guidé par l'amour de la bienfaisance & de l'humanité, vient d'abolir la question, & conformément au vœu des magistrats les plus éclairés, la torture ne sera plus un moyen de découvrir la vérité. *Voyez* QUESTION.

Aveu de franchise. Pour savoir ce que c'est, il est bon d'observer qu'anciennement il régnoit en France beaucoup de servitudes locales & personnelles. Ces servitudes étoient comme attachées à plusieurs endroits où l'on ne pouvoit point s'établir sans y être sujet, à moins qu'on ne prît certaines précautions. Ces précautions étoient d'aller trouver le seigneur de l'endroit, & de lui déclarer qu'on s'avouoit personne franche de lui, s'il avoit acquis du souverain les droits de franchise sur ses terres, ou qu'on s'avouoit bourgeois du roi, si le prince n'avoit point encore cédé ses droits au seigneur.

L'effet de cet *aveu* étoit qu'on n'étoit point soumis aux devoirs de servitude, comme les autres habitans, & qu'on pouvoit se retirer dans son pays, homme libre comme auparavant. On étoit cependant justiciable de l'endroit pendant qu'on y demeuroit, & en cela, rien que de naturel, puisqu'aujourd'hui encore, par le seul domicile, on devient soumis de plein droit à la jurisdiction du lieu où l'on demeure.

Aveu d'aubaine. Anciennement, lorsqu'un étranger paroissoit sur la terre d'un seigneur, dans le dessein de s'y fixer, ce seigneur étoit en droit d'exiger de lui une déclaration qu'il le reconnoissoit pour son seigneur, avec serment de lui demeurer fidèle & attaché. Cette précaution étoit comme nécessaire dans ces temps-là, où chaque seigneur avoit intérêt de s'assurer de la loyauté & du service de ceux qui demeuroient sur ses terres, afin de pouvoir compter sur eux en cas d'événement. Ce que nous appellons aujourd'hui *aveu d'aubaine* s'appelloit alors *nouvel aveu*, comme pour signifier l'*aveu* d'un nouvel arrivé.

Depuis long-temps, il n'est plus question de cet *aveu* d'aubaine: les droits d'aubaine appartiennent aujourd'hui au roi, à l'exclusion des seigneurs.

AVEU & DÉNOMBREMENT, (*Droit féodal.*) c'est la reconnoissance que le vassal donne à son seigneur de fief, pour raison des terres qu'il tient de lui.

L'acte de cette reconnoissance doit contenir la description des héritages par tenans & aboutissans, & par jouxte solaire; il doit aussi contenir le détail des droits & devoirs qui dépendent du fief.

Anciennement on se contentoit de la foi & hommage. Comme les fiefs ne se donnoient qu'à vie, le seigneur se rappelloit aisément tous les objets de sa libéralité. Lorsque ces fiefs furent devenus héréditaires, ce qui s'opéra, suivant l'opinion commune, au neuvième siècle, les seigneurs exigèrent à chaque mutation une déclaration de ce que le vassal possédoit, & cette déclaration se donnoit en général sans aucune explication plus marquée. Dans la suite, les différentes contestations qui s'élévèrent, soit entre les seigneurs voisins pour l'étendue de leur fief, soit entre les seigneurs & leurs vassaux, pour les différens droits de féodalité, firent qu'on voulut que cette déclaration fût accompagnée d'un dénombrement exact, non-seulement de tous les héritages qui composoient le fief pour en connoître plus particuliérement l'étendue, mais encore de tous les droits actifs & passifs, utiles & honorifiques, qui y étoient attachés, afin que les seigneurs sussent ce qu'ils avoient à exiger, & les vassaux ce qu'ils avoient à payer. De sorte que, depuis environ le quinzième siècle, on ne donne ni on ne reçoit d'*aveu* qui ne soit bien détaillé; & cet usage se trouve tellement établi, qu'il a aujourd'hui force de loi.

Nous allons parler du temps où doit se donner cet *aveu*, de la peine qu'on encourt faute de le donner, de la manière dont il doit être donné pour être exact & régulier, de la façon dont on doit s'y prendre pour le faire recevoir, & des effets qu'il peut produire.

Du temps. Le droit commun est que l'*aveu* doit se donner dans les quarante jours après qu'on a été reçu à foi & hommage, expressément ou tacitement: *expressément*, lorsque le seigneur a reçu lui-même cette foi & hommage; *tacitement*, lorsqu'elle a été faite en son absence au principal manoir du fief, comme nous l'expliquerons plus particuliérement à l'article FOI ET HOMMAGE. Ce temps de 40 jours est franc, c'est-à-dire, qu'on ne compte point celui où l'on fait la foi & hommage, ni celui où expirent les 40 jours. Ce délai est accordé au vassal, pour qu'il ait le temps de recueillir ses titres, & de prendre tous les renseignemens nécessaires pour former un *aveu* juste & régulier. Comme ce délai est en faveur du vassal, il peut l'anticiper, & même donner son *aveu* immédiatement après la foi & hommage; mais ce délai expire de plein droit après les quarante jours, sans qu'il soit nécessaire de la moindre interpellation.

Si le vassal, dans cet intervalle, devenoit malade, ou qu'il fût retenu pour des affaires essentielles, il seroit obligé de le faire savoir au seigneur, & de lui demander une prorogation de délai, qu'en terme de coutume on appelle *souffrance*, parce que le seigneur est alors obligé de souffrir que son vassal soit en état de remplir son devoir.

Lorsque le vassal se trouve en minorité, l'*aveu* & dénombrement est différé jusqu'à sa majorité. *Les baillistres, tuteurs, mineurs*, dit Loisel, *ne reçoivent aveux ni ne les baillent.* Il y a lieu à souffrance, tant pour l'*aveu* que pour la foi & hommage; mais il faut que les baillistres, tuteurs ou curateurs, requièrent ce délai dans le temps, parce que le seigneur n'est pas obligé de savoir si son vassal est mineur.

Il y a encore lieu à souffrance, lorsqu'il s'élève un combat de fief entre deux seigneurs: le vassal offre alors de donner son *aveu*, auquel des deux il appartiendra, & cette offre le met à couvert de tout événement.

De la peine, faute d'aveu dans le temps prescrit. Lorsque le vassal a laissé expirer le délai sans donner son aveu, ou sans requérir souffrance, le seigneur est en droit de faire saisir tous les revenus de son fief, tout comme il l'auroit pu à défaut de foi & hommage; mais avec cette différence qu'à défaut de foi & hommage, le seigneur, par la saisie, gagne les fruits, au lieu que quand cette saisie n'intervient qu'à défaut d'*aveu*, le seigneur est obligé de restituer ces mêmes fruits aussi-tôt que le vassal lui fournit son *aveu*, sous la déduction néanmoins des frais qu'il a pu faire, lesquels demeurent à la charge du vassal.

Que l'*aveu* fourni soit exact ou non, il est suffisant pour empêcher la saisie ou pour en obtenir main-levée. Mais si, après avoir examiné cet *aveu*, le seigneur se trouvoit fondé à le blâmer, & qu'il fût ordonné que dans tel délai, le vassal seroit tenu d'en fournir un nouveau plus exact ou plus régulier, le vassal seroit obligé de le donner dans le temps prescrit, autrement le seigneur pourroit user de la saisie féodale, & dans ce cas, il feroit les fruits siens, sans restitution.

De la manière de donner l'aveu. Il est bon d'observer d'abord qu'il n'en est pas de l'*aveu* comme de la foi & hommage. A chaque mutation de la part du seigneur ou du vassal, la foi & hommage est due; mais il n'y a d'obligation pour l'*aveu* que quand la mutation arrive du côté du vassal. Ce n'est pas que le nouveau seigneur ne puisse bien l'exiger; mais, en ce cas, il doit en faire tous les frais.

Pour que l'aveu soit exact & régulier, il faut, comme nous l'avons dit, qu'il contienne le dénombrement, c'est-à-dire, la description en détail de tout ce qui compose le fief. On doit donc désigner le château & ses pré-clôtures, les autres manoirs, maisons ou bâtimens, les héritages avec la dénomination de leur nature, comme bois, prés, pâturages, champs froids, communaux, terres, vignes *&c.* indiquer les eaux, les rivières, les moulins, le tout avec leurs confins, tenans & aboutissans, ainsi que le nom des particuliers qui les possèdent; déclarer les droits de cens, rentes, dixmes, redevances, tailles, servitudes & autres droits & devoirs seigneuriaux, utiles ou honorifiques. S'il y a des arrière-fiefs, on doit pareillement les déclarer avec un détail suffisant pour faire connoître qu'ils font partie du fief. Il ne suffit pas d'énoncer tous ces objets en gros, ils doivent être décrits séparément & distinctement les uns des autres, de façon que rien ne soit omis. On doit y joindre une énumération des titres constitutifs sur lesquels les droits dont il s'agit sont établis, leur date & le nom des notaires qui les ont reçus, tout comme on doit particuliérement déclarer à quel titre on est devenu possesseur du fief, si c'est par succession, donation, échange, acquisition, *&c.* donner la date de ces actes, le nom du notaire qui les a reçus, faire mention s'ils sont en bonne forme, *&c.* en un mot, ne rien négliger pour que le seigneur ait une connoissance aussi complette de son fief que le vassal peut l'avoir lui-même. On doit tâcher sur-tout de se conformer aux anciens dénombremens, & éviter avec autant de soin de ne rien exagérer, que de ne rien omettre.

S'il se trouvoit quelques propriétés ou quelques droits perdus ou contestés, il faudroit le déclarer, & faire mention devant quel juge & en quel état est la procédure faite pour les recouvrer, avec soumission d'en faire *aveu* particulier aussi-tôt qu'ils seront recouvrés.

L'*aveu*, pour être régulier, doit être en forme authentique, passé devant notaires, & en parchemin, dont une copie pour le seigneur, & une autre pour le vassal, en observant que chaque copie doit être contrôlée comme une minute, contrôle cependant pour lequel on ne doit point un double droit.

Lorsqu'il y a partage de propriété entre co-héritiers ou co-acquéreurs, il ne suffit pas à chacun d'eux de donner un dénombrement de son lot, ni qu'un seul donne ce dénombrement en entier pour lui & pour les autres. Il faut que chacun satisfasse à ce devoir en déclarant tout le fief, & en indiquant les portions des autres: autrement il encourroit la saisie féodale, à moins qu'il ne déclarât employer pour *aveu & dénombrement*, celui qui auroit été donné par un seul pour tous les autres.

Il n'en est pas de même lorsque le fief dominant appartient à plusieurs co-propriétaires; le vassal ne doit son *aveu* qu'à l'un d'eux pour tous les autres: & c'est à celui qui occupe le principal manoir à le recevoir.

Quand l'usufruit du fief se trouve détaché de la propriété, c'est au propriétaire, & non à l'usufruitier que doit se donner l'*aveu*, parce que cet acte est encore plus intéressant pour le propriétaire que pour l'usufruitier.

Si le vassal avoit perdu ses titres dans un incendie, ou qu'il y en eût quelques-uns d'adirés, il seroit en droit de requérir le seigneur de l'aider des siens, parce que ces mêmes titres doivent être communs entre eux; & faute, par le seigneur, de l'en aider, il est certain que les omissions qui s'ensuivroient ne seroient plus un motif pour blâmer le dénombrement donné, du moins quant à ces omissions.

De la manière de faire recevoir l'aveu. Lorsque cet *aveu* est rédigé dans la forme convenable, c'est alors le cas de le présenter au seigneur. Fréminville prétend, d'après les arrêtés du président de Lamoignon, que le vassal est obligé de le porter en personne au principal manoir du fief, avec les titres & pièces justificatives, pour les offrir en communication; mais la plupart des feudistes assurent qu'il n'en est pas de l'*aveu* comme de la foi & hommage, & qu'il suffit d'un fondé de procuration, à moins que la coutume n'en décide autrement. S'il ne se trouve personne qui veuille le recevoir, on doit avoir la précaution de faire constater la présentation & le refus par un procès-verbal devant un notaire ou un huissier, avec des témoins. Si le manoir n'étoit point habité, & qu'il y eût une justice dépendante du fief, on pourroit présenter l'*aveu* au procureur fiscal, l'audience tenant. Le seigneur a quarante jours francs pour l'examiner. Ce délai passé, il ne s'ensuit pas que l'*aveu* soit de plein droit, à l'abri de toute critique. Il faut qu'après les quarante jours le vassal ait été le chercher, ou qu'il y ait envoyé de sa part. On veut qu'il fasse cette démarche par lui ou par autrui, afin de savoir si le seigneur est content, ou s'il a des blâmes à proposer; & cette démarche du vassal doit être constatée aussi authentiquement que la présentation de l'*aveu*.

Si le seigneur est content du dénombrement, il en met sa déclaration au bas de la copie qu'en retient le vassal; si au contraire il a sujet de le blâmer, il propose ses griefs. C'est alors au vassal à savoir si ces griefs sont fondés ou non. Voici à-peu-près quels sont les motifs sur lesquels un dénombrement peut être blâmé.

1°. Lorsqu'on a omis de comprendre des objets qu'on n'ignoroit point faire partie du fief.

2°. Lorsqu'on en a compris qui n'en dépendoient pas.

3°. Lorsqu'on a confondu les choses, en mettant en censive ou en arrière-fief ce qui étoit en féodalité directe, ou autrement; en féodalité directe, ce qui étoit en censive ou en arrière-fief.

4°. Lorsque les héritages ne se trouvent pas désignés par leurs tenans & aboutissans, ni par leur qualité ou leur nature.

5°. Lorsque le fief a été partagé, & que le dénombrement n'en contient pas l'intégrité.

6°. Lorsqu'on a omis de détailler les arrière-fiefs,

& de donner copie des reconnoissances fournies par les censitaires, ou du moins, de dater ces reconnoissances, de désigner le notaire qui les a reçues, & d'en offrir communication.

En un mot, il y a lieu de blâmer un dénombrement lorsqu'il manque par le défaut de quelqu'une des formalités que nous avons indiquées pour qu'il soit juste & régulier.

Si le vassal ne veut point le réformer de bon gré, le seigneur n'a que la voie de l'action pour l'y contraindre, sans pouvoir user de la saisie féodale, si ce n'est, comme nous l'avons dit, lorsque le vassal a refusé de satisfaire au jugement qui le condamne à cette réformation dans le délai prescrit; temps après lequel le seigneur peut faire saisir avec perte de fruits pour le vassal.

Lorsque le vassal prétend au contraire que le seigneur n'a aucun moyen valable pour refuser le dénombrement, il faut de même qu'il prenne la voie de l'action pour contraindre le seigneur à le recevoir, ou pour voir dire qu'il sera censé reçu; mais en attendant la sentence, le vassal doit avoir, par provision, main-levée de tous les objets dénombrés, car ceux qui ne le seroient pas demeureroient toujours valablement saisis.

Il ne faut pas croire que parce qu'un dénombrement est conforme à ceux qui l'ont précédé, il soit pour cela à l'abri de tout reproche. Le seigneur a pu être indulgent dans une occasion, sans que cela tire à conséquence pour l'avenir. De sorte que s'il se trouvoit des omissions ou des irrégularités dans un *aveu* antérieur, ces défauts ne serviroient nullement à justifier les fautes que l'on auroit commises dans celui que l'on fourniroit alors.

Mais rien de plus facile, avec un peu de bonne foi, entre le seigneur & le vassal, que d'être d'accord sur un dénombrement.

La coutume de Paris veut qu'après l'*aveu* donné, le seigneur & le vassal se communiquent ce qu'elle appelle *les titres de tenure du fief, & qu'ils se purgent par serment s'ils en sont requis*. Il vaudroit bien mieux qu'ils fussent obligés à cette communication avant aucun *aveu*, parce qu'alors ce seroit le vrai moyen, pour le vassal, de le donner exact, & pour le seigneur, de connoître s'il est juste & régulier.

Quoi qu'il en soit, comme cet aveu n'est point pour contracter une nouvelle obligation, mais simplement pour être au fait de celles qui existent déjà entre le seigneur & le vassal, il s'ensuit que si ce dernier avoit donné aux droits de son seigneur plus d'extension qu'ils n'en devoient avoir, il seroit recevable, pendant trente ans, à les faire restreindre, sans même qu'il fût obligé de prendre des lettres de rescision; tout comme le seigneur, pendant le même intervalle, seroit fondé à réclamer les droits qui se trouveroient omis à son préjudice, parce qu'enfin un *aveu* donné & reçu n'est jamais regardé comme un nouveau contrat. C'est ce qui résulte d'un arrêt du parlement de Rouen, du 28 février 1682, rapporté par Basnage.

Il a pourtant été jugé, dans la coutume de Paris, par arrêt du 12 décembre 1622, rendu contre les chartreux, que lorsqu'un seigneur a procédé, par voie de saisie féodale, contre le nouvel acquéreur d'un fief, cet acquéreur étoit obligé d'avouer ou de désavouer le seigneur saisissant, sans pouvoir demander aucune communication de titres, quand même, par le contrat d'acquisition, le fief seroit dit mouvant d'un autre seigneur, & que l'acquéreur eût donné à celui-ci son *aveu & dénombrement*. Cet arrêt peut paroître singulier, mais on croit qu'il est dans la décence que le vassal s'explique lui-même: autrement, si le seigneur étoit obligé de commencer par montrer ses titres, il n'en est aucun de qui on ne les exigeât, & envers lequel on ne cherchât à éluder l'*aveu*, à la faveur de mille chicanes contre ces mêmes titres.

A l'égard des fiefs qui relèvent immédiatement du roi, il y a des règles particulières qu'il est bon d'expliquer ici. Lorsque le vassal a été reçu à faire la foi & hommage entre les mains de M. le chancelier, ou à la chambre des comptes, il doit avoir trois copies de son *aveu & dénombrement*; l'une pour la chambre des comptes, l'autre pour la chambre du domaine, & la troisième pour lui.

Lorsque la chambre des comptes a reçu la copie qui lui étoit destinée, elle rend arrêt par lequel elle renvoie le dénombrement sur les lieux pour en faire faire la vérification. Lorsque le fief est situé dans la généralité de Paris, elle renvoie devant les baillis & sénéchaux pour cette vérification; mais si c'est dans une autre généralité que se trouve la situation du fief, c'est au bureau des finances, dépendant de cette généralité, que le renvoi est ordonné.

Pour que les officiers commis s'acquittent de leurs fonctions avec connoissance de cause, il est dit, par deux arrêts de la chambre des comptes, rendus en forme de réglement, l'un du 15 septembre 1744, & l'autre du 12 août 1746, que les sentences de vérification des *aveux & dénombremens* présentés au roi, seront expédiées en parchemin, & que la publication de ces dénombremens dans les bailliages, sénéchaussées & bureau des finances, ne se fera qu'après qu'ils auront été préalablement envoyés, par les officiers de ces sièges, aux paroisses dépendantes du chef-lieu du fief où sont situés les objets dénombrés, pour y être lus & publiés par trois dimanches consécutifs, à l'issue de la messe de paroisse.

Le dernier de ces réglemens porte que les publications faites par les curés seuls, seront suffisantes avec leur simple certificat, & que le ministère des huissiers ne sera nécessaire que lorsque le curé aura des empêchemens de faire ces publications, lesquelles, en ce cas, seront faites à l'issue de la messe paroissiale, par un huissier qui fera mention dans son certificat de l'empêchement survenu.

Cette vérification sur les lieux est d'un usage fort ancien. L'époque en remonte à un arrêt de la chambre des comptes du 4 février 1511.

Les oppositions qui peuvent survenir se discutent & se jugent au bureau du domaine ; & s'il y a appel des sentences rendues sur ces oppositions, l'appel se porte en la grand'chambre du parlement ; le tout ensuite est renvoyé à la chambre des comptes, en conformité d'un réglement du conseil, du 19 janvier 1668.

Les ecclésiastiques qui ne possèdent des fiefs qu'à cause de leur bénéfice, ne doivent qu'une simple déclaration de leur temporel, laquelle se renvoie devant les baillis & sénéchaux des lieux où sont situés les bénéfices, ainsi qu'il est réglé par une déclaration du 29 décembre 1673, une seconde du 18 juillet 1702, & un arrêt du conseil du 24 juillet 1735.

Pour ce qui est des terres titrées, telles que les duchés, comtés, marquisats, baronnies, *&c.* qui relèvent du roi, les *aveux & dénombremens* doivent s'en donner aux chambres des comptes, à l'exclusion des bureaux des finances.

Quant aux autres fiefs, ceux qui en sont possesseurs peuvent à leur choix fournir leurs *aveux*, ou aux bureaux des finances, ou à la chambre des comptes. Mais les bureaux des finances sont toujours obligés d'envoyer aux chambres des comptes les *aveux* qu'ils ont reçus, pour y demeurer en dépôt.

C'est au procureur du roi du tribunal où les *aveux* sont renvoyés, à examiner s'ils sont exacts ou réguliers. La chambre du trésor juge ensuite les contestations qui peuvent naître à ce sujet ; & s'il y a appel, c'est à la grande chambre du parlement que cet appel doit être porté, parce qu'il ne seroit pas naturel que la chambre des comptes, qui doit recevoir l'*aveu*, fût, en quelque façon, juge & partie.

Si le vassal a quelques droits d'usage dans les forêts du roi, ou de pêche dans les rivières navigables, ou même si quelques-uns des héritages du dénombrement desquels il s'agit, ne sont éloignés que de cent perches des bois de sa majesté, l'*aveu* doit être communiqué au procureur du roi de la maîtrise où le fief est situé : c'est ce qui résulte de l'article 8 du titre 27 de l'ordonnance des eaux & forêts.

Le procureur du roi en la maîtrise, fait ou fait faire telle vérification que bon lui semble, après quoi il donne son certificat au bas de chacune des trois copies du dénombrement.

Lorsqu'il s'agit d'une grande seigneurie, le vassal est encore obligé de communiquer ses trois copies au fermier ou receveur du domaine du district de la situation du fief, & d'y faire mettre son certificat, portant déclaration qu'il n'a aucun moyen pour empêcher la réception du dénombrement.

Quand tous ces préliminaires ont été observés, & que l'*aveu* se trouve enfin exact & régulier, il est reçu par la chambre des comptes.

Voilà en général ce qui concerne l'*aveu & dénombrement*, de la part du vassal envers le seigneur féodal, qu'on appelle *seigneur dominant* : mais comme le vassal est seigneur lui-même, à l'égard des particuliers possesseurs des héritages qui composent son fief, ceux-ci lui doivent à leur tour une espèce d'*aveu & dénombrement* qu'on appelle *reconnoissance*.

Ces particuliers sont appellés tantôt *emphytéotes*, à cause du bail qu'ils ont à perpétuité ou à longues années, ou simplement à vie, des fonds qu'ils possèdent : tantôt *tenanciers* à cause de ce même fonds, dont ils sont détenteurs : tantôt, & même le plus souvent, *censitaires*, à cause des cens, rentes, droits & devoirs seigneuriaux, qu'ils sont annuellement obligés d'acquitter ; tantôt enfin on les appelle *arrière-vassaux*, parce qu'ils dépendent du vassal du seigneur dominant.

Il est sans difficulté que tout censitaire est obligé d'avouer à son seigneur immédiat qu'on appelle plus communément *seigneur direct*, tout ce qu'il tient & possède dans sa directe ou dans sa justice, soit en bâtimens, terres ou autres héritages, & de déclarer les cens, rentes, droits & devoirs auxquels il est assujetti, à raison de cette détention. C'est la collection de toutes ces déclarations ou reconnoissances, qui composent le volume qu'on appelle *papier terrier*, ou simplement *terrier* d'une terre ou seigneurie.

Le seigneur est en droit de faire renouveller son terrier tous les vingt ans, pour prévenir la prescription de ses droits, & chaque censitaire est obligé de payer les frais de sa reconnoissance.

Lorsqu'il y a changement de censitaire, autrement que par succession en ligne directe, le seigneur peut exiger du nouveau tenancier une nouvelle reconnoissance, aux frais de celui-ci.

Quand la mutation arrive de la part du seigneur, le censitaire n'est obligé à une nouvelle reconnoissance, qu'autant que ce seigneur veut en faire les frais.

Cette reconnoissance doit être détaillée & circonstanciée de la même manière que nous l'avons dit de l'*aveu & dénombrement* : elle doit être elle-même un dénombrement exact de tout ce que le censitaire peut posséder & devoir.

Comme un acte pareil est en même temps une espèce d'hommage que le censitaire fait à son seigneur, il est obligé de l'aller faire au château du seigneur, ou de le faire faire par un fondé de procuration : quelques feudistes ont prétendu que cet endroit n'étant pas un lieu de liberté, le censitaire n'étoit point obligé de s'y rendre, & que c'étoit même un motif pour réclamer contre la reconnoissance ; mais c'est une erreur ; 1°. parce qu'on ne doit pas présumer que le seigneur use de contrainte ni de violence, ni que le notaire, qui est un officier garant de la foi publique, prête son ministère à l'iniquité ; 2°. parce qu'une reconnoissance n'est pas une nouvelle obligation, mais simplement l'*aveu* d'une ancienne obligation : à quoi on peut ajouter qu'on a trente ans pour faire réformer cette reconnoissance, si elle est exagérée, sans qu'on soit même obligé, comme nous l'avons dit, de prendre des lettres de rescision; 3°. parce qu'enfin la chose a été ainsi jugée au parlement de Grenoble, le 6 mai 1638, suivant un arrêt rapporté par la Roche-Flavin, & par un autre arrêt du 19 juin 1728, par lequel la dame Chaussat, veuve d'un trésorier de France, fut condamnée à passer nouvelle reconnoissance au profit des chanoines de l'église de Lyon, dans le château d'Abigny.

Lorsque la directe est indivise entre le roi & un seigneur particulier, celui-ci ne peut point se faire faire de reconnoissance par ses censitaires, que le procureur du roi du siège le plus prochain n'y ait été appellé; il y a, à ce sujet, une déclaration du 15 juillet 1671, qui est précise.

Il arrive quelquefois que les seigneurs, à la fin des reconnoissances, se font des réserves générales d'arrérages de droits qu'ils prétendent leur être encore dus; mais il est aujourd'hui bien décidé que ces réserves générales, non plus que celles qu'on ne manque pas ordinairement de faire dans des quittances, n'empêchent point le cours de la prescription, & qu'elles ne donnent ouverture à rechercher les censitaires, pour ces mêmes arrérages, qu'autant qu'ils se trouvent encore dus, tout de même que l'omission de ces réserves ne sauroit nuire au seigneur, lorsqu'il n'est pas entiérement payé.

Il en seroit différemment si la réserve portoit nommément sur tel objet & sur telle quotité restée due; le silence du censitaire vaudroit une reconnoissance expresse, capable d'interrompre la prescription, excepté dans quelques coutumes, comme dans celle de la Marche, où il ne suffit pas qu'on reconnoisse devoir des arrérages, mais où il faut les avoir demandés dans le temps, lequel passé ils ne sont plus exigibles.

On verra plus particuliérement ce qui a rapport à ce que nous venons de dire aux articles CENSITAIRE, RECONNOISSANCE, TERRIER, &c.

De l'effet de l'aveu & dénombrement. Il est maintenant question d'examiner quels sont les effets que peuvent produire les *aveux & dénombremens*, entre le seigneur & le vassal, & ce que ces mêmes actes peuvent opérer à l'égard des personnes, sans la participation desquelles ils ont été donnés.

D'abord entre le seigneur & le vassal, ces actes, comme nous l'avons dit, ne sont pas à proprement parler de nouvelles obligations, ce ne sont que des déclarations énonciatives, de certains droits anciennement établis. De sorte que toutes les fois que le vassal peut justifier, par le rapport des anciens titres constitutifs, que ses obligations ont été induement surchargées, il est en droit de les faire réduire à ce qu'elles étoient anciennement, & ces obligations sont toujours regardées comme contenant une surcharge indue, lorsque cette surcharge est gratuite & sans aucun fondement.

Il en est de même des reconnoissances des censitaires. Il a été jugé, par arrêt du parlement de Toulouse, du 28 mars 1663, rapporté par Catalan, qu'un cens caractérisé, quérable par le titre constitutif de ce cens, n'avoit pu devenir portable par des reconnoissances géminées de cent ans, ni par la longue possession dont elles avoient été suivies.

Mais si, au lieu d'une surcharge, il y avoit une diminution, le seigneur seroit-il de même en droit de faire revivre l'obligation primordiale? Il sembleroit qu'on pourroit plus facilement lui opposer la prescription, pour avoir négligé de réclamer dans les trente ans, attendu qu'étant dépositaire des titres anciens, il devoit plus particuliérement veiller à la conservation de ses droits; mais la loi doit être égale pour l'un & pour l'autre, parce que le seigneur est censé n'avoir dans l'origine adopté une reconnoissance, qu'en la croyant conforme au premier titre, tout comme le vassal & le censitaire sont présumés avoir entendu déclarer tout ce qu'ils devoient, suivant ce même titre. C'est pourquoi, comme les uns & les autres ont entendu s'en rapporter à ce titre; que d'ailleurs il est de maxime que personne ne peut prescrire contre son propre titre, il s'ensuit qu'il n'y a point de prescription à opposer à cet égard.

Il n'en est pas de même lorsque le titre primordial ne peut se découvrir. Si le dernier dénombrement a eu son exécution pendant trente ans, cet acte fait loi entre le seigneur & le vassal, quand même il ne se trouveroit point conforme aux dénombremens antérieurs, parce qu'on peut présumer que ces anciens dénombremens étoient fautifs, & qu'on a cherché, lors du dernier, à se rapprocher du titre primitif.

Cependant, si les nouveaux droits étoient extraordinaires, comme si l'on avoit établi une servitude main-mortable qu'on ne connoissoit point anciennement, & qu'il n'en fût pas fait mention dans les dénombremens antérieurs, il est certain que ceci paroîtroit une surcharge à réformer, parce qu'alors on ne pourroit présumer qu'un droit si particulier eût été oublié dans les anciens *aveux*, s'il avoit été originairement établi.

A l'égard des personnes tierces, ces dénombremens peuvent quelquefois s'employer contre elles, & d'autres fois ils ne signifient rien. On sait que les vassaux & les censitaires cherchent souvent à distraire leurs héritages d'un fief ou d'une directe, pour les transporter dans une autre, ce qui occasionne de fréquentes contestations entre les seigneurs, & comme il est de maxime que la prescription peut avoir lieu de seigneur à seigneur, les *aveux & dénombremens* dont l'un cherche à s'aider contre l'autre, peuvent beaucoup servir à décider ces sortes de contestations. Lorsqu'un dénombrement est en bonne forme, & qu'il a été suivi de possession constante & sans trouble, pendant un espace de temps suffisant à prescrire, cet acte doit trancher toute difficulté contre le seigneur qui a été négligent de réclamer.

Il en seroit autrement, si ce seigneur avoit continué son ancienne possession, parce qu'alors il auroit eu juste sujet d'ignorer ce qui se passoit à son préjudice. On prétend même qu'à supposer qu'il eût perdu sa possession, il ne suffiroit pas de lui opposer sur sa réclamation un seul dénombrement, & qu'il en faudroit au moins trois donnés dans des temps éloignés les uns des autres; mais en cela, on confond une réclamation du seigneur contre le vassal, ou du vassal contre le seigneur, avec une réclamation de seigneur contre seigneur, & la différence est totale. Le seigneur & le vassal ne peuvent, comme nous l'avons dit, prescrire l'un contre l'autre. Il faut toujours en revenir au titre, ou, à défaut de titre, aux anciens *aveux & dénombremens*, au lieu qu'il n'en est pas de même de seigneur à seigneur; chacun doit veiller à ses intérêts, & celui qui s'oublie, est dans le cas de la prescription, peine introduite autant pour assurer à chacun sa possession, que pour punir celui qui néglige ses droits.

Le seul cas où, de seigneur à seigneur, on pourroit exiger des titres ou d'anciens *aveux*, seroit celui où il y auroit de l'équivoque sur la possession, ou de l'obscurité dans le dénombrement dont on voudroit faire usage: ce seroit alors le cas de suivre les anciens *aveux* ou anciennes reconnoissances, & de se décider par les titres les plus apparens.

On tient pour maxime, sur-tout en Provence, (suivant que l'observe M. Durand de Maillane, en son Dictionnaire canonique, au mot *dénombrement*), qu'une seule reconnoissance supplée au défaut du titre primordial, en ce qui concerne le roi, le seigneur haut-justicier, l'église, l'ordre de Malte, les hôpitaux & les communautés ecclésiastiques; & qu'à l'égard des autres seigneurs ou possesseurs de directes, il en faut deux. Le même auteur observe encore d'après Cochin, au sujet des possessions de temps immémorial, que quand l'église a une fois reconnu, elle doit toujours reconnoître & acquitter les droits seigneuriaux, & que s'il ne paroît aucun *aveu* ni reconnoissance de sa part, elle est censée posséder en franche-aumône, c'est-à-dire, avec exemption de toute redevance.

AVEU, (*gens sans*) *Police.* ce sont ceux qui sont sans domicile, & qui ne sont avoués de personne. Ils sont dans la classe des vagabonds, & s'ils sont prévenus de crimes, leur procès leur est fait par les prévôts des maréchaux. *Voyez* VAGABONDS.

AVEUGLE *adj. pris subst.* (*Droit civil & eccl.*) Les loix romaines ôtoient à l'*aveugle* la faculté de plaider, par la raison, dit la loi 1, *ff. de postulando*, qu'il ne peut pas voir les ornemens de la magistrature. Raison absurde, & dans laquelle on ne trouve point la sagesse ordinaire des jurisconsultes romains.

Aucune loi, parmi nous, ne déclare positivement l'*aveugle* incapable de remplir les fonctions de juge ou d'avocat; mais comme l'ordonnance de 1667, veut que les juges signent leurs sentences, ce que ne peut faire en connoissance de cause un *aveugle*, il s'ensuit nécessairement qu'un *aveugle* ne peut exercer aucune charge de magistrature.

Les loix romaines permettoient aux *aveugles* de tester dans les formes ordinaires de droit, en exigeant seulement la présence d'un témoin de plus, qui remplaçoit la signature du testateur. Ils peuvent également tester parmi nous, en dictant leur testament à deux notaires, ou à un notaire, en présence de deux témoins.

La cécité ne peut faire aucun empêchement pour passer toute espèce de contrats entre-vifs, dans les formes prescrites par la loi; mais elle fournit une excuse légitime, pour accepter une tutèle ou curatelle, & même pour s'en faire décharger, lorsqu'elle survient après l'avoir acceptée.

Un *aveugle* ne peut être reçu dans les ordres sacrés, & s'il le devient après les avoir reçus, il ne peut en remplir les fonctions sans encourir l'irrégularité.

Celui qui devient *aveugle*, & se trouve privé des moyens de subsister, est en droit de demander à ses parens qu'ils se cotisent pour pourvoir à sa subsistance. Ainsi l'a jugé le parlement de Rennes, le 13 mars 1750.

AUGES, (*Jurisprudence criminelle.*) les *auges* étoient le supplice que les orientaux infligoient aux plus grands scélérats. Ils attachoient le criminel aux quatre coins d'un *auge*. On couvroit son corps d'un autre *auge*, mais la tête & les pieds restoient découverts, & sortoient par des trous qu'on avoit ménagés. Dans cette posture douloureuse, on ne leur refusoit rien de ce qui pouvoit prolonger leur vie, afin de prolonger leur supplice, & même on forçoit ceux qui étoient fatigués de vivre de prendre de la nourriture. On tempéroit la soif dont ils étoient dévorés avec du miel détrempé dans du lait, on leur en frottoit le visage qu'on laissoit exposé aux rayons du soleil dans la plus grande chaleur du jour, pour attirer les mouches, dont la morsure douloureuse n'étoit pas leur moindre supplice. Les vers, engendrés par ces insectes, rongoient les entrailles, & ces ennemis domestiques étoient des bourreaux officieux qui les délivroient du supplice de la vie. On doit observer que les peuples les plus lâches & les plus efféminés ont toujours été les plus outrés dans la punition des criminels. Il n'étoit pas rare de voir des criminels résister pendant quinze ou vingt jours au supplice des *auges*. (*T—N.*)

AUGMENT DE DOT, s. m. (*Jurisprudence.*) on comprend quelquefois sous ce nom, les différens gains nuptiaux & de survie qui sont en usage dans les pays de droit écrit; mais l'*augment de dot*, proprement dit, & dont il s'agira dans cet article, est un gain nuptial que la femme prend en récompense & à proportion de sa dot sur les biens de son mari prédécédé.

L'*augment de dot* est établi tant en faveur des enfans que de la femme; celle-ci n'en a même ordinairement que l'usufruit, & ceux-là en ont la propriété: cependant, lorsque la femme ayant des enfans reste en viduité jusqu'à son décès, elle gagne en propriété une portion de l'*augment*, qui est qualifiée de *virile*, & qui est égale à une part d'enfant.

Comme les provinces de droit écrit, où l'*augment de dot* est en usage, sont principalement régies par les loix romaines, il est nécessaire d'examiner si c'est par ces loix qu'il est établi, ou du moins, s'il y a quelque chose dans le droit romain à quoi il ait rapport.

Origine de l'augment. Il faut d'abord éviter de confondre l'*augment de dot* d'avec l'*augmentum dotis*, dont parle le droit romain : cet *augmentum dotis* n'étoit point une donation du mari à la femme, c'étoit au contraire l'augmentation de dot que la femme apportoit à son mari pendant le mariage ; c'est ainsi que l'explique la novelle 97, qui porte que la donation à cause de noces, doit être augmentée à proportion de ce que la dot a été augmentée pendant le mariage : elle appelle cette augmentation de dot *augmentum dotis* ; ce qui n'a, comme l'on voit, aucun rapport avec l'*augment de dot* des pays de droit écrit ; & si quelques praticiens ont nommé en latin cet *augment*, *augmentum dotis*, ce n'a été que par un usage mal entendu, comme de Laurière l'a remarqué dans son glossaire. Aussi Cujas, qui parle de l'*augment de dot*, évite l'équivoque en l'appellant non *augmentum dotis*, mais *incrementum dotis*, ce qui caractérise bien mieux l'*augment de dot*, parce qu'en effet, ce n'est pas une augmentation de dot, mais un profit que la femme tire de sa dot, & qu'elle prend sur les biens de son mari.

Il y auroit plutôt lieu de croire que l'*augment de dot* tire son origine des donations, à cause de noces des Romains.

Mais si on examine avec attention les différences qui se trouvent entre les donations & l'*augment* permis par les loix françoises, on sera convaincu que ce n'est pas la même chose. Le seul rapport qui se trouve entre l'un & l'autre, c'est que l'*augment* est accordé à la femme, en récompense de sa dot ; mais il y a quatre différences essentielles. 1°. La donation à cause de noces, pouvoit être faite ou augmentée pendant le mariage, l'*augment* ne peut avoir lieu, ni recevoir d'augmentation par une convention postérieure. 2°. La donation étoit égale à la dot, l'*augment* est ordinairement moindre & peut être plus fort. 3°. La donation n'étoit due qu'après le paiement de la dot, & l'*augment* est dû, quoique la dot n'ait pas été payée. 4°. La donation étoit toujours proportionnée à la dot, l'*augment* est dû en entier, quand bien même il n'y auroit rien eu de payé pour la dot.

Il suit de ces observations que l'*augment* est un droit nouveau, qui n'a pas pris sa source dans les loix romaines qui traitent des donations à cause de noces, & si on veut lui trouver une origine dans le droit romain, on peut dire qu'il ressemble à l'*hypobolon* des Grecs, qui succéda aux donations, à cause de noces des Romains.

En effet, sous les derniers empereurs de Constantinople, les peuples, quoique Romains de nom & d'origine, s'écartant en plusieurs points des loix romaines, pour suivre les mœurs des Grecs, avec lesquels ils étoient confondus, laissèrent tomber en désuétude les donations à cause de noces, & s'accoutumèrent insensiblement à pratiquer, à la place de ces donations, le don de survie, qui étoit usité chez les Grecs, sous le nom d'*hypobolon*.

C'est de cet *hypobolon* dont l'empereur Léon, surnommé *le sage*, parle dans ses novelles 22 & 85, où il déclare que le conjoint survivant, qui reste en viduité, gagne une virile en propriété dans cette sorte de donation à cause de noces.

Il est vrai que les novelles de cet empereur ne sont, parmi nous, d'aucune autorité, & que ce sont les loix de Justinien qui forment, sur la matière des donations à cause de noces, le dernier état du droit romain écrit. Mais, outre les loix écrites, les Romains en avoient encore d'autres qui ne l'étoient point, & qui ne laissoient pas d'être en vigueur, comme le dit Justinien dans ses instituts. Ainsi, quoique les novelles de l'empereur Léon n'aient pas eu par elles-mêmes la force d'abroger les loix de Justinien, rien n'empêche qu'un autre usage n'ait établi cette autre sorte de donation, que les Grecs pratiquoient sous le nom d'*hypobolon*.

Harmenopule, auteur grec qui vivoit dans le douzième siècle, atteste ce changement. Il observe que, suivant ce dernier usage, ce gain de survie, accordé à la femme, se règle selon la convention ; & que lorsqu'il n'est pas fixé par contrat, il est dû en vertu d'une convention présumée ; qu'autrefois on le fixoit à la moitié de la dot, mais que par le dernier usage, il n'est que du tiers.

Ce témoignage d'Harmenopule se trouve confirmé par celui de plusieurs auteurs & il y a lieu de croire que si notre *augment de dot* n'est pas précisément la même chose que l'*hypobolon* des Grecs, il en tire du moins son origine. Cette opinion paroît d'autant mieux fondée que les Romains pratiquèrent cet *hypobolon* dès qu'ils eurent abandonné les donations à cause de noces, & que les habitans des pays de droit écrit adoptèrent sans doute aussi l'usage de l'*hypobolon*, pour imiter les Romains.

D'ailleurs, quand cet usage n'auroit pas été introduit dans les Gaules, en même temps que les loix romaines y furent établies, il ne seroit pas étrange qu'il y eût été apporté dans la suite par les relations que les François eurent avec les peuples de l'Orient. Dès l'an 1096, les François commencèrent leurs voyages d'outre-mer, pour aller faire la guerre aux infidèles, & entre ceux qui eurent part à ces expéditions, étoient les habitans d'Auvergne, de Provence, de Languedoc & de Gascogne, qu'on appelloit tous d'un nom commun *les provençaux*, pour les distinguer des autres habitans du reste de la France, qu'on appelloit *les François*. Or, ces peuples qu'on appelloit *les Provençaux*, & qui habitoient précisément les mêmes provinces que nous appellons aujourd'hui *pays de droit écrit*, ayant appris dans leurs voyages & séjour en Orient, l'usage du gain de survie appellé *hypobolon*, ils apportèrent chez eux ce même usage qui s'établit insensiblement

insensiblement sous le nom d'*augment de dot*.

Au reste, il ne faut pas s'étonner qu'on rapporte à l'hypobolon des Grecs l'origine de l'*augment* de dot des pays de droit écrit, puisque la plupart des auteurs conviennent que c'est de ce même hypobolon des Grecs, que s'est formé le douaire des pays coutumiers : c'est même ce qui a fait dire à quelques-uns, que l'*augment* de dot est le douaire des pays de droit écrit; ce qui n'est pas tout-à-fait sans fondement, si l'on entend par-là que ces deux droits ont entre eux quelques rapports.

Rapports & différences de l'augment & du douaire coutumier. Ces rapports consistent, 1°. en ce que le douaire & l'*augment* de dot sont un avantage que la femme survivante prend sur les biens de son mari prédécédé.

2°. En ce que la femme n'a que l'usufruit de l'*augment* non plus que du douaire, & que la propriété en appartient aux enfans.

3°. En ce que les enfans n'y peuvent rien prétendre qu'après le décès de leur père & de leur mère.

4°. En ce que c'est un troisième genre de biens qui advient aux enfans par le bénéfice de la loi, quoiqu'ils ne soient héritiers ni du père, ni de la mère.

5°. L'*augment*, ainsi que le douaire, est acquis du jour du contrat de mariage, ou du moins du jour de la célébration, lorsqu'il n'y a point de contrat.

6°. Pour l'*augment*, comme pour le douaire, les biens du mari sont engagés & affectés de telle sorte, qu'ils ne peuvent être aliénés ni hypothéqués au préjudice de la femme & des enfans.

7°. Les acquéreurs des biens du mari ne peuvent prescrire ni l'*augment*, ni le douaire contre la femme & les enfans, pendant le mariage.

8°. L'*augment* est dû de plein droit & sans stipulation, comme le douaire, quoiqu'il n'y ait point de contrat de mariage, ou que dans le contrat il n'en soit point fait mention.

Quoique ces règles communes à l'*augment* & au douaire, aient fait dire que l'*augment* de dot est le douaire des pays de droit écrit, ce n'est toutefois pas la même chose, & il y a entre ces deux droits plusieurs différences essentielles.

La première est que l'*augment* est un troisième genre de biens qui n'est point compris sous le nom de *biens paternels*, ni de *biens maternels*, ensorte que la renonciation des enfans à tous les biens paternels & maternels, ne comprend pas l'*augment*, & néanmoins il se prend sur les biens du père; & quand il s'agit de le ranger sous une classe, c'est un bien paternel. Le douaire au contraire est toujours compris sous le nom de *droits paternels*.

2°. L'*augment* de dot appartient aux enfans, soit qu'ils soient héritiers de leur père ou qu'ils renoncent à sa succession, à la différence du douaire, que les enfans ne peuvent plus demander, lorsqu'ils se sont portés héritiers de leur père.

3°. La mère qui ne se remarie pas, a dans l'*augment* une portion en propriété qu'on appelle *virile*, c'est-à-dire, égale à celle d'un des enfans. Il n'en est pas de même du douaire, la femme n'en a que l'usufruit, soit qu'elle se remarie, soit qu'elle reste en viduité.

4°. Quand il n'y a point d'enfans du mariage, ou qu'ils décèdent tous avant la mère, l'*augment* entier lui demeure en pleine propriété; au lieu qu'en pareil cas, le douaire retourne aux héritiers des propres paternels.

5°. L'*augment* même coutumier est sujet au retranchement de l'édit des secondes noces; le douaire coutumier n'y est pas sujet.

6°. Il faut que la femme survive à son mari, pour faire passer l'*augment* aux enfans; au lieu que le douaire appartient aux enfans, quoique leur mère n'ait pas survécu leur père, & par conséquent n'ait pas recueilli le douaire.

Des pays où l'augment est en usage. Les pays où l'*augment* de dot est le plus communément en usage, sont les parlemens de Toulouse, de Bordeaux, de Pau, de Grenoble, les provinces de Lyonnois, Forez, Beaujolois, Bugey, Gex & Valromey, quelques endroits de l'Auvergne & la principauté de Dombes.

Il y a encore quelques provinces, comme la Bresse, le Mâconnois & la Provence, où l'on voit quelquefois de ces sortes de stipulations; mais ce n'est pas l'usage ordinaire de ces provinces, & l'on y pratique, au lieu d'*augment* de dot, d'autres gains de survie dont nous parlerons ailleurs sous les noms qui leur sont propres.

Dans la plupart des provinces où l'*augment* de dot a lieu, ce droit n'y est établi par aucune loi ni statut; il ne s'y est introduit que par un long usage qui y a insensiblement acquis force de loi.

Cet usage n'a été recueilli & rédigé par écrit, que dans deux coutumes.

La première & la plus ancienne est celle de la ville de Toulouse, confirmée en 1289, par Philippe-le-bel.

L'autre est celle de Bordeaux, Guienne & pays Bordelois, rédigée en 1521.

Il faut distinguer deux sortes d'*augment* de dot; savoir, le coutumier ou légal, & le préfix ou conventionnel.

De l'augment coutumier ou légal. L'*augment* coutumier ou légal est un gain nuptial & de survie que la coutume ou l'usage de certaines provinces accorde à la femme survivante, en récompense de sa dot, sur les biens de son défunt mari.

Lorsque la femme a stipulé ce droit d'*augment* coutumier, sans en fixer la quotité, elle ne laisse pas de le prendre tel qu'il est réglé par la coutume ou l'usage des lieux : il n'y a dans ce cas aucune difficulté, puisque la volonté des contractans concourt avec la loi pour établir un *augment* en faveur de la femme survivante; il n'est pas nécessaire que le contrat explique quelle sera la quotité de l'*augment* coutumier qu'on stipule, cette quotité étant réglée par la coutume ou l'usage de la province.

Mais on demande si, pour que la femme survivante puisse profiter de l'*augment* qui est réglé par la coutume ou l'usage, il est nécessaire qu'il y ait une stipulation d'*augment*, du moins en général, ou bien s'il lui est dû sans aucune stipulation, même dans le cas où il y a un contrat de mariage, & que le contrat n'en fait point mention?

Si l'*augment* de dot étoit fondé sur les loix qui établissent la donation à cause de noces, il seroit dû dans tous les pays de droit écrit, sans aucune stipulation, puisque la novelle 91 de Justinien, porte que *toute dot mérite une donation :* ainsi il suffiroit, selon la lettre & l'esprit de cette novelle, que la femme eût apporté une dot, pour obtenir de plein droit & sans aucune stipulation, une donation à cause de noces ; mais comme l'*augment* de dot n'est pas fondé sur les loix romaines, il faut consulter sur cette matière l'usage des pays de droit écrit, usage qui n'est pas uniforme dans toutes les provinces.

Dans la coutume de la ville de Bordeaux, sénéchaussée de Guienne & pays Bordelois, l'*augment* de dot coutumier ou légal est dû à la femme, de plein droit & sans stipulation, en vertu de la coutume qui l'établit expressément sous le nom de *donation à cause de noces*, que l'on convient être la même chose que l'*augment*.

La jurisprudence du parlement de Bordeaux est conforme à la coutume, suivant le témoignage de Lapereire & de plusieurs autres.

Par les coutumes de la ville de Toulouse, l'*augment* de dot coutumier y est pareillement dû de plein droit & sans stipulation, en vertu des coutumes qui l'établissent en termes exprès. L'usage est conforme à cette disposition, suivant ce qu'attestent Despeisses, Bretonnier & d'Olive.

Dans tout le reste du ressort de ce parlement, l'*augment* est aussi en usage; mais il n'est dû que lorsqu'il est expressément stipulé par le contrat de mariage.

Le Bret, en son *Histoire de la ville de Montauban*, dit que cette ville jouit d'un droit coutumier touchant les mariages; savoir, *du gain de la dot en tout ou en partie, de l'augment, de toute donation & de pension aux veuves sur le bien de leurs maris, quand elles ne se remarient point; qu'au surplus on y suit le droit écrit.*

La coutume générale d'Auvergne, pays coutumier, n'établit point d'*augment*, & il n'est pas dû de plein droit, même dans les endroits de cette province qui sont régis par le droit écrit; mais à la suite de la coutume générale, il y a plusieurs coutumes locales qui établissent un gain de survie pour la femme, à proportion de sa dot, sous le nom d'*augment;* telles sont les coutumes locales de la ville & châtellenie de Ritz, de Cusset, de Bullon & plusieurs autres. Dans certains endroits, cet *augment* est de la moitié de la dot, & dans d'autres il n'est que du tiers.

Quoiqu'il n'y ait aucune loi, coutume, ni statut qui établisse l'*augment* de dot dans les provinces de Lyonnois, Forez & Beaujolois, il ne laisse pas d'y être dû de plein droit & sans stipulation, en vertu de l'usage seul, suivant les témoignages de Bretonnier, en ses observations sur Henrys.

La même chose a lieu dans les provinces de Bugey, Valromey & Gex, comme l'attestent Faber & Revel.

L'*augment* de dot est pareillement dû de plein droit & sans aucune stipulation, dans la principauté souveraine de Dombes, quoiqu'il n'y ait aucune coutume qui en dispose, & qu'il n'y soit fondé que sur l'usage.

A l'égard des autres pays où l'*augment* est en usage, il n'y est dû qu'en vertu d'une convention expresse énoncée dans le contrat de mariage; tels sont les parlemens de Pau, de Grenoble, & les provinces d'Auvergne, de Bresse & de Mâconnois.

De la quotité de l'augment légal. La quotité de l'*augment* légal ne se règle pas, comme le douaire coutumier, à proportion des biens du mari; elle se règle, en quelques provinces, selon la nature ou les forces de la dot, & en d'autres, suivant l'état & la qualité des conjoints.

Par les coutumes de Toulouse, l'*augment* de dot est de la moitié de la valeur de la dot, sans aucune distinction de la qualité des biens qui la composent.

Par la coutume de Bordeaux, l'*augment* se règle non seulement à proportion de la dot, mais aussi eu égard à la qualité de la femme. Suivant l'article 47 de cette coutume, la fille qui se marie gagne le double de sa dot, quand elle survit à son mari; & suivant l'article 49, la femme veuve qui se remarie, doit gagner seulement le tiers de sa dot.

Dans les provinces de Bugey, Gex & Valromey, l'*augment* de dot coutumier se règle à proportion & suivant la nature de la dot.

Si elle est de valeur certaine, comme quand elle consiste en deniers, l'*augment* est de la moitié.

Lorsque la dot est de valeur incertaine, & qu'elle consiste en héritages, meubles, vins, grains & autres denrées sujettes à estimation, la quotité de l'*augment* dépend de la prudence du juge; on le règle ordinairement au tiers ou au quart de la valeur des biens, les dettes de la femme prélevées.

L'estimation des effets qui composent la dot, se fait eu égard à la valeur qu'ils avoient lors de la constitution de la dot; car si la valeur est augmentée ou diminuée depuis, le profit ou la perte concerne le mari seul, comme maître de la dot.

Si la dot est de valeur tout-à-fait incertaine, & qu'elle consiste en procès, droits & actions, il ne sera dû d'*augment* qu'autant qu'il sera réglé par le contrat de mariage, à moins que le mari n'ait traité de ces droits litigieux pour une certaine somme, ou qu'il ne les ait cédés pour des héritages ou d'autres effets. Dans ce cas, l'*augment* seroit dû, selon l'estimation, après avoir déduit les dettes & les dépenses nécessaires.

Mais ce qu'il y a encore de plus singulier dans l'usage de ces provinces de Bugey, Gex & Valromey, c'est que l'*augment* de dot coutumier n'est dû qu'aux filles; les veuves qui se remarient n'en ont point.

Dans les provinces de Lyonnois, Forez & Beaujolois, l'*augment* se règle pareillement suivant la nature & les forces de la dot; mais il y a quelques usages différens de ce qui se pratique dans le Bugey.

Quand la dot consiste en argent, l'*augment* de dot coutumier est de la moitié, comme dans le Bugey.

Quand elle consiste en immeubles, l'*augment* est du tiers de la valeur des immeubles.

Et si la dot consiste partie en argent, partie en immeubles, l'*augment* est de la moitié de ce qui est en argent, & du tiers de la valeur de ce qui est en immeubles. La raison de cette diversité procède de ce que l'argent est plus utile au mari que les immeubles, sur-tout dans la ville de Lyon, à cause du commerce, dit M. Bretonnier.

L'usage n'est pas si certain pour la quotité de l'*augment*, lorsque la dot consiste en meubles meublans ou effets mobiliers, comme grains, vins, denrées & autres choses semblables.

Faber estime qu'il faut porter le même jugement des meubles que des immeubles, par la raison, dit-il, que cette sorte de bien n'est pas à beaucoup près si avantageuse que l'argent comptant, les meubles ne rapportant aucun fruit, & le mari n'en ayant que le simple usage.

M. Bretonnier, en ses observations sur Henrys, rapporte deux arrêts qui ont jugé la question.

Par le premier, rendu en la cinquième chambre des enquêtes le 6 mai 1697, il fut jugé qu'il étoit dû un *augment* des meubles apportés en dot par la femme, & que cet *augment* devoit être de la moitié de la valeur des meubles.

Le deuxième arrêt, rendu en la première chambre des enquêtes, est du premier septembre 1702. Dans l'espèce de cet arrêt, la femme s'étoit constitué en dot tous ses biens, tant meubles qu'immeubles, bestiaux, semences & denrées, sans néanmoins aucune estimation de ces effets mobiliers; elle prouvoit, par une enquête, qu'elle avoit réellement apporté tous ces effets, & en demandoit l'*augment;* cependant il ne lui fut accordé qu'à proportion des immeubles, ensorte que cet arrêt est directement contraire au précédent.

M. Bretonnier pense que pour se tirer de l'incertitude où jettent ces différens préjugés, il faut distinguer si les meubles, denrées & autres choses données en dot, ont été estimées, ou s'il n'y en a aucune estimation.

Si les effets mobiliers donnés en dot ont été estimés, soit par le contrat de mariage, soit par quelque autre acte postérieur au mariage; pour lors, dit M. Bretonnier, le mari en doit l'*augment* comme d'une somme de deniers; & il faudroit dire la même chose, si le mari, pour le paiement de la dot promise, avoit pris des meubles ou autres effets mobiliers pour un certain prix.

Mais si la femme apporte des meubles sans aucune estimation, ou qu'il lui en vienne pendant le mariage, comme en ce cas la propriété de ces meubles demeure à la femme, il ne lui en est pas dû d'*augment*, du moins on ne doit le lui donner que jusqu'à concurrence de la valeur du tiers, parce que les meubles ne rapportent pas plus de profit au mari que les immeubles.

Si la dot consiste en actions ou droits litigieux, pour qu'il en soit dû à la femme un *augment*, il ne suffit pas que la somme ait été due au jour du mariage, il faut aussi qu'elle ait été exigible; & même si le mari est décédé sans avoir reçu le paiement des dettes actives qui composoient la dot, & qu'on ne puisse lui imputer à cet égard aucune négligence, M. Bretonnier estime que dans ce cas il n'est dû à la femme aucun *augment*.

Mais si la dette qui n'étoit pas exigible au temps du mariage, l'est devenue depuis, l'*augment* en est dû; & de même toutes les fois que le mari a reçu quelque chose de la dot ou qu'il est obligé d'en tenir compte, parce qu'il l'a laissé perdre par sa faute, l'*augment* est dû à la femme, à proportion de ce que son mari a reçu ou de ce qu'il a pu recevoir. C'est le sentiment de Faber.

Quant à la quotité de cet *augment*, Faber n'en parle point. M. Bretonnier dit que s'il se fût expliqué, il l'auroit vraisemblablement réduit au moins au tiers; car du papier, dit-il, n'est pas de l'argent comptant; le plus souvent le recouvrement en est difficile, & le mari n'en retire le paiement qu'après bien des années & des dépenses; ainsi c'est faire grace à la femme, que de lui donner l'*augment* du tiers de ce que son mari a reçu.

C'est aussi le sentiment d'Auzanet dans ses mémoires pour les conférences tenues chez M. le premier président de Lamoignon, au titre des douaires, habitations & *augment* de dot. Entre les différens projets d'arrêtés sur la matière de l'*augment*, il propose, comme un des plus nécessaires, le suivant: *si ceux qui ont promis la dot, ou les débiteurs sur lesquels elle a été assignée, deviennent insolvables, l'augment de dot sera réduit au tiers de ce qui aura pu être touché effectivement des deniers dotaux.*

A l'égard des successions, donations, legs universels ou particuliers, échus à la femme pendant le mariage, il ne lui est point dû d'*augment*, si elle s'est réservé tous ces biens comme paraphernaux; mais si elle s'est constitué en dot tous ses biens présens & à venir, l'*augment* lui en est dû, & la même chose a lieu, quand elle ne s'est point expressément réservé, comme paraphernaux, ses biens présens ou à venir, parce que c'est aujourd'hui une maxime certaine en pays de droit écrit, aussi-bien qu'en pays coutumier, que tous les biens de la femme sont réputés dotaux, s'il n'y a point de stipulation au contraire.

L'*augment* des biens adventifs se règle à proportion & suivant la qualité des biens de même que pour les biens que la femme avoit au temps du mariage.

Il y a seulement un cas où la quotité de cet *augment* paroît difficile à régler; c'est lorsque les successions, donations ou legs échus à la femme depuis le mariage, sont si considérables, que l'*augment* qui lui en seroit dû à proportion emporteroit tous les biens du mari.

C'est ce que remarque Auzanet. On a vu, dit-il, à Lyon, plusieurs exemples de femmes qui ont absorbé tous les biens de leurs maris, au préjudice de leurs enfans & de leurs créanciers, sous prétexte de successions échues pendant le mariage; & pour remédier à ces inconvéniens, il propose de régler que dans la liquidation de l'*augment* de dot, on n'ait aucun égard aux biens échus à la femme pendant le mariage, quand même elle auroit, par le contrat, constitué en dot tous ses biens présens & à venir.

Mais, 1°. cet article d'Auzanet n'est qu'un projet pour faire une loi nouvelle, & un projet qui n'a pas même été adopté dans les arrêtés de M. le premier président de Lamoignon, parce que, suivant ces arrêtés, il ne devoit dorénavant y avoir d'autre *augment* que celui qui auroit été réglé par contrat de mariage.

2°. Il ne seroit pas juste non plus de refuser absolument à la femme, tout droit d'*augment*, pour les biens qui peuvent lui être échus pendant le mariage, puisque souvent ces biens sont plus considérables que ceux qu'elle avoit d'abord apportés en se mariant.

Il faut donc seulement modérer cet *augment*, & le régler plutôt suivant la qualité des parties & les facultés du mari, que suivant la quotité des biens échus à la femme pendant le mariage. C'est le sentiment de Faber & de Bretonnier.

La raison pour laquelle on doit régler l'*augment* des biens échus pendant le mariage, différemment de l'*augment* des biens apportés lors du mariage, est que les biens que la femme a apportés en dot lors du mariage, étoient certains; le mari en connoissoit la quotité, & en les recevant, il savoit quelle seroit la quotité de l'*augment* qu'il devroit à sa femme: d'ailleurs les fruits de cette dot lui ont aidé à soutenir les charges du mariage dès le commencement, au lieu que le mari n'étoit pas assuré qu'il écherroit à sa femme quelques biens pendant le mariage; il savoit encore moins quelle seroit la valeur de ces biens, & ne pouvoit pas par conséquent juger quelle seroit la quotité de l'*augment* dont ses biens pourroient être chargés, à raison de ceux échus à sa femme pendant le mariage; ensorte qu'on ne peut pas dire qu'il ait promis tacitement telle ou telle quotité d'*augment* pour les biens à venir, & d'ailleurs il arrive le plus souvent qu'un mari n'a point joui de ces biens nouvellement échus, ou du moins qu'il n'en a joui que peu de temps; ainsi ils ne doivent pas produire à la femme un *augment* aussi considérable que ceux qu'elle apporte lors du mariage.

Telles sont les règles que l'on suit pour fixer la quotité de l'*augment* de dot coutumier, dans les provinces de Lyonnois, Forez & Beaujolois.

Dans la principauté de Dombes, la quotité de l'*augment* se règle comme à Lyon, c'est-à-dire, qu'il est de la moitié de l'argent comptant & du tiers des immeubles.

Dans les parlemens de Grenoble & de Pau, la province d'Auvergne & les autres pays où l'*augment* n'est dû qu'en vertu d'une stipulation expresse, il n'y a point de quotité coutumière due pour l'*augment*, dans le cas où il seroit stipulé en général sans être fixé, parce que n'y ayant point d'*augment* coutumier, il ne peut y avoir non plus de quotité coutumière de l'*augment*.

La quotité conventionnelle la plus usitée ne peut pas même passer pour coutumière, ni être accordée, dans le cas d'une stipulation d'*augment* non fixé. La femme ne peut, dans ces pays, prétendre pour *augment* que la quotité qui est réglée par le contrat de mariage.

Et à plus forte raison n'y a-t-il point de quotité coutumière d'*augment* dans les provinces de Bresse, Mâconnois & Provence, puisque non seulement l'*augment* n'y est pas dû de plein droit, mais qu'il n'est pas même d'usage d'y en stipuler.

Au surplus, dans toutes ces provinces où il n'y a point d'*augment* coutumier, si l'on avoit stipulé un *augment* sans en fixer la quotité, on tâcheroit de connoître, par les termes du contrat de mariage, si les parties ont eu intention que la quotité de l'*augment* fût réglée suivant l'usage de quelques provinces où il y a *augment* coutumier, ce qui vaudroit autant que si l'*augment* étoit fixé par le contrat; ou s'il y avoit de l'obscurité dans les termes du contrat, l'*augment* se régleroit selon la prudence du juge. C'est ce que l'on va encore expliquer plus amplement, en parlant des *augments* conventionnels.

De l'augment préfix ou conventionnel. L'*augment de dot* préfix ou conventionnel est celui qui est stipulé, & dont la quotité est réglée par le contrat de mariage, à la différence de l'*augment* coutumier ou légal, qui est dû sans aucune convention, en vertu de la loi seule, ou du moins, de l'usage de la province qui l'établit de droit, & qui en règle la quotité.

Cet *augment de dot* préfix ou conventionnel a lieu non-seulement dans les pays où l'*augment*, quoique d'un usage ordinaire, n'a lieu qu'en vertu d'une stipulation expresse, comme dans les parlemens de Pau & de Grenoble; mais il se pratique aussi dans les pays où il y a un *augment* coutumier dû sans stipulation, comme dans les provinces de Lyonnois, Forez & Beaujolois; parce que les contrats de mariage sont susceptibles de toutes sortes de clauses qui ne sont point contraires aux bonnes mœurs, ni à aucun statut réel prohibitif absolu. Or, dans les pays où l'usage a établi l'*augment* coutumier, quoique cet *augment* soit dû sans aucune stipulation, & que la quotité & les conditions de ce droit soient aussi réglées par l'usage ou la coutume, il n'y a néanmoins aucun statut qui défende de régler l'*augment de dot* autrement qu'il est établi par la coutume ou l'usage de la province; c'est pourquoi les personnes qui contractent mariage, peuvent faire, sur l'*augment*, telles conventions qu'elles jugent à propos, même contraires à l'usage ordinaire.

Pour former ce que l'on appelle proprement *un augment conventionnel* ou *préfix*, il ne suffit pas qu'on ait stipulé par le contrat de mariage un droit d'*augment* en général; il faut que la quotité en soit fixée par le contrat de mariage; autrement la femme ne pourroit prétendre que la quotité réglée par l'usage du lieu, ce qui reviendroit aux termes de l'*augment* coutumier; & si, par l'usage du lieu, il n'étoit point dû d'*augment* coutumier, comme il n'y auroit point non plus de quotité coutumière, il arriveroit que la stipulation d'*augment*, dont la quotité ne seroit pas fixée, deviendroit inutile & sans effet.

L'*augment* préfix n'est donc proprement que celui qui est stipulé, & dont la quotité est réglée par le contrat de mariage.

Cette sorte d'*augment* est fort usitée, même dans les pays où l'*augment* auroit lieu de plein droit, & sans stipulation, parce que les conjoints ont un égal intérêt que l'*augment* soit réglé par le contrat de mariage, d'une manière fixe & invariable: le mari a intérêt qu'il soit réglé, afin qu'il n'augmente point à son préjudice pendant le mariage; la femme a intérêt que son *augment* soit réglé, & qu'il ne puisse varier ni diminuer à son préjudice, par les différentes variations & diminutions qui pourroient survenir à sa dot depuis le mariage, & le mari & la femme ont encore tous deux intérêt de fixer la quotité de l'*augment*, afin de prévenir & d'éviter les difficultés qui se rencontrent presque toujours dans l'*augment* coutumier, lorsqu'il s'agit de liquider la valeur de la dot, & de régler l'*augment* à proportion.

Il n'est pourtant pas absolument nécessaire que la quotité de l'*augment* conventionnel soit fixé à une somme certaine; les contractans peuvent aussi le fixer à une quotité certaine, comme du tiers ou du quart de la dot, ou telle autre quotité dont ils jugent à propos de convenir entre eux.

Ces sortes de conventions sont valables dans toutes les provinces où l'*augment de dot* a lieu, soit que la somme ou quotité convenue soit moindre que n'auroit été l'*augment* coutumier, soit qu'elle excède la quotité coutumière; en quoi l'*augment* conventionnel est différent du douaire préfix, qui, dans quelques coutumes, telles que celles de la Touraine, du Poitou & du Maine, ne peut excéder le coutumier.

M. Charles Revel, sur les statuts de Bresse, ne disconvient pas que la condition de l'*augment* coutumier ne puisse être faite meilleure par la convention; mais il prétend qu'on ne peut diminuer l'*augment* que donne la coutume, & encore moins y renoncer entiérement. Il fonde son opinion sur ce que Faber dit, que s'il étoit stipulé par le contrat de mariage qu'on ne paiera d'*augment* à la femme qu'à proportion de ce que son père aura payé de sa dot, cette convention seroit nulle, & l'on devroit tout l'*augment*.

Cependant il est certain, dans l'usage, que non-seulement on peut, par contrat de mariage, diminuer l'*augment* coutumier, mais aussi qu'on y peut renoncer entiérement, & que dans de telles pactions, il n'y a rien de contraire aux bonnes mœurs, puisque la même chose se pratique à l'égard du droit coutumier.

Ces sortes de conventions ont leur exécution, tant contre les enfans que contre la femme; parce que la femme a la liberté de renoncer au bénéfice que la loi lui accorde, & les enfans ne peuvent pas se plaindre qu'elle les frustre de leurs droits, puisqu'ils n'en ont dans l'*augment* qu'autant que leur mère l'a d'abord recueilli.

Les enfans sembleroient même avoir plutôt sujet de se plaindre lorsque leur mère renonce au douaire à leur préjudice, parce qu'ils peuvent recueillir le douaire, quoique leur mère n'ait pas survécu à son mari; cependant, on ne fait point revivre le douaire en faveur des enfans, lorsque la femme elle-même y a renoncé par contrat de mariage; & à plus forte raison en doit-il être de même de l'*augment* dans lequel les enfans n'ont de leur chef aucun droit, & auquel ils ne viennent que par la transmission que leur en fait leur mère, lorsqu'elle l'a recueilli. Tel est le sentiment de Bretonnier & de Renusson.

Lorsque l'*augment de dot* est fixé par le contrat de mariage à une certaine somme ou quotité, la femme n'a pour tout droit d'*augment* que ce qui est réglé par le contrat, & cet *augment* préfix lui tient lieu du coutumier; tellement qu'elle ne peut avoir ensemble le préfix & le coutumier, ni renoncer au préfix pour opter le coutumier, à moins que par le contrat de mariage on n'ait expressément stipulé qu'elle aura cette faculté.

Les futurs conjoints ne peuvent, par leur contrat de mariage, stipuler que le mari aura la liberté d'augmenter ou de diminuer, pendant le mariage, l'*augment de dot* préfix réglé par le contrat; parce que, par le droit romain observé dans les pays de droit écrit, les donations entre conjoints ne sont pas moins prohibées que par le droit coutumier.

Il est vrai que Justinien, dans ses instituts, permet au mari d'augmenter, & même de faire, pendant le mariage, une donation à la femme, en récompense de sa dot, ce qui, comme on l'a vu, a fait appeller les donations de cette espèce, donations à cause de noces, au lieu qu'auparavant elles s'appelloient *donations avant les noces*. Et de là Despeisses, Gui-pape & Ferrerius en ont conclu que le mari pouvoit augmenter le gain de survie, constitué à sa femme par son contrat de mariage, postérieurement au mariage, parce que, prétendent-ils, l'*augment de dot* est semblable aux donations à cause de noces des Romains. Mais l'auteur du *Traité des gains nuptiaux* combat avec force cette opinion, & il prouve que l'*augment* conventionnel ne peut être constitué, augmenté ou diminué pendant le mariage, sous quelque prétexte que ce soit, même de disproportion d'âge entre les conjoints, ou parce que la femme est noble & le mari roturier.

Il n'y a qu'un cas où l'*augment* semble pouvoir être constitué pendant le mariage; savoir, lorsque la femme s'est constitué en dot tous ses biens présens & à venir, ou lorsqu'elle n'a promis en dot que les biens qui lui viendront pendant le mariage: le mari peut alors promettre de donner un *augment* préfix, à proportion de ce que la femme apportera en dot pendant le mariage, & cette convention conditionnelle est valable.

Mais il n'y a rien en cela de contraire au principe général que l'on vient d'établir, parce que, quoique cette convention soit conditionnelle & ne se réalise qu'après le mariage, elle tire néanmoins sa force du contrat, tellement que la femme pour cet *augment* des biens apportés en dot depuis le mariage, a hypothèque sur les biens de son mari, du jour du contrat de mariage, quand même il y auroit un espace de temps considérable entre le contrat & l'échéance des biens dotaux; à la différence de la donation à cause de noces, pour laquelle la femme n'avoit hypothèque que du jour de l'acte de donation qui pouvoit avoir lieu après le mariage comme auparavant.

Il ne faut donc pas regarder l'*augment*, promis pour les biens dotaux à venir, comme une donation faite depuis le mariage, soit que cet *augment* ait été fixé à une certaine somme par le contrat, soit qu'on en ait fixé la quotité proportionnément & relativement à la dot, comme si l'on a dit qu'il sera du tiers ou de la moitié des biens à venir; car en l'un & l'autre cas, il est toujours certain que c'est par le contrat de mariage que cet *augment* est réglé; il dépend bien de l'évènement de la dot que cet *augment* ait lieu ou n'ait pas lieu; mais supposé qu'il ait lieu, il est fixé dès le moment du mariage; & il ne peut plus être augmenté ni diminué.

Au reste, quoique cette augmentation d'*augment de dot* pour les biens échus pendant le mariage, soit de droit, & n'ait pas besoin d'être stipulée dans les pays où il y a un *augment* coutumier, & que la femme en prenant son *augment* coutumier pour les biens qu'elle avoit lors du mariage, prenne aussi l'*augment* coutumier des biens qui lui sont échus depuis; il n'en est pas de même lorsque par contrat de mariage l'*augment* de la femme est fixé à une certaine somme pour tout droit d'*augment*; car, quoique cet *augment* n'ait été réglé qu'en considération des biens présens, & qu'on n'ait point parlé des biens dotaux à venir, la femme ne doit cependant prendre pour tout *augment* que la somme fixée par le contrat, & elle ne peut prétendre aucun *augment*, même coutumier, pour les biens qui lui sont échus, pendant le mariage.

En effet, c'est principalement pour exclure l'*augment* coutumier, qui seroit dû pour les biens dotaux, échus pendant le mariage, qu'on a soin communément de fixer l'*augment* à une somme certaine, de crainte que si on ne le fixoit qu'à une certaine quotité, les biens nouvellement échus à la femme ne fussent si considérables que l'*augment* qui lui en seroit dû, n'absorbât tous les biens du mari.

Si, par les termes du contrat de mariage, il paroissoit que les conjoints, en stipulant un *augment* préfix, n'ont pas eu intention d'exclure le coutumier pour les biens dotaux à venir, la femme pourroit prendre le préfix qui a été stipulé pour les biens qu'elle avoit lors du mariage, & le coutumier pour les biens dotaux échus depuis, ou un supplément d'*augment* préfix proportionné à ces biens: ceci peut avoir lieu lorsqu'il paroît que les conjoints ont entendu que la quotité ou somme de l'*augment* préfix seroit augmentée à proportion de la dot nouvellement échue pendant le mariage.

L'augment appartient aux enfans. L'*augment* préfix, aussi-bien que le coutumier, appartient de droit aux enfans, & la mère n'en a que l'usufruit, à moins qu'il n'y ait quelque stipulation contraire.

Mais on demande s'il est permis de stipuler que l'*augment* coutumier ou préfix sera sans retour, c'est-à-dire, que la femme survivante en aura la propriété en entier, même au cas où il y auroit des enfans?

Il y a sur cette matière les mêmes raisons de douter que pour la clause du douaire stipulé sans retour, à laquelle presque tous les auteurs semblent ne donner aucun effet contre les enfans. Cependant, quoi qu'il en soit du douaire, il est certain, du moins dans les parlemens de droit écrit, que l'*augment* peut y être stipulé sans retour, même au préjudice des enfans; c'est le sentiment de Faber, & celui d'Expilly, qui dit que la question a été ainsi jugée par un arrêt du parlement de Grenoble, du 5 juillet 1566. Il y apporte seulement l'exception, *au cas que la mère se remarie.*

Henrys & Ricard prétendent néanmoins qu'il en est autrement dans les pays de droit écrit du ressort du parlement de Paris: suivant ces auteurs, la jurisprudence de ce parlement, relativement au conjoint survivant qui se remarie, lorsqu'il a des enfans de son premier mariage, est de le priver de tout droit de propriété dans les gains nuptiaux, sans aucune espérance de retour à cette propriété, quand même les enfans viendroient à décéder avant lui.

Pour prouver cette jurisprudence, on cite deux arrêts, l'un du mois d'août 1672, & l'autre du 6 mars 1697, qui ont, à la vérité, jugé que la mère remariée ne recouvroit point la propriété de l'*augment*, même en survivant à tous ses enfans.

Mais on peut croire que des circonstances particulières ont donné lieu à ces arrêts, & que si la question se présentoit au parlement de Paris, dégagée de circonstances, on accorderoit au survivant la propriété comme on la lui accorde dans les autres parlemens. En effet, pourquoi par un second mariage le conjoint survivant seroit-il privé de la propriété des gains nuptiaux, dès qu'il n'y a plus d'enfans du premier mariage? Ce second mariage n'est point un délit, puisqu'il est permis: aussi n'est-ce point par forme de peine que le survivant qui se remarie est privé de la propriété des gains nuptiaux, c'est uniquement l'intérêt des enfans du premier mariage qui a fait établir la réserve de cette propriété en leur faveur, dans le cas d'un second mariage. Cela est si vrai, que quand il n'y a point d'enfans vivans lors du second mariage, le survivant qui se remarie continue de jouir, comme auparavant, de tous les droits de propriété qu'il avoit dans les gains nuptiaux.

De l'hypothèque de l'augment. La femme a hypothèque pour son *augment de dot* sur tous les biens de son mari, du jour de son contrat de mariage, s'il y en a, & s'il n'y en a pas, du jour de la bénédiction nuptiale. Cette hypothèque, accordée à la femme & aux enfans, est même subsidiaire sur les biens substitués au défaut de biens libres; tel est l'usage le plus général des pays de droit écrit, & singuliérement du parlement de Paris, pour les pays de droit écrit qui sont de son ressort.

Au parlement de Toulouse, on juge que cette hypothèque n'est acquise que quand la substitution est faite par les ascendans.

Au parlement de Grenoble, on ne donne point d'hypothèque pour l'*augment* de la dot sur les biens substitués.

Lorsque la femme est séparée de biens pour cause de mauvaise administration de la part de son mari, les parlemens de Paris & de Provence lui adjugent l'*augment de dot;* il en est autrement dans ceux de Toulouse & de Dauphiné.

L'augment est sujet à l'insinuation. Par l'article 5 de la déclaration du 20 mars 1708, il est dit que toutes donations, même celles par forme d'*augment*, agencemens, gains de noces & de survie, *&c.* dans les pays où ils sont en usage, ensemble toutes donations, soit par contrat de mariage ou autrement, seront insinuées & enregistrées dans le temps & sous les peines portées par l'article 2 de l'édit des insinuations laïques du mois de décembre 1703.

Les fermiers des insinuations ayant prétendu qu'en conséquence de cette déclaration, les dons d'*augment*, & autres gains nuptiaux stipulés par contrat de mariage, étoient absolument nuls, faute d'avoir fait insinuer le contrat dans les quatre mois, qui est le délai fixé par les anciennes ordonnances pour l'insinuation; les parlemens dans lesquels ces sortes de donations sont usitées, firent des remontrances au roi sur les inconvéniens qu'il y auroit à les déclarer nulles, faute d'insinuation; & par une autre déclaration du 25 juin 1729, il a été ordonné que ces sortes de donations ne pourroient être arguées de nullité faute d'avoir été insinuées; & que ceux qui auroient négligé de satisfaire à cette formalité, seroient seulement sujets aux autres peines prononcées par les édits & déclarations; ce qui ne concerne que les droits d'insinuation que l'on peut payer en tout temps, lorsqu'on poursuit l'exécution du contrat de mariage.

Cette déclaration a été expressément confirmée par l'article 21 de l'ordonnance du mois de février 1731, concernant les donations, & par l'article 6 de la déclaration du 17 février de la même année, concernant les insinuations.

L'augment produit-il des intérêts? Au parlement de Paris, les intérêts de l'*augment* sont dus de plein droit à la femme, sans demande: il en est de même à l'égard des enfans, lorsqu'ils agissent contre les héritiers du père; mais quand ils agissent contre un tiers-acquéreur, ils ne sont dus que du jour de la demande: cela a été ainsi jugé par un arrêt du 10 avril 1598, rapporté par Louet & le Prêtre. La même chose a été jugée par un autre arrêt rendu en la cinquième chambre des enquêtes, le 28 août 1716.

Albert & Catelan disent qu'au parlement de Toulouse, les intérêts de l'*augment* ne sont dus que du jour de l'interpellation judiciaire.

Il en est de même des intérêts de la portion virile de l'*augment*, due au fils légitimaire sur les biens de l'hérédité. Védel sur Catelan rapporte un arrêt qui l'a ainsi jugé.

Les intérêts de l'*augment* de la seconde femme ne sont dus qu'après les légitimes & les intérêts des enfans du premier mariage.

M. Raviot rapporte un arrêt du parlement de Dijon, qui adjugea à une femme dont le mari étoit absent depuis dix ans, son *augment* avec les intérêts seulement du jour de la demande. Mais il faut observer que ce n'étoit pas après le décès du mari.

L'auteur des maximes journalières, qui paroît bien instruit de la jurisprudence du parlement de Bordeaux, dit que les intérêts de la dot & de l'agencement stipulé dans un contrat de mariage, sont dus au survivant, du jour du décès de l'autre conjoint sans interpellation; mais il observe que les enfans ne jouissent de ce privilège que pour la dot, & qu'à l'égard de l'agencement, l'intérêt ne leur est dû que du jour du commandement fait après le décès du père ou de la mère qui avoit gagné cet agencement.

L'auteur des additions sur la Peirère, cite un arrêt du 23 juillet 1701, qui a jugé que l'intérêt n'est dû aux enfans que du jour du commandement.

Il seroit juste, ce semble, de faire produire, de plein droit des intérêts à l'*augment*, au profit de la femme & des enfans, contre les héritiers du mari, depuis que la femme a cessé d'être nourrie & entretenue aux dépens de la succession de son mari, afin de rendre l'*augment* semblable en cela au douaire dont les fruits & les intérêts courent du jour du décès du mari. *Voyez* GAINS NUPTIAUX, DOT, DOUAIRE, CONTRE-AUGMENT, *&c.*

AUGMENTATION, s. f. (*Jurisprudence.*) c'est en général l'action d'augmenter, c'est-à-dire, d'ajouter ou de joindre une chose à une autre pour la rendre plus grande ou plus considérable.

Si ce mot s'emploie pour signifier l'accroissement qui se fait à un héritage par une riviere, il veut dire la même chose qu'*alluvion*, *atterrissement*, *accrues.*

L'*augmentation* peut se faire sur un fonds par le fermier, l'usufruitier, par un mari sur les propres de sa femme ou sur les siens. *Voyez*, *par rapport aux questions qui en peuvent naître*, *les mots* FERME, BAIL, PROPRE, USUFRUIT. Sur l'*augmentation* de gages, *voyez* GAGE; sur l'*augmentation* de dot, *voyez* DOT.

L'ordonnance des eaux & forêts, *tit 3*, *art. 14*, défend aux grands-maîtres d'augmenter ou de diminuer les ventes, de leur autorité privée, à peine d'amende & de privation de leurs charges.

AUGMENTATION, (*Finance.*) on appelle ainsi un droit d'aides, formé par la réunion du *parisis*, *sou & six deniers* pour livre, dont voici le détail : le *parisis* étoit de cinq sous pour livre du droit principal : il tire son nom d'une monnoie appellée *parisis*, qui se fabriquoit à Paris, & dont la valeur étoit d'un quart plus forte que celle des tournois qui se fabriquoient à Tours.

Comme les droits ont toujours été imposés sur le pied de la livre tournois, la nouvelle *augmentation* de cinq sous parisis, en les augmentant d'un quart, les mit dans la même proportion que s'ils eussent été établis sur le pied de la livre parisis : c'est ce qui fit donner le nom de *parisis* à cette *augmentation.*

Le parisis est composé, 1°. de six deniers qui avoient été attribués aux offices de conservateurs des fermes, créés dans chaque grenier à sel, dans chaque élection, & dans chaque bureau des fermes, par édit de décembre 1633.

2°. De six deniers attribués aux offices des lieutenans des conservateurs, créés par autre édit de novembre 1639.

3°. De douze deniers d'*augmentation* par un arrêt du conseil du 25 février 1643, & une déclaration du 19 décembre suivant, portant suppression de ces offices, avec réserve, au profit du roi, des douze autres deniers qui leur avoient été attribués.

4°. De vingt-quatre deniers de nouvelle *augmentation* par une déclaration du mois de septembre 1645.

Enfin d'une derniere *augmentation* de douze deniers par un édit du mois de mars 1654.

C'est ce qui forma les cinq sols pour livre qu'on appelle encore aujourd'hui *parisis*, & qui furent établis sur les droits des fermes, aliénés ou non aliénés.

Voici maintenant ce qui concerne le sou pour livre, joint au parisis.

On rétablit, par l'édit du mois de février 1657, les offices de conservateurs & lieutenans des fermes, avec l'attribution de douze deniers pour livre, à prendre, non-seulement sur tous les droits des fermes, mais encore sur le parisis des mêmes droits : ces offices n'ayant pas été levés, l'arrêt du conseil du 24 mars de la même année ordonna la perception de ces douze deniers pour livre qui furent appellés *les douze deniers des conservateurs.*

Enfin il fut créé, par édit du mois d'avril 1658, quatre trésoriers généraux des fermes, quatre contrôleurs & quatre commis principaux, anciens, alternatifs, triennaux & quatriennaux pour chaque ferme, avec attribution de six deniers pour livre sur le produit de tous les droits, même du parisis & du sou pour livre : ces offices n'ayant pas été levés non plus, la perception des six deniers pour livre des trésoriers fut ordonnée au profit du roi par arrêt du conseil du 10 avril 1658.

Ces différentes parties ont formé ce qu'on appelle aujourd'hui *parisis*, *sous & six deniers*, autrement *droit d'augmentation.*

Le droit d'*augmentation* a été, par la déclaration du 16 avril 1663, fixé à seize sous trois deniers sur le gros, & cette fixation a été suivie par l'ordonnance de 1680, pour le ressort de la cour des aides de Paris.

Par l'ordonnance rendue pour le ressort de la cour des aides de Rouen, cette fixation n'a lieu dans la ville & la banlieue (seuls lieux de la Normandie où le gros ait cours), que pendant les trois foires franches de Rouen ; dans tout autre temps, l'*augmentation* se perçoit à raison du parisis, sous & six deniers pour livre du gros.

AUGMENTATION, (*Cour d'augmentation des revenus du roi.*) nom d'une cour qui fut érigée sous Henri VIII, roi d'Angleterre, en 1536, pour obvier aux fraudes par rapport aux revenus des maisons religieuses & de leurs terres données au roi par acte du parlement. Cette cour fut abrogée par un acte contraire, émané du parlement tenu la premiere année du regne de Marie ; le bureau en subsiste encore, il contient de précieux monumens. La *cour d'augmentation* fut ainsi nommée, parce que la suppression des monasteres dont même plusieurs furent appropriés à la couronne, en augmenta de beaucoup les revenus. (*H*)

AUGUSTE, s. m. (*Droit public.*) c'est un titre de dignité qu'on a coutume de donner aux rois & aux empereurs. Octavien César est le premier qui a pris le titre d'*auguste*, que ses successeurs ont adopté, & il a toujours servi, dans l'empire romain, à désigner celui qui étoit revêtu de la souveraine puissance. On voit par plusieurs médailles & autres monumens publics, que les impératrices participoient aussi à ce titre.

A l'exemple des Romains, les nations modernes ont donné à leurs souverains & à leurs reines le surnom d'*auguste*. On voit dans des monnoies anciennes, que Childebert, Clotaire & Clovis ont porté

porté ce nom : Crotechide, femme de ce dernier, est appellée tantôt du nom de *reine*, tantôt de celui d'*auguste*, dans le livre des *Miracles de S. Germain*.

Philippe II, l'un de nos rois, est connu dans l'histoire sous le nom de *Philippe-auguste*.

AUGUSTIN, s. m. (*Droit ecclésiastique.*) religieux qui suit la règle de S. Augustin.

L'ordre des *augustins* est un des plus anciens qui se soient établis dans la partie occidentale de la chrétienté. Il a commencé en Afrique l'an 388. Après que S. Augustin eut reçu le baptême, il renonça à toutes les prétentions qu'il pouvoit avoir sur la terre : femme, enfans, dignités, richesses, tout fut oublié pour se consacrer entiérement à la perfection évangélique. Il vendit tout ce qu'il avoit pour le soulagement des pauvres, & ne se réserva que ce qui étoit absolument nécessaire à la vie. Il eut des compagnons qui s'unirent à lui dans le même dessein, & il ne fut plus question que de trouver un lieu propre à l'exécuter. Il restoit encore à S. Augustin des terres auprès de Tagaste en Afrique, & cet endroit leur parut le plus favorable pour y vivre retirés du monde : ils s'y exercèrent, pendant trois ans, aux jeûnes, à la prière, aux bonnes œuvres, imitant, le plus qu'il étoit possible, la vie des solitaires de l'Egypte.

S. Augustin, peu de temps après, fut fait évêque d'Hippone : il laissa ses compagnons pour aller vaquer aux devoirs de l'épiscopat. Il établit, dans cette ville, un monastère, & y appella des clercs pour l'aider dans ses travaux apostoliques. Ses compagnons faisoient de plus en plus, de leur côté, des progrès dans le nouveau genre de vie qu'ils avoient embrassé. Tout le monde s'estimoit heureux d'avoir de ces pauvres volontaires qui avoient tout quitté pour pratiquer la vie commune. On leur donnoit des terres, des jardins ; on leur bâtissoit des églises, des monastères ; en un mot, on n'avoit d'autre ardeur que celle de multiplier leurs établissemens. Ils étoient déjà en grand nombre dans le cinquième siècle, lorsque les Vandales entrèrent en Afrique, & la désolèrent. Toutes les églises, tous les monastères furent pillés, saccagés : la persécution fut si violente, que les évêques, les clercs & les religieux furent obligés de quitter le pays, & de se refugier épars dans différens endroits de l'Europe : & c'est sans doute cette révolution qui porte à croire que les religieux qui ont pris la qualité d'*hermites de S. Augustin*, tirent leur origine des anciens moines établis par ce prélat en Afrique.

Quant à la règle que suivoient les premiers disciples de ce saint instituteur, il y a beaucoup d'apparence, comme le fait observer le père Heliot, qu'ils n'en avoient point d'autre que celle de l'évangile, puisque l'épître 109 de S. Augustin, qui est la 211e, dans l'édition donnée par les RR. PP. Bénédictins, qui sert présentement de règle aux personnes de l'un & de l'autre sexe des différentes congrégations qui se glorifient d'avoir pour père ce saint docteur, n'a été adressée que l'an 423 aux religieuses qu'il avoit établies à Hippone ; mais de savoir quand elle a été accommodée à l'usage des hommes, dans quel pays & par qui ce changement a été fait, c'est encore une difficulté que les savans n'ont pu résoudre jusqu'à présent.

Ce qu'il y a de certain, c'est que les hermites de S. Augustin se trouvoient prodigieusement multipliés en Europe dans le treizième siècle : ils formoient différentes congrégations, dont les plus connues étoient celle des *Jean-Bonites*, qui avoient pour fondateur *Jean-le-Bon*, & celle des Brittiniens qui avoient commencé à Brittini dans la marche d'Ancone. La plupart de ces congrégations n'avoient rien de commun entre elles, ni pour la règle, ni pour le régime. Il y en avoit même quelques-unes qui n'avoient aucune règle fixe : ce qui occasionnoit souvent des contestations entre les différens membres qui les composoient. Ce fut pour obvier à tous ces inconvéniens, qu'Alexandre IV se détermina à les unir ensemble pour ne plus former qu'un seul & même corps. Il travailla à cette union dès la première année de son pontificat, c'est-à-dire, l'an 1254. Il commit à cet effet Richard, cardinal du titre de Saint-Ange, qui étoit déjà protecteur des hermites de Toscane. Ce cardinal écrivit à tous les supérieurs des différentes congrégations de venir le trouver : ce qui ne se fit pas sans difficulté ; car on ne put les rassembler qu'en 1256 dans le couvent de sainte Marie du peuple.

Leur première opération fut de nommer un général qui gouvernât seul toutes les congrégations qui existoient alors, pour ne former plus à l'avenir qu'un même ordre, & leur choix tomba sur Lanfranc Septala, Milanois d'origine & de la congrégation des Jean-Bonites. Ensuite, dans la même assemblée, on divisa l'ordre en quatre provinces qui furent celles de France, d'Allemagne, d'Espagne & d'Italie ; &, pour cet effet, on nomma quatre provinciaux. Le tout fut confirmé par le même pape, suivant une bulle du 13 avril de la même année ; &, par une autre bulle de l'année suivante, il exempta l'ordre de la jurisdiction des ordinaires. Il créa en même temps pour protecteur de cet ordre le cardinal Richard, qui avoit présidé au chapitre général, & qui avoit le plus travaillé à cette nouvelle union. Il lui donna de plus le pouvoir de régler toutes choses dans cet ordre naissant, & d'y faire tous les changemens qu'il croiroit convenables pour y maintenir la tranquillité & l'observance régulière.

Nous pouvons remarquer ici qu'avant cette réunion, il y avoit eu beaucoup d'altercations entre les hermites de S. Augustin & les religieux qu'on appelle *frères mineurs*, au sujet de la couleur de leur habit : les uns & les autres vouloient le porter gris, & les frères mineurs soutenoient que cette couleur n'appartenoit qu'à eux, à l'exclusion des hermites. Grégoire IX, pour faire cesser ces disputes, régla que les hermites porteroient un habit noir ou blanc, avec des manches larges & longues en forme de coules, & une ceinture de cuir par-dessus, assez longue pour être vue; qu'ils auroient toujours à la main, des bâtons hauts de cinq palmes, faits en forme de béquilles; qu'ils diroient de quel ordre ils étoient en demandant l'aumône; enfin, que leur robe ne seroit pas de longueur à empêcher de voir leurs souliers, & cela pour qu'on pût mieux les distinguer des frères mineurs qui étoient déchaussés. L'obligation de porter habituellement une grande béquille avoit paru aux *augustins* une chose aussi gênante que ridicule: ils profitèrent des bonnes dispositions où étoit pour eux le pape Alexandre IV, & ils demandèrent, lors de leur réunion, d'être affranchis de cette espèce de servitude: ce qui leur fut octroyé.

Ce ne fut que l'an 1287, sous le généralat de Clément d'Auximas, qu'on examina les premières constitutions de l'ordre, & qu'elles furent approuvées dans le chapitre général, tenu à Florence. Elles furent de rechef examinées & approuvées, en 1290, dans le chapitre général, tenu à Ratisbonne. On y fit encore quelques changemens dans un chapitre tenu à Rome en 1575; enfin, en 1580, il y eut de nouvelles constitutions dressées par le cardinal Savelli, protecteur de l'ordre, & par le général Thadée de Perouse. Ces nouvelles constitutions furent ensuite approuvées par Grégoire XIII, après qu'elles eurent été examinées, selon ses ordres, par les cardinaux Alciat & Justinien.

C'est en vertu de ces dernières constitutions que les chapitres généraux doivent se tenir tous les six ans, si les vocaux le jugent nécessaire. Quand ces chapitres se tiennent, on peut obliger le général à remettre les sceaux de l'ordre: & c'est alors qu'on est en droit d'élire un nouveau général. Dans celui qui fut tenu à Rome en 1620, on compta cinq cens vocaux: ce qui prouve que les *augustins* s'étoient fort multipliés. Cet ordre est présentement divisé en quarante-deux provinces, sans parler de la vicairerie des Indes, de celle de Moravie, & de plusieurs nouvelles congrégations qui ont des vicaires généraux. Quelques auteurs disent qu'il y a eu autrefois jusqu'à deux mille monastères de ce même ordre qui renfermoient plus de trente mille religieux.

Entre autres prérogatives accordées par les souverains pontifes à l'ordre dont il s'agit, on remarque celle d'avoir attaché l'office de sacristain de la chapelle du pape à un membre de cet ordre: cet officier prend le titre de *préfet de la sacristie du pape*; il a en sa garde tous les ornemens, les vases d'or & d'argent, les reliquaires, & tout ce qu'il y a de précieux dans cette sacristie. Quand le pape dit la messe, soit pontificalement, soit en particulier, c'est ce même officier qui fait, en sa présence, l'essai du pain & du vin. Si le pape entreprend un long voyage, deux estafiers, l'un domestique de sa sainteté, & l'autre domestique du sacristain, tiennent la mule par la bride. Le sacristain exerce alors une espèce de jurisdiction sur tous ceux qui accompagnent le pape; &, pour marque de sa jurisdiction, il porte un bâton à la main. Ce même officier distribue aux cardinaux les messes qu'ils doivent célébrer solemnellement; mais il doit auparavant faire voir au premier cardinal-prêtre, la distribution qu'il en fait: il distribue aussi aux prélats assistans les messes qu'ils doivent célébrer dans la chapelle du pape. Si le sacristain est évêque (car pour l'ordinaire on lui donne du moins un évêché *in partibus*), ou s'il est constitué en dignité, il tient rang dans la chapelle parmi les prélats assistans, lorsque le pape s'y trouve; & si le pape n'y est pas, il a séance parmi les prélats, selon son ancienneté, sans avoir égard à sa qualité de prélat assistant. S'il n'est pas évêque, il prend son rang après le dernier évêque ou après le dernier abbé mitré: &, quoiqu'il ne soit pas évêque, il ne laisse pas de porter le mantelet & la mozette à la manière des prélats de Rome. Après la mort du pape, il entre dans le conclave en qualité de premier conclaviste; il y dit tous les jours la messe en présence des cardinaux: c'est lui qui leur administre les sacremens, ainsi qu'aux conclavistes. Le sacristain étoit autrefois en même temps bibliothécaire du Vatican, & ceci a duré jusqu'au pontificat de Sixte IV, qui sépara ces deux offices pour donner celui de bibliothécaire à Platine, auteur de la vie des papes, & de plusieurs autres ouvrages.

L'ordre des *augustins* fut mis au nombre des quatre ordres mendians par le pape Pie V, en 1567, du moins il voulut qu'ils fussent réputés mendians, quoiqu'ils possédassent des rentes & des fonds. Cet ordre a produit un grand nombre de personnages recommandables, ou par leur sainteté, ou par leur érudition. Parmi ceux qui se sont illustrés par leurs vertus, on remarque S. Thomas de Villeneuve, archevêque de Valence, S. Nicolas de Tolentin, S. Jean Facond, *&c.* On compte parmi les savans, Onuphre Panvini de Vérone, auteur de plusieurs ouvrages concernant les antiquités de l'église, Christian Lupus, natif d'Ypres, *&c.* mais un de ceux qui a fait le plus d'honneur à l'ordre, est le cardinal Henri Noris, originaire de Vérone: les querelles qu'il essuya pour son Histoire pélagienne, en ont fait un des hommes les plus célèbres de l'Italie. Les autres cardinaux que cet ordre a donnés à l'église, sont le P. Bonaventure, le P. Gilles, le P. Seripand, le P. Petrochin, *&c.*

L'habillement de ces religieux consiste en une robe & un scapulaire blancs, quand ils sont dans la maison: &, lorsqu'ils sont au chœur ou qu'ils doivent sortir, ils passent une espèce de coule noire, & par-dessus un grand capuce qui se termine en rond par-devant, & en pointe par-derrière jusqu'à la ceinture, laquelle est de cuir noir.

Les *augustins* ont deux grands couvens qui sont soumis immédiatement au général de l'ordre, l'un à Rome & l'autre à Paris. Le couvent de Paris, appellé *des grands augustins*, sert de collège à toutes les provinces de l'ordre en France, qui y envoient étudier ceux de leurs religieux qui veulent parvenir au doctorat; ils ont été admis aux études de l'univerfité, aussi-bien que les trois autres ordres mendians qui sont les franciscains, les carmes & les jacobins.

Le couvent de Paris ayant eu besoin de réforme, le P. Paul Luchini, général de l'ordre, y fit la visite en 1659, & comme général, & comme commissaire apostolique, en vertu d'un bref du pape Alexandre VII. Ce général y fit plusieurs réglemens pour l'observance réguliere, & ces réglemens furent approuvés dans le chapitre général qui se tint à Rome, l'an 1661.

Outre ces deux couvens de Rome & de Paris, il y en a encore environ trente-six autres qui sont immédiatement soumis au général : ceux de Toulouse, de Montpellier & d'Avignon sont du nombre. Le supérieur de celui de Brunen, en Moravie, est perpétuel : il se sert d'ornemens pontificaux; il exerce une jurisdiction presque épiscopale en plusieurs lieux.

AUGUSTINS RÉFORMÉS. Le relâchement qui s'introduit par-tout, n'avoit pas épargné l'ordre des *augustins*, lorsque plusieurs de ces religieux songèrent, dans le quatorzième siècle, à se réformer, c'est-à-dire, à embrasser un genre de vie plus régulier que celui qu'ils observoient. Le premier monastère où la réforme commença en 1385, fut celui d'Illiceto, en Italie; ceux qui s'associèrent à cette réforme, composèrent la première congrégation réformée qu'on nomma d'*Illiceto*.

L'exemple de cette réforme donna naissance à nombre d'autres congrégations toutes différentes les unes des autres : on vit éclorre la congrégation de Carbonnières dans la ville de Naples; celle de Pérouse à Rome; celle de Lombardie d'où dépend le monastère de Notre-Dame de Brou, proche de Bourg-en-Bresse; celle de Gênes, celle de Monte-Ortono, celle de la Pouille, celle de Saxe qui a produit le fameux hérésiarque Luther; celle de la Claustra en Espagne, celle de la Calabre, celle de Centorbi en Sicile, celle des Colorites dans le royaume de Naples, celle de Dalmatie, *&c.*

Les deux congrégations réformées qu'il y a en France, sont celle de S. Guillaume de Bourges, & celle du bienheureux Thomas de Jesus, dite des *augustins déchaussés*.

La congrégation des *augustins* de S. Guillaume de Bourges, qu'on nomme autrement les *guillelmites*, n'entra point dans l'union générale des hermites de S. Augustin; soit que les députés qu'ils avoient envoyés au chapitre général, tenu pour la réunion sous Alexandre IV, eussent excédé leur pouvoir ou autrement, ils s'étoient opposés à l'union, & avoient demandé à demeurer dans leur même état, sous l'institut de S. Guillaume : ce qui leur avoit été accordé; c'est pourquoi cette congrégation forma dans la suite, elle seule, une des quarante-deux provinces de l'ordre des *augustins* : cependant on ne laisse pas de la mettre au nombre des congrégations réformées de l'ordre de S. Augustin. En effet, la réforme fut introduite dans cette province, en 1593; par le zèle des PP. Etienne Rabache & Roger Girard; ces religieux considérant le peu de proportion qu'il y avoit entre l'ancienne observance & celle qui se pratiquoit pour lors en France dans les différens couvens de l'ordre, résolurent de vivre conformément aux anciennes constitutions qu'ils se proposèrent d'observer à la lettre sous l'obéissance du provincial de la province de France. Ils eurent d'abord quelques compagnons qui se joignirent à eux : le couvent de Bourges fut le premier où ils menèrent cette nouvelle vie : & c'est de-là que cette congrégation fut appellée la *communauté de Bourges*. Ils érigèrent ensuite de nouveaux monastères auxquels se réunirent quelques autres monastères anciens; de sorte qu'en peu de temps, il y en eut jusqu'à vingt qui furent gouvernés dans la suite par un provincial particulier. Cette province a pris, depuis nombre d'années, le nom de province *de S. Guillaume* : on les appelle à Paris *les petits augustins* ou *les augustins de la reine Marguerite*, parce que leur couvent y a été fondé par Marguerite de Valois, première femme de Henri IV, avant qu'il fût roi de France. Leur habillement est à-peu-près semblable à celui des *augustins* de l'ancienne observance, qu'on nomme en France *les grands augustins*; toute la différence qu'il peut y avoir, c'est que ceux de la réforme de Bourges portent leurs habits plus étroits; & afin que leurs frères quêteurs à Paris soient distingués de ceux du couvent des grands *augustins*, ils portent la robe plus courte que ceux-ci.

La réforme des *augustins déchaussés* est ainsi appellée, parce que ceux qui l'ont embrassée, ont ajouté la nudité des pieds à nombre d'autres mortifications. Le P. Thomas de Jesus en jetta les premiers fondemens, & le P. Louis de Léon la continua, en 1588, dans le monastère de Talavera, en Castille : cette réforme fit beaucoup de progrès; elle fut portée en Italie, dans l'Allemagne, dans l'Autriche, dans la Bohême, dans la Sicile & dans d'autres pays : voici comme elle fut introduite en France. Mathieu de Sainte-Françoise, prieur des *augustins* de l'ancienne observance à Verdun voyant qu'il travailloit inutilement à la réforme de son monastère, fut en Italie avec le P. François Amet : ils entrèrent à Rome dans la maison des *augustins* déchaussés de S. Paul de la règle; ils furent reçus parmi ces réformés avec le consentement du général. Après leur année de noviciat, ils firent profession de la règle adoptée par la réforme; ensuite le pape Clément VIII les nomma pour la porter en France, & créa Mathieu de Sainte-Françoise vicaire général de la congrégation qu'il alloit établir.

L'archevêque d'Embrun, Guillaume d'Avançon, prieur commendataire de S. Martin de Miseré, dans la province de Dauphiné, se trouvant pour lors à Rome, & voulant rétablir l'observance régulière dans le prieuré de Villars-Benoît, dépendant de celui de Miseré, lequel avoit été ruiné par les hérétiques, obtint du même pape un bref, l'an 1595, par lequel il lui fut permis d'introduire, dans ce monastère, les religieux déchaussés de l'ordre de S. Augustin; & à ceux-ci de s'y établir, & même de continuer, en France, la réforme qui avoit été commencée en Espagne.

Pour l'exécution de ce bref, l'archevêque d'Embrun prit des arrangemens avec les supérieurs & les religieux, & l'acte fut passé à Rome le 7 mars 1596. Le P. Mathieu de Sainte-Françoise, le P. Amet & un frère lai reçurent leur obédience du général pour venir en France; ils suivirent l'archevêque, &, à leur arrivée, ils prirent possession du prieuré de Villars-Benoît.

Le nombre de ces nouveaux religieux ayant beaucoup augmenté en peu de temps, ils obtinrent, en 1600, permission des supérieurs de l'ordre pour de nouveaux établissemens; le pape Clément VII y donna son attache par un bref de la même année; &, par un autre bref du 26 juin 1607, il recommanda ces mêmes religieux au roi Henri IV.

L'année suivante, le P. Amet fut envoyé à Marseille pour prendre possession d'un monastère qu'on leur avoit accordé dans cette ville : ils s'établirent à Avignon l'an 1610. Deux ans après, le général leur accorda un vicaire. La même année, Paul V confirma, par un bref du 4 décembre, celui de Clément VIII, en faveur des *augustins* déchaussés de France. Le premier chapitre de cette nouvelle congrégation se tint à Avignon : Louis XIII confirma les lettres-patentes que Henri IV avoit données pour l'établissement de ces religieux, & leur permit de posséder des biens immeubles : ces brefs & ces lettres-patentes furent enregistrés au parlement d'Aix en 1619.

C'est encore Louis XIII qui fut le fondateur du couvent de Paris, sous le nom de *Notre-Dame des Victoires*, en mémoire de la prise de la Rochelle sur les calvinistes. La reine Anne d'Autriche établit des religieux de cette congrégation au lieu appellé *les Loges*, dans la forêt de Saint-Germain; elle se déclara aussi fondatrice de leur monastère de Tarascon.

Louis XIV, en 1655, leur accorda des lettres pour leur procurer un établissement à Rome de religieux françois : mais elles n'eurent aucun effet; cependant ce prince ne voulant pas que l'envie qu'il avoit de marquer à ces religieux l'estime qu'il avoit pour eux, demeurât sans être connue, il donna à cette congrégation des armes qui sont d'azur semé de fleurs-de-lys d'or, chargées en cœur, d'un écusson d'or à trois cœurs de gueules, surchargées de trois fleurs-de-lys d'or, l'écu surmonté d'une couronne de prince du sang, & entouré d'un chapelet, avec une ceinture de S. Augustin, & timbré d'un chapeau d'évêque. Le même monarque donna en outre à chacune des trois provinces dont est composée cette congrégation, des armes particulières : ces trois provinces sont celle de Dauphiné, qui a quinze maisons, celle de Provence qui en a autant, & celle de France qui n'en a que six.

Leurs constitutions diffèrent en quelque chose de celles des Italiens.

Les uns & les autres ont deux sortes de frères lais, les uns appellés *convers*, & les autres *commis*: les frères convers portent le capuce, & les frères commis ont un chapeau sans capuce. Ces frères sont pour la quête ou pour le service de la maison.

AUGUSTINS, (*Chanoines réguliers de S. Augustin.*) Il ne faut pas confondre ces religieux avec ceux dont nous venons de parler; les chanoines dont il s'agit ici forment entre eux plusieurs congrégations toutes différentes de celle des hermites de S. Augustin. Parmi les diverses congrégations de ces chanoines, on connoît en France celles des chanoines de Latran, du S. Sépucre, de S. Sauveur, du Val-des-écoliers, & notamment de la congrégation de France, plus connus sous le nom de *génovéfins*. Tous ces chanoines sont habiles à posséder des immeubles & même des bénéfices.

En parlant des bénéfices de leur ordre, nous ne devons pas laisser ignorer qu'il a été rendu le 22 août 1770, une déclaration enregistrée le 9 août de l'année suivante, concernant en général les bénéfices dépendans des congrégations des chanoines réguliers de S. Augustin : suivant cette déclaration, il n'y a que les religieux qui ont fait profession dans ces congrégations qui puissent y posséder des bénéfices à charge d'ames; aucun d'eux n'en peut accepter qu'après avoir obtenu le consentement du supérieur général: on doit même produire ce consentement à l'évêque diocésain; & si le supérieur général juge à propos de révoquer le bénéficier, celui-ci est obligé d'obéir, pourvu que la révocation soit du consentement de l'évêque & non autrement, malgré ce qui peut résulter de contraire sur ce point de l'édit de 1686.

Le roi, par une autre déclaration du 6 août 1774, interprétative de la précédente, a ordonné que le pécule des chanoines réguliers décédans, pourvus de bénéfices à charge d'ames, continuera d'appartenir à la congrégation dont ils sont profès, nonobstant toute transaction ou traité de partage, quand même les bénéfices ne seroient pas dépendans de l'ordre où les titulaires ont fait profession.

Il est libre aux supérieurs de visiter une fois l'année les bâtimens qui dépendent de ces bénéfices, & de contraindre ceux qui les possèdent d'y faire les réparations dont ils sont tenus. S'il s'agissoit d'emprunt, on seroit obligé de se conformer à ce que prescrivent les articles 16 & 17 de l'édit de 1773, cité dans cette déclaration.

AUGUSTINE, s. f. (*Droit ecclésiastique.*) c'est une religieuse qui fait profession de vivre sous la règle de S. Augustin.

L'institution des religieuses *augustines* est aussi ancienne que celle des religieux augustins. Du temps de S. Augustin, il y avoit en Afrique beaucoup de filles qui faisoient profession de virginité, & toutes ces filles n'étoient point rassemblées dans des monastères. S. Augustin en fit construire un à Hyppone; sa sœur en fut la supérieure, & le gouverna jusqu'à sa mort. Dans ce monastère entrèrent les filles de son frère & de son oncle; on croit que la fille du prêtre Janvier y entra aussi; la règle qu'il donna à ces religieuses se trouve dans la cent neuvième de ses lettres, qui est la deux cent onzième dans l'édition des pères bénédictins: il paroît même qu'il cherchoit moins à leur donner une règle que des avis religieux; c'est cependant le contenu de cette lettre qui a fait depuis la règle des filles qui vivent sous l'institut de S. Augustin: elle a en même temps servi de base à celle que les hommes ont adoptée sous le même institut.

Il y a plusieurs congrégations de ces sortes de filles en Espagne & en Italie. Un de leurs monastères, le plus fameux est celui qu'elles ont à Venise. Le pape Alexandre III en fut le fondateur en 1177, lorsqu'il demeuroit dans cette ville, où, après un long schisme, il releva l'empereur Frédéric Barbérousse des censures qu'il avoit encourues. Ce prince, pour donner des marques d'une parfaite réconciliation, consentit que sa fille Julie se fît religieuse dans ce monastère, avec douze autres demoiselles dont elle fut la première abbesse. Ce monastère fut richement doté par le doge Sébastien Zani, & ce fut pour cette raison que le pape lui donna, & à ses successeurs, le patronage de ce monastère qui dépend entiérement des doges, sans être soumis à la jurisdiction du patriarche. Voici quels sont les droits du doge, en vertu de ce patronage.

Les religieuses élisent d'abord leur abbesse: cette élection est ensuite communiquée au doge pour y donner son approbation; & son approbation donnée, le pape envoie son bref de confirmation. Lorsqu'on a reçu ce bref, le doge, accompagné des principaux du sénat, entre dans le monastère pour en faire la lecture; après que l'abbesse a été bénite, & qu'elle a prêté serment au doge, il l'épouse en lui mettant au doigt deux anneaux, dont l'un porte l'image de S. Marc, l'autre est un beau saphir, & le mariage se termine à un baiser.

On ne reçoit dans ce monastère que des filles nobles qu'on appelle *gentiles-donnes*. Quand on leur parle, on les traite d'illustrissimes. Ces religieuses sont habillées de blanc. L'abbesse est perpétuelle; & lorsqu'elle meurt, ses obséques se font avec autant de pompe que celles du doge.

Les *augustines* ont encore à Rome un monastère fort renommé, sous le titre de *sainte Marthe*. On n'y reçoit que des princesses & des dames de la première qualité. Elles sont habillées de blanc avec un scapulaire noir; en hiver, & au chœur, elles mettent par-dessus une robe noire ouverte par-devant. L'objet principal de leur établissement est de prendre soin des malades dans les hôpitaux. Il y a plusieurs maisons de cette congrégation en Allemagne & en France. Elles ont un établissement considérable à Guéret dans la haute-Marche: leur monastère est contigu à l'hôtel-Dieu; elles y prennent soin des malades avec un zèle tout-à-fait louable & édifiant.

La communauté connue à Paris, sous le nom de *sainte Catherine*, rue saint-Denis, est composée des filles de la même congrégation: elles logent les pauvres, font enterrer les cadavres qu'on trouve dans les prisons, dans les rues & sur les bords des rivières.

La congrégation du *Mont-Calvaire* est aussi de l'ordre de S. Augustin. Elle fut établie à Anvers dans le treizième siècle: elle s'est répandue par toute la Flandres pour le service des hôpitaux. A Cambray, ces filles qu'on nomme les *sœurs-noires*, logent les pélerins & exercent envers eux la charité.

On connoît aussi les filles déchaussées de S. Augustin, dont la réforme commença en Espagne, sous le titre de l'*Annonciation*, que porte le monastère que Philippe III & Marguerite d'Autriche, sa femme, leur firent construire près de leur palais. La vie de ces filles est des plus austères.

Parmi les autres congrégations de filles qui vivent sous la règle de S. Augustin, & qui sont en grand nombre dans l'Europe, on distingue celle des filles pénitentes ou converties, autrement nommées les *Sachettes*, sous le titre de *sainte Magdelaine*; c'est un religieux, nommé *Bertrand*, de la ville de Marseille, qui est leur instituteur. Leur habit est composé d'une tunique de gros drap noir, d'une large ceinture de cuir & d'un manteau noir par-dessus: elles sont toujours nuds-pieds. Ces filles pénitentes se sont répandues dans plusieurs royaumes, où elles font beaucoup de bien.

Filles du tiers-ordre de S. Augustin. Ce tiers-ordre seroit peu connu en France sans le zèle du père Ange le Proust, augustin de la congrégation de Bourges. Dans le temps que ce religieux étoit prieur du couvent de Lambale, en Bretagne, il fut touché de voir nombre de pauvres sans secours, par la ruine de plusieurs hôpitaux; ceci lui fit naître le dessein d'instituer une société de filles pieuses pour le rétablissement & le service de ces hôpitaux. Il n'y avoit pas long-temps que la canonisation de S. Thomas de Villeneuve, archevêque de Valence, venoit d'être faite, ce prélat s'étoit rendu recommandable par sa grande charité envers les pauvres; cette considération fit naître au père Proust l'idée de mettre sa nouvelle société sous la protection de ce saint, dont elle a retenu le nom. Il se présenta d'abord un grand nombre de filles qui y entrèrent. Il leur fut donné des statuts & des réglemens conformes à la règle de S. Augustin. L'hôpital de Lambale fut le premier établissement qu'elles eurent. Il leur en a été donné ensuite beaucoup d'autres: elles en ont eu à Moncontour, à Saint-Brieu, à Dol, à Saint-Malo, à Rennes, à Quimper, à Quonquerno, à Landerno, à Brest, à Morlaix, à Malestroit, à Châteaubriant & en d'autres endroits.

Ces filles ont une maison à Paris, au fauxbourg Saint-Germain, vers les incurables. Cette maison est pour elles comme un séminaire où demeurent leur directrice & leur procuratrice générale. C'est à ces deux supérieures qu'on s'adresse lorsqu'on veut avoir des filles de leur société pour de nouveaux établissemens. Elles regardent le père Proust comme leur véritable instituteur. Après sa mort elles firent imprimer une lettre qui prouve qu'elles avoient pour ce religieux la plus grande vénération. On sait d'elles, par tradition, qu'il fut leur supérieur général pendant sa vie. Après lui, elles élurent M. de la Chétardie, curé de S. Sulpice. M. Languet, curé de la même paroisse, fut élu à la suite de M. de la Chétardie. Lorsque leur supérieur vient à manquer, les filles des maisons de province envoient leur voix par écrit à celle de Paris, pour une nouvelle nomination. Elles voulurent faire approuver dans le temps leur société par le saint siège : elles obtinrent, en effet, une bulle du pape Innocent XII, mais sous certaines conditions qui leur déplurent, & qui ont été cause qu'elles n'ont point adopté cette bulle : elles se sont toujours contentées depuis de l'approbation de l'évêque dans le diocèse duquel elles se trouvent établies.

Quant à leurs observances, elles sont fort mystérieuses sur cet article : tout ce qu'on a pu savoir, c'est qu'elles font des vœux simples ; & qu'en les prononçant, on leur met un anneau d'argent au doigt.

Leur habillement consiste en une robe noire fermée par-devant, & ceinte d'une ceinture de cuir. Pour coëffure elles ont une cornette de toile blanche, avec une coëffe blanche par-dessus ; elles ont de plus un mouchoir de cou en pointe, & un tablier blanc lorsqu'elles sont dans la maison. Quand elles sortent, elles mettent sur leur cornette une coëffe de pomille ou gaze noire, & un grand voile noir par-dessus.

AVIGNON, ville démembrée de la Provence & qui se trouve aujourd'hui sous la domination du saint siège. C'est la capitale du comtat Venaissin.

Aucune ville n'a peut-être éprouvé plus de révolutions que celle d'*Avignon*. Quand les Romains se furent formé des établissemens dans les Gaules, elle fut une colonie de cette nation, & comprise d'abord dans la Gaule Narbonnoise, & successivement dans la seconde Viennoise. Lors de la décadence de l'empire romain, le patrice Constance la céda aux Bourguignons : Clovis l'assiégea ensuite inutilement, après quoi elle passa sous la domination de Théodoric, roi d'Italie, & de Thierry, roi d'Austrasie : les rois de France lui donnèrent des loix après Thierry jusqu'en 730 que les Sarrasins s'en emparèrent : Charles Martel la reprit sur ceux-ci qui y rentrèrent en 737 ; mais ils y furent forcés, & presque tous exterminés la même année. Elle passa alors sous la domination des rois d'Arles & de Bourgogne, & successivement sous celle des comtes de Forcalquier & de Toulouse. Profitant enfin des circonstances & des troubles du temps, elle s'acquit, au douzième siècle, une sorte d'indépendance qui lui fut confirmée par plusieurs souverains, & particuliérement par l'empereur Conrad le salique, Henri III, son fils, Guillaume III, comte de Forcalquier, Guillaume IV, *&c.* & elle s'érigea en république sous le gouvernement d'un podestat électif : elle subsista ainsi jusqu'au milieu du treizième siècle. Elle reconnut alors les comtes de Provence pour ses souverains ; ce fut Jeanne, reine de Sicile & petite-fille du roi Robert, comte de Provence, qui vendit cette ville pour une somme très-modique au pape Clément VI, le 19 juin 1348.

En 1768, le mécontentement, causé à la maison de France, par le pape Clément XIII, à cause d'un bref, rendu contre le duc de Parme, détermina le roi à s'en emparer ; mais le pape ayant donné satisfaction à Louis XV, & aux branches de la famille de France, qui règnent en Espagne & en Italie, ce prince lui rendit *Avignon* & le comtat Venaissin.

M. Dupui a solidement établi, dans son *Traité des droits du roi*, les différens moyens de nullité de cette aliénation.

Bacquet rappelle aussi, dans son *Traité de l'aubaine*, les droits du roi sur cette ville. *Il est notoire*, dit cet auteur, *que la ville d'Avignon est assise au-dedans du comté de Provence ; que le roi est seigneur de la plus grande partie du pont d'Avignon, & qu'en la ville d'Avignon il y a notaires pourvus par le roi de France, qui s'intitulent notaires apostoliques & royaux.*

Le domaine de la couronne étant inaliénable, la possession d'*Avignon*, par le saint siège, ne peut être considérée que comme un engagement. C'est pourquoi les habitans d'*Avignon* sont déclarés regnicoles, & peuvent posséder en France toutes sortes de biens, d'offices & de dignités comme les autres sujets du roi.

Des lettres-patentes de Louis XIV, du mois d'avril 1698, enregistrées au parlement de Paris le 5 mai suivant, portent que les docteurs, suppôts, gradués & écoliers de l'université d'*Avignon* jouiront de tous les privilèges, honneurs, prérogatives, prééminences & libertés qui ont été attribués aux docteurs, gradués, suppôts & écoliers des plus fameuses universités de France.

Mais, quoique les habitans d'*Avignon* soient regardés comme regnicoles, dit M. de Catelan, le vice-légat d'*Avignon* est traité comme étranger. Cette qualité l'empêche de fulminer les bulles expédiées en cour de Rome pour des François. Telle est la jurisprudence du parlement de Toulouse, comme le prouvent deux arrêts des 30 janvier 1670, & 21 juin 1675.

C'est pour la même raison que le vice-légat d'*Avignon*, qui exerce ordinairement sa jurisdiction sur les provinces ecclésiastiques de Vienne, d'Arles, de Narbonne, d'Aix & d'Embrun, ne peut user du droit que ces bulles lui attribuent à cet égard, qu'il n'ait auparavant obtenu des lettres-patentes confirmatives de ce droit, & qu'il ne les ait fait enregistrer dans tous les parlemens sur le ressort desquels s'étend sa légation.

Il faut d'ailleurs qu'il promette par écrit de ne rien faire contre les libertés de l'église gallicane, & de se soumettre aux modifications apposées à ses pouvoirs par l'arrêt de vérification.

Le vice-légat d'*Avignon* peut conférer, sur démission pure & simple faite entre ses mains, & sur permutation, les bénéfices vacans dans les provinces de sa légation, & il peut pareillement conférer ceux qui y vaquent par dévolution.

On tolère aussi que ce légat prévienne les collateurs ordinaires dans l'étendue de sa légation.

L'archevêque d'*Avignon* a séance & voix délibérative au parlement de Provence, & les agens généraux du clergé de France lui adressent les ordres du roi, comme aux autres prélats du royaume.

Un arrêt du conseil, du 6 avril 1726, a maintenu cet archevêque & ses suffragans, les évêques de Carpentras, Vaison & Cavaillon, dans le droit d'exercer par eux ou par leurs grands-vicaires, dans leur ville épiscopale, leur jurisdiction gracieuse & volontaire. Le conseil a pour cet effet cassé un arrêt du parlement de Provence, du 18 juin 1722.

AVIS, s. m. (*Jurisprudence.*) ce mot en général veut dire conseil ou instruction. Mais il se prend dans plusieurs acceptions différentes.

On entend, 1°. par *avis*, le sentiment, l'opinion, le jugement, que porte l'esprit sur un sujet proposé à sa délibération. C'est en ce sens qu'on dit au palais qu'il convient de prendre l'*avis* des chambres, l'*avis* d'un siège, l'*avis* des avocats, *&c.* 2°. on appelle *avis*, les avertissemens, les nouvelles que donnent les ambassadeurs dans une cour étrangère, les envoyés, les résidens, les espions; 3°. *avis* se dit aussi des nouvelles que donnent & reçoivent les négocians, pour leurs spéculations en fait de commerce.

En droit, on donne particuliérement le nom d'*avis*, aux conseils que donne un homme de loi sur les difficultés, pour lesquelles il est consulté; aux jugemens ou arbitrages des avocats & procureurs dans les affaires qui leur sont renvoyées, & aux délibérations des parens dans les élections de tutele, curatelle & autres objets qui intéressent les mineurs.

Nous observerons en général que le droit naturel oblige celui qui en est requis, de donner son *avis* franchement, honnêtement, suivant ses connoissances & les lumières de sa conscience : il doit en bannir tout intérêt personnel, toute considération étrangère, toute vaine complaisance, toute adulation. La sagesse, la vérité & la justice doivent toujours y présider, & lorsqu'il s'agit d'affaires contentieuses, sur lesquelles on demande à un homme de loi son *avis*, il doit, en le donnant, y faire parler en outre le langage de la loi, de la jurisprudence & des autorités.

Nous ne nous arrêterons pas à détailler les qualités qui doivent accompagner les *avis* donnés par les gens de loi, on les trouvera sous le mot AVOCAT. Nous dirons seulement un mot sur ce qu'on appelle, en termes de pratique, *avis d'avocats* dans les affaires qui leur sont renvoyées, & *avis de parens*.

Avis d'avocats dans les affaires qui leur sont renvoyées. Lorsqu'il se présentoit au barreau quelques affaires qui demandoient un examen particulier, surtout lorsqu'il s'agissoit de titres, les juges ordinairement les renvoyoient pardevant d'anciens avocats pour en passer par leur *avis*. Lorsqu'il n'étoit pas dit que leur *avis* seroit reçu par forme de sentence ou d'arrêt, on pouvoit y former opposition & plaider sur les moyens; mais pour éviter cet inconvénient, il étoit presque toujours dit que leur *avis* seroit reçu par forme d'appointement & alors il faisoit loi. Cet usage étoit très-avantageux, en ce que les affaires, ainsi soumises à un examen particulier, sont décidées plus promptement & avec connoissance de cause.

Il y avoit encore beaucoup de petites affaires qui étoient renvoyées devant les avocats : telles étoient les désertions d'appel, les folles intimations, *&c.* & devant les procureurs, comme les contestations sur des points de procédure, sur de taxes de dépens, *&c.*

Par un arrêt de réglement de 1781, toutes les causes qu'on avoit habitude de renvoyer pardevant les avocats, sont appointées & jugées dans la forme ordinaire. On appelle ces appointemens *appointemens sommaires*. Le même réglement fixe les frais qui devront être payés, soit pour les épices, soit pour les honoraires des procureurs & des secrétaires. *Voyez* APPOINTEMENT *sommaire*.

Avis des parens. Lorsqu'il s'agit de donner un tuteur à des pupilles ou de les émanciper, on convoque leurs parens paternels & maternels, pour donner leur *avis*, sur ce qu'ils croient de plus avantageux pour l'intérêt des mineurs. On fait ensorte qu'il y ait au moins quatre parens du côté du père & trois du côté de la mère; à défaut de parens on convoque des voisins ou des amis.

La convocation des parens se fait chez le juge du lieu, & on y appelle le procureur du roi. Lorsqu'un des parens ne peut pas s'y transporter, il peut y envoyer, en sa place, un fondé de procuration. Il est assez d'usage à Paris que les parens, au lieu de se transporter chez le juge, rédigent leur *avis* pardevant notaires, & chargent un procureur fondé de les représenter lors de l'homologation de leur *avis*.

Cette convocation peut avoir lieu de même, lorsqu'il s'agit de l'interdiction d'un insensé ou d'un prodigue, & en général dans tous les cas où il est question de délibérer sur le parti qu'il convient de prendre relativement à la personne, & aux intérêts d'un mineur ou d'un autre interdit.

Il faut que ceux qui sont appellés pour donner leur *avis* soient au moins âgés de 25 ans; car il seroit singulier qu'un mineur fût admis à opiner sur le compte d'un autre mineur. Il y a cependant une exception à faire à l'égard de la mère mineure, en qui l'attachement peut suppléer à l'âge, pour bien des choses; elle doit être admise à faire ses représentations, sauf à y avoir tel égard que de raison, & sans la compter au nombre des parens requis.

L'*avis* des parens ne fait loi qu'autant qu'il est homologué en justice : cependant cette homologation n'est pas observée dans l'usage lorsqu'il s'agit du mariage du mineur; il suffit qu'il se fasse du consentement de la famille.

Il n'en est pas de même de l'aliénation des biens du mineur, le tuteur, ni le curateur ne peuvent y consentir sans un *avis* des parens homologué. La même chose s'observe pour les interdits comme pour les mineurs.

Quand les parens sont d'*avis* différens, le juge a la liberté de se décider pour le parti qui lui paroît le plus sage; mais s'ils étoient d'accord, du moins pour le plus grand nombre, il ne lui seroit point permis de rendre un décret entièrement contraire à leur délibération.

En général les parens ne sont pas responsables des événemens de leur *avis;* cependant lorsqu'il s'agit de nommer un tuteur à des mineurs, ils doivent faire attention à sa fortune. Dans les pays de droit écrit, excepté les parties qui sont du ressort du parlement de Paris, les parens sont garans de la solvabilité du tuteur ou du curateur qu'ils ont nommé. Le juge lui-même en est subsidiairement responsable, ce qui nous paroît un peu étrange, parce qu'enfin ce n'est pas à lui de savoir quel est le plus solvable des parens. On observe cependant qu'il suffit que le tuteur ait été solvable lors de sa nomination, pour qu'il n'y ait point de garantie, pour une insolvabilité survenue depuis. Le danger d'être recherché en pareille occasion, fait que ceux qui sont exempts de tutèle sont exempts de nommer un tuteur.

Lorsqu'il s'agit d'exercer une garantie contre les parens, elle ne peut avoir lieu que contre ceux qui ont nommé, & contre ceux qui ont fait refus de comparoître : ces derniers sont présumés avoir approuvé ce qui seroit fait par le plus grand nombre, ou du moins ils sont dans leur tort de n'avoir point comparu, pour empêcher par leurs représentations la nomination d'un tuteur insolvable.

En fait de garantie sur cet article, il est à observer que les parens ne sont point solidaires les uns pour les autres, & que chacun ne supporte l'insolvabilité du tuteur que pour sa part & portion.

Dans le pays coutumier, les parens ne sont point garans de l'insolvabilité de celui qu'ils ont nommé : il faut pourtant excepter de cette maxime générale les provinces de Bretagne & de Normandie, où les parens sont tenus de cette insolvabilité. Peut-être seroit-il à desirer qu'il en fût de même dans tout le royaume : on ne verroit pas si fréquemment dissiper les biens des mineurs.

Cette garantie a donné lieu, pour la Bretagne, à un édit du mois de décembre 1732, enregistré au parlement de Rennes, le 9 mars 1733; cet édit qui contient 42 articles, se trouve dans le second volume de la dernière édition des arrêts d'Augeard.

Le parlement de Normandie a fixé sa jurisprudence sur cette matière par deux réglemens, l'un de l'année 1666, connu sous le nom de *placités*, & l'autre de 1673. Nous observerons, à l'égard de la Normandie, qu'il se pratique dans cette province un usage fort ancien, qu'on appelle *condescendance*, suivant lequel un parent nommé tuteur peut se décharger de cette fonction sur un plus proche parent, par la raison que dans le droit elle concerne celui qui est le premier appellé à recueillir la succession du pupille. Mais si ce parent, sur lequel la charge a été rejettée, n'est pas solvable, celui qui l'a substitué à sa place répond seul de son insolvabilité.

Au surplus, il est bon de remarquer que lorsque, par son testament, un père a nommé un tuteur à ses enfans, les parens ne sont plus exposés aux mêmes suites de la garantie. Il est vrai, qu'en pays coutumier, il faut que cette nomination soit confirmée par le juge, sur un *avis* de parens; mais il suffit que le tuteur désigné ne soit pas notoirement insolvable, pour que les parens soient à l'abri de toute recherche : on présume qu'ils n'ont pas eu plus de connoissance de la mauvaise conduite ou du peu de fortune de ce tuteur, que le père, qui est censé ne l'avoir nommé que pour le plus grand intérêt de ses enfans, n'en avoit lui-même. *Voyez* TUTÈLE, CURATELLE, VENTE, MARIAGE, *&c.*

AVIS (*Lettre d'*), *Commerce.* C'est une missive, par laquelle un négociant ou un banquier mande à son correspondant qu'il a tiré sur lui une lettre-de-change, ou qu'il lui a expédié des marchandises.

Les *lettres d'avis*, pour le paiement de lettres-de-change, doivent contenir le nom de celui pour le compte de qui on la tire, la date du jour, du mois & de l'année, la somme tirée, le nom de celui qui en a fourni la valeur, de celui à qui elle doit être payée, & le temps de l'échéance.

On peut se dispenser d'accepter, & de payer une lettre-de-change, quand on n'en a point eu *avis*, à moins que la lettre-de-change ne porte expressément ordre de payer sans autre *avis* du tireur.

AVITINS (*Biens*), *terme de Coutume*, dans celles de Navarre, de la Sole, de Labourd, de Bayonne, de Béarn, *&c.* on appelle *biens avitins*, des biens qui ont été possédés successivement par trois personnes de la même famille.

Plusieurs de ces coutumes défendent à ceux qui possèdent des *biens avitins*, d'en aliéner l'universalité : celle de Béarn est de ce nombre; elle excepte néanmoins les cas de nécessité, qu'elle laisse à l'arbitrage des jurats du lieu de la situation des biens, ou des juges de la cour du sénéchal. Ces cas de nécessité sont le rachat de la prison, l'incendie, l'établissement des enfans, le paiement des dettes contractées

contractées pour alimens, rançon & autres causes semblables.

Mais cette coutume permet l'aliénation particulière de quelques portions de ces sortes d'héritages sans connoissance de cause, pourvu que l'aliénation soit faite à titre onéreux, & qu'elle n'ait pas pour objet de frauder le plus proche héritier.

Quelques-unes des coutumes qui admettent les *biens avitins*, en permettent l'aliénation aux propriétaires non mariés, & ne l'interdisent qu'à ceux qui ont des héritiers directs.

AULIQUE, adj. pris subs. (*Droit ecclésiastique.*) c'est le nom qu'on donne dans les facultés de théologie, à un acte qu'un jeune théologien soutient, au moment de la réception d'un docteur, & sous sa présidence. Cet acte est le premier des actes probatoires qu'on est obligé de soutenir pour parvenir au degré de bachelier : il tire son nom du lieu où il se soutient, c'est-à-dire, de la salle où on reçoit le nouveau docteur en théologie, & on l'appelle *aulique*, du mot latin *aula*, qui signifie *salle*.

AUMAILLES, terme usité dans plusieurs coutumes, & qu'on trouve dans l'ordonnance des eaux & forêts, pour signifier des *bêtes à cornes*, & même d'autres bestiaux domestiques. Ducange croit que ce mot a été fait du latin *manualia pecora*, *seu animalia mansueta*, *quæ ad manus accedere consueverunt.* (*H*)

AUMALE, petite ville de Normandie dans le pays de Caux, & du diocèse de Rouen. Elle est le chef-lieu d'une duché-pairie, qui ressortit immédiatement au parlement de Paris : on y trouve un bailliage, une vicomté, une maîtrise des eaux & forêts & un grenier à sel. Il y a trois foires, une le 28 juin, la seconde le 10 d'août & la troisième à la S. Martin de novembre.

Suivant la coutume locale du pays, les biens situés dans la ville d'*Aumale*, ses fauxbourgs & dépendances, se partagent par égales portions entre frères, à la charge par eux de contribuer au mariage de leurs sœurs.

AUMONE, f. f. (*Droit naturel, civil & ecclés.*) c'est toute espèce de secours que l'on donne aux pauvres, par compassion ou par charité. L'*aumône* n'est pas seulement un acte de bienfaisance, c'est un devoir que l'homme doit remplir envers son semblable, dépourvu des moyens de subsister.

La loi naturelle nous ordonne d'assister ceux qui se trouvent dans le besoin, ceux qui sont réduits à une telle misère qu'ils n'ont pas de quoi se sustenter, ni l'espérance de se procurer dans la suite un état plus heureux. La justice nous y oblige; car tout homme a un droit rigoureux sur cette partie des biens de la terre, qui lui est nécessaire pour vivre; celui qui en est privé, est dépouillé de ce qui lui appartient, par celui qui a de ces biens, plus qu'il ne lui en faut pour son usage.

On demandera sans doute quel est le nécessaire qui doit appartenir à chaque homme, & quel peut être le superflu, sur lequel le riche est tenu, suivant la loi naturelle, de fournir au pauvre ce dont il a besoin.

Il y a deux sortes de nécessaires, l'absolu & le relatif. Le nécessaire absolu est réglé par les besoins indispensables de la vie; il a des bornes plus étroites que nous ne pensons, si le luxe ne nous avoit pas corrompu. Pour le connoître il suffit de jetter les yeux sur ces hommes simples, qui jouissent d'une santé vigoureuse jusqu'à la fin d'une longue vie, & qui se contentent de l'eau claire d'un ruisseau, de quelques fruits, d'un pain grossier & d'un vêtement simple.

Le nécessaire relatif est ce que demandent la condition, l'état & les circonstances où l'on se trouve. Il ne peut avoir lieu que dans les sociétés civiles, où l'ordre & la subordination exigent, qu'il y ait parmi les membres qui la composent, divers genres de vie & d'occupations. La loi naturelle oblige de sacrifier le nécessaire relatif, lorsque le nombre & les besoins des indigens le demandent.

Mais si la loi naturelle nous oblige à faire l'*aumône*, elle nous prescrit aussi de la faire avec prudence; car si elle est faite inconsidérément elle nuit à la société, parce qu'elle nourrit la paresse, & excite la mendicité. A l'exception des infirmes, des vieillards & des enfans, on ne doit pas au pauvre la subsistance entière, mais les moyens de se la procurer par son travail. En effet, dit Montesquieu, quelques *aumônes* données à un homme nud, dans les rues, ne remplissent pas les obligations de l'état, qui doit à tous les citoyens une subsistance assurée, la nourriture, un vêtement convenable, & un genre de vie, qui ne soit pas contraire à la santé.

L'*aumône* est expressément commandée & dans les termes les plus forts par le christianisme. L'évangile & les pères veulent que le superflu soit consacré à l'assistance des pauvres dans les nécessités communes & ordinaires, & le nécessaire relatif dans le cas d'une nécessité urgente & griève. L'obligation de donner l'*aumône* est principalement imposée aux ecclésiastiques.

Le corps du droit canonique est plein de décisions, qui déclarent que les biens des bénéficiers ne leur appartiennent que pour un tiers destiné à leur propre subsistance, que les deux autres tiers doivent être employés à l'entretien des églises, & au soulagement des pauvres. Ces canons ne sont plus en vigueur, mais les bénéficiers ne sont pas moins tenus de donner aux pauvres une partie de leurs revenus. Chaque évêque autrefois avoit son major-dôme ou vidame, qui étoit chargé de pourvoir aux besoins des pauvres: cet office ne subsiste plus, mais l'obligation de l'*aumône* n'est pas moins réelle, & aucune loi n'en peut affranchir les bénéficiers, & sur-tout les évêques.

Les loix civiles sont venues à l'appui de la loi naturelle & des loix ecclésiastiques, & elles ont enjoint aux bénéficiers l'obligation de faire l'*aumône*.

Suivant l'ordonnance de Charles IX, du 3 novembre 1572, & celle de Melun de 1580, les ecclésiastiques & bénéficiers doivent contribuer aux *aumônes* publiques & générales, qui se font pour la nourriture des pauvres dans des temps malheureux, tels que sont ceux de famine ou de peste. Dans ces cas, les assemblées, tant des ecclésiastiques que des laïques, pour la taxe des *aumônes*, doivent se tenir au palais épiscopal. C'est l'évêque qui y préside, ou un grand-vicaire si l'évêque est absent. Dans les lieux où il n'y a point d'évêque, l'assemblée se tient chez l'ecclésiastique le plus qualifié de l'endroit. Cela doit être ainsi observé, même dans les villes où il y a un parlement sans siège épiscopal.

Quoique l'ordonnance de 1572 ait déterminé les cas dans lesquels les ecclésiastiques peuvent être contraints de faire l'*aumône*, les cours ne laissent pas de maintenir, par leurs arrêts, les *aumônes* que le seul usage a introduites. Ainsi, par arrêt du parlement d'Aix, du 10 octobre 1688, le prieur décimateur de l'église de Reillane, fut condamné à aumôner le tiers de son revenu, suivant la coutume.

Par un autre arrêt du 23 juin 1653, le même parlement condamna le fermier de l'archevêque d'Aix, à faire les *aumônes* ordinaires pendant la vacance du siège.

L'article 23 de l'édit du mois d'avril 1695, charge les juges royaux du soin de faire acquitter les *aumônes*, lorsque les titulaires des bénéfices négligent de remplir cette obligation.

Un édit du mois de mai 1681, enregistré au parlement de Rouen le 23 juin suivant, a ordonné que toutes les *aumônes* de fondations, soit en argent, soit en pain, vin ou autrement, dont les communautés séculières & régulières de Rouen étoient chargées envers les pauvres, appartiendroient à l'hôpital, & que tous les revenus des aumôneries des abbayes & prieurés de cette ville seroient réunis au même hôpital.

C'est au juge laïque qu'appartient la connoissance des fraudes de ceux qui amassent les *aumônes*.

On trouve dans les preuves des libertés de l'église gallicane un arrêt du parlement de Paris, du 30 avril 1525, qui admoneste l'évêque de Paris, de faire son devoir sur le fait des pauvres, sauf à la cour, s'il ne le faisoit pas, d'y pourvoir.

Un arrêt de réglement du même parlement, ordonne à tous ceux qui reçoivent des testamens, contenant des legs pieux & des *aumônes*, d'en donner avis au procureur-général, & de lui envoyer un extrait de l'acte.

On appelle *aumônes fieffées*, certaines fondations que nos rois ont faites en faveur des églises, des monastères, des hôpitaux, & dont le paiement est assigné sur le domaine de la couronne, pour être fait en deniers ou en nature, suivant les états arrêtés au conseil.

En parlant des legs ou donations des terres, faits à l'église par le roi ou par quelque seigneur, sans aucune autre obligation que de reconnoître qu'on les tient de celui qui les a donnés, on dit qu'*ils relèvent ou sont tenus en franche-aumône*.

Cette espèce de tenure est semblable au franc-aleu, & pourroit être appellée *franc-aleu ecclésiastique*. Il doit être prouvé par un titre primordial, ou tout au moins par une possession de quarante ans.

Dans les pays de grandes gabelles, les commissaires départis doivent dresser & arrêter, dans chaque paroisse, un rôle des pauvres habitans, hors d'état d'acheter du sel, & de la quantité nécessaire pour leur consommation. Le curé & les principaux habitans signent ce rôle, avec soumission de payer la valeur du sel, suivant l'imposition qui en sera faite. C'est le dispositif d'un arrêt du conseil du 21 mars 1709.

Le roi est dans l'usage de faire distribuer gratuitement, aux ordres mendians, une certaine quantité de sel tous les ans : l'état en est arrêté chaque année au conseil, & remis aux adjudicataires des fermes pour y satisfaire.

AUMÔNE, (*Droit criminel.*) c'est le nom d'une peine pécuniaire que le juge inflige pour certains délits.

L'*aumône* se prononce le plus souvent contre des accusés qui ont obtenu des lettres de grace pour avoir commis quelque homicide. On n'entérine communément ces lettres qu'en chargeant l'impétrant de payer une *aumône*, que l'on fixe à une somme plus ou moins forte, selon la qualité du fait & des personnes.

On condamne aussi quelquefois à une *aumône*, un officier négligent ou qui a commis quelque abus dans ses fonctions.

L'*aumône* n'étant pas une peine infamante, on peut la prononcer sur une instruction ordinaire, sans qu'il faille récoler ni confronter les témoins.

Divers arrêts ont même condamné à l'*aumône*, en matière civile.

Par la déclaration du roi, du 21 janvier 1685, il est défendu aux cours & à tout autre juge, en condamnant des accusés à des amendes envers le roi, de prononcer contre eux des condamnations d'*aumônes*, pour être employées en œuvres pies, à moins toutefois qu'il ne s'agisse d'un cas de sacrilège, & que l'*aumône* ne fasse partie de la réparation. La même déclaration ajoute que les cours & les autres juges royaux pourront condamner à des *aumônes*, applicables au pain des prisonniers seulement, les accusés qui auront obtenu des lettres de rémission, attendu qu'il ne doit être prononcé contre eux aucune amende envers le roi.

Dans les autres cas où l'amende ne peut avoir lieu envers le roi, la déclaration citée veut que les *aumônes* que les juges prononceront soient appliquées, ou au pain des prisonniers, ou aux religieux mendians, ou aux hôpitaux & autres lieux pitoyables, à peine de désobéissance.

Par arrêt du 6 mars 1714, le parlement de Paris infirma une sentence du juge de Montmorillon, qui te qu'elle avoit ordonné l'application à œuvres pies de cent cinquante livres d'*aumône*, à quoi elle avoit condamné un prêtre, déclaré atteint & convaincu d'avoir abusé du tribunal de la pénitence pour séduire ses paroissiennes.

Par un autre arrêt du 23 mars 1763, le même parlement infirma une sentence du bailliage d'Epernay, par laquelle il avoit été ordonné que différentes *aumônes* auxquelles des ecclésiastiques avoient été condamnés, pour n'avoir pas tenu des registres de baptême, mariage & sépulture, conformément à la déclaration du 9 avril 1736, seroient employées à l'acquisition d'un christ, qui seroit placé dans l'auditoire.

M. l'avocat-général représenta qu'il n'étoit pas convenable de décorer le temple de la justice avec les dépouilles des coupables; & en conséquence, l'arrêt cité ordonna que les *aumônes* prononcées appartiendroient à l'hôpital.

Lorsqu'un accusé condamné à l'*aumône* est prisonnier, il ne peut obtenir son élargissement qu'en consignant cette *aumône* entre les mains du greffier. C'est une disposition de l'article 29 du titre 13 de l'ordonnance de 1670.

AUMÔNE *des charrues*, en Angleterre, se dit de la cotisation d'un denier par chaque charrue, que le roi Ethelred exigea des Anglois ses sujets pour la subsistances des pauvres: on l'appella aussi l'*aumône du roi*. (*H*).

AUMONERIE, s. f. (*Droit ecclésiastique.*) est un office claustral, dont le titulaire est chargé de distribuer par an une certaine somme en aumônes. La plupart de ces offices ont été supprimés, & les revenus qui y étoient attachés ont été réunis aux menses conventuelles. Mais si l'*aumonerie* est en titre d'office, elle est regardée comme un véritable bénéfice, qui est sujet à l'expectative des gradués.

L'*aumonerie* doit son origine à l'usage où étoient autrefois la plupart des abbayes du royaume, de distribuer des aumônes à leurs portes. On affecta des fonds particuliers pour remplir cette obligation, & on chargea un religieux du soin de cette distribution.

Mais comme ces aumônes servoient de prétexte à des attroupemens de vagabonds & de gens sans aveu, plusieurs loix & réglemens ont défendu les distributions de cette espèce, & ont ordonné que les fonds ou sommes destinés à ces aumônes seroient données aux hôpitaux des villes, les plus voisins des abbayes, pour y nourrir les pauvres du lieu. *Voyez ci-dessus* AUMÔNE.

Depuis le partage des biens entre l'abbé & les religieux, les aumônes de fondation sont à la charge du tiers-lot, à moins qu'elles n'aient été attachées à un office exempt de partage.

AUMONIER, s. m. (*Droit ecclésiastique.*) on donne en général ce titre à des ecclésiastiques attachés à la personne d'un prince, d'un évêque, d'un grand ou à quelque corps particulier pour leur dire la messe, leur faire la prière, leur administrer les sacremens, & les servir dans tout ce qui a rapport à la religion.

Le père Thomassin, après avoir rapporté les dispositions de trois canons faits vers le treizième siècle dans trois différens conciles, remarque, 1°. que les chapelains des rois & des évêques étoient alors assujettis à une église, selon l'ancienne discipline; 2°. qu'ils devoient y faire résidence selon l'ancien usage de tous les bénéficiers; 3°. que les grands ne pouvoient avoir aucun chapelain ou *aumônier*, que de la main ou par la concession de l'évêque; 4°. que tous ces chapelains devoient être dans les ordres sacrés; 5°. que le premier chapelain de l'évêque étoit comme l'archi-chapelain & le supérieur de tous les autres. Enfin que les chapelains des châteaux devoient se regarder comme les gardiens & les défenseurs du patrimoine de l'église dans tout le voisinage.

Le même auteur ajoute que les conciles de ce temps-là prirent un soin particulier de conserver l'autorité des évêques dans l'institution des chapelains ou *aumôniers*, parce que les laïques en avoient fait comme leur patrimoine; c'étoient de purs bénéfices auxquels ils nommoient comme collateurs libres: que les conciles changèrent cet usage & rétablirent l'autorité & l'institution épiscopale dans ces chapelles; mais que dans la suite les laïques se choisirent de nouveau leurs chapelains. Le pape Nicolas VI, répondant, en 1447, à diverses consultations sur ce sujet, se contenta d'exiger des particuliers, qui étoient dans le cas d'avoir des *aumôniers*, qu'ils les nommassent avec la simple permission de l'évêque, & qu'ils ne les fissent pas loger avec les séculiers.

La plupart de ces chapelles étant devenues insensiblement des titres de bénéfices, le droit de ces particuliers s'est converti en patronage, & on ne voit plus aujourd'hui que les *aumôniers* en titre, du roi, des princes & des prélats, à qui l'on puisse appliquer les canons des conciles, dont parle le père Thomassin.

Aumônier du roi. Il y a chez le roi trois sortes d'*aumôniers*, savoir le grand *aumônier*, le premier *aumônier* & les *aumôniers* de quartier.

Le grand *aumônier* est le chef de la chapelle du roi: il est, à proprement parler, l'évêque de la cour; il en a les prérogatives & en fait les fonctions. Sa charge est presque aussi ancienne que la monarchie. Sous les rois de la première race, celui qui en étoit revêtu s'appelloit *aprocrisiaire*; sous les rois de la seconde race, on le nomma *archi-chapelain*, & sous ceux de la troisième, *grand aumônier*. Il fut d'abord appellé *apocrisiaire*, parce que sa principale fonction étoit de répondre à ceux qui venoient le consulter. L'apocrisiaire partageoit, avec le comte du palais, l'administration des affaires du royaume; il étoit pour le spirituel, ce qu'étoit le comte pour le temporel: il occupoit un des premiers rangs aux états-généraux, & il avoit pour associé & pour collègue le chancelier.

L'archi-chapelain hérita de l'autorité de l'apocrisiaire : il étoit le chef de la chapelle, il disposoit de toutes les places ecclésiastiques de la cour, étoit appellé aux états généraux, présidoit aux assemblées de l'église gallicane, & jugeoit en dernier ressort toutes les affaires spirituelles dont la connoissance appartenoit au roi ; souvent même la dignité de chancelier étoit unie à la sienne. Goslin, évêque de Paris, est qualifié archi-chapelain & archi-chancelier de France, sous Charles le Chauve, Louis II & Carloman.

Le successeur de l'archi-chapelain n'eut pas d'abord le titre qu'il porte aujourd'hui. Au commencement, on ne l'appelloit pas autrement qu'*aumônier du roi* : on le nomma ensuite *grand aumônier du roi* : enfin on lui donna le titre de *grand aumônier de France*. Le cardinal de Meudon est le premier qui en ait été décoré, en 1543.

Depuis le célèbre Amyot, évêque d'Auxerre, précepteur des rois Charles IX & Henri III, & grand *aumônier* de France, non moins connu par ses écrits que par ses dignités, les grands *aumôniers* sont commandeurs-nés de l'ordre du Saint-Esprit, sans être obligés de faire preuve de noblesse, & ils prêtent serment de fidélité entre les mains du roi. En cette qualité, ils reçoivent la profession de foi des nouveaux chevaliers, & veillent à l'exécution de l'article 81 des statuts de l'ordre, qui oblige les augustins du grand couvent de Paris de dire tous les jours deux messes, l'une haute pour le roi & les chevaliers de l'ordre, & l'autre basse pour les défunts.

C'est le grand *aumônier* qui expédie le certificat du serment de fidélité que prêtent au roi, pour les dignités ecclésiastiques, les nouveaux archevêques ou évêques, l'abbé général de l'ordre de Cîteaux, & quelques autres abbés, aussi bien que le certificat du serment de fidélité que prêtent à sa majesté, pour les dignités qui ont rapport à la religion, les grands-prieurs de l'ordre de Malte, *&c.* Il se trouve au lever & au coucher du roi, pour assister aux prières de sa majesté. Il est présent au repas public du roi, pour la bénédiction de la table & pour les graces. A la messe du roi, il présente à sa majesté son livre de prière & lui donne l'eau bénite ; quand le roi va à l'offrande, il l'accompagne jusqu'à l'autel ; à certaines fêtes de l'année, il lui présente à baiser l'évangile & la paix. Quand le grand *aumônier* est absent, cet honneur est dévolu au premier *aumônier*, & en l'absence de celui-ci, aux *aumôniers* de quartier, préférablement aux cardinaux qui seroient présens. Il est d'usage que le jour de la cène le grand *aumônier*, quand il est évêque, donne l'absoute avec la crosse & la mitre.

C'est lui qui administre au roi la communion & les autres sacremens ; & qui le dispense, quand il le faut, de l'abstinence pendant le carême & les autres jours où l'on doit l'observer.

Il baptise les enfans de France & ceux dont le roi est parrain ; il fiance & marie, devant le roi, les princes & les princesses ; mais toujours en présence du curé, qui inscrit sur les registres de la paroisse les actes relatifs à ces cérémonies.

Quand il se trouve avec le roi, il a droit, dans quelque diocèse que ce soit, d'officier même en présence de l'évêque diocésain.

Quand le roi, dans un heureux événement, comme à l'occasion de son sacre, de la naissance d'un prince, de sa première entrée dans une ville ou de quelque victoire signalée, *&c.* donne la liberté à des prisonniers, c'est le grand *aumônier* qui est chargé de les délivrer.

Sa fonction primitive & celle qui a donné le nom à sa dignité, est la distribution des aumônes du roi ; il dispose en conséquence de tous les fonds destinés à cet objet ; il a aussi l'intendance de l'hôpital des quinze-vingts de Paris, & de quelques autres maisons de piété.

Il a droit de visite dans certains collèges de l'université de Paris, d'en nommer les principaux, de pourvoir aux places de boursiers, & à celles de lecteurs du collège royal.

Ses anciens appointemens, sur l'état général de la maison du roi, sont de 1200 livres d'une part, 1200 livres de pension, 6000 livres pour son plat & livrée, & 6000 livres en qualité de commandeur de l'ordre du Saint-Esprit ; en tout 14400 livres.

La marque de sa dignité est un grand livre couvert de satin bleu, avec les armes de France brodées dessus.

Rouillard, Loiseau, Marcel, le père Anselme & quelques autres auteurs mettent le grand *aumônier* au nombre des grands officiers de la couronne & de la maison du roi.

Outre le grand *aumônier*, il y a à la cour un premier *aumônier* du roi. Cette charge est vénale, & ne peut être remplie que par un évêque; celui qui en est revêtu remplace le grand *aumônier*, en tout ce qui regarde le service de la chapelle & de l'oratoire du roi.

Indépendamment de ces deux *aumôniers*, il y en a huit autres qu'on appelle *les aumôniers de quartier*, & un *aumônier* ordinaire du roi, qui est censé être toujours de service, pour suppléer en l'absence des deux *aumôniers* qui doivent servir par chaque quartier. Tous ces officiers ont des gages, sont commensaux de la maison du roi, jouissent des privilèges attachés à cette qualité, & de même que les conseillers-clercs des parlemens, ils sont réputés présens dans les chapitres dont ils sont chanoines.

Aumôniers des corps. Il y a des *aumôniers* attachés aux hôpitaux militaires, aux régimens & aux vaisseaux.

Suivant les ordonnances militaires, l'*aumônier* d'un hôpital ne doit pas souffrir qu'un soldat, cavalier ou dragon catholique soit trois jours dans l'hôpital sans se confesser, & il ne doit pas attendre que le médecin ou chirurgien-major l'avertisse à ce sujet. Il est tenu de dire tous les jours la messe à une heure réglée, de faire la prière le soir & ensuite une ronde dans les salles, ensorte qu'il ne néglige rien pour l'administration des sacremens.

L'*aumônier* doit aussi de temps en temps faire des exhortations dans les salles & coucher dans l'hôpital, si cela est possible, ou du moins très-à-portée. Lorsqu'il y a deux *aumôniers*, il suffit qu'un des deux couche chaque nuit à l'hôpital.

L'*aumônier* est chargé de tenir un registre fidèle des soldats qui viennent à mourir, & de le faire signer à la fin de chaque mois par deux officiers de l'hôpital & par le commissaire des guerres. Il faut ensuite qu'il tire de ce registre deux certificats qui constatent la mort de chaque soldat, cavalier ou dragon, & qui doivent être signés & légalisés par le commissaire des guerres : l'un de ces certificats s'envoie au régiment, & l'autre à la famille du défunt.

Les *aumôniers* des troupes du roi font partie de l'état major de chaque régiment. Ils ont des appointemens en temps de paix, comme en temps de guerre, à l'exception des *aumôniers* des régimens de cavalerie & de dragons, qui n'en ont qu'en temps de guerre.

Les *aumôniers* des troupes du roi doivent être approuvés de l'évêque diocésain, ou de leur supérieur régulier s'ils sont religieux.

Leurs fonctions sont à-peu-près les mêmes que celles d'un curé dans sa paroisse, sur-tout quand le régiment, auquel ils sont attachés, n'est pas sédentaire dans une ville. Ils doivent veiller à ce que l'office divin se fasse régulièrement, & que les officiers & soldats reçoivent à temps les secours des sacremens.

Tout ce que nous disons des *aumôniers* des troupes, a également lieu pour les *aumôniers* de vaisseaux.

L'article premier du titre 2 du livre 2 de l'ordonnance de la marine, veut qu'il y ait un *aumônier* dans les navires qui font des voyages de long cours.

Par une autre ordonnance, du 2 juin 1694, le roi avoit enjoint à tous les propriétaires & capitaines des navires de vingt-cinq hommes d'équipage & au-dessus, destinés pour les voyages de long cours, d'y embarquer un *aumônier* qui devoit avoir trente livres par mois avec la table du capitaine, à peine contre les propriétaires & capitaines de 1500 livres d'amende, dont les capitaines paieroient le tiers, sans pouvoir en être déchargés, sous quelque prétexte que ce fût. Mais sur ce qui fut représenté que les bâtimens sur lesquels vingt-cinq hommes d'équipage suffisoient, étoient trop petits pour que le service divin s'y fît avec décence, & que d'ailleurs les profits que faisoient ces bâtimens n'étoient pas suffisans pour supporter la dépense d'un *aumônier*, le roi rendit une nouvelle ordonnance le 2 février 1701, par laquelle l'obligation de prendre des *aumôniers* fut restreinte aux navires de trente hommes d'équipage & au-dessus.

D'un autre côté, les *aumôniers* n'ayant pas été jugés moins nécessaires sur les navires armés en course, que sur ceux qui font des voyages de long cours, le roi, par son ordonnance du 30 août 1702, régla qu'il y auroit un *aumônier* sur chaque navire corsaire, du port de cent tonneaux & au-dessus. Cette ordonnance fut suivie d'une autre du 11 mars 1705, qui étendit cette obligation à tout armateur de bâtiment corsaire d'un pont & demi, & de soixante hommes d'équipage, avec injonction de pratiquer un logement convenable pour l'*aumônier*, de pourvoir à sa subsistance & de lui payer des appointemens, lesquels, en cas de contestation, devoient être réglés par les officiers de l'amirauté.

Plusieurs armateurs & capitaines de navires ayant négligé de se conformer à ces ordonnances, le roi fit renouveller l'obligation de les exécuter, par une lettre que M. de Pontchartrain écrivit à ce sujet aux officiers des amirautés, le 17 juillet 1709. Aux termes de cette lettre, il suffisoit qu'il y eût trente hommes d'équipage sur un navire, pour qu'on fût obligé d'y embarquer un *aumônier*; mais par le réglement du 5 juin 1717, cette obligation a été restreinte aux vaisseaux dont les équipages sont au moins de quarante hommes, & l'amende, en cas de contravention, ne doit plus être que de deux cens livres.

L'*aumônier* d'un vaisseau doit célébrer la messe les fêtes & dimanches, à moins que le mauvais temps n'en empêche, faire ces mêmes jours le catéchisme dans le lieu & à l'heure indiqués par le capitaine, expliquer en françois les prières qui se disent en latin, administrer les sacremens aux gens du vaisseau, & faire tous les jours, matin & soir, la prière publique, où chacun doit assister, à moins qu'il n'ait quelque empêchement légitime. Telle est la disposition de l'article 3, titre 2, livre 2 de l'ordonnance de la marine.

Par l'article 4, il est défendu aux propriétaires, marchands, passagers, mariniers & autres, de quelque religion qu'ils soient, qui se trouveront sur un navire, d'apporter aucun trouble à l'exercice de la religion catholique, & il leur est enjoint de porter honneur & révérence à l'*aumônier*, à peine de punition exemplaire.

AUMONIER, (*terme de Coutume.*) celle de Lille, *tit. 1, art. 7*, dit que nul ne peut être en même temps *aumônier* & *parchonnier*, c'est-à-dire, légataire, ou donataire & héritier. Cette disposition qui prohibe, dans une même personne, les qualités de légataire & d'héritier, est conforme à toutes les coutumes, qui requièrent l'égalité entre les héritiers d'une personne. *Voyez* RAPPORT, SUCCESSION.

AUNE, s. f. (*Jurisprudence. Police.*) bâton d'une certaine longueur, qui sert à mesurer les draps, les toiles, les rubans & autres étoffes. Il doit être ferré par les deux bouts, & conforme à l'étalon déposé dans les hôtels-de-ville, ou dans le bureau commun des marchands.

L'*aune* de Paris est de trois pieds, sept pouces & huit lignes, conformément à l'étalon qui est dans le bureau des marchands merciers, & qui, par l'inscription gravée dessus, paroît avoir été fait en 1554, sous le règne de Henri II.

L'*aune* de Paris est en usage dans la plupart des villes de province, quoique plusieurs de ces villes aient une *aune* particulière.

Par un arrêt du conseil, du 24 juin 1687, il fut ordonné qu'en Languedoc on se serviroit de l'*aune* de Paris, au lieu de la mesure appellée *canne*, qui étoit alors en usage dans cette province. Le 27 octobre de la même année, la même chose fut ordonnée pour le Dauphiné.

L'article 11 du titre 1 de l'ordonnance de 1673 enjoint à tous négocians & marchands, tant en gros qu'en détail, d'avoir des *aunes* ferrées & marquées par les deux bouts, avec défense d'en employer d'autre, à peine de faux & de 150 livres d'amende. Sans cette précaution les *aunes* se raccourciroient par l'usage, & deviendroient de fausses mesures.

AUNEUR, s. m. (*Jurisprud. Comm. Finan.*) c'est un officier public, chargé de l'inspection de l'aunage, & d'*auner* lui-même certaines marchandises. Par édits de 1571, de décembre 1582, de mai 1584 & d'octobre 1620, il fut créé des offices d'*auneurs*-contrôleurs-visiteurs & marqueurs de draps. Il fut ensuite créé d'autres offices d'*auneurs*-contrôleurs-visiteurs & marqueurs de toiles, par édit de janvier 1686 & de juin 1627. Les fonctions de ces *auneurs* étoient de voir les draps & les toiles qui sortoient des manufactures, de les mesurer, marquer & contrôler, & il leur étoit attribué certains droits pour cette opération.

Louis XV se fit rendre compte, en 1767, de l'exécution qu'avoient eue ces différens édits de création : il reconnut que dans certains endroits ces offices étoient pourvus de titulaires ; que dans d'autres ils avoient été aliénés à des corps & communautés & même à des seigneurs ; que dans d'autres, enfin, où ces offices n'avoient point été aliénés, les droits s'en percevoient souvent par des gens qui s'en étoient mis en possession sans titre ni qualité. En conséquence, sa majesté jugea à propos de réunir, par arrêt de son conseil, du 18 mai 1767, ces mêmes offices, ensemble les droits qui en dépendoient, au domaine de sa couronne ; & de préposer quelqu'un à l'exercice des droits dépendans de ces offices, sauf à rembourser les aliénataires suivant leur quittance de finance : elle déclara en même temps ne point comprendre dans cette réunion les offices de cette nature établis dans la ville de Paris.

L'année d'après on reconnut qu'il pourroit naître plusieurs inconvéniens en laissant subsister les offices dont il s'agit, & par édit du mois d'avril 1768, ils furent supprimés. On ne laissa continuer la perception des droits qui leur étoient attribués, que dans les lieux où ils se percevoient antérieurement au 18 mai de l'année précédente. Il fut dit que dans six mois les titulaires de ces offices, les corps, communautés & seigneurs particuliers qui les avoient acquis ou réunis, & qui étoient en possession de percevoir, en tout ou en partie, les droits qu'on y avoit attribués, seroient tenus d'envoyer au contrôleur-général leurs titres de propriété, pour procéder à la liquidation des finances payées, & être ensuite pourvu à leur remboursement, & que jusqu'à ce remboursement effectué, l'intérêt du montant de ces liquidations leur seroit payé à raison de quatre pour cent, sans retenue.

Les droits attribués à ces offices furent pareillement supprimés ; mais il fut dit que, dans les lieux où ils se percevoient antérieurement au 18 mai de l'année d'auparavant, ils continueroient d'être perçus au profit de sa majesté jusqu'au 31 décembre 1774, comme devoient être perçus ceux des offices de cette nature, qui avoient été réunis au domaine par l'arrêt du conseil du 18 mai 1767, & que les fonctions attribuées à ces offices seroient remplies par des commis qui feroient la perception de ces droits, pour aider au remboursement des officiers.

Et comme il y avoit encore dans ce temps-là beaucoup d'autres offices de la même nature à-peu-près que ceux des *auneurs*, le roi, par une déclaration du 15 décembre 1770, registrée en juillet 1772, voulut que tous ces offices, à quelque époque & sous quelque dénomination qu'ils eussent été créés, demeurassent éteints & supprimés, sous la réserve néanmoins de la jouissance y exprimée au profit de sa majesté, pendant tout le temps déterminé par l'édit d'avril 1768, c'est-à-dire, jusqu'au 31 décembre 1774.

Il y a à Paris une communauté de cinquante jurés *auneurs*-visiteurs des toiles, créés en titre d'offices héréditaires, avec attribution d'un denier & demi par aune, pour droit de mesurage. Ils prêtent serment devant le lieutenant-général de police. Ces offices avoient été supprimés par un édit du mois de septembre 1719, mais ils furent rétablis par un autre édit du mois de juin 1730. Ils ont deux bureaux où ils font leurs fonctions & la perception de leurs droits, l'un à l'hôtel des fermes, & l'autre à la halle aux toiles.

A l'égard des *auneurs* de draps, les maîtres & gardes-drapiers & merciers de Paris étoient en possession d'avoir douze préposés dont les fonctions étoient d'auner les draps sous la halle, ou dans les magasins & boutiques des marchands, quand il en étoient requis par ceux-ci ou par les forains ou leurs commissionnaires, & cette possession leur avoit été confirmée par des lettres-patentes du mois d'octobre 1638, contre un traitant, lorsque Louis XIV, en 1704, jugea à propos d'ériger ces sortes de fonctions en titre d'office.

Les maîtres & gardes de la draperie firent aussitôt leurs remontrances pour faire voir combien l'érection de ces offices nuiroit à leur commerce;

ils offrirent une finance ; & moyennant quatre cens mille livres, ces mêmes offices furent supprimés, par une déclaration du 30 décembre de la même année 1704; il fut dit en même temps que les fonctions attribuées à ces offices continueroient d'être exercées par ceux que nommeroient les maîtres & gardes en charge, des deux corps des marchands drapiers & merciers. Comme il n'étoit pas juste que ces marchands drapiers & merciers eussent emprunté une somme si considérable sans indemnité, il fut arrêté au conseil un tarif, portant attribution de divers droits de visite & d'aunage, suivant la nature & la qualité des étoffes qui entreroient à la halle aux draps, qui seroient portées à la foire Saint-Germain, ou qui rentreroient à Paris, au retour des deux foires franches de Saint-Denis.

Quoique les offices d'*auneurs* soient supprimés dans les provinces, cependant dans les lieux où sont les manufactures, il y a toujours des *auneurs* préposés pour les étoffes & pour les toiles. Le réglement général des manufactures de lainage, du mois d'août 1669, défend d'auner aucun ouvrage de ces manufactures, qu'il ne soit marqué du lieu de la fabrique, & que le nom de l'ouvrier ne soit sur le chef & premier bout de la pièce, à peine de cinquante livres d'amende, & d'interdiction des fonctions d'*auneur*, en cas de récidive. Il est aussi défendu d'auner autrement que *de bois à bois justement & sans évent*, à peine de cent livres d'amende pour chaque contravention.

Suivant ce même réglement, les courtiers ne peuvent être *auneurs*, ni les *auneurs* courtiers, commissionnaires ou facteurs, ni acheter ou faire acheter des laines ou marchandises de draperie & sergeterie, pour leur compte, ni pour qui que ce soit, pour les revendre directement ni indirectement à leur profit, à peine de confiscation de ces marchandises, de cent livres d'amende & de privation de leurs fonctions.

Un arrêt du conseil, du 3 octobre 1689, donne le choix à l'acheteur de faire auner toutes les pièces dont il fait emplette, tant par la lisière que par le dos ou faîte, & d'en payer le prix, sur le pied du moindre aunage qu'elles contiennent.

AUNIS, (*Pays d'*) *Droit public François*, petite province de France, du démembrement de la Saintonge, avec laquelle elle faisoit autrefois partie du Poitou: elle renferme aujourd'hui l'*Aunis* propre, dont la Rochelle est la capitale, le Brouageois, les îles de Ré & d'Oléron.

Cette province faisoit, sous les Romains, partie de la seconde Aquitaine: elle subit successivement le joug des Goths & des François, elle fut ensuite gouvernée par des seigneurs particuliers. Le mariage d'Eléonore de Guienne avec Henri II, la fit passer sous la domination angloise, qu'elle secoua en 1371, pour se donner à Charles V, roi de France.

Il y a dans cette province un évêché pour le gouvernement ecclésiastique. Le militaire est entre les mains d'un gouverneur-général, d'un lieutenant-général, d'un commandant de la province, d'un lieutenant de roi, d'un lieutenant des maréchaux de France, de douze gouverneurs particuliers, commandans & majors de place.

L'administration civile est composée d'une sénéchaussée, d'un présidial, où l'on juge selon la coutume ordinaire du pays. Il est dans l'étendue des cinq grosses fermes.

L'*Aunis*, sous la domination angloise, étoit du ressort du parlement de Bordeaux; mais une déclaration du 12 juin 1472, l'a mis sous celui du parlement de Paris, sous lequel il est toujours resté, malgré le grand éloignement où il est de cette capitale.

AVOCAT, s. m. (*Jurisprudence.*) c'est le titre qu'on donne à ceux qui, ayant pris des grades de licence dans une faculté de droit, se consacrent à défendre, de vive voix ou par écrit, les intérêts des citoyens, devant les tribunaux établis pour les juger.

Ce mot dérive de l'adjectif latin *advocatus*, qui signifie *appellé*, parce que, chez les Romains, dans les affaires qui demandoient une grande connoissance des loix, on appelloit, à son secours, ceux qui en faisoient une étude particulière. On les nommoit aussi *patrons*, *défenseurs*, parce qu'ils prenoient encore, sous leur protection, ceux dont ils défendoient ou les intérêts, ou l'honneur, ou la vie. On leur donnoit quelquefois, en même temps, le titre d'*orateur*, lorsqu'on leur voyoit déployer, avec chaleur, toute la force de l'éloquence, en *pérorant* pour leurs cliens. Toutes ces différentes dénominations conviennent encore, dans nos mœurs, à ceux qui font la profession d'*avocat*.

Origine & excellence de la profession d'avocat. L'origine de cette profession est aussi ancienne que le monde même. Par-tout où les hommes ont vécu en société, il y a eu nécessairement des *avocats*, parce que l'ignorance a été par-tout l'apanage de la plupart des hommes, & que l'injustice a cherché par-tout à exercer sa tyrannie. Ceux qui ont été les plus sages, les plus éclairés & les plus courageux parmi leurs concitoyens, en ont été les premiers patrons, les premiers défenseurs; on a eu nécessairement recours à leur zèle, à leurs talens, à leurs lumières.

Cette profession a dû être plus brillante dans les républiques, que dans les pays régis par la loi d'un seul: aussi voyons-nous qu'elle y étoit bien plus cultivée & plus honorée qu'elle ne l'est de nos jours, dans la plupart des gouvernemens de l'Europe. Ce n'est pas qu'on n'ait encore beaucoup d'estime & de considération pour ceux qui se consacrent à l'étude des loix; mais cette carrière ne conduit plus aussi essentiellement aux premières places, aux dignités, qu'elle y conduisoit chez les Grecs & chez les Romains. La discussion des grandes affaires politiques n'est point, dans les monarchies, entre les mains des *avocats*; leurs talens se bornent à défendre les intérêts des particuliers, & leur récompense à la gratitude de leurs cliens.

Quoi qu'il en soit, leur profession n'en est pas moins intéressante pour la société, sur-tout en France, où le souverain se fait gloire de tout régir par des loix positives. Ces loix, aujourd'hui si prodigieusement multipliées, rendent peut-être le ministère des *avocats* plus recommandable que jamais. Il ne suffit pas de tenir ces loix en dépôt dans des volumes; si elles ne sont connues & enseignées, elles ne produisent aucun fruit. Il faut donc qu'il y ait des hommes assez courageux, pour en faire le sujet de leurs méditations, & devenir par-là comme une loi vivante pour ceux qui, incapables de s'occuper d'une étude pareille, cherchent néanmoins à se conduire suivant les principes du gouvernement & les devoirs de la société.

Ce sont ceux qui, dans le sein de la retraite, séparés du monde & de ses plaisirs, se dévouent à une étude si pénible, que nous appellons *jurisconsultes*, pour les distinguer plus particuliérement de ceux qui sont appellés au barreau pour y discuter les droits de leurs parties, & qu'on nomme *avocats plaidans*. Ce n'est pas que la profession, dans toute son étendue, ne soit commune aux uns & aux autres; mais il est assez ordinaire qu'elle se partage entre la consultation & la plaidoirie, suivant le goût & le talent particulier de ceux qui l'embrassent. Souvent l'*avocat* plaidant & l'*avocat* consultant travaillent de concert pour le même but; l'un fournit les armes, & l'autre en fait usage. L'honneur du triomphe devroit ce semble se partager; mais le public ne voit que l'athlète qui se montre au palais; les acclamations sont pour lui, & le jurisconsulte n'a d'autre avantage que de pouvoir s'applaudir en silence d'avoir ordonné le combat, en prescrivant la marche qui devoit conduire au succès.

Au reste, soit qu'on se rende utile par le conseil, par la plume ou par la parole, la profession, en elle-même, n'en est pas moins digne de la plus grande recommandation. De toutes les connoissances humaines, la science des loix importe infiniment à l'ordre politique. Il est bien moins nécessaire qu'on ait de grands historiens, de grands peintres, de grands physiciens, que de grands jurisconsultes. Ceux-ci, en se rendant les dépositaires du code de nos devoirs, nous enseignent ce qui est juste & ce qui ne l'est pas; ce qui est permis & ce qui est défendu; ils nous montrent ce que nous nous devons à nous-mêmes; ce que nous devons à autrui, au prince, à la patrie, à la religion.

Qualités de l'avocat. Pour se rendre digne d'un titre si distingué, il faut des talens & des qualités qui n'appartiennent point au commun des hommes. Il faut avoir été comme préparé, dès ses premières années, à une étude qui exige un grand nombre d'autres connoissances préliminaires; la plus essentielle est celle de l'esprit & du cœur humain. Il faut connoître les hommes, être au fait de leurs vertus, de leurs vices, de leurs foiblesses, être doué de la plus grande intelligence, du plus grand discernement, & sur-tout d'une grande justesse, pour faire l'application des règles & des principes aux cas particuliers. Outre les qualités de l'esprit, il faut encore celles du cœur; un sacrifice généreux de ses plaisirs, de sa liberté; un courage propre à surmonter les obstacles qui peuvent se présenter; un zèle ardent à venir au secours de l'innocent & du malheureux; une noble franchise pour ne parler jamais que le langage de la vérité, & sur-tout un désintéressement à toute épreuve, pour que rien ne puisse altérer la grandeur d'ame qui doit principalement caractériser le jurisconsulte.

La discrétion est encore une qualité essentielle dans l'*avocat*. Dépositaire de la confiance de ses clients & de leurs secrets, souvent les plus importans, il trahiroit indignement son ministère, s'il abusoit de cette confiance, pour en faire son profit particulier. La discrétion que son état exige est si grande, qu'il n'est pas même obligé de révéler, comme témoin, ce qu'il ne sait que comme *avocat*, à moins qu'il ne soit question d'une affaire qui intéresse essentiellement le souverain & l'état, ou que son client ne lui ait montré frauduleusement de la confiance, pour écarter son témoignage.

Quiconque ne se sent point tous ces avantages, ne doit pas s'ingérer dans l'exercice d'une profession qui les demande si essentiellement. Rien de plus dangereux, pour la société, qu'un *avocat* mal instruit, & qui ne tend qu'à la fortune. Son ignorance & son ambition seront toujours le fléau de ceux qui auront assez peu de discernement pour s'adresser à lui. Les talens & la probité doivent être nécessairement son partage habituel. Les talens, sans la probité, sont le plus funeste présent qu'il ait pu recevoir de la nature; la probité, sans les talens, ne suffit pas non plus : avec la meilleure foi du monde, on peut faire souvent des fautes irréparables. L'*avocat* doit donc être, tout ensemble, & homme de bien & homme éclairé : *vir probus, dicendi peritus.* Mais sur-tout qu'il ait de la probité; on peut ajouter qu'elle aide beaucoup à l'intelligence : l'esprit se porte facilement à l'équité, quand on en a dans le cœur, l'amour & les principes.

Etudes de l'avocat. C'est aussi parce qu'on sait combien il est important d'être instruit & d'avoir des mœurs, qu'avant de pouvoir s'ingérer dans les fonctions du jurisconsulte, on exige une étude, dans les facultés de droit, pendant un certain temps déterminé par les réglemens, avec des certificats de catholicité, pour s'assurer des talens & de la conduite de ceux qui aspirent à la profession. Il est vrai que la science, que l'on acquiert aujourd'hui dans ces écoles publiques, n'est guère capable de former un jurisconsulte; mais enfin on peut toujours juger, pendant ce temps-là, de l'aptitude des sujets, & on y puise les premiers principes de la jurisprudence : il n'y a qu'une étude longue & assidue, qui puisse faire un véritable homme de loi. Il seroit peut-être à desirer qu'on pût, sur un nouveau plan, réformer les études des universités, ou du moins qu'on n'accordât de degrés qu'à ceux que l'on jugeroit capables d'acquérir des connoissances ; ce qu'il seroit aisé de reconnoître, avec un peu de zèle & d'attention.

Serment de l'avocat. Il sembleroit qu'avec les licences qu'on rapporte d'une faculté, on pût tout de suite, sans autres formalités, se présenter au barreau & y exercer la profession ; mais on est encore obligé de faire serment, devant la cour où l'on se propose de plaider, *qu'on observera les édits, les réglemens, &c.* Ce serment, qui n'est autre que celui qui se renouvelle tous les ans à la S. Martin, est d'un ancien usage ; il fut introduit du temps de Justinien : on le réitéroit à chaque entrée de cause, avec déclaration qu'on n'entendoit nullement favoriser la fraude ni la calomnie. On le prêta ensuite de trois mois en trois mois, puis chaque année ; & on le continue ainsi, plutôt par habitude qu'autrement. Ce serment n'est nécessaire que pour ceux qui sont appellés au barreau, pour discuter, en présence des juges, les droits de leurs cliens ; ceux qui sont licenciés en bonne forme, peuvent, de plein droit, sans autre serment que celui qu'ils ont prêté dans la faculté, écrire & conseiller librement.

Lorsque ce serment a été prêté dans une cour supérieure, on peut postuler dans tous les sièges du ressort, sans autre affirmation ; mais il ne s'étend point d'une cour à une autre : ainsi, il faut un nouveau serment, si l'on change de ressort. On fait cependant une exception pour le parlement de Paris : l'opinion commune est que, lorsqu'on a prêté serment dans cette cour, qui est essentiellement la cour des pairs, on n'est point obligé de le réitérer dans les autres cours du royaume.

Liberté de l'avocat. Le privilège le plus précieux, attaché à la profession de l'homme de loi, est la liberté qu'il a de l'exercer quand il lui plaît & où il lui plaît. On ne peut pas lui faire une injonction d'être plus ou moins studieux, plus ou moins savant, & de porter ses lumières & ses talens plutôt dans un pays que dans un autre : tout est à son choix, à sa liberté. L'*avocat* ne contracte avec personne, & personne ne contracte avec lui. Comme on est libre de recourir à ses conseils ou de les rejetter, il est maître aussi de les donner ou de les refuser. S'il a quelque empire, cet empire n'est autre que celui que donnent les lumières, les talens & la probité, sur l'esprit & le cœur des hommes ; les hommes, à leur tour, n'ont sur lui d'autre droit, que celui qui naît de l'intérêt qu'inspirent aux ames sensibles & vertueuses le malheur & l'oppression. Lorsqu'il se présente au barreau, il y vient comme un homme libre, comme un homme dont les juges attendent la présence, pour leur parler le langage de la justice & de la vérité. Et ce qui dénote particuliérement cette liberté, c'est la faculté qu'il a de leur parler le bonnet sur la tête. C'est ainsi que, chez les Romains, se montroient les hommes libres : le bonnet y étoit la marque distinctive de la liberté, dont on décoroit ceux qui, par l'affranchissement, sortoient de l'esclavage.

Cependant lorsqu'au palais l'*avocat* prend des conclusions pour sa partie, ou qu'il fait lecture de quelques pièces de procédure, il est d'usage qu'il soit découvert, parce que, dans ces momens, il représente le procureur & la partie, qui sont alors, comme des supplians, aux pieds des juges ; mais aussitôt que les conclusions sont prises, il a droit de se couvrir ; & au parlement de Paris, par un usage sans doute fort ancien, à peine l'*avocat* a-t-il fini de conclure, que le président lui dit : *avocat, soyez couvert*, comme pour le prévenir qu'il a droit, dans ce qu'il va dire, de parler avec franchise & liberté : usage qui fait autant d'honneur aux magistrats, qui reconnoissent l'importance de la profession, qu'à l'*avocat* qui l'exerce. Cette liberté, d'être couvert, subsiste encore dans les momens où il fait lecture des autorités qu'il emploie à l'appui de son opinion ; c'est toujours le langage des jurisconsultes qu'il parle alors, & toujours avec la liberté de le faire valoir.

Quoiqu'il se trouve des cas où les juges nomment tel ou tel *avocat*, pour servir de conseil ou de défenseur à telle ou telle partie, il ne faut pas en conclure qu'on entende par-là gêner la liberté de cet *avocat*, il est toujours le maître d'accepter ou de refuser ; mais s'il revenoit à ses collègues que son refus n'est fondé que sur une raison d'intérêt personnel, il n'en faudroit pas davantage pour le faire rejetter de leur sein. Malgré la grande liberté de leur profession, les *avocats* ont toujours pour maxime que leur zèle & leur entier dévouement sont dus à ceux qui se trouvent dans le cas d'en avoir besoin.

Il s'est pourtant trouvé des cas où les juges ont enjoint à des *avocats* de plaider une cause. Ceci est arrivé au parlement de Toulouse. Mais les juges, dans ces momens, ne faisoient pas attention à la liberté inhérente à cette profession ; la seule idée de contrainte est trop révoltante, pour qu'on puisse s'arrêter long-temps à un préjugé pareil.

Honneurs auxquels l'avocat participe. Si l'*avocat* n'exerce pas un état aussi distingué que le magistrat, on sait néanmoins qu'il ne faut pas moins de mœurs & de lumières à l'un qu'à l'autre. Les magistrats eux-mêmes savent rendre, à l'ordre des *avocats*, toute la justice qui lui est due ; ils le regardent comme le séminaire de la magistrature. Anciennement, avant que tout fût érigé en titre d'office, les *avocats* étoient les conseillers nés des tribunaux auxquels ils étoient attachés. Et au fond, dans l'origine, les premiers magistrats furent ceux d'entre les *avocats* qu'on choisit pour assister avec plus d'assiduité aux audiences, aux assises, afin qu'il s'en trouvât toujours un nombre suffisant pour rendre des arrêts ou des jugemens. Les autres *avocats*, quand leurs occupations le leur permettoient, avoient toujours le droit de se présenter & d'opiner. Dans la suite des temps, cette faculté d'opiner a été restreinte aux anciens *avocats*, & ce droit, qui est de pure faculté, non sujet à prescription, appartient encore aux anciens du parlement de Paris. Tous les ans, à la rentrée de la cour, le greffier lit, d'après le tableau, le nom de plusieurs anciens *avocats* qui doivent s'asseoir, les uns au-dessous des conseillers laïques, les autres au-dessous des conseillers clercs. Ces anciens *avocats* étoient autrefois consultés avant la prononciation des arrêts : c'est delà que les anciennes ordonnances donnent aux *avocats* le titre de conseillers, *advocati consiliarii*. Trop distraits, dans la suite, par les occupations du cabinet, ils ont cessé d'assister aux audiences; mais on n'a pas cessé de leur indiquer la place qu'ils doivent y avoir. L'invitation même *de la venir prendre sur les fleurs-de-lys*, leur fut particuliérement réitérée en 1707, par le premier président Portail.

Il étoit encore d'usage anciennement, que les *avocats* accompagnassent le parlement aux cérémonies publiques. Il y a deux arrêts, l'un du 13 juin 1430, & l'autre du 4 novembre 1514, par lesquels les *avocats* sont avertis de se trouver à l'entrée de deux reines. Celui de 1514, ajoute qu'ils s'y trouveront *vêtus de robes d'écarlate & chaperons fourrés*. Sans doute qu'ils commençoient alors à se soucier peu de cette couleur; il paroît même qu'aujourd'hui elle leur est devenue tout-à-fait indifférente, bien persuadés qu'elle n'ajoute rien au talent ni au mérite. Uniquement jaloux de la paix & de la tranquillité, au sein de leur retraite, ils se soucient encore moins que jamais de paroître dans les cérémonies publiques; ce n'est pas qu'ils se refusassent, dans l'occasion, à une invitation qu'on leur feroit de s'y trouver. Le 26 août 1723, ils accompagnerent le parlement pour jetter de l'eau-bénite au cadavre du président de Mêmes, & ils ne plaidèrent point ce jour-là aux audiences des autres cours. Ils l'accompagnèrent encore, le 30 juillet 1726, au *Te Deum* qui fut chanté dans la chapelle du palais, pour le rétablissement de la santé du roi, & ils eurent séance sur les mêmes sièges que ceux de la cour. Il en fut ainsi en 1729, à l'occasion de la naissance du dauphin.

Toute la différence, qui se trouve aujourd'hui entre les magistrats & les jurisconsultes, c'est que la jurisdiction des uns est bornée & contentieuse, & que celle des autres est gracieuse & qu'elle s'étend par-tout; qu'elle est libre pour ceux-ci, & forcée pour ceux-là. Le magistrat n'a de jurisdiction, que sur les affaires & sur les parties qui sont de son district; il est obligé de les écouter & de leur donner sa décision. L'*avocat*, au contraire, a le globe-entier pour territoire; tous les hommes, de quelque pays ou qualité qu'ils soient, peuvent s'adresser à lui, & il est le maître de donner ou de refuser son opinion, suivant le degré d'estime & de confiance qu'on veut bien lui marquer. Il ne peut rien d'autorité; mais il peut tout par sa sagesse & ses lumières : on peut même dire qu'il est le premier magistrat parmi ses concitoyens. Combien de querelles, de contestations n'étouffe-t-il pas dans leur naissance! Il est le génie tutélaire du repos des familles, l'ami des hommes, leur guide & leur protecteur.

Les *avocats* sont encore, en quelque façon, les troupes auxiliaires de la magistrature. Lorsqu'il se présente quelque affaire qui demande l'examen particulier d'un homme éclairé, il est très-ordinaire que les juges la renvoient devant un ancien *avocat*, pour en passer par son avis. Cet ancien examine l'affaire & donne son avis; on rapporte cet avis à la cour, & elle rend arrêt qui le confirme. Dans les sièges où les juges ne sont pas en nombre suffisant, soit à cause d'absence, de maladie, de récusation ou d'autre empêchement, les *avocats* du lieu, qu'on nomme autrement *gradués*, les suppléent de plein droit : ils y sont autorisés par les ordonnances.

Les *avocats* suppléent à plus forte raison les gens du roi, lorsque ceux-ci manquent. Il y a pourtant quelques tribunaux où le dernier reçu des conseillers fait, en cas d'absence, les fonctions du ministère public, mais c'est un abus; lorsqu'un juge a sa fonction déterminée comme juge, il est obligé de la remplir préférablement à toute autre. Les officiers du présidial de Guéret voulurent, en 1741, troubler les *avocats* du siège, dans la possession où ils étoient de représenter les gens du roi en leur absence; les *avocats* se pourvurent au parlement de Paris; ils obtinrent arrêt provisoire en leur faveur, & leur possession s'est depuis toujours continuée.

Anciennement, lorsque le premier juge d'une justice royale venoit à manquer, on envoyoit un *avocat* de la cour pour le remplacer. Philippe Meynon fut commis, par arrêt du 5 septembre 1582, pour rendre la justice au bailliage de Montfort-l'Amauri. On a même vu des *avocats* exercer, par commission, l'office de chancelier de France, sous le titre de garde des sceaux. François de Montholon, *avocat* au parlement de Paris, fut commis à cet effet, par lettres-patentes données à Blois le 6 septembre 1588, enregistrées le 29 novembre de la même année. Les fonctions du lieutenant du bailliage du palais à Paris étoient affectées, en cas de vacance du siège, au doyen des *avocats*. François Brodeau fut maintenu dans cette possession, comme doyen des *avocats*, par arrêt du 15 mai 1564. Aujourd'hui encore, dans tous les sièges, lorsque le juge manque, c'est le premier officier subséquent, ou le plus ancien des gradués successivement, qui le représente. Le parlement ne donne plus de commission particulière, ce qu'il pourroit cependant faire, si des circonstances singulières l'exigeoient.

Il est assez ordinaire que les cours dispensent ceux des *avocats* qui ont fréquenté le barreau, ou qui se sont fait connoître dans le public par leurs travaux dans la jurisprudence, de l'examen qu'on est obligé de subir pour passer à des offices de judicature. On en usa ainsi, en 1723, envers M. Furgaud, *avocat*, exerçant depuis dix-huit ans lors de sa réception à l'office d'auditeur des comptes; la chambre le dispensa de l'examen ordinaire par arrêt du 11 décembre; & M. le premier président lui dit : *qu'elle avoit été charmée de trouver cette occasion de marquer, en sa personne, aux avocats la considération qu'elle avoit pour leur ordre.*

Protection due à l'avocat. Comme la profession d'*avocat* demande beaucoup de courage pour l'exercer noblement, sur-tout au barreau, & qu'il seroit dangereux que l'*avocat* fût retenu, par la crainte de déplaire injustement à un adversaire puissant & redoutable, les magistrats se font alors comme un devoir de le prendre particuliérement sous leur protection. On ne peut lui manquer dans ces momens, sans offenser la justice elle-même. Par arrêt du 12 juillet 1638, une partie, pour avoir injurié en pleine audience l'*avocat* de sa partie adverse, fut condamnée en cent livres de réparation. Une femme, pour avoir souffleté son *avocat* adverse, en 1752, lorsqu'il sortoit de l'audience de la seconde chambre des requêtes, fut condamnée à une amende honorable sèche, en présence des juges.

Ce n'est pas seulement dans le temple de la justice, que les *avocats* doivent être à l'abri de l'outrage, il est encore particuliérement défendu de les insulter, dans quelque circonstance que ce soit, à l'occasion de leur ministère. On en trouve plusieurs exemples, & entre autres, un arrêt du 16 janvier 1765, qui, sur les conclusions de M. l'*avocat-général*, supprima un mémoire injurieux, fait contre un *avocat* du parlement.

Circonspection qui doit caractériser l'avocat. Si la justice veille à ce que les *avocats* ne soient pas impunément insultés à l'occasion de leur ministère, elle exige aussi, de leur part, une grande modération, pour ne rien dire qui soit étranger à leur cause, & qui puisse offenser une partie sans sujet. Le champ de Thémis ne doit point être pour eux une arêne de gladiateurs. Il est vrai qu'il se présente des affaires qui exigent une noble hardiesse, pour combattre avec succès l'injure & l'iniquité; mais les expressions de l'orateur doivent toujours se mesurer sur la nature des faits, & sur la réalité des preuves. Autrement, s'il sort sans nécessité des bornes de l'honnêteté & de la bienséance, il devient repréhensible, & les juges peuvent lui imposer silence, ou du moins l'avertir de ses devoirs.

Il y a plus, lorsqu'il est évident qu'il s'est prêté avec connoissance de cause à l'injure, il peut être pris à partie & encourir non-seulement des dommages-intérêts, mais encore une interdiction & des peines infamantes : c'est ce qui a été jugé par des arrêts des 20 mai 1748 & 28 août 1761, rendus au parlement de Paris, & à celui de Bretagne, par arrêt du 17 octobre 1743.

Il ne suffit pas à l'*avocat*, lorsqu'il est au barreau, de se respecter lui-même en respectant le public, il faut encore qu'il se comporte, envers les magistrats ou les juges devant lesquels il plaide, avec toute la décence & toute la retenue possibles; & qu'il donne par-là, à ses cliens, l'exemple de la soumission & du respect qu'on doit à leurs décisions.

Lors même qu'il y a ouverture à un appel, il doit s'abstenir de déclamer contre les juges, dont il entreprend de faire réformer la sentence; il peut dire qu'ils ont donné dans l'erreur, mais il ne doit jamais attaquer leur probité, à moins qu'il n'y ait lieu de les prendre à partie.

Lorsqu'un *avocat* sort de lui-même des bornes qui lui sont prescrites, il peut être désavoué; mais il faut que ce désaveu se forme sur le champ par la partie ou par le procureur, qui sont censés présens à l'audience, sans quoi il est présumé n'avoir rien avancé que de leur aveu. Nous ajouterons, à cet égard, que si la partie adverse ne réclame pas sur le champ, elle n'est plus recevable à se plaindre par la suite : c'est ce qui a été jugé, par arrêt du 14 février 1759, en faveur d'un *avocat* du siège de Mayenne, contre l'*avocat-fiscal* de la justice d'Averton.

Quels sont ceux qui peuvent aspirer à la profession d'avocat. D'après ce que nous venons de dire de la profession d'*avocat*, il est sans contredit qu'on ne peut pas en exercer de plus intéressante, dans l'ordre politique. Chez les Romains, cette profession n'étoit pas permise à tous ceux qui auroient voulu y aspirer; il falloit, pour l'exercer, être homme de naissance & de distinction. Parmi nous, quiconque a des talens & de la probité peut s'y engager; elle est plutôt un objet d'émulation que de choix; on peut l'embrasser, sans craindre de déroger à la noblesse la plus relevée; elle est noble par elle-même : il y a des pays où les roturiers qui l'exercent sont en possession de prendre la qualité de *nobles*, notamment à Lyon & dans le Dauphiné. Il est vrai qu'à ce sujet les *avocats* furent inquiétés, en 1669, par les traitans, qui vouloient les envelopper dans la recherche des faux nobles, de laquelle ils s'étoient chargés; mais leurs démarches furent blâmées au conseil : on ordonna de rendre aux *avocats*, les originaux des assignations qu'ils avoient reçues. Il y a plus; anciennement, aussitôt qu'un *avocat*, au parlement de Paris, avoit exercé pendant cinq ans, il pouvoit prendre cette qualité de *noble*. Par arrêt de la cour des aides, du 12 juin 1619, il fut permis à Jean le Meûnier, *avocat*, de la prendre dans toute sorte d'actes où il seroit nommé.

Les ecclésiastiques peuvent-ils se livrer à la profession d'*avocat*? Dans ces temps d'ignorance où le clergé avoit l'avantage de conserver quelques notions du droit civil & canonique, les ecclésiastiques séculiers & réguliers ne faisoient aucune difficulté d'aller plaider dans les tribunaux laïques, les causes des particuliers dont ils se chargeoient; mais, dans la suite, ces exercices les éloignant trop de l'esprit de leur état, le concile de Latran fit défenses aux clercs séculiers & réguliers de s'immiscer à l'avenir, devant les tribunaux laïques; dans la discussion d'aucune affaire temporelle pour les gens du monde; il permit seulement aux clercs séculiers de continuer à traiter leurs affaires personnelles, celles de l'église & celles des pauvres. A l'égard des tribunaux ecclésiastiques, il laissa aux clercs la liberté d'y plaider comme auparavant.

Mais, en France, ce concile n'a point eu son exécution sur cet article. La profession d'*avocat* est libre aux ecclésiastiques comme aux gens du monde, dans tous les tribunaux où elle peut s'exercer sans aucun mélange avec l'état de procureur; mais s'ils se rendoient répréhensibles dans l'exercice de cette profession, ils demeureroient soumis à la jurisdiction séculière où ils auroient prévariqué, sans pouvoir obtenir leur renvoi devant le juge d'église.

Anciennement un *clerc-avocat*, qui auroit prêté son ministère pour poursuivre en justice la mort d'un criminel, seroit tombé dans l'irrégularité; mais aujourd'hui, comme la peine publique ne peut plus être requise que par les officiers du parquet, & que l'*avocat* doit se borner à demander des réparations civiles pour sa partie, il n'encourt pas plus d'irrégularité dans les matières criminelles, que dans les affaires ordinaires.

Chez les Romains, dans les premiers temps, les femmes même étoient admises à la profession du barreau. On vit à Rome, avec admiration, deux femmes généreuses, Amasie & Hortense, s'en acquitter avec éloge. Ce fut une femme, nommée *Afranie*, qui donna occasion, par ses imprudences & ses trop vives déclamations, d'écarter les femmes du barreau. Le code Théodosien ne leur permet plus de parler que pour elles, & non pour autrui.

Comme la profession de l'*avocat* n'est autre, pour ainsi dire, que celle d'un savant versé dans la connoissance des loix, on n'exige point l'âge de vingt-cinq ans pour l'exercer, comme on l'exige dans ceux qui sont pourvus d'office; il suffit que le savoir ait devancé le nombre des années, & qu'on soit en état de paroître au barreau, pour qu'on soit admis à y discuter les affaires dont on est chargé. Mais quoiqu'un jeune homme puisse être *avocat* avant vingt-cinq ans, il ne s'ensuit pas qu'il soit réputé majeur pour ses affaires personnelles. L'expérience nous apprend que nous avons souvent plus de lumières & de maturité pour les affaires d'autrui, que pour celles qui nous concernent personnellement. Un gradué, avant vingt-cinq ans, ne seroit pas non plus habile à suppléer un juge, il faut qu'il soit alors en pleine majorité; cependant, quoique mineur, il pourroit être nommé arbitre, & juger en cette qualité.

Observez que pour exercer la profession d'*avocat*, il faut être de la religion catholique; cette profession seroit interdite parmi nous, à quiconque se déclareroit pour un culte étranger.

Quoique la vie de l'*avocat* soit celle d'un homme privé, qui n'est essentiellement attaché à aucune fonction nécessaire, on ne laisse pourtant pas de le regarder comme un homme public; &, sous cet aspect, il lui est défendu d'écrire de sa main aucun acte, sous signature privée, où il ne doit point être partie. Cela a été ainsi décidé par nombre d'arrêts du conseil, qui ont condamné, en pareil cas, des *avocats* à l'amende. *Voyez* à ce sujet l'article ACTE.

Privilèges attachés à la profession d'avocat. Comme la profession d'*avocat* a toujours mérité des encouragemens, à raison de son importance & des travaux pénibles de ceux qui l'exercent, elle a joui dans tous les temps, depuis les Romains jusqu'à nous, de l'exemption générale de toutes les charges publiques. La loi *Sancimus*, au code, contient des peines contre ceux qui voudroient assujettir les *avocats* à autre chose qu'à l'exercice de leur profession.

Nous ne connoissons point, à la vérité, de loi en France, qui affranchisse les *avocats* de ces charges publiques, mais nous n'en connoissons pas non plus, qui les y soumette; & la possession immémoriale où ils sont de cette franchise, est peut-être plus glorieuse pour eux, que ne le seroit la loi la plus positive. Ce n'est pas que nombre de particuliers, qui se soucient fort peu de la profession du barreau, n'aient souvent cherché à les confondre avec les autres citoyens, pour les charges civiles, & souvent ils y auroient réussi, si les magistrats n'avoient montré leur zèle à les maintenir dans leurs prérogatives. Au reste, rien de plus naturel que cette exemption; la vie entière de l'homme suffit à peine pour parcourir la vaste étendue des connoissances que doit avoir un jurisconsulte. Peut-il vaquer à l'étude, se consacrer aux intérêts d'autrui, & remplir, en même temps, les fonctions d'une collecte, d'une tutèle, faire des corvées, *&c.*?

L'exemption, dont il s'agit ici, ne s'entend que de ces charges qu'on est obligé de remplir par soi-même, & non de celles qu'on acquitte en argent, comme de la taille, des impôts, des subsides, *&c.* Il en est de même de ces servitudes main-mortables qui règnent encore dans quelques provinces du royaume; comme dans la Bourgogne, le Nivernois, le Berry, la haute Marche. L'*avocat* est sans doute bien exempt de ces devoirs personnels, tels que le guet, la garde, la corvée, & de tous ces assujettissemens qui sentent la contrainte & l'esclavage; mais il n'est pas exempt de les payer, lorsqu'ils sont établis à raison d'une possession de biens, qui, dans l'origine, n'ont été accordés qu'à la charge d'acquitter ces devoirs, & qu'ils peuvent se convertir en argent.

Dans les coutumes locales où la servitude est personnelle, & où il suffit qu'on soit issu de parens serfs, pour être serf soi-même en quelque lieu qu'on se retire, nous ne croyons pas que le seigneur fût en droit de revendiquer la succession d'un *avocat*, issu de parens serfs, sur son territoire, du moins pour son mobilier, & pour les acquêts qu'il auroit faits en pays de liberté, dès que ce mobilier & ces acquêts seroient le fruit de ses travaux dans la profession.

Nous prendrons occasion de remarquer, à ce sujet, que ce que gagne un *avocat* dans la profession du barreau, est regardé comme une sorte de pécule tel que le pécule militaire ; pécule qui lui est tellement propre, que, fût-il encore sous la puissance paternelle, il est en droit d'en disposer comme bon lui semble.

Pour en revenir aux prérogatives de la profession, les *avocats* ont souvent éprouvé des difficultés dans quelques cours des aides, pour l'exemption de la collecte. Celle de Paris leur a toujours été favorable, comme on peut le remarquer par deux arrêts, l'un du 8 juillet 1672, en faveur de Me François Mangon, *avocat* au siège royal de Niort; & l'autre du 11 juillet 1760, rendu pour Me Jean Foureau, contre les habitans de la paroisse de S. Maxime de la ville de Confollant. Mais aujourd'hui toutes les cours sont d'accord sur ce point ; & il suffit qu'un *avocat* exerce noblement & sans dérogeance, soit dans les capitales, soit dans l'intérieur des provinces, pour qu'il soit défendu de le soumettre à des charges si opposées à la tranquillité nécessaire à son état.

Il en est de même des fonctions de marguillier dans une paroisse. Un *avocat* ne peut point être marguillier comptable ; mais il peut être marguillier d'honneur. Il peut de même être employé pour les intérêts des pauvres & des hôpitaux, mais c'est alors ses conseils & ses lumières que l'on recherche; & il manqueroit aux devoirs de son état, si, en cas pareil, il refusoit ses services.

Les *avocats* ont encore un droit de préséance en bien des occasions ; ils précèdent, dans les cérémonies publiques, les notaires, les procureurs, & même les anciens marguilliers comptables. Dans les villes où il n'y a point de collège de médecine, ils vont avec les médecins, suivant la date de leur réception dans l'endroit ; & dans celles où il y a collège, les médecins, comme ayant pour l'ordinaire le grade de docteur de plus que les *avocats*, ont la préseance sur ceux-ci ; mais s'ils se trouvoient en concurrence avec un *avocat* docteur, ce dernier seroit préféré, comme étant d'une faculté supérieure à celle de médecine.

Les *avocats* n'ont jamais la préséance sur les juges devant lesquels ils exercent leur ministère, quand même ces juges ne seroient point gradués. Il est de droit politique qu'un juge quelconque l'emporte sur l'*avocat*. Quoique, dans certains endroits, les *avocats* renoncent à plaider devant certains juges, ces juges n'en ont pas moins la préséance sur eux : un refus de plaider dans leur tribunal, ne change rien à l'ordre des choses.

Dans les endroits où les *avocats* sont convoqués pour assister, avec les premiers juges, à une cérémonie publique, il est de règle alors qu'en accompagnant ces mêmes juges, ils précèdent tous les officiers des autres jurisdictions, sur lesquelles ces juges ont le pas, parce qu'ils sont censés faire corps avec eux.

Lorsqu'un *avocat* fait les fonctions de substitut dans le tribunal où il plaide, il est décidé qu'il n'a aucune préséance sur ses confrères; il est obligé de prendre son rang de réception au barreau, pour les causes qu'il est obligé de discuter, comme *avocat*.

Il est rare que les *avocats* aient des contestations pour les préséances ; une grande modestie doit être leur partage habituel ; ils ne doivent jamais forcer la considération publique ; elle doit naître des sentimens & de l'estime qu'on a pour eux.

En parlant des prérogatives de la profession, il est bon de remarquer encore que douze des plus anciens *avocats* du parlement de Paris, & six aux autres parlemens, ont droit de *committimus* : ce privilège leur est attribué par l'art. 17 du tit. 4 de l'ordonnance de 1669. Au reste, cette ordonnance ne fait que confirmer un ancien usage, attesté par un arrêt du parlement de Paris, du 2 mars 1555, par lequel il paroît que tous ceux qui avoient dix ans d'exercice jouissoient de ce droit ; ainsi l'ordonnance n'a fait que restraindre ce privilège aux plus anciens.

Discipline de l'ordre des avocats. Quoiqu'il soit de maxime que les *avocats* ne font point un corps, & qu'il n'y ait d'autre liaison entre eux que celle de l'estime & du savoir, ils ne laissent pourtant pas, dans les sièges où ils peuvent se trouver en certain nombre, de se réunir comme en société, afin d'avoir par-là des occasions plus particulières de se connoître & de s'instruire. Pour donner à cette société une existence plus sensible, ils sont dans l'usage de se nommer un chef, qu'on appelle *le bâtonnier* ; c'est ce chef qui veille au maintien de la régularité & du bon ordre parmi ses confrères, à moins que cette commission ne soit dévolue au plus ancien d'entre eux, suivant que cela se pratique dans quelques sièges.

Ils sont aussi dans l'usage de donner tous les ans au public, ou, si l'on veut, au tribunal auquel ils sont principalement attachés, un catalogue de ceux qui sont admis à faire la profession avec eux, & ce catalogue, on l'appelle *le tableau des avocats*. C'est ordinairement le bâtonnier, assisté d'un certain nombre des anciens, qui le renouvelle tous les ans & qui le dépose au greffe de la jurisdiction.

Ce tableau a pris, dans la suite des temps, la plus grande faveur dans l'opinion des juges & dans celle du public. Les juges l'ont regardé comme propre à maintenir les mœurs & à faire naître l'émulation, parce qu'on n'y inscrit que ceux qui, après un certain temps d'épreuve, se sont fait connoître par leurs talens & leur bonne conduite (ce temps d'épreuve s'appelle *le stage*, & il est plus ou moins long, suivant l'usage des sièges). Ils ont cru dès-lors, qu'il convenoit d'attribuer à ces *avocats* la discussion par écrit des affaires principales, préférablement aux autres *avocats* qui ne commençoient qu'à s'exercer dans la carrière. C'est ce qui fait que tout *avocat* aujourd'hui aspire à être sur le tableau formé près de la cour où il entend exercer sa profession. Le public, de son côté, croit pouvoir se livrer avec plus de confiance, aux talens & aux lumières de ceux qui se trouvent inscrits sur ce même tableau.

Quand le temps d'épreuve est écoulé, on ne fait nulle difficulté d'inscrire tout *avocat*, contre lequel il ne se trouve aucun motif d'exclusion. C'est cette même facilité qu'ont les *avocats*, d'admettre parmi eux les nouveaux confrères qui se présentent avec la recommandation des mœurs & des talens, qui a fait plus particuliérement agiter, dans ces derniers temps, la question de savoir, si les *avocats* sont tellement maîtres de leur tableau, qu'il leur soit entiérement libre de refuser ceux qui peuvent leur déplaire, ou même de supprimer ceux dont ils croient avoir lieu d'être mécontens, & cela de leur seule autorité, sans être obligés de rendre raison à personne de leur conduite à cet égard.

On dit, à ce sujet, que la profession d'*avocat* est de droit public; que, dès-lors, la possibilité ou l'impossibilité de l'exercer, ne doit pas dépendre de ceux mêmes qui l'exercent, & qu'il doit être réservé aux magistrats, qui veillent à la manutention de l'ordre public, de juger si l'*avocat*, qui se présente pour la profession du barreau, est digne ou non de l'exercer; qu'aussi-tôt qu'il n'y a rien à lui reprocher, on ne peut, sans lui faire injure, refuser de l'admettre au rang de ceux qui l'ont embrassée.

Les *avocats* répondent qu'ils sont maîtres de leur tableau, maîtres d'en faire ou de n'en pas faire, & que cette faculté ne sauroit se concilier avec la nécessité d'y inscrire, malgré eux, un sujet quelconque; qu'ils ne peuvent pas, à la vérité, empêcher ce sujet d'exercer la profession, qui, sous ce point de vue, est de droit public, dès que les magistrats le trouvent agréable, mais qu'on ne sauroit les forcer à fraterniser avec lui.

Nous nous abstiendrons d'ouvrir aucune opinion particulière à ce sujet: nous nous bornerons simplement à observer qu'un *avocat*, au parlement de Paris, ayant été rayé du tableau par une délibération du mois de février 1775, suivie d'un arrêt d'homologation, cet *avocat* s'est cru fondé à se pourvoir, par opposition, contre cet arrêt; mais que, par un autre arrêt, rendu contradictoirement avec les gens du roi, le 29 mars de la même année, il a été déclaré non-recevable dans son opposition.

Nous observerons aussi que les *avocats* du siège de Poitiers, ayant témoigné un refus constant d'admettre parmi eux le sieur Robelein, celui-ci s'est pourvu au même parlement; & que, par arrêt contradictoire du 28 juin de la même année 1775, il a été ordonné que cet *avocat* seroit inscrit au tableau, & qu'il jouiroit librement, suivant son rang, de l'exercice de la profession.

Ce seroit une erreur de croire qu'un *avocat*, rayé du tableau, n'est plus capable d'aucun emploi civil, cela ne pourroit être, qu'autant que la radiation auroit pour cause une infidélité, une bassesse; mais comme on est dans l'usage de rayer pour différens motifs étrangers aux devoirs de la société, si la radiation n'avoit lieu que pour des fautes de l'esprit, plutôt que pour des vices du cœur, ce seroit une sévérité injuste, que de le punir comme s'il avoit commis un délit dans un genre grave: nous ne connoissons d'autre note ignominieuse, que celle qui résulte d'un jugement de condamnation, sur une procédure conforme aux ordonnances. Un *avocat* rayé n'est autre chose qu'un homme qui a déplu à des confrères qui l'avoient admis parmi eux; séparé d'eux, il peut continuer toutes les fonctions du jurisconsulte, qui n'ont rien de commun avec eux. Cette faculté ne lui est enlevée, qu'autant qu'il y a un jugement d'interdiction; & quand ce jugement n'intervient pas, on doit présumer qu'il ne s'est rendu coupable d'aucune bassesse, qui puisse le priver de l'exercice des fonctions attachées à un caractère indélébile.

Comme la profession du barreau exige, dans celui qui l'exerce, une réputation qui le mette à l'abri de tout reproche; s'il arrivoit qu'un *avocat* vînt à éprouver une condamnation humiliante, il y en auroit assez pour donner lieu à ses confrères de l'exclure de leur association: c'est ce qui a été jugé, contre un *avocat* de Saumur, par un arrêt du 25 avril 1736.

C'est par une suite de cette confiance que les *avocats*, associés au tableau, ont les uns pour les autres, qu'il est d'usage qu'ils se communiquent respectivement leurs écrits, leurs pièces, leurs procès sans aucun *récépissé*, tant est grande l'opinion de probité qu'ils ont les uns des autres; & l'on ne voit pas que cet usage, qui est de toute ancienneté, entraîne aucun abus ni aucune infidélité.

Honoraires de l'avocat. Comme il n'est pas naturel qu'un *avocat* passe toute sa vie à l'étude des loix, & qu'il s'occupe des affaires d'autrui sans aucun espoir de récompense, il lui est permis de recevoir des honoraires de ses cliens; mais il faut qu'ils soient offerts volontairement. Dans le droit, un *avocat* auroit action ouverte pour forcer son client à la reconnoissance; mais il est de police, au barreau, que celui qui la formeroit seroit dans le cas de la radiation: cependant les gens du roi ont quelquefois conclu d'office au paiement des honoraires de l'*avocat*. La chose est arrivée au parlement de Paris, le 15 mars 1766, sur les conclusions de M. Barentin, *avocat-général*.

Dans presque tous les sièges, il y a des tarifs qui règlent les honoraires des *avocats*; il a même été un temps où l'on croyoit qu'ils étoient obligés de mettre un reçu de leurs honoraires au bas de leurs écritures, mais on n'a jamais pu les assujettir à cette pratique. Le tarif n'est que pour régler ce qui doit passer en taxe à la partie; car il ne seroit pas juste qu'une partie condamnée supportât le poids d'une générosité excessive de sa partie adverse. L'ordonnance de 1667 & celle de 1673, concernant les épices, veulent, à la vérité, que les *avocats* mettent, sur leurs écritures, le reçu de leurs honoraires; mais les *avocats*, offensés des dispositions de ces ordonnances, se sont toujours maintenus dans l'usage de ne donner aucun reçu. Leur délicatesse est même telle encore, qu'ils s'offenseroient des quittances d'honoraires que donneroit un de leurs confrères; cependant il n'y auroit pas lieu à s'en formaliser, si la quittance n'étoit donnée, par l'*avocat*, que pour constater ce qu'il a reçu, & pour servir de fondement à une juste répétition, en faveur de celui qui a été chargé de débourser ses honoraires, ou pour servir au client de mémoire de l'emploi de son argent.

Libéralités en faveur des avocats. On a cru, pendant un temps, que les *avocats* étoient incapables de recevoir aucune libéralité de leurs cliens, par donation ou par testament, sous prétexte qu'ils étoient alors présumés avoir fait usage de l'empire que leur donnoit leur état, sur l'esprit de ceux dont ils avoient la confiance; mais aujourd'hui on est pleinement revenu de cette fausse jurisprudence, qui étoit injurieuse à l'opinion que l'on doit avoir de la probité des *avocats*. On a vu que s'il étoit libre de donner à un étranger, sans qu'on y fût invité par aucun service de sa part, il étoit bien plus naturel de permettre qu'on se montrât reconnoissant, envers quelqu'un à qui l'on pouvoit avoir des obligations. Ainsi, il suffit que l'*avocat*, qui se trouve gratifié dans le testament de son client, jouisse de la réputation d'un homme de bien, & qu'il ne paroisse ou qu'on ne puisse prouver aucune suggestion de sa part, pour qu'on ne doive point le priver de la libéralité qui lui est acquise. Deux arrêts, des 7 mars 1652 & 12 mai 1755, l'ont ainsi jugé. Un autre arrêt du 8 mars 1769, rendu sur les conclusions de M. Seguier, *avocat-général*, a pareillement jugé, d'après les mêmes principes, qu'un *avocat* avoit pu recevoir un diamant de 900 livres, qui lui avoit été légué par son client.

Défenses aux avocats d'acquérir des droits litigieux. A l'égard des droits litigieux, il est expressément défendu aux *avocats* de s'en rendre cessionnaires; outre que les ordonnances, entre autres celle de 1629, le leur défendent, ainsi qu'aux juges, c'est que rien ne seroit plus contraire à la noblesse de leur profession. La nullité d'une pareille cession, ne souffriroit aucune difficulté; & l'*avocat* cessionnaire seroit dans le cas, non-seulement de la radiation, mais encore de l'interdiction. Il n'en seroit pas de même, s'il avoit un intérêt particulier à cette cession. Il ne leur est pas permis non plus d'entrer en marché avec leurs cliens pour les défendre: une conduite pareille seroit tout-à-fait répréhensible.

Usages sur l'exercice de la profession d'avocat. Lorsque les *avocats* au parlement se retirent dans quelque siège du ressort pour y exercer la profession, ils ne doivent avoir rang au tableau, qu'à compter de l'année qu'ils ont été placés sur celui des *avocats* de la cour d'où ils s'éloignent. Quelques-uns prétendent qu'ils ont ce rang, à compter de la date de leur prestation de serment; & nous pensons que cela doit être ainsi: c'étoit même la jurisprudence ancienne. M. Prévôt, dans une consultation, en rapporte plusieurs arrêts conformes; mais on cherche aujourd'hui à établir un usage contraire, sous le vain prétexte qu'il pourroit arriver qu'un sujet, qui se seroit borné à la prestation du serment sans avoir jamais exercé, en demandant à se faire inscrire au tableau d'un siège, primeroit les anciens de l'ordre, qui seroient déjà, par un long exercice, en possession de leur état.

Comme il arrive souvent que les *avocats* attachés à un siège, se contentent d'une prestation de serment devant les officiers de ce siège, il ne s'ensuit pas que ceux qui ont ensuite prêté serment au parlement, doivent l'emporter sur ceux qui ne l'ont prêté que devant ces officiers. Ceux qui se trouvent les plus anciens dans le siège, conservent leur rang d'ancienneté sur ceux qui n'ont prêté serment qu'après eux au parlement.

Lorsqu'un *avocat* quitte le siège, on l'ôte du tableau par omission, & non point par radiation; & si, dans la suite, il s'y représente, on lui donne le même rang qu'il avoit auparavant, à moins qu'il n'ait dérogé pendant cet intervalle.

Les *avocats* ne font ordinairement aucune difficulté de recevoir parmi eux un procureur, qui a exercé, dans le même tribunal qu'eux, son état avec honneur. On prétend même qu'au parlement de Normandie, lorsqu'un procureur a vingt ans de réception & qu'il renonce à son office, il peut passer au serment d'*avocat* de plein droit, sans qu'il lui faille des licences prises dans une faculté; mais on ajoute que ce titre est purement honoraire pour eux, & qu'ils ne font aucun exercice de la profession. Anciennement la chose se pratiquoit ainsi au parlement de Paris; mais depuis qu'on a exigé des grades, pris dans une université, les procureurs sont obligés de se faire graduer.

Lorsqu'un *avocat*, sur le tableau, a quitté le barreau pour passer à l'état de procureur, & qu'ensuite il veut reprendre la profession d'*avocat*, il est dans le cas d'essuyer des difficultés. On ne trouve pas surprenant qu'un procureur, qui n'a jamais fait d'autres fonctions que celles de son état, passe, dans la suite, au barreau, quand ses talens l'y appellent; mais on pense différemment d'un *avocat*, qui a abdiqué une profession noble qu'il exerçoit, pour en embrasser une autre moins noble & moins distinguée. On présume qu'il s'est laissé entraîner par des motifs de cupidité, & dès-lors on se croit fondé à l'abandonner sans retour: ceci dépend absolument de la délicatesse qui règne dans un siège. Les *avocats* au parlement de Paris ne refusent point de rétablir un confrère qui a été procureur; mais alors ils ne lui donnent rang que du jour qu'ils le rétablissent.

L'*avocat*, qui a passé à l'état de procureur, ne peut plus faire aucune des fonctions qui dépendoient de sa profession; il a les mains liées pendant qu'il demeure procureur : un arrêt du 18 janvier 1748, l'a ainsi jugé. On sent aisément le danger qu'il y auroit de lui laisser la liberté des deux professions.

La réception d'un *avocat*, dans un siège, doit être gratuite; cependant on tolère la perception d'un droit qu'on appelle *droit de chapelle*, & qu'on emploie à des œuvres de piété. Il y a un réglement qui défend de le porter au-delà de 30 liv.

Lorsque les *avocats* sont au barreau, ils peuvent, comme nous l'avons dit, plaider couverts; mais ils doivent être debout & les mains nues, pour marquer qu'ils n'entendent tenir d'autre langage que celui de la vérité. Ils doivent encore être vêtus, disent les réglemens, *en habits décens*. Ces habits décens sont la robe longue, le rabat, le bonnet quarré & le chaperon; ils doivent être munis des pièces de la cause qu'ils discutent, pour faire voir qu'ils sont chargés de cette discussion; ils ne sont point sujets au désaveu dans les faits qu'ils articulent, ils sont présumés les avoir reçus verbalement, ou par écrit, du procureur ou de la partie; cependant s'il y avoit preuve de mauvaise foi de leur part, ils pourroient être désavoués & condamnés à des dommages-intérêts.

Avocat aux Conseils. C'est un *avocat* établi pour instruire, discuter & plaider toutes les affaires qui se portent dans les différens conseils du roi, ou devant les différentes commissions du conseil, & pour présenter & suivre toutes les demandes qui sont également de nature à y être portées.

Ces fonctions étoient remplies autrefois par des *avocats* au parlement. M. le chancelier les choisissoit, & leur donnoit un brevet en forme de matricule. Ces commissions furent érigées en titre d'office, en 1645.

Ces offices sont à la nomination de M. le chancelier. Ils tombent dans ses parties casuelles; mais les provisions s'expédient au nom de sa majesté.

Le nombre des *avocats* aux conseils fut arrêté à 170, lors de leur création primitive en titre d'office. Ce nombre a souffert depuis beaucoup de variations; mais il paroît fixé irrévocablement à 70.

C'est l'état actuel de la compagnie qui prend indifféremment ce titre, ou celui de collège des *avocats aux conseils*.

De ceux qui peuvent être pourvus d'un office d'avocat aux conseils. Aucun ne peut en être pourvu, s'il n'a été reçu *avocat* en parlement : c'est la disposition de l'article premier du titre 17 du réglement du 28 juin 1738.

Suivant l'article 3 du même titre, celui qui poursuit sa réception dans un de ces offices, doit être agréé par M. le chancelier. Dès qu'il en a obtenu *le soit montré* aux doyen & syndics des *avocats* aux conseils, il se présente à leur assemblée. S'ils trouvent qu'il a les qualités requises, ils en rendent compte à M. le chancelier. En conséquence, un de MM. les maîtres des requêtes est commis pour informer des vie, mœurs & religion du récipiendaire.

Les secrétaires, clercs ou commis de ceux qui ont entrée, séance ou voix délibérative au conseil, ne peuvent être pourvus d'offices d'*avocat* aux conseils tant qu'ils demeurent dans cet état.

Les clercs des *avocats* aux conseils ne peuvent pareillement être pourvus de ces offices, si, après avoir cessé d'être clercs, ils n'ont fréquenté le barreau pendant deux ans au moins, dont ils sont tenus de rapporter des preuves en bonne forme. Cela est ainsi prescrit par l'article 2. du titre cité.

Le récipiendaire subit un examen.

Lors de son admission dans la compagnie, il prononce un discours latin.

Cet examen, quoique sérieux & sévère, ne roule pourtant pas, à beaucoup près, sur l'universalité des connoissances nécessaires à un *avocat* aux conseils. Le cercle de ces connoissances est très-considérable. Le ministère de l'*avocat* aux conseils n'est point borné à une partie du royaume; il embrasse les usages, les loix, la jurisprudence de tous les tribunaux.

Il doit posséder parfaitement toutes les ordonnances & les formalités qu'elles ont introduites, pour juger des moyens de cassation qui s'élèvent contre les arrêts & les jugemens en dernier ressort.

La science du droit public du royaume lui est sur-tout nécessaire. La plupart des questions qu'il traite tiennent à quelque branche de cette science importante, & principalement dans les affaires qui se portent directement au conseil des dépêches.

La variété & la multiplicité des objets dont s'occupent les différens conseils du roi & les bureaux du ministère, exigent qu'un *avocat* aux conseils ait au moins une idée très-étendue de toutes les parties de l'administration. Ainsi, les affaires ecclésiastiques & civiles, la théorie du commerce & celle des finances, les loix forestières, les loix domaniales, les loix criminelles, les loix bursales, *&c.* les usages maritimes, les statuts des colonies, *&c.* ce qui concerne l'agriculture, l'industrie, les manufactures, *&c.* tout est de son ressort.

Des fonctions des avocats aux conseils. Elles sont déterminées, & les devoirs de leur ministère sont renfermés dans le réglement du 28 juin 1738, *concernant la procédure que sa majesté veut être observée en son conseil.* C'est un des monumens les plus respectables de l'administration du célèbre chancelier d'Aguesseau.

La première partie de ce réglement traite de la manière d'introduire les différentes espèces d'affaires qui sont portées au conseil, & des règles propres à chacune de ces affaires.

C'est-là que l'on voit avec évidence la preuve de

de ce que nous avons dit dans le paragraphe précédent, de la multiplicité & de la variété des objets qui occupent le ministère de l'*avocat* aux conseils. En effet, les huit premiers titres de cette partie annoncent que les *avocats* aux conseils sont chargés d'y présenter les instances d'évocation sur parentés & alliances, celles en réglement de juges en matière civile & criminelle, les oppositions au titre des offices, les demandes en rapport de provisions ou lettres de justice expédiées en chancellerie, les demandes en cassation d'arrêts ou de jugemens rendus en dernier ressort dans tous les tribunaux du royaume & des colonies, qui jugent souverainement ou en dernier ressort, les demandes en cassation de jugemens de compétence, rendus en faveur des prévôts des maréchaux ou des sièges présidiaux, les demandes en contrariété d'arrêts, autres que celles dont la connoissance est attribuée au grand-conseil, les demandes en revision des procès criminels, les appels des ordonnances ou jugemens des intendans ou commissaires départis, ou autres juges commis par le conseil, & des capitaineries royales.

Les autres matières non comprises dans les huit premiers titres sont l'objet du titre 9, & les oppositions aux arrêts du conseil, celui du titre 10.

La seconde partie du réglement fixe la manière de procéder à l'instruction des affaires portées au conseil, & les règles communes à cette instruction. Cette seconde partie est composée de dix-sept titres, qui fixent & qui simplifient tous les détails de la procédure.

Sa majesté n'avoit pas cru devoir comprendre dans ce réglement général, ce qui regarde les affaires dont la connoissance est renvoyée, par des arrêts particuliers, pardevant des commissaires du conseil. Ces attributions passagères ne sembloient pas devoir être l'objet d'un réglement perpétuel. Cependant comme il y en a plusieurs qui sont toujours subsistantes, & comme il étoit important de faire observer des règles fixes & uniformes sur la procédure propre à ces sortes d'affaires, sa majesté jugea à propos d'expliquer séparément ses intentions sur ce sujet, par un autre réglement du même jour 28 juin 1738, concernant la procédure à observer pour l'instruction des affaires renvoyées devant des commissaires nommés par arrêt de son conseil.

La plaidoirie & l'instruction des causes, instances & procès portés au tribunal des requêtes de l'hôtel au souverain, appartiennent encore aux *avocats* aux conseils, à l'exclusion de tous autres *avocats*. Ce droit, dans lequel ils avoient été troublés, leur a été confirmé solemnellement par les lettres-patentes du 24 juillet 1771.

Les mêmes lettres confirment également les *avocats* aux conseils dans la faculté de plaider toutes les causes dont ils seront chargés, tant au parlement qu'au tribunal des requêtes de l'hôtel, soit au souverain, soit à l'ordinaire & dans tous les autres tribunaux.

Ces lettres-patentes ne font qu'ordonner à cet égard l'exécution de la déclaration du 22 février précédent.

De la discipline des avocats aux conseils. Elle a été fixée par le titre 17 de la seconde partie du réglement général. Les dispositions en sont de la plus grande sagesse.

Les *avocats* aux conseils forment entre eux un collège, dont le soin est confié à un doyen, quatre syndics & un greffier.

Il est défendu à toutes autres personnes qu'aux *avocats* aux conseils, de signer aucun acte de procédure, soit d'instruction ou autre, ni même de les coter, à peine de faux; & aux *avocats* de leur prêter directement ou indirectement leur ministère, & de signer pour eux, à peine d'interdiction pour la première fois, & de privation de leur charge pour la seconde. Il n'est pas permis également à un *avocat* aux conseils d'occuper pour un de ses confrères, ou de lui prêter son nom directement ou indirectement.

Les *avocats* aux conseils nouvellement reçus, pendant les trois premières années, & les députés choisis par le corps, doivent s'assembler une fois par semaine avec les doyen, syndics & greffier, à peine de trois livres d'aumône pour chaque contravention, s'ils n'ont une excuse légitime.

Dans ces assemblées, on examine les plaintes touchant la discipline, l'irrégularité des procédures, & en général, l'inobservation des réglemens, notamment en ce qui concerne les termes injurieux dont aucun des *avocats* se plaindroient contre leurs confrères. L'assemblée peut mulcter les contrevenans de telle aumône qu'elle juge convenable, jusqu'à la somme de cent livres, applicable à l'hôpital général.

Les délibérations prises dans ces assemblées ne peuvent être attaquées par opposition ni par appel, sauf à ceux qui ont à s'en plaindre, à se retirer par devers M. le chancelier, pour y être pourvu.

Les doyen & syndics des *avocats* sont tenus de remettre tous les mois à M. le chancelier, un extrait de leurs délibérations, prises sur tous les points qui concernent la discipline.

Indépendamment du réglement dont nous venons de parler, ils peuvent faire dans leurs assemblées telles loix qu'ils jugent convenables pour la discipline intérieure de leur compagnie, & il existe effectivement plusieurs délibérations qui maintiennent, confirment ou expliquent plusieurs points du réglement.

Des droits & privilèges des avocats aux conseils. Ces officiers sont considérés comme étant toujours à la suite de sa majesté; en conséquence, ils jouissent de tous les privilèges, franchises, prérogatives, exemptions & immunités des commensaux, tant qu'ils exercent les fonctions de leur office, &

lorsque, après vingt ans d'exercice, ils ont obtenu des lettres de vétérance.

L'article 13 du titre 4 de l'ordonnance du mois d'août 1669, n'accordoit le droit de *committimus* au grand sceau qu'aux quinze anciens *avocats* aux conseils, suivant l'ordre du tableau ; mais aujourd'hui tous les *avocats* aux conseils jouissent de ce droit, suivant un arrêt du conseil du 26 octobre 1671, confirmé par un autre du 18 décembre 1740, & maintenu en dernier lieu par des lettres-patentes données à Compiègne le 26 juillet 1771. Le préambule de ces lettres annonce que ce droit leur avoit été accordé long-temps avant l'ordonnance de 1669, qu'ils y ont été confirmés dans toutes les occasions, & qu'il leur est même nécessaire, *vu l'assiduité & l'importance du service qu'ils sont tenus de remplir auprès des conseils du roi, & la multiplicité des fonctions auxquelles ils se livrent, à la satisfaction de sa majesté.*

Mais lorsqu'il s'agit de restitution de pièces, titres, papiers ou procédures engagés dans des instances portées aux conseils, on ne peut former de demande sur ce point contre les *avocats* ailleurs qu'au conseil. C'est ce qui a été jugé par arrêt du conseil d'état du roi, le 26 août 1755, en faveur d'un *avocat* aux conseils, contre lequel on s'étoit d'abord pourvu au parlement.

L'*avocat* aux conseils a, pour le paiement de ses déboursés & honoraires, une action qui dure cinq années, à compter du jour du jugement de l'instance. Cette action est fondée sur une loi romaine, dont la disposition n'a point été adoptée par les *avocats* au parlement de Paris, mais qu'on ne sauroit cependant regarder que comme très-sage. On ne peut, à cet égard, opposer aux *avocats* aux conseils aucune fin de non-recevoir. C'est ce qui a été jugé aux requêtes de l'hôtel au souverain, le 17 avril 1704.

Il s'est élevé de fréquentes contestations entre les *avocats* aux conseils & les *avocats* au parlement, pour raison de leur préséance dans les consultations, arbitrages & autres occasions. Ce fut pour prévenir les retardemens causés par ces contestations, dans les affaires des particuliers qui avoient besoin de leur ministère, que Louis XIV ordonna, par arrêt du conseil du 21 février 1683, que les *avocats* aux conseils & les *avocats* au parlement garderoient entre eux, dans les assemblées générales & particulières, consultations, arbitrages & ailleurs, le rang & la préséance suivant la date de leurs matricules.

Cette disposition a été confirmée par la déclaration du 6 février 1709, enregistrée au parlement le 23 du même mois & de la même année, & par la déclaration déjà citée, du 22 février 1771.

De tous ceux qui exercent la profession noble & laborieuse d'*avocat*, les *avocats* aux conseils sont ceux que leurs fonctions approchent le plus près du trône, puisque leur ministère est tout entier dévoué aux affaires qui se rapportent devant le roi ou devant le chef de la justice en France. C'est à cette glorieuse prérogative qu'on a voulu faire allusion dans la devise des jetons qui se distribuent dans leurs assemblées. On y voit des aigles dirigeant leur vol & leurs regards vers le soleil, & l'inscription annonce qu'il n'est donné qu'à eux d'envisager cet astre. *Solis fas cernere solem.*

AVOCAT *d'une cité ou d'une ville.* C'est, dans plusieurs endroits d'Allemagne, un magistrat établi pour l'administration de la justice dans la ville, au nom de l'empereur. *Voyez* AVOUÉ.

AVOCAT DU ROI, (*Office.*) C'est un officier chargé, dans les sièges royaux, de discuter les affaires où le roi, l'église, le public & les mineurs peuvent avoir quelque intérêt, & d'en faire son rapport à l'audience.

Anciennement cette fonction étoit dévolue, de plein droit, au plus ancien gradué du siège. Elle lui appartient encore dans plusieurs endroits, en l'absence de l'*avocat* du roi ; dans d'autres, c'est le dernier installé des juges, qui fait les fonctions de cet officier : mais c'est un abus.

L'*avocat* du roi peut faire les fonctions d'*avocat* ordinaire, dans les affaires qui n'intéressent que les particuliers ; ce droit lui est acquis par l'édit de création de son office, & il le conserve encore aujourd'hui ; mais lorsqu'il en fait usage, il doit passer au barreau, sans autre rang, sur les autres *avocats*, que celui de son ancienneté de matricule au tableau. En un mot, un *avocat* du roi ne diffère guères des autres *avocats* du siège, qu'en ce qu'il est chargé de la discussion de certaines affaires exclusivement à eux. Aux rentrées du palais, après avoir requis le serment des gens du barreau, il le fait lui-même le premier, en allant toucher les livres saints. Du moins c'est ce qui se pratique dans différens sièges, comme au parlement de Paris, à l'égard des *avocats-généraux.*

L'*avocat* du roi ne peut jamais suppléer les juges dans les affaires qui sont de son ministère, mais il le peut dans les autres, & même aujourd'hui il y est autorisé préférablement aux autres *avocats* plus anciens que lui.

Quoique l'*avocat* du roi fasse les fonctions des autres *avocats*, dans les affaires qui n'intéressent point le ministère public, il ne laisse pas d'avoir sur eux la préséance dans les cérémonies publiques. Lorsqu'il parle comme *avocat* du roi, il doit être debout ; mais il peut être couvert & avoir les gants aux mains. Il a droit de parler aussi long-temps qu'il le juge à propos, sans que les juges puissent lever l'audience. Lorsqu'il a fini le rapport de la cause & qu'il a donné ses conclusions, il ne doit point être présent à la délibération des juges, ni l'interrompre, à moins qu'il ne lui soit échappé quelque observation intéressante ; mais, après la prononciation de leur jugement, il peut, dit-on, appeller de leur décision à leur face, ce qui n'est point permis aux autres *avocats* ; &, dans ce cas, son appel est suspensif de l'exécution même provisoire du jugement.

Dans une cause où l'*avocat* du roi est seul appellant, il est obligé de parler avant l'*avocat* de la partie intimée. Il ne peut point forcer les procureurs, non plus que les *avocats*, à lui communiquer ailleurs qu'au parquet, les causes qui intéressent son ministère, & il doit s'y trouver aux heures réglées pour chaque siège. Cette communication doit être gratuite, c'est-à-dire, qu'il n'a rien à recevoir pour chaque rapport qu'il fait d'une affaire à l'audience, quand même on lui offriroit volontairement des honoraires. C'est ce qui résulte formellement de l'art. 31 de l'arrêt de réglement du 10 juillet 1665, qui est observé dans tout le royaume, à l'exception de la Lorraine, où les *avocats* du roi peuvent exiger quarante sols pour les affaires où ils portent la parole, suivant l'ordonnance de 1707 & la déclaration du roi Stanislas, du 25 janvier 1752.

Il n'en est pas de même des procès par écrit; l'*avocat* du roi peut avoir des épices. Dans quelques sièges, il est taxé par les juges; dans d'autres, il se taxe lui-même: ceci dépend de l'usage.

Lorsque le procureur du roi est absent, l'*avocat* du roi en fait les fonctions, préférablement aux autres *avocats*.

La fonction d'*avocat* du roi demande des talens particuliers. Il ne lui suffit pas d'être bon jurisconsulte, il faut aussi qu'il soit orateur; & il ne le devient, qu'en se familiarisant avec les belles-lettres. Il lui faut une grande sagacité & beaucoup de justesse dans l'application des règles & des principes. Après que deux *avocats* ont combattu avec des armes à-peu-près égales; dans le moment où les juges eux-mêmes, ainsi que le public, sont encore incertains à qui ils décerneront l'honneur du triomphe, c'est à lui de dissiper les nuages, & d'indiquer le vrai point de la difficulté, qui se trouve comme perdu au milieu d'une foule de faits & de circonstances.

Il y a des sièges, tels que le présidial de Gueret, où l'*avocat* du roi est en même temps pourvu d'un office de conseiller au même tribunal, pour en faire les fonctions, lorsque son ministère n'est point nécessaire. Mais c'est un abus occasionné par ces temps malheureux où Louis XIV recouroit à des créations d'offices pour augmenter les subsides, sans fatiguer ses peuples. Un *avocat* du roi est fait pour veiller à l'exécution des ordonnances, pour remontrer aux juges leurs devoirs, & pour être, en quelque façon, le censeur de leur conduite; mais comment peut-il s'acquitter avec exactitude d'une fonction si délicate, lorsqu'il se trouve lui-même au nombre des juges qu'il convient de censurer?

Les *avocats* du roi jouissent des mêmes exemptions & prérogatives que les juges du siège auquel ils sont attachés, souvent même ils en ont de plus considérables.

Avocat-Fiscal, (*Office.*) c'est le titre que prend, dans un duché & quelquefois dans une justice seigneuriale, celui qui y fait les mêmes fonctions que celles que fait un *avocat* du roi dans un siège royal.

L'*avocat-fiscal* des empereurs, officier institué par Adrien, avoit quelque rapport avec nos *avocats-généraux*, car il étoit aussi l'*avocat* du prince; mais spécialement dans les causes concernant le fisc, & ne se mêloit point de celles des particuliers.

Avocat-Général, (*Office. Dignité.*) c'est un officier de cour souveraine, préposé pour discuter à l'audience les causes où le roi, l'église, le public, les communautés, les mineurs peuvent avoir quelque intérêt, pour donner son avis, & prendre des conclusions en faveur d'une des parties.

L'origine de ces officiers est aussi ancienne que l'établissement des cours souveraines. On ne leur donnoit autrefois que le titre d'*avocats* du roi; la dénomination d'*avocat-général* se donnoit aux *avocats* plaidans pour les parties, ce qui paroissoit d'autant plus naturel qu'ils plaidoient en effet pour tout le monde en général, & que le ministère des *avocats-généraux* étoit principalement employé aux affaires du roi.

Il reste encore aujourd'hui un vestige de cette qualification, dans le prononcé des arrêts rendus sur les conclusions du ministère public. On y lit: ce jour, les gens du roi étant entrés, Me.... *avocat dudit seigneur roi*, portant la parole, ont dit, *&c.*..

Quoi qu'il en soit, les *avocats* du roi, dans les cours souveraines, prennent aujourd'hui la qualité d'*avocats-généraux*, & ils possèdent ce titre depuis 1587, qu'il fut donné à Antoine Seguier: quelques-uns même prétendent qu'il a été donné, en 1526, à Pierre Lizet.

Ces magistrats paroissent avoir été établis en France, à l'instar de ce qui se pratiquoit chez les Romains, où les empereurs avoient un *avocat* pour eux, appellé *patronus fisci*, dont il est parlé dans la loi *21. c. si advers. fisc.*

Les anciens régistres du parlement nous apprennent que la fonction d'*avocat* du roi étoit permanente; qu'il y en avoit deux, l'un clerc, & l'autre laïc; le premier exerçoit son ministère dans les causes civiles; le second, dans les affaires criminelles. En 1690, le roi créa une troisième charge d'*avocat-général* en faveur de M. d'Aguesseau qui est devenu ensuite procureur général & chancelier de France, la gloire & l'ornement de la magistrature. Depuis cette époque, il y a toujours eu trois *avocats-généraux* dans le parlement de Paris & dans plusieurs autres cours; les deux premières places n'ont jamais été créées en titre d'office.

Le premier *avocat-général* précède le procureur général, comme portant la parole pour lui; les deux autres marchent après lui.

La place des *avocats-généraux* aux grandes audiences étoit autrefois sur le banc des baillis & sénéchaux; ce ne fut que le 9 février 1589, qu'ils commencèrent à se placer sur le banc des secrétaires de la cour, par rapport au président de Verdun qui étoit un peu sourd.

Leur place aux petites audiences est derrière le premier banc ou premier barreau.

Ils sont à la tête du barreau comme étant les premiers dans l'ordre des *avocats;* c'est pourquoi ils passent aussi les premiers au serment. M. Talon, portant la parole à la grand'chambre le 27 janvier 1687, disoit que *le plus grand avantage des charges qu'ils ont l'honneur d'occuper, c'est celui d'être les premiers de l'ordre des avocats, d'être à la tête d'un corps si illustre, duquel ils estiment à honneur de faire partie :* d'où il conclut qu'*ils étoient obligés d'en maintenir les avantages.*

Des fonctions des avocats-généraux. Ils en ont plusieurs qui leur sont propres, & d'autres qui leur sont communes avec le procureur général, & qui appartiennent aux gens du roi collectivement ou concurremment.

En général, on peut distinguer deux fonctions qui font tout le partage du ministère public, celle de prendre des conclusions à raison de l'ordre public dans les affaires des particuliers, & celle de plaider pour le roi contre les particuliers dans les affaires du domaine & des droits de la couronne.

Quant au détail de ces fonctions, ou elles sont intérieures, & s'exercent dans le conseil particulier du parquet; ou elles sont extérieures, & sont relatives au roi, au parlement, au public, aux parties, au barreau.

Dans l'intérieur du parquet, les *avocats-généraux* sont le conseil du procureur général pour donner les conclusions qui sont de son ministère dans les affaires importantes. Ils forment avec lui le conseil du gouvernement sur les projets des actes de législation qui doivent être adressés au parlement, tels que les projets de loix, d'édits & déclarations concernant les impositions, & généralement toutes les opérations de justice, police ou finance. C'est à raison de cette fonction qu'ils ont le titre de conseillers du roi, qui leur a été donné dès le commencement du quatorzième siècle.

On a coutume de leur adresser ces projets pour avoir leur avis qu'ils donnent en commun & de concert avec le premier président à qui on adresse toujours en même temps copie des mêmes projets.

Ils forment de même en commun, & d'ordinaire avec le même magistrat, les projets de réglemens & de réformations qu'ils estiment nécessaires de présenter au roi pour être revêtus de son autorité, ou au parlement pour être mis en forme de réglement concernant la discipline du parlement même, ou celle des sièges inférieurs, ou le bien de la police, la poursuite des crimes, & généralement tout ce qui se présente au parlement par requête du procureur général.

Dans ce même intérieur du parquet, ils sont, par la voie de la communication des ministres ou des parties intéressées, les censeurs & les contradicteurs des privilèges & concessions qui s'accordent aux corps ou aux particuliers, pour empêcher qu'il ne s'y glisse rien de contraire aux maximes du royaume, aux ordonnances, aux droits de la couronne, à l'ordre public, à celui des jurisdictions, & aux droits du parlement.

Fonctions extérieures des gens du roi, 1°. relativement au roi. Elles consistent dans le droit d'exécuter, auprès de sa majesté, les commissions du parlement, de demander le jour, le lieu & l'heure pour les députations, lui expliquer les demandes ou représentations dont la compagnie les charge quelquefois, recevoir de la bouche du roi les réponses à ces demandes, & les ordres verbaux qu'il juge à propos de faire passer à son parlement qui ne reconnoît aucun autre canal que celui des gens du roi pour recevoir des ordres de sa majesté.

Pour raison de ces fonctions, ils ont toujours accès auprès du roi, en avertissant M. le chancelier lorsqu'il y est, mais sans autre canal que celui du premier gentilhomme de la chambre, ou, en son absence, du premier valet-de-chambre : quant aux ordres par écrit du roi au parlement, ils le reçoivent de M. le chancelier ou des ministres qui les ont expédiés, & en sont aussi les seuls porteurs auprès de la compagnie.

2°. *Relativement au parlement.* Leurs fonctions sont de lui apporter les ordres du roi, verbaux ou écrits, de faire les messages & les commissions dont on vient de parler auprès du roi, d'entrer avec le procureur général toutes les fois qu'il entre, de prendre la parole sur lui pour annoncer ou expliquer les requisitions, requêtes, conclusions ou ordres du roi, qu'il apporte; de faire la même chose en l'absence du procureur général, en se faisant accompagner par un substitut qui tient à la main les conclusions par écrit, s'il y en a; de faire la mercuriale alternativement avec le procureur général, droit néanmoins qui n'appartient qu'à l'ancien *avocat-général;* d'introduire à la cour les maîtres des cérémonies, lorsqu'ils viennent l'inviter, de la part du roi, aux *Te Deum* ou pompes funèbres, ou d'autres gentilshommes envoyés par le roi; ceux qui sont envoyés par les princes; les officiers de police, lorsqu'ils viennent rendre compte, avant le carême, de l'état de la police & de celui des provisions; ceux de la ville dans la même occasion, & lorsqu'ils présentent chaque année les nouveaux consuls au serment; les mêmes officiers & tous autres, lorsqu'ils demandent à être entendus en la cour, ou qu'ils sont mandés par elle; le bâtonnier & les anciens *avocats*, lorsqu'il y a lieu de les entendre sur quelque fait qui concerne l'ordre des *avocats;* les procureurs des communautés dans des cas semblables; & généralement toute personne qui peut avoir à parler à la cour ou à en recevoir des ordres. Toutes les fois que les gens du roi introduisent ainsi quelqu'un à la cour, pour quelque cause que ce soit, ils y demeurent pour entendre ce qu'il dit ou ce que la cour lui dit, y prennent séance, & prennent des conclusions, s'il y a lieu, ou sur le champ, ou après avoir demandé à se retirer au parquet pour en conférer, ou pour les rédiger par écrit, au cas que cette forme leur paroisse plus convenable.

Enfin les *avocats-généraux* suivent le parlement dans les marches & cérémonies publiques, mais à quelque distance des derniers conseillers, & avec un huissier en particulier : ils l'accompagnent aussi aux députations; &, en se retirant après tous les députés, ils s'approchent du roi tous ensemble pour le saluer en leur particulier; lorsque la députation est venue pour complimenter le roi, ils font alors un compliment particulier au roi, à la reine, & à chacun de ceux à qui les députés ont adressé celui de la compagnie; l'usage de ce compliment particulier a commencé sous Louis XIV : auparavant ils disoient seulement, en s'approchant du roi, *sire, ce sont vos gens;* mais aujourd'hui cet usage est établi, & les gens du roi de toutes les compagnies font de pareils complimens à la suite des députés.

3°. *Relativement au public.* La fonction des *avocats-généraux* est d'assister à l'audience des grands rôles, & de porter la parole dans toutes les causes qui y sont plaidées; sur quoi, depuis long-temps, on ne fait plus de distinction entre les causes sujettes à communication, & celles qui ne le sont pas.

C'est une maxime au palais, que l'on n'interrompt point le roi, quand il parle, c'est-à-dire, qu'on n'interrompt point ses gens, lorsqu'ils portent la parole.

Les gens du roi sont aussi dans l'usage que, lorsqu'un d'entre eux porte la parole, soit dans une cause ou autre occasion, les autres se tiennent debout, s'il est plus ancien qu'eux : & s'il est moins ancien, ils se tiennent assis.

Aux grandes audiences, les *avocats-généraux* parlent, un genou appuyé sur le banc où ils siègent.

C'est aussi une de leurs fonctions, relativement au public, d'assister, par un d'entre eux, le vendredi matin à la grand'chambre, le mercredi & samedi à la grand'chambre & à la tournelle, & de plaider même toutes les causes à toutes ces audiences; d'assister, par un d'entre eux, aux audiences de relevée, pour requérir la communication des causes, & y porter la parole, lorsqu'elles sont de leur ministère; d'assister même aux audiences de sept heures à la grand'chambre, lorsqu'ils sont avertis de s'y trouver pour des causes sujettes à communication; & à celles des chambres des enquêtes, dans les mêmes cas; de tenir le parquet les matins après l'audience de la grand'chambre, pour recevoir la communication des causes à plaider. Ils recevoient autrefois ces communications en se promenant dans la grande salle; mais, depuis qu'on leur a fait construire un parquet, ils y reçoivent les communications.

Les *avocats-généraux* y jugent aussi, tous ensemble, ou chacun séparément, & par forme d'avis, suivant l'ordonnance, les conflits entre les chambres du parlement, les appels d'incompétence & de déni de renvoi, les nullités de procédures & les affaires renvoyées par arrêt au parquet.

Enfin ils y règlent les conflits entre le parlement & la cour des aides, conjointement avec les gens du roi de cette cour, lesquels, à jour convenu, se rendent au parquet du parlement, y prennent séance sur le même banc après eux, entendent ensemble avec eux le rapport qui se fait du conflit, par un substitut de celle des deux cours où ce conflit s'est formé, & jugent cependant, comme à l'audience, en opinant tout haut, les portes ouvertes, à la pluralité des voix des officiers des deux parquets réunis.

4°. *Relativement aux particuliers.* Les *avocats-généraux* ont la fonction de requérir & de prendre communication de toutes leurs affaires sur les grands rôles, & de toutes celles des autres rôles où l'église, les communautés d'habitans, les corps laïques ou ecclésiastiques, les mineurs, le roi ou l'ordre public peuvent avoir intérêt, du moins au fond; de requérir à l'audience, dans les causes communiquées ou non, contre toutes sortes de particuliers, soit qu'ils soient ou ne soient pas parties dans la cause, tout ce qui peut être du bien public, même leur décret ou emprisonnement, s'il y a délit, ou lieu à prononcer des amendes, aumônes, injonctions, défenses ou autres peines & dispositions; ils peuvent rendre plainte & introduire toute demande, s'inscrire en faux, former opposition à des arrêts, interjetter appels des sentences, & faire toutes les autres procédures qu'ils estiment de leur ministère.

5°. Enfin, *par rapport au barreau*, il est des fonctions des *avocats-généraux* de faire un discours aux *avocats* tous les ans le jour de l'ouverture des audiences, de présider à la rédaction des comptes & à l'entretien de leur bibliothèque, de veiller à la discipline & à l'ordre du barreau dans tous les sièges du ressort du parlement, & de régler les contestations qui y surviennent, lorsque les parties s'adressent, comme elles font pour l'ordinaire en pareil cas, aux gens du roi du parlement.

Une fonction relative en quelque sorte au même objet, c'est la discipline & l'ordre des facultés de droit des universités du ressort, qui sont Paris, Reims, Orléans, Bourges, Angers & Poitiers, objet que les ordonnances ont remis spécialement au premier *avocat-général* : ces facultés sont obligées de lui envoyer, tous les trois mois, le double de leurs registres d'inscriptions, & les lieutenans généraux des sièges, le procès-verbal des visites qu'ils doivent faire aux écoles de droit pour constater les noms & la résidence des étudians inscrits sur ces registres.

Le premier *avocat-général* vérifie le temps d'études

des licentiés qui viennent se présenter pour être avocats; il leur en délivre son certificat, s'ils le requièrent, pour se faire recevoir en un autre parlement; ou, s'ils veulent être reçus au parlement de Paris, ils se font présenter à l'audience par un ancien *avocat* un jour de grand rôle, & le premier *avocat-général* se lève & atteste que le licentié qui se présente, a satisfait aux ordonnances, qu'ainsi *il n'empêche qu'il plaise à la cour de le recevoir au serment d'avocat* : il signe, au dos des lettres de licence, un vû qui contient le détail des inscriptions, interstices, actes & temps d'étude de droit françois.

Autres fonctions & prérogatives des avocats-généraux. Il y a plusieurs objets sur lesquels les gens du roi du parlement de Paris ont un droit, une inspection, une autorité spéciale en vertu de titres particuliers, comme sur la bibliothèque de S. Victor, celle de l'école de Médecine, le collège Mazarin; ils ont part aussi avec les trois premiers présidens du parlement, de la chambre des comptes & de la cour des aides, à la fondation des ducs de Nevers, pour marier des filles, des terres qui appartenoient à la maison de Gonzague; trois des gens du roi assistent tous les ans, le jour de la S. Louis, au compte qui se rend de l'exécution de cette fondation aux grands augustins, & y reçoivent chacun cinquante jetons d'argent, & quelques livres de bougie : le quatrième n'y assiste pas, parce que la dernière charge d'*avocat-général* n'a été créée que depuis la fondation dont il s'agit.

Les *avocats-généraux* ont encore d'autres prérogatives, telles que le titre & les appointemens de conseillers d'état; ils jouissoient même autrefois de la séance au conseil, & Denis Talon, lorsqu'il quitta sa charge & fut fait conseiller d'état, prit séance au conseil du jour de sa réception d'*avocat-général*; cependant cela ne se pratique plus, MM. d'Aguesseau & Gilbert s'étant mis à la queue du conseil.

Les *avocats-généraux* prétendent, à raison de ce titre de conseiller d'état, avoir, hors de leurs fonctions, rang de conseillers d'honneur, & passer avant tous les conseillers au parlement & maîtres des requêtes, hors des marches & séances de la compagnie : ce qui fait qu'ils ne se trouvent, ni au repas de la S. Martin, chez le premier président, ni aux processions & cérémonies de leur paroisse, ou autres où il y a des conseillers au parlement, des maîtres de requêtes, ou même des conseillers d'état.

Lorsqu'ils sont dans leur hôtel, ou qu'ils vont ailleurs qu'au palais ou en cour, ils sont toujours en simarre comme le chancelier & le premier président.

Chaque *avocat-général*, à sa réception, reçoit du corps de ville un compliment, & un présent qui consiste dans une belle écritoire d'argent.

Avocat, (*Droit canonique.*) ce mot se prend dans un sens particulier, dans l'Histoire ecclésiastique, pour une personne dont la fonction étoit de défendre les droits & les revenus de l'église & des communautés religieuses, tant par armes qu'en justice.

Pris en ce sens, c'est la même chose qu'*avoué*, *défenseur*, *conservateur*, *économe*, *causidicus*, *mundiburdus*, *tuteur*, *acteur*, *pasteur lai*, *vidame*, *scholastique*, &c. *Voyez ces mots.*

Il a été employé pour synonyme à *patron*, c'est-à-dire celui qui a l'avouerie ou le droit de présenter en son propre nom. *Voyez* Patron, Avouerie, Présentation, *&c.*

Les abbés & monastères ont aussi des *avocats* ou avoués.

AVOCATIE, s. f. (*Pratique.*) on se servoit autrefois de ce mot pour signifier une commission adressée à un inférieur par son supérieur, pour remplir quelques fonctions publiques.

AVOCATOIRE, adj. (*Hist. mod. & Jurisp.*) on appelle ainsi un mandement de l'empereur d'Allemagne, adressé à quelque prince ou sujet de l'Empire, afin d'arrêter ses procédés illégitimes en toute cause portée devant lui par appel.

On appelle *lettres avocatoires*, des lettres d'un prince, par lesquelles il prétend revendiquer quelques-uns de ses sujets qui sont passés dans d'autres états. On ne convient pas que les souverains aient ce droit. *Voyez* Asyle, (*Droit public.*)

AVORTEMENT, s. m. (*Droit criminel.*) c'est en général l'accouchement avant terme d'un enfant mort ou vivant.

Suivant les loix anciennes, les femmes & les filles qui se faisoient avorter par le moyen de quelque potion ou médicament, ou de quelque autre manière que ce fût, devoient être punies de mort, s'il étoit constaté que le fruit dont elles étoient grosses, eût eu vie. Mais si le fœtus n'avoit point encore été animé, l'*avortement* n'étoit puni que du bannissement ou d'une autre peine moindre que celle de mort, selon la qualité du fait & la condition des personnes.

A Rome, lorsque les femmes se procuroient l'*avortement* par aversion pour leur mari, à la suite d'un divorce, on ne les punissoit que du bannissement. Mais si elles s'étoient laissé corrompre par argent pour commettre ce crime, elles devoient être condamnées à mort. Cicéron, dans son oraison pour Cluentius, fait mention d'une femme Milésienne qui fut punie du dernier supplice, parce qu'après le décès de son mari, elle avoit fait périr l'enfant dont elle étoit enceinte, moyennant une somme d'argent que lui avoient donnée les héritiers substitués par son mari à cet enfant.

En France, les femmes & les filles qui se font avorter, & qui détruisent le fruit dont elles sont enceintes, en prenant des médicamens ou breuvages pour s'en délivrer avant le temps, doivent être punies de mort, sans qu'il faille examiner si le fœtus étoit animé ou s'il ne l'étoit pas.

Les complices du crime d'*avortement* doivent être punis de la même peine que les femmes ou filles qui se sont fait avorter.

Si l'accouchement prématuré est occasionné par un accident, s'il a pour cause un travail forcé, s'il est même la suite d'une indiscrétion, il n'est pas punissable suivant les loix civiles.

L'article 133 de la constitution caroline porte que *celui qui, de propos délibéré, fera, par le moyen d'un breuvage, avorter une femme d'un enfant ayant eu vie, de même que celui qui aura procuré la stérilité à un homme ou à une femme, pour les empêcher d'avoir des enfans, sera condamné comme homicide; savoir, si c'est un homme, à être décapité, & si c'est une femme, à être précipitée dans l'eau ou à subir une autre peine capitale.*

Quant à celui qui frappe violemment une femme grosse, & qui la fait avorter, il faut distinguer si, en la frappant, il a eu le dessein de procurer cet *avortement*, ou s'il n'a point eu ce dessein. Dans le premier cas, il doit être puni de mort; mais, dans le second cas, la peine doit être moindre & relative aux circonstances du fait. Telle est l'opinion de Farinacius.

Si les mesures prises pour procurer l'*avortement* n'ont point eu d'effet, & que l'enfant, nonobstant le breuvage, soit venu à terme & ait survécu pendant quelque temps, la peine de mort ne doit alors avoir lieu, ni contre celui qui a donné le breuvage, ni contre celui qui l'a pris; mais il doit leur être infligé une autre punition, selon les circonstances. C'est l'avis de Julius Clarus.

Une femme ou une fille qui se seroit fait avorter, n'éviteroit point la peine de mort, quand même elle n'auroit commis son crime que dans la vue de conserver son honneur. Cependant ce motif peut quelquefois servir à faire diminuer la peine dans de certaines circonstances, comme lorsque la fille coupable est très-jeune, *&c.*

Suivant les loix romaines, le crime d'*avortement* étoit imprescriptible; mais, parmi nous, il se prescrit, comme tous les autres crimes, par le laps de vingt ans. *Voyez* INFANTICIDE.

Le crime d'*avortement* est un cas royal.

AVORTON, s. m. (*Droit civil, canonique & criminel.*) C'est le nom qu'on donne aux enfans qu'un accouchement prématuré fait naître morts ou incapables de vivre. On se sert aussi, dans la même signification, du mot *abortif*.

La naissance d'un enfant, dans le septième mois de la grossesse de la mère, peut être naturelle, ainsi que nous l'avons dit sous le mot *accouchement* : elle peut aussi être l'effet d'un avortement; néanmoins si l'enfant vient au monde vivant, il est capable de succéder & de transmettre une succession. Dans les pays de droit écrit, comme posthume, il rompt par sa naissance le testament dans lequel son père n'a fait aucune mention de lui.

Nous venons de dire, sous le mot *avortement*, qu'on punissoit de mort la mère qui se fait avorter, & ses complices, lorsque l'*avorton* naît sans vie.

Un auteur ecclésiastique, le père Jérôme Florentinius, a fait un livre pour démontrer qu'on peut & qu'on doit baptiser les *avortons*, en quelque temps qu'ils viennent au monde, parce que, suivant lui, le temps auquel le fœtus commence à être animé, est incertain. Nous pensons qu'il a raison, & qu'on doit suivre son sentiment dans la pratique : car ceux qui ne réputent le fœtus animé qu'après quarante jours de conception, ne sont pas convaincus de la vérité de leur systême.

AVOT, s. m. (*terme de Coutume.*) dans la Flandres françoise, on appelle de ce nom une certaine mesure des choses solides. Quatre *avots* font la rasière, & la rasière contient environ cent livres de graines de colzat bien sèches.

AVOUÉ, adj. (*Jurisprudence.*) signifioit anciennement l'*avocat*, c'est-à-dire, le patron ou protecteur d'une église ou communauté religieuse.

Ce mot vient, ou du latin *advocatus*, appellé à l'aide, ou de *advotare*, donner son suffrage pour une chose.

Les cathédrales, les abbayes, les monastères & autres communautés ecclésiastiques avoient leurs *avoués*. Ainsi Charlemagne prenoit le titre d'*avoué* de S. Pierre; le roi Hugues, de S. Riquier : & Bollandus fait mention de quelques lettres du pape Nicolas, par lesquelles il établissoit le saint roi Edouard & ses successeurs *avoués* du monastère de Westminster & de toutes les églises d'Angleterre.

Ces *avoués* étoient les gardiens, les protecteurs &, en quelque sorte, les administrateurs du temporel des églises : & c'étoit sous leur autorité que se faisoient tous les contrats concernant ces églises. *Voyez* DÉFENSEURS, *&c.*

Il paroît même, par d'anciennes chartes, que les donations qu'on faisoit aux églises, étoient conférées en la personne des *avoués*.

C'étoient eux qui se présentoient en jugement pour les églises dans toutes leurs causes, & qui rendoient la justice pour elles dans tous les lieux où elles avoient jurisdiction.

C'étoient eux qui commandoient les troupes des églises en guerre, & qui leur servoient de champions & de duellistes. *Voyez* COMBAT, DUEL, CHAMPION.

On prétend que cet office fut introduit, dès le temps de Stilicon, dans le quatrième siècle : mais les bénédictins n'en font remonter l'origine qu'au huitième. *Act. S. Bened. S. iij, P. I, Præf. p. 9, &c.*

Dans la suite, les plus grands seigneurs même firent les fonctions d'*avoués*, & en prirent la qualité, lorsqu'il fallut défendre les églises par leurs armes, & les protéger par leur autorité. Ceux de quelques monastères prenoient le titre de conservateurs : mais ce n'étoit autre chose que des *avoués* sous un autre nom. *Voyez* CONSERVATEUR.

Il y eut aussi quelquefois plusieurs *sous-avoués* ou sous-avocats dans chaque monastère : ce qui néanmoins fit grand tort aux monastères, ces officiers inférieurs y introduisant de dangereux abus; aussi furent-ils supprimés au concile de Reims en 1148.

A l'exemple de ces *avoués* de l'église, on appella aussi du même nom les maris, les tuteurs ou autres personnes en général qui prenoient en main la défense d'une autre. Plusieurs villes ont eu aussi leurs *avoués*. On trouve, dans l'histoire, les *avoués* d'Augsbourg, d'Arras, *&c.*

Les vidames prenoient aussi la qualité d'*avoués* : & c'est ce qui fait que plusieurs historiens du huitième siècle confondent ces deux qualités. *Voyez* VIDAME.

C'est aussi pourquoi plusieurs grands seigneurs d'Allemagne, quoique séculiers, portent des mitres en cimier sur leur écu, parce que leurs pères ont porté la qualité d'*avoués* de grandes églises. *Voyez* MITRE & CIMIER.

Spelman distingue deux sortes d'*avoués* ecclésiastiques en Angleterre : les uns pour les causes ou procès, qu'il appelle *advocati causarum ;* & les autres pour l'administration des domaines, qu'il appelle *advocati soli.*

Les premiers étoient nommés par le roi, & étoient ordinairement des avocats de profession, intelligens dans les matières ecclésiastiques.

Les autres qui subsistent encore, & qu'on appelle quelquefois, de leur nom primitif, *avoués*, mais plus souvent *patrons*, étoient & sont encore héréditaires, étant ceux-mêmes qui avoient fondé des églises, ou leurs héritiers. *Voyez* PATRONS.

Il y a eu aussi des femmes qui ont porté la qualité d'*avouées, advocatissæ :* &, en effet, le droit canonique fait mention de quelques-unes qui avoient même droit de présentation dans leurs églises que les *avoués :* & encore à présent, si le droit de patronage leur est transmis par succession, elles l'exercent comme les mâles.

Dans un édit d'Edouard III, roi d'Angleterre, on trouve le terme d'*avoué* en chef, c'est-à-dire, patron souverain qui s'entend du roi, qualité qu'il prend encore à présent, comme le roi de France la prend dans ses états.

Il y a eu aussi des *avoués* de contrées & de provinces. Dans une chartre de 1187, Berthold, duc de Zeringhen, est appellé *avoué* de Thuringe; &, dans la notice des églises belgiques, publiée par Miræus, le comte de Louvain est qualifié *avoué* de Brabant. Dans l'onzième & douzième siècle, on trouve aussi des *avoués* d'Alsace, de Souabe, *&c.*

Raymond d'Agiles rapporte qu'après qu'on eut repris Jérusalem sur les Sarrasins, sur la proposition qu'on fit d'élire un roi, les évêques soutinrent « qu'on » ne devoit pas créer un roi pour une ville où un » Dieu avoit souffert & avoit été couronné, *non* » *debere ibi eligi regem ubi Deus & coronatus est*, &c. » que c'étoit assez d'élire un *avoué* pour gouverner » la place, *&c.* ». Et, en effet, Dodechin, abbé Allemand, qui a écrit le voyage à la Terre-Sainte, du douzième siècle, appelle Godefroy de Bouillon, *avoué du saint sépulcre.* (*H*)

AVOUÉS *de la partie publique.* On voit, dans les historiens, que, sous la seconde race de nos rois, il y avoit un *avoué de la partie publique*, *advocatus de parte publicâ.* Cette espèce d'*avoué* n'avoit rien de commun avec les avocats & procureurs du roi, que nous appellons *la partie publique.* Les *avoués* anciens n'étoient pas chargés de la poursuite des crimes ni des affaires qui concernoient les mineurs, les églises ou l'état des personnes; ils étoient seulement les agens du public pour la manutention politique & domestique, & non pour la manutention civile.

AVOUERIE, s. f. (*Jurisp.*) qualité d'avoué. *Voyez* AVOUÉ.

Avouerie signifie, entre autres choses, le droit de présenter à un bénéfice vacant : &, en ce sens, il est synonyme à *patronage.* Voyez PATRONAGE.

La raison pourquoi on a donné au patronage le nom d'*avouerie*, c'est qu'anciennement ceux qui avoient droit de présenter à une église, en étoient les protecteurs & les bienfaiteurs : ce qu'on exprimoit par le mot *avoué*, *advocati.*

Avouerie, pris pour synonyme à *patronage*, est le droit qu'a un évêque, un doyen, ou un chapitre, ou un patron laïque, de présenter qui ils veulent à un bénéfice vacant. *Voyez* VACANCE & BÉNÉFICE, *&c.*

L'*avouerie* est de deux sortes, ou personnelle ou réelle; personnelle, quand elle suit la personne & est transmissible à ses enfans & à sa famille, sans être annexé à aucun fonds; réelle, quand elle est attachée à la glèbe & à un certain héritage.

On acquiert l'*avouerie* ou *patronage* en bâtissant une église, ou en la dotant.

Lorsque c'est un laïque qui la bâtit ou la dote, elle est en patronage laïque. Si c'est un ecclésiastique, il faut encore distinguer; car s'il l'a fondée ou dotée de son propre patrimoine, c'est un patronage laïque : mais si c'est du bien de l'église qu'elle a été fondée, c'est un patronage ecclésiastique.

Si la famille du fondateur est éteinte, le patronage en appartient au roi, comme patron de tous les bénéfices de ses états, si ce n'est des cures & autres bénéfices à charge d'ames, qui tombent dans la nomination de l'ordinaire.

Si le patron est retranché de l'église, ou par l'excommunication, ou par l'hérésie, le patronage dort & n'est pas perdu pour le patron qui recommencera à en exercer les droits dès qu'il sera rentré dans le sein de l'église. En attendant, c'est le roi ou l'ordinaire qui pourvoient aux bénéfices vacans à sa présentation. *Voyez* PATRON.

AVOUÉTRIE, s. f. c'est un ancien mot qui avoit la même signification qu'*adultère.*

AVOUL, s. m. vieux mot qui signifioit *aveu.*

AVOUTRE, s. m. (*Jurisprudence.*) ou AVOUESTRE, termes qui se rencontrent dans quelques-unes de de nos anciennes coutumes, & sont synonymes à *adultérin*. « Li *avoutres*, dit Beaumanoir, *chap. 18*, » sont chil qui sont engendrés en femmes ma- » riées, d'autrui que de leurs seigneurs ou hommes » mariés ». (*H*)

AVRANCHES, ville de Normandie, qui est le siège d'un évêque suffragant de Rouen. Il y a, dans cette ville, un vicomté, un bailliage, une élection. Ses officiers municipaux sont un maire, deux échevins, un lieutenant de police. Elle est de la généralité de Rouen, & du ressort du parlement & cour des aides de Normandie. Ses habitans prennent du sel blanc dans les salines qui sont dans l'étendue de son élection.

AVRIL, f. m. (*Droit canonique.*) quatrième mois de l'année. Ce mois & celui d'octobre sont appellés *mois de faveur*, parce que les bénéfices qui viennent à vaquer dans ces deux mois, quoique affectés aux gradués, peuvent être conférés librement aux gradués simples, duement insinués, parmi lesquels le collateur a le choix de gratifier qui il lui plaît, sans être astreint à suivre l'ancienneté des degrés.

AURILLAC, ville capitale de la haute Auvergne. La seigneurie en appartient au roi & à l'abbé de S. Géraud d'*Aurillac*. L'abbé y jouit du droit de la haute-justice; mais le roi, comme seigneur du château, a le haut domaine : &, en conséquence, il y a établi le premier siège de la sénéchaussée de la haute Auvergne, & un présidial.

AURILLAGE *ou* AURISLAGE, terme usité dans quelques coutumes pour signifier le profit des ruches de mouches à miel qui n'ont point de maître. Ce profit appartient, dans quelques endroits, au seigneur, & dans d'autres, au roi. *Voyez* ABEILLAGE. (*H*)

AUTEL, f. m. (*Droit canonique.*) c'est la table sur laquelle le prêtre offre le sacrifice du corps & du sang de Jesus-Christ. On en distingue deux sortes, celui qui est stable & ferme, & celui qui est mobile & portatif.

Les *autels* des premiers chrétiens n'étoient que de bois; mais un concile, tenu à Paris en 509, défendit de les construire à l'avenir d'autre matière que de pierre. Il suffit néanmoins, dans l'usage, qu'il y ait, au milieu de l'*autel*, une pierre assez large pour que le prêtre puisse y mettre le calice & l'hostie, sans crainte de les faire toucher ailleurs.

Il faut une permission de l'évêque & le consentement des intéressés pour construire un *autel* stable dans une église consacrée.

On ne peut sacrifier sur un *autel* nouvellement érigé, que la pierre où l'hostie & le calice doivent être placés, ne soit consacrée, & cette consécration ne peut se faire que par l'évêque.

Si la pierre consacrée est brisée, & que l'endroit du sceau soit enlevé, il faut la faire consacrer de nouveau, quand même elle pourroit encore servir.

Si l'on doutoit que la table d'un *autel* eût été consacrée, il faudroit la consacrer.

Les nappes de l'*autel* doivent être de linge blanc & bénites par l'évêque ou par un prêtre à qui l'évêque a donné pouvoir de faire cette bénédiction.

Comme il est permis, dans certains cas, de célébrer la messe sous des tentes, & ailleurs que dans les églises, on a des *autels* portatifs qui doivent, comme les autres, avoir une pierre consacrée.

Lorsque le pape accorde à des prêtres la faculté de célébrer par-tout sur un *autel* portatif, ils ne peuvent pas, comme l'auroit voulu le pape Honoré III, user, en France, de cette faculté sans le consentement des évêques.

On appelle *autel privilégié*, celui auquel sont attachées quelques indulgences. La règle de la chancellerie romaine est d'accorder ces sortes d'*autels* ou d'indulgences pour un ou deux jours de la semaine, selon le nombre de messes qui se célèbrent par jour dans l'église où ils sont situés.

Le maître-*autel* & ses dépendances sont à la charge des gros décimateurs. Le retable qui est le nom qu'on donne aux décorations qui l'accompagnent, doit être aussi à leur charge, lorsqu'il y survient des réparations, à moins que l'ancien retable n'eût été construit avec une trop grande dépense.

Il n'est pas permis aux laïques de faire construire aucun banc au-devant du maître-*autel* : c'est la place des ecclésiastiques. Plusieurs arrêts l'ont ainsi jugé, & sont conformes aux décisions des conciles de Calcédoine & de Laodicée.

AUTEL, (*rachat de l'*) c'est un droit que les évêques se faisoient payer par les moines ou les laïques qui s'étoient emparés des dixmes, à tous les changemens des vicaires établis pour la desserte des églises.

Lorsque, vers le douzième siècle, on contraignit les religieux de rentrer dans leurs cloîtres, & d'abandonner les paroisses aux prêtres séculiers, on distinguoit l'église d'avec l'*autel*. Par église, on entendoit les dixmes, les terres & les revenus; par *autel*, le titre de l'église exercé par un vicaire, ou bien le service même de ce vicaire.

Les évêques, ne pouvant pas s'emparer des dixmes & autres biens, obligeoient les moines de leur racheter l'*autel* toutes les fois qu'il falloit nommer un nouveau titulaire, sous le prétexte que le droit de pourvoir à l'*autel* leur appartenoit : ce droit se nommoit *rachat de l'autel*, *altarium redemptio*.

C'étoit un abus que condamna le concile de Clermont. Il considéra cette vente des *autels* comme une simonie de la part des évêques, & il ordonna, en conséquence, que ceux qui jouissoient de ces *autels* depuis trente ans, ne pourroient plus être inquiétés à l'avenir, & que l'évêque n'exigeroit pas d'eux le droit de rachat.

Cette décision fut confirmée par un décret du pape Paschal : &, à ce moyen, les monastères & les chapitres ont retenu plusieurs *autels* qui peut-être ne leur appartenoient pas : & ils ont été exempts de payer les droits que les évêques exigeoient, après la mort des vicaires, pour accorder la liberté d'en mettre d'autres à leur place.

AUTELAGE & AUTELAIGE, s. f. ces mots signifioient autrefois ce que l'on entend aujourd'hui par *menue dixme.*

AUTEUR, (*en Droit.*) est celui de qui un propriétaire tient la chose qu'il possède : il est garant de cette chose : & si celui qui la tient de lui, est troublé dans sa possession, il peut appeller son *auteur* en garantie. Si l'auteur avoit commencé à prescrire la chose qu'il a transportée depuis, le nouvel acquéreur qui prescrit aussi du moment qu'il a commencé à posséder, peut joindre, s'il le veut, la prescription de son *auteur* à la sienne : mais s'il juge que la possession de son *auteur*, étant vicieuse, ne pouvoit pas lui acquérir la prescription, il peut y renoncer, & prescrire lui-même de son chef.

On donne encore, en droit, le nom d'*auteurs* à ceux de qui l'on descend : ainsi les père, mère, aïeuls ou aïeules sont appellés les *auteurs* d'une personne.

AUTEUR, *en terme de pratique*, est celui au nom de qui un procureur agit : on l'appelle ainsi, parce que c'est par son autorité que le procureur agit. Tout ce que fait le procureur en vertu de sa procuration, oblige son *auteur* autant que s'il l'avoit fait lui-même; car le procureur représente son *auteur.* (*H*)

AUTHENTIQUE, adj. (*terme de Jurisprudence.*) ce mot s'applique aux actes émanés d'officiers publics, & accompagnés de toutes les marques déterminées par la loi, pour que foi y soit ajoutée par-tout où l'on veut en faire usage; c'est ce qui les distingue des actes sous signature privée, qui ne peuvent saisir la confiance que de ceux qui les ont souscrits.

Pour qu'un acte soit *authentique*, il faut donc d'abord qu'il émane d'un officier qui ait eu qualité pour l'attester, & que cet acte ait été de son ministère.

Les marques caractéristiques de l'authenticité des écrits ne sont pas les mêmes pour toutes sortes d'actes. On distingue entre ceux qui émanent directement du prince, & ceux qui émanent de ses chancelleries, de ses officiers de judicature, & de ceux qu'il a préposés pour attester les conventions des particuliers entre eux.

Ceux qui émanent directement du prince, tels que sont les ordres & brevets qu'il donne ou qu'il envoie, ainsi que ceux qui n'ont pour objet que l'administration, sont suffisamment attestés par sa signature & par celle d'un secrétaire d'état. Ceux qui viennent indirectement de lui par l'organe de ses ministres, de ses officiers militaires, de ses intendans, &c. sont pareillement regardés comme certains, lorsqu'ils sont munis de leurs armes, de leur signature & du contre-seing de leurs secrétaires.

A l'égard des édits, ordonnances, déclarations, lettres-patentes & de tout ce qui a rapport à la législation, outre la signature du roi, celle du secrétaire d'état, le *visa* du chancelier, il faut encore que ces actes soient munis de l'empreinte des sceaux de France.

La même chose s'observe pour les lettres de grace, les lettres de noblesse, de privilèges, d'affranchissement, &c.

Pour ce qui est des actes ou lettres qu'on appelle de chancellerie, on distingue entre la grande & les petites chancelleries : à la grande chancellerie où l'on expédie les provisions pour les officiers, les commissions pour exercer, en attendant la réception du titulaire, les dispenses d'âge, les lettres de relief de laps de temps, &c. ces lettres ordinairement ne sont pas signées du roi, mais simplement de ses secrétaires, & leur signature avec l'empreinte des sceaux de France suffit.

Dans les petites chancelleries, qui sont près des cours souveraines, où l'on expédie les lettres de rescision, de bénéfice d'inventaire, d'émancipation, &c. quoique ces lettres s'y délivrent au nom du roi, elles ne sont de même signées que des secrétaires qui sont près de ces cours, & leur signature munie du petit sceau aux armes de France, suffit pour constater leur authenticité.

Quant aux arrêts & jugemens souverains, la signature du greffier & l'apposition du sceau de la jurisdiction, suffisent pareillement pour les faire regarder comme *authentiques*.

Pour ce qui est des sentences dans les bailliages, sénéchaussées & autres jurisdictions, on se contente pour l'ordinaire de la signature du greffier, sans aucune apposition du sceau de la jurisdiction, lorsque ces sentences ne doivent point avoir d'exécution hors du territoire des juges qui les ont rendues. Mais s'il s'agissoit de les faire exécuter hors du territoire, l'apposition du sceau deviendroit nécessaire, parce que le sceau, dans ce moment, serviroit à attester la réalité de la signature du greffier. A l'égard des sentences d'adjudication par décret, il faut qu'elles portent l'empreinte du sceau, parce que jusques-là, en matière de décret, elles sont regardées comme imparfaites. Il en est de même des lettres de ratification qu'on obtient au bureau des hypothèques : jusqu'à ce que le sceau y soit apposé, les oppositions sont recevables.

Quant aux actes qui émanent des officiers préposés pour attester les conventions des particuliers, la seule signature de ces officiers, en la qualité que leur donne leur office, suffit pour en faire admettre la certitude.

Ainsi, dans l'usage à l'égard des actes des notaires, une expédition munie de la signature & du paraphe du notaire qui a reçu la minute, suffit pour mériter la foi publique. On n'est point dans l'usage en province d'y apposer le sceau du roi, ou du seigneur de qui ces officiers tiennent leur institution : ces actes ne sont ordinairement scellés que lorsqu'ils doivent être produits hors du territoire où ces officiers ont droit d'instrumenter, & c'est ce qu'on appelle *légalisation*. Cette légalisation n'est autre chose qu'une attestation mise au bas de l'acte, par laquelle le juge, qui a reçu le notaire en son office, & qui est censé connoître sa signature, atteste que cet officier est réellement notaire public, & que la signature, apposée au bas de l'acte, est celle dont il se sert en cette qualité. A cette attestation il joint l'empreinte du sceau de sa jurisdiction, au moyen de quoi l'acte devient *authentique* par-tout.

Au châtelet de Paris, où l'on ne connoît point l'usage de ces légalisations pour actes de notaire, chaque expédition est signée, non-seulement de celui qui en a reçu la minute, mais encore d'un second notaire qui appose le sceau royal, & qui par-là atteste, en quelque façon, la signature de son confrère.

Lorsque les expéditions sont d'une date si ancienne qu'il n'est pas possible de vérifier si ceux qui les ont signées avoient caractère pour le faire, on présume pour la sincérité de l'acte, & l'on s'en tient à ses dispositions.

La simple signature avec paraphe suffit également pour les actes de procureur & d'huissier : il n'est point d'usage d'exiger d'autres formalités pour les attester.

A l'égard des actes émanés des curés, lorsqu'ils doivent faire foi hors du diocèse, on est dans l'usage de les faire légaliser.

Quant aux bulles & aux rescrits qui nous viennent de la cour de Rome, nous ne nous en rapportons aux signatures dont ces actes sont munis, qu'autant qu'elles sont vérifiées par les banquiers expéditionnaires qui sont préposés en France pour nous les attester. Ces officiers sont censés connoître ces signatures; & lorsqu'ils nous en certifient la vérité, nous y ajoutons une foi entière.

L'authenticité des actes de jurisdiction épiscopale ou quasi-épiscopale, se reconnoît aux armes & à la signature du prélat, & au contre-seing de son secrétaire.

Il en est de même des actes émanés des collèges, des universités, des hôpitaux. Chaque corps ou communauté a son sceau & ses marques distinctives, dont l'empreinte, jointe aux signatures, saisit la confiance publique.

A l'égard des actes qui viennent des pays étrangers, il ne suffit pas toujours qu'ils nous paroissent revêtus des marques de la plus grande authenticité : on peut encore exiger qu'ils soient attestés par les consuls ou les ambassadeurs des souverains de ces pays, qui résident en France.

Au surplus, il est bon de remarquer que l'authenticité d'un acte ne le rend pas toujours valable. Il y a des formalités prescrites par les loix, les coutumes & les réglemens, dont l'omission, à l'égard des actes auxquels elles s'appliquent, entraîne la nullité de ces mêmes actes.

Il ne suffit point, par exemple, que les donations, les testamens, les résignations, les exploits en retrait lignager, &c. soient dans la forme requise pour l'authenticité des actes ordinaires; il faut encore qu'on ait observé pour ces actes particuliers ce que les loix ou les coutumes prescrivent à leur égard, si l'on veut que ces mêmes actes se soutiennent. Ainsi, comme il est de maxime reçue, que la femme mariée ne peut valablement contracter qu'elle n'y soit autorisée par son mari, cette autorisation est dès-lors nécessaire; autrement, malgré toute l'authenticité extérieure de l'acte, en lui-même, il ne faudroit que le défaut de cette autorisation pour le faire pleinement rejetter.

Depuis l'établissement du papier & du parchemin timbrés, ainsi que du contrôle, on exige que les actes qui y sont assujettis soient rédigés sur papier timbré ou expédiés en parchemin, & qu'ils soient contrôlés dans le délai prescrit, même à peine de nullité. On s'est si bien accoutumé à cette formalité, qu'on la regarde aujourd'hui comme entrant dans l'authenticité de l'acte de l'espèce de ceux pour lesquels elle est introduite.

Voici quelles sont les différences qu'on peut remarquer entre un acte *authentique* & un acte sous signature privée. 1°. Un acte *authentique* porte avec lui ce qu'on appelle une *exécution parée*, c'est-à-dire, que rien ne peut empêcher qu'il ne soit exécuté sans autres formalités; au lieu qu'un acte sous signature privée a besoin, quoiqu'obligatoire, d'être reconnu auparavant en justice pour obtenir son exécution, lorsque la partie obligée ne veut pas l'exécuter de bon gré.

2°. Un acte *authentique* emporte hypothèque de plein droit sur les biens de la partie obligée, à compter du jour de sa date, au lieu qu'un acte sous signature privée n'obtient d'hypothèque que du jour qu'il a été reconnu, ou en justice ou devant notaire. Au surplus, voyez ce que nous avons dit à ce sujet au mot ACTE. *Voyez aussi* CONTROLE.

AUTHENTIQUE, s. f. (*Droit criminel.*) c'est ainsi qu'on nomme la peine prononcée contre les femmes adultères. Ce nom lui a été donné parce que cette peine est contenue dans l'*authentique sed hodiè*, *c. ad leg. Jul. de adult.* tirée de la *Novelle 154*, *chap. X.*

Nous avons conservé dans nos mœurs cette punition, qui consiste à condamner au fouet la femme adultère, & à la renfermer dans un monastère pendant l'espace de deux ans, au bout desquels, si son mari ne la retire pas, elle est contrainte de prendre l'habit religieux, & d'observer la règle de la communauté. Nous épargnons à la femme la peine du fouet, mais au surplus elle est punie suivant la rigueur de l'*authentique*. *Voyez* ADULTÈRE.

AUTHENTIQUES, (*Droit romain.*) c'est le nom des novelles de l'empereur Justinien. On ne sait pas bien pourquoi elles sont ainsi appellées. Alciat dit que ce nom leur fût originairement donné par Accurse.

Les novelles furent d'abord écrites en grec, le praticien Julien les traduisit & les abrégea; il s'en fit, du temps des Bulgares, une seconde version plus exacte & plus littérale, quoique moins élégante. *Accurse*, dit l'auteur que l'on vient de citer, *préférant cette traduction à celle de Julien*, *l'appella* authentique; *parce qu'elle étoit plus conforme à l'original.*

On appelle encore, en droit romain, *authentiques*, des extraits qu'un jurisconsulte, nommé *Ernier*, a faits de ces novelles, & qu'il a insérés aux endroits du code, auxquels ils se rapportent. Mais ces extraits n'ont pas force de loi, parce qu'ils n'ont été compilés que par un particulier sans autorité : d'ailleurs ces extraits ne sont pas exacts, & l'on doit les vérifier avant de s'en servir.

AUTHENTIQUER, v. a. (*Jurisprudence.*) ce terme se dit des actes que l'on veut rendre certains, & auxquels on veut donner l'authenticité nécessaire pour s'en servir. *On authentique* un acte en y faisant mettre le sceau de l'autorité publique.

On dit encore *authentiquer* une femme, lorsqu'on lui fait subir la peine portée par l'authentique *sed hodiè.*

AUTORISATION, s. f. (*terme de Jurisprud.*) en général, signifie un consentement exprès ou tacite donné à un acte produit par une personne, ou qui étoit sous notre dépendance, ou qui ne pouvoit agir, soit pour elle, soit pour nous, sans notre participation.

C'est dans ce sens qu'on dit qu'il faut qu'une femme soit autorisée de son mari; un fils de famille de son père; un mineur de son tuteur ou de son curateur; un religieux de son supérieur; un syndic de sa communauté; un procureur de celui dont il est le représentant.

Nous allons parcourir ces différens genres d'*autorisation*, & proposer sur chacun les règles générales, ainsi que les exceptions qui peuvent y convenir.

De l'autorisation de la femme. C'est un point de droit généralement reçu dans nos mœurs, qu'une personne du sexe, aussi-tôt qu'elle s'est soumise aux loix du mariage, donne à son mari un tel empire sur sa personne & sur ses biens, qu'elle n'a plus le droit de rien faire sans sa participation & son agrément.

Cette autorité sur la femme est tellement regardée comme essentielle au mari, qu'il ne peut même pas s'en dépouiller entiérement. Une femme qui, par son contrat de mariage, stipuleroit une liberté générale de faire de ses biens, durant l'union conjugale, ce qu'elle jugeroit à propos, soit pour les régir, les vendre, les donner ou autrement en disposer à son gré, sans la participation de son mari, n'auroit point pour cela la faculté de disposer de ses propres & de ses immeubles : cette liberté seroit tolérée simplement pour la disposition de son mobilier & pour le revenu de ses immeubles; mais pour le fonds, elle ne pourroit jamais valablement l'aliéner, sans l'*autorisation* de son mari, quand même elle auroit renoncé à tout droit de communauté par son contrat de mariage; c'est ce qui a été solemnellement jugé en la grand'chambre du parlement de Paris, au sujet de la dame de la Rochefoucault, par arrêt du 9 mars 1713. La question a encore été jugée de même, par un autre arrêt du 26 juillet 1741.

Il y a plus : quand une femme, après la mort de son mari, auroit approuvé, par un acte, une donation de ses immeubles, qu'elle auroit faite pendant son mariage, sans le consentement de son mari, en vertu de la faculté générale portée par son contrat de mariage, cette approbation, si elle n'étoit elle-même une nouvelle donation revêtue de toutes ses formalités, n'empêcheroit point la femme ou ses héritiers de réclamer. C'est encore ce qu'a jugé un arrêt de la grand'chambre, du 27 mai 1702, rapporté par Augeard.

Il en seroit autrement, si au lieu d'une donation c'étoit un billet, une obligation, dont elle eût fait une approbation indirecte dans un temps de viduité. Une femme, en puissance de mari, avoit souscrit un billet de 700 livres; après la mort de son mari, elle mit au bas de ce billet, *plus, je reconnois devoir, &c.* il n'en fallut pas davantage : ce mot *plus* valut une reconnoissance du billet, & elle fut condamnée à payer, par arrêt du parlement de Paris du 3 juillet 1709.

Une procuration générale, par laquelle le mari autoriseroit sa femme à toutes sortes d'actes d'aliénations, n'auroit pas plus de faveur que la liberté générale, qu'elle auroit pu stipuler par son contrat de mariage, quand même il y auroit entre eux une séparation de corps & de biens effectuée. C'est un point de droit rigoureux que le mari ne peut jamais se dépouiller de cette inspection essentielle que la loi lui conserve sur les biens de sa femme pour la propriété, lors même qu'il s'est dépouillé de celle qu'il avoit pour l'administration & l'usufruit. Cette réserve est comme de droit public : il est important que tout ce qui a trait à maintenir ou à rétablir l'union conjugale, ne reçoive aucune altération essentielle.

La seule *autorisation* générale qu'une femme puisse recevoir de son mari, se borne donc à une simple faculté de disposer de son mobilier & du revenu de ses immeubles; & lorsque cette *autorisation* générale lui manque, il est de principe qu'elle n'a pas plus de capacité pour les actes d'administration que pour ceux d'aliénation. La sévérité de ce principe est telle, que les contrats, même les plus favorables, qu'elle auroit faits sans la participation de son mari, ne pourroient avoir la moindre consistance. Rien de plus favorable que d'accepter une donation; cependant si elle n'a point été autorisée à cette acceptation, la libéralité demeure pour elle sans effet.

L'*autorisation*, en termes formels, est tellement nécessaire, que rien ne peut en dispenser. Ainsi il ne suffiroit pas que le mari eût été présent à l'acte où sa femme seroit partie, qu'il eût écrit cet acte de sa main, qu'il l'eût signé, qu'il fût dit qu'il consent, qu'il promet, *&c.* s'il n'est pas dit formellement qu'il a autorisé sa femme, le contrat ne contient aucun engagement valide: il y a à ce sujet un acte de notoriété du châtelet de Paris, du 13 juin 1682.

La coutume de Ponthieu, *art. 47*, veut même qu'il soit fait mention que l'*autorisation* a été donnée sans contrainte.

Lorsque le mari & la femme passent entre eux un acte, tel par exemple qu'un don mutuel, il sembleroit bien que l'*autorisation* dût se présumer de plein droit; il est même naturel de croire qu'elle ne seroit point nécessaire, suivant cette maxime, que personne n'a besoin de sa propre *autorisation* dans l'affaire où il agit, *nemo potest esse autor in rem suam:* Ricard & le Brun le pensoient ainsi; cependant le plus grand nombre de nos jurisconsultes modernes exigent que, pour la validité du don mutuel, le mari ait autorisé sa femme à contracter avec lui.

Par la même raison, il ne suffit pas qu'un mari donne procuration à sa femme pour contracter pour lui, il faut encore qu'il soit dit expressément qu'il l'autorise, & que dans chaque acte qu'elle passe, comme fondée de procuration, elle se dise *duement autorisée.*

Une chose singulière encore, c'est qu'elle ne peut même pas, sans être autorisée, donner de procuration valable à son mari, pour l'aliénation d'un de ses immeubles, ni pour tout autre acte où il faut qu'elle entre nécessairement. L'acceptation que le mari feroit nommément d'une telle procuration, ne produiroit aucun effet.

C'est une question, si un acte qui manque par le défaut d'*autorisation* peut être validé par une *autorisation* subséquente?

Les auteurs rigoristes prétendent que cette *autorisation* doit intervenir dans l'acte même, ou qu'il faut un nouvel acte dans les formes que devoit être le premier. C'est ainsi que le pensent Pontanus sur l'*art. 3* de la coutume de Blois, & Renusson en son *Traité de la communauté*, contre l'avis de Leprêtre. Mais on tient aujourd'hui qu'une *autorisation* subséquente doit suffire, avec cette restriction néanmoins qu'elle ne sauroit nuire aux créanciers intermédiaires; & cette opinion, qui dans le doute tend à faire subsister un premier acte, nous paroît la plus équitable.

Un mari encore mineur a-t-il capacité pour autoriser sa femme majeure? L'affirmative ne souffre aujourd'hui aucune difficulté; la puissance maritale est attachée à sa qualité de mari, & cette qualité ne dépend nullement de son âge. Cependant s'il se trouvoit dans la suite souffrir d'une *autorisation* donnée mal-à-propos, il pourroit s'en faire relever, & l'acte se trouveroit rescindé, tant pour la femme que pour lui; car enfin dès que l'*autorisation* seroit regardée comme non avenue, on ne pourroit plus dire que la femme eût été valablement autorisée comme elle auroit dû l'être.

Ce que nous venons de dire de l'*autorisation* de la femme, ne s'applique dans toute sa rigueur qu'au pays coutumier; il faut que cette *autorisation* y soit expresse, excepté, si l'on veut, quelques provinces particulières où il suffit d'une *autorisation* tacite, ou en termes approchant d'une *autorisation* formelle. Mais, en pays de droit écrit, quoique la puissance maritale y soit aussi bien établie qu'en pays coutumier, & que la femme n'y puisse rien faire non plus qu'ailleurs sans l'autorité de son mari, cette *autorisation* n'y est pourtant pas requise d'une manière aussi formelle que nous venons de le voir. Il suffit qu'il paroisse un consentement de la part du mari, pour que ce consentement ait tout l'effet de l'*autorisation* la plus marquée, excepté pour les parties de ce pays qui sont du ressort du parlement de Paris, comme le Lyonnois, le Forez, le Beaujolois, le Mâconnois, où il faut une *autorisation* aussi expresse qu'en pays coutumier.

Lorsque l'*autorisation*, ou du moins un consentement équivalent, manque à la femme, en pays de droit écrit, les suites de cette omission sont les mêmes que par-tout ailleurs.

Il est bon de remarquer sur tout ce que nous venons de dire, que lorsqu'une femme n'a pas pu contracter sans l'*autorisation* ou le consentement de son mari, elle est relevée de plein droit de son obligation, sans recourir aux lettres du prince; il lui suffit d'exciper de cette omission essentielle, pour écarter les contraintes qu'on voudroit exercer envers elle. Ses héritiers, ainsi que tous ceux qui peuvent être intéressés à la nullité de l'acte, peuvent opposer la même exception.

Voilà en général quels sont les principes concernant la nécessité de l'*autorisation* du mari pour la femme: voici maintenant les exceptions particulières.

La première concerne les femmes séparées, soit de biens, soit de corps. Il est de jurisprudence reçue, qu'une femme ainsi séparée par autorité de justice, n'a plus besoin de l'*autorisation* de son mari, pour les affaires concernant le régime & l'administration de ses biens.

A l'égard de l'aliénation de ses immeubles, elle est aussi dépendante que s'il n'y avoit point de séparation. Le mari a toujours un intérêt sensible qu'elle ne tombe point dans l'indigence, & l'assurance de ses fonds est tout ce qu'il y a de mieux pour l'en garantir.

Cependant, par une faveur singulière, la coutume de Montargis veut que la femme séparée soit entiérement affranchie de l'autorité maritale; mais c'est une disposition particulière qui ne sauroit faire loi hors du territoire de cette coutume.

Une autre exception pour la femme, en fait d'*autorisation*, concerne le commerce. Il est reçu parmi nous qu'une femme qui fait publiquement un négoce particulier, auquel son mari ne prend aucune part, peut s'obliger & faire de son chef tout ce qui dépend de ce négoce. Ce n'est pas que le mari perde de ses droits en cette occasion, & qu'il ne puisse bien empêcher sa femme de faire aucun commerce ; mais c'est qu'en lui permettant de commercer, il est présumé l'autoriser à cet effet : & en pareil cas, une *autorisation* tacite suffit, parce qu'on sait que le commerce ne sauroit s'accorder avec toutes les formalités qu'on exige pour les autres affaires de la société. Ainsi une femme qui devient marchande publique, peut acheter, vendre, emprunter, & faire elle seule tout ce que font d'autres marchands. Mais cette liberté de la femme se borne essentiellement aux affaires de son négoce ; tout ce qui y est étranger demande une *autorisation* particulière. Elle ne pourroit même pas, sans l'expresse participation de son mari, se rendre caution pour un marchand avec lequel elle ne seroit point associée d'intérêt.

Nous observerons, au sujet du commerce de la femme mariée, que, quoique le mari n'y prenne aucune part, il ne laisse pas de devenir garant des dettes que sa femme peut contracter en pareil cas, lorsqu'il y a communauté entre eux, & l'usage est de faire déclarer exécutoires contre lui les obligations de sa femme, parce que comme il est toujours maître de la communauté, & qu'il est censé avoir profité des emprunts de sa femme, il paroît naturel qu'il soit tenu de payer pour elle. Il en seroit autrement, s'il n'y avoit point de communauté, ou qu'elle fût dissoute par une séparation. Comme le mari ne gagneroit rien alors au négoce de sa femme, il ne seroit point garant des obligations qu'elle auroit pu contracter.

Une exception encore concernant l'*autorisation* maritale, est au sujet de l'administration domestique. On sait que ce sont les femmes qui pour l'ordinaire se chargent du détail du ménage. Ainsi, que les fournitures d'une maison aient été faites au mari ou à la femme, la chose est égale. La femme est censée avoir commission du mari pour ces sortes de choses, & celui-ci est obligé de payer ; mais par une jurisprudence particulière au châtelet de Paris, laquelle ne sauroit faire loi ailleurs, le mari est déchargé de ce paiement, lorsqu'il est en état d'affirmer qu'il a fourni à sa femme une somme suffisante pour la dépense du ménage.

Il n'en seroit pas de même des ameublemens particuliers qu'il auroit plu à une femme de procurer à son mari ; il ne seroit tenu de les payer qu'autant qu'il voudroit les garder, il auroit toujours la faculté de les faire reprendre. A l'égard de ces dépenses de luxe pour parures ou habillemens, que contracteroit une femme à l'insu de son mari ; comme il est d'usage que les maris, sur-tout à Paris, s'abonnent avec leurs femmes à une certaine somme par an, pour ces sortes d'objets, il leur suffit d'affirmer qu'ils ont payé l'abonnement convenu, pour qu'ils soient déchargés ; autrement les fantaisies des femmes tireroient à conséquence pour eux.

La chose n'est pas tout-à-fait de même dans les petites villes, & à l'égard des personnes qui ne tiennent point un certain rang. Lorsque les emplettes qu'une femme fait pour elle ou pour ses enfans, n'excèdent point les bornes de son état, & que ce sont de ces emplettes presque indispensables, le mari ne sauroit s'exempter de les payer.

Il ne faut pas non plus d'*autorisation* à la femme pour les cas suivans.

1°. Pour se racheter de prison : le mari doit être le premier à lui tendre une main secourable, & il seroit contre le sentiment naturel de faire dépendre de celui-ci la faculté de la laisser dans une espèce d'esclavage ou de l'en retirer.

Elle peut aussi, sans être autorisée, s'obliger pour tirer son mari de prison, ou pour le racheter de captivité. Un arrêt du 27 août 1594 l'a jugé pour la première espèce, & l'ordonnance de la marine l'a décidé pour la seconde.

2°. La femme n'a pas besoin non plus d'*autorisation* pour tester. Comme un acte de dernière volonté n'a d'existence, à proprement parler, qu'après la mort de celui qui en est l'auteur, & que la femme à son décès ne se trouve plus sous la puissance de son mari, on n'exige point en pareil cas d'*autorisation*. Il faut pourtant excepter de cette règle générale quelques coutumes particulières, comme celles de Douai, du Bourbonnois, du Nivernois, de la Bourgogne & de la Normandie, où cette *autorisation* est nécessaire.

3°. La femme peut aussi se passer d'*autorisation*, pour disposer de ses biens paraphernaux, c'est-à-dire de ceux qu'elle n'a point voulu mettre au rang de ses biens dotaux par son contrat de mariage : cependant, dans quelques coutumes, comme celle de la Marche, l'effet de cette réserve n'est que de lui en donner la libre administration, & le consentement du mari est requis quand elle veut en disposer à titre gratuit.

4°. Lorsque le mari est absent, la femme a de plein droit tout pouvoir pour une légère administration, comme pour faire agir les serviteurs, les domestiques, pour recevoir les cens & redevances, faire faire les réparations urgentes, prendre soin de l'éducation des enfans, *&c.* Mais ce pouvoir ne s'étend point à un renouvellement des baux, à une vente qui tendroit à dégarnir un appartement de son mobilier, un domaine de ses bestiaux, de ses fourrages, *&c.* Si l'absence duroit trop longtemps, & que les affaires exigeassent des actes d'une administration plus essentielle, la femme seroit dès-lors obligée de s'y faire autoriser par justice, en justifiant de l'absence par un acte de notoriété. Le juge, en pareil cas, sur l'exposé de la requête & sur le vu de l'acte, donne son *autorisation* ; mais il convient que le tout demeure déposé au greffe pour la sûreté des contractans. La femme doit simplement s'en faire délivrer expédition pour faire connoître son pouvoir en cas de besoin.

5°. La femme est affranchie de la nécessité de

l'*autorisation*, lorsque son mari est tombé dans un état de mort civile, par une condamnation aux galères perpétuelles ou à un bannissement à perpétuité hors du royaume. Mais cet affranchissement n'a lieu qu'autant que la condamnation est par jugement en dernier ressort & qu'elle a été exécutée ou en réalité ou par effigie.

Lorsque le mari est simplement condamné aux galères ou au bannissement à temps, la femme n'est-elle pas du moins affranchie de son autorité pendant qu'il subit la peine ? Les auteurs ne se sont point expliqués sur cette question; mais il est tout naturel de penser qu'elle peut agir de son chef pour les actes de simple administration. A l'égard de ceux qui peuvent tendre à une aliénation, comme le mari peut y avoir un intérêt plus sensible, il paroît juste de lui conserver toute son autorité. Sur quoi il faut remarquer qu'il ne la perd d'aucune façon, lorsque la condamnation se borne à une infamie sans peine afflictive, comme au blâme, à l'amende, *&c.*

Si le mari étoit relevé de la mort civile par lettres du prince, la femme retomberoit-elle sous son autorité ? La chose ne souffriroit aucune difficulté, parce que cette espèce de mort ne dissout pas le mariage; elle empêche seulement l'exercice des effets civils.

Lorsque le mari ne peut autoriser sa femme, parce qu'il seroit en démence, lorsqu'il ne le veut pas, comme dans le cas où sa femme voudroit former contre lui une demande en séparation de biens, elle ne peut agir sans au préalable s'y être fait autoriser par le juge. Dans les autres actes extrajudiciaires où l'*autorisation* du mari est nécessaire, & qu'il refuse de la donner, le juge ne peut autoriser la femme qu'après qu'elle a demandé l'*autorisation* de son mari, & l'usage est qu'on expose à celui-ci les motifs sur lesquels on la réclame, & qu'on lui fasse faire sommation de l'accorder. Alors ou il s'explique ou il ne dit rien: s'il s'explique, le juge peut apprécier ses raisons, & dès-lors accorder ou refuser l'*autorisation*. S'il ne dit rien, il n'est pas nécessaire de lui faire donner d'assignation; l'usage est de prendre son silence pour une approbation de tout ce qui sera ordonné par le juge.

Si dans cet intervalle il y avoit du péril en la demeure, les auteurs conviennent que la femme pourroit, sans *autorisation*, faire des actes conservatoires, tels qu'une saisie, une opposition, *&c.* parce qu'en pareil cas ce qui est l'effet de la nécessité ne sauroit être une infraction de la loi.

Lorsqu'il est question d'actes qui n'ont trait qu'à la procédure, & qu'on nomme *actes judiciaires*, quoique la femme ne puisse pas plus les exercer, sans la participation de son mari, que ceux qu'on appelle *extrajudiciaires*, cependant sur le refus allégué de celui-ci, & sans qu'il soit nécessaire de lui faire d'interpellation, le juge peut autoriser la femme sans autre précaution particulière, parce qu'il est de présomption reçue que tout ce qui se passe sous les yeux du juge est à l'abri de la fraude & de l'injustice.

Par une suite de cette présomption, lorsque le mari autorise sa femme pour *ester en jugement*, il n'est pas nécessaire que cette *autorisation* soit marquée d'une manière aussi expresse que pour des actes extrajudiciaires; il suffit que le mari & la femme procèdent conjointement pour que l'*autorisation* soit présumée telle qu'elle doit être. Aussi la coutume de Paris, *article 224*, se borne-t-elle, en pareil cas, au simple consentement du mari, au lieu que par l'article précédent, pour les actes qui peuvent tendre à une aliénation hors de la présence du juge, elle exige une *autorisation* spéciale.

En matière criminelle, la femme ne peut former aucune accusation, sans y être autorisée par son mari ou par le juge. C'est ce qui est bien établi par le Brun, en son *Traité de la communauté*, par Duplessis, sur la coutume de Paris, & par Pallu, sur celle de Tours. C'est aussi le sentiment de Papon. La chose a même été ainsi jugée par deux arrêts du parlement de Paris, l'un du 7 août 1748, & l'autre du 23 avril 1749. Il est vrai que quelques coutumes, comme celles de Berry, de Bourbonnois & de la Marche, dispensent la femme de l'*autorisation*; mais la disposition particulière de ces coutumes ne peut être regardée que comme une exception au droit commun. Si le mari refuse d'autoriser sa femme pour la poursuite d'une plainte, elle peut se faire autoriser par justice; de sorte qu'on peut dire qu'il faut toujours une *autorisation*, ou du mari ou du juge, ou de la coutume.

Lorsque la femme est accusée & décrétée, comme il faut nécessairement qu'elle paroisse devant le juge & qu'elle réponde seule en personne, on cesse d'exiger une *autorisation*, qui, ne pouvant rien changer à l'ordre des choses, seroit fort inutile.

Lorsque le mari a autorisé sa femme à procéder, il est responsable des suites de la condamnation intervenue contre elle. Il faut qu'il prenne, sur lui ou sur la communauté, le paiement des objets de cette condamnation, parce qu'au moyen de son *autorisation*, il est censé avoir approuvé sa femme dans le fait qui a donné lieu à la condamnation. Cependant, dans les pays où il n'y a point de communauté, la partie qui a obtenu la condamnation ne peut l'exercer, contre le mari, que pour les dépens, sauf, après le mariage, à l'exercer pour le reste sur les biens dotaux. Cette partie peut néanmoins faire saisir la nue-propriété, en conservant l'usufruit du mari; & si les causes de la condamnation étoient antérieures au mariage, le mari pourroit être dépouillé de cet usufruit, même de son vivant.

Mais lorsque le mari n'a point autorisé sa femme, l'*autorisation* qu'elle a pu obtenir de la justice ne sauroit lui nuire. On prétend cependant qu'en fait d'injures, l'usage est, au châtelet de Paris, d'exécuter la condamnation, contre la femme, sur la communauté, que le mari l'ait autorisée ou non;

mais simplement entre gens du peuple, parce qu'alors on présume que le mari a donné son consentement à l'injure. Au surplus, c'est une jurisprudence particulière, qui ne sauroit faire loi dans les autres tribunaux.

De l'autorisation du fils de famille. Dans les pays régis par le droit romain, le fils de famille est comme dans une minorité perpétuelle, pendant la vie de son père. Qu'il soit noble ou roturier, de l'un ou de l'autre sexe, en charge ou sans emploi; qu'il ait passé ou non 25 ans, la chose est égale, il ne peut faire aucun acte obligatoire, sans la participation de son père, sur-tout pour prêt d'argent, depuis le sénatus-consulte macédonien, rendu sous Vespasien, au sujet d'un fameux usurier, qui ruinoit tous les jeunes gens de famille de son temps: c'est sur ce fondement qu'un père fit casser, par arrêt du 19 août 1692, une obligation de deux mille livres que son fils, âgé de trente ans, & trésorier de France à Lyon, avoit contractée sans sa participation. On excepte cependant les obligations pour un prêt qui a tourné au profit du fils de famille.

La démence ou la fureur du père, quand même il auroit passé à de secondes noces, ne délivre point le fils de la puissance paternelle; il n'y auroit qu'une mort civile, comme nous l'avons dit en parlant de la femme, qui pût l'y soustraire.

Le fils de famille n'a d'autorité que sur sa femme; ses enfans ne sont point sous sa puissance, mais bien sous celle de leur aïeul. Il y a plus, l'aïeul peut les émanciper, sans que cette émancipation emporte celle du père; & ces enfans émancipés ne tombent point sous la puissance de leur père, soit que celui-ci se trouve lui-même émancipé ou non. Mais la veuve retourne en la puissance de son père ou de son aïeul après la mort du mari, parce qu'en pays de droit écrit, excepté les parties du ressort du parlement de Paris, le mariage seul n'émancipe point. La femme ne cesse d'être sous la puissance paternelle, qu'autant qu'elle se trouve sous celle du mari, parce qu'il seroit absurde qu'une même personne fût soumise dans le même temps à deux puissances, qui peuvent entraîner deux volontés opposées.

Tout ce que le fils acquiert, par industrie ou autrement, appartient au père en propriété, excepté les profits qu'il a pu faire dans la profession des armes ou dans celle du barreau; & ce sont ces profits que l'on appelle son *pécule*, parce qu'ils lui sont propres, comme étant le fruit d'une noble émulation qu'il est intéressant d'entretenir.

Le père ne peut rien non plus sur les biens ecclésiastiques de son fils, quoiqu'il ne soit affranchi de la puissance paternelle, que lorsqu'il est constitué dans une dignité, comme celle de cardinal ou d'évêque. Cependant si le fils bénéficier étoit mineur, il ne pourroit pas administrer les revenus de son bénéfice, sans la participation de son père, avant quatorze ans, ni le résigner, avant d'avoir atteint l'âge de dix-huit ans.

Lorsque le fils fait un commerce séparé de celui de son père, il est présumé le faire du consentement de celui-ci. Il peut dès-lors, comme nous l'avons dit de la femme, faire de son chef tout ce qui s'y rapporte; mais cette tolérance ne l'affranchit pas de l'autorité paternelle, pour tout ce qui est étranger à ce même commerce.

Son pécule à part, & ce qu'il a pu gagner de son commerce particulier, le fils ne peut disposer de rien, même par testament. La mort subséquente du père, ne sauroit valider ce qu'il auroit fait sans son agrément. Il y a plus, le fils de famille ne peut même pas tester en faveur de son père, sans y être autorisé: bisarrerie singulière, digne de la subtilité du droit romain, qui suppose que le père pourroit exercer, en ce cas, trop d'empire sur l'esprit de son fils; mais peu conforme à nos mœurs, qui présument que la libéralité ne seroit que l'effet de la tendresse & de l'attachement.

Un fils ne peut pas non plus avantager l'un de ses enfans plus que l'autre, sans le consentement de son père, si ce n'est en le mariant.

Ne croyons pourtant pas que l'effet de la puissance paternelle, soit le même que celui de la puissance maritale. Nous avons vu que la femme ne peut rien faire, même à son profit, sans la participation de celui dont elle dépend; il n'en est pas ainsi du fils de famille, les engagemens que celui-ci contracte, subsistent s'ils lui sont favorables. Il en est de lui, en pareil cas, comme d'un mineur, qui peut bien réclamer contre les actes qui lui sont contraires, mais qui peut aussi demander l'exécution de ceux qui lui sont avantageux; ainsi, il pourroit accepter une donation, sans y être formellement autorisé par son père.

Les actes du fils de famille, lorsqu'il a passé vingt-cinq ans, ne sont pas nuls de plein droit comme ceux de la femme, il faut qu'il se pourvoie par lettres du prince, & il a dix ans, à compter du jour de la mort du père, ou de son émancipation.

Denisart prétend que lorsque le fils de famille est parvenu à cet âge de majorité où les hommes peuvent contracter librement entre eux, il lui est permis de faire tels actes que bon lui semble, & que ces actes tiennent contre lui pour avoir leur exécution dans le temps où cela peut se faire sans nuire au père, sous prétexte que la puissance de celui-ci ne doit être considérée que dans les choses qui peuvent l'intéresser; mais c'est une erreur de sa part, pour avoir confondu les maximes de la puissance paternelle en pays de droit écrit, avec celles du pays coutumier. Tous les actes qui peuvent obliger un fils de famille, même majeur, au-delà de son pécule, & du fait de son commerce, sont dans le cas d'être rescindés. Le fils peut, ainsi que son père, exciper du défaut d'*autorisation*. La chose à la vérité paroît singulière, mais elle est établie.

Au reste, il est bon d'observer que lorsque le fils

fils contracte, il ne lui faut pas une *autorisation* aussi absolue que pour la femme mariée. Il suffit que le père ait été présent à l'acte, ou qu'il y ait donné son consentement d'une manière tacite ou interprétative, pour que cet acte sorte son plein effet.

A l'égard des affaires criminelles, lorsque le fils de famille est encore mineur de 25 ans, la règle pour lui est la même que celle que nous avons établie au sujet de la femme; mais lorsqu'il est majeur, il est dans sa pleine liberté sur cet article, comme pourroit y être tout autre citoyen indépendant.

Remarquez que le droit de puissance paternelle se détermine par le lieu où le père demeuroit lors de la naissance de son fils; mais quant à l'effet qu'il doit produire, il se règle par la loi de la situation des immeubles, suivant qu'il a été jugé par arrêt du 7 septembre 1695, rapporté par Boulenois en ses questions mixtes.

La puissance paternelle peut cesser de différentes manières: c'est ce que l'on verra aux articles EMANCIPATION & PUISSANCE PATERNELLE.

Ce que nous venons de dire jusqu'à présent ne concerne que le pays de droit écrit: voici les exceptions qui regardent le pays coutumier.

Anciennement, la puissance paternelle avoit lieu dans toute la France, tant en pays coutumier qu'en pays de droit écrit; mais peu-à-peu elle s'est restreinte dans nos coutumes, au point qu'il n'en reste plus que quelques vestiges, excepté dans certaines provinces où elle paroît régner encore avec empire, quoique avec beaucoup de modifications.

En pays coutumier, la puissance paternelle est plutôt une tutèle du fils de famille jusqu'à sa majorité, qu'une puissance paternelle. Le fils devient son maître aussi-tôt qu'il a atteint sa majorité, ou qu'il a été marié. Avant ce temps-là, ce qu'il acquiert de mobilier, excepté ce qui forme son pécule, appartient au père en propriété; mais à l'égard des immeubles, le père n'en a que l'usufruit jusqu'à la majorité ou l'émancipation de son fils.

Aussi-tôt que celui-ci est pourvu d'un office de judicature, ou qu'il a été fait prêtre, il est émancipé de plein droit, ce qui n'est pas de même pour les pays soumis au droit romain. Il suffit, dans certaines coutumes, que le fils ou la fille aient atteint l'âge de puberté pour qu'ils puissent tester en faveur de qui bon leur semble, même en faveur de leur père; leur libéralité peut dès-lors porter sur les fonds dont le père a la jouissance, dont ils peuvent disposer pour la propriété, sauf l'usufruit du père, pendant le temps déterminé par la coutume.

Le fils & la fille une fois émancipés par le mariage, ne retournent plus sous la puissance paternelle, quand même, après la dissolution du mariage, l'un ou l'autre ne se trouveroit point encore en âge de majorité.

De l'autorisation du mineur. Nous entendons par mineur celui qui a perdu son père & sa mère, ou simplement l'un ou l'autre, avant qu'il soit parvenu à l'âge de majorité. On peut encore absolument entendre par mineur celui qui n'a point atteint ses vingt-cinq ans, époque où, dans toute la France coutumière, chacun est maître de ses actions.

Avant cet âge de majorité, un jeune homme est censé incapable de se régir par lui-même; c'est pourquoi l'on veut qu'il ne puisse rien faire sans la participation de ceux dont il dépend pour lors. Si son père est vivant, c'est à lui de le régir & de le gouverner. Dans quelques coutumes, après la mort du père, c'est à la mère que ce soin appartient de plein droit, si elle se trouve majeure. Dans d'autres & presque dans tout le pays coutumier, c'est à celui que le juge a décerné pour tuteur au pupille, sur un avis de parens, que ce même soin est confié.

Quoi qu'il en soit de ces différences, il est toujours certain, soit en pays de droit écrit, soit en pays coutumier, qu'avant l'âge de puberté, les personnes de l'un & de l'autre sexe sont censées n'avoir aucune existence civile. Elles ne peuvent agir, ni on ne peut agir contre elles: l'action n'appartient qu'à ceux qui les ont sous leur dépendance; de même aussi qu'on ne peut actionner que ceux-ci, lorsqu'on a quelque intérêt à exercer contre elles.

Pour que ces personnes puissent agir d'elles-mêmes, ou qu'on puisse agir contre elles, il faut qu'elles soient émancipées, & cette émancipation s'opère différemment, suivant les différentes coutumes, comme on le verra au mot ÉMANCIPATION.

Avant cette émancipation, tout ce que peut faire un mineur à son préjudice, est nul d'une nullité absolue, sans qu'il soit même obligé de recourir aux lettres du prince pour s'en faire relever: parce que, pour contracter, il faut avoir une connoissance, & les mineurs encore enfans ne sont pas même censés avoir de volonté. Nous disons *à son préjudice*, parce qu'il est reçu qu'un mineur, à quelque âge qu'il soit, peut faire son avantage. Il a même été décidé qu'il pouvoit seul accepter une donation. Il est vrai que l'ordonnance de 1731 porte que les donations en faveur des mineurs seront acceptées par leurs tuteurs ou curateurs; mais on a cru, avec raison, que le ministère du tuteur ou du curateur, n'étoit nécessaire que lorsque le mineur n'acceptoit pas lui-même.

Lorsque le mineur est émancipé, ou par la volonté de celui dont il dépend, ou par la loi du pays, ou par des lettres du prince, il commence à jouir de certains droits parmi les citoyens: il peut agir & traiter avec eux. Mais, comme son expérience est encore très-foible, on ne lui permet pas de faire par lui-même toutes sortes d'actes. On ne le laisse libre que pour la disposition de quelques objets mobiliers, & pour l'entière administration de ses revenus. Lorsqu'il s'agit de quelque contrat plus sérieux qui puisse tendre à une aliénation de ses immeubles, on exige dès-lors qu'il soit assisté d'un curateur, & encore ce curateur ne peut-il pas lui donner un pouvoir absolu (en fait d'aliénation formelle) que les parens n'aient été consultés, & que leur avis ne soit homologué par le juge.

Lorsqu'il s'agit de procéder en justice, en demandant ou en défendant, soit pour la simple administration de ses biens, soit pour toute autre affaire plus essentielle, le mineur, quoique émancipé, ne peut le faire sans être assisté d'un curateur qui veille à ses intérêts. Il faut même que ce curateur agisse en son nom & en sa qualité dans tous les actes de la procédure. Lorsque le mineur a perdu celui qu'on lui avoit donné lors de l'émancipation, il faut pour procéder réguliérement qu'on lui en fasse nommer un autre, ou qu'il s'en nomme un lui-même devant le juge; & celui qui est chargé de l'assister a le titre de *curateur aux causes*. Cette nomination n'entraîne pas beaucoup de formalités. Il est même assez ordinaire que celui qui doit servir de procureur au mineur, lui serve en même temps de curateur. Ce préliminaire n'est point d'un genre rigoureux, sur-tout pour une action qui ne tend qu'à une simple administration, parce que comme toutes les opérations du mineur passent en pareil cas sous les yeux de la justice, on présume qu'elle a suppléé à tout ce qui pouvoit manquer du côté de l'expérience du mineur, ou des soins de son curateur.

Sur quoi il est bon d'observer qu'un curateur nommé à une cause, n'est pas curateur nommé de plein droit à toutes les autres affaires que peut avoir le mineur en justice, à moins que sa nomination ne s'étende à toutes celles qui pourront se présenter. Le curateur aux causes n'est pas non plus curateur de plein droit pour les affaires extrajudiciaires où il faut que la présence d'un curateur intervienne. Il faut au mineur, pour ces sortes d'affaires, un surveillant, qu'on appelle *curateur formel*, & qui se décerne par le juge sur avis de parens. Ce curateur, lorsqu'il existe, est en même temps de plein droit curateur aux causes, par la raison que qui peut le plus peut le moins.

Quoique ce curateur formel ait un pouvoir général pour toutes les affaires qui peuvent concerner le mineur, cependant s'il s'agissoit d'une aliénation déterminée, d'un mariage proposé, ou de quelque autre affaire délicate, qui intéressât toute une famille, il seroit encore obligé de prendre l'avis des parens; mais c'est ce que nous ferons plus particuliérement remarquer au mot CURATEUR.

L'assistance du curateur n'est pas nécessaire au mineur pour fait de commerce, ni pour ce qui concerne l'art ou le métier dont il se mêle publiquement. Elle lui est pareillement inutile pour un fait de police, & dans les affaires criminelles où il est accusé; il faut qu'alors il se défende & réponde en personne.

Voilà quel est le droit commun en fait d'*autorisation* concernant les mineurs, sauf dans quelques provinces & dans quelques sièges, certains usages particuliers qu'il peut être encore bon de respecter, en observant que l'*autorisation* concernant le mineur n'est pas exigée d'une manière aussi expresse que pour la femme. La présence & le consentement du curateur suffisent, & il est rare qu'on puisse à cet égard proposer des moyens de nullité valables, à moins qu'il ne soit question d'affaires de la plus grande importance, & que quelque omission essentielle n'eût extrêmement influé sur les opérations dont on voudroit se plaindre.

De l'autorisation d'un religieux. Tout homme mort au monde par une émission irrévocable de vœux en religion, n'a plus d'existence civile. Il ne vit plus que dans son cloître & sa cellule, sous une dépendance absolue de ceux qu'on lui donne pour supérieurs. Ainsi il ne peut rien faire dans la société sans la participation de ceux dont il dépend: mais avec leur consentement il peut agir & traiter comme tout autre citoyen. Ce qu'il y a de singulier à son égard, c'est que faisant seul un bon marché avec les gens du monde, quoiqu'il n'en puisse pas profiter personnellement, la communauté ne laisse pas d'en profiter pour lui, suivant la maxime introduite que *ce qu'un moine acquiert est acquis au monastère*; mais si la convention ne lui est pas profitable, on ne peut point forcer la communauté à la tenir pour lui; & en cela le défaut d'égalité dans l'exécution de l'acte sembleroit devoir le rendre nul de part & d'autre, mais il n'en est pas ainsi. Il y a plus, un mineur, tout comme le religieux, peut bien améliorer sa condition, mais l'acte qu'il a pu souscrire dans un temps où il étoit émancipé, subsiste jusqu'à ce qu'il s'en soit fait relever par lettres du prince, au lieu que l'acte souscrit par un religieux est nul de lui-même, lorsque sa communauté a intérêt qu'il soit regardé comme non-avenu. Cette jurisprudence paroît singulière, & même contraire à l'équité; mais il faut remarquer qu'elle tient à des principes d'une nature bien différente. Le religieux est véritablement mort au monde, & n'a plus d'existence civile; il est à-peu-près parmi nous comme l'esclave étoit chez les Romains, qui ne le comptoient plus parmi les personnes, & qui le rangeoient dans la classe des choses. Tout ce qui concerne les religieux doit être décidé par les principes des loix romaines, sur les esclaves. Ainsi qu'un simple religieux, quelque âge qu'il ait, me fasse un billet pour argent prêté sans le consentement de ses supérieurs, si ceux-ci m'en refusent le paiement, je n'ai plus rien à demander. Si au contraire je me suis reconnu débiteur envers ce même religieux, la communauté pourra me contraindre à payer, par la raison que l'esclave pouvoit bien améliorer la condition de son maître, & ne pouvoit jamais lui causer aucune perte, aucun dommage, ni l'obliger vis-à-vis d'un tiers.

Lorsque le religieux exerce dans l'intérieur de son monastère quelque art pour le public, si je lui ai vendu des outils, ou que je lui aie fait des fournitures, il est de même sans difficulté que je dois en être payé par la communauté, qui est censée l'autoriser pour cet art, & profiter de son travail; & s'il s'agit d'exercer une action, c'est contre la communauté que je dois la diriger, parce que le religieux qui ne peut rien posséder en propriété, n'est point présumé être en état de me payer. Dans tous ces cas, la maison est tenue des dettes du religieux par la même raison que le maître de l'esclave étoit valablement obligé vis-à-vis d'un tiers, soit pour l'administration que le maître lui avoit confiée, & qui formoit son pécule, soit pour tout ce dont il avoit profité lui-même.

Il en seroit autrement s'il étoit d'une de ces congrégations où le religieux peut avoir un pécule, ou qu'il fût bénéficier en titre; il pourroit être alors personnellement recherché, jusqu'à concurrence de ses revenus pour les engagemens qu'il auroit contractés, tout comme il pourroit lui-même agir sans la participation du monastère, pour ce qui concerneroit son pécule ou son bénéfice.

Le religieux qui passe à l'épiscopat n'est plus sous la dépendance de son monastère, l'église dès ce moment l'en affranchit: il peut alors librement contracter seul dans le monde.

A l'égard des délits dont un religieux peut se rendre coupable, si le fait est tel qu'il puisse être obligé à une réparation personnelle, il est dans le cas d'être lui-même recherché; & lors de la condamnation, on peut assigner le monastère comme responsable des écarts de ce religieux, pour la voir déclarer commune avec lui. Mais pour ce qui est des dommages-intérêts, lorsque le délit ne donne ouverture qu'à la voie civile, on borne l'action au monastère.

Quant aux injures dont un religieux a sujet de se plaindre, il ne peut point, sans le consentement de son monastére, en poursuivre la réparation. Il ne le peut même pas pour injures graves, à moins qu'il ne soit exposé à une vexation continuelle, & que l'indifférence du monastère ne lui soit trop préjudiciable, auquel cas le ministère public peut venir à son secours. Un religieux doit être continuellement animé d'un esprit de paix & de charité; le pardon des injures lui est particuliérement recommandé; & lorsque l'intention de ses supérieurs est qu'il garde le silence, il ne sauroit la contrarier sans blesser l'obéissance qu'il leur doit, & sans donner en quelque façon un exemple contraire à l'esprit de son état.

De l'autorisation d'un syndic. Une communauté, une compagnie, une société quelconque ne sauroit se régir dans les affaires qui peuvent l'intéresser, si elle n'a un préposé chargé de ce soin particulier, & c'est ce préposé que nous appellons *syndic.* Il est en quelque façon le représentant du corps entier qui le commet. En cette qualité, il a droit, sans autre *autorisation* particulière, d'agir pour tout ce qui concerne la simple administration qui lui est confiée, & sans prendre avis de sa communauté.

Mais il n'en est pas de même des affaires qui excèdent cette administration. Chaque fois qu'il s'en présente d'une nature différente, il est obligé d'en faire part à sa compagnie, & de demander son avis: sans quoi il est dans le cas d'être désavoué & de supporter en son nom les dépens.

Ainsi, dès qu'il est nommé syndic dans une affaire, il peut agir; mais s'il se trouve qu'il n'ait point eu de pouvoir particulier pour d'autres affaires, il est exposé à toutes les suites d'une démarche inconsidérée. On peut de même agir contre lui, comme syndic; mais par la même raison, s'il conteste mal-à-propos dans des cas extraordinaires, sans une *autorisation* spéciale, tout le poids de la contestation retombe sur lui.

Le pouvoir particulier dont peut avoir besoin un syndic, se donne par délibération à la pluralité des voix. Dans les affaires extraordinaires, ce pouvoir ne s'étend point d'un cas à l'autre. Si le syndic n'est autorisé que pour agir ou contester, il ne l'est pas pour traiter & transiger non plus que pour appeller: il lui faut, en pareil cas, une nouvelle *autorisation*, tout comme il lui faut une mission particulière pour se transporter hors de chez lui, & se faire allouer des voyages.

Lorsque les chapitres & les corps particuliers s'assemblent pour délibérer de leurs affaires, leur usage est de consigner dans leur registre capitulaire le résultat de leurs délibérations. A l'égard des paroisses de campagne qui ne se régissent point en corps municipal, leurs délibérations se forment ordinairement devant un officier public, tel qu'un notaire; mais elles ne peuvent être mises à exécution qu'autant qu'elles ont été autorisées par le commissaire départi, & celui-ci ne peut accorder cette *autorisation* que sur une requête accompagnée d'une consultation d'avocats. Cela est ainsi prescrit par l'article 43 de l'édit du mois d'août 1764.

De l'autorisation d'un procureur. Chaque citoyen dans la société, est censé prendre soin lui-même de ses propres affaires; personne ne doit s'en mêler sans y être invité. Il n'y a que ceux qui ont l'empire que donne la loi ou la nature sur certaines personnes, qui puissent agir pour elles sans leur participation: mais comme les personnes libres ne peuvent pas toujours agir par elles-mêmes, il leur est permis de se faire représenter par d'autres personnes libres, & ce sont ces représentans qu'on appelle ou *procureurs*, ou *fondés de procurations*, ou *mandataires*, suivant les différentes affaires auxquelles ils sont employés.

Le procureur dans l'acception, la plus commune du mot, est cet officier public chargé de poursuivre ou de défendre en justice les intérêts que lui confient ses cliens. Il ne peut employer pour eux son ministère qu'autant qu'il en est requis. Quelquefois cette requisition se présume par les circonstances, & dans d'autres occasions, il faut qu'elle soit expresse & constatée. Qu'un procureur soit chargé des pièces principales d'une affaire, & qu'il ait agi relativement à ces pièces, il est présumé avoir reçu tout pouvoir nécessaire en même temps qu'on les lui a remises; il en est cru à son serment, à moins qu'on ne puisse le convaincre de mauvaise foi.

Mais quand il s'agit d'articulations de faits particuliers, de dénégations, de consentemens, & d'autres points extraordinaires dans le cours d'une procédure, il ne peut rien faire qu'il n'y soit expressément autorisé, ou que sa partie ne soit présente, & encore faut-il que cette présence soit pour marquer un vrai consentement. Il y a même des cas où la loi exige un pouvoir spécial, comme pour une accusation criminelle, une inscription de faux, *&c.*

Un procureur ne peut pas non plus traiter ni transiger sans y être nommément autorisé. Son ministère doit se borner à la procédure, à moins qu'il n'ait commission pour des actes extrajudiciaires; autrement il s'expose, comme on le verra à l'article Désaveu.

Quand il s'agit d'autres affaires que celles qui ont trait à la procédure, ceux qui s'en chargent se nomment ordinairement *fondés de procuration.* La simple remise de pièces suffit quelquefois, comme nous l'avons dit du procureur chargé de faire une procédure, mais elle ne suffit pas à un simple particulier pour les affaires extrajudiciaires d'autrui; il lui faut une procuration spéciale pour chaque objet différent, à moins qu'on ne lui en ait donné une absolument générale, telle que peut la donner un homme qui entreprend un voyage de long cours & de longue absence. Le fondé de procuration doit se restreindre dans les bornes de son pouvoir. Il n'est point, à proprement parler, sujet au désaveu, parce que la partie qui a traité avec lui devoit savoir si sa procuration lui donnoit pouvoir suffisant. Il ne seroit dans le cas de répondre des stipulations pour lesquelles il n'auroit point eu de pouvoir, qu'autant qu'il se seroit obligé personnellement à les faire ratifier.

Le mandataire est celui qui s'annonce comme ayant eu commission verbale d'agir pour autrui, & qui agit en conséquence. Dans les petites affaires d'administration, il y a beaucoup de personnes qui sont mandataires, de droit, les unes des autres. Entre héritiers ou associés, ce que fait l'un d'eux, est censé fait du consentement des autres; il en est de même des affaires domestiques entre le mari & la femme, le père & les enfans: on ne finiroit jamais si, pour la moindre commission, il falloit un pouvoir particulier. Il suffit que les choses se soient passées suivant l'usage commun, pour qu'il ne soit point permis de contester ce qui se trouve fait.

A l'égard des étrangers qui se disent mandataires d'autrui, sans en avoir un mandement par écrit, ils s'exposent à des dommages-intérêts pour avoir induit en erreur, lorsque la partie intéressée refuse d'acquiescer à ce qui se trouve arrêté pour elle, sans sa participation; mais quoiqu'elle n'ait point donné pouvoir d'agir, si la convention, faite en son nom, se trouve lui être avantageuse, elle ne laisse pas d'avoir la liberté de la faire exécuter.

AUTORITÉ, s. f. (*Droit civil & politique.*) Ce mot vient du latin *autoritas*, que quelques étymologistes font dériver du mot *autor*, *auteur*, pour insinuer que l'*autorité* sur les personnes, paroît être fondée sur ce que l'on est l'auteur de leur existence; d'autres le font venir d'*auctus*, participe du verbe *augere*, *augmenter*, ce qui marqueroit qu'il faut avoir reçu soi-même une augmentation de dignité ou de mérite, ou avoir augmenté la perfection & le bonheur des autres, pour avoir sur eux de l'*autorité.*

Quoi qu'il en soit de ces étymologies, & de plusieurs autres que nous ne rapportons pas, on peut définir l'*autorité* une supériorité légitime, donnée par les loix ou les conventions, à laquelle on doit obéir & être soumis: telle est l'*autorité* d'un souverain sur ses sujets, d'un père sur ses enfans, d'un mari sur sa femme, d'un tuteur sur son pupille. On se sert encore au palais du mot d'*autorité*, pour désigner la supériorité accordée, soit à une loi écrite ou à une coutume, ou au sentiment d'un auteur, dont on se sert pour appuyer une proposition.

Nous avons, dans notre langue, quatre termes, dont on se sert pour désigner cette supériorité, par laquelle on influe sur les pensées, les sentimens, & les volontés des êtres réputés inférieurs; & que, par défaut d'attention sur les caractères qui les différencient, on emploie souvent comme synonymes. Ces mots sont *autorité*, *pouvoir*, *empire*, *puissance.*

Ils ont tous, deux acceptions différentes, dont l'une sert à exprimer l'influence qu'une supériorité naturelle donne sur les hommes, indépendamment de toute institution civile ou politique, & de toute relation physique d'auteur & de production; la seconde désigne l'influence qu'on a sur les autres hommes, par l'effet des conventions, des loix & des établissemens formés par une volonté positive.

Dans le premier sens, on peut avoir de l'autorité, du pouvoir, de l'empire, sur des êtres que la nature a fait nos égaux en droit & en obligation, & chacun de ces mots présente une idée différente, qu'on saisira bien mieux par des exemples, que par une définition abstraite.

Un citoyen acquiert de l'*autorité* sur ses concitoyens, qui ne dépendent pas plus de lui qu'il ne dépend d'eux. Une femme a du pouvoir sur son mari, auquel les loix l'assujettissent. Un domestique peut avoir de l'empire sur son maître, dont, par les institutions civiles, il doit dépendre absolument. Dans cette acception, l'*autorité* vient toujours de quelque mérite reconnu dans celui à qui on l'accorde; elle laisse aussi plus de liberté dans le choix; le pouvoir a plus de force, parce qu'il est l'effet ordinaire de quelque liaison de cœur ou d'intérêt; l'empire est plus absolu, parce qu'il vient d'un ascendant de domination arrogé avec art, ou cédé par imbécillité. Dans la seconde acception, l'*autorité* est donnée aux magistrats, sur leurs justiciables; le pouvoir, à ceux qui sont chargés de procurer l'exécution des loix; la puissance, à ceux qui dominent; l'empire, enfin, réunit dans le souverain degré toutes ces relations, & celui qui en est revêtu, est au-dessus de tout.

Nous nous bornerons à traiter ici de l'*autorité* politique, & de celle qu'on accorde, en droit, aux écrits & aux opinions des auteurs: nous expliquerons l'*autorité* du père sur ses enfans, du mari sur sa femme, du tuteur sur le pupille, *aux mots* PUISSANCE MARITALE, PUISSANCE PATERNELLE, & TUTEUR.

AUTORITÉ POLITIQUE. Aucun homme n'a reçu de la nature, le droit de commander aux autres. La liberté est un présent du ciel, & chaque individu de la même espèce, a le droit d'en jouir aussi-tôt qu'il jouit de la raison. Si la nature a établi quelque *autorité*, c'est la puissance paternelle; mais la puissance paternelle a ses bornes, & dans l'état de nature, elle finiroit aussi-tôt que les enfans seroient en état de se conduire: toute autre *autorité* vient d'une autre origine que de la nature. Qu'on examine bien, & on la fera toujours remonter à l'une de ces deux sources; ou la force & la violence de celui qui s'en est emparé, ou le consentement de ceux qui s'y sont soumis par un contrat fait ou supposé entre eux & celui à qui ils ont déféré l'*autorité*.

La puissance qui s'acquiert par la violence, n'est qu'une usurpation, & ne dure qu'autant que la force de celui qui commande, l'emporte sur celle de ceux qui obéissent; ensorte que si ces derniers deviennent à leur tour les plus forts & qu'ils secouent le joug, ils le font avec autant de droit & de justice, que l'autre qui le leur avoit imposé. La même loi qui a fait l'*autorité*, la défait alors: c'est la loi du plus fort.

Quelquefois l'*autorité* qui s'établit par la violence change de nature; c'est lorsqu'elle continue & se maintient du consentement exprès de ceux qu'on a soumis; mais elle rentre par-là dans la seconde espèce dont je vais parler; & celui qui se l'étoit arrogée, devenant alors prince, cesse d'être tyran.

La puissance qui vient du consentement des peuples, suppose nécessairement des conditions qui en rendent l'usage légitime, utile à la société, avantageux à la république, & qui la fixent & la restraignent entre des limites; car l'homme ne doit ni ne peut se donner entiérement & sans réserve à un autre homme, parce qu'il a un maître supérieur au-dessus de tout, à qui seul il appartient tout entier. C'est Dieu, dont le pouvoir est toujours immédiat sur la créature, maître aussi jaloux qu'absolu, qui ne perd jamais de ses droits & ne les communique point. Il permet, pour le bien commun & pour le maintien de la société, que les hommes établissent entre eux un ordre de subordination, qu'ils obéissent à l'un d'eux; mais il veut que ce soit par raison & avec mesure, & non pas aveuglément & sans réserve, afin que la créature ne s'arroge pas les droits du créateur: toute autre soumission est le véritable crime de l'idolâtrie. Fléchir le genou devant un homme ou devant une image, n'est qu'une cérémonie extérieure, dont le vrai Dieu, qui demande le cœur & l'esprit, ne se soucie guère, & qu'il abandonne à l'institution des hommes, pour en faire, comme il leur conviendra, des marques d'un culte civil & politique, ou d'un culte de religion: ainsi, ce ne sont point ces cérémonies en elles-mêmes, mais l'esprit de leur établissement, qui en rend la pratique innocente ou criminelle. Un Anglois n'a point de scrupule à servir le roi un genou en terre; le cérémonial ne signifie que ce qu'on a voulu qu'il signifiât; mais livrer son cœur, son esprit & sa conduite, sans aucune réserve, à la volonté & au caprice d'une pure créature, en faire l'unique & le dernier motif de ses actions, c'est assurément un crime de lèse-majesté divine au premier chef: autrement ce pouvoir de Dieu, dont on parle tant, ne seroit qu'un vain bruit dont la politique humaine useroit à sa fantaisie, & dont l'esprit d'irreligion pourroit se jouer à son tour; de sorte que toutes les idées de puissance & de subordination venant à se confondre, le prince se joueroit de Dieu, & le sujet du prince.

La vraie & légitime puissance a donc nécessairement des bornes. Aussi l'écriture nous dit-elle: « que votre soumission soit raisonnable, *sit rationabile obsequium vestrum*. Toute puissance qui vient » de Dieu, est une puissance réglée, *omnis potestas* » *à Deo ordinata est* ». Car c'est ainsi qu'il faut entendre ces paroles, conformément à la droite raison & au sens littéral, & non conformément à l'interprétation de la bassesse & de la flatterie, qui prétendent que toute puissance, quelle qu'elle soit, vient de Dieu. Quoi donc, n'y a-t-il point de puissances injustes? N'y a-t-il pas des *autorités* qui, loin de venir de Dieu, s'établissent contre ses ordres & contre sa volonté? Les usurpateurs ont-ils Dieu pour eux? Faut-il obéir en tout aux persécuteurs de la vraie religion? Et, pour fermer la bouche à l'imbécillité, la puissance de l'antechrist sera-t-elle légitime? Ce sera pourtant une grande puissance. Enoch & Elie qui lui résisteront, seront-ils des rebelles & des séditieux qui auront oublié que toute puissance vient de Dieu? ou des hommes raisonnables, fermes & pieux qui sauront que toute puissance cesse de l'être, dès qu'elle sort des bornes que la raison lui a prescrites, & qu'elle s'écarte des règles que le souverain des princes & des sujets a établies, des hommes enfin qui penseront, comme S. Paul, que toute puissance n'est de Dieu qu'autant qu'elle est juste & réglée?

Le prince tient de ses sujets même l'*autorité* qu'il a sur eux; & cette *autorité* est bornée par les loix de la nature & de l'état. Les loix de la nature & de l'état sont les conditions sous lesquelles ils se sont soumis ou sont censés s'être soumis à son gouvernement. L'une de ces conditions est que, n'ayant de pouvoir & d'*autorité* sur eux que par leur choix & de leur consentement, il ne peut jamais employer cette *autorité* pour casser l'acte ou le contrat par lequel elle lui a été déférée : il agiroit dès-lors contre lui-même, puisque son *autorité* ne peut subsister que par le titre qui l'a établie. Qui annulle l'un, détruit l'autre. Le prince ne peut donc pas disposer de son pouvoir & de ses sujets sans le consentement de la nation, & indépendamment du choix marqué dans le contrat de soumission. S'il en usoit autrement, tout seroit nul, & les loix le releveroient des promesses & des sermens qu'il auroit pu faire, comme un mineur qui auroit agi sans connoissance de cause, puisqu'il auroit prétendu disposer de ce qu'il n'avoit qu'en dépôt & avec clause de substitution, de la même manière que s'il l'avoit eu en toute propriété & sans aucune condition.

D'ailleurs le gouvernement, quoique héréditaire dans une famille, & mis entre les mains d'un seul, n'est pas un bien particulier, mais un bien public, qui, par conséquent, ne peut jamais être enlevé au peuple à qui seul il appartient essentiellement & en pleine propriété. Aussi est-ce toujours lui qui en fait le bail : il intervient toujours dans le contrat qui en adjuge l'exercice. Ce n'est pas l'état qui appartient au prince, c'est le prince qui appartient à l'état : mais il appartient au prince de gouverner dans l'état, parce que l'état l'a choisi pour cela; qu'il s'est engagé envers les peuples à l'administration des affaires, & que ceux-ci, de leur côté, se sont engagés de lui obéir, conformément aux loix. Celui qui porte la couronne, peut bien s'en décharger absolument, s'il le veut : mais il ne peut la remettre sur la tête d'un autre sans le consentement de la nation qui l'a mise sur la sienne. En un mot, la couronne, le gouvernement & l'*autorité* publique sont des biens dont le corps de la nation est propriétaire, & dont les princes sont les usufruitiers, les ministres & les dépositaires. Quoique chefs de l'état, ils n'en sont pas moins membres, à la vérité, les premiers, les plus vénérables & les plus puissans, pouvant tout pour gouverner, mais ne pouvant rien légitimement pour changer le gouvernement établi, ni pour mettre un autre chef à leur place. Le sceptre de Louis XV passe nécessairement à son fils aîné, & il n'y a aucune puissance qui puisse s'y opposer : ni celle de la nation, parce que c'est la condition du contrat; ni celle de son père par la même raison.

Le dépôt de l'*autorité* n'est quelquefois que pour un temps limité, comme dans la république romaine. Il est quelquefois pour la vie d'un homme seul, comme en Pologne; quelquefois pour tout le temps que subsistera une famille, comme en Angleterre; quelquefois pour le temps que subsistera une famille par les mâles seulement, comme en France.

Ce dépôt est quelquefois confié à un certain ordre dans la société; quelquefois à plusieurs choisis de tous les ordres, & quelquefois à un seul.

Les conditions de ce pacte sont différentes dans les différens états. Mais par-tout la nation est en droit de maintenir, envers & contre tous, le contrat qu'elle a fait; aucune puissance ne peut le changer : & quand il n'a plus lieu, elle rentre dans le le droit & dans la pleine liberté d'en passer un nouveau avec qui, & comme il lui plaît : c'est ce qui arriveroit en France, si, par le plus grand des malheurs, la famille entière régnante venoit à s'éteindre jusques dans ses moindres rejettons; alors le sceptre & la couronne retourneroient à la nation.

Il semble qu'il n'y ait que des esclaves dont l'esprit seroit aussi borné que le cœur seroit bas, qui pussent penser autrement. Ces sortes de gens ne sont nés ni pour la gloire du prince, ni pour l'avantage de la société : ils n'ont ni vertu ni grandeur d'ame. La crainte & l'intérêt sont les ressorts de leur conduite. La nature ne les produit que pour servir de lustre aux hommes vertueux; & la providence s'en sert pour former les puissances tyranniques, dont elle châtie pour l'ordinaire les peuples & les souverains qui offensent Dieu; ceux-ci en usurpant, ceux-là en accordant trop à l'homme de ce pouvoir suprême que le créateur s'est réservé sur la créature.

L'observation des loix, la conservation de la liberté & l'amour de la patrie sont les sources fécondes de toutes grandes choses & de toutes belles actions. Là se trouvent le bonheur des peuples & la véritable illustration des princes qui les gouvernent. Là l'obéissance est glorieuse, & le commandement auguste. Au contraire, la flatterie, l'intérêt particulier & l'esprit de servitude sont l'origine de tous les maux qui accablent un état, & de toutes les lâchetés qui le deshonorent. Là les sujets sont misérables, & les princes haïs; là le monarque ne s'est jamais entendu proclamer *le bien-aimé*; la soumission y est honteuse, & la domination cruelle. Si je rassemble, sous un même point de vue, la France & la Turquie, j'apperçois, d'un côté, une société d'hommes que la raison unit, que la vertu fait agir, & qu'un chef également sage & glorieux gouverne selon les loix de la justice; de l'autre, un troupeau d'animaux que l'habitude assemble, que la loi de la verge fait marcher, & qu'un maître absolu mène selon son caprice.

Mais, pour donner aux principes répandus dans cet article toute l'*autorité* qu'ils peuvent recevoir, appuyons-les du témoignage d'un de nos plus grands rois. Le discours qu'il tint à l'ouverture de l'assemblée des notables de 1596, plein d'une sincérité que les souverains ne connoissent guère, étoit bien digne des sentimens qu'il y porta. « Persuadé, dit M. de » Sully, *pag. 467, in-4°. tom. I*, que les rois ont » deux souverains, Dieu & la loi, que la justice » doit présider sur le trône, & que la douceur doit » être assise à côté d'elle; que Dieu étant le vrai » propriétaire de tous les royaumes, & les rois n'en » étant que les administrateurs, ils doivent repré-

» senter aux peuples celui dont ils tiennent la place; » qu'ils ne régneront comme lui, qu'autant qu'ils » régneront en pères; que, dans les états monar- » chiques héréditaires, il y a une erreur qu'on peut » appeller aussi *héréditaire*, c'est que le souverain est » maître de la vie & des biens de tous ses sujets; » que, moyennant ces quatre mots, *tel est notre* » *plaisir*, il est dispensé de manifester les raisons » de sa conduite, ou même d'en avoir; que, quand » cela seroit, il n'y a point d'imprudence pareille » à celle de se faire haïr de ceux auxquels on est » obligé de confier à chaque instant sa vie, & que » c'est tomber dans ce malheur, que d'emporter » tout de vive force. Ce grand homme, persuadé, » dis-je, de ces principes que tout l'artifice du cour- » tisan ne bannira jamais du cœur de ceux qui lui » ressembleront, déclara que, pour éviter tout air » de violence & de contrainte, il n'avoit pas voulu » que l'assemblée se fît par des députés nommés par » le souverain, & toujours aveuglément asservis à » toutes ses volontés; mais que son intention étoit » qu'on y admît librement toutes sortes de person- » nes, de quelque état & condition qu'elles puis- » sent être, afin que les gens de savoir & de mé- » rite eussent le moyen d'y proposer sans crainte » ce qu'ils croiroient nécessaire pour le bien public; » qu'il ne prétendoit encore, en ce moment, leur » prescrire aucunes bornes; qu'il leur enjoignoit » seulement de ne pas abuser de cette permission » pour l'abaissement de l'*autorité* royale qui est le » principal nerf de l'état; de rétablir l'union entre » ses membres; de soulager les peuples; de dé- » charger le trésor royal de quantité de dettes aux- » quelles il se voyoit sujet sans les avoir contrac- » tées; de modérer avec la même justice les pen- » sions excessives, sans faire tort aux nécessaires, » afin d'établir pour l'avenir un fonds suffisant & clair » pour l'entretien des gens de guerre. Il ajouta qu'il » n'auroit aucune peine à se soumettre à des moyens » qu'il n'auroit point imaginés lui-même, d'abord » qu'il sentiroit qu'ils avoient été dictés par un es- » prit d'équité & de désintéressement; qu'on ne le » verroit point chercher, dans son âge, dans son » expérience & dans ses qualités personnelles, un » prétexte bien moins frivole que celui dont les » princes ont coutume de se servir pour éluder les » réglemens; qu'il montreroit au contraire par son » exemple, qu'ils ne regardent pas moins les rois » pour les faire observer, que les sujets, pour s'y » soumettre. *Si je faisois gloire*, continua-t-il, *de* » *passer pour un excellent orateur, j'aurois apporté ici* » *plus de belles paroles que de bonne volonté : mais* » *mon ambition a quelque chose de plus haut que de* » *bien parler. J'aspire au glorieux titre de libérateur* » *& de restaurateur de la France. Je ne vous ai donc* » *point appellés, comme faisoient mes prédécesseurs,* » *pour vous obliger d'approuver aveuglément mes vo-* » *lontés : je vous ai fait assembler pour recevoir vos* » *conseils, pour les croire, pour les suivre; en un* » *mot, pour me mettre en tutèle entre vos mains. C'est* » *une envie qui ne prend guère aux rois, aux barbes* » *grises & aux victorieux, comme moi : mais l'amour* » *que je porte à mes sujets, & l'extrême desir que j'ai* » *de conserver mon état, me font tout trouver facile* » *& tout honorable.*

« Ce discours achevé, Henri se leva & sortit, » ne laissant que M. de Sully dans l'assemblée pour » y communiquer les états, les mémoires & les » papiers dont on pouvoit avoir besoin ».

On n'ose proposer cette conduite pour modèle, parce qu'il y a des occasions où les princes peuvent avoir moins de déférence, sans toutefois s'écarter des sentimens qui font que le souverain, dans la société, se regarde comme le père de famille, & ses sujets comme ses enfans. Le grand monarque que nous venons de citer, nous fournira encore l'exemple de cette sorte de douceur mêlée de fermeté, si requise dans les occasions où la raison est si visiblement du côté du souverain qu'il a droit d'ôter à ses sujets la liberté du choix, & de ne leur laisser que le parti de l'obéissance. L'édit de Nantes ayant été vérifié, après bien des difficultés du parlement, du clergé & de l'université, Henri IV dit aux évêques : *Vous m'avez exhorté de mon devoir, je vous exhorte du vôtre. Faisons bien à l'envi les uns des autres. Mes prédécesseurs vous ont donné de belles paroles; mais moi, avec ma jaquette, je vous donnerai de bons effets : je verrai vos cahiers, & j'y répondrai le plus favorablement qu'il me sera possible.* Et il répondit au parlement qui étoit venu pour lui faire des remontrances : *Vous me voyez en mon cabinet où je viens vous parler, non pas en habit royal, ni avec l'épée & la cappe, comme mes prédécesseurs, mais vêtu comme un père de famille, en pourpoint, pour parler familièrement à ses enfans. Ce que j'ai à vous dire, est que je vous prie de vérifier l'édit que j'ai accordé à ceux de la religion. Ce que j'en ai fait, est pour le bien de la paix. Je l'ai faite au-dehors, je la veux faire en-dedans de mon royaume.* Après leur avoir exposé les raisons qu'il avoit eues de faire l'édit, il ajouta : *Ceux qui empêchent que mon édit ne passe, veulent la guerre; je la déclarerai demain à ceux de la religion; mais je ne la ferai pas; je les y enverrai. J'ai fait l'édit, je veux qu'il s'observe. Ma volonté devroit servir de raison; on ne la demande jamais au prince, dans un état obéissant. Je suis roi. Je vous parle en roi. Je veux être obéi.* Mém. de Sully, in-4°. pag. 594, tom. I.

Voilà comment il convient à un monarque de parler à ses sujets, quand il a évidemment la justice de son côté : & pourquoi ne pourroit-il pas ce que peut tout homme qui a l'équité de son côté? Quant aux sujets, la première loi que la religion, la raison & la nature leur imposent, est de respecter eux-mêmes les conditions du contrat qu'ils ont fait, de ne jamais perdre de vue la nature de leur gouvernement; en France, de ne point oublier que, tant que la famille régnante subsistera par les mâles, rien ne les dispensera jamais de l'obéissance, d'honorer & de craindre leur maître, comme celui par lequel ils ont voulu que l'image de Dieu leur fût présente & visible sur la terre ; d'être encore attachés à ces sentimens par un motif de reconnoissance de la tranquillité & des biens dont ils jouissent à l'abri du nom royal ; si jamais il leur arrivoit d'avoir un roi injuste, ambitieux & violent, de n'opposer au malheur qu'un seul remède, celui de l'appaiser par leur soumission, & de fléchir Dieu par leurs prières, parce que ce remède est le seul qui soit légitime, en conséquence du contrat de soumission, juré au prince régnant anciennement, & à ses descendans par les mâles, quels qu'ils puissent être ; & de considérer que tous ces motifs qu'on croit avoir de résister, ne sont, à les bien examiner, qu'autant de prétextes d'infidélités subtilement colorées ; qu'avec cette conduite, on n'a jamais corrigé les princes, ni aboli les impôts ; & qu'on a seulement ajouté aux malheurs dont on se plaignoit déjà, un nouveau degré de misère. Voilà les fondemens sur lesquels les peuples & ceux qui les gouvernent, pourroient établir leur bonheur réciproque.

AUTORITÉ *des loix & des auteurs*. On entend au palais par *autorité*, la citation que l'on fait dans une plaidoirie, dans des mémoires ou dans des écritures, de la disposition des ordonnances, des édits, des déclarations, des coutumes, des arrêts, des usages & de l'opinion des auteurs, pour appuyer les propositions ou les demandes que l'on établit.

De l'autorité de la loi. Il n'en est pas tout-à-fait de la science du droit comme de la plupart des autres sciences humaines : le plus habile en jurisprudence n'est pas toujours celui qui raisonne le mieux. La décision des différens points qui se présentent à discuter, est souvent subordonnée à la volonté du législateur dont les motifs ne sont pas toujours connus. Malgré que nous n'appercevions pas la sagesse de ses ordonnances & de ses réglemens, nous ne sommes pas moins obligés de nous y conformer ; la loi peut même paroître dure, mais une fois écrite, elle doit avoir son exécution : *lex dura, sed scripta*. Si, parce que telle ou telle disposition présente peu d'équité aux yeux d'un jurisconsulte, il étoit fondé à la rejetter, la science n'auroit presque plus rien de certain : tout deviendroit arbitraire. La raison, affranchie de l'*autorité* de la loi, seroit le plus cruel tyran de la société, ou, pour mieux dire, que deviendroit la raison elle-même ? Chacun voudroit la maîtriser suivant ses passions ; &, au lieu de la faire servir d'organe à l'équité, on en feroit l'instrument de ses injustices & de sa mauvaise foi.

Quand la loi parle, la raison doit donc se taire. L'*autorité* de la loi doit nécessairement l'emporter sur la sagesse des particuliers. En fait de jurisprudence chacun doit se défier de sa propre raison. On s'imagine souvent avoir plus de lumières que les grands hommes, qui ont présidé à la formation de la loi, & c'est une erreur de l'amour-propre. Pendant que la loi subsiste, elle est le flambeau qui doit seul nous guider : toutes les autres lumières étrangères ne peuvent que nuire à sa clarté & nous égarer.

La meilleure *autorité* que l'on puisse employer dans sa cause est donc celle de la loi. Mais d'où vient que la loi ne plaît pas également dans tous les temps, & qu'ainsi que la beauté, elle est sujette à vieillir ? Quand le souverain l'établit, son intention est certainement qu'elle subsiste jusqu'à ce qu'il lui plaise de la révoquer : cependant combien de loix n'avons-nous pas qui n'ont jamais été révoquées, & qui maintenant n'ont ni force, ni vigueur ? L'âge, au lieu de les faire respecter, semble au contraire les avoir rendues ridicules, au point qu'on n'ose même pas les citer, & encore moins les produire. Mais tel est le sort des choses humaines, que rien ne peut leur assurer une existence durable. Si les hommes étoient faits pour les loix, elles subsisteroient autant que les hommes même ; mais ce sont les loix qui sont faites pour les hommes ; elles ne peuvent dès-lors durer qu'autant qu'elles leur conviennent, & qu'elles s'accordent avec leurs mœurs actuelles. En fait des mœurs des hommes, il n'est pas possible de les tenir à l'abri du changement. Les différentes connoissances que l'on acquiert changent en même temps, & la façon de penser & la façon d'agir ; il n'est point au pouvoir du souverain d'empêcher ce changement. Jamais les mœurs d'un siècle n'ont été celles du siècle qui l'a précédé, ni de celui qui lui a succédé : cette révolution, qui est comme dans l'ordre des choses, s'est remarquée dans tous les temps & chez toutes les nations.

Ainsi dès qu'une loi contrarie les mœurs actuelles, elle éprouve un choc auquel elle ne peut résister. Il semble que tous les esprits tombent d'accord pour ne la plus observer ; le souverain lui-même se voit comme forcé de l'abandonner. C'est aussi ce qui a fait dire à un homme d'esprit, qu'au lieu de donner à chaque loi une sanction irrévocable, on ne devroit jamais la porter que pour un temps ; parce qu'ordinairement une loi qui a vécu plus d'un siècle, devient comme sujette à des infirmités qui nécessairement la font périr.

Quoi qu'il en soit, il y a donc des loix qui, sans être expressément abrogées, ont perdu toute leur *autorité* ; & ces loix ne sauroient aujourd'hui surmonter l'opinion contraire qui leur est substituée. Mais il ne suffit pas de dire ou de croire, que telle ou telle loi n'est plus usitée ; il faut que la désuétude soit notoire & qu'il soit exactement vrai qu'elle n'est plus en vigueur ; sans quoi la loi doit exercer encore toute son *autorité*.

Mais en fait de loix, une singularité bien choquante, c'est que tel édit est observé dans telle partie du royaume, & rejetté dans telle autre. Ici on observe la loi en son entier, là on n'en adopte que certaines dispositions. On ne sauroit croire combien cette bisarrerie, qui semble tenir du caprice, est fatigante pour les jurisconsultes : cependant ils sont obligés de s'y conformer & d'en faire une étude particulière. Bisarrerie qui rend encore leur état plus intéressant pour le public ; car tout citoyen,

citoyen, qui, sans leur secours, n'auroit que la loi sous ses yeux, se tromperoit souvent dans ses démarches, lors même qu'il seroit le plus scrupuleux à se conformer à ses dispositions.

De l'autorité de la coutume. A l'égard des coutumes, qui existent en si grand nombre, & d'une manière si variée dans une grande partie du royaume, elles ont *autorité* de loi par la sanction qu'y a donnée le prince lors de leur rédaction. Ces coutumes ne paroissent pas si susceptibles de changement que les loix arbitraires du souverain, & la raison en est simple : ce sont les habitans des provinces qui en quelque façon se les sont données à eux-mêmes, ils connoissoient sans doute ce qui leur convenoit, & ce qui convient est toujours de plus longue durée que ce que l'on propose aux peuples sans les avoir consultés. Ce n'est pas que ces coutumes n'aient été susceptibles d'altération en quelques points, mais ce sont les inconvéniens qu'on n'avoit point prévus qui se sont découverts par l'expérience, & que l'on a cherché à corriger par un usage contraire. Il seroit à desirer qu'en procédant à une nouvelle rédaction de ces coutumes, on tâchât de les rendre plus uniformes & plus certaines, sur les articles qui s'observent encore. Il vaudroit mieux sans doute, si la chose étoit possible, que comme il n'y a qu'un roi, il n'y eût de même qu'une loi. Mais enfin, en attendant ce qui pourra s'exécuter un jour, il est certain que l'opinion particulière d'un homme privé, quelque bien raisonnée qu'elle puisse être, doit céder aux dispositions de la loi municipale du pays. Il n'y a que les points abrogés par un usage contraire bien certain qui n'ont plus d'*autorité*. C'est cet usage lui-même qui prend la place de la loi, & auquel on est obligé de se conformer.

On diroit en vain que les coutumes sont imprescriptibles & qu'aucun usage contraire n'y sauroit donner atteinte, sous prétexte que tout usage contraire à la coutume est un usage abusif : ce raisonnement seroit impuissant pour renverser les opinions reçues : d'ailleurs il y auroit plus d'inconvéniens à revenir à une ancienne pratique abrogée que de suivre l'usage actuel.

Mais en fait d'usage, il ne suffit pas de l'alléguer, il faut qu'il existe depuis un certain temps, qu'il soit général & connu de tous ceux qui étudient ou qui pratiquent la coutume. Lorsque la contestation est pendante devant des juges qui ont leur tribunal hors du territoire de cette coutume, & qu'on se dispute sur un usage contraire, c'est le cas de se le faire certifier par un acte de notoriété des juges & des praticiens de l'endroit. Cet acte de notoriété devient ensuite un monument qui fixe irrévocablement l'opinion commune & qui acquiert force de loi.

De l'autorité des arrêts & jugemens. Après les ordonnances & les coutumes nous mettons au rang des *autorités* les arrêts & les jugemens. En fait d'arrêts, il y en a qui ont force de loi; d'autres qui ne sont que de simples préjugés; d'autres enfin qui ne sont que des décisions passagères.

Les arrêts qui ont force de loi, sont ceux qui sont publiés en forme des réglemens. Comme ces arrêts sont rendus avec connoissance de cause, on ne peut s'empêcher d'en suivre les dispositions. Cependant lorsqu'ils n'ont été provoqués que par des circonstances particulières, ils ne s'exécutent plus avec la même rigueur, quand ces circonstances ont disparu. Il y en a même qui tombent quelquefois dans une entière désuétude & dans l'oubli : mais à moins qu'ils n'aient entièrement perdu leur vigueur, par un défaut d'usage depuis long-temps, on doit toujours les respecter en s'y conformant.

A l'égard des arrêts rendus entre particuliers sur différens points de droit contestés, ce sont ce qu'on appelle des *préjugés*, parce qu'en les citant dans les espèces qui se représentent, on les emploie pour indiquer que la même question a été jugée de telle façon auparavant. Ces préjugés n'ont pas absolument par eux-mêmes force de loi. Cependant, comme il est intéressant pour les citoyens que les décisions dont ils sont informés puissent leur servir de règle dans leurs affaires, les cours ont l'attention de suivre la jurisprudence qu'elles ont une fois adoptée, afin de tirer de l'arbitraire le plus de questions qu'il est possible. Ces préjugés ne sont, à proprement parler, proposables que sur des points de droit ou de coutume clairement décidés; & encore faut-il, pour qu'on ne puisse s'en écarter, que la même question ait été ainsi jugée par plusieurs arrêts consécutifs.

Quand une fois la jurisprudence est fixée, elle acquiert force de loi. Elle varie quelquefois; mais c'est lorsqu'elle entraîne des inconvéniens dont on ne s'étoit point douté dans l'origine, ou qu'on parvient à découvrir qu'une nouvelle jurisprudence seroit plus sage & plus conforme à l'équité. A moins de grands motifs pour la changer, elle doit demeurer constante; autrement les procès se multiplieroient à l'infini.

Il est pourtant à propos d'observer qu'en matière criminelle les préjugés ne sont pas de la même considération, qu'en matière civile. Mille circonstances, qui souvent ne sont connues que des juges, peuvent porter à prononcer différemment sur le sort des accusés dans le même genre d'accusation.

Quant aux arrêts dont les décisions roulent sur des faits particuliers, il est reconnu qu'ils ne font loi que pour ceux qui les ont obtenus. En vain les citeroit-on pour exemple; parce que, comme l'observe très-bien le célèbre Dumoulin, le moindre changement dans le fait, opère un changement considérable dans le droit. En un mot, c'est de ces sortes d'arrêts qu'on peut dire que c'est sur la loi, & non sur les exemples qu'on doit se régler; *non exemplis sed legibus judicandum.*

Indépendamment de la jurisprudence générale, qui peut résulter des préjugés tirés des arrêts, il s'introduit aussi quelquefois dans les sièges inférieurs une jurisprudence particulière, sur-tout pour certains points de coutume. Quand on est habitué à cette jurisprudence, on ne sauroit souvent s'en écarter sans inconvénient, sur-tout lorsqu'elle ne renferme rien d'abusif, & qu'elle est constante par l'uniformité des sentences ou des jugemens qui l'ont établie. Lorsque dans les cours supérieures on emploie cette jurisprudence, les magistrats, bien loin de la rejetter, cherchent à s'en assurer, par un acte de notoriété, pour y conformer leur décision.

Il en est à-peu-près de même de certains usages locaux, qui ne sont établis sur aucune loi, & qui cependant s'observent comme loi dans la pratique. Il n'y a point de loi, par exemple, qui détermine dans chaque pays la manière de percevoir la dîme ni la quotité de la perception; qui règle la conduite que le bailleur & le preneur doivent tenir l'un envers l'autre, pour les congés ou pour les indemnités; qui prescrive qu'on doive payer, ou d'avance ou après le temps échu; si le terme doit être par quartiers, ou tous les six mois, ou tous les ans; c'est l'usage qui fait la loi, en pareil cas, & qui devient *autorité* : aussi la décision des premiers juges doit-elle avoir beaucoup de poids dans des contestations de cette espèce, parce qu'ils sont censés mieux connoître les usages de leur endroit que les juges étrangers.

Les *autorités* dont nous venons de parler ne sont pas les seules qu'on puisse employer. Il y en a d'autres qu'on peut appeller *autorités éloignées*, & qui peuvent quelquefois suppléer à celles qui manquent. Lorsqu'une coutume, par exemple, garde le silence à l'égard d'un point, sur lequel une autre coutume voisine s'est expliquée, cette explication peut être proposée comme un guide à suivre sur la difficulté qui se présente : si la coutume voisine ne dit rien, on peut consulter l'esprit des autres coutumes; si enfin on ne trouve aucune loi municipale qui se soit expliquée, & que le droit romain présente une solution, on peut alors l'employer comme l'*autorité* de la raison écrite; car il est de maxime que le droit romain ne fait pas plus loi en pays de coutume, que le droit coutumier ne fait loi en pays de droit écrit : par la même raison, lorsque le droit écrit ne présente aucune solution, & qu'on peut la trouver dans le droit coutumier, il est tout naturel qu'on puisse le citer dans sa cause.

Pour ce qui est des réglemens & des préjugés, ceux qui émanent d'une cour de parlement, n'ont pas, à la vérité, force de loi dans une autre cour. Cependant lorsqu'il s'y présente une question à juger pour la première fois, & qu'elle a déjà reçu une décision dans un autre tribunal souverain, on peut s'aider de cette décision, parce que quand elle est juste, il est intéressant qu'elle devienne générale.

Il en est de même des usages dont nous avons parlé : lorsqu'il s'agit de pratiquer une chose pour la première fois & qu'on la pratique suivant l'usage des environs ou l'usage le plus connu, on ne peut avoir aucun prétexte pour critiquer la conduite de celui qui s'y est conformé, à moins que cet usage ne soit évidemment abusif.

Autorité des auteurs. Lorsque les loix, les coutumes, le droit écrit, les préjugés & les usages nous manquent, nous avons encore une ressource dans l'opinion des jurisconsultes, qui ont traité les questions qu'il s'agit de décider.

En fait d'opinions nous devons savoir gré à ceux qui, en prévenant nos difficultés, ont cherché à les résoudre. Quoique l'avis d'un jurisconsulte ne soit pas une loi écrite, son sentiment ne laisse pourtant pas d'être souvent d'un grand poids. Ce qui est médité & approfondi par un auteur qui ne s'attache qu'à connoître le juste & le vrai, mérite une attention particulière. Il faut être bien sûr de ses lumières pour se persuader que ce que l'on pense soit meilleur que ce qu'il a cru. Souvent c'est une présomption de soi-même dont il est sage de se défier : présomption qui ne devient aujourd'hui que trop commune. A peine est-on initié dans les mystères de la jurisprudence, qu'on s'imagine être en droit d'avoir une façon de penser particulière. Qu'importe, dit-on, que Cujas, Barthole ou Dumoulin aient pensé de telle ou de telle façon? ce sont des hommes qui avoient leur opinion, & il nous est permis d'avoir la nôtre. Voilà ce qui fait qu'aujourd'hui on voit s'élever au palais des paradoxes qu'on auroit rougi de proposer dans le siècle passé; & tout cela n'est que l'effet du peu de goût que l'on a pour l'étude. On voudroit que la jurisprudence ne fût autre chose que la science du raisonnement, & que chacun pût l'apprendre dans les romans ou dans les écrits philosophiques. Mais on se trompe, elle est subordonnée à des loix & à des principes que l'on ne peut connoître que par une étude particulière. Le plus instruit est celui qui raisonne le mieux, en suivant ces loix & ces principes. Ceux qui en ont fait l'objet de leur application, méritent donc, sans contredit, une estime & une confiance à quoi n'ont pas droit de prétendre ceux qui ne sont connus que par des discussions, auxquelles ils ne se sont livrés le plus souvent que par intérêt ou par prévention.

Il est vrai que les auteurs ne sont pas infaillibles, puisque nous les voyons souvent opposés les uns aux autres; mais aussi faut-il convenir que jusqu'à ce que leurs opinions soient combattues par d'autres auteurs également accrédités, il est toujours plus sûr de se ranger de leur avis, que de s'en rapporter à son propre jugement. On doit présumer qu'ils ont apperçu les raisons qui nous frappent, & que d'autres raisons plus solides que nous ne connoissons pas les ont déterminés.

Ce n'est pas qu'il soit défendu à un avocat de combattre ouvertement les opinions des jurisconsultes même les plus célèbres, lorsqu'il est en état de démontrer qu'ils ont donné dans l'erreur. Mais il faut que cette démonstration soit bien claire & bien établie : la présomption est toujours pour ceux qui ont traité la matière à fond. Les juges qui voient les choses sans partialité se décident avec bien plus de confiance, en suivant le sentiment d'un homme qui a les suffrages publics, qu'en suivant celui d'un avocat prévenu pour l'intérêt de son client.

Lorsque les auteurs se contrarient, ce n'est pas toujours l'opinion du plus grand nombre qu'il convient d'adopter. Les opinions, en pareil cas, s'apprécient & ne se comptent pas. Il peut se faire qu'un seul ait raison, pendant que dix autres auront erré. C'est alors, qu'aidé du savoir & de l'érudition, l'esprit peut montrer tout ce que peut la sagacité & la justesse du raisonnement : mais lorsque les auteurs sont unanimes, il faut être bien sûr de ses talens pour se flatter qu'on fera juger contre leur sentiment. Leurs suffrages accumulés sont comme un contrepoids qui l'emporte nécessairement. C'est souvent même sur leur l'opinion que repose la tranquillité des familles. Si leur suffrage n'étoit d'aucune considération, il seroit inutile de les étudier. C'est cependant auprès d'eux que l'on s'instruit tous les jours & que les magistrats eux-mêmes cherchent un fondement à leurs décisions.

Mais, en parlant des opinions, d'où vient qu'elles sont si diverses pendant que la vérité n'est qu'une? L'orateur romain nous assure que le droit est l'ouvrage de la nature & non celui de l'opinion. Les causes de cette diversité viennent, comme nous le fait appercevoir un grand magistrat, de l'esprit qui se trompe, & du cœur qui se persuade ce qu'il desire : « l'esprit, dit-il, n'a pas toujours assez de » lumières pour discerner le vrai; souvent celles » qu'il a acquises ne servent qu'à l'en éloigner; la » vivacité de l'appréhension l'emporte à la subtilité, ou le défaut de pénétration l'arrête à la première lueur qui le frappe : ceux même qui sont » d'égale force n'envisagent pas toujours les objets » des mêmes côtés : la conformité d'avis résulte » quelquefois des motifs opposés : l'un s'affecte de » ce que l'autre ne voit qu'avec indifférence; celui-ci s'occupe de l'ensemble, celui-là s'attache » aux détails; un troisième croit entrevoir de nouveaux rapports, & tous abondent dans leur sens ». C'est au barreau sur-tout que se fait remarquer particuliérement cette diversité d'opinions. On commence par s'y permettre des doutes : un doute en fait naître un autre : les exceptions sont une ressource adroite pour combattre les règles; & quand une fois on s'est ainsi accoutumé à ne suivre que ses idées, il n'est presque point de cause que l'on ne trouve soutenable, en rejettant toujours sur l'ignorance ou la prévention des juges, les malheureux succès que l'on ne doit qu'à sa fausse présomption.

Comme les erreurs, en jurisprudence, sont dangereuses & souvent irréparables, on ne sauroit donc trop prendre soin de consulter les *autorités* qui peuvent conduire à une décision. Les loix, les arrêts, les coutumes & les usages doivent être notre première boussole : lorsque ce secours nous manque & que nous sommes obligés de recourir à l'opinion, préférons toujours celle de ces savans, de ces hommes laborieux, qui nous ont laissé le fruit de leurs recherches & de leurs méditations : leur suffrage est toujours le moins suspect. Au reste, erreur pour erreur, il est toujours moins fâcheux de s'être trompé sur la foi d'autrui, que d'après ses propres lumières : il y a même un grand nombre de jurisconsultes françois dont les opinions ont acquis une telle *autorité*, qu'on peut dire qu'elles ont force de loi; telles sont entre autres celles de Dumoulin, du chancelier d'Aguesseau, du P. P. de Lamoignon, & de Pothier, conseiller au présidial d'Orléans.

AUTOGRAPHE, adj. (*terme de Pratique.*) c'est un écrit fait de la main de celui qui en est l'auteur : ce mot est synonyme à celui d'*olographe*. Ce dernier cependant se dit plus particuliérement d'une disposition testamentaire, & le premier de toute autre écriture privée. On appelle aussi *autographe* le manuscrit d'un ouvrage, entiérement écrit de la main de l'auteur.

AUTUN, (*Droit public.*) ville de la province de Bourgogne, capitale de l'Autunois : c'est la seconde des états de Bourgogne. C'est le second bailliage du parlement auquel sont unis une chancellerie & un présidial. La mairie y exerce la justice sur la plus grande partie de la ville, & la police sur le total : il y a une maîtrise des eaux & forêts sous le ressort de la table de marbre de Bourgogne, & un grenier à sel, dépendant de la direction & généralité de Dijon.

L'évêque d'*Autun* a le droit de porter le *pallium*, est président-né des états de Bourgogne, &, par ces motifs, précède tous les évêques de la province, & les autres suffragans de l'archevêché de Lyon dont il fait partie. Pendant la vacance du siége de Lyon, il en a l'administration; il en est de même de l'archevêque de Lyon sur le siège d'*Autun*, lorsqu'il n'est pas rempli.

Le chapitre de cette ville a l'administration de la justice pendant seize jours, à commencer de la veille de la fête de S. Lazare.

AUVENT, s. m. (*Police.*) c'est un petit toit en saillie, qu'on place au-dessus des boutiques pour empêcher le soleil ou la pluie d'y pénétrer. A Paris, la hauteur des *auvens* est réglée à dix pieds au-dessus du rez-de-chaussée, & leur largeur, dans les grandes rues, à trois pieds, & à deux & demi dans les petites. Dans les autres villes, il faut se conformer aux dispositions de la coutume, s'il y en a, &, à leur défaut, aux réglemens de la police ou de la voirie.

AUVERGNE, (*Droit public.*) province de France qu'on divise en haute & basse. Elles sont toutes les deux du ressort du parlement de Paris. La haute *Auvergne* est régie par le droit romain; la basse se sert d'une coutume particulière qu'on appelle *la coutume d'Auvergne*, & qui a été rédigée en 1510. Elle est divisée en trente-un chapitres.

Cette province n'est pas comprise dans les cinq grosses fermes : ses bureaux d'entrée sont à Gannat, à Vichi, & à l'extrémité du Bourbonnois. La basse *Auvergne* s'est rédimée du droit de gabelle en 1453 ; mais son immunité n'a pas lieu pour les prévôtés de Brioude, de Langeac, d'Auzon & de S. Flour. Il y a à Murat un visiteur & autres officiers des gabelles du Languedoc, qui connoissent des différends qui surviennent dans ces cantons : on appelle de leurs sentences à la cour des aides de Montpellier.

L'*Auvergne* a un gouverneur général, deux lieutenans généraux & deux lieutenans de roi, les uns pour la haute, & les autres pour la basse *Auvergne*, Il y a aussi un prévôt général de maréchaussée, qui a sous lui cinq lieutenans : sa résidence est à Riom.

L'acrue n'a pas lieu dans l'*Auvergne*, parce qu'on n'y fait pas ordinairement de prisée des meubles.

L'*Auvergne* dépend, pour le spirituel, des évêchés de S. Flour, de Clermont & de Limoges. La Langue de ce nom est une des trois qui divisent les établissemens de l'ordre de Malte en France.

Elle fait partie, pour les finances, des généralités de Riom & de Moulins, & ressortit, pour le civil, au parlement de Paris.

On distingue l'*Auvergne* en trois portions, le duché, le comté & le dauphiné d'*Auvergne*.

Le duché a été réuni à la couronne sous François premier. Il faisoit partie des biens que Louise de Savoie, mère de ce prince, contesta au connétable de Bourbon : le comté d'*Auvergne* a été donné par Louis XIV au duc de Bouillon, en échange de la principauté de Sédan. La maison d'Orléans jouit du dauphiné d'*Auvergne*, en vertu du testament de mademoiselle de Montpensier qui le légua à Philippe d'Orléans, frère de Louis XIV.

AUXERRE, capitale de l'Auxerrois dans le duché de Bourgogne. Il y a un présidial, une prévôté royale, & quatre commissaires créés, lors de la suppression de l'élection, pour connoître des tailles & des aides ; ils sont conseillers honoraires du bailliage. Il y a aussi une justice consulaire, un grenier à sel, & une maîtrise des eaux & forêts.

La coutume d'*Auxerre* a été rédigée, pour la première fois, en 1505, &, pour la seconde, en 1561. Elle contient quinze titres, & deux cens soixante & douze articles.

L'évêque d'*Auxerre* est suffragant de Sens. Les comtes de Chatelus jouissent des fruits & des honneurs d'un canonicat.

AUXONNE, ville de la province de Bourgogne, de la généralité & direction de Dijon : ses jurisdictions sont un grenier à sel & une justice consulaire. Les habitans jouissent du privilège de négocier, trafiquer & transporter, tant au-dedans qu'au-dehors du royaume, tout ce qui est du cru & manufacture de la ville & de son territoire, sans payer les droits de traite foraine, resve, haut & bas passage. Ils sont également exempts de ces droits pour les vins, eaux-de-vie & autres denrées & marchandises amenées, soit des lieux appartenans aux habitans hors de la ville & de son territoire, soit d'ailleurs, vendues & achetées dans cette ville, pourvu qu'elles y aient fait séjour; savoir : le bled, le vin & les eaux-de-vie, pendant l'espace de deux mois; les harengs, trois semaines; le bétail, dix jours; les balles de mercerie & draperie, dix jours; les toiles étrangères, deux mois; le fer & l'huile, un mois. Ils ont été confirmés dans la possession de ces privilèges par un arrêt du conseil d'état du 22 mars 1735.

A Y

AYANT-CAUSE, adj. pris subst. (*terme de Pratique.*) on désigne, par ces mots, celui auquel les droits d'une personne ont été transmis par legs, donation, vente, échange ou autre manière.

AYER, s. m. c'est un vieux mot qui signifioit *fils & héritier*.

AYEUL, s. m. & AYEULE, s. f. (*terme de Généalogie & de Droit.*) est celui ou celle de qui descend le petit-fils par son père ou par sa mère. S'il en descend par son père, l'*ayeul* s'appelle *paternel*; si c'est par la mère, il s'appelle *ayeul maternel*. L'*ayeul* ou l'*ayeule* & le petit-fils sont, l'un par rapport à l'autre, à deux degrés. *Voyez* DEGRÉ.

Quant aux biens, esquels ils succèdent à leurs petits-enfans morts sans enfans, *voyez* ASCENDANT.

Observons seulement ici que les *ayeuls* ou *ayeules* succèdent à leurs petits-enfans par têtes & non par souche; de sorte que si, par exemple, il y avoit *ayeul* & *ayeule*, d'un côté, & *ayeul* seulement ou *ayeule*, de l'autre, la succession du petit-fils ou de la petite-fille seroit partagée par tiers & non par moitié. Ainsi jugé par arrêt du 30 mars 1702, lequel a été lu & publié au châtelet. (*H*)

A Z

AZUÉLÉES, ce terme est particulier à quelques provinces, & il signifie l'écurement des rivières. La connoissance des contestations qui peuvent s'élever à ce sujet, appartient aux officiers des eaux & forêts, suivant l'article 1 du titre 4 de l'ordonnance de 1669.

B

B, (*Droit ecclés. Monnoie.*) seconde lettre de l'alphabet. Chez les Grecs & les Romains, elle étoit numérale: elle signifioit *deux* chez les Grecs, & marquée d'un accent *deux cens*. Les Romains s'en servoient pour désigner trois cens, & trois mille lorsqu'elle étoit surmontée d'une barre, B̄.

Dans la discipline ecclésiastique, cette lettre sert à marquer dans le calendrier la seconde des lettres dominicales, dont la première est A. Elle est d'usage dans les monnoies de France: un B seul caractérise les pièces fabriquées à Rouen, & deux BB, celles frappées à Strasbourg.

B A

BAC, s. m. (*Droit civil. Navigation.*) c'est un grand bateau plat, dont on se sert à défaut de pont, pour transporter, du bord d'une rivière à l'autre, les personnes, les animaux & les voitures. On les place le plus ordinairement à l'issue des grands chemins.

Un *bac* doit être d'une grandeur convenable, pour que les carrosses, chaises, chevaux & autres voitures, marchandises & passagers puissent y être passés commodément, sans se nuire les uns aux autres. Il doit être également solide; & s'il arrivoit quelque accident par la défectuosité du *bac*, le fermier & le propriétaire en seroient responsables.

Le droit de bac, qu'on nomme ailleurs *travers*, *pontonage*, *est domanial*. Il n'est pas libre à tout particulier d'établir un *bac* sur les rivières. En général les droits de *bac* & de passage sont des droits domaniaux qui se lèvent au profit du roi, ou des engagistes du domaine, ou au profit des particuliers à qui ils ont été accordés, à titre d'inféodation ou d'octroi.

Cette jurisprudence est constante, elle a été confirmée par plusieurs arrêts du conseil d'état: un premier, du 29 août 1724, ordonne de procéder à la vérification de tous les droits de péage, passage, *bac*, travers, pontonage, &c. Deux autres des années 1725 & 1727, contiennent les mêmes dispositions. Enfin, le 10 mars 1771, un nouveau, rendu pour la généralité de Paris, permet aux particuliers, possesseurs des droits de *bac* & de péage, de continuer à les lever, jusqu'à ce qu'il plaise à sa majesté de les réunir à son domaine pour les supprimer, à la charge d'entretenir les chaussées, ponts, rivières & abords sur lesquels ces droits se perçoivent, & de représenter leurs titres de propriété dans le délai de quatre mois.

Le roi néanmoins, pour l'utilité du commerce, accorde, par arrêt de son conseil ou par des lettres-patentes, la permission d'établir un *bac* sur une rivière, mais c'est toujours avec la restriction que cette permission ne pourra être tirée à conséquence, & que les particuliers à qui elle est accordée, ne pourront percevoir d'autres droits que ceux qui sont spécifiés dans les lettres-patentes ou l'arrêt.

C'est ainsi qu'on en a usé dans plusieurs circonstances, comme on peut le voir par plusieurs arrêts du conseil, entre autres par celui du 7 octobre 1738, qui permet au marquis d'Aubeterre d'établir un *bac* sur la Drone; & ceux des 9 mai & 19 septembre 1773, qui accordent le même droit au duc de la Vrillière, sur les rivières de Loire & d'Armançon.

De semblables arrêts ne s'accordent jamais pour l'établissement d'un nouveau *bac*, que sur l'avis du commissaire départi dans la province, & d'après le mémoire & le plan des lieux, remis au conseil par le demandeur. On a rempli toutes ces formalités pour accorder, en 1778, au comte d'Ailli, la permission d'établir un *bac* sur la rivière d'Armançon, afin de faciliter les communications entre les habitans de Percey & Bulteau, & ceux de Cheu, Jauges & Villiers-vineux.

Réglemens concernant les bacs. Un arrêt du conseil, du 4 juillet 1774, a ordonné, 1°. que les propriétaires, fermiers ou régisseurs des droits de *bacs* seront tenus de faire imprimer & afficher sur un poteau placé aux abords des rivières, où se fait la perception de ces droits, & dans le lieu le plus apparent, ou même dans les *bacs*, la pancarte ou tarif des mêmes droits, tels qu'ils ont été fixés par les titres de concession ou par les arrêts confirmatifs de ces titres, ensorte que ce tarif puisse être lu aisément par les passagers: 2°. que les propriétaires, fermiers ou régisseurs des *bacs* seroient obligés de les tenir en bon état, de les pourvoir d'un nombre d'hommes suffisant pour le service du passage, & d'en entretenir les abords de manière qu'en tout temps les passages soient sûrs, commodes & de facile accès: 3°. que les bateliers, pontoniers, passeurs ou conducteurs des *bacs* ou bateaux de passage se fourniroient d'allèges, perches, rames & autres ustensiles nécessaires, pour prévenir les accidens ou pour y remédier, à peine, contre les contrevenans, d'une amende arbitraire pour la première fois, & d'une punition exemplaire en cas de récidive.

Les propriétaires des droits de *bacs* ne peuvent empêcher les riverains des rivières sur lesquelles leurs *bacs* sont établis, d'avoir des bateaux pour leur usage particulier, avec facilité d'aller & de venir sur les rivières, même de les traverser quand bon leur semble, pourvu qu'ils n'y fassent passer aucun étranger. C'est ce qui a été jugé au parlement de Paris, par arrêt du 9 janvier 1758, rapporté par Denisard.

Lorsqu'il se présente des voyageurs ou passagers pour traverser une rivière dans un *bac* public, le batelier est obligé de les passer à l'instant, sans attendre d'autres personnes. Cela est ainsi prescrit par plusieurs ordonnances & réglemens, & entre autres par un arrêt du conseil, du 17 mars 1739, rendu pour le *bac* du port Masson, appartenant aux comtes de Lyon, sur la riviere de Saône. Cet arrêt enjoint d'avoir des bateaux ou *bacs* suffisans pour passer les personnes & toutes sortes de voitures *à mesure qu'elles se présenteront*, sans que, dans les temps d'inondation ou de débordement de la riviere, il puisse être perçu d'autres droits que ceux qui sont réglés par le même arrêt.

Il suit de cet arrêt que, dans aucun temps, les propriétaires de *bac*, leurs fermiers ou régisseurs ne peuvent augmenter les droits établis. Cette jurisprudence a été confirmée par plusieurs autres arrêts, qui leur défendent très-expressément, même dans le cas de débordement, d'exiger d'autres salaires que ceux portés dans leur tarif.

Personne n'est exempt de payer le droit de *bac*, lorsqu'il s'en sert; on en excepte cependant les curés. Un arrêt du conseil, du 24 juin 1727, a décidé que le curé de Gilly devoit être exempt de tout droit, lorsqu'il passoit le *bac* du port de Gilly sur la riviere de Loire, pour faire ses fonctions curiales. Cette décision doit être étendue aux autres curés qui se trouvent dans le même cas.

Il n'est pareillement dû aucun droit de *bac* par les personnes ni par les marchandises qui passent l'eau pour le service du roi. Il y a à ce sujet des dispositions précises dans l'article 545 du bail de Carlier, du 16 août 1726; dans l'article 512 du bail de Forceville, du 16 septembre 1738, & dans les baux postérieurs. Les cavaliers de maréchaussée, ainsi que les troupes du roi, sont pareillement exempts de payer aucuns droits de *bac*. Les employés des fermes doivent être passés à toute heure lorsqu'ils le demandent.

Plusieurs arrêts du conseil ont condamné les prétentions de différens bateliers, lesquelles consistoient à vouloir assujettir les cavaliers qui passoient la riviere à gué, à leur payer le passage.

Le bétail qui passe à gué ne doit de même aucun droit de passage. Cela a été ainsi jugé en faveur des habitans de Voiron, par arrêt du parlement de Grenoble, du 23 décembre 1510.

L'article 15 de l'ordonnance des gabelles, du mois de mai 1680, & les déclarations du roi qui l'ont suivie, défendent, sous peine de complicité & de punition corporelle, à tous les fermiers des ponts & passages, meûniers, lavandiers, & autres ayant *bacs* ou bateaux sur les rivieres, de passer ou laisser passer les fauxsauniers; à l'effet de quoi, il est ordonné que les *bacs* & bateaux seront attachés la nuit avec des chaînes de fer, & des serrures fermant à clef, du côté des paroisses des greniers du roi, à peine de confiscation & de trois cens livres d'amende; ces chaînes & serrures doivent être fournies par les propriétaires ou leurs fermiers, & à leurs frais.

Les propriétaires de *bac* ne peuvent, de leur propre autorité, changer le lieu où le *bac* a coutume d'être. Lorsqu'il y a nécessité de le faire, on doit y appeller les officiers du seigneur, les gens du roi, & tous les intéressés à cette mutation.

Les contestations qui s'élevent à l'occasion des *bacs*, doivent, suivant l'ordonnance des eaux & forêts, être portées devant les officiers des maîtrises. Cette même ordonnance défend d'arrêter, à défaut de paiement des droits, les chevaux & équipages, & permet seulement la saisie des meubles, denrées & marchandises, jusqu'à concurrence de ce qui est légitimement dû.

Les droits de *bac* sont sujets aux vingtiemes & autres impositions royales, de même que les autres immeubles. Leur produit s'estime comme ceux des moulins. Les *bacs* sont considérés comme immeubles, parce que leur usage est perpétuel & destiné à certain lieu de la riviere pour le passage public.

BAC, (*Arts & Métiers. Finance.*) c'est une espèce de vaisseau, ou grand bacquet de bois dont les brasseurs se servent pour mettre refroidir les matieres fermentées, comme les grains & les houblons. Suivant les réglemens, les brasseurs ne peuvent se servir d'aucun *bac* avant que l'espallement n'en ait été fait par les fermiers des droits du roi, ou leurs commis, & qu'il n'ait été marqué.

BACAIGE, f. m. c'est un ancien mot qui signifioit le droit qu'on paie pour le passage d'un bac.

BACCALAURÉAT, f. m. (*Droit civil & canonique.*) c'est le premier degré que l'on obtient dans les facultés de théologie, droit & médecine. *Voyez* BACHELIER, DEGRÉ, UNIVERSITÉ.

BACHELIER, f. m. (*Droit féodal.*) c'est le nom qu'on donnoit anciennement à un gentilhomme militaire. On connoissoit dans ce temps-là trois sortes de degrés de noblesse: le premier étoit celui des bannerets, le second des *bacheliers*, & le troisieme des écuyers.

Les bannerets étoient des seigneurs à qui la possession de grands fiefs donnoit le droit de porter une banniere quarrée dans les armées royales.

Les *bacheliers* étoient des gentilshommes du second ordre, dont la banniere finissoit en pointe, à-peu-près comme nos enseignes & nos étendards d'aujourd'hui. Cujas pense qu'ils étoient ainsi nommés, parce qu'ils étoient jeunes, & qu'ils servoient comme de gardes aux bannerets. Fauchet, dans son livre des origines, prétend qu'on les appelloit *bacheliers*, pour dire *bas chevaliers*. Ménage est à-peu-près de cet avis, car il ajoute qu'en Picardie on nomme ainsi les jeunes garçons, & qu'on appelle *bachelettes* les jeunes filles.

De Hauteserre fait dériver ce nom du mot latin *baculus*, parce que ces jeunes chevaliers, dit-il, s'exerçoient au combat avec des boucliers & des bâtons.

Quelque signification que présente le mot de *bachelier*, on se résume à penser avec du Tillet, qu'un gentilhomme de ce nom étoit celui qui n'ayant pas assez de vassaux pour former une bannière, ni assez de biens pour les mener à la guerre à sa solde, marchoit & combattoit sous la bannière d'autrui, & tâchoit de mériter le titre de banneret, en ajoutant à la réputation qu'il s'étoit acquise.

Les plus grands personnages du royaume ne dédaignoient point le titre de *bacheliers*. Froissard nous apprend que lorsque Charles-le-sage fit Bertrand du Guesclin lieutenant-général de son armée, celui-ci voulut s'excuser d'accepter cet honneur, sur ce qu'il n'étoit que *bachelier:* mais le roi s'expliqua en témoignant publiquement qu'il vouloit que les grands lui obéissent.

On voit par différens comptes de frais de guerre, que les *bacheliers* avoient le rang intermédiaire entre les bannerets & les écuyers: la paie de ceux-ci étoit moindre de moitié que celle des *bacheliers*, & celle des *bacheliers* étoit également moindre de moitié que celle des bannerets.

Les *bacheliers*, ainsi que les bannerets, commencèrent à tomber dans l'oubli, lorsqu'on eut fait, sous Charles VII, les ordonnances concernant les troupes à cheval, & qu'on eut défendu aux seigneurs de se faire entre eux la guerre, de leur propre autorité.

On a encore pendant long-temps appellé *bacheliers*, ceux qui, issus de comtes, vicomtes, barons ou châtelains, sans l'être eux-mêmes, possédoient des fiefs, des seigneuries & des châteaux démembrés de quelques comtés, vicomtés, baronnies & châtellenies. Ce nom s'est conservé dans les coutumes du Maine & d'Anjou, & cela sans doute pour marquer que les possessions de ceux qui les portent, ne sont qu'un démembrement du chef-lieu.

Bachelier, (*Droit civil & canonique.*) c'est celui qui a obtenu, dans une faculté de théologie, droit ou médecine, le premier degré d'étude. On en compte trois, le baccalauréat, la licence & le doctorat: on prétend que cette distinction a été établie par Grégoire IX; cependant dans les universités d'Italie on ne connoît pas le degré de *bachelier*.

Bachelier en théologie. On distinguoit autrefois dans cette faculté trois espèces de *bacheliers*. Les *bacheliers* simples, qu'on appelloit *baccalaurei simplices*, c'étoient ceux qui, après avoir étudié six ans, étoient admis à continuer leur cours, pour parvenir aux degrés supérieurs. Ils étoient occupés pendant trois ans à l'étude de l'Ecriture-sainte, & alors on les appelloit *baccalaurei cursores*, c'est-à-dire *bacheliers* admis au cours de licence: après l'expiration de ces trois années, on les obligeoit d'en employer encore une autre à expliquer le maître des sentences, & ce n'étoit qu'après ce long cours d'étude qu'on leur donnoit le titre de *bachelier formé*, *baccalaurei formati*.

C'est par cette raison que la pragmatique & le concordat donnent, dans la collation des bénéfices affectés aux gradués, la préférence aux *bacheliers* formés de théologie, sur les licenciés de droit & de médecine. Mais elle n'a plus d'effet aujourd'hui en France, depuis que l'ordre des études a changé, & qu'on donne la qualité de *bachelier formé* à celui qui en a obtenu le degré suivant les formes reçues & autorisées; ensorte qu'on ne fait plus de distinction entre ces diverses sortes de *bacheliers*, & que celui qui en a obtenu le degré peut même posséder une prébende théologale, ainsi que les licenciés & les docteurs.

Il suffit actuellement, pour obtenir le degré de *bachelier*, d'avoir étudié cinq ans, tant en philosophie qu'en théologie, & d'avoir obtenu le degré de maître-ès-arts. Les formalités requises pour être reçu *bachelier*, sont de se présenter à l'assemblée générale de la faculté, muni d'un extrait de baptême qui fasse foi qu'on est né en légitime mariage, & qu'on a atteint l'âge de vingt-deux ans. On doit justifier en même temps de ses lettres de tonsure, & d'une attestation de vie & de mœurs. On fait alors sa supplique pour le premier cours, *pro primo cursu*, c'est-à-dire, qu'on supplie la faculté de tirer au sort quatre de ses membres pour subir devant eux, dans le courant du mois, un premier examen, & cet examen ne roule que sur la philosophie.

A l'égard des réguliers, ceux d'entre eux qui aspirent au baccalauréat, doivent supplier devant la faculté de théologie avec l'habit de leur ordre, présenter des lettres d'attache de leurs supérieurs, des certificats de vie & de mœurs, & des attestations de trois ans d'étude au moins. Si le religieux aspirant étoit ou de l'ordre des prémontrés ou de celui des mendians, une attestation de deux ans d'étude de philosophie faite à Paris, sous un professeur de son ordre, *bachelier* de Paris, ou au moins maître-ès-arts, suffiroit.

Les religieux mendians sont censés maîtres-ès-arts, lorsqu'ils ont subi les examens nécessaires devant les docteurs réguliers de leur ordre, à qui la faculté de théologie confie ce soin, & qu'ils ont soutenu les thèses d'usage en pareil cas. Chez les dominicains, on est reçu maître-ès-arts dans le grand collège des jacobins, rue S. Jacques, par la faculté qu'on appelle de *Roberus:* faculté établie par un privilège spécial de la cour de Rome, approuvé dans l'université & confirmé par la faculté de théologie. Cette faculté n'est composée que de jeunes étudians en théologie dans ce collège; ceux qui sont prêtres en sont exclus.

Dans l'assemblée générale du mois suivant, la faculté tire au sort quatre nouveaux examinateurs pour interroger derechef le candidat, & l'examen doit rouler sur cinq traités de théologie; savoir, sur celui des attributs, celui de la trinité, celui des anges, & sur deux autres traités au choix du candidat parmi ceux qu'il a dû étudier dans son cours de théologie.

Ces deux examens ne suffisent pas, il faut en outre soutenir dans la même année, pendant cinq heures, une thèse sur les premiers traités, & cette thèse on la nomme *tentative*. Elle est rédigée par le candidat, signée par le président qu'il s'est choisi, & visée par le syndic, qui indique le jour où elle sera soutenue.

Le président, quatre *bacheliers* de licence & deux *bacheliers* amis y disputent contre le candidat, dix docteurs y assistent avec le titre de censeurs & le droit de suffrage.

Si cette thèse a été soutenue de manière à mériter les suffrages, on décerne alors au candidat le grade de *bachelier*; mais comme cette thèse est des plus rigoureuses, les suffrages doivent presque tous être favorables. S'il y en avoit un de contraire, le candidat seroit obligé de subir un examen particulier sur la thèse soutenue. S'il avoit deux suffrages contre lui, cet examen seroit public, en présence de quatre docteurs, tirés au sort par la faculté, & ce seroient ces docteurs qui seroient chargés de l'interroger & de juger en dernier ressort de sa capacité. Si enfin le candidat avoit contre lui un plus grand nombre de suffrages, il seroit exclu de plein droit du degré auquel il aspiroit : telles sont les règles qui s'observent en l'université de Paris, & généralement dans les autres.

On distingue encore aujourd'hui dans la faculté de Paris deux sortes de *bacheliers*, ceux du *premier*, & ceux du *second ordre*. On appelle *bachelier* du premier ordre, *baccalaurei primi ordinis*, ceux qui continuent leurs cours d'étude pour parvenir à la licence; ceux du second ordre, *baccalaurei secundi ordinis*, sont ceux qui se contentent de ce premier degré, & n'entrent pas en cours de licence.

Bachelier en droit. Pour parvenir aux degrés de la faculté de droit civil & de droit canon, il n'est pas nécessaire d'être maître-ès-arts. Anciennement on ne pouvoit être admis au baccalauréat qu'après cinq ans d'étude dans la faculté. Ce temps est aujourd'hui réduit à quinze mois, pour ceux qui n'ont point atteint encore vingt-quatre ans & qui veulent se faire graduer, comme on dit, par droit commun; le temps d'étude est ouvert pour eux à l'âge de seize ans accomplis, mais il faut qu'ils commencent leur première année d'étude dans le trimestre d'octobre, autrement ils la perdent; & pour justifier de leur âge, il faut qu'ils soient munis de leur extrait de baptême. Après la première année d'étude, le candidat peut demander à subir un examen; on lui indique le jour qu'on juge à propos de prendre à cet effet : il se présente, & on l'interroge pendant deux heures, sur les instituts de Justinien & sur les élémens du droit canonique, lorsqu'il veut se faire graduer en l'un & l'autre droit. Mais cette distinction n'a plus lieu depuis la révocation de l'édit de Nantes, qui a défendu de ne prendre des degrés qu'en droit civil; on confère en conséquence les degrés dans l'un & l'autre droit.

Lorsqu'on trouve à l'aspirant une capacité suffisante, on l'admet à soutenir la thèse nécessaire pour obtenir le baccalauréat, & cette thèse peut se soutenir dans le trimestre suivant. Le sujet en doit être tiré au sort. C'est d'un côté, un titre des décrétales de Grégoire IX, & de l'autre, un titre de droit civil. Après que la thèse est soutenue, on délibère si l'étudiant mérite le dégré auquel il aspire : s'il en est jugé digne, on le lui défère; si au contraire il n'a pas répondu suivant le vœu des docteurs, on le remet à soutenir une seconde fois.

Pour obtenir le baccalauréat par bénéfice d'âge, il ne faut que trois mois d'étude : mais pour commencer cette étude, il faut être âgé de vingt-quatre ans accomplis. D'ailleurs les formalités pour l'examen & pour la thèse sont les mêmes que pour ceux qui étudient par droit commun, avec cette exception néanmoins que par bénéfice d'âge on peut commencer l'étude du droit à tel trimestre que l'on juge à propos.

Si l'on abrège ainsi le temps d'étude pour ceux qui ont vingt-quatre ans, c'est qu'on présume qu'ils sont capables d'en savoir autant au bout de trois mois d'étude que d'autres moins âgés au bout de quinze. Après qu'on est fait *bachelier*, on peut aspirer au grade de licencié. *Voyez* cet article au mot LICENCIÉ.

Le simple grade de *bachelier* en droit suffit pour avoir un rang au-dessus de tous les praticiens d'une jurisdiction non gradués, & même pour l'avoir au-dessus des maîtres-ès-arts. Cependant ceux-ci prétendent devoir leur être préférés, lorsqu'ils ont régenté dans l'université pendant sept ans. Ce grade de plus donne droit dans une faculté d'argumenter aux thèses que soutiennent ceux qui aspirent au même degré.

Bachelier en médecine. Pour être reçu *bachelier* en médecine, il faut d'abord être maître-ès-arts; ensuite avoir étudié dans une faculté du royaume pendant quatre années, ou être docteur d'une faculté étrangère, & subir un examen pendant une semaine entière sur la physiologie, l'hygiène, la pathologie & les aphorismes d'Hypocrate. Les fils de médecins peuvent obtenir une dispense d'un ou deux ans.

Les *bacheliers* en médecine, comme étant maîtres-ès-arts de plus que les *bacheliers* en droit, devroient ce semble avoir rang sur ceux-ci; cependant comme les simples *bacheliers* en droit l'emportent sur les maîtres-ès-arts, ils l'emportent aussi sur les *bacheliers* en médecine, dans les endroits où la faculté de médecine est moins ancienne que celle de droit.

Les maîtres-ès-arts qui ont régenté sept ans dans une université, prétendent aussi l'emporter sur les simples *bacheliers* en médecine; mais c'est une fausse prétention, parce que les *bacheliers* en médecine sont déjà maîtres-ès-arts, & qu'ils ont de plus le grade de *bachelier*, tandis que les autres n'ont qu'un certain temps de régence. *Voyez* LICENCIÉ, DEGRÉS, GRADUÉS.

BACHELIERS, (*Arts & Métiers.*) c'est un nom conservé de l'ancienne coutume de Paris, qu'on donne dans quelques-uns des six corps de marchands, aux anciens & à ceux qui ont passé par les

les charges, & qui ont droit d'être appellés par les maîtres & gardes pour être présens avec eux, & les assister dans quelques-unes de leurs fonctions, particuliérement en ce qui regarde le chef-d'œuvre des aspirans à la maîtrise.

Dans le corps des marchands pelletiers-haubaniers-fourreurs, le chef-d'œuvre doit être fait en présence de quatre gardes, qui sont tenus d'appeller avec eux quatre *bacheliers* de l'état; savoir, deux *bacheliers* marchands pelletiers-haubaniers, & deux de chef-d'œuvre.

Parmi les marchands bonnetiers-aulmulciers & mitonniers, le chef-d'œuvre doit être fait en présence de quatre gardes & anciens *bacheliers* de la communauté.

BACHOT, s. m. (*Police.*) on appelle *bachots* de petits bateaux qui sont fort en usage sur la rivière de Seine, pour conduire par eau les bourgeois & habitans de Paris, dans les environs de cette ville.

BACHOTAGE, s. m. (*Police.*) c'est l'emploi de ceux qui ont droit de voiturer sur la rivière dans des bachots, au-dessus & au-dessous de la ville.

BACHOTEURS, s. m. (*Police.*) ce sont les bateliers occupés sur les ports de Paris, & en autres endroits des rives de la Seine, à voiturer le public sur l'eau & dans des bachots. Ils sont obligés de se faire recevoir à la ville & d'y prêter serment: ils ne peuvent commettre des garçons à leur place: leurs bachots doivent être bien conditionnés. Il leur est défendu de recevoir plus de seize personnes à la fois; leurs salaires sont réglés; ils doivent charger par rang; cependant le particulier peut choisir tel *bachoteur* qu'il lui plaît. Ils sont obligés d'avoir des numéros à leurs bachots. Un officier de ville fait, de quinze en quinze jours, la visite des bachots; & il est défendu aux femmes & aux enfans des *bachoteurs* de se trouver sur les ports. On paie par chaque personne cinq sous pour Sève & S. Cloud; deux sous six deniers pour Chaillot & Passy; trois sols pour Auteuil; & ainsi à proportion de la distance, & à raison de deux sols six deniers pour chaque lieue, tant en descendant qu'en remontant. Le *bachoteur* convaincu d'avoir commis à sa place quelque homme sans expérience, ou d'avoir reçu plus de seize personnes, est condamné pour la première fois à cinquante livres d'amende, confiscation des bachots, trois mois de prison; il y a punition-corporelle, en cas de récidive & exclusion du bachotage. C'est au lieutenant de police à veiller que les *bachoteurs* ne se prêtent à aucun mauvais commerce. Il leur est enjoint par ce tribunal de fermer leurs bachots avec une chaîne & un cadenat pendant la nuit. Le lieu où ils doivent embarquer & débarquer les personnes, soit à Paris, soit à Sève, est désigné par une sentence du prévôt des marchands, rendue le 22 mars 1771: il est défendu à tous mariniers de l'embarrasser. Cette même sentence fait défenses aux *bachoteurs* d'insulter de paroles ou de voie de fait, ou de retenir de force aucune personne, soit au port, ou dans leurs bachots.

BACLAGE, s. m. BACLER, v. a. (*Police. Commerce.*) on appelle *baclage* ou *débaclage* l'arrangement des bateaux dans un port, où on les fait entrer les uns après les autres, pour y faire la vente des marchandises dont ils sont chargés.

On donne le nom de *bacler* à l'action de les placer, soit pour les charger, soit pour les décharger; de manière qu'ils ne gênent pas la navigation.

On appelle encore *bacler* l'action de fermer un port avec des chaînes, ce qui ne se peut faire que par l'ordre du maître du port.

Il y a à Paris des officiers de ville, qu'on nomme *débacleurs*, qui dépendent de la jurisdiction & police du prévôt des marchands, & dont les fonctions sont de veiller au *baclage* des bateaux. Il est défendu, par l'ordonnance de la ville de 1672, à tous marchands & mariniers, de les troubler dans leur travail: ils doivent veiller à ce que les bateaux chargés de marchandises n'anticipent pas du port où ils sont tenus de décharger, sur le port voisin.

On donne aussi le nom de *baclage* au droit qui se paie à ceux qui sont chargés de l'arrangement des bateaux.

BACQ, (*terme de la Coutume de Calais*, *art.* 3.) qui signifie la même chose que le mot *bacquet*, employé ailleurs. On appelle *bacq* ou *bacquet* un cuvier ou petite cuve de bas-bord, qui sert dans les pressoirs, les brasseries, les blanchisseries de linge, &c.

La coutume de Calais regarde le *bacq* comme meuble, lorsqu'il peut se transporter sans fraction & sans détérioration: elle le répute immeuble lorsqu'il tient à fer ou à clou, ou qu'il est scellé en plâtre, & mis pour perpétuelle demeure.

BADATGE, s. m. c'est un ancien mot, dont on se servoit pour signifier *un droit seigneurial*, qui se levoit sur les bœufs propres au labourage.

BAGANS, s. m. ce mot n'est usité que dans le Bordelois: c'est ainsi qu'on nomme les pâtres, qui gardent les bestiaux dans les landes de Bordeaux. Ils ont une charrette pour porter ce qui leur sert pour vivre, & ils se retirent rarement dans leurs maisons.

BAGHES, ancien terme de la coutume de Hainault, *chap.* 109, qui signifie *hardes*, *habillemens*, *vêtemens*.

Elle donne ce nom aux hardes que l'on donnoit à un lépreux, en le mettant hors de la ville. Elles consistoient en un chapeau, un manteau gris, une cliquette & une besace.

BAGUE, s. f. (*Droit civil.*) c'est un anneau qu'on porte au doigt, & dans lequel sont enchâssés un ou plusieurs diamans, ou autres pierres précieuses. On en fabrique aussi avec des pierres fausses ou artificielles.

Les *bagues*, ainsi que la vaisselle d'argent, sont réputées meubles, de quelque valeur qu'elles soient. Car ce n'est pas le prix des choses, mais leur nature & leur qualité, qui les met dans la classe des meubles ou des immeubles.

L'ordonnance de 1667 exige que les *bagues*, bijoux & vaisselle, saisis à la requête d'un créancier, ne soient vendus qu'après trois expositions à trois différens jours de marché, à moins que le saisissant & le saisi n'en soient convenus différemment par écrit, & mention en doit être faite dans le procès-verbal de l'huissier, qui procède à la vente.

La raison de cette différence entre la vente des *bagues*, & les autres effets mobiliers, est fondée sur l'intérêt du saisi, afin que la chose saisie soit connue d'un plus grand nombre de personnes, & qu'il y ait plus d'enchérisseurs. Cette disposition de l'ordonnance est tirée des loix romaines, & des ordonnances de 1556 à de 1586.

BAGUE NUPTIALE. C'est celle que la femme reçoit de son mari lors de la célébration du mariage. L'usage dans l'église catholique est de faire bénir cette *bague* par le prêtre, avant que le mari la mette au doigt de sa femme. *Voyez* ANNEAU, MARIAGE.

BAGUES & JOYAUX, (*Droit écrit.*) se dit des ornemens précieux des femmes, ou de l'argent même qui leur est accordé par contrat de mariage pour leur en tenir lieu.

La stipulation des *bagues & joyaux* est sur-tout usitée en pays de droit écrit, où elle tient lieu de la stipulation de préciput, & fait partie des gains de survie, aussi-bien que l'augment de dot.

Pour comprendre ce qu'on entend par *bagues & joyaux*, il faut observer qu'il y a deux sortes de *bagues & joyaux*; les premiers sont les colliers, *bagues* & autres bijoux destinés à la parure, que l'époux ou ses parens donnent à l'épouse pour présent de noces, avant ou le lendemain du mariage, & ceux-là sont assurément la manière la plus ancienne de faire aux femmes des libéralités en faveur du mariage; mais ces *bagues & joyaux* qui se donnent en nature, ne sont que des présens qui dépendent absolument de l'honnêteté & de la galanterie, & qui ne méritent guère l'attention des loix. S'il s'élève quelque difficulté pour la restitution de ces présens lorsque le mariage ne s'accomplit pas, les circonstances du fait déterminent ordinairement la décision du juge, & l'on ne peut donner aucune règle certaine à cet égard.

Les autres *bagues & joyaux* dont il s'agit ici, & qui ne sont en usage que dans quelques-unes des provinces de droit écrit, sont un don de noces & de survie que le mari fait à sa femme, à proportion de sa dot; ces *bagues & joyaux*, quoique fort différens des premiers, ne laissent pas néanmoins d'en tirer leur origine. En effet, l'ancien usage de donner des *bagues & joyaux* en nature, a d'abord fait introduire que, pour prévenir toute contestation, on en régleroit la valeur par le contrat de mariage, lorsque le mari n'en auroit pas donné en nature avant le contrat; & de là, on s'est insensiblement accoutumé à considérer cette fixation en argent, comme un don de noces & de survie fait à la femme, pour lui tenir lieu des *bagues & joyaux* qu'on lui donnoit autrefois en nature.

Ce droit de *bagues & joyaux* revient à-peu-près au préciput qu'on a coutume de stipuler dans les pays coutumiers, avec cette différence néanmoins que le préciput n'est absolument fondé que sur la convention, au lieu qu'en quelques provinces, les *bagues & joyaux* sont dus de plein droit & sans stipulation.

Il n'y a cependant aucune loi, ni aucune disposition de coutume, qui établisse ce droit de *bagues & joyaux*; mais, en quelques endroits, il est fondé sur un usage qui a acquis force de loi.

Les pays où le don de *bagues & joyaux* est le plus usité, sont les provinces de Lyonnois, Forez, Beaujolois; & dans ces provinces ils sont dus de plein droit, sans qu'il soit besoin d'aucune stipulation, suivant ce qu'atteste Bretonnier dans ses *Questions alphabétiques*.

La même chose se pratique dans la principauté de Dombes.

Il y a encore quelques provinces où le don de *bagues & joyaux* est en usage, comme dans les parlemens de Bordeaux, de Toulouse, de Grenoble, de Metz, dans la province de Mâconnois, dans la province de Bresse, & dans celle de Bugey: c'est ce qu'attestent Faber, Revel & Collet. On en stipule aussi quelquefois en Provence; mais dans ces pays les *bagues & joyaux* ne sont dus, que lorsqu'ils sont expressément stipulés par le contrat de mariage.

Il y a donc deux sortes de *bagues & joyaux*: les uns coutumiers, qui sont dus en vertu de l'usage seul; & les préfix ou conventionnels, qui ne sont dus qu'en vertu & aux termes du contrat de mariage.

La quotité des *bagues & joyaux* coutumiers dans les provinces de Lyonnois, Forez & Beaujolois, se règle selon l'état & la qualité du mari au temps de son décès. Lorsque le mari est noble ou du moins vivant noblement, les *bagues & joyaux* dus à la femme, sont la dixième partie de sa dot; si le mari est d'une condition tout-à-fait obscure, les *bagues & joyaux* ne sont que de la vingtième partie de la dot; mais, dans cette classe, on ne comprend guère que les plus bas artisans & les habitans de la campagne. S'il y a contestation pour la quotité des *bagues & joyaux*, il dépend de la prudence du juge de les régler au dixième ou au vingtième de la dot, suivant l'état & les facultés du mari.

Dans la principauté de Dombes, la quotité coutumière des *bagues & joyaux* est de la cinquième partie de la dot, pour les veuves des personnes illustres, c'est-à-dire, de celles qui sont constituées en quelque dignité de la robe ou de l'épée, ou qui ont assez de degrés de noblesse pour pouvoir prendre la qualité de chevalier, à la différence des nobles & des simples gentilshommes, qui ne peuvent prendre que la qualité d'écuyer, pour lesquels les *bagues & joyaux* ne sont que de la dixième partie de la dot.

Cette distinction des nobles & des personnes illustres est suivie, dans la Bresse & dans le Bugey, suivant le témoignage de Revel & de Collet.

Pour que la mère recueille les *bagues & joyaux* coutumiers, il faut qu'elle survive à son mari, & après sa mort ils sont, de droit, reversibles à ses enfans, à l'exception d'une virile dont elle a la propriété; on peut néanmoins stipuler, par le contrat de mariage, que les *bagues & joyaux*, quoique coutumiers, ne seront point reversibles.

A l'égard des *bagues & joyaux* préfix ou conventionnels, comme le droit n'en est fondé que sur la convention, ils en dépendent aussi pour la quotité, & pour toutes les conditions qu'on y veut ajouter.

Ordinairement les parties fixent les *bagues & joyaux* à une certaine quotité, ou plutôt à une certaine somme, pour éviter les difficultés qui se trouvent dans la liquidation de la dot, lorsqu'il s'agit de régler les *bagues & joyaux* à proportion.

On stipule valablement des *bagues & joyaux*, non-seulement dans les pays où ils sont en usage, mais aussi dans les pays où ils ne sont pas connus, comme à Paris.

On peut stipuler que la femme aura en propriété, dans les *bagues & joyaux*, une portion plus forte que la virile, ou qu'elle n'en aura absolument que l'usufruit.

On peut aussi stipuler qu'il n'y aura point de *bagues & joyaux*, quoique les parties se marient dans un pays qui en accorde à la femme, même sans stipulation.

Enfin, on peut ajouter, à ce sujet, telles clauses & conditions que l'on juge à propos, pourvu qu'elles ne soient point contre les bonnes mœurs.

Quelquefois le futur époux donne à sa future épouse, une certaine quotité ou une certaine somme pour ses *bagues & joyaux*, sans en expliquer davantage les conditions; &, en ce cas, la qualité, les conditions & charges de ces *bagues & joyaux* se règlent, suivant l'usage du lieu, comme l'augment: il faut que la femme survive pour les gagner, & elle ne peut disposer, au préjudice de ses enfans, que de sa virile.

Quelquefois il est dit, dans le contrat de mariage, que la somme promise pour *bagues & joyaux* sera propre à la femme, & qu'*elle en pourra disposer, comme de son propre bien, à la vie & à la mort.* L'effet de cette clause est que la femme peut disposer, comme bon lui semble, de la totalité de ses *bagues & joyaux*, même au préjudice de ses enfans, pourvu qu'elle demeure en viduité; & elle n'en perd la propriété, que dans le cas où elle se remarie.

Souvent on stipule que la femme pourra disposer de ses *bagues & joyaux*, soit qu'il y ait des enfans ou non; alors elle en peut disposer entre-vifs ou à cause de mort; & quoiqu'il y ait des enfans, elle en peut disposer, à leur préjudice, quand elle demeure en viduité, mais non quand elle se remarie: c'est ce qu'enseigne Faber, la Peyrère & Ricard.

La question est seulement de savoir, si, dans ce cas, elle en peut disposer quand elle prédécède son mari: au parlement de Toulouse on juge qu'elle le peut, dit M. de Cambolas; &, suivant d'Expilly & Basset, on juge le contraire au parlement de Grenoble.

Quelquefois on stipule que la femme pourra disposer de ses *bagues & joyaux* en cas de survie, soit qu'elle se remarie ou qu'elle demeure en viduité; alors elle en peut disposer, quoiqu'elle se remarie & qu'il y ait des enfans, parce que la novelle 22 permet aux personnes mariées de se décharger des peines des secondes noces.

Dans la province de Mâconnois, lorsqu'on stipule, au profit de la femme, un droit de *bagues & joyaux*, la femme, qui ne se remarie point, a la liberté de disposer, non-seulement d'une virile, comme dans les autres provinces, mais de la totalité. Si elle se remarie, elle y perd tout droit de propriété, & n'y a pas même de virile.

Dans la Bresse & le Bugey, les donations de *bagues & joyaux* sont en pleine propriété, & la femme qui ne se remarie point peut en disposer, même de la totalité, au profit de qui bon lui semble; si elle se remarie, M. Faber dit que les *bagues & joyaux* ne sont pas pour cela reversibles; mais le dernier usage de ces provinces, est qu'en ce cas les *bagues & joyaux* sont reversibles aux enfans, à moins que le contrat de mariage ne contienne que cette donation a été faite pour en disposer par la femme comme il lui plaira, soit qu'il y ait enfans ou qu'il n'y en ait pas.

Il arrive assez souvent que le mari promet des *bagues & joyaux* à sa future, suivant sa condition, sans en fixer la quotité; alors, si le mariage a été contracté dans un pays où les *bagues & joyaux* sont dus de plein droit & sans stipulation, on donne à la femme la quotité coutumière, pour les *bagues & joyaux* qui lui ont été promis par le contrat; & si le mariage a été contracté dans une province où la stipulation des *bagues & joyaux* est en usage, & dans laquelle néanmoins ils ne sont pas dus de plein droit, on donne à la femme, pour ses *bagues & joyaux*, la quotité conventionnelle la plus usitée.

Mais si une telle stipulation indéfinie de *bagues & joyaux* se présentoit dans un contrat de mariage passé dans un pays où les *bagues & joyaux* ne sont point du tout en usage, comme à Paris, elle seroit sans effet, à cause de l'impossibilité qu'il y auroit de fixer la quotité de ces *bagues & joyaux*, à moins que, par quelque terme du contrat ou par quelque autre circonstance, on ne pût connoître que l'intention des parties a été de régler leurs conventions matrimoniales, suivant l'usage de quelques provinces où les *bagues & joyaux* sont usités; auquel cas on donneroit à la femme, pour son droit de *bagues & joyaux*, la quotité usitée dans la province dont les parties auroient adopté la loi, pour régler le sort de leur mariage.

Quoique les stipulations de *bagues & joyaux* soient assujetties, comme on le verra, au droit d'insinuation, il s'est élevé, à cet égard, différentes contestations; on a soutenu, particuliérement en Bretagne, que les clauses de reprise de *bagues & joyaux*, stipulées dans les contrats de mariage, ne peuvent ni ne doivent, en aucun cas, être réputées donations, ni conséquemment être sujettes à l'insinuation.

Les motifs sur lesquels on s'est fondé, sont que, dans les pays de communauté, ces stipulations ne peuvent être considérées comme donations ni avantages, parce que les conjoints sont maîtres de régler les conventions de leur société, & d'en fixer un partage inégal; au lieu que, dans les pays de droit écrit & dans ceux où il n'y a point de communauté, les stipulations, sur les biens de l'un au profit de l'autre, sont des donations: que les articles 436 & 569 de la coutume de Bretagne donnent un trousseau à la veuve, sans le secours de la stipulation, par contrat de mariage, & que les stipulations les plus étendues se réduisent toujours à la quotité fixée par la jurisprudence, pour le trousseau légal.

Il est vrai que les stipulations de *bagues & joyaux* ne sont pas de véritables donations entre-vifs, assujetties, par les ordonnances, à être insinuées, sous peine de nullité; ce sont des conventions matrimoniales, avantageuses à l'un des conjoints, assujetties au droit d'insinuation, & dispensées de la nullité, quoique non insinuées.

Par l'article 3 de la déclaration du roi, du 20 mars 1708, sa majesté a déclaré sujettes au paiement du droit d'insinuation, les donations par forme d'augment, dons mobiles, engagemens, droit de rétention, agencement, gains de noces & de survie; & la déclaration du 25 juin 1729 contient les mêmes dispositions, en y ajoutant que ces stipulations ne pourront être déclarées nulles par le défaut d'insinuation, parce que (sans avoir le caractère de véritables donations) ce ne sont que de simples conventions matrimoniales entre les parties contractantes, soit pour aider le mari à soutenir les charges du mariage, soit pour balancer les avantages qu'il fait à sa femme, & pour établir une compensation aussi juste que favorable.

L'article 6 de la déclaration du roi du 17 février 1731, relatif à l'article 21 de l'ordonnance du même mois, porte que sa majesté entend déroger à l'article 3 de la déclaration de 1708, en ce qu'il ordonne l'insinuation des donations par forme d'augment ou contre-augment, dons mobiles, engagemens, droits de rétention, agencemens, gains de noces & de survie, dans les pays où ils sont en usage, & qu'elle veut que ces actes soient insinués, conformément à la même déclaration, & les droits payés, suivant le tarif, en même temps que ceux de contrôle, dans les lieux où le contrôle est établi; & dans ceux où le contrôle n'a pas lieu, dans les quatre mois du jour & date des actes, sans néanmoins que le défaut d'insinuation des mêmes actes puisse emporter la peine de nullité, lesquels droits, lorsqu'ils auront été payés, appartiendront aux fermiers qui auront insinué les actes.

Ces réglemens n'expriment pas nommément les stipulations de *bagues & joyaux*; mais elles se trouvent comprises dans la dénomination de gains de noces & de survie, ainsi que toutes les autres conventions matrimoniales, qui, procurant un avantage à l'un des contractans, ne peuvent être considérées que comme des dons: cela ne peut souffrir aucune difficulté.

Il faut néanmoins distinguer entre ce qui provient de la seule disposition de la loi, & ce qui vient de la stipulation. Dans le premier cas, c'est-à-dire, lorsqu'on ne stipule que les *bagues & joyaux*, ou autres gains nuptiaux & de survie légaux & coutumiers, l'insinuation n'est pas nécessaire, parce que la stipulation est inutile; mais lorsque la convention excède ce que la loi accorde sans stipulation, le contrat doit être insinué.

L'application de ces principes se fait naturellement à tous les pays coutumiers ou de droit écrit, soit que la communauté puisse y être introduite entre les conjoints, soit qu'elle y soit prohibée. Dans les pays de communauté, la stipulation de *bagues & joyaux* est même un avantage plus caractérisé, que dans ceux où il ne peut y avoir de communauté entre les conjoints; en effet, la veuve commune a une part dans tout ce qui compose la communauté; si elle a des choses à prendre par privilège au-delà de sa part, ce ne peut être qu'en vertu d'un don stipulé en sa faveur, au préjudice des règles ordinaires de la société ou communauté; au lieu que s'il n'y a pas de communauté, il paroît naturel que la veuve, qui n'a rien à prendre, ait au moins les choses qui sont à son usage, en tout ou en partie. Tel est même l'esprit de la coutume de Bretagne, qui n'attribue de trousseau, ni de *bagues & joyaux*, qu'à la veuve qui renonce à la communauté.

L'article 436 de cette coutume, porte que si la femme fait refus de prendre part aux meubles & dettes, elle doit avoir son lit garni & son coffre, deux robes & accoutremens fournis à son usage, tels qu'elle voudra choisir, & partie des *joyaux & bagues*, selon l'état & qualité de la maison de son mari.

Cette disposition légale, limitative à quelques hardes & à une partie des *joyaux*, ne peut être étendue au-delà; elle ne peut même avoir d'effet que dans le seul cas où la veuve renonce à la communauté qui étoit établie entre elle & son mari.

Si la veuve accepte la communauté, elle ne peut, en vertu de la loi, avoir ni trousseau, ni habits de deuil, l'article 569 de la coutume étant hors d'usage.

M. le président de Perchambault, dans son *Commentaire*, en fait une maxime expresse.

Or, la disposition de la coutume de Bretagne étant limitée à un trousseau de quelques hardes & à une partie des *joyaux*, en faveur de la veuve qui renonce à la communauté, il s'ensuit que toutes les stipulations plus étendues sont des avantages de pure convention, des gains de survie assujettis au droit d'insinuation.

La stipulation, par contrat de mariage, peut être réciproque en faveur du survivant des conjoints; elle peut avoir pour objet les hardes, linges, *bagues & joyaux* en totalité, ou une somme fixe pour en tenir lieu, indépendamment même du trousseau; enfin, elle peut avoir son effet dans le cas d'acceptation, comme dans celui de renonciation, si cela est ainsi convenu. Toutes ces stipulations ont toujours leur effet en Bretagne, lorsqu'elles n'excèdent point la portion qu'on peut donner de ses meubles, & qu'il n'y a point de créanciers privilégiés. Elles ne sont ni sujettes à la réduction de l'édit des secondes noces, ni incompatibles avec le douaire, parce qu'il n'y a que les véritables donations qui soient dans ce cas, suivant le témoignage de M. le président de Perchambault, sur l'art. 206 de la coutume; & que les stipulations, dont il s'agit, sont de simples dons & avantages, qui ont été exceptés des regles prescrites pour les actes qui portent le caractère de véritables donations entre-vifs, & qui sont néanmoins sujets au droit d'insinuation, comme on l'a établi.

La prétendue liberté de fixer un partage inégal d'une société, est une objection qui n'est ni solide, ni concluante, puisqu'il en résulteroit que, dans les pays où la communauté a lieu, il n'y auroit plus de donations mutuelles, ni autres dons & avantages par contrat de mariage; tout seroit considéré comme de simples conventions de société, mais les loix y ont pourvu; les coutumes qui admettent la communauté, ont fixé de quelle manière elle auroit lieu & comment le partage en seroit fait; elles rendent la condition des deux conjoints égales; d'où il suit que toutes les stipulations contraires à cette égalité, & qui donnent à l'un ou à l'autre le droit de prélever quelques effets au-delà de sa part, sont, avec raison, considérées comme des dons, des avantages, ou des gains nuptiaux & de survie.

Les contrats de mariage sont des actes libres, & susceptibles de toutes les conventions qui ne sont pas positivement défendues par les loix. La coutume de Bretagne, comme plusieurs autres, limitative à l'égard de ce qu'elle doit produire par elle-même, n'est aucunement prohibitive pour la stipulation par contrat de mariage, laquelle peut s'étendre sur tous les effets de la communauté. Ainsi, la stipulation de *bagues & joyaux* a son entière exécution, soit pour les prendre en nature, outre le trousseau, si la convention est telle, soit pour la somme à laquelle ils sont fixés par le contrat.

Si la stipulation, faite par contrat de mariage, est en tout conforme à la coutume ou au droit écrit, tant pour la quotité, que pour la propriété des *bagues & joyaux*, il n'en peut être exigé un droit d'insinuation, parce qu'une telle clause n'a pour objet que de rappeller les droits de la femme, sans lui en attribuer aucun.

Mais la stipulation qui excède ce qui est réglé par la loi, soit pour l'étendue, soit pour les conditions sous lesquelles cette stipulation aura lieu, est un don à titre de gain nuptial & de survie, dont le droit d'insinuation est incontestablement dû dès l'instant de la passation du contrat; & il doit être perçu sur le pied fixé par l'article premier du tarif du 29 septembre 1722, & sur la totalité de ce qui est stipulé: ces principes sont appuyés sur plusieurs arrêts & décisions du conseil.

BAGUETTES, (*passer par les*) *Code criminel militaire*, c'est une punition infligée aux soldats. Celui qui y est condamné, passe plusieurs fois au milieu d'une haie de soldats, qui, tous armés d'une *baguette*, l'en frappent sur le dos. Cette peine est infligée aux femmes de mauvaise vie que l'on trouve dans les tentes ou dans les casernes: c'est la plus rigoureuse après celle de mort. Elle a principalement lieu pour l'infanterie; dans la cavalerie, le soldat, au lieu d'être frappé avec une *baguette*, l'est avec une courroie. On ne doit infliger ce châtiment que dans des cas très-graves.

BAIL, s. m. (*terme de Droit.*) est une convention par laquelle on transfère à quelqu'un la jouissance ou l'usage d'un héritage, d'une maison, ou autre sorte de bien, ordinairement pour un temps déterminé, moyennant une rente payable à certain temps de l'année, que le bailleur stipule à son profit, pour lui tenir lieu de la jouissance ou de l'usage dont il se dépouille.

Il y a aussi des baux par lesquels on promet de faire certains ouvrages pour un certain prix, d'autres par lesquels on accorde l'usage des choses mobiliaires non fungibles, c'est-à-dire qui ne se consomment pas par l'usage, quoiqu'elles puissent se détériorer, tels sont un cheval, une voiture, des glaces, des tapisseries & autres sortes de meubles. Sur ces espèces de baux, *voyez* LOUAGE, LOCATION, MARCHÉ.

Entre les différentes espèces de biens qu'on peut donner à *bail*, les uns par leur nature produisent des fruits, les autres n'en produisent aucuns. Le *bail* des choses qui produisent des fruits, est ce qu'on appelle *bail à ferme*: le *bail* de celles qui n'en rapportent point, s'appelle *bail à loyer*. *Voyez* FERME, LOYER.

Les baux se font pardevant notaire ou sous seing privé: ils sont également obligatoires. La différence qui se trouve entre eux, consiste en ce qu'un *bail* sous signature privée n'emporte point d'hypothèque sur les biens, soit du bailleur, soit du preneur.

Les Anglois font aussi des baux de vive voix,

On appelle encore *bail*, l'acte qui contient la convention qu'on désigne sous le nom de *bail*.

Le *bail* est une convention très-usitée & très-nécessaire entre les hommes, parce que, n'étant pas possible que chacun d'eux ait en propre toutes les choses dont il peut avoir besoin, ni qu'il fasse tout ce que produit l'industrie ou le travail des autres hommes, il a fallu, pour pouvoir se fournir de ce qui appartient à autrui, qu'il s'en fît une sorte de commerce. Ainsi, lorsque quelqu'un possède un appartement qu'il ne veut pas habiter, il en transfère l'usage à celui qui en a besoin, moyennant un loyer.

Le contrat de *bail* ou loyer est un contrat du droit des gens qui se gouverne par les seules loix du droit naturel, & n'est assujetti à aucune des formes du droit civil : il est consensuel, parce qu'il se forme par le seul consentement des parties. Il est synallagmatique, puisqu'il contient des engagemens réciproques.

Dans ce contrat, on donne le nom de *locateur* & de *bailleur* à celui qui donne sa chose à loyer : & on appelle *preneur* ou *locataire*, celui qui doit jouir; si la chose louée est un héritage de campagne, il reçoit la dénomination de *colon* & de *fermier*.

Le contrat de louage ou le *bail*, est une espèce de contrat de vente : car on peut dire que le bailleur vend au preneur la jouissance de la chose baillée, pour le temps que doit durer le *bail*, moyennant la somme dont on est convenu.

Aussi, dans le *bail* comme dans la vente, trois choses forment-elles la substance du contrat de louage : une chose louée, un prix convenu pour cette jouissance, & le consentement des contractans. Il est aussi de son essence que la chose louée existe, & qu'elle soit susceptible d'une jouissance. Car si, lors du contrat, la chose qui en faisoit l'objet, n'existoit pas, il seroit nul, & il n'en résulteroit aucune obligation, soit de la part du bailleur, soit de celle du preneur.

Pour mettre plus d'ordre & de précision dans ce que nous avons à dire sur la matière du *bail*, nous le diviserons en seize sections dans lesquelles nous traiterons, 1°. des choses qui peuvent être louées; 2°. des personnes qui ont la capacité requise pour louer; 3°. de la jouissance de la chose donnée; 4°. de la durée du *bail*; 5°. du prix du *bail*; 6°. du consentement des parties; 7°. des engagemens du bailleur, & des actions qui en naissent; 8°. des engagemens du preneur; 9°. des réparations locatives; 10°. des obligations du preneur, résultant des clauses du *bail*; 11°. des motifs qui font accorder au preneur la remise des loyers; 12°. du privilège accordé au bailleur par la loi *Æde*; 13°. des droits & obligations du preneur vis-à-vis des héritiers & successeurs du bailleur; 14°. des causes qui peuvent opérer la résolution du *bail*; 15°. des dommages & intérêts résultant de l'inexécution du *bail*; 16°. des fins de non-recevoir contre la demande en paiement des loyers.

SECTION PREMIÈRE.

Des choses qui peuvent être louées.

On peut dire en général qu'on a le droit de donner & de prendre à loyer toute espèce de choses, meubles & immeubles, même les choses incorporelles, tels que les droits de servitude, de champart, de dixmes; les droits seigneuriaux d'un duché, d'un comté, d'une baronnie, & généralement de tous les fiefs : cette convention s'étend même aux arrérages de cens, aux amendes & profits de fief qui doivent écheoir pendant la durée du *bail*.

On peut donner à *bail* les droits de justice : ce qui s'entend des différens droits utiles, tels que les amendes & les confiscations. Les greffes, les offices de notaire & d'huissiers sont susceptibles du contrat de louage : il y a même des choses qu'on ne peut vendre, & qu'on peut donner à *bail*; par exemple, les biens domaniaux dont la propriété est inséparable de la couronne; le temporel d'un bénéfice dont le titulaire n'a que l'usufruit : ce qui s'étend même jusqu'au casuel du bénéfice dont le preneur a droit de jouir.

Au reste, il sera très-aisé de connoître les choses qui peuvent entrer dans le contrat de louage, en faisant l'énumération de celles qui ne peuvent y entrer.

Le droit de patronage, attaché à une terre, peut être vendu avec la terre comme une de ses dépendances, & la propriété en passe à l'acquéreur : mais quelque étendues que fussent les clauses du *bail* de cette terre, le preneur ne seroit jamais fondé à prétendre l'exercice du droit de patronage. La raison en est que, par le *bail* d'une terre, le bailleur ne transfère que la jouissance des droits utiles, & non celle des droits purement honorifiques, comme est le droit de patronage. Par la même raison, le fermier d'une terre seigneuriale n'a pas le droit d'exiger, dans l'église, les honneurs qui sont dus à son bailleur.

La chasse étant considérée comme un exercice noble qui n'a été permis aux genilshommes & aux possesseurs de fiefs, que pour leur plaisir, & non pour en tirer de l'argent, différentes loix ont défendu de l'affermer, soit dans les domaines du roi, soit dans ceux des seigneurs laïques ou ecclésiastiques. Le preneur peut néanmoins stipuler, dans le *bail*, une permission de chasser.

En Lorraine, les seigneurs peuvent céder à leurs fermiers le droit personnel qu'ils ont de chasser, & celui de pouvoir établir un chasseur.

Les cimetières, les chapelles, les églises & toutes les choses destinées ou consacrées au culte divin, ne peuvent être ni louées ni vendues : il en est de même des places d'une ville, des rues, des promenades & des autres choses dont l'usage appartient au public. Observez néanmoins que toutes ces choses peuvent être louées, lorsqu'on en a changé le service ou la destination.

Toutes les choses qui se consomment par l'usage qu'on en fait, telles que l'argent comptant, les grains & les liqueurs, ne peuvent faire la matière du *bail*, parce que, dans ce contrat, le bailleur conserve la propriété de la chose donnée à *bail*, il n'en cède au preneur que la jouissance & l'usage, & que ce dernier, au terme fixé, doit rendre au bailleur la chose en nature.

On ne peut pas également donner à *bail* une servitude personnelle, parce qu'elle est inhérente à la personne en faveur de qui elle a été constituée; mais les servitudes prédiales peuvent s'affermer conjointement avec l'héritage auquel elles sont dues. S'il n'en avoit pas été fait mention expresse dans le *bail* de l'héritage, le preneur auroit le droit d'en jouir, par la raison qu'elle est originairement établie pour l'utilité de cet héritage, & qu'elle fait partie de ses aisances & dépendances.

SECTION II.

Des personnes qui ont la capacité requise pour louer.

Tout propriétaire capable de contracter peut donner à *bail* les choses qui lui appartiennent.

Et comme un *bail* n'est qu'un acte d'administration, le mineur émancipé peut valablement affermer ses biens.

Il en est de même de la femme séparée de biens d'avec son mari.

Lorsque cette séparation n'a pas lieu, c'est au mari qu'appartient, durant la communauté, le droit de louer les biens de sa femme; mais les *baux* qu'il passe, ne peuvent excéder neuf années.

Les mêmes règles s'appliquent aux tuteurs, relativement aux *baux* des biens de leurs mineurs.

Il faut remarquer que les baux de cette espèce ne doivent pas être faits par anticipation, c'est-à-dire, qu'avant l'expiration du *bail* actuel, on ne peut louer de nouveau les biens y énoncés, plutôt que la plupart des propriétaires n'ont coutume de le faire.

Selon le droit commun, le *bail* n'est pas censé fait par anticipation, lorsque, pour les maisons des villes, il n'est fait que six mois avant l'expiration du *bail* subsistant, & qu'on ne le renouvelle pour les biens de campagne, que quand il n'en reste plus qu'une année à écouler.

Observez que, quoiqu'un *bail* par anticipation ne produise aucune obligation contre la personne dont on a loué les biens, parce que l'administrateur a fait ce qu'il n'étoit pas en droit de faire, cette personne peut néanmoins, si elle le juge à propos, user du bénéfice du *bail*, sans que le preneur puisse demander la nullité de la convention.

Puisque les *baux* sont des actes d'administration, il faut en tirer la conséquence que c'est aux administrateurs des biens des communautés, qu'appartient le droit de louer ces biens, en observant toutefois les formalités prescrites à cet égard.

Lorsque des biens sont possédés par indivis, il faut le consentement de tous les propriétaires pour en passer *bail*: cependant comme il ne seroit pas juste que le refus de quelqu'un d'entre eux préjudiciât aux autres, la jurisprudence a établi des règles pour parer à cet inconvénient. Ainsi, dans le cas d'un tel refus, chacun des propriétaires peut agir à l'effet de faire adjuger en justice le *bail* des biens indivis, au plus offrant & dernier enchérisseur.

On peut encore employer une voie plus prompte: c'est de faire à ceux qui refusent de louer, une sommation de comparoître chez un notaire pour souscrire le *bail* projetté, si mieux ils n'aiment faire trouver un locataire qui fasse leur condition meilleure. Cette sommation doit expliquer le prix & les conditions du *bail* dont il s'agit.

Si l'on ne fait aucune réponse à cette sommation, ou si, en comparant chez le notaire, ceux à qui elle a été faite, ne proposent pas un locataire qui fasse aux propriétaires communs une condition meilleure que celle du *bail* projetté, ceux qui ont agréé ce *bail*, sont autorisés à le passer, sans que les autres propriétaires par indivis puissent par la suite être reçus à l'attaquer: cela est d'autant plus juste que, sans ce tempérament, les uns pourroient être les victimes de la mauvaise volonté des autres.

Lorsqu'on a l'usufruit d'une métairie ou d'autres biens, on peut les louer sans la participation de celui qui en a la propriété; mais il y a d'ailleurs cette différence entre un usufruitier & un propriétaire; que celui-ci peut louer la chose pour être employée à des usages auxquels elle n'avoit point été destinée auparavant; au lieu que l'usufruitier ne peut louer l'objet de son usufruit pour être employé à d'autres usages que ceux auxquels il a coutume de servir. Supposons, par exemple, qu'une maison qui a toujours été occupée comme maison bourgeoise, soit louée par le propriétaire pour y établir une manufacture de porcelaine, ce propriétaire n'auroit fait en cela qu'user du droit qu'il avoit de faire de son bien ce que bon lui sembloit; mais si l'usufruitier d'une pareille maison passoit un *bail* semblable, le propriétaire seroit en droit de s'y opposer.

Celui qui a pris une chose à loyer, a communément la liberté de la sous-bailler pour le temps de son *bail*; mais le sous-locataire, ne pouvant avoir plus de droit que le locataire, ne peut pas non plus employer la chose à d'autres usages que ceux auxquels elle est destinée.

Les juges, les commissaires, les avocats, les procureurs & leurs clercs ou commis ne peuvent pas être fermiers judiciaires des biens saisis dans la jurisdiction où ils sont établis, à moins qu'ils ne soient opposans en leur nom pour créances dont le titre soit antérieur à l'enregistrement de la saisie-réelle. Telles sont les dispositions de l'article 35 du réglement de 1722, & de l'article 132 de l'ordonnance de Blois. Les femmes & les septuagénaires ne peuvent de même prendre aucun *bail* judiciaire, parce qu'ils ne sont pas sujets à la contrainte par corps : c'est ce que porte le réglement du 22 juillet 1690. *Voyez* BAIL JUDICIAIRE.

Les juges ni les procureurs fiscaux ne peuvent pas être fermiers des amendes & autres émolumens des justices où ils sont officiers. Le parlement de Paris l'a ainsi décidé par deux arrêts des 22 juin 1602, & 2 décembre 1717.

L'édit d'Amboise & l'ordonnance de Blois ont défendu aux officiers du roi, à leurs femmes, à leurs domestiques, & aux gentilshommes de prendre à *bail* les biens dépendans des bénéfices.

Lorsqu'on a loué la chose d'autrui, on conçoit bien qu'un tel *bail* ne donne pas au preneur le droit de jouir de cette chose; mais la convention ne demeure pas pour cela sans effet; elle oblige le bailleur à remplir son obligation, ou à payer au preneur les dommages & intérêts qui lui appartiennent pour l'inéxécution du *bail*.

SECTION III.

De la jouissance de la chose donnée à bail.

On conçoit que le contrat de louage n'existe qu'autant que le bailleur s'engage à faire jouir le preneur de la chose convenue pendant un temps déterminé.

Le *bail* exprime ou n'exprime pas l'usage que le preneur fera de la chose : si cet usage est indiqué par la convention, il faut que le preneur se conforme à ce que les parties ont réglé : ainsi il ne pourra employer la chose qu'à l'usage pour lequel elle aura été louée : s'il procédoit différemment, il deviendroit responsable du dommage qui pourroit en résulter. C'est pourquoi si je loue un cheval de selle pour voyager, je n'aurai pas le droit de l'atteler à une voiture. De même, si je contrevenois à la clause d'un *bail*, par laquelle il me seroit défendu de faire du feu dans une chambre, ou de mettre des matières combustibles dans un endroit, je serois responsable du dommage causé par l'incendie qui pourroit survenir, quand même cet incendie n'auroit eu lieu que par cas fortuit. C'est une disposition du droit romain dans la loi 11, § 1, *ff. loc. cond.* que nous avons reçue dans notre jurisprudence.

Lorsque la manière dont le preneur doit jouir, n'est pas exprimée par le *bail*, il doit faire de la chose louée l'usage que l'on a coutume d'en faire, ensorte que s'il l'employoit autrement, le bailleur pourroit s'en plaindre, s'il avoit intérêt à le faire.

Si je vous loue, par exemple, un carrosse de remise, il est censé qu'il sera employé pour conduire des personnes : c'est pourquoi, si vous vouliez l'employer à transporter des caisses ou des ballots de marchandises, je serois en droit de m'y opposer; & j'aurois intérêt de le faire, parce que ces caisses pourroient causer plus de dommage à mon carrosse que des personnes.

Si l'usage pour lequel une chose est louée, blessoit les bonnes mœurs, la convention seroit nulle.

Il y a plus : si le bailleur savoit, au moment du *bail*, que le preneur voulût abuser de la chose louée, il seroit complice du délit du preneur, & pourroit être poursuivi en conséquence.

Il faut observer que le droit qu'a le preneur de jouir de toute la chose louée, reçoit une limitation, lorsqu'il s'agit du *bail* d'une métairie où il y a un logement pour le maître, & un pour le fermier. Celui-ci ne seroit pas fondé à demander la jouissance du logis destiné au maître, ni des jardins qui servent à la promenade, non plus que des bois de haute futaie, quand même le *bail* ne contiendroit aucune clause qui établît cette limitation. C'est que le droit du fermier qui loue une métairie, ne peut s'exercer que sur les choses destinées à produire & à loger les fruits, & au ménage rustique.

Les droits attribués au preneur par le *bail*, passent à ses héritiers. Il peut aussi les céder à un tiers, c'est-à-dire, qu'il est le maître de sous-bailler, en tout ou en partie, la maison ou les héritages compris dans son *bail*.

Les sous-locataires doivent user de la chose louée comme le locataire principal auroit dû en user lui-même : c'est pourquoi si une maison a été louée comme auberge, elle ne doit être sous-louée que pour être exploitée en cette qualité. Et, si elle a été louée comme maison bourgeoise, le preneur ne doit pas la sous-louer à des gens tels que ceux que l'on appelle à Paris *ouvriers au gros marteau*. Au surplus, lorsque le preneur sous-loue, il demeure toujours obligé envers le bailleur.

SECTION IV.

De la durée du bail.

Chez les Romains, la durée des *baux* des héritages étoit communément d'un lustre, c'est-à-dire, de cinq ans.

Elle varie parmi nous, mais elle ne peut excéder le nombre de neuf années, sans donner ouverture au droit de demi-centième denier, parce qu'on regarde alors le *bail* comme une espèce d'aliénation.

M. Pothier avoit pensé que les *baux* au-dessus de neuf ans ne devoient point être regardés comme vente, lorsque les parties déclaroient expressément qu'elles n'entendoient faire qu'un simple *bail* à loyer ou à ferme. Mais son opinion est entièrement contraire à la jurisprudence du conseil, qui juge invariablement que le droit de demi-centième denier est dû, non-seulement lorsque le *bail* excède neuf années, mais même toutes les fois que les parties ont passé entre elles différens *baux* qui n'excèdent pas chacun neuf années, mais dont le dernier *bail* est fait assez de temps avant l'expiration du premier pour faire connoître l'intention des parties.

Mais si le second *bail* n'est fait qu'après cinq ou six années de jouissance, & qu'il soit pur & simple, on ne peut exiger le droit de demi-centième denier.

Il est clair qu'en pareil cas, les contractans n'ont eu pour objet que de renouveller un simple *bail*,

& de prendre des précautions pour qu'il eût son effet à la fin du premier. Néanmoins si ce dernier *bail* apportoit quelques changemens aux clauses du premier, & que ces changemens dussent avoir leur effet avant l'expiration du premier *bail*, soit à l'égard du prix, soit à l'égard des choses dont le preneur doit jouir, le premier *bail* seroit censé résolu dès ce moment; & le preneur ne jouissant plus qu'en vertu du second *bail*, il seroit tenu de payer le demi-centième denier, si sa jouissance excédoit neuf années.

Supposons, par exemple, que je vous ai loué, pour l'espace de neuf années, un appartement pour le prix de cent écus, qu'après l'expiration de six années, je vous passe un nouveau *bail* pour neuf autres années : si ce *bail* ne contient point de nouvelles jouissances, & n'apporte aucun changement à l'ancien, il n'est point dû alors de demi-centième denier : mais si, par ce *bail*, je vous accorde, dès l'instant même, la jouissance de deux chambres de plus, & que nous stipulions qu'à commencer de cette jouissance, vous me paierez une somme de quatre cens livres; le demi-centième denier sera dû, parce que le premier *bail* est censé résilié, puisqu'on en a changé les objets, & que vous avez une jouissance de douze années.

Ce que nous disons des *baux* qui excèdent neuf années, reçoit une première exception dans les *baux* qui ont pour objet une coupe de bois : ces *baux* ne contiennent d'aliénation que d'une superficie; le fermier n'exploite qu'une fois le même canton; ainsi le nombre des années ne lui est accordé que pour diviser la coupe entière : aussi le demi-centième denier n'est-il pas dû, lorsque les *baux* d'une coupe excèdent le terme de neuf ans, à moins que ce ne soit dans les provinces où les bois, vendus pour être coupés, y sont assujettis.

L'arrêt du conseil du 22 février 1775 nous fournit une seconde exception en faveur des fonds & héritages de la campagne : le roi, pour donner de nouveaux encouragemens, & favoriser de plus en plus les progrès de l'agriculture, ordonne par cet arrêt, que les *baux* passés devant notaires, qui n'excéderont pas vingt-neuf ans, & qui auront pour objet des terres, soit incultes, soit en valeur, & généralement tous les fonds & héritages situés dans la campagne, seront & demeureront affranchis des droits d'insinuation, centième ou demi-centième denier, & de francs-fiefs. Mais cette exemption ne doit pas s'étendre aux autres immeubles ou terreins sis dans les villes & bourgs, ni à la perception des rentes, cens & droits seigneuriaux, lorsque le fermier n'y joint aucune exploitation rurale.

Si le temps que doit durer un *bail*, n'étoit pas fixé par la convention, elle ne resteroit pas pour cela sans effet : l'usage & la nature de la chose louée déterminent alors la règle qu'on doit suivre. S'il s'agit du *bail* d'une maison de ville, la jouissance doit durer jusqu'au terme où l'on a coutume, dans le lieu, de commencer & de finir les *baux*; dans quelques endroits, c'est à la S. George, dans d'autres, c'est à la S. Jean : ainsi lorsque les parties n'ont fait aucune convention, relativement au temps que doit durer un tel *bail*, il doit commencer au prochain terme, & finir un an après.

Dans les lieux où il est d'usage que le bailleur & le preneur s'avertissent réciproquement, lorsqu'ils ne veulent plus continuer le *bail*, dont la durée n'est point exprimée, il faut se conformer à cet usage. A Paris, par exemple, il y a annuellement quatre termes pour commencer & pour finir les *baux* des appartemens & des maisons. Ainsi le *bail*, sur la durée duquel on n'a fait aucune convention, ne finit qu'au terme pour lequel l'une des parties juge à propos de donner ou de prendre congé. Si le loyer excède mille livres par an, le congé doit être signifié six mois avant l'expiration du terme auquel on doit sortir : la même règle s'observe à l'égard d'une maison louée en entier, d'une boutique ouverte sur une rue, & de l'appartement d'un commissaire ou d'un maître d'école qui, par état, sont obligés de résider dans un certain quartier, quand même, dans ce cas, le loyer seroit au-dessous de mille livres.

Lorsque, dans les cas ordinaires, le loyer est au-dessous de mille livres, & au-dessus de trois cens livres, il suffit que le congé soit signifié trois mois avant l'expiration du terme auquel on doit sortir : &, si le loyer est au-dessous de trois cens livres, la signification du congé peut se faire six semaines avant la fin du terme.

Si le *bail* dont la durée n'est pas exprimée, concerne des meubles ou une chambre garnie, & que le preneur se soit obligé à payer cent écus de loyer par an, ou cinquante francs par mois, ou vingt livres par semaine, ou trente sous par jour, le *bail* est censé fait, ou pour un an, ou pour un mois, ou pour une semaine, ou pour un jour : & si la jouissance se continue durant plusieurs années, ou plusieurs mois, ou plusieurs jours, c'est en vertu d'une tacite reconduction qui se renouvelle chaque année, chaque mois, chaque jour.

Lorsqu'il est question de la jouissance d'une chose qui produit des fruits chaque année, comme un verger, une prairie, le *bail* est censé fait pour un an : s'il s'agit d'un bien dont les fruits ne se recueillent qu'en deux ou trois années, le *bail* est censé fait pour durer jusqu'à ce que le preneur ait fait cette récolte. Ainsi, dans le cas où, sans exprimer la durée du *bail*, je vous ai loué une métairie dont les terres sont distribuées en trois soles, de manière que tous les ans on en ensemence un tiers en bled & un tiers en avoine, tandis que l'autre tiers reste inculte, il est évident que vous devez jouir pendant trois années, parce que sans cela vous n'auriez pas un temps suffisant pour cultiver toutes les terres comprises dans la convention.

De même, si en vous louant un étang qu'on est dans l'usage de pêcher tous les deux ans, on ne stipule point, par la convention, le temps pendans lequel vous jouirez, votre jouissance sera tacitement fixée à deux années.

SECTION V.

Du prix du bail.

On appelle *loyer* ou *fermage*, ce que le preneur rend pour la jouissance des choses énoncées au *bail.* Ce loyer fait une partie essentielle de la convention : c'est par-là que le contrat de louage est distingué du prêt à usage. Si l'on cédoit la jouissance gratuitement, les difficultés qui pourroient survenir entre les parties, se décideroient selon les principes relatifs au prêt.

Le prix ou loyer des choses données à *bail*, consiste ordinairement en argent; quelquefois aussi le preneur donne pour loyer une portion des fruits recueillis sur les terres louées. Quelquefois encore on stipule que le preneur donnera chaque année au bailleur, pour prix du *bail*, une certaine quantité de vin, de bled, de bière, de volailles ou d'autres denrées.

Quand le prix du *bail* n'égaleroit pas la valeur de la jouissance de la chose louée, la convention ne s'en exécuteroit pas moins. En cela, le contrat de louage diffère de celui de vente. On sait que le vendeur peut faire annuller la vente, lorsqu'elle a été faite pour une somme au-dessous de la moitié du juste prix; mais quelque considérable que soit la lésion dans le contrat de louage, elle ne peut pas le faire résoudre, à moins qu'elle ne soit accompagnée de quelques circonstances particulières, telles que le dol ou l'erreur. La raison en est, que l'incertitude de la valeur des revenus du temps avenir, peut mettre un juste équilibre entre la condition du bailleur & celle du preneur; d'ailleurs, suivant les principes du droit françois, attestés par Mazuet & par Dumoulin, la lézion d'outre moitié du juste prix ne donne pas ouverture à la restitution, relativement aux aliénations de meubles: or, la lésion d'un *bail* ne peut avoir pour objet que des fruits qui sont quelque chose de mobilier; ainsi il faut appliquer à ce cas les principes dont on vient de parler.

Plusieurs coutumes ont des dispositions conformes à cette jurisprudence. Cependant la coutume de Bretagne a adopté une règle différente. Elle autorise la rescision des aliénations de meubles, pourvu que l'objet vaille plus de cent livres.

Il y a des cas où le prix du *bail* est tacitement convenu ou sous-entendu, & alors les parties peuvent se dispenser de l'exprimer dans la convention, sans qu'il puisse en résulter aucun inconvénient. A Paris, par exemple, où le prix du loyer d'un carrosse de remise est de douze livres par jour, non compris vingt-quatre sous pour le cocher, il est en quelque sorte inutile de parler de ce prix dans la convention, parce qu'il est censé connu des parties, & qu'elles ont entendu qu'il se paieroit selon l'usage.

SECTION VI.

Du consentement des parties.

Nous avons dit que le *bail* est un contrat consensuel; d'où il suit qu'il n'est valable que lorsque les parties ont véritablement donné leur consentement sur les objets qui forment la substance de ce contrat. Ainsi il est nécessaire qu'il intervienne un consentement formel, tant de la part du bailleur que de celle du preneur, sur la qualité de la chose louée, sur l'espèce d'usage pour lequel elle est louée, & sur le prix du loyer.

1°. De ce que le consentement doit être certain par rapport à la chose louée, il suit, 1°. que le *bail* est nul, si le bailleur entend louer une pièce de terre, & que le preneur ait l'intention d'en louer une autre; 2°. il en seroit de même, si, par convention, je vous loue un pré, & qu'il se trouve converti en terre labourable. Car on ne peut pas dire que les parties aient été d'accord sur l'objet du *bail.* Il en seroit autrement, si l'erreur ne regardoit qu'une qualité accidentelle de la chose louée, comme dans le cas où un fermier auroit cru prendre à ferme des terres de la meilleure qualité, & qu'elles se trouvent d'une qualité inférieure.

2°. C'est par la raison que le consentement doit intervenir sur l'usage de la chose louée, qu'il n'y a pas de contrat de louage toutes les fois que le preneur se sert de la chose prise à loyer pour un usage différent que celui auquel elle étoit destinée par le *bail.* Ainsi le *bail* d'une maison n'existe plus, si au lieu de la faire servir à l'habitation, le preneur l'employoit à loger des bestiaux ou des grains: il en est de même, si je vous loue un cheval pour servir de monture, & que vous le mettiez à une voiture. Dans ces cas, il y a même lieu à des dommages & intérêts en faveur du bailleur, s'il n'a pu prévoir ou empêcher l'abus que vous faites de la chose louée.

3°. Il ne peut y avoir de doute que le consentement doit intervenir sur le prix convenu. Le *bail* ne peut subsister sans un prix fixe & déterminé, pour la compensation de l'usage de la chose louée; or ce prix n'existe que lorsque les parties contractantes sont d'accord sur la somme à laquelle il doit monter.

SECTION VII.

Des engagemens du bailleur & des actions qui en naissent.

Les obligations & engagemens du bailleur naissent ou de la nature du contrat, ou de la bonne foi qui doit y régner, ou des conventions particulières qui y sont contenues.

Les engagemens qui naissent de la nature du contrat peuvent se réduire à quatre: 1°. le bailleur est tenu de livrer la chose louée: 2°. il ne doit apporter aucun trouble à la jouiſſance du preneur: 3°. il doit entretenir la choſe louée, de manière que la jouiſſance en ſoit réelle: 4°. il eſt obligé de garantir que la choſe louée n'a aucun défaut qui puiſſe en empêcher l'uſage.

Premier engagement. L'obligation principale du bailleur eſt de délivrer au preneur les choſes louées, afin que celui-ci puiſſe en faire uſage.

Quand cette obligation ne ſeroit pas expreſſément énoncée dans le *bail*, le bailleur n'y ſeroit pas moins ſoumis.

Il faut auſſi que le bailleur délivre la choſe en état d'être employée à l'uſage pour lequel elle a été louée : ſi c'eſt une maiſon, par exemple, le bailleur doit la rendre habitable, & en remettre les clefs au preneur : ſi c'eſt un cheval qu'on a loué pour le monter, le bailleur eſt tenu de le délivrer avec la bride, la ſelle, *&c.*

Si le bailleur ne donnoit pas les choſes en bon état, & telles qu'il les a promiſes, il ſeroit tenu des dommages & intérêts du preneur, & celui-ci pourroit faire réſoudre le *bail.*

De ce que le bailleur eſt obligé de délivrer la choſe louée, il faut conclure que cette délivrance doit avoir lieu à ſes frais. C'eſt pourquoi, lorſque, pour débarquer des marchandiſes, je loue, ſur le bord de la rivière, un ou deux arpens de terrein, c'eſt au bailleur à payer les frais néceſſaires pour meſurer ce qui doit m'être délivré.

Mais, parce que la délivrance doit ſe faire aux frais du bailleur, il ne faut pas en tirer la conſéquence que l'enlévement des choſes louées, ſi ce ſont des meubles, doivent auſſi ſe faire à ſes frais : c'eſt au contraire le preneur qui eſt tenu de ces frais, à moins toutefois que les parties n'en ſoient convenues autrement, ou qu'il n'y ait un uſage contraire. Ainſi il ſuffit que le preneur ne ſoit point empêché d'enlever les choſes louées, pour que le bailleur ſoit cenſé avoir rempli ſon obligation.

Si, poſtérieurement à la convention, le bailleur tranſportoit la choſe dans un endroit d'où elle fût plus difficile à enlever que ſi elle fût reſtée dans celui où elle étoit, lorſqu'elle a été laiſſée à *bail*, ce qu'il en coûteroit de plus qu'il n'en auroit d'abord coûté pour l'enlevement, ne ſeroit point à la charge du preneur, mais bien à celle du bailleur. La raiſon en eſt que la délivrance des meubles loués, devant ſe faire au lieu où ils ſont dans le temps de la convention, c'eſt de là que le preneur doit les enlever.

Il y a néanmoins des cas où l'on ſuit une règle différente : ſi je loue, par exemple, chez un tapiſſier, des meubles pour orner un appartement, c'eſt à lui à faire tranſporter ces meubles dans l'appartement, & à les y placer, à moins qu'il n'y ait une convention contraire.

Le bailleur eſt obligé de faire entendre au preneur en quoi conſiſte la choſe qu'il loue, & d'en expliquer les défauts, ainſi que tout ce qui peut donner lieu à quelque erreur ou équivoque. C'eſt pourquoi, ſi, par exemple, il ſe préſente quelque difficulté relativement à l'étendue, à la ſituation, aux dépendances d'un appartement loué, tout ce qui eſt obſcur, s'interprète contre le bailleur. La raiſon en eſt qu'il a dû, en louant ſa choſe, s'expliquer clairement.

Si, par le contrat de louage, il y a un temps ſpécifié pour la délivrance de la choſe louée, le bailleur doit ſe conformer à la clauſe.

Si les parties ne ſe ſont pas expliquées à cet égard, le bailleur doit délivrer la choſe louée, lorſque le preneur la lui demande.

Il peut arriver que le preneur néglige de ſe faire délivrer la choſe louée, & que cependant le bailleur veuille remplir ſon obligation : dans ce cas, le bailleur peut ſommer le preneur de faire enlever la choſe au lieu où elle doit lui être délivrée, & enſuite le faire aſſigner pour voir dire que le loyer en courra du jour de la ſommation.

Ce que nous venons de dire, n'a point d'application aux *baux* des maiſons, ni à ceux des biens de campagne. La raiſon en eſt que l'uſage détermine le temps auquel le preneur doit entrer en jouiſſance, quoique les parties ne s'en ſoient pas expliquées.

Action qui naît de cette obligation. De cette obligation contractée par le bailleur, réſulte une action qu'on appelle, en droit, *actio conducti* ou *actio ex conducto*, par laquelle le preneur conclut à ce que le bailleur ait à délivrer les choſes louées, ſinon qu'il ſoit condamné aux dommages & intérêts cauſés par ſon refus ou retard.

Le preneur peut exercer cette action, tant contre le bailleur que contre ceux qui le repréſentent en qualité d'héritiers ou de ſucceſſeurs à titre univerſel; mais il n'a nul droit de l'exercer envers les tiers-détenteurs des choſes louées, & qui la poſſèdent à titre particulier. Ainſi, dans le cas où vous m'auriez loué une maiſon, & que vous vinſſiez à la vendre avant que j'y fuſſe entré, je n'aurois nulle action à exercer contre l'acquéreur, puiſqu'il n'auroit contracté envers moi aucune obligation; mais je ſerois bien fondé à vous aſſigner pour vous faire condamner aux dommages & intérêts qui m'appartiennent à cauſe de l'inexécution de notre convention.

Si j'étois entré en jouiſſance de la maiſon louée, lorſque vous en avez fait la vente, l'acquéreur que vous n'auriez point chargé d'entretenir le *bail*, & qui voudroit jouir lui-même, pourroit ſans difficulté me donner congé, & je ſerois obligé de ſortir : je ſerois par conſéquent encore en droit de vous faire condamner, dans cette circonſtance, aux dommages & intérêts réſultant de l'inéxécution du *bail.*

La même règle doit être ſuivie dans le cas où le bailleur loue la choſe à deux perſonnes différentes : celle envers qui le *bail* demeure ſans exécution, eſt bien fondée à prétendre des dommages & intérêts contre le bailleur.

Mais ſi ces deux perſonnes demandoient chacune, de ſon côté, l'exécution du *bail*, à laquelle faudroit-il donner la préférence? Ce seroit à celle qui auroit contracté la première.

Lorsque le bailleur a loué une chose qu'il croyoit lui appartenir, & dont il n'avoit néanmoins pas le droit de disposer, il est pareillement tenu des dommages & intérêts qui peuvent résulter du défaut de délivrance de la chose louée. La raison en est que le preneur a dû croire que le bailleur étoit propriétaire de la chose dont il disposoit; & que celui-ci doit répondre des suites d'un engagement indiscret à la vérité, mais qu'il ne devoit pas prendre, s'il ne pouvoit pas le remplir.

Il en seroit différemment, si c'étoit par une force majeure que le bailleur n'eût pas exécuté la convention. Tel seroit le cas, par exemple, où un tremblement de terre viendroit à renverser la maison louée. Etant alors impossible que le bailleur satisfasse à son obligation, il doit en être déchargé purement & simplement, sans que le preneur puisse prétendre autre chose que le remboursement de ce qu'il a pu payer d'avance sur le loyer. La raison en est que personne ne doit répondre des cas fortuits.

Lorsque le preneur se trouve obligé à quelque dépense pour conserver la chose louée, sans qu'il en soit tenu par son *bail*, ni par l'usage des lieux, le bailleur est obligé de la lui rembourser. Tel est le cas où le preneur fait appuyer un mur qui menace ruine.

Si le bailleur se laisse mettre en demeure d'exécuter la convention, & qu'ensuite il l'exécute, il ne sera pas pour cela dispensé de payer les dommages & intérêts que le retard aura pu occasionner au preneur. Supposons, par exemple, que vous m'ayez loué un bateau pour conduire des marchandises à la foire de Beaucaire, & que vous ne me l'ayez pas délivré assez tôt pour qu'elles pussent arriver dans le temps convenable, vous serez tenu de me faire raison de ce que j'aurois gagné, si mes marchandises fussent arrivées pour le commencement de la foire.

Non-seulement je puis, dans cette circonstance, après vous avoir mis en demeure de remplir votre engagement, vous demander les dommages & intérêts que votre retard m'a occasionnés, je suis encore fondé à demander la résolution du traité, & à me faire autoriser pour louer un autre bateau.

Quand le bailleur offre de délivrer la chose louée, mais dans un état différent de celui où elle étoit, lors de la convention, le preneur est en droit de la refuser, si le changement qu'elle a éprouvé, l'a rendue telle qu'elle n'auroit pu lui convenir de cette manière, lorsqu'il l'a prise à *bail*. Il peut par conséquent aussi demander la résolution du contrat, & même des dommages & intérêts contre le bailleur, si c'est par le fait de celui-ci qu'est survenu à la chose le changement qui la rend inutile au preneur.

Mais il en seroit autrement, si le changement n'avoit eu lieu que par cas fortuit : le preneur ne pourroit point alors prétendre de dommages & intérêts : il seroit seulement en droit de faire résoudre la convention.

Second engagement du bailleur. La seconde obligation contractée par le bailleur est celle de faire ensorte qu'il ne soit apporté aucun trouble à la jouissance du preneur pendant la durée du *bail*.

Le preneur seroit, par exemple, troublé dans sa jouissance, si le bailleur entreprenoit de distribuer les pièces d'un appartement, différemment qu'elles ne l'étoient au moment de la convention. Il en seroit de même, si, depuis le *bail*, le bailleur vouloit employer des champs ou des prés pour y faire croître du bois.

Dans ces circonstances, le preneur est fondé à diriger contre le bailleur une action par laquelle il conclut à ce qu'il soit fait défense au bailleur de le troubler dans sa jouissance, & que, pour l'avoir fait, il soit condamné aux dommages & intérêts résultant de son entreprise. S'il y a des ouvrages faits malgré le preneur & à son insu, il peut quelquefois conclure à ce que le bailleur soit condamné à les défaire, sinon que le preneur soit autorisé à les défaire lui-même aux frais du bailleur. Au reste, le juge ne doit faire droit sur une pareille demande, qu'autant que les ouvrages dont le preneur se plaint, lui causent un dommage considérable. Dans ce cas, il doit fixer au bailleur un délai convenable pour détruire les ouvrages & retirer ses matériaux.

Le bailleur est en droit de visiter ou de faire visiter la maison ou les terres louées, sans que le preneur puisse considérer cette visite comme un trouble fait à sa jouissance.

Le bailleur ne trouble pas non plus la jouissance du preneur, lorsque, pendant la durée du *bail*, il fait travailler à quelque ouvrage qu'exige la chose louée. Quelle que que soit alors l'incommodité que cause au preneur un pareil travail, il n'est nullement fondé à s'en plaindre, ni par conséquent à demander des dommages & intérêts contre le bailleur : il peut seulement se faire décharger du loyer des choses louées, pour le temps que la jouissance lui en a été ôtée.

Observez même à ce sujet, que, si le travail fait, par exemple, pour réparer un appartement, n'a duré que quelques jours, ou n'a causé au preneur qu'une incommodité légère, il n'est pas en droit de demander une remise sur le loyer. La raison en est, qu'il est censé que, dans le temps du contrat, il a été prévu qu'il pourroit survenir des réparations à faire aux choses louées, & que le preneur s'est tacitement obligé d'en supporter l'incommodité.

Mais de ce que le preneur est obligé de supporter l'incommodité des réparations qu'exige la chose louée, il ne faut pas conclure que le bailleur soit autorisé à faire travailler à cette chose, lorsque cela n'est pas nécessaire; s'il le faisoit, le premier seroit en droit de l'en empêcher, parce qu'un tel travail seroit un trouble à sa jouissance.

Le preneur peut encore être troublé dans sa

jouissance par des tiers : par exemple, il essuie un trouble, si un voisin ou autre personne lui enlève ses bestiaux, lui vendange sa vigne, lui coupe ses bleds ou ses foins ; il en essuie également, lorsqu'un tiers prétend la propriété ou la jouissance de l'objet de son *bail*, ou demande à exercer dessus un droit de servitude.

Dans la première espèce, le bailleur n'est pas obligé de garantir le preneur du trouble qu'il éprouve, il ne lui reste qu'une action personnelle contre les délinquans : mais s'il ne peut les découvrir, & que ces excès l'aient privé de tous les fruits de sa ferme, il peut demander au bailleur une remise, comme dans les cas fortuits, & dans les accidens de force majeure.

Dans la seconde espèce, le bailleur est tenu de garantir le preneur du trouble qu'il essuie de la part d'un tiers, de l'indemniser de la perte qu'il éprouve à cette occasion, & de lui donner des dommages & intérêts, si par l'événement il est évincé de la jouissance de son *bail*. Mais si la cause de l'éviction de la jouissance ne procède pas du fait du locateur, lorsque, par exemple, il a été obligé, par autorité publique, de céder une maison qu'il avoit louée, le preneur peut demander la résolution de son *bail*, mais il ne peut exiger de dommages & intérêts.

Troisième engagement. Le bailleur est obligé d'entretenir la chose louée, de manière que le preneur puisse en jouir : ainsi lorsque je prends un appartement à *bail*, le bailleur contracte tacitement l'obligation de le réparer de façon que je puisse faire un usage commode & convenable des différentes pièces dont il est composé.

De cette obligation dérive particuliérement celle de tenir le *preneur clos & couvert* ; c'est-à-dire, que le bailleur doit faire ensorte que la pluie ne pénètre pas dans les pièces qui composent l'appartement, & que personne ne puisse s'y introduire par les portes ou par les fenêtres contre le gré du preneur.

S'il s'agit d'une métairie, il faut que les bâtimens en soient réparés de manière que le fermier, son bétail, ses grains & ses effets y puissent être en sûreté, & à l'abri des tentatives des voleurs.

Si le bailleur négligeoit de remplir ses engagemens à cet égard, le preneur seroit en droit de diriger une action contre lui, & de conclure à ce qu'il fût condamné à faire, dans un bref délai, les réparations dont il s'agit, sinon que le preneur fût autorisé à les faire faire aux frais du bailleur.

Si le bailleur contre lequel on a dirigé une pareille action, la prétend mal fondée, le juge doit ordonner une visite pour reconnoître si les réparations à l'égard desquelles le preneur fait des poursuites, sont réellement à faire ; & s'il résulte de la visite que l'action est fondée, le juge ordonne que le bailleur sera tenu de réparer les choses dans un délai qu'il détermine : il autorise en même temps le preneur à faire ces réparations aux frais du bailleur, si celui-ci néglige de les faire dans le délai fixé.

Lorsque la négligence du bailleur à faire les réparations pour lesquelles il est poursuivi, a occasionné du dommage au preneur, il peut demander que le bailleur soit condamné à l'indemniser, il peut même quelquefois conclure à ce que le *bail* soit résolu ; & ses conclusions doivent lui être adjugées, si les réparations à faire sont telles qu'elles exigent des avances considérables, & que le bailleur ne se mette pas en devoir de les faire.

Quatrième engagement. Il faut encore compter parmi les obligations du bailleur, celle de garantir les vices de la chose louée, lorsqu'ils empêchent le preneur d'en jouir ; mais cette garantie ne s'étend pas aux défauts qui ne font que rendre moins commode l'usage de la chose louée. Ainsi lorsque ayant pris à *bail* un terrein pour y faire paître des brebis, il s'y trouve des herbes qui font périr ces animaux, il est clair que ce sera un obstacle qui m'ôtera toute jouissance du terrein loué ; le bailleur sera par conséquent obligé envers moi à la garantie. Il en sera de même si, ayant loué des vaisseaux pour y mettre de l'huile, du vin ou d'autres liqueurs, le bailleur me les remet si mal conditionnés, que je ne puis en tirer aucun service ; mais si j'ai loué un cheval qui ait, par exemple, le défaut d'être rétif ou peureux, comme cela ne peut pas m'empêcher de faire le voyage que j'ai eu en vue, ni par conséquent d'user de la chose louée, le bailleur ne peut être tenu d'aucune garantie envers moi à cet égard.

M. Pothier observe sur cette matière, que le bailleur est obligé de garantir les vices qui empêchent la jouissance de la chose louée, non seulement lorsque ces vices existoient dans le temps de la convention, mais encore lorsqu'ils n'ont eu lieu que postérieurement. En cela, ajoute l'auteur cité, le bailleur diffère du vendeur, puisque celui-ci ne sauroit être garant que des vices qui existoient au temps du contrat : la raison de la différence est sensible, c'est que immédiatement après que la vente a reçu sa perfection, par le consentement des parties, la chose ne doit plus être aux risques du vendeur, puisqu'il n'en est plus propriétaire ; au lieu que le bailleur conservant toujours la propriété de la chose, c'est une nécessité que les risques ne puissent cesser à son égard. D'ailleurs dans le contrat de vente, c'est la chose même que l'on a vendue qui est l'objet & le sujet du contrat ; c'est assez que cette chose ait existé dans le temps de la vente, pour que l'acheteur ne puisse se dispenser de payer ce qu'il est convenu d'en donner : au contraire, dans le contrat de louage, ce n'est pas proprement la chose louée, c'est plutôt la jouissance de cette chose, continuée pendant tout le temps que doit durer le *bail*, qui fait l'objet & le sujet de la convention : c'est pourquoi, lorsque le preneur ne peut plus avoir cette jouissance, le sujet du contrat de louage manque, & le preneur ne doit pas par conséquent être obligé de payer le prix d'une chose dont il ne peut plus jouir.

Le bailleur peut aussi être garant d'un vice survenu depuis la convention, quoiqu'il n'eût point été obligé de le garantir, s'il eût existé auparavant. J'ai loué, par exemple, un appartement pour exercer une profession qui exige un très-grand jour: depuis la convention, on a tellement exhaussé les bâtimens qui sont vis-à-vis de cet appartement, qu'ils interceptent la plus grande partie du jour dont j'ai besoin; il est certain qu'ils m'empêchent par-là de jouir de l'appartement, & que je suis en droit de demander la résolution du *bail;* au contraire, le bailleur ne seroit aucunement garant de cet inconvénient, s'il eût existé dans le temps de la convention, parce que je serois censé en avoir eu connoissance.

Engagemens du bailleur, formés par la bonne foi. La bonne foi qui doit régner dans le contrat de louage, oblige le bailleur de faire connoître au preneur les qualités de la chose qu'il lui loue, & les défauts qu'il présume pouvoir l'empêcher de la prendre à *bail.* Ce seroit y manquer que de louer, sans en avertir, une maison dont la situation seroit nuisible à la santé, ou qui auroit d'autres défauts, auxquels il seroit impossible de remédier. Il en seroit de même de celui qui loueroit une maison pour servir d'hôtellerie, qui sauroit que la route doit être changée sous peu de temps, & qui n'en donneroit pas connoissance au preneur.

La bonne foi exige aussi du bailleur, qu'il n'exige pas du preneur un prix qui excède la juste estimation de la chose. On ne peut, à cet égard, donner aucune règle fixe. Ce juste prix varie suivant les circonstances, & l'affection que les contractans mettent à la chose. La loi civile n'accorde aucune rescision, quand bien même la lésion seroit considérable, & ce n'est que par rapport au for intérieur, que le bailleur doit examiner si dans le *bail* de la chose, il n'a pas excédé le juste prix, eu égard aux lieux & aux circonstances.

La bonne foi veut enfin que le bailleur rembourse au preneur les impenses nécessaires qu'il a faites pour la chose louée. Par exemple, celui qui a pris à loyer un cheval, est tenu des frais de nourriture; mais s'il tombe malade sans sa faute, le bailleur est tenu de lui rendre tout ce qu'il en a coûté pour le faire guérir, ainsi que la nourriture, pendant le temps qu'il n'a pu s'en servir. Il n'est même pas nécessaire que le preneur ait donné avis au bailleur de la maladie du cheval, il suffit qu'il lui donne des preuves qu'il ait été malade, sans qu'il y ait eu de sa faute.

Engagemens résultans des clauses du contrat. Le locateur est tenu d'exécuter à la lettre toutes les clauses insérées dans un *bail.* Ainsi dans le cas où il auroit loué une métairie composée d'une certaine quantité d'arpens de terre, il est obligé d'en fournir la mesure; & s'il ne le fait pas, il doit accorder au fermier une diminution sur le prix de son *bail*, proportionnée à ce qui lui manque. Par la même raison, si le bailleur s'est engagé à bâtir une grange, & qu'il n'exécute pas sa convention, il est tenu à des dommages & intérêts. Il en est de même de toutes les espèces de clauses qu'on peut supposer.

SECTION VIII.

Des engagemens du preneur.

Première obligation: le preneur est tenu de payer le prix du loyer. Le principal engagement du preneur est l'obligation de payer au bailleur le prix convenu pour la jouissance de la chose louée.

Lorsqu'on n'a pas exprimé par le *bail* les termes auxquels le loyer doit être payé, il faut se conformer là-dessus à la coutume ou à l'usage des lieux. Quelquefois on le paie chaque année, en une seule fois; quelquefois on le divise en deux paiemens; d'autres fois on le paie par quartier, &c. A Paris, par exemple, les loyers de maison se paient en quatre termes, de trois mois chacun.

Les loyers doivent se payer au bailleur dans le lieu convenu par le *bail.* S'il n'y a point de convention particulière à cet égard, c'est au domicile du preneur que le paiement doit être fait, sur-tout s'il s'agit d'un paiement en grains, ou quelque autre denrée qu'il faille voiturer.

Si par le *bail* on étoit convenu que des fermages en grains ou autres denrées seroient conduits par le preneur au domicile du bailleur, & que celui-ci allât résider dans un lieu beaucoup plus éloigné que celui qu'il habitoit dans le temps du *bail*, le preneur ne seroit point obligé de conduire les fermages au nouveau domicile, parce qu'en contractant il n'a pas dû compter sur cette augmentation de dépense; c'est pourquoi le bailleur doit, en cette circonstance, indiquer un endroit dans le lieu de son ancien domicile, où le preneur puisse conduire & faire recevoir ses fermages.

Le défaut de paiement des loyers suffit pour donner ouverture à la résolution du *bail*, quand même les parties auroient stipulé que cette résolution ne pourroit avoir lieu dans aucun cas: c'est une disposition de la loi *Quæro*, §. *inter locatorem D. locat. cond.*

La même loi fixe à deux ans le temps où, faute de paiement, le preneur peut être expulsé: l'usage a depuis fixé ce délai à deux termes, sans compter le courant; ainsi lorsque le loyer doit s'acquitter tous les six mois, le preneur qui néglige de payer, peut être expulsé au bout d'un an. Si les termes sont courts, comme à Paris, on en accorde trois; ainsi le preneur, pour défaut de paiement, ne doit être expulsé qu'après neuf mois, chaque terme étant de trois mois.

Si les meubles qui garnissent les lieux ne sont pas suffisans pour répondre du loyer, le preneur peut être obligé à résilier le *bail.*

A Paris, pour que les meubles soient censés suffisans, il faut qu'en les vendant par autorité de justice, on puisse en tirer au moins le montant d'une année de loyer, non compris les frais de vente.

Dans d'autres villes, il suffit qu'il y en ait assez pour répondre d'un terme. A Orléans, les lieux ne sont censés garnis suffisamment, qu'autant que les meubles peuvent assurer le paiement de deux termes : c'est ce qui résulte de l'article 417 de la coutume, lequel est ainsi conçu :

« Le locataire qui n'a de quoi payer, ou qui ne » garnit l'hôtel de biens meubles pour le paiement » de deux termes de loyer, en peut être expulsé » & mis hors par ledit seigneur d'hôtel, avec au» torité & permission de justice ».

On voit, par cette disposition, que le bailleur qui prétend que les lieux ne sont pas garnis suffisamment, doit faire assigner le preneur pour le faire condamner à quitter la maison, faute par lui de l'avoir garnie de meubles : si le locataire soutient qu'elle est garnie suffisamment, le juge doit en ordonner la visite ; ainsi c'est de ce préliminaire que dépend le jugement définitif. S'il paroît par le procès-verbal de visite, que les lieux ne sont pas suffisamment garnis, on permet au bailleur d'expulser le preneur, & de disposer de la maison comme bon lui semblera.

Observez toutefois que, quoique le preneur n'ait pas des meubles en suffisance pour répondre des loyers, il peut néanmoins empêcher la résolution du *bail*, en offrant de payer d'avance le terme prochain, ou en donnant au bailleur bonne & suffisante caution.

Il y a même des cas où le juge peut s'écarter de cette règle, comme fit le parlement de Paris en 1759, entre un particulier de cette ville & un joueur de marionnettes.

Le particulier qui avoit loué une maison sur le boulevart au joueur de marionnettes, voulut obliger celui-ci à sortir ou à garnir de meubles la maison, pour sûreté du loyer : le joueur de marionnettes répondit qu'il n'avoit pas déguisé son état au bailleur, ni l'usage qu'il prétendoit faire de la maison louée, & qu'il ne devoit pas être obligé à garnir cette maison d'autres meubles que de ses marionnettes : le châtelet n'admit pas les défenses de l'histrion, & le condamna ; mais le parlement infirma la sentence, & débouta le bailleur de sa demande, à la charge par le preneur de payer le loyer à l'échéance.

Privilège sur les meubles. Si les meubles qui garnissent la maison n'appartiennent pas au preneur, mais à des tiers, le bailleur aura-t-il un privilège sur ces meubles pour être payé du loyer ? La réponse est que dans la règle, il peut exercer son privilège sur tous les meubles qui garnissent sa maison, soit qu'ils appartiennent au preneur ou à d'autres personnes. Cela est ainsi établi afin que les bailleurs ou propriétaires qui, pour assurer le paiement des loyers, comptent sur les meubles dont les lieux sont garnis, ne soient point abusés dans leur espérance.

D'après cette décision, celui à qui appartiennent les meubles dont une maison est garnie, est censé avoir tacitement consenti qu'ils fussent obligés au loyer, puisqu'il n'a pas dû ignorer que tout ce qui garnit une maison, est assujetti à cette obligation. Ainsi, lorsqu'ayant loué une maison, je la garnis des meubles que me prête un marchand, ces meubles répondront du loyer comme s'ils m'appartenoient : c'est pourquoi si le bailleur vient à les faire saisir, le marchand n'en obtiendra pas la récréance ; il aura seulement une action contre moi pour me faire condamner à les lui payer.

Il est néanmoins des cas où le privilège du bailleur ne doit point avoir lieu sur les meubles qui garnissent la maison. 1°. Lorsqu'il est justifié que ces meubles ont été volés, ils doivent sans difficulté être rendus à celui auquel on les a volés ; la raison en est que c'est contre son intention que ces meubles se sont trouvés garnir la maison louée.

De même, si un marchand a vendu des meubles au preneur, sans fixer un terme pour les payer, & qu'ils aient été portés dans la maison louée, le marchand doit en obtenir la récréance, s'il ne tarde pas à les réclamer ; la raison en est qu'il n'a consenti à ce que ces meubles fussent enlevés, que dans l'espérance qu'il en recevroit le prix sans délai ; mais s'il avoit tardé durant un certain temps à réclamer ces meubles, il seroit alors censé avoir fait crédit à l'acheteur, & ces meubles répondroient du loyer, & des autres obligations du *bail*.

Il faut observer ici que le privilège du bailleur ne s'étend pas à tous les meubles qui sont dans la maison louée ; il ne peut être exercé que sur ceux qui paroissent y avoir été mis pour la garnir ou pour y être consommés : c'est la décision de la *loi 7*, §. 1, *ff. in quibus causis pignus, vel hypotheca tacitè contrahitur.*

D'après ce principe, Auzanet & plusieurs autres ont fort bien décidé que le privilège du bailleur ne pouvoit être exercé sur l'argent comptant qui se trouvoit dans la maison louée ; la raison en est qu'on ne peut pas dire que le preneur ait mis cet argent dans la maison pour la garnir.

Il faut appliquer la même décision aux billets ou obligations qui établissent ce qui peut être dû au preneur ; il est clair que les pièces justificatives d'une créance ne peuvent pas être considérées comme des meubles qui garnissent la maison louée.

Le privilège du bailleur ne peut pas s'exercer non plus sur les effets qui ne se trouvent dans la maison que pour quelque cause particulière, & non pour la garnir ; ainsi lorsque le preneur est un aubergiste, le bailleur n'aura aucun droit sur les malles & les autres effets que les voyageurs pourront avoir dans l'auberge : il en sera de même de la pendule mise chez un horloger pour la régler ; du damas donné à un tapissier pour couvrir des fauteuils ; d'une commode envoyée à l'ébéniste pour la raccommoder ; & de toutes les autres choses qui se trouveront dans la maison louée, lorsqu'il paroîtra qu'elles n'y ont pas été mises pour la garnir.

C'est par les mêmes principes que le bailleur n'a aucun privilège à exercer sur les meubles mis en dépôt ou en nantissement chez le preneur, pourvu toutefois que ces meubles ne soient pas en évidence, & qu'on les tienne enfermés; il est alors clair que le preneur n'a pas l'usage de ces meubles, & qu'il n'en a que la garde, jusqu'à ce que le propriétaire ait jugé à propos de les retirer.

Mais si les effets confiés au preneur étoient de nature à pouvoir garnir une maison, comme est, par exemple, une tapisserie, & qu'ils fussent en évidence, ils répondroient du loyer envers le bailleur; la raison en est que celui qui les a confiés au preneur, paroît alors avoir consenti qu'ils garnissent la maison, & que par conséquent ils soient assujettis au privilège du bailleur. D'ailleurs, celui-ci ne sachant pas à quel titre le preneur les tient, doit supposer qu'il en a la propriété.

La même règle n'auroit pas lieu dans le cas d'un dépôt nécessaire, tel que celui qui seroit occasionné par un incendie ou par le débordement de la rivière, les meubles qu'en pareille circonstance on transporteroit dans une maison, ne répondroient aucunement des loyers; la raison en est que le propriétaire ne les ayant fait transporter que pour les soustraire à l'action du feu ou de l'eau, on ne pourroit pas présumer qu'il eût consenti qu'ils garnissent la maison, ni qu'ils fussent obligés au loyer.

Quant aux meubles qui appartiennent aux sous-locataires, ils ne sont communément assujettis qu'à répondre du loyer de l'appartement occupé par chaque sous-locataire, c'est ce que porte l'article 162 de la coutume de Paris, qui est ainsi conçu:

« S'il y a des sous-locataires, peuvent être pris » leurs biens pour ledit loyer & charges du *bail*, » & néanmoins leur seront rendus en payant les » loyers pour leur occupation ».

Cette disposition doit être suivie dans les coutumes qui ne contiennent rien de contraire.

De ce que le sous-locataire n'engage ses meubles que jusqu'à la concurrence de son loyer, Basnage, en son traité des hypothèques, en conclut, après Barthole, que les meubles de celui à qui le locataire a donné l'habitation gratuite d'une partie de la maison, ne sont point obligés envers le bailleur, si ce n'est pour les menues réparations de son appartement, desquelles il est tenu comme un sous-locataire: cette décision est critiquée avec raison par M. Pothier. En effet, un propriétaire qui compte pour la sûreté de ses loyers sur les meubles dont il voit sa maison garnie, seroit trompé si la maison ou presque toute la maison se trouvoit occupée par différens particuliers, auxquels il suffiroit de dire que le principal locataire leur a accordé une habitation gratuite; il paroît équitable que leurs meubles soient obligés au loyer à proportion de la partie qu'ils occupent.

La coutume d'Orléans s'est écartée de la disposition du droit commun; elle assujettit les meubles du sous-locataire de partie de la maison au paiement de tous les loyers, & non pas seulement à proportion de ce qu'il occupe; d'où il suit qu'elle y assujettit aussi ceux de celui qui auroit une habitation gratuite. Voici les termes dans lesquels est rédigé l'article 408. « Le seigneur d'hôtel peut faire » exécution sur tous les meubles qu'il trouve en » son hôtel, pour le paiement des loyers qui lui sont » dus, encore que celui sur lequel l'exécution sera » faite, ne tînt que partie de la maison ».

Cette coutume, par cet article, donne au propriétaire, pour ses loyers, un droit indéfini sur les meubles du sous-locataire qui n'occupe que partie de la maison, & ne le limite point à ce qui est dû pour la portion qu'il occupe: ce droit est exorbitant & particulier à la coutume d'Orléans.

Quoique nous ayons dit que le privilège du bailleur ne pouvoit s'exercer que sur les meubles qui paroissoient avoir été mis dans la maison pour la garnir ou pour y être consommés, il ne faut pas prendre cette décision à la lettre; car quoique des marchandises ne puissent pas être regardées comme ayant été mises dans la maison pour la garnir ou pour y être consommées, puisqu'au contraire elles sont destinées à être vendues, elles sont néanmoins assujetties au privilège du bailleur; la raison en est que celui-ci peut exercer son droit sur tout ce qui garnit chaque partie de sa maison, suivant l'usage auquel on emploie cette partie: ainsi le preneur ayant fait une boutique dans une partie de la maison, il faut en conclure que les effets qui se trouvent dans cette boutique, doivent répondre du loyer.

Il faut remarquer que l'obligation de garnir de meubles en suffisance, ne s'applique qu'aux maisons des villes, & non aux métairies. Ici la récolte répond du paiement des fermages. On peut néanmoins exiger du preneur qu'il entretienne dans la métairie les bestiaux, & les instrumens d'agriculture qui sont nécessaires pour la mettre en valeur; sans quoi le bailleur pourroit faire résoudre la convention. Les coutumes de Paris, Vermandois, Châlons & Rennes, assujettissent au privilège du bailleur les meubles du fermier: d'où l'on peut conclure que dans ces coutumes le fermier est tenu de meubler la maison suivant son état.

Le droit de préférence sur les meubles qui garnissent un appartement, & sur les fruits recueillis sur les terres d'une métairie, a lieu dans la coutume de Paris, & autres semblables, même sans convention. De plus il s'exerce, selon le témoignage de Basnage, dans les provinces même où les meubles sont susceptibles d'hypothèque; ensorte que le bailleur doit être payé sur le prix des meubles ou fruits dont il s'agit, avant les autres créanciers du preneur, quoiqu'ils aient une hypothèque antérieure au *bail*. La raison en est que dans les provinces où les meubles peuvent être hypothéqués, ils ne le sont néanmoins qu'autant que le débiteur en conserve la possession, puisqu'il est de principe que les *meubles n'ont point de suite par hypothèque*. Ainsi celui qui les tient en nantissement, doit avoir la préférence sur tout autre créancier; parce que, selon l'observation de M. Pothier, le nantissement en a, en en quelque manière, dépossédé le débiteur : or les meubles qui sont dans la maison louée, sont une espèce de nantissement pour le bailleur, & en conséquence, le prix doit lui en être délivré par préférence à tout autre creancier, même antérieur.

Il faut cependant faire attention que le privilège du bailleur pour les loyers, n'est pas le premier dans l'ordre de ceux auxquels les meubles qui sont dans la maison louée, peuvent être soumis. Les frais nécessaires pour la vente des meubles, & les frais funéraires doivent être acquittés avant les loyers. Et suivant une déclaration du 22 août 1665, & un édit du mois d'août 1669, le loyer de la maison ne doit être payé par préférence à la taille que pour six mois, & le fermage d'une métairie que pour un an.

On préfère aussi au bailleur le salaire dû aux moissonneurs pour les grains coupés à la dernière récolte.

Il en est de même des gages des valets pour les services qu'ils ont rendus relativement à la culture & à la récolte. Dans quelques provinces ils sont préférés pour une année de gages, & dans d'autres pour une demi-année.

Au surplus, lorsqu'il est question de décider jusqu'où doit s'étendre la préférence due au bailleur relativement aux autres créanciers du preneur, on distingue à Paris, comme le prouvent différens actes de notoriété du châtelet, si le *bail* est passé pardevant notaires, ou s'il n'est que sous seing-privé. Dans le premier cas, on préfère le bailleur aux autres créanciers du preneur, non-seulement pour tous les termes échus, mais encore pour tous ceux qui sont à échoir, & en général pour toutes les obligations qui résultent du *bail*. Mais si le *bail* n'est que verbal ou sous seing-privé, le bailleur n'est préféré que pour trois termes échus & pour le courant, à moins qu'il n'ait été reconnu en justice, avant qu'aucun créancier eût fait saisir les biens du preneur.

En Lorraine, il règne sur cette matière un usage qui mérite une observation particulière.

Suivant l'article 17 du titre 12 de la coutume générale de Lorraine, les meubles qui sont dans une maison sont *expressément affectés* au bailleur pour les loyers : & suivant l'article 18, le propriétaire d'une métairie doit être préféré aux autres créanciers du preneur sur les fruits de cette métairie, pour les fermages de l'année courante, & d'une année d'arrérages. Ces dispositions de la coutume sont confirmées par l'article 5 du titre 17 de l'ordonnance civile du duc Léopold de Lorraine, du mois de novembre 1707, dont voici les termes :

Pourra aussi être demandé au juge permission de faire saisir & arrêter la chose dérobée, ou celle que le demandeur prétend lui appartenir, comme aussi les fruits provenans de métairie, pour canon de la ferme, à la requête du propriétaire, qui sera préféré pour l'année courante, & une d'arrérages ; & les meubles étant en la maison louée pour les loyers, encore qu'il n'y auroit aucun bail par écrit ; comme aussi faire saisir ès mains d'un tiers.

Il semble, d'après ces loix, que l'intention du législateur a été d'accorder aux propriétaires des maisons une préférence pour la totalité des loyers sur les meubles des maisons louées : cependant plusieurs magistrats éclairés nous ont assuré que différens bailliages de Lorraine restreignoient à cet égard les droits des propriétaires des maisons, & assimiloient ces propriétaires à ceux des métairies, en ne leur accordant de préférence que pour l'année courante, & une année d'arrérages. On ne nous a donné aucune raison satisfaisante pour appuyer cette jurisprudence, qui nous paroît également opposée à la loi & aux principes établis sur la matière dont il s'agit.

Mais de ce que le bailleur doit être préféré pour les loyers ou fermages, & pour toutes les obligations qui résultent du *bail*, peut-on tirer la conséquence que cette préférence doit s'étendre aux avances qu'il a faites au preneur pour faire valoir la métairie ? M. Pothier, qui propose cette question, dit qu'il faut distinguer. Si ces avances ont été faites par le *bail* même, l'obligation de les rendre faisant partie des obligations du *bail*, il n'est pas douteux que le propriétaire ne doive être préféré, suivant le principe qui lui accorde la préférence pour toutes les obligations du *bail*. Il y a plus de difficulté si les avances n'ont été faites que depuis le *bail* ; car la créance de ces avances dérive d'un contrat de prêt séparé & distingué du *bail*, & qui n'en fait point partie. Cependant il paroît que l'usage a étendu à cette sorte de créance les droits des bailleurs, surtout lorsque ces avances ont été faites en grains ou autres espèces, & qu'on ne peut douter qu'elles n'aient été faites pour faire valoir la métairie.

Droit de suite sur les meubles. Quoique ce soit une règle parmi nous, comme on l'a vu, que *les meubles n'aient pas de suite par hypothèque*, cependant la plupart des coutumes ont attribué au bailleur de maison ou de métairie, le droit de suivre les effets obligés au loyer ou fermage. Voici comme s'explique à cet égard la coutume de Paris :

« Meubles n'ont point de suite par hypothèque, » quand ils sont hors de la possession du débiteur : » toutefois les propriétaires des maisons sises ès villes » & fauxbourgs & fermes des champs, peuvent » suivre les biens de leurs locatifs ou fermiers exé- » cutés, encore qu'ils soient transportés, pour être » premiers payés de leurs loyers ou moisons, iceux » arrêter, jusqu'à ce qu'ils soient vendus & déli- » vrés par autorité de justice ».

Au reste, il faut que le bailleur exerce le droit de suite dans un court délai ; sans quoi ce droit, & celui de préférence sur les meubles transportés s'évanouiroient. Ce délai varie suivant les coutumes. Il faut suivre à cet égard l'usage de chaque endroit.

On peut exercer le droit de suite par la voie de saisie ou par la voie d'action, même contre une personne qui auroit acheté de bonne foi les effets transportés, & contre un créancier à qui ils auroient été donnés en paiement ou en nantissement. C'est pourquoi, si après l'expiration du *bail* d'une maison, le preneur transporte ses effets dans la nouvelle maison qu'il a louée sans avoir payé le premier bailleur, celui-ci peut suivre les effets transportés, & doit être préféré au nouveau bailleur. La raison en est que ces effets n'ont pu être obligés envers le second bailleur au préjudice de l'autre, tandis que subsistoit l'hypothèque contractée en premier lieu.

Il y a plus, le bailleur est fondé à exercer le droit de suite contre le propriétaire même des meubles transportés, lorsqu'il les a prêtés ou loués au preneur. La raison en est que ce propriétaire ayant consenti qu'ils garnissent la maison louée, il a dû savoir qu'ils seroient obligés au loyer, & qu'ainsi ils seroient assujettis au droit de suite accordé au bailleur.

Si celui contre lequel le bailleur veut exercer le droit de suite, ignore que les meubles réclamés aient garni la maison louée, c'est au bailleur à le justifier.

Un tiers peut aussi opposer, contre le droit de suite, plusieurs fins de non-recevoir.

L'une consiste dans la prescription qui résulte de l'expiration du délai fixé par l'usage ou par la loi, pour exercer le droit dont il s'agit.

Secondement, le bailleur doit être déclaré non-recevable dans l'exercice du droit de suite, lorsqu'il a consenti à ce que les meubles, qui lui étoient obligés, fussent enlevés de sa maison. Mais celui qui allègue ce consentement est tenu de le justifier.

En troisième lieu, le droit de suite s'évanouit, lorsque les meubles sur lesquels on voudroit l'exercer, ont été vendus en foire ou marché public. Cette fin de non-recevoir est une conséquence de la faveur qui est due au commerce. Il faut que ceux qui achètent dans les foires ou marchés, soient à l'abri de toute recherche, relativement aux effets achetés. En cas pareil, la publicité de la vente opère le même effet que le décret à l'égard des immeubles achetés.

Quatriemement, on doit appliquer la même décision aux ventes judiciaires faites par un huissier. Ainsi lorsque le bailleur a négligé de s'opposer à la vente des effets que les créanciers du preneur ont saisis dans la maison louée, le droit de suite ne peut être exercé contre les adjudicataires de ces effets.

Quoique la loi ait accordé au bailleur un droit de suite sur les effets du preneur, il ne faut pas en tirer la conséquence que celui-ci soit privé du droit de disposer des meubles dont il a garni la maison louée. Il est au contraire le maître d'en faire ce que bon lui semble, pourvu que le bailleur ait les sûretés convenables pour ses loyers & les autres obligations du *bail*. Ainsi il suffit qu'il reste dans la maison louée, des meubles en suffisance pour remplir cet objet.

Observez à ce sujet que, quoique le bailleur ne puisse empêcher le preneur de disposer des effets qu'il a dans la maison louée, pourvu qu'il y en laisse assez pour répondre des loyers, cependant si les créanciers du preneur venoient à saisir ces effets, le bailleur seroit en droit de s'opposer à l'enlèvement, & de demander la main-levée de la saisie, si mieux n'aimoient les saisissans s'obliger à faire remplir les conditions du *bail*, tant pour les termes échus, que pour ceux à échoir, & donner bonne & suffisante caution à cet égard.

Seconde obligation du preneur, concernant l'usage de la chose louée. Parmi les obligations du preneur, est non-seulement celle de n'employer la chose louée qu'aux usages pour lesquels elle est destinée, mais il doit encore prendre soin de cette chose, comme un bon père de famille feroit de son propre bien. C'est pourquoi si je vous loue des chevaux pour faire un voyage, vous ne devez ni les faire courir, ni leur faire faire de trop fortes journées, & vous êtes obligé de les nourrir comme il convient.

S'il s'agit de terres labourables, le fermier est tenu de les labourer, fumer, cultiver & ensemencer comme il convient : ainsi il ne doit pas les dessaisonner; c'est-à-dire, qu'il lui est défendu de les ensemencer, lorsqu'elles doivent demeurer en jachère, & qu'il ne lui est pas permis d'y semer du froment, quand c'est le temps d'y mettre de l'orge ou de l'avoine.

Il faut aussi qu'un fermier ait une suffisante quantité de bétail pour exploiter la métairie, & il lui est expressément défendu d'employer les fumiers & les pailles à d'autres usages qu'à l'engrais des terres qu'il doit cultiver. L'article 421 de la coutume d'Orléans contient à cet égard une disposition précise qui forme le droit commun.

Ainsi, quand le preneur auroit payé ses fermages, il n'auroit pas pour cela le droit de disposer des pailles & des fourrages : la raison en est que ces substances sont censées faire partie de la métairie.

Si la chose louée est une vigne, le preneur doit la bien façonner, la bien fumer, la provigner, l'entretenir d'échalas, & enfin la cultiver comme un bon vigneron cultiveroit sa propre vigne.

De l'obligation que contracte le preneur, de conserver & d'entretenir en bon état ce qu'on lui a loué, dérive celle de veiller à ce que durant le cours du *bail* on n'usurpe pas les terres qu'il doit cultiver; ainsi dans le cas où un tiers acquerroit une possession d'an & jour sur quelques-unes des terres louées, le preneur seroit tenu à cet égard des dommages & intérêts du bailleur; la raison en est que le preneur ne s'étant pas opposé à l'usurpation, comme il auroit dû le faire, il est juste qu'il soit responsable du préjudice que sa négligence a occasionné.

Le preneur est pareillement responsable des dommages causés aux bâtimens compris dans son *bail*, soit que ces dommages aient eu lieu par sa faute ou par celle de sa femme, de ses enfans, de ses domestiques, de ses pensionnaires, de ses ouvriers, de ses sous-locataires, *&c.* Ainsi, lorsque la maison louée vient à être incendiée, le preneur en est responsable, s'il ne justifie que l'accident est arrivé par un cas fortuit, ou que le feu a été communiqué par une maison voisine où il avoit commencé; la raison en est qu'on présume, en cas pareil, que l'incendie n'a eu lieu que par la faute des personnes qui habitent la maison.

S'il y a plusieurs locataires principaux dans la maison, c'est le locataire de l'appartement où le feu a commencé, qui est seul tenu de l'incendie; mais si l'on ignore par où le feu a commencé, en seront-ils tenus tous, ou aucun n'en sera-t-il tenu? M. Pothier, qui propose cette question, pense qu'aucun n'en doit être tenu. La raison qu'il en donne est que, comme il est entiérement incertain par la faute duquel le feu a pris, il ne peut y avoir contre aucun d'eux, de présomptions qui puissent servir de fondement à la demande du bailleur pour faire rétablir sa maison, & par conséquent la demande ne peut avoir lieu contre aucun.

Si le feu avoit pris à une auberge, & qu'il parût que ce fût par le fait & l'imprudence d'un voyageur qui y logeoit, le locataire qui tient l'auberge seroit-il responsable de l'accident? On dira, en faveur de l'aubergiste, continue l'auteur cité, qu'il y a une grande différence entre des voyageurs qui logent dans une auberge en passant, & des domestiques ou pensionnaires: un locataire commet une sorte de faute, lorsqu'il prend des domestiques ou des pensionnaires étourdis & imprudens, parce qu'il ne doit se servir que de personnes de la conduite desquelles il se soit informé; c'est pour cela qu'il est responsable de leurs fautes: mais un aubergiste est par son état obligé de recevoir les voyageurs qui s'y présentent, sans qu'il les connoisse, c'est pourquoi il ne devroit pas être responsable de leurs fautes.

Cependant M. Pothier pense que l'aubergiste ne pourroit, même dans ce cas, être excusé de l'incendie: car, comme il ne connoît pas les gens qui logent chez lui, il doit, pour prévenir les accidens, tenir, pendant la nuit, sa cuisine fermée, & il doit veiller par lui-même, ou par quelqu'un de ses gens, jusqu'à ce que tous les voyageurs qui sont logés dans son auberge soient au lit, & qu'il ne paroisse plus de lumière dans les chambres. Ainsi, pour n'avoir pas pris de telles précautions, il doit répondre du dommage causé par l'incendie. En effet, quoique le feu ait pris dans la chambre d'un voyageur, l'aubergiste auroit prévenu l'accident, s'il eût veillé comme il le devoit.

Mais si un voyageur avoit causé, dans la maison de l'auberge, du dommage que le locataire aubergiste n'auroit pu prévenir ni empêcher, il n'en doit pas être responsable. La raison en est, que son état l'obligeoit de recevoir le voyageur dans l'auberge sans le connoître. Il faut toutefois, pour qu'il soit déchargé de ce dommage envers le propriétaire, qu'il n'ait négligé aucune des voies propres à en procurer l'indemnité; par exemple, si ce voyageur avoit une valise ou d'autres effets, il a dû les arrêter pour la réparation du dommage.

Pour que le preneur soit tenu de la perte ou de la détérioration de la chose louée, il n'est pas précisément nécessaire que ce soit sa faute qui ait causé le dommage, il suffit qu'elle y ait donné occasion. Par exemple, s'il lui étoit défendu par le *bail* d'avoir des matières combustibles dans quelque endroit, & qu'il y en ait eu, il sera tenu de l'incendie, quoique arrivé par cas fortuit. La raison en est, que c'est sa contravention aux clauses du *bail* qui a donné lieu à l'accident.

Par la même raison, si j'ai été attaqué en chemin par des voleurs qui ont tué le cheval que j'avois pris à loyer pour faire mon voyage, quoique cette violence soit une force majeure, dont le locataire n'est pas responsable, & que j'en aie la preuve par la capture des voleurs; cependant, si j'ai donné occasion à cet accident, en faisant route à des heures indues, ou en quittant le grand chemin pour en prendre un plus court, mais beaucoup moins sûr, je serai responsable de la perte du cheval.

Il en seroit différemment, si, en quittant le grand chemin pour en prendre un autre, je n'avois fait que ce que les autres voyageurs avoient coutume de faire, parce que le grand chemin étoit alors impraticable.

Tous ces cas sont proposés & résolus par le jurisconsulte que nous avons cité, lequel observe en même temps qu'il est une occasion où le preneur n'est pas chargé du soin de conserver la chose qui lui est louée; c'est lorsqu'il y a une personne préposée par le bailleur pour avoir ce soin pendant que le preneur se sert de la chose. C'est ce qui arrive, lorsqu'un loueur de chaise loue à quelqu'un une chaise & des chevaux pour faire un voyage, & lui donne un cocher pour conduire la voiture; ce cocher préposé par le bailleur est chargé du soin de la chaise & des chevaux, & le locataire n'est chargé de rien.

Si à la fin du *bail*, la chose louée se trouvoit perdue par la faute du preneur, & que par conséquent il ne pût pas la rendre, il faudroit qu'il en payât l'estimation; le bailleur seroit en droit de l'y faire condamner. Si toutefois la chose se recouvroit, même après la condamnation, le preneur, en la rendant, seroit dispensé de la payer: mais si cela étoit fait, il ne seroit pas fondé à répéter ce qu'il en auroit donné. La raison en est, que le paiement de cette chose seroit considéré comme le complément d'un contrat de vente entre les parties.

Au surplus, le preneur ayant payé la chose, seroit subrogé aux droits du bailleur pour la revendiquer, & celui-ci seroit tenu d'une garantie pareille à celle que le vendeur doit à l'acheteur; c'est pourquoi si un tiers prétendoit un droit de propriété sur cette chose, il faudroit que le bailleur repoussât cette prétention, ou qu'il restituât au preneur l'estimation qu'il en auroit reçue.

Il reste à observer que si la chose louée s'étoit perdue sans qu'on pût imputer à ce sujet aucune faute au preneur, il seroit déchargé de l'obligation de la rendre; mais il faudroit pour cela qu'il justifiât comment cette chose se seroit perdue, sinon on présumeroit qu'il y a eu de sa faute, & en conséquence on l'obligeroit à la payer selon l'estimation. Supposons, par exemple, que je vous aie loué un cheval pour faire un voyage, il ne suffira pas pour votre décharge, de dire qu'une maladie l'a fait périr en route, il faudra que vous fassiez constater cet accident, soit en représentant un procès-verbal de visite de l'animal, ou en produisant une attestation des gens qui l'auront vu périr.

La même décision doit s'appliquer au cas où la chose louée ne seroit pas perdue, mais seulement détériorée. Si le preneur ne justifioit pas que la détérioration fût arrivée autrement que par sa faute, il en seroit responsable.

Il faut néanmoins remarquer qu'il y auroit une fin de non-recevoir contre le bailleur, si la détérioration étant de nature à pouvoir être apperçue sur le champ, il recevoit la chose louée sans s'en plaindre.

Section IX.

Des réparations locatives.

Quoique en général le bailleur soit tenu des réparations des maisons & héritages loués, il y en a néanmoins dont l'usage a chargé les preneurs, par la raison qu'ils sont censés les avoir occasionnées soit par eux-mêmes, soit par les gens qui habitent avec eux, & ce sont ces dernières qu'on appelle *réparations locatives.*

Les réparations de cette espèce sont en général toutes les menues réparations d'entretien, qui ne proviennent ni de la vétusté, ni de la mauvaise qualité des choses à réparer.

Desgodets & Goupi mettent au rang de ces réparations celles qu'exigent les âtres & contrecœurs de cheminées, par la raison qu'elles n'ont pu être occasionnées que par un trop grand feu, ou par l'action des bûches jettées sans précaution sur le feu. S'il y a des plaques de fonte pour servir de contrecœurs, & qu'elles viennent à se casser, le preneur en doit fournir d'autres.

Si les pièces de l'appartement ne sont point carrelées, on ne regarde pas comme réparations locatives les trous qui se font dans les aires de plâtre. La raison en est, que le moindre frottement suffit pour occasionner ces trous; c'est pourquoi on ne peut pas dire qu'ils proviennent de la faute du preneur.

Les trous des marches des escaliers dont les dessus sont avec aire de plâtre, ne sont pas non plus à la charge du preneur, par les raisons qu'on vient de dire : mais si les marches sont carrelées entre les bois, les carreaux qui se déplacent ou qui se cassent, doivent être réparés par le preneur, s'il a loué seul la maison. Si au contraire, il y a plusieurs locataires dans la maison, & que chacun tienne son droit du bailleur, c'est à la charge de celui-ci que sont ces réparations, par la raison qu'on ne peut pas en charger un locataire plutôt que l'autre. Cependant si le bailleur avoit stipulé dans les différens *baux* de sa maison, que chaque locataire seroit chargé des réparations locatives de l'étage d'escalier qui a rapport à son appartement, il faudroit suivre cette convention. La même décision doit s'appliquer aux dépendances des escaliers, telles que les vitres des croisées qui les éclairent, les rampes, les écuyers posés le long des murs, les vases de cuivre, les lanternes, & même les marches de pierre des grands escaliers, lorsqu'il paroît qu'elles ont été cassées par quelque fardeau qu'on a laissé tomber dessus, & que cette dégradation n'a point eu lieu, parce que les murs qui portent ces marches ont fléchi.

Les carreaux, soit de marbre, soit de pierre ou de terre cuite, qui manquent ou qui se trouvent cassés dans les pièces de l'appartement, doivent être remis aux frais du preneur : mais si ces carreaux sont usés par vétusté, ou que l'humidité les ait fait pourrir ou feuilleter, comme cela arrive souvent au-rez-chaussée, le preneur ne doit pas être tenu de cette dégradation, puisqu'elle n'a pas eu lieu par sa faute.

Dans les pièces carrelées de carreaux blancs & noirs, il y a des plates-bandes de pierre au pourtour des murs, lesquelles font partie du carreau : si elles viennent à être cassées par la faute du preneur, il doit sans difficulté les rétablir : mais il en seroit autrement, si la dégradation provenoit des charges de plâtre, mises sur ces pierres, en enduisant les murs contre lesquels elles sont posées, ou si elle avoit été occasionnée par quelque lambris placé avec effort, ou par quelque autre fait qui ne pût pas être imputé au preneur : c'est ce qui doit être examiné.

Le preneur est tenu de réparer les panneaux ou battans du parquet, qui se trouvent cassés ou enfoncés par violence.

Le preneur n'est pas tenu de réparer les pavés des grandes cours ou des écuries, qui se trouvent cassés. Ces cours étant destinées à supporter des carrosses, des chariots, & d'autres choses d'un poids considérable; & les écuries étant destinées à recevoir des chevaux qui battent du pied, on ne peut pas, lorsqu'il s'y trouve des pavés cassés, dire que ce soit par la faute du preneur : c'est plutôt celle du paveur qui a employé des pavés trop minces, ou qui a épargné le ciment : or il ne seroit pas juste que le locataire répondît des faits d'un paveur qu'il n'a pas employé. A l'égard des pavés des petites cours où il n'entre ni carrosses ni charrettes, & de ceux des cuisines, des offices & des autres lieux semblables où l'on n'introduit pas des choses de grand poids, ils doivent être réparés par le preneur, lorsqu'ils sont cassés, mais ils sont à la charge du bailleur, lorsqu'ils ne sont qu'ébranlés. La raison en est qu'en pareil cas, la dégradation provient communément des intempéries de l'air, des gouttières, des égouts, des combles, &c. Pour ce qui concerne les pavés des cours, & pour ceux des cuisines, c'est l'eau qu'on y répand continuellement, qui, en altérant le ciment, les ébranle. Comme une telle dégradation n'est que l'effet de l'usage ordinaire auquel les lieux dont il s'agit, sont destinés, il est clair qu'elle ne doit pas être à la charge du locataire.

Le preneur est tenu de remettre les losanges ou carreaux de vitres & les verges de fer pour les soutenir, à la place des vitres ou verges qui manquent ou qui sont cassées, la présomption étant que c'est par la faute du locataire ou de ses gens, à moins que les vitres n'aient été cassées par la grêle; &, à l'égard des verges, à moins qu'on ne reconnoisse qu'elles ont été cassées par le vice de la matière. Mais la réparation, pour remettre les panneaux en plomb, n'est pas à la charge du locataire, cette réparation n'étant censée causée que par la vétusté des plombs. Desgodets & Goupi comprennent aussi, dans les réparations locatives, le lavage des vitres.

Les croisées, les volets, les contrevents, les portes, les chambranles & embrasemens, les fermetures, soit des boutiques, soit des autres pièces, les lambris d'appui ou à hauteur de plancher, les cloisons & toutes les menuiseries qui dépendent d'une maison, doivent être réparés par le preneur, lorsqu'ils sont endommagés, détruits ou cassés, soit qu'il les ait changés de place, ou qu'il ait, en quelque autre manière, donné lieu à la dégradation. Il en seroit différemment, si ces choses se trouvoient dégradées par vétusté. Le preneur, dans ce cas, ne pourroit en être chargé.

Si le preneur faisoit une chatière à une porte, le bailleur pourroit l'obliger de remettre, à la fin du *bail*, une planche entière à cette porte pour boucher le trou. Pareillement, si le preneur fait placer une seconde serrure à une porte, & qu'à cet effet, il ait pratiqué des entailles pour la mettre en place, le bailleur pourra exiger qu'il soit remis une planche neuve à la place de celle à laquelle on aura travaillé, quand même on n'y auroit fait qu'un trou pour passer la clef.

Lorsque les dessus de portes & les autres tableaux, ainsi que leurs bordures ou ornemens, viennent à être endommagés durant le *bail*, c'est au preneur à les faire réparer. Et s'ils sont tellement détériorés qu'on ne puisse pas les raccommoder, le preneur doit les payer au bailleur suivant l'estimation. La même décision doit avoir lieu à l'égard des ornemens de sculpture, qui peuvent avoir été détruits par violence.

Si les glaces des cheminées ou des trumeaux viennent à être cassées, le preneur doit en faire remettre de neuves & de la même qualité que celles qui ont été cassées : cependant s'il étoit justifié que le dommage provînt du gonflement des plâtres, ou de ce que les bois des parquets se sont déjettés, ce seroit le bailleur qui supporteroit le dommage.

Les chambranles & tablettes de menuiserie, que le feu endommage, doivent sans difficulté être réparés par le preneur.

Il faut en dire autant des chambranles des cheminées de marbre, & de ceux de pierre de liais, ainsi que de leurs foyers, tablettes, &c. lorsqu'ils sont cassés par violence ou par la trop grande activité du feu : Goupi observe qu'il est difficile de juger sainement à cet égard, attendu que l'effort des plâtres peut occasionner un pareil dommage. D'ailleurs les marbriers vendent souvent pour sains & entiers des chambranles défectueux, tranchés par des fils qu'ils ont soin de masquer avec un mastic mêlé de poudre de marbre; ensorte que les connoisseurs même y sont quelquefois trompés : c'est pourquoi celui qui prend une maison à *bail*, doit bien examiner ces sortes de choses, & se faire donner une reconnoissance des vices ou défauts qu'il peut y avoir remarqués.

Tout ce qui vient d'être dit, s'applique aussi aux tables, buffets & cuvettes de marbre, qui peuvent dépendre de la maison.

Si les tringles de fer des croisées, qui portent des rideaux, les poulies & les croissans destinés à tenir les rideaux ouverts, viennent à se casser, c'est au preneur à les réparer.

Les balcons & les grilles de fer auxquels il manque quelque enroulement ou barreau, doivent être réparés par le locataire. Il en est de même des treillis de fil de fer ou de laiton, lorsqu'ils se trouvent endommagés autrement que par vétusté.

Le preneur est aussi chargé de représenter, à la fin du *bail*, toutes les serrures des portes, croisées, armoires, &c. qui dépendent de la maison : c'est pourquoi il est chargé de réparer toutes celles qui peuvent être cassées; il y a toutefois, selon la remarque de Goupi, une difficulté sur l'entretien des serrures : les uns prétendent que les locataires doivent être chargés de cet entretien, lorsqu'ils ont reçu les serrures en bon état : la raison en est, disent-ils, que rien n'étant plus facile que de forcer la garniture d'une serrure, lorsqu'on ouvre une porte sans attention, ce seroit une condition trop onéreuse au bailleur, que d'être obligé de raccommoder les serrures toutes les fois que les locataires les gâteroient : les autres opposent que les garnitures des serrures ne sont pas assez solides pour résister au frottement continuel des clefs; que la poussière qui entre dans une serrure, se joignant avec l'huile dont on a coûtume d'en enduire les pièces, forme une espèce de cambouis qui oblige à faire effort pour pouvoir ouvrir & fermer cette serrure; qu'ainsi ces sortes de meubles se gâtent sans qu'on puisse imputer à cet égard aucune faute au locataire : en conséquence, ils soutiennent qu'il ne doit être chargé d'aucune réparation, relativement à cet objet. Goupi trouve que ces raisons ne sont pas sans fondement; il croit néanmoins que, pour éviter les abus qui pourroient résulter de la mauvaise volonté de quelques locataires, il convient qu'ils soient tous chargés de l'entretien dont il s'agit : cette opinion nous paroît judicieuse.

Les trous pratiqués dans la maçonnerie des mangeoires des chevaux, sont aussi de l'entretien du locataire. Si le devant d'une mangeoire se trouve rongé par les chevaux, le locataire est obligé d'en faire remettre un autre, parce que le dommage est l'effet d'un vice des chevaux qui ont été mis dans l'écurie. Si les râteliers se trouvent endommagés ou détruits autrement que par vétusté, c'est aussi au locataire à les réparer. Il en est de même des piliers & des barres qui servent à séparer les chevaux les uns des autres.

Le nettoiement des cheminées est pareillement une charge des locataires, & il n'est pas douteux que, si le feu prenoit à une cheminée, faute d'avoir été ramonnée, le locataire ne fût tenu de tout le dommage causé par l'incendie qui auroit été la suite de sa négligence, à moins qu'il ne se fût trouvé, dans le tuyau, quelque pièce de bois; dans ce cas, ce seroit par le défaut de la construction de la cheminée, que l'incendie seroit arrivé, & le locataire n'en seroit pas tenu : c'est ce qu'observe Goupi. Le curement des privés est une charge du bailleur & non des locataires.

Desgodets charge les locataires d'entretenir en entier les potagers des cuisines & leurs rechauds, ainsi que les fours & fourneaux : mais Goupi remarque que cela n'est pas d'usage; suivant lui, le bailleur reste chargé des murs, des voûtes & planchers des fourneaux : & le preneur doit entretenir le carreau placé sur les planchers qui reçoivent les cendres des rechauds, & celui qui est au-dessus des fourneaux : le preneur doit aussi rétablir les rechauds potagers, lorsqu'il y en a de cassés, & les grilles, lorsqu'elles sont brûlées. Il en est de même des autres fourneaux, tels que ceux qui servent aux lavoirs.

Quant aux paillasses de cuisine qui sont de petits massifs de maçonnerie, recouverts en carreaux, & élevés environ d'un pied, le locataire n'est tenu que du carreau de dessus.

A l'égard des fours, l'usage est que le bailleur en entretienne les murs & la cheminée, ainsi que la voûte inférieure, s'il y en a une : le locataire n'est tenu que de réparer l'aire du four & la chapelle ou voûte intérieure qui est soumise immédiatement à l'action du feu.

Si les pierres à laver la vaisselle viennent à être cassées ou écornées durant le *bail*, c'est au locataire à les réparer. Cependant si le dommage avoit été l'effet de quelque fil qui se seroit trouvé dans la pierre, la réparation concerneroit le bailleur.

Lorsqu'il y a un tuyau de plomb pour recevoir les eaux du lavoir, avec une petite grille pour empêcher l'engorgement de ce tuyau, & que cette grille se trouve enfoncée ou rompue, le locataire doit la rétablir, parce qu'on présume que c'est la charge qu'on a mise dessus qui a causé le dommage. Il y a des experts qui, dans le cas où un tuyau de plomb est joint avec une pierre à laver par un collet de mastic, chargent le locataire de l'entretien de ce collet, attendu qu'il est souvent fondu par la trop grande chaleur de l'eau qu'on emploie à laver la vaisselle : mais Goupi condamne cette pratique, & prétend qu'une telle réparation doit être à la charge du bailleur. La raison qu'il en donne, est que la jonction du tuyau avec la pierre pouvant se faire avec plus de solidité par le moyen d'une soudure de plomb, le locataire ne doit pas être chargé d'entretenir une chose que le bailleur a négligé de rendre solide pour éviter de la dépense.

Goupi critique aussi l'usage dans lequel on est de faire payer au locataire les barrières de charpente que brisent les voitures qui entrent dans les cours & remises de la maison louée : il étend la même critique au paiement qu'on exige pareillement du locataire pour le dommage causé aux auges de pierres, destinées à abreuver les chevaux, & aux bornes que les cochers cassent quelquefois par défaut de dextérité. Les raisons sur lesquelles cet architecte fonde son opinion, sont que les barrières & les bornes n'étant placées que pour conserver les murs de la maison, le locataire ne doit pas être chargé de l'entretien de choses dont il ne retire aucune utilité, & que le bailleur n'a fait faire que pour son intérêt particulier. Quant aux auges de pierre, le bailleur ayant négligé de les contregarder avec du fer pour empêcher qu'elles ne pussent être endommagées par les voitures, il n'est pas juste que le locataire supporte les effets de ce défaut de précaution.

Les poulies des puits & des greniers, leurs chappes, ainsi que les mains de fer des puits, doivent être réparés par les locataires : ce sont, pour ainsi dire, des meubles que le bailleur met dans sa maison pour l'usage de ses locataires : ainsi il est juste que ceux-ci soient chargés de les entretenir.

Il faut en dire autant du piston, de la tringle de fer qui le fait mouvoir, & du balancier des pompes que l'on met dans les maisons au lieu de puits.

Desgodets veut aussi que les aisemens des puits soient à la charge du locataire, parce que ce sont les pierres & les autres choses que lui ou ses gens y laissent tomber par leur faute, qui rendent ces aisemens nécessaires; mais lorsque, dans des années de sécheresse, il faut percer le tuf pour faire venir de l'eau, ce doit être aux frais du bailleur.

L'entretien des tuyaux de descente de plomb ne doit point être à la charge du locataire, soit qu'ils viennent à se fendre par la gelée, ou qu'ils viennent à crever. Voici les raisons sur lesquelles Goupi fonde cette décision. 1°. Si ces tuyaux de descente ne reçoivent que les eaux des combles, & qu'ils viennent à se fendre par la gelée, cela n'arrive point par le fait du locataire, s'ils venoient à s'engorger, ce seroit faute de grilles pour empêcher les gravois & autres immondices que les eaux des combles peuvent entraîner avec elles; par conséquent cela ne peut pas s'imputer au locataire. 2°. Si ces tuyaux reçoivent & les eaux des combles & celles que les locataires peuvent y jetter, il n'est pas possible de savoir si le dommage arrivé à ces tuyaux a été causé plutôt par les eaux des locataires que par celles des combles. 3°. Enfin, quand bien même ces tuyaux de descente ne serviroient qu'aux locataires seuls, les locataires ne pourroient être tenus de les réparer, s'ils venoient à se briser par la gelée, parce qu'il faut que ces locataires fassent un usage continuel de ces tuyaux; ils ne peuvent s'en dispenser, ainsi ils ne sont point garans de l'événement. Les locataires ne peuvent pas être tenus non plus de l'engorgement, lorsqu'il y a des grilles; ces tuyaux ne peuvent s'engorger que par le mastic que font les eaux grasses & les sels des urines, ce qui est une suite indispensable de l'usage que l'on fait de ces tuyaux: d'ailleurs ces engorgemens ne se peuvent faire que par une longue suite d'années, trente ans ne suffiroient quelquefois pas pour qu'il se fît de ces sortes d'engorgemens; il faudroit, pour qu'un locataire en fût garant, qu'à chaque *bail* on fît déposer & fendre les tuyaux de descente, pour faire ôter le mastic du précédent *bail*, n'étant pas juste que le dernier locataire soit chargé des faits du précédent.

Lorsqu'il y a un jardin attaché à la maison louée, le locataire doit l'entretenir & le remettre, à la fin du *bail*, en aussi bon état qu'il étoit lorsqu'il est entré en jouissance: s'il ne conste pas de l'état dans lequel il étoit alors, on présume qu'il étoit en bon état; ainsi les allées doivent être rendues dressées & sablées, *&c.*

Lorsqu'il y a des treillages & portiques de treillages, le locataire n'est chargé que de ce qui peut s'y trouver de cassé par violence, & non du dommage causé par les vents ou par une longue suite d'années. Quand le vent rompt ou renverse des treillages, le propriétaire est censé n'avoir pas pris les précautions nécessaires pour les rendre solides.

S'il y a des bassins ou jets d'eau, le locataire est tenu de réparer les tuyaux de fer, de plomb ou de grès, lorsque la gelée les a fait crever, parce qu'on a négligé d'en ôter l'eau pendant l'hiver: il est d'ailleurs chargé d'entretenir les robinets. Si les réservoirs venoient à être endommagés, parce que le locataire n'auroit pas eu soin de les faire décharger durant la gelée, il seroit tenu de les réparer, à moins toutefois que les eaux de ces réservoirs ne vinssent des eaux publiques de la ville. La raison de cette exception est qu'en cas pareil, il ne dépend pas du locataire de retirer l'eau quand bon lui semble.

A l'égard des vases & des pots de fleurs qui servent à l'ornement du jardin, & des bancs que le propriétaire y a laissés, en donnant la maison à loyer, Goupi fait une distinction: il dit qu'en ce qui concerne les vases de faïance, de fonte ou de fer, caisses de bois, & les bancs de bois, cassés ou dégradés autrement que par vétusté, la présomption est que c'est par la faute du locataire ou de ses gens, & qu'en conséquence il est tenu de les réparer ou d'en substituer d'autres; mais qu'à l'égard des vases de marbre, de pierre ou de terre cuite, & des bancs de pierre, la dégradation de ces choses pouvant venir de l'intempérie de l'air, le locataire n'en est point tenu, à moins que le propriétaire ne prouve qu'ils ont été rompus par violence.

Les plombs, les fers & les autres choses dépendantes d'une maison, qui viennent à être volés, doivent être rétablis aux frais du locataire, à moins qu'il ne justifie qu'on ne peut à cet égard lui imputer aucune négligence ou défaut de précaution.

Le fermier d'un bien de campagne est tenu de faire faire aux bâtimens qu'il occupe, toutes les réparations d'entretien dont ils peuvent avoir besoin, en observant sur cela les usages des lieux où les bâtimens se trouvent situés.

Au surplus, un locataire n'est pas obligé de réparer les choses de manière qu'elles soient meilleures qu'elles n'étoient lorsqu'il les a prises à *bail*, il suffit qu'il représente en place celles qu'il a reçues, bonnes ou mauvaises, sans y avoir fait de changement. Il a donc un grand intérêt à examiner, avant d'entrer en jouissance d'une maison, les choses qui y sont endommagées; il peut obliger le propriétaire à les mettre en état, sinon il doit prendre la précaution de faire signer par le propriétaire un état, pour justifier des choses qui manquent ou qui exigent des réparations.

Il n'est pas inutile d'observer ici, qu'il y a dans une maison différentes choses de la garde & de l'entretien desquelles un locataire n'est pas obligé de se charger, même après le *bail* passé: tels sont dans les jardins les bancs de bois qui peuvent se transporter, les vases de faïence, de fonte ou de fer, les caisses de bois pour les arbrisseaux; dans les appartemens, les tringles des rideaux, les croissans pour tenir les rideaux des portières ouvertes, les tables de marbre & les trumeaux de glace qui ne sont point attachés pour perpétuelle demeure, les armoires non scellées, les doubles portes d'étoffe, les paillassons ou stores de croisées, les tableaux ou dessus-de-portes non arrêtés dans la menuiserie de la maison; dans les escaliers, les lanternes; dans les cuisines, les tablettes, les ratteliers & tables de cuisine; enfin toutes les choses qui peuvent aisément être transportées & qui sont meubles.

Lorsque, après le *bail* signé, le locataire veut être déchargé de la garde de toutes ces choses, il doit en faire sa protestation en entrant dans la maison, & mieux encore, avant d'y entrer.

SECTION X.

Des obligations du preneur, résultant des clauses du bail.

Souvent on stipule, dans le *bail* d'une métairie,

que le preneur fera les voitures des matériaux nécessaires pour réparer les bâtimens de la métairie. Mais quel sera l'effet de cette clause, si la métairie vient à être incendiée ? La réponse est que le fermier ne sauroit être obligé à faire les voitures que peut exiger une reconstruction à neuf. La raison en est, que les voitures auxquelles il s'est assujetti par le contrat, n'ont eu pour objet que les réparations d'entretien qui surviennent ordinairement dans le cours d'un *bail*, & non la reconstruction occasionnée par un incendie qu'on n'avoit pas prévu.

On ne peut pas non plus, en vertu de la clause dont il s'agit, obliger le preneur d'aller chercher les matériaux nécessaires dans un lieu éloigné, lorsqu'il y en a de bons dans le voisinage de la métairie : cependant si l'endroit où l'on demande que le preneur aille chercher les matériaux, n'est qu'à une distance peu considérable du lieu le plus proche de la métairie où il s'en trouve, il doit déférer à la demande.

Mais si le propriétaire venoit à changer l'état des bâtimens de la métairie, & qu'au chaume qui les couvroit, il voulût, par exemple, substituer des tuiles qu'il faudroit aller chercher au loin, le preneur ne pourroit être tenu de ce surcroît de voitures. La raison en est, qu'il ne s'est assujetti qu'à faire les voitures nécessaires pour réparer la métairie, eu égard à l'état où elle étoit lorsqu'il l'a prise à *bail* : ainsi, par le changement que le propriétaire a fait à sa métairie, il n'a pas eu le droit de rendre plus onéreuse l'obligation du preneur.

Le propriétaire doit aussi éviter de choisir le temps où les travaux de la campagne exigent la présence du fermier, pour demander à celui-ci les voitures qu'il s'est soumis de faire. Il est certain qu'en pareil cas le fermier seroit fondé à ne pas déférer à la demande, sur-tout si les réparations n'étoient pas urgentes. Et si elles étoient urgentes, il faudroit savoir si ce n'est point par un effet de la négligence du propriétaire, que les voitures ont été différées jusqu'alors. Si les réparations étoient à faire depuis long-temps, & que le fermier en eût averti le propriétaire, il est certain que celui-ci seroit tenu de dédommager celui-là, s'il l'obligeoit à faire, dans le fort de ses travaux, ce qu'il auroit pu faire à moindres frais dans un temps plus commode. C'est l'avis de Pothier.

On stipule quelquefois, dans un *bail* de biens de campagne, que la garantie du bailleur ne s'étendra pas à l'obligation de *parfournir la mesure, & que le plus ou le moins sera pour le compte du fermier.*

L'effet de cette clause est de donner au fermier la jouissance de l'excédent s'il y en a, sans qu'il soit tenu d'augmenter le loyer; mais aussi il n'a nul droit pour demander une diminution de loyer, s'il se trouve que le terrein loué soit moins étendu qu'il ne l'avoit crû.

Si l'on stipule que la garantie aura lieu, tant pour la mesure que pour la jouissance des héritages affermés, il y a une distinction à faire : ou ces héritages sont entourés de murs, de palissades, de haies ; ou les limites en sont déterminées par des tenans & aboutissans spécifiés dans le *bail ;* ou bien ils n'ont ni clôture proprement dite, ni limites bien établies.

Supposons que vous me laissiez à *bail* cinq arpens de terre, situés à Longjumeau, entourés de murs, de palissades, *&c.* ou limités par les héritages de tels & tels particuliers, il n'est pas douteux que vous ne soyez obligé de me faire jouir de la totalité de cinq arpens, ou de diminuer le loyer à proportion de ce qu'il s'en trouvera de moins.

Mais si vous me laissez à *bail* un verger situé à Saint-Denis, environné de murs, ou limité par tels & tels héritages, & que vous l'ayez énoncé contenant cinq arpens, vous ne serez pas garant de la mesure. La raison en est que ce n'est pas précisément cinq arpens que vous m'avez loués, mais un verger ; c'est pourquoi vous ne me devez que la garantie de la jouissance de ce verger, tel qu'il est dans les limites que vous lui avez assignées. S'il n'est point aussi étendu que je l'avois cru, je dois m'imputer de ne l'avoir pas mesuré, comme j'en étois le maître, avant de souscrire le *bail.*

On stipule aussi assez fréquemment dans les *baux*, que le *preneur sera tenu d'acquitter les cens & rentes seigneuriales* : mais une telle stipulation ne s'applique qu'aux redevances modiques ; c'est pourquoi si les biens loués se trouvoient chargés d'une rente considérable, quoique seigneuriale, le preneur n'en seroit pas chargé, en vertu de la stipulation dont il s'agit, si d'ailleurs il n'en avoit point eu de connoissance.

Si, en chargeant le preneur d'acquitter les cens & droits seigneuriaux, le bailleur n'avoit indiqué, ni le montant de ces droits, ni les seigneurs auxquels ils sont dus, il seroit tenu des frais & des amendes qui pourroient résulter du défaut de paiement.

Comme celui qui loue son bien en conserve non-seulement la propriété, mais encore la possession, puisqu'il possède par son locataire, & que les loyers qu'il perçoit lui tiennent lieu de jouissance, il faut en tirer la conséquence que c'est le propriétaire & non le locataire qui doit acquitter toutes les charges imposées sur les héritages loués, à moins que, par une clause particulière du *bail*, le locataire ne se soit expressément soumis à remplir cette obligation pour le propriétaire. Cependant ce n'est jamais ce dernier qui doit acquitter la dixme ; & il est facile d'en appercevoir la raison : c'est que la dixme n'est pas une charge du fonds, & qu'elle n'est due que sur les fruits, en vertu d'une louable coutume qui a passé en obligation : or, comme c'est le locataire qui perçoit les fruits, c'est lui qui est tenu d'acquitter la dixme.

Les loix qui ont établi certaines impositions, telles que le vingtième, portent que les fermiers ou locataires seront contraints de les acquitter ; mais il ne faut pas conclure d'une telle disposition, que les

les impositions ne soient pas à la charge du propriétaire : le fermier n'en fait que les avances, qu'il retient ensuite sur les loyers ou fermages.

A l'égard des impositions relatives aux réparations des églises paroissiales, Pothier remarque qu'elles sont d'une nature mixte : elles sont charges du fonds pour une portion, & charges personnelles du fermier ou locataire qui est paroissien, pour l'autre portion. Comme les églises paroissiales concernent principalement & immédiatement l'utilité des habitans, il est juste que les locataires & fermiers contribuent à l'entretien de ces églises, avec les propriétaires des fonds. La portion à laquelle ils doivent contribuer, est ordinairement réglée au tiers du taux, auquel la maison ou métairie, dont ils sont locataires ou fermiers, a été imposée par ces sortes de tailles.

Le locataire ou fermier étant tenu de contribuer pour un tiers à ces impositions, en qualité d'habitant & de paroissien, il s'ensuit, continue le jurisconsulte cité, 1°. que si le locataire a sous-baillé toute la maison, c'est le sous-locataire qui est tenu du tiers de l'imposition, & non le locataire; & s'il n'a sous-baillé que pour partie, le sous-locataire est tenu d'une partie du tiers de la taxe, à proportion de ce qu'il occupe.

2°. Que le locataire d'un magasin ou d'autres bâtimens, destinés à renfermer ou à débiter des marchandises, ne doit point son tiers du taux de la taille d'église, imposée sur ces sortes de bâtimens. La raison en est qu'un tel locataire qui a son domicile ailleurs, n'étant ni habitant, ni paroissien, n'a aucune qualité qui le rende contribuable.

Observez que, dans la répartition de la taxe, les bâtimens qui ne servent pas pour l'habitation d'un paroissien, doivent être imposés à un tiers de moins que les maisons; autrement le propriétaire d'un magasin ou autre bâtiment semblable, qui n'ayant point de locataire paroissien, doit porter son taux en entier, se trouveroit porter plus que sa part des deux tiers de l'imposition due par les propriétaires.

A l'égard des maisons occupées par les propriétaires, elles doivent être taxées comme les maisons louées; parce que le propriétaire, étant en même temps paroissien, doit contribuer à l'imposition dans les deux qualités.

Souvent on stipule que le preneur pourra être contraint par corps à exécuter le *bail* : une telle stipulation est autorisée par l'article 7 du titre 34 de l'ordonnance du mois d'avril 1667. Mais cette clause ne peut avoir lieu que dans les *baux* à ferme, & elle ne se supplée pas. Ainsi, lorsqu'elle n'est point intervenue, le bailleur ne peut exercer ses droits que sur les biens du preneur.

Il faut remarquer que la disposition de l'ordonnance de 1667, dont nous venons de parler, ne peut pas s'exécuter en Lorraine, parce qu'elle est contraire à ce que prescrit l'article 12 du titre 20 de l'ordonnance du duc Léopold, du mois de novembre 1707, qui est ainsi conçu :

« Défendons à tous nos sujets de s'obliger par » corps les uns envers les autres, par aucun con» trat, convention ou condamnation volontaire, » à peine de nullité ».

Observez aussi que, quand le *bail*, par lequel on a stipulé la contrainte par corps, est fini, & que le fermier continue à jouir par tacite reconduction, la stipulation dont il s'agit demeure sans effet : la raison en est que la tacite reconduction ne s'étend qu'aux clauses ordinaires, & non à celles qui, comme la contrainte par corps, sont extraordinaires.

Les héritiers du fermier qui continuent à jouir du *bail*, ne peuvent pas non plus être contraints par corps, en vertu de la clause par laquelle celui qu'ils représentent s'est soumis à cette peine. La raison en est qu'une telle soumission est purement personnelle, & ne peut pas engager des héritiers.

Les *baux* portent quelquefois la clause que le preneur ne pourra pas sous-bailler sans que le bailleur n'y ait consenti par écrit; mais on n'oblige pas le preneur à exécuter cette clause à la rigueur. Ainsi quand quelque circonstance l'oblige à quitter la maison louée, & qu'il présente au bailleur un sous-locataire d'un état à occuper la maison comme l'occupoit le preneur lui-même, tout l'effet de la clause se réduit à ce que le bailleur, qui ne veut point accepter le sous-locataire, peut faire résilier le *bail*, faute par le preneur de s'être conformé à la clause par laquelle il lui étoit défendu de sous-bailler : mais si le bailleur vouloit exiger l'exécution du *bail*, on ne l'admettoit point à empêcher le sous-*bail*, parce qu'il n'auroit aucun intérêt à cet empêchement.

Si le preneur n'a pas sous-loué la totalité des choses comprises au *bail*, qui lui défend de sous-louer sans le consentement du bailleur, & qu'il reste en possession d'une partie de ces choses, le bailleur ne peut pas demander la résolution du *bail*, quelque petite que soit la portion réservée par le locataire, pourvu que les lieux soient garnis : telle est la jurisprudence du châtelet de Paris; & la cour des aides a jugé en conformité, par un arrêt rendu le vendredi 17 mars 1758.

La clause de ne pas sous-bailler une métairie doit s'observer plus scrupuleusement : la raison en est qu'il est intéressant qu'une terre soit cultivée, par tel fermier plutôt que par tel autre, attendu que tous n'ont pas la même aptitude à la chose; cependant si des circonstances particulières mettoient le preneur dans l'impossibilité de continuer l'exploitation du *bail*, & qu'il présentât à sa place un bon fermier, il faudroit que, nonobstant la clause du *bail*, le propriétaire de la métairie agréât le fermier, ou qu'il consentît à la résiliation du *bail*.

De la convention par laquelle le fermier se charge des risques. On peut valablement stipuler par le *bail*, que quelque accident qui arrive, le fermier ne pourra prétendre aucune remise sur les fermages; cette stipulation s'étend aux gelées, aux grêles & aux autres accidens semblables qui peuvent détruire les fruits, même en totalité. Cependant une telle convention, quoique valable, parce qu'elle est le prix d'une espérance incertaine, doit être exprimée clairement, sinon on ne la présumeroit pas, attendu qu'elle est contraire à la nature du *bail;* ainsi dans le cas où l'on insereroit dans le contrat une clause, portant que *les fermages seront payés sans diminution;* elle seroit insuffisante pour faire supporter au fermier les suites d'un accident qui auroit occasionné la perte totale des fruits. On ne regarderoit cette stipulation que comme une soumission de consentir à payer les fermages, sans demander aucune remise, dans le cas où il surviendroit quelques-uns de ces accidens ordinaires, tels qu'une gelée, une sécheresse qui diminuent le produit, mais auxquels un fermier doit s'attendre durant le cours de son *bail.*

Il y a plus: Barthole, & après lui plusieurs autres jurisconsultes ont pensé, dit Pothier, que la clause par laquelle le fermier *déclare se charger du risque de tous les accidens qui pourront arriver aux fruits durant le cours du bail*, ne s'étendoit qu'aux accidens qui surviennent communément, & nullement à ceux qui arrivent rarement, lesquels, par cette raison, n'avoient vraisemblablement pas été prévus lors de la convention, & n'y avoient par conséquent pas été compris, selon la règle de droit, *non videtur contineri pacto, id de quo cogitatum non est.* Mais Vinnius, continue Pothier, réfute fort au long l'opinion de ces jurisconsultes: il remarque judicieusement que le texte sur lequel ils la fondent y est formellement contraire, puisqu'il y est dit que les bleds ayant été perdus par une abondance extraordinaire de neiges, c'est le cas de la convention, *si immoderatæ fuerunt & contra consuetudinem tempestates.* Bruneman, sur cette loi, distingue trois espèces d'accidens auxquels les fruits sont sujets; 1°. ceux qui arrivent ordinairement, tels que sont les gelées, coulures, grêles, qui ne causent pas une perte totale des fruits, & dont le risque doit être supporté par les fermiers, sans qu'ils s'y soient expressément soumis par une convention.

2°. Les accidens plus rares qu'il dit être la matière de la convention, par laquelle le fermier se charge de tous les risques.

3°. Enfin ceux dont on n'a point d'exemple, ou qui n'ont pas eu lieu depuis plusieurs siècles, tels que l'éruption d'un volcan, le changement de lit d'un fleuve, qui a couvert d'eau toutes les terres énoncées au *bail*, *&c.* Ce ne sont que les événemens de cette nature, que Bruneman croit ne devoir pas être compris dans la convention, par laquelle *le fermier s'est chargé de tous les risques qui peuvent survenir aux fruits.* En effet, il paroît que ce n'est qu'à ce genre d'accidens qu'il convient d'appliquer la règle de droit qu'on a citée il y a un moment.

Lorsque le *bail* ne contient aucune clause qui oblige le preneur à se charger des risques de la chose louée, il arrive plusieurs circonstances qui le mettent dans le cas d'obtenir la remise d'une partie, & même du total des loyers.

SECTION XI.

Des motifs qui font accorder au preneur la remise du loyer.

Pothier établit sur cette matière plusieurs principes: 1°. le preneur ou locataire doit avoir la remise du loyer pour le tout, lorsque le bailleur n'a pu lui procurer la jouissance ou l'usage de la chose louée.

La raison de ce principe est que le contrat de louage s'analyse en une espèce de contrat de vente des fruits futurs, ou de l'usage futur de la chose louée, dont le loyer est le prix: or de même que la vente des fruits futurs n'est valable, & que le prix n'en est dû qu'autant que ces fruits naîtront & feront par leur existence la matière du contrat, on doit pareillement décider qu'il ne peut être dû de loyer, lorsque le preneur n'a pu avoir ni jouissance, ni usage, dont ce loyer soit le prix.

2°. Le preneur ou locataire que le bailleur n'a pu faire jouir pendant une partie du temps du *bail*, doit avoir la remise du loyer pour le temps pendant lequel il n'a pu jouir.

La raison en est que chaque partie du loyer est le prix de la jouissance de chaque partie du temps que devoit durer le *bail:* il ne peut donc être dû de loyer, pour la partie du temps durant laquelle le preneur n'a eu, ni pu avoir cette jouissance.

3°. Le preneur ou locataire que le bailleur n'a pu faire jouir de quelque partie de la chose qui lui a été louée, doit avoir la remise du loyer, pour cette partie, pendant le temps qu'il n'en a pu avoir la jouissance.

Ce principe, qui est une suite des précédens, peut néanmoins souffrir quelque limitation, comme on le verra ci-après.

4°. Le preneur ne peut demander remise du loyer, lorsque l'empêchement est venu de sa part.

Il suffit, en ce cas, qu'il y ait une jouissance ou usage possible de la chose, qu'il n'a tenu qu'au preneur d'avoir, ou par lui ou par d'autres, pour que le loyer en soit dû.

5°. Le loyer n'est dû que pour la jouissance que le preneur a eue en vertu du *bail.*

Suivant ce principe, si le preneur, pendant le cours du *bail*, a acquis la pleine propriété, ou du moins l'usufruit de la chose louée, il doit être déchargé du loyer pour le temps qui restera à courir du *bail* depuis son acquisition, parce qu'il ne jouit plus en vertu du *bail*, mais de son chef.

6°. Lorsque le preneur n'a pas été privé absolument de la jouissance de la chose, mais que par un accident imprévu, sa jouissance a souffert une altération & une diminution très-considérables, il peut demander qu'on lui diminue le loyer proportionnément à ce qu'il a souffert dans sa jouissance.

Voici maintenant l'application que le jurisconsulte cité fait de ces principes aux *baux* des maisons & des métairies.

A l'égard des maisons, si le bailleur est en demeure d'en remettre les clefs au preneur, celui-ci n'en devra les loyers qu'à compter du jour que sa jouissance aura commencé.

Il en seroit de même si, nonobstant la remise des clefs, la maison se trouvoit inhabitable, par quelque cause que ce fût: dans ce cas-là le preneur pourroit refuser de recevoir les clefs, jusqu'à ce que la maison eût été rendue habitable, & qu'on lui eût offert de nouveau de lui en remettre les clefs. Il pourroit même demander la résiliation du *bail*, parce que pour se loger il n'est pas obligé d'attendre que cette maison soit réparée.

Cependant si ce n'étoit que par cas fortuit que la maison fût inhabitable, le bailleur pourroit empêcher la résiliation du *bail*, en offrant de loger le preneur dans une autre maison, jusqu'à ce que celle qui est louée fût réparée; mais alors il convient que le bailleur fasse raison au preneur de ce qu'il lui en aura coûté pour le second délogement.

Si, après être entré dans la maison louée, quelque cas fortuit oblige le preneur d'en sortir, il doit être dispensé d'en payer les loyers, à compter du jour de sa sortie. Tel seroit le cas où des experts auroient rapporté que la maison louée est menacée d'une chûte prochaine.

Mais si la jouissance du preneur n'a été empêchée que relativement à quelque partie de la maison louée, il ne doit être déchargé du loyer que pour cette partie.

Nous avons même fait voir que lorsque le travail qu'il a fallu faire pour réparer la maison louée, n'a duré que quelques jours, ou n'a causé qu'une incommodité légère au preneur, il ne lui est dû aucune remise sur le loyer.

Si c'est par son fait ou par sa faute que le preneur été privé de la jouissance de la maison louée, il n'a nul droit pour être déchargé du loyer; c'est ce qui résulte du quatrième principe que l'on a établi précédemment. Cette décision doit même s'appliquer au cas où les affaires publiques obligeroient le preneur d'aller résider ailleurs: il faudroit sans difficulté qu'il payât le loyer qui auroit couru pendant son absence; il pourroit néanmoins être fondé à demander la résiliation du *bail* pour les termes à écheoir.

Pour faire l'application du sixième principe au *bail* d'une maison, Pothier suppose l'espèce suivante:

Alexandre a loué à César une auberge, située sur la grande route, & depuis le *bail*, le gouvernement ayant établi la grande route ailleurs, de fréquentée qu'étoit l'auberge auparavant, elle est devenue déserte; quoique, dans ce cas, César ait conservé la jouissance de toutes les parties de la maison louée, il ne laisse pas d'être en droit de demander qu'il lui soit fait une remise sur le loyer, parce qu'il a souffert une diminution considérable dans le produit de l'auberge.

Mais si, dans le temps du *bail*, l'auberge d'Alexandre étoit la seule d'un endroit, & que durant le cours du *bail* il se fût établi d'autres auberges dans le même endroit, César ne pourroit prétendre aucune remise sur le loyer, sous prétexte que la concurrence des nouvelles auberges auroit diminué le produit de la première. La différence entre les deux cas dérive de ce qu'en passant le *bail*, il n'y avoit nulle raison pour que César crût qu'il ne s'établiroit point de nouvelle auberge dans le lieu où il louoit la sienne; & qu'au contraire, il n'avoit pas dû prévoir que le gouvernement feroit changer la route établie. L'établissement d'une nouvelle auberge n'est qu'un événement ordinaire: le changement de route est un cas fortuit.

Quand par force majeure un fermier a été privé des fruits de quelques années de son *bail*, soit que les ennemis aient fourragé ses bleds, soit qu'ils aient été détruits par le débordement de la rivière, ou par quelque autre accident semblable, il doit obtenir la remise de l'année de fermage, dans laquelle l'accident est arrivé.

Cependant s'il n'y avoit pas eu une perte totale des fruits, il faudroit proportionner à la perte la remise du fermage.

Au reste, le fermier n'est fondé à prétendre ces remises, qu'autant qu'il se trouve dans les conjonctures suivantes.

1°. Il faut que la perte ait été causée par un événement qu'il n'a pu, ni empêcher, ni détourner; c'est pourquoi s'il avoit pu éviter qu'on ne fourrageât ses bleds, en obtenant du général ennemi une sauve-garde, telle qu'il en accordoit pour de l'argent à ceux qui en demandoient, il ne seroit pas fondé à prétendre la remise du fermage pour la perte qu'il auroit soufferte.

2°. Il faut que la perte ait eu lieu, tandis que les fruits étoient encore sur pied, parce qu'aussi-tôt que la récolte en est faite, ils sont aux risques du fermier, à qui ils appartiennent, & il en doit le fermage.

C'est même sans fondement que quelques-uns ont prétendu que, pour que les fruits fussent aux risques du fermier, il falloit qu'il les eût serrés; il suffit, pour cet effet, qu'ils aient été séparés du fonds; ainsi des bleds en javelle ou en gerbes sur un champ sont acquis au fermier, & il en doit le fermage.

3°. Pour que le fermier soit autorisé à prétendre une remise sur le fermage, il faut que le dommage ait été considérable: il ne peut point demander de diminution pour raison d'un dommage modique, quelle qu'en ait été la cause.

Mais jusqu'où doit s'étendre le dommage pour être réputé considérable & pour autoriser le fermier à prétendre une remise sur le fermage?

Il y a sur ce point plusieurs opinions: Bruneman demande le concours de deux choses; 1°. que les fruits échappés à l'accident soient au-dessous de la moitié de ceux que produisent les années ordinaires; 2°. que la valeur de ce qui reste soit au-dessous de la moitié de la valeur du prix de la ferme.

Pothier pense fort bien que la décision de cette question doit être laissée à l'arbitrage du juge, à qui il fournit pour guide les règles suivantes.

Lorsqu'une métairie, composée de différentes parties produisant différentes espèces de fruits, a été donnée à ferme par un même *bail*, & pour un seul & même prix annuel, si l'accident n'est arrivé que sur une des parties de cette métairie; qu'il soit, par exemple, survenu une grêle extraordinaire, qui, après la récolte des bleds, ait perdu totalement les fruits à recueillir dans la vigne, pour juger si la perte causée par cet accident est une perte considérable, il ne faut pas avoir égard à la seule partie de la métairie, sur laquelle l'accident est arrivé, mais à la totalité de la métairie; & il ne doit y avoir lieu, en ce cas, à la remise d'une partie des fermages, qu'autant que la vigne auroit fait l'objet le plus considérable de la métairie.

Ceci doit avoir lieu, quand même le fermier auroit sous-baillé séparément cette vigne à quelqu'un, & auroit été obligé de lui faire remise d'une année de la sous-ferme.

Il en seroit autrement, si le fermier principal avoit pris à ferme, pour des prix séparés, les terres & les vignes; le *bail* des vignes & le *bail* des terres, étant alors deux *baux* séparés, quoique faits à la même personne, le fermier qui auroit souffert une perte totale des fruits du *bail* des vignes, seroit bien fondé à demander la remise de l'année de fermage de ce *bail*, sans que le bailleur pût lui opposer, en compensation, le profit fait sur le *bail* des terres; parce que ces *baux* sont des *baux* différens qui n'ont rien de commun l'un avec l'autre.

La perte des fruits à recueillir sur une partie de la métairie, ne donne lieu à aucune remise des fermages, à moins que cette partie ne soit la plus considérable de la métairie; il en est autrement lorsqu'un fermier a été évincé ou privé, en quelque manière que ce soit, d'une partie des terres de la métairie: quelque petite que soit cette portion, le bailleur doit une indemnité pour la non-jouissance du preneur à cet égard.

4°. Pour qu'il y ait lieu à la remise, il faut que la perte de la récolte de l'année, pour laquelle le fermier demande cette remise, n'ait pas été compensée par l'abondance de quelqu'une des autres années du *bail*, soit de celles qui ont précédé cette année, soit de celles qui l'ont suivie.

Ainsi, lorsque cette remise est demandée avant la fin du *bail*, le juge ne doit pas faire droit définitivement sur la demande: il doit pour cela attendre jusqu'à la fin du *bail*, en ordonnant néanmoins, par provision, que le bailleur ne pourra exiger qu'une certaine portion des fermages de l'année dans laquelle la perte de la récolte a eu lieu.

Mais, dans quel cas la stérilité extraordinaire d'une année doit-elle être censée compensée par la fertilité des autres années du *bail?* Bruneman dit qu'il y a sur ce point jusqu'à huit opinions différentes, qui sont rapportées par Nicolas de Clapperies. Pothier pense que pour savoir si les années de fertilité ont produit au fermier un dédommagement suffisant pour l'année de stérilité, il faut commencer par évaluer le produit qu'on a droit d'espérer chaque année, & faire ensuite le calcul du produit réel: si la somme du produit réel s'étend au-delà de celle qu'on avoit droit d'espérer, en telle sorte que l'excédent de celle-ci soit égal au montant de la perte que le fermier a soufferte dans l'année de stérilité, il se trouve indemnisé suffisamment; ceci va s'éclaircir par l'hypothèse suivante:

Supposons que je vous aie loué, pour neuf années, une métairie dont on pouvoit espérer de tirer cinq cens livres par an: vous avez été privé de toute la récolte pendant une année; mais si vous avez tiré des huit autres années une somme de quatre mille cinq cens livres, tandis que régulièrement vous ne pouviez vous attendre à en tirer plus de quatre mille livres, il est clair que vous aurez fait un bénéfice de cinq cens livres, sur lequel vous n'aviez point dû compter: or ce bénéfice est égal à la perte que vous avez supportée par l'année de stérilité, ainsi vous êtes dédommagé de cette perte, & vous n'êtes plus fondé à demander qu'on vous en indemnise par la remise du fermage.

Il se présente une autre question à résoudre, c'est de savoir si le bailleur, ayant fait remise du fermage de l'année de stérilité, seroit fondé à répéter cette remise dans le cas où le produit des années postérieures auroit procuré une indemnité suffisante au preneur? Ulpien s'est décidé pour l'affirmative. Et cette décision est fondée sur ce qu'on n'est pas présumé avoir l'intention de donner ce qu'on ne doit pas; d'où il faut conclure que le bailleur n'est présumé avoir fait une remise que dans la croyance que le preneur ne trouveroit pas son indemnité dans le produit des années postérieures à cette remise.

Ulpien étend même cette jurisprudence au cas où le bailleur auroit employé le terme de *don* pour faire la remise, parce que c'est l'intention des parties qu'il faut considérer, plutôt que les expressions dont elles se sont servies.

Il faut néanmoins convenir que ces décisions pourroient être susceptibles de quelques difficultés parmi nous; c'est pourquoi il importe au bailleur de ne pas négliger d'insérer dans l'acte, qui contient la remise, qu'elle demeurera sans effet, si le preneur vient à être dédommagé par le produit des années postérieures.

Au surplus, si le produit extraordinaire de ces années peut autoriser le bailleur à répéter la remise qu'il a faite, il n'en seroit pas de même si la répétition n'étoit fondée que sur l'abondance des années antérieures à la remise : comme le bailleur seroit censé avoir connu le produit de ces dernières, il ne pourroit pas les employer pour déroger à un acte postérieur.

Il faut d'ailleurs remarquer que quel que soit le bénéfice que le preneur ait pu tirer du produit des années d'abondance, il ne peut jamais autoriser le bailleur à demander une augmentation de fermage. La raison en est que par le *bail* il a cédé tout le droit qu'il avoit aux fruits.

5°. Si l'accident qui a causé un dommage considérable n'avoit rien d'extraordinaire, & que ce ne fût qu'un de ces événemens communs auxquels un fermier doit s'attendre, il n'y auroit pas lieu de prétendre une remise sur le fermage ; ainsi la gelée ou la coulure, qui ont diminué la quantité des raisins d'une vigne, & la grêle qui a détruit une partie de la moisson, ne sont pas des causes suffisantes pour demander la remise des fermages, comme le seroient une gelée ou une grêle extraordinaire, qui auroient détruit la totalité des fruits.

Observez que tout ce qui vient d'être dit, relativement à la remise qu'un fermier peut prétendre, ne s'étend pas à celui qui, pour prix de la ferme, rend au bailleur la moitié ou le tiers, ou une portion quelconque des fruits recueillis. Quel que soit le dommage qui arrive à ces fruits avant la récolte, le fermier n'est pas moins obligé de donner au bailleur la portion convenue, dans ce qui en est resté. La raison en est que ces sortes des *baux* forment une espèce de société entre le bailleur & le preneur; & il est de la nature du contrat de société que la perte se supporte à proportion de la part que chaque associé doit prendre dans le bénéfice.

Section XII.

Du privilège accordé par la loi Æde au bailleur.

En vertu de la loi *Æde*, le propriétaire est en droit de faire résoudre le *bail* de sa maison, s'il veut l'occuper lui-même; mais le principal locataire d'une maison ne pourroit pas user de ce droit envers les sous-locataires, quand même il jouiroit d'ailleurs de tous les autres droits du propriétaire.

Le droit dont nous parlons ne pourroit pas être exercé non plus par quelqu'un qui ne seroit propriétaire qu'en partie, comme l'ont décidé deux arrêts des 27 août 1616, & 22 août 1628, rapportés par Brodeau : mais si ce propriétaire, en partie, avoit le consentement de ses co-propriétaires pour user de ce droit, il pourroit l'exercer. L'auteur qu'on vient de citer, rapporte un arrêt du 17 mai 1629, qui l'a ainsi jugé.

Le titulaire d'un bénéfice peut exercer le droit dont il s'agit, à l'égard d'une maison qui dépend de son bénéfice. Il en est de même d'un mari, à l'égard d'une maison qui appartient en propre à sa femme : & Brodeau rapporte un arrêt par lequel il a été jugé qu'une mère, tutrice légitime d'une fille qui demeuroit avec elle, pouvoit user du même droit.

Observez que le propriétaire, qui veut occuper sa maison avant la fin du *bail*, doit en avertir le locataire dans un temps suffisant, avant le prochain terme, pour que le locataire puisse trouver à se pourvoir d'une autre maison.

On doit à cet égard suivre les usages des différens lieux.

A Orléans, l'avertissement doit, selon l'auteur des principes des actes des notaires, précéder de trois mois le terme de la sortie : dans d'autres endroits, il faut que cet avertissement précède de six mois ou d'un demi-terme.

Il faut aussi avoir égard à la qualité du locataire : ainsi lorsqu'il est d'un état à ne pas trouver aisément une maison qui lui convienne, le propriétaire doit lui laisser un temps plus long qu'il ne seroit obligé de le faire envers un locataire ordinaire, tel qu'un bourgeois, auquel ses affaires permettent de résider dans un quartier, comme dans un autre.

A Paris on suit là-dessus la règle qui a lieu pour les *baux*, dont la durée n'est pas exprimée par la convention.

Le propriétaire d'une maison, qui vouloit l'occuper, en vertu de la loi *Æde*, & avant que le *bail* fût fini, étoit autrefois obligé, suivant la jurisprudence du châtelet de Paris, à faire la remise de six mois de loyer au locataire; c'est ce qui résulte d'un arrêt rapporté par Soefve, & rendu en 1648 ; mais cette règle n'est plus suivie. Ce tribunal juge aujourd'hui qu'en cas pareil le propriétaire ne doit aucun dédommagement au locataire.

A Lyon, le privilège accordé par la loi *Æde*, ne s'exerce qu'à la charge de dédommager le locataire. Il en est de même à Orléans : l'usage, dans cette dernière ville, est d'y accorder, dit Pothier, la remise d'une demi-année de loyer au locataire, qui est entré en jouissance; mais cet auteur observe que, comme c'est principalement pour les frais du délogement que l'on accorde un dédommagement, il faut tirer delà la conséquence que si le propriétaire, voulant user de son privilège, le notifioit au locataire, avant qu'il fût entré en jouissance, il ne seroit dû à ce sujet aucun dédommagement.

Au reste, dans les lieux où il est d'usage d'accorder un dédommagement au locataire, dont la jouissance est empêchée en vertu de la loi *Æde*, on doit avoir égard à l'état de ce locataire : si c'est, par exemple, un ouvrier à marteau, qui ait établi une forge dans un lieu où il n'y en avoit point auparavant, une remise de six mois de loyer seroit insuffisante pour l'indemniser. Il convient, en cas pareil, de faire estimer le dédommagement par des experts.

On stipule quelquefois par le *bail*, ce qui sera dû au locataire, si le propriétaire vient à user du privilège de la loi *Æde ;* alors la convention doit s'exécuter sans difficulté.

Suivant Dumoulin, sur l'ancienne coutume de Paris, un bourgeois a non-seulement le droit d'user du privilège de la loi *Æde* pour se loger, il peut encore l'employer pour loger ses enfans ; mais l'opinion de Dumoulin a été rejettée par la jurisprudence du parlement, à moins que le propriétaire ne déclare vouloir occuper la maison, tant par lui-même que par ses enfans ; c'est l'espèce d'un arrêt rendu le 24 mars 1766, rapporté dans la collection de jurisprudence. Le père qui vouloit expulser le locataire de sa maison, pour y loger ses enfans, en occupoit déjà lui-même une partie, qu'il s'étoit réservée par le *bail*, & il fut tenu d'affirmer qu'il entendoit occuper les lieux tant par lui que par sa femme & ses enfans.

Lorsque le propriétaire a renoncé au droit que la loi lui attribue, de pouvoir occuper sa maison ; s'il vient à en avoir besoin durant le *bail*, cette convention doit s'exécuter : la raison en est que toute personne peut déroger aux loix qui ne concernent que son intérêt particulier.

Au surplus, il faut que la renonciation soit expresse ; car la promesse que le bailleur auroit faite de ne point contrevenir aux obligations du *bail*, & de faire jouir le preneur durant tout le temps convenu, ne pourroit pas tenir lieu de la renonciation dont il s'agit.

Il faut aussi, pour que la renonciation ait son effet, qu'elle ait été faite par le propriétaire lui-même, ou en vertu de sa procuration spéciale. S'il avoit simplement donné pouvoir à son procureur de louer au prix & aux conditions qu'il jugeroit à propos, cela ne suffiroit pas pour autoriser ce procureur à renoncer au privilège accordé au propriétaire par la loi *Æde*. La raison en est que *ce pouvoir de louer aux conditions que le procureur fondé juge à propos*, ne doit s'étendre qu'aux conventions qui sont ordinaires dans les *baux*.

Au reste, le privilège qui dérive de la loi *Æde*, ne s'applique qu'aux maisons destinées à être habitées, & nullement aux métairies ni aux terres. Ainsi un propriétaire qui a loué sa métairie, ne pourroit pas, quand il seroit laboureur, donner congé à son fermier avant l'expiration du *bail*, sous prétexte qu'il en a besoin, & qu'il veut cultiver ses terres lui-même : cette jurisprudence est certaine & appuyée sur différens arrêts.

Il faut néanmoins observer que s'il dépendoit d'une maison un petit morceau de terre labourable, qui ne fût que d'une légère considération, relativement à cette maison, cela ne la feroit pas passer pour une métairie, & n'empêcheroit pas qu'on ne la regardât comme une maison destinée à être habitée, & par conséquent susceptible de l'exercice du privilège de la loi *Æde ;* c'est l'avis de Pothier.

Lorsque les fermiers-généraux sont locataires de maisons où les bureaux sont établis, pour la perception des droits du roi, on ne peut les faire sortir, sous prétexte que les *baux* en sont expirés ; ils peuvent y rester malgré le propriétaire, qui ne peut pas même user du privilège qu'ont les bourgeois d'occuper en personne ; & si le propriétaire veut augmenter le loyer, il doit se pourvoir au conseil.

Cette jurisprudence est confirmée par plusieurs arrêts du conseil, & elle est conforme aux clauses insérées dans plusieurs *baux* des fermes générales.

Section XIII.

Des droits & des obligations du preneur, vis-à-vis les héritiers & successeurs du bailleur.

Il est certain que celui qui succède, à titre singulier, à un héritage, n'est pas lié par le *bail* que le propriétaire a pu faire de cet héritage. On ne fait même à cet égard aucune distinction entre le titre lucratif ou le titre onéreux. Ainsi l'acquéreur, par contrat de vente ou d'échange, le donataire, le légataire peuvent également contraindre un locataire à résigner son *bail*. C'est une disposition de plusieurs coutumes, fondée sur la décision de la loi *emptorem c. de locat.*

Mais il est bon d'observer que ce privilège n'a été introduit qu'en faveur de l'acquéreur, & qu'il ne doit pas s'étendre à la personne du locataire, qui reste toujours obligé à l'exécution du *bail* envers le nouveau propriétaire, de la même manière qu'il y étoit engagé envers le bailleur.

Dans le cas où la résiliation a lieu, le preneur doit être indemnisé, ou par celui dont il tient le *bail*, ou par celui qui le représente.

Il est indemnisé par le bailleur, si celui-ci, dans la vente qu'il a faite de l'héritage affermé, n'a chargé en aucune manière le nouvel acquéreur de l'entretien du *bail ;* mais si ce dernier en a été chargé par une clause expresse, ou par une clause sous-entendue, comme dans les acquisitions qu'on fait du fisc, l'indemnité due au preneur doit lui être payée par l'acquéreur.

Il en seroit de même si la clause, par laquelle on auroit stipulé que l'acquéreur seroit tenu d'entretenir le *bail*, portoit l'alternative, si mieux il n'aime s'arranger pour les dommages & intérêts, ou qu'il fût dit qu'il seroit tenu d'acquitter le vendeur des dommages & intérêts, résultans de l'inexécution du *bail*.

Lorsque le successeur, à titre singulier, veut exercer son privilège, il doit signifier au locataire ou fermier la copie de son contrat d'acquisition, & fixer à celui-ci un délai convenable, pour laisser libre la maison ou les terres louées. Ce délai ne court que du jour de la signification, & doit être le même que celui que nous avons dit qu'on accordoit, lorsqu'il n'y en avoit point de fixé par la convention.

Si le successeur à titre singulier, qui n'a pas été chargé d'entretenir le *bail*, laisse jouir le locataire pendant une ou deux années, & reçoit, sans protestation ou réserve, les loyers ou fermages, sera-t-on fondé à en inférer qu'il a consenti l'exécution du *bail* pour le temps qui reste à écouler? Pothier soutient la négative, & il appuie sa décision d'un arrêt du 21 juillet 1711, rapporté au journal des audiences. Mais je ne crois pas qu'on doive suivre son sentiment; l'arrêt qu'il rapporte a été rendu dans des circonstances particulières, & d'ailleurs la loi *emptorem* qui accorde au nouvel acquéreur à titre singulier, le droit d'expulser le fermier ou locataire, n'exige pas, pour l'obliger à l'entretien du *bail*, qu'il ait expressément déclaré qu'il en consent l'exécution, il suffit qu'il paroisse y avoir consenti, par quelque convention même tacite. Or, lorsque, sans réserve ni protestation, l'acquéreur a une fois reçu le paiement des loyers, tels qu'ils ont été fixés dans le *bail*, passé par le vendeur, on doit en conclure qu'il l'a tacitement approuvé, puisqu'il s'est conformé à ce qui s'y trouve stipulé.

Celui qui est appellé à une substitution, est-il tenu d'entretenir les *baux* faits par le grevé de substitution? Pothier pense que non, & son sentiment paroît être suivi par la jurisprudence du grand-conseil. On juge le contraire au parlement de Paris, & je crois que cette jurisprudence devroit être admise universellement. Dans l'exacte rigueur du droit, le grevé de substitution n'est que l'usufruitier des biens substitués, dont la propriété appartient à ceux qui sont appellés à en recueillir le fruit: mais on peut aussi le regarder comme un véritable propriétaire, auquel on a interdit la puissance d'aliéner; & à cet égard il doit jouir de l'administration des revenus, de la même manière qu'un mari, par exemple, jouit des biens de sa femme. Or, comme la femme ou ses héritiers sont tenus d'entretenir les *baux* faits par le mari, on peut en dire de même de ceux faits par le grevé de substitution. D'ailleurs il est de l'intérêt public que les biens puissent produire tout ce qu'il est possible de leur faire rapporter, & sous ce point de vue, l'on doit accorder aux grévés de substitution le pouvoir de passer des *baux*, pour l'espace de temps ordinaire, afin que les fermiers, ne craignant pas d'être interrompus dans leurs jouissances, puissent s'occuper de l'amélioration des héritages.

On trouve dans Fontanon, & dans le second volume des anciens mémoires du clergé, une ordonnance du 7 septembre 1568, qui veut que toutes les fermes des bénéfices expirent par la démission, résignation, ou trépas des bénéficiers. Mais cette ordonnance n'a jamais eu d'exécution, & il est certain que le successeur à un bénéfice, soit par résignation, soit par permutation, est obligé d'entretenir les *baux* faits par son prédécesseur: mais il n'en est pas de même dans le cas de décès. *Voyez ci-après la sect. 14.*

L'économe, établi pour la perception des revenus des bénéfices consistoriaux, pendant leur vacance, ne peut pas non plus expulser les fermiers.

L'acquisition d'un usufruit donne le privilège de successeur à titre singulier, mais un *bail* à vie ne confère pas le même droit. C'est ce qui a été jugé au parlement de Paris, par arrêts des 14 juin 1714, & 19 mai 1767.

La femme, après la dissolution du mariage, est obligée d'entretenir les *baux* de ses biens, faits par son mari. Il en est de même d'un débiteur qui auroit laissé l'administration de ses biens à ses créanciers. Il ne pourroit prétendre la résiliation des *baux* qu'ils auroient fait. La raison, dans l'une & dans l'autre espèce, est parce que la femme ou le débiteur sont censés avoir passé eux-mêmes les *baux* dont est question, par le ministère du mari, ou des créanciers.

SECTION XIV.

De différentes causes qui peuvent opérer la résolution des baux.

Il y a différens cas où un *bail* se résout de plein droit, avant l'expiration du temps.

1°. Le *bail* se résout, sans le consentement des parties, lorsque, par quelque force majeure, la chose louée cesse d'exister. Tel seroit le cas où un fleuve ayant changé de lit, auroit établi son cours sur les terres louées: il en seroit de même, si un tremblement de terre, un incendie avoient détruit la maison louée.

2°. Le *bail* se résout aussi avant le temps fixé, lorsque le preneur est devenu propriétaire, ou usufruitier des biens qu'il tenoit à loyer; il est clair qu'on ne sauroit être locataire des choses dont on a la propriété ou l'usufruit. Ainsi, dans l'hypothèse où un propriétaire auroit légué à son fermier l'usufruit de la métairie louée, celui-ci ne devroit aucun fermage pour les récoltes postérieures à sa demande en délivrance du legs, parce qu'il ne les auroit faites que comme usufruitier, & non en qualité de fermier.

3°. Si le bailleur n'avoit qu'un droit résoluble sur les biens loués, & que, sans son fait, la résolution de ce droit vînt à avoir lieu, la résiliation du *bail* seroit en conséquence nécessaire. C'est pourquoi, lorsqu'un usufruitier ou un bénéficier décèdent durant le cours du *bail* des biens qu'ils ont loués en leur qualité, ce *bail* se trouve résolu de plein droit.

Cette résolution de *bail*, par la mort de l'usufruitier ou du bénéficier, ne donne aucun droit au preneur, pour obtenir un dédommagement contre les héritiers du défunt, lorsqu'il a contracté en sa qualité d'usufruitier ou de bénéficier. La raison en est que le preneur ayant connu la qualité du bailleur, il n'a pu ignorer que ce bailleur ne pouvoit accorder, que pour le temps de sa vie, la jouissance des biens loués: il est, par conséquent, censé avoir voulu courir les risques de la résiliation.

Il en seroit différemment, si l'usufruitier ou le bénéficier avoit caché sa qualité, & qu'il eût loué les biens comme s'il en eût eu la propriété. Il faudroit alors que, dans le cas de résiliation du *bail*, sa succession dédommageât le preneur, parce que le silence du premier auroit induit le second en erreur, en lui faisant regarder comme assurée, une jouissance incertaine.

Si ce n'est point par la mort, mais par le fait de l'usufruitier, que l'usufruit se trouve éteint, comme dans le cas où il a fait remise de cet usufruit au propriétaire, l'usufruitier est tenu de faire jouir le preneur durant tout le temps stipulé par le *bail*. On examine toutefois alors, si la remise de l'usufruit a été faite à titre gratuit ou à titre onéreux; si elle a été faite à titre gratuit, le propriétaire doit entretenir le *bail*, parce qu'il doit ce témoignage de reconnoissance à l'ancien usufruitier, qui est intéressé à ce que le preneur soit continué dans sa jouissance; mais si la remise de l'usufruit ne s'est faite qu'à titre onéreux, rien n'empêche que le propriétaire ne fasse résoudre le *bail*.

Lorsque le *bail* se trouve résolu par la mort de l'usufruitier ou du bénéficier, on ne peut pas empêcher le preneur de jouir durant l'année qui étoit commencée lors de cette mort, à la charge de payer le loyer sur le pied du *bail*.

Le bailleur peut faire résilier le *bail*, lorsque le preneur n'a pas, dans la maison, des meubles en suffisance pour répondre des loyers : c'est ce que nous avons fait voir ci-dessus, sect. 8.

Si la maison louée menace ruine, le propriétaire peut aussi en faire sortir le locataire avant la fin du *bail*, pour la rétablir ou la reconstruire. Cependant si le locataire prétend que le péril n'est pas imminent, & que rien n'empêche que le bailleur ne diffère la reconstruction de sa maison, celui-ci doit justifier, par un procès-verbal de visite, qu'il y a nécessité de travailler promptement à cette reconstruction, tant pour prévenir les accidens d'une chûte prochaine du bâtiment, que pour en conserver les matériaux. Au surplus, si le bailleur laissoit subsister quelque partie de la maison sans y toucher, le preneur seroit le maître d'y rester sans qu'on pût l'en empêcher.

Mais si le preneur offroit de sortir de la maison, à la charge d'y rentrer lorsqu'on l'auroit rebâtie, seroit-ce un moyen suffisant pour empêcher la résiliation du *bail* ? Bruneman a adopté l'affirmative. Mais M. Pothier fait là-dessus une distinction judicieuse; il pense que l'opinion de Bruneman doit être suivie, lorsque le propriétaire veut reconstruire la maison telle qu'elle étoit; mais il estime que lorsque le propriétaire, étant forcé de rebâtir sa maison, veut la rendre plus vaste, mieux ornée & plus considérable qu'elle n'étoit, la résiliation du *bail* pour l'avenir doit avoir lieu, sans qu'on puisse autoriser le locataire à rentrer dans cette maison, après qu'on l'aura rebâtie.

Au surplus, lorsque la résiliation du *bail* est occasionnée par la nécessité de reconstruire la maison, le preneur ne peut prétendre aucun dédommagement, quand même il auroit été stipulé, par la convention, que le bailleur ne pourroit expulser le preneur pour quelque cause que ce fût. La raison en est qu'une telle convention ne peut s'appliquer au cas où il faut rebâtir la maison pour en prévenir la ruine, attendu que ce cas rend indispensable le délogement du preneur.

Observez toutefois que si les parties avoient stipulé que, dans le cas où il faudroit rebâtir la maison avant l'expiration du *bail*, il seroit accordé au preneur une certaine somme pour dédommagement, le bailleur seroit obligé de payer cette somme.

Lorsque le preneur ne jouit pas de la maison comme il convient; qu'il en fait, par exemple, un lieu de débauche, ou qu'il la détériore en y logeant des gens tels que des tanneurs, des chapeliers, des serruriers ou d'autres artisans semblables, tandis qu'elle a toujours été occupée comme maison bourgeoise, le bailleur est aussi en droit de faire résoudre le *bail*. Cette décision est fondée sur ce que la partie, qui, dans un contrat syllanagmatique, contrevient à ses engagemens, ne peut pas obliger l'autre partie à remplir les siens : or, le preneur n'usant pas de la chose louée, comme il a été convenu qu'il en useroit, il ne peut pas exiger que le bailleur lui continue sa jouissance; & non-seulement il n'est point dû de dommages & intérêts au preneur, en pareille circonstance, on peut au contraire en prétendre contre lui.

Le preneur est en droit de faire résilier le *bail*, lorsque la maison est devenue inhabitable faute de réparations, & qu'il a constitué le propriétaire en demeure à cet égard.

Il est assez ordinaire de stipuler, par la convention, que l'une & l'autre des parties auront la liberté de résilier le *bail*, à la charge que celle qui voudra la résiliation avertira l'autre. Très-souvent on insère dans un *bail* fait pour neuf ans, que chacune des parties pourra le faire résilier au bout de trois ou de six ans, en avertissant six mois auparavant. Ainsi, dans le cas où, en vertu d'une telle clause, l'une des parties voudroit faire résilier, au bout de trois ans, un *bail* commencé au premier janvier, il faudroit qu'elle signifiât son avertissement avant le mois de juillet, ou au plus tard le premier juillet de la troisième année.

Si, par la convention, on n'a pas déterminé le temps auquel la partie, qui voudra résoudre le *bail*, sera tenue de faire son avertissement, il doit avoir lieu, de manière que, si c'est le preneur qui veut la résolution, le bailleur ait un temps suffisant pour trouver un nouveau locataire, & que, si la résolution est exigée par le bailleur, le preneur puisse se pourvoir d'une autre maison. On peut suivre, à cet égard, la règle établie pour les congés qui se donnent dans les cas où la durée du *bail* n'est pas fixée par la convention. Nous renvoyons à ce que nous avons déjà dit sur ce sujet.

Quelquefois la faculté de résoudre le *bail* n'est accordée, par la convention, qu'à l'une des parties :

parties : cette clause étant permise, doit être exécutée.

Il reste à observer qu'après l'avertissement, la partie qui l'a fait n'a plus la liberté de changer son projet malgré l'autre partie. Au surplus, l'avertissement peut être fait verbalement, lorsqu'il n'y a pas lieu de craindre que la partie qui le reçoit en disconvienne, sinon il faut le signifier par le ministère d'un huissier.

Section XV.

Des dommages & intérêts résultans de l'inexécution du bail.

Nous avons déjà dit ci-dessus, *sect.* 7, que le bailleur étoit tenu envers le preneur, des troubles que ce dernier éprouvoit à l'égard des objets compris dans son *bail*. Il y a lieu à cette garantie, 1°. lorsque le trouble, fait au preneur, procède d'une cause antérieure au *bail*, soit qu'elle fût connue ou ignorée du bailleur : tel est, par exemple, le cas où il auroit donné à *bail* la chose d'autrui.

2°. Lorsque le trouble provient d'une cause postérieure au *bail*, mais à laquelle le bailleur a donné occasion par son propre fait ; comme dans le cas de vente ou de donation de la chose louée.

3°. Le bailleur est non-seulement garant, lorsque le preneur est totalement évincé de sa jouissance, mais même lorsqu'elle est seulement gênée ou diminuée.

4°. Il y a lieu à la garantie, soit que le trouble ait été fait au preneur lui-même, ou à ses sous-locataires.

Dans tous ces cas, le preneur qui a été empêché de jouir, soit du total, soit d'une partie de la chose louée, a droit d'intenter contre son bailleur, ses héritiers ou autres représentans à titre universel, une action de garantie, tant pour se faire décharger de l'obligation de payer le loyer pour le temps qui reste à courir du *bail*, que pour les faire condamner aux dommages & intérêts résultans de l'inexécution du contrat.

Ces dommages & intérêts consistent dans la perte que cette inexécution a occasionnée au preneur, & dans le profit dont elle l'a privé. Ainsi, la quotité de ces dommages & intérêts doit être sujette à beaucoup de variations ; souvent on détermine cette quotité d'après le prix du *bail*, mais il est bien des cas où cette règle ne doit pas être suivie.

Supposons qu'Alexandre ait loué à Balthasar un appartement dont on n'ait pas livré les clefs au temps convenu, il est clair que ce que le preneur, pour se loger dans un appartement semblable à celui qu'il avoit loué, a payé au-delà de ce qu'il lui en auroit coûté, est une perte que lui a causée l'inexécution de la convention, & que le bailleur doit l'en indemniser.

Les frais faits pour passer le *bail* devant notaires, seroient aussi une dépense qu'il seroit juste que le bailleur remboursât au preneur.

S'il s'agissoit d'une maison louée pour être tenue comme auberge, la perte qu'auroit pu faire le preneur, en revendant les denrées achetées pour tenir cette auberge, seroit un article de dommages & intérêts, dont il conviendroit que le bailleur l'indemnisât.

Il y auroit, à la charge du bailleur, un autre article de dommages & intérêts dans la privation du profit que le preneur auroit vraisemblablement pu faire, en tenant l'auberge louée.

Cependant si le preneur a fait ou pu faire un autre commerce que celui de tenir l'auberge louée, il faut, dans la liquidation des dommages & intérêts résultans de l'inexécution du *bail* de l'auberge, faire entrer en considération le profit que le preneur a pu faire dans cet autre commerce.

Si le bailleur, ne pouvant donner d'exécution au *bail* par lequel il a loué une métairie, avoit négligé d'en avertir à temps le preneur, & que celui-ci, se trouvant sans métairie, fût obligé de vendre à perte ses bestiaux, il faudroit comprendre cette perte dans les dommages & intérêts dus au preneur, ainsi que le profit dont il auroit vraisemblablement été privé par l'inexécution de la convention.

Mais si le preneur n'avoit pas été obligé de vendre ses bestiaux, & qu'il eût loué une autre métairie à des conditions moins avantageuses que celles du premier *bail*, il faudroit, pour liquider les dommages & intérêts, calculer le produit des deux métairies, & à quoi monteroit, en conséquence, le préjudice occasionné au preneur par l'inexécution du premier *bail*.

Pothier, à qui appartient cette doctrine, observe que, quand ce n'est point par mauvaise foi que le bailleur n'a pas exécuté la convention, il ne doit être tenu, envers le preneur, que des dommages & intérêts qui ont pu être prévus lors du contrat, parce qu'il est censé ne s'être soumis qu'à ceux-là ; mais qu'il ne doit pas répondre du préjudice que l'inexécution de la convention a pu occasionner au preneur, lorsque ce préjudice n'a pas été prévu lors du contrat.

Si au contraire c'est par mauvaise foi que le bailleur n'a pas rempli ses engagemens, le jurisconsulte cité veut qu'on l'assujettisse à payer indistinctement tous les dommages & intérêts qui résultent de l'inexécution de la convention, soit qu'ils aient été prévus lors du contrat, ou qu'ils n'aient pu l'être. Cette décision est fondée sur ce que le dol de ceux qui causent du préjudice, les oblige à le réparer, sans qu'ils se soient soumis à cette réparation.

Quant aux dommages & intérêts qui ont dû être prévus lors de la convention, & desquels tout bailleur est tenu, Pothier veut encore qu'on les estime à la rigueur contre le bailleur de mauvaise foi, & qu'on use au contraire d'indulgence & de modération envers le bailleur de bonne foi.

Lorsque, avant l'expiration du *bail*, le preneur est évincé par un successeur à titre singulier, soit en vertu de la loi *emptorem* ou autrement, on lui accorde communément, lorſqu'il s'agit de terres labourables, le tiers des ſommes qu'il auroit dû payer juſqu'à la fin de ſon *bail*, ſi la réſolution n'en avoit pas eu lieu. Ainſi, en ſuppoſant qu'après quatre années de jouiſſance, on ait évincé le fermier d'une métairie qui avoit un *bail* de ſix ans, moyennant cent écus par an, il faudra lui accorder pour dédommagement, deux cens livres, qui font le tiers des ſix cens livres qu'il auroit encore payées, ſi le *bail* n'eût pas été réſolu.

Au reſte, cette règle n'a d'autre fondement qu'un uſage obſervé dans la plupart des provinces; c'eſt pourquoi elle eſt ſujette à des exceptions qui naiſſent des circonſtances ou de quelques conſidérations particulières. Un acte de notoriété, du 18 août 1735, nous apprend que dans le Maine, le dédommagement eſt fixé au cinquième des ſommes qui ſeroient à payer pour le reſtant du *bail*.

Suppoſons que l'éviction que le preneur a ſoufferte, ſoit d'une certaine partie des héritages dépendans de la métairie louée, comme de cinq fauchées de pré, ou trois arpens de vigne, il faudra déterminer la diminution du loyer, non d'après ce que ces choſes pourroient être affermées ſelon leur valeur actuelle, mais d'après la ſomme pour laquelle elles ſont entrées dans le prix total de la métairie, lors du *bail*; ce qui ſe règle par une évaluation de ces choſes & des autres parties de la métairie, eu égard à la valeur reſpective qu'elles avoient au temps du *bail*.

Si la valeur de la jouiſſance des parties diſtraites du *bail* ſe trouve augmentée depuis le *bail*, cette augmentation étant un profit dont le preneur ſe trouve privé, il doit obtenir à cet égard, des dommages & intérêts qui lui aſſurent ſon indemnité.

Je vous ai loué une prairie moyennant 1200 liv. par année, & le *bail* doit durer neuf ans; vous avez enſuite ſous-loué cette prairie à un laboureur pour 900 liv. par an : ſi ce laboureur vient à être évincé, il faudra que non ſeulement il ſoit déchargé des neuf cens livres qu'il devoit donner par année juſqu'à la fin du *bail*, mais il ſera pareillement néceſſaire de vous décharger du paiement des douze cens livres faiſant le prix de votre *bail*, puiſque vous ne jouirez plus ni par vous, ni par votre ſous-locataire : ſi au contraire, je vous avois loué la prairie pour neuf cens livres, & que vous l'euſſiez ſous-louée pour douze cens livres, le gain de trois cens livres par an que vous auriez fait, eſt un objet qui doit entrer dans les dommages & intérêts réſultans de l'éviction que vous aurez ſoufferte.

Lorſque le locataire d'une maiſon ſe trouve évincé en vertu de la loi *emptorem*, il paroît que la juriſprudence actuelle du parlement de Paris, eſt de n'accorder pour dommages & intérêts que ſix mois de loyer, & tout au plus une année, lorſqu'il s'agit d'une maiſon où il y a boutique.

Un menuiſier de Soiſſons, qui, en vertu de la loi citée, fut évincé de la jouiſſance d'une maiſon, que, ſuivant ſon *bail*, il devoit encore occuper pendant neuf années, obtint pour dommages & intérêts au bailliage de Soiſſons, le tiers des loyers qui reſtoient à payer juſqu'à la fin du *bail*; mais par arrêt du 16 octobre 1770, la ſentence fut infirmée, & le parlement réduiſit les dommages & intérêts à une année de loyer. L'auteur du *Traité des connoiſſances néceſſaires à un notaire*, qui rapporte cette eſpèce, nous apprend qu'en plaidant, on cita contre le menuiſier un arrêt récent qui n'avoit pareillement accordé qu'une année de loyer à un marchand épicier de la place Maubert, qu'un acquéreur avoit auſſi évincé en vertu de la loi *emptorem*.

Il y a néanmoins lieu de croire, que ſi l'acquéreur d'une maiſon n'expulſoit le locataire que pour y faire un commerce pareil à celui que ce locataire y faiſoit avec ſuccès, on accorderoit à ce dernier des dommages & intérêts proportionnés au tort que l'éviction lui cauſeroit. Tel ſeroit du moins le conſeil de l'équité.

SECTION XVI.

Des fins de non-recevoir contre la demande en paiement des loyers.

Les quittances de trois années conſécutives des loyers ou des fermages ſtipulés par le *bail*, font préſumer que les années antérieures ont été payées, & établiſſent par conſéquent une fin de non-recevoir contre la demande en paiement, qui pourroit être formée à cet égard.

Cette déciſion eſt fondée ſur la loi, qui a établi une ſemblable préſomption relativement aux impôts publics. Et cette préſomption dérive d'une très-grande probabilité, qui eſt que le créancier ne ſe ſeroit pas fait payer pendant trois années conſécutives, & qu'il n'auroit pas donné quittance des loyers ou arrérages récemment échus, tandis que les anciens loyers ou arrérages auroient encore été dus.

Mais pour qu'une telle fin de non-recevoir produiſe ſon effet, il ne faut pas que la probabilité du paiement des années antérieures puiſſe être diminuée par quelque circonſtance particulière. Ainſi, dans le cas où les quittances de trois années de loyer n'auroient pas été données par le même créancier, au même débiteur, & pour acquitter le même *bail*, il n'y auroit plus lieu à la préſomption du paiement des années antérieures, & par conſéquent la fin de non-recevoir ne ſeroit plus fondée. C'eſt pourquoi ſi je viens à vendre la maiſon que je vous ai louée, & que poſtérieurement vous ayez payé trois années de loyer à l'acquéreur, les quittances qu'il vous aura données n'opéreront en votre faveur aucune fin de non-recevoir, relativement aux loyers antérieurs que je pourrai répéter contre vous.

Il en ſeroit de même de tous les cas où le créancier pourroit juſtifier qu'il a eu quelque raiſon particulière pour recevoir les nouveaux loyers avant les anciens.

Ce n'eſt pas ſeulement le paiement des trois années conſécutives qui établit la fin de non-recevoir contre la demande en paiement des années antérieures, il faut auſſi une quittance particulière pour chaque année: une ſeule quittance des loyers de trois années ne ſuffiroit pas pour faire préſumer que les années précédentes ſont acquittées; la raiſon en eſt, que c'eſt de la multiplicité des paiemens que dérive la force de la préſomption. Telle eſt l'opinion de pluſieurs juriſconſultes. C'eſt auſſi ce qui réſulte de ces termes même de la loi, *ſi trium cohærentium annorum apochas protulerit.*

Il ne ſuffiroit pas non plus, pour faire préſumer le paiement des années antérieures, que le débiteur eût conſigné ſes loyers pendant trois années de ſuite, & qu'il eût fait au créancier trois ſommations conſécutives de les recevoir. La raiſon en eſt, que ces conſignations ayant eu lieu ſans le concours du créancier, elles ne ſont point ſon fait, & ne peuvent pas par conſéquent établir la préſomption du paiement des années antérieures. C'eſt ce qu'a remarqué M. Pothier, d'après Caroccius.

On peut auſſi oppoſer, contre une demande en paiement de loyers ou fermages, une autre fin de non-recevoir fondée ſur l'article 142 de l'ordonnance de 1629, qui porte que *les loyers des maiſons & prix des baux à ferme ne pourront être demandés cinq ans après les baux expirés.*

Quoique cette ordonnance n'ait pas été enregiſtrée au parlement de Paris, on y obſerve néanmoins l'article qu'on vient de citer, comme le prouve un arrêt du 18 janvier 1728, rapporté par Lacombe.

La même juriſprudence a lieu dans la Franche-Comté, en vertu de deux ordonnances des années 1569 & 1586, rapportées par Dunod, dans ſon *Traité des Preſcriptions.*

Baſnage dit auſſi, dans ſon *Traité des Hypothèques*, que, ſuivant le réglement de 1600, ceux qui ont fait *bail* de leurs héritages, doivent en demander les loyers dans les cinq ans, depuis l'expiration des *baux.*

Lorſque le terme du *bail* eſt expiré, ſi le locataire continue à occuper la maiſon, ou le fermier à exploiter la ferme, quoiqu'il n'y ait point de convention entre les parties, le ſilence du propriétaire fait préſumer un conſentement de ſa part, & cela forme un contrat entre les parties, qu'on appelle *tacite reconduction. Voyez* RECONDUCTION.

BAIL *de boucherie*, (*Police.*) on donne ce nom à la ceſſion faite pour un temps du privilège de vendre la viande. Ces *baux* ont lieu, lorſque les villes & communautés d'habitans ſont en poſſeſſion de permettre à une ou pluſieurs perſonnes de débiter les viandes de boucherie au public, & qu'il n'y a pas dans l'endroit de bouchers établis en jurande.

Dans les villes où ce métier eſt érigé en corps de communauté, il y a lieu encore à un *bail* de boucherie pour le privilège de vendre la viande pendant le carême, lorſque l'hôtel-Dieu ou l'hôpital ne le fait pas exercer par ſes commis & prépoſés.

Ces *baux* peuvent être rédigés pardevant notaires, ou reçus par les greffiers & ſecrétaires des villes, en vertu des délibérations de la communauté. Mais ces *baux*, ainſi que ceux paſſés par les hôtels-Dieu & les hôpitaux, doivent être contrôlés ſur le pied du prix annuel de la ferme, conformément à l'article 15 du tarif de 1722.

La ſentence même d'un juge, qui porte l'adjudication de la vente de la viande pendant le carême, eſt également ſujette au droit de contrôle; mais elle n'y eſt pas, ſi elle ne contient qu'une fixation du prix de la vente, parce que alors on la conſidère comme un ſimple acte de police, qui ne peut être aſſujetti à aucun droit de contrôle. Telle eſt la juriſprudence du conſeil, appuyée d'un grand nombre d'arrêts uniformes.

BAIL *à cens. Voyez* CENS.

BAIL *à cheptel. Voyez* CHEPTEL.

BAIL *de clame*, (*terme de Coutume.*) celle d'Auvergne, *chap. 28*, *art. 20 & 21*; appelle *bail de clame* & *bailler clame*, lorſqu'on met entre les mains de la juſtice les beſtiaux pris en dommage, pour voir déclarer l'amende ou la *clame* encourue; car *clame*, dans cette coutume, ſignifie *amende.*

On voit, dans les anciennes coutumes, que celui qui prenoit des beſtiaux étrangers, cauſant du dommage dans ſes terres, étoit cru à ſon ſerment juſqu'à la concurrence de l'amende qui n'excédoit pas quelques ſous. Mais la coutume d'Auvergne, lors de la réformation, a admis, avant la preſtation du ſerment, la preuve contraire, & l'oppoſition au *bail de clame*; enſorte que celui qui a pris du bétail en dommage, ne peut recevoir la *clame* ou l'amende, qu'en vertu d'une condamnation judiciaire, rendue ſur l'oppoſition du propriétaire des beſtiaux ſaiſis, ou lui duement appellé.

BAIL *des biens des communautés laïques.* La plupart des villes ont des biens patrimoniaux & communaux, qui ſe louent par des *baux* qu'on adjuge aux plus hauts metteurs & derniers enchériſſeurs, après avoir obſervé les formalités preſcrites par un arrêt du conſeil, du 14 juin 1689.

Ces formalités conſiſtent en ce que les droits d'octrois des villes capitales de chaque généralité, doivent être adjugés après trois publications & affiches, pardevant les commiſſaires départis dans les provinces, en préſence des maire & échevins: ceux des autres villes où il y a un ſiège d'élection, doivent être adjugés dans le cours des mois de juin & de juillet, qui précèdent la fin de l'ancien *bail*, après trois pareilles affiches & publications, pour le temps de ſix années, par le tréſorier de France qui aura ſon département de chevauchée dans cette élection, avec les officiers de ce ſiège, en préſence des maire & échevins: ceux des villes, bourgs & paroisses du ressort de chaque élection, doivent être adjugés dans les mois d'août & de septembre, par celui des officiers de l'élection qui aura les villes, bourgs ou paroisses dans son département de chevauchée, en présence des baillifs, procureurs d'office, syndics, maire, échevins, &. de deux habitans, des plus haut imposés à la taille.

A cet effet, les maire & échevins des villes, doivent prévenir, un mois avant les affiches & publications, le procureur du roi des bureaux des finances ou des élections; mais on peut passer outre à l'adjudication des octrois des villes, si le trésorier de France ou l'officier de l'élection négligent de se rendre aux jour & heure indiqués.

Les adjudications doivent être enregistrées aux greffes seulement des élections, aux frais de l'adjudicataire: ces frais sont taxés à vingt livres, pour un *bail* dont le prix monte à 400 livres; à 40 liv. pour ceux qui montent à 800 livres; & à 50 liv. pour ceux dont le prix est de 1000 liv. & au-dessus. Il est défendu d'exiger plus grande somme, à peine de concussion; il est pareillement défendu au trésorier de France & à l'officier de l'élection qui fait procéder à l'adjudication du *bail*, de rien exiger pour son droit de présence. Il ne peut être alloué qu'une somme de dix livres au greffier, pour l'expédition des réceptions d'enchères, adjudications & cautionnemens.

Lorsque, après l'adjudication, il survient des enchères de tiercement ou de triplement sur les *baux* des octrois, dans les villes où l'adjudication en auroit été faite par le commissaire député du bureau des finances, les officiers de l'élection où ces enchères sont portées, doivent renvoyer les parties au bureau des finances, pour y être procédé à la publication de ces mêmes enchères, en la manière prescrite par l'ordonnance des fermes de 1681.

Les officiers municipaux qui négligeroient de se conformer aux dispositions prescrites par l'arrêt du 14 juin 1689, sont rendus responsables de la diminution qui pourroit être survenue relativement au prix des *baux* antérieurs; ils pourroient même être condamnés chacun en cinquante livres d'amende pour chaque contravention: les *baux* ainsi passés seroient en outre déclarés nuls. C'est ce qui résulte des arrêts du conseil, des 14 juin 1689, 22 décembre 1745 & 2 avril 1751.

Comme il n'y a en Lorraine ni bureaux des finances, ni élections, les adjudications des biens communs & des octrois des villes se font pardevant les officiers municipaux.

BAIL & DESBAIL. Dans les anciennes coutumes, le mot *bail* étoit souvent pris pour la tradition d'une chose ou d'une personne faite à quelqu'un; de-là le mot *desbail*, lorsque la chose ou la personne donnée en *bail* sortoit des mains ou de la puissance de celui à qui elle avoit été donnée. C'est en ce sens qu'on disoit qu'il y a *bail*, quand une fille se marie, parce qu'elle entre en la puissance de son mari; & quand son mari meurt, il y a *desbail*, parce qu'elle est affranchie par sa mort de la puissance maritale. *Voyez* DESBAIL & PUISSANCE MARITALE.

BAIL *à domaine congéable*, (*terme de Coutume.*) le domaine congéable a lieu dans la province de Bretagne, & il se dit d'une espèce de domaine accordé à un possesseur, dont il doit se dessaisir à la volonté du seigneur, à la charge que celui-ci paiera toutes les améliorations qui auront été faites sur l'héritage.

Cette espèce de tenure singulière a lieu principalement dans les usemens de Rohan, Cornouaille, Léon, Brouerec & Tréguier, où il y avoit beaucoup de terres en landes & en bois, & peu d'habitans.

L'origine en est expliquée par l'article 3. de l'usement de Tréguier, en ces termes: « Lorsque le » propriétaire d'une maison & terres de la cam- » pagne a besoin d'argent, qu'il veut assurer les » rentes d'une terre éloignée, & n'avoir pas l'em- » barras des réparations, il donne sa terre, maison » & superficie, à *convenant* ou *domaine congéa-* » *ble*, à la charge de payer une rente & de » faire les corvées ordinaires, pour en jouir par » le preneur à perpétuité, sauf le droit du seigneur » propriétaire de le congédier toutefois & quantes, » en le remboursant de ses droits convenanciers, » au dire de priseurs ».

Le supplément de l'usement de Brouerec définit le *convenant* ou *domaine congéable*, « une espèce » de contrat emphytéotique, par lequel les sei- » gneurs ont excité les laboureurs à entreprendre » les défrichemens & culture, en leur laissant la » jouissance du fonds, à charge de certaine presta- » tion annuelle, avec faculté d'y faire des amé- » liorations, dont ils ne pourront être expulsés » qu'en leur remboursant le prix de ce qu'elles se » trouveront valoir lors du congément ».

L'usance générale sur la jurisdiction, dit que « le *convenant* ou *domaine congéable* tient quel- » que chose de la censive ou afféagement rotu- » rier, de sorte que les seigneurs qui ont justice » l'exercent sur les hommes de fiefs »; & l'article 10 de l'usement de Tréguier, porte que « colons » doivent déclaration à chaque mutation de seigneur, » par tenans & aboutissans, d'autant que cette forme » de tenure ressemble de près au contrat de cens, » quant à la prescription des rentes ». Cette disposition est conforme à l'article 17 de l'usement de Cornouaille, & à l'article 6 de celui de Rohan, qui assujettit même le colon à fournir aveu & à comparoir de dix ans en dix ans à la réformation des rôles de son seigneur.

Il n'y a point de temps fixé pour la durée de ces *baux*; ils peuvent être de 99 ans & même de plus, suivant l'article 4 de l'usement de Cornouaille: celui de Brouerec, *article 2*, prouve qu'ils peuvent être illimités. Mais quand ils seroient faits pour un certain temps, il ne s'ensuit pas qu'à l'expiration ils cessent d'avoir leur exécution, parce que le seigneur foncier a seul la liberté de retirer ses fonds & d'y réunir la superficie par la voie du *congément*, qui doit être précédé d'une estimation par experts à ses frais. Le colon ne peut contraindre le seigneur à le rembourser, suivant l'article 19 de l'usement de Cornouaille.

Par le *bail* à domaine congéable, le seigneur foncier demeure toujours propriétaire de son fonds, dont il abandonne seulement la jouissance; mais la superficie en est véritablement aliénée, ensorte que le colon acquiert la propriété des édifices ou autres améliorations, qu'il juge à propos de faire. En conséquence, le seigneur foncier conserve une faculté perpétuelle de les racheter sur le pied de l'estimation qui en sera faite; il se réserve un droit annuel en reconnoissance de son droit de seigneurie. Ce *bail* est plus avantageux au colon que l'emphytéose, en ce qu'il ne perd pas les améliorations comme l'emphytéote. La condition du *bail* à domaine congéable est une espèce de clause, comme si l'on disoit: *je vous accorde le fonds à titre précaire & la superficie en propriété.*

Cette superficie est un immeuble réel que les colons peuvent vendre, en payant les lods & ventes au seigneur; c'est ce que porte l'article 28 de l'usement de Rohan: ils peuvent en faire le partage entre eux sans le consentement du seigneur. La même superficie est susceptible du douaire des femmes, d'hypothèque & même de retrait lignager; les colons en doivent fournir aveu & déclaration: ils sont sujets à la jurisdiction & au moulin du seigneur foncier.

Le seigneur foncier peut exercer lui-même le congément; & suivant les usemens de Brouerec & de Tréguier, la superficie, qu'il réunit au fonds dont la propriété lui appartenoit, n'est regardé que comme un meuble; il peut également céder à un tiers le droit de congédier le colon, & dans ce cas, on suit les mêmes principes que dans la cession du retrait féodal.

On a douté si les rentes ou *domaines congéables* étoient nobles ou roturiers. L'article 541 de la coutume de Bretagne a décidé que les maisons, fiefs, rentes de convenant & domaines congéables, soit d'anciens patrimoines ou d'acquêts, seroient partagés noblement entre nobles qui depuis cent ans se sont comportés noblement.

Le droit de contrôle, pour les *baux* à *domaine congéable*, est le double de celui qui doit être payé pour les *baux* à loyer qui n'excèdent pas neuf ans.

Comme la propriété du fonds n'est jamais transférée par le *domaine congéable*, & qu'il est toujours au pouvoir du bailleur de congédier le preneur, il y a lieu de douter s'il est dû un droit de centième denier sur ces *baux*.

La déclaration du 20 mars 1708, & plusieurs arrêts du conseil ont ordonné que le droit de centième denier seroit payé sur le pied du denier 20 de la redevance stipulée dans le *bail* qui ne limiteroit aucun temps pour la jouissance. Quant à la superficie, le droit de centième denier est dû à chaque mutation, soit de colon à colon, soit par une aliénation qu'en fait le seigneur foncier par un premier démembrement, ou par un second, après avoir réuni le tout par un congément ou par déshérence. Le droit n'est pas dû, lorsque le seigneur foncier renouvelle le *bail* pour le terme de neuf ans, car alors il n'y a pas de mutation; mais il doit être perçu, lorsque le seigneur cède à un tiers son droit de congédier le colon, parce qu'il y a mutation, comme dans le cas où le détenteur vendroit son droit à un autre.

BAIL *emphytéotique. Voyez* EMPHYTÉOSE.

BAIL *de la garde d'un territoire*, (*Police.*) c'est un acte en usage dans le Languedoc, par lequel on confie, pendant une ou plusieurs années, à quelqu'un la garde des fruits d'une paroisse, d'un canton, d'un territoire. Dans les autres provinces du royaume, on nomme tous les ans, dans le temps de la maturité des fruits, une ou plusieurs personnes pour veiller à leur conservation, & on appelle ces gardes, *vigners*, *messiers* & autres noms: leur mission ne dure que jusqu'après le temps de la récolte. Dans le Languedoc, cette garde se donne par *bail*, moyennant un prix convenu. Ces *baux* sont faits en vertu d'une délibération des habitans, & sont exempts du droit de contrôle, ainsi que l'ont décidé les arrêts du conseil des 15 mai 1712 & 15 octobre 1737.

BAIL *des biens de gens de main-morte.* (*Droit canon. Finance.*) Anciennement les bénéficiers ne pouvoient donner leurs biens à ferme que pour trois ans. L'extravagante *Ambitiosæ*, au titre *de reb. eccles. non alien.* défend de leur donner une plus longue durée: le concile de Trente, *sess.* 15, *de reformat. chap.* 2, déclare nuls les *baux* faits à long terme. Cet usage a subsisté en France, comme dans les autres pays catholiques; mais l'ordonnance de Blois a dérogé à ces dispositions du droit canonique, & a permis aux bénéficiers d'affermer leurs biens pour l'espace de neuf ans.

Nous avons déjà dit, au mot BAIL, que le successeur à un bénéfice n'étoit tenu d'entretenir les *baux* faits par son prédécesseur, que lorsqu'il lui succédoit par résignation ou permutation, par la raison, qu'il est censé représenter son résignant ou son copermutant. Nous avons ajouté qu'il n'en étoit pas de même du bénéficier pourvu sur la vacance par mort, parce qu'il tient son droit du collateur. Mais il faut observer que cette disposition n'a lieu que pour les bénéfices séculiers; un abbé régulier est obligé d'entretenir les *baux* faits par son prédécesseur, du consentement de ses religieux.

La raison de différence est sensible; les bénéfices séculiers sont de véritables usufruits, accordés aux titulaires. Or comme l'usufruit finit à la mort de l'usufruitier, il est naturel que ceux qui n'ont droit à la chose, qu'en vertu du droit que leur a transféré l'usufruitier, perdent leur droit dans le même temps, & par la même raison que cesse le droit de l'usufruitier. Un abbé régulier n'a pas le plein usufruit, la pleine disposition des biens de son monastère; il n'en est, sous une certaine considération, que l'administrateur. Or tout administrateur, en se conformant aux règles établies, peut affermer les biens confiés à son administration pour le temps ordinaire des *baux*; & l'exécution de ces mêmes *baux* doit avoir son effet, quand bien même son administration cesseroit avant l'expiration du *bail*.

Les *baux* à ferme des biens des églises, ainsi que ceux des hôpitaux, doivent, suivant l'ordonnance de Blois, être faits au plus offrant & dernier enchérisseur, avec toutes les formalités qui s'observent pour les *baux* du domaine. On trouve un arrêt du parlement de Paris du 14 mars 1725, qui a déclaré nul le *bail* à vie d'une maison appartenant aux Quinze-vingts, qui avoit été fait sans enchères. Ils ne peuvent être faits par anticipation, c'est-à-dire, pour les maisons situées dans les villes, plus de six mois avant que le preneur en commence la jouissance, & deux ans pour les héritages de la campagne.

L'ordonnance de Blois défend aux gentilshommes de prendre à ferme les biens ecclésiastiques, à peine d'être déclarés roturiers, & d'être imposés à la taille eux & leurs successeurs; aux officiers de judicature, à peine de privation de leur état; & aux étrangers, à peine de nullité.

Tous les biens ecclésiastiques, maisons, prés, terres, vignes, dixmes, *&c.* peuvent être donnés à *bail*, à l'exception seulement des jurisdictions ecclésiastiques, & du droit d'établir des vicaires dans les choses spirituelles. Les hôpitaux, & non les autres communautés ecclésiastiques, sont restituables envers les *baux* passés à vil prix.

Suivant les réglemens contenus dans la déclaration de 1696, dans l'édit de 1704, dans un grand nombre d'arrêts du conseil, & notamment dans ceux des 2 septembre 1760 & 24 novembre 1775, les bénéficiers peuvent faire valoir & exploiter par eux-mêmes, leurs domestiques ou gens de journée, en tout ou en partie, leurs dixmes & autres biens dépendans de leurs bénéfices, à la charge par eux d'en faire faire la publication un mois au plus tard avant la récolte de chaque année, à l'issue de la messe paroissiale, & d'en rapporter copie certifiée d'eux, dans le mois, au commis du bureau du contrôle, dans l'arrondissement duquel sont situés les biens ou dixmes, & d'en tirer reconnoissance, qui doit leur être délivrée sans frais & sur papier non timbré. Ce privilège accordé aux ecclésiastiques de faire valoir par eux-mêmes leurs biens, s'étend jusqu'à l'exploitation d'une ferme de quatre charrues dans une seule paroisse.

A l'égard de leurs autres biens, les gens de main-morte sont tenus de les affermer, & ils seroient imposés à la taille, pour raison de tous ceux qu'ils exploiteroient & feroient valoir au-delà du privilège qui leur est accordé. Les *baux* de ces biens doivent être reçus pardevant notaires, & sont assujettis au droit de contrôle, conformément à l'édit de 1663, à peine de nullité, & de deux cens liv. d'amende pour chaque contravention.

La déclaration de 1704 ordonne également le paiement du contrôle des adjudications annuelles, des bois taillis, des grosses, vertes & menues dixmes, des dépouilles des prés, des *baux* & adjudications des bancs & des chaises, des fondations & concessions des chapelles. Pour obvier aux fraudes que les bénéficiers peuvent commettre dans la passation des *baux*, en y fixant des prix modiques, & en prenant des contre-lettres en vertu desquelles ils passent, sous le nom d'un premier fermier, des *baux* particuliers, qui excèdent le prix du *bail* général: la même déclaration autorise les contrôleurs à prendre, à leur choix, le droit d'enregistrement & de contrôle sur le *bail* général ou sur les sous-*baux*.

Les commis du contrôle doivent veiller à ce que les ecclésiastiques remplissent les formalités requises pour les biens qu'ils font valoir, & afferment le surplus de leurs domaines par des *baux* notariés; & à cet effet ils sont obligés de tenir un sommier, distribué par ordre de paroisses, sur lequel sont portés tous les biens & revenus des gens de main-morte de leur arrondissement, & chaque objet doit y être distingué.

A mesure que les *baux* sont passés pardevant notaires, & sont contrôlés, on fait mention, à la marge de chaque article, du nom du preneur, de la date, du prix & de la durée du *bail*.

Lorsqu'il n'y a pas de *baux*, le contrôleur doit faire mention sur son sommier des copies de publication & de déclaration d'exploitation par les bénéficiers: ensorte qu'à ce moyen chaque commis est en état de connoître si les gens de main-morte ont affermé tous leurs revenus par des *baux* passés devant notaires, & ceux dont ils jouissent par leurs mains, après avoir observé les formalités auxquelles ils sont assujettis.

Lorsque le sommier présente des objets pour lesquels les *baux* sont expirés, & dont les gens de main-morte n'ont pas justifié, qu'ils jouissent par eux-mêmes, les commis doivent en dresser un procès-verbal, le faire signifier aux bailleurs, & même aux preneurs, s'ils les connoissent, afin de les faire condamner au paiement des droits, & aux amendes prononcées par les réglemens. Car il n'est pas permis aux gens de main-morte de laisser jouir leurs fermiers par tacite reconduction, ou de leur continuer la jouissance de leurs *baux*, par actes sous signature privée. Un arrêt du conseil du 22 octobre 1740 a condamné à l'amende les trésoriers de la paroisse de S. Sauveur d'Andely, qui prétendoient avoir laissé jouir leur fermier par tacite reconduction, d'un *bail* passé devant notaires: un autre arrêt du 21 novembre 1741 a condamné solidairement le curé de S. Remi de Collegieu, & le preneur à *bail* de ses terres, en l'amende de deux cens livres, à cause de deux continuations sous signature privée, de deux *baux* passés pardevant notaires. On trouve encore plusieurs arrêts semblables dans le dictionnaire des domaines.

BAIL *judiciaire*. (*Pratique.*) Les *baux* judiciaires sont les *baux* par lesquels la jouissance d'un héritage ou d'un droit incorporel est adjugée par le juge, à titre de ferme ou de loyer pour un certain temps, au plus offrant & dernier enchérisseur.

On fait des *baux* judiciaires des biens du fisc, de ceux des corps & communautés, de ceux des mineurs, ou dans lesquels les mineurs ont quelque portion, &c.

Quoique les *baux* judiciaires soient les plus réguliers, néanmoins les tuteurs & autres administrateurs en font souvent de gré à gré, & ils doivent passer lorsqu'il n'y paroît pas de fraude, & que la vilité du prix du loyer ne les rend pas suspects.

Les *baux* judiciaires qui sont le plus d'usage, sont ceux des biens saisis réellement. Ils se font à la poursuite du commissaire aux saisies réelles.

Bail des biens saisis réellement. Les biens saisis réellement étant mis sous la main de la justice, le commissaire aux saisies réelles, qui est un officier préposé pour la régie de ces biens, doit, jusqu'à l'adjudication du décret, en avoir l'administration & en percevoir les revenus, pour les distribuer à l'acquit du débiteur, partie saisie, aux créanciers saisissans & opposans, suivant l'ordre de leurs hypothèques.

Cette administration que le commissaire a des héritages saisis réellement, l'oblige d'en poursuivre le *bail* à loyer ou à ferme, qu'il doit, après les publications, faire adjuger par le juge, à l'audience, au plus offrant & dernier enchérisseur.

Le *bail* ainsi adjugé est un vrai *bail* à loyer ou à ferme, fait pour le prix auquel il est adjugé, pour le temps & aux conditions portées par l'affiche, dans lequel le commissaire, en sa qualité de commissaire, est le bailleur, & l'adjudicataire est locataire ou fermier. Il est appellé *bail judiciaire*, parce qu'il est confirmé par l'autorité du juge & par la sentence d'adjudication.

Des biens saisis dont le bail judiciaire n'a pas lieu. Si dans le temps que le commissaire fait des procédures pour parvenir au *bail* judiciaire, un opposant à fin de distraire, demande que les fonds ou les droits qu'il prétend lui appartenir, ne soient point compris dans le *bail*, il n'est point juste de commencer par le dépouiller. C'est pourquoi on ordonne, en ce cas, que l'opposant sera tenu, dans un certain temps, de mettre en état son opposition à fin de distraire, sinon que ce temps étant passé, il sera fait droit, & cependant qu'il sera sursis au *bail* judiciaire. Ce jugement intervient sur une requête que l'opposant donne contre le commissaire, & que ce dernier doit signifier à la partie saisie, au poursuivant, & au plus ancien procureur des opposans, s'il y en a. La distraction demandée par l'opposant ne donne lieu à la surséance entière du *bail*, que quand l'opposition à fin de distraire est formée pour tout le bien saisi, ou pour quelque partie si considérable, qu'on auroit de la peine à trouver un fermier judiciaire pour le surplus; car s'il y avoit plusieurs maisons, l'opposition à fin de distraire du *bail* une de ces maisons, n'empêcheroit pas que les autres ne pussent être données à *bail* judiciaire.

Il y a aussi quelques provinces en France où le tiers acquéreur qui se trouve en possession dans le temps de la saisie, est en droit de s'opposer aux *baux* judiciaires. La coutume de Normandie en a une disposition expresse. L'article 552 de cette coutume porte que *le tiers-acquisiteur ayant joui par an & jour, ne doit être dépossédé pendant le décret, en baillant caution de rendre les fruits depuis la saisie jusqu'au jour de l'état* (cet état est la même chose que l'ordre dans d'autres provinces). Ces termes de la coutume de Normandie, *depuis la saisie*, ont fait naître la question en cette province, si le tiers-acquéreur qui a joui des fruits, doit les rapporter du jour même que la saisie réelle a été faite, ou du jour qu'on a procédé au *bail* judiciaire. Basnage cite sur cette question un arrêt du parlement de Rouen, du 31 mai 1691, par lequel le tiers-acquéreur ne fut condamné à rapporter les fruits que du jour du *bail* judiciaire, quoiqu'il se fût écoulé huit années entre ce *bail* & la saisie, & les premières procédures faites pour parvenir au *bail*. Le motif de cet arrêt fut que tant que le tiers-possesseur n'est point troublé dans sa possession par un fermier judiciaire, il possède de bonne foi & gagne par conséquent les fruits. On a cru que l'article 252 de la coutume de Normandie ne devoit s'entendre que d'une saisie qui auroit son effet par le *bail* judiciaire.

Le réglement de 1616, du parlement de Bourgogne, dit aussi que, pendant l'instance des criées, les tiers-possesseurs ne pourront être dépossédés. La même chose a lieu au parlement de Toulouse, suivant les arrêts rapportés par M. de Catelan, parce qu'on y présume que les tiers acquéreurs qui demandent la jouissance des fonds, à condition de rendre compte des fruits, auront plus soin des biens que nul autre gardien. Mais la jurisprudence du parlement de Toulouse est différente de celle de Normandie, en ce qu'au parlement de Toulouse, le tiers-possesseur est obligé de rapporter les fruits du jour de la saisie, parce qu'on prétend que de ce jour-là son droit de propriété est converti en hypothèque, & qu'il est présumé dépossédé par la main du roi.

Ce qui est de certain, c'est que dans tous les pays où le tiers-possesseur conserve la jouissance à la charge de rendre compte des fruits, il est suffisamment dépossédé de même que son vendeur sur qui la saisie est faite, puisqu'il ne jouit plus des fruits que précairement, & comme une espèce de sequestre.

L'usage général par toute la France, est de ne point faire de *baux* judiciaires des offices & des rentes. Il suffit pour déposséder le propriétaire, que le commissaire aux saisies réelles fasse signifier la saisie au payeur des gages de l'office, ou au débiteur de la rente, afin qu'on ne puisse payer les gages ou les arrérages à d'autres qu'à lui.

Des procédures pour parvenir à un bail judiciaire. Au parlement de Paris, les procédures pour parvenir aux *baux* judiciaires, se font devant le juge du décret; mais en Normandie ces procédures doivent être faites, suivant l'article 550 de la coutume, devant le plus prochain juge ordinaire des lieux où les biens saisis sont situés.

Au châtelet & dans les autres jurisdictions ordinaires du ressort du parlement de Paris, c'est le premier juge de la jurisdiction, ou celui qui le suit dans l'ordre du tableau, qui répond les requêtes, & l'adjudication des *baux* judiciaires se fait à l'audience. Mais au parlement, à la cour des aides, même aux requêtes du palais, le commissaire aux saisies réelles ne peut procéder au *bail* judiciaire des biens saisis, qu'il n'ait fait commettre un des juges à cet effet, & que la commission n'ait été enregistrée au greffe. Si le juge commis décède ou est absent dans le temps des procédures, le commissaire aux saisies réelles doit en faire subroger un autre, à peine, par le procureur du commissaire, de demeurer garant & responsable en son nom de toute la procédure qui seroit faite pardevant le juge qui n'auroit point été commis ou subrogé; c'est ce que prescrit l'arrêt du 12 mai 1696, rendu pour confirmer une délibération de la communauté des avocats & des procureurs, qui ne tendoit qu'à conserver l'ancien usage & le bon ordre.

A l'égard de la procédure que doit faire le commissaire, elle est réglée au parlement de Paris, par un arrêt du 12 août 1664. Si c'est une maison située dans Paris, dont la saisie soit poursuivie à Paris, le commissaire, dans la quinzaine de l'enregistrement, fait arrêter les loyers entre les mains des locataires, sans aucune assignation pour affirmer, & il les somme de déclarer s'ils entendent faire convertir les *baux* conventionnels en judiciaires: quand ils acceptent la conversion, on en passe une sentence ou un arrêt, sans qu'il soit besoin d'aucune autre procédure; mais quand le locataire garde le silence, le commissaire poursuit les *baux* de la manière dont il le feroit pour des biens qui ne seroient point situés à Paris; il fait seulement signifier les remises au locataire après une seule apposition d'affiches.

Pour ce qui est des héritages & des maisons situés hors de la ville de Paris, le commissaire doit, six semaines après l'enregistrement, faire assigner la partie saisie & le saisissant, pour voir procéder au *bail* judiciaire, & y faire trouver des enchérisseurs, si bon leur semble; ensuite il fait mettre des affiches à la porte de la paroisse où les choses saisies sont situées, & à la porte de la maison, si c'est une maison qui soit saisie.

On explique dans ces affiches la consistance du bien saisi, le jour auquel il sera procédé au *bail* judiciaire, & devant quel juge l'adjudication sera faite: à l'égard des clauses du *bail* par rapport aux charges dont le fermier sera tenu, il y a des tribunaux où l'on se contente de mettre que l'adjudication se fera aux charges, clauses & conditions portées par l'enchère, qui sera lue & publiée en jugement, l'audience tenant, au jour de l'adjudication. En d'autres tribunaux, l'usage est de marquer dans les affiches toutes les clauses, les conditions & les charges dont le fermier sera tenu. Le commissaire fait signifier à la partie saisie, au saisissant & au plus ancien procureur des opposans, s'il y en a, qu'il a fait apposer les affiches pour parvenir au *bail* judiciaire.

De la conversion d'un bail conventionnel en bail judiciaire. Si le fermier conventionnel instruit par ces affiches, veut faire convertir le *bail* conventionnel en *bail* judiciaire, il doit donner copie de son *bail* au commissaire, se rendre partie intervenante dans la procédure, & demander la conversion par une requête expresse que le commissaire fait signifier aux parties intéressées. Le jugement qui intervient adjuge ordinairement au fermier ses conclusions. Cependant on seroit bien fondé à s'y opposer, si le *bail* avoit été fait en fraude, à vil prix, ou si la partie saisie, en passant le *bail*, avoit reçu, par forme de pot-de-vin, une somme considérable qui eût diminué le prix du *bail*. Un commissaire pourroit aussi empêcher la conversion d'un *bail* conventionnel, dont la redevance seroit stipulée en grains, car le prix des fermages des biens saisis ne doit jamais être stipulé en grains, mais en argent, suivant les arrêts rendus au parlement de Paris, en 1533 & 1581; ce seroit une trop grande charge pour le commissaire aux saisies réelles, que de faire percevoir ces grains, de les faire vendre, en appellant les parties qui pourroient y avoir intérêt, & de rendre compte de cette gestion.

Lorsque le *bail* conventionnel est converti en *bail* judiciaire, ce *bail* a lieu pour le temps qui restoit du bail conventionnel, si le décret dure pendant ce temps.

Après l'adjudication du *bail* judiciaire, les fermiers conventionnels ne sont plus reçus à demander la conversion de leurs *baux*, suivant le réglement du 12 août 1664.

Il semble qu'aux termes de ce réglement, il devroit dépendre du fermier conventionnel de faire convertir son *bail* en *bail* judiciaire, ou d'abandonner sa ferme; car il porte que les fermiers conventionnels *peuvent intervenir, si bon leur semble, en la procédure du bail judiciaire, & requérir la conversion de leurs baux*, & on leur laisse ordinairement cette liberté. Cependant si la partie saisie demande que le *bail* conventionnel soit converti en judiciaire, que le saisissant & les opposans y consentent, le fermier ne peut l'empêcher, & l'on ordonne qu'il paiera le prix de son *bail* au fermier judiciaire. Bardet rapporte un arrêt qui l'a ainsi jugé le 7 juillet 1639, & Bruneau assure que c'est la jurisprudence des derniers arrêts; elle est fondée sur ce qu'il n'y a aucune loi qui dise que le *bail* conventionnel est résolu de plein droit par une saisie réelle, & que la partie saisie a intérêt que le *bail* conventionnel, qui est ordinairement plus avantageux que le *bail* judiciaire, ait son effet : c'est aussi l'intérêt des créanciers ; mais, comme en ce cas il ne faut point rendre la condition du fermier plus dure qu'elle ne l'auroit été si le bien n'avoit point été saisi, le commissaire aux saisies réelles ne peut le contraindre par corps au paiement du prix de sa ferme ; quand il ne s'est point soumis à la contrainte par corps par le *bail* conventionnel.

De la réception des enchères. Si entre le jour de l'apposition de l'affiche, & celui qui étoit marqué pour procéder au *bail* judiciaire, il ne s'est point présenté de fermier ou de locataire, pour faire convertir les *baux* conventionnels en judiciaires, le procureur du commissaire aux saisies réelles se présente à l'audience ou devant le conseiller commissaire, si le *bail* doit être fait à la barre de la cour : on y lit & on y publie les affiches, si elles contiennent les conditions auxquelles le *bail* est proposé, ou un acte qui contient ces conditions, que le commissaire met au greffe, & que l'on appelle dans plusieurs tribunaux *enchère de loyer* : puis on reçoit les enchères, s'il se présente des enchérisseurs ; sur quoi il intervient une sentence (quand le *bail* se poursuit à l'audience), qui donne acte aux parties comparantes de leur comparution & défaut contre les défaillans ; en conséquence on remet l'adjudication au jour & à l'heure qui sont indiqués ; ensuite on ordonne que les affiches seront mises aux lieux accoutumés, avec la déclaration de la plus forte enchère, s'il y en a eu : tout cela se fait par le procès-verbal du commissaire, quand le *bail* doit être adjugé à la barre de la cour. On observe la même chose à la seconde remise, pour parvenir à la troisième. On fait signifier ces remises à la partie saisie & au saisissant.

Quand il ne s'est présenté personne pour enchérir après ces trois remises, le commissaire aux saisies réelles qui a fait ses diligences, est déchargé des loyers des fermes & des maisons saisies, selon le réglement du 12 août 1664 ; mais les parties intéressées, qui sont le saisi, le saisissant & les opposans, peuvent sommer le commissaire de faire de nouvelles diligences : après cette sommation, il est obligé de recommencer la procédure jusqu'à trois autres remises inclusivement.

Quoiqu'il se soit présenté des enchérisseurs aux premières remises, le juge peut encore en ordonner une ou plusieurs après la troisième, s'il voit que le prix du *bail* n'ait pas encore été poussé à la juste valeur du bien ; mais lorsqu'il ne reste aucune espérance de le faire monter plus haut, il l'adjuge au procureur, dernier enchérisseur.

Il est nécessaire de remarquer que les enchères ne sont reçues que par le ministère des procureurs, qui, suivant le réglement du parlement de Paris de 1664, sont tenus, dans les trois jours de l'adjudication, pour tout délai, de déclarer le nom, surnom, qualité & domicile de celui pour lequel ils ont enchéri.

Des personnes qui ne peuvent prendre des baux judiciaires. L'ordonnance de Blois défend expressément à tous les officiers de judicature, avocats, procureurs, solliciteurs, greffiers & leurs commis, tant des justices royales que de celles des seigneurs, de se rendre adjudicataires des fruits des biens saisis par justice en leur siége, même cautions pour les adjudicataires, directement ou indirectement, à peine d'être privés des émolumens des fermes, & néanmoins d'en payer le prix, & encore sous peine d'être privés de leurs offices. Le parlement de Paris voulant faire exécuter plus exactement cette disposition de l'ordonnance de Blois, dans toute l'étendue de son ressort, fit sur ce sujet un réglement le 22 juillet 1690, renouvellé & expliqué par l'article 35 de l'arrêt du 29 avril 1722, qui mérite une attention particulière. La cour y fait des défenses aux commissaires aux saisies réelles & à leurs commis, aux procureurs & à leurs clercs, même aux huissiers, de prendre sous leurs noms, ou sous des noms interposés, directement ou indirectement, aucun *bail* judiciaire des biens saisis réellement, ni de s'en rendre cautions ou certificateurs, à peine de nullité des *baux*, de 3000 livres d'amende envers le roi, & de payer aux créanciers, pour le temps pendant lequel les *baux* auront eu leur effet à leur profit, le quadruple du prix, à la décharge de la partie saisie, si mieux n'aime le poursuivant, même les créanciers opposans, demander l'estimation par experts : auquel cas les commissaires & leurs commis, les procureurs, leurs clercs & les huissiers paient l'estimation, si elle est plus forte que le quadruple & les frais qui ont été faits pour y parvenir, sans qu'au cas d'une estimation plus foible que le quadruple, ces personnes puissent s'exempter de payer le quadruple, à condition que les frais de cette estimation demeureront alors à la charge de celui qui l'aura requise. Ces arrêts ajoutent que les clercs de procureurs qui auront contrevenu à ce réglement, seront incapables d'être reçus à l'office de procureur ; que les procureurs titulaires seront interdits de leur charge pendant six mois, & privés de leur office en cas de récidive. Pour ce qui est des commis des commissaires aux saisies réelles, les deux arrêts portent qu'ils seront punis exemplairement, sans expliquer quelle sera cette peine. Les mêmes arrêts permettent néanmoins à ces personnes de se rendre adjudicataires ou cautions des *baux* judiciaires, quand elles sont créancières, & opposantes en leur nom à la saisie réelle, par titre légitime & sans fraude ; ou lorsqu'elles sont devenues créancières du saisi, par succession ou par donation, sans fraude, soit avant, soit depuis l'enregistrement de la saisie réelle.

On ne doit pas non plus, suivant le réglement du 22 juillet 1690, prendre pour adjudicataires ou pour cautions les mineurs de vingt-cinq ans qui ne peuvent s'obliger ou contracter d'une manière irrévocable, ni les septuagenaires qui, aux termes de l'ordonnance de 1667, ne peuvent être sujets à la contrainte par corps pour des dettes purement civiles.

Il y a aussi des coutumes, comme celles de Nivernois & de Bourbonnois, qui décident que la partie saisie, les opposans & les poursuivans ne peuvent être fermiers judiciaires. Il n'y a point de doute que la disposition de ces coutumes, par rapport à la partie saisie, ne doive être suivie dans tout le ressort du parlement de Paris, parce qu'il est à craindre que le débiteur demeurant possesseur de son bien, ne se trouve excité par-là à proroger le plus qu'il lui sera possible les procédures du décret, au préjudice de ses créanciers. Nous avons un ancien arrêt rapporté par M. le Maistre, du 6 décembre 1551, qui l'a ainsi jugé; c'est pourquoi l'arrêt de réglement du 29 avril 1722 fait défenses aux commissaires & à leurs commis de recevoir pour fermiers judiciaires, cautions ou certificateurs, les parties saisies; & aux procureurs d'enchérir pour elles, à peine de nullité des *baux*, de 3000 livres d'amende, de restitution du quadruple du prix ou de l'estimation, & ce solidairement, tant contre la partie saisie que contre le procureur, le commissaire aux saisies réelles, même les commis s'ils en ont eu connoissance. Le même arrêt défend aux fermiers judiciaires, aux cautions & aux certificataires, de faire des transports des *baux* aux parties saisies, ou de les laisser jouir des biens saisis gratuitement ou moyennant rétribution, à peine de 300 livres d'amende, pour chaque contravention.

A l'égard des dispositions des coutumes de Nivernois & de Bourbonnois sur les opposans, on ne les étend pas aux coutumes, qui ne contiennent point une pareille disposition, parce qu'il n'est pas à craindre qu'ils abusent de la jouissance de la ferme pour proroger le décret. Il est même de l'intérêt du débiteur que ces parties soient reçues à enchérir, pour faire porter plus haut le prix du *bail*; c'est ce que Gouget a soutenu contre l'avis de M. le Maistre. Le sentiment de Gouget a depuis été confirmé par les arrêts de réglement du parlement de Paris, du 22 juillet 1690, & du 29 avril 1722, qui, en défendant aux procureurs & à leurs clercs de se rendre adjudicataires ou cautions des *baux* judiciaires, le leur ont permis dans le cas où ils sont eux-mêmes créanciers ou opposans sans fraude.

On n'étend point non plus aux autres coutumes les défenses faites par celles de Nivernois aux enfans, aux frères & aux héritiers présomptifs des juges, des greffiers, des sergens exécuteurs des décrets, des avocats & des procureurs des parties, d'être fermiers des biens saisis réellement, pourvu qu'il n'y ait point de fraude.

Basnage assure qu'en Normandie il n'y a que les personnes à qui il est défendu d'enchérir, par l'article 132 de l'ordonnance de Blois, qui ne puissent se rendre adjudicataires du *bail* judiciaire.

De la caution du bail judiciaire. Selon l'article 4 de l'édit de 1551, le fermier judiciaire doit donner caution. Le parlement de Paris, par son arrêt du 12 août 1664, fixe le délai pour la présentation de la caution, à la huitaine après la déclaration du procureur, à qui l'adjudication a été faite. C'est par un acte signifié au commissaire ou à son procureur, que se fait la présentation de la caution; si elle est contestée, il faut donner copie de la déclaration de ses biens, & en communiquer les titres justificatifs sous le récépissé du procureur. Si, après l'examen des titres, le commissaire avoit encore quelque sujet de craindre, il pourroit demander un certificateur de la caution. Il est de la prudence du juge d'examiner si l'on ne consent point avec trop de facilité à la réception des cautions, ou si l'on ne fait point mal-à-propos des difficultés contre elles. Il doit recevoir sur le champ la caution ou la rejetter, sans qu'il puisse appointer à mettre, ou en droit, sur la solvabilité, ni même rendre un appointement de contrariété. Les ordonnances du juge ou du commissaire sur cette matière sont toujours exécutées, nonobstant les oppositions & les appellations, & sans y préjudicier. La caution étant reçue, on en signifie l'acte à la partie ou à son procureur, & la caution fait au greffe sa soumission, par laquelle elle déclare qu'elle se constitue caution envers le commissaire des saisies réelles, pour l'exécution du *bail* des biens saisis, dont elle nomme le fermier judiciaire. On signifie encore au commissaire le procès-verbal de réception de caution & l'acte de soumission.

Un commissaire ne sauroit agir avec trop de circonspection dans la procédure pour la réception des cautions & des certificateurs; car étant chargé par la justice de la régie des biens saisis, pour en rendre compte aux créanciers, il est responsable, non-seulement des pertes que les créanciers feroient par sa mauvaise foi, mais encore de celles qu'ils souffriroient par sa faute. C'est ce que décide Ulpien. Mais quand le commissaire a pris toutes les précautions qu'auroit pu prendre un père de famille intelligent & attentif à ses intérêts, on ne peut rien lui imputer. C'est pourquoi il n'est point responsable de l'insolvabilité de la caution, si étant solvable dans le temps du *bail*, elle est ensuite devenue insolvable par quelque accident que l'on ne pouvoit prévoir.

Si l'adjudicataire ne présente point de caution, ou si celle qu'il présente est rejettée parce qu'elle n'est point trouvée solvable, le commissaire fait procéder à un nouveau *bail* judiciaire, à la folle enchère du premier adjudicataire, en observant dans sa procédure les mêmes formalités que celles qui avoient eu lieu pour parvenir au *bail* demeuré sans effet.

Du tiercement. Il semble que quand le fermier judiciaire a ainsi contracté solemnellement avec la justice, & qu'il a satisfait à toutes les conditions qui lui sont imposées, il ne devroit pas être dans le cas de craindre de se voir évincer de son *bail*; cependant l'avantage des créanciers & de la partie saisie a fait introduire un usage qui l'emporte sur cette règle; c'est de recevoir, après l'adjudication & la réception de la caution, ceux qui offrent le tiers en sus du prix du *bail*; qui offrent, par exemple, de payer 400 livres de fermages, par chaque année, au lieu de 300 livres, & de rembourser l'adjudicataire de ses frais, s'il en a fait quelques-uns. Les offres de tiercement se font par une requête, que l'on présente aux juges pardevant lesquels le décret est pendant. On les signifie au commissaire, à l'adjudicataire du *bail*, à la partie saisie & au plus ancien procureur des opposans. Si le tiercement est admissible, on rend un jugement, par lequel on ordonne qu'il sera procédé à un nouveau *bail* judiciaire sur le tiercement, au plus offrant & dernier enchérisseur, à la charge de rembourser les frais du précédent *bail*, & les autres frais que l'adjudicataire aura pu faire. Le premier adjudicataire n'est dépossédé que du jour que celui qui a fait le tiercement, ou un autre adjudicataire plus haut enchérisseur, a fait recevoir la caution. Jusqu'à ce temps le précédent fermier judiciaire demeure en possession, sans augmentation du prix de son *bail*.

Cette voie du tiercement pour faire résoudre un *bail* judiciaire adjugé à vil prix, est admise dans le parlement de Normandie, comme dans celui de Paris, ainsi que Basnage l'a remarqué. Un arrêt de réglement, rendu au parlement de Bretagne le 8 mai 1690, porte, en termes exprès, que pour conserver l'intérêt des parties saisies & des créanciers, & empêcher qu'ils ne souffrent de la modicité des *baux*, le tiercement sera reçu & admis; cet arrêt de réglement a été confirmé par une déclaration du 9 décembre 1690, enregistrée au parlement de Rennes, où cet article du réglement est répété mot à mot.

On a peine à admettre le tiercement, quand il s'est écoulé une partie considérable du temps du *bail* judiciaire. On ne doit jamais l'admettre quand le temps de la moisson approche, parce qu'il ne seroit pas juste qu'après avoir fait courir tous les risques au fermier judiciaire, on vînt lui ôter son *bail* dans le temps qu'il seroit près d'en recueillir quelque profit. On pourroit cependant ordonner, en ce cas, que le premier fermier judiciaire, qui n'est encore qu'à la première année de son *bail*, feroit la récolte, & admettre le tiercement pour les années suivantes.

Durée du bail judiciaire. Tous les *baux* judiciaires faits après les remises ordinaires, à la folle enchère d'un premier adjudicataire ou sur tiercement, doivent être faits pour trois ans, *si tant la saisie dure*, suivant l'article 16 de l'édit du mois de février 1626, qui a fixé ce terme pour éviter les frais que causoit auparavant le renouvellement trop fréquent des *baux* judiciaires. Ces termes de l'édit de 1626, *si tant la saisie dure*, font assez connoître que l'intention du roi Louis XIII, étoit que le fermier judiciaire pût être dépossédé dès que la saisie cesseroit, par la main-levée accordée au propriétaire, ou par l'adjudication, sans que le fermier, qui s'étoit soumis à cette condition, pût demander des dommages & intérêts, ni autre chose que la restitution des avances qu'il auroit faites; on l'observe encore de cette manière dans plusieurs jurisdictions du royaume; mais l'arrêt de réglement du parlement de Paris, du 12 août 1664, a introduit dans le ressort de ce parlement une jurisprudence différente. Il veut qu'en cas d'éviction du *bail* par main-levée ou par adjudication, le fermier judiciaire jouisse des loyers de la maison saisie, & des revenus des terres qu'il aura labourées ou ensemencées, en payant le prix du *bail* au propriétaire ou à l'adjudicataire des fonds saisis. L'arrêt ajoute que le poursuivant criées sera tenu de faire mention de cette charge dans l'enchère & affiche de quarantaine, afin que l'adjudicataire ne prétende point être en droit d'entrer d'abord en possession des biens adjugés.

Si le décret dure plus de trois ans, les *baux* judiciaires doivent être renouvellés six mois avant l'expiration pour les maisons de Paris, & un an avant l'expiration pour les maisons & héritages qui sont situés hors de la ville de Paris.

Des droits dus aux commissaires. Il n'est dû que huit livres au commissaire aux saisies-réelles, pour tous les droits & les frais qu'il fait afin de parvenir aux *baux* judiciaires, ou pour la conversion des *baux* conventionnels en judiciaires, & deux livres pour le contrôle quand le prix des *baux* n'est que de trois cens livres & au-dessous. Il est dû douze livres au commissaire & trois livres pour le contrôle des *baux* judiciaires, qui sont au-dessus de 300 livres, à quelque somme qu'ils puissent monter. Il ne peut prétendre aucun droit pour les frais de publication, les appositions d'affiches, les significations d'ordonnances des juges, les remises, les vacations de son procureur, les exploits de commandement, les voyages, ou pour quelque autre cause que ce soit, à peine du quadruple. On excepte de cette règle l'expédition du greffier dans les justices ordinaires, & au parlement l'expédition du greffier & les vacations du conseiller commis à la barre, à la charge cependant que tous les frais des *baux* judiciaires, dont le prix ne sera que de cent livres, n'excéderont point la somme de vingt livres. Ces frais sont pris par les commissaires sur les adjudicataires des *baux*, à l'exception des *baux* conventionnels convertis en judiciaires, pour lesquels les frais sont pris sur le montant des *baux*, en cas qu'il y ait du fonds sur la commission, & que les sommes aient été allouées dans les comptes.

Formalités particulières à la province de Bretagne. On observe, en Bretagne, des formalités particulières pour parvenir aux *baux* judiciaires. On voit, par les déclarations du 9 décembre 1690, & du 4 janvier 1698, qui sont faites pour cette province, que l'huissier qui fait la saisie-réelle est tenu de publier au prochain marché des choses saisies, qu'à la quinzaine, en cas que la chose saisie soit dans les dix lieues de la jurisdiction où le décret sera fait, ou au mois, en cas de plus grande distance, il sera procédé au *bail* judiciaire à la diligence du commissaire aux saisies-réelles à peine de nullité. La déclaration de 1690 vouloit, qu'outre cette publication, il en fût fait une seconde par le recteur au prône de la grand'messe de l'église paroissiale du lieu où le principal manoir des biens saisis est situé, & que le recteur donnât un certificat de la publication; mais cette publication se doit faire à présent par un sergent ou par un notaire à l'issue de la grand'messe de paroisse, & on doit apposer des affiches à la principale porte de l'église; l'édit du mois d'avril 1695 a substitué ces formalités aux publications aux prônes, en défendant d'interrompre le service divin, pour faire des publications sur les affaires des particuliers, même pour les décrets.

Deux mois après l'enregistrement de la saisie-réelle, le commissaire fait sommer la partie saisie de rapporter main-levée, & lui déclare que si elle ne rapporte point de main-levée dans la huitaine, à compter du jour de la signification, qu'il fera procéder à l'adjudication des *baux* judiciaires. On fait les *baux* judiciaires en Bretagne, nonobstant les oppositions ou appellations, & sans y préjudicier. C'est une des dispositions de la déclaration du 4 janvier 1698, qui ajoute que l'article 5 du titre des lettres d'état de l'ordonnance de 1669, sera suivi en Bretagne, & en conséquence que les *baux* judiciaires, qui auront été faits avant la signification des lettres, auront leur exécution, & qu'il sera procédé au renouvellement des *baux* judiciaires, quand ils seront expirés.

Registre du commissaire. Les commissaires aux saisies-réelles doivent avoir des registres pour les *baux* judiciaires, sur lesquels il est de leur devoir de marquer jour par jour, de suite, & sans aucun blanc, le jour auquel chaque *bail* judiciaire a été adjugé sur les premières enchères ou sur le tiercement, ou le jour auquel le *bail* conventionnel a été converti en judiciaire, la jurisdiction où est faite l'adjudication, le prix du *bail*, le temps auquel il doit commencer, & celui auquel il doit finir, le nom & le domicile de l'adjudicataire, celui des cautions & des certificateurs. A la marge de l'article on marque le nom du bien saisi, le registre & le *folio* de la saisie, l'union ou la division de cette saisie, s'il y en a eu d'ordonnée.

Les liasses des procédures & des actes, qui concernent chaque *bail* judiciaire, doivent être mises à part avec une inscription sur le dossier du nom du bien saisi, du preneur du *bail* & de ses cautions, du *folio* de l'enregistrement de la saisie & des *baux* judiciaires. Dans les jurisdictions où le registre des *baux* est fait par un commis, comme au bureau des saisies-réelles de Paris, le commissaire met, sur une des colonnes du registre général de la commission, un extrait du registre des *baux* judiciaires, des saisies & des empêchemens qui peuvent être faits entre ses mains, sur les parties prenantes, & des mains-levées qui en ont été données.

Des réparations sur les biens saisis. Ordinairement les biens saisis ne se trouvent point en bon état: la première chose que doit faire le fermier judiciaire, lorsqu'il s'en veut mettre en possession, est de présenter sa requête au juge, devant lequel le décret se poursuit, afin de faire visiter par des experts la maison & les lieux qui en dépendent, & de faire dresser un état des réparations nécessaires pour l'exploitation du *bail*. Le juge rend, sur cette requête une ordonnance, en vertu de laquelle le commissaire fait assigner la partie saisie, le poursuivant & le plus ancien procureur des opposans. Le juge du décret ordonne que les lieux seront vus & visités par des experts qui feront leur rapport. La procédure pour la nomination des experts & pour la prestation du serment, se fait devant le juge même du décret, ou devant le juge sur les lieux, auquel cette procédure est renvoyée, quand les biens saisis sont fort éloignés de la jurisdiction où le décret se poursuit. Le saisi, le saisissant & le plus ancien procureur des opposans, doivent être appellés à la visite, & dès qu'elle est faite, il faut leur donner copie du rapport, de même qu'au commissaire aux saisies-réelles.

Si les réparations nécessaires pour l'exploitation du *bail* de la ferme n'excèdent point la somme de 300 livres, l'usage, observé au parlement de Paris, est de faire sommer la partie saisie, le poursuivant, le plus ancien procureur des opposans & le commissaire aux saisies-réelles, de se trouver chez un notaire, au jour & à l'heure marqués, pour faire le marché avec les ouvriers & les entrepreneurs qui feront les réparations.

Mais si les réparations montent à plus de 300 livres, elles doivent être faites au rabais pardevant le plus prochain juge des lieux. On met à cet effet des affiches, & l'adjudication se fait par le juge à celui des ouvriers & des entrepreneurs qui demande le moins.

Au parlement de Paris on ne permet pas d'employer, en réparations par chaque année, plus des deux tiers du prix du *bail*, pour les *baux* qui sont de 300 livres & au-dessous; plus de moitié, pour les *baux* qui sont au-dessus de 300 livres jusqu'à 1000; plus du tiers, pour les *baux* au-dessus de 1000 livres jusqu'à 2000 livres, ni plus du quart pour les *baux* qui sont au-dessus de 2000 livres. Si le fermier judiciaire employoit en réparations de plus grandes sommes que celles qui sont portées par le réglement, il perdroit le surplus. A l'égard des quittances, données pardevant notaire, par les ouvriers ou par les entrepreneurs au fermier judiciaire, jusqu'à la concurrence de ce qu'il est permis d'employer en réparations par les réglemens, elles doivent être prises pour argent comptant, en déduction du prix du *bail*.

Lorsqu'il survient, dans le cours du *bail*, des réparations à faire, urgentes & nécessaires, le fermier doit, pour sa décharge, en avertir le poursuivant par écrit; le poursuivant dénonce cet acte à la partie saisie, & au plus ancien procureur des opposans, puis on présente une requête au juge, pour faire ordonner la visite, & pour procéder à l'adjudication au rabais des réparations, comme on le pratique au commencement du *bail* judiciaire. Lorsque le prix de ces réparations urgentes & nécessaires excède la somme qui peut être allouée au fermier judiciaire, suivant les réglemens, il faut obtenir un jugement avec les parties intéressées, lequel ordonne que ces réparations seront faites à quelque somme qu'elles puissent monter. Ce seroit un grand malheur pour les créanciers, si, sous prétexte d'observer un réglement qu'on n'a fait qu'en leur faveur, on laissoit tomber une maison qui fait leur sûreté.

Lorsque les réparations urgentes & nécessaires se trouvent si peu considérables qu'elles ne méritent point que pour les faire on ordonne une visite, & que l'on fasse les autres procédures qui monteroient quelquefois plus haut que le prix des réparations, on se contente de présenter une requête au juge du décret, & il permet d'employer jusqu'à concurrence d'une certaine somme à ces réparations. On peut même, dans le cas où le retardement seroit dangereux, donner la requête au plus prochain juge royal, pour faire faire ces réparations; car on ne peut rien imputer au fermier dès qu'il paroît manifestement qu'il a fait le bien de la chose, que tout s'est passé de bonne-foi, & qu'il n'auroit pu faire de procédure plus longue, sans que les délais fissent un tort considérable aux créanciers : mais un fermier ne doit avoir recours à ce moyen que dans des circonstances très-pressantes.

Des droits qui appartiennent au fermier judiciaire. Le fermier judiciaire, s'étant mis en possession des biens saisis, jouit de tous les fruits utiles, même des droits de quint & de relief, s'il en est échu quelques-uns pendant son *bail* judiciaire. Il est expressément défendu, par l'édit de 1551, à toutes sortes de personnes, de le troubler directement ou indirectement dans la jouissance de son *bail*, sous peine d'être déclarés rebelles aux ordres du roi & de la justice, & de confiscation de bien : mais le fermier judiciaire ne jouit point des droits honorifiques; ils sont attachés à la propriété dont la partie saisie n'est dépouillée que par l'adjudication; ainsi il ne peut pas recevoir la foi & hommage d'une terre qui relève de celle dont il a la ferme, quoiqu'il en gagne les fruits, quand la saisie féodale est faite à faute d'hommes, droits & devoirs, non faits & non payés. Il ne peut pas non plus présenter aux bénéfices, ni nommer aux offices. Il y en a une disposition expresse pour les bénéfices dans une décision du pape Innocent III : elle porte que le clerc qui a été présenté à un bénéfice par le propriétaire d'une terre, doit être préféré au clerc nommé par celui qui jouit de la terre par engagement, pour être payé de ce que lui doit le propriétaire. Cette décision est suivie au parlement de Paris pour les *baux* judiciaires; car on rapporte un arrêt de ce parlement, rendu le 11 de mai 1634, au profit du comte de Sancerre, par lequel on infirma un *bail* judiciaire fait aux requêtes du palais, parce qu'on y donnoit au fermier la nomination aux bénéfices & aux offices : on ordonna qu'elle appartiendroit à la partie saisie. La chasse est aussi un droit honorifique, attribué par les ordonnances des eaux & forêts, aux seigneurs hauts-justiciers & aux seigneurs des fiefs; c'est pourquoi un fermier judiciaire n'en peut jouir, comme on l'a jugé à l'audience de la tournelle du parlement de Paris, le 14 février 1698, en faveur d'un gentilhomme de Berry, dont la terre étoit en *bail* judiciaire, & comme nous l'avons fait voir précédemment.

Ce que l'on vient dire, que par les ordonnances il étoit défendu de troubler les fermiers judiciaires dans leur possession, n'a pas lieu, suivant l'arrêt d'enregistrement de l'édit de 1551, fait au parlement de Paris, contre les tiers-opposans à fin de distraire, qui lors de la saisie se sont trouvés en possession des choses, pour lesquelles ils ont formé leur opposition, ni pour ceux qui ont obtenu une distraction de leurs biens, que l'on avoit compris mal-à-propos dans la saisie-réelle.

La saisie-réelle n'empêche pas la saisie féodale. Lorsque le fief saisi est ouvert, faute, par le propriétaire, d'avoir fait la foi & l'hommage, le seigneur dont il relève peut le faire saisir féodalement & gagner les fruits; car les créanciers n'ont pas plus de droit que leur débiteur, qui ne pouvoit jouir des fruits pendant la saisie féodale. Cependant, comme un débiteur de mauvaise foi pourroit refuser de faire la foi & hommage, pour priver ses créanciers des revenus de la terre, il est juste, en ce cas, que les créanciers, à qui les loix permettent d'exercer les droits, & de proposer les exceptions de leurs débiteurs, puissent faire la foi & hommage ou demander la souffrance pour la partie saisie. Les coutumes de Paris, d'Orléans & de Berry en contiennent des dispositions expresses : on doit les suivre, même dans les coutumes qui gardent le silence là-dessus, parce qu'elles sont fondées sur des principes d'équité, & qu'on le jugeoit ainsi dans la coutume de Paris, même avant la dernière réformation, quoique l'ancienne coutume n'en parlât point. Dumoulin en rapporte un arrêt du 17 juin 1538. Il y en a d'autres qui sont rapportés par Tournet & par Bacquet au *Traité des droits de justice.*

Ainsi, dès que le fief est saisi féodalement, le fermier judiciaire doit faire signifier la saisie féodale au propriétaire de la terre, partie saisie, au commissaire aux saisies-réelles, & au poursuivant, sous peine, en cas de négligence de sa part d'avertir les parties intéressées, de supporter lui-même la perte des fruits saisis féodalement, sans aucune diminution du prix de son *bail*, suivant l'article 72 du titre 9 de la coutume de Berry.

Ce sont les commissaires aux biens saisis que les coutumes autorisent à faire la foi & hommage au seigneur féodal pour le vassal, dont les biens se trouvent saisis réellement : mais comme les commissaires doivent résider aux lieux de leur établissement, suivant les édits de création de leur office, & que les édits ne leur attribuent aucun droit pour s'acquitter de cette fonction au profit des créanciers, il suffit qu'ils offrent de donner leur procuration à telle personne que les créanciers jugeront à propos, pour faire la foi & hommage, & pour obtenir la main-levée de la saisie féodale.

Dans les coutumes où le vassal doit faire la foi & hommage en personne, le seigneur peut refuser d'admettre à la foi le procureur du commissaire aux saisies-réelles; mais il ne peut refuser d'accorder une souffrance, comme le porte l'article 4 de la coutume d'Orléans.

S'il est dû au seigneur des droits, soit de relief, soit de quint, pourra-t-il refuser d'admettre à la foi ou de donner la souffrance jusqu'à ce que ces droits soient payés? Il peut le refuser dans la coutume de Berry, qui veut que celui qui se présentera pour faire la foi, paie les droits & devoirs au nom du vassal. La coutume d'Orléans dit au contraire que l'on donnera la souffrance au commissaire, sauf au seigneur à se pourvoir pour ses profits sur les deniers de la ferme de l'héritage, ou sur les deniers qui proviendront de la vente. Il semble qu'on devroit suivre la disposition de la coutume de Berry, dans les coutumes qui ne décident point cette question; car dès que l'on permet au seigneur de poursuivre ses droits par la saisie féodale qui emporte perte des fruits, nonobstant la saisie-réelle, pourquoi l'obligeroit-on d'admettre à la foi, sans payer les droits utiles, tandis que dans toute autre occasion, il peut refuser de recevoir l'hommage ou de donner souffrance, quand il n'est point satisfait des droits utiles? Cependant plusieurs auteurs prétendent qu'en ce cas les droits utiles ne doivent être regardés que comme d'autres dettes privilégiées, pour lesquelles le seigneur se doit pourvoir par la voie de l'opposition, & qu'il lui suffit d'avoir l'assurance d'être colloqué dans l'ordre, tant pour le principal de ses profits de fief, que, pour les intérêts du jour de la demande. Auzanet, qui suit cette dernière opinion, rapporte pour la confirmer, un arrêt du 7 août 1627, entre dame Esther de Jamard, & dame Magdelaine Barthelemi, veuve du sieur Duplessis-Praslin. Les principes paroissent opposés à ce préjugé, & on devroit les suivre dans la pratique.

S'il arrive, pendant le cours des procédures, que le vassal, partie saisie, vienne à décéder, après que le commissaire a eu fait la foi & hommage, le seigneur peut saisir de nouveau féodalement à faute d'homme, de droits & devoirs non faits & non payés; car tant que le bien saisi réellement n'est point adjugé, les mutations se règlent du chef de la partie saisie, ou de ses héritiers, & non du chef du commissaire ou du fermier, qui, n'étant point propriétaires du fief, ne peuvent être regardés comme vassaux.

Remises qu'on doit accorder au fermier. Quand il y a eu une perte de fruits par la saisie féodale, sans qu'on puisse imputer aucune négligence au fermier judiciaire, il est juste de lui faire une diminution sur le prix de son *bail*, à proportion de la perte qu'il a soufferte, puisqu'il n'a pu jouir de ce qui lui avoit été affermé.

On accorde aussi une diminution au fermier judiciaire, quand un opposant a fait distraire une partie considérable des biens saisis, ou quand quelque force majeure l'a empêché de jouir, comme si la grêle a gâté tous les fruits, si un moulin, ayant été consumé par le feu, sans qu'il y eût de la faute du fermier ou du sous-fermier, n'a pu produire aucun profit. C'est avec la partie saisie, le poursuivant & les opposans, que le fermier doit demander ces diminutions sur le prix de son *bail* : on ne les accorde que difficilement, & seulement dans le cas où le fermier judiciaire prouve clairement qu'il fait une perte réelle : car, comme on est persuadé que les *baux* judiciaires sont ordinairement adjugés à vil prix, on présume que les accidens, dont les fermiers se plaignent, n'ont point eu d'autre effet que de les priver d'un profit exorbitant qu'ils espéroient de faire sur le *bail*.

Paiement du prix du bail judiciaire. Dès que les termes pour le paiement du *bail* judiciaire sont échus, le commissaire aux saisies-réelles doit faire des diligences pour en être payé; car si le fermier ou les cautions, qui étoient en état de payer dans le temps de l'échéance du terme, devenoient par la suite insolvables, il demeureroit responsable, en son nom, du prix du *bail*. Si, par quelque raison particulière, la justice défend de contraindre les débiteurs des *baux* judiciaires & les cautions, le commissaire dénonce le jugement au poursuivant, & cette dénonciation lui sert de décharge valable, jusqu'à ce que les défenses aient été levées, & que le jugement lui en ait été signifié.

Au parlement de Paris, les fermiers judiciaires, leurs cautions & leurs certificateurs sont obligés de payer, en deniers ou en quittances valables, les termes qui sont échus, trois jours après la première sommation qui leur en est faite, sinon ils sont tenus solidairement des frais qui sont faits contre l'un d'eux, pour le recouvrement des loyers, sans que le commissaire puisse les employer dans son compte. Entre les quittances que le commissaire doit recevoir sont celles des charges ordinaires des fonds saisis, comme celles des censives, des rentes foncières, les gages des officiers; les frais pour la poursuite des affaires criminelles, quand il y a justice, & que les frais n'ont pu être recouvrés sur la confiscation. Si le fermier étoit tenu par son *bail* d'acquitter ces charges, sans diminution du prix, on ne prendroit point ces quittances en déduction.

Bail *pour la levée des tailles & autres impositions*,

(*Finance.*) il est d'usage, dans le Languedoc, que la communauté des habitans d'une ville ou d'une paroisse passe un acte avec un particulier, par lequel ce dernier se charge de faire la perception des deniers imposés sur chaque contribuable, moyennant un prix ou une rétribution qu'on lui accorde.

Cet acte est un véritable *bail*, qui s'adjuge à celui qui demande le moins pour les frais de la levée des impositions ; il a tous les caractères des *baux* à ferme ; le tarif du contrôle de 1722 lui donne aussi le nom de *bail*, &, par cette raison, l'a assujetti au droit de contrôle, quoiqu'il en eût été déclaré exempt par un arrêt du conseil du 12 octobre 1697.

Ce droit de contrôle, suivant l'article 22 du même tarif, doit être perçu sur le pied du montant de la remise accordée au preneur, conformément à l'article 15.

Lorsque la communauté est forcée de nommer un collecteur pour faire la recette, parce qu'il ne s'est présenté personne pour la prendre à *bail*, la délibération de cette nomination n'est pas sujette au droit de contrôle, ainsi que l'a décidé un arrêt du conseil du 17 novembre 1733, par la raison que cet acte n'est ni *bail*, ni traité.

BAIL *de mariage*, (*terme de Coutume.*) on se servoit anciennement du mot *bail*, pour signifier *garde* & *administration*, & même pour *gardien* & *administrateur*. C'est en ce sens que les anciennes coutumes appelloient le mari *bail de sa femme*, & le tuteur *bail du mineur*.

Le *bail* de mariage désigne donc la puissance du mari sur sa femme, & l'administration de sa personne & de ses biens. C'est la même chose que *bail* & *désbail*, dont nous avons parlé plus haut. *Voyez* PUISSANCE MARITALE.

BAIL *des biens des mineurs*, (*Droit civil.*) lorsque le tuteur a fait procéder à l'inventaire des meubles & effets de ses mineurs, il doit s'occuper du soin de louer leurs biens. Généralement ce soin est regardé comme un simple acte d'administration, que le tuteur peut faire sans demander l'avis des parens & sans aucune proclamation ; mais la coutume de Clermont prescrit, à cet égard, une forme qu'il seroit bon de suivre : voici ce que porte l'article 196.

« Seront tenus les tuteurs bailler à ferme les » héritages des mineurs, pour les années que la » tutèle durera, au plus offrant & dernier enchérisseur, à l'issue de la grand'messe, après l'avoir » fait publier par deux ou trois dimanches auparavant, à même heure & issue de la grand'messe, » en la paroisse où les héritages sont situés & assis ; » & ne se pourra faire ledit *bail* que pour six ans » pour le plus, si tant la tutèle dure, & à la charge » que le preneur sera tenu de bailler bonne & suffisante caution, comme acheteur des biens de » justice ».

Dans plusieurs endroits il est d'usage que, pour pour parvenir au *bail* des biens d'un mineur, le tuteur fasse publier, en vertu d'une ordonnance du juge, qu'ils seront adjugés en l'auditoire, au plus offrant & dernier enchérisseur, dans le délai fixé par cette ordonnance, lequel doit être assez long pour que le *bail* à donner puisse être publié par trois dimanches consécutifs, à l'issue de la messe de paroisse. Les publications, faites par un huissier ou sergent, se rapportent à l'audience indiquée, & l'on y adjuge le *bail* sur les conclusions de la partie publique : c'est ainsi que cela se pratique en Normandie.

BAIL *naturel*, (*terme de Coutume.*) celles d'Anjou & du Maine se servent de cette expression, pour désigner la tutèle que la loi naturelle défère au survivant des père ou mère sur leurs enfans.

On voit encore, par cette expression, ce que nous avons déjà dit, qu'en terme de coutume, *bail* est la même chose que *garde* & *administration*.

BAIL *à nourriture des mineurs*, (*Jurisprudence.*) c'est ainsi qu'on appelle une convention, par laquelle le preneur se charge de nourrir & entretenir un mineur moyennant une certaine somme. Ce *bail* est fait, par le tuteur, sur un avis de parens, sans qu'il soit nécessaire de le faire homologuer par l'autorité du juge.

Ces sortes de *baux* sont particuliérement usités dans les provinces de Brie, de Champagne, de Gâtinois, de Bourgogne & de Lorraine.

Le Grand prétend que le mineur, devenu majeur, peut rendre sans effet un pareil *bail*, en tenant compte de toutes ses pensions.

Cependant, par arrêt du 27 mai 1724, le parlement de Paris a confirmé une sentence du bailliage de Sens, par laquelle des enfans, âgés de trente-cinq ans, avoient été déclarés non-recevables dans leur appel d'un *bail* à nourriture.

Il y a un autre arrêt, rendu par la même cour le 17 août 1696, qui confirme un pareil *bail*.

Un autre arrêt, rendu le 15 février 1732, sur les conclusions de M. Chauvelin, avocat-général, a confirmé une sentence du bailli de Langres, qui condamnoit un père à rendre compte, nonobstant le délaissement porté au *bail* à nourriture.

Enfin, le 14 décembre 1745, la cour a confirmé un *bail* à nourriture, par lequel on avoit abandonné à un père, des immeubles appartenans à son fils, pour le nourrir, élever & entretenir jusqu'à l'âge de dix-huit ans.

Dans l'espèce de cet arrêt, rapportée, ainsi que les précédentes, par l'auteur de la *Collection de jurisprudence*, le mineur, fils d'un premier lit, qui réclamoit, allégua qu'on ne pouvoit aliéner les biens des mineurs, sans toutes les formalités prescrites; mais l'usage l'emporta sur ce moyen.

Il faut tirer de ces préjugés la conséquence que, quand il paroît que les *baux* à nourriture ont été faits de bonne foi & sans aucun dessein de tromper les mineurs, ils doivent être confirmés ; mais que s'il y a lieu de présumer du dol & de la fraude, les juges doivent les déclarer nuls & de nul effet, lorsque les mineurs s'en plaignent.

Ordinairement on cède, par ces *baux*, la jouissance des biens du mineur à celui qui se charge de sa nourriture. La jurisprudence du conseil étoit autrefois d'assujettir ces *baux* au paiement du centième denier, lorsque la jouissance des biens des mineurs devoit excéder neuf années; mais un arrêt du conseil du 16 juin 1776 les en a exemptés, ainsi que du droit de franc-fief.

BAIL *à rente*, (*Jurisprudence.*) suivant la définition que nous avons donnée du mot *bail*, sous la première signification de ce terme de droit, le *bail* à rente n'est pas proprement un *bail*, puisque dans ce contrat on transfère la propriété de l'immeuble, qui fait l'objet du *bail* à rente, à la charge d'une certaine somme ou d'une certaine quantité de fruits, que le possesseur doit payer à perpétuité tous les ans. Dans le *bail* à loyer, au contraire, la propriété de la chose louée appartient au bailleur, & le preneur n'a de droit qu'à la jouissance & à l'usage auquel elle est propre.

Le *bail* à rente a quelque affinité avec le *bail* emphytéotique; mais il en diffère singuliérement, en ce que, de sa nature, il doit durer perpétuellement, moyennant la prestation de la rente de la part du tenancier; au lieu que l'emphytéose se finit après un temps déterminé, par le *bail* même emphytéotique.

Nous détaillerons la nature & les effets du *bail* à rente, sous le mot RENTE.

BAIL *à vie*, (*Droit civil.*) c'est un contrat de vente d'usufruit d'un héritage, par lequel le bailleur s'engage de donner au preneur la jouissance de cet héritage pendant sa vie ou pendant celle du bailleur, moyennant une certaine somme payable chaque année.

Le *bail* à vie diffère de la vente à vie, 1°. en ce qu'il est fait moyennant une redevance annuelle; au lieu que la vente à vie est faite moyennant un prix fixe,

2°. En ce que le *bail* à vie ne donne lieu qu'à un demi-centième denier, & que la vente donne ouverture au droit de centième denier en entier.

3°. En ce que le preneur à vie n'est jamais considéré que comme usufruitier, & qu'il n'est point tenu des charges du propriétaire; au lieu que l'acquéreur à vie, le preneur à emphytéose, &c. jouissent de tous les avantages de la propriété: ainsi, les gentilshommes & autres, exempts de taille, peuvent faire valoir les biens qu'ils ont achetés à vie ou pris à emphytéose, sans être taillables, parce que c'est leur bien qu'ils exploitent.

Les *baux* à vie ne sont pas sujets aux droits seigneuriaux, à moins que les coutumes ne les y assujettissent par une disposition expresse, parce que la propriété de l'héritage n'est point transférée, & que la durée de la jouissance est incertaine.

Mais ces *baux* sont sujets au droit de centième denier sur le pied du capital, au denier dix de la redevance annuelle, à quoi il faut joindre la somme payée pour deniers d'entrée; & même si le preneur est obligé de faire des constructions & améliorations jusqu'à concurrence d'une certaine somme, le droit de centième denier en est pareillement dû, parce que cette obligation est une augmentation de prix, puisque les bâtimens doivent retourner au bailleur. Il faut, dans ce cas, joindre au prix annuel la dixième partie des deniers d'entrée & du montant des améliorations, pour percevoir le droit de contrôle sur le tout.

Les gens de main-morte ne peuvent faire de *baux* à vie sous signature privée, ils doivent être passés devant notaires, ainsi que leurs *baux* à loyer: autrement ils sont contraints au paiement des droits de contrôle & de centième denier, & les *baux* passés sont en outre déclarés nuls.

Une saisie réelle qui n'est pas suivie d'un *bail* judiciaire, n'empêche pas qu'on ne puisse faire valablement un *bail* à vie de l'héritage saisi.

BAILE, s. m. *terme de Palais*, usité particuliérement en Béarn, où il se dit de certains huissiers subalternes qui ne peuvent exploiter que contre les roturiers, à la différence des veguers qui exploitent contre les gentilshommes. *Voyez* VEGUER. (*H*)

BAILLAGER, adj. (*terme de Palais:*) on l'emploie pour signifier ce qui a rapport à un bailliage; ainsi on dit un siège *baillager*, une prévôté *baillagère*; on dit aussi, dans le même sens, que les maîtrises des eaux & forêts sont *baillagères*, c'est-à-dire qu'elles ont le même territoire & le même district que le bailliage de la ville où elles sont situées.

BAILLE, s. m. BAILLIE, s. f. (*terme de Coutume.*) ces mots sont synonymes à celui de *bail*, dans la signification de tutèle & de garde. On trouve celui de *baille* dans la coutume de Montargis, *tit. 7*, *art. 5*. *Voyez* GARDE-NOBLE, GARDE-BOURGEOISE.

On trouve aussi, dans l'ancienne coutume de Normandie, le mot de *baillie* employé pour signifier le ressort d'un *bailli*. *Bailli*, dit-elle, *ne peut faire justice hors de sa baillie*.

BAILLER, v. a. sa première signification, *en droit*, est celle de donner à loyer ou à ferme; mais il veut dire aussi *fournir*, *donner une chose à une autre*. C'est dans ce sens qu'on dit au palais *bailler caution*, *bailler des contredits* ou *écritures*.

BAILLERGE, s. m. on trouve ce mot dans la coutume de Loudun, *chap. 36*, où il signifie une espèce d'*orge* qui croît dans la Touraine, le Poitou & l'Angoumois: elle se sème également en automne & en mars.

BAILLETTE, s. f. (*terme de coutume.*) il est très-usité dans celles de Bayonne, Bordeaux, Saintonge & Aunis, où l'on s'en sert pour désigner l'acte par lequel un seigneur donne à cens ou à champart une partie des héritages qui composent son fief.

Dans le pays d'Aunis, le terme de *baillette* signifie particuliérement un droit de terrage ou *complant*, que les seigneurs perçoivent de ceux auxquels ils ont concédé des terres sous cette condition : il consiste dans le septième de tous les fruits qui se recueillent.

La *baillette*, dans cette province, peut être regardée comme un véritable bail à cens ou à rente, par lequel le seigneur transfère à un colon la propriété d'une certaine étendue de terre, à la charge par celui-ci de lui rendre la septième partie des fruits qui y seront récoltés. C'est par cette raison que le colon manque à son engagement, lorsqu'il ne cultive pas la terre, & que, lorsqu'il a interrompu sa culture, & veut la reprendre ensuite, il doit au seigneur une indemnité pour les années pendant lesquelles il n'a pas fait de récoltes : car le seigneur, en donnant sa terre à *baillette*, a voulu se procurer un revenu annuel, comme on se le procure dans les baux à cens ou à rente, & il ne doit pas souffrir de la négligence de son colon.

Le seigneur peut se plaindre, lorsque la terre, donnée à *baillette*, n'est pas cultivée ; mais si, dans ce cas, il ne forme pas sa demande en indemnité, il n'est pas reçu à le faire dans le temps où le colon recommence sa culture ; 1°. parce qu'il est présumé avoir reçu chaque année le septième des fruits ; 2°. parce que, s'il y a de la négligence du colon, il y en a également de sa part à ne pas exiger la culture de sa terre. Il faut cependant observer que le droit de *baillette* s'arrérage, & que le seigneur peut en demander plusieurs années, lorsqu'il ne lève pas lui-même le septième qui lui appartient, qu'il lui est apporté par le colon, & qu'il est dans l'usage d'en donner quittance.

Au reste, le seigneur peut demander en justice la réunion à son domaine des terres données à *baillette*, qui ne sont pas cultivées depuis trois ans, lorsque l'usage est de ne laisser chommer les terres voisines qu'une année, &, dans les autres cantons, lorsqu'elles ne l'ont pas été depuis cinq ans. La coutume particulière de la Rochelle autorise le seigneur à se mettre en possession des vignes chargées de terrage, lorsqu'il est constaté qu'elles n'ont pas été taillées le 23 d'avril.

Lorsque le seigneur est rentré en possession de sa terre par autorité de justice, le colon est reçu à demander d'être remis dans sa jouissance, en dédommageant le seigneur de tous ses frais, dommages & intérêts.

Le colon ne peut changer les productions ordinaires de la terre, ni la convertir en bois sans le consentement du seigneur ; mais il suffit que ce consentement soit tacite. Ainsi le seigneur ne seroit pas admis à se plaindre qu'une terre labourable eût été convertie en bois, s'il avoit reçu le septième des bois. *Voyez* CENS, CHAMPART, TERRAGE.

BAILLEUL, ville de la Flandres françoise, du diocèse d'Ypres & de la généralité de Lille. Il y a une châtellenie qui comprend dix-huit villages, dans chacun desquels la justice est rendue par un bailli, sept échevins & un greffier. Il y a à *Bailleul* une cour féodale d'où relèvent plusieurs fiefs. Cette ville est régie par une coutume particulière, divisée en trente-quatre rubriques, rédigée & publiée en 1632, lorsqu'elle étoit sous la domination des Espagnols : elle est dans le ressort du parlement de Douai.

BAILLEUR, s. m. BAILLERESSE, s. f. (*termes de Pratique.*) c'est le nom qu'on donne à celui ou à celle des deux parties contractantes, qui, dans un bail, loue ou afferme sa propre chose : & ils sont opposés à celui de *preneur*. Voyez BAIL.

On donne également le nom de *bailleur* à celui qui donne un fonds de terre à la charge d'un cens ou d'une rente. On appelle encore *bailleur de fonds*, celui qui, dans une société, dans une entreprise, fournit l'argent nécessaire pour en payer les frais. *Voyez* BAIL A CENS, RENTE, SOCIÉTÉ.

BAILLI *ou* BAILLIF, s. m. BAILLIAGE, s. m. (*Droit public, civil & criminel.*) *bailli* est un magistrat qui a la principale administration de la justice & de la police, sous l'autorité du roi, des ducs, des comtes & autres seigneurs.

On distingue deux sortes de *baillis*, ceux qui rendent la justice, sous les ordres du roi, dans les villes de son ancien domaine, & dans celles qui y ont été réunies par alliance, reversion ou confiscation des grands fiefs ; & ceux qui rendent la justice sous l'autorité des seigneurs, qui ont conservé le droit de justice dans leurs terres.

Les *baillis* royaux sont appellés *grands baillis* ; ceux des justices seigneuriales sont nommés simplement *baillis* : & on y ajoute la dénomination de la terre à laquelle leur jurisdiction est bornée. Ces *baillis* inférieurs sont de simples officiers de judicature, qui sont préposés pour rendre la justice aux vassaux du seigneur dont ils tiennent le *bailliage*.

Les *baillis* royaux ou grands *baillis* sont des officiers d'épée, au nom desquels la justice se rend dans l'étendue d'une province ou d'un certain ressort.

On donne le nom de *bailliage*, 1°. à l'office du *bailli* ; 2°. au tribunal composé des juges qui rendent la justice au nom ou avec le *bailli* ; 3°. au lieu où ils tiennent leurs séances ; 4°. à l'étendue du territoire qui est sous leur jurisdiction.

SECTION PREMIÈRE.

De l'origine des baillis, & de leurs fonctions.

Dans l'origine de la monarchie, la justice étoit administrée, dans les provinces & dans les villes, par les comtes que le prince faisoit surveiller par des personnes de son conseil, qu'il envoyoit pour examiner les comtes, s'informer de leur administration, & écouter contre eux les plaintes des peuples.

Ces envoyés ou commissaires étoient appellés *missi dominici* ; peut-être que les *baillis* royaux sont, dans leur origine, les mêmes officiers à qui on a affecté le titre de *baillis*, lorsque le mot *bail* s'est introduit dans notre langue pour signifier ce que nous entendons par ceux de *garde* & d'*administration* ; cette qualification leur aura été donnée, parce que le roi les chargeoit de garder le peuple ; & de veiller à ce qu'il ne fût pas vexé par les comtes & les autres juges.

Ces commissaires ou *baillis* étoient gentilshommes; leurs fonctions n'étoient ni perpétuelles ni ordinaires. Chacun d'eux parcouroit la province qui lui étoit confiée; il s'informoit s'il ne se commettoit aucun abus, aucune malversation dans l'administration de la justice; il écoutoit les griefs dont le peuple avoit à se plaindre; il corrigeoit ou confirmoit souverainement & en dernier ressort les sentences des juges des lieux en matière civile & criminelle; il réservoit à la connoissance du conseil du roi les affaires les plus importantes, où elles étoient décidées par ce qu'on a depuis appellé *un arrêt*.

Les troubles arrivés, en France, sous la fin de la seconde race des rois, & sous le commencement de la troisième, causèrent de grands changemens dans la magistrature. Les seigneurs qui avoient jusqu'alors administré la justice, trop occupés dans les guerres qu'ils eurent à soutenir contre les ennemis de l'état, & souvent les uns contre les autres, se déchargèrent de cette fonction sur un magistrat supérieur, que l'on nomma plus communément *bailli*, & dans quelques endroits, *sénéchal*.

A l'exemple des comtes ou premiers administrateurs de la justice dans les provinces, les seigneurs particuliers qui rendoient eux-mêmes la justice à leurs vassaux avec leurs prudhommes ou leurs pairs, confièrent le jugement des contestations à une personne qui fut appellée *bailli*, *prévôt*, *châtelain* : & c'est de-là qu'est venu la distinction qu'on trouve, dans les anciens auteurs, des *baillis* majeurs & des *baillis* inférieurs. Les *baillis* majeurs étoient établis sur une province entière ou sur un grand fief qui en avoit plusieurs autres dans sa dépendance; les *baillis* inférieurs étoient établis sur les jurisdictions seigneuriales, & étoient subordonnés aux grands *baillis*. Ces *baillis* seigneuriaux, & aujourd'hui ceux même des duchés-pairies, sont des officiers de robe-longue, qui doivent être gradués, & dont les fonctions sont bornées à rendre la justice aux domiciliés dans leur territoire, sauf l'appel devant les grands *bailliages*.

La réunion à la couronne de presque tous les grands fiefs qui en avoient été démembrés, fait qu'on ne connoît plus de grands *baillis*, que les *baillis* royaux; & d'ambulans qu'ils étoient, ils sont devenus sédentaires, chacun dans son département. Ils n'ont plus jugé aucune cause en dernier ressort; leurs sentences sont devenues susceptibles d'appel devant les officiers des parlemens, depuis que ces corps ont été établis successivement dans différentes provinces, pour y rendre souverainement la justice au nom du roi. Ils étoient même obligés de comparoître tous les ans au parlement à certains jours qu'on leur assignoit pour voir juger les affaires qui dépendoient de leur *bailliage* : & ils étoient dans le cas d'être repris, s'ils avoient commis des injustices évidentes.

L'emploi des *baillis* & sénéchaux consistoit principalement à conserver les droits & les domaines du roi, ceux de l'église & de la noblesse. Ils rendoient eux-mêmes la justice; mais on toléra dans la suite qu'ils eussent des lieutenans pour les suppléer en cas de maladie, d'absence ou de légitime empêchement. Ils avoient l'intendance des armes, de la justice & des finances; on leur ôta l'administration des finances à cause de l'abus qu'ils en firent.

Louis XII ordonna qu'à l'avenir les *baillis* seroient gradués, sinon qu'ils ne pourroient exercer leur office en personne, & qu'ils n'auroient plus de voix délibérative. Sous Charles VIII, on leur ôta entièrement l'exercice de la justice, qui fut confié à leurs lieutenans. Ces officiers étoient d'abord amovibles au gré des *baillis*; mais ceux-ci perdirent la faculté de les destituer par l'article 47 d'un édit de 1496 : & François I leur ôta le droit de les nommer, lorsqu'il établit la vénalité des offices.

Les *baillis* ont beaucoup déchu de leur état par l'introduction de cette vénalité; car leurs commissions ont été également érigées en titre d'office : &, dans les provinces où il n'a pas été réuni à la charge de gouverneur, il s'acquiert moyennant finance, comme les autres.

Les *baillis* sont néanmoins encore aujourd'hui les chefs de leur jurisdiction; ils peuvent, si bon leur semble, présider à tous les jugemens qui s'y rendent, soit à l'audience, soit à la chambre du conseil : mais ils n'y ont pas voix délibérative. La justice est rendue en leur nom; la convocation du ban & arrière-ban leur appartient, *&c.*

Le *bailli* de la préfecture provinciale de Haguenau, en Alsace, jouit encore des prérogatives extraordinaires, telles que les avoient les anciens *oberlandvogts* ou grands *baillis* établis par les empereurs. Ils y ont été conservés, depuis la réunion de cette province à la France, en 1697, lors du traité de Riswick, par les lettres-patentes de 1713, qui ont érigé le *bailliage* de Haguenau en fief masculin, en faveur du duc de Châtillon & de ses descendans mâles. *Voyez* ALSACE.

SECTION II.

Des qualités requises dans les baillis.

Quoique les *baillis* n'aient plus à exercer les mêmes fonctions qu'autrefois, on ne laisse pas d'exiger toujours, dans ceux qui se font pourvoir de ces sortes d'offices, les qualités qu'ils devoient avoir anciennement. L'article 21 de l'ordonnance de Moulins veut qu'il n'y ait que des gentilshommes qui soient admis à posséder les offices de *baillis*. Les ordonnances d'Orléans & de Blois contiennent à cet égard les mêmes dispositions. L'article 263 de celle de Blois veut expressément qu'ils soient nobles de nom & d'armes, & qu'ils aient servi dans les troupes de sa majesté en qualité d'officiers; de sorte que, si l'on s'en tenoit rigoureusement à ces ordonnances, les simples annoblis ni leurs descendans ne seroient pas propres à posséder de ces sortes d'offices : il faudroit qu'on fût d'une noblesse dont on ne connût point l'origine, ou qui remontât au-delà du règne de Philippe-le-Bel, sous lequel les annoblissemens ont commencé. Il paroît même que l'intention du roi est qu'on suive encore ces anciennes ordonnances; car, par l'arrêt du conseil, du 16 décembre 1759, sa majesté déclare qu'elle entend qu'il ne soit expédié des provisions pour les charges de *baillis* & de sénéchaux, *qu'à des gentilshommes de la qualité requise par les ordonnances de 1560 & 1579*, & qu'elles ne puissent être scellées que sur l'agrément de l'un des secrétaires d'état : cet arrêt du conseil a été revêtu de lettres-patentes enregistrées en la chambre des comptes à Paris, le 12 janvier 1760.

A l'égard de l'âge pour être pourvu des offices dont il s'agit, les ordonnances veulent qu'on ait au moins trente ans. Mais comme aujourd'hui le titre de *bailli* n'est presque plus qu'un titre honorifique, & que celui qui en est pourvu, n'a aucune voix délibérative dans les affaires contentieuses de son siège, cet âge n'est plus requis à la rigueur.

Il faut néanmoins en excepter la Provence où les grands *baillis* ont conservé le droit d'opiner avec les autres juges.

Au moyen de ce que les *baillis* n'ont plus l'administration de la justice, ils sont aujourd'hui dispensés de prendre des grades avant de se faire installer dans leur office.

La réception des *baillis* se fait en la grand'chambre du parlement : c'est là qu'ils prêtent le serment accoutumé. Ils n'ont plus besoin ensuite que de se faire installer dans leur siège.

SECTION III.

Des prérogatives des baillis.

Quoique les fonctions des *baillis* soient dévolues à leurs lieutenans, ils n'en ont pas moins conservé le droit de faire intituler, en leur nom, toutes les sentences & les commissions qui s'expédient dans leur tribunal pour quelque matière que ce soit. Les contrats & autres actes des notaires & des tabellions royaux de leur *bailliage*, doivent pareillement, dans les expéditions, être intitulées du nom du *bailli*, conformément à l'article premier de l'ordonnance du 3 mai 1519. L'arrêt de réglement du 21 juillet 1759, rendu entre le *bailli* du Perche & les officiers du *bailliage* de Mortagne, l'a jugé conformément à cette même ordonnance.

Les *baillis* peuvent se trouver à toutes sortes de séances, soit à l'audience, soit à la chambre du conseil; &, lorsqu'ils y sont, c'est à eux de présider, quoiqu'ils n'aient pas voix délibérative; mais ils ne participent point aux épices. Ils ont pareillement droit d'assister aux séances présidiales, & d'en être les chefs, mais, dans ce cas, les jugemens ne sont pas en leur nom; ils sont ainsi intitulés : *les gens tenant le siège présidial de....* &c. On trouve, dans Joli, un arrêt du parlement de Paris du 25 mars 1574, qui l'a ainsi réglé.

Les *baillis* sont dans l'usage de siéger en habit court avec les bottes & l'épée; cependant on trouve un édit du mois de février 1705, rendu pour le présidial d'Ypres, suivant lequel le *bailli* ne peut siéger qu'en habit & en manteau noirs avec le collet & l'épée.

Lorsqu'il se présente, les huissiers sont tenus de l'aller prendre au bas de l'escalier intérieur, & de le reconduire, à la sortie, jusqu'au même endroit. On ne peut lui refuser les autres honneurs dont il est en possession, ou qui conviennent à sa dignité, sans lui faire une espèce d'injure.

Quand il assiste aux audiences du *bailliage*, les avocats & les procureurs doivent lui adresser la parole au singulier, comme s'il étoit seul sur le siège : l'arrêt que nous venons de citer, l'a ainsi réglé en faveur du *bailli* d'épée du Perche. Et, lorsqu'il s'agit de prononcer sur une demande, le lieutenant général ou tout autre principal officier qui porte la parole, doit user de cette formule : *M. le bailli dit & ordonne.*

Les *baillis* ont encore d'autres prérogatives : telle est celle de commander le ban & l'arrière-ban, lorsque l'occasion s'en présente. Ce sont eux qui le convoquent, qui dressent les procès-verbaux de cette convocation : &, en leur absence, ce droit appartient aux lieutenans généraux. *Voyez* ce qui est dit à ce sujet à l'article BAN & ARRIÈRE-BAN.

Lorsqu'il s'agit de quelque chose qui concerne la garde, la défense, la protection & les fortifications d'une ville, c'est encore au *bailli* d'y pourvoir en prenant l'avis du lieutenant général, des avocats & du procureur du roi, & même celui des échevins, s'il est nécessaire.

Dans tous les cas où l'ordre de la noblesse a le privilège de s'assembler, le *bailli* de la province a le droit d'être à la tête. Il ne peut pourtant point prendre la qualité de *chef de la noblesse* : un arrêt du conseil du 30 octobre 1761 l'a défendu au grand *bailli* du Perche, sur l'opposition des gentilshommes de Mortagne; & cela sans doute, parce que les gentilshommes ne reconnoissent que le roi, pour seul & véritable chef de la noblesse.

Les lettres ou paquets émanés de la cour, du gouverneur du pays, des lieutenans généraux & des intendans, adressés aux officiers du *bailliage*, doivent être remis aux *baillis*, lorsqu'ils sont sur les lieux : mais, dans le cas d'absence, ils sont remis au lieutenant général ou au plus ancien officier du siège, qui ne sont obligés à aucunes formalités envers le *bailli* : c'est ce qui résulte de l'arrêt de 1759, ci-dessus cité, & des lettres-patentes du 13 juillet 1759, données pour le Boulonnois.

Suivant le même arrêt, les huissiers, sergens, tambours & autres exécuteurs des mandemens de justice doivent prévenir le *bailli* des ordres qu'ils ont reçus, sans néanmoins qu'il puisse en empêcher ou retarder l'exécution.

SECTION IV.

De la compétence des baillis.

Il faut entendre, par compétence, le droit qu'ont les *baillis* ou, pour mieux dire, les officiers d'un *bailliage*, d'une sénéchaussée, de connoître de certaines causes en première instance, & privativement à tous autres juges particuliers ou subalternes.

Cette compétence a lieu en matière civile, criminelle, ecclésiastique, domaniale, municipale & de police publique.

Compétence en matière civile. Suivant l'édit de Cremieu, & autres réglemens postérieurs, les *baillis* ou les officiers des *bailliages* connoissent, privativement à tous autres juges, des matières féodales, soit qu'il s'agisse de droits honorifiques ou de droits utiles, entre les seigneurs & leurs vassaux, ou entre deux seigneurs, soit que l'action soit personnelle, réelle ou mixte, pourvu cependant qu'il soit question de l'existence, de la nature ou de l'étendue des droits seigneuriaux; car, s'il ne s'agissoit que du paiement de droits utiles, non contestés, la connoissance de cette sorte d'affaires appartient aux juges des lieux.

Ils connoissent, en second lieu, de toutes les affaires personnelles entre nobles, & même lorsqu'une des deux parties jouit de la noblesse; à l'exception néanmoins de celles dans lesquelles il s'agit de scellé, tutèle, curatelle, partage de succession, même de biens nobles, dont ils ne connoissent que concurremment & par prévention avec les juges des lieux.

Mais les causes réelles dans lesquelles les nobles sont intéressés, soit en demandant, soit en défendant, doivent être portées devant le juge du lieu, quand bien même ce seroit un juge seigneurial. A l'égard des saisies-réelles des biens nobles, ils n'en ont la connoissance que lorsqu'elle a été faite en vertu de leur sentence; sinon elle appartient au premier juge dont on s'est rendu appellant.

Ils connoissent, en troisième lieu, par prévention & en première instance, des reconnoissances d'écriture privée, de la rebellion aux mandemens & à l'exécution des ordonnances & jugemens émanés des juges royaux : & concurremment avec les autres juges royaux, de l'exécution des ordonnances des officiaux, & de celles des évêques, rendues dans le cours de leurs visites.

Suivant M. l'avocat général Talon, l'exécution des commissions données par le parlement appartient aux *baillis*, à moins qu'il ne soit question d'une commission donnée en vertu d'un arrêt qui infirme une sentence du *bailliage* : dans ce cas, l'exécution en est renvoyée au plus prochain juge royal, quand bien même il releveroit par appel du *bailliage* dont la sentence a été réformée.

Les *baillis* ont la réception de tous les officiers royaux de leur ressort, tels que les notaires & les huissiers. Ils reçoivent le serment, & font l'information de vie & mœurs des juges, lieutenans & procureurs du roi des prévôtés royales, des *baillis* & autres juges seigneuriaux. Ils peuvent même admettre au serment d'avocat les licenciés en droit, après que leurs lettres de licence ont été visées par le premier avocat général du parlement dont ils relèvent.

Ils ont l'inspection sur tous les juges de leur ressort, soit pour les obliger à rendre assidument la justice, soit pour réformer les abus que ces officiers peuvent commettre dans leurs fonctions. C'est le but des assises que les *baillis* ou sénéchaux ont coutume de tenir une ou plusieurs fois l'année, & auxquelles sont appellés les officiers des justices de leur ressort. *Voyez* ASSISES.

Ils connoissent, privativement à tous autres juges, de l'exécution des lettres de grace, des privilèges émanés du roi, des droits d'aubaine & de bâtardise, de la légitimation des bâtards, de la naturalisation des étrangers, de l'établissement des foires & marchés, de la publication & enregistrement des ordonnances, édits & déclarations du roi, de la publication & enregistrement des substitutions, & des contestations qui peuvent naître à cause d'elles.

Ils connoissent enfin privativement de toutes les causes où le procureur du roi du *bailliage* est partie, & de celles des justices inférieures de leur ressort, à défaut d'officiers ou d'auditoire, parce qu'alors la jurisdiction leur est dévolue de plein droit.

A l'égard des autres affaires qui sont de la compétence des juges royaux, inférieurs aux *bailliages*, les *baillis* peuvent en connoître concurremment avec eux, lorsqu'elles sont portées en première instance à leur tribunal. Mais si la cause est revendiquée par le procureur du roi du siège inférieur, ils sont tenus de lui en renvoyer la connoissance; il en est de même par rapport aux justices seigneuriales dont ils ne peuvent retenir les causes après la revendication du procureur fiscal.

Les officiers des *bailliages* ne peuvent, sous aucun prétexte, connoître des causes qui dépendent d'un tribunal différent du leur; telles sont les causes soumises à la jurisdiction des eaux & forêts, des élections, des bureaux des finances, *&c.* Quoique portées devant eux en première instance, ils sont tenus d'en faire le renvoi aux juges qui en doivent connoître, sans attendre la revendication.

Ils ne peuvent aussi évoquer le fonds des affaires pendantes devant les juges inférieurs, à l'occasion des premiers jugemens qui leur sont déférés par l'appel, à moins que ce ne soit pour statuer sur le tout définitivement par un seul & même jugement rendu à l'audience.

Compétence en matière criminelle. Les *baillis* & les sénéchaux sont compétens pour connoître de toutes sortes de crimes & de délits commis dans l'étendue de leur jurisdiction. Ils connoissent même de ceux qui peuvent être commis dans les forêts & sur les eaux, pourvu que ces délits n'aient aucun trait à ce qui concerne la chasse ou la pêche, tels que ceux où il s'agit de meurtres ou de brigandages. Ils ont la prévention sur tous les juges de leur dépendance, même pour les crimes dont ceux-ci peuvent connoître, afin que les délits ne demeurent point impunis par la négligence des juges, dans la jurisdiction desquels ils ont été commis. Mais cette prévention n'a lieu que vingt-quatre heures après que le délit a été commis dans les justices des seigneurs, & trois jours après qu'il l'a été dans les prévôtés ou châtellenies royales. L'ordonnance de 1670 le règle ainsi.

Ils connoissent exclusivement à tous autres juges :

1°. Des cas qu'on appelle *cas royaux*, & dont on trouvera l'énumération à l'article CAS.

2°. Des cas privilégiés concernant les ecclésiastiques.

3°. De ceux où un ecclésiastique ou un gentilhomme peuvent être impliqués, en observant que, si l'ecclésiastique ou le gentilhomme n'étoient qu'accusateurs, les autres juges pourroient connoître du délit, si ce délit ne formoit point un cas royal.

4°. Des crimes commis par des officiers de judicature dans leurs fonctions ou autrement.

5°. Des délits commis dans l'enceinte du palais de la jurisdiction, quoique d'autres juges y exercent des fonctions particulières, ainsi que de ceux qui sont commis dans les prisons royales.

6°. De l'entérinement des lettres de grace, de rémission, de pardon, d'abolition, de rappel de ban & de galères, *&c.* Cependant, si ces lettres étoient obtenues par des gentilshommes, elles seroient dans le cas d'être entérinées dans les cours de parlement : mais, pour des ecclésiastiques, l'entérinement pourroit se faire dans les *bailliages* & les sénéchaussées.

Quoique les cas prévôtaux appartiennent aux prévôts des maréchaux de France, les *baillis* & les sénéchaux ne laissent pas d'avoir sur eux la prévention, s'ils ont informé & décrété les premiers ou le même jour : l'article 9 de la déclaration du 5 février 1731 ne laisse à ce sujet aucune difficulté. Mais il y a cette différence que, si les prévôts des maréchaux ont prévenu, & que le délit soit de leur compétence, l'accusé est jugé prévôtalement & en dernier ressort, au lieu qu'il ne l'est qu'à la charge de l'appel, si l'instruction de son procès se fait au *bailliage*.

Compétence en matière ecclésiastique & bénéficiale. L'exécution de tout ce qui concerne la religion, le maintien & la régularité dans la discipline de l'église, est de la compétence des *baillis* & des sénéchaux, privativement aux autres juges royaux. L'article 50 de l'édit du mois d'avril 1695, & l'article 2 de la déclaration du 14 mai 1724, assurent positivement cette compétence; ils connoissent, par la même raison, de tout ce qui regarde l'exécution des édits & des déclarations donnés au sujet de la religion prétendue réformée; ils ont droit d'empêcher qu'on ne professe publiquement, dans le royaume, d'autre culte que celui de l'église catholique romaine; de réprimer les troubles, les scandales & les abus commis par les ecclésiastiques dans leurs fonctions, de veiller sur-tout à la conservation des libertés de l'église gallicane; d'empêcher que les juges d'église n'entreprennent sur la jurisdiction séculière, & même d'évoquer, sans en demander aucun renvoi, les causes qui ne sont point de la compétence des officiaux, en se renfermant toutefois dans les bornes de leur propre jurisdiction, sans dépouiller les officialités des affaires qui leur appartiennent naturellement; car ils abuseroient de leur autorité, si, par exemple, en matière de sacrement, ils vouloient se rendre juges de la validité d'un mariage célébré en face d'église : un arrêt du 3 août 1760, rapporté par Néron, a jugé cet article de la compétence des officiaux.

L'article 23 de l'édit du mois d'avril 1695, enjoint pareillement aux *baillis* & aux sénéchaux de veiller à ce que les ecclésiastiques qui possèdent des bénéfices à charge d'ames, résident sur les lieux de leurs bénéfices, qu'ils acquittent le service & les aumônes dont ils sont chargés, qu'ils fassent faire les réparations qui les concernent. Les juges doivent les avertir de leurs devoirs, & en donner avis aux supérieurs de ces bénéficiers; si, trois mois après cet avertissement, les bénéficiers ne remplissent pas leurs obligations, le procureur du roi du *bailliage* peut faire saisir jusqu'à concurrence du tiers du revenu de ces ecclésiastiques, pour être employé aux œuvres pies que leurs supérieurs jugeront à propos de déterminer.

Mais, pour ce qui est des archevêques & des évêques, les *bailliages* ni les sénéchaussées n'ont aucune autorité sur eux : ces prélats ne sont soumis à d'autre jurisdiction qu'à celle des parlemens.

Les *baillis* & les sénéchaux ont aussi, à l'exclusion des autres juges royaux, la connoissance de toutes les contestations qui peuvent avoir rapport aux matières bénéficiales, notamment pour les complaintes sur le possessoire; car l'article 4 du titre 15 de l'ordonnance de 1667 veut qu'elles soient poursuivies *pardevant les juges royaux auxquels la connoissance en appartient*, & cette connoissance est attribuée par l'article 13 de l'édit de Cremieu, aux *baillis* & aux sénéchaux, à l'exclusion des autres juges royaux.

La connoissance du droit de patronage qui a rapport aux bénéfices, appartient, par la même raison, aux *baillis* & aux sénéchaux.

Mais pour ce qui est des dixmes, la compétence des *baillis* & des sénéchaux n'est pas tout-à-fait si absolue à cet égard : il faut distinguer entre les dixmes inféodées & les dixmes ecclésiastiques; les dixmes inféodées qui sont tenues en fief d'une terre de seigneur laïque, sont de la compétence & des *baillis* & des autres juges, même des seigneurs dont elles relèvent, & cela par concurrence entre eux, soit pour le possessoire, soit pour le pétitoire.

Si au contraire il s'agissoit de dixmes ecclésiastiques entre ecclésiastiques ou religieux, l'official pourroit en connoître, mais simplement pour le pétitoire; cependant, si un seigneur laïque étoit intéressé dans la contestation, ou qu'il fût question de savoir si la dixme pour laquelle on conteste, est inféodée ou ecclésiastique, le juge d'église ne seroit plus compétent pour en connoître; cette contestation appartiendroit au juge laïque : on voit, dans les *Institutions au droit françois*, par Coquille, que la chose a été ainsi jugée par un arrêt du 18 janvier 1551.

Observez que, quand même la dixme seroit inféodée, si la contestation n'avoit lieu qu'entre gens d'église, l'official pourroit en connoître, tandis que l'inféodation ne seroit point alléguée : cette décision est appuyée d'un arrêt du 18 avril 1709, qu'on trouve au journal des audiences; mais remarquez aussi que cette compétence de l'official, pour le pétitoire des dixmes, se borne aux grosses dixmes, aux dixmes ordinaires; s'il s'agissoit de menues dixmes, de ces dixmes qu'on nomme *insolites*, comme celles des légumes, des foins, de certains animaux, *&c.* il faudroit se pourvoir devant les juges laïques : c'est ce qu'a jugé un arrêt du 28 novembre 1707, rapporté au journal des audiences.

Observez encore que le juge d'église n'est compétent pour le pétitoire en fait de dixmes, qu'autant qu'on ne s'est point pourvu devant le juge laïque pour le possessoire; car, dès qu'une fois il a été statué sur ce possessoire dans un tribunal séculier, on ne peut plus recourir au tribunal ecclésiastique pour y faire statuer sur le pétitoire.

La connoissance de ce qui concerne la portion congrue des curés & des vicaires, n'a pas toujours appartenu aux *baillis* & aux sénéchaux, exclusivement à d'autres juges. Avant la déclaration du 29 janvier 1686, les officiaux en connoissoient; mais, depuis cette déclaration, & celles des 30 juin 1690, & 5 octobre 1726, les *baillis* ont été seuls en droit d'en connoître. Cette compétence leur a été particuliérement confirmée par l'édit du mois de mai 1768, concernant les portions congrues.

Les *baillis* & les sénéchaux connoissent, par la même raison, de ce qui concerne les biens ecclésiastiques, mais seulement pour la propriété, la nature, l'étendue ou la quotité; car, pour ce qui ne regarde que les revenus, les juges des lieux peuvent en connoître. Les difficultés qui quelquefois s'élèvent au sujet des terriers & des censives du domaine de l'église, sont également de la compétence des *baillis*, ainsi que tout ce qui concerne les droits des fabriques, des confrairies & des hôpitaux, parce que ces sortes de droits participent de la nature des biens ecclésiastiques, & en ont toute la faveur.

C'est aux premiers officiers des *bailliages* & des sénéchaussées qu'il appartient de *coter* & de parapher les registres qui sont destinés dans les paroisses pour y inscrire les baptêmes, les mariages & les sépultures des habitans. Ces officiers peuvent néanmoins commettre, pour cette opération, le juge royal, le plus proche des lieux qui sont trop éloignés du siège principal; &, lorsque les curés ou les desservans de ces paroisses viennent à décéder, les juges royaux & même ceux des seigneurs haut-justiciers sont autorisés à dresser procès-verbal *du nombre & des années des registres qui étoient en la possession du défunt, de l'état où ils ont été trouvés*, c'est ce que porte la déclaration du 9 avril 1736.

Mais, s'il s'agissoit de réformer ces registres, soit pour la qualification des parties, soit pour tout autre motif, les demandes à cet égard ne pourroient être portées que devant les *baillis* & les sénéchaux. Il en seroit de même, s'il s'agissoit de l'état des personnes; ces sortes d'affaires sont trop intéressantes dans l'ordre public pour être confiées à d'autres juges qu'aux juges principaux des provinces dans lesquelles elles peuvent s'élever.

Compétence en matière domaniale. Anciennement les *baillis* & les sénéchaux connoissoient des causes concernant le domaine du roi, & de tout ce qui en dépend : c'est même devant eux que se donnoient les baux des biens domaniaux, comme on peut s'en convaincre par les ordonnances de 1338, de 1408, & par l'édit de Cremieu; mais, depuis l'édit du mois d'avril 1627, la connoissance des affaires du domaine où le procureur du roi est partie, est actuellement attribuée aux trésoriers de France, excepté dans quelques provinces qui étoient, lors de l'édit, ou engagées, ou en appanage, ou, comme la Lorraine, sous une domination étrangère, & dans lesquelles les choses sont restées dans l'état où elles étoient lors de l'édit de Cremieu.

Mais, en cas de négligence de la part des bureaux des finances, les *baillis* pourroient agir provisoirement pour l'intérêt du domaine du roi.

Compétence en matière municipale. L'édit de Cremieu & plusieurs réglemens postérieurs avoient attribué aux *baillis* ou à leurs lieutenans le droit de présider à l'audition, à l'examen & à la clôture des comptes concernant les deniers patrimoniaux des villes; le même édit avoit attribué à ces officiers le droit de présider aux assemblées de ville qui avoient lieu, tant au sujet des élections des maires & échevins, que pour d'autres objets; mais Louis XIV ayant, par ses édits du mois d'août 1692, & du mois de décembre 1706, créé des offices de maires perpétuels dans les hôtels des villes & communautés du royaume, le droit de présidence attribué aux *baillis* & à leurs lieutenans par l'édit de Cremieu, fut révoqué.

L'article 13 de l'édit de décembre 1706 porte que les maires en exercice ou, en leur absence, leurs lieutenans présideront avec voix délibérative à toutes les assemblées qui se tiendront dans les hôtels-de-villes, ou dans leurs maisons à défaut d'hôtel-de-villes, & qu'ils y feront toutes les propositions qu'ils jugeront convenables, soit pour le service du roi ou pour l'intérêt des communautés, avec défenses aux officiers des *bailliages* d'y apporter aucun trouble ni empêchement, & d'y faire aucune fonction.

L'exécution de ces réglemens a depuis été ordonnée par un édit du mois de novembre 1739, & par un arrêt du conseil du 30 mai 1744.

Louis XV, par ses édits de 1764 & de 1765, paroissoit avoir rétabli les choses sur l'ancien pied; mais, comme ils ont été révoqués par un édit du mois de novembre 1771, les *baillis* ni leurs lieutenans ne président plus aux assemblées des hôtels-de-ville : ils n'ont droit de s'y trouver que comme principaux habitans, sans pouvoir y faire aucune fonction directement ni indirectement.

Les *baillis* peuvent connoître de toutes les contestations ordinaires en fait de municipalité, à l'exception de celles qui ont rapport aux octrois & autres subventions.

M. Jousse, en parlant des *baillis* & des sénéchaux, leur conserve, dans les matières municipales, bien des attributions qui ne peuvent point s'accorder avec les réglemens actuels : il peut se faire que le *bailliage* d'Orléans ait été maintenu dans plusieurs prérogatives concernant ces mêmes matières : mais ce seroit se tromper que d'en parler par extension aux autres *bailliages* du royaume.

Compétence en matière de police publique. L'article le plus délicat, en cette partie, est celui qui concerne les réglemens; il s'agit d'abord de savoir si les *baillis* & les sénéchaux ou, pour mieux dire, leurs officiers sont en droit d'en faire : plusieurs pensent que ce droit n'appartient qu'aux cours supérieures & souveraines, & que les juges des cours inférieures n'ont pas ce pouvoir; d'autres sont d'avis que ces derniers juges sont autorisés à donner des règles sur tout ce qui peut intéresser leurs concitoyens.

Dans le droit, le souverain est le seul qui puisse réguliérement faire des loix & des réglemens : mais comme il ne lui est pas possible de s'occuper continuellement de tout ce qui peut avoir rapport à l'ordre judiciaire & à la police publique, il permet à ses cours de s'en occuper & de régler elles-mêmes, sous son autorité, tout ce qui peut intéresser le bon ordre & le bien de la justice : c'est pour cela que les cours font des réglemens qui portent toute l'empreinte de l'autorité législative; mais, pour ne point s'écarter des bornes dans lesquelles elles savent parfaitement qu'elles doivent se renfermer, elles ne le font ordinairement que sous *le bon plaisir du roi*, & pour n'avoir lieu, qu'autant qu'il plaira à sa majesté de les laisser subsister.

Les cours souveraines elles-mêmes ne s'apperçoivent pas toujours des abus qui règnent dans certaines provinces, & qu'il conviendroit de réformer : il est souvent des cas pressans pour lesquels il seroit trop long d'attendre qu'elles se fussent expliquées : par la même raison qu'elles font des réglemens provisoires, en attendant que le prince ait porté une loi; les cours de province, c'est-à-dire, les *bailliages* & les sénéchaussées ont aussi la faculté d'en faire sous le bon plaisir des cours supérieures dont elles dépendent : il n'est pas même jusqu'à un juge inférieur qui ne puisse, dans certaines occasions, faire des réglemens pour tout ce qui regarde la police particulière de son endroit.

La faculté de faire des réglemens peut d'autant moins être disputée aux *baillis* & aux sénéchaux, qu'anciennement ils étoient juges souverains dans leur ressort. L'appel qu'on a la faculté aujourd'hui d'interjetter de leurs sentences, ne détruit point les droits de leur jurisdiction : la question de savoir s'ils ont bien ou mal jugé, ne change rien au pouvoir qu'ils ont de faire des réglemens de la nature de ceux qu'ils faisoient anciennement.

Mais, pour que ces réglemens soient valables & réguliers, il faut qu'ils soient fondés sur quelque considération intéressante, & qu'ils ne contiennent rien de contraire à ceux qui émanent des cours supérieures; tout comme ces mêmes cours n'en peuvent point faire qui soient contraires à ce qui se trouve réglé par les loix, les édits & les ordonnances du souverain; autrement ce seroit une confusion générale qui produiroit de grands inconvéniens.

Ainsi, dans le cas où la cour souveraine s'occuperoit elle-même, ou qu'il ne conviendroit qu'à elle de s'occuper de quelque réglement essentiel, il y auroit de l'indiscrétion, de la part des officiers d'un *bailliage*, de s'en occuper de leur côté, à moins que ce ne fût pour fournir des mémoires relatifs aux objets dont il seroit question. C'est sur ce fondement qu'en 1709, lors de la cherté excessive des grains, le parlement de Paris ayant rendu divers arrêts à ce sujet, fit défenses aux juges de son ressort de rendre aucune ordonnance, à moins que ce ne fût pour faire exécuter les arrêts de la cour.

Cet arrêt qui est du 17 mai 1709, parle à la vérité de réglemens généraux & particuliers indistinctement; mais ceci ne peut raisonnablement s'entendre que de ceux qui auroient pu contrarier la police générale que la cour établissoit au sujet des grains pour son ressort, autrement elle auroit excédé son autorité; car il ne dépend pas d'elle d'ôter à des juges les droits qu'ils tiennent du souverain, & qui sont inséparables du droit de justice que le roi leur a accordé.

Tout ce que peut faire la cour en pareille occasion, c'est de réformer les réglemens qu'elle trouve contraires, ou à l'équité, ou à l'ordre public; tout comme elle réforme les sentences qu'on porte par appel devant elle, sans néanmoins ôter aux juges qui les ont rendues, la continuation de la faculté de juger.

Mais, lorsqu'il ne s'agit que d'une police convenable & bien ordonnée, les cours ne sauroient improuver des réglemens particuliers sans nuire au bien public.

On ne peut douter non plus que les officiers des *bailliages* & des sénéchaussées, ainsi que tous les autres juges, n'aient le droit de régler tout ce qui regarde la police de leur siège : ils peuvent déterminer l'heure de la tenue de leurs audiences, supprimer des fêtes de palais, lorsqu'elles ne sont plus fêtes d'église; faire des réglemens entre les procureurs de leur siège & leurs clercs; régler la taxe des frais & salaires des greffiers, des notaires, des procureurs, des huissiers & des autres officiers de leur siège & du ressort, lorsqu'il n'y a point été pourvu par les ordonnances & les arrêts de réglement : mais, lorsqu'il y a des réglemens supérieurs à ce sujet, il ne leur est nullement permis d'y donner atteinte.

Pour ce qui est des réglemens qui auroient trait à établir une jurisprudence particulière, les parlemens auroient de la peine à les tolérer, par la raison que ce qui est de justice & d'équité, ne doit pas être borné à un seul territoire, comme l'observe Loyseau dans son *Traité des seigneuries*, *æquitas non clauditur loco;* autrement il s'introduiroit, dans la jurisprudence, une bigarrure insupportable : c'est ce qui fait qu'on peut rendre raison d'une multiplicité d'arrêts qui, tantôt ont approuvé, & tantôt rejetté plusieurs réglemens émanés des *bailliages* & des sénéchaussées.

Pour en revenir au fait de police publique, il est certain que les *baillis* & les sénéchaux ont une inspection générale sur tout ce qui se passe dans leur ressort, pour savoir si les ordonnances & les réglemens y sont observés, si les officiers s'acquittent de leurs devoirs, & pour réformer les abus qui peuvent s'y commettre : l'ordonnance du 21 novembre 1519 leur recommande la plus grande surveillance à cet égard. Mais ceci n'empêche pas que les autres juges, chacun dans son territoire, ne doivent concourir aussi à l'exécution de tout ce qui peut être de police publique : les *bailliages* n'ont sur eux à cet égard que la prévention, lorsqu'il y a de la négligence de la part des autres officiers de leur ressort. Un édit du mois de décembre 1666, concernant la police de Paris, veut qu'elle soit faite par les officiers qui auront prévenu, & qu'en cas de concurrence, elle appartienne à ceux du châtelet. On trouve, dans Lamarre, plusieurs arrêts qui ont jugé conformément à cet édit : &, au vrai, il est tout naturel que, dans les cas où des officiers se trouvent en concurrence, les inférieurs cèdent l'opération à ceux qui sont d'un tribunal plus distingué.

Par une suite de ce droit de grande police qu'ont les officiers d'un *bailliage* dans tout leur ressort, ils peuvent supprimer, & même faire lacérer & brûler, par l'exécuteur de la haute-justice, les livres, les écrits & les imprimés qu'ils trouvent contraires à la religion, aux mœurs & au gouvernement. On connoît des exemples sans nombre de l'exercice d'une telle autorité de la part de ces officiers, au châtelet de Paris, à Orléans, à Angers, à Lyon, à Auxerre, &c.

M. Jousse qui a beaucoup parlé des *baillis* & des sénéchaux, a cité nombre d'anciens réglemens pour faire voir que la police est attribuée aux lieutenans généraux des *bailliages* & des sénéchaussées; mais, pour ne point donner dans l'erreur au sujet de toutes ces citations, observez que la création des offices de lieutenans généraux de police, non-seulement dans les *bailliages*, mais encore dans plusieurs justices royales du ressort de ces *bailliages*, a opéré bien des changemens auxquels il est nécessaire de faire attention, & dont il sera parlé aux articles qui concernent les matières de police.

SECTION V.

Observations générales sur les bailliages & sur les officiers qui les composent.

Avant que les *baillis* fussent rendus sédentaires, leur fonction étoit, comme nous l'avons dit, de parcourir les justices de leur département, d'écouter les griefs qu'on avoit à proposer contre les décisions des juges, & de les changer, quand il y avoit lieu à une réformation. Lorsqu'ils cessèrent d'être ambulans, ils fixèrent leur résidence dans l'endroit le plus considérable de leur province. On n'attendit plus dès-lors qu'ils fissent leur tournée ordinaire pour réclamer leur justice & leur protection : on leur demanda la permission de traduire devant eux les parties avec lesquelles on étoit en procès, pour faire réformer les jugemens des juges, de la décision desquels on avoit à se plaindre. Cette demande étoit suivie de ce qu'on appelloit une *commission*, c'est-à-dire d'une permission par laquelle l'huissier qui étoit commis à l'effet de traduire les parties devant eux, avoit tout pouvoir à ce sujet : les parties étoient dès-lors obligées de comparoître, & le *bailli* leur rendoit justice, comme il l'auroit rendue s'il avoit été sur les lieux.

L'habitude de faire appeller les parties devant eux, leur fut plus commode que de fréquentes chevauchées dans les différentes jurisdictions de leur département : il s'établit de cette manière autour d'eux des gens instruits dans la science du droit, des loix, des usages & des coutumes; les uns servoient à défendre les parties, les autres aidoient le *bailli* de leurs lumières & de leur conseil : c'est ainsi que se sont formés ces premiers sièges de provinces, sous le titre de *bailliages* ou de *sénéchaussées*.

Les avocats attachés à ces sièges étoient les conseillers-nés du *bailli* ou de ses lieutenans. Dans la suite, ces avocats, trop occupés des affaires de leurs cliens, ne pouvant pas assister régulièrement le *bailli* dans ses audiences, il fut créé, dans ces mêmes sièges, des conseillers en titre d'office, avec défenses à eux de s'occuper, comme conseils, des affaires d'autrui, de crainte que par-là ils ne se missent dans le cas d'être récusés, & de ne pouvoir plus vaquer aux fonctions pour lesquelles ils avoient été créés. Ces officiers ont le titre de magistrats; lorsqu'ils sont à l'audience, ils y ont voix délibérative avec les lieutenans du *bailli;* & les avocats du siège les suppléent, lorsqu'ils sont absens, ou qu'il y a contre eux des motifs de récusation : ils jouissent de l'exemption des charges publiques, & même de la taille personnelle.

Pour exercer ces sortes d'offices, il faut être âgé de vingt-cinq ans, être licencié en droit civil & en droit canon, & avoir été reçu au serment d'avocat.

Dans la plupart des *bailliages* & des sénéchaussées, il y a deux lieutenans généraux, l'un pour le civil, l'autre pour le criminel, c'est-à-dire, pour l'instruction de ces différentes sortes d'affaires; car, pour ce qui est du jugement de ces mêmes affaires, ils ont tous les deux voix délibérative dans les unes comme dans les autres, en qualité de conseillers. Il y a de même deux lieutenans particuliers pour le civil & pour le criminel : celui qui est pour le civil,

civil, est conseiller assesseur dans les affaires criminelles; & celui qui est lieutenant particulier criminel, est assesseur au civil : ce sont ces quatre principaux officiers qui sont regardés comme les chefs de la jurisdiction.

A l'égard des conseillers, le nombre n'en est pas uniforme dans tous les sièges : il est plus considérable dans ceux où il y a un présidial, que dans les autres sièges où il n'y en a point.

Il y a encore deux avocats & un procureur du roi, qu'on nomme *officiers du parquet*, deux greffiers en chef, l'un pour le civil, & l'autre pour le criminel.

Le nombre des procureurs attachés à la jurisdiction, n'est pas le même par-tout; ceci dépend de l'étendue du *bailliage* & de la quantité des affaires qui s'y traitent.

Dans les grands *bailliages*, sur-tout dans ceux où il y a un présidial, les avocats y exercent leur profession dans toute sa pureté, sans aucun mélange avec celle des procureurs. Dans les petits *bailliages*, ils sont autorisés à faire en même temps les deux fonctions.

On ne sauroit croire combien les officiers des *bailliages* ont eu entre eux de contestations au sujet de leurs droits, de leurs prérogatives ou de leurs émolumens : il n'est presque pas de siège qui n'ait eu quelque réglement particulier à cet égard, comme on peut s'en convaincre par les arrêts qu'on trouve dans Chenu, dans Joly, dans Filleau & dans le journal des audiences.

Quoique anciennement les *baillis* jugeassent souverainement & en dernier ressort, il est pourtant vrai de dire qu'aujourd'hui les sentences qui se rendent dans les *bailliages* & les sénéchaussées, sont toutes susceptibles d'appel aux cours de parlement. Il y a seulement quelques exceptions à faire en matière civile & en matière criminelle.

En matière civile, les officiers des *bailliages* & des sénéchaussées ont été autorisés, par un édit du mois de septembre 1769, enregistré le 4 du même mois, à juger, au nombre de trois, dans une audience particulière & sans ministère de procureur, toutes les causes purement personnelles qui ne dérivent pas de contrats passés sous scel royal, & qui n'excèdent pas la somme de 40 livres. C'est le seul cas où ils exercent leur jurisdiction en dernier ressort : aussi, dans presque tous les autres, un seul officier peut rendre des sentences, excepté dans les matières bénéficiales, & dans les récusations de juges, où ils doivent être au nombre de cinq.

En matière criminelle, les sentences des *bailliages* & des sénéchaussées sont toutes susceptibles d'appel. Les *baillis* & les sénéchaux, ou du moins leurs officiers peuvent cependant juger en dernier ressort, dans les sièges où il n'y a point de présidial, les cas prévôtaux, mais seulement avec les prévôts des maréchaux ou leurs lieutenans; autrement ils n'en connoissent qu'à la charge de l'appel. On peut voir à ce sujet les déclarations des 5 février 1549, & 29 mai 1702. Lorsqu'ils jugent ainsi en dernier ressort, ils doivent être au nombre de sept au moins, ou se faire suppléer par des avocats.

Dans les autres affaires qui sont susceptibles d'appel, on n'exige pas le même nombre de juges; mais on distingue entre les affaires de grand criminel & celles de petit criminel : dans celles-ci, on ne voit pas qu'un seul juge ne puisse point statuer sur ces sortes d'affaires, mais, dans les affaires de grand criminel, c'est-à-dire, dans celles qui ont été réglées à l'extraordinaire par récolement & par confrontation, il ne peut se rendre aucun jugement, soit préparatoire ou définitif, que le rapporteur ne soit assisté de deux conseillers ou de deux gradués. Il en faut même cinq, lorsqu'il s'agit du crime de duel, du moins quand le procès se juge par un prévôt des maréchaux, quoiqu'à la charge de l'appel : c'est ce qui résulte de l'article 28 de la déclaration du 5 février 1731.

Observez que les jugemens de rapport, rendus en matière criminelle, doivent de plus être signés de tous les juges qui y ont assisté.

Les officiers des *bailliages* & des sénéchaussées, considérés comme juges d'appel, connoissent de toutes les décisions portées par les juges de leur ressort; mais il y a encore quelques remarques à faire à ce sujet, tant en matière civile qu'en matière criminelle.

En matière civile, il y a des appels qui vont directement au parlement, au lieu d'aller aux *bailliages* ou aux sénéchaussées. De ce nombre sont ceux qui ont trait à des décisions rendues, en matière de police, par les lieutenans établis dans des prévôtés ou châtellenies royales; ceux qui dérivent de l'exécution des arrêts de la cour, à l'effet d'entériner des lettres de répit; ceux qui concernent des déclinatoires; ceux encore qui ont trait à la conservation des privilèges d'une université; lorsque ces privilèges sont confiés à des juges de prévôtés ou châtellenies royales.

A l'égard des décisions qui émanent des duchés & des pairies, de quelque nature qu'elles soient, elles se portent, comme on le sait, directement aux parlemens. Il y a même des justices qui jouissent de ce privilège : telle est la justice de Bondaroy, près de Pithiviers. Mais, pour les cas présidiaux, ces justices, ainsi que les pairies, relèvent des *bailliages* & des sénéchaussées où il y a un présidial.

Pour ce qui est des matières criminelles, les *baillis* & les sénéchaux sont juges d'appel de toutes les causes du petit criminel, instruites ou jugées dans les prévôtés & justices seigneuriales de leur ressort; cependant les accusés ont la liberté de porter ces sortes d'affaires directement aux cours de parlement, liberté que n'ont pas de même les parties plaignantes. Mais, dans les affaires du grand criminel, dans celles où il peut être question de peines afflictives ou infamantes, les appellations se portent immédiatement aux cours de parlement : c'est ce qui résulte de l'article premier du titre 26 de l'ordonnance de 1670.

Bailli *d'amont & d'aval*, (*terme de Coutume.*) on trouve, à la fin de la coutume de la comté de Bourgogne, la dénomination de *baillis d'amont & d'aval*, pour désigner les *baillis* dont les jurisdictions sont situées dans la partie orientale ou occidentale de la province.

Amont & *aval* sont deux anciens mots françois d'un usage encore fréquent parmi les mariniers, pour signifier le haut ou le bas d'un pays ou d'une riviere. Par le mot *amont*, on entend la partie la plus élevée ou la plus orientale d'une province; &, par celui d'*aval*, la plus basse ou la plus occidentale. Ainsi, en Bourgogne, le *bailli d'amont* est celui dont la jurisdiction s'étend vers l'orient; & le *bailli d'aval*, celui qui juge dans la partie occidentale.

Bailli *de l'arsenal*, c'est un officier préposé dans l'enclos de l'arsenal à Paris, pour connoître de tout ce qui concerne les poudres, les salpêtres, leur fabrication, l'exécution des marchés faits à cet effet, les contestations qui surviennent entre les officiers, les commis, les ouvriers, les voituriers employés à l'entretien & à la conduite de l'artillerie.

Cette jurisdiction porte le nom de *bailliage de l'arsenal;* elle est composée d'un grand *bailli* d'épée, d'un lieutenant général de robe longue, & de plusieurs autres officiers qui jugent, au criminel comme au civil, de tout ce qui a rapport aux objets qui sont de la compétence de cette jurisdiction.

Bailli *de la barre*, c'est un nom particulier que l'on donne au chef de la justice temporelle du chapitre de l'église métropolitaine de Paris. Les appellations de ses sentences se relevent nuement au parlement. Il connoît, en premiere instance, de tout ce qui a rapport à la justice & à la voirie, dans l'étendue de l'église, du cloître & du parvis de Notre-Dame; & par appel, des sentenees rendues dans les autres justices du chapitre. La déclaration du 14 août 1676 lui accorde le droit d'exercer la basse-justice, pour les cens, rentes & autres redevances, des maisons ou biens situés à Paris dans la censive des fiefs de cette église.

Bailli *des bois*, (*terme de Coutume.*) celle de Hainaut, *chap. 104*, donne ce nom au premier officier de la jurisdiction des eaux & forêts, que nous appellons *maître particulier.*

Bailli *de Malte*, (*Droit canonique.*) on appelle *bailli*, dans l'ordre de Malte, un chevalier revêtu d'une dignité supérieure à celle des commandeurs, qui lui donne le droit de porter la grande croix de l'ordre.

On en distingue deux especes, les conventuels & les capitulaires. Les conventuels sont les chefs ou piliers des huit langues dans lesquelles l'ordre entier est partagé. Ils résident communément à Malte, dans le couvent de la religion. Les capitulaires sont ceux qui possedent des *bailliages* de l'ordre, situés dans les différens états catholiques : ils siegent, dans les chapitres provinciaux, après les grands-prieurs. *Voyez* Malte.

Bailli *du palais*, c'est un officier de la classe des *baillis* ordinaires. Il est le chef de la jurisdiction particuliere de l'enclos du palais à Paris : son ressort s'étend sur les cours, les salles & les galeries; il connoît de toutes les affaires civiles & criminelles qui y naissent, ou dans lesquelles sont intéressés ceux qui ont leur habitation dans le palais. L'appel de ses sentences se porte directement au parlement.

Bailliage *de la varenne du louvre*, c'est une jurisdiction établie à Paris pour la conservation des chasses du roi dans les environs de cette ville : son siege est au louvre; il est composé d'un capitaine de la capitainerie du louvre, d'un lieutenant général, d'un lieutenant de robe courte, d'un procureur du roi, d'un greffier, d'un receveur des amendes, de deux huissiers, & de douze gardes. Tous ces officiers jouissent des privileges de commensaux de la maison du roi.

BAILLISSEUR, s. m. terme particulier de la coutume d'Artois, qui signifie *tuteur* ou *gardien des enfans mineurs.*

BAILLISTE ou Baillistre, s. m. Baillisterie, s. f. (*termes de Coutume.*) on les trouve dans celle du duché de Bourgogne, dans la signification de *garde* & de *gardien.* Suivant cette coutume, entre gens nobles, la femme peut prendre la garde ou *baillisterie* de ses enfans, du consentement des parens ou amis prochains paternels; elle fait siens les fruits de leurs héritages, & acquiert la propriété de leurs meubles : elle est chargée de leur nourriture & entretien, de payer les frais funéraires de son mari, & toutes les dettes. Elle est néanmoins tenue de faire inventaire des meubles, & de donner caution de les restituer, ainsi que les revenus des mineurs, dans le cas où elle convoleroit en secondes noces. *Voyez* Garde.

BAILLORGE, s. m. terme particulier qu'on trouve dans l'article 190 de la coutume de Poitou, employé pour celui d'*orge*, espece de menu bled.

BAILLIVAGE, ou Balivage, s. m. (*Eaux & Forêts.*) c'est le nom qu'on donne à l'étiquette ou marque des baliveaux qui doivent rester sur pied, lors de la coupe d'un bois taillis. *Voyez* Baliveau.

BAILLON, s. m. (*Droit criminel. Police.*) c'est un morceau de bois qu'on met au travers de la bouche d'un homme, pour l'empêcher de parler ou de crier. L'usage du *bâillon* a été employé plus d'une fois par la justice à l'égard des criminels, qu'elle faisoit conduire au supplice, dans la crainte sans doute que leurs cris ou leurs discours n'excitent de la rumeur parmi le peuple.

Ce spectacle hideux, au lieu d'exciter l'horreur du crime que l'on veut punir, inspire plutôt de la compassion pour le malheureux que l'on conduit au supplice. Veut-on empêcher le peuple d'entendre les propos que le criminel peut tenir? on peut le faire conduire au supplice au son du tambour, comme on le faisoit à l'égard des ministres protestans condamnés à mort. Le bruit de cet instrument militaire détourne l'attention des spectateurs & les discours que le fanatisme peut inspirer.

Bâillon, se dit encore d'un morceau de bois qu'on met dans la bouche d'un chien ou autre animal, pour l'empêcher de mordre. Plusieurs ordonnances de police défendent de laisser vaguer dans les villes les grands chiens, à moins qu'ils n'aient un *bâillon*.

BAIN, s. m. (*Police.*) L'usage du *bain* étoit très-commun chez les peuples anciens. Les orientaux en ont même fait un acte de religion. Tout s'y passoit avec la plus grande décence. La pudeur y étoit gardée jusqu'à un tel scrupule chez les Romains, que les enfans pubères ne se baignoient jamais avec leurs pères, ni les gendres avec leurs beaux-pères. Mais quand le luxe & la débauche, qui en est presque toujours la suite, eurent corrompu les mœurs, les *bains* devinrent des lieux infâmes, où les femmes se mêloient avec les hommes pour cacher leurs intrigues, & satisfaire leur lubricité; où les maîtres menoient avec eux de jeunes esclaves ou servantes pour garder leurs habits. Les maîtres des *bains* affectoient même d'en avoir de plus belles, pour attirer un plus grand nombre de personnes.

Les magistrats ne purent venir à bout d'empêcher ce mêlange des hommes & des femmes, quoiqu'ils eussent défendu, sous peine d'être noté d'infamie, de se servir de femmes ou de filles pour garder les habits, ou pour rendre d'autres services dans les *bains*. Les empereurs Adrien, Marc-Aurèle, & Alexandre Sévère, furent obligés de promulguer des loix très-sévères à cet égard, qui ont été adoptées par Justinien & le concile de Laodicée.

L'usage des *bains* publics n'est guère connu qu'à Paris; aussi n'avons-nous aucune loi émanée du souverain, pour régler la police qui doit y être observée. Les magistrats chargés par leurs fonctions de veiller particuliérement au maintien des bonnes-mœurs & de l'honnêteté publique, ont publié, en différens temps, plusieurs réglemens à ce sujet, dont les dispositions pourroient être suivies dans les lieux où les *bains* publics s'introduiroient. Le dernier est du 12 juin 1742. Il défend à toute personne de se baigner dans les endroits de la rivière, destinés au puisement de l'eau, à peine d'amende, & même de prison. Les pères & mères, maîtres & maîtresses, sont civilement responsables pour leurs enfans, apprentifs, serviteurs & domestiques. La peine du fouet est infligée aux vagabonds & gens sans aveu.

Un autre article défend, sous peine de trois mois de prison, à toutes personnes, de se baigner d'une façon indécente, de rester nues sur les bords & graviers de la rivière, ou sur les bateaux, à peine de prison.

Les baigneurs de la ville, qui font partie de la communauté des barbiers & perruquiers, doivent tenir séparément les *bains* des hommes & des femmes: ils ne peuvent admettre de femmes dans les *bains* destinés à l'usage des hommes, & ils ne reçoivent pas d'hommes dans les *bains* des femmes, où elles ne sont servies que par des femmes, de même que les hommes ne sont servis que par des hommes.

BAISER, v. a. BAISER, BAISE-MAIN, s. m. Anciennement, dans tous les contrats, les parties se donnoient réciproquement un *baiser*, pour marquer la liberté avec laquelle elles contractoient, & la bonne foi qui régnoit entre elles.

La coutume de Tours dit que le *baiser*, que se donnent en public les gens mariés, est une sorte d'affirmation que la donation mutuelle qu'ils viennent de se faire, procède de leur franche & libre volonté.

Dans quelques coutumes, c'étoit un usage reçu, que le vassal, après avoir fait la foi & hommage, *baisât* son seigneur à la joue en signe d'union.

Par une loi de Constantin, insérée dans le code, au titre *de donat. ant. nupt.* la fiancée, qui avoit reçu un *baiser* de son fiancé, devoit avoir la moitié de ce qu'il lui avoit donné pour cause du mariage, s'il venoit à décéder avant de l'épouser. Cette loi est encore suivie en Sicile, où la donation à cause de noces a lieu, par le *baiser* des fiancés.

BAISER *le verrou* ou *la porte*. (*terme de Coutume.*) Celles d'Auxerre, de Berry & de Sens obligent le vassal, qui porte la foi & hommage à son seigneur absent, de se présenter à la porte du châtel principal du fief dominant, d'en *baiser* le verrou, ou autre partie, & de faire mention de cette formalité dans l'acte de prestation de foi & hommage. Cette cérémonie a été introduite dans ces coutumes, pour suppléer à celle par laquelle le vassal présentoit à son seigneur la bouche & les mains, en lui prêtant à lui-même le serment de fidélité.

BAISSER *le pavillon*, (*Marine.*) c'est abaisser le pavillon, qui est au haut du mât, & saluer par cette action un autre vaisseau qu'on rencontre, ou plutôt, la puissance à qui il appartient. On dit aussi, en terme de marine, *baisser* ou amener le pavillon, lorsque dans un combat l'un des vaisseaux se rend à son adversaire. *Voyez* PAVILLON.

BAISSIÈRE, s. f. (*Arts & Métiers. Finance.*) On appelle *baissière*, le peu de liqueur trouble qui couvre la lie du vin, du cidre, de la bière & des autres liqueurs. L'ordonnance des aides de 1680 exige des cabaretiers, que les *baissières* du vin vendu & démarqué, soient survuidées les unes dans les autres, & transportées incessamment chez les vinaigriers; que les tonneaux vuides soient pareillement tirés hors des caves, & défoncés. Un arrêt de la cour des aides de 1684 ordonne même que tous les mois, & le dernier jour de chaque mois, les *baissières* soient tirées des caves, & conduites chez les vinaigriers, par les commis des fermes, aux frais du vendeur de vin, qui ne l'auroit pas fait auparavant.

BALADOIRES, *danses* ou *fêtes*. (*Droit civil & ecclésiastique.*) Rien n'étoit plus commun dans les provinces de France, que de voir, à certains jours de l'année, & sur-tout lors de la célébration des fêtes patronales des églises de paroisses, des assemblées de danses & de baladins. Ces fêtes étoient dégénérées en parties de débauche, & elles donnoient souvent occasion aux plus grands excès. Telles étoient en Picardie la fête de l'*arrière*, qui consistoit à conduire, dans toutes les rues d'un village, un jeune garçon monté sur un âne, le visage tourné vers la queue de l'animal, orné de fleurs & de paille: celle de la *bachelette*, qui se célébroit dans plusieurs paroisses du ressort du bailliage de Poitiers, dans laquelle les jeunes gens, l'épée au côté, la cocarde au chapeau, suivis de joueurs d'instrumens, rendoient visite à toutes les femmes mariées depuis la dernière assemblée, leur donnoient un bouquet d'orange, & les faisoient danser; & beaucoup d'autres qu'il seroit trop long de rapporter.

Les canons de l'église, & les loix du souverain se sont également élevés contre ces danses *baladoires*; toutes ces fêtes ont été supprimées par un arrêt des grands jours de Clermont, du 14 décembre 1665. Le parlement de Paris a renouvellé les mêmes défenses par un arrêt du 3 septembre 1667; en 1779, le même parlement a interdit en Picardie la fête de l'*arrière*, en homologuant une sentence du bailliage de Péronne, du 22 juillet 1775, qui abolissoit cette fête: en 1779, il a pareillement aboli les danses *baladoires* qui avoient lieu dans les environs de Poitiers, a fait défenses de tenir de pareilles assemblées, sous quelques dénominations que ce soit, sous peine de cent livres d'amende, contre chaque contrevenant (dont les pères & mères, maîtres ou maîtresses sont responsables civilement) & même d'être poursuivis extraordinairement.

Dans la province de Bourgogne, les jeunes gens d'un village s'assembloient en armes, lorsqu'un étranger venoit y prendre femme, & lui faisoient payer une certaine somme pour lui permettre de l'emmener. Cet abus occasionnoit souvent des disputes. Il fut supprimé par un arrêt du parlement de Dijon, du 6 août 1718, à peine de 300 liv. d'amende. Un second du 4 janvier 1723, a ordonné la publication du premier tous les six mois, audevant des églises paroissiales, & lors de la tenue des grands jours.

BALANCE, s. f. (*Droit des gens. Droit civil. Commerce.*) le mot *balance* a deux significations très-différentes, l'une dans un sens propre & l'autre dans un sens figuré. Dans le sens propre, la *balance* est un instrument qui sert à peser; dans le sens figuré, on appelle *balance politique*, cette combinaison par laquelle une puissance de l'Europe ne peut prévaloir sur les autres, & *balance du commerce*, la comparaison des ventes & achats, soit de négocians à négocians, soit de nations à nations.

La *balance*, dans son acception propre, est un instrument composé de deux bassins suspendus à chacun des bouts d'un fléau ou levier droit, dont on se sert pour connoître & pour régler la pesanteur des choses qu'on vend ou qu'on achète. Toutes les *balances* dont on se sert ordinairement sont composées de cette manière, à l'exception de la *balance* appellée *romaine* ou *peson*, qui consiste en un levier se mouvant sur un centre, & suspendu près de l'un des bouts. On attache le corps que l'on veut peser du côté du centre, le poids est suspendu à l'autre côté, il glisse le long du levier, tient la *balance* en équilibre, & marque le poids du corps par les divisions marquées sur le levier, aux endroits où il s'arrête.

M. l'abbé Nollet, dans sa neuvième leçon de physique expérimentale, a donné des règles pour la justesse des *balances*; mais il n'y en a pas de plus simple & de plus facile pour connoître cette justesse, que la méthode des officiers de police. Ils changent les poids d'un bassin dans l'autre, s'il en résulte le même effet, la *balance* est juste, s'il y a de la différence, l'instrument n'est pas conforme aux règles.

Tous ceux qui font quelque négoce, sont obligés de se servir de *balances* bien ajustées, les officiers de police doivent y tenir la main & vérifier les fraudes que les marchands peuvent commettre dans l'usage de la *balance*; ce soin leur a été confié par l'édit de création des charges de lieutenans généraux de police, & leur compétence à cet égard leur a été confirmée par l'édit de 1706, qui ordonne le dépôt aux greffes de la police des échantillons des poids & mesures, de chaque lieu de leur établissement, étalonnés sur les matrices, pour y avoir recours, quand besoin sera.

En terme de commerce & dans un sens figuré, on appelle *balance* l'état final d'un compte particulier, ou l'état final & solde du grand livre d'un négociant.

On appelle encore *balance*, la clôture de l'inventaire d'un marchand, par lequel il se rend compte, d'un côté, de l'argent qu'il a en caisse, de ses marchandises, de ses dettes actives, de ses meubles & immeubles; de l'autre, de ses dettes passives, & de ce qu'il doit payer en argent.

Dans le commerce général des nations entre elles, on appelle *balance*, l'avantage que l'une peut se procurer sur les autres, en lui vendant des productions de son territoire ou de son industrie, plus qu'elle ne tire des productions de sa rivale. C'est cette *balance* qui constitue l'état florissant d'une nation, & qui est le but de tous les peuples commerçans, qui cherchent à devenir les créanciers des autres, & attirer chez eux, par ce moyen, la plus grande quantité possible d'or & d'argent: est-ce un avantage bien réel pour les peuples? le système de toujours vendre & de n'acheter jamais peut-il se réaliser? Ce sont des problêmes dont nous laissons volontiers la solution aux politiques.

BALANCIER, s. m. (*Arts & Métiers. Police. Monnoie.*) c'est un ouvrier qui fait les divers instrumens servant à peser toutes sortes de marchandises, comme denrées, métaux & autres choses qui s'achètent ou se vendent au poids, ou dont on veut connoître la pesanteur.

Les *balanciers* forment à Paris une communauté fort ancienne: elle y a été établie en corps de jurande, & a été mise sous la jurisdiction des officiers de la cour des monnoies, par une attribution fondée d'abord sur une ordonnance de François I, du mois de mars 1540, & sur une déclaration du 8 septembre suivant. Cette attribution a été ensuite confirmée par un édit de souveraineté du mois de janvier 1551; par des lettres-patentes du 3 mars 1554; par d'autres lettres-patentes du mois de septembre 1567, concernant les trébuchets & poids de Limoges; par un édit du mois de septembre 1570; par des ordonnances du 14 juin 1575, rendues pour le réglement des poids & des mesures; & par des édits des mois de juin 1635, décembre 1638 & mars 1645.

Voici quels sont les devoirs des *balanciers*, relativement à l'exercice de leur art, d'après un arrêt de la cour des monnoies, du 31 janvier 1642.

Chaque maître est tenu d'avoir un poinçon particulier, dont l'empreinte se conserve sur une table de cuivre, au greffe de la cour des monnoies, pour y avoir recours quand le cas y échet, & pour y faire la vérification de ces poinçons.

L'usage de ces mêmes poinçons, sur lesquels il n'y a ordinairement que la première lettre du nom de chaque maître avec une couronne en fleur-de-lys au-dessus, est pour marquer les ouvrages, afin que chaque maître puisse être obligé de répondre du sien, s'il se trouvoit quelque altération aux poids & aux balances.

Quand les bassins des balances sont de cuivre, la marque se met au fond de ces bassins; s'ils sont d'autre matière, c'est le fléau de la balance qui reçoit la marque.

Pour ce qui est des poids, ceux qui sont de cuivre se marquent par-dessous, & c'est au même endroit que se met l'étalonage de la cour des monnoies. Les poids de plomb reçoivent la marque sur le plomb même, & ceux qui sont de fer reçoivent la marque en-dessous dans la cavité où l'on met du plomb pour les ajuster.

Les gros, les grains & les autres diminutions doivent aussi porter l'empreinte du poinçon; mais les maîtres ne sont point obligés de faire étalonner ces petites diminutions, ils les dressent sur la matrice étalonnée qu'ils ont chez eux; ils les marquent ensuite de leur propre poinçon avec les chiffres & les points convenables à leur pesanteur.

On ne doit pas oublier que les *balanciers* sont tenus de donner à tous les poids qu'ils fabriquent, quelque chose au-delà de leur juste pesanteur; & c'est ce qu'ils appellent *remède de poids de marc*: il n'y a que les diminutions depuis quatre onces jusqu'au demi-félin, qui ne soient point sujettes à cette observation.

Une déclaration du 30 mars 1640, vérifiée en la cour des monnoies, ordonne à tous les maîtres *balanciers* de Paris, d'ajuster leurs poids sur les originaux qui sont au greffe de la cour des monnoies ou aux hôtels des monnoies du royaume. Une autre déclaration du 18 octobre de la même année, leur fait défenses de vendre des poids pour les monnoies, qu'ils ne soient étalonnés aux hôtels des monnoies des principales villes de province, où ils doivent être marqués gratuitement.

Un arrêt de la cour des monnoies, du 17 janvier 1641, fait défenses à tous les *balanciers* & autres qui vendent & débitent des poids de marc & d'autres poids pour peser l'or & l'argent, d'en exposer en vente qu'ils ne soient bien & duement ajustés & étalonnés sur les poids originaux de la cour ou sur ceux qui auront été tirés de son greffe, & que pour la sûreté publique, ils ne soient marqués du poinçon de fleur-de-lys qui est au greffe, à peine de confiscation de ces poids, de 300 livres d'amende pour la première fois, & de punition corporelle en cas de récidive.

Par l'arrêt du 31 janvier 1642, dont nous avons parlé, il est encore enjoint aux *balanciers* de Paris, de mettre & laisser au greffe de la cour des monnoies, une table de cuivre sur laquelle les maîtres sont tenus de graver leur nom & leur poinçon avec la marque dont ils entendent se servir pour certifier leurs ouvrages. Il leur a été en même temps défendu de débiter aucun poids qu'il ne fût marqué du poinçon par eux adopté, & qu'il ne fût aussi étalonné & marqué du poinçon de fleur-de-lys qui est au greffe de la cour, à peine de faux & d'amende arbitraire.

Les dispositions de ces arrêts ont été renouvellées par ceux qui ont été rendus par la cour des monnoies, les 23 septembre 1744 & 4 septembre 1776.

Toutes les affaires de la communauté des *balanciers* sont conduites par deux jurés, qui sont deux ans en charge, le plus ancien étant remplacé tous les ans par un nouveau.

Ils sont tenus de faire des visites chez les maîtres, dans toutes les occasions nécessaires, & deux fois au moins par chaque année, pour voir si leurs matrices sont en règle, si leurs poids sont ajustés sur les originaux déposés au greffe de la monnoie.

Les contestations qui ont rapport à cette profession se portent directement à la cour des monnoies, privativement à toute autre jurisdiction, ce qui se prouve par un arrêt du conseil, du 30 janvier 1642, qui, sur une instance traduite devant le prévôt de Paris, renvoya les parties pour procéder devant la cour des monnoies, avec attribution de toute jurisdiction, & par plusieurs arrêts de la cour des monnoies, qui ont fait défenses de procéder ailleurs qu'en cette cour sur les différends des *balanciers*.

Il faut, pour être reçu maître, six ans d'apprentissage, & deux ans de compagnonage, payer les droits & prêter serment au procureur du roi.

Chaque maître ne peut avoir qu'un apprentif, & nul compagnon ne peut travailler à Paris, s'il n'est apprentif des maîtres de la ville.

Les aspirans à la maîtrise doivent faire chef-d'œuvre; les fils de maître ne font qu'une simple expérience.

Les veuves jouissent des privilèges de la maîtrise, à l'exception du droit de faire des apprentifs.

L'édit du mois d'août 1776 a mis les *balanciers* dans la douzième communauté d'arts & métiers, avec les chauderonniers & potiers d'étain. Le tarif règle le droit de réception à la maîtrise à trois cens livres.

Balancier, s. m. (*Monnoie.*) c'est une machine qui sert à frapper les monnoies, les médailles, les jettons, *&c.* depuis qu'on a aboli dans ces fabriques l'usage du monnoiage au marteau.

Plusieurs lettres-patentes, ainsi que plusieurs arrêts du conseil, notamment celui du 15 janvier 1685, plusieurs arrêts de la cour des monnoies des 18 janvier 1672, 10 mars même année, 14 juillet 1685, & un édit du mois de juin 1696, défendent à tout ouvrier, graveur & monnoyeur, & à toute autre personne, à l'exception des commis & gardes-*balanciers* du roi, établis aux galeries du louvre à Paris, & des hôtels des monnoies, d'avoir ni de tenir aucun moulin, coupoir, laminoir, presses, *balancier* & autres semblables machines, à peine d'être punis comme faux monnoyeurs, & de faire fabriquer ailleurs qu'au *balancier* des galeries du louvre & des hôtels des monnoies, des médailles & pièces de plaisir, d'or, d'argent ou d'autres métaux, à peine, contre les ouvriers & fabricateurs, de confiscation des outils & des machines, de mille livres d'amende contre chaque contrevenant, & de plus grande peine s'il y échet.

Il fut créé par le même édit de 1696, en office héréditaire, un directeur sous le titre de *directeur du balancier du louvre*, & un contrôleur-garde de la fabrication des médailles; mais ce dernier office fut réuni à celui de directeur du *balancier*, par un arrêt du conseil, du 3 novembre suivant. Il n'appartient, comme nous l'avons vu, qu'à ce directeur & à ceux qui sont préposés dans les hôtels des monnoies, de se servir du *balancier*.

BALAYEURS *publics*, (*Police.*) gens établis par la police pour le nettoiement des places & des marchés. *Voyez* Placier.

BALCON, s. m. (*Droit civil. Voierie.*) c'est une saillie attachée à un bâtiment, environnée de balustrade & portée par des colonnes ou consoles.

Il n'est pas permis, dans les villes, de poser des *balcons* sur les rues, sans en avoir obtenu l'agrément des officiers chargés de la voierie.

Le propriétaire d'une maison doit, en posant ses *balcons*, observer une distance suffisante entre le *balcon* & la ligne qui sépare l'héritage voisin, pour que le *balcon* ne procure pas une vue droite sur le voisin.

Cette distance, suivant l'article 202 de la coutume de Paris, doit être de six pieds, lorsque le *balcon* a beaucoup de saillie, & que le mur sur lequel il est adossé aboutit en retour sur un héritage voisin qui est découvert.

L'entretien des *balcons* est aux frais du propriétaire, & il est responsable des accidens qui peuvent résulter de leur mauvais état: le locataire est chargé d'en réparer les barreaux, quand ils ont été forcés ou cassés avec effort.

BALDAQUIN, s. m. (*Droit ecclésiast.*) espèce de ciel ou petit dais, qui se met au-dessus d'un trône ou chaire pontificale. Les évêques & archevêques ont le droit d'avoir un *baldaquin;* mais les abbés ne peuvent en jouir sans un privilège spécial: ils ne s'en servent même que lorsqu'ils officient aux quatre fêtes principales de l'année.

BALEINE, s. f. (*Droit maritime.*) poisson de mer fort grand, dont la pêche est un objet considérable de commerce.

L'ordonnance de la marine, *liv.* 7, *tit.* 5, *art.* 2, porte que les *baleines*, les marsouins, les veaux de mer, les thons, les souffleurs & les autres poissons à lard, échoués & trouvés sur les grèves de la mer, doivent se partager comme épaves, de même que les autres effets échoués, dont un tiers doit appartenir à celui qui les a trouvés, & les deux autres tiers au roi & à l'amiral de France, conformément à l'*article 29 du titre des naufrages, bris & échouemens.*

Il faut observer que cette disposition n'a pas lieu à l'égard des seigneurs de Normandie, dont les fiefs confinent au bord de la mer. Les *baleines* & autres poissons à lard échoués sur le rivage ou à si peu de distance qu'un homme à cheval puisse y toucher avec sa lance, appartiennent en entier au seigneur du lieu, en vertu du droit de varech: mais si ces poissons ont été trouvés sur les flots, & conduits sur le rivage par l'industrie des pêcheurs, le seigneur n'y peut rien prétendre, sous prétexte que ces poissons auroient naturellement pu être jettés par les flots sur la côte.

BALISAGE, s. m. (*Jurisprudence.*) on entend par ce terme le nettoiement d'une rivière, & de tout ce qui peut nuire à sa navigation.

Le *balisage* consiste 1°. à faire enlever les arbres, qui, plantés le long des bords de la rivière, y ont été renversés & y sont tombés; 2°. à enlever de même les morceaux de rocher & de pierre, qui y auroient roulé; 3°. à enlever les sables & terres qui comblent un port ou un passage; 4°. à empêcher que la navigation ne soit gênée, par les moulins sur bateau, par des pertuis ou écluses.

Les seigneurs qui jouissent des droits de bacs, péages & pontonages sur les rivières, sont chargés de leur *balisage* ou nettoiement dans toute l'étendue de leur justice, & ils peuvent y être contraints, soit par celui qui est chargé du *balisage* de la rivière, soit par tous ceux qui peuvent y avoir intérêt. C'est ce qui résulte des dispositions d'un arrêt du conseil, du 10 mai 1731.

Dans les grandes villes, le *balisage* se fait aux frais de la commune, & les officiers municipaux le paient des deniers communs. Il est même assez ordinaire, qu'ils donnent le *balisage* à entreprise.

Le *balisage* de la Loire, dont la navigation intéresse le commerce de toutes les provinces du royaume, est donné à l'entreprise. L'entrepreneur doit veiller, par lui-même, & examiner s'il est fait exactement & conformément aux ordonnances. Il a le droit d'y contraindre les seigneurs qui en sont chargés, & de le faire faire à leurs frais, lorsqu'ils ont négligé de le faire eux-mêmes. C'est ce qui résulte d'une ordonnance de l'intendant d'Orléans, du 24 avril 1690.

BALISE, s. f. (*Droit maritime.*) se dit en général de toutes les marques & signes, que l'on met dans un port, une rade, une rivière, pour indiquer aux vaisseaux & autres bâtimens, qu'ils doivent éviter les endroits où ils sont posés. Sur la mer la *balise* est un tonneau vuide attaché, par une chaîne de fer, à des pierres qui vont au fond de l'eau : sur les rivières, ce sont des mâts, des arbres ou autres choses de cette nature.

La *balise* est mise pour procurer dans le jour le même effet que les fanaux dans la nuit.

Les vaisseaux paient un léger droit pour l'entretien des *balises*; il se nomme *droit de tonnes & balises.* Il est dû par tous les bâtimens, à raison de chaque tonne ou *balise* qu'ils *empruntent*, c'est-à-dire, près desquels ils passent pour mouiller l'ancre.

Ce droit est ordinairement de dix sols, & appartient au grand amiral, mais il n'est pas uniforme dans tous les ports.

Suivant un ancien réglement, fait pour la Rochelle en 1631, & confirmé en 1660, il est fixé à dix sols; mais les maîtres & capitaines de ce port en sont exempts par une longue possession. A Saint-Valeri-sur-Somme, ce droit appartient au seigneur; à Calais & à Dieppe, le maître du quai en jouit; à Bayonne & à Bordeaux, les jurats en sont en possession; dans la rivière de la Charente, il est perçu au profit du roi.

Le droit de *balise* n'est pas réputé avarie, & doit être acquitté par le maître du vaisseau. La connoissance de tout ce qui peut avoir rapport aux *balises*, appartient aux officiers de l'amirauté, qui ont été confirmés dans ce droit, par un arrêt du conseil, du 15 décembre 1776.

BALIVEAU, s. m. (*terme d'Eaux & Forêts.*) arbre réservé dans la coupe des bois taillis, pour le laisser croître comme les arbres de haute futaie.

Ces arbres portent encore le nom d'*arbres fais*, d'*arbres réservés*, & dans quelques provinces, celui d'*étalons*, parce qu'ils sont destinés à repeupler les ventes. En Flandres & en Picardie on appelle les *baliveaux* de deux coupes *pérots*, & *tayons* ceux de trois coupes.

Les *baliveaux* doivent être choisis entre les arbres les plus vifs, & particuliérement entre les chênes. Lorsqu'il n'y a point de chênes, on réserve des hêtres ou des châtaigniers.

L'article premier du titre 26 de l'ordonnance des eaux & forêts, du mois d'août 1669, veut que les particuliers, qui ont des bois en propriété, ne puissent couper ou vendre ces bois qu'en laissant seize *baliveaux* par arpent de taillis, & dix par arpent de futaie. Le même article défend, sous les peines portées par les ordonnances, de disposer de ces *baliveaux* avant que ceux des taillis aient atteint l'âge de quarante ans, & ceux des futaies cent vingt ans.

Suivant les ordonnances de février 1554 & de mai 1602, la punition de ceux qui n'ont pas fait les réserves ordonnées ou qui ont abattu leurs *baliveaux* avant l'âge, doit être une amende arbitraire & la confiscation des bois; mais, par arrêt du conseil du 19 juillet 1723, cette punition a été fixée à 300 livres d'amende.

Suivant le même arrêt, ceux qui veulent couper des *baliveaux* doivent en faire auparavant leur déclaration au greffe de la maîtrise, afin que les officiers puissent aller reconnoître l'âge & la qualité de ces arbres.

Les officiers des eaux & forêts sont tenus de visiter les bois pour reconnoître si la réserve des *baliveaux* a été faite, & en cas de contravention, ils doivent condamner les contrevenans aux peines prononcées par les ordonnances.

L'article 3 du titre 25 de l'ordonnance des eaux & forêts veut que les communautés d'habitans réservent, de même que les particuliers, seize *baliveaux* par arpent, outre les anciens, les modernes & les arbres fruitiers.

Les communautés, soit séculières ou régulières, ne peuvent, en aucun cas, disposer de leurs *baliveaux* sans en avoir obtenu la permission du roi, par lettres-patentes duement enregistrées. La punition prononcée par l'ordonnance contre ceux qui contreviennent à ce qu'elle prescrit à cet égard, est une amende arbitraire & la restitution du quadruple de la valeur des bois coupés ou vendus.

L'article 7 du titre 24 de l'ordonnance des eaux & forêts enjoint aux ecclésiastiques & aux communautés de charger expressément leurs fermiers, économes, receveurs, marchands & adjudicataires, de faire dans leurs bois les mêmes réserves qu'il est ordonné pour les bois du roi; & aux receveurs, fermiers ou adjudicataires, de les faire, quoiqu'il n'en soit pas fait mention dans leurs baux, marchés ou adjudications, à peine d'amende arbitraire, de confiscation du prix des ventes & des bois abattus, & de restitution, dommages & intérêts. Dans le cas d'une telle condamnation, la restitution & les dommages & intérêts doivent servir à faire un fonds au profit du bénéfice, & le revenu en doit être affecté à l'hôpital des lieux, pendant la vie du bénéficier. Cette disposition de l'ordonnance a été confirmée par une déclaration du roi, du 20 décembre 1693.

Suivant l'article 11 du titre 15 de l'ordonnance des eaux & forêts, il ne doit être réservé dans les bois du roi que dix *baliveaux* par arpent de futaie; mais depuis cette ordonnance, l'usage s'est établi d'en réserver seize, comme dans les taillis.

Observez toutefois, que s'il se trouvoit que les *baliveaux*, réservés dans les bois du roi, fussent en telle quantité & grosseur qu'ils empêchassent, par l'ombrage ou autrement, les taillis de pousser & de croître, les grands-maîtres seroient tenus d'en dresser des procès-verbaux, & de les envoyer avec leur avis au contrôleur-général des finances, pour être statué par sa majesté ce qu'au cas appartiendroit. C'est la disposition de l'article 12 du titre 18 de l'ordonnance.

Il doit être réservé, dans les bois engagés, le même nombre de *baliveaux* que dans les bois dont le roi jouit actuellement.

Si, pendant l'usance des ventes, il y a des *baliveaux* abattus par accident, l'adjudicataire doit en faire avertir les officiers, afin qu'ils en marquent d'autres. C'est ce que prescrit l'article 46 du titre 15.

Les *baliveaux* sur taillis appartiennent à l'usufruitier & à la douairière, quand ils n'ont pas acquis l'âge requis pour être réputés futaie; mais s'ils sont réputés futaie, ils suivent le sort du fonds; le propriétaire seul peut en disposer; tous les autres possesseurs, comme l'usufruitier, la douairière, l'usager & l'engagiste n'y ont aucun droit.

Les *baliveaux* sur taillis devenus futaie, sont tellement réputés fonds, que la coupe de ces bois est sujette aux mêmes formalités que la vente des fonds. Le tuteur ne peut les vendre sans avis de parens, le mari sans le consentement de sa femme, l'engagiste sans une permission expresse du roi, à moins qu'elle ne se trouve dans le contrat d'engagement; les gens de main-morte, sans un arrêt du conseil, revêtu de lettres-patentes.

L'ordonnance du duc Léopold, en 1707, porte qu'en Lorraine, il sera laissé par arpent douze *baliveaux* de l'âge du taillis, outre & par-dessus les arbres de la vieille écorce, *baliveaux* anciens & modernes, des coupes précédentes, & arbres fruitiers.

On peut considérer les *baliveaux* par rapport aux bois de haute-futaie, & par rapport aux taillis. Par rapport au premier point, M. de Reaumur prétend dans un mémoire sur l'état des bois du royaume, imprimé dans le recueil de l'académie, année 1721, que les *baliveaux* sont une mauvaise ressource pour repeupler le royaume de bois de haute-futaie, parce qu'une très-grande partie périt; car n'ayant pas pris dans les taillis, qui les couvroient, toute la force nécessaire pour résister aux injures de l'air, on ne peut leur ôter cet abri sans inconvénient. Des lisières entières de jeunes futaies ont péri dans un hiver froid, mais non excessivement rude, après qu'on eut coupé pendant l'été d'autres lisières qui les couvroient. Il en arrive autant aux arbres réservés au milieu de forêts abattues. Des *baliveaux* qui ont échappé aux injures de l'air, peu échappent à la coignée du bûcheron; il en abat au moins une partie dans la coupe suivante du taillis : les morts lui donnent occasion d'attaquer les vifs; & il est de notoriété que dans la plupart des taillis, on ne trouve que des *baliveaux* de deux à trois coupes. Mais indépendamment de cela, dit M. de Reaumur, ces *baliveaux* ne seront pas des arbres d'une grande ressource; ils ont peu de vigueur & sont tous rabougris; s'ils n'ont pas péri, ils sont restés malades; & quelque bon qu'ait été le terrein, jamais *baliveau* ne parviendra peut-être, & n'est parvenu à devenir un arbre propre à fournir une longue poutre, un arbre de pressoir, ni quelque autre semblable pièce de bois. Cela est sûr, au moins, par rapport aux *baliveaux* réservés dans les taillis qu'on coupe de dix ans en dix ans ou plutôt. Ils ne sont jamais hauts de tige, & croissent toujours en pommiers.

Ces inconvéniens des *baliveaux* seront d'autant moindres, que le taillis sera coupé dans un âge plus avancé, mais à quelque âge qu'on le coupe, on ne peut pas espérer que les *baliveaux* réparent les futaies qui s'abattent journellement.

Quant au second point, la conservation des taillis par les *baliveaux*, il ne faut, dit le même auteur, que parcourir les taillis où les *baliveaux* ont été le mieux conservés; on trouvera qu'au-dessous & tout autour du *baliveau*, sur-tout quand il est parvenu à âge d'arbre, la place est nette, & que les souches sont péries, parce qu'elles se sont trouvées trop à l'ombre : aussi, bien des particuliers qui souhaitent abattre leurs *baliveaux*, ne le souhaitent que pour conserver leurs taillis. Si les *baliveaux* donnent quelques glands aux taillis, ils les leur font donc payer cher; d'ailleurs ces glands tombant au hasard sur la surface de la terre, & la plupart sous l'arbre même, ne réussissent guère.

M. de Buffon s'accorde en ceci avec M. de Reaumur. « On sait, dit cet académien, dans un mémoire *sur la conservation & le rétablissement des forêts*, année 1739, que le bois des *baliveaux* n'est pas de bonne qualité, & que d'ailleurs ces *baliveaux* font tort aux taillis. J'ai observé fort souvent les effets de la gelée du printemps dans deux cantons voisins de bois taillis. On avoit conservé dans l'un tous les *baliveaux* de quatre coupes successives; dans l'autre on n'avoit réservé que les *baliveaux* de la coupe actuelle. J'ai reconnu que la gelée avoit fait un si grand tort au taillis surchargé de *baliveaux*, que l'autre taillis l'a devancé de près de cinq ans sur douze. L'exposition étoit la même : j'ai sondé le terrein en différens endroits, il étoit semblable. Ainsi, continue M. de Buffon, j'attribue cette différence à l'ombre & à l'humidité que les *baliveaux* jettoient sur les taillis; & à l'obstacle qu'ils formoient au desséchement de cette humidité en interrompant l'action du vent & du soleil. Il seroit donc à propos de recourir à des moyens plus efficaces que les *baliveaux*, pour la restauration de nos forêts de haute-futaie, & celle de nos bois taillis ». *Voyez* FORÊTS, TAILLIS.

BALLE, s. f. & BALLOT, s. m. (*Droit civil. Commerce.*) c'est le nom qu'on donne à un gros paquet de marchandises lié de cordes, & enveloppé de toile, pour en faciliter le transport d'un lieu dans un autre.

Le voiturier, qui s'en charge, est tenu d'en répondre jusqu'à ce qu'il l'ait remis à celui à qui la *balle* est destinée, il ne peut pas cependant le contraindre à la recevoir, mais alors il obtient du juge la permission de la déposer, même de faire vendre des marchandises qui y sont contenues, jusqu'à concurrence du prix de sa voiture.

On appelle vendre *sous corde en balle*, ou *en balle sous corde*, vendre en gros sur la montre ou échantillon, sans déballer.

Dans cette espèce de vente, les marchandises doivent être conformes à la montre, autrement l'acheteur peut contraindre le vendeur à reprendre les pièces défectueuses, ou à consentir qu'elles soient revendues à ses risques & fortunes.

Dans le cas de faillite, il y a lieu, en faveur du vendeur, à la revendication des marchandises, qui sont encore en *balle* & sous corde. *Voyez* SAISIE, BANQUEROUTE.

On appelle *porte-balles* les petits merciers, qui vont dans les campagnes, & portent sur leur dos une *balle* de marchandises.

BAN, s. m. (*Jurisprudence.*) c'est un vieux mot, introduit dans notre langue, pour signifier l'*annonce publique*, & la proclamation solemnelle de quelque chose.

L'origine en est incertaine; quelques-uns la tirent du breton, *ban*, clameur, bruit; d'autres du saxon, *pan*, chose étendue, d'où nous avons fait, par une légère transformation de lettre, *ban* & *bande*, employés pour *banière*.

Bracton fait mention du *bannus regis*, *ban du roi*, pour une proclamation de silence, faite par les juges de la cour, avant le choc des champions dans un combat.

Le mot *ban* a parmi nous plusieurs significations. En matière féodale ou de police, on appelle *ban* les permissions de faucher, de moissonner ou de vendanger.

En matière criminelle, ce terme est synonyme à celui de bannissement. *Voyez ci-dessous ce mot.*

Le mot *ban* s'emploie encore pour marquer la proclamation que l'on fait d'un futur mariage, afin que ceux qui savent quelques causes pour en empêcher la célébration, soient dans le cas de les révéler. *Voyez ci-dessous* BANS.

La coutume d'Acs se sert du mot *ban* dans des significations très-différentes : elle appelle *ban* la saisie-arrêt ou la main-mise, faite par le seigneur, de cens ou de rente, à défaut de paiement des arrérages du cens ou de la rente. Elle donne aussi le nom de *ban* aux défenses publiées par le seigneur, de conduire les bestiaux dans telles ou telles prairies. Voyez *la coutume d'Acs*, *tit. 8*, *art. 7*, & *tit. 11*, *art. 9.*

Les coutumes du Perche & de Péronne donnent le nom de *ban* à l'étendue du territoire dont les habitans sont tenus de faire moudre leurs grains au moulin bannal de leur seigneur.

Ban, dans les statuts de Provence, est une peine coutumière encourue pour les dommages causés dans l'héritage d'autrui, soit par hommes, soit par bêtes.

Les coutumes de la Marche & de Péronne donnent aussi les noms de *ban* & *arban* aux corvées d'hommes: nous en avons parlé plus haut au mot ARBAN.

Ban, en terme militaire, se dit d'un mandement à cri public, pour ordonner ou pour défendre quelque chose.

Ban & arrière-ban, se dit encore de la convocation des vassaux ou arrière-vassaux.

Nous allons expliquer, en premier lieu, ce qui concerne les *bans* pour faucher, moissonner ou vendanger; en second lieu, ce qui concerne le *ban* militaire : ensuite nous parlerons du *ban & arrière-ban.*

BAN, (*Droit féodal. Police.*) En restreignant ce mot à la signification des permissions publiques, que les seigneurs ou les officiers de police ont droit de donner aux habitans de leur territoire, de faucher, de moissonner & de vendanger, c'est une espèce de droit de police que les seigneurs se sont réservé, soit pour empêcher que les principales récoltes ne se fassent avant la maturité des fruits, soit pour obvier au danger qu'un champ ne fût exposé au pillage, si le champ voisin étoit récolté avant le temps où il seroit libre au propriétaire voisin de récolter le sien.

On distingue quatre sortes de *bans* de police à l'égard des biens de campagne : le *ban* de fauchaison, le *ban* de moisson, le *ban* de vendanges, & le *ban* de chaume.

Ban de fauchaison. Ce droit s'est insensiblement aboli; il est libre à chaque particulier de faucher ses prés quand bon lui semble; un temps déterminé ne fait rien à cette espèce de récolte. Cependant ce droit peut subsister encore dans quelques seigneuries où il y a de vastes prairies qui appartiennent ou en commun à tous les habitans d'un village, ou à chacun d'eux en particulier par cantons; comme il y auroit des inconvéniens, à ce que les uns pussent faucher avant un temps convenable aux autres, il peut être réservé au seigneur de déterminer ce temps pour l'avantage commun.

Comme la fauchaison exige des travailleurs, & que le seigneur pourroit en manquer s'il ne lui étoit permis de faucher le premier, il peut avoir droit d'interdire ce genre de travail avant que ses foins ne soient serrés ; mais il lui faut, à ce sujet, des titres précis, & non prescrits par un usage contraire.

Ban de moisson. On ne peut pas dire que ce droit soit entièrement aboli; il subsiste encore dans quelques endroits, notamment dans certains cantons de la Bourgogne : comme l'atteste Perrier dans ses *Observations sur la coutume de cette province.*

Freminville voudroit faire entendre que cette espèce de *ban* est plus usitée qu'on ne se le persuade ; il desireroit même qu'elle fût rétablie partout où elle avoit lieu anciennement : il en donne pour raison, qu'il est d'une bonne police que les champs soient visités avant l'ouverture des moissons pour s'assurer de la maturité des grains, & pour empêcher que ceux qui, dans un champ récolté, s'amusent à glaner, ne soient tentés de dépouiller le champ voisin, dont le bled est encore sur pied. Il applique à cela les dispositions de l'article 49 de l'ordonnance de Blois, & de l'art. 28 de l'édit de Melun, qui assujettissent les possesseurs d'héritages à faire publier au prône, le jour déterminé pour enlever les fruits qui en proviennent.

Malgré toutes ces raisons, il y a apparence qu'on a trouvé moins d'inconvéniens à user d'une liberté générale, que de demeurer soumis à une permission qui entraînoit trop de difficultés. Quelquefois on est bien aise de prévenir la pluie & les orages; & l'on ne pourroit pas le faire si facilement, s'il falloit toujours une permission. A l'égard de la maturité, chaque particulier est nécessairement forcé de l'attendre, & l'on ne voit pas qu'on se plaigne du défaut de maturité. Pour ce qui est des glaneurs, on ne voit pas non plus qu'ils commettent de dégât qui fasse sensation; au reste, c'est au propriétaire voisin à veiller sur leur conduite; & à faire sa récolte à son tour. Quant aux ordonnances sur lesquelles Freminville s'appuie, il est certain qu'elles ne concernent que le droit des décimateurs, dont nous parlerons particuliérement au mot DIXME. Ces ordonnances veulent que les décimateurs soient prévenus du jour de la moisson, afin qu'ils puissent faire trouver sur les lieux leurs préposés pour dîmer; & elles n'attribuent au seigneur aucun droit pour donner ou refuser une permission à ce sujet. Il y a plus, c'est que ces mêmes ordonnances sont comme tombées en désuétude, ainsi qu'un arrêt de réglement du parlement de Paris, du 6 juillet 1688, qui en renouvelloit les dispositions. Chaque particulier fait sa récolte quand il veut, il se contente d'en prévenir le décimateur, suivant l'usage introduit, & le décimateur lui-même n'exige pas d'autres formalités; ce qui prouve que les réglemens, dont parle Freminville, n'ont jamais pu être d'une facile exécution.

Au reste, ce n'est pas que le droit de *ban* de moisson ne puisse être un droit légitime dans les seigneuries où il se trouve établi; mais il faut qu'il s'y soit conservé par un usage ancien & bien suivi. Les religieux de Saint-Leu, près Paris, avoient cru, en leur qualité de seigneurs haut-justiciers, pouvoir assimiler le *ban* de moisson, au *ban* de vendange dont nous allons parler. Ils avoient cherché à soumettre à ce droit M. de Sauveterre, conseiller au grand-conseil; ils l'avoient même fait condamner aux requêtes du palais; mais au parlement, où l'affaire fut portée par appel, la possession dont excipoient les religieux, ne fut pas trouvée suffisante, quoique appuyée de certains actes de notoriété des usages de quelques paroisses voisines, & de l'exemple de ce qui se pratiquoit dans quelques justices du canton; par arrêt du 10 septembre 1766, les religieux furent déboutés de toutes leurs demandes.

Chopin, sur la coutume d'Anjou, observe que le droit dont il s'agit est nommément aboli à Amiens & dans le Vermandois, en vertu d'une chartre du roi Philippe, fils de S. Louis, laquelle se trouve au registre de la cour, intitulé *ordinationes antiquæ*; mais cette abolition particulière n'a point détruit ce droit dans les provinces où il se trouve établi par des titres, & où il s'est conservé par l'usage & par la possession. Sur quoi nous remarquerons que ce droit, regardé comme un droit de police, ne peut appartenir qu'au seigneur haut-justicier; ainsi que nous l'allons voir en parlant du *ban* de vendange, & de la manière de l'exercer.

Ban de vendange. Si ce droit n'existoit pas, comme il existe dans presque tous les pays vignobles, l'avantage public sembleroit devoir l'introduire. Il a pour objet d'empêcher que les raisins ne soient enlevés avant leur maturité, & qu'il n'en résulte ou des maladies, ou du vin de mauvaise qualité.

Ce droit appartient communément aux seigneurs haut-justiciers; c'est une police qui leur convient préférablement aux seigneurs de fief. Ce n'est pas que ceux-ci ne puissent avoir ce droit dans quelques coutumes, mais ils sont toujours tenus de recourir au seigneur haut-justicier pour en faire l'exercice. Le juge, sur les représentations à lui faites par le seigneur féodal, ordonne ce qui convient en pareil cas.

Le seigneur, qui n'a que moyenne & basse justice, ne peut point ordonner ce *ban* au préjudice du seigneur haut-justicier: & cela a été ainsi jugé par plusieurs arrêts.

Dans les villes & dans la banlieue où le roi a seul la justice, c'est aux lieutenans-généraux de police, à l'exclusion de tout autre officier, qu'appartient la publication des vendanges: ceci leur est attribué par l'édit de novembre 1706.

Dans les lieux où il n'y a point de lieutenant-général de police, c'est, comme nous venons de le dire, au seigneur haut-justicier que le droit dont il s'agit appartient: tel est l'esprit des coutumes & des arrêts, à moins que la loi municipale de l'endroit n'en dispose autrement. Le Prêtre rapporte là-dessus deux préjugés: l'un, du 22 juin 1600, pour les religieux de Clairvaux, qui avoient pris le fait & cause de leurs officiers, contre le prévôt de Bar-sur-Aube; & l'autre, du 23 novembre 1606, au profit du sieur de Villarnaud, contre les habitans de sa seigneurie. Il fut même jugé, par ce dernier arrêt, que le droit dont il s'agit étoit, comme un droit honorifique, non-susceptible de prescription.

Quand il est question de donner le *ban* de vendange, le juge doit auparavant commettre quatre des principaux habitans de chaque canton, pour s'assurer de la maturité du raisin; il doit aussi entendre le seigneur ou du moins son procureur fiscal, & tous ceux qui peuvent avoir intérêt à lui faire des représentations. La coutume de Berry & celle du Nivernois contiennent à ce sujet des dispositions fort sages. Le juge ne peut pas prendre sur lui seul d'avancer ou de retarder les vendanges à son gré. Papon rapporte un arrêt du parlement de Paris de 1514, qui déclara nulles les défenses qu'un juge avoit faites de vendanger pendant un certain temps, faute par lui d'avoir pris auparavant l'avis des principaux habitans. Maynard en rapporte un autre du parlement de Toulouse, qui infirma la sentence d'un juge, par laquelle il avoit condamné un particulier à l'amende, pour avoir vendangé au préjudice de ses défenses, & cela parce que ces défenses n'avoient pas été motivées sur le rapport des habitans.

Freminville prétend que le juge & les habitans doivent se transporter au château du seigneur, pour y délibérer au sujet du *ban*, sous prétexte qu'un acte pareil n'est pas de jurisdiction contentieuse; mais cette raison ne sauroit nous faire penser comme lui. Le juge & les habitans doivent être en pleine liberté, & dès-lors nous croyons que cet acte doit se faire ou à l'auditoire, ou du moins à l'hôtel du juge. C'est un acte de jurisdiction qui doit émaner du lieu accoutumé pour des actes de cette nature, lesquels sont susceptibles d'appel & de contradiction.

Si le juge, par humeur ou autrement, refusoit de donner le *ban*, les habitans pourroient le requérir d'une manière authentique; & en cas de refus continué, ils seroient autorisés, sans encourir aucune peine, à faire leurs vendanges. C'est ce que insinue la coutume de Nevers, & c'est le sentiment d'Automne sur celle de Bordeaux.

Tous ceux qui sont propriétaires de vignes dans la jurisdiction, sont sujets au *ban*, quand même ils auroient leur domicile hors de cette jurisdiction. Une possession contraire seroit inutile à opposer; c'est ce qui a été jugé au parlement de Dijon par arrêt du 29 mars 1681. Les ecclésiastiques & les gentilshommes n'en sont pas plus exempts que les autres habitans; les coutumes du Maine & d'Anjou ont des dispositions particulières à ce sujet, & Salvaing ne fait pour eux aucune exception ni distinction.

Le juge peut pourtant donner quelques permissions particulières à certains habitans, de vendanger plutôt que les autres, lorsqu'il y a de justes causes pour les leur accorder. C'est ce que l'on remarque dans le Prestre, par l'arrêt du 22 juin 1600, que nous avons déjà cité: cet arrêt, en faisant défenses à toutes personnes d'enfreindre le *ban*, ajoute, *sans l'expresse permission* des seigneurs, laquelle *ils ne pourront donner que pour cause raisonnable & gratuitement.* Le seigneur de Dézise ayant refusé à la dame de Montmoyen de vendanger avant le *ban*, elle se pourvut au parlement de Dijon, & par arrêt du 5 juillet 1667, il fut enjoint au seigneur de lui accorder cette permission, quand elle la demanderoit pour cause raisonnable & connue pour telle. Mais à moins d'une permission, ceux qui anticiperoient le temps du *ban* seroient dans le cas de l'amende & de la confiscation de la vendange faite.

Il n'y a que le seigneur qui, dans quelques coutumes, ait le privilège de vendanger avant les autres propriétaires, & cela sans doute pour avoir plus de facilité à trouver des vendangeurs, ou plutôt pour qu'il puisse plus aisément employer ses gens à percevoir la dixme qui se trouve très-souvent réunie aux hautes-justices.

Dans la coutume de Nevers, le seigneur peut vendanger la veille du *ban*; dans d'autres provinces, il peut user de cette faculté trois jours auparavant: on doit à cet égard se régler sur les coutumes, les titres, l'usage & la possession.

Pour ce qui est des enclos particuliers qui ne dépendent point d'un vignoble, on tient pour maxime qu'il est libre aux propriétaires de les vendanger quand bon leur semble; c'est ainsi que s'en explique Ragueau, sur l'article 4, titre 15 de la coutume de Berri. Henrys est du même sentiment, fondé sur ce que la vendange particulière de quelques pièces détachées ne sauroit porter préjudice aux autres vignes. La coutume de Nevers fait pareillement une exception pour les vergers, les jardins & les enclos qui sont hors du vignoble: elle laisse les propriétaires maîtres de les vendanger quand ils jugent à propos.

Il est inutile de mettre en question si chaque particulier est libre de différer ses vendanges pour tout le temps qu'il lui plaît, après la permission donnée; on conçoit aisément que rien n'est plus naturel qu'une faculté pareille: la coutume du Bourbonnois la donne expressément.

Nous finirons par observer qu'indépendamment des règles générales que nous venons d'établir, il se trouve, dans certaines provinces, des usages particuliers que les arrêts ont autorisés & dont on ne doit pas s'écarter, à moins qu'il n'y ait nécessité de les changer.

BAN *de chaume.* Dans plusieurs endroits, il est défendu de conduire les bestiaux dans les chaumes, avant que les bleds aient été enlevés, & qu'il se soit écoulé quelques jours pour donner aux pauvres le temps de glaner les épis qui peuvent être restés. Plusieurs coutumes défendent aussi de chaumer, c'est-à-dire de ramasser & d'enlever les chaumes avant un certain temps. *Voyez* CHAUME.

BAN, (*Code militaire.*) cette espèce de *ban*, ainsi que nous l'avons déjà remarqué, est la proclamation publique des ordonnances ou des défenses qui concernent les troupes: elle se fait à haute voix, & au son des instrumens militaires.

Le *ban* se publie en présence & à la tête des troupes, par un commissaire des guerres, ou à son défaut, par une personne préposée par le commandant. Il doit toujours spécifier les peines qui sont attachées à chaque délit.

Dans les villes où il se rencontre des troupes,

& dans celles où il y a habituellement garnison, les commissaires des guerres doivent tenir la main à ce que les officiers municipaux donnent aux habitans connoissance des défenses qui ont été faites, à ce que nul n'en prétende cause d'ignorance.

On ne peut faire battre le *ban* militaire dans aucune place, sans la permission de celui qui y commande.

Quant aux *bans* de la police civile, les magistrats peuvent les faire publier, aussi-tôt qu'ils en ont fait avertir le commandant de la place.

Les *bans* ont lieu pour la conservation de la discipline militaire, il est assez d'usage d'en publier à l'arrivée d'une troupe à chaque logement. Autrefois la publication s'en faisoit dans l'infanterie au nom du colonel général, aujourd'hui ils ne se font qu'au nom du roi, & ils doivent se publier à la tête des troupes rangées en bataille.

BAN & ARRIÈRE-BAN, (*Droit public & féodal.*) c'est l'assemblée des vassaux & arrière-vassaux convoqués par le souverain pour marcher contre l'ennemi, lorsque le service de l'état l'exige.

C'est un devoir auquel s'obligent particulièrement ces vassaux envers le roi, lorsqu'ils lui font la foi & hommage : ils jurent & promettent de lui être fidèles, & de le servir *envers & contre tous.*

Le *ban* s'applique aux fiefs relevant immédiatement du roi, & l'*arrière-ban* aux arrière-fiefs; l'un désigne le service ordinaire de chaque vassal, & l'autre le service extraordinaire de tous les vassaux.

L'origine du ban & de l'arrière-ban se confond avec celle des fiefs. Dans les premiers temps de la monarchie, les nobles que nous appellons aujourd'hui *gentilshommes*, étoient les seuls qui eussent l'honneur de servir le prince dans ses armées. Cette prérogative pouvoit émaner d'un ancien usage qui régnoit parmi les Gaulois nos premiers pères. César nous apprend, dans ses Commentaires, qu'il y avoit un certain corps de cavaliers (ou chevaliers) qui prenoient les armes aussi-tôt qu'il se présentoit une guerre à soutenir. Il n'est pas surprenant que, parmi les Francs, le service de l'état appartînt à la noblesse. Le roi, dans les conquêtes, distribuoit à ses militaires (qui, dans la suite, ont été les grands seigneurs de l'état), les possessions que lui acquéroit le droit des armes : & ces possessions se donnoient pour récompense de services, & à la charge d'en rendre de nouveaux dans l'occasion : c'est de-là que les grands fiefs tirent leur origine.

Ces militaires, entièrement occupés de leur service auprès du prince, ne pouvoient faire valoir par eux-mêmes les possessions qu'ils obtenoient; ils les cédoient à différens particuliers, à la charge par eux de certains droits & devoirs : & c'est de-là que se sont formés les arrière-fiefs; mais c'étoit toujours à ces militaires que le roi avoit recours en temps de guerre.

Les fiefs étoient tellement attachés aux militaires, que les roturiers ne pouvoient les posséder. Lorsqu'il étoit question du *ban*, c'étoient ces militaires qui se présentoient les armes à la main; les arrière-vassaux fournissoient ce qu'on appelle les frais de la campagne, qu'ils tiroient de la culture de leurs terres dont ils étoient uniquement occupés.

Dans la suite des temps, & notamment lors des croisades & des guerres qu'il fallut soutenir contre les Anglois & les Flamands, on se relâcha de la rigueur, qui excluoit les roturiers de la possession des fiefs. Les plus grands seigneurs, manquant d'argent pour les frais de leur voyage, supplièrent les rois de leur permettre d'aliéner leurs fiefs aux roturiers comme aux gens d'église. Cette permission s'accorda successivement par Philippe-le-Hardi, par Philippe-le-Bel & par Charles-le-Sage.

Charles VI, voyant que cette aliénation des fiefs avoit porté préjudice à l'état, attendu que ceux qui étoient dans le cas d'être convoqués au *ban* & l'*arrière-ban*, n'étoient pas en état de servir comme l'étoient les anciens possesseurs de ces fiefs, ordonna, en 1380, qu'il seroit levé sur les vassaux roturiers qui tenoient ces mêmes fiefs, le droit qu'on appelle aujourd'hui *droit de franc-fief*; &, en payant ce droit qui servoit de subsides pour les gens de guerre, les roturiers furent maintenus dans la faculté de posséder des fiefs & arrière-fiefs, comme les possédoient les nobles de ce temps-là; avec cette différence cependant qu'outre le droit qu'ils payoient pour posséder des fiefs, ils étoient encore obligés de servir en personne; obligation qui se bornoit, pour les gentilshommes, à une service personnel, sans aucune autre contribution.

Louis XI vit avec répugnance les roturiers posséder des fiefs : &, comme s'il avoit voulu ramener les choses à leur origine, il annoblit, en 1470, tous ceux qui se trouvèrent possesseurs de fiefs, d'arrière-fiefs ou de rentes nobles en Normandie, afin que ces roturiers pussent servir, comme les vrais gentilshommes, avec plus d'union & d'intelligence; & il est à remarquer que quiconque, dans les premiers temps de la monarchie, étoit investi d'un fief, étoit tacitement annobli par la seule investiture, sans avoir besoin de lettres particulières à cet effet; tant la possession des fiefs étoit essentiellement attribuée aux gentilshommes.

A l'égard des ecclésiastiques, différens traits de l'histoire nous apprennent que c'étoit une obligation pour eux, dès les premiers temps, de comparoître aux *bans* & *arrière-bans* pour encourager les combattans par leurs prières, pour leur donner des bénédictions & pour leur administrer le sacrement de pénitence, lorsqu'ils étoient blessés à mort. Les capitulaires de Charlemagne font mention d'une supplique qui fut adressée à ce prince de la part du peuple, pour que les prélats fussent dispensés de se trouver aux armées; & cette supplique prouve en même temps qu'ils n'y assistoient point comme de simples spectateurs. « Il seroit plus avantageux » pour vous & pour nous, disoit-on au roi, que ce » prélats restassent chez eux, que de les voir mar» cher contre l'ennemi, & de les savoir au combat

» ils nous aideroient de leurs prières ; au lieu que » nous sommes affligés des maux qu'il endurent ».

On lit, dans Monstrelet, que Pierre de Montaigu, archevêque de Sens, portoit un *bassinet*, espèce de casque, au lieu de mitre; une cotte de mailles pour chasuble, & une hache d'armes pour crosse.

Loisel, dans ses mémoires sur la ville & l'évêché de Beauvais, remarque que les peintres, en faisant les portraits des pairs de France ecclésiastiques, n'ont pas manqué de représenter l'évêque & comte de Beauvais, Philippe de Dreux, en surplis avec la cotte-d'armes par-dessus. C'est de-là que les évêques ses successeurs ont porté la cotte-d'armes du roi, lors de son couronnement.

C'est un fait certain que les ecclésiastiques, possesseurs de fiefs, étoient obligés à un service personnel dans les armées; ils portoient la cuirasse & suivoient l'exemple des seigneurs & des barons; on a même remarqué qu'ils n'étoient pas le moins zélés à s'acquitter de leur devoir.

Mézerai rapporte que les évêques d'Orléans & d'Auxerre furent mandés, en 1208, avec leurs vassaux, pour l'expédition du siège du fort de *Garplie*, en Bretagne, contre les Anglois. Ces prélats s'y présentèrent; mais, n'y ayant pas trouvé le roi, ils s'en retournèrent sans congé, sous prétexte qu'ils ne devoient aller à l'armée que lorsque le prince y étoit en personne. Le roi, mécontent de leur conduite, fit saisir tous les biens qu'ils tenoient de lui, à l'exception des dixmes & des oblations. Les évêques en firent leurs plaintes à Innocent III; mais ce pape judicieux reconnut qu'ils avoient manqué à leur devoir, & ils furent obligés de payer une amende pour rentrer dans leur temporel.

François de Belle-forêt, dans ses grandes annales de la France, dit, en parlant des conquêtes de nos rois, que toute la noblesse servoit le prince, & qu'*il n'y avoit ecclésiastique, tant grand & saint fût-il, s'il tenoit fief, qui ne vint faire service, à peine de voir son fief saisi*.

Depuis Philippe-le-Hardi jusqu'à François I, on trouve plusieurs convocations de *ban* & *arrière-ban*, & des rôles dans lesquels, outre les seigneurs laïques, sont compris les archevêques, évêques, abbés, prieurs, chapitres : les abbesses & les religieuses n'en étoient pas exemptes; à défaut du service personnel qu'elles étoient hors d'état de remplir, elles envoyoient à leur place un homme d'armes ou autre, suivant l'étendue & la qualité des fiefs qu'elles possédoient.

Ces ecclésiastiques cherchoient quelquefois à s'exempter du *ban* : l'évêque de Paris en fut dispensé en 1200, par Philippe-Auguste. Gérard de Moret, abbé de Saint-Germain-des-Prés, le fut aussi, en 1270, par une chartre de Philippe-le-Hardi. Peu après, les exemptions se multiplièrent : Boniface, légat du pape Zacharie, employa tout le crédit qu'il avoit à la cour, pour délivrer les ecclésiastiques de cette espèce d'assujettissement : on se contenta d'exiger d'eux des contributions & des hommes à leur place. Finalement au moyen d'une subvention que le clergé paie au roi, ils sont aujourd'hui quittes du *ban* par contrat passé à ce sujet sous Louis XIII, le 29 avril 1636.

De ceux qui sont sujets aux ban & arrière-ban. Les seigneurs laïcs & les possesseurs de fiefs sont seuls tenus aujourd'hui de ce service.

Par les ordonnances de François I & de Henri II, de 1545, de 1554 & de 1557, toutes les personnes, dans le cas d'être convoquées au *ban* & à l'*arrière-ban*, étoient obligées de faire leur service personnellement; le père seul pouvoit présenter son fils à sa place, & le frère servir pour son frère, pourvu que ce fils ou ce frère ne fussent pas eux-mêmes sujets au *ban* de leur chef. Mais, depuis l'ordonnance du 30 juillet 1635, les gentilhommes & les seigneurs de fiefs qui ne peuvent pas faire le service en personne, sont reçus à envoyer des gens à leur place en équipage convenable, à la charge par eux de les soudoyer durant le service; & il est dit que le temps de ce service sera de trois mois dans l'intérieur du royaume, & de quarante jours hors des frontières, à commencer du jour de l'arrivée au lieu où l'on sera mandé de se trouver.

Les possesseurs de fiefs ne sont pas les seuls qui soient sujets au *ban* : ceux qui font profession des armes, qui vivent noblement, & qui ont des biens en roture ou en rentes constituées, doivent servir en personne avec équipage, ou se faire représenter par quelqu'un en état de les suppléer, à la charge par eux de l'entretenir durant le service. S'ils y manquoient, ils seroient dégradés des armes pour jamais : le devoir de la noblesse est de servir, & ce n'est qu'à cette condition tacite qu'elle jouit, dans la société, des prérogatives attachées à son état.

Ceux qui possèdent des fiefs, & qui ne sont pas en état de servir, sont sujets à des taxations, suivant les revenus de ces fiefs; & ces revenus s'estiment sur les déclarations qu'on est obligé de fournir, à peine de saisie féodale. Si ces déclarations ne sont pas fournies dans le temps requis, les ordonnances veulent que les taxations soient faites par forme de provision par les baillis ou sénéchaux, suivant les notions qu'ils pourront avoir du revenu des fiefs, & que les fiefs de ceux qui auront fourni de fausses déclarations, soient confisqués.

La femme douairière, non plus que l'usufruitier, ne sont pas exempts de la taxe; c'est une charge attachée à la jouissance du fief. Le parlement de Normandie l'a ainsi jugé par arrêt du 27 juin 1638.

Lorsqu'il y a partage de fief entre des co-héritiers, chacun est obligé de contribuer à la taxe, suivant ce qu'il possède. Quoique le chef-lieu & le principal manoir soient pour l'aîné des enfans dans quelques coutumes, les autres enfans possesseurs ne sont pas moins obligés de supporter la taxe à proportion de leur jouissance. Il est même dit que ceux qui auront des rentes inféodées sur les fiefs, contribueront sur le pied du quart du revenu de ces rentes, conjointement avec les seigneurs de ces fiefs.

Quoiqu'en général les gentilshommes & tous ceux qui possèdent des fiefs, soient sujets au *ban*, ou du moins à une contribution, suivant la taxe, il y a cependant nombre de personnes qui sont affranchies & du service & de la contribution.

1°. Les officiers, domestiques & commensaux des maisons du roi, de la reine, des enfans de France, & des princes, en certifiant qu'ils sont employés sur les états, & qu'ils sont payés de leurs gages pour leur service actuel.

2°. Tous ceux qui sont actuellement employés dans le service militaire, en rapportant des certificats visés de l'intendant dans le département duquel ils servent.

3°. Les pères dont les enfans non mariés servent dans les troupes, à la charge toutefois par eux de servir tant qu'elles sont sur pied; sans quoi, les pères encourent la peine prononcée contre ceux qui font défaut au *ban*.

4°. Les capitaines & gardes des côtes, îles, ports & havres, ensemble, les autres capitaines, commissaires, contrôleurs & autres officiers de mer, pourvu qu'ils soient employés dans l'état de la marine.

5°. Les villes anciennes ayant droit de bourgeoisie & d'exemption de *ban*, à moins qu'il n'y ait nécessité de convoquer les personnes exemptes & privilégiées.

6°. Les officiers du parlement de Paris, pour quelque cause que ce soit, quand même la convocation porteroit sur les exempts & non exempts.

Il y a eu une déclaration de Louis XIII, en 1641, qui dispensoit les roturiers, possédant des fiefs, du *ban* & de l'*arrière-ban*, en payant une certaine finance.

Un arrêt du conseil du 25 juin 1644 portoit aussi que les roturiers, habitans de la province de Normandie, possédant fiefs, & même les annoblis depuis trente ans, seroient taxés pour être déchargés à l'avenir du *ban* & de l'*arrière-ban;* mais une déclaration de 1674 semble avoir révoqué toutes sortes de dispenses, en remettant les choses sur l'ancien pied. Au reste, les exemptions s'étendent ou se restraignent suivant qu'il plaît au roi, lors de chaque convocation.

De la convocation & de la discipline qui s'observe dans le ban & l'arrière-ban. L'assemblée des militaires se faisoit anciennement sous des seigneurs de la plus haute distinction, que le roi envoyoit dans les provinces : ils sont nommés *legati regales* dans les capitulaires de Charles-le-Chauve. Elle s'est faite ensuite par les seigneurs bannerets : chacun d'eux rassembloit ses vassaux sous sa bannière, & les conduisoit à l'armée.

Du temps de Charles VI, on trouva qu'il étoit dangereux de laisser aux seigneurs le droit d'assembler leurs vassaux à leur commandement. On publia, l'an 1413, une ordonnance qui défendit, sous peine de confiscation de corps & de biens, à toute personne, de quelque qualité qu'elle fût, de se mettre sous les armes, à moins que ce ne fût de l'ordre du roi ou du connétable.

Il y avoit autrefois, en France, un lieutenant général de l'*arrière-ban;* mais cette charge a été supprimée par Henri III, pendant la tenue des états de Blois.

L'ordre de convoquer le *ban* & l'*arrière-ban* se donnoit quelquefois à de grands seigneurs, mais plus souvent aux baillis & sénéchaux qui étoient des officiers civils & militaires, attachés à la personne du prince. Dans les derniers temps, la convocation du *ban* leur a été définitivement attribuée, & ils en sont encore aujourd'hui en possession.

L'édit de Cremieu semble leur avoir attribué ce droit privativement à tous autres : ce qui est encore confirmé par l'édit de 1695, portant création de grands baillis d'épée dans la province de Bretagne.

Les dernières convocations du *ban* & de l'*arrière-ban*, faites sous Louis XIV, en 1674 & 1689, ont été faites en vertu de lettres-patentes adressées aux baillis, sénéchaux & gouverneurs des provinces. Ceux-ci les adressent aux principaux bailliages de leur ressort, qui les font publier, avec commandement aux nobles & possesseurs de fiefs de se trouver dans l'équipage requis, au jour prescrit dans le principal endroit de chaque bailliage.

La première montre du *ban* & *arrière-ban* doit s'y faire par deux gentilshommes des plus experts au métier des armes : ces deux gentilshommes sont choisis par le bailli ou sénéchal entre trois que peuvent lui présenter les gentilshommes de chaque bailliage & sénéchaussée.

Les revues générales doivent se faire par les intendans dans chaque généralité, en présence des baillis & sénéchaux ou de leurs lieutenans qui auront fait les premières revues. Pour cet effet, ceux-ci doivent se trouver au lieu de l'assemblée avec les extraits des premières montres & les rôles de ceux qui auront été nommés pour marcher en personne, ou qui auront fourni des gens à leur place.

Les officiers de robe longue, qui ont coutume d'assister aux montres, sont tenus de se trouver aux premières, à peine de privation de leurs charges. Ils doivent faire dresser par leurs greffiers un rôle contenant au juste le nombre des hommes qui se sont trouvés à la montre, soit de ceux qui servent en personne, soit de ceux qui remplacent les inhabiles, les exempts & les défaillans : on doit faire mention du lieu de leur demeure, du nom des fiefs pour lesquels ils doivent le service, détailler le nombre des fiefs saisis, les sommes reçues des roturiers & autres ayant des rentes inféodées, & faire signer cet état des baillis, sénéchaux, capitaines, commissaires, contrôleurs, & des avocats & procureurs du roi qui y ont assisté. Il doit ensuite être fait un extrait exact de cet état pour l'envoyer à sa majesté.

Les gentilshommes & les possesseurs de fiefs, qui ne peuvent servir en personne, doivent envoyer à leur place des gens en état de porter les armes, les équiper & les soudoyer. Le roi défend aux commissaires & contrôleurs, lors des revues, de recevoir ceux qui ne seront pas suffisamment équipés, ou qui ne seront pas en état de faire le service : les baillis ou sénéchaux doivent, en ce cas, en prendre d'autres dans l'étendue de leur ressort, pour les mettre à la place de ceux qui n'auront point été admis.

Les gentilshommes qui ont des fiefs dans différens bailliages, doivent servir avec les gentilshommes du ressort de celui où ils font leur principale demeure, eu égard à la valeur de leurs fiefs; &, s'ils ne servent point personnellement, ils doivent contribuer dans tous les bailliages où ils ont des fiefs.

Quant aux roturiers, quoiqu'ils servent en personne, ils ne sont pas moins obligés de contribuer pour tous les fiefs qu'ils ont dans chaque bailliage.

Le roi veut que ceux qui, aux premières montres, répondront par supposition de personnes en prenant le nom d'autrui, soient pendus & étranglés, & que ceux qui les auront substitués à leur place, soient dégradés des armes avec confiscation de biens.

Le service du *ban* & de l'*arrière-ban* doit être sous une seule forme qui est celle de chevau-léger. L'ordonnance veut que ceux qui auront en fief neuf cens ou mille livres de revenu annuel, fassent un chevau-léger avec un équipage requis, ou qu'on réunisse les fiefs de différens bailliages, de manière qu'il y ait de quoi former l'équipage & la solde d'un chevau-léger.

C'est aux gouverneurs des provinces ou, en leur absence, aux lieutenans généraux, à prescrire à toutes les compagnies la route qu'elles doivent tenir dans les lieux de leur département. On doit les faire passer par les meilleurs endroits; les maires, consuls, jurats, échevins, *&c.* sont tenus de les recevoir & de les faire loger gratuitement, suivant que les logemens seront marqués par les maréchaux-des-logis des compagnies avec les officiers de ville, ainsi qu'il se pratique pour les gens de guerre. Les vivres doivent leur être fournis au prix qu'ils ont valu les trois derniers marchés précédens. Il leur est défendu de rien exiger de leurs hôtes au-delà du logement & du lit; &, si ces troupes commettent quelque désordre, excès ou violence, elles doivent être punies suivant la rigueur des ordonnances portées contre les gens de guerre.

Les capitaines doivent toujours marcher avec les compagnies, & il leur est enjoint de mettre entre les mains de la justice ceux qui ont commis du désordre, à peine d'en répondre en leur propre nom. Il est enjoint, par les anciennes ordonnances, à tous ceux qui forment le *ban*, d'obéir à leurs chefs, avec défenses d'abandonner leurs enseignes, sous peine de confiscation de corps & de biens.

Les capitaines ne peuvent donner aucun congé. Celui qui se voit obligé d'abandonner le service pour cause de maladie, doit obtenir un congé du général de l'armée sous les ordres duquel il se trouve. Ce congé doit être certifié de l'intendant, signé du commissaire & du contrôleur qui auront fait les revues de la compagnie : & ceux-ci doivent faire mention, sur le congé, du temps que le malade aura servi, & de l'équipage avec lequel il se sera présenté à l'armée.

Chaque compagnie doit être composée de cent maîtres. S'il ne peut s'en former qu'une dans chaque bailliage, c'est au bailli à la conduire en qualité de capitaine. S'il peut s'en former deux ou plusieurs autres, le bailli a la faculté de commander celle qui lui plaît; les autres doivent être conduites par un capitaine, du choix des gentilshommes de la compagnie. S'il y avoit des bailliages qui ne pussent fournir une compagnie, on réuniroit plusieurs ressorts pour la former, & cette compagnie seroit commandée par celui des baillis ou sénéchaux qui seroit commis par les gouverneurs, ou par le roi, à leur défaut.

Si les baillis ou sénéchaux n'étoient pas de qualité requise pour commander des gentilhommes, il seroit choisi par le gouverneur de la province entre les gentilshommes des bailliages, un capitaine qui recevroit les gages & les appointemens que le bailli ou le sénéchal auroit dû toucher.

Dans chaque compagnie, il doit y avoir, outre le capitaine, un cornette & un maréchal-des-logis avec un commissaire à la conduite, & un contrôleur. Le cornette & le maréchal-des-logis sont au choix des gentilshommes de chaque bailliage; les commissaires doivent être nommés par les maréchaux de France, & les contrôleurs, par les contrôleurs généraux de la cavalerie légère. On donne à ces officiers des appointemens qui se prennent sur les deniers de la contribution de ceux qui ne sont pas en état de servir, ou sur les deniers qui proviennent de la saisie des fiefs.

Les deniers provenant de la contribution des roturiers, de ceux qui ne sont pas en état de porter les armes & de la saisie des fiefs, doivent être perçus dans chaque bailliage par un gentilhomme choisi parmi les gens de condition, & ce gentilhomme doit servir de receveur à tous les bailliages réunis pour former une compagnie; il peut cependant avoir un commis pour le maniment, à la charge par lui d'en demeurer responsable.

Si les gentilshommes refusoient de nommer un receveur, le bailli en nommeroit un, en lui faisant donner caution : le receveur nommé est tenu de se trouver à la suite des compagnies le jour de l'échéance du paiement des montres, à peine de punition corporelle.

Le compte des receveurs doit se rendre pardevant les baillis ou sénéchaux, après y avoir appellé l'avocat & le procureur du roi. Les gouverneurs des provinces peuvent nommer des commis pour assister à cette reddition de compte, & l'on doit y rapporter les rôles des montres dont il a été parlé ci-dessus. Ceux qui ont contribué aux deniers de recette peuvent y faire trouver qui bon leur semble, parce que l'intention du roi est que s'il reste quelques deniers, ces mêmes deniers soient rendus aux contribuables au marc la livre de la contribution. A l'égard du salaire des comptables, c'est au bailli ou à celui qui est commis pour l'audition du compte, à taxer ce salaire, & cette taxe doit se faire à raison de douze deniers pour livre de son maniment, tant pour gages, recouvremens, port & voiture de deniers, que pour la reddition du compte & pour tous autres frais.

Les juges présidiaux seuls & non d'autres, doivent connoître des procès & différends qui peuvent survenir à l'occasion du *ban* & de l'arrière-*ban*. Cette attribution leur a été renouvellée par un arrêt du conseil du 9 octobre 1692, revêtu de lettres-patentes, avec défenses expresses à tous autres juges, même aux cours de parlement, d'en connoître. Le roi veut que les jugemens présidiaux qui seront rendus à ce sujet, soient exécutés, nonobstant tous empêchemens quelconques, sauf aux parties, en cas de lésion, est-il dit, ou d'erreur, à se retirer pardevant sa majesté, pour être par elle ordonné ce qu'elle verra juste & raisonnable. Sur quoi, il est bon de remarquer qu'il est défendu aux juges de rien prendre à cet égard, soit à titre de vacations ou d'émolumens.

Il doit être sursis, pendant le service du *ban*, à toutes les poursuites qui pourroient être faites (en matière civile) contre les gentilshommes portant les armes. Il est défendu aux juges de faire contre eux aucune instruction pendant ce temps-là, ni de rendre aucun jugement; à la charge néanmoins par ces gentilshommes de rapporter des certificats signés des baillis, sénéchaux, commissaires & contrôleurs, dans la forme prescrite pour les montres du *ban* & de l'arrière-*ban*, par lesquels il soit attesté qu'ils sont actuellement au service.

La peine de ceux qui n'assistent pas à la convocation du ban, est, suivant l'ordonnance de Blois, la privation du titre de noblesse & du fief: lorsque, pour cette cause, le fief a été saisi, on doit, en attendant que la saisie en soit déclarée acquise, établir pour commissaire le receveur royal le plus prochain, & aucun juge n'en peut donner mainlevée, à peine de privation de sa charge, si ce n'est en vertu de lettres-patentes du roi.

Dans les temps des guerres civiles où les seigneurs prenoient les armes les uns contre les autres, chaque seigneur avoit droit de convoquer ses vassaux pour venir à son secours. C'est ce qui se reconnoît encore par les différentes formules de prestation de foi & hommage que quelques coutumes nous ont conservées. Le vassal jure & promet de *servir* son seigneur envers & contre tous, excepté contre le roi; mais depuis qu'il est défendu aux seigneurs de s'attaquer entre eux, il n'est plus question de cette espèce de *ban*. Il est pourtant toujours vrai de dire, qu'un seigneur qui se verroit menacé d'une incursion de brigands seroit encore fondé à exercer ce droit, & les vassaux qui refuseroient de le secourir encourroient la perte de leur fief.

Le souverain aujourd'hui est donc le seul, à proprement parler, qui puisse exercer le droit de *ban* & d'arrière-*ban*. Il y a long-temps, comme on le sait, qu'il n'en a pas fait usage, sur-tout depuis qu'il tient habituellement sur pied des troupes réglées. L'expérience a fait connoître que la ressource du *ban* est aussi lente que dispendieuse. Cependant le droit de le convoquer n'en subsiste pas moins, & même c'est un des plus anciens & des mieux établis de la couronne.

BAN, (*infraction de*) *Droit criminel.* Enfreindre son *ban*, c'est revenir dans le lieu, dont on a été banni, avant que le temps du bannissement soit expiré, s'il est à terme; ou dans quelque temps que ce soit, si le bannissement est perpétuel.

Les hommes qui ne gardent pas leur *ban* sont condamnés aux galères, les femmes & les filles à être renfermées dans les hôpitaux ou maisons de force. Le juge est le maître de la durée de la peine, qu'il peut limiter à un certain temps, ou rendre perpétuelle.

Ceux qui ont été condamnés au bannissement par arrêt de cour souveraine, & qui sont pris en infraction de leur *ban*, peuvent être condamnés à une peine plus grave, telles que la marque & le fouet, même à celle de mort: ce qui dépend de la qualité du crime commis, de la qualité & de l'âge du délinquant. C'est la disposition des déclarations du 31 mai 1682, 29 avril 1687, 25 juillet 1700, 23 août 1701, & d'un arrêt du parlement de Grenoble du 14 juillet 1617.

Pour ôter à tous ceux qui sont condamnés au bannissement toute excuse, & les empêcher d'alléguer qu'ils ignoroient la peine qu'ils encourent par l'infraction de leur *ban*, le parlement de Paris a, par arrêts de réglement des années 1683 & 1716, ordonné qu'on donneroit lecture, aux condamnés au bannissement, de la déclaration de 1682.

Les juges, dit Denisart, peuvent tempérer la peine des galères, prononcées contre les hommes qui ne gardent pas leur *ban*, & ordonner que le temps du bannissement ne commencera à courir que du jour de la seconde sentence; ceci dépend des circonstances: il assure l'avoir vu plusieurs fois juger ainsi au châtelet.

Une déclaration du mois de janvier 1719 avoit permis aux juges d'ordonner de faire passer dans les colonies de l'Amérique, ceux qui ne garderoient pas leur *ban*; mais cette disposition a été révoquée par une autre du mois de juillet 1722, qui enjoint de les condamner à la peine des galères.

Tout juge peut connoître de l'infraction de *ban*, quand c'est lui qui a prononcé le bannissement; c'est la disposition de la déclaration du mois de février 1731: mais quand le jugement a été confirmé par arrêt d'une cour, la connoissance lui en appartient.

La

La procédure qui s'observe dans l'instruction d'un procès pour l'infraction de *ban*, consiste, 1°. dans le procès-verbal de capture de l'accusé, faite dans le lieu d'où il a été banni; 2°. dans la répétition des huissiers sur ce même procès-verbal; 3°. dans l'interrogatoire de l'accusé; 4°. dans le réglement à l'extraordinaire; 5°. dans la confrontation des témoins: après quoi, l'accusé est interrogé sur la sellette, & condamné en la peine portée par les ordonnances.

BAN, (*rappel de*) *Droit criminel.* On donne le nom de *rappel de ban*, à des lettres expédiées en la grande chancellerie, par lesquelles le roi, de sa pleine puissance & autorité, rappelle les condamnés à un bannissement, & leur permet de rentrer dans le royaume, ou dans le territoire dont ils ont été bannis.

Ces lettres ne servent souvent qu'à accorder au banni une simple permission de revenir, sans crainte d'encourir la peine de l'infraction de *ban*: quelquefois aussi elles rétablissent celui qui les obtient, dans sa bonne renommée & dans ses biens. Mais il est nécessaire qu'elles en fassent une mention expresse, & que ses biens n'aient pas encore été confisqués & passés en la possession d'un tiers.

Sans cette clause, les lettres de rappel suppriment seulement la peine, & l'infamie reste; mais lorsqu'elle est clairement exprimée, le rappellé peut posséder des charges de même que s'il n'eût jamais essuyé de condamnation: un ecclésiastique pourroit rentrer en possession de son bénéfice, si un autre n'en étoit pas encore pourvu, & il est habile à en recevoir un nouveau.

L'ordonnance de Blois ne permettoit pas d'accorder des lettres de rappel de *ban* aux condamnés par arrêt; mais cette disposition a été révoquée par celle de 1670.

Ces lettres n'ont d'effet qu'après leur entérinement; mais les juges ne peuvent examiner si elles sont conformes aux charges & informations, ils ne sont autorisés qu'à faire des remontrances avant l'entérinement. La raison en est, dit M. Jousse, que la grace ne dépend que de la volonté du souverain, qui ne peut rien avoir d'équivoque ou de conditionnel, parce qu'il est présumé savoir que la peine a été justement prononcée.

Les lettres de rappel ne s'accordent qu'après un jugement en dernier ressort, & dont il ne peut y avoir d'appel. Elles sont adressées aux parlemens, lorsqu'elles concernent un gentilhomme. Elles s'entérinent à l'audience, sur une requête présentée par l'impétrant, & sur les conclusions du ministère public. Il n'est pas nécessaire que celui qui les a obtenues soit présent, ou qu'il se constitue prisonnier, comme dans le cas de l'entérinement des lettres d'abolition.

BAN *de l'empire*, (*Droit public d'Allemagne.*) c'est une espèce de proscription dont on punit dans l'empire, les réfractaires & perturbateurs de la paix publique. Celui qui est mis au *ban* de l'empire, ne peut plus trouver sûreté & protection de la part de qui que ce soit; ses biens & sa vie sont à la disposition de tous.

Les empereurs autrefois condamnoient, de leur chef & sans beaucoup de formalités, à cette peine, ceux qui leur étoient contraires ou désagréables. Mais il a été réglé, par différentes capitulations, que nul ne pourroit être proscrit & mis au *ban* de l'empire, sans avoir été oui, sans connoissance, avis & consentement des électeurs, princes & états, après un examen fait dans une diète générale.

Lorsque la sentence, donnée sur l'avis des trois collèges de l'empire, a été confirmée par l'empereur ou son commissaire, elle est publiée au nom de l'empereur, & exécutée par le cercle dont le banni étoit membre. L'empereur ne doit s'approprier, ni donner à aucun de sa maison, les biens du proscrit, ils doivent être réunis & incorporés à l'empire, après avoir satisfait à la partie lésée.

La sentence de *ban* ne peut être prononcée par coutumace, ni porter préjudice aux droits & privilèges des seigneurs féodaux, pour les fiefs particuliers qui ne relèvent pas de l'empire, ni aux droits des *agnats*, qui n'ont pas participé à la forfaiture du proscrit, & qui doivent être admis à la succession de ses fiefs & de ses autres biens.

BAN, (*Droit public de la Hongrie.*) c'est un titre qui est synonyme à celui de *gouverneur*: on le donnoit principalement à ceux qui étoient chargés de l'administration des provinces dépendantes de ce royaume, telles que la Croatie, la Dalmatie & la Servie. Le pays de Temeswar conserve encore aujourd'hui le nom de *banat de Temeswar*, c'est-à-dire de province ou de gouvernement de Temeswar.

Leunclavius prétend que ce mot de *ban* est dérivé de celui de *bando*, ou *banno* dont on se servoit dans le bas-empire, pour signifier une bannière ou étendard, parce que les habitans de ces provinces étoient obligés, en temps de guerre, de se ranger sous la bannière de leurs gouverneurs.

BANAL, adj. (*terme de Coutume.*) se dit d'un moulin, d'un pressoir ou d'autre chose semblable, que le seigneur entretient pour l'usage de ses censitaires, & dont il peut les contraindre d'user. *Voyez* BANALITÉ.

BANALITÉ, *ou*, suivant l'ancienne ortographe, BANNALITÉ, s. f. BANNAGE, s. m. (*Droit féodal.*) c'est un droit qu'a le seigneur de contraindre les habitans de son territoire, d'aller moudre leurs bleds à son moulin, cuire à son four, ou porter la vendange à son pressoir.

Les auteurs du *Répertoire universel & raisonné de jurisprudence*, observent sur le mot *banalité*, qu'on ne regarde plus ce droit comme odieux, depuis qu'on sait qu'il ne s'est introduit que pour la commodité des censitaires.

Nous avons de la peine à être du même avis, & peut-être le regarderoient-ils comme très-odieux, s'ils connoissoient, par expérience, les abus qui résultent principalement de la *banalité* des moulins.

Il n'est pas douteux que ce droit tire son origine de la dureté & de la barbarie du droit féodal. Lorsque les seigneurs ont été contraints, pour leur propre utilité, d'affranchir ou de reconnoître la liberté naturelle de leurs hommes, lorsqu'ils ont voulu mettre en valeur les terres incultes de leurs domaines, & qu'ils en ont abandonné la possession pour en retirer un produit quelconque : il semble qu'ils aient cherché eux-mêmes à diminuer le prix de leur bienfait, par toutes les gênes & les restrictions qu'ils y ont apposées, & par toutes les redevances dont ils l'ont chargé.

De-là sont nés ces droits exorbitans, qui gênent, dans quelques endroits, le commerce des biens fonds, en diminuent la valeur, & s'opposent aux progrès de l'agriculture dans les terres sujettes au champart; de-là ces droits de cens qui seroient aujourd'hui insupportables, & qui équivaudroient au produit du fermage, si la dénomination numérique sous laquelle ils ont été établis, n'en avoit diminué le poids; de-là enfin, les droits de *banalité* de four, de moulin & de pressoir.

Je sais bien que la *banalité* des fours & pressoirs doit exciter moins de réclamation, & est sujette à moins d'inconvéniens que celle des moulins, & que c'est cette dernière qu'on doit regarder comme véritablement odieuse.

Dans les villes où cette *banalité* a lieu, on s'apperçoit plus difficilement des abus qu'elle entraîne. La fabrication du pain y est ordinairement confiée à une communauté de boulangers. L'intérêt de leur commerce les oblige de veiller continuellement pour réprimer l'avidité des meûniers, & ceux-ci, de leur côté craignent, avec raison, qu'une communauté ne soit en état de poursuivre, & d'obtenir la réparation des torts qu'elle éprouveroit. Le peuple également y redoute bien moins les fraudes assez ordinaires aux meûniers bannaux, il peut faire entendre ses plaintes par les officiers chargés de la police, qui sont dans le cas de vérifier sur le champ les malversations, punir les coupables, & assurer ainsi l'exécution des loix & le maintien de l'ordre public.

Mais, dans les campagnes, le malheureux journalier est presque continuellement vexé par le meûnier banal, sans espoir de voir cesser ses exactions.

Ira-t-il se plaindre à son seigneur? Hélas il n'arrive que trop souvent, que son intérêt particulier & le prix considérable qu'il retire du fermage de son moulin, l'engagent à fermer les yeux sur les rapines de son meûnier.

S'adressera-t-il aux officiers de la justice seigneuriale? Souvent ils font leur résidence dans une ville éloignée, d'ailleurs l'infortuné manoeuvre peut-il attendre que le juge constate le mauvais état de la mouture, & le vol qu'on lui a fait, lorsqu'il est pressé dans l'instant même d'entamer la fournée qu'on lui apporte, pour fournir à sa subsistance & à celle de sa famille? Sans pain, sans argent, pourra-t-il fournir aux frais d'une procédure, qui pourroit lui faire obtenir la condamnation du meûnier infidèle?

Concluons de tout ceci, que la *banalité* des moulins fait portion de la propriété des seigneurs, qu'à cet égard elle doit être maintenue & gardée, lorsqu'elle se trouve appuyée sur des titres authentiques : mais qu'il seroit à souhaiter que cette *banalité* fût détruite.

Les seigneurs, loin d'y perdre, y gagneroient sûrement plusieurs avantages. Sans compter que leurs colons indigens, forcés de se servir d'un meûnier avide, ne les accuseroient plus d'en être les complices & les fauteurs, ils ne diminueroient presque pas le produit de leurs seigneuries. Premièrement le droit de *banalité* seroit racheté par leurs censitaires sur le pied d'une juste estimation, qui leur serviroit d'indemnité; en second lieu, la suppression de la *banalité* n'opéreroit pas la destruction de leurs moulins. Leurs meûniers, connus dans leur arrondissement, paieroient à-peu-près le même prix du bail de leurs moulins, mais dans la crainte d'être changés à la moindre malversation, ils s'abstiendroient de tout gain illicite; & les censitaires, de leur côté, rassurés par la cessation de la contrainte, préféreroient de porter leurs grains au moulin de leur seigneur, au moins à raison de la proximité, & de la promptitude du service qu'ils en attendent.

Quoi qu'il en soit de l'origine de la *banalité*, & de la manière dont elle doit être regardée, puisqu'elle existe, il est nécessaire de s'instruire des règles qui doivent en régler l'exercice. Nous allons examiner d'abord le droit de *banalité* en lui-même : nous en distinguerons ensuite les différentes espèces.

Du droit de banalité. Les anciens auteurs donnent à la *banalité* les noms de *bannières* ou *banière*, que Ducange exprime par le mot latin *banneria*. De-là on appelloit *baniers* les vassaux qui étoient sujets à la *banalité*, & au seigneur à qui elle appartenoit. Les anciens titres, conçus dans un latin barbare appellent les *baniers*, *bannitores molendinorum*, *sectatores furni*, *sectatores molendini*, & le district d'un moulin, *secta molendini*.

Avant que le seigneurs se fussent approprié les grands fiefs, & les eussent rendus héréditaires dans leurs familles, le roi possédoit seul le droit d'avoir des fours, des pressoirs & des moulins publics, dont ses sujets se servoient au moyen du paiement d'un droit léger, qui les dispensoit d'en faire construire & d'en entretenir à leurs frais. Cette prérogative étoit un attribut de la souveraineté, parce que de cette *banalité* naît un acte de police qui ne peut émaner que de la puissance publique. C'est encore aujourd'hui le droit public de l'Artois, de la Flandre & du Hainaut françois. Le roi seul y possède les fours banaux, & nul n'en peut établir sans sa permission expresse.

Les possesseurs des fiefs, en s'attribuant la justice & la puissance publique sur leurs terres, se sont emparés du droit de *banalité*, & en ont étendu l'exercice jusqu'à ôter à leurs vassaux la liberté du choix & à les soumettre à l'obligation de ne se servir que des fours, moulins & pressoirs de leur seigneur.

Les coutumes, les conventions particulières passées entre les seigneurs & leurs sujets ont donné plus ou moins d'étendue aux droits de *banalité*, en ont établi sur le même lieu une ou plusieurs espèces, qui toutes sont indépendantes les unes des autres, ensorte que la jouissance de l'une ne donne pas au seigneur le droit de s'en attribuer une autre que la coutume ou ses titres ne lui accordent pas. On suit aussi des principes différens, par rapport à la *banalité*, dans les provinces régies par le droit écrit, que dans les provinces régies par les coutumes.

Banalité dans les pays de droit écrit. Dans ces provinces le seigneur de fief peut bien acquérir la *banalité* par convention avec ses vassaux, mais ce droit n'y est point un attribut essentiel de sa seigneurie. Il y a plus, quelque ancienne que fût sa possession à cet égard, elle ne seroit point suffisante. La *banalité* ne s'y acquiert point par la prescription, si ce n'est du jour que le seigneur a fait des défenses publiques à ses vassaux de l'enfreindre, & que ces vassaux y ont acquiescé pendant trente ans, parce qu'en ce cas les défenses de la part du seigneur font présumer en sa faveur un titre constitutif de son droit, & l'acquiescement des vassaux forme contre eux une reconnoissance tacite de la légitimité des défenses qui leur ont été faites.

Pour parvenir à cette prohibition, le seigneur fait requérir, par son procureur-fiscal, devant le juge du lieu, qu'il soit enjoint à tous les habitans de la seigneurie de rentrer dans les devoirs de la *banalité*, dont on indique l'établissement par les différens titres qui peuvent servir à la constater, avec défenses à eux de s'en écarter, sous les peines portées par les titres, *&c.* Le juge rend son ordonnance, portant injonction & défenses, & cette ordonnance se publie & s'affiche par un sergent, qui en dresse procès-verbal.

Banalité du pays coutumier. Il y a des provinces où la *banalité* n'est pas plus un attribut essentiel de la seigneurie, que dans le pays de droit écrit : les principes sont dès-lors les mêmes dans l'un & dans l'autre pays.

Dans d'autres provinces, la *banalité* appartient de plein droit au seigneur haut-justicier, à l'exclusion du seigneur féodal. Telles sont les coutumes d'Anjou, de Poitou & d'Angoumois.

Dans d'autres, le seigneur féodal l'emporte sur le seigneur haut-justicier; ensorte que la *banalité* est un droit inhérent au fief, comme dans les coutumes de la Marche & de Bretagne.

Une troisième classe de coutumes, comme celles de Paris & d'Artois, regarde le droit de *banalité* comme une servitude qui ne peut s'acquérir sans titre. On peut ranger sous cette même classe les coutumes de Meaux, de Mantes & de Vermandois; dans lesquelles une servitude s'acquiert par trente ans.

On peut encore former une quatrième classe des coutumes de Nivernois & de Bassigni, qui disent que la *banalité* peut s'acquérir, ou par prescription de 30 ans, après prohibition & acquiescement tacite, ou par une possession immémoriale.

Ainsi c'est la coutume de chaque province qu'il faut consulter, pour savoir si la *banalité* y existe de plein droit, & à qui elle appartient : & lorsque la *banalité* n'est point un attribut de la jurisdiction ou de la directe, il faut un titre, ou du moins, comme nous l'avons dit, une possession de trente ans, à la suite d'une prohibition, pour pouvoir forcer les habitans à reconnoître le droit.

Pour que le titre soit valable, il faut que le droit qui en est l'objet, y soit accordé par les deux tiers des habitans au moins. On présume alors que la convention a passé à la pluralité des voix; & en fait d'affaires de communauté d'habitans, on sait que le plus grand nombre oblige le plus petit. Cependant Lacombe observe que s'il n'avoit plu qu'à un petit nombre d'accorder la *banalité*, ce petit nombre y demeureroit assujetti, sans nuire à la liberté des autres habitans.

Il faut encore, pour la validité du titre, qu'il soit authentique, c'est-à-dire, dans la forme prescrite par les ordonnances. S'il étoit sous signature privée, il seroit trop facile de le soustraire & de rendre la convention illusoire. Ce titre doit être en même temps synallagmatique entre le seigneur & les habitans : si ceux-ci se soumettent à la *banalité*, il faut que les motifs de cette soumission puissent s'appercevoir, & que le seigneur, de son côté, s'oblige aux constructions & réparations nécessaires pour l'entretien de cette *banalité;* en un mot, qu'il paroisse que les habitans ont eu autant d'avantage à l'accorder, que le seigneur à l'accepter; car si la *banalité* se trouvoit entièrement à la charge des habitans, le titre du seigneur seroit regardé comme un titre extorqué, & dès-lors incapable de lui assurer un droit constant & inattaquable.

Lorsque le titre constitutif de la *banalité* est perdu, & qu'il n'est pas possible de le retrouver, peut-on y suppléer par des actes qui indiquent cette *banalité* comme bien établie? Si on s'attache à la lettre de la coutume de Paris, *art.* 71, & à l'ordonnance de 1629, il faudra en conclure que, faute de représenter un titre en forme, le droit de *banalité* se trouve éteint. Mais ce seroit abuser de ces deux loix. Elles exigent, à la vérité, un titre, mais elles ne rejettent pas ce qui peut le suppléer. Il seroit contre l'équité de priver un seigneur d'un droit, qu'il prouveroit légitimement établi par des documens postérieurs & une possession constante, par la seule raison que son titre se trouve perdu ou adiré.

Mais quels actes admettra-t-on pour prouver le droit de *banalité*? Un aveu & dénombrement exact & régulier, où il est fait mention de ce droit, ainsi que des titres, des sentences, des arrêts ou des reconnoissances qui l'ont confirmé, paroît devoir suffire, sur-tout si ce dénombrement a été publié & revêtu de toutes les formalités qu'exige un acte de cette nature. Et cette décision est conforme aux coutumes de Paris & d'Orléans, qui mettent cet acte au nombre des titres capables de soutenir une *banalité*, & nous pensons, avec la plupart des autres auteurs, qu'il n'en faut pas davantage, sur-tout quand ce même acte est suivi de la possession.

Des baux à ferme de la *banalité*, un décret forcé où elle est énoncée, soutenus d'une possession de cent ans, peuvent équivaloir à la représentation du premier titre, parce qu'on ne passe pas plusieurs baux à la suite les uns des autres sans que le droit qui en fait l'objet ne soit établi; & qu'on ne souffre pas non plus qu'on insère dans une saisie-réelle un droit nouveau, sans y former opposition.

Pour ce qui est des préambules des terriers où il est fait un détail de tous les droits de la seigneurie, nous conviendrons avec Guyot que ce détail n'est point obligatoire pour les censitaires, & qu'une pareille description ne seroit pas suffisante si elle n'étoit suivie de possession: mais, avec la possession de trente ans, nous pensons qu'il n'en faut pas davantage, puisque une simple prohibition d'enfreindre la *banalité* suffit, de l'aveu de tous les auteurs, pour autoriser cette *banalité*, dès que la prohibition a été suivie d'un acquiescement pendant trente années.

Lorsqu'on ne peut absolument justifier d'aucun titre, il faut convenir que la plus longue possession est insuffisante. La *banalité* est regardée comme une servitude qui ne peut s'acquérir sans titre. Une longue possession ne donneroit même pas ouverture à l'action en complainte. Il en seroit différemment si à cette possession on joignoit quelque titre; ce seroit alors le cas d'y maintenir par provision celui qui s'en trouveroit tout-à-coup dépouillé, parce que, dans le doute jusqu'à des éclaircissemens ultérieurs, la cause de celui qui possède, avec un titre quelconque, paroît toujours la plus favorable.

Comme, en fait de *banalité* il faut un titre, on se soumettroit vainement à la preuve testimoniale la plus claire; elle seroit seule incapable d'établir un droit qui ne sauroit l'être que par un écrit authentique; d'ailleurs un droit de cette importance est toujours au-dessus d'une somme de cent livres, dont l'ordonnance de 1667 défend la preuve par témoins; mais s'il y avoit déjà un titre quelconque, & qu'il ne fût question que de le fortifier par des preuves vocales, ces preuves seroient admissibles, parce qu'alors il y auroit commencement de preuve par écrit.

Dans les pays de droit écrit & dans les coutumes où la *banalité* n'est pas un attribut essentiellement attaché à la directe, tous les auteurs conviennent que les vassaux peuvent prescrire contre les titres du seigneur, lorsqu'ils ont fait usage, d'une manière publique, ouverte, & non interrompue, de leur liberté, pendant l'intervalle de temps nécessaire pour acquérir la prescription; car s'ils ne s'étoient soustraits à la *banalité* que clandestinement ou de temps à autre, un fait pareil ne seroit pas suffisant pour les en affranchir.

La plupart des auteurs veulent pareillement que les deux tiers des habitans, au moins, aient cessé de reconnoître la *banalité*; s'il n'y en avoit qu'un petit nombre, ils ne seroient point recevables à alléguer la prescription; la chose a été ainsi jugée au parlement de Paris, par arrêt du 2 mars 1758, en faveur du duc de la Tremoille, contre la veuve Beudin, dans la coutume du Maine. Quand un seul particulier réclame, on présume avec fondement qu'il n'y a eu que du dol & de la clandestinité dans sa conduite, & on le contraint au même devoir que les autres habitans. Le Grand, sur la coutume de Troyes, observe que lorsqu'un petit nombre de particuliers contestent la *banalité*, on doit mettre en cause le corps commun des habitans, pour savoir s'ils entendent approuver ou non la contestation; le parlement de Paris ordonna cette mise en cause, par un arrêt du 21 juillet 1584, sur l'appel d'une sentence du châtelet; & depuis on a toujours jugé que le droit de *banalité* ne pouvoit se discuter avec un seul particulier, & qu'il falloit que le général des habitans fût appellé à cette discussion.

Freminville prétend que les vassaux ne pourroient point compter pour un temps utile de prescription, celui pendant lequel le moulin, le four ou le pressoir du seigneur auroit demeuré en ruine; mais il se trompe: il confond les coutumes où la *banalité* est un attribut naturel de la directe avec celles où ce droit exige un titre particulier. Dans les coutumes où la *banalité* est attachée à la directe, il est certain que le seigneur peut la reprendre après avoir cessé d'en jouir, parce qu'il suffit que la directe ne soit point prescrite, pour que le droit qui en est inséparable ne le soit pas non plus; mais dans les coutumes où il faut un titre, & où l'on peut s'affranchir par la prescription, la négligence du seigneur à rétablir les choses dans leur premier état, peut occasionner la perte de son droit.

Lorsqu'une fois la *banalité* est établie, soit par la coutume, soit par un titre particulier, tous ceux qui demeurent dans la banlieue y sont également sujets, même les ecclésiastiques & les gentilshommes, à moins qu'ils n'en soient nommément dispensés par la coutume de l'endroit, comme ils le sont par l'article 36 de la coutume du Maine. C'est l'avis de la Lande, sur la coutume d'Orléans, & de Ricard, sur celle de Paris. Il est confirmé par plusieurs arrêts de différens parlemens, rapportés par les commentateurs.

Les commensaux de la maison du roi, & ceux qui jouissent de la noblesse personnelle, en vertu d'exemptions & de privilèges particuliers, sont sujets aux droits de *banalité* dans toutes les coutumes, parce que les privilèges qu'ils tiennent de la bonté du prince ne s'étendent qu'aux droits & aux impositions royales.

A l'égard des maisons religieuses, des collèges & des hôpitaux, on dispense de la banalité les établissemens qui sont de la fondation du seigneur, sans réserve de *banalité*. Dunod, en son *Traité de la Prescription*, dit que la chose a été ainsi jugée en faveur des religieux carmes de Marnai, en Franche-Comté. Lorsque ces établissemens ne sont pas de la fondation du seigneur, on les tient pour sujets à la *banalité*, mais on les admet à payer une certaine redevance pour s'en affranchir, & pour tenir lieu d'indemnité au seigneur. Cela a été ainsi jugé par arrêt du 9 février 1739, entre les chanoines de la ville de Gray & les religieuses tiercelines du même endroit.

Questions diverses sur la banalité. La première est de savoir si un seigneur ne peut point par convention assujettir à sa *banalité* d'autres particuliers que ses censitaires? La raison de douter est que ces particuliers ne dépendant de personne pour la *banalité*, devroient avoir la liberté de faire à cet égard telle convention qu'il leur plairoit; mais on doit penser différemment, d'après un arrêt du parlement de Paris du 30 mars 1609. Il paroît par cet arrêt cité par le Grand, sur la coutume de Troyes, qu'un seigneur ayant *banalité*, avoit donné une somme d'argent à des habitans de Cléry pour se soumettre à sa *banalité*, & qu'ils s'y étoient soumis. Les seigneurs de Cléry prétendirent que leurs vassaux n'avoient pu s'asservir envers un autre seigneur sans leur consentement, & par l'arrêt dont il s'agit, le contrat passé entre ce seigneur & les habitans de Cléry, fut déclaré nul & comme non-avenu.

Une autre question est de savoir si le seigneur ne pourroit pas s'abonner avec ses sujets à une certaine redevance, pour lui tenir lieu de ses droits de *banalité*?

Les auteurs du *Répertoire universel & raisonné de Jurisprudence*, dont nous empruntons cet article, pensent que les seigneurs ne peuvent abonner leur droit de *banalité* qu'avec quelques-uns de leurs vassaux, & encore successivement.

Nous croyons au contraire que ces abonnemens doivent être autorisés. La *banalité*, sous quelque point de vue qu'on la regarde, est une véritable servitude dont le propriétaire peut consentir la libération. C'est une raison plutôt spécieuse que solide, de dire que la libération du droit de *banalité* seroit toute à l'avantage des seigneurs: il est vrai qu'ils se trouvent à ce moyen déchargés des frais d'entretien & de réparation des bâtimens relatifs à la *banalité*. Mais ne doit-on compter pour rien l'affranchissement que les censitaires acquièrent, & la liberté qu'on leur accorde de se construire des fours, des moulins, des pressoirs dont ils useront à leur volonté? Quel pourroit être le motif qui empêcheroit un abonnement général fait par le seigneur, lorsqu'on permet aux fermiers d'un droit de *banalité*, d'abonner les censitaires pour la durée de leurs *baux*? Nous ne le voyons pas, & les auteurs du *Répertoire* rapportent un arrêt du 9 décembre 1757, qui a jugé valable l'abonnement fait par un fermier. Mais, nous dit-on, le réglement des grands jours de Clermont, du 9 janvier 1666, défend aux seigneurs de composer pour les corvées, il en doit être de même pour la *banalité*: point du tout. Il y a une très-grande différence entre l'un & l'autre de ces droits. La corvée n'est pas toujours nécessaire, & n'est pas toujours exigée; elle ne s'arrérage pas: d'où il suit que si on permettoit aux seigneurs d'abonner les corvées à une somme fixe pour chaque année, cet abonnement tourneroit au préjudice du corvéable, qui tous les ans ne fournit pas de corvée, soit qu'elle n'ait pas été exigée par le seigneur, soit que quelque accident l'ait empêché de la faire. La *banalité* au contraire a lieu tous les ans, pour le pressurage des vendanges, & presque tous les jours pour la mouture des bleds & la cuisson du pain.

Cette question nous conduit à examiner si le seigneur trouvant la *banalité* trop à charge, peut y renoncer malgré ses sujets? Pour décider cette question, on distingue entre la *banalité* conventionnelle & la *banalité* coutumière. Lorsque la *banalité* est de convention, on prétend que le seigneur n'y peut pas renoncer sans le consentement des habitans; qu'il faut même des lettres-patentes, suivies d'une information, pour savoir si la chose convient ou non à leurs véritables intérêts. On cite à ce sujet un arrêt du 16 juin 1705, rapporté au journal des audiences. Il est vrai que dans l'espèce de cet arrêt, il y avoit un traité pour l'extinction de la *banalité* d'un four, moyennant une redevance annuelle, & que ce traité fut annullé. Mais il s'agissoit de savoir si cette redevance étoit contraire ou non aux intérêts des particuliers, & ce fut un fait à vérifier par une enquête; de sorte que cet arrêt ne décide pas exactement la question que nous examinons ici. Cependant lorsqu'il paroît que le prix originaire de la *banalité* étoit en argent, & que par l'augmentation des espèces, ce prix ne se trouve plus proportionné aux dépenses qu'exige l'entretien de la *banalité*, le seigneur peut renoncer à son droit, à moins que les vassaux ne veuillent augmenter le prix à dire d'experts. C'est ce qui a été jugé par un arrêt du parlement de Grenoble, du 2 mars 1634, en faveur du propriétaire d'un four banal.

Il en seroit différemment, si le droit se payoit en nature. Comme les choses conservent toujours entre elles une certaine proportion, le seigneur est censé recevoir en tout temps la même indemnité.

Lorsque le seigneur exerce la *banalité* comme un droit attaché à sa seigneurie, les auteurs conviennent qu'il peut librement y renoncer sans entrer dans aucune discussion à cet égard avec ses sujets. Mais lorsqu'une fois il y a renoncé, nous ne croyons pas qu'il puisse la reprendre pour la quitter encore à son gré ; une faculté pareille entraîneroit les plus grands inconvéniens. Supposons qu'il lui ait pris l'envie de détruire son moulin banal ou de le laisser tomber en ruine, les vassaux, dès ce moment, doivent avoir la liberté de construire des moulins pour leur usage particulier; car il faut qu'ils puissent faire moudre leurs grains : si ces moulins étant construits, le seigneur jugeoit à propos de rétablir le sien & de faire abattre ceux de ses censitaires, pour jouir de son droit de *banalité*, il est certain qu'il leur causeroit un préjudice considérable. Tout ce qu'on pourroit tolérer en pareil cas de plus favorable pour le seigneur, seroit de lui permettre de reprendre son droit, en indemnisant ses vassaux de ce qu'il auroit pu leur en coûter pour la construction d'un moulin particulier. Avec une indemnité raisonnable, il n'y auroit aucune difficulté à le laisser rentrer dans un droit inhérent à sa qualité de seigneur. Mais pour obtenir cette indemnité dans le temps, nous croyons qu'avant aucune construction, les vassaux seroient obligés de mettre le seigneur en demeure par une sommation, ou de leur construire un moulin, ou de réparer celui qui existoit.

Dans les coutumes où la *banalité* est attachée au fief ou à la justice, peut-on aliéner cette *banalité* sans aliéner en même temps la seigneurie? On dit que pour exercer une *banalité*, il faut avoir droit de commander, & que ce droit ne peut appartenir qu'au seigneur sur ses sujets. Cette raison est bien foible ; mais il est pourtant vrai de dire qu'il est de maxime reçue que la *banalité* ne peut se séparer de la seigneurie. L'article 48 de la coutume de Poitou contient à ce sujet une disposition précise, confirmée en 1636 par arrêt du parlement de Paris. M. l'évêque de Poitiers avoit arrenté la *banalité* d'une seigneurie moyennant dix setiers de bled. Une sentence du juge des lieux avoit adopté cet arrentement, mais la sentence l'infirma.

De Richebourg observe dans ses notes sur l'article 311 de la coutume de la Marche où la *banalité* est un attribut du fief, que ce droit ne peut être vendu séparément de la directe : il cite à ce sujet une sentence de la sénéchaussée de Guéret du premier mars 1624, qui annulle la vente d'un droit pareil, faite sans aliénation du fief; à la suite de sa note est une mention de l'arrêt du parlement de Paris qui a confirmé cette sentence le 6 septembre de l'année suivante.

Lorsque la vente de la *banalité* s'est faite sans l'aliénation de la seigneurie, les habitans sont-ils tellement déchargés du droit que le seigneur ne puisse plus l'exercer? On distingue : si la *banalité* étoit un attribut inhérent au fief par la force de la coutume, le seigneur reprendroit son droit sans la moindre difficulté, ou pour mieux dire, il suffiroit qu'il fût toujours seigneur pour qu'il ne pût le perdre. Mais si la *banalité* n'étoit qu'un droit conventionnel, Guyot, dans son traité des fiefs, prétend qu'il en seroit autrement, parce que *le seigneur auroit fait plus qu'il ne pouvoit faire.* Cette raison ne sauroit nous décider pour son sentiment. Une fausse aliénation en pareil cas, ne peut qu'intéresser le vendeur & l'acquéreur, & non les habitans auxquels le contrat ne peut nuire ni profiter. Si un seigneur perdoit la *banalité* pour avoir voulu faire plus qu'il ne pouvoit en l'aliénant séparément de sa directe, il faudroit dire qu'il la perdroit également dans les coutumes où elle est un attribut essentiel de la seigneurie ; c'est cependant ce qu'on n'oseroit soutenir.

Quoique la *banalité* ne puisse s'aliéner sans la directe, on convient pourtant que lorsqu'il s'agit du partage d'un fief entre co-héritiers, on peut mettre le moulin dans un lot & les vassaux sujets à la *banalité* dans un autre lot. Celui qui a le moulin peut s'en servir pour son usage particulier; & celui qui a pour lui les vassaux peut faire construire un moulin & les y assujettir. Dans la coutume de Paris, le droit de *banalité* qui dépend d'un fief appartient à l'aîné des enfans en récompensant les autres.

Freminville prétend que la *banalité* seule n'est même pas susceptible d'un bail emphytéotique à longues années, attendu qu'un bail de cette nature emporte une espèce d'aliénation; mais son opinion ne nous paroît soutenue d'aucun moyen solide. Un bail emphytéotique est à la vérité regardé comme un contrat emportant aliénation : mais cette aliénation n'est pas incommutable ; elle ne porte d'ailleurs que sur la propriété utile & non sur la propriété directe. Le seigneur reste toujours seigneur comme auparavant; toute la différence d'un bail emphytéotique à un bail ordinaire, est que l'un est pour un temps plus considérable que l'autre. D'ailleurs il est à propos qu'un seigneur qui ne se trouve pas en faculté de faire rétablir un moulin ait la facilité d'y parvenir par un bail à longues années; parce qu'ordinairement par un bail pareil le preneur est chargé des constructions & réparations nécessaires pour rendre les choses en bon état à fin du bail.

Lorsque le droit de *banalité* est en commun entre deux seigneurs, & qu'il survient des réparations à faire, l'un peut faire faire sommation à l'autre d'y contribuer pour sa portion, & sur le refus de celui-ci, le premier peut ordonner ces réparations, & recevoir à son profit les revenus de la *banalité*, jusqu'à ce qu'il soit entièrement remboursé de ses avances, sans être tenu d'aucune restitution de ce que l'autre auroit pu gagner en contribuant plutôt à ces mêmes réparations. C'est ce qui est clairement décidé par une ordonnance des établissemens de S. Louis. L'article 20 de la nouvelle coutume d'Anjou paroît tiré de cette ordonnance : il renferme à ce sujet les mêmes dispositions.

Comme on met toutes les actions qui ont trait à des droits seigneuriaux dans la classe des actions réelles, on tient pour maxime qu'elles ne peuvent point être portées devant les juges de privilèges, sur-tout depuis le fameux arrêt rendu le 25 avril 1746, au rapport de M. Gilbert de Voisins, maître des requêtes, contre MM. les ducs de Luynes &

de Chevreuse, qui vouloient faire usage de *committimus* du grand sceau contre différens possesseurs de fiefs qu'ils prétendoient dépendre d'eux à cause de leur comté de Noyers en Bourgogne. Cependant quelques-uns des auteurs qui ont parlé des *banalités*, peuvent induire en erreur pour avoir dit qu'elles sont personnelles sans s'expliquer davantage. Mais pour faire mieux saisir ce qu'ils ont voulu dire à ce sujet, nous observons que les *banalités* ne sont personnelles que dans ce sens que ceux qui ont leur domicile dans le district de la *banalité* sont les seuls qui y soient sujets; & que considérées comme faisant partie des droits seigneuriaux d'une directe, l'action à laquelle elles peuvent donner lieu est de la même nature que celles qui peuvent avoir pour objet toutes sortes de droits seigneuriaux en général. Aussi trouve-t-on dans Brillon un arrêt de la chambre de l'édit de Rouen du 10 juin 1665, qui a jugé qu'une instance de *banalité* de moulin étoit réelle, & qu'elle ne pouvoit être évoquée aux requêtes du palais par le seigneur privilégié. Fréminville ajoute que cette décision est de droit commun.

Différentes espèces de banalités. On remarque plusieurs sortes de *banalités: banalité* de moulin, de four, de pressoir, de taureau, de verrat, de boucheries, & autres. Nous allons les parcourir.

Banalité de moulin. Nous avons dit au commencement de cet article, qu'anciennement le roi seul étoit en droit d'avoir des moulins banaux, mais que les seigneurs par la suite se sont arrogé le même privilège.

Dans la Normandie, les personnes nobles ont seules le droit de posséder des moulins, sans rien payer au roi: les roturiers qui en possèdent sont assujettis au droit de franc-fief, conformément à deux arrêts du conseil, l'un du 22 juillet 1673, & l'autre du 24 juin 1721. Dans la plupart des autres coutumes, il est permis aux roturiers d'avoir des moulins sans payer aucune rétribution.

Pour être assujetti à un moulin banal, il faut que ce moulin ne soit pas à la distance de plus d'une lieue du domicile du censitaire; c'est-à-dire qu'il n'y a que ceux qui demeurent dans la banlieue qui puissent être obligés d'y aller moudre. Les coutumes ne sont pas uniformes pour la fixation de cette banlieue; les unes, comme celles de Tours, de Poitou & de Loudunois, la règlent à deux mille pas, chacun de cinq pieds, à prendre de la huche du moulin à la porte de la maison du sujet, ce qui fait 1666 toises quatre pieds. Les coutumes d'Anjou & du Maine la règlent à mille tours de roue de quinze pieds de circonférence; la coutume de Bretagne à 120 cordes de 120 pieds chacune; le plus grand nombre des autres coutumes ne la déterminent pas, au moyen de quoi nous pensons que dans les coutumes muettes à ce sujet, la banlieue doit se mesurer suivant la lieue commune de la province où est située la *banalité*, en observant, avec Boulay, sur l'article 13 de la coutume de Touraine, que cette mesure doit se faire par le chemin le plus fréquenté, quoiqu'il ne soit pas en droite ligne.

Le seigneur est obligé d'avoir son moulin en bon état, sans quoi les sujets peuvent aller ailleurs jusqu'à ce qu'il soit rétabli: il est pareillement obligé de faire ensorte que les chemins pour y aborder soient praticables & sans danger pour ceux qui sont obligés d'y porter leur grains. Il faut aussi que, dans les vingt-quatre heures, à compter du moment que le sujet arrive au moulin, on commence à moudre ses grains, autrement il lui est libre de les conduire ailleurs. C'est l'usage général, si l'on en excepte quelque coutumes, en très-petit nombre, qui exigent un délai plus considérable: telle est la coutume de Bourbonnois, qui veut que le sujet attende trente-six heures au lieu de vingt-quatre.

Une grande question qui ne paroît nulle part clairement décidée, est de savoir si le meûnier est obligé d'aller chercher les grains des sujets pour les faire moudre, lorsque les titres & la coutume ne déterminent rien à cet égard. Guyot, en son traité des fiefs, pense que ceux qui sont sujets à la *banalité* sont obligés de porter ou d'envoyer leurs grains au moulin, & il appuie son opinion sur un arrêt du premier août 1730, rendu au parlement de Paris en faveur du seigneur de Juchy en Artois, contre le sieur Bidaut, curé de l'endroit. Mais cet arrêt ne paroît pas avoir décidé nettement la question: le sieur Bidaut se croyoit dispensé, en sa qualité de curé, de faire porter ses grains au moulin comme les autres habitans; il regardoit cette espèce de servitude comme injurieuse à son état, & l'arrêt a jugé simplement qu'il n'y avoit aucune différence à faire à cet égard, entre lui & les autres vassaux.

Si nous consultons la plupart des coutumes, nous voyons qu'il y est dit, ou que les meûniers sont obligés d'aller chercher les grains des sujets, ou que, si ces meûniers vont quêter dans d'autres *banalités*, leurs chevaux & leurs voitures sont sujets à confiscation; ce qui semble indiquer qu'ils n'ont des bêtes de somme ou des voitures que pour le service des vassaux.

D'un autre côté, l'on voit que ce sont les meûniers qui vont par-tout chercher les grains & qui les rapportent en farine. On conçoit en même temps que si de simples particuliers étoient obligés d'avoir des bêtes de somme pour conduire leurs grains au moulin banal, l'assujettissement leur seroit trop onéreux par la dépense que le soin & la nourriture de ces bêtes leur occasionneroient.

Dans l'incertitude, nous pensons avec Freminville qu'on doit se déterminer par l'usage qui se pratique dans chaque *banalité*, & qu'on doit surtout avoir égard au droit de mouture qui se paie au meûnier: s'il est modique, il paroît que le sujet est obligé de porter ses grains; si au contraire il est proportionné à la peine de les aller chercher, le meûnier doit prendre cette charge sur son compte, conformément à l'esprit d'une ordonnance du 19 septembre 1439, qui fixe ce droit de mouture à seize deniers parisis lorsque le grain est porté au moulin, & à deux sous parisis lorsqu'on va le chercher.

Le moulin, c'est-à-dire l'endroit où le grain se réduit en farine, doit être fermé en rond, de crainte que s'il étoit en quarré la farine ne restât dans les angles. Le meûnier doit prendre garde que le grain ou la farine ne reçoivent aucun dommage; le seigneur seroit lui-même tenu de le réparer, suivant une ancienne ordonnance des établissemens de S. Louis, & le sujet seroit dispensé de retourner au moulin banal avant qu'il eût été indemnisé.

Ceux qui arrivent les premiers au moulin sont en droit de faire moudre avant ceux qui ne sont venus qu'après eux : il n'y a que le seigneur qui puisse avoir une préférence.

Le droit de mouture est différent dans chaque coutume & dans chaque *banalité* : il se perçoit suivant l'usage ou suivant les titres du seigneur. Dans le Nivernois, le Bourbonnois & la Marche le meûnier doit rendre d'un boisseau ras de bled, un boisseau comble de farine, & le reste est pour son droit de mouture. Dans d'autres coutumes il n'est rien dit du droit du meûnier. Dans quelques seigneuries ce même droit est fixé à une certaine quotité comme au seizième, vingtième, vingt-cinquième du grain qu'on fait moudre. Quelquefois le droit se paie en argent : une ordonnance de Jean I, roi de France, du mois de février 1350, le fixe par setier à douze deniers parisis, ou à un boisseau ras de grains en nature.

Lorsque les meûniers prennent leur droit en argent, ils sont tenus, suivant une ordonnance du 19 septembre 1439, de rendre en farine le même poids que celui qu'ils ont reçu en grain, sans autre diminution que de deux livres par setier de froment mesure de Paris, pour le déchet. C'est pourquoi un arrêt du parlement de Grenoble, du 5 mars 1729, permet à chaque communauté d'habitans de la province du Dauphiné, de faire mettre un poids à chaque moulin, afin de pouvoir vérifier si le meûnier n'a point commis d'infidélité. Ce réglement a été renouvellé par un autre arrêt du 12 juin 1709, qu'on trouve dans le recueil du parlement de Dauphiné.

Comme le droit de mouture n'est point déterminé par-tout d'une manière uniforme, on n'a d'autres règles à suivre à ce sujet que celles qui sont indiquées ou par la coutume ou par les titres, ou par l'usage & la possession.

Les mesures dont les meûniers sont dans le cas de se servir doivent être étalonnées. Quand la rétribution de ces meûniers consiste dans le surplus de ce qui reste après avoir rendu le boisseau comble de farine pour le boisseau ras de grains, le boisseau dont ils peuvent se servir à cet effet ne doit être en profondeur que du tiers de la surface, autrement moins la circonférence seroit vaste, plus il leur seroit facile de faire le comble qu'ils doivent fournir : c'est une chose à laquelle la coutume de Poitou a fait une attention particulière.

On pourroit agir criminellement contre les meûniers qui se rendroient coupables d'infidélités, ou en humectant les farines, ou en y mêlant des matières étrangères : ceci leur est défendu à peine de punition corporelle. Il leur est pareillement défendu de rien exiger au-delà de ce qui leur revient suivant leur droit ancien & accoutumé; autrement ce qu'ils exigeroient de plus seroit regardé comme une espèce de concussion de leur part. On verra plus particulièrement à l'article MEUNIER, la police à laquelle ils sont assujettis.

Pour qu'un moulin soit banal, faut-il qu'il soit situé dans la seigneurie même d'où dépend la *banalité?* La question ne laisse pas de présenter des difficultés : cependant on se résume à penser qu'il suffit d'être seigneur dans l'endroit où est situé le moulin, pour qu'on puisse y assujettir ceux qui ne sont pas hors de la banlieue, quand même ceux-ci ne seroient pas domiciliés dans la même seigneurie. Un seigneur a deux fiefs voisins où il peut exercer la *banalité* : il n'a qu'un moulin situé dans l'un de ces fiefs; il est raisonnable qu'il puisse assujettir à ce moulin les vassaux de l'un & de l'autre fief qui ne sont point hors de la banlieue. Le refus que feroient les vassaux d'y aller ne seroit nullement fondé, parce qu'il doit leur être indifférent que le moulin soit dans un fief ou dans l'autre dès qu'ils sont sujets à la *banalité* & qu'ils dépendent du même seigneur. C'est ce qui est prévu par l'article 16 de la coutume du Maine, qui en pareil cas assujettit d'aller moudre dans l'une ou dans l'autre seigneurie. On remarque cependant que si ces fiefs étoient situés chacun dans une province particulière, les sujets de l'un ne seroient pas obligés d'aller moudre dans l'autre, par la raison qu'en cas de contestation ceux qui sont du ressort d'un bailliage ne peuvent pas être obligés d'aller plaider dans le ressort d'une autre jurisdiction. C'est ce qu'a jugé une sentence de la sénéchaussée du Maine, confirmée par un arrêt du parlement de Paris du 7 septembre 1758, cité dans la collection de jurisprudence.

A l'égard des grains sujets à la *banalité*, il est de maxime reçue que tous ceux qui ont été recueillis dans l'étendue de la *banalité*, ou qui y ont séjourné 24 heures, sont dans le cas d'être moulus au moulin banal exclusivement à tout autre moulin, sans quoi il seroit facile d'éluder la *banalité*. C'est ce qui résulte de la disposition de plusieurs coutumes, notamment de celles de Bourbonnois, du Grand-Perche, & de Nivernois. Les grains même que les vassaux achètent au marché tenu dans la *banalité* sont sujets au moulin banal, quoique ces grains n'aient point été recueillis dans la *banalité* : il y a à ce sujet trois arrêts du parlement de Normandie rapportés par Basnage, l'un du 17 janvier 1541, l'autre du 26 janvier 1663, & le troisième du 17 juillet

juillet 1665. Cependant si les vassaux achetoient ces grains hors de la *banalité*, & qu'ils les fissent moudre hors de la banlieue, ils pourroient les amener chez eux en farine, sans encourir aucune peine. C'est ce que font remarquer Brodeau sur la coutume de Paris, & Pallu sur celle de Tours. La chose d'ailleurs a été ainsi jugée au parlement de Paris par deux arrêts, l'un du 28 septembre 1563, en faveur des habitans de Gonesse, contre les fermiers des moulins banaux de l'endroit; & l'autre du 14 août 1659, en faveur d'un nommé la Roche, contre le seigneur de la *banalité* dont il dépendoit.

Les grains que les boulangers emploient pour le service du public sont pareillement sujets au moulin banal. Le parlement de Rennes, par un arrêt du 17 décembre 1671, avoit confirmé des sentences des juges de Leneven & de Landerneau, qui n'assujettissoient les boulangers aux moulins de madame la princesse de Rohan, que pour les grains qui se consommoient dans leur ménage, & qui les en affranchissoit pour les bleds qu'ils employoient dans leurs boulangeries; mais par un arrêt du conseil d'état du 29 juillet 1673, celui du parlement de Bretagne fut cassé, & il fut dit que ces boulangers seroient tenus de faire moudre tous leurs grains, soit pour leur subsistance ou pour leur commerce, aux moulins banaux de la princesse, & de payer le droit de mouture accoutumé. Le parlement de Bretagne a depuis jugé conformément aux dispositions de cet arrêt du conseil.

Par un arrêt du grand-conseil du 30 mars 1713, les boulangers de Briot, Bouflers & autres lieux, fréquentant les foires & marchés de Granvilliers en Picardie, ont été pareillement assujettis à la *banalité*. Brillon parle d'un arrêt dans la même espèce, rendu au même tribunal le 25 février 1715, en faveur des prêtres de l'oratoire.

Cependant si le moulin n'étoit pas en état de faire d'aussi belle farine qu'il la faut pour des boulangers, on pourroit aller moudre ailleurs, après toutefois en avoir prévenu le seigneur, soit pour se mettre à l'abri de la contravention, soit pour l'avertir de mettre son moulin en état de faire d'aussi belle farine qu'on peut la desirer.

Plusieurs coutumes parlent de cette faculté qu'ont les boulangers en pareil cas d'aller moudre ailleurs, notamment celles du Grand-Perche, du Nivernois, du Bourbonnois, de Tours, de l'Anjou, du Maine, de Loudunois, *&c.*

On juge encore que les brasseurs ne sont pas exempts de la *banalité*: c'est ce qui résulte d'un arrêt du 28 mai 1726, qu'on trouve au journal du parlement de Bretagne.

Lorsque celui qui est sujet à la *banalité* vient de moudre à un moulin étranger, il est dans le cas de voir saisir & confisquer le sac, la farine, la bête de somme, les harnois, & même de payer une amende. C'est la peine ordinaire de la contravention à la *banalité*.

Quelques coutumes fixent l'amende à 60 sous, d'autres à 6 sous, & d'autres à 7 sous 6 deniers. Les unes ne confisquent que la farine & non le sac, ni la bête, ni les harnois; d'autres confisquent le tout ensemble. En cela on ne peut suivre que ce qui est prescrit par la coutume, ou établi par les titres ou par l'usage.

Cette confiscation a lieu dans quelques provinces par la seule saisie de fait, sans autre formalité, sauf la réclamation de celui qui croit cette confiscation injuste & déplacée. Cela est ainsi toléré par rapport aux difficultés qu'il y auroit d'avoir sur le champ un officier public pour faire cette saisie & pour en dresser procès-verbal.

Une question est de savoir si le sujet qui a été assez adroit pour éluder la saisie, est à l'abri de toute recherche pour la contravention par lui commise? L'affirmative ne paroît souffrir aucune difficulté: dès que la peine & la manière de l'exécuter sont déterminées, on ne doit rien entreprendre au-delà. Il paroît même qu'on a eu des raisons pour borner cette peine à une saisie faite comme en flagrant délit: si, sur un simple soupçon ou sur une délation quelconque, on étoit fondé à faire un procès au sujet, tous les jours un fermier trouveroit des prétextes pour vexer les vassaux, & ce sont ces prétextes qu'il convenoit d'écarter.

Quand le seigneur a un moulin banal, il est défendu à ses sujets d'en avoir de particuliers, soit à eau, soit à vent, soit même à bras. Le parlement de Dijon l'a ainsi jugé le 29 juillet 1653, en faveur du sieur Gaspard de Malivert, seigneur de Conflans. On trouve ce préjugé dans les statuts de Bresse, par Collet. Frain, sur la coutume de Bretagne, rapporte aussi un arrêt du parlement de cette province, du 19 juillet 1629, qui défend aux sujets d'avoir des meules particulières dans leurs maisons pour moudre des grains gros ou menus, à peine de 20 livres d'amende.

Mais lorsque le seigneur n'a pas de moulin, il est tout naturel, comme nous l'avons dit plus haut, que ses sujets puissent en construire. Ils n'ont pas besoin pour cela de composer avec lui pour une indemnité; c'est ce qui a été jugé au parlement de Paris par un arrêt du 9 mai 1759. Un particulier avoit cru ne pouvoir faire construire un moulin sans le consentement du seigneur, qui n'en avoit pas à lui; en conséquence il étoit convenu avec ce seigneur d'une redevance de soixante livres chaque année, & même de lui abandonner le moulin au bout de soixante ans; mais ayant été reconnu dans la suite que cette obligation étoit sans sujet, le particulier en a été déchargé par l'arrêt dont il s'agit, & dont fait mention l'auteur de la collection de jurisprudence.

Comme il y a quelque différence entre un moulin à eau & un moulin à vent, il est de droit commun qu'un moulin à vent ne sauroit être banal à moins qu'il n'y ait titre exprès à ce sujet. C'est ce qui résulte de l'article 72 de la coutume de

Paris, & d'un arrêt du 28 juin 1597, rapporté sur cet article par Brodeau. Ainsi, quoiqu'un seigneur ait titre pour un moulin banal, il ne peut, sans un titre précis, attacher à un moulin à vent la *banalité* qui étoit attachée à un moulin à eau. On a remarqué qu'un moulin à eau étoit beaucoup plus propre à faire de belle farine qu'un moulin à vent. D'ailleurs, il faut qu'un moulin pour être banal puisse être d'un service habituel, & ce service habituel ne peut pas se trouver avec le vent, qui ne règne pas toujours.

Ainsi, dans les coutumes où la *banalité* est attachée de plein droit & sans titre à la directe, si tous les moulins banaux de l'endroit sont à eau, le seigneur ne peut point rendre banal un moulin à vent qu'il lui a plû de construire. Il y a cependant des provinces où la coutume admet des moulins à vent à cause de la rareté des eaux : dans ces provinces là *banalité* peut subsister avec ces moulins à vent, ainsi que dans celles où l'usage les a généralement introduits sans que la coutume se soit expliquée à cet égard.

Nous observerons encore que dans les coutumes où la *banalité* est attachée de plein droit à la seigneurie, le moulin doit être placé de façon que l'eau puisse le faire mouvoir habituellement, parce qu'il est de l'intérêt des habitans qu'on veut assujettir à la *banalité*, de n'y pas porter vainement leurs grains & de n'être pas obligés de recourir trop souvent à un nouveau meûnier, sans quoi ils seroient exposés à mille inconvéniens sous prétexte de contravention.

Par une suite du droit de *banalité*, les meûniers étrangers ne peuvent pas venir dans les marchés charger des grains qu'ils disent avoir été achetés par des gens qui ne sont point de la *banalité* de l'endroit, parce que sous ce prétexte il n'y a point de fraude qu'ils ne pourroient commettre : c'est ce qui a été jugé au parlement de Paris le 5 août 1761, contre des meûniers qui venoient charger au marché d'Aumale des grains qu'ils disoient être pour des étrangers. Ces meûniers peuvent même être valablement saisis lorsqu'ils ne font que passer sur le territoire de la *banalité* avec des chevaux ou des voitures chargées de grains, à moins qu'ils ne soient en état de prouver que ces grains appartiennent à des particuliers domiciliés hors de la *banalité*. C'est ce qu'a décidé le même parlement le premier août 1761, suivant que le rapporte Denisart.

S'il est défendu aux meûniers étrangers de venir charger dans des marchés hors de leur *banalité*, il leur est encore plus particuliérement défendu de venir, comme on dit, quêter dans d'autres *banalités* que celle où ils ont leur moulin : les meûniers de Câtillon & de Villers-le-vert s'avisoient d'aller quêter dans la banlieue de Ribemont où il y a des moulins banaux. L'abbaye de S. Nicolas, d'où ces moulins dépendoient, se pourvût contre ces meûniers, & les fit condamner au parlement de Paris par un arrêt du 17 juillet 1753, cité par l'auteur de la collection de jurisprudence.

Moulins à draps, à huile, à écorce, à chanvre, &c. Ces sortes de moulins peuvent être banaux ou par un titre particulier, ou par les dispositions de la coutume. L'article 8 de celle de Châteauneuf porte que les gens de condition servile seront tenus d'aller moudre leurs grains, fouler leurs draps & battre leurs écorces aux moulins banaux du seigneur, à peine de soixante sous d'amende & de confiscation de chevaux & de voitures.

La coutume d'Anjou autorise le seigneur bas-justicier d'avoir moulin à draps & de contraindre ses sujets, demeurans dans les trois lieues du moulin, d'y aller fouler, à peine d'une amende de douze deniers tournois par aune de drap, outre le droit de foulage. Celle du Maine qui renferme la même disposition, ajoute la confiscation du drap, sauf à le racheter pendant quinzaine.

La coutume de Bretagne admet pareillement la *banalité* du moulin à draps pour ceux qui sont dans les cinq lieues de distance du moulin. Mais, comme nous l'avons dit, la *banalité* du moulin à grains n'emporte pas celle de tous ces autres moulins particuliers, il faut qu'ils soient banaux ou par des titres ou par la coutume.

Banalité de four. Ce que nous avons établi au sujet de la *banalité* d'un moulin, s'applique, à bien des égards, à ce qui concerne le four. Le seigneur qui a droit d'avoir un four banal, doit l'établir dans le milieu du bourg de la seigneurie, afin qu'il soit également à portée de tout le monde : c'est ce qu'exige l'article 29 de la coutume d'Angoumois, qui est en cela conforme à l'usage reçu.

Le seigneur doit tenir son four en bon état, fournir le bois nécessaire, avoir des préposés pour le service du four, afin que les habitans n'aient d'autre peine que de porter leur pâte & de retirer leur pain. Mais la *banalité* de ce four peut-elle s'étendre aussi loin que celle du moulin, c'est-à-dire, tous ceux qui sont dans la banlieue sont-ils obligés d'aller au four comme au moulin? Taisand, sur la coutume du duché de Bourgogne, dit que les sujets du seigneur de Sainte-Colombe, éloignés d'une lieue du four banal, étoient en possession depuis 40 ans d'avoir chez eux des fours particuliers, que néanmoins par arrêt du parlement de Dijon, du 5 mars 1580, ils furent condamnés à les démolir, si mieux ils n'aimoient demander permission au seigneur de les conserver & d'en user comme par le passé moyennant une redevance modérée. Ce préjugé ne semble pas devoir faire une loi générale dans les provinces où rien n'est décidé à cet égard par la coutume ou par les titres. Il n'est pas aussi facile d'aller à une lieue de distance porter de la pâte à un four que des grains à un moulin : d'ailleurs la pâte peut souffrir considérablement dans le transport, ou par le trop grand froid ou par le trop grand chaud; ainsi, il nous paroîtroit suffisant de donner au four banal un quart de lieue d'arrondissement, si mieux n'aimoit le seigneur faire construire plusieurs fours dans l'étendue de sa seigneurie pour user plus amplement de son droit. Au surplus, l'usage introduit peut être à cet égard d'une grande considération, sur-tout s'il n'entraîne point d'inconvéniens.

Ceux qui sont sujets au four banal ne peuvent point avoir de fours particuliers, ceci est généralement reçu. Ceux même qui sont sur les limites dans la *banalité*, ne peuvent point en avoir à leur portée hors de cette *banalité*, de crainte qu'ils ne s'en servent au préjudice du four banal, & le seigneur de sa propre autorité peut faire abattre ces fours. C'est ce qui résulte des dispositions de la coutume de Nivernois, qui seule paroît avoir prévu cet inconvénient.

A l'égard de ces petits fours que les bourgeois font construire chez eux pour la pâtisserie, il est sans difficulté qu'on les tolère aujourd'hui, pourvu qu'on ne puisse pas en abuser & qu'ils ne soient pas assez grands pour qu'on puisse y faire cuire à la fois plus d'un boisseau de farine. La raison de cette tolérance vient de ce qu'ils sont destinés à des usages pour lesquels on ne peut recourir à un four banal.

Quand le four est banal, personne n'en est exempt. Il n'y a d'exception que pour les maisons religieuses, les collèges & les hôpitaux, parce qu'il leur seroit trop incommode d'aller habituellement à un four public. Cependant le seigneur n'en est pas moins en droit d'exiger une certaine indemnité pour lui tenir lieu de son droit de *banalité*.

A l'égard des boulangers publics, on trouve une ordonnance de Philippe-le-Bel, de 1305, par laquelle il est permis aux *talemeliers*, c'est-à-dire, aux boulangers de Paris, où il y avoit des fours banaux comme ailleurs, de cuire librement chez eux le pain destiné à être vendu. Cette ordonnance a introduit l'exception pour tous les autres boulangers du royaume : ils sont dispensés aujourd'hui d'aller cuire au four banal le pain qu'ils destinent pour le public, sans qu'ils soient tenus pour cela d'aucune indemnité envers le seigneur. Cependant si ce seigneur avoit un titre particulier nommément contre eux, ils seroient obligés d'aller à son four. La chose a été ainsi jugée au parlement de Paris, par un arrêt du 22 juillet 1760, en faveur du sieur Bon, propriétaire du four banal de Torcy, contre les boulangers de l'endroit, au sujet du pain destiné pour la provision de Sedan : cet arrêt est rapporté dans la collection de jurisprudence.

La coutume de Poitou & celle de Touraine s'expliquent sur l'exception introduite en faveur des boulangers, mais en général cette exception n'est reçue que pour les pains blancs qu'ils débitent d'un poids déterminé. A l'égard des gros pains qu'ils vendent dans leur boutique, ils sont sujets au four banal, suivant un arrêt du parlement de Paris, du 9 mai 1620, rendu contre les boulangers de Vendôme, & cité par Leprêtre.

Il en est de même du pain qui concerne leur ménage; ils sont obligés de recourir au four banal, si mieux ils n'aiment payer une indemnité au seigneur; sur quoi nous croyons que le seigneur ne peut pas se refuser à accepter cette indemnité lorsqu'il y a lieu de la lui offrir, quand ce ne seroit que pour obvier aux contestations qui pourroient s'élever tous les jours à ce sujet.

Le seigneur doit-il avoir son four habituellement prêt à cuire la pâte qu'on y porte? On ne peut guère donner de règles certaines à cet égard; ceci dépend du nombre des habitans sujets à la *banalité*. Il y a des villes & des gros bourgs où l'on cuit tous les jours & même deux fois par jour. Dans quelques endroits, c'est trois fois par semaine; dans d'autres deux fois seulement, à certains jours déterminés. Le seigneur ne doit pas être obligé de faire chauffer son four exprès pour le plaisir & la commodité d'un simple particulier. En cas de contestation à ce sujet, c'est au juge à faire un réglement de police.

Mais il faut observer qu'il est d'usage par-tout que le sujet prévienne le fournier, dès la veille, de la quantité de pâte qu'il doit faire cuire le lendemain, afin que ce fournier sache à quoi s'en tenir pour chauffer un four plus grand ou plus petit.

Le fournier de son côté, lorsque son four est au degré de chaleur convenable, est obligé de le faire savoir à cri public, afin que chaque particulier apporte sa pâte à temps. On doit sur cela se conformer à l'usage reçu.

Les fourniers doivent s'abstenir de rien exiger au-delà du droit établi, & de marquer des préférences pour les uns au préjudice des autres. Le seigneur est responsable de leurs délits ou de leurs fautes; s'il étoit même certain qu'il les approuvât, il y en auroit assez pour lui faire perdre la *banalité*. Lorsque le pain n'est pas bien cuit, ou qu'il l'est excessivement au point d'être brûlé, le sujet peut l'abandonner & le faire payer. Il en est cru sur les plaintes que peuvent lui occasionner l'humeur & la tracasserie des fourniers, parce que, comme le remarque fort bien d'Argentré sur la coutume de Bretagne, au sujet des meûniers, la présomption n'est jamais pour ces gens-là, & le juge de police, sur une simple citation, peut terminer tous ces petits différends.

Lorsque le sujet contrevient à la *banalité* du four, il encourt la confiscation, d'après la disposition de la plupart des coutumes, suivant que nous l'avons remarqué à l'égard de la *banalité* du moulin.

Banalité de pressoir. C'est un droit qu'a le seigneur d'obliger de venir pressurer à son pressoir toute la vendange qui se fait dans la banlieue de son territoire. Ce droit n'est pas si général que celui qui concerne les fours & les moulins; le seigneur n'en peut faire usage qu'autant qu'il lui est accordé par des titres valables.

L'établissement des pressoirs banaux est ancien;

on le voit par une chartre du roi Jean I, de l'an 1354, portant confirmation des privilèges des habitans de la ville de Joinville. Il est dit dans cette chartre, que le moulin, le four & le *treuil* (pressoir) sont banaux, & qu'on est obligé d'y aller moudre, cuire & *treuiller* (pressurer).

Dans les endroits où cette espèce de *banalité* est introduite, on ne peut pas plus s'y soustraire qu'à celle du moulin & du four.

Quand il s'agit de satisfaire au droit de *banalité* du pressoir, il ne suffit pas d'offrir au seigneur le droit qui peut lui revenir, pour être dispensé d'aller au pressoir banal; il faut que toute la vendange y soit apportée, parce qu'il lui est libre de prendre sa rétribution en nature sur ce qui doit être pressuré, & même sur ce que la vendange a déjà produit sans le secours du pressoir; ce qui seroit différent, si le droit du seigneur se payoit en argent. C'est ce qui paroît avoir été jugé par un arrêt du parlement de Paris, du 27 août 1743, contre les habitans de Palys; autrement celui qui auroit ainsi la faculté de pressurer chez lui, pourroit commettre bien des fraudes au préjudice du seigneur.

Il y a néanmoins des endroits où le droit de *banalité* n'est dû que pour raison du marc des raisins, que l'on porte pressurer au pressoir banal, & non à raison du vin qui se tire de la cuve, & qu'on appelle *la fleur* ou *la mère-goutte de la cuve*. Sur cet objet, il faut absolument s'en rapporter aux usages des lieux, aux titres ou à la coutume.

Nous observerons sur l'article des pressoirs, que ceux qui sont banaux pour le vin, ne le sont pas nécessairement pour le cidre, à moins qu'il n'y ait titre particulier à cet effet: observation qui se tire de l'article 31 de la coutume du Maine. Nous observerons encore, d'après Duplessis sur la coutume de Paris, & Despommiers sur celle de Bourbonnois, qu'il n'est pas nécessaire d'être domicilié dans la *banalité*, pour être assujetti au pressoir. Il suffit que les vignes, d'où provient le raisin que l'on veut pressurer, soient situées dans cette *banalité*, pour que ce raisin soit sujet au pressoir de l'endroit.

Banalité de taureau & de verrat. C'est le droit qu'a un seigneur d'avoir des animaux de cette espèce, exclusivement à ses sujets, pour servir à la multiplication des porcs & des bêtes à cornes de sa seigneurie. Ce genre de *banalité* est singulier; cependant lorsqu'il se trouve établi avec titre & possession, le seigneur est fondé à le conserver.

Banalité de boucheries. C'est un droit par lequel il est défendu aux bouchers de vendre de la viande ailleurs qu'aux boucheries banales de l'endroit, afin que le seigneur puisse percevoir plus facilement ce qui lui revient à ce sujet.

Ce genre de *banalité* s'est introduit dans les villes de campagne, par la construction que les seigneurs y ont fait faire des halles & des étaux pour les bouchers, avec convention qu'ils y vendroient leur viande publiquement à tous ceux qui voudroient en acheter; & c'est cet établissement qui a donné l'origine aux droits que la plupart des seigneurs hauts-justiciers lèvent sur les bouchers, à raison de cette *banalité*; ces droits sont ordinairement de prendre la langue & le pied des bêtes qu'on tue pour le service du public. On sera peut-être curieux d'apprendre qu'au sujet de la langue, il y a eu procès pour savoir si celles des veaux pouvoient se lever comme celles des autres animaux; il fut jugé par un arrêt du 21 juin 1656, rapporté par Henrys, que les langues de veau étoient exceptées du droit du seigneur, par la difficulté qu'auroient les bouchers de vendre les têtes de veau, si les langues en étoient séparées.

Ce genre de *banalité* ne se suppose pas, il faut qu'il soit établi par des titres suivis de possession. Il en est de même de toutes les autres *banalités* d'un genre extraordinaire.

BANALITÉ *de verte-moute.* On peut encore ranger dans la classe des droits de *banalité*, le droit seigneurial qu'on appelle en Normandie *droit de verte-moute*. Il consiste dans la seizième gerbe que le seigneur a droit de percevoir sur ceux qui, après avoir labouré des terres dans son territoire *bannier*, veulent engranger hors de la *banalité* les grains qu'ils en ont récoltés. Il est une suite du droit de *banalité* de moulin, en vertu duquel tous les grains récoltés dans l'étendue de la *banalité*, devroient être portés au moulin banal, pour y être convertis en farine, & il a été établi pour indemniser le seigneur de la perte qu'il éprouve lorsque les grains sont engrangés ailleurs: comme ce droit est exorbitant, il faut qu'il soit fondé sur un titre spécial.

BANARD, s. m. on se servoit autrefois de ce mot dans la même signification que celui de *messier*.

BANC, s. m. (*terme de Jurisprudence & de Palais.*) c'est un ustensile de bois, revêtu quelquefois d'un tapis ou d'une tapisserie, sur lequel on s'assied. Ce mot sert particuliérement à désigner les siéges des écoles, du palais & des églises.

On dit *être sur les bancs*, pour signifier que l'on est dans le cours de ses études.

On appelle au palais *messieurs du grand banc*, les présidens au mortier, parce qu'en effet le *banc* sur lequel ils sont assis, est plus élevé que les siéges des autres conseillers.

On appelle aussi *bancs*, au palais, des espèces de bureaux où se tiennent les avocats & procureurs, pour parler à leurs parties. (*H*)

BANC *d'église*, c'est le siége où quelqu'un a droit de se placer, pour entendre le service divin commodément.

Les curés & marguilliers, & autres personnes chargées de l'administration des biens des fabriques, ont seuls le droit de concéder les *bancs* des églises paroissiales; ainsi qu'il résulte de la déclaration du 15 janvier 1731.

Ces concessions ne peuvent se faire qu'à vie, moyennant une certaine somme payée à l'église, ou une redevance annuelle.

A la mort des concessionnaires, l'adjudication

des *bancs* doit être publiée par trois fois aux prônes, & ne se faire qu'après la troisième remise. Les enfans des derniers concessionnaires ont la préférence sur les étrangers, lorsqu'ils sont la condition égale.

Le droit du cessionnaire se perd, lorsqu'il quitte la paroisse & va demeurer ailleurs : après un an de changement de domicile, le *banc* concédé peut être mis de nouveau à l'enchère.

Les évêques, dans leurs visites, peuvent réduire & diminuer le nombre des *bancs* des églises, lorsqu'ils nuisent à la célébration du service divin; ils peuvent également ordonner qu'ils seront placés différemment, & ils ne sont pas même obligés d'appeller les personnes à qui les *bancs* appartiennent. Leurs ordonnances doivent s'exécuter nonobstant toutes oppositions; mais ceux qui croient leurs intérêts blessés ont le droit de se pourvoir devant les juges royaux, qui seuls peuvent connoître des contestations relatives à ce sujet.

Banc, (*en matière féodale.*) Le patron d'une église, & lorsqu'il n'y en a point, le seigneur haut-justicier, ont droit de faire mettre, dans le chœur, un *banc* permanent, & de le placer de manière qu'il n'incommode pas dans le temps de la célébration du service divin. La femme & les enfans du seigneur ont place dans son *banc*.

Lorsqu'il y a plusieurs haut-justiciers, celui à qui appartient la place la plus honorable, a son *banc* à main droite, & l'autre à gauche.

Il y a quelques paroisses où les moyens & bas-justiciers, même de simples seigneurs de fief, ont un *banc* dans le chœur, dans un endroit moins distingué que celui du haut-justicier; mais il faut que leur possession soit immémoriale, pour qu'ils y soient maintenus, autrement on les oblige de sortir du chœur, pour se placer dans la nef.

La qualité de gentilhomme ne suffit pas pour donner le droit d'avoir un *banc* dans la nef, au-dessus des autres paroissiens.

Le droit de *banc* dans le chœur, soit qu'il appartienne au patron ou au seigneur haut-justicier, ne peut être cédé, parce que c'est un honneur attaché à la personne, qui n'est ni cessible, ni communicable; mais on ne pourroit pas faire ôter un *banc* établi, sous prétexte que le seigneur ou patron est de la religion prétendue réformée.

Banc, (*terme de Jurisprudence angloise.*) Il y a en Angleterre deux tribunaux de judicature désignés par le mot de *banc* : le *banc* du roi & le *banc* commun.

Le *banc* du roi est une cour souveraine qui étoit autrefois présidée par le roi lui-même, & à laquelle il est toujours censé présent. Ce tribunal est composé de quatre juges, dont le premier s'appelle le *lord*, chef de la justice du *banc* du roi : il connoît des causes de la couronne entre le roi & ses sujets, des crimes de haute trahison, & des complots contre le gouvernement.

Le *banc* commun est une cour de justice où se portent les affaires communes & ordinaires de sujet à sujet, civiles, réelles ou personnelles : il est aussi composé de quatre juges, dont le premier prend le titre de chef de la justice des communs plaidoyers.

BANCAGE, terme particulier de la coutume de Loudun, pour désigner le territoire contenu dans l'espace d'une lieue, aux environs d'un moulin banal. La coutume de Tours se sert du mot *banquage* au même sens. *Voyez* Banalité.

BANDÉE, (la) c'est le nom que donne la coutume de Bourbonnois au *ban* ou permission de vendanger. *Voyez* Ban de Vendanges.

BANDEROLE, s. f. (*Eaux & Forêts.*) c'est la dénomination d'une petite planchette de bois ou plaque de tôle, qui contient le tarif du prix des bois à brûler & du charbon. L'ordonnance pour la ville de Paris, de 1672, enjoint aux mouleurs de bois & mesureurs de charbon d'apposer tous les jours, avant l'heure de la vente, des *banderoles*, contenant le prix de chaque espèce de marchandises, au-devant des chantiers & magasins.

BANDIE, Bandier, termes usités en quelques coutumes, dans la même signification que *banal* & *banalité*.

BANDIMENT, s. m. (*terme de Coutume.*) c'est une proclamation qu'un seigneur haut-justicier fait faire, en certains cas, par son sergent.

Les coutumes de Bayonne & de Bretagne s'en servent dans le cas où le seigneur haut-justicier ou de fief fait saisir & crier à l'encan, par son sergent, les héritages ou les biens meubles vacans par déshérence ou à défaut d'hoirs. Ce mot se dit encore de la publication ou avertissement que le seigneur fait à ses vassaux, de venir lui payer les rentes qui lui sont dues.

BANDIT, s. m. (*Droit criminel.*) Dans la signification propre ce mot signifie un voleur, un homme accoutumé à commettre des brigandages : on le dit aussi, par extension, des vagabonds & gens sans aveu. On le trouve ainsi employé dans un arrêt du conseil d'état du premier octobre 1732.

Les *bandits* doivent être punis, suivant l'espèce du crime qu'ils ont commis; lorsqu'ils sont vagabonds & gens sans aveu, ils sont jugés par les prévôts des maréchaux de France. Quelquefois même lorsque les *bandits* se sont multipliés dans une province; qu'ils y commettent des excès, & qu'il seroit difficile aux juges ordinaires de les faire arrêter & d'acquérir les preuves nécessaires pour opérer leur conviction & leur condamnation, les commissaires départis dans les généralités, ont été autorisés à leur faire extraordinairement leur procès. C'est ce qui résulte de l'arrêt ci-dessus cité, & d'un autre arrêt du 25 mars 1724, rendus pour la généralité d'Amiens.

BANDON, terme de coutume opposé à celui de *garde*, & dont on se sert en parlant des bestiaux. Lorsque, disent les coutumes d'Orléans & de Nevers, bêtes sont prises à *bandon* & sans garde en l'héritage d'autrui, il eſt dû amende & réparation du dommage; lorſqu'elles ſont priſes à garde faite, l'amende eſt plus conſidérable.

BANDOULIÈRE, ſ. f. large bande de cuir ou d'étoffe, qui paſſe de l'épaule gauche ſous le bras droit. Les commis des fermes des gabelles & tabacs ſont obligés, dans l'exercice de leurs fonctions, de porter une *bandoulière* aux armes du roi. Les gardes-chaſſes, des bois & des vignes, ſont également obligés d'en porter une aux armes du roi, ou des ſeigneurs dont ils ont des proviſions.

BANLIEUE, ſ. f. eſt une certaine étendue de pays, autour d'une ville qui en dépend, au-dedans de laquelle ſe peut faire le ban, c'eſt-à-dire, les proclamations de la ville, & juſqu'où s'étend l'échevinage & juſtice d'icelle.

On ne peut rien dire de poſitif, ſur l'étendue que doit avoir la *banlieue* d'une ville; cela dépend entièrement des anciens uſages: aſſez ordinairement elle s'étend juſqu'à une lieue autour de la ville. Les habitans de la *banlieue* jouiſſent des mêmes privilèges & exemptions dont jouiſſent les habitans de la ville; ils ſont auſſi aſſujettis au paiement de preſque tous les mêmes droits.

On appelle encore *banlieue*, l'étendue d'un terrein dans lequel un ſeigneur peut exercer le droit de banalité. *Voyez ce mot.*

BANNERET, ſ. m. (*Droit féodal.*) on appelloit ainſi autrefois un gentilhomme, qui avoit droit de bannière à la guerre. Cette prérogative ne s'accordoit qu'aux gentilshommes de nom & d'armes, & qui avoient, pour vaſſaux, d'autres gentilshommes qu'ils raſſembloient ſous leur bannière, & qu'ils commandoient à l'armée.

Ragueau, docteur de Bourges, dit, dans ſon *Indice*, que le *banneret* devoit avoir un château & au moins *vingt-quatre feux*, c'eſt-à-dire, vingt-quatre chefs de famille qui lui portaſſent hommage: & il ajoute que les chevaliers *bannerets* étoient ceux à qui le roi avoit donné pouvoir de lever bannière, quoiqu'ils ne fuſſent ni vicomtes, ni barons, ni châtelains, pourvu qu'ils fuſſent d'ancienne nobleſſe, & qu'ils poſſédaſſent des terres & des vaſſaux pour fournir & entretenir une troupe de gens à cheval.

Suivant Loiſeau, il ne ſuffiſoit pas, pour parvenir à la dignité de *banneret*, d'avoir aſſez de fiefs & de vaſſaux pour former une compagnie de gens à cheval; il falloit encore être gentilhomme de nom & d'armes, parce que le titre de chevalier *banneret* étoit réſervé à la haute nobleſſe.

La cérémonie de lever bannière ſe faiſoit, avec beaucoup de ſolemnité, un jour de bataille, de tournois ou de quelque autre fête ſolemnelle. Le ſeigneur, aſſez puiſſant en terres & en hommes pour pouvoir facilement lever bannière, faiſoit préſenter, par un héraut, un pennon de ſes armes au roi, &, en ſon abſence, au connétable ou aux maréchaux, ou aux lieutenans de l'armée, & demandoit permiſſion de lever bannière, ſelon le rang de ſa réception; lorſqu'on lui octroyoit ſa demande, il ſommoit les hérauts en témoignage, qui devoient couper la queue du pennon de ſes armes. *Voyez* PENNON.

Un ancien cérémonial nous apprend que le *banneret* devoit avoir cinquante lances, outre les gens de trait, les archers & les arbalêtriers qui lui appartenoient; ſavoir, vingt-cinq pour combattre, & pareil nombre pour le garder avec ſa bannière. Cependant il y en avoit quelquefois plus ou moins, ſelon la condition des fiefs, & chaque homme d'armes avoit à ſa ſuite deux hommes à cheval.

Les *bannerets* étoient d'ordinaire reconnus ſous ce nom, auſſi-bien que ſous le titre de barons; & comme ils avoient ſouvent la qualité de chevaliers, cela les a fait appeller *chevaliers bannerets*. Un arrêt du 23 février 1285, donné pour Jeanne de Ponthieu, porte que Dreux de Crevecœur, ſon mari, étoit chevalier *banneret*.

Il y avoit auſſi des écuyers *bannerets*, qui poſſédoient des fiefs avec le droit de bannière; mais n'ayant pas encore reçu l'honneur de la chevalerie, ils n'oſoient s'en attribuer le titre: ils étoient diſtingués des chevaliers *bannerets*, en ce qu'ils ne prenoient point la qualité de *meſſire*, de *monſeigneur* ou de *monſieur*, non plus que les ſimples écuyers, & qu'ils portoient des éperons blancs & non des éperons dorés, qui étoient réſervés aux ſeuls chevaliers. On trouve néanmoins, dans notre hiſtoire, pluſieurs exemples d'écuyers *bannerets*, qui commandoient des chevaliers *bannerets*; mais ce n'étoit qu'en vertu des ordres du roi, qui leur déféroient le commandement.

Dans l'origine du titre de *banneret*, il étoit perſonnel, & celui qui l'avoit, ne tenoit cet honneur que de ſon épée & de ſa valeur; mais depuis il devint héréditaire, & paſſa à ceux qui poſſédoient la terre ou le fief d'un *banneret*, quoiqu'ils n'euſſent pas l'âge requis, & qu'ils n'euſſent pas encore donné des preuves de leur courage pour mériter cette qualité, en vertu de laquelle il étoit permis, à celui qu'on en avoit honoré, de lever bannière & d'avoir des vaſſaux armés ſous ſon commandement.

Cet ordre fut ſans doute changé à cauſe du ban & arrière-ban, parce que, lorſqu'il étoit aſſemblé, chaque *banneret* étoit tenu de ſervir ſon ſeigneur ſuzerain. Ainſi ce devoir, qui étoit perſonnel, devint purement réel, ſuivant le fief & la nature de ſon inféodation; & ce ſervice, qui eſt attaché au fief, ſe rend entièrement ou ſe diviſe en pluſieurs parties. C'eſt depuis ce temps qu'eſt venue la diſtinction entre le *banneret* ſimple & le chevalier *banneret*: celui-ci a acquis ce titre, en ſe ſignalant dans les armées; & le *banneret* ſimple n'a cette qualité, qu'à cauſe du fief auquel eſt attachée la bannière.

Il y a beaucoup de perſonnes qui ſe perſuadent qu'il n'y avoit point de différence entre le baron & le *banneret*: il eſt à propos de faire voir le contraire, & que tout *banneret* n'étoit pas baron. Cela se prouve par deux arrêts du 2 & du 7 juin 1401, rapportés par Jean du Tillet, qui contiennent que messire Guy, baron de Laval, soutint à messire Raoul de Coëquen qu'il n'étoit point baron, mais seulement *banneret*, & qu'il avoit levé bannière dont on se moquoit, en l'appellant *chevalier au drapeau quarré* : & le seigneur de Coëquen se maintint baron, disant qu'il avoit près de cinq cens vassaux & beaucoup de rentes.

Les *bannerets* avoient souvent des supérieurs *bannerets* : on en a l'exemple dans un arrêt de l'année 1442, qui porte que le vicomte de Thouars, le plus grand & le premier vassal du comte de Poitou, avoit sous lui trente-deux *bannerets*. Cela fait connoître que ce vicomte, qui étoit *banneret*, avoit sous son obéissance, ainsi que beaucoup d'autres de même qualité, plusieurs *bannerets* ses vassaux : il résulte delà trois degrés de *bannerets*, en y comprenant le comte de Poitou.

Le *banneret* avoit le privilège du cri de guerre, que l'on appelle *cri d'armes*, qui lui étoit particulier, & lui appartenoit privativement à tous les bacheliers & à tous les écuyers ; parce qu'il avoit droit de conduire ses vassaux à la guerre, & d'être chef de troupe & d'un nombre considérable de gendarmes.

Dans les armoriaux, on ne mettoit que les seuls *bannerets* & les bacheliers, le roi & les princes étant à la tête ; les écuyers n'y étoient guère employés, avant qu'ils eussent reçu l'honneur de la chevalerie.

En Bretagne, les barons étoient distingués des *bannerets*, & les *bannerets* de cette province étoient créés dans les états ; comme on le remarque au sujet de Rolland Péan, seigneur de Grandbois, qui possédoit la terre de la Rochejagu, érigée en bannière par Pierre, duc de Bretagne.

D'Argentré témoigne aussi qu'en 1462, on convoqua une assemblée sous François II, duc de Bretagne, où il y avoit divers degrés pour l'écuyer, le bachelier *banneret* & le baron.

La loi somptuaire du roi Philippe III, dit le Hardi, de l'an 1283, parle ainsi des chevaliers *bannerets* & des bacheliers.

Item, chevalier qui aura trois mille livres de terre ou plus, où le banneret pourra avoir trois paires de robes par an, & sera l'une de ces trois paires de robes pour été.

La paie du chevalier *banneret* étoit différente de celle du chevalier bachelier, comme la paie de celui-ci l'étoit de celle de l'écuyer : cela se voit dans les registres de la chambre des comptes. On y remarque, par le compte de maître Jean de Dammartin, touchant la guerre de Gascogne, qu'on retint, dans la compagnie de monsieur le comte d'Artois, en 1297 & 1298, monsieur Robert, comte de Boulogne, avec sept autres *bannerets* & vingt-cinq chevaliers simples, pour seize mille livres par an : c'étoit cinquante sous par jour pour le *banneret*, & vingt-cinq sols pour le chevalier simple, selon ce compte.

Sous Philippe-Auguste, il se fit un catalogue des *bannerets* pour les pays de Normandie, de Bretagne, du Perche, d'Anjou, de Touraine, de Flandres, du Bourbonnois, de Ponthieu, du comté de Saint-Paul, d'Artois, de Vermandois, de Coucy, du Vexin François, de Gâtinois, d'Auxerrois, de Berry, de Champagne & de Bourgogne ; ce qui fait connoître l'ancienneté de ce titre.

Nos histoires sont pleines des noms & des qualités de ces *bannerets*. Jean, sire de Joinville, étant à l'armée de S. Louis, dit qu'il avoit enrôlé, parmi les recrues, *messire Pierre de Pontmoulin, chevalier banneret*, & qu'entre les nobles de Champagne qui l'avoient suivi, *il avoit bien perdu trente-cinq chevaliers, tous portant la bannière.*

Jean Froissart écrit que, lorsque Bertrand du Guesclin assista Henri, roi de Castille, messire Jean Chandos, tenant sa bannière en champ d'argent, marquée d'un épieu ou pal aiguisé de gueules, se présenta en cet état devant Edouard, prince de Galles, qui tenoit le parti de Pierre le Cruel, & lui dit : *monseigneur, voici ma bannière que je garderai avec la vôtre.*

Les grandes chroniques de France nous apprennent que les *bannerets* n'étoient pas seulement employés à la guerre, mais encore aux cérémonies de la paix ; car elles contiennent que monseigneur Charles, régent du royaume, duc de Normandie & dauphin de Viennois, envoya trois chevaliers *bannerets* & trois chevaliers bacheliers, pour voir faire au prince de Galles le serment de la paix de Brétigny, le 7 mai 1360.

Et il fut ordonné, dans le conseil de Charles VI, l'an 1396, que madame Isabeau de France, fille du roi, allant en Angleterre épouser le roi Richard II, auroit une suite, composée de deux chevaliers *bannerets* & de cinq chevaliers bacheliers ; savoir, des seigneurs d'Aumont & de Garancières, *bannerets* ; de messires Renaut, Jean de Trie, Galois d'Aumois, Charles de Chambly & du seigneur de Saint-Clair, bacheliers.

Les *bannerets* & les bacheliers commencèrent à tomber dans l'oubli sous Charles VII, lorsque ce prince fit ses ordonnances concernant les gens de cheval.

En Provence, on appelle *bannerets* des juges que les seigneurs établissent dans leurs seigneuries.

BANNERET, (*Droit public de la Suisse.*) c'est le titre que l'on donne à quelques-uns des premiers magistrats, dans plusieurs villes de la Suisse. Il tire son origine de l'usage où ils étoient anciennement de porter, en temps de guerre, la bannière de la ville ou du quartier.

Les fonctions de cet emploi varient dans les différentes villes. Dans les unes, c'est un magistrat purement civil ; dans d'autres, il a conservé la qualité de chef militaire.

Dans la partie françoise du canton de Berne &

dans le pays de Vaud, le *banneret* est le premier magistrat de police; il préside au conseil, y propose les matières, recueille les suffrages, & fait le rapport des délibérations.

BANNEROTS. Ce terme se rencontre dans les ordonnances de Mets, *chap. 1, art. 145*; il désigne les gardes d'une paroisse, établis pour la conservation des fruits.

BANNERS *ou* BANNARS, c'est le nom que l'on donne, dans le comté de Bourgogne, à ceux qui sont préposés à la garde des fruits, & que l'on nomme ailleurs *messiers* ou *vigniers*.

BANNETON, s. m. (*Eaux & Forêts.*) c'est le nom qu'on donne à une espèce de coffre, posé dans les rivières par les pêcheurs, pour leur servir de réservoir & garder leur poisson.

L'ordonnance de 1669, *tit. 31, art. 24*, enjoint aux officiers des eaux & forêts de visiter les *bannetons* & étuis des pêcheurs, situés sur les rivières; de s'assurer si le poisson qu'ils contiennent est de la qualité & échantillon prescrits par les réglemens; &, en cas de contravention, d'en dresser procès-verbal, & d'assigner les pêcheurs pour répondre du délit.

On appelle aussi *bannetons*, les boutiques que les pêcheurs & autres marchands de poisson ont dans les halles, marchés & poissonneries, pour y étaler & vendre leurs marchandises. La visite de ces *bannetons* appartient aux officiers de police des villes.

BANNIE, s. f. signifie, en quelques coutumes, *publication*. On dit, en Normandie, *banon* dans le même sens.

Bannie se dit aussi, dans quelques coutumes, adjectivement, & signifie *publié* ou *crié* en justice. C'est en ce sens qu'on dit, une terre *bannie*, une épave *bannie*.

BANNIER, s. m. *terme de Coutume*, usité dans la Bresse & en Dauphiné, pour désigner quelqu'un qui est préposé à la garde des vignes. C'est ce qu'ailleurs on appelle *messier*. *Voyez ce mot.*

BANNIÈRE, (*Droit féodal.*) c'est l'enseigne du chevalier ou seigneur banneret, sous lequel se rangeoient autrefois les vassaux qu'il conduisoit à la guerre. On donne le même nom aux étendards d'église qui se portent aux processions.

BANNIÈRE, (*Droit maritime.*) c'est l'enseigne ou étendard d'un navire, qui annonce, quand il est arboré, à quelle nation ce navire appartient.

Suivant l'ordonnance de la marine de 1689, & celle du 19 novembre 1776, la couleur blanche est la marque distinctive de la marine françoise; en conséquence, tout commandant en chef une escadre des vaisseaux du roi, de quelque grade qu'il soit, doit porter au haut du grand mât une *bannière* quarrée blanche, avec l'écusson de France au milieu. Lorsque, dans une flotte, il se trouve plusieurs officiers généraux subordonnés les uns aux autres, tels qu'un vice-amiral, un lieutenant général, un chef d'escadre, chacun d'eux doit arborer la *bannière* blanche sur le vaisseau qu'il monte; le vice-amiral, au grand mât; le lieutenant général, au mât de misaine; & le chef d'escadre, au mât d'artimon.

Dans les flottes nombreuses, que l'on est obligé de partager en trois escadres, le commandant de la première porte la *bannière* blanche; celui de la seconde, une *bannière* bleue & blanche; & celui de la troisième, une bleue.

BANNIÈRES, au plurier, se dit du recueil où s'enregistrent les ordonnances & lettres-patentes adressées au châtelet de Paris, de même que les autres actes dont la mémoire doit être conservée. Le greffier des insinuations est dépositaire de ce recueil, & en délivre des expéditions.

Les registres des *bannières* ont été commencés en 1461, par Robert d'Etouteville, prévôt de Paris.

BANNIMENT, s. m. *terme de pratique*, qui n'est en usage que dans le ressort du parlement de Toulouse: on y appelle de ce nom une saisie faite par un créancier, d'une chose due à son débiteur par une autre personne, avec défenses de payer en d'autres mains que celles du saisissant. Le *banniment* est donc la même chose que la saisie-arrêt, en usage dans le reste du royaume: on nomme aussi cette saisie *arrestation*.

Les régles qu'on doit observer dans le *banniment*, sont les mêmes que celles qu'on observe ailleurs pour les saisies-arrêts, avec cette différence néanmoins que, dans le ressort du parlement de Toulouse, le *banniment* ne peut avoir d'effet que pendant trois ans, au bout desquels il est prescrit; au lieu que la saisie-arrêt, dans les autres ressorts, ne se prescrit que par trente ans. *Voyez* SAISIE-ARRÊT.

BANNIR, v. a. BANNISSEMENT, s. m. (*Droit criminel.*) *bannir*, dans les provinces de droit écrit, s'emploie à la place du mot *saisir*, de la même manière qu'on y dit *banniment* pour *saisie*.

Dans sa signification propre, *bannir* c'est condamner judiciairement quelqu'un à sortir d'un lieu quelconque, avec défenses d'y reparoître au moins pendant un certain temps.

Le *bannissement* est une peine infamante qu'on prononce, en matière criminelle, en ordonnant à quelqu'un de sortir, pour toujours ou pour un certain temps, d'une ville, d'une province ou même du royaume: on *bannit* aussi hors du ressort d'une cour souveraine, d'un bailliage, d'une justice seigneuriale.

Il y a donc deux sortes de *bannissement*; l'un perpétuel & l'autre à temps. Tous les deux peuvent être accompagnés d'une autre peine; telle que l'amende honorable ou pécuniaire, le fouet ou la marque: on peut aussi y joindre des dommages & intérêts envers la partie civile.

Effets du bannissement. Il y a beaucoup de différence entre les effets du *bannissement* à temps, & ceux du *bannissement* à perpétuité.

Le *bannissement* à temps n'emporte ni mort civile, ni confiscation; celui qui y est condamné, peut vendre

vendre ses biens & en acquérir d'autres; il peut en disposer par testament ou autrement, & l'on peut tester en sa faveur : il conserve d'ailleurs tous ses droits sur sa femme, & sur les biens de la communauté.

Mais celui qui est banni du royaume à perpétuité, n'est plus capable d'aucun effet civil, il est mort civilement; ainsi, il ne peut ni tester, ni recueillir une succession; il est incapable de recevoir un legs ou une donation. Du jour de sa condamnation, l'usufruit dont il jouissoit se réunit à la propriété, & il y a ouverture à la substitution dont il étoit grevé; il peut néanmoins jouir d'une modique pension alimentaire, & même en recevoir une, par un testament postérieur à sa condamnation.

Le *bannissement* du royaume à perpétuité donne lieu à la confiscation des biens du condamné, dans les pays où elle a lieu; & dans ceux où elle n'a pas lieu, les héritiers du banni peuvent recueillir sa succession.

Le *bannissement* perpétuel emportant avec lui la note d'infamie, il s'ensuit qu'un banni ne peut plus servir de témoin valable dans un acte civil; néanmoins si sa condamnation étoit absolument ignorée dans l'endroit où il fixeroit sa demeure, la bonne foi des parties, qui l'auroient employé, feroit valider l'acte : ainsi que l'a jugé, le 3 février 1656, le parlement de Dijon, en faveur d'un testament attaqué de nullité, sous le prétexte qu'un des témoins étoit banni.

Le *bannissement* perpétuel du ressort d'un parlement, d'un bailliage royal, d'une généralité ou d'une justice particulière, n'emporte pas mort civile : c'est ce qui a été jugé par plusieurs arrêts du parlement de Paris, rapportés dans Bardet & dans le journal des audiences, l'un du 20 avril 1622, & l'autre du 7 septembre 1624.

Rousseau de Lacombe assure néanmoins que la jurisprudence du même parlement, est que le *bannissement* à perpétuité de son ressort, emporte mort civile & confiscation de biens contre les femmes : c'est, ajoute-t-il, ce qu'ont jugé, depuis longues années, tous les arrêts qui se sont rendus à la tournelle. On en trouve même un du 9 janvier 1620, rapporté par Tronçon sur la coutume de Paris, qui a jugé qu'un *bannissement* à perpétuité du bailliage de Chartres & de la prévôté de Paris, avec amende honorable, ne différoit pas d'un pareil *bannissement* du royaume pour opérer la mort civile.

Il faut observer que, quoique les enfans nés d'un mariage contracté par un homme banni du royaume à perpétuité soient légitimes, selon le droit canonique, ils ne peuvent néanmoins recueillir ni la succession de leurs parens paternels, ni celle de leurs autres parens. Cette décision est fondée sur ce qu'un tel mariage ne peut point produire d'effets civils; mais ils peuvent succéder aux biens acquis par le banni depuis sa condamnation, 1°. parce qu'ils n'ont pu être compris dans la confiscation, qui a été ordonnée par la sentence de *bannissement*; 2°. parce qu'un banni étant capable des choses de droit naturel, il peut acquérir, vendre & échanger. C'est le sentiment de le Brun, contraire à celui de Dumoulin, qui nous paroît devoir être préféré, comme plus équitable & plus conforme à la raison.

Des juges qui peuvent condamner au bannissement. Divers auteurs, & entre autres Rousseau de Lacombe, ont écrit que les juges royaux subalternes ne pouvoient bannir du royaume, & que les cours supérieures avoient seules le droit de prononcer cette peine. Cette opinion étoit appuyée par différens arrêts; mais cette jurisprudence n'est plus en usage, & il est certain que les juges royaux subalternes peuvent bannir du royaume, même à perpétuité, comme le prouve la déclaration du 4 août 1682, rendue contre les Bohémiens. Cette loi enjoint expressément aux baillis & aux sénéchaux royaux ou à leurs lieutenans, de bannir du royaume les Bohémiens en cas de récidive; ce qui fait voir que ces juges ont le pouvoir de prononcer cette espèce de *bannissement*. Cela a été réglé de même au parlement de Dijon, par un arrêt de la tournelle du 5 juillet 1732 : il y a aussi une pareille disposition pour la Lorraine, dans l'article 17 du titre 13 de l'ordonnance criminelle du duc Léopold, du mois de novembre 1707.

M. de Lamoignon, chancelier de France, écrivoit, en 1758, au lieutenant criminel d'Avalon, qu'un juge royal pouvoit condamner au *bannissement* hors du royaume à perpétuité, par la même raison qu'il est autorisé à condamner un accusé à la mort, & aux galères perpétuelles.

Quant aux juges des seigneurs, ils ne peuvent bannir que de leur territoire & non du royaume. Le parlement de Paris l'a ainsi jugé par deux arrêts, dont l'un, du 19 mai 1676, a été rendu contre le juge de Bénouille; & l'autre, du 11 septembre 1717, contre le juge de Vouvans. C'est aussi une disposition de l'ordonnance criminelle de Lorraine & de plusieurs coutumes : telles que celles du Poitou, de Senlis, *&c.*

Le parlement de Normandie a néanmoins une jurisprudence différente : cette cour a fait un réglement, le 22 décembre 1612, suivant lequel les juges des seigneurs peuvent bannir du royaume.

En France, le juge d'église ne peut plus condamner au *bannissement*, comme il le faisoit autrefois. L'official ne peut même pas bannir un ecclésiastique du diocèse de son évêque; la raison en est que le *bannissement* ayant l'effet de priver de l'honneur ou de la vie civile un citoyen, il faut tirer la conséquence que cette peine ne peut être prononcée, qu'en vertu d'une autorité émanée du souverain.

Au reste, rien n'empêche que le juge d'église n'ordonne à des prêtres étrangers, de se retirer du ressort de sa jurisdiction; il suffit qu'en cas pareil il n'emploie pas, dans son ordonnance, le terme de *bannissement*.

Les supérieurs réguliers, suivant la jurisprudence des arrêts, conformes en cela aux conciles de France, tenus à Orléans, à Meaux, & à Bourges, dois vent punir sévérement, dans le monastère, les religieux d'une conduite scandaleuse; mais les loix leur défendent de chasser les coupables de leur ordre, parce que c'est les réduire à la mendicité, & les forcer de mener une vie libertine & entiérement opposée aux maximes de l'évangile.

Mais si les juges d'église, ni les supérieurs réguliers ne peuvent prononcer la peine de *bannissement* contre les clercs ou les religieux, rien n'empêche que, pour un cas privilégié, le juge séculier ne les condamne à cette peine; ce qui, par rapport aux bénéfices, a fait distinguer entre le *bannissement* perpétuel & le *bannissement* à temps; & entre le *bannissement* du royaume, & le *bannissement* du lieu où le bénéfice doit être desservi.

Effet du bannissement vis-à-vis d'un bénéficier. Le *bannissement* perpétuel du royaume, opère sans doute la vacance de plein droit; mais il n'en est pas de même du *bannissement* perpétuel du lieu où le bénéfice doit être desservi, ou du ressort du juge qui a prononcé la condamnation. Dans ces deux derniers cas, il n'y a point de mort civile proprement dite, suivant notre jurisprudence; cependant si le bénéfice exige résidence, la vacance est alors nécessairement une suite de cette condamnation, elle est tacitement prononcée & elle est de droit; mais il en est autrement, lorsque le bénéfice ne demande pas résidence, & qu'il ne s'agit que d'un bénéfice simple: rien n'empêche, dans ce cas, que le condamné ne continue d'en jouir.

Quant au *bannissement* à temps, il ne produit pas la vacance de droit; mais si le bénéfice du banni est un bénéfice à charge d'ames ou qui exige résidence, on doit l'obliger à permuter avec un bénéfice simple, ou à résigner sous pension.

Par arrêt du grand-conseil, du 22 septembre 1733, il a été jugé qu'un banni à temps, après son ban fini, ne pouvoit être pourvu d'aucun bénéfice.

Formalités observées pour l'exécution d'une sentence de bannissement. Lorsqu'une condamnation au *bannissement* se prononce par contumace, le jugement doit être transcrit dans un tableau sans effigie: telle est la disposition de l'art. 16 du tit. 17 de l'ordonnance criminelle du mois d'août 1670.

La déclaration du 5 juillet 1722 fait défenses à toute personne, condamnée aux galères ou au *bannissement*, par quelque juge que ce soit, de se retirer, en aucun cas ni en aucun temps, dans la ville, les fauxbourgs & la banlieue de Paris, non plus qu'à la suite de la cour, sous peine, contre les contrevenans, d'être punis comme infracteurs de ban, conformément aux déclarations des 31 mai 1682, & 29 avril 1687.

Observez toutefois que cette disposition ne s'applique aux bannis, dont le temps de la condamnation est expiré, que dans le cas où ils ont aussi été condamnés au carcan ou à quelque autre peine corporelle, ou qu'ils ont subi deux fois la condamnation du *bannissement*.

Pour faire exécuter une condamnation au *bannissement*, les loix ne prescrivent rien autre chose que de prononcer le jugement au condamné; ce qui se fait par le greffier dans la prison. Le banni doit entendre à genoux la lecture de son jugement; le greffier doit lui demander s'il acquiesce à sa condamnation, faire mention de son acquiescement ou de son refus, & lui faire signer le procès-verbal.

Il y avoit autrefois, à cet égard, un usage singulier dans le Dauphiné: l'exécuteur de la haute-justice, accompagné d'archers, conduisoit le banni jusqu'aux frontières de la province. Une déclaration du premier mars 1709 a abrogé cette pratique, & ordonné que, dans le ressort du parlement de Grenoble où elle avoit lieu, il en seroit usé, sur cette matière, comme dans les autres cours & jurisdictions du royaume.

Les anciennes ordonnances défendoient à toutes personnes, même aux plus proches parens des bannis, de les cacher, à peine d'en répondre en leur propre & privé nom; d'être condamnés aux dommages & intérêts des parties, même d'être punis comme complices. La coutume d'Anjou condamnoit les receleurs des bannis aux mêmes peines que les infracteurs de leur ban; &, pour ôter tout prétexte, fondé sur l'ignorance de la condamnation, elle ordonnoit que les noms des bannis seroient inscrits sur un tableau, exposé dans l'auditoire d'Angers, de Saumur & de Baugé.

Un banni peut-il être détenu après son jugement? On a agité la question de savoir si un homme, condamné au *bannissement* perpétuel, pouvoit être retenu en prison, relativement aux dommages & intérêts adjugés contre lui à la partie civile, & la négative fut prononcée par arrêt du parlement de Paris, du 15 février 1697. Cette décision est principalement fondée sur ce que, dans tous les cas possibles, l'intérêt public doit être préféré à l'intérêt particulier: la même chose avoit déjà été jugée en 1681. Ces deux arrêts ont changé, à cet égard, la jurisprudence ancienne; car on trouve, dans le journal des audiences, un arrêt de 1660, & dans Soefve un autre de 1666, qui ordonnoient qu'un condamné au *bannissement* perpétuel tiendroit prison jusqu'au paiement des dommages & intérêts accordés à la partie civile.

On en use différemment à l'égard de ceux qui ne sont condamnés qu'à un *bannissement* à temps: avant d'exécuter leur ban, ils peuvent être retenus prisonniers pour les intérêts civils adjugés contre eux: c'est ce qui résulte de différens arrêts, & particuliérement de celui que rendit la tournelle criminelle, le 30 mars 1743. Par cet arrêt, l'accusé, banni pour neuf ans, fut condamné à garder prison jusqu'à ce qu'il eût payé les dommages & intérêts prononcés contre lui, en faveur de la partie civile, & il fut jugé que le temps de sa prison ne diminueroit point celui du *bannissement*.

Par ce moyen, l'intérêt public & celui de la partie civile se trouvent conciliés.

Le parlement de Bordeaux a néanmoins une jurifprudence opposée; sur le fondement que la peine, qui concerne la vindicte publique, doit être exécutée avant de donner satisfaction à un particulier.

De la nature du bannissement : des bannis. L'ordonnance de 1670 place le *bannissement* à perpétuité hors du royaume, le quatrième dans l'ordre des peines, après celle des galères perpétuelles.

L'âge, la qualité & la condition ne mettent pas à couvert du *bannissement*, soit perpétuel, soit à temps. Un enfant, sous puissance de père & mère; une femme mariée, quoiqu'en puissance de mari; un religieux peuvent être condamnés à cette peine. Mais il faut remarquer que la confiscation des biens de la femme, prononcée avec le *bannissement* perpétuel, ne prive pas le mari des fruits & revenus des biens de sa femme, pendant le cours de sa vie naturelle. Taisand, sur la coutume de Bourgogne, rapporte un arrêt du 4 août 1571, qui l'a ainsi jugé.

Quoiqu'on trouve plusieurs exemples de femmes bannies à perpétuité, l'usage le plus ordinaire est de les condamner à être enfermées dans une maison de force, pour le reste de leurs jours.

Suivant l'ordonnance de 1667, les bannis doivent être assignés à leur dernier domicile, sans qu'il soit besoin de procès-verbal de perquisition, ni de leur créer un curateur.

En Lorraine, les bannis doivent être assignés, tant à leur dernier domicile connu, qu'au domicile du curateur en titre, conformément à l'art. 15 du titre premier de l'ordonnance du duc Léopold, du mois de novembre 1707.

BANNITAIRE, s. m. ce terme est usité dans le ressort du parlement de Toulouse : c'est celui entre les mains duquel on fait un banniment ou saisie-arrêt. *Voyez ci-dessus* BANNIMENT.

BANON, s. m. (*terme de Coutume.*) On trouve, dans celle de Normandie, un titre *de banon & défends* : c'est le septième.

Le mot *banon* est opposé à celui de défends, & il se dit des héritages sujets au paturage commun des bestiaux, qui ne sont pas défensables.

Banon, dit le commentateur de cette coutume, est une chose à l'usage commun des habitans d'une paroisse; il signifie aussi le temps où les terres sont libres pour le passage & le paturage des bestiaux, sans la permission ou le consentement du propriétaire.

BANQUE, s. f. (*Droit civil. Commerce.*) ce mot reçoit différentes significations : tantôt il est pris pour le trafic ou commerce d'argent qu'on fait remettre de place en place, d'une ville à une autre, par le moyen d'une correspondance que les banquiers établissent entre eux avec le secours des lettres-de-change; tantôt le même mot signifie le lieu où les banquiers s'assemblent pour ce genre de commerce, & l'on donne à ce lieu différens noms : à Marseille c'est *la loge*; à Lyon *le change*; à Paris *la bourse*, &c. *Banque* est pris aussi quelquefois pour la caisse où les banquiers tiennent leur argent.

Le mot *banque* vient de l'italien *banca*, qui veut dire *banc*, parce que anciennement, ceux qui exerçoient la *banque*, s'assembloient dans une place publique, où chacun avoit son *banc*, sur lequel il comptoit son argent & écrivoit ses billets & lettres-de-change.

Anciennement il falloit une permission pour exercer la *banque*; une ordonnance de 1581 le prescrivoit ainsi; celle de Blois exigeoit même des étrangers une caution au moins de quinze mille écus, & cette caution devoit être renouvellée tous les trois ans. Aujourd'hui chacun a la liberté de faire la *banque* : les mineurs même sont autorisés à cette espèce de commerce. En Italie, & particuliérement dans les républiques, il ne déroge pas à la noblesse.

Rien de plus simple que l'exercice d'une *banque*, & rien de plus commode que l'établissement d'une *banque* sûre, pour ceux qui ont de l'argent à négocier. Un particulier de Marseille, par exemple, veut-il faire toucher à quelqu'un une somme d'argent à Paris? il porte cette somme à un banquier de Marseille; celui-ci, moyenannt un certain profit, lui donne une lettre-de-change dont le montant se touche sur un autre banquier de Paris son correspondant, & de cette sorte il évite l'incommodité & les frais du transport de son argent d'un lieu à un autre. Cette correspondance peut s'établir dans toutes les villes de l'Europe, à Cadix, à Londres, à Venise, *&c.* & même dans toutes les parties du monde.

Le banquier ne rend pas gratuitement des services de cette espèce au public; il en retire un certain bénéfice à titre de *change*; bénéfice qui dépend de la rareté ou de l'abondance de l'argent dans les lieux où l'on tire des lettres, par rapport aux endroits où le paiement doit en être fait. Ce bénéfice, qu'on appelle *arbitrage*, ne peut être regardé que comme légitime dès qu'il est réglé suivant le cours des lieux. L'article 3 du titre 6 de l'ordonnance de 1673 l'autorise formellement; il est la récompense de la peine que se donnent les banquiers; mais pour qu'il puisse avoir lieu, il faut qu'il y ait réellement remise de place en place : dans les endroits où il n'y a point de place ou de bourse, le change que l'on prendroit dégénéreroit en usure.

Les négociations d'argent & de lettres-de-change se font souvent par des entremetteurs établis à cet effet, & que l'on appelle *courtiers* & *agens de change*. *Voyez* AGENS DE CHANGE.

Dans certains pays, ce sont les villes & communautés, ou des compagnies particulières, qui se chargent de la *banque*, & qui par ce moyen font valoir l'argent d'autrui à gros intérêts. On connoit de ces sortes de *banques* à Londres, à Amsterdam, à Copenhague, à Venise, *&c.*

En France on ne peut former de société pour exercer la *banque* publique, sans y être autorisé par une permission du souverain, qui s'accorde par des lettres patentes enregistrées dans les parlemens, chambres des comptes & cours des aides.

La seule *banque* de cette espèce fut établie en 1716, & supprimée en 1720. Un Ecossois nommé *Law* en forma le projet, qui fut adopté par M. le duc d'Orléans, régent, dans un temps où les finances étoient dans le plus grand désordre, & l'argent très-rare. On crut rétablir le crédit public, donner de l'activité au commerce, & trouver les moyens de payer les dettes de l'état. Les premiers succès de la *banque* répondirent aux espérances qu'on en avoit conçues : mais on manqua de prudence, & en multipliant trop la monnoie fictive, on se mit dans la nécessité de l'anéantir. *Voyez* BANQUIER.

BANQUEROUTE, s. f. (*Jurisprudence. Commerce.*) c'est la déroute des affaires d'un débiteur. Ce mot, ainsi que celui de *banque*, vient du terme italien *banca*, qui veut dire *banc*. Lorsqu'un banquier ou négociant manquoit, on rompoit son banc, ce qu'on exprimoit par le mot de *banca-rota*, dont nous avons fait *banqueroute*.

On distingue deux sortes de *banqueroutes* : l'une qui est forcée & qu'on appelle simplement *faillite* ; l'autre qui est fraudulense & qui se nomme proprement *banqueroute*.

La *banqueroute* forcée ou faillite est celle qui a sa cause dans les accidens arrivés au débiteur & dans les pertes qu'il a faites.

La *banqueroute* frauduleuse dérive de la mauvaise foi d'un débiteur qui a soustrait les effets de ses créanciers & pris des mesures pour les tromper.

Suivant l'article premier du titre 11 de l'ordonnance du commerce, rendue en 1673, l'ouverture d'une faillite *ou banqueroute* peut partir de deux époques ; l'une de l'instant où quelqu'un s'est retiré ou absenté pour éviter les poursuites de ses créanciers ; l'autre du moment où les scellés ont été mis sur ses effets à la requête de ses créanciers ou de la partie publique en conséquence du bruit répandu de la faillite & de la cessation de ses paiemens.

Cependant il seroit dangereux de prendre toutes les absences d'un négociant ou commerçant pour une marque de *banqueroute* ou de faillite ; tous les jours, des raisons de commerce obligent les négocians à voyager & par conséquent à s'absenter dans des temps même où leur commerce est le plus florissant. Il faut donc que l'absence soit accompagnée de circonstances, qui manifestent évidemment un dérangement total dans les affaires, pour pouvoir en induire une faillite ou une *banqueroute*.

On aura par exemple, une preuve de *banqueroute* ou de faillite ouverte par les protêts de plusieurs lettres-de-change & par les poursuites dans plusieurs jurisdictions consulaires du royaume, pour obtenir le paiement de ses lettres-de-change.

Suivant l'article 11, on doit réputer banqueroutiers frauduleux, non-seulement les négocians, marchands ou banquiers qui ont diverti leurs effets, supposé de faux créanciers ou exagéré les créanciers véritables, mais encore ceux qui, lors de leur faillite, ne représentent pas leurs livres en bonne forme.

La première partie de cette disposition a été renouvellée par la déclaration du 11 janvier 1716. Cette dernière loi veut que ceux qui ont fait faillite & qui sont accusés d'avoir, dans l'état de leurs dettes ou autrement, employé ou fait paroître des créances feintes & simulées, ou d'en avoir fait revivre d'acquittées, ou d'avoir supposé des transports, ventes ou donations de leurs effets en fraude de leurs créanciers, puissent être poursuivis extraordinairement, comme banqueroutiers frauduleux, à la requête de leurs créanciers, quand même ceux-ci ne composeroient que le quart du total des dettes. La même déclaration ordonne que ces banqueroutiers soient punis de mort, conformément à l'article 12 du titre 11 de l'ordonnance du commerce. Elle défend en outre à toutes personnes de prêter leurs noms pour aider ou favoriser les *banqueroutes* frauduleuses ; de sorte que ceux qui contreviendroient à ces défenses pourroient être condamnés comme complices des banqueroutiers frauduleux, à une amende de quinze cens livres, & au paiement du double de ce qu'ils auroient diverti ou demandé de trop, même à la peine des galères à temps ou à perpétuité.

Au reste il faut remarquer que l'ordonnance ne s'exécute guère en ce qu'elle prononce la peine de mort contre les banqueroutiers frauduleux. La jurisprudence des arrêts a adouci la rigueur de cette disposition, en ne condamnant ces sortes de criminels qu'à l'amende honorable, au pilori, au bannissement ou aux galères à temps ou à perpétuité, selon les circonstances plus ou moins graves de la *banqueroute*.

Cependant si ceux qui font des *banqueroutes* frauduleuses étoient des personnes publiques, comme des receveurs de deniers publics, des notaires, des officiers de finances, des caissiers & autres ayant le maniment des deniers du roi, ils pourroient être punis de mort, sur-tout s'ils avoient détourné des sommes considérables.

Des circonstances particulières avoient fait attribuer aux juges-consuls la connoissance de tout ce qui concernoit les faillites & *banqueroutes* quand les poursuites se faisoient par la voie civile. Depuis l'année 1715, il y a eu sur cela différentes déclarations qui ont renouvellé successivement cette attribution ; mais comme elle n'a jamais été que momentanée & pour des termes limités, elle ne subsiste plus maintenant : les choses ont été rétablies dans l'ordre général par la déclaration du 13 septembre 1739, & les juges ordinaires sont rentrés dans le droit qui leur appartient, de connoître seuls des matières de faillites & *banqueroutes*, soit par la voie civile, soit par la voie criminelle. D'ailleurs dans le temps même où l'exercice de ce droit a été suspendu par les déclarations dont on a parlé, jamais le châtelet de Paris n'en a été privé ; il y a même au contraire été conservé spécialement par une déclaration donnée à cet effet le 30 juillet 1715, enregistrée au parlement le 6 août de la même année.

Les banqueroutiers frauduleux ne peuvent pas être reçus au bénéfice de cession, comme le remarque Leprêtre, au chapitre 99 de sa première centurie. C'est aussi ce qui résulte de l'article 2 du titre 9 de l'ordonnance du commerce, suivant lequel les banqueroutiers ne doivent point d'ailleurs obtenir de lettres de répit.

Quelques jurisconsultes ont pensé que ceux qui alléguoient des pertes pour se mettre à l'abri des poursuites criminelles, devoient justifier qu'elles leur étoient arrivées depuis les obligations qu'ils avoient contractées. Mais en pareille circonstance, il suffit qu'il paroisse que des événemens malheureux ont été la cause de leur ruine pour qu'on les suppose exempts de fraude. On a même cette indulgence envers ceux dont le jeu ou les dépenses excessives ont dérangé les affaires, à moins toutefois qu'il ne soit prouvé qu'il y a de la mauvaise foi de leur part. *Voyez* FAILLITE, BILAN, ATERMOIEMENT, ABANDONNEMENT DE BIENS, CESSION, RÉPIT, DIRECTION, *&c.*

BANQUET, s. m. *en terme de Coutume*, s'est dit autrefois du repas qu'un vassal étoit obligé de fournir à son seigneur une ou deux fois l'année. (*H*)

On appelle aussi *banquet*, le repas que le nouveau reçu dans une confrairie ou communauté, donne aux anciens. L'ordonnance de 1563, & celle de Moulins ont défendu ces *banquets* & repas : le rétablissement des corps & métiers, par l'édit du mois d'août 1776, a renouvellé les mêmes défenses.

BANQUIER, s. m. (*Jurispr. Comm.*) c'est celui qui tient la banque & qui fait commerce d'argent en faisant des traites & remises de place en place.

Il y avoit autrefois des espèces de *banquiers* chez les Romains, dont les fonctions étoient beaucoup plus étendues que celles de nos *banquiers ;* car ils étoient officiers publics, & tout à la fois agens de change, courtiers, commissionnaires, notaires, se mêlant d'achats & de ventes, & dressant tous les écrits ou actes nécessaires pour tous ces divers objets.

La différence du profit qu'il y a à tirer par une place ou par une autre, fait l'art & l'habileté particulière des nôtres.

Il y a plusieurs sortes de *banquiers.* Quelques-uns font la banque pour leur compte, & ce sont ceux-là qu'on appelle proprement *banquiers :* d'autres la font pour le compte d'autrui, & on leur donne une certaine rétribution, telle que dix sous ou cinq sous sur cent livres, pour les soins qu'ils prennent de faire payer les lettres-de-change à l'échéance, & d'en faire passer le montant dans les lieux qu'on leur a indiqués. On appelle ceux-ci *banquiers commissionnaires.*

La plupart des *banquiers* sont tout à la fois *banquiers* simples & *banquiers* commissionnaires, parce qu'ils font des affaires pour leur compte particulier, & des commissions les uns pour les autres. On voit même que les *banquiers* d'une nation sont en correspondance avec les *banquiers* des autres peuples policés : c'est ainsi qu'un *banquier* de Marseille, par exemple, qui a des lettres-de-change sur Amsterdam, les envoie à son correspondant dans cette dernière ville, afin que celui-ci les fasse payer & en emploie le montant selon la commission que l'autre lui en a donnée.

Nous avons dit, au mot BANQUE, que l'ordonnance de 1581 avoit défendu de faire le métier de *banquier* sans en avoir obtenu la permission : que celle de Blois vouloit même qu'aucun étranger ne pût être *banquier* qu'il n'eût auparavant fourni une caution solvable jusqu'à concurrence de quinze mille écus, & que cette caution devoit être renouvellée tous les trois ans : mais ces ordonnances sont tombées en désuétude ; & parmi nous, les étrangers aussi-bien que les françois, peuvent indistinctement & sans permission s'établir *banquiers*, sans que les uns ni les autres puissent être obligés à donner caution : les femmes même peuvent exercer la banque.

Suivant l'article 6 du titre 1 de l'ordonnance de 1673, les *banquiers*, quoique mineurs, sont réputés majeurs & peuvent s'obliger valablement pour raison de leur commerce sans y être autorisés par le consentement de leur père ou de leur curateur. Ainsi lorsqu'ils empruntent de l'argent, qu'ils acceptent des lettres-de-change, qu'ils s'obligent à fournir des marchandises pour un certain prix, ou qu'ils contractent quelque autre engagement de ce genre, ils ne peuvent pas se faire restituer contre leurs conventions, & ils sont tenus de les exécuter. Divers arrêts rendus par plusieurs parlemens ont confirmé cette jurisprudence.

De même que les *banquiers* mineurs peuvent accepter & endosser des lettres-de-change, ils peuvent aussi, par une conséquence nécessaire, se rendre cautions d'un autre *banquier* ou négociant, pourvu toutefois qu'un pareil cautionnement soit relatif à leur commerce : mais si un *banquier* mineur s'obligeoit comme caution pour une dette étrangère à son commerce, il est certain qu'il auroit le droit de se faire restituer contre un tel engagement. C'est d'après ces principes que par arrêt du mois d'avril 1601, rapporté par le Bret, un marchand qui étant mineur s'étoit rendu certificateur de la caution d'un receveur des tailles, fut restitué contre son obligation.

Puisque les *banquiers* mineurs sont réputés majeurs en ce qui concerne leur commerce, il faut en tirer la conséquence, que s'ils se trouvent dans un cas où la contrainte par corps puisse être prononcée, ils y sont sujets comme tout autre négociant. C'est ce que justifient différens arrêts, & entre autres un du 30 août 1702, par lequel le parlement confirma deux sentences que les juges-consuls de Paris avoient rendues contre un mineur relativement à des lettres-de-change qu'il avoit signées.

Suivant l'ordonnance du commerce, les *banquiers* & négocians qui vouloient obtenir des lettres de répit, devoient préalablement déposer au greffe un état certifié de leurs dettes & de leurs biens, tant meubles qu'immeubles ; mais la déclaration du 23 décembre 1699, a ordonné qu'ils seroient tenus de joindre cet état aux lettres de répit, pour y être attaché sous le contrescel : la même loi les a aussi assujettis à remettre au greffe du juge commis pour entériner les lettres & en celui de la jurisdiction consulaire du lieu, un double de l'état dont il s'agit; & elle les a en-même temps chargés de faire signifier cet état à chacun de leurs créanciers, avec les lettres de répit & l'acte de dépôt du double, dont on vient de parler.

L'ordonnance du commerce s'étoit d'ailleurs bornée à astreindre les *banquiers* & négocians qui demandoient des lettres de répit, à communiquer leurs livres ou registres à ceux de leurs créanciers qui requéroient cette communication : mais la déclaration de 1699 a fait de cette même communication des livres ou registres, une formalité dont les impétrans, qui sont *banquiers* ou négocians, ne peuvent se dispenser.

Si l'état ou les livres déposés par un *banquier* ou négociant se trouvent frauduleux, il doit être déchu du bénéfice des lettres de répit qu'il a obtenues, & il ne peut plus en obtenir d'autres, ni même être reçu au bénéfice de cession. C'est ce qui résulte de l'article 2 du titre 9 de l'ordonnance du commerce.

L'article premier du titre 3 de cette même ordonnance, veut que les *banquiers* & tout autre négociant aient un livre journal qui contienne tout leur négoce, leurs lettres-de-change, leurs dettes actives & passives, & les deniers employés à la dépense de leur maison; mais comme ce dernier point est étranger au commerce, on n'y fait pas beaucoup d'attention.

Suivant l'article 3 du titre qu'on vient de citer, les livres d'un *banquier* ou négociant devoient être signés, cotés & paraphés par l'un des consuls dans les villes où il y a jurisdiction consulaire, & par le maire ou l'un des échevins dans les autres villes. Cette loi avoit pour objet d'empêcher qu'on ne pût altérer ces livres ou qu'on n'en substituât de faux aux véritables; mais quelque utile que fût en elle-même la disposition que nous venons de rapporter, elle est restée sans exécution. La raison en est, que dans des villes telles que Paris, Lyon, Bordeaux, Marseille, *&c.* où les *banquiers* & les négocians sont en très-grand nombre, il eût été trop difficile de remplir ces formalités de signatures, de cotes & de paraphes de tous leurs livres. *Voyez* ACHAT, (*livre d'*).

Les *banquiers* ne peuvent pas être agens de change. L'article 1 du titre 2 de l'ordonnance du commerce déclare ces deux professions incompatibles. Celui qui a obtenu des lettres de répit, fait un contrat d'atermoiement ou faillite, ne peut exercer la banque qu'après qu'il a été réhabilité.

BANQUIER *expéditionnaire en cour de Rome*, (*Droit ecclésiastique.*) c'est le titre de certains officiers françois établis pour solliciter en cour de Rome, par l'entremise de leurs correspondans, toutes les bulles, rescrits, provisions, signatures, dispenses & autres actes pour lesquels les églises, chapitres, communautés, bénéficiers & autres personnes peuvent se pourvoir à Rome; soit que ces actes s'expédient par consistoire, ou par voie secrete à la chambre apostolique, à la chancellerie romaine, à la daterie qui en dépend, ou à la pénitencerie, qui est aussi un des offices de la cour de Rome.

Ils ont aussi le droit de solliciter les mêmes expéditions dans la légation d'Avignon & dans les autres légations qui peuvent être faites en France.

On les appelloit autrefois *banquiers solliciteurs en cour de Rome*. La déclaration du 30 janvier 1675 leur a donné le titre de *conseillers du roi*.

On distingue par rapport à eux trois temps ou états différens; savoir, celui qui a précédé l'édit de 1550, appellé l'*édit des petites dates;* celui qui a suivi cet édit, jusqu'à l'édit du mois de mars 1673, par lequel ils ont été établis en titre d'office; & le troisième est celui qui a suivi cet édit.

Premier état des banquiers. Pour ce qui est du premier temps, c'est-à-dire, celui qui a précédé l'édit de 1550, il faut observer que tandis que les Romains étoient maîtres des Gaules, il n'y avoit de correspondance à Rome pour les affaires ecclésiastiques ou temporelles, que par le moyen des argentiers ou *banquiers*, appellés *argentarii*, *nummularii*, & *trapezitæ*.

La fonction de ces argentiers ayant fini avec l'empire romain, des marchands d'Italie trafiquant en France leur succédèrent pour la correspondance à Rome.

Mais ce ne fut que vers le douzième siècle que les papes commencèrent à user du droit qu'ils ont présentement dans la collation des bénéfices de France : & qu'il fut nécessaire d'avoir auprès d'eux des personnes qui se mêlassent de faire obtenir les graces & expéditions de la cour de Rome; on les appella, comme le témoigne Mathieu Paris, *mercatores & scambiatores domini papæ*.

Ces personnes étoient de simples *banquiers* qui n'avoient aucun caractère public pour solliciter les expéditions de cour de Rome; ils ne prêtoient point serment à justice, d'où il arrivoit de grands inconvéniens.

Seconde époque des banquiers. Les abus qui se commettoient par ces *banquiers*, & à la daterie de Rome, touchant la résignation des bénéfices, étoient portés à un tel point, que le clergé s'en plaignit hautement.

Ce fut à cette occasion que Henri II donna au mois de juin 1550, l'édit appellé communément *des petites dates*, parce qu'il fut fait pour en réprimer l'abus (Dumoulin a fait, sur cet édit, un savant commentaire). Cette loi ordonna entre autres choses, que les *banquiers* & autres qui s'entremettoient, dans le royaume, des expéditions qui se font en cour de Rome & à la légation, seroient tenus, dans un mois après la publication de l'édit, de faire serment pardevant les juges ordinaires du lieu de leur demeure, de bien & loyalement exercer leur état; & défenses furent faites à tous les ecclésiastiques de s'entremettre de cet état de *banquier* &

expéditionnaire de cour de Rome ou de légation. On regarde communément cet édit comme la loi qui a commencé à former la compagnie des *banquiers* expéditionnaires de cour de Rome.

Ceux qui étoient ainsi reçus par le juge ne prenoient encore alors d'autre titre que celui de *banquiers ;* & comme ils étoient immatriculés, on les surnomma dans la suite *matriculaires*, pour les distinguer de ceux qui furent établis quelque temps après par commission du roi & de ceux qui furent créés en titre d'office.

Le nombre de ces *banquiers* matriculaires n'étoit fixé par aucun réglement; il dépendoit des juges d'en recevoir autant qu'ils jugeoient à propos, & ces *banquiers* étoient tous égaux en fonctions, c'est-à-dire, qu'il étoit libre de s'adresser à celui d'entre eux que l'on vouloit pour quelque expédition que ce fût.

Au commencement du dix-septième siècle, quelques personnes firent diverses tentatives tendantes à restreindre cette liberté & à attribuer à certains *banquiers*, exclusivement aux autres, le droit de solliciter les expéditions des bénéfices de nomination royale.

La première de ces tentatives fut faite en 1607, par Etienne Guessier, qui fut commis & député à la charge de *banquier* solliciteur sous l'autorité des ambassadeurs du roi à la cour de Rome, pour expédier seul les affaires consistoriales & matières bénéficiales de la nomination & patronage du roi, sans qu'aucun autre s'en pût entremettre & pour jouir de tous les droits & émolumens que l'on a coutume de payer pour de telles expéditions.

Les *banquiers* & solliciteurs d'expéditions de cour de Rome, demeurant tant en France qu'en cour de Rome, se pourvurent au conseil du roi en révocation du brevet accordé au sieur Guessier; les agens généraux du clergé de France intervinrent & se joignirent aux *banquiers*, & sur le tout il y eut arrêt du conseil, le 22 octobre 1609, par lequel le roi permit à tous ses sujets de s'adresser à tels *banquiers* & solliciteurs que bon leur sembleroit, comme cela s'étoit pratiqué jusqu'alors, nonobstant le brevet du sieur Guessier, qui fut révoqué & annullé; & le roi enjoignit à ses ambassadeurs à la cour de Rome, de faire garder dans les expéditions de France en cour de Rome l'ancienne liberté & les règles prescrites par les ordonnances.

Il y eut une tentative à-peu-près semblable, faite en 1615, qui échoua également & par les mêmes moyens. Les notaires apostoliques prétendirent aussi pouvoir exercer les fonctions de *banquiers* expéditionnaires; mais un arrêt du parlement de Paris, du 10 février 1629, leur défendit de s'immiscer dans cet état directement ou indirectement, à peine de faux, & des dommages & intérêts des parties.

Troisième époque des banquiers. L'établissement des *banquiers* expéditionnaires en titre d'office fut d'abord tenté par un édit du 22 avril 1633, portant création de huit offices de *banquiers* expéditionnaires en cour de Rome dans la ville de Paris; de quatre en chacune des villes de Toulouse & de Lyon, & de trois en chacune des villes de Bordeaux, d'Aix, de Rouen, de Dijon, de Rennes, de Grenoble & de Metz. Cet édit fut publié au sceau le 22 juin de la même année: mais sur la requête que les agens généraux du clergé présentèrent au roi, le 25 du même mois de juin, il intervint arrêt du conseil le 10 décembre suivant, par lequel il fut sursis à l'exécution de cet édit.

Le nombre des *banquiers* matriculaires s'étant trop multiplié, tant à Paris que dans les autres villes du royaume, Louis XIII, par son édit du mois de novembre 1637, portant réglement pour le contrôle des bénéfices, en ordonna la réduction *au nombre de quarante-six ; savoir, douze en la ville de Paris, cinq en celle de Lyon, quatre à Toulouse & autant à Bordeaux, & deux en chacune des villes de Rouen, Rennes, Aix, Grenoble, Dijon, Metz & Pau.*

Ceux qui exerçoient alors la charge de *banquier* dans les autres villes furent supprimés, & il fut défendu aux juges & officiers royaux de donner dorénavant aucune commission ni de recevoir aucune personne à l'exercice de la charge de *banquier*, à peine de nullité.

Il fut aussi ordonné par le même édit, que quand les *banquiers* des villes dans lesquelles on en avoit conservé seroient réduits au nombre spécifié par l'édit, les places qui deviendroient ensuite vacantes seroient remplies par des commissions que le roi donneroit gratuitement.

Mais il paroît que cet édit, & plusieurs autres qui furent rendus pour la création des *banquiers* expéditionnaires en titre d'office, n'eurent pas lieu: ce ne fut que depuis l'édit du mois de mars 1673 qu'il y en eut en titre d'office; & c'est ici que commence le troisième temps ou état, que l'on a distingué par rapport aux *banquiers* expéditionnaires. Cet édit fut enregistré dans les différens parlemens.

Les motifs qui le firent rendre, furent les abus qui se commettoient journellement dans les expéditions concernant l'obtention des signatures, bulles & provisions de bénéfices, & autres actes apostoliques qui s'expédioient pour les sujets du roi à la cour de Rome & à la légation d'Avignon, & qui étoient montés à un tel point, que l'on avoit vu débiter publiquement plusieurs écrits de la cour de Rome faux & altérés, & fort souvent des dispenses de mariages fausses, ce qui avoit causé de grands procès, même troublé le repos des consciences & renversé entièrement l'état & la sûreté des familles.

Le roi, par cet édit, créa en titre d'office formé & héréditaire, un certain nombre de *banquiers* expéditionnaires de cour de Rome; savoir, pour Paris vingt; pour chacune des autres villes où il y a parlement & pour celle de Lyon quatre, & deux pour chacune des autres où il y a présidial: il donna à eux seuls le droit de solliciter pour ses sujets, & de faire expédier à leur diligence par leurs correspondans toutes sortes de rescrits, signatures, bulles & provisions, de quelque qualité que puissent être ces actes & de quelque manière qu'il soit besoin de les expédier, soit en chambre apostolique ou en chancellerie, par voie secrete ou autrement.

Il défendit à tout matriculaire, commissionnaire & autre de se charger à l'avenir directement ni indirectement d'aucun envoi en cour de Rome & à la légation, & d'y solliciter aucune expédition, à peine de punition exemplaire; même à tous particuliers de se servir du ministère d'autres *banquiers* que ceux qui furent alors créés, à peine de dix mille livres d'amende pour chaque contravention; & tous les rescrits & actes apostoliques qu'on auroit obtenus après le 15 mai suivant devoient être déclarés nuls; avec défenses à tous juges d'y avoir égard, ni de reconnoître d'autres *banquiers* que ceux créés par cet édit, à peine de désobéissance.

Le nombre des *banquiers* expéditionnaires créés par l'édit du mois de mars 1673, fut réduit, par une déclaration du 30 janvier 1675, à douze pour Paris; à trois pour chacune des villes de Toulouse & de Bordeaux; à deux pour chacune des villes de Rouen, Aix, Grenoble, Dijon, Metz & Pau, & à quatre pour Lyon. Cette même déclaration leur attribua le titre de *conseillers du roi, banquiers expéditionnaires de cour de Rome & de légation.*

Leur nombre a varié plusieurs fois : il a été aussi créé des offices de contrôleurs, de trésorier de la bourse commune, d'inspecteurs vérificateurs, de gardes des archives. Mais ces différentes créations d'office n'ayant eu lieu que pour trouver de l'argent dans les besoins de l'état, toutes ces charges ont été successivement réunies, moyennant finances, aux offices de *banquiers* créés par l'édit de 1673. Enfin, en 1691, le nombre des *banquiers* établis à Paris a été fixé à vingt.

Qualités que doivent avoir les banquiers. Pour être reçu *banquier* expéditionnaire en cour de Rome, il faut, 1°. être âgé de vingt-cinq ans; 2°. être laïque, car il est défendu aux ecclésiastiques d'embrasser cet état; 3°. être reçu avocat dans un parlement; 4°. leurs charges sont incompatibles avec celles des greffiers des insinuations ecclésiastiques & de notaire apostolique; 5°. le pourvu d'un office de *banquier* doit se présenter à la compagnie pour y subir examen, & obtenir son consentement sur sa réception : enfin tout *banquier*, avant d'exercer son état, est tenu de prêter serment devant le bailli ou sénéchal du lieu de sa résidence.

Il est défendu à tout particulier sans caractère de s'immiscer dans la fonction de *banquier* expéditionnaire, soit par lui ou par personnes interposées, de procurer ou solliciter les expéditions de cour de Rome, & aux parties d'y employer d'autres personnes que les *banquiers*, à peine de faux; & aux juges d'avoir aucun égard aux actes qui n'auront pas été expédiés à la diligence & sollicitation des *banquiers*, & qui n'auront pas été par eux cotés & enregistrés comme il est ordonné, lesquels actes ou expéditions sont déclarés nuls; & les bénéfices obtenus en conséquence impétrables.

Le roi cependant n'a pas prétendu empêcher les parties de dépêcher à Rome ou à Avignon des couriers extraordinaires ou d'y aller elles-mêmes, pour rétention de dates & expéditions de bulles & signatures; mais elles sont obligées de charger, avant le départ du courier, le registre d'un *banquier* expéditionnaire de l'envoi qui sera fait; lequel envoi contiendra sommairement les noms de l'impétrant, du bénéfice & du diocèse, le genre de vacance, le nom du courier & l'heure de son départ; & si c'est la partie elle-même qui fait la course, il en doit être fait mention, le tout à peine nullité.

Les parties présentes en cour de Rome ou dans la ville d'Avignon peuvent faire expédier, en leur faveur, les bulles, rescrits & autres graces qui leur seront accordés, mais à la charge de les faire vérifier & certifier véritables par les *banquiers* expéditionnaires avant l'obtention des lettres d'attache dans le cas où il est nécessaire d'en obtenir & avant de les faire fulminer, le tout à peine de nullité.

Elles ne peuvent faire expédier en leur faveur sur vacance par mort, des provisions de bénéfices situés dans les provinces du royaume sujettes à la prévention du pape & des légations, à moins qu'il n'apparoisse de l'avis donné aux mêmes parties de la vacance des bénéfices par le registre d'un *banquier* qui en aura été préalablement chargé; le tout à peine de nullité.

Fonctions, droits & prérogatives des banquiers. Les fonctions & les droits des *banquiers* expéditionnaires ont été réglés par divers édits, déclarations, lettres-patentes, arrêts de réglemens & statuts homologués.

Ils doivent avoir *un bon & loyal registre*, coté & paraphé sur chaque feuillet par le lieutenant général, ou par le principal juge royal du lieu de leur résidence, & sur le dernier feuillet, il doit être dressé un acte qui contienne le nombre des feuillets, le jour que le registre aura été paraphé & le quantième du même registre. Cet acte doit être signé du juge & du *banquier*.

Les *banquiers* expéditionnaires doivent écrire sur une des pages de chaque feuillet de leur registre le jour de l'envoi, avec articles cotés de nombres continus, lesquels doivent contenir en sommaire la substance de chaque acte bénéficiaire & de toute autre commission pour expéditions apostoliques bénéficiales & autres dont ces *banquiers* seront chargés, le jour & le lieu de la confection de l'acte, du contrôle & enregistrement, les noms des parties, des notaires, témoins, contrôleurs & commettans, & ensuite des jours d'envoi, le jour de l'arrivée du courier ordinaire & extraordinaire; & sur l'autre page vis-à-vis de chaque article, ils doivent pareillement écrire le jour de réception, la date, le quantième livre & feuillet du *registrata* de l'expédition, avec le jour du *consens*, si aucun y a, & le nom du notaire qui l'aura étendu, ou la substance sommaire du refus ou empêchement de l'expédition; ils

ils doivent aussi coter chaque expédition apostolique de leur nom & résidence, du *numéro* de l'article de commission, du nom de leur correspondant, du jour qu'ils l'auront délivrée, & signer ou faire signer par leur commis; & en cas de refus en cour de Rome ou empêchement, les *banquiers* sont tenus de délivrer aux parties certificat; le tout sous peine de trois mille livres d'amende & de tous dépens, dommages & intérêts des parties.

Il leur est défendu d'avoir plus d'un registre, ni d'enregistrer aucun acte d'expédition apostolique sur un nouveau registre que le précédent ne soit entiérement rempli, à peine de punition corporelle contre les *banquiers*, de privation de leurs charges, de six mille livres d'amende & des dépens, dommages & intérêts des parties.

Il leur est enjoint de représenter leurs registres aux archevêques & évêques de leur résidence, & au procureur général du grand-conseil, tant à Paris qu'en tout autre lieu où cette cour tiendra sa séance; à tous les autres procureurs généraux du roi, & à leurs substituts en la ville de Lyon, lorsqu'ils en seront par eux requis, pour voir s'ils ont gardé la forme prescrite par cet édit, sans néanmoins que, sous ce prétexte, ils puissent être dessaisis de leur registre.

On peut, en vertu de lettres de compulsoire & d'arrêt rendu pour leur exécution, compulser les registres des *banquiers* en cour de Rome. Mais les cours sont maîtresses de permettre ou de refuser les lettres de compulsoire.

L'édit du mois de juin 1550 ordonne que les *banquiers*, en délivrant les expéditions par eux faites, seront tenus de mettre & écrire leurs noms & demeures, à peine d'être privés pour toujours de l'exercice de l'état de *banquier* dans le royaume, d'amende arbitraire & des dommages & intérêts des parties.

Ce même édit déclare que si les *banquiers* contreviennent à ces dispositions ou *font faute autrement en leur charge & registre*, il sera procédé contre eux par emprisonnement de leurs personnes, jusqu'à pleine satisfaction des dommages & intérêts des parties, sauf à prononcer en outre contre eux une punition corporelle, si le cas y échoit.

Suivant l'édit de 1637 & la déclaration de 1646, les *banquiers* expéditionnaires sont tenus de faire signer sur leur registre leur commettant s'il est présent, & s'ils ont été chargés par un absent, ils doivent, à l'article de la commission, en coter le nom, la qualité & la demeure, à peine de deux mille livres d'amende, & des dépens, dommages & intérêts des parties.

Comme quelques *banquiers*, moyennant certaines sommes dont ils convenoient avec les parties, faisoient ensorte que le courier étant à une ou deux journées de la ville de Rome, fît porter le paquet qu'on lui avoit recommandé par quelque postillon ou autre qui, par une diligence extraordinaire le devançât d'un jour pour prévenir ceux qui par le même courier avoient donné charge & commission d'obtenir le même bénéfice: ce qu'ils appelloient faire expédier par avantage; l'article 14 de l'édit de 1637, qui prévoit ce cas, défend très-expressément à tout *banquier* de faire porter aucun paquet ni mémoire par avantage & gratification, à peine de faux & 3000 livres d'amende. Il est enjoint aux couriers de porter ou faire porter & rendre en un même jour dans la ville de Rome toutes les lettres, mémoires & paquets dont ils auront été chargés dans le même voyage sans se retarder, faire ou prendre aucun avantage en faveur des uns au préjudice des autres, à peine de pareille amende & de tous dépens, dommages & intérêts des parties: il est également défendu aux parties de se servir de ces provisions prises par avantages, & aux juges d'y avoir égard; l'édit les déclare nulles.

Les *banquiers* ne doivent, suivant l'article 15 du même édit, recevoir aucune procuration ni autres actes sujets au contrôle, ni les envoyer soit en cour de Rome, soit à la légation, s'il ne leur apparoît qu'ils ont été contrôlés & enregistrés; ils doivent les coter de leurs noms & *numéro*, à peine de nullité, de 2000 livres d'amende, en cas de contravention, & des dépens, dommages & intérêts des parties.

L'article suivant réitère les défenses qui avoient déjà été faites par l'édit de 1550 aux *banquiers* d'envoyer des mémoires, & de donner charge de retenir date sur les résignations, si par le même courier & par le même paquet il n'envoient les procurations, à peine de privation de leurs charges, de 3000 livres d'amende, & autre plus grande peine, à l'arbitrage du juge.

Le même édit de 1637 déclare aussi nulles toutes provisions par résignation qui auront été expédiées & délivrées au correspondant de Rome après la mort du résignant & plus de six mois après le jour d'envoi, comme suspectes d'avoir été expédiées sur procurations envoyées postérieurement au décès, ou pendant l'extrême maladie du résignant, après avoir sur mémoire fait retenir la date, à moins que l'impétrant ne fasse voir que, contre sa volonté, & sans fraude ni connivence, l'expédition a été retardée à Rome, ou qu'il y a eu quelque autre empêchement légitime.

Il est ordonné, par l'article 24 du même édit, que les *banquiers* qui seront convaincus d'avoir commis quelque fausseté, antidate ou autres malversations dans leurs charges, seront punis comme faussaires à la discrétion des juges, même par privation de leurs charges; mais afin qu'ils ne soient pas témérairement & impunément calomniés, l'édit veut que personne ne soit reçu à s'inscrire en faux contre leurs registres, ni contre les expéditions faites par leur entremise, qu'auparavant il ne se soumette, par acte reçu au greffe de la jurisdiction ordinaire, ou de celle en laquelle le différend des parties sera pendant, à la peine de la calomnie, à une amende extraordinaire envers le roi, & à tous les dépens, dommages & intérêts du *banquier*, au cas que le demandeur en faux succombe dans la preuve de son accusation, sans que ces peines & amendes puissent être modérées par les juges.

L'article 12 de la déclaration de 1646 défend de faire expédier des provisions en cour de Rome pour des bénéfices non consistoriaux, & qui ne sont pas de la nomination du roi, sur des procurations surannées, à peine de nullité.

L'ordonnance de 1667, *titre 15*, *article 8*, porte qu'il ne sera ajouté foi aux signatures & expéditions de cour de Rome si elles ne sont vérifiées, & que la vérification se fera par un simple certificat de deux *banquiers* expéditionnaires écrit sur l'original des signatures & expéditions, sans autre formalité.

L'édit de 1673 enjoint aux *banquiers* expéditionnaires de garder & observer exactement les ordonnances au sujet des sollicitations & obtentions de toutes sortes d'expéditions de cour de Rome & de la légation, sous les peines y contenues, ensemble de mettre au dos de chacun des actes qu'ils auront fait expédier, leur certificat, contenant le jour de l'envoi & de la réception, à peine de nullité des actes, & des dépens, dommages & intérêts des parties.

Suivant la déclaration du 3 août 1718, les *banquiers* expéditionnaires de Paris sont seuls, & à l'exclusion de tous les autres *banquiers*, autorisés à faire expédier les bulles de provision des archevêchés, évêchés, abbayes & de tous les autres bénéfices du royaume qui sont à la nomination du roi; ils peuvent aussi faire expédier toutes sortes de provisions de bénéfices, dispenses de mariage, & autres expéditions de cour de Rome pour toutes les provinces du royaume, & les *banquiers* établis dans les autres villes, ne peuvent travailler que pour les bénéfices, & les personnes du ressort où ils sont établis, à peine de 3000 livres d'amende.

Pour prévenir toute contravention aux réglemens, & procurer au public la facilité des expéditions, l'article 6 de la même déclaration ordonne que les *banquiers* expéditionnaires, soit en titre ou par commission, ne pourront s'absenter tous à la fois & dans le même temps, de la ville dans laquelle ils ont été établis par les réglemens, à peine de 500 livres d'amende, & de tous dépens dommages & intérêts des parties, auxquelles, en cas d'absence de tous les *banquiers* de la ville, il est permis de se pourvoir devant le lieutenant général, ou autre premier juge du principal siège, & en cas d'absence ou empêchement de celui-ci, devant le plus ancien officier du siège, suivant l'ordre du tableau, pour y déclarer l'envoi qu'ils desirent faire, & sommairement les noms de l'impétrant du bénéfice & du diocèse, le genre de vacance, & le nom de la personne par le ministère de laquelle ils desirent faire l'envoi dont il leur sera donné acte & permission de faire l'envoi par la personne par eux choisie, après qu'il sera apparu au lieutenant général, ou autre premier officier, de l'absence de tous les *banquiers* par un procès-verbal de perquisition de leurs personnes, lequel sera dressé par deux notaires royaux ou un notaire royal en présence de deux témoins, avec sommation aux mêmes *banquiers* de se trouver dans une heure devant le lieutenant général.

Enfin l'article 7 porte que si les propriétaires de ces offices négligent de les faire remplir trois mois après la vacance, il y sera pourvu par des commissions du grand sceau, *&c.*

Comme les *banquiers* expéditionnaires qui sont employés dans cette profession ne peuvent quelquefois pas expédier toutes les affaires dont ils sont chargés, il leur est permis, par l'article 25 de l'édit de 1637, d'avoir près d'eux dans la ville de leur résidence, un ou plusieurs commis laïques pour exercer leur charge en leur absence, maladie ou empêchement, sans néanmoins que ceux-ci puissent avoir de registre séparé.

Les droits & émolumens des *banquiers* expéditionnaires de cour de Rome ont été réglés par plusieurs édits & déclarations, & par des tarifs arrêtés au conseil. Mais s'ils ne sont pas payés comptant, ils n'ont d'action pour répéter ce qu'ils prétendent leur être dû, qu'autant qu'ils représentent un acte qui les ait autorisés à agir.

Il a été jugé, par arrêt du 10 mai 1715, qu'ils n'avoient point de privilège sur les fruits d'un bénéfice pour les frais des bulles.

Ils ont entre eux une bourse commune, pour laquelle il avoit été créé une vingt-unième charge, qui a été acquise par la compagnie, & dont les fonctions sont exercées par celui qu'elle choisit.

Les privilèges des *banquiers* expéditionnaires consistent, 1°. dans l'exemption de tutèle, curatelle, commission, & de toutes les autres charges publiques, laquelle leur a été accordée par l'article 26 de l'édit de 1637, qui porte que c'est pour leur donner moyen d'exercer leurs charges avec assiduité & sans distraction.

2°. L'édit du mois de mars 1678 les décharge en outre nommément de la collecte des deniers royaux, & de guet & de garde.

3°. L'édit de 1637 leur donne aussi le droit de *committimus* aux requêtes du palais du parlement de leur résidence pour les causes qui peuvent concerner la conservation de leurs privilèges, & les droits attribués à leur emploi. Ce droit de *committimus* a depuis été étendu à toutes les causes personnelles & mixtes des *banquiers* expéditionnaires, & leur a été confirmé par la déclaration du 30 janvier 1675.

4°. La même déclaration leur attribue le droit de franc-salé, & confirme tous leurs autres droits & privilèges portés par les précédens édits.

Ces droits & privilèges ont encore été confirmés par une déclaration du 3 août 1718 qui rappelle les précédens réglemens, & explique plusieurs de leurs dispositions.

BANQUIER, (*moulin*) *terme de Coutume.* Celles

de Loudun & d'Azai-le-Ferrou se servent de ce nom pour désigner un moulin bannal.

BANS *de mariage*. On appelle ainsi les avertissemens & proclamations solemnelles, qui se font dans les églises paroissiales, des mariages qui doivent se contracter.

Cette publication a été introduite à dessein de prévenir les mariages clandestins, & pour donner lieu de faire connoître les empêchemens qui peuvent se rencontrer entre l'une ou l'autre des parties, soit pour raison d'engagemens précédens, soit pour autre cause.

Cette pratique a été long-tems particulière à la France, mais les papes l'ont étendue à toute l'église par le concile de Latran en 1215, sous Innocent III, dont les dispositions ont été renouvellées par le concile de Trente.

L'ordonnance de Blois & les édits de 1606 & de 1639, paroissoient avoir ordonné la publication des *bans*, à peine de nullité du mariage, & de tous les actes postérieurs; mais l'usage & la jurisprudence ont donné atteinte à des loix si précises & si formelles. On a introduit au palais une distinction entre les mariages célébrés par des majeurs & ceux qui le sont par des mineurs de vingt-cinq ans: de sorte que les premiers sont déclarés bons & valables, tant par les juges d'église que par les cours, nonobstant le défaut de publication de *bans*; au lieu que ceux qui sont contractés par des mineurs de vingt-cinq ans, sont déclarés abusifs sur l'appel comme d'abus interjetté par les parens quand il n'y a pas eu de *bans* publiés auparavant.

Il paroît même, suivant la jurisprudence des cours, dit l'auteur des mémoires du clergé, que si les mariages des enfans de famille mineurs de vingt-cinq ans avoient été célébrés du consentement de leurs parens, tuteurs & curateurs, le défaut de publication de *bans* ne seroit pas regardé comme une nullité.

Cette interprétation se trouve approuvée par la déclaration du roi du 16 février 1692, rendue en interprétation de l'édit du mois de décembre 1691, concernant les greffiers des insinuations ecclésiastiques, & enregistrée au parlement de Paris le 28 du même mois, laquelle porte qu'ayant été attribué, par l'édit du mois de décembre 1691, des droits à ces greffiers, & entre autres 12 livres pour l'insinuation de chaque dispense d'un ou de deux *bans*, il a été représenté au roi que quoique, l'insinuation de ces dispenses fît une des plus considérables parties des émolumens de ces officiers; cependant ils n'en retiroient pas tout le profit qu'ils en devoient attendre, parce que par l'article 19 de cet édit on avoit seulement ordonné une peine de nullité des dispenses de *bans*, faute de les faire insinuer; ce qui n'emportoit, est-il dit, aucune obligation de les faire insinuer, à l'égard de toutes les personnes majeures ni même des mineures qui contracteroient mariage du consentement de leurs pères & de leurs mères; le défaut de publication de *bans* n'étant jugé essentiel que relativement à la validité des mariages des personnes mineures.

Le prêtre ou curé qui célébreroit un mariage sans publication de *bans*, ou sans s'être fait représenter cette publication ou un certificat, pourroit être poursuivi pardevant l'official, qui le puniroit des peines canoniques, & pardevant le juge royal, qui, pour sa contravention aux ordonnances, pourroit le condamner à l'amende, & même à des peines plus graves, suivant les circonstances: car quoique le défaut de publication de *bans* ne soit pas regardé dans notre jurisprudence comme un défaut bien essentiel, le prêtre qui, sans ce préalable, célèbre un mariage, ne s'en rend pas moins coupable de désobéissance aux loix de l'église & de l'état.

La publication des *bans* doit se faire pendant trois jours consécutifs de dimanche ou de fête dans le temps de la célébration de la messe paroissiale, par le propre curé de l'une & de l'autre des parties, avec injonction à tous ceux qui savent quelque empêchement au mariage d'en faire leur déclaration. Il faut qu'il y ait quelque intervalle entre chacune des proclamations, & entre la dernière proclamation & le mariage, afin que toutes les personnes qui pourroient savoir quelque empêchement puissent être instruites de la promesse de mariage, & qu'elles aient le temps de faire leur déclaration.

Si le curé refuse de faire une publication de *bans*, on doit l'assigner devant l'official, pour qu'il lui soit enjoint de les publier; & si après cette injonction il persiste dans son refus, l'évêque ou son grand-vicaire peut alors commettre un prêtre pour publier les *bans* dans la paroisse où doit s'en faire la publication. Il y auroit abus si les parties intéressées la faisoient faire à la porte de l'église par le ministère d'un huissier, même en vertu d'une sentence d'un juge royal, ainsi qu'il a été jugé par arrêt du 16 mars 1614, rapporté par Louet.

Les publications des *bans* ont encore un autre effet singulier dans le ressort du parlement de Toulouse; elles servent à mettre à couvert l'intérêt des créanciers hypothécaires du fiancé en les avertissant de son prochain mariage. Car en dénonçant à la fiancée, en parlant à sa personne, par un exploit fait avant la célébration du mariage, les titres de créance qu'ils ont sur le mari qu'elle va prendre, si jamais le cas de la restitution de dot arrive, la femme ne leur sera point préférée. Cet usage qui n'a lieu que dans le Languedoc, où l'on s'est toujours attaché à suivre exactement le droit romain, est un effet de la loi *assiduis*, par laquelle Justinien donne à la femme pour la restitution de sa dot une préférence sur tous les créanciers de son mari, même antérieurs à son contrat de mariage: privilège extraordinaire que l'on n'a point admis dans les autres parlemens de droit écrit, &

que la formalité de la dénonciation modifie dans le seul parlement où il soit reçu.

Quant à l'intervalle qui doit avoir lieu entre les publications, il est réglé différemment par les statuts synodaux, & par l'usage des différens diocèses. Il y a des églises dans lesquelles on doit réitérer les publications des *bans*, quand le mariage n'a point été célébré dans les quatre mois après les premières proclamations.

La publication des *bans* doit être faite par le propre prêtre, c'est-à-dire par le curé du domicile des parties.

On acquiert dans une paroisse un domicile suffisant pour s'y marier, & par conséquent pour y faire publier ses *bans* de mariage, lorsqu'on y a demeuré publiquement pendant six mois, pour ceux qui demeuroient dans une autre du même diocèse, &, quand on y a eu publiquement son domicile pendant un an, pour ceux qui demeuroient auparavant dans un autre diocèse. A l'égard des enfans mineurs de vingt-cinq ans, leur domicile de droit est celui de leurs pères ou de leurs mères, & de leurs tuteurs ou curateurs, au cas que leurs pères & leurs mères soient morts: il y faut faire la publication de leurs *bans*; & s'ils ont un autre domicile de fait, il faut que les *bans* soient publiés dans la paroisse où ils demeurent, & dans celle de leurs pères, mères, tuteurs ou curateurs. Cela est ainsi prescrit par l'édit du mois de mars 1697.

Le curé ou les autres prêtres qui publient à sa place des *bans* de mariage, sont tenus de désigner les noms, les surnoms, les qualités, la profession, le lieu de la naissance & celui de la résidence des parties contractantes: on doit aussi dire les noms de leurs pères & de leurs mères, & déclarer si ceux-ci sont morts ou vivans; mais cette règle n'a pas lieu à l'égard des bâtards. Les curés doivent aussi, avant la publication des *bans*, être assurés du consentement de toutes les parties.

Les évêques & les grands-vicaires peuvent accorder des dispenses de la publication des *bans*, quand il y a des causes justes & légitimes. Ordinairement on n'accorde dispense que de la seconde & de la troisième publications; cependant, quand il y a des raisons pressantes, on accorde aussi quelquefois une dispense de la première publication. Les évêques & les grands-vicaires doivent observer, à l'égard des mineurs, de ne leur accorder ces dispenses que du consentement de leurs pères ou mères, & de leurs tuteurs ou curateurs. Le parlement de Paris a rendu à ce sujet un arrêt de réglement, le 22 décembre 1687.

Les causes les plus ordinaires de la dispense des *bans* marqués par les canonistes, sont la crainte des oppositions sans fondement qui ne feroient que retarder le mariage; l'infamie qui tomberoit par la proclamation, sur les personnes qui veulent se marier; le danger qu'il y auroit à différer la célébration, soit pour le spirituel, soit pour le temporel; quand on approche du temps où les noces sont défendues, & qu'on ne peut différer sans courir quelque risque; quand on craint que les publications, en faisant connoître le mariage futur, ne causent des troubles & des querelles.

Les curés sont obligés de tenir des registres pour y transcrire les oppositions formées à la publication des *bans* & à la célébration des mariages. Ces oppositions se font par des personnes qui se croient en droit d'empêcher le mariage dont on a publié les *bans*, & elles se signifient au curé par le ministère d'un huissier. Lorsque les opposans se désistent de leurs oppositions ou que les juges en donnent main-levée, le désistement ou la main-levée doivent pareillement être transcrits par les curés, sur les registres dont on vient de parler; c'est ce qui résulte de l'arrêt de réglement du 15 juin 1691.

Quelque mal fondée que paroisse une opposition à la publication des *bans* d'un mariage projetté, le curé ne doit pas moins y avoir égard. C'est d'après ce principe que, par arrêt du 16 février 1736, rapporté par Fromental, le parlement de Toulouse déclara abusive la sentence d'un official, par laquelle il avoit ordonné que, nonobstant l'opposition du père d'une fille majeure de vingt-cinq ans, & sans préjudicier aux droits des parties, non plus qu'à l'accusation de rapt intentée pardevant le lieutenant criminel de Guillac, il seroit passé outre à la publication des *bans*, jusqu'au mariage exclusivement.

Lorsqu'une personne veut obtenir main-levée de l'opposition faite à ses *bans* de mariage, il faut qu'elle fasse assigner l'opposant devant les juges auxquels appartient la connoissance de l'objet qui a donné lieu à l'opposition. Ainsi, dans le cas où l'opposition est relative au lien qui naît des fiançailles, ou d'un mariage que l'opposant prétend avoir été contracté entre lui & la partie dont on a publié les *bans* de mariage avec une autre personne, c'est devant l'official que l'assignation doit être donnée, parce que la connoissance de cette sorte de matière a été attribuée par nos rois, aux juges d'église. Ensuite si l'opposant justifie qu'il y a réellement un mariage contracté entre lui & la personne dont on a publié les *bans*, l'official, en faisant droit sur l'opposition, doit défendre de célébrer le mariage.

Quand l'opposition est fondée sur des fiançailles dont l'opposant fournit la preuve, le juge d'église doit les déclarer bonnes & valables, & exhorter la partie adverse à remplir son engagement: si cette partie persiste dans son refus, le même juge doit prononcer la dissolution des fiançailles, & faire main-levée de l'opposition; mais il ne peut point accorder de dommages & intérêts à l'opposant, sinon il donneroit lieu à l'appel comme d'abus.

Lorsque les oppositions aux publications des *bans* de mariage ne sont fondées ni sur des fiançailles, ni sur un mariage contracté précédemment, elles doivent être discutées devant le juge séculier.

Par édit du mois de septembre 1697, il fut établi, dans tous les diocèses du royaume, des contrôleurs des *bans* de mariage, & il fut ordonné que les dispenses des publications de *bans* seroient contrôlées. Le cardinal de Noailles ayant représenté qu'il se trouvoit des occasions dans lesquelles il importoit à l'honneur des familles & à l'état des personnes que la célébration des mariages se fît secrétement, ce qui ne pourroit avoir lieu, si les dispenses de publications de *bans* devoient être contrôlées, cette disposition de l'édit fut révoquée.

La formalité des *bans* n'est pas nécessaire, lorsque la célébration d'un mariage est ordonnée par un jugement en dernier ressort, à moins qu'il ne s'agisse du mariage d'un mineur de vingt-cinq ans. Le clergé s'est souvent plaint de cette jurisprudence; mais ses remontrances n'ont rien produit, parce que le but du législateur, en ordonnant la publication des *bans*, n'est que de rendre le mariage public, ce qui a également lieu par l'arrêt ou sentence qui en ordonne la célébration.

BAN-VIN, *ou* VEST-DU-VIN, s. m. (*Droit féodal.*) c'est une espèce de servitude, un droit à-peu-près semblable à celui de banalité, qui donne pouvoir à un seigneur de vendre seul, pendant un certain temps de l'année, le vin qu'il recueille de son crû, & cela exclusivement aux habitans de sa seigneurie. Ce temps est ordinairement de quarante jours.

Plusieurs coutumes, comme celles de Tours, d'Anjou, du Maine, de Loudunois, de la Marche, & autres, font mention de cette espèce de privilège, que l'on connoît aussi en pays de droit écrit.

Le *ban-vin* s'est introduit pour donner plus de facilité aux seigneurs de débiter le produit de leurs vignes; mais comme ce droit n'est effentiellement attaché à aucune seigneurie, il faut ou que la coutume l'attribue formellement, ou qu'il soit fondé sur un titre valable. L'ordonnance du mois de juin 1680 veut que ce titre soit antérieur au premier avril 1560, & elle défend d'avoir égard aux anciens aveux & dénombremens, s'ils n'ont été reçus par ceux à qui il appartient d'en prendre connoissance pour le roi. Mais cette ordonnance, faite pour les pays d'aides, de laquelle nous allons parler plus particuliérement ci-après, semble ne devoir point recevoir d'application aux autres pays où le droit dont il s'agit est etabli, & où le roi n'a aucun intérêt pour le fait des aides. Les titres des seigneurs dans ces pays peuvent s'examiner & s'apprécier suivant les règles dont nous avons parlé à l'article BANALITÉ.

Voici ce que l'on remarque de commun entre les provinces où les aides ont cours, & les autres provinces, au sujet du *ban-vin*. Nous ferons voir ensuite les exceptions qui concernent particuliérement les pays d'aides.

Lorsque le temps de l'exercice du *ban-vin* n'est pas déterminé par les titres ou par la coutume, le seigneur est maître de le fixer quand bon lui semble. Lorsque ce temps est arrivé, il n'est plus permis à aucun des habitans de la seigneurie, à quelque distance qu'ils soient du domicile du seigneur, de vendre du vin d'aucun vignoble. Ceux qui tiennent des tavernes ou cabarets, sont obligés d'ôter leurs enseignes, qu'on appelle en certains endroits des *bouchons*. Il n'y a que les aubergistes qui logent les étrangers, qui aient la liberté de vendre du vin, sans être obligés pour cela de le prendre chez le seigneur; mais pour ces étrangers seulement, & non pour ceux des habitans qui jugeroient à propos d'aller boire chez ces aubergistes. On répute pour étrangers, ceux qui n'ont point leur habitation dans la paroisse où est située la maison du seigneur.

Le seigneur, de son côté, pendant ce temps-là, ne peut vendre d'autre vin que du crû de la paroisse où est la maison seigneuriale de la terre qui lui donne droit de *ban-vin*; & l'on regarde comme vin de son cru, celui qui provient des dixmes inféodées sur les vignes situées dans la même paroisse, & des pressoirs banaux qui y sont construits. Si le seigneur cherchoit à vendre d'autre vin que de son crû, on seroit admis à faire preuve par témoins de cette espèce de fraude.

Il ne peut vendre son vin ailleurs que dans sa maison seigneuriale, quoiqu'elle soit à une certaine distance du bourg ou du village dont elle dépend; & cette vente, il ne peut la faire, comme il est dit, qu'à *pot ou pinte & sans assiette*, par les mains de ses domestiques. Il peut cependant en faire le débit dans la maison destinée pour la ferme, lorsqu'il n'y a point de fermier, & qu'il exploite par lui-même cette ferme.

Le droit de *ban-vin* ne peut être cédé à personne, excepté cependant dans les pays où il est regardé comme domanial, suivant qu'il résulte d'un arrêt du parlement de Paris, rendu le 21 août 1638, en faveur du fermier du domaine de Montbrison, dans le Forez; on ne peut pas non plus en faire un bail conventionnel, soit en le comprenant dans la ferme générale des revenus de la terre, soit en le donnant à titre de bail particulier. Ce droit ne peut pas non plus être exercé dans la maison, dans les caves, les celliers & autres lieux cédés au fermier pour son logement.

Quoique le vin des pressoirs banaux & des vignes inféodées, soit regardé comme du crû du seigneur, cependant si ces pressoirs & ces vignes étoient affermées, le privilège de la vente de ce vin cesseroit, quand même le seigneur auroit pris ce même vin en paiement du montant de sa ferme; mais la chose seroit différente, si le bail étoit à moitié-fruits: la part du seigneur seroit réputée vin de son crû.

La prohibition d'affermer le droit dont il s'agit, est tellement de rigueur, que ce droit ne peut même pas entrer dans un bail judiciaire. Aussi-tôt que par le bail qui suit une saisie réelle, le seigneur est dépouillé, personne ne peut faire usage pour lui du droit qu'il exerçoit, il faut attendre qu'il y ait un adjudicataire.

Lorsque le seigneur exerce son droit, il ne peut mettre son vin à un prix arbitraire; il est obligé de le donner pour le prix qu'il valoit à l'ouverture du *ban-vin;* l'article 316 de la coutume de la Marche le prescrit formellement : le vin qu'il débite doit être en même temps pur & d'une qualité ordinaire.

La vente en détail que peut faire le seigneur, n'empêche pas les habitans de vendre & d'acheter entre eux en gros & en futailles; car enfin le profit que le seigneur peut tirer de son privilége, ne vient que de ce que ceux de ces habitans, qui n'ont point de vin de leur crû, ni les facultés pour en tenir dans leur cave, sont obligés d'en aller acheter chez lui en détail, au lieu d'en aller prendre chez le cabaretier; ce qui ne change rien à l'égard de ceux qui ont leur provision, lesquels par conséquent peuvent vendre ou acheter en gros, pourvu que pendant le *ban-vin* ils ne vendent pas en détail. C'est aussi ce qui paroît avoir été jugé par un arrêt du 12 août 1561, rapporté par la Rocheflavin. Cet arrêt rendu entre le seigneur de Seysses & ses sujets, porte que ce seigneur sera maintenu dans sa possession de pouvoir vendre son vin *à pot & à pinte*, chaque année, durant le mois d'août, à un prix commun & raisonnable, suivant la taxe du bailli & des consuls.... « sans que pour raison » de ce, est-il dit, les habitans puissent être empêchés » par ledit seigneur, de vendre ou acheter leur vin » en gros, en tonneaux gros ou petits, durant ledit » mois d'août, ou autre temps de l'année ».

Comme le seigneur est obligé de fournir du vin de bonne qualité, & à un prix raisonnable & quelquefois suivant la taxe, il s'ensuit que ceux qui sont dans le cas d'en acheter en détail, ne peuvent le prendre ailleurs que chez lui, sans quoi il auroit été inutile d'assujettir le seigneur à le fournir de bonne qualité & à juste prix; il y auroit été naturellement obligé pour mériter la préférence. D'ailleurs on voit que les anciennes formules de publication de *ban-vin* portent défenses de vendre & d'acheter au préjudice du seigneur.

Quand le vin du seigneur est débité avant l'expiration du délai qu'il avoit pour le vendre, les habitans, dès ce moment, reprennent leur droit de vendre & d'acheter en détail comme auparavant. Le seigneur ne peut point, pour completter le délai, débiter d'autre vin, quand même ce vin auroit été recueilli dans son territoire du crû de ses sujets. Sur quoi on peut remarquer que Salvaing, dans son livre de *l'usage des fiefs*, a donné dans une erreur palpable, en prétendant que le seigneur pouvoit faire emplette d'autre vin que de son crû, pour exercer son droit dans les pays où il n'a point de vignes. Cette fausse opinion, justement relevée par Freminville, est condamnée par les anciennes ordonnances, & notamment par celle de Charles VI, du 4 janvier 1392.

Lorsque plusieurs co-héritiers ont droit à l'exercice du *ban-vin*, il est indifférent pour les habitans qu'ils l'exercent conjointement ou séparément, pourvu que le vin se débite en même temps & sans interruption.

Pendant la durée du *ban-vin*, le seigneur n'a point droit de visites ni de recherches, par lui ou par ses officiers, chez les particuliers; mais, comme le dit fort bien l'article 317 de la coutume de la Marche, il peut s'enquérir s'il n'y a personne qui vende à son préjudice; & s'il découvre quelqu'un en contravention, il a droit de l'actionner, & de faire prononcer contre lui des dommages-intérêts, & l'amende portée par la coutume.

Voici maintenant les particularités qu'exige de plus l'ordonnance de 1680, dans les pays d'aides, au sujet du *ban-vin*.

D'abord il est à remarquer que cette ordonnance maintient tous ceux qui ont droit de *ban-vin*, dans le privilége exclusif de vendre leur vin durant le délai porté par les titres & par les coutumes; mais, comme nous l'avons déjà observé, elle n'admet pour titres valables, que ceux qui sont d'une époque antérieure au premier avril 1560, & elle défend d'avoir aucun égard aux aveux & dénombremens anciens, s'ils n'ont été reçus par les officiers du roi, auxquels il appartient d'en prendre connoissance.

En maintenant les seigneurs dans leur droit de *ban-vin*, elle autorise les commis à se transporter, chaque année après les vendanges, dans les maisons seigneuriales de ceux qui exercent ce droit, même dans les lieux où le gros n'a point cours, pour inventorier & marquer le vin que ces seigneurs prétendent être du crû de la paroisse où est la maison seigneuriale de la terre à cause de laquelle ce même droit leur appartient. Les seigneurs sont tenus de déclarer la quantité du vin qu'ils ont recueilli, d'indiquer la situation de leurs vignes par tenans & aboutissans, & de souffrir les inventaires & marques des commis, le tout à peine de déchéance de leur droit pour l'année où ils auront refusé de satisfaire à ce qui leur est prescrit.

Il sont tenus, sous la même peine, de faire publier au prône, ou du moins à l'issue de la messe de paroisse, le jour qu'ils feront l'ouverture de leur ban, & d'en signifier l'acte de publication au fermier des droits d'aides huit jours auparavant; & le fermier peut, du jour de la signification qui lui en a été faite, envoyer des commis dans les maisons des seigneurs, dans leurs caves & leurs celliers, pour y faire des visites, & les continuer pendant la durée du *ban-vin.*

Les seigneurs sont aussi tenus de représenter au commis tout le vin du crû, pour être récolé sur les premiers inventaires, s'ils ont été faits, sinon pour être inventorié, marqué & rouanné. Quand il se trouve que les seigneurs ont fait une fausse déclaration, & qu'ils vendent d'autre vin que celui qui a été marqué, ils doivent être condamnés à trois cens livres d'amende, avec confiscation du vin au profit du fermier.

Les hôteliers, taverniers & cabaretiers sont tenus de souffrir les visites des commis durant le *ban-vin*, comme en tout autre temps, & de payer les droits de détail & d'augmentation, quoique le vin qu'ils débitent soit du crû de la seigneurie.

L'ordonnance veut, qu'au cas de contravention à ce qu'elle prescrit, les seigneurs soient tenus de payer les droits d'aides pour tout le vin qu'ils auront vendu durant le ban de l'année où la contravention aura été commise, avec privation du droit de *ban-vin* pour l'année suivante, & qu'au cas de récidive une autre année, ils en soient déchus durant leur vie.

Le dernier article de cette ordonnance porte que les contestations, au sujet du droit dont il s'agit, *où le fermier des droits d'aides sera partie principale ou partie intervenante*, seront introduites en première instance aux élections, & suivies par appel aux cours des aides, avec défenses aux autres juges d'en connoître, à peine de nullité des procédures & des jugemens qui pourroient s'ensuivre.

Il est aisé de remarquer que les contestations qui ne roulent qu'entre le seigneur & les habitans, ne sont plus de la compétence des élections; les juges ordinaires sont alors en droit d'en connoître. Mais lorsque le fermier des aides devient partie intéressée dans l'affaire, la contestation doit être nécessairement renvoyée au siége de l'élection, sans qu'on puisse même se pourvoir directement à la cour des aides.

Il faut pourtant observer que dans les lieux où il y a une chambre du domaine, comme à Montbrison, à Blois & ailleurs, c'est au juge domanial à prendre connoissance, en ce cas, de la contestation, sauf l'appel au parlement.

Il nous reste à dire, pour terminer cet article, qu'il y a un édit du mois d'avril 1702, qui porte que dans les provinces où il n'y a point d'aides, & dans les lieux où le droit de *ban-vin* n'est pas établi au profit du roi ou des seigneurs, ce même droit y sera introduit & vendu au nom de sa majesté, avec faculté pour ceux qui l'auront acquis, de l'exercer pendant 40 jours de chaque année, dans le temps qu'il leur plaira, à la charge néanmoins qu'ils feront annoncer avant le premier novembre de chaque année, le temps où ils jugeront à propos d'user de leur droit, & de se borner au vin de leur crû. Il est fait défenses, en même temps, à toutes personnes de vendre du vin ou d'autres boissons *en détail*, pendant que durera l'exercice du droit, à peine de confiscation des vins qui se trouveront vendus en fraude, & de trois cens livres d'amende au profit des propriétaires qui ne seront point sujets, est-il dit, aux droits d'aides spécifiés par l'ordonnance du mois de juin 1680. Il est ajouté que les seigneurs & les corps des villes & communautés pourront acquérir le droit en question pour l'unir, si bon leur semble, à leurs domaines, fiefs & seigneuries, avec faculté aux uns & aux autres de l'affermer conjointement avec leurs autres revenus, ou d'en faire un bail séparé.

Mais il a été reconnu, sous ce nouveau règne, combien un droit pareil étoit contraire au commerce des vins, dans les villes où l'on s'en faisoit un prétexte pour empêcher d'y entrer les vins qui n'étoient pas du territoire même de l'endroit; en conséquence, le roi, par un édit du mois d'avril 1776, a aboli le droit de *ban-vin* appartenant à des villes, bourgs ou autres lieux, à quelque titre que ce fût, quoiqu'il eût été acquis des rois ses prédécesseurs ou de quelques seigneurs, attendu que les villes, est-il dit, n'avoient dû l'acquérir que pour en procurer aux habitans l'affranchissement. Et à l'égard du droit de *ban-vin* appartenant à des seigneurs ecclésiastiques ou séculiers, même au roi, à cause de ses domaines, il est dit que nonobstant ce droit, les vins & les eaux-de-vie auroient par-tout un passage libre; mais que pour la vente & l'achat, la même liberté cesseroit dans les terres des seigneurs ecclésiastiques ou séculiers, dans lesquelles le droit de *ban-vin* seroit établi, & cela dans la saison & pour le temps seulement qui sont fixés pour l'exercice de ce droit.

BAPAUME, ville de France en Artois; elle est de l'intendance de Lille, & du diocèse d'Arras. Il y a un gouverneur & un état-major, une recette, un grenier à sel, une maîtrise des eaux & forêts, un bailliage royal qui ressortit au conseil provincial d'Artois & au parlement de Paris; elle est régie par une coutume particulière, composée de vingt-trois articles, & rédigée en 1509.

BAPTÊME, s. m. (*Droit canonique.*) c'est celui des sept sacremens, par lequel on est fait chrétien.

Ce mot signifie en général *lotion*, *immersion*; & c'est en ce sens que les Juifs appelloient *baptême*, certaines purifications légales qu'ils pratiquoient sur leurs prosélytes après la circoncision. On donne le même nom à celle que pratiquoit S. Jean dans le désert à l'égard des Juifs, comme une disposition de pénitence pour les préparer, soit à la venue de Jesus-Christ, soit à la réception du *baptême* que le Messie devoit instituer, & dont le *baptême* de S. Jean étoit absolument différent par sa nature, sa forme & sa nécessité, comme le prouvent les théologiens, contre la prétention des Luthériens & des Calvinistes.

Le *baptême* de l'église chrétienne est appellé, dans les pères, de plusieurs noms relatifs à ses effets spirituels; comme *adoption*, *renaissance*, *régénération*, *rémission des péchés*, *renouvellement des esprits*, *vie éternelle*, *indulgence*, *absolution*.

La matière éloignée de ce sacrement (dit l'auteur des loix ecclésiastiques) est de l'eau naturelle; telle que l'eau de pluie, de fontaine, de rivière ou de la mer. Le *baptême* seroit nul, si l'on s'étoit servi d'eau artificielle ou de toute autre liqueur. La matière prochaine du sacrement, est l'application de l'eau sur quelque partie du corps de celui qui est baptisé. Cette application de l'eau se fait dans toute l'église latine, par infusion, en versant de l'eau sur la tête; autrefois elle se faisoit par immersion : quelquefois on a employé l'aspersion. Ces différentes manières ne touchent pas à la substance du sacrement. Quand on confère le *baptême* solemnellement, on se sert de l'eau qui a été bénite le samedi, veille des fêtes de Pâques ou de la Pentecôte.

La forme du sacrement de *baptême* consiste dans ces paroles : *je te baptise au nom du Père, & du Fils, & du Saint-Esprit.* Quoique l'on prononce ces paroles en latin, lorsque l'on confère le *baptême* à l'église, il n'en est pas moins valable, quand on les a prononcées en françois, ou en quelque autre langue que ce puisse être. Les fautes même que pourroit faire contre la grammaire la personne qui baptise en prononçant ces paroles, n'empêcheroient point l'effet du *baptême*.

Cette forme étant clairement exprimée dans les écritures & attestée par les ouvrages des plus anciens auteurs ecclésiastiques, il s'ensuit que tout *baptême* conféré, sans une appellation ou invocation expresse des trois personnes de la Trinité, est invalide. La doctrine des conciles y est formelle, sur-tout celle du premier concile d'Arles, tenu en 314, & l'église a mis une grande distinction entre les hérétiques, qui, dans leurs *baptêmes*, conservoient cette forme & ceux qui la corrompoient; elle se contentoit, à l'égard des premiers, lorsqu'ils revenoient dans son sein, de les recevoir par la cérémonie de l'imposition des mains, & elle réitéroit aux autres le *baptême*, ou plutôt elle leur donnoit le sacrement qu'ils n'avoient jamais reçu.

Le *baptême* a été rejetté totalement par plusieurs anciens hérétiques des premiers siècles ; tels que les Ascodrutes, les Marcosiens, les Valentiniens, les Quintiliens, qui pensoient tous que la grace, qui est un don spirituel, ne pouvoit être communiquée, ni exprimée par des signes sensibles. Les Archontiques le rejettoient comme une mauvaise invention du Dieu *Sabahoth*, c'est-à-dire, du Dieu des Juifs, qu'ils regardoient comme un mauvais principe. Les Seleuciens & les Hermiens ne vouloient pas qu'on le donnât avec de l'eau; mais ils employoient le feu, sous prétexte que S. Jean-Baptiste avoit assuré que le Christ baptiseroit ses disciples dans le feu. Les Manichéens & les Pauliciens le rejettoient également, aussi-bien que les Massaliens. Le nombre des hérétiques, qui ont altéré ou corrompu la forme du *baptême*, n'est pas moindre : Ménandre baptisoit en son propre nom ; les Eluséens y invoquoient les démons ; les Montanistes y joignoient le nom de Montan leur chef, & de Prischille leur prophétesse, aux noms sacrés du Père & du Fils. Les Sabelliens, les Marcosiens, les disciples de Paul de Samosate, les Eunomiens, & quelques autres hérétiques ennemis de la Trinité, ne baptisoient point au nom des trois personnes divines, c'est pourquoi l'église rejettoit leur *baptême* ; mais, comme nous l'avons dit elle admettoit celui des autres hérétiques, pourvu qu'ils n'altérassent point la forme prescrite, quelles que fussent d'ailleurs leurs erreurs sur le fond des mystères.

La discipline de l'église, sur la manière d'administrer ce sacrement, n'a pas toujours été la même; autrefois on le donnoit par une triple immersion, & cet usage a duré jusqu'au douzième siècle. Il est vrai que dans le sixième, quelques catholiques d'Espagne s'en tenoient à une seule immersion, de peur, disoient-ils, que les Ariens n'imaginassent que, par la triple immersion, ils divisoient la Trinité, à l'exemple de ces hérétiques; mais cette raison frivole ne changea généralement rien à l'ancien usage. Celui de baptiser par infusion, ou en versant l'eau sur la tête, commença, selon quelques-uns, dans les pays septentrionaux, & s'introduisit en Angleterre vers le neuvième siècle. Le concile de Calchut ou de Celchyth, tenu en 816, ordonna que le prêtre ne se contenteroit pas de verser de l'eau sur la tête de l'enfant, mais qu'il la plongeroit dans les fonts baptismaux.

Les écrivains ecclésiastiques parlent de plusieurs cérémonies qu'on pratiquoit aux *baptêmes* des adultes, & qui sont aujourd'hui abolies, ou dont il ne reste que de légères traces; comme de donner aux nouveaux baptisés du lait & du miel dans l'église d'Orient; & dans celle d'Occident du miel & du vin, de les revêtir d'une robe blanche, *&c.* de ne baptiser qu'à jeun; de donner, immédiatement après le *baptême*, la confirmation & l'eucharistie, *&c.*

Hors le cas de nécessité, c'est toujours dans l'église paroissiale du lieu où l'enfant est né que le *baptême* doit être conféré par le curé ou par le prêtre qu'il commet à cet effet. Les diacres peuvent aussi conférer solemnellement le *baptême*, pourvu qu'ils en aient obtenu la permission du curé. Les calvinistes doivent faire porter leurs enfans à l'église paroissiale pour les y faire baptiser, de même que les catholiques; & leurs enfans qui ont été ainsi baptisés doivent être élevés dans la religion catholique, apostolique & romaine. Cela est ainsi prescrit par l'article 8 de l'édit d'octobre 1685, & par la déclation du 14 mai 1724.

Les dangers de mort auxquels les enfans se trouvent souvent exposés pendant les premiers jours de leur vie, doivent engager les parens à ne pas différer à les baptiser, sous prétexte d'attendre le parrain & la marraine, ou pour quelque autre raison de cette nature. C'est ce que portent les statuts synodaux de plusieurs diocèses qui ordonnent de baptiser les enfans le jour ou du moins le lendemain de leur naissance.

Les enfans qui reçoivent le sacrement de *baptême* sont mis au rang des fidèles. On leur donne, en les baptisant, un parrain & une marraine, afin de répondre à leur place, & de rendre compte de leur foi : ces personnes sont chargées de veiller à ce que ces enfans qu'ils ont tenus sur les fonts de *baptême* soient instruits dans la foi qu'ils ont promise pour eux.

Il faut que ceux qui se présentent pour être parrains & marraines soient parvenus à un âge de discrétion, qu'ils soient instruits des mystères de la religion, & en état d'instruire les enfans, en cas que les parens négligent leur éducation. Les religieux ne peuvent être parrains, ni les religieuses marraines, parce que l'état de retraite qu'ils ont choisi ne paroît pas compatible avec les obligations dont l'église charge les parrains & les marraines, & parce qu'ils doivent éviter toutes les occasions de dissipation.

On donne aux enfans, en les baptisant, le nom de quelques-uns des saints qui sont honorés dans l'église d'un culte public. Les curés doivent veiller à ce que les parrains & les marraines ne donnent pas des noms de païens aux enfans qu'ils tiennent sur les fonts.

Les loix attentives à l'intérêt commun des familles & au bon ordre de la société, ont voulu que les preuves de l'état des hommes fussent assurées par des actes authentiques : c'est pourquoi elles ont ordonné, non-seulement que les actes de *baptême*, de mariage & de sépulture seroient inscrits sur des registres publics, mais encore que ces registres seroient déposés tous les ans au greffe d'un siège royal & conservés ainsi sous les yeux de la justice. Les dispositions des anciennes loix sur cette matière furent rassemblées par Louis XIV dans le titre 20 de l'ordonnance du mois d'avril 1667; mais dans beaucoup de paroisses cette ordonnance ne fut pas exécutée comme elle auroit dû l'être, & les curés négligèrent souvent de remetre au greffe du siège royal un double de leur registre. Cette considération détermina le feu roi à donner la déclaration du 9 avril 1736, qui forme le dernier état de la jurisprudence sur cette matière.

Suivant l'article premier, il doit y avoir dans chaque paroisse du royaume, deux registres pour y inscrire les *baptêmes*, mariages & sépultures qui se font dans le cours de chaque année. Tous deux sont réputés authentiques & font également foi en justice. L'un doit être tenu en papier timbré, dans les pays où l'usage de ce papier est ordonné, & l'autre en papier commun. La fabrique est obligée de fournir ces registres à ses frais, un mois avant le commencement de chaque année.

L'article 2 veut que ces registres soient cotés & paraphés sur chaque feuillet : ceci doit être fait sans frais par le lieutenant général ou autre premier officier du bailliage ou siège royal ressortissant nuement au parlement, qui a la connoissance des cas royaux dans le lieu où l'église est située. Si dans l'étendue du siège il y a des paroisses trop éloignées, les curés peuvent, pour faire coter & parapher leurs registres, s'adresser au juge royal que le lieutenant général ou autre premier officier aura commis sans frais à cet effet pour ces paroisses, sur les requisitions du procureur du roi.

L'article 3 veut que tous les actes de *baptêmes*, de mariages & de sépultures soient inscrits de suite & sans aucun blanc, sur chacun de ces registres : ces actes doivent être, en même temps qu'ils sont faits, signés sur les deux registres par les personnes qui doivent les signer.

Dans les actes de *baptême*, il doit être fait mention du jour de la naissance de l'enfant, du nom qu'on lui a donné, & de ceux de son père, de sa mère, de son parrain & de sa marraine : chaque acte doit être signé sur les deux registres, tant par celui qui a administré le *baptême*, que par le père s'il est présent & par le parrain & la marraine. A l'égard de ceux qui ne savent ou ne peuvent pas signer, il doit être fait mention de la déclaration qu'ils en font. Telles sont les dispositions de l'article 4.

Lorsqu'un enfant a été ondoyé en cas de nécessité ou par permission de l'évêque, & que l'ondoiement a été fait par le curé ou par quelque autre prêtre desservant, ils sont tenus d'en inscrire à l'instant l'acte sur chacun des deux registres : si c'est la sage-femme ou quelque autre personne qui a ondoyé l'enfant, cette personne doit sur le champ en avertir le curé ou le prêtre desservant pour qu'il inscrive l'acte d'ondoiement sur les registres : il faut d'ailleurs observer à l'égard des signatures de cet acte, les mêmes formalités que celles qui sont prescrites pour les signatures des actes de *baptême*, c'est-à-dire, que l'acte d'ondoiement doit être signé tant par la personne qui a ondoyé que par le curé, *&c.* cela est ainsi prescrit par l'article 5.

Lorsque les cérémonies du *baptême* sont suppléées, l'acte en doit être dressé comme pour les *baptêmes*, & il doit en outre y être fait mention du jour de l'acte d'ondoiement : c'est ce qu'ordonne l'article 6.

Toutes les dispositions précédentes doivent aussi être observées dans les églises succursales, les chapitres, les communautés séculières ou régulières, les hôpitaux & les autres églises qui sont en possession d'administrer le *baptême*. Il y a seulement à l'égard des hôpitaux de Paris une exception, qui consiste en ce que leurs registres peuvent être tenus en papier commun, & qu'ils doivent être cotés & paraphés par deux administrateurs : c'est ce qui résulte des articles 14 & 15.

Une déclaration du 12 mai 1782, enregistrée au parlement le 14 du même mois, enjoint aux curés & à tous ceux qui rédigent les actes de *baptême*, de recevoir & d'écrire les déclarations de ceux qui présentent les enfans au *baptême*, & leur défend d'insérer par leur propre fait, soit dans la rédaction des actes, soit sur les registres sur lesquels ils sont transcrits, ou autrement, aucunes clauses, notes ou énonciations, autres que celles contenues dans les déclarations faites par ceux qui présentent les enfans : elle leur défend aussi de faire à ce sujet aucunes interpellations à peine de dix livres d'amende pour la première fois, applicables en œuvres pies, ainsi que les juges l'estimeront à propos, & en cas de récidive, de plus grande peine, à l'arbitrage du juge, ainsi qu'il est porté par l'article 39 de la déclaration de 1736, ci-dessus citée.

Cette déclaration, art. 19, a laissé aux parties intéressées la liberté de lever des extraits des actes de *baptêmes* sur les registres déposés aux greffes des bailliages & des autres sièges royaux, ou sur ceux qui restent entre les mains des curés. Le droit que les greffiers & les curés peuvent percevoir pour chaque extrait, est fixé à dix sous dans les villes où il y a parlement, évêché ou présidial; à huit sous dans les autres villes, & à cinq sous dans les bourgs & villages, y compris le papier timbré.

Si les parlemens ou d'autres juges royaux compétens viennent à ordonner quelque réforme sur les actes insérés dans les registres de *baptême*, mariage, *&c.* cette réforme doit être faite sur les deux registres en marge de l'acte à réformer : on transcrit pour cet effet sur cette marge, en entier ou par extrait, le jugement qui ordonne la réforme.

Dans le cas d'une nécessité absolue & dans un danger évident de mort, toute personne peut donner le *baptême*, même un laïque & une femme. En ce cas il faut préférer entre les personnes qui se trouvent présentes les ecclésiastiques aux laïques, & les hommes aux femmes. Les pères ni les mères ne doivent pas baptiser leurs enfans quand il y a d'autres personnes; parce que le mari & la femme contracteroient une alliance spirituelle qui leur ôteroit le droit d'habiter ensemble, si l'un des deux donnoit sans nécessité le *baptême* à l'enfant commun. Comme les sages-femmes sont le plus ordinairement à portée de baptiser les enfans qui se trouvent en danger de mort dès les premiers momens de leur vie, on doit avoir soin de n'en recevoir aucune qu'elle ne soit instruite des règles qu'on doit observer pour l'administration du *baptême*.

Non seulement les laïques & les femmes, mais encore les païens qui ne sont pas baptisés, peuvent conférer valablement le *baptême*, pourvu qu'ils observent ce qui est prescrit par l'église, tant par rapport à la matière que par rapport à la forme, & qu'ils agissent sérieusement.

Quelques-uns ont prétendu que dans la primitive église on ne baptisoit que les adultes, mais c'est sans fondement; car quoiqu'on n'ait point, dans l'écriture, de textes précis qui marquent que des enfans ont été baptisés, & que quelques anciens pères, comme Tertullien, fussent persuadés que de baptiser les enfans avant qu'ils eussent atteint l'âge de raison, c'étoit les exposer à violer les engagemens de leur *baptême*, & qu'ainsi il étoit de la prudence & de la charité de n'admettre à ce sacrement que les adultes : il est néanmoins certain, 1°. que les apôtres ont baptisé des familles entières, dans lesquelles il est très-probable qu'il se trouvoit des enfans; 2°. que la pratique actuelle de l'église à cet égard est fondée sur la tradition des apôtres, comme l'assure S. Augustin, après S. Irenée & S. Cyprien. Ce dernier sur-tout, consulté par l'évêque Fidus, s'il ne seroit pas à propos de fixer le temps du *baptême* des enfans au huitième jour après leur naissance, comme celui de la circoncision l'étoit chez les juifs, en conféra avec soixante-cinq autres évêques assemblés en concile à Carthage en 253, & répondit à Fidus, qu'ils avoient décidé unanimement que le *baptême* ne devoit être refusé à aucun enfant. Quelque autorisée que fût cette pratique, dans les premiers siècles de l'église, il faut convenir qu'elle n'étoit pas généralement observée à l'égard de tous les enfans des fidèles; les cathécumènes étoient souvent plusieurs années avant de recevoir le *baptême*. L'histoire ecclésiastique nous apprend que S. Ambroise ne fut baptisé qu'après avoir été élu évêque de Milan. On sait que l'empereur Constantin ne reçut ce sacrement qu'à l'article de la mort, & qu'il eut en cela bien des imitateurs d'un nom illustre dans l'église. Plusieurs différoient ainsi leur *baptême* le plus long-temps qu'ils pouvoient, mais par des motifs très-différens; les uns par un esprit d'humilité, dans la crainte de n'être pas assez bien disposés pour recevoir dignement ce premier sacrement; les autres, pour mener plus librement une vie déréglée, se flattant d'en obtenir le pardon à la mort, par la grace du *baptême*. Les pères de l'église s'élevèrent avec tant de force contre les fausses raisons & le danger des délais dont on usoit pour recevoir si tard le *baptême*, qu'ils réussirent peu-à-peu à établir l'usage qui subsiste aujourd'hui.

On ne peut se conférer à soi-même le *baptême*, quand même on se trouveroit dans un danger évident, & qu'il n'y auroit point d'autre personne pour administrer ce sacrement.

Lorsqu'il n'y a qu'une partie du corps de l'enfant sortie du sein de la mère, & qu'il y a sujet de craindre qu'il ne vienne à mourir avant qu'on l'en retire tout entier, il faut le baptiser en versant l'eau sur la partie du corps qui est hors du sein de la mère.

Quand la mère est morte, & qu'on croit que l'enfant qu'elle porte dans son sein, est encore vivant, on doit ouvrir la mère pour retirer l'enfant, afin qu'on puisse lui donner le *baptême*. Il faut bien prendre garde de ne pas faire cette opération avant qu'on ait des preuves assurées de la mort de la femme; car, si l'on prenoit une foiblesse pour des signes de mort, ce seroit un homicide que de faire cette opération.

Quand une femme accouche d'une production monstrueuse qui n'a point de forme & de figure humaines, sur-tout par rapport à la tête, on ne lui donne point le *baptême*. Si l'enfant a deux têtes, on le baptise séparément ou conjointement, en disant : je vous baptise, *&c.* parce qu'on suppose que ce sont deux personnes différentes.

Si, l'enfant ayant été baptisé à la maison, parce qu'on le croyoit en danger de mort, paroît rétabli, de manière qu'on puisse le transporter sans danger, il faut le porter à l'église paroissiale pour y faire

faire les cérémonies qu'on omet, quand on donne le *baptême* dans une maison. Il faut, en ce cas, marquer sur le registre des *baptêmes* le jour de la naissance de l'enfant, celui auquel il a été ondoyé, & celui où il a été présenté à l'église paroissiale.

Dans le cas où il y a de justes sujets de douter si un enfant a été baptisé, ou si l'on a observé, en le baptisant, ce qui est prescrit par l'église, tant par rapport à la forme, que par rapport à la matière, il faut le baptiser sous une forme conditionnelle, en disant : *si tu n'es pas baptisé, je te baptise au nom du père, & du fils, & du saint esprit.*

On baptise ordinairement sous condition les enfans qu'on trouve exposés sans nom de père ni de mère, quoique l'on ait marqué qu'ils ont été baptisés en particulier : car, outre qu'on ne doit pas ajouter foi à des papiers non signés, le trouble qui accompagne la naissance des enfans qu'on expose, ôte souvent la liberté nécessaire pour leur administrer valablement le *baptême.*

A l'exception des cas où il y a lieu de douter que le *baptême* ait été conféré, si on le réitère, il rend irrégulier celui qui l'a reçu une seconde fois, même sans savoir qu'il avoit déjà été baptisé : de même celui qui baptise une seconde fois sans avoir sujet de douter que les formalités nécessaires pour la validité du premier *baptême* dont il a connoissance, aient été observées, encourt l'irrégularité, ainsi que les clercs qui l'assistent dans cette cérémonie.

Lorsqu'un homme est né de parens chrétiens, & qu'il a été élevé chez des chrétiens, ces deux circonstances forment une présomption si forte qu'il a été baptisé, qu'on ne doit pas le baptiser, même sous condition, à moins qu'il n'y ait d'ailleurs des preuves qu'il n'a point reçu ce sacrement.

S'il arrivoit, par des circonstances extraordinaires, qu'une personne eût vécu dans l'église catholique, croyant avoir été baptisée, sans avoir reçu le sacrement de *baptême*, & que l'on n'eût découvert ce fait qu'après sa mort, le desir qu'auroit eu cette personne d'être baptisée, si elle avoit appris qu'elle n'avoit point reçu ce sacrement, supplée au *baptême* de l'eau : & l'on ne doit pas moins faire des prières pour elle que pour les autres fidèles.

Cependant, si un homme avoit été ordonné prêtre, sans avoir reçu le *baptême*, quoiqu'il crût avoir été effectivement baptisé, il n'auroit point reçu le caractère sacerdotal : il faudroit le baptiser & l'ordonner de nouveau : c'est la décision du concile de Compiègne, confirmée par Innocent III.

On baptise les adultes nés de parens infidèles, quand ils ont été toute leur vie insensés; mais, s'ils ont été dans leur bon sens depuis qu'ils ont atteint l'âge de raison, on ne peut les baptiser pendant le temps de leur folie, à moins que, quand ils ont perdu l'usage de la raison, ils n'aient été dans la résolution de se faire baptiser.

BAPTEURES, pl. (*terme de Coutume.*) c'est le nom qu'on donne, en Bresse, aux droits ou aux salaires de ceux qui battent les bleds. Dans ce pays, & même en plusieurs autres, la nourriture des batteurs & des moissonneurs est presque toujours à la charge du colon ou métayer : mais leurs salaires se paient en bled, & se prennent sur le monceau, avant que le propriétaire & le métayer partagent.

BAPTICES, (*villes*) expression dont se sert la coutume de Hainaut, *chap. 105*, pour désigner les villes qui n'ont pas de communes, c'est-à-dire, qui n'ont pas le droit de se choisir des maîtres & jurés.

BAPTISER, v. a. c'est l'action par laquelle une personne administre à une autre le sacrement de baptême.

BAPTISER, (*terme de Coutume.*) celles de Labourd & de la Sole se servent du mot de *baptiser* dans la même signification qu'*établir*, *définir*, *régler*. Ainsi, elles disent que la légitime *a été baptisée* par la coutume, c'est-à-dire, réglée par elle.

BAR. Il y a actuellement en France trois villes de ce nom ; *Bar-le-Duc*, capitale du Barrois ; *Bar-sur-Aube*, ville de Champagne ; & *Bar-sur-Seine*, dans le duché de Bourgogne.

Bar-le-Duc, dont le pays de Barrois a pris le nom, est du diocèse de Toul, & de l'intendance de la Lorraine.

Il y a une chambre des comptes, composée d'un président, de onze conseillers, d'un procureur & d'un avocat général. C'est elle qui fait la répartition de la subvention & des autres impositions générales, qui doivent être supportées par les habitans du Barrois.

Le bailliage de *Bar* suit, pour règle de ses jugemens, une coutume qui a été rédigée en 1506, & réformée en 1519. Elle a une très-grande conformité avec celle de Sens, qui régissoit autrefois le Barrois. Elle contient seize titres, & deux cens trente & un articles.

On trouve encore à *Bar-le-Duc* une officialité de l'évêque de Toul, une maîtrise des eaux & forêts, une recette des finances, & une maréchaussée. *Voyez* BARROIS.

Bar-sur-Aube est décorée du titre de comté ; elle est du diocèse de Langres, de l'intendance de Soissons, & du gouvernement général de Champagne : c'est le siège d'une prévôté royale, qui ressortit au parlement de Paris, d'une élection, d'une recette particulière, & d'une maréchaussée.

Bar-sur-Seine avoit ses comtes particuliers dès le temps de Hugues Capet; elle fut réunie au comté de Champagne après le décès du dernier comte Milon, en 1223. Elle rentra sous le domaine immédiat de la couronne par la réunion de la Champagne ; Charles VII l'en démembra pour la donner, avec Auxerre, à Philippe-le-Bon, duc de Bourgogne ; Louis XI en prit possession après la mort de Charles-le-Guerrier ; Henri IV l'engagea au duc de Montpensier ; elle fit partie du legs universel fait par mademoiselle de Montpensier, à Philippe de France, duc d'Orléans, frère de Louis XIV.

Cette ville est de l'intendance de Bourgogne ;

c'est la quatorzième qui députe aux états de la province. Le bailliage qui y est établi, ressortit au parlement de Paris, & pour les chefs de l'édit, au présidial de Troyes. On y avoit établi, en 1720, un siége d'élection, qui avoit été supprimé & réuni au bailliage, en 1771 ; mais il a été recréé en 1777.

La maîtrise des eaux & forêts de cette ville est du ressort de la table de marbre de Paris ; le grenier à sel dépend de la direction de Dijon.

BARANDAGE, s. m. (*Eaux & Forêts.*) c'est une manière de pêcher défendue par les ordonnances, & particuliérement par celle de 1669, dont l'article 10 du titre 31, porte que les pêcheurs qui pêcheront avec des filets prohibés, qui iront au *barandage*, & mettront des bacs en rivière, seront condamnés, pour la première fois, en cent livres d'amende, & punis corporellement pour la seconde.

BARAT, (*terme de Coutume.*) on le trouve dans l'article 41 de celle de Normandie, où il signifie *mensonge*, *calomnie*.

BARATERIE, s. f. (*Droit maritime.*) en termes de commerce maritime, on appelle *baraterie de patron*, tout le dommage qui peut provenir du fait du maître ou des gens de son équipage, soit par impéritie, imprudence, malice, changement de route, larcin ou autrement.

En France, les assureurs étoient anciennement tenus de plein droit de la *baraterie* du patron ; mais ce n'étoit que subsidiairement, & après avoir fait toutes les diligences convenables contre le maître. Aujourd'hui ils ne sont tenus de cette *baraterie*, qu'autant qu'ils en sont chargés par la police d'assurance. Telle est la disposition de l'article 23 du titre 6 du livre 3 de l'ordonnance de la marine de 1681. A Anvers, à Cadix, à Roterdam, il est défendu de charger les assureurs de la *baraterie* du patron.

Les assureurs chargés de la *baraterie* du patron sont subrogés de plein droit aux assurés pour se pourvoir contre le maître, dans tous les cas où les propriétaires & les marchands chargeurs peuvent avoir action contre lui pour la réparation du dommage.

La preuve de la *baraterie* peut se faire par témoins, même en faisant entendre les gens de l'équipage.

Si la *baraterie* est frauduleuse, le maître qui en est l'auteur, doit être puni corporellement. C'est ce que porte l'article 35 du titre 1 du livre 2 de l'ordonnance de la marine. Par exemple, il y aura fraude, s'il soutire, en tout ou en partie, des bariques de vin où d'autre liqueur ; s'il en procure le coulage par quelque autre voie ; s'il tire d'excellent indigo d'une futaille, pour y en substituer d'une qualité inférieure, *&c.* mais si c'est seulement par impéritie, négligence ou étourderie, comme s'il fait mal placer les marchandises en en mettant de sèches ou de précieuses sous d'autres sujettes à coulage ; s'il les laisse sur le tillac ; s'il manque de tenir fermés les écoutilles & les sabords du navire ; si par contravention à l'ordonnance de 1689, il oblige un capitaine de vaisseau du roi à lui lâcher quelques coups de canon, sur son refus d'aller à bord lui montrer ses instructions, & que les marchandises en reçoivent quelque dommage, *&c.* il est, dans tous ces cas, responsable, sans difficulté, des dommages & intérêts ; mais ce ne peut être que par action purement civile.

De même, par rapport à la confiscation des marchandises à laquelle il peut donner lieu, il faudroit aussi qu'il y eût de la fraude de sa part, pour être sujet à punition corporelle ; mais la fraude en pareil cas est encore plus difficile à prouver, à présumer même, qu'à l'égard de l'altération des marchandises.

Si les marchandises sont confisquées, c'est parce qu'il aura manqué de se pourvoir des expéditions nécessaires pour le transport, ou, parce qu'il n'aura pas fait les déclarations requises au bureau de la douane, *&c.* Or tout cela ne devant être imputé qu'à oubli ou négligence, il ne peut y avoir contre lui qu'une action civile pour l'obliger par voie de garantie au paiement des dommages & intérêts.

Quoique par la police d'assurance les assureurs soient chargés de la *baraterie* de patron, cette clause ne peut rien opérer, si c'est le maître lui-même qui est l'assuré.

BARBACOLE, s. m. (*Police.*) c'étoit le nom d'un jeu de hasard, qu'on a depuis appellé *pharaon*. On a rendu nombre de loix pour défendre ce jeu, ainsi que tous ceux de hasard. Nous réservons à en parler sous le mot JEU.

BARBARES (*loix*) *Jurisprudence.* On donne le nom de loix *barbares* à celles qui furent faites lors de la décadence de l'empire romain, par les différens peuples qui le démembrèrent, tels que les Goths, les Visigoths, les Ripuariens, les Francs, les Allemands, les Anglo-Saxons, *&c.*

On voit par ces loix les formes qui s'observoient dans les jugemens. Ils se rendoient dans de grandes assemblées, où toutes les personnes de distinction se trouvoient. Pour les preuves, on se servoit plus de témoins que de titres, par la raison qu'on ne faisoit presque aucun usage de l'écriture, sur-tout dans les commencemens. Faute de preuves, on employoit le combat, ou l'on faisoit des épreuves par les élémens. *Voyez* COMBAT, ÉPREUVE.

La principale matière de ces loix étoient les crimes, & sur-tout ceux qui étoient les plus fréquens parmi ces peuples brutaux, tels que le vol, le meurtre, les injures, en un mot tout ce qui se commet par violence. Ce qui regarde les successions & les contrats y étoit traité très-succinctement.

La qualité des peines qu'elles prononçoient est remarquable. Pour la plupart des crimes, elles n'ordonnoient que des amendes pécuniaires ; & pour ceux qui n'avoient point de quoi payer, des coups de fouet. On ne punissoit pas alors de mort les criminels, à moins qu'il ne fût question de crimes d'état : aussi ces peines étoient-elles nommées *compositions*, comme n'étant qu'une taxe de dommages & intérêts, faite avec une exactitude surprenante. On y distinguoit la partie blessée ou mutilée, la profondeur, la largeur & le nombre des plaies.

Ces loix sont écrites d'un style si simple, & si court, qu'il seroit fort clair, si tous les mots étoient latins : elles sont remplies de mots *barbares*, soit faute de mots latins qui fussent propres, soit pour leur servir de glose.

BARBEAU, s. m. (*Eaux & Forêts.*) c'est une espèce de poisson, de la figure d'une carpe, mais plus plat & plus mollasse. L'ordonnance des eaux & forêts, *tit. 31*, *art. 12*, enjoint aux pêcheurs, sous peine de cent livres d'amende, de rejetter dans l'eau tout *barbeau* qui n'a pas six pouces entre l'œil & la queue.

BARBEAU, s. m. (*Police.*) c'est une fleur connue parmi le peuple sous le nom de *bluet*, qui vient sans culture dans les bleds. Plusieurs ordonnances de police, & une entre autres, du 23 mars 1743, défendent à toutes personnes d'entrer dans les bleds, pour y cueillir des *barbeaux*, & aux bouquetières de Paris, d'en vendre & débiter, à peine de cinquante livres d'amende.

Ces ordonnances sont fort sages, & on devroit tenir la main à leur exécution; car la liberté de cueillir des bluets ou *barbeaux*, donne occasion de gâter & endommager les bleds.

BARBIER, s. m. (*Arts & Métiers, Police.*) c'est le nom de ceux dont le métier est de faire la barbe. Ils ont été réunis aux perruquiers, avec lesquels ils ne forment qu'une même communauté. *Voyez* PERRUQUIERS.

BARCELONETTE, petit pays de France, dont la ville capitale porte le même nom. Il a été cédé à la France par le traité d'Utrecht, en échange d'une partie du Dauphiné, située à l'orient des Alpes.

La vallée de *Barcelonette* ne fait pas partie de la Provence, à laquelle elle est contiguë, & dont elle est regardée comme terre adjacente. Aussi n'envoie-t-elle aucuns députés aux états de cette province : elle fait néanmoins partie du gouvernement général de Provence. Les appels de la sénéchaussée, qu'on appelle aussi préfecture, se portent aux parlement, chambre des comptes, & cour des aides de Provence. Cette préfecture connoît par appel de toutes les causes civiles, portées en première instance pardevant les juges ordinaires des lieux, & en première instance de toutes les causes domaniales & de finance.

Cette petite province a un gouverneur particulier, & dépend, pour le spirituel, de l'archevêché d'Ambrun.

On y perçoit, pour le compte du roi, comme droits domaniaux, ceux d'albergues, de coutis, de cavalcades, dont le préfet de *Barcelonette* & les ducs de Savoie avoient précédemment joui. Sur leur produit, on paie annuellement au préfet, chef du tribunal de la préfecture, la somme de deux cens livres, pour lui tenir lieu de supplément de gages.

Les habitans sont régis par les statuts du sénat de Nice.

Les impositions de la province se répartissent au marc la livre, sur les dix communautés qui la composent : on se sert pour la fixation de la dénomination d'un écu d'or, qui est une monnoie idéale, & d'un tarif sur lequel se règle le taux de chaque communauté & chaque contribuable.

Les droits de contrôle & d'insinuation y ont été établis. M. le prince de Carignan jouit sur ceux d'insinuation d'un droit de quinze sols sur les objets de quarante à cinquante livres, & de trente sols sur les objets plus considérables. Cette partie est prélevée sur ce qui se paie au profit du roi; ensorte que lorsque les droits d'insinuation d'un acte ne montent qu'à la somme fixée pour M. le prince de Carignan, les actes sont insinués gratuitement pour le compte du roi. C'est ce qui résulte d'une décision du conseil du 18 décembre 1724.

On ne peut distribuer dans la vallée de *Barcelonette* d'autre sel que celui qui est fourni par le roi; tout autre est déclaré contrebande, & ceux qui en auroient, seroient, comme faux-sauniers, condamnés à une amende de cent livres. Les commis des gabelles le distribuent aux habitans à raison de seize deniers la livre, poids & monnoie de France. Pour obvier aux fraudes qui pourroient avoir lieu, & donner à chaque habitant le sel qui lui est nécessaire pour sa consommation, on dresse, tous les six mois, un état, qu'on appelle *consigne*, des habitans & de leurs bestiaux : on ne doit pas comprendre au nombre de ces derniers ceux qu'ils prennent en garde, à rente, ou à hiverner, parce que le sel qu'on est dans l'usage de leur donner, est à la charge des propriétaires des bestiaux. C'est ce qui a été ordonné par le réglement donné par Louis XV en 1716, & par une délibération des communautés du 24 février 1739.

BARFLEUR, ancienne ville de France, dans la basse Normandie. C'est le siège de deux jurisdictions royales, la vicomté & l'amirauté. La vicomté ressortit par appel au bailliage de Valogne, & delà au parlement de Rouen. L'amirauté est composée d'un lieutenant, d'un procureur du roi, d'un greffier & d'un receveur. On y suit la coutume de Normandie. La ville fait partie de la généralité de Caen, & dépend du siège de l'élection établi à Valogne.

BARILLAGE, s. m. (*Finance*) c'est, en terme d'aides, une sorte de contravention qui consiste à faire entrer du vin en barils, ou par le moyen d'autres vaisseaux dont le transport & l'introduction sont faciles à dérober à la connoissance des commis.

Il est expressément défendu à toutes sortes de personnes, à peine de confiscation & de cent liv. d'amende, de faire arriver du vin en bouteilles, cruches, barils ou vaisseaux qui contiennent moins d'un quart de muid, si ce n'est du vin de liqueur en caisse.

Il est permis aux commis d'emprisonner sur le champ ceux qui se trouveront contrevenir à cette défense, & il est défendu aux juges de prononcer leur élargissement avant que l'amende encourue n'ait été payée.

Les vaisseaux saisis sont confisqués par le simple procès-verbal des commis, sans qu'il soit besoin d'aucun jugement, sauf aux particuliers à se pourvoir contre les procès-verbaux par les voies de droit, mais ils ne peuvent différer le paiement de l'amende & de la confiscation.

L'ordonnance a prescrit ce paiement provisoire, parce que la nature seule des effets saisis opère la preuve de la fraude.

BARNABITE, s. m. (*Droit ecclésiastique.*) c'est un religieux de la congrégation des clercs réguliers de saint Paul.

Cette congrégation commença l'an 1530, sous le pontificat de Clément VII. Elle reconnoit trois fondateurs, qui sont Antoine-Marie Zacharie, Barthelemi Ferrari, & Jacques-Antoine Morigia : le premier originaire de Crémone, & les deux autres de Milan. Ces trois hommes issus des familles les plus remarquables de leur pays, mais encore plus distingués par leur piété que par leur naissance, s'unirent pour fonder la congrégation des clercs réguliers de saint Paul, connus sous le nom de *Barnabites*, à cause de l'église de saint Barnabé qui leur fut accordée à Milan.

Cet établissement eut pour objet de former la vie des chrétiens sur la doctrine des épîtres de saint Paul; de leur donner des ministres pour la confession, la prédication & l'enseignement de la jeunesse dans les collèges & les séminaires, & pour se consacrer aux missions. Plusieurs excellens sujets s'associèrent à cette congrégation : elle n'avoit pas encore deux ans d'existence, que Clément VII s'empressa de la confirmer par un bref, en lui permettant de se choisir un chef, & de faire les trois vœux de religion.

L'habit des membres de cette congrégation est le même que celui que portoient les prêtres séculiers de ce temps-là; il est entiérement semblable à celui des ci-devant Jésuites. Ils vivent suivant les constitutions que leur laissa Antoine-Marie Zacharie. Ces constitutions furent augmentées dans un chapitre général tenu en 1542, & présidé par l'évêque de Laodicée, comme député du saint siège; elles furent retouchées dans un autre chapitre tenu en 1579, examinées par saint Charles Borromée & par le cardinal Jean-Antoine Serbellini, protecteurs de la congrégation; enfin elles furent approuvées par le pape Grégoire XIII; & depuis ce temps-là elles n'ont point varié.

Une congrégation si utile à l'église ne pouvoit manquer de s'accroître. Les *Barnabites* furent appellés à Pise, à Livourne, à Boulogne, à Naples, à Gênes, & dans plusieurs autres villes d'Italie. Ils se répandirent dans la Bohême. Charles-Emmanuel I les attira dans la Savoie, & ils y formèrent plusieurs établissemens. L'empereur Ferdinand II les demanda à la congrégation de la Propagande, & leur donna plusieurs maisons. Henri IV les fit venir en France. Ils furent d'abord employés dans le Béarn à la conversion des calvinistes; la religion catholique y reprit ses exercices, & l'on peut dire que c'est à leurs soins qu'on est, en quelque façon, redevable du rétablissement de la foi dans cette province.

Louis XIII leur accorda, par des lettres-patentes de l'an 1612, la permission de s'établir dans toutes les villes de son royaume où ils seroient appellés. Henri de Gondi, évêque de Paris, leur donna, en 1631, l'église & la maison du prieuré de saint Eloi à Paris. Ils possèdent plusieurs collèges & plusieurs séminaires dans différentes villes du royaume : ils en ont dans les diocèses de Paris, de Sens, de Tours, de Limoges, de Lescar, d'Oléron, de Dax, de Basas & de Viviers. Les papes leur ont accordé successivement plusieurs privilèges & exemptions; mais en France ils ne jouissent d'aucun de ces privilèges; ils n'ont d'autres exemptions que celles qui sont communes aux ordres religieux en général; & dans les diocèses où ils sont établis, ils se regardent comme soumis à tout ce qui est du ressort de l'autorité épiscopale.

Ils ne possèdent que deux cures en France, & l'une de ces deux cures est celle de Passy, près Paris. Ce bénéfice leur a occasionné une contestation, en 1773, avec M. le marquis de Boulainvilliers, seigneur de l'endroit, représentant madame de Chahu, dame de Passy, & fondatrice de ce bénéfice. Il étoit dit par le titre de fondation passé les 4 & 5 mai 1672, que le supérieur de la communauté des *Barnabites* de la maison de saint Eloi à Paris, indiqueroit à cette dame & à ses successeurs, seigneurs de Passy, un religieux pour desservir la cure, & que la nomination seroit donnée aux religieux par cette dame & ses successeurs, sur l'indication : en conséquence, lorsqu'il fut question de nommer, en 1773, un nouveau curé à Passy, dom Noguères fut indiqué par son supérieur. M. de Boulainvilliers s'opposa à sa prise de possession, quoiqu'il lui eût été présenté pour avoir son agrément; il prétendit être maître lui-même du choix du sujet. Les *Barnabites* de saint Eloi prirent le fait & cause de leur religieux : ils firent voir que la nomination, laissée au seigneur de Passy, n'étoit qu'un droit honorifique, & que ce seigneur ne pouvoit refuser le sujet qu'on lui présentoit. Cette assertion fut appuyée de différens moyens tirés de plusieurs actes concernant le bénéfice, & sur-tout du fait de possession, suivant lequel jamais aucun curé de l'endroit n'avoit été autre que celui qui avoit été indiqué par son supérieur; au moyen de quoi la contestation s'est terminée à l'avantage des *Barnabites*.

Leur manière de se gouverner est assez conforme à celle de la plupart des corps religieux : ils ont un général qui fait ordinairement sa résidence à Rome ou à Milan, & ce général étend son autorité sur toute la congrégation. Chaque province a ensuite son supérieur particulier sous le titre de *provincial*. La congrégation tient un chapitre général tous les trois ans, & ce chapitre se tient alternativement à

Rome & à Milan. C'est dans cette assemblée que se nomment tous les supérieurs généraux & particuliers; mais l'autorité qu'on leur donne n'est que pour trois ans; elle peut cependant leur être continuée dans un autre chapitre pour le même nombre d'années, mais il faut qu'elle cesse au bout de ce temps-là, excepté pour les maisons de noviciat, où les supérieurs peuvent encore être continués pour trois années de plus.

L'ordre des *Barnabites* n'a jamais donné prise à la censure : la douceur de son gouvernement entretient parmi ses membres une union exemplaire. Ces religieux, uniquement occupés de leurs devoirs, ne se sont jamais mêlés de ces misérables disputes, qui, dans ces derniers temps, affligeoient la religion. Leur étude principale est celle des sciences, pour l'instruction des jeunes gens qui sont confiés à leurs soins dans les collèges; & l'on peut dire qu'ils s'acquittent de cette partie de leur institut avec autant de succès que de zèle. Leur congrégation a fourni à l'église nombre de prélats, & tout récemment dom de la Roque, promu à l'évêché d'Euménes. Ils ont eu en Italie plusieurs grands écrivains; & de nos jours, en France, les pères Colomne, Mirasson & de Livoy, se sont fait connoître par des ouvrages pleins de sagesse & d'érudition.

BARNAGE, s. m. (*Droit féodal.*) c'est un ancien mot qu'on trouve dans les capitulaires de Charles-le-Chauve : Salvaing dit qu'il signifioit la fidélité respectueuse que les barons & grands vassaux devoient à leur souverain.

BARON, s. m. BARONNIE. s. f. (*Droit public & féodal.*) Baron est un titre de dignité, que porte celui qui possède une terre érigée en *baronnie*. On appelloit anciennement *baronnie*, les premières seigneuries, après la souveraineté; c'est aujourd'hui une simple dignité attachée à un fief, plus éminente que celle de châtelain, mais moindre que celle de comte.

On n'est pas d'accord sur l'origine & la première signification de ce mot; mais il est certain que ce titre désignoit autrefois, en France, un grand du royaume. On le donnoit même aux saints comme un signe plus particulier du respect qu'on leur portoit. *Il fit ses vœux*, dit Froissard, *devant le benoît corps du baron saint Jacques.*

On voit dans Aimoin, & dans quelques-unes de nos vieilles chroniques, que le roi haranguant les seigneurs de sa cour ou de son armée, les appelle *mes barons.*

Cette dignité de *baron* étoit si considérable, qu'un ancien manuscrit, dont parle Delaurière, au mot *chevalier*, rapporte qu'il y avoit une règle conçue en ces termes : « *Baron* est celui qui a le haut-» justicier châtelain sous lui, & ressortissant en sa » cour; ou, autrement, *baron* est celui qui a à son » fief bannières, ses vassaux qui tiennent de lui : *à » la table d'un baron ne sied aucun, s'il n'est cheva-» lier, prêtre ou clerc d'autorité* ». En effet, nous voyons dans le continuateur Nangis, comme un exemple de cette règle, à l'occasion du repas que Charles V, roi de France, donna à l'empereur Charles IV, & au roi des Romains son fils : *fut l'assiette*, dit cet auteur, *telle que s'ensuit. L'évêque de Paris premier, le roi, le roi des Romains, le duc de Berry, le duc de Brabant, le duc de Bourgogne, le duc de Bar; & pour ce que deux autres ducs n'étoient pas chevaliers, ils mangèrent à une autre table.*

Le titre de *baron* est le plus ancien de tous les titres de dignité, qui sont en usage en France. Il renfermoit la qualité de vassal immédiat de la couronne, & il étoit synonyme à celui de pair. S. Bernard, dans ses lettres, donne la qualité de *baron* au comte de Flandre & au comte de Soissons. Aujourd'hui, la maison de Montmorency ne prend encore que la qualité de premier *baron* chrétien, que personne ne lui conteste.

Lorsque les ducs eurent usurpé les droits de souveraineté, ils voulurent, à l'exemple du roi, avoir leurs *barons*, & ils érigèrent, à cet effet, en *baronnies*, les terres possédées par leurs principaux vassaux.

Certains évêques avoient aussi leurs *barons*, qui sont tenus, le jour de leur première entrée dans leur ville épiscopale, de les accompagner, & même de les porter sur une chaise au milieu de la ville. Ces *barons* tiennent le premier rang parmi la noblesse, & ont la préséance sur tous les nobles de l'évêché.

D'Olive, en ses questions notables, rapporte que le *baron* de Cessac, vassal & l'un des *barons* de l'évêque de Cahors, est chargé par les droits de son fief, lors de la première entrée de ce prélat dans la ville de Cahors, d'aller au-devant de lui à une certaine distance de cette capitale. Lorsque le *baron* a rencontré l'évêque, il met pied à terre, & là, nue tête, sans manteau, la jambe & le pied droit nuds, avec une pantoufle, & après l'avoir salué, il prend les rênes de la bride de la mule du prélat, le conduit, en cet équipage, à la porte de l'église cathédrale, puis au palais épiscopal, où il sert le seigneur évêque à table durant son dîner; ensuite il se retire, & emmène la mule, qui lui appartient, ainsi que le buffet du prélat, qui lui est aussi acquis à cause de cette soumission. Sur une contestation arrivée en 1604, entre l'évêque & le *baron* de Cessac, à l'occasion de l'entrée de M. Popion, la valeur du buffet a été fixée, par sentence des requêtes du palais du 10 mai de la même année, à la somme de trois mille cent vingt-trois livres.

Insensiblement on s'est habitué, en France, à donner le titre de *barons* aux seigneurs qui avoient droit de justice haute, moyenne & basse. Quelques coutumes leur ont attribué quelques droits particuliers, dont peuvent encore jouir les seigneurs qui portoient le titre de *barons* avant leur réduction.

Depuis la multiplication de ce titre, les *barons* n'ont plus rang qu'après les ducs, les marquis, les comtes & les vicomtes, excepté en Dauphiné & en Bretagne, où ils ont la prééminence sur les marquis, comtes & vicomtes. Par-tout ils ont la préférence sur les châtelains.

Les terres érigées en *baronnies* ne se divisent ni ne se partagent, comme le remarque Chopin sur la coutume d'Anjou. C'est ce qu'a décidé un arrêt du parlement de Paris du 7 septembre 1571.

Par un autre arrêt du 10 février 1525, rapporté par la Rocheflavin, le parlement de Toulouse a jugé que des légitimes ne pouvoient être prises sur une *baronnie*, lorsqu'il y avoit d'autres biens.

Suivant l'article 71 de la coutume de Tours, nul ne se peut dire *seigneur* ou *baron*, qu'il n'ait sous lui plusieurs châtellenies, ou deux pour le moins.

Une ordonnance rendue par Henri III, en 1579, & rapportée par Corbin, veut qu'une *baronnie* soit composée au moins de trois châtellenies unies & incorporées ensemble, pour être tenues à un seul hommage du roi.

La coutume de Tours permet au *baron* d'avoir ville close, collèges & autres droits; ce privilège pouvoit autrefois lui appartenir; mais aujourd'hui aucun *baron* ne pourroit en user sans l'agrément & la permission expresse du roi.

Cette même coutume lui permet aussi de concéder à son vassal les droits de haute, moyenne & basse justice, pourvu que ce ne soit pas au préjudice des droits du roi & de ses sujets. Mais il en faut dire autant de ce droit, le *baron* n'en peut faire usage sans la permission du roi.

Le *baron* peut avoir fourches patibulaires à quatre piliers, pour marque de sa justice. Les notaires, procureurs & sergens de sa justice peuvent instrumenter dans les ressorts des châtellenies qui relèvent de sa *baronnie*.

Il n'appartient qu'au roi d'ériger des fiefs en *baronnies*; ce qu'il fait par des lettres-patentes, enregistrées dans les parlemens & les chambres des comptes. Sans cela les possesseurs des nouvelles *baronnies* ne seroient pas reconnus pour *barons* dans les tribunaux.

L'ordonnance du roi Henri III, du 10 mars 1579, défend de publier aucune création de *baronnies*, que pour les terres composées de trois châtellenies pour le moins, unies & incorporées ensemble, pour être tenues à un seul hommage du roi. Cette ordonnance n'est point suivie.

Les *baronnies*, ainsi que les vicomtés, ne sont point sujettes à la rigueur d'une autre disposition de l'ordonnance de Blois, qui veut que les terres érigées en dignités supérieures soient unies inséparablement à la couronne, à défaut d'hoirs mâles de ceux en faveur desquels les érections ont été faites.

Nous avons dit que le terme de *baron* ne signifioit autre chose que *seigneur*. C'est par cette raison qu'anciennement, les femmes appelloient leurs maris leurs *barons*. La femme, dit Beaumanoir, ne peut combattre; si elle appelle, sans nommer son champion, on ne reçoit pas les gages de bataille, & encore il faut qu'elle soit autorisée par son *baron*, c'est-à-dire, par son mari, mais elle peut être appellée sans cette autorisation.

Des baronies en pays étrangers. En Angleterre, les *baronnies*, dès l'origine, étoient mouvantes du roi même, chef & seigneur de tout le royaume. Par exemple, celui qui recevoit du roi l'investiture d'une grande seigneurie, la tenoit, ainsi que ses héritiers, du roi & de ses successeurs. Dans ce royaume l'on entendoit par le service de *baron*, celui de vingt chevaliers, de quarante, de soixante, plus ou moins, suivant que cela étoit déterminé par l'investiture. Dans les temps qui suivirent le plus près la conquête, lorsqu'un grand seigneur, *great-lord*, recevoit du roi l'investiture d'une grande seigneurie, cette seigneurie étoit appellée *baronnie*, mais plus ordinairement un honneur, *honour*.

Les *baronnies* qui appartiennent à des évêques, ne consistent point en une seule *baronnie*, mais en plusieurs; *tot erant baroniæ, quàm majora prædia.*

Suivant Bracton, une *baronnie* est un droit indivisible, & s'il s'agit de partager un héritage entre cohéritiers, quoique l'on puisse diviser quelques maisons principales, & les pièces de terre qui en dépendent, néanmoins l'on ne peut morceler la maison principale, si elle est le chef-lieu d'un comté ou d'une *baronnie*.

Les *barons* sont seigneurs du parlement, pairs du royaume, & jouissent des privilèges de la pairie; ils ne sont pas ceints de l'épée lors de leur création. Dans les anciennes archives, dans la grande chartre, le terme de *baron* comprenoit tous les archevêques & les nobles d'une dignité supérieure. L'assemblée du *baronnage*, ou de la chambre des pairs, est composée de ces prélats, des ducs, des marquis & des comtes, ainsi que des *barons*. *Voyez* PARLEMENT, PAIRIE, GRANDE-BRETAGNE.

Il y a aussi en Angleterre les *barons* de l'échiquier, qui composent la chambre de justice, connue sous le nom de l'*échiquier;* & les *barons* des cinq ports, qui sont députés à la chambre des communes par les cinq ports, deux pour chacun. Ceux qui ont été maires du château de Corse, dans le comté de Dorset, ont aussi le titre de *barons*. *Voyez* ECHIQUIER, CINQ PORTS.

En Allemagne, le titre de *baron*, qui revient à celui *freyzher*, (seigneur franc ou libre) est devenu très-commun.

Mais il ne faut pas confondre un *baron* allemand, qui souvent n'est que l'annobli d'un prince particulier, avec les *barons* d'empire. Ceux-ci avoient peut-être, dans l'origine, quelque chose de plus relevé que les comtes, qui n'étoient que les officiers, les ministres des empereurs, tandis que les *barons*, exempts des liens de la vassalité, exerçoient, avec une grande indépendance & à titre de propriété, plusieurs prérogatives de la supériorité territoriale, dans des cantons plus ou moins étendus.

Autrefois, tous les nobles immédiats, & peut-être tous les Germains libres, étoient admis aux diètes

diètes de l'empire. Lorsque par la suite des révolutions, les différens états formèrent des collèges séparés, quelques *barons* immédiats furent reçus, en petit nombre, dans les bans des comtes; mais leurs familles s'étant la plupart éteintes, ou ayant été revêtues du titre de comte, il n'y a plus, dit un auteur moderne, dans ce collège, que les *freyberg à justingue.*

Les autres nobles, qui ont séance dans les assemblées de la noblesse immédiate, & qui possèdent, ou des seigneuries allodiales, sous la protection immédiate de l'empire, ou des fiefs qui en relèvent nuement, prennent aussi, avec raison, le titre de *barons* d'empire; mais ils ne sont pas états de l'empire, comme les premiers, qui ont séance & suffrage à la diète. *Voyez* NOBLESSE IMMÉDIATE.

En Sicile, le titre de *baron* n'appartient, suivant Bridonne, qu'aux seigneurs des grands fiefs qui ont voix au parlement, & y forment l'ordre militaire. Les uns ont le titre de princes; d'autres celui de ducs, marquis ou comtes. Ils jouissent du *mero & mixto imperio*; c'est-à-dire, ils peuvent condamner à mort leurs vassaux, après en avoir informé le vice-roi.

Ce sont les Normands, conquérans de la Sicile, qui ont introduit les *baronnies* en Sicile, à l'instar de ce qui étoit alors observé en France & dans le royaume... L'histoire dit que Roger, surnommé *le grand comte*, s'empara des biens de tous les Siciliens, s'en adjugea le tiers, & partagea le reste entre l'église, les *barons*, quelques aventuriers, gentilshommes & officiers. A l'instar des *barons* de France, ceux de Sicile ne pouvoient être jugés que par leurs pairs... Leur droit, à cet égard, est clairement établi par les constitutions de Sicile, recueillies par ordre de l'empereur Fréderic, tit. 44, liv. 1. *Ne prædicti criminaliter accusati, vel etiam conventi civiliter, non nisi per comites & barones, & eos qui à nobis tantùm feuda in capite tenent, non qui à baronibus & comitibus aliis teneantur, definitivas & interlocutorias sententias, etiam qui principali negotio præjudicium possint afferre, recipiant; cùm proborum virorum judicio & aliorum nobilium concilio proferendas; & per eosdem comites & barones im...dùm etiam de commissione ipsorum, per curiæ nostræ judices decidendas.*

En cas d'appel, le jugement du *baron* étoit de même déféré à ses pairs, toujours sous la présidence d'un *baron* nommé par le roi. Ce chapitre est un des plus précieux monumens sur les droits des anciens pairs & *barons.*

C'est à l'époque de l'établissement des *baronnies*, & ensuite à celui du gouvernement espagnol, qu'il faut, à ce qu'il paroît, attribuer l'état misérable où est aujourd'hui réduite la Sicile, couverte autrefois de villes si florissantes, regardée avec l'Egypte comme le grenier de l'empire romain. Comment le peuple pourroit-il faire prospérer ces contrées, si fécondes lorsqu'elles étoient cultivées par des mains libres? Le peuple sans possessions, sans intérêt, méprisé & avili, se trouve réduit au triste état de mercenaires. Si les seigneurs ont cédé quelques terres, ce n'a été que sous de très-gros cens, & elles se trouvent encore réparties en peu de mains.

Au surplus, qu'a produit dans toutes les contrées de l'Europe le gouvernement féodal? N'y cherchez nulle part cette énergie de l'ame, ce vigoureux dévouement à la patrie, ces grandes actions qui ont immortalisé l'ancienne Rome & les républiques de la Grèce. Quelques fondations monachales, élevées avec la dixme des fruits du cultivateur; des donjons, autrefois la terreur des générations; des loix qui, après tant de siècles, appesantissent encore leurs chaînes sur les campagnes & sur les habitans: voilà les monumens qui perpétueront le souvenir de ces fléaux de la race humaine.

L'Europe, partagée en une infinité de petits territoires, par les brigands qui avoient fait succéder la barbarie à la tyrannie romaine, n'étoit qu'un vaste champ de carnage & de servitude. Il eût été si facile à cette troupe de souverains de faire prospérer leurs territoires, & d'assurer le bonheur de leurs hommes; il leur eût été si facile d'établir, par de sages confédérations, l'ordre & la paix dans les états dont ils étoient membres! Mais par-tout où il n'y a plus de liberté; par-tout où la multitude est asservie au despotisme du petit nombre; ne cherchez point ce sublime courage, qui fait braver la ligue & les efforts des passions & des abus, qui seul fait conspirer, créer & finir le grand ouvrage de la félicité publique.

Les *barons*, fiers de se croire d'un sang, d'une substance supérieure à la race humaine, ne songèrent qu'à forger de nouvelles chaînes à leurs vassaux; qu'à dépouiller & opprimer leurs voisins: ils ne prononcèrent les mots sacrés de justice & de loi, que pour légitimer leurs usurpations & leurs violences: les peuples accablés invoquèrent le secours des rois; & la force de tant de guerriers disparut devant des rois qui auparavant disposoient à peine de quelques villes.

Ce qui est inféré dans cet article, sur les *barons* d'Angleterre, d'Allemagne & de Sicile, est de M. *Henry*, avocat au parlement, qui s'est chargé de la partie de jurisprudence qui concerne le droit public.

BARRAGE, s. m. *ou* DROITS DE DOMAINE ET BARRAGE, (*Finance.*) On appelle ainsi les droits réunis, que l'on perçoit à l'entrée de Paris, sur diverses espèces de marchandises. Ce droit se lève aussi en plusieurs autres endroits, dans le Maine, dans l'Anjou, à Saumur, à Orléans, & ailleurs.

Le *droit de domaine*, tel qu'il se perçoit, est composé de la réunion de quantité de droits très-anciens, qui se levoient chacun séparément; ils sont rappellés dans une déclaration du mois de février 1651, par laquelle ils furent réunis & fixés pour être levés ensemble, & ne plus faire qu'un seul droit, sous la dénomination de *droit royal & domanial*: dans cette fixation fut compris le parisis, sou & six deniers pour livre.

Le *barrage* paroît avoir été établi en 1638: ce

droit avoit originairement pour objet l'entretien du pavé de la ville & banlieue de Paris, & dans les autres endroits, l'entretien des ponts, chaussées, pavés & passages. Il tire son nom de ce que, dans les différens passages par lesquels arrivoient les marchandises, il y avoit des barres qui ne se levoient qu'après que le droit avoit été acquitté : il étoit divisé en ancien & en nouveau; l'un & l'autre furent fixés par un tarif, qui fut dressé en conséquence d'une déclaration du premier février 1640.

Plusieurs marchandises avoient été omises, soit dans ce tarif, soit dans celui de la déclaration du mois de février 1651, concernant le domaine; ce qui donnoit lieu à des contestations multipliées sur la perception de l'un & de l'autre droit. Ce fut pour les faire cesser, que par une déclaration du 17 septembre 1692, il fut arrêté un nouveau tarif, dans lequel la fixation des *droits de domaine & barrage*, fut faite en une seule quotité, sur chacune des marchandises & denrées qui y sont assujetties, y compris l'augmentation du parisis, sou & six deniers pour livre. Ce droit a été augmenté en 1705 & 1771. A l'égard du pied-fourché, il se lève suivant une déclaration du 3 mars 1693.

Les *droits de domaine & barrage*, ainsi que ceux de poids-le-roi, ne se lèvent point aux barrières de Paris, sur les marchandises qui ne font que passer debout; à condition, par les marchands, facteurs & commissionnaires ou voituriers, de faire leurs déclarations aux premiers bureaux de la recette des droits, & d'y représenter les inventaires ou lettres de voiture, lesquels doivent être passés pardevant notaires au lieu du chargement, contenir la qualité, la quantité & le poids des marchandises, la demeure & le nom de celui à qui elles sont adressées, à peine de trois cens livres d'amende, & de confiscation des marchandises dont la déclaration se trouveroit fausse dans la qualité, & de l'excédent de celles dont les déclarations seroient fausses dans la quantité. Ils sont aussi tenus de consigner les droits aux bureaux d'entrée, sauf à leur être rendus, en justifiant par un certificat des commis du bureau de sortie, que les marchandises sont sorties de la ville dans les trois jours francs, non compris celui de l'arrivée, ni celui du départ; lequel certificat doit être apporté, au plus tard, dans huitaine, à compter du jour de l'arrivée des marchandises, faute de quoi les droits consignés appartiennent au fermier, sans qu'il soit besoin qu'ils lui soient adjugés par sentence ou arrêt; & les marchandises sont même confisquées; si elles se trouvent, après ce délai de huitaine, en tout ou en partie, dans les magasins & boutiques.

Si après l'entrée des marchandises déclarées pour passer debout, les marchands veulent en changer la destination, & les laisser pour la consommation de la ville, ils sont tenus d'en faire déclaration au bureau, dans le même temps de huitaine, à peine d'une amende du triple du montant des droits.

Enfin, après que le délai de huitaine est expiré, tous les certificats de sortie, & toutes les déclarations qu'ils pourroient rapporter, sont déclarés de nulle valeur.

C'est ce qui résulte, tant de la déclaration de 1692, que des arrêts du conseil & lettres-patentes des 31 mai & 22 juin 1701, 18 mars & 18 avril 1713, & 12 mars 1726.

Il n'est accordé aucune déduction sur le paiement des droits pour l'emballage & les vaisseaux qui contiennent les marchandises.

Ces droits doivent être payés par toutes sortes de personnes, sans distinction ni privilège.

Les secrétaires du roi, les entrepreneurs de la manufacture des fers-blancs établie en Franche-Comté, ceux de la manufacture royale des glaces, les Minimes de Chaillot, les religieux de l'abbaye de S. Germain des Prés, qui se disoient exempts des mêmes droits, en vertu de titres, ont été déboutés de leurs prétentions, & condamnés à les payer.

Les habitans des maisons détachées & des paroisses sujettes aux entrées, situées hors les barrières de Paris, ont été assujettis aux droits dont il s'agit, sur les foins, sainfoins, luzernes & regains, même du crû de leurs terres qu'ils recueillent dans ces paroisses ou qu'ils y font venir. C'est ce que portent les déclarations de 1692 & 1736, ainsi que les arrêts du conseil des 7 août 1703, 26 mars & 20 décembre 1718, 10 juin & 8 juillet 1727, 13 juillet 1728, 29 mai 1731, & 11 août 1733.

C'est à la chambre du domaine, en première instance, & par appel au parlement, que se portent les contestations qui arrivent sur la perception des *droits de domaine & barrage*, ainsi que ceux du poids-le-roi. Ces droits sont de l'attribution de cette chambre, comme dépendans du domaine, dont ils n'ont été détachés pour être joints à la ferme des aides, que parce qu'elle est plus à portée d'en faire la perception avec les autres droits d'entrée dont elle jouit.

L'arrêt du conseil d'état du 13 avril 1775, en réglant les droits à percevoir sur le poisson de mer frais, & en supprimant ceux sur le poisson salé, a excepté les droits de *barrage* & domaine.

BARRE, *en terme de Palais*, dénote une enceinte de menuiserie, haute de trois ou quatre pieds, derrière laquelle les avocats sont placés pour y plaider des causes. *Voyez* COUR.

On l'appelle, en quelques endroits, *barre d'audience*, & dans d'autres, *auditoire*; elle répond à ce qui étoit appellé, parmi les Romains, *causidica*. On l'appelle *barre*, parce qu'elle est formée par une barrière appellée aussi, par des auteurs, *cancelli*, *barreaux*, & *caulæ*, *parc*, par une métaphore prise d'un lieu où parquent les moutons.

La dénomination *de barre* ou *barreau* est aussi donnée aux bancs où les gens de loi & les avocats sont assis, à cause de la *barre* ou barrière qui sépare les conseillers & les avocats des plaideurs, procureurs & autres.

En Angleterre, les gens de loi qui sont appellés

à la *barre*, c'est-à-dire, qui ont leur licence pour plaider, appellés *licentiati* ou *licenciés*, sont nommés *barristères*.

Barre s'est dit aussi d'une exception contre une demande ou plainte. *Voyez* EXCEPTION.

L'auteur des termes de pratique définit *barre* un moyen rapporté par le défendeur dans un procès, par lequel l'action du demandeur est détruite pour toujours.

On distinguoit la *barre* en *perpétuelle* & *temporelle*.

Barre perpétuelle, est celle qui éteint l'action pour toujours.

Barre temporelle, n'est qu'une exception dilatoire.

On donne aussi le nom de *barre* à quelques jurisdictions subalternes : & en général on donne ce nom, dans tous les tribunaux, au lieu destiné pour recevoir les enchères & faire les adjudications des biens saisis réellement.

La jurisdiction temporelle du chapitre de l'église de Paris a conservé le nom de la *barre du chapitre*. *Voyez* BAILLI DE LA BARRE.

On nomme, dans le Maine, *barre ducale*, la jurisdiction du duché de Mayenne. Ce terme est très-commun dans la Bretagne : & il y est donné à un grand nombre de jurisdictions royales & seigneuriales.

En Lorraine, on appelle *barre*, une jurisdiction tenue par deux commissaires députés par le parlement, & dont les fonctions sont réglées par le titre 22 de l'ordonnance du duc Léopold, du mois de novembre 1707.

Toutes les assignations doivent être données à la *barre* de la cour à jour certain & compétent, conformément à l'article 11 du titre cité.

Suivant l'article 12, les commissaires députés à la *barre* doivent rendre, dans les causes, instances & procès civils seulement, les réglemens nécessaires à l'instruction de la procédure, soit pour renvoyer les parties à l'audience, leur ordonner de communiquer au parquet, les appointer à fournir griefs & réponses, renouveller les délais, lorsque le cas le requiert, & pour d'autres actes de pareille nature.

L'article 13 porte que les baux judiciaires des biens saisis réellement, les enchères & adjudications d'immeubles & de fruits pendans par racines, se feront pardevant les commissaires députés à la *barre*.

On peut interjetter appel à la cour des ordonnances de la *barre*. Dans ce cas, l'appel se reçoit par simple requête, & on renvoie la cause à l'audience pour y être plaidée avant toute autre, ou à la chambre du conseil, si le cas le requiert. Telle est la disposition de l'article 27 du titre cité.

BARRE D'ARGENT, (*Monnoie.*) lorsque l'argent a été tiré de la mine, on le jette en *barre*, on le marque d'une lettre, & alors il est rendu commerçable. Il est défendu, par un arrêt du conseil du 20 avril 1726, de vendre ou acheter aucune matière d'or ou d'argent, si elle n'est en *barre*, barreton ou culot, à moins que ce ne soit l'or ou l'argent en chaux, provenant des affinages des hôtels des monnoies.

Ceux à qui le commerce d'or & d'argent est permis, ne peuvent exposer en vente aucunes *barres*, barretons & culots, s'ils ne sont marqués du poinçon de ceux qui les ont fondus, & que le titre n'en ait été vérifié par les essayeurs des monnoies, à peine de confiscation des marchandises, & de trois mille livres d'amende pour chaque contravention. C'est la disposition d'un arrêt du conseil du 30 avril 1751, qui défend spécialement aux juges de remettre ou modérer la confiscation & l'amende.

BARRÉ, adj. *terme de Palais*, synonyme à *partagé ;* ainsi, lorsqu'on dit que les juges ou les avis sont *barrés*, c'est dire, qu'il y a deux sentimens ouverts par la chambre, lesquels sont tous deux appuyés d'un égal nombre de suffrages. *Voyez* PARTAGE. *Voyez* aussi COMPARTITEUR. (*H.*)

BARREAU, s. m. (*terme de Palais.*) il a plusieurs acceptions. 1°. On appelle *barreau*, le lieu, autour du parquet, que l'on ferme avec une *barre* de bois ou de fer, où sont les bancs des avocats qui ont des causes à discuter.

2°. On donne ce nom à l'ordre entier des avocats ; c'est en ce sens que l'on dit : le *barreau* a été consulté sur une question, les maximes du *barreau*, l'éloquence du *barreau*.

3°. Ce mot se prend aussi dans une signification plus étendue, & il répond alors au mot *forum* des Latins. Il comprend collectivement tous les officiers de justice, magistrats, avocats & autres, & généralement tout ce qui est contenu sous l'acception de *gens de robe*. A l'égard de la signification du mot *barreau* dans le sens d'*avocat*, *voyez* AVOCAT.

BARRENDEGUI, s. m. c'est un terme particulier au pays de Labourd. La coutume de cet endroit s'en sert, *tit.* 3, *art.* 19, pour signifier un bois clos & fermé, & qui, par cette raison, est défensable en tout temps par rapport au pâturage des bestiaux étrangers.

BARRER, v. a. (*Jurisprudence.*) c'est faire des lignes ou des ratures, soit sur un acte entier, soit sur quelques endroits d'un acte, soit sur les signatures qui sont au bas. La rature d'un acte entier, & celle des signatures, le rend nul, & il ne peut plus avoir d'effet ; celle de quelques mots ou de quelques lignes ne vicie pas l'acte : elle ne détruit que ce qui *a été barré ;* le reste est bon & valable.

Les ratures ne peuvent être faites que du consentement des parties & en leur présence : chacune d'elles doit être approuvée séparément, & l'approbation marquée par le paraphe des parties, en marge & à côté de l'endroit raturé. Le notaire ne doit pas manquer de parapher également toutes les ratures.

La formalité de cette approbation est tellement nécessaire, que son défaut emporte la nullité de l'acte, que le notaire est responsable des dommages & intérêts des parties, & doit être condamné en l'amende de cent livres, ainsi qu'il résulte d'un arrêt de réglement du parlement de Paris, du 4 septembre 1685, rendu pour les notaires de Noyon. Boniface rapporte un arrêt du parlement d'Aix, du mois de février 1647, qui fait défenses aux notaires de rayer aucuns mots ou lignes dans les actes, sans faire approuver la rature par les parties, & qui condamne un notaire de cette ville aux dépens envers les parties, pour avoir rayé un mot dans un acte qu'il avoit passé, & en avoir mis un autre au-dessus.

Barrer, (*terme de Coutume.*) celle d'Orléans, *art. 125*, se sert de ce mot dans le sens de celui de *mettre obstacle.*

Lorsqu'un seigneur de fief n'est pas payé du droit de relevoison à plaisir, qui lui est dû à cause de la mutation du censitaire, ou lorsqu'il n'est pas payé des cens & amendes, il peut, après la quinzaine expirée, *barrer* & *obstacler* les portes & fenêtres de l'héritage.

BARRETER, v. a. (*terme de Coutume.*) dans la coutume de Hainaut, *chap. 98*, ce mot est pris en mauvaise part pour signifier faire de mauvaises chicanes, afin d'éloigner le jugement d'une affaire, & lasser, par des procédures inutiles, sa partie adverse. Du mot *barreter*, on a fait celui de *barreteur*, qu'on trouve dans quelques anciens auteurs dans l'acception de chicaneur, de plaideur de mauvaise foi.

BARRIÈRE, s. f. (*Droit civil. Finance.*) c'est un assemblage de planches ou autres pièces de bois servant à fermer un passage.

L'article premier du titre 29 de l'ordonnance de 1669 a supprimé toutes les *barrières* qui avoient été antérieurement établies depuis cent ans, sans titre, pour la perception des droits de péage & autres.

Personne n'a le droit d'établir des *barrières* sur les chemins : les seigneurs peuvent seulement en faire mettre à l'entrée de leurs bois, lorsqu'ils ne sont pas sur un passage public.

En Normandie, il est d'usage de clorre les herbages; un arrêt du conseil du 22 novembre 1735, rapporté dans le code rural, a ordonné que ces *barrières*, servant à former la clôture des prés, auroient dix pieds d'ouverture, lorsqu'elles se trouveroient sur les voies & chemins publics.

On appelle communément *barrières*, dans les principales villes de France, & sur-tout à Paris, les lieux où sont établis les bureaux des entrées, & où se paient les droits dus par les marchandises destinées pour la consommation de ces villes.

Le nom de *barrière* vient de ce que les passages par lesquels arrivent les voitures & les marchandises sujettes aux droits, sont traversés par une barre de bois qui roule sur un pivot, & qui s'ouvre ou se ferme à la volonté du commis.

C'est aux *barrières* que toutes les voitures & ceux qui sont chargés de denrées comprises dans les tarifs, doivent s'arrêter, souffrir la visite & payer les entrées : les commis ont même la permission de visiter les carrosses, berlines & chaises des particuliers pour voir s'il n'y a point de contrebande cachée ou de denrées sujettes aux droits : ce qu'ils font pareillement dans les porte-manteaux, valises & coffres dont on doit leur présenter les clefs. Ils saisissent & arrêtent les choses sujettes aux droits, qu'on n'a point déclarés, ou qui sont de contrebande, conformément aux ordonnances. Dans ce dernier cas, les marchandises restent confisquées, ainsi que les voitures qui s'en trouvent chargées, & les autres denrées, hardes & marchandises avec lesquelles elles sont mêlées.

Pour la conduite & régie de toutes les *barrières* où il y a des commis de la douane, il y a un commis ambulant qui parcourt continuellement les bureaux, & qui contrôle & vérifie les registres des commis, dont il rend compte ensuite au bureau de la ferme générale.

Comme on pourroit faire entrer en fraude diverses sortes de choses, particulièrement des vins, des eaux-de-vie, des toiles peintes & autres choses semblables qui sont, ou de contrebande, ou sujettes aux droits, en les cachant dans des charrettes & charriots de paille & de foin, ou dans ceux qui voiturent des balles de coton, de laine, de chanvre & d'autres matières molles & de grand volume, les commis ont, à la porte de leur bureau, des instrumens qu'ils nomment des *sondes*, dont ils se servent effectivement à sonder toutes les espèces de denrées dans lesquelles ils peuvent soupçonner que sont renfermées d'autres marchandises dont on veut cacher l'entrée au bureau.

C'est aux *barrières* que se paient les droits d'entrée pour le vin, le pied fourché, les foins, les bois, les charbons, les fruits, la viande dépecée, & presque pour tout ce qui est destiné à la consommation des villes.

Il est défendu aux commis des *barrières* & aux portiers des villes, d'en ouvrir les portes à heure indue, à peine d'être contraints au paiement de la valeur des marchandises qu'ils auroient laissé entrer, de cinq cens livres d'amende, & de punition corporelle, le cas échéant.

Il est permis au fermier de faire construire telles *barrières*, clôtures, bureaux & fossés, & en tel lieu que bon lui semble, pour la sûreté & la perception des droits, à la charge que ses bureaux ne seront que de la grandeur convenable. Il peut, en conséquence, prendre l'emplacement dont il a besoin, en payant la valeur au propriétaire, de gré à gré, ou à dire d'experts. Il est même autorisé à prendre, soit à Paris, soit dans les autres villes & lieux du royaume, telles maisons qu'il juge nécessaires pour y établir des bureaux de recette (à l'exception cependant des maisons occupées par les propriétaires), en payant le loyer sur le prix des baux, & en se conformant aux clauses y portées, à la charge par les propriétaires d'affirmer que ces clauses sont sincères & véritables, & s'il n'y a point de bail, à dire d'experts, sans que le fermier ni les propriétaires soient tenus d'aucune indemnité envers les locataires, pour raison de leur déplacement.

Le roi s'est réservé la connoissance de toutes les

contestations qui pourroient s'élever à cet égard.

Barrière, (*Droit de*) les princes du sang, le chancelier, le garde des sceaux, & généralement ceux qui ont le droit d'hôtel, peuvent faire mettre des *barrières* autour de leurs bâtimens, avec le consentement des officiers préposés à la manutention de la voirie. Lorsqu'un particulier achète un hôtel, autour duquel sont posées des *barrières*, il est d'usage de les laisser subsister : mais il ne peut les faire rétablir, lorsqu'elles tombent par vétusté ou autrement.

Barrière *des sergens*. Les Romains étoient dans l'usage d'établir, en certains lieux des villes, des corps-de-garde d'appariteurs ou sergens, qu'ils appelloient *stationarii*, parce qu'ils étoient obligés de rester continuellement à leur poste. Leurs fonctions consistoient à appaiser les querelles & émotions populaires, à arrêter les coupables, & à se rendre auprès des édiles chargés de la police, toutes les fois qu'ils en étoient requis.

Nous avons adopté cet usage, & on a établi, dans Paris, quatorze *barrières* ou corps-de-garde de sergens qui sont continuellement garnis d'huissiers de police & de soldats de la garde de Paris. Ils accompagnent les commissaires dans leurs visites, se rendent auprès d'eux, lorsqu'ils les appellent, exécutent leurs ordres, arrêtent les malfaiteurs & les perturbateurs du repos public, les conduisent chez le commissaire le plus voisin, &, sur ses ordres, mènent les délinquans en prison.

Barrière, (*Droit des gens.*) dans le droit public de l'Europe, on appelle *traité de la barrière*, une convention signée à Anvers au mois de novembre 1715, entre l'empereur & les états généraux de la Hollande, par laquelle ces derniers se sont réservé la garde d'un certain nombre de villes & places fortes, des Pays-Bas espagnols que Louis XIV s'étoit engagé, par le traité d'Utrecht, de faire donner à l'empereur pour être réunis aux autres domaines & états de la maison d'Autriche.

Après la paix de Westphalie, les Hollandois s'étoient réservé le droit de mettre des garnisons dans les villes de Sluys, Hulst & Sas-de-Gand, en Flandres; & dans Berg-op-zoom, Breda, Bois-le-Duc, Grave & Mastricht, dans le Brabant, pour leur servir de boulevard & de défenses contre les Espagnols. Mais, en 1715, l'appréhension des armes de la France leur fit demander une augmentation des villes de *barrière*, & le traité d'Anvers leur a accordé celles de Namur, Tournai, Menin, Furnes, Warneton, Ypres & la Knoque, dans lesquelles ils avoient privativement le droit de mettre garnison. Dendermonde, ville de la nouvelle *barrière*, devoit avoir une garnison mi-partie autrichienne & hollandoise.

Par ce traité, l'empereur conservoit la propriété, la supériorité, le domaine & la jurisdiction sur toutes les villes qui composent la *barrière*; les Hollandois pouvoient en nommer les gouverneurs & les états-majors : & les garnisons qu'ils y mettoient, étoient obligées de prêter serment de fidélité à l'empereur, ainsi qu'aux états-généraux.

Le même traité régloit la portion pour laquelle chacune des puissances contractantes devoit contribuer au paiement des garnisons. Mais ce traité vient d'être anéanti au commencement de l'année 1782; l'empereur a obligé les Hollandois de retirer leurs garnisons des villes de la *barrière*, & il en fait détruire les fortifications.

BARROIS, (*Droit public.*) le *Barrois*, province de France, est restée le plus long-temps entre les mains d'un grand vassal, & a conservé le plus de vestiges de l'ancien gouvernement.

Par une autre singularité, ce territoire allodial n'a pas d'abord été asservi sous le poids des chaînes féodales; ses comtes & ses ducs, après s'être soumis à l'hommage des rois & au ressort de la cour de France, ont prétendu avoir conservé le surplus des droits de la souveraineté : cette prétention, les démêlés qu'elle a fait naître, que les gens de loi ont discutés, & dont une intrigue de cour a seule coupé le fil; les suites qu'ont eues les traités; l'interprétation qu'on leur donne encore aujourd'hui, après que les causes des différends ont cessé; tout concourt à rendre intéressante l'histoire de ces contrées.

Cette province est située entre la Champagne & la Lorraine : la Meuse qui la traverse du nord au sud, en forme la division politique.

Sur les rives orientales de ce fleuve, est le *Barrois* mouvant, ancienne dépendance du royaume de France, soumise au ressort du parlement de Paris.

A l'occident, est le *Barrois* non mouvant, qui autrefois faisoit partie de l'empire d'Allemagne, & qui est aujourd'hui sous la jurisdiction du parlement de Nanci.

L'un & l'autre *Barrois* ont pris leur nom du château de Bar-le-Duc, construit, sur les terres du royaume de France, par Frédéric, premier duc de la haute Lorraine.

Les partages de 842 & de 879 font tous deux mention des deux *Barrois*, *Barrense*, & les assignent à Charles-le-Chauve & à Louis-le-Bègue. Mais ces énonciations ne paroissent relatives qu'aux comtés de Bar-sur-Aube & de Bar-sur-Seine, & non à celui de Bar-le-Duc, formé, long-temps après, des démembremens des territoires des anciennes cités de Toul, de Langres, de Verdun & de Metz.

Le lieu où Bar-le-Duc a été bâti, étoit situé dans le royaume de France. Froissard dit que le roi & la reine s'en plaignirent à l'empereur Othon I, frère de la reine, & que l'empereur fit défense à Frédéric de faire aucunes forteresses dans ce royaume, sans le consentement du roi.

Une autre preuve que Lothaire étoit souverain à Bar, c'est la chartre de fondation de la forteresse de S. Marc de Bar, faite dans ce temps-là : cette chartre est datée des années du règne de Lothaire, & non de celui d'Othon ou de Frédéric.

Le Frédéric dont nous venons de parler, qui

avoit reçu la Lorraine à titre de bénéfice, étoit sans doute d'une maison puissante, riche d'ailleurs en vastes territoires & en possessions allodiales, situées dans l'empire & dans le royaume de France. L'histoire dit qu'il les accrut par des usurpations faites sur les églises dont il étoit l'avoué.

Gérard d'Alsace ayant reçu l'investiture de la Lorraine au défaut de la postérité masculine de Frédéric; Sophie, arrière-petite-fille de celui-ci, conserva le patrimoine & les aleux de sa maison; elle épousa Louis, marquis de Mouçon & de Montbelliard; ce fut le premier qui, de ces possessions éparses sur les frontières de l'empire & du royaume, prit le titre de comte de Bar: ses successeurs acquirent bientôt de nouveaux territoires qui relevoient des grands vassaux de ces deux puissances.

Telles étoient les terres de Gondrecourt, de S. Thiebaut, de la Marche & de Conflans, à la source & à l'orient de la Meuse. C'étoit des fiefs du comté de Champagne: ce fut sans doute à cause de ces fiefs, que, dans les actes passés avec les comtes de Champagne, les comtes de Bar leur donnèrent le titre de *monseigneurs*, & n'en reçurent que celui de *fideles* ou de *sujets*.

Ce fut en conséquence que, dans l'établissement du comte Thibaut, roi de Navarre, fait pour régler les successions des baronnies & châtellenies de Champagne, le comte de Bar figure à la tête des barons de Champagne.

Observons encore que, suivant les sentences arbitrales de S. Louis & de Charles-le-Bel, le comté de Ligny est déclaré fief du comte de Bar, & arrière-fief des comtes de Champagne, *&c.*

Ce fut ainsi que le comte de Bar devint vassal du comté de Champagne, sans cesser de posséder allodialement ses terres d'Empire, & la ville & châtellenie de Bar: mais plus on lit nos anciens publicistes, moins on parvient à se faire une idée juste des prérogatives attachées aux aleux de cette importance; ces savans qui ne connoissoient que la jurisprudence récente, qui n'avoient médité que les compilations de Tribonien & de Niger, ne voyoient qu'usurpations dans la jurisdiction & les prérogatives des seigneurs. Ils n'avoient point remonté, ainsi que l'a fait de nos jours le comte du Buat, à ces grands qui, dans le berceau même de la monarchie, joignoient la qualité de collègues à celles de subalternes des rois; qui avoient dès-lors sous eux des corps de troupes qu'ils gouvernoient avec la même autorité que les rois, quoique ce ne fût pas avec la même indépendance.

Mais ces grands étoient les sujets des rois, quoique dans l'ordre le plus relevé; ils leur prêtoient serment de fidélité, quoiqu'ils ne leur fissent pas hommage: les comtes de Bar, en mettant à part leurs fiefs, étoient sujets des rois de France, pour leurs terres situées en deçà de la Meuse, & sujets des empereurs, pour les terres situées au-delà de cette rivière.

Le traité de Bruges fit perdre à cette partie orientale du *Barrois* son allodialité: Henri, comte de Bar, ayant été pris, les armes à la main, par Philippe-le-Bel, son souverain, acquiesça à la commise des fiefs qui depuis ont été rendus à ses descendans, & promit de faire à l'avenir, pour lui & ses successeurs, *hommage-lige aux rois de France, de Bar, de sa châtellenie & de tout ce qu'il tenoit en franc-aleu en deçà de la Meuse.* Ce traité est de 1301.

Si ces terres eussent dépendu de l'Empire, le comte n'eût pu les reprendre en fief du roi de France. Mais elles faisoient dès-lors partie du royaume: des lettres-patentes du mois de mai 1320, & du 24 septembre 1344 justifient que, long-temps avant ces deux dernières époques, le bailliage de Bar ressortissoit à celui de Sens; depuis, les rois de France & leur parlement continuèrent d'exercer des actes de souveraineté sur le *Barrois* & sur les comtes.

En 1304, un comte de Bar, ayant pourvu, dans son testament, à la garde de ses enfans & de ses biens, crut ne pouvoir déroger à la coutume qu'avec la permission du roi Philippe de Valois: « & s'il » y avoit aucun droit répugnant à notredite ordon» nance, dit le comte, nous supplions notre très» cher & redouté seigneur, qu'il veuille dispenser » de sa pleine puissance & autorité royale, casser » & abolir cesdits droits & coutumes, en tant qu'ils » pourroient être préjudiciaux à notre présente or» donnance en tout ou en partie ».

En 1353, ce fut le parlement de Paris qui décida de la garde noble du *Barrois*; la veuve & le frère du comte défunt, qui se la disputoient, invoquèrent également: *generalem consuetudinem & communem observantiam regni seu majoris partis, notariè observatæ, è comitatu Barri & locorum vicinorum, videlicet comitatûs Campaniæ, ac etiam in patriâ Senonensi, ad quem locum Barri resortitur ab antiquo, & per consequens in casû quo esset de ipsius comitatûs consuetudine dubium, ressorti consuetudo debeat attendi.*

En 1346, en 1366 & en 1374, le roi accorda des lettres de rémission à la mère & aux oncles du comte de Bar.

Vers la fin du treizième siècle, le *Barrois* fut érigé en duché, en faveur de Robert, gendre du roi Jean. L'érection fut faite respectivement par des lettres du roi & par un diplôme de l'empereur.

En 1419, Louis, cardinal de Bar, le dernier des descendans mâles de Louis de Mouçon & de la comtesse Sophie, céda ce duché, *sous le bon plaisir du roi, son souverain seigneur*, à Réné d'Anjou, depuis roi de Sicile & comte de Provence, qui épousa l'héritière de Lorraine. Réné de Lorraine, petit-fils du roi Réné par Yolande d'Anjou, sa mère, ayant hérité des duchés de Lorraine & de Bar, réunit ces deux provinces. *Voyez* LORRAINE.

Cependant les comtes, les ducs de Bar & ceux de Lorraine qui leur succédèrent, exerçoient tous les droits régaliens & de souveraineté dans le *Barrois* mouvant, composé d'aleux, de fiefs & de terres démembrées de plusieurs abbayes : ils avoient même à S. Mihiel une cour d'appel, dite *des hauts jours*, mais qui vraisemblablement n'eut le ressort suprême sur les terres d'Empire, qu'après que l'empereur Charles-Quint eut accordé aux ducs des prérogatives très-étendues qui comprenoient le droit *de non appellando*.

On a prétendu que cette cour avoit fait des actes de jurisdiction sur le *Barrois* mouvant : nous n'en connoissons aucun ; seulement un duc de Lorraine ayant fait plaider que ses sujets *avoient l'alternative de relever leurs appels au bailliage de Sens ou à la cour de S. Mihiel ;* un arrêt du parlement de Paris du 15 juillet 1507 ordonna que le duc avoueroit ou désavoueroit son avocat : & le duc garda le silence.

Cette alternative n'étoit sans doute prétendue que conformément à un dénombrement du premier avril 1397, dans lequel le duc Edouard déclare « que Gondrecourt & tous les lieux qui y sont rappellés, » ressortissent, en tous cas, pardevant son prévôt » de Gondrecourt, & pardevant son baillif, en » cause d'appel : & en ce qui touche souveraineté » & ressort dudit lieu de Gondrecourt, sont d'ancienneté ressortissans en ses grands jours de S. Mihiel, » & de S. Mihiel, ressortissans audit Andelot (simple prévôté dans le bailliage de Chaumont) ».

Il est vraisemblable cependant que les ducs de Bar exerçoient, dans le *Barrois* mouvant, des prérogatives très-étendues ; qu'ils y levoient les impositions qui leur étoient accordées par leurs états ; qu'ils y battoient monnoie, faisoient des traités & alliances. Mais tous ces droits & une foule d'autres leur étoient communs, ainsi que l'on peut le voir dans l'usage des fiefs de Brussel, avec les autres grands vassaux & hauts barons. Quand les rois de France, par des ordonnances rendues successivement, eurent dépouillé insensiblement leurs vassaux des plus considérables de ces prérogatives, les ducs de Bar cessèrent de les exercer paisiblement ; Antoine qui demeuroit en Lorraine, fut obligé de prendre des lettres de naturalité : ce duc & François son fils donnèrent, le 15 décembre 1581, une déclaration portant : « que le roi, par ses lettres-» patentes du même jour, leur ayant octroyé, pour » le cours de leur vie & de chacun d'eux, tant » seulement d'user, des droits de régale & de sou-» veraineté, esdits duchés de Bar & choses par eux » tenues de la couronne, ils confessoient que, par » la jouissance passée & à venir de ces droits, ils » n'entendoient prétendre ne acquérir lesdits droits » de régale, ne iceux leur competer, ne appartenir, » mais en jouir, par le moyen de la grace & per-» mission du roi, notredit souverain seigneur, pour » le cours de nos vies & de chacun de nous tant » seulement, sans que nos successeurs, ne ayant » cause, y puissent aucune chose quereller ni de-» mander ».

Il paroissoit même que cette permission n'avoit été faite aux ducs, qu'en considération de la cession faite au roi de leur ville de Stenay ; cession qui fut révoquée quelque temps après : ces ducs étant morts, Henri II, par des lettres-patentes du 22 juillet 1548, conserva au tuteur du jeune Charles, leur fils, « la » jouissance, pendant sa minorité, des droits royaux » & de régale, ainsi que son père & son aïeul avoient » joui ». Mais, malgré plusieurs lettres de jussion, un arrêt du parlement débouta les tuteurs de l'entérinement.

Mais le duc Charles épousa une fille d'Henri II : le duc & le cardinal de Guise, ses oncles, marièrent Marie Stuart, leur nièce, à François II. Ils abusèrent de leur ascendant pour obtenir de ce foible monarque la rénonciation à toute souveraineté sur le *Barrois*.

L'on n'osa pas présenter un pareil acte à la sanction du parlement. Après la mort de François II, le duc de Lorraine éleva de nouvelles prétentions, forma de nouvelles plaintes sur les atteintes données aux droits dont ses ancêtres avoient joui. Le 15 janvier 1571, le roi & le duc, son beau-frère, passèrent, sous le scel du châtelet, un concordat qui stipule, en faveur du duc & de ses descendans mâles & femelles, les droits « de jouir, user librement » & paisiblement de tous droits de régale & de sou-» veraineté ès terres du bailliage de Bar, prévôtés de » la Marche, Châtillon, Conflans & Gondrecourt. » Fors toutefois, excepté que pour le regard des » sentences & jugemens donnés par le bailli de » Bar ou par le bailli du Bassigny, esdites terres » mouvantes dudit seigneur roi, les appellations » ressortiront immédiatement en la cour de parle-» ment, sinon pour les petites causes, n'excédantes » la somme dont les juges présidiaux ont accoutumé » de connoître ; lesquelles appellations ressortiront » au bailliage & présidial de Sens ».

Ce concordat fut à peine enregistré en lit de justice, que le duc Charles obtint du roi Charles IX, le 13 février 1573, une nouvelle déclaration portant : « que le duc auroit, & ses officiers, la con-» noissance en première instance de toutes causes » & matières sur les sujets dudit bailliage (de Bar) » ès terres de la mouvance, sans que, pour quel-» que privilège que ce fût, ils puissent être tirés » ni distraits hors dudit bailliage, soit pardevant les » officiers des requêtes du palais, ou ceux des eaux » & forêts, ou du châtelet de Paris.

» Qu'il lui seroit également loisible d'octroyer » toutes lettres de rescision de contrats, restitutions » en entier, reliefs d'illico, & autres quelconques » lettres de grace & de justice.

» Que les styles anciens, usités & invétérés aux » prévôtés & bailliages du *Barrois*, seront invio-» lablement gardés ».

Le duc de Lorraine, n'étant pas encore satisfait de prérogatives aussi excessives, obtint, le 8 août 1575, une autre déclaration du roi Henri III : par laquelle ce prince dit, en parlant des actes de son prédécesseur : « n'avons entendu, sous la réser-» vation de fief & ressort, prétendre autres droits

» que féodalité & causes d'appel, sans aucunement » entreprendre sur les droits, us, statuts, coutumes » desdits bailliages. Etant notre intention que notredit » frère (le duc de Lorraine), ses successeurs des- » cendans de lui, ses officiers, vassaux & sujets » soient conservés en leurs franchises & immunités.

» Qu'il jouisse sur ses sujets de tous droits de » régale & souveraineté, & lui soit loisible de faire » toutes loix, ordonnances & constitutions.

» D'établir coutumes générales, locales & par- » ticulières, us & styles judiciaires, suivant les- » quels les causes de lui & de ses sujets seront » jugées & terminées, à peine de nullité : qu'il » puisse faire donner réglemens de ses officiers, » justices & jurisdictions.

» Convoquer états.

» Imposer toutes tailles & subsides.

» Concéder aussi & octroyer à sesdits sujets toutes » sortes de lettres de relief, d'illico, des appella- » tions, bénéfice d'âge, rescision de contrats, res- » titution en entier, toutes graces, pardons, ré- » missions, annoblissemens, amortissemens & tous » autres reliefs & provisions de justice : & qu'à » icelles par lui décernées, l'on aura égard en ju- » geant les procès & causes d'appel.

» Et ne seront les procès & instances de lui & » de ses sujets, sous prétexte des appellations in- » terjettées par l'une ou l'autre des parties sur quel- » ques incidens, évoqués au principal en notre cour » de parlement & bailliage de Sens; sinon, en cas » de droit, ce que notredite cour connoisse qu'il » y ait cause nécessaire.

» Pourra aussi faire forger monnoie, y donner » cours ès terres de sa mouvance, de telles sortes, » espèce, prix & valeur que bon lui semblera, & » contraindre tous ses sujets à se fournir de ses sa- » lines, en les faisant punir s'ils faisoient au con- » traire, sans que nous ou nos successeurs les puis- » sions empêcher.

» Que lesdits juges puissent connoître; en pre- » mière instance, de tous cas privilégiés en toutes » complaintes & possessoires de bénéfice, & au- » tres matières quelconques; & que, suivant ce » qui a été de tout temps observé, son bailli de » Bar soit réformateur de toutes les sentences don- » nées par les prévôts, juges & officiers de ses vas- » saux, tant en matière civile que criminelle, & » que ses sujets ne puissent être distraits hors de » leurs jurisdictions ordinaires, par *committimus*, » mandement de scolarité, gardes-gardiennes ni au- » tres privilèges quelconques, pour être attirés, en » première instance, aux requêtes du palais, tables » de marbre qu'ailleurs,

Et que nos sergens ne pourront exploiter ou exé- » cuter aucunes commissions sans *pareatis*, si ce n'est » en cas de ressort, & généralement qu'il lui laisse » jouir & user de toutes autres régales & droits » de souveraineté.

Cette déclaration & la précédente furent encore enregistrées en lit de justice, malgré l'opposition de M. le procureur général de la Guesle, qui remontra, dit Dupui, « qu'en la conférence tenue chez M. de Mor- » villiers, avec les officiers de M. de Lorraine, il » fut trouvé que le roi étoit bien fondé à empêcher » les droits que M. de Lorraine prétendoit, & » que le droit de souveraineté & de régale du » duché de Bar avoit toujours appartenu aux » rois de France, ce qu'il fit voir par bons titres » & très-pertinens : ajoutant que lui & ses collè- » gues étoient obligés, par le devoir de leur charge, » de s'opposer à la publication de cette déclaration, » étant du tout préjudiciable au bien de l'état, & » directement opposée à son établissement; & de » plus, qu'elle n'avoit été vue par aucuns de la » cour du parlement ».

Tribunaux. Le *Barrois* est aujourd'hui sous le ressort de trois parlemens, de Paris, de Nanci & de Mets.

Le bailliage de Bar, de la Marche & de Clermont en Argonne, sont soumis à la première de ces cours : on observe dans les deux premiers les dispositions du concordat & des déclarations de 1573 & 1575, relativement à l'ordre de jurisdiction : ces bailliages étant devenus bailliages royaux, de tels réglemens qui retranchent les abus des privilèges & des distractions de ressort, ne présentent plus d'inconvéniens : ainsi, c'est aux bailliages de Bar & de la Marche, que se portent, même en matière de grand criminel, les appels des prévôts & autres juges inférieurs : c'est ce qui résulte d'un arrêt du parlement du 23 avril 1700, qui, sur la revendication faite par le duc de Lorraine, d'une procédure commencée à Ligny, & portée immédiatement sur l'appel en la cour, ordonne que l'appel sera jugé par les officiers du bailliage de Bar, sauf l'appel en la cour; à cette fin les prisonniers transférés dans les prisons du bailliage de Bar, & le procès porté au greffe, le tout au frais de la duchesse de Luxembourg, dame de Ligny. Les baillis de Bar & du Bassigny connoissoient également autrefois des appels des gruyers de leur ressort; mais cette portion de leurs jurisdictions leur ayant été ôtée par l'établissement des maîtrises des eaux & forêts dans le *Barrois* mouvant, des lettres patentes du roi Louis XV, du 7 octobre 1755, ont ordonné que les maîtrises ressortiroient au parlement de Paris, & non en la table de marbre; pour les cas présidiaux, le bailliage de Bar ressortit aujourd'hui au présidial de Châlons, & le bailliage de la Marche ou du Bassigny à celui de Langres.

Quant au bailliage de Clermont, voyez CLERMONTOIS.

Les bailliages de Bourmont, S. Mihiel, Pont-à-Mousson, Thiaucourt, Etaing, Triey, Longuion & Ville-la-Montagne, ressortissent au parlement de Nanci : ces tribunaux sont assujettis aux mêmes principes que les autres bailliages de Lorraine : nous observerons seulement que dans la loi de leur établissement, l'on ne s'est point astreint aux anciens ressorts ni même aux coutumes : ensorte

que

que des lieux barriliens ressortissent actuellement à des bailliages lorrains & réciproquement. *Voyez les articles* LORRAINE, PARLEMENT DE NANCI, CHAMBRE DES COMPTES DE BAR, CHAMBRE DES COMPTES DE NANCI.

La ville de Longwy & son petit bailliage, ancienne dépendance du *Barrois* mouvant, ayant été définitivement cédés à Louis XIV par le traité de Ryswick, sont sous le ressort du parlement & du présidial de Metz : il en est de même de quelques autres villages & communautés, qui, en vertu des cessions faites par les anciens ducs de Lorraine, sont partie du gouvernement civil & militaire des Trois-Evêchés : des traités plus recens ont démembré quelques villages barriliens de ce gouvernement & de celui de Lorraine, pour les incorporer au Luxembourg autrichien.

Loix, coutumes, usages. Le *Barrois* mouvant est gouverné par la coutume de Bar, & le non mouvant par celle de S. Mihiel : le Bassigny lorrain mouvant & non-mouvant a une coutume particulière. L'esprit de ces coutumes est en général conforme à celui des coutumes de la Champagne ; elles sont de même calquées sur l'établissement du roi de Navarre de 1224, pour les successions des comtés & terres nobles : elles établissent de même l'allodialité des héritages : l'article 54 de celle de Bar, porte que *lods & ventes sont dus à cause de cens seulement, s'il n'y a titre ou possession contraire ;* & l'article 52, *que les ventes & lods d'héritage ne peuvent excéder un gros par franc, & ne sont dus sans titres & stipulation expresse ou possession valable* : il y a, dit le commentateur, un acte de notoriété, donné au bailliage de Bar le 15 novembre 1629, qui prouve la franchise *des terres* du même bailliage.

Une autre ressemblance de ces coutumes, à la réserve de celles du Bassigny, avec celles de Champagne, est dans la prérogative des femmes nobles d'annoblir leurs enfans. *Voyez* NOBLESSE.

La coutume de Bar avoit été, pour la seconde fois, rédigée par écrit en 1579, par l'ordonnance du duc de Lorraine. M. le procureur général s'en étant rendu appellant en ce qui étoit du ressort ancien du bailliage de Sens, & ayant fait intimer le duc, un arrêt du 4 décembre 1581 a mis les parties hors de cour, & a ordonné, d'après les offres du duc, que les coutumes du bailliage de Bar seroient reçues & mises au greffe de la cour, présent le procureur général du roi, ainsi que l'on a accoutumé de faire recevoir & mettre au greffe les coutumes qui sont arrêtées par ordonnance & sous l'autorité du roi.

Un pareil arrêt a été rendu le 20 mars 1585, pour les coutumes du Bassigny.

Cependant, si l'on en croit le commentateur de la coutume de Bar, M. de la Nauve, conseiller en la grande chambre du parlement de Paris, s'étant rendu à Bar ensuite d'une commission du roi, le 30 septembre 1634, ordonna de suivre la coutume de Sens, avec défense aux avocats & procureurs d'alléguer celle de Bar, & aux juges & officiers de la suivre.

On commençoit déjà à suivre la coutume de Sens ; mais le 6 juin 1635, M. Barillon de Morangis, maître des requêtes & intendant de Lorraine, tenant l'audience du bailliage, déclara qu'il avoit ordre du roi d'assurer l'assemblée, que nonobstant l'ordonnance de M. de la Nauve, l'intention de sa majesté étoit qu'on suivît la coutume, l'usance & les réglemens du bailliage de Bar ; de quoi il ne voulut pas néanmoins donner acte par écrit. L'acte de notoriété de cette déclaration fut dressé, en son absence, au bailliage de Bar. Depuis, l'on n'y a plus allégué la coutume de Sens, & celle de Bar a été suivie.

Il ne paroît pas que l'on ait reçu, dans les tribunaux du royaume, avec la même déférence, les autres loix émanées des ducs de Lorraine : soit que l'on ait pensé, ainsi que le faisoit Charles-Quint dans de pareilles circonstances, que nos rois n'avoient pu, à l'aide d'un enregistrement forcé, aliéner les droits essentiels de la souveraineté, tels que ceux de législation ; *principis personæ adherentia, extra commercium posita, sacra sacrorum*, soit que l'on ait cru qu'en supposant la validité des concordats & des déclarations, les ducs de Lorraine n'étoient pas pour cela dispensés de faire vérifier au parlement les loix émanées d'eux, lors même que nos rois se croient obligés d'y faire vérifier les leurs.

Nous ne croyons pas pouvoir nous dispenser de rendre compte des arrêts qui fixent ce point de droit public : le 6 septembre 1719, le parlement a jugé que l'ordonnance d'Orléans régloit, dans le *Barrois*, les substitutions, quoique les ducs de Lorraine eussent fait des ordonnances particulières sur cette matière : deux autres arrêts des 7 septembre 1743, & 26 juillet 1755, ont infirmé deux sentences du bailliage de Bar, qui ordonnoient que les inscriptions de faux seroient suivies conformément à l'ordonnance de Lorraine, & ont prescrit l'instruction, suivant l'ordonnance de 1737.

Le 14 juillet 1758, le parlement, en infirmant une sentence du bailliage de Bar, a ordonné qu'une vérification de criées seroit faite à l'audience de Bar, conformément à l'édit des criées de 1551. Par un autre arrêt du 5 mars 1779, rendu sur les conclusions de M. le Pelletier de Saint-Fargeau, cette cour, sans s'arrêter aux moyens de nullité puisés dans l'ordonnance de Lorraine, a confirmé une donation faite conformément à celles du royaume. M. de Château-Fort, ce vertueux magistrat du parlement de Nanci, se pourvut en cassation, & invoqua le concordat & la déclaration de Henri III ; sa réclamation fut rejettée par le conseil du roi. Enfin, en 1764, le parlement jugea, sur les conclusions de M. Seguier, qu'un indult obtenu par le roi Stanislas, & enregistré au parlement de Nanci & au bailliage de Bar, n'auroit pas lieu dans le *Barrois* mouvant. Si jamais on eût pu se relâcher de la sévérité des grands principes, c'eût été en faveur de Stanislas, beau-père du roi régnant, c'étoit au moment où la puissance des ducs de Bar, prête à s'anéantir, alloit être consolidée à la couronne : mais en matière de souveraineté & de législation, les principes ne dépendent pas des évènemens. Ils sont inaltérables.

Les ordonnances des ducs de Lorraine, & celles de nos rois depuis la mort de Stanislas, étant en général les mêmes pour les deux provinces, *voyez ce que nous en dirons à l'article* LORRAINE.

Discipline & loix ecclésiastiques. En général on suit dans le *Barrois* mouvant, sur cet objet, les loix du royaume, & dans le *Barrois* non-mouvant, les principes & les usages de la Lorraine. Suivant l'auteur de l'histoire de ces loix & usages en matière bénéficiale, « toutes les expéditions romaines qui » se font sous signature pour la France, se font » de même pour le *Barrois* mouvant & non pour » le non-mouvant. Le concours n'a pas lieu pour » les cures dans le premier, & il se tient dans le » second : les appels comme d'abus sont admis au » parlement de Paris pour le *Barrois* mouvant, & » dans le non-mouvant on ne peut procéder que » par opposition afin de nullité, au parlement de » Nanci. Enfin, suivant les arrêts d'enregistremens » des parlemens de Paris & de Nanci, de l'indult » de Clement XII, cet indult s'interprète, pour le » *Barrois* mouvant, par le concordat, & pour le » non-mouvant, par les usages de Lorraine ».

Domaine. On prétend que les domaines du duché de Bar sont depuis long-temps inaliénables & imprescriptibles, à la différence de ceux du duché de Lorraine : on invoque, en faveur de cette opinion, différens actes qui ne paroissent pas fort authentiques, & qui ne peuvent, en tous cas, concerner le *Barrois* mouvant, où, comme l'on vient de le voir, nos rois avoient seuls la puissance législative.

BARROYEMENT, s. m. vieux terme de pratique, qui signifie *un délai de procédure.*

BARROYER, v. n. vieux terme de pratique, qui signifie à la lettre *faire des procédures à la barre de la cour*, & en général *instruire un procès.* Il ne se dit plus à présent que par dérision. (*H*)

BASILIQUES, adj. pris subst. (*Jurisprud.*) recueil des loix romaines traduites en grec par ordre des empereurs Basile & Léon, & maintenu en vigueur dans l'empire d'Orient jusqu'à sa dissolution. *Voyez* DROIT CIVIL.

Les *basiliques* comprennent les institutes, le digeste, le code & les novelles, avec quelques édits de Justinien & d'autres empereurs. Le recueil étoit de soixante livres, & s'appelloit par cette raison ἑξήκοντα *soixante.* On croit que c'est principalement l'ouvrage de l'empereur Léon le philosophe, & qu'il l'intitula du nom de son père, Basile le Macédonien, qui l'entreprit le premier. Des soixante livres il n'en reste aujourd'hui que quarante-un. Fabrot a tiré en quelque façon le supplément des dix-neuf autres du *Synopsis basilicon.*

BAS-JUSTICIER, s. m. (*Droit féodal.*) c'est un seigneur de fief à qui appartient le droit de basse-justice. Quelques coutumes lui accordent, sur les denrées ou bestiaux qui séjournent sur la seigneurie, un droit qu'elles appellent *levage*, *les épaves immobiliaires*, & *le droit de banalité.* *Voyez* BANALITÉ, BASSE-JUSTICE, EPAVE, LEVAGE.

BASOCHE, s. f. (*terme de Palais.*) c'est une jurisdiction tenue par les clercs des procureurs du parlement de Paris & de quelques autres tribunaux, pour connoître des différends qui peuvent s'élever parmi ces clercs & pour régler leur discipline.

Anciennement, on ne connoissoit point en France de procureur en titre d'office comme il y en a aujourd'hui. A l'exemple des peuples du Nord, les François terminoient leurs procès par les armes, & prévenoient ainsi les lenteurs de la justice. Il fallut des réglemens sans nombre, & l'intervalle de plus de deux siècles, pour anéantir cette méthode meurtrière : on trouve dans les capitulaires des preuves de cette vérité. L'autorité royale prévalut enfin : il fut enjoint aux particuliers de porter leurs plaintes aux tribunaux de la justice, dès-lors le ministère de ceux qui y étoient employés devint d'un grand secours pour ceux qui ignoroient la manière d'y procéder ; & c'est à ces gens exercés qu'on donnoit le titre de *clercs*, mot qui, pris dans son ancienne signification, veut dire *savant*, *docteur*, &c.

Dans la suite, on jugea à propos d'ériger en titre d'office, les fonctions de ceux qui secondoient les parties dans les tribunaux & qui aidoient à leur procurer la justice qu'elles y demandoient ; on choisit parmi les clercs ceux qui avoient le plus de capacité pour ces sortes de fonctions ; on leur donna une préférence exclusive sur les autres clercs, & c'est delà que tirent leur origine les procureurs que nous voyons aujourd'hui.

A Paris, le premier & le plus ancien tribunal étoit le châtelet : le nombre des clercs y étoit plus considérable que par-tout ailleurs. Ces clercs formoient entr'eux une communauté comme la forment aujourd'hui les procureurs, & cette communauté n'a pas laissé de subsister, quoique les clercs n'aient plus été employés aux mêmes fonctions : ils se sont maintenus comme des gens toujours capables de remplacer les procureurs & de leur succéder dans leurs offices ; mais au lieu de maîtres qu'ils étoient, ils ont été obligés de se rendre les compagnons des procureurs, & de les aider de leur plume dans leurs opérations, jusqu'à ce qu'ils deviennent procureurs à leur tour. Voilà en abrégé l'idée de toute la différence qui se trouve aujourd'hui entre les clercs & les procureurs.

Basoche du parlement, *autrement dite du palais.* Lorsque Philippe-le-Bel rendit son parlement sédentaire à Paris, il comprit qu'il étoit nécessaire qu'il s'y attachât des personnes en état d'y traiter les affaires. Le roi, pour y attirer des clercs, voulut, de l'avis même de son parlement, qu'il y eût entre eux un roi avec une jurisdiction sous le titre de *royaume de la basoche*, pour juger en dernier ressort tous les différends qui naîtroient de clerc à clerc, tant en matière civile qu'en matière criminelle. Il permit en même temps d'établir des prévôts & des jurisdictions basochiales, dans les siéges royaux ressortissans au parlement de Paris, à la charge de la foi & hommage envers le roi de la *basoche*, devant lequel devoient ressortir les appellations des prévôts. Il fut dit aussi que le roi de la *basoche* feroit faire montre tous les ans à tous les clercs du palais & à tous ses autres sujets & suppôts.

La montre se faisoit chaque année sur la convocation du roi de la *basoche*, qui envoyoit ses ordres à ses princes & sujets, avec commandement de se trouver à Paris, sous peine de grosses amendes, en plusieurs bandes & compagnies, avec les habits & les livrées de leurs capitaines, dont on fournissoit des modèles.

Ces montres ou comparutions se faisoient en forme de carouzel : elles attiroient beaucoup de monde. Elles firent tant de bruit du temps de François I, que ce prince manda à son parlement qu'il vouloit voir *la montre du roi de la basoche*, & qu'à cette fin il se rendroit à Paris à jour nommé. La cour, sur la requisition de l'avocat général de la *basoche*, & les conclusions du ministère public, ordonna, par arrêt du 25 juin 1540, qu'elle vaqueroit par cette raison pendant deux jours.

En 1548, les habitans de la Guienne s'étant montrés mutins & rebelles envers Henri II, au sujet de la gabelle, ce prince jugea à propos d'y envoyer le connétable de Montmorenci avec une armée considérable. Pendant qu'on faisoit la levée des troupes, le roi de la *basoche* & ses suppôts s'offrirent au prince : ils furent acceptés : ils étoient environ six mille hommes. Ils firent si bien leur devoir qu'à leur retour le roi, voulant reconnoître leurs services, leur demanda quelle récompense ils desiroient : ils répondirent qu'ils n'en demandoient aucune, & qu'ils étoient toujours prêts à servir sa majesté par-tout où elle voudroit les envoyer.

Le roi, content de cette réponse, leur donna, de son propre mouvement, la permission de faire couper dans ses bois tels arbres qu'ils voudroient choisir, en présence du substitut du procureur général aux eaux & forêts, pour servir à la cérémonie du mai qu'ils avoient coutume de faire planter tous les ans, le dernier samedi du mois de mai, devant le grand perron de la cour du palais ; &, pour fournir aux frais de cette cérémonie, il leur accorda tous les ans une somme à prendre sur les amendes adjugées au profit du roi, tant au parlement qu'à la cour des aides, & cette somme se perçoit encore aujourd'hui. Le roi accorda de plus, au trésorier & au receveur du domaine de la *basoche*, le droit de faire sceller gratuitement, en la chancellerie du parlement, une lettre de quelque prix que ce fût, & voulut, que sur les arrêts rendus à la *basoche*, il fût expédié *gratis des* commissions. Il permit enfin, au roi de la *basoche* & à ses suppôts, d'avoir dans leurs armoiries (qui sont trois écritoires) timbre, casque & morion pour marque de souveraineté, ainsi qu'il est expliqué plus au long dans les lettres de don qui leur en furent expédiées. Tous ces privilèges subsistent encore, à l'exception des commissions, qui ne s'expédient plus aujourd'hui en la chancellerie du parlement qu'en payant les droits ordinaires.

Pour ce qui est du titre du *roi de la basoche* il fut supprimé par Henri III, qui, voyant que le nombre des clercs alloit à près de dix mille, ne voulut plus qu'aucun de ses sujets prît le nom de roi. Les droits du roi de la *basoche* ont passé depuis en la personne de son chancelier, dont les montres ont par la suite été réduites aux seuls officiers de la *basoche* & aux clercs du palais. Ces montres ont continué en plusieurs compagnies jusqu'à l'année 1667 ; & depuis ce temps-là il n'a plus été question que de cette espèce de cavalcade, qui se fait tous les ans, lorsqu'il s'agit d'aller faire marquer un arbre dans la forêt de Bondy, pour la plantation du mai.

Le corps de la *basoche* est encore aujourd'hui une jurisdiction bien reconnue. Elle est composée d'un chancelier, de plusieurs maîtres des requêtes, d'un grand audiencier, d'un référendaire, d'un procureur général, d'un avocat général, de quatre trésoriers, d'un greffier, de quatre notaires & secrétaires de la cour basochiale, d'un premier huissier, de huit autres huissiers & d'un aumônier qui a voix délibérative & séance après le grand audiencier & le référendaire, lesquels sont tous deux maîtres des requêtes extraordinaires.

Les procédures & les instructions se font à la *basoche* par les clercs qui y sont reçus avocats & qui y plaident pour les parties. Les audiences se tiennent les mercredis & les samedis dans la chambre de S. Louis entre midi & une heure. Le chancelier y préside, & en son absence le vice-chancelier ou le plus ancien maître des requêtes; mais, pour faire un arrêt, il faut qu'il y ait sept maîtres des requêtes outre celui qui préside. Les requêtes que l'on présente à la cour de la *basoche* sont intitulées : *à nosseigneurs du royaume de la basoche*. On emploie le papier timbré pour ces requêtes, ainsi que pour les autres actes de procédures qui s'y font.

Les jugemens qui s'y rendent sont expédiés par le greffier sous ce titre : *la basoche régnante en triomphe & titre d'honneur*, SALUT ; & à la fin on met : *fait audit royaume le....* &c. Ces jugemens sont souverains & portent le nom d'arrêt ; de sorte qu'on ne peut se pourvoir, contre ces mêmes jugemens, que dans la jurisdiction où ils ont été rendus. On emploie à cet effet la requête civile, laquelle se porte à l'ancien conseil, qui se tient par le chancelier assisté des procureurs de la cour.

Le nombre des maîtres des requêtes de la *basoche* n'est point fixe : il s'en fait tous les ans quatre, qui sont les quatre trésoriers sortant de charge. Les avocat & procureur généraux restent toujours jusqu'à vacation de leur office.

Le chancelier ne règne qu'un an ; l'élection s'en fait tous les ans au mois de novembre. Il ne peut être choisi qu'entre les quatre plus anciens maîtres des requêtes, l'avocat & le procureur général, & le procureur de communauté. L'habit de cérémonie du chancelier est une robe & un bonnet; les autres officiers portent en cérémonie l'habit noir, le rabat & le manteau.

Le chancelier ne peut être un homme marié ni un bénéficier. Il est obligé de donner un festin, le jour de sa réception, aux autres officiers; c'est ce qu'ils appellent entre eux *droits & devoirs.* On lui en donne acte à la fin du repas : mais anciennement, avant qu'il pût obtenir cet acte, il falloit qu'il essuyât plusieurs contestations qui faisoient vuider encore un grand nombre de bouteilles.

On sait, par tradition, que la *basoche* jouissoit, dans les premiers temps, de quantité de droits & de privilèges; mais on ignore ce qu'en sont devenus les titres; on croit qu'ils ont été brûlés dans l'incendie du palais. Un droit dans lequel la *basoche* s'est constamment maintenu, est celui de donner aux clercs qui veulent se faire pourvoir d'un office de procureur au parlement, un certificat nécessaire pour attester leur temps d'étude & d'exercice au palais. Les officiers de la *basoche* ont eu souvent des contestations, avec les procureurs du parlement, au sujet de ces certificats; mais ils y ont toujours été maintenus.

On voit cependant que dans quelques circonstances & par des considérations particulières, le parlement a permis, à de nouveaux pourvus d'office de procureurs, de se faire recevoir sur le simple *admittatur* des procureurs de communauté, sans certificat des officiers de la *basoche.*

Si les officiers de la *basoche* refusoient de délivrer le certificat en question, les récipiendaires pourroient se pourvoir à la communauté des procureurs, à l'effet d'y vérifier leur temps de palais, tant sur l'extrait de l'inscription qu'ils auroient faite sur le registre des officiers de la *basoche*, que sur les procédures écrites de leur mains dans les études des procureurs, ainsi que sur les certificats des procureurs chez lesquels ils auroient demeuré, & sur les autres témoignages qu'ils pourroient fournir; &, si leur temps de palais étoit suffisamment établi, les procureurs pourroient leur donner leur *admittatur*, nonobstant le défaut de certificat.

On dispense du certificat les fils de procureurs & les avocats qui, après avoir fait la profession, ont été mis au moins sur deux tableaux; mais ils ne sont pas déchargés de l'examen que les procureurs sont en droit de faire aux récipiendaires.

Les officiers de la *basoche* ont pareillement le droit & la possession de percevoir de chacun des récipiendaires quinze livres pour le droit de chapelle, lorsque le certificat de temps de palais leur est délivré; mais il est fait défense à ces officiers de recevoir ni d'exiger d'autres droits des clercs & des récipiendaires, à titre d'*entrée* ou de *sortie*, soit en argent, jettons ou repas, à peine d'interdiction de leurs fonctions à la *basoche* pour la première fois, & de cinq cens livres d'amende; de mille livres, en cas de récidive, & de privation pour toujours de leurs fonctions; même d'être déchus de pouvoir être admis aux offices de procureurs pour un temps ou pour toujours, ainsi qu'il seroit jugé par la cour.

Toutes ces choses ont été réglées par un arrêt du 7 septembre 1713, par lequel il est encore dit qu'en cas de plaintes sur l'inexécution de cet arrêt, les parties intéressées, les procureurs de communauté & les officiers de la *basoche* se retireroient au parquet pour, sur l'avis ou le requisitoire des gens du roi, y être pourvu, ainsi qu'il appartiendra.

En 1730, les officiers de la *basoche* crurent devoir prendre une délibération particulière pour exécuter d'une manière plus précise l'arrêt que nous venons de rapporter : ils prirent effectivement cette délibération, & la présentèrent au parlement pour y être homologuée. La cour, sur les conclusions du procureur général & sur le rapport du conseiller qui avoit été nommé à cet effet, ordonna, par son arrêt du 24 mai 1730, que, conformément à celui du 7 septembre 1713, dont nous venons de parler, tous ceux qui voudroient demeurer dans les études des procureurs en qualité de clercs, à l'effet d'acquérir le temps nécessaire pour être admis aux offices de procureurs, seroient tenus de s'inscrire, comme il étoit dit, sur les registres des officiers de la *basoche* : qu'à l'égard de ceux qui, par le passé, avoient négligé de se faire inscrire, ils seroient tenus de le faire dans trois mois, & de rapporter des preuves du temps où ils seroient entrés dans les études des procureurs dont il seroit fait mention à la suite de leur inscription; sinon qu'après ce temps passé, ils seroient déchus de cette grace, & qu'ils ne seroient réputés demeurer chez les procureurs, que du jour qu'ils se seroient inscrits.

Il fut en même temps ordonné que, conformément à l'arrêt de la cour du 20 mars 1722, les procureurs de communauté au parlement seroient tenus d'avoir un registre coté & paraphé, dans toutes ses pages, par le conseiller-rapporteur, dont le greffier de la communauté seroit dépositaire; dans lequel registre, le nom de chaque procureur seroit inscrit, & où chacun d'eux feroit sa déclaration du nom des clercs qu'ils auroient chez eux, du lieu de leur naissance, du temps auquel ils seroient entrés chez eux; qu'ils y viendroient pareillement déclarer dans la suite, jour à jour, les clercs qui sortiroient de chez eux, ainsi que ceux qui y entreroient; le tout, sous les peines portées par l'arrêt du 20 mars 1722, & sans que les procureurs pussent donner leur *admittatur* aux clercs qui voudroient se faire recevoir aux offices de procureurs, ni que ces clercs pussent être reçus, qu'en rapportant le certificat d'inscription sur le registre pendant le temps de dix années.

Comme cet arrêt d'homologation intéressoit les officiers de la *basoche*, ils le firent lire & publier à leur audience; ils ordonnèrent en même temps qu'il seroit signifié à la communauté des procureurs, & que copies imprimées en seroient envoyées chez tous les procureurs du parlement.

Les dispositions de cet arrêt ont été confirmées & renouvellées par un arrêt de réglement, rendu, le 8 février 1744, sur les conclusions de M. l'avocat général Gilbert.

Ce réglement, joint à nombre d'autres arrêts qui se sont perdus, ne permet pas de douter que cette *basoche* ne soit une jurisdiction encore bien établie. Il n'a pas dépendu des procureurs de l'anéantir; car, dans tous les temps, ils en ont cherché les moyens. En ne considérant que leur intérêt, ils ont toujours eu de la peine à supporter un corps qui, en ne leur donnant la liberté de traiter de leurs offices, qu'avec des sujets pris dans ce même corps, leur ôte souvent le moyen d'en tirer un meilleur parti, en traitant indifféremment avec toutes sortes de personnes. Mais le parlement a toujours honoré la *basoche* de sa protection. Mornac l'appelle *le seminaire des procureurs*. M. Marion, avocat général, dit, dans un de ses plaidoyers, que cet ancien établissement mérite d'être soutenu, comme étant propre à former des sujets capables d'acquérir un jour la confiance du public.

Basoche du châtelet. Les clercs du châtelet de Paris forment entre eux une communauté distincte de celle des clercs du palais, c'est-à-dire, du parlement. Elle est même plus ancienne que celle-ci, parce que, comme nous l'avons déjà observé, il n'y avoit anciennement à Paris d'autre jurisdiction que celle du châtelet. Cette communauté des clercs du châtelet a aussi sa *basoche*, & il y a apparence qu'elle tient son institution du premier roi de la *basoche* du palais, lequel avoit droit d'en établir dans tous les tribunaux du ressort du parlement. Son chef porte le nom de *prévôt*; il a le privilège, ainsi que le trésorier de la compagnie, d'être reçu procureur, quoiqu'il n'ait pas encore les dix années de cléricature, qu'on exige pour les autres suppôts.

Cette *basoche* avoit été fort négligée depuis un certain temps, lorsque les procureurs au châtelet cherchèrent à la détruire entièrement en 1757; mais leurs efforts ne firent que ranimer l'ardeur des clercs à la soutenir. Ceux-ci fouillèrent dans leurs anciens monumens, & ils y trouvèrent nombre de pièces toutes propres à constater l'existence d'un corps dont les procureurs avoient fait un problême. Ils trouvèrent même dans les statuts de la communauté des procureurs, homologués par sentence du 14 mars 1726, des preuves du fait que ces procureurs cherchoient à contester. Il y est dit, *art. 27 :* aucun ne » sera reçu en la charge de procureur, qu'il n'ait » été clerc dix ans; &, pour le justifier, sera tenu » de représenter des certificats des procureurs chez » lesquels il aura demeuré, *s'il n'a été prévôt ou tré-» sorier de la basoche* ».

Cette contestation, de la part des procureurs, parut fort déplacée aux yeux des magistrats du châtelet. Les clercs réclamèrent l'autorité du tribunal; ils demandèrent qu'il fût fait entre eux & les procureurs un réglement qui pût fixer invariablement leurs prétentions respectives. Le châtelet, après avoir pris connoissance des pièces produites de part & d'autre, crut ne pouvoir mieux faire que de se modeler sur les arrêts de réglement, qui avoient été rendus entre les procureurs au parlement & les clercs de la *basoche* du palais, sauf à y ajouter les modifications qui convenoient aux clercs du châtelet. En conséquence, le châtelet forma un réglement par sentence du 2 août 1757.

Les procureurs, mécontens de ce réglement, se crurent fondés à se pourvoir par appel au parlement, sous prétexte que le châtelet n'avoit pas le droit de faire des réglemens; mais leurs moyens à cet égard ne furent point accueillis: on fit voir qu'avant que le parlement fût rendu sédentaire, le châtelet régloit, de son autorité, tout ce qui pouvoit concerner la police de son tribunal; qu'il falloit distinguer entre les réglemens généraux qui peuvent concerner la grande police de plusieurs jurisdictions, & les réglemens particuliers qui ne s'appliquent qu'à des usages locaux; que les réglemens de la première espèce n'appartiennent en effet qu'au parlement: mais que, pour ce qui étoit de la police particulière dans un siège à l'égard de ceux qui y sont attachés, on pouvoit d'autant moins disputer le droit dont il s'agissoit au châtelet, qu'il l'avoit toujours exercé par une suite de sa possession primitive, sans que le parlement le lui eût jamais contesté: qu'au surplus, dans le cas actuel, le réglement qu'on attaquoit, devoit d'autant moins offenser la cour, que le châtelet s'étoit presque entièrement modelé sur les arrêts & réglemens qu'elle avoit rendus entre les procureurs & les clercs du parlement; qu'enfin, à considérer ce réglement en lui-même, on n'y trouvoit rien que de très-sage & de très-conforme à ceux de la cour dont ils renouvelloient ou développoient les dispositions. Il n'en fallut pas davantage, & les procureurs succombèrent dans leur appel.

La *basoche* du châtelet a pris une nouvelle consistance depuis ce temps-là: elle tient ses audiences, observe ses réglemens & veille à la conservation de ses droits. Elle eut à essuyer, en 1762, une contestation avec un clerc qui aspiroit à une charge de procureur au châtelet. Ce clerc n'avoit pas les dix années d'exercice, requises par les réglemens, chez des procureurs au châtelet; il avoit passé une partie de son temps dans l'étude d'un procureur au parlement, & il étoit question de savoir si ce temps devoit lui être compté. Les officiers de la *basoche* du châtelet soutenoient que ce clerc, n'ayant pas fait tout son temps chez les procureurs au châtelet, devoit être refusé, & messieurs du châtelet le jugèrent ainsi; mais, sur l'appel au parlement, la cour pensa différemment; &, par arrêt du 17 février 1762, il fut dit que le temps de demeure & de travail chez le procureur au parlement seroit compté à ce clerc pour compléter les dix années entières, prescrites par les réglemens.

Dans les sièges où il n'y a point de *basoche*, ce sont les procureurs qui donnent à l'aspirant le certificat de cléricature, nécessaire pour obtenir des provisions. Le temps de cette cléricature est ordinairement fixé à cinq ans pour les présidiaux & les bailliages. On ne fait même pas difficulté d'admettre ceux qui ont travaillé dans un autre siège du ressort du même parlement, pourvu qu'ils rapportent un certificat de cléricature. Mais, dans les sièges où il y a une *basoche*, les clercs ne souffrent d'admission que pour ceux qui ont travaillé dans le siège auprès duquel cette *basoche* se trouve établie.

Ceux qui, de l'état de notaire, veulent passer à celui de procureur, n'ont pas besoin de certificat: comme notaires, ils sont présumés avoir commencé par se mettre au fait de la procédure, & avoir suffisamment travaillé pour acquérir les connoissances nécessaires à un procureur.

Il existe une vieille prétention entre la *basoche* du châtelet & la *basoche* du palais, qui vraisemblablement ne sera pas si-tôt terminée. La *basoche* du châtelet se croit en droit de juger souverainement; la *basoche* du palais prétend au contraire qu'elle a seule ce droit, & que les jugemens de la *basoche* du châtelet, ainsi que des autres *basoches* du ressort du parlement, peuvent se relever par appel devant elle. La *basoche* du châtelet se regarde comme la première établie en France, & comme aussi ancienne que le tribunal même. Suivant la copie d'un ancien jugement, on voit qu'elle prend ces qualités : *la basoche souveraine & primitive de France, régnante en titre & triomphe d'honneur au châtelet de Paris* : & de-là elle conclut que ses jugemens ne sont point susceptibles d'appel.

La *basoche* du palais prétend qu'un pareil intitulé n'a jamais pu nuire à ses droits; qu'en prenant les choses dans leur origine avant la fixation du parlement à Paris, les clercs du châtelet ne formoient qu'une communauté sans jurisdiction, & que celle qu'ils ont aujourd'hui, ne peut émaner que de l'ancien roi de la *basoche*, qui avoit droit d'établir des prévôts dans les sièges du ressort de ce même parlement; qu'il est tout-à-fait vraisemblable qu'il en a ainsi usé pour la *basoche* du châtelet, puisque son chef porte le titre de *prévôt*, & que dès-lors cette jurisdiction, ainsi que les autres jurisdictions de cette nature, qui se trouvent dans différens sièges du ressort du parlement, est dans le cas de relever par appel devant la *basoche* du palais.

Il y a une *basoche* au châtelet d'Orléans & dans plusieurs autres bailliages. Elles se soutiennent & sont aussi jalouses de leurs prérogatives, que peut l'être des siennes celle du châtelet de Paris; elles sont composées des clercs des notaires & des procureurs; mais nous ignorons si elles affectent la même indépendance que celle du châtelet de Paris à l'égard de la mère *basoche* du palais. Il y en avoit une anciennement à Lyon; mais elle fut supprimée par un édit de 1653.

Il en existe une à Rouen sous le titre de *régence*; elle a ses loix particulières; ses privilèges sont sous la protection du parlement auquel elle est attachée.

On connoît aussi celle du parlement de Toulouse; il a même été parlé, dans les feuilles publiques de 1775, des marques de joie qu'elle a données au sujet du rétablissement des anciens magistrats de ce tribunal.

Basoche de la chambre des comptes. Une *basoche* d'une espèce particulière est celle de la chambre des comptes à Paris : elle se nomme *le haut & souverain empire de Galilée*. On ne sait pas trop dans quel temps ont été jettés les fondemens de cet empire : si ce sont les premiers clercs attachés à cette chambre, qui l'ont fondé; il y a apparence que son origine est aussi ancienne que la chambre même. On a remarqué que, dès l'an 1344, il y avoit des procureurs à la chambre des comptes. Le chef de l'empire de Galilée ne prend que le titre de *chancelier* : & ceux qui viennent après lui, se bornent à la simple qualité de *maître des requêtes*.

Observations sur les basoches. Quoi qu'il en soit de toutes ces dénominations qui nous paroissent aujourd'hui fort singulières, il est pourtant vrai de dire que ces sortes d'établissemens ont eu un motif d'utilité qui subsiste encore. La profession de procureur n'a point de cours d'étude public comme celle de l'avocat; il faut donc que les jeunes gens s'attachent à ceux qui exercent celle-là pour acquérir une certaine capacité : & rien de mieux pour les forcer en quelque façon à l'exercice qui leur convient, que les *basoches* dans les lieux où elles sont établies. Ce sont de petits séminaires pour eux : les objets sur lesquels roule l'exercice de leur jurisdiction, ne sont pas à la vérité bien importans; mais ils servent d'aiguillon à des talens naissans; l'esprit se développe en les traitant; ils excitent l'émulation. Une discussion d'affaires de peu de conséquence dispose la jeunesse à savoir les instruire en grand, même à les décider. Les clercs réunis en société sont plus attentifs sur eux-mêmes : ils peuvent être jaloux de mériter les premières places de leur jurisdiction, & dès-lors redoubler de travail pour acquérir plus de capacité. D'ailleurs, en entretenant une sorte de dépendance entre les clercs & les procureurs, il peut en résulter un plus grand bien pour la justice. Si les procureurs donnoient seuls le certificat de temps d'étude, ils le donneroient souvent à de jeunes gens peu instruits, au préjudice de ceux qui ont droit à une préférence par leur capacité : l'envie de multiplier les concurrens pour la vente de leurs offices les feroit passer légérement sur le temps d'étude requis. Il falloit aussi que les clercs ne pussent pas abuser de leur droit de donner ce certificat : & c'est à quoi il paroît que les réglemens ont sagement pourvu, soit en autorisant les procureurs à vérifier s'il n'y avoit point de supercherie, soit en indiquant les moyens de remédier à un refus injuste & déplacé. Ce sont sans doute ces considérations qui ont engagé les magistrats à protéger les petits tribunaux dont il s'agit, & qui les engageront toujours vraisemblablement à les maintenir dans leurs prérogatives : d'ailleurs il semble que ce qui porte un caractère d'antiquité, mérite particuliérement d'être ménagé, sur-tout lorsqu'il n'y a point d'abus à le laisser subsister.

Nous finirons par observer que l'état de clerc, membre d'une *basoche*, n'est point un état déterminé dans l'ordre social ; il n'est ni attributif de domicile, ni ne porte avec lui aucune dérogeance. Il s'agit seulement de s'instruire, & il est permis à l'homme de qualité, ainsi qu'au simple roturier, d'acquérir toutes sortes de connoissances.

BASSE-COUR, f. f. (*Droit féodal.*) c'est la partie du château ou manoir principal d'un fief, dans laquelle sont situées les étables, écuries, granges, *&c.* La *basse-cour* fait une portion essentielle & intégrante du manoir ; &, par cette raison, elle entre avec lui dans le préciput de l'aîné. *Voyez* ACCINS & PRÉCLÔTURE, AINESSE, PRÉCIPUT.

Les coutumes d'Acqs & de la Sole emploient le terme de *basse-cour* pour signifier une justice inférieure.

BASSE-JUSTICE, f. f. (*Droit féodal.*) c'est une justice seigneuriale qui n'a que le dernier degré de jurisdiction.

On l'appelle aussi *justice foncière*, ou *censière*, ou *censuelle*, parce que le bas-justicier connoît des cens & des rentes, & autres droits dus au seigneur.

Le juge qui exerce la *basse-justice*, connoît aussi des matières personnelles entre les sujets du seigneur, jusqu'à la somme de soixante sous parisis.

Il connoît pareillement de la police, du dégât fait par les animaux, des injures légères & autres délits dont l'amende n'excède pas dix sous parisis.

Si le délit mérite une amende plus forte, le juge doit en avertir le haut-justicier : &, en ce cas, il prend, sur l'amende qui est adjugée, six sous parisis.

Il peut faire arrêter, dans son districT, tous les délinquans ; &, pour cet effet, avoir sergent & prison ; mais il doit aussi-tôt faire conduire le prisonnier au haut-justicier avec l'information, & ne peut pas décréter.

Il connoît des censives du seigneur & de l'amende de cens non payé ; il peut, du consentement des parties, faire faire mesurage & bornage entre elles.

Lorsqu'on porte, devant le moyen ou le haut-justicier, une action dont la connoissance est attribuée au bas-justicier, celui-ci peut la revendiquer : mais ceci ne doit s'observer qu'autant que le seigneur haut-justicier n'a ni titre ni possession qui l'autorise à exercer le droit de prévention.

Dans quelques coutumes, on distingue deux sortes de *basses-justices* : l'une qui est générale ou personnelle, pour connoître de toutes les causes civiles & criminelles entre les sujets du seigneur, jusqu'à concurrence de ce qui vient d'être dit ; l'autre qu'on appelle simplement *jurisdiction basse*, *particulière* ou *foncière*, laquelle ne regarde que la connoissance du fonds qui relève du fief ou de l'*étroit fonds*, comme dit la coutume de Poitou, c'est-à-dire, des causes réelles qui regardent le fonds du fief & les droits qui en peuvent venir au seigneur, comme le paiement des lods & ventes, la notification & exhibition des contrats & autres causes concernant son fief.

L'appel de la *basse-justice* ressortit à la haute-justice.

Au reste, on observera que les coutumes qui parlent des droits & de la compétence des *basses-justices*, ne sont nullement uniformes ; ainsi il faut se conformer, sur cette matière, à ce que chaque coutume prescrit dans son ressort.

BASSETTE, f. f. (*Police.*) espèce de jeu de hasard, fort en usage sous le règne de Louis XIV. Les ordonnances l'ont défendu, ainsi que les autres jeux de hasard. *Voyez* JEU.

BASSINAGE, f. m. (*Finance.*) on appelloit ainsi autrefois un droit qu'on levoit sur le sel & autres denrées. On lui avoit donné ce nom à cause du bassin que portoient les collecteurs de ce droit, & dans lequel ils mettoient leur recette.

BASTAGE, f. m. (*terme de Coutume.*) dans le pays d'Acqs, les seigneurs qui avoient droit de péage avoient voulu y joindre une ampliation de droit, sous les noms de *bastage* & de *rodage*. Le droit de *bastage* devoit être payé à raison des bêtes de sommes, revêtues d'un bât, soit qu'elles fussent chargées ou qu'elles ne le fussent pas. Le droit de *rodage* étoit imposé à raison de la voiture chargée ou non de marchandises. Lorsque les bêtes ou les voitures étoient chargées, on faisoit payer le droit de *bastage* & de *rodage*, outre le péage accoutumé. Mais cette coutume, *tit.* 12, fait défenses aux seigneurs de rien exiger au-delà du péage, sous les noms de *bastage* & de *rodage*. Il paroît certain que l'étymologie du mot *bastage* est venue de celui de *bât*, car c'étoit à raison du bât des chevaux ou autres bêtes de somme qu'ils prétendoient exiger ce droit.

BASTARDAGE, mot de la coutume de Bourbonnois, qui signifie l'état des enfans bâtards. *Voyez* BATARD.

BASTON & RAIN, (*Coutume de Lille*, *art.* 80.) c'étoit l'ancienne forme d'ensaisiner un nouvel acquéreur. Ces mots viennent de *basculus* & *ramus* qui veulent dire *bâton* & *branche d'arbre*. On mettoit, en effet, un *bâton* & une branche dans les mains de celui qui prenoit possession de l'héritage qu'il venoit d'acquérir.

BASTUDE, f. f. (*Eaux & Forêts.*) c'est une espèce de filet, dont on se sert pour pêcher dans les étangs salés. Il en est fait mention dans l'ordonnance de la marine de 1681, *livre* 5, *titre* 2, *article* 15, où il est défendu, sous peine de punition corporelle, à tous pêcheurs qui se servent d'engins, appellés *fichures*, de prendre les poissons enfermés dans les *bastudes*, ou autres filets tendus dans les étangs salés.

BATAILLE, (*Jurisprudence.*) s'est dit dans le même sens que *combat*, lorsque les duels étoient autorisés en justice. *Voyez* COMBAT. (*H*)

BATARD, s. m. *ou* ENFANT NATUREL, (*Jurisprudence.*) c'est le nom qu'on donne à un enfant né hors d'un légitime mariage.

Il y a deux sortes de *bâtards* : les uns simples, tels que ceux qui sont nés de deux personnes libres, c'est-à-dire, non engagées dans le mariage, ou dans un état qui les oblige à la continence, & qui pouvoient contracter mariage ensemble : les autres sont ceux qui sont nés d'autres conjonctions plus criminelles, comme les *bâtards adultérins* & les *incestueux*.

Les *bâtards adultérins* sont ceux dont le père ou la mère, ou tous les deux, étoient engagés dans le mariage.

Les *bâtards incestueux* sont ceux dont le père & la mère étoient parens, ou alliés à un degré auquel le mariage est prohibé par les canons.

On qualifie aussi de *bâtards incestueux*, les enfans des personnes consacrées à Dieu par le vœu de chasteté, tels que les prêtres & les religieux.

Des bâtards, suivant le droit naturel. Dans l'ordre de la nature, la condition des *bâtards* & des enfans légitimes est la même, parce qu'ils sont tous du même sang; mais elle est inégale dans le droit civil, qui prononce contre les *bâtards* l'incapacité de succéder à leurs père, & même de recevoir de lui des dons & des legs considérables; par la raison qu'il regarde les *bâtards* comme n'appartenant à aucune famille, & n'ayant aucuns parens. Ils avoient autrefois un droit de légitime, pareil à celui des autres enfans, dont on les a privés, pour l'avantage, dit-on, des mœurs. Cette loi est bien dure, & je demanderois volontiers, ce que les mœurs y ont gagné ?

Des bâtards selon les loix anciennes. Chez les Athéniens, une loi de Solon excluoit du droit de bourgeoisie, non-seulement les enfans nés des concubines, mais encore tous ceux qui n'étoient pas nés d'un père & d'une mère athéniens. Cette loi souffrit de temps en temps quelques atteintes de la part de ceux qui eurent assez de crédit pour faire aggréger leurs *bâtards* au corps des citoyens. Tel fut Themistocle, dont la mère étoit de Thrace. Periclès renouvella cette loi dans toute sa vigueur, & condamna cinq mille *bâtards* à être vendus comme esclaves; mais la peste lui ayant enlevé ses enfans légitimes, il demanda lui-même au peuple la révocation de la loi en faveur d'un *bâtard* qu'il avoit d'Aspasie. On la lui accorda, & cet exemple eut des suites pernicieuses : bientôt il n'y eut plus de distinction entre les enfans légitimes & les *bâtards*, entre les femmes athéniennes & les étrangères; ce qui jetta le trouble & la confusion dans toutes les familles.

Suivant le droit romain, la mère succédoit à son enfant *bâtard*; mais ce droit mettoit une grande différence entre les *bâtards* qu'il qualifioit *nothi* ou simplement *bâtards*, & ceux qu'il nommoit *spurii*. La loi ne reconnoissoit point ces derniers, & leur refusoit jusqu'à la nourriture, parce qu'ils étoient les fruits d'une prostitution publique, & sans pères qui fussent connus pour tels par leurs mères même, par la raison que : *is non habet patrem, cui pater est populus.* Les autres étant nés dans le concubinage, qui ressemble au mariage, héritoient de leurs mères, & pouvoient exiger des alimens de leurs pères naturels.

On les considéroit comme des créanciers domestiques, & des personnes que l'on devoit traiter avec d'autant plus d'humanité, qu'elles étoient les innocentes productions des crimes de leurs parens.

Les pères n'avoient point l'autorité paternelle sur leurs *bâtards*; &, par cette raison, ils étoient absolument exclus de la succession de leurs pères *ab intestat*; mais ils pouvoient être institués héritiers.

Les empereurs Arcadius & Honorius firent une exception en faveur des *enfans naturels*, & les admirent au douzième de la succession, à partager avec leur mère, quand il y avoit des enfans légitimes; ensuite Justinien les admit à ce partage pour une moitié, & voulut qu'ils eussent un sixième de l'hérédité *ab intestat*, lorsqu'il y avoit des enfans légitimes.

Des bâtards, suivant les loix françoises. Dans nos mœurs, les *bâtards*, ainsi que nous l'avons déjà observé, sont incapables de succéder à leur père & mère. Il y a cependant quelques coutumes qui leur sont plus favorables. Celle de Valenciennes les admet à la succession de la mère.

Ils ne peuvent pas même recevoir de leurs père ou mère naturels des legs universels ou donations considérables; mais ils en peuvent recevoir de médiocres, proportionnément aux facultés du père, ou de la mère. C'est à la prudence des juges de décider si elles sont modérées ou excessives.

Cette faculté n'appartient qu'aux *bâtards* simples; car pour les *bâtards adultérins & incestueux*, ils ne peuvent recevoir que des alimens; mais aussi peuvent-ils les exiger, soit de leur père naturel, soit de ses héritiers, s'il est mort sans y avoir pourvu, du moins jusqu'à ce qu'ils aient appris un métier, & qu'ils aient été reçus maîtres.

De la succession des bâtards. Comme, par le droit commun, les *bâtards* ne succèdent à personne, personne non plus ne leur succède. C'étoit autrefois une maxime généralement reçue, que le seigneur succédoit à tout *bâtard* décédé dans l'étendue de sa châtellenie, sans hoirs & sans lignage. On en exceptoit néanmoins les provinces, immédiatement soumises au roi, dans lesquelles le *bâtard* & l'aubain ne pouvoient appartenir à d'autres qu'à lui.

Dans quelques provinces, tous les *bâtards* étoient réputés serfs du seigneur; dans d'autres, le *bâtard* né né d'une femme de corps d'un seigneur, appartenoit à ce seigneur, & le fils naturel d'un serf & d'une femme libre & franche, étoit libre & franc comme sa mère. On suivoit, à leur égard, la règle du droit romain, *partus ventrem sequitur.*

Lorsque le *bâtard* décédoit sans enfans, ses meubles appartenoient au seigneur de son domicile, & ses héritages aux différens seigneurs, dans les seigneuries desquels ils étoient situés.

Les Etablissemens de S. Louis, *livre premier, chapitre 97*, donnent au *bâtard* la faculté d'aumôner ses meubles par testament, & à sa femme le droit de prendre son douaire sur ces mêmes meubles. D'où il suit que jusqu'alors les *bâtards* ne pouvoient disposer, par testament, d'aucune espèce de biens.

Peu-à-peu il s'introduisit un nouveau droit sur la succession des *bâtards*. Il leur fut permis de tester, & lorsqu'ils décédoient sans hoirs & sans avoir fait de testament, leur succession, ainsi que celle des aubains, appartint au roi seul, à l'exclusion de tous les seigneurs, qui ne pouvoient y prétendre qu'autant que ces *bâtards* étoient nés, domiciliés & décédés dans leurs terres. Toutes les fois que ces trois conditions ne se rencontroient pas à la mort d'un *bâtard*, sa succession étoit adjugée au roi. C'est la jurisprudence constante du conseil, depuis Charles VI, même pour la province de Bretagne, dont l'article 473 accorde les acquêts des *bâtards*, décédés sans postérité légitime, au seigneur, sur le territoire duquel l'acquisition a été faite, pourvu qu'il ait *obéissance & moyenne justice.*

En Dauphiné, le droit de bâtardise n'a pas lieu : on y suit la disposition du droit romain, qui admet la mère & les plus proches parens maternels à la succession des *bâtards*. Cette jurisprudence est confirmée par des arrêts du parlement de Grenoble.

Le roi ne succède pas à un *bâtard*, lorsqu'un mari survit à sa femme *bâtarde*, ou une femme à son mari *bâtard*, & qu'il n'y a pas d'enfant. La succession du prédécédé est déférée au survivant, en vertu de l'édit *undè vir & uxor*, qui a lieu en France. Basnage, sur l'article 46 de la coutume de Normandie, prétend que cet édit n'a aucun effet dans cette province. Poulain en dit de même pour la Bretagne. Au reste, il faut remarquer que l'édit ne s'observe pas envers les étrangers non naturalisés, & que le survivant des conjoints ne peut exclure le roi du droit de bâtardise, ou du droit d'aubaine.

Les *bâtards* sont capables de toutes sortes de contrats, & entre autres du mariage; ils peuvent disposer librement de leurs biens, soit entre-vifs, soit par testament : ils ne sont incapables, ni d'offices, ni de dignités; mais ils ne peuvent avoir des bénéfices sans dispense, à moins qu'ils ne soient légitimés.

De la légitimation des bâtards. Suivant le droit romain. les *bâtards* pouvoient être légitimés, soit par le mariage subséquent, soit par des lettres de l'empereur. Anastase permit même aux pères de légitimer leurs *enfans naturels* par la seule adoption; mais ce privilège fut aboli par Justin & Justinien, de peur qu'une telle condescendance n'autorisât le concubinage.

Nous suivons à cet égard les dispositions du droit romain : les *bâtards* sont légitimés, ou par le mariage subséquent de leur père & mère, ou par des lettres du roi. Mais il y a une grande différence dans l'effet que produisent ces deux espèces de légitimation.

Les *bâtards*, qu'un mariage subséquent a légitimés, jouissent des mêmes droits que ceux qui sont nés dans le mariage; ils succèdent, comme eux, à leur père & mère & à tous leurs parens; le vice de leur naissance est entiérement effacé, & il ne reste aucune différence entre eux, & les autres enfans légitimes.

Les *bâtards* légitimés par le prince, étoient autrefois jugés capables de succéder, au défaut d'héritiers légitimes, tant à leur père, mère, frères & sœurs naturels, qu'à tous leurs autres parens, tant paternels que maternels, qui avoient demandé ou consenti la légitimation, & qui les avoient reconnus pour être de leur famille. Mais, par la nouvelle jurisprudence qui s'est introduite, cette légitimation n'a plus d'autre effet que de couvrir le vice de leur naissance, & de permettre aux *bâtards* de prendre le nom & les armes de leur père, & de jouir, à cet égard seulement, des droits de famille.

On a prétendu que les *bâtards*, ou fils naturels des rois, lorsqu'ils étoient reconnus, étoient princes; ceux d'un prince ou d'un homme de qualité, gentilshommes; ceux d'un gentilhomme, roturiers. Il est certain que tous les *bâtards* indistinctement ne peuvent s'attribuer aucune qualité, soit de prince, soit de gentilhomme, à moins qu'ils n'aient été reconnus, & légitimés par lettres du roi.

Les *enfans naturels* des rois, reconnus & légitimés, obtiennent le haut rang, dans lequel il plaît au souverain de les placer, ils peuvent même jouir de tous les honneurs accordés aux princes du sang; mais cette légitimation ne peut les rendre effectivement princes, à l'effet de succéder à la couronne; c'est ce qui a été solemnellement décidé par Louis XV, peu après son avénement au trône, par un édit enregistré au parlement. *Voyez* LÉGITIMATION, LÉGITIMÉ.

Les enfans des gentilshommes, avoués & reconnus par leur père & mère, & même légitimés par lettres du prince, ne peuvent s'attribuer la qualité de gentilshommes, & sont sujets à la taille, ainsi qu'il résulte de l'édit du mois de mars 1600, sur le fait des tailles, & de l'ordonnance de 1629. Il est nécessaire, pour les tirer de la classe des roturiers, qu'ils aient été annoblis, soit par la considération de leur mérite personnel, soit par la considération de celui de leurs parens, & que les lettres d'annoblissement aient été vérifiées & enregistrées.

Dans le cas où ils ont été annoblis, eux & leurs

descendans sont obligés de porter dans leurs armes une barre, qui les distingue d'avec les enfans légitimes, & ils ne peuvent porter le nom des familles dont ils sont issus, que du consentement de ceux qui y ont intérêt.

Lorsqu'un *bâtard* légitimé meurt sans enfans, sa succession ne peut être réclamée que par droit de bâtardise, & en conformité des principes que l'on vient d'établir. Mais il en est autrement de la succession des enfans légitimes des *bâtards*, à défaut de parens légitimes capables de succéder: elle ne peut être prise que par deshérence.

Les papes ont prétendu avoir le droit de légitimer les *bâtards*, dans l'étendue des états des princes catholiques, même à l'effet de les rendre habiles à succéder à leurs parens. Mais on n'a jamais reconnu ce droit en France. Le pouvoir des papes est borné à accorder à un *bâtard* des dispenses pour être promu aux ordres sacrés, & pour pouvoir posséder des bénéfices à charge d'ame; la dispense des évêques suffit pour la tonsure, les ordres qu'on appelle *mineurs*, & pour la possession d'un bénéfice simple.

Il est à propos de remarquer que ce n'est que depuis le onzième siècle que la bâtardise a été mise au rang des irrégularités.

Les dispenses pour entrer dans les ordres, & pour posséder un bénéfice, sont nécessaires à ceux qui ne sont légitimés que par des lettres du prince; mais on ne peut imputer aucune tache, ni regarder comme irréguliers, ceux qui ont été légitimés par mariage subséquent, ou par la bonne-foi de leur père & mère, qui croyoient leur mariage valable, dans le temps de la conception de l'enfant, quoique le mariage fût effectivement nul.

Le fils naturel peut, comme un fils légitime, poursuivre l'assassin de son père, & obtenir en conséquence des dommages & intérêts, par forme de réparation civile.

Des bâtards suivant les loix angloises. En Angleterre, le droit de légitimer les *bâtards* appartient au roi & au parlement. Un *bâtard*, suivant le droit du pays, ne peut être héritier de son père à l'*immeuble*, & ne sauroit avoir d'autre héritier que l'*hoir* de son corps. L'enfant, engendré par celui qui en épouse ensuite la mère, est un *bâtard* en droit, quoiqu'il soit réputé légitime par l'église. Si celui qui vient d'épouser une femme, décède avant la nuit, sans avoir couché avec elle, & qu'ensuite elle fasse un enfant, il en est censé le père, & l'enfant est légitime. Si un époux ou une femme se marie ailleurs, les enfans qui naissent de cette polygamie, pendant la vie de l'autre conjoint, sont *bâtards*. Lorsqu'une femme quitte son mari pour suivre un adultère, l'enfant qui naît de cette conjonction est regardé comme légitime, si le mari est dans l'enceinte des quatre mers, & il sera l'héritier aux *immeubles* de son père. Cette disposition est conforme à l'axiôme de droit, *pater est quem nuptiæ demonstrant.*

Si quelqu'un fait un *bâtard* dans le bailliage de Middelton, & dans la province de Kent, ses biens meubles & immeubles sont confisqués au profit du roi.

BATARDEAU, s. m. (*Eaux & Forêts.*) c'est une digue faite de pieux, d'ais & de terre, pour arrêter & détourner les eaux d'une rivière ou d'un ruisseau. Suivant l'article 4 du titre 1 de l'ordonnance des eaux & forêts, la connoissance de tous les différends mus à l'occasion des *batardeaux*, appartient aux officiers des maîtrises; ils y ont toujours été maintenus, & notamment par un arrêt du parlement de Rennes, du 24 juillet 1733.

BATARDISE (*droit de*), s. f. *terme de Jurisprudence*, est le droit qu'ont les souverains en France, &, en certains cas, les seigneurs haut-justiciers, de s'approprier la succession des bâtards morts sans enfans & sans avoir disposé de leur bien par donation ou ordonnance de dernière volonté. *Voyez* BATARD. (*H*)

BATEAU, s. m. (*Droit maritim. Police. Eaux & Forêts.*) sorte de petit vaisseau dont on se sert ordinairement sur les rivières, & sur lequel on charge diverses sortes de marchandises ou denrées, pour les transporter d'un lieu dans un autre.

La construction & le nom des *bateaux* sont différens, ou selon les usages pour lesquels ils sont destinés, ou selon les provinces dans lesquelles ils sont construits.

Les *bateaux* de Seine sont de grands bâtimens, longs & forts, avec le bordage assez élevé; ceux qui viennent de Rouen & de la rivière d'Oise, & qui servent ordinairement à faire de grandes voitures de bois à brûler & d'épiceries, se nomment *foncets*.

Les *bateaux* qui viennent de la Loire s'appellent des *chalands*. Ils sont étroits, médiocrement longs & peu élevés, à cause des canaux & des écluses par lesquels il faut qu'ils passent pour arriver à Paris. Ils servent à voiturer les vins, & les autres productions & marchandises des provinces voisines de la Loire & de l'Allier.

Les *bateaux* de la rivière de Marne conservent le nom de cette rivière, & sont nommés *bateaux marnois*. Ils sont plats & de moyenne grandeur. Leur charge consiste ordinairement en vins, en grains & en bois de la province de Champagne.

Les *bateaux*-coches, plus connus sous le nom de *coches d'eau*, sont de grands *bateaux* couverts, qui servent particulièrement sur la rivière de Seine à la commodité des voyageurs, & pour le transport de toutes sortes de marchandises. Les principaux sont les coches de Sens, d'Auxerre, de Montreau & de Fontainebleau ou Valvin.

On appelle *bateau de foin*, *bateau de fagots*, *bateau de bois*, *bateau de charbon*, *bateau de bled*, *bateau de vin*, &c. les *bateaux* qui sont chargés de ces sortes de marchandises.

L'ordonnance de Louis XIV, du mois de décembre 1672, contient divers articles concernant les lieux où doivent s'arrêter les *bateaux* chargés des marchandises, qui arrivent à Paris, lorsqu'il n'y a point de place pour les recevoir dans les ports. Il y en a d'autres pour le débaclage des mêmes *bateaux*, lorsqu'ils ont été vuidés & déchargés : & d'autres encore pour les *bateaux* naufragés & coulés à fond dans les ports, aussi-bien que pour l'enlévement, la marque & la vente de leurs débris.

Quelques articles de cette ordonnance règlent le rang des *bateaux* en pleine rivière, soit en descendant, soit en montant : quelques autres, ce qui doit se pratiquer aux passages des ponts & pertuis.

Il y en a d'autres pour le temps de l'entrée des *bateaux* dans les ports, pour la déclaration de leur arrivage, de la décharge des marchandises qui y sont contenues, & des hypothèques ou recours que les marchands peuvent avoir sur les *bateaux*, pour mécompte, perte ou autres accidens arrivés aux marchandises par la faute des conducteurs, voituriers & maîtres des *bateaux ;* & l'on y voit en quel cas les *bateaux* n'en sont point responsables, ou quand le maître en peut faire cession.

Enfin, il y a des articles qui marquent le temps que les *bateaux* doivent tenir port, suivant la qualité des marchandises qui sont dessus.

On peut lire, sur ces matières du commerce par eau, les chapitres 1, 2, 3, 4 & 16 de l'ordonnance citée.

BATELEUR, f. m. (*Police.*) c'est celui qui se donne en spectacle dans les places publiques. On met au rang des *bateleurs*, les charlatans, vendeurs d'orviétan, farceurs & danseurs de corde.

Les ordonnances de Blois & d'Orléans défendent à tous les *bateleurs* de jouer les jours de fêtes & de dimanches, pendant les heures du service divin, de se vêtir d'habillemens ecclésiastiques, de jouer des choses dissolues & de mauvais exemple, à peine de punition corporelle.

La déclaration du mois d'avril 1641 a défendu aux *bateleurs* & comédiens d'user d'aucunes paroles, capables de blesser l'honnêteté publique, à peine d'être déclarés infâmes, d'interdiction de leur théâtre, & même d'amende ou de bannissement, si le cas y écheoit.

Aucun *bateleur* ne peut se donner en spectacle, sans une permission du magistrat chargé de la police; mais cette permission ne peut s'étendre pour jouer pendant les heures du service divin.

Dans les villes de garnison, les *bateleurs* doivent encore demander la permission du commandant, qui ne peut la leur refuser, lorsqu'ils ont obtenu celle de la police.

BATELIER, f. m. (*Droit civil. Police.*) celui qui fait métier de conduire un bateau. On le dit plus ordinairement des maîtres passeurs d'eau de Paris. Les autres *bateliers*, qui sont chargés de la conduite des foncets, chalands, coches d'eau & autres grands bateaux, destinés au transport des marchandises, s'appellent communément *mariniers* ou *compagnons de rivière*.

Les maîtres *bateliers* ou passeurs d'eau de Paris, y ont toujours formé une espèce de corps & communauté qui avoit ses officiers, ses statuts, sa confrairie, ses privilèges & ses apprentis : ce corps toutefois n'étoit pas du nombre des grandes communautés des arts & métiers, qui subsistoient dans Paris, avant l'édit du mois de février 1776, & il n'avoit point été érigé en corps de jurande.

Les dépenses des longues guerres, qui ont duré presque autant que le règne de Louis XIV, ayant obligé à chercher des fonds extraordinaires dans la création de divers offices, on créa vers la fin du XVIIe siècle, les maîtres *bateliers* de Paris, sous le nom d'*officiers passeurs*, qui furent réduits au nombre de vingt.

Ces offices sont héréditaires, mais les passeurs prennent toujours leurs lettres du prévôt des marchands, prêtent serment entre ses mains, & sont tenus, comme auparavant, d'observer & exécuter les ordonnances de la ville.

Deux syndics ont soin des affaires de ce corps, & doivent se trouver journellement, l'un au port S. Paul & l'autre au port S. Nicolas, pour veiller à ce que le public soit bien servi & les ordonnances ou statuts réguliérement observés.

Les veuves jouissent des offices & des privilèges qui y sont attachés, & ont part à la bourse commune. Il y a dans chaque port un maître & un bureau établi, pour faire la recette, & rendre compte chaque jour des deniers reçus.

Cette espèce de communauté n'a point de statuts, proprement dits. L'ordonnance pour la ville de Paris, de 1672, *chap. 5*, exige néanmoins que nul ne soit reçu au métier de passeur d'eau, s'il n'a fait apprentissage pendant deux ans : elle enjoint aux *bateliers* de garnir de flettes ou petits bateaux les endroits qui leur seront désignés, pour passer ceux qui se présenteront depuis le lever, jusqu'au coucher du soleil, avec défenses, sous peine d'amende, de passer quelqu'un pendant la nuit.

Les passeurs d'eau sont responsables des pertes & accidens arrivés par leur faute ou celle de leurs garçons; ils ne doivent pas faire attendre les passagers dès qu'ils sont réunis au nombre de cinq. Ils sont tenus d'exposer sur le port un tarif des droits qui leur sont dus.

Les crues d'eau & autres accidens ne les autorisent pas à exiger un droit plus considérable que celui qui leur est attribué.

Il leur est défendu, par l'ordonnance des eaux & forêts, d'avoir dans leurs bateaux aucun engin à pêcher, permis ou défendu, à peine de 100 livres d'amende. Un réglement pour la capitainerie de Vincennes, donné le 27 septembre 1772, défend aux *bateliers* ou meûniers de passer dans les isles, situées dans cette capitainerie, aucun chasseur, s'il ne leur est apparu de la permission de chasser.

BATIMENT, f. m. (*Jurisprudence.*) édifice construit de pierres, de bois, de marbre, *&c.*

On appelle aussi, en terme de marine, les vaisseaux destinés au transport des marchandises, *des bâtimens.*

On distingue les *bâtimens* particuliers d'avec les *bâtimens* publics. Les premiers servent à la demeure des citoyens, les seconds sont ceux qui sont destinés aux usages publics, tels que les églises, les lieux où l'on rend la justice, les hôtels-de-ville, les salles de spectacles, *&c.*

Les *bâtimens* particuliers se nomment *maisons*, quand ils sont habités par de simples citoyens; *hôtels* quand ils servent à la demeure des grands; *palais* lorsqu'ils appartiennent aux évêques ou archevêques. On donne aussi communément le nom de *palais* au *bâtiment* où se rend la justice.

Les *bâtimens* sont réputés immeubles comme les fonds auxquels ils sont attachés : ils en sont regardés comme l'accessoire, d'où il suit que ceux qui bâtissent sur un sol, dont ils ne sont point propriétaires, ne bâtissent point pour eux, mais pour le propriétaire. Cependant, s'ils ont bâti de bonne-foi, croyant que le terrein leur appartenoit, les loix veulent qu'ils puissent demander le paiement du prix des matériaux & de la main-d'œuvre.

Il suit du même principe, que si, après avoir légué une terre, le testateur y faisoit construire quelques *bâtimens*, ils appartiendroient au légataire comme faisant partie du fonds, à moins que le testateur n'en eût disposé autrement.

Pareillement, si l'on construit des *bâtimens* sur l'héritage de l'un des conjoints, aux dépens de la communauté, ces *bâtimens* appartiennent à celui des conjoints qui est propriétaire de l'héritage, sauf à indemniser l'autre conjoint, à proportion de ce qu'il aura coûté à la communauté pour bâtir. *Voyez* ACCESSION, ACCESSOIRE, COMMUNAUTÉ.

Lorsque des enfans recueillent, à titre de douaire, la moitié des héritages que la coutume leur attribue, ils doivent prendre les *bâtimens* comme ils sont, & les créanciers n'ont aucune action à intenter contre eux, pour raison des dépenses qui ont pu être faites depuis le mariage, pour augmenter ces *bâtimens*. Charondas & Papon rapportent un arrêt du 7 septembre 1601, qui l'a ainsi jugé.

Ceux qui héritent des propres d'une succession, prennent pareillement, sans être tenus d'aucune récompense, les *bâtimens* que le défunt a construits sur ces propres : si le prix de ces *bâtimens* se trouve encore dû, chaque héritier est tenu d'en payer une part, proportionnée à celle qu'il prend dans la succession. C'est ce qui résulte d'un arrêt de réglement rendu par le parlement de Paris, le 3 août 1688.

Ce que nous venons de dire s'applique aussi à l'aîné, qui reçoit pour préciput le *bâtiment* construit sur le fief. Il ne doit rien payer aux puînés pour ce *bâtiment*. C'est l'avis de Dumoulin; & Auzanet rapporte un arrêt du 27 mars 1626, qui l'a ainsi décidé.

Lorsqu'un *bâtiment* est possédé par deux différens propriétaires, dont l'un a le bas & l'autre le dessus, ils peuvent faire l'un & l'autre ce qui leur plaît, dans la portion qu'ils possèdent, pourvu toutefois qu'ils ne se causent point de préjudice l'un à l'autre, tant pour la commodité, que pour la solidité; par exemple, celui qui a la partie inférieure de la maison n'y pourroit pas faire une forge, parce qu'il incommoderoit le propriétaire de la partie supérieure; le parlement l'a ainsi jugé par arrêt du 26 janvier 1672. De même celui qui a la partie inférieure de la maison ne peut pas changer de place, ni de situation les tuyaux de ses cheminées, ni en faire de nouveaux où il n'y en avoit point, & ainsi des autres changemens ou nouveautés, qui passeroient au travers de la portion de maison appartenante à l'autre propriétaire.

L'article 216 de la coutume d'Auxerre, porte que *si le bas d'une maison appartient à un particulier, & le haut à un autre, celui à qui appartient le bas est tenu de construire & entretenir tous les murs de la maison, jusqu'à l'étage qui appartient à l'autre particulier, & de fournir les poutres, solives & aires du plancher supérieur de la partie qui lui appartient, & le propriétaire du haut est tenu seulement du carreau au-dessus du plancher & du restant des murs ainsi que de la couverture de la maison, & seront tenus pareillement chacun de la montée ou escalier dans les étages à eux appartenans.* C'est pourquoi, si un particulier n'étoit propriétaire que du rez-de-chaussée & des caves d'une maison, il ne contribueroit point à l'escalier, il ne seroit tenu que de la descente des caves.

Les coutumes de Montargis, de Nivernois, de Bourbonnois, d'Orléans, de Berry, de Bretagne, *&c.* disent toutes la même chose : ainsi, par la disposition de ces coutumes, chacun des propriétaires entretient seulement les murs des étages qui lui appartiennent, & les propriétaires du haut ne contribuent point à la partie inférieure des murs, quoiqu'elle leur serve d'appui & de soutien, & ils ne paient point de charges.

Suivant ces coutumes, l'égalité des charges est assez bien gardée entre les propriétaires; celui de la partie inférieure de la maison, supporte, à la vérité, la charge & le fardeau de la partie supérieure de cette maison; mais pour le dédommager le propriétaire de la partie supérieure est tenu d'entretenir seul, à ses frais, la couverture en entier, charpente & tuile ou ardoise, ce qui est une charge sujette à un entretien continuel qui équivaut, en quelque façon, à celle du propriétaire du bas de cette maison. L'entretien des murs des étages de la maison, lorsqu'il s'agit d'y faire travailler, est, à la vérité, d'une plus grande dépense que celui de la couverture; mais il n'arrive pas si souvent, l'entretien de la couverture étant continuel, & le seul pour lequel on fasse des marchés à l'année.

Lorsqu'un *bâtiment* menace ruine & que le propriétaire néglige de le faire démolir, ou du moins étayer, il peut y être obligé par les officiers qui exercent la police : le voisin même est en droit de se pourvoir pour être autorisé à faire faire la démolition ou les étaiemens nécessaires, aux frais du propriétaire négligent.

Tout propriétaire est obligé de réparer le dommage occasionné par la chûte de son *bâtiment*, sans que pour cela il soit nécessaire de l'avoir constitué en demeure, en le sommant ou en l'avertissant de travailler à détourner le danger. Cette règle toutefois ne doit pas être suivie quand la chûte du *bâtiment* n'a eu lieu que par une force majeure, telle qu'un débordement, ou un ouragan, *&c.*

Si le *bâtiment*, dont la chûte a causé du dommage, appartient à plusieurs maîtres, ils ne répondront pas solidairement de ce dommage, & chacun d'eux n'en sera tenu qu'à proportion de la part qu'il avoit dans le *bâtiment* tombé.

Les maçons & les charpentiers qui ont construit un *bâtiment*, doivent garantir pendant dix ans la durée de leur ouvrage : c'est à quoi les a astreints parmi nous, la jurisprudence des arrêts ; c'est pourquoi si, dans le cours de dix années postérieures à la construction d'un *bâtiment*, on remarque des défauts considérables dans la charpenterie ou la maçonnerie, l'ouvrier, dont ils sont le fait, est tenu de les réparer à ses frais ; on l'oblige même à répondre du dommage auquel ces défauts auront d'ailleurs pu donner lieu. En vain, pour s'exempter de la garantie, dont il s'agit, le maçon ou le charpentier offriroit de justifier que son ouvrage est conforme aux plans & devis, il ne seroit point écouté : la raison en est, que tout plan & devis doit s'exécuter selon les règles que l'art a établies, relativement à la solidité qu'il convient de donner à un *bâtiment* quelconque.

Quant aux autres ouvriers, qui contribuent à la construction des *bâtimens*, ils ne sont garans de leurs ouvrages que pendant un an, à compter du jour que les ouvrages ont été achevés, & cette garantie ne s'étend qu'à la façon & à la qualité des matières employées, & non à ce qui peut s'user ou se rompre par violence. Tel est l'avis de Desgodets.

On a agité la question de savoir si un entrepreneur, qui, en construisant un *bâtiment*, n'a point observé les règles de l'art, & ne s'est point conformé aux plans & devis, peut être obligé, par le propriétaire, à une nouvelle construction nonobstant la preuve que le *bâtiment* est construit de manière à pouvoir durer long-temps : deux arrêts que nous allons rapporter, d'après la collection de jurisprudence, ont prononcé sur cette matière : l'un a été rendu au parlement le 3 août 1746, & l'autre au grand-conseil le 23 septembre 1758 ; & ils ont jugé que l'ouvrier est tenu de réparer, à ses frais, les mal-façons, qui peuvent l'être sans démolition ; à l'égard de celles qui sont irréparables sans démolition & reconstruction, si l'ouvrage peut durer long-temps, quoique construit contre la teneur des plans & devis, le propriétaire est forcé d'en payer le prix, non sur l'évaluation portée au devis, mais sur l'estimation faite par des experts. Le coût de leur procès-verbal de visite & rapport, doit être supporté par l'entrepreneur, il peut même être condamné à des dommages & intérêts.

Les ouvriers qui ont bâti, réédifié ou réparé une maison, doivent être préférés, pour leurs salaires, à tout autre créancier, sur le prix qui provient de la vente des *bâtimens* auxquels ils ont travaillé ; mais il faut, pour cet effet, que ces ouvriers se soient conformés au réglement fait par le parlement sur cette matière, par arrêt rendu, toutes les chambres assemblées, le 18 août 1766, qui les oblige de dresser préalablement un procès-verbal de l'état des lieux, & des réparations qui y sont à faire, & de faire recevoir ensuite leurs ouvrages par un expert, nommé d'office par le juge, ou volontairement par les parties.

Pour prévenir les inconvéniens du trop grand accroissement de Paris, il a été fait, en différens temps, des défenses de bâtir des maisons dans les fauxbourgs & hors des portes de la ville. La dernière est une déclaration de Louis XV, du 8 juillet 1724, enregistrée au parlement le 4 août suivant, par laquelle il a de nouveau fixé l'étendue de la ville & des fauxbourgs de Paris.

Cette loi permet aux propriétaires des maisons & places, situées dans l'intérieur de la ville, de les bâtir de telle manière qu'ils le jugeront à propos, en observant les réglemens, avec défenses d'ouvrir aucune rue nouvelle, sous quelque prétexte que ce soit, à l'exception de celles qui sont désignées dans l'article 4. Il est aussi défendu aux propriétaires des maisons & places, situées dans les fauxbourgs, d'ouvrir aucune rue, & de bâtir aucune maison à porte cochère, autres que celles qui existoient lors de la fixation de l'étendue des mêmes fauxbourgs, sans pouvoir en augmenter les *bâtimens*, à l'exception toutefois des établis ou hangars destinés à l'usage des laboureurs ou artisans ; il est seulement permis aux propriétaires de bâtir de petites maisons à boutiques & petites portes, pourvu qu'elles ne soient élevées que d'un étage au-dessus du rez-de-chaussée, à peine, pour chaque contravention, de 3000 livres d'amende contre les propriétaires, de démolition & confiscation des matériaux, de réunion de la place au domaine du roi, & de 1000 livres contre les ouvriers.

Le 29 janvier 1726, le même prince a donné une autre déclaration, en interprétation de la précédente, par laquelle il est défendu de faire bâtir, dans les fauxbourgs de Paris aucun édifice, que préalablement le plan n'en ait été approuvé & ordonné par les officiers du bureau des finances, & par le prévôt des marchands & les échevins de la ville, avec défenses, en outre, de détruire les portes cochères qui existoient lors de l'établissement des limites.

Une troisième déclaration du 28 septembre 1728 a permis aux tanneurs de faire construire tels *bâtimens* qu'ils jugeroient à propos, pour leur commerce, en observant les anciens réglemens, & aux conditions que les *bâtimens* qui auront face sur la rivière de Bièvre, dite des *Gobelins*, ne pourront être élevés que de trente pieds depuis le rez-de-chaussée du terrein jusqu'à l'entablement, & que le grenier sera à claire voie, & ne pourra dans la suite être fermé de cloisons, murs de refend ou autrement; &, à la fin de cette déclaration, le roi a ordonné qu'il seroit fait état des maisons, servant en tannerie, pour qu'on ne pût en augmenter le nombre.

Depuis ces déclarations, personne ne peut bâtir, dans les fauxbourgs de la ville de Paris, aucun édifice, où il n'y en avoit point précédemment, sans la permission du bureau des finances & sans celle du bureau de la ville. Pour obtenir ces permissions, on fait dresser des plans & élévations, conformément à la déclaration du 8 juillet 1724, en ne donnant de hauteur à ces *bâtimens* qu'un étage quarré au-dessus, soit en mansarde ou autrement, que l'on présente ensuite aux mêmes bureaux qui accordent la permission de faire construire ces *bâtimens*, en ne donnant que 23 à 24 pieds de hauteur depuis le rez-de-chaussée jusqu'au-dessus de l'entablement, avec un comble en mansarde, dans lequel on peut pratiquer des logemens.

Une déclaration du 5 septembre 1684 a défendu aux religieux mendians de Paris, d'entreprendre aucun *bâtiment*, dont la dépense excédât quinze mille livres, sans en avoir obtenu la permission par des lettres-patentes qu'ils doivent faire enregistrer au parlement, d'après l'avis du lieutenant de police, du procureur du roi au châtelet, du prévôt des marchands & des échevins de Paris, & sans avoir rempli les autres formalités qu'on a coutume d'observer en cas pareil.

Et à l'égard des *bâtimens*, dont la dépense est au-dessus de trois mille livres, & au-dessous de quinze mille, la même déclaration veut que ces religieux ne puissent entreprendre de les construire avant d'en avoir obtenu la permission, par arrêt du parlement, qui ne doit la leur accorder qu'en grande connoissance de cause, & d'après les formalités dont on vient de parler.

Par une autre déclaration du 31 janvier 1690, il est défendu aux marguilliers d'emprunter de l'argent à intérêt ou à fonds perdu, pour réparer & augmenter des églises ou pour faire de nouveaux *bâtimens*, même du consentement de la communauté, à moins que le roi n'ait accordé des lettres-patentes pour autoriser l'emprunt, & que les lettres n'aient été enregistrées au parlement: si les marguilliers contreviennent à cette loi, ils sont tenus, en leur propre & privé nom, de la dette qu'ils ont contractée; & ceux qui ont prêté doivent être obligés de restituer les intérêts qu'ils ont reçus de l'église, sauf leurs recours contre le marguillier qui a fait l'emprunt.

Les statuts des maîtres serruriers de Paris leur avoient défendu d'entreprendre de construire des *bâtimens*, pour les rendre les clefs à la main; mais comme ces statuts se trouvent abrogés par l'édit du mois de février 1776, qui a supprimé les jurandes, la défense ne subsiste plus.

La multitude & la magnificence des maisons royales en ont rendu l'administration très-importante, & elle forme un département très-considérable. Il a éprouvé plusieurs changemens successifs depuis son établissement. Les titres, les offices & les fonctions de ceux qui en sont chargés, les formalités à observer, soit pour les acquisitions que le roi veut faire, soit pour les réparations ordinaires ou extraordinaires, la manière dont les ouvriers, commis & autres doivent être payés, la comptabilité des receveurs, les pensions accordées aux anciens commis, ont été réglés par la déclaration du 27 mai 1770, enregistrée à la chambre des comptes, & celle du premier septembre 1776, enregistrée au parlement. Elles ont réformé un grand nombre d'abus, qui se commettoient dans l'administration des *bâtimens* du roi.

Un arrêt du conseil, du 29 mars 1773, a ordonné que l'entretien, les réparations, les constructions & les reconstructions des *bâtimens*, où les parlemens & les autres cours ou jurisdictions royales tiennent leurs séances, seroient à l'avenir à la charge des villes où ces cours & jurisdictions sont établies, ce qui doit avoir lieu à Paris & à Lyon, comme dans les autres villes. Les dispositions de cet arrêt s'étendent à l'entretien & au renouvellement des meubles nécessaires aux mêmes cours & jurisdictions, ainsi qu'aux réparations, entretien & reconstructions des *bâtimens* destinés au logement des premiers présidens, dans les lieux où il y a en d'affectés à cet effet. Il doit en être usé de même à l'égard des constructions, entretien, réparations des prisons où sont renfermés les criminels, détenus en vertu des arrêts & jugemens des cours & jurisdictions royales.

Le même arrêt porte que, lorsque les villes ne seront pas en état de faire face aux dépenses dont il s'agit, sa majesté, sur les mémoires qu'elles lui adresseront, leur procurera les moyens d'y pourvoir.

BATON *à deux bouts*, (*Eaux & Forêts.*) c'est un long *bâton* que les gardes des forêts & des parcs, *&c.* portent comme une marque de leur emploi, & dont ils se servent aussi comme d'une arme.

BATON *creusé.* L'ordonnance des eaux & forêts, *tit. 30*, *art. 3*, défend à toutes personnes, de quelque qualité qu'elles soient, de porter des cannes ou *bâtons creusés*, en aucun temps & en aucun lieu, à peine, pour la première fois, de confiscation & d'amende de 100 livres, & de punition corporelle en cas de récidive.

Elle défend aussi à tous ouvriers d'en fabriquer, sous peine de punition corporelle, même pour la première contravention.

BATON *pastoral & cantoral*, (*Droit ecclésiastique.*) on appelle *bâton pastoral* la crosse que les évêques & les abbés ont dans les mains dans certaines cérémonies. De droit commun, le droit de *bâton pastoral* n'appartient qu'aux évêques: les abbés l'ont usurpé, ou se le sont fait accorder par les papes. Ceux qui n'ont pas obtenu le privilège de le porter ne peuvent s'en servir. *Voyez* ABBÉ, ÉVÊQUE.

Le *bâton cantoral* est un long *bâton* terminé dans

son bout supérieur par une espèce de masse d'argent, dont le grand-chantre d'une église cathédrale ou collégiale se sert les jours de cérémonie pour marque de sa dignité.

Le premier chantre, dans plusieurs églises paroissiales, est décoré de cette marque d'honneur : elle dépend de l'usage & de la possession.

BATONNER, v. a. *en terme de Palais*, on appelle *bâtonner*, sous-ligner un endroit d'un acte ou d'une pièce, pour avertir le juge ou autre qui la lira de faire une singulière attention à cet endroit.

En terme de chancellerie, *bâtonner* c'est rayer, biffer, canceller un article.

A la chambre des comptes de Metz, on est dans l'usage d'enfermer entre des traits de plume, chaque page des aveux & dénombremens, afin qu'on ne puisse y rien ajouter. Et cette action s'appelle *bâtonner un aveu*.

BATONNIER, s. m. (*Jurisprudence.*) C'étoit, avant l'abolition des maîtrises, un titre de distinction dans différens corps, & dans différentes confrairies ou communautés. On appelloit ainsi celui qui en étoit décoré, ou parce qu'on le prenoit autrefois parmi les plus anciens, & parmi ceux qui commençoient à faire usage du bâton, ou parce qu'on lui donnoit une espèce de bâton, pour marquer l'empire ou le commandement qu'il avoit sur tous les membres de sa compagnie, ou enfin, parce que, dans les jours de cérémonie, il portoit le bâton de la confrairie formée par sa communauté.

La dénomination de *bâtonnier* ne s'emploie plus guères qu'au palais, pour désigner l'ancien avocat nommé parmi ceux qui sont sur le tableau, pour veiller à la discipline du barreau.

Dans plusieurs sièges de province, cet avocat porte le titre de *syndic* ; dans d'autres, ses fonctions sont dévolues au plus ancien de l'ordre, qu'on appelle le *doyen*.

Les usages, à cet égard, ne sont point les mêmes dans toutes les cours, & dans tous les sièges du royaume. Les avocats se régissent néanmoins partout, suivant les loix les plus propres à entretenir parmi eux la régularité, l'émulation & l'estime. Le *bâtonnier* qu'ils se nomment a pour fonction principale de maintenir l'harmonie, si nécessaire entre tous ceux qui courent ensemble la carrière du barreau, d'étouffer les germes de division, d'écarter les fausses rivalités, de prévenir les scandales, & de mettre habituellement sous les yeux de ses confrères le devoir & l'honneur.

C'est au *bâtonnier* qu'il appartient de convoquer les assemblées de l'ordre ; c'est lui qui les préside. Mais avant d'en venir à une assemblée, il est assez d'usage qu'il examine, en comité avec les commissaires, qu'on lui donne, si les motifs des délibérations proposées, sont de nature à mériter une convocation.

Dans nombre de sièges les avocats tiennent des registres de leurs délibérations, & ceci paroît convenable ; dans d'autres, tout se passe verbalement ; c'est encore l'usage qui sert de règle en cette occasion.

Le *bâtonnier* au parlement de Paris, est le chef d'une communauté, établie entre les avocats & les procureurs : cet accord paroît ne devoir pas encore subsister long-temps. Il vient de s'élever entre les deux corps, qui composent cette communauté, des différends qui en annoncent la séparation.

Le *bâtonnier* change tous les ans au mois de mai ; & lorsqu'il vient à décéder, dans le courant de son exercice, il est remplacé par le *bâtonnier* précédent, jusqu'au mois de mai suivant, que se fait la nomination accoutumée. Il est chargé de la confection du tableau ou liste de tous les avocats, suivans le palais, & qui ont droit d'y travailler.

Anciennement, lorsqu'un office venoit à vaquer dans une justice inférieure, ou que celui qui l'exerçoit étoit tombé dans l'interdiction, on donnoit au *bâtonnier* des avocats une commission pour aller l'exercer jusqu'à ce qu'il y eût un nouveau titulaire, ou que le juge interdit fût réhabilité. Voyez les articles AVOCAT, RADIATION.

BATTEUR D'OR & D'ARGENT, s. m. (*Arts & Métiers. Police. Monnoie.*) c'est un ouvrier qui, à force de battre ces métaux sur le marbre, avec un marteau, dans des moules de velin & de boyaux de bœuf, les réduit en feuilles très-légères & très-minces, propres à être appliquées sur d'autres métaux & le plus souvent sur le bois.

Les *batteurs d'or & d'argent* formoient ci-devant à Paris une communauté, soumise à la jurisdiction de la cour des monnoies. Cette dépendance étoit établie par plusieurs édits de 1551, 1554, 1570, 1635, 1658, & notamment par un arrêt du conseil du 12 octobre 1610.

Il avoit été donné, en 1554, 1584 & 1586, plusieurs ordonnances pour la régie, la police & l'administration de cette communauté. La cour des monnoies avoit réuni les dispositions de ces ordonnances, en forme de réglement & de statuts, & en avoit prescrit l'exécution à cette même communauté, par un arrêt du 24 juillet 1695.

Quoique cette communauté ne soit pas exceptée de l'abolition générale des maîtrises, qui a eu lieu par l'édit du mois de février 1776, ceux qui exercent cette profession ne sont pas dispensés de se conformer aux réglemens émanés de la cour des monnoies, à l'égard de tous ceux qui travaillent sur l'or & l'argent : par ces réglemens, la communauté des *batteurs d'or* doit être régie par un garde juré, élu tous les ans le lendemain de la fête de S. Eloy. Il est autorisé, avec un des anciens gardes, à faire la visite chez tous les maîtres, & il doit en déposer le procès-verbal au greffe de la cour des monnoies.

On ne peut être reçu maître, qu'après six ans d'apprentissage, & après avoir fait chef-d'œuvre. Le brevet d'apprentissage doit être enregistré au greffe ; les fils de maître sont dispensés d'un an ; les apprentifs doivent être âgés de douze ans ; ceux qui ont fait leur apprentissage en province, ne peuvent être reçus maîtres à Paris, qu'après y avoir travaillé un an, avant d'être admis au chef-d'œuvre. Ceux qui aspirent à la maîtrise sont en outre examinés par la cour des monnoies, sur les matières, façons, allois, & autres choses concernant cette profession.

Les maîtres ne peuvent travailler que depuis cinq heures du matin jusqu'à huit heures du soir. Suivant une déclaration du mois d'octobre 1689, leurs ouvrages d'or doivent être au titre de 23 karats $\frac{26}{32}$, & ceux d'argent à onze deniers huit grains.

Il leur est enjoint de tenir un registre exact de toutes les matières d'or & d'argent qu'ils achètent ou vendent, du nom de ceux de qui ils les achetent ou à qui ils les vendent, du prix de l'achat & de la vente, ainsi que du poids & loi des matières.

Il leur est défendu d'avoir chez eux aucuns fourneaux propres à faire essai, ou à affiner les matières d'or & d'argent : c'est le dispositif d'une déclaration du 25 octobre 1669.

Un arrêt du conseil du 21 février 1736, en renouvellant les dispositions de plusieurs anciens arrêts, a défendu, sous peine de confiscation & de cinq cens livres d'amende, de faire venir des pays étrangers, ou des principautés enclavées dans le royaume, aucun or, argent ou autres métaux battus en feuilles ou broyés, & d'en employer d'autres que ceux qui ont été achetés des maîtres *batteurs d'or*.

Les *batteurs d'or* ne sont pas assujettis à marquer leurs ouvrages; mais ils sont néanmoins obligés au paiement des droits de marque & de contrôle.

Les veuves de cette communauté, ainsi que dans les autres, jouissent, pendant leur viduité, des mêmes privilèges que leurs maris, à l'exception du droit de faire des apprentifs.

Les maîtres, avant leur réception, sont tenus de prêter serment, à Paris, en la cour des monnoies, & dans les provinces, pardevant le premier des généraux des monnoies faisant sa chevauchée, ou pardevant le prévôt ou les gardes établis en la plus prochaine monnoie.

Un arrêt de la cour des monnoies, du 19 juillet 1668, a ordonné qu'à l'avenir les administrateurs de l'hôpital de la Trinité, ne pourront admettre qu'un ouvrier, *batteur d'or*, pour l'instruction des enfans de leur hôpital, & qu'ils ne pourront présenter qu'un enfant de huit ans en huit ans, pour être admis à la maîtrise.

BATTU PAIE L'AMENDE. Suivant l'ancien usage de la coutume de S. Sever, il étoit dû une amende au seigneur pour toutes les plaies faites avec armes & malicieusement. L'aggresseur n'étoit pas le seul qui dût l'amende, elle étoit aussi prononcée contre celui qui avoit blessé, même à son corps défendant, & même contre le battu; mais ces deux dernières dispositions ont été réformées, lors de la rédaction de cette coutume, en 1514 : comme on peut le voir par l'article 15 du titre 18.

BAYLE, c'est le nom qu'on donne, dans les coutumes de Bordeaux, Acqs, S. Sever, la Sole & autres, au bailli ou premier officier des justices. Dans le même sens, on appelle dans ces provinces *bayle royal*, le chef d'une justice royale.

BAYONNE, ville de France, avec titre de vicomté, capitale du pays de Labourd, unie à la couronne, par Charles VII, au mois de septembre 1451.

Les habitans de cette ville prétendoient être exempts des droits de francs-fiefs; mais, par arrêt du conseil du 11 novembre 1749, rendu contradictoirement avec les maire & échevins de *Bayonne*, les habitans roturiers de cette ville y ont été assujettis.

On appelle *coutume de Bayonne*, un droit local qui se lève, sur toutes les marchandises & denrées qui y sont sujettes, à l'entrée & à la sortie des bureaux de *Bayonne* & du pays de Labourd. La moitié de ce droit, dont l'origine n'est point connue, appartient à la maison de Gramont, à laquelle elle a été donnée en échange du comté de Blaye; l'autre moitié appartenoit anciennement à la ville de *Bayonne* : mais, par un arrêt du conseil du 24 mai 1664, elle a été réunie aux fermes générales.

La coutume de *Bayonne* se paie, à l'entrée & à la sortie, à raison de trois & demi pour cent du prix des marchandises; cependant, lorsque dans l'intervalle de l'entrée à la sortie elles n'ont point changé de main, elles ne paient à la sortie qu'un & demi pour cent.

Les bourgeois de *Bayonne* & de Saint Jean-de-Luz sont exempts de cet impôt, à l'égard de toutes les marchandises destinées pour leur compte; les autres habitans du pays de Labourd n'en sont exempts, que pour celles qui sont destinées à leur usage.

La ville & le territoire de *Bayonne* sont régis par une coutume particulière qui contient trente-un titres, & qui a été homologuée au parlement de Bordeaux le 9 juin 1514. Par le titre dernier, ses magistrats municipaux sont autorisés à faire, suivant l'exigence des cas, de nouveaux statuts & réglemens, pourvu qu'ils ne contiennent rien de contraire au droit commun & aux droits du roi.

FIN DU TOME PREMIER.